北斗 DIPPER · 中国高速公路地图领先品牌 ·

中国高速公路及城乡公路网地图集

超级详查版

- 感谢您使用这本内容超级详细的全彩色地图集！
- 我们致力于打造专业、详尽、准确、清晰的地图产品，力求为广大读者提供更好的出行指南。在您日常实际使用本书的过程中，希望您会发现我们的地图产品物有所值。
- 以旗舰产品《中国高速公路及城乡公路网地图集》为代表，北斗公路网地图系列已经成为中国畅销的公路交通地图产品，并成为中国高速公路地图领先品牌。
- 公路资料详细、准确，地图设计新颖、易读，是北斗地图一贯的宗旨与追求。为保持地图产品的现势性，我们会及时不间断地更新地图内容。您对本书有任何建议或意见，都欢迎您及时和我们联系，以使本书不断完善，更好地为广大读者服务。

联系方式　Tel：010-83493080

E-mail：dipperhighway@vip.sina.com

中国地图出版社

China Road Atlas »

全案策划 中图北斗文化传媒
010-83493080

城际间里程表使用说明

★ 城际间的路线选取原则：**优先选取高速公路**，其次是国道、省道等干线公路。

★ 起止点算法规则：以各大中城市的城区中心作为起算点，省会等大城市的穿城距离按30km计，中小城市按20km计。

★ **本书城际间里程数据，是由1200多名职业司机历时3年多时间，全程使用GPS和轨迹记录仪实地采集路径；数据核算中心通过对海量数据的统计、分析，经科学运算而得到。**

★ 目前，我国高速公路建设还处于快速发展期，新的高速公路通车后，城际间的最佳路线选取也会随之发生变化，相应的里程数据也会改变。**本书每年都将根据最新的高速公路通车情况全面更新里程数据。**

★ 本书里程数据仅供参考，不作营运计价依据。

图书在版编目（CIP）数据

中国高速公路及城乡公路网地图集 ： 超级详查版 / 中图北斗文化传媒（北京）有限公司编著. -- 2版. 北京 ： 中国地图出版社, 2025. 1. -- ISBN 978-7-5204-4549-8

Ⅰ. F512.99-64

中国国家版本馆CIP数据核字第20246CX372号

责任编辑：王元楣
封面设计：邵　淳

中国高速公路及城乡公路网地图集·超级详查版

出版发行　中国地图出版社
社　　址　北京市白纸坊西街3号　　邮政编码　100054
网　　址　www.sinomaps.com
印　　刷　北京天宇万达印刷有限公司　　经　　销　新华书店
成品规格　210mm×295mm　　印　　张　32.5
版　　次　2012年6月第1版　2025年1月第2版　　印　　次　2025年1月　北京第1次印刷
定　　价　99.00元
书　　号　ISBN 978-7-5204-4549-8
审 图 号　GS京（2024）2231号
本图集中国国界线系按照中国地图出版社1989年出版的1:400万《中华人民共和国地形图》绘制
如有印装质量问题，请与我社发行部联系。电话：010-83493011
如反馈图书信息，请与编辑联系。电话：010-83493080

地图分幅索引

Key to the Map Pages

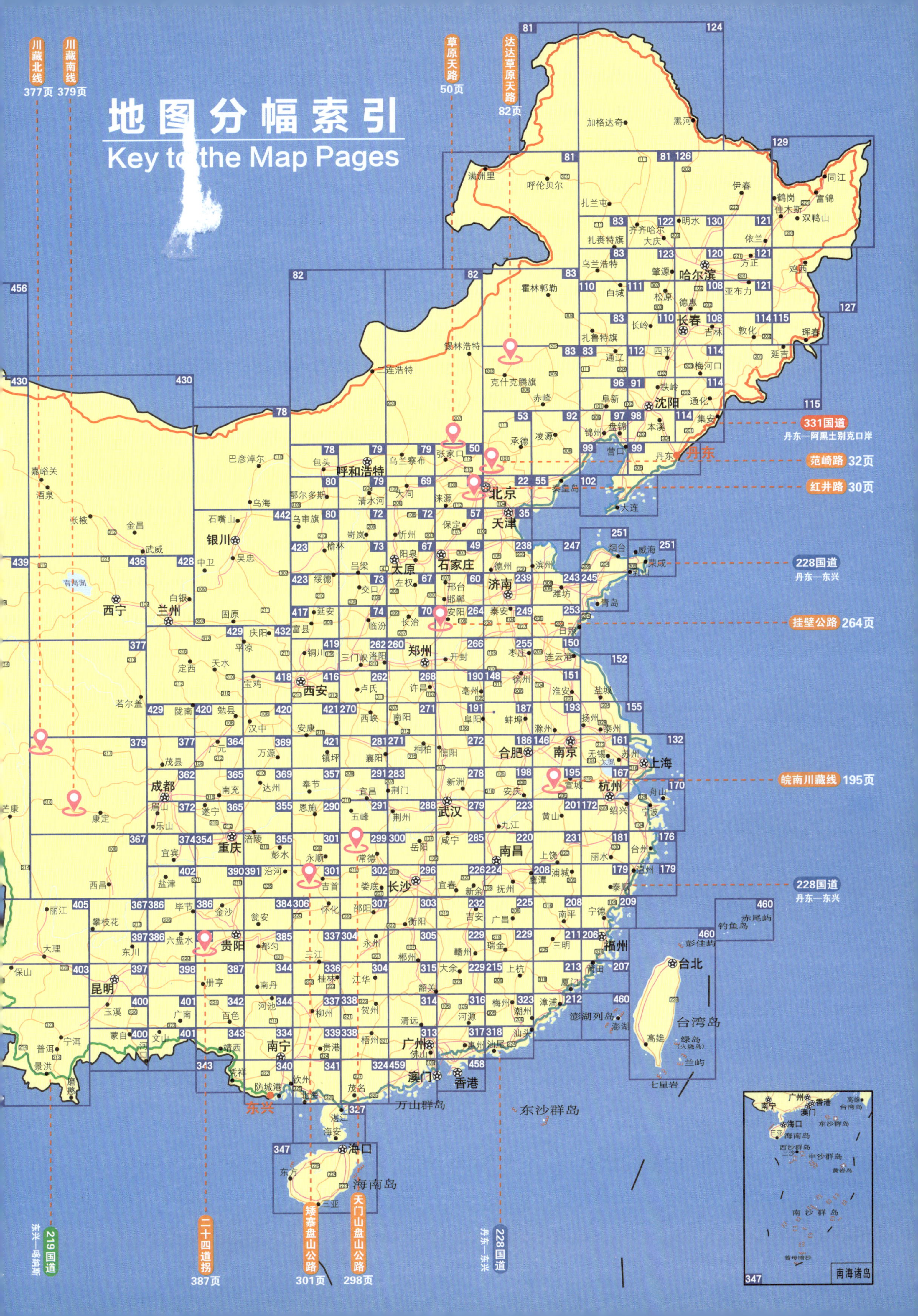

全国高速公路大变名

为统一和规范国家高速公路网的路线命名和编号，全国的高速公路都更换了新的路牌，熟悉的汉字名称被“G+数字”或“S+数字”的形式所取代，变化之大可能会令众多驾车族茫然和困惑。通过对高速公路更名深入解读，本文对高速更名中的要点——新编号、新名称、新出口桩号进行了图解说明，帮助驾车者少走冤枉路。

● 新编号、新名称

国家高速公路的数字编号采用1位、2位和4位数，字母标识符采用汉语拼音“G”，与国道一致。地方高速公路网的字母标识符采用汉语拼音“S”，与省道一致。

根据《国家高速公路网规划》，首都放射线采用1位数，如京哈高速(北京—哈尔滨）编号为“G1”；纵线和横线采用2位数，如沈海高速（沈阳—海口)为“G15”，青银高速（青岛—银川）为“G20”；城市绕城环线和联络线采用4位数编号，如东佛高速（东莞—佛山）为G9411”。

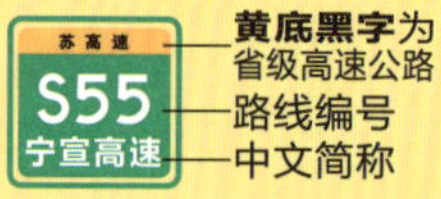

● 新出口编号

出口编号规则由连续出口编号调整为里程桩整数值，当桩号值超过千位时，实地编号使用后三位。

例如，某高速公路转S2沪芦高速公路的匝道出口，原先预告标志上的出口编号是14，代表该处是从起点起的第14个出口，现在改为45，就代表该出口距离该高速公路的起点45公里。

出口标志

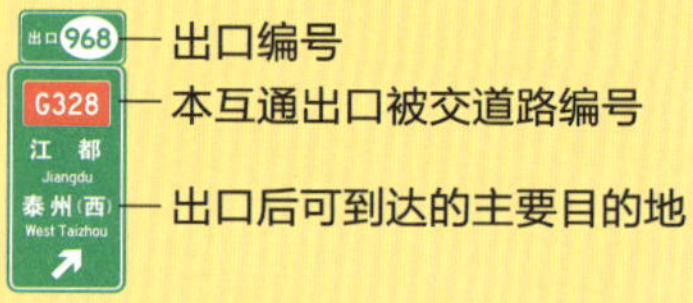

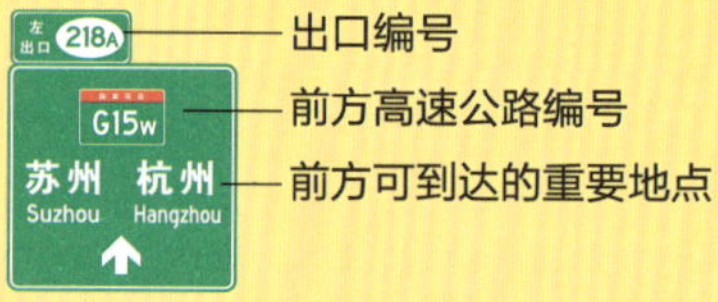

● 高速公路出口编号使用说明

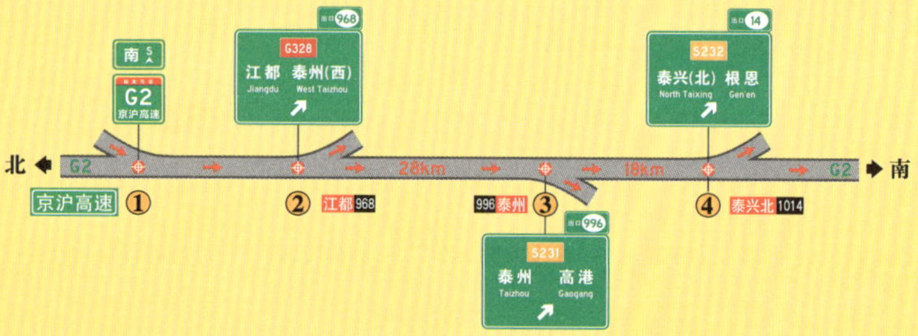

➧ **高速公路换名后的新名称及编号　见标志①**

此处表示该高速为国家高速公路网中的G2京沪高速，该高速零起点为北京南四环十八里店桥，终点为上海。

➧ **最新高速公路出口里程编号　见标志②③④**

②江都、泰州（西）出口，出口编号968。

表示此出口位于距京沪高速公路零起点968千米处。

③泰州、高港出口，出口编号996。

表示此出口位于距京沪高速公路零起点996千米处。

④泰兴（北）、根恩出口，出口编号14。

表示此出口位于距京沪高速公路零起点1014千米处。

(根据国家高速公路网命名及编号规则，出口里程桩号值超过千位时，仅保留后三位有效数值。)

根据各出口路牌上的数字编号，即可换算出不同出口间的实地距离。

②和③出口间的实地距离即为 996-968=28千米

③和④出口间的实地距离即为1014-996=18千米

友情提示

1.出行前，请查好地图和高速公路命名编号对照表，认清颜色、记清编号。
2.本书高速出口按实际里程数表示，当标注为4位数时，请参考后3位数值。
3.因出口路牌取桩号整数值时四舍五入等原因，可能会出现高速出口里程数标注与实地不符，请以实地路牌为准。

国家高速公路名称与编号对照表

路线走向	序号	国家高速公路名称	编号	起止点
7条放射线	1	京哈高速	G1	北京－哈尔滨
	2	京沪高速	G2	北京－上海
	3	京台高速	G3	北京－台北
	4	京港澳高速	G4	北京－香港、澳门
	并行线	广澳高速	G4W	广州－澳门
	5	京昆高速	G5	北京－昆明
	6	京藏高速	G6	北京－拉萨
	7	京新高速	G7	北京－乌鲁木齐
11条纵线	1	鹤大高速	G11	鹤岗－大连
	联络线	鹤哈高速	G1111	鹤岗－哈尔滨
		集双高速	G1112	集安－双辽
		丹阜高速	G1113	丹东－阜新
	2	沈海高速	G15	沈阳－海口
	并行线	常台高速	G15W	常熟－台州
	联络线	日兰高速	G1511	日照－兰考
		甬金高速	G1512	宁波－金华
		温丽高速	G1513	温州－丽水
		宁上高速	G1514	宁德－上饶
	3	长深高速	G25	长春－深圳
	联络线	新鲁高速	G2511	新民－鲁北
		阜锦高速	G2512	阜新－锦州
		淮徐高速	G2513	淮安－徐州
	4	济广高速	G35	济南－广州
	5	大广高速	G45	大庆－广州
	联络线	龙河高速	G4511	龙南－河源
	6	二广高速	G55	二连浩特－广州
	联络线	集阿高速	G5511	集宁－阿荣旗
		晋新高速	G5512	晋城－新乡
		长张高速	G5513	长沙－张家界
	7	包茂高速	G65	包头－茂名
	8	兰海高速	G75	兰州－海口
	9	银昆高速	G85	银川－昆明
	10	呼北高速	G59	呼和浩特－北海
	11	银百高速	G69	银川－百色
18条横线	1	绥满高速	G10	绥芬河－满洲里
	联络线	哈同高速	G1011	哈尔滨－同江
	2	珲乌高速	G12	珲春－乌兰浩特
	联络线	吉黑高速	G1211	吉林－黑河
		沈吉高速	G1212	沈阳－吉林
	3	丹锡高速	G16	丹东－锡林浩特
	4	荣乌高速	G18	荣成－乌海
	联络线	黄石高速	G1811	黄骅－石家庄
	5	青银高速	G20	青岛－银川
	联络线	青新高速	G2011	青岛－新河
		定武高速	G2012	定边－武威
	6	青兰高速	G22	青岛－兰州
	7	连霍高速	G30	连云港－霍尔果斯
	联络线	柳格高速	G3011	柳园－格尔木
		吐和高速	G3012	吐鲁番－和田
		奎阿高速	G3014	奎屯－阿勒泰
		奎塔高速	G3015	奎屯－塔城
		清伊高速	G3016	清水河－伊宁
	8	宁洛高速	G36	南京－洛阳
	9	沪陕高速	G40	上海－西安
	联络线	扬溧高速	G4011	扬州－溧阳
	10	沪蓉高速	G42	上海－成都
	联络线	宁芜高速	G4211	南京－芜湖
		合安高速	G4212	合肥－安庆
	11	沪渝高速	G50	上海－重庆
	联络线	芜合高速	G5011	芜湖－合肥
	12	杭瑞高速	G56	杭州－瑞丽
	联络线	大丽高速	G5611	大理－丽江
	13	沪昆高速	G60	上海－昆明
	14	福银高速	G70	福州－银川
	联络线	十天高速	G7011	十堰－天水
	15	泉南高速	G72	泉州－南宁
	联络线	南友高速	G7211	南宁－友谊关
	16	厦蓉高速	G76	厦门－成都
	17	汕昆高速	G78	汕头－昆明
	18	广昆高速	G80	广州－昆明
	联络线	开河高速	G8011	开远－河口
6条地区环线	1	辽中环线高速	G91	铁岭－本溪－铁岭
	2	杭州湾环线高速	G92	上海－杭州－宁波
	联络线	甬舟高速	G9211	宁波－舟山
	3	成渝环线高速	G93	成都－重庆－成都
	4	珠三角环线高速	G94	深圳－珠海－佛山－深圳
	5	海南环线高速	G98	海口－三亚－海口
	6	首都环线高速	G95	张家口－廊坊－张家口

图　　例　LEGEND

省　市　地区交通图

- 高速公路及出入口
- 高速公路服务区　收费站
- 高速公路名称及编号
- 快速路
- 国道及编号
- 省道及编号　里程（km）
- 县乡道及隧道　桥梁
- 大车路及山隘
- 高速铁路　高铁站
- 铁路
- 国界
- 省级界
- 特别行政区界
- 地级界
- 县级界
- 地区界　军事分界线
- 中国首都
- 外国首都
- 省级行政中心
- 地级市行政中心
- 自治州行政中心
地区、盟行政公署
- 县级行政中心　外国主要城市
- 主要村镇
- 一般村庄　外国一般城镇
- 长城　沙漠　盐田　沼泽
- 山峰及高程　居民地高程（米）
- 港口　机场　口岸
- 机动渡口　人力渡口
- 世界遗产　国家公园
- 国家级风景名胜区
- 自然保护区
- 地质公园　森林公园
- 一般景区景点　汽车营地　景观公路
- 历史文化名村、名镇
- 相邻图幅页码
- 索引格座标编号

城市平面图

- 街区　立交桥
- 公园　绿地
- 过境线　国道
- 主要街道　省道
- 次要街道　县道
- 城市高架路
- 地铁
- 铁路及车站
- 高速铁路及车站
- 高速公路及出入口
- 建筑中高速公路
- 快速路　环线
- 城墙
- 地级界
- 首都
- 省级政府
- 市级政府
- 县级政府
- 交警部门
- 加油站
- 汽修厂
- 停车场
- 汽车站
- 医院
- 邮电局
- 宾馆　饭店
- 运动场
- 古塔
- 电视台
- 风景点
- 大厦
- 港口
- 机场

什么是高速公路里程桩？

高速公路里程桩指高速公路路线上由起点至终点，沿每千米等长顺序设置的、标识农村和城镇郊区公路里程与编号的碑石群。用以计算路线或路段长度和标注公路上某一地点的沿线位置。

高速公路里程桩是一种科学有效的高速路定位手段，对驾车者准确快速地在道路上进行位置定位具有非常重要的意义。

如何在高速公路上查找里程桩，怎么读图？

高速公路里程桩可能出现在道路中间的隔离带上，也可能出现在前进方向的右侧。

12五环路 如左图，表示五环路出入口位于距该高速公路零千米里程12千米处。

特别说明—中国高速公路大换名

2010年，全国统一更换新的国家高速公路网命名和编号路牌。

根据《国家高速公路网规划》，首都放射线采用1位数，如京哈高速(北京—哈尔滨)编号为“G1”；纵线和横线采用2位数，如沈海高速(沈阳—海口)为“G15”，青银高速(青岛—银川)为“G20”；城市绕城环线和联络线采用4位数编号，如东佛高速(东莞—佛山)为“G9411”。

高速公路出口编号规则也会彻底改变，由连续出口编号调整为里程桩整数值，当桩号值超过千位时，编号使用后三位。例如，某高速公路转S2沪芦高速公路的匝道出口，原先预告标志上的出口编号是14，代表该处是从起点起的第14个出口，现在改为45，就代表该出口距离该高速公路的起点45千米。

12五环路　五环路出入口位于距该高速公路零千米里程 12 千米处

13马驹桥服务区　马驹桥服务区位于距该高速公路零千米里程 13 千米处

26大羊坊收费站　大羊坊收费站位于距该高速公路零千米里程 26 千米处

G101 24 枯柳村　枯柳村位于距101国道零千米里程 24 千米处

中国高速铁路示意图

China Railway High-speed Map

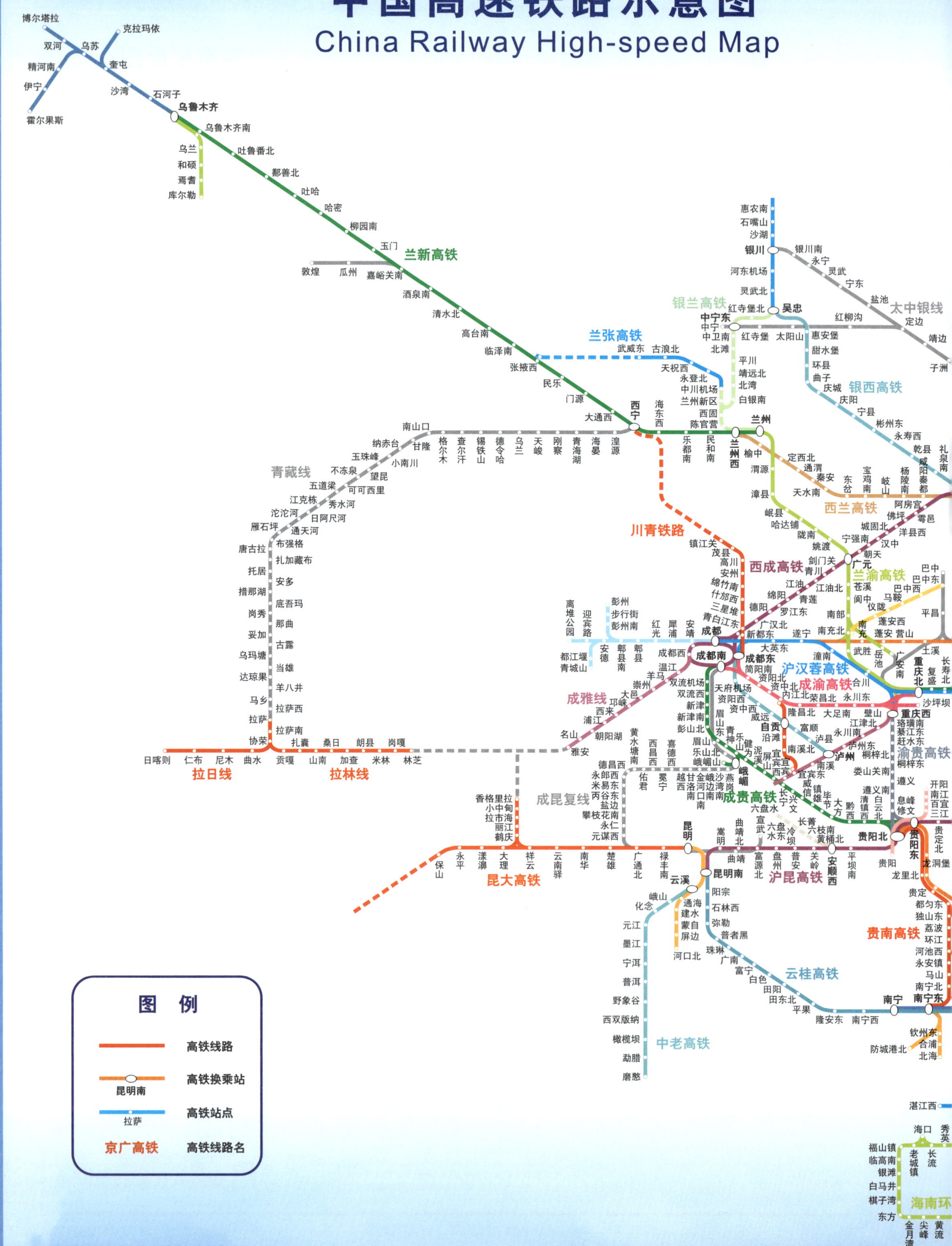

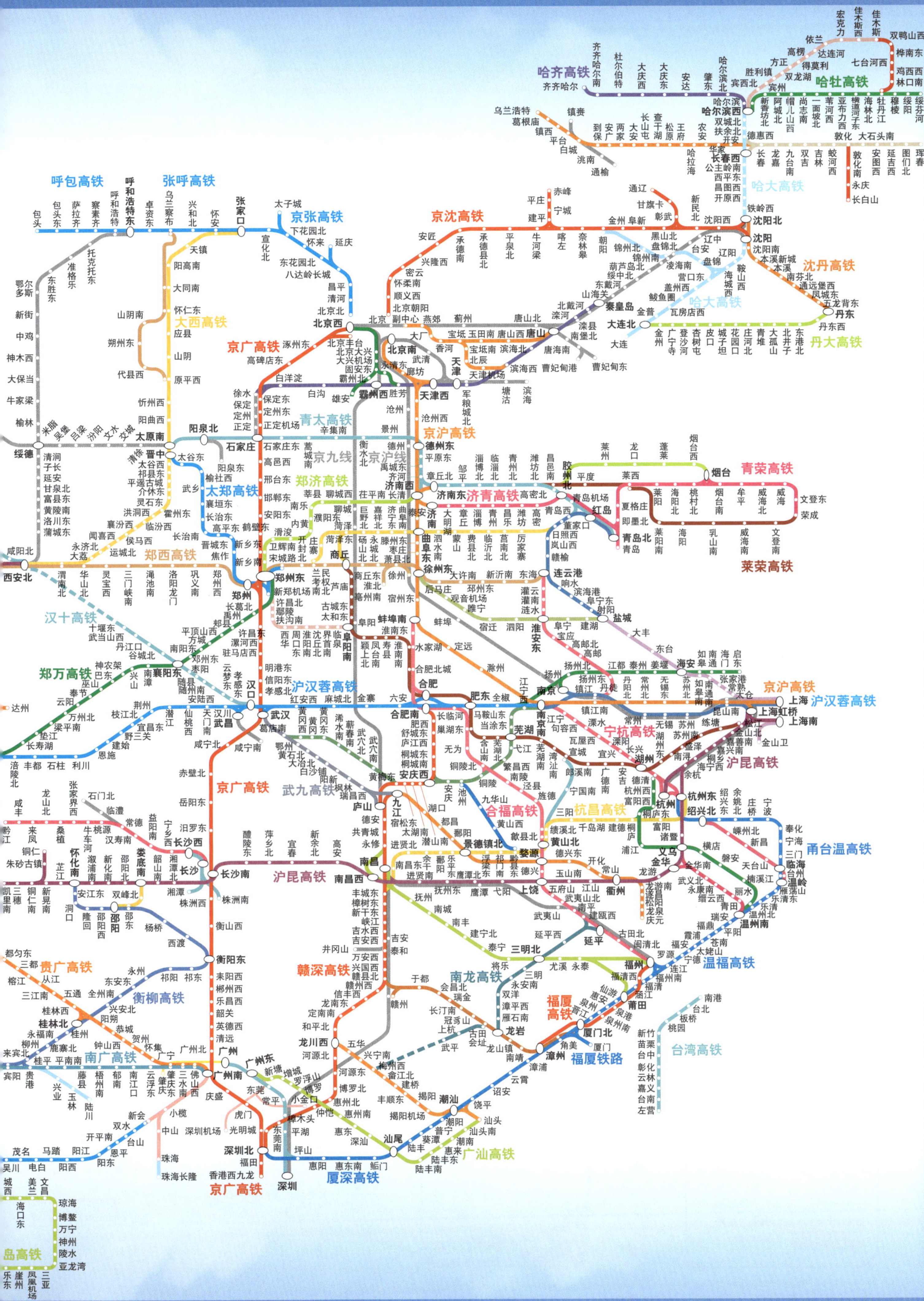
哈齐高铁
哈牡高铁
哈大高铁
呼包高铁
张呼高铁
京张高铁
京沈高铁
沈丹高铁
丹大高铁
大西高铁
京广高铁
青太高铁
京沪高铁
京九线
京沪线
郑济高铁
太郑高铁
济青高铁
青荣高铁
莱荣高铁
郑西高铁
汉十高铁
郑万高铁
沪汉蓉高铁
京沪高铁
宁杭高铁
沪昆高铁
武九高铁
合福高铁
杭昌高铁
甬台温高铁
沪昆高铁
赣深高铁
南龙高铁
温福高铁
福厦高铁
福厦铁路
贵广高铁
衡柳高铁
南广高铁
广汕高铁
厦深高铁
京广高铁
台湾高铁
岛高铁

219国道
331国道
独库公路
沙漠公路
216国道
新藏线
阿里北线
阿里中线
青藏线
川藏南线
罗布泊无人区
阿尔金山无人区
羌塘无人区
可可西里无人区
阿黑土别克口岸
喀纳斯湖
哈巴河
阿勒泰
布尔津
乌伦古湖
北屯
吉木乃
巴音托海
富蕴
可可托海
青河
路口
和布克赛尔
塔城
裕民
世界魔鬼城
克拉玛依
阿拉山口
温泉
双河
艾比湖
赛里木湖
精河
奎屯
独山子
独山子大峡谷
安集海大峡谷
五工台
乌鲁木齐
天池
木垒胡杨林
奇台硅化土恐龙公园
三湖塘
木垒
大河古城
八里坤
霍尔果斯
伊宁
艾西热普
空中草原
那拉提
八卦城
喀拉峻草原
库尔德宁景区
琼库什台
昭苏
特克斯
夏特
夏塔古道
巴音布鲁克草原
天鹅湖
天山神秘大峡谷
克孜尔千佛洞
小草湖
吐鲁番
哈密
库木塔格沙漠
巴仑台
博斯腾湖
托木尔冰川
阿克苏
库车
轮台
胡杨林公园
库尔勒
尉犁
罗布人村寨
阿合奇
格达良
三岔口
喀什
喀什古城
麦盖堤
楼兰遗址
罗布泊
慕士塔格山 7509
英吉沙
莎车
叶城 1700
塔中
米兰古城
敦里克
若羌
冷湖石油遗址
冷湖
茫崖 2970
千佛崖
黄瓜梁
艾肯泉（恶魔之眼）
老茫崖
石头城
塔什库尔干 3000
红旗拉甫口岸
且末古城
路口
且末
尼雅遗址
和田
于田
民丰
乔戈里峰 8611
布喀达坂峰 6860
太阳湖
索南达杰遇难地
岗扎日 6305
可可西里湖
卓乃湖
塞图拉镇 3700
阿克赛钦湖
黑石北湖
月牙湖
土则岗日 6356
美马措
藏色岗日 6460
唐古拉山 4600
松西村
多玛
班公错
日土 4200
先遣
普诺岗日 6278
雁石坪 4700
格拉丹冬 6621
唐古拉山 6205
唐古拉山口
双湖 4900
依布茶卡
改则 4500
洞措
革吉 4800
雄巴
噶尔 4280
那木如
札达土林
古格王朝遗址
巴尔
冈仁波齐峰 6656
亚热
昂拉仁错
扎布耶茶卡
仁多
仁青休布错
塔若错
措勤 4650
扎日南木错
文布南村 4600
达果
古象雄遗址
当惹雍错
昂孜错
尼玛 4700
色林错
申扎
班戈 4900
安多 4800
那曲 4500
纳木错
圣象天门
念青唐古拉峰 7162
当雄
羊八井
羊八井温泉
墨竹工卡 3850
布达拉宫
札达 3700
加油站
拉昂错
玛旁雍错
普兰 3700
科伽寺
仲巴 4700
萨嘎 4500
道班
桑桑
拉孜 4000
日喀则 3860
扎什伦布寺
卡若拉冰川
江孜 4040
宗山古堡
浪卡子 4470
羊卓雍错
曲水 3590
拉萨 3650
桑耶
山南 3580
普莫雍错
康马 4360
洛扎 4030
措美 4130
40冰川
萨迦寺
吉隆 4300
佩枯错
岗嘎
定日 4300
定结 4230
岗巴 4580
嘎拉
亚东 2940
乃堆拉山口（中印口岸）
吉隆口岸（中尼口岸）
聂拉木 3750
绒布寺
珠峰大本营 4900
珠穆朗玛峰 8848.86
友谊桥（中尼口岸）
独库公路
沙漠公路
珠穆朗玛峰
图例
拉萨 省级行政中心
林芝 3000 地级市行政中心 高程(米)
噶尔 自治州行政中心 地区、盟行政公署
定日 县级行政中心
羊八井 主要村镇
珠穆朗玛峰 8848.86 山峰及高程(米)
九寨沟 景点
130 里程(千米) 一级旅游线路
二级旅游线路
三级旅游线路
川藏南线 旅游线路名

西部自驾攻略图

West Self-driving Tour Map

目　录　CONTENTS

·序图·

中国政区……2-3
中国国道……4-5
中国地形……6-7
中国旅游……8-9
中国东北部公路网……10-11
中国东南部公路网……12-13
中国西部公路网……14-15
环渤海地区公路网……16-17
长江三角洲公路网……18-19
珠江三角洲公路网……20-21

·省区全图·里程表·城市图·地市详图·

[北京市] 22-34
北京市全图……22
北京市公路里程表……23
城市图
北京……24-25
门头沟 房山 密云 昌平……26
通州 顺义 大兴 怀柔……27
北京详图
东城区 西城区
朝阳区 丰台区
石景山区 海淀区……28-29
门头沟区 房山区
大兴区 昌平区……30-31
延庆区 怀柔区
密云区 平谷区……32-33
顺义区 通州区……34

怀柔
33
延庆
32
密云
33
海淀
昌平
31
顺义
34
平谷
32
门头沟
30
28
29
朝阳
28
房山
30
通州
34
大兴
31
石景山
28
丰台
东城 西城
29

[天津市] 35-43
天津市全图……35
天津市公路里程表……43
城市图
天津……36-37
天津详图
和平区 河东区 河西区
南开区 河北区 红桥区
滨海新区 东丽区 西青区
津南区 北辰区……38-39
武清区 宁河区 滨海新区……40
蓟州区 宝坻区……41
静海区 滨海新区……42

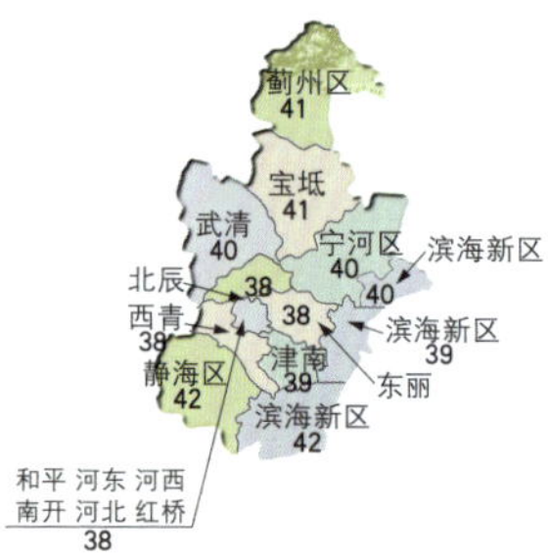

蓟州区
41
宝坻
41
武清
40
宁河区
40
滨海新区
40
北辰
38
西青
38
38
38
滨海新区
39
津南
39
东丽
静海区
42
滨海新区
42
和平 河东 河西
南开 河北 红桥
38

[河北省] 44-61
河北省全图……44-45
河北省公路里程表……46
城市图
石家庄……47
承德……53
保定……56
沧州……58
地市详图
石家庄市……48-49
张家口市……50-51
廊坊市 承德市……52-53
秦皇岛市 唐山市……54-55
保定市……56-57
沧州市 衡水市……58-59
邢台市……60
邯郸市……61

承德
53
张家口
50
秦皇岛
55
唐山
54
保定
57
廊坊
52
沧州
59
石家庄
49
衡水
58
邢台
60
邯郸
61

[山西省] 62-75
山西省全图……62-63
山西省公路里程表……64
城市图
太原……65
阳泉……66
大同……68
长治……71
临汾 运城……75
地市详图
太原市 阳泉市 晋中市……66-67
大同市 朔州市……68-69
长治市 晋城市……70-71
忻州市……72
吕梁市……73
临汾市 运城市……74-75

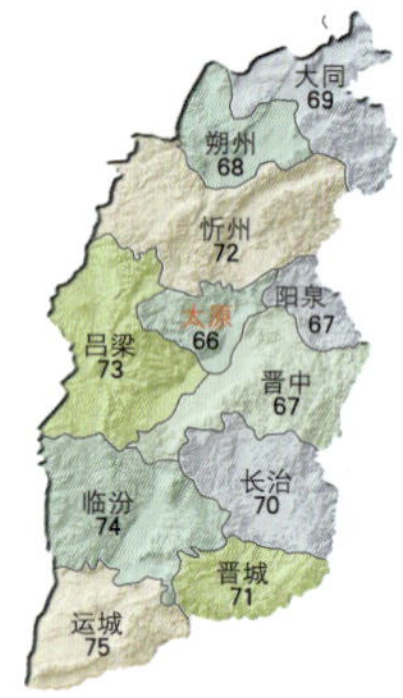

大同
69
朔州
68
忻州
72
阳泉
67
吕梁
73
太原
66
晋中
67
临汾
74
长治
70
晋城
71
运城
75

[内蒙古自治区] 76-85
内蒙古自治区全图……76-77
内蒙古自治区公路里程表……85
城市图
呼和浩特……76
包头……78
赤峰……82

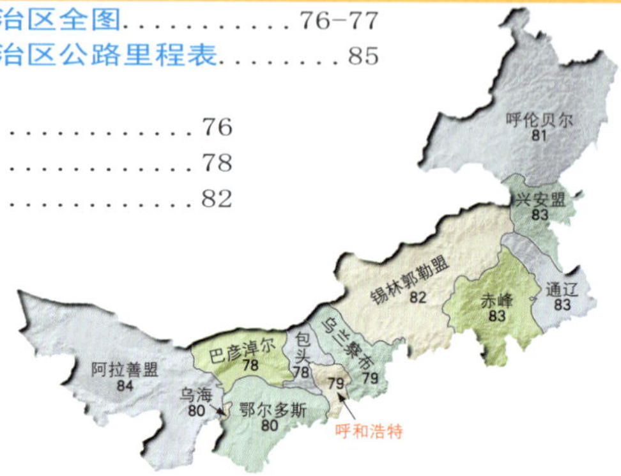

呼伦贝尔
81
兴安盟
83
锡林郭勒盟
82
赤峰
83
通辽
83
阿拉善盟
84
巴彦淖尔
78
包头
78
乌兰察布市
79
79
乌海
80
鄂尔多斯
80
呼和浩特

地市详图
呼和浩特市 包头市 乌兰察布市 巴彦淖尔市……78-79
乌海市 鄂尔多斯市……80
呼伦贝尔市……81
锡林郭勒盟 兴安盟 赤峰市 通辽市……82-83
阿拉善盟……84

[辽宁省] 86-103
辽宁省全图……86-87
辽宁省公路里程表……88
城市图
本溪……87
沈阳……89
朝阳 葫芦岛……93
抚顺……94
锦州 阜新……96
鞍山 辽阳 大连……101
地市详图
沈阳市……90-91
朝阳市 葫芦岛市……92-93
铁岭市 抚顺市……94-95
阜新市 锦州市
盘锦市……96-97
本溪市……98
丹东市 营口市……99
鞍山市 辽阳市……100
大连市……102-103

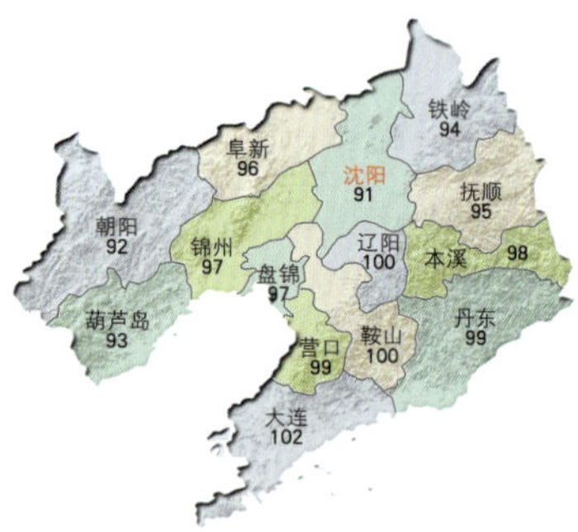

铁岭
94
阜新
96
沈阳
91
抚顺
95
朝阳
92
锦州
97
盘锦
97
辽阳
100
本溪
98
葫芦岛
93
营口
99
鞍山
100
丹东
99
大连
102

[吉林省] 104-115
吉林省全图……104-105
吉林省公路里程表……106
地市详图
长春市……108
吉林市……109
城市图
吉林……104
长春……107
白城……111
四平……112
延吉……115
白城市 松原市……110-111
四平市 辽源市
白山市……112-113
通化市……114
延边朝鲜族自治州……115

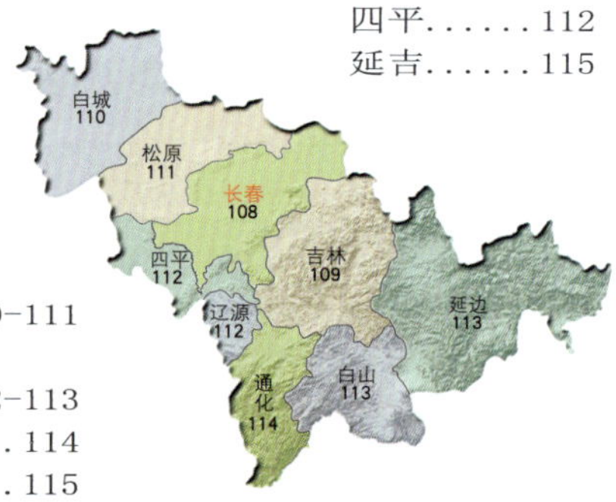

白城
110
松原
111
长春
108
四平
112
吉林
109
延边
113
辽源
112
白山
113
通化
114

[黑龙江省] 116-131

黑龙江省全图.....116-117
黑龙江省公路里程表....118
城市图
大庆 齐齐哈尔........116
牡丹江...............117
哈尔滨...............119
黑河.................125
伊春.................126
佳木斯...............128
地市详图
哈尔滨市.........120-121
齐齐哈尔市
大庆市...........122-123
黑河市...............124
大兴安岭地区.........125
伊春市...............126
七台河市 鸡西市......127
鹤岗市 佳木斯市
双鸭山市.........128-129
绥化市...............130
牡丹江市.............131

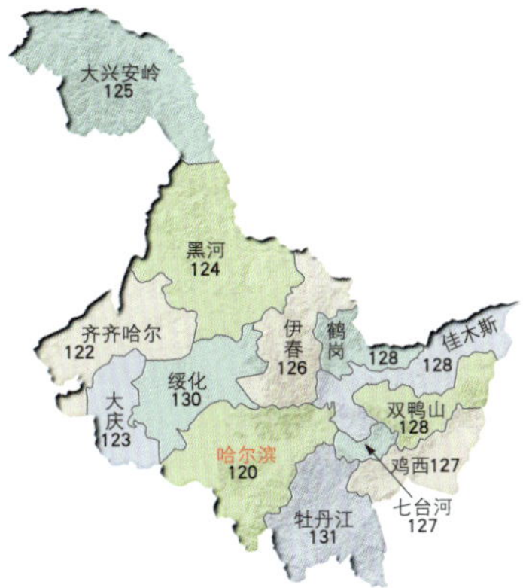

[上海市] 132-141

上海市全图...........132
上海市公路里程表....133
城市图
上海.............134-135
上海详图
黄浦区 徐汇区 长宁区 静安区
普陀区 虹口区 杨浦区
宝山区 嘉定区
浦东新区.........136-137
青浦区 松江区
金山区 闵行区.......138-139
奉贤区 浦东新区.........140
崇明区...................141

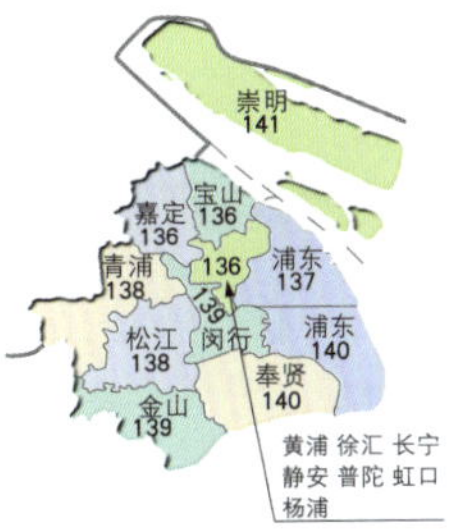

[江苏省] 142-161

江苏省全图......142-143
江苏省公路里程表....144
城市图
南京.................145
徐州.................148
连云港...............150
扬州.................155
镇江 常州............157
无锡.................158
苏州.................160
地市详图
南京市..........146-147
徐州市..........148-149
连云港市 宿迁市
淮安市..........150-151
盐城市...............152
南通市...............153
扬州市 泰州市...154-155
镇江市 常州市...156-157
无锡市..........158-159
苏州市..........160-161

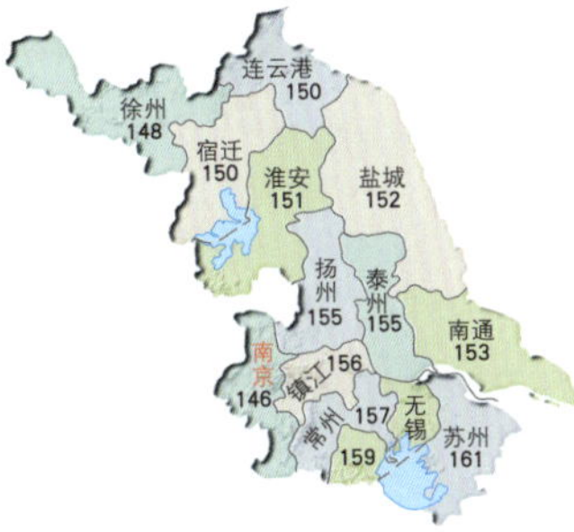

[浙江省] 162-181

浙江省全图......162-163
浙江省公路里程表....164
城市图
杭州.................165
宁波.................171
绍兴.................173
金华.................175
台州.................176
温州.................178
丽水.................181
地市详图
杭州市..........166-167
湖州市...............168
嘉兴市...............169
宁波市 舟山市...170-171
绍兴市..........172-173
金华市..........174-175
台州市...............176
衢州市...............177
温州市..........178-179
丽水市..........180-181

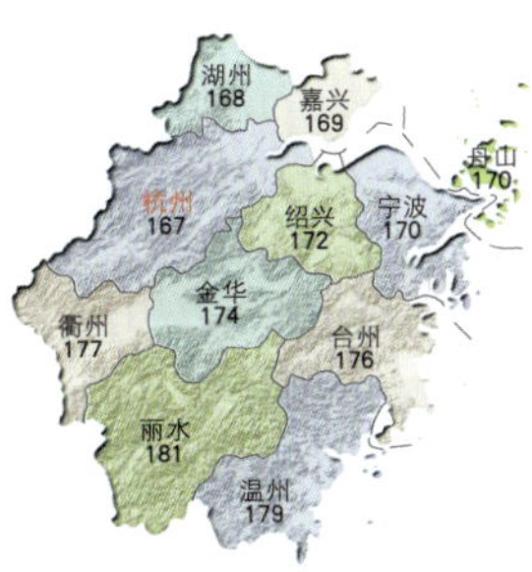

[安徽省] 182-201

安徽省全图......182-183
安徽省公路里程表....184
城市图
合肥.................185
淮北.................188
阜阳.................190
芜湖.................195
马鞍山...............196
黄山.................201
地市详图
合肥市..........186-187
宿州市 淮北市
铜陵市..........188-189
亳州市 阜阳市...190-191
滁州市..........192-193
马鞍山市 芜湖市
宣城市..........194-195
淮南市 六安市...196-197
安庆市...............198
蚌埠市...............199
池州市 黄山市...200-201

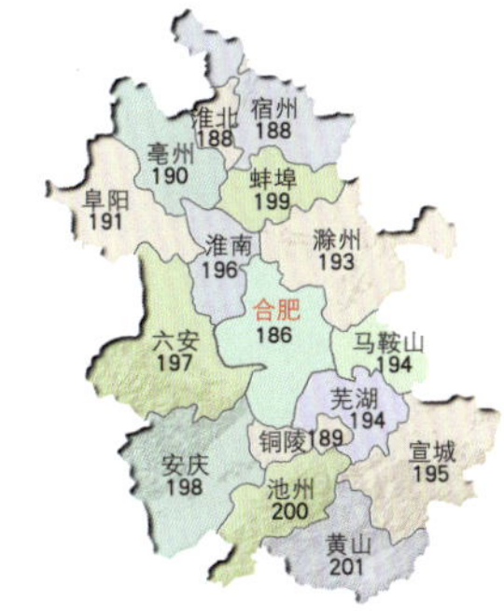

[福建省] 202-215

福建省全图......202-203
福建省公路里程表....204
城市图
福州.................205
莆田.................207
宁德 南平............209
三明.................211
厦门 泉州 漳州.......214
龙岩.................215
地市详图
福州市 莆田市...206-207
南平市 宁德市...208-209
三明市..........210-211
漳州市...............212
泉州市 厦门市.......213
龙岩市...............215

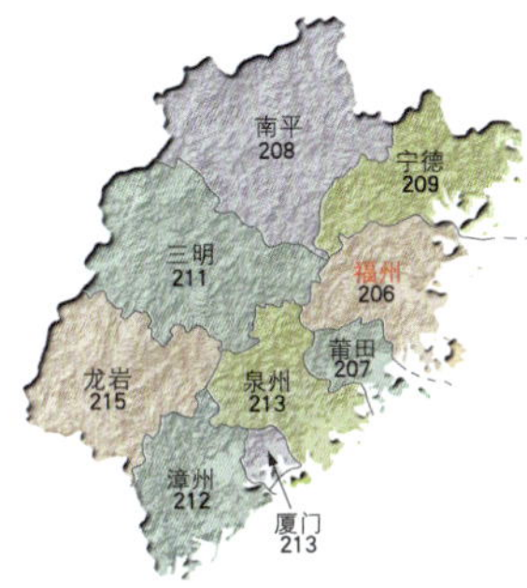

[江西省] 216-233

江西省全图......216-217
江西省公路里程表....218
城市图
南昌.................219
九江.................222
景德镇...............223
萍乡 赣州............228
鹰潭.................230
吉安.................233
地市详图
南昌市...............220
景德镇市.............221
九江市..........222-223
抚州市..........224-225
宜春市 新余市...226-227
萍乡市 赣州市...228-229
上饶市 鹰潭市...230-231
吉安市..........232-233

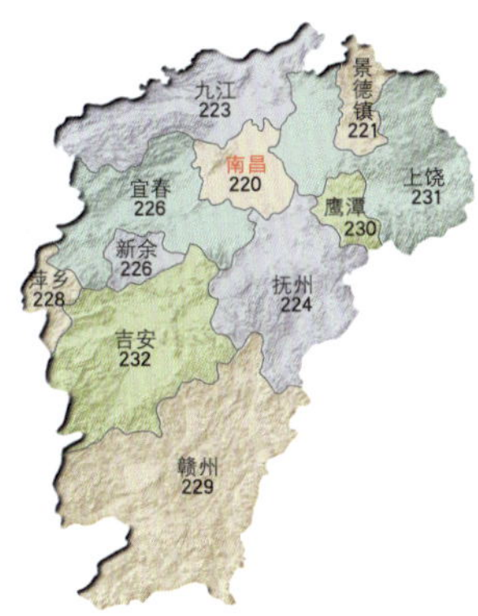

[山东省] 234-255

山东省全图......234-235
山东省公路里程表....236
地市详图
济南市 德州市...238-239
聊城市...............240
东营市...............241
淄博市 潍坊市...242-243
青岛市..........244-245
滨州市...............247
泰安市 248-249
烟台市 威海市...250-251
临沂市 日照市...252-253
菏泽市 济宁市
枣庄市..........254-255
城市图
济南.................237
青岛 潍坊 淄博......246
泰安.................248
烟台.................251

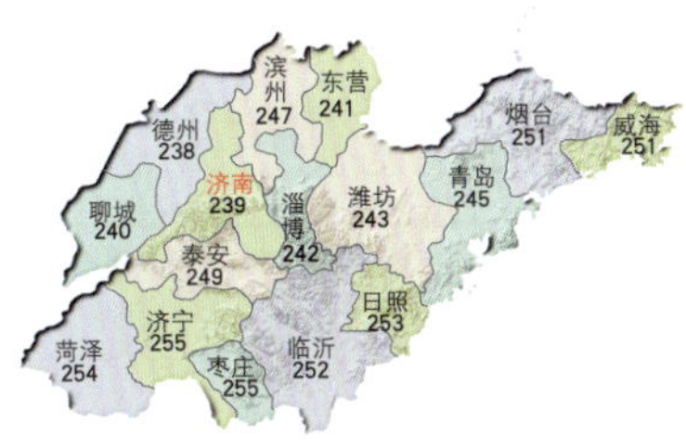

[河南省] 256-273

河南省全图......256-257
河南省公路里程表....258
城市图
郑州................259
洛阳................262
安阳................265
开封................266
平顶山 南阳.........270
信阳................272
地市详图
郑州市..............260
焦作市 济源市.......261
三门峡市 洛阳市...262-263
安阳市 鹤壁市
濮阳市 新乡市...264-265
开封市 商丘市...266-267
许昌市 漯河市
周口市..........268-269
平顶山市 南阳市...270-271
驻马店市 信阳市...272-273

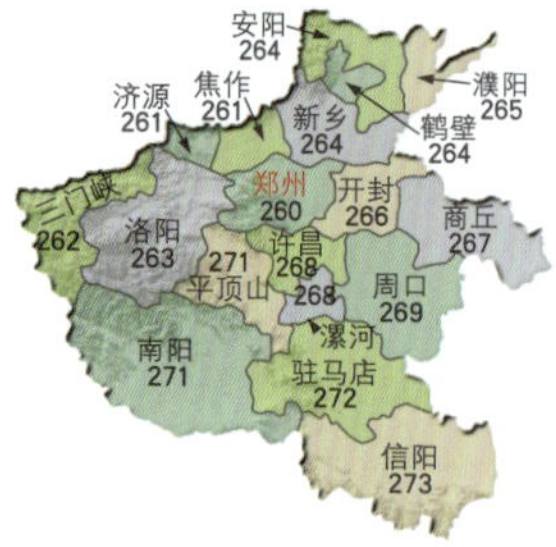

[湖北省] 274-291

湖北省全图......274-275
湖北省公路里程表....276
城市图
武汉................277
襄阳................281
荆门................283
鄂州................286
荆州................288
宜昌................290
地市详图
武汉市..........278-279
十堰市 襄阳市
神农架林区......280-281
随州市..............282
荆门市..............283
孝感市..............284
咸宁市..............285
黄冈市 鄂州市
黄石市..........286-287
荆州市 潜江市
天门市 仙桃市...288-289
恩施土家族苗族自治州
宜昌市..........290-291

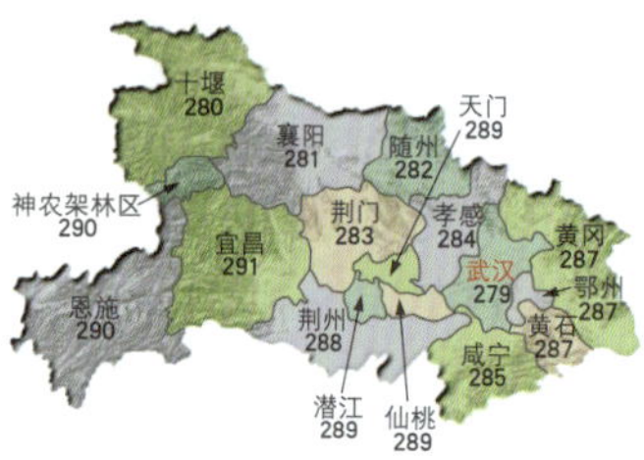

[湖南省] 292-307

湖南省全图......292-293
湖南省公路里程表....294
城市图
长沙................295
常德................298
衡阳................302
地市详图
长沙市..........296-297
张家界市 常德市
益阳市..........298-299
岳阳市..............300
湘西土家族苗族自治州...301
娄底市 湘潭市
衡阳市 株洲市...302-303
永州市 郴州市...304-305
怀化市 邵阳市...306-307

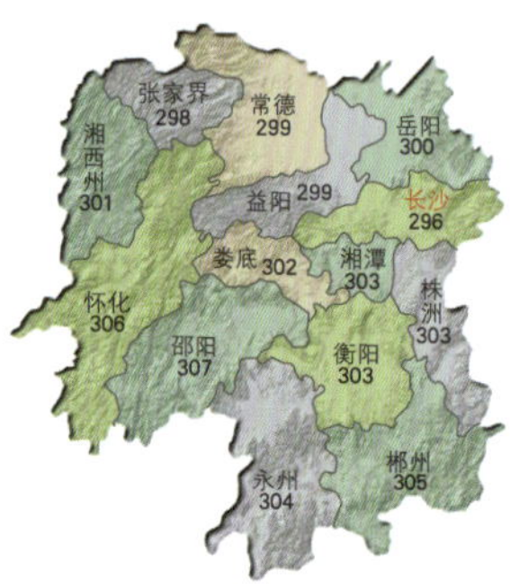

[广东省] 308-329

广东省全图......308-309
广东省公路里程表....329
城市图
广州............310-311
韶关................314
惠州................317
汕尾................318
汕头................319
中山................320
深圳 珠海 东莞......322
茂名 阳江 江门 湛江...326
地市详图
广州市 佛山市...312-313
清远市 韶关市...314-315
河源市 惠州市...316-317
潮州市 汕头市
揭阳市 汕尾市...318-319
东莞市 深圳市
珠海市 中山市...320-321
梅州市..............323
茂名市 云浮市
阳江市 江门市...324-325
湛江市..............327
肇庆市..............328

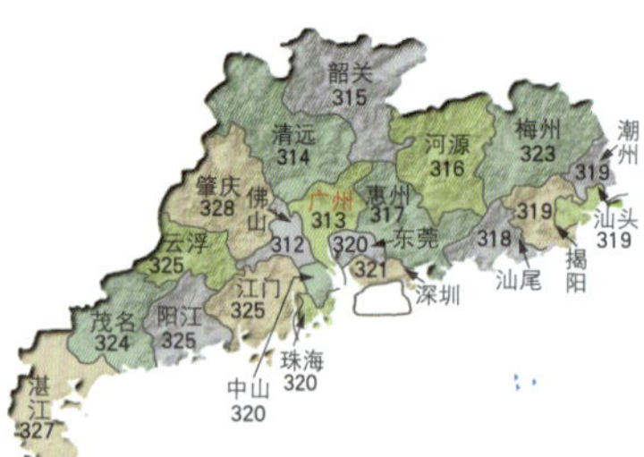

[广西壮族自治区] 330-345

广西壮族自治区全图...........330-331
广西壮族自治区公路里程表.........332
城市图
南宁 柳州 桂林......333
防城港 北海 340
百色................342
地市详图
南宁市..........334-335
桂林市..............336
柳州市..............337
贺州市 梧州市.......338
贵港市 玉林市.......339
防城港市 钦州市
北海市..........340-341
百色市 崇左市...342-343
河池市..............344
来宾市..............345

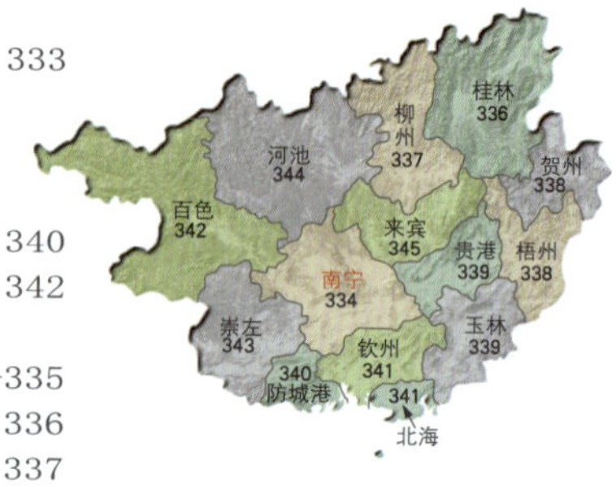

[海南省] 346-349

海南省全图......346-347
海南省公路里程表....348
城市图
海口 三亚
文昌................349

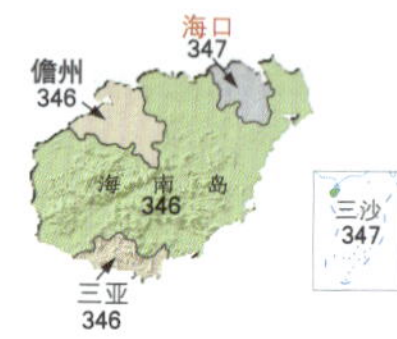

[重庆市] 350-357

重庆市全图......350-351
重庆市公路里程表....351
城市图
重庆............352-353
重庆详图
重庆市西部......354-355
重庆市东南部
重庆市东北部....356-357

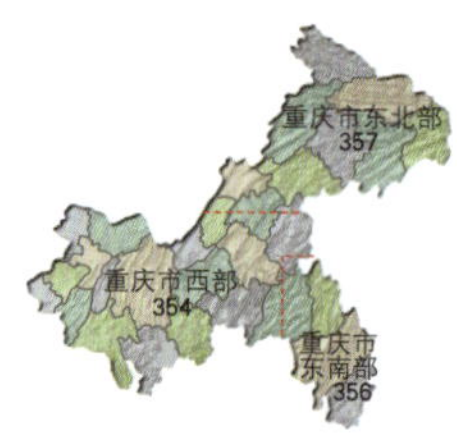

[四川省] 358-379

四川省全图...358-359
四川省公路里程表...360
城市图
成都.............361
遂宁 广元 南充...366
巴中.............369
绵阳 达州 德阳
乐山 泸州........370
资阳 内江 自贡
雅安.............371
宜宾.............374
地市详图
成都市..........362-363
广元市 南充市
遂宁市 广安市...364-365
凉山彝族自治州
攀枝花市........366-367
绵阳市 德阳市.......368
巴中市 达州市.......369
眉山市 乐山市.......372
资阳市 内江市 自贡市...373
宜宾市 泸州市...374-375
雅安市..............376
阿坝藏族羌族自治州...377
甘孜藏族自治州...378-379

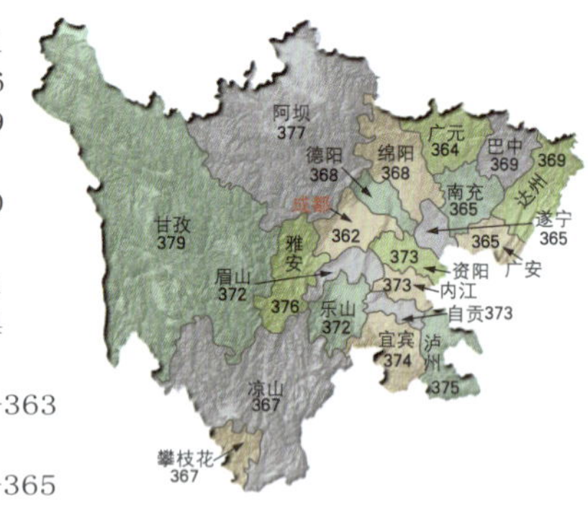

[贵州省] 380-391

贵州省全图......380-381
贵州省公路里程表....382
城市图
贵阳................383
六盘水 铜仁 凯里....388
遵义................391
地市详图
贵阳市
黔南布依族苗族自治州...384-385

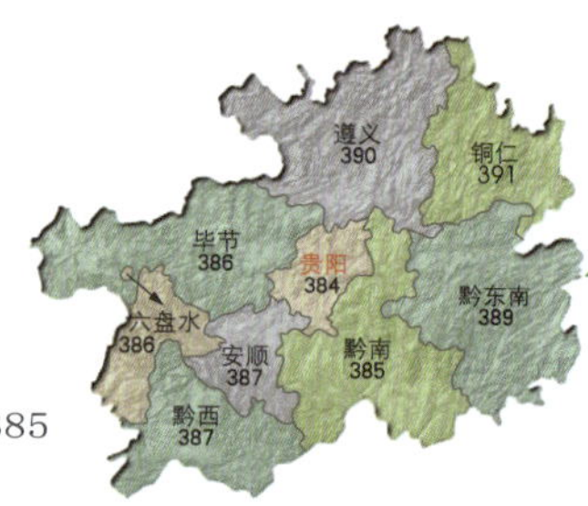

毕节市 六盘水市 安顺市 黔西南布依族苗族自治州 386-387
黔东南苗族侗族自治州 388-389
遵义市 铜仁市 390-391

[云南省] 392-407

云南省全图 392-393
云南省公路里程表 394
城市图
昆明 395
临沧 399
玉溪 401
昭通 402
保山 403
丽江 404
大理 405
普洱 景洪 406

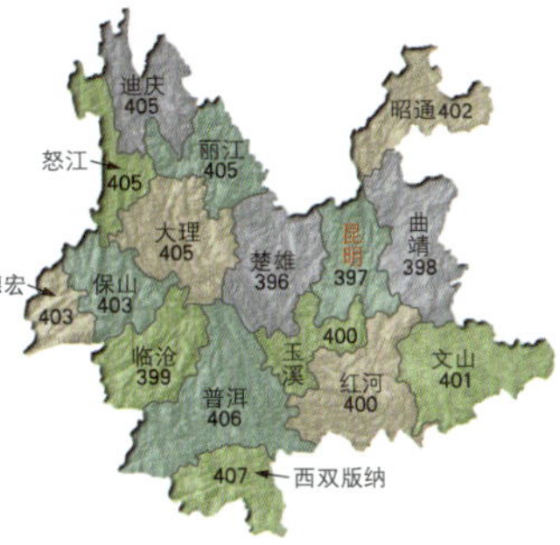

地市详图
昆明市 楚雄彝族自治州 396-397
曲靖市 398
临沧市 399
玉溪市 红河哈尼族彝族自治州
文山壮族苗族自治州 400-401
昭通市 402
德宏傣族景颇族自治州 保山市 403
怒江傈僳族自治州 丽江市 迪庆藏族自治州
大理白族自治州 404-405
普洱市 西双版纳傣族自治州 406-407

[西藏自治区] 408-411

西藏自治区全图 . . . 408-409
西藏自治区公路里程表 . . . 410
城市图
拉萨 409
城市周边图
拉萨附近 411

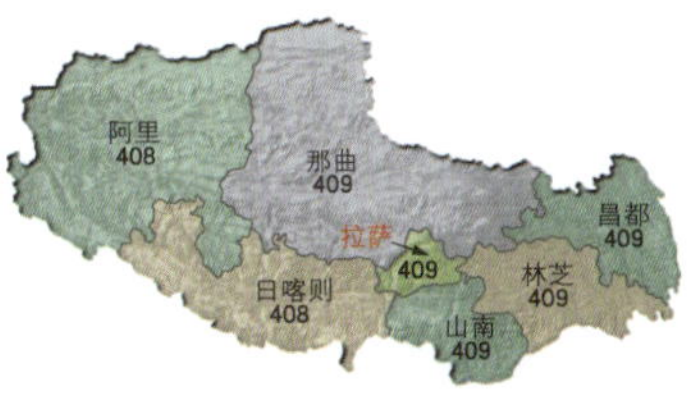

[陕西省] 412-425

陕西省全图 412-413
陕西省公路里程表 414
城市图
西安 415
延安 417
宝鸡 418
铜川 咸阳 419
安康 421
汉中 榆林 422
渭南 424
商洛 425
地市详图
西安市 416
延安市 417
宝鸡市 咸阳市
铜川市 418-419
汉中市 420
安康市 421
榆林市 422-423
渭南市 424
商洛市 425

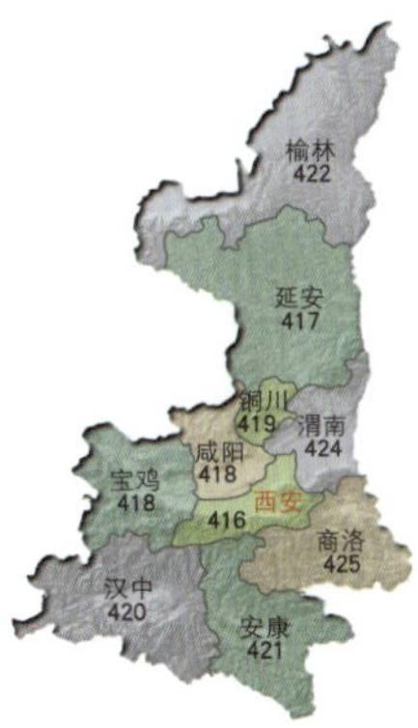

[甘肃省] 426-433

甘肃省全图 426-427
甘肃省公路里程表 433
城市图
兰州 426-427
天水 429
武威 张掖 嘉峪关 431
平凉 432
地市详图
兰州市 白银市 临夏回族自治州
定西市 天水市 陇南市 . . . 428-429

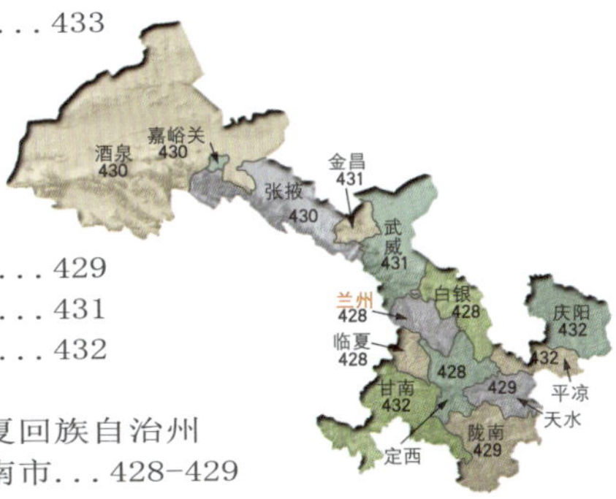

嘉峪关市 张掖市 金昌市 武威市 酒泉市 430-431
甘南藏族自治州 平凉市 庆阳市 432

[青海省] 434-441

青海省全图 434
青海省公路里程表 . . . 435
城市图
西宁 438
格尔木 439

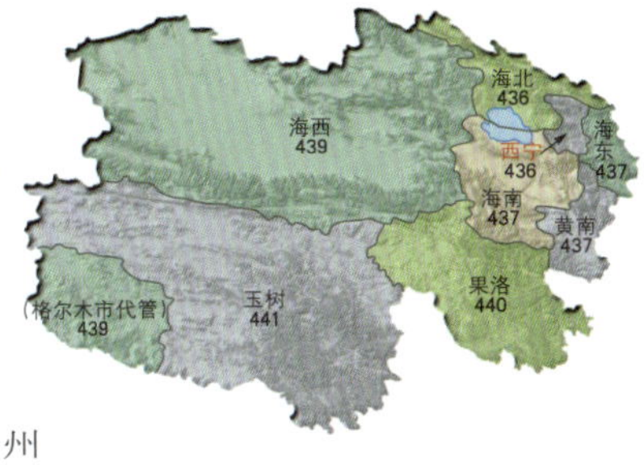

地市详图
西宁市 海北藏族自治州
海南藏族自治州 海东市 黄南藏族自治州 436-437
西宁附近 438
海西蒙古族藏族自治州 439
玉树藏族自治州 果洛藏族自治州 440-441

[宁夏回族自治区] 442-445

宁夏回族自治区全图 442-443
宁夏回族自治区公路里程表 444
城市图
银川 石嘴山 固原 445

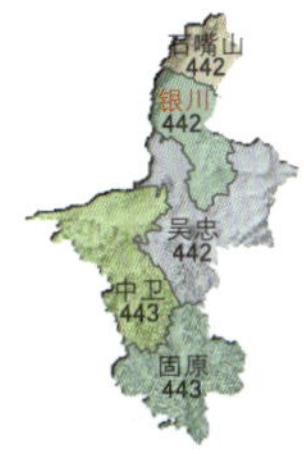

[新疆维吾尔自治区] 446-457

新疆维吾尔自治区全图 446-447
新疆维吾尔自治区公路里程表 . . . 448
城市图
乌鲁木齐 449
克拉玛依 453

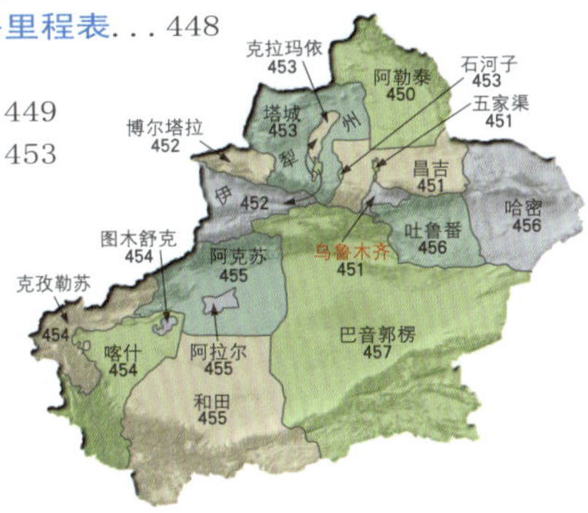

地市详图
乌鲁木齐市
昌吉回族自治州 五家渠市 阿勒泰地区 450-451
伊犁哈萨克自治州 博尔塔拉蒙古自治州
克拉玛依市 塔城地区 石河子市 452-453
克孜勒苏柯尔克孜自治州 喀什地区 图木舒克市 454
阿克苏地区 阿拉尔市 和田地区 455
吐鲁番市 哈密市 456
巴音郭楞蒙古自治州 457

[香港特别行政区] 458

香港特别行政区全图 458
城市图
香港岛・九龙 458

[澳门特别行政区] 459

澳门特别行政区全图 459
城市图
澳门半岛 459

[台湾省] 460

台湾省全图 460
城市图
台北 460

・索引・

全国主要村镇以上地名索引 461-496
全国主要景点景区名称索引 497-510

中国行政区划 统计表称	北京市	天津市	河北省	山西省	内蒙古自治区	辽宁省	吉林省	黑龙江省	上海市	江苏省	浙江省	安徽省	福建省	江西省	山东省	河南省	湖北省
简称	京	津	冀	晋	内蒙古	辽	吉	黑	沪、申	苏	浙	皖	闽	赣	鲁	豫	鄂
车牌简称	京	津	冀	晋	蒙	辽	吉	黑	沪	苏	浙	皖	闽	赣	鲁	豫	鄂

湖南省	广东省	广西壮族自治区	海南省	重庆市	四川省	贵州省	云南省	西藏自治区	陕西省	甘肃省	青海省	宁夏回族自治区	新疆维吾尔自治区	香港特别行政区	澳门特别行政区	台湾省	4个直辖市 23个省 5个自治区
湘	粤	桂	琼	渝	川、蜀	黔、贵	滇、云	藏	陕、秦	甘、陇	青	宁	新	港	澳	台	
湘	粤	桂	琼	渝	川	贵	云	藏	陕	甘	青	宁	新	暂缺	暂缺	暂缺	2个特别行政区

序图

国道说明

- G1xx 12条首都放射线
- G2xx 47条南北纵线
- G3xx 60条东西横线
- G5xx 81条联络线

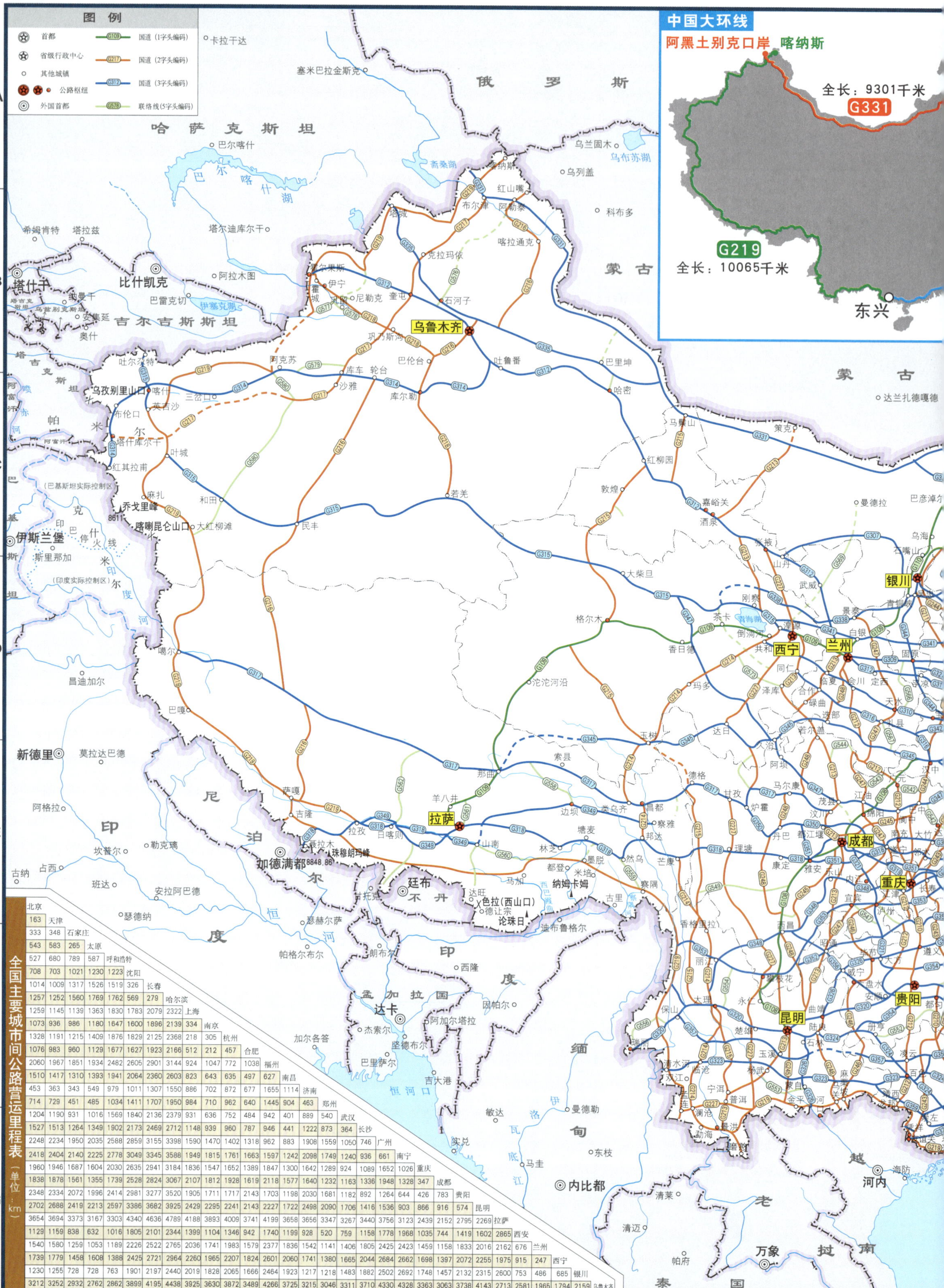

全国主要城市间公路营运里程表（单位：km）

城市	北京	天津	石家庄	太原	呼和浩特	沈阳	长春	哈尔滨	上海	南京	杭州	合肥	福州	南昌	济南	郑州	武汉	长沙	广州	南宁	重庆	成都	贵阳	昆明	拉萨	西安	兰州	西宁	银川
天津	163																												
石家庄	333	348																											
太原	543	583	265																										
呼和浩特	527	680	789	587																									
沈阳	708	703	1021	1230	1223																								
长春	1014	1009	1317	1526	1519	326																							
哈尔滨	1257	1252	1560	1769	1762	569	279																						
上海	1259	1145	1139	1363	1830	1783	2079	2322																					
南京	1073	936	986	1180	1647	1600	1896	2139	334																				
杭州	1328	1191	1215	1409	1876	1829	2125	2368	218	305																			
合肥	1076	983	960	1129	1677	1627	1923	2166	512	212	457																		
福州	2060	1967	1851	1934	2482	2605	2901	3144	924	1047	772	1038																	
南昌	1510	1417	1310	1393	1941	2064	2360	2603	823	643	635	497	627																
济南	453	363	343	549	979	1011	1307	1550	886	702	872	677	1655	1114															
郑州	714	729	451	485	1034	1411	1707	1950	984	710	962	640	1445	904	463														
武汉	1204	1190	931	1016	1569	1840	2136	2379	931	636	752	484	942	401	889	540													
长沙	1527	1513	1264	1349	1902	2173	2469	2712	1148	939	960	787	946	441	1222	873	364												
广州	2248	2234	1950	2035	2588	2859	3155	3398	1590	1470	1402	1318	962	883	1908	1559	1050	746											
南宁	2418	2404	2140	2225	2778	3049	3345	3588	1949	1815	1761	1663	1597	1242	2098	1749	1240	936	661										
重庆	1960	1946	1687	1604	2030	2635	2941	3184	1836	1547	1652	1389	1847	1300	1642	1289	924	1089	1652	1026									
成都	1838	1878	1561	1355	1739	2528	2824	3067	2107	1812	1928	1619	2118	1577	1640	1232	1163	1336	1948	1328	347								
贵阳	2348	2334	2072	1996	2414	2981	3277	3520	1905	1711	1717	2143	1703	1198	2030	1681	1182	892	1264	644	426	783							
昆明	2702	2688	2419	2213	2597	3386	3682	3925	2429	2295	2241	2143	2227	1722	2498	2090	1706	1416	1536	903	866	916	574						
拉萨	3654	3694	3373	3167	3303	4340	4636	4789	4188	3893	4009	3741	4199	3658	3656	3347	3267	3440	3756	3123	2439	2152	2795	2269					
西安	1129	1159	838	632	1016	1805	2101	2344	1399	1104	1346	942	1740	1199	928	520	759	1158	1778	1968	1035	744	1419	1602	2865				
兰州	1540	1580	1259	1053	1189	2226	2522	2765	2036	1741	1983	1579	2377	1836	1542	1141	1406	1805	2425	2423	1459	1158	1833	2016	2162	676			
西宁	1739	1779	1458	1608	1388	2425	2721	2964	2260	1965	2207	1824	2601	2060	1741	1380	1665	2044	2684	2662	1698	1397	2072	2255	1975	915	247		
银川	1230	1255	728	728	763	1901	2197	2440	2019	1828	2065	1666	2464	1923	1217	1218	1483	1882	2502	2692	1748	1457	2132	2315	2600	753	486	685	
乌鲁木齐	3212	3252	2932	2762	2862	3899	4195	4438	3925	3630	3872	3489	4266	3725	3215	3046	3311	3710	4330	4328	3363	3063	3738	4143	2713	2581	1965	1794	2159

比例尺 1：1540万

0 154.0 308.0 462.0 km

图上1cm相当于实地154km

国道一览表

编号	起点—止点	编号	起点—止点
101	北京—沈阳	343	大丰—卢氏
102	北京—抚远	344	东台—灵武
103	北京—滨海新区	345	启东—那曲
104	北京—平潭	346	上海—安康
105	北京—澳门	347	南京—德令哈
106	北京—广州	348	武汉—大理
107	北京—香港	349	察雅—萨嘎
108	北京—昆明	350	利川—炉霍
109	北京—拉萨	351	台州—小金
110	北京—青铜峡	352	张家界—巧家
111	北京—漠河	353	宁德—福贡
112	北京环线	354	南昌—兴义
201	鹤岗—大连	355	福州—巴马
202	黑河—大连	356	湄洲—西昌
203	绥化—沈阳	357	东山—泸水
204	烟台—上海	358	石狮—水口
205	秦皇岛—深圳	359	佛山—富宁
206	威海—汕头	360	文昌—临高
207	乌兰浩特—海安	361	陵水—昌江
208	二连浩特—淅川	501	集贤—当壁
209	苏尼特左旗—北海	502	克东—齐齐哈尔
210	满都拉—防城港	503	五常—通榆
211	银川—榕江	504	抚松—公主岭
212	兰州—龙邦	505	开原—奈曼旗
213	策克—磨憨	506	集安—本溪
214	西宁—澜沧	507	长海—长兴岛
215	马鬃山—宁洱	508	赤峰—曹妃甸
216	红山嘴—吉隆	509	京唐港—通州
217	阿勒泰—塔什库尔干	510	围场—察哈尔右翼后旗
218	霍尔果斯—若羌	511	苏尼特右旗—张北
219	喀纳斯—东兴	512	万全—达拉特旗
220	东营—深圳	513	临邑—德州
221	同江—哈尔滨	514	齐河—邯郸
222	嘉荫—临江	515	定州—浚县
223	海口—三亚（东）	516	沾化—青州
224	海口—三亚（中）	517	长岛—莱西
225	海口—三亚（西）	518	日照—定陶
227	张掖—孟连	519	榆社—潞城
228	丹东—东兴	520	临汾—延安
229	饶河—盖州	521	运城—潼关
230	通化—武汉	522	垣曲—潼关
231	嫩江—双辽	523	泰州—丹阳
232	牙克石—四平	524	常熟—海宁
233	克什克腾—黄山	525	平湖—杭州
234	兴隆—阳江	526	嵊泗连接线
235	新沂—海丰	527	象山—义乌
236	芜湖—汕尾	528	龙游—广昌
237	济宁—宁德	529	金寨—岳西
238	南昌—惠来	530	黄山—湖口
239	正蓝旗—阳泉	531	都昌连接线
240	保定—台山	532	九江—德安
241	呼和浩特—北海	533	樟树—分宜
242	甘其毛都—钦州	534	福清—长汀
243	开州—凭祥	535	定南—宜章
244	乌海—江津	536	桃江—溆浦
245	巴中—金平	537	宁远—连州
246	遂宁—麻栗坡	538	江永—钟山
247	景泰—昭通	539	揭东—南澳
248	兰州—马关	540	毛阳—九所
301	绥芬河—满洲里	541	石泉—巫溪
302	珲春—阿尔山	542	广元—万州
303	集安—阿巴嘎旗	543	青川—平武
304	丹东—霍林郭勒	544	九寨沟—川主寺
305	庄河—西乌珠穆沁旗	545	茂县—德阳
306	绥中—珠恩嘎达布其	546	纳溪—习水
307	黄骅—山丹	547	宜宾—兴文
308	文登—石家庄	548	班玛—色达
309	青岛—兰州	549	石棉—得荣
310	连云港—共和	550	越西—冕宁
311	连云港—栾川	551	镇远—福泉
312	上海—霍尔果斯	552	荔波—安龙
314	乌鲁木齐—红其拉甫	553	蒙自—元江
315	西宁—吐尔尕特	554	永胜—祥云
316	长乐—同仁	555	施甸连接线
317	成都—噶尔	556	镇安—瑞丽
318	上海—聂拉木	557	贡觉连接线
319	高雄—成都	558	比如—边坝
320	上海—瑞丽	559	察隅—墨脱
321	广州—成都	560	米林—错那
322	瑞安—友谊关	561	当雄—拉萨
323	瑞金—清水河	562	班戈—亚东
324	福州—昆明	563	萨迦连接线
325	广州—南宁	564	普兰连接线
326	秀山—河口	565	札达连接线
327	连云港—固原	566	西吉—天水
328	启东—老河口	567	礼县—康县
329	舟山—鲁山	568	兰州—碌曲
330	洞头—合肥	569	曼德拉—大通
331	丹东—阿勒泰	570	永昌连接线
332	萝北—额布都格	571	肃北连接线
333	三合—莫力达瓦旗	572	贵南—乌兰
334	龙井—东乌珠穆沁旗	573	泽库—兴海
335	承德—塔城	574	称多连接线
336	天津—神木	575	老爷庙—哈密
337	黄骅—榆林	576	北屯—石河子
338	海兴—天峻	577	精河—昭苏
339	滨州港—榆林	578	新源—尼勒克
340	东营港—子长	579	拜城连接线
341	黄岛—海晏	580	阿克苏—康西瓦
342	日照—凤县	581	喀什—伊尔克什坦

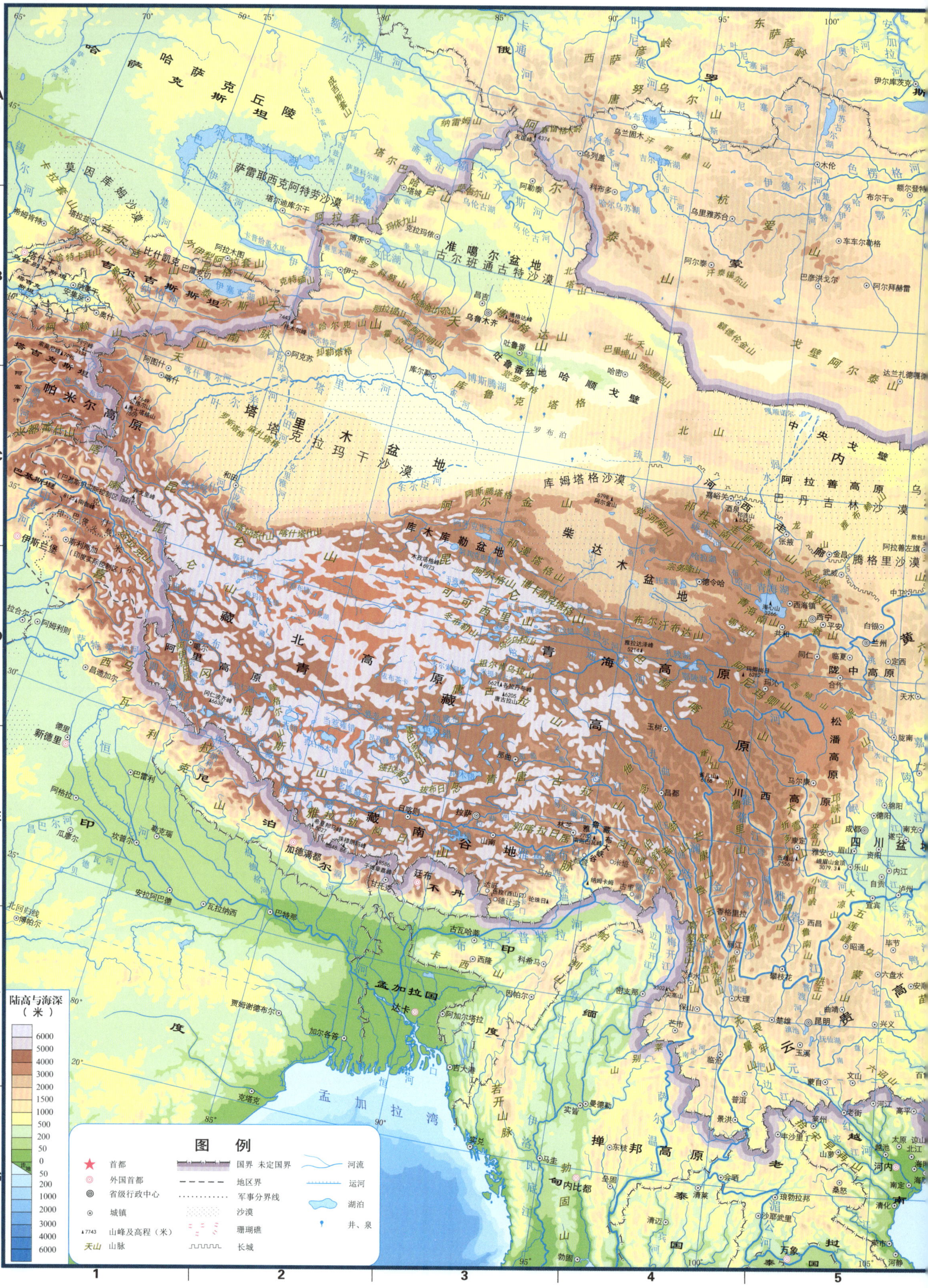
陆高与海深（米）
6000
5000
4000
3000
2000
1500
1000
500
200
50
0
50
200
1000
2000
3000
4000
6000
图例
首都
外国首都
省级行政中心
城镇
7743 山峰及高程（米）
天山 山脉
国界 未定国界
地区界
军事分界线
沙漠
珊瑚礁
长城
河流
运河
湖泊
井、泉
哈萨克丘陵
萨雷耶西克阿特劳沙漠
莫因库姆沙漠
准噶尔盆地
古尔班通古特沙漠
天山
吐鲁番盆地
帕米尔高原
塔里木盆地
塔克拉玛干沙漠
库姆塔格沙漠
柴达木盆地
库木库勒盆地
昆仑山
阿尔金山
祁连山
青藏高原
藏北高原
阿里高原
唐古拉山
冈底斯山
念青唐古拉山
喜马拉雅山
藏南谷地
横断山
川西高原
四川盆地
云贵高原
松潘高原
陇中高原
阿拉善高原
巴丹吉林沙漠
腾格里沙漠
蒙古
戈壁阿尔泰山
杭爱山
唐努乌梁海
萨彦岭
阿尔泰山
哈顺戈壁
北山
孟加拉国
孟加拉湾
印度
尼泊尔
不丹
缅甸
掸邦高原
老挝
越南
泰国
印度河
恒河
布拉马普特拉河
伊洛瓦底江
萨尔温江
湄公河
乌鲁木齐
拉萨
西宁
兰州
成都
昆明
河内
达卡
加德满都
廷布
新德里
内比都
1
2
3
4
5
A
B
C
D
E
F
G

比例尺 1：1500万

0 150 300 450 km

图上1cm相当于实地150km

中国旅游

图例解释

国界　未定国界　省界　特别行政区界　地区界　军事分界线　首都　外国首都　省级行政中心　城镇　世界遗产　国家级风景名胜区　国家级自然保护区　旅游点

中国世界遗产名录

文化遗产　北京中轴线　长城　明清故宫　敦煌莫高窟　秦始皇陵及兵马俑坑　周口店北京人遗址　承德避暑山庄及其周围寺庙　曲阜孔庙、孔林、孔府　拉萨布达拉宫历史区　武当山古建筑群　丽江古城　平遥古城　苏州古典园林　颐和园　天坛　大足石刻　明清皇家陵寝　龙门石窟　青城山-都江堰　皖南古村落-西递、宏村　云冈石窟　高句丽王城、王陵及贵族墓葬　澳门历史城区　安阳殷墟　开平碉楼与村落　福建土楼　登封"天地之中"历史建筑群　元上都遗址　大运河　丝绸之路　中国土司遗址　花山岩画　鼓浪屿　良渚古城遗址　普洱景迈山古茶林

自然遗产　九寨沟　黄龙　武陵源　三江并流　四川大熊猫栖息地　中国南方喀斯特(石林、荔波、武隆、金佛山、施秉、桂林、环江)　三清山　中国丹霞(崀山、丹霞山、泰宁、赤水、龙虎山、龟峰、江郎山)　澄江化石地　新疆天山　神农架　可可西里　梵净山　中国黄(渤)海候鸟栖息地　巴丹吉林沙漠

文化和自然双重遗产　泰山　黄山　峨眉山-乐山大佛　武夷山

文化景观遗产　庐山　五台山　西湖　哈尼梯田　宋元中国的世界海洋商贸中心

第一批国家公园名单

青海省　三江源国家公园　**四川省陕西省**　大熊猫国家公园　**吉林省黑龙江省**　东北虎豹国家公园　**海南省**　海南热带雨林国家公园　**福建省**　武夷山国家公园

国家风景名胜区(244处)

北京市　八达岭-十三陵　石花洞

天津市　盘山

河北省　秦皇岛北戴河　避暑山庄及外八庙　野三坡　苍岩山　嶂石岩　西柏坡-天桂山　崆山白云洞　太行大峡谷　响堂山　娲皇宫

山西省　五台山　恒山　黄河壶口瀑布(与陕西共有)　北武当山　五老峰　碛口

内蒙古自治区　扎兰屯　额尔古纳

辽宁省　千山　鸭绿江　金石滩　兴城海滨　大连海滨-旅顺口　凤凰山　本溪水洞　青山沟　医巫闾山

吉林省　松花湖　"八大部"-净月潭　仙景台　防川

黑龙江省　镜泊湖　五大连池　太阳岛　大沾河

江苏省　太湖　南京钟山　云台山　蜀冈-瘦西湖　三山

浙江省　杭州西湖　富春江-新安江　雁荡山　普陀山　天台山　嵊泗列岛　楠溪江　莫干山　雪窦山　双龙　方岩　百丈漈-飞云湖　仙都　江郎山　仙居　浣江-五泄　方山-长屿硐天　天姥山　大红岩　大盘山　桃渚　仙华山

安徽省　黄山　九华山　天柱山　琅琊山　齐云山　采石　巢湖　花山谜窟-渐江　太极洞　花亭湖　龙川　齐山-平天湖

福建省　武夷山　清源山　鼓浪屿-万石山　太姥山　桃源洞-鳞隐石林　金湖　鸳鸯溪　海坛　冠豸山　鼓山　玉华洞　十八重溪　青云山　佛子山　宝山　白云山　灵通山　湄洲岛　九龙漈

江西省　庐山　井冈山　三清山　龙虎山　仙女湖　三百山　梅岭-滕王阁　龟峰　高岭-瑶里　武功山　云居山-柘林湖　灵山　神农源　大茅山　瑞金　小武当　杨岐山　汉仙岩

山东省　泰山　青岛-崂山　胶东半岛海滨　博山　青州　千佛山

河南省　鸡公山　洛阳龙门　嵩山　王屋山-云台山　石人山　林虑山　青天河　神农山　桐柏山-淮源　郑州黄河景区

湖北省　武汉东湖　武当山　大洪山　隆中　九宫山　陆水　丹江口水库

湖南省　衡山　武陵源　岳阳楼-洞庭湖　韶山　岳麓山　崀山　猛洞河　桃花源　紫鹊界梯田-梅山龙宫　德夯　苏仙岭-万华岩　南山　万佛山-侗寨　虎形山-花瑶　东江湖　凤凰　沩山　炎帝陵　白水洞　九嶷山-舜帝陵　里耶-乌龙山

广东省　肇庆星湖　西樵山　丹霞山　白云山　惠州西湖　罗浮山　湖光岩　梧桐山

广西壮族自治区　桂林漓江　桂平西山　花山

海南省　三亚热带海滨

重庆市　缙云山　长江三峡（与湖北共有）　金佛山　四面山　芙蓉江　天坑地缝　潭獐峡

四川省　峨眉山　黄龙寺-九寨沟　青城山-都江堰　剑门蜀道　贡嘎山　蜀南竹海　西岭雪山　四姑娘山　石海洞乡　邛海-螺髻山　白龙湖　光雾山-诺水河　天台山　龙门山　米仓山大峡谷

贵州省　黄果树　织金洞　㵲阳河　红枫湖　龙宫　荔波樟江　赤水　马岭河峡谷　都匀斗篷山-剑江　九洞天　九龙洞　黎平侗乡　紫云格凸河穿洞　平塘　榕江苗山侗水　石阡温泉群　沿河乌江山峡　瓮安江界河

云南省　石林　大理　西双版纳　三江并流　昆明滇池　玉龙雪山　腾冲地热火山　瑞丽江-大盈江　九乡　建水　普者黑　阿庐

西藏自治区　雅砻河　纳木错-念青唐古拉山　唐古拉山-怒江源　土林-古格

陕西省　华山　临潼骊山　宝鸡天台山　黄帝陵　合阳洽川

甘肃省　麦积山　崆峒山　鸣沙山-月牙泉　关山莲花台

青海省　青海湖

宁夏回族自治区　西夏陵　须弥山石窟

新疆维吾尔自治区　天山天池　库木塔格沙漠　博斯腾湖　赛里木湖　罗布人村寨　托木尔大峡谷

国家公园

丝绸之路（世界遗产）

大运河（世界遗产）

比例尺 1：1500万

0 150.0 300.0 450.0 km

图上1cm相当于实地150km

中国东北部公路网

图例解释

- 高速公路（在建）
- 快速路
- 国道及编号、里程
- 省道、县道及里程
- 国界（未定）
- 省级界
- 特别行政区界
- 长城
- 首都
- 外国首都
- 省级行政中心
- 地级行政中心
- 玉树 地级行政中心 地区、盟行政公署
- 县级行政中心 外国主要城市
- 县以下居民地 外国一般城镇
- 港口
- 机场

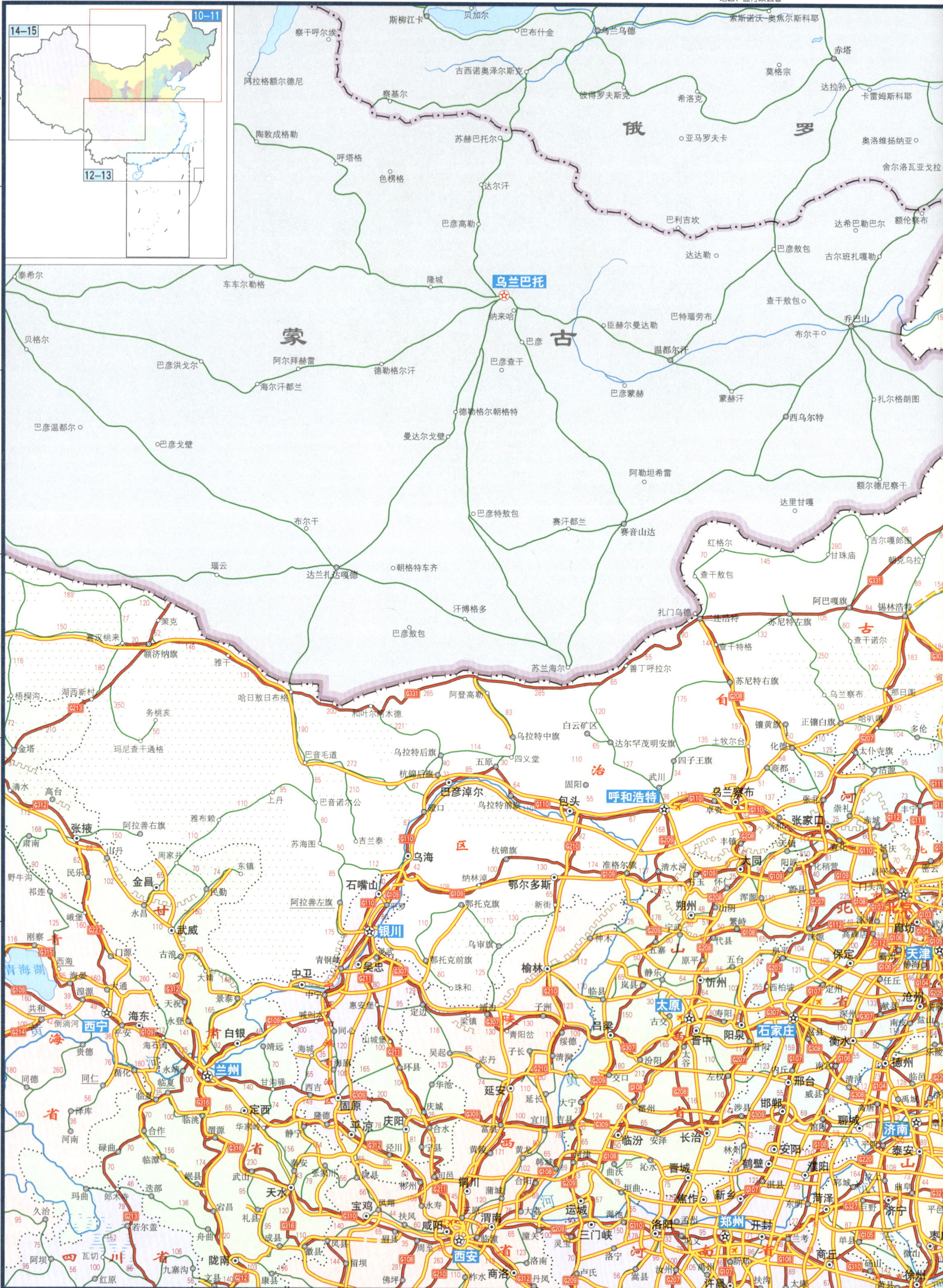

比例尺 1：790万

0 79.0 158.0 237.0 km

图上1cm相当于实地79km

中国东南部公路网

图例解释

- 高速公路（在建）
- 快速路
- 国道及编号、里程
- 省道、县道及里程
- 国界（未定）
- 省级界
- 特别行政区界
- 长城
- 首都
- 外国首都
- 省级行政中心
- 地级行政中心
- 地级行政中心 地区、盟行政公署（玉树）
- 县级行政中心 外国主要城市
- 县以下居民地 外国一般城镇
- 港口
- 机场

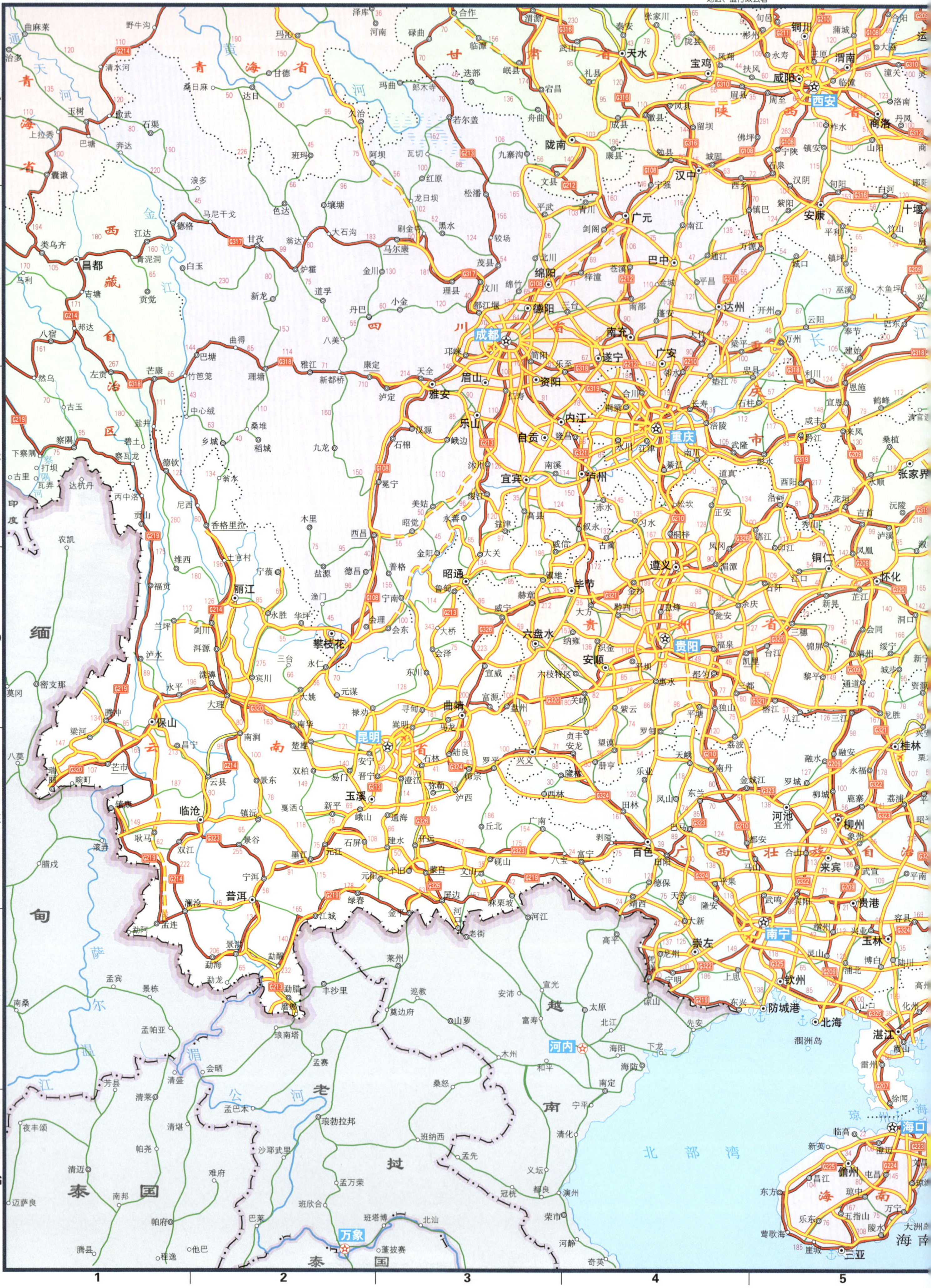

比例尺 1：720万

0 72.0 144.0 216.0 km

图上1cm相当于实地72km

比例尺 1：910万

0 91.0 182.0 273.0 km

图上1cm相当于实地91km

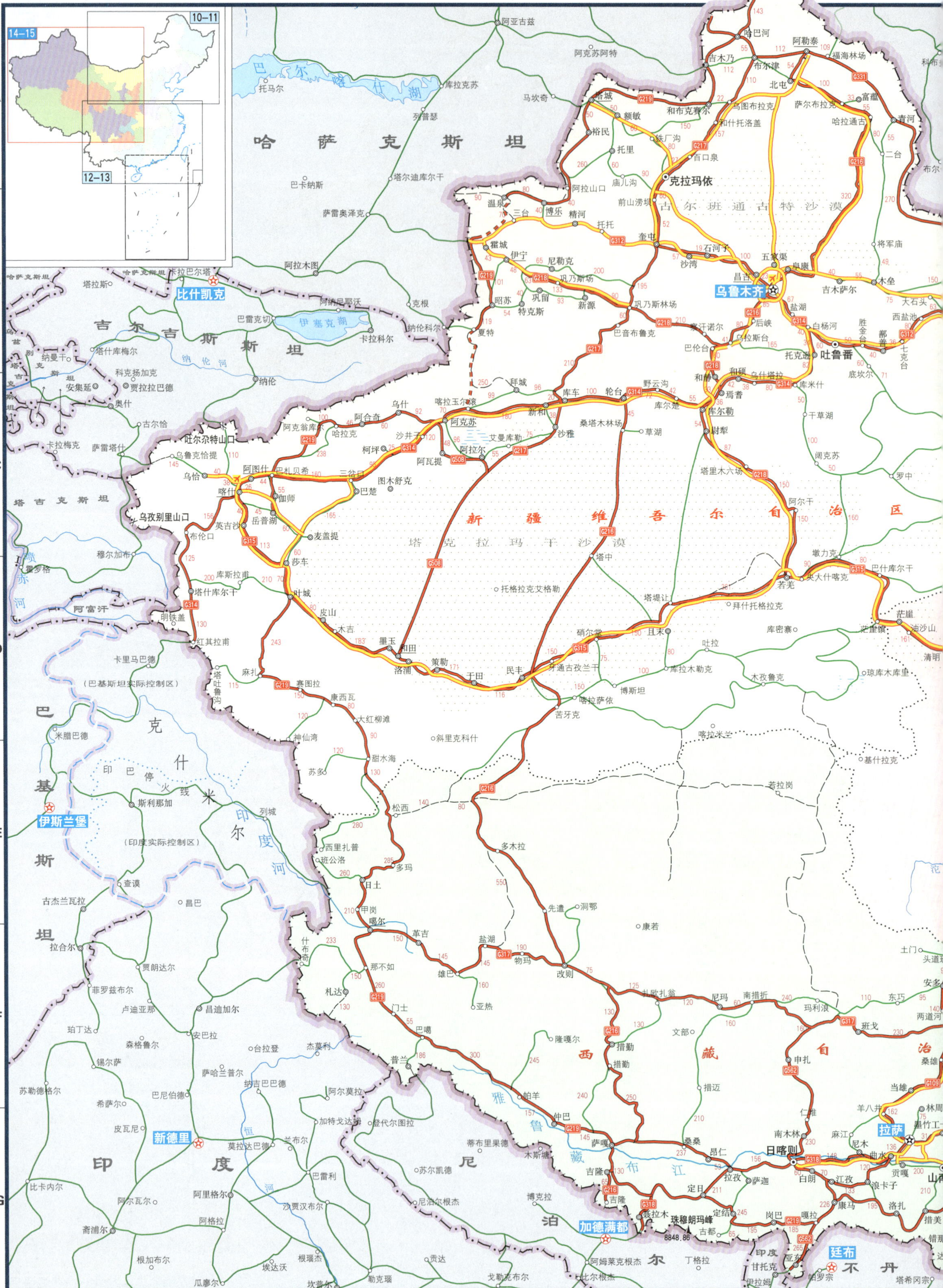

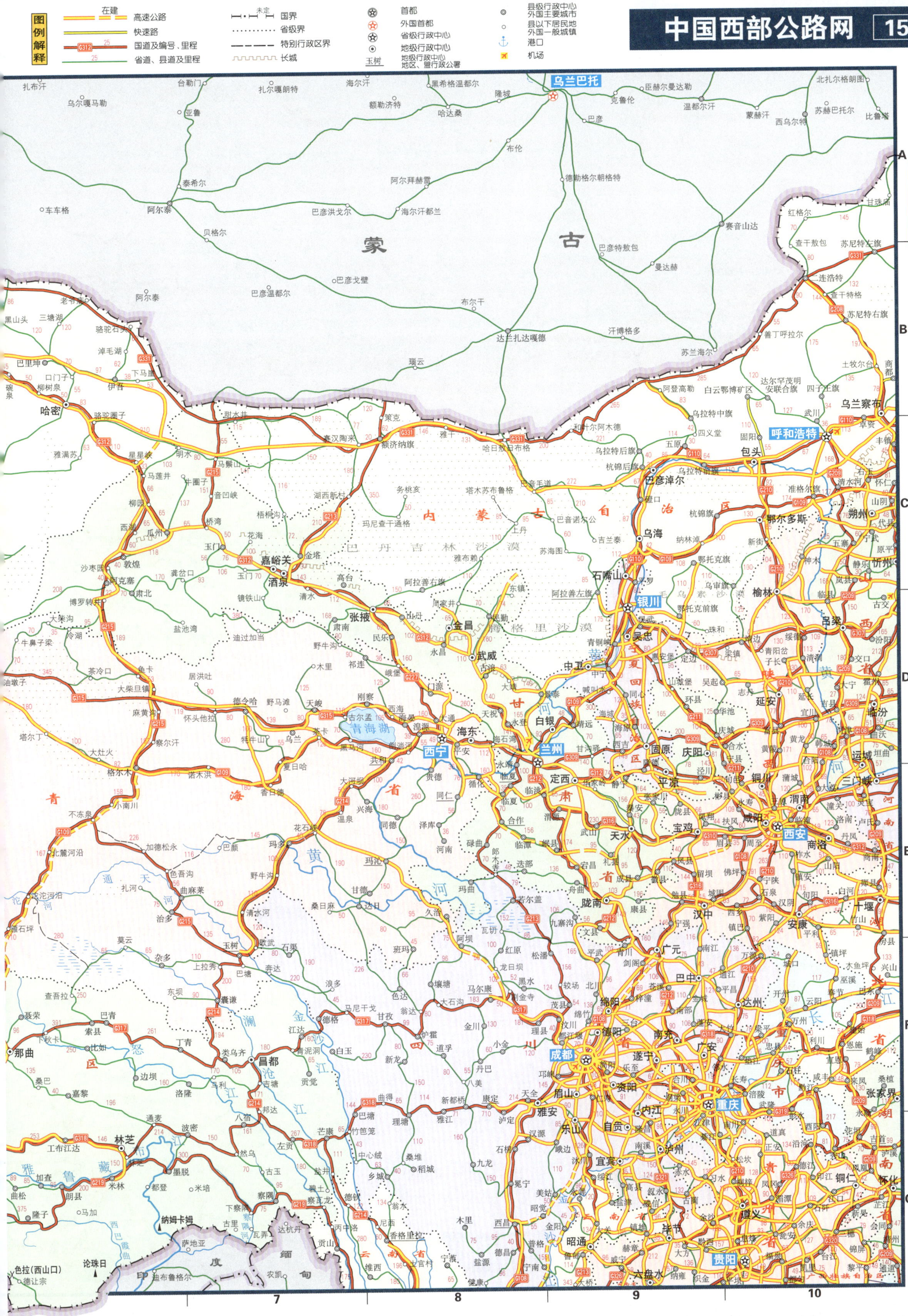
图例解释
在建
高速公路
快速路
国道及编号、里程
省道、县道及里程
未定
国界
省级界
特别行政区界
长城
首都
外国首都
省级行政中心
地级行政中心
玉树
地区、盟行政公署
县级行政中心
外国主要城市
县以下居民地
外国一般城镇
港口
机场
乌兰巴托
蒙
古
内蒙古自治区
巴丹吉林沙漠
腾格里沙漠
呼和浩特
包头
鄂尔多斯
乌海
银川
宁夏回族自治区
兰州
甘肃省
西宁
青海湖
青海省
西安
陕西省
成都
四川省
重庆
重庆市
贵阳
贵州省
嘉峪关
酒泉
张掖
金昌
武威
白银
天水
定西
平凉
庆阳
固原
吴忠
中卫
石嘴山
榆林
延安
铜川
宝鸡
咸阳
渭南
汉中
安康
商洛
海东
格尔木
玉树
昌都
林芝
那曲
哈密
西藏自治区
黄河
长江
澜沧江
怒江
金沙江
印度
缅甸
7
8
9
10
A
B
C
D
E
F
G

环渤海地区公路网

图例解释：收费站 出入口 国家高速编号 G45 服务区 在建 高速公路；桥梁 隧口 县道；国道编号 G312 国道；快速路；省道编号 217 里程数(km) 居民点 25 在建 省道；隧道 在建 铁路

比例尺 1：265万

0 26.5 53.0 79.5 km

图上1cm相当于实地26.5km

长江三角洲公路网

图例解释
收费站
出入口
G45
国家高速编号
服务区
在建
高速公路
G312
国道编号
国道
217
省道编号
25
里程数(km)
居民点
在建
省道
桥梁
隧口
县道
快速路
隧道
在建
铁路
合肥
南京
杭州
芜湖
马鞍山
安庆
池州
铜陵
宣城
黄山
九江
南昌
景德镇
上饶
鹰潭
抚州
六安
淮南
蚌埠
滁州
镇江
扬州
阜阳
衢州
河南省
湖北省
安徽省
江西省
浙江省
福建省
沪陕高速
沪渝高速
京台高速
宁洛高速
长深高速
德上高速
沪蓉高速
杭瑞高速
福银高速
济广高速
沪昆高速
宁芜高速
芜合高速
扬溧高速
黄山
九华山
天柱山
庐山
三清山
龙虎山
巢湖
鄱阳湖
千岛湖

比例尺 1：212万

0 21.2 42.4 63.6 km

图上1cm相当于实地21.2km

图例解释
收费站
出入口
国家高速编号
服务区
在建
高速公路
国道编号
国道
省道编号
里程数(km)
居民点
在建
省道
桥梁
隘口
县道
快速路
隧道
在建
铁路
清远市
清远
广州市
广州
佛山市
佛山
肇庆市
肇庆
云浮市
云浮
江门市
江门
中山市
中山
珠海市
阳江市
阳江
阳春市
四会市
鹤山市
开平市
台山市
恩平市
高明区
三水区
南海区
顺德区
番禺区
花都区
黄埔区
新会区
斗门区
金湾区
高要区
鼎湖区
云安区
新兴
罗定
澳门
上川岛
下川岛
高栏列岛
汕湛高速
广佛肇高速
广昆高速
沈海高速
珠三角环线
江珠高速
新台高速
许广高速
乐广高速
广连高速
京港澳高速
广明高速
深岑高速
二广高速
广澳高速
罗阳高速
开平碉楼与村落
1 2 3 4 5
A B C D E F G

比例尺 1：97万

0 9.7 19.4 29.1 km

图上1cm相当于实地9.7km

北京市全图

比例尺 1：98万

0 9.8 19.6 29.4 km

图上1cm相当于实地9.8km

常用电话			
交通事故报警台	010-122	北京市交通委员会	010-63032255
北京交通服务热线	010－96166	北京市交通执法总队	010-68366616
治超办	010-67134378	北京市运输局	010-63021418
交通伤残急救	010-68455655	京昌高速公路交警队	010-89704869
大陆救援	010-84551010	京津塘高速公路交警队	010-67478937

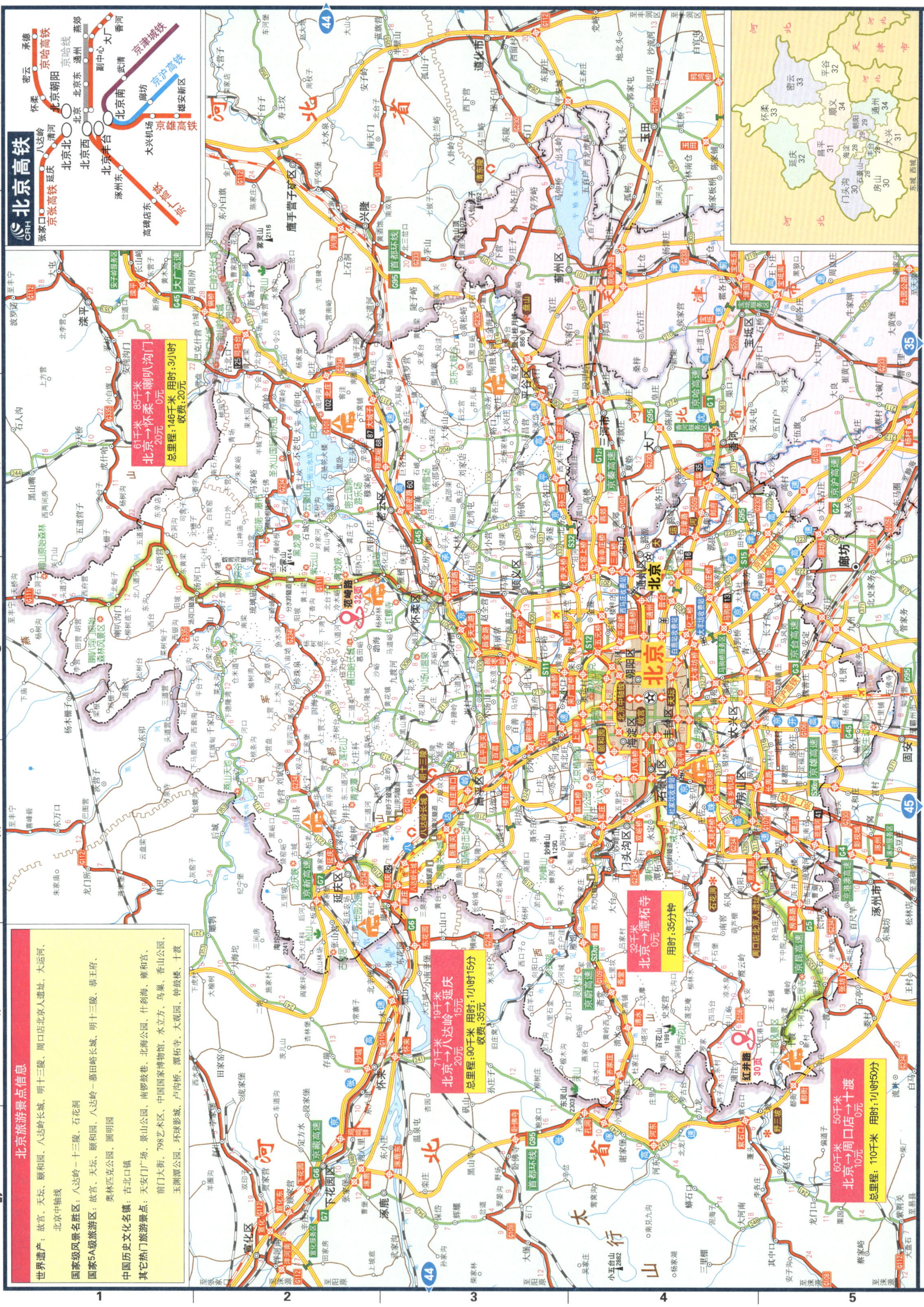

- 本表中城际间里程是以高速公路、国道为主要行车路线计算，不作营运计价依据。
- 单位：km

北京至全国各主要城市里程表

地区	城市	北京
直辖市	上海	1259
	天津	163
	重庆	1960
河北省	石家庄	333
	张家口	225
	承德	252
	秦皇岛	317
	唐山	206
	保定	189
	沧州	232
	衡水	369
	邢台	429
	邯郸	480
山西省	太原	543
	大同	376
	阳泉	415
	长治	655
	晋城	749
	忻州	578
	临汾	771
	运城	899
	侯马	828
内蒙古自治区	呼和浩特	527
	包头	688
	乌海	1105
	赤峰	497
	通辽	885
	呼伦贝尔	1895
	乌兰浩特	1213
	锡林浩特	638
	乌兰察布	381
	东胜区	773
	巴彦淖尔	912
辽宁省	沈阳	708
	朝阳	587
	阜新	624
	铁岭	781
	本溪	754
	鞍山	700
	丹东	897
	大连	855
	营口	639
	盘锦	579
	锦州	496
	葫芦岛	457
吉林省	长春	1014
	白城	1185
	松原	1162
	吉林	1107
	四平	897
	辽源	970
	通化	993
	梅河口	959
	延吉	1409
	敦化	1290
黑龙江省	哈尔滨	1257
	齐齐哈尔	1573
	黑河	1833
	大庆	1405
	伊春	1600
	鹤岗	1678
	佳木斯	1607
	双鸭山	1671
	七台河	1690
	鸡西	1633
	牡丹江	1470
	绥化	1375
江苏省	南京	1073
	徐州	717
	连云港	857
	淮安	883
	盐城	997
	扬州	1036
	南通	1158
	镇江	1071
	常州	1143
	无锡	1146
	苏州	1191
浙江省	杭州	1328
	湖州	1248
	嘉兴	1266
	宁波	1394
	绍兴	1377
	衢州	1531
	金华	1493
	台州	1587
	温州	1713
	丽水	1606
	合肥	1076
	宿州	826
安徽省	阜阳	915
	蚌埠	917
	淮南	961
	滁州	1070
	马鞍山	1111
	芜湖	1141
	铜陵	1200
	安庆	1220
	黄山	1406
	巢湖	1083
福建省	福州	2060
	南平	1887
	三明	1869
	莆田	2123
	泉州	2144
	厦门	2205
	漳州	2241
	龙岩	2128
	宁德	1946
江西省	南昌	1510
	九江	1358
	景德镇	1374
	鹰潭	1512
	上饶	1610
	新余	1631
	萍乡	1673
	赣州	1859
	宜春	1717
山东省	济南	453
	德州	343
	淄博	457
	潍坊	555
	烟台	784
	威海	844
	青岛	701
	日照	761
	临沂	686
	济宁	609
	泰安	498
	滨州	388
	菏泽	660
河南省	郑州	714
	三门峡	953
	洛阳	834
	焦作	712
	新乡	645
	安阳	540
	开封	742
河南省	商丘	746
	漯河	850
	南阳	963
	信阳	1012
湖北省	武汉	1204
	十堰	1210
	襄阳	1102
	荆门	1238
	孝感	1156
	鄂州	1299
	黄石	1312
	咸宁	1286
	荆州	1318
	宜昌	1356
湖南省	长沙	1527
	常德	1518
	益阳	1617
	岳阳	1422
	株洲	1576
	湘潭	1570
	衡阳	1711
	郴州	1822
	永州	1834
	邵阳	1751
广东省	广州	2248
	韶关	1985
	梅州	2255
	汕头	2397
	惠州	2190
	东莞	2243
	深圳	2320
	珠海	2321
	中山	2290
	肇庆	2287
	茂名	2542
	湛江	2626
广西壮族自治区	南宁	2418
	桂林	2019
	柳州	2181
	梧州	2412
	玉林	2491
	百色	2636
四川省	成都	1838
	绵阳	1721
	泸州	2100
	攀枝花	2564
	西昌	2373
	贵阳	2348
贵州省	遵义	2182
	安顺	2414
	毕节	2473
	凯里	2205
云南省	昆明	2702
	曲靖	2713
	玉溪	2782
	丽江	3199
	大理	3012
	景洪	3234
西藏自治区	拉萨	3654
	那曲	3316
	昌都	3042
	日喀则	3892
	萨嘎	4341
	噶尔	5127
陕西省	西安	1129
	延安	1069
	铜川	1107
	渭南	1102
	咸阳	1143
	宝鸡	1286
	汉中	1396
	榆林	905
	安康	1318
甘肃省	兰州	1540
	嘉峪关	2018
	天水	1449
	敦煌	2394
	张掖	1793
	武威	1561
青海省	西宁	1739
	同仁	1839
	德令哈	2234
	格尔木	2483
宁夏回族自治区	银川	1230
	惠农区	1120
	吴忠	1278
	固原	1385
新疆维吾尔自治区	乌鲁木齐	3212
	克拉玛依	3576
	喀什	4418
	阿克苏	3944
	吐鲁番	3011
	哈密	2620
	阿勒泰	3862

北京市主要城镇间里程表

东直门	126	116	102	83	58	42	16	东直门
孙河桥	109	100	85	66	41	26	孙河桥	
富各庄	88	74	60	41	16	富各庄		
梨园庄	68	59	44	25	梨园庄			
荆子峪	42	34	19	荆子峪				
太师屯	24	15	太师屯					
黄土梁	9	黄土梁						
古北口	古北口							

复兴门									复兴门
卧龙岗								20	卧龙岗
鲁家滩							16	36	鲁家滩
东庄子						13	28	48	东庄子
贾峪口					26	38	54	74	贾峪口
石板台				22	48	61	76	96	石板台
堂上			17	39	65	78	93	113	堂上
芦子水		20	37	59	85	97	113	133	芦子水
市界	7	27	44	66	92	104	120	141	市界

阜城门	120	104	93	74	58	49	38	28	阜城门
军庄	92	76	65	46	30	21	10	军庄	
下苇甸	82	66	55	36	20	11	下苇甸		
安家庄	70	55	44	25	9	安家庄			
芹峪口	62	46	35	16	芹峪口				
军响	46	30	19	军响					
清水	27	11	清水						
齐家庄	16	齐家庄							
大哑口	大哑口								

怀丰立交							怀丰立交
西庄						12	西庄
柏查子					30	42	柏查子
汤河口				20	50	62	汤河口
七道河			22	42	72	84	七道河
四道穴		19	41	61	91	103	四道穴
市界	17	26	58	78	108	120	市界

北京市国道里程表

101国道

三元桥											
7	草场地										
20	13	火神营									
25	18	5	杜兰庄								
30	23	10	5	马坡							
38	31	18	13	8	富各庄						
49	42	29	24	19	11	王化					
65	58	45	40	35	27	16	密云				
88	81	68	63	55	50	39	23	黄各庄			
102	95	82	77	69	64	53	37	14	太师屯		
126	119	106	101	93	88	77	61	38	24	古北口	
165	158	145	140	131	127	116	100	77	63	39	河北滦平

111国道

三元桥											
7	草场地										
20	13	火神营									
25	18	5	杜兰庄								
30	23	10	5	马坡							
38	25	18	13	8	富各庄						
49	36	29	24	19	11	怀柔					
91	78	71	66	61	53	42	琉璃庙				
107	94	87	82	77	69	58	16	汤河口			
120	107	100	95	90	82	71	29	13	长哨营		
165	152	145	140	135	127	116	74	58	45	帽山梁顶	
190	183	170	165	160	152	141	99	83	70	25	河北丰宁

106国道

河北固安	6	10	23	30	33	42	46
十里铺		4	17	24	27	36	42
榆垡			13	20	23	32	38
庞各庄				7	10	19	25
良黄					3	12	19
大兴						9	16
西红门							7
							玉泉营

108国道

河北马各庄	9	57	100	118	124	136
鱼斗泉		48	91	109	115	127
霞云岭			43	61	67	79
东庄子				18	24	36
戒台寺					6	18
永定镇路口						12
						京原路口

110国道

昌平				
31	西二道河			
43	12	延庆		
70	39	27	下营	
99	68	56	29	河北怀来

103国道

朝通桥						
2	果园					
6	4	砖厂				
16	14	10	沙古堆口			
22	20	16	6	长陵营		
34	32	28	18	12	觅子店	
45	45	39	29	23	11	天津河西务

109国道

河北孔涧	23	70	100	105	111	121
齐家庄		47	79	82	88	98
芹峪口			32	35	41	51
军庄				3	9	19
三家店					6	16
金顶街						10
						五孔桥

107国道

河北涿州	17	24	36	46	49	60
琉璃河		7	19	29	32	43
窦店			12	22	25	36
房山				10	13	24
赵辛店					3	14
杜家坎						11
						莲花池

102国道

河北三河	31	35	44	53	64
白庙		4	13	22	33
宋庄			9	18	29
通州				9	20
管庄					11
					呼家楼

104国道

木樨园						
6	南苑					
17	11	南大红门				
24	18	7	青云店			
35	29	18	11	采育		
43	37	26	19	8	凤河营	
56	50	39	32	21	13	河北廊坊

图例解释					
街　区	次要街道 县道	高速公路	交警部门 地铁站	医院 邮政局	
公园 绿地	城市高架路	建筑中高速公路	出入口 国道编号	宾馆 风景点	
过境线 国道	地铁 轻轨	快速路	加油站 汽修厂	古塔 电视台	
主要街道 省道	铁路及车站	省、市、区政府	停车场 汽车站	桥梁 运动场	

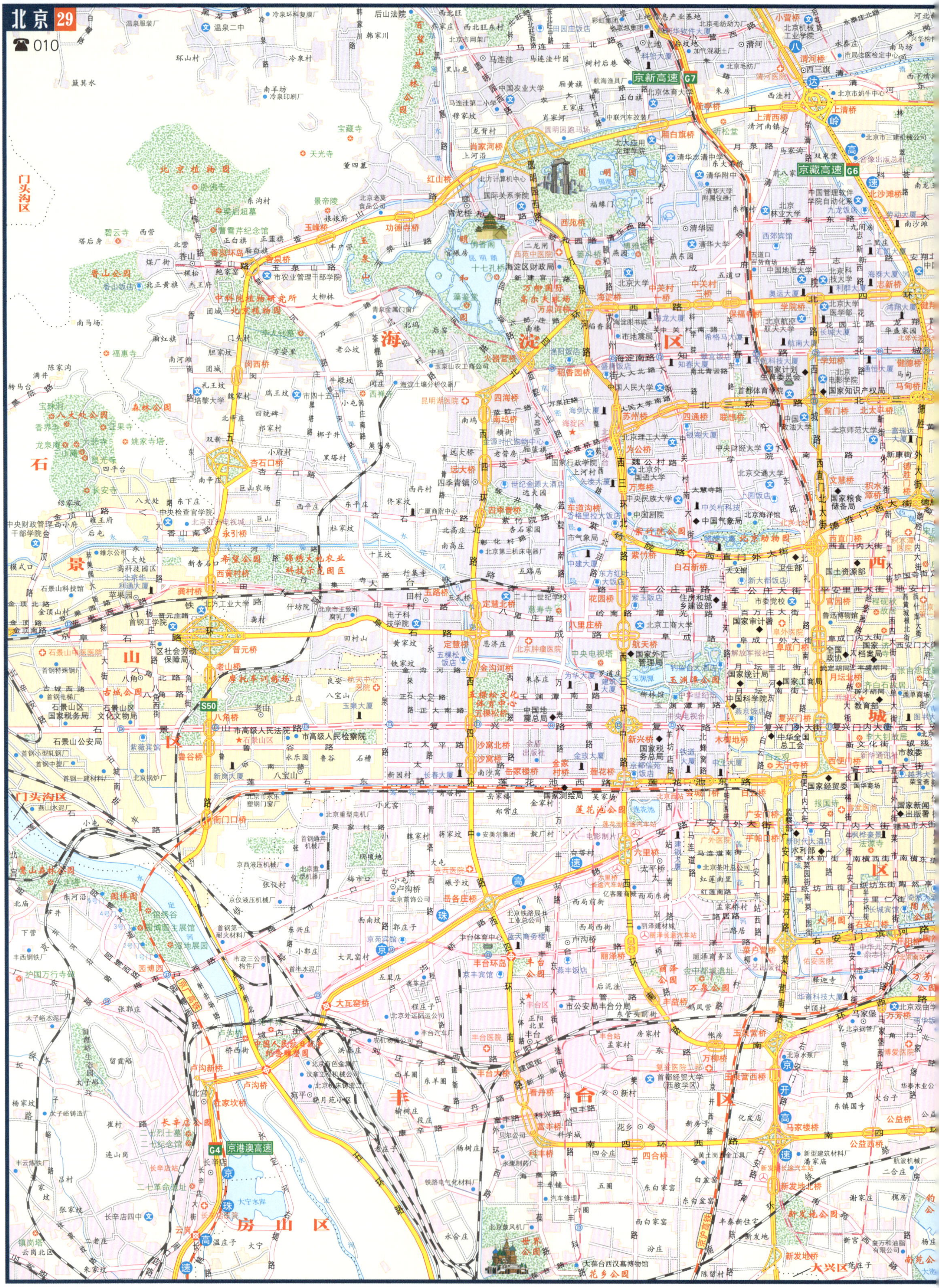

昌平区
顺义区
通州区
朝阳区
东城区
大兴区
通州区
京承路收费站
京哈高速
京沪高速
北京市政府驻地迁至通州区运河东大街57号

图例解释

- 街区
- 公园 绿地
- 过境线 国道
- 主要街道 省道
- 次要街道 县道
- 城市高架路
- 地铁 轻轨
- 铁路及车站
- 高速公路
- 建筑中高速公路
- 快速路
- 省、市、区政府
- 交警部门 地铁站
- 出入口 国道编号
- 加油站 汽修厂
- 停车场 汽车站
- 医院 邮政局
- 宾馆 风景点
- 古塔 电视台
- 桥梁 运动场

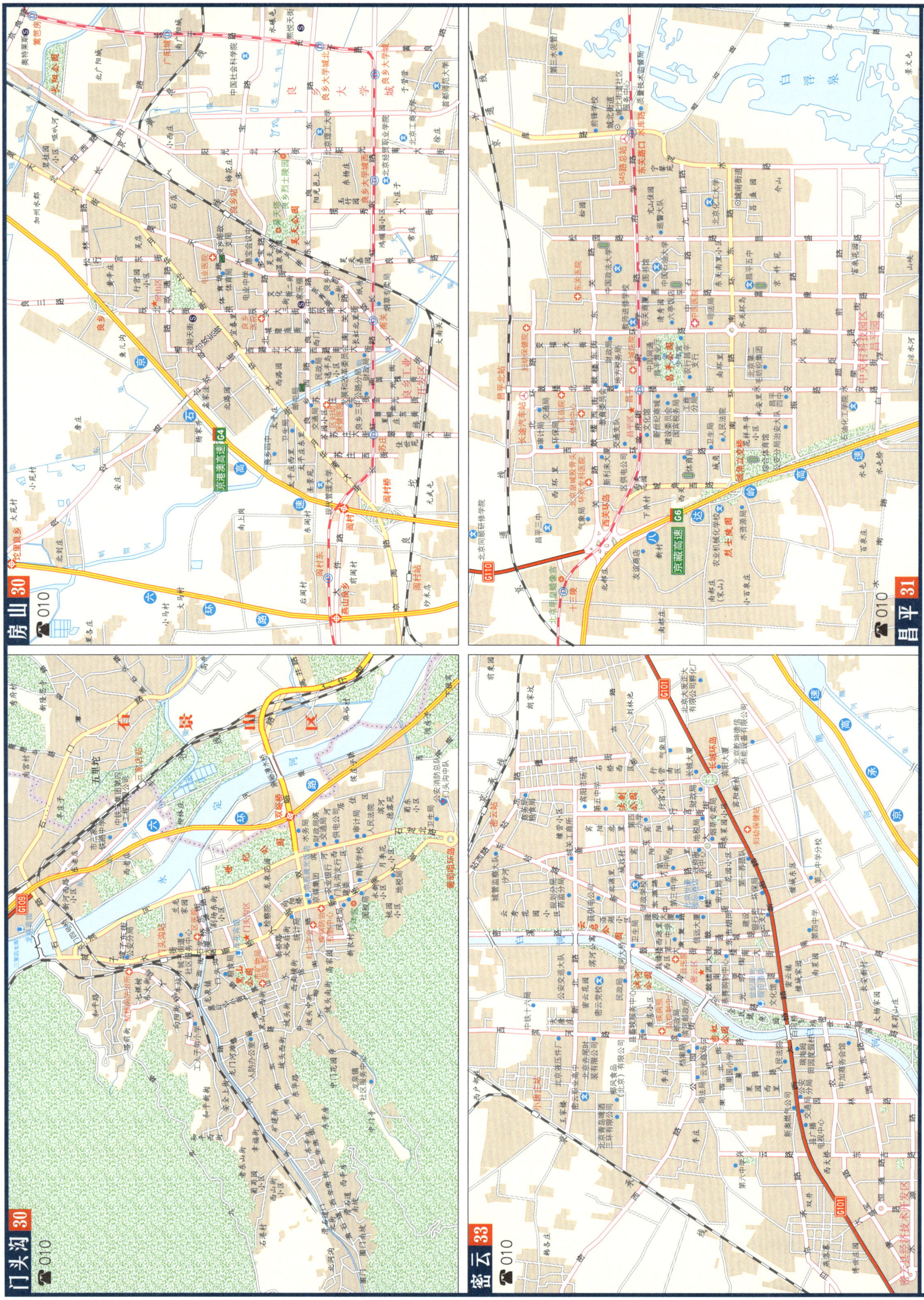

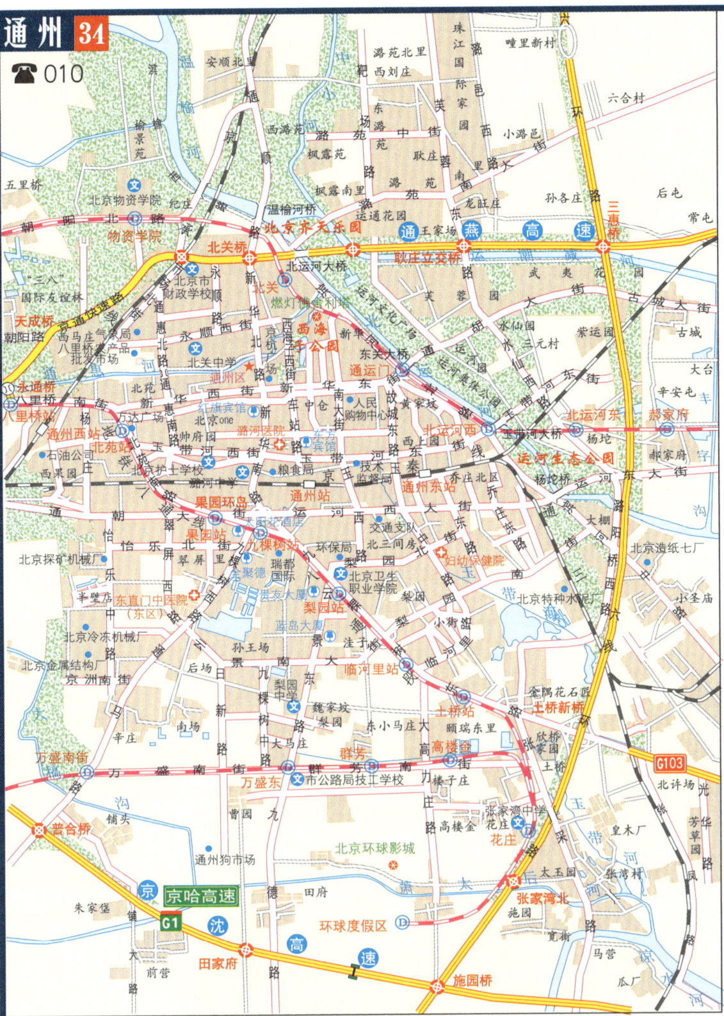
通州 34
010
北关桥
通州站
通州北苑
京哈高速
G1
运河生态公园
北京环球影城
环球度假区
张家湾北
田家府
施园桥
G103

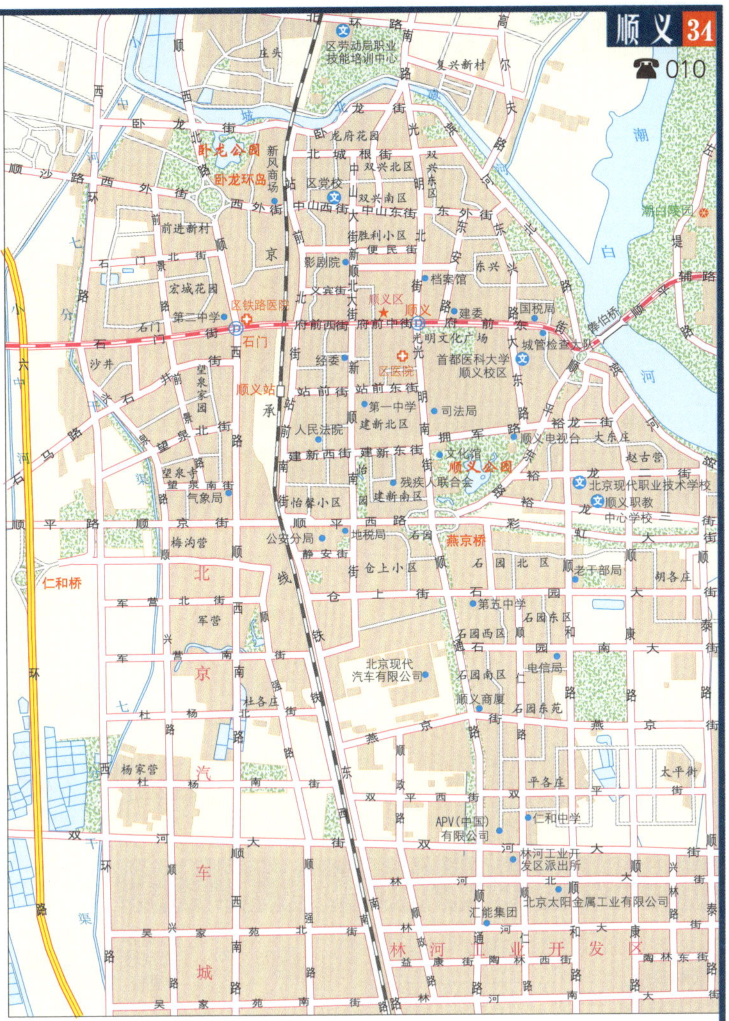
顺义 34
010
卧龙公园
卧龙环岛
顺义站
石门
顺义公园
燕京桥
仁和桥
北京现代汽车有限公司
林河工业开发区

大兴工业开发区
康庄公园
清源路
黄村儿童游乐园
大兴桥
黄村火车站
黄村站
黄村桥
义和庄
010
大兴 31

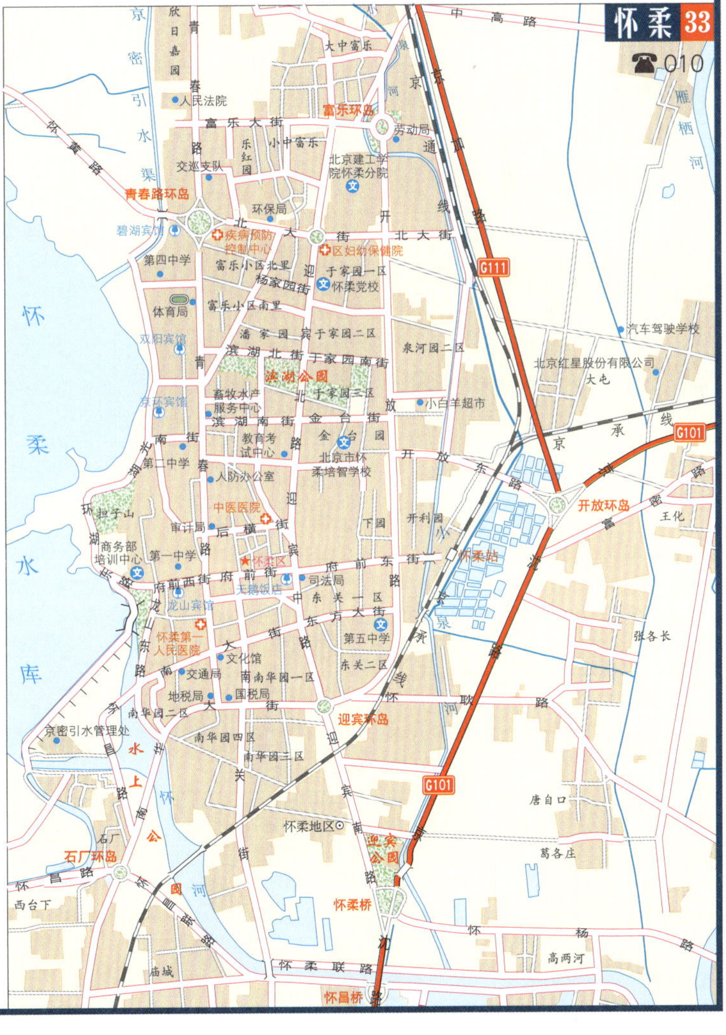
怀柔 33
010
富乐环岛
青春路环岛
滨湖公园
怀
柔
水
库
开放环岛
迎宾环岛
石厂环岛
怀柔桥
怀昌桥
G111
G101

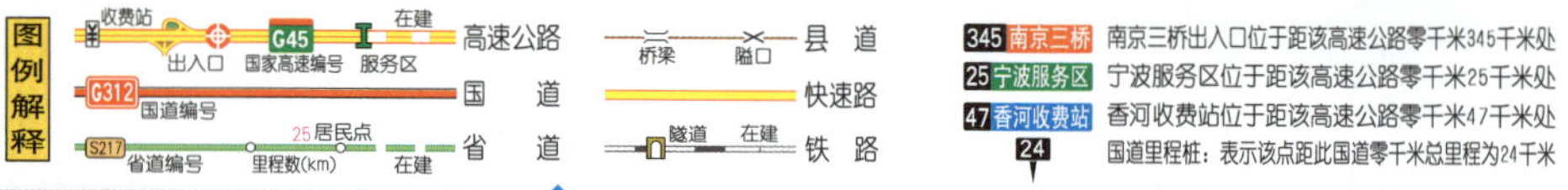

北京市

进出北京的高速公路

高速公路名	出京地点				沿途主要出入口	通行总里程(km)	北京地区咨询电话
	二环	三环	四环	五环			
首都机场高速	东直门	三元桥	四元桥	五元桥	大山子、北皋、苇沟、天竺	19	64563399
京通快速路	建国门	国贸桥	四惠桥	远通桥		30	65730196
通燕高速(京哈高速)	京哈高速在城内与京通快速路同道				北关立交、三惠、丁各庄	12	
G1京哈高速(京沈高速)		华威桥	四方桥	五方桥	香河、宝坻、玉田、唐山、迁安、秦皇岛、山海关、绥中、兴城、锦州、盘锦	658	
G2京沪高速		分钟寺桥	十八里店桥	大羊坊桥	马驹、采育、廊坊、杨村、宜兴桥、金钟路、军粮城	143	
京开高速	菜户营桥	玉泉营桥	马家楼桥	西红门南桥	双源、黄垡、大礼	36	60254040
G4京港澳高速(京石高速)	广安门桥	六里桥	岳各庄桥	宛平桥	杜家坎、云岗、长阳、良乡机场、阎村、窦店、琉璃河、保定、定州	270	69363702
G6京藏高速(北京段八达岭高速)	德胜门桥	马甸桥	健翔桥	上清桥	清河北、西三旗、回龙观、北安河、沙河、小汤山、科技园、昌平、西关、南口、居庸关、水关长城、八达岭、康庄	148	62920491
京承高速		太阳宫桥	望和桥	来广营桥	黄港、后沙峪、怀柔、密云	68	67632672

进出北京的国道

国道号(别名)	出京地点				途经地点	总里程北京段里程(km)
	二环	三环	四环	五环		
101国道(京沈路)	东直门	三元桥	四元桥	五元桥	北京 65 密云 104 滦平 65 承德 79 平泉 86 凌源 31 建平 85 朝阳 240 彰武 124 沈阳	879 123.4
102国道(京哈路)	朝阳门	京广桥	慈云寺桥	大黄庄桥	北京 151 丰润 145 秦皇岛 83 绥中 134 凌海 236 沈阳 204 四平 112 长春 246 哈尔滨 810 抚远	2121 31.9
103国道(京塘路)	建国门	国贸桥	四惠桥	远通桥	北京 22 通州 66 武清 21 天津 40 滨海新区	149 37.6
104国道(京福路)	永定门	木樨园桥	大红门桥	德茂桥	北京 60 廊坊 12 青县 168 德州 123 济南 154 曲阜 179 徐州 278 滁州 83 南京 145 宜兴 169 杭州 73 绍兴 160 天台 230 温州 293 宁德 145 福州 90 平潭	2477 47.2
105国道(京珠路)	永定门	木樨园桥	大红门桥	德茂桥	北京 60 廊坊 178 沧州 116 德州 123 济宁 144 商丘 192 阜阳 194 六安 370 九江 154 南昌 220 吉安 201 赣州 247 连平 228 广州 99 澳门	2653 47.2
106国道(京广路)	菜户营	玉泉营桥	马家楼桥	西红门南桥	北京 16 大兴 162 河间 111 衡水 150 馆陶 90 濮阳 232 太康 226 潢川 243 鄂州 259 崇阳 213 浏阳 147 攸县 348 仁化 217 佛冈 91 广州	2505 44.6
107国道(京深路)	广安门	六里桥	岳各庄桥	宛平桥	北京 157 保定 142 石家庄 192 邯郸 249 郑州 206 驻马店 235 孝感 61 武汉 137 赤壁 241 长沙 178 衡阳 149 郴州 357 清远 68 广州 137 深圳 48 香港	2557 50
108国道(京昆路)	复兴门	新兴桥	五棵松桥	八角桥	北京 335 涞源 197 代县 152 太原 265 临汾 176 韩城 157 渭南 45 西安 297 洋县 54 汉中 408 绵阳 127 成都 179 雅安 394 西昌 226 攀枝花 144 元谋 200 昆明	3356 139.5
109国道(京拉路)	阜成门	航天桥	定慧桥	晋元桥	北京 367 大同 417 鄂尔多斯 449 银川 493 兰州 343 西宁 723 格尔木 737 那曲 326 拉萨	3855 119
110国道(京银路)	德胜门	马甸桥	健翔桥	上清桥	北京 213 张家口 167 乌兰察布 161 呼和浩特 241 五原 223 乌海 130 银川 60 青铜峡	1195 98.8
111国道(京加路)	东直门	三元桥	四元桥	五元桥	北京 200 丰宁 339 赤峰 377 通辽 375 乌兰浩特 367 阿荣旗 307 加格达奇 460 漠河	2425 166.9

公路零千米

▶101国道零千米：北京东直门
▶102国道零千米：北京朝阳门
▶103国道零千米：北京建国门
▶104国道零千米：北京永定门
▶105国道零千米：北京永定门
▶106国道零千米：北京菜户营
▶107国道零千米：北京广安门
▶108国道零千米：北京复兴门
▶109国道零千米：北京阜成门
▶110国道零千米：北京德胜门
▶111国道零千米：北京东直门

比例尺 1：19万

0 1.9 3.8 5.7 km

图上1cm相当于实地1.9km

图例解释

收费站 出入口 G45 国家高速编号 服务区 在建 高速公路

G312 国道编号 国 道

S217 省道编号 25 居民点 里程数(km) 在建 省 道

桥梁 隧口 县 道

快速路

隧道 在建 铁 路

345 南京三桥 南京三桥出入口位于距该高速公路零千米345千米处

25 宁波服务区 宁波服务区位于距该高速公路零千米25千米处

47 香河收费站 香河收费站位于距该高速公路零千米47千米处

24 国道里程桩：表示该点距此国道零千米总里程为24千米

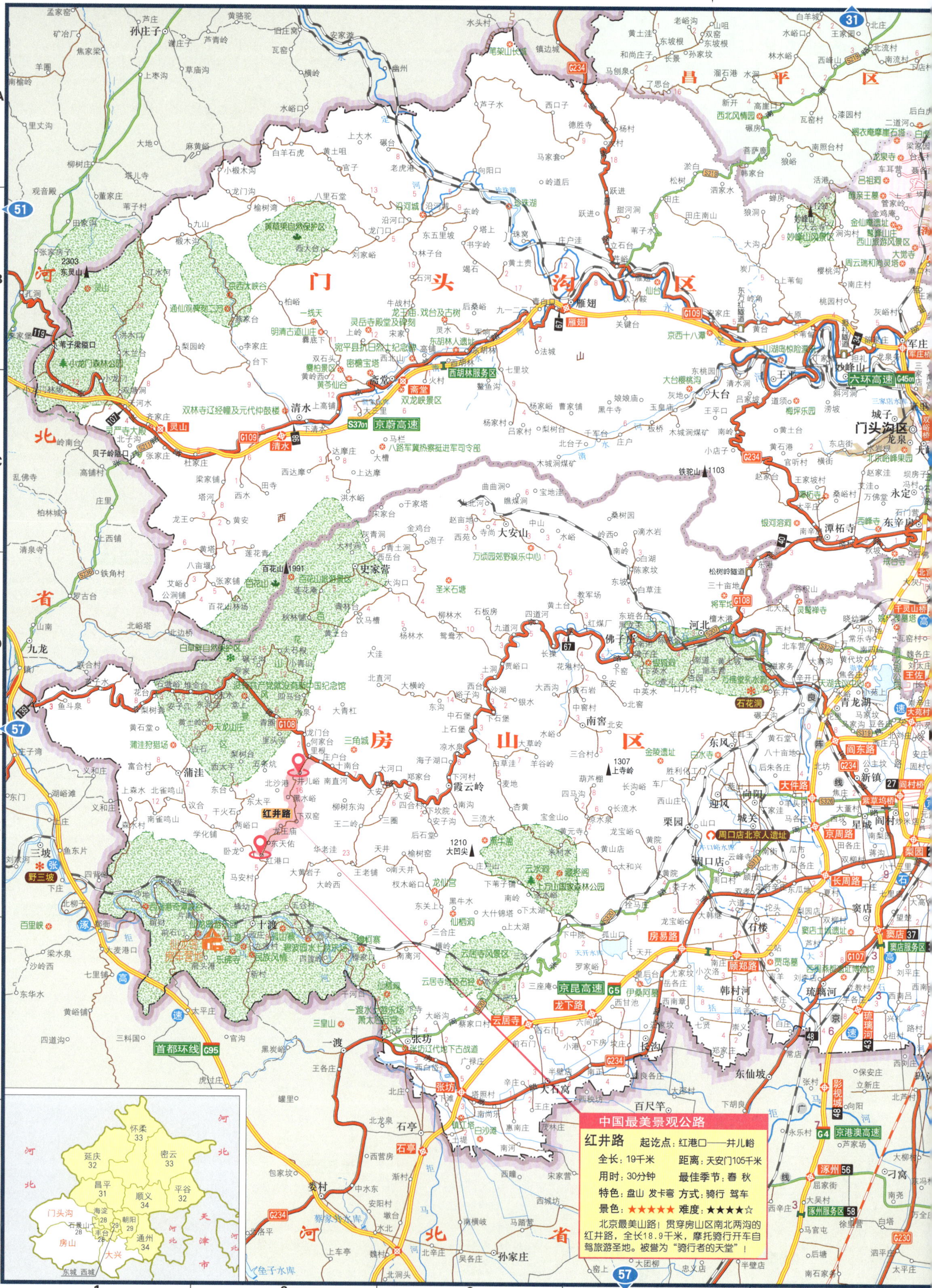

公路零千米

- 104国道零千米：北京永定门
- 105国道零千米：北京永定门
- 106国道零千米：北京菜户营
- 107国道零千米：北京广安门
- 108国道零千米：北京复兴门
- 109国道零千米：北京阜成门
- 110国道零千米：北京德胜门

比例尺 1：30万

0 3.0 6.0 9.0 km

图上1cm相当于实地3km

图例解释

收费站 出入口 国家高速编号 G45 服务区 在建	高速公路	桥梁 隧口	县道
G312 国道编号	国道		快速路
S217 省道编号 25 里程数(km) 居民点 在建	省道	隧道 在建	铁路

345 南京三桥 南京三桥出入口位于距该高速公路零千米345千米处
25 宁波服务区 宁波服务区位于距该高速公路零千米25千米处
47 香河收费站 香河收费站位于距该高速公路零千米47千米处
24 国道里程桩：表示该点距此国道零千米总里程为24千米

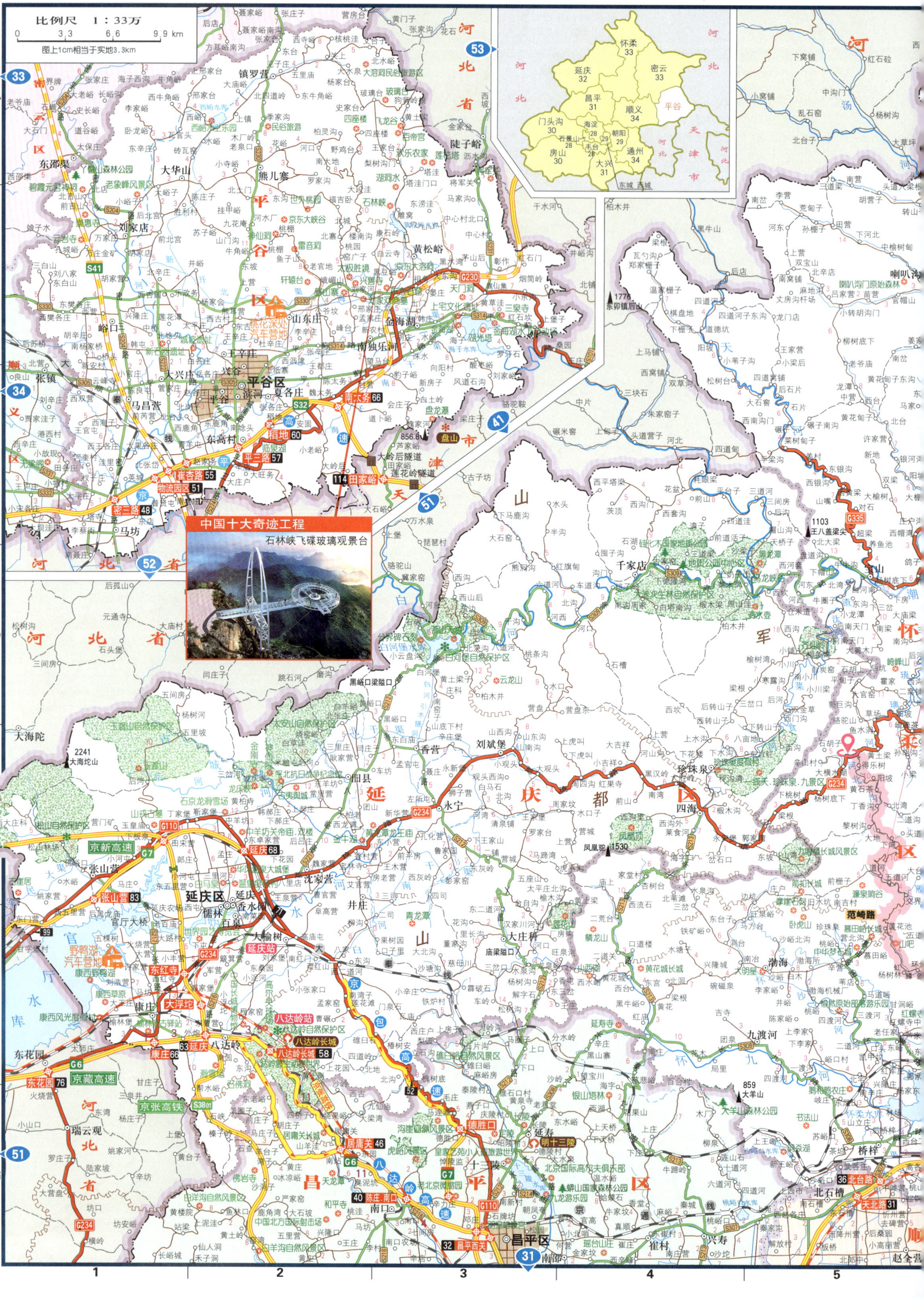

公路零千米

▶101国道零千米：北京东直门

▶110国道零千米：北京德胜门

▶111国道零千米：北京东直门

比例尺 1：36万

0 3.6 7.2 10.8 km

图上1cm相当于实地3.6km

比例尺 1：29万

0 2.9 5.8 8.7 km

图上1cm相当于实地2.9km

公路零千米

▶101国道零千米：北京东直门

▶102国道零千米：北京朝阳门

▶103国道零千米：北京建国门

常用电话

- 高速公路咨询……………022-960256
- 京津高速咨询……………022-23026999
- 公路救援拖运有限公司…022-63138530
- 天津市道路运输管理处…022-28353778
- 天津市公路管理局………022-24159856

比例尺 1：68万

0 6.8 13.6 20.4 km

图上1cm相当于实地6.8km

天津市国道里程表（单位：km）

103国道

京津公路桥	武清	大孟庄	河西务	大沙河	北京觅子店口
京津公路桥	16	19	47	53	58
武清		35	37	37	42
大孟庄			12	18	23
河西务				6	11
大沙河					5

104国道

河北廊坊	东马圈	豆张庄	铁锅店	西琉城	前毕庄	静海	唐官屯	河北马厂
东马圈	15							
豆张庄	26	11						
铁锅店	57	42	31					
西琉城	72	57	46	15				
前毕庄	82	67	56	25	10			
静海	87	72	61	30	15	5		
唐官屯	120	105	94	63	48	38	33	
河北马厂	129	114	103	72	57	47	42	9

112、205国道

付庄子	宁河	跃进	潘庄	西堤头	京津公路桥
付庄子	17	14	18	65	88
宁河		31	32	48	71
跃进			49	34	57
潘庄				16	39
西堤头					23

103国道

东丽	小东店	中心桥	塘沽	天津新港
小东店	9			
中心桥	22	13		
塘沽	33	24	21	
天津新港	43	34	11	10

102国道

河北玉田	前楼	溵溜	邦均	白涧	河北三河
河北玉田	25	9	10	4	59
前楼		34	19	14	34
溵溜			44	23	25
邦均				48	15
白涧					11

205国道

十五号桥	青泊洼农场	五稔庄	小王庄	河北齐家务
青泊洼农场	11			
五稔庄	21	10		
小王庄	39	28	18	
河北齐家务	61	50	40	22

112国道

西青	五庆坨	河北东沽港
五庆坨	9	
河北东沽港	15	6

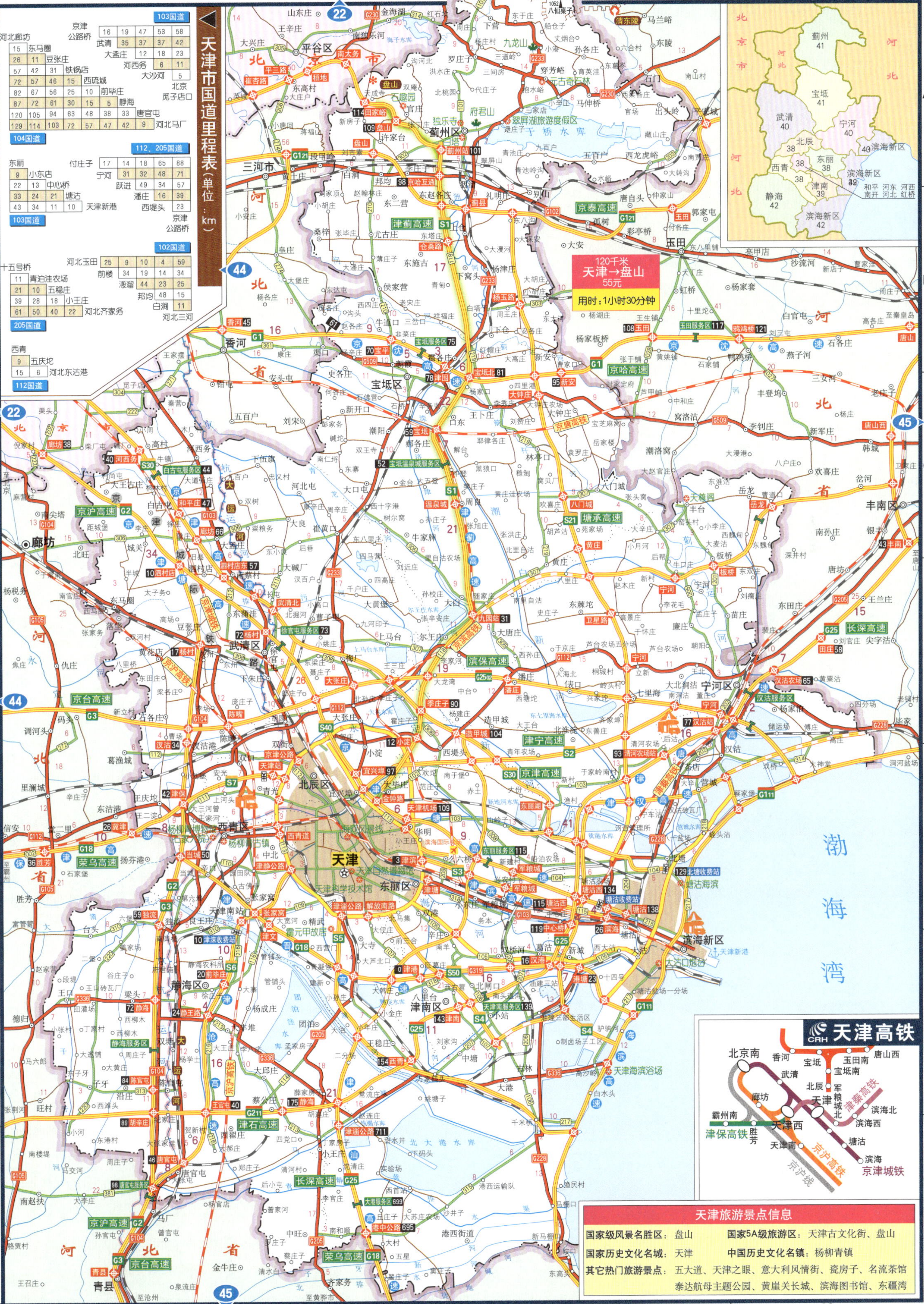

天津旅游景点信息

国家级风景名胜区： 盘山　**国家5A级旅游区：** 天津古文化街、盘山

国家历史文化名城： 天津　**中国历史文化名镇：** 杨柳青镇

其它热门旅游景点： 五大道、天津之眼、意大利风情街、瓷房子、名流茶馆、泰达航母主题公园、黄崖关长城、滨海图书馆、东疆湾

图例解释

街　区	次要街道 县道	高 速 公 路	交警部门 地铁站	医院 邮政局
公园 绿地	城市高架路	建筑中高速公路	出入口 国道编号	宾馆 风景点
过境线 国道	地铁 轻轨	快 速 路	加油站 汽修厂	古塔 电视台
主要街道 省道	铁路及车站	省、市、区政府	停车场 汽车站	桥梁 运动场

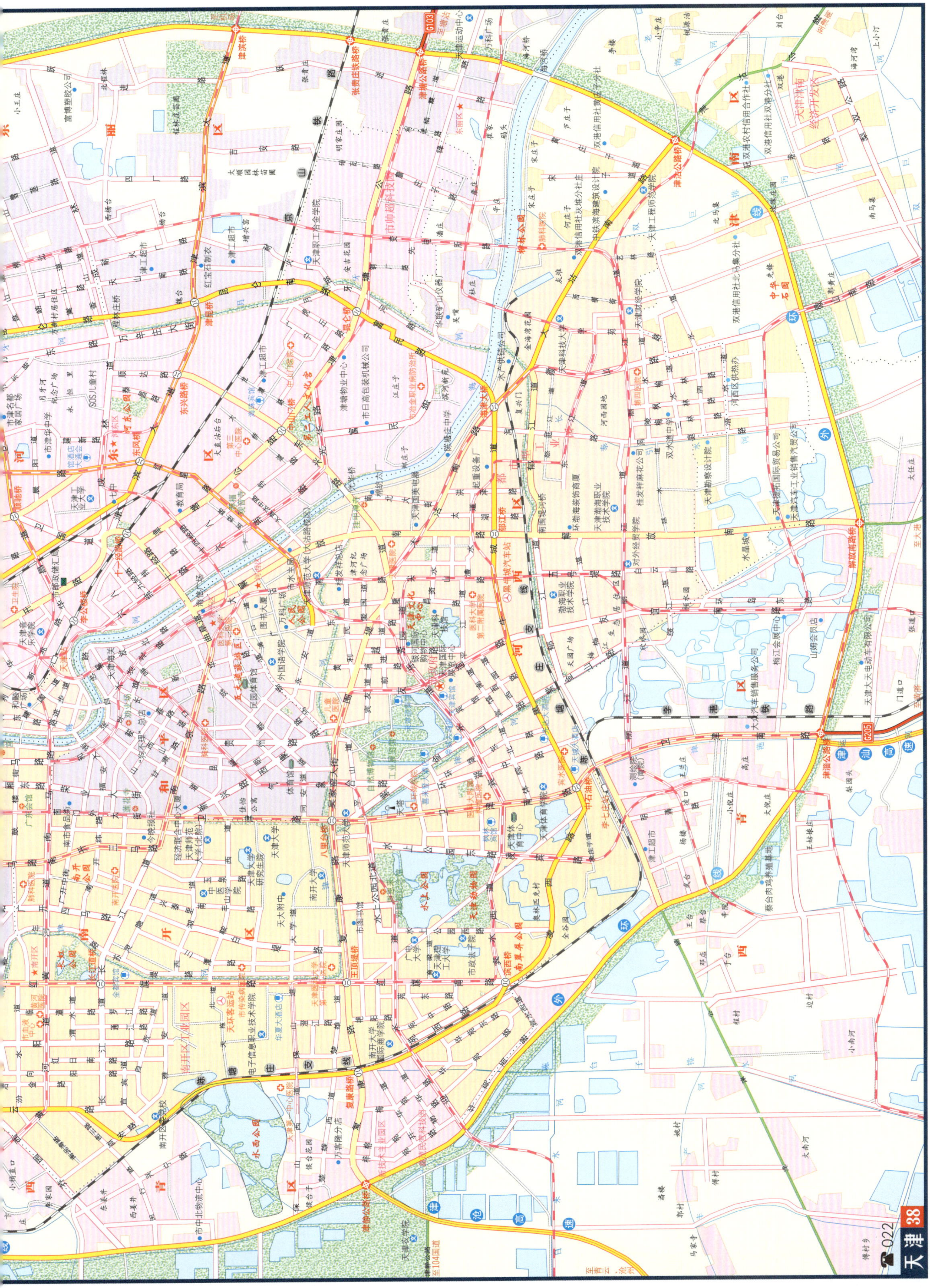

水上公园
水西公园
天津大学
南开大学
天津站
南开区
津滨桥
天津 38
022

图例解释

收费站 出入口 国家高速编号 服务区 在建 高速公路
国道编号 国道
省道编号 里程数(km) 居民点 在建 省道
桥梁 隘口 县道
快速路
隧道 在建 铁路

345 南京三桥 南京三桥出入口位于距该高速公路零千米345千米处
25 宁波服务区 宁波服务区位于距该高速公路零千米25千米处
47 香河收费站 香河收费站位于距该高速公路零千米47千米处
24 国道里程桩：表示该点距此国道零千米处里程为24千米

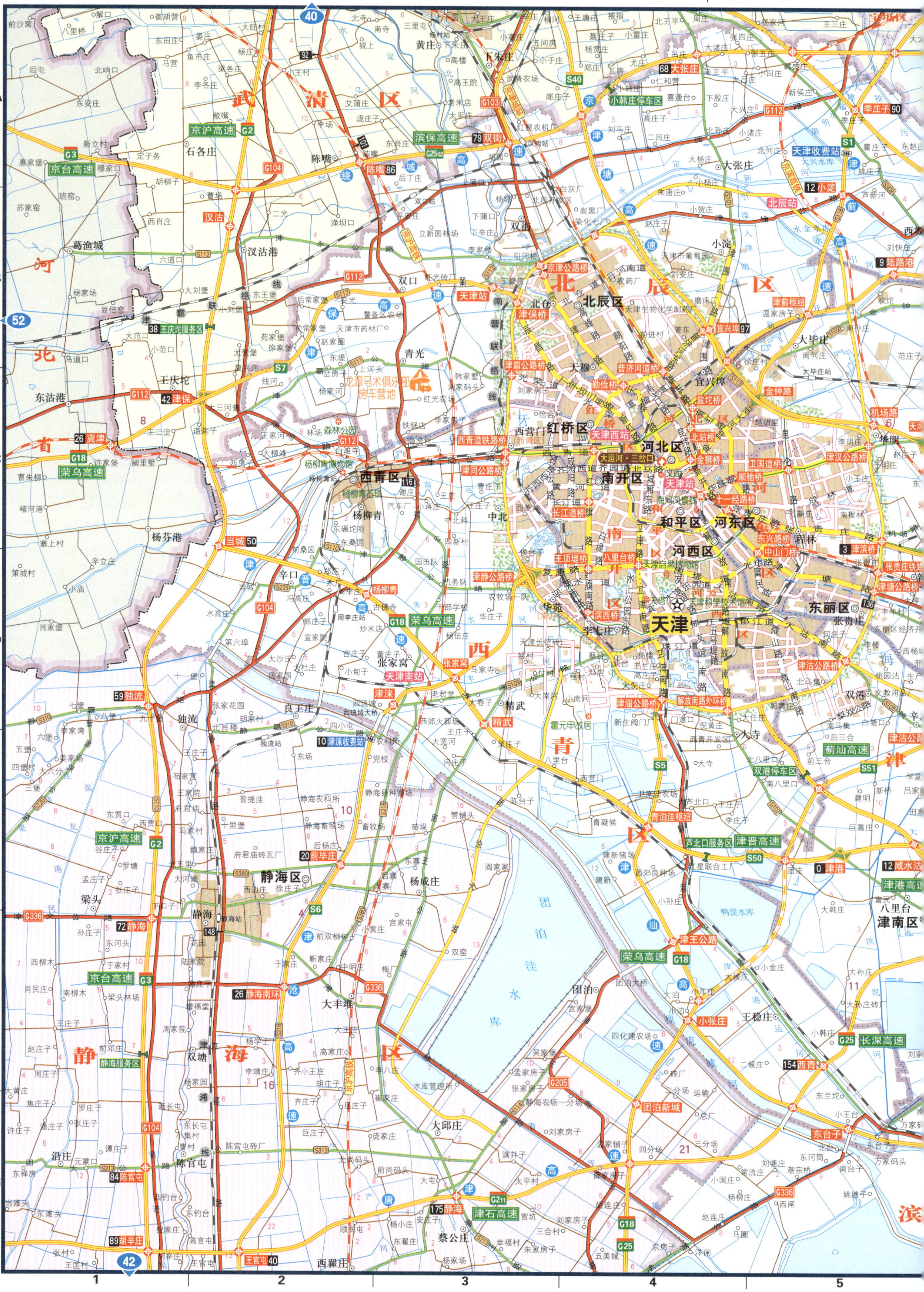

公路零千米
▶103国道零千米：北京建国门
▶104国道零千米：北京永定门
▶112国道零千米：天津市千里堤
▶205国道零千米：秦皇岛市海阳镇

比例尺 1：24万
0 2.4 4.8 7.2 km
图上1cm相当于实地2.4km

天津市

图例解释

收费站 出入口 G45 国家高速编号 服务区 在建 高速公路

G312 国道编号 国道

S217 省道编号 25 居民点 里程数(km) 在建 省道

桥梁 隧道 县道

快速路

隧道 在建 铁路

345 南京三桥 南京三桥出入口位于距该高速公路零千米345千米处

25 宁波服务区 宁波服务区位于距该高速公路零千米25千米处

47 香河收费站 香河收费站位于距该高速公路零千米47千米处

24 国道里程桩：表示该点距此国道零千米总里程为24千米

公路零千米
- ▶102国道零千米：北京朝阳门
- ▶103国道零千米：北京建国门
- ▶104国道零千米：北京永定门
- ▶105国道零千米：北京永定门
- ▶112国道零千米：天津市千里堤
- ▶205国道零千米：秦皇岛市海阳镇

比例尺 1：31万

0 3.1 6.2 9.3 km

图上1cm相当于实地3.1km

公路里程零点

▶105国道零千米：北京永定门

▶205国道零千米：秦皇岛市海阳镇

天津至全国各主要城镇里程表

		天津
直辖市	北京	163
	上海	1145
	重庆	1946
河北省	石家庄	348
	张家口	362
	承德	326
	秦皇岛	297
	唐山	155
	保定	204
	沧州	139
	衡水	276
	邢台	444
	邯郸	495
山西省	太原	583
	大同	524
	阳泉	455
	长治	695
	晋城	789
	忻州	618
	临汾	811
	运城	939
	侯马	868
内蒙古自治区	呼和浩特	680
	包头	841
	乌海	1258
	赤峰	685
	通辽	860
	呼伦贝尔	2048
	乌兰浩特	1366
	锡林浩特	791
	乌兰察布	534
	东胜区	926
	巴彦淖尔	1005
辽宁省	沈阳	703
	朝阳	582
	阜新	619
	铁岭	776
	本溪	749
	鞍山	695
	丹东	892
	大连	850
	营口	634
	盘锦	574
	锦州	491
	葫芦岛	452

		天津
吉林省	长春	1009
	白城	1180
	松原	1157
	吉林	1102
	四平	892
	辽源	965
	通化	988
	梅河口	954
	延吉	1404
	敦化	1285
黑龙江省	哈尔滨	1252
	齐齐哈尔	1568
	黑河	1828
	大庆	1400
	伊春	1595
	鹤岗	1673
	佳木斯	1602
	双鸭山	1666
	七台河	1685
	鸡西	1628
	牡丹江	1465
	绥化	1370
江苏省	南京	936
	徐州	638
	连云港	720
	淮安	746
	盐城	860
	扬州	899
	南通	1021
	镇江	934
	常州	1006
	无锡	1009
	苏州	1054
浙江省	杭州	1191
	湖州	1111
	嘉兴	1129
	宁波	1257
	绍兴	1240
	衢州	1394
	金华	1356
	台州	1450
	温州	1576
	丽水	1469
	合肥	983
	宿州	733

		天津
安徽省	阜阳	822
	蚌埠	824
	淮南	868
	滁州	977
	马鞍山	1018
	芜湖	990
	铜陵	1107
	安庆	1127
	黄山	1313
	巢湖	990
福建省	福州	1967
	南平	1794
	三明	1776
	莆田	2030
	泉州	2051
	厦门	2112
	漳州	2148
	龙岩	2035
	宁德	1853
江西省	南昌	1417
	九江	1265
	景德镇	1281
	鹰潭	1419
	上饶	1517
	新余	1538
	萍乡	1648
	赣州	1766
	宜春	1624
山东省	济南	363
	德州	250
	淄博	326
	潍坊	425
	烟台	654
	威海	741
	青岛	571
	日照	668
	临沂	588
	济宁	516
	泰安	405
	滨州	230
	菏泽	567
河南省	郑州	729
	三门峡	968
	洛阳	849
	焦作	727
	新乡	660
	安阳	555
	开封	684

		天津
	商丘	653
	漯河	865
	南阳	978
	信阳	1027
湖北省	武汉	1190
	十堰	1196
	襄阳	1088
	荆门	1224
	孝感	1142
	鄂州	1285
	黄石	1298
	咸宁	1272
	荆州	1304
	宜昌	1342
湖南省	长沙	1513
	常德	1504
	益阳	1603
	岳阳	1408
	株洲	1562
	湘潭	1556
	衡阳	1697
	郴州	1808
	永州	1820
	邵阳	1737
广东省	广州	2234
	韶关	1971
	梅州	2242
	汕头	2383
	惠州	2176
	东莞	2229
	深圳	2306
	珠海	2307
	中山	2276
	肇庆	2273
	茂名	2528
	湛江	2612
广西壮族自治区	南宁	2404
	桂林	2005
	柳州	2167
	梧州	2398
	玉林	2477
	百色	2622
四川省	成都	1878
	绵阳	1761
	泸州	2140
	攀枝花	2604
	西昌	2413
	贵阳	2334

		天津
贵州省	遵义	2168
	安顺	2400
	毕节	2459
	凯里	2191
云南省	昆明	2688
	曲靖	2699
	玉溪	2768
	丽江	3185
	大理	2998
	景洪	3220
西藏自治区	拉萨	3694
	那曲	3356
	昌都	3082
	日喀则	3932
	萨嘎	4381
	噶尔	5167
陕西省	西安	1159
	延安	1109
	铜川	1147
	渭南	1142
	咸阳	1183
	宝鸡	1326
	汉中	1436
	榆林	945
	安康	1358
甘肃省	兰州	1580
	嘉峪关	2058
	天水	1489
	敦煌	2434
	张掖	1833
	武威	1601
青海省	西宁	1779
	同仁	1879
	德令哈	2274
	格尔木	2523
宁夏回族自治区	银川	1255
	惠农区	1345
	吴忠	1246
	固原	1459
新疆维吾尔自治区	乌鲁木齐	3252
	克拉玛依	3616
	喀什	4458
	阿克苏	3984
	吐鲁番	3051
	哈密	2660
	阿勒泰	3902

102国道

	前楼	洇溜	邦均	白涧	河北三河
河北玉田	25	34	44	48	59
前楼		9	19	23	34
洇溜			10	14	25
邦均				4	15
白涧					11

112国道

	西青	王庆坨
王庆坨	9	
河北东沽港	15	6

205国道

	十五号桥	青泊洼农场	五稳庄	小王庄
青泊洼农场	11			
五稳庄	21	10		
小王庄	39	28	18	
河北齐家务	61	50	40	22

103国道

	东丽	小东店	中心桥	塘沽
小东店	9			
中心桥	22	13		
塘沽	33	24	21	
天津新港	43	34	11	10

103国道

	武清	大孟庄	河西务	大沙河	北京觅子店口
京津公路桥	16	19	47	53	58
武清		35	37	37	42
大孟庄			12	18	23
河西务				6	11
大沙河					5

104国道

	河北廊坊	东马圈	豆张庄	铁锅店	西琉城	前毕庄	静海	唐官屯
东马圈	15							
豆张庄	26	11						
铁锅店	57	42	31					
西琉城	72	57	46	15				
前毕庄	82	67	56	25	10			
静海	87	72	61	30	15	5		
唐官屯	120	105	94	63	48	38	33	
河北马厂	129	114	103	72	57	47	42	9

112、205国道

	宁河	跃进	潘庄	西堤头	京津公路桥
付庄子	17	14	18	65	88
宁河		31	32	48	71
跃进			49	34	57
潘庄				16	39
西堤头					23

天津市主要城镇间里程表

	天津	武清区	青光	杨柳青	静海	王口镇	小卞庄	白塘口	小站镇	大港	岐口	葛沽	塘沽	北塘	芦新桥	崔黄口	宝坻	蓟州	马伸桥	丰台镇	宁河	汉沽
天津																						
武清区	36																					
青光	16	29																				
杨柳青	19	38	9																			
静海	41	71	39	29																		
王口镇	56	86	54	44	15																	
小卞庄	23	53	34	22	28	43																
白塘口	20	50	48	39	61	76	43															
小站镇	38	68	66	57	79	94	61	18														
大港区	48	78	76	67	89	104	71	28	10													
岐口	75	105	103	94	112	131	98	55	37	27												
葛沽	38	68	66	57	89	94	61	18	24	34	61											
塘沽区	56	76	62	65	87	102	69	43	49	59	86	25										
北塘	48	78	64	67	90	104	71	68	86	60	97	86	45									
芦新桥	21	51	37	41	62	77	44	41	59	69	96	59	67	45								
崔黄口	45	22	57	64	86	101	68	66	83	93	119	83	91	80	34							
宝坻	70	47	82	89	111	126	93	91	108	118	144	108	116	105	59	25						
蓟州	114	91	126	133	157	170	137	135	152	162	188	152	166	149	108	69	44					
马伸桥	133	110	145	152	176	189	156	154	171	181	207	171	179	168	122	89	63	19				
丰台镇	96	111	130	115	137	152	119	116	134	144	171	139	71	60	78	73	48	92	111			
宁河	76	85	83	95	117	132	99	96	114	124	151	114	45	34	52	79	74	118	137	26		
汉沽区	69	93	85	88	110	125	92	89	107	117	144	107	32	21	65	92	87	131	150	39	13	
潘庄镇	37	51	49	56	78	93	60	57	75	85	112	75	79	68	18	45	70	100	133	60	34	47

常用电话

高速公路咨询.........0311-96122	石家庄交通局...0311-87819155	张家口市交通局.0313-2012775	邢台市公安局交通支队
省高速公路报警救助0311-95185122	唐山市交通局....0315-2201111	承德市交通局...0314-2271252	0319-2138000
省高速公路停车场..0311-86018699	邯郸市交通局....0310-6268001	廊坊市交通局...0316-2113424	
省交通厅公路管理局0311-83035136	保定市交通局....0312-3208745	沧州市交通局...0317-5522116	
省高速公路管理局..0311-83031241	秦皇岛市交通局..0335-3034025	衡水市交通局...0318-2123459	

图例解释

收费站 | 出入口 | 国家高速编号 | 服务区 | 在建 — 高速公路

国道编号 — 国道

省道编号 | 里程数(km) | 居民点 | 在建 — 省道

县道

快速路

隧道 | 在建 — 铁路

比例尺 1：210万

0 21.0 42.0 63.0 km

图上1cm相当于实地21km

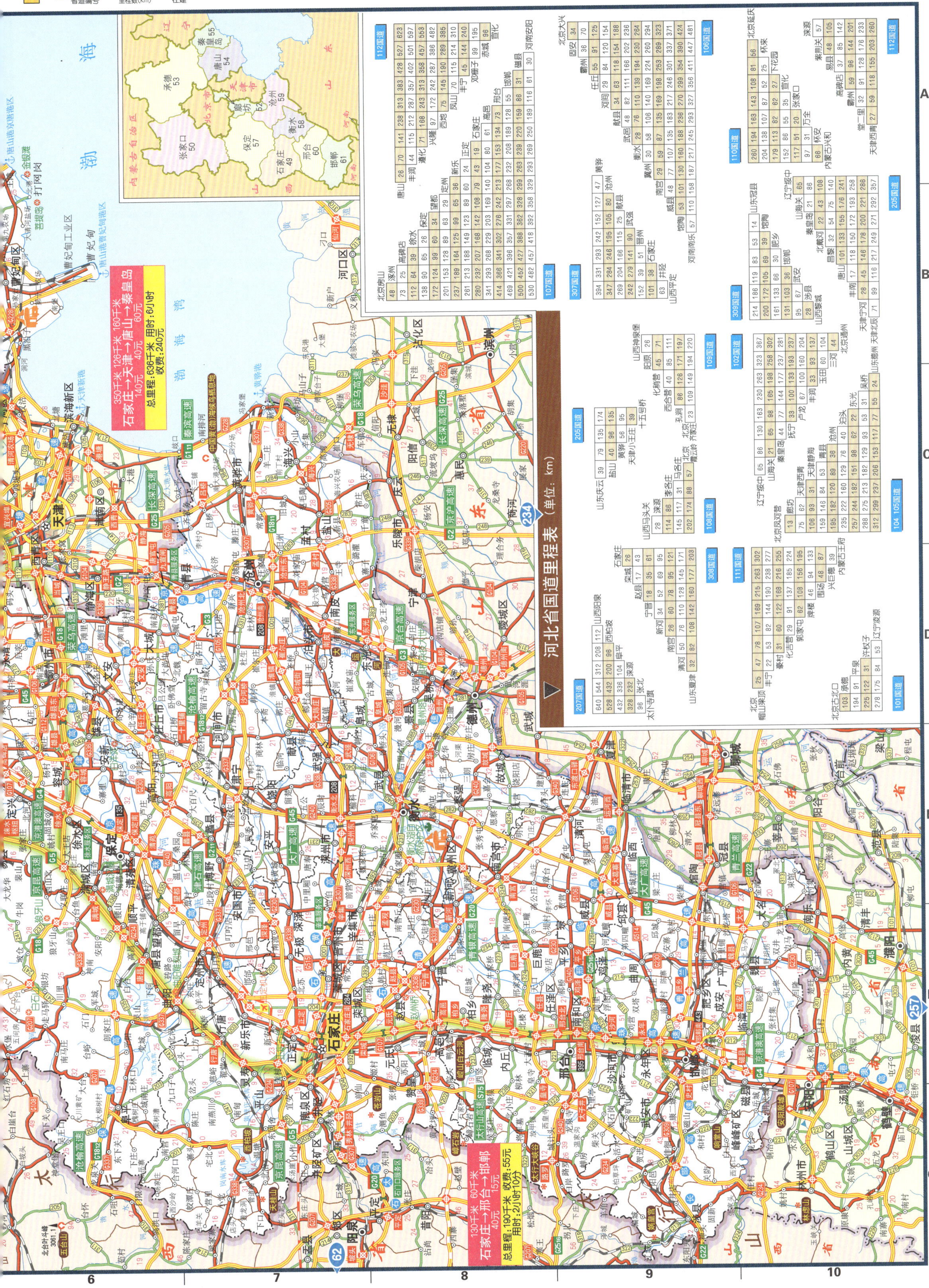

- 本表中城际间里程是以高速公路、国道为主要行车路线计算，不作营运计价依据。
- 单位：km

河北省主要城市至全国各主要城市里程表

省份	城市	石家庄	张家口	承德	秦皇岛	唐山	保定	沧州	衡水	邢台	邯郸	廊坊
直辖市	北京	333	225	252	317	206	189	232	369	429	480	83
	上海	1169	1508	1522	1379	1239	1232	1067	1035	1140	1108	1225
	天津	348	362	326	297	155	204	139	276	444	495	104
	重庆	1687	2200	2207	2244	2104	1801	1778	1800	1550	1497	1935
山西省	太原	265	496	791	832	684	396	466	386	356	407	530
	大同	520	221	539	657	531	401	598	641	611	662	342
	阳泉	133	578	659	700	552	264	334	254	224	275	398
	长治	359	690	877	919	771	482	554	384	227	174	616
	晋城	465	787	983	1025	877	588	660	580	333	280	722
	忻州	322	414	728	889	741	453	523	443	413	464	587
	临汾	490	741	1061	1057	909	621	691	611	403	350	755
	运城	620	871	1146	1187	1039	751	821	741	532	479	885
	侯马	547	798	1073	1114	966	678	748	668	475	422	812
内蒙古自治区	呼和浩特	798	345	688	806	680	645	747	827	889	940	586
	包头	949	496	839	957	831	796	898	978	1040	1091	737
	乌海	1305	852	1195	1313	1187	1152	1254	1334	1396	1447	1093
	赤峰	1002	557	276	412	538	873	777	857	1093	1144	707
	通辽	1177	893	507	587	713	1048	952	1032	1268	1319	882
	呼伦贝尔	2177	2188	1610	1759	1885	2024	2126	2206	2268	2319	1965
	乌兰浩特	1490	1013	923	1498	1372	1337	1439	1519	1581	1632	1278
	锡林浩特	920	443	675	928	802	767	869	949	1011	1062	708
	乌兰察布	646	189	536	654	528	493	595	675	737	788	434
	东胜区	1049	596	939	1057	931	896	998	1078	1140	1191	837
	巴彦淖尔	1173	720	1063	1181	1055	1020	1122	1202	1264	1315	961
辽宁省	沈阳	1021	901	615	431	557	892	796	876	1112	1163	726
	朝阳	890	770	292	300	426	761	665	745	981	1032	595
	阜新	927	807	419	337	463	798	702	782	1018	1069	632
	铁岭	1084	964	667	494	620	955	859	939	1175	1226	789
	本溪	1057	937	640	467	593	928	832	912	1148	1199	762
	鞍山	1003	883	586	413	539	874	778	858	1094	1145	708
	丹东	1200	1080	783	610	736	1071	975	1055	1291	1342	905
	大连	1158	1038	741	568	694	1029	933	1013	1249	1300	863
	营口	942	822	525	352	478	813	717	797	1033	1084	647
	盘锦	882	762	465	292	418	753	657	737	973	1024	587
	锦州	799	679	375	209	335	670	574	654	890	941	504
	葫芦岛	760	640	415	170	296	631	535	615	851	902	465
吉林省	长春	1317	1197	813	722	853	1188	1092	1172	1408	1459	1022
	白城	1493	1096	1001	903	1029	1364	1268	1348	1584	1635	1198
	松原	1465	1289	961	875	1001	1336	1240	1320	1556	1607	1170
	吉林	1410	1290	906	820	946	1281	1185	1265	1501	1552	1115
	四平	1200	1080	696	610	736	1071	975	1055	1291	1342	905
	辽源	1273	1153	769	683	809	1144	1048	1128	1364	1415	978
	通化	1263	1143	846	673	799	1134	1038	1118	1354	1405	1002
	梅河口	1262	1142	845	672	798	1133	1037	1117	1353	1404	967
	延吉	1712	1592	1208	1122	1248	1583	1487	1567	1803	1854	1417
	敦化	1593	1473	1089	1003	1129	1464	1368	1448	1684	1735	1298
黑龙江省	哈尔滨	1560	1440	1056	970	1096	1431	1335	1415	1651	1702	1265
	齐齐哈尔	1876	1279	1184	1286	1412	1747	1621	1701	1967	2018	1581
	黑河	2136	2016	1632	1546	1672	2007	1911	1991	2227	2278	1841
	大庆	1708	1588	1204	1118	1244	1579	1483	1563	1799	1850	1413
	伊春	1903	1783	1399	1313	1439	1774	1678	1758	1994	2045	1608
	鹤岗	1981	1861	1477	1391	1517	1852	1756	1836	2072	2123	1686
	佳木斯	1910	1790	1406	1320	1446	1781	1685	1765	2001	2052	1615
	双鸭山	1974	1854	1470	1384	1510	1845	1749	1829	2065	2116	1679
	七台河	1993	1873	1489	1403	1529	1864	1768	1848	2084	2135	1698
	鸡西	1936	1816	1432	1346	1472	1807	1711	1791	2027	2078	1641
	牡丹江	1773	1653	1269	1183	1309	1644	1548	1628	1864	1915	1478
	绥化	1678	1558	1174	1088	1214	1549	1453	1533	1769	1820	1383
江苏省	南京	986	1325	1339	1196	1056	1049	884	852	957	925	1042
	徐州	613	942	956	876	736	666	501	469	574	542	659
	连云港	737	1076	1090	947	807	800	635	603	708	676	793
	淮安	769	1108	1122	979	839	832	667	635	740	708	825
	盐城	877	1216	1230	1087	947	940	775	743	848	816	933
	扬州	908	1247	1261	1118	978	971	806	774	879	847	964
	南通	1044	1383	1397	1254	1114	1107	942	910	1015	983	1100
	镇江	957	1296	1310	1167	1027	1020	855	823	928	896	1013
	常州	1029	1368	1382	1239	1099	1092	927	895	1000	968	1085
	无锡	1032	1371	1385	1242	1102	1095	930	898	1003	971	1088
	苏州	1078	1417	1431	1288	1148	1141	976	944	1049	1017	1134
浙江省	杭州	1215	1554	1568	1425	1285	1278	1113	1081	1186	1154	1271
	湖州	1135	1474	1488	1345	1205	1198	1033	1001	1106	1074	1191
	嘉兴	1153	1492	1506	1363	1223	1216	1051	1019	1124	1092	1209
	宁波	1281	1620	1634	1491	1351	1344	1179	1147	1252	1221	1337
	绍兴	1266	1605	1619	1476	1336	1329	1164	1132	1237	1205	1322
	衢州	1418	1767	1771	1628	1488	1481	1316	1284	1389	1357	1474
	金华	1380	1719	1733	1590	1450	1443	1278	1246	1351	1319	1436
	台州	1467	1806	1820	1677	1537	1530	1365	1333	1438	1406	1523
	温州	1600	1939	1953	1810	1670	1663	1498	1466	1571	1539	1656
	丽水	1493	1832	1846	1703	1563	1556	1391	1359	1464	1432	1549
安徽省	合肥	960	1289	1303	1223	1083	1013	848	816	921	889	1006
	宿州	713	1042	1056	976	836	766	601	569	674	642	759
	阜阳	782	1130	1144	1064	924	905	689	657	644	591	847
	蚌埠	804	1133	1147	1067	927	857	692	660	765	733	850
	淮南	842	1171	1185	1105	965	895	730	698	803	771	888
	滁州	928	1257	1271	1190	1050	981	829	784	889	857	987
	马鞍山	998	1316	1330	1232	1111	1028	899	867	972	940	1057
	芜湖	1028	1357	1371	1290	1150	1081	929	884	989	957	1087
	铜陵	1087	1416	1430	1349	1209	1140	988	943	1048	1016	1146
	安庆	1108	1436	1450	1369	1229	1160	1008	963	1068	1036	1166
	黄山	1262	1591	1605	1524	1384	1315	1163	1118	1223	1191	1321
	巢湖	970	1299	1313	1233	1093	1023	871	826	931	899	1029
福建省	福州	1851	2252	2266	2204	2064	1974	1839	1807	1713	1661	1997
	南平	1694	2095	2109	2047	1927	1817	1682	1650	1556	1504	1840
	三明	1670	2071	2085	2023	1883	1793	1658	1626	1532	1480	1816
	莆田	1940	2341	2355	2293	2153	2063	1928	1896	1802	1750	2086
	泉州	1944	2345	2359	2297	2157	2067	1932	1900	1806	1754	2090
	厦门	2004	2405	2415	2357	2217	2127	1992	1960	1866	1814	2150
	漳州	2027	2428	2442	2380	2240	2150	2015	1983	1889	1837	2173
	龙岩	1928	2329	2343	2281	2141	2051	1916	1884	1790	1738	2074
	宁德	1833	2172	2186	2043	1903	1896	1731	1699	1804	1772	1889
江西省	南昌	1310	1711	1725	1663	1523	1433	1298	1266	1172	1120	1456
	九江	1158	1559	1573	1511	1371	1281	1146	1114	1020	968	1304
	景德镇	1309	1638	1652	1572	1432	1362	1197	1165	1270	1238	1355
	鹰潭	1439	1768	1782	1702	1562	1492	1327	1295	1400	1368	1485
	上饶	1539	1868	1882	1752	1612	1592	1427	1395	1500	1468	1585
	新余	1431	1832	1846	1784	1644	1554	1419	1387	1293	1241	1577
	萍乡	1390	1942	1956	1894	1754	1513	1529	1497	1252	1200	1687
	赣州	1666	2056	2070	2019	1879	1789	1654	1622	1528	1476	1812
	宜春	1450	1882	1896	1834	1694	1573	1469	1437	1312	1260	1627
山东省	济南	343	656	671	610	462	383	245	213	317	285	403
	德州	239	542	557	496	348	269	131	83	218	258	289
	淄博	424	655	670	563	415	407	274	294	406	374	404
	潍坊	523	768	783	676	528	520	387	393	505	473	517
	烟台	766	969	984	877	729	721	588	636	748	716	718
	威海	829	1032	1047	940	792	784	651	699	811	779	781
	青岛	668	899	914	807	659	651	518	538	650	618	648
	日照	646	959	974	856	708	686	548	516	620	588	706
	临沂	567	880	895	776	628	607	469	437	541	509	627
	济宁	536	808	823	762	614	535	397	365	419	387	555
	泰安	384	697	712	651	503	424	286	254	358	326	444
	滨州	434	586	601	494	346	338	205	305	417	385	363
	菏泽	441	859	874	813	665	555	448	416	309	277	606
河南省	郑州	451	955	969	1010	862	570	655	564	319	266	704
	三门峡	675	1179	1193	1234	1086	794	879	788	543	490	928
	洛阳	561	1065	1079	1120	972	680	765	674	429	376	814
	焦作	434	938	952	993	845	553	638	547	302	249	687
	新乡	372	876	890	931	783	491	576	485	240	187	625
	安阳	267	771	785	826	678	386	471	380	135	82	520
	开封	469	973	987	930	782	588	565	533	337	284	722
	商丘	605	944	958	898	750	724	533	501	473	420	691
	漯河	576	1080	1094	1085	937	695	730	689	444	391	829
	南阳	690	1194	1208	1199	1051	809	844	803	558	505	943
	信阳	739	1243	1257	739	1100	858	893	852	607	554	992
湖北省	武汉	931	1453	1457	1439	1291	1050	1084	1042	799	745	1184
	十堰	937	1461	1475	1445	1297	1056	1090	1048	805	751	1190
	襄阳	819	1343	1357	1327	1179	938	972	930	687	633	1072
	荆门	965	1489	1503	1473	1325	1084	1118	1076	833	779	1218
	孝感	883	1405	1419	1391	1250	1002	1036	994	751	793	1136
	鄂州	1022	1544	1558	1475	1327	1141	1120	1078	890	836	1275
	黄石	1040	1562	1576	1457	1309	1159	1102	1060	908	854	1293
	咸宁	1013	1535	1549	1521	1373	1132	1166	1124	881	827	1266
	荆州	1045	1569	1583	1553	1405	1164	1198	1156	913	859	1298
	宜昌	1087	1611	1625	1595	1447	1206	1240	1198	955	901	1340
湖南省	长沙	1264	1786	1800	1772	1624	1383	1417	1375	1132	1078	1517
	常德	1230	1754	1768	1738	1590	1349	1383	1341	1098	1044	1483
	益阳	1344	1866	1880	1852	1702	1463	1497	1455	1212	1158	1597
	岳阳	1148	1670	1684	1656	1508	1267	1301	1259	1016	962	1401
	株洲	1303	1816	1830	1811	1663	1422	1456	1414	1171	1117	1556
	湘潭	1297	1812	1826	1805	1657	1416	1450	1408	1163	1111	1550
	衡阳	1433	1946	1960	1961	1793	1552	1586	1544	1301	1247	1686
	郴州	1549	2062	2076	2057	1909	1668	1702	1660	1317	1363	1802
	永州	1569	2082	2096	2077	1929	1688	1722	1680	1337	1383	1822
	邵阳	1478	1991	2005	1986	1838	1597	1631	1589	1346	1292	1731
广东省	广州	1950	2472	2486	2458	2310	2069	2103	2061	1818	1764	2203
	韶关	1707	2229	2243	2215	2067	1826	1860	1818	1575	1521	1960
	梅州	2132	2448	2462	2413	2282	2251	2048	2456	2000	1946	2206
	汕头	2331	2624	2638	2589	2458	2450	2224	2632	2199	2145	2382
	惠州	2024	2378	2392	2343	2212	2143	1978	2386	1892	1838	2136
	东莞	1965	2487	2501	2473	2325	2084	2118	2076	1833	1779	2218
	深圳	2042	2469	2483	2434	2303	2161	2069	2477	1910	1856	2295
	珠海	2043	2565	2579	2551	2403	2162	2196	2154	1911	1857	2296
	中山	2012	2534	2548	2520	2372	2131	2165	2123	1880	1826	2265
	肇庆	2009	2531	2545	2517	2369	2128	2162	2120	1877	1823	2262
	茂名	2264	2786	2800	2772	2624	2383	2417	2375	2132	2078	2517
	湛江	2344	2866	2880	2852	2704	2463	2497	2455	2212	2158	2597
广西壮族自治区	南宁	2140	2662	2676	2648	2500	2259	2293	2251	2008	1954	2393
	桂林	1757	2279	2293	2265	2117	1876	1910	1868	1625	1571	2010
	柳州	1903	2025	2039	2411	2263	2022	2056	2014	1771	1717	2156
	梧州	2123	2645	2659	2631	2483	2242	2276	2234	1991	1937	2376
	玉林	2197	2719	2733	2705	2557	2316	2350	2308	2065	2011	2450
	百色	2358	2880	2894	2866	2718	2477	2511	2469	2226	2172	2611
四川省	成都	1561	2074	2088	2127	1979	1692	1767	1682	1496	1443	1826
	绵阳	1438	1951	1965	2004	1856	1569	1644	1559	1373	1320	1703
	泸州	1806	2319	2333	2372	2224	1937	2012	1927	1741	1688	2071
	攀枝花	2275	2788	2802	2841	2693	2406	2481	2396	2210	2157	2540
	西昌	2084	2597	2611	2650	2502	2215	2290	2205	2019	1966	2349
贵州省	贵阳	2072	2596	2610	2580	2432	2191	2225	2183	1940	1891	2325
	遵义	1910	2434	2448	2418	2270	2029	2063	2021	1778	1729	2163
	安顺	2138	2662	2676	2646	2498	2257	2291	2249	2006	1957	2391
	毕节	2201	2725	2739	2709	2561	2320	2354	2312	2069	2020	2454
	凯里	1913	2435	2449	2421	2273	2032	2066	2024	1781	1727	2166
云南省	昆明	2419	2932	2946	2985	2837	2550	2625	2540	2354	2301	2684
	曲靖	2430	2943	2957	2996	2848	2561	2636	2551	2365	2312	2695
	玉溪	2499	3012	3026	3065	2917	2630	2705	2620	2434	2381	2764
	丽江	2565	3078	3092	3131	2983	2696	2771	2686	2500	2447	2830
	大理	2721	3234	3248	3287	3139	2852	2927	2842	2656	2603	2986
	景洪	2977	3490	3504	3543	3395	3108	3183	3098	2912	2859	3242
西藏自治区	拉萨	3373	3595	3968	3939	3791	3495	3579	3494	3464	3515	3629
	那曲	3035	3257	3630	3601	3453	3157	3241	3156	3126	3177	3291
	昌都	2762	2984	3357	3328	3180	2884	2968	2883	2853	2904	3018
	日喀则	3611	3833	4206	4177	4029	3733	3817	3732	3702	3753	3867
	萨嘎	4060	4282	4655	4626	4478	4182	4266	4181	4151	4202	4316
	噶尔	4846	5068	5441	5412	5264	4968	5052	4967	4937	4988	5102
陕西省	西安	838	1351	1365	1404	1256	969	1044	959	784	731	1103
	延安	671	1184	1198	1237	1089	802	877	792	762	813	936
	铜川	831	1344	1358	1394	1249	962	1037	952	777	724	1096
	渭南	823	1336	1348	1389	1241	954	1029	944	716	663	1088
	咸阳	862	1375	1389	1428	1280	993	1068	983	807	754	1127
	宝鸡	1014	1527	1541	1580	1432	1145	1220	1135	959	906	1279
	汉中	1113	1626	1640	1679	1531	1244	1319	1234	1049	996	1378
	榆林	619	1132	1146	1185	1037	750	825	740	710	761	884
	安康	1037	1550	1564	1603	1455	1168	1243	1158	979	926	1302
甘肃省	兰州	1259	1481	1854	1825	1677	1381	1465	1380	1350	1401	1515
	嘉峪关	1738	1960	2333	2304	2156	1860	1944	1859	1829	1880	1994
	天水	1177	1690	1704	1743	1595	1308	1383	1298	1213	1069	1442
	敦煌	2114	2336	2709	2680	2532	2236	2320	2235	2205	2256	2370
	张掖	1513	1735	2108	2079	1931	1635	1719	1634	1604	1655	1769
	武威	1281	1503	1876	1847	1699	1403	1487	1402	1372	1423	1537
青海省	西宁	1458	1680	2053	2024	1876	1580	1664	1579	1549	1600	1714
	同仁	1553	1775	2148	2119	1971	1675	1759	1674	1644	1695	1809
	德令哈	1964	2186	2559	2530	2382	2086	2170	2085	2055	2106	2220
	格尔木	2213	2435	2808	2779	2631	2335	2419	2334	2304	2355	2469
宁夏回族自治区	银川	934	1055	1413	1500	1352	1056	1140	1055	1025	1076	1190
	惠农区	1023	936	1294	1412	1286	1145	1229	1144	1114	1165	1279
	吴忠	920	1093	1451	1486	1338	1042	1126	1041	1011	1062	1176
	固原	1138	1360	1718	1704	1556	1260	1344	1259	1229	1280	1394
新疆维吾尔自治区	乌鲁木齐	2932	3254	3527	3498	3350	3054	3138	3053	3023	3074	3188
	克拉玛依	3296	3518	3891	3862	3714	3418	3502	3417	3387	3438	3552
	喀什	4128	4350	4723	4694	4546	4250	4334	4249	4219	4270	4384
	阿克苏	3664	3886	4259	4230	4082	3786	3870	3785	3755	3806	3920
	吐鲁番	2731	2953	3326	3297	3149	2853	3937	2852	2822	2873	2987
	哈密	2340	2562	2935	2906	2758	2462	2546	2461	2431	2482	2596
	阿勒泰	3587	3809	4182	4153	4005	3709	3793	3708	3678	3729	3843

河北省主要城镇间里程表

	石家庄	高邑	衡水	邢台	南宫	邯郸	涉县	馆陶	沧州	保定	安新	涞源	廊坊	唐山	唐海	遵化	秦皇岛	青龙	承德	张家口	沽源	北京
高邑	52																					
衡水	138	129																				
邢台	116	64	159																			
南宫	119	89	48	104																		
邯郸	181	129	204	65	151																	
涉县	315	202	301	134	238	97																
馆陶	223	198	142	129	94	75	172															
沧州	225	271	136	295	191	340	429	264														
保定	130	182	162	246	217	311	386	313	156													
安新	180	226	204	294	259	351	428	355	151	42												
涞源	224	270	289	338	347	395	472	447	300	144	186											
廊坊	279	325	245	404	300	449	546	396	170	141	124	231										
唐山	449	495	360	519	415	563	653	488	224	297	318	373	194									
唐海	520	566	391	550	446	607	768	542	232	382	385	431	156	50								
遵化	467	513	399	581	454	638	801	550	319	269	272	379	262	68	94							
秦皇岛	589	635	500	659	555	703	793	628	364	437	440	545	334	122	149	184						
青龙	517	563	497	650	552	707	851	662	355	382	379	489	259	131	173	107	121					
承德	522	568	532	691	587	736	825	660	396	384	387	371	296	245	295	194	403	203				
张家口	476	522	538	590	599	647	747	689	532	376	379	224	296	412	462	341	513	518	388			
沽源	650	696	685	792	740	849	921	836	622	540	543	399	456	535	585	484	693	493	290	174		
北京	285	331	292	399	347	456	619	443	228	147	150	252	58	183	235	182	290	232	221	228	393	
天津	345	391	256	415	311	460	549	384	120	176	150	257	83	124	135	143	264	241	364	353	529	136

图例解释

街区	次要街道 县道	高速公路	交警部门 地铁站
公园 绿地	城市高架路	建筑中高速公路	出入口 国道编号
过境线 国道	地铁 轻轨	快速路	加油站 汽修厂
主要街道 省道	铁路及车站	省、市、区政府	停车场 汽车站

医院 邮政局
宾馆 风景点
古塔 电视台
桥梁 运动场

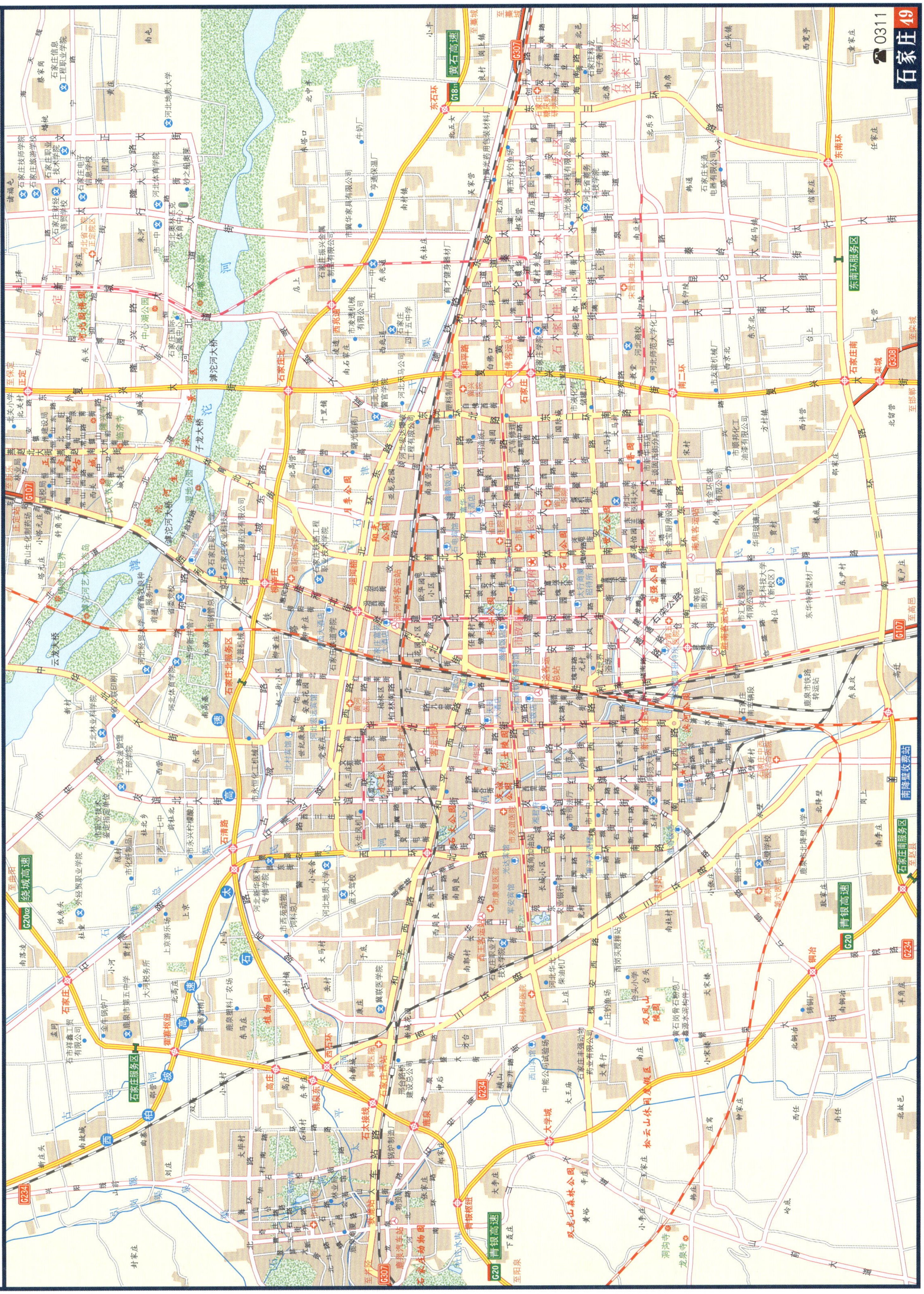

内蒙古自治区
张家口 50
承德 53
北京市
辽宁
秦皇岛 55
唐山 54
天津市
保定 57
廊坊 52
沧州 59
石家庄
衡水 58
邢台 60
邯郸 61
山东
河南
山西
A
B
C
D
E
F
G
1
2
3
4
5
陈家庄
平山
西柏坡
岗南
温塘
井陉矿区
井陉(微水)
鹿泉
孟县(秀水)
阳泉
郊区
寿阳(朝阳)
赞皇
天桂山
苍岩山
嶂石岩
太行山高速
京昆高速
青银高速
石家庄过境导向图
正定
新华区
长安区
石家庄
桥西区
裕华区
鹿泉区
栾城区
藁城区
西柏坡高速
黄石高速

河北省
石家庄
正定
新乐市
行唐
灵寿
曲阳
定州市
安国市
博野
望都
无极
深泽
晋州市
辛集市
藁城区
栾城区
赵县
元氏
赞皇
高邑
宁晋
柏乡
临城
新河
隆尧
石家庄市
保定市
衡水市
邢台市
A
B
C
D
E
F
G
6
7
8
9
10

图例解释

收费站 出入口 G45 国家高速编号 服务区 在建	高速公路	桥梁 隧口	县道
G312 国道编号	国道		快速路
S217 省道编号 25 居民点 里程数(km) 在建	省道	隧道 在建	铁路

345 南京三桥 南京三桥出入口位于距该高速公路零千米345千米处

25 宁波服务区 宁波服务区位于距该高速公路零千米25千米处

47 香河收费站 香河收费站位于距该高速公路零千米47千米处

24 国道里程桩：表示该点距此国道零千米总里程为24千米

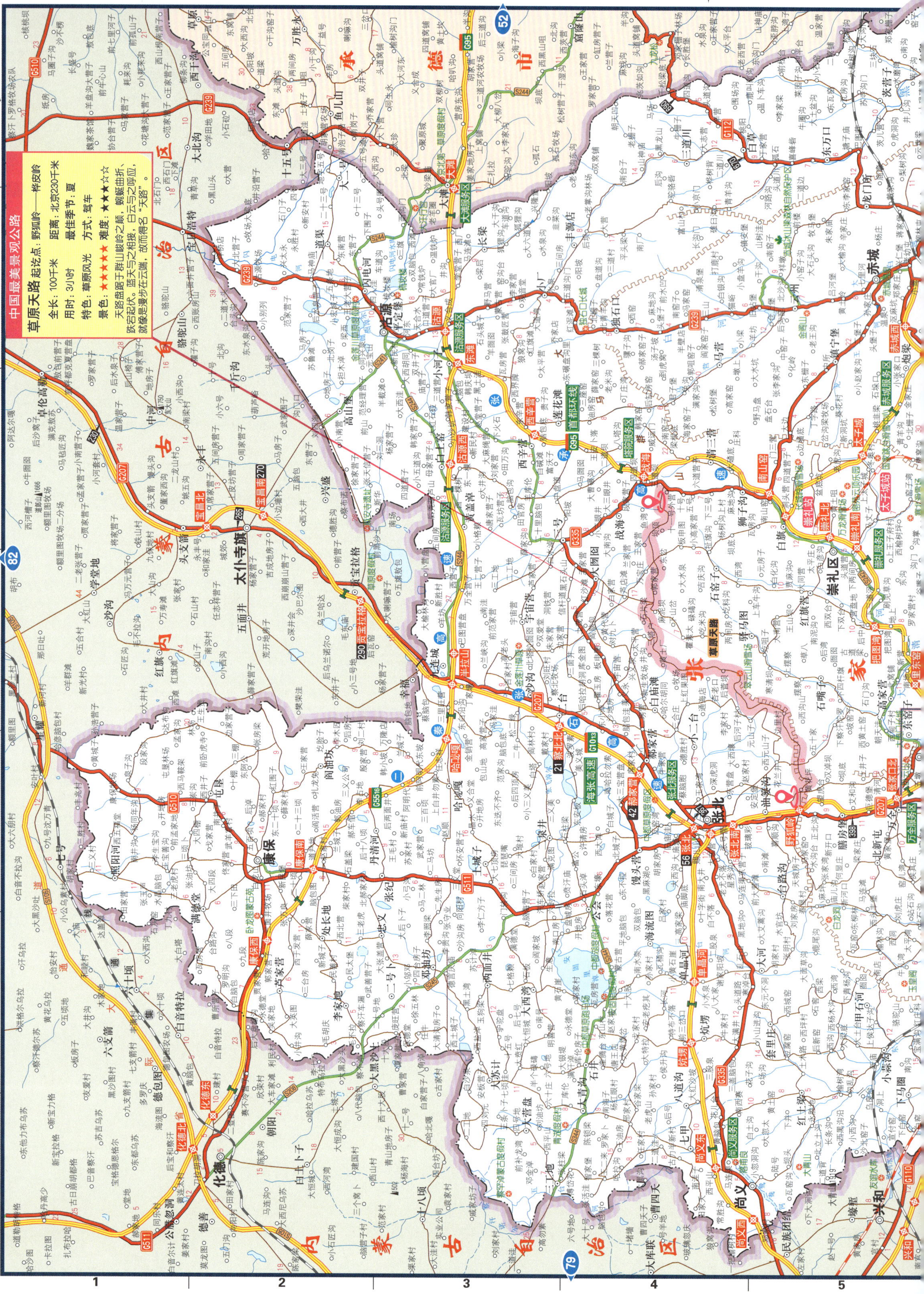

公路零千米

▶109国道零千米：北京阜城门
▶110国道零千米：北京德胜门
▶112国道零千米：天津千里堤
▶207国道零千米：锡林浩特市

比例尺 1：80万

0 8.0 16.0 24.0 km

图上1cm相当于实地8.0km

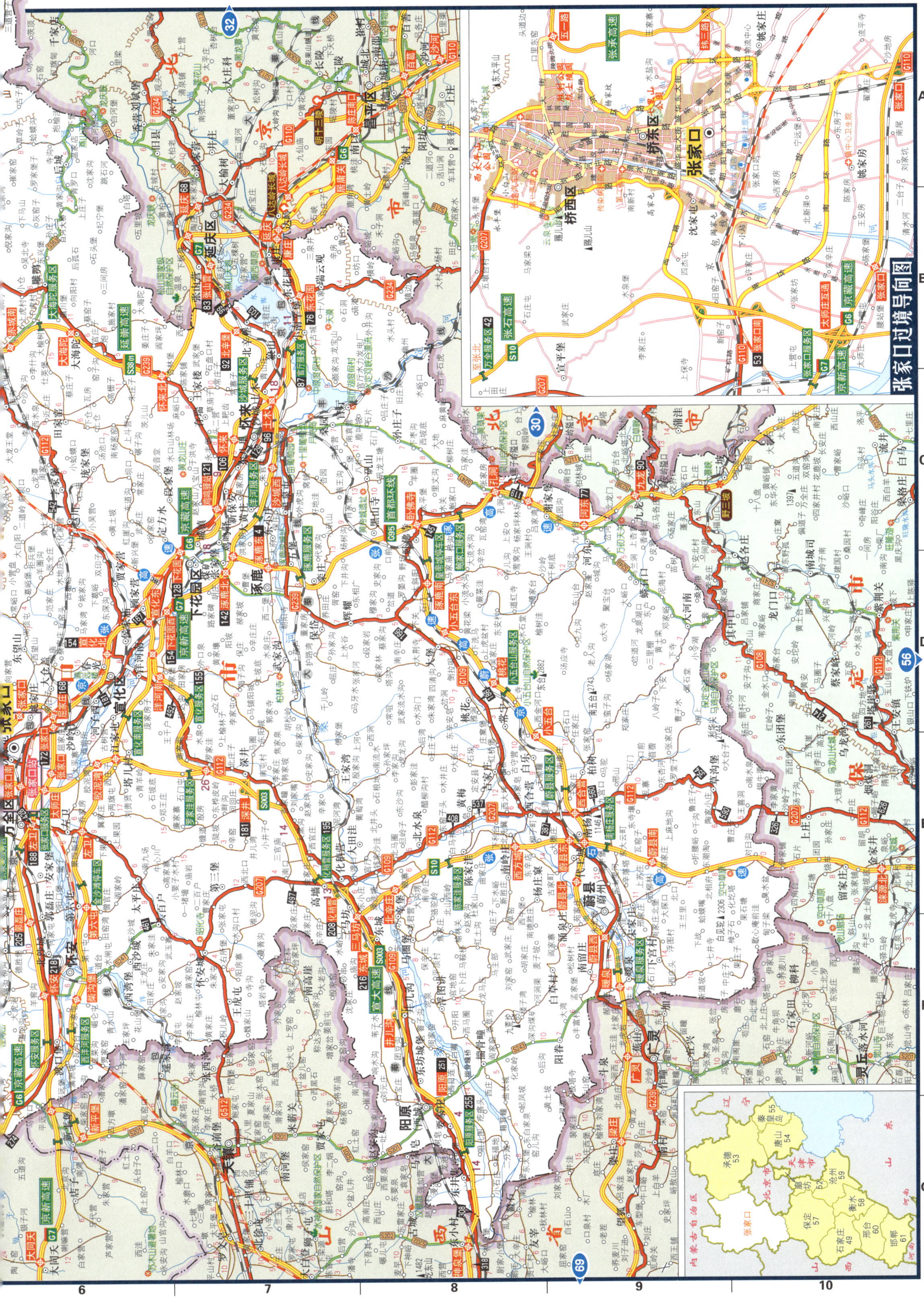

比例尺 1：68万

0 6.8 13.6 20.4 km

图上1cm相当于实地6.8km

图例解释

收费站 出入口 G45 国家高速编号 服务区 在建 高速公路

G312 国道编号 国道

S211 省道编号 25 里程数(km) 居民点 在建 省道

桥梁 隧口 县道

快速路

隧道 在建 铁路

A B C D E F G

1 2 3 4 5

公路零千米

▶101国道零千米：北京东直门 ▶105国道零千米：北京永定门
▶102国道零千米：北京朝阳门 ▶106国道零千米：北京菜户营
▶103国道零千米：北京建国门 ▶111国道零千米：北京东直门
▶104国道零千米：北京永定门 ▶112国道零千米：天津千里堤

比例尺 1：104万

0 10.4 20.8 31.2 km

图上1cm相当于实地10.4km

图例解释

收费站 出入口 G45 国家高速编号 服务区 在建 高速公路
G312 国道编号 国道
S217 省道编号 25 居民点 里程数(km) 在建 省道
桥梁 隧口 县道
快速路
隧道 在建 铁路

345 南京三桥 南京三桥出入口位于距该高速公路零千米345千米处
25 宁波服务区 宁波服务区位于距该高速公路零千米25千米处
47 香河收费站 香河收费站位于距该高速公路零千米47千米处
24 国道里程桩：表示该点距此国道零千米总里程为24千米

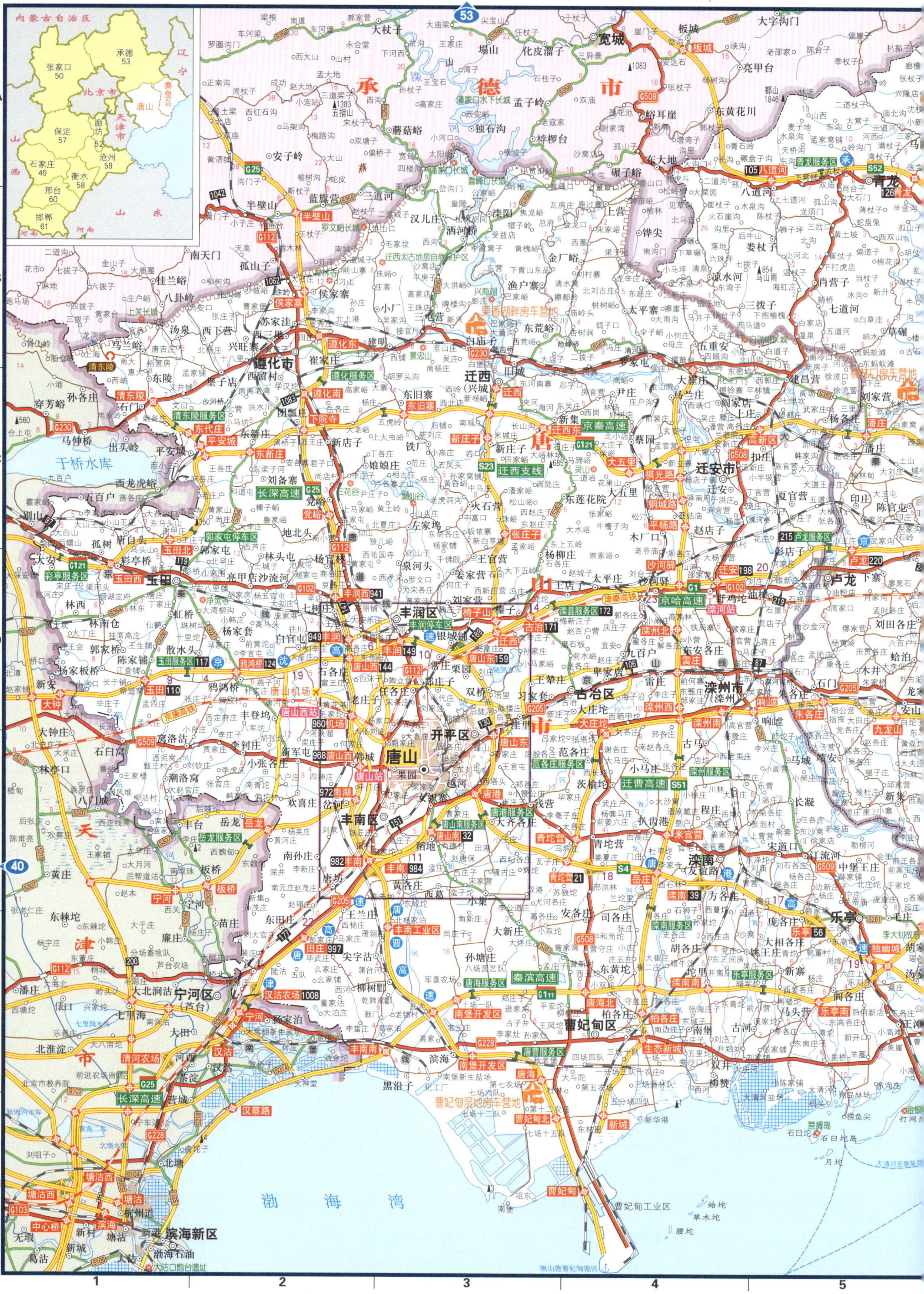

公路零千米

▶102国道零千米：北京朝阳门

▶112国道零千米：天津千里堤

▶205国道零千米：秦皇岛市海阳镇

比例尺 1：69万

0 6.9 13.8 20.7 km

图上1cm相当于实地6.9km

图例解释

收费站 出入口 G45 国家高速编号 服务区 在建	高速公路
G312 国道编号	国道
S217 省道编号 25 居民点 里程数(km) 在建	省道
桥梁 隧口	县道
	快速路
隧道 在建	铁路
345 南京三桥	南京三桥出入口位于距该高速公路零千米345千米处
25 宁波服务区	宁波服务区位于距该高速公路零千米25千米处
47 香河收费站	香河收费站位于距该高速公路零千米47千米处
24	国道里程桩：表示该点距此国道零千米总里程为24千米

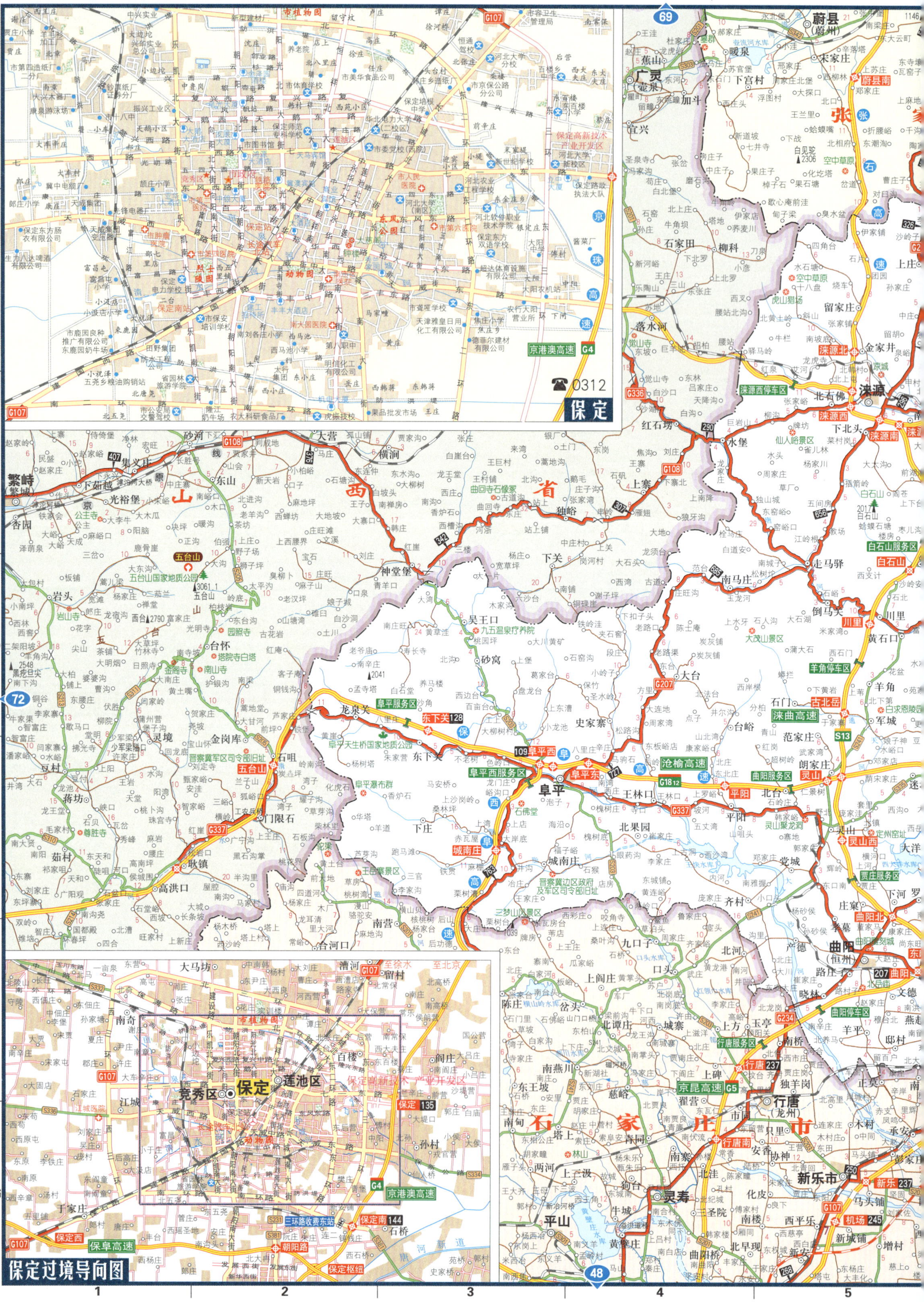

▶107国道零千米：北京广安门
▶108国道零千米：北京复兴门
▶112国道零千米：天津千里堤
▶207国道零千米：锡林浩特市

比例尺 1：68万
0 6.8 13.6 20.4km
图上1cm相当于实地6.8km

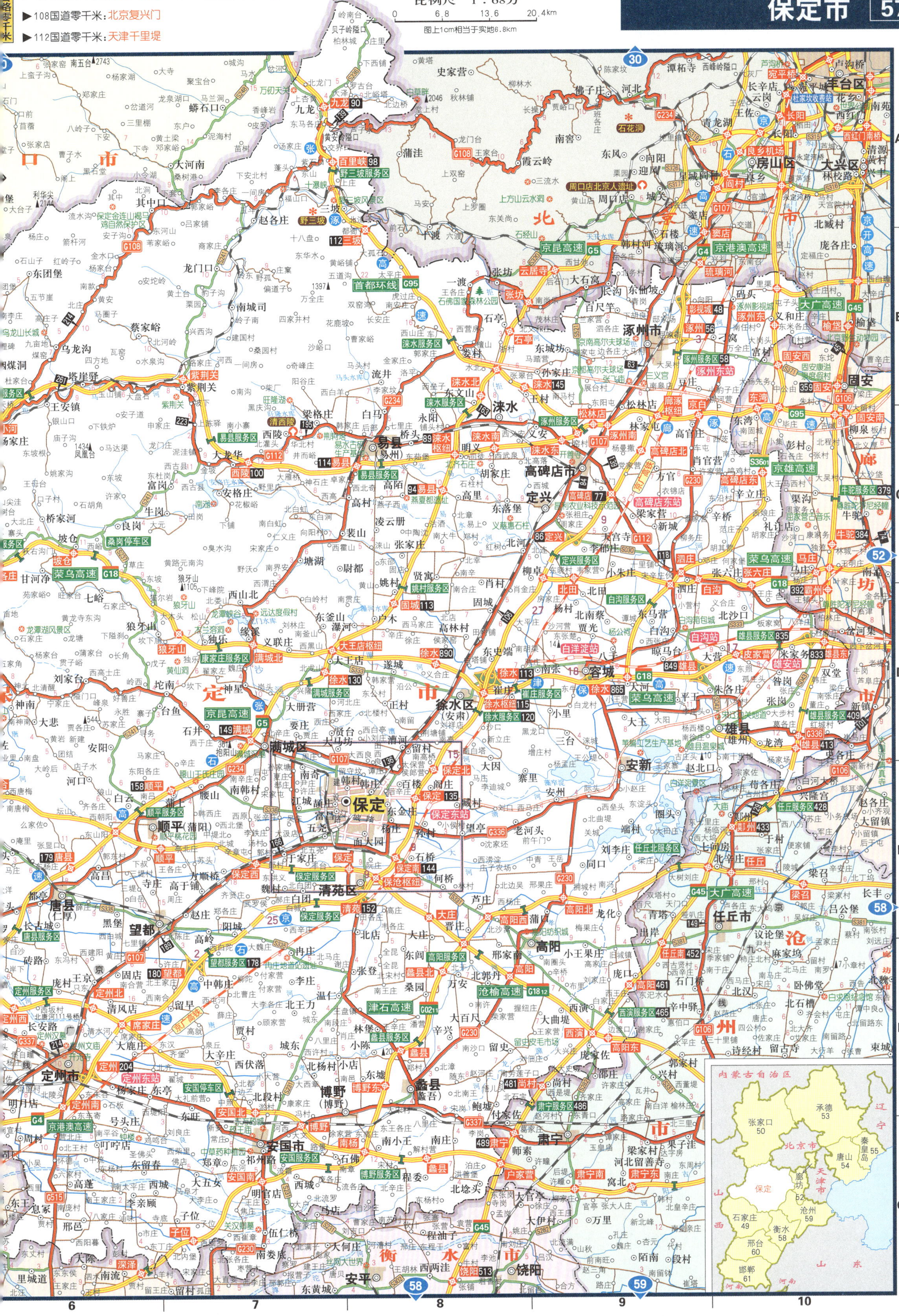

图例解释

收费站 出入口 国家高速编号 服务区 在建 高速公路

国道编号 国道

省道编号 里程数(km) 居民点 在建 省道

桥梁 隘口 县道

快速路

隧道 在建 铁路

345 南京三桥 南京三桥出入口位于距该高速公路零千米345千米处

25 宁波服务区 宁波服务区位于距该高速公路零千米25千米处

47 香河收费站 香河收费站位于距该高速公路零千米47千米处

24 国道里程桩：表示该点距此国道零千米总里程为24千米

公路零千米

- ▶104国道零千米：北京永定门
- ▶105国道零千米：北京永定门
- ▶106国道零千米：北京莱户营
- ▶205国道零千米：秦皇岛市海阳镇
- ▶307国道零千米：河北黄骅市金三角

比例尺 1：64万

0 6.4 12.8 19.2 km

图上1cm相当于实地6.4km

比例尺 1：70万

0 7.0 14.0 21.0 km

图上1cm相当于实地7.0km

图例解释

收费站 出入口 G45 国家高速编号 服务区 在建 高速公路

G312 国道编号 国道

S217 省道编号 25 里程数(km) 居民点 在建 省道

桥梁 隧口 县道

快速路

隧道 在建 铁路

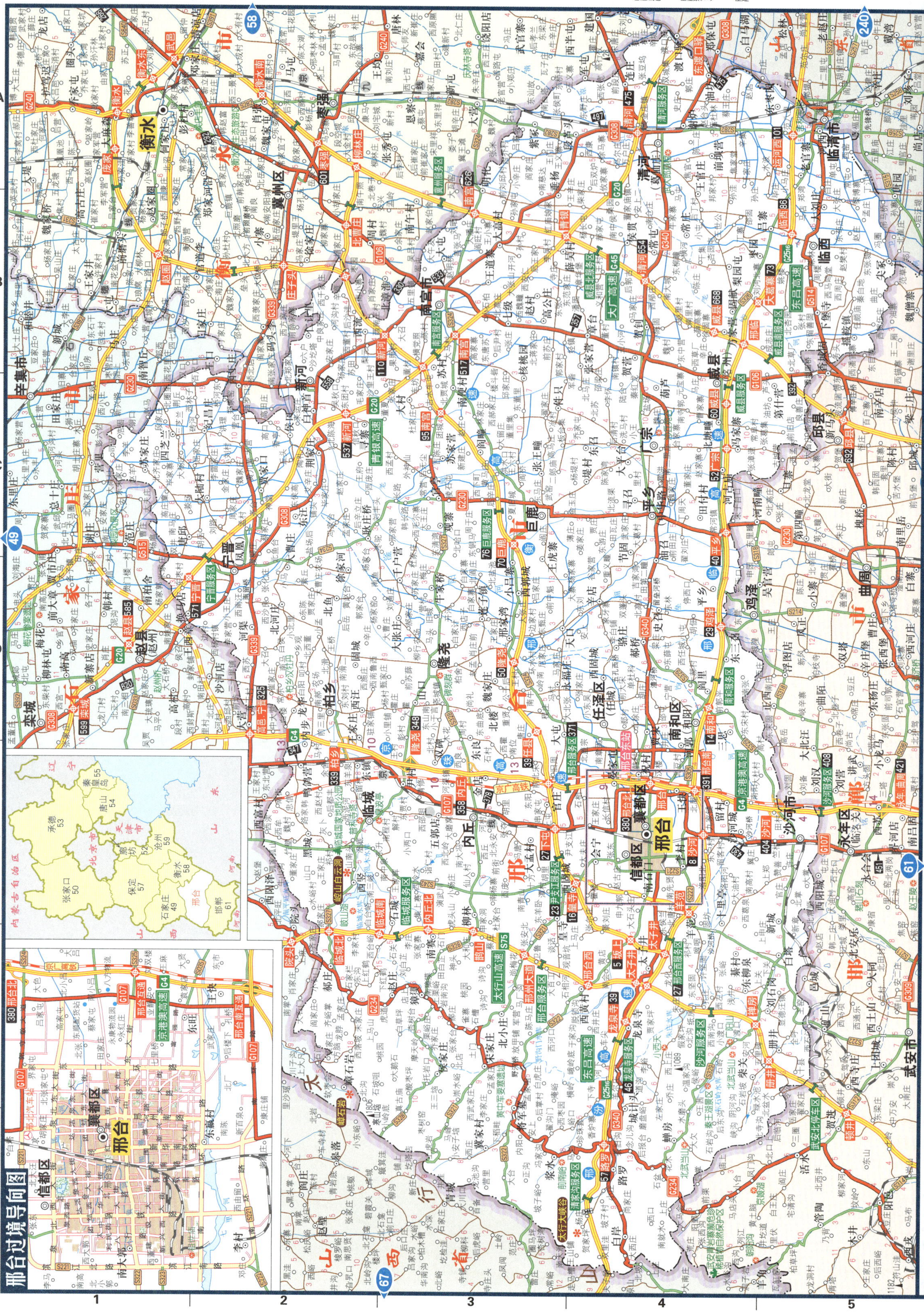

公路零千米

▶106国道零千米：北京菜户营
▶107国道零千米：北京广安门
▶308国道零千米：青岛市鞍山路口
▶309国道零千米：山东荣成市崖头

比例尺 1：68万
0 6.8 13.6 20.4 km
图上1cm相当于实地6.8km

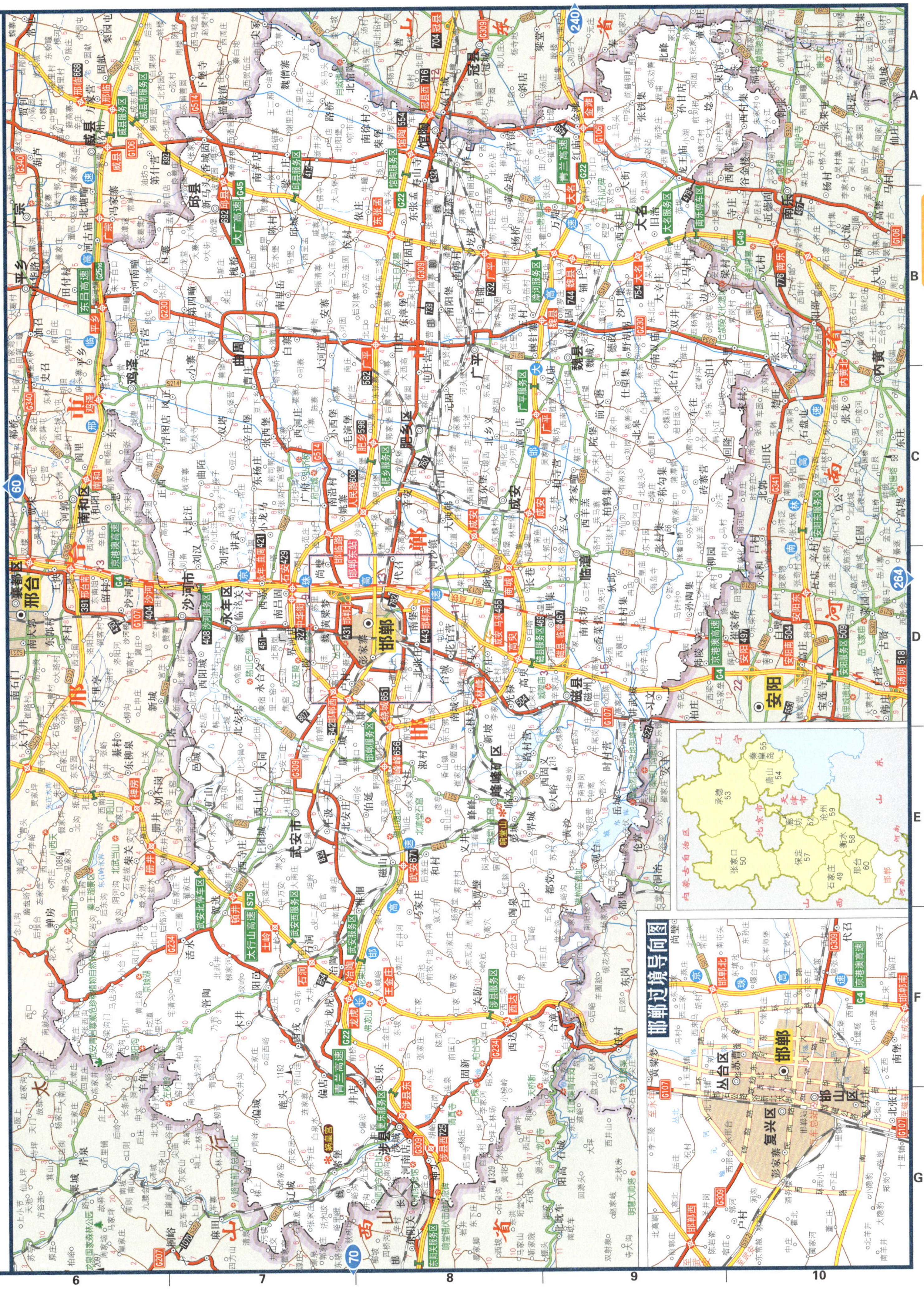

常用电话

高速公路咨询.........0351-12122	交通管理局......0351-4968000	吕梁市交通局...0358-8261337	晋中市交通局...0354-2424385
治超办.............0351-7026505	太原市交通局....0351-4047882	阳泉市交通局...0353-2022993	临汾市交通局...0357-2515558
高速公路救援中心...0351-8292999	运城市交通局....0359-2020443	长治市交通局...0355-2023674	
省交通厅...........0351-4663003	大同市交通局....0352-2390350	晋城市交通局...0356-2023495	
省高速公路管理局...0351-5691110	朔州市交通局....0349-2077475	忻州市交通局...0350-3032325	

图例解释

符号	说明	符号	说明
收费站、出入口、G45 国家高速编号、服务区、在建	高速公路	桥梁、隧口	县道
G312 国道编号	国道		快速路
217 省道编号、25 里程数(km)、居民点、在建	省道	隧道、在建	铁路

比例尺 1:175万

0 17.5 35.0 52.5 km

图上1cm相当于实地17.5km

山西省公路里程表

- 本表中城际间里程是以高速公路、国道为主要行车路线计算，不作营运计价依据。
- 单位：km

山西省主要城市至全国各主要城市里程表

		太原	大同	阳泉	长治	晋城	忻州	临汾	运城	侯马	朔州	吕梁
直辖市	北京	543	376	415	655	749	578	771	899	828	497	696
	上海	1363	1623	1239	1247	1153	1430	1367	1232	1310	1564	1513
	天津	583	524	455	695	789	618	811	939	868	645	736
	重庆	1604	1868	1702	1389	1300	1675	1372	1249	1315	1809	1649
河北省	石家庄	265	520	133	359	465	322	490	620	547	456	415
	张家口	496	221	578	690	787	414	741	871	798	342	666
	承德	791	539	659	877	983	728	1061	1146	1073	660	986
	秦皇岛	832	657	700	919	1025	889	1057	1187	1114	778	982
	唐山	684	531	552	771	877	741	909	1039	966	652	834
	保定	396	401	264	482	588	453	621	751	678	522	546
	沧州	466	598	334	554	660	523	691	821	748	657	616
	衡水	386	641	254	384	580	443	611	741	668	577	536
	邢台	356	611	224	227	333	413	403	532	475	547	328
	邯郸	407	662	275	174	280	464	350	479	422	598	275
内蒙古自治区	呼和浩特	587	284	669	789	877	504	823	968	890	434	759
	包头	738	435	820	940	1028	655	817	952	874	585	444
	乌海	1094	791	1176	1296	1384	1011	1073	1208	1130	941	700
	赤峰	1211	1040	1083	1300	1406	1270	1439	1574	1496	1170	1365
	通辽	1386	1215	1258	1475	1581	1445	1614	1749	1671	1345	1540
	呼伦贝尔	2167	1893	2251	2369	2457	2084	2395	2530	2452	2023	2321
	乌兰浩特	1480	1206	1564	1682	1770	1397	1726	1861	1783	1336	1652
	锡林浩特	910	636	994	1112	1200	827	1156	1291	1213	756	1082
	乌兰察布	435	132	517	637	725	352	681	816	738	282	607
	东胜区	532	430	634	724	806	472	654	784	713	331	416
	巴彦淖尔	962	659	1044	1164	1252	879	1068	1203	1125	809	695
辽宁省	沈阳	1230	1059	1102	1319	1425	1293	1458	1593	1515	1189	1384
	朝阳	1099	928	971	1188	1294	1158	1327	1462	1384	1058	1253
	阜新	1136	965	1008	1225	1331	1195	1364	1499	1421	1095	1290
	铁岭	1295	1122	1165	1382	1488	1352	1523	1658	1580	1252	1449
	本溪	1266	1095	1138	1355	1461	1325	1494	1629	1551	1225	1420
	鞍山	1212	1041	1084	1301	1407	1271	1440	1575	1497	1171	1366
	丹东	1409	1238	1281	1498	1604	1468	1637	1772	1694	1368	1563
	大连	1367	1196	1239	1456	1562	1426	1595	1730	1652	1326	1521
	营口	1151	980	1023	1240	1346	1210	1379	1514	1436	1110	1305
	盘锦	1091	920	963	1180	1286	1150	1319	1454	1376	1050	1245
	锦州	1008	837	880	1097	1203	1067	1236	1371	1293	967	1162
	葫芦岛	969	798	841	1058	1164	1028	1197	1332	1254	928	1123
吉林省	长春	1526	1355	1398	1615	1721	1585	1754	1889	1811	1485	1680
	白城	1702	1289	1574	1791	1897	1480	1930	2065	1987	1419	1856
	松原	1674	1503	1546	1763	1869	1733	1902	2037	1959	1633	1828
	吉林	1619	1448	1491	1708	1814	1678	1847	1982	1904	1578	1773
	四平	1409	1238	1281	1498	1604	1468	1637	1772	1694	1368	1563
	辽源	1482	1311	1354	1571	1677	1541	1710	1845	1767	1441	1636
	通化	1506	1335	1378	1595	1701	1565	1734	1869	1791	1465	1660
	梅河口	1471	1300	1343	1560	1666	1530	1699	1834	1756	1430	1525
	延吉	1921	1750	1793	2010	2116	1980	2149	2284	2206	1880	2075
	敦化	1802	1631	1674	1891	1997	1861	2030	2165	2087	1761	1956
黑龙江省	哈尔滨	1769	1598	1641	1858	1964	1828	1997	2132	2054	1728	1923
	齐齐哈尔	2085	1472	1957	2174	2280	1663	2313	2448	2370	1602	2239
	黑河	2345	2174	2217	2434	2540	2404	2573	2708	2630	2304	2499
	大庆	1917	1746	1789	2006	2112	1976	2145	2280	2202	1876	2071
	伊春	2112	1941	1984	2201	2307	2171	2340	2475	2397	2071	2266
	鹤岗	2190	2019	2062	2279	2385	2249	2418	2553	2475	2149	2344
	佳木斯	2119	1948	1991	2208	2314	2178	2347	2482	2404	2078	2273
	双鸭山	2183	2012	2055	2272	2378	2242	2411	2546	2468	2142	2337
	七台河	2202	2031	2074	2291	2397	2261	2430	2565	2487	2161	2356
	鸡西	2145	1974	2017	2234	2340	2204	2373	2508	2430	2104	2299
	牡丹江	1982	1811	1854	2071	2177	2041	2210	2345	2267	1941	2136
	绥化	1887	1716	1759	1976	2086	1946	2115	2250	2172	1846	2041
江苏省	南京	1180	1440	1056	1064	879	1247	1093	958	1036	1381	1317
	徐州	807	1067	683	681	561	864	790	655	733	998	957
	连云港	931	1191	807	815	764	998	993	858	936	1132	1081
	淮安	963	1223	839	847	743	1030	972	837	915	1164	1113
	盐城	1071	1331	947	955	869	1138	1098	963	1041	1272	1221
	扬州	1102	1362	978	986	907	1169	1121	986	1064	1303	1252
	南通	1238	1498	1114	1122	1062	1305	1276	1141	1219	1439	1388
	镇江	1151	1411	1027	1035	928	1218	1142	1007	1085	1352	1301
	常州	1223	1483	1099	1107	974	1290	1188	1053	1131	1424	1373
	无锡	1226	1486	1102	1110	1017	1293	1231	1096	1174	1427	1376
	苏州	1272	1532	1148	1156	1063	1339	1277	1142	1220	1473	1422
浙江省	杭州	1409	1669	1285	1293	1131	1476	1345	1210	1288	1610	1569
	湖州	1329	1589	1205	1213	1051	1396	1265	1130	1208	1530	1479
	嘉兴	1347	1607	1223	1231	1167	1414	1391	1246	1324	1548	1497
	宁波	1475	1735	1351	1359	1295	1542	1519	1374	1452	1676	1625
	绍兴	1460	1720	1336	1344	1182	1527	1396	1261	1339	1661	1610
	衢州	1612	1872	1488	1496	1334	1679	1548	1413	1491	1813	1762
	金华	1574	1834	1450	1458	1304	1641	1518	1383	1461	1775	1724
	台州	1651	1921	1537	1545	1383	1728	1597	1462	1540	1862	1801
	温州	1794	2054	1670	1678	1516	1861	1730	1595	1673	1995	1944
	丽水	1687	1947	1563	1571	1409	1754	1623	1488	1566	1888	1837
安徽省	合肥	1129	1393	1034	919	825	1200	1033	898	976	1334	1279
	宿州	907	1167	783	781	611	964	840	695	783	1098	1057
	阜阳	863	1127	855	653	559	934	767	632	710	1068	1013
	蚌埠	983	1247	877	773	679	1054	887	752	830	1188	1133
	淮南	967	1231	915	757	663	1038	871	736	814	1172	1117
	滁州	1107	1371	1001	897	803	1178	1011	876	954	1312	1257
	马鞍山	1238	1502	1071	1028	934	1301	1142	1007	1085	1435	1388
	芜湖	1207	1471	1101	997	903	1278	1111	976	1054	1412	1357
	铜陵	1228	1492	1160	1018	924	1299	1132	997	1075	1433	1378
安徽省	安庆	1248	1512	1180	1038	944	1319	1152	1017	1095	1453	1398
	黄山	1403	1667	1335	1193	1099	1474	1307	1172	1250	1608	1553
	巢湖	1149	1413	1043	939	845	1220	1053	918	996	1354	1299
福建省	福州	1934	2198	2032	1724	1630	2005	1838	1703	1781	2139	2084
	南平	1777	2041	1875	1567	1473	1848	1681	1546	1624	1982	1927
	三明	1753	2017	1851	1543	1449	1824	1657	1522	1600	1958	1903
	莆田	2023	2287	2121	1813	1719	2094	1927	1792	1870	2228	2173
	泉州	2027	2291	2125	1817	1723	2097	1931	1796	1874	2231	2177
	厦门	2087	2351	2185	1877	1783	2157	1991	1856	1934	2291	2237
	漳州	2110	2374	2208	1900	1806	2180	2014	1879	1957	2314	2260
	龙岩	2011	2275	2109	1801	1707	2081	1915	1780	1858	2215	2161
	宁德	2027	2287	1893	1911	1749	2094	1963	1828	1906	2228	2177
江西省	南昌	1393	1657	1491	1183	1089	1464	1297	1162	1240	1598	1543
	九江	1241	1505	1339	1031	937	1312	1145	1010	1088	1446	1391
	景德镇	1374	1638	1472	1164	1070	1445	1278	1143	1221	1579	1524
	鹰潭	1504	1768	1602	1294	1200	1575	1408	1273	1351	1709	1654
	上饶	1604	1868	1702	1394	1300	1675	1508	1373	1451	1809	1754
	新余	1514	1778	1612	1304	1210	1585	1418	1283	1361	1719	1664
	萍乡	1473	1737	1571	1263	1169	1544	1377	1242	1320	1678	1623
	赣州	1749	2013	1847	1539	1445	1820	1653	1518	1596	1954	1899
	宜春	1533	1797	1631	1323	1229	1604	1437	1302	1380	1738	1683
山东省	济南	549	801	417	442	548	608	618	747	690	742	699
	德州	452	704	320	465	571	511	641	791	713	645	602
	淄博	630	882	498	531	637	689	707	856	779	823	780
	潍坊	729	981	597	630	736	788	806	955	878	922	879
	烟台	972	1224	840	873	979	1031	1049	1198	1121	1165	1122
	威海	1035	1287	903	936	1042	1094	1112	1261	1184	1228	1185
	青岛	874	1126	742	775	881	933	951	1100	1023	1067	1024
	日照	852	1104	720	745	851	911	1018	889	961	1045	1002
	临沂	773	1025	641	666	772	832	938	809	881	966	923
	济宁	701	953	569	524	441	760	744	615	687	894	851
	泰安	590	842	458	483	589	649	659	675	731	783	740
	滨州	641	893	509	542	648	700	718	875	790	834	791
	菏泽	647	899	515	414	331	706	634	505	577	840	797
河南省	郑州	485	749	525	270	187	556	453	324	396	690	635
	三门峡	490	722	560	344	250	529	204	75	147	663	526
	洛阳	431	695	533	216	133	502	333	204	276	636	581
	焦作	375	639	477	160	77	446	331	311	265	580	525
	新乡	459	723	446	244	161	530	407	387	341	664	609
	安阳	473	725	341	260	258	532	504	484	438	666	623
	开封	503	767	543	288	205	574	508	380	452	708	653
	商丘	639	903	679	424	341	710	645	516	588	844	789
	漯河	610	874	650	395	312	681	554	425	497	815	760
	南阳	613	877	715	398	315	684	517	388	460	818	763
	信阳	773	1037	813	558	475	844	728	599	671	978	923
湖北省	武汉	1016	1286	1005	806	712	1091	920	791	863	1225	1166
	十堰	861	1131	963	651	557	936	765	636	708	1070	1011
	襄阳	743	1013	845	533	439	818	647	518	590	952	893
	荆门	889	1159	991	679	585	964	793	664	736	1098	1039
	孝感	968	1238	957	758	664	1043	872	743	815	1177	1118
	鄂州	1107	1377	1096	897	803	1182	1011	882	954	1316	1257
	黄石	1125	1395	1114	915	821	1200	1028	900	972	1334	1275
	咸宁	1098	1368	1087	888	794	1173	1002	873	945	1307	1248
	荆州	969	1239	1071	759	665	1044	873	744	816	1178	1119
	宜昌	1011	1281	1113	801	707	1086	915	786	858	1220	1161
湖南省	长沙	1349	1619	1338	1139	1045	1424	1253	1124	1196	1558	1499
	常德	1154	1424	1256	944	850	1229	1058	929	1001	1363	1304
	益阳	1241	1511	1343	1031	937	1316	1145	1016	1088	1450	1391
	岳阳	1233	1503	1222	1023	929	1308	1137	1008	1080	1442	1383
	株洲	1388	1658	1377	1178	1084	1463	1292	1163	1235	1597	1538
	湘潭	1382	1652	1371	1172	1078	1457	1286	1157	1229	1591	1532
	衡阳	1518	1788	1507	1308	1214	1593	1422	1293	1365	1727	1668
	郴州	1634	1904	1623	1424	1330	1709	1538	1409	1481	1843	1784
	永州	1654	1924	1643	1444	1350	1729	1558	1429	1501	1863	1804
	邵阳	1563	1833	1552	1353	1259	1638	1467	1338	1410	1772	1713
广东省	广州	2035	2305	2024	1825	1731	2110	1939	1810	1882	2244	2185
	韶关	1792	2062	1781	1582	1488	1867	1696	1567	1639	2001	1942
	梅州	2217	2487	2206	2007	1913	2292	2121	1992	2064	2426	2367
	汕头	2416	2686	2485	2206	2112	2491	2320	2191	2263	2625	2566
	惠州	2109	2379	2098	1899	1805	2184	2013	1884	1956	2318	2259
	东莞	2050	2320	2039	1840	1746	2125	1954	1825	1897	2259	2200
	深圳	2127	2397	2116	1917	1823	2202	2031	1902	1974	2336	2277
	珠海	2128	2398	2117	1918	1824	2203	2032	1903	1975	2337	2278
	中山	2097	2367	2086	1887	1793	2172	2001	1872	1944	2306	2247
	肇庆	2094	2364	2083	1884	1790	2169	1998	1869	1941	2303	2244
	茂名	2349	2619	2338	2139	2045	2424	2253	2124	2196	2558	2499
	湛江	2429	2699	2418	2219	2125	2504	2333	2204	2276	2638	2579
广西壮族自治区	南宁	2225	2495	2214	2015	1921	2300	2129	2000	2072	2434	2375
	桂林	1842	2112	1831	1632	1538	1917	1746	1617	1689	2051	1992
	柳州	1988	2258	1977	1778	1684	2063	1892	1763	1835	2197	2138
	梧州	2208	2478	2197	1998	1904	2283	2112	1983	2055	2417	2358
	玉林	2282	2552	2271	2072	1978	2357	2186	2057	2129	2491	2432
	百色	2443	2713	2432	2233	2139	2518	2347	2218	2290	2652	2593
四川省	成都	1355	1624	1457	1297	1203	1431	1101	973	1062	1565	1420
	绵阳	1232	1501	1334	1174	1080	1308	978	850	939	1442	1297
	泸州	1600	1869	1702	1542	1448	1676	1346	1218	1307	1810	1665
	攀枝花	2069	2338	2171	2011	1917	2145	1815	1687	1776	2279	2134
	西昌	1878	2147	1980	1820	1726	1954	1624	1496	1585	2088	1943
贵州省	贵阳	1996	2271	2103	1791	1697	2076	1905	1776	1848	2210	2095
	遵义	1834	2109	1941	1629	1535	1914	1743	1614	1686	2048	1933
	安顺	2062	2337	2169	1857	1763	2142	1971	1842	1914	2276	2161
	毕节	2125	2400	2232	1920	1826	2205	2034	1905	1977	2339	2224
	凯里	1998	2268	2100	1788	1694	2073	1902	1773	1845	2207	2240
云南省	昆明	2213	2482	2315	2155	2061	2289	1959	1831	1920	2423	2278
	曲靖	2224	2493	2326	2166	2072	2300	1970	1842	1932	2434	2289
	玉溪	2293	2562	2395	2235	2141	2369	2039	1911	2000	2503	2358
	丽江	2359	2628	2461	2301	2207	2435	2105	1977	2066	2569	2424
	大理	2515	2784	2617	2457	2363	2591	2261	2133	2222	2725	2580
	景洪	2771	3040	2873	2713	2619	2847	2517	2389	2478	2981	2836
西藏自治区	拉萨	3167	3436	3269	3412	3318	3243	3216	3088	3177	3377	2973
	那曲	2829	3098	2931	3009	3097	2905	2971	3106	3028	3039	2639
	昌都	2556	2825	2658	2736	2824	2632	2434	2306	2395	2766	2366
	日喀则	3405	3674	3507	3585	3673	3481	3547	3682	3604	3615	3215
	萨嘎	3854	4123	3956	4034	4122	3930	3996	4131	4053	4064	3664
	噶尔	4640	4909	4742	4820	4908	4716	4782	4917	4839	4850	4450
陕西省	西安	632	901	734	585	491	708	378	261	339	842	700
	延安	465	734	567	566	649	541	369	421	400	675	516
	铜川	625	894	727	615	521	701	371	254	332	835	750
	渭南	617	886	719	517	423	693	363	193	324	827	685
	咸阳	656	925	758	608	514	732	402	284	363	866	724
	宝鸡	808	1077	910	760	666	884	553	436	515	1018	876
	汉中	907	1176	1009	850	756	983	653	526	614	1117	975
	榆林	413	682	515	593	687	489	555	690	612	623	216
	安康	831	1100	933	780	686	907	577	456	534	1041	899
甘肃省	兰州	1053	1322	1155	1233	1128	1129	1015	898	976	1263	869
	嘉峪关	1532	1801	1634	1712	1800	1608	1674	1809	1731	1742	1342
	天水	971	1240	1073	923	829	1047	716	599	678	1181	1039
	敦煌	1908	2177	2010	2088	2176	1984	2050	2185	2107	2118	1718
	张掖	1307	1576	1409	1487	1575	1383	1449	1584	1506	1517	1117
	武威	1075	1344	1177	1255	1343	1151	1217	1352	1274	1285	885
青海省	西宁	1252	1521	1354	1432	1520	1328	1394	1529	1451	1462	1062
	同仁	1347	1616	1449	1527	1615	1423	1489	1624	1546	1557	1157
	德令哈	1758	2027	1860	1938	2026	1834	1900	2035	1957	1968	1568
	格尔木	2007	2276	2109	2187	2275	2083	2149	2284	2206	2217	1817
宁夏回族自治区	银川	728	997	830	908	996	804	870	1005	927	938	538
	惠农	817	869	919	997	1085	893	959	1094	1016	1027	627
	吴忠	714	983	816	894	982	790	856	991	913	924	524
	固原	932	1201	1034	964	870	1008	757	640	718	1142	742
新疆维吾尔自治区	乌鲁木齐	2726	2995	2828	2906	2994	2802	2868	3003	2925	2936	2536
	克拉玛依	3090	3359	3192	3270	3358	3166	3232	3367	3289	3300	2900
	喀什	3922	4191	4024	4102	4190	3998	4064	4199	4121	4132	3732
	阿克苏	3458	3727	3560	3638	3726	3534	3600	3735	3657	3668	3268
	吐鲁番	2525	2794	2627	2705	2793	2601	2667	2802	2724	2735	2335
	哈密	2134	2403	2236	2314	2402	2210	2276	2411	2333	2344	1944
	阿勒泰	3381	3650	3483	3561	3649	3457	3523	3658	3580	3591	3191

山西省主要城镇间里程表

	太原	忻州	代县	五寨	保德	朔州	大同	天镇	浑源	吕梁	汾阳	岚县	阳泉	晋中	介休	长治	晋城	临汾	吉县	侯马	运城	禹门口
太原																						
忻州	68																					
代县	153	85																				
五寨	245	174	137																			
保德	337	266	229	112																		
朔州	220	149	112	77	169																	
大同	282	215	153	204	296	127																
天镇	372	301	236	287	379	210	83															
浑源	299	228	145	213	305	136	62	145														
吕梁	187	232	315	216	269	267	450	533	460													
汾阳	111	178	261	314	424	327	396	479	406	76												
岚县	168	124	207	103	161	159	342	425	352	113	227											
阳泉	112	156	139	330	422	305	374	457	353	299	223	278										
晋中	28	96	179	270	362	245	314	397	324	212	132	193	97									
介休	136	204	279	370	462	345	414	497	424	119	39	293	210	108								
长治	220	287	387	478	570	453	502	605	532	309	229	401	243	208	232							
晋城	331	402	485	576	668	551	620	703	630	407	327	499	331	306	371	88						
临汾	279	347	424	515	607	490	559	642	569	264	184	438	355	251	145	183	226					
吉县	391	462	545	419	492	611	680	763	630	203	229	331	476	379	266	304	347	121				
侯马	336	407	490	581	673	556	625	708	635	330	250	504	421	324	211	249	182	66	187			
运城	412	483	566	582	749	632	701	784	711	366	326	570	497	400	287	325	258	142	179	76		
禹门口	413	484	567	553	604	633	702	785	712	335	341	443	498	401	288	326	259	143	112	77	99	
风陵渡	530	601	684	688	739	750	819	902	829	470	444	568	615	518	405	453	376	270	247	194	91	167

图例解释

街区 | 次要街道 县道 | 高速公路 | 交警部门 地铁站 | 医院 邮政局
公园 绿地 | 城市高架路 | 建筑中高速公路 | 出入口 国道编号 | 宾馆 风景点
过境线 国道 | 地铁 轻轨 | 快速路 | 加油站 汽修厂 | 古塔 电视台
主要街道 省道 | 铁路及车站 | 省、市、区政府 | 停车场 汽车站 | 桥梁 运动场

比例尺 1：74万

0 7.4 14.8 22.2 km

图上1cm相当于实地7.4km

图例解释

收费站 出入口 G45 国家高速编号 服务区 在建 高速公路

G312 国道编号 国 道

S217 省道编号 25 居民点 里程数(km) 在建 省 道

桥梁 隘口 县 道

快速路

隧道 在建 铁 路

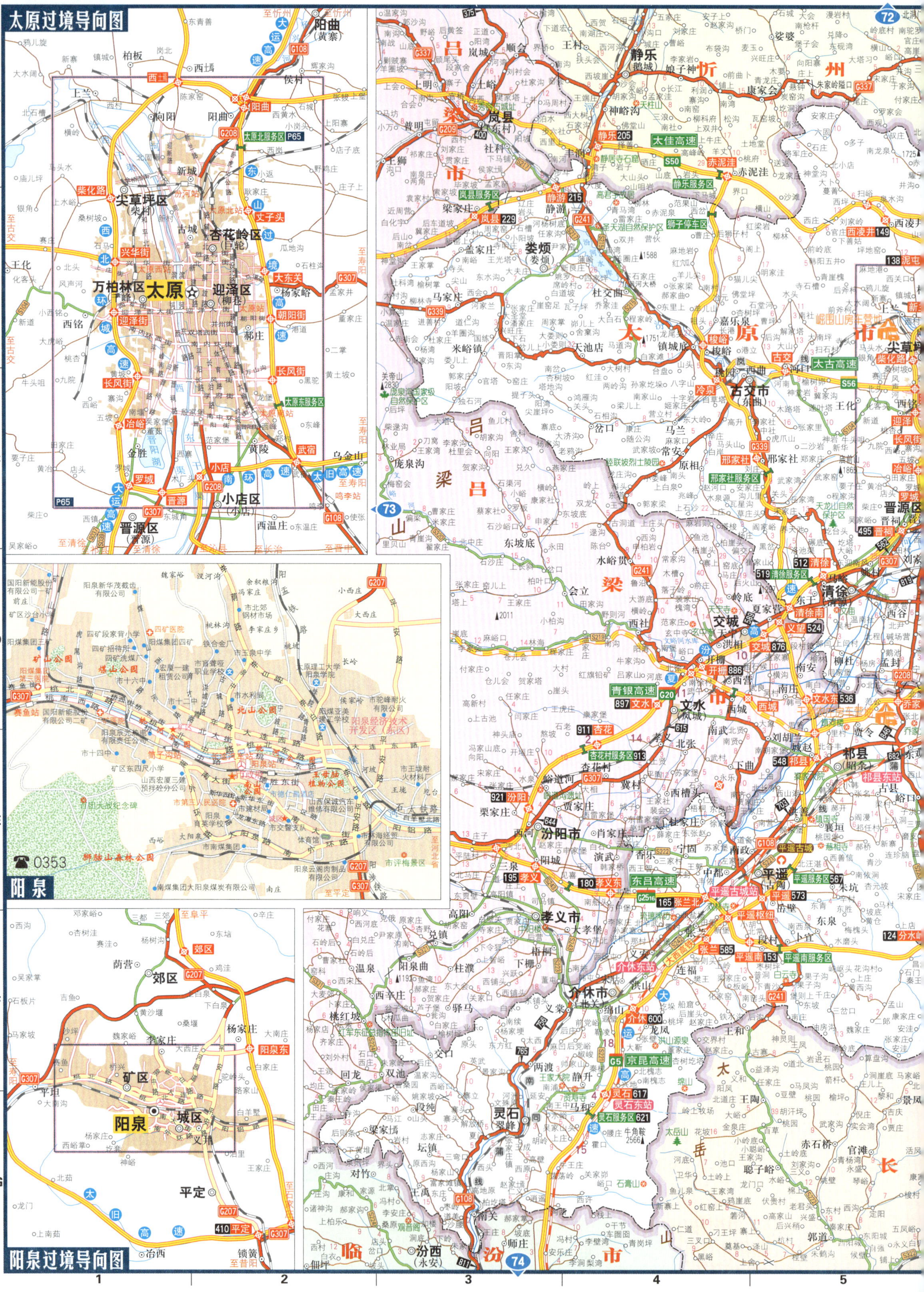

公路零千米

▶108国道零千米：北京复兴门
▶207国道零千米：锡林浩特市
▶208国道零千米：二连浩特市中蒙国界
▶307国道零千米：河北黄骅市金三角

图例解释

收费站 出入口 国家高速编号 服务区 在建 G45 高速公路
G312 国道编号 国 道
S217 省道编号 25 居民点 里程数(km) 在建 省 道
桥梁 隧口 县 道
快速路
隧道 在建 铁 路
345 南京三桥 南京三桥出入口位于距该高速公路零千米345千米处
25 宁波服务区 宁波服务区位于距该高速公路零千米25千米处
47 香河收费站 香河收费站位于距该高速公路零千米47千米处
24 国道里程桩：表示该点距此国道零千米总里程为24千米

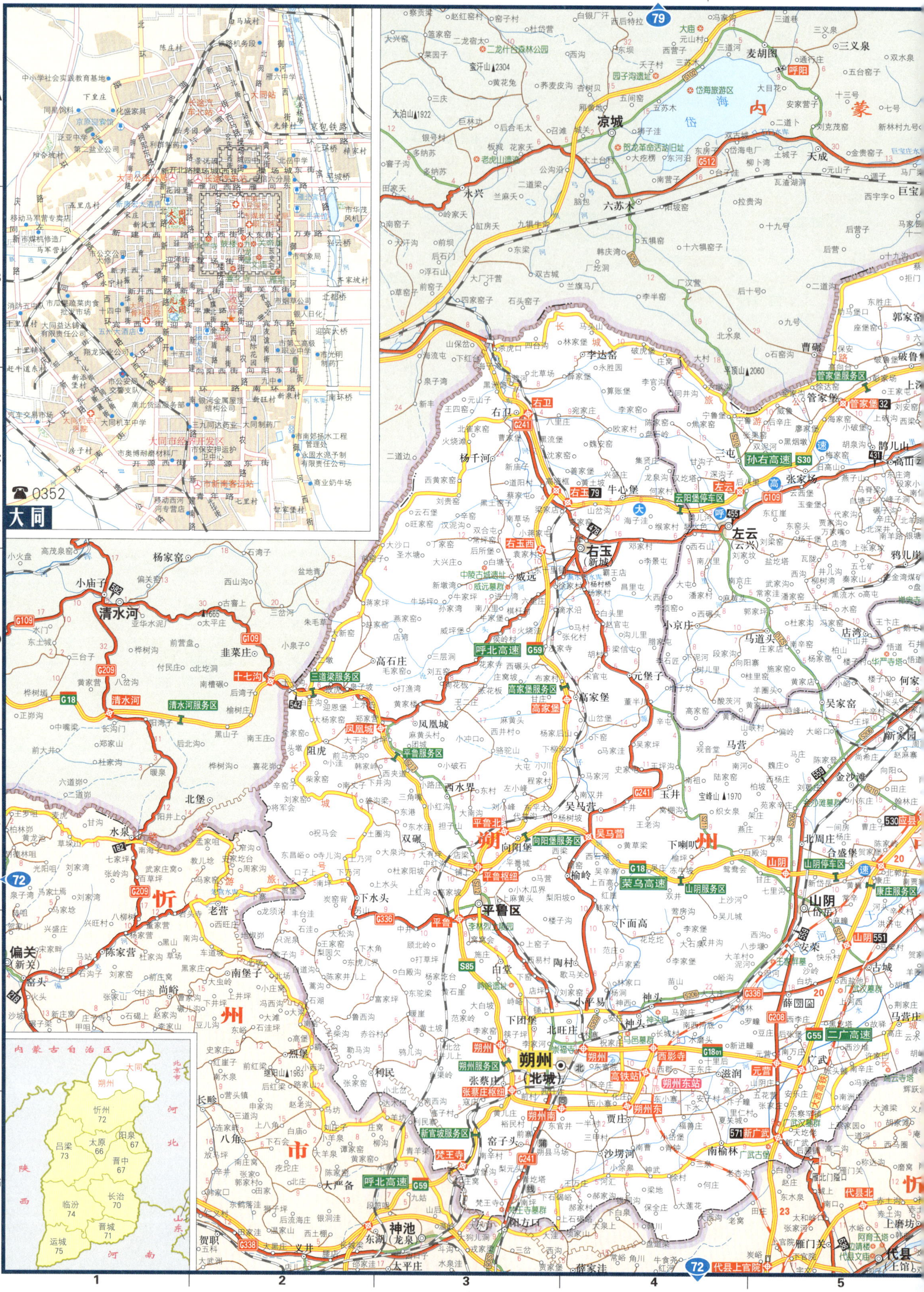

公路零千米

▶108国道零千米：北京复兴门

▶109国道零千米：北京阜成门

▶208国道零千米：二连浩特市中蒙国界

比例尺 1：67万

0 6.7 13.4 20.1 km

图上1厘米相当于实地6.7km

图例解释

收费站、出入口、G45 国家高速编号、服务区、在建	高速公路	桥梁、路口	县道
G312 国道编号	国道		快速路
S217 省道编号、25 居民点、里程数(km)、在建	省道	隧道、在建	铁路

345 南京三桥　南京三桥出入口位于距该高速公路零千米345千米处

25 宁波服务区　宁波服务区位于距该高速公路零千米25千米处

47 香河收费站　香河收费站位于距该高速公路零千米47千米处

24　国道里程桩：表示该点距此国道零千米总里程为24千米

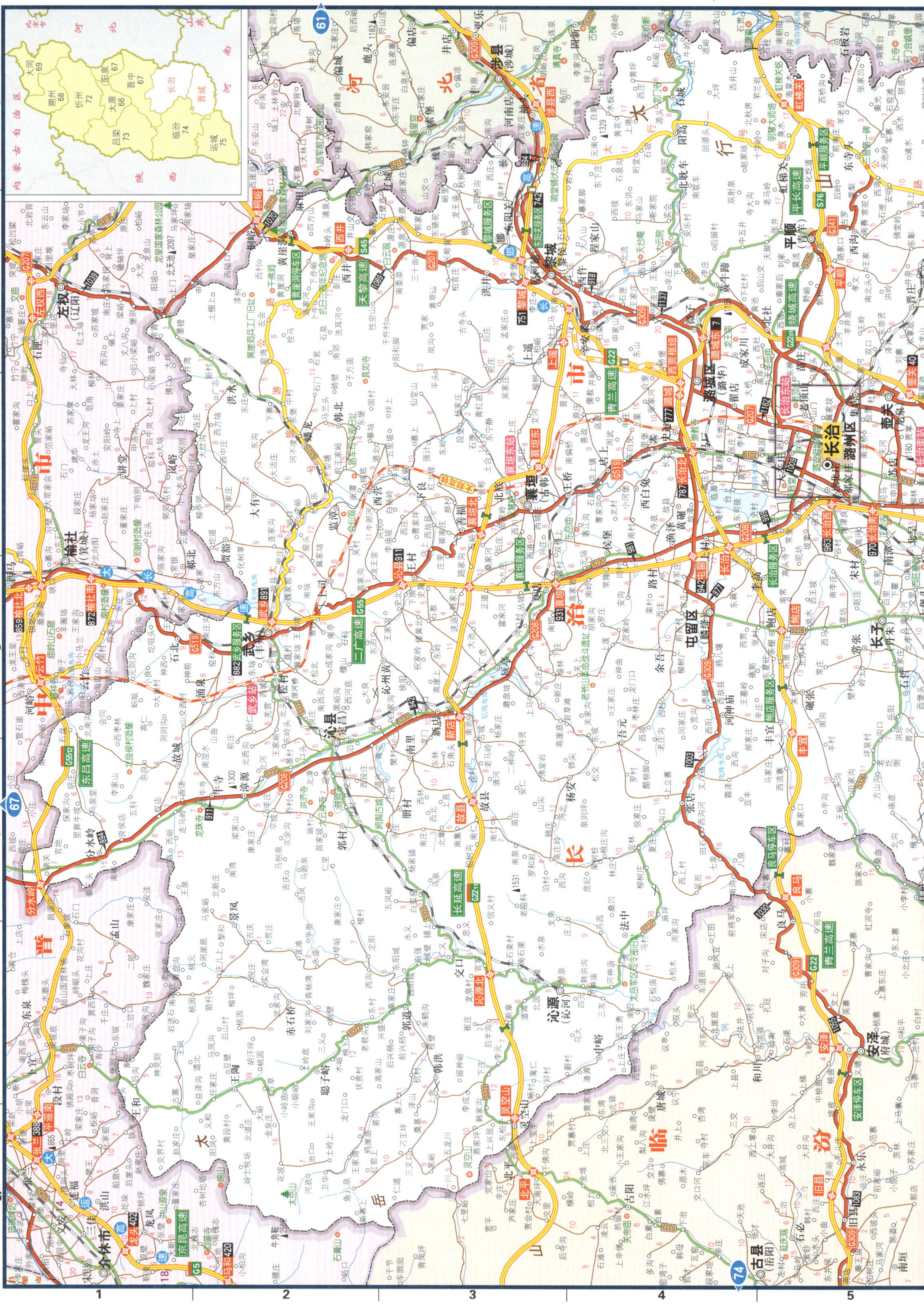

公路零千米

▶207国道零千米：锡林浩特市

▶208国道零千米：二连浩特市中蒙国界

▶309国道零千米：山东荣成市崖头

比例尺 1：61万

0 6.1 12.2 18.3 km

图上1cm相当于实地6.1km

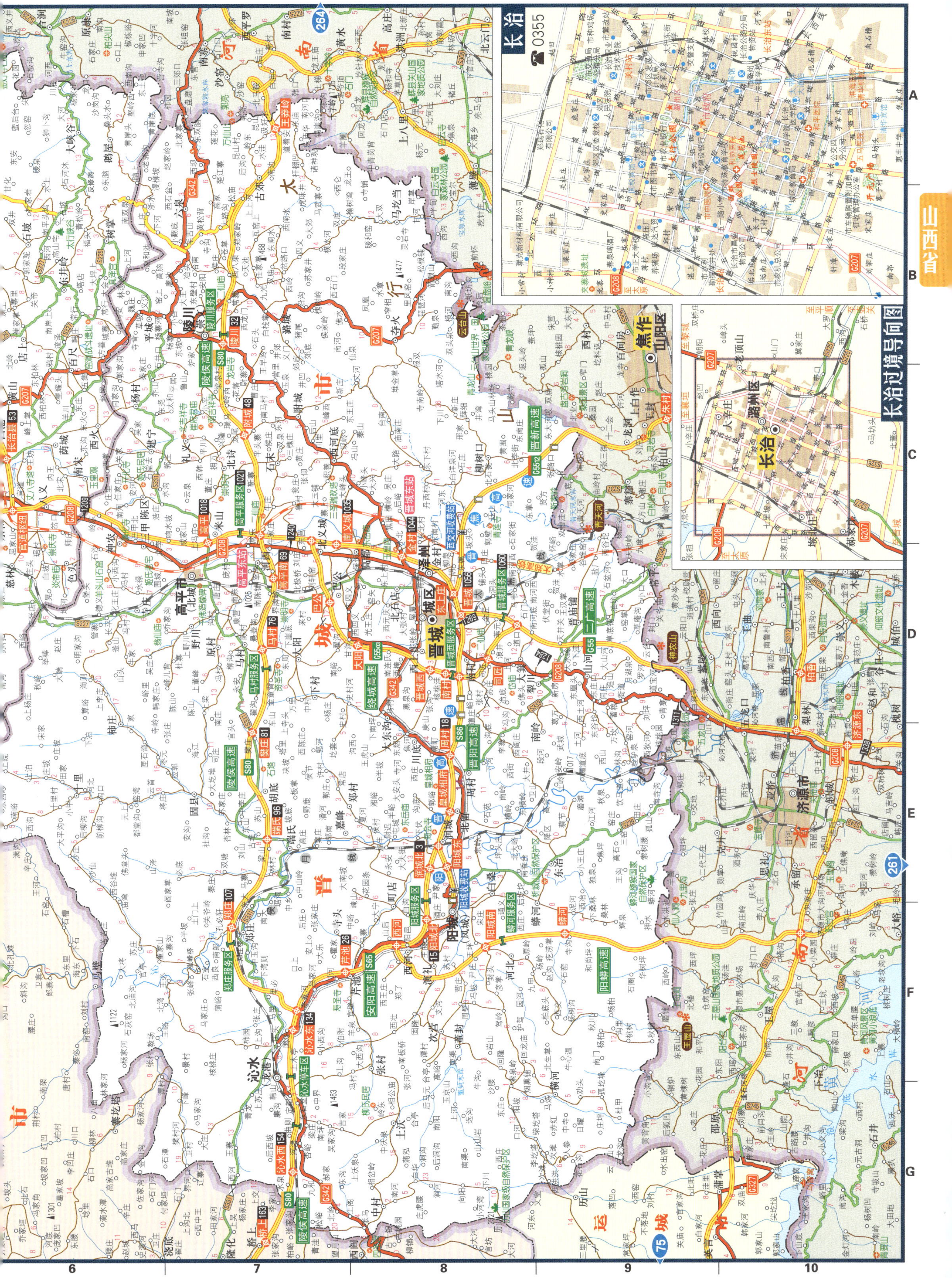

比例尺 1：100万

0 10 20 30 km

图上1cm相当于实地10km

图例

收费站 出入口 G45 国家高速编号 服务区 在建 高速公路

G312 国道编号 国道

S217 省道编号 25 居民点 里程数(km) 在建 省道

桥梁 隧道 县道

快速路

隧道 在建 铁路

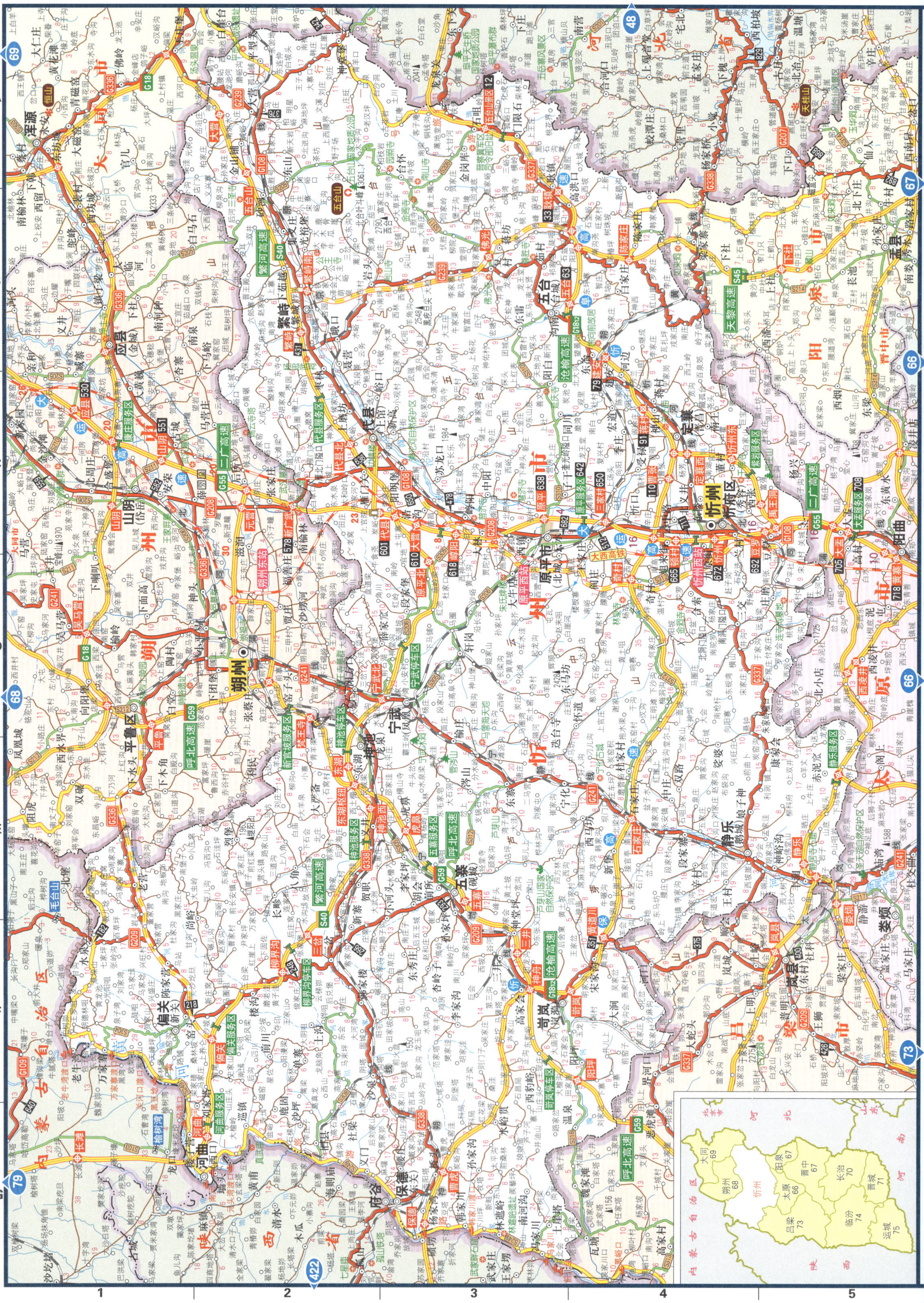

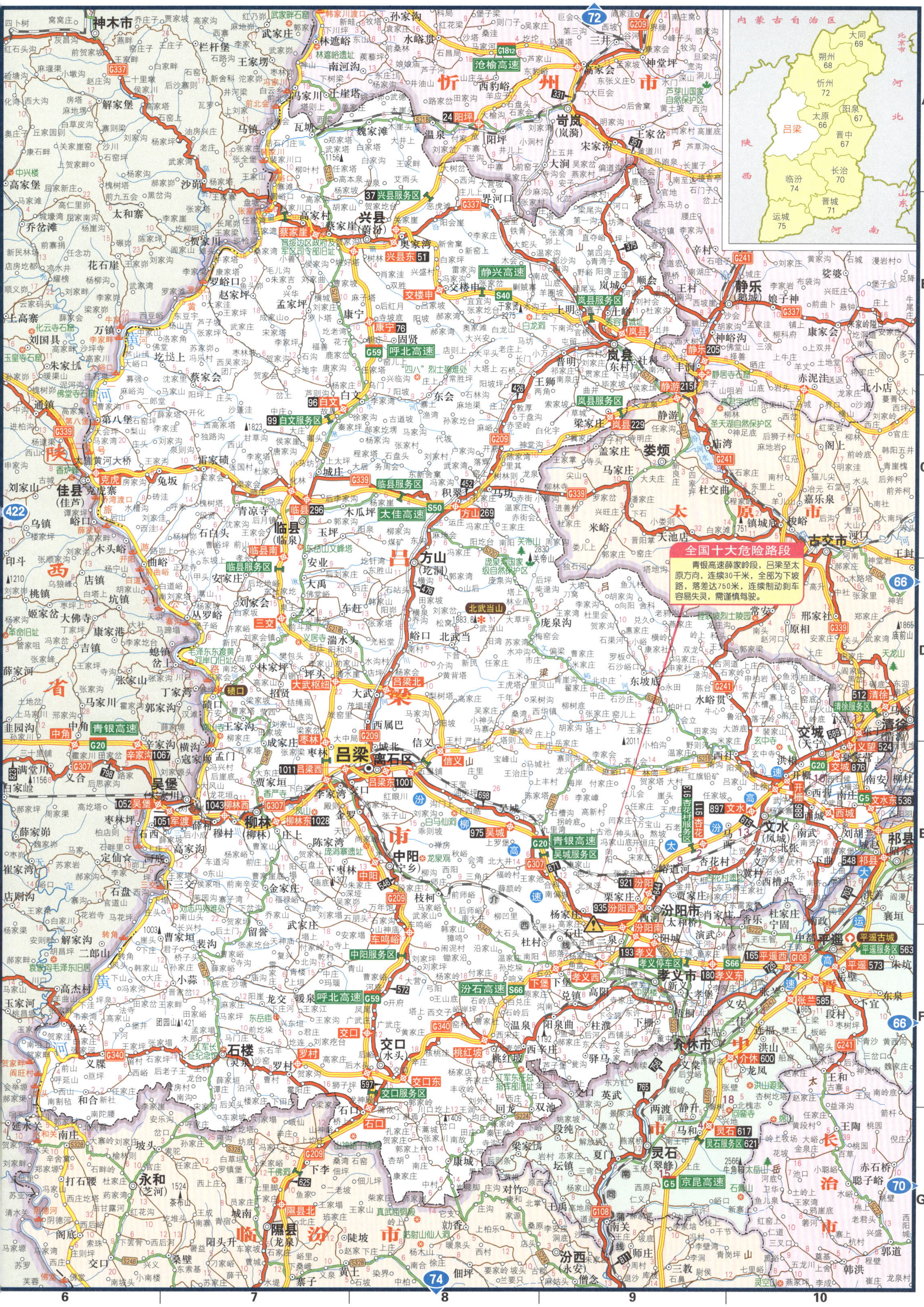
神木市
兴县
临县
吕梁
离石区
方山
岚县
静乐
娄烦
古交市
交城
文水
汾阳市
孝义市
介休市
柳林
石楼
中阳
交口
灵石
平遥
隰县
永和
佳县
吴堡
全国十大危险路段
青银高速薛家岭段，吕梁至太原方向，连续30千米，全部为下坡路，落差达750米，连续制动刹车容易失灵，需谨慎驾驶。
山西省
内蒙古自治区
大同 69
朔州 68
忻州 72
阳泉 67
太原 66
吕梁
晋中 67
长治 70
临汾 74
晋城 71
运城 75

图例解释

收费站 出入口 G45 国家高速编号 服务区 在建 高速公路

G312 国道编号 国道

S217 省道编号 25 居民点 里程数(km) 在建 省道

桥梁 隧口 县道

快速路

隧道 在建 铁路

345 南京三桥 南京三桥出入口位于距该高速公路零千米345千米处

25 宁波服务区 宁波服务区位于距该高速公路零千米25千米处

47 香河收费站 香河收费站位于距该高速公路零千米47千米处

24 国道里程桩：表示该点到此国道零千米总里程为24千米

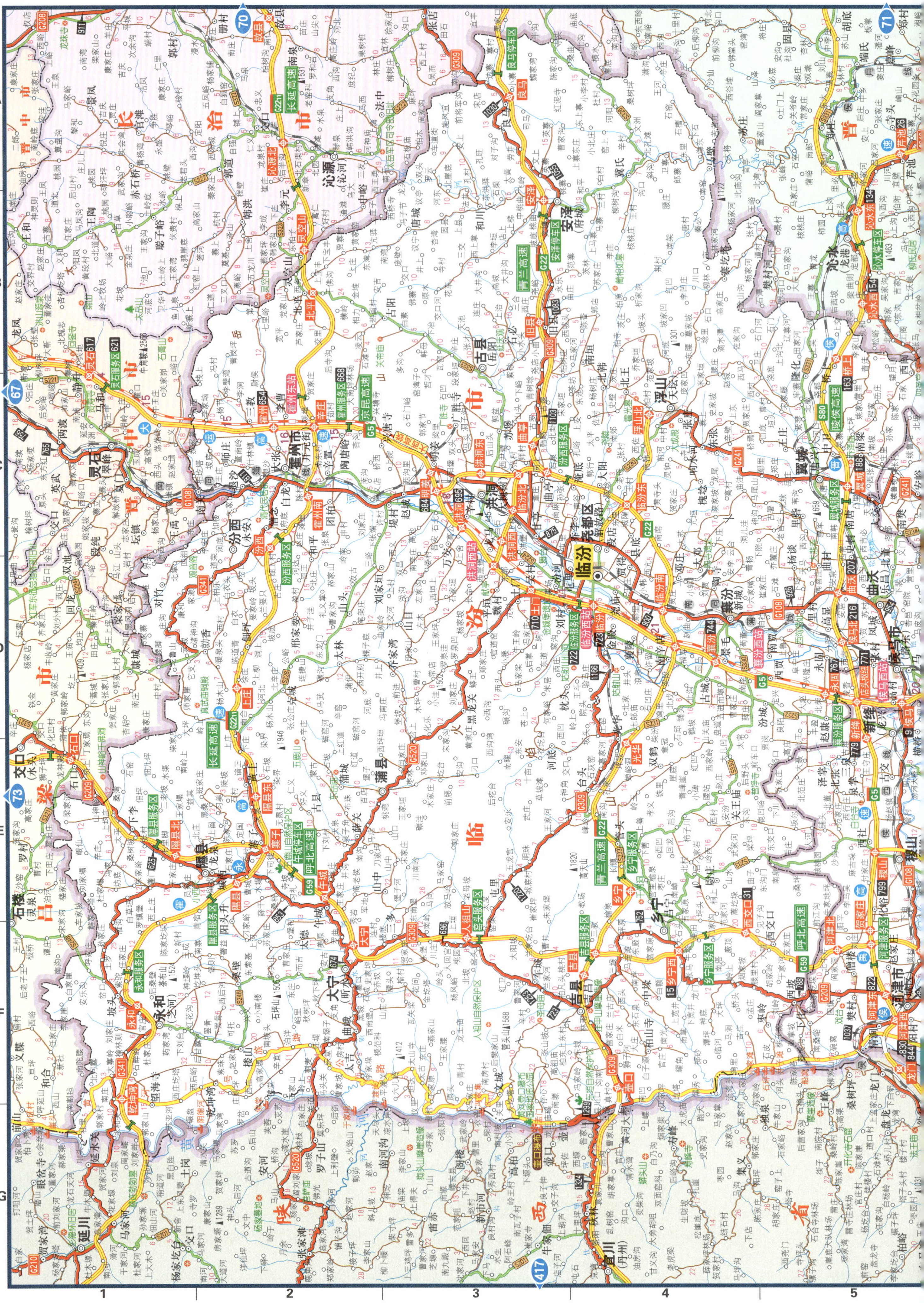

公里千零路

▶108国道零千米：北京复兴门

▶209国道零千米：呼和浩特市南茶坊

▶309国道零千米：山东荣城市崖头

比例尺 1：82万

0 8.2 16.4 24.6 km

图上1cm相当于实地8.2km

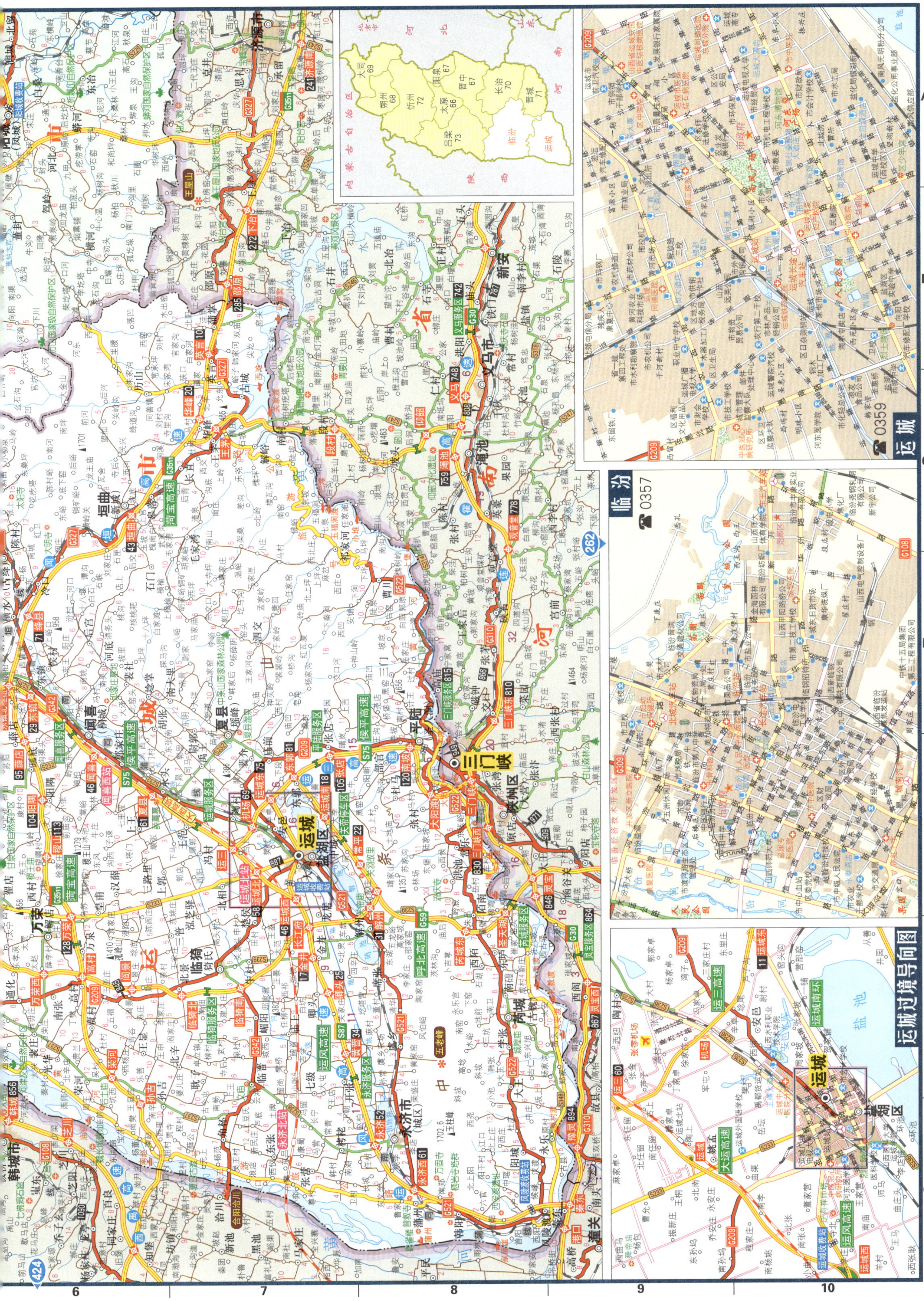

内蒙古自治区全图

常用电话

高速公路咨询…………0471-968858	包头市交通局……0472-4171634	鄂尔多斯市交通局……0477-8523064
公路服务……………0471-6591648	乌海市交通局……0473-2052180	乌兰察布市交通局……0474-8239272
自治区交通厅…………0471-6285784	赤峰市交通局……0476-8349847	巴彦淖尔市交通局……0478-8611877
自治区交通运输管理局……0471-6967929	通辽市交通局……0475-8258744	兴安盟交通局……0482-8213777
呼和浩特市交通局………0471-2212062	呼伦贝尔市交通局.0470-8222360	锡林郭勒盟交通局……0479-8224307

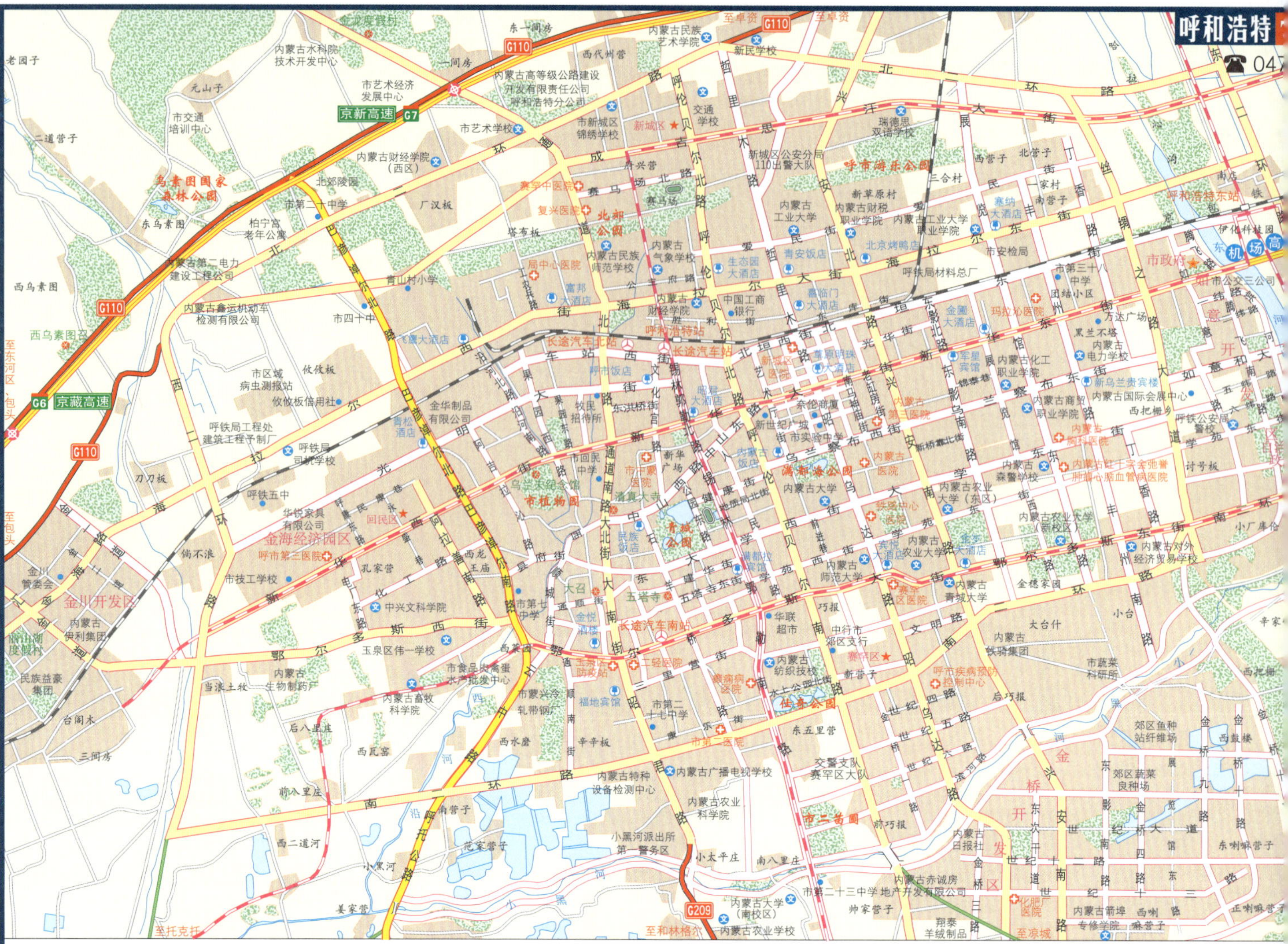

170千米 240千米 650千米
呼和浩特→包头→巴彦淖尔→额济纳旗
60元 95元 290元
总里程：1060千米 用时：11小时15分
收费：445元

内蒙古旅游景点信息

世界遗产：元上都遗址、巴丹吉林沙漠

国家级风景名胜区：扎兰屯、额尔古纳

国家5A级旅游区：响沙湾、成吉思汗陵、满洲里中俄边境旅游区、柴河旅游景区、赤峰阿斯哈图石阵、阿拉善盟胡杨林

国家历史文化名城：呼和浩特

国家历史文化名城：多伦淖尔镇、王爷府镇、博克图镇、隆盛庄镇、库伦

其它热门旅游景点：大召寺、内蒙古博物院、塞上老街、哈素海、额济纳胡杨林旅游区、乌兰布统大草原、黑城遗址、呼伦湖、居延 莫尔道嘎国家森林公园、阿尔山国家森林公园、呼伦贝尔大草原、恩和俄罗斯族民族乡、海拉尔国家森林公园

图例解释：收费站 出入口 国家高速编号 服务区 在建 高速公路；国道编号 国道；省道编号 里程数(km) 居民点 在建 省道；桥梁 隘口 县道；快速路；隧道 在建 铁路

比例尺 1：620万 图上1cm相当于实地62km

207国道

张北	54	96	169	224	302	382
河北九连城		42	115	170	248	328
太仆寺旗			73	128	206	286
哈毕日嘎				55	133	213
桑根达来					38	158
灰腾梁						80
						锡林浩特

阿荣旗										
46	旧山站									
104	58	庙尔山								
203	157	93	博克图							
271	225	167	68	乌奴尔						
339	293	235	136	68	牙克石					
423	377	319	220	152	84	呼伦贝尔				
444	398	340	241	173	105	21	陈巴尔虎旗			
534	488	430	331	263	195	111	90	西乌珠尔		
615	569	511	412	344	276	192	171	81	扎赉诺尔	
639	593	535	436	368	300	216	195	105	24	满洲里

国道

8国道

376	255	205	142	111	45	山西大同
331	210	160	97	66	丰镇	
265	144	94	31	察右前旗		
234	113	63	乌兰察布			
171	50	察右后旗				
121	土牧尔台					
苏尼特右旗						
浩特						

													宁夏惠农区
海南区													25
乌海												27	52
磴口											87	114	139
巴彦淖尔										67	154	181	206
五原									88	155	242	269	294
乌拉特前旗								64	152	219	306	333	358
包头							111	175	263	330	417	444	469
土默特右旗						72	183	247	335	402	489	516	541
土默特左旗					59	131	242	306	394	461	548	575	600
呼和浩特				52	111	183	294	358	446	513	600	627	652
乌兰察布			154	206	265	337	448	512	600	667	754	781	806
兴和		75	229	281	340	412	523	587	675	742	829	856	881
北怀安	66	141	295	347	406	478	589	653	741	808	895	922	947

110国道

内蒙古自治区国道里程表（单位：km）

210国道

347	303	211	171	117	106	榆林
241	197	105	65	11	陕西莽盖兔	
230	186	94	54	兰家梁		
176	132	40	伊金霍洛旗			
136	92	鄂尔多斯				
44	达拉特旗					
包头						

											锡林浩特
阿其乌拉											96
克什克腾旗										85	181
林西									65	150	246
巴林右旗								61	126	211	307
巴林左旗							86	147	212	297	393
阿鲁科尔沁旗						65	151	212	277	362	458
绍根					71	136	222	283	348	433	529
开鲁				44	115	180	266	327	392	477	573
通辽			93	137	208	273	359	420	485	570	666
吉林硬井子		97	190	234	305	370	456	517	582	667	763
双辽	22	119	212	256	327	392	478	539	604	689	785

303国道

加格达奇														
90	大杨树													
221	131	腾克												
288	198	67	莫力达瓦旗											
431	341	210	143	阿荣旗										
500	410	279	212	69	扎兰屯									
807	717	586	519	376	307	乌兰浩特								
921	831	700	633	490	421	114	突泉							
962	872	741	674	531	462	155	41	科右中旗						
1202	1112	981	914	771	702	395	281	240	通辽					
1375	1285	1154	1087	944	875	568	454	413	173	奈曼旗				
1488	1398	1267	1200	1057	988	681	567	526	286	113	敖汉旗			
1538	1448	1317	1250	1107	1038	731	617	576	336	163	50	哈拉道口		
1598	1508	1377	1310	1167	1098	791	677	636	396	223	110	60	赤峰	
1741	1651	1520	1453	1310	1241	934	820	779	539	366	253	203	143	河北围场

111国道

304国道

彰武	36	63	123	188	240	317	400	492
辽宁章古台		27	87	152	204	281	364	456
科左后旗			60	125	177	254	337	429
通辽				65	117	194	277	369
舍伯吐					52	129	212	304
珠日和						77	160	252
扎鲁特旗							83	175
马雅尔吐胡硕								92
								霍林郭勒

克什克腾旗					
73	芝瑞				
133	60	大碾子			
168	95	35	王府		
240	167	107	72	喀喇沁旗	
340	267	207	172	100	辽宁凌原

306国道

209国道

偏关	38	95	174	231
山西水泉		57	136	193
清水河			79	136
和林格尔				57
				呼和浩特

302国道

87	45	白城
42	吉林厂头井子	
乌兰浩特		

								宁夏惠农区
拉僧庙								10
深井							108	118
君士梁						115	223	233
鄂尔多斯					115	230	338	348
碾房塔				132	247	362	470	480
清水河			95	227	342	457	565	575
山西郑家营		63	158	290	405	520	628	638
右玉	48	111	206	338	453	568	676	686

109国道

图例解释

收费站 出入口 G45 国家高速编号 服务区 在建 高速公路
G312 国道编号 国道
S217 省道编号 25 居民点 里程数(km) 在建 省道
桥梁 隘口 县道
快速路
隧道 在建 铁路

345 南京三桥 南京三桥出入口位于距该高速公路零千米345千米处
25 宁波服务区 宁波服务区位于距该高速公路零千米25千米处
47 香河收费站 香河收费站位于距该高速公路零千米47千米处
24 国道里程桩：表示该点距此国道零千米总里程为24千米

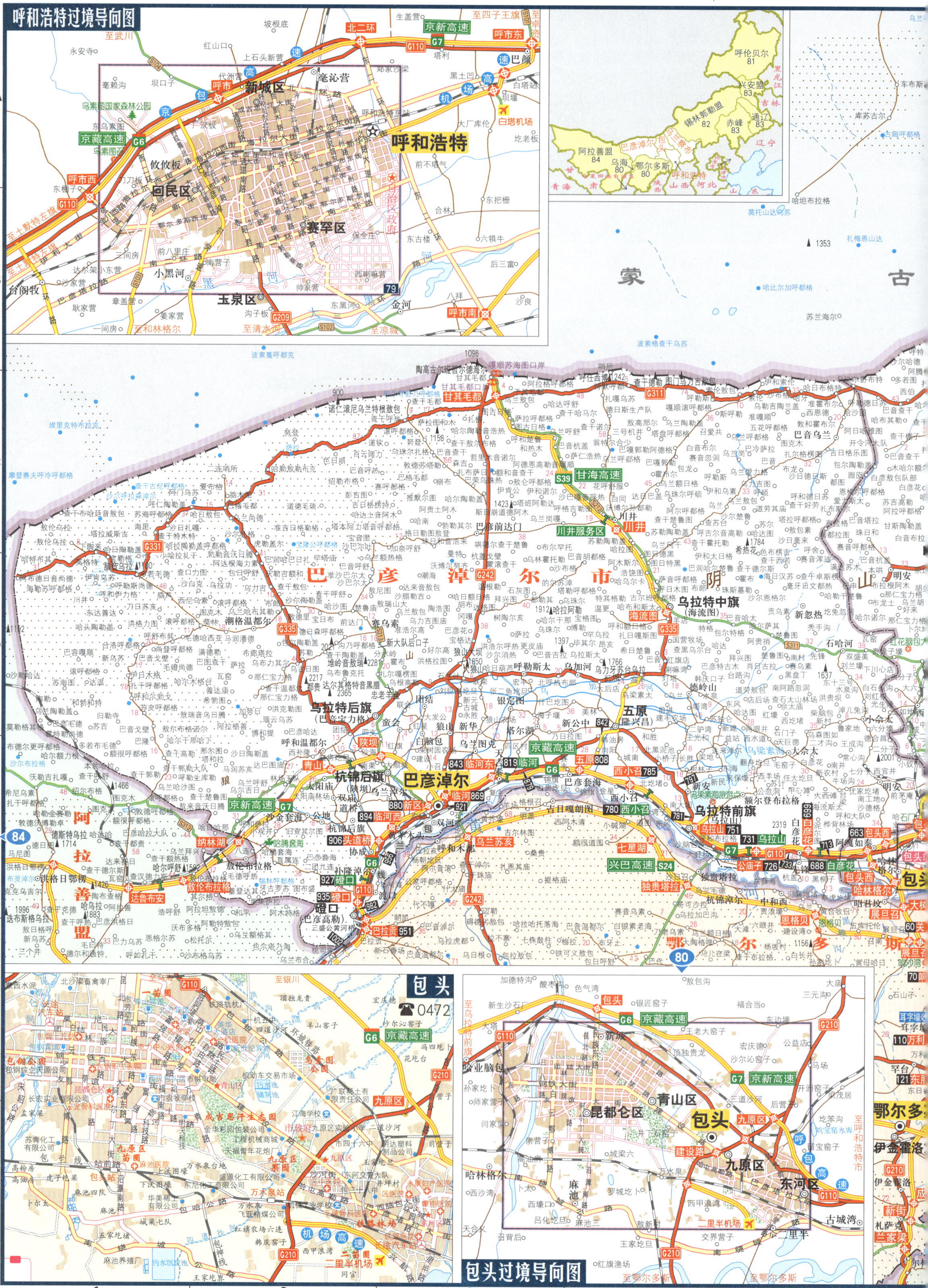

公路零千米
▶109国道零千米：北京阜成门
▶110国道零千米：北京德胜门
▶208国道零千米：二连浩特市中蒙国界
▶209国道零千米：呼和浩特市南茶坊
▶210国道零千米：包头市

比例尺 1：204万
0 20.4 40.8 61.2 km
图上1cm相当于实地20.4km

A B C D E F G
6 7 8 9 10
82 50 422 68

比例尺 1：180万

0 18 36 54 km

图上1cm相当于实地18km

公路千米零点

▶109国道零千米：北京阜成门 ▶210国道零千米：包头市

▶110国道零千米：北京德胜门 ▶301国道零千米：绥芬河市中俄

▶111国道零千米：北京东直门

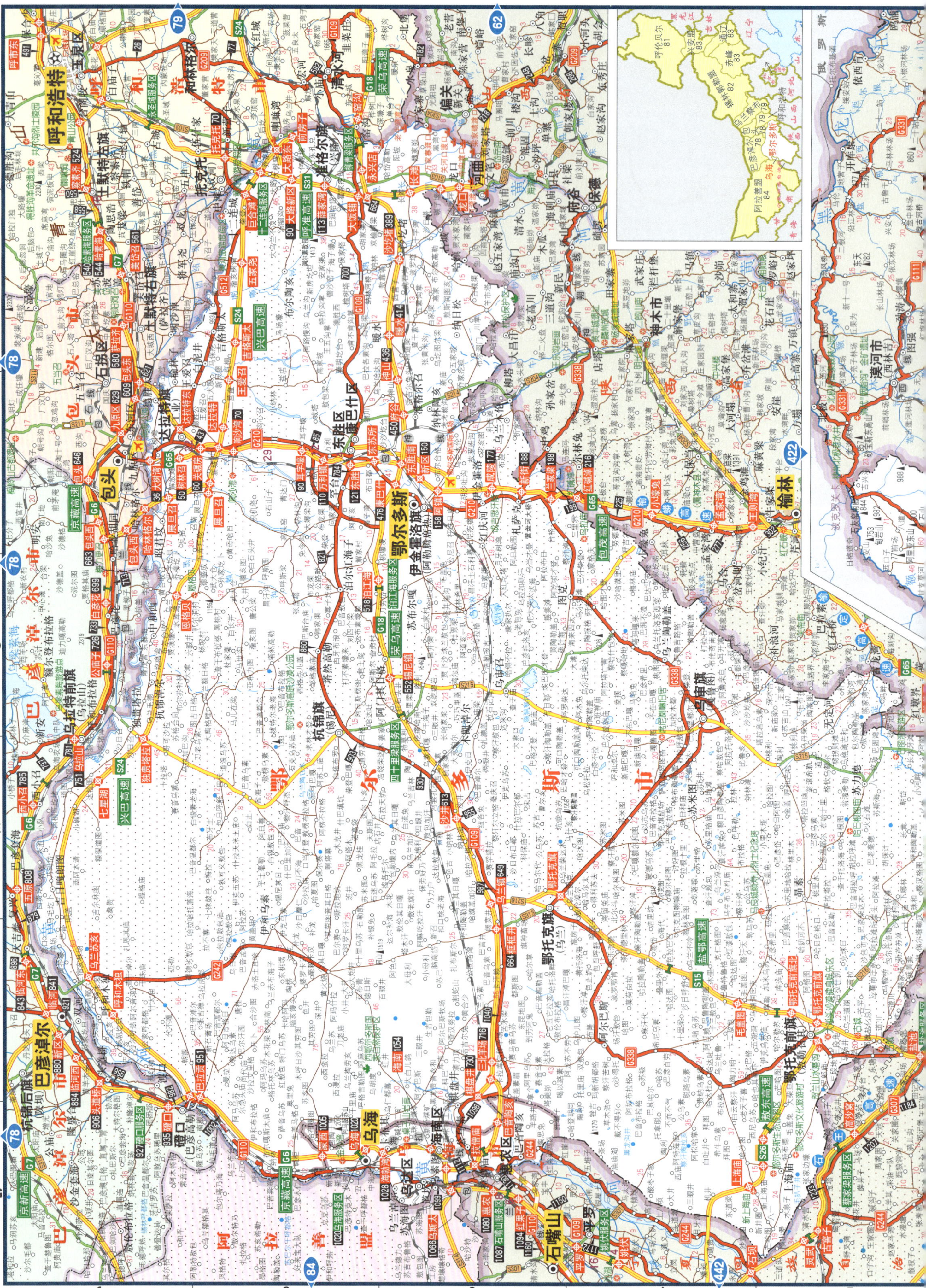

比例尺 1：320万

0 32 64 96 km

图上1cm相当于实地32km

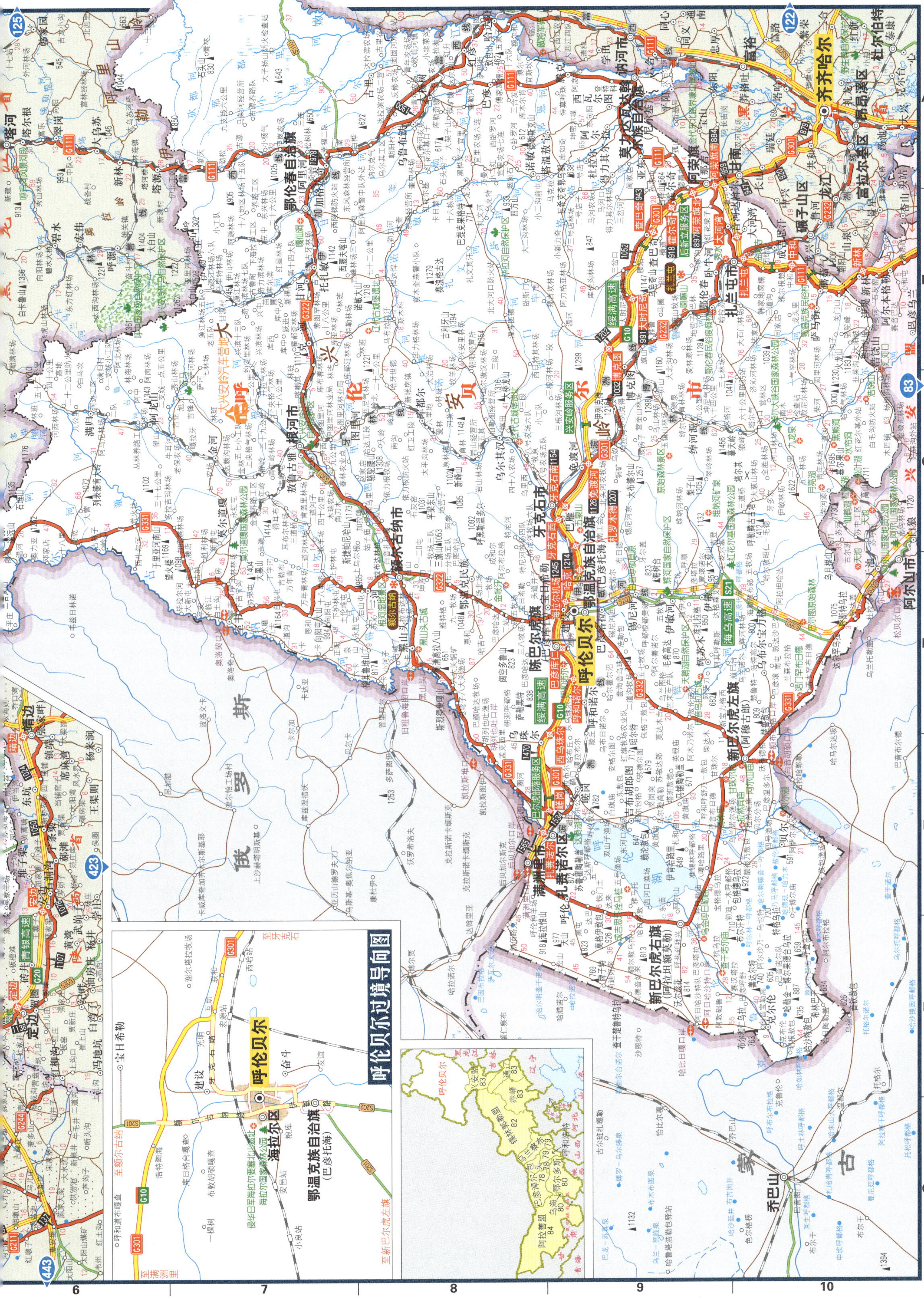

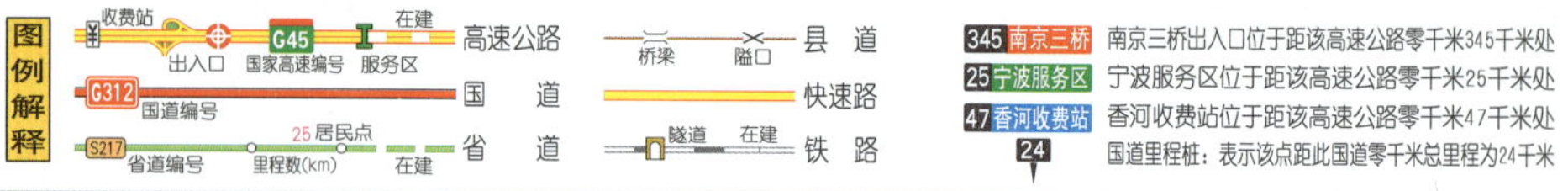

图例解释
收费站
出入口
国家高速编号
服务区
在建
G45
高速公路
G312
国道编号
国 道
S217
省道编号
里程数(km)
25
居民点
在建
省 道
桥梁
隘口
县 道
快速路
隧道
在建
铁 路
345 南京三桥 南京三桥出入口位于距该高速公路零千米345千米处
25 宁波服务区 宁波服务区位于距该高速公路零千米25千米处
47 香河收费站 香河收费站位于距该高速公路零千米47千米处
24 国道里程桩：表示该点距此国道零千米总里程为24千米

赤峰过境导向图
内蒙古自治区
锡林郭勒盟
兴安盟
赤峰
通辽
呼伦贝尔
蒙古
锡林浩特市
二连浩特市
中国最美景观公路
达达线热阿线
达里诺尔湖—阿斯哈图
全长：211千米
距离：北京605千米
用时：5小时
最佳季节：夏
特色：草原风光
方式：驾车
景色：★★★★★
难度：★★★☆☆
达达线，最美的草原牧场风光，除了可以饱享连绵起伏的大草原美景，还可以体验穿越沙地云杉、森林行驶在美景中的快乐。
A
B
C
D
E
F
G
1
2
3
4
5

公路零千米
▶ 111国道零千米：北京东直门
▶ 203国道零千米：黑龙江明水县明水镇
▶ 207国道零千米：锡林浩特市
▶ 208国道零千米：二连浩特市中蒙国界
▶ 302国道零千米：吉林省珲春市
▶ 303国道零千米：吉林省集安市
▶ 304国道零千米：丹东市
▶ 305国道零千米：辽宁庄河市
▶ 306国道零千米：辽宁绥中县城

比例尺 1：275万
0 27.5 55.0 82.5 km
图上1cm相当于实地27.5km

比例尺 1:355万

0 35.5 71.0 106.5 km

图上1cm相当于实地35.5km

图例解释

收费站 出入口 G45 国家高速编号 服务区 在建 高速公路

G312 国道编号 国道

S217 省道编号 25 居民点 里程数(km) 在建 省道

县道 桥梁 隘口

快速路

隧道 在建 铁路

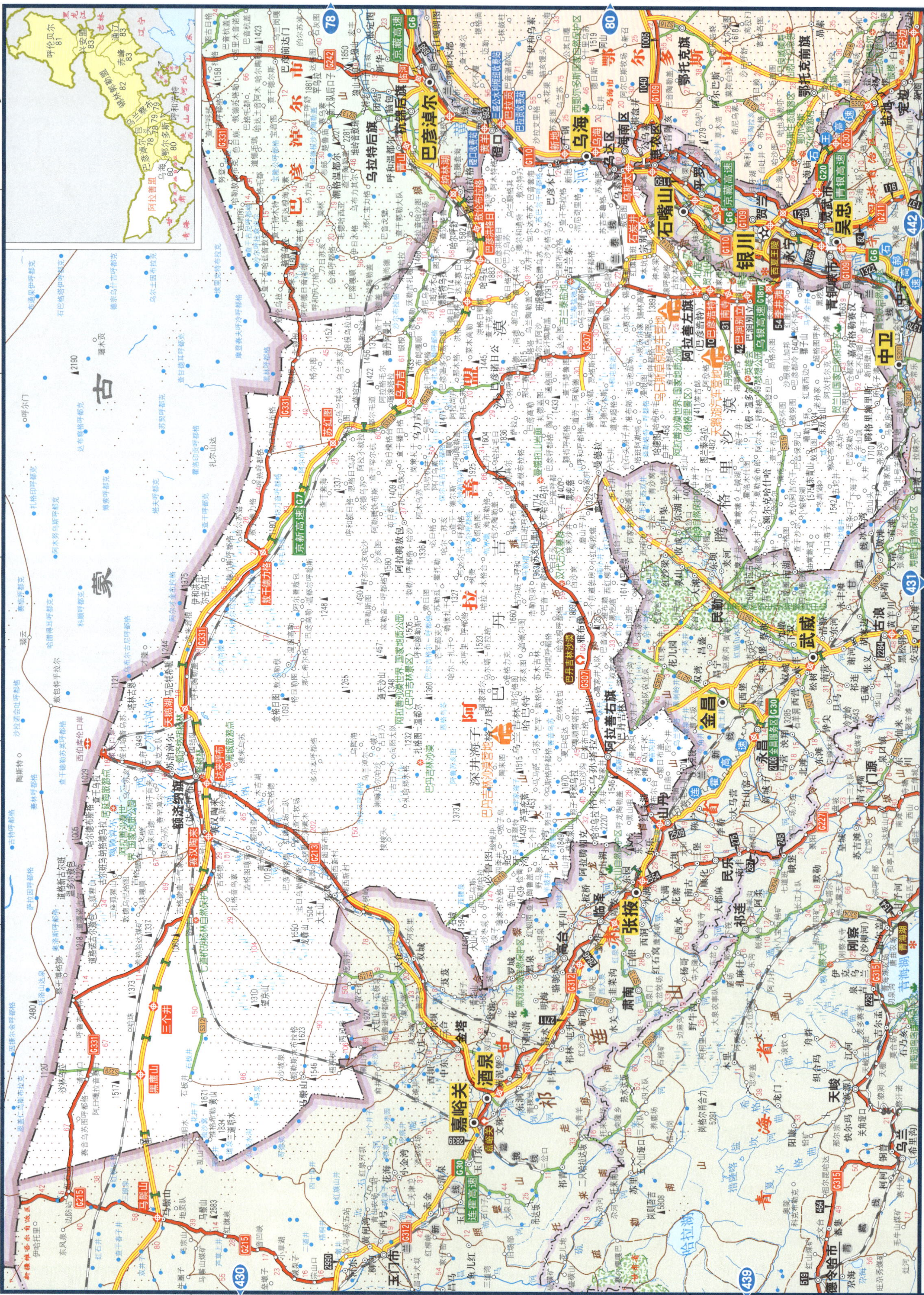

内蒙古自治区

● 本表中城际间里程是以高速公路、国道为主要行车路线计算，不作营运计价依据。

● 单位：km

内蒙古自治区主要城市至全国各主要城市里程表

省份	城市	呼和浩特	包头	乌海	赤峰	通辽	呼伦贝尔	乌兰浩特	锡林浩特	乌兰察布	东胜区	巴彦淖尔
直辖市	北京	527	688	1105	497	885	1895	1213	638	381	773	912
	上海	1830	1981	2182	1730	1951	3193	2506	1936	1634	1895	2205
	天津	680	841	1258	685	860	2048	1366	791	534	926	1005
	重庆	2030	1867	1909	2641	2801	3767	3080	2510	1999	1776	2065
河北省	石家庄	798	949	1305	1002	1177	2177	1490	920	646	1049	1173
	张家口	345	496	852	557	893	2188	1013	443	189	596	720
	承德	688	839	1195	276	507	1610	923	675	536	939	1063
	秦皇岛	806	957	1313	412	587	1759	1498	928	654	1057	1181
	唐山	680	831	1187	538	713	1885	1372	802	528	931	1055
	保定	645	796	1152	873	1048	2024	1337	767	493	896	1020
	沧州	747	898	1254	777	952	2126	1439	869	595	998	1122
	衡水	827	978	1334	857	1032	2206	1519	949	675	1078	1202
	邢台	889	1040	1396	1093	1268	2268	1581	1011	737	1140	1264
	邯郸	940	1091	1447	1144	1319	2319	1632	1062	788	1191	1315
山西省	太原	587	738	1094	1211	1386	2167	1480	910	435	532	962
	大同	284	435	791	1040	1215	1893	1206	636	132	430	659
	阳泉	669	820	1176	1083	1258	2251	1564	994	517	634	1044
	长治	789	940	1296	1300	1475	2369	1682	1112	637	724	1164
	晋城	877	1028	1384	1406	1581	2457	1770	1200	725	806	1252
	忻州	504	655	1011	1270	1445	2084	1397	827	352	472	879
	临汾	823	817	1073	1439	1614	2395	1726	1156	681	654	1068
	运城	968	952	1208	1574	1749	2530	1861	1291	816	784	1203
	侯马	890	874	1130	1496	1671	2452	1783	1213	738	713	1125
辽宁省	沈阳	1223	1374	1730	502	280	1358	616	896	1067	1456	1598
	朝阳	1092	1243	1599	186	388	1566	724	580	936	1325	1467
	阜新	1129	1280	1636	319	277	1455	613	713	973	1362	1504
	铁岭	1288	1439	1795	553	331	1284	667	947	1132	1521	1663
	本溪	1259	1410	1766	561	365	1432	701	955	1103	1492	1634
	鞍山	1205	1356	1712	490	364	1460	700	884	1049	1438	1580
	丹东	1402	1553	1909	686	524	1589	860	1080	1246	1635	1777
	大连	1360	1511	1867	645	636	1732	972	1039	1204	1593	1735
	营口	1144	1295	1651	432	435	1528	771	826	988	1377	1519
	盘锦	1084	1235	1591	380	401	1497	737	774	928	1317	1459
	锦州	1001	1152	1508	279	378	1569	714	673	845	1234	1376
	葫芦岛	962	1113	1469	323	436	1611	772	717	806	1195	1337
吉林省	长春	1519	1670	2026	690	360	1069	459	980	1363	1752	1894
	白城	1347	1562	1854	751	447	739	93	847	1187	1580	1722
	松原	1667	1818	2174	838	386	847	286	1006	1511	1900	2042
	吉林	1612	1763	2119	780	450	1150	560	1070	1456	1845	1987
	四平	1402	1553	1909	573	232	1180	568	852	1246	1635	1777
	辽源	1475	1626	1982	646	319	1253	655	939	1319	1708	1850
	通化	1499	1650	2006	751	504	1362	840	1124	1343	1732	1874
	梅河口	1464	1615	1971	716	381	1239	717	1001	1308	1697	1839
	延吉	1914	2065	2421	1085	755	1455	865	1375	1758	2147	2289
	敦化	1795	1946	2302	966	636	1336	746	1256	1639	2028	2170
黑龙江省	哈尔滨	1762	1913	2269	933	603	817	517	1223	1606	1995	2137
	齐齐哈尔	1530	1681	2037	934	626	498	296	1030	1370	1763	1905
	黑河	2338	2489	2845	1509	1061	988	785	1681	2182	2571	2713
	大庆	1910	2061	2417	1081	584	657	450	1204	1754	2143	2285
	伊春	2105	2256	2612	1276	946	1127	860	1566	1949	2338	2480
	鹤岗	2183	2334	2690	1354	1024	1271	938	1644	2027	2416	2558
	佳木斯	2112	2263	2619	1283	953	1100	867	1573	1956	2345	2487
	双鸭山	2176	2327	2683	1347	1017	1264	931	1637	2020	2409	2551
	七台河	2195	2346	2702	1366	1036	1240	907	1656	2039	2428	2570
	鸡西	2138	2289	2645	1301	979	1168	1086	1599	1982	2371	2513
	牡丹江	1975	2126	2482	1138	816	1015	918	1436	1819	2208	2350
	绥化	1880	2031	2387	1051	721	902	635	1341	1724	2113	2255
江苏省	南京	1647	1798	1999	1574	1768	2910	2323	1753	1451	1712	2022
	徐州	1264	1425	1626	1260	1435	2537	1950	1380	1078	1339	1649
	连云港	1398	1549	1750	1298	1519	2661	2074	1504	1202	1463	1773
	淮安	1430	1581	1782	1330	1551	2693	2106	1536	1234	1495	1805
	盐城	1538	1689	1890	1438	1659	2801	2214	1644	1342	1603	1913
	扬州	1569	1720	1921	1469	1690	2832	2245	1675	1373	1634	1944
	南通	1705	1856	2057	1605	1826	2968	2381	1811	1509	1770	2080
	镇江	1726	1877	2078	1626	1847	2989	2294	1724	1422	1683	1993
	常州	1798	1949	2150	1698	1919	3061	2366	1796	1494	1755	2065
	无锡	1801	1952	2153	1701	1922	3064	2369	1799	1497	1758	2068
	苏州	1847	1998	2199	1747	1968	3110	2415	1845	1543	1804	2114
浙江省	杭州	1876	2027	2228	1776	1997	3239	2552	1982	1680	1941	2251
	湖州	1796	1947	2148	1696	1917	3159	2472	1902	1600	1861	2171
	嘉兴	1814	1965	2166	1714	1935	3177	2490	1920	1618	1879	2189
	宁波	1942	2093	2294	1842	2063	3305	2537	2048	1746	2007	2317
	绍兴	1927	2078	2279	1827	2048	3290	2603	2033	1731	1992	2302
	衢州	2079	2230	2431	1979	2200	3442	2755	2185	1883	2144	2454
	金华	2041	2192	2393	1941	2162	3404	2717	2147	1845	2106	2416
	台州	2128	2279	2480	2028	2239	3491	2804	2234	1932	2193	2503
	温州	2261	2412	2613	2161	2382	3624	2937	2367	2065	2326	2636
	丽水	2154	2305	2506	2054	2275	3517	2830	2260	1958	2219	2529
安徽省	合肥	1677	1828	2184	1623	1783	1963	2276	1706	1525	1913	2052
	宿州	1364	1525	1726	1274	1495	2637	2050	1480	1178	1439	1749
	阜阳	1411	1562	1918	1464	1624	1804	2117	1547	1259	1647	1786
	蚌埠	1531	1682	2038	1451	1621	2728	2141	1571	1379	1767	1906
	淮南	1515	1666	2022	1489	1667	2766	2179	1609	1363	1751	1890
	滁州	1655	1806	2162	1575	1750	2852	2265	1695	1503	1891	2030
	马鞍山	1786	1937	2293	1645	1820	2983	2335	1765	1634	2022	2161
	芜湖	1755	1906	2262	1675	1850	2952	2365	1795	1603	1991	2130
	铜陵	1776	1927	2283	1734	1909	3011	2424	1854	1624	2010	2151
	安庆	1796	1947	2303	1754	1929	3031	2444	1874	1644	2032	2171
	黄山	1951	2102	2458	1909	2084	3186	2599	2029	1799	2185	2326
	巢湖	1697	1848	2204	1617	1787	2894	2307	1737	1545	1933	2072
福建省	福州	2482	2633	2989	2601	2761	3941	3254	2684	2330	2718	2857
	南平	2325	2476	2832	2444	2604	3784	3097	2527	2173	2561	2700
	三明	2301	2452	2808	2420	2580	2760	3073	2503	2149	2537	2676
	莆田	2571	2722	3078	2690	2850	4030	3343	2773	2419	2807	2946
	泉州	2575	2726	3082	2694	2854	4034	3347	2777	2423	2811	2950
	厦门	2631	2786	3142	2754	2914	4094	3407	2837	2483	2871	3010
	漳州	2654	2809	3165	2777	2937	4117	3430	2860	2506	2894	3033
	龙岩	2555	2710	3066	2678	2838	4018	3331	2761	2407	2795	2934
	宁德	2494	2645	2846	2394	2615	3857	3170	2600	2298	2559	2973
江西省	南昌	1941	2092	2448	2060	2220	3400	2713	2143	1789	2177	2316
	九江	1789	1940	2296	1908	2068	3248	2561	1991	1637	2025	2164
	景德镇	1922	2073	2429	1972	2132	3312	2625	2055	1770	2158	2297
	鹰潭	2052	2203	2559	2102	2262	3442	2755	2185	1900	2288	2427
	上饶	2152	2303	2659	2103	2324	3542	2855	2285	2000	2388	2527
	新余	2062	2213	2569	2181	2341	3521	2834	2264	1910	2298	2437
	萍乡	2021	2172	2528	2291	2451	3631	2944	2374	1869	2257	2396
	赣州	2297	2448	2804	2416	2576	3756	3069	2499	2145	2533	2672
	宜春	2081	2232	2588	2231	2391	3571	2884	2314	1929	2317	2456
山东省	济南	979	1130	1486	992	1167	2341	1654	1084	823	1230	1354
	德州	865	1016	1372	878	1053	2227	1540	970	709	1116	1240
	淄博	978	1129	1485	945	1120	2340	1653	1083	822	1229	1353
	潍坊	1091	1242	1598	1058	1233	2453	1766	1196	935	1342	1466
	烟台	1292	1443	1799	1259	1434	2654	1967	1397	1136	1543	1667
	威海	1355	1506	1862	1322	1497	2717	2030	1460	1199	1606	1730
	青岛	1222	1373	1729	1189	1364	2584	1897	1327	1066	1473	1597
	日照	1282	1433	1789	1238	1413	2644	1957	1387	1126	1533	1657
	临沂	1203	1354	1710	1158	1333	2565	1878	1308	1047	1454	1578
	济宁	1131	1282	1638	1144	1319	2493	1806	1236	975	1382	1506
	泰安	1020	1171	1527	1033	1208	2382	1695	1125	864	1271	1395
	滨州	909	1060	1416	876	1051	2271	1584	1014	753	1160	1284
	菏泽	1182	1333	1689	1195	1370	2544	1857	1287	1026	1433	1557
河南省	郑州	1034	1100	1267	1392	1567	2640	1953	1383	882	1009	1351
	三门峡	1007	991	1158	1616	1791	2687	2000	1430	855	900	1242
	洛阳	980	1046	1213	1502	1677	2750	2063	1493	828	955	1297
	焦作	924	990	1157	1375	1550	2623	1936	1366	772	899	1241
	新乡	1008	1074	1241	1313	1488	2561	1874	1304	856	983	1325
	安阳	1006	1088	1255	1208	1383	2456	1769	1199	854	997	1339
	开封	1052	1118	1285	1312	1487	2658	1971	1401	900	1027	1369
	商丘	1188	1254	1421	1280	1455	2629	1942	1372	936	1163	1505
	漯河	1159	1225	1392	1467	1642	2765	2078	1508	1007	1134	1476
	南阳	1162	1228	1395	1581	1756	2879	2192	1622	1010	1137	1479
	信阳	1322	1388	1555	1630	1805	2928	2241	1671	1170	1297	1639
湖北省	武汉	1569	1720	1625	1821	1996	3138	2451	1881	1417	1540	1944
	十堰	1414	1565	1199	1827	2002	3144	2457	1887	1262	1385	1789
	襄阳	1296	1447	1345	1709	1884	3026	2339	1769	1144	1267	1671
	荆门	1442	1593	1491	1855	2030	3172	2485	1915	1290	1413	1817
	孝感	1521	1672	1558	1725	1948	3090	2403	1833	1369	1492	1896
	鄂州	1660	1811	1716	1857	2032	3329	2542	1972	1508	1631	2035
	黄石	1678	1829	1734	1839	2014	3247	2560	1990	1526	1649	2053
	咸宁	1651	1802	1707	1903	2078	3220	2533	1963	1499	1622	2026
	荆州	1522	1673	1571	1935	2110	3252	2565	1995	1370	1493	1897
	宜昌	1564	1715	1613	1977	2152	3294	2607	2037	1412	1535	1939
湖南省	长沙	1902	2053	2024	2154	2329	3471	2784	2214	1750	1873	2277
	常德	1707	1858	1830	2120	2295	3437	2750	2180	1555	1678	2082
	益阳	1794	1945	1917	2234	2409	3551	2864	2294	1642	1765	2169
	岳阳	1786	1937	1908	2038	2213	3355	2668	2098	1634	1757	2161
	株洲	1941	2092	2063	2193	2368	3510	2823	2253	1789	1912	2316
	湘潭	1935	2086	2057	2187	2362	3504	2817	2247	1783	1906	2310
	衡阳	2071	2222	2193	2323	2498	3640	2953	2383	1919	2042	2446
	郴州	2187	2338	2309	2439	2614	3756	3069	2499	2035	2158	2562
	永州	2207	2358	2329	2459	2634	3776	3089	2519	2055	2178	2582
	邵阳	2116	2267	2238	2368	2543	3685	2998	2428	1964	2087	2491
广东省	广州	2588	2739	2644	2840	3015	4157	3470	2900	2436	2559	2963
	韶关	2345	2496	2401	2597	2772	3914	3227	2657	2193	2316	2720
	梅州	2770	2921	2826	2795	2970	4150	3463	2893	2618	2741	3145
	汕头	2969	3120	3085	2971	3146	4326	3639	3069	2817	2940	3344
	惠州	2662	2813	2718	2725	2900	4080	3393	2823	2510	2633	3037
	东莞	2603	2754	2659	2855	3030	4172	3485	2915	2451	2574	2978
	深圳	2680	2831	2736	2816	2991	4263	3484	2914	2528	2651	3055
	珠海	2681	2832	2737	2933	3108	4250	3563	2993	2529	2652	3056
	中山	2650	2801	2706	2902	3077	4219	3532	2962	2498	2621	3025
	肇庆	2647	2798	2703	2899	3074	4216	3529	2959	2495	2618	3022
	茂名	2902	3053	2958	3154	3329	4471	3784	3214	2750	2873	3277
	湛江	2982	3133	3038	3234	3409	4551	3864	3294	2830	2953	3357
广西壮族自治区	南宁	2778	2929	2834	3030	3205	4347	3660	3090	2626	2749	3153
	桂林	2395	2546	2451	2647	2822	3964	3277	2707	2243	2366	2770
	柳州	2541	2692	2597	2793	2968	4110	3423	2853	2389	2512	2916
	梧州	2761	2912	2817	3013	3188	4330	3643	3073	2609	2732	3136
	玉林	2835	2986	2891	3087	3262	4404	3717	3147	2683	2806	3210
	百色	2996	3147	2751	3248	3423	4565	3878	3308	2844	2967	3371
四川省	成都	1739	1561	1599	2509	2684	3525	2838	2268	1757	1485	1818
	绵阳	1616	1438	1476	2386	2561	3402	2715	2145	1634	1362	1695
	泸州	1984	1806	1844	2754	2929	3770	3083	2513	2002	1730	2063
	攀枝花	2453	2275	2313	3223	3398	4239	3552	2982	2471	2199	2532
	西昌	2262	2084	2122	3032	3207	4048	3361	2791	2280	2008	2341
贵州省	贵阳	2414	2236	2234	2967	3142	4284	3597	3027	2402	2160	2493
	遵义	2252	2074	2072	2805	2980	4122	3435	2865	2240	1998	2331
	安顺	2480	2302	2300	3033	3208	4350	3663	3093	2468	2226	2559
	毕节	2543	2365	2363	3096	3271	4413	3726	3156	2531	2289	2622
	凯里	2551	2381	2379	2803	2978	4102	3415	2845	2399	2305	2638
云南省	昆明	2597	2419	2457	3367	3542	4383	3696	3126	2615	2343	2676
	曲靖	2608	2430	2468	3378	3553	4394	3703	3137	2626	2354	2687
	玉溪	2677	2499	2537	3447	3622	4463	3776	3206	2695	2423	2756
	丽江	2743	2565	2603	3513	3688	4529	3842	3272	2761	2489	2822
	大理	2899	2721	2759	3669	3844	4685	3998	3428	1917	2645	2978
	景洪	3155	2977	3015	3925	4100	4941	4254	3684	3173	2901	3234
西藏自治区	拉萨	3303	3122	2742	4138	4376	5197	4510	3940	3429	3039	2898
	那曲	2965	2784	2404	3800	4038	4859	4172	3605	3091	2701	2560
	昌都	2592	2511	2131	3527	3765	4586	3899	3332	2818	2428	2287
	日喀则	3541	3360	2980	4376	4614	5435	4748	4181	3667	3277	3136
	萨嘎	3990	3809	3429	4825	5063	5882	5197	4630	4116	3726	3585
	噶尔	4767	4595	4215	5611	5849	6670	5983	5416	4902	4512	4371
陕西省	西安	1016	838	895	1786	1961	2802	2115	1545	1034	762	1095
	延安	705	527	594	1619	1794	2635	1948	1378	867	451	784
	铜川	939	761	927	1779	1954	2795	2108	1538	1027	685	1018
	渭南	1031	858	946	1771	1946	2787	2100	1530	1019	777	1110
	咸阳	1030	852	875	1810	1985	2826	2139	1569	1058	776	1109
	宝鸡	1182	1004	822	1962	2137	2978	2291	1721	1210	928	1261
	汉中	1283	1105	1153	2061	2236	3077	2390	1820	1309	1029	1362
	榆林	459	287	465	1294	1532	2353	1666	1096	585	196	438
	安康	1225	1047	1109	1985	2160	3001	2314	1744	1233	971	1304
甘肃省	兰州	1189	1008	628	2024	2262	3083	2396	1826	1315	925	784
	嘉峪关	1668	1487	1107	2503	2741	3562	2875	2305	1794	1404	1263
	天水	1459	1278	898	2294	2532	3353	2666	2096	1585	1195	1054
	敦煌	2044	1863	1483	2879	3117	3938	3251	2681	2170	1780	1639
	张掖	1443	1262	882	2278	2516	3337	2650	2080	1569	1179	1038
	武威	1211	1030	650	2046	2284	3105	2418	1848	1337	947	806
青海省	西宁	1388	1207	827	2223	2461	3282	2595	2025	1514	1124	983
	同仁	1483	1302	922	2318	2556	3377	2690	2120	1609	1219	1078
	德令哈	1894	1713	1333	2729	2967	3788	3101	2531	2020	1630	1489
	格尔木	2143	1962	1582	2978	3216	4037	3350	2780	2269	1879	1738
宁夏回族自治区	银川	763	582	202	1598	1836	2657	1970	1400	889	499	358
	惠农区	644	463	83	1479	1717	2538	1851	1281	770	380	239
	吴忠	801	620	240	1636	1874	2695	2008	1438	927	537	396
	固原	1068	887	507	1903	2141	2962	2275	1705	1194	804	663
新疆维吾尔自治区	乌鲁木齐	2862	2681	2301	3697	3935	4756	4069	3499	2988	2598	2457
	克拉玛依	3226	3045	2665	4061	4299	5120	4433	3863	3352	2962	2821
	喀什	4058	3877	3497	4893	5131	5952	5265	4695	4184	3794	3653
	阿克苏	3594	3413	3033	4429	4667	5488	4801	4231	3720	3330	3189
	吐鲁番	2661	2480	2100	3496	3734	4555	3868	3298	2787	2397	2256
	哈密	2270	2089	1709	3105	3343	4164	3477	2907	2396	2006	1865
	阿勒泰	3517	3336	2956	4352	4590	5411	4724	4154	3643	3253	3112

内蒙古自治区主要城镇间里程表

	呼和浩特	包头	乌海	赤峰	呼伦贝尔	乌兰浩特	通辽	锡林浩特	乌兰察布	东胜区	巴彦淖尔	阿拉善左旗	正蓝旗	磴口县	额济纳旗	二连浩特	奈曼旗	根河	额尔古纳
包头	168																		
乌海	569	401																	
赤峰	811	973	1396																
呼伦贝尔	2271	2428	2852	1445															
乌兰浩特	1572	1729	2135	730	699														
通辽	1212	1369	1793	401	1059	329													
锡林浩特	611	786	1197	451	917	853	633												
乌兰察布	154	317	740	656	2111	1412	1052	511											
东胜区	431	107	389	1065	2520	1821	1461	878	409										
巴彦淖尔	450	268	155	1241	2696	1997	1637	1054	585	375									
阿拉善左旗	756	593	170	1566	3021	2322	1962	1379	910	559	325								
正蓝旗	506	669	1092	323	1783	1063	719	235	352	607	918	1262							
磴口县	484	316	85	1312	2772	2073	1713	1148	655	303	70	255	988						
额济纳旗	1081	918	804	1892	3352	2653	2293	1728	1235	1043	650	652	1568	749					
二连浩特	403	566	989	846	1553	1248	1021	395	327	673	834	1159	630	764	1484				
奈曼旗	1027	1189	1612	219	1239	511	182	779	872	1281	1457	1782	539	1528	2108	1062			
根河	2549	2712	3135	1710	258	957	1309	1205	2369	2778	2954	3279	2041	3030	3610	1811	1497		
额尔古纳	2408	2565	2989	1583	137	837	1197	1054	2248	2657	2833	3158	1920	2909	3489	1690	1376	121	
满洲里	2485	2648	3071	1666	214	913	1257	1110	2325	2734	2910	3235	1997	2986	3566	1767	1453	472	351

常用电话

高速公路咨询..........024-96199	鞍山市交通局....0412-5532757	辽阳市交通局...0419-2126806	盘锦市交通局...0427-2822698
治超办.............024-82364500	抚顺市交通局....024-57505000	朝阳市交通局...0421-2613273	葫芦岛市交通局.0429-3113447
省交通厅...........024-23867489	本溪市交警支队..0414-2822924	阜新交警支队...0418-2292372	
沈阳市交通局.......024-23911401	丹东市交警支队..0415-3129304	铁岭市交通局...024-72813003	
大连市交通局......0411-84340940	锦州市交通局....0416-3880786	营口市交通局...0417-2833849	

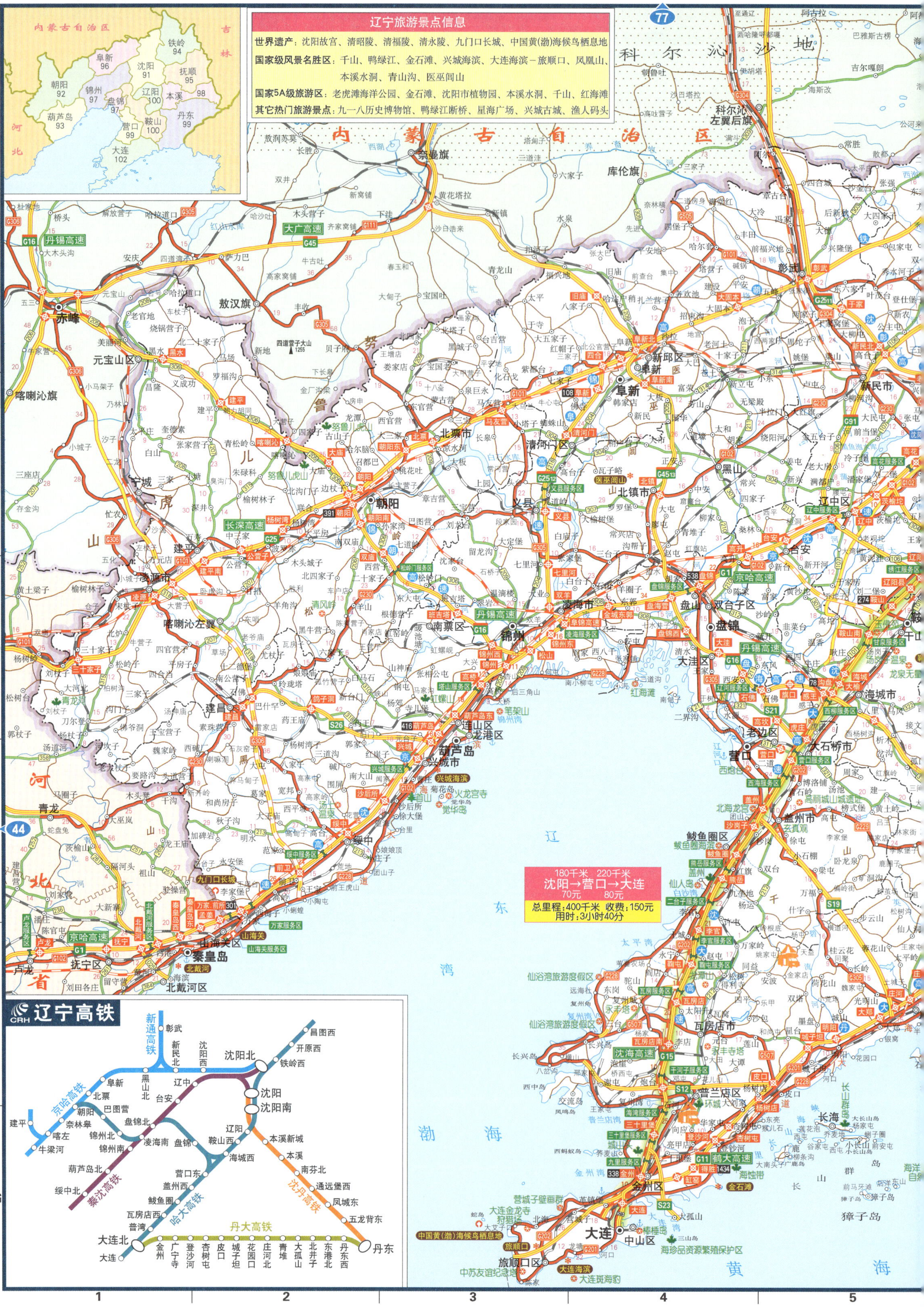

图例解释：收费站 出入口 国家高速编号 服务区 在建 高速公路；国道编号 国道；省道编号 里程数(km) 居民点 在建 省道

比例尺 1：195万　0　19.5　39.0　58.5 km　图上1cm相当于实地19.5km

75千米　170千米
沈阳→本溪→丹东
30元　70元
总里程:245千米 用时:3小时
收费:100元

辽宁省国道里程表（单位：km）

304国道

丹东						
59	凤城					
213	154	本溪				
292	233	79	沈阳			
365	306	152	73	新民		
422	363	209	130	57	彰武	
484	425	271	192	119	62	内蒙古科左后旗

203国道

	北三家	康平	法库	沈阳
内蒙古查日苏	16	46	73	141
北三家		30	57	125
康平			27	95
法库				68

305国道

	北票	马友营	盘锦	营口	盖州	庄河
内蒙古贝子府	56	92	266	323	360	488
北票		36	210	267	304	432
马友营			174	231	268	396
盘锦				57	94	222
营口					37	165
盖州						128

102国道

河北山海关										
64	绥中									
121	57	兴城								
185	121	64	锦州							
209	145	88	24	凌海						
317	253	196	132	108	黑山					
453	389	332	268	244	136	沈阳				
531	467	410	346	322	214	78	铁岭			
563	499	442	378	354	246	110	32	开原		
596	532	475	411	387	279	143	65	33	昌图	
654	590	533	469	445	337	201	123	91	58	吉林四平

101国道

沈阳	彰武	阜新	朝阳	凌源	
551	412	299	157	53	河北许杖子
498	359	246	104	凌源	
394	255	142	朝阳		
252	113	阜新			
139	彰武				

306国道

绥中	建昌	凌源	
176	88	19	内蒙古五化
157	69	凌源	
88	建昌		

201国道

	桓仁	宽甸	丹东	东港	庄河	大连	旅顺口
大连							45
庄河						170	215
东港					127	297	342
丹东				39	166	336	381
宽甸			101	140	267	437	482
桓仁		128	229	268	395	565	610
吉林通化	101	229	330	369	496	666	711

202国道

	清原	抚顺	沈阳	辽阳	鞍山	海城	盖州	普兰店	大连	旅顺口
大连										44
普兰店									77	121
盖州								132	209	253
海城							57	189	266	310
鞍山						37	94	226	303	347
辽阳					22	59	116	248	325	369
沈阳				61	83	120	177	309	386	430
抚顺			59	120	142	179	236	368	445	489
清原		127	186	247	269	306	363	495	572	616
吉林山城	57	184	243	304	326	363	420	552	629	673

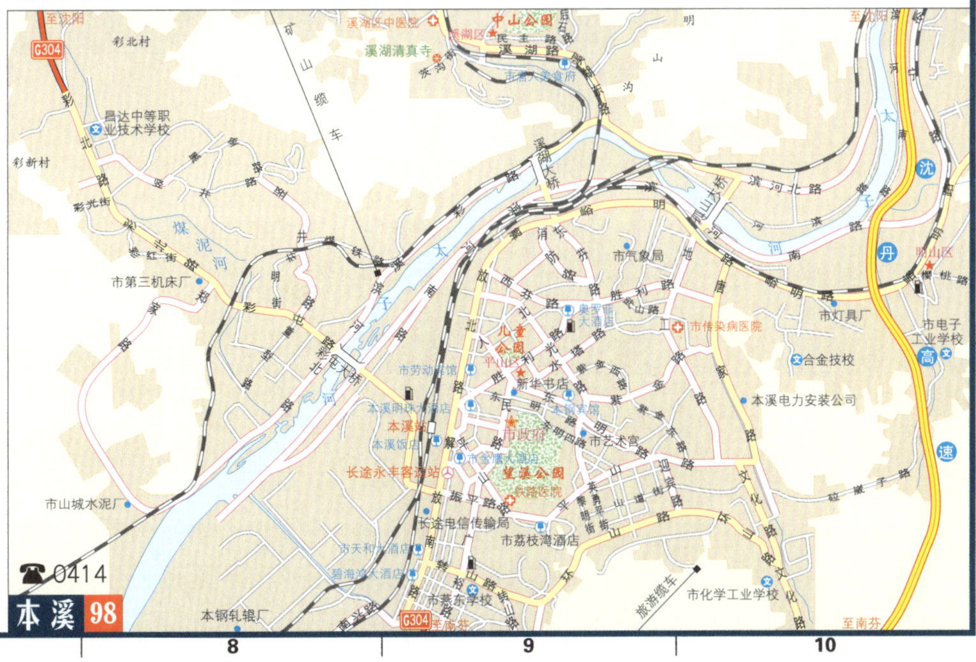

● 本表中城际间里程是以高速公路、国道为主要行车路线计算，不作营运计价依据。

● 单位：km

辽宁省主要城市至全国各主要城市里程表

		沈阳	朝阳	阜新	铁岭	本溪	鞍山	丹东	大连	营口	盘锦	锦州	葫芦岛
直辖市	北京	718	587	624	781	754	700	897	855	639	579	496	457
	上海	1783	1652	1689	1846	1819	1765	1962	1920	1704	1644	1561	1522
	天津	703	582	619	766	749	695	892	850	634	574	491	452
	重庆	2635	2514	2551	2708	2681	2627	2824	2782	2566	2506	2423	2384
河北省	石家庄	1021	890	927	1084	1057	1003	1200	1158	942	882	799	760
	张家口	901	770	807	964	937	883	1080	1038	822	762	679	640
	承德	615	292	419	667	640	586	783	741	525	465	375	415
	秦皇岛	431	300	337	494	467	413	610	568	352	292	209	170
	唐山	557	426	463	620	593	539	736	694	478	418	335	296
	保定	892	761	798	955	928	874	1071	1029	813	753	670	631
	沧州	796	665	702	859	832	778	975	933	717	657	574	535
	衡水	876	745	782	939	912	858	1055	1013	797	737	654	615
	邢台	1112	981	1018	1175	1148	1094	1291	1249	1033	973	890	851
	邯郸	1163	1032	1069	1226	1199	1145	1342	1300	1084	1024	941	902
山西省	太原	1230	1099	1136	1295	1266	1212	1409	1367	1151	1091	1008	969
	大同	1059	928	965	1122	1095	1041	1238	1196	980	920	837	798
	阳泉	1102	971	1008	1165	1138	1084	1281	1239	1023	963	880	841
	长治	1319	1188	1225	1382	1355	1301	1498	1456	1240	1180	1097	1058
	晋城	1425	1294	1331	1488	1461	1407	1604	1562	1346	1286	1203	1164
	忻州	1293	1158	1195	1352	1325	1271	1468	1426	1210	1150	1067	1028
	临汾	1458	1327	1364	1523	1494	1440	1637	1595	1379	1319	1236	1197
	运城	1593	1462	1499	1658	1629	1575	1772	1730	1514	1454	1371	1332
	侯马	1515	1384	1421	1580	1551	1497	1694	1652	1436	1376	1293	1254
内蒙古自治区	呼和浩特	1223	1092	1129	1288	1259	1205	1402	1360	1144	1084	1001	962
	包头	1374	1243	1280	1439	1410	1356	1553	1511	1295	1235	1152	1113
	乌海	1730	1599	1636	1795	1766	1712	1909	1867	1651	1591	1508	1469
	赤峰	502	186	319	553	561	490	686	645	432	380	279	323
	通辽	280	388	277	331	365	364	524	636	435	401	378	436
	呼伦贝尔	1358	1566	1455	1284	1432	1460	1589	1732	1528	1497	1569	1611
	乌兰浩特	616	724	613	667	701	700	860	972	771	737	714	772
	锡林浩特	896	580	713	947	955	884	1080	1039	826	774	673	717
	乌兰察布	1067	936	973	1132	1103	1049	1246	1204	988	928	845	806
	东胜区	1456	1325	1362	1521	1492	1438	1635	1593	1377	1317	1234	1195
	巴彦淖尔	1598	1467	1504	1663	1634	1580	1777	1735	1519	1459	1376	1337
吉林省	长春	326	534	414	252	400	428	559	700	499	465	537	579
	白城	507	674	554	444	586	604	740	876	675	641	713	755
	松原	474	682	562	400	548	576	707	848	647	613	685	727
	吉林	416	624	504	342	490	518	649	790	589	555	627	660
	四平	209	417	297	135	283	311	442	583	382	348	420	462
	辽源	242	490	370	168	316	344	475	616	449	381	453	495
	通化	285	590	470	323	354	381	330	597	453	429	501	543
	梅河口	250	555	435	230	319	346	467	619	418	394	466	508
	延吉	721	929	809	647	795	823	954	1095	894	860	932	974
	敦化	602	810	690	528	676	704	835	976	775	741	813	855
黑龙江省	哈尔滨	569	777	657	495	643	671	802	943	742	708	780	822
	齐齐哈尔	875	1083	963	801	949	977	1108	1249	1048	1014	1086	1128
	黑河	1135	1343	1223	1061	1209	1237	1368	1509	1308	1274	1346	1388
	大庆	716	924	804	642	790	818	949	1090	889	855	927	969
	伊春	912	1120	1000	838	986	1014	1145	1286	1085	1051	1123	1165
	鹤岗	990	1198	1078	916	1064	1092	1223	1364	1163	1129	1201	1243
	佳木斯	919	1127	1007	845	993	1021	1152	1293	1092	1058	1130	1172
	双鸭山	983	1191	1071	909	1057	1085	1216	1357	1156	1122	1194	1236
	七台河	959	1167	1047	885	1033	1061	1192	1333	1132	1098	1170	1212
	鸡西	937	1145	1025	863	1011	1039	1170	1311	1110	1076	1148	1190
	牡丹江	774	982	862	700	848	876	1007	1148	947	913	985	1027
	绥化	687	895	775	613	761	789	920	1061	860	826	898	940
江苏省	南京	1600	1469	1506	1663	1636	1582	1779	1737	1521	1461	1378	1339
	徐州	1280	1149	1186	1343	1316	1262	1459	1417	1201	1141	1058	1019
	连云港	1351	1220	1257	1414	1387	1333	1530	1488	1272	1212	1129	1090
	淮安	1383	1252	1289	1446	1419	1365	1562	1520	1305	1244	1161	1122
	盐城	1491	1360	1397	1554	1527	1473	1670	1628	1413	1352	1269	1230
	扬州	1522	1391	1428	1585	1558	1504	1701	1659	1444	1383	1300	1261
	南通	1658	1527	1564	1721	1964	1640	1837	1795	1580	1519	1436	1397
	镇江	1571	1440	1477	1634	1607	1553	1750	1708	1493	1432	1349	1310
	常州	1643	1512	1549	1706	1679	1625	1822	1780	1565	1504	1421	1382
	无锡	1646	1515	1552	1709	1682	1628	1825	1783	1568	1507	1424	1385
	苏州	1692	1561	1598	1755	1728	1674	1871	1829	1614	1553	1470	1431
浙江省	杭州	1829	1698	1735	1892	1865	1811	2008	1966	1750	1690	1607	1568
	湖州	1749	1618	1655	1812	1785	1731	1928	1886	1670	1610	1527	1488
	嘉兴	1767	1636	1673	1830	1803	1749	1946	1904	1688	1628	1545	1506
	宁波	1895	1764	1801	1958	1931	1877	2074	2032	1816	1756	1673	1634
	绍兴	1880	1749	1786	1943	1916	1862	2059	2017	1801	1741	1658	1619
	衢州	2032	1901	1938	2095	2068	2014	2211	2169	1953	1893	1810	1771
	金华	1994	1863	1900	2057	2030	1976	2173	2131	1915	1855	1772	1733
	台州	2081	1940	1977	2144	2117	2063	2260	2218	2002	1942	1859	1820
	温州	2214	2083	2120	2277	2250	2196	2393	2351	2135	2075	1992	1953
	丽水	2107	1976	2013	2170	2143	2089	2286	2244	2028	1968	1885	1846
安徽省	合肥	1627	1496	1533	1690	1669	1609	1806	1764	1548	1488	1405	1366
	宿州	1380	1249	1286	1443	1416	1362	1559	1517	1301	1241	1158	1119
	阜阳	1468	1337	1374	1531	1510	1450	1647	1605	1389	1329	1246	1207
	蚌埠	1471	1340	1377	1534	1513	1453	1650	1608	1392	1332	1249	1210
	淮南	1509	1378	1415	1562	1551	1499	1696	1646	1430	1370	1287	1248
	滁州	1594	1463	1500	1657	1630	1568	1765	1731	1515	1455	1372	1333
	马鞍山	1628	1497	1534	1691	1670	1618	1807	1765	1549	1489	1406	1367
	芜湖	1694	1563	1600	1756	1730	1668	1865	1831	1615	1555	1472	1433
	铜陵	1753	1622	1659	1816	1789	1735	1932	1890	1674	1614	1531	1492
	安庆	1773	1642	1679	1836	1809	1755	1952	1910	1694	1634	1551	1512
	黄山	1928	1797	1834	1991	1964	1910	2107	2065	1849	1789	1706	1666
	巢湖	1636	1505	1542	1699	1672	1618	1815	1773	1557	1497	1414	1375
福建省	福州	2605	2474	2511	2668	2641	2587	2784	2742	2526	2466	2383	2344
	南平	2448	2317	2354	2511	2484	2430	2627	2585	2369	2309	2266	2187
	三明	2424	2293	2330	2487	2460	2406	2603	2561	2345	2285	2202	2163
	莆田	2694	2563	2600	2757	2730	2676	2873	2831	2615	2555	2472	2433
	泉州	2698	2567	2604	2761	2734	2680	2877	2835	2619	2259	2476	2437
	厦门	2758	2627	2664	2821	2794	2740	2937	2895	2679	2619	2536	2497
	漳州	2781	2650	2687	2844	2817	2763	2960	2918	2702	2642	2559	2520
	龙岩	2682	2551	2588	2745	2718	2664	2861	2819	2603	2543	2460	2421
	宁德	2447	2316	2353	2510	2483	2429	2626	2584	2368	2308	2225	2186
江西省	南昌	2064	1933	1970	2127	2100	2046	2243	2201	1985	1925	1842	1803
	九江	1912	1781	1818	1975	1948	1894	2091	2049	1833	1773	1690	1651
	景德镇	1976	1845	1882	2039	2012	1958	2155	2113	1897	1837	1754	1715
	鹰潭	2106	1975	2012	2169	2142	2088	2285	2243	2027	1967	1884	1845
	上饶	2156	2025	2062	2219	2192	2138	2335	2293	2077	2017	1934	1895
	新余	2185	2054	2091	2248	2221	2167	2364	2322	2106	2046	1963	1924
	萍乡	2295	2164	2201	2358	2331	2277	2474	2432	2216	2156	2073	2034
	赣州	2420	2289	2326	2483	2456	2402	2599	2557	2341	2281	2198	2159
	宜春	2235	2104	2141	2298	2271	2217	2414	2372	2156	2096	2013	1974
山东省	济南	1011	880	917	1074	1047	993	1190	1148	932	872	789	750
	德州	897	766	803	960	933	879	1076	1034	818	758	675	636
	淄博	964	833	870	1027	1000	946	1143	1101	885	825	742	703
	潍坊	1077	946	983	1140	1113	1059	1256	1214	998	938	855	816
	烟台	1278	1147	1184	1341	1314	1260	1457	1415	1199	1139	1056	1017
	威海	1341	1210	1247	1404	1377	1323	1520	1478	1262	1202	1119	1080
	青岛	1208	1077	1114	1271	1244	1190	1387	1345	1129	1069	986	947
	日照	1257	1126	1163	1320	1293	1239	1436	1394	1178	1118	1035	996
	临沂	1177	1046	1083	1240	1213	1159	1356	1314	1098	1038	955	916
	济宁	1163	1032	1069	1226	1199	1145	1342	1300	1084	1024	941	902
	泰安	1052	921	958	1115	1088	1034	1231	1189	973	913	830	791
	滨州	895	764	801	958	931	877	1074	1032	816	756	673	634
	菏泽	1214	1083	1120	1277	1250	1196	1393	1351	1135	1075	992	953
河南省	郑州	1411	1280	1317	1474	1447	1393	1590	1548	1332	1272	1189	1150
	三门峡	1635	1504	1541	1698	1671	1617	1814	1772	1556	1496	1413	1374
	洛阳	1521	1390	1427	1584	1557	1503	1700	1658	1442	1383	1299	1260
	焦作	1394	1263	1300	1457	1430	1376	1573	1531	1315	1255	1172	1133
	新乡	1332	1201	1238	1395	1368	1314	1511	1469	1253	1193	1110	1071
	安阳	1227	1096	1133	1290	1263	1209	1406	1364	1148	1088	1005	966
	开封	1331	1200	1237	1394	1367	1313	1510	1468	1252	1192	1109	1070
	商丘	1299	1168	1205	1362	1335	1281	1478	1436	1220	1160	1077	1038
	漯河	1486	1355	1392	1549	1522	1468	1665	1623	1407	1347	1264	1225
	南阳	1600	1469	1506	1663	1636	1582	1779	1737	1521	1461	1378	1339
	信阳	1649	1518	1555	1712	1685	1631	1828	1786	1570	1510	1427	1388
湖北省	武汉	1840	1709	1746	1903	1876	1822	2019	1977	1761	1701	1618	1579
	十堰	1846	1715	1752	1909	1882	1828	2025	1983	1767	1707	1624	1585
	襄阳	1728	1597	1634	1791	1764	1710	1907	1865	1649	1589	1506	1467
	荆门	1874	1743	1780	1937	1910	1856	2053	2011	1795	1735	1652	1613
	孝感	1792	1661	1698	1855	1828	1774	1971	1929	1713	1653	1570	1531
	鄂州	1876	1745	1782	1939	1912	1858	2055	2013	1797	1737	1654	1615
	黄石	1858	1727	1764	1921	1894	1840	2037	1995	1779	1719	1636	1597
	咸宁	1922	1791	1828	1985	1958	1904	2101	2059	1843	1783	1700	1661
	荆州	1954	1823	1860	2017	1990	1936	2133	2091	1875	1815	1732	1693
	宜昌	1996	1865	1902	2059	2032	1978	2175	2133	1917	1857	1774	1735
湖南省	长沙	2173	2042	2079	2236	2209	2155	2352	2310	2094	2034	1951	1912
	常德	2139	2008	2045	2202	2175	2121	2318	2276	2060	2000	1917	1878
	益阳	2253	2122	2159	2316	2289	2235	2432	2390	2174	2114	2031	1992
	岳阳	2057	1926	1963	2120	2093	2039	2236	2194	1978	1918	1835	1796
	株洲	2212	2081	2118	2275	2248	2194	2391	2349	2133	2073	1990	1951
	湘潭	2206	2075	2112	2269	2242	2188	2285	2343	2127	2067	1984	1945
	衡阳	2342	2211	2248	2405	2378	2324	2521	2479	2263	2003	2120	2081
	郴州	2458	2327	2364	2521	2494	2440	2637	2595	2379	2319	2236	2197
	永州	2478	2347	2384	2541	2514	2460	2657	2615	2399	2339	2256	2217
	邵阳	2387	2256	2293	2450	2423	2369	2566	2524	2308	2248	2165	2126
	广州	2859	2728	2765	2922	2895	2841	3038	2996	2780	2720	2637	2598
	韶关	2616	2485	2522	2679	2652	2598	2795	2753	2537	2477	2394	2355
	梅州	2814	2683	2720	2877	2850	2796	2993	2951	2735	2675	2592	2553
广东省	汕头	2990	2859	2896	3053	3026	2972	3169	3127	2911	2851	2768	2729
	惠州	2744	2613	2650	2807	2780	2726	2923	2881	2665	2605	2522	2483
	东莞	2874	2743	2780	2937	2910	2856	3053	3011	2795	2735	2652	2613
	深圳	2835	2704	2741	2898	2871	2817	3014	2972	2756	2696	2613	2574
	珠海	2952	2821	2858	3015	2988	2934	3131	3089	2873	2813	2730	2691
	中山	2921	2790	2827	2984	2957	2903	3100	3058	2842	2782	2699	2660
	肇庆	2918	2787	2824	2981	2954	2900	3097	3055	2839	2779	2696	2657
	茂名	3173	3042	3079	3236	3209	3155	3352	3310	3094	3034	2951	2912
	湛江	3253	3122	3159	3316	3289	3235	3432	3390	3174	3114	3031	2992
广西壮族自治区	南宁	3049	2918	2955	3112	3085	3031	3228	3186	2970	2910	2827	2788
	桂林	2666	2535	2572	2729	2702	2648	2845	2803	2587	2527	2444	2405
	柳州	2812	2681	2718	2875	2848	2794	2991	2949	2733	2673	2590	2551
	梧州	3032	2901	2938	3095	3068	3014	3211	3169	2953	2893	2810	2771
	玉林	3106	2975	3012	3169	3142	3088	3285	3243	3027	2967	2884	2845
	百色	3267	3136	3173	3330	3303	3249	3446	3404	3188	3128	3045	3006
四川省	成都	2528	2397	2434	2591	2564	2510	2707	2665	2449	2389	2306	2267
	绵阳	2405	2274	2311	2468	2441	2387	2584	2542	2326	2266	2183	2144
	泸州	2773	2642	2679	2836	2809	2755	2952	2910	2694	2634	2551	2512
	攀枝花	3242	3111	3148	3305	3278	3224	3421	3379	3163	3103	3020	2981
	西昌	3051	2920	2957	3114	3087	3033	3230	3188	2972	2912	2829	2790
贵州省	贵阳	2981	2850	2887	3044	3017	2963	3160	3118	2902	2842	2759	2720
	遵义	2819	2688	2725	2882	2855	2801	2998	2956	2740	2680	2597	2557
	安顺	3047	2916	2953	3110	3083	3029	3226	3184	2968	2908	2825	2786
	毕节	3110	2979	3016	3173	3146	3092	3289	3247	3031	2971	2888	2848
	凯里	2822	2691	2728	2885	2858	2804	3001	2959	2743	2683	2600	2561
云南省	昆明	3386	3255	3292	3449	3422	3368	3565	3523	3307	3247	3164	3125
	曲靖	3397	3266	3303	3460	3433	3379	3576	3534	3318	3258	3175	3136
	玉溪	3466	3335	3372	3529	3502	3448	3645	3603	3387	3327	3244	3205
	丽江	3532	3401	3438	3595	3568	3517	3711	3669	3453	3393	3310	3271
	大理	3688	3557	3594	3751	3724	3670	3867	3825	3609	3549	3466	3427
	景洪	3944	3813	3850	4007	3980	3926	4123	4081	3865	3805	3722	3683
西藏自治区	拉萨	4340	4209	4246	4403	4376	4322	4519	4477	4261	4201	4118	4079
	那曲	4002	3871	3908	4065	4038	3984	4181	4139	3923	3863	3780	3741
	昌都	3729	3598	3635	3792	3765	3711	3908	3866	3650	3590	3507	3468
	日喀则	4578	4447	4484	4641	4614	4560	4757	4715	4499	4439	4356	4317
	萨嘎	5027	4896	4933	5090	5063	5009	5206	5164	4948	4888	4805	4766
	噶尔	5813	5682	5719	5876	5849	5795	5992	5950	5734	5674	5591	5552
陕西省	西安	1805	1674	1711	1868	1841	1787	1984	1942	1726	1666	1583	1544
	延安	1638	1507	1544	1701	1674	1620	1817	1775	1559	1499	1416	1377
	铜川	1798	1667	1704	1861	1834	1780	1977	1935	1719	1659	1576	1537
	渭南	1790	1659	1696	1853	1826	1772	1969	1927	1711	1651	1568	1529
	咸阳	1829	1698	1735	1892	1865	1811	2008	1966	1750	1690	1607	1568
	宝鸡	1981	1850	1887	2044	2017	1963	2160	2118	1902	1842	1759	1720
	汉中	2080	1949	1986	2143	2116	2062	2259	2217	2001	1941	1858	1819
	榆林	1586	1455	1492	1649	1622	1568	1765	1723	1507	1447	1364	1325
	安康	2004	1873	1910	2067	2040	1986	2183	2141	1925	1865	1782	1743
甘肃省	兰州	2226	2095	2132	2289	2262	2208	2405	2363	2147	2087	2004	1965
	嘉峪关	2705	2574	2611	2768	2741	2687	2884	2842	2626	2566	2483	2444
	天水	2144	2013	2050	2207	2180	2126	2323	2281	2065	2005	1922	1883
	敦煌	3081	2950	2987	3144	3117	3063	3260	3218	3002	2942	2859	2820
	张掖	2480	2349	2386	2543	2516	2462	2659	2617	2401	2341	2258	2219
	武威	2248	2117	2154	2311	2284	2230	2427	2385	2169	2109	2026	1987
青海省	西宁	2425	2294	2331	2488	2461	2407	2604	2562	2346	2286	2203	2164
	同仁	2520	2389	2426	2583	2556	2502	2699	2657	2441	2381	2298	2259
	德令哈	2931	2800	2837	2994	2967	2913	3110	3068	2852	2792	2709	2670
	格尔木	3180	3049	3086	3243	3216	3162	3359	3317	3101	3041	2958	2919
宁夏回族自治区	银川	1901	1770	1807	1964	1937	1883	2080	2038	1822	1762	1679	1640
	惠农区	1813	1682	1719	1876	1849	1795	1992	1950	1734	1674	1591	1552
	吴忠	1887	1756	1793	1950	1923	1869	2066	2024	1808	1748	1665	1626
	固原	2105	1974	2011	2168	2141	2087	2284	2242	2026	1966	1883	1844
新疆维吾尔自治区	乌鲁木齐	3899	3768	3805	3962	3935	3881	4078	4036	3820	3760	3677	3638
	克拉玛依	4263	4132	4169	4326	4299	4245	4442	4400	4184	4124	4041	4002
	喀什	5095	4964	5001	5158	5131	5077	5274	5232	5016	4956	4873	4834
	阿克苏	4631	4500	4537	4694	4667	4613	4810	4768	4552	4492	4409	4370
	吐鲁番	3698	3567	3604	3761	3734	3680	3877	3835	3619	3559	3476	3437
	哈密	3307	3176	3213	3370	3343	3289	3486	3444	3228	3168	3085	3046
	阿勒泰	4554	4423	4460	4617	4590	4536	4733	4691	4475	4415	4332	4293

辽宁省主要城镇间里程表

沈阳	沈阳																						
新民	73	新民																					
辽阳	78	113	辽阳																				
鞍山	124	137	45	鞍山																			
海城	161	156	82	37	海城																		
营口	179	194	110	84	46	营口																	
盖州	225	223	146	101	64	35	盖州																
瓦房店	299	324	230	204	164	138	106	瓦房店															
普兰店	377	352	298	253	216	166	152	27	普兰店														
大连	454	414	375	330	293	220	229	100	77	大连													
庄河	307	336	240	214	180	154	121	97	107	170	庄河												
丹东	274	347	237	232	247	280	263	258	270	327	157	丹东											
凤城	217	290	180	172	185	221	203	257	269	331	161	57	凤城										
本溪	79	152	73	95	129	177	197	299	326	388	297	195	138	本溪									
抚顺	37	108	115	161	198	214	262	332	414	491	348	289	230	84	抚顺								
铁岭	62	135	139	165	201	249	267	369	397	458	381	348	290	143	59	铁岭							
阜新	248	143	194	186	201	205	240	346	373	435	365	419	358	262	251	244	阜新						
北票	353	206	255	249	257	269	302	390	417	479	423	481	421	324	314	331	105	北票					
朝阳	396	246	297	291	268	250	285	391	418	480	410	517	455	365	354	373	148	43	朝阳				
凌源	509	362	412	405	384	366	401	505	532	594	524	631	569	481	470	488	257	156	113	凌源			
葫芦岛	317	244	262	229	207	187	223	329	356	418	348	454	392	324	329	379	164	167	127	201	葫芦岛		
锦州	274	201	216	184	162	144	179	285	312	374	304	482	347	279	284	336	112	123	106	222	43	锦州	
盘锦	155	150	122	97	77	72	105	202	229	291	226	324	265	192	201	228	143	182	200	314	137	93	盘锦

图例解释

街区	次要街道 县道	高速公路
公园 绿地	城市高架路	建筑中高速公路
过境线 国道	地铁 轻轨	高等级公路
主要街道 省道	铁路及车站	省、市、区政府
交警部门 地铁站	医院 邮政局	
出入口 国道编号	宾馆 风景点	
加油站 汽修厂	古塔 电视台	
停车场 汽车站	桥梁 运动场	

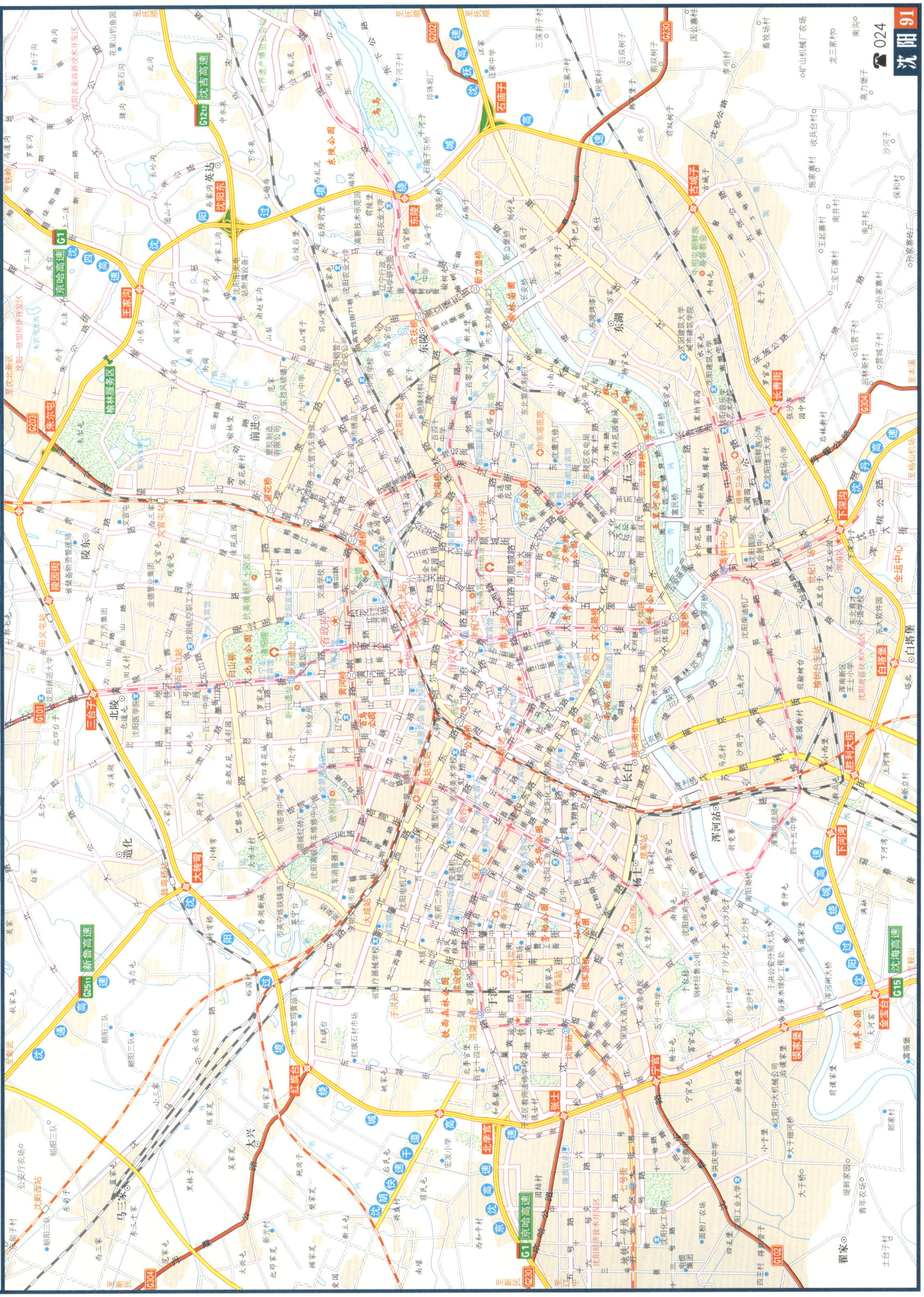

图例解释

高速公路 —— 收费站、出入口、G45 国家高速编号、服务区、在建
国道 —— G312 国道编号
省道 —— S217 省道编号、25 居民点、里程数(km)、在建
县道
快速路
铁路 —— 隧道、在建

345 南京三桥 南京三桥出入口位于距该高速公路零千米345千米处
25 宁波服务区 宁波服务区位于距该高速公路零千米25千米处
47 香河收费站 香河收费站位于距该高速公路零千米47千米处
24 国道里程桩：表示该点距此国道零千米总里程为24千米

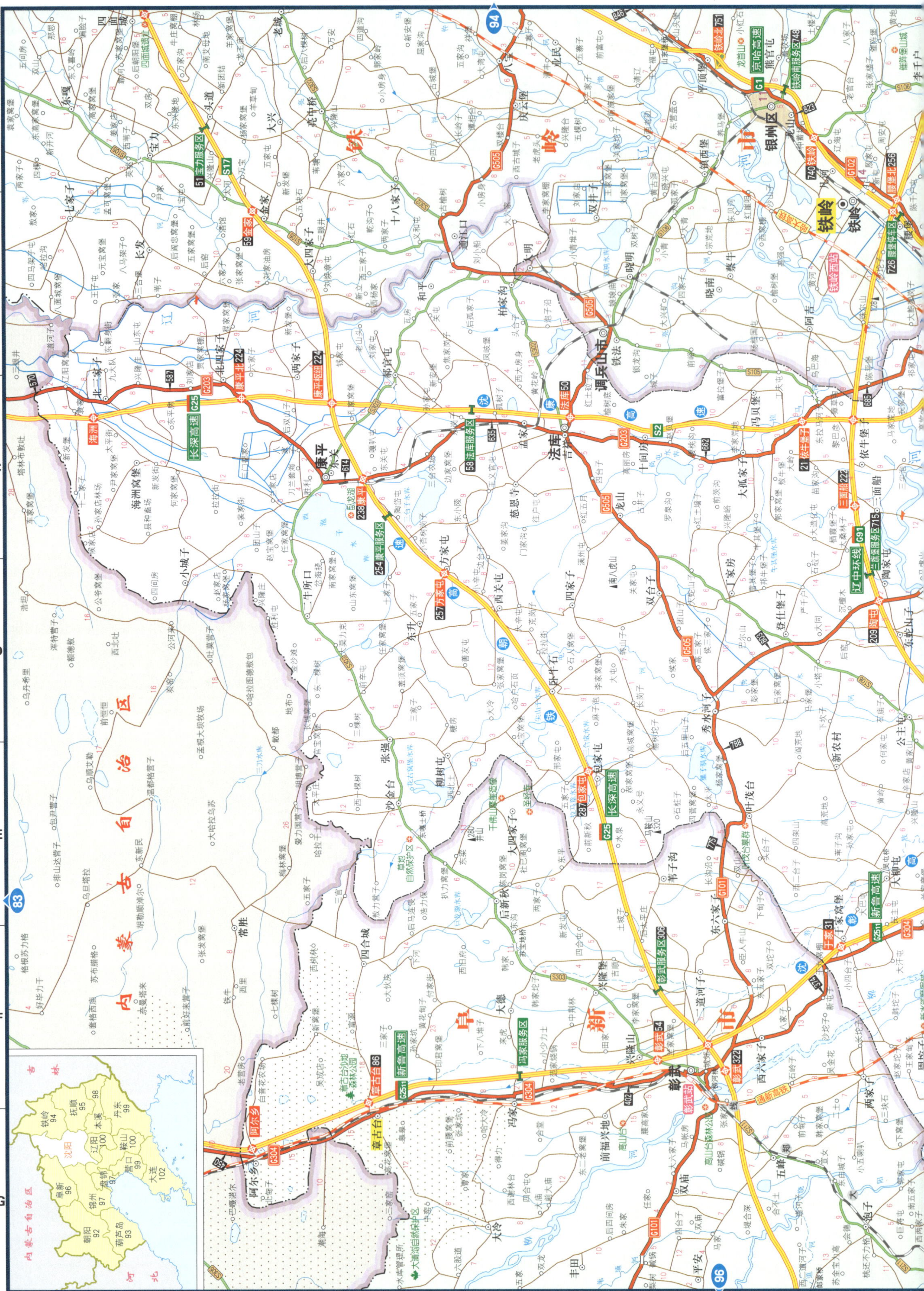

公路零千米

- ▶ 101国道零千米：北京东直门
- ▶ 102国道零千米：北京朝阳门
- ▶ 202国道零千米：黑河市
- ▶ 203国道零千米：黑龙江省明水县明水镇
- ▶ 304国道零千米：丹东市

比例尺　1：53万

0　5.3　10.6　15.9 km

图上1cm相当于实地5.3km

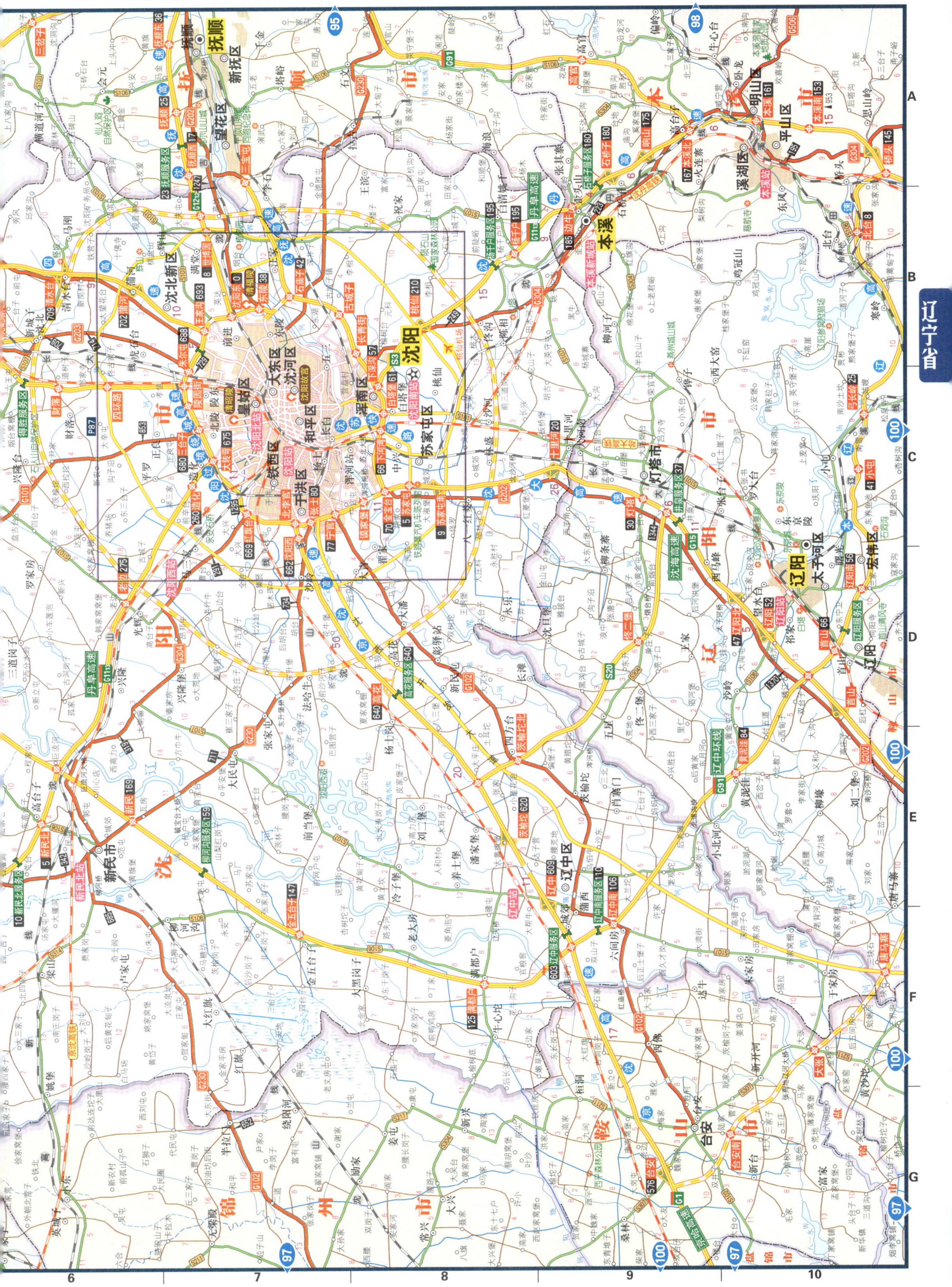

图例解释

收费站 出入口 G45 国家高速编号 服务区 在建 高速公路

G312 国道编号 国道

S217 省道编号 25 居民点 里程数(km) 在建 省道

桥梁 隘口 县道

快速路

隧道 在建 铁路

345 南京三桥 南京三桥出入口位于距该高速公路零千米345千米处

25 宁波服务区 宁波服务区位于距该高速公路零千米25千米处

47 香河收费站 香河收费站位于距该高速公路零千米47千米处

24 国道里程桩：表示该点距此国道零千米总里程为24千米

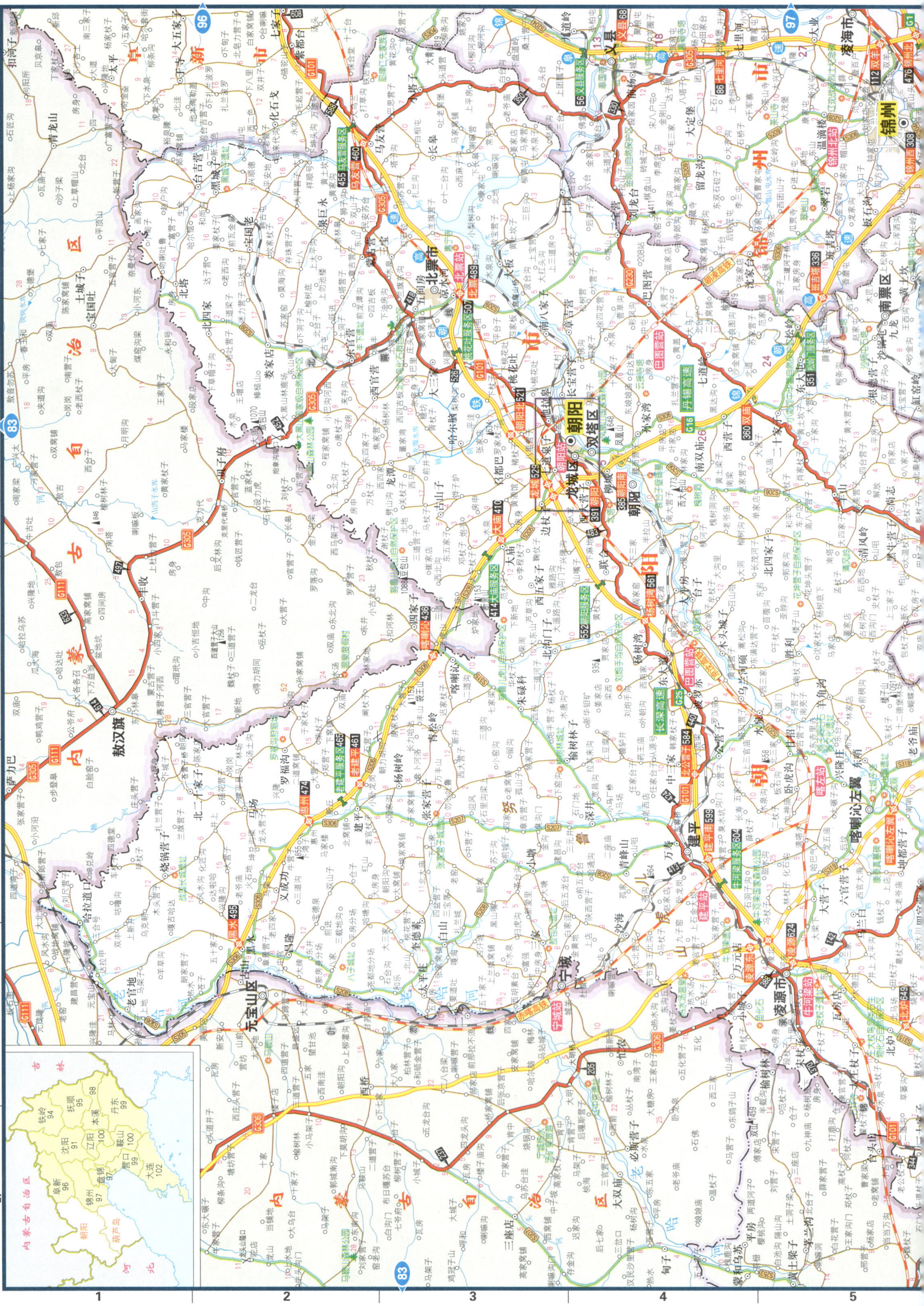

公路零千米

▶101国道零千米：北京东直门

▶102国道零千米：北京朝阳门

▶305国道零千米：辽宁省庄河市

▶306国道零千米：辽宁省绥中县城

比例尺 1：80万

0 8.0 16.0 24.0 km

图上1cm相当于实地8km

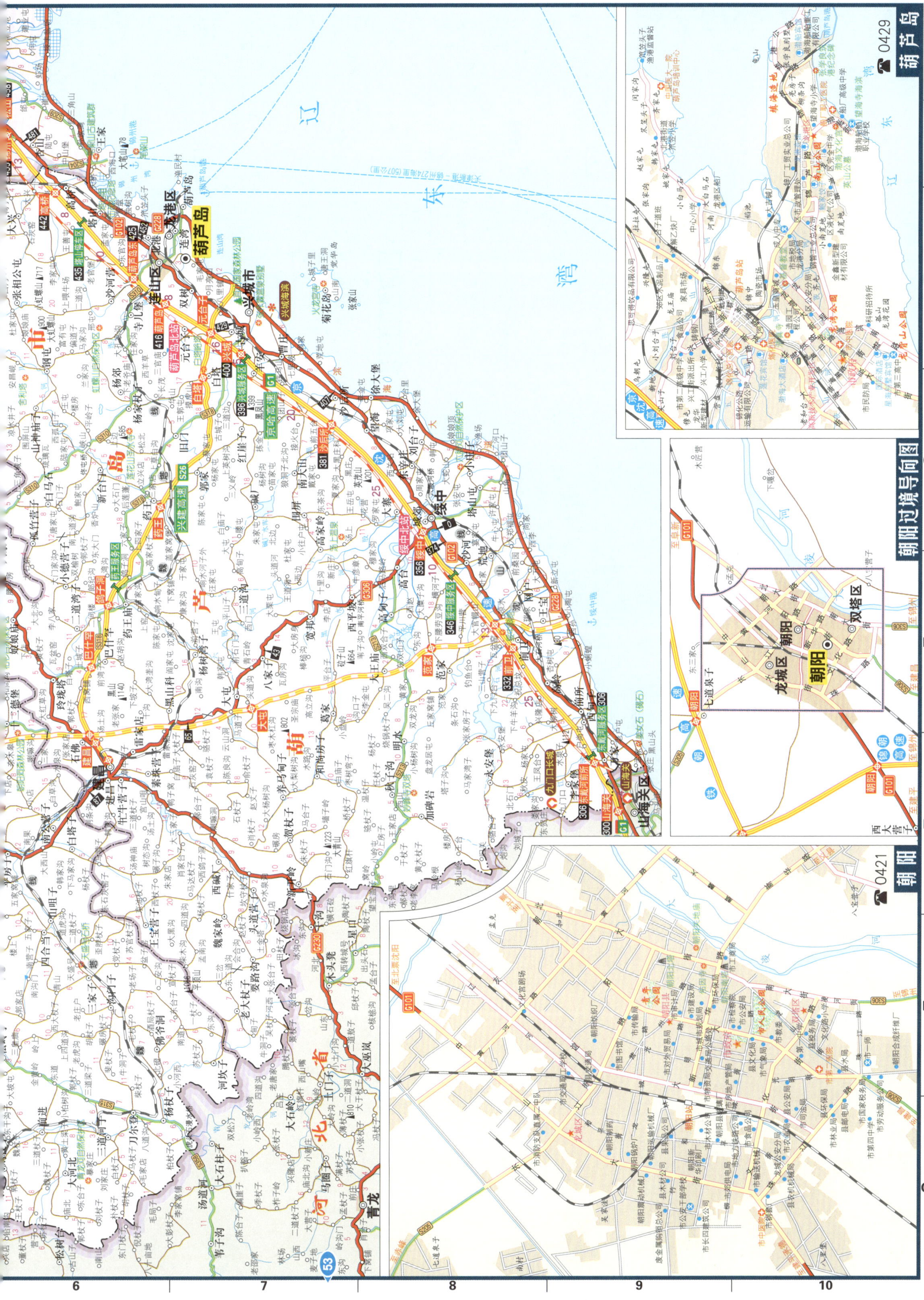

图例解释

收费站 出入口 国家高速编号 服务区 在建 高速公路

国道编号 国道

省道编号 居民点 里程数(km) 在建 省道

桥梁 隧口 县道

快速路

隧道 在建 铁路

345 南京三桥 南京三桥出入口位于距该高速公路零千米345千米处

25 宁波服务区 宁波服务区位于距该高速公路零千米25千米处

47 香河收费站 香河收费站位于距该高速公路零千米47千米处

24 国道里程桩：表示该点距此国道零千米总里程为24千米

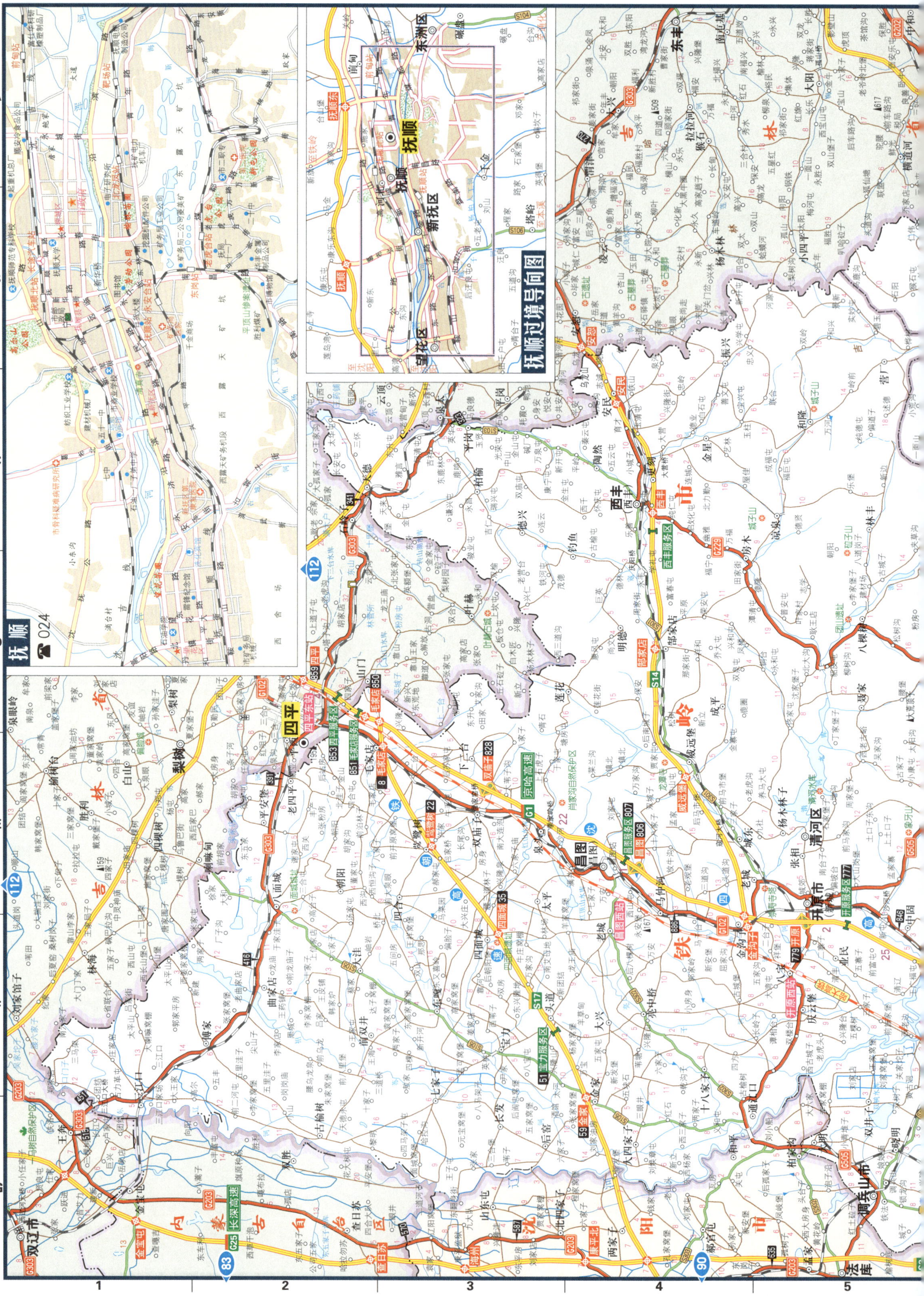

公路零千米
▶102国道零千米：北京朝阳门
▶202国道零千米：黑河市
▶303国道零千米：吉林省集安市

比例尺 1：65万
0 6.5 13.0 19.5 km
图上1cm相当于实地6.5km

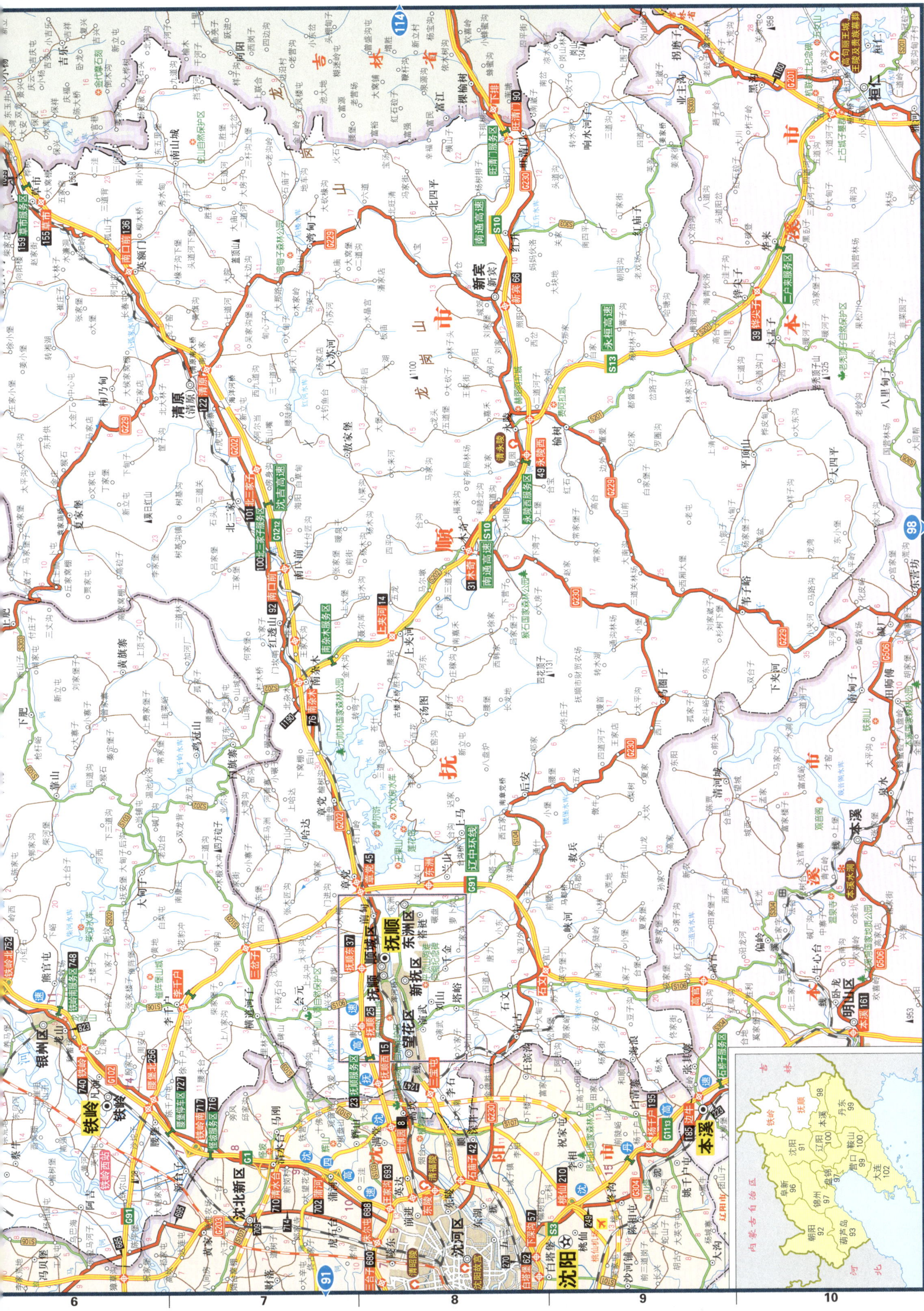

图例解释

收费站 出入口 国家高速编号 G45 服务区 在建 高速公路

G312 国道编号 国道

S217 省道编号 25 居民点 里程数(km) 在建 省道

桥梁 隧口 县道

快速路

隧道 在建 铁路

345 南京三桥 南京三桥出入口位于距该高速公路零千米345千米处

25 宁波服务区 宁波服务区位于距该高速公路零千米25千米处

47 香河收费站 香河收费站位于距该高速公路零千米47千米处

24 国道里程桩：表示该点距此国道零千米总里程为24千米

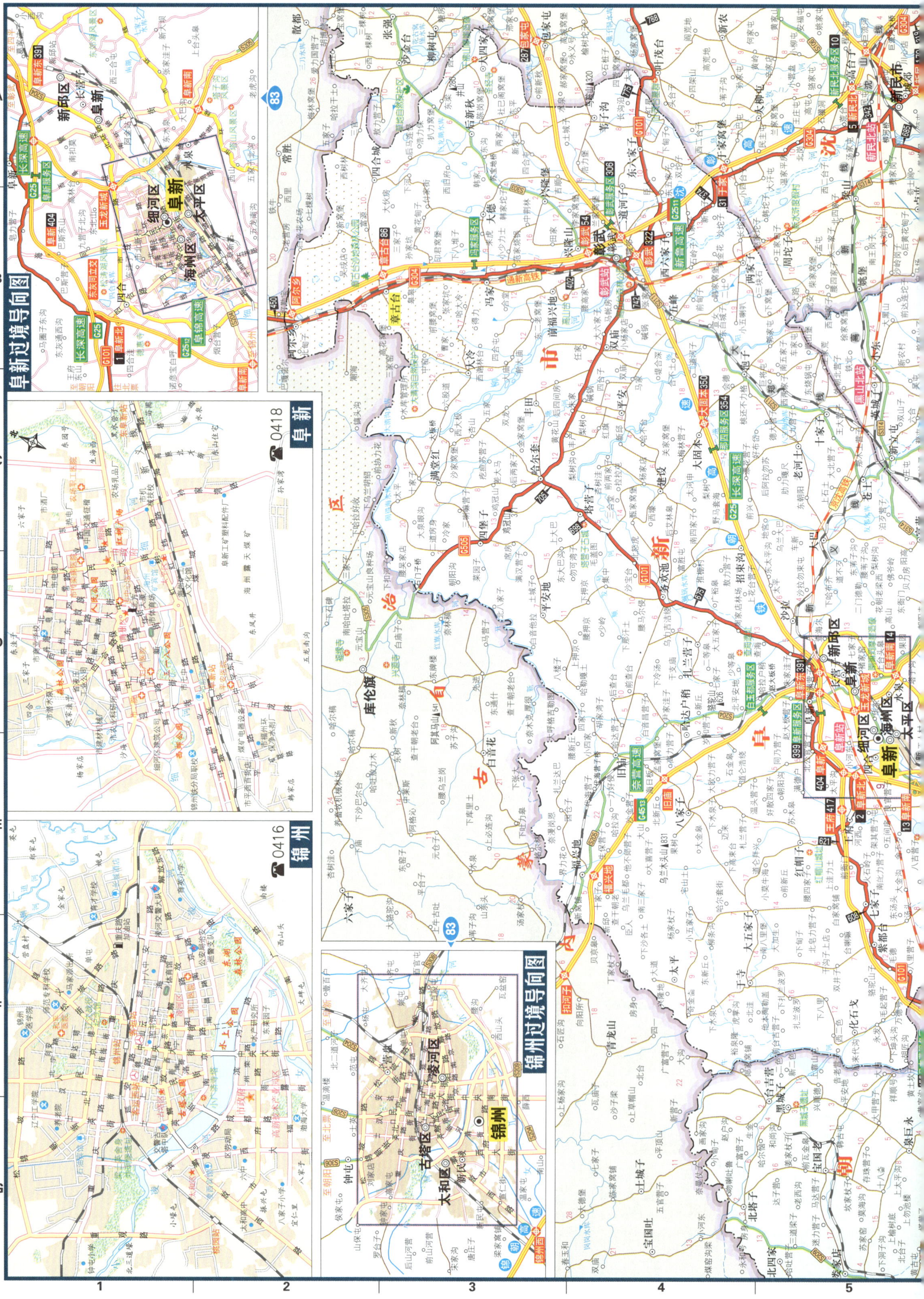

公路十零千米
▶101国道零千米：北京东直门
▶102国道零千米：北京朝阳门
▶304国道零千米：丹东市
▶305国道零千米：辽宁省庄河市

比例尺 1：72万
0 7.2 14.4 21.6 km
图上1cm相当于实地7.2km

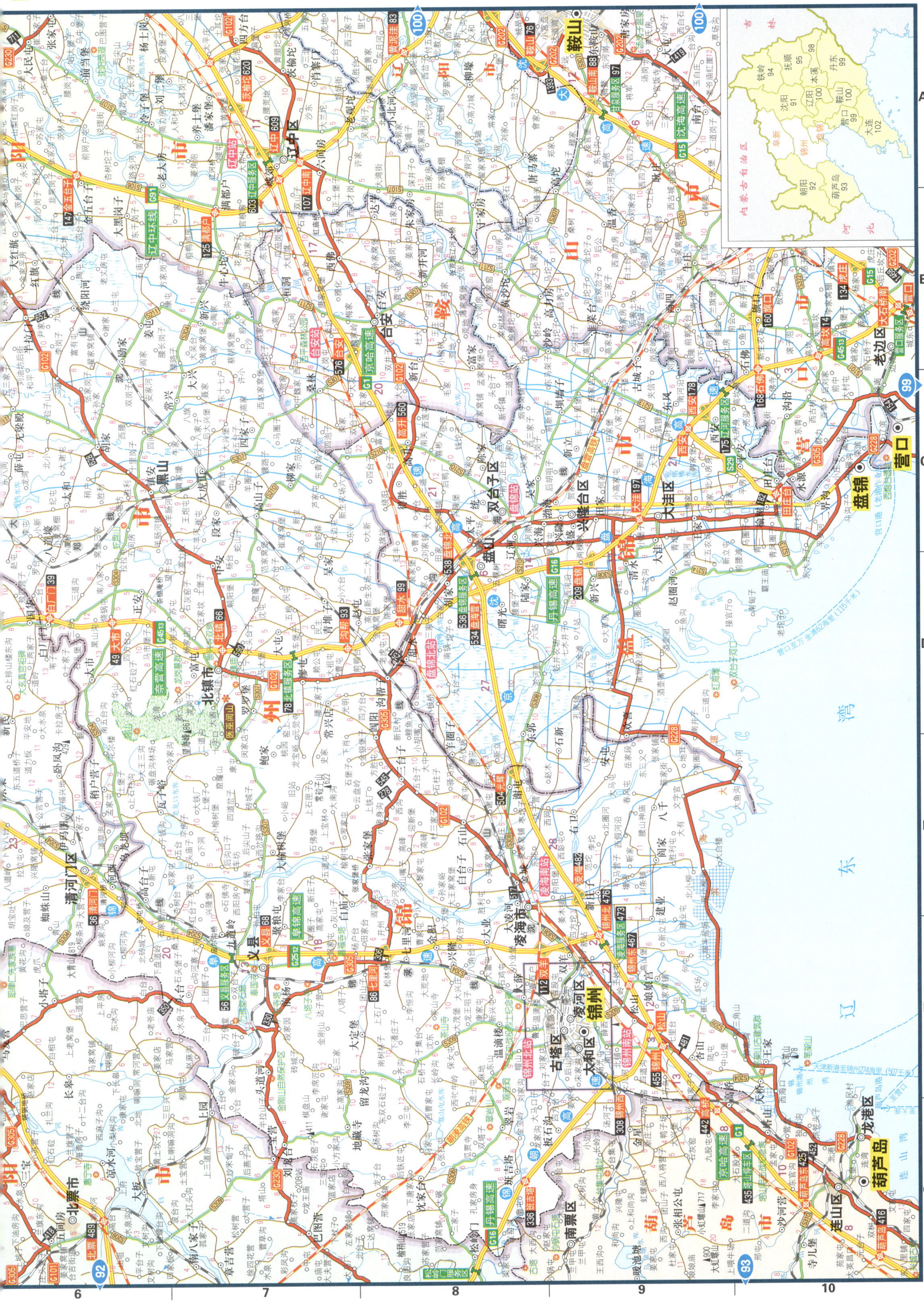

辽宁省

比例尺 1：71万

0 7.1 14.2 21.3 km

图上1cm相当于实地7.1km

图例解释

收费站 出入口 国家高速编号 服务区 在建 高速公路

国道编号 国 道

25 居民点 省道编号 里程数(km) 在建 省 道

桥梁 路口 县 道

快速路

隧道 在建 铁 路

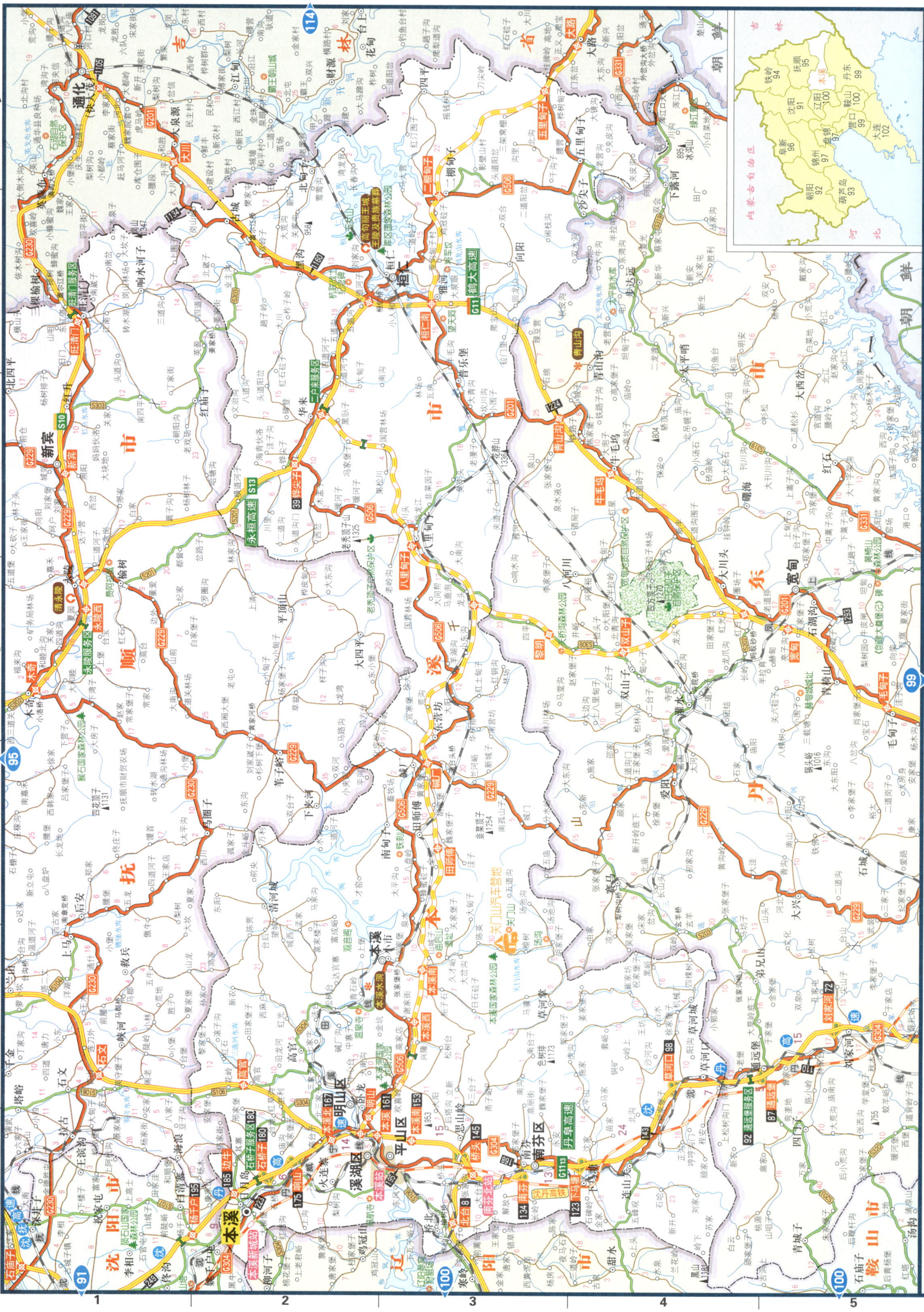

公路千米零点

▶ 201国道零千米：鹤岗市

▶ 202国道零千米：黑河市

▶ 304国道零千米：丹东市

▶ 305国道零千米：辽宁省庄河市

比例尺 1：87万

0 8.7 17.4 26.1 km

图上1cm相当于实地8.7km

比例尺 1：74万

0 7.4 14.8 22.2 km

图上1cm相当于实地7.4km

公路零千米 ▶202国道零千米：黑河市

图例解释

街区	次要街道 县道	高速公路	交警部门 地铁站	医院 邮政局
公园 绿地	城市高架路	建筑中高速公路	出入口 国道编号	宾馆 风景点
过境线 国道	地铁 轻轨	快速路	加油站 汽修厂	古塔 电视台
主要街道 省道	铁路及车站	省、市、区政府	停车场 汽车站	桥梁 运动场

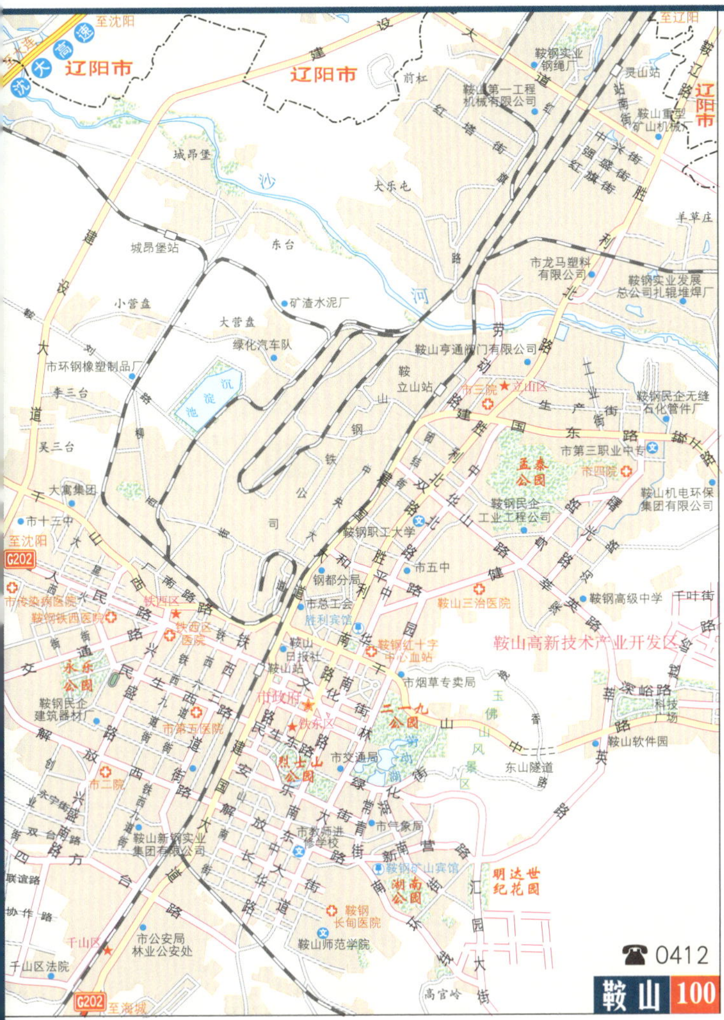

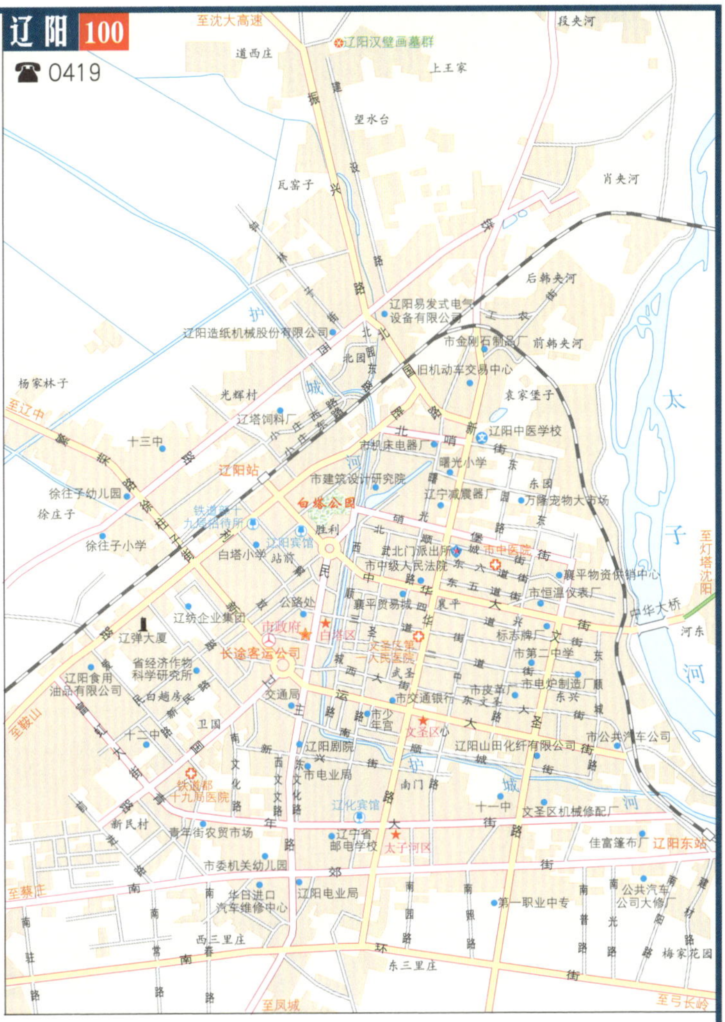

图例解释

收费站 出入口 G45 国家高速编号 服务区 在建 高速公路

G312 国道编号 国道

S217 省道编号 25 居民点 里程数(km) 在建 省道

桥梁 隘口 县道

快速路

隧道 在建 铁路

345 南京三桥 南京三桥出入口位于距该高速公路零千米345千米处

25 宁波服务区 宁波服务区位于距该高速公路零千米25千米处

47 香河收费站 香河收费站位于距该高速公路零千米47千米处

24 国道里程桩：表示该点距此国道零千米总里程为24千米

公路零千米
▶201国道零千米：鹤岗市
▶202国道零千米：黑河市
▶305国道零千米：辽宁庄河市

比例尺 1：65万
0 6.5 13.0 19.5 km
图上1cm相当于实地6.5km

常用电话		
高速公路咨询.........0431–12122	长春市交通局...0431–88975241	白城市交通局...0436–3672968
治超办............0431–85651211	吉林市交通局....0432–2042177	延边州交通局...0433–2813305
公路服务..........0431–85379998	通化市交通局....0435–3213616	四平市交通局...0434–3281200
省交通厅..........0431–85097500	白山市交通局....0439–3225831	辽源市交通局...0437–5086003
省公路管理局......0431–85651211	松原市交通局....0438–2128758	

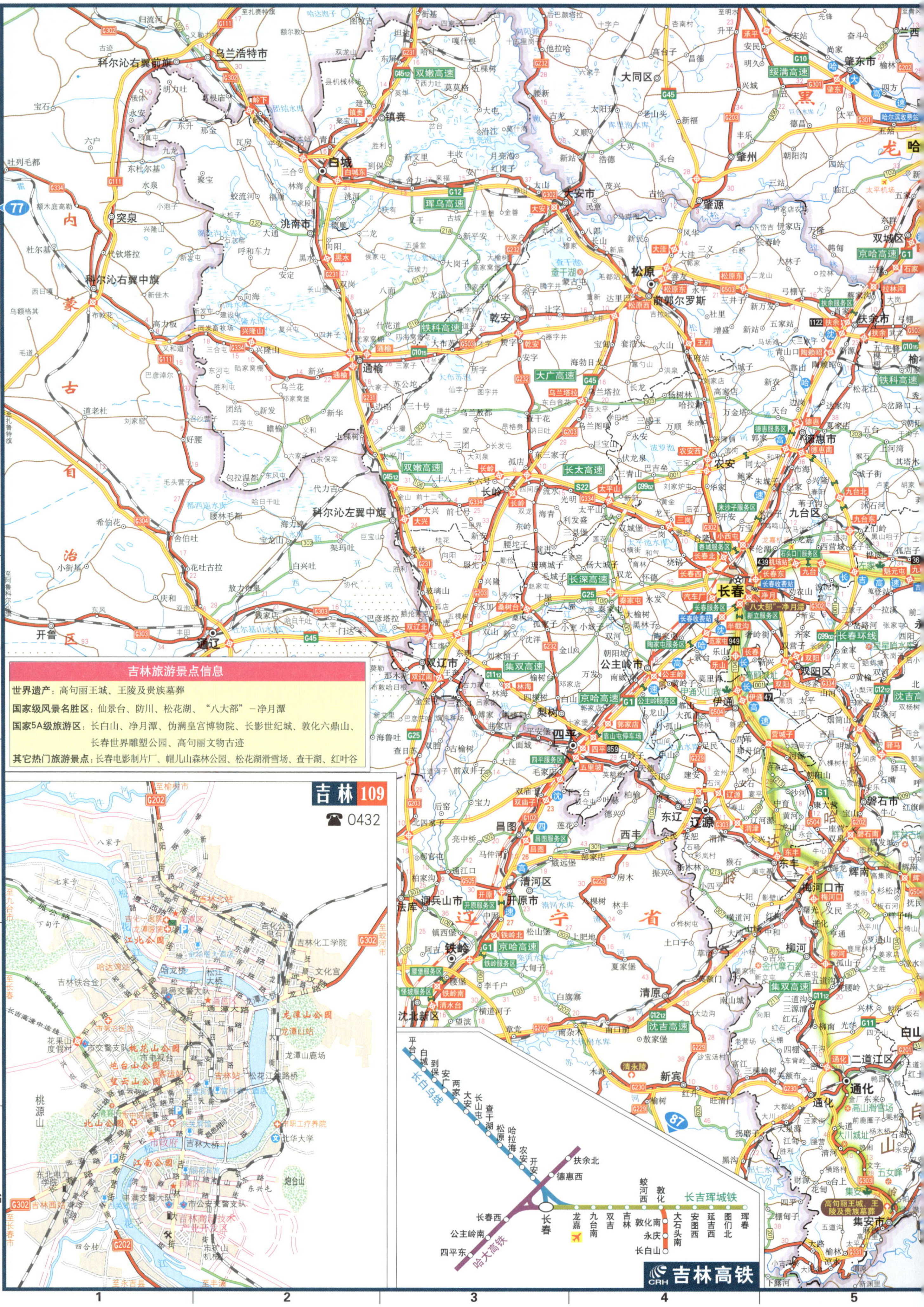

吉林旅游景点信息

世界遗产：高句丽王城、王陵及贵族墓葬

国家级风景名胜区：仙景台、防川、松花湖、“八大部”－净月潭

国家5A级旅游区：长白山、净月潭、伪满皇宫博物院、长影世纪城、敦化六鼎山、长春世界雕塑公园、高句丽文物古迹

其它热门旅游景点：长春电影制片厂、帽儿山森林公园、松花湖滑雪场、查干湖、红叶谷

图例解释

收费站 出入口 G45 国家高速编号 服务区 在建 高速公路

G312 国道编号 国道

217 省道编号 25 里程数(km) 居民点 在建 省道

桥梁 隘口 县道

快速路

隧道 在建 铁路

比例尺 1：225万

0 22.5 45.0 67.5 km

图上1cm相当于实地22.5km

吉林省国道里程表（单位：km）

102国道

	辽宁昌图	四平	公主岭	长春	哈拉哈	万家桥
四平	60					
公主岭	103	43				
长春	172	112	69			
哈拉哈	242	182	139	70		
万家桥	358	298	255	186	116	
黑龙江双城	384	324	281	212	142	26

203国道

	王奔	长岭	乌兰图嘎	松源	黑龙江肇源
内蒙古查日苏苏木	48	156	202	280	341
王奔		108	154	232	293
长岭			46	124	185
乌兰图嘎				78	139
松源					61

202国道

	黑龙江拉林	榆树	白旗	吉林	双河	牛心顶	山城
榆树	50						
白旗	97	47					
吉林	167	117	70				
双河	226	176	129	59			
牛心顶	343	293	246	176	117		
山城	408	358	311	241	182	65	
辽宁草市	428	378	331	261	202	85	20

201国道

	敦化	松江	抚松	松山	白山	通化	辽宁恒仁
黑龙江南湖头	64	183	335	395	472	534	613
敦化		119	271	331	408	470	549
松江			152	212	289	351	430
抚松				60	137	199	278
松山					77	139	218
白山						62	141
通化							79

303国道

	通化	柳河	梅河口	东丰	辽源	东辽	四平	双辽	内蒙古通辽
集安	102	202	232	255	301	308	373	467	564
通化		100	130	153	199	206	271	365	462
柳河			30	53	99	106	171	265	362
梅河口				23	69	76	141	235	332
东丰					46	53	118	212	309
辽源						7	72	166	263
东辽							65	159	256
四平								94	191
双辽									97

302国道

	内蒙古乌兰浩特	白城	大安	松原	农安	长春	吉林	蛟河	敦化	安图	延吉	图们
白城	80											
大安	206	126										
松原	272	192	66									
农安	363	283	157	91								
长春	431	351	225	159	68							
吉林	554	474	348	282	191	123						
蛟河	662	582	456	390	299	231	108					
敦化	768	688	562	496	405	337	214	106				
安图	833	753	627	561	470	402	279	171	65			
延吉	907	827	701	635	544	476	353	245	139	74		
图们	953	873	747	681	590	522	399	291	185	120	46	
珲春	1017	937	811	745	654	586	463	355	249	184	110	64

吉林省公路里程表

- 本表中城际间里程是以高速公路、国道为主要行车路线计算，不作营运计价依据。
- 单位：km

吉林省主要城市至全国各主要城市里程表

省区	城市	长春	白城	松原	吉林	四平	辽源	通化	梅河口	延吉	敦化
直辖市	北京	1014	1185	1162	1107	897	970	993	959	1409	1290
	上海	2079	2250	2227	2172	1962	2035	2058	2024	2474	2355
	天津	1009	1180	1157	1102	892	965	988	954	1404	1285
	重庆	2941	3112	3089	3034	2824	2897	2920	2886	3336	3217
河北省	石家庄	1317	1493	1465	1410	1200	1273	1297	1262	1712	1593
	张家口	1197	1096	1289	1290	1080	1153	1177	1142	1592	1473
	承德	813	1001	961	906	696	769	880	845	1208	1089
	秦皇岛	722	903	875	820	610	683	707	672	1122	1003
	唐山	853	1029	1001	946	736	809	833	798	1248	1129
	保定	1188	1364	1336	1281	1071	1144	1168	1133	1583	1464
	沧州	1092	1268	1240	1185	975	1048	1072	1037	1487	1368
	衡水	1172	1348	1320	1265	1055	1128	1152	1117	1567	1448
	邢台	1408	1584	1556	1501	1291	1364	1388	1353	1803	1384
	邯郸	1459	1635	1607	1552	1342	1415	1439	1404	1854	1735
山西省	太原	1526	1702	1674	1619	1409	1482	1506	1471	1921	1802
	大同	1355	1289	1503	1448	1238	1311	1335	1300	1750	1631
	阳泉	1398	1574	1546	1491	1281	1354	1378	1343	1793	1674
	长治	1615	1791	1763	1708	1498	1571	1595	1560	2010	1891
	晋城	1721	1897	1869	1814	1604	1677	1701	1666	2116	1997
	忻州	1585	1480	1733	1678	1468	1541	1565	1530	1980	1861
	临汾	1754	1930	1902	1847	1637	1710	1734	1699	2149	2030
	运城	1889	2065	2037	1982	1772	1845	1869	1834	2284	2165
	侯马	1811	1987	1959	1904	1694	1767	1791	1756	2206	2087
内蒙古自治区	呼和浩特	1519	1347	1667	1612	1402	1475	1499	1464	1914	1795
	包头	1670	1562	1818	1763	1553	1626	1650	1615	2065	1946
	乌海	2026	1854	2174	2119	1909	1982	2006	1971	2421	2302
	赤峰	690	751	838	780	573	646	751	716	1085	966
	通辽	360	447	386	450	232	319	504	381	755	636
	呼伦贝尔	1069	739	847	1150	1180	1253	1362	1239	1455	1336
	乌兰浩特	459	93	286	560	568	655	840	717	865	746
	锡林浩特	980	847	1006	1070	852	939	1124	1001	1375	1256
	乌兰察布	1363	1187	1511	1456	1246	1319	1343	1308	1758	1639
	东胜区	1752	1580	1900	1845	1635	1708	1732	1697	2147	2028
	巴彦淖尔	1894	1722	2042	1987	1777	1850	1874	1839	2289	2170
辽宁省	沈阳	326	507	474	416	209	242	285	250	721	602
	朝阳	534	674	682	624	417	490	590	555	929	810
	阜新	414	554	562	504	297	370	470	435	809	690
	铁岭	252	444	400	342	135	168	323	230	647	528
	本溪	400	586	548	490	283	316	354	319	795	676
	鞍山	428	604	576	518	311	344	381	346	823	704
	丹东	559	740	707	649	442	475	330	467	954	835
	大连	700	876	848	790	583	616	597	619	1095	976
	营口	499	675	647	589	382	449	453	418	894	775
	盘锦	465	641	613	555	348	381	429	394	860	741
	锦州	537	713	685	627	420	453	501	466	932	813
	葫芦岛	579	755	727	660	462	495	543	508	974	855
黑龙江省	哈尔滨	279	421	227	244	390	457	571	449	541	422
	齐齐哈尔	583	251	363	569	694	761	875	753	866	747
	黑河	845	888	690	828	956	1023	1137	1015	1125	1006
	大庆	426	397	204	410	537	604	718	596	707	588
	伊春	622	764	570	605	733	800	914	792	902	783
	鹤岗	700	842	648	678	811	878	992	870	765	646
	佳木斯	629	771	577	607	740	807	921	799	694	575
	双鸭山	693	835	641	671	804	871	985	863	758	639
	七台河	669	811	617	583	780	847	961	839	524	405
	鸡西	653	863	669	543	758	825	871	749	484	365
	牡丹江	490	706	512	390	595	662	718	596	331	212
	绥化	397	539	345	380	508	575	689	567	677	558
江苏省	南京	1896	2067	2044	1989	1779	1852	1876	1841	2291	2172
	徐州	1576	1747	1724	1669	1459	1532	1556	1521	1971	1852
	连云港	1647	1818	1795	1740	1530	1603	1627	1592	2044	1923
	淮安	1679	1850	1827	1772	1562	1635	1659	1624	2076	1955
	盐城	1787	1958	1935	1880	1670	1743	1767	1732	2184	2063
	扬州	1818	1989	1966	1911	1701	1774	1798	1763	2215	2094
	南通	1954	2125	2102	2047	1838	1910	1934	1899	2351	2230
	镇江	1867	2038	2015	1960	1750	1823	1847	1812	2264	2143
	常州	1939	2110	2087	2032	1822	1895	1919	1884	2336	2215
	无锡	1942	2113	2090	2035	1825	1898	1922	1887	2339	2218
	苏州	1988	2159	2136	2081	1871	1944	1968	1933	2385	2264
浙江省	杭州	2125	2296	2273	2218	2008	2081	2105	2070	2520	2401
	湖州	2045	2216	2193	2138	1928	2001	2025	1990	2460	2321
	嘉兴	2063	2234	2211	2156	1946	2019	2043	2008	2458	2339
	宁波	2191	2362	2339	2284	2074	2147	2171	2136	2586	2467
	绍兴	2176	2347	2324	2269	2059	2140	2164	2121	2571	2452
	衢州	2328	2499	2476	2421	2211	2284	2308	2273	2723	2604
	金华	2290	2461	2438	2383	2173	2246	2270	2235	2685	2566
	台州	2377	2548	2525	2470	2260	2341	2365	2322	2773	2653
	温州	2510	2681	2658	2603	2393	2466	2490	2455	2905	2786
	丽水	2403	2574	2551	2496	2286	2359	2383	2348	2798	2679
安徽省	合肥	1923	2094	2071	2016	1806	1879	1903	1858	2318	2199
	宿州	1676	1847	1824	1769	1559	1632	1665	1621	2071	1952
	阜阳	1764	1935	1912	1857	1647	1720	1744	1709	2159	2040
	蚌埠	1767	1938	1915	1860	1650	1723	1747	1712	2162	2043
	淮南	1805	1976	1953	1898	1688	1761	1785	1750	2200	2081
	滁州	1890	2061	2038	1983	1773	1846	1870	1835	2285	2166
	马鞍山	1924	2095	2072	2017	1807	1880	1904	1859	2319	2200
	芜湖	1990	2161	2138	2083	1873	1946	1970	1935	2385	2366
	铜陵	2049	2220	2197	2142	1932	2005	2029	1994	2444	2325
	安庆	2069	2240	2217	2162	1952	2025	2049	2014	2464	2355
	黄山	2224	2395	2372	2317	2107	2180	2204	2169	2619	2500
	巢湖	1932	2103	2080	2025	1815	1888	1912	1877	2327	2208
福建省	福州	2901	3072	3049	2994	2784	2857	2881	2846	3296	3177
	南平	2744	2915	2892	2837	2627	2700	2724	2689	3139	3020
	三明	2720	2891	2868	2813	2603	2676	2700	2665	3115	2996
	莆田	2990	3161	3138	3083	2873	2946	2970	2935	3385	3266
	泉州	2994	3165	3142	3087	2877	2950	2974	2939	3389	3270
	厦门	3054	3225	3202	3147	2937	3010	3034	2999	3449	3330
	漳州	3077	3248	3225	3170	2960	3033	3057	3022	3472	3353
	龙岩	2978	3149	3126	3071	2861	2934	2958	2923	3373	3254
	宁德	2743	2914	2891	3136	2626	2699	2723	2688	3138	3019
江西省	南昌	2360	2531	2508	2453	2243	2316	2339	2305	2755	2636
	九江	2208	2379	2356	2301	2091	2164	2187	2153	2603	2484
	景德镇	2272	2443	2420	2365	2155	2228	2251	2217	2667	2548
	鹰潭	2402	2573	2550	2495	2285	2358	2381	2347	2797	2678
	上饶	2452	2623	2600	2545	2335	2408	2431	2397	2847	2728
	新余	2481	2652	2629	2574	2364	2437	2460	2426	2876	2757
	萍乡	2591	2762	2739	2684	2474	2547	2570	2536	2986	2867
	赣州	2716	2887	2864	2809	2599	2672	2695	2661	3111	2992
	宜春	2531	2702	2679	2624	2414	2487	2510	2476	2926	2807
山东省	济南	1307	1483	1455	1400	1190	1263	1286	1252	1702	1583
	德州	1193	1369	1341	1286	1076	1149	1172	1138	1588	1469
	淄博	1260	1436	1408	1353	1143	1216	1239	1205	1655	1536
	潍坊	1373	1549	1521	1466	1256	1329	1352	1318	1768	1649
	烟台	1574	1750	1722	1667	1457	1530	1553	1519	1969	1850
	威海	1637	1813	1785	1730	1520	1593	1616	1582	2032	1913
	青岛	1504	1680	1652	1597	1387	1460	1483	1449	1899	1780
	日照	1553	1729	1701	1646	1436	1509	1532	1498	1948	1829
	临沂	1473	1649	1621	1566	1356	1429	1452	1418	1868	1749
	济宁	1459	1635	1607	1552	1342	1415	1438	1404	1854	1735
	泰安	1348	1524	1496	1441	1231	1304	1327	1293	1743	1624
	滨州	1191	1367	1339	1284	1074	1147	1170	1136	1586	1467
	菏泽	1510	1686	1658	1603	1393	1466	1489	1455	1905	1786
河南省	郑州	1707	1883	1855	1800	1590	1663	1686	1652	2102	1983
	三门峡	1931	2107	2079	2024	1814	1887	1910	1876	2326	2207
	洛阳	1817	1993	1965	1910	1700	1773	1796	1762	2212	2093
	焦作	1690	1866	1838	1783	1573	1646	1669	1635	2085	1966
	新乡	1628	1804	1776	1721	1511	1584	1607	1573	2023	1904
	安阳	1523	1699	1671	1616	1406	1479	1502	1468	1918	1799
	开封	1627	1803	1775	1720	1510	1583	1606	1572	2022	1903
	商丘	1595	1771	1743	1688	1478	1551	1574	1540	1990	1871
	漯河	1782	1958	1930	1875	1665	1738	1761	1727	2177	2058
	南阳	1896	2072	2044	1989	1779	1852	1875	1841	2291	2172
	信阳	1945	2121	2093	2038	1828	1901	1924	1890	2340	2221
湖北省	武汉	2136	2312	2284	2229	2019	2092	2115	2081	2531	2412
	十堰	2142	2318	2290	2235	2025	2098	2121	2087	2537	2418
	襄阳	2024	2200	2172	2117	1907	1980	2003	1969	2419	2300
	荆门	2170	2346	2318	2263	2053	2126	2149	2115	2565	2446
	孝感	2088	2264	2236	2181	1971	2044	2067	2033	2483	2364
	鄂州	2172	2348	2320	2265	2055	2128	2151	2117	2567	2448
	黄石	2154	2330	2302	2247	2037	2110	2133	2099	2549	2430
	咸宁	2218	2394	2366	2311	2101	2174	2197	2163	2613	2494
	荆州	2250	2426	2398	2343	2133	2206	2229	2195	2645	2526
	宜昌	2292	2468	2440	2385	2175	2248	2271	2237	2687	2568
湖南省	长沙	2469	2645	2617	2562	2352	2425	2448	2414	2864	2745
	常德	2435	2611	2583	2528	2318	2391	2414	2380	2830	2711
	益阳	2549	2725	2697	2642	2432	2505	2528	2494	2944	2825
	岳阳	2353	2529	2501	2446	2236	2309	2332	2298	2748	2629
	株洲	2508	2684	2656	2601	2391	2464	2487	2453	2903	2784
	湘潭	2502	2678	2650	2595	2385	2458	2481	2447	2897	2778
	衡阳	2638	2814	2786	2731	2521	2594	2617	2583	3033	2914
	郴州	2754	2930	2902	2847	2637	2710	2733	2699	3149	3030
	永州	2774	2950	2922	2867	2657	2730	2753	2719	3169	3050
	邵阳	2683	2859	2831	2776	2566	2639	2662	2628	3078	2959
广东省	广州	3155	3331	3303	3248	3038	3111	3134	3100	3550	3431
	韶关	2912	3088	3060	3005	2795	2868	2891	2857	3307	3188
	梅州	3110	3286	3258	3203	2993	3066	3089	3055	3505	3386
	汕头	3286	3462	3434	3379	3169	3242	3265	3231	3681	3562
	惠州	3040	3216	3188	3133	2923	2996	3019	2985	3435	3316
	东莞	3170	3346	3318	3263	3053	3126	3149	3115	3565	3446
	深圳	3131	3307	3279	3224	3014	3087	3110	3076	3526	3407
	珠海	3248	3424	3396	3341	3131	3204	3227	3193	3643	3524
	中山	3217	3393	3365	3310	3100	3173	3196	3162	3612	3493
	肇庆	3214	3390	3362	3307	3097	3170	3193	3159	3609	3490
	茂名	3469	3645	3617	3562	3352	3425	3448	3414	3864	3745
	湛江	3549	3725	3697	3642	3432	3505	3528	3494	3944	3825
广西壮族自治区	南宁	3345	3521	3493	3438	3228	3301	3324	3290	3740	3621
	桂林	2962	3138	3110	3055	2845	2918	2941	2907	3357	3238
	柳州	3108	3284	3256	3201	2991	3064	3087	3053	3503	3384
	梧州	3328	3504	3476	3421	3211	3284	3307	3273	3723	3604
	玉林	3402	3578	3550	3495	3285	3358	3381	3347	3797	3678
	百色	3563	3739	3711	3656	3446	3519	3542	3508	3958	3839
四川省	成都	2824	3000	2972	2917	2707	2780	2803	2769	3219	3100
	绵阳	2701	2877	2849	2794	2584	2657	2680	2646	3096	2977
	泸州	3069	3245	3217	3162	2952	3025	3048	3014	3464	3345
	攀枝花	3538	3714	3686	3631	3421	3494	3517	3483	3933	3814
	西昌	3347	3523	3495	3440	3230	3303	3326	3292	3742	3623
贵州省	贵阳	3277	3453	3425	3370	3160	3233	3256	3222	3672	3553
	遵义	3115	3291	3263	3208	2998	3071	3094	3060	3510	3391
	安顺	3343	3519	3491	3436	3226	3299	3322	3288	3738	3619
	毕节	3406	3582	3554	3499	3289	3362	3385	3351	3801	3682
	凯里	3118	3294	3266	3211	3001	3074	3097	3063	3513	3394
云南省	昆明	3682	3858	3830	3775	3565	3638	3661	3627	4077	3958
	曲靖	3693	3869	3841	3786	3576	3649	3672	3638	4088	3969
	玉溪	3762	3938	3910	3855	3645	3718	3741	3707	4157	4038
	丽江	3828	4004	3976	3921	3711	3784	3807	3773	4223	4104
	大理	3984	4160	4132	4077	3867	3940	3963	3929	4379	4260
	景洪	4240	4416	4388	4333	4123	4196	4219	4185	4635	4516
西藏自治区	拉萨	4636	4810	4784	4729	4519	4592	4615	4581	5031	4912
	那曲	4298	4472	4446	4391	4181	4254	4277	4243	4693	4574
	昌都	4025	4199	4173	4118	3908	3981	4004	3970	4420	4301
	日喀则	4874	5048	5022	4967	4757	4830	4853	4819	5269	5150
	萨嘎	5323	5497	5471	5416	5206	5279	5302	5268	5718	5599
	噶尔	6109	6283	6257	6202	5992	6065	6088	6054	6504	6385
陕西省	西安	2101	2277	2249	2194	1984	2057	2080	2046	2496	2377
	延安	1934	2110	2082	2027	1817	1890	1913	1879	2329	2210
	铜川	2094	2270	2242	2187	1977	2050	2073	2039	2489	2370
	渭南	2086	2262	2234	2179	1969	2042	2065	2031	2481	2362
	咸阳	2125	2301	2273	2218	2008	2081	2104	2070	2520	2401
	宝鸡	2277	2453	2425	2370	2160	2233	2256	2222	2672	2553
	汉中	2376	2552	2524	2469	2259	2332	2355	2321	2771	2652
	榆林	1882	2058	2030	1975	1765	1838	1861	1827	2277	2158
	安康	2300	2476	2448	2393	2183	2256	2279	2245	2695	2576
甘肃省	兰州	2522	2696	2670	2615	2405	2478	2501	2467	2917	2798
	嘉峪关	3001	3175	3149	3094	2884	2957	2980	2946	3396	3277
	天水	2440	2616	2588	2533	2323	2396	2419	2385	2835	2716
	敦煌	3377	3551	3525	3470	3260	3333	3356	3322	3772	3653
	张掖	2776	2950	2924	2869	2659	2732	2755	2721	3171	3052
	武威	2544	2718	2692	2637	2427	2500	2523	2489	2939	2820
青海省	西宁	2721	2895	2869	2814	2604	2677	2700	2666	3116	2997
	同仁	2816	2990	2964	2909	2699	2772	2795	2761	3211	3092
	德令哈	3227	3401	3375	3320	3110	3183	3206	3172	3622	3503
	格尔木	3476	3650	3624	3569	3359	3432	3455	3421	3871	3752
宁夏回族自治区	银川	2197	2371	2345	2290	2080	2153	2176	2142	2592	2473
	惠农区	2109	2283	2257	2202	1992	2065	2088	2054	2504	2385
	吴忠	2183	2357	2331	2276	2066	2139	2162	2128	2578	2459
	固原	2401	2575	2549	2494	2284	2357	2380	2346	2796	2677
新疆维吾尔自治区	乌鲁木齐	4195	4369	4343	4288	4078	4151	4174	4140	4590	4471
	克拉玛依	4559	4733	4707	4652	4442	4515	4538	4504	4954	4835
	喀什	5391	5565	5539	5484	5274	5347	5370	5336	5786	5667
	阿克苏	4927	5101	5075	5020	4810	4883	4906	4872	5322	5203
	吐鲁番	3994	4168	4142	4087	3877	3950	3973	3939	4389	4270
	哈密	3603	3777	3751	3696	3486	3559	3582	3548	3998	3879
	阿勒泰	4850	5024	4998	4943	4733	4806	4829	4795	5245	5126

吉林省主要城镇间里程表

	长春	德惠	九台	吉林	桦甸	公主岭	四平	梨树	辽源	梅河口	通化	白山	抚松	长白	延吉	和龙	图们	珲春	白城	大安	松原	长岭
长春																						
德惠	84																					
九台	49	43																				
吉林	120	119	75																			
桦甸	181	235	189	107																		
公主岭	68	158	125	186	207																	
四平	123	208	177	238	259	55																
梨树	103	205	174	235	256	49	14															
辽源	130	232	190	253	194	82	82	96														
梅河口	179	281	239	203	129	143	141	157	61													
通化	306	408	366	348	249	270	274	284	188	120												
白山	361	463	421	375	307	320	322	334	238	174	61											
抚松	317	419	377	304	222	313	311	327	231	170	171	117										
长白	429	590	548	475	393	484	482	498	402	341	360	306	171									
延吉	479	490	447	359	343	553	569	596	537	472	459	405	288	459								
和龙	515	534	491	398	314	597	588	604	508	443	412	358	241	412	74							
图们	532	529	486	412	413	605	651	648	607	542	516	462	345	516	53	126						
珲春	583	589	546	466	473	665	711	708	667	602	576	522	405	576	112	186	60					
白城	350	313	356	470	551	358	406	389	492	541	668	723	679	791	829	877	882	943				
大安	224	186	229	344	416	289	378	361	357	406	533	588	544	656	703	756	756	817	126			
松原	157	117	160	277	347	220	311	294	296	345	472	522	461	632	636	681	689	750	193	67		
长岭	123	161	84	249	318	134	182	165	267	316	443	498	454	566	614	658	666	726	224	196	137	
乾安	185	206	225	311	380	263	311	294	329	378	505	560	516	628	676	720	728	788	189	78	65	129

图例解释

街区	次要街道 县道	高速公路	交警部门 地铁站	医院 邮政局
公园 绿地	城市高架路	建筑中高速公路	出入口 国道编号	宾馆 风景点
过境线 国道	地铁 轻轨	快速路	加油站 汽修厂	古塔 电视台
主要街道 省道	铁路及车站	省、市、区政府	停车场 汽车站	桥梁 运动场

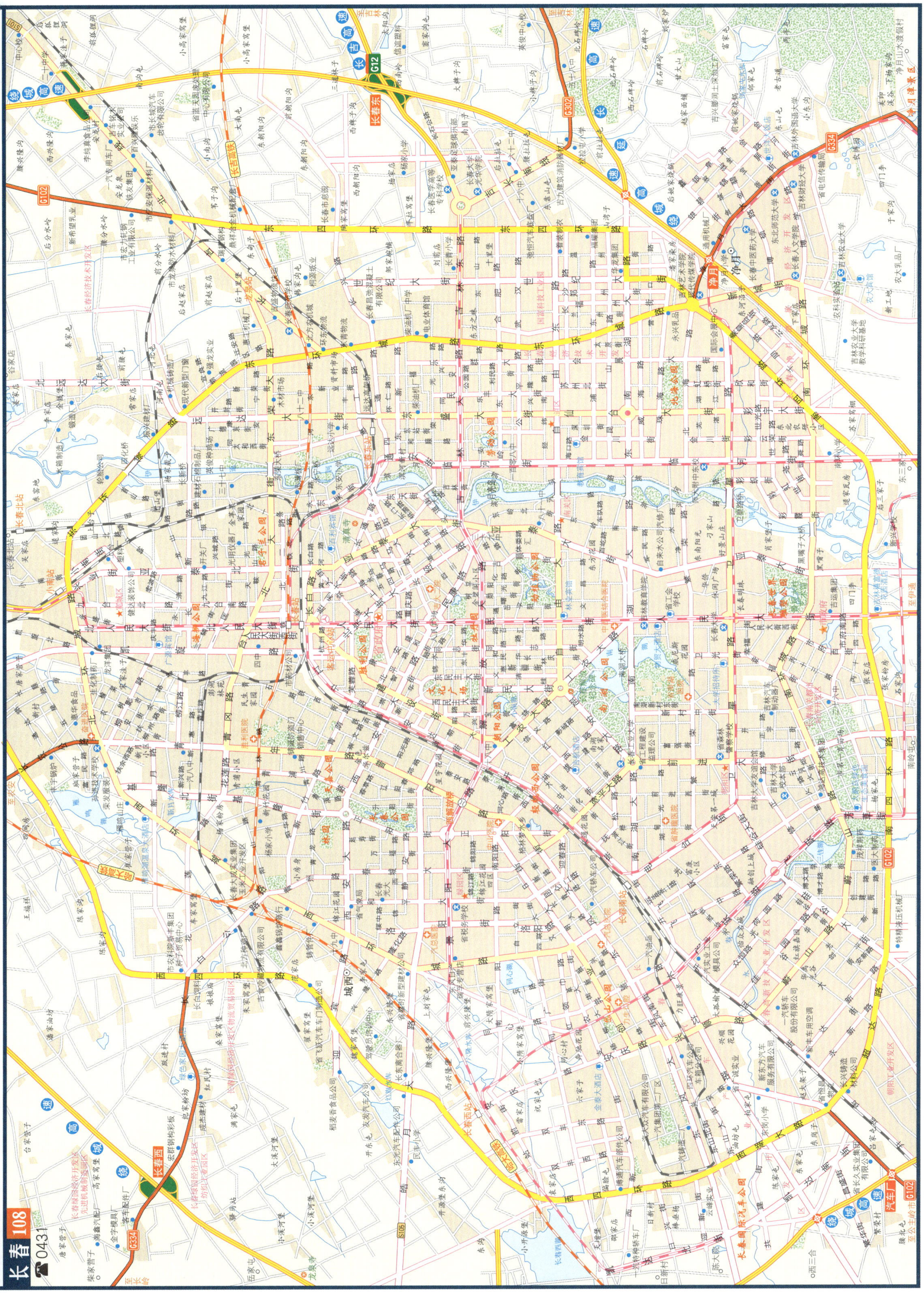

108

长春 ☎0431

比例尺 1：94万

0 9.4 18.8 28.2 km

图上1cm相当于实地9.4km

图例解释

收费站 出入口 国家高速编号 服务区 在建 高速公路

县道 桥梁 隘口

快速路

国道编号 国道

省道编号 里程数(km) 居民点 在建 省道

隧道 在建 铁路

比例尺 1：94万

0 9.4 18.8 28.2 km

图上1cm相当于实地9.4km

图例解释

收费站、出入口、国家高速编号（G45）、服务区、在建	高速公路
国道编号（G312）	国道
省道编号（S217）、里程数(km)、居民点、在建	省道
桥梁、隘口	县道
	快速路
隧道、在建	铁路

345 南京三桥　南京三桥出入口位于距该高速公路零千米345千米处

25 宁波服务区　宁波服务区位于距该高速公路零千米25千米处

47 香河收费站　香河收费站位于距该高速公路零千米47千米处

24　国道里程桩：表示该点距此国道零千米总里程为24千米

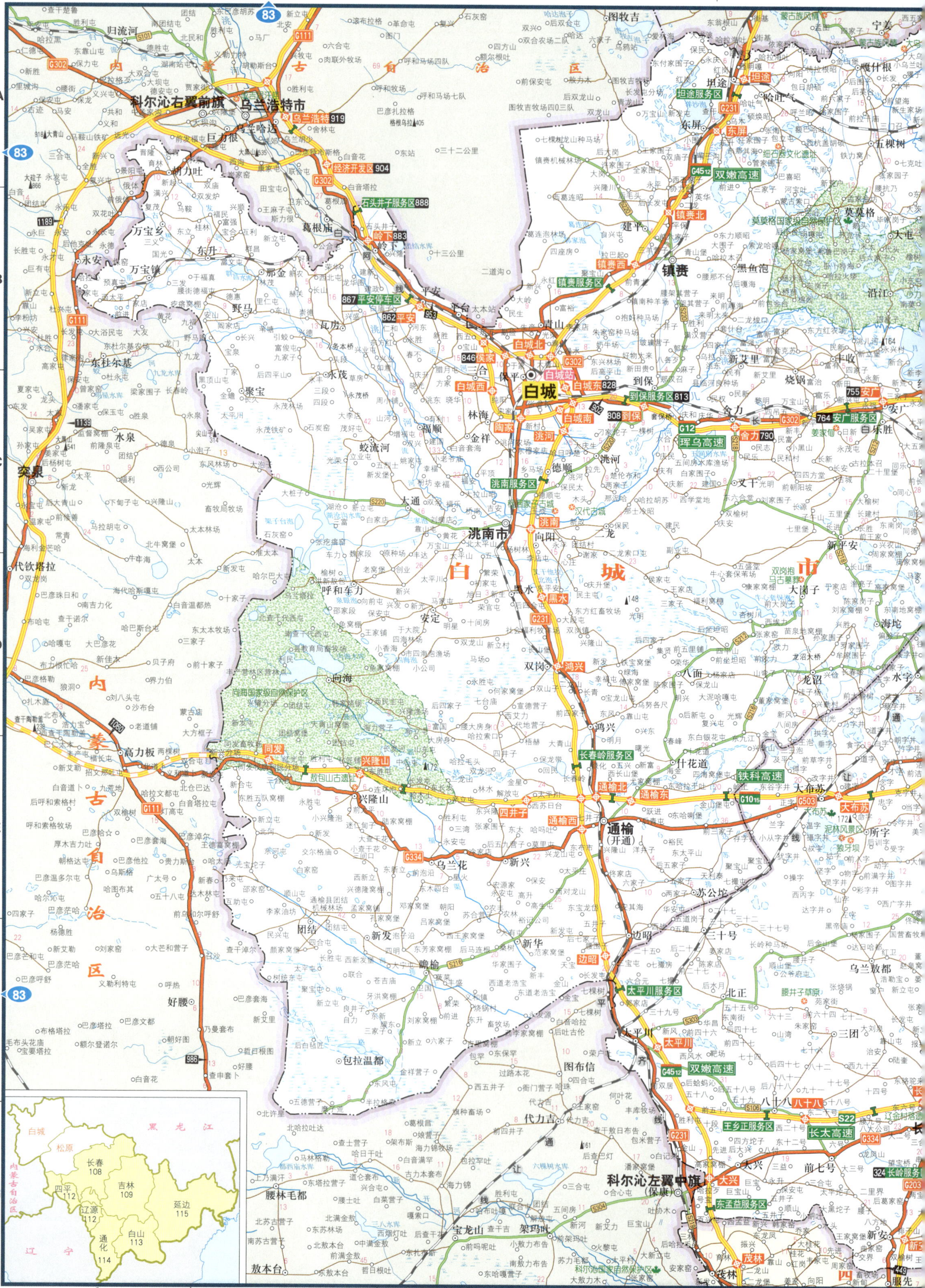

公路零千米
▶102国道零千米：北京朝阳门
▶111国道零千米：北京东直门
▶203国道零千米：黑龙江明水县明水镇
▶302国道零千米：吉林省珲春市

比例尺 1：98万
0 9.8 19.6 29.4km
图上1cm相当于实地9.8km

比例尺 1：85万

0 8.5 17.0 25.5 km

图上1cm相当于实地8.5km

图例解释

收费站 出入口 G45 国家高速编号 服务区 在建 高速公路

G312 国道编号 国道

S217 省道编号 25 居民点 里程数(km) 在建 省道

桥梁 路口 县道

快速路

隧道 在建 铁路

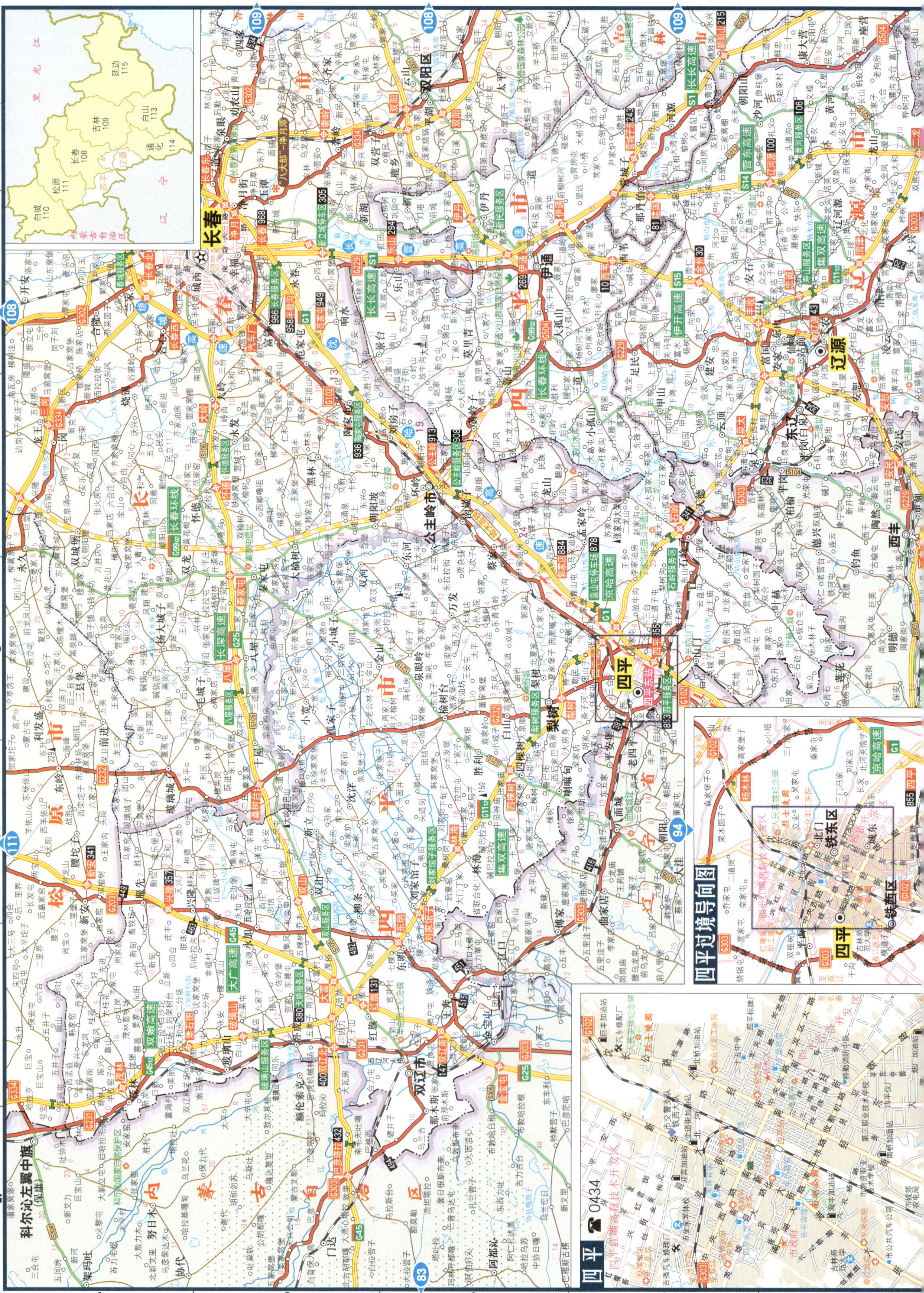

公路零千米

▶102国道零千米：北京朝阳门
▶201国道零千米：鹤岗市
▶203国道零千米：黑龙江明水县明水镇
▶303国道零千米：吉林省集安市

比例尺 1：85万

0 8.5 17.0 25.5 km

图上1cm相当于实地8.5km

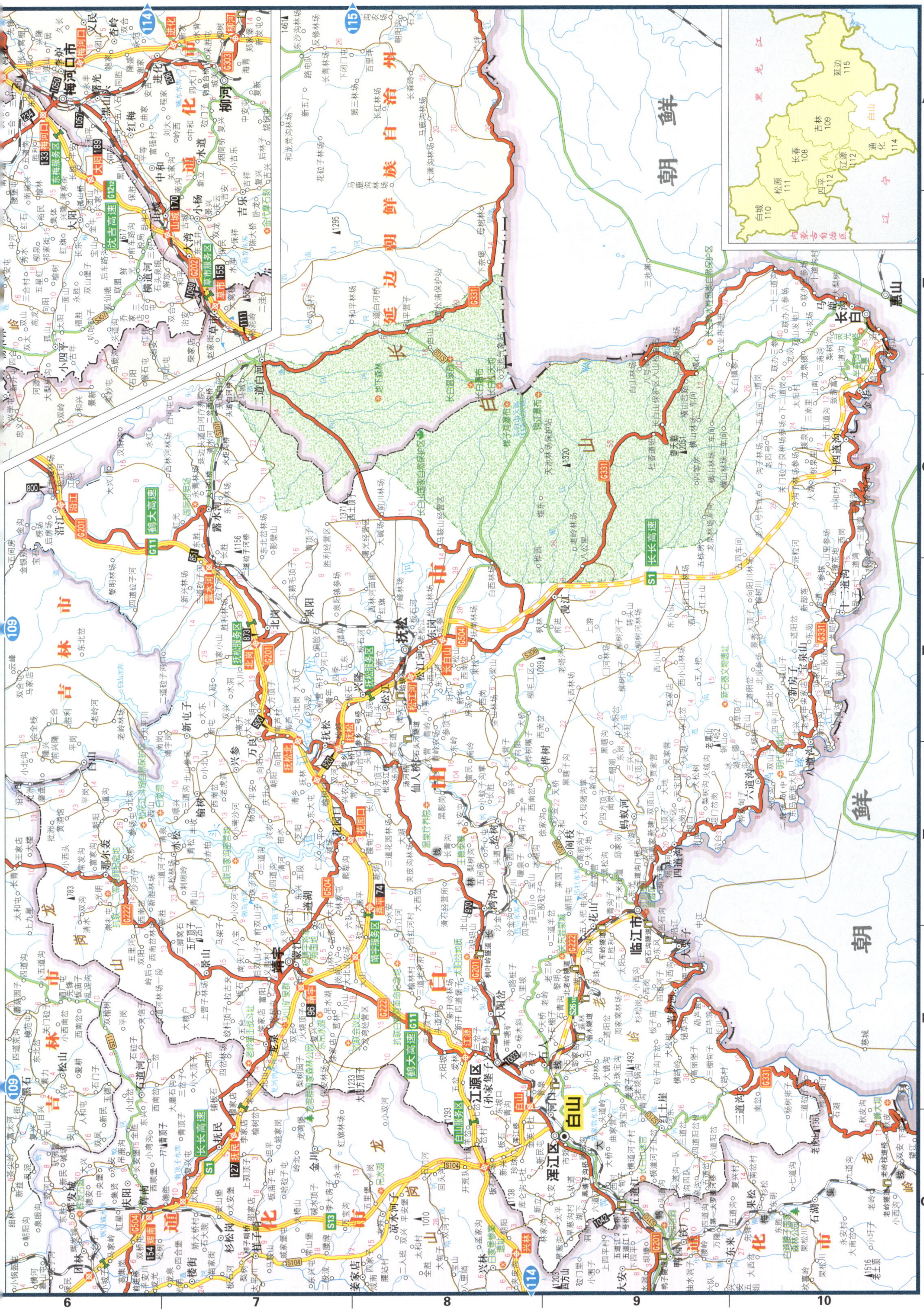

比例尺 1：109万

0 10.9 21.8 32.7 km

图上1cm相当于实地10.9km

图例解释：收费站 出入口 G45 国家高速编号 服务区 在建 高速公路；G312 国道编号 国道；S217 省道编号 25 里程数(km) 居民点 在建 省道；桥梁 隧口 县道；快速路；隧道 在建 铁路

公路零千米

▶201国道零千米：鹤岗市
▶202国道零千米：黑河市
▶302国道零千米：吉林省珲春市
▶303国道零千米：吉林省集安市

比例尺 1：115万

0 11.5 23.0 34.5 km

图上1cm相当于实地11.5km

常用电话

高速公路咨询......0451-86607528	大庆市交通局....0459-4661134	大兴安岭地区交通局....0457-2122934
治超办............0451-82620780	鸡西市交通局....0467-2665701	齐齐哈尔市公路管理处..0452-2715345
省交通厅..........0451-82625297	绥化市交通局....0455-8368072	伊春市交通局..........0458-3603646
哈尔滨市交通局....0451-84505610	牡丹江市交通局..0453-6221819	佳木斯市交通局........0454-8222269
鹤岗市交通局......0468-3355000	黑河市交通局....0456-8225486	双鸭山市交通局........0469-4260721

收费站 出入口 G45 国家高速编号 在建 服务区 高速公路
G312 国道编号 国道
县道
快速路
隧道 在建 铁路

比例尺 1：350万
0 35.0 70.0 105.0 km
图上1cm相当于实地35km

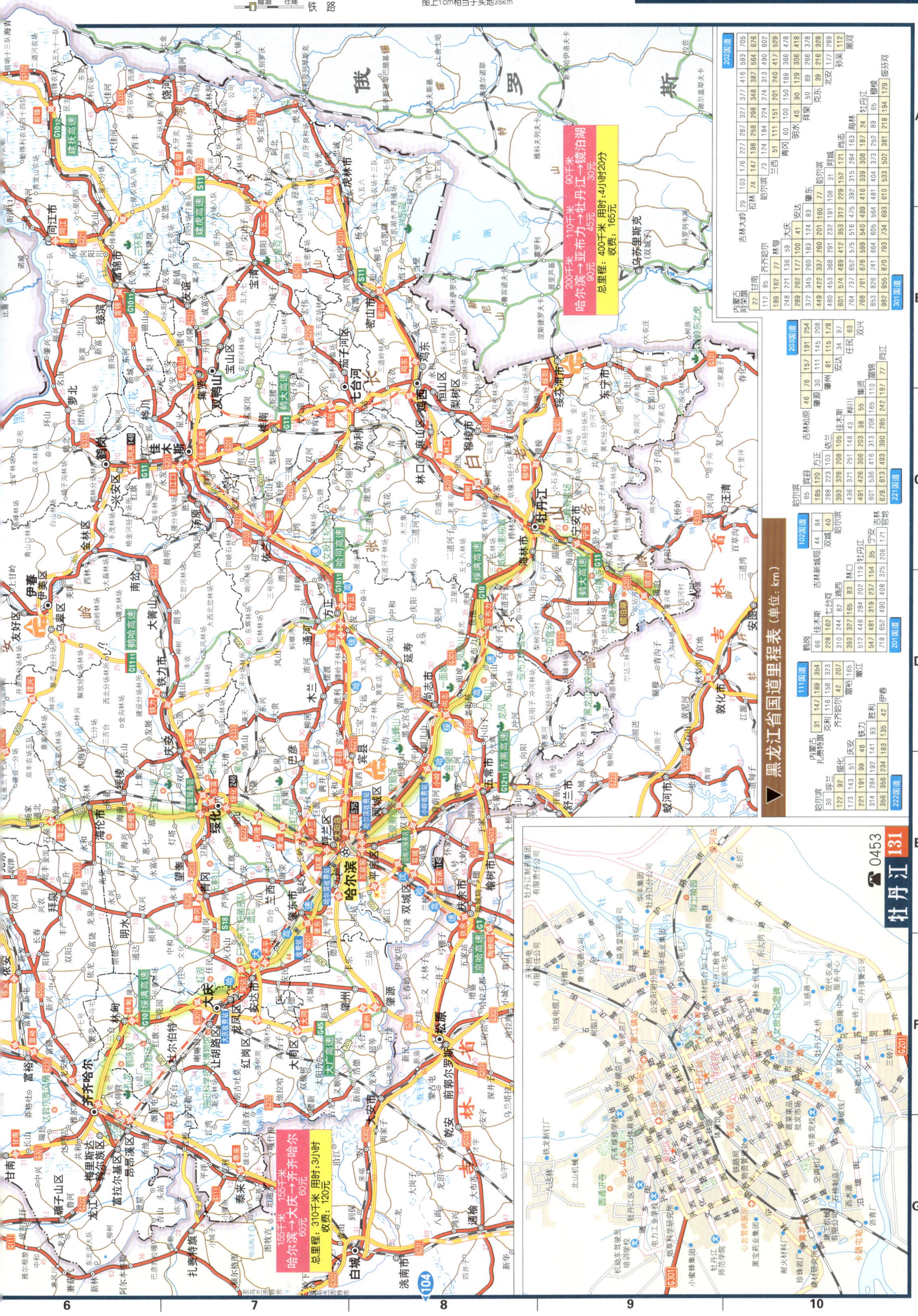

黑龙江省公路里程表

- 本表中城际间里程是以高速公路、国道为主要行车路线计算，不作营运计价依据。
- 单位：km

黑龙江省主要城市至全国各主要城市里程表

省区	城市	哈尔滨	齐齐哈尔	黑河	大庆	伊春	鹤岗	佳木斯	双鸭山	七台河	鸡西	牡丹江	绥化
直辖市	北京	1257	1573	1833	1405	1600	1678	1607	1671	1690	1633	1470	1375
	上海	2322	2638	2898	2470	2665	2743	2672	2736	2755	2698	2535	2440
	天津	1252	1568	1828	1400	1595	1673	1602	1666	1685	1628	1465	1370
	重庆	3184	3500	3760	3332	3527	3605	3534	3598	3617	3560	3397	3302
河北省	石家庄	1560	1876	2136	1708	1903	1981	1910	1974	1993	1936	1773	1678
	张家口	1440	1279	2016	1588	1783	1861	1790	1854	1873	1816	1653	1558
	承德	1056	1184	1632	1204	1399	1477	1406	1470	1489	1432	1269	1174
	秦皇岛	970	1286	1546	1118	1313	1391	1320	1384	1403	1346	1183	1088
	唐山	1096	1412	1672	1244	1439	1517	1446	1510	1529	1472	1309	1214
	保定	1431	1747	2007	1579	1774	1852	1781	1845	1864	1807	1644	1549
	沧州	1335	1621	1911	1483	1678	1756	1685	1749	1768	1711	1548	1453
	衡水	1415	1701	1991	1563	1758	1836	1765	1829	1848	1791	1628	1533
	邢台	1651	1967	2227	1799	1994	2072	2001	2065	2084	2027	1864	1769
	邯郸	1702	2018	2278	1850	2045	2123	2052	2116	2135	2078	1915	1820
山西省	太原	1769	2085	2345	1917	2112	2190	2119	2183	2202	2145	1982	1887
	大同	1598	1472	2174	1746	1941	2019	1948	2012	2031	1974	1811	1716
	阳泉	1641	1957	2217	1789	1984	2062	1991	2055	2074	2017	1854	1759
	长治	1858	2174	2434	2006	2201	2279	2208	2272	2291	2234	2071	1976
	晋城	1964	2280	2540	2112	2307	2385	2314	2378	2397	2340	2177	2086
	忻州	1828	1663	2404	1976	2171	2249	2178	2242	2261	2204	2041	1946
	临汾	1997	2313	2573	2145	2340	2418	2347	2411	2430	2373	2210	2115
	运城	2132	2448	2708	2280	2475	2553	2482	2546	2565	2508	2345	2250
	侯马	2054	2370	2630	2202	2397	2475	2404	2468	2487	2430	2267	2172
内蒙古自治区	呼和浩特	1762	1530	2338	1910	2105	2183	2112	2176	2195	2138	1975	1880
	包头	1913	1681	2489	2061	2256	2334	2263	2327	2346	2289	2126	2031
	乌海	2269	2037	2845	2417	2612	2690	2619	2683	2702	2645	2482	2387
	赤峰	933	934	1509	1081	1276	1354	1283	1347	1366	1301	1138	1051
	通辽	603	626	1061	584	946	1024	953	1017	1036	979	816	721
	呼伦贝尔	817	498	988	657	1127	1271	1100	1264	1240	1168	1015	902
	乌兰浩特	517	296	785	450	860	938	867	931	907	1086	918	635
	锡林浩特	1223	1030	1681	1204	1566	1644	1573	1637	1656	1599	1436	1341
	乌兰察布	1606	1370	2182	1754	1949	2027	1956	2020	2039	1982	1819	1724
	东胜区	1995	1763	2571	2143	2338	2416	2345	2409	2428	2371	2208	2113
	巴彦淖尔	2137	1905	2713	2285	2480	2558	2487	2551	2570	2513	2350	2255
辽宁省	沈阳	569	875	1135	716	912	990	919	983	959	937	774	687
	朝阳	777	1083	1343	924	1120	1198	1127	1191	1167	1145	982	895
	阜新	657	963	1223	804	1000	1078	1007	1071	1047	1025	862	775
	铁岭	495	801	1061	642	838	916	845	909	885	863	700	613
	本溪	643	949	1209	790	986	1064	993	1057	1033	1011	848	761
	鞍山	671	977	1237	818	1014	1092	1021	1085	1061	1039	876	789
	丹东	802	1108	1368	949	1145	1223	1152	1216	1192	1170	1007	920
	大连	943	1249	1509	1090	1286	1364	1293	1357	1333	1311	1148	1061
	营口	742	1048	1308	889	1085	1163	1092	1156	1132	1110	947	860
	盘锦	708	1014	1274	855	1051	1129	1058	1122	1098	1076	913	826
	锦州	780	1086	1346	927	1123	1201	1130	1194	1170	1148	985	898
	葫芦岛	822	1128	1388	969	1165	1243	1172	1236	1212	1190	1027	940
吉林省	长春	279	583	845	426	622	700	629	693	669	653	490	397
	白城	421	251	888	397	764	842	771	835	811	863	706	539
	松原	227	363	690	204	570	648	577	641	617	669	512	345
	吉林	244	569	828	410	605	678	607	671	583	543	390	380
	四平	390	694	956	537	733	811	740	804	780	758	595	508
	辽源	457	761	1023	604	800	878	807	871	847	825	662	575
	通化	571	875	1137	718	914	992	921	985	961	871	718	689
	梅河口	449	753	1015	596	792	870	799	863	839	749	596	567
	延吉	541	866	1125	707	902	765	694	758	524	484	331	677
	敦化	422	747	1006	588	783	646	575	639	405	365	212	558
江苏省	南京	2139	2455	2715	2287	2482	2560	2489	2553	2572	2352	2189	2257
	徐州	1819	2135	2395	1967	2161	2240	2169	2233	2252	2032	1869	1937
	连云港	1890	2206	2466	2038	2233	2311	2240	2304	2323	2103	1940	2008
	淮安	1922	2238	2498	2070	2265	2343	2272	2336	2355	2135	1972	2040
	盐城	2030	2346	2606	2178	2373	2451	2380	2444	2463	2243	1880	2148
	扬州	2061	2377	2637	2209	2404	2482	2411	2475	2494	2274	2111	2179
	南通	2197	2513	2773	2345	2540	2618	2547	2611	2630	2410	2247	2315
	镇江	2110	2426	2686	2258	2453	2531	2460	2524	2543	2323	2160	2228
	常州	2182	2498	2758	2330	2525	2603	2532	2556	2615	2398	2235	2300
	无锡	2185	2501	2761	2333	2528	2606	2535	2559	2618	2401	2238	2303
	苏州	2231	2547	2807	2379	2574	2652	2581	2605	2654	2447	2284	2349
浙江省	杭州	2368	2684	2944	2516	2711	2789	2718	2782	2801	2744	2581	2486
	湖州	2288	2604	2864	2436	2631	2709	2638	2702	2721	2664	2501	2406
	嘉兴	2306	2622	2882	2454	2649	2727	2689	2720	2739	2682	2519	2424
	宁波	2434	2750	3010	2582	2777	2855	2817	2848	2867	2810	2647	2552
	绍兴	2419	2735	2995	2567	2762	2840	2769	2833	2852	2795	2632	2537
	衢州	2571	2887	3147	2719	2914	2992	2921	2985	3004	2947	2784	2689
	金华	2533	2849	3109	2681	2876	2954	2916	2947	2966	2909	2746	2651
	台州	2620	2936	3196	2768	2963	3041	2970	3034	3053	2996	2833	2738
	温州	2753	3069	3329	2901	3096	3174	3103	3167	3186	3129	2966	2871
	丽水	2646	2962	3222	2794	2989	3067	2996	3060	3079	3022	2859	2764
安徽省	合肥	2166	2482	2742	2314	2509	2587	2516	2580	2599	2542	2379	2284
	宿州	1919	2235	2495	2067	2261	2340	2269	2333	2352	2132	1969	2037
	阜阳	2007	2323	2583	2155	2350	2428	2357	2421	2440	2383	2220	2125
	蚌埠	2010	2326	2586	2158	2353	2431	2360	2424	2443	2386	2223	2128
	淮南	2048	2364	2624	2196	2391	2469	2398	2462	2481	2424	2261	2166
	滁州	2133	2449	2709	2281	2076	2554	2483	2547	2566	2346	2183	2251
	马鞍山	2167	2483	2743	2314	2510	2588	2517	2581	2600	2543	2380	2285
	芜湖	2233	2549	2809	2381	2176	2654	2583	2647	2666	2446	2283	2351
	铜陵	2292	2608	2868	2440	2235	2713	2642	2706	2725	2505	2342	2410
	安庆	2312	2628	2888	2460	2255	2723	2662	2726	2745	2525	2362	2430
	黄山	2467	2783	3043	2615	2410	2888	2817	2881	2900	2680	2517	2585
	巢湖	2175	2491	2751	2323	2118	2596	2525	2589	2608	2388	2225	2293
福建省	福州	3144	3460	3720	3292	3487	3565	3494	3558	3577	3520	3357	3262
	南平	2987	3303	3563	3135	3330	3408	3337	3401	3420	3363	3200	3105
	三明	2963	3279	3539	3111	3306	3384	3313	3377	3396	3339	3176	3081
	莆田	3233	3549	3809	3381	3576	3654	3583	3647	3666	3609	3446	3351
	泉州	3237	3553	3813	3384	3580	3658	3587	3651	3670	3613	3450	3355
	厦门	3297	3613	3873	3444	3640	3718	3647	3711	3730	3673	3510	3415
	漳州	3320	3636	3896	3467	3663	3741	3670	3734	3753	3696	3533	3438
	龙岩	3221	3537	3797	3368	3564	3642	3571	3635	3654	3597	3434	3339
	宁德	2986	3302	3562	3134	3329	3407	3336	3400	3419	3362	3199	3104
江西省	南昌	2603	2919	3179	2751	2946	3024	2953	3017	3036	2979	2816	2721
	九江	2451	2767	3027	2599	2794	2872	2801	2865	2884	2827	2664	2569
	景德镇	2515	2831	3091	2663	2858	2936	2865	2929	2948	2891	2728	2633
	鹰潭	2645	2961	3221	2793	2988	3066	2995	3059	3078	3021	2858	2763
	上饶	2695	3011	3271	2843	3038	3116	3045	3109	3128	3071	2908	2813
	新余	2724	3040	3300	2872	3067	3145	3074	3138	3157	3100	2937	2842
	萍乡	2834	3150	3410	2982	3177	3255	3184	3248	3267	3210	3047	2952
	赣州	2959	3275	3535	3107	3302	3380	3309	3373	3392	3335	3172	3077
	宜春	2774	3090	3350	2922	3117	3195	3124	3188	3207	3150	2987	2892
山东省	济南	1550	1866	2126	1698	1893	1971	1900	1964	1983	1926	1763	1668
	德州	1436	1752	2012	1584	1779	1857	1786	1850	1869	1812	1649	1554
	淄博	1503	1819	2079	1651	1846	1924	1853	1917	1936	1879	1716	1621
	潍坊	1616	1932	2192	1764	1959	2037	1966	2030	2049	1992	1829	1734
	烟台	1817	2133	2393	1965	2160	2238	2167	2231	2250	2193	2030	1935
	威海	1880	2196	2456	2028	2223	2301	2230	2294	2313	2256	2093	1998
	青岛	1747	2063	2323	1895	2090	2168	2097	2161	2180	2123	1960	1865
	日照	1796	2112	2372	1944	2139	2217	2146	2210	2229	2172	2009	1914
	临沂	1716	2032	2292	1864	2059	2137	2066	2130	2149	2092	1929	1834
	济宁	1702	2018	2278	1850	2045	2123	2052	2116	2135	2078	1915	1820
	泰安	1591	1907	2167	1739	1934	2012	1941	2005	2024	1967	1804	1709
	滨州	1434	1750	2010	1582	1777	1855	1784	1848	1867	1810	1647	1552
	菏泽	1753	2069	2329	1901	2096	2174	2103	2167	2186	2129	1966	1871
河南省	郑州	1950	2266	2526	2098	2293	2371	2300	2364	2383	2326	2163	2068
	三门峡	2174	2490	2750	2322	2517	2595	2524	2588	2607	2550	2387	2292
	洛阳	2060	2376	2636	2208	2403	2481	2410	2474	2493	2436	2273	2178
	焦作	1933	2249	2509	2081	2276	2354	2283	2347	2366	2309	2146	2051
	新乡	1871	2187	2447	2019	2214	2292	2221	2285	2304	2247	2084	1989
	安阳	1766	2082	2342	1914	2109	2187	2116	2180	2199	2142	1979	1884
	开封	1870	2186	2446	2018	2213	2291	2220	2284	2303	2246	2083	1988
	商丘	1838	2154	2414	1986	2181	2259	2188	2252	2271	2214	2051	1956
	漯河	2025	2341	2601	2173	2368	2446	2375	2439	2458	2401	2238	2143
	南阳	2139	2455	2715	2287	2482	2560	2489	2553	2572	2515	2352	2257
	信阳	2188	2526	2764	2336	2531	2609	2538	2602	2621	2564	2401	2306
湖北省	武汉	2379	2695	2955	2527	2722	2800	2729	2793	2812	2755	2592	2497
	十堰	2385	2701	2961	2533	2728	2806	2735	2799	2818	2761	2598	2092
	襄阳	2267	2583	2843	2415	2610	2688	2617	2681	2700	2643	2480	1974
	荆门	2413	2729	2989	2561	2756	2834	2763	2827	2846	2789	2626	2120
	孝感	2331	2647	2907	2479	2674	2752	2681	2745	2764	2707	2544	2449
	鄂州	2415	2731	2991	2563	2758	2836	2765	2829	2848	2791	2628	2533
	黄石	2397	2713	2973	2545	2740	2818	2747	2811	2830	2773	2610	2515
	咸宁	2461	2777	3037	2609	2804	2882	2811	2875	2894	2837	2674	2579
	荆州	2493	2809	3069	2641	2836	2914	2843	2907	2926	2869	2706	2200
	宜昌	2535	2851	3111	2683	2878	2956	2885	2949	2968	2911	2748	2242
湖南省	长沙	2712	3028	3288	2860	3055	3133	3062	3126	3145	3088	2925	2830
	常德	2678	2994	3254	2826	3021	3099	3028	3092	3111	3054	2891	2796
	益阳	2792	3108	3368	2940	3135	3213	3142	3206	3225	3168	3005	2910
	岳阳	2596	2912	3172	2744	2939	3017	2946	3010	3029	2972	2809	2714
	株洲	2751	3067	3327	2899	3094	3172	3101	3165	3184	3127	2964	2869
	湘潭	2745	3061	3321	2893	3088	3166	3095	3159	3178	3121	2958	2863
	衡阳	2881	3197	3457	3029	3224	3302	3231	3295	3314	3257	3094	2999
	郴州	2997	3313	3573	3145	3340	3418	3347	3411	3430	3373	3210	3115
	永州	3017	3333	3593	3165	3360	3438	3367	3431	3450	3393	3230	3135
	邵阳	2926	3242	3502	3074	3269	3347	3276	3340	3359	3302	3139	3044
广东省	广州	3398	3714	3974	3546	3741	3819	3748	3812	3831	3774	3611	3516
	韶关	3155	3471	3731	3303	3498	3576	3505	3569	3588	3531	3368	3273
	梅州	3353	3669	3929	3501	3696	3774	3703	3767	3786	3729	3566	3471
	汕头	3529	3845	4105	3677	3872	3950	3879	3943	3962	3905	3742	3647
	惠州	3283	3599	3859	3431	3626	3704	3633	3697	3716	3659	3496	3401
	东莞	3413	3729	3989	3561	3756	3834	3763	3827	3846	3789	3626	3531
	深圳	3374	3690	3950	3522	3717	3795	3724	3788	3807	3750	3587	3492
	珠海	3491	3807	4067	3639	3834	3912	3841	3905	3924	3867	3704	3609
	中山	3460	3776	4036	3608	3803	3881	3810	3874	3893	3836	3673	3578
	肇庆	3457	3773	4033	3605	3800	3878	3807	3871	3890	3833	3670	3575
	茂名	3712	4028	4288	3860	4055	4133	4062	4126	4145	4088	3925	3830
	湛江	3792	4108	4368	3940	4135	4213	4142	4206	4225	4168	4005	3910
广西壮族自治区	南宁	3588	3904	4164	3736	3931	4009	3938	4002	4021	3964	3801	3706
	桂林	3205	3521	3781	3353	3548	3626	3555	3619	3638	3581	3418	3323
	柳州	3351	3667	3927	3499	3694	3772	3701	3765	3784	3727	3564	3469
	梧州	3571	3887	4147	3719	3914	3992	3921	3985	4004	3947	3784	3689
	玉林	3645	3961	4221	3793	3988	4066	3995	4059	4078	4021	3858	3763
	百色	3806	4122	4382	3954	4149	4227	4156	4220	4239	4182	4019	3924
四川省	成都	3067	3383	3643	3215	3410	3488	3417	3481	3500	3443	3280	3185
	绵阳	2944	3260	3520	3092	3287	3365	3294	3358	3377	3320	3157	3062
	泸州	3312	3628	3888	3460	3655	3733	3662	3726	3745	3688	3525	3430
	攀枝花	3781	4097	4357	3929	4124	4202	4131	4195	4214	4157	3994	3899
	西昌	3590	3906	4166	3738	3933	4011	3940	4004	4023	3966	3803	3708
贵州省	贵阳	3520	3836	4096	3668	3863	3941	3870	3934	3953	3896	3733	3227
	遵义	3358	3674	3934	3506	3701	3779	3708	3772	3791	3734	3571	3065
	安顺	3586	3902	4162	3734	3929	4007	3936	4000	4019	3962	3799	3293
	毕节	3649	3965	4225	3797	3992	4070	3999	4063	4082	4025	3862	3356
	凯里	3361	3677	3937	3509	3704	3782	3711	3775	3794	3737	3574	3479
云南省	昆明	3925	4241	4501	4073	4268	4346	4275	4339	4358	4301	4138	4043
	曲靖	3936	4252	4512	4084	4279	4357	4286	4350	4369	4312	4149	4054
	玉溪	4005	4321	4581	4153	4348	4426	4355	4419	4438	4381	4218	4123
	丽江	4071	4387	4647	4219	4414	4492	4421	4485	4504	4447	4284	4189
	大理	4227	4543	4803	4375	4570	4648	4577	4641	4660	4603	4440	4345
	景洪	4483	4799	5059	4631	4826	4904	4833	4897	4916	4859	4696	4601
西藏自治区	拉萨	4789	5195	5455	5027	5222	5300	5229	5293	5312	5255	5092	4997
	那曲	4541	4857	5117	4689	4884	4962	4891	4955	4974	4917	4754	4659
	昌都	4268	4584	4844	4416	4611	4689	4618	4682	4701	4644	4481	4386
	日喀则	5117	5433	5693	5265	5460	5538	5467	5531	5550	5493	5330	5235
	萨嘎	5566	5882	6142	5714	5909	5987	5916	5980	5999	5942	5779	5684
	噶尔	6352	6668	6928	6500	6695	6773	6702	6766	6785	6728	6565	6470
陕西省	西安	2344	2660	2920	2492	2687	2765	2694	2758	2777	2720	2557	2462
	延安	2177	2493	2753	2325	2520	2598	2527	2591	2610	2553	2390	2295
	铜川	2337	2653	2913	2485	2680	2758	2687	2751	2770	2713	2550	2455
	渭南	2329	2645	2905	2477	2672	2750	2679	2743	2762	2705	2542	2447
	咸阳	2368	2684	2944	2516	2711	2789	2718	2786	2801	2744	2581	2486
	宝鸡	2520	2836	3096	2668	2863	2941	2870	2934	2953	2896	2733	2638
	汉中	2619	2935	3195	2767	2962	3040	2969	3033	3052	2995	2832	2737
	榆林	2125	2441	2701	2273	2468	2546	2475	2539	2558	2501	2338	2243
	安康	2543	2859	3119	2691	2886	2964	2893	2957	2976	2919	2756	2661
甘肃省	兰州	2765	3081	3341	2913	3108	3186	3115	3179	3198	3141	2978	2883
	嘉峪关	3244	3560	3820	3392	3587	3665	3594	3658	3677	3620	3457	3362
	天水	2683	2999	3259	2831	3026	3104	3033	3097	3116	3059	2896	2801
	敦煌	3620	3936	4196	3768	3963	4041	3970	4034	4053	3996	3833	3738
	张掖	3019	3335	3595	3167	3362	3440	3369	3433	3452	3395	3232	3137
	武威	2787	3103	3363	2935	3130	3208	3137	3201	3220	3163	3000	2905
青海省	西宁	2964	3280	3540	3112	3307	3385	3314	3378	3397	3340	3177	3082
	同仁	3059	3375	3635	3207	3402	3480	3409	3473	3492	3435	3272	3177
	德令哈	3470	3786	4046	3618	3813	3891	3820	3884	3903	3846	3683	3588
	格尔木	3719	4035	4295	3867	4062	4140	4069	4133	4152	4095	3932	3837
宁夏回族自治区	银川	2440	2756	3016	2588	2783	2861	2790	2854	2873	2816	2653	2558
	惠农区	2352	2668	2928	2500	2695	2743	2702	2766	2785	2728	2565	2470
	吴忠	2426	2742	3002	2574	2769	2847	2776	2840	2859	2802	2639	2544
	固原	2644	2960	3220	2792	2987	3065	2994	3058	3077	3020	2857	2762
新疆维吾尔自治区	乌鲁木齐	4438	4754	5014	4586	4781	4859	4788	4852	4871	4814	4651	4556
	克拉玛依	4802	5118	5378	4950	5145	5223	5152	5216	5235	5178	5015	4920
	喀什	5634	5950	6210	5782	5977	6055	5984	6048	6067	6010	5847	5752
	阿克苏	5170	5486	5746	5318	5513	5591	5520	5584	5603	5548	5383	5288
	吐鲁番	4237	4553	4813	4385	4580	4658	4587	4651	4670	4613	4450	4355
	哈密	3846	4162	4422	3994	4189	4267	4196	4260	4279	4222	4059	3964
	阿勒泰	5093	5409	5669	5241	5436	5514	5443	5507	5526	5469	5306	5211

黑龙江省主要城镇间里程表

	哈尔滨	依兰	佳木斯	同江	抚远	双鸭山	尚志	牡丹江	绥芬河	东宁	鸡西	七台河	双城	鹤岗	伊春	北安	黑河	漠河	肇源	大庆	齐齐哈尔	讷河
依兰	279																					
佳木斯	384	105																				
同江	714	435	330																			
抚远	855	564	460	191																		
双鸭山	468	189	84	190	381																	
尚志	153	199	304	572	763	402																
牡丹江	344	332	388	664	795	434	191															
绥芬河	501	489	493	661	771	591	348	157														
东宁	531	519	523	691	801	621	378	187	88													
鸡西	485	167	201	414	597	312	381	190	174	204												
七台河	422	132	190	350	551	256	331	226	262	292	79											
双城	56	334	439	708	899	538	197	388	545	575	578	466										
鹤岗	460	170	65	333	524	163	369	401	465	495	291	255	504									
伊春	331	327	222	490	681	320	524	556	709	687	440	410	388	155								
北安	320	610	715	983	1164	813	473	664	821	851	745	742	364	780	497							
黑河	611	866	761	1029	1196	859	776	967	1124	1154	987	951	667	696	622	308						
漠河	1298	1541	1463	1704	1871	1524	1451	1642	1799	1829	1662	1626	1342	1375	1307	978	675					
肇源	177	467	572	841	1032	671	330	521	678	708	662	599	221	637	521	369	699	1374				
大庆	149	453	558	827	1018	657	340	541	735	694	648	585	207	623	507	284	587	1262	146			
齐齐哈尔	306	574	679	948	1138	778	497	698	892	815	769	706	328	777	524	310	489	1288	300	157		
讷河	352	642	747	1015	1206	845	505	696	853	883	869	774	396	812	538	196	341	1053	402	299	137	
五大连池	363	653	758	1026	1217	856	516	707	864	894	820	785	407	695	540	43	306	981	439	327	253	110

图例解释

街区	次要街道 县道	高速公路	交警部门 地铁站
公园 绿地	城市高架路	建筑中高速公路	出入口 国道编号
过境线 国道	地铁 轻轨	快速路	加油站 汽修厂
主要街道 省道	铁路及车站	省、市、区政府	停车场 汽车站
医院 邮政局	宾馆 风景点	古塔 电视台	桥梁 运动场

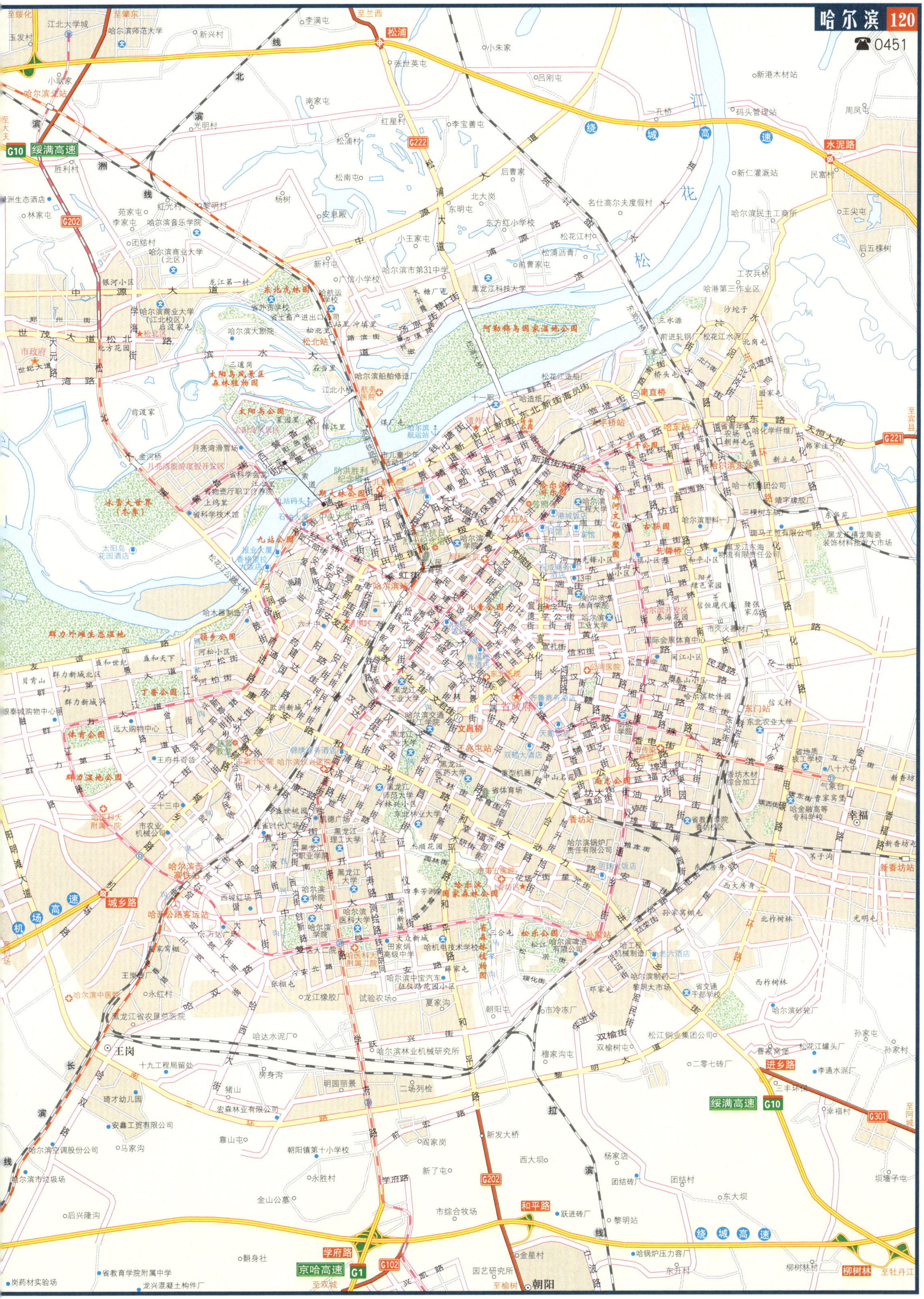

图例解释

收费站、出入口、G45 国家高速编号、服务区、在建	高速公路
G312 国道编号	国道
S217 省道编号、25 里程数(km)、居民点、在建	省道
桥梁、路口	县道
	快速路
隧道、在建	铁路

345 南京三桥　南京三桥出入口位于距该高速公路零千米345千米处

25 宁波服务区　宁波服务区位于距该高速公路零千米25千米处

47 香河收费站　香河收费站位于距该高速公路零千米47千米处

24　国道里程桩：表示该点距此国道零千米总里程为24千米

公路零千米

▶102国道零千米：北京朝阳门 ▶222国道零千米：伊春市

▶202国道零千米：黑河市 ▶301国道零千米：黑龙江绥芬河市中俄国界

▶221国道零千米：黑龙江同江市同三零起点

比例尺 1：111万

0 11.1 22.2 33.3 km

图上1cm相当于实地11.1km

A
B
C
D
E
F
G
1
2
3
4
5
五大连池市
五大连池
嫩江市
讷河市
克山
克东
拜泉
依安
富裕
齐齐哈尔
莫力达瓦达斡尔族自治旗
阿荣旗
甘南
龙江
梅里斯达斡尔族区
碾子山区
扎兰屯市
齐齐哈尔过境导向图
建华区
铁锋区
龙沙区

公路千米零点

▶111国道零千米：北京东直门
▶202国道零千米：黑河市
▶203国道零千米：黑龙江明水县明水镇
▶301国道零千米：黑龙江绥芬河市中俄国界

比例尺 1：117万

0 11.7 23.4 35.1 km

图上1cm相当于实地11.7km

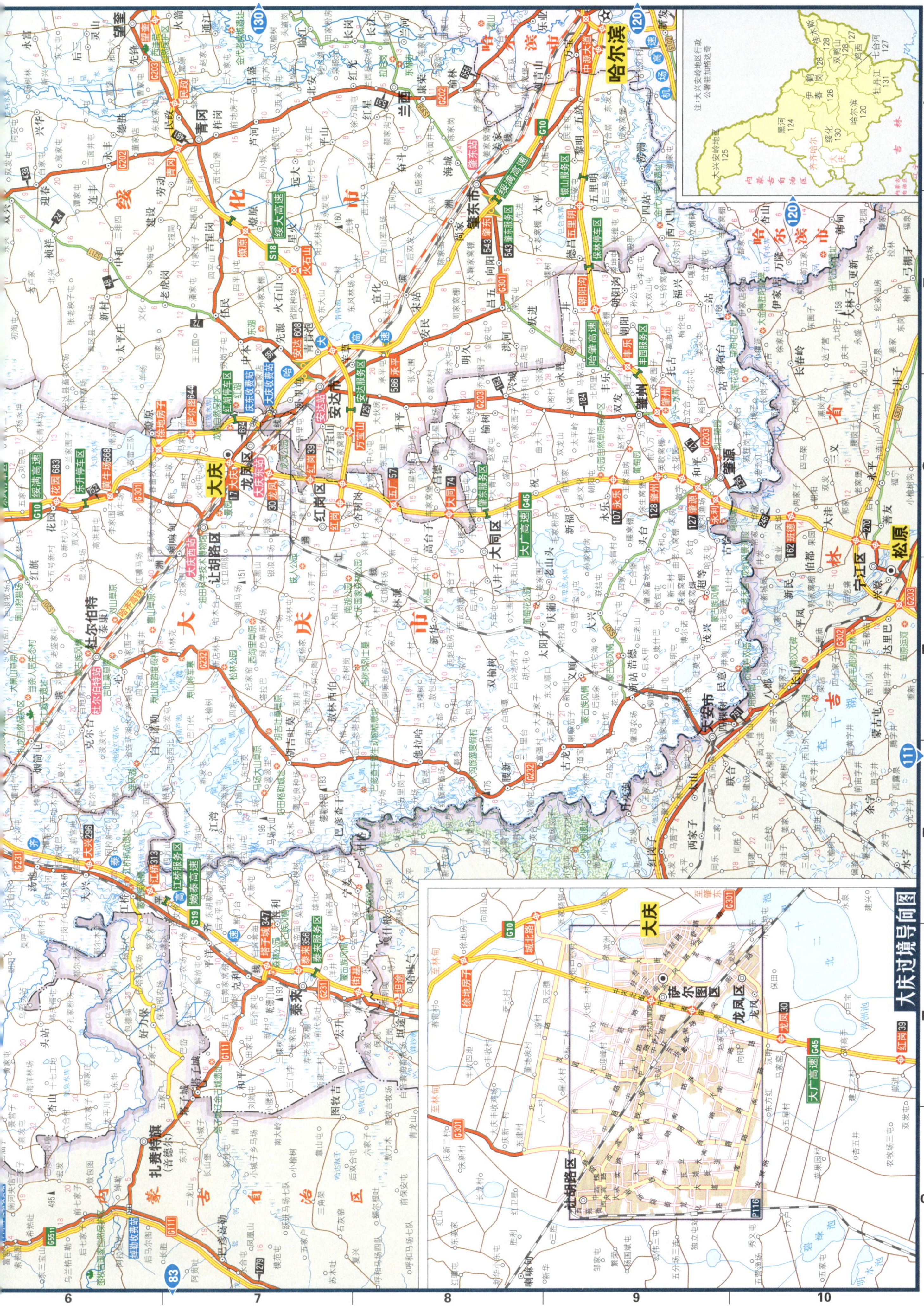

比例尺 1：154万

0 15.4 30.8 46.2 km

图上1cm相当于实地15.4km

图例解释：收费站、出入口、国家高速编号、服务区、在建 高速公路；国道编号 国道；居民点、省道编号、里程数(km)、在建 省道；桥梁、隘口 县道；快速路；隧道、在建 铁路

比例尺 1：184万
0 18.4 36.8 55.2 km
图上1cm相当于实地18.4km

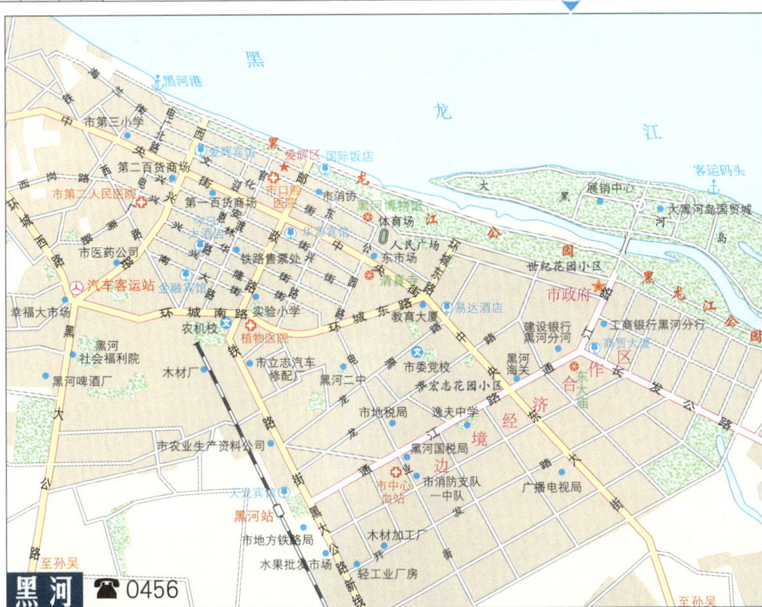

比例尺 1：130万

0 13.0 26.0 39.0 km

图上1cm相当于实地13.0km

图例解释

收费站 在建 高速公路 出入口 国家高速编号 服务区 G45

G312 国道编号 国道

S217 省道编号 里程数(km) 居民点 在建 省道

桥梁 隘口 县道

快速路

隧道 在建 铁路

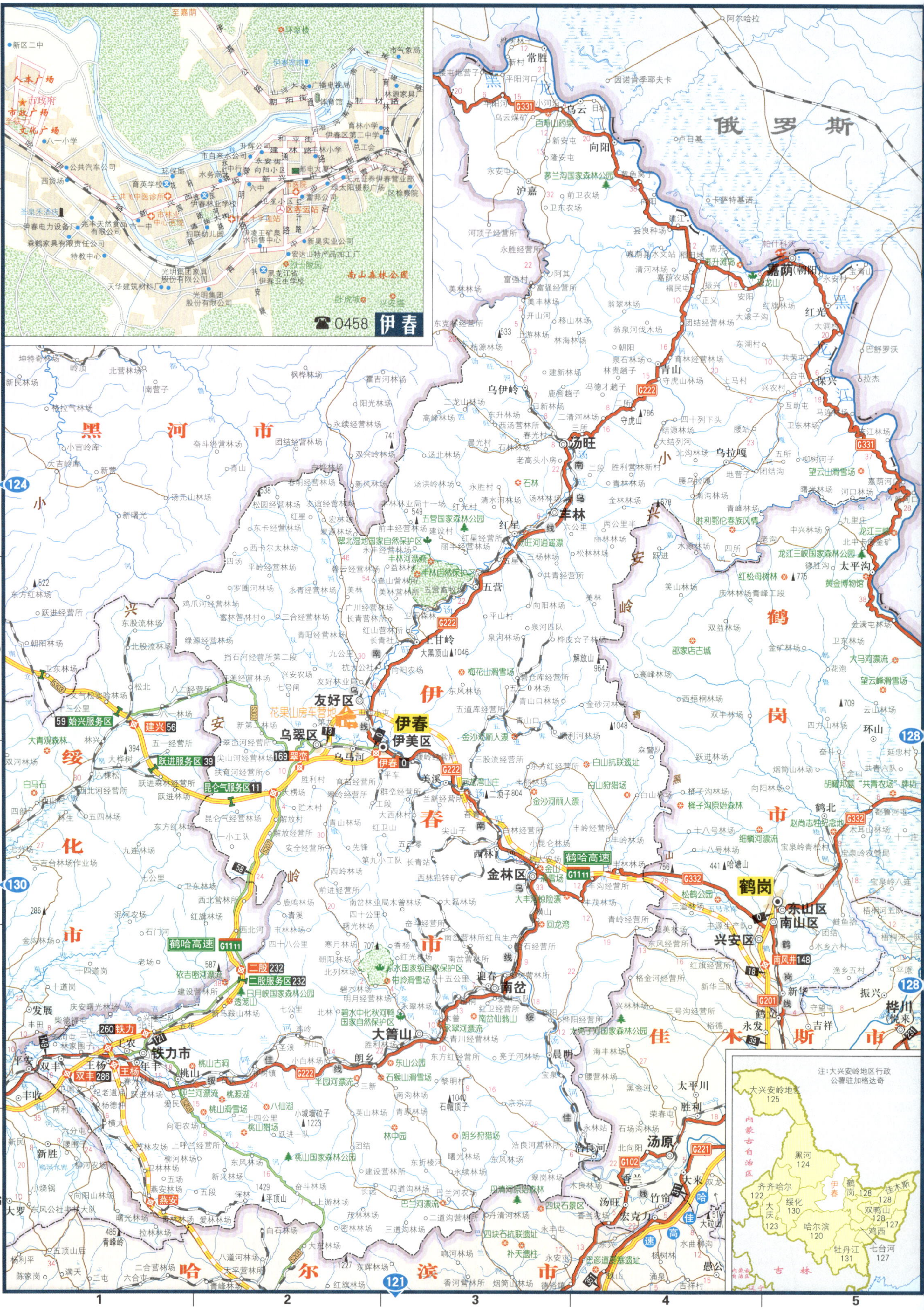

比例尺 1：114万

0 11.4 22.8 34.2 km

图上1cm相当于实地11.4km

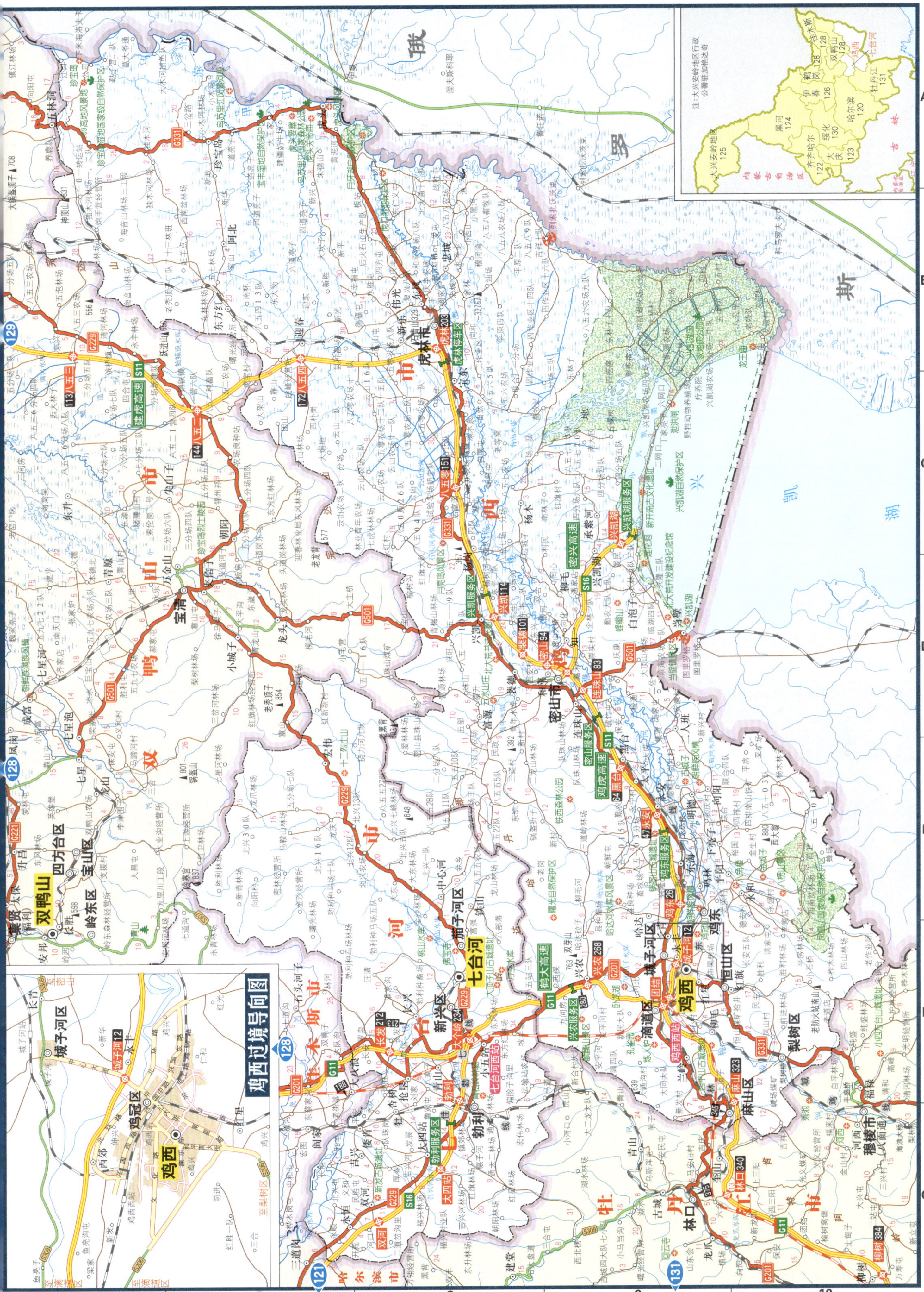

图例解释

收费站 出入口 G45 国家高速编号 服务区 在建 高速公路
G312 国道编号 国 道
S217 省道编号 25 里程数(km) 居民点 在建 省 道
桥梁 隘口 县 道
快速路
隧道 在建 铁 路

345 南京三桥 南京三桥出入口位于距该高速公路零千米345千米处
25 宁波服务区 宁波服务区位于距该高速公路零千米25千米处
47 香河收费站 香河收费站位于距该高速公路零千米47千米处
24 国道里程桩：表示该点距此国道零千米总里程为24千米

比例尺 1：116万

0 11.6 23.2 34.8 km

图上1cm相当于实地11.6km

比例尺 1：121万

0 12.1 24.2 36.3 km

图上1cm相当于实地12.1km

图例解释：收费站、出入口、国家高速编号、服务区、在建 — 高速公路；国道编号 — 国道；省道编号、里程数(km)、居民点、在建 — 省道；桥梁、隧口 — 县道；快速路；隧道、在建 — 县道

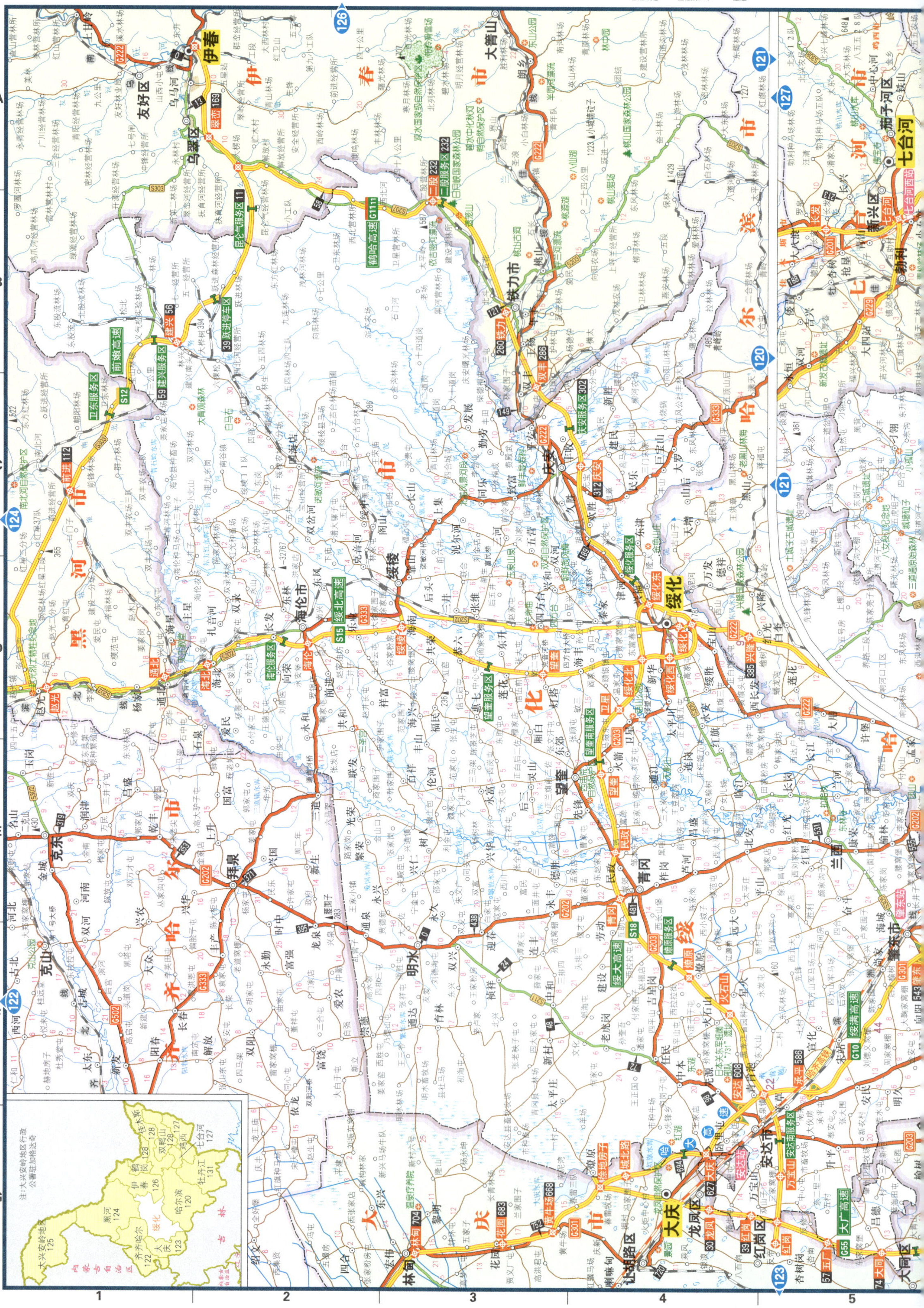

公路零千米
▶ 201国道零千米：鹤岗市
▶ 202国道零千米：黑河市
▶ 203国道零千米：黑龙江明水县明水镇
▶ 222国道零千米：伊春市
▶ 301国道零千米：黑龙江绥芬河市中俄国界

比例尺 1：126万
0 12.6 25.2 37.8 km
图上1cm相当于实地12.6km

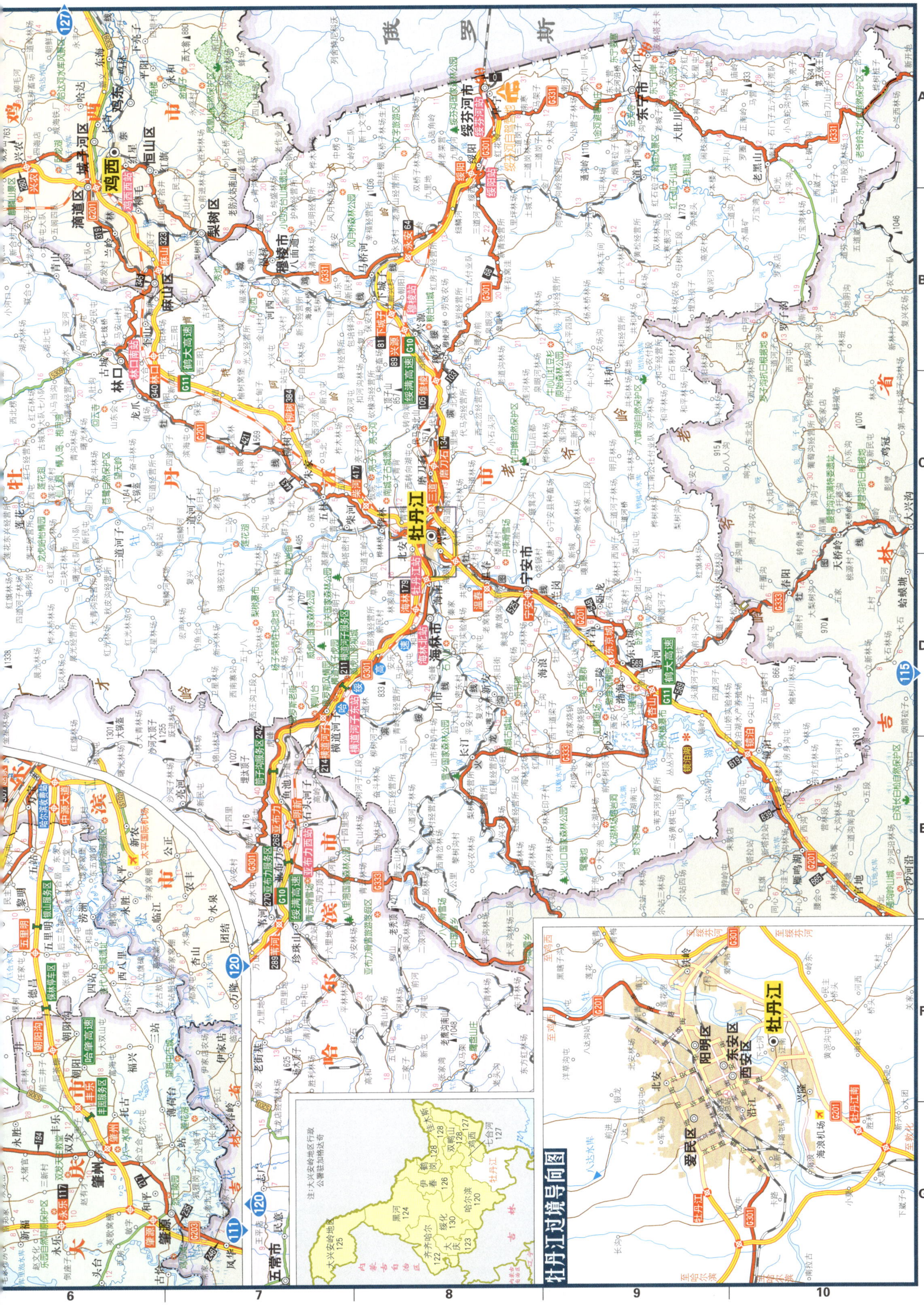

比例尺 1：56万

0 5.6 11.2 16.8 km

图上1cm相当于实地5.6km

常用电话

- 交通事故报警台.....021-122
- 高速公路咨询.......021-59115999
- 市城市交通管理局...021-63216213
- 高速公路管理处.....021-62545501
- 市公安局交警总队...021-56317000

上海旅游景点信息

世界遗产： 中国黄（渤）海候鸟栖息地

国家5A级旅游区： 东方明珠、上海科技馆、上海野生动物园、中国共产党一大、二大、四大纪念馆

中国历史文化名镇： 嘉定镇、枫泾镇、新场镇、朱家角镇、罗店镇、南翔镇、高桥镇、练塘镇、张堰镇、金泽镇、川沙新镇

其它热门旅游景点： 外滩、南京路步行街、城隍庙旅游区、田子坊、陆家嘴、静安寺、豫园、上海迪士尼度假区、上海博物馆、1933老场坊、中华艺术宫、朱家角古镇、枫泾古镇、崇明岛、东平国家森林公园

● 本表中城际间里程是以高速公路、国道为主要行车路线计算，不作营运计价依据。

● 单位：km

上海至全国各主要城市里程表

省份	城市	上海
直辖市	北京	1259
直辖市	天津	1145
直辖市	重庆	1836
河北省	石家庄	1139
河北省	张家口	1508
河北省	承德	1522
河北省	秦皇岛	1379
河北省	唐山	1239
河北省	保定	1232
河北省	沧州	1067
河北省	衡水	1035
河北省	邢台	1140
河北省	邯郸	1108
山西省	太原	1363
山西省	大同	1623
山西省	阳泉	1239
山西省	长治	1247
山西省	晋城	1153
山西省	忻州	1430
山西省	临汾	1367
山西省	运城	1232
山西省	侯马	1310
内蒙古自治区	呼和浩特	1830
内蒙古自治区	包头	1981
内蒙古自治区	乌海	2182
内蒙古自治区	赤峰	1730
内蒙古自治区	通辽	1951
内蒙古自治区	呼伦贝尔	3193
内蒙古自治区	乌兰浩特	2506
内蒙古自治区	锡林浩特	1936
内蒙古自治区	乌兰察布	1634
内蒙古自治区	东胜区	1895
内蒙古自治区	巴彦淖尔	2205
辽宁省	沈阳	1783
辽宁省	朝阳	1652
辽宁省	阜新	1689
辽宁省	铁岭	1846
辽宁省	本溪	1819
辽宁省	鞍山	1765
辽宁省	丹东	1962
辽宁省	大连	1920
辽宁省	营口	1704
辽宁省	盘锦	1644
辽宁省	锦州	1561
辽宁省	葫芦岛	1522
吉林省	长春	2079
吉林省	白城	2250
吉林省	松原	2227
吉林省	吉林	2172
吉林省	四平	1962
吉林省	辽源	2035
吉林省	通化	2058
吉林省	梅河口	2024
吉林省	延吉	2474
吉林省	敦化	2355
黑龙江省	哈尔滨	2322
黑龙江省	齐齐哈尔	2638
黑龙江省	黑河	2898
黑龙江省	大庆	2470
黑龙江省	伊春	2665
黑龙江省	鹤岗	2743
黑龙江省	佳木斯	2672
黑龙江省	双鸭山	2736
黑龙江省	七台河	2755
黑龙江省	鸡西	2698
黑龙江省	牡丹江	2535
黑龙江省	绥化	2440
江苏省	南京	334
江苏省	徐州	613
江苏省	连云港	502
江苏省	淮安	435
江苏省	盐城	339
江苏省	扬州	309
江苏省	南通	163
江苏省	镇江	272
江苏省	常州	207
江苏省	无锡	158
江苏省	苏州	120
浙江省	杭州	218
浙江省	湖州	173
浙江省	嘉兴	121
浙江省	宁波	237
浙江省	绍兴	245
浙江省	衢州	425
浙江省	金华	353
浙江省	台州	425
浙江省	温州	564
浙江省	丽水	457
安徽省	合肥	512
安徽省	宿州	593
安徽省	阜阳	675
安徽省	蚌埠	507
安徽省	淮南	577
安徽省	滁州	388
安徽省	马鞍山	378
安徽省	芜湖	385
安徽省	铜陵	373
安徽省	安庆	581
安徽省	黄山	424
安徽省	巢湖	519
福建省	福州	924
福建省	南平	791
福建省	三明	855
福建省	莆田	984
福建省	泉州	1054
福建省	厦门	1127
福建省	漳州	1170
福建省	龙岩	1269
福建省	宁德	807
江西省	南昌	823
江西省	九江	717
江西省	景德镇	580
江西省	鹰潭	650
江西省	上饶	562
江西省	新余	890
江西省	萍乡	1000
江西省	赣州	1118
江西省	宜春	946
山东省	济南	886
山东省	德州	970
山东省	淄博	850
山东省	潍坊	774
山东省	烟台	918
山东省	威海	981
山东省	青岛	776
山东省	日照	609
山东省	临沂	620
山东省	济宁	816
山东省	泰安	804
山东省	滨州	918
山东省	菏泽	927
河南省	郑州	984
河南省	三门峡	1175
河南省	洛阳	1064
河南省	焦作	1072
河南省	新乡	1030
河南省	安阳	1138
河南省	开封	920
河南省	商丘	790
河南省	漯河	840
河南省	南阳	989
河南省	信阳	810
湖北省	武汉	931
湖北省	十堰	1218
湖北省	襄阳	1100
湖北省	荆门	1213
湖北省	孝感	1009
湖北省	鄂州	868
湖北省	黄石	850
湖北省	咸宁	985
湖北省	荆州	1141
湖北省	宜昌	1239
湖南省	长沙	1148
湖南省	常德	1289
湖南省	益阳	1217
湖南省	岳阳	1105
湖南省	株洲	1112
湖南省	湘潭	1106
湖南省	衡阳	1241
湖南省	郴州	1358
湖南省	永州	1364
湖南省	邵阳	1287
广东省	广州	1590
广东省	韶关	1516
广东省	梅州	1519
广东省	汕头	1375
广东省	惠州	1449
广东省	东莞	1514
广东省	深圳	1540
广东省	珠海	1686
广东省	中山	1655
广东省	肇庆	1662
广东省	茂名	1949
广东省	湛江	2033
广西壮族自治区	南宁	1949
广西壮族自治区	桂林	1550
广西壮族自治区	柳州	1712
广西壮族自治区	梧州	1943
广西壮族自治区	玉林	2022
广西壮族自治区	百色	2162
四川省	成都	2107
四川省	绵阳	2005
四川省	泸州	2016
四川省	攀枝花	2782
四川省	西昌	2591
贵州省	贵阳	1905
贵州省	遵义	2034
贵州省	安顺	1982
贵州省	毕节	2100
贵州省	凯里	1725
云南省	昆明	2429
云南省	曲靖	2286
云南省	玉溪	2509
云南省	丽江	2926
云南省	大理	2739
云南省	景洪	2966
西藏自治区	拉萨	4188
西藏自治区	那曲	4127
西藏自治区	昌都	3372
西藏自治区	拉孜	4437
西藏自治区	萨嘎	4887
西藏自治区	噶尔	5640
陕西省	西安	1399
陕西省	延安	1683
陕西省	铜川	1466
陕西省	渭南	1410
陕西省	咸阳	1435
陕西省	宝鸡	1587
陕西省	汉中	1664
陕西省	榆林	1709
陕西省	安康	1588
甘肃省	兰州	2036
甘肃省	嘉峪关	2731
甘肃省	天水	1767
甘肃省	敦煌	3102
甘肃省	张掖	2510
甘肃省	武威	2274
青海省	西宁	2260
青海省	同仁	2350
青海省	德令哈	2755
青海省	格尔木	3004
宁夏回族自治区	银川	2019
宁夏回族自治区	惠农区	2109
宁夏回族自治区	吴忠	2012
宁夏回族自治区	固原	1788
新疆维吾尔自治区	乌鲁木齐	3925
新疆维吾尔自治区	克拉玛依	4289
新疆维吾尔自治区	喀什	5121
新疆维吾尔自治区	阿克苏	4657
新疆维吾尔自治区	吐鲁番	3724
新疆维吾尔自治区	哈密	3333
新疆维吾尔自治区	阿勒泰	4575

上海市国道里程表

318国道

	上海	程家桥	青浦	朱家角	金姚	金泽
程家桥	11					
青浦	38	27				
朱家角	46	35	8			
金姚	61	50	23	15		
金泽	65	54	27	19	4	
江苏平望	101	90	63	55	40	36

204国道

	嘉定	南翔	上海
江苏太仓	20	33	53
嘉定		13	33
南翔			20

312国道

	上海	封浜	黄渡	江苏曹安路
昆山	54	41	33	25
江苏曹安路	29	16	8	
黄渡	21	8		
封浜	13			

320国道

	洙泾	亭林	车墩	北桥	闵行	上海
闵行						18
北桥					8	26
车墩				11	19	37
亭林			17	28	36	54
洙泾		15	32	43	51	69
枫泾	17	32	49	60	68	86

上海市主要城镇间里程表

	上海	嘉定区	青浦区	松江区	金山区	奉贤区	闵行区	惠南	安亭	松隐	亭林	金卫	枫泾	柘林	航头	奉城	周浦	罗店	外冈	朱家角
嘉定区	32																			
青浦区	40	35																		
松江区	43	53	19																	
金山区	72	103	42	59																
奉贤区	52	82	48	38	26															
闵行区	17	58	27	18	34	24														
惠南	53	85	73	72	60	34	54													
安亭	34	19	16	38	65	81	39	84												
松隐	51	68	31	16	5	21	36	55	50											
亭林	56	64	47	20	13	13	28	47	58	8										
金卫	75	103	70	43	29	31	50	65	86	26	22									
枫泾	84	99	35	41	18	44	67	84	23	83	30	47								
柘林	51	110	58	40	36	10	30	44	94	30	22	20	54							
航头	32	64	54	34	44	18	25	16	88	36	37	49	62	29						
奉城	63	79	77	57	46	20	40	25	101	38	39	51	62	31	20					
周浦	21	45	49	40	54	28	20	27	57	47	47	59	72	39	10	29				
罗店	29	9	44	56	71	56	36	77	30	75	75	94	98	71	61	92	50			
外冈	36	10	69	64	44	88	27	69	9	69	77	90	92	74	72	102	57	18		
朱家角	47	43	8	28	45	56	36	94	24	51	59	78	27	85	61	76	67	55	33	
高桥	5	34	56	55	58	36	44	45	78	71	88	27	68	40	59	30	20	42	64	63

图例解释

街　区	次要街道 县道	高速公路	交警部门 地铁站	医院 邮政局
公园 绿地	城市高架路	建筑中高速公路	出入口 国道编号 (G312)	宾馆 风景点
过境线 国道	地铁 轻轨	快速路	加油站 汽修厂	古塔 电视台
主要街道 省道	铁路及车站	省、市、区政府	停车场 汽车站	桥梁 运动场

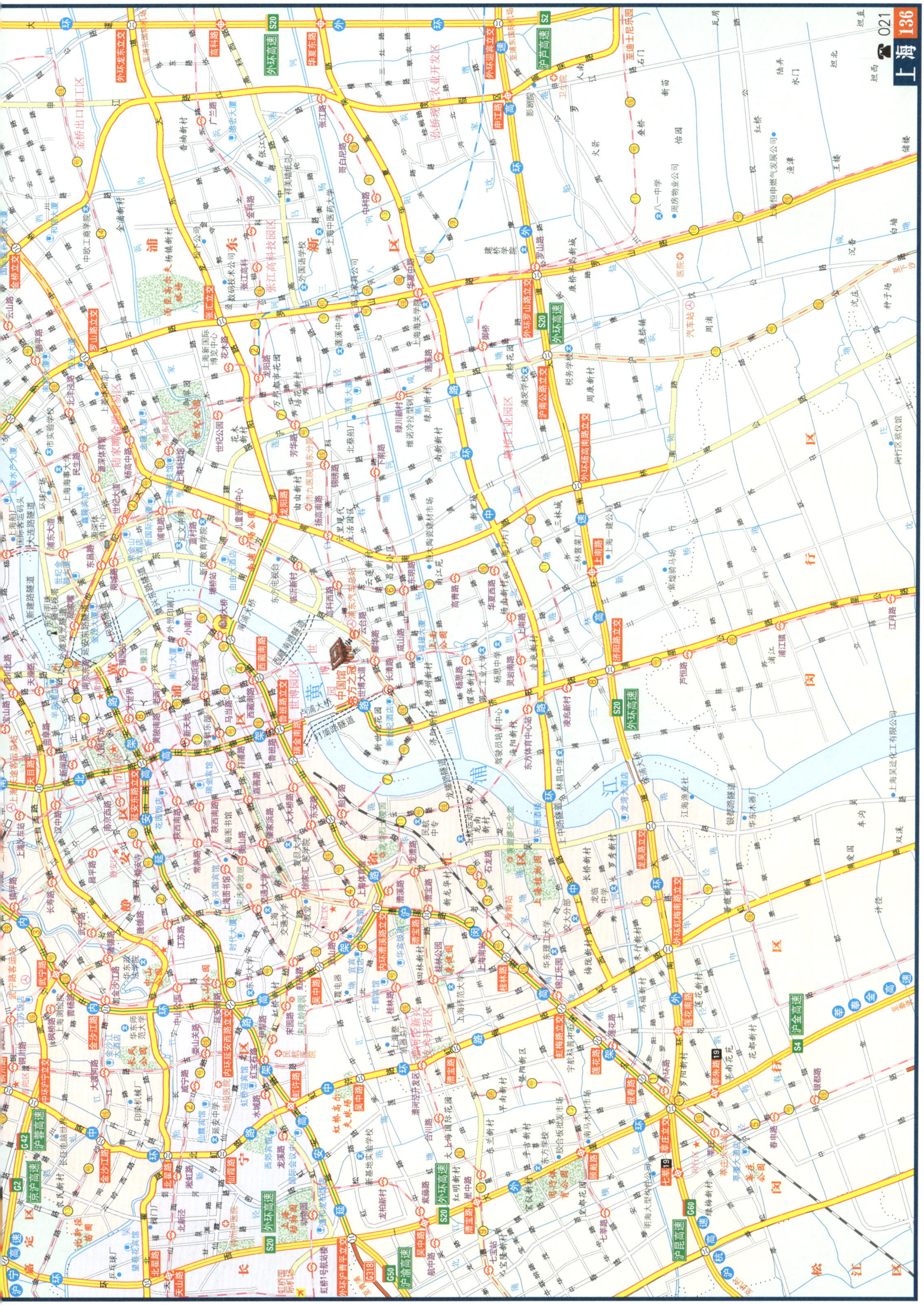

图例解释

收费站 国家高速编号 省级高速编号 在建 高速公路
出入口 上海市辖高速编号 服务区
国道编号 国 道
省道编号 里程数(km) 在建 省 道
桥梁 隘口 县 道
快速路
隧道 在建 铁 路

345 南京三桥 南京三桥出入口位于距该高速公路零千米345千米处
25 宁波服务区 宁波服务区位于距该高速公路零千米25千米处
47 香河收费站 香河收费站位于距该高速公路零千米47千米处
24 国道里程桩：表示该点距此国道零千米总里程为24千米

世界上规模最大的隧桥结合工程
上海长江隧桥工程
2009年10月31日正式通车。采用“南隧北桥”（预留轨道交通线）的建设方案，南起浦东五号沟、经长兴岛，北止崇明岛陈家镇，全长25.5千米。
其中长江隧道长8.9千米，长江大桥长10.3千米。 隧桥费：50元
崇明区
长兴岛
横沙岛
浦东新区
杨浦区
上海长江大桥
上海长江隧道
长兴岛服务区 38
陈海公路桥
潘园公路桥
中国（上海）自由贸易试验区 外高桥保税物流区
中国（上海）自由贸易试验区 外高桥保税区
中国（上海）自由贸易试验区 浦东机场综合保税区
浦东机场
浦东站
迪士尼乐园
绕城高速
外环高速
迎宾高速
沪芦高速
沪奉高速
合庆服务区 31
三甲港海滨浴场
长江中华鲟鱼幼鱼自然保护区
上海共青国家森林公园
世纪公园
上海市
长江
北港
南港
南槽
141
140
A B C D E F G
6 7 8 9 10

青浦区 松江区 金山区 闵行区

图例解释

收费站 出入口 国家高速编号 G45 上海市辖高速编号 A8 省级高速编号 S5 服务区 在建	高速公路	桥梁 隘口	县道
G312 国道编号	国道		快速路
S217 省道编号 里程数(km) 25 居民点 在建	省道	隧道 在建	铁路

345 南京三桥　南京三桥出入口位于距该高速公路零千米345千米处

25 宁波服务区　宁波服务区位于距该高速公路零千米25千米处

47 香河收费站　香河收费站位于距该高速公路零千米47千米处

24　国道里程桩：表示该点距此国道零千米总里程为24千米

公路零千米
▶204国道零千米：烟台市汽车站
▶312国道零千米：上海市区
▶318国道零千米：上海市区
▶320国道零千米：上海市区

比例尺 1：22万
图上1cm相当于实地2.2km

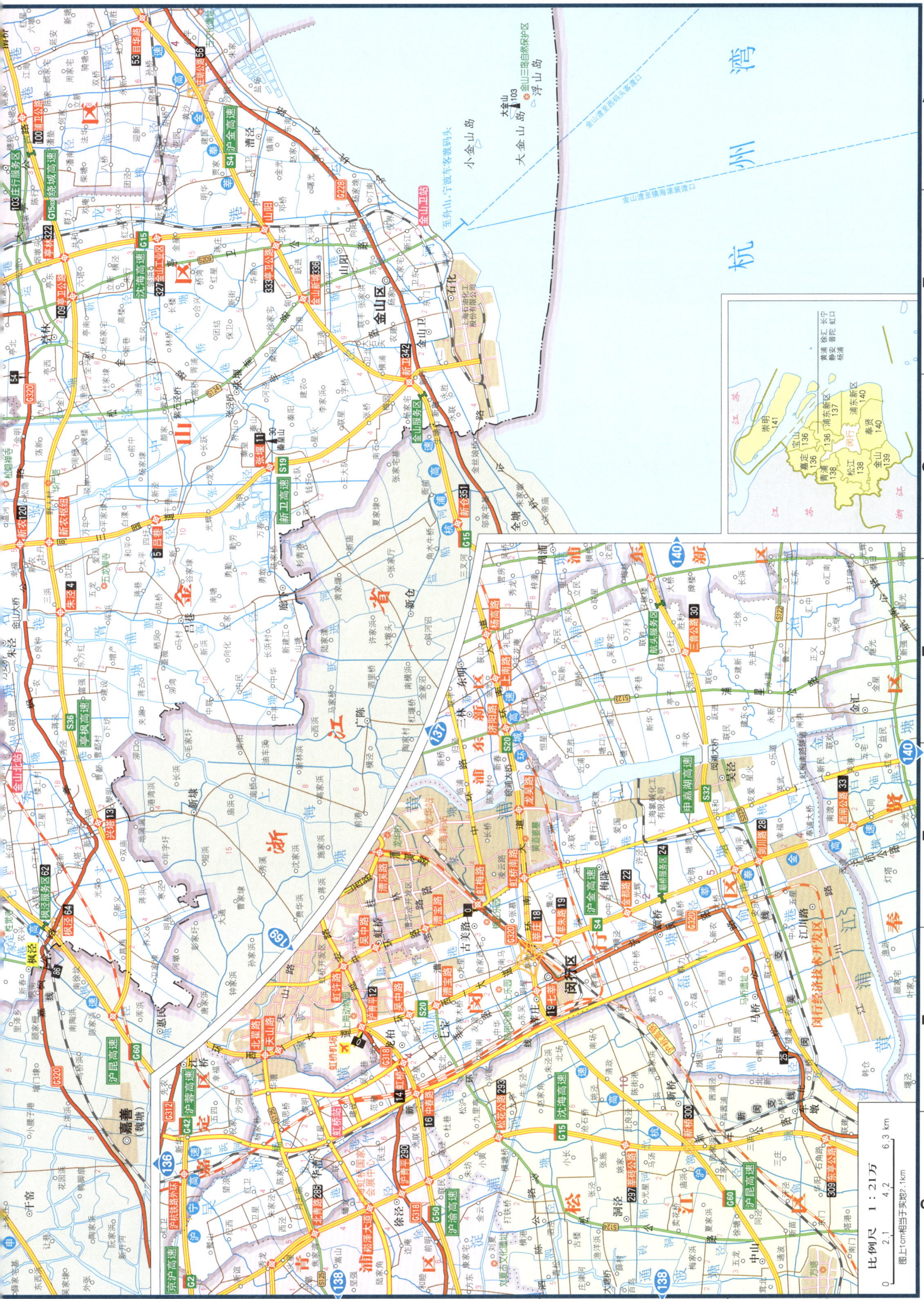

比例尺 1:23万

0 2.3 4.6 6.9 km

图上1cm相当于实地2.3km

图例解释

收费站 出入口 国家高速编号 G45 上海市级高速编号 A8 省级高速编号 S5 服务区 在建 高速公路

G312 国道编号 国道

S217 省道编号 25 居民点 里程数(km) 在建 省道

桥梁 隧口 县道

快速路

隧道 在建 铁路

比例尺 1：34万

0 3.4 6.8 10.2 km

图上1cm相当于实地3.4km

江苏省全图

常用电话

高速公路咨询.......025-96777	常州市交通局....0519-6621020	淮安市交通局...0517-3669177	镇江市交通局...0511-4425375
治超办..............025-84206839	苏州市交通局...0512-65223272	扬州市交通局...0514-7348318	
省交通厅...........025-52853102	南通市交通局...0513-83534800	宿迁市交通局...0527-4355003	
南京市交通局.......025-83194534	徐州市交通局...0516-85692894	泰州市交通局...0523-6882888	
无锡市交通局......0510-82720888	连云港市交通局..0518-5817267	盐城市交通局...0515-8886611	

江苏省国道里程表(单位:km)

327国道

	山东临沭	沙河	墩尚	连云港
连云区	116	72	62	37
连云港	79	35	25	
墩尚	54	10		
沙河	44			

205国道

	南京	沿江	六合区	汉涧	马坝	淮安	淮阴区	沭阳	新沂	高峰	山东郯城
高峰											10
新沂										19	29
沭阳									50	69	79
淮阴区								64	114	133	143
淮安							4	68	118	137	147
马坝						76	80	144	194	213	223
汉涧					35	111	115	179	229	248	258
六合区				39	74	150	154	218	268	287	297
沿江			23	62	97	173	177	241	291	310	320
南京		21	44	83	118	194	198	262	312	331	341
安徽马鞍山	47	68	91	130	165	241	245	309	359	378	388

328国道

	六合区	仪征	扬州	江都	泰州	姜堰
海安	180	144	110	93	57	34
姜堰	146	110	76	59	23	
泰州	123	87	53	36		
江都	87	51	17			
扬州	70	34				
仪征	36					

206国道

	安徽符离集	桃山	徐州	鹿庄	贾汪区	金寺	峄城区	山东枣庄
峄城区								10
金寺							12	22
贾汪区						34	46	56
鹿庄					7	41	53	63
徐州				31	38	72	84	94
桃山			28	59	66	100	112	122
安徽符离集		40	68	99	106	140	152	162
宿州	14	54	82	113	120	154	166	176

310国道

	连云港	墩尚	沙河	高峰	连防	鹿庄	徐州	黄口	安徽砀山
连云区	37	62	72	146	172	231	262	314	346
连云港		25	35	109	135	194	225	277	309
墩尚			10	74	110	169	200	252	284
沙河				64	100	159	190	242	274
高峰					36	95	126	178	210
连防						59	90	142	174
鹿庄							31	83	115
徐州								52	84
黄口									32

312国道

	南京	镇江	丹阳	常州	无锡	苏州	唯亭	昆山	上海安亭
镇江	75								
丹阳	103	28							
常州	152	77	49						
无锡	197	122	94	45					
苏州	258	183	155	106	61				
唯亭	280	205	177	128	83	22			
昆山	298	223	195	146	101	40	18		
上海安亭	322	247	219	170	125	64	42	24	
上海	352	277	249	200	155	94	72	54	30

204国道

	太仓	常熟	西界港	渡口	南通	如皋	海安	东台	盐城	阜宁	滨海	响水	杨集	灌云	连云港	墩尚	赣榆	山东汾水
上海嘉定	20	72	127	133	139	194	218	263	331	390	420	455	471	490	527	552	569	605
太仓		52	107	113	119	174	198	243	311	370	400	435	451	470	507	532	549	585
常熟			55	61	57	122	146	191	259	318	348	383	399	418	455	480	497	533
西界港				6	12	67	91	136	204	263	293	328	344	363	400	425	442	478
渡口					6	61	85	130	198	257	287	322	338	357	394	419	436	472
南通						55	79	124	192	251	281	316	332	351	388	413	430	466
如皋							24	69	137	196	226	261	277	296	333	358	375	411
海安								45	113	172	202	237	253	272	309	334	351	387
东台									68	127	157	192	208	227	264	289	306	342
盐城										59	89	124	140	159	196	221	238	274
阜宁											30	65	81	100	137	162	179	215
滨海												35	51	70	107	132	149	185
响水													16	35	72	97	114	150
杨集														19	56	81	98	134
灌云															37	62	79	115
连云港																25	42	78
墩尚																	17	53
赣榆																		36

104国道

	山东微山	韩庄	徐州	睢宁	安徽泗县	五河	明光	滁州	沿江	南京	江宁	句容	溧阳	宜兴	浙江父子岭
韩庄	38														
徐州	77	39													
睢宁	168	130	91												
安徽泗县	221	183	144	53											
五河	257	219	180	89	36										
明光	302	264	225	134	81	45									
滁州	372	334	295	204	151	115	70								
沿江	421	383	344	253	200	164	119	49							
南京	442	404	365	274	221	185	140	70	21						
江宁	457	419	380	289	236	200	155	85	36	15					
句容	493	455	416	325	272	236	191	121	72	51	36				
溧阳	570	532	493	402	349	313	268	198	149	128	113	77			
宜兴	605	567	528	437	384	348	303	233	184	163	148	112	35		
浙江父子岭	633	595	556	465	412	376	331	261	212	191	176	140	63	28	
长兴	654	616	577	486	433	397	352	282	233	212	197	161	84	49	21

江苏高铁

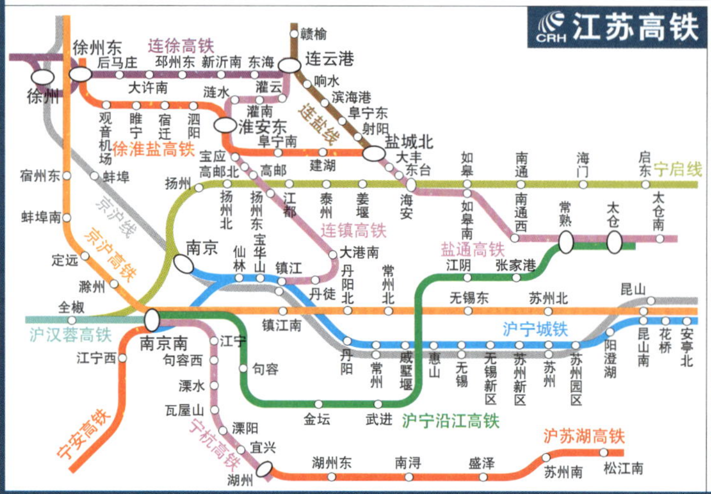

图例解释：收费站　出入口　国家高速编号 G45　省级高速编号 S38　服务区　在建　高速公路；G312 国道编号　国道；217 省道编号　25 居民点　里程数(km)　在建　省道；桥梁　隘口　县道；快速路；隧道　在建　铁路

比例尺　1：183万　0　18.3　36.6　54.9 km　图上1cm相当于实地18.3km

江苏旅游景点信息

世界遗产：明孝陵、苏州古典园林、中国黄（渤）海候鸟栖息地、大运河

国家级风景名胜区：太湖、南京钟山、云台山、蜀冈–瘦西湖、三山

国家5A级旅游区：常州环球恐龙城、夫子庙–秦淮风光带、钟山风景区、周庄古镇、苏州园林（虎丘山、留园、拙政园）、无锡影视基地三国、水浒景区、同里古镇、灵山大佛、瘦西湖、鼋头渚、天目湖、濠河、溱湖国家湿地公园、徐州云龙湖景区、连云港花果山景区、金鸡湖景区、镇江三山景区、吴中太湖、沙家浜–虞山尚湖、周恩来故里、大丰中华麋鹿园、镇江句容茅山景区、中国春秋淹城旅游区、惠山古镇、洪泽湖湿地景区

其它热门旅游景点：中山陵、总统府、侵华日军南京大屠杀遇难同胞纪念馆、玄武湖、雨花台、平江路、七里山塘、拈花湾、宜兴竹海、清名桥古运河景区、何园、扬州古运河、扬州东关街历史街区

- 本表中城际间里程是以高速公路、国道为主要行车路线计算，不作营运计价依据。
- 单位：km

江苏省主要城市至全国各主要城市里程表

省份	城市	南京	徐州	连云港	淮安	盐城	扬州	南通	镇江	常州	无锡	苏州
直辖市	北京	1073	717	857	883	997	1036	1158	1071	1143	1146	1191
	上海	334	613	502	435	339	309	163	272	207	158	120
	天津	936	638	720	746	860	899	1021	934	1006	1009	1054
	重庆	1547	1680	1815	1684	1796	1609	1764	1611	1657	1700	1747
河北省	石家庄	986	613	737	769	877	908	1044	957	1029	1032	1078
	张家口	1325	942	1076	1108	1216	1247	1383	1296	1368	1371	1417
	承德	1339	956	1090	1122	1230	1261	1397	1310	1382	1385	1431
	秦皇岛	1196	876	947	979	1087	1118	1254	1167	1239	1242	1288
	唐山	1056	736	807	839	947	978	1114	1027	1099	1102	1148
	保定	1049	666	800	832	940	971	1107	1020	1092	1095	1141
	沧州	884	501	635	667	775	806	942	855	927	930	976
	衡水	852	469	603	635	743	774	910	823	895	898	944
	邢台	957	574	708	740	848	879	1015	928	1000	1003	1049
	邯郸	925	542	676	708	816	847	983	896	968	971	1017
山西省	太原	1180	807	931	963	1071	1102	1238	1151	1223	1226	1272
	大同	1440	1067	1191	1223	1331	1362	1498	1411	1483	1486	1532
	阳泉	1056	683	807	839	947	978	1114	1027	1099	1102	1148
	长治	1064	681	815	847	955	986	1122	1035	1107	1110	1156
	晋城	879	561	764	743	869	907	1062	928	974	1017	1063
	忻州	1247	864	998	1030	1138	1169	1305	1218	1290	1293	1339
	临汾	1093	790	993	972	1098	1121	1276	1142	1188	1231	1277
	运城	958	655	858	837	963	986	1141	1007	1053	1096	1142
	侯马	1036	733	936	915	1041	1064	1219	1085	1131	1174	1220
内蒙古自治区	呼和浩特	1647	1264	1398	1430	1538	1569	1705	1726	1798	1801	1847
	包头	1798	1425	1549	1581	1689	1720	1856	1877	1949	1952	1998
	乌海	1999	1626	1750	1782	1890	1921	2057	2078	2150	2153	2199
	赤峰	1574	1260	1298	1330	1438	1469	1605	1626	1698	1701	1747
	通辽	1768	1435	1519	1551	1659	1690	1826	1847	1919	1922	1968
	呼伦贝尔	2910	2537	2661	2693	2801	2832	2968	2989	3061	3064	3110
	乌兰浩特	2323	1950	2074	2106	2214	2245	2381	2294	2366	2369	2415
	锡林浩特	1753	1380	1504	1536	1644	1675	1811	1724	1796	1799	1845
	乌兰察布	1451	1078	1202	1234	1342	1373	1509	1422	1494	1497	1543
	东胜区	1712	1339	1463	1495	1603	1634	1770	1683	1755	1758	1804
	巴彦淖尔	2022	1649	1773	1805	1913	1944	2080	1993	2065	2068	2114
辽宁省	沈阳	1600	1280	1351	1383	1491	1522	1658	1571	1643	1646	1692
	朝阳	1469	1149	1220	1252	1360	1391	1527	1440	1512	1515	1561
	阜新	1506	1186	1257	1289	1397	1428	1564	1477	1549	1552	1598
	铁岭	1663	1343	1414	1446	1554	1585	1721	1634	1706	1709	1755
	本溪	1636	1316	1387	1419	1527	1558	1964	1607	1679	1682	1728
	鞍山	1582	1262	1333	1365	1473	1504	1640	1553	1625	1628	1674
	丹东	1779	1459	1530	1562	1670	1701	1837	1750	1822	1825	1871
	大连	1737	1417	1488	1520	1628	1659	1795	1708	1780	1783	1829
	营口	1521	1201	1272	1305	1413	1444	1580	1432	1504	1507	1553
	盘锦	1461	1141	1212	1244	1352	1383	1519	1432	1504	1507	1553
	锦州	1378	1058	1129	1161	1269	1300	1436	1349	1421	1424	1470
	葫芦岛	1339	1019	1090	1122	1230	1261	1397	1310	1382	1385	1431
吉林省	长春	1896	1576	1647	1679	1787	1818	1954	1867	1939	1942	1988
	白城	2067	1747	1818	1850	1958	1989	2125	2038	2110	2113	2159
	松原	2044	1724	1795	1827	1935	1966	2102	2015	2087	2090	2136
	吉林	1989	1669	1740	1772	1880	1911	2047	1960	2032	2035	2081
	四平	1779	1459	1530	1562	1670	1701	1837	1750	1822	1825	1871
	辽源	1852	1532	1603	1635	1743	1774	1910	1823	1895	1898	1944
	通化	1876	1556	1627	1659	1767	1798	1934	1847	1919	1922	1968
	梅河口	1841	1521	1592	1624	1732	1763	1899	1812	1884	1887	1933
	延吉	2291	1971	2044	2076	2184	2215	2351	2264	2336	2339	2385
	敦化	2172	1852	1923	1955	2063	2094	2230	2143	2215	2218	2264
黑龙江省	哈尔滨	2139	1819	1890	1922	2030	2061	2197	2110	2182	2185	2231
	齐齐哈尔	2455	2135	2206	2238	2346	2377	2513	2426	2498	2501	2547
	黑河	2715	2395	2466	2498	2606	2637	2773	2686	2758	2761	2807
	大庆	2287	1967	2038	2070	2178	2209	2345	2258	2330	2333	2379
	伊春	2482	2162	2233	2265	2373	2404	2540	2453	2525	2528	2574
	鹤岗	2560	2240	2311	2343	2451	2482	2618	2531	2603	2606	2652
	佳木斯	2489	2169	2240	2272	2380	2411	2547	2460	2532	2535	2581
	双鸭山	2553	2233	2304	2336	2444	2475	2611	2524	2556	2559	2605
	七台河	2572	2252	2323	2355	2463	2494	2630	2543	2615	2618	2654
	鸡西	2352	2032	2103	2135	2243	2274	2410	2323	2398	2401	2447
	牡丹江	2189	1869	1940	1972	1880	2111	2247	2160	2235	2238	2284
	绥化	2257	1937	2008	2040	2148	2179	2315	2228	2300	2303	2349
浙江省	杭州	305	631	582	473	411	302	283	287	283	234	188
	湖州	224	551	502	393	389	222	210	207	190	159	107
	嘉兴	319	602	517	411	370	280	191	257	193	150	96
	宁波	447	730	645	539	498	408	319	415	321	278	224
	绍兴	356	682	621	515	474	384	295	338	297	254	200
	衢州	508	834	817	711	670	505	491	490	493	450	396
	金华	478	804	744	638	597	475	418	460	420	377	323
	台州	557	883	822	716	675	585	496	539	498	455	401
	温州	690	1016	956	850	809	687	630	672	632	589	535
	丽水	583	909	849	743	702	580	523	565	525	482	428
安徽省	合肥	212	351	486	354	462	280	435	282	328	371	417
	宿州	324	104	307	286	412	352	507	373	419	462	508
	阜阳	401	338	541	503	615	429	584	450	496	539	585
	蚌埠	233	194	397	335	447	261	416	282	328	371	417
	淮南	282	218	421	384	496	310	465	331	377	420	466
	滁州	88	318	343	211	323	137	292	158	204	247	293
	马鞍山	55	410	371	239	351	165	320	151	197	240	286
	芜湖	110	419	425	293	405	219	374	249	295	338	384
	铜陵	185	478	527	395	507	321	476	293	339	382	428
	安庆	305	498	633	501	613	427	582	375	421	464	510
	黄山	390	653	694	562	674	488	643	460	506	549	595

省份	城市	南京	徐州	连云港	淮安	盐城	扬州	南通	镇江	常州	无锡	苏州
	巢湖	183	361	496	364	476	290	445	253	299	342	388
福建省	福州	1047	1329	1321	1208	1158	1049	982	1024	981	938	884
	南平	872	1172	1192	1033	1029	874	853	849	852	809	755
	三明	936	1148	1256	1097	1093	938	917	913	916	873	819
	莆田	1007	1418	1381	1168	1218	1009	1042	984	1041	998	944
	泉州	1177	1488	1451	1338	1288	1179	1112	1154	1111	1068	1014
	厦门	1250	1561	1524	1411	1361	1252	1185	1227	1183	1141	1087
	漳州	1293	1505	1567	1454	1404	1295	1228	1270	1227	1184	1130
	龙岩	1392	1406	1666	1553	1503	1394	1327	1369	1326	1283	1229
	宁德	930	1241	1204	1091	1041	932	865	907	864	821	767
江西省	南昌	643	788	917	785	897	711	866	713	759	802	848
	九江	497	636	771	639	751	565	720	567	613	656	657
	景德镇	501	701	724	592	704	518	673	571	617	660	541
	鹰潭	627	834	855	723	835	649	804	697	743	786	611
	上饶	640	932	953	821	933	747	902	710	756	799	523
	新余	770	909	1044	912	1025	838	993	840	886	929	851
	萍乡	880	1019	1154	1022	1134	948	1103	950	996	1039	961
	赣州	998	1152	1272	1140	1252	1066	1221	1068	1114	1157	1079
	宜春	825	965	1099	967	1079	893	1048	895	941	984	907
山东省	济南	702	330	454	485	593	624	760	673	745	748	794
	德州	787	414	538	570	678	709	845	758	830	833	879
	淄博	667	393	418	450	558	589	725	638	710	713	759
	潍坊	625	478	293	408	468	547	636	596	668	671	736
	烟台	769	622	437	552	612	691	780	740	812	815	880
	威海	832	685	500	615	675	754	843	803	875	878	943
	青岛	627	495	295	410	470	549	638	598	670	673	738
	日照	460	313	128	243	303	382	471	431	503	506	571
	临沂	449	241	200	232	340	371	507	420	492	495	541
	济宁	510	219	384	393	501	532	668	581	653	656	702
	泰安	549	258	372	404	512	543	679	592	664	668	714
	滨州	735	461	486	518	626	657	793	706	778	781	827
	菏泽	611	265	495	504	612	643	779	692	764	767	813
河南省	郑州	710	390	593	572	698	738	893	759	805	848	894
	三门峡	901	609	812	791	917	929	1084	950	996	1039	1085
	洛阳	790	495	698	677	803	818	973	839	885	928	974
	焦作	798	437	640	619	745	826	981	847	893	936	982
	新乡	756	413	616	595	721	784	939	805	851	894	940
	安阳	864	521	724	703	829	892	1047	913	959	1002	1048
	开封	646	319	522	501	627	674	829	695	741	784	830
	商丘	516	174	377	356	482	544	699	565	611	654	700
	漯河	566	371	574	553	679	594	749	615	661	704	750
	南阳	694	528	731	710	836	762	917	764	810	853	899
	信阳	516	521	724	703	829	584	739	586	632	675	721
湖北省	武汉	636	775	910	778	890	704	859	706	752	795	841
	十堰	923	775	978	957	1083	991	1146	973	1019	1062	1108
	襄阳	805	657	860	839	965	873	1028	875	921	964	1010
	荆门	918	803	1006	985	1111	986	1141	988	1034	1077	1123
	孝感	714	665	868	847	973	782	937	784	830	873	919
	鄂州	573	712	847	715	827	641	796	643	689	732	778
	黄石	555	694	829	697	809	623	778	625	671	714	760
	咸宁	690	829	964	832	944	758	913	760	806	849	895
	荆州	846	883	1086	1065	1191	914	1069	916	962	1005	1051
	宜昌	944	928	1136	1110	1236	1012	1167	1014	1060	1103	1149
湖南省	长沙	939	1078	1213	1081	1193	1007	1162	1009	1054	1097	1109
	常德	1091	1230	1365	1233	1345	1159	1314	1161	1207	1250	1160
	益阳	1019	1158	1293	1161	1273	1087	1242	1089	1135	1178	1178
	岳阳	808	947	1082	950	1062	876	1031	878	924	967	1013
	株洲	977	1116	1251	1119	1231	1045	1200	1047	1093	1140	1073
	湘潭	972	1111	1246	1114	1226	1040	1195	1042	1088	1131	1067
	衡阳	1108	1247	1382	1250	1362	1176	1331	1178	1224	1267	1202
	郴州	1224	1363	1498	1366	1478	1292	1447	1294	1340	1383	1319
	永州	1231	1370	1505	1373	1485	1299	1454	1301	1347	1390	1325
	邵阳	1139	1278	1413	1281	1393	1207	1362	1209	1255	1298	1248
	广州	1470	1609	1744	1612	1724	1538	1693	1540	1586	1629	1551
	韶关	1382	1521	1656	1524	1636	1450	1605	1452	1498	1541	1477

省份	城市	南京	徐州	连云港	淮安	盐城	扬州	南通	镇江	常州	无锡	苏州
广东省	梅州	1399	1538	1673	1541	1653	1467	1622	1469	1515	1558	1480
	汕头	1498	1775	1773	1659	1771	1500	1434	1475	1429	1386	1332
	惠州	1329	1468	1603	1471	1583	1397	1552	1399	1445	1488	1410
	东莞	1394	1533	1668	1536	1648	1462	1617	1464	1510	1553	1475
	深圳	1420	1559	1694	1562	1674	1488	1643	1490	1536	1579	1501
	珠海	1566	1705	1840	1708	1820	1634	1789	1636	1682	1725	1647
	中山	1565	1704	1839	1707	1819	1633	1788	1635	1681	1724	1616
	肇庆	1542	1681	1816	1684	1796	1610	1765	1612	1658	1701	1623
	茂名	1829	1968	2103	1971	2083	1897	2052	1899	1945	1988	1910
	湛江	1913	2052	2187	2055	2167	1981	2136	1983	2029	2072	1994
广西壮族自治区	南宁	1815	1954	2089	1957	2069	1883	2038	1885	1931	1974	1910
	桂林	1416	1555	1690	1558	1670	1484	1639	1486	1532	1575	1511
	柳州	1578	1717	1852	1720	1832	1646	1801	1648	1694	1737	1673
	梧州	1809	1948	2083	1951	2063	1877	1982	1879	1925	1968	1904
	玉林	1888	2027	2162	2030	2142	1956	2111	1958	2004	2047	1983
	百色	2028	2167	2302	2170	2282	2096	2251	2098	2144	2187	2123
四川省	成都	1812	1556	1759	1738	1864	1880	2035	1882	1928	1971	2017
	绵阳	1710	1428	1631	1610	1736	1778	1933	1780	1826	1869	1915
	泸州	1721	1439	1642	1621	1747	1789	1944	1791	1837	1880	1926
	攀枝花	2487	2205	2408	2387	2513	2555	2710	2557	2603	2646	2692
	西昌	2296	2014	2217	2196	2322	2364	2519	2366	2412	2455	2501
贵州省	贵阳	1771	1910	2045	1913	2025	1839	1994	1841	1887	1930	1866
	遵义	1900	2039	2174	2042	2154	1968	2123	1970	2016	2059	1995
	安顺	1852	1991	2126	1994	2106	1920	2075	1922	1968	2011	1947
	毕节	1966	2105	2240	2108	2220	2034	2189	2036	2082	2125	2061
	凯里	1591	1730	1865	1733	1845	1659	1814	1661	1707	1750	1686
云南省	昆明	2295	2434	2569	2437	2549	2363	2518	2365	2411	2454	2390
	曲靖	2152	2291	2426	2289	2401	2215	2370	2222	2268	2311	2247
	玉溪	2375	2514	2469	2337	2449	2263	2418	2445	2491	2534	2470
	丽江	2792	2931	3066	2934	3046	2860	3015	2862	2908	2951	2887
	大理	2605	2744	2879	2747	2859	2673	2828	2675	2721	2764	2700
	景洪	2832	2971	3106	2974	3086	2900	3055	2902	2848	2991	2927
西藏自治区	拉萨	3893	3688	3891	3870	3996	3961	4116	3963	4009	4052	4098
	那曲	3832	3632	3835	3814	3940	3900	4055	3902	3948	3991	4037
	昌都	3077	2917	3120	3099	3225	3145	3300	3147	3193	3236	3283
	日喀则	4142	3952	4155	4134	4260	4210	4365	4212	4258	4301	4347
	萨嘎	4592	4402	4605	4584	4710	4660	4815	4662	4708	4751	4797
	噶尔	5345	5155	5358	5337	5463	5481	5636	5415	5461	5504	5550
陕西省	西安	1104	844	1044	1038	1164	1172	1327	1174	1220	1263	1309
	延安	1388	1120	1320	1302	1428	1456	1611	1458	1504	1547	1593
	铜川	1171	906	1106	1026	1152	1239	1394	1241	1287	1330	1376
	渭南	1115	782	982	976	1102	1183	1338	1185	1231	1274	1320
	咸阳	1140	873	1073	1067	1193	1208	1363	1210	1256	1299	1345
	宝鸡	1292	1025	1225	1219	1345	1360	1515	1362	1408	1451	1497
	汉中	1369	1114	1314	1308	1434	1437	1592	1439	1485	1528	1574
	榆林	1549	1176	1300	1332	1440	1471	1607	1520	1566	1609	1655
	安康	1293	1038	1238	1232	1358	1361	1516	1363	1409	1452	1498
甘肃省	兰州	1741	1476	1679	1658	1784	1809	1964	1811	1857	1900	1946
	嘉峪关	2436	2171	2374	2353	2479	2504	2659	2506	2552	2595	2641
	天水	1470	1205	1408	1387	1513	1538	1693	1540	1586	1629	1675
	敦煌	2807	2542	2745	2724	2850	2875	3030	2877	2923	2966	3012
	张掖	2215	1950	2153	2132	2258	2283	2438	2285	2331	2374	2420
	武威	1979	1714	1917	1896	2022	2047	2202	2049	2095	2138	2184
青海省	西宁	1965	1700	1903	1882	2008	2033	2188	2035	2081	2124	2170
	同仁	2055	1790	1993	1972	2098	2123	2278	2125	2171	2214	2260
	德令哈	2460	2195	2398	2377	2503	2528	2683	2530	2576	2610	2656
	格尔木	2709	2444	2647	2626	2752	2777	2932	2779	2825	2868	2914
宁夏回族自治区	银川	1828	1563	1766	1745	1871	1896	2051	1898	1944	1987	2033
	惠农区	1940	1675	1878	1857	1983	2008	2163	2010	2056	2099	2145
	吴忠	1760	1495	1698	1677	1803	1828	1983	1830	1876	1919	1965
	固原	1493	1228	1431	1410	1536	1561	1716	1563	1609	1652	1698
新疆维吾尔自治区	乌鲁木齐	3630	3365	3568	3547	3673	3698	3853	3700	3746	3789	3835
	克拉玛依	3994	3729	3932	3911	4037	4062	4217	4064	4110	4153	4199
	喀什	4826	4561	4764	4743	4869	4894	5049	4896	4942	4985	5031
	阿克苏	4362	4097	4300	4279	4405	4430	4585	4432	4478	4521	4567
	吐鲁番	3429	3164	3367	3346	3472	3497	3652	3499	3545	3588	3634
	哈密	3038	2773	2976	2955	3081	3106	3261	3108	3154	3197	3243
	阿勒泰	4285	4020	4223	4202	4328	4353	4508	4355	4401	4444	4490

江苏省主要城镇间里程表

	南京	镇江	常州	无锡	宜兴	江阴	苏州	昆山	张家港	南通	海安	泰州	泰兴	兴化	扬州	盐城	淮安	宿迁	泗洪	连云港	徐州	新沂	丰县
南京																							
镇江	75																						
常州	159	84																					
无锡	199	124	40																				
宜兴	163	110	58	62																			
江阴	158	120	38	38	96																		
苏州	252	177	93	53	123	99																	
昆山	287	212	128	88	161	138	35																
张家港	221	153	71	71	129	33	86	126															
南通	310	184	102	103	164	63	99	124	31														
海安	210	138	134	124	192	96	171	196	103	79													
泰州	156	77	129	129	165	91	197	236	142	141	59												
泰兴	177	102	82	82	140	44	143	182	88	113	82	46											
兴化	213	137	219	238	246	200	299	338	233	268	105	86	132										
扬州	101	25	107	147	134	120	218	259	153	193	113	52	76	112									
盐城	281	211	249	239	297	211	281	311	218	192	113	174	197	73	186								
淮安	185	195	271	296	306	259	357	397	303	328	245	192	215	161	172	130							
宿迁	259	282	364	394	407	356	464	494	400	423	342	289	312	258	269	227	97						
泗洪	195	221	304	344	353	306	405	444	350	387	310	246	273	277	197	246	116	65					
连云港	305	314	415	415	427	381	470	510	400	388	309	315	338	244	292	196	122	172	237				
徐州	344	396	479	514	507	475	575	613	529	571	469	410	433	379	388	374	218	120	175	225			
新沂	309	336	418	417	426	379	477	517	423	420	365	312	335	281	292	232	120	54	119	113	108		
丰县	418	478	561	595	587	557	657	695	611	654	551	522	515	461	470	452	300	210	256	295	82	189	

江苏省

图例解释

街区	次要街道 县道	高速公路	交警部门 地铁站	医院 邮政局
公园 绿地	城市高架路	建筑中高速公路	出入口 国道编号	宾馆 风景点
过境线 国道	地铁 轻轨	快速路	加油站 汽修厂	古塔 电视台
主要街道 省道	铁路及车站	省、市、区政府	停车场 汽车站	桥梁 运动场

025

图例解释

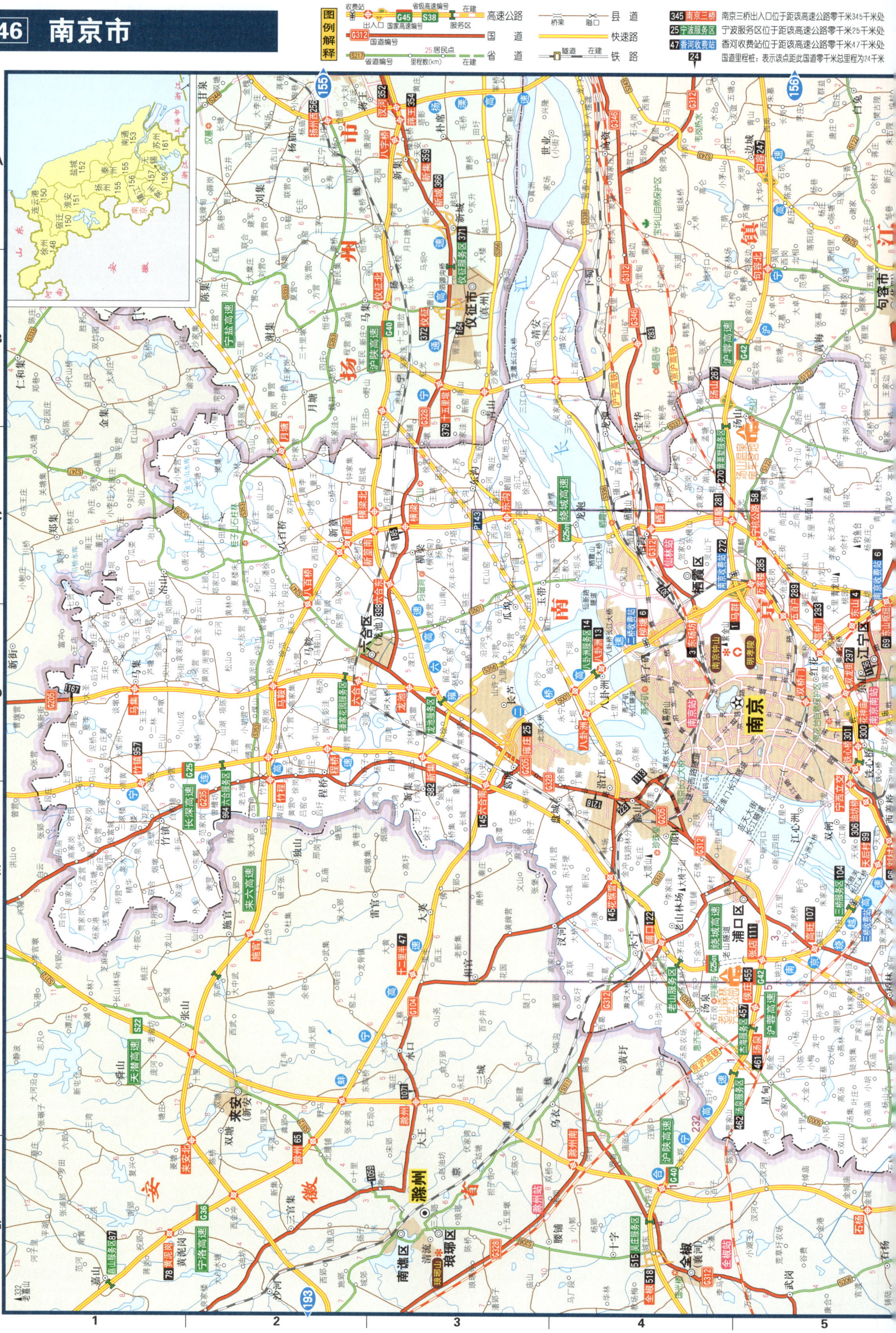
收费站
出入口
省级高速编号
国家高速编号
在建
服务区
高速公路
国道编号
国道
25 居民点
省道编号
里程数(km)
省道
桥梁
隧口
县道
快速路
隧道
铁路
345 南京三桥 南京三桥出入口位于距该高速公路零千米345千米处
25 宁波服务区 宁波服务区位于距该高速公路零千米25千米处
47 香河收费站 香河收费站位于距该高速公路零千米47千米处
24 国道里程桩：表示该点距此国道零千米总里程为24千米
江苏省
南京
六合区
浦口区
栖霞区
江宁区
滁州
来安
仪征市
句容市
扬州
安徽

公路零千米

▶104国道零千米：北京永定门 ▶328国道零千米：南通市海安县

▶205国道零千米：秦皇岛市海阳镇

▶312国道零千米：上海市区

比例尺 1：40万

0 4.0 8.0 12.0 km

图上1cm相当于实地4km

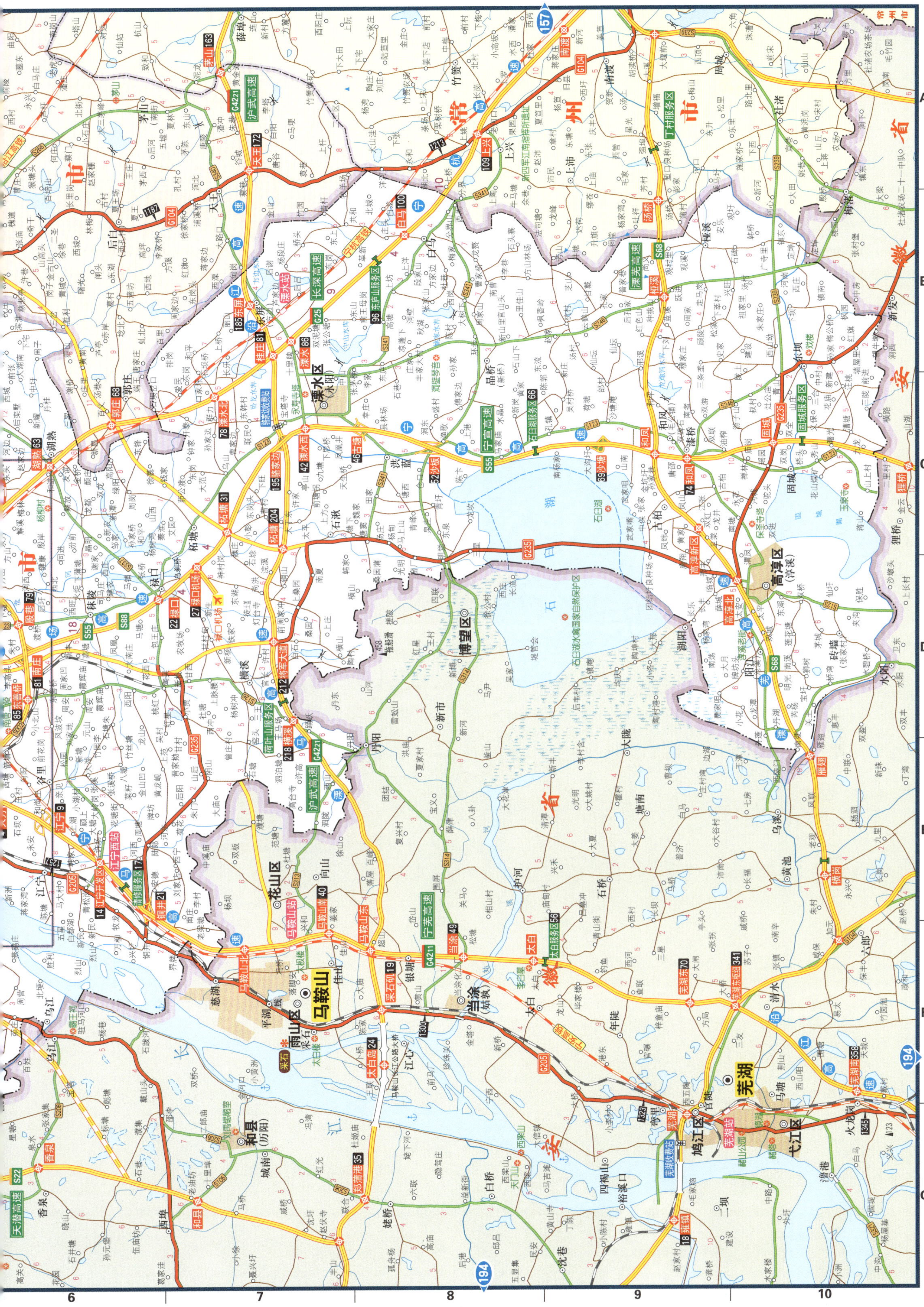

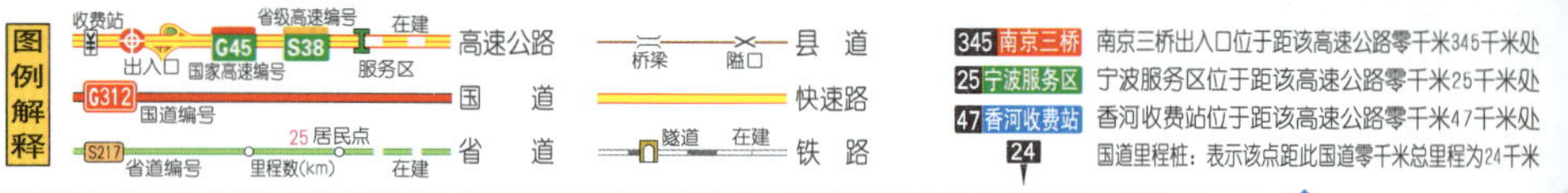
图例解释
收费站
出入口
省级高速编号
国家高速编号
服务区
在建
高速公路
国道编号
国道
25 居民点
省道编号
里程数(km)
在建
省道
桥梁
隧口
县道
快速路
隧道
在建
铁路
345 南京三桥 南京三桥出入口位于距该高速公路零千米345千米处
25 宁波服务区 宁波服务区位于距该高速公路零千米25千米处
47 香河收费站 香河收费站位于距该高速公路零千米47千米处
24 国道里程桩：表示该点距此国道零千米总里程为24千米

山东省
江苏省
安徽省
河南省
徐州
丰县
沛县
微山湖
昭阳湖
枣庄
薛城区
微山
鼓楼区
铜山区
贾汪区
萧县
砀山
徐州东站
徐州南
云龙湖
徐州 ☎0516
注：市政府迁至新城区昆仑大道1号

公路零千米
▶104国道零千米：北京永定门 ▶310国道零千米：连云港市连云区
▶205国道零千米：秦皇岛市海阳镇 ▶311国道零千米：徐州市三环南路
▶206国道零千米：烟台市青年路汽车站

比例尺 1：55万
0 5.5 11.0 16.5 km
图上1cm相当于实地5.5km

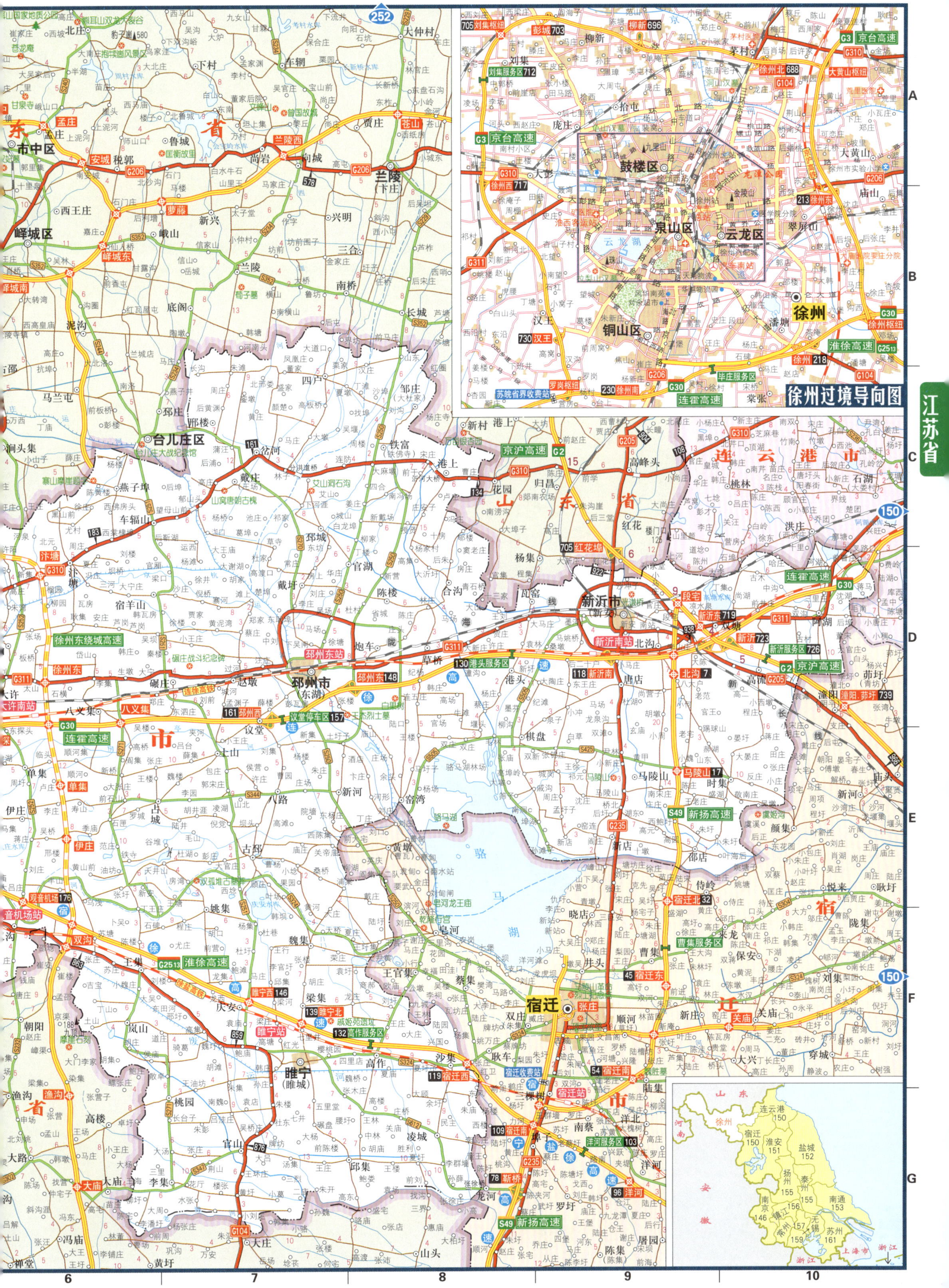

连云港市 宿迁市 淮安市

图例解释

收费站 出入口 国家高速编号 G45 省级高速编号 S38 在建 服务区 高速公路
G312 国道编号 国道
S217 省道编号 25 里程数(km) 居民点 在建 省道
桥梁 隧口 县道
快速路
隧道 在建 铁路
345 南京三桥 南京三桥出入口位于距该高速公路零千米345千米处
25 宁波服务区 宁波服务区位于距该高速公路零千米25千米处
47 香河收费站 香河收费站位于距该高速公路零千米47千米处
24 国道里程桩：表示该点距此国道零千米总里程为24千米

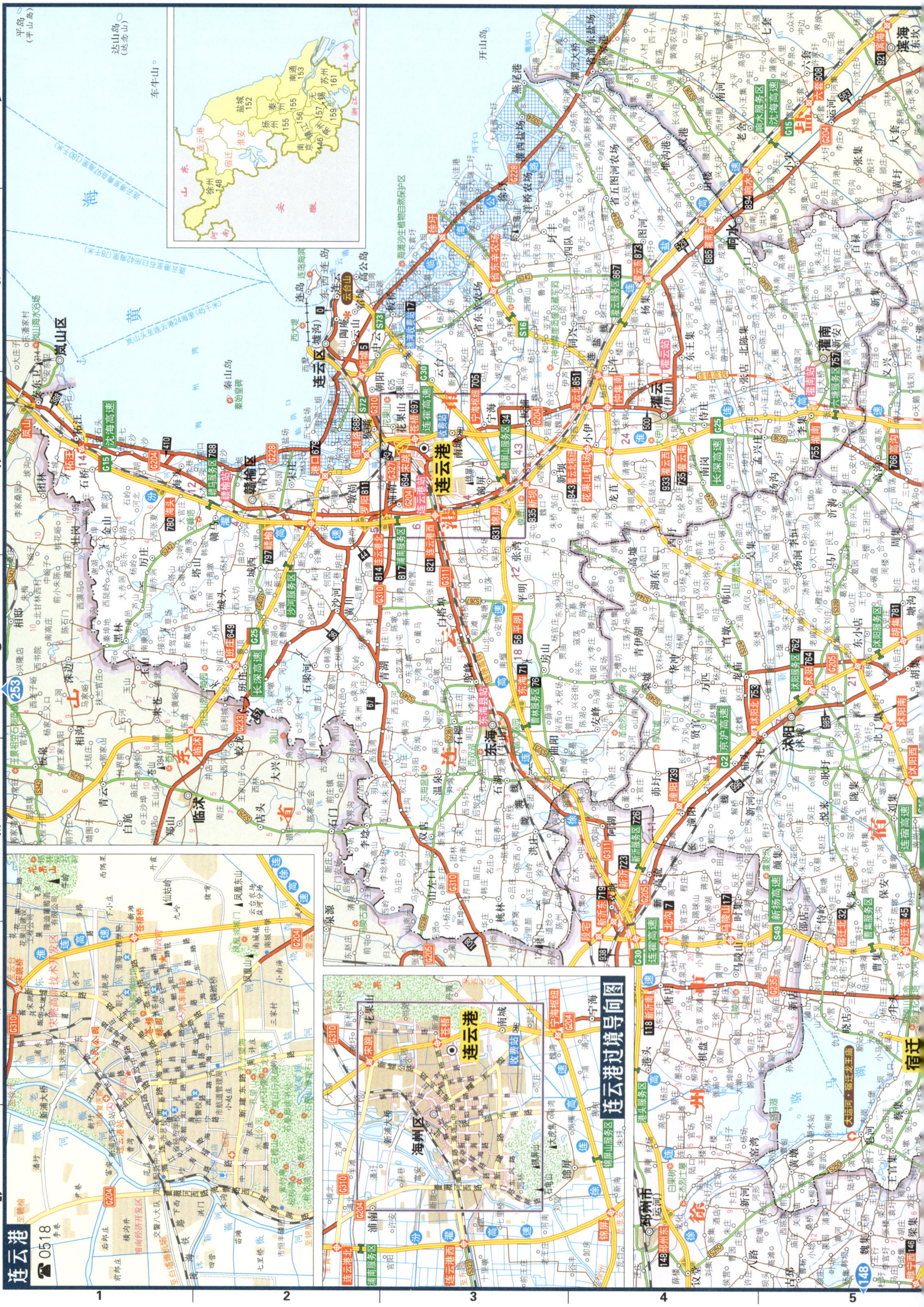

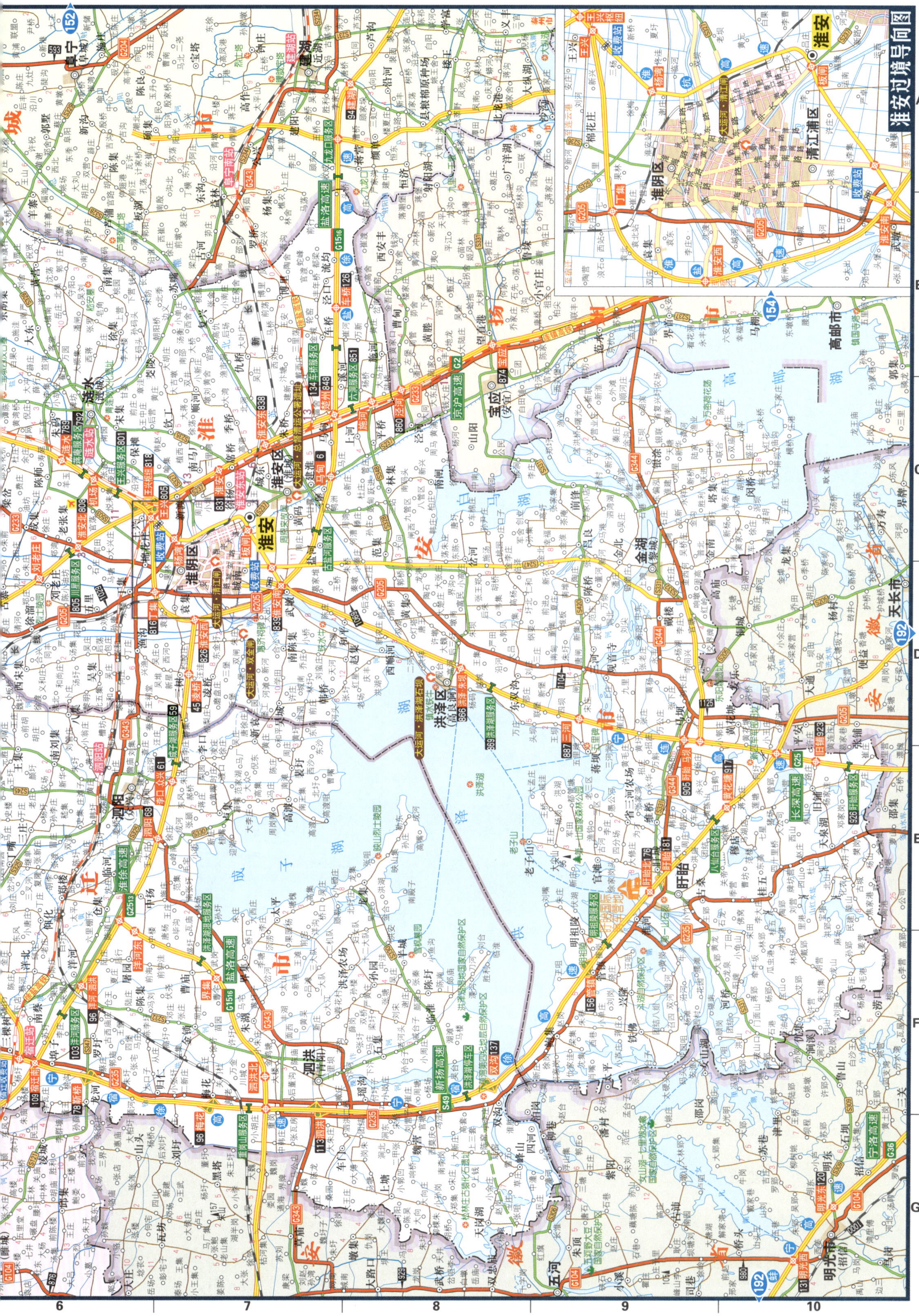
淮安过境导向图
淮安
淮阴区
清江浦区
涟水
阜宁
建湖
宝应
金湖
洪泽区
盱眙
泗洪
高邮市
天长市
明光市
洪泽湖
白马湖
高邮湖
A
B
C
D
E
F
G
6
7
8
9
10

盐城市

比例尺 1：82万

0 8.2 16.4 24.6 km

图上1cm相当于实地8.2km

图例解释

收费站 出入口 G45 国家高速编号 S38 省级高速编号 服务区 在建 高速公路

G312 国道编号 国道

S217 省道编号 25 里程数(km) 居民点 在建 省道

桥梁 匝口 县道

快速路

隧道 在建 铁路

公路零千米
▶204国道零千米：烟台市汽车站
▶328国道零千米：南通市海安县

比例尺 1：64万
0 6.4 12.8 19.2 km
图上1cm相当于实地6.4km

图例解释

收费站 出入口 国家高速编号 G45 省级高速编号 S38 服务区 在建 高速公路

G312 国道编号 国道

S217 省道编号 25 里程数(km) 居民点 在建 省道

桥梁 隧道 县道

快速路

在建 铁路

345 南京三桥 南京三桥出入口位于距该高速公路零千米345千米处

25 宁波服务区 宁波服务区位于距该高速公路零千米25千米处

47 香河收费站 香河收费站位于距该高速公路零千米47千米处

24 国道里程桩：表示该点距此国道零千米总里程为24千米

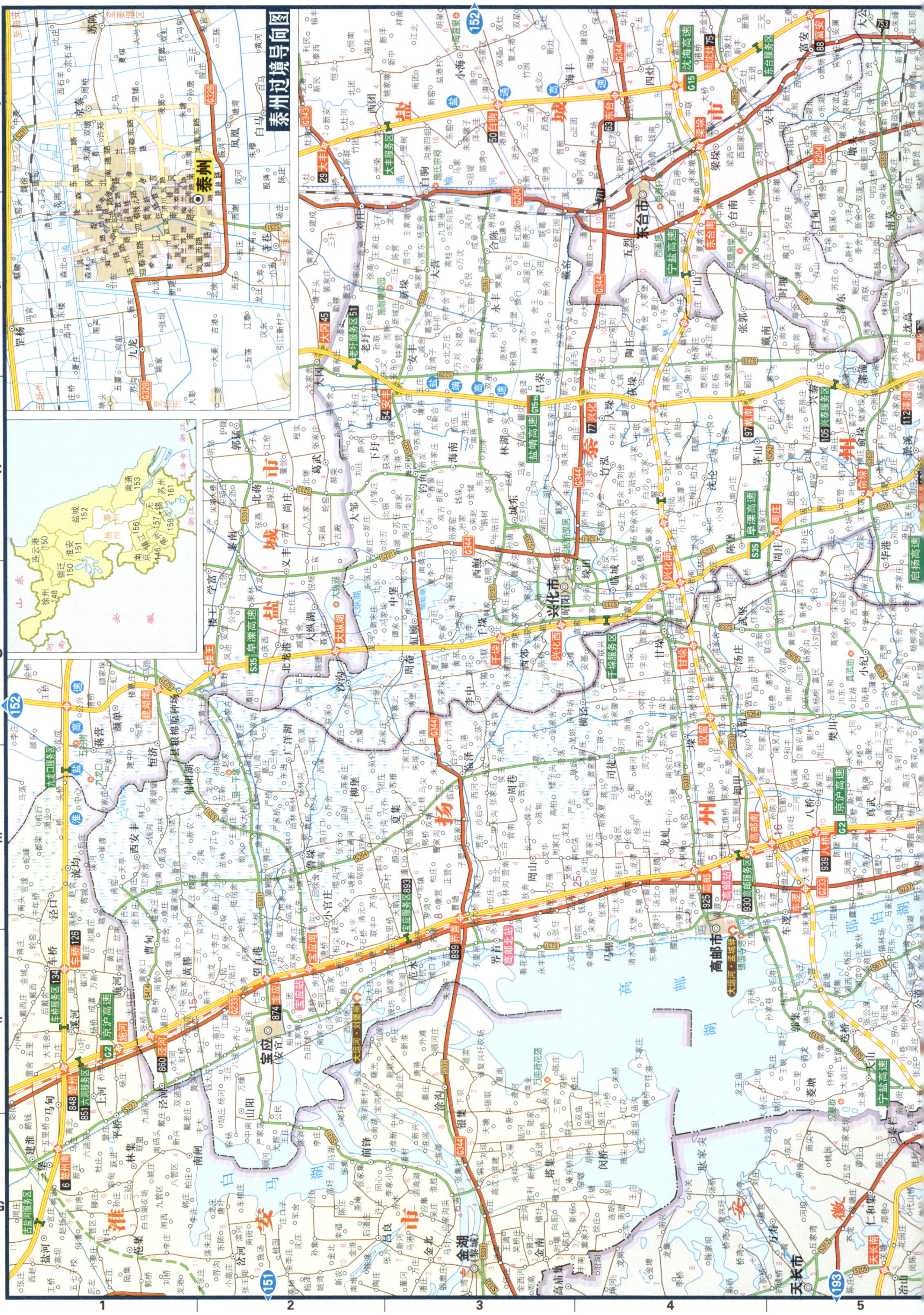

公路零千米

▶204国道零千米：烟台汽车站至苏省界

▶328国道零千米：南通市海安县

比例尺 1：53万

0 5.3 10.6 15.9 km

图上1cm相当于实地5.3km

图例解释
高速公路
国道
省道
县道
快速路
铁路
345 南京三桥 南京三桥出入口位于距该高速公路零千米345千米处
25 宁波服务区 宁波服务区位于距该高速公路零千米25千米处
47 香河收费站 香河收费站位于距该高速公路零千米47千米处
24 国道里程桩：表示该点距此国道零千米总里程为24千米
镇江
丹徒区
仪征市
扬中市
句容市
丹阳市
金坛区
溧阳市
溧水区
宜兴市
高淳区
江苏省

比例尺 1：47万

0 4.7 9.4 14.1 km

图上1cm相当于实地4.7km

图例解释

收费站 出入口 国家高速编号 G45 S38 省级高速编号 服务区 在建	高速公路	桥梁 隧口	县道
G312 国道编号	国道		快速路
S217 省道编号 25 居民点 里程数(km) 在建	省道	隧道 在建	铁路

345 南京三桥 南京三桥出入口位于距该高速公路零千米345千米处
25 宁波服务区 宁波服务区位于距该高速公路零千米25千米处
47 香河收费站 香河收费站位于距该高速公路零千米47千米处
24 国道里程桩：表示该点距此国道零千米总里程为24千米

江苏省

比例尺 1：38万
0 3.8 7.6 11.4 km
图上1cm相当于实地3.8km

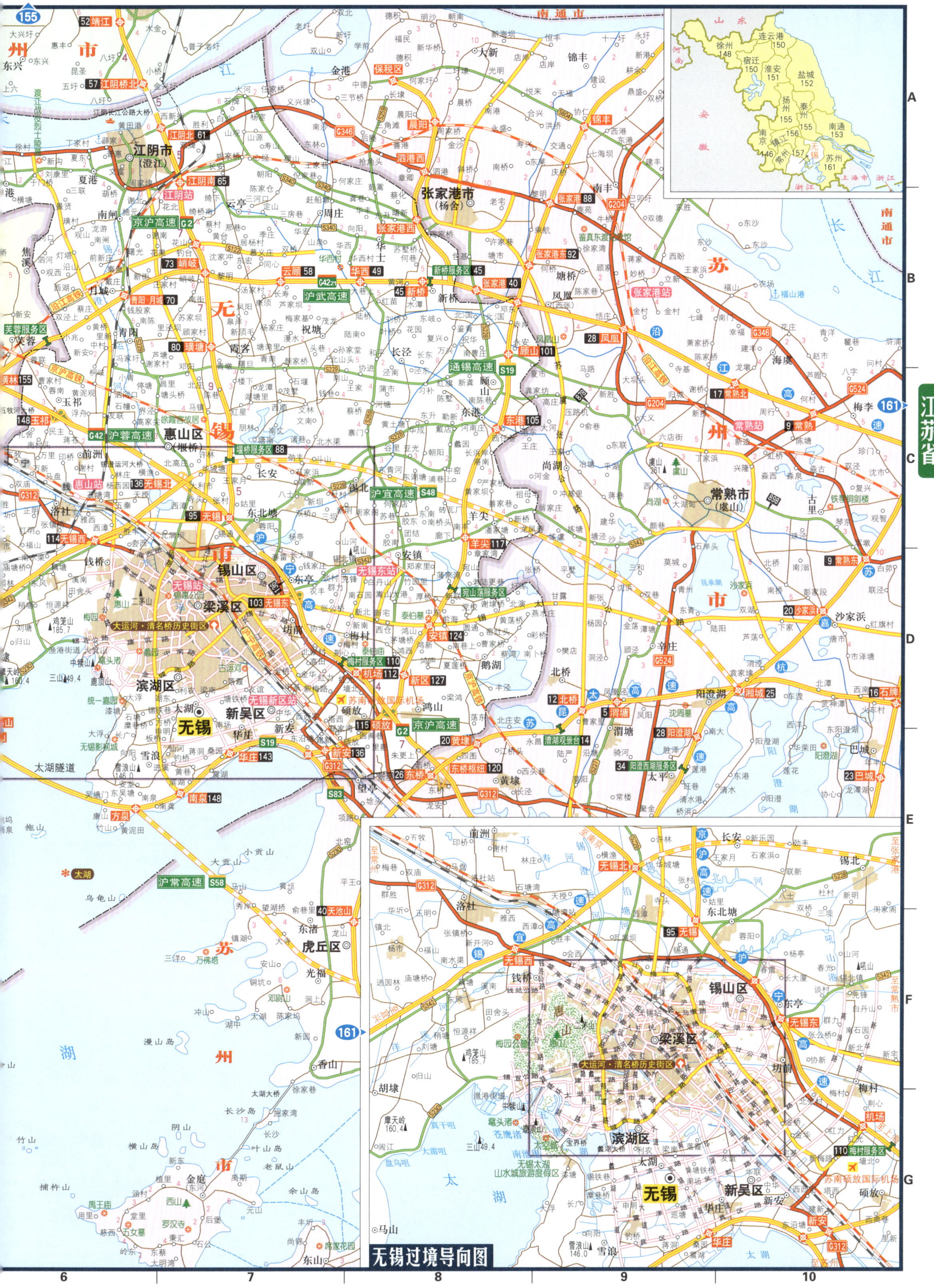

图例解释

收费站 出入口 省级高速编号 G45 S38 国家高速编号 服务区 在建 高速公路

G312 国道编号 国道

S217 省道编号 25 居民点 里程数(km) 在建 省道

桥梁 路口 县道

快速路

隧道 在建 铁路

345 南京三桥 南京三桥出入口位于距该高速公路零千米345千米处

25 宁波服务区 宁波服务区位于距该高速公路零千米25千米处

47 香河收费站 香河收费站位于距该高速公路零千米47千米处

24 国道里程桩：表示该点距此国道零千米总里程为24千米

江苏省

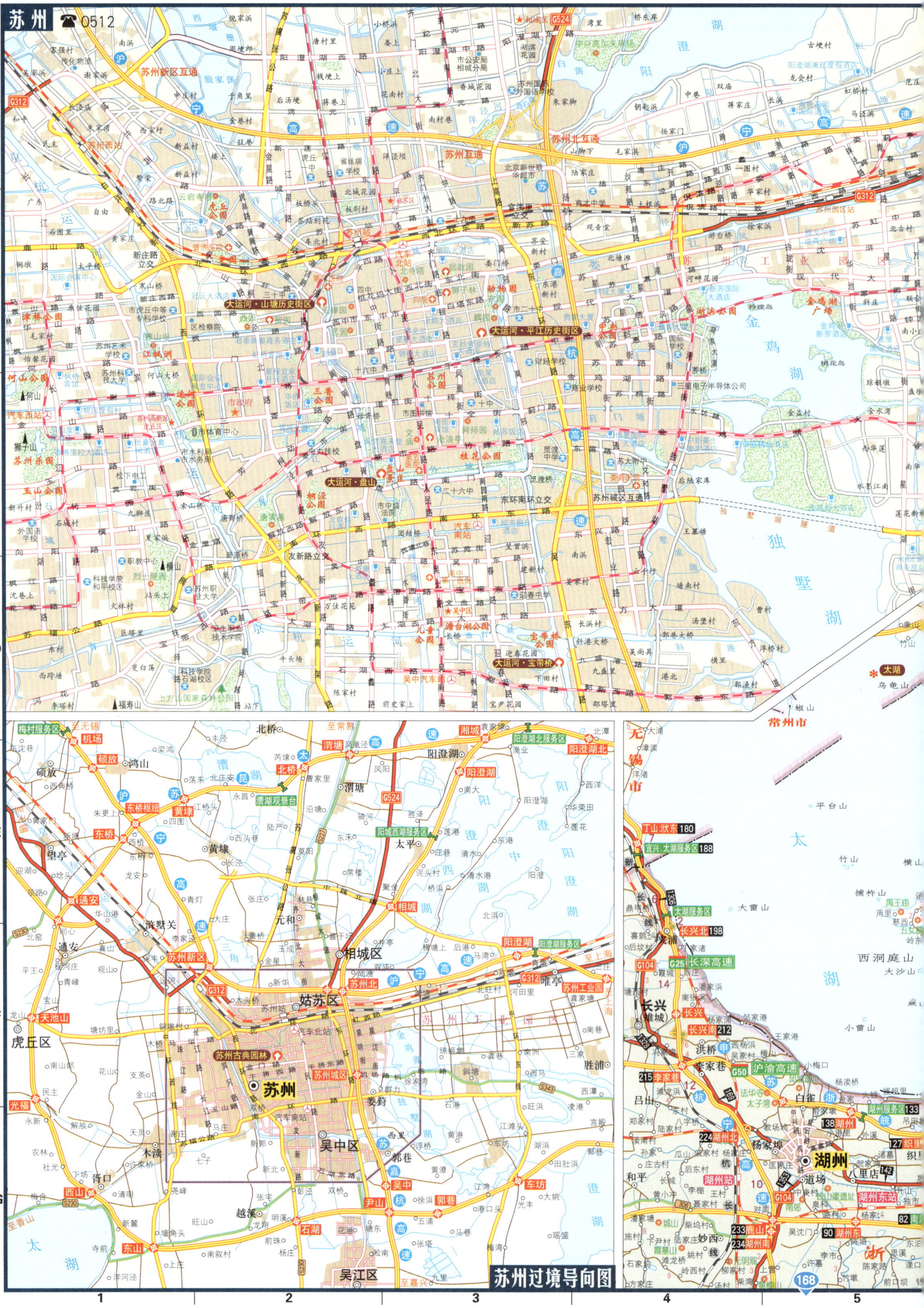

公路零千米

▶204国道零千米：烟台汽车站

▶312国道零千米：上海市区

▶318国道零千米：上海市区

比例尺 1：54万

0 5.4 10.8 16.2 km

图上1cm相当于实地5.4km

浙江省全图

常用电话

高速公路咨询...0571-12122 96266	省公路管理局...0571-87810836	绍兴市交通局...0575-5158607	嘉兴市交通局...0573-2064041
治超办............0571-87820261	杭州市交通局...0571-85460108	金华市交通局...0579-2323316	衢州市交通局...0570-3048688
省交通厅..........0571-87809518	宁波市交通局...0574-87923510	台州市交通局...0576-4274503	
省高速公路管理处..0571-86490735	温州市交通局...0577-88585444	临海市交通局...0576-5114742	
省公路路政管理局..0571-87809540	湖州市交通局....0572-2038129	丽水市交通局...0578-2615166	

浙江省国道里程表（单位:km）

329国道

上虞				
42	慈溪			
106	64	宁波		
158	116	52	舟山	
182	140	76	24	普陀

318国道

江苏震泽	41	67	120
	湖州	26	79
		长兴	53
			安徽广德

104国道

江苏宜兴															
48	长兴														
76	28	湖州													
119	71	43	德清												
180	132	104	61	杭州											
246	198	170	127	66	绍兴										
330	282	254	211	150	84	嵊州									
345	297	269	226	165	99	15	新昌								
402	354	326	283	222	156	72	57	天台							
449	401	373	330	269	203	119	104	47	临海						
575	527	499	456	395	329	245	230	173	126	乐清					
638	590	562	519	458	392	308	293	236	189	63	温州				
675	627	599	556	495	429	345	330	273	226	100	37	瑞安			
690	642	614	571	510	444	360	345	288	241	115	52	15	平阳		
718	670	642	599	538	472	388	373	316	269	143	80	43	28	苍南	
749	701	673	630	569	503	419	404	347	300	174	111	74	59	31	福建福鼎

330国道

六岙	38	106	142	177	230	263	305
	青田	68	104	139	192	225	267
		丽水	36	71	124	157	199
			缙云	35	88	121	163
				永康	53	86	128
					金华	33	75
						兰溪	42
							寿昌

320国道

江西玉山										
46	常山									
89	43	衢州								
177	131	88	寿昌							
193	147	104	16	建德						
252	206	163	75	59	桐庐					
306	260	217	129	113	54	富阳				
354	308	265	177	161	102	48	杭州			
418	372	329	241	225	166	112	64	桐乡		
440	394	351	263	247	188	134	86	22	嘉兴	
471	425	382	294	278	219	165	117	53	31	上海枫泾

205国道

福建枫岭关	66	102	148	267
	贺村	36	82	201
		常山	46	165
			开化	119
				安徽黄山

图例解释：收费站、出入口、国家高速编号、省级高速编号、服务区、在建 —— 高速公路；国道编号 —— 国道；省道编号、里程数(km)、居民点、在建 —— 省道；桥梁、隘口 —— 县道；快速路；隧道、在建 —— 铁路

比例尺 1：173万 0 17.3 34.6 51.9 km 图上1cm相当于实地17.3km

浙江高铁

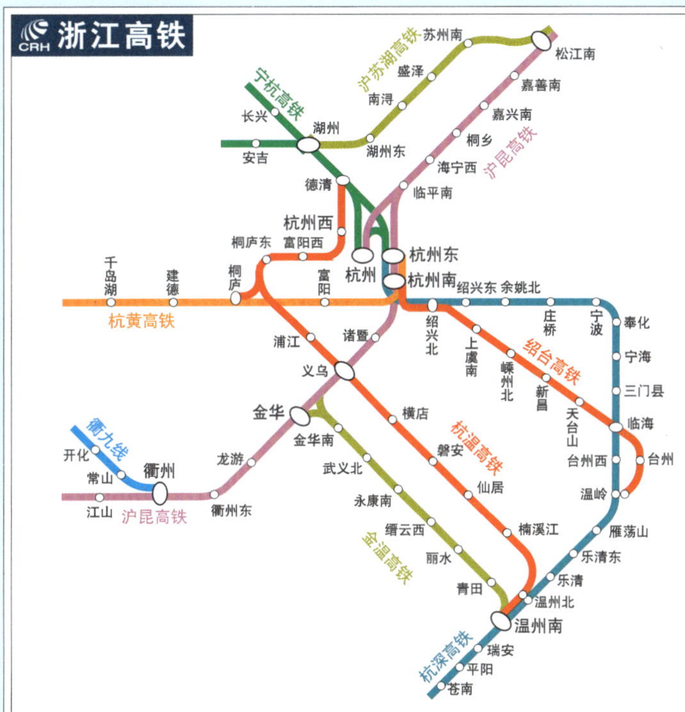

浙江旅游景点信息

世界遗产： 杭州西湖、良渚文化遗址、中国丹霞·江郎山、大运河

国家级风景名胜区： 杭州西湖、富春江－新安江、雁荡山、普陀山、天台山、嵊泗列岛、楠溪江、莫干山、雪窦山、双龙、仙都、江郎山、仙居、浣江－五泄、方岩、百丈漈－飞云湖、方山－长屿硐天、天姥山、大红岩、大盘山、桃渚、仙华山

国家5A级旅游区： 千岛湖、杭州西湖、乌镇古镇、横店影视城、滕头生态旅游区、溪口蒋氏故里、雁荡山、普陀山、嘉兴南湖、杭州西溪湿地、鲁迅故里－沈园、根宫佛国文化旅游景区、天台山、神仙居、西塘古镇、江郎山·廿八都、天一阁·月湖、缙云仙都、刘伯温故里、台州府城文化旅游区

其它热门旅游景点： 灵隐寺、雷峰塔、断桥残雪、乌镇西栅、河坊街、西塘古镇、杭州宋城、南浔古镇、太子湾公园、舟山东极岛、朱家尖、桃花岛、宁波老外滩、天一阁博物院、东钱湖、绍兴安昌古镇、柯岩、仓桥直街、诸暨五泄、西施故里、三味书屋

浙江省公路里程表

- 本表中城际间里程是以高速公路、国道为主要行车路线计算，不作营运计价依据。
- 单位：km

浙江省主要城市至全国各主要城市里程表

		杭州	湖州	嘉兴	宁波	绍兴	衢州	金华	台州	温州	丽水
直辖市	北京	1328	1248	1266	1394	1377	1531	1493	1587	1713	1606
	上海	218	173	121	237	245	425	353	425	564	457
	天津	1191	1111	1129	1257	1240	1394	1356	1450	1576	1469
	重庆	1652	1707	1735	1822	1717	1482	1564	1771	1754	1654
河北省	石家庄	1215	1135	1153	1281	1266	1418	1380	1467	1600	1493
	张家口	1554	1474	1492	1620	1605	1757	1719	1806	1939	1832
	承德	1534	1454	1472	1600	1585	1737	1699	1786	1919	1812
	秦皇岛	1425	1345	1363	1491	1476	1628	1590	1677	1810	1703
	唐山	1285	1205	1223	1351	1336	1488	1450	1537	1670	1563
	保定	1278	1198	1216	1344	1329	1481	1443	1530	1663	1556
	沧州	1113	1033	1051	1179	1164	1316	1278	1365	1498	1391
	衡水	1081	1001	1019	1147	1132	1284	1246	1333	1466	1359
	邢台	1186	1106	1124	1252	1237	1389	1351	1438	1571	1464
	邯郸	1154	1074	1092	1220	1205	1357	1319	1406	1539	1432
山西省	太原	1409	1329	1347	1475	1460	1612	1574	1651	1794	1687
	大同	1669	1589	1607	1735	1720	1872	1834	1921	2054	1947
	阳泉	1285	1205	1223	1351	1336	1488	1450	1537	1670	1563
	长治	1293	1213	1231	1359	1344	1496	1458	1545	1678	1571
	晋城	1131	1051	1167	1295	1182	1334	1304	1383	1516	1409
	忻州	1476	1396	1414	1542	1527	1679	1641	1728	1861	1754
	临汾	1345	1265	1391	1519	1396	1548	1518	1597	1730	1623
	运城	1210	1130	1246	1374	1261	1413	1383	1462	1595	1488
	侯马	1288	1208	1324	1452	1339	1491	1461	1540	1673	1566
内蒙古自治区	呼和浩特	1876	1796	1814	1942	1927	2079	2041	2128	2261	2154
	包头	2027	1947	1965	2093	2078	2230	2192	2279	2412	2305
	乌海	2228	2148	2166	2294	2279	2431	2393	2480	2613	2506
	赤峰	1776	1696	1714	1842	1827	1979	1941	2028	2161	2054
	通辽	1997	1917	1935	2063	2048	2200	2162	2239	2382	2275
	呼伦贝尔	3239	3159	3177	3305	3290	3442	3404	3491	3624	3517
	乌兰浩特	2552	2472	2490	2537	2603	2755	2717	2804	2937	2830
	锡林浩特	1982	1902	1920	2048	2033	2185	2147	2234	2367	2260
	乌兰察布	1680	1600	1618	1746	1731	1883	1845	1932	2065	1958
	东胜区	1941	1861	1879	2007	1992	2144	2106	2193	2326	2219
	巴彦淖尔	2251	2171	2189	2317	2302	2454	2416	2503	2636	2529
辽宁省	沈阳	1829	1749	1767	1895	1880	2032	1994	2081	2214	2107
	朝阳	1698	1618	1636	1764	1749	1901	1863	1940	2083	1976
	阜新	1735	1655	1673	1801	1786	1938	1900	1977	2120	2013
	铁岭	1892	1812	1830	1958	1943	2095	2057	2144	2277	2170
	本溪	1865	1785	1803	1931	1916	2068	2030	2117	2250	2143
	鞍山	1811	1731	1749	1877	1862	2014	1976	2063	2196	2089
	丹东	2008	1928	1946	2074	2059	2211	2173	2260	2393	2286
	大连	1966	1886	1904	2032	2017	2169	2131	2218	2351	2244
	营口	1750	1670	1688	1816	1801	1953	1915	2002	2135	2028
	盘锦	1690	1610	1628	1756	1741	1893	1855	1942	2075	1968
	锦州	1607	1527	1545	1673	1658	1810	1772	1859	1992	1885
	葫芦岛	1568	1488	1506	1634	1619	1771	1733	1820	1953	1846
吉林省	长春	2125	2045	2063	2191	2176	2328	2290	2377	2510	2403
	白城	2296	2216	2234	2362	2347	2499	2461	2548	2681	2574
	松原	2273	2193	2211	2339	2324	2476	2438	2525	2658	2551
	吉林	2218	2138	2156	2284	2269	2421	2383	2470	2603	2496
	四平	2008	1928	1946	2074	2059	2211	2173	2260	2393	2286
	辽源	2081	2001	2019	2147	2140	2284	2246	2341	2466	2359
	通化	2105	2025	2043	2171	2164	2308	2270	2365	2490	2383
	梅河口	2070	1990	2008	2136	2121	2273	2235	2322	2455	2348
	延吉	2520	2460	2458	2586	2571	2723	2685	2773	2905	2798
	敦化	2401	2321	2339	2467	2452	2604	2566	2653	2786	2679
黑龙江省	哈尔滨	2368	2288	2306	2434	2419	2571	2533	2620	2753	2646
	齐齐哈尔	2684	2604	2622	2750	2735	2887	2849	2936	3069	2962
	黑河	2944	2864	2882	3010	2995	3147	3109	3196	3329	3222
	大庆	2516	2436	2454	2582	2567	2719	2681	2768	2901	2794
	伊春	2711	2631	2649	2777	2762	2914	2876	2963	3096	2989
	鹤岗	2789	2709	2727	2855	2840	2992	2954	3041	3174	3067
	佳木斯	2718	2638	2689	2817	2769	2921	2916	2970	3103	2996
	双鸭山	2782	2702	2720	2848	2833	2985	2947	3034	3167	3060
	七台河	2801	2721	2739	2867	2852	3004	2966	3053	3186	3079
	鸡西	2744	2664	2682	2810	2795	2947	2909	2996	3129	3022
	牡丹江	2581	2501	2519	2647	2632	2784	2746	2833	2966	2859
	绥化	2486	2406	2424	2552	2537	2689	2651	2738	2871	2764
江苏省	南京	305	224	319	447	356	508	478	557	690	583
	徐州	631	551	602	730	682	834	804	883	1016	909
	连云港	582	502	517	645	621	817	744	822	956	849
	淮安	473	393	411	539	515	711	638	716	850	743
	盐城	411	389	370	498	474	670	597	675	809	702
	扬州	302	222	280	408	384	505	475	585	687	580
	南通	283	210	191	319	295	491	418	496	630	523
	镇江	287	207	257	415	338	490	460	539	672	565
	常州	283	190	193	321	297	493	420	498	632	525
	无锡	234	159	150	278	254	450	377	455	589	482
	苏州	188	107	96	224	200	396	323	401	535	428
安徽省	合肥	457	377	467	595	522	660	630	723	842	735
	宿州	576	496	582	710	627	779	749	828	961	854
	阜阳	653	573	659	787	704	856	826	905	1038	931
	蚌埠	485	405	491	619	536	688	658	737	870	763
	淮南	505	425	515	643	556	708	678	757	890	783
	滁州	361	281	367	495	412	564	534	613	746	639
	马鞍山	336	256	346	474	387	539	509	588	721	614
	芜湖	310	230	320	448	361	513	483	562	695	588
	铜陵	399	319	409	537	450	602	572	651	784	677
	安庆	494	414	504	632	545	697	667	746	879	772
	黄山	245	324	328	498	310	207	290	511	479	386
	巢湖	368	288	378	506	419	571	541	620	753	646
福建省	福州	772	847	818	620	770	549	583	472	368	484
	南平	606	670	689	742	638	376	459	647	490	604
	三明	670	734	753	806	702	440	523	695	554	670
	莆田	832	907	878	683	830	638	646	535	431	547
	泉州	902	977	948	753	900	708	716	605	501	617
	厦门	975	1050	1021	826	973	781	779	678	574	680
	漳州	1018	1093	1064	869	1016	824	832	721	617	733
	龙岩	1117	1192	1163	968	1115	923	931	820	716	832
	宁德	655	730	701	506	653	525	469	358	254	370
江西省	南昌	635	699	782	774	667	408	491	692	680	587
	九江	528	592	611	698	593	358	441	642	630	537
	景德镇	392	456	475	562	457	222	305	506	494	401
	鹰潭	462	526	545	601	494	235	318	519	507	414
	上饶	374	438	457	513	406	147	230	431	419	326
	新余	702	766	785	841	734	475	558	759	747	654
	萍乡	812	876	895	951	834	585	668	869	857	764
	赣州	930	994	1013	1069	962	703	786	987	975	882
	宜春	758	822	841	897	790	531	614	815	803	710
山东省	济南	872	792	869	997	923	1075	1045	1124	1257	1150
	德州	957	877	958	1086	1008	1160	1130	1209	1342	1235
	淄博	896	816	834	1002	947	1099	1061	1148	1273	1166
	潍坊	899	826	807	935	911	1107	1034	1112	1246	1139
	烟台	1043	970	951	1079	1055	1251	1178	1256	1390	1283
	威海	1106	1033	1014	1142	1118	1314	1241	1319	1453	1346
	青岛	901	828	809	937	913	1109	1036	1114	1248	1141
	日照	734	661	642	770	746	942	869	947	1081	974
	临沂	666	586	616	744	717	869	843	918	1055	948
	济宁	762	682	800	928	813	965	935	1014	1147	1040
	泰安	801	721	788	916	852	1004	974	1053	1186	1079
	滨州	964	884	902	1030	1015	1167	1129	1216	1341	1234
	菏泽	863	783	921	1049	914	1066	1036	1115	1248	1141
河南省	郑州	962	882	998	1126	1013	1165	1135	1214	1347	1240
	三门峡	1153	1073	1189	1317	1204	1356	1326	1405	1538	1431
	洛阳	1042	962	1078	1197	1093	1245	1215	1294	1427	1320
	焦作	1050	970	1086	1205	1101	1253	1223	1302	1435	1328
	新乡	1008	928	1044	1172	1059	1211	1181	1260	1393	1286
	安阳	1116	1036	1152	1280	1167	1319	1289	1368	1501	1394
	开封	898	818	934	1062	949	1101	1071	1150	1283	1176
	商丘	768	688	804	932	819	971	941	1020	1153	1046
	漯河	818	738	854	982	869	1021	991	1070	1203	1096
	南阳	936	856	946	1074	987	1139	1109	1188	1321	1214
	信阳	757	677	767	895	808	960	930	1009	1142	1035
湖北省	武汉	752	816	835	922	817	582	665	866	854	761
	十堰	1165	1085	1175	1303	1216	1037	1120	1321	1309	1216
	襄阳	1047	967	1057	1185	1098	895	978	1179	1167	1074
	荆门	1034	1098	1117	1204	1099	864	947	1148	1136	1043
	孝感	830	894	913	1000	895	660	743	944	932	839
	鄂州	689	753	772	859	754	519	602	803	791	698
	黄石	671	735	754	841	736	501	584	785	773	680
	咸宁	806	870	889	976	871	636	719	920	908	815
	荆州	962	1026	1045	1132	1027	792	875	1076	1064	971
	宜昌	1060	1124	1143	1230	1125	890	973	1174	1162	1069
湖南省	长沙	960	1024	1043	1099	992	733	816	1017	1005	912
	常德	1101	1165	1094	1240	1133	874	957	1158	1146	1053
	益阳	1029	1093	1112	1168	1061	802	885	1086	1074	981
	岳阳	926	990	1009	1096	991	756	839	1040	1028	935
	株洲	924	988	1007	1063	956	697	780	981	969	876
	湘潭	918	982	1001	1057	950	691	774	975	963	870
	衡阳	1053	1117	1136	1192	1085	826	909	1110	1098	1002
	郴州	1170	1234	1253	1309	1202	943	1026	1227	1215	1122
	永州	1176	1240	1259	1315	1208	949	1032	1233	1221	1128
	邵阳	1099	1163	1182	1238	1131	872	955	1156	1144	1051
	广州	1402	1466	1485	1522	1434	1175	1258	1374	1270	1386
广东省	韶关	1328	1392	1411	1467	1360	1101	1184	1385	1373	1280
	梅州	1331	1395	1414	1278	1363	1104	1187	1130	1026	1142
	汕头	1223	1298	1266	1074	1221	1093	1176	926	822	938
	惠州	1261	1325	1344	1381	1293	1034	1117	1233	1129	1249
	东莞	1326	1390	1409	1446	1358	1099	1182	1298	1194	1310
	深圳	1352	1416	1435	1394	1384	1125	1208	1246	1142	1258
	珠海	1498	1562	1581	1535	1530	1271	1354	1387	1283	1399
	中山	1467	1531	1550	1504	1499	1240	1323	1356	1252	1368
	肇庆	1474	1538	1557	1596	1506	1247	1330	1448	1344	1460
	茂名	1761	1825	1844	1836	1793	1534	1617	1688	1584	1700
	湛江	1845	1909	1928	1916	1877	1618	1701	1768	1664	1780
广西壮族自治区	南宁	1761	1825	1844	1900	1793	1534	1617	1818	1806	1713
	桂林	1362	1426	1445	1501	1394	1135	1218	1419	1407	1314
	柳州	1524	1588	1607	1663	1556	1297	1380	1581	1569	147[illegible]
	梧州	1755	1819	1838	1894	1787	1528	1611	1635	1531	1647
	玉林	1834	1898	1917	1973	1866	1607	1690	1891	1879	1786
	百色	1974	2038	2057	2113	2006	1747	1830	2031	2019	1926
四川省	成都	1928	1992	2011	2098	1993	1758	1841	2042	2030	1937
	绵阳	1826	1890	1909	1996	1877	1855	1938	2078	2127	2034
	泸州	1837	1901	1920	2007	1902	1667	1750	1951	1939	1846
	攀枝花	2603	2667	2686	2773	2668	2433	2516	2717	2705	2612
	西昌	2412	2476	2495	2582	2477	2242	2325	2526	2514	2421
贵州省	贵阳	1717	1781	1800	1856	1749	1490	1573	1774	1762	1669
	遵义	1846	1910	1929	1985	1878	1619	1702	1903	1891	1798
	安顺	1798	1862	1881	1937	1830	1571	1654	1855	1843	1750
	毕节	1912	1976	1995	2051	1944	1685	1768	1969	1957	1864
	凯里	1537	1601	1620	1676	1569	1310	1393	1594	1582	1489
云南省	昆明	2241	2305	2324	2380	2273	2014	2097	2298	2286	2193
	曲靖	2098	2162	2181	2237	2130	1871	1954	2155	2143	2050
	玉溪	2321	2385	2404	2460	2353	2094	2177	2378	2366	2273
	丽江	2738	2802	2821	2877	2770	2511	2594	2795	2783	2690
	大理	2551	2615	2634	2690	2583	2324	2407	2608	2596	2503
	景洪	2778	2842	2861	2917	2810	2551	2634	2835	2823	2730
西藏自治区	拉萨	4009	4073	4092	4179	4074	3839	3922	4123	4111	4018
	那曲	3948	4012	4031	4118	4013	3778	3861	4062	4050	3957
	昌都	3193	3257	3276	3363	3258	3023	3106	3307	3295	3202
	拉孜	4258	4322	4341	4428	4323	4088	4171	4455	4360	4267
	萨嘎	4708	4772	4791	4878	4773	4538	4621	4822	4810	471[illegible]
	噶尔	5461	5525	5544	5631	5526	5291	5374	5575	5563	5470
陕西省	西安	1346	1266	1356	1484	1431	1549	1519	1632	1731	1624
	延安	1630	1550	1630	1758	1691	1833	1803	1882	2015	1908
	铜川	1413	1333	1413	1541	1464	1616	1586	1665	1798	1691
	渭南	1357	1277	1367	1495	1408	1560	1440	1609	1742	1635
	咸阳	1382	1302	1392	1520	1433	1585	1555	1634	1767	1660
	宝鸡	1534	1454	1544	1672	1585	1737	1707	1786	1919	1812
	汉中	1611	1531	1621	1749	1662	1814	1784	1863	1996	1889
	榆林	1755	1675	1693	1821	1806	1958	1928	2007	2140	2033
	安康	1535	1455	1545	1673	1586	1738	1708	1787	1920	1813
甘肃省	兰州	1983	1903	1921	2049	2034	2186	2156	2235	2368	2261
	嘉峪关	2678	2598	2616	2744	2729	2881	2851	2930	3063	2956
	天水	1714	1634	1724	1852	1765	1917	1887	1966	2099	1992
	敦煌	3049	2969	2987	3115	3100	3252	3222	3301	3434	3327
	张掖	2457	2377	2395	2523	2508	2660	2630	2708	2842	2735
	武威	2221	2141	2159	2287	2272	2424	2394	2473	2606	2499
青海省	西宁	2207	2127	2145	2273	2258	2410	2380	2459	2592	2485
	同仁	2297	2217	2235	2363	2348	2500	2470	2549	2682	2575
	德令哈	2702	2622	2640	2768	2753	2905	2875	2954	3087	2980
	格尔木	2951	2871	2889	3017	3002	3154	3124	3203	3336	3229
宁夏回族自治区	银川	2065	1985	2003	2131	2116	2268	2238	2317	2450	2343
	惠农区	2155	2075	2093	2221	2206	2358	2328	2407	2540	2433
	吴忠	2058	1978	1996	2124	2109	2261	2231	2310	2443	2336
	固原	1735	1655	1673	1801	1786	1938	1908	1987	2120	2013
新疆维吾尔自治区	乌鲁木齐	3872	3792	3810	3938	3923	4075	4045	4124	4257	4150
	克拉玛依	4236	4156	4174	4302	4287	4439	4409	4488	4621	4514
	喀什	5068	4988	5006	5134	5119	5271	5241	5320	5453	5346
	阿克苏	4604	4524	4542	4670	4655	4807	4777	4856	4989	4882
	吐鲁番	3671	3591	3609	3737	3722	3874	3844	3923	4056	3949
	哈密	3280	3200	3218	3346	3331	3483	3453	3532	3665	3558
	阿勒泰	4522	4442	4460	4588	4573	4725	4695	4774	4907	4800

浙江省主要城镇间里程表

	杭州	建德	湖州	长兴	嘉兴	海盐	绍兴	诸暨	宁波	奉化	象山	金华	义乌	衢州	开化	台州	三门	玉环	丽水	景宁	龙泉	温州	苍南
杭州																							
建德	160																						
湖州	104	232																					
长兴	130	251	27																				
嘉兴	89	249	92	118																			
海盐	98	249	112	138	58																		
绍兴	66	210	151	196	149	157																	
诸暨	103	193	195	221	193	202	53																
宁波	218	347	294	320	160	300	152	196															
奉化	235	336	327	353	325	333	175	215	33														
象山	283	396	375	401	373	381	224	280	81	92													
金华	204	79	296	322	294	302	170	117	268	257	317												
义乌	143	143	236	262	235	243	113	60	211	197	260	57											
衢州	252	101	344	370	342	350	268	215	366	355	415	98	127										
开化	343	192	435	461	433	441	359	306	457	446	506	189	246	91									
台州	311	443	403	429	357	319	256	307	197	165	159	261	233	359	450								
三门	260	335	352	378	346	358	201	246	118	98	130	256	195	356	447	96							
玉环	374	403	466	492	460	472	319	386	260	227	252	324	294	422	513	79	159						
丽水	290	201	382	408	388	253	200	313	296	380	318	120	148	196	287	231	225	294					
景宁	380	291	472	498	470	478	343	290	403	386	408	212	238	237	328	321	315	384	90				
龙泉	392	241	484	510	482	490	388	327	448	423	445	249	306	206	297	358	352	421	127	101			
温州	463	327	567	593	400	508	397	328	340	308	332	234	268	321	412	155	240	197	114	216	253		
苍南	544	410	648	674	584	591	478	409	424	391	415	331	357	405	496	239	324	281	209	300	337	81	

图例解释

街区	次要街道 县道	高速公路	交警部门 地铁站	医院 邮政局
公园 绿地	城市高架路	建筑中高速公路	出入口 国道编号	宾馆 风景点
过境线 国道	地铁 轻轨	快速路	加油站 汽修厂	古塔 电视台
主要街道 省道	铁路及车站	省、市、区政府	停车场 汽车站	桥梁 运动场

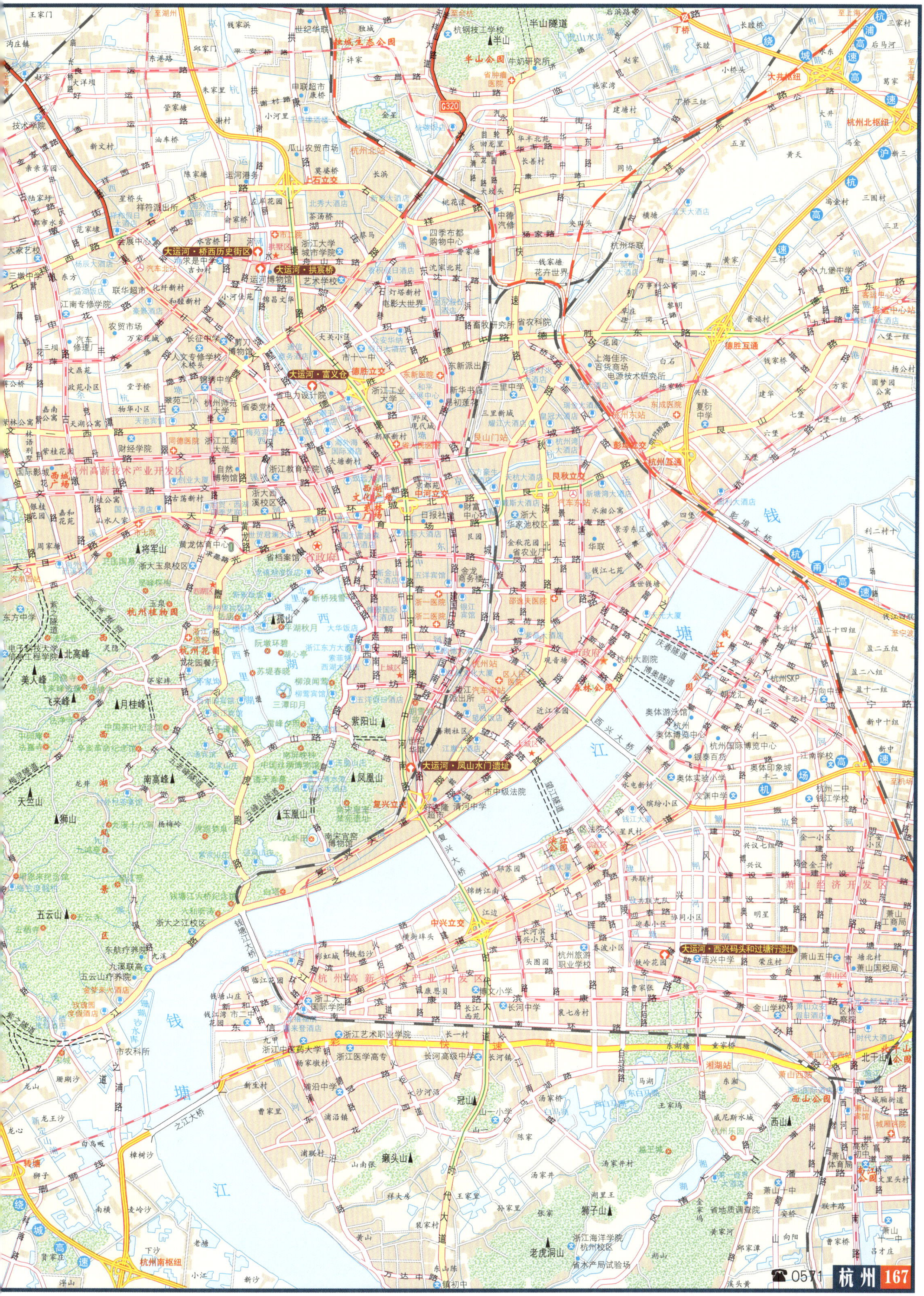

0571 杭州 167

图例解释

收费站、出入口、省级高速编号（S1）、国家高速编号（G45）、服务区、在建	高速公路	
国道编号（G312）	国道	
省道编号（S217）、里程数(km)、居民点、在建	省道	
桥梁、隧口	县道	
	快速路	
隧道、在建	铁路	

345 南京三桥　南京三桥出入口位于距该高速公路零千米345千米处

25 宁波服务区　宁波服务区位于距该高速公路零千米25千米处

47 香河收费站　香河收费站位于距该高速公路零千米47千米处

24 国道里程桩：表示该点距此国道零千米总里程为24千米

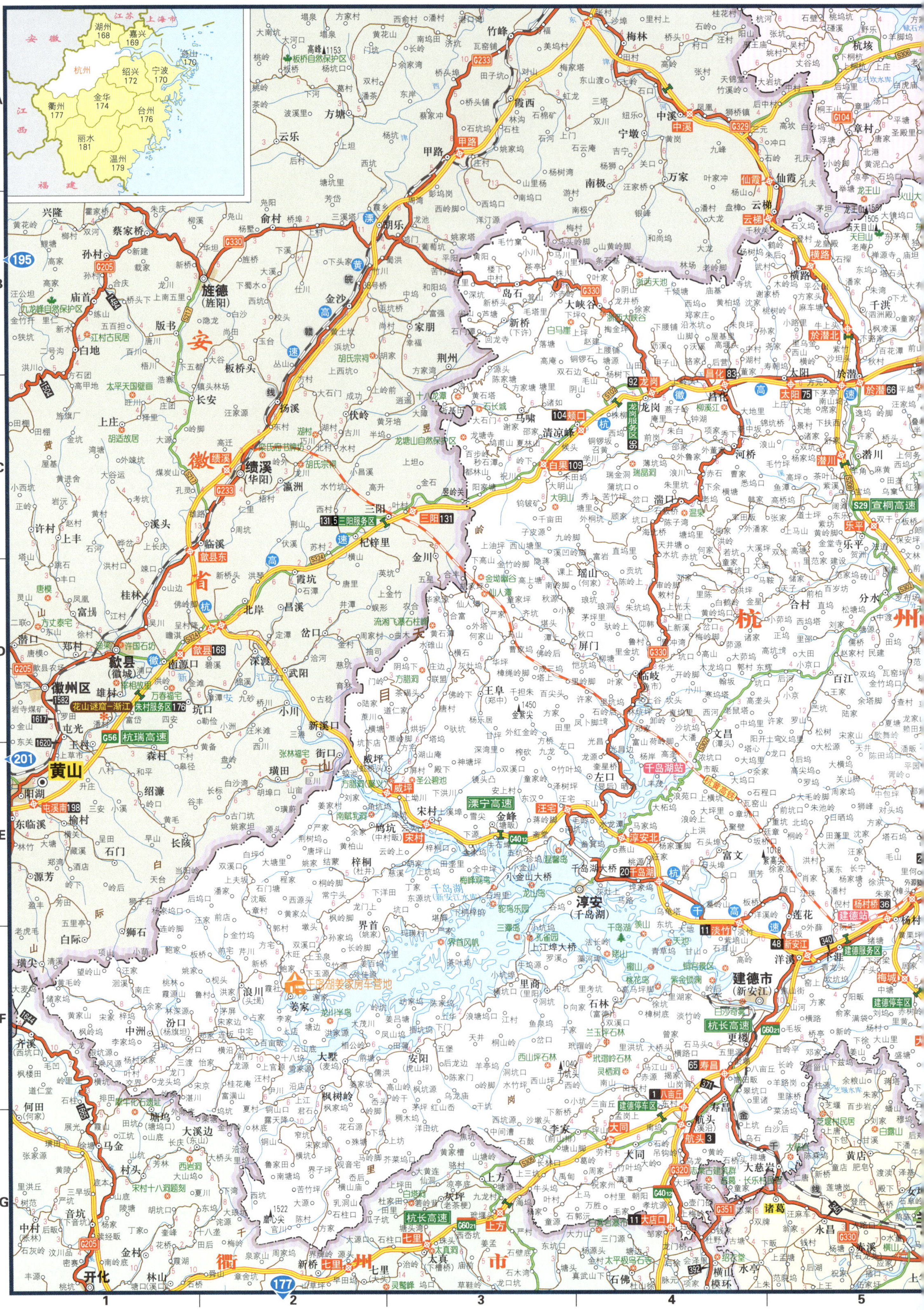

比例尺 1：60万
0 6.0 12.0 18.0 km
图上1cm相当于实地6km

比例尺 1:49万

0 4.9 9.8 14.7 km

图上1cm相当于实地4.9km

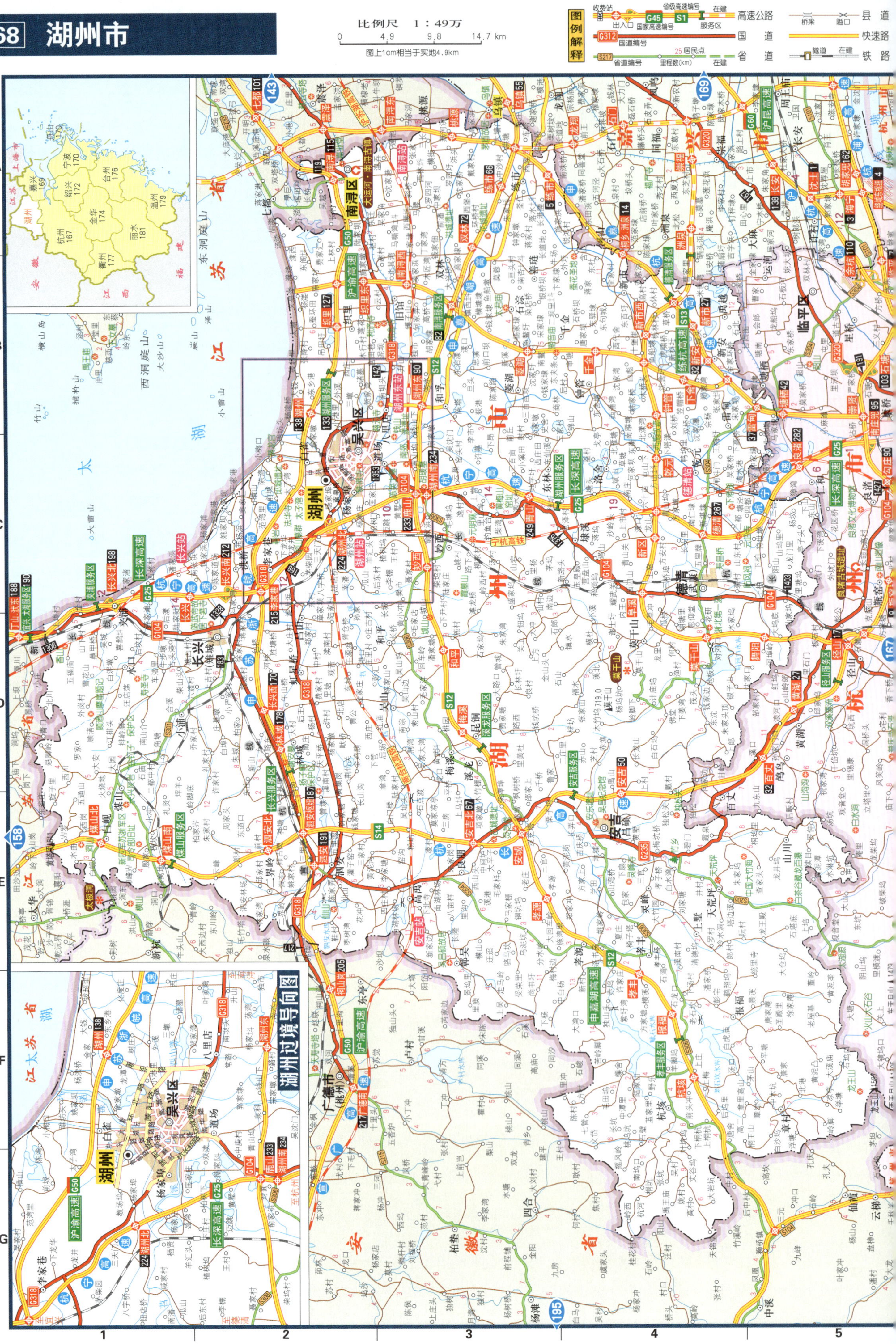

公路零千米

- ▶104国道零千米：北京永定门
- ▶318国道零千米：上海市区
- ▶320国道零千米：上海市区

比例尺 1：48万

0 4.8 9.6 14.4 km

图上1cm相当于实地4.8km

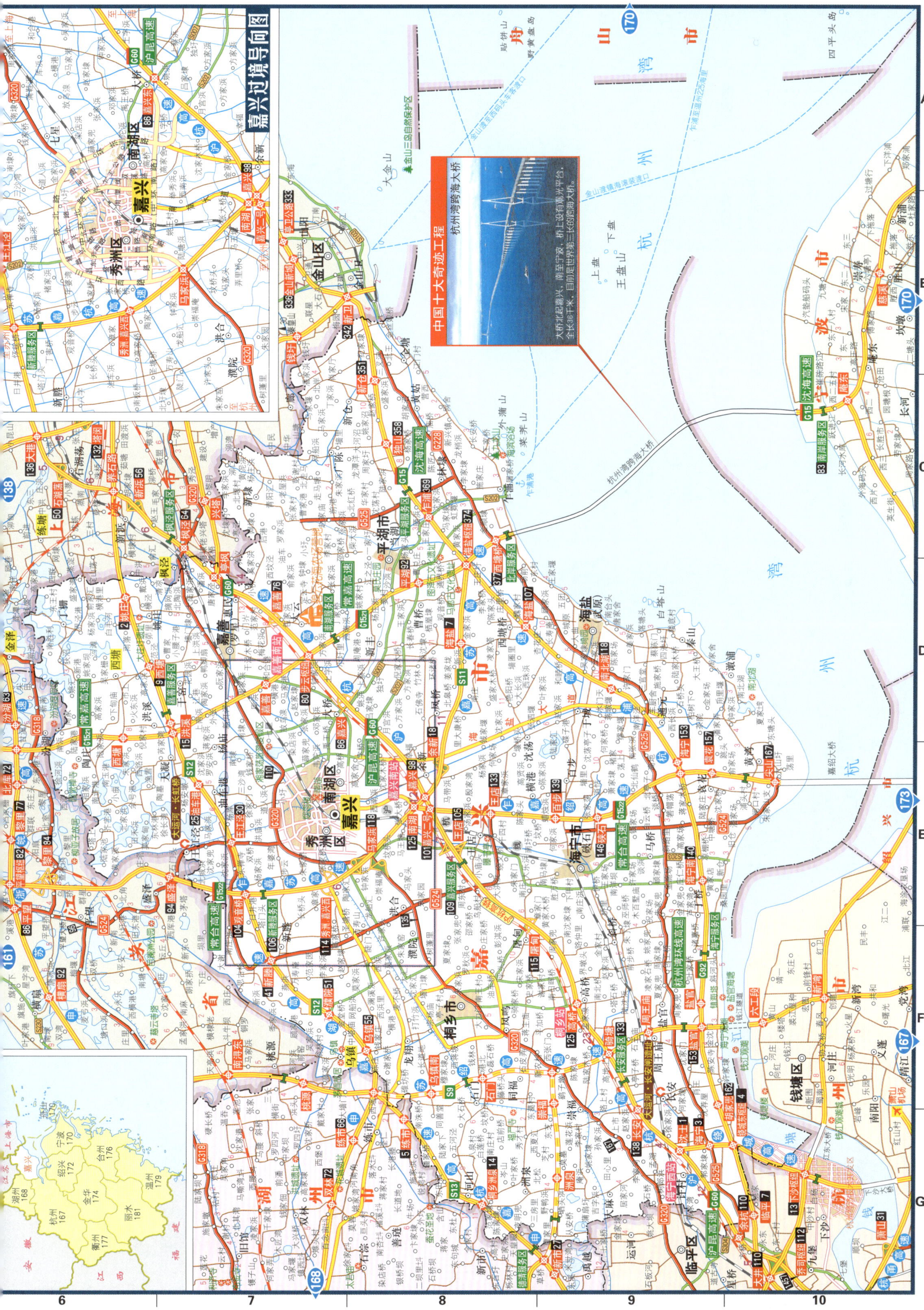

图例解释

收费站 出入口 省级高速编号 G45 S1 服务区 在建 国家高速编号 高速公路
G312 国道编号 国道
S217 省道编号 25 居民点 里程数(km) 在建 省道
桥梁 隧口 县道
快速路
隧道 在建 铁路

345 南京三桥 南京三桥出入口位于距该高速公路零千米345千米处
25 宁波服务区 宁波服务区位于距该高速公路零千米25千米处
47 香河收费站 香河收费站位于距该高速公路零千米47千米处
24 国道里程桩：表示该点距此国道零千米为24千米

比例尺 1：67万

0 6.7 13.4 20.1 km

图上1cm相当于实地6.7km

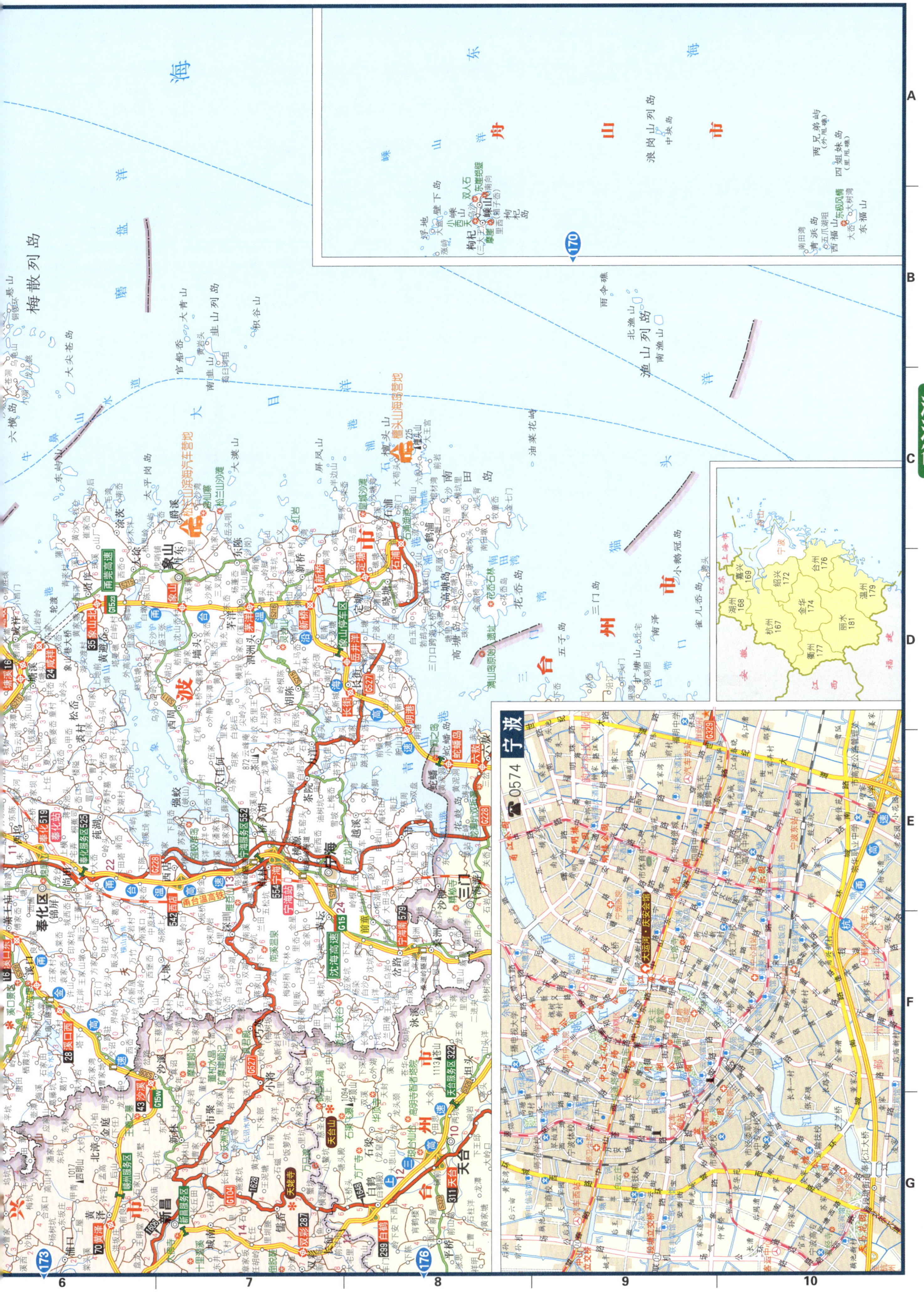

图例解释

收费站 出入口 G45 国家高速编号 S1 省级高速编号 服务区 在建 高速公路

G312 国道编号 国 道

S217 省道编号 25 居民点 里程数(km) 在建 省 道

桥梁 隘口 县 道

快速路

隧道 在建 铁 路

345 南京三桥 南京三桥出入口位于距该高速公路零千米345千米处

25 宁波服务区 宁波服务区位于距该高速公路零千米25千米处

47 香河收费站 香河收费站位于距该高速公路零千米47千米处

24 国道里程桩：表示该点距此国道零千米总里程为24千米

比例尺 1：45万
0 4.5 9.0 13.5 km
图上1cm相当于实地4.5km

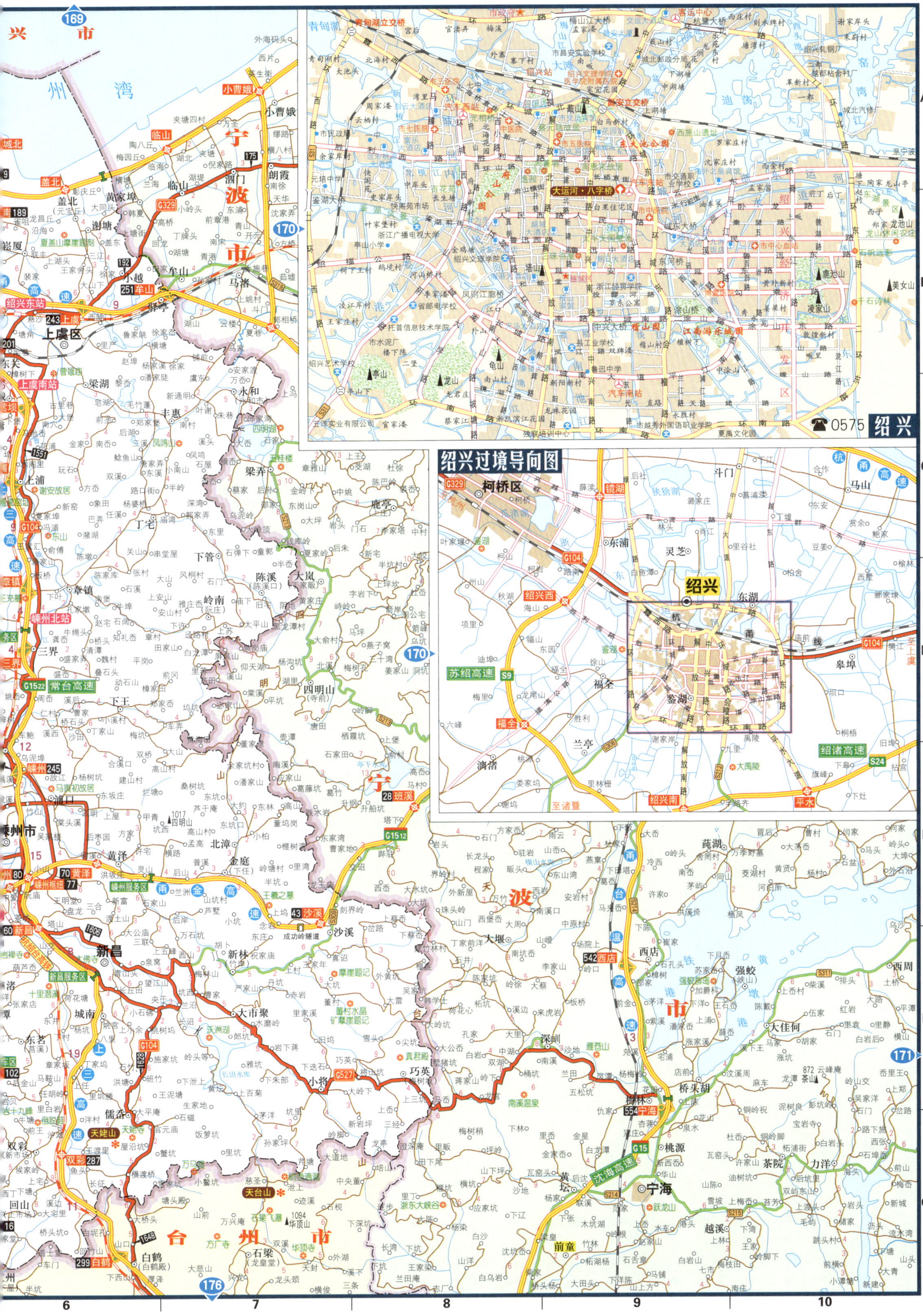

图例解释

- 收费站、出入口、国家高速编号、省级高速编号、服务区、在建 — 高速公路
- G312 国道编号 — 国道
- S217 省道编号、25 居民点、里程数(km)、在建 — 省道
- 桥梁、隘口 — 县道
- 快速路
- 隧道、在建 — 铁路
- 345 南京三桥：南京三桥出入口位于距该高速公路零千米345千米处
- 25 宁波服务区：宁波服务区位于距该高速公路零千米25千米处
- 47 香河收费站：香河收费站位于距该高速公路零千米47千米处
- 24：国道里程桩：表示该点距此国道零千米总里程为24千米

比例尺 1：51万

0 5.1 10.2 15.3 km

图上1cm相当于实地5.1km

比例尺 1:68万

0 6.8 13.6 20.4 km

图上1cm相当于实地6.8km

图例解释

比例尺　1：68万

0　6.8　13.6　20.4 km

图上1cm相当于实地6.8km

公路零千米

▶104国道零千米：北京永定门

▶205国道零千米：秦皇岛市海阳镇

▶320国道零千米：上海市区

图例解释

- 收费站、出入口、国家高速编号、省级高速编号、服务区、在建 — 高速公路
- 国道编号 — 国道
- 省道编号、居民点、里程数(km)、在建 — 省道
- 桥梁、隧口 — 县道
- 快速路
- 隧道、在建 — 铁路
- 345 南京三桥：南京三桥出入口位于距该高速公路零千米345千米处
- 25 宁波服务区：宁波服务区位于距该高速公路零千米25千米处
- 47 香河收费站：香河收费站位于距该高速公路零千米47千米处
- 24 国道里程桩：表示该点距此国道零千米总里程为24千米

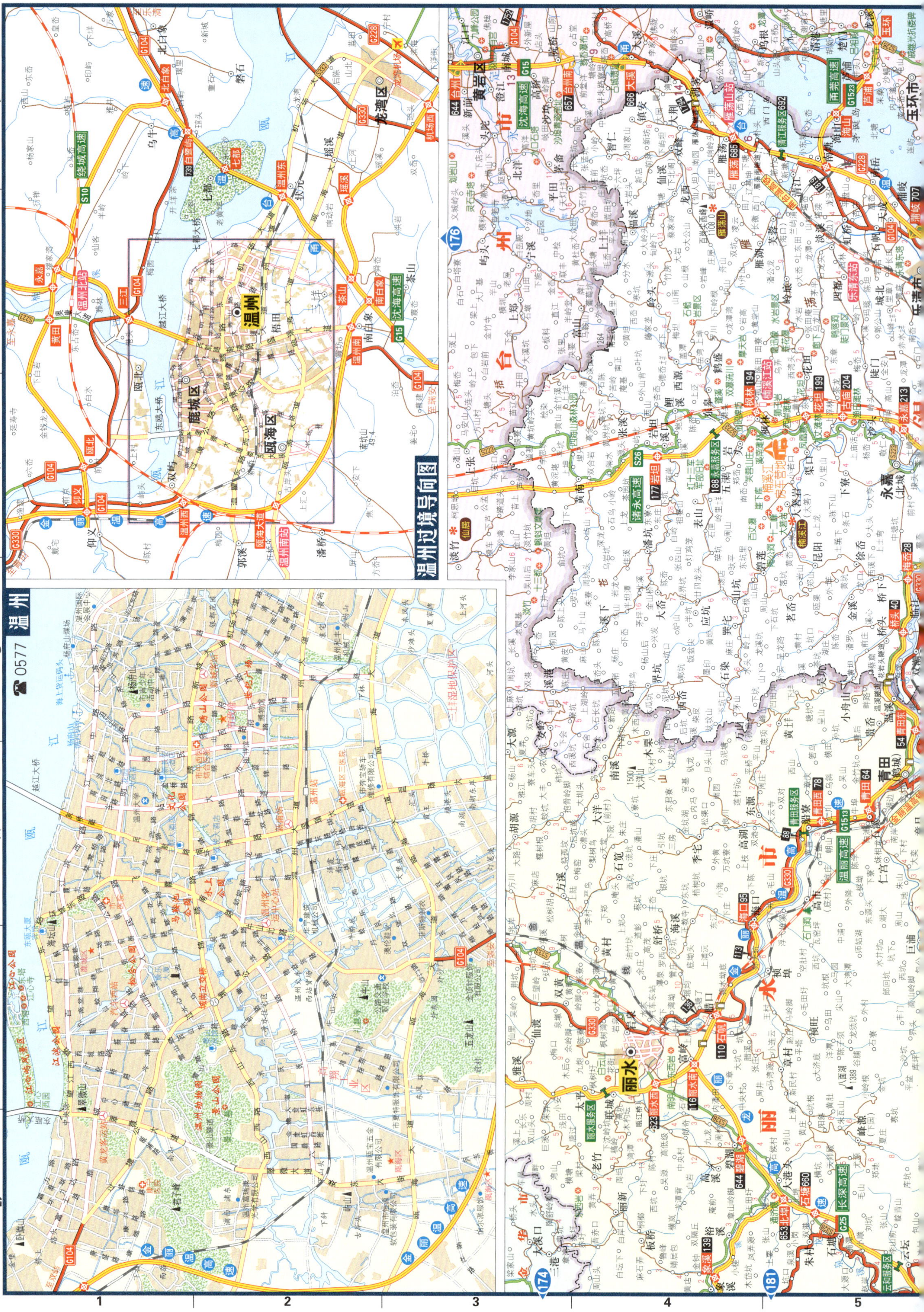

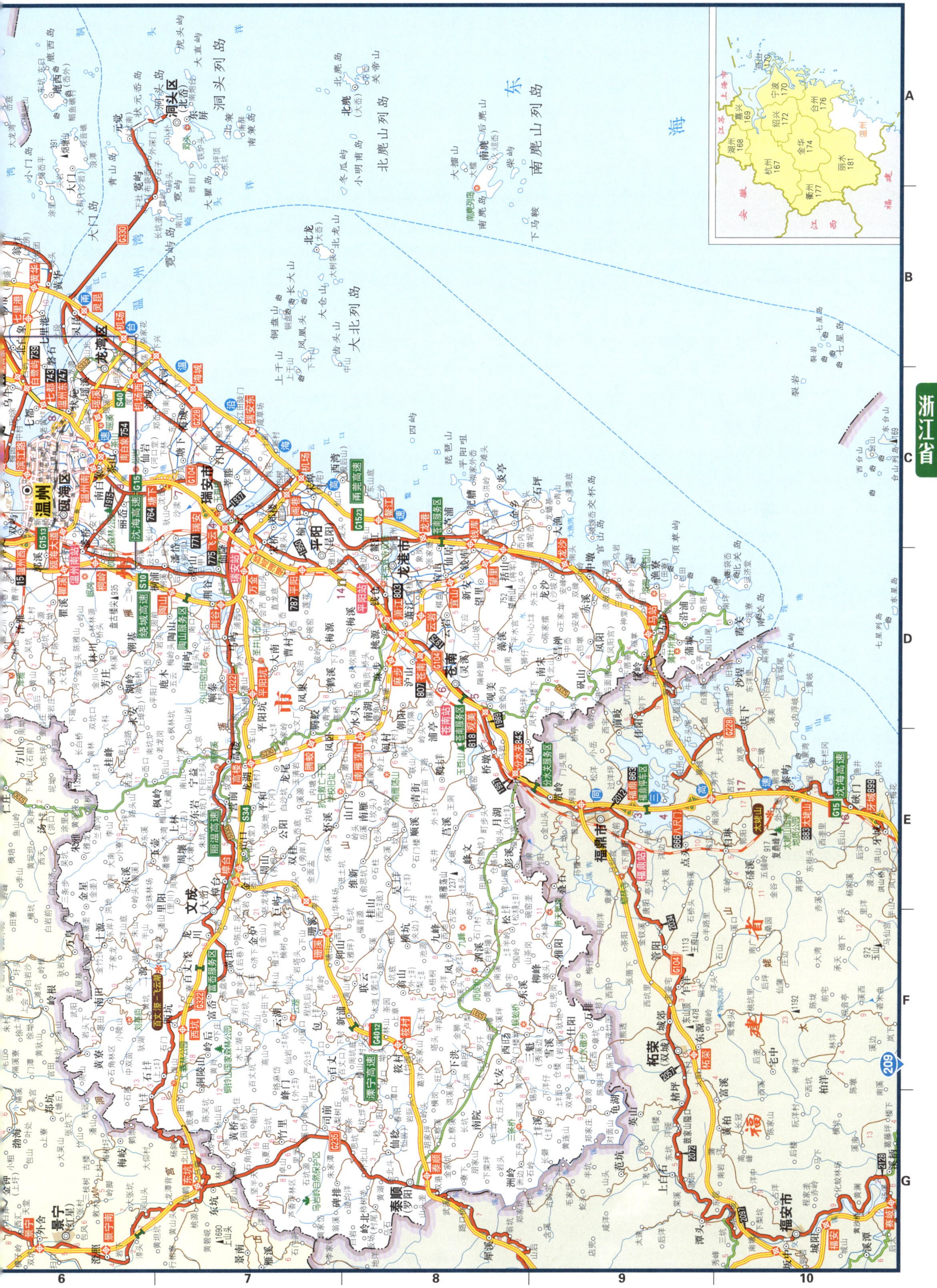
温州
瓯海区
龙湾区
洞头区
瑞安市
平阳
苍南
龙港市
文成
泰顺
福鼎市
柘荣
福安市
景宁
东
海
北麂山列岛
南麂山列岛
洞头列岛
大北列岛
浙江省
A
B
C
D
E
F
G
6
7
8
9
10

图例解释

收费站 出入口 省级高速编号 G45 S1 国家高速编号 服务区 在建 高速公路

G312 国道编号 国道

S217 省道编号 25 居民点 里程数(km) 在建 省道

桥梁 隘口 县道

快速路

隧道 在建 铁路

345 南京三桥 南京三桥出入口位于距该高速公路零千米345千米处

25 宁波服务区 宁波服务区位于距该高速公路零千米25千米处

47 香河收费站 香河收费站位于距该高速公路零千米47千米处

24 国道里程桩：表示该点距此国道零千米总里程为24千米

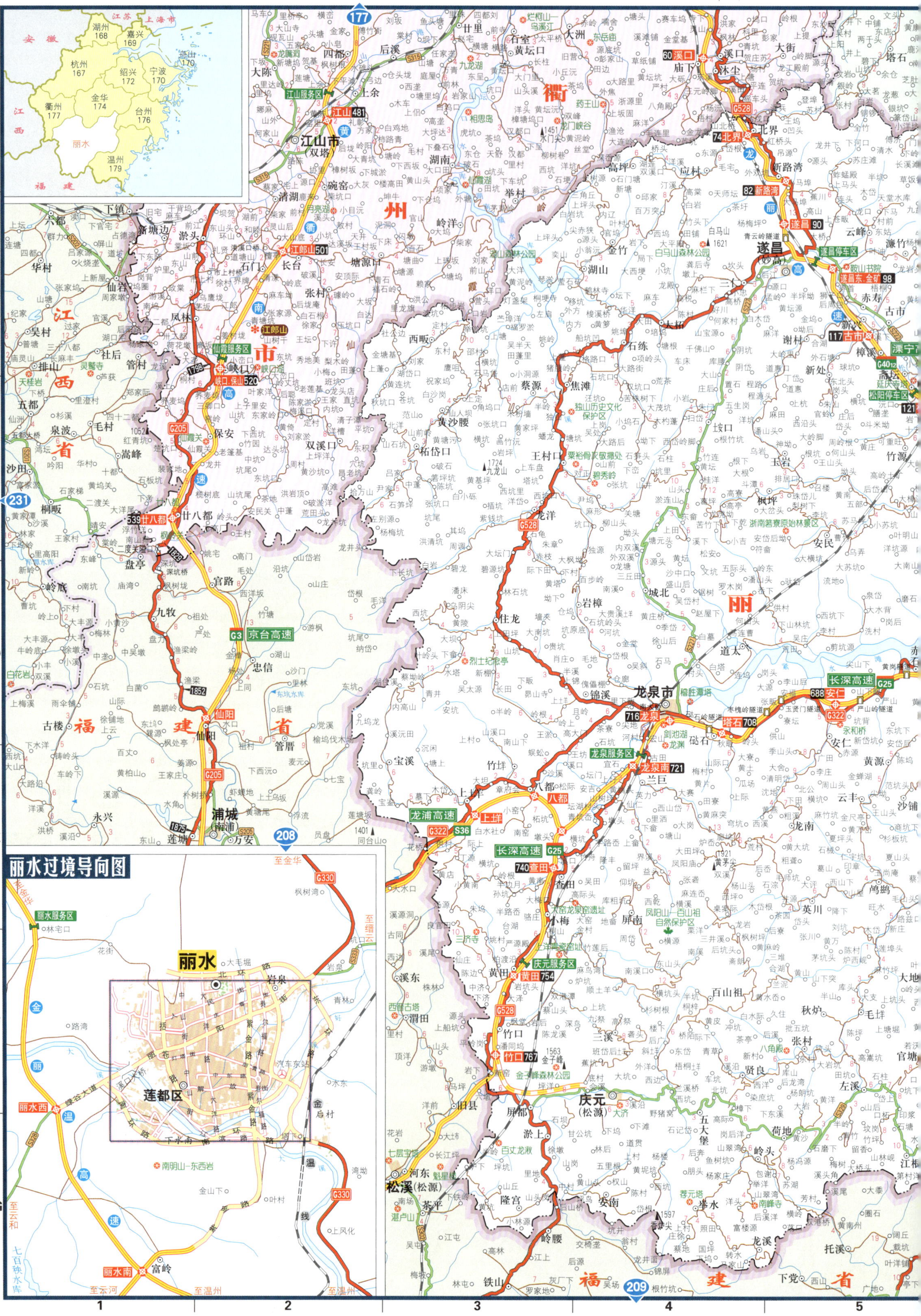

比例尺 1：62万

0 6.2 12.4 18.6 km

图上1cm相当于实地6.2km

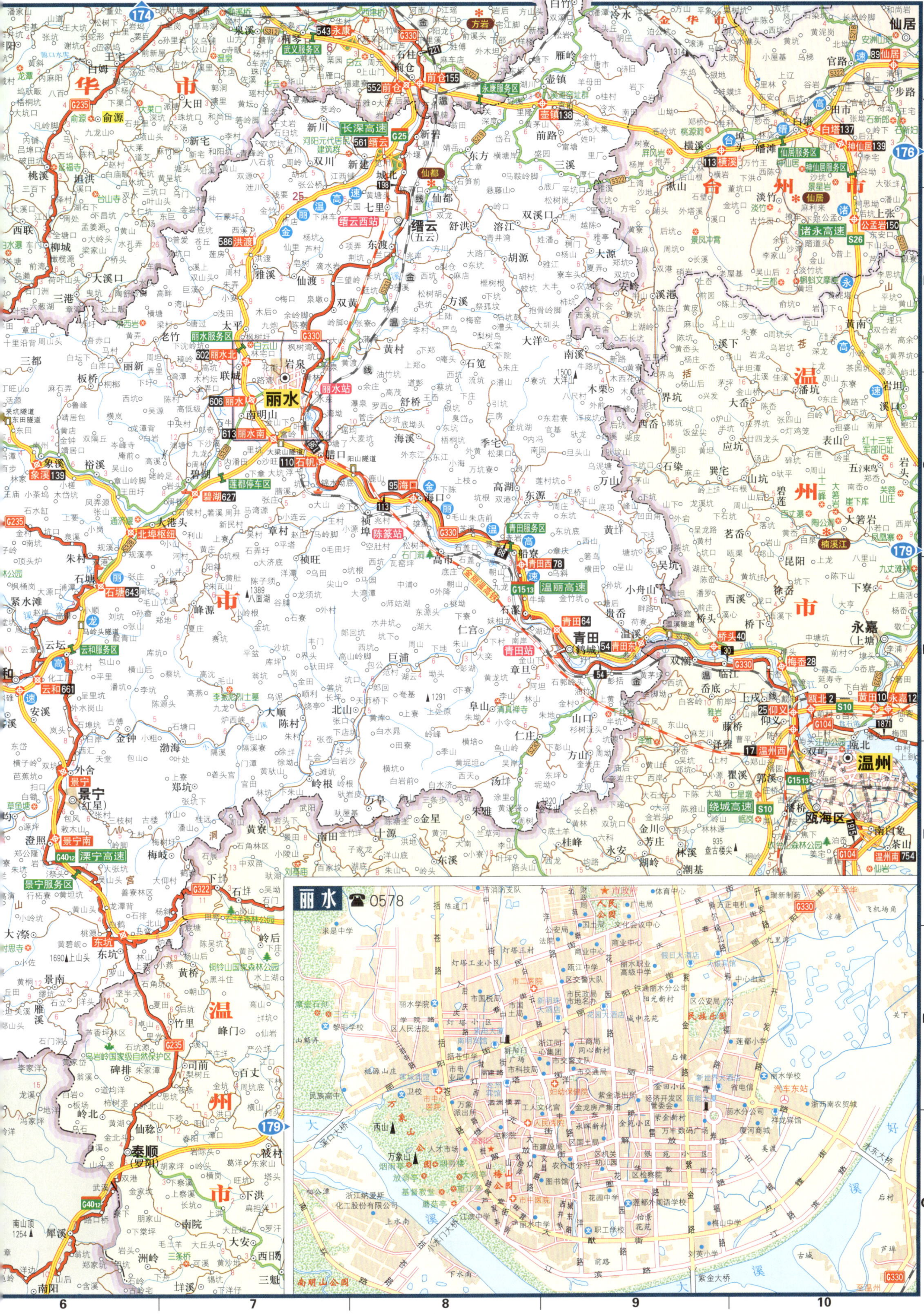

常用电话

高速公路咨询……0551-96566	马鞍山市交通局..0555-2471127	亳州市交通局...0558-5116071	安庆市交通局...0556-5514045
治超办…………0551-63623525	芜湖市交通局……0553-31108	宿州市交通局...0557-3905722	六安市交通局...0564-3313125
省交通厅…………0551-63638923	蚌埠市交通局….0552-3028825	淮北市交通局...0561-3809676	巢湖市交通局...0565-2314248
省高速公路管理局..0551-63435223	黄山市交警支队..0559-2314488	滁州市交通局...0550-3022830	池州市交通局...0566-2022878
合肥市交通局……0551-65118150	阜阳市交通局….0558-2567396	铜陵市交通局...0562-2870840	淮南市交通局...0554-6644704

安徽省

图例解释

收费站 出入口 G45 S17 省级高速编号 国家高速编号 服务区 在建	高速公路
G312 国道编号	国道
217 省道编号 25 居民点 里程数(km) 在建	省道
桥梁 隘口	县道
	快速路
隧道 在建	铁路

比例尺 1：166万

0 16.6 33.2 49.8 km

图上1cm相当于实地16.6km

安徽省公路里程表

- 本表中城际间里程是以高速公路、国道为主要行车路线计算，不作营运计价依据。
- 单位：km

安徽省主要城市至全国各主要城市里程表

省份	城市	合肥	宿州	阜阳	蚌埠	淮南	滁州	马鞍山	芜湖	铜陵	安庆	黄山	巢湖
直辖市	北京	1076	826	915	917	961	1070	1111	1141	1200	1220	1406	1083
	上海	512	593	675	507	577	388	378	385	373	581	424	519
	天津	983	733	822	824	868	977	1018	990	1107	1127	1313	990
	重庆	1389	1606	1598	1507	1474	1489	1526	1465	1384	1280	1337	1445
河北省	石家庄	960	713	782	804	842	928	998	1028	1087	1108	1262	970
	张家口	1289	1042	1130	1133	1171	1257	1316	1357	1416	1436	1591	1299
	承德	1303	1056	1144	1147	1185	1271	1330	1371	1430	1450	1605	1313
	秦皇岛	1223	976	1064	1067	1105	1190	1232	1290	1349	1369	1524	1233
	唐山	1083	836	924	927	965	1050	1111	1150	1209	1229	1384	1093
	保定	1013	766	905	857	895	981	1028	1081	1140	1160	1315	1023
	沧州	848	601	689	692	730	829	899	929	988	1008	1163	871
	衡水	816	569	657	660	698	784	867	884	943	963	1118	826
	邢台	921	674	644	765	803	889	972	989	1048	1068	1223	931
	邯郸	889	642	592	733	771	857	940	957	1016	1036	1191	899
山西省	太原	1129	907	863	983	967	1107	1238	1207	1228	1248	1403	1149
	大同	1393	1167	1127	1247	1231	1371	1502	1471	1492	1512	1667	1413
	阳泉	1034	783	855	877	915	1001	1071	1101	1160	1180	1335	1043
	长治	919	781	653	773	757	897	1028	997	1018	1038	1193	939
	晋城	825	611	559	679	663	803	934	903	924	944	1099	845
	忻州	1200	964	934	1054	1038	1178	1301	1278	1299	1319	1474	1220
	临汾	1033	840	767	887	871	1011	1142	1111	1132	1152	1307	1053
	运城	898	695	632	752	736	876	1007	976	997	1017	1172	918
	侯马	976	783	710	830	814	954	1085	1054	1075	1095	1250	996
内蒙古自治区	呼和浩特	1677	1364	1411	1531	1515	1655	1786	1755	1776	1796	1951	1697
	包头	1828	1525	1562	1682	1666	1806	1937	1906	1927	1947	2102	1848
	乌海	2184	1726	1918	2038	2022	2162	2293	2262	2283	2303	2458	2204
	赤峰	1623	1274	1464	1451	1489	1575	1645	1675	1734	1754	1909	1617
	通辽	1783	1495	1624	1621	1667	1750	1820	1850	1909	1929	2084	1787
	呼伦贝尔	1963	2637	1804	2728	2766	2852	2983	2952	3011	3031	3186	2894
	乌兰浩特	2276	2050	2117	2141	2179	2265	2335	2365	2424	2444	2599	2307
	锡林浩特	1706	1480	1547	1571	1609	1695	1765	1795	1854	1874	2029	1737
	乌兰察布	1525	1178	1259	1379	1363	1503	1634	1603	1624	1644	1799	1545
	东胜区	1913	1439	1647	1767	1751	1891	2022	1991	2010	2032	2185	1933
	巴彦淖尔	2052	1749	1786	1906	1890	2030	2161	2130	2151	2171	2326	2072
辽宁省	沈阳	1627	1380	1468	1471	1509	1594	1628	1694	1753	1773	1928	1636
	朝阳	1496	1249	1337	1340	1378	1463	1497	1563	1622	1642	1797	1505
	阜新	1533	1286	1374	1377	1415	1500	1534	1600	1659	1679	1834	1542
	铁岭	1690	1443	1531	1534	1562	1657	1691	1756	1816	1836	1991	1699
	本溪	1669	1416	1510	1513	1551	1630	1670	1730	1789	1809	1964	1672
	鞍山	1609	1362	1450	1453	1499	1568	1618	1668	1735	1755	1910	1618
	丹东	1806	1559	1647	1650	1696	1765	1807	1865	1932	1952	2107	1815
	大连	1764	1517	1605	1608	1646	1731	1765	1831	1890	1910	2065	1773
	营口	1548	1301	1389	1392	1430	1515	1549	1615	1674	1694	1849	1557
	盘锦	1488	1241	1329	1332	1370	1455	1489	1555	1614	1634	1789	1497
	锦州	1405	1158	1246	1249	1287	1372	1406	1472	1531	1551	1706	1414
	葫芦岛	1366	1119	1207	1210	1248	1333	1367	1433	1492	1512	1666	1375
吉林省	长春	1923	1676	1764	1767	1805	1890	1924	1990	2049	2069	2224	1932
	白城	2094	1847	1935	1938	1976	2061	2095	2161	2220	2240	2395	2103
	松原	2071	1824	1912	1915	1953	2038	2072	2138	2197	2217	2372	2080
	吉林	2016	1769	1857	1860	1898	1983	2017	2083	2142	2162	2317	2025
	四平	1806	1559	1647	1650	1688	1773	1807	1873	1932	1952	2107	1815
	辽源	1879	1632	1720	1723	1761	1846	1880	1946	2005	2025	2180	1888
	通化	1869	1631	1710	1713	1751	1836	1870	1936	1995	2015	2170	1878
	梅河口	1858	1621	1709	1712	1750	1835	1859	1935	1994	2014	2169	1877
	延吉	2318	2071	2159	2162	2200	2285	2319	2385	2444	2464	2619	2327
	敦化	2199	1952	2040	2043	2081	2166	2200	2366	2325	2355	2500	2208
黑龙江省	哈尔滨	2166	1919	2007	2010	2048	2133	2167	2233	2292	2312	2467	2175
	齐齐哈尔	2482	2235	2323	2326	2364	2449	2483	2549	2608	2628	2783	2491
	黑河	2742	2495	2583	2586	2624	2709	2743	2809	2868	2888	3043	2751
	大庆	2314	2067	2155	2158	2196	2281	2314	2381	2440	2460	2615	2323
	伊春	2509	2261	2350	2353	2391	2076	2510	2176	2235	2255	2410	2118
	鹤岗	2587	2340	2428	2431	2469	2554	2588	2654	2713	2723	2888	2596
	佳木斯	2516	2269	2357	2360	2398	2483	2517	2583	2642	2662	2817	2525
	双鸭山	2580	2333	2421	2424	2462	2547	2581	2647	2706	2726	2881	2589
	七台河	2599	2352	2440	2443	2481	2566	2600	2666	2725	2745	2900	2608
	鸡西	2542	2132	2383	2386	2424	2346	2543	2446	2505	2525	2680	2388
	牡丹江	2379	1969	2220	2223	2261	2183	2380	2283	2342	2362	2517	2225
	绥化	2284	2037	2125	2128	2166	2251	2285	2351	2410	2430	2585	2293
江苏省	南京	212	324	401	233	282	109	81	120	223	305	390	183
	徐州	351	104	338	194	218	318	410	419	478	498	653	361
	连云港	486	307	541	397	421	343	371	425	527	633	694	496
	淮安	354	286	503	335	384	211	239	293	395	501	562	364
	盐城	462	412	615	447	496	323	351	405	507	613	674	476
	扬州	280	352	429	261	310	137	165	219	321	427	488	290
	南通	435	507	584	416	465	292	320	374	476	582	643	445
	镇江	282	373	450	282	331	158	151	249	293	375	460	253
	常州	328	419	496	328	377	204	197	295	339	421	506	299
	无锡	371	462	539	371	420	247	240	338	382	464	549	342
	苏州	417	508	585	417	466	293	286	384	428	510	595	388
浙江省	杭州	457	576	653	485	505	361	336	310	399	494	245	368
	湖州	377	496	573	405	425	281	256	230	319	414	324	288
	嘉兴	467	582	659	491	515	367	346	320	409	504	328	378
	宁波	595	710	787	619	643	495	474	448	537	632	498	506
	绍兴	522	627	704	536	556	412	387	361	450	545	310	419
	衢州	660	779	856	688	708	564	539	513	602	697	207	571
	金华	630	749	826	658	678	534	509	483	572	667	290	541
	台州	723	828	905	737	757	613	588	562	651	746	511	620
	温州	842	961	1038	870	890	746	721	695	784	879	479	753
	丽水	735	854	931	763	783	639	614	588	677	772	386	646

省份	城市	合肥	宿州	阜阳	蚌埠	淮南	滁州	马鞍山	芜湖	铜陵	安庆	黄山	巢湖
福建省	福州	1038	1255	1224	1156	1135	1138	1091	1030	957	867	839	1094
	南平	881	904	1067	999	978	981	934	873	800	710	682	937
	三明	857	1074	1043	975	954	957	910	849	776	686	658	913
	莆田	1127	1344	1313	1245	1224	1227	1180	1119	1046	956	928	1183
	泉州	1131	1348	1317	1249	1228	1231	1184	1123	1050	960	932	1187
	厦门	1191	1408	1377	1309	1288	1291	1244	1183	1110	1020	992	1247
	漳州	1214	1431	1400	1332	1311	1314	1257	1196	1123	1033	1005	1260
	龙岩	1115	1332	1301	1233	1212	1215	1158	1097	1024	934	906	1161
	宁德	1075	1194	1271	1103	1123	979	954	928	1017	983	712	986
江西省	南昌	497	714	683	615	594	597	628	567	485	388	479	553
	九江	345	562	531	463	442	445	476	415	333	236	311	401
	景德镇	367	584	553	485	464	467	406	345	272	182	176	423
	鹰潭	497	714	683	615	594	597	536	475	402	312	306	553
	上饶	597	814	783	715	694	697	636	575	502	412	255	653
	新余	618	835	804	736	715	718	749	688	606	509	600	674
	萍乡	728	945	914	846	825	828	859	798	716	619	710	784
	赣州	853	1070	1039	971	950	953	984	923	841	744	835	909
	宜春	668	885	854	786	765	768	799	738	656	559	650	724
山东省	济南	677	430	518	521	559	644	714	744	803	823	978	687
	德州	761	514	602	605	643	729	798	829	888	908	1063	771
	淄博	800	493	626	584	622	653	695	749	837	919	1004	810
	潍坊	758	564	725	655	693	615	660	714	802	884	969	768
	烟台	902	708	918	799	837	759	804	858	946	1028	1113	912
	威海	965	771	981	862	900	822	867	921	1009	1091	1176	975
	青岛	760	581	791	672	710	632	677	731	819	901	986	770
	日照	593	399	609	490	528	450	495	549	637	719	804	603
	临沂	582	327	537	418	456	439	481	535	623	705	790	592
	济宁	566	319	385	410	448	534	604	634	693	713	868	576
	泰安	605	358	446	449	487	573	643	673	732	752	907	615
	滨州	868	561	675	652	690	721	763	817	905	987	1072	878
	菏泽	549	315	312	406	416	556	646	656	677	697	852	572
河南省	郑州	640	440	387	507	491	631	747	731	752	772	927	673
	三门峡	873	659	578	698	682	822	938	922	943	963	1118	864
	洛阳	758	545	467	587	571	711	827	811	832	852	1007	753
	焦作	710	487	475	595	579	719	835	816	839	860	1015	761
	新乡	686	463	433	553	537	677	793	777	798	818	973	719
	安阳	794	571	541	661	645	785	901	885	906	926	1081	827
	开封	581	369	323	443	427	567	683	667	688	708	863	609
	商丘	418	224	193	313	297	437	553	537	558	578	733	479
	漯河	496	421	243	363	347	487	603	587	608	628	783	529
	南阳	530	578	400	520	596	644	701	654	675	695	850	696
	信阳	351	571	393	513	415	637	522	475	496	516	671	517
湖北省	武汉	484	701	681	602	588	669	607	551	473	375	532	540
	十堰	759	825	647	767	751	891	937	883	904	924	1104	825
	襄阳	641	707	529	649	633	773	819	765	786	806	958	707
	荆门	764	853	675	795	779	949	887	831	753	655	812	820
	孝感	495	715	537	657	559	690	673	619	640	660	608	561
	鄂州	419	638	616	537	523	604	542	486	408	310	467	475
	黄石	401	620	598	519	505	586	524	468	390	292	449	457
	咸宁	536	755	720	643	627	708	659	603	525	427	571	592
	荆州	692	933	755	875	796	877	815	759	681	583	740	748
	宜昌	790	978	800	920	894	975	913	857	779	681	788	846
湖南省	长沙	787	994	984	905	891	972	910	854	776	678	844	843
	常德	939	1156	1136	1057	1043	1124	1062	1006	928	830	985	595
	益阳	867	1084	1064	985	971	1052	990	934	856	758	1013	923
	岳阳	671	888	868	789	775	856	794	738	660	562	720	727
	株洲	825	1042	1022	943	929	1010	948	892	814	716	808	881
	湘潭	820	1037	1017	938	924	1005	943	887	809	711	802	876
	衡阳	956	1173	1183	1074	1060	1141	1079	1023	945	847	937	1012
	郴州	1072	1289	1269	1190	1176	1257	1195	1139	1061	963	1054	1128
	永州	1079	1296	1276	1197	1183	1264	1202	1146	1068	970	1060	1135
	邵阳	987	1204	1184	1105	1091	1172	1110	1054	976	878	983	1043
	广州	1318	1535	1515	1436	1422	1503	1441	1385	1307	1209	1286	1374
	韶关	1230	1447	1427	1348	1334	1415	1353	1297	1219	1121	1212	1286
	梅州	1247	1464	1444	1365	1351	1432	1370	1314	1236	1138	1215	1303

省份	城市	合肥	宿州	阜阳	蚌埠	淮南	滁州	马鞍山	芜湖	铜陵	安庆	黄山	巢湖
广东省	汕头	1389	1606	1586	1507	1493	1574	1512	1456	1378	1280	1357	1445
	惠州	1177	1394	1374	1295	1281	1362	1300	1244	1166	1068	1145	1233
	东莞	1242	1459	1439	1360	1346	1427	1365	1309	1231	1133	1210	1298
	深圳	1268	1485	1465	1386	1372	1453	1391	1335	1257	1159	1236	1324
	珠海	1414	1631	1611	1532	1518	1599	1537	1481	1403	1305	1382	1470
	中山	1383	1600	1580	1501	1487	1568	1506	1450	1372	1274	1351	1439
	肇庆	1390	1607	1587	1508	1494	1575	1513	1457	1379	1281	1358	1446
	茂名	1677	1894	1874	1795	1781	1862	1800	1744	1666	1568	1645	1733
	湛江	1761	1978	1958	1879	1865	1946	1884	1828	1750	1652	1729	1817
广西壮族自治区	南宁	1663	1880	1860	1781	1767	1848	1786	1730	1652	1554	1645	1719
	桂林	1264	1481	1461	1382	1368	1449	1387	1331	1253	1155	1246	1320
	柳州	1426	1643	1623	1544	1530	1615	1549	1493	1415	1317	1408	1482
	梧州	1657	1874	1854	1775	1761	1842	1780	1724	1646	1548	1639	1713
	玉林	1736	1953	1933	1854	1840	1921	1859	1803	1725	1627	1718	1792
	百色	1876	2093	2073	1994	1980	2061	1999	1943	1865	1767	1858	1932
四川省	成都	1619	1596	1525	1645	1629	1769	1742	1686	1608	1510	1668	1675
	绵阳	1558	1478	1397	1517	1501	1641	1736	1682	1705	1607	1765	1683
	泸州	1569	1489	1408	1528	1512	1652	1692	1636	1558	1460	1601	1625
	攀枝花	2335	2255	2174	2294	2278	2418	2458	2402	2324	2226	2343	2391
	西昌	2144	2064	1983	2103	2087	2227	2267	2211	2133	2035	2152	2200
贵州省	贵阳	1619	1836	1816	1737	1723	1804	1742	1686	1608	1510	1601	1675
	遵义	1748	1965	1945	1866	1852	1933	1871	1815	1737	1639	1730	1804
	安顺	1700	1917	1897	1818	1804	1885	1823	1767	1689	1591	1678	1756
	毕节	1814	2031	2011	1932	1918	1999	1937	1881	1803	1705	1796	1870
	凯里	1439	1656	1636	1557	1543	1624	1562	1506	1428	1330	1421	1495
云南省	昆明	2143	2360	2340	2261	2247	2328	2266	2210	2132	2034	2125	2199
	曲靖	2000	2217	2197	2118	2104	2185	2123	2067	1989	1891	1982	2056
	玉溪	2223	2440	2420	2341	2327	2408	2346	2290	2212	2114	2205	2279
	丽江	2640	2857	2837	2758	2744	2825	2763	2707	2629	2531	2622	2696
	大理	2453	2670	2650	2571	2557	2638	2576	2520	2442	2344	2435	2509
	景洪	2680	2897	2877	2798	2784	2865	2803	2747	2669	2571	2662	2736
西藏自治区	拉萨	3741	3738	3657	3777	3761	3901	3964	3808	3730	3632	3789	3797
	那曲	3680	3682	3601	3721	3705	3845	3803	3747	3669	3571	3728	3736
	昌都	2925	2967	2886	3006	2990	3130	3048	2992	2914	2816	2973	2981
	日喀则	3990	4002	3921	4041	4025	4165	4113	4057	3979	3881	4038	4046
	萨嘎	4440	4452	4371	4491	4475	4615	4563	4507	4429	4331	4488	[illegible]
	噶尔	5193	5205	5124	5244	5228	5368	5316	5260	5182	5084	5241	[illegible]
陕西省	西安	942	906	813	933	917	1057	1120	1066	1087	1107	1262	[illegible]
	延安	1226	1170	1092	1212	1196	1336	1404	1350	1371	1391	1546	[illegible]
	铜川	1009	894	875	995	979	1119	1187	1133	1154	1174	1329	[illegible]
	渭南	953	844	740	860	844	984	1115	1084	1105	1125	1280	[illegible]
	咸阳	978	935	842	962	946	1086	1154	1100	1123	1143	1298	[illegible]
	宝鸡	1130	1087	994	1114	1098	1238	1306	1252	1273	1293	1448	[illegible]
	汉中	1207	1176	1083	1203	1187	1327	1385	1331	1352	1372	1527	[illegible]
	榆林	1506	1276	1364	1367	1468	1491	1561	1591	1651	1671	1826	[illegible]
	安康	1131	1110	1007	1127	1111	1251	1309	1255	1276	1296	1451	[illegible]
甘肃省	兰州	1579	1526	1455	1575	1559	1699	1767	1713	1734	1754	1909	[illegible]
	嘉峪关	2295	2242	2165	2285	2269	2410	2478	2424	2445	2465	2620	[illegible]
	天水	1308	1255	1186	1306	1290	1416	1484	1430	1451	1471	1626	[illegible]
	敦煌	2666	2613	2542	2662	2646	2786	2854	2800	2821	2841	2996	[illegible]
	张掖	2074	2021	1950	2070	2054	2185	2253	2099	2220	2240	2395	[illegible]
	武威	1838	1785	1714	1834	1818	1953	2021	1967	1988	2008	2163	[illegible]
青海省	西宁	1824	1771	1700	1815	1804	1939	2007	1953	1974	1994	2149	[illegible]
	同仁	1924	1861	1790	1910	1894	2034	2102	2048	2069	2089	2244	[illegible]
	德令哈	2319	2266	2195	2310	2399	2434	2497	2443	2464	2484	2639	[illegible]
	格尔木	2568	2515	2445	2559	2548	2683	2746	2692	2713	2733	2888	[illegible]
宁夏回族自治区	银川	1666	1613	1532	1652	1636	1776	1844	1790	1811	1831	1986	[illegible]
	惠农区	1778	1725	1622	1742	1726	1866	1934	1880	1901	1921	2076	[illegible]
	吴忠	1598	1545	1464	1584	1568	1708	1776	1722	1743	1763	1918	[illegible]
	固原	1331	1278	1197	1317	1301	1441	1509	1455	1476	1496	1651	[illegible]
新疆维吾尔自治区	乌鲁木齐	3489	3436	3365	3485	3469	3604	3672	3618	3639	3659	3814	[illegible]
	克拉玛依	3853	3840	3729	3849	3833	3968	4036	3982	4003	4023	4178	[illegible]
	喀什	4685	4632	4561	4681	4665	4800	4868	4814	4835	4855	5010	[illegible]
	阿克苏	4221	4168	4097	4217	4201	4336	4404	4350	4371	4391	4546	[illegible]
	吐鲁番	3288	3235	3164	3284	3268	3403	3471	3417	3438	3458	3613	[illegible]
	哈密	2897	2844	2773	2893	2877	3012	3080	3026	3047	3067	3222	[illegible]
	阿勒泰	4144	4091	4015	4135	4119	4259	4327	4273	4294	4314	4469	[illegible]

安徽省主要城镇间里程表

	合肥	六安	安庆	桐城	池州	巢湖	芜湖	黄山	歙县	黟县	宣城	铜陵	马鞍山	滁州	明光	蚌埠	宿州	砀山	淮北	亳州	淮南	阜阳	临泉
合肥																							
六安	79																						
安庆	184	201																					
桐城	108	127	76																				
池州	177	197	63	107																			
巢湖	66	147	203	130	152																		
芜湖	123	200	233	199	179	57																	
黄山	301	321	185	231	124	277	268																
歙县	345	422	300	346	239	279	222	27															
黟县	369	528	228	302	192	353	273	49	76														
宣城	194	271	216	262	155	128	71	170	172	238													
铜陵	193	213	136	113	109	150	93	135	225	203	105												
马鞍山	138	215	272	198	225	69	45	313	268	319	117	139											
滁州	146	223	328	255	277	125	135	355	357	408	206	224	93										
明光	147	224	328	254	324	186	196	445	418	469	267	285	154	61									
蚌埠	147	179	331	255	339	197	254	463	476	527	325	335	227	134	73								
宿州	240	224	424	348	414	286	292	609	582	606	414	430	314	221	160	93							
砀山	366	353	547	473	543	415	421	738	694	735	543	559	443	350	289	218	129						
淮北	287	274	468	394	464	336	342	588	613	656	464	480	364	271	210	139	50	79					
亳州	315	305	476	439	495	381	438	687	660	684	503	506	413	320	259	186	140	126	101				
淮南	110	125	294	218	283	172	229	407	451	475	300	299	244	166	105	54	130	260	181	209			
阜阳	244	186	387	313	383	310	367	507	549	575	438	399	382	304	243	166	145	208	165	126	138		
临泉	303	245	446	372	442	359	426	675	648	672	497	496	441	363	302	225	204	259	211	133	197	59	

图例解释

街区	次要街道 县道	高速公路	交警部门 地铁站	医院 邮政局
公园 绿地	城市高架路	建筑中高速公路	出入口 国道编号	宾馆 风景点
过境线 国道	地铁 轻轨	快速路	加油站 汽修厂	古塔 电视台
主要街道 省道	铁路及车站	省、市、区政府	停车场 汽车站	桥梁 运动场

图例解释

收费站 出入口 国家高速编号 G45 省级高速编号 S17 服务区 在建 高速公路

G312 国道编号 国道

S217 省道编号 25 居民点 里程数(km) 在建 省道

桥梁 隧道 县道

快速路

隧道 在建 铁路

345 南京三桥 南京三桥出入口位于距该高速公路零千米345千米处

25 宁波服务区 宁波服务区位于距该高速公路零千米25千米处

47 香河收费站 香河收费站位于距该高速公路零千米47千米处

24 国道里程桩：表示该点距此国道零千米总里程为24千米

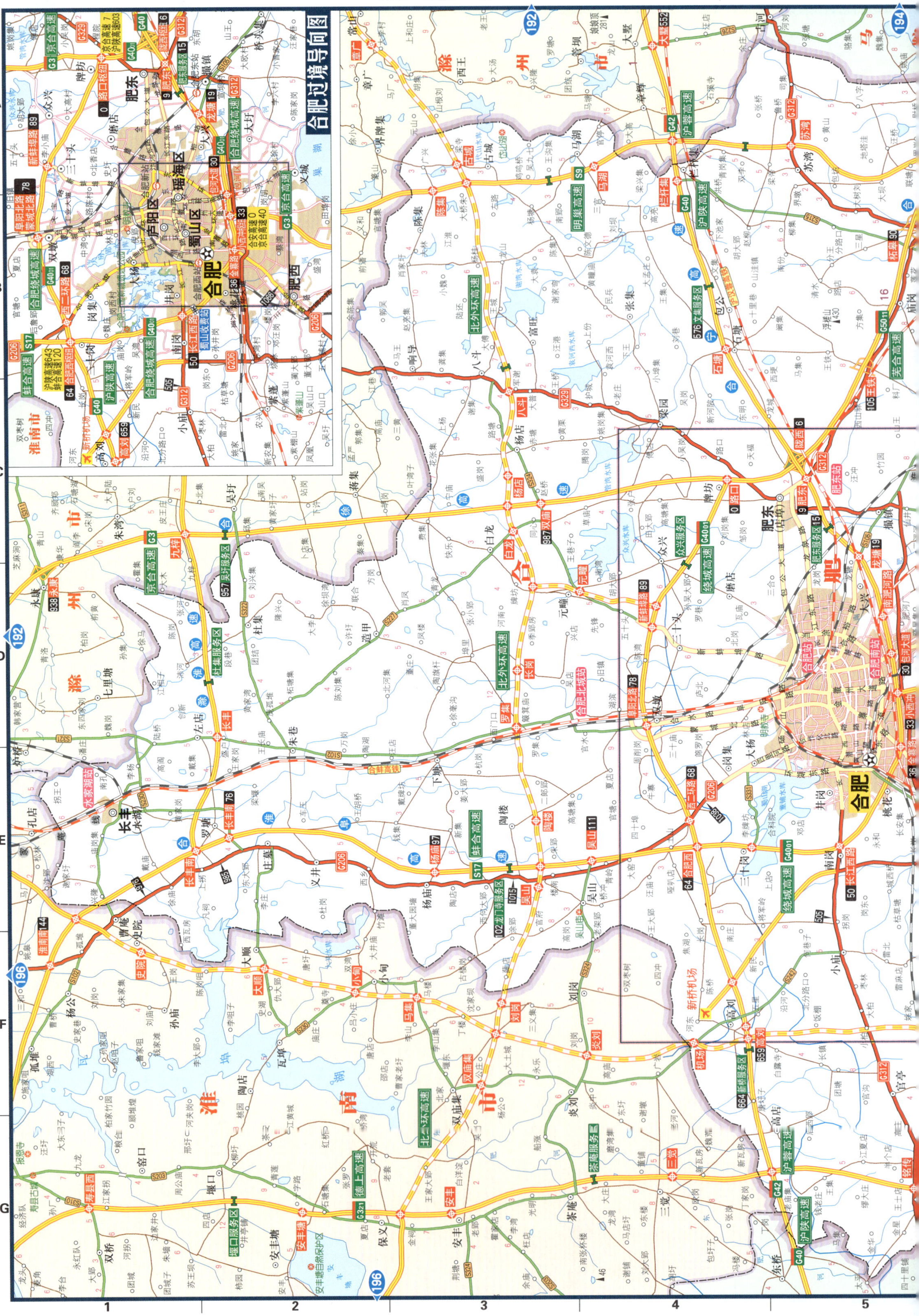

公路零千米

▶104国道零千米：北京永定门

▶206国道零千米：烟台市青年路汽车站

▶312国道零千米：上海市区

比例尺 1：46万

0 4.6 9.2 13.8 km

图上1cm相当于实地4.6km

图例解释

收费站、出入口、省级高速编号、国家高速编号 G45 S17、服务区、在建	高速公路	桥梁、隧口	县道
G312 国道编号	国道		快速路
S217 省道编号、25 居民点、里程数(km)、在建	省道	隧道、在建	铁路

345 南京三桥：南京三桥出入口位于距该高速公路零千米345千米处

25 宁波服务区：宁波服务区位于距该高速公路零千米25千米处

47 香河收费站：香河收费站位于距该高速公路零千米47千米处

24：国道里程桩：表示该点距此国道零千米总里程为24千米

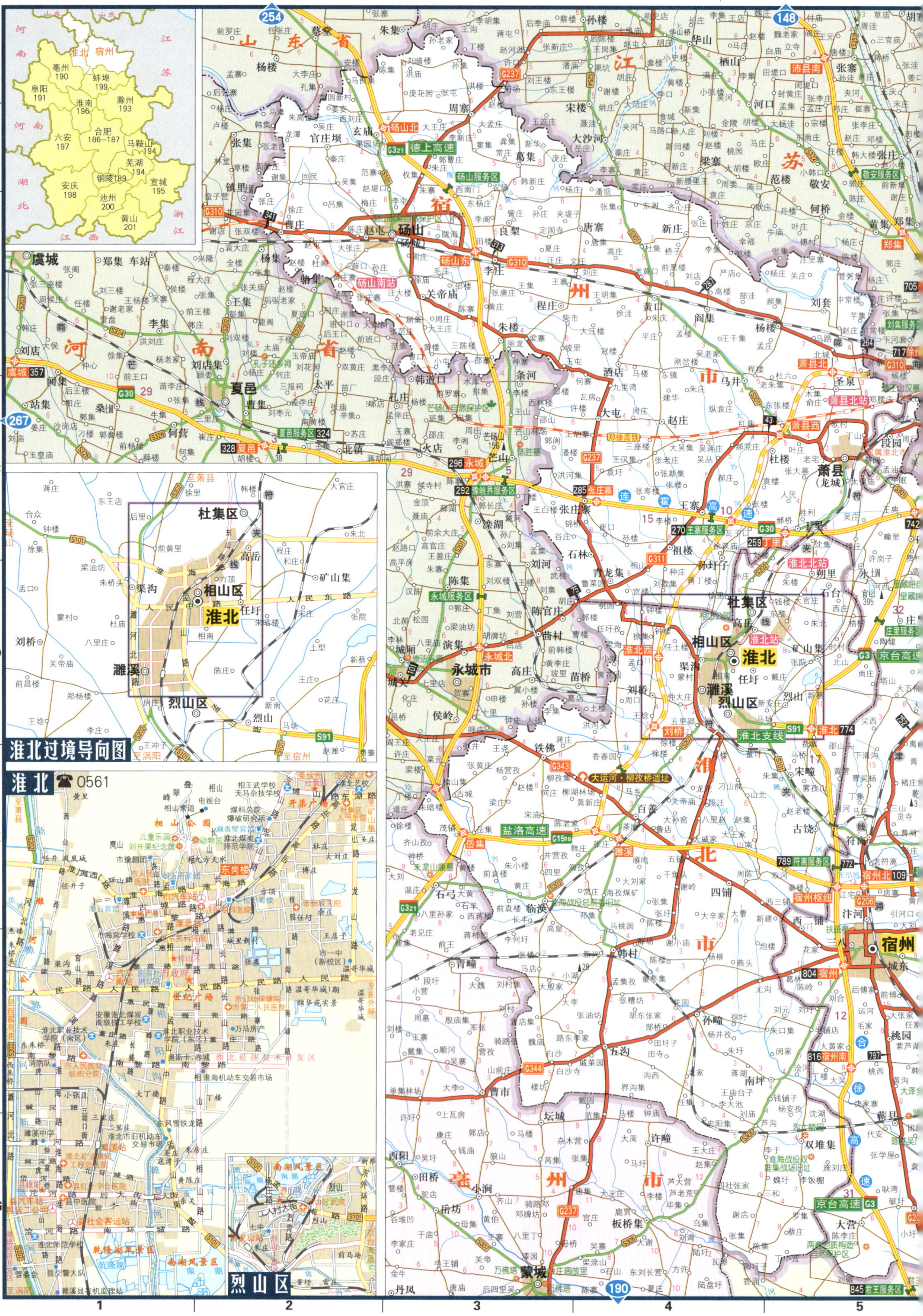

比例尺 1：58万
0 5.8 11.6 17.4 km
图上1cm相当于实地5.8km

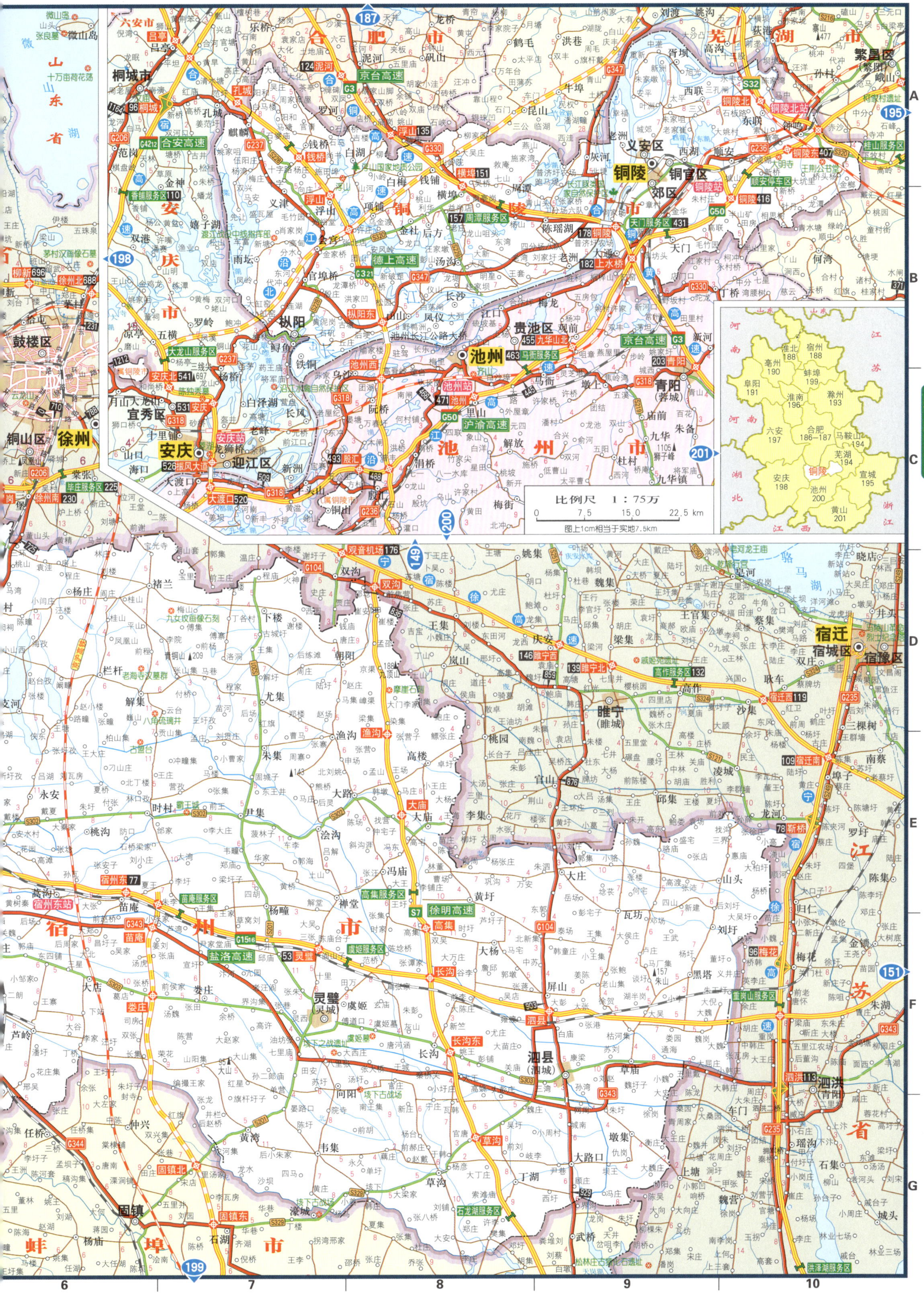

图例解释

收费站 出入口 省级高速编号 G45 S17 国家高速编号 服务区 在建	高速公路	桥梁 路口	县道
G312 国道编号	国道		快速路
S217 省道编号 25 里程数(km) 居民点 在建	省道	隧道 在建	铁路

345 南京三桥 南京三桥出入口位于距该高速公路零千米345千米处
25 宁波服务区 宁波服务区位于距该高速公路零千米25千米处
47 香河收费站 香河收费站位于距该高速公路零千米47千米处
24 国道里程桩：表示该点距此国道零千米总里程为24千米

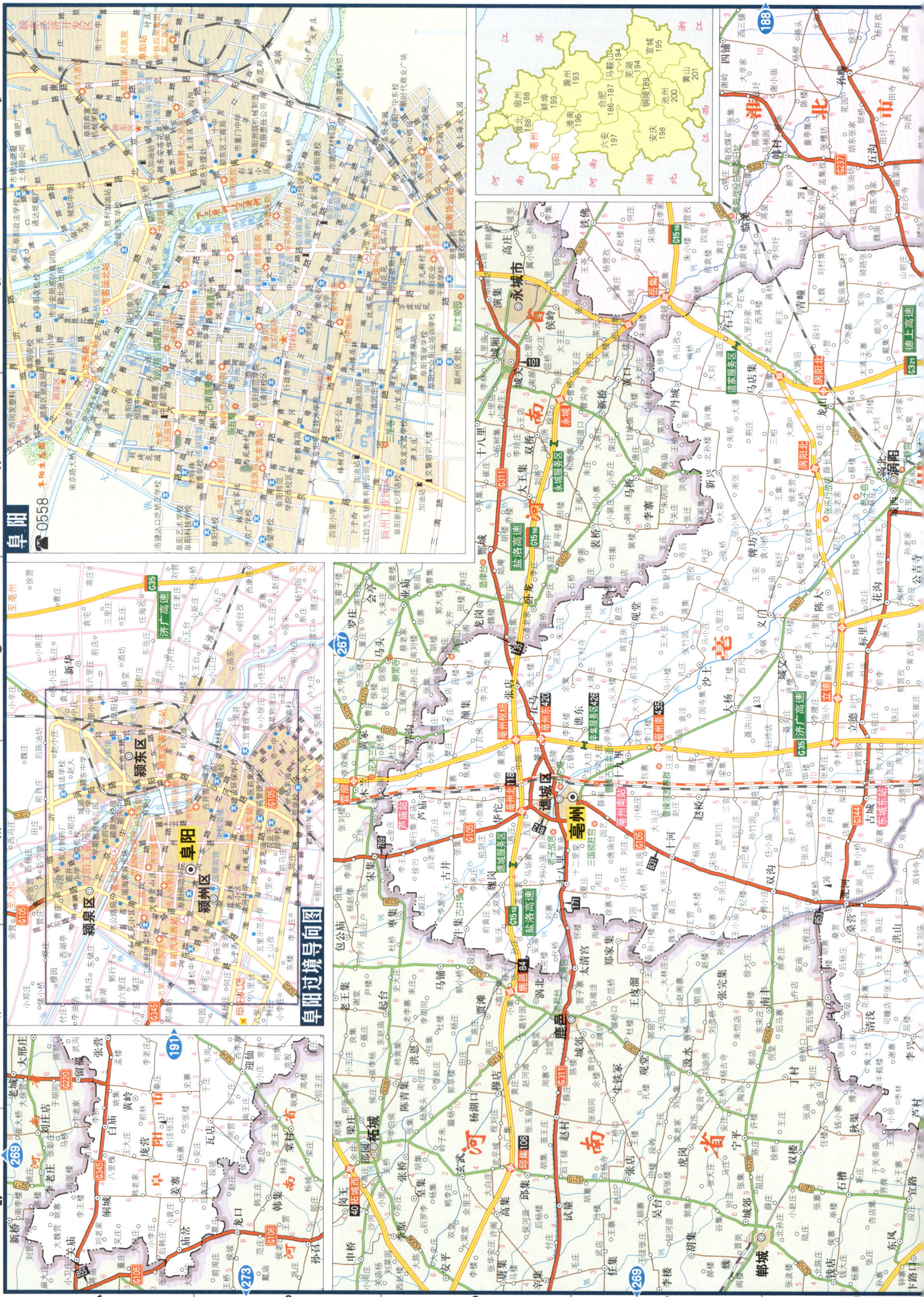

公路零千米
▶105国道零千米：北京永定门
▶106国道零千米：北京菜户营
▶311国道零千米：徐州市三环南路

比例尺 1：59万
0 5.9 11.8 17.7 km
图上1cm相当于实地5.9km

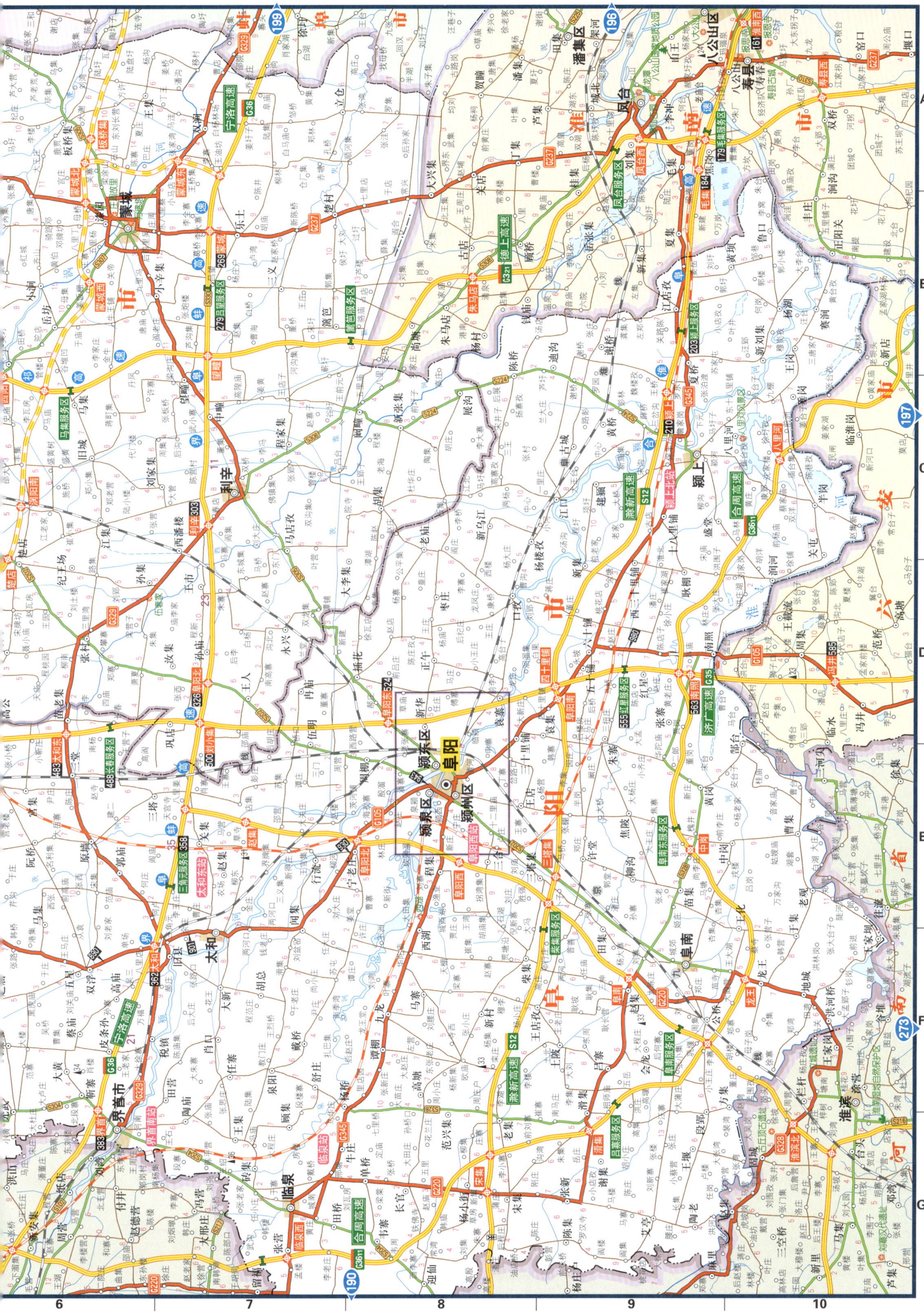

图例解释

收费站 出入口 省级高速编号 国家高速编号 G45 S17 在建 服务区 高速公路

G312 国道编号 国 道

25 居民点 里程数(km) S217 省道编号 在建 省 道

桥梁 隘口 县 道

快速路

隧道 在建 铁 路

345 南京三桥 南京三桥出入口位于距该高速公路零千米345千米处

25 宁波服务区 宁波服务区位于距该高速公路零千米25千米处

47 香河收费站 香河收费站位于距该高速公路零千米47千米处

24 国道里程桩：表示该点距此国道零千米总里程为24千米

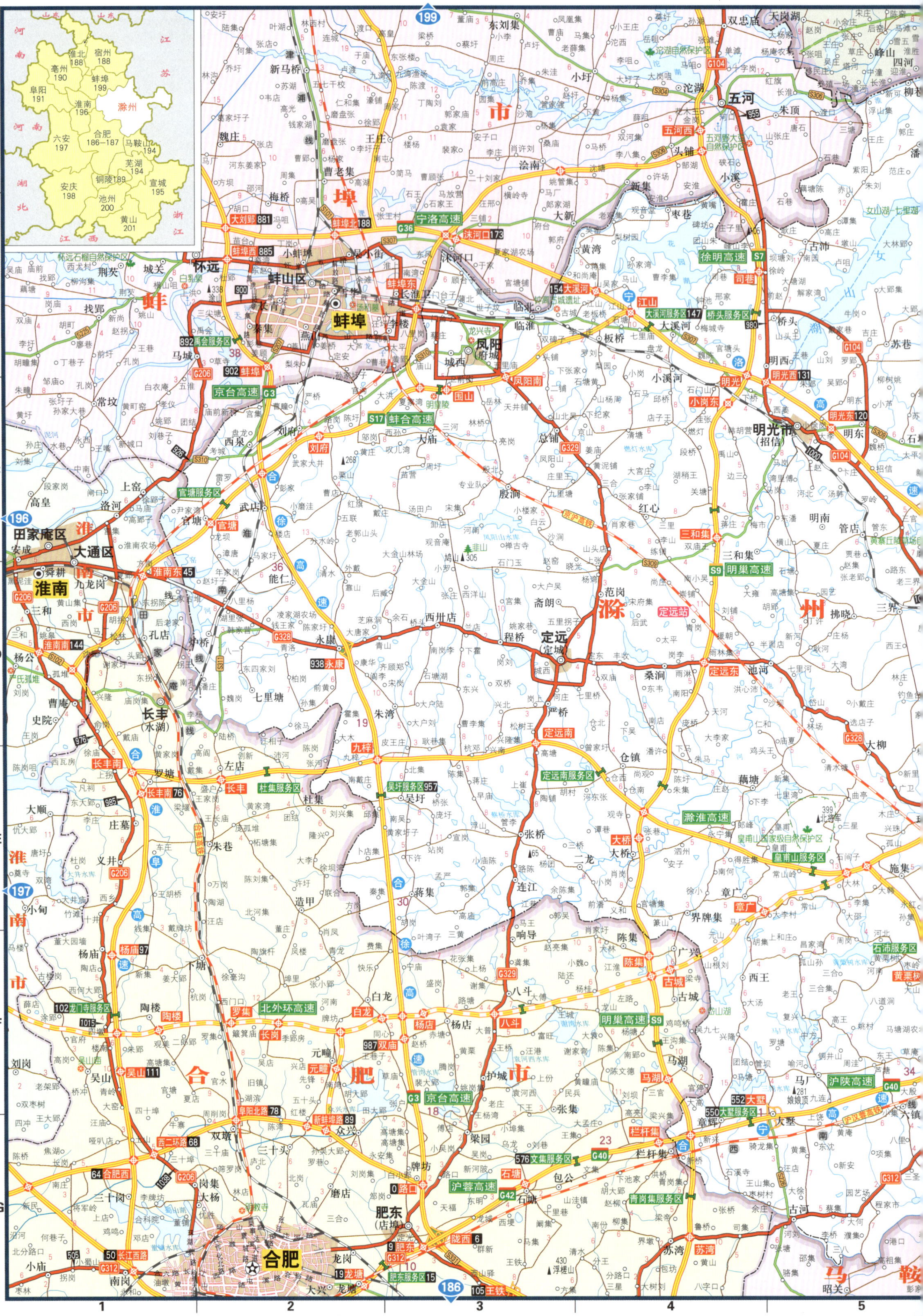

公路零千米
▶104国道零千米：北京永定门
▶205国道零千米：秦皇岛市海阳镇
▶312国道零千米：上海市区

比例尺 1：58万
0 5.8 11.6 17.4 km
图上1cm相当于实地5.8km

图例解释

收费站 省级高速编号 在建 高速公路 出入口 国家高速编号 服务区

国道 国道编号

省道 省道编号 里程数(km) 居民点 在建

县道 桥梁 隧口

快速路

铁路 隧道 在建

345 南京三桥 南京三桥出入口位于距该高速公路零千米345千米处

25 宁波服务区 宁波服务区位于距该高速公路零千米25千米处

47 香河收费站 香河收费站位于距该高速公路零千米47千米处

24 国道里程桩：表示该点距此国道零千米总里程为24千米

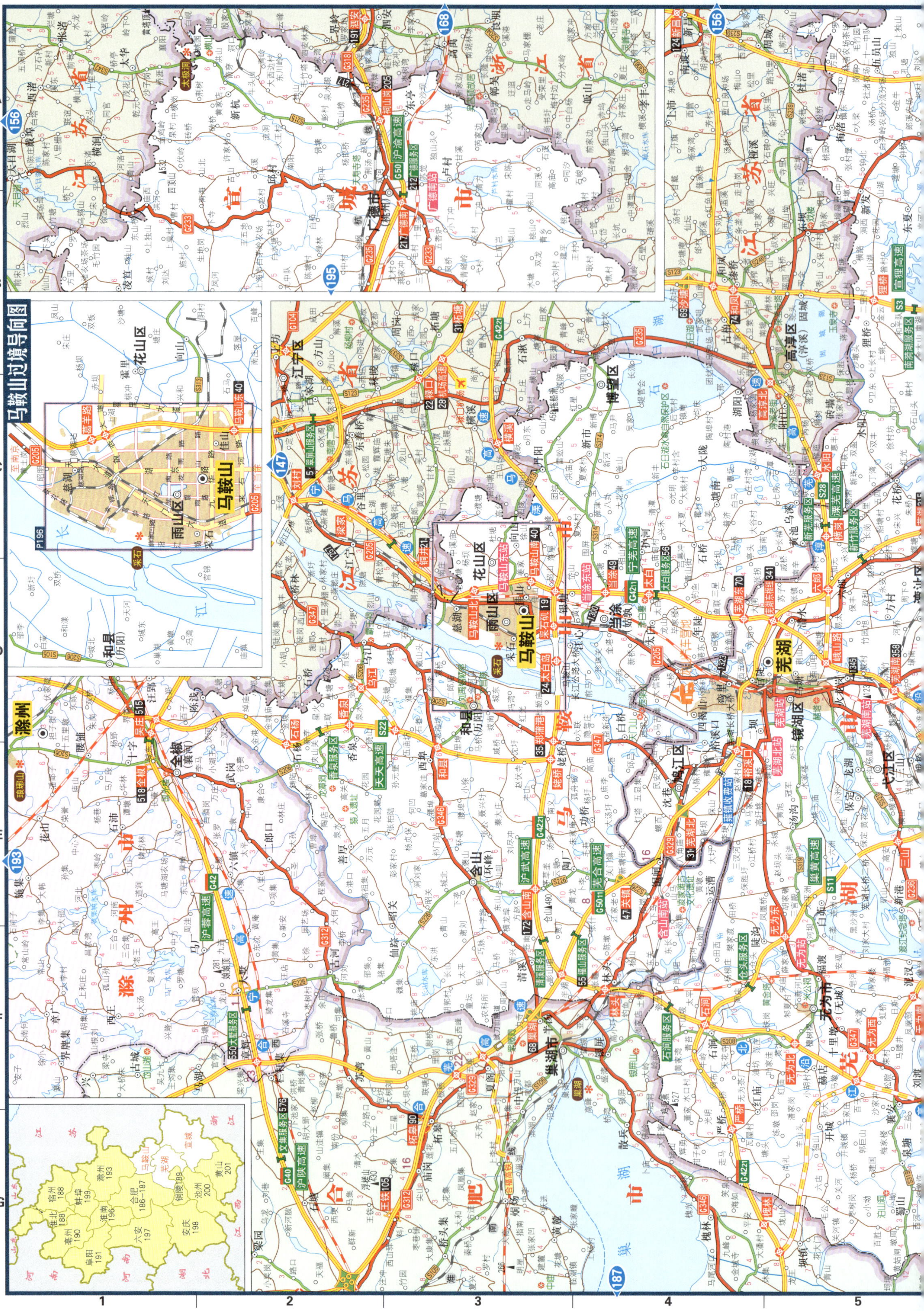

公路千米零点

▶205国道零千米：秦皇岛市海阳镇

▶318国道零千米：上海市区

比例尺 1：66万

0 6.6 13.2 19.8 km

图上1cm相当于实地6.6km

比例尺 1:64万

0 6.4 12.8 19.2 km

图上1cm相当于实地6.4km

图例：高速公路 国道 省道 县道 快速路 铁路

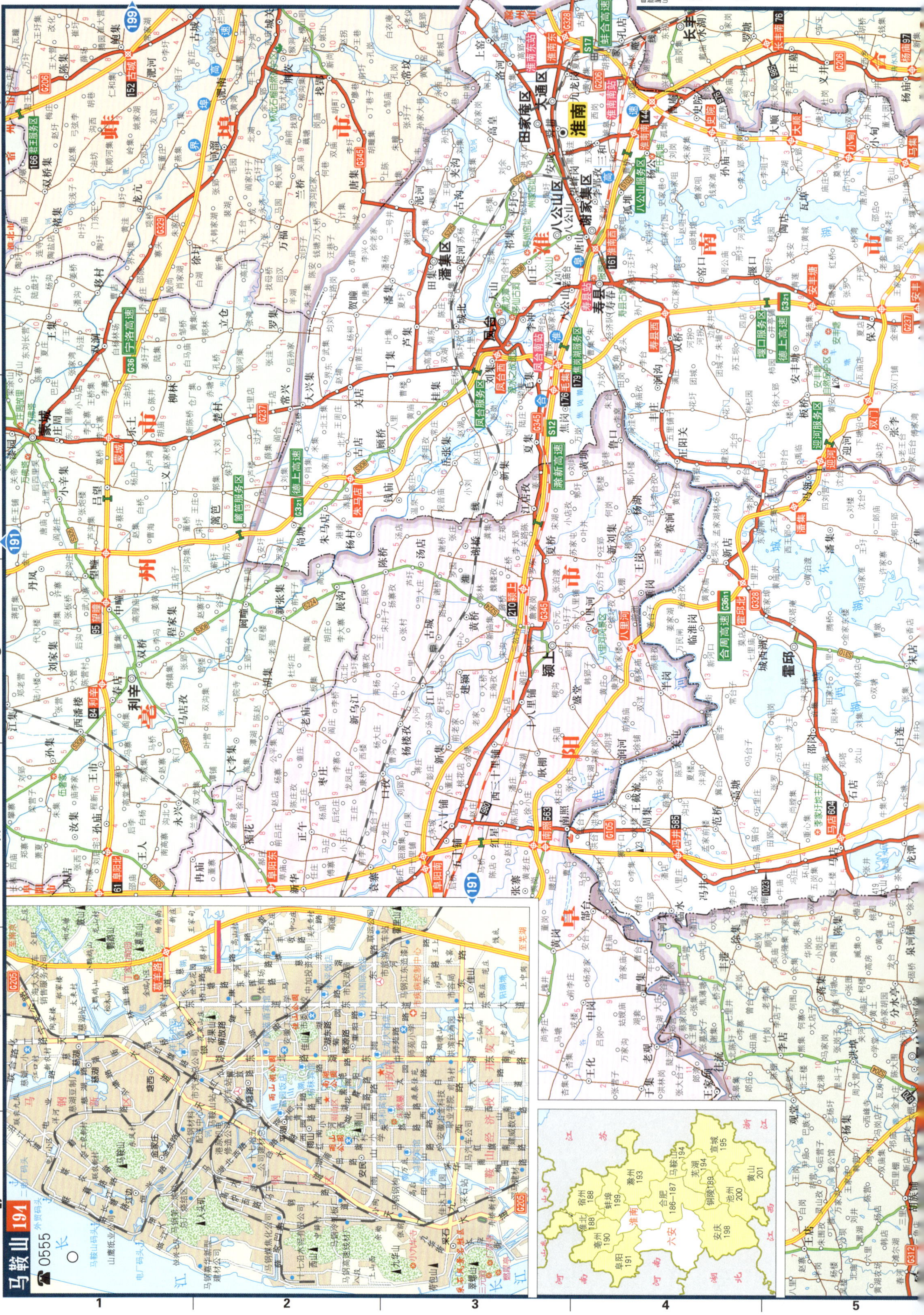

公路零千米

▶105国道零千米：北京永定门

▶206国道零千米：烟台市青年路汽车站

▶312国道零千米：上海市区

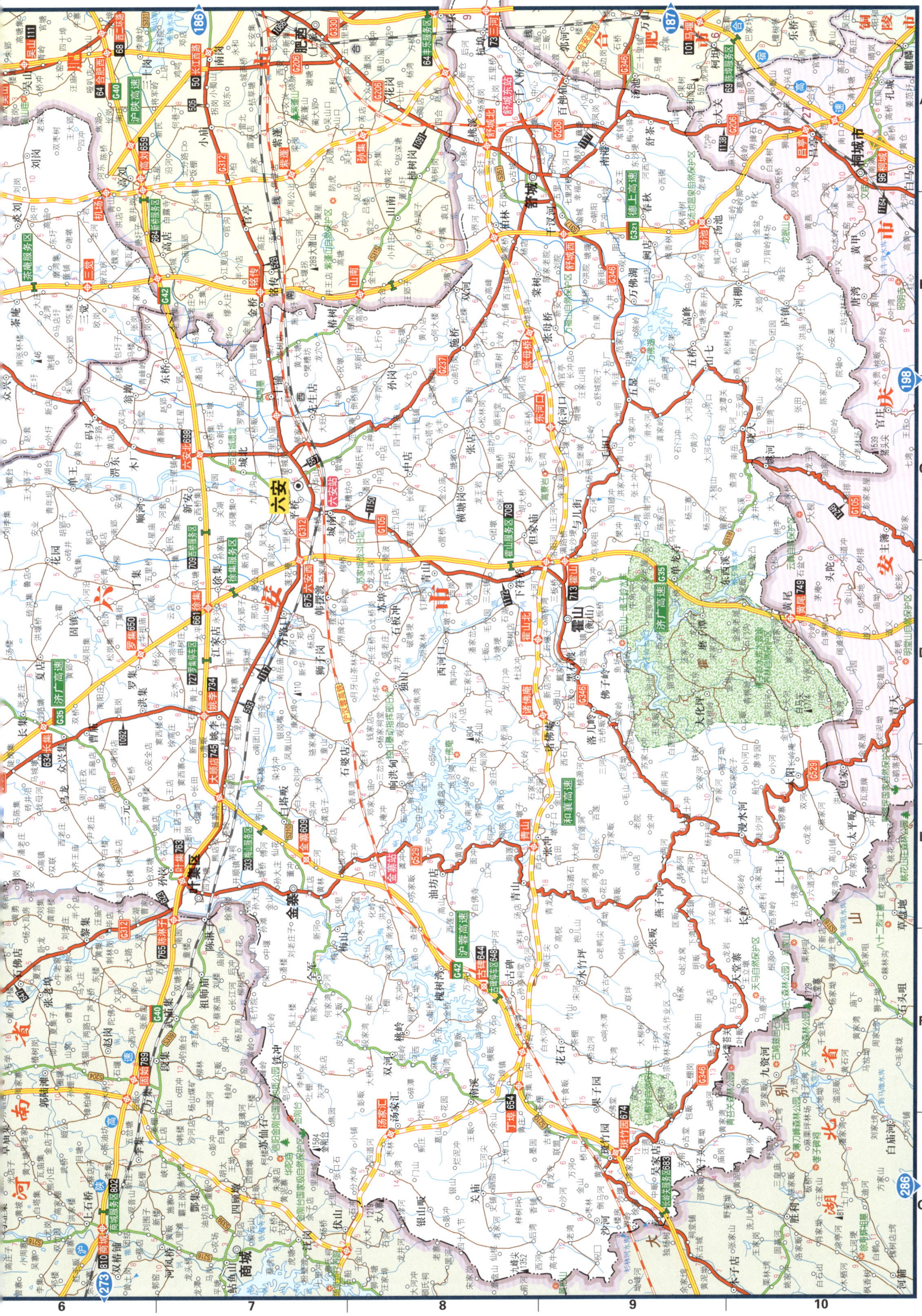

安庆市

比例尺 1：72万

0 7.2 14.4 21.6 km

图上1cm相当于实地7.2km

图例解释

收费站 出入口 省级高速编号 国家高速编号 服务区 在建 高速公路

国道编号 国道

省道编号 里程数(km) 居民点 在建 省道

桥梁 渡口 县道

快速路

隧道 在建 铁路

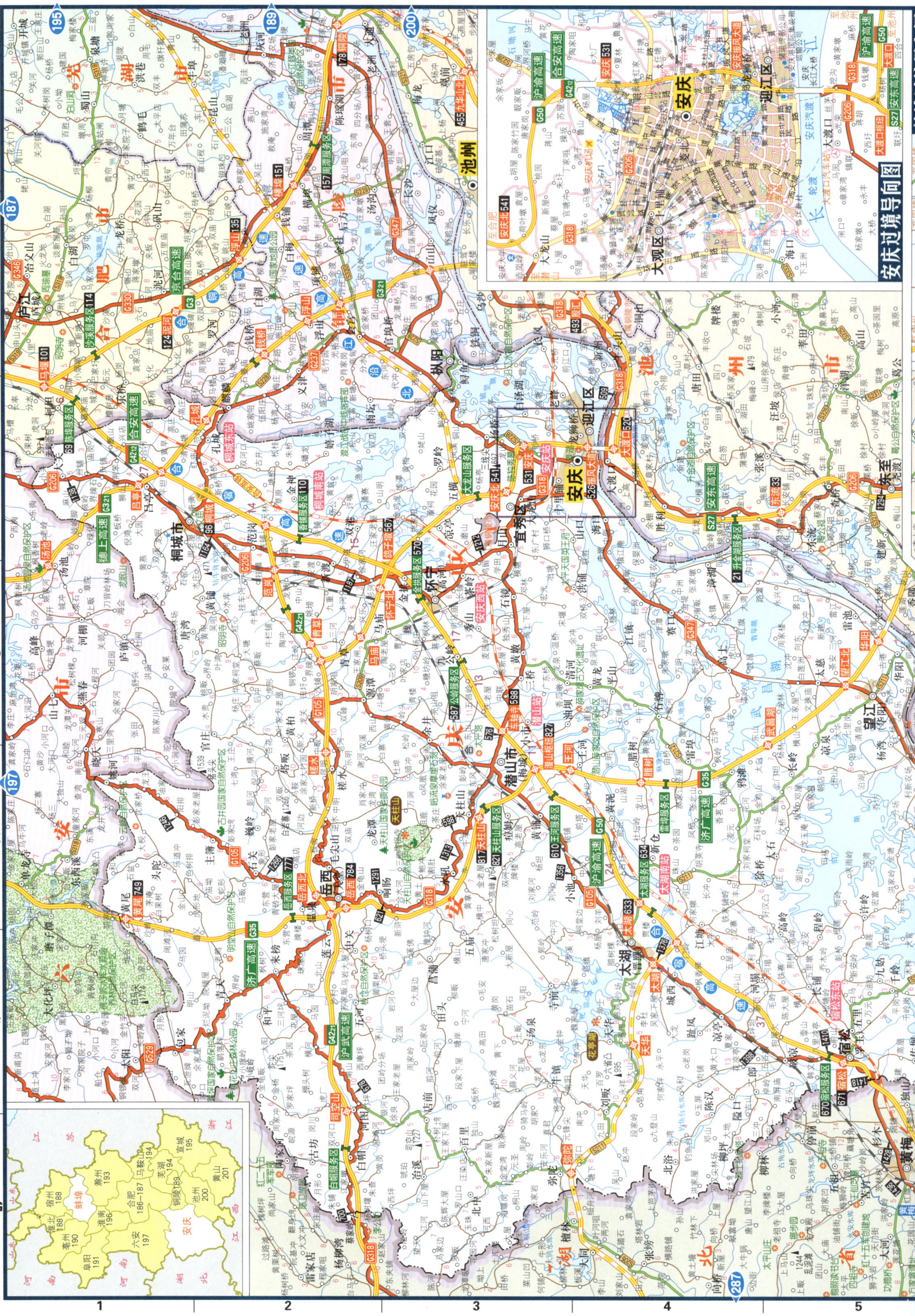

比例尺 1：56万
0 5.6 11.2 16.8 km
图上1cm相当于实地5.6km

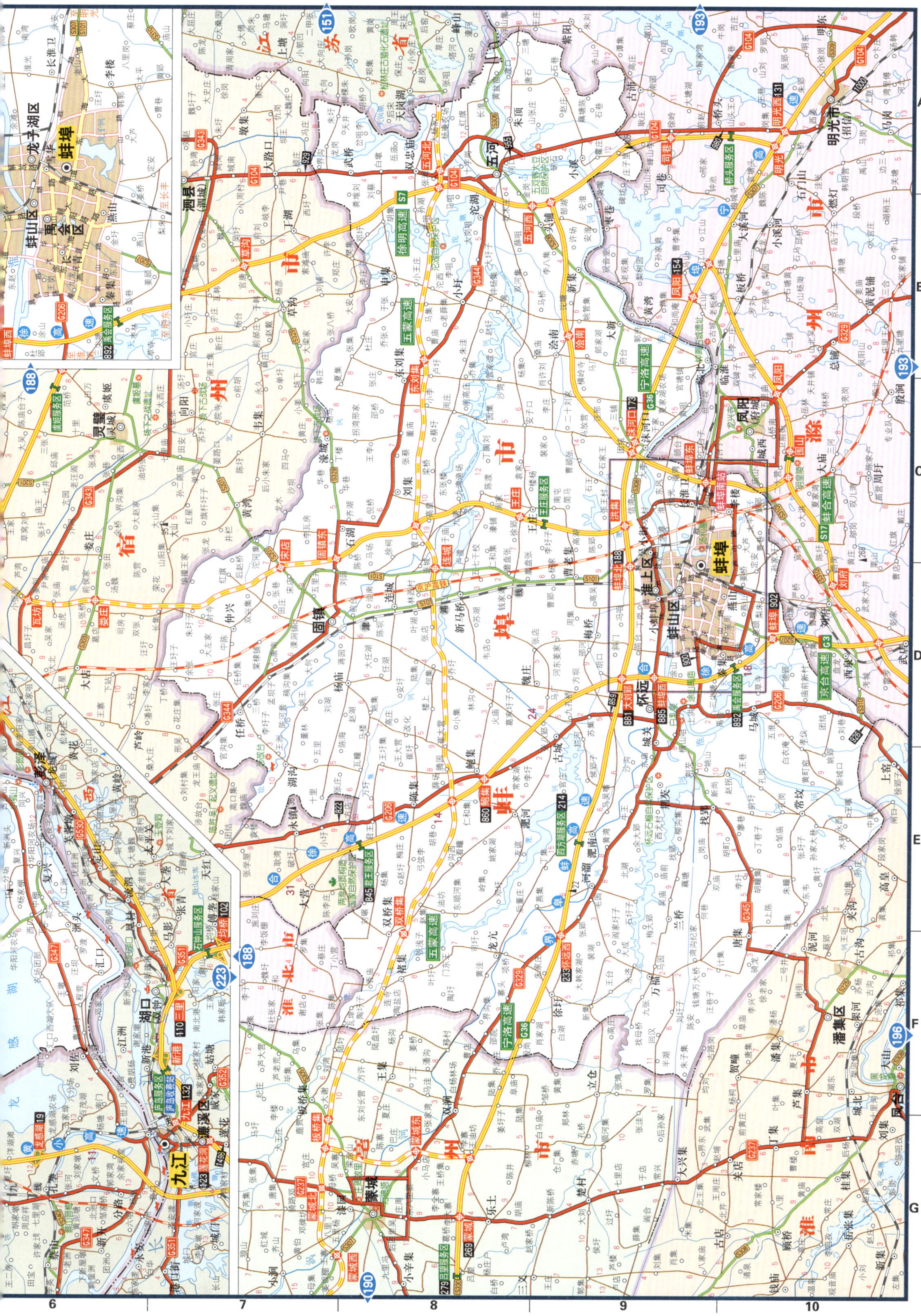

图例解释

高速公路 国道 省道 县道 快速路 铁路

收费站 出入口 国家高速编号 省级高速编号 服务区 在建 国道编号 省道编号 居民点 里程数(km) 桥梁 隧道 路口

345 南京三桥 南京三桥出入口位于距该高速公路零千米345千米处

25 宁波服务区 宁波服务区位于距该高速公路零千米25千米处

47 香河收费站 香河收费站位于距该高速公路零千米47千米处

24 国道里程桩：表示该点距此国道零千米总里程为24千米

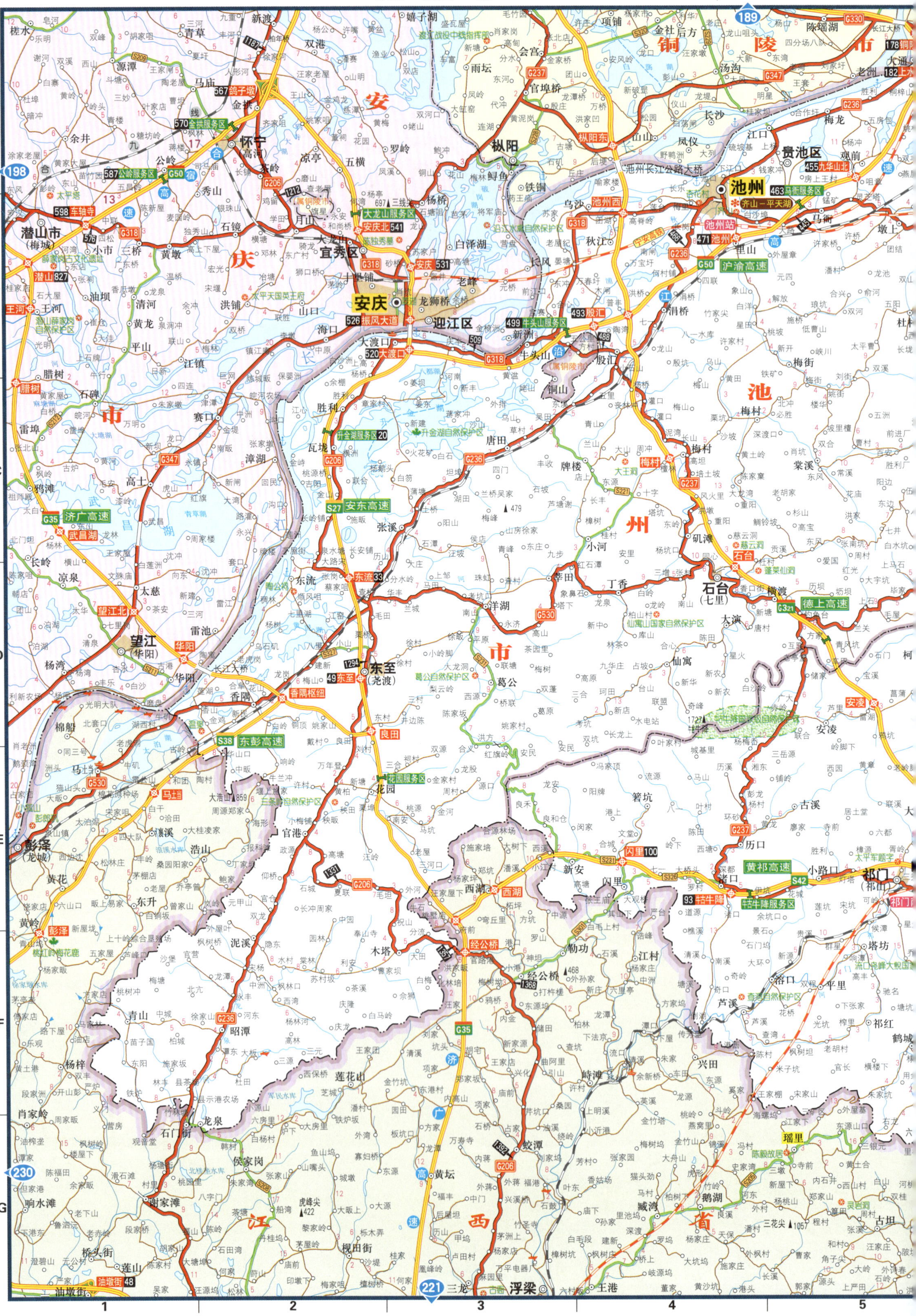

公路零千米
▶205国道零千米：秦皇岛市海阳镇
▶206国道零千米：烟台市青年路汽车站
▶318国道零千米：上海市区

比例尺 1：61万
0 6.1 12.2 18.3 km
图上1cm相当于实地6.1km

常用电话

高速公路咨询……0591-12122
省高速公路交警大队…0591-83402122
治超办………0591-87077715
省交警总队……0591-87099000
公路服务……0591-87077555
福州市交通局…0591-88333119
省交通厅……0591-87670872
厦门市交通委员会0592-2660615
省公路管理局…0591-83357814
莆田市交通局…0594-2692559
龙岩市交通局…0597-2299270
三明市交通局…0598-8242359
宁德市交通局…0593-2822592
泉州市交通局..0595-22581663
南平市交通局…0599-8731155
漳州市交通局…0596-2024939

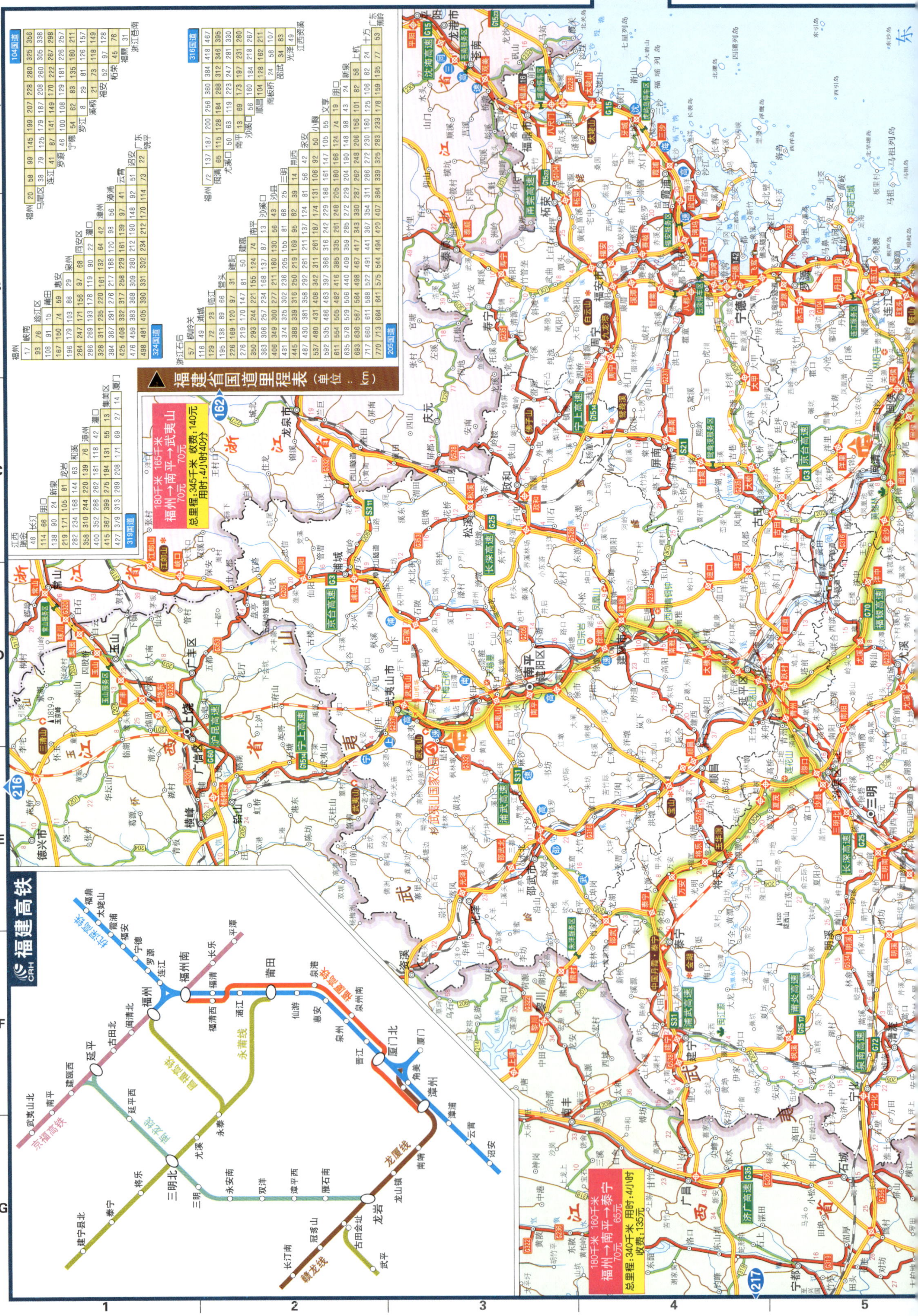

图例解释

收费站 出入口 G45 国家高速编号 服务区 在建	高速公路	桥梁 隧口	县道
G312 国道编号	国道		快速路
217 省道编号 25 居民点 里程数(km) 在建	省道	隧道 在建	铁路

比例尺 1：175万

0 17.5 35.0 52.5 km

图上1cm相当于实地17.5km

- 本表中城际间里程是以高速公路、国道为主要行车路线计算，不作营运计价依据。
- 单位：km

福建省主要城市至全国各主要城市里程表

省份	城市	福州	南平	三明	莆田	泉州	厦门	漳州	龙岩	宁德
直辖市	北京	2060	1887	1869	2123	2144	2205	2241	2128	1946
	上海	924	791	855	984	1054	1127	1170	1269	807
	天津	1967	1794	1776	2030	2051	2112	2148	2035	1853
	重庆	1847	1690	1666	1936	2006	2079	2023	1924	1963
河北省	石家庄	1851	1694	1670	1940	1944	2004	2027	1928	1833
	张家口	2252	2095	2071	2341	2345	2405	2428	2329	2172
	承德	2266	2109	2085	2355	2359	2415	2442	2343	2186
	秦皇岛	2204	2047	2023	2293	2297	2357	2380	2281	2043
	唐山	2064	1907	1883	2153	2157	2217	2240	2141	1903
	保定	1974	1817	1793	2063	2067	2127	2150	2051	1896
	沧州	1839	1682	1658	1928	1932	1992	2015	1916	1731
	衡水	1807	1650	1626	1896	1900	1960	1983	1884	1699
	邢台	1713	1556	1532	1802	1806	1866	1889	1790	1804
	邯郸	1661	1504	1480	1750	1754	1814	1837	1738	1772
山西省	太原	1934	1777	1753	2023	2027	2087	2110	2011	2027
	大同	2198	2041	2017	2287	2291	2351	2374	2275	2287
	阳泉	2032	1875	1851	2121	2125	2185	2208	2109	1893
	长治	1724	1567	1543	1813	1817	1877	1900	1801	1911
	晋城	1630	1473	1449	1719	1723	1783	1806	1707	1749
	忻州	2005	1848	1824	2094	2097	2157	2180	2081	2094
	临汾	1838	1681	1657	1927	1931	1991	2014	1915	1963
	运城	1703	1546	1522	1792	1796	1856	1879	1780	1828
	侯马	1781	1624	1600	1870	1874	1934	1957	1858	1906
内蒙古自治区	呼和浩特	2482	2325	2301	2571	2575	2631	2654	2555	2494
	包头	2633	2476	2452	2722	2726	2786	2809	2710	2645
	乌海	2989	2832	2808	3078	3082	3142	3165	3066	2846
	赤峰	2601	2444	2420	2690	2694	2754	2777	2678	2394
	通辽	2761	2604	2580	2850	2854	2914	2937	2838	2615
	呼伦贝尔	3941	3784	3760	4030	4034	4094	4117	4018	3857
	乌兰浩特	3254	3097	3073	3343	3347	3407	3430	3331	3170
	锡林浩特	2684	2527	2503	2773	2777	2837	2860	2761	2600
	乌兰察布	2330	2173	2149	2419	2423	2483	2506	2407	2298
	东胜区	2718	2561	2537	2807	2811	2871	2894	2795	2559
	巴彦淖尔	2857	2700	2676	2946	2950	3010	3033	2934	2973
辽宁省	沈阳	2605	2448	2424	2694	2698	2758	2781	2682	2447
	朝阳	2474	2317	2293	2563	2567	2627	2650	2551	2316
	阜新	2511	2354	2330	2600	2604	2664	2687	2588	2353
	铁岭	2668	2511	2487	2757	2761	2821	2844	2745	2510
	本溪	2641	2484	2460	2730	2734	2794	2817	2718	2483
	鞍山	2587	2430	2406	2676	2680	2740	2763	2664	2429
	丹东	2784	2627	2603	2873	2877	2937	2960	2861	2626
	大连	2742	2585	2561	2831	2835	2895	2918	2819	2584
	营口	2526	2369	2345	2615	2619	2679	2702	2603	2368
	盘锦	2466	2309	2285	2555	2259	2619	2642	2543	2308
	锦州	2383	2266	2202	2472	2476	2536	2559	2460	2225
	葫芦岛	2344	2187	2163	2433	2437	2497	2520	2421	2186
吉林省	长春	2901	2744	2720	2990	2994	3054	3077	2978	2743
	白城	3072	2915	2891	3161	3165	3225	3248	3149	2914
	松原	3049	2892	2868	3138	3142	3202	3225	3126	2891
	吉林	2994	2837	2813	3083	3087	3147	3170	3071	3136
	四平	2784	2627	2603	2873	2877	2937	2960	2861	2626
	辽源	2857	2700	2676	2946	2950	3010	3033	2934	2699
	通化	2847	2690	2666	2936	2940	3000	3023	2924	2689
	梅河口	2846	2689	2665	2935	2939	2999	3022	2923	2688
	延吉	3296	3139	3115	3385	3389	3449	3472	3373	3138
	敦化	3177	3020	2996	3266	3270	3330	3353	3254	3019
黑龙江省	哈尔滨	3144	2987	2963	3233	3237	3297	3320	3221	2986
	齐齐哈尔	3460	3303	3279	3549	3553	3613	3636	3537	3302
	黑河	3720	3563	3539	3809	3813	3873	3896	3797	3562
	大庆	3292	3135	3111	3381	3384	3444	3467	3368	3134
	伊春	3487	3330	3306	3576	3580	3640	3663	3564	3329
	鹤岗	3565	3408	3384	3654	3658	3718	3741	3642	3407
	佳木斯	3494	3337	3313	3583	3587	3647	3670	3571	3336
	双鸭山	3558	3401	3377	3647	3651	3711	3734	3635	3400
	七台河	3577	3420	3396	3666	3670	3730	3753	3654	3419
	鸡西	3520	3363	3339	3609	3613	3673	3696	3597	3362
	牡丹江	3357	3200	3176	3446	3450	3510	3533	3434	3199
	绥化	3262	3105	3081	3351	3355	3415	3438	3339	3104
江苏省	南京	1047	872	936	1007	1177	1250	1293	1392	930
	徐州	1329	1172	1148	1418	1488	1561	1505	1406	1241
	连云港	1321	1192	1256	1381	1451	1524	1567	1666	1204
	淮安	1208	1033	1097	1168	1338	1411	1454	1553	1091
	盐城	1158	1029	1093	1218	1288	1361	1404	1503	1041
	扬州	1049	874	938	1009	1179	1252	1295	1394	932
	南通	982	853	917	1042	1112	1185	1228	1327	865
	镇江	1024	849	913	984	1154	1227	1270	1369	907
	常州	981	852	916	1041	1111	1183	1227	1326	864
	无锡	938	809	873	998	1068	1141	1184	1283	821
	苏州	884	755	819	944	1014	1087	1130	1229	767
浙江省	杭州	772	606	670	832	902	975	1018	1117	655
	湖州	847	670	734	907	977	1050	1093	1192	730
	嘉兴	818	689	753	878	948	1021	1064	1163	701
	宁波	620	742	806	683	753	826	869	968	506
	绍兴	770	638	702	830	900	973	1016	1115	653
	衢州	549	376	440	638	708	781	824	923	525
	金华	583	459	523	646	716	779	832	931	469
	台州	472	647	695	535	605	678	721	820	358
	温州	368	490	554	431	501	574	617	716	254
	丽水	484	604	670	547	617	680	733	832	370

省份	城市	福州	南平	三明	莆田	泉州	厦门	漳州	龙岩	宁德
安徽省	合肥	1038	881	857	1127	1131	1191	1214	1115	1075
	宿州	1255	904	1074	1344	1348	1408	1431	1332	1194
	阜阳	1224	1067	1043	1313	1317	1377	1400	1301	1271
	蚌埠	1156	999	975	1245	1249	1309	1332	1233	1103
	淮南	1135	978	954	1224	1228	1288	1311	1212	1123
	滁州	1138	981	957	1227	1231	1291	1314	1215	979
	马鞍山	1091	934	910	1180	1184	1244	1257	1158	954
	芜湖	1030	873	849	1119	1123	1183	1196	1097	928
	铜陵	957	800	776	1046	1050	1110	1123	1024	1017
	安庆	867	710	686	956	960	1020	1033	934	983
	黄山	839	682	658	928	932	992	1005	906	712
	巢湖	1094	937	913	1183	1187	1247	1260	1161	986
江西省	南昌	627	470	446	716	720	780	781	682	743
	九江	723	566	542	812	816	876	899	800	839
	景德镇	690	533	509	779	783	843	856	757	727
	鹰潭	530	373	349	619	623	683	696	597	740
	上饶	643	486	462	732	736	796	809	710	652
	新余	688	531	507	777	781	686	636	537	804
	萍乡	798	641	617	887	891	794	744	645	914
	赣州	670	470	406	577	507	441	391	292	786
	宜春	744	587	489	833	837	740	690	591	860
山东省	济南	1655	1498	1474	1744	1748	1808	1831	1732	1490
	德州	1739	1582	1558	1828	1832	1892	1915	1816	1575
	淄博	1684	1455	1519	1747	1793	1853	1866	1767	1506
	潍坊	1687	1463	1527	1750	1801	1861	1874	1775	1479
	烟台	1831	1607	1671	1894	1945	2005	2018	1919	1623
	威海	1894	1670	1734	1957	2008	2068	2081	1982	1686
	青岛	1689	1465	1529	1752	1803	1863	1876	1777	1481
	日照	1522	1298	1362	1585	1636	1696	1709	1610	1314
	临沂	1454	1225	1289	1517	1563	1623	1636	1537	1288
	济宁	1544	1387	1363	1633	1637	1697	1720	1621	1380
	泰安	1583	1426	1402	1672	1676	1736	1759	1660	1419
	滨州	1752	1422	1486	1815	1760	1820	1833	1734	1574
	菏泽	1527	1370	1346	1616	1620	1680	1703	1604	1481
河南省	郑州	1445	1288	1264	1534	1538	1598	1621	1522	1580
	三门峡	1678	1521	1497	1767	1771	1831	1854	1755	1771
	洛阳	1563	1406	1382	1652	1656	1716	1739	1640	1660
	焦作	1515	1358	1334	1604	1608	1668	1691	1592	1660
	新乡	1491	1334	1310	1580	1584	1644	1667	1568	1626
	安阳	1599	1442	1418	1688	1692	1752	1775	1676	1734
	开封	1386	1229	1205	1475	1479	1539	1562	1463	1516
	商丘	1372	1215	1191	1461	1465	1515	1538	1439	1386
	漯河	1301	1144	1120	1390	1394	1454	1477	1378	1436
	南阳	1328	1171	1147	1417	1421	1481	1504	1405	1444
	信阳	1149	992	968	1238	1242	1302	1325	1226	1265
湖北省	武汉	942	785	761	1031	1035	1095	1118	1019	1058
	十堰	1514	1357	1333	1603	1607	1667	1690	1591	1610
	襄阳	1368	1211	1187	1457	1461	1521	1544	1445	1484
	荆门	1222	1065	1041	1311	1315	1375	1398	1299	1338
	孝感	1018	861	837	1107	1111	1171	1194	1095	1134
	鄂州	877	720	696	966	970	1030	1053	954	993
	黄石	859	702	678	948	952	1112	1135	1036	975
	咸宁	981	824	800	1070	1074	1134	1157	1058	1097
	荆州	1150	993	969	1239	1243	1303	1326	1227	1267
	宜昌	1248	1091	1067	1337	1341	1401	1424	1325	1364
湖南省	长沙	946	789	765	1035	1008	942	892	793	1062
	常德	1087	930	906	1176	1149	1083	1033	934	1203
	益阳	1015	858	834	1104	1077	1011	961	862	1131
	岳阳	1065	908	884	1154	1127	1061	1011	912	1181
	株洲	910	753	729	999	972	906	856	757	1026
	湘潭	904	747	723	993	966	900	850	751	1020
	衡阳	1039	882	858	1128	1101	1035	985	886	1155
	郴州	1156	999	975	1245	1218	1152	1102	1003	1272
	永州	1162	1005	981	1251	1124	1158	1108	1009	1278
	邵阳	1085	928	904	1174	1147	1081	1031	932	1201

省份	城市	福州	南平	三明	莆田	泉州	厦门	漳州	龙岩	宁德
广东省	广州	962	1117	1053	899	829	763	731	830	1046
	韶关	1138	1293	1229	1075	1005	939	907	1006	1222
	梅州	718	873	809	655	585	519	487	586	802
	汕头	514	669	605	451	381	315	283	382	598
	惠州	821	976	912	758	688	622	590	689	905
	东莞	886	1041	977	823	753	687	655	754	970
	深圳	834	989	925	771	701	635	603	702	918
	珠海	975	1130	1066	912	842	776	744	843	1059
	中山	944	1099	1035	881	811	745	713	812	1028
	肇庆	1036	1191	1127	973	903	837	805	904	112
	茂名	1276	1431	1367	1213	1143	1077	1045	1144	136
	湛江	1356	1511	1447	1293	1223	1157	1125	1224	144
广西壮族自治区	南宁	1597	1752	1688	1534	1464	1398	1366	1465	168
	桂林	1348	1191	1167	1437	1410	1344	1294	1195	146
	柳州	1510	1353	1329	1599	1572	1506	1456	1357	162
	梧州	1245	1400	1336	1182	1112	1046	1014	1113	132
	玉林	1392	1547	1483	1329	1259	1193	1161	1260	147
	百色	1803	1958	1894	1740	1670	1604	1572	1671	188
四川省	成都	2118	1961	1937	2207	2211	2271	2294	2195	223
	绵阳	2215	2058	2034	2304	2308	2368	2391	2292	233
	泸州	2027	1870	1846	2116	2120	2180	2203	2104	214
	攀枝花	2793	2636	2612	2882	2886	2946	2969	2870	290
	西昌	2602	2445	2421	2691	2695	2755	2778	2679	271
贵州省	贵阳	1703	1546	1522	1792	1765	1699	1649	1550	181
	遵义	1832	1675	1651	1921	1894	1828	1778	1679	194
	安顺	1780	1623	1599	1869	1842	1776	1726	1627	189
	毕节	1898	1741	1717	1987	1961	1895	1845	1746	201
	凯里	1523	1366	1342	1612	1585	1519	1469	1370	163
云南省	昆明	2227	2070	2046	2316	2289	2223	2173	2074	234
	曲靖	2084	1927	1903	2173	2146	2080	2030	1931	220
	玉溪	2307	2150	2126	2396	2369	2303	2253	2154	242
	丽江	2724	2567	2543	2813	2786	2720	2670	2571	284
	大理	2537	2380	2356	2626	2599	2533	2483	2384	265
	景洪	2764	2607	2583	2853	2826	2760	2710	2611	288
西藏自治区	拉萨	4199	4042	4018	4288	4292	4352	4375	4276	431
	那曲	4138	3981	3957	4227	4231	4291	4314	4215	425
	昌都	3383	3226	3202	3472	3476	3536	3559	3460	349
	日喀则	4448	4291	4267	4537	4541	4601	4624	4525	456
	萨嘎	4898	4741	4717	4987	4991	5051	5074	4975	501
	噶尔	5651	5494	5470	5740	5744	5804	5827	5728	576
陕西省	西安	1740	1583	1559	1829	1833	1893	1916	1817	185
	延安	2024	1867	1843	2113	2117	2177	2200	2101	214
	铜川	1807	1650	1626	1896	1900	1960	1983	1884	192
	渭南	1751	1594	1570	1840	1844	1904	1927	1828	186
	咸阳	1776	1619	1595	1865	1869	1929	1952	1853	189
	宝鸡	1928	1771	1747	2017	2021	2081	2104	2005	204
	汉中	2005	1848	1824	2094	2098	2158	2181	2082	212
	榆林	2304	2147	2123	2393	2397	2457	2480	2381	242
	安康	1929	1772	1748	2018	2022	2082	2105	2006	204
甘肃省	兰州	2377	2220	2196	2466	2470	2530	2553	2454	249
	嘉峪关	3072	2915	2891	3161	3165	3225	3248	3149	318
	天水	2106	1949	1925	2195	2200	2260	2283	2184	222
	敦煌	3443	3286	3262	3532	3536	3596	3619	3520	355
	张掖	2851	2694	2670	2940	2944	3004	3027	2928	296
	武威	2615	2458	2434	2704	2708	2768	2791	2692	273
青海省	西宁	2601	2444	2420	2690	2694	2754	2777	2678	271
	同仁	2691	2534	2510	2780	2784	2844	2867	2768	280
	德令哈	3096	2939	2915	3185	3189	3249	3272	3173	321
	格尔木	3345	3188	3164	3434	3438	3508	3521	3422	346
宁夏回族自治区	银川	2464	2307	2283	2553	2557	2617	2640	2541	258
	惠农区	2576	2419	2395	2665	2669	2729	2752	2653	269
	吴忠	2396	2239	2215	2485	2489	2549	2572	2473	251
	固原	2129	1972	1948	2218	2222	2282	2305	2206	224
新疆维吾尔自治区	乌鲁木齐	4266	4109	4085	4355	4359	4419	4442	4343	438
	克拉玛依	4630	4473	4449	4719	4723	4783	4806	4707	474
	喀什	5462	5305	5281	5551	5555	5615	5638	5539	557
	阿克苏	4998	4841	4817	5087	5091	5151	5174	5075	511
	吐鲁番	4065	3908	3884	4154	4158	4218	4241	4142	418
	哈密	3674	3517	3493	3763	3767	3827	3850	3751	379
	阿勒泰	4921	4764	4740	5010	5014	5074	5097	4998	503

福建省主要城镇间里程表

	福州	闽清	莆田	泉州	厦门	华安	漳州	诏安	平和	龙岩	永定	上杭	武平	三明	南平	宁德	永安	邵武	武夷山	浦城	政和	福安
福州																						
闽清	70																					
莆田	108	151																				
泉州	198	240	90																			
厦门	292	328	191	102																		
华安	352	340	251	162	164																	
漳州	326	352	218	128	66	98																
诏安	463	494	355	265	203	241	137															
平和	367	398	266	177	112	144	46	124														
龙岩	433	391	341	249	203	87	136	254	149													
永定	477	456	376	287	222	152	156	273	168	65												
上杭	534	488	438	344	279	184	213	330	225	97	57											
武平	575	529	479	385	320	225	254	371	266	138	98	41										
三明	306	376	321	294	332	310	341	484	387	278	311	256	295									
南平	240	156	315	368	408	386	417	560	463	372	407	348	389	92								
宁德	113	188	228	317	419	479	448	591	494	569	604	573	614	319	225							
永安	371	301	293	266	304	258	313	456	335	226	259	204	243	52	144	371						
邵武	390	317	465	521	561	557	570	713	662	440	606	474	542	247	161	373	272					
武夷山	373	303	448	533	573	568	582	725	645	537	589	513	554	259	182	358	316	137				
浦城	366	296	467	556	627	608	636	779	685	594	629	551	611	295	203	275	365	199	125			
政和	269	219	370	459	561	544	575	718	621	530	565	506	547	252	158	178	304	221	204	97		
福安	207	277	310	399	501	559	530	673	574	651	684	741	782	396	303	79	447	377	359	248	151	
福鼎	299	369	400	489	591	651	620	763	666	741	776	833	874	471	377	172	523	440	423	316	219	90

图例解释

街区	次要街道 县道	高速公路	交警部门 地铁站	医院 邮政局
公园 绿地	城市高架路	建筑中高速公路	出入口 国道编号 G312	宾馆 风景点
过境线 国道	地铁 轻轨	快速路	加油站 汽修厂	古塔 电视台
主要街道 省道	铁路及车站	省、市、区政府	停车场 汽车站	桥梁 运动场

福州 207 ☎0591

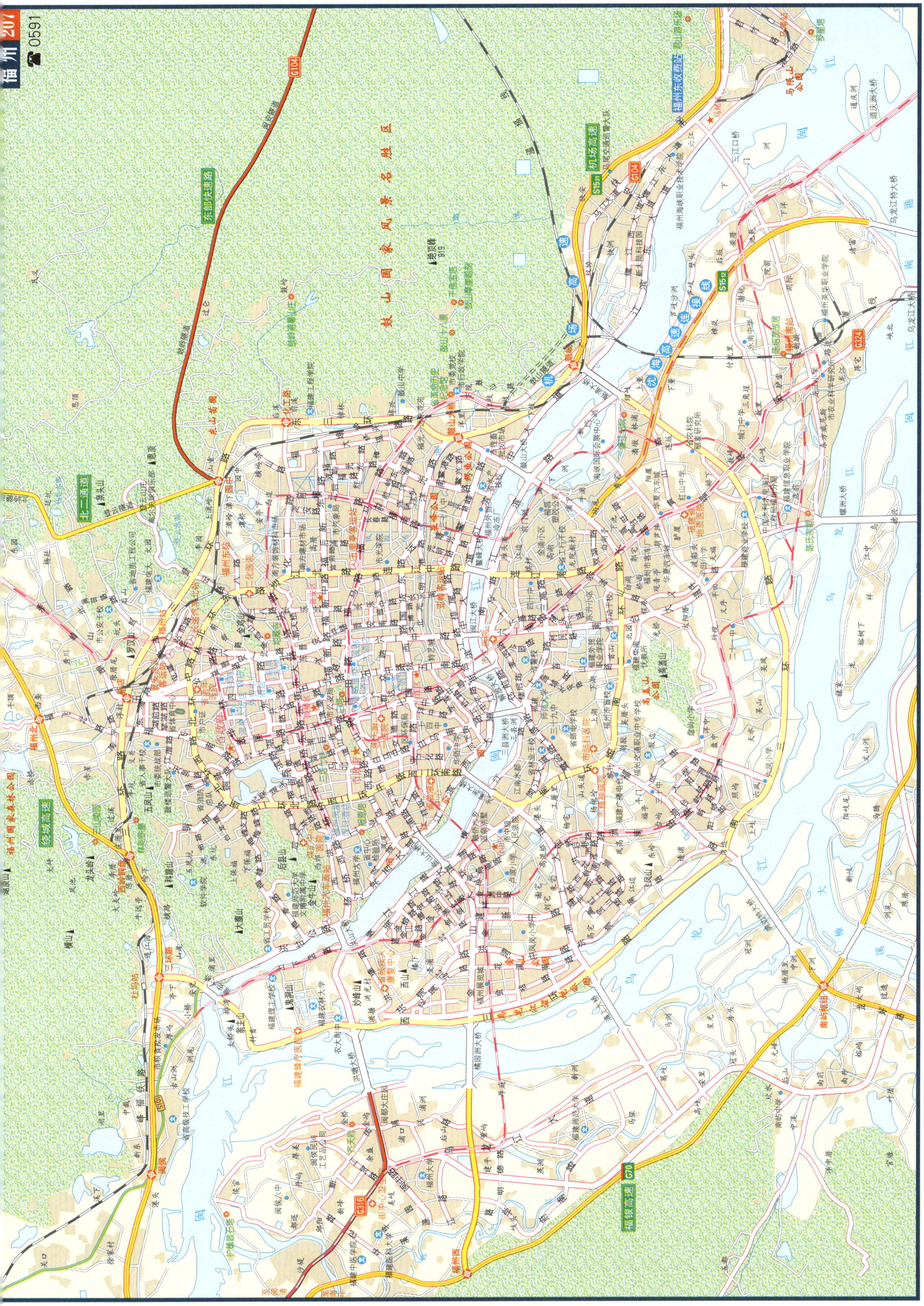

图例解释

收费站、出入口、G45 国家高速编号、服务区、在建	高速公路
G312 国道编号	国道
S217 省道编号、25 居民点、里程数(km)、在建	省道
桥梁、隧口	县道
	快速路
隧道、在建	铁路

345 南京三桥　南京三桥出入口位于距该高速公路零千米345千米处

25 宁波服务区　宁波服务区位于距该高速公路零千米25千米处

47 香河收费站　香河收费站位于距该高速公路零千米47千米处

24　国道里程桩：表示该点距此国道零千米总里程为24千米

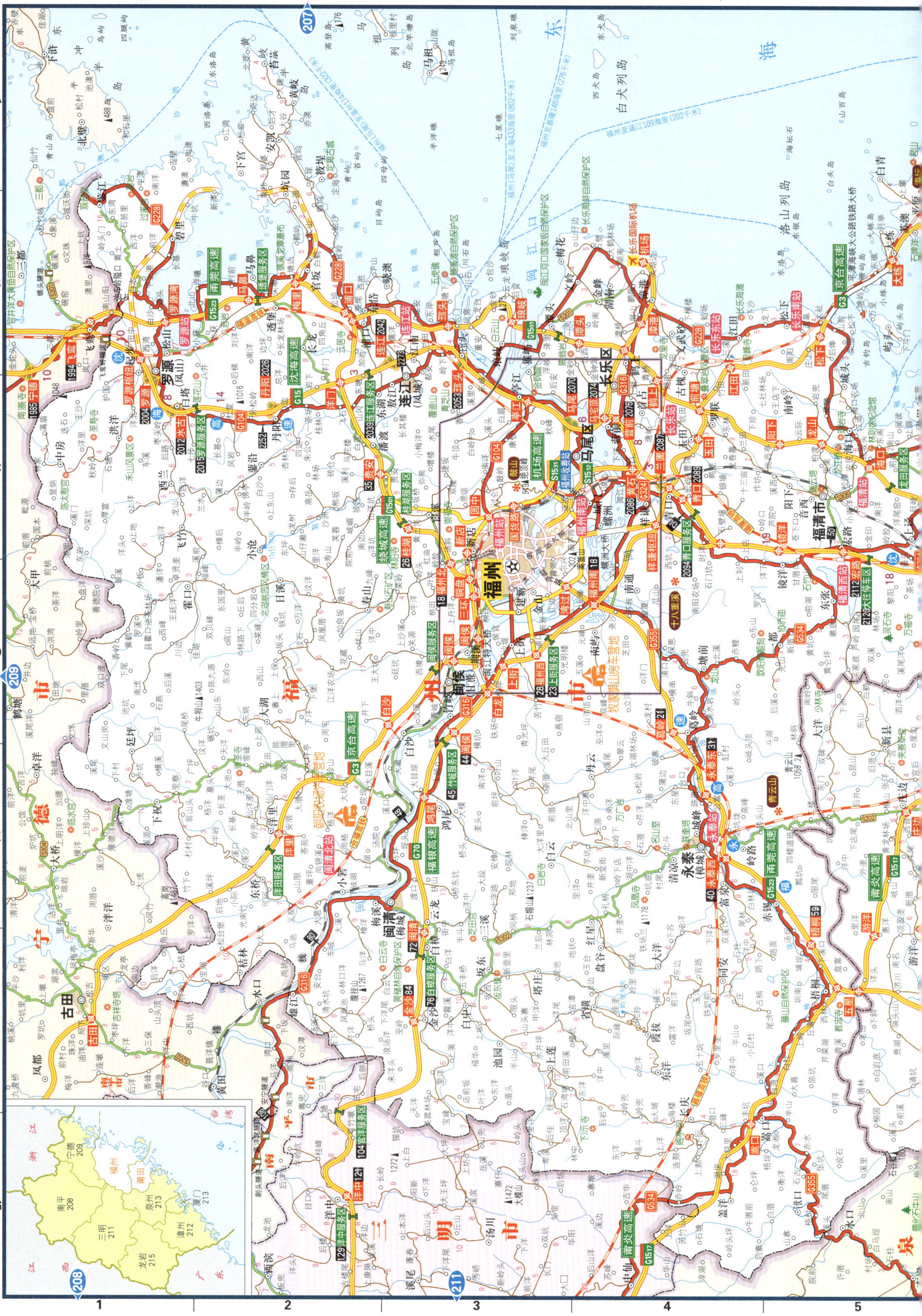

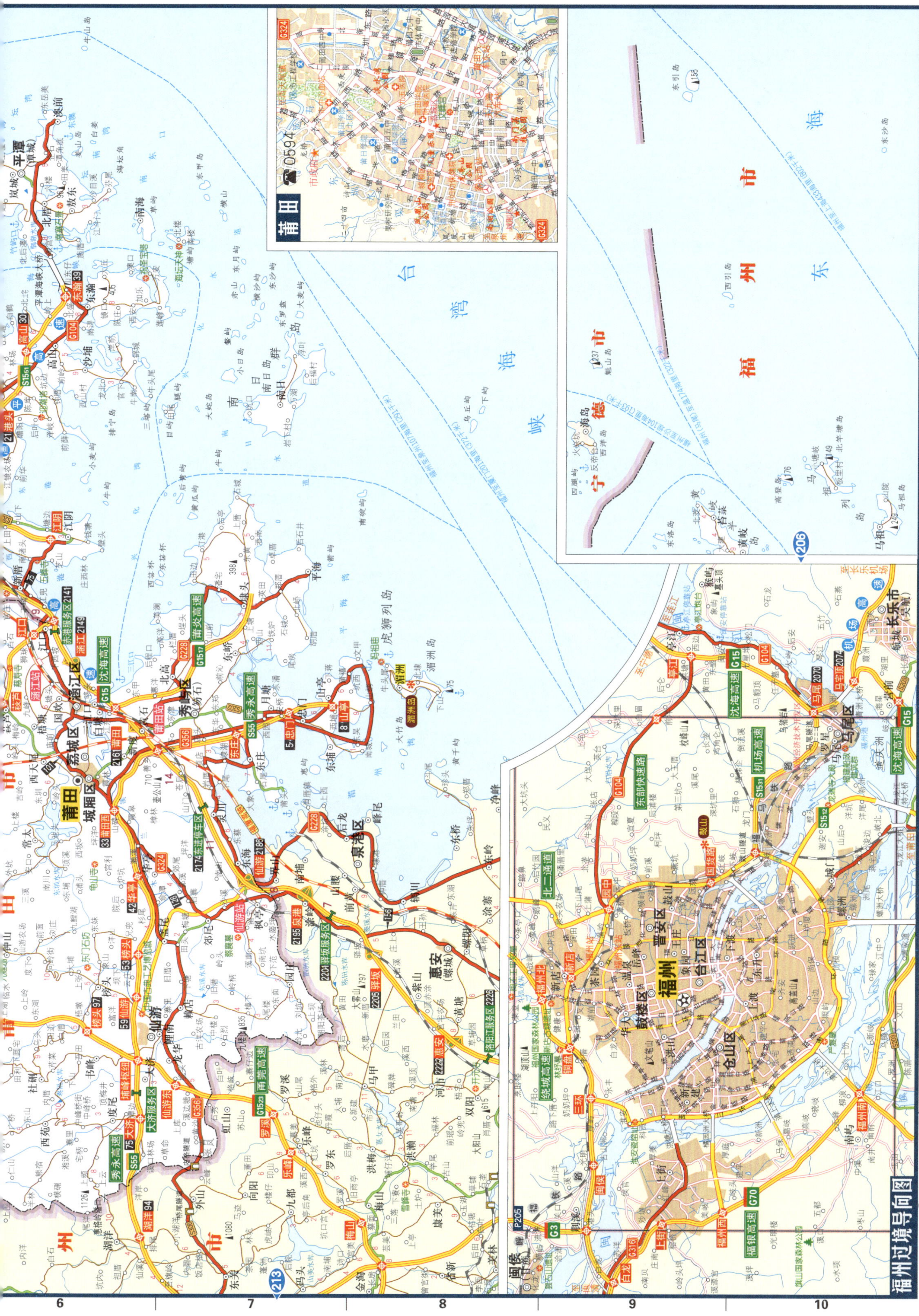
莆田
0594
福州市
莆田市
台湾海峡
马祖列岛
虎狮列岛
湄洲岛
南日群岛
福州
鼓楼区
晋安区
台江区
仓山区
马尾区
长乐市
涵江区
荔城区
城厢区
秀屿区
仙游
惠安
泉港区
福州过境导向图
福建省
A
B
C
D
E
F
G
6
7
8
9
10

图例解释
收费站 出入口 国家高速编号 服务区 在建 高速公路
国道编号 国道
省道编号 里程数(km) 居民点 在建 省道
桥梁 隘口 县道
快速路
隧道 在建 铁路
345 南京三桥 南京三桥出入口位于距该高速公路零千米345千米处
25 宁波服务区 宁波服务区位于距该高速公路零千米25千米处
47 香河收费站 香河收费站位于距该高速公路零千米47千米处
24 国道里程桩：表示该点距此国道零千米总里程为24千米
鹰潭
贵溪市
铅山
江西省
武夷山市
南平
建阳区
邵武市
光泽
泰宁
将乐
顺昌
建瓯市
延平区
沙县区
三明
尤溪
古田
浦城
松溪
政和
福建省
南平
宁德
三明 211
福州 206
莆田 207
泉州 213
龙岩 215
漳州 212
厦门 213
浙江
江西
广东
台湾

公路零千米

▶104国道零千米：北京永定门

▶205国道零千米：秦皇岛市海阳镇

▶316国道零千米：福州市

比例尺 1：95万

0 9.5 19.0 28.5 km

图上1cm相当于实地9.5km

图例解释

收费站 出入口 G45 国家高速编号 服务区 在建 高速公路

G312 国道编号 国道

S217 省道编号 25 居民点 里程数(km) 在建 省道

桥梁 隧口 县道

快速路

隧道 在建 铁路

345 南京三桥 南京三桥出入口位于距该高速公路零千米345千米处

25 宁波服务区 宁波服务区位于距该高速公路零千米25千米处

47 香河收费站 香河收费站位于距该高速公路零千米47千米处

24 国道里程桩：表示该点距此国道零千米总里程为24千米

比例尺 1：70万

0 7.0 14.0 21.0 km

图上1cm相当于实地7km

比例尺 1:85万

0 8.5 17.0 25.5 km

图上1cm相当于实地8.5km

图例解释：收费站、出入口、国家高速编号、服务区、在建 — 高速公路；国道编号 — 国道；省道编号、居民点、里程数(km)、在建 — 省道；桥梁、隘口 — 县道；快速路；隧道、在建 — 铁路

公路零千米

▶319国道零千米：厦门市

▶324国道零千米：福州市

比例尺 1：69万

0 6.9 13.8 20.7 km

图上1cm相当于实地6.9km

图例解释
街区 公园 绿地 过境线 国道 主要街道 省道
次要街道 县道 城市高架路 地铁 轻轨 铁路及车站
高速公路 建筑中高速公路 快速路 省、市、区政府
交警部门 地铁站 出入口 国道编号 加油站 汽修厂 停车场 汽车站
医院 邮政局 宾馆 风景点 古塔 电视塔 桥梁 运动场

比例尺 1：95万

0 9.5 19.0 28.5 km

图上1cm相当于实地9.5km

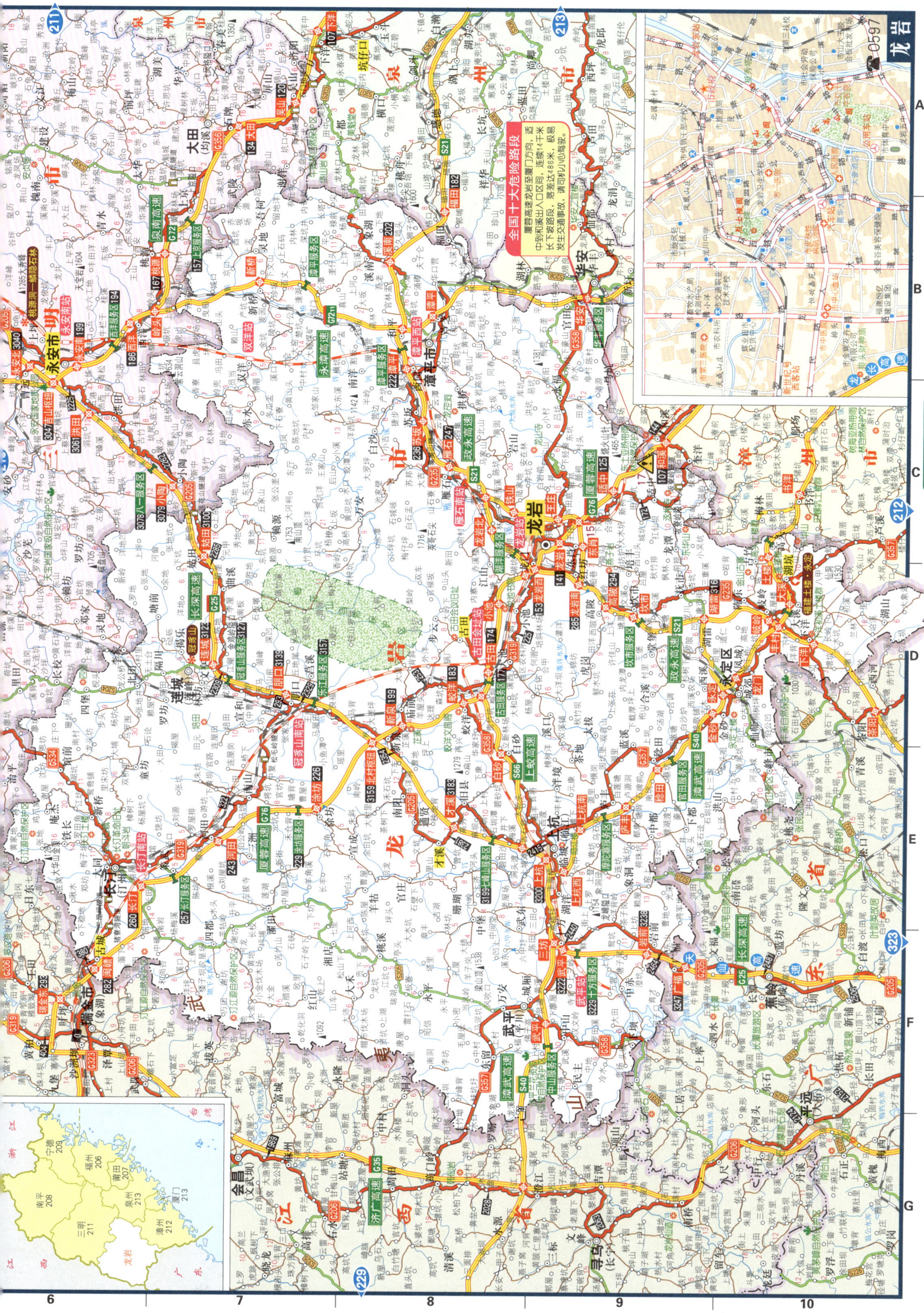

常用电话

高速公路咨询……0791-96122
省交通运输厅……0791-6243324
省公路管理局……0791-6243546
南昌市交通局……0791-6818624
景德镇市交通局……0798-8573857
九江市交通局……0792-8584388
鹰潭市交通局……0701-6221768
赣州市交通局……0797-8223355
宜春市交通局……0795-3593001
上饶市交通局……0793-8216437
吉安市交通局……0796-8223080
新余市交通局……0790-6441022
萍乡市交通局……0799-6797159
抚州市交通局……0794-8269921

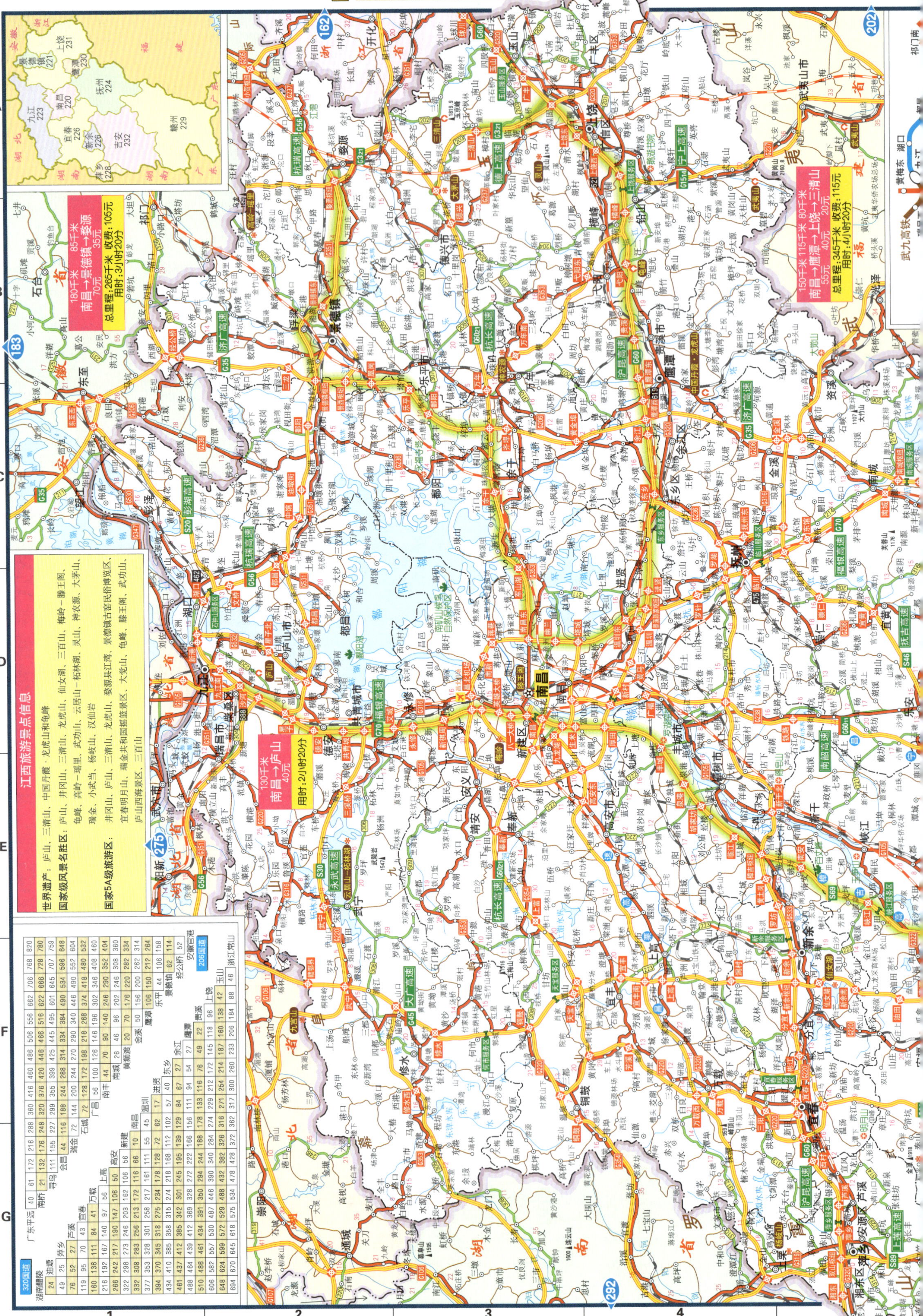

图例解释

高速公路：收费站、出入口、G45 国家高速编号、服务区、在建
国道：G312 国道编号
省道：217 省道编号、25 居民点 里程数(km)、在建
县道：桥梁、隧口
快速路
铁路：隧道、在建

比例尺 1：175万

0 17.5 35.0 52.5 km

图上1cm相当于实地17.5km

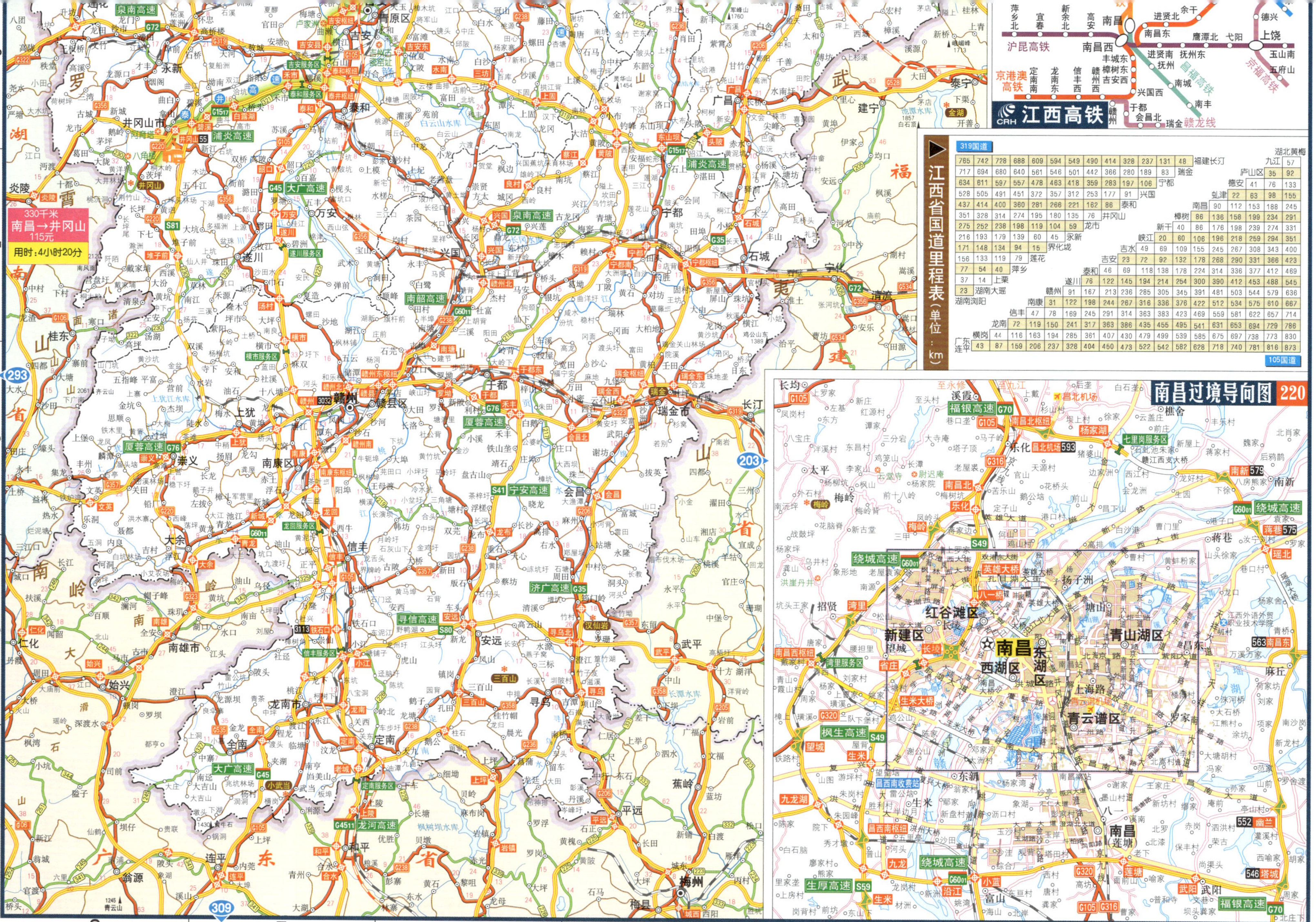

江西省国道里程表（单位：km）

319国道

	湖南浏阳	湖南大瑶	上栗	萍乡	莲花	界化垅	永新	龙市	井冈山	泰和	兴国	宁都	瑞金
湖南大瑶	23												
上栗	37	14											
萍乡	77	54	40										
莲花	156	133	119	79									
界化垅	171	148	134	94	15								
永新	216	193	179	139	60	45							
龙市	275	252	238	198	119	104	59						
井冈山	351	328	314	274	195	180	135	76					
泰和	437	414	400	360	281	266	221	162	86				
兴国	528	505	491	451	372	357	312	253	177	91			
宁都	634	611	597	557	478	463	418	359	283	197	106		
瑞金	717	694	680	640	561	546	501	442	366	280	189	83	
福建长汀	765	742	728	688	609	594	549	490	414	328	237	131	48

105国道

	横岗	龙南	信丰	南康	赣州	遂川	泰和	吉安	吉水	峡江	新干	樟树	南昌	虬津	德安	庐山区	九江	湖北黄梅
九江																		57
庐山区																	35	92
德安																41	76	133
虬津															22	63	98	155
南昌														90	112	153	188	245
樟树													86	136	158	199	234	291
新干												40	86	176	198	239	274	331
峡江											20	60	106	196	218	259	294	351
吉水										49	69	109	155	245	267	308	343	400
吉安									23	72	92	132	178	268	290	331	366	423
泰和								46	69	118	138	178	224	314	336	377	412	469
遂川							76	122	145	194	214	254	300	390	412	453	488	545
赣州						91	167	213	236	285	305	345	391	481	503	544	579	636
南康					31	122	198	244	267	316	336	376	422	512	534	575	610	667
信丰				47	78	169	245	291	314	363	383	423	469	559	581	622	657	714
龙南			72	119	150	241	317	363	386	435	455	495	541	631	653	694	729	786
横岗		44	116	163	194	285	361	407	430	479	499	539	585	675	697	738	773	830
广东连平	43	87	159	206	237	328	404	450	473	522	542	582	628	718	740	781	816	873

江西省

- 本表中城际间里程是以高速公路、国道为主要行车路线计算，不作营运计价依据。
- 单位：km

江西省主要城市至全国各主要城市里程表

省份	城市	南昌	九江	景德镇	鹰潭	上饶	新余	萍乡	赣州	宜春
直辖市	北京	1510	1358	1374	1512	1610	1631	1673	1859	1717
	上海	823	717	580	650	562	890	1000	1118	946
	天津	1417	1265	1281	1419	1517	1538	1648	1766	1624
	重庆	1300	1154	1287	1419	1517	1427	1317	1655	1371
河北省	石家庄	1310	1158	1309	1439	1539	1431	1390	1666	1450
	张家口	1711	1559	1638	1768	1868	1832	1942	2056	1882
	承德	1725	1573	1652	1782	1882	1846	1956	2070	1896
	秦皇岛	1663	1511	1572	1702	1752	1784	1894	2019	1834
	唐山	1523	1371	1432	1562	1612	1644	1754	1879	1694
	保定	1433	1281	1362	1492	1592	1554	1513	1789	1573
	沧州	1298	1146	1197	1327	1427	1419	1529	1654	1469
	衡水	1266	1114	1165	1295	1395	1387	1497	1622	1437
	邢台	1172	1020	1270	1400	1500	1293	1252	1528	1312
	邯郸	1120	968	1238	1368	1468	1241	1200	1476	1260
山西省	太原	1393	1241	1374	1504	1604	1514	1473	1749	1533
	大同	1657	1505	1638	1768	1868	1778	1737	2013	1797
	阳泉	1491	1339	1472	1602	1702	1612	1571	1847	1631
	长治	1183	1031	1164	1294	1394	1304	1263	1539	1323
	晋城	1089	937	1070	1200	1300	1210	1169	1445	1229
	忻州	1464	1312	1445	1575	1675	1585	1544	1820	1604
	临汾	1297	1145	1278	1408	1508	1418	1377	1653	1437
	运城	1162	1010	1143	1273	1373	1283	1242	1518	1302
	侯马	1240	1088	1221	1351	1451	1361	1320	1596	1380
内蒙古自治区	呼和浩特	1941	1789	1922	2052	2152	2062	2021	2297	2081
	包头	2092	1940	2073	2203	2303	2213	2172	2448	2232
	乌海	2448	2296	2429	2559	2659	2569	2528	2804	2588
	赤峰	2060	1908	1972	2102	2103	2181	2291	2416	2231
	通辽	2220	2068	2132	2262	2324	2341	2451	2576	2391
	呼伦贝尔	3400	3248	3312	3442	3542	3521	3631	3756	3571
	乌兰浩特	2713	2561	2625	2755	2855	2834	2944	3069	2884
	锡林浩特	2143	1991	2055	2185	2285	2264	2374	2499	2314
	乌兰察布	1789	1637	1770	1900	2000	1910	1869	2145	1929
	东胜区	2177	2025	2158	2288	2388	2298	2257	2533	2317
	巴彦淖尔	2316	2164	2297	2427	2527	2437	2396	2672	2456
辽宁省	沈阳	2064	1912	1976	2106	2156	2185	2295	2420	2235
	朝阳	1933	1781	1845	1975	2025	2054	2164	2289	2104
	阜新	1970	1818	1882	2012	2062	2091	2201	2326	2141
	铁岭	2127	1975	2039	2169	2219	2248	2358	2483	2298
	本溪	2100	1948	2012	2142	2192	2221	2331	2456	2271
	鞍山	2046	1894	1958	2088	2138	2167	2277	2402	2217
	丹东	2243	2091	2155	2285	2335	2364	2474	2599	2414
	大连	2201	2049	2113	2243	2293	2322	2432	2557	2372
	营口	1985	1833	1897	2027	2077	2106	2216	2341	2156
	盘锦	1925	1773	1837	1967	2017	2046	2156	2281	2096
	锦州	1842	1690	1754	1884	1934	1963	2073	2198	2013
	葫芦岛	1803	1651	1715	1845	1895	1924	2034	2159	1974
吉林省	长春	2360	2208	2272	2402	2452	2481	2591	2716	2531
	白城	2531	2379	2443	2573	2623	2652	2762	2887	2702
	松原	2508	2356	2420	2550	2600	2629	2739	2864	2679
	吉林	2453	2301	2365	2495	2545	2574	2684	2809	2624
	四平	2243	2091	2155	2285	2335	2364	2474	2599	2414
	辽源	2316	2164	2228	2358	2408	2437	2547	2672	2487
	通化	2306	2154	2218	2348	2398	2427	2537	2662	2477
	梅河口	2305	2153	2217	2347	2397	2426	2536	2661	2476
	延吉	2755	2603	2667	2797	2847	2876	2986	3111	2926
	敦化	2636	2484	2548	2678	2728	2757	2867	2992	2807
黑龙江省	哈尔滨	2603	2451	2515	2645	2695	2724	2834	2959	2774
	齐齐哈尔	2919	2767	2831	2961	3011	3040	3150	3275	3090
	黑河	3179	3027	3091	3221	3271	3300	3410	3535	3350
	大庆	2751	2599	2663	2793	2843	2872	2982	3107	2922
	伊春	2946	2794	2858	2988	3038	3067	3177	3302	3117
	鹤岗	3024	2872	2936	3066	3116	3145	3255	3380	3195
	佳木斯	2953	2801	2865	2995	3045	3074	3184	3309	3124
	双鸭山	3017	2865	2929	3059	3109	3138	3248	3373	3188
	七台河	3036	2884	2948	3078	3128	3157	3267	3392	3207
	鸡西	2979	2827	2891	3021	3071	3100	3210	3335	3150
	牡丹江	2816	2664	2728	2858	2908	2937	3047	3172	2987
	绥化	2721	2569	2633	2763	2813	2842	2952	3077	2892
江苏省	南京	643	497	501	627	640	770	880	998	825
	徐州	788	636	701	834	932	909	1019	1152	965
	连云港	917	771	724	855	953	1044	1154	1272	1099
	淮安	785	639	592	723	821	912	1022	1140	967
	盐城	897	751	704	835	933	1025	1134	1252	1079
	扬州	711	565	518	649	747	838	948	1066	893
	南通	866	720	673	804	902	993	1103	1221	1048
	镇江	713	567	571	697	710	840	950	1068	895
	常州	759	613	617	743	756	886	996	1114	941
	无锡	802	656	660	786	799	929	1039	1157	984
	苏州	848	657	541	611	523	851	961	1079	907
浙江省	杭州	635	528	392	462	374	702	812	930	758
	湖州	699	592	456	526	438	766	876	994	822
	嘉兴	782	611	475	545	457	785	895	1013	841
	宁波	774	698	562	601	513	841	951	1069	897
	绍兴	667	593	457	494	406	734	834	962	790
	衢州	408	358	222	235	147	475	585	703	531
	金华	491	441	305	318	230	558	668	786	614
	台州	692	642	506	519	431	759	869	987	815
	温州	680	630	494	507	419	747	857	975	803
	丽水	587	537	401	414	326	654	764	882	710
安徽省	合肥	497	345	367	497	597	618	728	853	668
	宿州	714	562	584	714	814	835	945	1070	885
	阜阳	683	531	553	683	783	804	914	1039	854
	蚌埠	615	463	485	615	715	736	846	971	786
	淮南	594	442	464	294	694	715	825	950	765
	滁州	597	445	467	597	697	718	828	953	768
	马鞍山	628	476	406	536	636	749	859	984	799
	芜湖	567	415	345	475	575	688	798	923	738
	铜陵	485	333	272	402	502	606	716	841	656
	安庆	388	236	182	312	412	509	619	744	559
	黄山	479	311	176	306	255	600	710	835	650
	巢湖	553	401	423	553	653	674	784	909	724
福建省	福州	627	723	690	530	643	688	798	670	744
	南平	470	566	533	373	486	531	641	470	587
	三明	446	542	509	349	462	507	617	406	489
	莆田	716	812	779	619	732	777	887	577	833
	泉州	720	816	783	623	736	781	891	507	837
	厦门	780	876	843	683	796	686	794	441	740
	漳州	781	899	856	696	809	636	744	391	690
	龙岩	682	800	757	597	710	537	645	292	591
	宁德	743	839	727	740	652	804	914	786	860
山东省	济南	1114	962	1026	1156	1199	1235	1345	1470	1285
	德州	1198	1046	1110	1240	1284	1319	1429	1554	1369
	淄博	1237	1085	1149	1279	1223	1358	1468	1593	1408
	潍坊	1195	1043	1107	1237	1231	1316	1426	1551	1366
	烟台	1339	1187	1251	1381	1375	1460	1570	1695	1510
	威海	1402	1250	1314	1444	1438	1523	1633	1758	1573
	青岛	1197	1045	1109	1239	1233	1318	1428	1553	1368
	日照	1030	878	942	1072	1066	1151	1261	1386	1201
	临沂	1019	867	931	1061	993	1140	1250	1375	1190
	济宁	1003	851	915	1045	1089	1124	1234	1359	1174
	泰安	1042	890	954	1084	1128	1163	1273	1398	1213
	滨州	1305	1153	1217	1347	1291	1426	1536	1661	1476
	菏泽	986	834	898	1028	1128	1107	1217	1342	1157
河南省	郑州	904	752	885	1015	1115	1025	984	1260	1144
	三门峡	1137	985	1118	1248	1348	1258	1217	1493	1277
	洛阳	1022	870	1003	1133	1233	1143	1102	1378	1162
	焦作	974	822	955	1085	1185	1095	1054	1330	1114
	新乡	950	798	931	1061	1161	1071	1030	1306	1090
	安阳	1058	906	1039	1169	1269	1179	1138	1414	1198
	开封	845	693	826	956	1056	966	1008	1201	1068
	商丘	831	679	312	942	1042	952	1014	1187	1074
	漯河	760	608	741	871	971	881	840	1116	900
	南阳	787	635	768	898	998	908	867	1143	927
	信阳	608	456	589	719	819	729	688	964	748
湖北省	武汉	401	249	382	512	612	522	486	757	546
	十堰	973	821	954	1084	1184	1094	1028	1329	1088
	襄阳	827	675	808	938	1038	948	882	1183	962
	荆门	681	529	662	792	892	802	736	1037	796
	孝感	477	325	458	588	688	598	532	833	592
	鄂州	336	184	317	447	547	457	567	692	507
	黄石	318	166	299	429	529	439	549	674	489
	咸宁	440	288	421	551	651	561	402	796	462
	荆州	609	457	590	720	820	730	664	965	724
	宜昌	707	505	638	768	868	828	762	1063	822
湖南省	长沙	441	561	650	518	618	288	178	531	238
	常德	582	702	791	659	759	429	319	672	379
	益阳	510	730	719	587	687	357	247	600	307
	岳阳	560	437	570	637	737	407	297	650	367
	株洲	405	525	614	482	582	252	142	495	202
	湘潭	399	519	608	476	576	246	136	489	196
	衡阳	534	654	743	611	711	381	271	624	331
	郴州	651	771	860	728	828	498	388	288	448
	永州	657	777	866	734	834	504	394	747	454
	邵阳	580	700	789	657	757	427	317	670	377
广东省	广州	883	1003	1092	960	1060	740	789	509	[illegible]
	韶关	809	929	1018	886	986	666	546	242	[illegible]
	梅州	812	932	1021	889	989	669	777	438	[illegible]
	汕头	954	1074	1163	1031	1131	811	919	580	[illegible]
	惠州	742	862	951	819	919	599	707	368	[illegible]
	东莞	807	927	1016	884	984	664	772	433	[illegible]
	深圳	833	953	1042	910	1010	690	798	459	[illegible]
	珠海	979	1099	1188	1056	1156	836	882	605	[illegible]
	中山	948	1068	1157	1025	1125	805	851	574	[illegible]
	肇庆	955	1075	1164	1032	1132	812	848	581	[illegible]
	茂名	1242	1362	1451	1319	1419	1099	1103	868	[illegible]
	湛江	1326	1446	1535	1403	1503	1183	1183	952	[illegible]
广西壮族自治区	南宁	1242	1362	1451	1319	1419	1089	979	1120	[illegible]
	桂林	843	963	1052	920	1020	690	580	933	[illegible]
	柳州	1005	1125	1214	1082	1182	852	742	1095	[illegible]
	梧州	1236	1356	1445	1313	1413	1083	973	768	[illegible]
	玉林	1315	1435	1524	1392	1492	1162	1052	915	[illegible]
	百色	1455	1575	1664	1532	1632	1302	1192	1338	[illegible]
四川省	成都	1577	1425	1558	1688	1788	1698	1632	1933	[illegible]
	绵阳	1674	1522	1655	1785	1885	1795	1729	2030	[illegible]
	泸州	1486	1334	1467	1597	1697	1907	1541	1842	[illegible]
	攀枝花	2252	2100	2233	2363	2463	2373	2307	2608	[illegible]
	西昌	2061	1909	2042	2172	2272	2182	2116	2417	[illegible]
贵州省	贵阳	1198	1318	1407	1275	1375	1045	935	1551	[illegible]
	遵义	1327	1447	1536	1404	1504	1174	1064	1683	[illegible]
	安顺	1275	1395	1484	1352	1452	1122	1012	1628	[illegible]
	毕节	1393	1513	1602	1470	1570	1240	1130	1746	[illegible]
	凯里	1018	1138	1227	1095	1195	865	755	1371	[illegible]
云南省	昆明	1722	1842	1931	1799	1899	1569	1459	2075	[illegible]
	曲靖	1579	1699	1788	1656	1756	1426	1316	1932	[illegible]
	玉溪	1802	1922	2011	1879	1979	1649	1539	2155	[illegible]
	丽江	2219	2339	2428	2296	2396	2066	1955	2572	[illegible]
	大理	2032	2152	2241	2109	2209	1879	1769	2385	[illegible]
	景洪	2259	2379	2050	2336	2436	2106	1996	2612	[illegible]
西藏自治区	拉萨	3658	3506	3639	3769	3869	3779	3713	4014	[illegible]
	那曲	3597	3445	3578	3708	3808	3718	3652	3953	[illegible]
	昌都	2842	2690	2823	2953	3053	2963	2897	3198	[illegible]
	日喀则	3907	3755	3888	4018	4118	4028	3962	4263	[illegible]
	萨嘎	4357	4205	4338	4468	4568	4478	4412	4713	[illegible]
	噶尔	5110	4958	5091	5221	5321	5231	5165	5466	[illegible]
陕西省	西安	1199	1047	1180	1310	1410	1320	1279	1555	[illegible]
	延安	1483	1331	1464	1594	1694	1604	1563	1839	[illegible]
	铜川	1266	1114	1247	1377	1477	1387	1346	1622	[illegible]
	渭南	1210	1058	1191	1321	1421	1331	1290	1566	[illegible]
	咸阳	1235	1083	1216	1346	1446	1356	1235	1391	[illegible]
	宝鸡	1387	1235	1368	1498	1598	1508	1467	1743	[illegible]
	汉中	1464	1312	1445	1575	1675	1585	1544	1820	[illegible]
	榆林	1763	1611	1744	1874	1974	1884	1843	2119	[illegible]
	安康	1388	1236	1369	1499	1599	1509	1468	1744	[illegible]
甘肃省	兰州	1836	1684	1817	1947	2047	1957	1916	2192	[illegible]
	嘉峪关	2531	2379	2512	2642	2742	2652	2611	2887	[illegible]
	天水	1565	1413	1546	1676	1776	1686	1645	1921	[illegible]
	敦煌	2902	2750	2883	3013	3113	3023	2982	3258	[illegible]
	张掖	2310	2158	2291	2321	2421	2431	2390	2666	[illegible]
	武威	2804	2652	2785	2915	3015	2925	2884	3260	[illegible]
青海省	西宁	2060	1908	2041	2171	2271	2181	2140	2416	[illegible]
	同仁	2150	1998	2131	2261	2361	2271	2230	2506	[illegible]
	德令哈	2555	2403	2536	2666	2766	2676	2635	2911	[illegible]
	格尔木	3055	2903	3036	3166	3266	3176	3135	3511	[illegible]
宁夏回族自治区	银川	1923	1771	1904	2034	2134	2044	2003	2279	[illegible]
	惠农区	2035	1883	2016	2146	2246	2156	2115	2391	[illegible]
	吴忠	1855	1703	1836	1976	2076	1976	1935	2211	[illegible]
	固原	1588	1436	1569	1699	1799	1719	1668	1944	[illegible]
新疆维吾尔自治区	乌鲁木齐	3725	3573	3706	3836	3936	3846	3805	4081	[illegible]
	克拉玛依	4089	3937	4070	4200	4300	4210	4069	4445	[illegible]
	喀什	4921	4769	4902	5032	5132	5042	5001	5277	[illegible]
	阿克苏	4457	4365	4438	4568	4668	4578	4537	4813	[illegible]
	吐鲁番	3524	3372	3505	3635	3735	3645	3604	3880	[illegible]
	哈密	3133	2981	3114	3244	3344	3254	3213	3489	[illegible]
	阿勒泰	4380	4228	4361	4491	4591	4501	4460	4736	[illegible]

江西省主要城镇间里程表

	南昌	樟树	抚州	庐山	九江	新余	鹰潭	乐平	宜春	吉安	景德镇	泰和	修水	广昌	萍乡	上饶	广丰	宁都	遂川	石城	井冈山	瑞金	赣州
南昌																							
樟树	86																						
抚州	84	103																					
庐山	134	223	239																				
九江	176	262	247	36																			
新余	180	80	174	307	314																		
鹰潭	143	204	101	329	303	275																	
乐平	206	258	153	229	197	327	104																
宜春	215	144	239	337	344	65	357	400															
吉安	211	125	202	355	387	102	300	250	150														
景德镇	248	300	196	187	155	369	149	45	447	398													
泰和	257	171	240	393	433	140	338	393	188	46	436												
修水	207	257	321	244	206	248	344	403	224	347	361	385											
广昌	260	262	159	395	402	333	189	293	443	290	338	254	497										
萍乡	274	206	309	398	405	127	417	479	60	212	505	250	287	502									
上饶	238	315	212	383	351	386	96	145	453	414	198	450	511	310	513								
广丰	333	342	239	410	378	413	139	172	479	441	225	477	554	337	548	27							
宁都	322	273	203	459	466	333	260	354	381	230	396	192	561	61	442	372	399						
遂川	333	247	312	465	509	212	410	456	260	122	508	73	457	327	315	524	551	250					
石城	332	334	231	467	474	405	270	380	460	309	418	271	569	72	521	382	409	80	376				
井冈山	375	287	357	510	517	206	455	498	219	146	553	112	443	366	195	569	596	305	86	384			
瑞金	405	356	287	540	547	400	334	438	442	313	483	255	660	144	505	454	481	82	235	73	578		
赣州	418	332	377	554	594	301	423	522	349	207	564	163	546	224	411	535	562	162	85	220	175	140	

图例解释

街　　区	次要街道 县道	高 速 公 路	交警部门 地铁站	医院 邮政局
公园 绿地	城市高架路	建筑中高速公路	出入口 国道编号	宾馆 风景点
过境线 国道	地铁 轻轨	快 速 路	加油站 汽修厂	古塔 电视台
主要街道 省道	铁路及车站	省、市、区政府	停车场 汽车站	桥梁 运动场

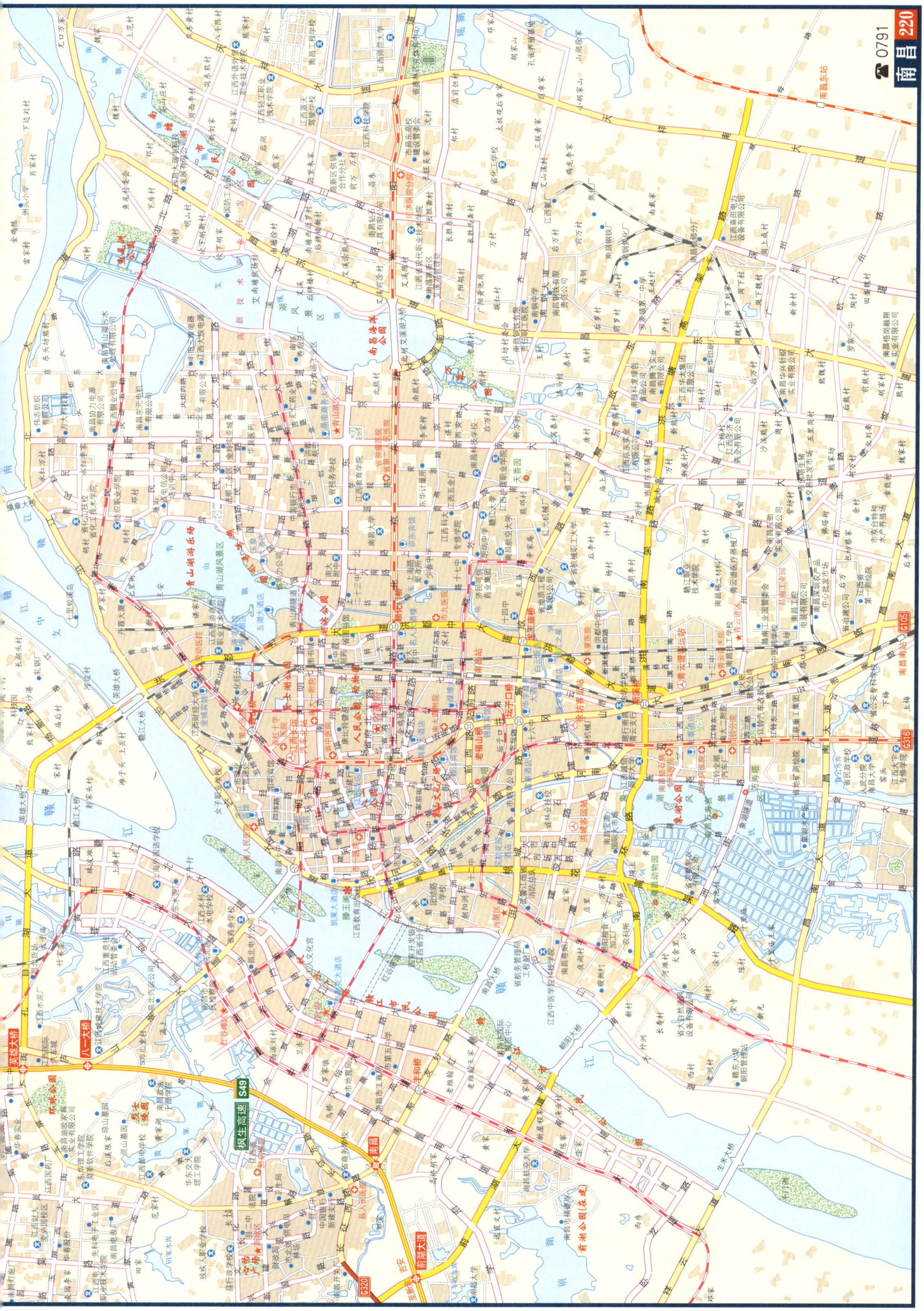

比例尺 1：43万

0 4.3 8.6 12.9 km

图上1cm相当于实地4.3km

图例解释：收费站、出入口、G45 国家高速编号、在建、服务区 高速公路；G312 国道编号 国道；S217 省道编号、25 居民点 里程数(km)、在建 省道；桥梁、隘口 县道；快速路；隧道、在建 铁路

景德镇
昌江区
珠山区
浮梁
乐平市
德兴市
瑞洪
黄坛
三龙
鲇鱼山
荷塘
洪源
湘湖
鹅湖
瑶里
寿安
蛟潭
峙滩
勒功
经公桥
江村
西湖
兴田
赋春
许村
塔前
双田
后港
临港
洪岩
接渡
镇桥
礼林
众埠
万年
鸬鹚
十里岗
张村
黄柏
香屯
闪里
新安
浯口
祁门
婺源
瑞洪
康山
梅庄
池溪
钟陵
南台
金盘岭
安徽省
上饶市
景德市
济广高速
杭瑞高速
杭长高速
沪昆高速
祁浮高速
绕城高速

图例解释

图例	说明
收费站 出入口 G45 国家高速编号 服务区 在建	高速公路
G312 国道编号	国道
S217 省道编号 25 里程数(km) 居民点 在建	省道
桥梁 隘口	县道
	快速路
隧道 在建	铁路
345 南京三桥	南京三桥出入口位于距该高速公路零千米345千米处
25 宁波服务区	宁波服务区位于距该高速公路零千米25千米处
47 香河收费站	香河收费站位于距该高速公路零千米47千米处
24	国道里程桩：表示该点距此国道零千米总里程为24千米

285
301
226

比例尺 1：74万

0 7.4 14.8 22.2 km

图上1cm相当于实地7.4km

江西省

图例解释

收费站 出入口 G45 国家高速编号 服务区 在建 高速公路

G312 国道编号 国道

S217 省道编号 里程数(km) 25 居民点 在建 省道

桥梁 隧口 县道

快速路

隧道 在建 铁路

345 南京三桥 南京三桥出入口位于距该高速公路零千米345千米处

25 宁波服务区 宁波服务区位于距该高速公路零千米25千米处

47 香河收费站 香河收费站位于距该高速公路零千米47千米处

24 国道里程桩：表示该点距此国道零千米总里程为24千米

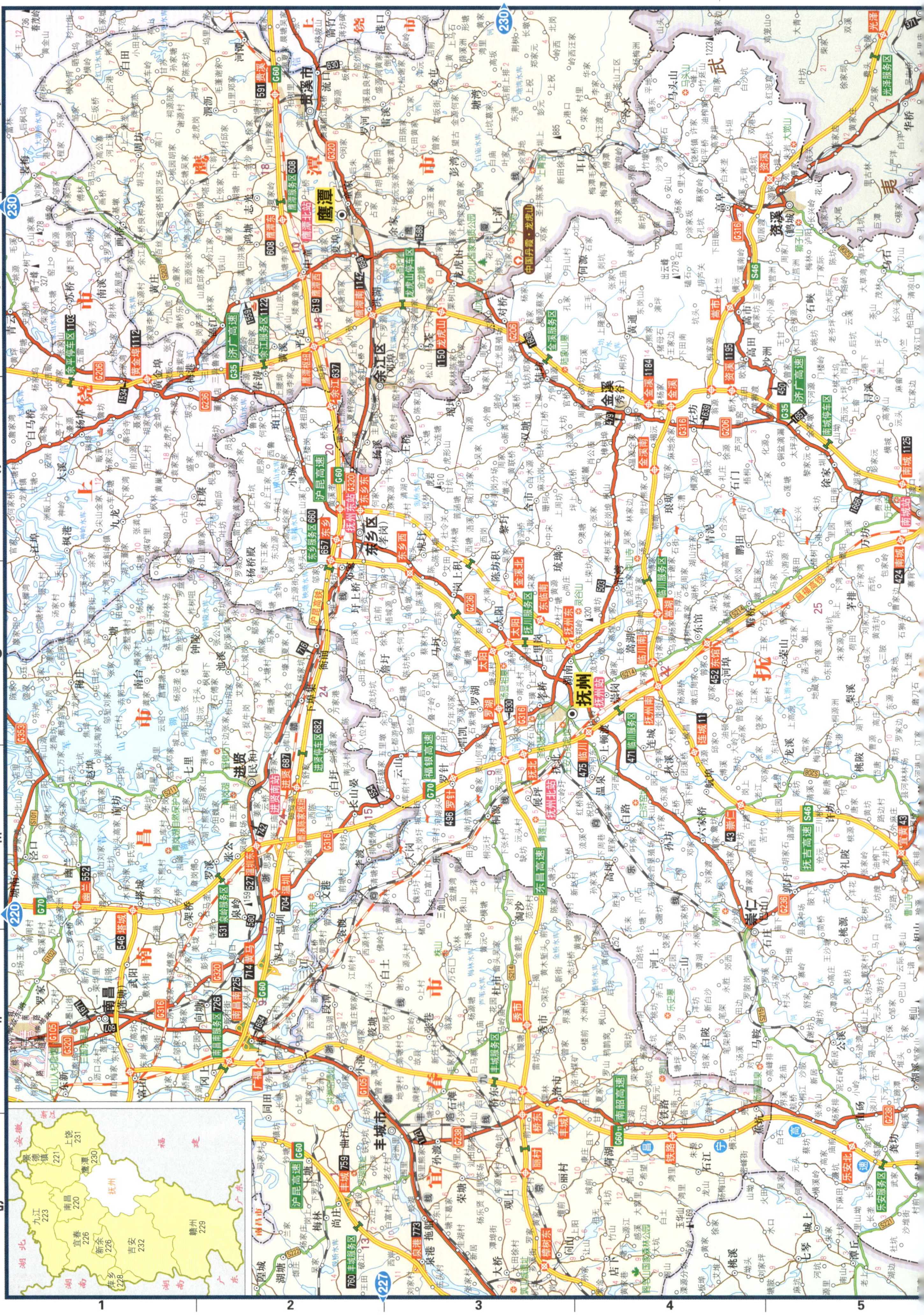

公路零千米
▶206国道零千米：烟台市青年路汽车站
▶316国道零千米：福州市
▶320国道零千米：上海市区

比例尺 1：65万
0 6.5 13.0 19.5km
图上1cm相当于实地6.5km

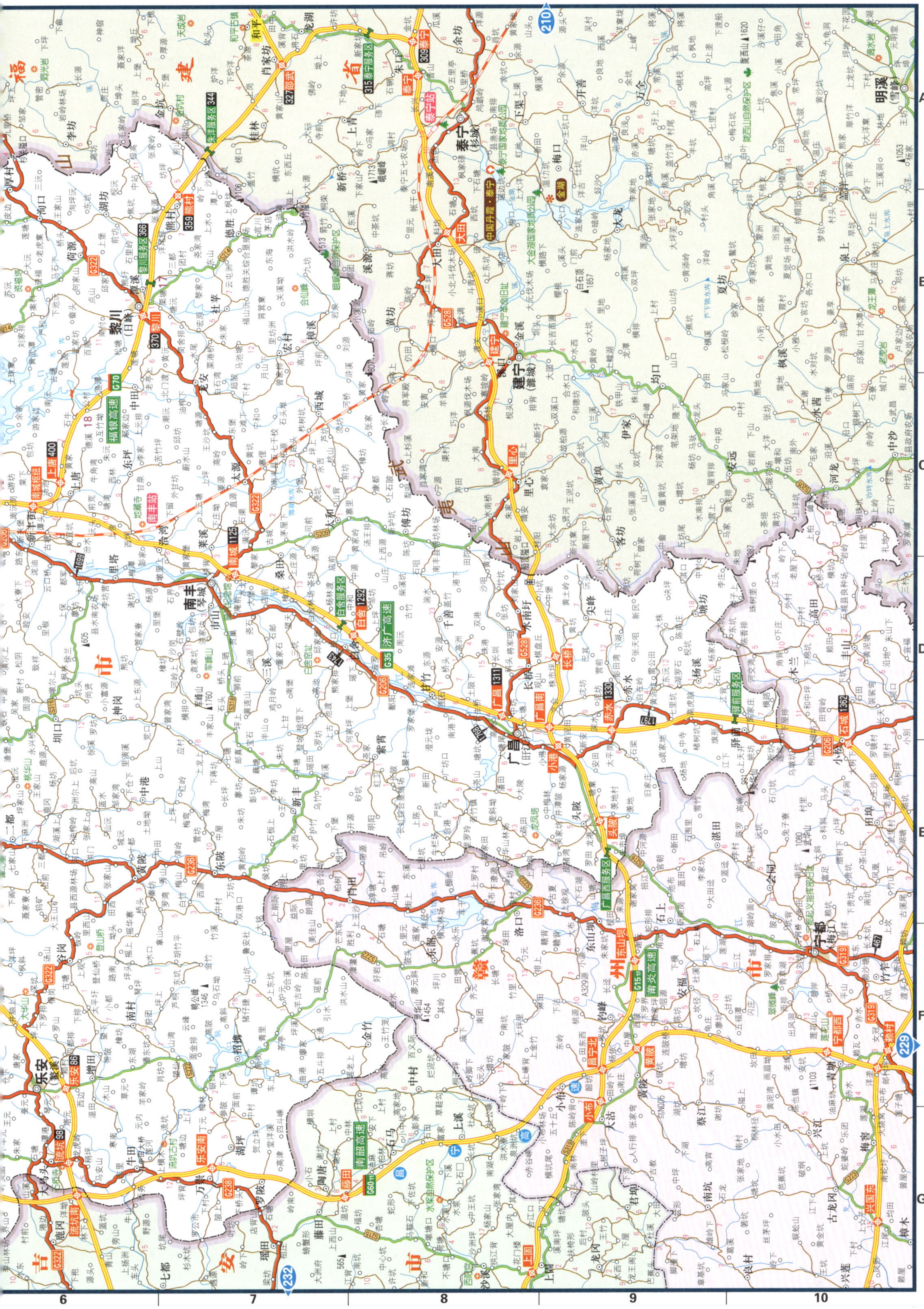

图例解释

收费站 在建 出入口 G45 国家高速编号 服务区 高速公路

G312 国道编号 国道

S217 省道编号 25 居民点 里程数(km) 在建 省道

县道 桥梁 隘口

快速路

隧道 在建 铁路

345 南京三桥 南京三桥出入口位于距该高速公路零千米345千米处

25 宁波服务区 宁波服务区位于距该高速公路零千米25千米处

47 香河收费站 香河收费站位于距该高速公路零千米47千米处

24 国道里程桩：表示该点距此国道零千米总里程为24千米

比例尺 1：66万

0 6.6 13.2 19.8 km

图上1cm相当于实地6.6km

图例解释

收费站 G45 在建 出入口 国家高速编号 服务区	高速公路	桥梁 隧口	县道
G312 国道编号	国道		快速路
S217 25 居民点 省道编号 里程数(km) 在建	省道	隧道 在建	铁路

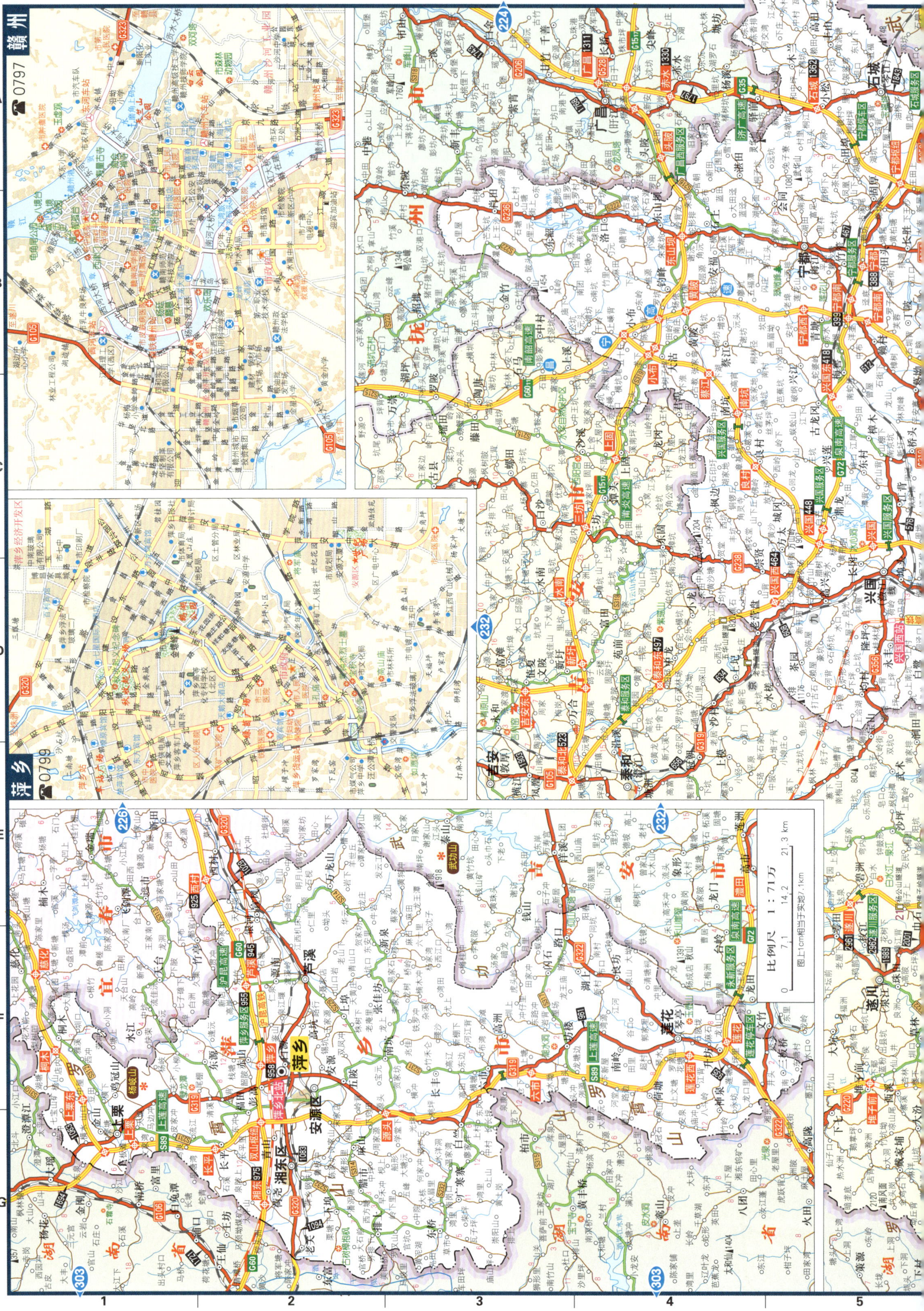

公里零千米

▶105国道零千米：北京永定门　▶320国道零千米：上海市

▶206国道零千米：烟台市青年路汽车站　▶323国道零千米：江西瑞金市

▶319国道零千米：厦门市

比例尺　1：98万

0　9.8　19.6　29.4 km

图上1cm相当于实地9.8km

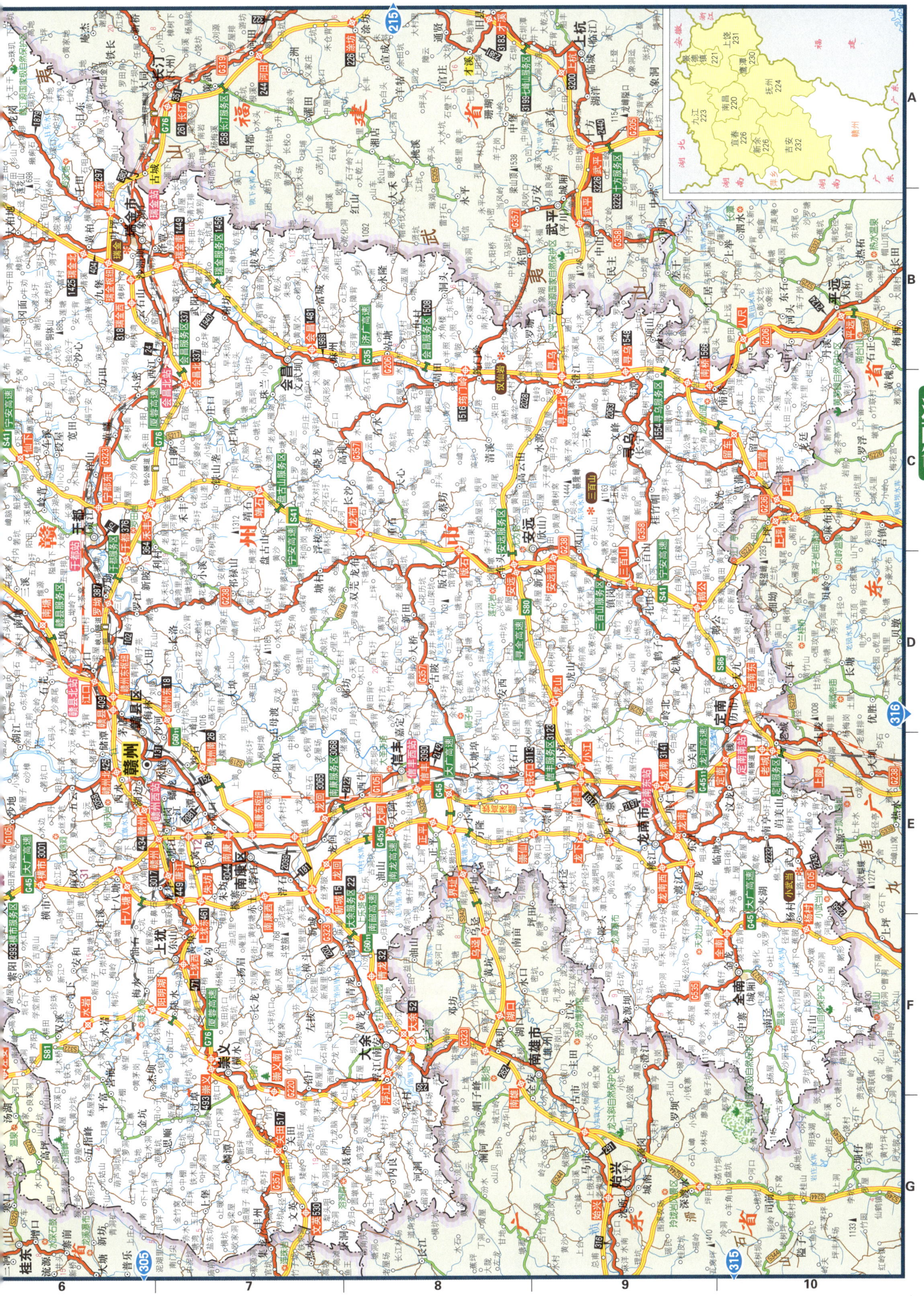

图例解释
收费站
出入口
国家高速编号
服务区
在建
高速公路
桥梁
隧口
县道
国道编号
国道
快速路
省道编号
里程数(km)
居民点
省道
隧道
在建
铁路
江西省
九江
南昌
景德镇
鄱阳
余干
乐平市
万年
鹰潭
贵溪市
余江区
东乡区
进贤
都昌
湖口
上饶
抚州市
金溪
鄱阳湖
0701 鹰潭
中国丹霞·龙虎山
223
221
220
224
A
B
C
D
E
F
G
1
2
3
4
5

比例尺 1：74万
0 7.4 14.8 22.2 km
图上1cm相当于实地7.4km

图例解释

收费站 出入口 G45 国家高速编号 服务区 在建	高速公路	桥梁 隧口	县道
G312 国道编号	国道		快速路
S217 省道编号 25 居民点 里程数(km) 在建	省道	隧道 在建	铁路

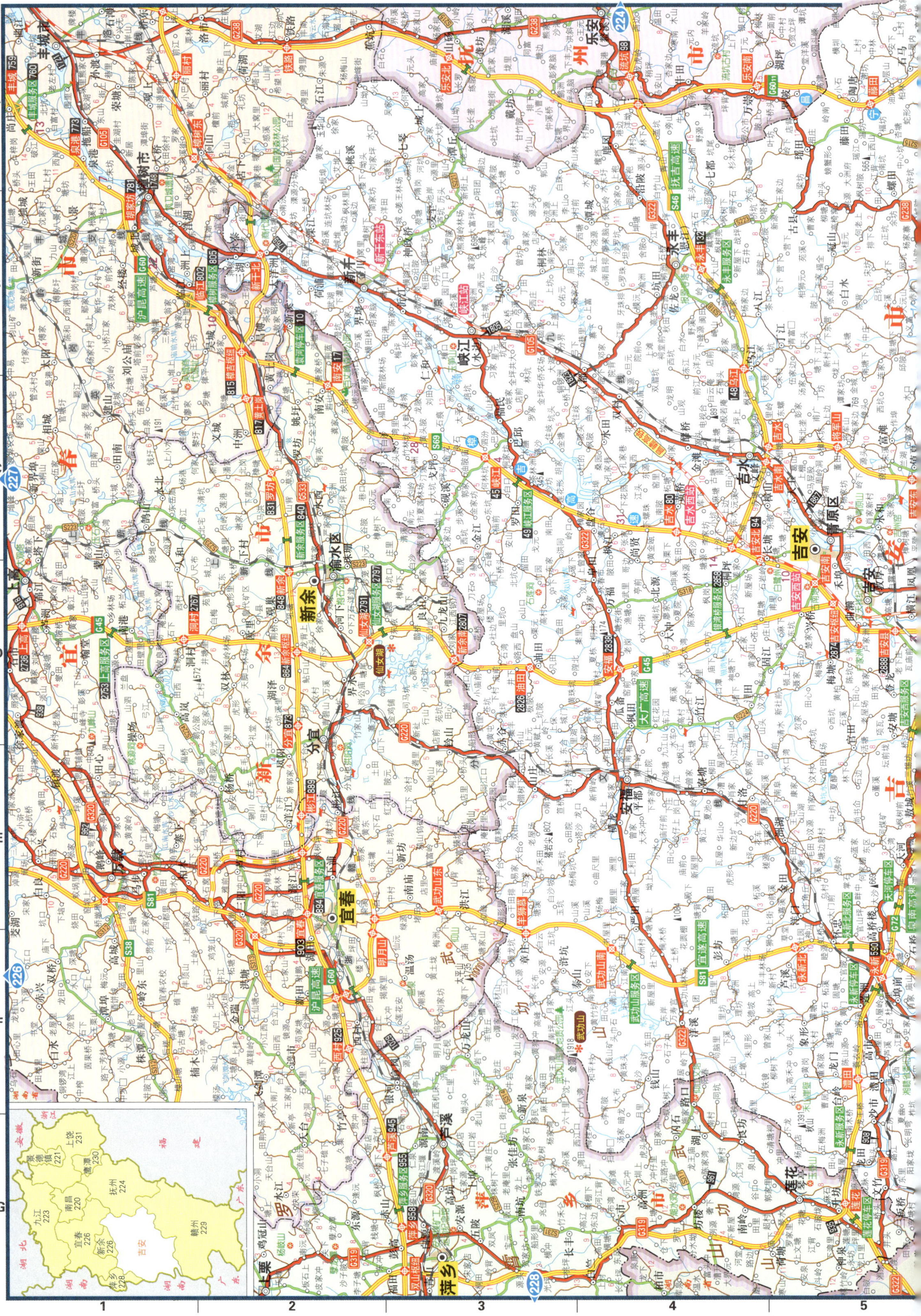

公路零千米
▶105国道零千米：北京永定门
▶319国道零千米：厦门市

比例尺 1：75万
0 7.5 15.0 22.5 km
图上1cm相当于实地7.5km

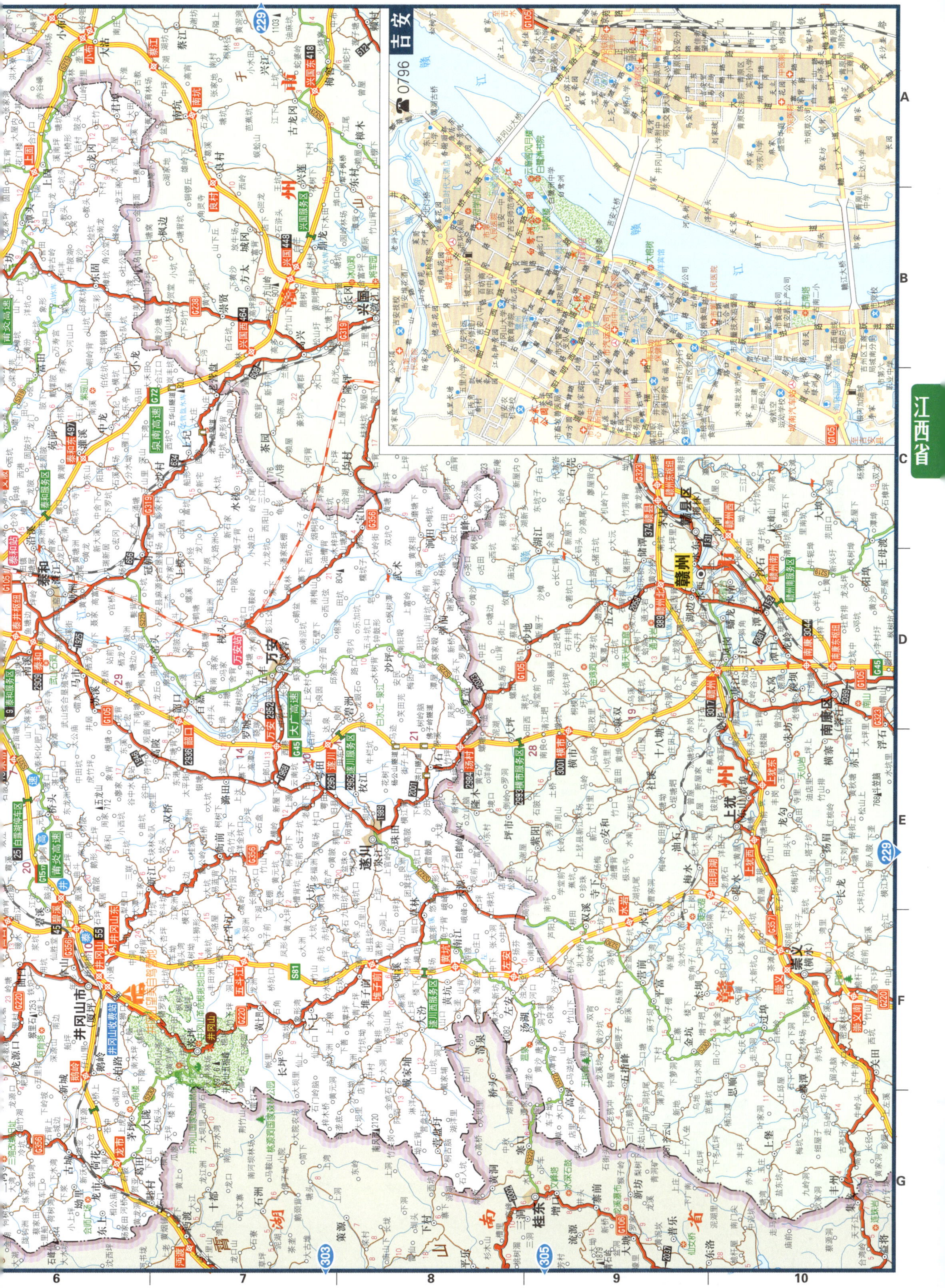

常用电话

高速公路咨询.........0531-96669	济南市交通局...0531-88968686	烟台市交警支队..0535-6243337	聊城市交通局...0635-8433503
高速公路救援.........0531-96659	青岛市交通局...0532-88018906	潍坊市交警支队..0536-8236411	德州市交通局...0534-2623290
公路路政服务.........0531-96660	泰安市交通局....0538-8503608	威海市交通委员会0631-5224534	东营市交通局...0546-8321888
省交通运输厅......0531-85693018	淄博市交通委员会0533-2184526	菏泽市交通局....0530-5139911	济宁市交通局...0537-2357171
省高速公路集团公司0531-85693998	枣庄市交警支队..0632-3316195	日照市公路局....0633-8782038	莱芜区交通局...0634-6275999

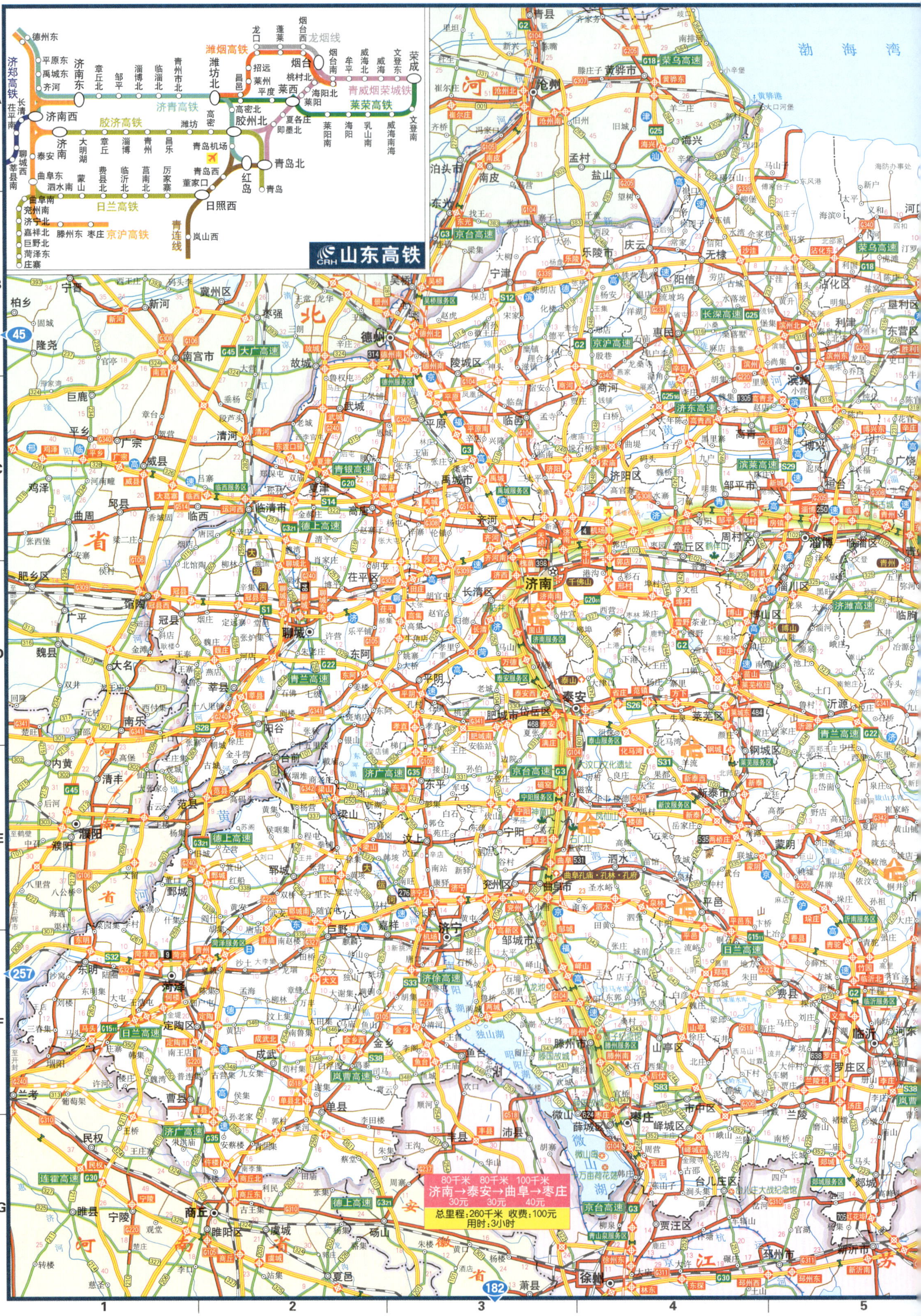

图例解释：收费站、出入口、省级高速编号（S1）、国家高速编号（G45）、服务区、在建 —— 高速公路；国道编号（G312）—— 国道；省道编号（217）、里程数(km)（25）、居民点、在建 —— 省道；桥梁、隧口 —— 县道；快速路；隧道、在建 —— 铁路

比例尺 1:178万 0 17.8 35.6 53.4 km 图上1cm相当于实地17.8km

山东旅游景点信息

世界遗产： 泰山、曲阜孔庙、孔府、孔林、大运河、中国黄(渤)海候鸟栖息地

国家级风景名胜区： 泰山、青岛崂山、胶东半岛海滨、博山、青州、千佛山

国家5A级旅游区： 曲阜明故城（三孔）旅游区、崂山景区、泰山、刘公岛、龙口南山景区、蓬莱阁旅游区、济南天下第一泉风景区、枣庄台儿庄古城景区、微山湖、沂蒙山旅游区、青州古城、威海华夏城、黄河口生态旅游区、萤火虫水洞 · 地下大峡谷

其它热门旅游景点： 大明湖、泉城广场、八大关、栈桥、青岛海昌极地海洋公园、泰安岱庙、成山头、海驴岛、中国甲午战争博物馆陈列馆、烟台山、长岛、养马岛、八仙过海景区、王羲之故居

山东省国道里程表（单位：km）

220国道

	河南兰考	菏泽	郓城	梁山	平阴	济南	济阳	滨州
菏泽	81							
郓城	139	58						
梁山	171	90	32					
平阴	244	163	105	73				
济南	323	242	184	152	79			
济阳	373	292	234	202	129	50		
滨州	463	382	324	292	219	140	90	
东营	556	475	417	385	312	233	183	93

205国道

	郯城	临沂	蒙阴	莱芜	淄博	滨州	庆云	河北盐山
江苏新沂	29	85	177	250	336	413	508	547
郯城		56	148	221	307	384	479	518
临沂			92	165	251	328	423	462
蒙阴				73	159	236	331	370
莱芜					86	163	258	297
淄博						77	172	211
滨州							95	134
庆云								39

327国道

	菏泽	巨野	嘉祥	济宁	兖州	曲阜	泗水	平邑	费县	临沂	临沭	江苏沙河
巨野	63											
嘉祥	86	23										
济宁	110	47	24									
兖州	138	75	52	28								
曲阜	154	91	68	44	16							
泗水	181	118	95	71	43	27						
平邑	223	160	137	113	85	69	42					
费县	267	204	181	157	129	113	86	44				
临沂	307	244	221	197	169	153	126	84	40			
临沭	345	282	260	236	207	191	164	122	78	38		
江苏沙河	389	326	303	279	251	235	208	166	122	82	44	
连云港	424	361	338	314	286	270	243	201	157	117	79	35

105国道

	单县	金乡	济宁	汶上	东平	平阴	东阿	茌平	高唐	德州	河北吴桥
河南	58	96	143	182	208	251	277	308	338	405	429
单县		38	85	124	150	193	219	250	280	347	371
金乡			47	86	112	155	181	212	242	309	333
济宁				39	65	108	134	165	195	262	286
汶上					26	69	95	126	156	223	247
东平						43	69	100	130	197	221
平阴							26	57	87	154	178
东阿								31	61	128	152
茌平									30	97	121
高唐										67	91
德州											24

104国道

	河北吴桥	德州	陵县	临邑	济南	泰安	曲阜	邹城	滕州	微山
德州	24									
陵县	56	32								
临邑	88	64	32							
济南	151	127	95	63						
泰安	224	200	168	136	73					
曲阜	298	274	242	210	147	74				
邹城	321	297	265	233	170	97	23			
滕州	361	337	305	273	210	137	63	40		
微山	397	373	341	309	246	173	99	76	36	
江苏徐州	474	450	418	386	323	250	176	153	113	77

204国道

	东港区	胶南	胶州	即墨	莱西	莱阳	栖霞	福山区	烟台
江苏赣榆	74	119	166	213	270	294	337	393	406
东港区		45	92	139	196	220	263	319	332
胶南			47	94	151	175	218	274	287
胶州				47	104	128	171	227	240
即墨					57	81	124	180	193
莱西						24	67	123	136
莱阳							43	99	112
栖霞								56	69
福山区									13

309国道

	河北馆陶	冠县	聊城	茌平	济南	淄川区	淄博	青州	昌乐	潍坊	平度	莱西	莱阳	文登
冠县	14													
聊城	67	53												
茌平	111	97	44											
济南	188	174	121	77										
淄川区	281	267	214	170	93									
淄博	300	286	233	189	112	19								
青州	345	331	278	234	157	64	45							
昌乐	385	371	318	274	197	104	85	40						
潍坊	415	401	348	304	227	134	115	70	30					
平度	495	481	428	384	307	214	195	150	110	80				
莱西	551	537	484	440	363	270	251	206	166	136	56			
莱阳	575	561	508	464	387	294	275	230	190	160	80	24		
文登	718	704	651	607	530	437	418	373	333	303	223	167	143	
荣成	759	745	692	648	571	478	459	414	374	344	264	208	184	41

206国道

	徐州贾汪区	枣庄	苍山	临沂	莒县	诸城	潍坊	昌邑	莱州	龙口	蓬莱	烟台
江苏徐州	38	94	143	183	258	342	434	467	534	602	652	726
徐州贾汪区		56	105	145	220	304	396	429	496	564	614	688
枣庄			49	89	164	248	340	373	440	508	558	632
苍山				40	115	199	291	324	391	459	509	583
临沂					75	159	251	284	351	419	469	543
莒县						84	176	209	276	344	394	468
诸城							92	125	192	260	310	384
潍坊								33	100	168	218	292
昌邑									67	135	185	259
莱州										68	118	192
龙口											50	124
蓬莱												74

142

● 本表中城际间里程是以高速公路、国道为主要行车路线计算，不作营运计价依据。

● 单位：Km

山东省主要城市至全国各主要城市里程表

		济南	德州	淄博	潍坊	烟台	威海	青岛	日照	临沂	济宁	泰安	滨州	菏泽
直辖市	北京	453	343	457	555	784	844	701	761	686	609	498	388	660
	上海	886	970	850	774	918	981	776	609	620	816	804	918	927
	天津	363	250	326	425	654	741	571	668	588	516	405	230	567
	重庆	1642	1725	1750	1849	2109	2155	1952	1783	1703	1509	1630	1799	1398
河北省	石家庄	343	239	424	523	766	829	668	646	567	536	384	434	441
	张家口	656	542	655	768	969	1032	899	959	880	808	697	586	859
	承德	671	557	670	783	984	1047	914	974	895	823	712	601	874
	秦皇岛	610	496	563	676	877	940	807	856	776	762	651	494	813
	唐山	462	348	415	528	729	792	659	708	628	614	503	346	665
	保定	383	269	407	520	721	784	651	686	607	535	424	338	555
	沧州	245	131	274	387	588	651	518	548	469	397	286	205	448
	衡水	213	83	294	393	636	699	538	516	437	365	254	305	416
	邢台	317	218	406	505	748	811	650	620	541	419	358	417	309
	邯郸	285	258	374	473	716	779	618	588	509	387	326	385	277
山西省	太原	549	452	630	729	972	1035	874	852	773	701	590	641	647
	大同	801	704	882	981	1224	1287	1126	1104	1025	953	842	893	899
	阳泉	417	320	498	597	840	903	742	720	641	569	458	509	515
	长治	442	465	531	630	873	936	775	745	666	524	483	542	414
	晋城	548	571	637	736	979	1042	881	851	772	441	589	648	331
	忻州	608	511	689	788	1031	1094	933	911	832	760	649	700	706
	临汾	618	641	707	806	1049	1112	951	1018	938	744	659	718	634
	运城	747	791	856	955	1198	1261	1100	889	809	615	675	875	505
	侯马	690	713	779	878	1121	1184	1023	961	881	687	731	790	577
内蒙古自治区	呼和浩特	979	865	978	1091	1292	1355	1222	1282	1203	1131	1020	909	1182
	包头	1130	1016	1129	1242	1443	1506	1373	1433	1354	1282	1171	1060	1333
	乌海	1486	1372	1485	1598	1799	1862	1729	1789	1710	1638	1527	1416	1689
	赤峰	992	878	945	1058	1259	1322	1189	1238	1158	1144	1033	876	1195
	通辽	1167	1053	1120	1233	1434	1497	1364	1413	1333	1319	1208	1051	1370
	呼伦贝尔	2341	2227	2340	2453	2654	2717	2584	2644	2565	2493	2382	2271	2544
	乌兰浩特	1654	1540	1653	1766	1967	2030	1897	1957	1878	1806	1695	1584	1857
	锡林浩特	1084	970	1083	1196	1397	1460	1327	1387	1308	1236	1125	1014	1287
	乌兰察布	823	709	822	935	1136	1199	1066	1126	1047	975	864	753	1026
	东胜区	1230	1116	1229	1342	1543	1606	1473	1533	1454	1382	1271	1160	1433
	巴彦淖尔	1354	1240	1353	1466	1667	1730	1597	1657	1578	1506	1395	1284	1557
辽宁省	沈阳	1011	897	964	1077	1278	1341	1208	1257	1177	1163	1052	895	1214
	朝阳	880	766	833	946	1147	1210	1077	1126	1046	1032	921	764	1083
	阜新	917	803	870	983	1184	1247	1114	1163	1083	1069	958	801	1120
	铁岭	1074	960	1027	1140	1341	1404	1271	1320	1240	1226	1115	958	1277
	本溪	1047	933	1000	1113	1314	1377	1244	1293	1213	1199	1088	931	1250
	鞍山	993	879	946	1059	1260	1323	1190	1239	1159	1145	1034	877	1196
	丹东	1190	1076	1143	1256	1457	1520	1387	1436	1356	1342	1231	1074	1393
	大连	1148	1034	1101	1214	1415	1478	1345	1394	1314	1300	1189	1032	1351
	营口	932	818	885	998	1199	1262	1129	1178	1098	1084	973	816	1135
	盘锦	872	758	825	938	1139	1202	1069	1118	1038	1024	913	756	1075
	锦州	789	675	742	855	1056	1119	986	1035	955	941	830	673	992
	葫芦岛	750	636	703	816	1017	1080	947	996	916	902	791	634	953
吉林省	长春	1307	1193	1260	1373	1574	1637	1504	1553	1473	1459	1348	1191	1510
	白城	1483	1369	1436	1549	1750	1813	1680	1729	1649	1635	1524	1367	1686
	松原	1455	1341	1408	1521	1722	1785	1652	1701	1621	1607	1496	1339	1658
	吉林	1400	1286	1353	1466	1667	1730	1597	1646	1566	1552	1441	1284	1603
	四平	1190	1076	1143	1256	1457	1520	1387	1436	1356	1342	1231	1074	1393
	辽源	1263	1149	1216	1329	1530	1593	1460	1509	1429	1415	1304	1147	1466
	通化	1253	1139	1206	1319	1520	1583	1450	1499	1419	1405	1294	1137	1456
	梅河口	1252	1138	1205	1318	1519	1582	1449	1498	1418	1404	1293	1136	1455
	延吉	1702	1588	1655	1768	1969	2032	1899	1948	1868	1854	1743	1586	1905
	敦化	1583	1469	1536	1649	1850	1913	1780	1829	1749	1735	1624	1467	1786
黑龙江省	哈尔滨	1550	1436	1503	1616	1817	1880	1747	1796	1716	1702	1591	1434	1753
	齐齐哈尔	1866	1752	1819	1932	2133	2196	2063	2112	2032	2018	1907	1750	2069
	黑河	2126	2012	2079	2192	2393	2456	2323	2372	2292	2278	2167	2010	2329
	大庆	1698	1584	1651	1764	1965	2028	1895	1944	1864	1850	1739	1582	1901
	伊春	1893	1779	1846	1959	2160	2223	2090	2139	2059	2045	1934	1777	2096
	鹤岗	1971	1857	1924	2037	2238	2301	2168	2217	2137	2123	2012	1855	2174
	佳木斯	1900	1786	1853	1966	2167	2230	2097	2146	2066	2052	1941	1784	2103
	双鸭山	1964	1850	1917	2030	2231	2294	2161	2210	2130	2116	2005	1848	2167
	七台河	1983	1869	1936	2049	2250	2313	2180	2229	2149	2135	2024	1867	2186
	鸡西	1926	1812	1879	1992	2193	2256	2123	2172	2092	2078	1967	1810	2129
	牡丹江	1763	1649	1716	1829	2030	2093	1960	2009	1929	1915	1804	1647	1966
	绥化	1668	1554	1621	1734	1935	1998	1865	1914	1834	1820	1709	1552	1871
江苏省	南京	702	787	667	625	769	832	627	460	449	510	549	735	611
	徐州	330	414	393	478	622	685	495	313	241	219	258	461	265
	连云港	454	538	418	293	437	500	295	128	200	384	372	486	495
	淮安	485	570	450	408	552	615	410	243	232	393	404	518	504
	盐城	593	678	558	468	612	675	470	303	340	501	512	626	612
	扬州	624	709	589	547	691	754	549	382	371	532	543	657	643
	南通	760	845	725	636	780	843	638	471	507	668	679	793	779
	镇江	673	758	638	596	740	803	598	431	420	581	592	706	692
	常州	745	830	710	668	812	875	670	503	492	653	664	778	764
	无锡	748	833	713	671	815	878	673	506	495	656	668	781	767
	苏州	794	879	759	736	880	943	738	571	541	702	714	827	813
浙江省	杭州	872	957	896	899	1043	1106	901	734	666	762	801	964	863
	湖州	792	877	816	826	970	1033	828	661	586	682	721	884	783
	嘉兴	869	958	834	807	951	1014	809	642	616	800	788	902	921
	宁波	997	1086	1002	935	1079	1142	937	770	744	928	916	1030	1049
	绍兴	923	1008	947	911	1055	1118	913	746	717	813	852	1015	914
	衢州	1075	1160	1099	1107	1251	1314	1109	942	869	965	1004	1167	1066
	金华	1045	1130	1061	1034	1178	1241	1036	869	843	935	974	1129	1036
	台州	1124	1209	1148	1112	1256	1319	1114	947	918	1014	1053	1216	1115
	温州	1257	1342	1273	1246	1390	1453	1248	1081	1055	1147	1186	1341	1248
	丽水	1150	1235	1166	1139	1283	1346	1141	974	948	1040	1079	1234	1141

		济南	德州	淄博	潍坊	烟台	威海	青岛	日照	临沂	济宁	泰安	滨州	菏泽
安徽省	合肥	677	761	800	758	902	965	760	593	582	566	605	868	549
	宿州	430	514	493	564	708	771	581	399	327	319	358	561	315
	阜阳	518	602	626	725	918	981	791	609	537	385	446	675	312
	蚌埠	521	605	584	655	799	862	672	490	418	410	449	652	406
	淮南	559	643	622	693	837	900	710	528	456	448	487	690	416
	滁州	644	729	653	615	759	822	632	450	439	534	573	721	556
	马鞍山	714	798	695	660	804	867	677	495	481	604	643	763	646
	芜湖	744	829	749	714	858	921	731	549	535	634	673	817	656
	铜陵	803	888	837	802	946	1009	819	637	623	693	732	905	677
	安庆	823	908	919	884	1028	1091	901	719	705	713	752	987	697
	黄山	978	1063	1004	969	1113	1176	986	804	790	868	907	1072	852
	巢湖	687	771	810	768	912	975	770	603	592	576	615	878	572
福建省	福州	1655	1739	1684	1687	1831	1894	1689	1522	1454	1544	1583	1752	1527
	南平	1498	1582	1455	1463	1607	1670	1465	1298	1225	1387	1426	1422	1370
	三明	1474	1558	1519	1527	1671	1734	1529	1362	1289	1363	1402	1486	1346
	莆田	1744	1828	1747	1750	1894	1957	1752	1585	1517	1633	1672	1815	1616
	泉州	1748	1832	1793	1801	1945	2008	1803	1636	1563	1637	1676	1760	1620
	厦门	1808	1892	1853	1861	2005	2068	1863	1696	1623	1697	1736	1820	1680
	漳州	1831	1915	1866	1874	2018	2081	1876	1709	1636	1720	1759	1833	1703
	龙岩	1732	1816	1767	1775	1919	1982	1777	1610	1537	1621	1660	1734	1604
	宁德	1490	1575	1506	1479	1623	1686	1481	1314	1288	1380	1419	1574	1481
江西省	南昌	1114	1198	1237	1195	1339	1402	1197	1030	1019	1003	1042	1305	986
	九江	962	1046	1085	1043	1187	1250	1045	878	867	851	890	1153	834
	景德镇	1026	1110	1149	1107	1251	1314	1109	942	931	915	954	1217	898
	鹰潭	1156	1240	1279	1237	1381	1444	1239	1072	1061	1045	1084	1347	1028
	上饶	1199	1284	1223	1231	1375	1438	1233	1066	993	1089	1128	1291	1128
	新余	1235	1319	1358	1316	1460	1523	1318	1151	1140	1124	1163	1426	1107
	萍乡	1345	1429	1468	1426	1570	1633	1428	1261	1250	1234	1273	1536	1217
	赣州	1470	1554	1593	1551	1695	1758	1553	1386	1375	1359	1398	1661	1342
	宜春	1285	1369	1408	1366	1510	1573	1368	1201	1190	1174	1213	1476	1157
河南省	郑州	463	548	572	671	915	999	772	605	525	331	450	621	220
	三门峡	687	772	796	895	1139	1223	996	829	749	555	674	845	444
	洛阳	573	658	682	781	1025	1109	882	715	635	441	560	731	330
	焦作	505	569	614	713	957	1041	814	647	567	373	492	663	263
	新乡	432	501	541	640	884	968	741	574	494	300	419	590	190
	安阳	350	402	441	540	784	868	687	600	520	326	391	490	225
	开封	380	468	492	591	835	919	692	525	445	251	370	541	140
	商丘	348	436	460	559	803	887	660	493	413	165	338	509	125
	漯河	535	620	644	743	987	1071	844	677	597	403	522	693	292
	南阳	649	734	758	857	1101	1185	958	791	711	517	636	807	406
	信阳	698	783	807	906	1150	1234	1007	840	760	566	685	856	455
湖北省	武汉	889	973	998	1097	1355	1403	1198	1031	951	757	818	1047	646
	十堰	895	979	1004	1103	1361	1409	1204	1037	957	763	824	1053	652
	襄阳	777	861	886	985	1243	1291	1086	919	839	645	706	935	534
	荆门	923	1007	1032	1131	1389	1437	1232	1065	985	791	852	1081	680
	孝感	841	925	950	1049	1307	1355	1150	983	903	709	770	999	598
	鄂州	929	1009	1034	1133	1391	1439	1234	1067	987	793	854	1083	682
	黄石	907	991	1016	1115	1373	1421	1216	1049	969	775	836	1065	664
	咸宁	971	1055	1080	1179	1437	1485	1280	1113	1033	839	900	1129	728
	荆州	1003	1087	1112	1211	1469	1517	1312	1145	1065	871	932	1161	760
	宜昌	1045	1129	1154	1253	1511	1559	1354	1187	1107	913	974	1203	802
湖南省	长沙	1222	1306	1331	1430	1688	1736	1531	1364	1284	1090	1151	1380	979
	常德	1188	1272	1297	1396	1654	1702	1497	1330	1250	1056	1117	1346	945
	益阳	1302	1386	1411	1510	1768	1816	1611	1444	1364	1170	1231	1460	1059
	岳阳	1106	1190	1215	1314	1572	1620	1415	1248	1168	974	1035	1264	863
	株洲	1261	1345	1370	1469	1727	1775	1570	1403	1323	1129	1190	1419	1018
	湘潭	1255	1339	1364	1463	1721	1769	1564	1397	1317	1123	1184	1413	1012
	衡阳	1391	1475	1500	1599	1857	1905	1700	1533	1453	1259	1320	1549	1148
	郴州	1507	1591	1616	1715	1973	2021	1816	1649	1569	1375	1436	1665	1264
	永州	1527	1611	1636	1735	1993	2041	1836	1669	1589	1395	1456	1685	1284
	邵阳	1436	1520	1545	1644	1902	1950	1745	1578	1498	1304	1365	1594	1193
广东省	广州	1908	1992	2017	2116	2374	2422	2217	2050	1970	1776	1837	2066	1665
	韶关	1665	1749	1774	1873	2131	2179	1974	1807	1727	1533	1594	1823	1422
	梅州	1863	1948	1972	2071	2107	2155	1950	1783	1769	1753	1792	2021	1732
	汕头	2039	2124	2148	2247	2283	2331	2126	1959	1945	1929	1968	2197	1908

		济南	德州	淄博	潍坊	烟台	威海	青岛	日照	临沂	济宁	泰安	滨州	菏泽
广东省	惠州	1793	1878	1902	2001	2037	2085	1880	1713	1699	1683	1722	1951	166
	东莞	1923	2007	2032	2131	2114	2162	1957	1790	1985	1791	1852	2081	168
	深圳	1884	1969	1993	2092	2128	2176	1971	1804	1790	1774	1813	2042	175
	珠海	2001	2085	2110	2209	2467	2515	2310	2143	2063	1869	1930	2159	175
	中山	1970	2054	2079	2178	2436	2484	2279	2112	2032	1838	1899	2128	172
	肇庆	1967	2051	2076	2175	2433	2481	2276	2109	2029	1835	1896	2125	172
	茂名	2222	2306	2331	2430	2688	2736	2531	2364	2284	2090	2151	2380	197
	湛江	2302	2386	2411	2510	2768	2816	2611	2444	2364	2170	2231	2460	205
广西壮族自治区	南宁	2098	2182	2207	2306	2564	2612	2407	2240	2160	1966	2027	2256	185
	桂林	1715	1799	1824	1923	2181	2229	2024	1857	1777	1583	1644	1873	147
	柳州	1861	1945	1970	2069	2327	2375	2170	2003	1923	1729	1790	2019	161
	梧州	2081	2165	2190	2289	2547	2595	2390	2223	2143	1949	2010	2239	183
	玉林	2155	2239	2264	2363	2621	2669	2464	2297	2217	2023	2084	2313	191
	百色	2316	2400	2425	2524	2782	2830	2625	2458	2378	2184	2245	2474	207
四川省	成都	1640	1724	1749	1848	2106	2154	1949	1782	1702	1508	1569	1798	139
	绵阳	1517	1601	1626	1725	1983	2031	1826	1659	1579	1385	1446	1675	127
	泸州	1885	1969	1994	2093	2351	2399	2194	2027	1947	1753	1814	2043	164
	攀枝花	2354	2438	2463	2562	2820	2868	2663	2496	2416	2222	2283	2512	211
	西昌	2163	2247	2272	2371	2629	2677	2472	2305	2225	2031	2092	2321	192
贵州省	贵阳	2030	2114	2139	2238	2496	2544	2339	2172	2092	1898	1959	2188	178
	遵义	1868	1952	1977	2076	2334	2382	2177	2010	1930	1736	1797	2026	162
	安顺	2096	2180	2205	2304	2562	2610	2405	2238	2158	1964	2025	2254	185
	毕节	2159	2243	2268	2367	2625	2673	2468	2301	2221	2027	2088	2317	191
	凯里	1871	1955	1980	2079	2337	2385	2180	2013	1933	1739	1800	2029	162
云南省	昆明	2498	2582	2607	2706	2964	3012	2807	2640	2560	2366	2427	2656	225
	曲靖	2509	2593	2618	2717	2975	3023	2818	2651	2571	2377	2438	2667	226
	玉溪	2578	2662	2687	2786	3044	3092	2887	2720	2640	2446	2507	2736	233
	丽江	2644	2728	2753	2852	3110	3158	2953	2786	2706	2512	2573	2802	240
	大理	2800	2884	2909	3008	3266	3314	3109	2942	2862	2668	2729	2958	255
	景洪	3056	3140	3165	3264	3522	3570	3365	3198	3118	2924	2985	3214	281
西藏自治区	拉萨	3656	3553	3741	3840	4083	4167	3992	3954	3874	3752	3692	3748	364
	那曲	3318	3215	3403	3502	3745	3829	3654	3616	3536	3414	3354	3410	330
	昌都	3045	2942	3130	3229	3472	3556	3381	3343	3263	3141	3081	3137	303
	日喀则	3894	3791	3979	4078	4321	4405	4230	4192	4112	3990	3930	3986	387
	萨嘎	4343	4240	4428	4527	4770	4854	4679	4641	4561	4439	4379	4435	43
	噶尔	5129	5026	5214	5313	5556	5640	5465	5427	5347	5225	5165	5221	51
陕西省	西安	928	1012	1037	1136	1394	1442	1237	1070	990	796	857	1086	68
	延安	960	857	1045	1144	1387	1471	1296	1258	1178	1056	996	1052	94
	铜川	898	982	1007	1106	1364	1412	1207	1040	960	766	827	1056	65
	渭南	860	944	969	1068	1326	1374	1169	1002	922	728	789	1018	61
	咸阳	951	1035	1060	1159	1417	1465	1260	1093	1013	819	880	1109	70
	宝鸡	1103	1187	1212	1311	1569	1617	1412	1245	1165	971	1032	1261	86
	汉中	1458	1277	1302	1401	1659	1707	1502	1335	1255	1061	1122	1351	95
	榆林	908	805	993	1092	1335	1419	1244	1206	1126	1004	944	1000	89
	安康	1117	1201	1226	1325	1583	1631	1426	1259	1179	985	1046	1275	87
甘肃省	兰州	1542	1439	1627	1726	1969	2053	1878	1840	1760	1638	1578	1634	152
	嘉峪关	2021	1918	2106	2205	2448	2532	2357	2319	2239	2117	2057	2113	200
	天水	1266	1350	1375	1474	1732	1780	1575	1408	1328	1134	1195	1424	102
	敦煌	2397	2294	2482	2581	2824	2908	2733	2695	2615	2493	2433	2489	238
	张掖	1796	1693	1881	1980	2223	2307	2132	2094	2014	1892	1832	1888	178
	武威	1564	1461	1649	1748	1991	2075	1900	1862	1782	1660	1600	1656	154
青海省	西宁	1741	1638	1826	1925	2168	2252	2077	2039	1959	1837	1777	1833	172
	同仁	1836	1733	1921	2020	2263	2347	2172	2134	2054	1932	1872	1928	182
	德令哈	2247	2144	2332	2431	2674	2758	2583	2545	2465	2343	2283	2339	222
	格尔木	2496	2393	2581	2680	2923	3007	2832	2794	2714	2592	2532	2588	24
宁夏回族自治区	银川	1217	1144	1302	1401	1644	1728	1553	1515	1435	1313	1253	1309	120
	惠农区	1306	1203	1391	1490	1733	1817	1642	1604	1524	1402	1342	1398	129
	吴忠	1203	1100	1288	1387	1630	1714	1539	1501	1421	1299	1239	1295	118
	固原	1306	1390	1415	1514	1772	1820	1615	1448	1368	1174	1235	1464	106
新疆维吾尔自治区	乌鲁木齐	3215	3112	3300	3399	3642	3726	3551	3513	3433	3311	3251	3307	32
	克拉玛依	3579	3476	3664	3763	4006	4090	3915	3877	3797	3675	3615	3671	35
	喀什	4411	4308	4496	4595	4838	4922	4747	4709	4629	4507	4447	4503	439
	阿克苏	3947	3844	4032	4131	4374	4458	4283	4245	4165	4043	3983	4039	393
	吐鲁番	3014	2911	3099	3198	3441	3525	3350	3312	3232	3110	3050	3106	29
	哈密	2623	2520	2708	2807	3050	3134	2959	2921	2841	2719	2659	2715	26
	阿勒泰	3870	3767	3955	4054	4297	4381	4206	4168	4088	3966	3906	3962	38

山东省主要城镇间里程表

济南	济南																						
青岛	362	青岛																					
淄博	100	262	淄博																				
枣庄	244	388	300	枣庄																			
东营	233	306	105	405	东营																		
烟台	476	241	366	551	392	烟台																	
潍坊	202	179	103	346	127	265	潍坊																
济宁	183	358	258	129	366	624	359	济宁															
泰安	77	381	140	167	245	506	241	121	泰安														
威海	549	280	439	639	465	88	338	712	579	威海													
日照	365	188	280	221	290	332	163	332	292	412	日照												
莱芜	113	226	84	215	190	451	186	173	55	539	237	莱芜											
临沂	267	318	246	91	321	460	239	198	209	533	130	162	临沂										
滨州	139	315	76	376	69	399	134	337	216	472	307	156	318	滨州									
德州	126	515	261	370	254	586	321	251	203	596	490	238	392	183	德州								
聊城	111	523	192	288	326	509	295	161	123	682	415	178	338	272	130	聊城							
菏泽	242	634	354	243	475	720	540	108	214	878	446	287	306	382	425	295	菏泽						
龙口	372	188	262	508	234	120	182	555	452	200	366	347	421	303	497	505	614	龙口					
蓬莱	421	207	311	537	283	71	211	604	501	151	333	396	450	352	546	554	663	29	蓬莱				
石岛	547	274	437	608	463	142	366	695	577	124	400	522	530	470	657	680	876	262	213	石岛			
莱阳	338	127	257	461	272	120	154	423	386	191	220	299	383	279	466	449	685	92	110	191	莱阳		
曲阜	147	307	210	97	315	576	311	48	70	649	289	122	159	286	273	193	157	522	571	647	456	曲阜	
庆云	138	393	154	454	129	477	212	321	218	550	385	238	400	82	121	271	380	381	430	548	357	288	庆云

山东省

图例解释

街区	次要街道 县道	高速公路	交警部门 地铁站	医院 邮政局
公园 绿地	城市高架路	建筑中高速公路	出入口 国道编号	宾馆 风景点
过境线 国道	地铁 轻轨	快速路	加油站 汽修厂	古塔 电视台
主要街道 省道	铁路及车站	省、市、区政府	停车场 汽车站	桥梁 运动场

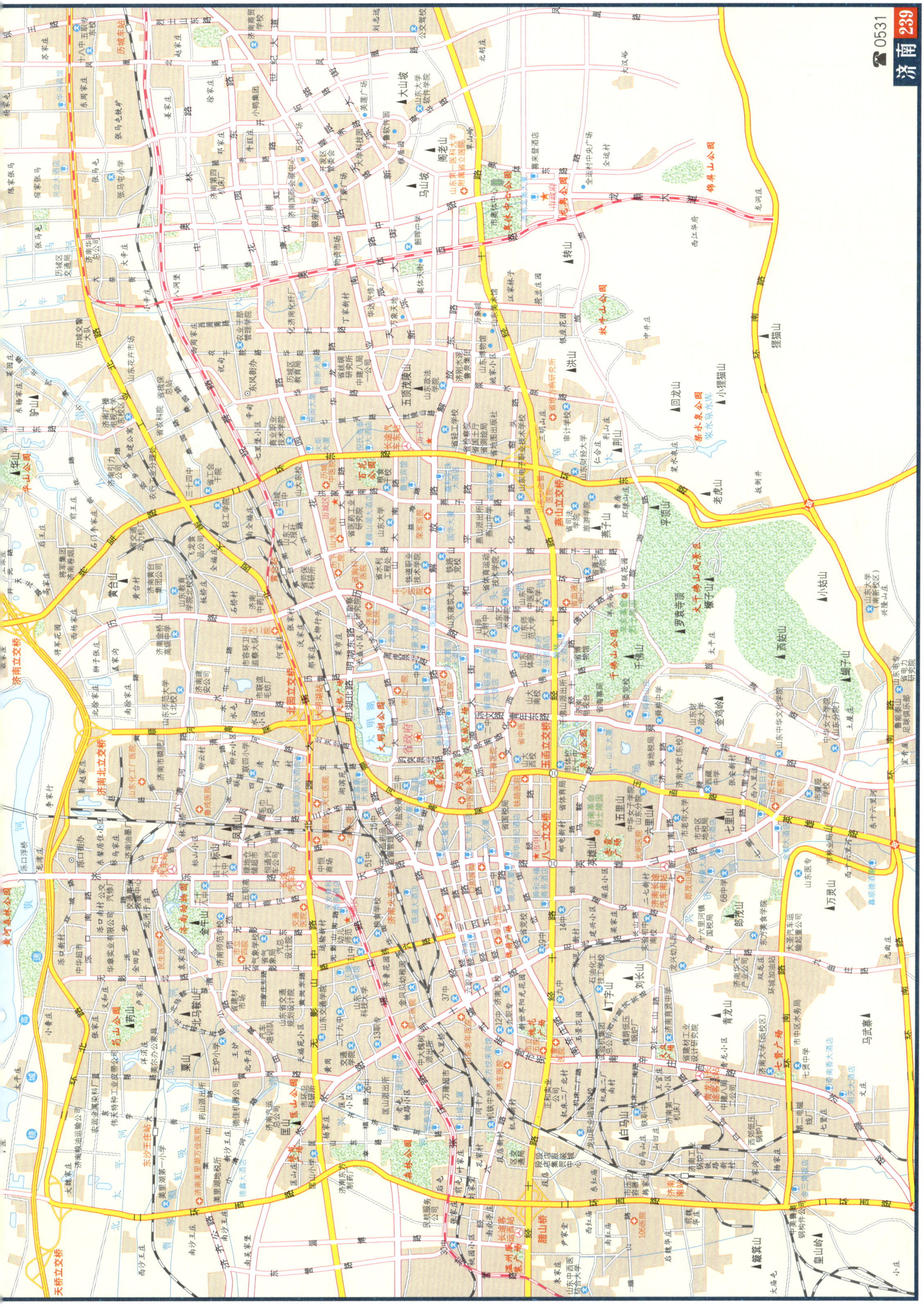

山东省

比例尺 1：69万

0 6.9 13.8 20.7 km

图上1cm相当于实地6.9km

公路零千米

▶104国道零千米：北京永定门

▶105国道零千米：北京永定门

▶205国道零千米：秦皇岛市海阳镇

▶220国道零千米：东营市东城

▶308国道零千米：青岛市毅山

▶309国道零千米：山东荣城市

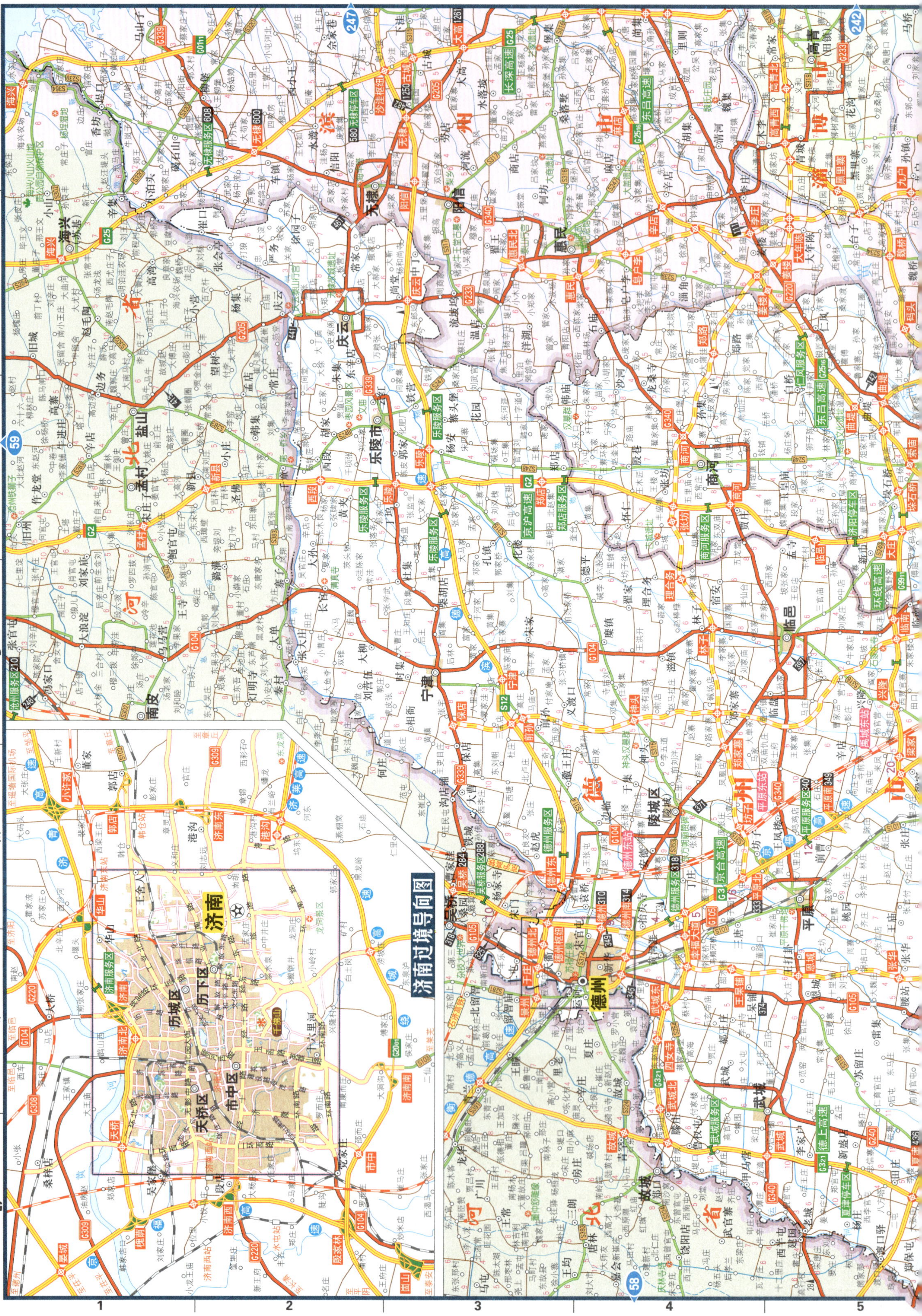

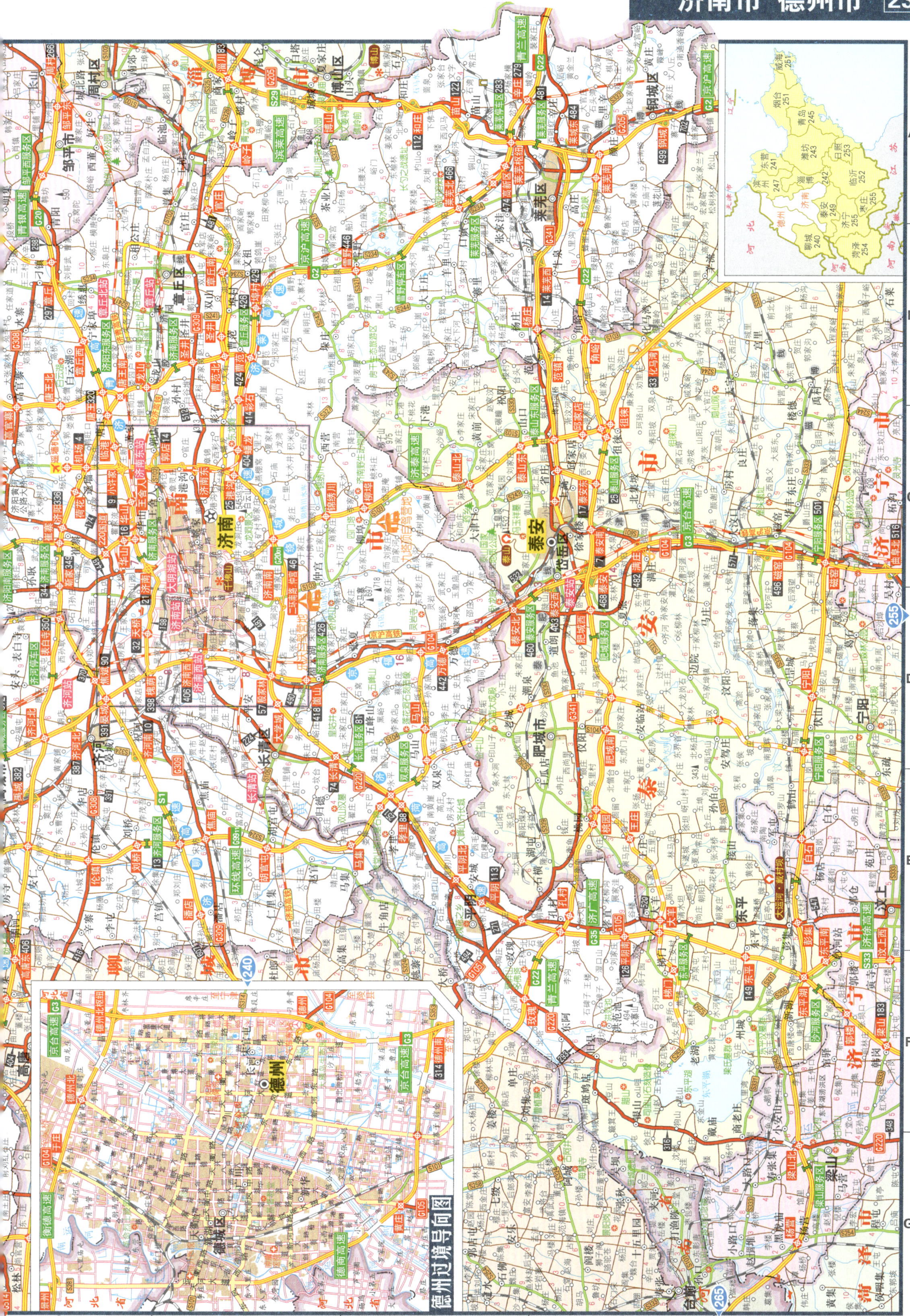
济南
泰安
泰安市
德州
莱芜区
肥城市
宁阳
东平
邹平市
章丘区
长清区
平阴
东阿
汶上
德州过境导向图
德城区
山东省

比例尺 1：62万

0 6.2 12.4 18.6 km

图上1cm相当于实地6.2km

图例解释：高速公路（收费站、出入口、国家高速编号 G45、省级高速编号 S1、服务区、在建）；国道（G312 国道编号）；省道（S217 省道编号、25 里程数(km)、居民点、在建）；县道（桥梁、隧口）；快速路；铁路（隧道、在建）

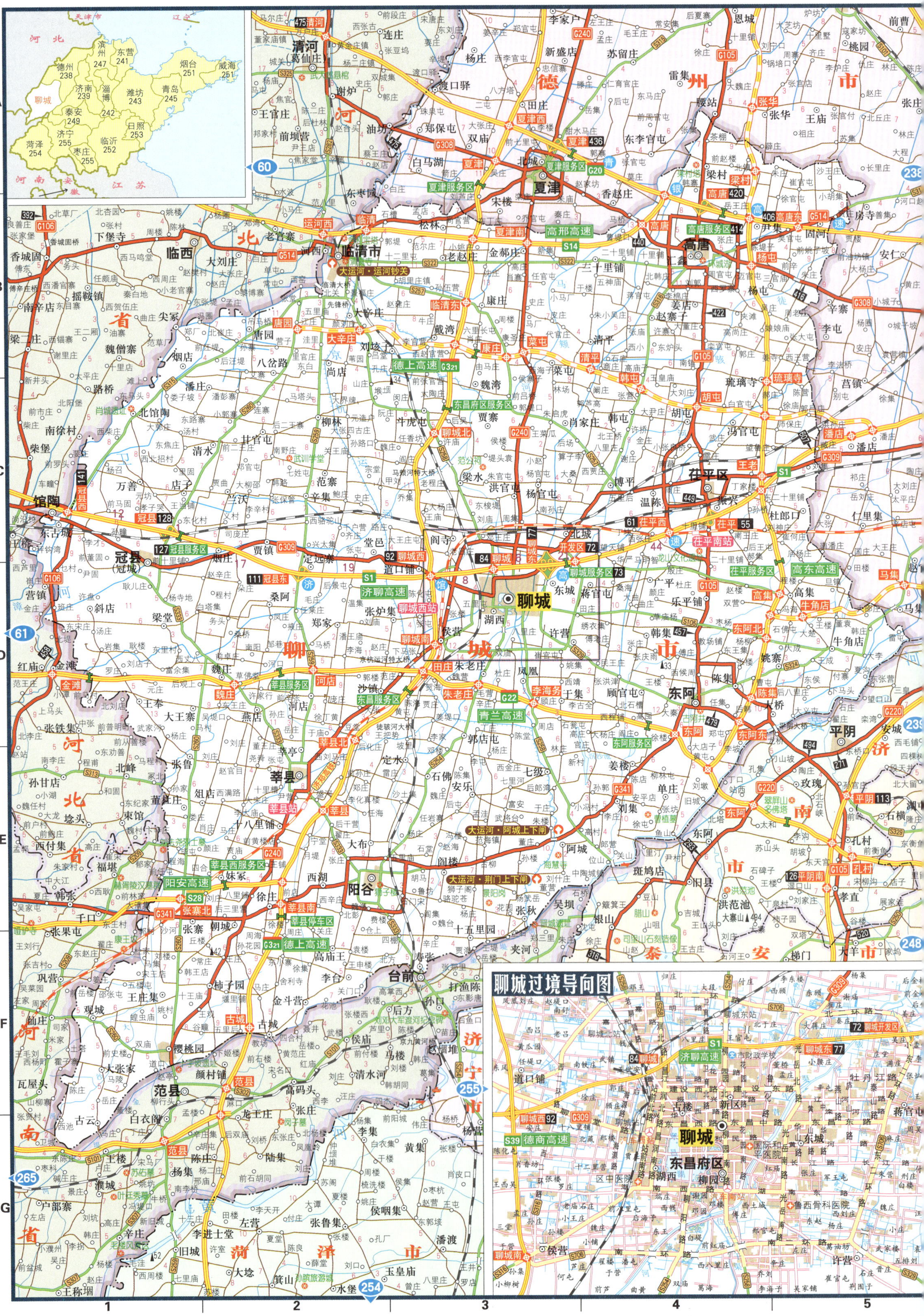

公路零千米

- ▶105国道零千米：北京永定门
- ▶106国道零千米：北京菜户营
- ▶220国道零千米：东营市东城
- ▶308国道零千米：青岛市鞍山路口
- ▶309国道零千米：山东荣城市崖头

比例尺 1：56万

0 5.6 11.2 16.8 km

图上1cm相当于实地5.6km

图例解释

收费站 出入口 国家高速编号 省级高速编号 服务区 在建 高速公路
国道编号 居民点 国道
省道编号 里程数(km) 在建 省道
桥梁 隧口 县道
快速路
隧道 在建 铁路

345 南京三桥 南京三桥出入口位于距该高速公路零千米345千米处
25 宁波服务区 宁波服务区位于距该高速公路零千米25千米处
47 香河收费站 香河收费站位于距该高速公路零千米47千米处
24 国道里程桩：表示该点距此国道零千米总里程为24千米

公路零千米

- 205国道零千米：秦皇岛市海阳镇
- 206国道零千米：烟台市青年路汽车站
- 309国道零千米：山东荣城市崖头

比例尺 1：68万

0 6.8 13.6 20.4 km

图上1cm相当于实地6.8km

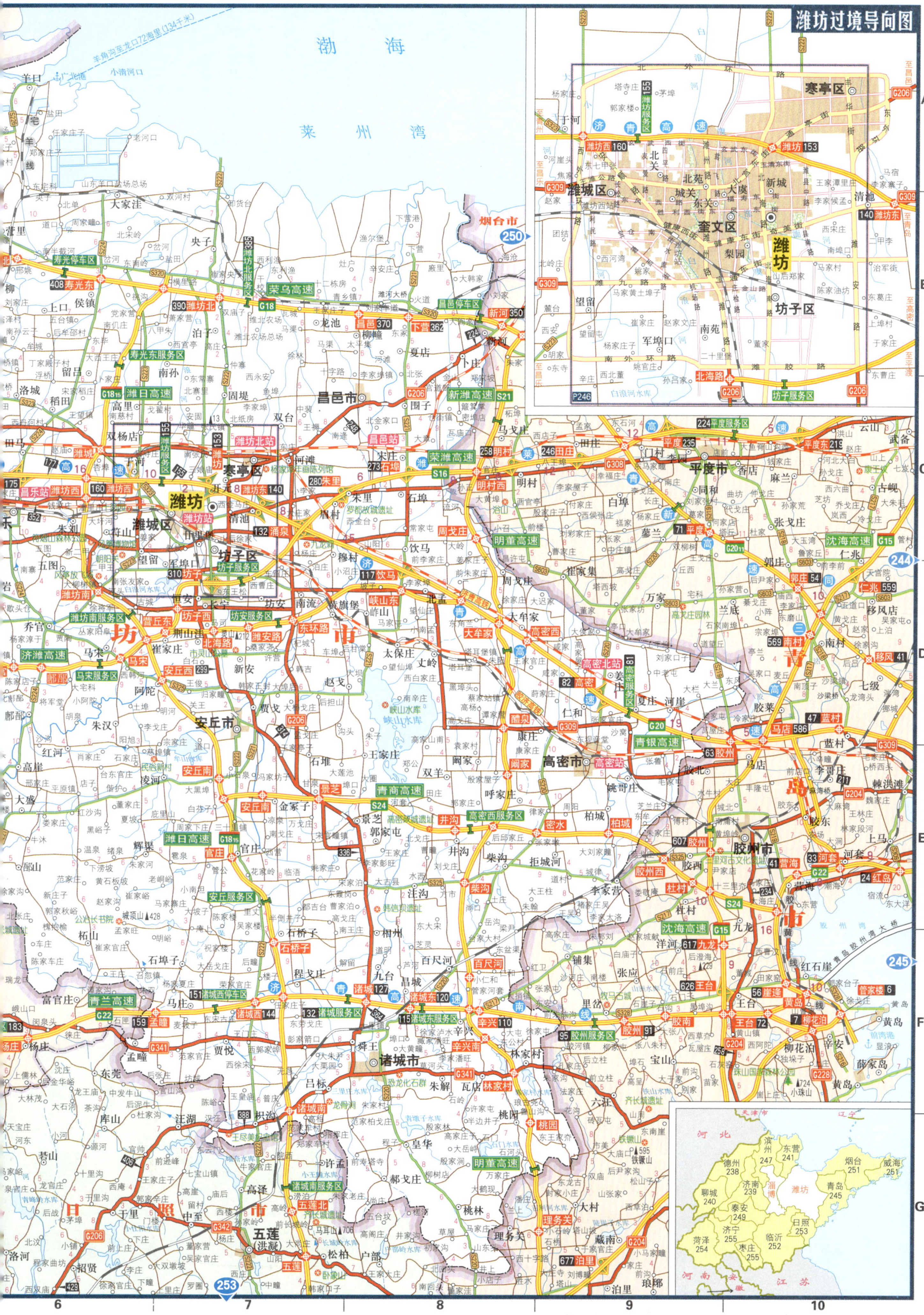

图例解释

收费站、出入口、G45 国家高速编号、S1 省级高速编号、服务区、在建	高速公路
G312 国道编号	国道
S217 省道编号、25 里程数(km)、居民点、在建	省道
桥梁、隧口	县道
	快速路
隧道、在建	铁路

345 南京三桥　南京三桥出入口位于距该高速公路零千米345千米处

25 宁波服务区　宁波服务区位于距该高速公路零千米25千米处

47 香河收费站　香河收费站位于距该高速公路零千米47千米处

24　国道里程桩：表示该点距此国道零千米总里程为24千米

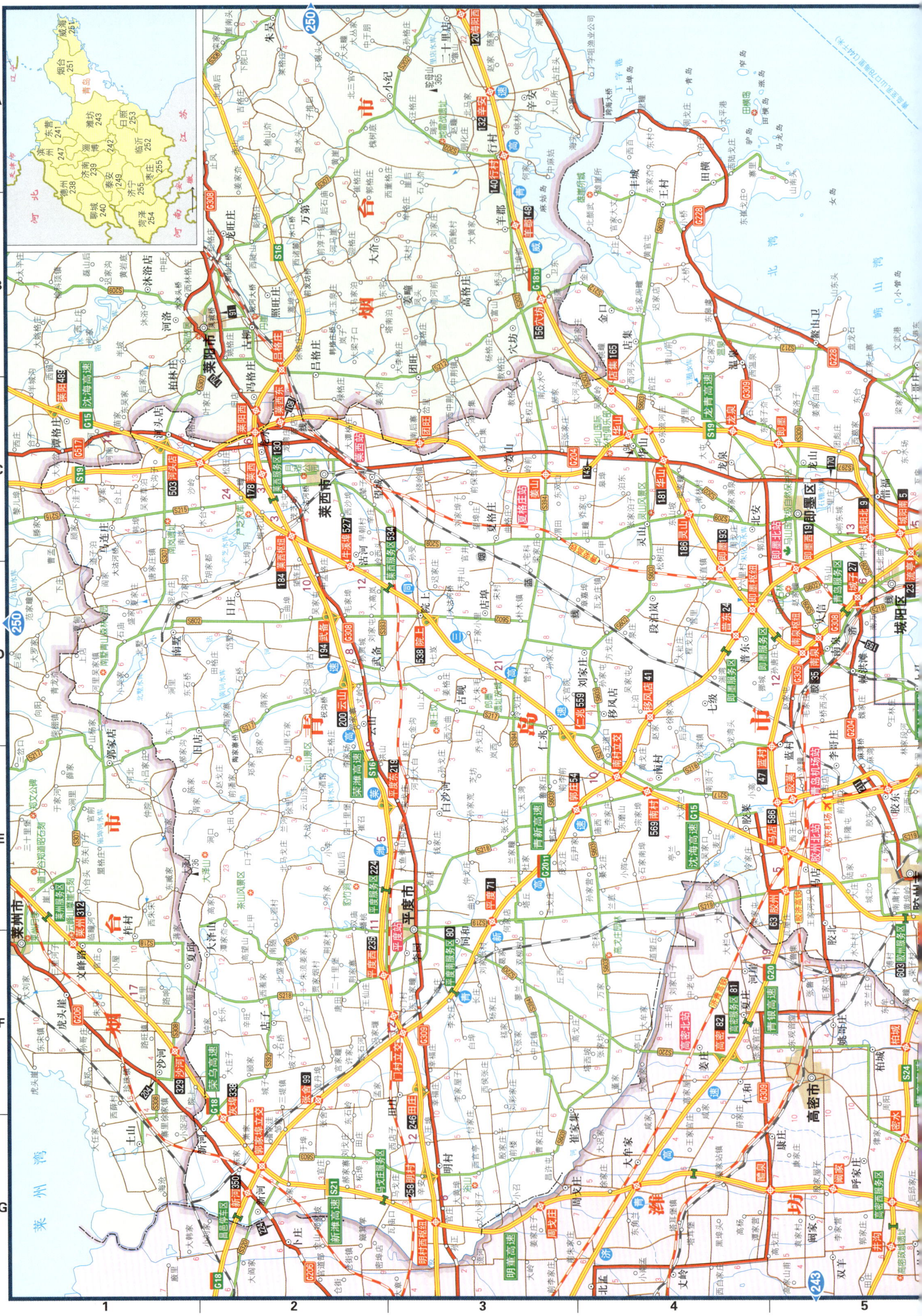

公路千米零点

▶ 204国道零千米：烟台市汽车站

▶ 206国道零千米：烟台市青年路汽车站

▶ 308国道零千米：青岛市鞍山路口

▶ 309国道零千米：山东荣城市崖头

比例尺 1：53万

0 5.3 10.6 15.9 km

图上1cm相当于实地5.3km

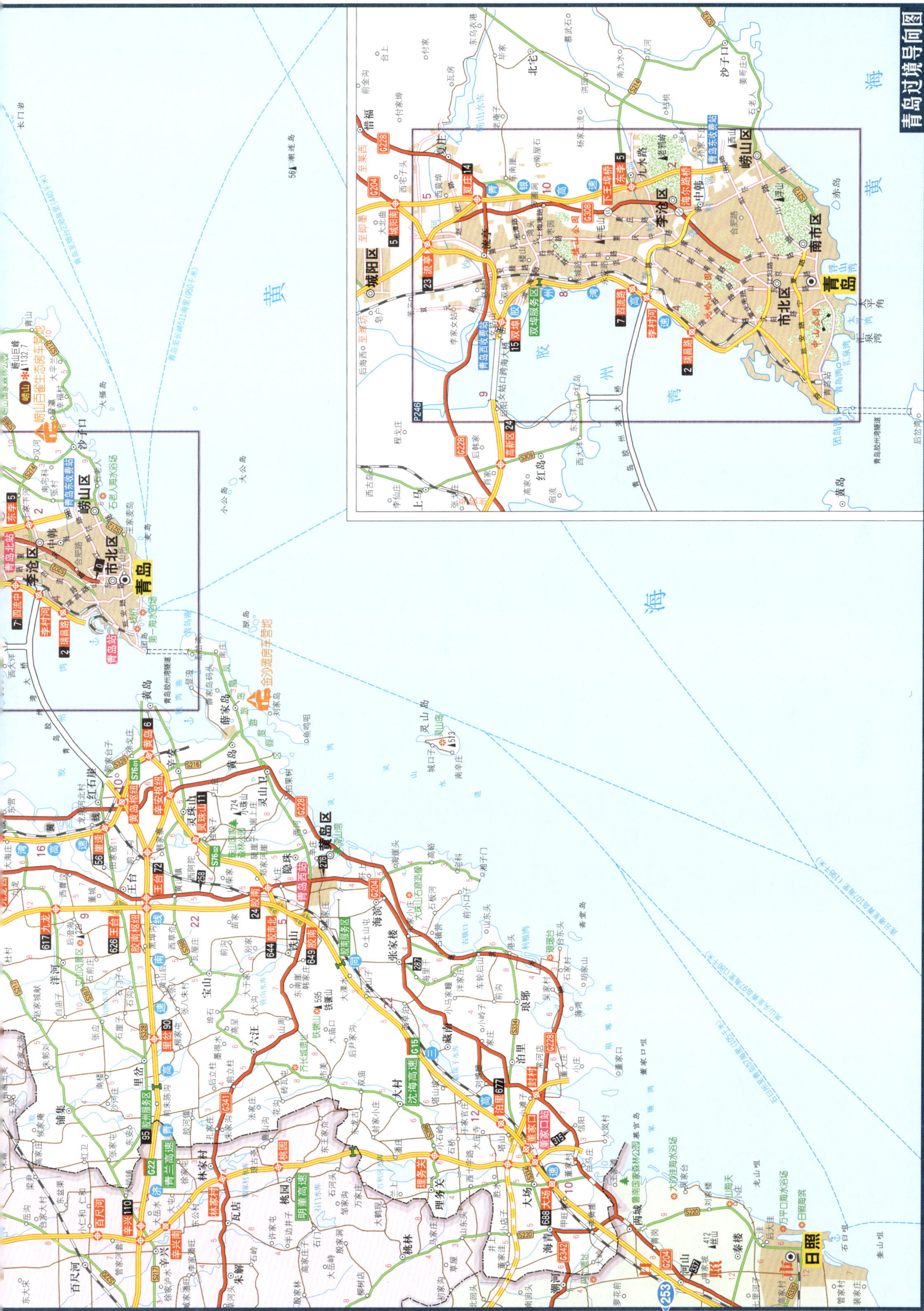

图例解释

街区	次要街道 县道	高速公路
公园 绿地	城市高架路	建筑中高速公路
过境线 国道	地铁 轻轨	快速路
主要街道 省道	铁路及车站	省、市、区政府

交警部门 地铁站	医院 邮电局	
出入口 国道编号	宾馆 风景点	
加油站 汽修厂	古塔 电视塔	
停车场 汽车站	桥梁 运动场	

山东省

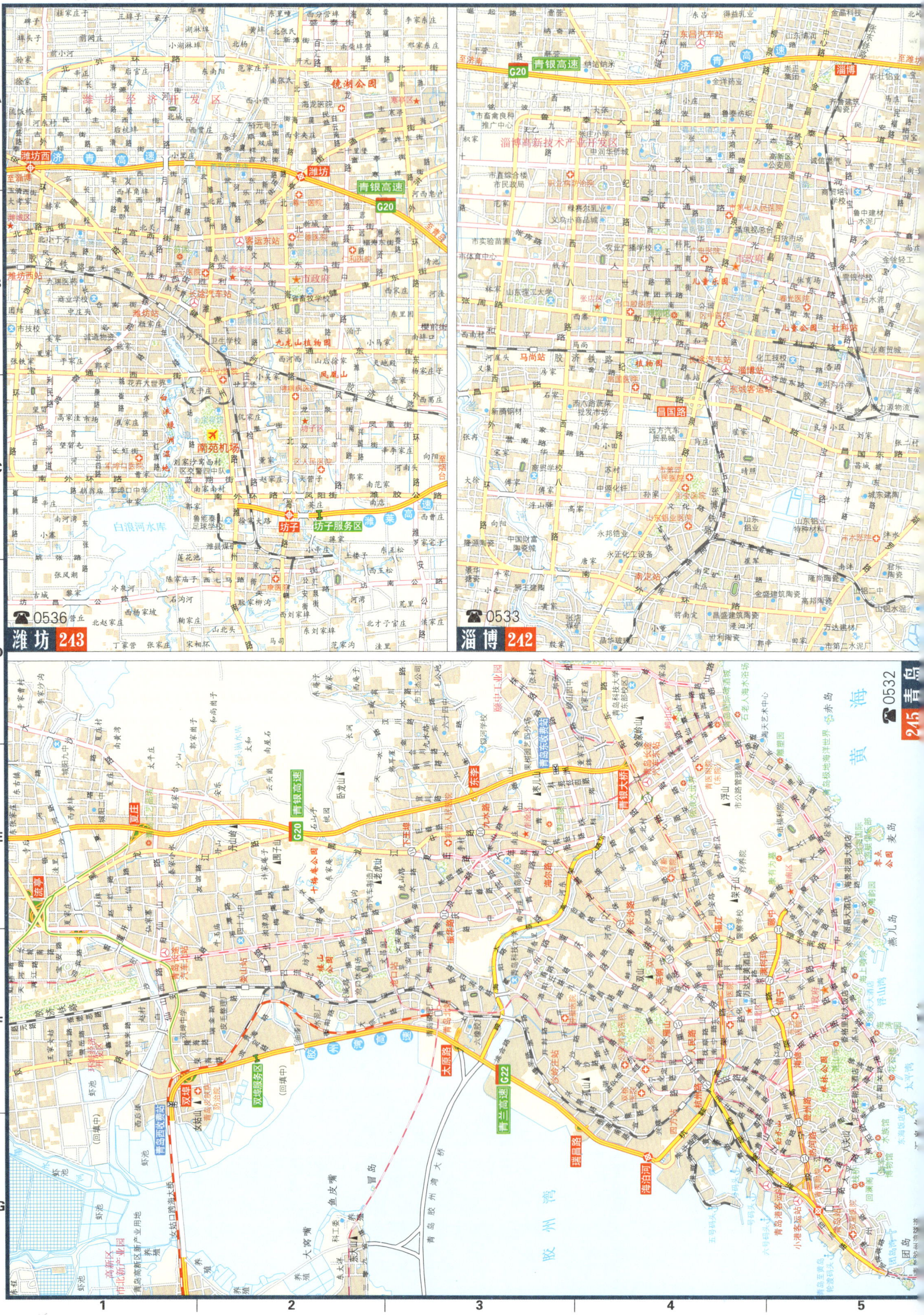

比例尺 1：64万

0 6.4 12.8 19.2 km

图上1cm相当于实地6.4km

图例解释

- 高速公路：收费站、出入口、G45 国家高速编号、S1 省级高速编号、服务区、在建
- 国道：G312 国道编号
- 省道：S217 省道编号、25 居民点、里程数(km)、在建
- 县道：桥梁、隘口
- 快速路
- 铁路：隧道、在建

345 南京三桥　南京三桥出入口位于距该高速公路零千米345千米处

25 宁波服务区　宁波服务区位于距该高速公路零千米25千米处

47 香河收费站　香河收费站位于距该高速公路零千米47千米处

24　国道里程桩：表示该点距此国道零千米总里程为24千米

泰安
泰山区
莱芜区
钢城区
新泰市
博山区
淄川区
山东省

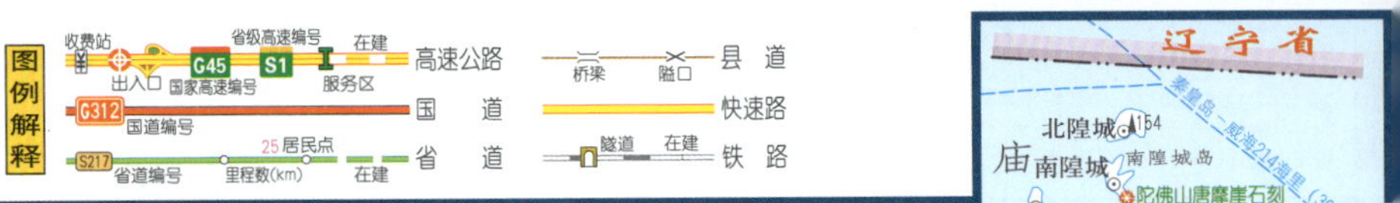
图例解释
收费站
出入口
国家高速编号
省级高速编号
服务区
在建
高速公路
国道编号
国道
省道编号
居民点
里程数(km)
省道
桥梁
隘口
县道
快速路
隧道
铁路
辽宁省
北隍城
南隍城
庙岛群岛

烟台过境导向图
套子湾
黄海
芝罘岛
芝罘区
莱山区
福山区
烟台
渤海
北砣矶水道
南砣矶水道
庙岛海峡
长岛国家级自然保护区
长岛列岛国家地质公园
北长山
南长山
蓬莱区
龙口市
招远市
莱州市
莱州湾
太平湾
栖霞市
莱阳市
莱西市
平度市
潍坊市
青岛市
海阳北站
烟
台
山东省

公路零千米

▶204国道零千米：烟台市汽车站

▶206国道零千米：烟台青年路汽车站

▶309国道零千米：山东荣城市崖头

比例尺 1：74万

0 7.4 14.8 22.2 km

图上1cm相当于实地7.4km

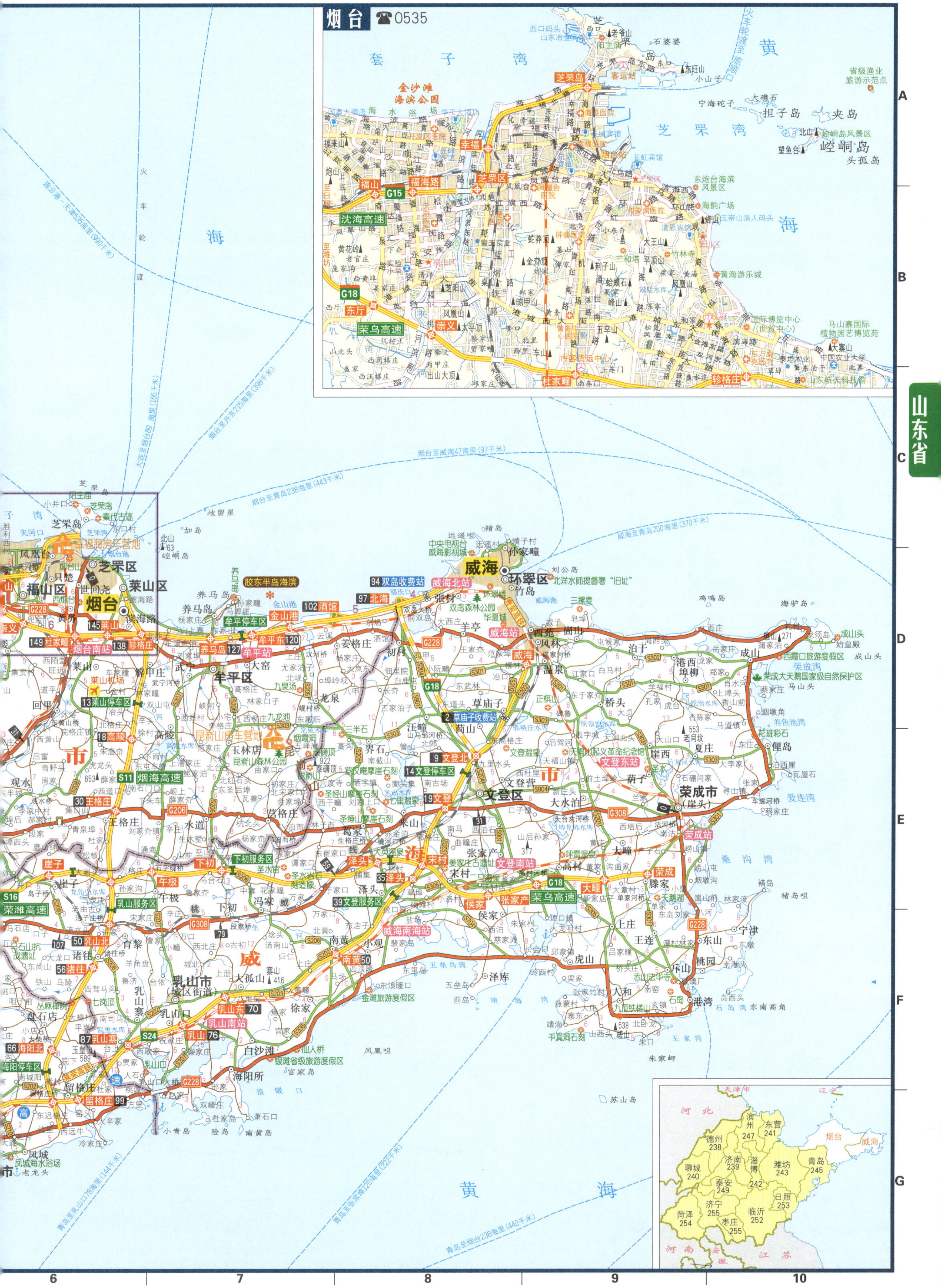

图例解释

收费站 省级高速编号 在建 出入口 国家高速编号 服务区	高速公路
国道编号	国道
省道编号 里程数(km) 居民点 在建	省道
桥梁 隧口	县道
	快速路
隧道 在建	铁路

345 南京三桥 南京三桥出入口位于距该高速公路零千米345千米处
25 宁波服务区 宁波服务区位于距该高速公路零千米25千米处
47 香河收费站 香河收费站位于距该高速公路零千米47千米处
24 国道里程桩：表示该点距此国道零千米总里程为24千米

公路零千米

- ▶204国道零千米：烟台市汽车站
- ▶205国道零千米：秦皇岛市海阳镇
- ▶206国道零千米：烟台市青年路汽车站
- ▶310国道零千米：连云港市连云区
- ▶327国道零千米：连云港市海连路

比例尺 1：77万

0 7.7 15.4 23.1 km

图上1cm相当于实地7.7km

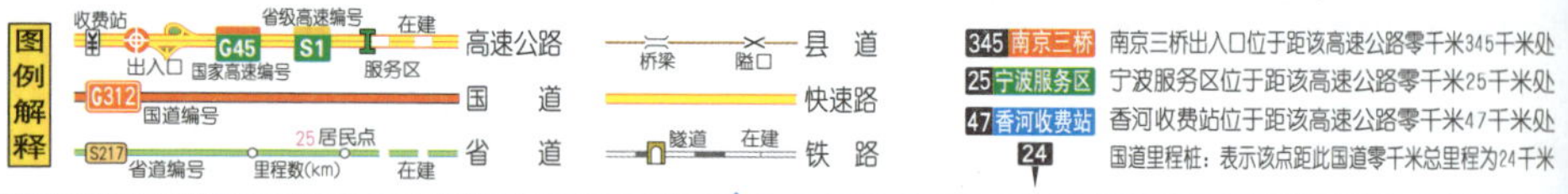
图例解释
收费站
省级高速编号
G45
S1
在建
高速公路
出入口
国家高速编号
服务区
G312
国道
国道编号
S217
25
居民点
省道
省道编号
里程数(km)
在建
桥梁
隘口
县道
快速路
隧道
在建
铁路
345 南京三桥 南京三桥出入口位于距该高速公路零千米345千米处
25 宁波服务区 宁波服务区位于距该高速公路零千米25千米处
47 香河收费站 香河收费站位于距该高速公路零千米47千米处
24 国道里程桩：表示该点距此国道零千米总里程为24千米

济宁过境导向图
枣庄过境导向图
济宁
枣庄
薛城区
菏泽
定陶区
曹县
单县
成武
巨野
郓城
鄄城
东明
兰考
商丘
睢阳区
虞城
梁山
范县
台前
山东省
河南省
聊城市
菏泽市
A
B
C
D
E
F
G
1
2
3
4
5

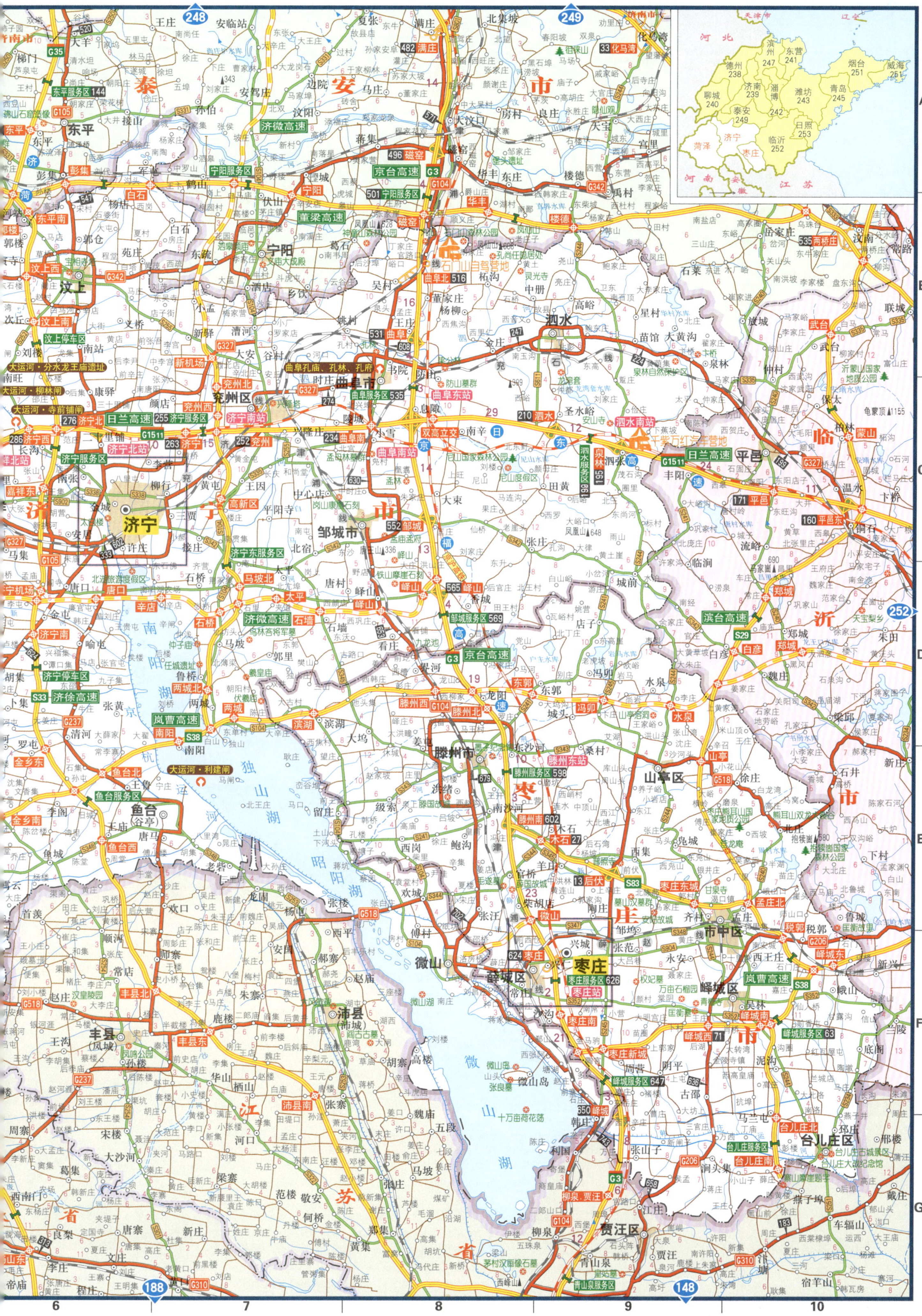
济宁
枣庄
曲阜市
邹城市
兖州区
滕州市
泗水
宁阳
汶上
东平
平邑
鱼台
山亭区
市中区
薛城区
峄城区
台儿庄区
微山
沛县
丰县
南阳湖
独山湖
昭阳湖
微山湖
泰
安
市
济
宁
市
枣
庄
市
临
沂
市
江
苏
省
山东省

常用电话			
高速公路咨询.........0371-12122	信阳市运管处....0376-6533069	洛阳市交通局..0379-63239979	许昌市交通局...0374-3315064
高速交警指挥中心..0371-68208110	周口市交通局....0394-8286858	鹤壁市交通局...0392-3313933	漯河市交通局...0395-3131572
省交通厅..........0371-67166114	新乡市交通局....0373-5013181	安阳市交通局...0372-2519925	南阳市交通局..0377-63136322
省公路管理局......0371-67428769	焦作市交通局....0391-3586820	濮阳市交警支队.0393-8820520	驻马店市交通局.0396-2833309
郑州市交通局......0371-67178880	三门峡市交通局..0398-2817600	开封市交通局..0371-23967819	平顶山市交通局.0375-3925389

河南旅游景点信息

世界遗产：殷墟、龙门石窟、“天地之中”

国家级风景名胜区：鸡公山、洛阳龙门、嵩山、王屋山－云台山、石人山、林虑山、青天河、神农山、桐柏山－淮源、郑州黄河

国家5A级旅游区：殷墟、云台山–神农山–青天河、清明上河园、龙门石窟、白云山、鸡公山、尧山–中原大佛、嵩山、老君山–鸡冠洞、龙潭大峡谷、驻马店嵖岈山、伏牛山老界岭·恐龙遗址园、红旗渠·太行大峡谷、芒砀山、八里沟

其它热门旅游景点：二七纪念塔、康百万庄园、少林寺、洛阳老街、白马寺、丽景门、开封府、大相国寺、龙亭公园、包公祠、万仙山景区、郭亮村隧道

图例解释：收费站　出入口　G45 国家高速编号　服务区　在建　高速公路
G312 国道编号　国　道
217 省道编号　里程数(km)　25 居民点　在建　省　道

比例尺　1：199万
0　19.9　39.8　59.7 km
图上1cm相当于实地19.9km

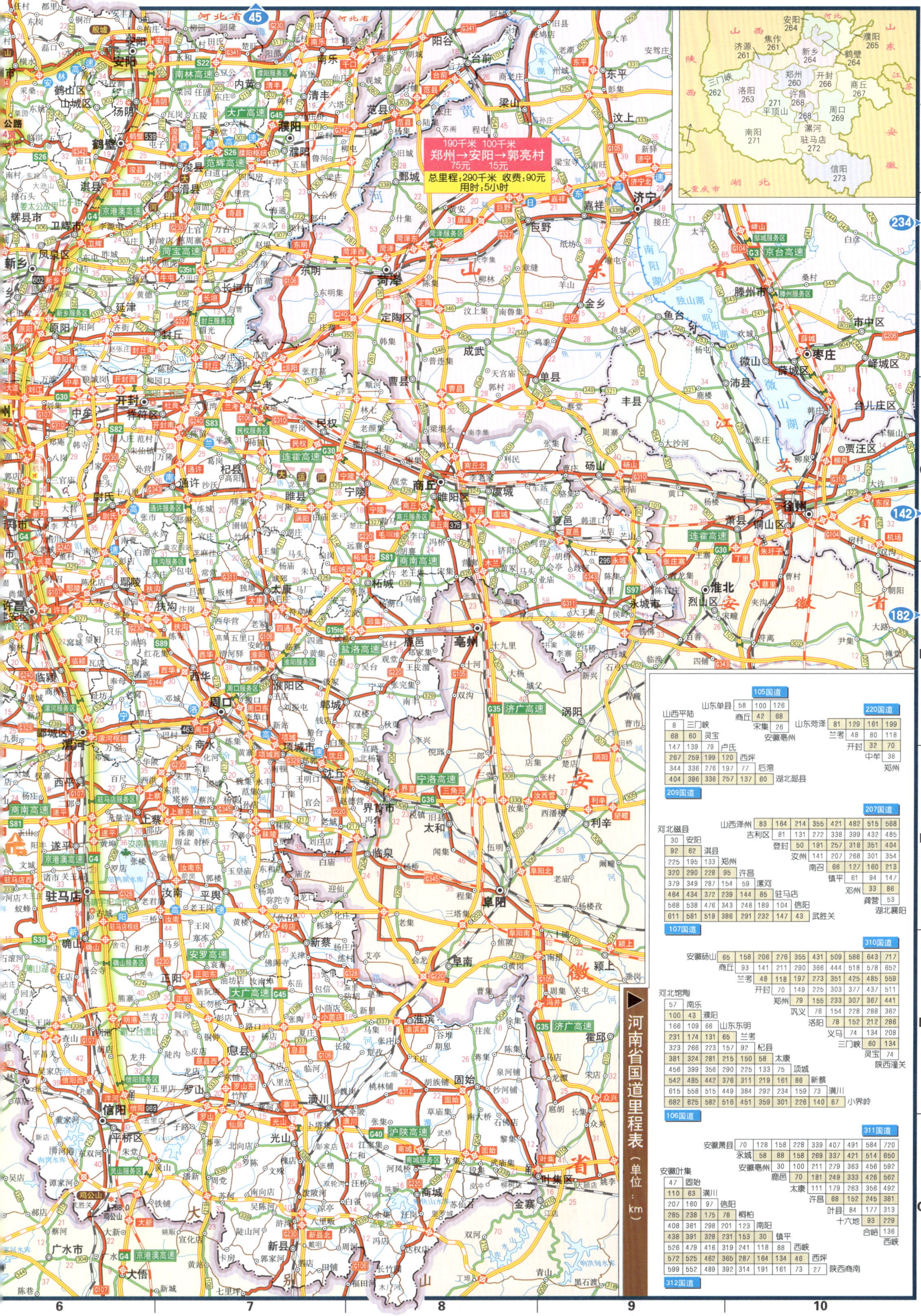

河南省国道里程表（单位：km）

105国道

山东单县	58	100	126
	商丘	42	68
		宋集	26
			安徽亳州

220国道

山东菏泽	81	129	161	199
	兰考	48	80	118
		开封	32	70
			中牟	38
				郑州

209国道

山西平陆						
8	三门峡					
68	60	灵宝				
147	139	79	卢氏			
267	259	199	120	西坪		
344	336	276	197	77	后湾	
404	396	336	257	137	60	湖北郧县

207国道

山西泽州	83	164	214	355	421	482	515	568
	吉利区	81	131	272	338	399	432	485
		登封	50	191	257	318	351	404
			汝州	141	207	268	301	354
				南召	66	127	160	213
					镇平	61	94	147
						邓州	33	86
							龚营	53
								湖北襄阳

107国道

河北磁县								
30	安阳							
92	62	淇县						
225	195	133	郑州					
320	290	228	95	许昌				
379	349	287	154	59	漯河			
464	434	372	239	144	85	驻马店		
568	538	476	343	248	189	104	信阳	
611	581	519	386	291	232	147	43	武胜关

310国道

安徽砀山	65	158	206	276	355	431	509	586	643	717
	商丘	93	141	211	290	366	444	518	578	652
		兰考	48	118	197	273	351	425	485	559
			开封	70	149	225	303	377	437	511
				郑州	79	155	233	307	367	441
					巩义	76	154	228	288	362
						洛阳	78	152	212	286
							义马	74	134	208
								三门峡	60	134
									灵宝	74
										陕西潼关

106国道

河北馆陶										
57	南乐									
100	43	濮阳								
166	109	66	山东东明							
231	174	131	65	兰考						
323	266	223	157	92	杞县					
381	324	281	215	150	58	太康				
456	399	356	290	225	133	75	项城			
542	485	442	376	311	219	161	86	新蔡		
615	558	515	449	384	292	234	159	73	潢川	
682	625	582	516	451	359	301	226	140	67	小界岭

311国道

安徽萧县	70	128	158	228	339	407	491	584	720
	永城	58	88	158	269	337	421	514	650
		安徽亳州	30	100	211	279	363	456	592
			鹿邑	70	181	249	333	426	562
				太康	111	179	263	356	492
					许昌	68	152	245	381
						叶县	84	177	313
							十六地	93	229
								合峪	136
									西峡

312国道

安徽叶集									
47	固始								
110	63	潢川							
207	160	97	信阳						
285	238	175	78	桐柏					
408	361	298	201	123	南阳				
438	391	328	231	153	30	镇平			
526	479	416	319	241	118	88	西峡		
572	525	462	365	287	164	134	46	西坪	
599	552	489	392	314	191	161	73	27	陕西商南

● 本表中城际间里程是以高速公路、国道为主要行车路线计算，不作营运计价依据。

● 单位：km

河南省主要城市至全国各主要城市里程表

省份	城市	郑州	三门峡	洛阳	焦作	新乡	安阳	开封	商丘	漯河	南阳	信阳
直辖市	北京	714	953	834	712	645	540	742	746	850	963	1012
	上海	984	1175	1064	1064	1030	1138	920	790	840	989	810
	天津	729	968	849	727	660	555	684	653	865	978	1027
	重庆	1289	1254	1197	1301	1335	1435	1290	1365	1177	1008	1171
河北省	石家庄	451	675	561	434	372	267	469	605	576	690	739
	张家口	955	1179	1065	938	876	771	973	944	1080	1194	1243
	承德	969	1193	1079	952	890	785	987	958	1094	1208	1257
	秦皇岛	1010	1234	1120	993	931	826	930	898	1085	1199	739
	唐山	862	1086	972	845	783	678	782	750	937	1051	1100
	保定	570	794	680	553	491	386	588	724	695	809	858
	沧州	655	879	765	638	576	471	565	533	730	844	893
	衡水	564	788	674	547	485	380	533	501	689	803	852
	邢台	319	543	429	302	240	135	337	473	444	558	607
	邯郸	266	490	376	249	187	82	284	420	391	505	554
山西省	太原	485	490	431	375	459	473	503	639	610	613	773
	大同	749	722	695	639	723	725	767	903	874	877	1037
	阳泉	525	560	533	477	446	341	543	679	650	715	813
	长治	270	344	216	160	244	260	288	424	395	398	558
	晋城	187	250	133	77	161	258	205	341	312	315	475
	忻州	556	529	502	446	530	532	574	710	681	684	844
	临汾	453	204	333	331	407	504	508	645	554	517	728
	运城	324	75	204	311	387	484	380	516	425	388	599
	侯马	396	147	276	265	341	438	452	588	497	460	671
内蒙古自治区	呼和浩特	1098	1071	1044	988	1072	1070	1116	1252	1223	1226	1386
	包头	1100	991	1046	990	1074	1088	1118	1254	1225	1228	1388
	乌海	1267	1158	1213	1157	1241	1255	1285	1421	1392	1395	1555
	赤峰	1392	1616	1502	1375	1313	1208	1312	1280	1467	1581	1630
	通辽	1567	1791	1677	1550	1488	1383	1487	1455	1642	1756	1805
	呼伦贝尔	2640	2687	2750	2623	2561	2456	2658	2629	2765	2879	2928
	乌兰浩特	1953	2000	2063	1936	1874	1769	1971	1942	2078	2192	2241
	锡林浩特	1383	1430	1493	1366	1304	1199	1401	1372	1508	1622	1671
	乌兰察布	946	919	892	836	920	918	964	1000	1071	1074	1234
	东胜区	1009	900	955	899	983	997	1027	1163	1134	1137	1297
	巴彦淖尔	1351	1242	1297	1241	1325	1339	1369	1505	1476	1479	1639
辽宁省	沈阳	1411	1635	1521	1394	1332	1227	1331	1299	1486	1600	1649
	朝阳	1280	1504	1390	1263	1201	1096	1200	1168	1355	1469	1518
	阜新	1317	1541	1427	1300	1238	1133	1237	1205	1392	1506	1555
	铁岭	1474	1698	1584	1457	1395	1290	1394	1362	1549	1663	1712
	本溪	1447	1671	1557	1430	1368	1263	1367	1335	1522	1636	1685
	鞍山	1393	1617	1503	1376	1314	1209	1313	1281	1468	1582	1631
	丹东	1590	1814	1700	1573	1511	1406	1510	1478	1665	1779	1828
	大连	1548	1772	1658	1531	1469	1364	1468	1436	1623	1737	1786
	营口	1332	1556	1442	1315	1253	1148	1252	1220	1407	1521	1570
	盘锦	1272	1496	1383	1255	1193	1088	1192	1160	1347	1461	1510
	锦州	1189	1413	1299	1172	1110	1005	1109	1077	1264	1378	1427
	葫芦岛	1150	1374	1260	1133	1071	966	1070	1038	1225	1339	1388
吉林省	长春	1707	1931	1817	1690	1628	1523	1627	1595	1782	1896	1945
	白城	1883	2107	1993	1866	1804	1699	1803	1771	1958	2072	2121
	松原	1855	2079	1965	1838	1776	1671	1775	1743	1930	2044	2093
	吉林	1800	2024	1910	1783	1721	1616	1720	1688	1875	1989	2038
	四平	1590	1814	1700	1573	1511	1406	1510	1478	1665	1779	1828
	辽源	1663	1887	1773	1646	1584	1479	1583	1551	1738	1852	1901
	通化	1653	1877	1763	1636	1574	1469	1573	1541	1728	1842	1891
	梅河口	1652	1876	1762	1635	1573	1468	1572	1540	1727	1841	1890
	延吉	2102	2326	2212	2085	2023	1918	2022	1990	2177	2291	2340
	敦化	1983	2207	2093	1966	1904	1799	1903	1871	2058	2172	2221
黑龙江省	哈尔滨	1950	2174	2060	1933	1871	1766	1870	1838	2025	2139	2188
	齐齐哈尔	2266	2490	2376	2249	2187	2082	2186	2154	2341	2455	2526
	黑河	2526	2750	2636	2509	2447	2342	2446	2414	2601	2715	2764
	大庆	2098	2322	2208	2081	2019	1914	2018	1986	2173	2287	2336
	伊春	2293	2517	2403	2276	2214	2109	2213	2181	2368	2482	2531
	鹤岗	2371	2595	2481	2354	2292	2187	2291	2259	2446	2560	2609
	佳木斯	2300	2524	2410	2283	2221	2116	2220	2188	2375	2489	2538
	双鸭山	2364	2588	2474	2347	2285	2180	2284	2252	2439	2553	2602
	七台河	2383	2607	2493	2366	2304	2199	2303	2271	2458	2572	2621
	鸡西	2326	2550	2436	2309	2247	2142	2246	2214	2401	2515	2564
	牡丹江	2163	2387	2273	2146	2084	1979	2083	2051	2238	2352	2401
	绥化	2068	2292	2178	2051	1989	1884	1988	1956	2143	2257	2306
江苏省	南京	710	901	790	798	756	864	646	516	566	694	516
	徐州	390	609	495	437	413	521	319	174	371	528	521
	连云港	593	812	698	640	616	724	522	377	574	731	724
	淮安	572	791	677	619	595	703	501	356	553	710	703
	盐城	698	917	803	745	721	829	627	482	679	836	829
	扬州	738	929	818	826	784	892	674	544	594	762	584
	南通	893	1084	973	981	939	1047	829	699	749	917	739
	镇江	759	950	839	847	805	913	695	565	615	764	586
	常州	805	996	885	893	851	959	741	611	661	810	632
	无锡	848	1039	928	936	894	1002	784	654	704	853	675
	苏州	894	1085	974	982	940	1048	830	700	750	899	721
浙江省	杭州	962	1153	1042	1050	1008	1116	898	768	818	936	757
	湖州	882	1073	962	970	928	1036	818	688	738	856	677
	嘉兴	998	1189	1078	1086	1044	1152	934	804	854	946	767
	宁波	1126	1317	1197	1205	1172	1280	1062	932	982	1074	895
	绍兴	1013	1204	1093	1101	1059	1167	949	819	869	987	808
	衢州	1165	1356	1245	1253	1211	1319	1101	971	1021	1139	960
	金华	1135	1326	1215	1223	1181	1289	1071	941	991	1109	930
	台州	1214	1405	1294	1302	1260	1368	1150	1020	1070	1188	1009
	温州	1347	1538	1427	1495	1393	1501	1283	1153	1203	1321	1142
	丽水	1240	1431	1320	1328	1286	1394	1176	1046	1096	1214	1035
安徽省	合肥	640	873	758	710	686	794	581	418	496	530	351
	宿州	440	659	545	487	463	571	369	224	421	578	571
	阜阳	387	578	467	475	433	541	323	193	243	400	393
	蚌埠	507	698	587	595	553	661	443	313	363	520	513
	淮南	491	682	571	579	537	645	427	297	347	596	415
	滁州	631	822	711	719	677	785	567	437	487	644	637
	马鞍山	747	938	827	835	793	901	683	553	603	701	522
	芜湖	731	922	811	816	777	885	667	537	587	654	475
	铜陵	752	943	832	839	798	906	688	558	608	675	496
	安庆	772	963	852	860	818	926	708	578	628	695	516
	黄山	927	1118	1007	1015	973	1081	863	733	783	850	671
	巢湖	673	864	753	761	719	827	609	479	529	696	517
福建省	福州	1445	1678	1563	1515	1491	1599	1386	1372	1301	1328	1149
	南平	1288	1521	1406	1358	1334	1442	1229	1215	1144	1171	992
	三明	1264	1497	1382	1334	1310	1418	1205	1191	1120	1147	968
	莆田	1534	1767	1652	1604	1580	1688	1475	1461	1390	1417	1238
	泉州	1538	1771	1656	1608	1584	1692	1479	1465	1394	1421	1242
	厦门	1598	1831	1716	1668	1644	1752	1539	1515	1454	1481	1302
	漳州	1621	1854	1739	1691	1667	1775	1562	1538	1477	1504	1325
	龙岩	1522	1755	1640	1592	1568	1676	1463	1439	1378	1405	1226
	宁德	1580	1771	1660	1660	1626	1734	1516	1386	1436	1444	1265
江西省	南昌	904	1137	1022	974	950	1058	845	831	760	787	608
	九江	752	985	870	822	798	906	693	679	608	635	456
	景德镇	885	1118	1003	955	931	1039	826	812	741	768	589
	鹰潭	1015	1248	1133	1085	1061	1169	956	942	871	898	719
	上饶	1115	1348	1233	1185	1161	1269	1056	1042	971	998	819
	新余	1025	1258	1143	1095	1071	1179	966	952	881	908	729
	萍乡	984	1217	1102	1054	1030	1138	1008	1014	840	867	688
	赣州	1260	1493	1378	1330	1306	1414	1201	1187	1116	1143	964
	宜春	1144	1277	1162	1114	1090	1198	1068	1074	900	927	748
山东省	济南	463	687	573	505	432	350	380	348	535	649	698
	德州	548	772	658	569	501	402	468	436	620	734	783
	淄博	572	796	682	614	541	441	492	460	644	758	807
	潍坊	671	895	781	713	640	540	591	559	743	857	906
	烟台	915	1139	1025	957	884	784	835	803	987	1101	1150
	威海	999	1223	1109	1041	968	868	919	887	1071	1185	1234
	青岛	772	996	882	814	741	687	692	660	844	958	1007
	日照	605	829	715	647	574	600	525	493	677	791	840
	临沂	525	749	635	567	494	520	445	413	597	711	760
	济宁	331	555	441	373	300	326	251	165	403	517	566
	泰安	450	674	560	492	419	391	370	338	522	636	685
	滨州	621	845	731	663	590	490	541	509	693	807	856
	菏泽	220	444	330	263	190	225	140	125	292	406	455
湖北省	武汉	540	731	615	610	586	694	554	560	396	413	222
	十堰	546	576	460	581	592	700	560	566	434	259	439
	襄阳	428	458	342	463	474	582	442	448	316	141	321
	荆门	574	604	488	609	620	728	588	594	462	287	467
	孝感	492	683	567	562	538	646	506	512	348	365	174
	鄂州	631	822	706	701	677	785	589	575	487	504	313
	黄石	649	840	724	719	695	803	571	557	505	522	331
	咸宁	622	813	697	692	668	776	636	642	478	495	304
	荆州	654	684	568	689	700	808	668	674	542	367	547
	宜昌	696	726	610	731	742	850	710	716	584	409	589
湖南省	长沙	873	1064	948	943	919	1027	887	893	729	746	555
	常德	839	869	753	874	885	993	853	859	727	552	707
	益阳	953	956	840	961	999	1107	967	973	809	639	635
	岳阳	757	948	832	827	803	911	771	777	613	630	439
	株洲	912	1103	987	982	958	1066	926	932	768	785	594
	湘潭	906	1097	981	976	952	1060	920	926	762	779	588
	衡阳	1042	1233	1117	1112	1088	1196	1056	1062	898	915	724
	郴州	1158	1349	1233	1228	1204	1312	1172	1178	1014	1031	840
	永州	1178	1369	1253	1248	1224	1332	1192	1198	1034	1051	860
	邵阳	1087	1278	1162	1157	1133	1241	1101	1107	943	960	769
广东省	广州	1559	1750	1634	1629	1605	1713	1573	1579	1415	1432	1241
	韶关	1316	1507	1391	1386	1362	1470	1330	1336	1172	1189	998
	梅州	1741	1932	1816	1811	1787	1895	1755	1618	1597	1614	142…
	汕头	1940	2131	2015	2010	1986	2094	1954	1794	1796	1813	162…
	惠州	1633	1824	1708	1703	1679	1787	1647	1548	1489	1506	131…
	东莞	1574	1765	1649	1644	1620	1728	1588	1594	1430	1447	125…
	深圳	1651	1842	1726	1721	1697	1805	1665	1639	1507	1524	133…
	珠海	1652	1843	1727	1722	1698	1806	1666	1672	1508	1525	133…
	中山	1621	1812	1696	1691	1667	1775	1635	1641	1477	1494	130…
	肇庆	1618	1809	1693	1688	1664	1772	1632	1638	1474	1491	130…
	茂名	1873	2064	1948	1943	1919	2027	1887	1893	1729	1746	155…
	湛江	1953	2144	2028	2023	1999	2107	1967	1973	1809	1826	163…
广西壮族自治区	南宁	1749	1940	1824	1819	1795	1903	1763	1769	1605	1622	143…
	桂林	1366	1557	1441	1436	1412	1520	1380	1386	1222	1239	104…
	柳州	1512	1703	1587	1582	1558	1666	1526	1532	1368	1385	119…
	梧州	1732	1923	1807	1802	1778	1886	1746	1752	1588	1605	141…
	玉林	1806	1997	1881	1876	1852	1960	1820	1826	1662	1679	148…
	百色	1967	2158	2042	2037	2013	2121	1981	1987	1823	1840	164…
四川省	成都	1232	983	1098	1204	1286	1391	1273	1409	1318	1155	133…
	绵阳	1109	860	975	1081	1163	1268	1150	1286	1195	1032	121…
	泸州	1477	1228	1343	1449	1531	1636	1518	1654	1563	1400	158…
	攀枝花	1946	1697	1812	1918	2000	2105	1987	2123	2032	1869	204…
	西昌	1755	1506	1621	1727	1809	1914	1796	1932	1841	1678	185…
贵州省	贵阳	1681	1711	1595	1716	1727	1835	1695	1701	1537	1394	137…
	遵义	1519	1549	1343	1554	1565	1673	1533	1539	1407	1232	141…
	安顺	1747	1777	1661	1782	1793	1901	1761	1767	1614	1460	145…
	毕节	1810	1840	1634	1845	1856	1964	1824	1830	1698	1523	170…
	凯里	1522	1713	1597	1592	1568	1676	1536	1542	1378	1395	120…
云南省	昆明	2090	1841	1956	2062	2144	2249	2131	2267	2176	2013	202…
	曲靖	2101	1852	1967	2073	2155	2260	2142	2278	2187	2024	188…
	玉溪	2170	1921	2036	2142	2224	2329	2211	2347	2256	2093	210…
	丽江	2236	1987	2102	2208	2290	2395	2277	2413	2322	2159	217…
	大理	2392	2143	2258	2364	2446	2551	2433	2569	2478	2315	232…
	景洪	2648	2399	2514	2620	2702	2807	2689	2825	2734	2571	258…
西藏自治区	拉萨	3347	3098	3213	3319	3401	3506	3388	3524	3433	3270	345…
	那曲	3291	3042	3157	3263	3345	3450	3332	3468	3377	3214	339…
	昌都	2565	2316	2431	2537	2619	2724	2606	2742	2651	2488	266…
	日喀则	3602	3353	3468	3574	3656	3761	3643	3779	3688	3525	370…
	萨嘎	4052	3803	3918	4024	4106	4211	4093	4229	4138	3975	415…
	噶尔	4837	4588	4703	4809	4891	4996	4878	5014	4923	4760	494…
陕西省	西安	520	271	386	492	574	679	561	697	606	442	62…
	延安	780	531	646	752	834	878	821	957	866	707	88…
	铜川	490	241	356	462	544	649	531	667	576	509	68…
	渭南	452	203	318	424	506	611	493	629	538	468	66…
	咸阳	543	294	409	515	597	702	584	720	629	478	65…
	宝鸡	695	446	561	667	749	854	736	872	781	628	80…
	汉中	785	536	651	757	839	944	826	962	871	707	88…
	榆林	858	653	784	725	809	826	856	992	1003	966	116…
	安康	709	460	575	681	763	868	750	886	795	631	81…
甘肃省	兰州	1141	907	1021	1128	1207	1315	1197	1333	1242	1074	126…
	嘉峪关	1852	1618	1732	1839	1918	2026	1908	2044	1953	1785	198…
	天水	858	609	724	830	912	1017	899	1035	944	791	97…
	敦煌	2228	1994	2108	2215	2294	2402	2284	2220	2329	2161	235…
	张掖	1627	1393	1507	1614	1693	1801	1683	1819	1728	1560	175…
	武威	1395	1161	1275	1382	1461	1569	1451	1587	1496	1328	152…
青海省	西宁	1380	1146	1260	1367	1446	1554	1436	1572	1481	1313	150…
	同仁	1475	1241	1355	1462	1541	1649	1531	1667	1576	1408	160…
	德令哈	1886	1652	1766	1873	1952	2060	1942	2078	1987	1819	201…
	格尔木	2135	1901	2015	2122	2201	2309	2191	2327	2236	2068	226…
宁夏回族自治区	银川	1218	984	1098	1205	1284	1392	1274	1410	1319	1151	134…
	惠农区	1307	1073	1187	1294	1373	1481	1363	1499	1408	1240	143…
	吴忠	1150	916	1030	1137	1216	1324	1206	1342	1251	1083	127…
	固原	883	649	763	870	949	1057	939	1075	984	816	101…
新疆维吾尔自治区	乌鲁木齐	3046	2812	2926	3033	3112	3220	3102	3238	3147	2979	317…
	克拉玛依	3410	3176	3290	3397	3476	3584	3466	3602	3511	3343	353…
	喀什	4242	4008	4122	4229	4308	4416	4298	4434	4343	4175	437…
	阿克苏	3778	3544	3658	3765	3844	3952	3834	3970	3879	3711	390…
	吐鲁番	2845	2611	2725	2832	2911	3019	2901	3037	2946	2778	297…
	哈密	2454	2220	2334	2441	2520	2628	2510	2646	2555	2387	258…
	阿勒泰	3701	3467	2581	3688	3767	3875	3757	3893	3802	3634	382…

河南省主要城镇间里程表

	郑州	登封	安阳	濮阳	鹤壁	新乡	焦作	济源	洛阳	三门峡	灵宝	南阳	西峡	平顶山	漯河	许昌	开封	商丘	周口	项城	驻马店	信阳
郑州																						
登封	80																					
安阳	168	255																				
濮阳	187	266	103																			
鹤壁	160	218	42	102																		
新乡	64	150	104	123	90																	
焦作	90	158	174	187	132	64																
济源	148	106	244	257	202	134	73															
洛阳	134	76	288	301	246	178	117	65														
三门峡	271	200	412	425	370	302	241	189	137													
灵宝	319	251	463	476	421	353	292	240	179	45												
南阳	262	226	436	449	394	332	352	325	260	388	356											
西峡	381	328	555	568	513	451	410	358	293	288	237	121										
平顶山	143	127	317	330	275	213	233	229	163	291	342	141	280									
漯河	141	157	320	332	278	215	235	263	226	350	401	200	319	92								
许昌	86	98	261	273	219	156	176	204	174	298	349	184	361	65	59							
开封	71	147	197	161	227	137	157	215	205	342	386	297	416	178	172	113						
商丘	205	264	282	246	253	225	292	350	339	476	521	392	511	273	192	208	134					
周口	184	212	330	294	322	254	274	332	288	412	463	260	379	152	60	114	153	132				
项城	216	244	339	294	310	282	306	364	320	444	495	292	411	184	92	146	180	141	32			
驻马店	213	225	388	400	346	291	303	331	294	418	469	173	292	160	66	127	240	235	103	136		
信阳	316	330	493	505	486	396	408	436	399	523	574	209	330	265	169	232	345	339	207	213	103	
固始	427	439	556	520	527	497	517	545	515	639	690	370	491	381	290	341	397	358	246	217	237	161

河南省

图例解释

街区	次要街道 县道	高速公路	交警部门 地铁站	医院 邮政局
公园 绿地	城市高架路	建筑中高速公路	G312 出入口 国道编号	宾馆 风景点
过境线 国道	地铁 轻轨	快速路	加油站 汽修厂	古塔 电视台
主要街道 省道	铁路及车站	省、市、区政府	停车场 汽车站	桥梁 运动场

比例尺 1：52万

0 5.2 10.4 15.6 km

图上1cm相当于实地5.2km

图例解释

收费站 出入口 国家高速编号 服务区 在建 高速公路

国道编号 国道

省道编号 里程数(km) 居民点 在建 省道

桥梁 隘口 县道

快速路

隧道 在建 铁路

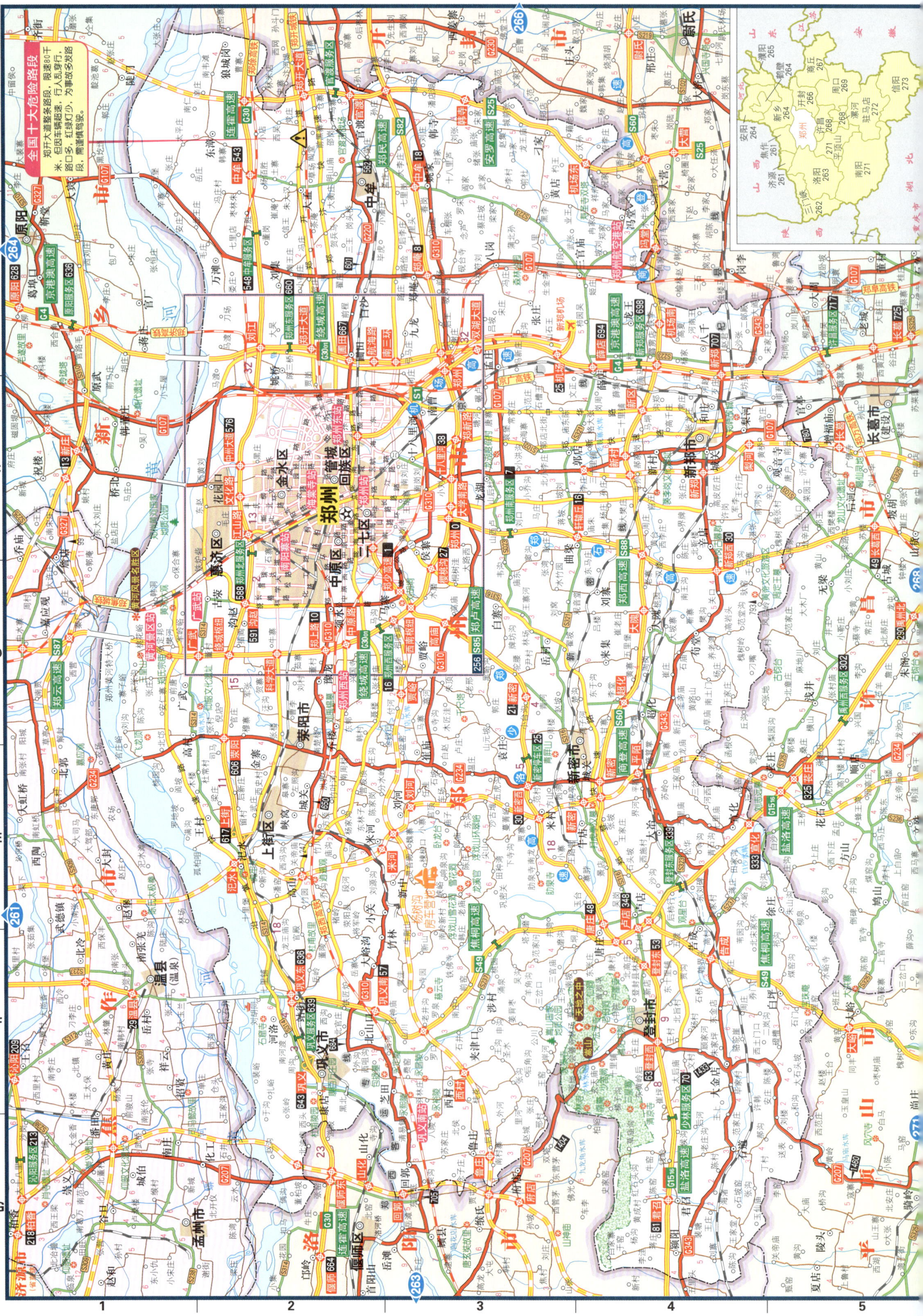

河南省

比例尺 1：56万

0 5.6 11.2 16.8 km

图上1cm相当于实地5.6km

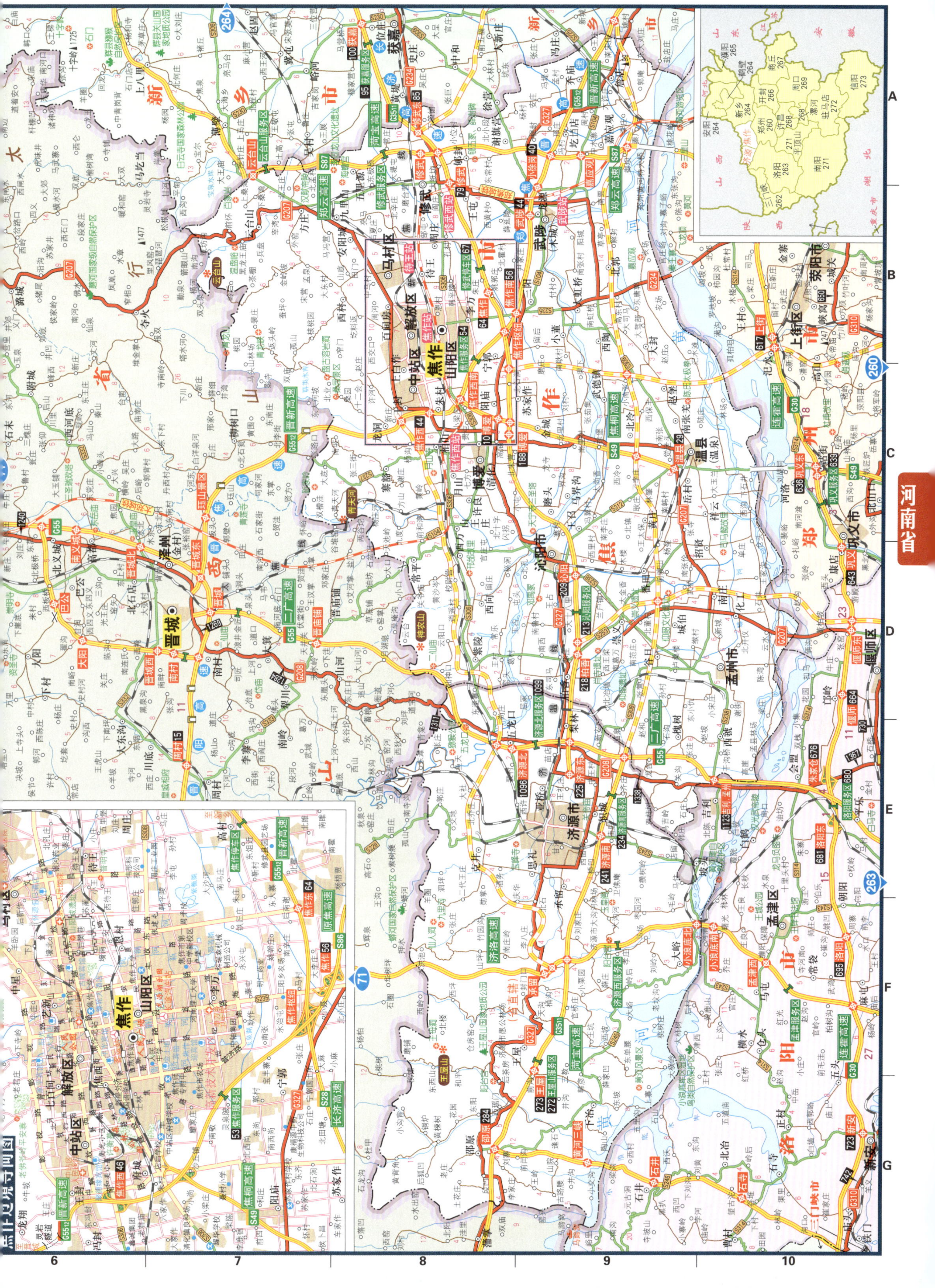

图例解释

- 收费站 出入口 国家高速编号 G45 服务区 在建 — 高速公路
- G312 国道编号 — 国道
- S217 省道编号 25 居民点 里程数(km) 在建 — 省道
- 桥梁 隧口 — 县道
- 快速路
- 隧道 在建 — 铁路
- 345 南京三桥：南京三桥出入口位于距该高速公路零千米345千米处
- 25 宁波服务区：宁波服务区位于距该高速公路零千米25千米处
- 47 香河收费站：香河收费站位于距该高速公路零千米47千米处
- 24 国道里程桩：表示该点距此国道零千米总里程为24千米

公路零千米

▶207国道零千米：锡林浩特市 ▶311国道零千米：徐州市三环南路

▶209国道零千米：呼和浩特市南茶坊

▶310国道零千米：连云港市连云区

比例尺 1：67万

0 6.7 13.4 20.1 km

图上1cm相当于实地6.7km

图例解释

收费站 出入口 G45 国家高速编号 服务区 在建 高速公路

G312 国道编号 国 道

S217 省道编号 25 居民点 里程数(km) 在建 省 道

桥梁 隧口 县 道

快速路

隧道 在建 铁 路

345 南京三桥 南京三桥出入口位于距该高速公路零千米345千米处

25 宁波服务区 宁波服务区位于距该高速公路零千米25千米处

47 香河收费站 香河收费站位于距该高速公路零千米47千米处

24 国道里程桩：表示该点距此国道零千米总里程为24千米

比例尺 1：63万
0 6.3 12.6 18.9 km
图上1cm相当于实地6.3km

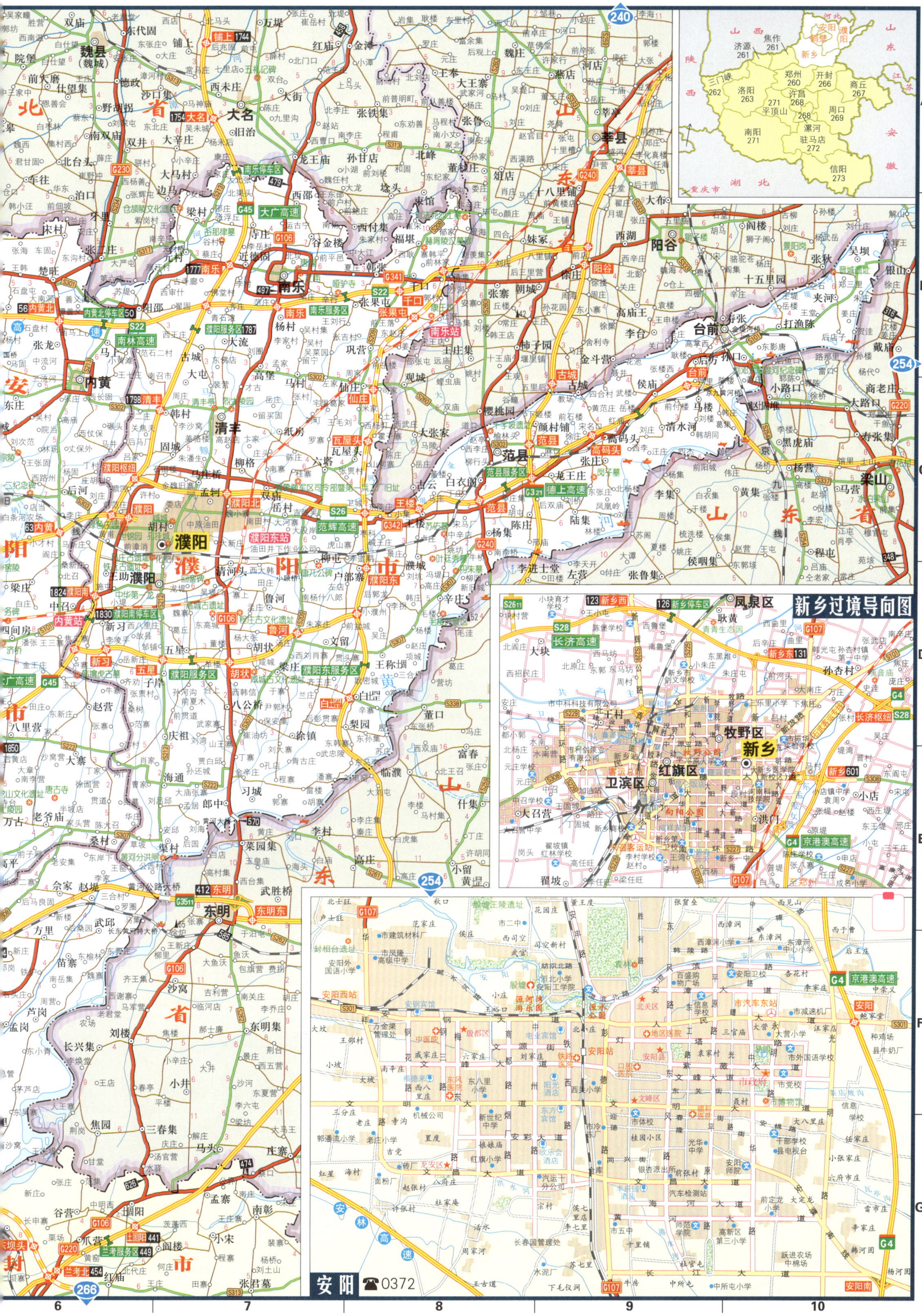

河南省

图例解释

收费站 出入口 国家高速编号 服务区 在建 高速公路
国道编号 25居民点 国 道
省道编号 里程数(km) 在建 省 道
桥梁 隧口 县 道
快速路
隧道 在建 铁 路

345 南京三桥 南京三桥出入口位于距该高速公路零千米345千米处
25 宁波服务区 宁波服务区位于距该高速公路零千米25千米处
47 香河收费站 香河收费站位于距该高速公路零千米47千米处
24 国道里程碑：表示该点距此国道零千米总里程为24千米

河南省

公路零千米

- 105国道零千米：北京永定门
- 106国道零千米：北京菜户营
- 220国道零千米：东营市东城
- 310国道零千米：连云港市连云区
- 311国道零千米：徐州市三环南路

比例尺 1：66万

0 6.6 13.2 19.8 km

图上1cm相当于实地6.6km

图例解释

收费站 出入口 国家高速编号 G45 服务区 在建 高速公路

G312 国道编号 国道

S217 省道编号 25 居民点 里程数(km) 在建 省道

桥梁 隧口 县道

快速路

隧道 在建 铁路

345 南京三桥 南京三桥出入口位于距该高速公路零千米345千米处

25 宁波服务区 宁波服务区位于距该高速公路零千米25千米处

47 香河收费站 香河收费站位于距该高速公路零千米47千米处

24 国道里程桩：表示该点距此国道零千米总里程为24千米

公路零千米

▶106国道零千米:北京菜户营

▶107国道零千米:北京广安门

▶311国道零千米:徐州市三环南路

比例尺 1:62万

0 6.2 12.4 18.6 km

图上1cm相当于实地6.2km

图例解释

收费站 出入口 国家高速编号 服务区 在建 高速公路

国道编号 国道

省道编号 居民点 里程数(km) 在建 省道

桥梁 隘口 县道

快速路

隧道 在建 铁路

345 南京三桥 南京三桥出入口位于距该高速公路零千米345千米处

25 宁波服务区 宁波服务区位于距该高速公路零千米25千米处

47 香河收费站 香河收费站位于距该高速公路零千米47千米处

24 国道里程桩：表示该点距此国道零千米总里程为24千米

平顶山
南阳
许昌
汝州市
宝丰
郏县
鲁山
叶县
舞钢市
舞阳
襄城
南召
方城
社旗
唐河
镇平
新野
邓州市
泌阳
桐柏

图例解释
收费站
出入口
国家高速编号
服务区
在建
高速公路
国道编号
国 道
省道编号
里程数(km)
居民点
省 道
桥梁
隘口
县 道
快速路
铁 路
河南省
驻马店
信阳
西平
上蔡
遂平
汝南
确山
正阳
泌阳
桐柏
罗山
平桥区
浉河区
广水市
大悟
舞阳
舞钢市
叶县
唐河
社旗
方城
信阳过境导向图
信阳 ☎ 0376
湖北
1
2
3
4
5
A
B
C
D
E
F
G

驻马店过境导向图
驻马店
驿城区
金桥开发区北区
京港澳高速
周口市
信阳市
安徽省
河南省
新蔡
淮滨
息县
罗山
光山
潢川
固始
商城
新县
平舆
正阳
信阳
叶集区
金寨
阜南
临泉
大别山
A
B
C
D
E
F
G
6
7
8
9
10
269
284
191
197

常用电话

高速公路咨询……027-96576	随州市交通局……0722-3222269	黄冈市交通局……0713-8821169	荆州市交通局……0716-8467848
治超办……027-83461356	咸宁市交通局……0715-8136995	荆门市交通局……0724-2334196	恩施州交通局……0718-8235643
公路服务(报警、救援)……027-122	十堰市交通局……0719-8631323	孝感市交通运输处……0712-2823713	
省交通厅……027-82800000	宜昌市交通局……0717-6221235	鄂州市交通局……0711-3223922	
武汉市交通局……027-68820012	襄阳市交通局……0710-3465710	黄石市交通局……0714-6222677	

106国道

河南河窝	小界岭	黄土岗	麻城	三叉路	新洲区	枣树店	黄冈	鄂州	铁山区	大冶	贾家源	通山	崇阳	通城	
12	小界岭														
41	29	黄土岗													
67	55	26	麻城												
113	101	72	46	三叉路											
125	113	84	58	12	新洲区										
167	145	116	90	44	32	枣树店									
186	174	145	119	73	61	29	黄冈								
191	179	150	124	78	66	34	5	鄂州							
225	213	184	158	112	100	68	39	34	铁山区						
242	230	201	175	129	117	85	56	51	17	大冶					
318	306	277	251	205	193	161	132	127	93	76	贾家源				
375	363	334	308	262	250	218	189	184	150	133	57	通山			
425	413	384	358	312	300	268	239	234	200	183	107	50	崇阳		
471	459	430	404	358	346	314	285	280	246	229	153	96	46	通城	
507	495	466	440	394	382	350	321	316	282	265	189	132	82	36	湖南南江

209国道

湖南龙山	9	99	136	149	191	339	539	613	716	748	818
	来凤	90	127	140	182	330	530	604	707	739	809
		宣恩	37	50	92	240	440	514	617	649	719
			恩施	13	55	203	403	477	580	612	682
				龙凤	42	190	390	464	567	599	669
					建始	148	348	422	525	557	627
						巴东	200	274	377	409	479
							钢厂坪	74	177	209	279
								房县	103	135	205
									十堰	32	102
										郧县	70
											河南寺湾

图例解释

图例		图例	
收费站、出入口、G45 国家高速编号、S1 省级高速编号、服务区、在建	高速公路	桥梁、隘口	县道
G312 国道编号	国道		快速路
217 省道编号、25 居民点 里程数(km)、在建	省道	隧道、在建	铁路

比例尺 1：190万

0 19.0 38.0 57.0 km

图上1cm相当于实地19km

湖北省国道里程表（单位：km）

107国道

	赵李桥	赤壁	咸宁	江夏区	武汉	孝感	孝昌	广水	河南柳林
广水									44
孝昌								45	89
孝感							44	89	133
武汉						77	121	166	210
江夏区					31	108	152	197	241
咸宁				68	99	174	220	265	309
赤壁			49	117	148	225	269	314	358
赵李桥		22	71	139	170	247	291	336	380
湖南临湘	37	59	108	176	207	284	328	373	417

207国道

	河南邓州	襄阳	宜城	荆门	荆州	公安	东岳庙
襄阳	86						
宜城	128	42					
荆门	207	121	79				
荆州	286	200	258	79			
公安	322	236	194	115	36		
东岳庙	375	289	247	168	89	53	
湖南澧县	407	321	279	200	121	85	32

105国道

	孔垄	黄梅	安徽宿松
江西九江	34	57	80
孔垄		23	46
黄梅			23

318国道

	重庆万州	苏拉口	利川	龙凤	红岩寺	宜昌	猇亭区	枝江	荆州	潜江	仙桃	侏儒	武汉	黄陂区	新洲区	枣树店	罗田	英山
苏拉口	60																	
利川	150	90																
龙凤	242	182	92															
红岩寺	307	247	157	65														
宜昌	541	481	391	299	234													
猇亭区	565	505	415	323	258	24												
枝江	606	546	456	364	299	65	41											
荆州	653	593	503	411	346	112	88	47										
潜江	725	665	575	483	418	184	160	119	72									
仙桃	781	721	631	539	474	240	216	175	128	56								
侏儒	824	764	674	582	517	283	259	218	171	99	43							
武汉	886	826	736	644	579	345	321	280	233	161	105	62						
黄陂区	939	879	789	697	632	398	374	333	286	214	158	115	53					
新洲区	991	931	841	749	684	450	426	385	338	266	210	167	105	52				
枣树店	1023	963	873	781	716	482	458	417	370	298	242	199	137	84	32			
罗田	1085	1025	935	843	778	544	520	179	432	360	304	261	199	146	94	62		
英山	1125	1065	975	883	818	584	560	519	472	400	344	301	239	186	134	102	40	
安徽竹坪	1179	1119	1029	937	872	638	614	573	526	454	398	355	293	240	188	156	94	54

316国道

	贾家源	大冶	铁山区	鄂州	武汉	孝感	云梦	安陆	随州	枣阳	襄州区	老河口	石花	武当山	十堰	陕西白河
江西柯垄	33	109	126	160	230	307	327	356	424	500	564	642	674	734	766	859
贾家源		76	93	127	197	274	294	323	391	467	531	609	641	701	733	826
大冶			17	51	121	198	218	247	315	391	455	533	565	625	657	750
铁山区				34	104	181	201	230	298	374	438	516	548	608	640	733
鄂州					70	147	167	196	264	340	404	482	514	574	606	699
武汉						77	97	126	194	270	334	412	444	504	536	629
孝感							20	49	117	193	257	335	367	427	459	552
云梦								29	97	173	237	315	347	407	439	532
安陆									68	144	208	286	318	378	410	503
随州										76	140	218	250	310	342	435
枣阳											64	142	174	234	266	359
襄州区												78	110	170	202	295
老河口													32	92	124	217
石花														60	92	185
武当山															32	125
十堰																93

湖北旅游景点信息

世界遗产：武当山古建筑群、明显陵、唐崖土司城遗址、神农架

国家级风景名胜区：长江三峡、武汉东湖、武当山、大洪山、隆中、九宫山、陆水、丹江口水库

国家5A级旅游区：神龙溪纤夫文化旅游区、武当山、黄鹤楼公园、三峡大坝·屈原故里、三峡人家风景区、神农架、清江画廊、武汉东湖、木兰文化生态旅游区、恩施大峡谷、三国赤壁古战场、古隆中、腾龙洞、三峡大瀑布

其它热门旅游景点：武汉大学、武汉长江大桥、武昌起义军政府旧址、恩施土司城、土家女儿城、鹿院坪、襄阳古城

湖北省公路里程表

- 本表中城际间里程是以高速公路、国道为主要行车路线计算，不作营运计价依据。
- 单位：km

湖北省主要城市至全国各主要城市里程表

省份	城市	武汉	十堰	襄阳	荆门	孝感	鄂州	黄石	咸宁	荆州	宜昌
直辖市	北京	1204	1210	1102	1238	1156	1299	1312	1286	1318	1356
	上海	931	1218	1100	1213	1009	868	850	985	1141	1239
	天津	1190	1196	1088	1224	1142	1285	1298	1272	1304	1342
	重庆	924	1037	890	745	961	998	1016	987	723	663
河北省	石家庄	931	937	819	965	883	1022	1040	1013	1045	1087
	张家口	1453	1461	1343	1489	1405	1544	1562	1535	1569	1611
	承德	1467	1475	1357	1503	1419	1558	1576	1549	1583	1625
	秦皇岛	1439	1445	1327	1473	1391	1475	1457	1521	1553	1595
	唐山	1291	1297	1179	1325	1250	1327	1309	1373	1405	1447
	保定	1050	1056	938	1084	1002	1141	1159	1132	1164	1206
	沧州	1084	1090	972	1118	1036	1120	1102	1166	1198	1240
	衡水	1042	1048	930	1076	994	1078	1060	1124	1156	1198
	邢台	799	805	687	833	751	890	908	881	913	955
	邯郸	745	751	633	779	793	836	854	827	859	901
山西省	太原	1016	861	743	889	968	1107	1125	1098	969	1011
	大同	1286	1131	1013	1159	1238	1377	1395	1368	1239	1281
	阳泉	1005	963	845	991	957	1096	1114	1087	1071	1113
	长治	806	651	533	679	758	897	915	888	759	801
	晋城	712	557	439	585	664	803	821	794	665	707
	忻州	1091	936	818	964	1043	1182	1200	1173	1044	1086
	临汾	920	765	647	793	872	1011	1028	1002	873	915
	运城	791	636	518	664	743	882	900	873	744	786
	侯马	863	708	590	736	815	954	972	945	816	858
内蒙古自治区	呼和浩特	1569	1414	1296	1442	1521	1660	1678	1651	1522	1564
	包头	1720	1565	1447	1593	1672	1811	1829	1802	1673	1715
	乌海	1625	1199	1345	1491	1558	1716	1734	1707	1571	1613
	赤峰	1821	1827	1709	1855	1725	1857	1839	1903	1935	1977
	通辽	1996	2002	1884	2030	1948	2032	2014	2078	2110	2152
	呼伦贝尔	3138	3144	3026	3172	3090	3229	3247	3220	3252	3294
	乌兰浩特	2451	2457	2339	2485	2403	2542	2560	2533	2565	2607
	锡林浩特	1881	1887	1769	1915	1833	1972	1990	1963	1995	2037
	乌兰察布	1417	1262	1144	1290	1369	1508	1526	1499	1370	1412
	东胜区	1540	1385	1267	1413	1492	1631	1649	1622	1493	1535
	巴彦淖尔	1944	1789	1671	1817	1896	2035	2053	2026	1897	1939
辽宁省	沈阳	1840	1846	1728	1874	1792	1876	1858	1922	1954	1996
	朝阳	1709	1715	1597	1743	1661	1745	1727	1791	1823	1865
	阜新	1746	1752	1634	1780	1698	1782	1764	1828	1860	1902
	铁岭	1903	1909	1791	1937	1855	1939	1921	1985	2017	2059
	本溪	1876	1882	1764	1910	1828	1912	1894	1958	1990	2032
	鞍山	1822	1828	1710	1856	1774	1858	1840	1904	1936	1978
	丹东	2019	2025	1907	2053	1971	2055	2037	2101	2133	2175
	大连	1977	1983	1865	2011	1929	2013	1995	2059	2091	2133
	营口	1761	1767	1649	1795	1713	1797	1779	1843	1875	1917
	盘锦	1701	1707	1589	1735	1653	1737	1719	1783	1815	1857
	锦州	1618	1624	1506	1652	1570	1654	1636	1700	1732	1774
	葫芦岛	1579	1585	1467	1613	1531	1615	1597	1661	1693	1735
吉林省	长春	2136	2142	2024	2170	2088	2172	2154	2218	2250	2292
	白城	2312	2318	2200	2346	2264	2348	2330	2394	2426	2468
	松原	2284	2290	2172	2318	2236	2320	2302	2366	2398	2440
	吉林	2229	2235	2117	2263	2181	2265	2247	2311	2343	2385
	四平	2019	2025	1907	2053	1971	2055	2037	2101	2133	2175
	辽源	2092	2098	1980	2126	2044	2128	2110	2174	2206	2248
	通化	2082	2088	1970	2116	2034	2118	2100	2164	2196	2238
	梅河口	2081	2087	1969	2115	2033	2117	2099	2163	2195	2237
	延吉	2531	2537	2419	2565	1483	1567	1549	1613	2645	2687
	敦化	2412	2418	2300	2446	2364	2448	2430	2494	2526	2568
黑龙江省	哈尔滨	2379	2385	2267	2413	2331	2415	2397	2461	2493	2535
	齐齐哈尔	2695	2701	2583	2729	2647	2731	2713	2777	2809	2851
	黑河	2955	2961	2843	2989	2907	2991	2973	3037	3069	3111
	大庆	2527	2533	2415	2561	2479	2563	2545	2609	2641	2683
	伊春	2722	2728	2610	2756	2674	2758	2740	2804	2836	2878
	鹤岗	2800	2806	2688	2834	2752	2836	2818	2882	2914	2956
	佳木斯	2729	2735	2617	2763	2681	2765	2747	2811	2843	2885
	双鸭山	2793	2799	2681	2827	2745	2829	2811	2875	2907	2949
	七台河	2812	2818	2700	2846	2764	2848	2830	2894	2926	2968
	鸡西	2755	2761	2643	2789	2707	2791	2773	2837	2869	2911
	牡丹江	2592	2598	2480	2626	2544	2628	2610	2674	2706	2748
	绥化	2497	2092	1974	2120	2449	2533	2515	2579	2200	2242
江苏省	南京	636	923	805	918	714	573	555	690	846	944
	徐州	775	775	657	803	665	712	694	829	883	928
	连云港	910	978	860	1006	868	847	829	964	1086	1136
	淮安	778	957	839	985	847	715	697	832	1065	1110
	盐城	890	1083	965	1111	973	827	809	944	1191	1236
	扬州	704	991	873	986	782	641	623	758	914	1012
	南通	859	1146	1028	1141	937	796	778	913	1069	1167
	镇江	706	973	875	988	784	643	625	760	916	1014
	常州	752	1019	921	1034	830	689	671	806	962	1060
	无锡	795	1062	964	1077	873	732	714	849	1005	1103
	苏州	841	1108	1010	1123	919	778	760	895	1051	1149
浙江省	杭州	752	1165	1047	1034	830	689	671	806	962	1060
	湖州	816	1085	967	1098	894	753	735	870	1026	1124
	嘉兴	835	1175	1057	1117	913	772	754	889	1045	1143
	宁波	922	1303	1185	1204	1000	859	841	976	1132	1230
	绍兴	817	1216	1098	1099	895	754	736	871	1027	1125
	衢州	582	1037	895	864	660	519	501	636	792	890
	金华	665	1120	978	947	743	602	584	719	875	973
	台州	866	1321	1179	1148	944	803	785	920	1076	1174
	温州	854	1309	1167	1136	932	791	773	908	1064	1162
	丽水	761	1216	1074	1043	839	698	680	815	971	1069

省份	城市	武汉	十堰	襄阳	荆门	孝感	鄂州	黄石	咸宁	荆州	宜昌
安徽省	合肥	484	759	641	764	495	419	401	536	692	790
	宿州	701	825	707	853	715	638	620	755	933	978
	阜阳	681	647	529	675	537	616	598	720	755	800
	蚌埠	602	767	649	795	657	537	519	643	875	920
	淮南	588	751	633	779	559	523	505	627	796	894
	滁州	669	891	773	949	690	604	586	708	877	975
	马鞍山	607	937	819	887	673	542	524	659	815	913
	芜湖	551	883	765	831	619	486	468	603	759	857
	铜陵	473	904	786	753	640	408	390	525	681	779
	安庆	375	924	806	655	660	310	292	427	583	681
	黄山	532	1104	958	812	608	467	449	571	740	788
	巢湖	540	825	707	820	561	475	457	592	748	846
福建省	福州	942	1514	1368	1222	1018	877	859	981	1150	1248
	南平	785	1357	1211	1065	861	720	702	824	993	1091
	三明	761	1333	1187	1041	837	696	678	800	969	1067
	莆田	1031	1603	1457	1311	1107	966	948	1070	1239	1337
	泉州	1035	1607	1461	1315	1111	970	952	1074	1243	1341
	厦门	1095	1667	1521	1375	1171	1030	1112	1134	1303	1401
	漳州	1118	1690	1544	1398	1194	1053	1135	1157	1326	1424
	龙岩	1019	1591	1445	1299	1095	954	1036	1058	1227	1325
	宁德	1058	1610	1484	1338	1134	993	975	1097	1267	1364
江西省	南昌	401	973	827	681	477	336	318	440	609	707
	九江	249	821	675	529	325	184	166	288	457	505
	景德镇	382	954	808	662	458	317	299	421	590	638
	鹰潭	512	1084	938	792	588	447	429	551	720	768
	上饶	612	1184	1038	892	688	547	529	651	820	868
	新余	522	1094	948	802	598	457	437	561	730	828
	萍乡	486	1028	882	736	532	567	549	402	664	762
	赣州	757	1329	1183	1037	833	692	674	796	965	1063
	宜春	546	1088	962	796	592	507	489	462	724	822
山东省	济南	889	895	777	923	841	925	907	971	1003	1045
	德州	973	979	861	1007	925	1009	991	1055	1087	1129
	淄博	998	1004	886	1032	950	1034	1016	1080	1112	1154
	潍坊	1097	1103	985	1131	1049	1133	1115	1179	1211	1253
	烟台	1355	1361	1243	1389	1307	1391	1373	1437	1469	1511
	威海	1403	1409	1291	1437	1355	1439	1421	1485	1517	1559
	青岛	1198	1204	1086	1232	1150	1234	1216	1280	1312	1354
	日照	1031	1037	919	1065	983	1067	1049	1113	1145	1187
	临沂	951	957	839	985	903	987	969	1033	1065	1107
	济宁	757	763	645	791	709	793	775	839	871	913
	泰安	818	824	706	852	770	854	836	900	932	974
	滨州	1047	1053	935	1081	999	1083	1065	1129	1161	1203
	菏泽	646	652	534	680	598	682	664	728	760	802
河南省	郑州	540	546	428	574	492	631	649	622	654	696
	三门峡	731	576	458	604	683	822	840	813	684	726
	洛阳	615	460	342	488	567	706	724	697	568	610
	焦作	610	581	463	609	562	701	719	692	689	731
	新乡	586	592	474	620	538	677	695	668	700	742
	安阳	694	700	582	728	646	785	803	776	808	850
	开封	554	560	442	588	506	589	571	636	668	710
	商丘	560	566	448	594	512	575	557	642	674	716
	漯河	396	434	316	462	348	487	505	478	542	584
	南阳	413	259	141	287	365	504	522	495	367	409
	信阳	222	439	321	467	174	313	331	304	547	589
湖南省	长沙	364	789	646	461	416	398	416	281	394	500
	常德	516	587	441	282	568	550	568	433	215	321
	益阳	444	674	528	369	496	478	496	361	302	408
	岳阳	248	673	530	486	300	282	300	165	427	525
	株洲	403	832	689	504	455	437	455	320	437	543
	湘潭	397	826	683	498	449	431	449	314	431	537
	衡阳	533	962	819	634	585	567	585	450	567	673
	郴州	649	1078	935	750	701	683	701	566	683	789
	永州	669	1098	955	770	721	703	721	586	703	809
	邵阳	578	987	844	679	630	612	630	495	592	698
广东省	广州	1050	1475	1310	1164	1097	1084	1102	967	1084	1191

省份	城市	武汉	十堰	襄阳	荆门	孝感	鄂州	黄石	咸宁	荆州	宜[illegible]
广东省	韶关	807	1232	1067	921	854	841	859	724	841	94[illegible]
	梅州	1232	1657	1492	1346	1279	1266	1284	1149	1266	13[illegible]
	汕头	1431	1856	1691	1545	1478	1465	1483	1348	1465	15[illegible]
	惠州	1120	1545	1380	1234	1167	1154	1172	1037	1154	12[illegible]
	东莞	1063	1488	1323	1177	1110	1097	1115	980	1097	12[illegible]
	深圳	1151	1576	1411	1265	1198	1185	1203	1068	1185	12[illegible]
	珠海	1148	1573	1408	1262	1195	1182	1200	1065	1182	12[illegible]
	中山	1112	1537	1372	1226	1159	1146	1164	1029	1146	12[illegible]
	肇庆	1091	1516	1351	1205	1138	1125	1143	1008	1125	12[illegible]
	茂名	1364	1789	1624	1478	1411	1398	1416	1281	1398	15[illegible]
	湛江	1444	1869	1704	1558	1491	1478	1496	1361	1478	15[illegible]
广西壮族自治区	南宁	1240	1665	1500	1354	1287	1274	1292	1157	1274	13[illegible]
	桂林	841	1266	1101	955	888	875	893	758	875	98[illegible]
	柳州	1003	1428	1263	1117	1050	1037	1055	920	1037	11[illegible]
	梧州	1234	1659	1494	1348	1281	1268	1286	1151	1268	13[illegible]
	玉林	1313	1738	1573	1427	1360	1347	1365	1230	1347	14[illegible]
	百色	1458	1883	1718	1572	1505	1492	1510	1375	1492	15[illegible]
四川省	成都	1163	1046	1134	988	1200	1237	1255	1226	972	90[illegible]
	绵阳	1253	923	1224	1078	1290	1327	1345	1316	1062	99[illegible]
	泸州	1106	1299	1077	931	1143	1180	1198	1169	915	84[illegible]
	攀枝花	1871	1765	1842	1696	1908	1945	1963	1934	1680	16[illegible]
	西昌	1681	1575	1652	1506	1718	1755	1773	1744	1490	14[illegible]
贵州省	贵阳	1182	1429	1283	1137	1229	1216	1234	1099	1113	10[illegible]
	遵义	1311	1263	1117	971	1358	1345	1363	1228	947	87[illegible]
	安顺	1259	1495	1349	1203	1306	1293	1311	1176	1179	11[illegible]
	毕节	1377	1558	1412	1266	1424	1411	1429	1294	1242	11[illegible]
	凯里	1013	1438	1253	1107	1060	1047	1065	930	1027	11[illegible]
云南省	昆明	1706	1942	1796	1650	1753	1740	1758	1623	1626	15[illegible]
	曲靖	1563	1799	1653	1507	1610	1597	1615	1480	1483	14[illegible]
	玉溪	1786	2022	1876	1730	1833	1820	1838	1703	1706	16[illegible]
	丽江	2195	2431	2285	2139	2242	2229	2247	2112	2115	20[illegible]
	大理	2008	2244	2098	1952	2055	2042	2060	1925	1928	18[illegible]
	景洪	2243	2479	2333	2187	2290	2277	2295	2160	2163	20[illegible]
西藏自治区	拉萨	3267	3161	3238	3092	3304	3341	3359	3330	3076	30[illegible]
	那曲	3211	3105	3182	3036	3248	3285	3303	3274	3020	29[illegible]
	昌都	2485	2379	2456	2310	2522	2559	2577	2548	2294	22[illegible]
	日喀则	3522	3416	3493	3347	3559	3596	3614	3585	3331	32[illegible]
	萨嘎	3972	3866	3943	3797	4009	4046	4064	4035	3781	37[illegible]
	噶尔	4757	4651	4728	4582	4794	4831	4849	4820	4566	44[illegible]
陕西省	西安	759	333	479	625	692	850	868	841	705	74[illegible]
	延安	1043	617	763	909	976	1134	1152	1125	989	10[illegible]
	铜川	826	400	546	692	759	917	935	908	772	81[illegible]
	渭南	789	363	809	655	722	880	898	871	735	77[illegible]
	咸阳	795	369	515	661	728	886	904	877	741	78[illegible]
	宝鸡	947	521	667	813	880	1038	1056	1029	893	93[illegible]
	汉中	1024	598	744	890	957	1115	1133	1106	970	10[illegible]
	榆林	1344	918	1064	1210	1277	1435	1453	1426	1290	13[illegible]
	安康	703	277	441	569	636	794	812	785	667	70[illegible]
甘肃省	兰州	1406	980	1126	1272	1339	1497	1515	1488	1352	13[illegible]
	嘉峪关	2117	1691	1837	1983	2050	2208	2226	2199	2063	21[illegible]
	天水	1125	699	845	991	1058	1216	1234	1207	1071	11[illegible]
	敦煌	2493	2067	2213	2359	2426	2584	2602	2575	2439	24[illegible]
	张掖	1874	1448	1594	1740	1807	1965	1983	1956	1820	18[illegible]
	武威	1680	1254	1400	1546	1613	1771	1789	1762	1626	16[illegible]
青海省	西宁	1665	1239	1389	1531	1598	1756	1774	1747	1615	16[illegible]
	同仁	1760	1334	1480	1626	1693	1851	1869	1842	1706	17[illegible]
	德令哈	2151	1725	1871	2017	2084	2242	2260	2233	2097	21[illegible]
	格尔木	2400	1974	2120	2266	2333	2491	2508	2482	2346	23[illegible]
宁夏回族自治区	银川	1483	1057	1203	1349	1416	1574	1592	1565	1429	14[illegible]
	惠农区	1573	1147	1293	1439	1506	1664	1682	1655	1519	15[illegible]
	吴忠	1415	989	1135	1281	1348	1506	1524	1497	1361	14[illegible]
	固原	1148	722	868	1014	1081	1239	1257	1230	1094	11[illegible]
新疆维吾尔自治区	乌鲁木齐	3311	2885	3031	3177	3244	3402	3420	3393	3257	32[illegible]
	克拉玛依	3675	3249	3395	3541	3608	3766	3784	3757	3621	36[illegible]
	喀什	4507	4081	4227	4373	4440	4598	4616	4589	4453	44[illegible]
	阿克苏	4043	3617	3763	3909	3976	4134	4152	4125	3989	40[illegible]
	吐鲁番	3110	2684	2830	2976	3043	3201	3219	3192	3056	30[illegible]
	哈密	2719	2293	2439	2585	2652	2810	2828	2801	2665	27[illegible]
	阿勒泰	3966	3540	3686	3832	3899	4057	4075	4048	3912	39[illegible]

湖北省主要城镇间里程表

	武汉	鄂州	黄冈	黄石	仙桃	咸宁	天门	阳新	赤壁	随州	荆州	荆门	宜昌	襄阳	十堰	恩施	钟祥	石首	松滋	老河口	丹江口	利川	竹溪
鄂州	76																						
黄冈	69	8																					
黄石	80	38	48																				
仙桃	94	152	161	172																			
咸宁	95	110	120	119	150																		
天门	122	182	192	202	79	261																	
阳新	126	86	96	71	218	111	249																
赤壁	141	157	166	166	133	46	212	157															
随州	184	260	247	258	250	272	170	304	312														
荆州	219	285	294	305	133	283	128	351	252	294													
荆门	233	293	302	313	159	310	111	359	292	209	86												
宜昌	337	379	388	399	227	377	222	445	358	340	118	130											
襄阳	344	420	403	414	286	428	230	460	419	160	214	127	257										
十堰	552	628	563	574	467	589	411	620	599	368	395	308	372	208									
恩施	562	585	594	594	510	475	505	585	428	644	377	435	306	562	564								
钟祥	207	267	276	287	159	301	103	333	292	162	134	47	177	127	308	482							
石首	260	320	329	340	168	268	173	379	222	377	83	170	190	297	478	376	217						
松滋	279	339	348	359	187	337	182	448	291	348	54	140	79	267	448	324	187	137					
老河口	420	496	471	482	361	496	305	528	494	236	282	195	311	76	127	549	195	365	335				
丹江口	429	489	498	509	388	523	332	555	521	259	309	222	328	102	102	566	222	392	362	27			
利川	714	623	633	632	548	513	543	766	467	725	495	473	385	600	643	107	520	414	362	628	645		
竹溪	669	729	738	749	681	763	573	795	800	530	548	462	449	373	221	627	462	631	528	319	323	706	

图例解释

街区	次要街道 县道	高速公路
公园 绿地	城市高架路	建筑中高速公路
过境线 国道	地铁 轻轨	高等级公路
主要街道 省道	铁路及车站	省、市、区政府
交警部门 地铁站	医院 邮政局	
出入口 国道编号	宾馆 风景点	
加油站 汽修厂	古塔 电视台	
停车场 汽车站	桥梁 运动场	

湖北省

武汉 279

027

图例解释

收费站 出入口 国家高速编号 G45 S1 省级高速编号 服务区 在建 高速公路

G312 国道编号 国道

S217 省道编号 25 居民点 里程数(km) 在建 省道

桥梁 隧口 县道

快速路

隧道 在建 铁路

345 南京三桥 南京三桥出入口位于距该高速公路零千米345千米处

25 宁波服务区 宁波服务区位于距该高速公路零千米25千米处

47 香河收费站 香河收费站位于距该高速公路零千米47千米处

24 国道里程桩：表示该点距此国道零千米总里程为24千米

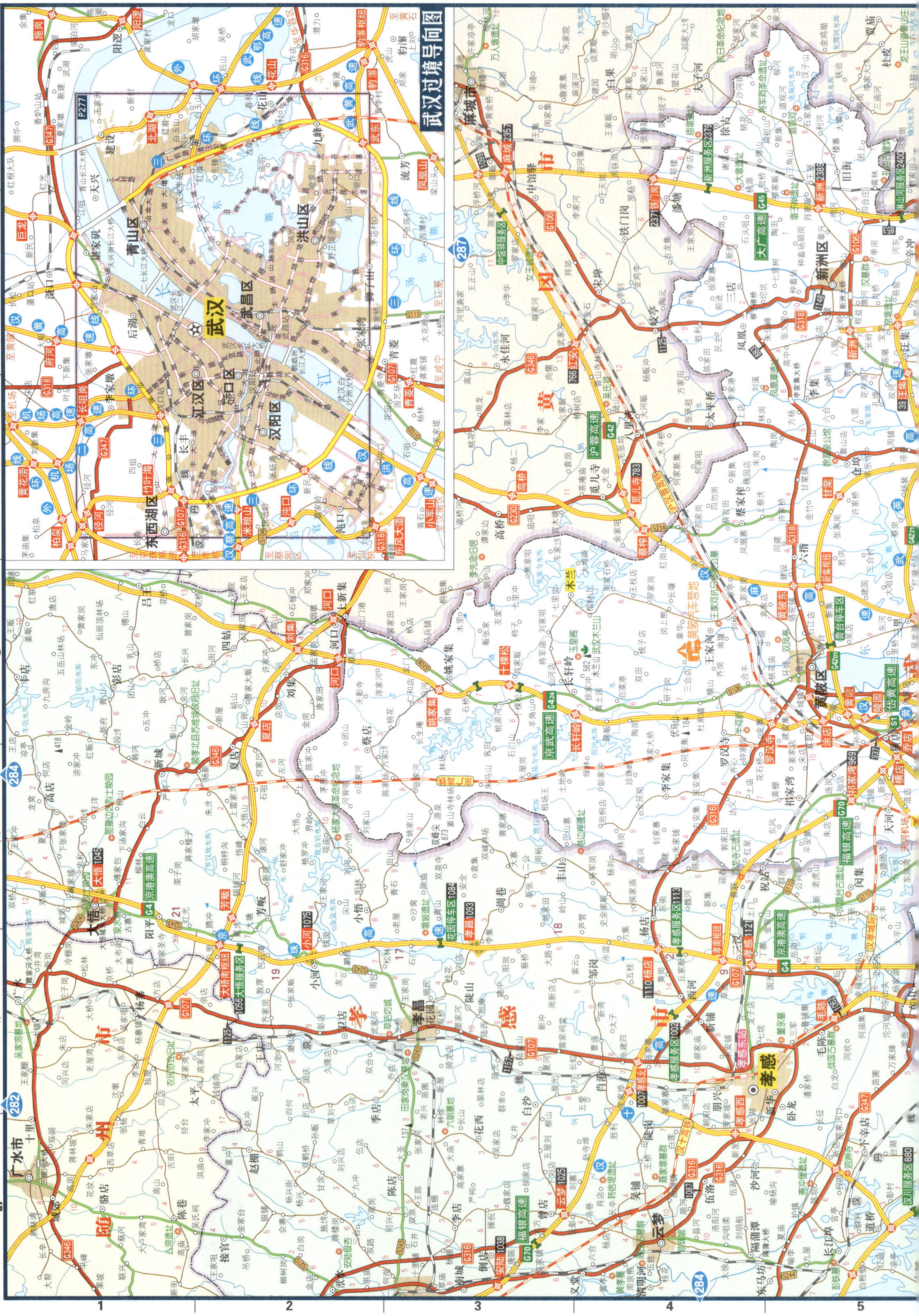

公路千米桩

▶106国道零千米：北京菜户营

▶107国道零千米：北京广安门

▶316国道零千米：福州市

▶318国道零千米：上海市区

比例尺 1：50万

0 5.0 10.0 15.0 km

图上1cm相当于实地5km

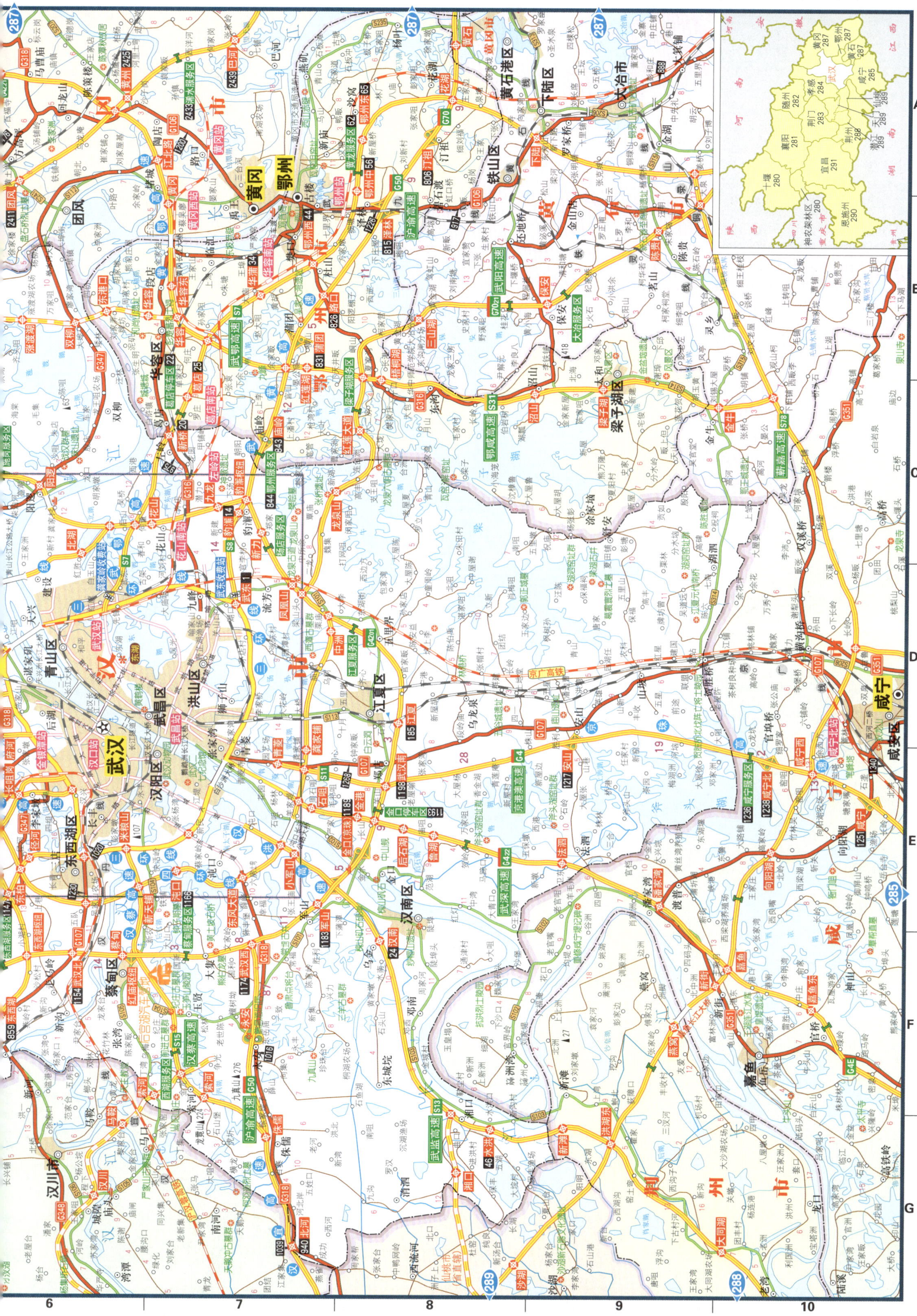

图例解释

收费站 出入口 国家高速编号 G45 S1 省级高速编号 服务区 在建 高速公路
G312 国道编号 国道
S217 省道编号 25 里程数(km) 居民点 在建 省道
桥梁 隧口 县道
快速路
隧道 在建 铁路

345 南京三桥 南京三桥出入口位于距该高速公路零千米345千米处
25 宁波服务区 宁波服务区位于距该高速公路零千米25千米处
47 香河收费站 香河收费站位于距该高速公路零千米47千米处
24 国道里程桩：表示该点距此国道零千米总里程为24千米

湖北省
0710 襄阳
襄阳
樊城区
襄州区
襄城区
老河口市
谷城
枣阳市
宜城市
南漳
丹江口市
淅川
西峡
新野
河南省
襄阳机场
二广高速
福银高速
麻安高速
枣石高速
呼北高速

比例尺 1：66万

0 6.6 13.2 19.8 km

图上1cm相当于实地6.6km

图例解释

收费站 省级高速编号 在建 出入口 国家高速编号 服务区 G45 S1 高速公路

G312 国道编号 国道

S217 省道编号 25 居民点 里程数(km) 在建 省道

桥梁 隧道 县道

快速路

隧道 在建 铁路

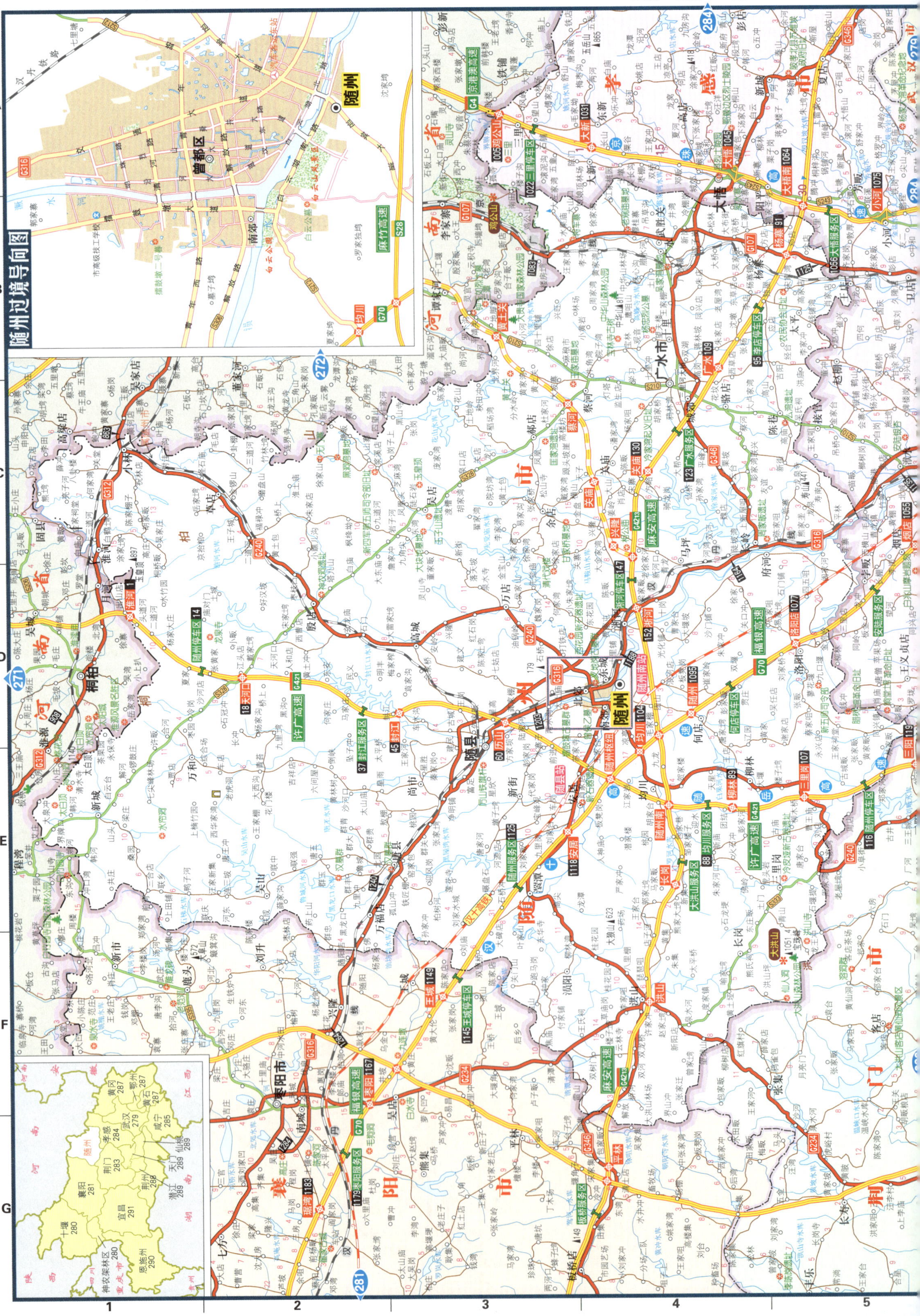

公路零千米
▶107国道零千米：北京广安门
▶316国道零千米：福州市
▶207国道零千米：锡林浩特市
▶312国道零千米：上海市区

比例尺 1：73万
0 7.3 14.6 21.9 km
图上1cm相当于实地7.3km

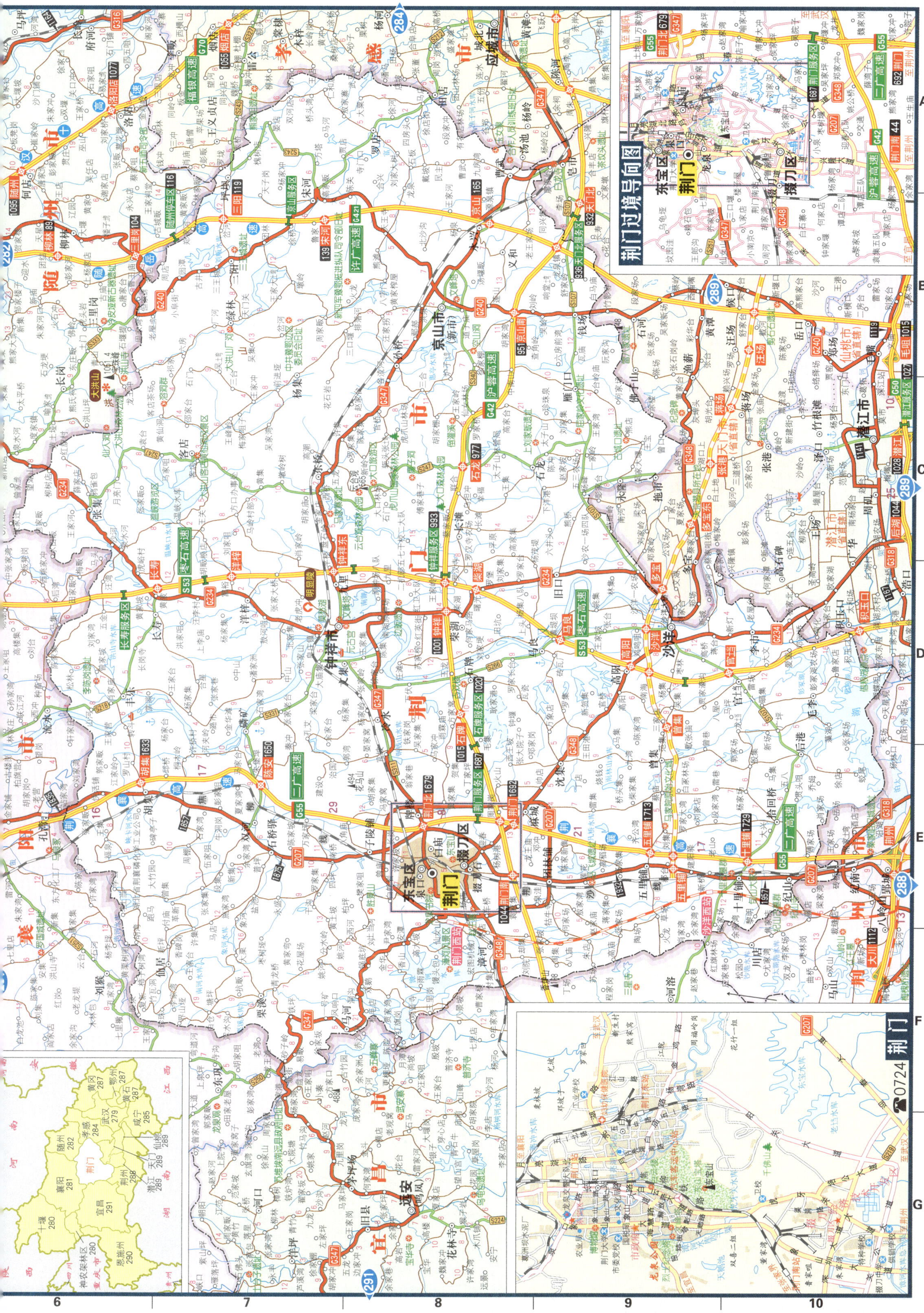

比例尺 1:65万

0 6.5 13.0 19.5 km

图上1cm相当于实地6.5km

图例解释：收费站 出入口 国家高速编号 G45 省级高速编号 S1 服务区 在建 高速公路；国道编号 G312 国道；省道编号 S217 里程数(km) 25 居民点 在建 省道；县道 桥梁 隧口 快速路 隧道 在建 铁路

咸宁过境导向图
咸宁
咸安区
武汉
汉南区
蔡甸区
汉川市
东西湖区
嘉鱼
赤壁市
崇阳
通城
通山
梁子湖区
大冶市
黄石
修水
咸宁北站
赤壁北站
阳新
九宫山
湖南
江西
湖北省
十堰
襄阳
随州
孝感
荆门
宜昌
武汉
黄冈
鄂州
黄石
恩施州
荆州
天门
潜江
仙桃
神农架林区
6
7
8
9
10
A
B
C
D
E
F
G

黄冈市 鄂州市 黄石市

图例解释

收费站 出入口 国家高速编号 G45 省级高速编号 S1 服务区 在建 高速公路

G312 国道编号 国道

S217 省道编号 25 居民点 里程数(km) 在建 省道

桥梁 隧口 县道

快速路

隧道 在建 铁路

345 南京三桥 南京三桥出入口位于距该高速公路零千米345千米处

25 宁波服务区 宁波服务区位于距该高速公路零千米25千米处

47 香河收费站 香河收费站位于距该高速公路零千米47千米处

24 国道里程桩：表示该点距此国道零千米总里程为24千米

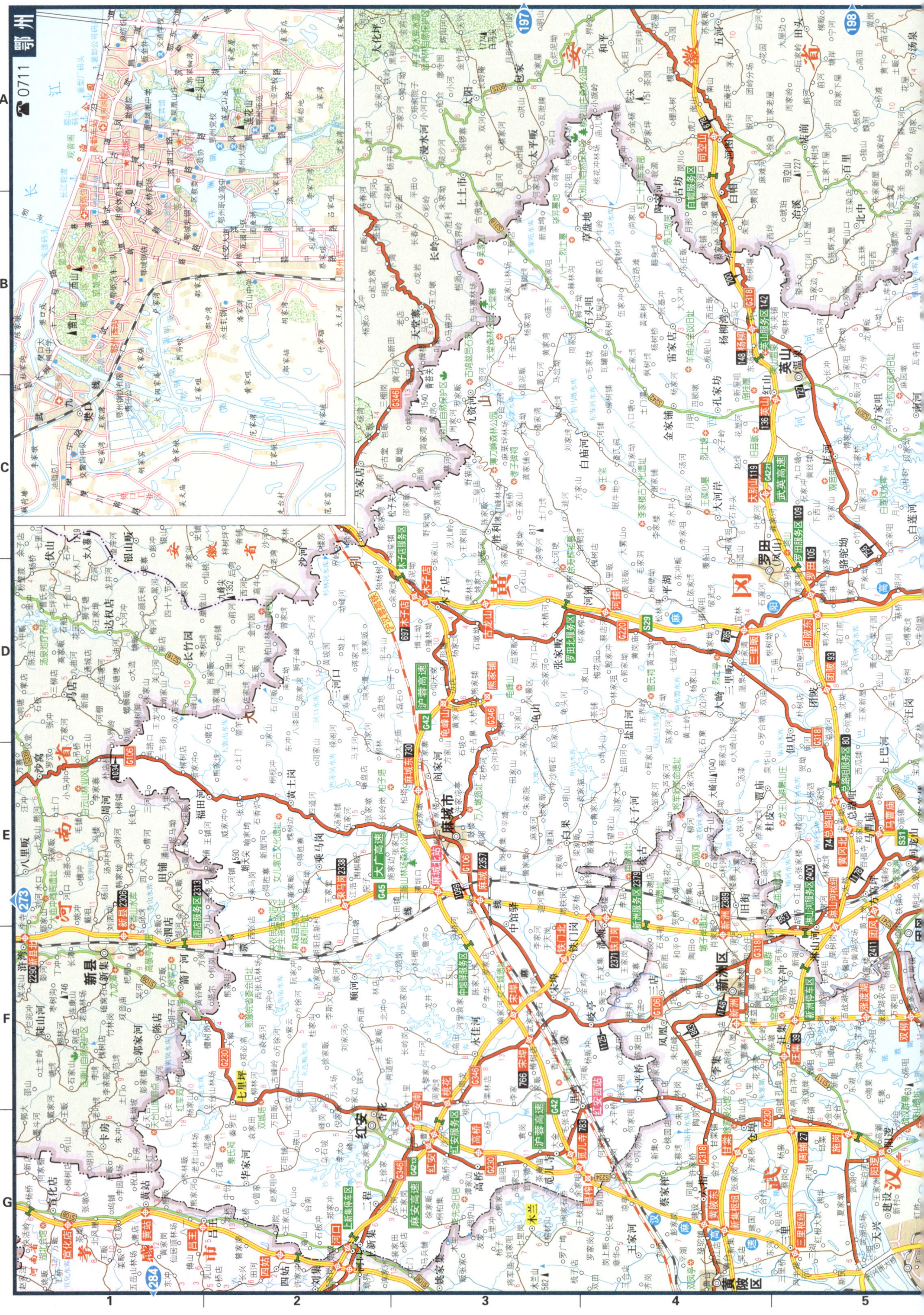

公路零千米

▶105国道零千米：北京永定门
▶106国道零千米：北京菜户营
▶316国道零千米：福州市
▶318国道零千米：上海市区

比例尺 1：65万

0 6.5 13.0 19.5 km

图上1cm相当于实地6.5km

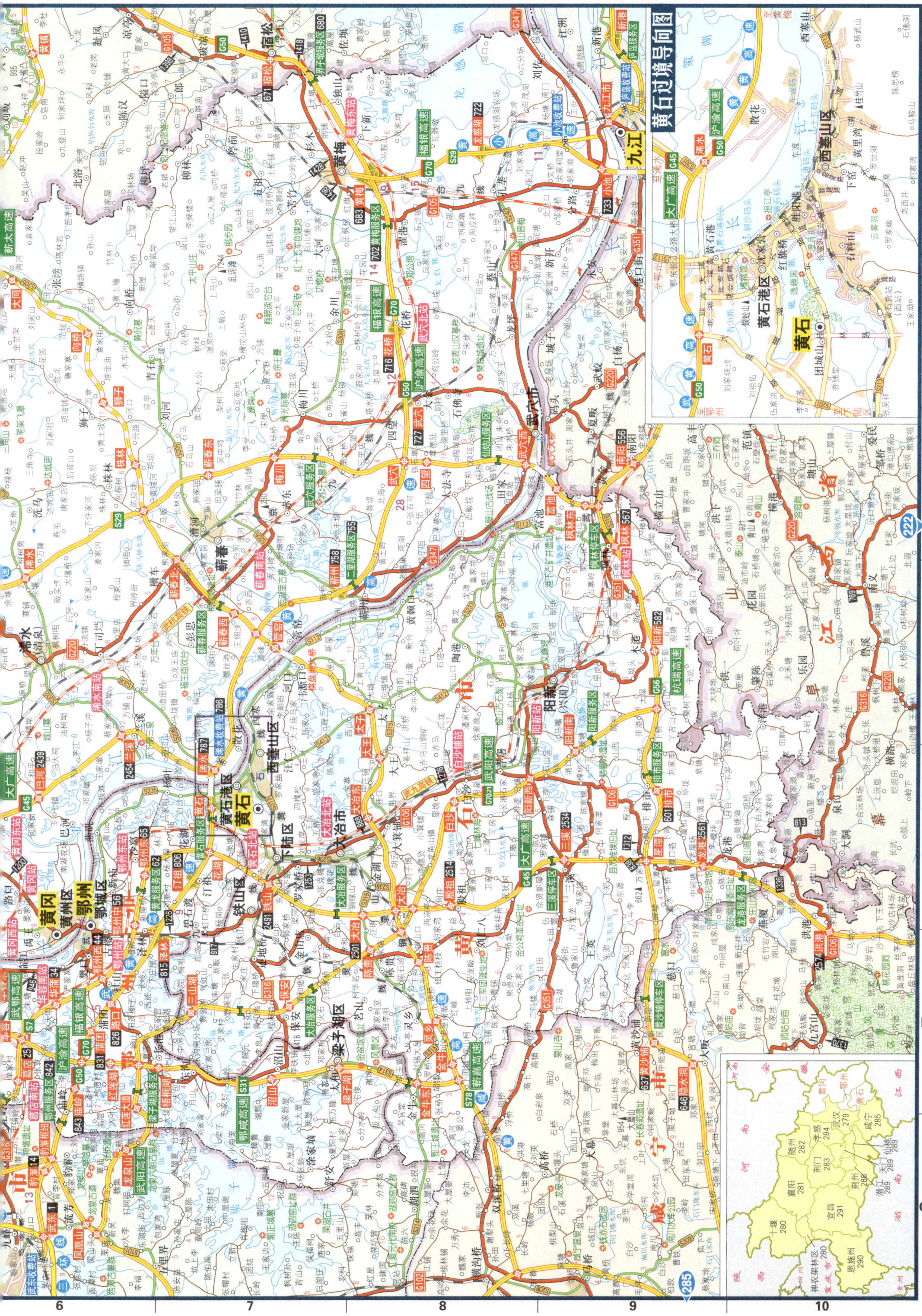

图例解释

收费站 出入口 国家高速编号 省级高速编号 服务区 在建 高速公路

国道编号 国 道

省道编号 里程数(km) 居民点 在建 省 道

桥梁 隘口 县 道

快速路

隧道 在建 铁 路

345 南京三桥 南京三桥出入口位于距该高速公路零千米345千米处

25 宁波服务区 宁波服务区位于距该高速公路零千米25千米处

47 香河收费站 香河收费站位于距该高速公路零千米47千米处

24 国道里程桩：表示该点距此国道零千米总里程为24千米

比例尺 1：70万

0 7.0 14.0 21.0 km

图上1cm相当于实地7km

恩施土家族苗族自治州 宜昌市

宜昌
夷陵区
点军区
伍家岗区
猇亭区
宜都市
枝江市
当阳市
远安
兴山
秭归
长阳
五峰
荆门
荆州
松滋市
巴东
湖北省
宜昌过境导向图
西陵区
武陵源区
慈利

常用电话

高速公路咨询.........0731-12122	永州市交通局...0746-6344340	湘潭市交通局...0731-58224448	常德市交通局...0736-7718245
省交通厅..........0731-82222087	株洲市交通局...0731-22222355	衡阳市交通局...0734-8868382	益阳市交通局...0737-4224631
省高速公路路政....0731-88137577	郴州市交通局...0735-2243388	岳阳市交通委员会...0730-8715485	邵阳市交通局...0739-5390859
长沙市交通局......0731-84322402	张家界市交通局.0744-8323753		娄底市交通局...0738-8313328
怀化市交通局......0745-2712172			湘西州交通局...0743-8222383

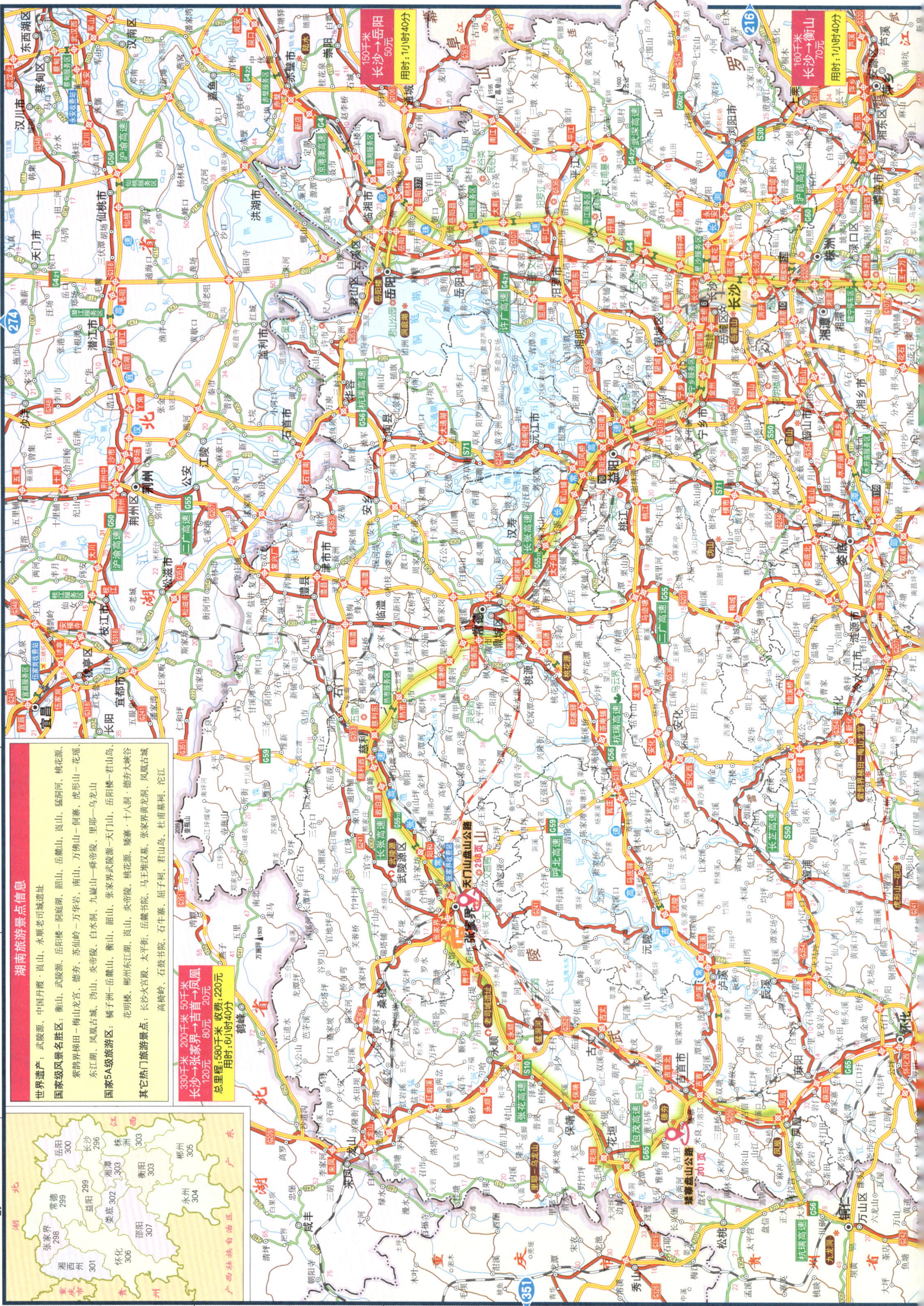

湖南旅游景点信息

世界遗产：武陵源、中国丹霞·崀山、永顺老司城遗址

国家级风景名胜区：衡山、武陵源、岳阳楼—洞庭湖、韶山、岳麓山、崀山、猛洞河、桃花源、紫鹊界梯田—梅山龙宫、德夯、苏仙岭—万华岩、南山、万佛山—侗寨、虎形山—花瑶、东江湖、凤凰古城、沩山、炎帝陵、白水洞、九嶷山—舜帝陵、里耶—乌龙山

国家5A级旅游区：橘子洲—岳麓山、衡山、韶山、张家界武陵源—天门山、岳阳楼—君山岛、花明楼、郴州东江湖、崀山、炎帝陵、桃花源、矮寨·十八洞·德夯大峡谷

其它热门旅游景点：长沙火宫殿、太平街、岳麓书院、马王堆汉墓、张家界黄龙洞、凤凰古城、高椅岭、石鼓书院、石牛寨、屈子祠、君山岛、杜甫墓祠、沱江

图例解释

收费站 出入口 G45 国家高速编号 服务区 在建	高速公路	桥梁 隧口	县道
G312 国道编号	国道		快速路
217 省道编号 25 居民点 里程数(km) 在建	省道		

比例尺 1：195万

0 19.5 39.0 58.5 km

图上1cm相当于实地19.5km

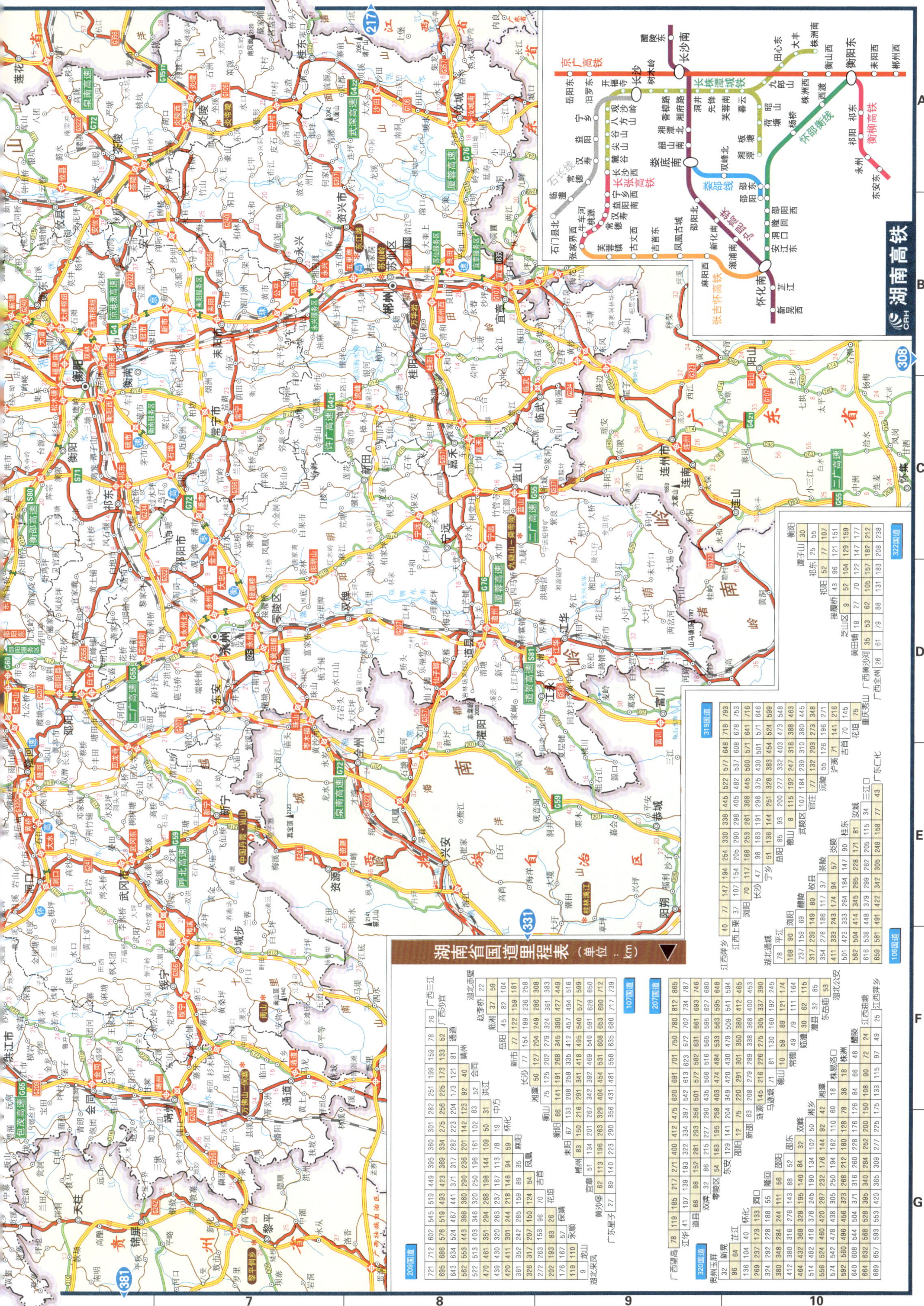

湖南省公路里程表

- 本表中城际间里程是以高速公路、国道为主要行车路线计算，不作营运计价依据。
- 单位：km

湖南省主要城市至全国各主要城市里程表

省份	城市	长沙	常德	益阳	岳阳	株洲	湘潭	衡阳	郴州	永州	邵阳
直辖市	北京	1527	1518	1617	1422	1576	1570	1711	1822	1834	1751
	上海	1148	1289	1217	1105	1112	1106	1241	1358	1364	1287
	天津	1513	1504	1603	1408	1562	1556	1697	1808	1820	1737
	重庆	1089	918	1005	1107	1142	1136	1143	1386	1114	1016
河北省	石家庄	1264	1230	1344	1148	1303	1297	1433	1549	1569	1478
	张家口	1786	1754	1866	1670	1816	1812	1946	2062	2082	1991
	承德	1800	1768	1880	1684	1830	1826	1960	2076	2096	2005
	秦皇岛	1772	1738	1852	1656	1811	1805	1961	2057	2077	1986
	唐山	1624	1590	1702	1508	1663	1657	1793	1909	1929	1838
	保定	1383	1349	1463	1267	1422	1416	1552	1668	1688	1597
	沧州	1417	1383	1497	1301	1456	1450	1586	1702	1722	1631
	衡水	1375	1341	1455	1259	1414	1408	1544	1660	1680	1589
	邢台	1132	1098	1212	1016	1171	1163	1301	1317	1337	1346
	邯郸	1078	1044	1158	962	1117	1111	1247	1363	1383	1292
山西省	太原	1349	1154	1241	1233	1388	1382	1518	1634	1654	1563
	大同	1619	1424	1511	1503	1658	1652	1788	1904	1924	1833
	阳泉	1338	1256	1343	1222	1377	1371	1507	1623	1643	1552
	长治	1139	944	1031	1023	1178	1172	1308	1424	1444	1353
	晋城	1045	850	937	929	1084	1078	1214	1330	1350	1259
	忻州	1424	1229	1316	1308	1463	1457	1593	1709	1729	1638
	临汾	1253	1058	1145	1137	1292	1286	1422	1538	1558	1467
	运城	1124	929	1016	1008	1163	1157	1293	1409	1429	1338
	侯马	1196	1001	1088	1080	1235	1229	1365	1481	1501	1410
内蒙古自治区	呼和浩特	1902	1707	1794	1786	1941	1935	2071	2187	2207	2116
	包头	2053	1858	1945	1937	2092	2086	2222	2338	2358	2267
	乌海	2024	1830	1917	1908	2063	2057	2193	2309	2329	2238
	赤峰	2154	2120	2234	2038	2193	2187	2323	2439	2459	2368
	通辽	2329	2295	2409	2213	2368	2362	2498	2614	2634	2543
	呼伦贝尔	3471	3437	3551	3355	3510	3504	3640	3756	3776	3685
	乌兰浩特	2784	2750	2864	2668	2823	2817	2953	3069	3089	2998
	锡林浩特	2214	2180	2294	2098	2253	2247	2383	2499	2519	2428
	乌兰察布	1750	1555	1642	1634	1789	1783	1919	2035	2055	1964
	东胜区	1873	1678	1765	1757	1912	1906	2042	2158	2178	2087
	巴彦淖尔	2277	2082	2169	2161	2316	2310	2446	2562	2582	2491
辽宁省	沈阳	2173	2139	2253	2057	2212	2206	2342	2458	2478	2387
	朝阳	2042	2008	2122	1926	2081	2075	2211	2327	2347	2256
	阜新	2079	2045	2159	1963	2118	2112	2248	2364	2384	2293
	铁岭	2236	2202	2316	2120	2275	2269	2405	2521	2541	2450
	本溪	2209	2175	2289	2093	2248	2242	2378	2494	2514	2423
	鞍山	2155	2121	2235	2039	2194	2188	2324	2440	2460	2369
	丹东	2352	2318	2432	2236	2391	2285	2521	2637	2657	2566
	大连	2310	2276	2390	2194	2349	2343	2479	2595	2615	2524
	营口	2094	2060	2174	1978	2133	2127	2263	2379	2399	2308
	盘锦	2034	2000	2114	1918	2073	2067	2003	2319	2339	2248
	锦州	1951	1917	2031	1835	1990	1984	2120	2236	2256	2165
	葫芦岛	1912	1878	1992	1796	1951	1945	2081	2197	2217	2126
吉林省	长春	2469	2435	2549	2353	2508	2502	2638	2754	2774	2683
	白城	2645	2611	2725	2529	2684	2678	2814	2930	2950	2859
	松原	2617	2583	2697	2501	2656	2650	2786	2902	2922	2831
	吉林	2562	2528	2642	2446	2601	2595	2731	2847	2867	2776
	四平	2352	2318	2432	2236	2391	2385	2521	2627	2657	2566
	辽源	2425	2391	2505	2309	2464	2458	2594	2710	2730	2639
	通化	2415	2381	2495	2299	2454	2448	2584	2700	2720	2629
	梅河口	2414	2380	2494	2298	2453	2447	2583	2699	2719	2628
	延吉	2864	2830	2944	2748	2903	2897	3033	3149	3169	3078
	敦化	2745	2711	2825	2629	2784	2778	2914	3030	3050	2959
黑龙江省	哈尔滨	2712	2678	2792	2596	2751	2745	2881	2997	3017	2926
	齐齐哈尔	3028	2994	3108	2912	3067	3061	3197	3313	3333	3242
	黑河	3288	3254	3368	3172	3327	3321	3457	3573	3593	3502
	大庆	2860	2826	2940	2744	2899	2893	3029	3145	3165	3074
	伊春	3055	3021	3135	2939	3094	3088	3224	3340	3360	3269
	鹤岗	3133	3099	3213	3017	3172	3166	3302	3418	3438	3347
	佳木斯	3062	3028	3142	2946	3101	3095	3231	3347	3367	3276
	双鸭山	3126	3092	3206	3010	3165	3159	3295	3411	3431	3340
	七台河	3145	3111	3225	3029	3184	3178	3314	3430	3450	3359
	鸡西	3088	3054	3168	2972	3127	3121	3257	3373	3393	3302
	牡丹江	2925	2891	3005	2809	2964	2958	3094	3210	3230	3139
	绥化	2830	2796	2910	2714	2869	2863	2999	3115	3135	3044
江苏省	南京	939	1091	1019	808	977	972	1108	1224	1231	1139
	徐州	1078	1230	1158	947	1116	1111	1247	1363	1370	1278
	连云港	1213	1365	1293	1082	1251	1246	1382	1498	1505	1413
	淮安	1081	1233	1161	950	1119	1114	1250	1366	1373	1281
	盐城	1193	1345	1273	1062	1231	1226	1362	1478	1485	1393
	扬州	1007	1159	1087	876	1045	1040	1176	1292	1299	1207
	南通	1162	1314	1242	1031	1200	1195	1331	1447	1454	1362
	镇江	1009	1161	1089	878	1047	1042	1178	1294	1301	1209
	常州	1054	1207	1135	924	1093	1088	1224	1340	1347	1255
	无锡	1097	1250	1178	967	1140	1131	1267	1383	1390	1298
	苏州	1109	1160	1178	1013	1073	1067	1202	1319	1325	1248
浙江省	杭州	960	1101	1029	926	924	918	1053	1170	1176	1099
	湖州	1024	1165	1093	990	988	982	1117	1234	1240	1163
	嘉兴	1043	1094	1112	1009	1007	1001	1136	1253	1259	1182
	宁波	1099	1240	1168	1096	1063	1057	1192	1309	1315	1238
	绍兴	992	1133	1061	991	956	950	1085	1202	1208	1131
	衢州	733	874	802	756	697	691	826	943	949	872
	金华	816	957	885	839	780	774	909	1026	1032	955
	台州	1017	1158	1086	1040	981	975	1110	1227	1233	1156
	温州	1005	1146	1074	1028	969	963	1098	1215	1221	1144
	丽水	912	1053	981	935	876	870	1002	1122	1128	1051
安徽省	合肥	787	939	867	671	825	820	956	1072	1079	987
	宿州	994	1156	1084	888	1042	1037	1173	1289	1296	1204
	阜阳	984	1136	1064	868	1022	1017	1183	1269	1276	1184
	蚌埠	905	1057	985	789	943	938	1074	1190	1197	1105
	淮南	891	1043	971	775	929	924	1060	1176	1183	1091
	滁州	972	1124	1052	856	1010	1005	1141	1257	1264	1172
	马鞍山	910	1062	990	794	948	943	1079	1195	1202	1110
	芜湖	854	1006	934	738	892	887	1023	1139	1146	1054
	铜陵	776	928	856	660	814	809	945	1061	1068	976
	安庆	678	830	758	562	716	711	847	963	970	878
	黄山	844	985	1013	720	808	802	937	1054	1060	983
	巢湖	843	595	923	727	881	876	1012	1128	1135	1043
福建省	福州	946	1087	1015	1065	910	904	1039	1156	1162	1085
	南平	789	930	858	908	753	747	882	999	1005	928
	三明	765	906	834	884	729	723	858	975	981	904
	莆田	1035	1176	1104	1154	999	993	1128	1245	1251	1174
	泉州	1008	1149	1077	1127	972	966	1101	1218	1124	1147
	厦门	942	1083	1011	1061	906	900	1035	1152	1158	1081
	漳州	892	1033	961	1011	856	850	985	1102	1108	1031
	龙岩	793	934	862	912	757	751	886	1003	1009	932
	宁德	1062	1203	1131	1181	1026	1020	1155	1272	1278	1201
江西省	南昌	441	582	510	560	405	399	534	651	657	580
	九江	561	702	730	437	525	519	654	771	777	700
	景德镇	650	791	719	570	614	608	743	860	866	789
	鹰潭	518	659	587	637	482	476	611	728	734	657
	上饶	618	759	687	737	582	576	711	828	834	757
	新余	288	429	357	407	252	246	381	498	504	427
	萍乡	178	319	247	297	142	136	271	388	394	317
	赣州	531	672	600	650	495	489	624	288	747	670
	宜春	238	379	307	367	202	196	331	448	454	377
山东省	济南	1222	1188	1302	1106	1261	1255	1391	1507	1527	1436
	德州	1306	1272	1386	1190	1345	1339	1475	1591	1611	1520
	淄博	1331	1297	1411	1215	1370	1364	1500	1616	1636	1545
	潍坊	1430	1396	1510	1314	1469	1463	1599	1715	1735	1644
	烟台	1688	1654	1768	1572	1727	1721	1857	1973	1993	1902
	威海	1736	1702	1816	1620	1775	1769	1905	2021	2041	1950
	青岛	1531	1497	1611	1415	1570	1564	1700	1816	1836	1745
	日照	1364	1330	1444	1248	1403	1397	1533	1649	1669	1578
	临沂	1284	1250	1364	1168	1323	1317	1453	1569	1589	1498
	济宁	1090	1056	1170	974	1129	1123	1259	1375	1395	1304
	泰安	1151	1117	1231	1035	1190	1184	1320	1436	1456	1365
	滨州	1380	1346	1460	1264	1419	1413	1549	1665	1685	1594
	菏泽	979	945	1059	863	1018	1012	1148	1264	1284	1193
河南省	郑州	873	839	953	757	912	906	1042	1158	1178	1087
	三门峡	1064	869	956	948	1103	1097	1233	1349	1369	1278
	洛阳	948	753	840	832	987	981	1117	1233	1253	1162
	焦作	943	874	961	827	982	976	1112	1228	1248	1157
	新乡	919	885	999	803	958	952	1088	1204	1224	1133
	安阳	1027	993	1107	911	1066	1060	1196	1312	1332	1241
	开封	887	853	967	771	926	920	1056	1172	1192	1101
	商丘	893	859	973	777	932	926	1062	1178	1198	1107
	漯河	729	727	809	613	768	762	898	1014	1034	943
	南阳	746	552	639	630	785	779	915	1031	1051	960
	信阳	555	707	635	439	594	588	724	840	860	769
湖北省	武汉	364	516	444	248	403	397	533	649	669	578
	十堰	789	587	674	673	832	826	962	1078	1098	987
	襄阳	646	441	528	530	689	683	819	935	955	844
	荆门	461	282	369	486	504	498	634	750	770	679
	孝感	416	568	496	300	455	449	585	701	721	630
	鄂州	398	550	478	282	437	431	567	683	703	612
	黄石	416	568	496	300	455	449	585	701	721	630
	咸宁	281	433	361	165	320	314	450	566	586	495
	荆州	394	215	302	427	437	431	567	683	703	592
	宜昌	500	321	408	525	543	537	673	789	809	698
	广州	746	884	812	862	677	683	579	431	715	882
广东省	韶关	503	641	569	619	434	440	336	188	472	[illegible]
	梅州	928	1066	994	1044	889	883	904	755	1039	[illegible]
	汕头	1127	1265	1193	1243	1058	1064	960	812	1096	[illegible]
	惠州	816	954	882	932	747	753	649	501	785	[illegible]
	东莞	759	897	825	875	690	696	592	444	728	[illegible]
	深圳	847	985	913	963	778	784	680	532	816	[illegible]
	珠海	844	982	910	960	775	781	677	529	813	[illegible]
	中山	808	946	874	924	739	745	641	493	777	[illegible]
	肇庆	787	925	853	903	718	724	620	472	756	[illegible]
	茂名	1060	1198	1126	1176	991	997	893	745	1029	[illegible]
	湛江	1140	1278	1206	1256	1071	1077	973	825	1109	[illegible]
广西壮族自治区	南宁	936	1074	1002	1052	867	873	737	885	627	[illegible]
	桂林	537	675	603	653	468	474	338	486	228	[illegible]
	柳州	699	837	765	815	630	636	500	648	390	[illegible]
	梧州	930	1068	996	1046	861	867	731	500	621	[illegible]
	玉林	1009	1147	1075	1125	940	946	810	672	700	[illegible]
	百色	1154	1292	1220	1270	1085	1091	955	1103	845	[illegible]
四川省	成都	1336	1157	1244	1361	1379	1373	1459	1625	1448	[illegible]
	绵阳	1426	1247	1334	1451	1469	1463	1549	1715	1538	[illegible]
	泸州	1279	1100	1187	1304	1322	1316	1326	1568	1315	[illegible]
	攀枝花	2045	1866	1953	2070	2088	2082	2168	2334	2157	[illegible]
	西昌	1854	1675	1762	1879	1897	1891	1977	2143	1966	[illegible]
贵州省	贵阳	892	1010	938	1008	853	827	775	1099	764	[illegible]
	遵义	1021	1139	1067	1137	982	956	904	1228	893	[illegible]
	安顺	969	1087	1015	1085	930	904	852	1176	841	[illegible]
	毕节	1087	1205	1133	1203	1048	1022	970	1294	959	[illegible]
	凯里	723	841	769	839	684	658	606	930	595	[illegible]
云南省	昆明	1416	1534	1462	1532	1377	1351	1299	1623	1288	[illegible]
	曲靖	1273	1391	1319	1389	1234	1208	1156	1480	1145	[illegible]
	玉溪	1496	1614	1542	1612	1457	1431	1379	1703	1368	[illegible]
	丽江	1905	1983	1951	2021	1866	1840	1788	2112	1777	[illegible]
	大理	1718	1836	1764	1834	1679	1653	1601	1925	1590	[illegible]
	景洪	1953	2071	1999	2069	1914	1888	1836	2160	1825	[illegible]
西藏自治区	拉萨	3440	3261	3348	3465	3483	3477	3563	3729	3552	[illegible]
	那曲	3384	3205	3292	3409	3427	3421	3057	3673	3046	[illegible]
	昌都	2658	2479	2566	2683	2701	2695	2865	2947	2854	[illegible]
	日喀则	3695	3516	3603	3720	3738	3732	3949	3984	3938	[illegible]
	萨嘎	4145	3966	4053	4170	4188	4182	4268	4434	4257	[illegible]
	噶尔	4930	4751	4838	4955	4973	4967	5053	5219	5042	[illegible]
陕西省	西安	1158	964	1051	1042	1197	1191	1327	1443	1463	[illegible]
	延安	1442	1248	1335	1326	1481	1475	1611	1727	1747	[illegible]
	铜川	1225	1031	1118	1109	1264	1258	1394	1510	1530	[illegible]
	渭南	1188	994	1081	1072	1227	1221	1357	1473	1493	[illegible]
	咸阳	1194	1000	1087	1078	1233	1227	1363	1479	1499	[illegible]
	宝鸡	1346	1152	1239	1230	1385	1379	1515	1631	1651	[illegible]
	汉中	1423	1229	1316	1307	1462	1456	1592	1708	1728	[illegible]
	榆林	1743	1549	1636	1627	1782	1776	1912	2028	2048	[illegible]
	安康	1347	1153	1240	1231	1386	1380	1516	1632	1652	[illegible]
甘肃省	兰州	1805	1611	1698	1689	1844	1838	1974	2090	2110	[illegible]
	嘉峪关	2516	2322	2409	2400	2555	2549	2685	2801	2821	[illegible]
	天水	1524	1330	1417	1408	1563	1557	1693	1809	1829	[illegible]
	敦煌	2892	2698	2785	2776	2931	2925	3061	3177	3197	[illegible]
	张掖	2273	2079	2166	2157	2312	2306	2442	2558	2578	[illegible]
	武威	2059	1885	1972	1943	2098	2092	2228	2344	2364	[illegible]
青海省	西宁	2044	1870	1957	1928	2083	2077	2213	2329	2349	[illegible]
	同仁	2139	1965	2052	2023	2178	2172	2308	2424	2444	[illegible]
	德令哈	2550	2356	2443	2434	2589	2583	2719	2835	2855	[illegible]
	格尔木	2799	2605	2692	2683	2838	2832	2968	3084	3104	[illegible]
宁夏回族自治区	银川	1882	1688	1775	1766	1921	1915	2051	2167	2187	[illegible]
	惠农区	1972	1778	1865	1856	2011	2005	2141	2257	2277	[illegible]
	吴忠	1814	1620	1707	1698	1853	1847	1983	2099	2119	[illegible]
	固原	1547	1353	1440	1431	1586	1580	1716	1832	1852	[illegible]
新疆维吾尔自治区	乌鲁木齐	3710	3516	3603	3594	3749	3743	3879	3995	4015	[illegible]
	克拉玛依	4074	3880	3967	3958	4113	4107	4243	4359	4379	[illegible]
	喀什	4906	4712	4799	4790	4945	4939	5075	5191	5211	[illegible]
	阿克苏	4442	4248	4335	4326	4481	4475	4611	4727	4747	[illegible]
	吐鲁番	3509	3315	3402	3393	3548	3542	3678	3794	3814	[illegible]
	哈密	3118	2924	3011	2808	3157	3151	3287	3403	3423	[illegible]
	阿勒泰	4365	4171	4258	4249	4404	4398	4534	4650	4670	[illegible]

湖南省主要城镇间里程表

	长沙	岳阳	浏阳	株洲	湘潭	衡山	衡阳	桂东	郴州	永州	邵阳	娄底	新宁	洞口	通道	怀化	新晃	溆浦	吉首	龙山	张家界	常德
岳阳	157																					
浏阳	86	288																				
株洲	43	196	70																			
湘潭	44	201	103	33																		
衡山	118	275	165	95	65																	
衡阳	177	334	225	155	133	59																
桂东	356	509	330	313	346	260	305															
郴州	327	484	377	307	283	212	150	153														
永州	330	483	407	313	321	218	158	401	248													
邵阳	222	375	274	208	175	201	141	446	293	145												
娄底	150	305	225	155	121	200	164	469	316	232	120											
新宁	360	513	412	343	309	339	279	553	400	148	138	258										
洞口	332	485	384	318	285	311	251	556	403	213	109	230	94									
通道	518	671	570	501	467	497	437	742	589	368	296	416	216	186								
怀化	478	578	515	449	416	457	387	692	539	382	241	291	230	136	223							
新晃	585	728	622	552	519	564	494	799	646	489	343	398	337	234	334	103						
溆浦	352	505	411	395	383	432	372	677	524	334	231	276	215	121	307	110	217					
吉首	530	517	616	537	525	604	531	836	683	493	390	435	374	280	365	142	251	191				
龙山	578	601	637	621	609	690	750	934	902	756	653	623	637	543	616	393	514	454	251			
张家界	375	398	434	418	406	487	547	731	699	596	484	420	554	460	551	324	431	371	180	203		
常德	224	205	310	225	213	294	354	538	506	403	298	227	429	401	546	325	432	239	306	396	193	
益阳	130	247	216	137	125	206	266	450	418	351	239	146	377	349	535	368	475	258	400	484	281	94

图例解释

街　区	次要街道 县道	高速公路	交警部门 地铁站
医院 邮政局	公园 绿地	城市高架路	建筑中高速公路
出入口 国道编号	宾馆 风景点	过境线 国道	地铁 轻轨
快速路	加油站 汽修厂	古塔 电视台	主要街道 省道
铁路及车站	省、市、区政府	停车场 汽车站	桥梁 运动场

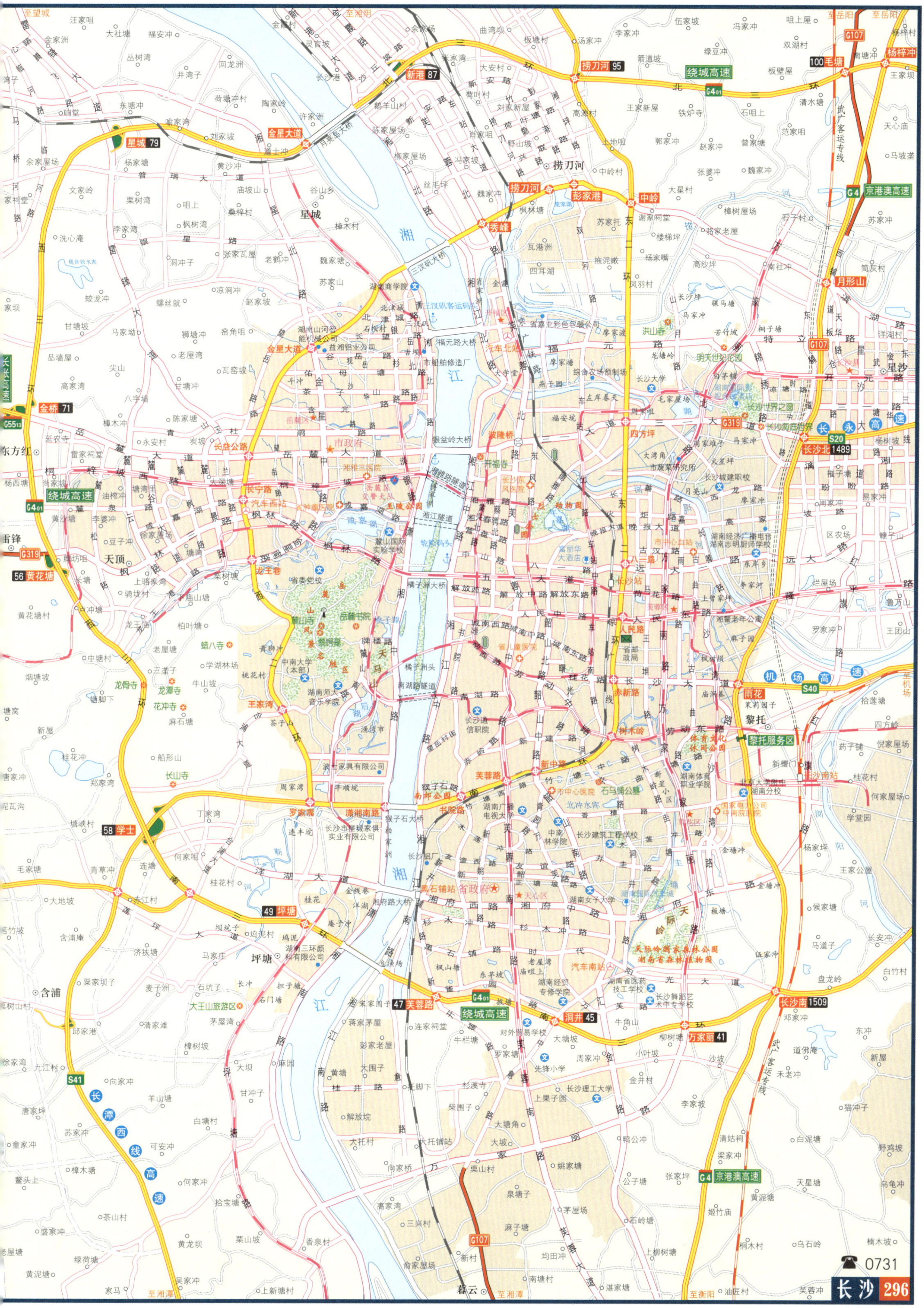

湖南省

图例解释

收费站 出入口 国家高速编号 G45 服务区 在建 高速公路

G312 国道编号 国道

S217 省道编号 25 里程数(km) 居民点 在建 省道

桥梁 隧口 县道

快速路

隧道 在建 铁路

345 南京三桥 南京三桥出入口位于距该高速公路零千米345千米处

25 宁波服务区 宁波服务区位于距该高速公路零千米25千米处

47 香河收费站 香河收费站位于距该高速公路零千米47千米处

24 国道里程桩：表示该点距此国道零千米总里程为24千米

公路零千米
▶106国道零千米：北京菜户营
▶107国道零千米：北京广安门
▶319国道零千米：厦门市

比例尺 1：60万
0 6.0 12.0 18.0 km
图上1cm相当于实地6km

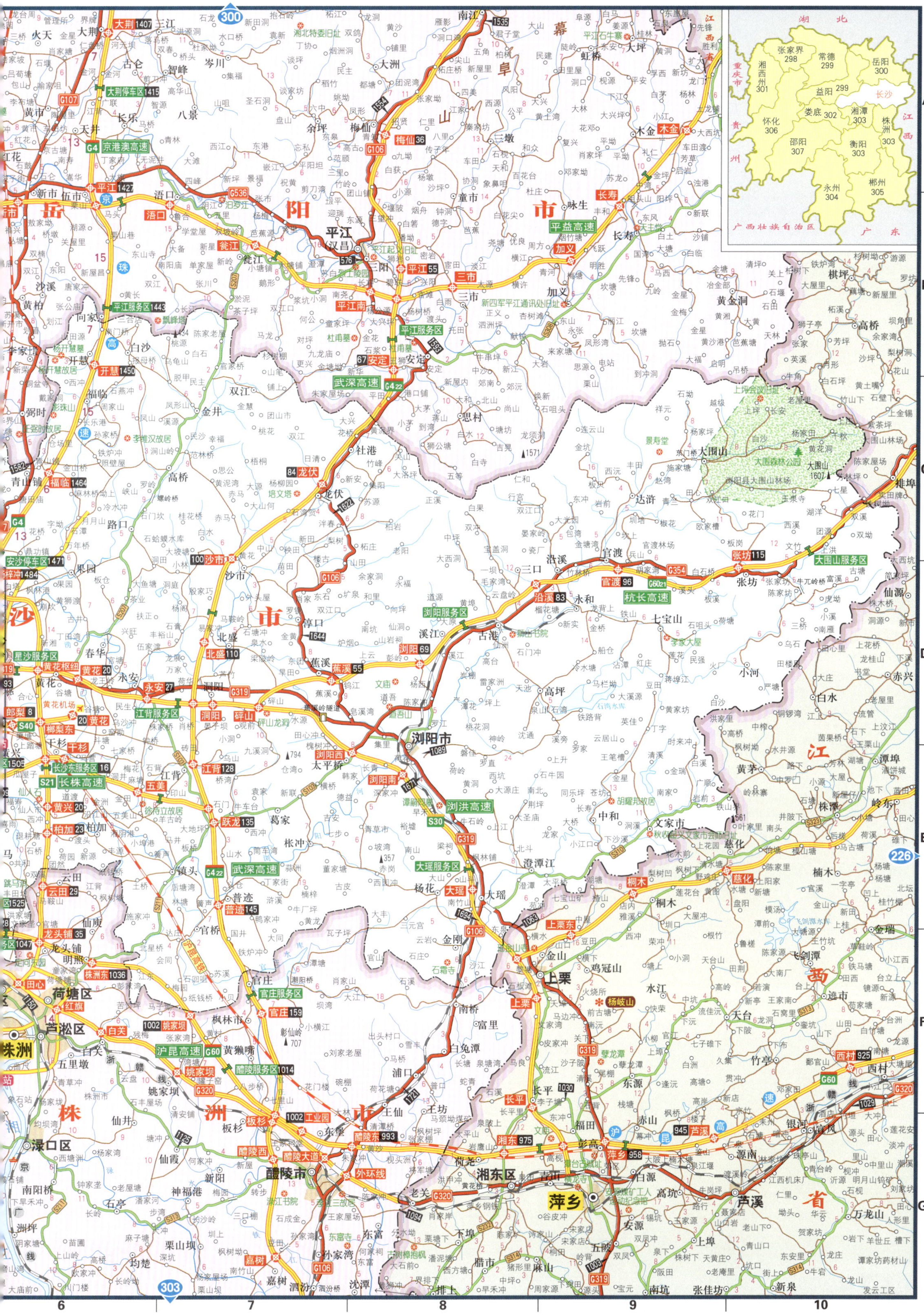

中国十大奇迹工程
中国最美景观公路
天门山盘山公路
全长：10.8千米 距离：长沙335千米
用时：1小时 最佳季节：春 夏 秋
特色：盘山 发卡弯 方式：景区环保车
景色：★★★★★ 难度：★★★★★
天门山盘山公路有通天大道之称，海拔从200米急剧提升到1300米，180度急弯共计99个。被誉为“天下第一公路奇观”。
中国十大奇迹工程
张家界
永定区
武陵源区
慈利
(零阳)
桑植
(澧源)
鹤峰
(容美)
沅陵
安化
(东坪)
湖南省
常德 ☎0736

公路零千米

▶207国道零千米：锡林浩特市

▶319国道零千米：厦门市

比例尺 1：85万

0 8.5 17.0 25.5 km

图上1cm相当于实地8.5km

比例尺 1：70万

0 7.0 14.0 21.0 km

图上1cm相当于实地7km

图例解释

收费站 出入口 国家高速编号 G45 服务区 在建	高速公路
G312 国道编号	国道
S217 省道编号 25 里程数(km) 居民点 在建	省道
桥梁 隧口	县道
	快速路
隧道 在建	铁路

湖南省

公路零千米

▶106国道零千米：北京菜户营
▶107国道零千米：北京广安门
▶209国道零千米：呼和浩特市南茶坊
▶319国道零千米：厦门市

比例尺 1：86万

0 8.6 17.2 25.8 km

图上1cm相当于实地8.6km

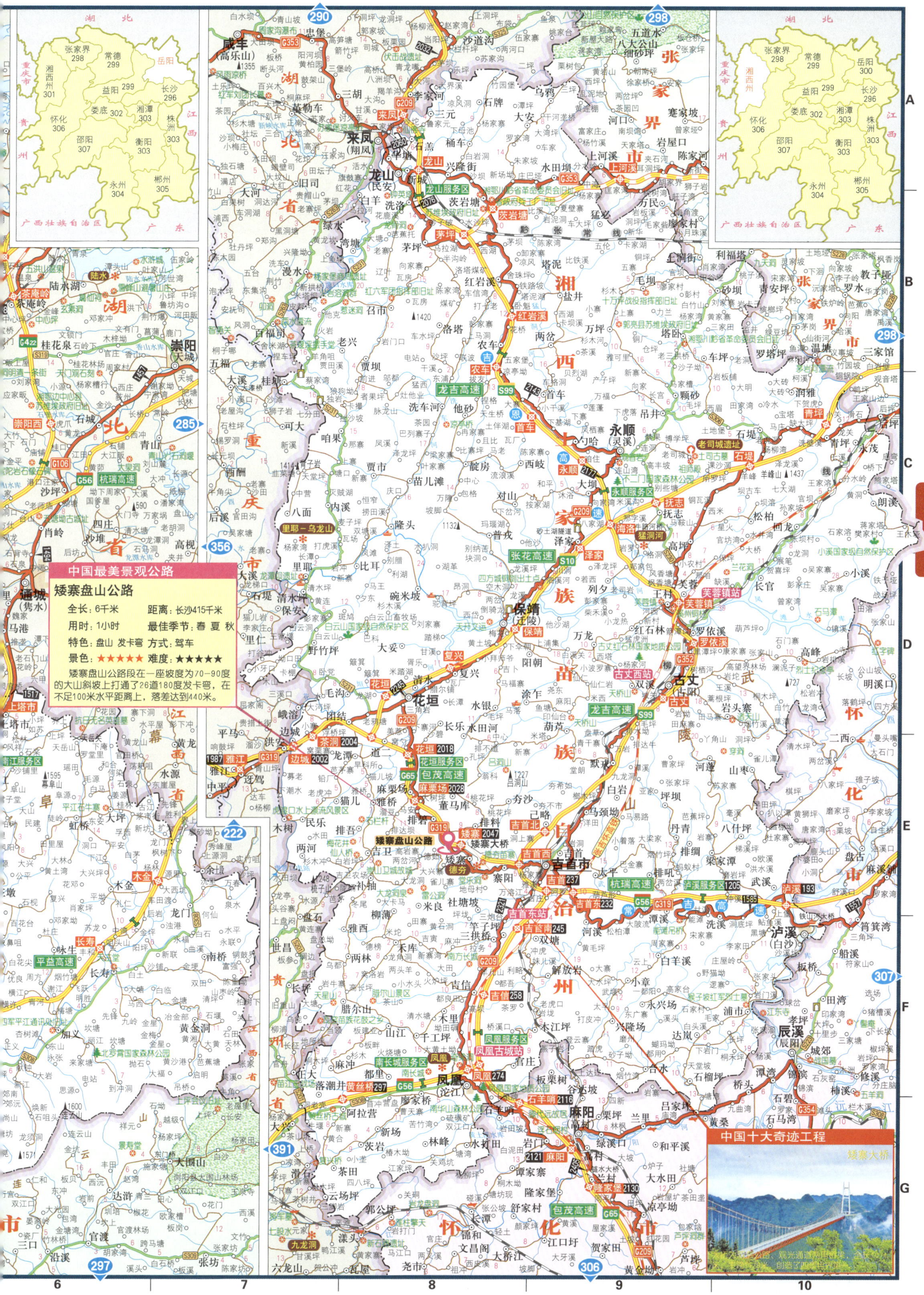

中国最美景观公路

矮寨盘山公路

全长：6千米　距离：长沙415千米

用时：1小时　最佳季节：春 夏 秋

特色：盘山 发卡弯　方式：驾车

景色：★★★★★　难度：★★★★★

矮寨盘山公路段在一座坡度为70−90度的大山斜坡上打通了26道180度发卡弯，在不足100米水平距离上，落差达到440米。

中国十大奇迹工程

图例解释
收费站
出入口
G45
国家高速编号
服务区
在建
高速公路
G312
国道编号
国道
S217
省道编号
里程数(km)
25 居民点
省道
县道
桥梁
隘口
快速路
隧道
铁路
娄底
冷水江市
涟源市
新化
双峰
邵阳
邵东市
祁东
祁阳市
衡阳过境导向图
石鼓区
蒸湘区
衡阳
雁峰区
珠晖区
0734 衡阳
永州市
常宁市
呼北高速
长芷高速
娄怀高速
二广高速
衡邵高速
衡南高速
泉南高速
京港澳高速
华常高速
阳明山国家森林公园
湖南省

公路零千米

▶106国道零千米：北京菜户营　▶320国道零千米：上海市区

▶107国道零千米：北京广安门　▶322国道零千米：衡阳市

▶207国道零千米：锡林浩特市

比例尺　1：88万

0　8.8　17.6　26.4 km

图上1cm相当于实地8.8km

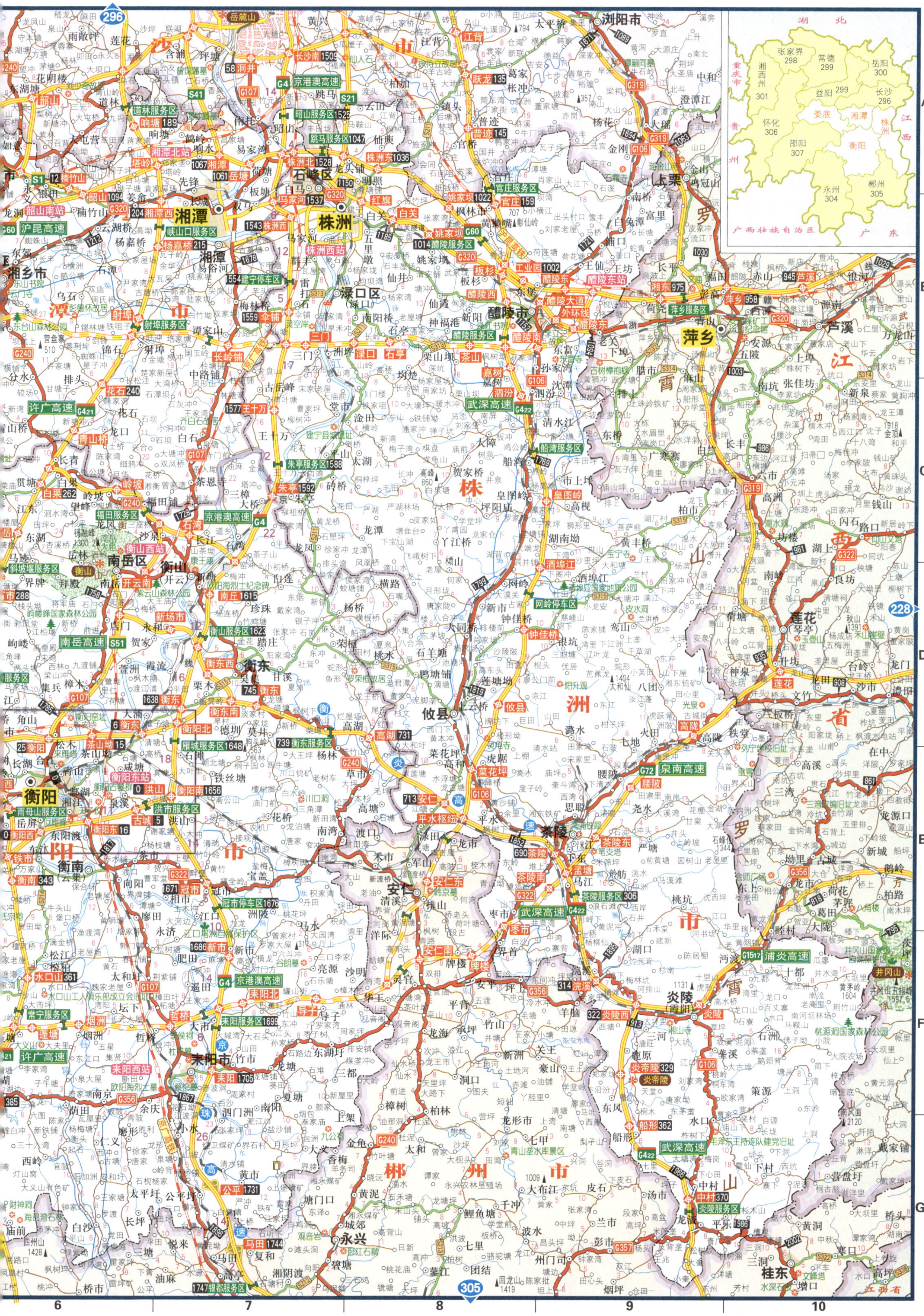

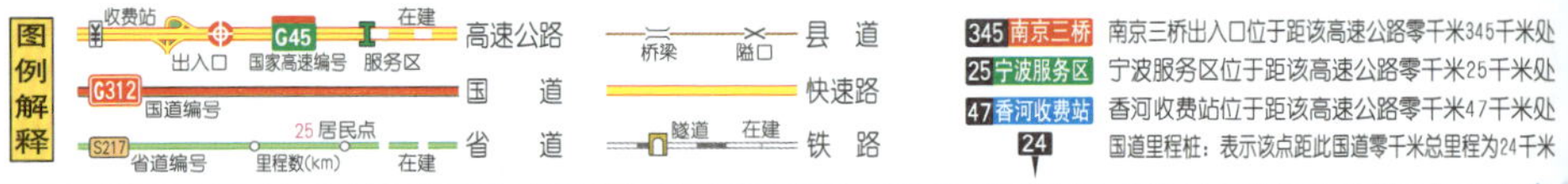
图例解释
收费站
出入口
国家高速编号
服务区
在建
高速公路
国道编号
国道
省道编号
里程数(km)
居民点
在建
省道
桥梁
隘口
县道
快速路
隧道
在建
铁路
345 南京三桥
南京三桥出入口位于距该高速公路零千米345千米处
25 宁波服务区
宁波服务区位于距该高速公路零千米25千米处
47 香河收费站
香河收费站位于距该高速公路零千米47千米处
24
国道里程桩：表示该点距此国道零千米总里程为24千米

永州
零陵区
祁阳市
东安
新宁
全州
双牌
道县
宁远
新田
江永
江华
蓝山
嘉禾
临武
常宁市
祁东
衡阳
桂阳
连州市
连南
富川
恭城
灌阳
兴安
宁远
永州市
邵阳市
广西壮族自治区
湖南省

湖南省

公路零千米

▶106国道零千米：北京菜户营

▶107国道零千米：北京广安门

▶207国道零千米：锡林浩特市

▶322国道零千米：衡阳市

比例尺 1：94万

0 9.4 18.8 28.2 km

图上1cm相当于实地9.4km

图例解释
收费站
出入口
G45
国家高速编号
服务区
在建
高速公路
G312
国道编号
国道
S217
省道编号
25 居民点
里程数(km)
在建
省道
桥梁
隘口
县道
快速路
隧道
在建
铁路
345 南京三桥 南京三桥出入口位于距该高速公路零千米345千米处
25 宁波服务区 宁波服务区位于距该高速公路零千米25千米处
47 香河收费站 香河收费站位于距该高速公路零千米47千米处
24 国道里程桩：表示该点距此国道零千米总里程为24千米
邵阳过境导向图
邵阳
北塔区
大祥区
双清区
沪昆高速
湘西土家族苗族自治州
怀化
鹤城区
怀化市
邵阳市
贵州省
湖南省
广西壮族自治区
凤凰
麻阳
辰溪
芷江
新晃
中方
洪江市
会同
靖州
通道
黔城
天柱
锦屏
黎平
绥宁
城步
包茂高速
沪昆高速
301
391
389
336
A
B
C
D
E
F
G
1
2
3
4
5

比例尺 1：91万
0 9.1 18.2 27.3 km
图上1cm相当于实地9.1km

常用电话

高速公路咨询..........020-96998	梅州市交通局....0753-2281032	肇庆市交通局...0758-2723148	汕头市交通局...0754-8278671
治超办.............020-87692797	中山市交通局....0760-8801974	湛江市交通局...0759-3314943	揭阳市交通局...0663-8236601
省交通厅...........020-83835328	东莞市交通局....0769-2201001	茂名市交通局...0668-2822612	汕尾市交通局...0660-3336666
广州市交通委员会......020-96900	潮州市交通委员会0768-2295060	佛山市交通局..0757-82223787	深圳市交通局..0755-83168199
河源市交通局.......0762-3335569	韶关市交通局....0751-8533747	清远市交通局...0763-3366435	珠海市交通局...0756-2266883

广东省国道里程表(单位:km)

324国道

	饶平	澄海区	汕头	潮阳区	普宁	陆丰	海丰	惠东	惠州	博罗	增城	广州	三水	肇庆	云浮	罗定	广西岑溪
福建诏安	22	61	81	99	147	225	257	358	639	428	486	552	597	662	725	808	888
饶平		39	59	77	125	203	235	336	374	406	464	530	575	640	703	786	866
澄海区			20	38	86	164	196	297	335	367	425	491	536	601	664	747	827
汕头				18	66	144	176	277	315	347	405	471	516	581	644	727	807
潮阳区					48	126	158	259	297	329	387	453	498	563	626	709	789
普宁						78	110	211	249	281	339	405	450	515	578	661	741
陆丰							32	133	171	203	261	327	372	437	500	583	663
海丰								101	139	171	229	295	340	405	468	551	631
惠东									38	70	128	194	239	304	367	450	530
惠州										32	90	156	201	266	329	412	492
博罗											58	124	169	234	297	380	460
增城												66	111	176	236	322	402
广州													45	110	173	256	336
三水														65	128	211	291
肇庆															63	146	226
云浮																83	163
罗定																	80

207国道

	海安	徐闻	雷州	遂溪	化州	高州	信宜	硃砂
徐闻	10							
雷州	97	87						
遂溪	166	156	69					
化州	223	213	126	57				
高州	266	256	169	100	43			
信宜	326	316	229	160	103	60		
硃砂	356	346	259	190	133	90	30	
广西荔枝	411	401	314	245	188	145	85	55

105国道

	中山	顺德区	广州	从化	新丰	连平	江西横岗	龙南
澳门	48	88	142	203	313	368	411	459
中山		40	94	155	265	320	363	411
顺德区			54	115	225	280	323	371
广州				61	171	226	269	317
从化					110	165	208	256
新丰						55	98	146
连平							43	91
江西横岗								48

206国道

	汕头	揭东	丰顺	梅州	平远	江西南桥
揭东	37					
丰顺	73	36				
梅州	186	149	113			
平远	234	197	161	48		
江西南桥	274	237	201	88	40	
江西寻乌	295	258	222	109	61	21

106国道

	花都区	佛冈	青塘	铁桥	韶关	仁化	湖南三江口	汝城
广州	27	110	175	211	290	344	387	421
花都区		83	148	184	263	317	360	394
佛冈			65	101	180	234	277	311
青塘				36	115	169	212	246
铁桥					79	133	176	210
韶关						54	97	131
仁化							43	77
湖南三江口								34

321国道

	广州	三水	肇庆	德庆	封开
三水	45				
肇庆	110	65			
德庆	196	151	86		
封开	255	210	145	59	
广西梧州	278	233	168	82	23

323国道

	江西小梅关	南雄	始兴	古洋电站	韶关	乳源	岭背	卡房	连州	连南	连山	广西鹰阳关
江西大余	11	30	79	121	142	180	288	331	344	357	395	420
江西小梅关		41	68	110	131	169	277	320	333	346	384	409
南雄			38	80	101	139	247	290	303	316	354	379
始兴				42	63	101	209	252	265	278	316	341
古洋电站					21	59	167	210	223	236	274	299
韶关						38	146	189	203	216	253	278
乳源							108	151	164	177	215	240
岭背								43	56	69	107	132
卡房									13	26	64	89
连州										13	51	76
连南											38	63
连山												25

205国道

	福建上杭	广福	蕉岭	梅州	梅县	兴宁	龙川	东源	河源	杨村	惠州
广福	62										
蕉岭	77	15									
梅州	123	61	46								
梅县	131	69	54	8							
兴宁	180	118	103	57	49						
龙川	243	181	160	120	112	63					
东源	332	270	255	209	201	152	89				
河源	350	288	273	227	219	170	107	18			
杨村	396	334	319	273	265	216	153	64	46		
惠州	446	384	369	323	315	266	203	114	96	50	
深圳	521	459	444	398	390	341	278	189	171	125	75

107国道

	南山区	宝安区	东莞	广州	花都区	清远	五一路口	阳山	连州	卡房	湖南黄沙	老坪石	湖南宜章
深圳	30	36	102	163	190	238	296	364	436	449	504	545	566
南山区		6	72	133	160	208	266	334	406	419	474	515	536
宝安区			66	127	154	202	260	328	400	413	468	509	530
东莞				61	88	136	194	262	334	347	402	443	464
广州					27	75	133	210	273	286	341	382	403
花都区						48	106	174	246	259	314	355	376
清远							58	126	198	211	266	307	328
五一路口								68	140	153	208	249	270
阳山									72	85	140	181	202
连州										13	68	109	130
卡房											55	96	117
湖南黄沙												41	62
老坪石													21

325国道

	广州	佛山	鹤山	开平	恩平	阳江	阳西	电白	吴川	湛江	遂溪	青平
佛山	28											
鹤山	72	44										
开平	135	107	63									
恩平	200	172	128	65								
阳江	257	229	185	122	57							
阳西	311	283	239	176	111	54						
电白	397	369	325	262	197	140	86					
吴川	435	407	363	300	235	178	124	38				
湛江	500	472	428	365	300	243	189	103	65			
遂溪	520	492	448	385	320	263	209	123	85	20		
青平	572	544	500	437	372	315	261	175	137	72	52	
广西山口	593	565	521	458	393	336	282	196	158	93	73	21

图例解释

收费站 出入口 G45 国家高速编号 服务区 在建 高速公路
G312 国道编号 国道
217 省道编号 25 里程数(km) 居民点 在建 省道
桥梁 隘口 县道
快速路
隧道 在建 铁路

比例尺 1：221万
0 22.1 44.2 66.3 km
图上1cm相当于实地22.1km

广东旅游景点信息

产：开平碉楼与村落、中国丹霞·丹霞山　**国家级风景名胜区**：肇庆星湖、西樵山、丹霞山、白云山、惠州西湖、罗浮山、湖光岩、梧桐山

级旅游区：长隆旅游度假区、白云山、雁南飞茶田、观澜湖休闲旅游区、华侨城旅游度假区、清远连州地下河、丹霞山、西樵山、罗浮山、大角湾海上丝路旅游区、佛山长鹿旅游休博园、孙中山故里、惠州西湖、肇庆星湖、开平碉楼

文化名城：广州、潮州、肇庆、佛山、梅州、雷州、中山、惠州

文化名镇：石龙镇、沙湾镇、秋长镇、赤坎镇、碣石镇、洪阳镇、吴阳镇、唐家湾镇、黄圃镇、百侯镇、斗门镇、、西樵镇、松口镇、茶阳镇、三河镇

旅游景点：广州塔、上下九步行街、北京路步行街、石室圣心大教堂、陈家祠、长隆野生动物世界、黄埔军校旧址纪念馆、西汉南越王博物馆、广州沙面岛、深圳莲花山、大梅沙海滨公园、锦绣中华民俗村、梧桐山、中英街、珠海情侣路、外伶仃岛、横琴长隆国际海洋度假区、珠海圆明新园、佛山祖庙、清晖园、岭南天地、惠州双月湾、巽寮湾、大亚湾、东莞松山湖、下坝坊、汕头南澳岛、南岗千年瑶寨

图例解释

街区	次要街道 县道	高速公路	交警部门 地铁站
公园 绿地	城市高架路	建筑中高速公路	出入口 国道编号
过境线 国道	地铁 轻轨	快速路	加油站 汽修厂
主要街道 省道	铁路及车站	省、市、区政府	停车场 汽车站
医院 邮政局	宾馆 风景点	古塔 电视台	桥梁 运动场

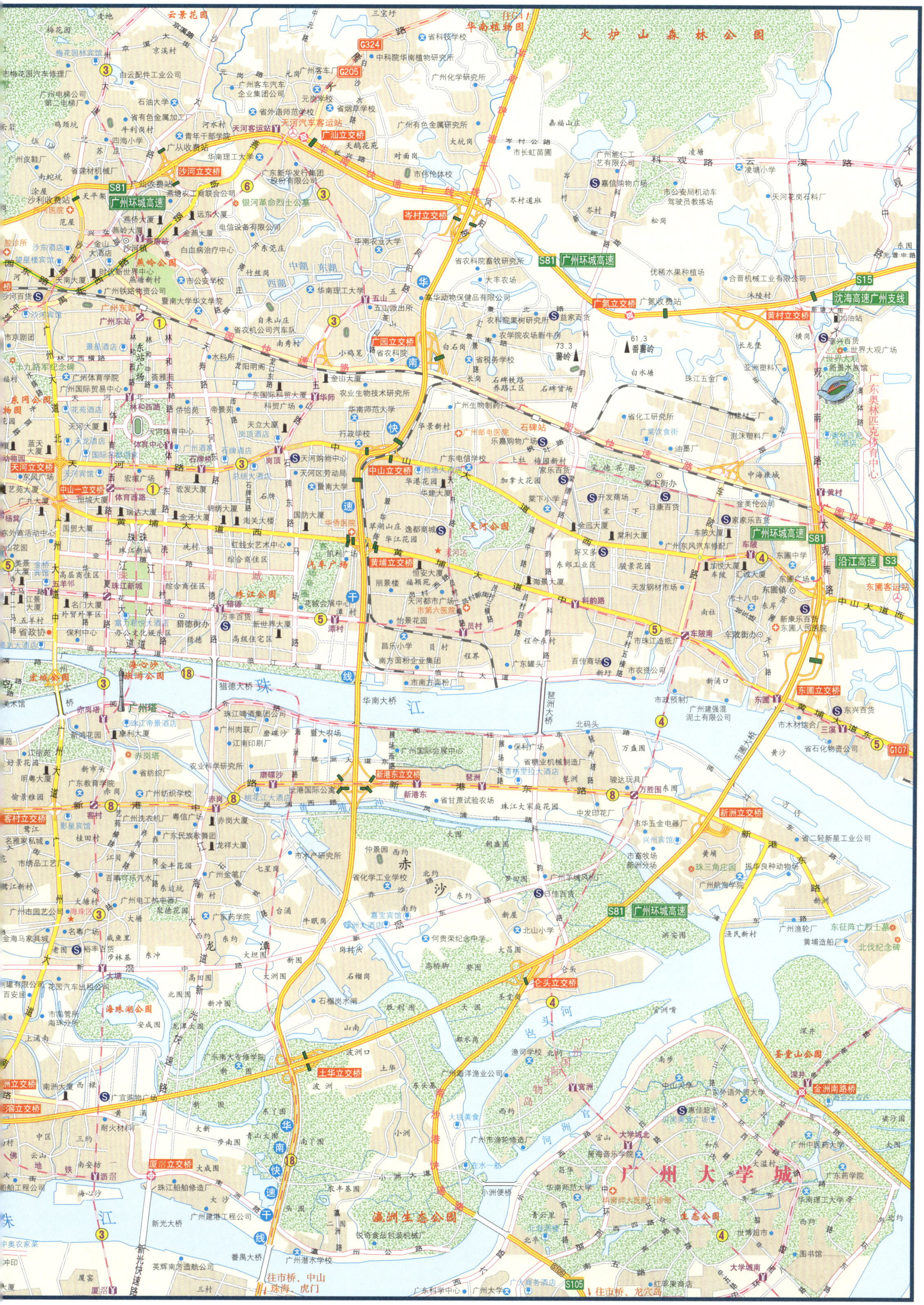
火炉山森林公园
华南植物园
广州环城高速
沈海高速广州支线
沿江高速
广东奥林匹克体育中心
天河公园
珠江
广州塔
海珠湖公园
瀛洲生态公园
广州大学城
大学城南
往市桥、中山
珠海、虎门
往市桥、龙穴岛

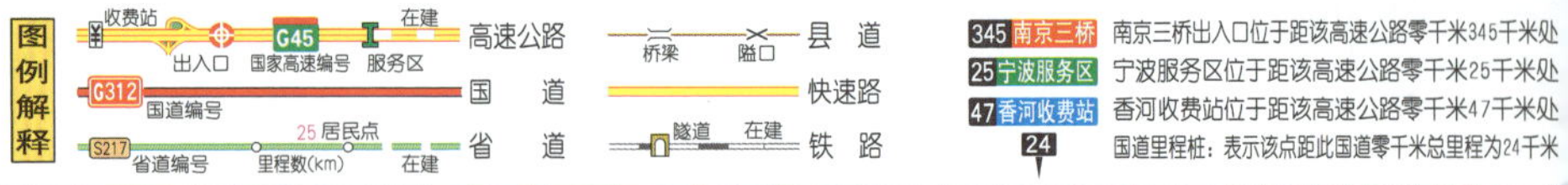
图例解释
收费站
出入口
国家高速编号
服务区
在建
高速公路
国道
国道编号
省道
省道编号
里程数(km)
居民点
县道
桥梁
隧道
快速路
铁路
345 南京三桥 南京三桥出入口位于距该高速公路零千米345千米处
25 宁波服务区 宁波服务区位于距该高速公路零千米25千米处
47 香河收费站 香河收费站位于距该高速公路零千米47千米处
24 国道里程桩：表示该点距此国道零千米总里程为24千米

广州过境导向图
佛山过境导向图
广州
白云区
荔湾区
越秀区
天河区
海珠区
黄埔区
南海区
佛山
禅城区
肇庆
端州区
鼎湖区
高要区
四会市
三水区

公路零千米

- ▶105国道零千米：北京永定门
- ▶106国道零千米：北京菜户营
- ▶107国道零千米：北京广安门
- ▶321国道零千米：广州广滘口
- ▶324国道零千米：福州市
- ▶325国道零千米：广州市大沥

比例尺 1：59万

0 5.9 11.8 17.7 km

图上1cm相当于实地5.9km

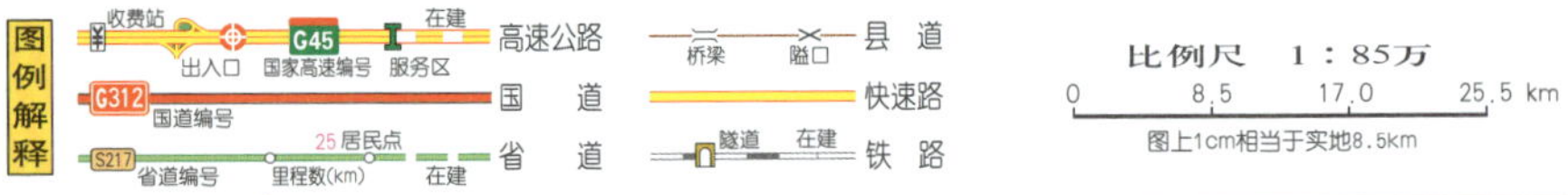
图例解释
收费站
出入口
G45
国家高速编号
服务区
在建
高速公路
G312
国道编号
国道
S217
省道编号
25 居民点
里程数(km)
在建
省道
桥梁
隧口
县道
快速路
隧道
在建
铁路
比例尺 1：85万
0 8.5 17.0 25.5 km
图上1cm相当于实地8.5km

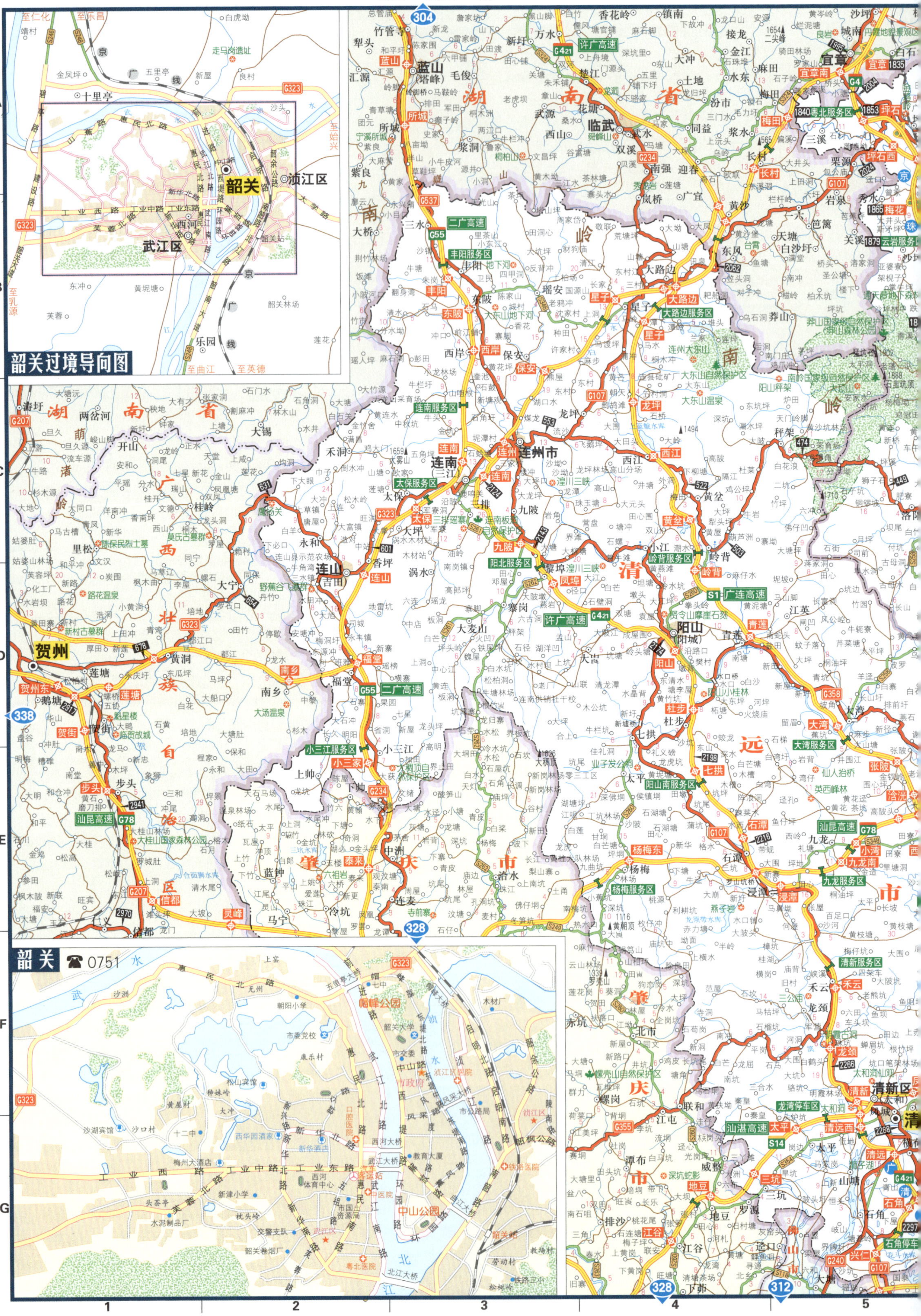
韶关过境导向图
韶关
浈江区
武江区
韶关 ☎0751
湖南省
广东省
连州市
清远市
阳山
连山
连南
英德
清新区
贺州
广西壮族自治区
南岭
G45
G4
G323
G107
二广高速
许广高速
汕昆高速
汕湛高速
A
B
C
D
E
F
G
1
2
3
4
5

公路零千米
▶105国道零千米：北京永定门
▶106国道零千米：北京菜户营
▶107国道零千米：北京广安门
▶323国道零千米：江西瑞金市

图例解释

收费站、出入口、G45 国家高速编号、服务区、在建	高速公路
G312 国道编号	国道
S217 省道编号、25 居民点、里程数(km)、在建	省道
桥梁、隘口	县道
	快速路
隧道、在建	铁路

345 南京三桥 南京三桥出入口位于距该高速公路零千米345千米处

25 宁波服务区 宁波服务区位于距该高速公路零千米25千米处

47 香河收费站 香河收费站位于距该高速公路零千米47千米处

24 国道里程桩：表示该点距此国道零千米总里程为24千米

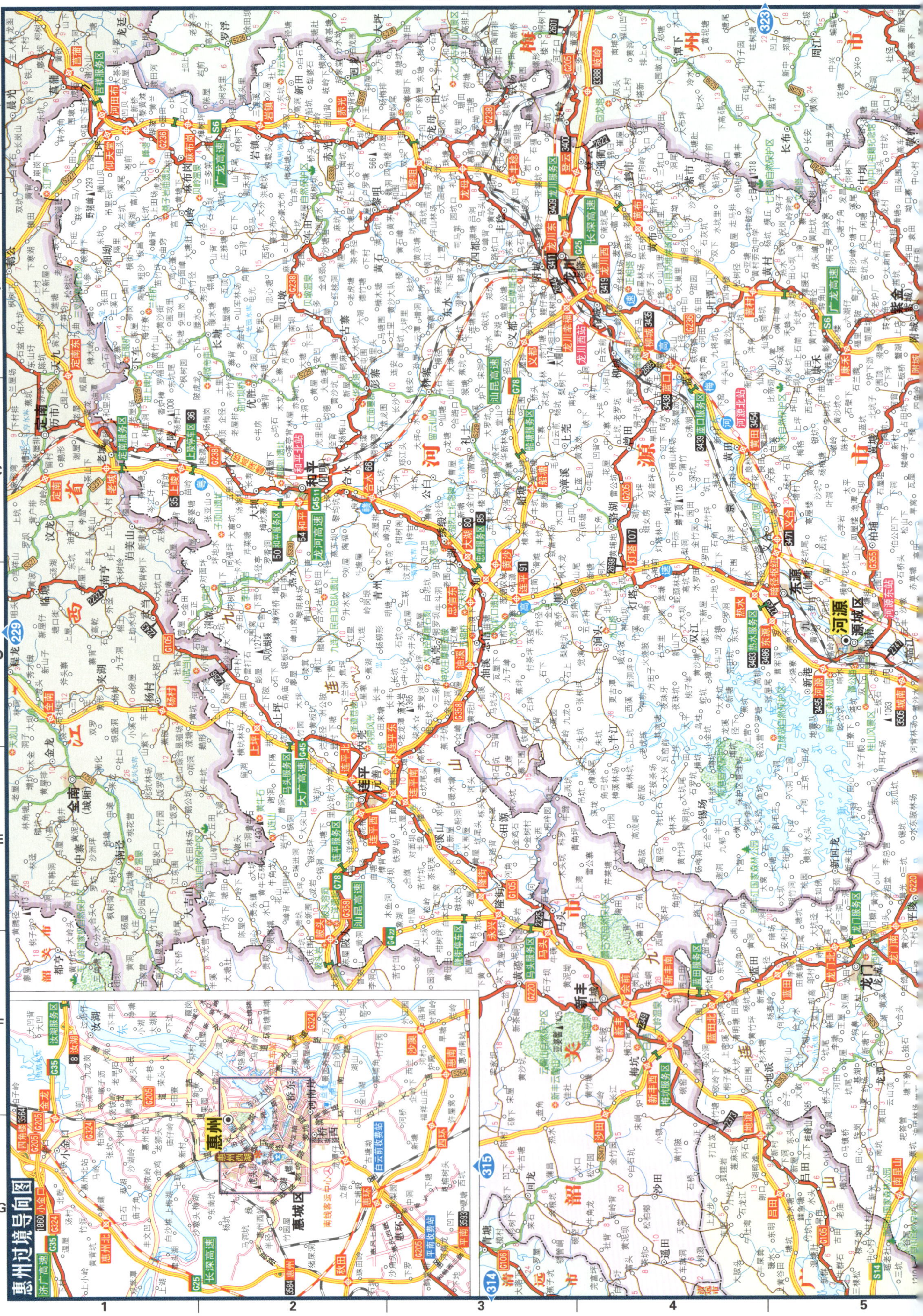

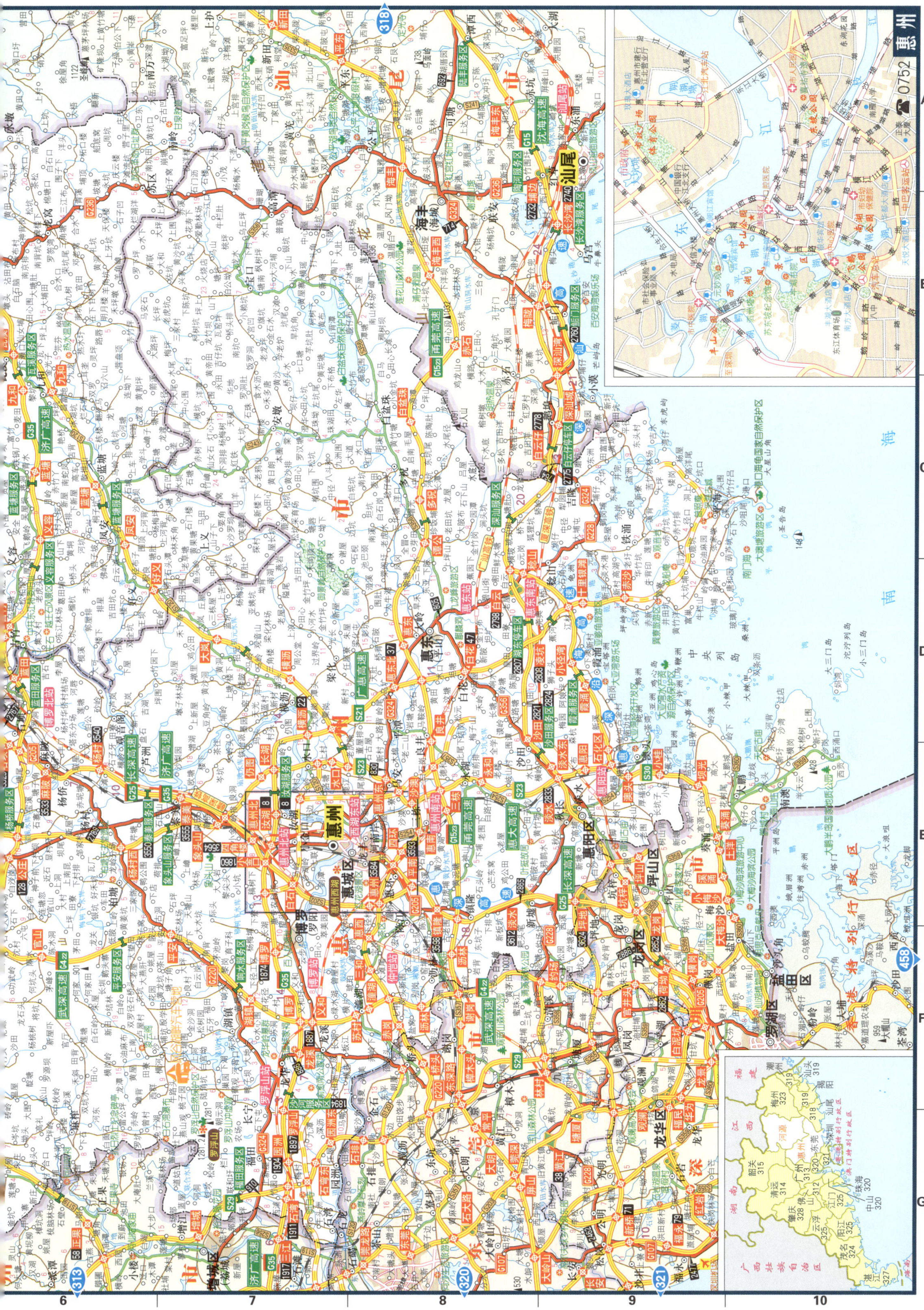
惠州
0752
汕尾
惠州
惠城区
惠阳区
惠东
博罗
龙岗区
龙华区
坪山区
盐田区
罗湖区
海丰
陆丰
A
B
C
D
E
F
G
6
7
8
9
10

潮州市 汕头市 揭阳市 汕尾市

图例解释

收费站 出入口 G45 国家高速编号 服务区 在建 高速公路
G312 国道编号 国 道
S217 省道编号 25 居民点 里程数(km) 在建 省 道
桥梁 隘口 县 道
快速路
隧道 在建 铁 路

345 南京三桥 南京三桥出入口位于距该高速公路零千米345千米处
25 宁波服务区 宁波服务区位于距该高速公路零千米25千米处
47 香河收费站 香河收费站位于距该高速公路零千米47千米处
24 国道里程桩：表示该点距此国道零千米总里程为24千米

比例尺 1：71万
0 7.1 14.2 21.3 km
图上1cm相当于实地7.1km

图例解释

收费站、出入口、G45 国家高速编号、服务区、在建	高速公路
G312 国道编号	国道
S217 省道编号、25 居民点、里程数(km)、在建	省道
桥梁、隧口	县道
	快速路
隧道、在建	铁路

345 南京三桥　南京三桥出入口位于距该高速公路零千米345千米处

25 宁波服务区　宁波服务区位于距该高速公路零千米25千米处

47 香河收费站　香河收费站位于距该高速公路零千米47千米处

24　国道里程桩：表示该点距此国道零千米总里程为24千米

广东省

比例尺 1：58万

0 5.8 11.6 17.4 km

图上1cm相当于实地5.8km

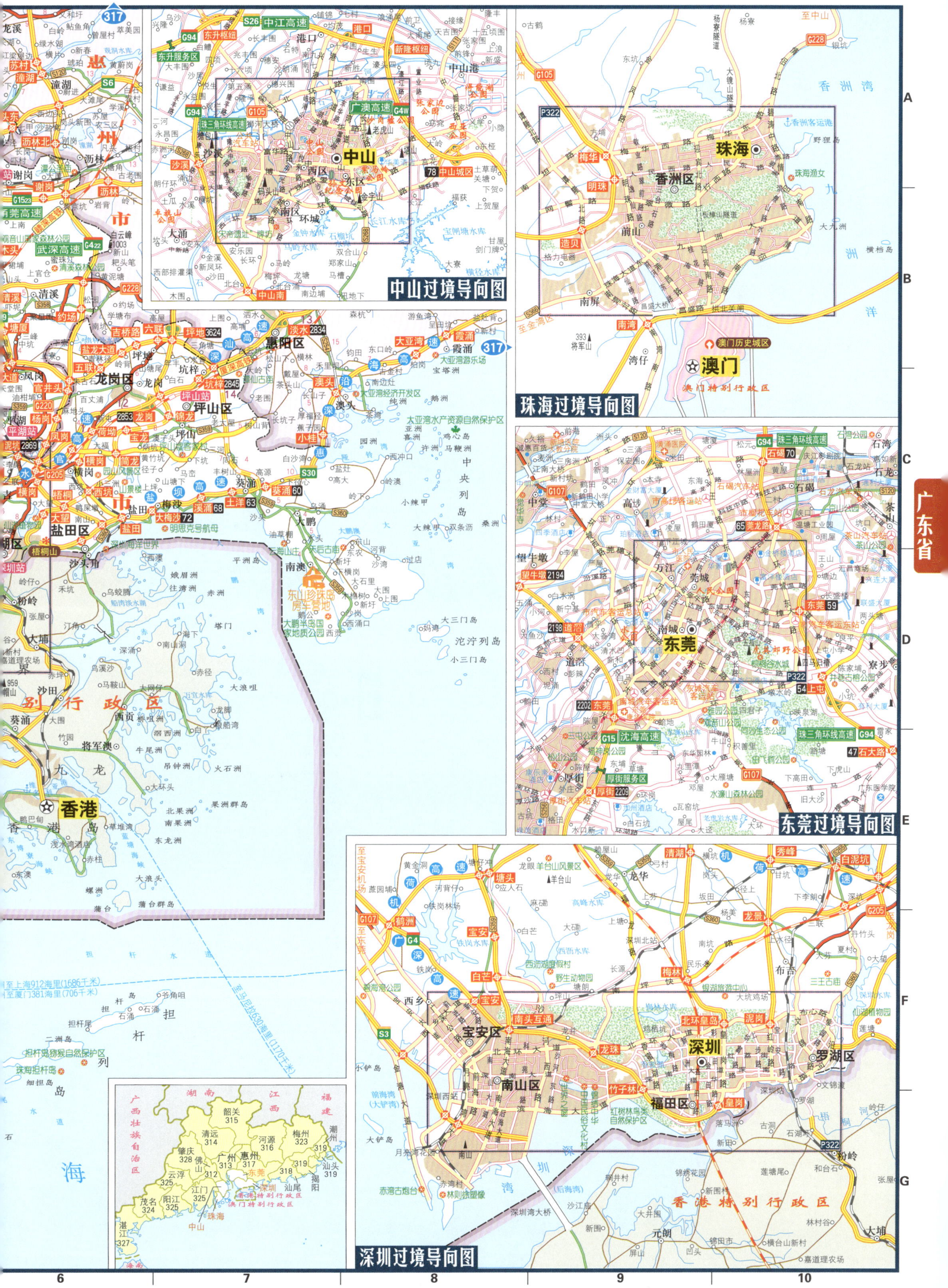

图例解释

街区	次要街道 县道	高速公路	交警部门 地铁站	医院 邮政局
公园 绿地	城市高架路	建筑中高速公路	出入口 国道编号	宾馆 风景点
过境线 国道	地铁 轻轨	快速路	加油站 汽修厂	古塔 电视台
主要街道 省道	铁路及车站	省、市、区政府	停车场 汽车站	桥梁 运动场

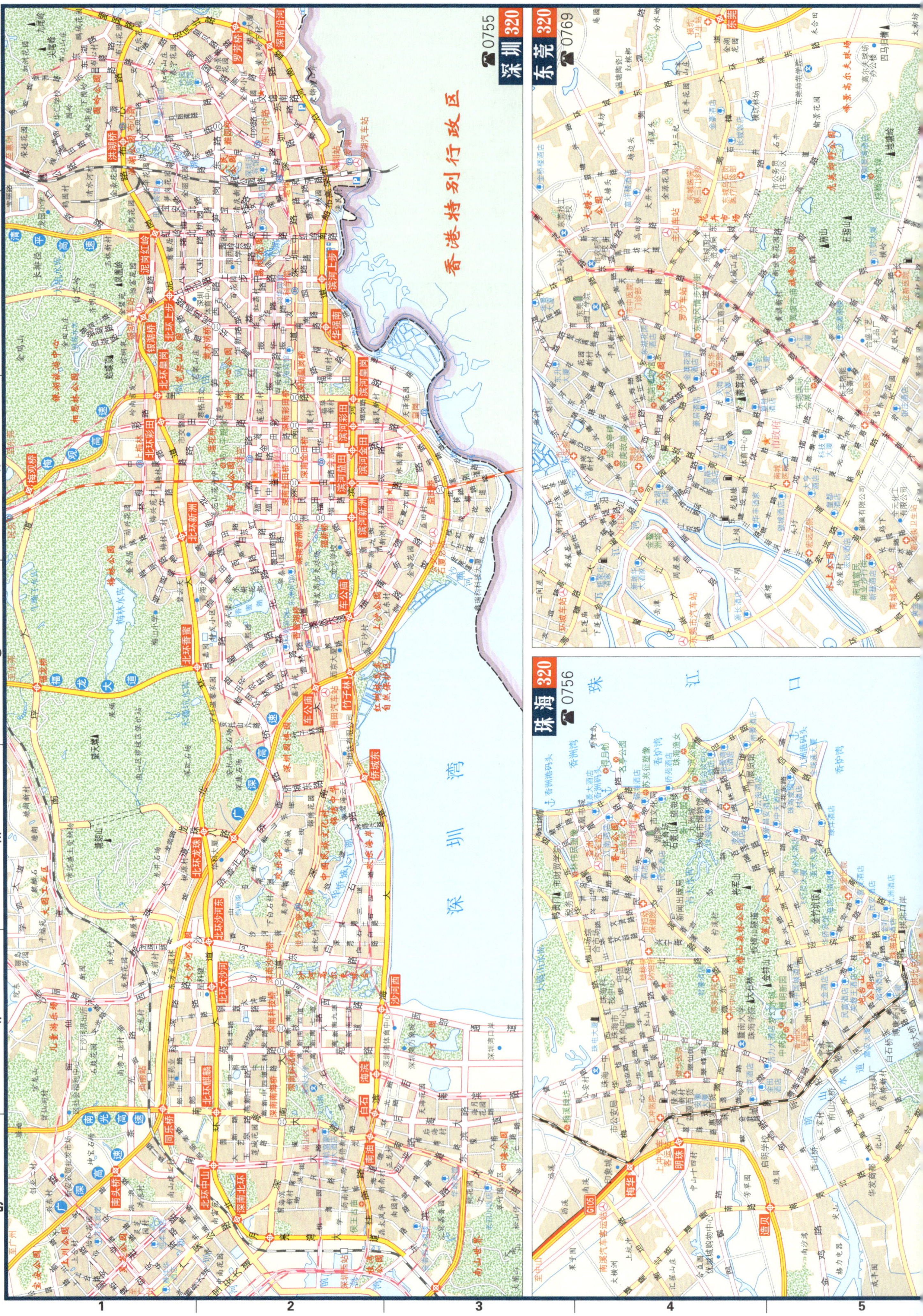

比例尺 1：90万

0 9.0 18.0 27.0 km

图上1cm相当于实地9.0km

图例解释

符号	说明
收费站、出入口、G45 国家高速编号、服务区、在建	高速公路
G312 国道编号	国道
S217 省道编号、25 里程数(km)、居民点、在建	省道
桥梁、隘口	县道
	快速路
隧道、在建	铁路

公路零千米

▶207国道零千米：锡林浩特市

▶324国道零千米：福州市

▶325国道零千米：广州市大沥

比例尺 1：80万

0 8.0 16.0 24.0 km

图上1cm相当于实地8km

图例解释

街区	次要街道 县道	高速公路
公园 绿地	城市高架路	建筑中高速公路
过境线 国道	地铁 轻轨	快速路
主要街道 省道	铁路及车站	省、市、区政府
交警部门 地铁站	医院 邮政局	
出入口 国道编号	宾馆 风景点	
加油站 汽修厂	古塔 电视台	
停车场 汽车站	桥梁 运动场	

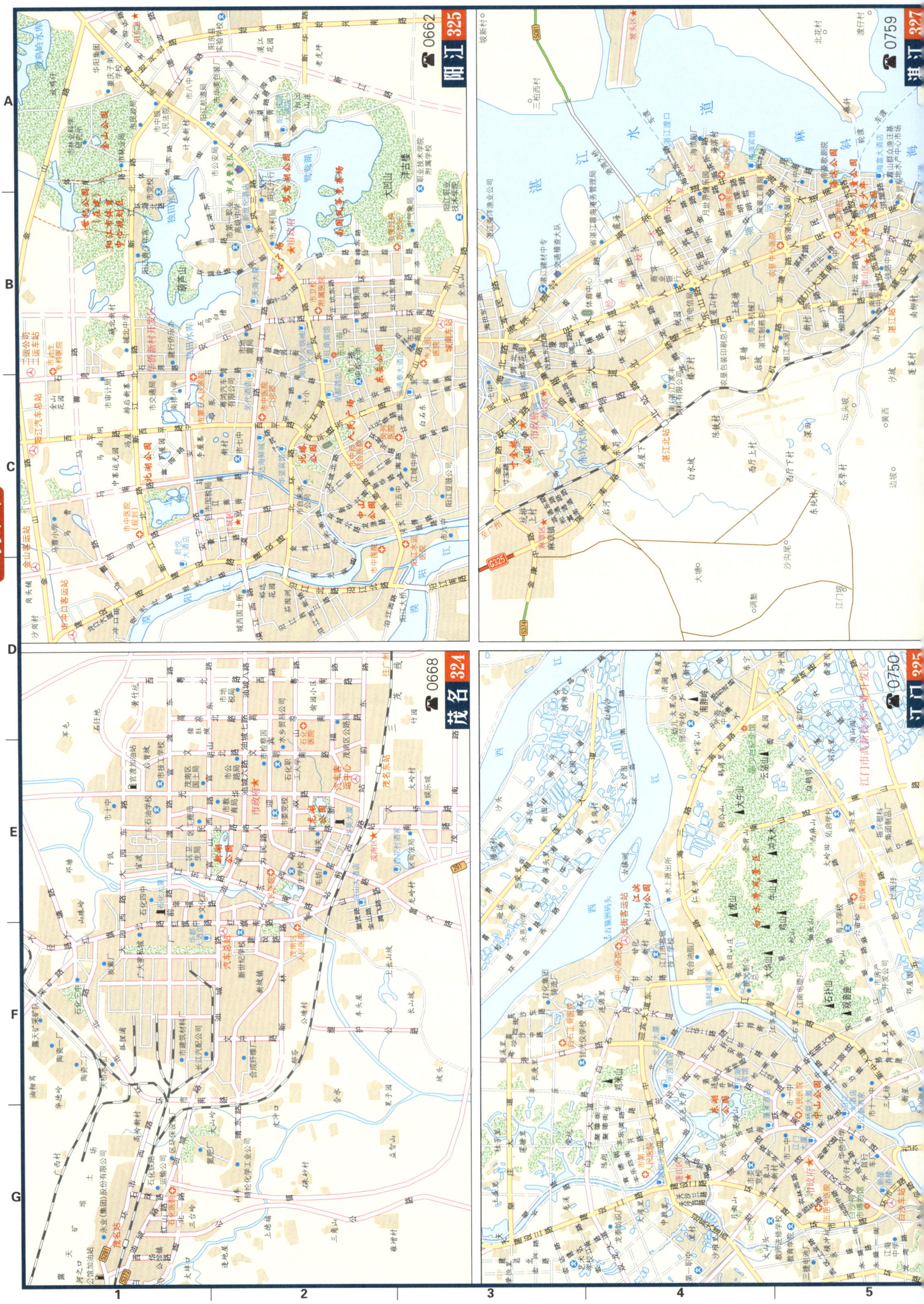

比例尺 1：78万
0 7.8 15.6 23.4 km
图上1cm相当于实地7.8km

比例尺 1：85万

0 8.5 17.0 25.5 km

图上1cm相当于实地8.5km

公路零千米

▶ 321国道零千米：广州市窖口

▶ 324国道零千米：福州市

- 本表中城际间里程是以高速公路、国道为主要行车路线计算，不作营运计价依据。
- 单位：km

广东省主要城市至全国各主要城市里程表

省份	城市	广州	韶关	梅州	汕头	惠州	东莞	深圳	珠海	中山	肇庆	茂名	湛江
直辖市	北京	2248	1985	2255	2397	2190	2243	2320	2321	2290	2287	2542	2626
	上海	1590	1516	1519	1375	1449	1514	1540	1686	1655	1662	1949	2033
	天津	2234	1971	2242	2383	2176	2229	2306	2307	2276	2273	2528	2612
	重庆	1652	1544	2027	2084	1777	1701	1778	1789	1743	1547	1414	1330
河北省	石家庄	1950	1707	2132	2331	2024	1965	2042	2043	2012	2009	2264	2344
	张家口	2472	2229	2448	2624	2378	2487	2469	2565	2534	2531	2786	2866
	承德	2486	2243	2462	2638	2392	2501	2483	2579	2548	2545	2800	2880
	秦皇岛	2458	2215	2413	2589	2343	2473	2434	2551	2520	2517	2772	2852
	唐山	2310	2067	2282	2458	2212	2325	2303	2403	2372	2369	2624	2704
	保定	2069	1826	2251	2450	2143	2084	2161	2162	2131	2128	2383	2463
	沧州	2103	1860	2048	2224	1978	2118	2069	2196	2165	2162	2417	2497
	衡水	2061	1818	2456	2632	2386	2076	2477	2154	2123	2120	2375	2455
	邢台	1818	1575	2000	2199	1892	1833	1910	1911	1880	1877	2132	2212
	邯郸	1764	1521	1946	2145	1838	1779	1856	1857	1826	1823	2078	2158
山西省	太原	2035	1792	2217	2416	2109	2050	2127	2128	2097	2094	2349	2429
	大同	2305	2062	2487	2686	2379	2320	2397	2398	2367	2364	2619	2699
	阳泉	2024	1781	2206	2485	2098	2039	2116	2117	2086	2083	2338	2418
	长治	1825	1582	2007	2206	1899	1840	1917	1918	1887	1884	2139	2219
	晋城	1731	1488	1913	2112	1805	1746	1823	1824	1793	1790	2045	2125
	忻州	2110	1867	2292	2491	2184	2125	2202	2203	2172	2169	2424	2504
	临汾	1939	1696	2121	2320	2013	1954	2031	2032	2001	1998	2253	2333
	运城	1810	1567	1992	2191	1884	1825	1902	1903	1872	1869	2124	2204
	侯马	1882	1639	2064	2263	1956	1897	1974	1975	1944	1941	2196	2276
内蒙古自治区	呼和浩特	2588	2345	2770	2969	2662	2603	2680	2681	2650	2647	2902	2982
	包头	2739	2496	2921	3120	2813	2754	2831	2832	2801	2798	3053	3133
	乌海	2644	2401	2826	3085	2718	2659	2736	2737	2706	2703	2958	3038
	赤峰	2840	2597	2795	2971	2725	2855	2816	2933	2902	2899	3154	3234
	通辽	3015	2772	2970	3146	2900	3030	2991	3108	3077	3074	3329	3409
	呼伦贝尔	4157	3914	4150	4326	4080	4172	4263	4250	4219	4216	4471	4551
	乌兰浩特	3470	3227	3463	3639	3393	3485	3484	3563	3532	3529	3784	3864
	锡林浩特	2900	2657	2893	3069	2823	2915	2914	2993	2962	2959	3214	3294
	乌兰察布	2436	2193	2618	2817	2510	2451	2528	2529	2498	2495	2750	2830
	东胜区	2559	2316	2741	2940	2633	2574	2651	2652	2621	2618	2873	2953
	巴彦淖尔	2963	2720	3145	3344	3037	2978	3055	3056	3025	3022	3277	3357
辽宁省	沈阳	2859	2616	2814	2990	2744	2874	2835	2952	2921	2918	3173	3253
	朝阳	2728	2485	2683	2859	2613	2743	2704	2821	2790	2787	3042	3122
	阜新	2765	2522	2720	2896	2650	2780	2741	2858	2827	2824	3079	3159
	铁岭	2922	2679	2877	3053	2807	2937	2898	3015	2984	2981	3236	3316
	本溪	2895	2652	2850	3026	2780	2910	2871	2988	2957	2954	3209	3289
	鞍山	2841	2598	2796	2972	2726	2856	2817	2934	2903	2900	3155	3235
	丹东	3038	2795	2993	3169	2923	3053	3014	3131	3100	3097	3352	3432
	大连	2996	2753	2951	3127	2881	3011	2972	3089	3058	3055	3310	3390
	营口	2780	2537	2735	2911	2665	2795	2756	2873	2842	2839	3094	3174
	盘锦	2720	2477	2675	2851	2605	2735	2696	2813	2782	2779	3034	3114
	锦州	2637	2394	2592	2768	2522	2652	2613	2730	2699	2696	2951	3031
	葫芦岛	2598	2355	2553	2729	2483	2613	2574	2691	2660	2657	2912	2992
吉林省	长春	3155	2912	3110	3286	3040	3170	3131	3248	3217	3214	3469	3549
	白城	3331	3088	3286	3462	3216	3346	3307	3424	3393	3390	3645	3725
	松原	3303	3060	3258	3434	3188	3318	3279	3396	3365	3362	3617	3697
	吉林	3248	3005	3203	3379	3133	3263	3224	3341	3310	3307	3562	3642
	四平	3038	2795	2993	3169	2923	3053	3014	3131	3100	3097	3352	3432
	辽源	3111	2868	3066	3242	2996	3126	3087	3204	3173	3170	3425	3505
	通化	3101	2858	3056	3232	2986	3116	3077	3194	3163	3160	3415	3495
	梅河口	3100	2857	3055	3231	2985	3115	3076	3193	3162	3159	3414	3494
	延吉	2550	2307	3505	3681	3435	2565	3526	2643	2612	2609	2864	2944
	敦化	3431	3188	3386	3562	3316	3446	3407	3524	3493	3490	3745	3825
黑龙江省	哈尔滨	3398	3155	3353	3529	3283	3413	3374	3491	3460	3457	3712	3792
	齐齐哈尔	3714	3471	3669	3845	3599	3729	3690	3807	3776	3773	4028	4108
	黑河	3974	3731	3929	4105	3859	3989	3950	4067	4036	4033	4288	4368
	大庆	3546	3303	3501	3677	3431	3561	3522	3639	3608	3605	3860	3940
	伊春	3741	3498	3696	3872	3626	3756	3717	3834	3803	3800	4055	4135
	鹤岗	3819	3576	3774	3950	3704	3834	3795	3912	3881	3878	4133	4213
	佳木斯	3748	3505	3703	3879	3633	3763	3724	3841	3810	3807	4062	4142
	双鸭山	3812	3569	3767	3943	3697	3827	3788	3905	3874	3871	4126	4206
	七台河	3831	3588	3786	3962	3716	3846	3807	3924	3893	3890	4145	4225
	鸡西	3774	3531	3729	3905	3659	3789	3750	3867	3836	3833	4088	4168
	牡丹江	3611	3368	3566	3742	3496	3626	3587	3704	3673	3670	3925	4005
	绥化	3516	3273	3471	3647	3401	3531	3492	3609	3578	3575	3830	3910
江苏省	南京	1470	1382	1399	1498	1329	1394	1420	1566	1565	1542	1829	1913
	徐州	1609	1521	1538	1775	1468	1533	1559	1705	1704	1681	1968	2052
	连云港	1744	1656	1673	1773	1603	1668	1694	1840	1839	1816	2103	2187
	淮安	1612	1524	1541	1659	1471	1536	1562	1708	1707	1684	1971	2055
	盐城	1724	1636	1653	1771	1583	1648	1674	1820	1819	1796	2083	2167
	扬州	1538	1450	1467	1500	1397	1462	1488	1634	1633	1610	1897	1981
	南通	1693	1605	1622	1434	1552	1617	1643	1789	1788	1765	2052	2136
	镇江	1540	1452	1469	1475	1399	1464	1490	1636	1635	1612	1899	1983
	常州	1586	1498	1515	1429	1445	1510	1536	1682	1681	1658	1945	2029
	无锡	1629	1541	1558	1386	1488	1553	1579	1725	1724	1701	1988	2072
	苏州	1551	1477	1480	1332	1410	1475	1501	1647	1616	1623	1910	1994
浙江省	杭州	1402	1328	1331	1223	1261	1326	1352	1498	1467	1474	1761	1845
	湖州	1466	1392	1395	1298	1325	1390	1416	1562	1531	1538	1825	1909
	嘉兴	1485	1411	1414	1266	1344	1409	1435	1581	1550	1557	1844	1928
	宁波	1522	1467	1278	1074	1381	1446	1394	1535	1504	1596	1836	1916
	绍兴	1434	1360	1363	1221	1293	1358	1384	1530	1499	1506	1793	1877
	衢州	1175	1101	1104	1093	1034	1099	1125	1271	1240	1247	1534	1618
	金华	1258	1184	1187	1176	1117	1182	1208	1354	1323	1330	1617	1701
	台州	1374	1385	1130	926	1233	1298	1246	1387	1356	1448	1688	1768
	温州	1270	1373	1026	822	1129	1194	1142	1283	1252	1344	1584	1664
	丽水	1386	1280	1142	938	1245	1310	1258	1399	1368	1460	1700	1780
安徽省	合肥	1318	1230	1247	1389	1177	1242	1268	1414	1383	1390	1677	1761
	宿州	1535	1447	1464	1606	1394	1459	1485	1631	1600	1607	1894	1978
	阜阳	1515	1427	1444	1586	1374	1439	1465	1611	1580	1587	1874	1958
	蚌埠	1436	1348	1365	1507	1295	1360	1386	1532	1501	1508	1795	1879
	淮南	1422	1334	1351	1493	1281	1346	1372	1518	1487	1494	1781	1865
	滁州	1503	1415	1432	1574	1362	1427	1453	1599	1568	1575	1862	1946
	马鞍山	1441	1353	1370	1512	1300	1365	1391	1537	1506	1513	1800	1884
	芜湖	1385	1297	1314	1456	1244	1309	1335	1481	1450	1457	1744	1828
	铜陵	1307	1219	1236	1378	1166	1231	1257	1403	1372	1379	1666	1750
	安庆	1209	1121	1138	1280	1068	1133	1159	1305	1274	1281	1568	1652
	黄山	1286	1212	1215	1357	1145	1210	1236	1382	1351	1358	1645	1729
	巢湖	1374	1286	1303	1445	1233	1298	1324	1470	1439	1446	1733	1817
福建省	福州	962	1138	718	514	821	886	834	975	944	1036	1276	1356
	南平	1117	1293	873	669	976	1041	989	1130	1099	1191	1431	1511
	三明	1053	1229	809	605	912	977	925	1066	1035	1127	1367	1447
	莆田	899	1075	655	451	758	823	771	912	881	973	1213	1293
	泉州	829	1005	585	381	688	753	701	842	811	903	1143	1223
	厦门	763	939	519	315	622	687	635	776	745	837	1077	1157
	漳州	731	907	487	283	590	655	603	744	713	805	1045	1125
	龙岩	830	1006	586	382	689	754	702	843	812	904	1144	1224
	宁德	1046	1222	802	598	905	970	918	1059	1028	1120	1360	1440
江西省	南昌	883	809	812	954	742	807	833	979	948	955	1242	1326
	九江	1003	929	932	1074	862	927	953	1099	1068	1075	1362	1446
	景德镇	1092	1018	1021	1163	950	1016	1042	1188	1157	1164	1451	1535
	鹰潭	960	886	889	1031	819	884	910	1056	1025	1032	1319	1403
	上饶	1060	986	989	1131	919	984	1010	1156	1125	1132	1419	1503
	新余	740	666	669	811	599	664	690	836	805	812	1099	1183
	萍乡	789	546	777	919	707	772	798	882	851	848	1103	1183
	赣州	509	242	438	580	368	433	459	605	574	581	868	952
	宜春	849	606	717	859	647	712	738	942	911	908	1163	1243
山东省	济南	1908	1665	1863	2039	1793	1923	1884	2001	1970	1967	2222	2302
	德州	1992	1749	1948	2124	1878	2007	1969	2085	2054	2051	2306	2386
	淄博	2017	1774	1972	2148	1902	2032	1993	2110	2079	2076	2331	2411
	潍坊	2116	1873	2071	2247	2001	2131	2092	2209	2178	2175	2430	2510
	烟台	2374	2131	2107	2283	2037	2114	2128	2467	2436	2433	2688	2768
	威海	2422	2179	2155	2331	2085	2162	2176	2515	2484	2481	2736	2816
	青岛	2217	1974	1950	2126	1880	1957	1971	2310	2279	2276	2531	2611
	日照	2050	1807	1783	1959	1713	1790	1804	2143	2112	2109	2364	2444
	临沂	1970	1727	1769	1945	1699	1985	1790	2063	2032	2029	2284	2364
	济宁	1776	1533	1753	1929	1683	1791	1774	1869	1838	1835	2090	2170
	泰安	1837	1594	1792	1968	1722	1852	1813	1930	1899	1896	2151	2231
	滨州	2066	1823	2021	2197	1951	2081	2042	2159	2128	2125	2380	2460
	菏泽	1665	1422	1732	1908	1662	1680	1753	1758	1727	1724	1979	2054
河南省	郑州	1559	1316	1741	1940	1633	1574	1651	1652	1621	1618	1873	1953
	三门峡	1750	1507	1932	2131	1824	1765	1842	1843	1812	1809	2064	2144
	洛阳	1634	1391	1816	2015	1708	1649	1726	1727	1696	1693	1948	2028
	焦作	1629	1386	1811	2010	1703	1644	1721	1722	1691	1688	1943	2023
	新乡	1605	1362	1787	1986	1679	1620	1697	1698	1667	1664	1919	1999
	安阳	1713	1470	1895	2094	1787	1728	1805	1806	1775	1772	2027	2107
	开封	1573	1330	1755	1954	1647	1588	1665	1666	1635	1632	1887	1967
	商丘	1579	1336	1618	1794	1548	1594	1639	1672	1641	1638	1893	1973
	漯河	1415	1172	1597	1796	1489	1430	1507	1508	1477	1474	1729	1809
	南阳	1432	1189	1614	1813	1506	1447	1524	1525	1494	1491	1746	1826
	信阳	1241	998	1423	1622	1315	1256	1333	1334	1303	1300	1555	1635
湖北省	武汉	1050	807	1232	1431	1120	1063	1151	1148	1112	1091	1364	1444
	十堰	1475	1232	1657	1856	1545	1488	1576	1573	1537	1516	1789	1869
	襄阳	1310	1067	1492	1691	1380	1323	1411	1408	1372	1351	1624	1704
	荆门	1164	921	1346	1545	1234	1177	1265	1262	1226	1205	1478	1558
	孝感	1097	854	1279	1478	1167	1110	1198	1195	1159	1138	1411	1491
	鄂州	1084	841	1266	1465	1154	1097	1185	1182	1146	1125	1398	1478
	黄石	1102	859	1284	1483	1172	1115	1203	1200	1164	1143	1416	1496
	咸宁	967	724	1149	1348	1037	980	1068	1065	1029	1008	1281	1361
	荆州	1084	841	1266	1465	1154	1097	1185	1182	1146	1125	1398	1478
	宜昌	1191	947	1372	1571	1260	1203	1291	1288	1252	1231	1504	1584
湖南省	长沙	746	503	928	1127	816	759	847	844	808	787	1060	1140
	常德	884	641	1066	1265	954	897	985	982	946	925	1198	1278
	益阳	812	569	994	1193	882	825	913	910	874	853	1126	1206
	岳阳	862	619	1044	1243	932	875	963	960	924	903	1176	1256
	株洲	677	434	889	1058	747	690	778	775	739	718	991	1071
	湘潭	683	440	883	1064	753	696	784	781	745	724	997	1077
	衡阳	579	336	904	960	649	592	680	677	641	620	893	973
	郴州	431	188	755	812	501	444	532	529	493	472	745	825
	永州	715	472	1039	1096	785	728	816	813	777	756	1029	1109
	邵阳	882	639	1064	1263	952	895	983	980	944	923	1196	1276
广西壮族自治区	南宁	661	874	1022	1079	772	703	780	772	741	538	429	349
	桂林	667	660	1028	1085	778	709	786	778	747	544	649	694
	柳州	766	806	1127	1184	877	808	885	877	846	643	511	556
	梧州	309	522	670	727	420	351	428	420	389	186	297	392
	玉林	472	685	833	890	583	514	591	583	552	349	202	297
	百色	879	1092	1240	1297	990	921	998	990	859	756	636	556
四川省	成都	1948	1783	2352	2366	2059	1990	2067	2059	2028	1825	1716	1636
	绵阳	2038	1873	2442	2456	2149	2080	2157	2149	2118	1915	1806	1726
	泸州	1815	1726	2219	2233	1926	1857	1934	1926	1895	1692	1583	1503
	攀枝花	1824	2037	2959	2242	1935	1866	1943	1935	1904	1701	1581	1501
	西昌	2015	2228	2870	2433	2126	2057	2134	2126	2095	1892	1772	1692
贵州省	贵阳	1264	1257	1668	1682	1375	1306	1383	1375	1344	1141	1032	952
	遵义	1393	1386	1797	1811	1504	1435	1512	1504	1473	1270	1161	1081
	安顺	1341	1334	1745	1759	1452	1383	1460	1452	1421	1218	1109	1029
	毕节	1459	1452	1863	1877	1570	1501	1578	1570	1539	1336	1227	1147
	凯里	1175	1088	1499	1593	1286	1217	1294	1286	1255	1052	943	863
云南省	昆明	1536	1781	1897	1954	1647	1578	1655	1647	1616	1413	1293	1213
	曲靖	1545	1638	1906	1963	1656	1587	1664	1656	1625	1422	1302	1222
	玉溪	1546	1861	1907	1964	1657	1588	1665	1657	1626	1423	1303	1223
	丽江	2024	2270	2385	2442	2135	2066	2143	2135	2104	1901	1781	1701
	大理	1837	2083	2198	2255	1948	1879	1956	1948	1917	1714	1594	1514
	景洪	1927	2318	2288	2345	2038	1969	2046	2038	2007	1804	1684	1604
西藏自治区	拉萨	3756	3887	4117	4144	3867	3798	3875	3867	3836	3633	3513	3433
	那曲	3698	3831	3950	4115	3808	3739	3816	3803	3777	3574	3454	3374
	昌都	2972	3105	3333	3390	3083	3014	3099	3083	3052	2849	2729	2649
	日喀则	4008	4142	4369	4426	4119	4050	4127	4119	4088	3885	3765	3685
	萨嘎	4456	4592	4817	4874	4567	4498	4575	4567	4536	4333	4213	4133
	噶尔	5243	5377	5604	5661	5354	5285	5362	5354	5323	5120	5000	4920
陕西省	西安	1778	1535	1960	2159	1852	1793	1870	1871	1840	1837	2092	2172
	延安	2062	1819	2244	2443	2136	2077	2154	2155	2124	2121	2376	2456
	铜川	1845	1602	2027	2226	1919	1860	1937	1938	1907	1904	2159	2239
	渭南	1808	1565	1990	2189	1882	1823	1900	1901	1870	1867	2122	2202
	咸阳	1814	1571	1996	2195	1888	1829	1906	1907	1876	1873	2128	2208
	宝鸡	1966	1723	2148	2347	2040	1981	2058	2059	2028	2025	2280	2360
	汉中	2043	1800	2225	2424	2117	2058	2135	2136	2105	2102	2357	2437
	榆林	2363	2120	2545	2744	2437	2378	2455	2456	2425	2422	2677	2757
	安康	1722	1479	1904	2103	1796	1737	1814	1815	1784	1781	2036	2116
甘肃省	兰州	2425	2182	2607	2806	2499	2440	2517	2518	2487	2484	2739	2819
	嘉峪关	3136	2893	3318	3517	3210	3151	3228	3229	3198	3195	3450	3530
	天水	2144	1901	2326	2525	2218	2159	2236	2237	2206	2203	2458	2538
	敦煌	3512	3269	3694	3893	3586	3527	3604	3605	3574	3571	3826	3906
	张掖	2893	2650	3075	3274	2967	2908	2985	2986	2955	2952	3207	3287
	武威	2699	2456	2881	3080	2773	2714	2791	2792	2761	2758	3013	3093
青海省	西宁	2684	2441	2866	3065	2758	2699	2776	2777	2746	2743	2998	3078
	同仁	2779	2536	2961	3160	2853	2794	2871	2872	2841	2838	3093	3173
	德令哈	3170	2927	3352	3551	3244	3185	3262	3263	3232	3229	3484	3564
	格尔木	3419	3176	3601	3800	3493	3434	3511	3512	3481	3478	3733	3813
宁夏回族自治区	银川	2502	2259	2684	2883	2576	2517	2594	2595	2564	2561	2816	2896
	惠农区	2592	2349	2774	2973	2666	2607	2684	2685	2654	2651	2906	2986
	吴忠	2434	2191	2616	2815	2508	2449	2526	2527	2496	2493	2748	2828
	固原	2167	1924	2349	2548	2241	2182	2259	2260	2229	2226	2481	2561
新疆维吾尔自治区	乌鲁木齐	4330	4087	4512	4711	4404	4345	4422	4423	4392	4389	4644	4724
	克拉玛依	4694	4451	4876	5075	4768	4709	4786	4787	4756	4753	5008	5088
	喀什	5526	5283	5708	5907	5600	5541	5618	5619	5588	5585	5840	5920
	阿克苏	5062	4819	5244	5443	5136	5077	5154	5155	5124	5121	5376	5456
	吐鲁番	4129	3886	4311	4510	4203	4144	4221	4222	4191	4188	4443	4523
	哈密	3738	3495	3920	4119	3812	3753	3830	3831	3800	3197	4052	4132
	阿勒泰	4985	4742	5167	5366	5059	5000	5077	5078	5047	5044	5299	5379

广东省主要城镇间里程表

	广州	惠州	汕头	潮州	揭阳	梅州	平远	河源	连平	从化	韶关	连州	肇庆	罗定	徐闻	湛江	阳江	江门	佛山	珠海	中山	深圳
广州																						
惠州	155																					
汕头	462	307																				
潮州	469	322	39																			
揭阳	437	290	62	34																		
梅州	433	312	102	178	147																	
平远	442	323	243	230	197	66																
河源	205	90	305	300	268	222	237															
连平	224	196	379	366	334	260	269	118														
从化	72	140	444	453	430	416	425	184	152													
韶关	256	353	581	568	538	464	473	322	204	242												
连州	278	436	740	743	711	637	646	481	377	297	202											
肇庆	86	265	572	579	547	543	552	315	347	177	380	314										
罗定	256	403	716	725	693	689	698	461	493	323	513	370	146									
徐闻	646	793	1106	1115	1183	1079	1088	851	883	713	935	798	536	428								
湛江	450	639	952	961	929	925	934	697	729	559	798	668	399	298	156							
阳江	233	404	717	726	694	690	699	462	494	324	566	528	214	172	391	217						
江门	98	245	558	567	535	531	540	303	335	165	407	420	107	253	568	412	177					
佛山	28	175	488	497	465	461	470	233	265	95	337	348	103	247	620	464	229	73				
珠海	132	297	610	619	587	583	592	355	387	204	459	470	213	359	674	518	283	106	135			
中山	83	241	554	563	531	527	536	299	331	155	403	414	157	303	618	462	227	50	79	49		
深圳	161	81	364	373	341	393	402	175	275	190	432	481	273	419	809	655	420	258	191	310	254	
东莞	59	86	399	408	376	399	408	171	237	88	330	379	171	317	707	553	318	156	89	208	152	102

广西壮族自治区全图

常用电话

高速公路咨询……0771−96333	桂林市交通局…0773−3555550	梧州市交通局…0774−3858731	崇左市交通局…0771−7836328
治超办……0771−2115070	北海市交通局…0779−2033077	贵港市交通局…0775−4214325	来宾市交通局…0772−4233379
高速公路报警服务……0771−96110	柳州市交通局…0772−2832682	玉林市交通局…0775−2824031	百色市交通局…0776−2998600
自治区交通厅……0771−2822845	贺州市交通局…0774−5123000	钦州市交通局…0777−2825320	
南宁市交通局……0771−5878365	河池市交通局…0778−2282900	防城港市交通局.0770−2823632	

广西壮族自治区国道里程表（单位:km）

209国道

	合浦	张黄	灵山	覃塘	武宣	柳州	大良	融安	三江	湖南通道
北海	24	77	145	238	308	403	474	522	601	676
合浦		53	121	214	284	379	450	198	577	652
张黄			68	161	231	326	397	445	524	599
灵山				93	163	258	329	377	456	531
覃塘					70	165	236	284	363	438
武宣						95	166	214	293	368
柳州							71	119	198	273
大良								48	127	202
融安									79	154
三江										75

323国道

	云南剥隘	阳圩	百色	田阳	巴马	东兰	九圩	河池	宜州	大塘	柳州	鹿寨	荔浦	平乐	钟山	贺州
阳圩	38															
百色	72	34														
田阳	110	72	38													
巴马	193	155	121	83												
东兰	273	235	201	163	80											
九圩	352	314	280	242	159	79										
河池	410	372	338	300	217	137	58									
宜州	484	446	412	374	291	211	132	74								
大塘	547	509	475	437	354	274	195	137	63							
柳州	606	568	534	496	413	333	254	196	122	59						
鹿寨	650	612	578	540	457	377	298	240	166	103	44					
荔浦	745	707	673	635	552	472	393	335	261	198	139	95				
平乐	777	739	705	667	584	504	425	367	293	230	171	127	32			
钟山	863	825	791	753	670	590	511	453	379	316	257	213	118	86		
贺州	902	864	830	792	709	629	550	492	418	355	296	252	157	125	39	
广东连山	999	961	927	889	806	726	647	589	515	452	393	349	254	222	136	97

324国道

	岑溪	容县	玉林	贵港	宾阳	南宁	隆安	平果	田阳	百色	田林	旧州
广东罗定	79	160	217	310	411	551	643	679	769	805	879	943
岑溪		81	138	231	332	472	564	600	690	726	800	864
容县			57	150	251	391	483	519	609	645	719	783
玉林				93	194	334	426	462	552	588	662	426
贵港					101	241	333	369	459	495	569	633
宾阳						90	232	268	358	394	468	532
南宁							92	128	218	254	328	392
隆安								36	126	162	236	300
平果									90	126	200	264
田阳										36	110	174
百色											74	138
田林												64

322国道

	友谊关	凭祥	宁明	柳桥	南宁	宾阳	北泗	大塘	柳州	永福	桂林	兴安	全州	黄沙河
凭祥	17													
宁明	60	43												
柳桥	145	128	85											
南宁	249	232	189	104										
宾阳	389	372	329	244	90									
北泗	462	445	402	317	213	73								
大塘	502	485	442	357	253	113	40							
柳州	561	544	501	416	312	172	99	59						
永福	678	661	618	533	429	289	216	176	117					
桂林	733	716	673	588	484	344	271	231	212	55				
兴安	798	781	738	653	549	409	336	296	237	120	65			
全州	861	844	801	716	612	472	399	359	300	183	128	63		
黄沙河	887	870	827	742	638	498	425	385	326	209	154	89	26	
湖南黄田铺	931	914	871	786	682	542	469	429	370	253	198	133	70	44

广西旅游景点信息

世界遗产：花山岩画、中国南方喀斯特·桂林、中国南方喀斯特·环江

国家级风景名胜区：桂林漓江、桂平西山、花山

国家5A级旅游区：漓江风景区、乐满地度假世界、桂林独秀峰−王城景区、黄
程阳八寨、南宁青秀山、两江四湖·象山景区、德天跨国瀑布、百色起义纪念园、涠洲岛南

其它热门旅游景点：桂林遇龙河、阳朔西街、十里画廊、龙脊梯田、兴坪
北海银滩、北海老街、五彩滩、柳州龙潭公园、柳候

广西壮族自治区

图例解释：收费站 出入口 国家高速编号 服务区 在建 高速公路；国道编号 国道；省道编号 里程数(km) 居民点 在建 省道

比例尺 1：220万

图上1cm相当于实地22km

● 本表中城际间里程是以高速公路、国道为主要行车路线计算，不作营运计价依据。

● 单位：Km

广西壮族自治区主要城市至全国各主要城市里程表

		南宁	桂林	柳州	梧州	玉林	百色	北海	钦州	贵港	凭祥
直辖市	北京	2418	2019	2181	2412	2491	2636	2609	2508	2366	2614
	上海	1949	1550	1712	1943	2022	2162	2140	2039	1897	2145
	天津	2404	2005	2167	2398	2477	2622	2595	2494	2352	2600
	重庆	1026	1133	992	1377	1220	1225	1236	1135	1157	1222
河北省	石家庄	2140	1757	1903	2123	2197	2358	2331	2230	2088	2336
	张家口	2662	2279	2025	2645	2719	2880	2853	2752	2610	2858
	承德	2676	2293	2039	2659	2733	2894	2867	2766	2624	2872
	秦皇岛	2648	2265	2411	2631	2705	2866	2839	2738	2596	2844
	唐山	2500	2117	2263	2483	2557	2718	2691	2590	2448	2696
	保定	2259	1876	2022	2242	2316	2477	2450	2349	2207	2455
	沧州	2293	1910	2056	2276	2350	2511	2484	2383	2241	2489
	衡水	2251	1868	2014	2234	2308	2469	2442	2341	2199	2447
	邢台	2008	1625	1771	1991	2065	2226	2199	2098	1956	2204
	邯郸	1954	1571	1717	1937	2011	2172	2145	2044	1902	2150
山西省	太原	2225	1842	1988	2208	2282	2443	2416	2315	2173	2421
	大同	2495	2112	2258	2478	2552	2713	2686	2585	2443	2691
	阳泉	2214	1831	1977	2197	2271	2432	2405	2304	2162	2410
	长治	2015	1632	1778	1998	2072	2233	2206	2105	1963	2211
	晋城	1921	1538	1684	1904	1978	2139	2112	2011	1869	2117
	忻州	2300	1917	2063	2283	2357	2518	2491	2390	2248	2496
	临汾	2129	1746	1892	2112	2186	2347	2320	2219	2077	2325
	运城	2000	1617	1763	1983	2057	2218	2191	2090	1948	2196
	侯马	2072	1689	1835	2055	2129	2290	2263	2162	2020	2268
内蒙古自治区	呼和浩特	2778	2395	2541	2761	2835	2996	2969	2868	2726	2974
	包头	2929	2546	2692	2912	2986	3147	3120	3019	2877	3125
	乌海	2834	2451	2597	2817	2891	2751	2025	2924	2782	3030
	赤峰	3030	2647	2793	3013	3087	3248	3221	3120	2978	3226
	通辽	3205	2822	2968	3188	3262	3423	2296	3295	3153	3401
	呼伦贝尔	4347	3964	4110	4330	4404	4565	4538	4437	4295	4543
	乌兰浩特	3660	3277	3423	3643	3717	3878	3851	3750	3608	3856
	锡林浩特	3090	2707	2853	3073	3147	3308	3281	3180	3038	3286
	乌兰察布	2626	2243	2389	2609	2683	2844	2817	2716	2574	2822
	东胜区	2749	2366	2512	2732	2806	2967	2940	2839	2697	2945
	巴彦淖尔	3153	2770	2916	3136	3210	3371	3344	3243	3101	3349
辽宁省	沈阳	3049	2666	3286	3032	3106	3267	3240	3139	2997	3245
	朝阳	2918	2535	2681	2901	2975	3136	3109	3008	2866	3114
	阜新	2955	2572	2718	2938	3012	3173	3146	3145	2903	3151
	铁岭	3112	2729	2875	3095	3169	3330	3303	3202	3060	3308
	本溪	3085	2702	2848	3068	3142	3303	3376	3275	3033	3281
	鞍山	3031	2648	2794	3014	3088	3249	3222	3121	2979	3227
	丹东	3228	2845	2991	3211	3285	3446	3419	3318	3176	3424
	大连	3186	2803	2949	3169	3243	3404	3377	3276	3134	3382
	营口	2970	2587	2733	2953	3027	3188	3161	3060	2918	3166
	盘锦	2910	2527	2673	2893	2967	3128	3101	3000	2858	3106
	锦州	2827	2444	2590	2810	2884	3045	3018	2917	2775	3023
	葫芦岛	2788	2405	2551	2771	2845	3006	2979	2878	2736	2984
吉林省	长春	3345	2962	3108	3328	3402	3563	3536	3435	3293	3541
	白城	3521	3138	3284	3504	3578	3739	3712	3611	3469	3717
	松原	3493	3110	3256	3476	3550	3711	3684	3583	3441	3689
	吉林	3438	3055	3201	3421	3495	3656	3629	3528	3386	3634
	四平	3228	2845	2991	3211	3285	3446	3419	3318	3176	3424
	辽源	3301	2918	3064	3284	3358	3519	3492	3391	3249	3497
	通化	3291	2908	3054	3274	3348	3509	3482	3381	3239	3487
	梅河口	3290	2907	3053	3273	3347	3508	3481	3380	3238	3486
	延吉	2740	2357	2503	2723	2797	2958	2931	2830	2688	2936
	敦化	3621	3238	3384	3604	3678	3839	3812	3711	3569	3817
黑龙江省	哈尔滨	3588	3205	3351	3571	3645	3806	3779	3678	3536	3784
	齐齐哈尔	3904	3521	3667	3887	3961	4122	4095	3994	3852	4100
	黑河	4164	3781	3927	4147	4221	4382	4355	4254	4112	4360
	大庆	3736	3353	3499	3719	3793	3954	3927	3826	3684	3932
	伊春	3931	3548	3694	3914	3988	4149	4122	4021	3879	4127
	鹤岗	4009	3626	3772	3992	4066	4227	4200	4099	3957	4205
	佳木斯	3938	3555	3701	3921	3995	4156	4129	4028	3886	4134
	双鸭山	4002	3619	3765	3985	4059	4220	4193	4092	3950	4198
	七台河	4021	3638	3784	4004	4078	4239	4212	4111	3969	4217
	鸡西	3964	3581	3727	3947	4021	4182	4155	4054	3912	4160
	牡丹江	3801	3418	3564	3784	3858	4019	3992	3891	3749	3997
	绥化	3706	3323	3469	3689	3763	3924	3897	3796	3654	3902
江苏省	南京	1815	1416	1578	1809	1888	2028	2006	1905	1763	2011
	徐州	1954	1555	1717	1948	2027	2167	2145	2044	1902	2150
	连云港	2089	1690	1852	2083	2162	2302	2280	2179	2037	2285
	淮安	1957	1558	1720	1951	2030	2170	2148	2047	1905	2153
	盐城	2069	1670	1832	2063	2142	2282	2260	2159	2017	2265
	扬州	1883	1484	1646	1877	1956	2096	2074	1973	1831	2079
	南通	2038	1639	1801	1982	2111	2251	2229	2128	1986	2234
	镇江	1885	1486	1648	1879	1958	2098	2076	1975	1833	2081
	常州	1931	1532	1694	1925	2004	2144	2122	2021	1879	2127
	无锡	1974	1575	1737	1968	2047	2187	2165	2064	1922	2170
	苏州	1910	1511	1673	1904	1983	2123	2101	2000	1858	2106
浙江省	杭州	1761	1362	1524	1755	1834	1974	1952	1851	1709	1957
	湖州	1825	1426	1588	1819	1898	2038	2016	1915	1773	2021
	嘉兴	1844	1445	1607	1838	1917	2057	2035	1934	1792	2040
	宁波	1900	1501	1663	1894	1973	2113	2034	2083	1848	2096
	绍兴	1793	1394	1556	1787	1866	2006	1984	1883	1741	1989
	衢州	1534	1135	1297	1528	1607	1747	1725	1624	1482	1730
	金华	1617	1218	1380	1611	1690	1830	1808	1707	1565	1813
	台州	1818	1419	1581	1635	1891	2031	1880	1929	1766	2014
	温州	1806	1407	1569	1531	1879	2019	1782	1831	1754	2002
	丽水	1713	1314	1476	1647	1786	1926	1904	1953	1661	1909
安徽省	合肥	1663	1264	1426	1657	1736	1876	1854	1753	1611	1859
	宿州	1880	1481	1643	1874	1953	2093	2071	1970	1828	2076
	阜阳	1860	1461	1623	1854	1933	2073	2051	1950	1808	2056
	蚌埠	1781	1382	1544	1775	1854	1994	1972	1871	1729	1977
	淮南	1767	1368	1530	1761	1840	1980	1958	1857	1715	1963
	滁州	1848	1449	1615	1842	1921	2061	2039	1938	1796	2044
	马鞍山	1786	1387	1549	1780	1859	1999	1977	1876	1734	1982
	芜湖	1730	1331	1493	1724	1803	1943	1921	1820	1678	1926
	铜陵	1652	1253	1415	1646	1725	1865	1843	1742	1600	1848
	安庆	1554	1155	1317	1548	1627	1767	1745	1644	1502	1750
	黄山	1645	1246	1408	1639	1718	1858	1836	1735	1593	1841
	巢湖	1719	1320	1482	1713	1792	1932	1910	1809	1667	1915
福建省	福州	1597	1348	1510	1245	1392	1803	1471	1520	1481	1793
	南平	1752	1191	1353	1400	1547	1958	1620	1669	1636	1948
	三明	1688	1167	1329	1336	1483	1894	1556	1605	1572	1884
	莆田	1534	1437	1599	1182	1329	1740	1381	1430	1418	1730
	泉州	1464	1410	1572	1112	1259	1670	1311	1360	1348	1660
	厦门	1398	1344	1506	1046	1193	1604	1244	1293	1282	1594
	漳州	1366	1294	1456	1014	1161	1572	1213	1262	1250	1562
	龙岩	1465	1195	1357	1113	1260	1671	1312	1361	1349	1661
	宁德	1681	1464	1626	1329	1476	1887	1558	1607	1565	1877
江西省	南昌	1242	843	1005	1236	1315	1455	1433	1332	1190	1438
	九江	1362	963	1125	1356	1435	1575	1553	1452	1310	1558
	景德镇	1451	1052	1214	1445	1524	1664	1642	1541	1399	1647
	鹰潭	1319	920	1082	1313	1392	1532	1510	1409	1267	1515
	上饶	1419	1020	1182	1413	1492	1632	1610	1509	1367	1615
	新余	1089	690	852	1083	1162	1302	1280	1179	1037	1285
	萍乡	979	580	742	973	1052	1192	1170	1069	927	1175
	赣州	1120	933	1095	768	915	1338	1092	1141	1068	1316
	宜春	1039	640	802	1033	1112	1252	1230	1129	987	1235
山东省	济南	2098	1715	1861	2081	2155	2316	2289	2188	2046	2294
	德州	2182	1799	1945	2165	2239	2400	2373	2272	2130	2378
	淄博	2207	1824	1970	2190	2264	2425	2398	2297	2155	2403
	潍坊	2306	1923	2069	2289	2363	2524	2497	2396	2254	2502
	烟台	2564	2181	2327	2547	2621	2782	2755	2654	2512	2760
	威海	2612	2229	2375	2595	2669	2830	2803	2702	2560	2808
	青岛	2407	2024	2170	2390	2464	2625	2598	2497	2355	2603
	日照	2240	1857	2003	2223	2297	2458	2431	2330	2188	2436
	临沂	2160	1777	1923	2143	2217	2378	2351	2250	2108	2356
	济宁	1966	1583	1729	1949	2023	2184	2157	2056	1914	2162
	泰安	2027	1644	1790	2010	2084	2245	2218	2117	1975	2223
	滨州	2256	1873	2019	2239	2313	2474	2447	2346	2204	2452
	菏泽	1855	1472	1618	1838	1912	2073	2046	1945	1803	2051
河南省	郑州	1749	1366	1512	1732	1806	1967	1940	1839	1697	1945
	三门峡	1940	1557	1703	1923	1997	2158	2131	2030	1888	2136
	洛阳	1824	1441	1587	1807	1881	2042	2015	1914	1772	2020
	焦作	1819	1436	1582	1802	1876	2037	2010	1909	1767	2015
	新乡	1795	1412	1558	1778	1852	2013	1986	1885	1743	1991
	安阳	1903	1520	1666	1886	1960	2121	2094	1993	1851	2099
	开封	1763	1380	1526	1746	1820	1981	1954	1853	1711	1959
	商丘	1769	1386	1532	1752	1826	1987	1960	1859	1717	1965
	漯河	1605	1222	1368	1588	1662	1823	1796	1695	1553	1801
	南阳	1622	1239	1385	1605	1679	1840	1813	1712	1570	1818
	信阳	1431	1048	1194	1414	1488	1649	1622	1521	1379	1627
湖北省	武汉	1240	841	1003	1234	1313	1458	1431	1330	1188	1436
	十堰	1665	1266	1428	1659	1738	1883	1856	1755	1613	1861
	襄阳	1500	1101	1263	1494	1573	1718	1691	1590	1448	1696
	荆门	1354	955	1117	1348	1427	1572	1545	1444	1302	1550
	孝感	1287	888	1050	1281	1360	1505	1478	1377	1235	1483
	鄂州	1274	875	1037	1268	1347	1492	1465	1364	1222	1470
	黄石	1292	893	1055	1286	1365	1510	1483	1382	1240	1488
	咸宁	1157	758	920	1151	1230	1375	1348	1247	1105	1353
	荆州	1274	875	1037	1268	1347	1492	1465	1364	1222	1470
	宜昌	1380	981	1143	1374	1453	1598	1571	1470	1328	1576
湖南省	长沙	936	537	699	930	1009	1154	1127	1026	884	1132
	常德	1074	675	837	1068	1147	1292	1265	1164	1022	1270
	益阳	1002	603	765	996	1075	1220	1193	1092	950	1198
	岳阳	1052	653	815	1046	1125	1270	1243	1142	1000	1248
	株洲	867	468	630	861	940	1085	1058	957	815	1063
	湘潭	873	474	636	867	946	1091	1064	963	821	1069
	衡阳	737	338	500	731	810	955	928	827	685	933
	郴州	885	486	648	500	672	1103	1076	975	833	1081
	永州	627	228	390	621	700	845	818	717	575	823
	邵阳	756	357	519	750	829	974	947	846	704	952
广东省	广州	661	667	766	309	472	879	604	653	545	857
	韶关	874	660	806	522	685	1092	817	866	758	1070
	梅州	1022	1028	1127	670	833	1240	1011	1060	906	121[illegible]
	汕头	1079	1085	1184	727	890	1297	990	1039	963	127[illegible]
	惠州	772	778	877	420	583	990	745	794	656	968
	东莞	703	709	808	351	514	921	633	682	587	899
	深圳	780	786	885	428	591	998	672	721	664	976
	珠海	772	778	877	420	583	990	563	612	656	968
	中山	741	747	846	389	552	859	580	629	625	937
	肇庆	538	544	643	186	349	756	624	673	422	734
	茂名	429	649	511	297	202	636	260	309	275	601
	湛江	349	694	556	392	297	556	180	229	370	521
四川省	成都	1328	1426	1273	1679	1506	1255	1538	1437	1459	152[illegible]
	绵阳	1418	1516	1363	1769	1596	1345	1628	1527	1549	161[illegible]
	泸州	1195	1293	1140	1546	1373	1122	1405	1304	1326	139[illegible]
	攀枝花	1191	1576	1430	1555	1382	975	1403	1302	1335	137[illegible]
	西昌	1382	1767	1621	1746	1573	1166	1594	1493	1526	156[illegible]
贵州省	贵阳	644	742	589	995	822	579	854	753	775	844
	遵义	773	871	718	1124	951	700	983	882	904	973
	安顺	721	819	666	1072	899	482	931	830	852	921
	毕节	839	937	784	1190	1017	766	1049	948	970	103[illegible]
	凯里	555	653	500	906	733	602	765	664	686	755
云南省	昆明	903	1288	1142	1267	1094	687	1115	1014	1047	108[illegible]
	曲靖	912	1297	1151	1276	1103	696	1124	1023	1056	109[illegible]
	玉溪	913	1298	1152	1277	1104	697	1125	1024	1057	109[illegible]
	丽江	1391	1776	1630	1755	1582	1175	1603	1502	1535	157[illegible]
	大理	1204	1589	1443	1568	1395	988	1416	1315	1348	138[illegible]
	景洪	1294	1679	1533	1658	1485	1078	1506	1405	1438	147[illegible]
西藏自治区	拉萨	3123	3530	3377	3487	3314	2907	3335	3234	3267	330[illegible]
	那曲	3064	3470	3317	3428	3255	2848	3276	3175	3208	324[illegible]
	昌都	2339	2748	2595	2703	2530	2123	2551	2450	2483	252[illegible]
	日喀则	3375	3785	3632	3739	3566	3159	3587	3486	3519	355[illegible]
	萨嘎	3823	4235	4082	4187	4014	3607	4035	3934	3967	400[illegible]
	噶尔	4610	5020	4867	4974	4801	4394	4822	4721	4754	479[illegible]
陕西省	西安	1968	1585	1731	1951	2025	1936	2159	2058	1916	216[illegible]
	延安	2252	1869	2015	2235	2309	2231	2443	2342	2200	244[illegible]
	铜川	2035	1652	1798	2018	2092	2014	2226	2125	1983	223[illegible]
	渭南	1998	1615	1761	1981	2055	1995	2189	2088	1946	219[illegible]
	咸阳	2004	1621	1767	1987	2061	1943	2195	2094	1952	220[illegible]
	宝鸡	2156	1773	1919	2139	2213	2095	2347	2246	2104	235[illegible]
	汉中	2233	1850	1996	2216	2290	1670	2424	2323	2181	242[illegible]
	榆林	2553	2170	2316	2536	2610	2511	2744	2643	2501	274[illegible]
	安康	1912	1529	1675	1895	1969	1922	2103	2002	1860	210[illegible]
甘肃省	兰州	2423	2232	2378	2598	2672	2350	2633	2532	2563	262[illegible]
	嘉峪关	3134	2943	3089	3309	3383	3061	3344	3243	3274	333[illegible]
	天水	2124	1951	2097	2317	2391	2051	2334	2233	2282	232[illegible]
	敦煌	3510	3319	3465	3685	3759	3437	3720	3619	3650	371[illegible]
	张掖	2891	2700	2846	3066	3140	2818	3101	3000	3031	309[illegible]
	武威	2677	2506	2652	2872	2946	2604	2887	2786	2837	287[illegible]
青海省	西宁	2662	2491	2637	2857	2931	2589	2872	2771	2822	286[illegible]
	同仁	2757	2586	2732	2952	3026	2684	2967	2866	2917	295[illegible]
	德令哈	3168	2977	3123	3343	3417	3095	3378	3277	3308	336[illegible]
	格尔木	3417	3226	3372	3592	3666	3344	3627	3526	3557	361[illegible]
宁夏回族自治区	银川	2692	2309	2455	2675	2749	2649	2883	2782	2640	288[illegible]
	惠农区	2782	2399	2545	2765	2839	2739	2973	2872	2730	297[illegible]
	吴忠	2624	2241	2387	2607	2681	2581	2815	2714	2572	282[illegible]
	固原	2357	1974	2120	2340	2414	2314	2548	2447	2305	255[illegible]
新疆维吾尔自治区	乌鲁木齐	4328	4137	4283	4503	4577	4255	4538	4437	4468	452[illegible]
	克拉玛依	4692	4501	4647	4867	4941	4619	4902	4801	4832	489[illegible]
	喀什	5524	5333	5479	5699	5773	5451	5734	5633	5664	572[illegible]
	阿克苏	5060	4869	5015	5235	5309	4987	5270	5109	5200	526[illegible]
	吐鲁番	4117	3936	4082	4302	4376	4054	4327	4226	4267	431[illegible]
	哈密	3736	3545	3691	3911	3985	3663	3946	3845	3876	393[illegible]
	阿勒泰	4983	4792	4938	5158	5232	4910	5193	5092	5123	518[illegible]

广西壮族自治区主要城镇间里程表

	南宁	宾阳	凭祥	百色	那坡	田林	隆林	北海	钦州	合浦	柳州	融安	桂林	荔浦	阳朔	全州	玉林	贵港	梧州	苍梧	河池	南丹	防城港
南宁																							
宾阳	88																						
凭祥	225	313																					
百色	247	333	380																				
那坡	368	432	298	197																			
田林	318	404	452	74	270																		
隆林	483	513	596	218	415	145																	
北海	215	305	356	480	583	554	698																
钦州	117	210	350	385	488	459	603	91															
合浦	198	278	337	453	556	527	671	27	112														
柳州	274	186	499	539	605	542	686	376	408	349													
融安	382	292	612	545	724	617	762	495	547	468	119												
桂林	466	378	691	681	817	754	898	641	571	565	192	163											
荔浦	403	313	633	675	745	682	826	535	506	460	136	227	100										
阳朔	443	353	673	649	785	722	866	575	545	500	180	229	60	40									
全州	590	502	815	806	942	879	1023	766	736	690	316	288	124	231	191								
玉林	266	180	484	513	615	584	695	233	275	207	277	396	425	319	559	550							
贵港	182	96	409	429	522	500	602	238	257	211	184	303	382	277	317	508	93						
梧州	486	396	697	692	828	764	909	446	488	420	368	455	320	220	260	458	213	306					
苍梧	473	383	684	679	815	751	896	433	475	407	381	468	314	214	254	472	200	293	16				
河池	226	250	529	329	511	401	546	550	443	524	200	216	352	336	377	477	426	333	565	578			
南丹	329	303	559	343	525	416	560	581	494	554	280	299	435	420	460	560	480	387	648	661	83		
防城港	153	272	381	407	521	473	625	165	68	130	446	586	658	574	614	738	445	355	658	645	481	511	

图例解释

街区	次要街道 县道	高速公路	交警部门 地铁站	医院 邮政局
公园 绿地	城市高架路	建筑中高速公路	出入口 国道编号	宾馆 风景点
过境线 国道	地铁 轻轨	快速路	加油站 汽修厂	古塔 电视台
主要街道 省道	铁路及车站	省、市、区政府	停车场 汽车站	桥梁 运动场

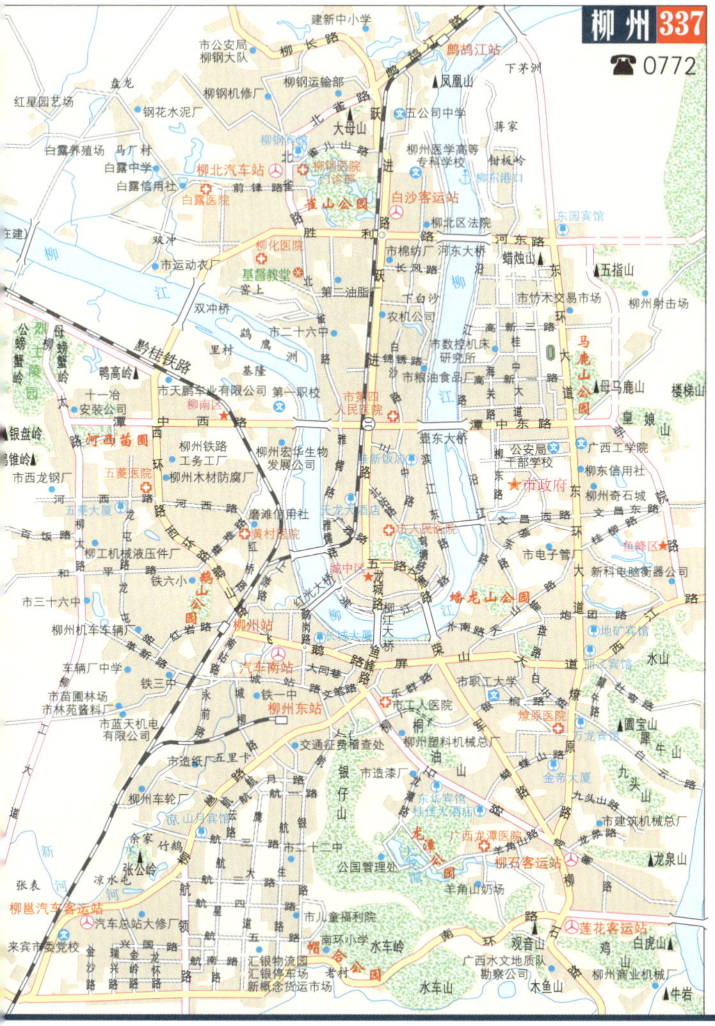

图例解释

收费站、出入口、G45 国家高速编号、服务区、在建	高速公路
G312 国道编号	国道
S217 省道编号、25 居民点 里程数(km)、在建	省道
桥梁、隧口	县道
	快速路
隧道、在建	铁路
345 南京三桥	南京三桥出入口位于距该高速公路零千米345千米处
25 宁波服务区	宁波服务区位于距该高速公路零千米25千米处
47 香河收费站	香河收费站位于距该高速公路零千米47千米处
24	国道里程桩：表示该点距此国道零千米总里程为24千米

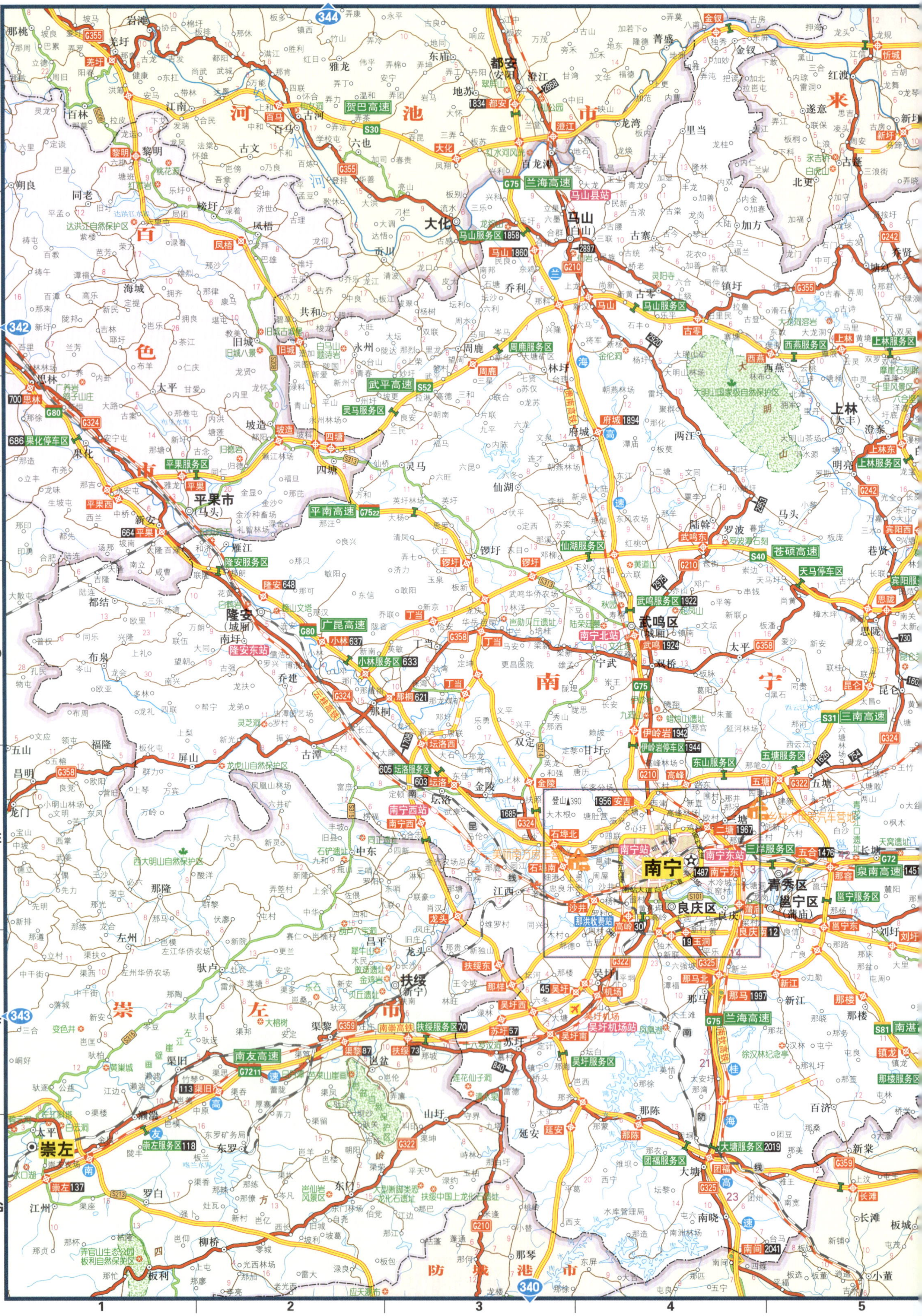

公路零千米
▶209国道零千米：呼和浩特市南茶坊 ▶324国道零千米：福州市
▶210国道零千米：包头市 ▶325国道零千米：广州市大沥
▶322国道零千米：衡阳市

比例尺 1：77万
0 7.7 15.4 23.1 km
图上1cm相当于实地7.7km

比例尺 1：101万

0 10.1 20.2 30.3 km

图上1cm相当于实地10.1km

图例解释

收费站 出入口 国家高速编号 服务区 在建 高速公路

G312 国道编号 国道

S217 省道编号 里程数(km) 居民点 在建 省道

桥梁 隧口 县道

快速路

隧道 在建 铁路

比例尺 1：91万

0 9.1 18.2 27.3 km

图上1cm相当于实地9.1km

广西壮族自治区

贺州市 梧州市

比例尺 1：104万

0 10.4 20.8 31.2 km

图上1cm相当于实地10.4km

图例解释

收费站 出入口 国家高速编号 服务区 在建 高速公路

国道编号 国道

省道编号 里程数(km) 居民点 在建 省道

县道 桥梁 隧口 快速路 隧道 在建 铁路

公路零千米

▶207国道零千米：锡林浩特市 ▶323国道零千米：江西瑞金市

▶209国道零千米：呼和浩特市南茶坊 ▶324国道零千米：福州市

▶321国道零千米：广州市窑口

比例尺 1：100万

0 10.0 20.0 30.0 km

图上1cm相当于实地10km

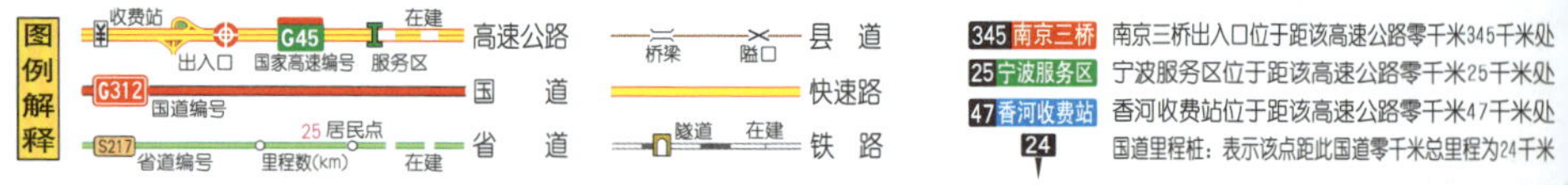
图例解释
收费站
出入口
国家高速编号
服务区
在建
高速公路
G312
国道编号
国 道
S217
省道编号
里程数(km)
居民点
省 道
桥梁
隘口
县 道
快速路
隧道
铁 路
345 南京三桥 南京三桥出入口位于距该高速公路零千米345千米处
25 宁波服务区 宁波服务区位于距该高速公路零千米25千米处
47 香河收费站 香河收费站位于距该高速公路零千米47千米处
24 国道里程桩：表示该点距此国道零千米总里程为24千米

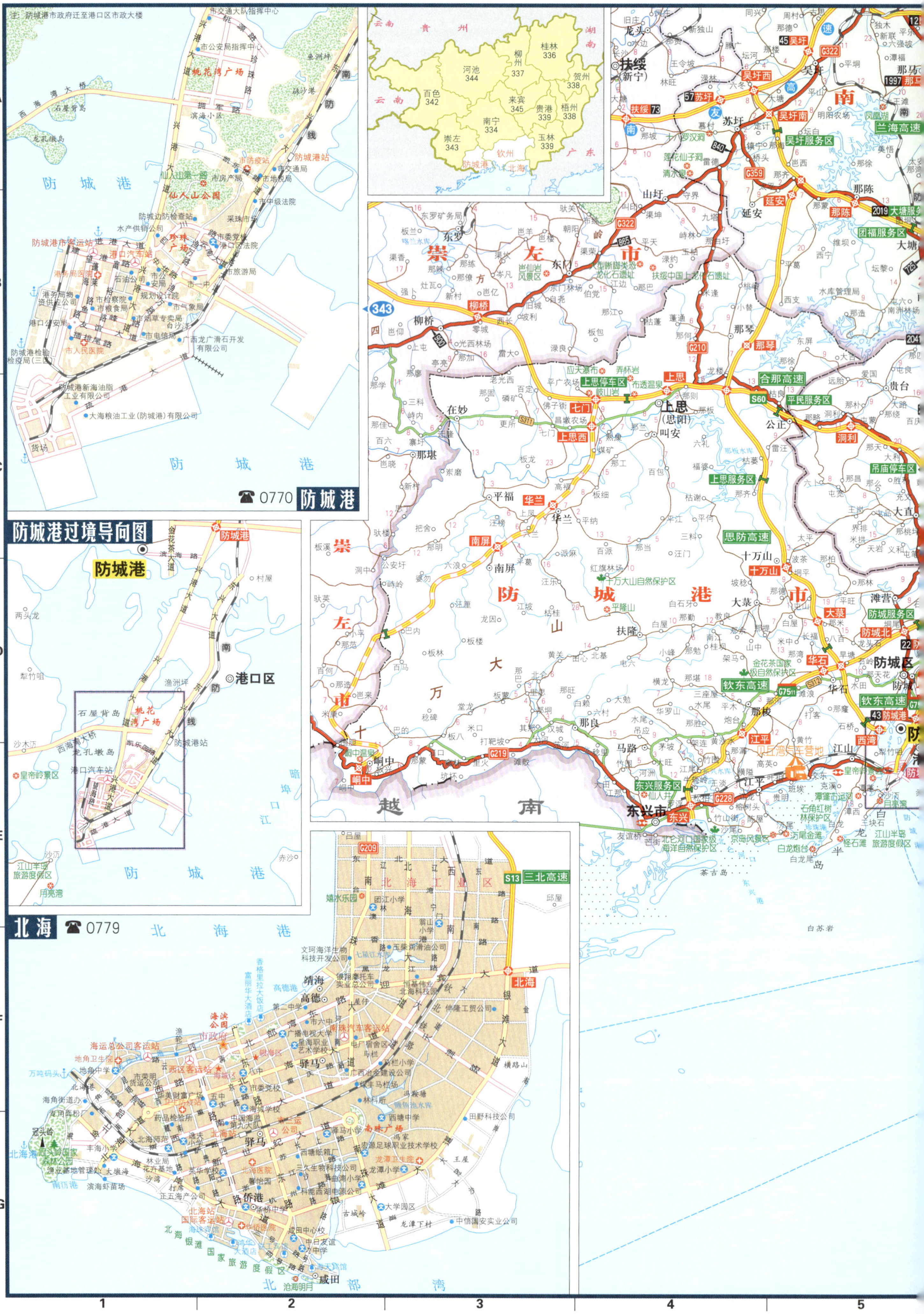
防城港
☎ 0770
注：防城港市政府迁至港口区市政大楼
防城港过境导向图
港口区
北海
☎ 0779
北海港
北海工业区
三北高速
崇左市
防城港市
十万大山
东兴市
上思
扶绥
宁明
越南
北部湾
广西壮族自治区

公路零千米
- 209国道零千米：呼和特市南茶坊
- 325国道零千米：广州市大沥

比例尺 1：78万

0 7.8 15.6 23.4 km

图上1cm相当于实地7.8km

图例解释

收费站 出入口 G45 国家高速编号 服务区 在建	高速公路	桥梁 隘口	县道
G312 国道编号	国道		快速路
S217 省道编号 25 居民点 里程数(km) 在建	省道	隧道 在建	铁路

345 南京三桥　南京三桥出入口位于距该高速公路零千米345千米处

25 宁波服务区　宁波服务区位于距该高速公路零千米25千米处

47 香河收费站　香河收费站位于距该高速公路零千米47千米处

24　国道里程桩：表示该点距此国道零千米总里程为24千米

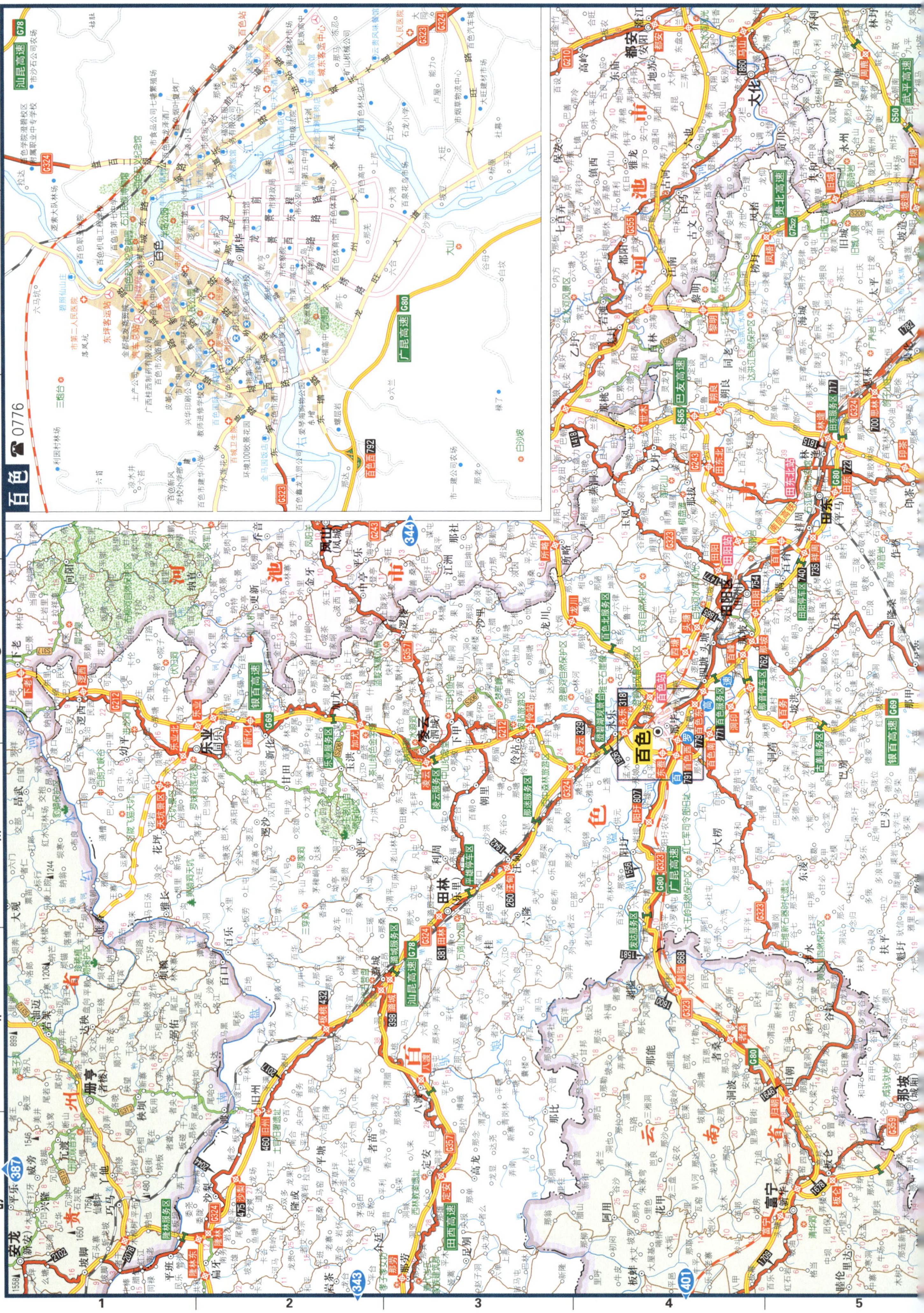

比例尺 1：103万
0 10.3 20.6 30.9 km
图上1cm相当于实地10.3km

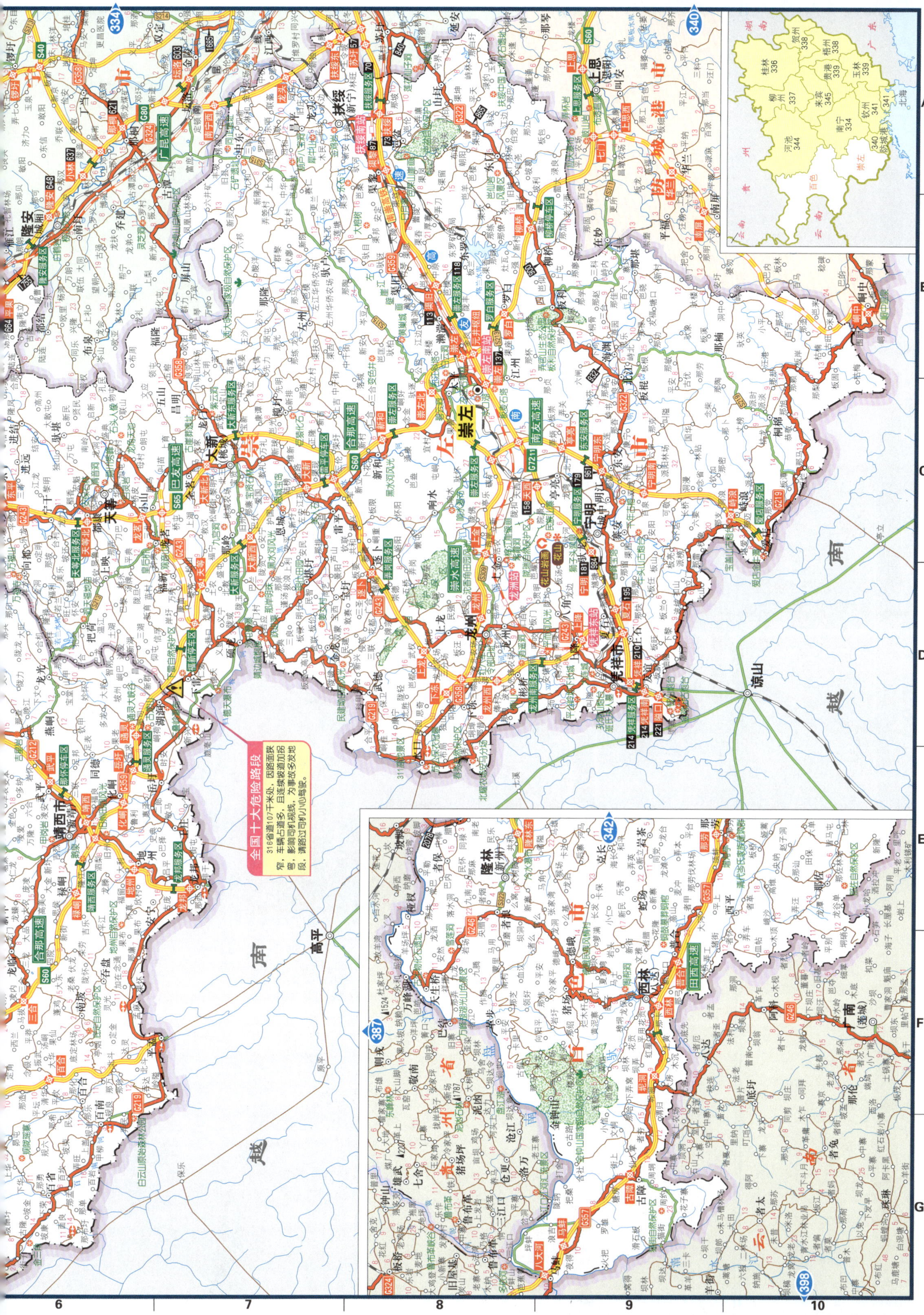

比例尺 1：100万

0 10.0 20.0 30.0 km

图上1cm相当于实地10km

图例解释

收费站 G45 国家高速编号 出入口 服务区 在建 高速公路

G312 国道编号 国道

S217 省道编号 25 居民点 里程数(km) 在建 省道

桥梁 隧口 县道

快速路

隧道 在建 铁路

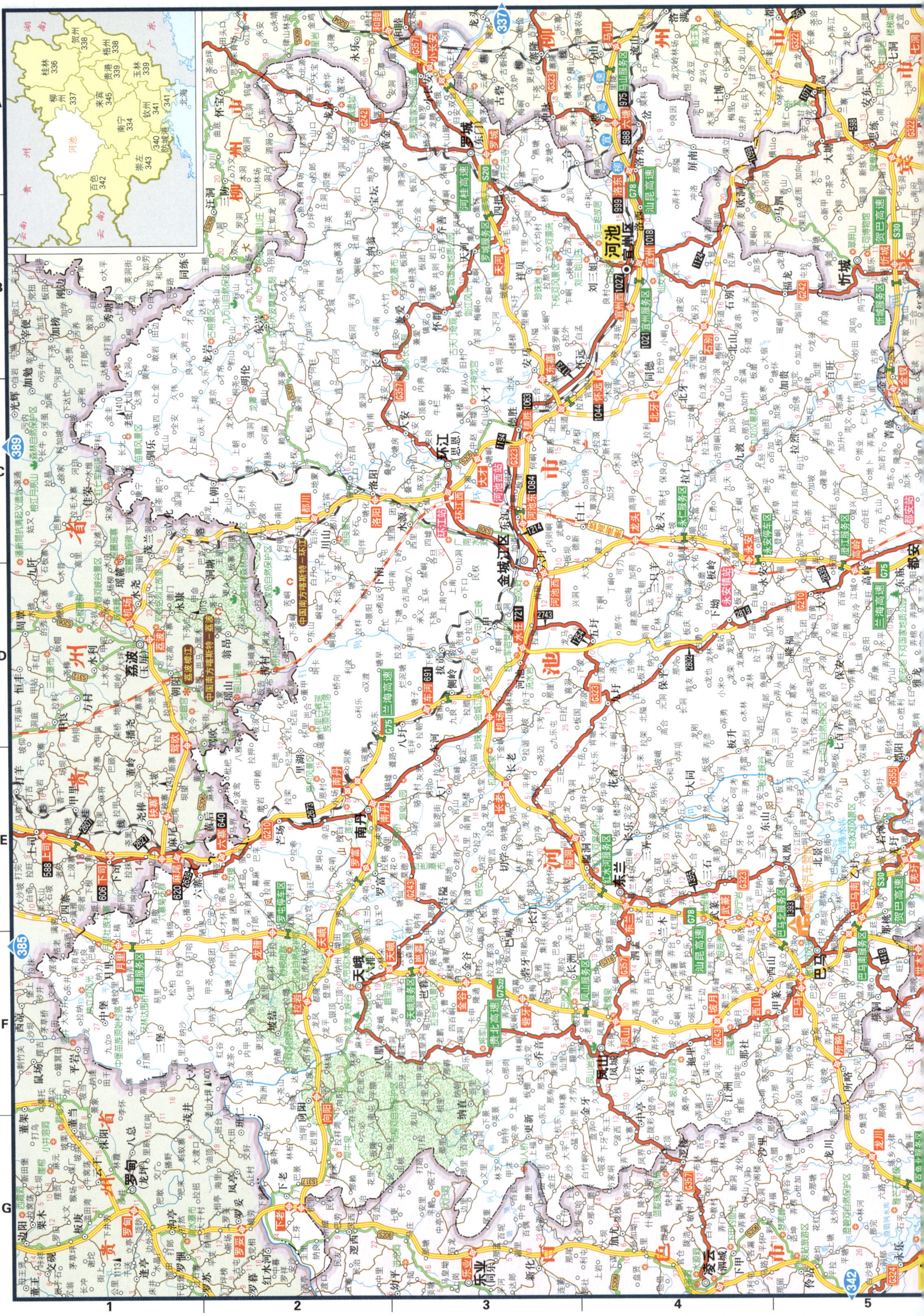

公路零千米

▶209国道零千米：呼和浩特市南茶坊 ▶323国道零千米：江西瑞金市

▶210国道零千米：包头市

▶322国道零千米：衡阳市

比例尺 1：81万

0 8.1 16.2 24.3 km

图上1cm相当于实地8.1km

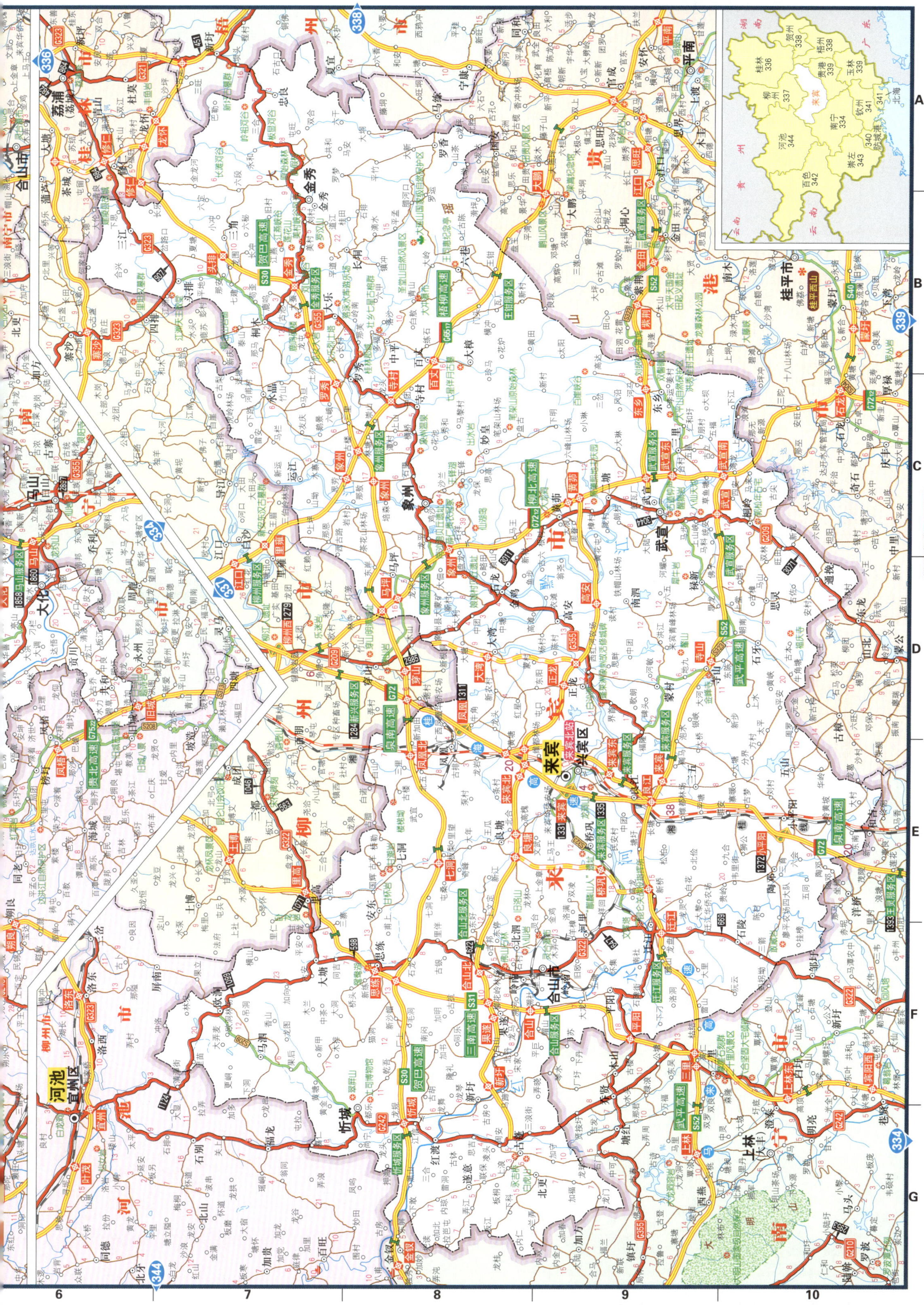

常用电话

高速公路咨询……0898-66799790
治超办…………0898-65378612
省交通运输厅……0898-65342237
海口市交通局……0898-66551301
三亚市交通局……0898-88667706

图例解释

收费站 出入口 G45 国家高速编号 服务区 在建 高速公路

G312 国道编号 国 道

217 省道编号 25 居民点 里程数(km) 在建 省 道

桥梁 隧口 县 道

快速路

隧道 在建 铁 路

比例尺 1：90万

0 9.0 18.0 27.0 km

图上1cm相当于实地9.0km

海南旅游景点信息

国家级风景名胜区： 三亚热带海滨

国家5A级旅游区： 南山大小洞天、南山文化旅游区、呀诺达雨林文化旅游区、分界洲岛旅游区、槟榔谷黎苗文化旅游区、蜈支洲岛旅游区

国家历史文化名城： 海口　**中国历史文化名镇：** 中和镇、定城镇、崖城镇、铺前镇

其它热门旅游景点： 海口骑楼老街、万绿园、假日海滩、三亚湾、天涯海角、三亚西岛、亚龙湾、大东海旅游区、椰梦长廊、南山海上观音、鹿回头风景区、博鳌亚洲论坛会址、铜鼓岭、东郊椰林、文昌航天卫星发射场、南湾猴岛

海南省公路里程表

- 本表中城际间里程是以高速公路、国道为主要行车路线计算，不作营运计价依据。
- 单位：km

海口至全国各主要城市里程表

省份	城市	海口
直辖市	北京	2992
	天津	3052
	上海	2464
	重庆	1736
河北省	石家庄	2707
	张家口	3214
	承德	3228
	秦皇岛	3304
	唐山	3156
	保定	2848
	沧州	2869
	邢台	2573
	邯郸	2518
山西省	太原	2725
	大同	3010
	阳泉	2785
	长治	2510
	晋城	2408
	忻州	2789
	临汾	2647
	运城	0000
	侯马	2642
内蒙古自治区	呼和浩特	3194
	包头	3255
	乌海	3556
	赤峰	3488
	通辽	3884
	呼伦贝尔	4933
	乌兰浩特	4259
	锡林浩特	3594
	乌兰察布	3152
	东胜区	3145
	巴彦淖尔	3518
辽宁省	沈阳	3757
	朝阳	3598
	阜新	3635
	铁岭	3827
	本溪	3833
	鞍山	3700
	丹东	3925
	大连	3889
	营口	3675
	盘锦	3618
	锦州	3523
	葫芦岛	3471

省份	城市	海口
吉林省	长春	4067
	白城	4281
	松原	4175
	吉林	4190
	四平	3955
	辽源	3996
	通化	4093
	梅河口	4024
	延吉	4543
	敦化	4404
黑龙江省	哈尔滨	4319
	齐齐哈尔	4656
	黑河	4921
	大庆	4520
	伊春	4675
	鹤岗	4778
	佳木斯	4712
	双鸭山	4813
	七台河	4942
	鸡西	4860
	牡丹江	4658
	绥化	4423
江苏省	南京	2224
	徐州	2406
	连云港	2529
	淮安	2415
	盐城	2505
	扬州	2325
	南通	2438
	镇江	2299
	常州	2427
	无锡	2408
	苏州	2347
浙江省	杭州	2261
	湖州	2365
	嘉兴	2347
	宁波	2498
	绍兴	2327
	衢州	1996
	金华	2245
	台州	2278
	温州	2130
	丽水	2266
	合肥	2070
	宿州	2307

省份	城市	海口
安徽省	阜阳	2278
	蚌埠	2243
	淮南	2185
	滁州	2213
	马鞍山	2245
	芜湖	2194
	铜陵	2120
	安庆	1961
	黄山	1986
	巢湖	2135
福建省	福州	1694
	南平	1564
	三明	1483
	莆田	1586
	泉州	1498
	厦门	1435
	漳州	1366
	龙岩	1360
	宁德	1839
江西省	南昌	1520
	九江	1708
	景德镇	1765
	鹰潭	1615
	上饶	1733
	新余	1430
	萍乡	1549
	赣州	1129
	宜春	1239
山东省	济南	2583
	德州	2636
	淄博	2695
	潍坊	2790
	烟台	3041
	威海	3089
	青岛	2913
	日照	2703
	临沂	2585
	济宁	2449
	泰安	2567
	滨州	2723
	菏泽	2340
河南省	郑州	2237
	三门峡	2455
	洛阳	2449
	焦作	2327
	新乡	2307
	安阳	2424
	开封	2251

省份	城市	海口
	商丘	2306
	漯河	2101
	南阳	2145
	信阳	1915
湖北省	武汉	1681
	十堰	2172
	襄阳	1977
	荆门	1856
	孝感	1758
	鄂州	1739
	黄石	1701
	咸宁	1582
	荆州	1635
	宜昌	1889
湖南省	长沙	1275
	常德	1435
	益阳	1406
	岳阳	1462
	株洲	1288
	湘潭	1258
	衡阳	1117
	郴州	967
	永州	980
	邵阳	1134
广东省	广州	666
	韶关	956
	梅州	1091
	汕头	1118
	惠州	805
	东莞	719
	深圳	821
	珠海	684
	中山	621
	肇庆	514
	茂名	280
	湛江	166
广西壮族自治区	南宁	535
	桂林	861
	柳州	689
	梧州	539
	玉林	426
	百色	790
四川省	成都	2043
	绵阳	2167
	泸州	1770
	攀枝花	1847
	西昌	2074
	贵阳	1225

省份	城市	海口
贵州省	遵义	1366
	安顺	1335
	毕节	1470
	凯里	1122
云南省	昆明	1354
	曲靖	1340
	玉溪	1523
	丽江	2043
	大理	1726
	景洪	2053
西藏自治区	拉萨	3769
	那曲	3692
	昌都	2987
	拉孜	4199
	萨嘎	4492
	噶尔	5386
陕西省	西安	2563
	延安	2927
	铜川	2665
	渭南	2611
	咸阳	2577
	宝鸡	2740
	汉中	2601
	榆林	3211
	安康	2331
甘肃省	兰州	3044
	嘉峪关	3780
	天水	2716
	敦煌	4163
	张掖	3537
	武威	3299
青海省	西宁	3258
	同仁	3399
	德令哈	3770
	格尔木	4037
宁夏回族自治区	银川	3155
	惠农区	3258
	吴忠	3097
	固原	3043
新疆维吾尔自治区	乌鲁木齐	4992
	克拉玛依	5327
	喀什	6418
	阿克苏	5699
	吐鲁番	4806
	哈密	4400
	阿勒泰	5655

海南省主要城镇间里程表

	海口	琼山	琼海	万宁	陵水	五指山	琼中	保亭	屯昌	儋州	东方	文昌	定安	临高	白沙	昌江	乐东
海口																	
琼山	4																
琼海	115	110															
万宁	184	180	70														
陵水	245	241	131	61													
五指山	221	168	182	168	69												
琼中	145	135	104	83	103	78											
保亭	260	294	184	114	59	37	106										
屯昌	91	81	52	112	155	130	52	158									
儋州	136	134	140	182	187	170	84	190	82								
东方	261	260	267	312	297	168	194	223	211	126							
文昌	73	63	63	118	194	206	146	252	76	197	328						
定安	74	52	32	132	163	185	109	215	57	121	268	57					
临高	103	84	152	214	255	230	152	258	100	74	192	147	110				
白沙	225	215	184	168	183	88	80	125	132	56	114	210	254	177			
昌江	211	222	215	234	249	154	146	191	163	82	60	276	220	143	66		
乐东	249	255	208	238	207	106	104	113	156	199	110	356	213	256	114	122	
三亚	322	319	208	139	77	96	167	74	226	242	173	268	271	319	201	212	90

海南省国道里程表

225国道

	海口	秀英区	老城	大拉	福山	和舍	儋州	邦溪	热水	东方	感城	黄流	九所	崖城	天涯
秀英区	8														
老城	28	20													
大拉	56	48	28												
福山	68	60	40	12											
和舍	114	106	86	58	46										
儋州	135	127	107	79	67	21									
邦溪	190	182	162	134	122	76	55								
热水	235	227	207	179	167	121	100	45							
东方	254	246	226	198	186	140	119	64	19						
感城	290	282	262	234	222	176	155	100	55	36					
黄流	336	328	308	280	268	222	201	146	101	82	46				
九所	352	344	324	296	284	238	217	162	117	98	62	16			
崖城	383	375	355	327	315	269	248	193	148	129	93	47	31		
天涯	405	397	377	349	337	291	270	215	170	151	115	69	53	22	
三亚	429	421	401	373	361	315	294	239	194	175	139	93	77	46	24

224国道

	田独	三道	大本	五指山	毛阳	什运	琼中	乌石农场	屯昌	新吴	永发	秀英区	海口
三亚	14	42	61	86	111	129	164	179	216	254	266	301	309
田独		28	47	72	97	115	150	165	202	240	252	287	295
三道			19	44	69	87	122	137	174	212	224	259	267
大本				25	50	68	103	118	155	193	205	240	248
五指山					25	43	78	93	130	168	180	215	223
毛阳						18	53	68	105	143	155	190	198
什运							35	50	87	125	137	172	180
琼中								15	52	90	102	137	145
乌石农场									37	75	87	122	130
屯昌										38	50	85	93
新吴											12	47	55
永发												35	43
秀英区													8

223国道

	海口	琼山	灵山	云龙	三门坡	蓬莱	黄竹	琼海	龙滚	万宁	牛漏	陵水	藤桥	田独	榆林
琼山	4														
灵山	15	11													
云龙	27	23	12												
三门坡	48	44	33	21											
蓬莱	70	66	55	43	22										
黄竹	85	81	70	58	37	15									
琼海	114	110	99	87	66	44	29								
龙滚	141	137	126	114	93	71	56	27							
万宁	184	180	169	157	136	114	99	70	43						
牛漏	199	195	184	172	151	129	114	85	58	15					
陵水	245	241	230	218	197	175	160	131	104	61	46				
藤桥	280	276	265	253	232	210	195	166	139	96	81	35			
田独	309	305	294	282	261	239	224	195	168	125	110	73	29		
榆林	318	314	303	291	270	248	233	204	177	134	119	64	38	9	
三亚	323	319	308	296	275	253	237	209	182	139	124	78	43	14	5

图例解释

街区	次要街道 县道	高速公路	交警部门 地铁站	医院 邮政局
公园 绿地	城市高架路	建筑中高速公路	出入口 国道编号	宾馆 风景点
过境线 国道	地铁 轻轨	快速路	加油站 汽修厂	古塔 电视台
主要街道 省道	铁路及车站	省、市、区政府	停车场 汽车站	桥梁 运动场

重庆市全图

比例尺 1：168万

0 16.8 33.6 50.4 km

图上1cm相当于实地16.8km

常用电话

高速公路客服热线......023-96096、12122
重庆市公路局........023-89020213
公路服务............023-63692008
市交通局............023-89183000
市高速公路管理处...023-89081929

重庆旅游景点信息

世界遗产：大足石刻、中国南方喀斯特·武隆、中国南方喀斯特·金佛山、

国家级风景名胜区：长江三峡、缙云山、四面山、芙蓉江、天坑地缝、金佛山、潭獐峡

国家5A级旅游区：武隆喀斯特（芙蓉洞·天生三桥·仙女山）、巫山小三峡–小小三峡、大足石刻、酉阳桃花源、万盛黑山谷、江津四面山、南川金佛山、濯水、云阳龙缸、阿依河、白帝城·瞿塘峡

其它热门旅游景点：洪崖洞、磁器口古镇、解放碑、长江索道、朝天门广场、单轨李子坝站南山一棵树景区、白公馆、渣滓洞监狱旧址

重庆至全国各主要城市里程表

省份	城市	重庆
直辖市	北京	1960
	天津	1946
	上海	1836
河北省	石家庄	1687
	张家口	2200
	承德	2207
	秦皇岛	2244
	唐山	2104
	保定	1801
	沧州	1778
	衡水	1800
	邢台	1550
	邯郸	1497
山西省	太原	1604
	大同	1868
	阳泉	1702
	长治	1389
	晋城	1300
	忻州	1675
	临汾	1372
	运城	1249
	侯马	1315
内蒙古自治区	呼和浩特	2030
	包头	1867
	乌海	1909
	赤峰	2641
	通辽	2801
	呼伦贝尔	3767
	乌兰浩特	3080
	锡林浩特	2510
	乌兰察布	1999
	东胜区	1776
	巴彦淖尔	2065
辽宁省	沈阳	2635
	朝阳	2514
	阜新	2551
	铁岭	2708
	本溪	2681
	鞍山	2627
	丹东	2824
	大连	2782
	营口	2566
	盘锦	2506
	锦州	2423
	葫芦岛	2384
吉林省	长春	2941
	白城	3112
	松原	3089
	吉林	3034
	四平	2824
	辽源	2897
	通化	2920
	梅河口	2886
	延吉	3336
	敦化	3217
	哈尔滨	3184
	齐齐哈尔	3500
黑龙江省	黑河	3760
	大庆	3332
	伊春	3527
	鹤岗	3605
	佳木斯	3534
	双鸭山	3598
	七台河	3617
	鸡西	3560
	牡丹江	3397
	绥化	3302
江苏省	南京	1547
	徐州	1680
	连云港	1815
	淮安	1684
	盐城	1796
	扬州	1609
	南通	1764
	镇江	1611
	常州	1657
	无锡	1700
	苏州	1747
浙江省	杭州	1652
	湖州	1707
	嘉兴	1735
	宁波	1822
	绍兴	1717
	衢州	1482
	金华	1564
	台州	1771
	温州	1754
	丽水	1654
安徽省	合肥	1389
	宿州	1606
	阜阳	1598
	蚌埠	1507
	淮南	1474
	滁州	1489
	马鞍山	1526
	芜湖	1465
	铜陵	1384
	安庆	1280
	黄山	1337
	巢湖	1445
福建省	福州	1847
	南平	1690
	三明	1666
	莆田	1936
	泉州	2006
	厦门	2079
	漳州	2023
	龙岩	1924
	宁德	1963
江西省	南昌	1300
	九江	1154
	景德镇	1287
	鹰潭	1419
	上饶	1517
江西省	新余	1427
	萍乡	1317
	赣州	1655
	宜春	1371
山东省	济南	1642
	德州	1725
	淄博	1750
	潍坊	1849
	烟台	2109
	威海	2155
	青岛	1952
	日照	1783
	临沂	1703
	济宁	1509
	泰安	1630
	滨州	1799
	菏泽	1398
河南省	郑州	1289
	三门峡	1254
	洛阳	1197
	焦作	1301
	新乡	1335
	安阳	1435
	开封	1290
	商丘	1365
	漯河	1177
	南阳	1008
	信阳	1171
湖北省	武汉	924
	十堰	1037
	襄阳	890
	荆门	745
	孝感	961
	鄂州	998
	黄石	1016
	咸宁	987
	荆州	723
	宜昌	663
湖南省	长沙	1089
	常德	918
	益阳	1005
	岳阳	1107
	株洲	1142
	湘潭	1136
	衡阳	1143
	郴州	1386
	永州	1114
	邵阳	1016
广东省	广州	1652
	韶关	1544
	梅州	2027
	汕头	2084
	惠州	1777
	东莞	1701
	深圳	1778
	珠海	1789
	中山	1743
	肇庆	1547
	茂名	1414
	湛江	1330
广西壮族自治区	南宁	1026
	桂林	1133
	柳州	992
	梧州	1377
	玉林	1220
	百色	1225
四川省	成都	347
	绵阳	444
	泸州	224
	攀枝花	1063
	西昌	872
贵州省	贵阳	426
	遵义	283
	安顺	501
	毕节	565
	凯里	581
云南省	昆明	866
	曲靖	809
	玉溪	946
	丽江	1363
	大理	1176
	景洪	1403
西藏自治区	拉萨	2439
	那曲	2393
	昌都	1668
	拉孜	2703
	萨嘎	3153
	噶尔	3906
陕西省	西安	707
	延安	999
	铜川	790
	渭南	763
	咸阳	724
	宝鸡	881
	汉中	597
	榆林	1286
	安康	504
甘肃省	兰州	1459
	嘉峪关	2169
	天水	1144
	敦煌	2540
	张掖	1948
	武威	1712
青海省	西宁	1698
	同仁	1798
	德令哈	2193
	格尔木	2242
宁夏回族自治区	银川	1748
	惠农区	1838
	吴忠	1680
	固原	1413
新疆维吾尔自治区	乌鲁木齐	3363
	克拉玛依	3727
	喀什	4569
	阿克苏	4095
	吐鲁番	3162
	哈密	2771
	阿勒泰	4013

重庆市国道里程表

318国道

	四川大竹	石桥铺	梁平	万州	赶场
石桥铺	32				
梁平	96	64			
万州	176	144	80		
赶场	223	191	127	47	
湖北苏拉口	236	204	140	60	13

319国道

	四川龙台	铜梁	璧山	重庆	渝北	长寿	涪陵	武隆	彭水	黔江	酉阳	秀山	茶洞
铜梁	68												
璧山	109	41											
重庆	170	102	61										
渝北	192	124	83	22									
长寿	263	195	154	93	71								
涪陵	341	273	232	171	149	78							
武隆	459	391	350	289	267	196	118						
彭水	548	480	439	378	356	285	207	89					
黔江	676	608	567	506	484	413	335	217	128				
酉阳	793	725	684	623	601	530	452	334	245	117			
秀山	897	829	788	727	705	634	556	438	349	221	104		
茶洞	946	878	837	776	754	683	605	487	398	270	153	49	
湖南花垣	971	903	862	801	779	708	630	512	423	295	178	74	25

210国道

	赶水	綦江	巴南	重庆	渝北	茨竹	四川邻水
贵州崇溪河	30	90	149	177	203	246	296
赶水		60	119	147	173	216	266
綦江			59	87	113	156	206
巴南				28	54	97	147
重庆					26	69	119
渝北						43	93
茨竹							50

212国道

	北碚	合川	兴隆场	四川南充
重庆	48	87	133	202
北碚		39	85	154
合川			46	115
兴隆场				69

重庆市主要城镇间里程表

	重庆	长寿区	涪陵区	武隆	彭水	黔江区	酉阳	秀山	南川区	綦江区	江津区	永川区	荣昌	大足区	璧山	铜梁	潼南	合川区	垫江	梁平	万州区
重庆																					
长寿区	93																				
涪陵区	140	47																			
武隆	215	122	75																		
彭水	288	195	148	73																	
黔江区	402	309	262	187	114																
酉阳	590	497	451	365	264	122															
秀山	739	601	560	469	368	221	104														
南川	111	153	101	113	214	356	478	582													
綦江	81	177	201	207	308	450	544	676	94												
江津	58	147	237	279	380	603	644	748	192	98											
永川	80	194	259	326	427	625	691	795	212	185	60										
荣昌	100	240	279	372	473	645	737	841	258	231	106	46									
大足	172	265	301	397	498	650	762	866	283	256	121	61	55								
璧山	61	154	201	276	349	463	643	747	164	137	43	60	106	75							
铜梁	101	194	241	316	389	503	684	788	205	178	84	101	147	83	41						
潼南	164	264	343	396	497	709	761	865	282	255	144	122	116	61	101	60					
合川	81	168	210	300	401	576	665	769	186	159	119	136	182	118	76	35	95				
垫江	157	64	110	196	297	449	561	665	217	241	211	258	304	329	210	251	328	232			
梁平	283	190	236	322	269	411	533	637	337	367	337	384	411	455	336	454	392	296	64		
万州区	364	271	264	317	280	367	544	588	354	454	422	444	464	536	417	468	528	395	147	83	
丰都	215	122	76	140	241	383	505	609	177	277	269	316	362	387	268	319	386	290	121	147	177

图例解释

街区 | 次要街道 县道 | 高速公路 | 交警部门 地铁站 | 医院 邮政局
公园 绿地 | 城市高架路 | 建筑中高速公路 | 出入口 国道编号 | 宾馆 风景点
过境线 国道 | 地铁 轻轨 | 快速路 | 加油站 汽修厂 | 古塔 电视台
主要街道 省道 | 铁路及车站 | 省、市、区政府 | 停车场 汽车站 | 桥梁 运动场

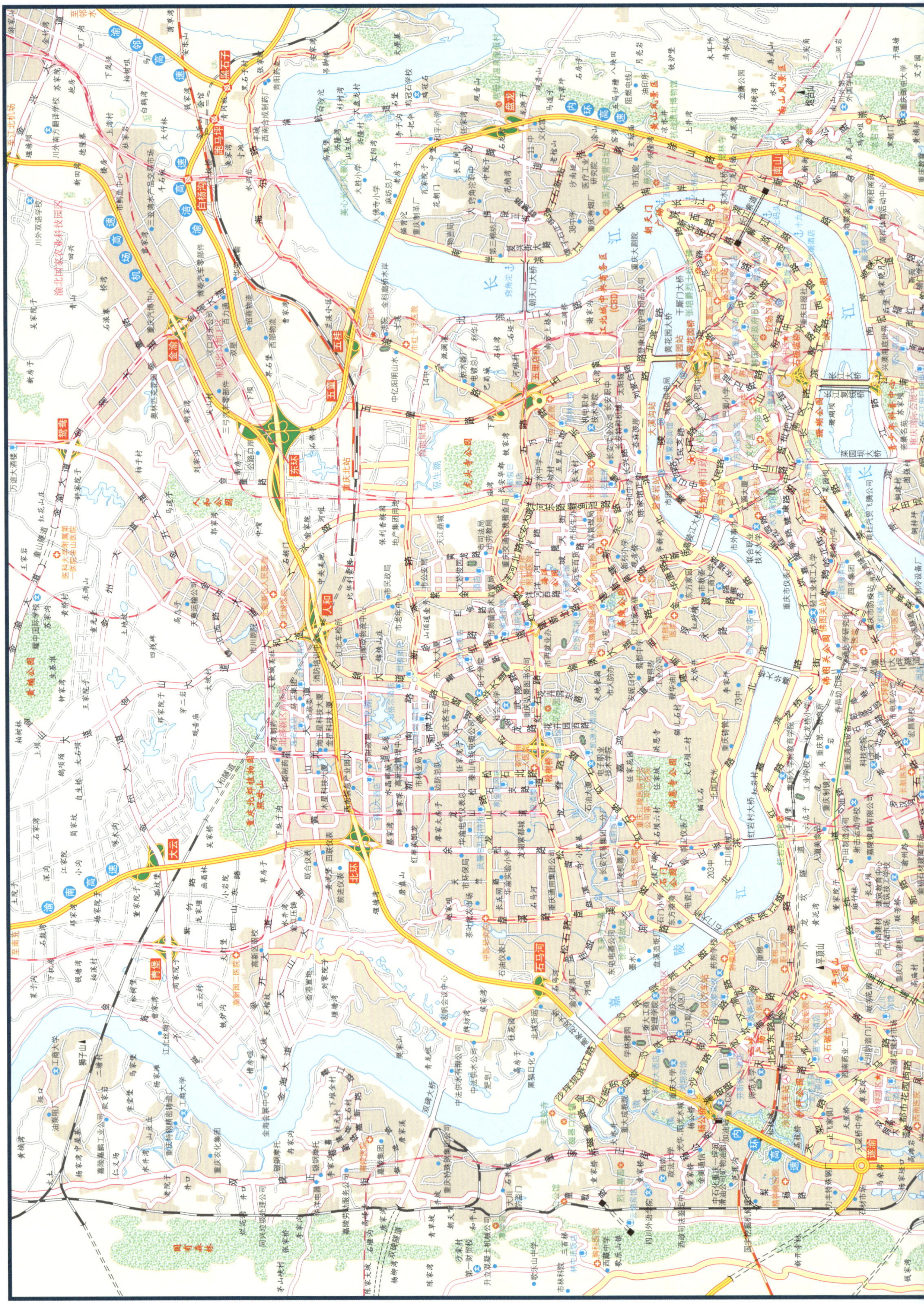

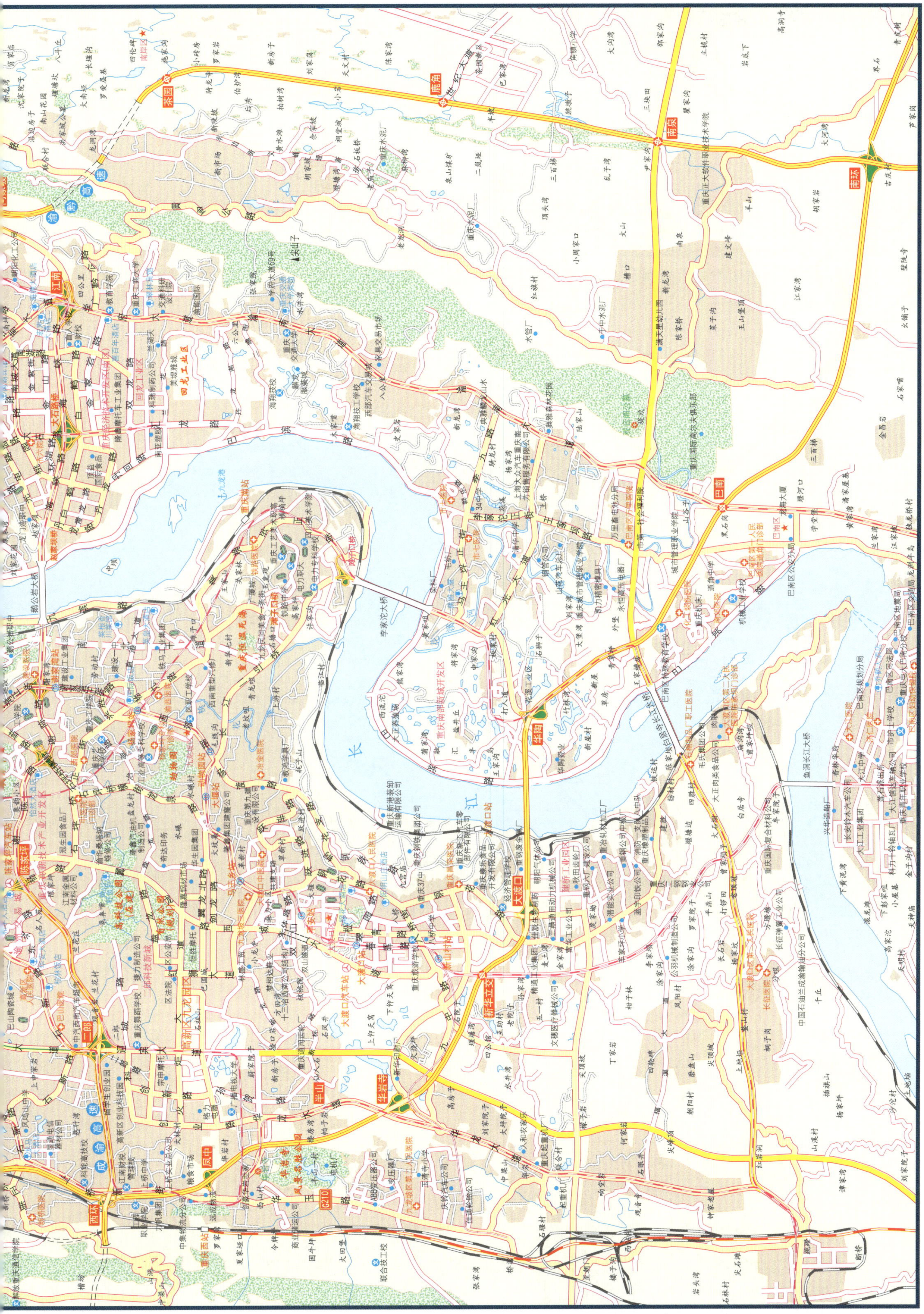

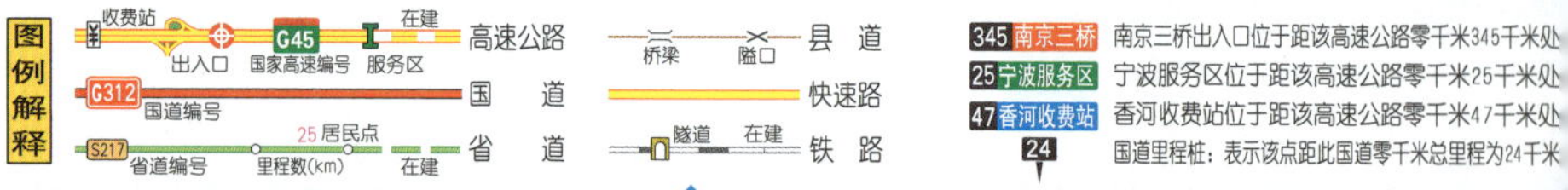
图例解释
收费站
在建
高速公路
出入口
国家高速编号
服务区
G45
G312
国道编号
国道
S217
省道编号
里程数(km)
居民点
省道
桥梁
隧道
县道
快速路
铁路
345 南京三桥 南京三桥出入口位于距该高速公路零千米345千米处
25 宁波服务区 宁波服务区位于距该高速公路零千米25千米处
47 香河收费站 香河收费站位于距该高速公路零千米47千米处
24 国道里程桩：表示该点距此国道零千米总里程为24千米

重庆
遂宁
广安
大足区
永川区
泸州
合川区
北碚区
江津区
綦江区
赤水市
重庆市东北部 357
重庆市西部
重庆市东南部 356

公路零千米

▶210国道零千米：包头市
▶212国道零千米：兰州市
▶319国道零千米：厦门市
▶326国道零千米：重庆市秀山县城

比例尺 1：88万

0 8.8 17.6 26.4 km

图上1cm相当于实地8.8km

重庆市

图例解释

收费站 出入口 G45 国家高速编号 服务区 在建 高速公路

G312 国道编号 国道

S217 省道编号 25 居民点 里程数(km) 在建 省道

桥梁 隧口 县道

快速路

隧道 在建 铁路

345 南京三桥 南京三桥出入口位于距该高速公路零千米345千米处

25 宁波服务区 宁波服务区位于距该高速公路零千米25千米处

47 香河收费站 香河收费站位于距该高速公路零千米47千米处

24 国道里程桩：表示该点距此国道零千米总里程为24千米

公路零千米
▶318国道零千米：上海市区
▶319国道零千米：厦门市
▶326国道零千米：重庆市秀山县城

比例尺 1：75万
0 7.5 15.0 22.5 km
图上1cm相当于实地7.5km

高速公路咨询..........028-12122	泸州市交通局....0830-2282882	遂宁市交通局...0825-2226838	广安市交通局...0826-2332055
治超办............028-85558303	宜宾市交通局....0831-2329983	乐山市交通局...0833-2428555	巴中市交通局...0827-5266236
省交通厅..........028-85581333	内江市交通局....0832-2266206	广元市交通局...0839-3263541	达州市交通局...0818-2122124
成都市交通局.......028-85581155	攀枝花市交通局..0812-3345653	德阳市交通局...0838-2203270	眉山市交通局...0833-8175118
自贡市交通局.......0813-8116115	绵阳市交通局...0816-2332049	南充市交通局...0817-2809261	

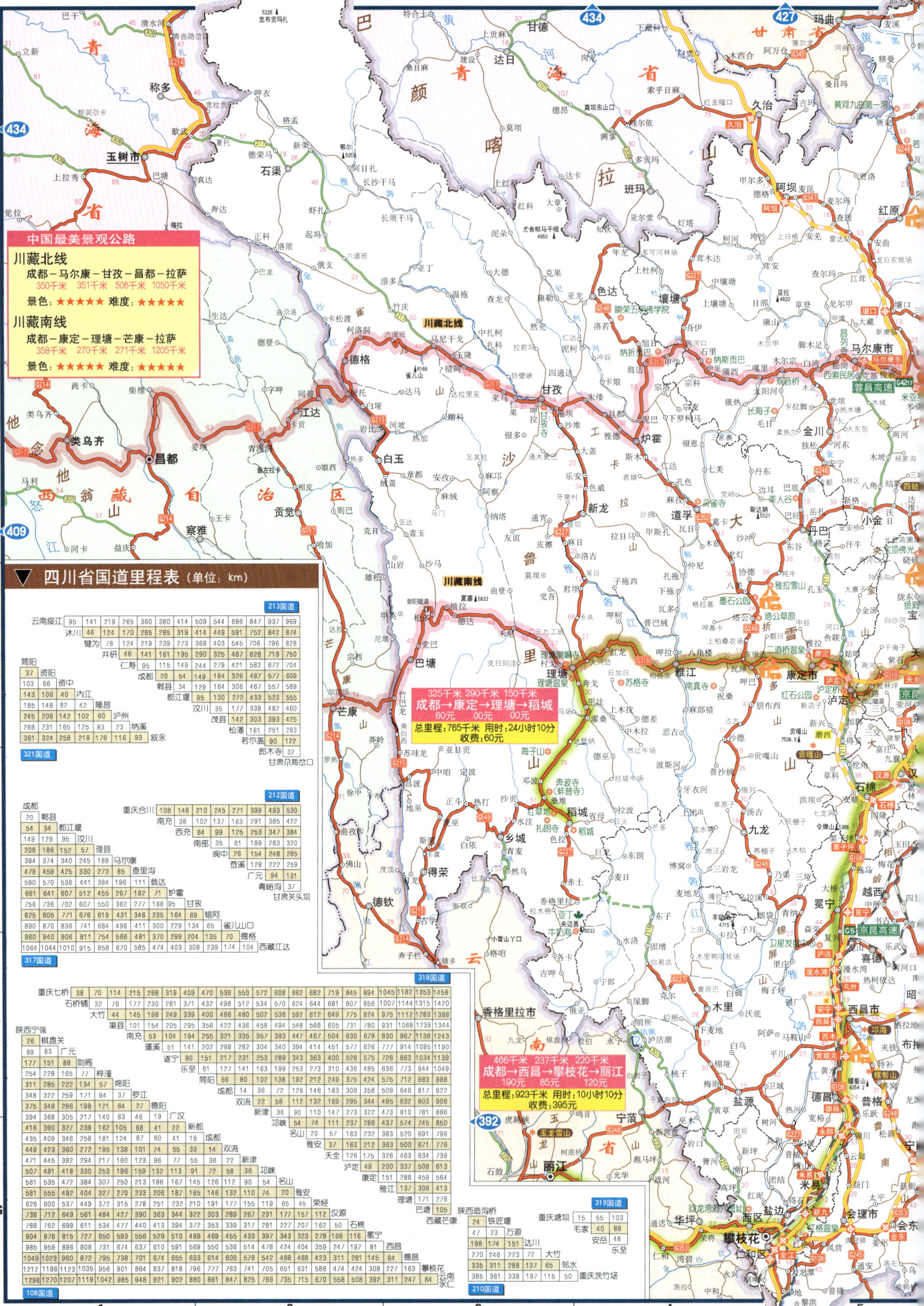

四川省国道里程表（单位：km）

213国道

	沐川	犍为	井研	仁寿	成都	郫县	都江堰	汶川	茂县	松潘	若尔盖	郎木寺	甘肃尕海岔口
云南绥江	95	141	219	265	360	380	414	509	544	686	847	937	969
沐川		46	124	170	265	285	319	414	449	591	752	842	874
犍为			78	124	219	239	273	368	403	545	706	796	828
井研				46	141	161	195	290	325	467	628	718	750
仁寿					95	115	149	244	279	421	582	672	704
成都						20	54	149	184	326	487	577	609
郫县							34	129	164	306	467	557	589
都江堰								95	130	272	433	523	555
汶川									35	177	338	482	460
茂县										142	303	393	425
松潘											161	251	283
若尔盖												90	122
郎木寺													32

321国道

	简阳	资阳	资中	内江	隆昌	泸州	纳溪
资阳	37						
资中	103	66					
内江	143	106	40				
隆昌	185	148	82	42			
泸州	245	208	142	102	60		
纳溪	268	231	165	125	83	23	
叙永	361	324	258	218	176	116	93

212国道

	南充	西充	南部	阆中	苍溪	广元	青峪沟	甘肃关头坝
重庆合川	108	146	210	245	271	399	493	530
南充		38	102	137	163	291	385	422
西充			64	99	125	253	347	384
南部				35	61	189	283	320
阆中					26	154	248	285
苍溪						128	222	259
广元							94	131
青峪沟								37

317国道

	成都	郫县	都江堰	汶川	理县	马尔康	查里沟	翁达	炉霍	甘孜	错阿	雀儿山口	德格
郫县	20												
都江堰	54	34											
汶川	149	129	95										
理县	206	186	152	57									
马尔康	394	374	340	245	188								
查里沟	479	459	425	330	273	85							
翁达	590	570	536	441	384	196	111						
炉霍	661	641	607	512	455	267	182	71					
甘孜	756	736	702	607	550	362	277	166	95				
错阿	825	805	771	676	619	431	346	235	164	69			
雀儿山口	890	870	836	741	684	496	411	300	229	134	65		
德格	960	940	906	811	754	566	481	370	299	204	135	70	
西藏江达	1064	1044	1010	915	858	670	585	474	403	308	239	174	104

318国道

	石桥铺	大竹	渠县	南充	蓬溪	遂宁	乐至	简阳	成都	双流	新津	邛崃	名山	雅安	天全	泸定	康定	雅江	理塘	巴塘	西藏芒康
重庆七桥	38	70	114	215	268	319	409	470	536	550	572	608	662	682	719	845	894	1045	1182	1353	1458
石桥铺		32	76	177	230	281	371	432	498	512	534	570	624	644	681	807	856	1007	1144	1315	1420
大竹			44	145	198	249	339	400	466	480	502	538	592	612	649	775	824	975	1112	1283	1388
渠县				101	154	205	295	356	422	436	458	494	548	568	605	731	780	931	1068	1239	1344
南充					53	104	194	255	321	335	357	393	447	467	504	630	679	830	967	1138	1243
蓬溪						51	141	202	268	282	304	340	394	414	451	577	626	777	914	1085	1190
遂宁							90	151	217	231	253	289	343	363	400	526	575	726	863	1034	1139
乐至								61	127	141	163	199	253	273	310	436	485	636	773	944	1049
简阳									66	80	102	138	192	212	249	375	424	575	712	883	988
成都										14	36	72	126	146	183	309	358	509	646	817	922
双流											22	58	112	132	169	295	344	495	632	803	908
新津												36	90	110	147	273	322	473	610	781	886
邛崃													54	74	111	237	286	437	574	745	850
名山														20	57	183	232	383	520	691	796
雅安															37	163	212	363	500	671	776
天全																126	175	326	463	634	739
泸定																	49	200	337	508	613
康定																		151	288	459	564
雅江																			137	308	413
理塘																				171	276
巴塘																					105

108国道

	陕西宁强	棋盘关	广元	剑阁	梓潼	绵阳	罗江	德阳	广汉	新都	成都	双流	新津	邛崃	名山	雅安	荥经	汉源	石棉	冕宁	西昌	德昌	攀枝花
棋盘关	26																						
广元	89	63																					
剑阁	177	151	88																				
梓潼	254	228	165	77																			
绵阳	311	285	222	134	57																		
罗江	348	322	259	171	94	37																	
德阳	375	349	286	198	121	64	27																
广汉	394	368	305	217	140	83	46	19															
新都	416	390	327	239	162	105	68	41	22														
成都	435	409	346	258	181	124	87	60	41	19													
双流	449	423	360	272	195	138	101	74	55	33	14												
新津	471	445	382	294	217	160	123	96	77	55	36	22											
邛崃	507	481	418	330	253	196	159	132	113	91	72	58	36										
名山	561	535	472	384	307	250	213	186	167	145	126	112	90	54									
雅安	581	555	492	404	327	270	233	206	187	165	146	132	110	74	20								
荥经	626	600	537	449	372	315	278	251	232	210	191	177	155	119	65	45							
汉源	738	712	649	561	484	427	390	363	344	322	303	289	267	231	177	157	112						
石棉	788	762	699	611	534	477	440	413	394	372	353	339	317	281	227	207	162	50					
冕宁	904	878	815	727	650	593	556	529	510	488	469	455	433	397	343	323	278	166	116				
西昌	985	959	896	808	731	674	637	610	591	569	550	536	514	478	424	404	359	247	197	81			
德昌	1049	1023	960	872	795	738	701	674	655	633	614	600	578	542	488	468	423	311	261	145	64		
攀枝花	1212	1186	1123	1035	958	901	864	837	818	796	777	763	741	705	651	631	586	474	424	308	227	163	
云南永仁	1296	1270	1207	1119	1042	985	948	921	902	880	861	847	825	789	735	715	670	558	508	392	311	247	84

210国道

	陕西造沟桥	铁匠堰	万源	达川	大竹	邻水
铁匠堰	24					
万源	47	23				
达川	198	174	151			
大竹	270	246	223	72		
邻水	335	311	288	137	65	
重庆茨竹场	385	361	338	187	115	50

319国道

	毛家	安岳	乐至
重庆塘坝	15	55	103
毛家		40	88
安岳			48

四川旅游景点信息

世界遗产： 青城山－都江堰、四川大熊猫栖息地、九寨沟、黄龙、峨眉山－乐山大佛

国家级风景名胜区： 峨眉山、黄龙寺－九寨沟、青城山－都江堰、剑门蜀道、贡嘎山、蜀南竹海、西岭雪山、四面山、四姑娘山、石海洞乡、天台山、白龙湖、邛海－螺髻山、光雾山－诺水河、龙门山、米仓山大峡谷

国家5A级旅游区： 九寨沟、黄龙、青城山－都江堰、峨眉山、乐山大佛、绵阳北川羌城、汶川特别旅游区（震中映秀－水磨古镇－三江生态旅游区）、碧峰峡、邓小平故里、蜀道剑门关、阆中古城、朱德故里、海螺沟、光雾山、稻城亚丁、安仁古镇

其它热门旅游景点： 成都锦里、宽窄巷子、成都大熊猫繁育研究基地、武侯祠、杜甫草堂博物馆、色达喇荣五明佛学院、海子山、毕棚沟、长坪沟、新都桥、黄河九曲第一湾、若尔盖热尔大草原、达古冰川、雅拉雪山、塔公草原、墨石公园、丹巴甲居藏寨、磨西古镇、冷古寺、泸定桥

四川省公路里程表

- 本表中城际间里程是以高速公路、国道为主要行车路线计算，不作营运计价依据。
- 单位：km

四川省主要城市至全国各主要城市里程表

省份	城市	成都	绵阳	泸州	攀枝花	西昌	广元	南充	宜宾	雅安
直辖市	北京	1838	1721	2100	2564	2373	1545	1822	2101	1983
	上海	2107	2005	2016	2782	2591	1819	1852	2100	2242
	天津	1878	1761	2140	2604	2413	1585	1862	2141	2023
	重庆	347	444	224	1063	872	473	196	308	482
河北省	石家庄	1561	1438	1806	2275	2084	1268	1546	1824	1706
	张家口	2074	1951	2319	2788	2597	1781	2059	2337	2219
	承德	2088	1965	2333	2802	2611	1795	2073	2351	2233
	秦皇岛	2127	2004	2372	2841	2650	1834	2112	2390	2272
	唐山	1979	1856	2224	2693	2502	1686	1964	2242	2124
	保定	1692	1569	1937	2406	2215	1399	1677	1955	1837
	沧州	1767	1644	2012	2481	2290	1474	1752	2030	1912
	衡水	1682	1559	1927	2396	2205	1389	1667	1945	1827
	邢台	1496	1373	1741	2210	2019	1203	1481	1759	1641
	邯郸	1443	1320	1688	2157	1966	1150	1428	1706	1588
山西省	太原	1355	1232	1600	2069	1878	1062	1340	1618	1500
	大同	1624	1501	1869	2338	2147	1331	1609	1887	1769
	阳泉	1457	1334	1702	2171	1980	1164	1442	1720	1602
	长治	1297	1174	1542	2011	1820	1004	1282	1560	1442
	晋城	1203	1080	1448	1917	1726	910	1188	1466	1348
	忻州	1431	1308	1676	2145	1954	1138	1416	1694	1576
	临汾	1101	978	1346	1815	1624	808	1086	1364	1246
	运城	973	850	1218	1687	1496	680	958	1236	1118
	侯马	1062	939	1307	1776	1585	769	1047	1325	1207
内蒙古自治区	呼和浩特	1739	1616	1984	2453	2262	1446	1724	2002	1884
	包头	1561	1438	1806	2275	2084	1268	1546	1824	1706
	乌海	1599	1476	1844	2313	2122	1306	1584	1862	1744
	赤峰	2509	2386	2754	3223	3032	2216	2494	2772	2654
	通辽	2684	2561	2929	3398	3207	2391	2669	2947	2829
	呼伦贝尔	3525	3402	3770	4239	4048	3232	3510	3788	3670
	乌兰浩特	2838	2715	3083	3552	3361	2545	2823	3101	2983
	锡林浩特	2268	2145	2513	2982	2791	1975	2253	2531	2413
	乌兰察布	1757	1634	2002	2471	2280	1464	1742	2020	1902
	东胜区	1485	1362	1730	2199	2008	1192	1470	1748	1630
	巴彦淖尔	1818	1695	2063	2532	2341	1525	1803	2081	1963
辽宁省	沈阳	2528	2405	2773	3242	3051	2235	2513	2791	2673
	朝阳	2397	2274	2642	3111	2920	2104	2382	2660	2542
	阜新	2434	2311	2679	3148	2957	2141	2419	2697	2579
	铁岭	2591	2468	2836	3305	3114	2298	2576	2854	2736
	本溪	2564	2441	2809	3278	3087	2271	2549	2827	2709
	鞍山	2510	2387	2755	3224	3033	2217	2495	2773	2655
	丹东	2707	2584	2952	3421	3230	2414	2692	2970	2852
	大连	2665	2542	2910	3379	3188	2372	2650	2928	2810
	营口	2449	2326	2694	3163	2972	2156	2434	2712	2594
	盘锦	2389	2266	2634	3103	2912	2096	2374	2652	2534
	锦州	2306	2183	2551	3020	2829	2013	2291	2569	2451
	葫芦岛	2267	2144	2512	2981	2790	1974	2252	2530	2412
吉林省	长春	2824	2701	3069	3538	3347	2531	2809	3087	2969
	白城	3000	2877	3245	3714	3523	2707	2985	3263	3145
	松原	2972	2849	3217	3686	3495	2679	2957	3235	3117
	吉林	2917	1794	3162	3631	3440	2624	2902	3180	3062
	四平	2707	2584	2952	3421	3230	2414	2692	2970	2852
	辽源	2780	2657	3025	3494	3303	2487	2765	3043	2925
	通化	2770	2647	3015	3484	3293	2477	2755	3033	2915
	梅河口	2769	2646	3014	3483	3292	2476	2754	3032	2914
	延吉	3219	3096	3464	3933	3742	2926	3204	3482	3364
	敦化	3100	2977	3345	3814	3623	2807	3085	3363	3245
黑龙江省	哈尔滨	3067	2944	3312	3781	3590	2774	3052	3330	3212
	齐齐哈尔	3383	3260	3628	4097	3906	3090	3368	3646	3528
	黑河	3643	3520	3888	4357	4166	3350	3628	3906	3788
	大庆	3215	3092	3460	3929	3738	2922	3200	3478	3360
	伊春	3410	3287	3655	4124	3933	3117	3395	3673	3555
	鹤岗	3488	3365	3733	4202	4011	3195	3473	3751	3633
	佳木斯	3417	3294	3662	4131	3940	3124	3402	3680	3562
	双鸭山	3481	3358	3726	4195	4004	3188	3466	3744	3626
	七台河	3500	3377	3745	4214	4023	3207	3485	3763	3645
	鸡西	3443	3320	3688	4157	3966	3150	3428	3706	3588
	牡丹江	3280	3157	3525	3994	3803	2987	3265	3543	3425
	绥化	3185	3062	3430	3899	3708	2892	3170	3448	3330
江苏省	南京	1812	1710	1721	2487	2296	1540	1561	1805	1912
	徐州	1556	1428	1439	2205	2014	1258	1279	1523	1630
	连云港	1759	1631	1642	2408	2217	1461	1482	1726	1833
	淮安	1738	1610	1621	2387	2196	1440	1461	1705	1812
	盐城	1864	1736	1747	2513	2311	1566	1587	1831	1927
	扬州	1880	1778	1789	2555	2364	1608	1629	1873	1980
	南通	2035	1933	1944	2710	2519	1763	1784	2028	2135
	镇江	1882	1780	1791	2557	2366	1610	1631	1875	1982
	常州	1928	1826	1837	2603	2412	1656	1677	1921	2028
	无锡	1971	1869	1880	2646	2455	1699	1720	1964	2071
	苏州	2017	1915	1926	2692	2501	1745	1766	2010	2117
浙江省	杭州	1928	1826	1837	2603	2412	1656	1677	1921	2028
	湖州	1992	1890	1901	2667	2476	1720	1741	1985	2092
	嘉兴	2011	1909	1920	2686	2495	1739	1760	2004	2111
	宁波	2098	1996	2007	2773	2582	1826	1847	2091	2198
	绍兴	1993	1877	1902	2668	2477	1707	1742	1986	2093
	衢州	1758	1855	1667	2433	2242	1969	1507	1751	1858
	金华	1841	1938	1750	2516	2325	1939	1590	1834	1941
	台州	2042	2078	1951	2717	2526	2052	1791	2035	2142
	温州	2030	2127	1939	2705	2514	2151	1779	2023	2130
	丽水	1937	2034	1846	2612	2421	2044	1686	1930	2037
安徽省	合肥	1619	1558	1569	2335	2144	1367	1409	1653	1760
	宿州	1596	1478	1489	2255	2064	1331	1329	1573	1680
	阜阳	1525	1397	1408	2174	1983	1233	1248	1492	1599
	蚌埠	1645	1517	1528	2294	2103	1353	1368	1612	1719
	淮南	1629	1501	1512	2278	2087	1337	1352	1596	1703
	滁州	1769	1641	1652	2418	2224	1477	1492	1736	1840
	马鞍山	1742	1736	1692	2458	2267	1540	1532	1776	1883
	芜湖	1686	1682	1636	2402	2211	1486	1476	1720	1827
	铜陵	1608	1705	1558	2324	2133	1507	1398	1642	1749
	安庆	1510	1607	1460	2226	2035	1527	1300	1544	1651
	黄山	1668	1765	1601	2343	2152	1682	1441	1685	1768
	巢湖	1675	1683	1625	2391	2200	1428	1465	1709	1816
福建省	福州	2118	2215	2027	2793	2602	2160	1867	2111	2218
	南平	1961	2058	1870	2636	2445	2003	1710	1954	2061
	三明	1937	2034	1846	2612	2421	1979	1686	1930	2037
	莆田	2207	2304	2116	2882	2691	2249	1956	2000	2307
	泉州	2211	2308	2120	2886	2695	2253	1960	2204	2311
	厦门	2271	2368	2180	2946	2755	2313	2020	2264	2371
	漳州	2294	2391	2203	2969	2778	2336	2043	2287	2394
	龙岩	2195	2292	2104	2870	2679	2237	1944	2188	2295
	宁德	2234	2331	2143	2909	2718	2276	1983	2227	2334
江西省	南昌	1577	1674	1486	2252	2061	1619	1326	1570	1677
	九江	1425	1522	1334	2100	1909	1467	1174	1418	1525
	景德镇	1558	1655	1467	2233	2042	1600	1307	1551	1658
	鹰潭	1688	1785	1597	2363	2172	1730	1437	1681	1788
	上饶	1788	1885	1697	2463	2272	1830	1537	1781	1888
	新余	1698	1795	1907	2373	2182	1740	1747	1991	1798
	萍乡	1632	1729	1541	2307	2116	1699	1381	1625	1732
	赣州	1933	2030	1842	2608	2417	1975	1682	1926	2033
	宜春	1692	1789	1601	2367	2176	1759	1441	1685	1792
山东省	济南	1640	1517	1885	2354	2163	1347	1625	1903	1785
	德州	1724	1601	1969	2438	2247	1431	1709	1987	1869
	淄博	1749	1626	1994	2463	2272	1456	1734	2012	1894
	潍坊	1848	1725	2093	2562	2371	1555	1833	2111	1993
	烟台	2106	1983	2351	2820	2629	1813	2091	2369	2251
	威海	2154	2031	2399	2868	2677	1861	2139	2417	2299
	青岛	1949	1826	2194	2663	2472	1656	1934	2212	2094
	日照	1782	1659	2027	2496	2305	1489	1767	2045	1927
	临沂	1702	1579	1947	2416	2225	1409	1687	1965	1847
	济宁	1508	1385	1753	2222	2031	1215	1493	1771	1653
	泰安	1569	1446	1814	2283	2092	1276	1554	1832	1714
	滨州	1798	1675	2043	2512	2321	1505	1783	2061	1943
	菏泽	1397	1274	1642	2111	1920	1104	1382	1660	1542
河南省	郑州	1232	1109	1477	1946	1755	939	1217	1495	1377
	三门峡	983	860	1228	1697	1506	690	968	1246	1128
	洛阳	1098	975	1343	1812	1621	805	1083	1361	1243
	焦作	1204	1081	1449	1918	1727	911	1189	1467	1349
	新乡	1286	1163	1531	2000	1809	993	1271	1549	1431
	安阳	1391	1268	1636	2105	1914	1098	1376	1654	1536
	开封	1273	1150	1518	1987	1796	980	1258	1536	1418
	商丘	1409	1286	1654	2123	1932	1116	1394	1672	1554
	漯河	1318	1195	1563	2032	1841	1025	1303	1581	1463
	南阳	1155	1032	1400	1869	1678	862	1140	1418	1300
	信阳	1335	1212	1580	2049	1858	1042	1320	1598	1480
湖北省	武汉	1163	1253	1106	1871	1681	1179	946	1190	1297
	十堰	1046	923	1299	1765	1575	753	1139	1383	1191
	襄阳	1134	1224	1077	1842	1652	899	917	1161	1268
	荆门	988	1078	931	1696	1506	1045	771	1015	1122
	孝感	1200	1290	1143	1908	1718	1112	983	1227	1334
	鄂州	1237	1327	1180	1945	1755	1270	1020	1264	1371
	黄石	1255	1345	1198	1963	1773	1288	1038	1282	1389
	咸宁	1226	1316	1169	1934	1744	1261	1009	1253	1360
	荆州	972	1062	915	1680	1490	1125	755	999	1106
	宜昌	902	992	845	1610	1420	1167	685	929	1036
	长沙	1336	1426	1279	2045	1854	1578	1119	1363	1470
湖南省	常德	1157	1247	1100	1866	1675	1384	940	1184	1291
	益阳	1244	1334	1187	1953	1762	1471	1027	1271	1378
	岳阳	1361	1451	1304	2070	1879	1462	1144	1388	1495
	株洲	1379	1469	1322	2088	1897	1617	1162	1406	1513
	湘潭	1373	1463	1316	2082	1891	1611	1156	1400	1507
	衡阳	1459	1549	1326	2168	1977	1747	1309	1410	1593
	郴州	1625	1715	1568	2334	2143	1863	1408	1652	1759
	永州	1448	1538	1315	2157	1966	1883	1298	1399	1582
	邵阳	1318	1408	1185	2027	1836	1792	1168	1269	1452
广东省	广州	1948	2038	1815	1824	2015	2198	1798	1899	2083
	韶关	1783	1873	1726	2037	2228	1955	1709	1810	1918
	梅州	2352	2442	2219	2959	2870	2380	2202	2303	2487
	汕头	2366	2456	2233	2242	2433	2579	2216	2317	2501
	惠州	2059	2149	1926	1935	2126	2272	1909	2010	2194
	东莞	1990	2080	1857	1866	2057	2213	1840	1941	2125
	深圳	2067	2157	1934	1943	2134	2290	1917	2018	2202
	珠海	2059	2149	1926	1935	2126	2291	1909	2010	2194
	中山	2028	2118	1895	1904	2095	2260	1878	1979	2163
	肇庆	1825	1915	1692	1701	1892	2085	1675	1776	1960
	茂名	1716	1806	1583	1581	1772	1976	1566	1667	1851
	湛江	1636	1726	1503	1501	1692	1896	1486	1587	1771
广西壮族自治区	南宁	1328	1418	1195	1191	1382	1588	1178	1279	1463
	桂林	1426	1516	1293	1576	1767	1686	1276	1377	1561
	柳州	1273	1363	1140	1430	1621	1533	1123	1224	1408
	梧州	1679	1769	1546	1555	1746	1939	1529	1630	1814
	玉林	1506	1596	1373	1382	1573	1766	1356	1457	1641
	百色	1255	1345	1122	975	1166	1515	1105	1206	1390
贵州省	贵阳	738	828	605	856	1047	998	588	689	873
	遵义	576	666	443	987	1178	836	426	527	711
	安顺	804	894	671	759	950	1064	654	755	939
	毕节	867	957	310	1044	1235	1127	717	818	1002
	凯里	883	973	750	1005	1196	1143	733	834	1018
云南省	昆明	916	1011	721	336	527	1181	1116	625	911
	曲靖	927	1022	733	456	647	1192	1127	636	103
	玉溪	996	1091	801	423	614	1261	1196	705	998
	丽江	946	1068	1210	297	488	1238	1146	1114	872
	大理	1218	1313	1023	631	822	1483	1418	927	120
	景洪	1474	1569	1279	901	1092	1739	1674	1183	147
西藏自治区	拉萨	2152	2268	2648	2101	2373	2425	2391	2421	200
	那曲	2096	2212	2344	2044	2317	2369	2295	2365	194
	昌都	1370	1486	1618	1318	1591	1643	1569	1639	121
	日喀则	2407	2523	2655	2356	2628	2680	2606	2676	225
	萨嘎	2857	2973	3105	2804	3078	3130	3056	3126	270
	噶尔	3642	3758	2890	3445	3863	3915	3841	3911	349
陕西省	西安	744	621	989	1458	1267	451	729	1007	889
	延安	1039	916	1284	1753	1562	746	1024	1302	118
	铜川	822	699	1067	1536	1345	529	807	1085	967
	渭南	803	680	1048	1517	1326	510	788	1066	948
	咸阳	751	628	996	1465	1274	458	736	1014	896
	宝鸡	903	780	1148	1617	1426	610	888	1166	104
	汉中	478	355	723	1192	1001	185	463	741	623
	榆林	1319	1196	1564	2033	1842	1026	1304	1582	146
	安康	730	607	975	1444	1253	437	715	993	875
甘肃省	兰州	1158	1035	1403	1872	1681	865	1143	1421	130
	嘉峪关	1869	1746	2114	2583	2392	1576	1854	2132	201
	天水	855	732	1100	1569	1378	562	840	1118	100
	敦煌	2249	2126	2494	2963	2772	1956	2234	2512	239
	张掖	1626	1503	1871	2340	2149	1333	1611	1889	177
	武威	1412	1289	1657	2126	1935	1119	1397	1675	155
青海省	西宁	1397	1274	1642	2111	1920	1104	1382	1660	154
	同仁	1492	1369	1737	2206	2015	1199	1477	1755	163
	德令哈	1903	1780	2148	2617	2426	1610	1888	2166	204
	格尔木	2152	2029	2397	2866	2675	1859	2137	2415	229
宁夏回族自治区	银川	1457	1334	1702	2171	1980	1164	1442	1720	160
	惠农区	1547	1424	1792	2261	2070	1254	1532	1810	169
	吴忠	1389	1266	1634	2103	1912	1096	1374	1652	153
	固原	1122	999	1367	1836	1645	829	1107	1385	126
新疆维吾尔自治区	乌鲁木齐	3063	2940	3308	3777	3586	2770	3048	3326	320
	克拉玛依	3427	3304	3672	4141	3950	3134	3412	3690	35
	喀什	4259	4136	4504	4973	4782	3966	4244	4522	440
	阿克苏	3795	3672	4040	4509	4318	3502	3780	4058	38
	吐鲁番	2862	2739	3107	3576	3385	2569	2847	3125	30
	哈密	2471	2348	2716	3185	2994	2178	2456	2734	26
	阿勒泰	3718	3595	3963	4432	4241	3425	3703	3981	39

四川省主要城镇间里程表

	成都	德阳	绵阳	广元	马尔康	康定	雅安	西昌	攀枝花	乐山	自贡	宜宾	泸州	内江	遂宁	南充	达州	巴中	广安	甘孜
成都																				
德阳	62																			
绵阳	125	63																		
广元	349	287	224																	
马尔康	386	451	525	728																
康定	365	418	472	695	243															
雅安	151	213	276	485	539	210														
西昌	536	598	661	884	938	361	399													
攀枝花	797	857	911	1134	1188	611	649	250												
乐山	166	226	280	503	557	343	133	423	673											
自贡	218	278	372	583	650	471	261	551	801	128										
宜宾	323	383	437	660	741	575	365	655	905	232	104									
泸州	273	333	387	610	664	612	402	692	942	269	141	110								
内江	210	233	287	510	564	522	312	597	847	179	46	150	100							
遂宁	223	203	170	395	601	588	358	757	1007	318	190	294	244	144						
南充	320	306	265	273	704	685	461	844	1094	421	293	397	347	247	97					
达州	535	528	487	379	926	893	683	1082	1332	607	479	583	397	433	325	222				
巴中	456	397	371	174	847	814	604	1003	1253	695	567	613	563	463	319	216	212			
广安	396	389	348	375	787	754	544	943	1193	504	376	480	430	330	186	83	189	263		
甘孜	739	714	768	991	353	370	614	614	853	778	872	977	927	827	864	967	1189	1100	1050	
都江堰	54	83	137	360	332	370	204	603	853	222	274	379	329	228	266	369	591	512	452	685

图例解释

街区	次要街道 县道	高速公路
公园 绿地	城市高架路	建筑中高速公路
过境线 国道	地铁 轻轨	快速路
主要街道 省道	铁路及车站	省、市、区政府

交警部门 地铁站	医院 邮政局
出入口 国道编号	宾馆 风景点
加油站 汽修厂	古塔 电视台
停车场 汽车站	桥梁 运动场

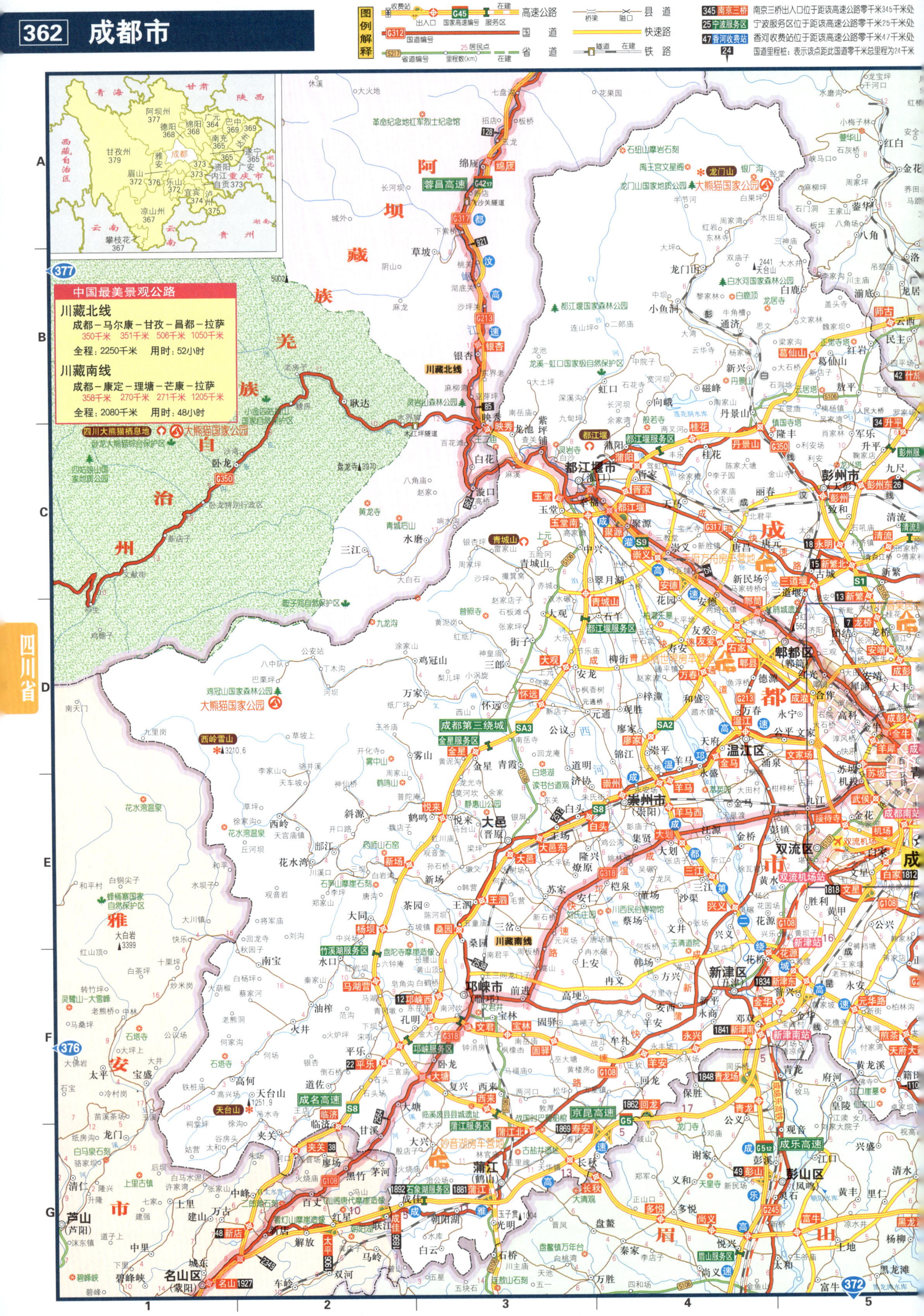
图例解释
收费站 出入口 国家高速编号 服务区 在建 高速公路
国道编号 国道
省道编号 里程数(km) 居民点 在建 省道
桥梁 隘口 县道
快速路
隧道 在建 铁路
345 南京三桥 南京三桥出入口位于距该高速公路零千米345千米处
25 宁波服务区 宁波服务区位于距该高速公路零千米25千米处
47 香河收费站 香河收费站位于距该高速公路零千米47千米处
24 国道里程桩：表示该点距此国道零千米总里程为24千米
中国最美景观公路
川藏北线
成都－马尔康－甘孜－昌都－拉萨
350千米 351千米 506千米 1050千米
全程：2250千米 用时：52小时
川藏南线
成都－康定－理塘－芒康－拉萨
358千米 270千米 271千米 1205千米
全程：2080千米 用时：48小时
四川省
都江堰市
彭州市
郫都区
温江区
崇州市
大邑
邛崃市
蒲江
新津区
双流区
彭山区
名山区
芦山
成都
阿坝藏族羌族自治州
雅安市
眉山

公路零千米
▶108国道零千米：北京复兴门 ▶318国道零千米：上海市区
▶213国道零千米：兰州市
▶317国道零千米：成都市

比例尺 1：57万
0 5.7 11.4 17.1 km
图上1cm相当于实地5.7km

图例解释

收费站 出入口 G45 国家高速编号 服务区 在建	高速公路	桥梁 隘口	县道
G312 国道编号	国道		快速路
S217 省道编号 25 居民点 里程数(km)	省道	隧道 在建	铁路

345 南京三桥 南京三桥出入口位于距该高速公路零千米345千米处
25 宁波服务区 宁波服务区位于距该高速公路零千米25千米处
47 香河收费站 香河收费站位于距该高速公路零千米47千米处
24 国道里程桩：表示该点距此国道零千米总里程为24千米

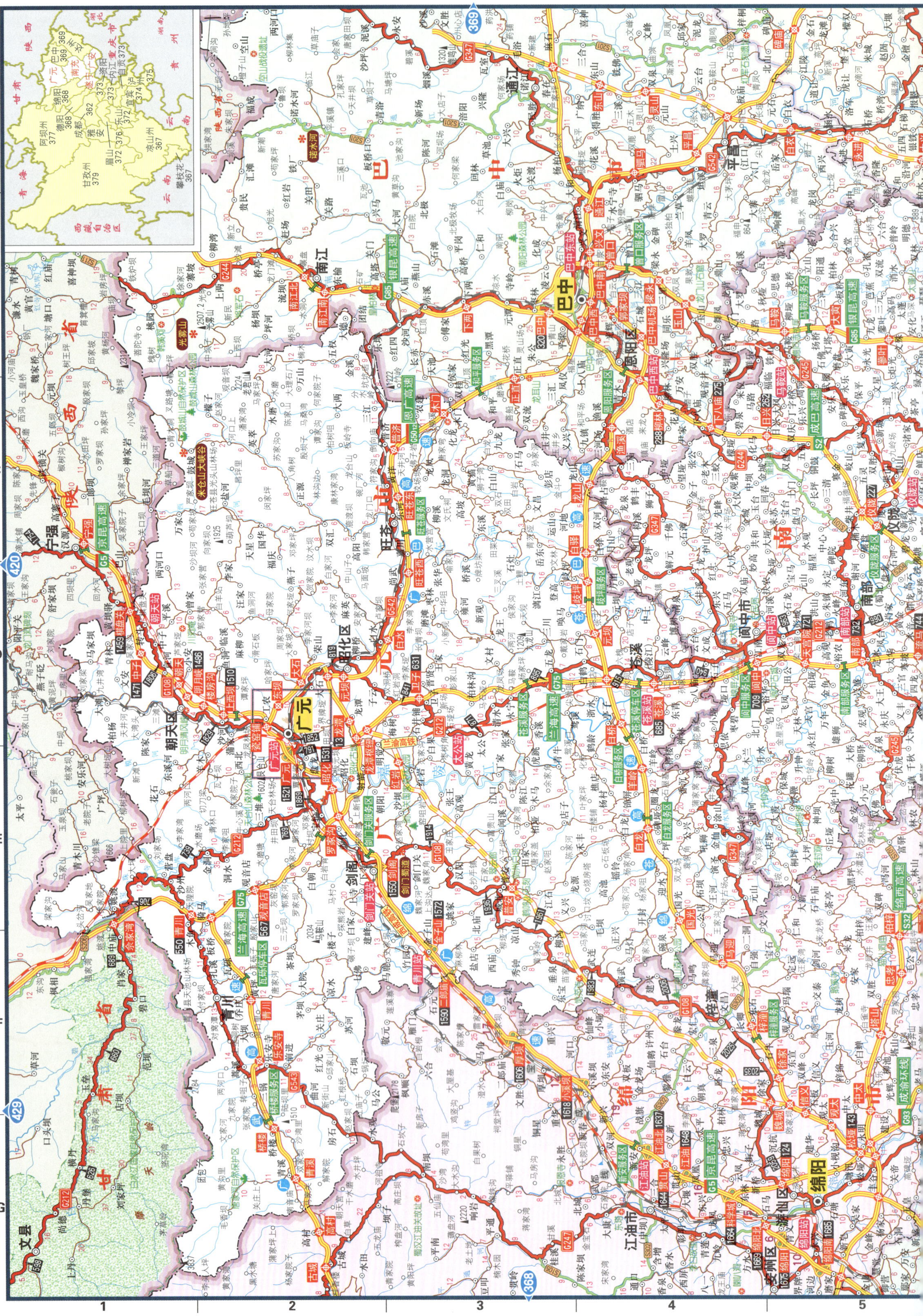

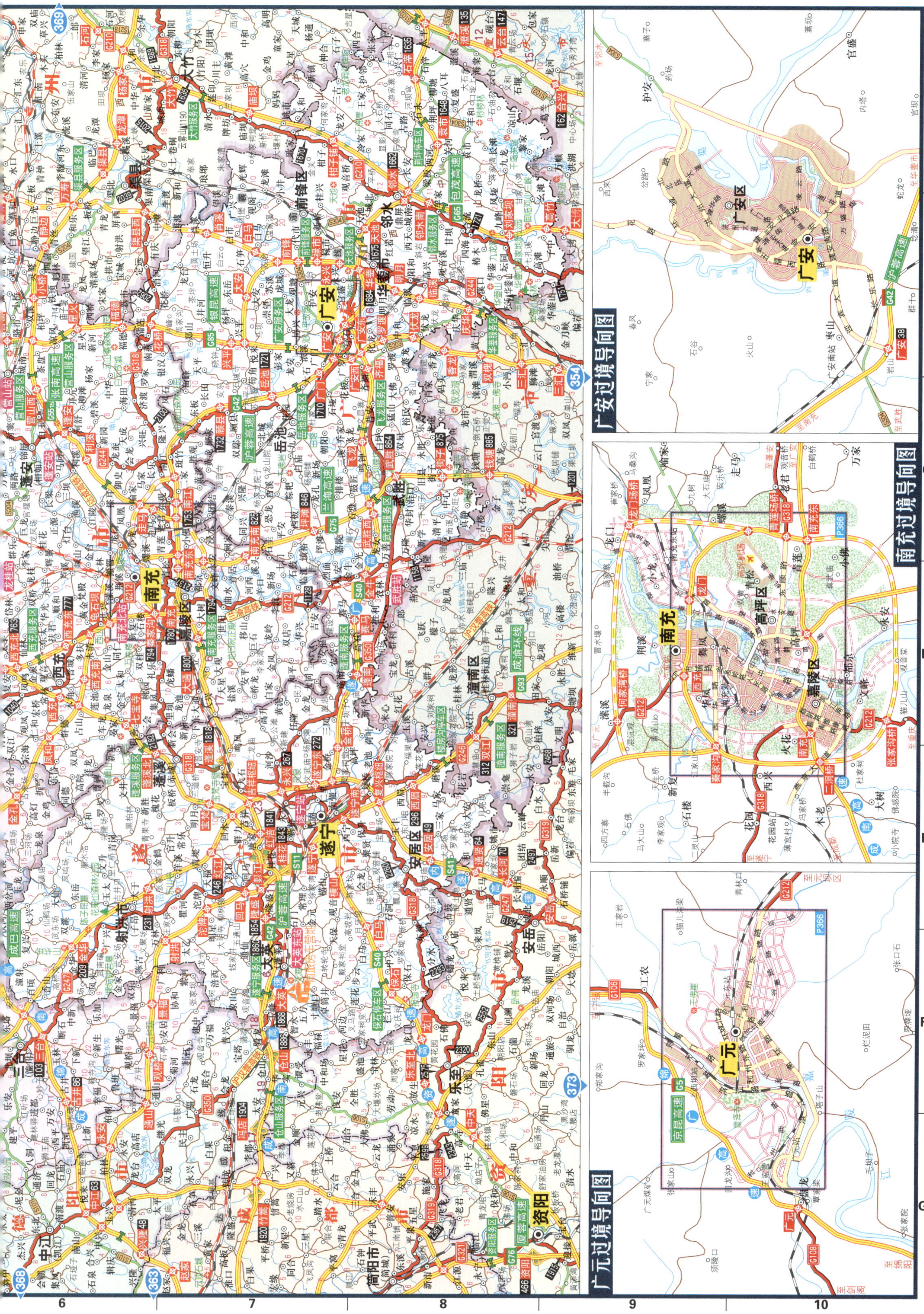
广安过境导向图
南充过境导向图
广元过境导向图
南充
遂宁
广安
广元
资阳
省三四

图例解释

收费站 出入口 G45 国家高速编号 服务区 在建	高速公路	桥梁 隧口	县道
G312 国道编号	国道		快速路
S217 省道编号 25 居民点 里程数(km) 在建	省道	隧道 在建	铁路

345 南京三桥 南京三桥出入口位于距该高速公路零千米345千米处

25 宁波服务区 宁波服务区位于距该高速公路零千米25千米处

47 香河收费站 香河收费站位于距该高速公路零千米47千米处

24 国道里程桩：表示该点距此国道零千米总里程为24千米

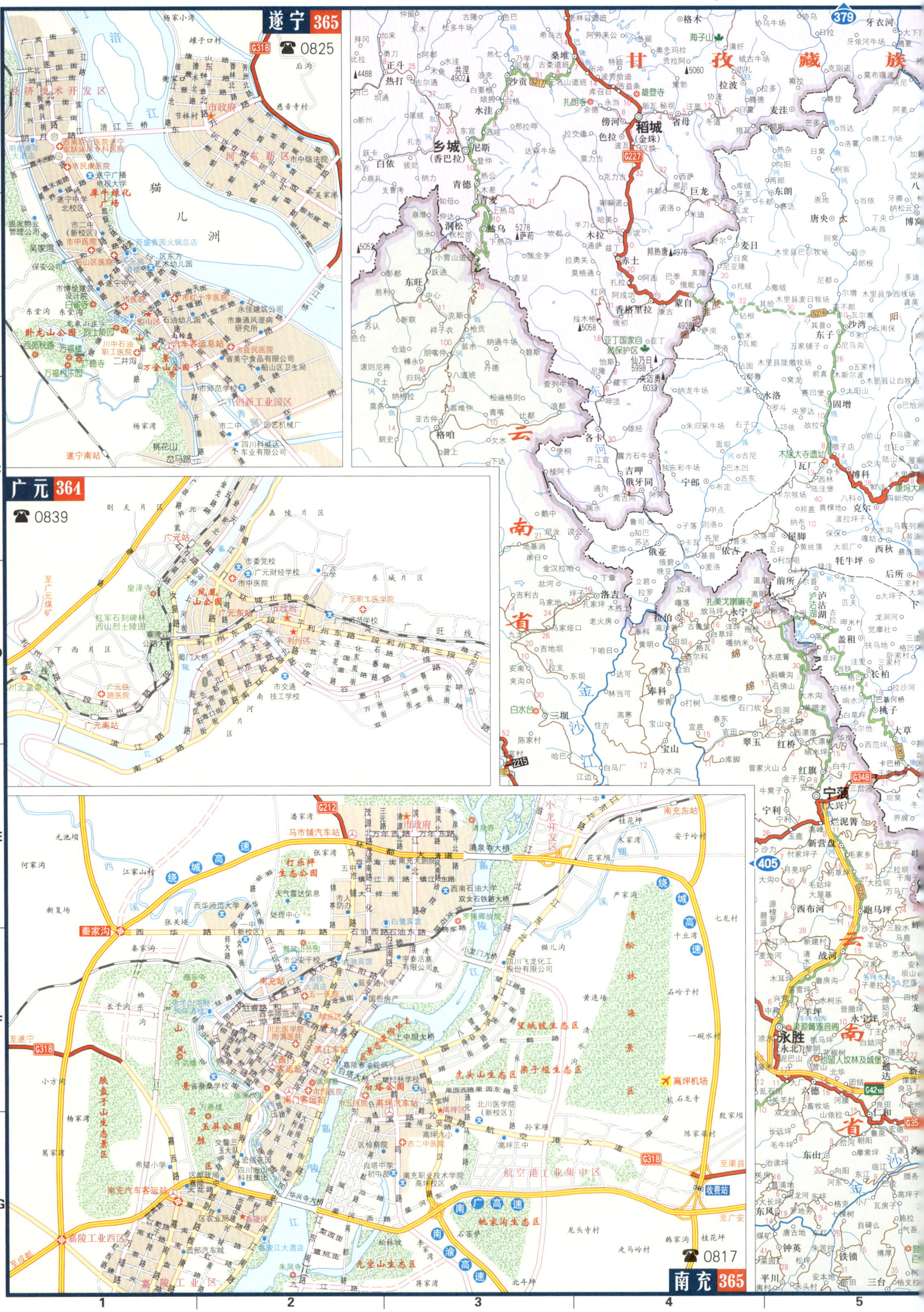

比例尺 1：136万
0 13.6 27.2 40.8 km
图上1cm相当于实地13.6km

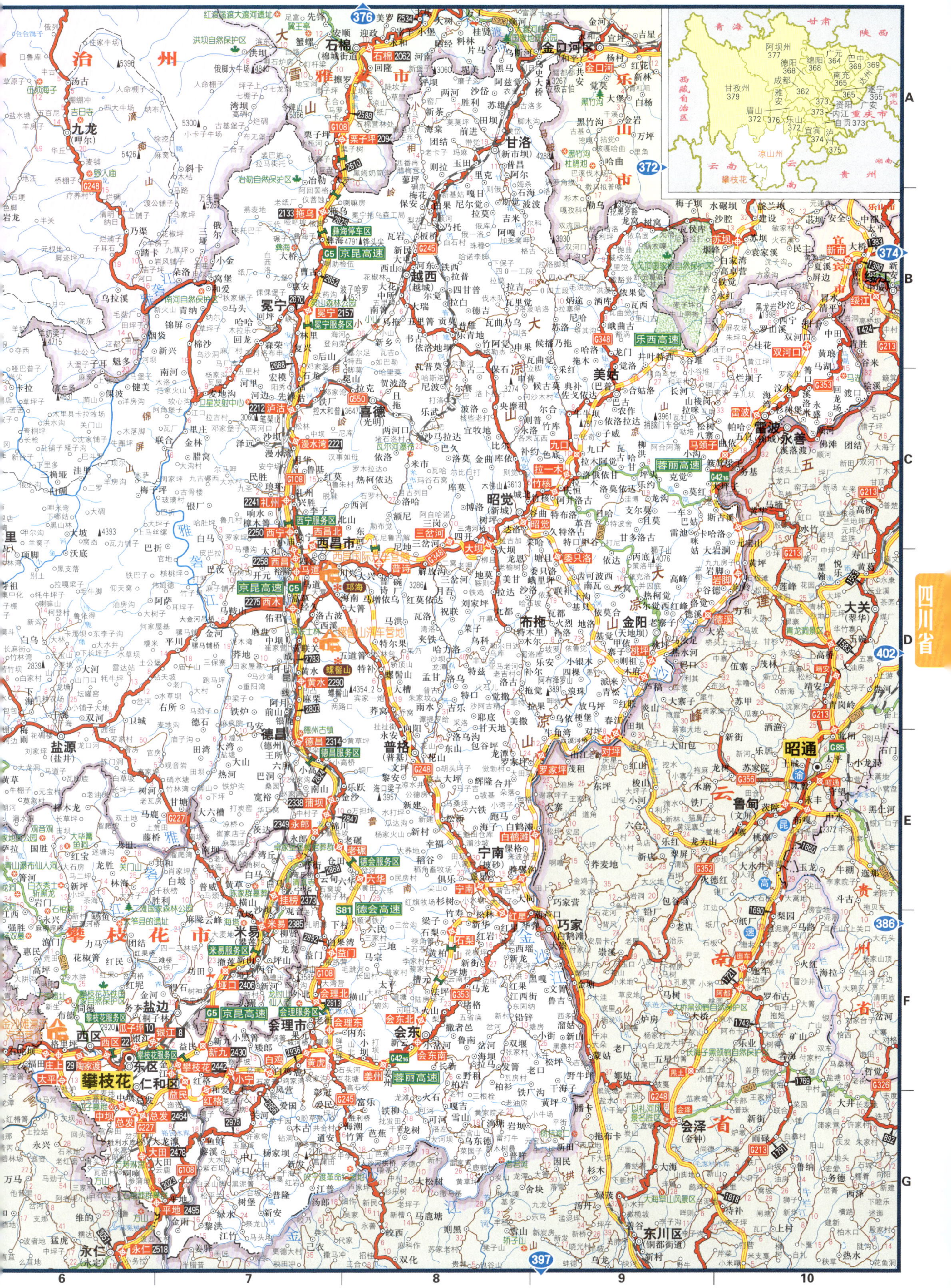

比例尺 1：104万

0 10.4 20.8 31.2 km

图上1cm相当于实地10.4km

图例解释

收费站 出入口 国家高速编号 服务区 在建 高速公路

国道编号 国道

省道编号 里程数(km) 居民点 在建 省道

桥梁 隧口 县道

快速路

隧道 在建 铁路

公路零千米

▶108国道零千米：北京复兴门

▶210国道零千米：包头市

▶318国道零千米：上海市区

比例尺 1：111万

0 11.1 22.2 33.3 km

图上1cm相当于实地11.1km

图例解释

街区 | 次要街道 县道 | 高速公路 | 交警部门 地铁站 | 医院 邮政局
公园 绿地 | 城市高架路 | 建筑中高速公路 | 出入口 国道编号 | 宾馆 风景点
过境线 国道 | 地铁 轻轨 | 快速路 | 加油站 汽修厂 | 古塔 电视台
主要街道 省道 | 铁路及车站 | 省、市、区政府 | 停车场 汽车站 | 桥梁 运动场

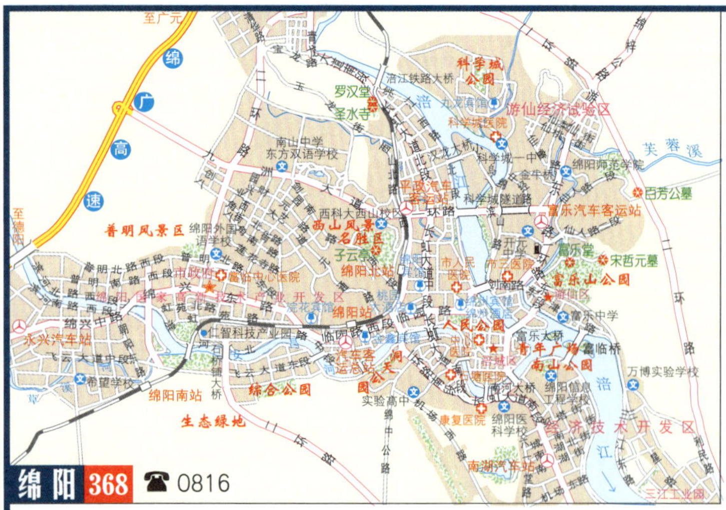

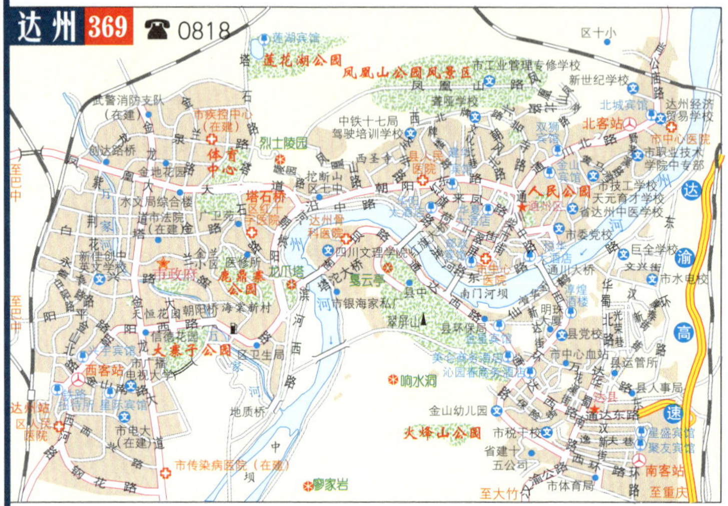

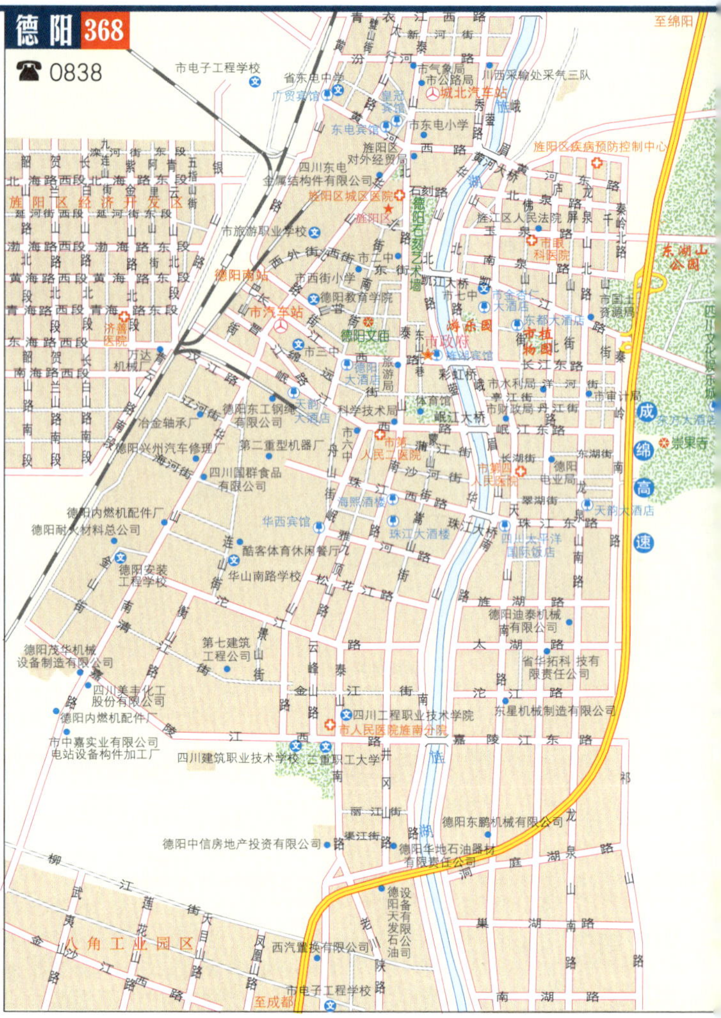

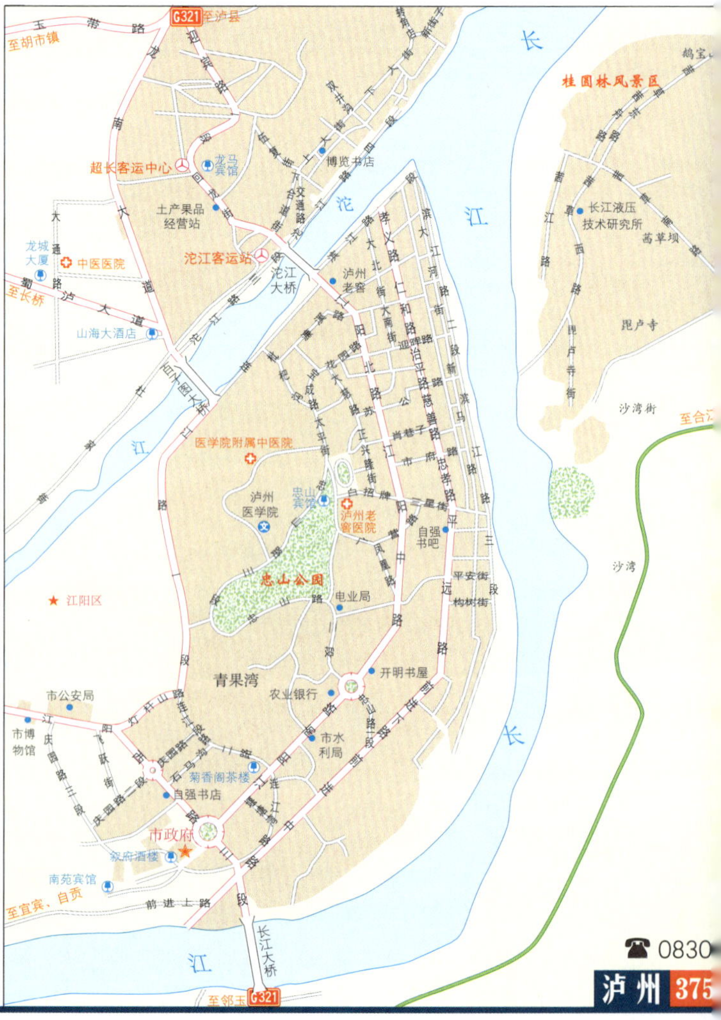

图例解释

街区 | 公园 绿地 | 过境线 国道 | 主要街道 省道 | 次要街道 县道 | 城市高架路 | 地铁 轻轨 | 铁路及车站 | 高速公路 | 建筑中高速公路 | 快速路 | 省、市、区政府 | 交警部门 地铁站 | 出入口 国道编号 | 加油站 汽修厂 | 停车场 汽车站 | 医院 邮政局 | 宾馆 风景点 | 古塔 电视台 | 桥梁 运动场

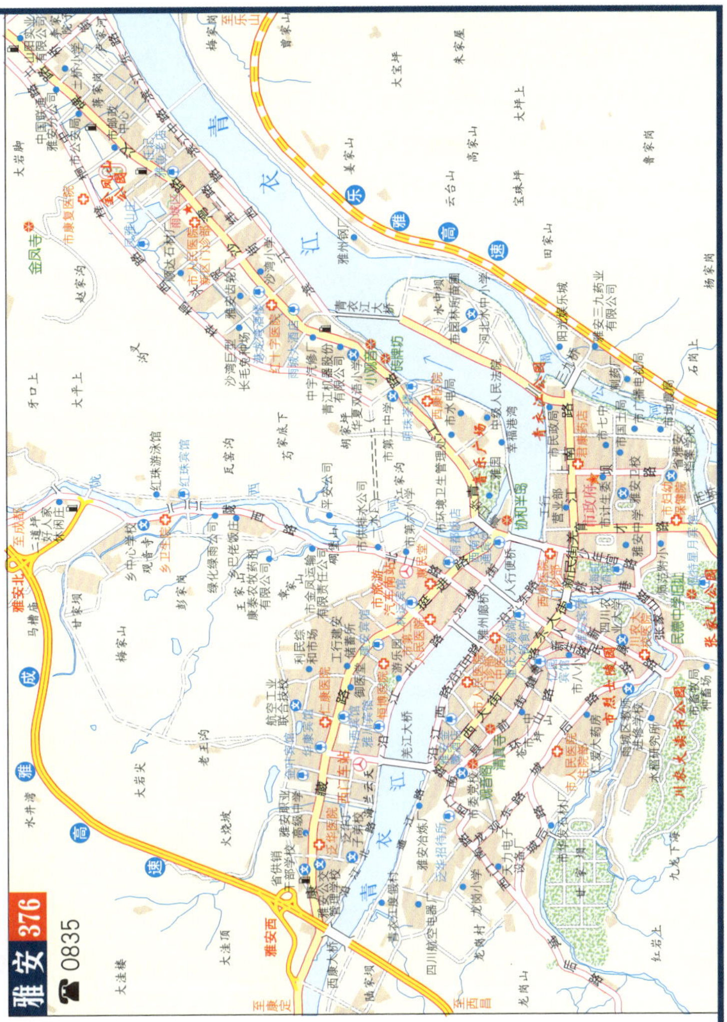

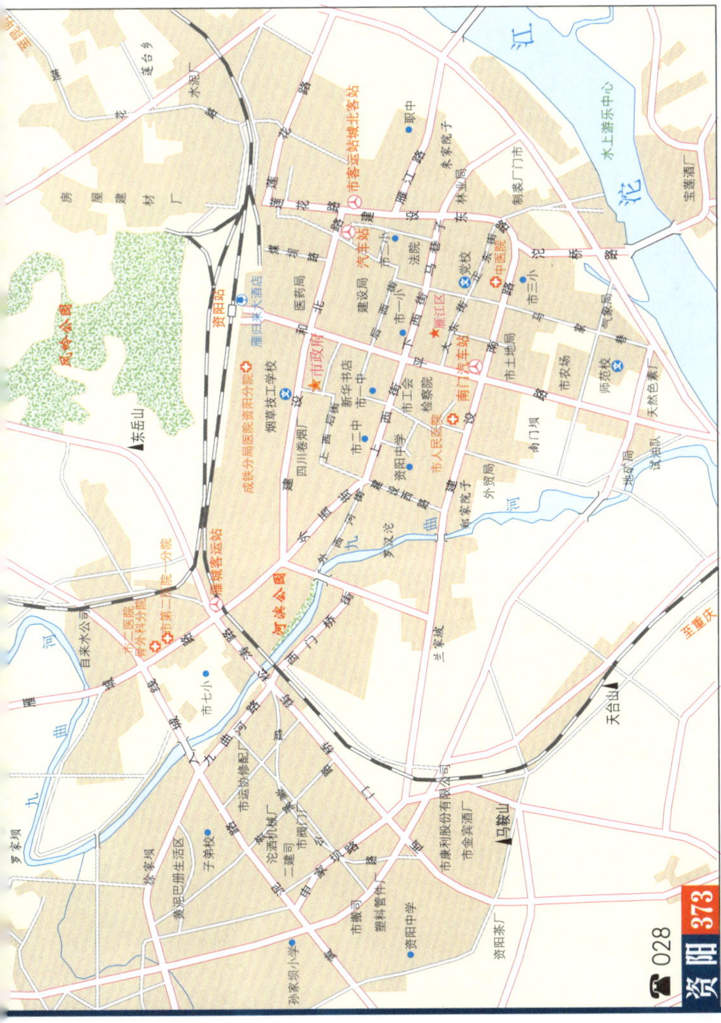

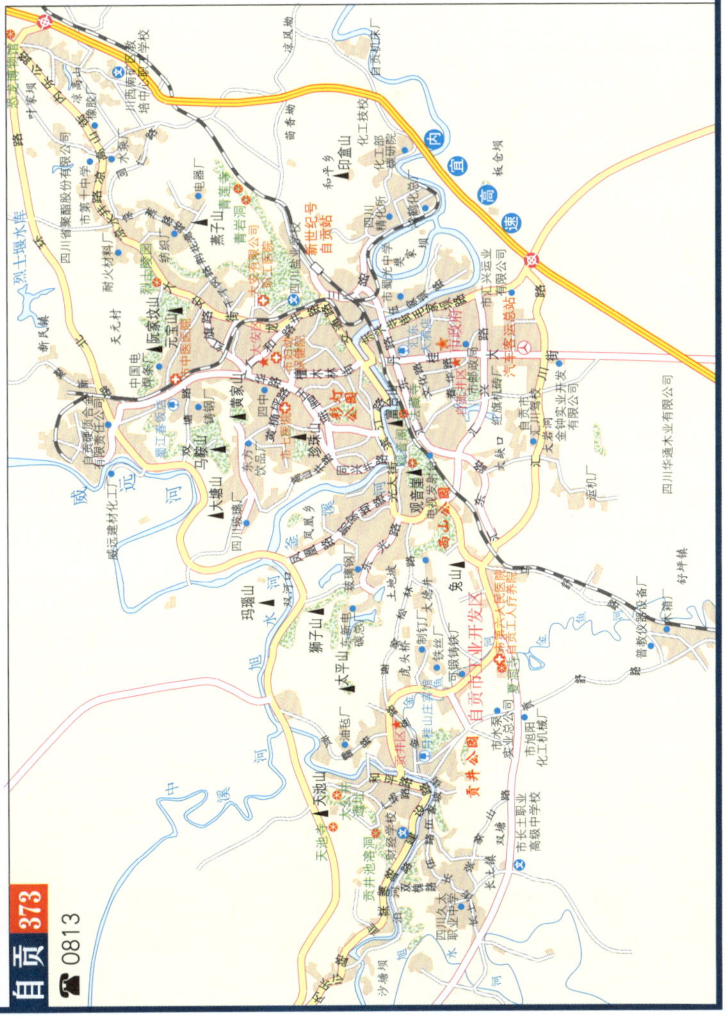

四川省

比例尺 1：87万

0 8.7 17.4 26.1 km

图上1cm相当于实地13.0km

图例解释

收费站 出入口 G45 国家高速编号 服务区 在建 高速公路

G312 国道编号 国道

S217 省道编号 25 居民点 里程数(km) 在建 省道

桥梁 隘口 县道

快速路

隧道 在建 铁路

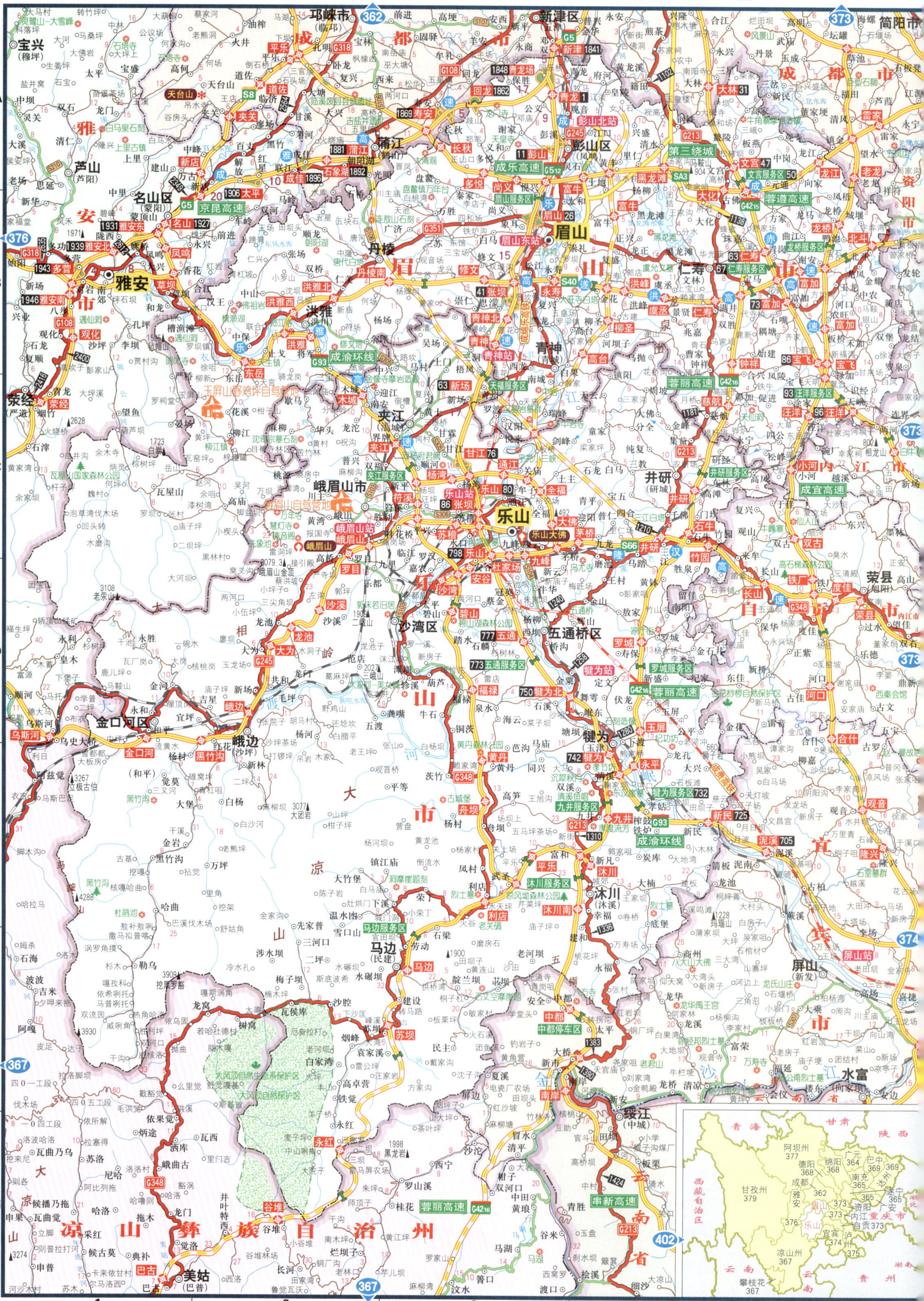

成都
龙泉驿区
新都区
简阳市
资阳
安岳
乐至
资中
内江
威远
荣县
自贡
沿滩区
富顺
隆昌市
泸县
泸州
纳溪区
宜宾
江安
南溪区
大足区
荣昌区
安居区
井研
仁寿
遂宁市
德阳市
资阳市
内江市
自贡市
宜宾市
泸州市
重庆市
眉山市
乐山市
成渝高速
沪蓉高速
遂资眉高速
成资渝高速
渝蓉高速
成自泸高速
内遂高速
隆纳高速
厦蓉高速
内宜高速
成宜高速
蓉遵高速
362
368
365
372
354
374
375
甘肃
青海
陕西
西藏自治区
阿坝州 377
德阳 368
绵阳 368
广元 364
巴中 369
达州 369
南充 365
成都 362
遂宁 365
甘孜州 379
雅安
眉山 372
乐山 376
资阳
内江
自贡 374
宜宾
泸州 375
凉山州 367
攀枝花 367
云南
贵州
重庆市
湖北
A
B
C
D
E
F
G
6
7
8
9
10

四川省

图例解释

收费站 出入口 国家高速编号 G45 服务区 在建 高速公路

G312 国道编号 国道

S217 省道编号 25 居民点 里程数(km) 在建 省道

桥梁 隧口 县道

快速路

隧道 在建 铁路

345 南京三桥 南京三桥出入口位于距该高速公路零千米345千米处

25 宁波服务区 宁波服务区位于距该高速公路零千米25千米处

47 香河收费站 香河收费站位于距该高速公路零千米47千米处

24 国道里程桩：表示该点距此国道零千米总里程为24千米

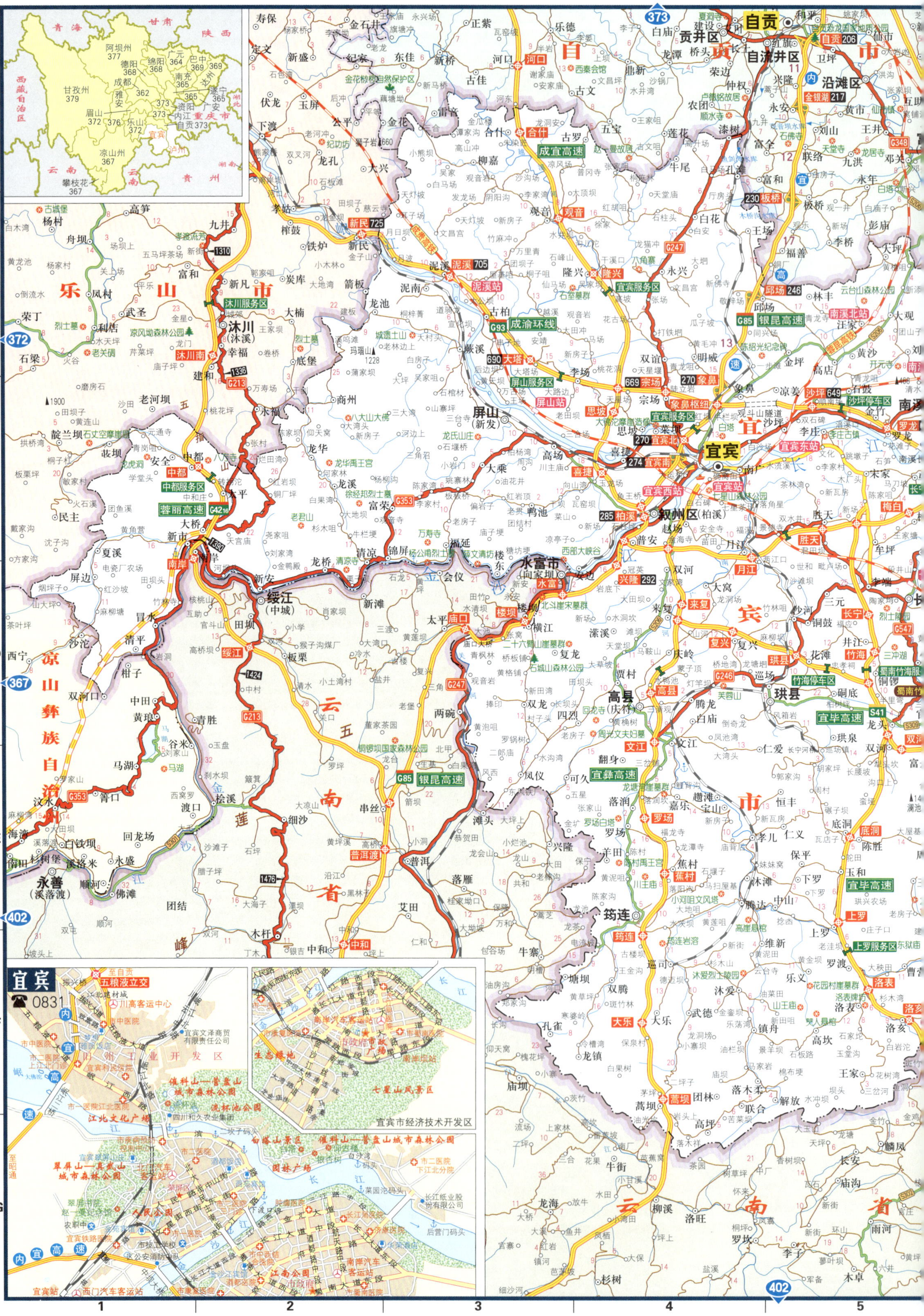

比例尺 1：70万
0 7.0 14.0 21.0 km
图上1cm相当于实地7km

雅安市

比例尺　1：90万

0　9.0　18.0　27.0 km

图上1cm相当于实地9km

图例解释

收费站　出入口　G45 国家高速编号　服务区　在建　高速公路

G312 国道编号　国　道

S217 省道编号　25 居民点　里程数(km)　在建　省　道

桥梁　隧口　县　道

快速路

隧道　在建　铁　路

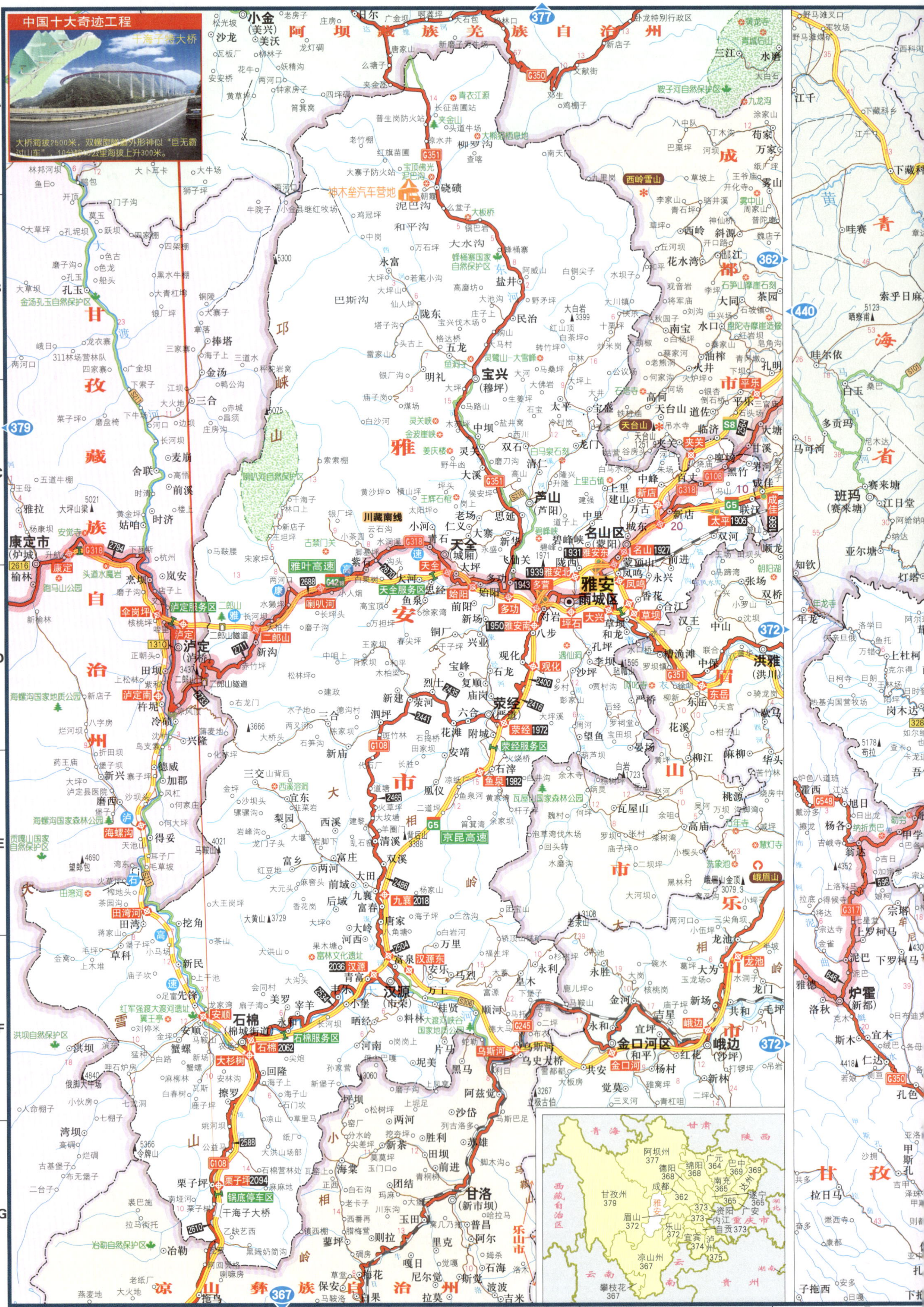

中国最美景观公路
川藏北线 起讫点：成都—马尔康—拉萨
全长：2250千米 用时：52小时
旅游时长：15天 最佳季节：8月—10月
特色：高山峡谷 方式：越野车
景色：★★★★★ 难度：★★★★★
北线相对南线而言，所经地区多为牧区，海拔更高，人口更为稀少，景色更为原始壮丽。沿途最高点是海拔6168米的雀儿山。
阿坝藏族羌族自治州
甘肃省
青海省
四川省
马尔康市
若尔盖
红原
松潘
九寨沟
黑水
理县
汶川
茂县
金川
小金
阿坝
壤塘
都江堰市
成都
德阳
绵竹市
什邡市
彭州市
郫都区
温江区
崇州市
大邑
新都区
青白江区
川藏北线
西部牧场汽车营地
红原318自驾营地
松潘318自驾营地
大熊猫国家公园
四姑娘山

图例解释

收费站、出入口、G45 国家高速编号、服务区、在建	高速公路
G312 国道编号	国道
S217 省道编号、25 居民点、里程数(km)、在建	省道
桥梁、隧口	县道
	快速路
隧道、在建	铁路
345 南京三桥	南京三桥出入口位于距该高速公路零千米345千米处
25 宁波服务区	宁波服务区位于距该高速公路零千米25千米处
47 香河收费站	香河收费站位于距该高速公路零千米47千米处
24	国道里程桩：表示该点距此国道零千米总里程为24千米

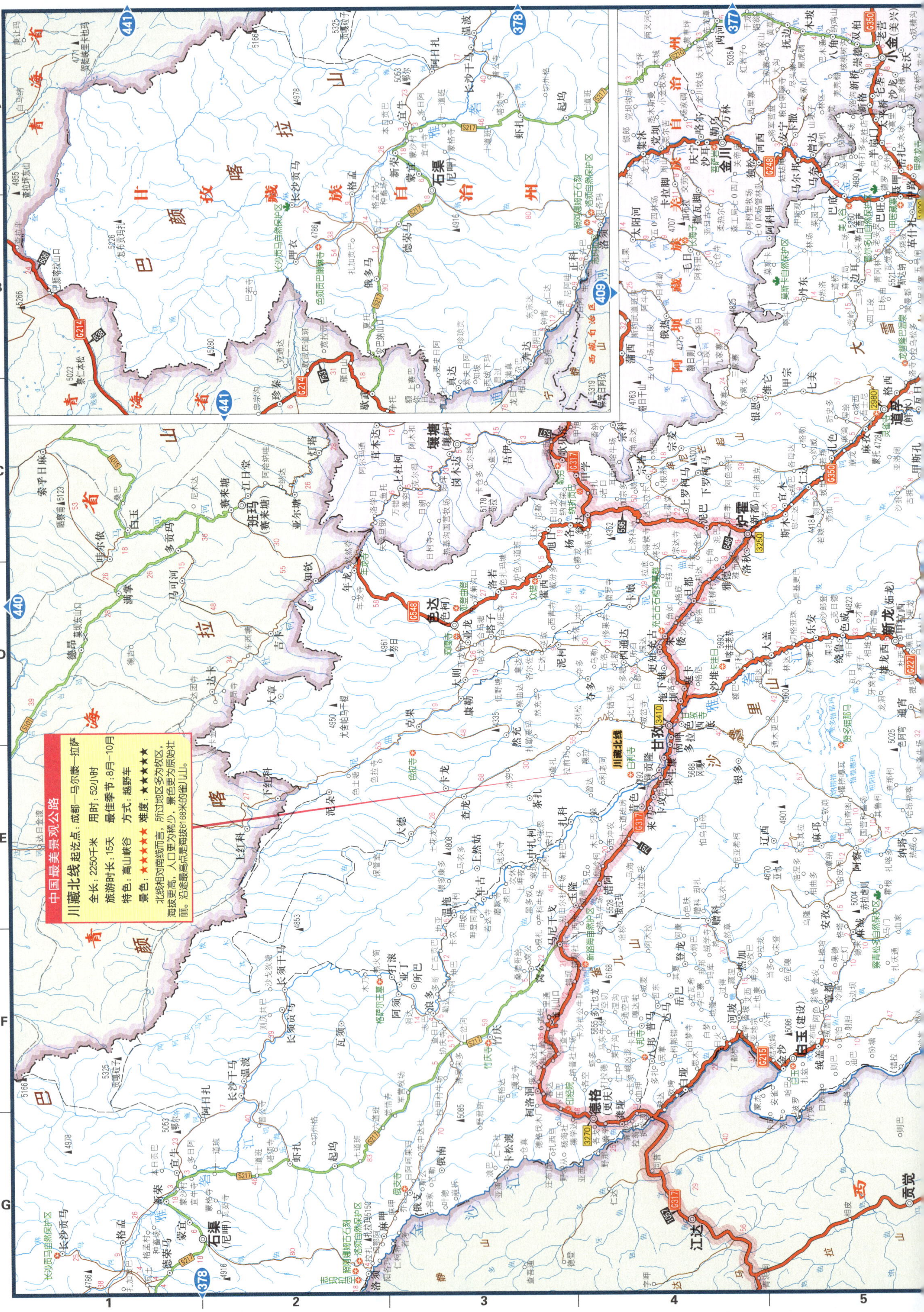

比例尺 1：159万

0 15.9 31.8 47.7 km

图上1cm相当于实地15.9km

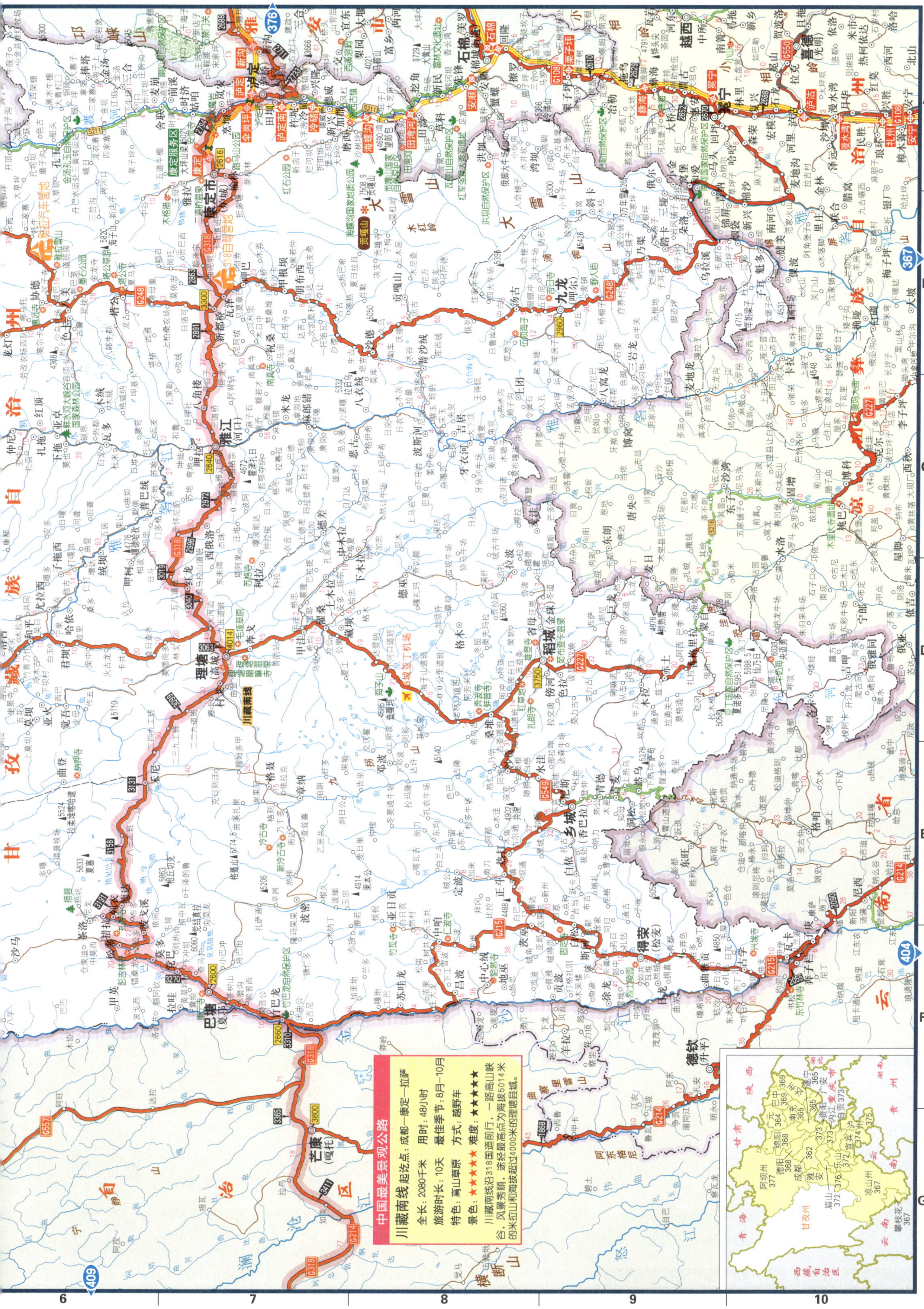

常用电话

高速公路咨询........0851-96122	遵义市交通局..0851-28222328	六盘水市交通局.0858-8320547
治超办...........0851-85955580	铜仁市交通局...0856-5222491	黔东南州交通局.0855-8220267
修理厂...........0851-86555275	黔西南州交通局.0859-3222284	黔南州交通局...0854-8222680
省交通厅.........0851-85954131	毕节市交通局...0857-8293006	
贵阳市交通局.....0851-85950005	安顺市交通局..0851-33281398	

贵州省国道里程表（单位:km）

324国道

	云南罗平	江底	兴义	安龙
江底	48			
兴义	88	40		
安龙	167	119	79	
广西旧州	309	261	221	142

326国道

	甘龙	沿河	德江	凤冈	湄潭	遵义	金沙	大方	毕节	赫章	威宁	黑石	云南长麦地
重庆秀山	40	99	188	257	297	376	466	575	625	708	783	829	886
甘龙		59	148	217	257	336	426	535	585	668	743	789	846
沿河			89	158	198	277	367	476	526	609	684	730	787
德江				69	109	188	278	387	437	520	595	641	698
凤冈					40	119	209	318	368	451	526	572	629
湄潭						79	169	278	328	411	486	532	589
遵义							90	199	249	332	407	453	510
金沙								109	159	242	317	363	420
大方									50	133	208	254	311
毕节										83	158	204	261
赫章											75	121	178
威宁												46	103
黑石													57

321国道

	大方	黔西	清镇	贵阳	龙里	贵定	都匀	丹寨	三都	榕江	从江
黔西	59										
清镇	167	108									
贵阳	195	136	28								
龙里	232	173	65	37							
贵定	275	216	108	80	43						
都匀	371	312	204	176	139	96					
丹寨	422	363	255	227	190	147	51				
三都	455	396	288	260	223	180	84	33			
榕江	570	511	403	375	338	295	199	148	115		
从江	647	588	480	452	415	372	276	225	192	77	
广西富禄	688	629	521	493	456	413	317	266	233	118	41

210国道

	独山	都匀	贵定	龙里	贵阳	息烽	遵义	桐梓	崇溪河	重庆赶水
广西六寨	72	139	235	278	315	389	456	518	595	625
独山		67	163	206	243	317	384	446	523	553
都匀			96	139	176	250	317	379	456	486
贵定				43	80	154	221	283	360	390
龙里					37	111	178	240	317	347
贵阳						74	141	203	280	310
息烽							67	129	206	236
遵义								62	139	169
桐梓									77	107
崇溪河										30

320国道

	云南富源	胜境关	普安	晴隆	关岭	黄果树	镇宁	安顺	平坝	清镇	贵阳	龙里	贵定	麻江	凯里	台江	三穗	玉屏
胜境关	13																	
普安	107	94																
晴隆	158	145	51															
关岭	229	216	122	71														
黄果树	255	242	148	97	26													
镇宁	271	258	164	113	42	16												
安顺	300	287	193	142	71	45	29											
平坝	340	327	233	182	111	85	69	40										
清镇	382	369	275	224	153	127	111	82	42									
贵阳	410	397	303	252	181	155	139	110	70	28								
龙里	447	434	340	289	218	192	176	147	107	65	37							
贵定	490	477	383	332	261	235	219	190	150	108	80	43						
麻江	562	549	455	404	333	307	291	262	222	180	152	115	72					
凯里	611	598	504	453	382	356	340	311	271	229	201	164	121	49				
台江	665	652	558	507	436	410	394	365	325	283	255	218	175	103	54			
三穗	731	718	624	573	502	476	460	431	391	349	321	284	241	169	120	66		
玉屏	781	768	674	623	552	526	510	481	441	399	371	334	291	219	170	116	50	
湖南新晃	816	803	709	658	587	561	545	516	476	434	406	369	326	254	205	151	85	35

贵州旅游景点信息

世界遗产：梵净山、中国南方喀斯特·荔波、中国南方喀斯特·施秉、海龙屯遗址、中国丹霞·赤水

国家级风景名胜区：黄果树、织金洞、舞阳河、红枫湖、龙宫、荔波樟江、赤水、马岭河峡谷、都匀斗篷山－剑江、九洞天、九龙洞、黎平侗乡、格凸河穿洞、平塘、榕江苗山侗水、石阡温泉群、沿河乌江山峡、瓮安江界河

国家5A级旅游区：龙宫、黄果树大瀑布、百里杜鹃、荔波漳江、青岩古镇、梵净山、镇远古城、赤水丹霞、织金洞

其它热门旅游景点：黔灵山公园、天河潭、甲秀楼、花溪公园、息烽集中营旧址、西江千户苗寨、肇兴侗寨、小七孔、郎德上寨、茂兰自然保护区、大射电景区、二十四道拐、天星桥风景区

- 本表中城际间里程是以高速公路、国道为主要行车路线计算，不作营运计价依据。
- 单位：km

贵州省主要城市至全国各主要城市里程表

		贵阳	遵义	安顺	毕节	凯里	六盘水	都匀	兴义
直辖市	北京	2348	2182	2414	2473	2205	2601	2274	2631
	上海	1905	2034	1982	2100	1725	2169	1794	2199
	天津	2334	2168	2400	2459	2191	2587	2260	2617
	重庆	426	283	501	565	581	688	552	718
河北省	石家庄	2072	1910	2138	2201	1913	2325	1982	2355
	张家口	2596	2434	2662	2725	2435	2849	2504	2879
	承德	2610	2448	2676	2739	2449	2863	2518	2893
	秦皇岛	2580	2418	2646	2709	2421	2833	2490	2863
	唐山	2432	2270	2498	2561	2273	2685	2342	2719
	保定	2191	2029	2257	2320	2032	2444	2101	2474
	沧州	2225	2063	2291	2354	2066	2478	2135	2508
	衡水	2183	2021	2249	2312	2024	2436	2093	2466
	邢台	1940	1778	2006	2069	1781	2193	1850	2223
	邯郸	1891	1729	1957	2020	1727	2144	1796	2174
山西省	太原	1996	1834	2062	2125	1998	2249	2067	2279
	大同	2271	2109	2337	2400	2268	2524	2337	2554
	阳泉	2103	1941	2169	2232	2100	2356	2169	2386
	长治	1791	1629	1857	1920	1788	2044	1857	2074
	晋城	1697	1535	1763	1826	1694	1950	1763	1980
	忻州	2076	1914	2142	2205	2073	2329	2142	2359
	临汾	1905	1743	1971	2034	1902	2158	1971	2188
	运城	1776	1614	1842	1905	1773	2029	1842	2059
	侯马	1848	1686	1914	1977	1845	2101	1914	2131
内蒙古自治区	呼和浩特	2414	2252	2480	2543	2551	2667	2540	2697
	包头	2236	2074	2302	2365	2381	2489	2362	2519
	乌海	2234	2072	2300	2363	2379	2487	2360	2517
	赤峰	2967	2805	3033	3096	2803	3220	2872	3250
	通辽	3142	2980	3208	3271	2978	3395	3047	3425
	呼伦贝尔	4284	4122	4350	4413	4102	4537	4171	4567
	乌兰浩特	3597	3435	3663	3726	3415	3850	3484	3880
	锡林浩特	3027	2865	3093	3156	2845	3280	2914	3310
	乌兰察布	2402	2240	2468	2531	2399	2655	2468	2685
	东胜区	2160	1998	2226	2289	2305	2413	2286	2443
	巴彦淖尔	2493	2331	2559	2622	2638	2746	2619	2776
辽宁省	沈阳	2981	2819	3047	3110	2822	3234	2891	3264
	朝阳	2850	2688	2916	2979	2691	3103	2760	3133
	阜新	2887	2725	2953	3016	2728	3140	2797	3170
	铁岭	3044	2882	3110	3173	2885	3297	2954	3327
	本溪	3017	2855	3083	3146	2858	3270	2927	3300
	鞍山	2963	2801	3029	3092	2804	3216	2873	3246
	丹东	3160	2998	3226	3289	3001	3413	3070	3443
	大连	3118	2956	3184	3247	2959	3371	3028	3401
	营口	2902	2740	2968	3031	2743	3155	2812	3185
	盘锦	2842	2680	2908	2971	2683	3095	2752	3125
	锦州	2759	2597	2825	2888	2600	3012	2669	3042
	葫芦岛	2720	2557	2786	2848	2561	2973	2630	3003
吉林省	长春	3277	3115	3343	3406	3118	3530	3187	3560
	白城	3453	3291	3519	3582	3294	3706	3363	3736
	松原	3425	3263	3491	3554	3266	3678	3335	3708
	吉林	3370	3208	3436	3499	3211	3623	3280	3653
	四平	3160	2998	3226	3289	3001	3413	3070	3443
	辽源	3233	3071	3299	3362	3074	3486	3143	3516
	通化	3223	3061	3289	3352	3064	3476	3133	3506
	梅河口	3222	3060	3288	3351	3063	3475	3132	3505
	延吉	3672	3510	3738	3801	3513	3925	3582	3955
	敦化	3553	3391	3619	3682	3394	3806	3463	3836
黑龙江省	哈尔滨	3520	3358	3586	3649	3361	3773	3430	3803
	齐齐哈尔	3836	3674	3902	3965	3677	4089	3746	4119
	黑河	4096	3934	4162	4225	3937	4349	4006	4379
	大庆	3668	3506	3734	3797	3509	3921	3578	3951
	伊春	3863	3701	3929	3992	3704	4116	3773	4146
	鹤岗	3941	3779	4007	4070	3782	4194	3851	4224
	佳木斯	3870	3708	3936	3999	3711	4123	3780	4153
	双鸭山	3934	3772	4000	4063	3775	4187	3844	4217
	七台河	3953	3791	4019	4082	3794	4206	3863	4236
	鸡西	3896	3734	3962	4025	3737	4149	3806	4179
	牡丹江	3733	3571	3799	3862	3574	3986	3643	4016
	绥化	3227	3065	3293	3356	3479	3480	3548	3510
江苏省	南京	1771	1900	1852	1966	1591	2039	1660	2069
	徐州	1910	2039	1991	2105	1730	2178	1799	2208
	连云港	2045	2174	2126	2240	1865	2313	1934	2343
	淮安	1913	2042	1994	2108	1733	2181	1802	2211
	盐城	2025	2154	2106	2220	1845	2293	1914	2323
	扬州	1839	1968	1920	2034	1659	2107	1728	2137
	南通	1994	2123	2075	2189	1814	2262	1883	2292
	镇江	1841	1970	1922	2036	1661	2109	1730	2139
	常州	1887	2016	1968	2082	1707	2155	1776	2185
	无锡	1930	2059	2011	2125	1750	2198	1819	2228
	苏州	1866	1995	1947	2061	1686	2134	1755	2164
浙江省	杭州	1717	1846	1798	1912	1537	1985	1606	2015
	湖州	1781	1910	1862	1976	1601	2049	1670	2079
	嘉兴	1800	1929	1881	1995	1620	2068	1689	2098
	宁波	1856	1985	1937	2051	1676	2124	1745	2154
	绍兴	1749	1878	1830	1944	1569	2017	1638	2047
	衢州	1490	1619	1571	1685	1310	1758	1379	1788
	金华	1573	1702	1654	1768	1393	1841	1462	1871
	台州	1774	1903	1855	1969	1594	2042	1663	2072
	温州	1762	1891	1843	1957	1582	2030	1651	2060
	丽水	1669	1798	1750	1864	1489	1937	1558	1967
安徽省	合肥	1619	1748	1700	1814	1439	1887	1508	1917
	宿州	1836	1965	1917	2031	1656	2104	1725	2134
	阜阳	1816	1945	1897	2011	1636	2084	1705	2114
	蚌埠	1737	1866	1818	1932	1557	2005	1626	2035
	淮南	1723	1852	1804	1918	1543	1991	1612	2021
	滁州	1804	1933	1885	1999	1624	2072	1693	2102
	马鞍山	1742	1871	1823	1937	1562	2010	1631	2040
	芜湖	1686	1815	1767	1881	1506	1954	1575	1984
	铜陵	1608	1737	1689	1803	1428	1876	1497	1906
	安庆	1510	1639	1591	1705	1330	1778	1399	1808
	黄山	1601	1730	1678	1796	1421	1865	1490	1895
	巢湖	1675	1804	1756	1870	1495	1943	1564	1973
福建省	福州	1703	1832	1780	1898	1523	1967	1592	1997
	南平	1546	1675	1623	1741	1366	1810	1435	1840
	三明	1522	1651	1599	1717	1342	1786	1411	1816
	莆田	1792	1921	1869	1987	1612	2056	1681	2086
	泉州	1765	1894	1842	1961	1585	2029	1654	2059
	厦门	1699	1828	1776	1895	1519	1963	1588	1993
	漳州	1649	1778	1726	1845	1469	1913	1538	1943
	龙岩	1550	1679	1627	1746	1370	1814	1439	1844
	宁德	1819	1948	1896	2014	1639	2083	1708	2113
江西省	南昌	1198	1327	1275	1393	1018	1462	1087	1492
	九江	1318	1447	1395	1513	1138	1582	1207	1612
	景德镇	1407	1536	1484	1602	1227	1671	1296	1701
	鹰潭	1275	1404	1352	1470	1095	1539	1164	1569
	上饶	1375	1504	1452	1570	1195	1639	1264	1669
	新余	1045	1174	1122	1240	865	1309	934	1339
	萍乡	935	1064	1012	1130	755	1199	824	1229
	赣州	1551	1683	1628	1746	1371	1815	1440	1845
	宜春	995	1124	1072	1190	815	1259	884	1289
山东省	济南	2030	1868	2096	2159	1871	2283	1940	2313
	德州	2114	1952	2180	2243	1955	2367	2024	2397
	淄博	2139	1977	2205	2268	1980	2392	2049	2422
	潍坊	2238	2076	2304	2367	2079	2491	2148	2521
	烟台	2496	2334	2562	2625	2337	2749	2406	2779
	威海	2544	2382	2610	2673	2385	2797	2454	2827
	青岛	2339	2177	2405	2468	2180	2592	2249	2622
	日照	2172	2010	2238	2301	2013	2425	2082	2455
	临沂	2092	1930	2158	2221	1933	2345	2002	2375
	济宁	1898	1736	1964	2027	1739	2151	1808	2181
	泰安	1959	1797	2025	2088	1800	2212	1869	2242
	滨州	2188	2026	2254	2317	2029	2441	2098	2471
	菏泽	1787	1625	1853	1916	1628	2040	1697	2070
河南省	郑州	1681	1519	1747	1810	1522	1934	1591	1964
	三门峡	1711	1549	1777	1840	1713	1964	1782	1994
	洛阳	1595	1343	1661	1634	1597	1848	1666	1878
	焦作	1716	1554	1782	1845	1592	1969	1661	1999
	新乡	1727	1565	1793	1856	1568	1980	1637	2010
	安阳	1835	1673	1901	1964	1676	2088	1745	2118
	开封	1695	1533	1761	1824	1536	1948	1605	1978
	商丘	1701	1539	1767	1830	1542	1954	1611	1984
	漯河	1537	1407	1614	1698	1378	1801	1447	1831
	南阳	1394	1232	1460	1523	1395	1647	1464	1677
	信阳	1373	1412	1450	1703	1204	1637	1273	1667
湖北省	武汉	1182	1311	1259	1377	1013	1446	1082	1476
	十堰	1429	1263	1495	1558	1438	1682	1507	1712
	襄阳	1283	1117	1349	1412	1253	1536	1322	1566
	荆门	1137	971	1203	1266	1107	1390	1176	1420
	孝感	1229	1358	1306	1424	1060	1493	1129	1523
	鄂州	1216	1345	1293	1411	1047	1480	1116	1510
	黄石	1234	1363	1311	1429	1065	1498	1134	1528
	咸宁	1099	1228	1176	1294	930	1363	999	1393
	荆州	1113	947	1179	1242	1027	1366	1096	1396
	宜昌	1043	871	1109	1172	1133	1296	1202	1326
	长沙	892	1021	969	1087	723	1156	792	1186
湖南省	常德	1010	1139	1087	1205	841	1274	910	1304
	益阳	938	1067	1015	1133	769	1202	838	1232
	岳阳	1008	1137	1085	1203	839	1272	908	1302
	株洲	853	982	930	1048	684	1117	753	1147
	湘潭	827	956	904	1022	658	1091	727	1121
	衡阳	775	904	852	970	606	1039	675	1069
	郴州	1099	1228	1176	1294	930	1363	999	1393
	永州	764	893	841	959	595	1028	664	1058
	邵阳	634	763	711	829	465	898	534	928
广东省	广州	1264	1393	1341	1459	1175	1528	1098	1176
	韶关	1257	1386	1334	1452	1088	1521	1157	1389
	梅州	1668	1797	1745	1863	1499	1932	1502	1537
	汕头	1682	1811	1759	1877	1593	1946	1516	1594
	惠州	1375	1504	1452	1570	1286	1639	1209	1287
	东莞	1306	1435	1383	1501	1217	1570	1140	1218
	深圳	1383	1512	1460	1578	1294	1647	1217	1295
	珠海	1375	1504	1452	1570	1286	1639	1209	1287
	中山	1344	1473	1421	1539	1255	1608	1178	1156
	肇庆	1141	1270	1218	1336	1052	1405	975	1053
	茂名	1032	1161	1109	1227	943	1296	866	933
	湛江	952	1081	1029	1147	863	1216	786	853
广西壮族自治区	南宁	644	773	721	839	555	908	478	528
	桂林	742	871	819	937	653	1006	576	905
	柳州	589	718	666	784	500	853	423	782
	梧州	995	1124	1072	1190	906	1259	829	892
	玉林	822	951	899	1017	733	1086	656	719
	百色	579	700	482	766	602	573	712	297
四川省	成都	738	576	804	867	883	991	864	1177
	绵阳	828	666	894	957	973	1081	954	1111
	泸州	605	443	671	734	750	858	731	888
	攀枝花	856	987	759	1044	1005	850	989	638
	西昌	1047	1178	950	1235	1196	1041	1180	829
云南省	昆明	574	705	477	762	723	568	707	352
	曲靖	431	562	334	619	580	425	564	280
	玉溪	654	785	557	842	803	648	787	412
	丽江	1063	1194	966	1251	1212	1057	1196	834
	大理	876	1007	779	1064	1025	870	1009	647
	景洪	1111	1242	1014	1299	1260	1105	1244	864
西藏自治区	拉萨	2795	2680	2698	2971	2987	2789	2928	2566
	那曲	2736	2620	2639	2911	2927	2730	2869	2507
	昌都	2011	1898	1914	2189	2205	2005	2144	1782
	日喀则	3047	2935	2950	3226	3242	3041	3180	2818
	萨嘎	3495	3385	3398	3676	3692	3489	3628	3266
	噶尔	4282	4170	4185	4461	4477	4276	4415	4053
陕西省	西安	1419	1257	1485	1548	1564	1672	1545	1702
	延安	1714	1552	1780	1843	1859	1967	1840	1997
	铜川	1497	1335	1563	1626	1642	1750	1623	1780
	渭南	1478	1316	1544	1607	1623	1731	1604	1761
	咸阳	1426	1264	1492	1555	1571	1679	1552	1709
	宝鸡	1578	1416	1644	1707	1723	1831	1704	1861
	汉中	1153	991	1219	1282	1298	1406	1279	1436
	榆林	1994	1832	2060	2123	2139	2247	2120	2277
	安康	1405	1243	1471	1534	1550	1658	1531	1688
甘肃省	兰州	1833	1671	1899	1962	1978	2086	1959	2116
	嘉峪关	2544	2382	2610	2673	2689	2797	2670	2827
	天水	1534	1372	1600	1663	1679	1787	1660	1817
	敦煌	2920	2758	2986	3049	3065	3173	3046	3203
	张掖	2301	2139	2367	2430	2446	2554	2427	2584
	武威	2087	1925	2153	2216	2232	2340	2213	2370
青海省	西宁	2072	1910	2138	2201	2217	2325	2198	2355
	同仁	2167	2005	2233	2296	2312	2420	2293	2450
	德令哈	2578	2416	2644	2707	2723	2831	2704	2861
	格尔木	2827	2665	2893	2956	2972	3080	2957	3110
宁夏回族自治区	银川	2132	1970	2198	2261	2277	2385	2258	2415
	惠农区	2222	2060	2288	2351	2367	2475	2348	2505
	吴忠	2064	1902	2130	2193	2209	2317	2190	2347
	固原	1797	1635	1863	1926	1942	2050	1923	2080
新疆维吾尔自治区	乌鲁木齐	3738	3576	3804	3867	3883	3991	3864	4021
	克拉玛依	4102	3940	4168	4231	4247	4355	4228	4385
	喀什	4934	4772	5000	5063	5079	5187	5060	5297
	阿克苏	4470	4308	4536	4599	4615	4723	4596	4753
	吐鲁番	3527	3375	3603	3666	3682	3790	3663	3820
	哈密	3146	2984	3212	3275	3291	3399	3272	3429
	阿勒泰	4393	4231	4459	4522	4538	4646	4519	4676

贵州省主要城镇间里程表

	贵阳	铜仁	凯里	都匀	安龙	清镇	安顺	六枝	六盘水	晴隆	盘县	兴义	黔西	织金	大方	毕节	威宁	息烽	遵义	桐梓	仁怀	赤水
贵阳																						
铜仁	444																					
凯里	196	254																				
都匀	159	327	73																			
安龙	351	791	537	475																		
清镇	28	473	220	162	322																	
安顺	106	540	292	233	243	78																
六枝	167	601	347	294	270	141	62															
六盘水	256	704	456	397	344	239	160	98														
晴隆	226	684	430	377	150	198	120	169	246													
盘县	333	779	525	472	185	305	227	264	189	107												
兴义	367	811	563	504	77	336	257	281	417	161	124											
黔西	125	572	319	261	421	99	178	240	318	323	418	432										
织金	155	602	349	291	341	129	98	160	258	243	338	355	110									
大方	192	601	386	328	436	166	193	255	253	338	433	450	67	95								
毕节	253	697	449	390	485	215	226	254	202	387	382	620	116	144	42							
威宁	342	776	522	469	424	316	237	175	77	323	266	390	266	314	175	133						
息烽	68	465	266	208	423	98	177	239	337	322	417	434	197	227	256	305	414					
遵义	125	401	359	300	513	188	259	329	423	412	507	530	165	275	177	249	352	57				
桐梓	205	463	356	346	575	250	329	391	489	474	569	586	227	337	262	311	481	137	80			
仁怀	240	513	394	376	591	266	345	407	469	490	585	602	183	293	218	267	437	168	112	174		
赤水	458	699	592	582	809	484	563	625	687	708	803	820	401	511	436	485	655	386	298	236	218	

贵州省

图例解释

街区 次要街道 县道 高速公路 交警部门 地铁站 医院 邮政局
公园 绿地 城市高架路 建筑中高速公路 出入口 国道编号 宾馆 风景点
过境线 国道 地铁 轻轨 快速路 加油站 汽修厂 古塔 电视台
主要街道 省道 铁路及车站 省、市、区政府 停车场 汽车站 桥梁 运动场

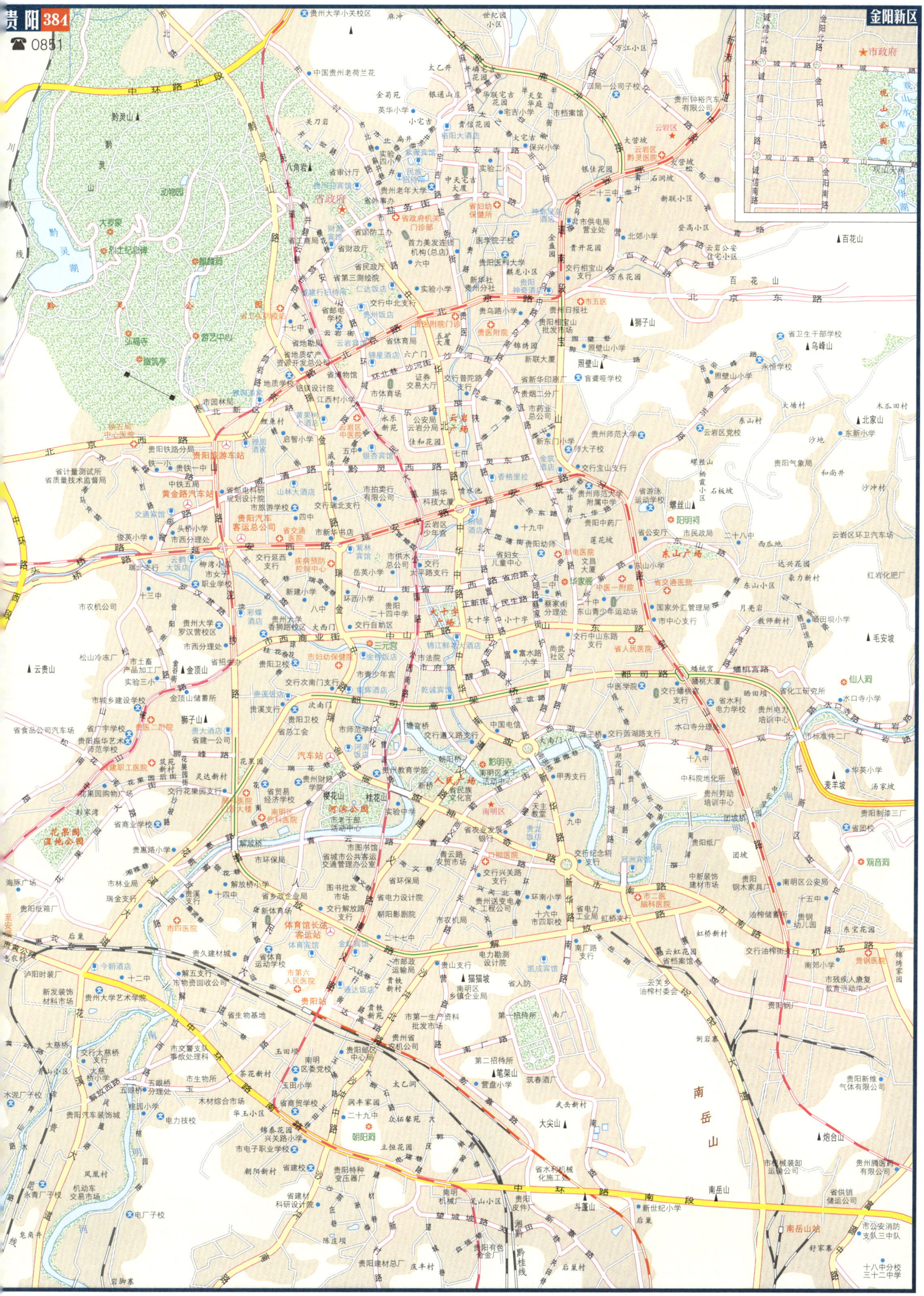

图例解释

收费站 出入口 国家高速编号 服务区 在建 高速公路
国道编号 国道
省道编号 里程数(km) 25 居民点 在建 省道
桥梁 隘口 县道
高等级公路
隧道 在建 铁路

345 南京三桥 南京三桥出入口位于距该高速公路零千米345千米处
25 宁波服务区 宁波服务区位于距该高速公路零千米25千米处
47 香河收费站 香河收费站位于距该高速公路零千米47千米处
24 国道里程桩：表示该点距此国道零千米总里程为24千米

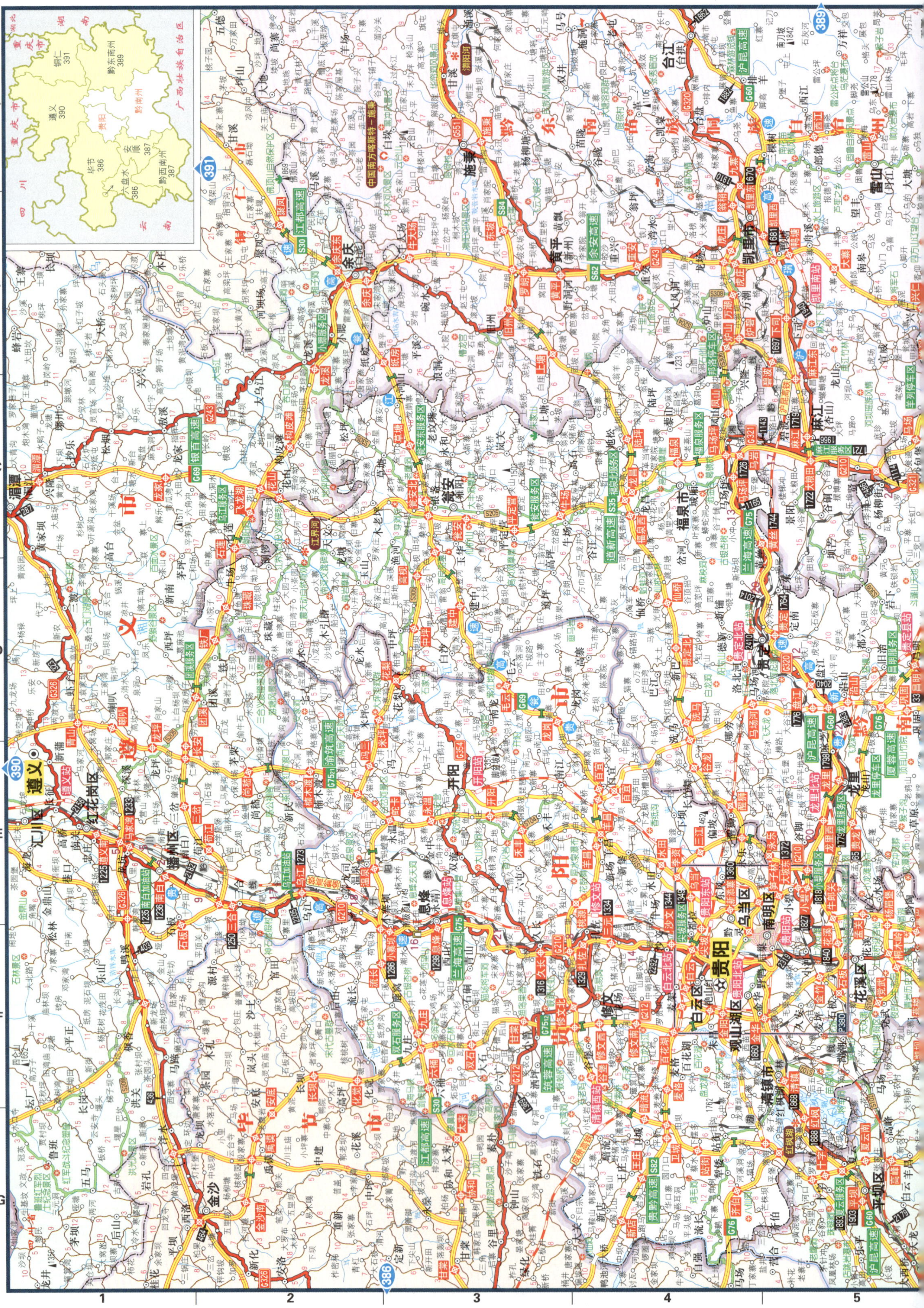

公路零千米
▶210国道零千米：包头市
▶320国道零千米：上海市区
▶321国道零千米：广州市窖口

比例尺 1：84万
0 8.4 16.8 25.2 km
图上1cm相当于实地8.4km

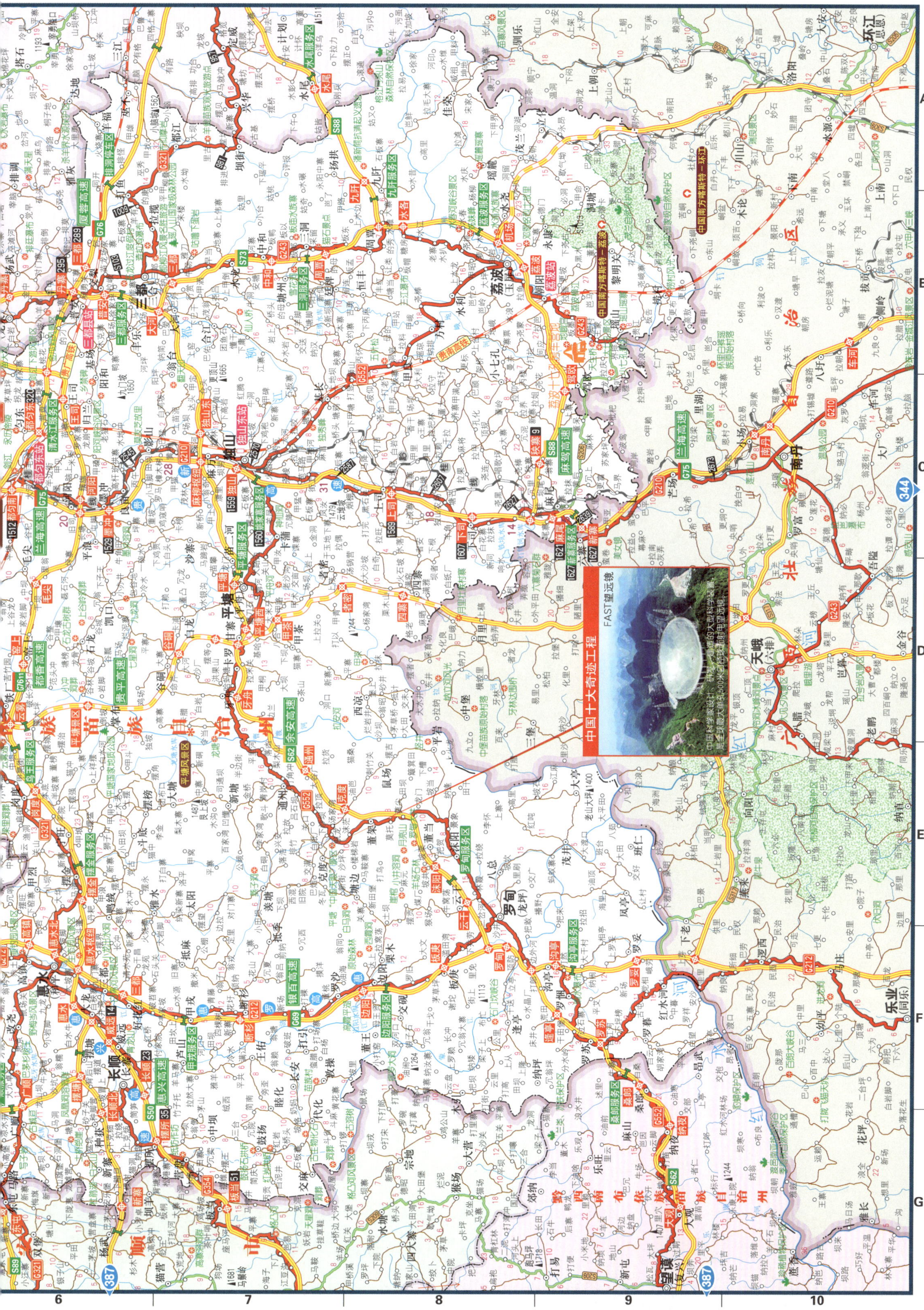

毕节市 六盘水市 安顺市 黔西南布依族苗族自治州

图例解释

收费站 出入口 G45 国家高速编号 服务区 在建 高速公路

G312 国道编号 国道

S217 省道编号 25 里程数(km) 居民点 在建 省道

桥梁 隧口 县道

快速路

隧道 在建 铁路

345 南京三桥 南京三桥出入口位于距该高速公路零千米345千米处

25 宁波服务区 宁波服务区位于距该高速公路零千米25千米处

47 香河收费站 香河收费站位于距该高速公路零千米47千米处

24 国道里程桩：表示该点距此国道零千米总里程为24千米

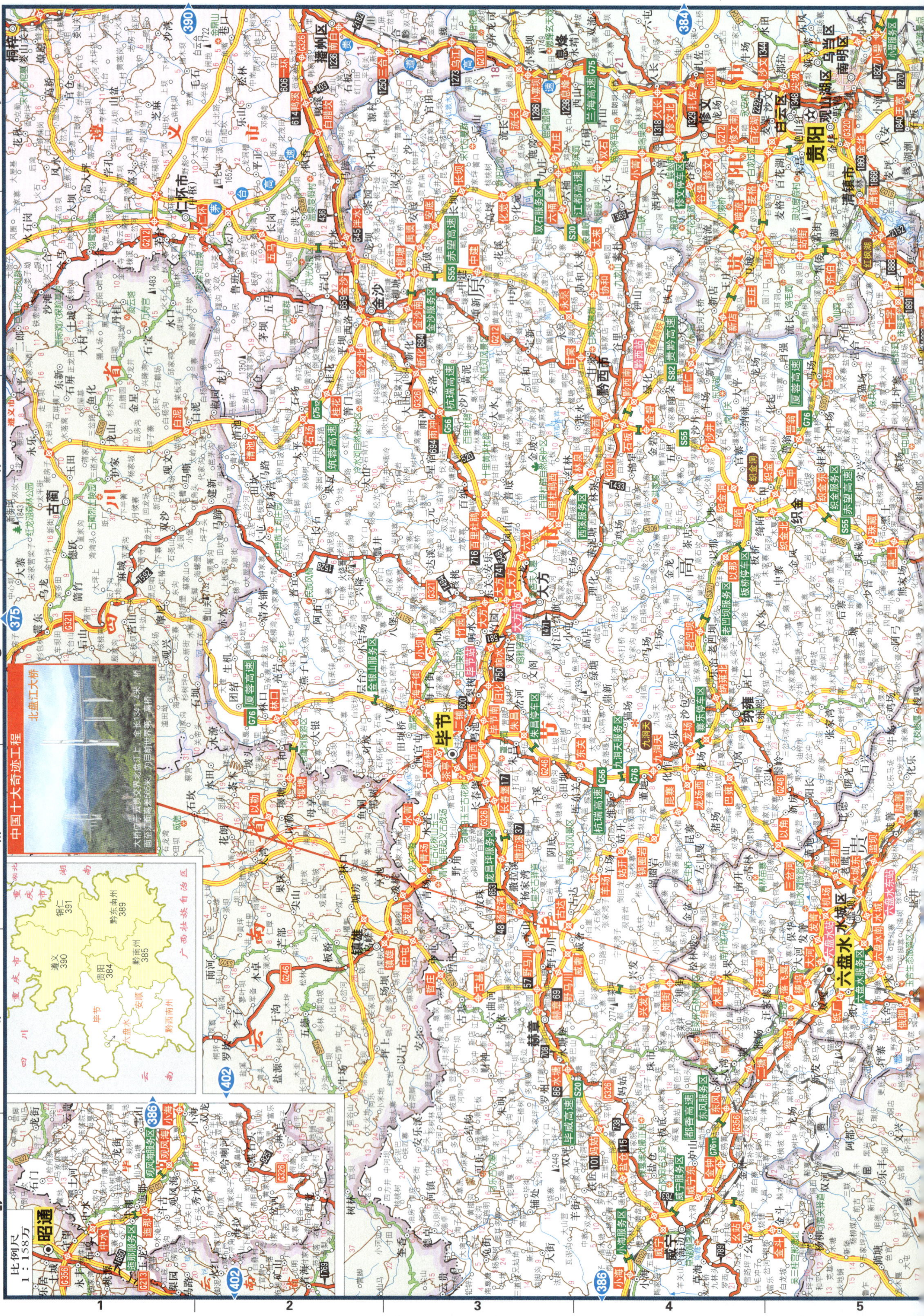

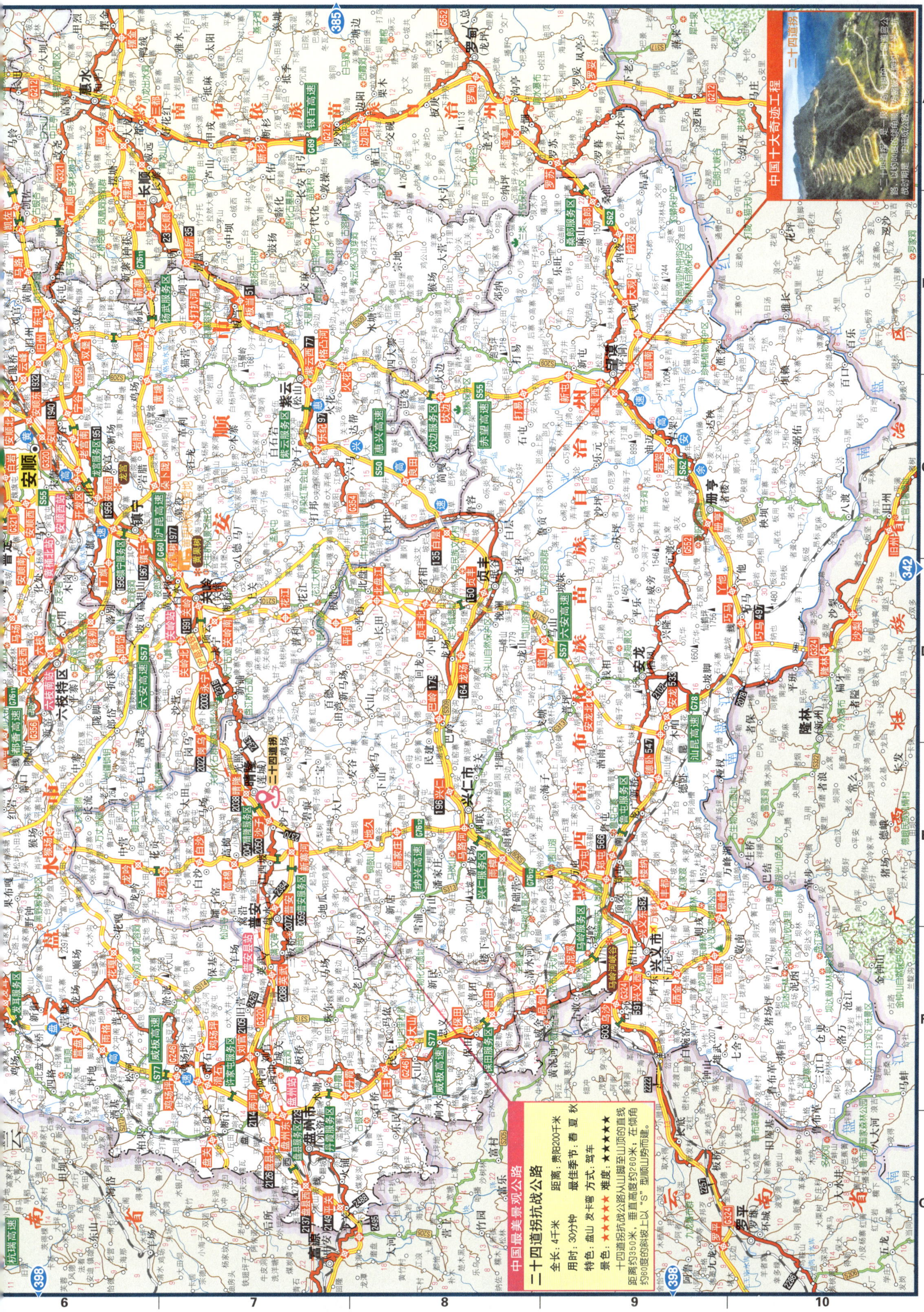
中国十大奇迹工程
二十四道拐
黔西南布依族苗族自治州
安顺
六枝特区
兴仁市
兴义市
盘州市
普安
晴隆
关岭
镇宁
紫云
望谟
册亨
安龙
贞丰
隆林
贵州省
中国最美景观公路
二十四道拐抗战公路
全长：4千米 距离：贵阳200千米
用时：30分钟 最佳季节：春 夏 秋
特色：盘山 发卡弯 方式：驾车
景色：★★★★★ 难度：★★★★★
十四道拐抗战公路从山脚至山顶的直线距离约350米，垂直高度约260米；在倾角约60度的斜坡上以"S"型顺山势而建。

图例解释

- 收费站 G45 在建 出入口 国家高速编号 服务区 —— 高速公路
- G312 国道编号 —— 国道
- S217 省道编号 25 居民点 里程数(km) 在建 —— 省道
- 桥梁 隘口 —— 县道
- 快速路
- 隧道 在建 —— 铁路

345 南京三桥　南京三桥出入口位于距该高速公路零千米345千米处

25 宁波服务区　宁波服务区位于距该高速公路零千米25千米处

47 香河收费站　香河收费站位于距该高速公路零千米47千米处

24　国道里程桩：表示该点距此国道零千米总里程为24千米

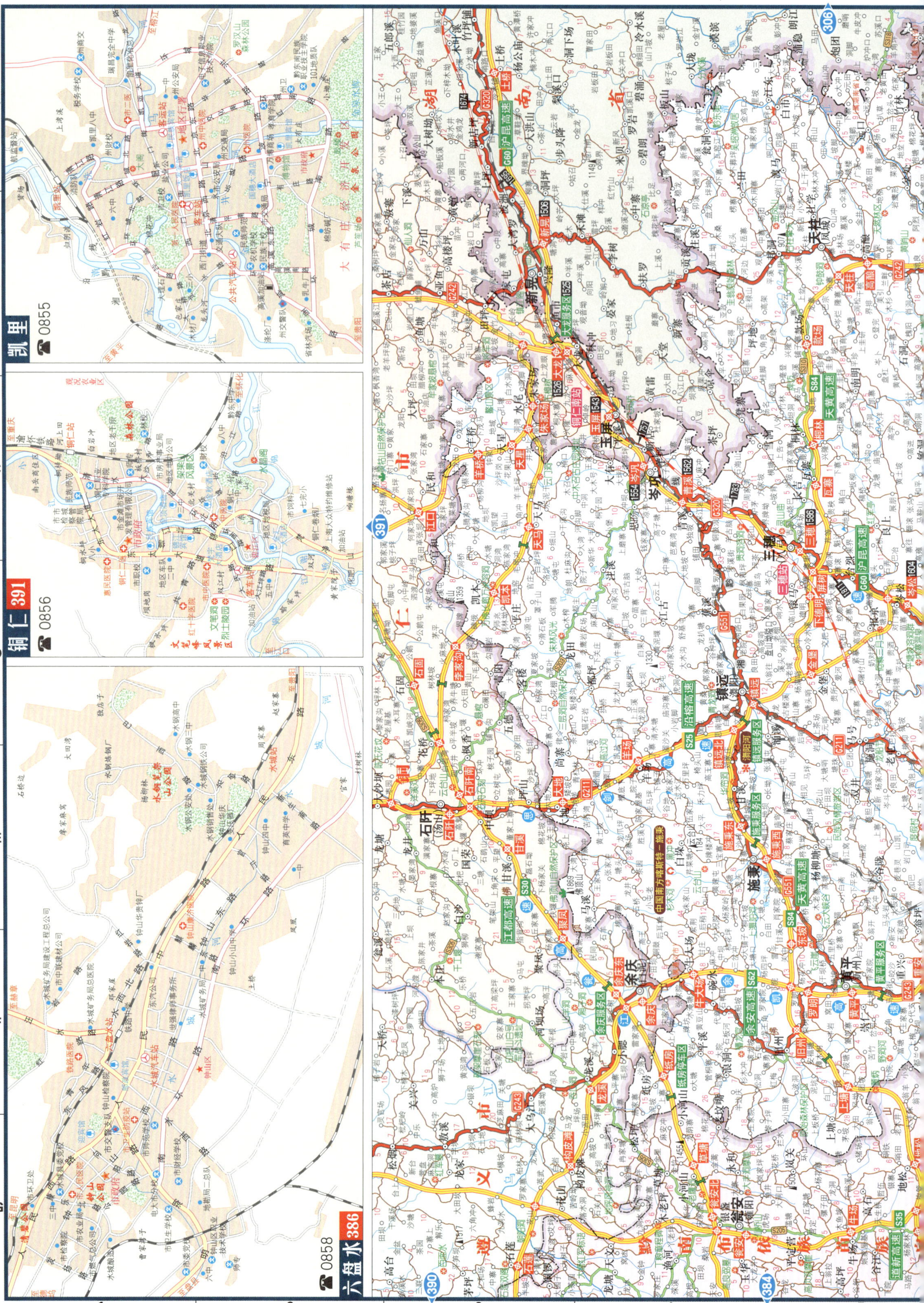

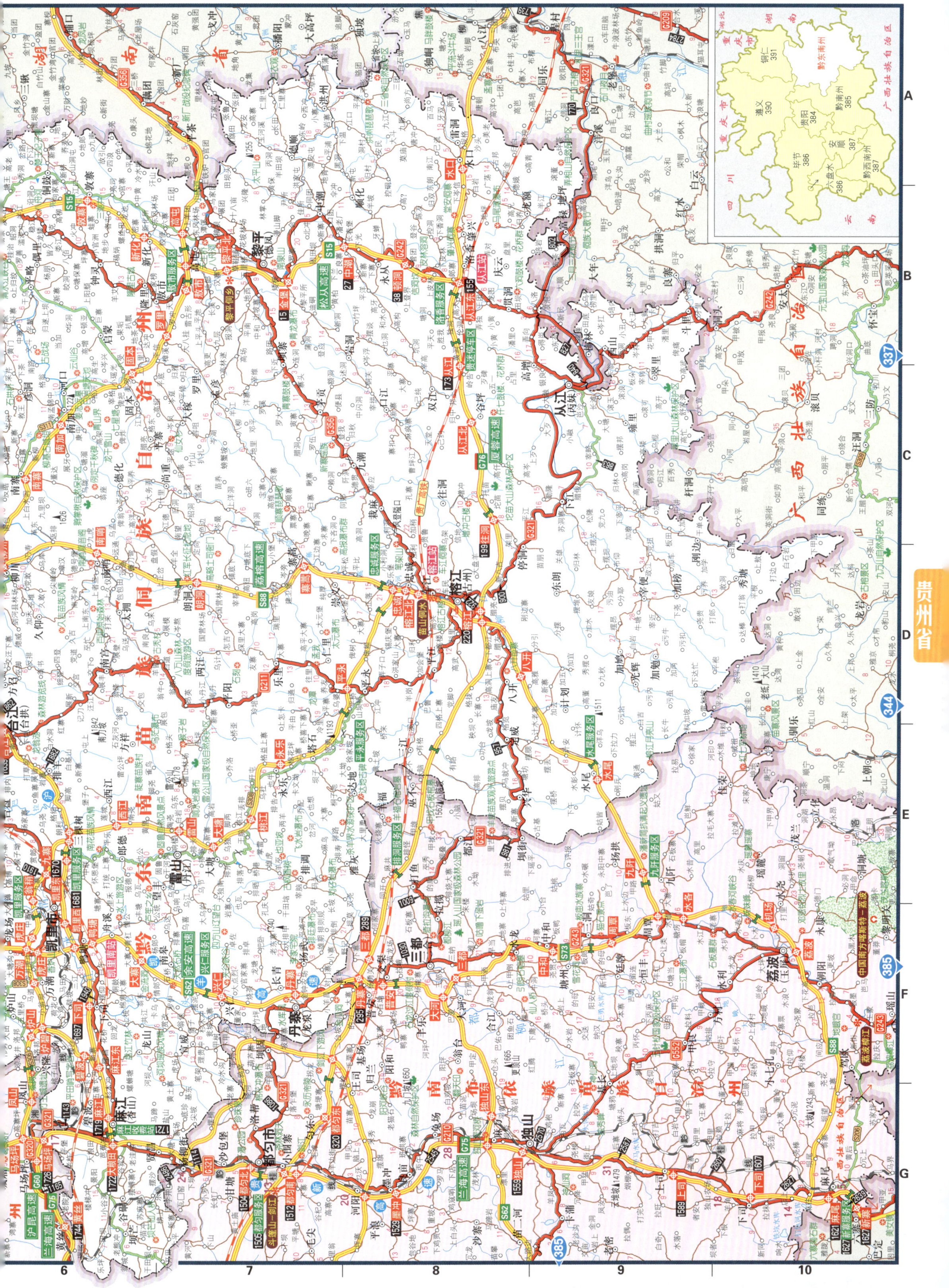
黔东南苗族侗族自治州
黔南布依族苗族自治州
湖南省
广西壮族自治区
凯里市
黎平
榕江
从江
锦屏
天柱
剑河
台江
雷山
丹寨
麻江
三穗
镇远
都匀市
三都
独山
荔波
福泉
贵定
平塘
铜仁 391
遵义 390
贵阳 384
黔东南州 385
毕节 386
安顺 387
六盘水 386
黔西南州 387
四川
云南
重庆市
贵州省
A
B
C
D
E
F
G
6
7
8
9
10

图例解释

收费站 出入口 G45 国家高速编号 服务区 在建 高速公路
G312 国道编号 国道
S217 省道编号 25 居民点 里程数(km) 在建 省道
桥梁 隧口 县道
快速路
隧道 在建 铁路

345 南京三桥 南京三桥出入口位于距该高速公路零千米345千米处
25 宁波服务区 宁波服务区位于距该高速公路零千米25千米处
47 香河收费站 香河收费站位于距该高速公路零千米47千米处
24 国道里程桩：表示该点距此国道零千米总里程为24千米

比例尺　1：88万

0　8.8　17.6　26.4 km

图上1cm相当于实地8.8km

遵义市 铜仁市

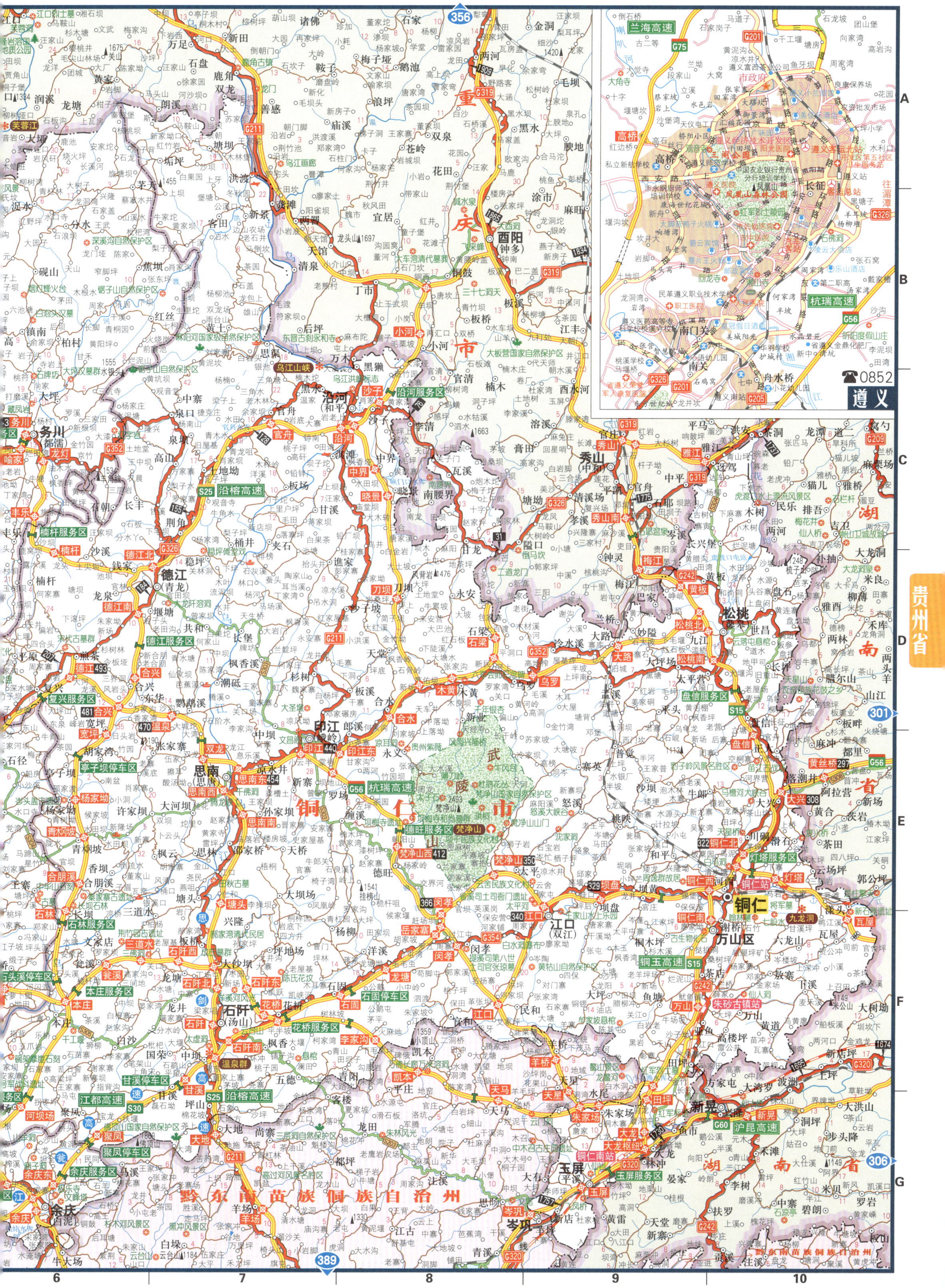

云南省全图

常用电话

公路服务电话……0871-96122	普洱市交通局……0879-2123690	保山市交通局…0875-2224691	曲靖市交通局…0874-3312523
治超办……0871-65305621	西双版纳州交通局.0691-2122297	德宏州交通局…0692-2121370	玉溪市交通局…0877-2034479
省交通厅……0871-68234567	大理州交通局……0872-2125849	丽江市交通局…0888-5122923	昭通市交通局…0870-2223351
昆明市交通局……0871-64142902		怒江州交通局…0886-3622007	临沧市交通局…0883-2122494
文山州交通局……0876-2152169		迪庆州交通局…0887-8224142	楚雄州交通局…0878-3394601

409
358

图例解释：收费站 出入口 G45 国家高速编号 服务区 在建 高速公路；G312 国道编号 国道；217 省道编号 25 居民点 里程数(km) 在建 省道；桥梁 匝口 县道；快速路；隧道 在建 铁路

比例尺 1：320万 0 32.0 64.0 96.0 km 图上1cm相当于实地32km

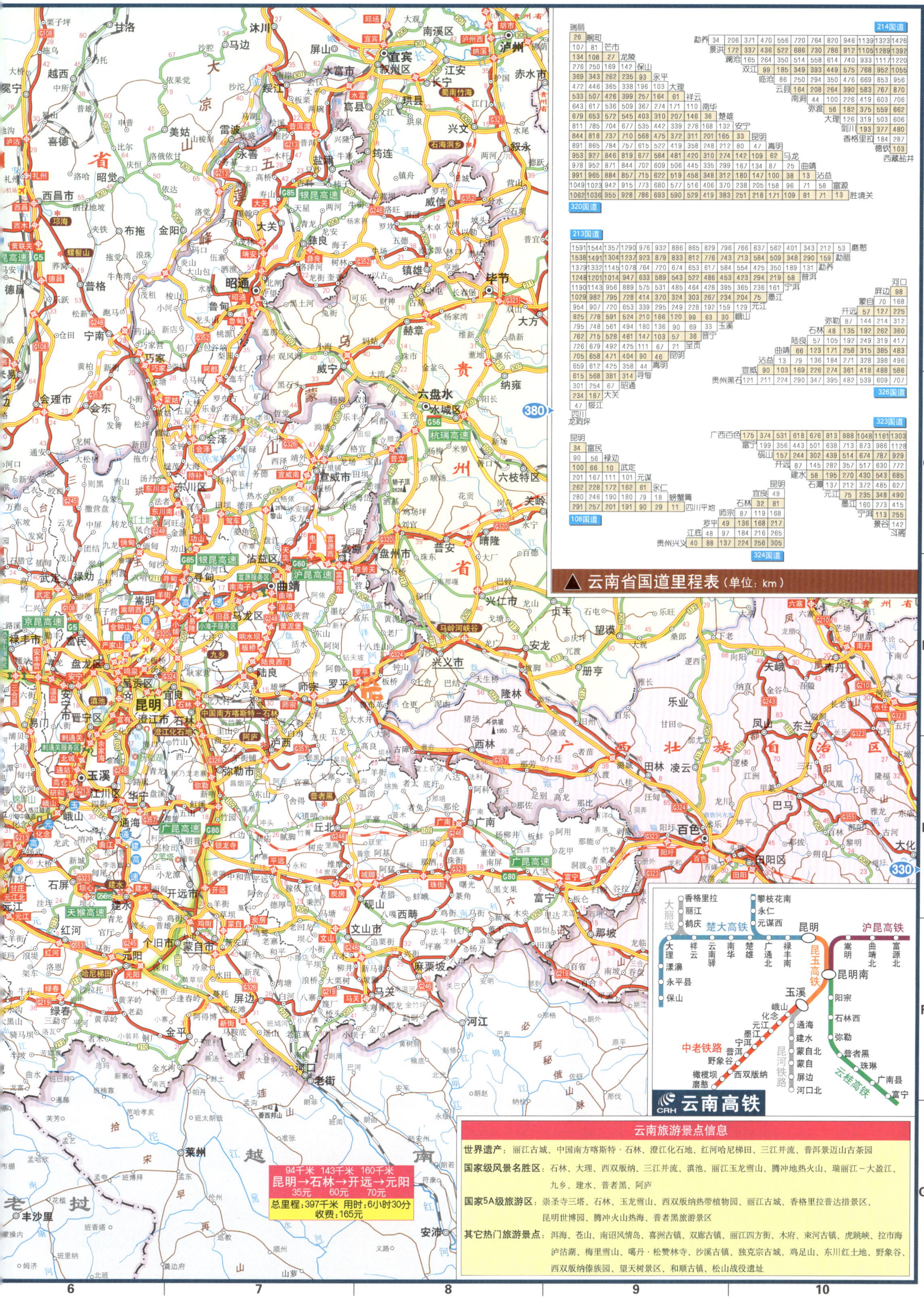

云南省国道里程表（单位：km）

214国道

	景洪	澜沧	双江	临沧	云县	南涧	弥渡	大理	剑川	香格里拉	德钦	西藏盐井
勐养	34	206	371	470	556	720	764	820	946	1139	1323	1426
景洪		172	337	436	522	686	730	786	912	1105	1289	1392
澜沧			165	264	350	514	558	614	740	933	1117	1220
双江				99	185	349	393	449	575	768	952	1055
临沧					86	250	294	350	476	669	853	956
云县						164	208	264	390	583	767	870
南涧							44	100	226	419	603	706
弥渡								56	182	375	559	662
大理									126	319	503	606
剑川										193	377	480
香格里拉											184	287
德钦												103

320国道

	瑞丽	畹町	芒市	龙陵	保山	永平	大理	祥云	南华	楚雄	安宁	昆明	嵩明	马龙	曲靖	沾益	富源
畹町	26																
芒市	107	81															
龙陵	134	108	27														
保山	276	250	169	142													
永平	369	343	262	235	93												
大理	472	446	365	338	196	103											
祥云	533	507	426	399	257	164	61										
南华	643	617	536	509	367	274	171	110									
楚雄	679	653	572	545	403	310	207	146	36								
安宁	811	785	704	677	535	442	339	278	168	132							
昆明	844	818	737	710	568	475	372	311	201	165	33						
嵩明	891	865	784	757	615	522	419	358	248	212	80	47					
马龙	953	927	846	819	677	584	481	420	310	274	142	109	62				
曲靖	978	952	871	844	702	609	506	445	335	299	167	134	87	25			
沾益	991	965	884	857	715	622	519	458	348	312	180	147	100	38	13		
富源	1049	1023	942	915	773	680	577	516	406	370	238	205	158	96	71	58	
胜境关	1062	1036	955	928	786	693	590	529	419	383	251	218	171	109	81	71	13

213国道

	四川龙洞坪	绥江	大关	昭通	寻甸	嵩明	昆明	呈贡	晋宁	玉溪	峨山	元江	墨江	宁洱	普洱	勐养	勐腊
磨憨	1591	1544	1357	1290	976	932	886	865	829	796	766	637	562	401	343	212	53
勐腊	1538	1491	1304	1237	923	879	833	812	776	743	713	584	509	348	290	159	
勐养	1379	1332	1145	1078	764	720	674	653	617	584	554	425	350	189	131		
普洱	1248	1201	1014	947	633	589	543	522	486	453	423	294	219	58			
宁洱	1190	1143	956	889	575	531	485	464	428	395	365	236	161				
墨江	1029	982	795	728	414	370	324	303	267	234	204	75					
元江	954	907	720	653	339	295	249	228	192	159	129						
峨山	825	778	591	524	210	166	120	99	63	30							
玉溪	795	748	561	494	180	136	90	69	33								
晋宁	762	715	528	461	147	103	57	36									
呈贡	726	679	492	425	111	67	21										
昆明	705	658	471	404	90	46											
嵩明	659	612	425	358	44												
寻甸	615	568	381	314													
昭通	301	254	67														
大关	234	187															
绥江	47																

326国道

	宣威	沾益	曲靖	陆良	石林	弥勒	开远	蒙自	屏边	河口
屏边										98
蒙自									70	168
开远								57	127	225
弥勒							87	144	214	312
石林						48	135	192	262	360
陆良					57	105	192	249	319	417
曲靖				66	123	171	258	315	385	483
沾益			13	79	136	184	271	328	398	496
宣威		90	103	169	226	274	361	418	488	586
贵州黑石	121	211	224	290	347	395	482	539	609	707

323国道

	富宁	砚山	开远	建水	石屏	元江	墨江	宁洱	景谷	斗阁
广西百色	175	374	531	618	676	813	888	1048	1161	1303
富宁		199	356	443	501	638	713	873	986	1128
砚山			157	244	302	439	514	674	787	929
开远				87	145	282	357	517	630	772
建水					58	195	270	430	543	685
石屏						137	212	372	485	627
元江							75	235	348	490
墨江								160	273	415
宁洱									113	255
景谷										142

108国道

	昆明	富民	禄劝	武定	元谋	永仁	螃蟹箐
富民	34						
禄劝	90	56					
武定	100	66	10				
元谋	201	167	111	101			
永仁	262	228	172	162	61		
螃蟹箐	280	246	190	180	79	18	
四川平地	291	257	201	191	90	29	11

324国道

	江底	罗平	师宗	石林	宜良	昆明
宜良						49
石林					32	81
师宗				87	119	168
罗平			49	136	168	217
江底		48	97	184	216	265
贵州兴义	40	88	137	224	256	305

云南旅游景点信息

世界遗产：丽江古城、中国南方喀斯特·石林、澄江化石地、红河哈尼梯田、三江并流、普洱景迈山古茶园

国家级风景名胜区：石林、大理、西双版纳、三江并流、滇池、丽江玉龙雪山、腾冲地热火山、瑞丽江－大盈江、九乡、建水、普者黑、阿庐

国家5A级旅游区：崇圣寺三塔、石林、玉龙雪山、西双版纳热带植物园、丽江古城、香格里拉普达措景区、昆明世博园、腾冲火山热海、普者黑旅游景区

其它热门旅游景点：洱海、苍山、南诏风情岛、喜洲古镇、双廊古镇、丽江四方街、木府、束河古镇、虎跳峡、拉市海、泸沽湖、梅里雪山、噶丹·松赞林寺、沙溪古镇、独克宗古城、鸡足山、东川红土地、野象谷、西双版纳傣族园、望天树景区、和顺古镇、松山战役遗址

云南省公路里程表

● 本表中城际间里程是以高速公路、国道为主要行车路线计算，不作营运计价依据。

● 单位：km

云南省主要城市至全国各主要城市里程表

省区	城市	昆明	曲靖	玉溪	丽江	大理	景洪	香格里拉	楚雄	保山	临沧
直辖市	北京	2702	2713	2782	2854	3012	3234	3027	2836	3173	3268
	上海	2429	2286	2509	2926	2739	2966	3040	2563	2900	2995
	天津	2688	2699	2768	2894	2998	3220	3067	2822	3159	3254
	重庆	866	809	946	1363	1176	1403	1477	1000	1337	1432
河北省	石家庄	2419	2430	2499	2565	2721	2977	2738	2533	2890	2985
	张家口	2932	2943	3012	3078	3234	3490	3251	3066	3403	3498
	承德	2946	2957	3026	3092	3248	3504	3265	3080	3417	3512
	秦皇岛	2985	2996	3065	3131	3287	3543	3304	3119	3456	3666
	唐山	2837	2848	2917	2983	3139	3395	3156	2971	3308	3403
	保定	2550	2561	2630	2696	2852	3108	2869	2684	3021	3116
	沧州	2625	2636	2705	2771	2927	3183	2944	2759	3096	3191
	衡水	2540	2551	2620	2686	2842	3098	2859	2674	3011	3106
	邢台	2354	2365	2434	2500	2656	2912	2673	2488	2825	2920
	邯郸	2301	2312	2381	2447	2603	2859	2620	2435	2772	2867
山西省	太原	2213	2224	2293	2359	2515	2771	2532	2347	2684	2779
	大同	2482	2493	2562	2628	2784	3040	2801	2616	2953	3048
	阳泉	2315	2326	2395	2461	2617	2873	2634	2449	2786	2881
	长治	2155	2166	2235	2301	2457	2713	2474	2289	2626	2721
	晋城	2061	2072	2141	2207	2363	2619	2380	2195	2532	2627
	忻州	2289	2300	2369	2435	2591	2847	2608	2423	2760	2855
	临汾	1959	1970	2039	2105	2261	2517	2278	2093	2430	2525
	运城	1831	1842	1911	1977	2133	2389	2150	1965	2302	2397
	侯马	1920	1931	2000	2066	2222	2478	2239	2054	2391	2486
内蒙古自治区	呼和浩特	2597	2608	2677	2743	2899	3155	2916	2731	3068	3163
	包头	2419	2430	2499	2565	2721	2977	2738	2553	2890	2985
	乌海	2457	2468	2537	2603	2759	3015	2776	2591	2928	3023
	赤峰	3367	3378	3447	3513	3669	3925	3686	3501	3838	3933
	通辽	3542	3553	3622	3688	3844	4100	3861	3676	4013	4108
	呼伦贝尔	4383	4394	4463	4529	4685	4941	4702	4517	4854	4949
	乌兰浩特	3696	3703	3776	3842	3998	4254	4015	3830	4167	4262
	锡林浩特	3126	3137	3206	3272	3428	3684	3445	3260	3597	3692
	乌兰察布	2615	2626	2695	2761	1917	3173	2934	2749	3086	3181
	东胜区	2343	2354	2423	2489	2645	2901	2662	2477	2814	2909
	巴彦淖尔	2676	2687	2756	2822	2978	3234	2995	2810	3147	3242
辽宁省	沈阳	3386	3397	3466	3532	3688	3944	3405	3520	3857	3952
	朝阳	3255	3266	3335	3401	3557	3813	3574	3389	3726	3821
	阜新	3292	3303	3372	3438	3594	3850	3611	3426	3763	3858
	铁岭	3449	3460	3529	3595	3751	4007	3768	3583	3920	4015
	本溪	3422	3433	3502	3568	3724	3980	3741	3556	3893	3988
	鞍山	3368	3379	3448	3517	3670	3926	3687	3502	3839	3934
	丹东	3565	3576	3645	3711	3867	4123	3884	3699	4036	4131
	大连	3523	3534	3603	3669	3825	4081	3842	3657	3994	4089
	营口	3307	3318	3387	3453	3609	3865	3626	3441	3778	3873
	盘锦	3247	3258	3327	3393	3549	3805	3566	3381	3718	3813
	锦州	3164	3175	3244	3310	3466	3722	3483	3298	3635	3730
	葫芦岛	3125	3136	3205	3271	3427	3683	3444	3259	3596	3691
吉林省	长春	3682	3693	3762	3828	3984	4240	4001	3816	4153	4248
	白城	3858	3869	3938	4004	4160	4416	4177	3992	4329	4424
	松原	3830	3841	3910	3976	4132	4388	4149	3964	4301	4396
	吉林	3775	3786	3855	3921	4077	4333	4094	3909	4246	4341
	四平	3565	3576	3645	3711	3867	4123	3884	3699	4036	4131
	辽源	3638	3649	3718	3784	3940	4196	3957	3772	4109	4204
	通化	3628	3639	3708	3774	3930	4186	3947	3762	4099	4194
	梅河口	3627	3638	3707	3773	3929	4185	3946	3761	4098	4193
	延吉	4077	4088	4157	4223	4379	4635	4396	4211	4548	4643
	敦化	3958	3969	4038	4104	4260	4516	4277	4092	4429	4524
黑龙江省	哈尔滨	3925	3936	4005	4071	4227	4483	4244	4059	4396	4491
	齐齐哈尔	4241	4252	4321	4387	4543	4799	4560	4375	4712	4807
	黑河	4501	4512	4581	4647	4803	5059	4820	4635	4972	5067
	大庆	4073	4084	4153	4219	4375	4631	4392	4207	4544	4639
	伊春	4268	4279	4348	4414	4570	4826	4587	4402	4739	4834
	鹤岗	4346	4357	4426	4492	4648	4904	4665	4480	4817	4912
	佳木斯	4275	4286	4355	4421	4577	4833	4594	4409	4746	4841
	双鸭山	4339	4350	4419	4485	4641	4897	4658	4473	4810	4905
	七台河	4358	4369	4438	4504	4660	4916	4677	4492	4829	4924
	鸡西	4301	4312	4381	4447	4603	4859	4620	4435	4772	4867
	牡丹江	4138	4149	4218	4284	4440	4696	4457	4272	4609	4704
	绥化	4043	4054	4123	4189	4345	4601	4362	4177	4514	4609
江苏省	南京	2295	2152	2375	2792	2605	2832	2906	2429	2766	2861
	徐州	2434	2291	2514	2931	2744	2971	3045	2568	2905	3000
	连云港	2569	2426	2469	3066	2879	3106	3180	2703	3040	3135
	淮安	2437	2289	2337	2934	2747	2974	3048	2571	2908	3003
	盐城	2549	2401	2449	3046	2859	3086	3160	2683	3020	3115
	扬州	2363	2215	2263	2860	2673	2900	2974	2497	2834	2929
	南通	2518	2370	2418	3015	2828	3055	3129	2652	2989	3084
	镇江	2365	2222	2445	2862	2675	2902	2976	2499	2836	2931
	常州	2411	2268	2491	2908	2721	2848	3022	2545	2882	2977
	无锡	2454	2311	2534	2951	2764	2991	3065	2588	2925	3020
	苏州	2390	2247	2470	2887	2700	2927	3001	2524	2861	2956
浙江省	杭州	2241	2098	2321	2738	2551	2778	2852	2375	2712	2807
	湖州	2305	2162	2385	2802	2615	2842	2916	2439	2776	2871
	嘉兴	2324	2181	2404	2821	2634	2861	2935	2458	2795	2890
	宁波	2380	2237	2460	2877	2690	2917	2991	2514	2851	2946
	绍兴	2273	2130	2353	2770	2583	2810	2884	2407	2744	2839
	衢州	2014	1871	2094	2511	2324	2551	2625	2148	2485	2580
	金华	2097	1954	2177	2594	2407	2634	2708	2231	2568	2663
	台州	2298	2155	2378	2795	2608	2835	2909	2432	2769	2864
	温州	2286	2143	2366	2783	2596	2823	2897	2420	2757	2852
	丽水	2193	2050	2273	2690	2503	2730	2804	2327	2664	2759
安徽省	合肥	2143	2000	2223	2640	2453	2680	2754	2277	2614	2709
	宿州	2360	2217	2440	2857	2670	2897	2971	2494	2831	2926
	阜阳	2340	2197	2420	2837	2650	2877	2951	2474	2811	2906
	蚌埠	2261	2118	2341	2758	2571	2798	2872	2395	2732	2827
	淮南	2247	2104	2327	2744	2557	2784	2858	2381	2718	2813
	滁州	2328	2185	2408	2825	2638	2865	2939	2462	2799	2894
	马鞍山	2266	2123	2346	2763	2576	2803	2877	2400	2737	2832
	芜湖	2210	2067	2290	2707	2520	2747	2821	2344	2681	2776
	铜陵	2132	1989	2212	2629	2442	2669	2743	2266	2603	2698
	安庆	2034	1891	2114	2531	2344	2571	2645	2168	2505	2600
	黄山	2125	1982	2205	2622	2435	2662	2736	2259	2596	2691
	巢湖	2199	2056	2279	2696	2509	2736	2810	2333	2670	2765
福建省	福州	2227	2084	2307	2724	2537	2764	2838	2361	2698	2793
	南平	2070	1927	2150	2567	2380	2607	2681	2204	2541	2636
	三明	2046	1903	2126	2543	2356	2583	2657	2180	2517	2612
	莆田	2316	2173	2396	2813	2626	2853	2927	2450	2787	2882
	泉州	2289	2146	2369	2786	2599	2826	2900	2423	2760	2855
	厦门	2223	2080	2303	2720	2533	2760	2834	2357	2694	2789
	漳州	2173	2030	2253	2670	2483	2710	2784	2307	2644	2739
	龙岩	2074	1931	2154	2571	2384	2611	2685	2208	2545	2640
	宁德	2343	2200	2423	2840	2653	2880	2954	2477	2814	2909
江西省	南昌	1722	1579	1802	2219	2032	2259	2333	1856	2193	2288
	九江	1842	1699	1922	2339	2152	2379	2453	1976	2313	2408
	景德镇	1931	1788	2011	2428	2241	2050	2542	2065	2402	2497
	鹰潭	1799	1656	1879	2296	2109	2336	2410	1933	2270	2365
	上饶	1899	1756	1979	2396	2209	2436	2510	2033	2370	2465
	新余	1569	1426	1649	2066	1879	2106	2180	1703	2040	2135
	萍乡	1459	1316	1539	1956	1769	1996	2070	1593	1930	2025
	赣州	1805	1662	1885	2302	2115	2342	2416	1939	2276	2371
	宜春	1519	1376	1599	2016	1829	2056	2130	1653	1990	2371
山东省	济南	2498	2509	2578	2644	2800	3056	2817	2632	2969	3064
	德州	2582	2593	2662	2728	2884	3140	2901	2716	3053	3148
	淄博	2607	2618	2687	2753	2909	3165	2926	2741	3078	3173
	潍坊	2706	2717	2786	2852	3008	3264	3025	2840	3177	3272
	烟台	2964	2975	3044	3110	3266	3522	3283	3098	3435	3530
	威海	3012	3023	3092	3158	3314	3570	3331	3146	3483	3578
	青岛	2807	2818	2887	2953	3109	3365	3126	2941	3278	3373
	日照	2640	2651	2720	2786	2942	3198	2959	2774	3111	3206
	临沂	2560	2571	2640	2706	2862	3118	2879	2694	3031	3126
	济宁	2366	2377	2446	2512	2668	2924	2685	2500	2837	2932
	泰安	2427	2438	2507	2573	2729	2985	2746	2561	2898	2993
	滨州	2656	2667	2736	2802	2958	3214	2975	2790	3127	3222
	菏泽	2255	2266	2335	2401	2557	2813	2574	2389	2726	2821
河南省	郑州	2090	2101	2170	2236	2392	2648	2409	2224	2561	2656
	三门峡	1841	1852	1921	1987	2143	2399	2160	1975	2312	2407
	洛阳	1956	1967	2036	2102	2258	2514	2275	2090	2427	2522
	焦作	2062	2073	2142	2208	2364	2620	2381	2196	2533	2628
	新乡	2144	2155	2224	2290	2446	2702	2463	2278	2615	2710
	安阳	2249	2260	2329	2395	2551	2807	2568	2383	2720	2815
	开封	2131	2142	2211	2277	2433	2689	2450	2265	2602	2697
	商丘	2267	2278	2347	2413	2569	2825	2586	2401	2738	2833
	漯河	2176	2187	2256	2322	2478	2734	2495	2310	2647	2742
	南阳	2013	2024	2093	2159	2315	2571	2332	2147	2484	2579
	信阳	2024	1881	2104	2170	2326	2582	2343	2158	2495	2590
湖北省	武汉	1706	1563	1786	2195	2008	2243	2309	1840	2177	2272
	十堰	1942	1799	2022	2431	2244	2479	2545	2076	2413	2508
	襄阳	1796	1653	1876	2285	2098	2333	2399	1930	2267	2362
	荆门	1650	1507	1730	2139	1952	2187	2253	1784	2121	2216
	孝感	1753	1610	1833	2242	2055	2290	2356	1887	2224	2319
	鄂州	1740	1597	1820	2229	2042	2277	2343	1874	2211	2306
	黄石	1758	1615	1838	2247	2060	2295	2361	1892	2229	2324
	咸宁	1623	1480	1703	2112	1925	2160	2226	1757	2094	2189
	荆州	1626	1483	1706	2115	1928	2163	2229	1760	2097	2192
	宜昌	1556	1413	1636	2045	1858	2093	2159	1690	2027	2122
湖南省	长沙	1416	1273	1496	1905	1718	1953	2019	1550	1887	1982
	常德	1534	1391	1614	1983	1836	2071	2137	1668	2005	2100
	益阳	1462	1319	1542	1951	1764	1999	2065	1596	1933	2028
	岳阳	1532	1389	1612	2021	1834	2069	2135	1666	2003	2098
	株洲	1377	1234	1457	1866	1679	1914	1980	1511	1848	1943
	湘潭	1351	1208	1431	1840	1653	1888	1954	1485	1822	1917
	衡阳	1299	1156	1379	1788	1601	1836	1902	1433	1770	1865
	郴州	1623	1480	1703	2112	1925	2160	2226	1757	2094	2189
	永州	1288	1145	1368	1777	1590	1825	1891	1422	1759	1854
	邵阳	1158	1015	1238	1647	1460	1695	1761	1292	1629	1724
广东省	广州	1536	1545	1546	2024	1837	1927	2138	1661	2000	2020
	韶关	1781	1638	1861	2270	2083	2318	2384	1907	2252	2411
	梅州	1897	1906	1907	2385	2198	2288	2499	2022	2361	2381
	汕头	1954	1963	1964	2442	2255	2345	2556	2079	2418	2438
	惠州	1647	1656	1657	2135	1948	2038	2249	1772	2111	2131
	东莞	1578	1587	1588	2066	1879	1969	2180	1703	2042	2062
	深圳	1655	1664	1665	2143	1956	2046	2257	1780	2119	2139
	珠海	1647	1656	1657	2135	1948	2038	2249	1772	2111	2131
	中山	1616	1625	1626	2104	1917	2007	2218	1741	2080	2100
	肇庆	1413	1422	1423	1901	1714	1804	2015	1538	1877	1897
	茂名	1293	1302	1303	1781	1594	1684	1895	1418	1757	1777
	湛江	1213	1222	1223	1701	1514	1604	1815	1338	1677	1697
广西壮族自治区	南宁	903	912	913	1391	1204	1294	1505	1028	1367	1387
	桂林	1288	1297	1298	1776	1589	1679	1890	1413	1752	1772
	柳州	1142	1151	1152	1630	1443	1533	1744	1267	1606	1626
	梧州	1267	1276	1277	1755	1568	1658	1869	1392	1731	1751
	玉林	1094	1103	1104	1582	1395	1485	1696	1219	1558	1578
	百色	687	696	697	1175	988	1078	1289	812	1151	1171
四川省	成都	916	927	996	946	1218	1474	1119	1050	1387	1482
	绵阳	1011	1022	1091	1068	1313	1569	1241	1145	1482	1577
	泸州	721	733	801	1210	1023	1279	1327	855	1192	1287
	攀枝花	336	456	423	297	631	901	470	463	800	895
	西昌	527	647	614	488	822	1092	661	654	991	1086
贵州省	贵阳	574	431	654	1063	876	1111	1177	700	1045	1140
	遵义	705	562	785	1194	1007	1242	1308	831	1176	1271
	安顺	477	334	557	966	779	1014	1080	603	948	1043
	毕节	762	619	842	1251	1064	1299	1365	888	1233	1328
	凯里	723	580	803	1212	1025	1260	1326	849	1194	1289
西藏自治区	拉萨	2269	2389	2356	1812	1932	2834	1641	2112	2111	2288
	那曲	2210	2330	2297	1754	1874	2775	1583	2053	2052	2230
	昌都	1485	1605	1572	1028	1148	2050	857	1328	1327	1504
	日喀则	2521	2641	2608	2066	2186	3086	1895	2364	2365	2542
	萨嘎	2969	3089	3662	2514	2634	3534	2343	2812	2811	2990
	噶尔	3756	3876	4447	3155	3275	4321	2984	3599	3454	3631
陕西省	西安	1602	1613	1682	1748	1904	2160	1921	1736	2073	2168
	延安	1897	1908	1977	2043	2199	2455	2216	2031	2368	2463
	铜川	1680	1691	1750	1826	1982	2238	1999	1814	2151	2246
	渭南	1661	1672	1741	1807	1963	2219	1980	1795	2132	2227
	咸阳	1609	1620	1689	1755	1911	2167	1928	1743	2080	2175
	宝鸡	1761	1772	1841	1907	2063	2319	2080	1895	2232	2327
	汉中	1336	1347	1416	1482	1638	1894	1655	1470	1807	1902
	榆林	2177	2188	2257	2323	2479	2735	2496	2311	2648	2743
	安康	1588	1599	1668	1734	1890	2146	1907	1722	2059	2154
甘肃省	兰州	2016	2027	2096	2162	2318	2574	2335	2150	2487	2582
	嘉峪关	2727	2738	2807	2873	3029	3285	3046	2861	3198	3293
	天水	1717	1728	1797	1863	2019	2275	2036	1851	2188	2283
	敦煌	3107	3118	3187	3253	3409	3665	3426	3241	3578	3673
	张掖	2484	2495	2564	2630	2786	3042	2803	2618	2955	3050
	武威	2270	2281	2350	2416	2572	2828	2589	2404	2741	2836
青海省	西宁	2255	2266	2335	2401	2557	2813	2574	2389	2726	2821
	同仁	2350	2361	2430	2496	2652	2908	2669	2484	2821	2916
	德令哈	2761	2772	2841	2907	3063	3319	3080	2895	3232	3327
	格尔木	3010	3021	3090	3156	3312	3568	3329	3144	3481	3576
宁夏回族自治区	银川	2315	2326	2395	2461	2617	2873	2634	2449	2786	2971
	惠农区	2405	2416	2485	2551	2707	2963	2724	2539	2876	2971
	吴忠	2247	2258	2327	2393	2549	2805	2566	2381	2718	2813
	固原	1980	1991	2060	2126	2282	2538	2299	2114	2451	2546
新疆维吾尔自治区	乌鲁木齐	4143	4154	4223	4289	4445	4701	4462	4277	4614	4709
	克拉玛依	4507	4518	4587	4653	4809	5065	4826	4641	4978	5073
	喀什	5339	5350	5419	5485	5641	5897	5658	5473	5810	5905
	阿克苏	4875	4886	4955	5021	5177	5433	5194	5009	5346	5441
	吐鲁番	3720	3731	3800	3866	4022	4278	4039	3854	4191	4286
	哈密	3329	3340	3409	3475	3631	3887	3648	3463	3800	3895
	阿勒泰	4576	4587	4656	4722	4878	5134	4895	4710	5047	5142

云南省主要城镇间里程表

	昆明	楚雄	大理	保山	瑞丽	丽江	德钦	玉溪	普洱	景洪	澜沧	宜良	石林	开远	个旧	河口	文山	麻栗坡	东川区	昭通	曲靖
昆明																					
楚雄	140																				
大理	320	179																			
保山	496	356	177																		
瑞丽	827	744	450	256																	
丽江	560	400	183	256	633																
德钦	819	659	432	636	892	325															
玉溪	95	246	463	657	913	646	905														
普洱	467	675	882	1076	1332	1065	1293	372													
景洪	692	852	793	769	1025	976	1235	606	163												
澜沧	706	759	549	597	853	778	981	616	173	172											
宜良	59	195	374	550	881	614	873	122	565	737	738										
石林	81	250	467	661	917	650	909	158	601	773	774	32									
开远	210	370	587	781	1037	770	1029	202	588	751	752	156	130								
个旧	255	415	632	826	1082	815	1074	179	526	689	699	201	165	46							
河口	429	582	799	993	1249	949	1241	346	693	856	866	368	327	197	213						
文山	335	495	712	906	1162	895	1154	348	686	849	859	281	245	160	177	165					
麻栗坡	415	575	792	986	1242	975	1234	428	766	929	939	361	325	240	254	201	80				
东川区	165	325	542	736	992	725	984	251	694	857	867	192	228	348	394	568	500	580			
昭通	361	532	749	943	1199	932	1191	456	828	1064	1074	399	435	555	601	775	707	787	207		
曲靖	187	323	502	679	963	696	955	222	665	828	838	128	115	278	324	442	414	494	179	404	

图例解释

街区	次要街道 县道	高速公路	交警部门 地铁站	医院 邮政局	
公园 绿地	城市高架路	建筑中高速公路	出入口 国道编号	宾馆 风景点	
过境线 国道	地铁 轻轨	快速路	加油站 汽修厂	古塔 电视台	
主要街道 省道	铁路及车站	省、市、区政府	停车场 汽车站	桥梁 运动场	

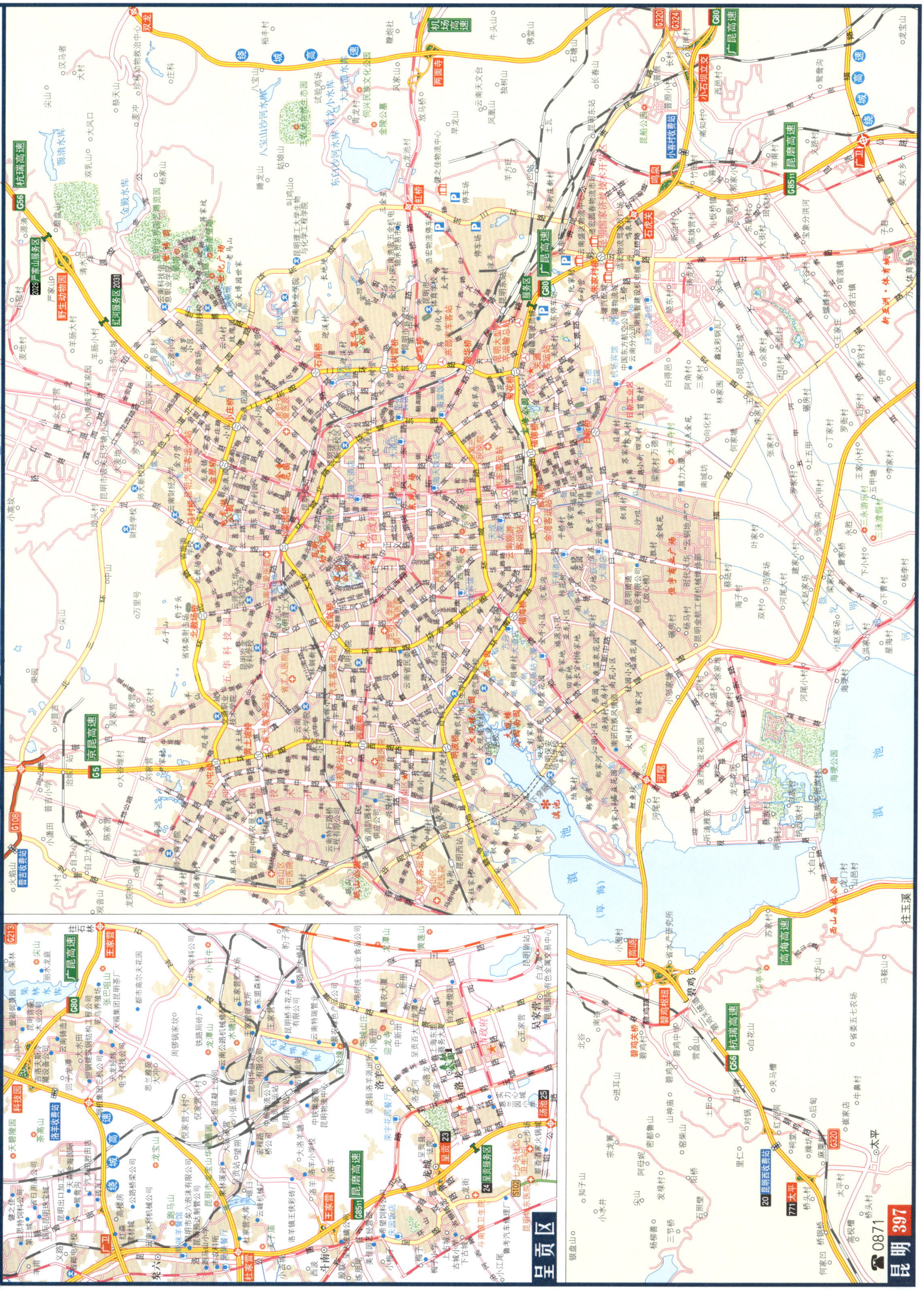

云南省

昆明 397

0871

图例解释

收费站 出入口 G45 国家高速编号 服务区 在建 高速公路

G312 国道编号 国 道

S217 省道编号 25 居民点 里程数(km) 在建 省 道

桥梁 隧道 在建 县 道

快速路

铁 路

345 南京三桥 南京三桥出入口位于距该高速公路零千米345千米处

25 宁波服务区 宁波服务区位于距该高速公路零千米25千米处

47 香河收费站 香河收费站位于距该高速公路零千米47千米处

24 国道里程桩：表示该点距此国道零千米总里程为24千米

公路零千米

▶108国道零千米：北京复兴门 ▶324国道零千米：福州市

▶213国道零千米：兰州市 ▶326国道零千米：重庆市秀山县城

▶320国道零千米：上海市区

比例尺 1：96万

0 9.6 19.2 28.8 km

图上1cm相当于实地9.6km

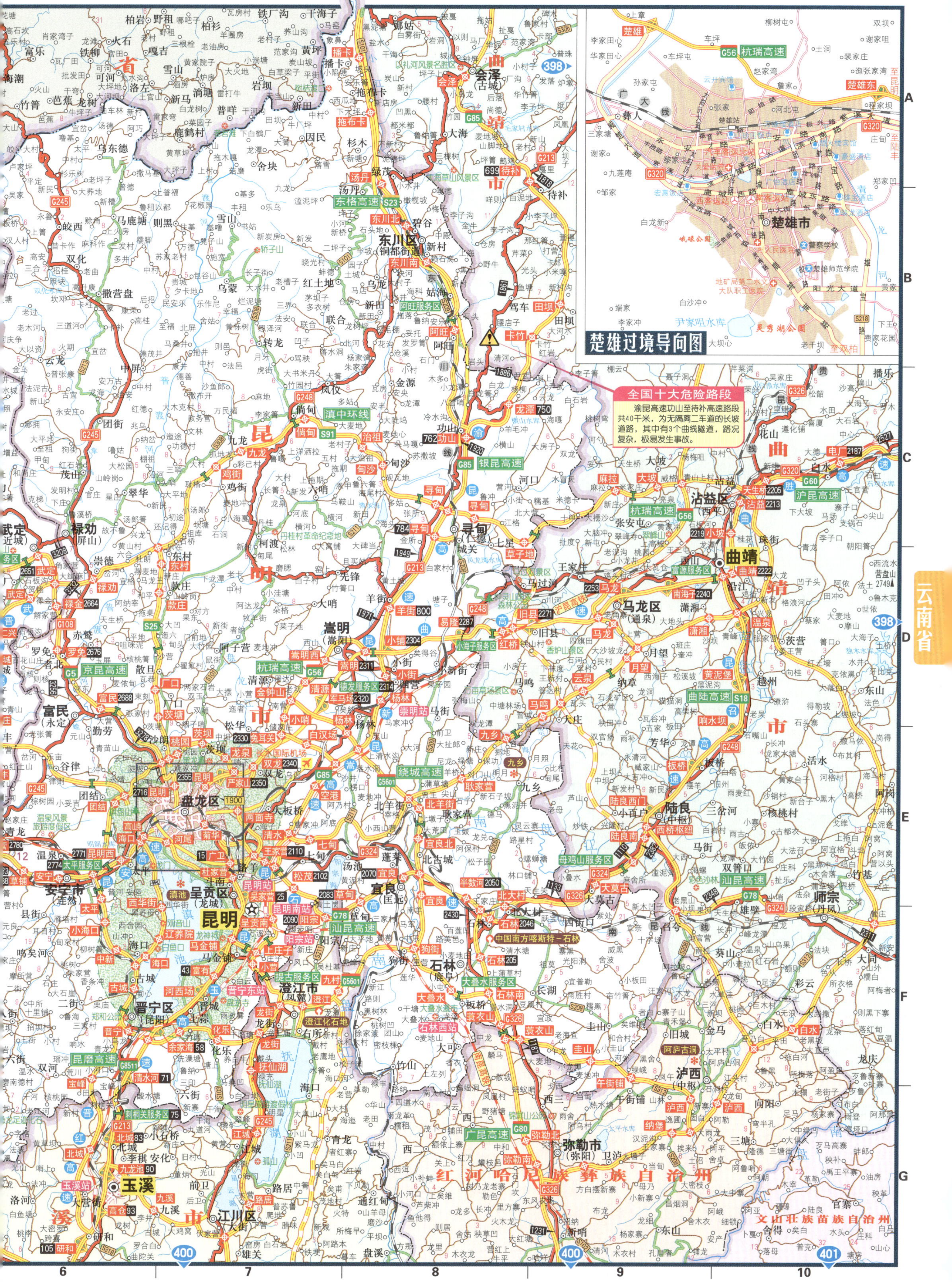

比例尺 1∶115万

0 11.5 23.0 34.5 km

图上1cm相当于实地11.5km

图例解释：收费站 出入口 国家高速编号 G45 服务区 在建 高速公路；桥梁 隧口 县道；G312 国道编号 国道；快速路；S217 省道编号 里程数(km) 25 居民点 在建 省道；隧道 在建 铁路

公路零千米

▶213国道零千米：兰州市
▶214国道零千米：西宁市
▶320国道零千米：上海市区
▶323国道零千米：江西瑞金市
▶324国道零千米：福州市
▶326国道零千米：重庆市秀山县城

比例尺 1：109万

0 10.9 21.8 32.7 km

图上1cm相当于实地10.9km

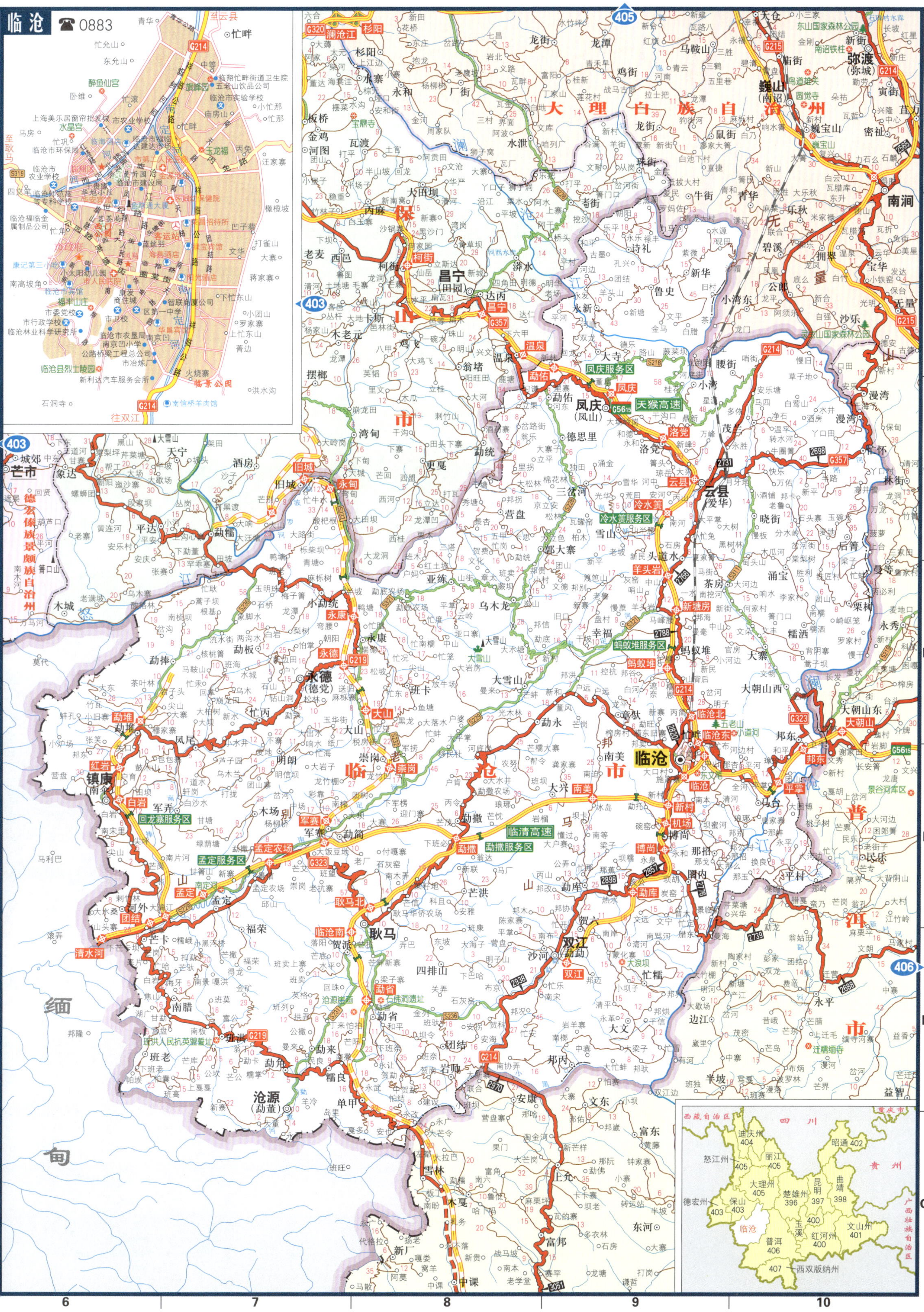

玉溪市 红河哈尼族彝族自治州 文山壮族苗族自治州

图例解释

收费站 出入口 国家高速编号 服务区 在建 高速公路
G312 国道编号 国道
S217 省道编号 25 居民点 里程数(km) 在建 省道
桥梁 隧口 县道
快速路
隧道 在建 铁路

345 南京三桥 南京三桥出入口位于距该高速公路零千米345千米处
25 宁波服务区 宁波服务区位于距该高速公路零千米25千米处
47 香河收费站 香河收费站位于距该高速公路零千米47千米处
24 国道里程桩：表示该点距此国道零千米总里程为24千米

公路零千米
▶213国道零千米：兰州市
▶323国道零千米：江西瑞金市
▶326国道零千米：重庆市秀山县城

比例尺 1：119万
0 11.9 23.8 35.7km
图上1cm相当于实地11.9km

比例尺 1：101万

0 10.1 20.2 30.3 km

图上1cm相当于实地10.1km

图例解释

收费站 出入口 G45 国家高速编号 服务区 在建 高速公路

G312 国道编号 国道

S217 省道编号 25 居民点 里程数(km) 在建 省道

桥梁 路口 县道

快速路

隧道 在建 铁路

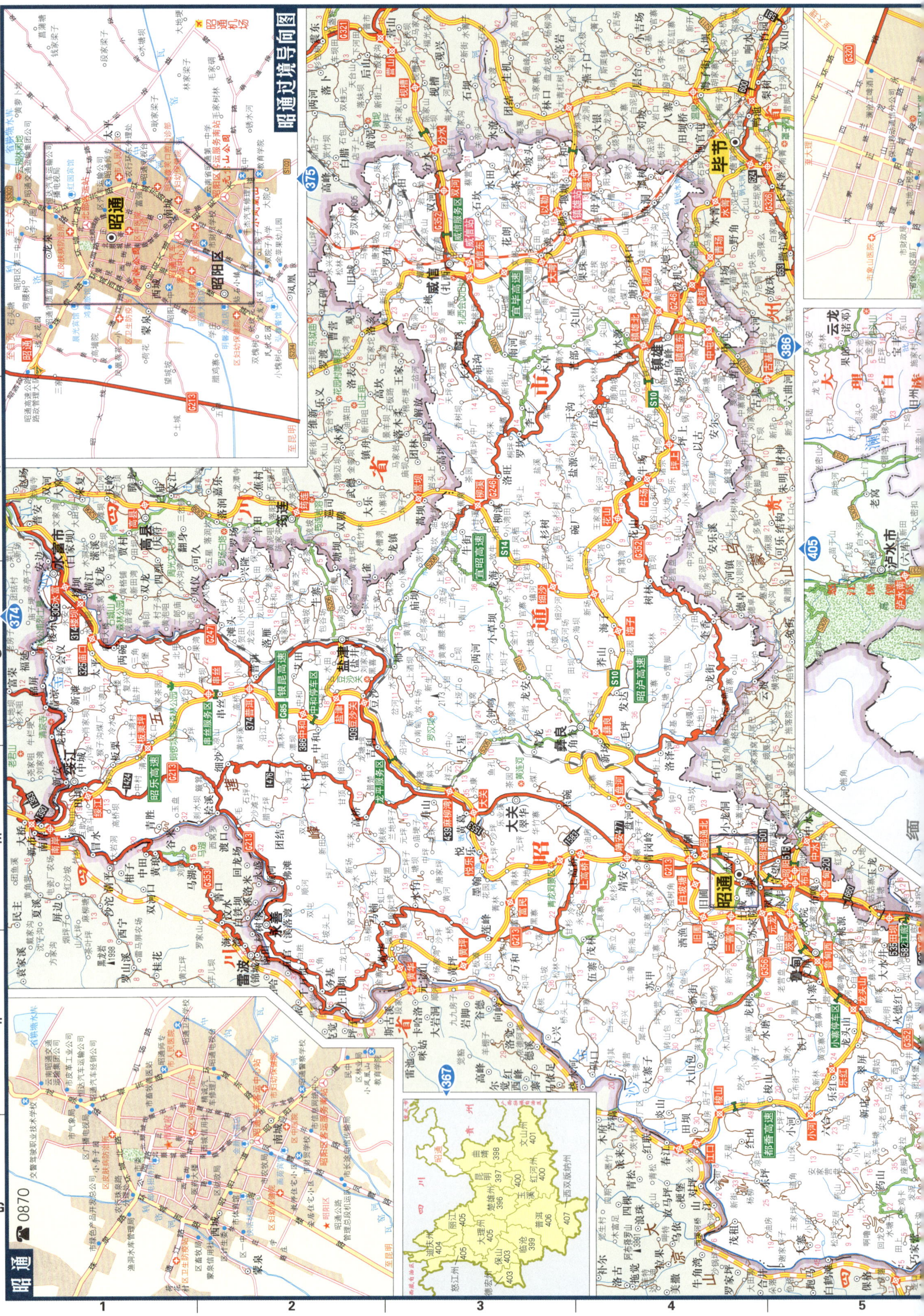

比例尺 1：104万
0 10.4 20.8 31.2 km
图上1cm相当于实地10.4km

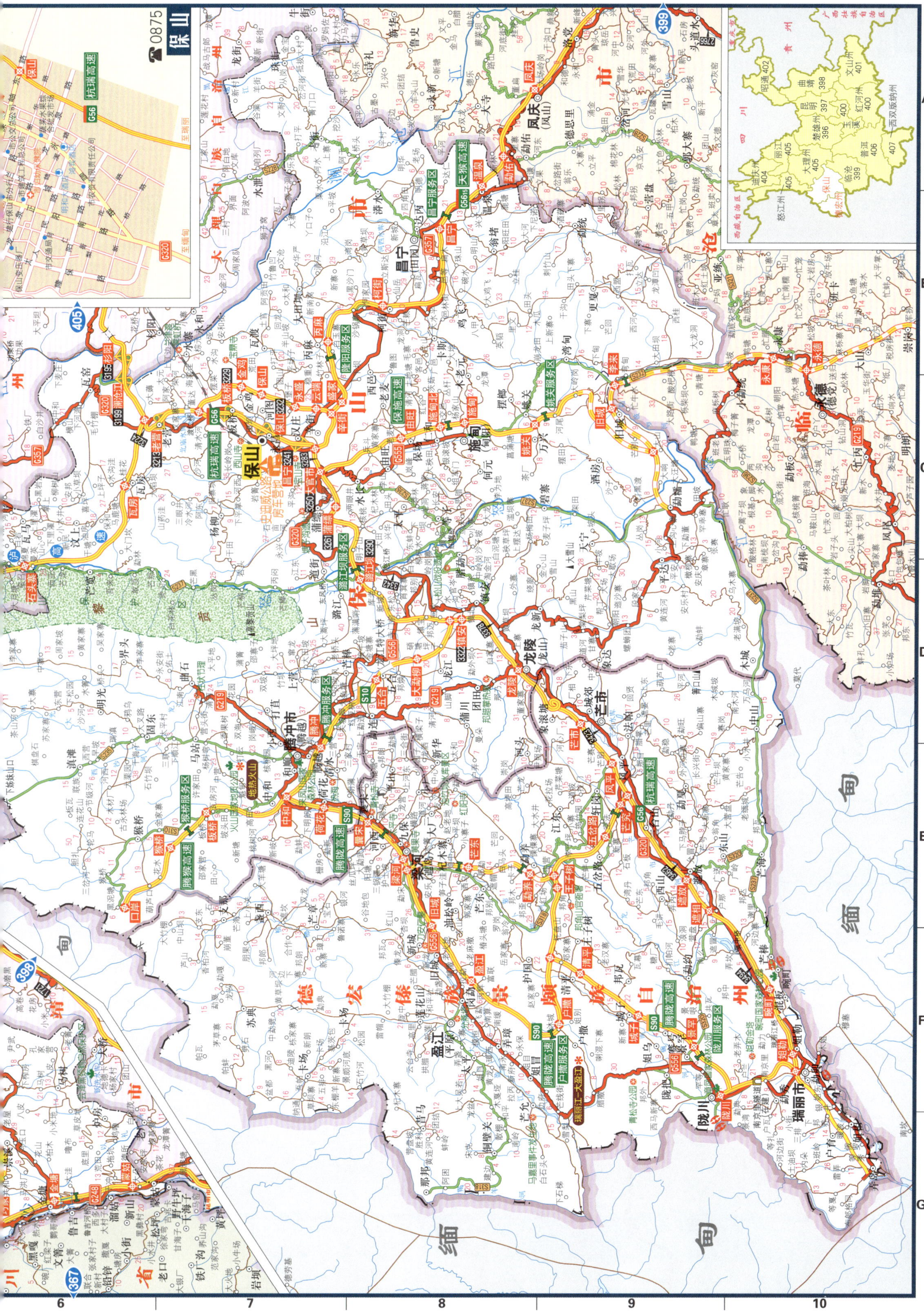

图例解释

收费站 出入口 G45 国家高速编号 服务区 在建	高速公路	桥梁 隧口	县道
G312 国道编号	国道		快速路
S217 省道编号 25 居民点 里程数(km) 在建	省道	隧道 在建	铁路

345 南京三桥 南京三桥出入口位于距该高速公路零千米345千米处
25 宁波服务区 宁波服务区位于距该高速公路零千米25千米处
47 香河收费站 香河收费站位于距该高速公路零千米47千米处
24 国道里程桩：表示该点距此国道零千米总里程为24千米

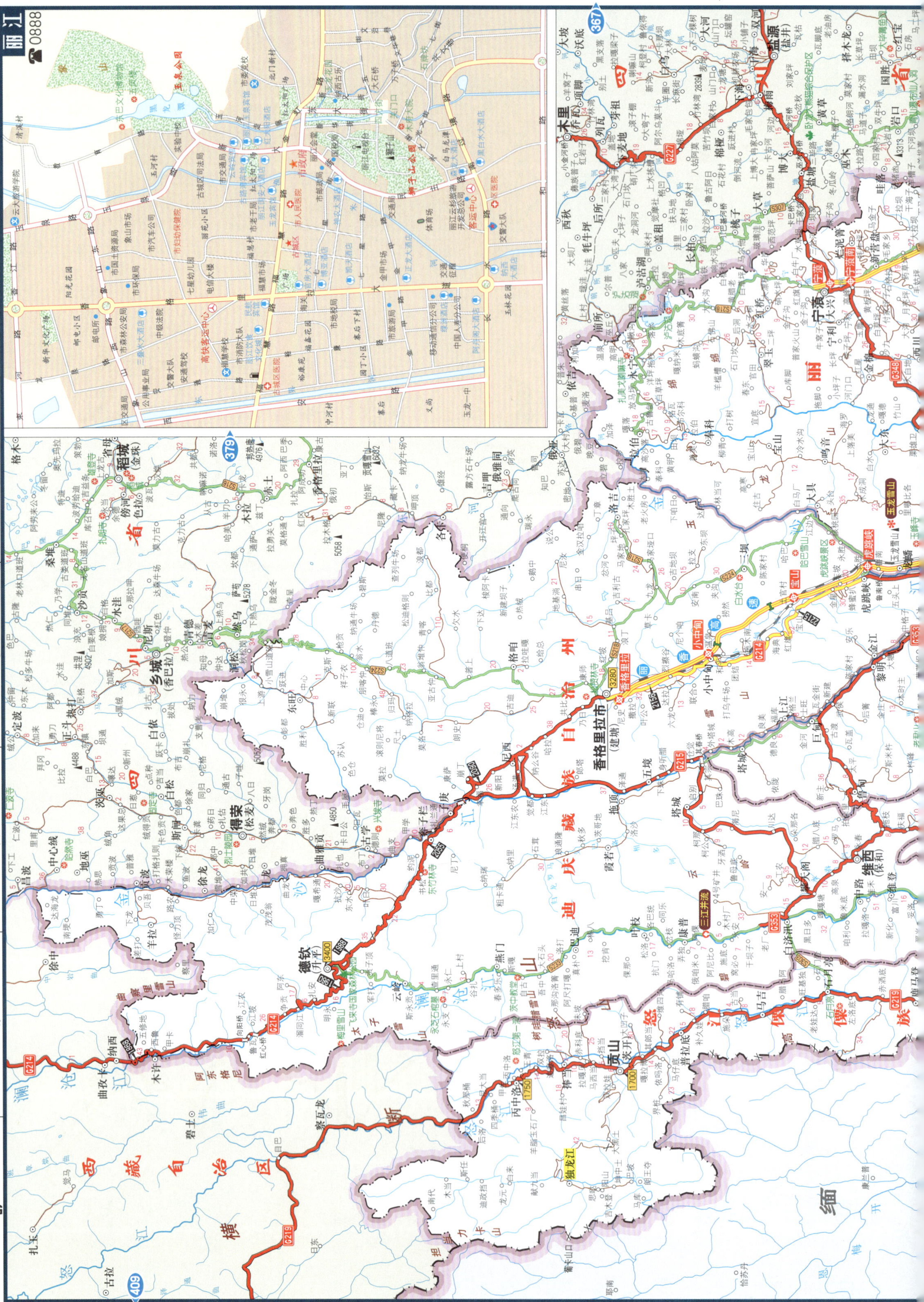

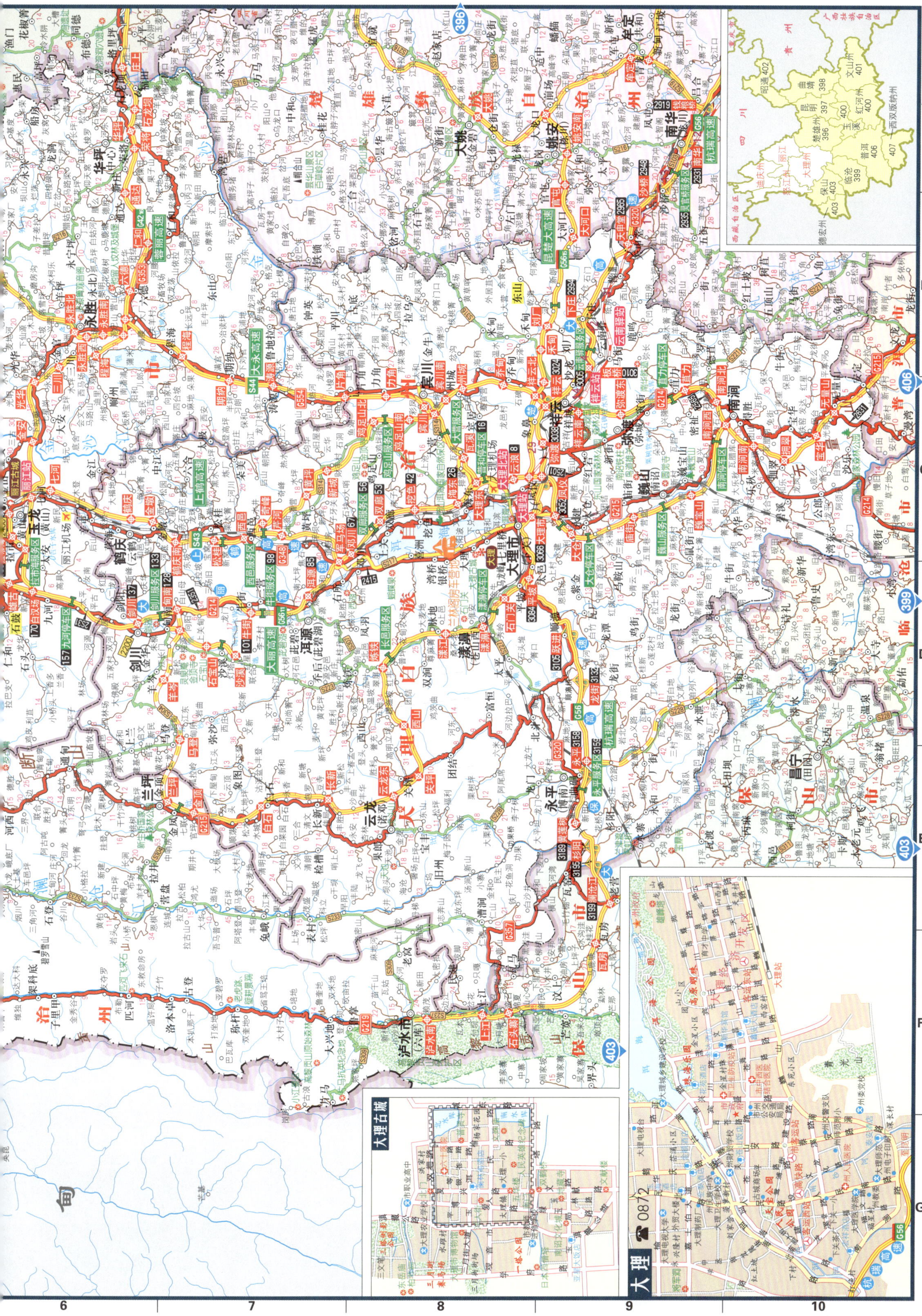

图例解释

收费站 出入口 G45 国家高速编号 服务区 在建 高速公路

G312 国道编号 国道

S217 省道编号 25 居民点 里程数(km) 在建 省道

县道 桥梁

快速路

隧道 在建 铁路

345 南京三桥 南京三桥出入口位于距该高速公路零千米345千米处

25 宁波服务区 宁波服务区位于距该高速公路零千米25千米处

47 香河收费站 香河收费站位于距该高速公路零千米47千米处

24 国道里程桩：表示该点距此国道零千米处里程为24千米

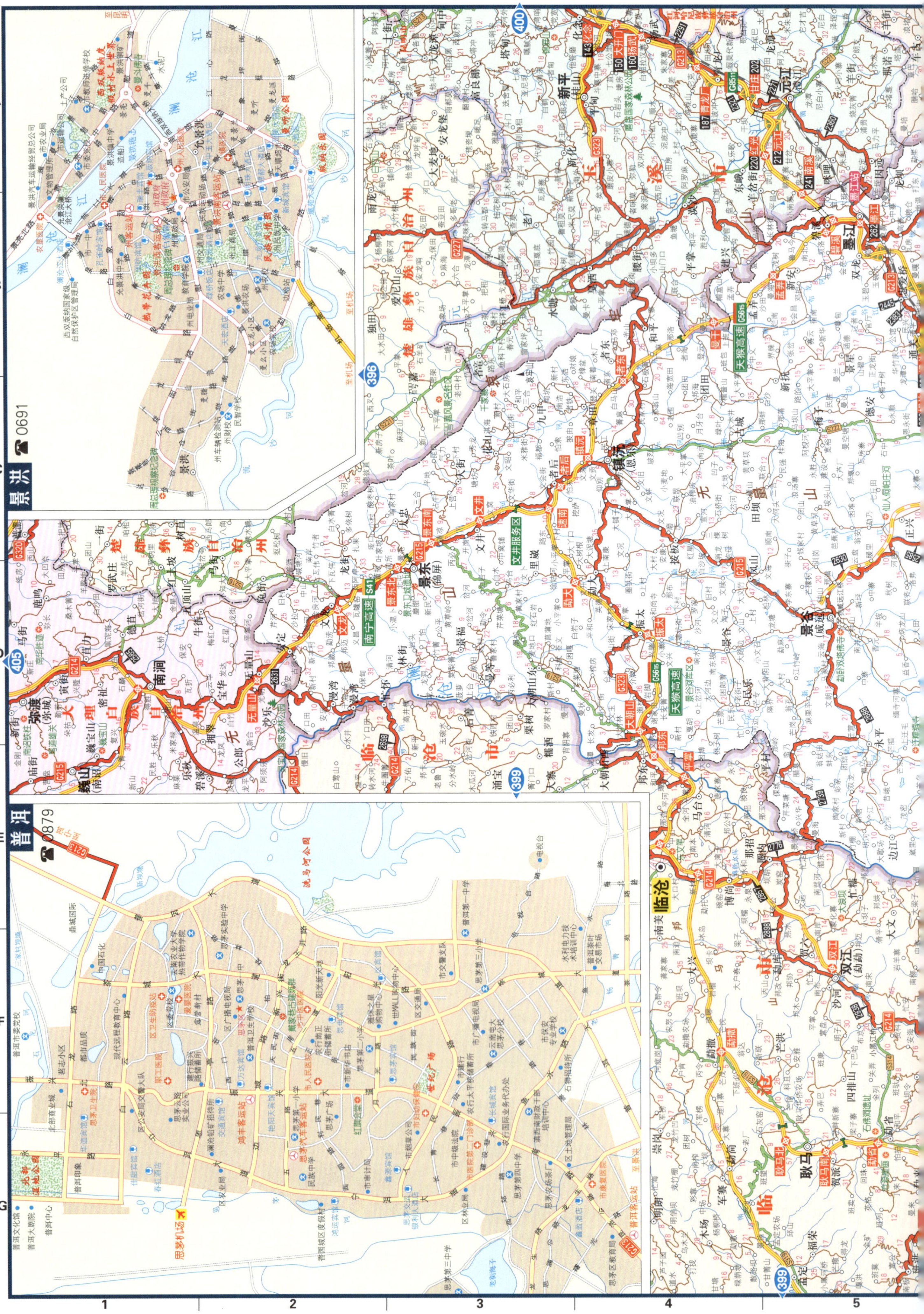

公路零千米
▶213国道零千米：兰州市
▶214国道零千米：西宁市
▶323国道零千米：江西瑞金市

比例尺 1：122万
0 12.2 24.4 36.6 km
图上1cm相当于实地12.2km

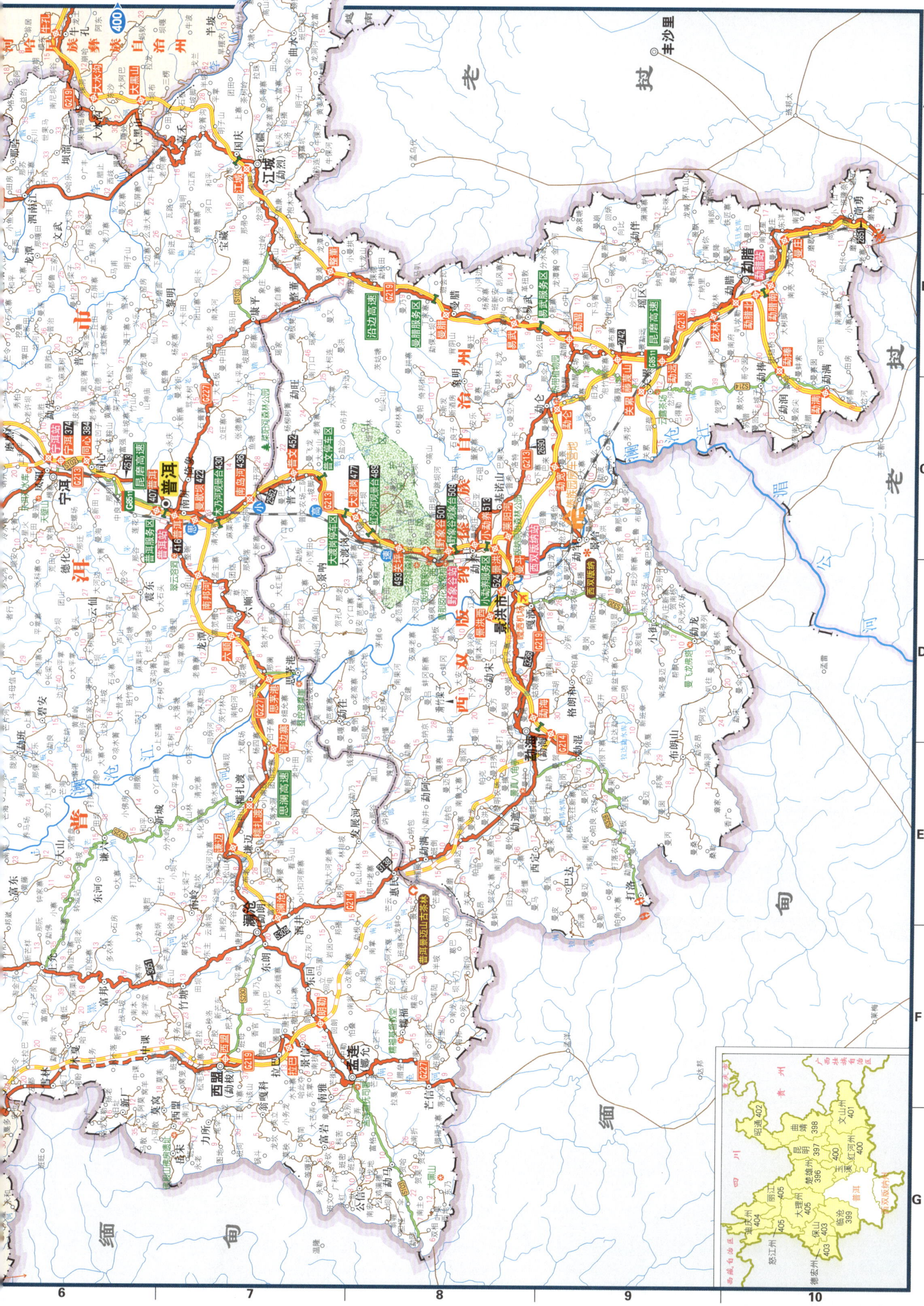

常用电话

公路咨询电话.........0891-96230	山南市交通局.......0893-7820425
治超办.............0891-6822466	日喀则市交通局.....0892-8822405
自治区交通厅.......0891-6838389	那曲市交通局.......0896-3822383
拉萨市交通局.......0891-6824625	阿里地区交通局.....0897-2821299
昌都市交通局.......0895-4821806	林芝市交通局.......0894-5822251

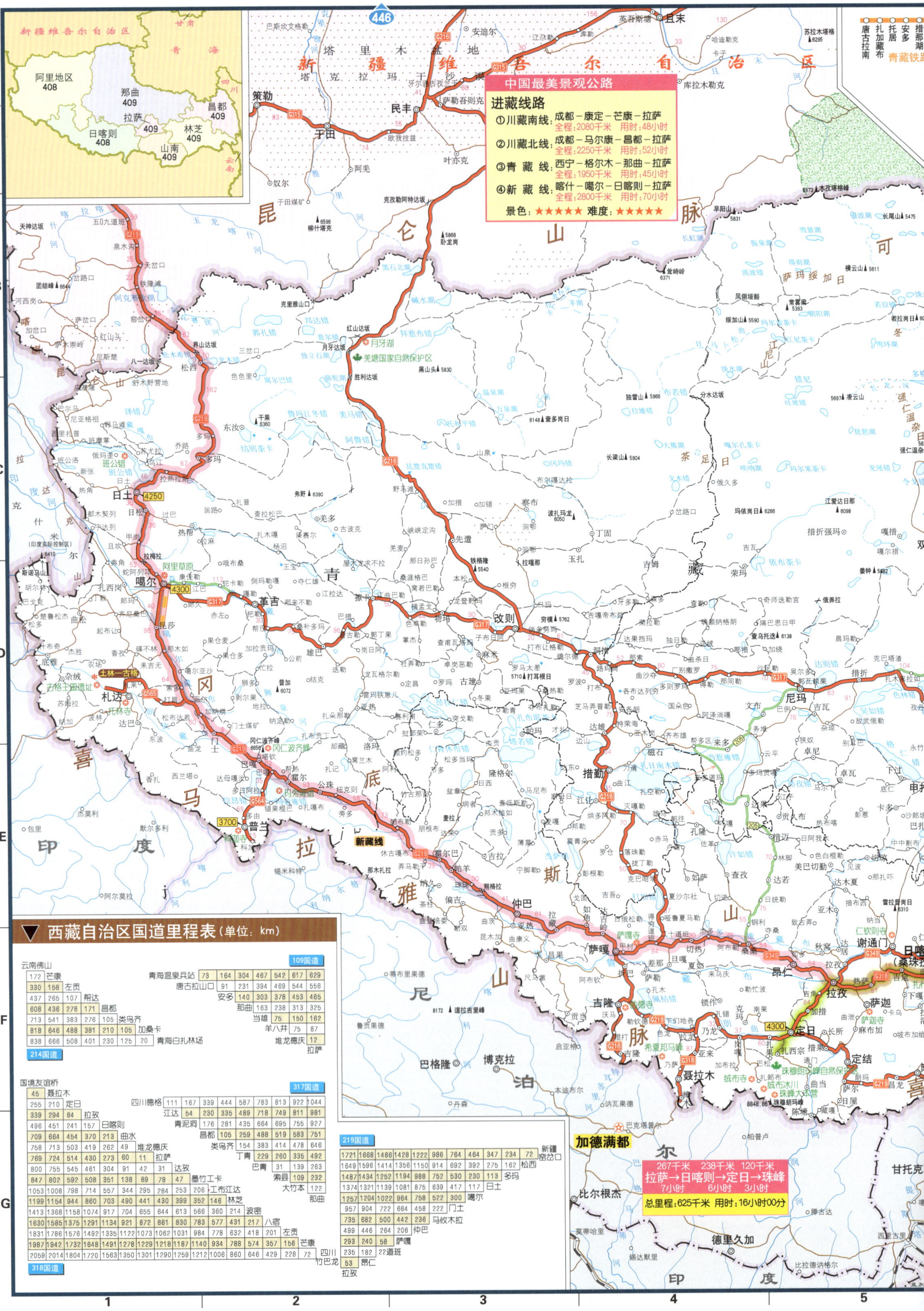

中国最美景观公路

进藏线路

①川藏南线：成都－康定－芒康－拉萨
全程：2080千米　用时：48小时

②川藏北线：成都－马尔康－昌都－拉萨
全程：2250千米　用时：52小时

③青 藏 线：西宁－格尔木－那曲－拉萨
全程：1950千米　用时：45小时

④新 藏 线：喀什－噶尔－日喀则－拉萨
全程：2800千米　用时：70小时

景色：★★★★★　难度：★★★★★

267千米　238千米　120千米
拉萨→日喀则→定日→珠峰
7小时　6小时　3小时

总里程：625千米　用时：16小时00分

西藏自治区国道里程表（单位：km）

214国道

	云南佛山	芒康	左贡	帮达	昌都	类乌齐	加桑卡
芒康	172						
左贡	330	158					
帮达	437	265	107				
昌都	608	436	278	171			
类乌齐	713	541	383	276	105		
加桑卡	818	646	488	381	210	105	
青海白扎林场	838	666	508	401	230	125	20

109国道

	唐古拉山口	安多	那曲	当雄	羊八井	堆龙德庆	拉萨
青海温泉兵站	73	164	304	467	542	617	629
唐古拉山口		91	231	394	469	544	556
安多			140	303	378	453	465
那曲				163	238	313	325
当雄					75	150	162
羊八井						75	87
堆龙德庆							12

317国道

	江达	青泥洞	昌都	类乌齐	丁青	巴青	索县	大竹本	那曲
四川德格	111	167	339	444	587	783	813	922	1044
江达		54	230	335	489	718	749	811	981
青泥洞			176	281	435	664	695	755	927
昌都				105	259	488	519	583	751
类乌齐					154	383	414	478	646
丁青						229	260	335	492
巴青							31	139	263
索县								109	232
大竹本									122

318国道

	国境友谊桥	聂拉木	定日	拉孜	日喀则	曲水	堆龙德庆	拉萨	达孜	墨竹工卡	工布江达	林芝	波密	八宿	左贡	芒康
聂拉木	45															
定日	255	210														
拉孜	339	294	84													
日喀则	496	451	241	157												
曲水	709	664	454	370	213											
堆龙德庆	758	713	503	419	262	49										
拉萨	769	724	514	430	273	60	11									
达孜	800	755	545	461	304	91	42	31								
墨竹工卡	847	802	592	508	351	138	89	78	47							
工布江达	1053	1008	798	714	557	344	295	284	253	206						
林芝	1199	1154	944	860	703	490	441	430	399	352	146					
波密	1413	1368	1158	1074	917	704	655	644	613	566	360	214				
八宿	1630	1585	1375	1291	1134	921	872	861	830	783	577	431	217			
左贡	1831	1786	1576	1492	1335	1122	1073	1062	1031	984	778	632	418	201		
芒康	1987	1942	1732	1648	1491	1278	1229	1218	1187	1140	934	788	574	357	156	
四川竹巴龙	2059	2014	1804	1720	1563	1350	1301	1290	1259	1212	1006	860	646	429	228	72

219国道

	拉孜	昂仁	22道班	萨嘎	仲巴	马攸木拉	门士	噶尔	日土	多玛	松西
新疆窑岔口	1721	1668	1486	1428	1222	986	764	464	347	234	72
松西	1649	1596	1414	1356	1150	914	692	392	275	162	
多玛	1487	1434	1252	1194	988	752	530	230	113		
日土	1374	1321	1139	1081	875	639	417	117			
噶尔	1257	1204	1022	964	758	522	300				
门士	957	904	722	664	458	222					
马攸木拉	735	682	500	442	236						
仲巴	499	446	264	206							
萨嘎	293	240	58								
22道班	235	182									
昂仁	53										

西藏旅游景点信息

世界遗产： 拉萨布达拉宫历史区（含大昭寺、罗布林卡）

国家级风景名胜区： 雅砻河、纳木错－念青唐古拉、唐古拉山－怒江源、土林－古格

国家5A级旅游区： 大昭寺、拉萨布达拉宫景区、林芝巴松措、日喀则扎什伦布寺、雅鲁藏布大峡谷

国家历史文化名城： 拉萨、日喀则、江孜

中国历史文化名镇： 昌珠镇、萨迦镇、陈塘镇、杰德秀镇、托林镇

其它热门旅游景点： 八廓街、色拉寺、纳木措、羊卓雍措、南迦巴瓦峰、米堆冰川、鲁朗林海、珠峰大本营、绒布寺、扎什伦布寺、卡若拉冰川、圣象天门、当惹雍错、冈仁波齐、玛旁雍措、拉昂错、札达土林、古格王朝都城遗址、班公错

- 本表中城际间里程是以高速公路、国道为主要行车路线计算，不作营运计价依据。
- 单位：km

西藏自治区主要城市至全国各主要城市里程表

		拉萨	那曲	昌都	日喀则	萨嘎	噶尔	聂拉木	林芝
直辖市	北京	3654	3316	3042	3892	4341	5127	4344	3753
	上海	4188	4127	3372	4437	4887	5640	4895	3773
	天津	3694	3356	3082	3932	4381	5167	4384	3793
	重庆	2439	2393	1668	2703	3153	3906	3146	2024
河北省	石家庄	3373	3035	2762	3611	4060	4846	4063	3472
	张家口	3595	3257	2984	3833	4282	5068	4285	3694
	承德	3968	3630	3357	4206	4655	5441	4658	4067
	秦皇岛	3939	3601	3328	4177	4626	5412	4629	4038
	唐山	3791	3453	3180	4029	4478	5264	4481	3890
	保定	3495	3157	2884	3733	4182	4968	4185	3594
	沧州	3579	3241	2968	3817	4266	5052	4269	3678
	衡水	3494	3156	2883	3732	4181	4967	4184	3593
	邢台	3464	3126	2853	3702	4151	4937	4154	3563
	邯郸	3515	3177	2904	3753	4202	4988	4205	3614
山西省	太原	3167	2829	2556	3405	3854	4640	3857	3266
	大同	3436	3098	2825	3674	4123	4909	4126	3535
	阳泉	3269	2931	2658	3507	3956	4742	3959	3368
	长治	3412	3009	2736	3585	4034	4820	4037	3446
	晋城	3318	3097	2824	3673	4122	4908	4125	3534
	忻州	3243	2905	2632	3481	3930	4716	3933	3342
	临汾	3216	2971	2434	3547	3996	4782	3999	3408
	运城	3088	3106	2306	3682	4131	4917	4134	3543
	侯马	3177	3028	2395	3604	4053	4839	4056	3465
内蒙古自治区	呼和浩特	3303	2965	2692	3541	3990	4746	3993	3402
	包头	3122	2784	2511	3360	3809	4595	3812	3221
	乌海	2742	2404	2131	2980	3429	4215	3432	2841
	赤峰	4138	3800	3527	4376	4825	5611	4828	4237
	通辽	4376	4038	3765	4614	5063	5849	5066	4475
	呼伦贝尔	5197	4859	4586	5435	5882	6670	5887	5296
	乌兰浩特	4510	4172	3899	4748	5197	5983	5200	4609
	锡林浩特	3940	3605	3332	4181	4630	5416	4633	4042
	乌兰察布	3429	3091	2818	3667	4116	4902	4119	3528
	东胜区	3039	2701	2428	3277	3726	4512	3729	3138
	巴彦淖尔	2898	2560	2287	3136	3585	4371	3588	2997
辽宁省	沈阳	4340	4002	3729	4578	5027	5813	5030	4439
	朝阳	4209	3871	3598	4447	4896	5682	4899	4308
	阜新	4246	3908	3635	4484	4933	5719	4936	4345
	铁岭	4403	4065	3792	4641	5090	5876	5093	4502
	本溪	4376	4038	3765	4614	5063	5849	5066	4475
	鞍山	4322	3984	3711	4560	5009	5795	5012	4421
	丹东	4519	4181	3908	4757	5206	5992	5209	4618
	大连	4477	4139	3866	4715	5164	5950	5167	4576
	营口	4261	3923	3650	4499	4948	5734	4951	4360
	盘锦	4201	3863	3590	4439	4888	5674	4891	4300
	锦州	4118	3780	3507	4356	4805	5591	4808	4217
	葫芦岛	4079	3741	3468	4317	4766	5552	4769	4178
吉林省	长春	4636	4298	4025	4874	5323	6109	5326	4735
	白城	4810	4472	4199	5048	5497	6283	5500	4909
	松原	4784	4446	4173	5022	5471	6257	5474	4883
	吉林	4729	4391	4118	4967	5416	6202	5419	4828
	四平	4519	4181	3908	4757	5206	5992	5209	4618
	辽源	4592	4254	3981	4830	5279	6065	5282	4691
	通化	4582	4244	3971	4820	5269	6055	5272	4681
	梅河口	4581	4243	3970	4819	5268	6054	5271	4680
	延吉	5031	4693	4420	5269	5718	6504	5721	5130
	敦化	4912	4574	4301	5150	5599	6385	5602	5011
黑龙江省	哈尔滨	4879	4541	4268	5117	5566	6352	5569	4978
	齐齐哈尔	5195	4857	4584	5433	5882	6668	5885	5294
	黑河	5455	5117	4844	5693	6142	6928	6145	5554
	大庆	5027	4689	4416	5265	5714	6500	5717	5126
	伊春	5222	4884	4611	5460	5909	6695	5912	5321
	鹤岗	5000	4662	4389	5238	5687	6473	5690	5099
	佳木斯	5229	4891	4618	5467	5916	6702	5919	5328
	双鸭山	5293	4955	4682	5531	5980	6766	5983	5392
	七台河	5312	4974	4701	5550	5999	6785	6002	5411
	鸡西	5255	4917	4644	5493	5942	6728	5945	5354
	牡丹江	5092	4754	4481	5330	5779	6565	5782	5191
	绥化	4997	4659	4386	5235	5684	6470	5687	5096
江苏省	南京	3893	3832	3077	4142	4592	5345	4595	3478
	徐州	3688	3632	2917	3952	4402	5155	4395	3273
	连云港	3891	3835	3120	4155	4605	5358	4598	3476
	淮安	3870	3814	3099	4134	4584	5337	4577	3455
	盐城	3996	3940	3225	4260	4710	5463	4703	3581
	扬州	3961	3900	3145	4210	4660	5481	4663	3546
	南通	4116	4055	3300	4365	4815	5636	4818	3701
	镇江	3963	3902	3147	4212	4662	5415	4665	3548
	常州	4009	3948	3193	4258	4708	5461	4711	3594
	无锡	4052	3991	3236	4301	4751	5504	4754	3637
	苏州	4098	4037	3283	4347	4797	5550	4800	3683
浙江省	杭州	4009	3948	3193	4258	4708	5461	4711	3594
	湖州	4073	4012	3257	4322	4772	5525	4775	3658
	嘉兴	4092	4031	3276	4341	4791	5544	4794	3677
	宁波	4179	4118	3363	4428	4878	5631	4881	3764
	绍兴	4074	4013	3258	4323	4773	5526	4776	3659
	衢州	3839	3778	3023	4088	4538	5291	4541	3424
	金华	3922	3861	3106	4171	4621	5374	4624	3507
	台州	4123	4062	3307	4455	4822	5575	4825	3708
	温州	4111	4050	3295	4360	4810	5563	4813	3696
	丽水	4018	3957	3202	4267	4717	5470	4720	3603

		拉萨	那曲	昌都	日喀则	萨嘎	噶尔	聂拉木	林芝
安徽省	合肥	3741	3680	2925	3990	4440	5193	4443	3326
	宿州	3738	3682	2967	4002	4452	5205	4445	3323
	阜阳	3657	3601	2886	3921	4371	5124	4364	3242
	蚌埠	3777	3721	3006	4041	4491	5244	4484	3362
	淮南	3761	3705	2990	4025	4475	5228	4468	3346
	滁州	3901	3845	3130	4165	4615	5368	4608	3486
	马鞍山	3964	3803	3048	4113	4563	5316	4566	3549
	芜湖	3808	3747	2992	4057	4507	5260	4510	3393
	铜陵	3730	3669	2914	3979	4429	5182	4432	3315
	安庆	3632	3571	2816	3881	4331	5084	4334	3217
	黄山	3789	3728	2973	4038	4488	5241	4491	3374
	巢湖	3797	3736	2981	4046	4496	5249	4499	3382
福建省	福州	4199	4138	3383	4448	4898	5651	4901	3784
	南平	4042	3981	3226	4291	4741	5494	4744	3627
	三明	4018	3957	3202	4267	4717	5470	4720	3603
	莆田	4288	4227	3472	4537	4987	5740	4990	3873
	泉州	4292	4231	3476	4541	4991	5744	4994	3877
	厦门	4352	4291	3536	4601	5051	5804	5054	3937
	漳州	4375	4314	3559	4624	5074	5827	5077	3960
	龙岩	4276	4215	3460	4525	4975	5728	4978	3861
	宁德	4315	4254	3499	4564	5014	5762	5017	3900
江西省	南昌	3658	3597	2842	3907	4357	5110	4360	3243
	九江	3506	3445	2690	3755	4205	4958	4208	3091
	景德镇	3639	3578	2823	3888	4338	5091	4341	3224
	鹰潭	3769	3708	2953	4018	4468	5221	4471	3354
	上饶	3869	3808	3053	4118	4568	5321	4571	3454
	新余	3779	3718	2963	4028	4478	5231	4481	3364
	萍乡	3713	3652	2897	3962	4412	5165	4415	3298
	赣州	4041	3953	3198	4263	4713	5466	4716	3626
	宜春	3773	3712	2957	4022	4472	5225	4475	3358
山东省	济南	3656	3318	3045	3894	4343	5129	4346	3755
	德州	3553	3215	2942	3791	4240	5026	4243	3652
	淄博	3741	3403	3130	3979	4428	5214	4431	3840
	潍坊	3840	3502	3229	4078	4527	5313	4536	3939
	烟台	4083	3745	3472	4321	4770	5556	4773	4182
	威海	4167	3829	3556	4405	4854	5640	4857	4266
	青岛	3992	3654	3381	4230	4679	5465	4682	4091
	日照	3954	3616	3343	4192	4641	5427	4644	4053
	临沂	3874	3536	3263	4112	4561	5347	4564	3973
	济宁	3752	3414	3141	3990	4439	5225	4442	3851
	泰安	3692	3354	3081	3930	4379	5165	4382	3791
	滨州	3748	3410	3137	3986	4435	5221	4438	3847
	菏泽	3641	3303	3030	3879	4328	5114	4331	3740
河南省	郑州	3347	3291	2565	3602	4052	4837	4054	2932
	三门峡	3098	3042	2316	3353	3803	4588	3805	2683
	洛阳	3213	3157	2431	3468	3918	4703	3920	2798
	焦作	3319	3263	2537	3574	4024	4809	4026	2904
	新乡	3401	3345	2619	3656	4106	4891	4108	2986
	安阳	3506	3450	2724	3761	4211	4996	4213	3091
	开封	3388	3332	2606	3643	4093	4878	4095	2973
	商丘	3524	3468	2742	3779	4229	5014	4231	3109
	漯河	3433	3377	2651	3688	4138	4923	4140	3018
	南阳	3270	3214	2488	3525	3975	4760	3977	2855
	信阳	3450	3394	2668	3705	4155	4940	4157	3035
湖北省	武汉	3267	3211	2485	3522	3972	4757	3974	2852
	十堰	3161	3105	2379	3416	3866	4651	3868	2746
	襄阳	3238	3182	2456	3493	3943	4728	3945	2823
	荆门	3092	3036	2310	3347	3797	4582	3799	2677
	孝感	3304	3248	2522	3559	4009	4794	4011	2889
	鄂州	3341	3285	2559	3596	4046	4831	4048	2926
	黄石	3359	3303	2577	3614	4064	4849	4066	2944
	咸宁	3330	3274	2548	3585	4035	4820	4037	2915
	荆州	3076	3020	2294	3331	3781	4566	3783	2661
	宜昌	3006	2950	2224	3261	3711	4496	3713	2591
湖南省	长沙	3440	3384	2658	3695	4145	4930	4147	3025

		拉萨	那曲	昌都	日喀则	萨嘎	噶尔	聂拉木	林芝
湖南省	常德	3261	3205	2479	3516	3966	4751	3968	2846
	益阳	3348	3292	2566	3603	4053	4838	4055	2933
	岳阳	3465	3409	2683	3720	4170	4955	4172	3050
	株洲	3483	3427	2701	3738	4188	4973	4190	3068
	湘潭	3477	3421	2695	3732	4182	4967	4184	3062
	衡阳	3563	3057	2865	3949	4268	5053	3820	3148
	郴州	3729	3673	2947	3984	4434	5219	4436	3314
	永州	3552	3046	2854	3938	4257	5042	3809	3137
	邵阳	3422	2916	2724	3808	4127	4912	3679	3007
广东省	广州	3756	3698	2972	4008	4456	5243	4463	3341
	韶关	3887	3831	3105	4142	4592	5377	4594	3472
	梅州	4117	3950	3333	4369	4817	5604	4713	3702
	汕头	4144	4115	3390	4426	4874	5661	4851	3729
	惠州	3867	3808	3083	4119	4567	5354	4574	3452
	东莞	3798	3739	3014	4050	4498	5285	4505	3383
	深圳	3875	3816	3091	4127	4575	5362	4582	3460
	珠海	3867	3808	3083	4119	4567	5354	4574	3452
	中山	3836	3777	3052	4088	4536	5323	4543	3421
	肇庆	3633	3574	2849	3885	4333	5120	4340	3218
	茂名	3513	3454	2729	3765	4213	5000	4220	3098
	湛江	3433	3374	2649	3685	4133	4920	4140	3018
广西壮族自治区	南宁	3123	3064	2339	3375	3823	4610	3830	2708
	桂林	3530	3470	2748	3785	4235	5020	1237	3115
	柳州	3377	3317	2595	3632	4082	4867	4084	2962
	梧州	3487	3428	2703	3739	4187	4974	4194	3072
	玉林	3314	3255	2530	3566	4014	4801	4021	2899
	百色	2907	2848	2123	3159	3607	4394	3614	2492
四川省	成都	2152	2096	1370	2407	2857	3642	2859	1737
	绵阳	2268	2212	1486	2523	2973	3758	2975	1853
	泸州	2648	2344	1618	2655	3105	2890	3355	2233
	攀枝花	2101	2044	1318	2356	2804	3445	2808	1686
	西昌	2373	2317	1591	2628	3078	3863	3080	1958
贵州省	贵阳	2795	2736	2011	3047	3495	4282	3502	2380
	遵义	2680	2620	1898	2935	3385	4170	3387	2265
	安顺	2698	2639	1914	2950	3398	4185	3405	2283
	毕节	2971	2911	2189	3226	3676	4461	3678	2556
	凯里	2987	2927	2205	3242	3692	4477	3694	2572
云南省	昆明	2269	2210	1485	2521	2969	3756	2976	1854
	曲靖	2389	2330	1605	2641	3089	3876	3096	1974
	玉溪	2356	2297	1572	2608	3662	4477	3063	1941
	丽江	1812	1754	1028	2066	2514	3155	2519	1397
	大理	1932	1874	1148	2186	2634	3275	2639	1517
	景洪	2834	2775	2050	3086	3534	4321	3541	2419
陕西省	西安	2865	2809	2083	3120	3570	4355	3572	2450
	延安	2887	2549	2276	3325	3574	4360	3577	2986
	铜川	2943	2887	2161	3198	3648	4433	3650	2528
	渭南	2924	2868	2142	3179	3629	4414	3631	2509
	咸阳	2872	2816	2090	3127	3577	4362	3579	2457
	宝鸡	2859	2803	2077	3114	3564	4349	3566	2444
	汉中	2599	2543	1817	2854	3304	4089	3306	2184
	榆林	2874	2536	2263	3312	3561	4347	3564	2973
	安康	2851	2795	2069	3106	3556	4341	3558	2436
甘肃省	兰州	2162	1824	1551	2400	2849	3635	2852	2254
	嘉峪关	2094	1756	1904	2332	2781	3567	2784	2491
	天水	2534	2196	1923	2772	3221	4007	3224	2626
	敦煌	1715	1377	2104	1953	2402	3188	2405	2112
	张掖	2290	1952	1679	2528	2977	3763	2980	2382
	武威	2386	2048	1775	2624	3073	3859	3076	2478
青海省	西宁	1975	1637	1362	2213	2662	3448	2665	2067
	同仁	2125	1787	1514	2363	2812	3598	2815	2217
	德令哈	1578	1240	1785	1816	2265	3051	2268	1975
	格尔木	1195	857	1589	1433	1882	2668	1885	1592
宁夏回族自治区	银川	2600	2262	1989	2838	3287	4073	3290	2699
	惠农区	2690	2352	2079	2928	3377	4163	3380	2789
	吴忠	2532	2194	1921	2770	3219	4005	3222	263
	固原	2522	2184	1911	2760	3209	3995	3212	262
新疆维吾尔自治区	乌鲁木齐	2713	2375	3100	2951	3455	2702	3403	311
	克拉玛依	3077	2739	3464	3315	3497	2744	3767	347
	喀什	2854	3110	4040	2581	2101	1348	2686	325
	阿克苏	3159	2821	3546	3052	2572	1819	3157	355
	吐鲁番	2512	2174	2899	2750	3200	2746	3202	291
	哈密	2121	1783	2508	2359	2809	3137	2811	251
	阿勒泰	3368	3030	3755	3606	3908	3155	4058	376

西藏自治区主要城镇间里程表

	拉萨	达孜	墨竹工卡	工布江达	巴河桥	八一	林芝	通麦	波密	然乌	八宿	邦达	左贡	芒康岔口	曲水大桥	仁布大桥	日喀则	拉孜	岗嘎	聂拉木	樟木
拉萨																					
达孜	26																				
墨竹工卡	70	44																			
工布江达	277	251	207																		
巴河桥	332	301	254	48																	
八一	404	378	334	127	79																
林芝	430	399	352	146	98	19															
通麦	555	524	477	271	223	144	125														
波密	575	549	505	298	312	171	214	89													
然乌	771	740	693	487	439	360	341	216	127												
八宿	792	766	722	515	529	388	431	306	217	90											
邦达	955	924	877	671	623	544	525	400	311	184	94										
左贡	962	936	892	685	730	558	632	507	387	291	170	107									
芒康岔口	1066	1040	996	789	888	662	790	665	491	449	274	265	104								
曲水大桥	58	84	128	335	400	462	498	623	633	839	850	1023	1020	1124							
仁布大桥	170	201	248	454	502	581	600	725	814	941	1031	1125	1232	1390	102						
日喀则	259	285	329	536	606	663	704	829	834	1045	1051	1229	1221	1325	206	104					
拉孜	402	428	472	679	756	806	854	979	977	1195	1194	1379	1364	1468	356	254	157				
岗嘎	568	599	646	852	900	979	998	1123	1212	1339	1429	1523	1630	1788	500	398	294	144			
聂拉木	698	724	768	975	1046	1102	1144	1269	1273	1485	1490	1669	1660	1764	646	544	440	290	146		
樟木	743	769	813	1020	1078	1147	1176	1301	1318	1517	1535	1701	1705	1809	678	576	472	322	178	32	
那曲	320	357	404	610	658	737	756	881	970	1097	1187	1281	1388	1546	370	472	576	726	870	1016	1048

图例解释

收费站 出入口 服务区 在建 高速公路
G312 国道编号 国道
S217 省道编号 25 里程数(km) 居民点 在建 省道
桥梁 隘口 县道
快速路
隧道 在建 铁路

比例尺 1：126万

0 12.6 25.2 37.8 km

图上1cm相当于实地12.6km

常用电话

高速公路咨询.........029-12122	延安市交通局...0911-2211246	汉中市交通局...0916-2214413
治超办............029-87293050	铜川市交通局...0919-3185839	榆林市交通局...0912-3688121
公路服务............029-88585211	渭南市交通局...0913-2073095	安康市交通局...0915-3214062
省交通厅..........029-87340084	咸阳市交通局...029-33213643	商洛市交通局...0914-2338021
西安市交通局......029-88408403	宝鸡市交通局...0917-3305099	

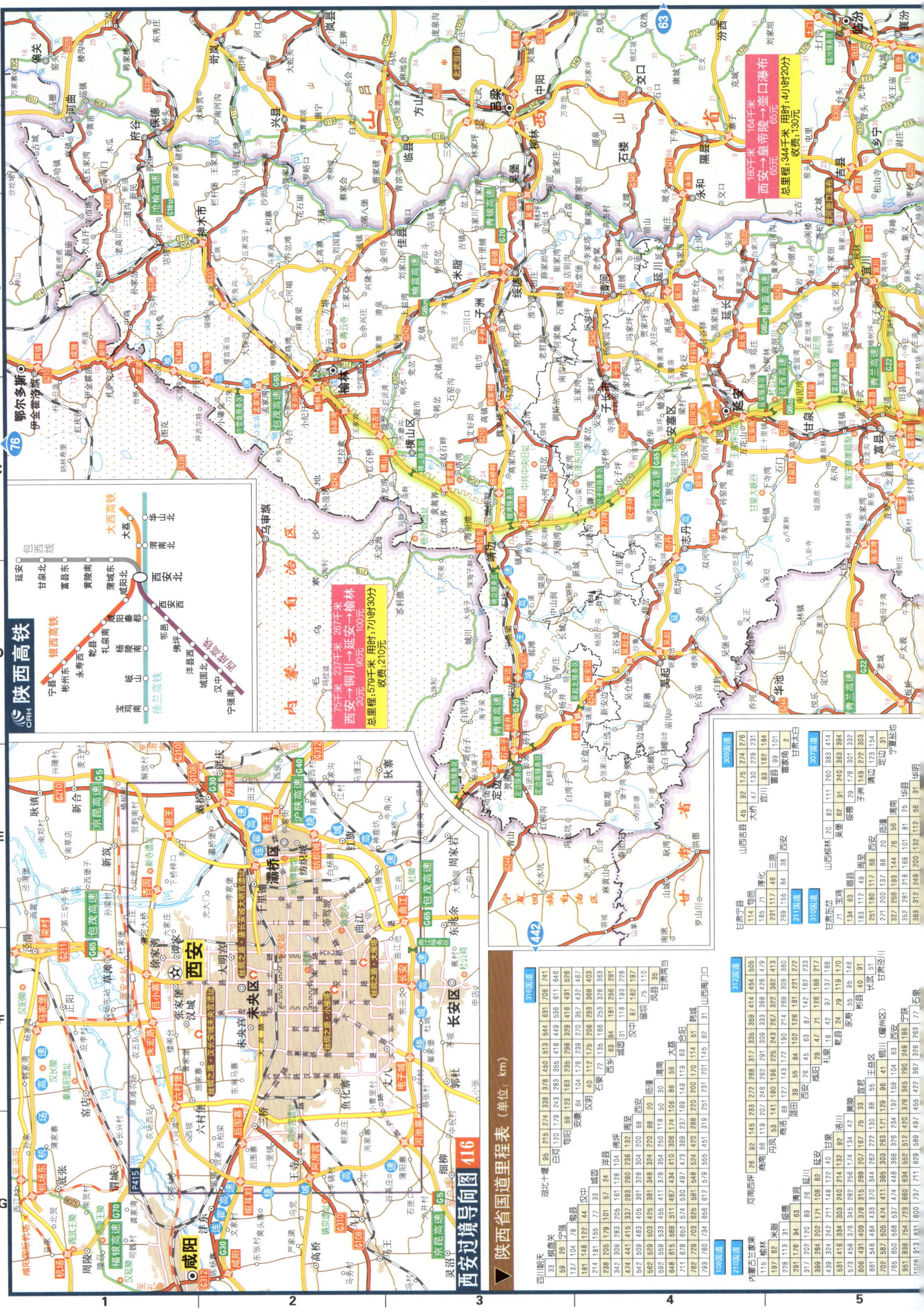

图例解释

收费站 出入口 G45 国家高速编号 服务区 在建	高速公路	桥梁 隧口	县道
G312 国道编号	国道		快速路
217 省道编号 25 居民点 里程数(km) 在建	省道	隧道 在建	铁路

比例尺 1：225万

0 22.5 45.0 67.5 km

图上1cm相当于实地22.5km

- 本表中城际间里程是以高速公路、国道为主要行车路线计算，不作营运计价依据。
- 单位：km

陕西省主要城市至全国各主要城市里程表

省区	城市	西安	延安	铜川	渭南	咸阳	宝鸡	汉中	榆林	安康
直辖市	北京	1129	1069	1107	1102	1143	1286	1396	905	1318
	上海	1399	1683	1466	1410	1435	1587	1664	1709	1588
	天津	1159	1109	1147	1142	1183	1326	1436	945	1358
	重庆	707	999	190	763	724	881	597	1286	504
河北省	石家庄	838	671	831	823	862	1014	1113	619	1037
	张家口	1351	1184	1344	1336	1375	1527	1626	1132	1550
	承德	1365	1198	1358	1350	1389	1541	1640	1146	1564
	秦皇岛	1404	1237	1394	1389	1428	1580	1679	1185	1603
	唐山	1256	1089	1249	1241	1280	1432	1531	1037	1455
	保定	969	802	962	954	993	1145	1244	750	1168
	沧州	1044	877	1037	1029	1068	1220	1319	825	1243
	衡水	959	792	952	944	983	1135	1234	740	1158
	邢台	784	762	777	716	807	959	1049	710	979
	邯郸	731	813	724	663	754	906	996	761	926
山西省	太原	632	465	625	617	656	808	907	413	831
	大同	901	734	894	886	925	1077	1176	682	1100
	阳泉	734	567	727	719	758	910	1009	515	933
	长治	585	566	615	517	608	760	850	593	780
	晋城	491	649	521	423	514	666	756	687	686
	忻州	708	541	701	693	732	884	983	489	907
	临汾	378	369	371	363	402	553	653	555	577
	运城	261	421	254	193	284	436	526	690	456
	侯马	339	400	332	324	363	515	614	612	534
内蒙古自治区	呼和浩特	1016	705	939	1031	1030	1182	1283	459	1225
	包头	838	527	761	858	852	1004	1105	287	1047
	乌海	895	594	927	946	875	822	1153	465	1109
	赤峰	1786	1619	1779	1771	1810	1962	2061	1294	1985
	通辽	1961	1794	1954	1946	1985	2137	2236	1532	2160
	呼伦贝尔	2802	2635	2795	2787	2826	2978	3077	2353	3001
	乌兰浩特	2115	1948	2108	2100	2139	2291	2390	1666	2314
	锡林浩特	1545	1378	1538	1530	1569	1721	1820	1096	1744
	乌兰察布	1034	867	1027	1019	1058	1210	1309	585	1233
	东胜区	762	451	685	777	776	928	1029	196	971
	巴彦淖尔	1095	784	1018	1110	1109	1261	1362	438	1304
辽宁省	沈阳	1805	1638	1798	1790	1829	1981	2080	1586	2004
	朝阳	1674	1507	1667	1659	1698	1850	1949	1455	1873
	阜新	1711	1544	1704	1696	1735	1887	1986	1492	1910
	铁岭	1868	1701	1861	1853	1892	2044	2143	1649	2067
	本溪	1841	1674	1834	1826	1865	2017	2116	1622	2040
	鞍山	1787	1620	1780	1772	1811	1963	2062	1568	1986
	丹东	1984	1817	1977	1969	2008	2160	2259	1765	2183
	大连	1942	1775	1935	1927	1966	2118	2217	1723	2141
	营口	1726	1559	1719	1711	1750	1902	2001	1507	1925
	盘锦	1666	1499	1659	1651	1690	1842	1941	1447	1865
	锦州	1583	1416	1576	1568	1607	1759	1858	1364	1782
	葫芦岛	1544	1377	1537	1529	1568	1720	1819	1325	1743
吉林省	长春	2101	1934	2094	2086	2125	2277	2376	1882	2300
	白城	2277	2110	2270	2262	2301	2453	2552	2058	2476
	松原	2249	2082	2242	2234	2273	2425	2524	2030	2448
	吉林	2194	2027	2187	2179	2218	2370	2469	1975	2393
	四平	1984	1817	1977	1969	2008	2160	2259	1765	2183
	辽源	2057	1890	2050	2042	2081	2233	2332	1838	2256
	通化	2047	1880	2040	2032	2071	2223	2322	1828	2246
	梅河口	2046	1879	2039	2031	2070	2222	2321	1827	2245
	延吉	2496	2329	2489	2481	2520	2672	2771	2277	2695
	敦化	2377	2210	2370	2362	2401	2553	2652	2158	2576
黑龙江省	哈尔滨	2344	2177	2337	2329	2368	2520	2619	2125	2543
	齐齐哈尔	2660	2493	2653	2645	2684	2836	2935	2441	2859
	黑河	2920	2753	2913	2905	2944	3096	3195	2701	3119
	大庆	2492	2325	2485	2477	2516	2668	2767	2273	2691
	伊春	2687	2520	2680	2672	2711	2863	2962	2468	2886
	鹤岗	2765	2598	2758	2750	2789	2941	3040	2546	2964
	佳木斯	2694	2527	2687	2679	2718	2870	2969	2475	2893
	双鸭山	2758	2591	2751	2743	2786	2934	3033	2539	2957
	七台河	2777	2610	2770	2762	2801	2953	3052	2558	2976
	鸡西	2720	2553	2713	2705	2744	2896	2995	2501	2919
	牡丹江	2557	2390	2550	2542	2581	2733	2832	2338	2756
	绥化	2462	2295	2455	2447	2486	2638	2737	2243	2661
江苏省	南京	1104	1388	1171	1115	1140	1292	1369	1549	1293
	徐州	844	1120	906	782	873	1025	1114	1176	1038
	连云港	1044	1320	1106	982	1073	1225	1314	1300	1238
	淮安	1038	1302	1026	976	1067	1219	1308	1332	1232
	盐城	1164	1428	1152	1102	1193	1345	1434	1440	1358
	扬州	1172	1456	1239	1183	1208	1360	1437	1471	1361
	南通	1327	1611	1394	1338	1363	1515	1592	1607	1516
	镇江	1174	1458	1241	1185	1210	1362	1439	1520	1363
	常州	1220	1504	1287	1231	1256	1408	1485	1566	1409
	无锡	1263	1547	1330	1274	1299	1451	1528	1609	1452
	苏州	1309	1593	1376	1320	1345	1497	1574	1655	1498
浙江省	杭州	1346	1630	1413	1357	1382	1534	1611	1755	1535
	湖州	1266	1550	1333	1277	1302	1454	1531	1675	1455
	嘉兴	1356	1630	1413	1367	1392	1544	1621	1693	1545
	宁波	1484	1758	1541	1495	1520	1672	1749	1821	1673
	绍兴	1431	1691	1464	1408	1433	1585	1662	1806	1586
	衢州	1549	1833	1616	1560	1585	1737	1814	1958	1738
	金华	1519	1803	1586	1440	1555	1707	1784	1928	1708
	台州	1632	1882	1665	1609	1634	1786	1863	2007	1787
	温州	1731	2015	1798	1742	1767	1919	1996	2140	1920
	丽水	1624	1908	1691	1635	1660	1812	1889	2033	1813
安徽省	合肥	942	1226	1009	953	978	1130	1207	1506	1131
	宿州	906	1170	894	844	935	1087	1176	1276	1110
	阜阳	813	1092	875	740	842	994	1083	1364	1007
	蚌埠	933	1212	995	860	962	1114	1203	1367	1127
	淮南	917	1196	979	844	946	1098	1187	1468	1111
	滁州	1057	1336	1119	984	1086	1238	1327	1491	1251
	马鞍山	1120	1404	1187	1115	1154	1306	1385	1561	1309
	芜湖	1066	1350	1133	1084	1100	1252	1331	1591	1255
	铜陵	1087	1371	1154	1105	1123	1273	1352	1651	1276
	安庆	1107	1391	1174	1125	1143	1293	1372	1671	1296
	黄山	1262	1546	1329	1280	1298	1448	1527	1826	1451
	巢湖	1008	1292	1075	1026	1044	1196	1273	1533	1197
福建省	福州	1740	2024	1807	1751	1776	1928	2005	2304	1929
	南平	1583	1867	1650	1594	1619	1771	1848	2147	1772
	三明	1559	1843	1626	1570	1595	1747	1824	2123	1748
	莆田	1829	2113	1896	1840	1865	2017	2094	2393	2018
	泉州	1833	2117	1900	1844	1869	2021	2098	2397	2022
	厦门	1893	2177	1960	1904	1929	2081	2158	2457	2082
	漳州	1916	2200	1983	1927	1952	2104	2181	2480	2105
	龙岩	1817	2101	1884	1828	1853	2005	2082	2381	2006
	宁德	1856	2140	1923	1867	1892	2044	2121	2420	2045
江西省	南昌	1199	1483	1266	1210	1235	1387	1464	1763	1388
	九江	1047	1331	1114	1058	1083	1235	1312	1611	1236
	景德镇	1180	1464	1247	1191	1216	1368	1445	1744	1369
	鹰潭	1310	1594	1377	1321	1346	1498	1575	1874	1499
	上饶	1410	1694	1477	1421	1446	1598	1675	1974	1599
	新余	1320	1604	1387	1331	1356	1508	1585	1884	1509
	萍乡	1279	1563	1346	1290	1235	1467	1544	1843	1468
	赣州	1555	1839	1622	1566	1391	1743	1820	2119	1744
	宜春	1339	1623	1406	1350	1295	1527	1604	1903	1528
山东省	济南	928	960	898	860	951	1103	1458	908	1117
	德州	1012	857	982	944	1035	1187	1277	805	1201
	淄博	1037	1045	1007	969	1060	1212	1302	993	1226
	潍坊	1136	1144	1106	1068	1159	1311	1401	1092	1325
	烟台	1394	1387	1364	1326	1417	1569	1659	1335	1583
	威海	1442	1471	1412	1374	1465	1617	1707	1419	1631
	青岛	1237	1296	1207	1169	1260	1412	1502	1244	1426
	日照	1070	1258	1040	1002	1093	1245	1335	1206	1259
	临沂	990	1178	960	922	1013	1165	1255	1126	1179
	济宁	796	1056	766	728	819	971	1061	1004	985
	泰安	857	996	827	789	880	1032	1122	944	1046
	滨州	1086	1052	1056	1018	1109	1261	1351	1000	1275
	菏泽	685	945	655	617	708	860	950	893	874
河南省	郑州	520	780	490	452	543	695	785	858	709
	三门峡	271	531	241	203	294	446	536	653	460
	洛阳	386	646	356	318	409	561	651	784	575
	焦作	492	752	462	424	515	667	757	725	681
	新乡	574	834	544	506	597	749	839	809	763
	安阳	679	878	649	611	702	854	944	826	868
	开封	561	821	531	493	584	736	826	856	750
	商丘	697	957	667	629	720	872	962	992	886
	漯河	606	866	576	538	629	781	871	1003	795
	南阳	442	707	509	468	478	628	707	966	631
	信阳	622	887	689	663	658	808	887	1169	811
湖北省	武汉	759	1043	826	789	795	947	1024	1344	703
	十堰	333	617	400	363	369	521	598	918	277
	襄阳	479	763	546	809	515	667	744	1064	441
	荆门	625	909	692	655	661	813	890	1210	569
	孝感	692	976	759	722	728	880	957	1277	636
	鄂州	850	1134	917	880	886	1038	1115	1435	794
	黄石	868	1152	935	898	904	1056	1133	1453	812
	咸宁	841	1125	908	871	877	1029	1106	1426	785
	荆州	705	989	772	735	741	893	970	1290	667
	宜昌	747	1031	816	777	783	935	1012	1332	709
湖南省	长沙	1158	1442	1225	1188	1194	1346	1423	1743	1347
	常德	964	1248	1031	994	1000	1152	1229	1549	1153
	益阳	1051	1335	1118	1081	1087	1239	1316	1636	1240
	岳阳	1042	1326	1109	1072	1078	1230	1307	1627	1231
	株洲	1197	1481	1264	1227	1233	1385	1462	1782	1386
	湘潭	1191	1475	1258	1221	1227	1379	1456	1776	1380
	衡阳	1327	1611	1394	1357	1363	1515	1592	1912	1516
	郴州	1443	1727	1510	1473	1479	1631	1708	2028	1632
	永州	1463	1747	1530	1493	1499	1651	1728	2048	1652
	邵阳	1372	1656	1439	1402	1408	1560	1637	1957	1561
广东省	广州	1778	2062	1845	1808	1814	1966	2043	2363	1722
	韶关	1535	1819	1602	1565	1571	1723	1800	2120	1479
	梅州	1960	2244	2027	1990	1996	2148	2225	2545	1904
	汕头	2159	2443	2226	2189	2195	2347	2424	2744	2103
	惠州	1852	2136	1919	1882	1888	2040	2117	2437	1796
	东莞	1793	2077	1860	1823	1829	1981	2058	2378	1737
	深圳	1870	2154	1937	1900	1906	2058	2135	2455	1814
	珠海	1871	2155	1938	1901	1907	2059	2136	2456	1815
	中山	1840	2124	1907	1870	1876	2028	2105	2425	1784
	肇庆	1837	2121	1904	1867	1873	2025	2102	2422	1781
	茂名	2092	2376	2159	2122	2128	2280	2357	2677	2036
	湛江	2172	2456	2239	2202	2208	2360	2437	2757	2116
广西壮族自治区	南宁	1968	2252	2035	1998	2004	2156	2233	2553	1912
	桂林	1585	1869	1652	1615	1621	1773	1850	2170	1529
	柳州	1731	2015	1798	1761	1767	1919	1996	2316	1675
	梧州	1951	2235	2018	1981	1987	2139	2216	2536	1895
	玉林	2025	2309	2092	2055	2061	2213	2290	2610	1969
	百色	1936	2231	2014	1995	1943	2095	1670	2511	1922
四川省	成都	744	1039	822	803	751	903	478	1319	730
	绵阳	621	916	699	680	628	780	355	1196	607
	泸州	989	1284	1067	1048	996	1148	723	1564	975
	攀枝花	1458	1753	1536	1517	1465	1617	1192	2033	1444
	西昌	1267	1562	1345	1326	1274	1426	1001	1842	1253
贵州省	贵阳	1419	1714	1497	1478	1426	1578	1153	1994	1405
	遵义	1257	1552	1335	1316	1264	1416	991	1832	1243
	安顺	1485	1780	1563	1544	1492	1644	1219	2060	1471
	毕节	1548	1843	1626	1607	1555	1707	1282	2123	1534
	凯里	1564	1859	1642	1623	1571	1723	1298	2139	1550
云南省	昆明	1602	1897	1680	1661	1609	1761	1336	2177	1588
	曲靖	1613	1908	1691	1672	1620	1772	1347	2188	1599
	玉溪	1682	1977	1750	1741	1689	1841	1416	2257	1668
	丽江	1748	2043	1826	1807	1755	1907	1482	2323	1734
	大理	1904	2199	1982	1963	1911	2063	1638	2479	1890
	景洪	2160	2455	2238	2219	2167	2319	1894	2735	2146
西藏自治区	拉萨	2865	2887	2943	2924	2872	2859	2599	2874	2851
	那曲	2809	2549	2887	2868	2816	2803	2543	2536	2795
	昌都	2083	2276	2161	2142	2090	2077	1817	2263	2069
	日喀则	3120	3325	3198	3179	3127	3114	2854	3312	3106
	萨嘎	3570	3574	3648	3629	3577	3564	3304	3561	3556
	噶尔	4355	4360	4433	4414	4362	4349	4089	4347	4341
甘肃省	兰州	676	773	708	727	656	503	695	760	890
	嘉峪关	1387	1444	1419	1438	1367	1214	1406	1431	1601
	天水	370	649	437	429	345	188	380	866	576
	敦煌	1767	1820	1799	1818	1747	1594	1786	1807	1981
	张掖	1144	1219	1176	1195	1124	971	1163	1206	1358
	武威	930	987	962	981	910	757	949	974	1144
青海省	西宁	915	972	947	966	895	742	934	959	1129
	同仁	1010	1067	1042	1061	990	837	1029	1054	1224
	德令哈	1421	1478	1453	1472	1401	1248	1440	1465	1635
	格尔木	1670	1727	1702	1721	1650	1497	1689	1714	1884
宁夏回族自治区	银川	753	448	785	804	733	680	1011	435	967
	惠农区	843	538	875	894	823	770	1101	525	1057
	吴忠	685	434	717	736	665	612	943	421	899
	固原	418	519	450	469	398	345	676	506	632
新疆维吾尔自治区	乌鲁木齐	2581	2638	2613	2632	2561	2408	2600	2625	2795
	克拉玛依	2945	3002	2977	2996	2925	2772	2964	2909	3159
	喀什	3777	3834	3809	3828	3757	3604	3796	3821	3991
	阿克苏	3313	3370	3345	3364	3293	3140	3332	3357	3527
	吐鲁番	2380	2437	2412	2431	2360	2207	2399	2424	2594
	哈密	1989	2046	2021	2040	1969	1816	2008	2033	2203
	阿勒泰	3236	3293	3268	3287	3216	3063	3255	3280	3450

陕西省主要城镇间里程表

	西安	黄陵	延安	榆林	神木	靖边	吴堡	志丹	定边	渭南	韩城	潼关	咸阳	宝鸡	汉中	安康	商洛	商南	镇安	镇坪	佛坪	凤县	长武
西安																							
黄陵	169																						
延安	338	169																					
榆林	600	475	284																				
神木	753	584	415	109																			
靖边	480	281	157	127	220																		
吴堡	594	425	256	174	283	238																	
志丹	434	265	96	402	511	282	352																
定边	615	446	277	305	414	123	361	181															
渭南	65	208	377	683	792	747	663	473	654														
韩城	237	219	308	590	699	654	540	404	581	175													
潼关	146	306	475	781	890	845	731	571	752	81	186												
咸阳	26	175	344	650	759	714	600	440	621	89	254	171											
宝鸡	185	330	499	805	914	869	755	595	776	250	424	331	155										
汉中	326	524	693	999	1108	1063	949	789	970	388	563	510	349	263									
安康	372	541	710	1016	1125	1080	966	806	987	433	619	515	400	549	253								
商洛	131	283	452	758	867	822	708	548	729	163	300	184	157	308	498	360							
商南	248	400	569	875	984	956	825	682	863	280	362	246	276	425	615	477	111						
镇安	181	350	519	825	934	889	775	615	796	242	428	324	209	358	453	179	197	314					
镇坪	579	748	917	1223	1332	1287	1173	1013	1194	640	826	750	607	756	481	207	566	683	385				
佛坪	188	361	530	836	945	916	786	642	823	250	425	351	190	243	159	371	339	456	550	578			
凤县	279	432	601	907	1016	971	857	697	878	340	526	422	257	102	156	409	418	535	468	642	320		
长武	189	238	407	713	822	657	663	383	460	250	423	332	161	212	475	561	313	424	370	768	334	314	

图例解释

街区	次要街道 县道	高速公路	交警部门 地铁站	医院 邮政局
公园 绿地	城市高架路	建筑中高速公路	出入口 国道编号	宾馆 风景点
过境线 国道	地铁 轻轨	快速路	加油站 汽修厂	古塔 电视台
主要街道 省道	铁路及车站	省、市、区政府	停车场 汽车站	桥梁 运动场

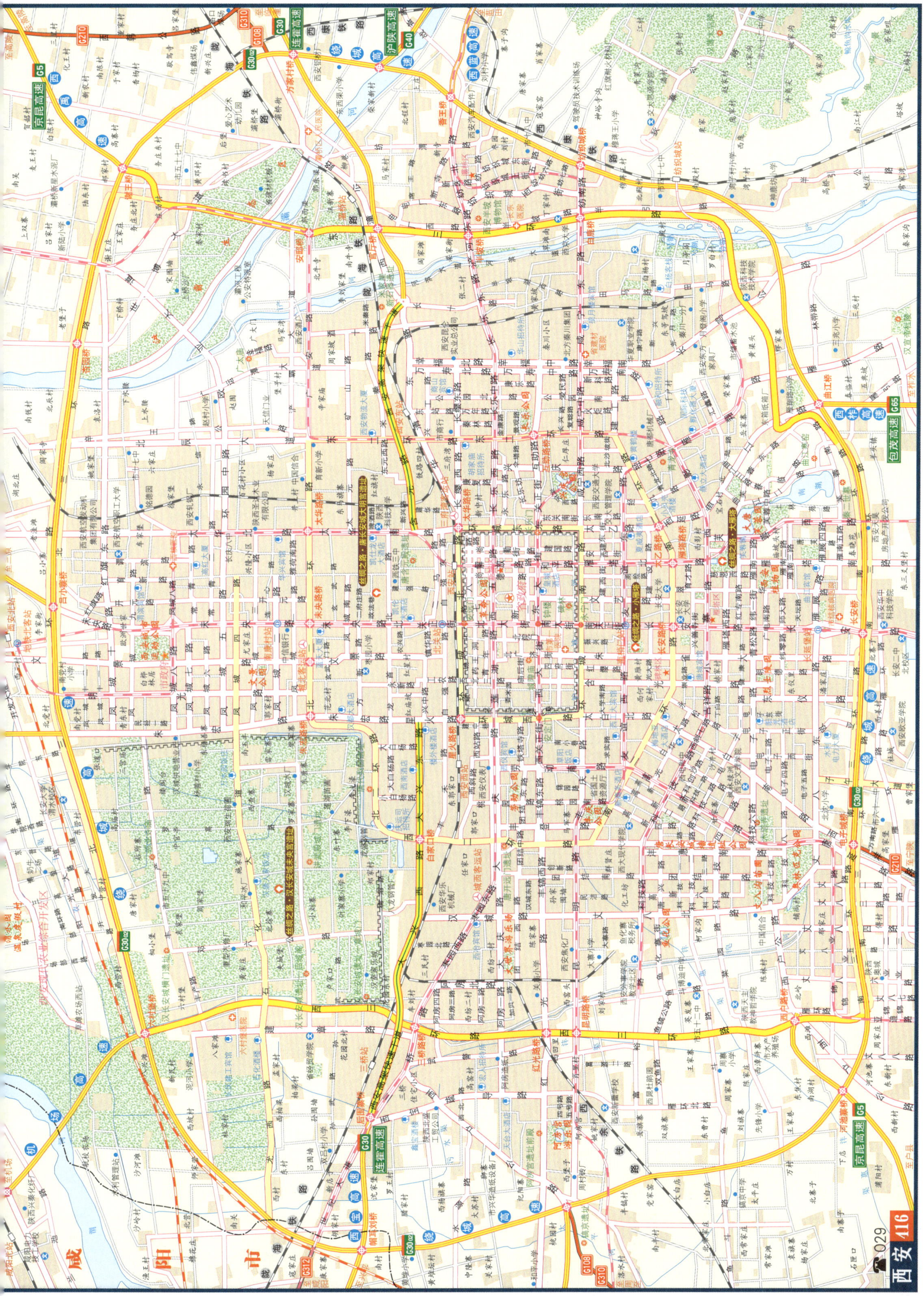

西安 416

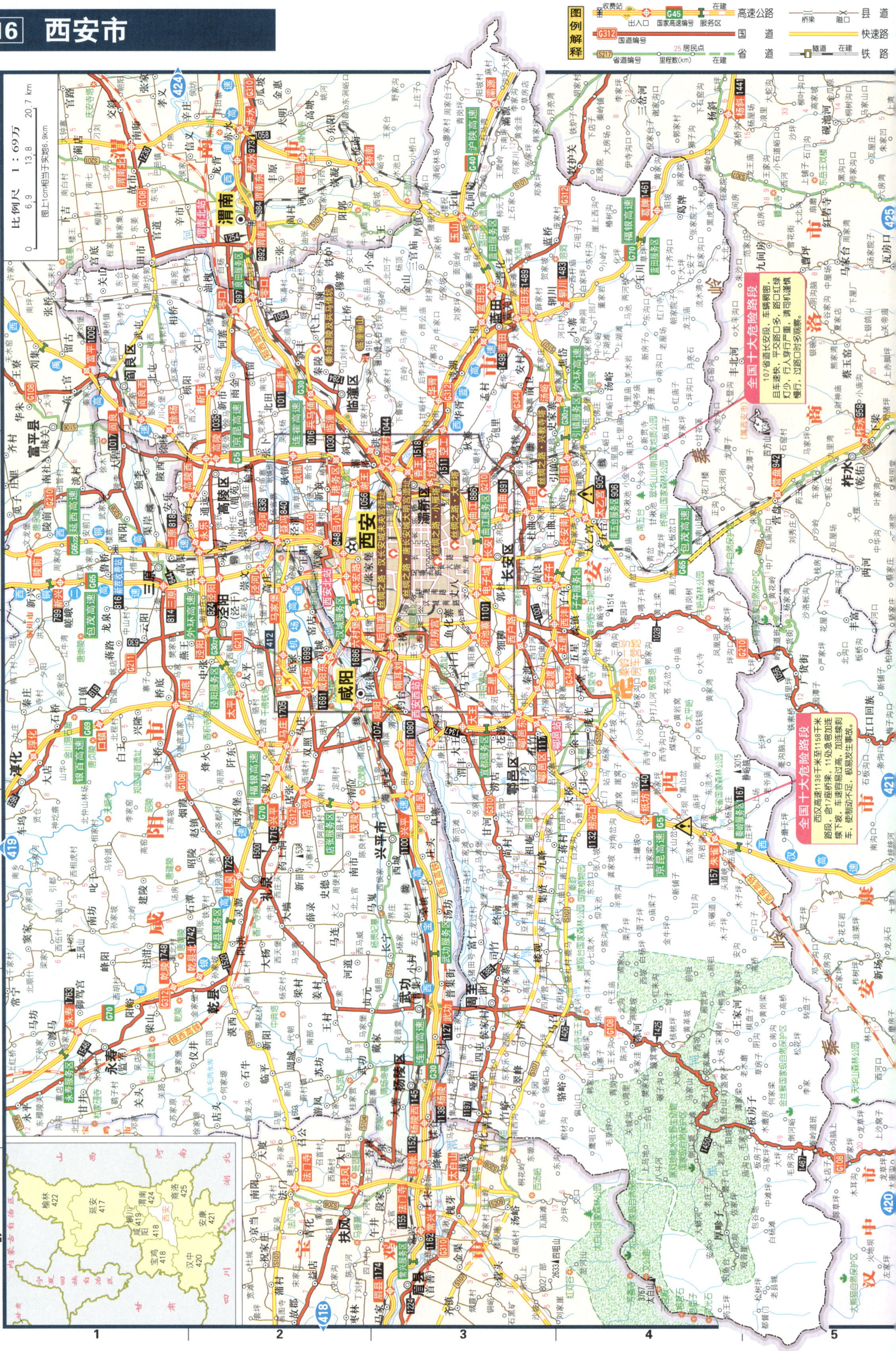
图例解释
收费站
出入口
G45
国家高速编号
服务区
在建
高速公路
G312
国道编号
国道
S217
省道编号
25 居民点
里程数(km)
在建
省道
桥梁
路口
县道
快速路
隧道
在建
铁路
比例尺 1：69万
图上1cm相当于实地6.9km
西安
咸阳
渭南
全国十大危险路段
107省道长安段，车辆稠密，且车速快，平交路口多，路口红绿灯少，行人穿行严重，请司机谨慎慢行，过路口时多观察。
全国十大危险路段
西汉高速1136千米至1158千米路段，含17座桥梁，11处急弯加连续下坡，车速容易过高，加连续刹车，使制动不足，极易发生事故。
陕西省

公路零千米
- 108国道零千米：北京复兴门
- 210国道零千米：包头市
- 211国道零千米：银川市南门
- 221国道零千米：银川市南门
- 309国道零千米：山东荣城市崖头
- 310国道零千米：连云港连云区
- 312国道零千米：福州市

比例尺 1：124万

0 12.4 24.8 37.2 km

图上1cm相当于实地12.4km

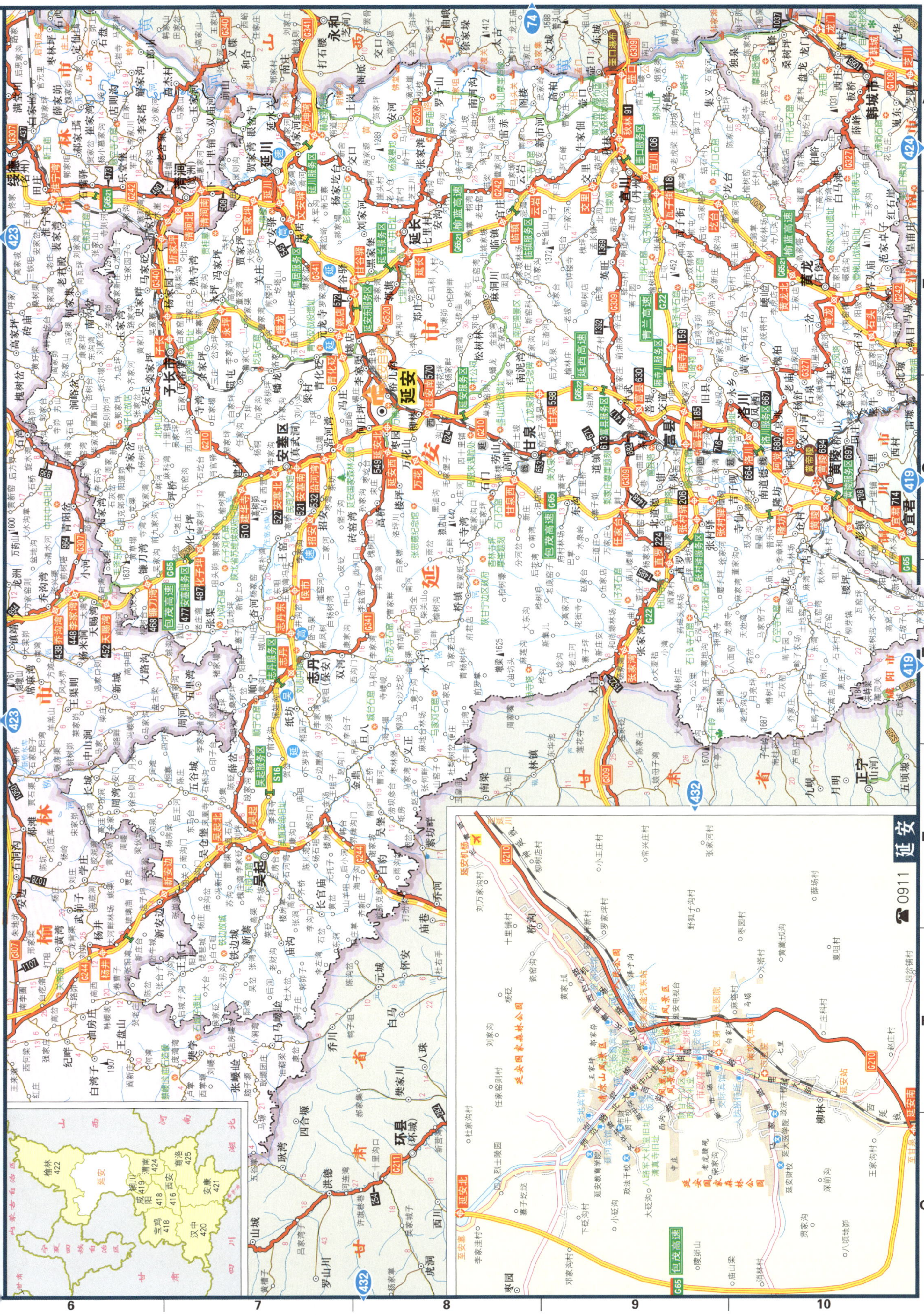

图例解释

收费站 出入口 G45 国家高速编号 服务区 在建 高速公路

G312 国道编号 国道

S217 省道编号 25 居民点 里程数(km) 在建 省道

桥梁 路口 县道

快速路

隧道 在建 铁路

345 南京三桥 南京三桥出入口位于距该高速公路零千米345千米处

25 宁波服务区 宁波服务区位于距该高速公路零千米25千米处

47 香河收费站 香河收费站位于距该高速公路零千米47千米处

24 国道里程桩：表示该点距此国道零千米总里程为24千米

公路零千米

▶210国道零千米：包头市
▶211国道零千米：银川市南门
▶310国道零千米：连云港连云区
▶312国道零千米：福州市
▶316国道零千米：福州市

比例尺 1：83万
0 8.3 16.6 24.9 km
图上1cm相当于实地8.3km

比例尺 1：100万

0 10.0 20.0 30.0 km

图上1cm相当于实地10.0km

图例解释

收费站 出入口 G45 国家高速编号 服务区 在建 高速公路

G312 国道编号 国道

S217 省道编号 25 居民点 里程数(km) 在建 省道

桥梁 隧口 县道

快速路

隧道 在建 铁路

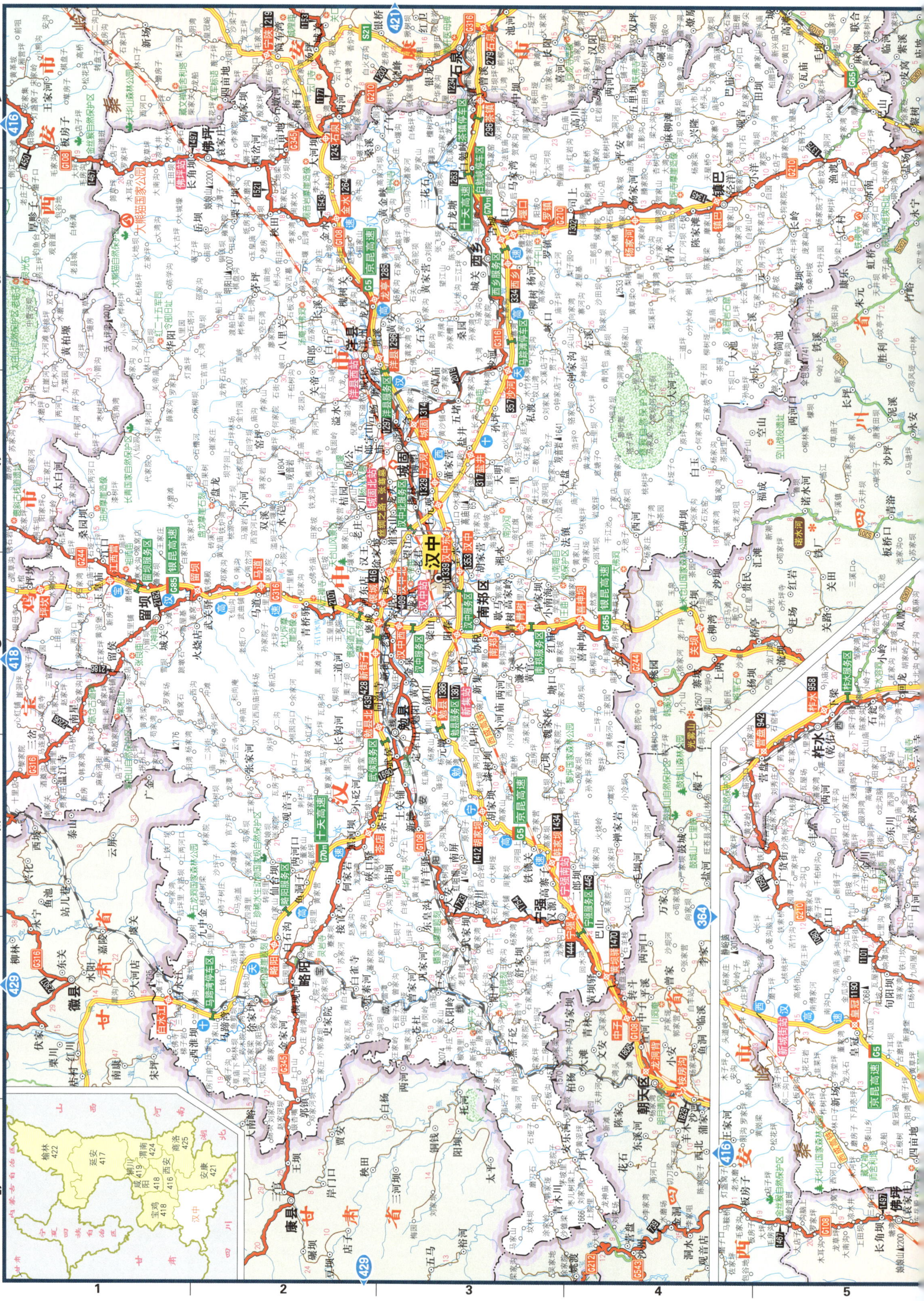

公路零千米

▶108国道零千米：北京复兴门

▶201国道零千米：包头市

▶316国道零千米：福州市

比例尺 1：98万

0 9.8 19.6 29.4 km

图上1cm相当于实地9.8km

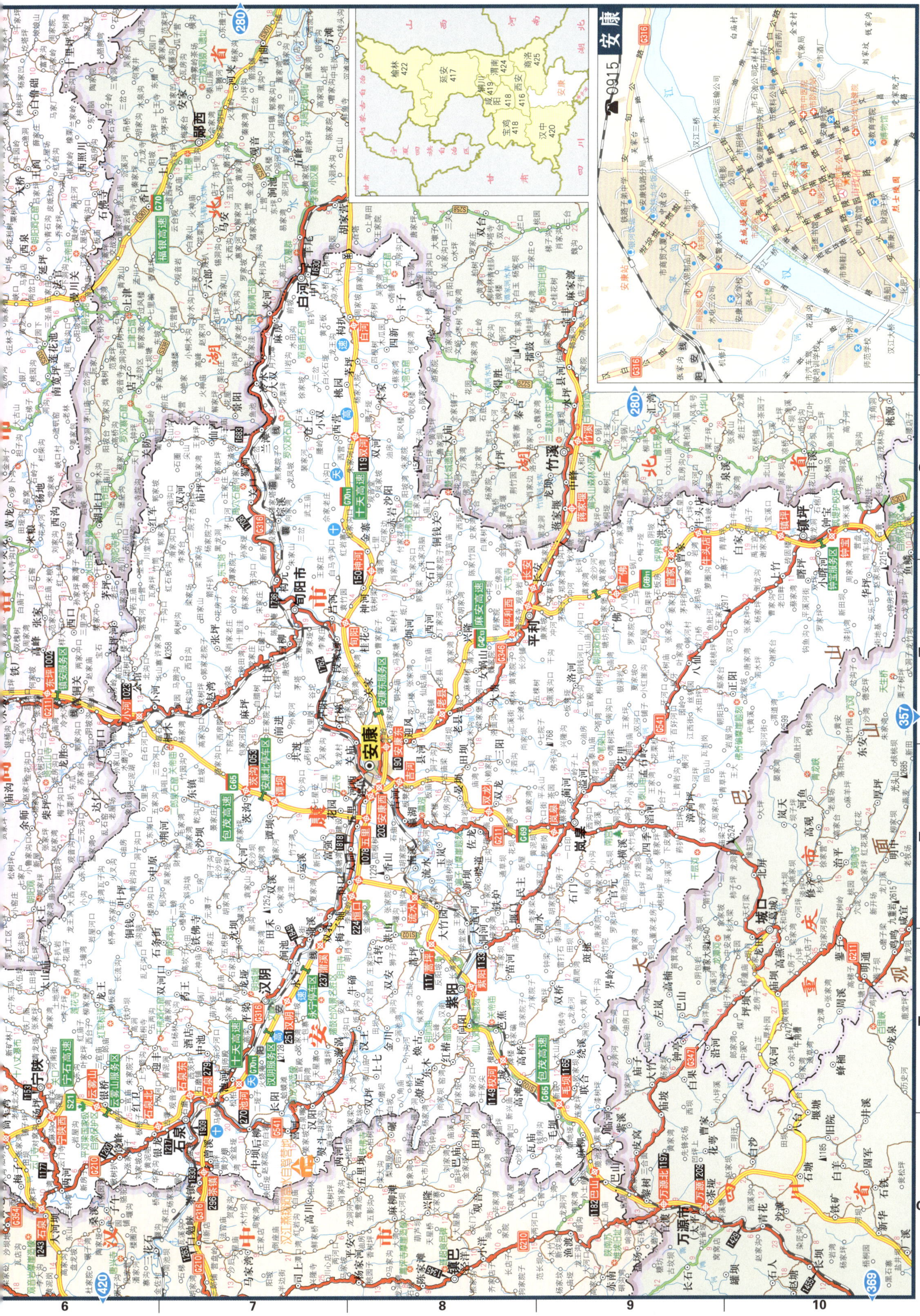

图例解释

收费站 出入口 G45 国家高速编号 服务区 在建 高速公路

G312 国道编号 国道

S217 省道编号 25 里程数(km) 居民点 在建 省道

桥梁 路口 县道

快速路

隧道 在建 铁路

345 南京三桥 南京三桥出入口位于距该高速公路零千米345千米处

25 宁波服务区 宁波服务区位于距该高速公路零千米25千米处

47 香河收费站 香河收费站位于距该高速公路零千米47千米处

24 国道里程桩：表示该点距此国道零千米总里程为24千米

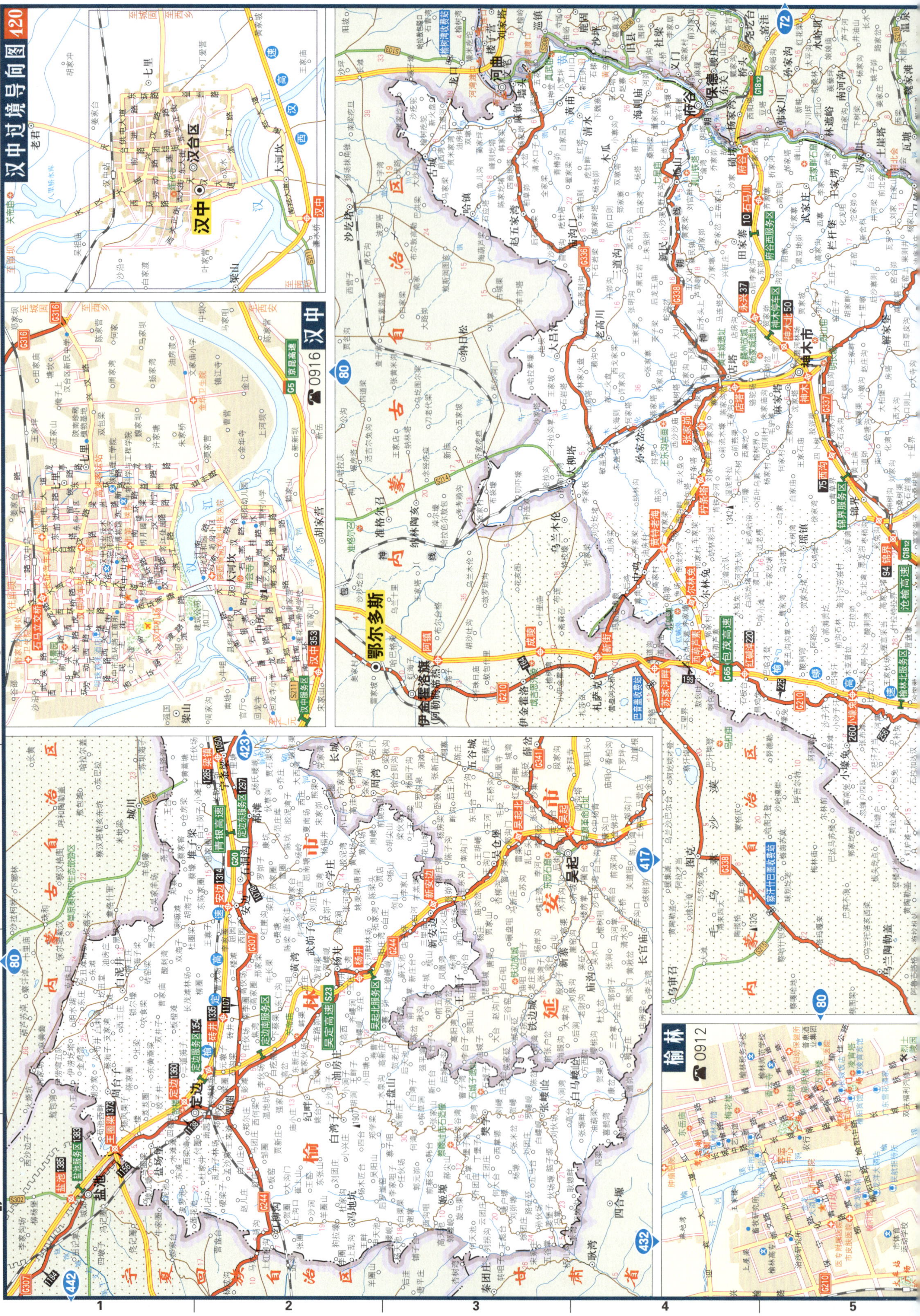

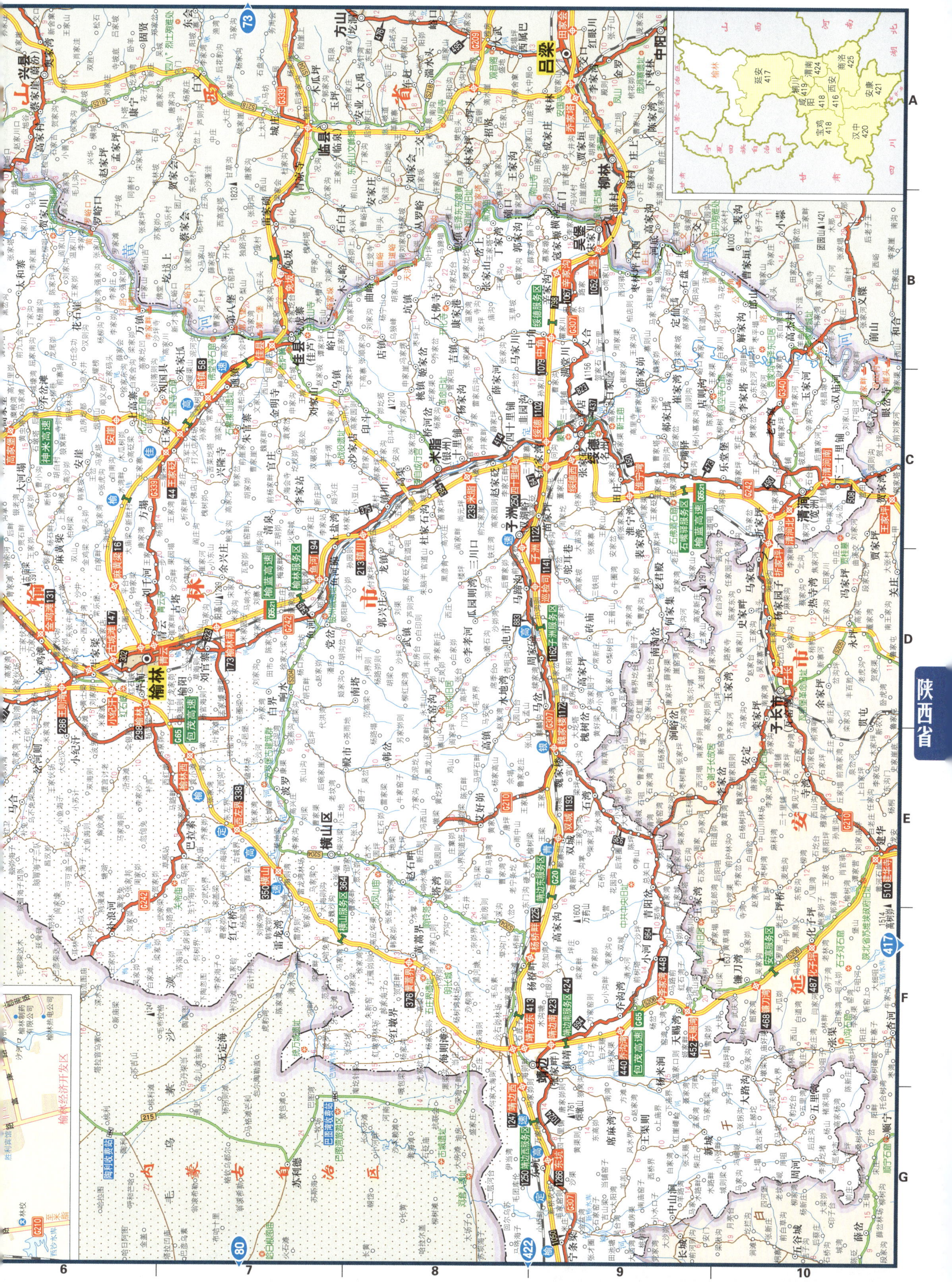
榆林
榆阳区
横山区
米脂
绥德
子洲
佳县
吴堡
清涧
子长市
靖边
临县
吕梁
柳林
中阳
方山
兴县
山西省
榆林市
延安市
内蒙古自治区
陕西省
A
B
C
D
E
F
G
6
7
8
9
10

渭南市

比例尺 1：80万

0 8.0 16.0 24.0 km

图上1cm相当于实地8.0km

图例解释

收费站 出入口 国家高速编号 服务区 在建 高速公路

国道编号 国道

省道编号 里程数(km) 居民点 在建 省道

桥梁 隘口 县道

快速路

隧道 在建 铁路

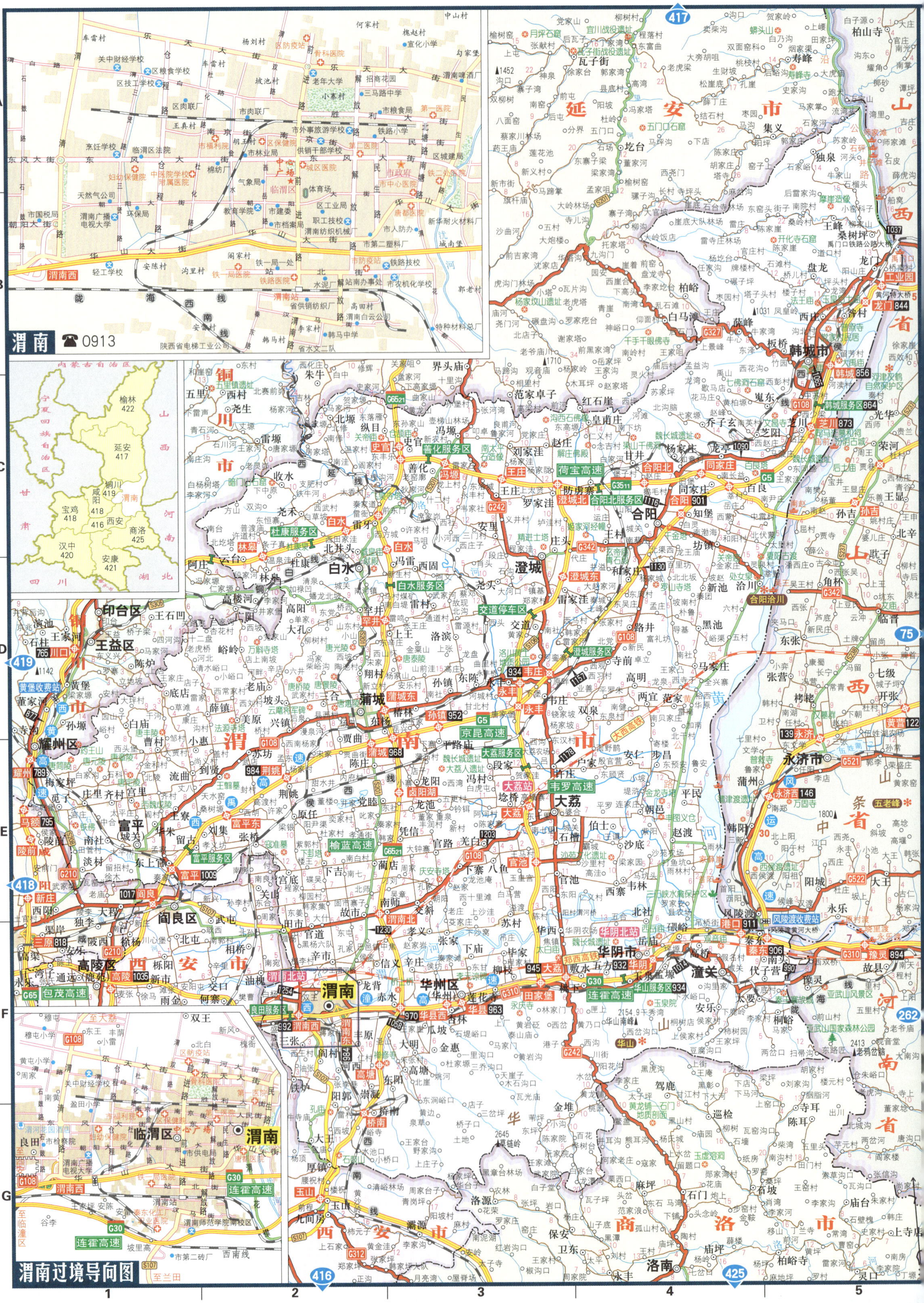

公路零千米

▶108国道零千米：北京复兴门

▶310国道零千米：连云港市连云区

▶312国道零千米：上海市区

比例尺 1：86万

0 8.6 17.2 25.8 km

图上1cm相当于实地8.6km

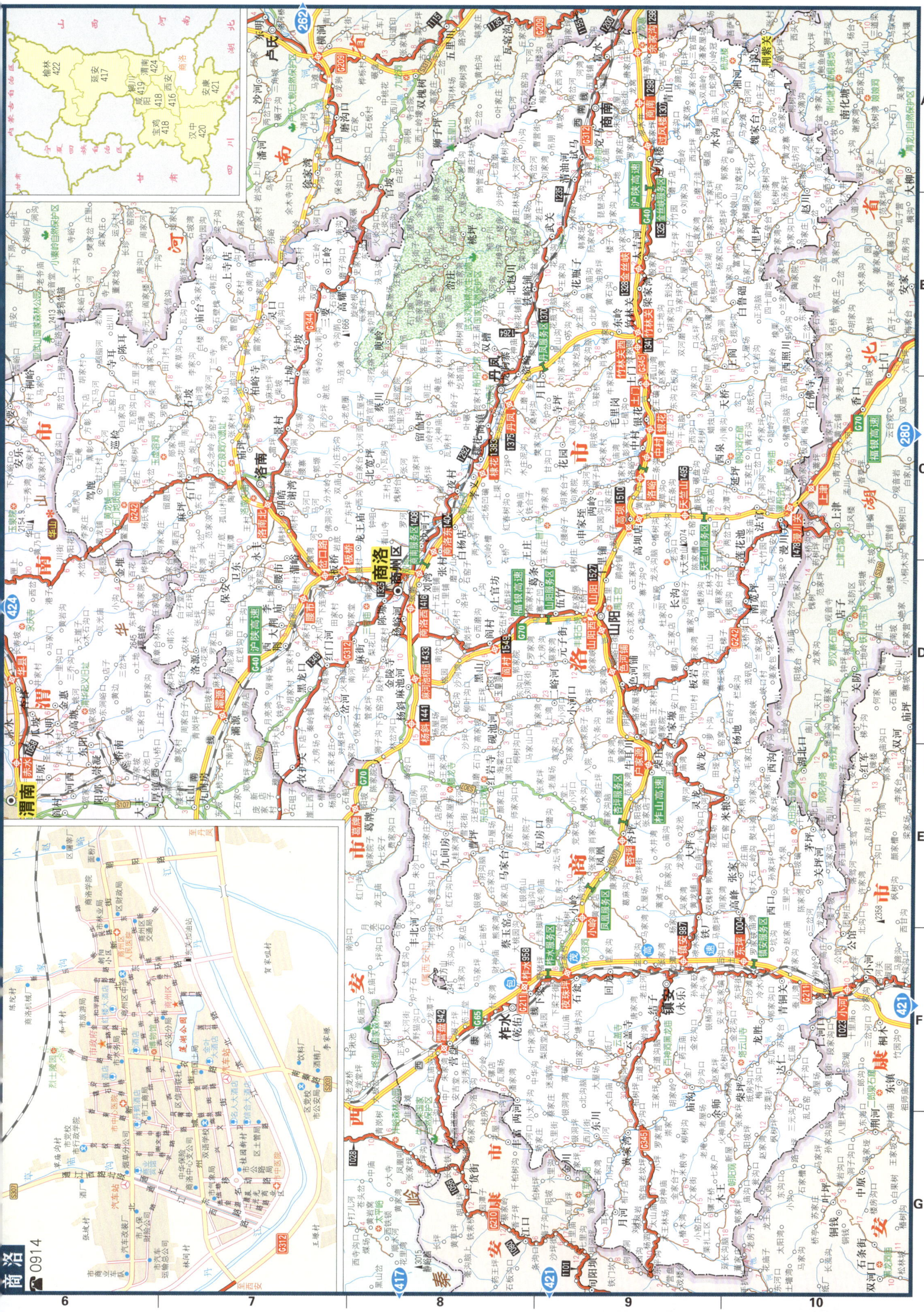

常用电话

高速公路咨询……0931-96969	省公路运输管理局0931-2664611	嘉峪关市交通局.0937-6265824	白银市交通局…0943-8311720
治超办……0931-8481004	省公路局……0931-8481004	天水市交通局…0938-8212151	庆阳市交通局…0934-8683897
省交通厅……0931-4601966	兰州市交通局 …0931-8488805	酒泉市交通局…0937-2624513	平凉市交通局…0933-8213564
		张掖市交通局…0936-8271045	陇南市交通局…0939-8251323
		金昌市交通局…0935-8212785	临夏州交通局…0930-6212015

甘肃省国道里程表（单位：km）

312国道

地点	新疆星星峡	马莲井	嘉峪关	酒泉	临泽	张掖	山丹	永昌	武威	天祝	永登	兰州	榆中	定西	会宁	静宁	宁夏隆德	平凉	泾川
马莲井	33																		
嘉峪关	418	385																	
酒泉	440	407	22																
临泽	621	588	203	181															
张掖	661	628	243	221	40														
山丹	727	694	309	287	106	66													
永昌	829	796	411	389	208	168	102												
武威	899	866	481	459	278	238	172	70											
天祝	1026	993	608	586	405	365	299	179	127										
永登	1055	1022	637	615	434	394	328	226	156	29									
兰州	1154	1121	736	714	533	493	427	325	255	128	99								
榆中	1200	1167	782	760	579	539	473	371	301	174	145	46							
定西	1269	1236	851	829	648	608	542	440	370	243	214	115	69						
会宁	1347	1314	929	907	726	686	620	518	448	321	292	193	147	78					
静宁	1434	1401	1016	994	813	773	707	605	535	408	379	280	234	165	87				
宁夏隆德	1474	1441	1056	1034	853	813	747	645	575	448	419	320	274	205	127	40			
平凉	1540	1507	1122	1100	919	879	813	711	641	514	485	386	340	271	193	106	66		
泾川	1610	1577	1192	1170	989	949	883	781	711	584	555	456	410	341	263	176	136	70	
陕西长武	1658	1625	1240	1218	1037	997	931	829	759	632	603	504	458	389	311	224	184	118	48

212国道

地点	青峪沟	文县	陇南	宕昌	岷县	临洮	巴下寺	兰州
四川沙洲	22	122	281	390	463	628	679	726
青峪沟		100	259	368	441	606	657	704
文县			159	268	341	506	557	604
陇南				109	182	347	398	445
宕昌					73	238	289	336
岷县						165	216	263
临洮							51	98
巴下寺								47

316国道

地点	会川	渭源	陇西	武山	甘谷	天水	徽县	两当
渭源	55							
陇西	98	43						
武山	156	101	58					
甘谷	199	144	101	43				
天水	260	205	162	104	61			
徽县	407	352	309	251	208	147		
两当	451	396	353	295	252	191	44	
陕西凤县	486	431	288	330	287	226	79	35

309国道

地点	太白	板桥	马城河桥	宁夏固原	宁夏西吉	马家堡	兰州
陕西直罗	44	122	262	358	420	568	678
太白		78	218	314	376	524	634
板桥			140	236	298	446	556
马城河桥				96	158	306	416
宁夏固原					62	210	320
宁夏西吉						148	258
马家堡							110

109国道

地点	青海民和	河嘴	河口	兰州	皋兰	白银	靖远	杜寨柯
河嘴	40							
河口	72	32						
兰州	115	75	43					
皋兰	162	122	90	47				
白银	205	165	133	90	43			
靖远	271	231	199	156	109	66		
杜寨柯	382	342	310	267	220	177	111	
宁夏兴仁	388	348	316	273	226	183	117	6

211国道

地点	罗川	宁县	合水	庆城	环县	甜萌城	宁夏萌城
陕西旬邑	47	105	142	163	253	330	333
罗川		58	95	116	206	283	286
宁县			37	58	148	225	228
合水				21	111	188	191
庆城					90	167	170
环县						77	80
甜萌城							3

310国道

地点	天水	马跑泉	码头桥	东岔
马跑泉	18			
码头桥	68	50		
东岔	138	120	70	
陕西宝鸡	216	198	148	78

213国道

地点	兰州	永靖	东乡	临夏市	合作	碌曲	郎木寺
永靖	94						
东乡	155	61					
临夏市	182	88	27				
合作	259	165	104	77			
碌曲	343	249	188	161	84		
郎木寺	423	329	268	241	164	80	
四川热当坝	435	341	280	253	176	92	12

215国道

地点	大草地滩	敦煌	红柳园
当金山口	24	110	233
大草地滩		86	209
敦煌			123

兰州西部

☎0931

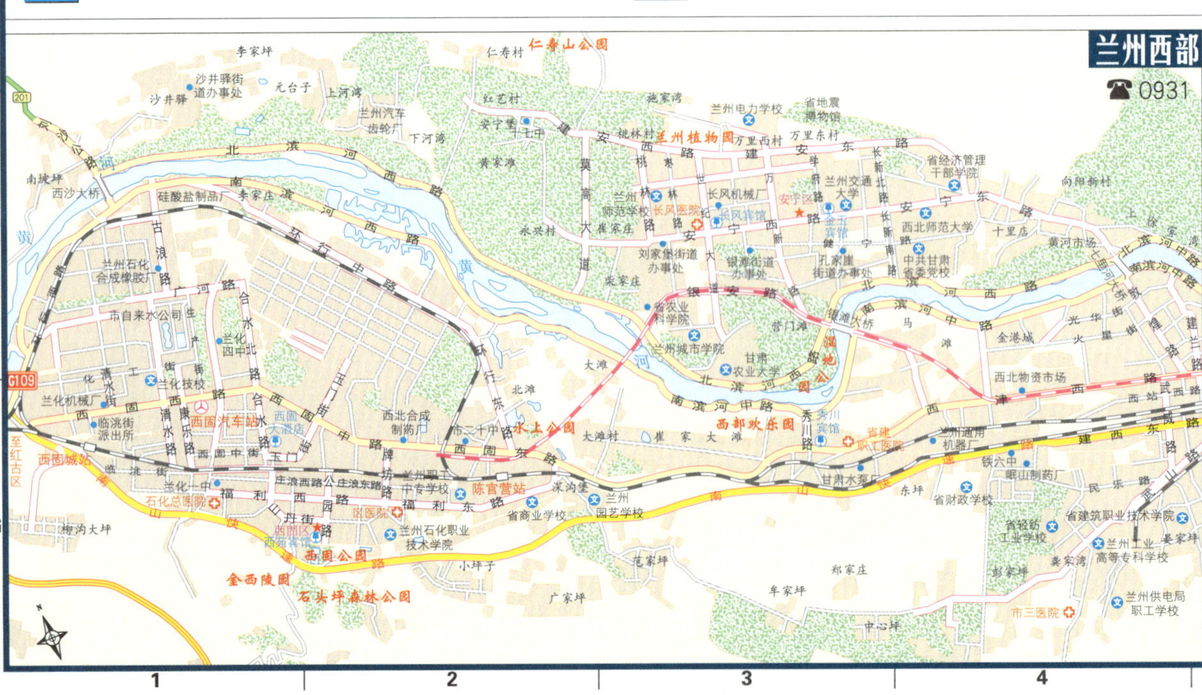

图例解释：收费站 出入口 G45 国家高速编号 服务区 在建 高速公路；G312 国道编号 国道；217 省道编号 25 居民点 里程数(km) 在建 省道；桥梁 隘口 县道；快速路；隧道 在建 铁路

比例尺 1：404万

0 40.4 80.8 121.2 km

图上1cm相当于实地40.4km

图例解释

收费站 出入口 G45 国家高速编号 服务区 在建	高速公路	桥梁 隧口	县道
G312 国道编号	国道		快速路
S217 省道编号 25 居民点 里程数(km) 在建	省道	隧道 在建	铁路

345 南京三桥 南京三桥出入口位于距该高速公路零千米345千米处

25 宁波服务区 宁波服务区位于距该高速公路零千米25千米处

47 香河收费站 香河收费站位于距该高速公路零千米47千米处

24 国道里程桩：表示该点距此国道零千米总里程为24千米

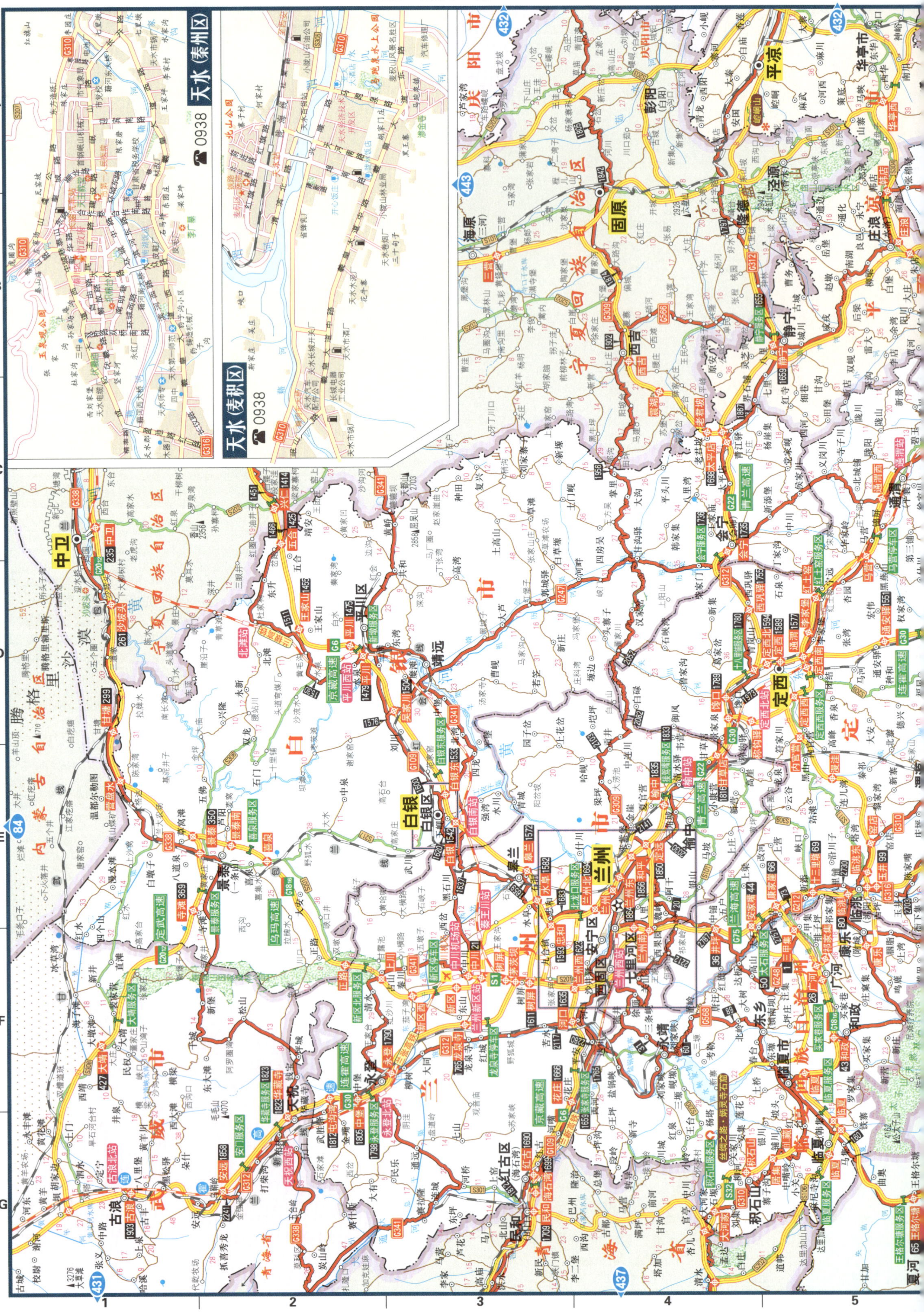

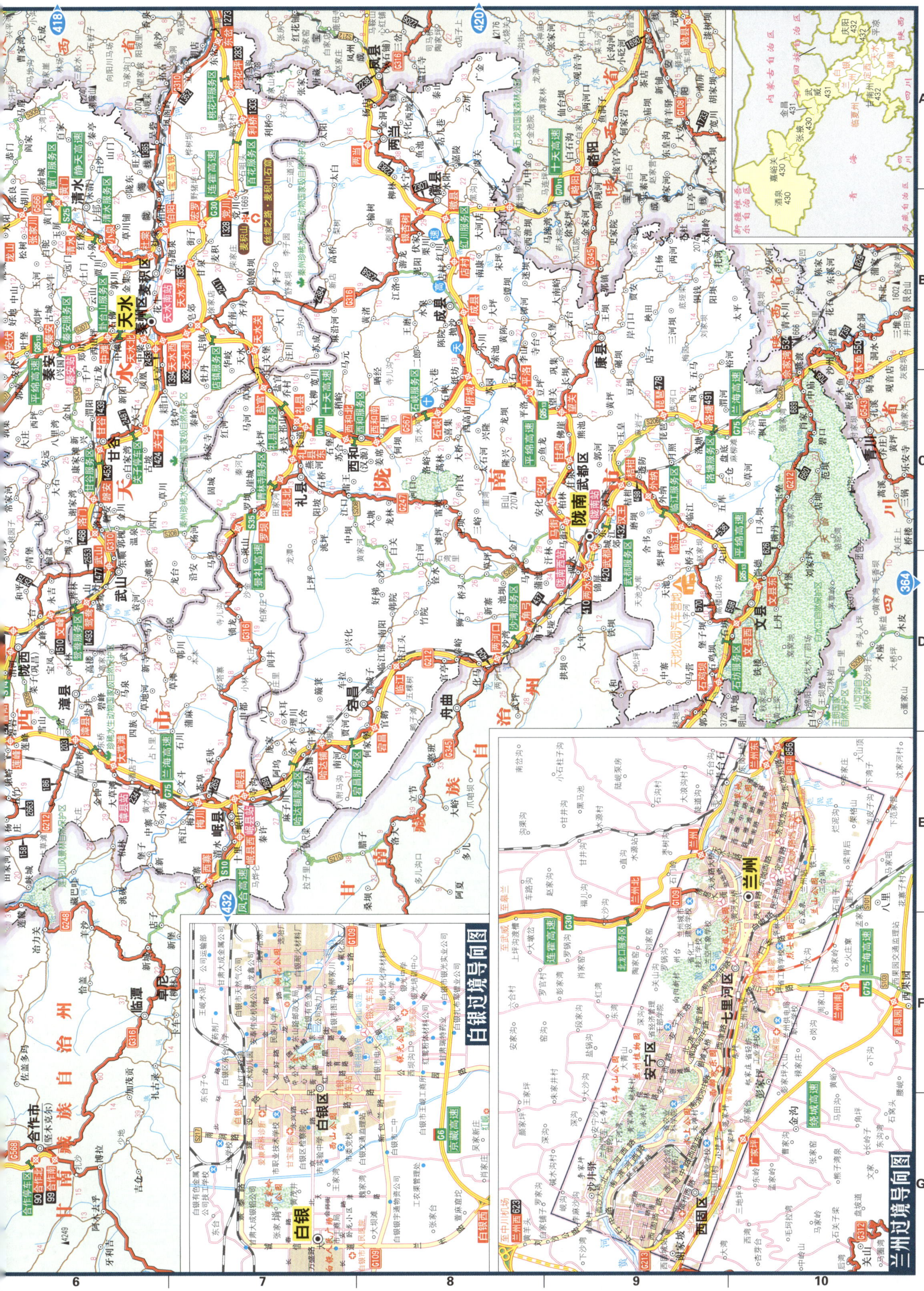

天水
陇南
武都区
西和
礼县
成县
徽县
两当
康县
文县
宕昌
舟曲
岷县
漳县
陇西
武山
甘谷
秦安
清水
张家川
临潭
合作市
白银过境导向图
白银
白银区
兰州过境导向图
兰州
安宁区
七里河区
西固区
甘肃省

图例解释

收费站 出入口 国家高速编号 G45 服务区 在建 高速公路

G312 国道编号 国 道

S217 省道编号 25 居民点 里程数(km) 在建 省 道

桥梁 隧口 县 道

快速路

隧道 在建 铁 路

345 南京三桥 南京三桥出入口位于距该高速公路零千米345千米处

25 宁波服务区 宁波服务区位于距该高速公路零千米25千米处

47 香河收费站 香河收费站位于距该高速公路零千米47千米处

24 国道里程桩：表示该点距此国道零千米总里程为24千米

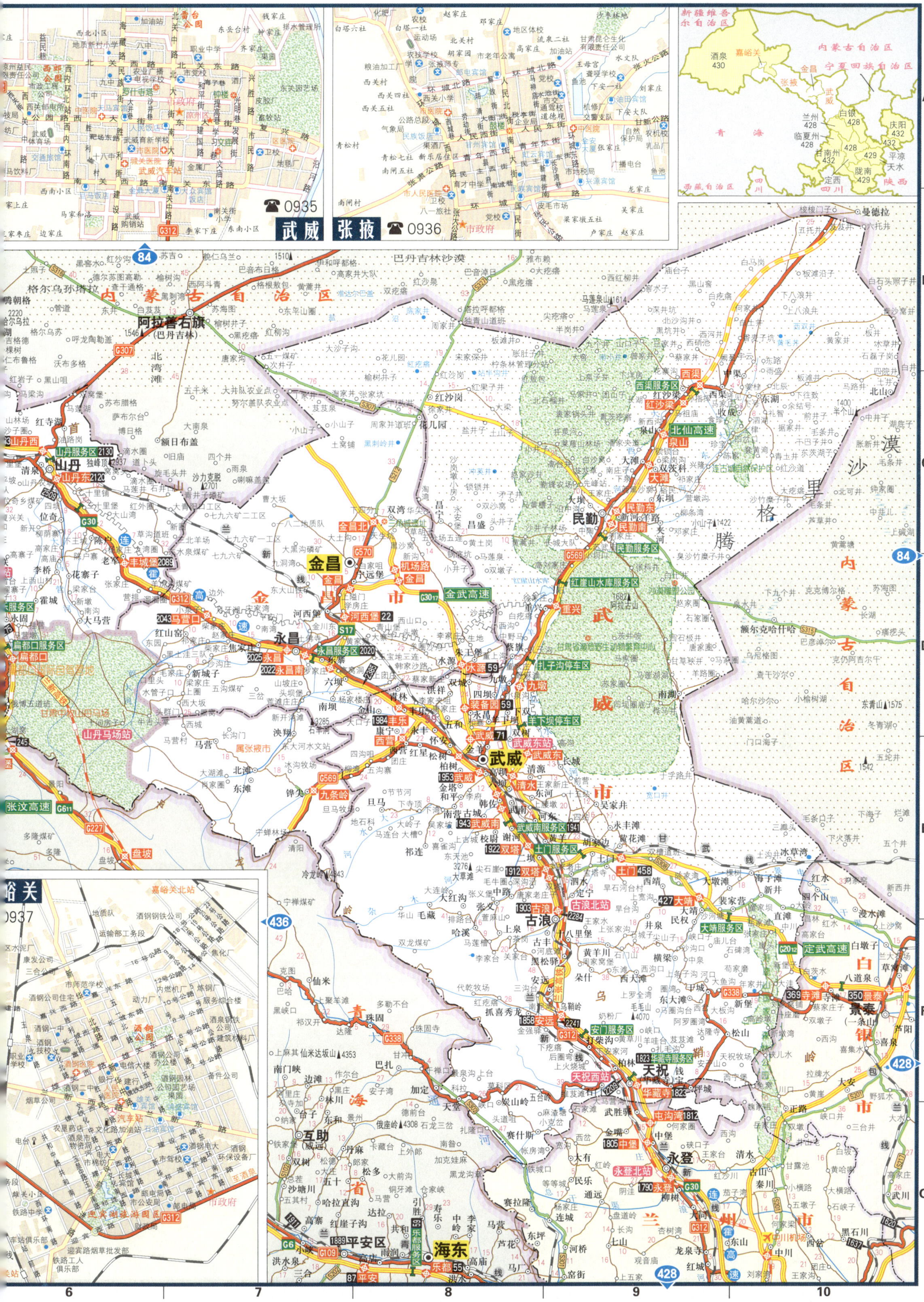

武威 0935
张掖 0936
嘉峪关 0937
阿拉善右旗
金昌
永昌
武威
民勤
古浪
天祝
景泰
永登
互助
平安区
海东
山丹
内蒙古自治区
腾格里沙漠
巴丹吉林沙漠
甘肃省

图例解释

- 收费站 出入口 国家高速编号 服务区 在建 —— 高速公路
- G312 国道编号 —— 国 道
- S217 省道编号 里程数(km) 居民点 在建 —— 省 道

公路零千米

- ▶211国道零千米：银川市南门
- ▶212国道零千米：兰州市
- ▶213国道零千米：兰州市
- ▶309国道零千米：山东荣城市崖头
- ▶312国道零千米：上海市区

- 本表中城际间里程是以高速公路、国道为主要行车路线计算，不作营运计价依据。
- 单位：km

甘肃省主要城市至全国各主要城市里程表

省份	城市	兰州	嘉峪关	天水	敦煌	张掖	武威	庆阳	白银	临夏	定西
直辖市	北京	1540	2018	1449	2394	1793	1561	1369	1457	1666	1618
	上海	2036	2731	1767	3102	2510	2274	1636	2104	2162	1928
	天津	1580	2058	1489	2434	1833	1601	1409	1497	1706	1658
	重庆	1459	2169	1144	2540	1948	1712	1280	1527	1197	1351
河北省	石家庄	1259	1738	1177	2114	1513	1281	971	1176	1385	1337
	张家口	1481	1960	1690	2336	1735	1503	1232	1398	1607	1559
	承德	1854	2333	1704	2709	2108	1876	1652	1771	1980	1932
	秦皇岛	1825	2304	1743	2680	2079	1847	1537	1742	1951	1903
	唐山	1677	2156	1595	2532	1931	1699	1389	1594	1803	1755
	保定	1381	1860	1308	2236	1635	1403	1102	1298	1507	1459
	沧州	1465	1944	1383	2320	1719	1487	1177	1382	1591	1543
	衡水	1380	1859	1298	2235	1634	1402	1092	1297	1506	1458
	邢台	1350	1829	1213	2205	1604	1372	1153	1267	1476	1428
	邯郸	1401	1880	1069	2256	1655	1423	1113	1318	1527	1479
山西省	太原	1053	1532	971	1908	1307	1075	765	970	1179	1131
	大同	1322	1801	1240	2177	1576	1344	1034	1239	1448	1400
	阳泉	1155	1634	1073	2010	1409	1177	867	1072	1281	1233
	长治	1233	1712	923	2088	1487	1255	731	1150	1359	1311
	晋城	1128	1800	829	2176	1575	1343	728	1238	1224	1020
	忻州	1129	1608	1047	1984	1383	1151	841	1046	1255	1207
	临汾	1015	1674	716	2050	1449	1217	542	1112	1111	907
	运城	898	1809	599	2185	1584	1352	498	1247	994	790
	侯马	976	1731	678	2107	1506	1274	576	1169	1073	868
内蒙古自治区	呼和浩特	1189	1668	1459	2044	1443	1211	1005	1106	1315	1267
	包头	1008	1487	1278	1863	1262	1030	827	925	1134	1086
	乌海	628	1107	898	1483	882	650	613	545	754	706
	赤峰	2024	2503	2294	2879	2278	2046	1919	1941	2150	2102
	通辽	2262	2741	2532	3117	2516	2284	2094	2179	2388	2340
	呼伦贝尔	3083	3562	3353	3938	3337	3105	2935	3000	3209	3161
	乌兰浩特	2396	2875	2666	3251	2650	2418	2248	2313	2522	2474
	锡林浩特	1826	2305	2096	2681	2080	1848	1678	1743	1952	1904
	乌兰察布	1315	1794	1585	2170	1569	1337	1167	1232	1441	1393
	东胜	925	1404	1195	1780	1179	947	751	842	1051	1003
	巴彦淖尔	784	1263	1054	1639	1038	806	769	701	910	862
辽宁省	沈阳	2226	2705	2144	3081	2480	2248	1938	2143	2352	2304
	朝阳	2095	2574	2013	2950	2349	2117	1807	2012	2221	2173
	阜新	2132	2611	2050	2987	2386	2154	1844	2049	2258	2210
	铁岭	2289	2768	2207	3144	2543	2311	2001	2206	2415	2367
	本溪	2262	2741	2180	3117	2516	2284	1974	2179	2388	2340
	鞍山	2208	2687	2126	3063	2462	2230	1920	2125	2334	2286
	丹东	2405	2884	2323	3260	2659	2427	2117	2322	2531	2483
	大连	2363	2842	2281	3218	2617	2385	2075	2280	2489	2441
	营口	2147	2626	2065	3002	2401	2169	1859	2064	2273	2225
	盘锦	2087	2566	2005	2942	2341	2109	1799	2004	2213	2165
	锦州	2004	2483	1922	2859	2258	2026	1716	1921	2130	2082
	葫芦岛	1965	2444	1883	2820	2219	1987	1677	1882	2091	2043
吉林省	长春	2522	3001	2440	3377	2776	2544	2234	2439	2648	2600
	白城	2696	3175	2616	3551	2950	2718	2410	2613	2822	2774
	松原	2670	3149	2588	3525	2924	2692	2382	2587	2796	2748
	吉林	2615	3094	2533	3470	2869	2637	2327	2532	2741	2693
	四平	2405	2884	2323	3260	2659	2427	2117	2322	2531	2483
	辽源	2478	2957	2396	3333	2732	2500	2190	2395	2604	2556
	通化	2468	2947	2386	3323	2722	2490	2180	2385	2594	2546
	梅河口	2467	2946	2385	3322	2721	2489	2179	2384	2593	2545
	延吉	2917	3396	2835	3772	3171	2939	2629	2834	3043	2995
	敦化	2798	3277	2716	3653	3052	2820	2510	2715	2924	2876
黑龙江省	哈尔滨	2765	3244	2683	3620	3019	2787	2477	2682	2891	2843
	齐齐哈尔	3081	3560	2999	3936	3335	3103	2793	2998	3207	3159
	黑河	3341	3820	3259	4196	3595	3363	3053	3258	3467	3419
	大庆	2913	3392	2831	3768	3167	2935	2625	2830	3039	2991
	伊春	3108	3587	3026	3963	3362	3130	2820	3025	3234	3186
	鹤岗	2886	3365	3104	3741	3140	2908	2898	2803	3012	2964
	佳木斯	3115	3594	3033	3970	3369	3137	2827	3032	3241	3193
	双鸭山	3179	3658	3097	4034	3433	3201	2891	3096	3305	3257
	七台河	3198	3677	3116	4053	3452	3220	2910	3115	3324	3276
	鸡西	3141	3620	3059	3996	3395	3163	2853	3058	3267	3219
	牡丹江	2978	3457	2896	3833	3232	3000	2690	2895	3104	3056
	绥化	2883	3362	2801	3738	3137	2905	2595	2800	3009	2961
江苏省	南京	1741	2436	1470	2807	2215	1979	1341	1809	1865	1633
	徐州	1476	2171	1205	2542	1950	1714	1076	1544	1600	1368
	连云港	1679	2374	1408	2745	2153	1917	1279	1747	1803	1571
	淮安	1658	2353	1387	2724	2132	1896	1258	1726	1782	1550
	盐城	1784	2479	1513	2850	2258	2022	1384	1852	1908	1676
	扬州	1809	2504	1538	2875	2283	2047	1409	1877	1933	1701
	南通	1964	2659	1693	3030	2438	2202	1564	2032	2088	1856
	镇江	1811	2506	1540	2877	2285	2049	1411	1879	1935	1703
	常州	1857	2552	1586	2923	2331	2095	1457	1925	1981	1749
	无锡	1900	2595	1629	2966	2374	2138	1500	1968	2024	1792
	苏州	1946	2641	1675	3012	2420	2184	1546	2014	2070	1838
浙江省	杭州	1983	2678	1714	3049	2457	2221	1583	2051	2109	1875
	湖州	1903	2598	1634	2969	2377	2141	1503	1971	2027	1795
	嘉兴	1921	2616	1724	2987	2395	2159	1521	1989	2045	1813
	宁波	2049	2744	1852	3115	2523	2287	1649	2117	2173	1941
	绍兴	2034	2749	1765	3100	2508	2272	1634	2102	2158	1926
	衢州	2186	2881	1917	3252	2660	2424	1786	2254	2310	2078
	金华	2156	2851	1887	3222	2630	2394	1756	2224	2280	2048
	台州	2235	2930	1966	3301	2708	2473	1835	2303	2359	2127
	温州	2368	3063	2099	3434	2842	2606	1968	2436	2492	2260
	丽水	2261	2956	1992	3327	2735	2499	1861	2329	2385	2153
安徽省	合肥	1579	2295	1308	2666	2074	1838	1179	1647	1703	1471
	宿州	1526	2242	1255	2613	2021	1785	1126	1594	1650	1418
	阜阳	1455	2165	1186	2542	1950	1714	1055	1523	1579	1347
	蚌埠	1575	2285	1306	2662	2070	1834	1175	1643	1699	1467
	淮南	1559	2269	1290	2646	2054	1818	1159	1627	1683	1451
	滁州	1699	2410	1416	2786	2185	1953	1299	1767	1823	2591
	马鞍山	1767	2478	1484	2854	2253	2021	1367	1835	1891	1659
	芜湖	1713	2424	1430	2800	2099	1967	1313	1781	1837	1605
	铜陵	1734	2445	1451	2821	2220	1988	1334	1802	1858	1626
	安庆	1754	2465	1471	2841	2240	2008	1354	1822	1878	1646
	黄山	1909	2620	1626	2996	2395	2163	1509	1977	2033	1801
	巢湖	1645	2361	1374	2732	2140	1904	1245	1713	1769	1537
福建省	福州	2377	3072	2106	3443	2851	2615	1977	2445	2501	2269
	南平	2220	2915	1949	3286	2694	2458	1820	2288	2344	2112
	三明	2196	2891	1925	3262	2670	2432	1796	2264	2320	2088
	莆田	2466	3161	2195	3532	2940	2704	2066	2534	2590	2358
	泉州	2470	3165	2200	3536	2944	2708	2070	2538	2594	2362
	厦门	2530	3225	2260	3596	3004	2768	2130	2598	2654	2422
	漳州	2553	3248	2283	3619	3027	2791	2153	2621	2677	2445
	龙岩	2454	3149	2184	3520	2928	2692	2054	2522	2578	2346
	宁德	2493	3188	2222	3559	2967	2731	2093	2561	2617	2385
江西省	南昌	1836	2531	1565	2902	2310	2074	1436	1904	1960	1728
	九江	1684	2379	1413	2750	2158	1922	1284	1752	1808	1576
	景德镇	1817	2512	1546	2883	2291	2055	1417	1885	1941	1709
	鹰潭	1947	2642	1676	3013	2321	2185	1547	2015	2071	1839
	上饶	2047	2742	1776	3113	2421	2285	1647	2115	2171	1939
	新余	1957	2652	1686	3023	2431	2195	1557	2025	2081	1849
	萍乡	1916	2611	1645	2982	2390	2154	1516	1984	2040	1808
	赣州	2192	2887	1921	3258	2666	2430	1792	2260	2316	2084
	宜春	1976	2671	1705	3042	2450	2214	1576	2044	2100	1868
山东省	济南	1542	2021	1266	2397	1796	1564	1260	1459	1668	1620
	德州	1439	1918	1350	2294	1693	1461	1157	1356	1565	1517
	淄博	1627	2106	1375	2482	1881	1649	1345	1544	1753	1705
	潍坊	1726	2205	1474	2581	1980	1748	1444	1643	1852	1804
	烟台	1969	2448	1732	2824	2223	1991	1687	1886	2095	2047
	威海	2053	2532	1780	2908	2307	2075	1771	1970	2179	2131
	青岛	1878	2357	1575	2733	2132	1900	1596	1795	2004	1956
	日照	1840	2319	1408	2695	2094	1862	1558	1757	1966	1918
	临沂	1760	2239	1328	2615	2014	1782	1478	1677	1886	1838
	济宁	1638	2117	1134	2493	1892	1660	1356	1555	1764	1716
	泰安	1578	2057	1195	2433	1832	1600	1296	1495	1704	1656
	滨州	1634	2113	1424	2489	1888	1656	1352	1551	1760	1712
	菏泽	1527	2006	1023	2382	1781	1549	1245	1444	1653	1605
河南省	郑州	1141	1852	858	2228	1627	1395	741	1209	1253	1033
	三门峡	907	1618	609	1994	1393	1161	507	975	1004	799
	洛阳	1021	1732	724	2108	1507	1275	621	1089	1119	913
	焦作	1128	1839	830	2215	1614	1382	728	1196	1225	1020
	新乡	1207	1918	912	2294	1693	1461	807	1275	1307	1099
	安阳	1315	2026	1017	2402	1801	1569	915	1383	1412	1207
	开封	1197	1908	899	2284	1683	1451	797	1265	1294	1089
	商丘	1333	2044	1035	2220	1819	1587	933	1401	1430	1225
	漯河	1242	1953	944	2329	1728	1496	842	1310	1339	1134
	南阳	1074	1785	791	2161	1560	1328	674	1142	1186	966
	信阳	1269	1980	971	2356	1755	1523	869	1337	1366	1161
湖北省	武汉	1406	2117	1125	2493	1874	1680	1006	1474	1530	1298
	十堰	980	1691	699	2067	1448	1254	580	1048	1104	872
	襄阳	1126	1837	845	2213	1594	1400	726	1194	1250	1018
	荆门	1272	1983	991	2359	1740	1546	872	1340	1396	1164
	孝感	1339	2050	1058	2426	1807	1613	939	1407	1463	1231
	鄂州	1497	2208	1216	2584	1965	1771	1097	1565	1621	1389
	黄石	1515	2226	1234	2602	1983	1789	1115	1583	1639	1407
	咸宁	1488	2199	1207	2575	1956	1762	1088	1556	1612	1380
	荆州	1352	2063	1071	2439	1820	1626	952	1420	1476	1244
	宜昌	1394	2105	1113	2481	1862	1668	994	1462	1518	1286
	长沙	1805	2516	1524	2892	2273	2059	1405	1873	1929	1697
湖南省	常德	1611	2322	1330	2698	2079	1885	1211	1679	1735	1503
	益阳	1698	2409	1417	2785	2166	1972	1298	1766	1822	1590
	岳阳	1689	2400	1408	2776	2157	1943	1289	1757	1813	1581
	株洲	1844	2555	1563	2931	2312	2098	1444	1912	1968	1736
	湘潭	1838	2549	1557	2925	2306	2092	1438	1906	1962	1730
	衡阳	1974	2685	1693	3061	2442	2228	1574	2042	2098	1866
	郴州	2090	2801	1809	3177	2558	2344	1690	2158	2214	1982
	永州	2110	2821	1829	3197	2578	2364	1710	2178	2234	2002
	邵阳	2019	2730	1738	3106	2487	2273	1619	2087	2143	1911
广东省	广州	2425	3136	2144	3512	2893	2699	2025	2493	2549	2317
	韶关	2182	2893	1901	3269	2650	2456	1782	2250	2306	2074
	梅州	2607	3318	2326	3694	3075	2881	2207	2675	2731	2499
	汕头	2806	3517	2525	3893	3274	3080	2406	2874	2930	2698
	惠州	2499	3210	2218	3586	2967	2773	2099	2567	2623	2391
	东莞	2440	3151	2159	3527	2908	2714	2040	2508	2564	2332
	深圳	2517	3228	2236	3604	2985	2791	2117	2585	2641	2409
	珠海	2518	3229	2237	3605	2986	2792	2118	2586	2642	2410
	中山	2487	3198	2206	3574	2955	2761	2087	2555	2611	2379
	肇庆	2484	3195	2203	3571	2952	2758	2084	2552	2608	2376
	茂名	2739	3450	2458	3826	3207	3013	2339	2807	2863	2631
	湛江	2819	3530	2538	3906	3287	3093	2419	2887	2943	2711
广西壮族自治区	南宁	2423	3134	2124	3510	2891	2677	2224	2491	2547	2315
	桂林	2232	2943	1951	3319	2700	2506	1841	2300	2356	2124
	柳州	2378	3089	2097	3465	2846	2652	1987	2446	2502	2270
	梧州	2598	3309	2317	3685	3066	2872	2207	2666	2722	2490
	玉林	2601	3383	2391	3759	3140	2946	2281	2669	2725	2493
	百色	2350	3061	2051	3437	2818	2604	2181	2418	2104	2242
四川省	成都	1158	1869	855	2249	1626	1412	989	1226	885	1050
	绵阳	1035	1746	732	2126	1503	1289	866	1103	838	927
	泸州	1403	2114	1100	2494	1871	1657	1234	1471	1153	1295
	攀枝花	1872	2583	1569	2963	2340	2126	1703	1940	1589	1764
	西昌	1681	2392	1378	2772	2149	1935	1512	1749	1398	1573
贵州省	贵阳	1833	2544	1534	2920	2301	2087	1664	1901	1587	1725
	遵义	1671	2382	1392	2758	2139	1925	1502	1739	1445	1563
	安顺	1899	2610	1600	2986	2367	2153	1730	1967	1653	1791
	毕节	1962	2673	1663	3049	2430	2216	1793	2030	1716	1854
	凯里	1978	2689	1679	3065	2446	2232	1809	2046	1732	1870
云南省	昆明	2011	2727	1717	3107	2484	2270	1847	2079	1770	1903
	曲靖	2027	2738	1728	3118	2495	2281	1858	2095	1781	1919
	玉溪	2096	2807	1797	3187	2564	2350	1927	2164	1850	1988
	丽江	2162	2873	1863	3253	2630	2416	1993	2230	1916	2054
	大理	2318	3029	2019	3409	2786	2572	2149	2386	2072	2210
	景洪	2574	3285	2275	3665	3042	2828	2405	2642	2328	2466
西藏自治区	拉萨	2162	2094	2534	1715	2290	2386	2660	2227	2240	2273
	那曲	1824	1756	2196	1377	1952	2048	2322	1889	1902	1935
	昌都	1551	1904	1923	2104	1679	1775	2049	1616	1629	1662
	日喀则	2400	2332	2772	1953	2528	2624	2898	2465	2478	2511
	萨嘎	2849	2787	3221	2402	2977	3073	3347	2914	2927	2960
	噶尔	3635	3567	4007	3188	3763	3859	4133	3700	3703	3746
陕西省	西安	676	1387	370	1767	1144	930	285	744	800	568
	延安	773	1444	649	1820	1219	987	330	690	899	737
	铜川	708	1419	437	1799	1176	962	275	776	832	600
	渭南	727	1438	429	1818	1195	981	356	795	851	619
	咸阳	656	1367	345	1747	1124	910	265	724	780	548
	宝鸡	503	1214	188	1594	971	757	289	571	583	395
	汉中	695	1406	380	1786	1163	949	541	763	775	587
	榆林	760	1431	866	1807	1206	974	644	677	886	838
	安康	890	1601	576	1981	1358	1144	499	958	1014	782
青海省	西宁	247	600	619	976	375	471	745	312	325	358
	同仁	342	765	714	1141	540	566	840	407	203	453
	德令哈	753	948	1125	571	881	977	1251	818	831	864
	格尔木	1002	931	1374	555	1130	1226	1500	1067	1080	1113
宁夏回族自治区	银川	486	965	756	1341	740	508	471	403	612	564
	惠农	576	1054	846	1430	829	597	561	493	702	654
	吴忠	418	897	688	1273	672	440	393	335	544	496
	固原	368	976	242	1352	751	519	236	354	494	245
新疆维吾尔自治区	乌鲁木齐	1965	1224	2235	1027	1449	1681	2369	1978	2091	2043
	克拉玛依	2329	1588	2599	1391	1813	2045	2733	2342	2455	2407
	喀什	3161	2420	3431	2223	2645	2877	3565	3174	3287	3239
	阿克苏	2697	1956	2967	1759	2181	2413	3101	2710	2823	2775
	吐鲁番	1764	1023	2304	826	1248	1480	2168	1777	1890	1842
	哈密	1373	632	1643	435	857	1089	1777	1386	1499	1451
	阿勒泰	2620	1879	2890	1682	2104	2336	3024	2633	2746	2698

甘肃省主要城镇间里程表

	兰州	定西	临洮	陇西	靖远	临夏	合作	玛曲	舟曲	陇南	成县	武山	天水	张家川	平凉	庆阳	环县	敦煌	嘉峪关	酒泉	张掖	金昌	武威
兰州																							
定西	127																						
临洮	98	101																					
陇西	213	89	117																				
靖远	158	175	252	264																			
临夏	148	203	102	219	304																		
合作	253	308	207	294	409	105																	
玛曲	440	489	388	431	590	286	181																
舟曲	407	342	305	257	517	407	319	297															
陇南	450	385	348	300	560	450	362	374	77														
成县	461	357	413	296	459	521	510	522	225	148													
武山	263	147	165	50	272	277	343	480	306	279	238												
天水	327	223	279	162	325	381	442	584	359	282	134	104											
张家川	353	249	350	240	294	452	525	662	470	393	245	182	111										
平凉	334	284	372	324	268	437	542	755	581	536	388	314	254	160									
庆阳	496	446	594	543	477	599	704	917	803	649	501	427	367	333	162								
环县	573	499	600	588	480	749	854	1067	893	799	651	574	517	423	312	88							
敦煌	1140	1244	1241	1359	1290	1237	1340	1523	1546	1589	1601	1391	1467	1493	1474	1636	1726						
嘉峪关	749	876	858	976	907	854	957	1140	1163	1206	1218	1008	1084	1110	1091	1253	1343	383					
酒泉	727	854	836	954	885	832	937	1118	1141	1184	1196	986	1062	1088	1069	1231	1321	405	22				
张掖	514	618	615	733	664	611	716	897	920	963	975	765	841	867	848	1010	1100	626	243	221			
金昌	394	498	495	613	544	491	596	777	800	843	855	645	721	747	728	890	980	842	459	437	216		
武威	272	399	377	495	426	373	478	659	682	725	737	527	603	629	610	772	862	864	477	455	238	110	

常用电话

高速咨询热线.........0971-12122	西宁市交通局....0971-6145937	果洛州交通局...0975-8383746
高等级公路建设管理局..................0971-6187507	海东市交通局....0972-8615791	玉树州交通局...0976-8822406
治超办.............0971-6155602	海北州交通局....0970-8642360	海西洲交通局...0977-8223402
省交通厅...........0971-6116598	海南州交通局....0974-8592334	
	黄南州交通局....0973-8722053	

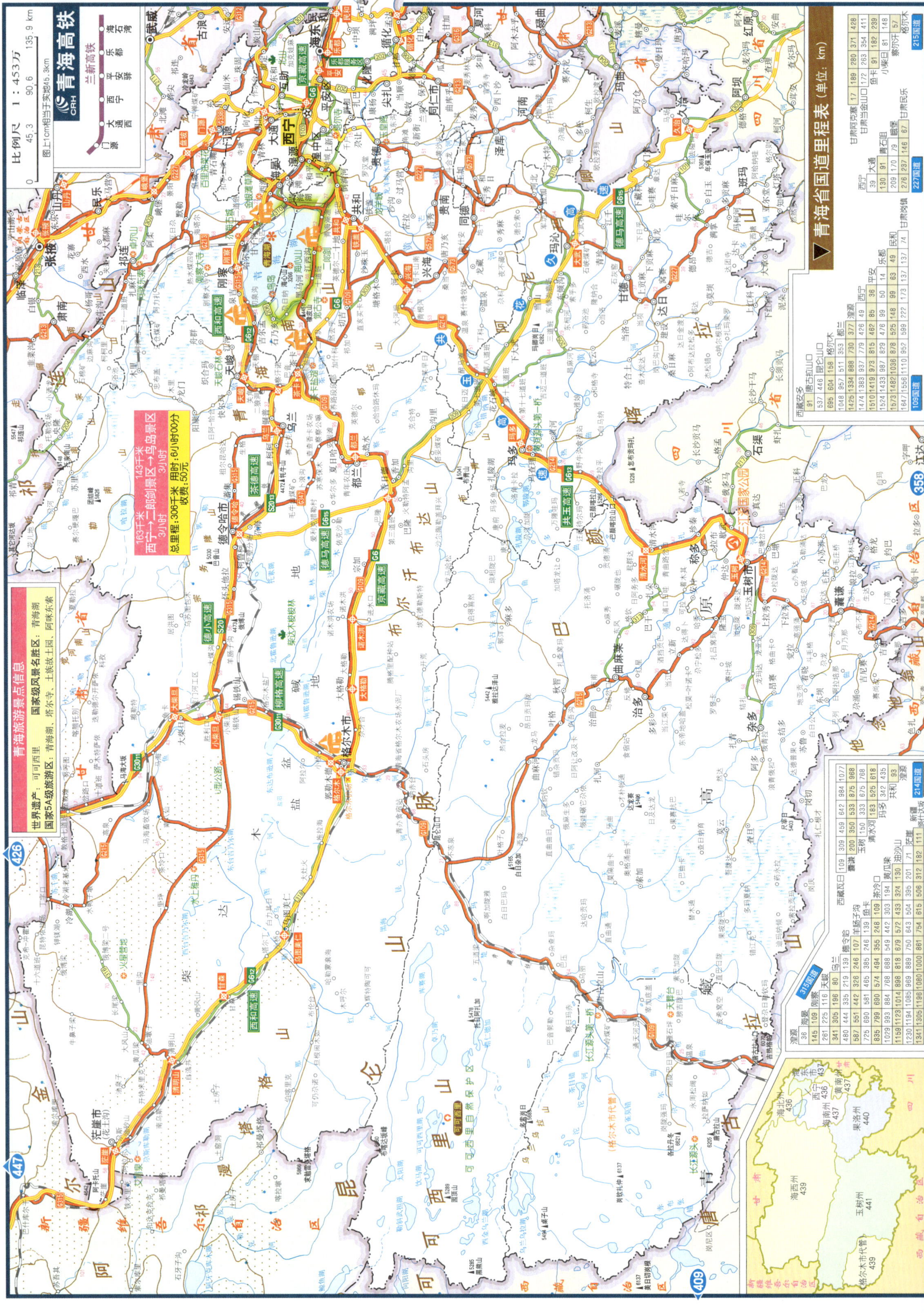

● 本表中城际间里程是以高速公路、国道为主要行车路线计算，不作营运计价依据。

● 单位：km

青海省主要城市至全国各主要城市里程表

省区	城市	西宁	同仁	德令哈	格尔木	共和	都兰	天峻	玛沁
直辖市	北京	1739	1839	2234	2483	1860	1989	2022	2158
	上海	2260	2350	2755	3004	2381	2510	2543	2679
	天津	1779	1879	2274	2523	1900	2029	2062	2198
	重庆	1698	1798	2193	2442	1819	1948	1981	2117
河北省	石家庄	1458	1553	1964	2213	1579	1708	1741	1877
	张家口	1680	1775	2186	2435	1801	1930	1963	2099
	承德	2053	2148	2559	2808	2174	2303	2336	2472
	秦皇岛	2024	2119	2530	2779	2145	2274	2307	2443
	唐山	1876	1971	2382	2631	1997	2126	2159	2295
	保定	1580	1675	2086	2335	1701	1830	1863	1999
	沧州	1664	1759	2170	2419	1785	1914	1947	2083
	衡水	1579	1674	2085	2334	1700	1829	1862	1998
	邢台	1549	1644	2055	2304	1670	1799	1832	1968
	邯郸	1600	1695	2106	2355	1721	1850	1883	2019
山西省	太原	1252	1347	1758	2007	1373	1502	1535	1671
	大同	1521	1616	2027	2276	1642	1771	1804	1940
	阳泉	1354	1449	1860	2109	1475	1604	1637	1773
	长治	1432	1527	1938	2187	1553	1682	1715	1851
	晋城	1520	1615	2026	2275	1641	1770	1803	1939
	忻州	1328	1423	1834	2083	1449	1578	1611	1747
	临汾	1394	1489	1900	2149	1515	1644	1677	1813
	运城	1529	1624	2035	2284	1650	1779	1812	1948
	侯马	1451	1546	1957	2206	1572	1701	1734	1870
内蒙古自治区	呼和浩特	1388	1483	1894	2143	1509	1638	1671	1807
	包头	1207	1302	1713	1962	1328	1457	1490	1626
	乌海	827	922	1333	1582	948	1077	1110	1246
	赤峰	2223	2318	2729	2978	2344	2473	2506	2642
	通辽	2461	2556	2967	3216	2582	2711	2744	2880
	呼伦贝尔	3282	3377	3788	4037	3403	3532	3565	3701
	乌兰浩特	2595	2690	3101	3350	2716	2845	2878	3014
	锡林浩特	2025	2120	2531	2780	2146	2275	2308	2444
	乌兰察布	1514	1609	2020	2269	1635	1764	1797	1933
	东胜	1124	1219	1630	1879	1245	1374	1407	1543
	巴彦淖尔	983	1078	1489	1738	1104	1233	1266	1402
辽宁省	沈阳	2425	2520	2931	3180	2546	2675	2708	2844
	朝阳	2294	2389	2800	3049	2415	2544	2577	2713
	阜新	2331	2426	2837	3086	2452	2581	2614	2750
	铁岭	2488	2583	2994	3243	2609	2738	2771	2907
	本溪	2461	2556	2967	3216	2582	2711	2744	2880
	鞍山	2407	2502	2913	3162	2528	2657	2690	2826
	丹东	2604	2699	3110	3359	2725	2854	2887	3023
	大连	2562	2657	3068	3317	2683	2812	2845	2981
	营口	2346	2441	2852	3101	2467	2596	2629	2765
	盘锦	2286	2381	2792	3041	2407	2536	2569	2705
	锦州	2203	2298	2709	2958	2324	2453	2486	2622
	葫芦岛	2164	2259	2670	2919	2285	2414	2447	2583
吉林省	长春	2721	2816	3227	3476	2842	2971	3004	3140
	白城	2895	2990	3401	3650	3016	3145	3178	3314
	松原	2869	2964	3375	3624	2990	3119	3152	3288
	吉林	2814	2909	3320	3569	2935	3064	3097	3233
	四平	2604	2699	3110	3359	2725	2854	2887	3023
	辽源	2677	2772	3183	3432	2798	2927	2960	3096
	通化	2667	2762	3173	3422	2788	2917	2950	3086
	梅河口	2666	2761	3172	3421	2787	2916	2949	3085
	延吉	3116	3211	3622	3871	3237	3366	3399	3535
	敦化	2997	3092	3503	3752	3118	3247	3280	3416
黑龙江省	哈尔滨	2964	3059	3470	3719	3085	3214	3247	3383
	齐齐哈尔	3280	3375	3786	4035	3401	3530	3563	3699
	黑河	3540	3635	4046	4295	3661	3790	3823	3959
	大庆	3112	3207	3618	3867	3233	3362	3395	3531
	伊春	3307	3402	3813	4062	3428	4557	3590	3726
	鹤岗	3085	3180	3591	3840	3206	3335	3368	3504
	佳木斯	3314	3409	3820	4069	3435	3564	3597	3733
	双鸭山	3378	3473	3884	4133	3499	3628	3661	3797
	七台河	3397	3492	3903	4152	3518	3647	3680	3816
	鸡西	3340	3435	3846	4095	3461	3590	3623	3759
	牡丹江	3177	3272	3683	3932	3298	3427	3460	3596
	绥化	3082	3177	3588	3837	3203	3332	3365	3501
江苏省	南京	1965	2055	2460	2709	2086	2215	2248	2384
	徐州	1700	1790	2195	2444	1821	1950	1983	2119
	连云港	1903	1993	2398	2647	2024	2153	2186	2322
	淮安	1882	1972	2377	2626	2003	2132	2165	2301
	盐城	2008	2098	2503	2752	2129	2258	2291	2427
	扬州	2033	2123	2528	2777	2154	2283	2316	2452
	南通	2188	2278	2683	2932	2309	2438	2471	2607
	镇江	2035	2125	2530	2779	2156	2285	2318	2454
	常州	2081	2171	2576	2825	2202	2331	2364	2500
	无锡	2124	2214	2610	2868	2245	2374	2407	2543
	苏州	2170	2260	2656	2914	2291	2420	2453	2589
浙江省	杭州	2207	2297	2702	2951	2328	2457	2490	2626
	湖州	2127	2217	2622	2871	2248	2377	2410	2546
	嘉兴	2145	2235	2640	2889	2266	2395	2428	2564
	宁波	2273	2363	2768	3017	2394	2523	2556	2692
	绍兴	2258	2348	2753	3002	2379	2508	2541	2677
	衢州	2410	2500	2905	3154	2531	2660	2693	2829
	金华	2380	2470	2875	3124	2501	2630	2663	2799
	台州	2459	2549	2954	3203	2580	2709	2742	2878
	温州	2592	2682	3087	3336	2713	2842	2875	3011
	丽水	2485	2575	2980	3229	2606	2735	2768	2904
安徽省	合肥	1824	1924	2319	2568	1945	2074	2107	2243
	宿州	1771	1861	2266	2515	1892	2021	2054	2190
	阜阳	1700	1790	2195	2445	1821	1950	1983	2119
	蚌埠	1815	1910	2310	2559	1936	2065	2098	2234
	淮南	1804	1894	2399	2548	1925	2054	2087	2223
	滁州	1939	2034	2434	2683	2060	2189	2222	2358
	马鞍山	2007	2102	2497	2746	2128	2257	2290	2426
	芜湖	1953	2048	2443	2692	2074	2203	2236	2372
	铜陵	1974	2069	2464	2713	2095	2224	2257	2393
	安庆	1994	2089	2484	2733	2115	2244	2277	2413
	黄山	2149	2244	2639	2888	2270	2399	2432	2568
	巢湖	1890	1990	2385	2634	2011	2140	2173	2309
福建省	福州	2601	2691	3096	3345	2722	2851	2884	3020
	南平	2444	2534	2939	3188	2565	2694	2727	2863
	三明	2420	2510	2915	3164	2541	2670	2703	2839
	莆田	2690	2780	3185	3434	2811	2940	2973	3109
	泉州	2694	2784	3189	3438	2815	2944	2977	3113
	厦门	2754	2844	3249	3508	2875	3004	3037	3173
	漳州	2777	2867	3272	3521	2898	3027	3060	3196
	龙岩	2678	2768	3173	3422	2799	2928	2961	3097
	宁德	2717	2807	3212	3461	2838	2967	3000	3136
江西省	南昌	2060	2150	2555	2804	2181	2310	2343	2479
	九江	1908	1998	2403	2652	2029	2158	2191	2327
	景德镇	2041	2131	2536	2785	2162	2291	2324	2460
	鹰潭	2171	2261	2666	2915	2292	2421	2454	2590
	上饶	2271	2361	2766	3015	2392	2521	2554	2690
	新余	2181	2271	2676	2925	2302	2431	2464	2600
	萍乡	2140	2230	2635	2884	2261	2390	2423	2559
	赣州	2416	2506	2911	3260	2537	2666	2699	2835
	宜春	2200	2290	2695	2944	2321	2450	2483	2619
山东省	济南	1741	1836	2247	2496	1862	1991	2024	2160
	德州	1638	1733	2144	2393	1759	1888	1921	2057
	淄博	1826	1921	2332	2581	1947	2076	2109	2245
	潍坊	1925	2020	2431	2680	2046	2175	2208	2344
	烟台	2168	2263	2674	2923	2289	2418	2451	2587
	威海	2252	2347	2758	3007	2373	2502	2535	2671
	青岛	2077	2172	2583	2832	2198	2327	2360	2496
	日照	2039	2134	2545	2794	2160	2289	2322	2458
	临沂	1959	2054	2465	2714	2080	2209	2242	2378
	济宁	1837	1932	2343	2592	1958	2087	2120	2256
	泰安	1777	1872	2283	2532	1898	2027	2060	2196
	滨州	1833	1928	2339	2588	1954	2083	2116	2252
	菏泽	1726	1821	2232	2481	1847	1972	2009	2145
河南省	郑州	1380	1475	1886	2135	1501	1630	1663	1799
	三门峡	1146	1241	1652	1901	1267	1396	1429	1565
	洛阳	1260	1355	1766	2015	1381	1510	1543	1679
	焦作	1367	1462	1873	2122	1488	1617	1650	1786
	新乡	1446	1541	1952	2201	1567	1696	1729	1865
	安阳	1554	1649	2060	2309	1675	1804	1837	1973
	开封	1436	1531	1942	2191	1557	1686	1719	1855
	商丘	1572	1667	2078	2327	1693	1822	1855	1991
	漯河	1481	1576	1987	2236	1602	1731	1764	1900
	南阳	1313	1408	1819	2068	1434	1563	1596	1732
	信阳	1508	1603	2014	2263	1629	1758	1791	1927
湖北省	武汉	1665	1760	2151	2400	1786	1915	1948	2084
	十堰	1239	1334	1725	1974	1360	1489	1522	1658
	襄阳	1389	1480	1871	2120	1510	1639	1672	1808
	荆门	1531	1626	2017	2266	1652	1781	1814	1950
	孝感	1598	1693	2084	2333	1719	1848	1881	2017
	鄂州	1756	1851	2242	2491	1877	2006	2039	2175
	黄石	1774	1869	2260	2508	1895	2024	2057	2193
	咸宁	1747	1842	2233	2482	1868	1997	2030	2166
	荆州	1615	1706	2097	2346	1736	1865	1898	2034
	宜昌	1657	1748	2139	2388	1778	1907	1940	2076
	长沙	2044	2139	2550	2799	2165	2294	2327	2463
湖南省	常德	1870	1965	2356	2605	1991	2120	2153	2289
	益阳	1957	2052	2443	2692	2078	2207	2240	2376
	岳阳	1928	2023	2434	2683	2049	2178	2211	2347
	株洲	2083	2178	2589	2838	2204	2333	2366	2502
	湘潭	2077	2172	2583	2832	2198	2327	2360	2496
	衡阳	2213	2308	2719	2968	2334	2463	2496	2632
	郴州	2329	2424	2835	3084	2450	2579	2612	2748
	永州	2349	2444	2855	3104	2470	2599	2632	2768
	邵阳	2258	2353	2764	3013	2379	2508	2541	2677
广东省	广州	2684	2779	3170	3419	2805	2934	2967	3103
	韶关	2441	2536	2927	3176	2562	2691	2724	2860
	梅州	2866	2961	3352	3601	2987	3116	3149	3285
	汕头	3065	3160	3551	3800	3186	3315	3348	3484
	惠州	2758	2853	3244	3493	2879	3008	3041	3177
	东莞	2699	2794	3185	3434	2820	2949	2982	3118
	深圳	2776	2871	3262	3511	2897	3026	3059	3195
	珠海	2777	2872	3263	3512	2898	3027	3060	3196
	中山	2746	2841	3232	3481	2867	2996	3029	3165
	肇庆	2743	2838	3229	3478	2864	2993	3026	3162
	茂名	2998	3093	3484	3733	3119	3248	3281	3417
	湛江	3078	3173	3564	3813	3199	3328	3361	3497
广西壮族自治区	南宁	2662	2757	3168	3417	2783	2912	1945	3081
	桂林	2491	2586	2977	3226	2612	2741	2774	2910
	柳州	2637	2732	3123	3372	2758	2887	2920	3056
	梧州	2857	2952	3343	3592	2978	3107	3140	3276
	玉林	2931	3026	3417	3666	3052	3181	3214	3350
	百色	2589	2684	3095	3344	2710	2839	2872	3008
四川省	成都	1397	1492	1903	2152	1518	1647	1680	1816
	绵阳	1274	1369	1780	2029	1395	1524	1557	1693
	泸州	1642	1737	2148	2397	1763	1892	1925	2061
	攀枝花	2111	2206	2617	2866	2232	2361	2394	2530
	西昌	1920	2015	2426	2675	2041	2170	2203	2339
贵州省	贵阳	2072	2167	2578	2827	2193	2322	2355	2491
	遵义	1910	2005	2416	2665	2031	2160	2193	2329
	安顺	2138	2233	2644	2893	2259	2388	2421	2557
	毕节	2201	2296	2707	2956	2322	2451	2484	2620
	凯里	2217	2312	2723	2972	2338	2467	2500	2636
云南省	昆明	2255	2350	2761	3010	2376	2505	2538	2674
	曲靖	2266	2361	2772	3021	2387	2516	2549	2685
	玉溪	2335	2430	2841	3090	2456	2585	2618	2754
	丽江	2401	2496	2907	3156	2522	2651	2684	2820
	大理	2557	2652	3063	3312	2678	2807	2840	2976
	景洪	2813	2908	3319	3568	2934	3063	3096	3232
西藏自治区	拉萨	1975	2125	1578	1195	1901	1451	1729	1996
	那曲	1637	1787	1240	857	1563	1113	1391	1659
	昌都	1364	1514	1785	1589	1214	1578	1526	1154
	日喀则	2213	2363	1816	1433	2139	1689	1967	2235
	萨嘎	2662	2812	2265	1882	2588	2138	2416	2684
	噶尔	3448	3598	3051	2668	3374	2924	3202	3470
陕西省	西安	915	1010	1421	1670	1036	1951	1198	1334
	延安	972	1067	1478	1727	1093	2008	1255	1391
	铜川	947	1042	1453	1702	1068	1983	1230	1366
	渭南	966	1061	1472	1721	1087	2002	1249	1385
	咸阳	895	990	1401	1650	1016	1931	1178	1314
	宝鸡	742	837	1248	1497	863	1778	1025	1161
	汉中	934	1029	1440	1689	1055	1970	1217	1353
	榆林	959	1054	1465	1714	1080	1995	1242	1378
	安康	1129	1224	1635	1884	1250	2165	1412	1548
甘肃省	兰州	247	342	753	1002	368	497	530	666
	嘉峪关	600	765	948	931	721	850	883	1019
	天水	619	714	1125	1374	740	869	902	1038
	敦煌	976	1141	571	555	1097	827	793	1395
	张掖	375	540	881	1130	496	625	658	794
	武威	471	566	977	1226	592	721	754	890
宁夏回族自治区	银川	685	780	1191	1440	806	935	968	1104
	惠农	775	870	1281	1530	896	1025	1058	1194
	吴忠	617	712	1123	1372	738	867	900	1036
	固原	607	702	1113	1362	728	857	890	1026
新疆维吾尔自治区	乌鲁木齐	1794	1959	1566	1552	1915	1808	1788	2213
	克拉玛依	2158	2323	1930	1916	2279	2172	2152	2577
	喀什	2990	3155	2480	2470	2927	2726	2702	3409
	阿克苏	2526	2691	2015	2004	2462	2260	2237	2945
	吐鲁番	1593	1758	1365	1351	1714	1607	1587	2012
	哈密	1202	1367	974	960	1323	1216	1196	1621
	阿勒泰	2449	2614	2221	2207	2570	2463	2443	2868

青海省主要城镇间里程表

	西宁	民和	循化	泽库	同德	达日	花石峡	玉树	曲麻莱	共和	格尔木	茫崖镇	唐古拉山口	德令哈	天峻	海晏	门源
西宁																	
民和	107																
循化	158	198															
泽库	286	326	264														
同德	276	386	355	483													
达日	577	687	656	784	345												
花石峡	410	520	568	696	290	196											
玉树	770	930	978	1106	700	606	410										
曲麻莱	869	979	1027	1155	749	655	459	246									
共和	129	253	301	429	223	463	267	641	726								
格尔木	768	891	939	1067	853	1093	897	1307	1356	720							
茫崖镇	1263	1373	1421	1549	1335	1575	1379	1789	1838	1202	734						
唐古拉山口	1366	1038	1086	1214	1000	1240	1044	1454	1503	867	399	475					
德令哈	519	622	670	798	584	824	628	1038	1087	451	385	751	416				
天峻	301	420	468	596	449	689	493	903	952	311	562	972	637	221			
海晏	80	201	249	377	353	593	397	807	856	130	768	1197	862	446	221		
门源	155	225	315	441	431	732	565	975	1024	298	936	1418	1083	667	465	246	

图例解释

收费站 出入口 G45 国家高速编号 服务区 在建 高速公路

G312 国道编号 国道

S217 省道编号 25 居民点 里程数(km) 在建 省道

县道 乡道 隧口 快速路

隧道 在建 铁路

345 南京三桥 南京三桥出入口位于距该高速公路零千米345千米处

25 宁波服务区 宁波服务区位于距该高速公路零千米25千米处

47 香河收费站 香河收费站位于距该高速公路零千米47千米处

24 国道里程桩：表示该点距此国道零千米总里程为24千米

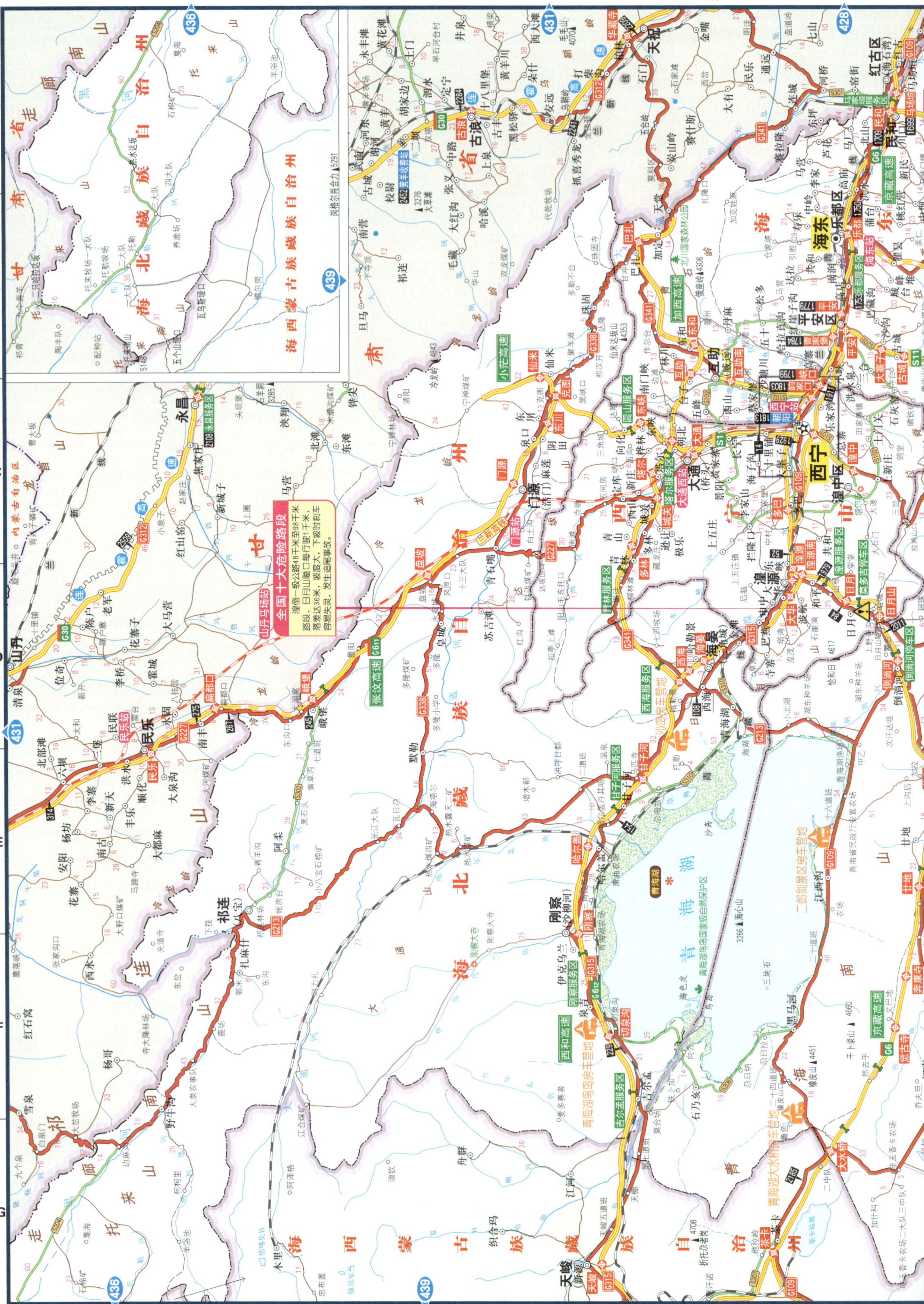

公路零千米

▶109国道零千米：北京阜成门
▶214国道零千米：西宁市
▶227国道零千米：西宁市
▶315国道零千米：西宁市

比例尺 1：141万

0 14.1 28.2 42.3 km

图上1cm相当于实地14.1km

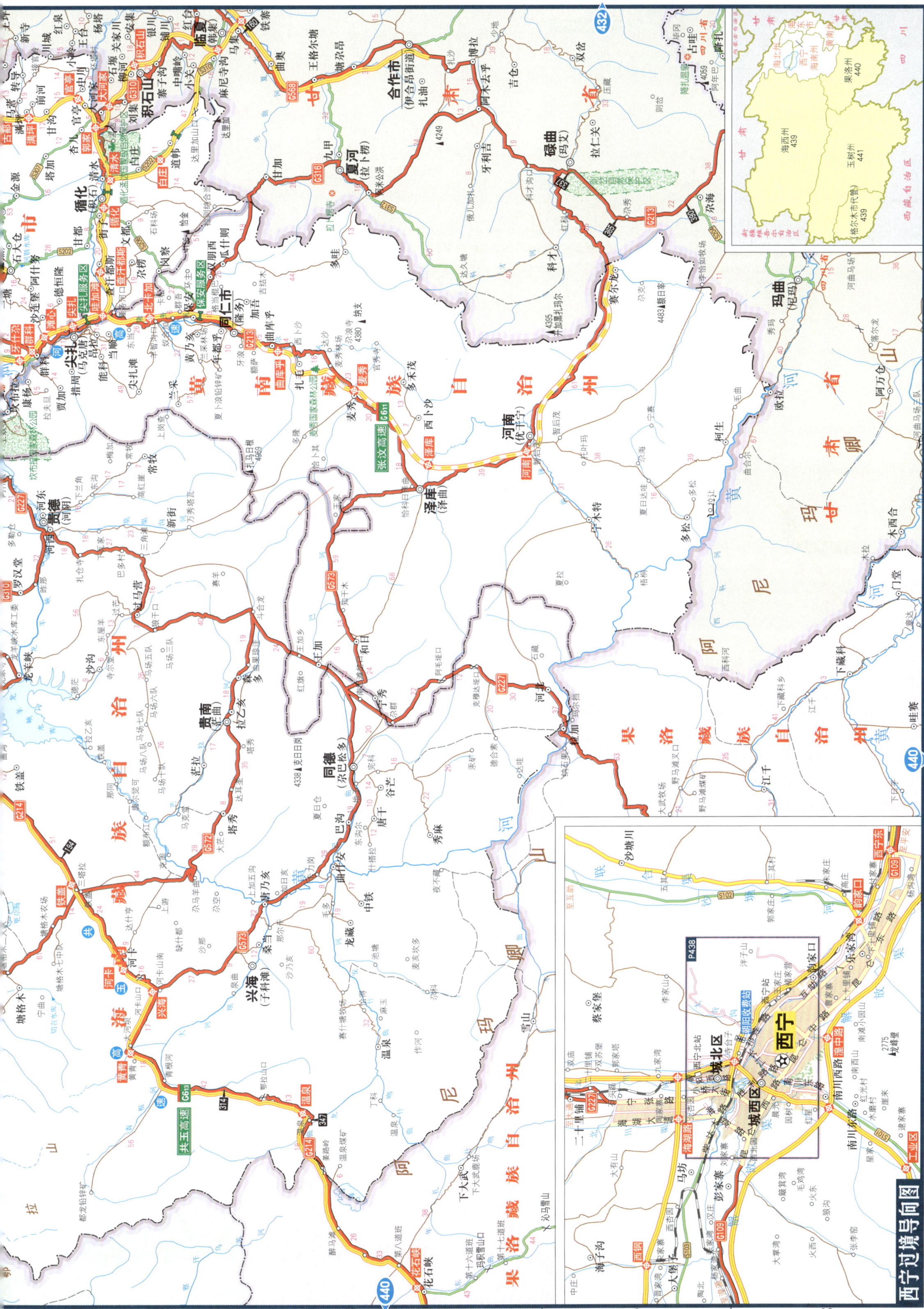

图例解释

街 区	次要街道 县道	高速公路	交警部门 地铁站	医院 邮政局
公园 绿地	城市高架路	建筑中高速公路	出入口 国道编号	宾馆 风景点
过境线 国道	地铁 轻轨	快速路	加油站 汽修厂	古塔 电视台
主要街道 省道	铁路及车站	省、市、区政府	停车场 汽车站	桥梁 运动场

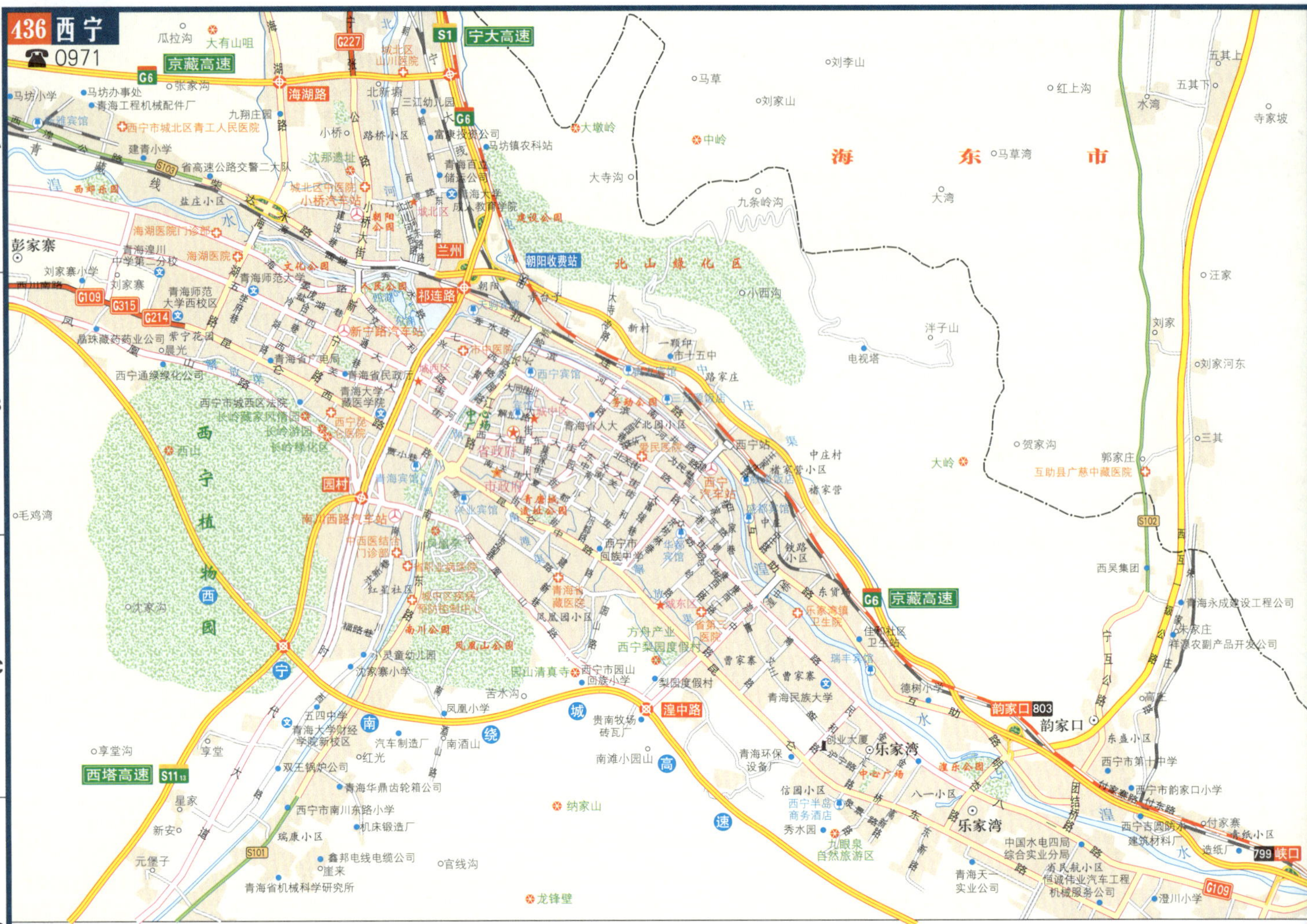

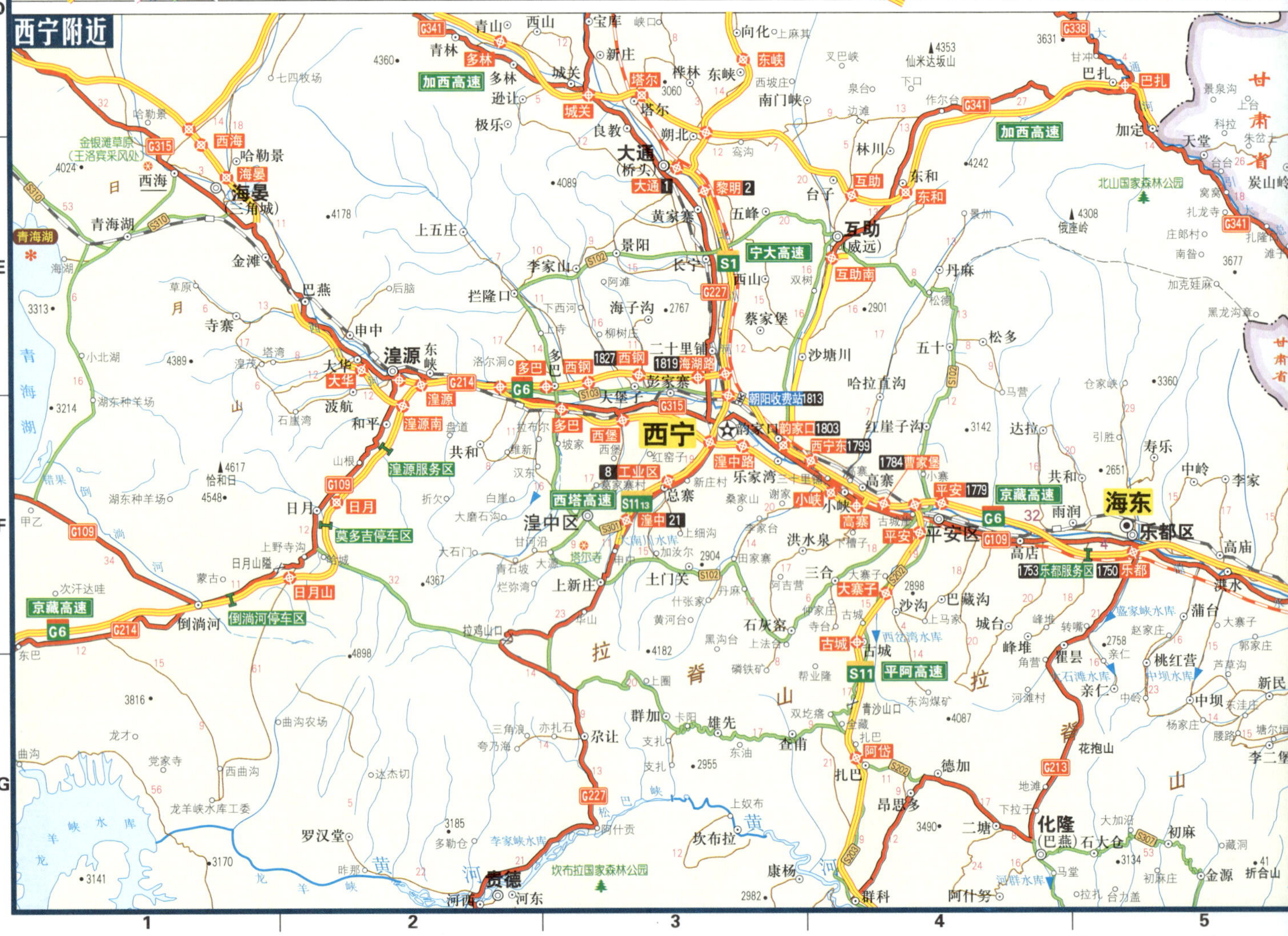

比例尺 1：317万

0 31.7 63.4 95.1 km

图上1cm相当于实地31.7km

海西蒙古族藏族自治州

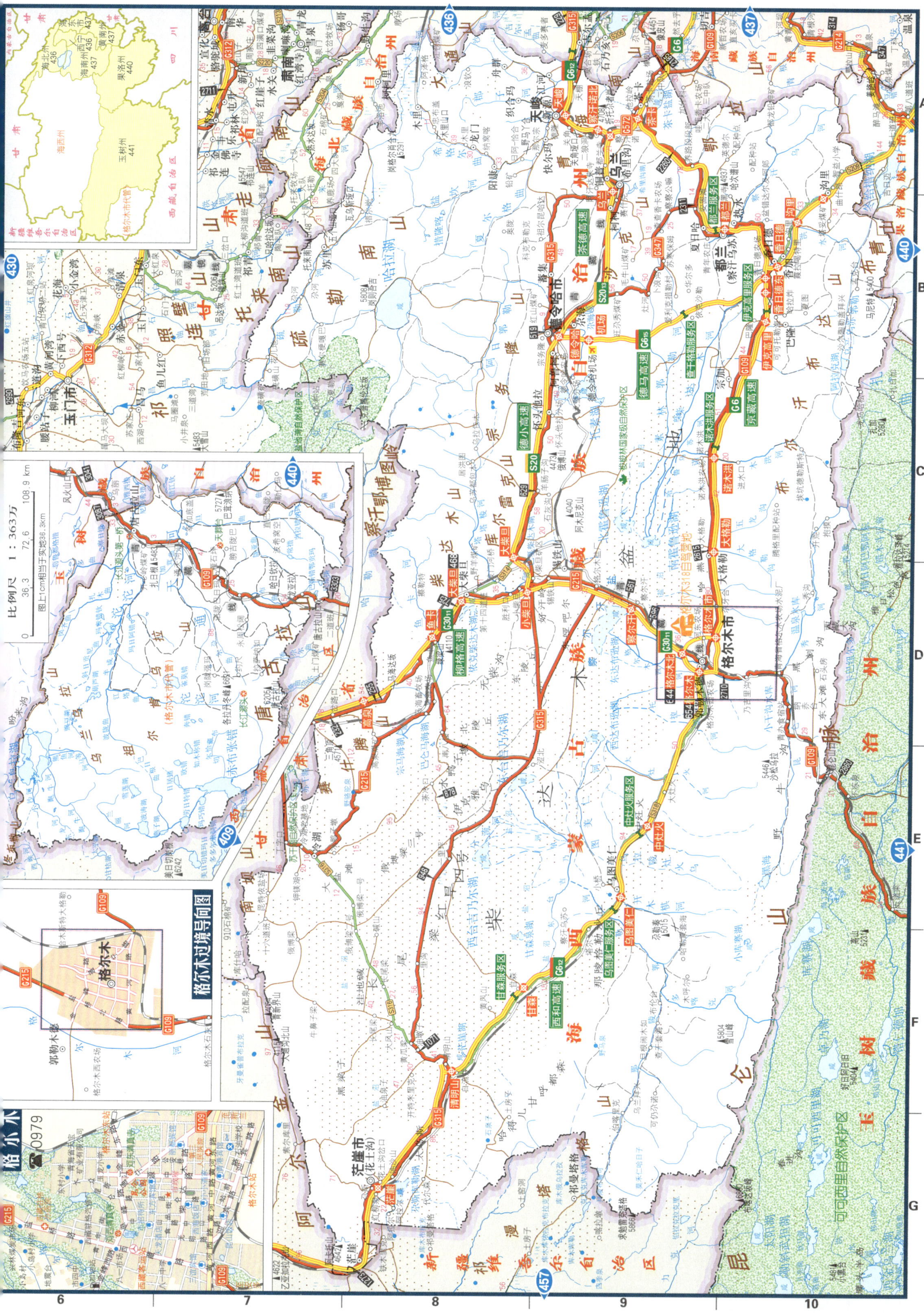

图例解释

收费站 出入口 G45 国家高速编号 服务区 在建 高速公路
桥梁 隧口 县道
G312 国道编号 国道
快速路
S217 省道编号 25 里程数(km) 居民点 在建 省道
隧道 在建 铁路

345 南京三桥 南京三桥出入口位于距该高速公路零千米345千米处
25 宁波服务区 宁波服务区位于距该高速公路零千米25千米处
47 香河收费站 香河收费站位于距该高速公路零千米47千米处
24 国道里程桩：表示该点距此国道零千米总里程为24千米

比例尺 1：223万
0 22.3 44.6 66.9 km
图上1cm相当于实地22.3km

玉树藏族自治州

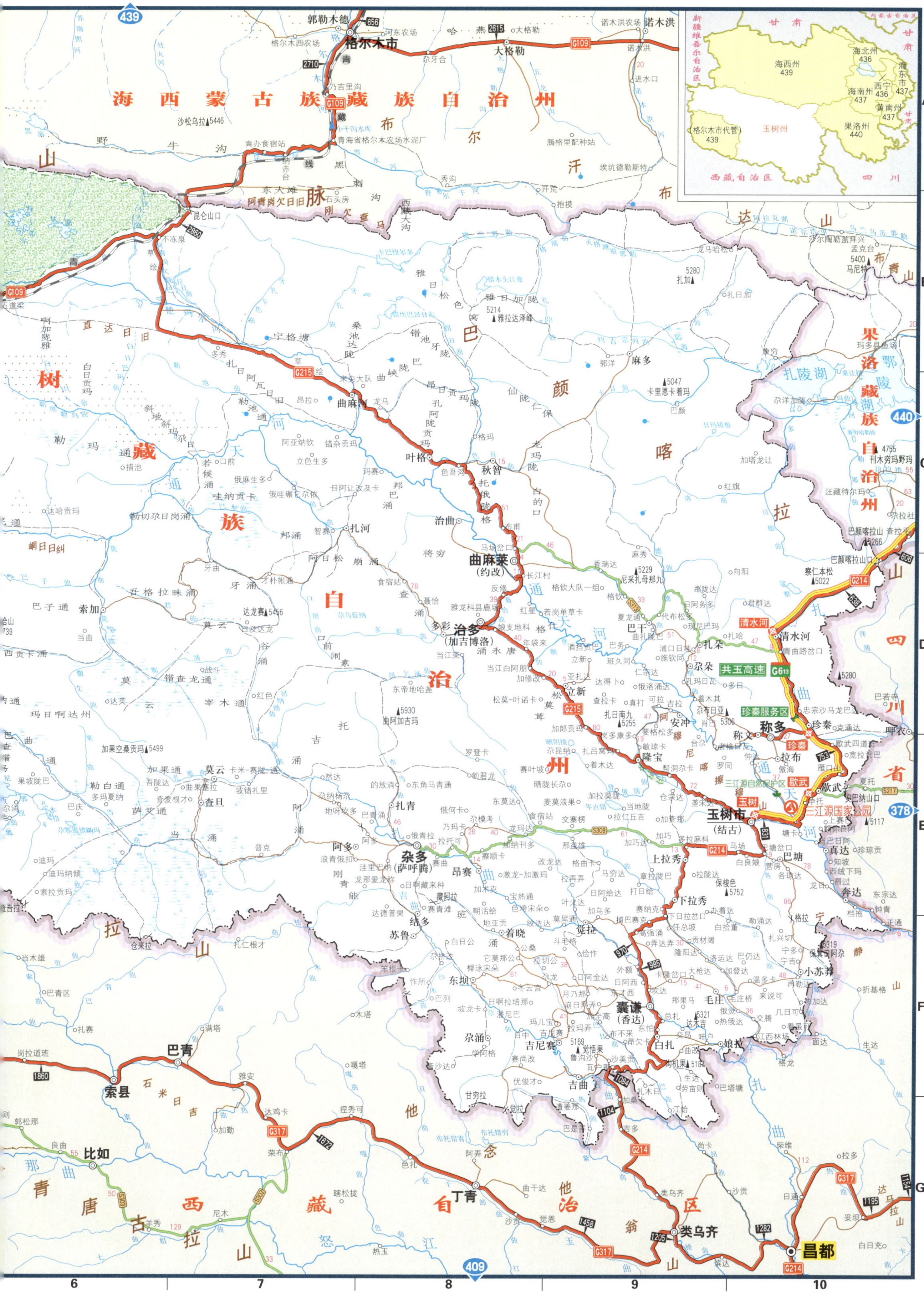

宁夏回族自治区全图

常用电话

高速咨询热线	0951-96958	银川市交通局	0951-6731719
自治区交通厅	0951-5032956	石嘴山市交通局	0952-2013932
自治区公路管理局	0951-6090769	吴忠市交通局	0953-2039670
自治区高等级公路管理局	0951-6019296	固原市交通局	0954-2081200
自治区交通规费征收稽查局	0951-6180296	中卫市交通局	0953-7012971

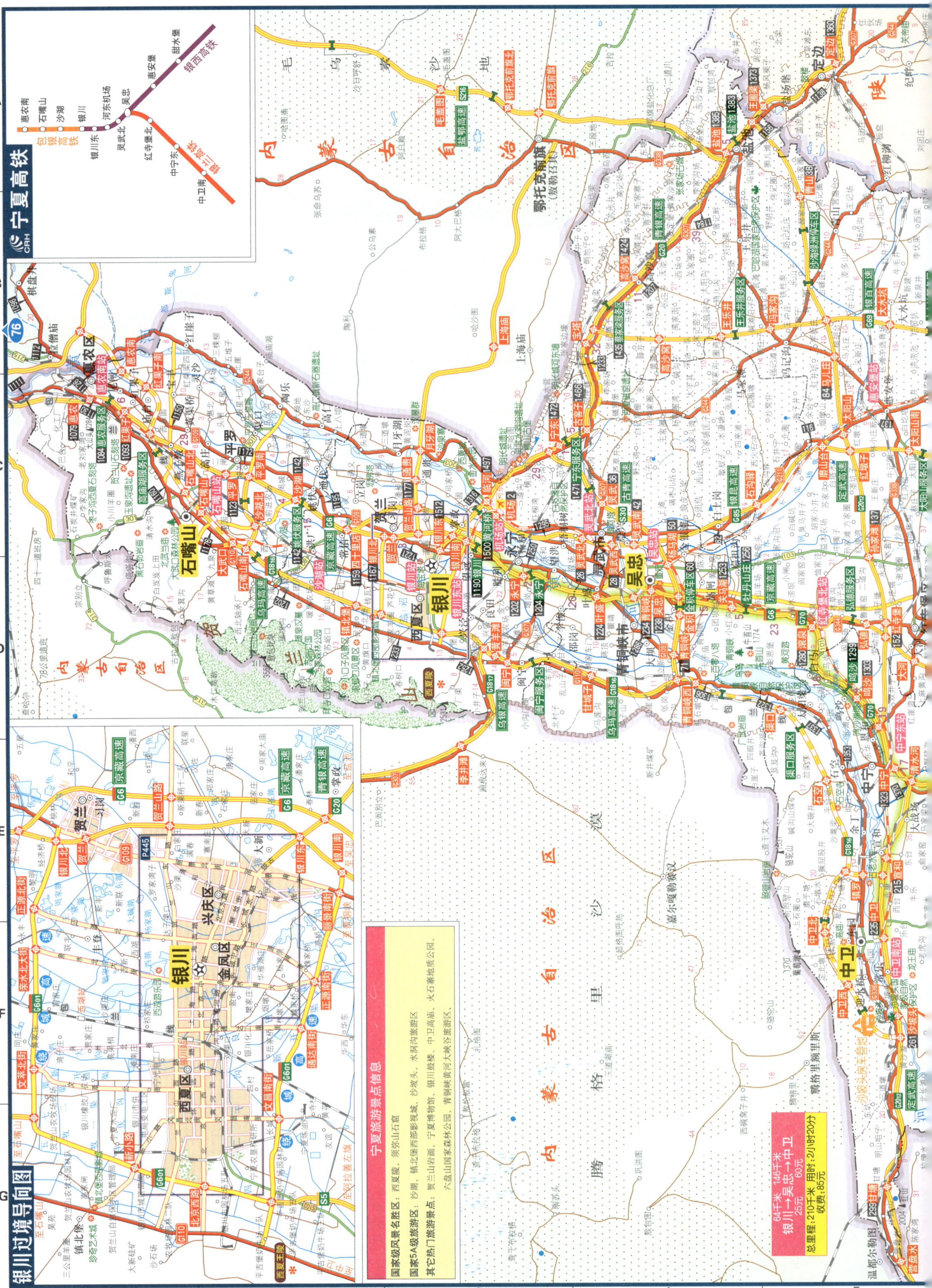

宁夏旅游景点信息

国家级风景名胜区： 西夏陵、须弥山石窟

国家5A级旅游区： 沙湖、镇北堡西部影视城、沙坡头、水洞沟旅游区

其它热门旅游景点： 贺兰山岩画、宁夏博物馆、银川鼓楼、中卫高庙、火石寨地质公园、六盘山国家森林公园、青铜峡黄河大峡谷旅游区、

64千米 146千米
银川→吴忠→中卫
25元 60元

总里程：210千米 用时：2小时20分
收费：85元

公路零公里

- ▶109国道零公里：北京阜成门
- ▶211国道零公里：银川市南门
- ▶307国道零公里：河北黄骅市金三角
- ▶309国道零公里：山东荣成市崖头
- ▶312国道零公里：福州市

比例尺 1：117万

0 11.7 23.4 35.1 km

图上1cm相当于实地11.7km

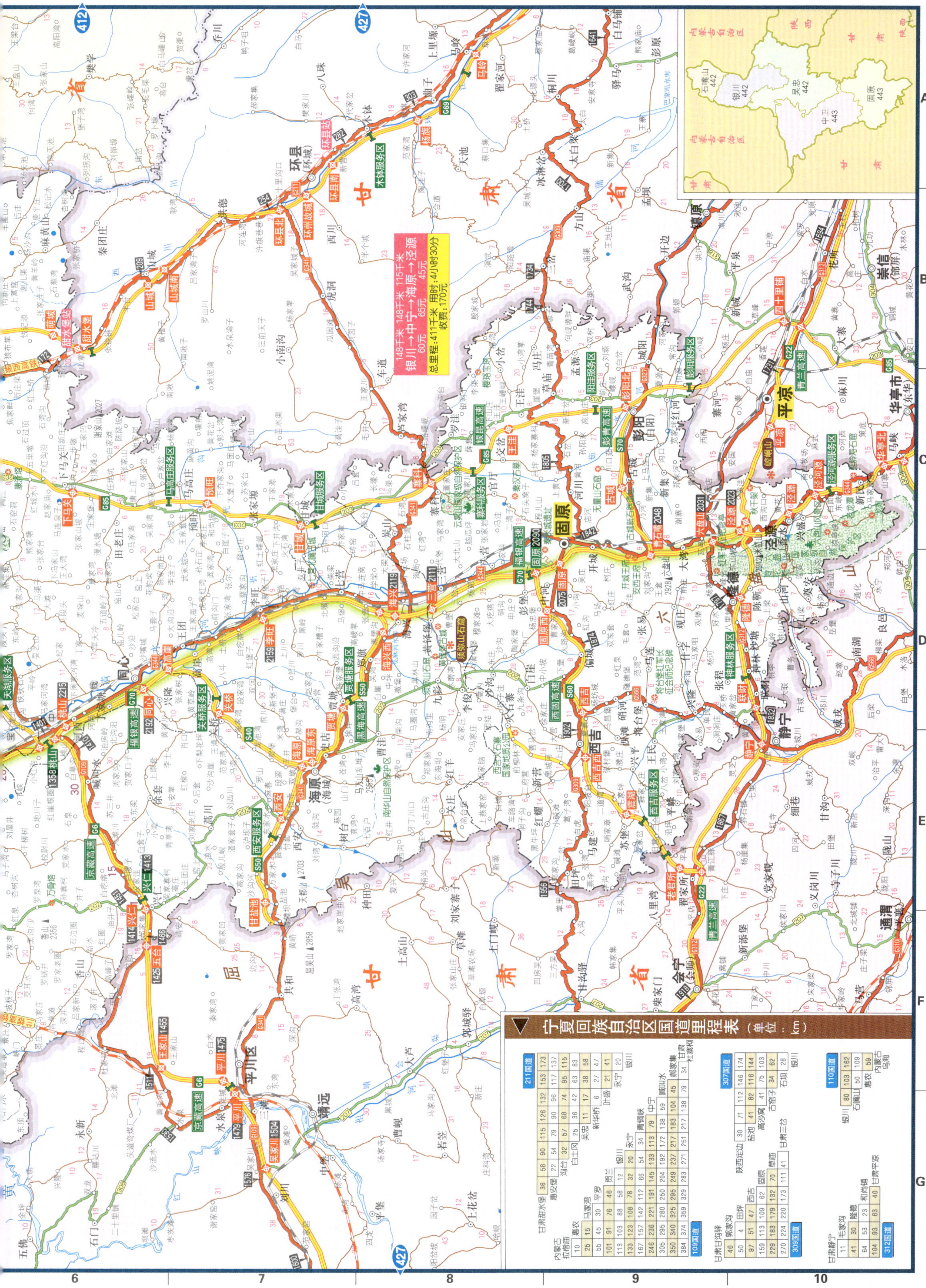

◀ 宁夏回族自治区国道里程表（单位：km）

211国道

	惠安堡	沟台	白土冈	吴忠	新华桥	叶盛	永宁	银川
甘肃甜水堡	36	58	90	115	126	132	153	173
惠安堡		22	54	79	90	96	117	137
沟台			32	57	68	74	95	115
白土冈				25	36	42	63	83
吴忠					11	17	38	58
新华桥						6	27	47
叶盛							21	41
永宁								20

109国道

	内蒙古拉僧庙	惠农	马家湾	平罗	贺兰	银川	永宁	青铜峡	中宁	喊叫水	郝家集
惠农	10										
马家湾	25	15									
平罗	55	45	30								
贺兰	101	91	76	46							
银川	113	103	88	58	12						
永宁	133	123	108	78	32	20					
青铜峡	167	157	142	112	66	54	34				
中宁	246	236	221	191	145	133	113	79			
喊叫水	305	295	280	250	204	192	172	138	59		
郝家集	350	340	325	295	249	237	217	183	104	45	
甘肃杜寨柯	384	374	359	329	283	271	251	217	138	79	34

307国道

	盐池	高沙窝	古窑子	石坝	银川
陕西定边	30	71	112	146	174
盐池		41	82	116	144
高沙窝			41	75	103
古窑子				34	62
石坝					28

110国道

	石嘴山	惠农	内蒙古乌海
银川	80	103	162
石嘴山		50	109
惠农			59

309国道

	甘肃甘沟驿	郭家沟	田坪	西吉	固原	草庙
郭家沟	46					
田坪	50	4				
西吉	97	51	47			
固原	159	113	109	62		
草庙	229	183	179	132	70	
甘肃三岔	270	224	220	173	111	41

312国道

	甘肃静宁	毛家沟	隆德	和尚铺
毛家沟	11			
隆德	41	30		
和尚铺	64	53	23	
甘肃平凉	104	93	63	40

宁夏回族自治区公路里程表

- 本表中城际间里程是以高速公路、国道为主要行车路线计算，不作营运计价依据。
- 单位：km

宁夏回族自治区主要城市至全国各主要城市里程表

省区	城市	银川	惠农	吴忠	固原	同心	中卫	盐池
直辖市	北京	1230	1120	1278	1385	1269	1284	1091
	上海	2019	2109	2012	1788	1904	1999	1907
	天津	1255	1345	1246	1459	1343	1324	1116
	重庆	1748	1838	1680	1413	1529	1624	1770
河北省	石家庄	934	1023	920	1138	1022	1003	790
	张家口	1055	936	1093	1360	1244	1225	1169
	承德	1413	1294	1451	1718	1583	1583	1527
	秦皇岛	1500	1412	1486	1704	1569	1569	1356
	唐山	1352	1286	1338	1556	1421	1421	1208
	保定	1056	1145	1042	1260	1125	1125	912
	沧州	1140	1229	1126	1344	1209	1209	996
	衡水	1055	1144	1041	1259	1124	1124	911
	邢台	1025	1114	1011	1229	1094	1094	881
	邯郸	1076	1165	1062	1280	1145	1145	932
山西省	太原	728	817	714	932	797	797	584
	大同	997	869	983	1201	1066	1066	853
	阳泉	830	919	816	1034	899	899	686
	长治	908	997	894	964	977	977	764
	晋城	996	1085	982	870	1065	1065	852
	忻州	804	893	790	1008	873	873	660
	临汾	870	959	856	757	939	939	726
	运城	1005	1094	991	640	851	851	861
	侯马	927	1016	913	718	929	929	783
内蒙古自治区	呼和浩特	763	644	801	1068	933	933	877
	包头	582	463	620	887	752	752	696
	乌海	202	83	240	507	372	372	316
	赤峰	1598	1479	1636	1903	1768	1768	1712
	通辽	1836	1717	1874	2141	2006	2006	1950
	呼伦贝尔	2657	2538	2695	2962	2827	2827	2771
	乌兰浩特	1970	1851	2008	2275	2159	2140	2084
	锡林浩特	1400	1281	1438	1705	1589	1570	1514
	乌兰察布	889	770	927	1194	1078	1059	1003
	东胜	499	380	537	804	688	669	613
	巴彦淖尔	358	239	396	663	547	528	472
辽宁省	沈阳	1901	1813	1887	2105	1989	1970	1757
	朝阳	1770	1682	1756	1974	1858	1839	1626
	阜新	1807	1719	1793	2011	1895	1876	1663
	铁岭	1964	1876	1950	2168	2052	2033	1820
	本溪	1937	1849	1923	2141	2025	2006	1793
	鞍山	1883	1795	1869	2087	1971	1952	1739
	丹东	2080	1992	2066	2284	2168	2149	1936
	大连	2038	1950	2024	2242	2126	2107	1894
	营口	1822	1734	1808	2026	1910	1891	1678
	盘锦	1762	1674	1748	1966	1850	1831	1618
	锦州	1679	1591	1665	1883	1767	1748	1535
	葫芦岛	1640	1552	1626	1844	1728	1709	1496
吉林省	长春	2197	2109	2183	2401	2285	2266	2053
	白城	2371	2283	2357	2575	2459	2440	2227
	松原	2345	2257	2331	2549	2433	2414	2201
	吉林	2290	2202	2276	2494	2378	2359	2146
	四平	2080	1992	2066	2284	2168	2149	1936
	辽源	2153	2065	2139	2357	2241	2222	2009
	通化	2143	2055	2129	2347	2231	2212	1999
	梅河口	2142	2054	2128	2346	2230	2211	1998
	延吉	2592	2504	2578	2796	2680	2661	2448
	敦化	2473	2385	2459	2677	2561	2542	2329
黑龙江省	哈尔滨	2440	2352	2426	2644	2528	2509	2296
	齐齐哈尔	2756	2668	2742	2960	2844	2825	2612
	黑河	3016	2928	3002	3220	3104	3085	2872
	大庆	2588	2500	2574	2792	2676	2657	2444
	伊春	2783	2695	2769	2987	2871	2852	2639
	鹤岗	2561	2473	2547	2765	2649	2630	2417
	佳木斯	2790	2702	2776	2994	2878	2859	2646
	双鸭山	2854	2766	2840	3058	2942	2923	2710
	七台河	2873	2785	2859	3077	2961	2942	2729
	鸡西	2816	2728	2802	3020	2904	2885	2672
	牡丹江	2653	2565	2639	2857	2741	2722	2509
	绥化	2558	2470	2544	2762	2646	2627	2414
江苏省	南京	1828	1940	1760	1493	1609	1704	1724
	徐州	1563	1675	1495	1228	1344	1439	1351
	连云港	1766	1878	1698	1431	1547	1642	1475
	淮安	1745	1857	1677	1410	1526	1621	1507
	盐城	1871	1983	1803	1536	1652	1747	1615
	扬州	1896	2008	1828	1561	1677	1772	1646
	南通	2051	2163	1983	1716	1832	1927	1782
	镇江	1898	2010	1830	1563	1679	1774	1695
	常州	1944	2056	1876	1609	1725	1820	1767
	无锡	1987	2099	1919	1652	1768	1863	1770
	苏州	2033	2145	1965	1698	1814	1909	1816
浙江省	杭州	2065	2155	2058	1735	1851	1946	1953
	湖州	1985	2075	1978	1655	1771	1866	1873
	嘉兴	2003	2093	1996	1673	1789	1884	1891
	宁波	2131	2221	2124	1801	1917	2012	2019
	绍兴	2116	2206	2109	1786	1902	1997	2004
	衢州	2268	2358	2261	1938	2054	2149	2156
	金华	2238	2328	2231	1908	2024	2119	2118
	台州	2317	2407	2310	1987	2103	2198	2195
	温州	2450	2540	2443	2120	2236	2331	2338
	丽水	2343	2433	2336	2013	2129	2224	2231
安徽省	合肥	1666	1778	1598	1331	1447	1542	1673
	宿州	1613	1725	1545	1278	1394	1489	1451
	阜阳	1532	1622	1464	1197	1313	1408	1407
	蚌埠	1652	1742	1584	1317	1433	1528	1527
	淮南	1636	1726	1568	1301	1417	1512	1511
	滁州	1776	1866	1708	1441	1557	1652	1651
	马鞍山	1844	1934	1776	1509	1625	1720	1782
	芜湖	1790	1880	1722	1455	1571	1666	1751
	铜陵	1811	1901	1743	1476	1592	1687	1772
	安庆	1831	1921	1763	1496	1612	1707	1792
	黄山	1986	2076	1918	1651	1767	1862	1947
	巢湖	1732	1811	1664	1397	1513	1608	1693
福建省	福州	2464	2576	2396	2129	2245	2340	2478
	南平	2307	2419	2239	1972	2088	2183	2321
	三明	2283	2395	2215	1948	2064	2159	2297
	莆田	2553	2665	2485	2218	2334	2429	2567
	泉州	2557	2669	2489	2222	2338	2433	2571
	厦门	2617	2729	2549	2282	2398	2493	2631
	漳州	2640	2752	2572	2305	2421	2516	2654
	龙岩	2541	2653	2473	2206	2322	2417	2555
	宁德	2580	2692	2512	2245	2361	2456	2571
江西省	南昌	1923	2035	1855	1588	1704	1799	1937
	九江	1771	1883	1703	1436	1552	1647	1785
	景德镇	1904	2016	1836	1569	1685	1780	1918
	鹰潭	2034	2146	1976	1699	1815	1910	2048
	上饶	2134	2246	2076	1799	1915	2010	2148
	新余	2044	2156	1976	1719	1835	1930	2058
	萍乡	2003	2115	1935	1668	1784	1879	2017
	赣州	2279	2391	2211	1944	2060	2155	2293
	宜春	2063	2175	1995	1728	1844	1939	2077
山东省	济南	1217	1306	1203	1306	1305	1286	1073
	德州	1144	1203	1100	1390	1202	1183	970
	淄博	1302	1391	1288	1415	1390	1371	1158
	潍坊	1401	1490	1387	1514	1489	1470	1257
	烟台	1644	1733	1630	1772	1732	1713	1500
	威海	1728	1817	1714	1820	1816	1797	1584
	青岛	1553	1642	1539	1615	1641	1622	1409
	日照	1515	1604	1501	1448	1603	1584	1371
	临沂	1435	1524	1421	1368	1523	1504	1291
	济宁	1313	1402	1299	1174	1401	1382	1169
	泰安	1253	1342	1239	1235	1341	1322	1109
	滨州	1309	1398	1295	1464	1397	1378	1165
	菏泽	1202	1291	1188	1063	1290	1271	1058
河南省	郑州	1218	1307	1150	883	999	1094	1049
	三门峡	984	1073	916	649	765	860	915
	洛阳	1098	1187	1030	763	879	974	960
	焦作	1205	1294	1137	870	986	1081	901
	新乡	1284	1373	1216	949	1065	1160	986
	安阳	1392	1481	1324	1057	1173	1268	997
	开封	1274	1363	1206	939	1055	1150	1032
	商丘	1410	1499	1342	1075	1191	1286	1168
	漯河	1319	1408	1251	984	1100	1195	1179
	南阳	1151	1240	1083	816	932	1027	1142
	信阳	1346	1435	1278	1011	1127	1222	1345
湖北省	武汉	1483	1573	1415	1148	1264	1359	1505
	十堰	1057	1147	989	722	838	933	1079
	襄阳	1203	1293	1135	868	984	1079	1225
	荆门	1349	1439	1281	1014	1130	1225	1371
	孝感	1416	1506	1348	1081	1197	1292	1438
	鄂州	1574	1664	1506	1239	1355	1450	1596
	黄石	1592	1682	1524	1257	1373	1468	1614
	咸宁	1565	1655	1497	1230	1346	1441	1587
	荆州	1429	1519	1361	1094	1210	1305	1451
	宜昌	1471	1561	1403	1136	1252	1347	1493
湖南省	长沙	1882	1972	1814	1547	1663	1758	1904
	常德	1688	1778	1620	1353	1469	1564	1710
	益阳	1775	1865	1707	1440	1556	1650	1797
	岳阳	1766	1856	1698	1431	1547	1642	1788
	株洲	1921	2011	1853	1586	1702	1797	1943
	湘潭	1915	2005	1847	1580	1696	1791	1937
	衡阳	2051	2141	1983	1716	1832	1927	2073
	郴州	2167	2257	2099	1832	1948	2043	2189
	永州	2187	2277	2119	1852	1968	2063	2209
	邵阳	2096	2186	2028	1761	1877	1972	2118
广东省	广州	2502	2592	2434	2167	2283	2378	2524
	韶关	2259	2349	2161	1924	2040	2135	2281
	梅州	2684	2774	2616	2349	2465	2560	2706
	汕头	2883	2973	2815	2548	2664	2759	2905
	惠州	2576	2666	2508	2241	2357	2452	2598
	东莞	2517	2607	2449	2182	2298	2393	2539
	深圳	2594	2684	2526	2259	2375	2470	2616
	珠海	2595	2685	2527	2260	2376	2471	2617
	中山	2564	2654	2496	2229	2345	2440	2586
	肇庆	2561	2651	2493	2226	2342	2437	2583
	茂名	2816	2906	2748	2481	2597	2692	2838
	湛江	2896	2986	2828	2561	2677	2772	2918
广西壮族自治区	南宁	2692	2782	2624	2357	2473	2568	2714
	桂林	2309	2399	2241	1974	2090	2185	2331
	柳州	2455	2545	2387	2120	2236	2331	2477
	梧州	2675	2765	2607	2340	2456	2551	2697
	玉林	2749	2839	2681	2414	2530	2625	2771
	百色	2649	2739	2581	2314	2430	2525	2671
四川省	成都	1457	1547	1389	1122	1238	1333	1479
	绵阳	1334	1424	1266	999	1115	1210	1356
	泸州	1702	1792	1634	1367	1483	1578	1724
	攀枝花	2171	2261	2103	1836	1952	2047	2193
	西昌	1980	2070	1912	1645	1761	1856	2002
贵州省	贵阳	2132	2222	2064	1797	1913	2008	2154
	遵义	1970	2060	1902	1635	1751	1846	1992
	安顺	2198	2288	2130	1863	1979	2074	2220
	毕节	2261	2351	2193	1926	2042	2137	2283
	凯里	2277	2367	2209	1942	2058	2153	2299
云南省	昆明	2315	2405	2247	1980	2096	2191	2337
	曲靖	2326	2416	2258	1991	2107	2202	2348
	玉溪	2395	2485	2327	2060	2176	2271	2417
	丽江	2461	2551	2393	2126	2242	2337	2483
	大理	2617	2707	2549	2282	2398	2493	2639
	景洪	2873	2963	2805	2538	2654	2749	2895
西藏自治区	拉萨	2600	2690	2532	2522	2435	2476	2622
	那曲	2262	2352	2194	2184	2097	2138	2284
	昌都	1989	2079	1921	1911	1824	1865	2011
	日喀则	2838	2928	2770	2760	2673	2714	2860
	萨嘎	3287	3377	3219	3209	3122	3163	3309
	噶尔	4073	4163	4005	3995	3908	3949	4095
陕西省	西安	753	843	685	418	534	629	775
	延安	448	538	434	519	536	517	309
	铜川	785	875	717	450	566	661	807
	渭南	804	894	736	469	585	680	826
	咸阳	733	823	665	398	514	609	755
	宝鸡	680	770	612	345	461	556	702
	汉中	1011	1101	943	676	792	887	1033
	榆林	435	525	421	639	523	504	296
	安康	967	1057	899	632	748	843	989
甘肃省	兰州	486	576	418	368	321	362	508
	嘉峪关	965	1054	897	976	860	765	987
	天水	756	846	688	242	358	453	599
	敦煌	1341	1430	1273	1352	1236	1141	1363
	张掖	740	829	672	751	635	540	762
	武威	508	597	440	519	403	308	530
青海省	西宁	685	775	617	607	520	561	707
	同仁	780	870	712	702	615	656	802
	德令哈	1191	1281	1123	1113	1026	1067	1213
	格尔木	1440	1530	1372	1362	1275	1316	1462
新疆维吾尔自治区	乌鲁木齐	2159	2248	2091	2170	2054	1959	2181
	克拉玛依	2523	2612	2455	2534	2418	2323	2545
	喀什	3355	3444	3287	3366	3250	3155	3377
	阿克苏	2891	2980	2823	2902	2786	2691	2913
	吐鲁番	1958	2047	1890	1969	1853	1758	1980
	哈密	1567	1656	1499	1578	1462	1367	1589
	阿勒泰	2814	2903	2746	2825	2709	2614	2836

宁夏回族自治区主要城镇间里程表

	银川	惠农	石嘴山	平罗	永宁	吴忠	盐池	青铜峡	中卫	中宁	同心	固原	海原	西吉	隆德	泾源
银川	银川															
惠农	87	惠农														
石嘴山	92	50	石嘴山													
平罗	57	45	30	平罗												
永宁	21	123	108	78	永宁											
吴忠	58	161	138	116	38	吴忠										
盐池	162	233	210	188	150	133	盐池									
青铜峡	55	157	142	112	34	30	140	青铜峡								
中卫	167	270	247	225	147	143	253	113	中卫							
中宁	132	235	219	189	112	92	225	77	51	中宁						
同心	201	304	281	259	181	161	294	147	120	69	同心					
固原	323	426	403	381	303	283	416	269	242	191	122	固原				
海原	259	362	339	317	239	219	352	205	178	127	64	107	海原			
西吉	386	489	466	444	366	346	479	332	305	254	185	62	96	西吉		
隆德	392	495	472	450	372	352	485	308	311	260	191	69	176	91	隆德	
泾源	402	505	482	460	382	362	495	348	312	270	201	79	186	142	56	泾源

图例解释

街区	次要街道 县道	高速公路	交警部门 地铁站	医院 邮政局
公园 绿地	城市高架路	建筑中高速公路	出入口 国道编号	宾馆 风景点
过境线 国道	地铁 轻轨	快速路	加油站 汽修厂	古塔 电视台
主要街道 省道	铁路及车站	省、市、区政府	停车场 汽车站	桥梁 运动场

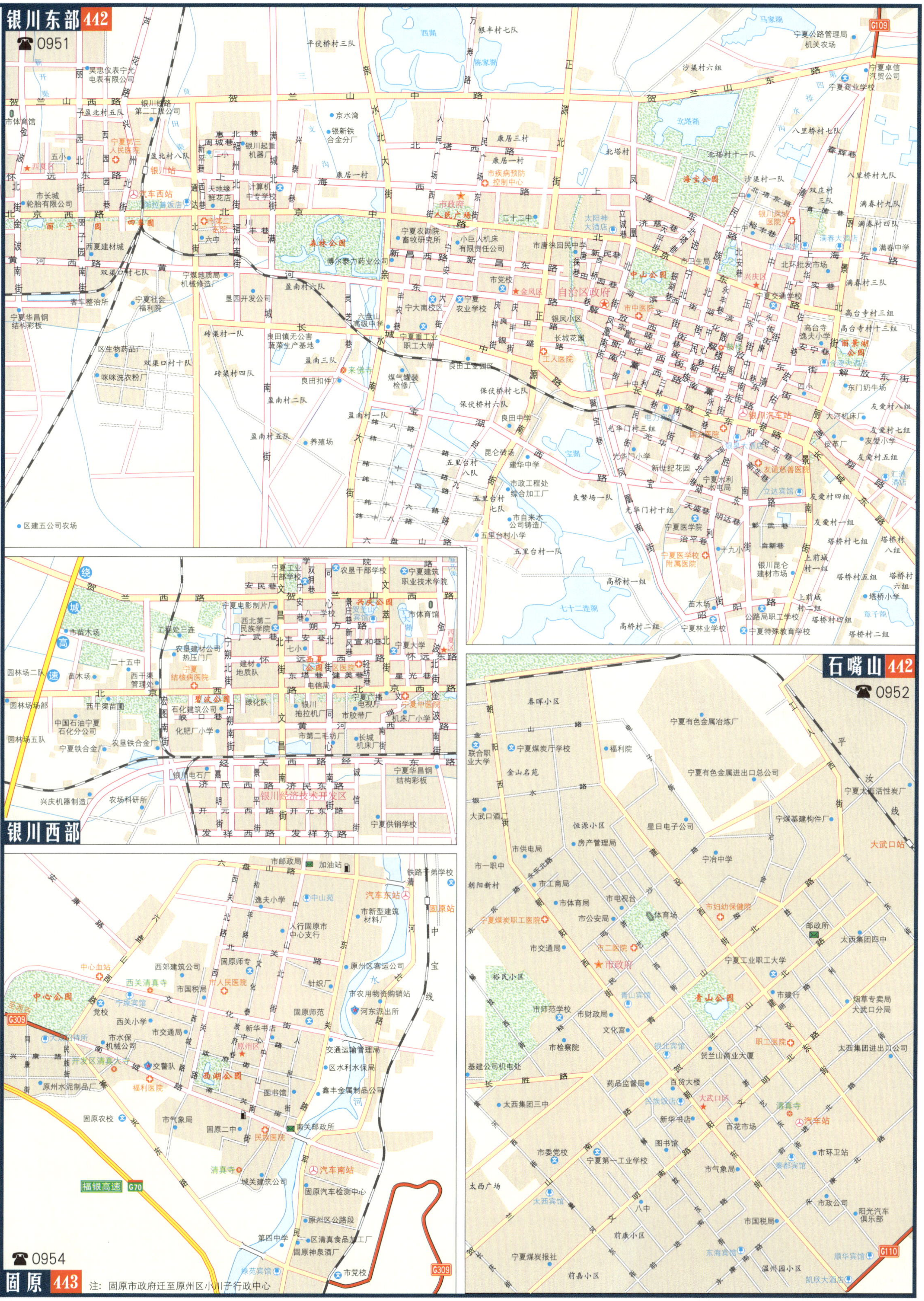

注：固原市政府迁至原州区小川子行政中心

常用电话

高速公路咨询......0991-5280114	石河子市交通局..0993-2012245	克拉玛依市交通局0990-6977887	博尔塔拉州交通局0909-2327093
自治区交通厅......0991-5853456	奎屯市交通局....0992-3222900	阿克苏地区交通局0997-2514197	昌吉州交通局....0994-2342233
自治区公路管理局..0991-5851585	吐鲁番市交通局..0995-8522174	和田地区交通局..0903-2565469	巴音郭楞州交通局0996-2024500
自治区交通稽查局..0991-5855050	吐鲁番市交通局..0995-8522174	克孜勒苏柯尔克孜州交通局....0908-4222401	塔城地区交通局..0901-6222539
乌鲁木齐市交通局..0991-5819410	哈密地区交通局..0902-2233518		阿勒泰地区交通局0906-2311342

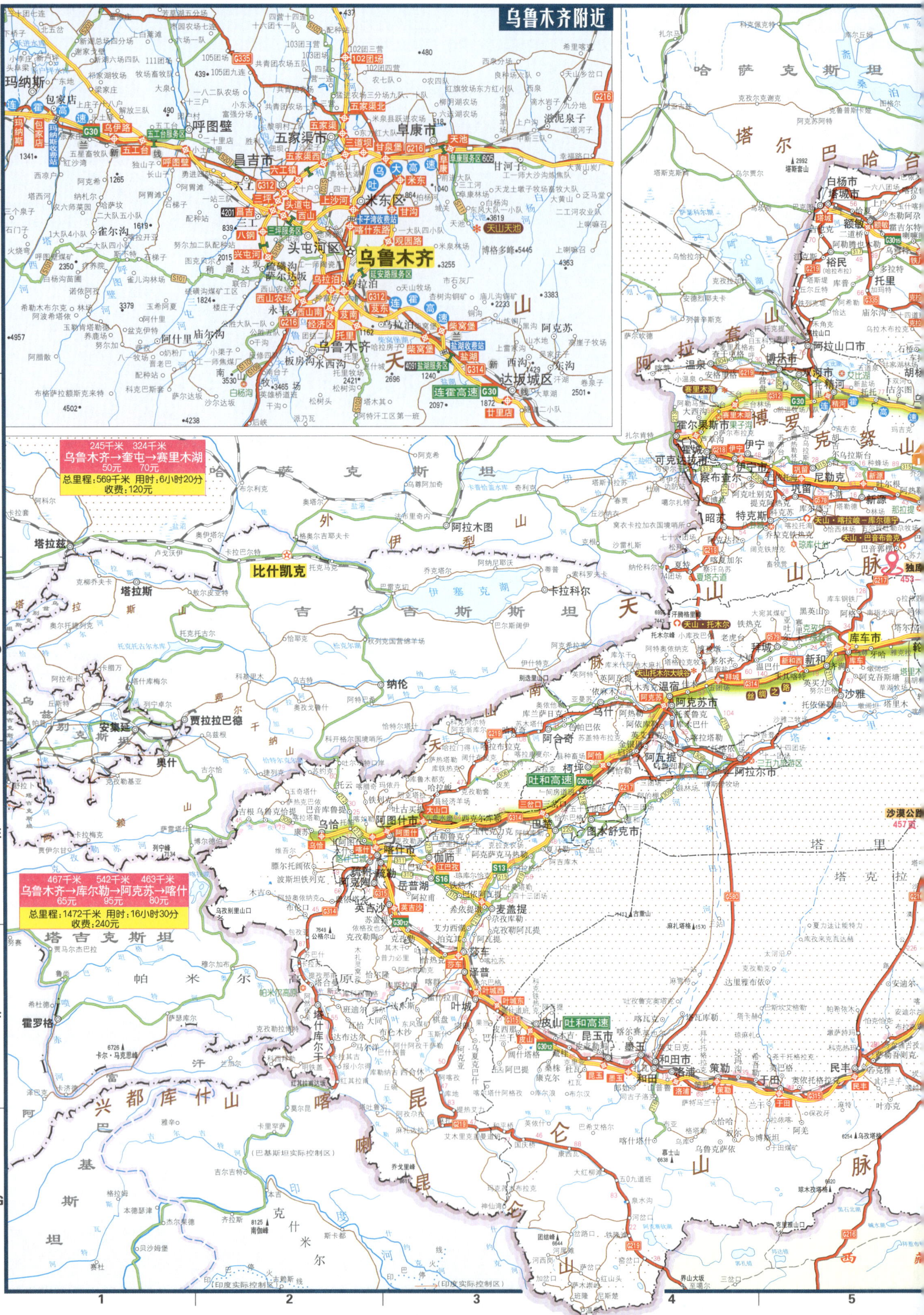

比例尺 1：590万

0 59.0 118.0 177.0 km

图上1cm米相当于实地59km

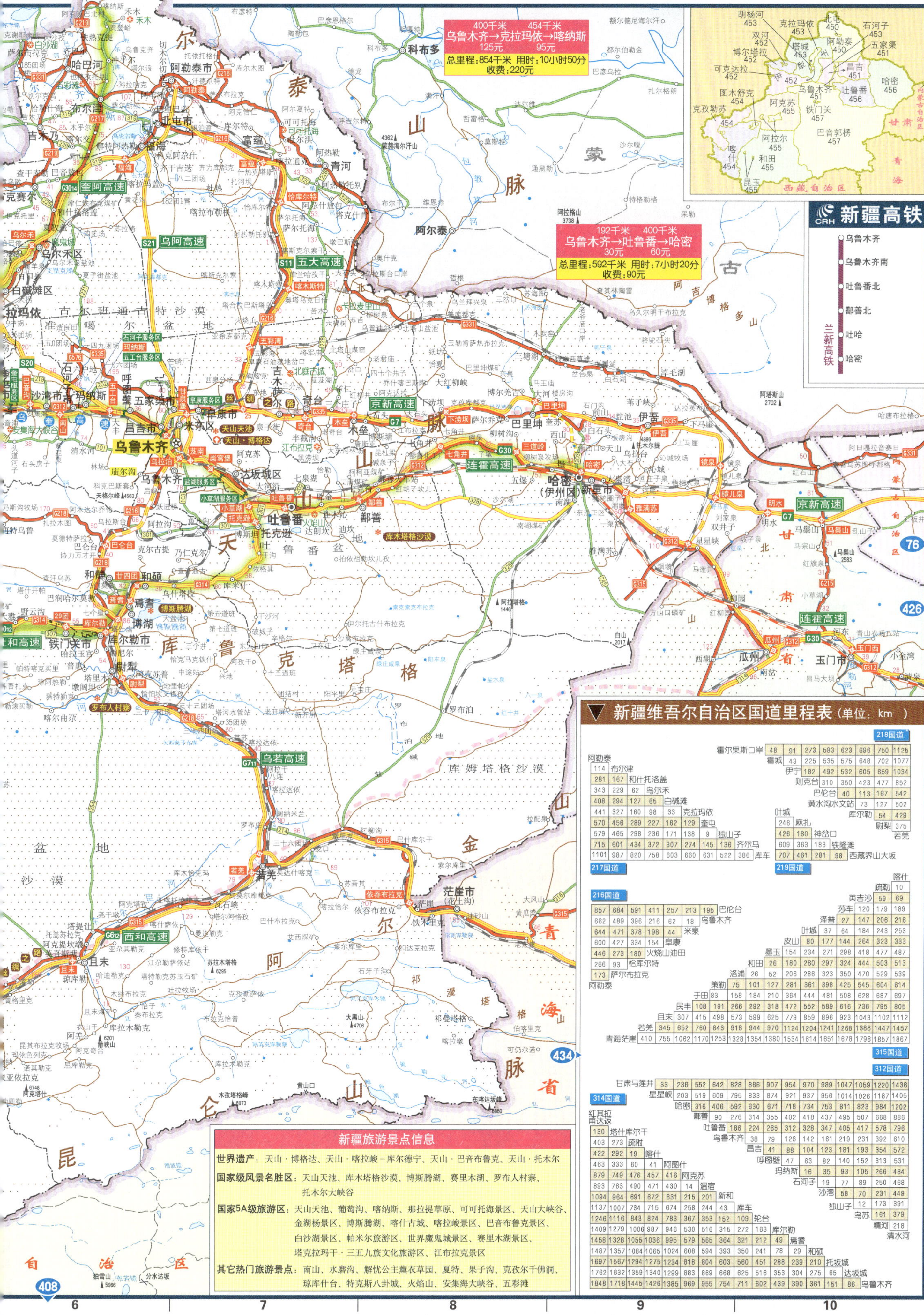

新疆维吾尔自治区国道里程表（单位：km）

218国道

霍尔果斯口岸	48	91	273	583	623	696	750	1125
霍城		43	225	535	575	648	702	1077
伊宁			182	492	532	605	659	1034
则克台				310	350	423	477	852
巴伦台					40	113	167	542
黄水沟水文站						73	127	502
库尔勒							54	429
尉犁								375
若羌								

217国道

阿勒泰									
布尔津	114								
和什托洛盖	281	167							
乌尔禾	343	229	62						
白碱滩	408	294	127	65					
克拉玛依	441	327	160	98	33				
奎屯	570	456	289	227	162	129			
独山子	579	465	298	236	171	138	9		
齐尔马	715	601	434	372	307	274	145	136	
库车	1101	987	820	758	603	660	631	522	386

219国道

叶城				
麻扎	246			
神岔口	426	180		
铁隆滩	609	363	183	
西藏界山大坂	707	461	281	98

216国道

巴伦台	857	684	591	411	257	213	195
乌鲁木齐	662	489	396	216	62	18	
米泉	644	471	378	198	44		
阜康	600	427	334	154			
火烧山油田	446	273	180				
恰库尔特	266	93					
萨尔布拉克	173						
阿勒泰							

315国道

喀什															
疏勒															10
英吉沙														59	69
莎车													120	179	189
泽普												27	147	206	216
叶城											37	64	184	243	253
皮山										80	177	144	264	323	333
墨玉									154	234	271	298	418	477	487
和田								26	180	260	297	324	444	503	513
洛浦							26	52	206	286	323	350	470	529	539
策勒						75	101	127	281	361	398	425	545	604	614
于田					83	158	184	210	364	444	481	508	628	687	697
民丰				108	191	266	292	318	472	552	589	616	736	795	805
且末			307	415	498	573	599	625	779	859	896	923	1043	1102	1112
若羌		345	652	760	843	918	944	970	1124	1204	1241	1268	1388	1447	1457
青海茫崖	410	755	1062	1170	1253	1328	1354	1380	1534	1614	1651	1678	1798	1857	1867

312国道

甘肃马莲井	33	236	552	642	828	866	907	954	970	989	1047	1059	1220	1438
星星峡		203	519	609	795	833	874	921	937	956	1014	1026	1187	1405
哈密			316	406	592	630	671	718	734	753	811	823	984	1202
鄯善				90	276	314	355	402	418	437	495	507	668	886
吐鲁番					186	224	265	312	328	347	405	417	578	796
乌鲁木齐						38	79	126	142	161	219	231	392	610
昌吉							41	88	104	123	181	193	354	572
呼图壁								47	63	82	140	152	313	531
玛纳斯									16	35	93	105	266	484
石河子										19	77	89	250	468
沙湾											58	70	231	449
独山子												12	173	391
乌苏													161	379
精河														218
清水河														

314国道

红其拉甫达坂															
塔什库尔干	130														
疏附	403	273													
喀什	422	292	19												
阿图什	463	333	60	41											
阿克苏	879	749	476	457	416										
温宿	893	763	490	471	430	14									
新和	1094	964	691	672	631	215	201								
库车	1137	1007	734	715	674	258	244	43							
轮台	1246	1116	843	824	783	367	353	152	109						
库尔勒	1409	1279	1006	987	946	530	516	315	272	163					
焉耆	1458	1328	1055	1036	995	579	565	364	321	212	49				
和硕	1487	1357	1084	1065	1024	608	594	393	350	241	78	29			
托坂城	1697	1567	1294	1275	1234	818	804	603	560	451	288	239	210		
达坂城	1762	1632	1359	1340	1299	883	869	668	625	516	353	304	275	65	
乌鲁木齐	1848	1718	1445	1426	1385	969	955	754	711	602	439	390	361	151	86

新疆旅游景点信息

世界遗产： 天山·博格达、天山·喀拉峻－库尔德宁、天山·巴音布鲁克、天山·托木尔

国家级风景名胜区： 天山天池、库木塔格沙漠、博斯腾湖、赛里木湖、罗布人村寨、托木尔大峡谷

国家5A级旅游区： 天山天池、葡萄沟、喀纳斯、那拉提草原、可可托海景区、天山大峡谷、金胡杨景区、博斯腾湖、喀什古城、喀拉峻景区、巴音布鲁克景区、白沙湖景区、帕米尔旅游区、世界魔鬼城景区、赛里木湖景区、塔克拉玛干·三五九旅文化旅游区、江布拉克景区

其它热门旅游景点： 南山、水磨沟、解忧公主薰衣草园、夏特、果子沟、克孜尔千佛洞、琼库什台、特克斯八卦城、火焰山、安集海大峡谷、五彩滩

- 本表中城际间里程是以高速公路、国道为主要行车路线计算，不作营运计价依据。
- 单位：km

新疆维吾尔自治区主要城市至全国各主要城市里程表

		乌鲁木齐	克拉玛依	喀什	阿克苏	吐鲁番	哈密	阿勒泰	叶城	库尔勒	若羌
直辖市	北京	3212	3576	4418	3944	3011	2620	3862	4451	3397	3240
	上海	3925	4289	5121	4657	3724	3333	4575	4972	4110	3761
	天津	3252	3616	4458	3984	3051	2660	3902	4491	3437	3280
	重庆	3363	3727	4569	4095	3162	2771	4013	4410	3548	3199
河北省	石家庄	2932	3296	4128	3664	2731	2340	3587	4170	3117	2959
	张家口	3154	3518	4350	3886	2953	2562	3809	4392	3339	3181
	承德	3527	3891	4723	4259	3326	2935	4182	4765	3712	3554
	秦皇岛	3498	3862	4694	4230	3297	2906	4153	4736	3683	3525
	唐山	3350	3714	4546	4082	3149	2758	4005	4588	3535	3377
	保定	3054	3418	4250	3786	2853	2462	3709	4292	3239	3081
	沧州	3138	3502	4334	3870	3937	2546	3793	4376	3323	3165
	衡水	3053	3417	4249	3785	2852	2461	3708	4291	3238	3080
	邢台	3023	3387	4219	3755	2822	2431	3678	4261	3208	3050
	邯郸	3074	3438	4270	3806	2873	2482	3729	4312	3259	3101
山西省	太原	2726	3090	3922	3458	2525	2134	3381	3964	2911	2753
	大同	2995	3359	4191	3727	2794	2403	3650	4233	3180	3022
	阳泉	2828	3192	4024	3560	2627	2236	3483	4066	3013	2855
	长治	2906	3270	4102	3638	2705	2314	3561	4144	3091	2933
	晋城	2994	3358	4190	3726	2793	2402	3649	4232	3179	3021
	忻州	2802	3166	3998	3534	2601	2210	3457	4040	2987	2829
	临汾	2868	3232	4064	3600	2667	2276	3523	4106	3053	2895
	运城	3003	3367	4199	3735	2802	2411	3658	4241	3188	3030
	侯马	2925	3289	4121	3657	2724	2333	3580	4163	3110	2952
内蒙古自治区	呼和浩特	2862	3226	4058	3594	2661	2270	3517	4100	3047	2889
	包头	2681	3045	3877	3413	2480	2089	3336	3919	2866	2708
	乌海	2301	2665	3497	3033	2100	1709	2956	3539	2486	2328
	赤峰	3697	4061	4893	4429	3496	3105	4352	4935	3882	3724
	通辽	3935	4299	5131	4667	3734	3343	4590	5173	4120	3962
	呼伦贝尔	4756	5120	5952	5488	4555	4164	5411	5994	4941	4783
	乌兰浩特	4069	4433	5265	4801	3868	3477	4724	5307	4254	4096
	锡林浩特	3499	3863	4695	4231	3298	2907	4154	4737	3684	3526
	乌兰察布	2988	3352	4184	3720	2787	2396	3643	4226	3173	3015
	东胜	2598	2962	3794	3330	2397	2006	3253	3836	2783	2625
	巴彦淖尔	2457	2821	3653	3189	2256	1865	3112	3695	2643	2484
辽宁省	沈阳	3899	4263	5095	4631	3698	3307	4554	5137	4084	3926
	朝阳	3768	4132	4964	4500	3567	3176	4423	5006	3953	3795
	阜新	3805	4169	5001	4537	3604	3213	4460	5043	3990	3832
	铁岭	3962	4326	5158	4694	3761	3370	4617	5200	4147	3989
	本溪	3935	4299	5131	4667	3734	3343	4590	5173	4120	3962
	鞍山	3881	4245	5077	4613	3680	3289	4536	5119	4066	3908
	丹东	4078	4442	5274	4810	3877	3486	4733	5316	4263	4105
	大连	4036	4400	5232	4768	3835	3444	4691	5274	4221	4063
	营口	3820	4184	5016	4552	3619	3228	4475	5058	4005	3847
	盘锦	3760	4124	4956	4492	3559	3168	4415	4998	3945	3787
	锦州	3677	4041	4873	4409	3476	3085	4332	4915	3862	3704
	葫芦岛	3638	4002	4834	4370	3437	3046	4293	4876	3823	3665
吉林省	长春	4195	4559	5391	4927	3994	3603	4850	5433	4380	4222
	白城	4369	4733	5565	5101	4168	3777	5024	5607	4554	4396
	松原	4343	4707	5539	5075	4142	3751	4998	5581	4528	4370
	吉林	4288	4652	5484	5020	4087	3696	4943	5526	4473	4315
	四平	4078	4442	5274	4810	3877	3486	4733	5316	4263	4105
	辽源	4151	4515	5347	4883	3950	3559	4806	5389	4336	4178
	通化	4141	4505	5337	4873	3940	3549	4796	5379	4326	4168
	梅河口	4140	4504	5336	4872	3939	3548	4795	5378	4325	4167
	延吉	4590	4954	5786	5322	4389	3998	5245	5828	4775	4617
	敦化	4471	4835	5667	5203	4270	3879	5126	5709	4656	4498
黑龙江省	哈尔滨	4438	4802	5634	5170	4237	3846	5093	5676	4623	4465
	齐齐哈尔	4754	5118	5950	5486	4553	4162	5409	5992	4939	4781
	黑河	5014	5378	6210	5746	4813	4422	5669	6252	5199	5041
	大庆	4586	4950	5782	5318	4385	3994	5241	5824	4771	4613
	伊春	4781	5145	5977	5513	4580	4189	5436	6019	4966	4808
	鹤岗	4559	4923	5755	5291	4358	3967	5214	5797	4744	4586
	佳木斯	4788	5152	5984	5520	4587	4196	5443	6026	4973	4815
	双鸭山	4852	5216	6048	5584	4651	4260	5507	6090	5037	4879
	七台河	4871	5235	6067	5603	4670	4279	5526	6109	5056	4898
	鸡西	4814	5178	6010	5546	4613	4222	5469	6052	4999	4841
	牡丹江	4651	5015	5847	5383	4450	4059	5306	5889	4836	4678
	绥化	4556	4920	5752	5288	4355	3964	5211	5794	4741	4583
江苏省	南京	3630	3994	4826	4362	3429	3038	4285	4677	3815	3466
	徐州	3365	3729	4561	4097	3164	2773	4020	4412	3550	3201
	连云港	3568	3932	4764	4300	3367	2976	4223	4615	3753	3404
	淮安	3547	3911	4743	4279	3346	2955	4202	4594	3732	3383
	盐城	3673	4037	4869	4405	3472	3081	4328	4720	3858	3509
	扬州	3698	4062	4894	4430	3497	3106	4353	4745	3883	3534
	南通	3853	4217	5049	4585	3652	3261	4508	4900	4038	3689
	镇江	3700	4064	4896	4432	3499	3108	4355	4747	3885	3536
	常州	3746	4110	4942	4478	3545	3154	4401	4793	3931	3582
	无锡	3789	4153	4985	4521	3588	3197	4444	4836	3974	3625
	苏州	3835	4199	5031	4567	3634	3243	4490	4882	4020	3671
浙江省	杭州	3872	4236	5068	4604	3671	3280	4522	4919	4057	3708
	湖州	3792	4156	4988	4524	3591	3200	4442	4839	3977	3628
	嘉兴	3810	4174	5006	4542	3609	3218	4460	4857	3995	3646
	宁波	3938	4302	5134	4670	3737	3346	4588	4985	4123	3774
	绍兴	3923	4287	5119	4655	3722	3331	4573	4970	4108	3759
	衢州	4075	4439	5271	4807	3874	3483	4725	5122	4260	3911
	金华	4045	4409	5241	4777	3844	3453	4695	5092	4230	3881
	台州	4124	4488	5320	4856	3923	3532	4774	5171	4309	3960
	温州	4257	4621	5453	4989	4056	3665	4907	5304	4442	4093
	丽水	4150	4514	5346	4882	3949	3558	4800	5197	4335	3986
安徽省	合肥	3489	3853	4685	4221	3288	2897	4144	4536	3674	3325
	宿州	3436	3840	4632	4168	3235	2844	4091	4483	3621	3272
	阜阳	3365	3729	4561	4097	3164	2773	4015	4412	3550	3201
	蚌埠	3485	3849	4681	4217	3284	2893	4135	4527	3670	3316
	淮南	3469	3833	4665	4201	3268	2877	4119	4516	3654	3305
	滁州	3604	3968	4800	4336	3403	3012	4259	4651	3789	3440
	马鞍山	3672	4036	4868	4404	3471	3080	4327	4719	3857	3508
	芜湖	3618	3982	4814	4350	3417	3026	4273	4665	3803	3454
	铜陵	3639	4003	4835	4371	3438	3047	4294	4686	3824	3475
	安庆	3659	4023	4855	4391	3458	3067	4314	4706	3844	3495
	黄山	3814	4178	5010	4546	3613	3222	4469	4861	3999	3650
	巢湖	3555	3919	4568	4104	3354	2963	4022	4602	3740	3391
福建省	福州	4266	4630	5462	4998	4065	3674	4921	5313	4451	4102
	南平	4109	4473	5305	4841	3908	3517	4764	5156	4294	3945
	三明	4085	4449	5281	4817	3884	3493	4740	5132	4270	3921
	莆田	4355	4719	5551	5087	4154	3763	5010	5402	4540	4191
	泉州	4359	4723	5555	5091	4158	3767	5014	5406	4544	4195
	厦门	4419	4783	5615	5151	4218	3827	5074	5466	4604	4255
	漳州	4442	4806	5638	5174	4241	3850	5097	5489	4627	4278
	龙岩	4343	4707	5539	5075	4142	3751	4998	5390	4528	4179
	宁德	4282	4746	5578	5114	4181	3790	5037	5429	4467	4218
江西省	南昌	3725	4089	4921	4457	3524	3133	4380	4772	3910	3561
	九江	3573	3937	4769	4365	3372	2981	4228	4620	3758	3409
	景德镇	3706	4070	4902	4438	3505	3114	4361	4753	3891	3542
	鹰潭	3836	4200	5032	4568	3635	3244	4491	4883	4021	3672
	上饶	3936	4300	5132	4668	3735	3344	4591	4983	4121	3772
	新余	3846	4210	5042	4578	3645	3254	4501	4893	4031	3682
	萍乡	3805	4069	5001	4537	3604	3213	4460	4852	3990	3641
	赣州	4081	4445	5271	4813	3880	3489	4736	5128	4266	3917
	宜春	3865	4229	5061	4597	3664	3273	4520	4912	4050	3701
山东省	济南	3215	3579	4411	3947	3014	2623	3870	4453	3400	3242
	德州	3112	3476	4308	3844	2911	2520	3767	4350	3297	3139
	淄博	3300	3664	4496	4032	3099	2708	3955	4538	3485	3327
	潍坊	3399	3763	4595	4131	3198	2807	4054	4637	3584	3426
	烟台	3642	4006	4838	4374	3441	3050	4297	4880	3827	3669
	威海	3726	4090	4922	4458	3525	3134	4381	4964	3911	3753
	青岛	3551	3915	4747	4283	3350	2959	4206	4789	3736	3578
	日照	3513	3877	4709	4245	3312	2921	4168	4751	3698	3540
	临沂	3433	3797	4629	4165	3232	2841	4088	4671	3618	3460
	济宁	3311	3675	4507	4043	3110	2719	3966	4549	3496	3338
	泰安	3251	3615	4447	3983	3050	2659	3906	4489	3436	3278
	滨州	3307	3671	4503	4039	3106	2715	3962	4545	3492	3334
	菏泽	3200	3564	4396	3932	2999	2608	3855	4438	3385	3227
河南省	郑州	3046	3410	4242	3778	2845	2454	3701	4092	3231	2881
	三门峡	2812	3176	4008	3544	2611	2220	3467	3858	2997	2647
	洛阳	2926	3290	4122	3658	2725	2334	3581	3972	3111	2761
	焦作	3033	3397	4229	3765	2832	2441	3688	4079	3218	2868
	新乡	3112	3476	4308	3844	2911	2520	3767	4158	3297	2947
	安阳	3220	3584	4416	3952	3019	2628	3875	4266	3405	3055
	开封	3102	3466	4298	3834	2901	2510	3757	4148	3287	2937
	商丘	3238	3602	4434	3970	3037	2646	3893	4284	3423	3073
	漯河	3147	3511	4343	3879	2946	2555	3802	4193	3332	2982
	南阳	2979	3343	4175	3711	2778	2387	3634	4025	3164	2814
	信阳	3174	3538	4370	3906	2973	2582	3829	4220	3359	3009
湖北省	武汉	3311	3675	4507	4043	3110	2719	3966	4377	3496	3166
	十堰	2885	3249	4081	3617	2684	2293	3540	3951	3070	2740
	襄阳	3031	3395	4227	3763	2830	2439	3686	4101	3216	2890
	荆门	3177	3541	4373	3909	2976	2585	3832	4243	3362	3032
	孝感	3244	3608	4440	3976	3043	2652	3899	4310	3429	3099
	鄂州	3402	3766	4598	4134	3201	2810	4057	4468	3587	3257
	黄石	3420	3784	4616	4152	3219	2828	4075	4486	3605	3275
	咸宁	3393	3757	4589	4125	3192	2801	4048	4459	3578	3248
	荆州	3257	3621	4453	3989	3056	2665	3912	4327	3442	3116
	宜昌	3299	3663	4495	4031	3098	2707	3954	4369	3484	3158
	长沙	3710	4074	4906	4442	3509	3118	4365	4756	3895	3545
湖南省	常德	3516	3880	4712	4248	3315	2924	4171	4582	3701	3371
	益阳	3603	3967	4799	4335	3402	3011	4258	4669	3788	3458
	岳阳	3594	3958	4790	4326	3393	2808	4249	4640	3779	3429
	株洲	3749	4113	4945	4481	3548	3157	4404	4795	3934	3584
	湘潭	3743	4107	4939	4475	3542	3151	4398	4789	3928	3578
	衡阳	3879	4243	5075	4611	3678	3287	4534	4925	4064	3714
	郴州	3995	4359	5191	4727	3794	3403	4650	5041	4180	3830
	永州	4015	4379	5211	4747	3814	3423	4670	5061	4200	3850
	邵阳	3924	4288	5120	4656	3898	3332	4579	4970	4109	3759
广东省	广州	4330	4694	5526	5062	4129	3738	4985	5396	4515	4185
	韶关	4087	4451	5283	4819	3886	3495	4742	5153	4272	3942
	梅州	4512	4876	5708	5244	4311	3920	5167	5578	4697	4367
	汕头	4711	5075	5907	5443	4510	4119	5366	5777	4896	4566
	惠州	4404	4768	5600	5136	4203	3812	5059	5470	4589	4259
	东莞	4345	4709	5541	5077	4144	3753	5000	5411	4530	4200
	深圳	4422	4786	5618	5154	4221	3830	5077	5488	4607	4277
	珠海	4423	4787	5619	5155	4222	3831	5078	5489	4608	4278
	中山	4392	4756	5588	5124	4191	3800	5047	5458	4577	4247
	肇庆	4389	4753	5585	5121	4188	3197	5044	5455	4574	4244
	茂名	4644	5008	5840	5376	4443	4052	5299	5710	4829	4499
	湛江	4724	5088	5920	5456	4523	4132	5379	5790	4909	4579
广西壮族自治区	南宁	4328	4692	5524	5060	4117	3736	4983	5374	4513	4163
	桂林	4137	4501	5333	4869	3936	3545	4792	5203	4322	3992
	柳州	4283	4647	5479	5015	4082	3691	4938	5349	4468	4138
	梧州	4503	4867	5699	5235	4302	3911	5158	5569	4688	4358
	玉林	4577	4941	5773	5309	4376	3985	5232	5643	4762	4432
	百色	4255	4619	5451	4987	4054	3663	4910	5301	4440	4090
四川省	成都	3063	3427	4259	3795	2862	2471	3718	4109	3248	2898
	绵阳	2940	3304	4136	3672	2739	2348	3595	3986	3125	2775
	泸州	3308	3672	4504	4040	3107	2716	3963	4354	3493	3143
	攀枝花	3777	4141	4973	4509	3576	3185	4432	4823	3962	3612
	西昌	3586	3950	4782	4318	3385	2994	4241	4632	3771	3421
贵州省	贵阳	3738	4102	4934	4470	3527	3146	4393	4784	3923	3573
	遵义	3576	3940	4772	4308	3375	2984	4231	4622	3761	3411
	安顺	3804	4168	5000	4536	3603	3212	4459	4850	3989	3639
	毕节	3867	4231	5063	4599	3666	3275	4522	4913	4052	3702
	凯里	3883	4247	5079	4615	3682	3291	4538	4929	4068	3718
云南省	昆明	3921	4285	5117	4653	3720	3329	4576	4967	4106	3756
	曲靖	3932	4296	5128	4664	3731	3340	4587	4978	4117	3767
	玉溪	4001	4365	5197	4733	3800	3409	4656	5047	4186	3836
	丽江	4067	4431	5263	4799	3866	3475	4722	5113	4252	3902
	大理	4223	4587	5419	4955	4022	3631	4878	5269	4408	4058
	景洪	4479	4843	5675	5211	4278	3887	5134	5525	4664	4314
西藏自治区	拉萨	2713	3077	2975	3159	2512	2121	3368	2600	2613	2178
	那曲	2375	2739	2637	2821	2174	1783	3030	2856	2275	1840
	昌都	3100	3464	3362	3546	2899	2508	3755	3786	3277	2572
	日喀则	2951	3315	2581	3052	2750	2359	3606	2327	2851	2416
	萨嘎	3455	3497	2101	2572	3200	2809	3908	1847	3117	2865
	噶尔	2702	2744	1348	1819	2746	3137	3155	1094	2364	2320
陕西省	西安	2581	2945	3777	3313	2380	1989	3236	3627	2766	2416
	延安	2638	3002	3834	3370	2437	2046	3293	3684	2823	2473
	铜川	2613	2977	3809	3345	2412	2021	3268	3659	2798	2448
	渭南	2632	2996	3828	3364	2431	2040	3287	3678	2817	2467
	咸阳	2561	2925	3757	3293	2360	1969	3216	3607	2746	2396
	宝鸡	2408	2772	3604	3140	2207	1816	3063	3454	2593	2243
	汉中	2600	2964	3796	3332	2399	2008	3255	3646	2785	2435
	榆林	2625	2909	3821	3357	2424	2033	3280	3671	2810	2460
	安康	2795	3159	3991	3527	2594	2203	3450	3841	2980	2630
甘肃省	兰州	1965	2329	3161	2697	1764	1373	2620	2959	2150	1748
	嘉峪关	1224	1588	2420	1956	1023	632	1879	2674	1409	1463
	天水	2235	2599	3431	2967	2034	1643	2890	3331	2420	2120
	敦煌	1027	1391	2223	1759	826	435	1682	2298	1212	1087
	张掖	1449	1813	2645	2181	1248	857	2104	3087	1634	1876
	武威	1681	2045	2877	2413	1480	1089	2336	3183	1866	1972
青海省	西宁	1794	2158	2990	2526	1593	1202	2449	2787	1979	1576
	同仁	1959	2323	3155	2691	1758	1367	2614	2955	2144	1744
	德令哈	1566	1930	2480	2015	1365	974	2221	2253	1464	1042
	格尔木	1552	1916	2470	2004	1351	960	2207	2236	1453	1025
宁夏回族自治区	银川	2159	2523	3355	2891	1958	1567	2814	3397	2344	2186
	惠农	2248	2612	3444	2980	2047	1656	2903	3487	2433	2276
	吴忠	2091	2455	3287	2823	1890	1499	2746	3329	2276	2118
	固原	2170	2534	3366	2902	1969	1578	2825	3319	2355	2108

新疆维吾尔自治区主要城镇间里程表

	乌鲁木齐	昌吉	石河子	精河	博乐	伊宁市	塔城岔口	托里	塔城	克拉玛依	阿勒泰	吐鲁番	库尔勒	阿克苏	喀什	红其拉甫	哈密	和田
乌鲁木齐																		
昌吉	36																	
石河子	148	112																
精河	422	386	274															
博乐	521	482	371	90														
伊宁市	696	657	546	275	231													
塔城岔口	354	315	204	275	375	465												
托里	508	469	358	429	529	695	154											
塔城	634	595	484	555	650	821	280	126										
克拉玛依	335	296	234	305	405	495	30	184	310									
阿勒泰	666	763	652	723	823	913	448	602	728	418								
吐鲁番	180	216	328	597	697	863	538	692	818	519	937							
库尔勒	466	505	616	887	987	665	820	974	1100	801	1219	370						
阿克苏	989	1028	906	977	1061	839	910	1064	1190	940	1358	893	546					
喀什	1455	1494	1605	1708	1808	1571	1376	1530	1656	1406	1824	1359	1020	474				
红其拉甫	1876	1915	2026	1864	1949	1727	1797	1951	2077	1827	2245	1780	1425	879	405			
哈密	580	616	728	1025	1125	1291	1026	1080	1206	907	1259	400	758	1281	1747	2168		
和田	1780	1819	1930	2201	1853	1631	2134	2288	2414	2115	2533	1184	1314	1002	516	937	2369	
叶城	1515	1554	1665	1936	2036	1366	1869	2023	2149	1850	2268	1419	1049	737	251	672	2634	273

图例解释

街区　公园 绿地　过境线 国道　主要街道 省道
次要街道 县道　城市高架路　地铁 轻轨　铁路及车站
高速公路　建筑中高速公路　快速路　省、市、区政府
交警部门 地铁站　出入口 国道编号　加油站 汽修厂　停车场 汽车站
医院 邮政局　宾馆 风景点　古塔 电视台　桥梁 运动场

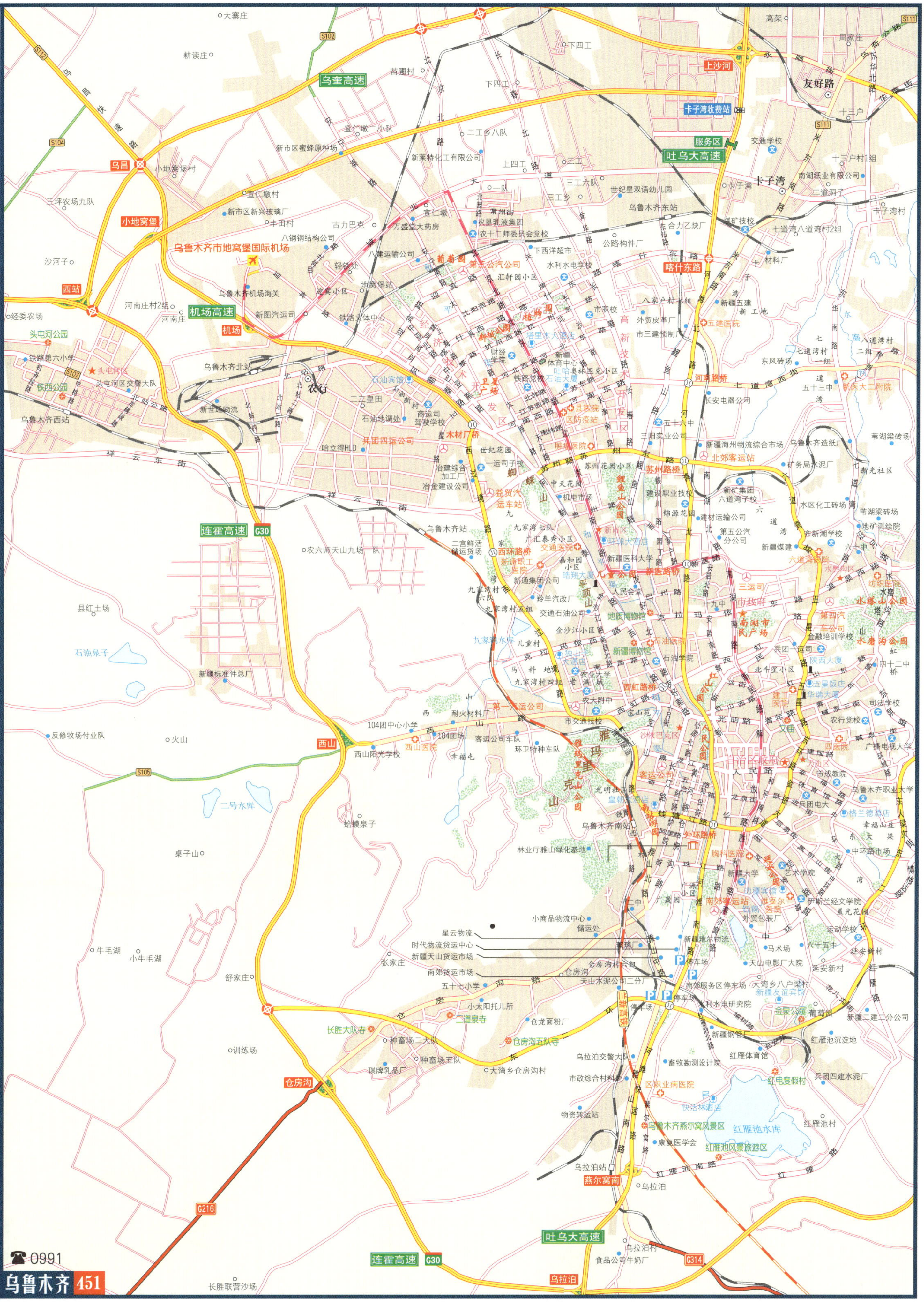

乌鲁木齐市 昌吉回族自治州 五家渠市 阿勒泰地区

图例解释

收费站 出入口 G45 国家高速编号 服务区 在建 高速公路

G312 国道编号 国道

S217 省道编号 25 居民点 里程数(km) 在建 省道

桥梁 隧口 县道

高等级公路

隧道 在建 铁路

345 南京三桥 南京三桥出入口位于距该高速公路零千米345千米处

25 宁波服务区 宁波服务区位于距该高速公路零千米25千米处

47 香河收费站 香河收费站位于距该高速公路零千米47千米处

24 国道里程桩：表示该点距此国道零千米总里程为24千米

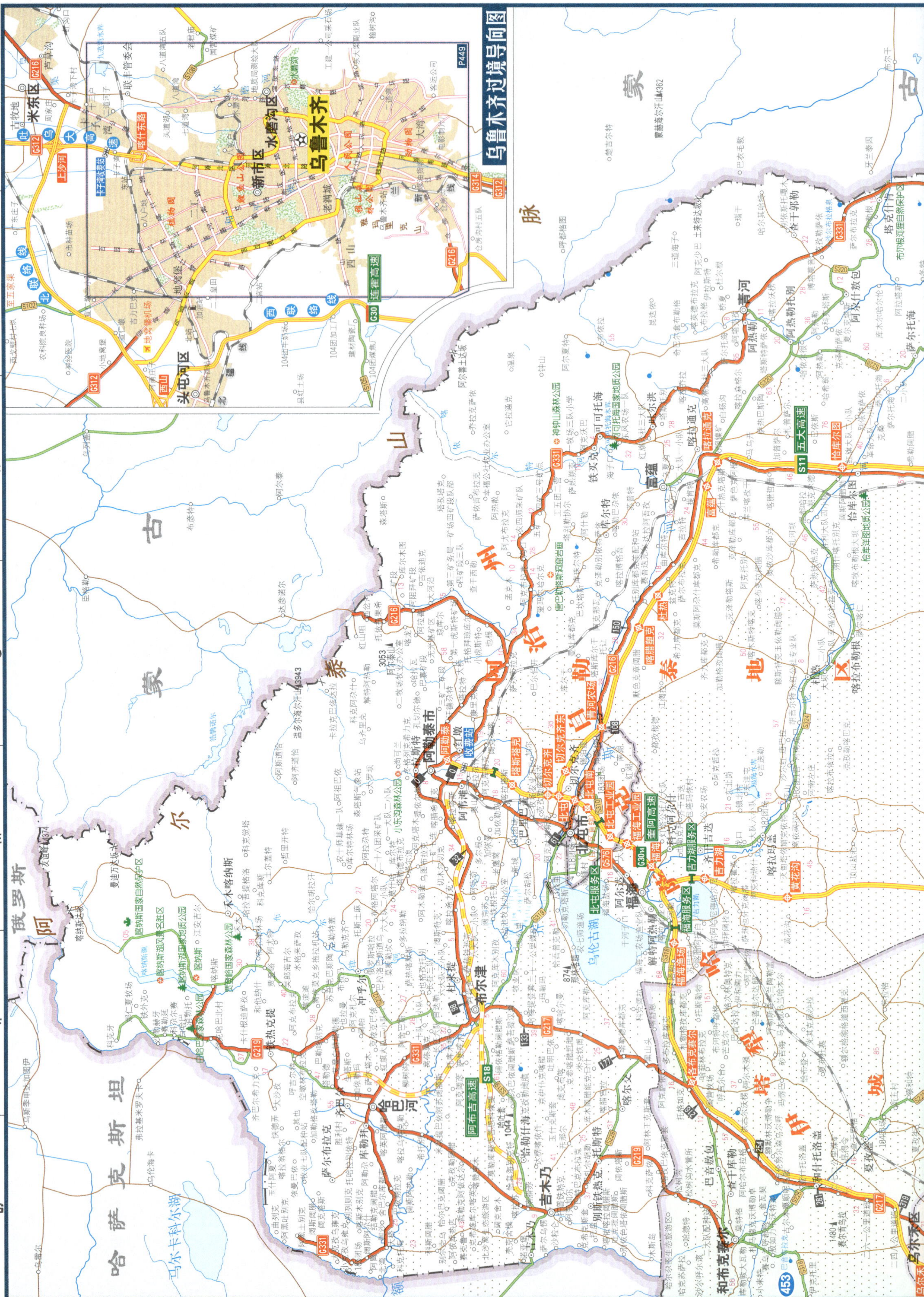

新疆维吾尔自治区

公路零千米

▶216国道零千米：新疆阿勒泰市 ▶314国道零千米：乌鲁木齐市

▶217国道零千米：新疆阿勒泰市

▶312国道零千米：上海市区

比例尺 1：186万

0 18.6 37.2 55.8 km

图上1cm相当于实地18.6km

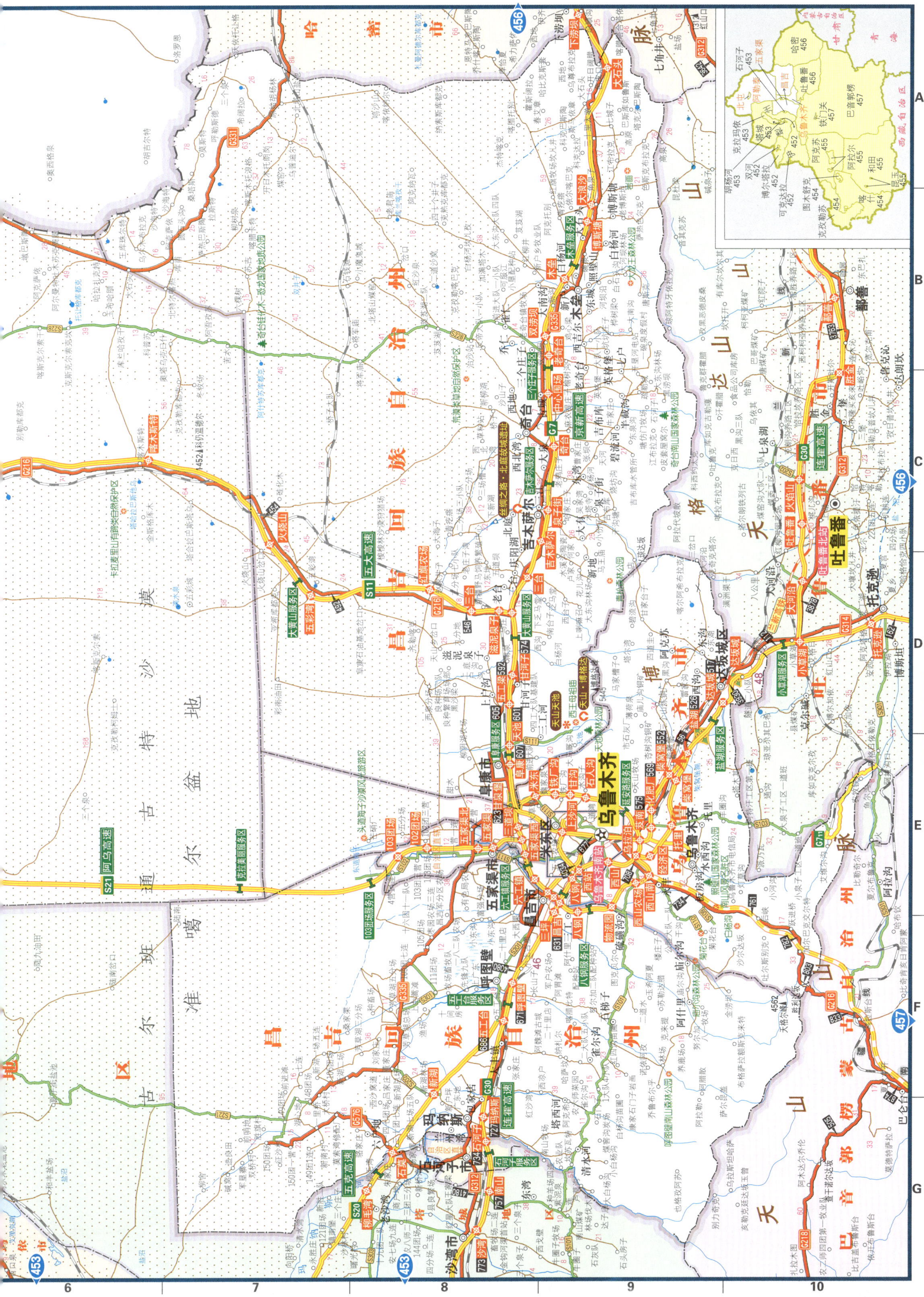

图例解释

收费站 出入口 G45 国家高速编号 服务区 在建	高速公路	桥梁 隧口	县道
G312 国道编号 25 居民点	国道		快速路
S217 省道编号 里程数(km) 在建	省道	隧道 在建	铁路

345 南京三桥 南京三桥出入口位于距该高速公路零千米345千米处

25 宁波服务区 宁波服务区位于距该高速公路零千米25千米处

47 香河收费站 香河收费站位于距该高速公路零千米47千米处

24 国道里程桩：表示该点距此国道零千米总里程为24千米

公路零千米
▶217国道零千米：新疆阿勒泰市
▶218国道零千米：新疆霍城县清水河
▶312国道零千米：上海市区

比例尺 1：159万
0 15.9 31.8 47.7 km
图上1cm相当于实地15.9km

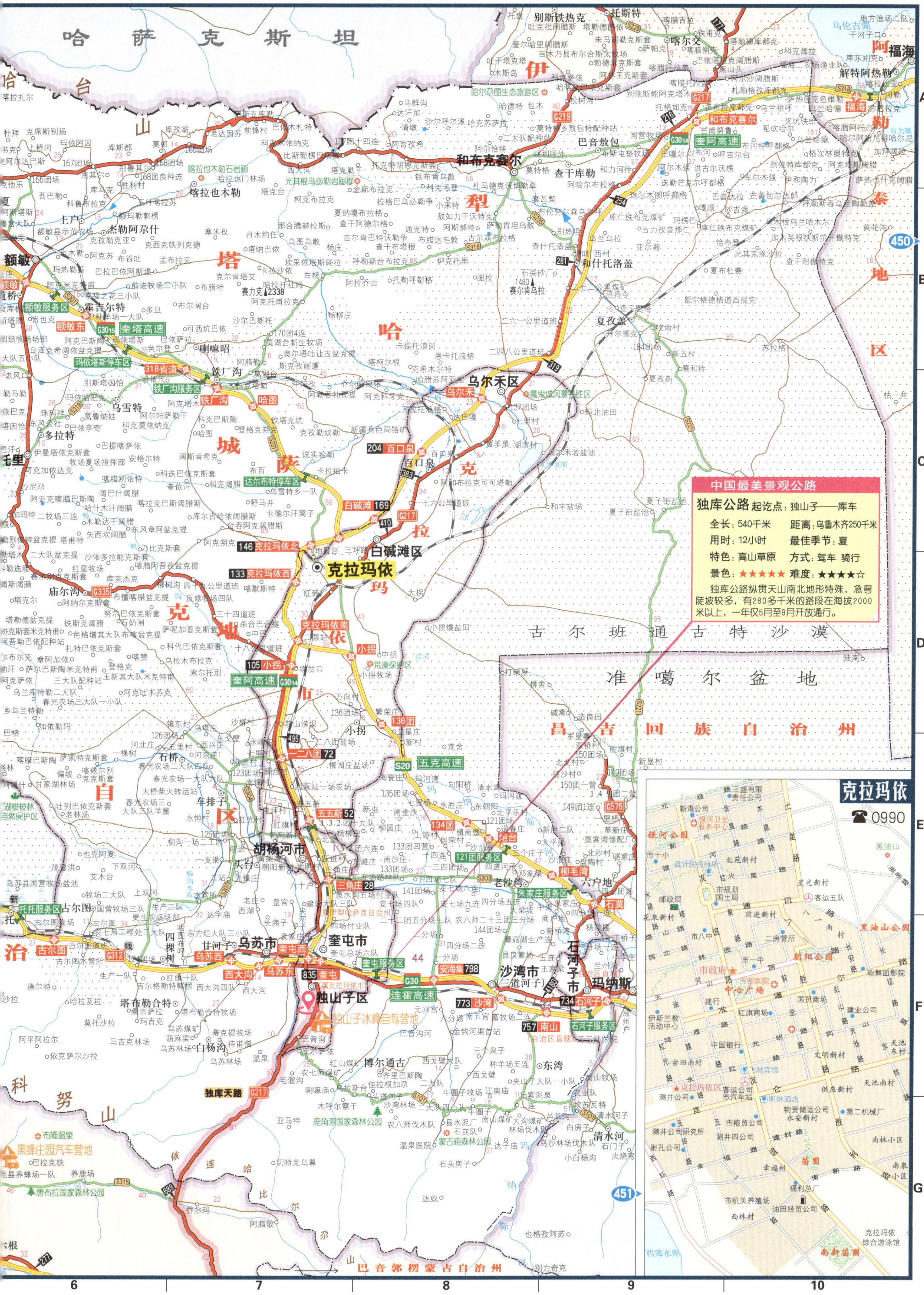

克孜勒苏柯尔克孜自治州 喀什地区 图木舒克市

比例尺 1：294万

0 29.4 58.8 88.2 km

图上1cm相当于实地29.4km

图例解释

收费站 出入口 G45 国家高速编号 在建 服务区 高速公路

G312 国道编号 国道

S217 省道编号 25 居民点 里程数(km) 在建 省道

桥梁 隘口 县道

快速路

隧道 在建 铁路

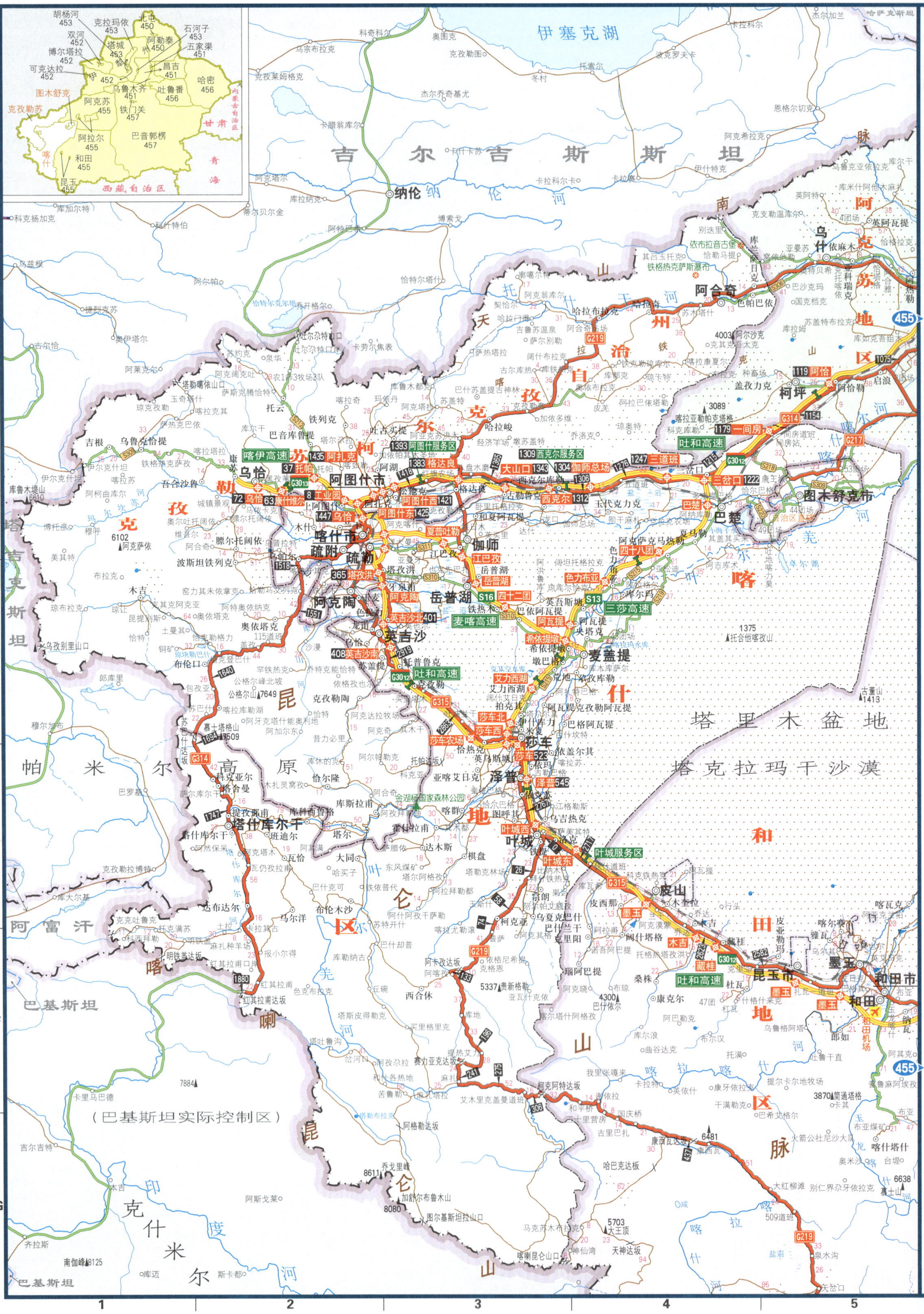

公路零千米
▶217国道零千米：新疆阿勒泰市 ▶315国道零千米：西宁市
▶219国道零千米：新疆叶城县
▶314国道零千米：乌鲁木齐市

比例尺 1：361万
0 36.1 72.2 108.3 km
图上1cm相当于实地36.1km

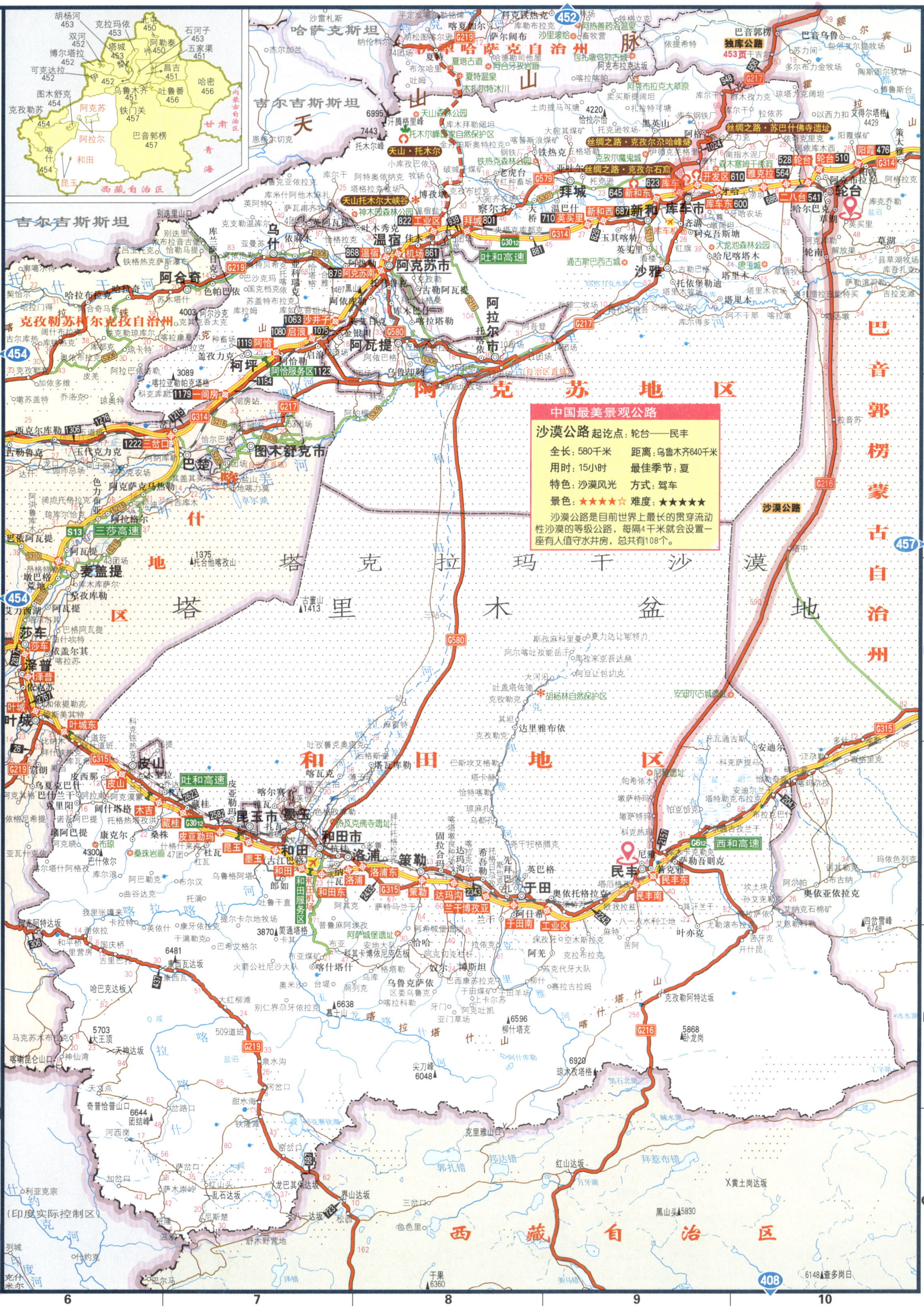

比例尺 1：337万

0 33.7 67.4 101.1 km

图上1cm相当于实地33.7km

图例解释：收费站 出入口 国家高速编号 服务区 在建 高速公路；国道编号 国道；省道编号 里程数(km) 居民点 在建 省道；桥梁 隧口 县道；快速路；隧道 在建 铁路

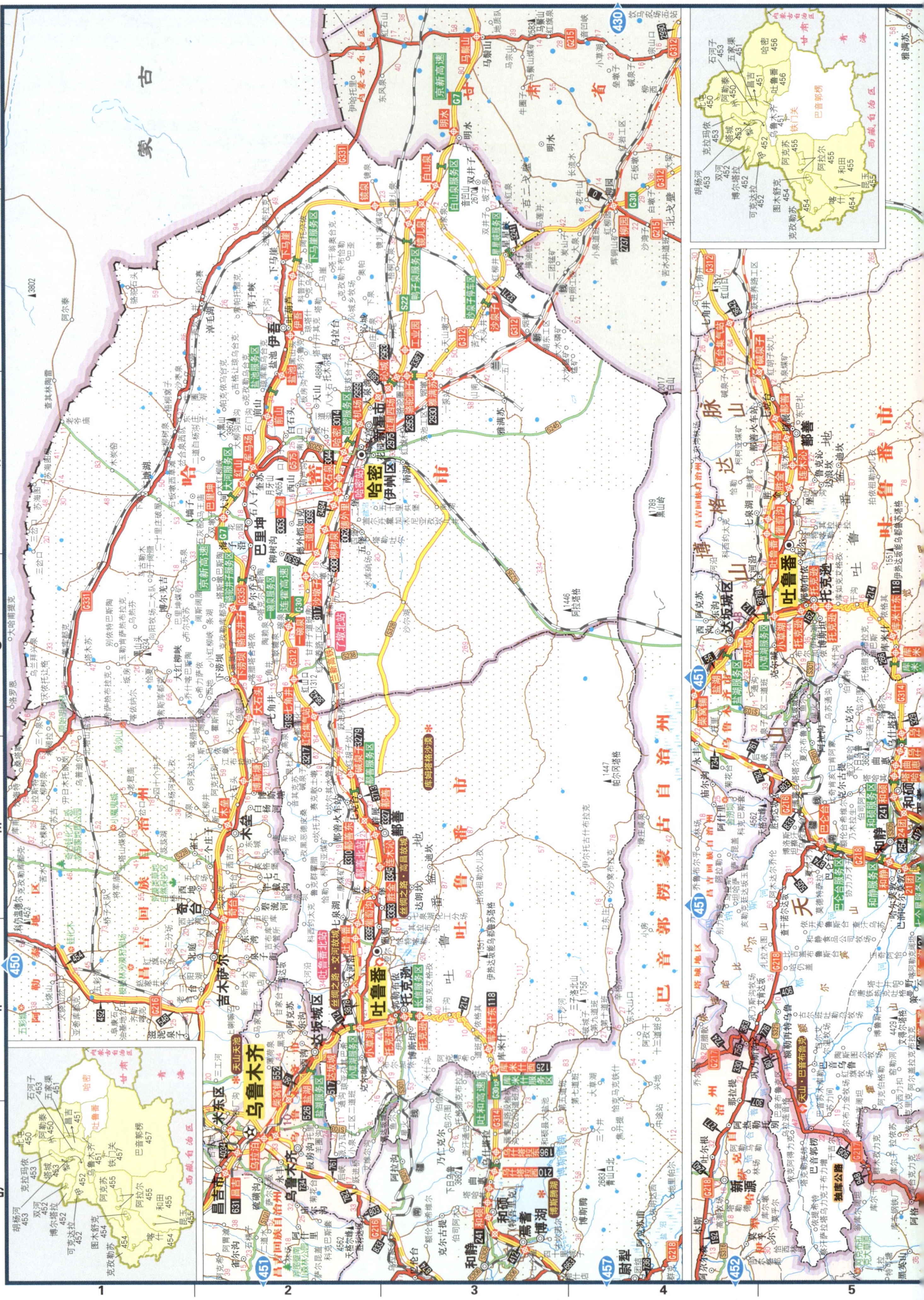

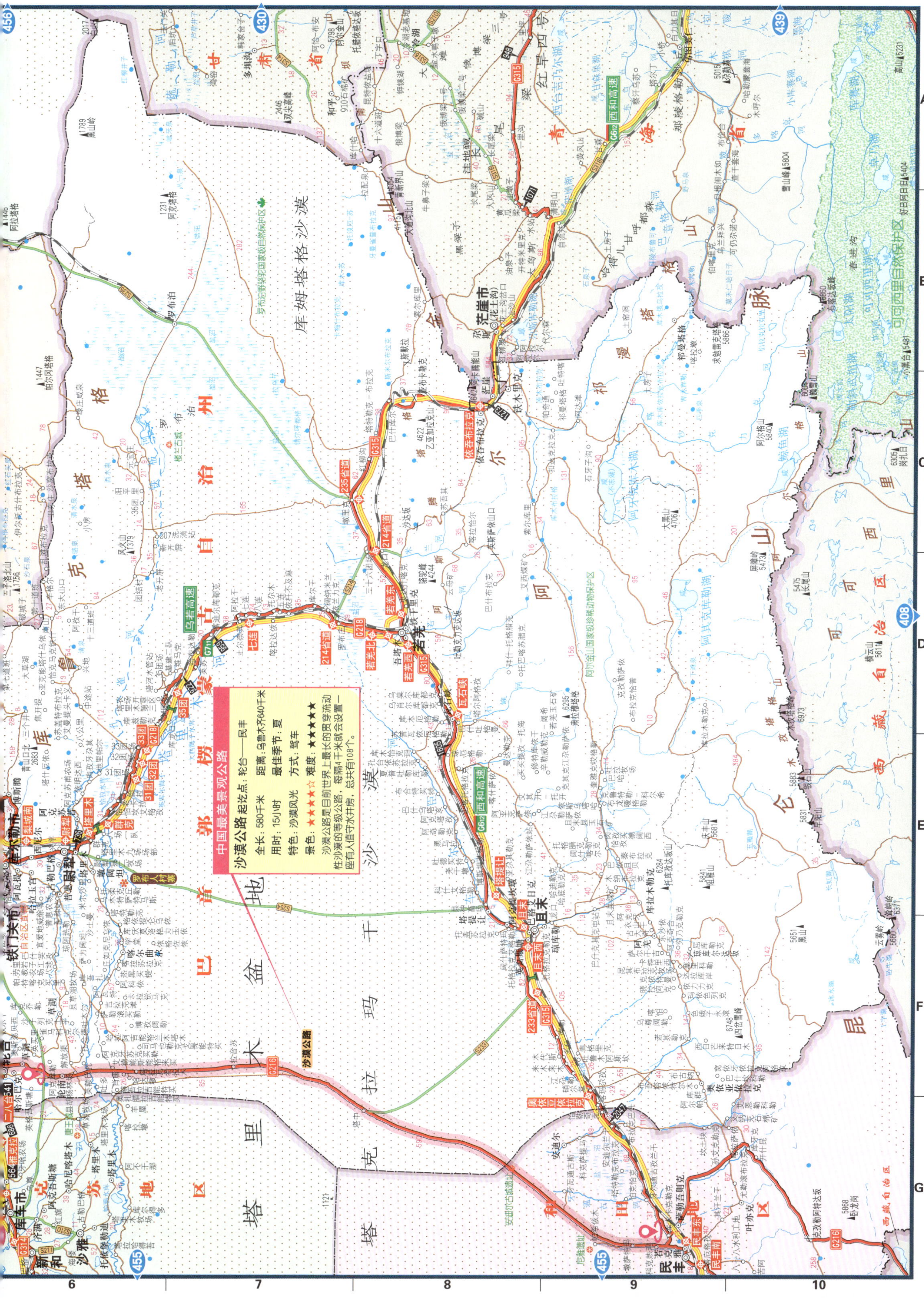
中国最美景观公路
沙漠公路 起讫点：轮台——民丰
全长：580千米 距离：乌鲁木齐840千米
用时：15小时 最佳季节：夏
特色：沙漠风光 方式：驾车
景色：★★★★☆ 难度：★★★★★
沙漠公路是目前世界上最长的贯穿流动性沙漠的等级公路，每隔4千米就会设置一座有人值守水井房，总共有108个。

比例尺 1：40万

0 4.0 8.0 12.0 km

图上1cm相当于实地4.0km

图例解释

收费站 出入口 国家高速编号 服务区 在建	高速公路	桥梁 隘口	县道
国道编号	国道		快速路
省道编号 里程数(km) 居民点 在建	省道	隧道 在建	铁路

图例解释

收费站 出入口 国家高速编号 G45 服务区 在建 — 高速公路	桥梁 隧口 — 县道	特别行政区界
G312 国道编号 — 国道	快速路	横琴岛澳门大学校区界址范围线
S217 省道编号 25 居民点 里程数(km) 在建 — 省道	隧道 在建 — 铁路	

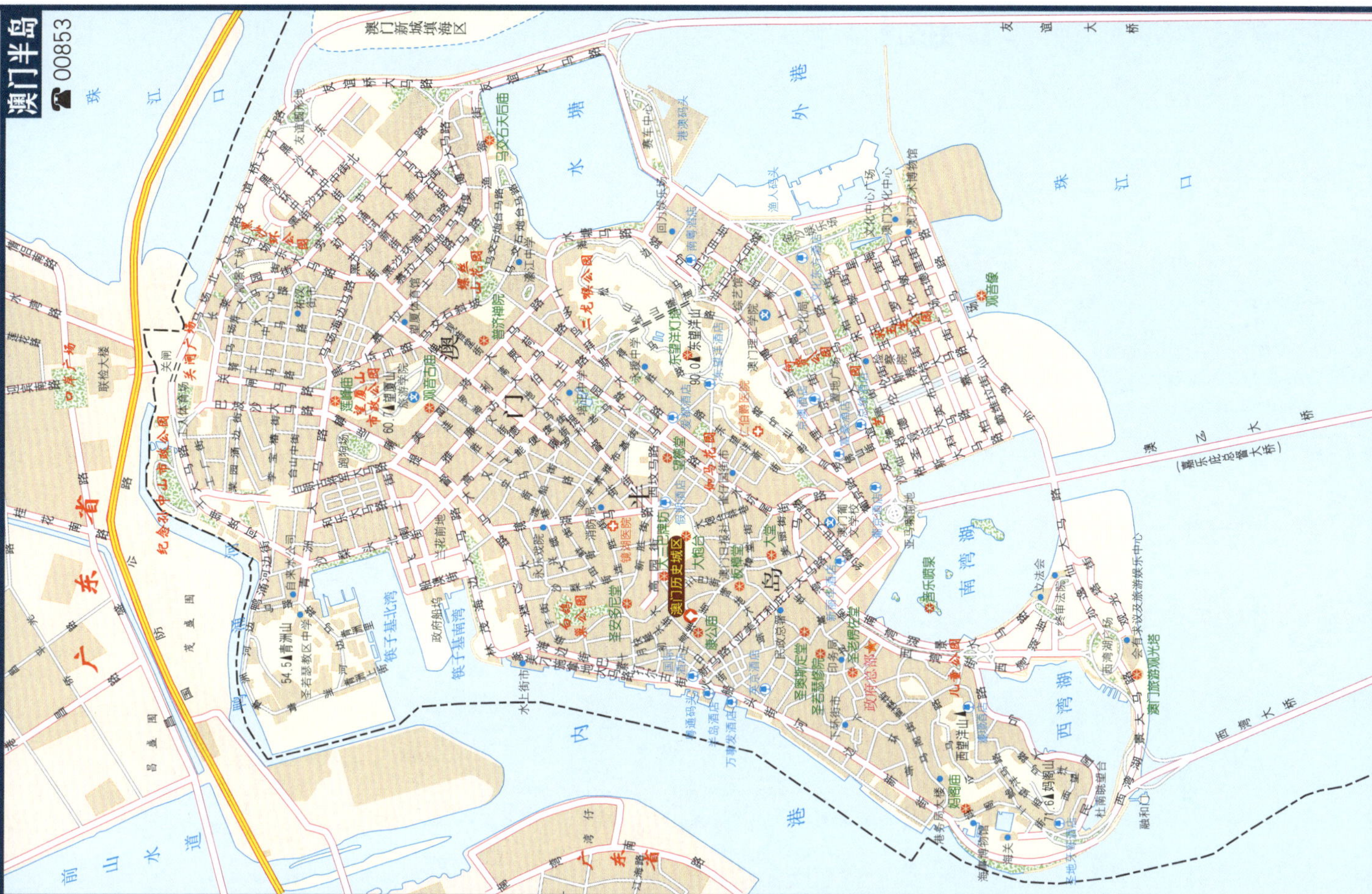

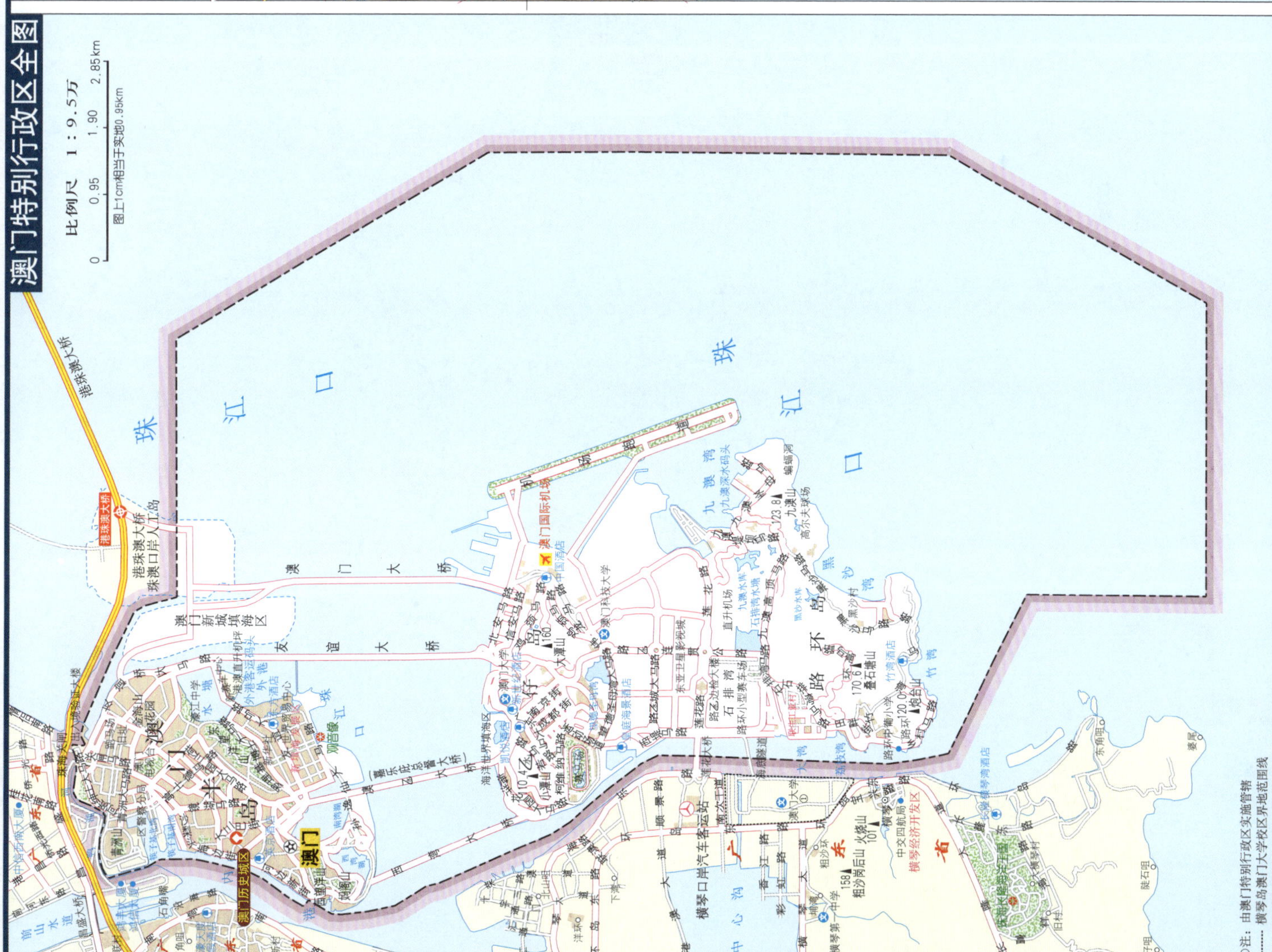

比例尺 1：166万

0 16.6 33.2 49.8 km

图上1cm相当于实地16.6km

图例解释

收费站 出入口 G45 国家高速编号 服务区 在建 高速公路

G312 国道编号 国道

217 省道编号 25 居民点 里程数(km) 在建 省道

桥梁 隧口 县道

快速路

隧道 在建 铁路

A

地名[省别] 地图位置
阿巴嘎旗[内蒙古] 82 E4
阿坝县[川] 377 C6
阿北[黑] 127 B7
阿并洛古[川] 367 C9
阿不都拉[新] 452 A5
阿察[川] 378 E5
阿城[鲁] 240 E3
阿城区[黑] 120 D3
阿党[陕] 417 C10
阿得博[滇] 400 F5
阿都[滇] 398 B4
阿都沁[内蒙古] 83 E10
阿敦础鲁[内蒙古] 81 F9
阿多[青] 441 E7
阿尔[川] 367 A8
阿尔巴斯[内蒙古] 80 F3
阿尔本格勒[内蒙古] 83 A9
阿尔达[新] 450 E4
阿尔拉[内蒙古] 81 A9
阿尔山市[内蒙古] 83 A7
阿尔善宝拉格[内蒙古] 82 D4
阿尔乡[内蒙古] 83 F9
阿嘎[川] 367 B8
阿嘎[黔] 386 E5
阿嘎如泰[内蒙古] 78 E5
阿尕尔森[新] 452 B2
阿尕什敖包[新] 450 B5
阿干[陇] 428 E4
阿岗[滇] 398 F4
阿格[新] 455 A9
阿弓[黔] 386 D5
阿古拉[内蒙古] 83 E9
阿贵图[内蒙古] 79 C9
阿合奇县[新] 454 B4
阿合亚[新] 455 B7
阿洪鲁库木[新] 454 D3
阿湖[苏] 149 D10
阿湖[新] 454 C2
阿基[滇] 401 D8
阿吉[辽] 95 G6
阿科[滇] 401 C9
阿科里[川] 377 F6
阿克[新] 457 F6
阿克别里斗[新] 452 B5
阿克达拉[新] 452 C2
阿克喀什[新] 454 C3
阿克萨克马热勒[新] 454 C4
阿克塞哈萨克族自治县[陇] 430 F2
阿克苏[新] 451 D9
阿克苏甫[新] 457 E6
阿克苏市[新] 455 B8
阿克陶县[新] 454 D2
阿克提坎墩[新] 457 E8
阿克吐别克[新] 452 B2
阿克托喀依[新] 455 B7
阿克吾斯塘[新] 455 B9
阿拉达尔吐[内蒙古] 83 A9
阿拉尔市[新] 455 B8
阿拉格尔[新] 454 D4
阿拉沟[新] 456 E5
阿拉力[新] 454 D3
阿拉善右旗[内蒙古] 84 E4
阿拉善左旗[内蒙古] 84 B4
阿拉坦高勒[内蒙古] 83 D6
阿拉坦合力[内蒙古] 82 C4
阿拉腾敖包[内蒙古] 84 C3
阿拉营[湘] 301 G8
阿勒马勒[新] 452 B3
阿勒泰市[新] 450 E3
阿勒腾也木勒[新] 452 C5
阿里山[台] 460 D3
阿力得尔[内蒙古] 83 B8
阿莲[台] 460 E2
阿龙山[内蒙古] 81 C6
阿鲁[滇] 398 F4
阿鲁科尔沁旗[内蒙古] 83 E8
阿门其日格[内蒙古] 80 D3
阿猛[滇] 401 D8
阿木[川] 377 C8
阿木去乎[陇] 432 B3
阿纳库勒[新] 454 C4
阿七[川] 367 D7
阿其克[新] 454 D3
阿其图乌拉[内蒙古] 82 F3
阿恰勒[新] 455 B7
阿恰塔格[新] 455 B7
阿羌[新] 455 F9
阿羌[新] 457 F9
阿热勒[新] 450 B4
阿热勒[新] 454 E3
阿热勒[新] 455 B7
阿热勒[新] 457 F8
阿热勒托别[新] 450 B5
阿热勒托别[新] 452 B3
阿日昆都楞[内蒙古] 83 C7
阿日希[新] 455 E8
阿日扎[川] 378 A3
阿日扎[川] 378 G2
阿荣旗[内蒙古] 81 A9
阿柔[青] 436 E2
阿萨[川] 367 D6
阿舍[滇] 401 D6
阿什罕[内蒙古] 83 F7
阿什里[新] 451 F9
阿什努[青] 437 B6
阿市[黔] 386 D2
阿图什市[新] 454 C3
阿陀[鲁] 243 D7
阿瓦提[新] 454 D3
阿瓦提[新] 454 D4
阿瓦提[新] 457 E6
阿瓦提县[新] 455 B8
阿万仓[陇] 432 C2
阿旺[藏] 409 E10
阿旺[滇] 397 B8
阿苇滩[新] 450 E3
阿坞[陇] 429 E7
阿西[川] 377 B8
阿西尔[新] 452 A5
阿西茸[川] 377 B9
阿夏[陇] 432 C4
阿须[川] 378 F3
阿依巴格[新] 455 B8
阿依库勒[新] 455 B8
阿用[滇] 401 C10
阿月[川] 367 D7
阿扎[藏] 409 E8
阿扎河[滇] 400 F3
阿扎克[新] 454 C2
阿扎特巴格[新] 454 D3
阿庄[陕] 419 B9
阿孜[藏] 409 E10
阿兹觉[川] 367 A8
阿子营[滇] 397 D7
啊喇[川] 367 G6
矮郎[川] 367 F7
矮山[桂] 344 B4
矮寨[湘] 301 E8
艾城[赣] 223 E7
艾丁湖[新] 456 F3
艾岗[豫] 268 D5
艾古斯[新] 454 D2
艾好峁[陕] 423 E8
艾家[鄂] 291 C8
艾力西湖[新] 454 D3
艾田[滇] 402 D2
艾亭[皖] 191 G9
艾头坪[湘] 306 B3
艾维尔沟[新] 451 E10
艾叶[川] 373 E7
艾庄[豫] 268 B3
爱店[桂] 343 C10
爱国[川] 367 G7
爱国[黑] 122 A4
爱辉[黑] 124 C4
爱民[川] 367 G7
爱民[赣] 223 D6
爱民[黑] 130 D2
爱尼山[滇] 396 G4
爱农[黑] 122 B5
爱新色里[新] 452 B1
爱阳[辽] 99 E7
爱园[苏] 150 E5
隘洞[桂] 344 E4
隘口[川] 369 D8
隘口[皖] 198 F4
隘口[渝] 356 E2
隘子[粤] 315 C8
安邦[黑] 128 E3
安北[川] 369 E7
安边[川] 374 D4
安波[辽] 102 B5
安蔡楼[鲁] 254 F3
安昌[川] 368 D2
安昌[湘] 299 B8
安昌[浙] 172 B4
安场[黔] 390 B5
安成[皖] 189 C9
安城[鲁] 239 E9
安冲[青] 441 D9
安陲[桂] 337 C8
安纯沟门[冀] 53 E6
安村[陕] 416 B3
安达市[黑] 130 G4
安德[川] 362 D4
安德[桂] 343 F6
安德[鲁] 238 E4
安德[湘] 299 C8
安迪尔[新] 455 E10
安底[黔] 386 B3
安地[浙] 174 E4
安定[滇] 405 C10
安定[吉] 110 D3
安定[京] 31 F8
安定[陕] 417 C6
安定[湘] 300 F5
安东[桂] 345 E8
安东卫[鲁] 253 E7
安都[豫] 264 E3
安斗[川] 377 C6
安墩[粤] 317 C7
安多县[藏] 409 D7
安尔[滇] 402 C4
安丰[苏] 152 G3
安丰[苏] 154 B3
安丰[皖] 186 B5
安丰[湘] 299 C8
安丰[豫] 264 A4
安丰塘[皖] 186 B5
安峰[苏] 150 D4
安伏[陇] 429 B6
安福[川] 365 D7
安福[赣] 228 B4
安福[湘] 299 B8
安福寺[鄂] 291 D9
安福县[赣] 232 E4
安富[渝] 354 D1
安阜[豫] 271 E7
安格里格[新] 452 E3
安格庄[冀] 57 C7
安各庄[冀] 54 F4
安沟[陕] 417 B8
安谷[川] 372 D3
安谷[黔] 387 E8
安固[川] 364 B5
安广[吉] 110 C5
安国[陇] 432 F3
安国[苏] 148 A3
安国市[冀] 57 G7
安海[闽] 213 F8
安和[桂] 336 C4
安河[陕] 417 A8
安宏[川] 377 D9
安宏[湘] 299 C8
安厚[闽] 212 D2
安华[浙] 172 E2
安化[川] 364 B5
安化[滇] 400 C4
安化[陇] 429 C9
安化县[湘] 298 F5
安怀[桂] 339 B9
安吉[川] 369 F8
安吉县[浙] 168 E4
安集[陇] 428 G4
安集海[新] 453 F8
安家[川] 368 E4
安家[鄂] 280 B3
安家[黑] 120 E3
安家[吉] 112 B5
安家堡[冀] 51 E6
安家寺[陇] 432 F4
安家庄[晋] 73 D7
安驾庄[鲁] 248 E4
安江[湘] 306 C4
安靖[川] 376 E3
安静[川] 362 D5
安居[川] 368 G4
安居[鄂] 282 E4
安居[鲁] 255 C6
安居[渝] 354 B3
安居区[川] 365 E8
安凯[闽] 206 A2
安康[滇] 407 F6
安康[湘] 299 C8
安康市[陕] 421 E8
安口[吉] 114 D1
安口[陇] 432 G3
安澜[渝] 354 E4
安乐[川] 364 C5
安乐[川] 373 B8
安乐[川] 376 F3
安乐[川] 377 C10
安乐[滇] 396 D4
安乐[黔] 386 D3
安乐[鲁] 240 E3
安乐[闽] 210 E3
安乐[陕] 418 E4
安乐[陕] 419 D8
安乐[陕] 424 F4
安乐[皖] 193 B8
安乐[湘] 307 E6
安乐[豫] 263 C8
安乐河[陕] 420 G3
安乐溪[黔] 386 G3
安里[陕] 424 C3
安良[豫] 271 B9
安临站[鲁] 248 D4
安岭[豫] 269 D7
安岭[浙] 176 E1
安凌[皖] 200 D5
安陵[冀] 58 F5
安溜[皖] 190 F3
安流[粤] 323 E7
安龙[川] 362 D3
安龙堡[滇] 396 G5
安龙县[黔] 387 D9
安陆市[鄂] 284 C2
安洛[黔] 386 B3
安马[桂] 344 B3
安民[黑] 130 F5
安民[辽] 94 C4
安民[辽] 99 E10
安民[浙] 180 C5
安南[浙] 180 G4
安南区[台] 460 E2
安宁[川] 367 C7
安宁[川] 375 B7
安宁[川] 377 F7
安宁[桂] 343 E6
安宁区[陇] 428 F4
安宁市[滇] 397 E6
安凝[湘] 299 B8
安棚[豫] 271 F9
安平[川] 365 D7
安平[桂] 338 F3
安平[冀] 52 B3
安平[辽] 100 B4
安平[湘] 302 B3
安平[湘] 305 A8
安平[豫] 266 F5
安平县[冀] 58 D2
安坪[湘] 306 A4
安坪[渝] 357 E8
安铺[粤] 327 B7
安羌[川] 377 D7
安庆[内蒙古] 83 F7
安庆市[皖] 198 C3
安丘市[鲁] 243 D7
安曲[川] 377 D7
安全[川] 374 C1
安全[湘] 299 B8
安仁[川] 362 E3
安仁[川] 369 E9
安仁[鲁] 239 E6
安仁[闽] 210 A5
安仁[陕] 424 E4
安仁[浙] 167 E6
安仁[浙] 180 D5
安仁县[湘] 305 A7
安荣[晋] 68 F5
安塞县[陕] 417 C7
安沙[湘] 297 C6
安砂[闽] 210 E4
安山[鄂] 279 D9
安山[黑] 121 D6
安山[冀] 54 D5
安山[湘] 307 E6
安生[湘] 299 B8
安胜[渝] 356 F3
安石[桂] 341 C9
安石[吉] 112 B4
安恕[吉] 112 C5
安顺[川] 376 F2
安顺市[黔] 387 C6
安太[桂] 337 C7
安塘[赣] 232 D5
安塘[粤] 325 B7
安亭[沪] 136 D1
安头[鲁] 239 D6
安头屯[冀] 52 B4
安图县[吉] 115 E6
安屯[辽] 97 E9
安稳[渝] 354 G5
安西[川] 362 F4
安西[赣] 229 D8
安西县[陇] 430 F3
安溪[川] 373 F9
安溪[渝] 354 D3
安溪[浙] 181 D6
安溪县[闽] 213 D7
安县[川] 368 E3
安乡县[湘] 299 C8
安香[冀] 49 B7
安新县[冀] 57 E9
安兴[鲁] 254 C4
安兴[渝] 354 A2
安崖[陕] 423 C6
安阳[鄂] 280 B5
安阳[冀] 57 D6
安阳[陇] 430 C5
安阳[浙] 166 F3
安阳城[豫] 261 B8
安阳市[豫] 264 B4
安阳县[豫] 264 B4
安业[晋] 73 D7
安义县[赣] 220 C1
安邑[晋] 75 E7
安猷[湘] 299 C8
安峪[晋] 74 C5
安裕[湘] 299 C8
安源[赣] 228 F2
安源区[赣] 228 G2
安远[陇] 429 C6
安远[陇] 431 F9
安远[闽] 210 C3
安远县[赣] 229 C9
安岳县[川] 373 C9
安云[川] 369 D8
安泽县[晋] 74 B3
安寨[冀] 61 B7
安寨[豫] 271 D10
安障[湘] 299 B8
安镇[苏] 159 D8
安州[冀] 57 E9
安庄[鲁] 252 B5
安孜[川] 378 E5
安子岭[冀] 53 G8
安子岭[冀] 55 B6
安字[吉] 111 E6
安字营[豫] 271 E6
庵东[浙] 170 F3
庵杰[闽] 215 E6
庵上[鲁] 243 E7
鞍匠[冀] 53 F7
鞍山市[辽] 100 C3
鞍子[渝] 355 E10
鞍子[渝] 356 C1
鞍子山[辽] 103 B9
岸堤[鲁] 252 C4
岸门口[陇] 429 B9
岸上[豫] 261 B7
按板[滇] 406 C4
暗流[黔] 384 G4
昂昂溪区[黑] 122 E5
昂洞[湘] 301 D8
昂格特勒克[新] 454 D4
昂拉[青] 437 B6
昂仁县[藏] 408 F5
昂赛[青] 441 E8
昂思多[青] 437 B6
昂武[黔] 387 B9
坳里[赣] 233 G6
坳南[赣] 233 E6
坳坪[湘] 307 G9
坳上[湘] 305 D7
坳上[湘] 306 E3
坳仔[粤] 328 C4
敖包[内蒙古] 83 E9
敖包梁[内蒙古] 80 C2
敖本台[内蒙古] 83 D9
敖城[赣] 232 E5
敖东[闽] 207 B6
敖汉旗[内蒙古] 83 F7
敖家[川] 372 D4
敖家堡[辽] 95 C7
敖江[闽] 206 C3
敖力布皋[内蒙古] 83 E9
敖林西伯[黑] 123 D7
敖鲁古雅[内蒙古] 81 C7
敖伦布拉格[内蒙古] 78 E2
敖伦布拉格[内蒙古] 84 B3
敖平[川] 362 B5
敖其[黑] 128 E2
敖泉[湘] 304 C5
敖润苏莫[内蒙古] 83 F8
敖市[黔] 389 B6
敖溪[黔] 390 F5
敖音勿苏[内蒙古] 83 F8
敖寨[黔] 391 F10
鳌江[粤] 318 F5
鳌江[浙] 179 D8
鳌陵[川] 372 A4
鳌山卫[鲁] 244 B5
鳌石[晋] 69 D8
鳌头[粤] 324 G2
鳌头[粤] 313 B8
岙底[浙] 178 D5
奥家湾[晋] 73 B8
奥特贝希[新] 455 B7
奥依塔克[新] 454 D2
奥依托格拉克[新] 455 E9
奥依亚依拉克[新] 457 F9
澳门[澳] 459 G7
澳前[闽] 207 A6
澳头[粤] 317 E9

B

八百弓[湘] 299 D8
八百桥[苏] 146 C2
八百垧[黑] 123 C7
八邦[川] 378 F4
八宝[滇] 401 C10
八宝[鄂] 288 D3
八宝[辽] 94 F5
八宝[湘] 304 B4
八堡[黔] 386 D3
八布[滇] 401 E9
八步[川] 376 D3
八步[黔] 386 C4
八步桥[湘] 303 B8
八岔[黑] 129 A8
八岔路[鲁] 240 B2
八尺[粤] 323 B7
八达[滇] 401 C9
八达岭[京] 32 F2
八达营[冀] 53 D7
八大公山[湘] 298 B1
八大河[桂] 343 G9
八道沟[吉] 113 E10
八道沟[冀] 50 G4
八道壕[辽] 97 D6
八道河[冀] 54 A5
八道河子[吉] 109 E7
八道泉[陇] 428 E1
八道哨[滇] 401 C7
八德[黔] 387 D7
八洞[川] 368 F3
八都[赣] 232 B4
八都[闽] 209 E7
八都[浙] 180 E3
八斗[皖] 186 B2
八斗[湘] 303 C8
八陡[鲁] 242 D3
八渡[川] 369 F8
八渡[黔] 387 C10
八渡[桂] 342 F2
八渡[桂] 342 F3
八渡[陕] 418 C2
八耳[川] 365 A8
八嘎[滇] 401 E8
八盖[藏] 409 E8
八岗[豫] 260 B3
八公桥[豫] 265 D7
八公山[皖] 186 B4
八公山[皖] 189 C9
八公山区[皖] 189 C9
八卦岭[冀] 53 G7
八卦洲[苏] 146 D4
八桂[桂] 342 F3
八号[吉] 108 A5
八号地[内蒙古] 79 C9
八河川[辽] 99 D6
八湖[鲁] 252 D5
八会[辽] 100 C4
八集[苏] 151 D6
八家[冀] 53 F8
八家子[黑] 120 D3
八家子[吉] 115 F7
八家子[辽] 96 E4
八家子[辽] 93 D7
八甲[粤] 324 E4
八江[赣] 232 B4
八江[桂] 337 A9
八角[川] 368 E1
八角[川] 377 F7
八角[滇] 396 F2
八角[桂] 343 D9
八角[晋] 72 E2
八角[鲁] 250 C5
八角井[川] 368 F2
八角楼[川] 379 C7
八街[滇] 397 F6
八井子[黑] 123 D8
八景[赣] 227 E7
八景[湘] 300 E4
八巨[苏] 152 B2
八开[黔] 389 D8
八棵树[辽] 94 D5
八颗[渝] 355 C6
八肯中[内蒙古] 83 G7
八腊[桂] 344 F2
八郎[吉] 111 C6
八里[辽] 100 D2
八里[陇] 428 E4
八里[陇] 432 G2
八里[苏] 155 F7
八里[台] 460 A4
八里岔[豫] 273 E7
八里甸子[辽] 98 C3
八里店[浙] 168 B3
八里畈[豫] 273 F7
八里关[陕] 420 B2
八里罕[内蒙古] 83 G7
八里河[皖] 191 C10
八里铺[陇] 428 E5
八里台[津] 38 E5
八里堂[豫] 267 C8
八里湾[鄂] 286 F4
八里湾[陇] 428 C4
八里湾[陇] 429 C6
八里湾[豫] 266 C3
八里营[豫] 265 D6
八力[陇] 429 D7
八岭山[鄂] 288 C4
八路[苏] 149 E7
八美[川] 379 B6
八门城[津] 41 F9
八面[吉] 110 D4
八面[湘] 301 C7
八面城[辽] 94 E2
八庙[川] 364 D4
八庙[川] 369 B7
八庙[川] 373 B9
八千[豫] 260 B4
八墙子[新] 456 C1
八桥[苏] 154 E5
八桥[苏] 156 B5
八十八[吉] 110 G5
八什坪[湘] 301 E10
八苏木[内蒙古] 79 E9
八宿县[藏] 409 E9
八台[川] 369 C10
八台[豫] 271 D9
八滩[苏] 152 B2
八塘[桂] 339 C7
八塘[渝] 354 C4
八团[湘] 303 D9
八万[粤] 318 F4
八圩[桂] 344 D3
八圩[苏] 155 B8
八窝龙[川] 379 C9
八屋[吉] 112 D2
八仙[陕] 421 D9
八仙筒[内蒙古] 83 E8
八乡山[粤] 323 E8
八一[川] 365 D7
八一[川] 368 D3
八一[赣] 220 E3
八一[辽] 91 C8
八衣绒[川] 379 C8
八义[晋] 71 C6
八义集[苏] 149 D6
八于[冀] 57 D9
八鱼[陕] 418 E3
八鱼[陕] 424 E3
八寨[川] 367 C10
八寨[滇] 401 F7
八寨[黔] 386 D3
八珠[陇] 432 E4
八字桥[闽] 211 D7
八字哨[湘] 299 E9
八总[黔] 385 E8
巴别[桂] 342 E5
巴藏沟[青] 436 B5
巴城[苏] 161 D8
巴畴[桂] 344 F3
巴楚县[新] 454 C4
巴村[豫] 269 E6
巴达[滇] 407 E9
巴达尔胡[内蒙古] 83 A9
巴迪[滇] 404 F4
巴底[川] 378 B5
巴定[桂] 344 E2
巴东县[鄂] 291 B6
巴洞[川] 367 E7
巴福[渝] 354 D4
巴嘎[藏] 408 E2
巴嘎波日和[内蒙古] 83 F8
巴嘎塔拉[内蒙古] 83 E9
巴干[青] 441 D9
巴格阿瓦提[新] 454 D3
巴格艾日克[新] 457 F8
巴格托格拉克[新] 455 B8
巴公[晋] 71 D7
巴沟[青] 437 E7
巴姑[川] 367 C9
巴古[川] 367 C9
巴河[鄂] 287 E6
巴吉垒[吉] 108 C1
巴集[豫] 269 E8
巴家[渝] 356 E3
巴江[黔] 384 D4
巴结[黔] 387 E10
巴久[川] 367 C8
巴克什营[冀] 53 F6
巴拉奇如德[内蒙古] 83 E7
巴拉素[陕] 423 E7
巴里巴盖[新] 450 E3
巴里坤哈萨克自治县[新] 456 C2
巴林[内蒙古] 81 B9
巴林右旗[内蒙古] 83 E6
巴林左旗[内蒙古] 83 E7
巴岭[藏] 409 D6
巴岭[黔] 387 D8
巴隆[青] 439 B10
巴伦台[新] 456 E5
巴马瑶族自治县[桂] 344 F5
巴庙[陕] 420 A4
巴南区[渝] 354 D4
巴棋[内蒙古] 83 D6
巴青[藏] 409 D8
巴青县[藏] 409 D8
巴邱[赣] 232 C3
巴仁哲里木[内蒙古] 83 C8
巴汝[川] 367 D7
巴润别立[内蒙古] 84 B4
巴润哈尔莫敦[新] 456 E5
巴山[陕] 420 A5
巴山[陕] 420 F4
巴山[渝] 356 A5
巴什罕[辽] 93 D6
巴什兰干[新] 455 E6
巴塘[青] 441 E10
巴塘县[川] 379 F7
巴头[桂] 342 E5
巴图营[辽] 92 B4
巴旺[川] 378 B5
巴西[川] 377 B9
巴乡[藏] 409 F7
巴雅尔吐胡硕[内蒙古] 83 C8
巴雅斯古楞[内蒙古] 83 E10
巴彦[内蒙古] 81 A8
巴彦[内蒙古] 83 E10
巴彦包勒格[内蒙古] 83 D7
巴彦包特[内蒙古] 83 E7
巴彦宝格德[内蒙古] 84 E2
巴彦宝拉格[内蒙古] 82 D4
巴彦查干[黑] 123 E7
巴彦查干[内蒙古] 82 E5
巴彦岱[新] 452 B1
巴彦德力格尔[内蒙古] 82 E4
巴彦港[黑] 120 B4
巴彦高勒[内蒙古] 82 D5
巴彦高勒[内蒙古] 82 D5
巴彦高勒[内蒙古] 83 B9
巴彦哈达[内蒙古] 81 D8
巴彦哈达[内蒙古] 81 D9
巴彦洪格日[内蒙古] 84 B3
巴彦胡舒[内蒙古] 82 D5
巴彦胡硕[内蒙古] 83 C6
巴彦琥硕[内蒙古] 83 E6
巴彦花[内蒙古] 78 E5
巴彦花[内蒙古] 83 D6
巴彦花[内蒙古] 83 D7
巴彦霍布尔[内蒙古] 83 B6
巴彦茫哈[内蒙古] 83 D9
巴彦茫哈[内蒙古] 83 D9
巴彦毛都[内蒙古] 83 E9
巴彦木仁[内蒙古] 80 G2
巴彦木仁[内蒙古] 84 A3
巴彦淖尔[内蒙古] 82 F3
巴彦淖尔[内蒙古] 83 D9
巴彦淖尔市[内蒙古] 78 E3
巴彦诺尔[内蒙古] 83 E8
巴彦诺日公[内蒙古] 84 C3
巴彦前达门[内蒙古] 78 C3
巴彦舒图[内蒙古] 82 F2
巴彦塔拉[内蒙古] 82 F3
巴彦塔拉[内蒙古] 83 D8
巴彦塔拉[内蒙古] 83 E10
巴彦塔拉[内蒙古] 83 E7
巴彦套海[内蒙古] 78 E4
巴彦图嘎[内蒙古] 82 D3
巴彦温都尔[内蒙古] 83 D7
巴彦乌拉[内蒙古] 82 D2
巴彦乌兰[内蒙古] 83 A8
巴彦希勒[内蒙古] 82 E5
巴彦县[黑] 120 B4
巴彦扎拉嘎[内蒙古] 83 A9
巴彦召[内蒙古] 83 D9
巴燕[青] 436 D4
巴阳[渝] 357 E6
巴依阿瓦提[新] 454 D3
巴依托海[新] 452 B2
巴音[内蒙古] 78 C5
巴音[内蒙古] 79 D8
巴音[内蒙古] 79 E9
巴音敖包[内蒙古] 79 C6
巴音敖包[新] 453 A9
巴音戈壁[内蒙古] 78 D1
巴音郭楞[新] 456 G5
巴音哈太[内蒙古] 78 D4
巴音杭盖[内蒙古] 78 C3
巴音库鲁提[新] 454 C2
巴音塔拉[内蒙古] 81 D9
巴音陶亥[内蒙古] 80 G3
巴音温都尔[内蒙古] 78 D2
巴音乌鲁[新] 456 F5
巴音乌素[内蒙古] 80 E2
巴音锡勒[内蒙古] 79 E8
巴营[渝] 355 A8
巴扎[藏] 408 E5
巴扎[青] 436 B4
巴扎拉嘎[内蒙古] 83 C8
巴折[川] 367 C7
巴中市[川] 369 C7
巴州[青] 436 A5
扒齿港[冀] 54 E4
岜蒙[桂] 343 E6
岜暮[桂] 344 F3
岜盆[桂] 343 A8
岜饶[黔] 387 C8
芭沟[川] 372 E3
芭蕉[川] 364 B5
芭蕉[川] 367 G8
芭蕉[川] 369 E9
芭蕉[鄂] 290 E3
芭蕉[黔] 390 B4
芭蕉[陕] 421 F8
芭茅溪[湘] 298 B2
笆篱[湘] 305 F6
拔贡[桂] 344 D3
拔茅[湘] 301 D8
拔妙[川] 369 E9
拔山[渝] 355 A7
拔英[赣] 229 B7
把边[滇] 406 C5
把荷[桂] 343 D6
把什[内蒙古] 79 E7
坝底[川] 368 D2
坝固[黔] 385 B6
坝河[陕] 421 D8
坝黄[黔] 391 E9
坝街[黔] 385 A7
坝赖[黔] 387 C10
坝陵[鄂] 291 C9
坝溜[滇] 407 A6
坝芒[黔] 389 G6
坝盘[黔] 391 E9
坝墙子[辽] 97 C9
坝塘[湘] 296 E3
坝心[滇] 400 D4
坝心[滇] 401 E7
坝羊[黔] 387 B7
坝寨[黔] 389 B7
坝镇[皖] 199 D9
坝仔[粤] 315 D9
坝子[川] 368 C3
鲅鱼圈区[辽] 99 B9
霸州市[冀] 52 E2
灞桥[陕] 416 C3
灞源[陕] 416 A3
白岸[冀] 60 G4
白坝[川] 369 F8
白宝[桂] 336 B4
白堡[陇] 432 G2
白豹[陕] 417 E8
白陂[赣] 224 F4
白壁[豫] 264 B5
白埠[鲁] 244 F3
白仓[湘] 307 D7
白草[冀] 50 A4
白草村[冀] 51 F9
白草塬[陇] 428 D3
白层[黔] 387 C8
白槎[赣] 223 E6
白蝉[川] 368 E4
白厂门[辽] 97 D6
白朝[川] 364 E2
白城市[吉] 110 C3
白道口[豫] 265 D6
白地[藏] 409 F6
白地[皖] 195 F9
白地市[湘] 302 E4
白帝[渝] 357 E9
白甸[苏] 153 G6
白店[豫] 273 E8
白碉[川] 367 C6
白渡[粤] 323 C8
白墩子[陇] 428 E1
白垛[黔] 388 E4
白鹅[赣] 229 C7
白芬子[鲁] 243 E7
白峰[浙] 170 C5
白浮图[鲁] 254 E5
白沟[冀] 57 D9
白垢[粤] 328 D1
白古屯[津] 40 B1
白关[陇] 429 C8
白关[湘] 303 B8
白关堡[陇] 429 C7
白官屯[冀] 54 D2
白果[川] 363 D7
白果[川] 364 E3
白果[川] 367 B8
白果[川] 368 G3
白果[川] 369 B10
白果[川] 372 B3
白果[鄂] 290 D3
白果[鄂] 286 D3
白果[湘] 303 C6
白果[渝] 357 D9
白果市[湘] 304 C4
白果湾[川] 367 F7
白合[川] 373 D9
白合[冀] 57 E6
白河[川] 377 B10
白河[滇] 401 F6
白河[陇] 429 D8
白河[台] 460 E3
白河[豫] 263 G6
白河[豫] 271 E7
白河县[陕] 421 B7
白鹤[川] 364 D4
白鹤[沪] 138 D1
白鹤[渝] 356 D5
白鹤[豫] 263 B9
白鹤[浙] 176 B3
白鹤铺[湘] 302 E5
白鹤山[湘] 299 D7
白鹤滩[川] 367 E9
白湖[皖] 198 B2
白湖[皖] 199 E9
白虎沟[冀] 53 D7
白笏[皖] 200 C3
白花[川] 374 B4
白花[粤] 317 D8
白鸡[川] 367 F7
白集[豫] 269 E8
白际[皖] 201 G8
白济汛[滇] 404 E5
白家[川] 362 E5
白家[川] 364 E2
白家[川] 365 D7
白家[陕] 421 C10
白家[渝] 355 B6
白家检[陕] 423 C9
白家岭[川] 372 F2
白家湾[陇] 429 C6
白碱滩区[新] 453 C8
白涧[津] 41 B7
白蕉[粤] 320 E2
白节[川] 375 C7
白界[陕] 423 D7
白金[吉] 115 F7
白驹[苏] 152 F3
白奎[黑] 120 A3
白腊[川] 375 F7
白濑[闽] 213 C6
白狼[内蒙古] 83 A7
白廊[湘] 305 C8
白朗县[藏] 409 F6
白浪[鄂] 280 A5
白浪[鄂] 280 C4
白浪[陕] 425 A10
白乐[冀] 51 E8
白莲[鄂] 286 C5
白莲[闽] 210 C5
白莲[皖] 186 E5
白莲[湘] 303 D7
白莲河[鄂] 286 C5
白良[赣] 226 D3
白琳[闽] 209 D9
白岭[赣] 222 E1
白柳[陕] 421 D7
白龙[川] 364 E4
白龙[黔] 385 D7
白龙[冀] 57 D7
白龙[晋] 74 C2
白龙[皖] 186 B2
白龙[渝] 357 E6
白龙桥[浙] 174 D3
白龙塘[陕] 420 B3
白楼[豫] 266 E5
白楼[豫] 269 D7
白露[桂] 337 F8
白露塘[湘] 305 D7
白鲁础[陕] 425 B10
白鹿[川] 362 B5
白鹿[川] 375 B9
白鹿[赣] 223 D8
白鹿[渝] 357 C9
白鹿洞[湘] 305 D7
白鹿泉[冀] 48 D5
白碌[陇] 428 D4
白路[滇] 396 C5
白路[赣] 224 E4
白鹭[赣] 228 D5
白螺[鄂] 289 G8
白马[川] 365 F8
白马[川] 365 B7
白马[川] 367 C7
白马[川] 367 E7
白马[川] 367 E7
白马[川] 368 A2

地名[省别] 地图位置

白马[川] 369 D9
白马[川] 372 B3
白马[川] 372 C4
白马[川] 373 E8
白马[桂] 339 E10
白马[冀] 57 C8
白马[陇] 432 E4
白马[宁] 442 D5
白马[苏] 147 B8
白马[苏] 155 C6
白马[皖] 198 C2
白马[湘] 302 C3
白马[湘] 303 A7
白马[渝] 355 D7
白马[豫] 269 E10
白马[浙] 175 B6
白马渡[湘] 304 E3
白马关[川] 368 E2
白马湖[鲁] 239 G6
白马井[琼] 346 B4
白马铺[陇] 432 F4
白马桥[赣] 230 D3
白马桥[湘] 296 D3
白马石[晋] 69 F7
白马石[辽] 93 C6
白马寺[鄂] 288 D5
白马寺[湘] 300 F2
白马寺[豫] 263 C9
白马滩[陕] 417 A10
白芒铺[湘] 304 E3
白芒营[湘] 304 E3
白毛坪[湘] 306 F5
白旄[鲁] 252 E5
白茆[皖] 199 B9
白帽[皖] 198 G2
白梅[皖] 198 B2
白米[川] 375 B8
白米[苏] 153 G7
白米[苏] 155 B6
白勉峡[陕] 420 A3
白庙[川] 365 C7
白庙[川] 369 C7
白庙[川] 373 E7
白庙[川] 374 D4
白庙[鄂] 283 E8
白庙[陇] 432 F3
白庙[陕] 424 D1
白庙[皖] 190 G1
白庙[豫] 266 D5
白庙[豫] 271 B9
白庙河[鄂] 286 C4
白庙滩[冀] 50 D4
白庙子[冀] 54 B3
白庙子[辽] 97 E7
白庙子[内蒙古] 79 E7
白姆[浙] 174 E4
白脑包[内蒙古] 78 D3
白垠[川] 368 D2
白垠[粤] 312 E5
白泥[川] 375 G9
白泥[黔] 386 D5
白泥湖[湘] 300 F2
白泥井[内蒙古] 80 C2
白霓[鄂] 285 E8
白牛[豫] 271 F6
白泡子[黑] 127 D9
白盆珠[粤] 317 C8
白坪[川] 365 C8
白坪[豫] 260 F5
白坡[川] 367 E7
白蒲[苏] 153 E8
白旗[吉] 109 B7
白旗[冀] 50 C5
白旗[辽] 99 F9
白旗寨[辽] 95 E7
白桥[川] 364 D4
白桥[鲁] 238 B5
白桥[皖] 199 A8
白桥[渝] 357 D6
白青[闽] 206 A5
白清寨[辽] 91 B8
白泉[渝] 357 C6
白泉[浙] 170 C4
白雀[豫] 273 F8
白雀[浙] 168 C2
白雀寺[陕] 420 F2
白日乌拉[内蒙古] 82 E3
白箬铺[湘] 296 D4
白桑[晋] 71 E8
白桑关[鄂] 280 B5
白沙[川] 363 E6
白沙[川] 369 C10
白沙[川] 375 B8
白沙[滇] 404 C5
白沙[鄂] 284 D3
白沙[鄂] 287 E8
白沙[赣] 232 B5
白沙[黔] 384 D3
白沙[黔] 387 E7
白沙[黔] 391 F6
白沙[桂] 336 E3
白沙[桂] 337 F9
白沙[桂] 338 B4
白沙[桂] 339 C8
白沙[桂] 339 G7
白沙[桂] 341 D10
白沙[陇] 429 A6
白沙[闽] 206 D3
白沙[闽] 206 E5
白沙[闽] 215 C8
白沙[湘] 297 B6
白沙[湘] 297 C10
白沙[湘] 299 D8
白沙[湘] 303 G6
白沙[湘] 307 E6
白沙[渝] 354 D5
白沙[渝] 354 E3
白沙[豫] 260 B2
白沙[豫] 263 D8
白沙[粤] 325 D8
白沙[粤] 325 F6
白沙[粤] 327 E7
白沙[粤] 315 E7
白沙[浙] 170 B5
白沙埠[鲁] 252 D4
白沙黎族自治县[琼] 346 D4
白沙滩[鲁] 251 F7
白沙圩[湘] 305 F6
白沙洲[赣] 230 B3
白砂[闽] 215 E8
白山[川] 364 C3
白山[黑] 122 F5
白山[吉] 109 G9
白山[吉] 112 D3
白山[辽] 92 F3
白山[皖] 199 E8
白山市[吉] 113 G9
白舍[赣] 225 D7
白神首[冀] 60 C2
白什[川] 368 D1
白什坎特[新] 454 D3
白石[滇] 405 E7
白石[桂] 336 D3
白石[鲁] 255 B7
白石[陕] 420 B2
白石[湘] 298 B3
白石[湘] 303 C7
白石[渝] 355 A8
白石[渝] 355 C10
白石[渝] 356 A1
白石[粤] 324 D3
白石[粤] 325 B6
白石[粤] 315 A6
白石[浙] 177 C7
白石渡[湘] 305 E7
白石沟[陕] 420 F2
白石山[吉] 109 D10
白石水[桂] 341 C8
白石塘[湘] 299 F9
白石头[新] 456 C2
白石岩[黔] 387 C7
白市[川] 365 B7
白市[黔] 388 A5
白市驿[渝] 354 D4
白水[川] 364 D2
白水[川] 373 C10
白水[滇] 398 D3
白水[滇] 401 B6
白水[赣] 226 E2
白水[赣] 232 B5
白水[黔] 387 D7
白水[陇] 432 G3
白水[闽] 212 D4
白水[湘] 300 F3
白水[湘] 304 B4
白水[湘] 304 C5
白水江[陇] 429 B8
白水江[陕] 420 F1
白水县[陕] 424 D2
白水洋[浙] 176 D3
白寺[豫] 264 D4
白寺[豫] 269 E6
白松[川] 379 F9
白塔[冀] 60 F5
白塔[辽] 93 C7
白塔[鲁] 242 D3
白塔[鲁] 243 E6
白塔[闽] 206 C1
白塔[苏] 156 D4
白塔[粤] 319 C6
白塔[浙] 176 D1
白塔堡[辽] 91 C8
白塔埠[苏] 150 D3
白塔畈[皖] 187 E7
白塔集[豫] 273 E9
白塔寺[川] 373 C10
白塔子[辽] 93 E6
白台子[辽] 97 E8
白潭[豫] 269 B6
白堂[晋] 68 F3
白塘[闽] 207 D6
白塘[湘] 300 E3
白涛[渝] 355 D7
白田[赣] 230 E5
白田[湘] 302 A5
白田[湘] 307 F8
白头[川] 362 E3
白头里[晋] 68 D4
白土[赣] 227 E9
白土[桂] 344 C4
白土[冀] 61 E8
白土[皖] 188 C5
白土[渝] 355 D10
白土[渝] 356 B2
白土[渝] 357 G6
白土[豫] 262 E5
白土[粤] 328 F4
白土[粤] 315 C7
白土卜子[内蒙古] 79 D10
白土店[豫] 273 D7
白土岗[宁] 442 C4
白土岗[豫] 271 D7
白土窑[冀] 50 C3
白兔[川] 369 E7
白兔[苏] 156 C3
白兔潭[湘] 303 B9
白团[冀] 57 E7
白驼[陇] 429 B6
白湾[川] 377 E7
白碗窑[黔] 387 F9
白王[陕] 419 D7
白圩[赣] 220 G5
白圩[桂] 334 C5
白文[晋] 73 C8
白窝[鄂] 280 D4
白乌[川] 367 D6
白溪[川] 377 E9
白溪[湘] 302 A2
白蚬[苏] 150 B4
白岘[浙] 168 E1
白兴吐[内蒙古] 83 D9
白雄[藏] 409 D7
白崖[宁] 443 D8
白崖台[晋] 69 F8
白垭[川] 378 F4
白岩[黔] 387 C6
白岩[湘] 301 E9
白彦[鲁] 252 D2
白羊[川] 369 C10
白羊[川] 377 D10
白羊[湘] 301 B8
白羊[渝] 354 B3
白羊[渝] 357 F6
白羊田[湘] 300 D4
白羊溪[湘] 301 F9
白杨[川] 372 E2
白杨[赣] 223 C6
白杨[陇] 429 B9
白杨[豫] 263 D7
白杨[浙] 167 B9
白杨店[陕] 425 C8
白杨沟[新] 453 F7
白杨河[新] 451 B9
白杨坪[鄂] 290 D4
白洋[鄂] 291 D9
白洋[闽] 212 F1
白洋湾[苏] 161 D7
白衣[川] 369 D7
白衣[湘] 299 B7
白衣阁[豫] 265 C8
白依[川] 379 E9
白邑[滇] 397 D7
白驿[川] 364 D4
白音敖包[内蒙古] 79 C7
白音敖包[内蒙古] 83 E7
白音昌[内蒙古] 83 F8
白音朝克图[内蒙古] 79 C8
白音花[内蒙古] 79 C7
白音花[内蒙古] 83 F9
白音诺尔[内蒙古] 83 D7
白音诺勒[黑] 123 D6
白音他拉[内蒙古] 83 E8
白音套海[内蒙古] 83 E8
白音特拉[内蒙古] 79 C10
白音勿拉[内蒙古] 83 D7
白银[陇] 430 C4
白银纳[黑] 125 C9
白银区[陇] 428 E3
白银市[陇] 428 E3
白营[豫] 264 C4
白玉[川] 365 C6
白玉[青] 440 F4
白玉[陕] 420 C4
白玉[湘] 306 E5
白玉县[川] 378 F5
白元[豫] 263 D8
白源[赣] 228 F2
白云[川] 362 G3
白云[川] 368 D4
白云[滇] 401 F6
白云[赣] 231 D9
白云[黔] 387 B6
白云[黔] 390 A1
白云[桂] 337 B8
白云[黑] 124 D2
白云[冀] 57 E6
白云[闽] 206 E3
白云[湘] 298 B5
白云[湘] 300 C4
白云[渝] 355 D7
白云[渝] 357 D9
白云湖[鲁] 239 B7
白云矿区[内蒙古] 79 D6
白云区[黔] 384 F4
白泽湖[皖] 198 C3
白寨[冀] 61 B7
白寨[豫] 260 D3
白樟[闽] 206 F3
白中[闽] 206 F3
白诸[粤] 328 F4
白竹[浙] 181 A9
白竺[赣] 228 G3
白庄[冀] 49 C9
白庄[青] 437 A6
百巴[藏] 409 E8
百步[浙] 169 E9
百草沟[吉] 115 D7
百尺[晋] 71 C6
百尺[豫] 272 A5
百尺竿[冀] 57 B9
百尺河[鲁] 243 F8
百德[黔] 387 D7
百都[桂] 343 G6
百峰[桂] 342 D4
百福司[鄂] 290 G3
百合[桂] 335 F8
百合[桂] 343 F6
百合[粤] 325 D8
百和[川] 375 B8
百侯[粤] 323 C10
百花湖[黔] 384 F4
百济[桂] 334 F5
百家[陇] 429 A6
百家湖[苏] 147 D6
百嘉[赣] 233 D7
百间房[豫] 261 B8
百江[浙] 166 D5
百节[川] 369 E8
百口[黔] 387 B10
百口泉[新] 453 C8
百兰[桂] 342 D4
百乐[桂] 342 F2
百里[陇] 432 G4
百里[皖] 198 G3
百里洲[鄂] 291 D9
百良[陕] 424 C4
百林[桂] 344 E5
百灵淖[内蒙古] 79 D6
百龙滩[桂] 334 A3
百龙滩[桂] 345 C6
百楼[冀] 57 E8
百禄[苏] 150 B5
百禄桥[湘] 299 E8
百马[桂] 345 D6
百亩[湘] 302 B4
百纳[黔] 386 C3
百南[桂] 343 G6
百朋[桂] 337 G8
百崎[闽] 213 E9
百顷[川] 365 F6
百顷[川] 368 F4
百泉[豫] 264 E2
百色市[桂] 342 D4
百山祖[浙] 180 F4
百善[京] 31 C9
百善[皖] 188 E4
百神庙[皖] 187 A9
百胜[皖] 199 D9
百胜[渝] 355 C7
百省[桂] 343 G6
百寿[桂] 336 E1
百顺[粤] 315 B8
百旺[桂] 344 C5
百祥[黑] 130 E3
百兴[黔] 386 E5
百宜[黔] 384 E4
百益[陕] 417 B10
百育[桂] 342 D5
百丈[川] 376 C4
百丈[桂] 345 B8
百丈[浙] 167 A6
百丈[浙] 179 F7
百丈漈[浙] 179 F7
柏板[晋] 66 B5
柏城[鲁] 243 E9
柏村[黔] 391 B6
柏垫[皖] 195 B7
柏坊[湘] 303 F6
柏各庄[冀] 54 F4
柏果[黔] 387 G6
柏合[川] 363 E6
柏鹤集[冀] 61 C9
柏加[湘] 297 E6
柏家[川] 369 F8
柏家[渝] 356 G4
柏家沟[辽] 90 B3
柏家坪[湘] 304 D4
柏家庄[晋] 72 A2
柏井[晋] 67 C9
柏梁[豫] 268 B5
柏林[川] 364 B5
柏林[川] 368 D3
柏林[川] 368 F3
柏林[川] 369 E8
柏林[滇] 401 E8
柏林[鄂] 280 C4
柏林[陇] 429 C9
柏林[陇] 431 F9
柏林[陇] 432 B4
柏林[鲁] 252 C2
柏林[皖] 187 B8
柏林[湘] 305 B7
柏林[渝] 354 F4
柏林沟[川] 364 D3
柏林庄[鲁] 250 F4
柏隆[川] 368 E2
柏路[赣] 233 F6
柏木[赣] 226 E3
柏坪[川] 365 B6
柏埔[粤] 316 C5
柏山[豫] 261 C8
柏山寺[晋] 74 F5
柏衫[川] 367 F8
柏社[浙] 174 C4
柏市[湘] 303 C9
柏树[川] 368 F3
柏树[川] 369 E9
柏树[冀] 51 E9
柏树[陇] 431 E8
柏树[豫] 263 E8
柏水[川] 369 E7
柏寺营[冀] 61 C9
柏塘[粤] 317 E6
柏溪[皖] 201 E6
柏乡[冀] 60 D2
柏香[豫] 261 D9
柏祥[湘] 300 D4
柏垭[川] 364 D5
柏垭[川] 364 E3
柏岩[川] 367 F8
柏杨[川] 364 D1
柏杨[湘] 301 D9
柏杨坝[鄂] 290 D2
柏洋[闽] 209 E8
柏榆[辽] 94 C3
柏峪[陕] 417 A10
柏峪寺[陕] 425 C7
柏枝[湘] 299 C7
柏庄[豫] 264 A4
柏梓[川] 368 E4
柏梓[渝] 354 B2
摆榜[黔] 385 E6
摆渡[黑] 120 C5
摆金[黔] 385 E6
摆榔[滇] 403 C8
摆忙[黔] 385 D6
摆茹[黔] 385 D7
摆省[黔] 385 E6
摆所[黔] 385 G7
摆塘[黔] 385 F6
拜城县[新] 455 A9
拜殿[湘] 303 D6
拜泉县[黑] 122 A4
拜什吐格曼[新] 455 B8
拜什托格拉克[新] 455 E8
班迪尔[新] 454 E2
班戈县[藏] 409 D6
班洪[滇] 399 F7
班吉塔[辽] 97 G8
班卡[滇] 399 D8
班老[滇] 399 F6
班玛县[青] 440 G4
班仁[黔] 385 E9
班佑[川] 377 B8
班枣[豫] 264 E4
班竹[黔] 390 C5
班庄[苏] 150 D2
斑鸠店[鲁] 248 D1
斑桃[陕] 421 F9
斑竹[川] 365 C7
斑竹[渝] 354 B3
斑竹当[鄂] 288 E3
斑竹园[川] 362 D5
斑竹园[皖] 187 G9
搬经[苏] 153 G8
搬口[豫] 269 D7
搬罾[川] 365 C6
坂东[闽] 206 F3
坂里[闽] 212 B3
坂面[闽] 211 E8
坂中[闽] 209 E7
坂仔[闽] 212 D2
板八[桂] 340 D3
板蚌[滇] 401 C10
板场[黔] 391 C7
板场[豫] 270 D5
板城[桂] 341 B6
板城[冀] 53 F9
板当[黔] 387 B7
板凳[川] 369 C8
板底[黔] 386 G4
板店[豫] 273 B6
板房沟[新] 451 E9
板房子[陕] 416 F5
板芙[粤] 320 D2
板庚[黔] 385 F8
板贵[黔] 387 D7
板棍[桂] 343 C9
板湖[苏] 152 D1
板江[湘] 300 E5
板兰[桂] 344 E5
板榄[桂] 337 C9
板利[桂] 343 B9
板栗[滇] 402 E1
板栗树[湘] 306 A3
板栗垭[川] 373 D8
板岭[桂] 344 D4
板路[桂] 335 F7
板路[桂] 341 A8
板仑[滇] 401 C10
板庙[川] 369 D8
板木[豫] 266 D4
板畔[湘] 301 F8
板浦[苏] 150 C3
板桥[川] 364 B5
板桥[川] 364 F2
板桥[川] 365 E7
板桥[川] 367 B8
板桥[川] 368 E2
板桥[川] 369 F7
板桥[川] 372 B5
板桥[川] 373 F8
板桥[滇] 397 F8
板桥[滇] 398 C3
板桥[滇] 398 E3
板桥[滇] 398 F4
板桥[滇] 402 B4
板桥[滇] 403 C7
板桥[滇] 405 C6
板桥[鄂] 281 F6
板桥[鄂] 290 C3
板桥[黔] 386 C4
板桥[黔] 387 F7
板桥[黔] 390 E3
板桥[黔] 391 F7
板桥[津] 40 E4
板桥[陇] 430 B5
板桥[陇] 432 F4
板桥[琼] 346 E2
板桥[陕] 424 B5
板桥[陕] 425 D7
板桥[苏] 146 E5
板桥[苏] 150 B3
板桥[皖] 186 C5
板桥[皖] 192 B4
板桥[皖] 201 F6
板桥[湘] 302 G5
板桥[湘] 304 C5
板桥[湘] 307 C8
板桥[湘] 307 G8
板桥[渝] 354 D3
板桥[渝] 355 F10
板桥[渝] 356 D2
板桥[豫] 269 C6
板桥[豫] 272 B3
板桥[浙] 167 C7
板桥[浙] 181 C6
板桥店[鄂] 281 F9
板桥集[皖] 191 A6
板桥口[川] 369 B7
板桥头[皖] 195 E9
板泉[鲁] 252 E5
板山[湘] 306 C2
板山坪[豫] 271 D6
板杉[湘] 303 B8
板升[桂] 344 E4
板石[吉] 113 G8
板石[吉] 115 E9
板石房子[内蒙古] 83 E6
板石沟[辽] 97 G9
板石河[吉] 114 C2
板市[湘] 303 D6
板塘[湘] 303 A7
板桃[桂] 342 F2
板溪[黔] 391 D8
板溪[渝] 356 D2
板岩[陕] 425 D9
板燕[川] 372 A4
版石[赣] 229 D8
版书[皖] 195 E9
半壁山[冀] 53 G8
半城[苏] 151 F8
半程[鲁] 252 D4
半堤[鲁] 254 D4
半岗[皖] 191 C10
半江[粤] 316 E4
半截沟[新] 451 C9
半截河[豫] 268 C4
半截塔[冀] 53 C7
半拉门[辽] 97 B6
半拉山[辽] 92 C4
半坡[滇] 400 G3
半坡[滇] 407 E6
半坡[豫] 263 D9
半坡店[豫] 264 E4
半坡店[豫] 266 C3
半山[浙] 167 B8
半扇门[川] 378 A5
半塔[皖] 193 C7
半汤[皖] 199 C7
半月[鄂] 291 C9
邦丙[滇] 399 F9
邦东[滇] 399 D10
邦洞[黔] 388 B5
邦均[津] 41 B7
邦溪[琼] 346 C3
帮达[藏] 409 E10
榜罗[陇] 429 D6
榜山[闽] 212 C3
榜式堡[辽] 99 A9
榜头[闽] 207 F6
榜圩[桂] 342 B4
蚌埠市[皖] 187 D9
蚌峨[滇] 401 D8
蚌谷[滇] 401 E8
傍河[川] 379 D9
包厂[豫] 264 G3
包场[苏] 153 C9
包公庙[豫] 267 E7
包谷垴[滇] 402 F5
包谷坪[川] 367 E8
包合[皖] 195 G8
包家[皖] 198 F1
包家[渝] 355 B6
包家店[新] 451 F8
包家屯[辽] 90 E4
包拉温都[吉] 110 F2
包乐浩晓[内蒙古] 80 F4
包鸾[渝] 355 C7
包头市[内蒙古] 78 E5
包屯[豫] 269 B6
包信[豫] 273 D7
包垟[浙] 177 F7
包孜墩[新] 455 A8
包座[川] 377 B9
褒城[陕] 420 D2
褒忠[台] 460 D2
雹泉[鲁] 243 E7
雹水[冀] 56 E5
宝安区[粤] 320 C5
宝藏[滇] 407 B7
宝城[川] 369 F7
宝坻区[津] 41 D7
宝甸[吉] 111 E7
宝顶[渝] 354 C2
宝东[黑] 127 C8
宝梵[川] 365 E7
宝飞[川] 372 B5
宝丰[滇] 405 E8
宝丰[鄂] 280 D2
宝丰[宁] 442 C1
宝丰[豫] 271 B8
宝峰[川] 376 D3
宝峰[滇] 397 F6
宝峰[赣] 227 A7
宝峰[渝] 354 D2
宝凤[陇] 429 D6
宝盖[闽] 213 F9
宝盖[湘] 303 E7
宝格达乌拉[内蒙古] 82 E3
宝格达音高勒[内蒙古] 82 G3
宝光[粤] 324 E2
宝国老[辽] 92 B2
宝国吐[内蒙古] 83 F8
宝华[川] 373 C9
宝华[滇] 400 E3
宝华[滇] 405 C10
宝华[苏] 156 B1
宝鸡市[陕] 418 E3
宝口[粤] 317 B7
宝库[青] 436 C4
宝拉格[内蒙古] 82 C5
宝拉根陶海[内蒙古] 82 F4
宝力[辽] 94 F3
宝力根花[内蒙古] 83 B9
宝莲寺[豫] 264 B4
宝林[川] 362 F3
宝林[川] 368 E2
宝林[川] 373 B8
宝林[鄂] 282 B4
宝龙[渝] 354 A3
宝龙山[内蒙古] 83 D9
宝轮[川] 364 E2
宝马[川] 364 D5
宝马[川] 372 B4
宝坪[渝] 357 F6
宝清县[黑] 128 F5
宝庆[川] 373 F9
宝泉[川] 368 G4
宝泉[黑] 122 A3
宝泉山[吉] 113 D10
宝日格斯台[内蒙古] 83 C6
宝日浩特[内蒙古] 82 G4
宝日勿苏[内蒙古] 83 E7
宝日希勒[内蒙古] 81 D9
宝山[川] 374 E4
宝山[滇] 398 B4
宝山[滇] 404 C5
宝山[赣] 233 C8
宝山[黑] 122 E3
宝山[黑] 125 E6
宝山[黑] 130 D4
宝山[吉] 109 F6
宝山[吉] 113 D10
宝山[京] 32 D5
宝山[辽] 99 F8
宝山[鲁] 245 F7
宝山[陕] 420 C2
宝山东路[豫] 264 E3
宝山区[黑] 128 E4
宝山区[沪] 137 C6
宝山西路[豫] 264 E2
宝绍代[内蒙古] 82 F4
宝盛[川] 376 C4
宝石[川] 368 E4
宝石[川] 369 E9
宝石[鲁] 242 C3
宝石[内蒙古] 83 B8
宝塔[川] 368 G4
宝塔[赣] 223 D7
宝塔[苏] 152 D2
宝塔[渝] 357 E7
宝台[川] 364 C5
宝台[川] 373 C7
宝坛[桂] 344 B2
宝田[湘] 306 D3
宝圩[桂] 343 D7
宝圩[粤] 324 D2
宝五[川] 372 C4
宝溪[浙] 180 E3
宝兴[黑] 121 C6
宝兴[渝] 354 C2
宝兴县[川] 376 C3
宝秀[滇] 400 D3
宝堰[苏] 156 C3
宝音图[内蒙古] 78 C2
宝应县[苏] 154 F2
宝元栈[冀] 53 A7
宝源[黔] 390 B1
宝珠[粤] 324 A5
保安[川] 367 B8
保安[鄂] 287 F7
保安[桂] 344 D5
保安[青] 437 B7
保安[陕] 425 D7
保安[苏] 150 E5
保安[湘] 304 D4
保安[渝] 356 D3
保安[豫] 271 D9
保安[粤] 314 B3
保安[浙] 177 E7
保场[滇] 403 C8
保城[川] 364 E5
保岱[冀] 51 D7
保德县[晋] 72 G3
保店[鲁] 238 D3
保定市[冀] 57 E8
保合[渝] 355 B7
保合少[内蒙古] 79 E8
保和[川] 373 C8
保和[滇] 400 E5
保和[湘] 305 D6
保和[豫] 268 E2
保河堤[湘] 299 C7
保华[川] 373 E6
保华[川] 377 C10
保华[黔] 386 E5
保基[黔] 387 F7
保家[渝] 355 D9
保家[渝] 356 B1
保靖县[湘] 301 D8
保康县[鄂] 280 E5
保民[吉] 110 A4
保宁[桂] 336 D2
保平[川] 364 C5
保平[川] 374 E5
保平[桂] 344 D4
保平[吉] 110 C3
保坪[湘] 301 D10
保山市[滇] 403 C7
保升[川] 365 E8
保胜[川] 372 A3
保石[川] 365 F8
保石[川] 367 C8
保寿[吉] 108 C5
保太[鲁] 252 C2
保滩[苏] 151 C6
保田[黔] 387 F8
保亭黎族苗族自治县[琼] 346 F5
保兴[黑] 126 B5
保义[皖] 186 B5
堡集[鲁] 247 D8
堡里[桂] 336 E2
堡面前[湘] 307 D9
堡镇[沪] 141 C8
堡子[川] 369 D8
堡子[陇] 429 E6
堡子[湘] 306 D3
堡子[渝] 355 D6
堡子坝[陇] 429 D9
堡子店[冀] 54 C2
堡子湾[晋] 69 B6
报恩[川] 369 E7
报福[浙] 168 F4
报京[黔] 388 D5
抱管[黔] 385 D6
抱龙[渝] 357 E10
抱罗[琼] 347 B8
豹解[鄂] 279 C7
鲍店[晋] 70 D5
鲍沟[鲁] 255 E8
鲍官屯[冀] 59 E7
鲍集[苏] 151 F9
鲍集[皖] 187 E8
鲍家[吉] 108 C2
鲍家[辽] 97 E7
鲍峡[鄂] 280 B3
鲍墟[冀] 57 F8
陂面[粤] 325 D6
陂头[赣] 229 F9
陂头[粤] 316 F2
陂西[陕] 419 D8
陂洋[粤] 318 F5
卑家店[冀] 54 D4
卑南[台] 460 F4
碑坝[陕] 420 C4
碑高[川] 369 E8
碑格[滇] 401 D6
碑记[川] 373 C7
碑廓[鲁] 253 D7
碑庙[川] 369 D8
碑排[浙] 177 G7
碑垭[川] 364 C5
碑垭[川] 364 E4
碑院[川] 364 C5
北安[黑] 130 E4
北安[黑] 131 C8
北安[鲁] 244 C4
北安乐[冀] 61 D7
北安市[黑] 124 F3
北安庄[冀] 61 E7
北岸[皖] 201 E9
北坝[川] 368 F4
北白象[浙] 177 B6
北堡[内蒙古] 79 G8
北碚区[渝] 354 C4
北壁[闽] 209 F8
北博山[鲁] 242 E3
北部滩[陇] 430 C5
北蔡[沪] 137 F6
北仓[津] 38 B3
北蝉[浙] 170 B4
北辰区[津] 38 B4
北陈集[苏] 150 B4
北呈[晋] 70 C5
北屯市[新] 450 E3
北城[川] 365 C7
北城[川] 368 D3
北城[滇] 400 C3
北城[鲁] 239 G6
北城[鲁] 240 C3
北城铺[陇] 428 C5
北褚[冀] 49 E6
北川县[川] 368 D2
北厝[闽] 207 B6
北大[琼] 347 E7
北大[湘] 299 C9
北大村[滇] 397 F8
北大湖[吉] 109 E7
北代[冀] 58 E4
北戴河区[冀] 55 D7
北耿车[晋] 70 B4
北道德[陕] 417 C9
北底[晋] 70 C3
北甸子[辽] 98 A2
北店[冀] 57 E8
北店头[冀] 57 E6
北丁集[苏] 150 E5
北董[晋] 74 D5
北斗[川] 372 B5
北斗[滇] 405 D8
北斗[台] 460 D3
北斗[粤] 323 E8
北斗溪[湘] 307 B6
北陡[粤] 325 F8
北杜[陕] 419 D7
北渡[豫] 271 C9
北段村[冀] 57 F7
北二十家子[辽] 92 E1
北房[京] 33 G6
北峰[冀] 61 A9
北峰[闽] 213 E8
北干[浙] 167 C8
北岗[黑] 128 D4
北岗[吉] 113 D7
北港[鄂] 285 F6
北港[冀] 55 C7
北港[辽] 93 B6
北港[苏] 156 D5
北港[台] 460 D2
北皋[冀] 61 C9
北高[闽] 207 D7
北圪堵[内蒙古] 78 E4
北格[晋] 67 D6
北更[桂] 345 G9
北沟[鲁] 250 C4
北沟门子[辽] 92 D3
北古城[滇] 397 E8
北固[川] 365 E7
北关[豫] 267 B6
北馆陶[鲁] 240 C1
北惯[粤] 325 E6
北郭[豫] 264 B5
北郭[豫] 261 B9
北郭丹[冀] 57 F8
北果园[冀] 56 E4
北海[滇] 403 D7
北海[辽] 102 F2
北海市[桂] 341 E8
北韩[晋] 74 C4
北汉[冀] 58 B5
北和[粤] 327 E7
北河[冀] 49 A6
北河[冀] 57 C8
北河口[湘] 299 C8
北河庄[冀] 60 D2
北淮淀[津] 40 F2
北环[苏] 148 D4
北极[川] 369 B7
北极[陕] 418 B5
北集坡[鲁] 249 D6
北麂[浙] 177 A8
北贾璧[冀] 61 E8
北江[桂] 343 B9
北江[浙] 175 C7
北疆[黑] 125 E9
北蒋[苏] 152 E2
北郊[鄂] 282 D4
北郊[鲁] 242 C3
北郊[豫] 269 D7
北郊[豫] 269 F8
北界[粤] 324 D2
北界[浙] 180 A4
北京市[京] 29 D7
北井头[陕] 424 C2
北井子[辽] 99 F10
北景[桂] 344 E5
北景[晋] 75 F7
北景港[湘] 300 C1
北宽坪[陕] 425 C8
北拉[藏] 409 D6
北冷[豫] 261 C9
北联[黑] 122 B3
北岭[陇] 428 F4
北岭[鲁] 241 C7
北陵[辽] 91 C7
北流市[桂] 339 D9
北留[晋] 71 E8
北留智[冀] 58 G5
北龙[浙] 177 B7
北龙港[苏] 152 E2
北楼[冀] 60 D3
北炉[辽] 92 F5
北仑区[浙] 170 D5
北罗[冀] 57 E6
北马[鲁] 250 C3
北马圈子[冀] 53 F7
北邙[豫] 260 E1
北门[川] 364 D4
北孟[鲁] 243 D8
北庙[川] 364 E3
北庙[豫] 273 E9
北南蔡[冀] 57 D9
北埝头[冀] 57 G8
北埝头[冀] 58 C3
北票市[辽] 92 B3
北平[晋] 74 B2
北屏[渝] 357 B6
北坡[琼] 347 E7
北坡[粤] 327 C7
北埔[台] 460 B4
北七家[京] 31 C10
北桥[苏] 161 C7
北清河[内蒙古] 83 D8
北溶[湘] 307 F9
北三家子[辽] 95 C7
北沙城[冀] 51 F6
北沙口[冀] 57 D10
北山[川] 367 C8
北山[川] 369 D8
北山[赣] 223 D8
北山[桂] 344 B4
北山[黑] 128 C4
北山[陇] 431 C10
北山[内蒙古] 84 C4
北山[青] 436 A5
北山[湘] 296 C5
北山[湘] 307 D7
北山[浙] 181 D8
北山口[豫] 260 F2
北社[晋] 70 B5
北社[陕] 424 F4
北盛[湘] 297 D7
北诗[晋] 71 C7
北什轴[内蒙古] 79 E7
北石槽[冀] 58 B5
北石槽[京] 34 A1
北石店[晋] 71 D8
北石佛[冀] 56 C5
北史家务[冀] 52 C2
北市[桂] 339 D8
北市[粤] 328 C4
北水泉[冀] 51 E8
北水泉[冀] 53 G7
北四家[辽] 92 B2
北四家子[辽 90 C2
北四家子[辽] 92 C5
北四平[辽] 95 B8
北泗[桂] 345 F8
北宋[鲁] 241 D6
北宋[鲁] 247 D9
北苏[冀] 49 D8
北宿[鲁] 255 C7
北塔子[辽] 92 B1
北台[冀] 56 E5
北台[辽] 98 G3
北台头[冀] 61 C9
北台子[吉] 109 F8
北滩[陇] 428 D2
北滩[陇] 431 E7
北谭庄[冀] 48 B5
北塘[津] 39 D9
北塘疃[冀] 60 C4
北田[冀] 57 D9
北田[晋] 67 D6
北田[陕] 416 B2

B 北贝背倍奔贲本坌比笔必毕庇弼辟碧璧薜璧边扁卞汴便彪标膘表别宾彬斌滨冰兵丙邴秉炳波玻剥播伯孛泊勃亳博渤薄簸卜补不布步部埠 C 擦才财采彩菜蔡参蚕仓沧苍藏操曹漕槽草册侧测策岑涔层叉插查茶搽槎察汊岔差柴禅缠蝉镡产昌菖长

地名[省别]	地图位置
北庭[新]	451 C8
北通[桂]	341 B9
北头营[冀]	53 D6
北投区[台]	460 A4
北团[闽]	215 D6
北屯[陕]	416 B1
北屯[新]	450 E3
北陀[桂]	338 C3
北洼[冀]	49 C6
北外[川]	368 F2
北外[川]	369 E8
北湾[陇]	428 D3
北王[晋]	74 C4
北王里[冀]	49 F7
北王力[冀]	57 F7
北旺[津]	40 B1
北魏[冀]	52 G1
北温泉[渝]	354 C4
北五[桂]	345 E8
北武当[晋]	73 D8
北舞渡[豫]	268 E3
北务[京]	34 C4
北溪村[冀]	58 D3
北下庄[晋]	67 B9
北乡[粤]	315 A6
北乡义[冀]	61 C8
北相[晋]	75 E7
北向店[豫]	273 F7
北小店[晋]	66 A5
北小营[京]	34 A3
北小庄[冀]	60 F3
北辛[晋]	75 F7
北辛堡[冀]	51 B7
北辛庄[冀]	58 A4
北新[苏]	153 B10
北新屯[冀]	50 E5
北兴[黑]	122 B2
北兴桥[苏]	153 C8
北徐屯[晋]	69 B8
北牙[桂]	344 C4
北岩[鲁]	243 D6
北羊街[滇]	397 E8
北阳[豫]	264 D3
北杨村[冀]	57 F7
北杨集[豫]	269 F9
北洋[浙]	176 E3
北滘[粤]	313 F7
北冶[冀]	48 C3
北冶[豫]	263 B7
北义城[晋]	71 D7
北义井[晋]	72 C4
北营房[冀]	53 F7
北鱼[冀]	60 D2
北浴[皖]	198 G4
北塬[陕]	424 C2
北源[赣]	232 D4
北云门[豫]	264 E2
北臧村[京]	31 E7
北早现[冀]	49 C6
北闸[滇]	402 E4
北闸口[津]	39 E6
北宅[鲁]	245 C6
北寨[晋]	67 E7
北寨[陇]	428 E5
北张[晋]	73 E10
北张[晋]	74 E5
北张庄[冀]	61 D8
北漳[浙]	173 E7
北漳淮[冀]	58 G2
北赵川[陕]	425 B8
北镇[豫]	267 E9
北镇市[辽]	97 D7
北正[吉]	110 F4
北正[冀]	48 D5
北正[冀]	48 F5
北中[皖]	198 G3
北周庄[晋]	68 E5
北洲子[湘]	299 C9
北庄[晋]	70 C5
北庄[京]	33 E9
北庄[鲁]	255 E10
贝墩[粤]	316 B2
贝尔[内蒙古]	81 E10
贝江[湘]	304 E3
贝勒[内蒙古]	82 E3
贝林哈日莫墩[新]	452 E4
贝岭[粤]	316 B1
贝溪[湘]	305 C9
贝子府[内蒙古]	83 F8
背荫河[黑]	120 E3
背孜[豫]	271 B7
倍加造[晋]	69 C7
奔达[青]	441 E10
奔戈[川]	379 D7
奔牛[苏]	156 C5
奔子栏[滇]	404 E3
贲红[内蒙古]	79 D9
本号[琼]	347 F6
本溪市[辽]	98 G3
本溪县[辽]	98 F3
本斋[冀]	58 C5
本寨[黔]	385 B7
本寨[黔]	387 C7
本庄[黔]	391 F6
坌处[黔]	388 A5
比德[黔]	386 E5
比尔[川]	367 C8
比耳[湘]	301 D8
比如县[藏]	409 D8
比溪[湘]	301 B9
笔架山[鄂]	288 F5
笔架山[湘]	299 F9
笔山[川]	369 D8
必背[粤]	315 B6
必姆[赣]	231 D8
必斯营子[内蒙古]	83 G7
毕店[豫]	271 F8
毕郭[鲁]	250 E4
毕家[陕]	424 F3
毕节市[黔]	386 E3
毕桥[皖]	194 C5
庇江[桂]	338 C2
弼时[湘]	300 G4
弼佑[黔]	387 C10
辟展[新]	456 E3
碧安[滇]	407 D6
碧波[黔]	389 G6
碧城[滇]	397 D6
碧峰[黔]	390 B4
碧峰[陇]	429 D6
碧峰峡[川]	376 C4
碧谷[滇]	397 B8
碧痕[黔]	387 E7
碧湖[浙]	181 C7
碧口[陇]	429 C10
碧朗[湘]	306 C2
碧里[闽]	206 B1
碧莲[浙]	176 D5
碧流河[新]	451 C9
碧流台[内蒙古]	83 D7
碧龙[川]	364 C5
碧泉[川]	364 C4
碧山[川]	372 D3
碧山[渝]	356 F2
碧山[浙]	177 D7
碧石渡[鄂]	287 E7
碧水[黑]	125 C7
碧塘[湘]	305 C7
碧土[藏]	409 F10
碧溪[川]	365 C6
碧溪[滇]	405 C10
碧溪[滇]	406 B5
碧溪[赣]	233 E6
碧岩[陇]	429 D6
碧涌[湘]	306 C3
碧玉[陇]	428 C5
碧寨[滇]	403 C9
碧州[黑]	125 C8
碧洲[赣]	233 D8
璧山[湘]	300 C5
璧山区[渝]	354 D3
边巴[藏]	409 F7
边坝[藏]	409 E8
边坝县[藏]	409 E8
边城[苏]	156 B2
边耳[川]	378 B5
边岗[吉]	108 C3
边河[鲁]	242 C4
边江[滇]	406 E5
边临[鲁]	238 E4
边马[冀]	61 B9
边门[辽]	99 F8
边滩[青]	436 B4
边务[冀]	59 D8
边阳[黔]	385 F8
边院[鲁]	248 E5
边杖子[辽]	92 C3
边昭[吉]	110 F4
扁担沟[宁]	442 D4
扁担山[黔]	387 D6
扁牙[桂]	342 G2
卞路口[豫]	269 E9
卞桥[鲁]	252 C3
汴岗[豫]	269 C6
汴河[鄂]	289 F7
汴河[皖]	188 E5
汴塘[苏]	149 D6
便仓[苏]	152 E3
便益[皖]	193 C8
彪角[陕]	418 E4
标里[皖]	190 D5
标溪[浙]	180 E5
膘尔托阔依[新]	454 C2
表白寺[鲁]	239 C6
表村[滇]	405 E7
表山[浙]	176 C4
别盖[陇]	430 F2
别古庄[冀]	52 D2
别拉洪[黑]	129 B9
别桥[苏]	156 E3
别山[津]	41 B8
别斯铁热克[新]	450 G4
宾安[黑]	120 C5
宾川县[滇]	405 C8
宾亨[粤]	328 D4
宾居[滇]	405 C8
宾西[黑]	120 C4
宾县[黑]	120 C4
宾阳县[桂]	335 D6
彬江[赣]	226 F4
彬桥[桂]	343 D8
彬县[陕]	419 B6
斌郎[川]	369 E8
滨北[鲁]	247 D9
滨达[藏]	409 D9
滨海[冀]	54 F3
滨海[鲁]	247 B9
滨海[闽]	213 G7
滨海[粤]	319 E8
滨海[浙]	176 E5
滨海[浙]	179 B6
滨海港[苏]	152 B3
滨海路[鲁]	251 D6
滨海县[苏]	152 B2
滨河[吉]	108 C2
滨河[京]	32 C2
滨湖[鄂]	289 E8
滨湖[鲁]	255 D7
滨淮[苏]	152 B3
滨江[赣]	230 F5
滨江区[浙]	167 B8
滨州市[鲁]	247 D9
冰草湾[陇]	431 E10
冰淋岔[陇]	432 F4
冰水[辽]	102 F3
兵曹[冀]	58 E2
兵房[苏]	153 C8
兵营[鄂]	280 D2
丙安[黔]	390 A1
丙村[粤]	323 C8
丙底[川]	367 D9
丙谷[川]	367 F7
丙麻[滇]	403 B7
丙中洛[滇]	404 F3
邴集[皖]	191 G6
秉烈[滇]	401 D7
炳途[川]	367 B9
波波[川]	367 B8
波戈溪[川]	379 F6
波航[青]	436 D5
波莲[琼]	346 B5
波罗[藏]	409 D10
波罗[陕]	423 E7
波罗[粤]	314 D5
波罗赤[辽]	92 D4
波罗诺[冀]	53 E7
波洛[川]	367 C8
波密[川]	379 E7
波密县[藏]	409 E9
波泥河[吉]	108 E3
波水[湘]	305 C8
波斯河[川]	379 C8
波斯坦铁列克[新]	454 D2
波塘[桂]	338 F2
波洲[湘]	306 C2
玻璃城子[吉]	112 E1
玻璃忽镜[内蒙古]	79 D9
玻璃山[吉]	112 F2
剥隘[滇]	401 A10
播卡[滇]	397 A8
播乐[滇]	398 D4
播明[晋]	72 C4
播扬[粤]	324 E2
播阳[湘]	306 F3
播尧[黔]	385 C8
播植[粤]	328 E3
伯党[豫]	266 C5
伯都[吉]	111 D7
伯岗[豫]	266 E5
伯劳[桂]	341 C8
伯乐集[鲁]	254 E4
伯士[陕]	424 E4
伯延[冀]	61 E8
伯阳[陇]	429 B6
孛畈[鄂]	284 C1
泊尔江海子[内蒙古]	80 D2
泊岗[皖]	192 A5
泊口[冀]	61 C9
泊里[鲁]	245 F8
泊头[鲁]	247 C9
泊头市[冀]	59 E6
泊于[鲁]	251 D9
泊镇[冀]	59 E6
泊子[鲁]	243 B7
勃利县[黑]	127 G8
亳城[豫]	265 C6
亳州市[皖]	190 E4
博爱[桂]	339 D7
博爱县[豫]	261 C8
博鳌[琼]	347 D8
博白[桂]	339 F8
博白县[桂]	339 E8
博大[川]	366 E5
博尔羌古[新]	456 D1
博尔通古[新]	453 F8
博贺[粤]	324 G4
博厚[琼]	346 B5
博湖县[新]	456 E5
博科[川]	366 C5
博克图[内蒙古]	81 B9
博拉[陇]	432 B3
博乐市[新]	452 E4
博里[苏]	151 B7
博罗县[粤]	317 F7
博洛[川]	367 C8
博洛铺[辽]	99 B9
博美[川]	378 D5
博美[粤]	318 F5
博平[鲁]	240 C4
博铺[粤]	327 B10
博山区[鲁]	242 D3
博尚[滇]	399 E9
博树[川]	364 D4
博斯坦[新]	455 F8
博斯坦[新]	456 F3
博斯塘[新]	451 B9
博斯腾[新]	457 E6
博望[皖]	194 D3
博望[豫]	271 D7
博窝[川]	366 B5
博兴县[鲁]	247 E9
博野县[冀]	57 F8
渤海[黑]	131 D9
渤海[冀]	55 C8
渤海[京]	32 F5
渤海[辽]	97 C9
渤海[浙]	181 D7
渤海石油[津]	39 E9
薄壁[豫]	264 E1
薄荷台[黑]	123 B9
簸箕[陇]	429 D7
簸箕[湘]	301 D8
簸箕梁子[川]	367 C9
卜集[鲁]	255 D6
卜家[陕]	419 C7
卜塔亥[内蒙古]	79 D6
卜塔集[豫]	273 E7
卜宜[晋]	66 F5
卜弋[苏]	156 D5
卜庄[鲁]	243 B8
补抽[湘]	301 E8
补尔[川]	367 D8
补郎[黔]	386 C5
补浪河[陕]	423 F6
补隆淖尔[内蒙古]	78 E2
补洛[川]	367 D9
补约[川]	367 C9
不老屯[京]	33 E8
布兵[桂]	342 C5
布袋[台]	460 E2
布德[川]	367 F6
布尔津县[新]	450 F3
布尔台格[内蒙古]	80 C3
布尔陶亥[内蒙古]	80 B2
布嘎[滇]	402 E5
布海[吉]	108 C3
布吉[粤]	321 C6
布甲[赣]	222 D2
布拉格[内蒙古]	80 F4
布拉克[新]	457 F6
布朗山[滇]	407 E9
布力彦[内蒙古]	83 E7
布连[内蒙古]	80 C3
布隆吉[陇]	430 F3
布伦口[新]	454 D2
布伦木沙[新]	454 E2
布泉[桂]	334 D1
布日都[内蒙古]	80 C2
布日都[内蒙古]	82 F4
布图木吉[内蒙古]	82 F2
布拖县[川]	367 D8
布亚[新]	455 E7
步昌[陕]	424 E4
步达远[辽]	99 B6
步凤[苏]	152 E3
步古沟[冀]	53 C7
步路[浙]	176 D2
步头[桂]	338 C4
步头降[湘]	306 C2
步文[闽]	212 C3
步仙[湘]	300 E4
步云[川]	365 F8
步云[闽]	215 D8
步云桥[湘]	302 E4
步云山[辽]	103 A7
部官[晋]	75 E8
埠场[粤]	325 F6
埠村[鲁]	239 A8
埠河[鄂]	288 D4
埠江[豫]	271 F8
埠里[皖]	186 C2
埠柳[鲁]	251 D9
埠前[赣]	232 F5
埠头[赣]	228 D5
埠头[浙]	176 D1
埠子[苏]	151 F6
C	
擦卡[藏]	408 D2
擦罗[川]	376 F2
才丰[赣]	232 F5
才坎诺尔[新]	457 E6
才湾[桂]	336 B4
才溪[闽]	215 E8
才字[吉]	110 E5
财落[辽]	91 C6
财神[黔]	386 F3
财源[吉]	114 F2
采哈[川]	367 D9
采红[川]	367 B9
采花[鄂]	291 D6
采日玛[陇]	432 D2
采桑[豫]	264 B3
采桑湖[湘]	300 C2
采石[皖]	194 E3
采育[京]	31 E9
彩石[鲁]	239 B7
彩塘[粤]	319 D8
彩亭桥[冀]	54 D1
彩云[滇]	398 G3
菜坝[川]	374 C4
菜花坪[湘]	303 E8
菜屯[鲁]	240 B3
菜园[豫]	262 C4
菜园[豫]	264 C5
菜园集[鲁]	254 C2
菜园子[吉]	108 B3
菜子[川]	367 D8
菜子[陇]	429 D6
蔡场[川]	362 E4
蔡川[陕]	425 C8
蔡村[晋]	69 D7
蔡村[晋]	74 E5
蔡村[皖]	195 E7
蔡甸区[鄂]	279 F6
蔡店[鄂]	278 E2
蔡店[鄂]	284 C4
蔡店[豫]	263 D8
蔡锷[湘]	307 C8
蔡坊[赣]	229 C8
蔡公庄[津]	42 E3
蔡沟[豫]	273 A6
蔡官[黔]	387 C6
蔡官[苏]	155 C6
蔡和[川]	369 E7
蔡河[鄂]	282 C4
蔡河[鄂]	286 C5
蔡集[苏]	150 G5
蔡家[吉]	112 C3
蔡家[渝]	354 F4
蔡家堡[青]	436 C4
蔡家岗[湘]	299 C6
蔡家岗[渝]	354 C4
蔡家沟[吉]	111 D10
蔡家会[晋]	73 C7
蔡家庙[陇]	432 F4
蔡家坡[陕]	418 E4
蔡家桥[皖]	195 E9
蔡家崖[晋]	73 B7
蔡家峪[冀]	57 B6
蔡家榨[鄂]	278 C4
蔡江[赣]	228 B4
蔡金[川]	372 D3
蔡口集[陇]	432 E4
蔡岭[赣]	223 D9
蔡庙[皖]	191 F6
蔡木山[内蒙古]	82 F5
蔡牛[辽]	95 G6
蔡旗[陇]	431 D8
蔡桥[苏]	152 C2
蔡桥[湘]	307 D7
蔡桥[豫]	273 F7
蔡山[鄂]	287 B8
蔡市[湘]	304 B3
蔡堂[鲁]	254 F5
蔡玉窑[陕]	425 E8
蔡园[冀]	54 C4
蔡源[浙]	180 C3
蔡寨[豫]	272 A4
蔡庄[豫]	266 E2
参宝[川]	375 B8
参内[闽]	213 D7
蚕庄[鲁]	250 D3
仓埠[鄂]	278 C5
仓村[陕]	417 C10
仓房[豫]	270 F4
仓更[黔]	387 F10
仓集[苏]	151 E6
仓街[滇]	396 C3
仓坪[湘]	301 B9
仓前[浙]	167 B7
仓山[川]	368 G4
仓上[陕]	421 C7
仓田[川]	367 E8
仓头[皖]	199 C8
仓头[豫]	263 B8
仓头[豫]	271 B8
仓寨[豫]	260 A2
仓镇[皖]	192 E4
仓子[冀]	53 E8
沧港[湘]	299 D7
沧沟[渝]	355 D8
沧江[黔]	387 F10
沧山[湘]	299 E6
沧水铺[湘]	299 F9
沧县[冀]	59 D7
沧源佤族自治县[滇]	399 F7
沧州市[冀]	59 C7
苍场[湘]	298 F4
苍城[粤]	325 C8
苍杜[陕]	420 F3
苍岭[滇]	396 E4
苍岭[渝]	355 E10
苍岭[渝]	356 C2
苍南县[浙]	177 D8
苍山县[鲁]	252 F3
苍台[豫]	271 G7
苍土[辽]	96 C5
苍梧县[桂]	338 E3
苍溪县[川]	364 D4
苍岩山[冀]	48 E5
苍游[陕]	416 D3
藏巴哇[陇]	432 A4
藏坝[川]	379 D7
藏桂[新]	455 E7
藏南[鲁]	245 F8
操场[赣]	226 E4
操军[湘]	300 C1
曹庵[皖]	189 C10
曹碑[川]	365 E6
曹埠[苏]	153 D8
曹川[晋]	75 D8
曹村[陕]	424 E1
曹村[皖]	189 D6
曹村[豫]	263 B7
曹村[浙]	177 D7
曹甸[苏]	154 F1
曹店[皖]	192 C2
曹娥[浙]	173 C6
曹范[鲁]	239 B8
曹坊[闽]	210 E2
曹岗[豫]	264 G5
曹古[川]	367 B7
曹河[豫]	269 D7
曹黄林[豫]	273 E7
曹回[渝]	355 A7
曹回[渝]	356 G2
曹集[苏]	150 F5
曹集[皖]	191 E10
曹集[豫]	267 E9
曹家[川]	369 C10
曹家[川]	372 B4
曹家[陕]	418 E4
曹家[湘]	302 B2
曹家[渝]	355 B8
曹家洼[冀]	59 G6
曹家湾[陕]	418 C2
曹家务[冀]	52 C2
曹家垣[晋]	73 F7
曹江[粤]	324 E3
曹老集[皖]	187 D8
曹里[豫]	268 B5
曹路[沪]	137 E8
曹庙[苏]	151 F7
曹庙[皖]	187 D6
曹碾[内蒙古]	79 F9
曹坪[陕]	425 E8
曹桥沈荡[浙]	169 D8
曹市[鄂]	289 D8
曹市[皖]	190 B5
曹四夭[内蒙古]	79 D10
曹寺[冀]	59 B7
曹洼[宁]	443 E8
曹王[鲁]	247 F9
曹武[鄂]	283 A8
曹务[陇]	432 G2
曹溪[赣]	230 D5
曹县[鲁]	254 E3
曹岘[陇]	428 D3
曹营[川]	374 F5
曹远[闽]	210 E5
曹张[晋]	72 C4
曹镇[豫]	271 C9
曹庄[冀]	61 C7
曹庄[辽]	93 B7
曹庄[鲁]	252 F5
曹庄[鲁]	254 F4
曹庄[皖]	188 B2
曹庄[豫]	267 D9
曹子里[津]	40 C3
漕河[鄂]	287 C7
漕河[冀]	57 D8
漕河[鲁]	255 B7
漕涧[滇]	405 E8
漕泾[沪]	139 A7
槽渔滩[川]	372 B2
槽元[川]	367 F8
草庵[皖]	192 F5
草坝[川]	369 C8
草坝[川]	376 D4
草坝[滇]	400 E5
草坝[陇]	429 C7
草碧[陕]	418 C3
草场[川]	367 F7
草场[辽]	92 E5
草池[川]	369 C7
草池[川]	373 B7
草川[陇]	429 C6
草川铺[陇]	429 B6
草登[川]	377 D7
草地[川]	377 C10
草甸[滇]	397 F8
草店[鄂]	282 C2
草峰[陇]	432 F3
草沟[皖]	189 G8
草沟堡[冀]	51 E9
草海[滇]	405 C6
草河[辽]	99 F8
草河[陇]	429 C10
草河城[辽]	98 F4
草河口[辽]	98 F4
草河掌[辽]	98 F3
草湖[新]	457 F6
草街[渝]	354 B4
草科[川]	376 F1
草林[赣]	233 F8
草庙[宁]	443 C9
草庙[陕]	420 C3
草庙[苏]	152 F4
草庙[皖]	186 B3
草庙[皖]	189 F9
草庙集[豫]	273 E9
草庙子[鲁]	251 D8
草碾[冀]	54 B5
草盘地[鄂]	286 B3
草坪[桂]	336 E3
草坪[陇]	429 D8
草坪[湘]	299 D6
草坡[川]	377 F9
草桥[苏]	149 D8
草市[辽]	95 B6
草市[湘]	303 E8
草塔[浙]	172 D2
草滩[陇]	428 C3
草滩[陇]	428 F5
草滩[陇]	429 D6
草滩[陕]	416 C2
草滩[陕]	416 C2
草潭[湘]	301 D10
草潭[粤]	327 C6
草堂[陕]	416 D4
草堂[渝]	357 E9
草塘[黔]	384 C2
草屯[台]	460 D3
草尾[湘]	299 D8
草窝滩[陇]	428 E1
草兴[川]	369 E8
草堰口[苏]	152 D2
草原[川]	377 D9
草原[黔]	384 E5
草原[冀]	52 B5
册村[晋]	70 E3
册亨县[黔]	387 C9
册井[冀]	60 F5
册山[鲁]	252 E4
册子[浙]	170 C4
侧岭[桂]	344 D3
测鱼[冀]	48 E5
策大雅[新]	456 F5
策底[陇]	432 G3
策勒县[新]	455 E8
策武[闽]	215 E7
策源[湘]	303
岑川[湘]	300 E4
岑港[浙]	170 C4
岑巩县[黔]	388 C4
岑河[鄂]	288 D5
岑松[黔]	388 D5
岑溪[渝]	356 E3
岑溪市[桂]	338 G3
涔南[湘]	299 A7
涔山[晋]	72 E3
层山[鲁]	252 F4
层台[黔]	386 D2
叉干[吉]	110 C4
插甸[滇]	397 C6
插花[皖]	191 D8
插旗[湘]	300 C2
查巴奇[内蒙古]	81 B9
查布[内蒙古]	80 F4
查布嘎吐[内蒙古]	83 D8
查旦[青]	441 E7
查尔采开[新]	456 E5
查尔玛[川]	377 D7
查甫[青]	436 C5
查干敖包[内蒙古]	79 C6
查干敖包[内蒙古]	79 C8
查干敖包[内蒙古]	82 D1
查干补力格[内蒙古]	79 D7
查干布拉格[内蒙古]	84 C5
查干郭勒[新]	450 B5
查干花[吉]	111 F6
查干库勒[新]	453 A9
查干沐沦[内蒙古]	83 E6
查干淖尔[内蒙古]	79 C5
查干淖尔[内蒙古]	82 E4
查干诺尔[内蒙古]	83 E7
查干屯格[新]	452 E3
查哈阳[黑]	122 D2
查汗都斯[青]	437 B6
查和哈达[内蒙古]	79 C6
查理[川]	377 C7
查龙[川]	378 E3
查桥[皖]	200 D2
查日苏[内蒙古]	83 E10
查山[豫]	272 D4
查田[浙]	180 E3
查湾[皖]	187 C10
查吾通[藏]	409 D10
查孜[藏]	408 E4
茶庵[皖]	187 B6
茶庵[豫]	271 E7
茶庵岭[鄂]	285 D7
茶庵铺[湘]	298 E5
茶坝[川]	364 F2
茶坝[川]	369 D6
茶埠[陇]	429 E7
茶城[桂]	336 F2
茶地[闽]	215 E9
茶店[川]	363 E7
茶店[鄂]	280 B4
茶店[黔]	386 C4
茶店[黔]	391 F9
茶店[陕]	420 E2
茶店[豫]	264 C2
茶店子[鄂]	291 B6
茶淀[津]	40 G3
茶洞[桂]	336 D1
茶洞[湘]	301 E7
茶恩寺[湘]	303 C7
茶坊[陕]	417 C9
茶房[川]	364 B5
茶房[滇]	399 D9
茶河[川]	369 D10
茶湖潭[湘]	300 F2
茶卡[青]	439 A9
茶林[湘]	304 C3
茶岭[皖]	198 D3
茶陵县[湘]	303 E9
茶洛[川]	379 E6
茶木[滇]	402 B3
茶盘[川]	365 B6
茶盘洲[湘]	299 C9
茶平[闽]	208 C5
茶坪[湘]	306 D1
茶山[湘]	303 B8
茶山[粤]	324 C3
茶山[粤]	320 A5
茶山[浙]	179 C6
茶山坳[湘]	303 E6
茶市[湘]	303 E6
茶田[湘]	301 G7
茶亭[川]	364 C5
茶亭[川]	368 E4
茶亭[赣]	231 E7
茶亭[湘]	296 C5
茶垭[川]	369 C9
茶阳[粤]	323 C10
茶元头[湘]	307 C8
茶园[川]	362 E3
茶园[赣]	228 D5
茶园[黔]	386 B2
茶园[湘]	302 B4
茶院[浙]	171 E7
茶扎[川]	378 E3
茶镇[陕]	420 A3
搽耳[川]	365 C6
槎水[皖]	198 E2
槎溪[湘]	302 B2
察布[藏]	408 C3
察布查尔锡伯自治县[新]	452 B1
察尔汗[青]	439 D9
察尔森[内蒙古]	83 B9
察哈尔右翼后旗[内蒙古]	79 D9
察哈尔右翼前旗[内蒙古]	79 E9
察哈尔右翼中旗[内蒙古]	79 D8
察汗淖尔[内蒙古]	80 E3
察汗乌苏[新]	452 C1
察瓦龙[藏]	409 F10
察雅县[藏]	409 E10
察隅县[藏]	409 F10
汊沽港[津]	40 D2
汊河[鄂]	289 E8
汊河[皖]	193 F7
汊涧[皖]	193 C8
岔沟[冀]	53 E8
岔沟[辽]	100 E3
岔河[川]	367 F8
岔河[滇]	400 C3
岔河[黔]	384 C4
岔河[黔]	386 D3
岔河[黔]	386 G2
岔河[冀]	54 E2
岔河[苏]	149 C7
岔河[苏]	151 C8
岔河[苏]	153 E7
岔河集[冀]	52 E1
岔河则[陕]	423 E6
岔科[滇]	400 D4
岔口[晋]	66 C4
岔口[晋]	67 B9
岔口[皖]	201 E9
岔路[皖]	186 D5
岔路[浙]	171 F8
岔路河[吉]	109 D6
岔路口[吉]	108 B4
岔庙[苏]	151 C6
岔上[陕]	423 B8
岔台[吉]	110 B5
岔头[冀]	48 A5
岔头[湘]	306 C4
差干[粤]	323 A8
柴堡[冀]	61 A8
柴达木[内蒙古]	83 E8
柴登[内蒙古]	80 C2
柴岗[吉]	108 C2
柴岗[豫]	268 C5
柴沟[鲁]	243 E8
柴关[冀]	60 F4
柴河[黑]	131 C7
柴河[内蒙古]	81 C10
柴胡店[鲁]	238 C3
柴胡店[鲁]	255 E8
柴湖[鄂]	283 D8
柴集[皖]	191 F8
柴家[晋]	74 F5
柴家门[陇]	428 D4
柴井[川]	364 C5
柴坪[陕]	425 F10
柴桥[浙]	170 C5
柴洼[豫]	262 B5
柴湾[苏]	153 F7
柴维[藏]	409 D9
柴窝堡[新]	451 E9
柴庄[陕]	425 E9
禅城区[粤]	313 E6
禅家岩[陕]	420 E4
禅林[川]	364 D4
禅堂[皖]	189 E7
缠溪[黔]	391 E8
蝉房[冀]	60 G4
蝉战河[滇]	404 A5
镡坝[陇]	429 B8
镡河[陇]	429 B8
产德[冀]	56 F5
昌波[川]	379 F8
昌禅[浙]	179 D9
昌城[鲁]	243 F8
昌德[黑]	123 C8
昌德[黑]	130 G5
昌东[赣]	220 C4
昌都县[藏]	409 D9
昌傅[赣]	227 F7
昌果[藏]	408 F3
昌化[琼]	346 D2
昌化[浙]	166 C4
昌吉市[新]	451 E9
昌江黎族自治县[琼]	346 D3
昌江区[赣]	221 D8
昌乐县[鲁]	243 C6
昌黎县[冀]	55 D6
昌龙[藏]	408 F5
昌隆[辽]	92 F2
昌麻河[青]	440 E3
昌马[陇]	430 F3
昌明[黔]	384 D5
昌明[桂]	343 C7
昌宁[陇]	431 C8
昌宁县[滇]	403 B8
昌平[桂]	343 A7
昌平区[京]	31 B9
昌桥[皖]	195 F7
昌荣[苏]	154 C3
昌洒[琼]	347 B9
昌盛[黑]	122 A4
昌盛[黑]	130 E4
昌盛[陇]	431 C8
昌图县[辽]	94 E4
昌五[黑]	130 F5
昌溪[皖]	201 E9
昌邑[赣]	220 A4
昌邑区[吉]	109 C7
昌邑市[鲁]	243 C8
昌洲[赣]	230 C4
菖蒲[赣]	229 C10
菖蒲[皖]	198 F3
长安[川]	365 A8
长安[川]	375 B7
长安[滇]	402 B3
长安[黔]	385 F7
长安[黑]	128 D5
长安[吉]	115 E8
长安[辽]	99 F9
长安[陕]	421 D9
长安[皖]	195 E9
长安[湘]	302 D5
长安[渝]	357 F9
长安[粤]	328 C2
长安[粤]	320 B4
长安[浙]	169 F9
长安区[陕]	416 C3
长安营[湘]	306 F4
长坝[川]	369 C9
长坝[黔]	386 A3
长坝[黔]	391 F6
长坝[陇]	429 C9
长坝[渝]	355 D7
长白[吉]	113 C10
长白[辽]	91 C7
长白[浙]	170 C4
长柏[川]	366 D5
长宝营子[辽]	92 C3
长堡[黔]	391 D7
长北[晋]	70 C4
长滨[台]	460 E4
长布[粤]	323 E6
长埠[赣]	220 C2
长策[湘]	305 D7
长城[晋]	69 B7
长城[辽]	102 F2
长城[陇]	431 E9
长城[鲁]	252 F3
长城[内蒙古]	79 F9
长城[陕]	417 E6
长赤[川]	369 B6
长冲[湘]	303 C8
长春[黑]	122 B4
长春[闽]	209 F9
长春[湘]	299 E8
长春堡[黔]	386 E3
长春岭[吉]	111 C9
长春市[吉]	108 E2
长村[湘]	305 F6
长村张[豫]	268 C3
长荡[苏]	152 D3
长道[陇]	429 C7
长底[滇]	398 F4
长甸[辽]	99 D8
长垌[桂]	345 B8
长渡[渝]	357 D9
长发[桂]	338 D3
长发[桂]	343 E9
长发[黑]	122 C3
长发[黑]	128 E2
长发[黑]	130 D2
长发[辽]	94 G3
长丰[鄂]	279 E6
长丰[赣]	228 F3
长丰[黔]	391 C6
长丰[冀]	58 A5
长丰[琼]	347 E7
长丰县[皖]	186 C1
长风[皖]	198 B3
长福[黑]	124 D1
长陔[皖]	201 F8
长冈[赣]	228 D5
长岗[鄂]	282 F4
长岗[黔]	390 F2
长岗[黑]	130 E5
长岗[皖]	186 D3
长岗[豫]	266 D4
长岗[粤]	328 E1
长皋[辽]	92 A3
长葛市[豫]	268 B3
长沟[京]	30 F4
长沟[鲁]	255 C6
长沟[陕]	425 D9
长沟[皖]	189 F8
长沟河[陕]	420 E2
长古城[冀]	57 E6
长官[鲁]	238 C2
长官[皖]	191 G8
长官[湘]	301 D10
长官庙[陕]	417 E7
长桂[渝]	357 C8
长海县[辽]	103 E6
长河[川]	367 C9
长河[浙]	170 F4
长洪[渝]	357 E6
长虹[浙]	177 A6
长湖[湘]	300 D4
长湖[湘]	303 E6
长淮卫[皖]	187 D9
长吉[黔]	388 C5
长集[皖]	187 D6
长江[桂]	344 E3
长江[黑]	130 E5
长江[苏]	153 F8
长江[湘]	303 C7
长江[粤]	315 A8
长江埠[鄂]	284 E2
长江农场[沪]	141 D7
长角坝[陕]	420 A1
长街[浙]	171 D8
长界[湘]	307 F9
长泾[苏]	159 B8
长均[赣]	220 C2
长康[湘]	300 F3
长坑[闽]	213 D6
长来[粤]	315 B6
长老[桂]	344 E3
长乐[川]	365 C6
长乐[桂]	344 E4
长乐[鲁]	244 F2
长乐[闽]	212 D1
长乐[皖]	186 B4
长乐[湘]	300 E4
长乐[湘]	301 D8
长乐[湘]	307 D7
长乐[浙]	172 F5
长乐坪[鄂]	291 E7
长乐市[闽]	206 C4
长梁[川]	365 C6
长梁[鄂]	290 C4
长梁[冀]	50 B3
长梁沟[晋]	72 D3
长临河[皖]	186 B4
长岭[川]	364 E4
长岭[川]	369 F9
长岭[鄂]	282 C4
长岭[黑]	120 B3
长岭[辽]	103 B7
长岭[鲁]	253 C6
长岭[陕]	420 B5
长岭[皖]	187 E10
长岭[皖]	198 E5
长岭[湘]	303 B8
长岭[渝]	356 F5
长岭岗[湘]	299 C6
长岭县[吉]	110 G5
长陵[京]	31 A9
长陵[豫]	273 D8
长流[黔]	387 E6
长流[琼]	347 A7

C 长苌常厂场畅唱抄超晁巢朝潮车撤郴沉辰陈晨谌闯称成呈承枨诚城乘埕程澄秤池迟茌尺齿叱斥赤充冲崇重抽仇绸稠丑出初滁杵储楮楚褚处搋川穿传船串创垂春椿纯莼淳绰祠茈茨慈磁次从枞聪丛粗徂促崔

地名[省别] 地图位置

长龙[赣] 229 F7
长龙[吉] 111 E7
长龙[闽] 206 B2
长龙[渝] 355 A7
长芦[苏] 146 D3
长洛[赣] 229 D7
长茅岭[湘] 299 E6
长茂[苏] 150 B4
长美[桂] 344 B2
长宁[鲁] 243 D7
长宁[青] 436 C4
长宁[陕] 418 D5
长宁[粤] 317 F7
长宁区[沪] 136 F5
长宁县[川] 374 D5
长凝[冀] 54 E5
长凝[晋] 67 D7
长平[赣] 228 G2
长坪[川] 364 C5
长坪[川] 369 B8
长坪[鄂] 281 F6
长坪[赣] 233 F7
长坪[黔] 391 D10
长坪[桂] 338 C1
长坪[湘] 301 F10
长坪[湘] 303 G6
长坪[渝] 355 A9
长坪[渝] 356 G5
长坡[琼] 347 C8
长坡[粤] 324 E3
长铺[皖] 198 F5
长铺子[湘] 306 E4
长期[黔] 390 C1
长岐[粤] 327 B10
长桥[赣] 225 D8
长桥[沪] 136 G5
长桥[闽] 208 E5
长桥[闽] 212 D3
长桥[豫] 271 B9
长青[黔] 389 F7
长青[黑] 122 E5
长青[黑] 127 F9
长青[陕] 418 D3
长青[湘] 303 C6
长青沙[苏] 153 F9
长卿[川] 368 D4
长清区[鲁] 239 D8
长庆[闽] 206 G4
长庆桥[陇] 432 G4
长秋[川] 362 G4
长沙[赣] 229 C8
长沙[黔] 390 A2
长沙[黔] 390 B1
长沙[苏] 153 C7
长沙[皖] 198 B3
长沙[湘] 296 D5
长沙[渝] 356 E5
长沙[粤] 323 D8
长沙干马[川]378 A3
长沙干马[川]378 F2
长沙贡马[川]378 B2
长沙贡马[川]378 G1
长沙县[湘] 297 D6
长山[川] 373 E6
长山[黑] 120 F3
长山[黑] 122 E4
长山[黑] 130 C3
长山[吉] 111 D7
长山[辽] 99 F10
长山[鲁] 247 G8
长山[粤] 327 A7
长山晏[赣] 220 G5
长山峪[冀] 53 F7
长尚口[鄂] 289 C9
长哨营[京] 33 C6
长生桥[渝] 354 D5
长胜[赣] 228 B5
长胜[黑] 128 E3
长胜[内蒙古] 78 E4
长胜[内蒙古] 83 F8
长石[川] 369 B9
长石[黔] 386 C2
长寿[鄂] 283 D7
长寿[黑] 120 D5
长寿[湘] 301 F6
长寿湖[渝] 355 C6
长寿区[渝] 355 C6
长水[豫] 262 D5
长顺县[黔] 385 F6
长所[藏] 408 F5
长台[浙] 177 D8
长台关[豫] 272 D5
长泰县[闽] 212 C3
长滩[川] 365 A8
长滩[川] 373 G9
长滩[鄂] 283 C8
长滩[桂] 336 F3
长滩[桂] 341 B6
长滩[辽] 91 D8
长滩[内蒙古] 80 B3
长滩[渝] 355 D9
长滩[渝] 356 B1
长滩[渝] 357 F6
长潭[湘] 301 D7
长潭[湘] 306 A3
长潭[粤] 323 B8
长潭河[鄂] 290 E4
长潭坪[湘] 298 B3
长塘[赣] 232 C4
长塘[桂] 334 E5
长塘[桂] 337 F8
长塘[湘] 299 F7
长塘[湘] 300 D4
长塘[湘] 306 C5
长塘[粤] 316 B2
长塘[浙] 173 C6
长田[川] 365 C7
长田[川] 369 E9
长田[黔] 384 F5
长田[黔] 387 D8
长田[粤] 323 C8
长田湾[湘] 306 A5
长汀[黑] 131 E8
长汀县[闽] 215 E6
长涂[浙] 170 B3
长土[川] 373 E8
长武县[陕] 418 B5
长溪[陕] 420 B2
长巷[冀] 61 D8
长校[闽] 210 E3
长辛店[京] 28 E4
长辛店[京] 28 F4
长新[川] 367 F8
长新[滇] 405 E7
长兴[川] 375 B6
长兴[黑] 127 F8
长兴[沪] 141 C9
长兴堡[黔] 391 C10
长兴岛[辽] 102 C3
长兴集[鲁] 254 D1
长兴县[浙] 168 D2
长兴镇[豫] 273 F6
长须干马[川]378 F2
长须贡马[川]378 F2
长轩岭[鄂] 278 D3
长阳[京] 31 D6
长阳[陕] 421 F7
长阳铺[湘] 307 C8
长阳土家族自治县[鄂] 291 D8
长营子[辽] 96 D5
长垣县[豫] 264 F5
长在营子[辽] 92 D5
长寨[湘] 306 D4
长畛[晋] 72 E2
长征[黔] 390 F3
长征[沪] 136 E4
长征[琼] 347 E6
长征[浙] 173 G6
长征农场[沪]141 D5
长直[晋] 75 C7
长治市[晋] 70 C5
长治县[晋] 71 C6
长智[豫] 266 D3
长洲[桂] 338 E3
长洲[桂] 344 F3
长洲[粤] 313 E8
长竹舞[黔] 384 E4
长竹园[豫] 273 G8
长柱[浙] 177 C9
长子县[晋] 70 D5
长子营[京] 31 E9
苌池[晋] 67 B8
苌庄[豫] 268 A2
常安[黑] 120 C5
常安[冀] 49 E8
常安[晋] 66 C4
常安[浙] 167 D7
常堡[黑] 120 E4
常川[豫] 263 D8
常村[豫] 263 C6
常村[豫] 264 E2
常村[豫] 264 F5
常村[豫] 271 C8
常袋[豫] 263 B8
常德市[湘] 299 D6
常店[苏] 148 B2
常坟[皖] 187 F10
常丰[陕] 418 C5
常郭[冀] 59 D8
常家[鲁] 238 A2
常家[鲁] 242 A2
常家河[陇] 429 C6
常乐[川] 365 E7
常乐[桂] 341 D9
常乐[晋] 75 E8
常乐[宁] 442 F5
常乐[苏] 153 C9
常乐集[鲁] 254 E2
常理[川] 365 E7
常林[川] 365 D6
常路[鲁] 252 B3
常绿[浙] 167 D8
常么[桂] 343 E9
常牧[青] 437 C6
常宁[冀] 51 D8
常宁[陕] 419 C6
常宁市[湘] 302 F5
常平[豫] 261 D8
常平[粤] 320 A5
常青[苏] 153 F8
常青[湘] 306 D4
常山[吉] 109 E8
常山[皖] 192 E5
常山县[浙] 177 C7
常胜[黑] 126 A3
常胜[内蒙古] 83 E10
常熟市[苏] 161 C7
常太[闽] 206 E6
常屯[冀] 60 B4
常信[宁] 442 C2
常兴[辽] 97 C7
常兴[陕] 418 E5
常兴[皖] 191 B8
常兴[豫] 272 C5
常兴店[辽] 97 D7
常营[京] 29 D8
常营[豫] 269 B6
常张[晋] 70 D5
常州市[苏] 157 D6
常庄[冀] 54 D3
常庄[冀] 59 E8
常庄[冀] 60 B4
常庄[鲁] 255 F8
常庄[豫] 272 A5
厂汉木台[内蒙古] 79 D7
厂汉营[内蒙古] 79 F8
厂窖[湘] 299 C8
厂街[滇] 405 E9
厂口[滇] 397 D7
厂溪[川] 369 C9
场坝[滇] 402 C4
场口[浙] 167 D7
畅好[琼] 346 E4
唱歌[川] 369 C8
唱凯[赣] 224 E3
抄乐[黔] 390 F5
超等[黑] 123 D9
超格图呼热[内蒙古] 84 B5
超化[豫] 260 D4
晁陂[豫] 271 E6
晁峪[陕] 418 E2
巢湖市[皖] 199 C7
朝城[鲁] 240 E2
朝东[桂] 338 A3
朝格温都[内蒙古] 83 F7
朝克乌拉[内蒙古] 82 D5
朝里[桂] 342 E3
朝鲁吐[内蒙古] 83 E9
朝那[陇] 432 G3
朝南[桂] 336 C4
朝天区[川] 364 D1
朝阳[川] 364 E2
朝阳[川] 365 C7
朝阳[川] 369 F8
朝阳[川] 373 C9
朝阳[川] 373 E8
朝阳[赣] 231 E8
朝阳[黔] 385 B9
朝阳[桂] 336 D2
朝阳[黑] 120 D2
朝阳[黑] 123 B9
朝阳[黑] 124 E2
朝阳[黑] 128 F5
朝阳[吉] 108 C4
朝阳[吉] 109 B8
朝阳[吉] 111 D8
朝阳[辽] 100 E5
朝阳[辽] 94 E2
朝阳[辽] 92 C4
朝阳[辽] 92 C4
朝阳[闽] 212 C3
朝阳[内蒙古] 78 E5
朝阳[内蒙古] 79 C10
朝阳[内蒙古] 83 D6
朝阳[苏] 150 C2
朝阳[皖] 189 D7
朝阳[湘] 298 C5
朝阳[豫] 263 B8
朝阳[浙] 179 D8
朝阳川[吉] 115 E7
朝阳地[冀] 53 B8
朝阳地[内蒙古] 83 G6
朝阳洞[渝] 357 D7
朝阳沟[黑] 123 B9
朝阳湖[川] 362 G3
朝阳农场[沪]140 B1
朝阳坡[吉] 112 C2
朝阳区[京] 29 D7
朝阳山[吉] 109 F6
朝阳寺[鄂] 290 F2
朝阳湾[冀] 53 B8
朝仪[湘] 306 E4
朝邑[陕] 424 E4
朝真[川] 368 D3
潮安县[粤] 319 D8
潮砥[黔] 391 D7
潮河[川] 375 B6
潮河[鲁] 253 C8
潮基[浙] 179 D6
潮江[湘] 303 D6
潮洛窝[冀] 54 E1
潮南区[粤] 319 E7
潮泉[鲁] 248 C5
潮水[鲁] 250 C5
潮田[桂] 336 D3
潮阳区[粤] 319 E8
潮州[台] 460 F3
潮州市[粤] 319 C8
潮庄[豫] 266 E4
车板[粤] 327 B6
车埠[鄂] 285 D6
车城[晋] 74 F3
车城[台] 460 G3
车村[豫] 263 F7
车道[陇] 432 E3
车墩[沪] 138 B4
车辐山[苏] 149 C6
车赶[晋] 73 D7
车岗[粤] 325 B7
车古[滇] 400 E3
车河[桂] 344 E3
车湖垸[湘] 299 D6
车家庄[陕] 418 C5
车江[黔] 389 D8
车江[湘] 303 E6
车拉[陇] 429 D7
车龙[川] 365 D6
车陆[黑] 124 D5
车逻[苏] 154 E5
车马[湘] 299 E9
车马[湘] 300 G2
车门[苏] 151 G8
车鸣峪[晋] 73 F8
车排子[新] 453 E7
车坪[湘] 301 B9
车桥[赣] 223 D6
车桥[苏] 151 B7
车田[桂] 336 B3
车田[渝] 356 C3
车田[粤] 316 B2
车头[赣] 229 D8
车头[湘] 304 E5
车往[冀] 61 C9
车辋[川] 375 C8
车辋[鲁] 252 E3
车坞[陕] 419 C7
车溪[赣] 229 C6
车溪[湘] 299 B6
车站[豫] 267 D8
车站[豫] 272 B5
车镇[鲁] 247 B7
撤莲[川] 367 F7
郴江[湘] 305 D7
郴州市[湘] 305 D7
沉湖[鄂] 284 G1
沉抗[川] 368 E3
辰清[黑] 124 D3
辰时[冀] 58 E3
辰溪县[湘] 306 A4
陈巴尔虎旗[内蒙古] 81 D9
陈堡[苏] 154 C4
陈埠[皖] 199 F9
陈仓[陕] 418 E3
陈仓区[陕] 418 E4
陈曹[豫] 268 B4
陈策楼[鄂] 286 E5
陈场[鄂] 289 D7
陈城[闽] 212 F2
陈村[冀] 61 B7
陈村[晋] 75 C6
陈村[陕] 418 D3
陈村[豫] 262 B5
陈村[粤] 313 E7
陈村[浙] 181 D7
陈大[闽] 211 D6
陈大[皖] 190 D5
陈岱[闽] 212 F2
陈埭[闽] 213 E9
陈店[鄂] 284 C2
陈店[鄂] 288 D2
陈店[豫] 273 C7
陈店[豫] 273 G7
陈店[粤] 319 E6
陈东[闽] 215 D10
陈耳[陕] 425 B6
陈二[湘] 299 C6
陈坊[赣] 231 G6
陈府[冀] 52 A3
陈古[川] 365 F6
陈固[豫] 264 F4
陈官[鲁] 241 F7
陈官屯[冀] 54 C5
陈官屯[津] 42 F3
陈官庄[豫] 267 F10
陈贵[鄂] 287 F8
陈汉[皖] 198 G4
陈河[川] 369 B7
陈河[鄂] 284 E1
陈河[陕] 416 F4
陈户[陇] 431 C6
陈户[鲁] 247 E9
陈化店[豫] 268 C4
陈集[鲁] 240 D4
陈集[鲁] 254 D3
陈集[苏] 151 F6
陈集[苏] 152 C1
陈集[苏] 155 G6
陈集[皖] 186 A2
陈集[皖] 187 F7
陈集[皖] 188 G4
陈集[皖] 191 G9
陈集[豫] 267 E10
陈集[豫] 273 D10
陈家[川] 364 D1
陈家[川] 369 E8
陈家[川] 373 D8
陈家[沪] 141 B8
陈家[辽] 97 C8
陈家坝[川] 368 D3
陈家坝[陕] 420 A2
陈家坝[陕] 420 G5
陈家坊[湘] 307 C8
陈家港[苏] 152 A2
陈家河[湘] 298 B2
陈家铺[冀] 54 D1
陈家桥[湘] 307 C8
陈家桥[湘] 307 C8
陈家桥[渝] 354 C4
陈家滩[陕] 420 B4
陈家滩[湘] 307 E9
陈家洼[冀] 51 E8
陈家湾[晋] 73 E7
陈家营[晋] 72 F1
陈家庄[晋] 72 B4
陈家嘴[陇] 428 E5
陈家嘴[湘] 299 C8
陈江[川] 364 E3
陈江[粤] 317 E8
陈靳[宁] 443 D10
陈井[陇] 428 F4
陈良[苏] 152 D2
陈淋子[豫] 273 F10
陈留[豫] 266 C3
陈楼[苏] 149 D8
陈炉[陕] 419 B8
陈棚[豫] 273 D7
陈平[桂] 335 D6
陈坡[鲁] 254 C4
陈桥[苏] 151 D9
陈桥[苏] 153 E8
陈桥[皖] 191 C8
陈桥[豫] 264 G5
陈青集[豫] 267 E6
陈胜[川] 374 E5
陈师[苏] 151 C6
陈食[渝] 354 D3
陈塘[藏] 408 G5
陈塘[桂] 338 D2
陈涛[苏] 152 B2
陈疃[鲁] 253 C7
陈屯[辽] 99 B10
陈圩[苏] 151 F8
陈吴[豫] 262 D5
陈溪[浙] 173 D7
陈霞[皖] 201 F7
陈相屯[辽] 91 B8
陈巷[鄂] 282 C5
陈巷[闽] 212 C3
陈阳坪[豫] 270 C4
陈洋[苏] 152 C3
陈瑶湖[皖] 198 A2
陈塬[陕] 425 D8
陈院[陇] 429 B8
陈宅[浙] 172 F3
陈庄[冀] 48 A5
陈庄[冀] 58 D4
陈庄[鲁] 241 C8
陈庄[鲁] 242 B3
陈庄[陕] 424 E2
陈庄[豫] 265 C8
陈庄[豫] 268 D4
陈庄[豫] 272 C3
陈嘴[冀] 59 C7
陈嘴[津] 40 D2
晨光[赣] 229 C9
晨明[黑] 126 F3
谌家矶[鄂] 279 D6
闯王[鄂] 285 E9
称多县[青] 441 E10
称杆[滇] 405 F7
称勾集[冀] 61 C9
称钩驿[陇] 428 D4
称文[青] 441 E10
成安县[冀] 61 C8
成都市[川] 362 E5
成富[黑] 128 E5
成高子[黑] 120 C3
成功[台] 460 E4
成吉思汗[内蒙古] 81 B10
成集[苏] 151 C6
成佳[川] 362 G2
成佳[浙] 173 E7
成家庄[晋] 73 E7
成均[桂] 339 E8
成平[辽] 94 D4
成山[鲁] 251 D10
成田[粤] 319 E7
成团[桂] 337 F8
成武县[鲁] 254 E4
成县[陇] 429 B8
呈贡县[滇] 397 E7
呈坎[皖] 201 E7
呈祥[闽] 213 C7
承安[冀] 49 B8
承德市[冀] 53 C8
承德县[冀] 53 F8
承留[豫] 261 E9
承坪[湘] 305 B8
承紫河[黑] 127 C9
枨冲[湘] 297 E7
诚谏[桂] 338 F3
城北[川] 364 E3
城北[川] 365 B8
城北[川] 367 C8
城北[川] 373 C9
城北[鄂] 284 E2
城北[桂] 338 A3
城北[鲁] 252 D3
城北[皖] 187 C7
城北[皖] 189 B8
城北[渝] 356 F3
城北[粤] 323 C8
城北[粤] 327 G8
城北[浙] 178 B5
城北[浙] 176 E4
城北[浙] 180 D4
城北[浙] 181 A8
城北路[鲁] 242 C3
城伯[豫] 261 D9
城步苗族自治县[湘] 306 F5
城冲[皖] 187 B9
城川[陇] 432 G2
城川[内蒙古] 81 E6
城东[川] 376 C4
城东[桂] 334 D4
城东[桂] 337 C8
城东[桂] 338 E4
城东[冀] 57 F7
城东[辽] 94 E4
城东[闽] 211 D6
城东[闽] 213 E9
城东[苏] 151 C7
城东[苏] 153 F7
城东[苏] 154 C3
城东[皖] 188 F5
城东[皖] 190 C5
城东[湘] 307 C8
城东[渝] 356 E3
城东[粤] 323 C8
城东[粤] 324 B5
城东[粤] 318 F4
城发[吉] 108 B5
城峰[闽] 206 E4
城父[皖] 190 D5
城冈[赣] 228 C5
城港路[鲁] 250 E2
城固县[陕] 420 C3
城关[滇] 397 C8
城关[滇] 403 F10
城关[鄂] 286 G2
城关[黔] 387 F7
城关[桂] 336 F3
城关[吉] 114 D2
城关[津] 40 B1
城关[津] 41 B8
城关[津] 41 D7
城关[京] 30 E4
城关[辽] 97 F7
城关[闽] 210 D4
城关[青] 436 C4
城关[陕] 420 B3
城关[陕] 421 D1
城关[陕] 421 F6
城关[陕] 424 C4
城关[陕] 424 E3
城关[陕] 424 F4
城关[皖] 187 F4
城关[湘] 301 D9
城关[新] 451* E8
城关[豫] 260 C4
城关[豫] 260 E2
城关[豫] 260 E4
城关[豫] 262 C3
城关[豫] 263 C7
城关[豫] 264 D5
城关[豫] 267 F9
城关[豫] 269 E6
城关[豫] 271 C9
城壕[陇] 432 E4
城隍[鄂] 284 F2
城隍[桂] 339 E7
城隍[豫] 266 D5
城计头[冀] 60 F4
城郊[川] 368 E3
城郊[滇] 403 D9
城郊[鄂] 282 C4
城郊[黑] 124 F3
城郊[辽] 91 C8
城郊[辽] 91 E6
城郊[辽] 91 F9
城郊[辽] 93 C8
城郊[陇] 429 C9
城郊[闽] 208 D2
城郊[闽] 209 D8
城郊[闽] 210 D3
城郊[闽] 215 D10
城郊[皖] 191 F9
城郊[皖] 193 E6
城郊[湘] 296 D4
城郊[湘] 300 E3
城郊[湘] 305 C7
城郊[湘] 305 D6
城郊[湘] 305 D8
城郊[湘] 306 A5
城郊[新] 456 C2
城郊[豫] 262 D5
城郊[豫] 264 B2
城郊[豫] 266 C4
城郊[豫] 269 D10
城郊[豫] 269 B7
城郊[豫] 271 D7
城郊[豫] 271 E6
城郊[豫] 271 F6
城郊[豫] 271 F8
城郊[豫] 271 G6
城郊[豫] 273 D7
城郊[豫] 273 E9
城郊[粤] 313 B8
城口[粤] 315 A7
城口县[渝] 357 B6
城门[赣] 223 C7
城门[闽] 206 C4
城南[川] 365 B6
城南[川] 365 B8
城南[晋] 74 E1
城南[鲁] 242 D3
城南[鲁] 243 C6
城南[闽] 209 F7
城南[闽] 210 D3
城南[内蒙古] 78 E4
城南[皖] 187 C7
城南[皖] 199 A7
城南[湘] 300 C5
城南[湘] 305 E7
城南[湘] 307 C8
城南[粤] 315 B8
城南[粤] 319 E8
城南[浙] 173 F6
城南[浙] 176 E4
城南[浙] 176 F4
城南庄[冀] 56 E3
城前[鲁] 255 D9
城山[赣] 223 C8
城山[辽] 103 C6
城上[赣] 232 A3
城台[青] 436 B5
城头[鲁] 255 D9
城头[闽] 206 C5
城头[苏] 150 D2
城头[苏] 151 F8
城西[川] 369 F8
城西[川] 373 C9
城西[吉] 108 E2
城西[苏] 150 D2
城西[皖] 190 C5
城西[皖] 192 B3
城西[皖] 198 F4
城西[粤] 325 F6
城西[浙] 174 C5
城西[浙] 176 F4
城西湖[皖] 186 D4
城西湖[皖] 191 E8
城厢[川] 363 D6
城厢[黔] 384 C4
城厢[桂] 338 B3
城厢[闽] 213 D7
城厢[闽] 215 F9
城厢[苏] 151 E6
城厢[豫] 267 F9
城厢区[闽] 206 E6
城堰[川] 372 E5
城阳[闽] 209 E8
城阳[宁] 443 B9
城阳区[鲁] 244 D5
城冈[粤] 327 C7
城赵[晋] 66 E5
城镇[冀] 51 C7
城中[粤] 328 E5
城庄[晋] 73 C7
城子[滇] 403 F9
城子[赣] 223 B6
城子[冀] 53 B6
城子河区[黑] 127 F9
城子街[吉] 108 C4
城子坦[辽] 103 D6
乘风[黑] 123 C7
乘风[湘] 300 B5
乘马岗[鄂] 286 E2
埕口[鲁] 247 A8
程村[桂] 337 B9
程村[豫] 262 C2
程村[粤] 324 F5
程坊[赣] 222 E2
程戈庄[鲁] 243 F7
程郭[鲁] 250 E2
程海[滇] 405 B7
程河[鄂] 281 D9
程集[鄂] 289 E6
程集[皖] 191 E8
程家集[皖] 191 C7
程家山[晋] 70 B4
程家市[皖] 192 G5
程家营[内蒙古] 79 E8
程林[津] 38 C5
程岭[皖] 198 F5
程龙[赣] 229 E9
程楼[豫] 267 D6
程桥[苏] 146 D2
程桥[皖] 190 D3
程屯[鲁] 254 B4
程湾[豫] 271 G8
程委[冀] 57 G8
程委[冀] 58 C3
程溪[闽] 212 D3
程油子[冀] 58 C3
程寨[黔] 390 C1
程庄[冀] 54 E4
程庄[皖] 188 B3
程庄[豫] 266 B5
澄城县[陕] 424 D3
澄海区[粤] 319 D8
澄江[赣] 229 C9
澄江[桂] 344 C5
澄江[渝] 354 C4
澄江[粤] 315 B9
澄江[浙] 176 E4
澄江县[滇] 400 B4
澄迈县[琼] 347 B6
澄泰[桂] 334 C5
澄潭[浙] 173 F6
澄潭江[湘] 297 E8
澄塘[赣] 226 D5
澄溪[渝] 355 B6
澄源[闽] 209 D6
澄照[浙] 181 E6
秤架[粤] 314 C5
池底[豫] 263 B6
池店[闽] 213 E8
池洞[粤] 324 D3
池河[陕] 421 F7
池河[皖] 192 D5
池淮[浙] 177 B7
池江[赣] 229 F7
池坪[湘] 307 G9
池上[鲁] 242 E3
池上[台] 460 E4
池水[吉] 109 D9
池尾[粤] 319 E6
池溪[赣] 221 F6
池园[闽] 206 F3
池州市[皖] 200 A4
迟营[豫] 269 D6
茌平县[鲁] 240 C4
尺八[鄂] 289 G7
齿可波西[川]367 D9
叱干[陕] 419 D7
斥山[鲁] 251 F9
赤岸[赣] 227 B7
赤岸[浙] 175 D6
赤壁市[鄂] 285 D7
赤城[陇] 432 F4
赤城[陇] 432 G3
赤城县[冀] 50 B5
赤道[陕] 419 B6
赤东[鄂] 287 C7
赤峰市[内蒙古] 83 F7
赤凤[粤] 319 B7
赤岗[粤] 319 D6
赤谷[赣] 232 E3
赤光[粤] 316 A2
赤坑[闽] 212 E4
赤化[川] 364 E2
赤金[陇] 430 F4
赤鹭[滇] 397 D6
赤坎[粤] 325 D8
赤坑[粤] 328 C4
赤坑[粤] 318 F3
赤岭[闽] 212 D3
赤马[桂] 339 B9
赤马[湘] 297 C7
赤眉[豫] 270 D5
赤门[闽] 208 F4
赤南[陕] 420 B5
赤坭[粤] 313 C6
赤泥洼[晋] 72 E5
赤沙[陕] 418 D2
赤山[赣] 228 F2
赤石[湘] 305 E7
赤石[粤] 318 F2
赤石[浙] 180 D5
赤石桥[晋] 70 F2
赤寿[浙] 180 B5
赤水[川] 375 G8
赤水[赣] 225 D9
赤水[闽] 213 B7
赤水[闽] 215 C7
赤水[陕] 424 F3
赤水[粤] 325 E8
赤水市[黔] 390 A1
赤松[吉] 113 E7
赤松[浙] 174 D4
赤田[赣] 227 C7
赤土[川] 379 D9
赤土[赣] 229 E7
赤土[闽] 212 D3
赤土店[豫] 262 F5
赤溪[川] 369 B7
赤溪[闽] 209 E7
赤溪[粤] 325 E9
赤溪[浙] 174 C3
赤溪[浙] 179 D9
赤锡[闽] 206 E5
赤兴[赣] 226 D3
赤岩[陕] 421 C8
充吉[川] 378 D4
冲江[黑] 120 F5
冲乎尔[新] 450 F2
冲蒌[粤] 325 E9
冲脉[桂] 337 E7
崇德[滇] 397 D6
崇德[黑] 130 F2
崇福[浙] 169 G9
崇岗[滇] 399 E8
崇岗[赣] 224 D4
崇皇[陕] 416 C2
崇龛[渝] 354 B2
崇礼[川] 372 B3
崇礼[豫] 273 A6
崇礼区[冀] 50 C5
崇雒[闽] 208 C4
崇明县[沪] 141 E8
崇凝[陕] 424 F5
崇平[川] 362 D4
崇仁[川] 372 B3
崇仁[闽] 208 C1
崇仁[浙] 172 E5
崇仁县[赣] 224 F5
崇儒[闽] 209 E8
崇善[吉] 115 G6
崇寿[浙] 170 F3
崇头[浙] 180 D5
崇望[川] 365 B7
崇文[陕] 419 D8
崇文区[京] 29 E7
崇武[闽] 213 E10
崇溪[滇] 403 G6
崇仙[赣] 229 E9
崇贤[赣] 228 D4
崇信县[陇] 432 G3
崇兴[宁] 442 C4
崇兴[渝] 355 B7
崇阳县[鄂] 285 E7
崇义[川] 362 C4
崇义[黔] 389 D7
崇义[豫] 261 D9
崇义县[赣] 229 F7
崇州市[川] 362 E4
崇左市[桂] 343 C8
重庆市[渝] 354 C4
重阳[豫] 270 D4
重阳[粤] 315 C6
抽水[吉] 113 E7
仇集[苏] 151 F10
仇楼[豫] 266 C3
仇桥[苏] 151 B7
绸缪[苏] 156 E3
稠江[浙] 175 C6
丑溪口[湘] 307 F8
出岸[冀] 58 B4
出山[豫] 272 A4
出头岭[津] 41 B9
初村[鲁] 251 D8
初麻[青] 437 B6
滁口[湘] 305 D8
滁州市[皖] 193 E6
杵坭[川] 379 A7
储潭[赣] 229 E6
楮坪[闽] 209 D8
楚村[皖] 191 B7
楚店[皖] 191 D6
楚侯[晋] 75 F7
楚门[浙] 176 F4
楚米[黔] 390 D3
楚旺[豫] 265 B6
楚雄市[滇] 396 E4
楚阳[渝] 357 D10
褚墩[鲁] 252 F4
褚河[豫] 268 B2
褚家[皖] 187 G7
褚兰[皖] 189 D6
褚庙[豫] 267 C6
褚丘[豫] 264 F2
褚堂[豫] 272 B4
处长地[冀] 50 F2
搋骨峪[冀] 51 F8
川城[陇] 428 G4
川岛[粤] 325 F8
川底[晋] 71 E8
川硐[黔] 391 E10
川港[苏] 153 D9
川街[滇] 396 E5
川井[内蒙古] 78 C4
川口[豫] 262 C3
川里[冀] 56 D5
川沙[沪] 137 F8
川山[桂] 344 C2
川山坪[湘] 300 F3
川石[闽] 208 D5
川兴[川] 379 D7
川岩[湘] 304 B2
川掌[内蒙古] 80 B3
川主[川] 369 F8
川主[川] 372 C2
川主寺[川] 377 C9
穿城[苏] 151 E6
穿芳峪[津] 41 A9
穿山[桂] 336 D2
穿山[桂] 337 G8
穿石[川] 365 B7
传流店[豫] 273 E8
传素[湘] 306 G3
船步[粤] 324 C5
[illegible] 401 C2
船房[滇] 405 A6
船寮[浙] 181 C8
船埔[粤] 318 E5
船塘[赣] 222 D3
船塘[粤] 316 C3
船塘[湘] 307 C8
船形[湘] 303 G9
串丝[滇] 402 D2
创业[黑] 123 D7
创业[黑] 128 E3
垂岗[皖] 191 C10
垂杨[川] 364 F3
垂杨[冀] 60 B3
春场[苏] 156 C2
春登[吉] 109 D7
春店[皖] 191 C7
春光[冀] 51 D6
春华[湘] 297 D6
春化[吉] 115 D10
春建[浙] 167 C7
春江[川] 367 D9
春江[苏] 157 C6
春美[闽] 213 B6
春桥[赣] 223 C8
春秋[皖] 187 B9
春日[台] 460 F3
春荣[陇] 432 F5
春水[豫] 272 B3
春台[赣] 230 F4
春湾[粤] 325 D6
春阳[吉] 115 C7
春在[川] 369 C8
椿林[陕] 424 D3
椿木[川] 365 B8
椿木营[鄂] 290 E5
椿树[皖] 187 B7
纯池[闽] 209 D7
纯复[川] 372 C4
纯化[鲁] 247 E10
莼湖[浙] 171 E6
淳安县[浙] 166 E4
淳化[苏] 146 C5
淳化县[陕] 419 C7
绰勒[内蒙古] 83 A9
绰庙[皖] 199 A6
绰源[内蒙古] 81 C9
祠山岗[皖] 195 A6
祠堂圩[湘] 304 E4
茈碧[滇] 405 D7
茈湖口[湘] 299 E9
茨芭[豫] 271 B8
茨坝[滇] 397 E7
茨达[川] 367 E7
茨沟[陕] 421 E7
茨沟[豫] 268 D3
茨河[鄂] 281 E7
茨坪[赣] 233 F7
茨巫[川] 379 F8
茨岩[湘] 301 G8
茨岩塘[湘] 301 B8
茨营[滇] 398 E3
茨营子[冀] 50 A5
茨榆山[冀] 55 B6
茨榆坨[冀] 54 E4
茨榆坨[辽] 91 E9
茨院[滇] 402 F5
茨竹[川] 372 E3
茨竹[渝] 354 B5
茨竹[渝] 356 F5
慈坝[川] 377 E9
慈城[浙] 170 E5
慈恩寺[辽] 90 C3
慈航[川] 372 C4
慈湖[皖] 194 E2
慈化[赣] 226 E2
慈口[鄂] 285 D10
慈利县[湘] 298 C5
慈林[晋] 71 D6
慈圣[豫] 266 E5
慈溪市[浙] 170 F4
慈峪[冀] 49 B6
慈云[渝] 354 E3
慈周寨[豫] 264 E5
磁村[鲁] 242 D3
磁峰[川] 362 B4
磁涧[豫] 263 C8
磁山[冀] 61 E8
磁石[藏] 408 E4
磁县[冀] 61 D9
磁窑[鲁] 249 E6
磁窑堡[宁] 442 C4
磁灶[闽] 213 E8
磁钟[豫] 262 B4
次村[晋] 70 D3
次丘[鲁] 255 B6
次坞[浙] 172 C2
次营[晋] 71 F8
从化市[粤] 313 C8
从江县[黔] 389 C9
枞阳县[皖] 198 B3
聪子峪[晋] 70 F2
丛林[渝] 354 E5
丛林[渝] 355 C6
丛罗峪[晋] 73 D7
丛树[渝] 357 D9
粗石江[湘] 304 F1
徂徕[鲁] 249 D7
促进[川] 372 C5
崔村[京] 31 B10
崔尔庄[冀] 59 D6
崔各庄[京] 29 C8
崔黄口[津] 40 B3
崔家[桂] 336 C3
崔家坝[鄂] 290 D5
崔家集[鲁] 244 F3
崔家庙[冀] 59 E6
崔家桥[湘] 299 F7
崔家营[陕] 420 C3
崔家头[陕] 418 D3
崔家湾[陕] 423 C9
崔家峪[鲁] 252 B4
崔庄[冀] 54 B2

地名[省别] 地图位置
崔家庄[鲁] 243 D7
崔口[鲁] 238 A2
崔庙[豫] 260 E3
崔木[陕] 418 C5
崔坪[湘] 296 D1
崔桥[豫] 269 B6
崔寨[鲁] 239 C7
崔召[鲁] 244 E2
崔庄[冀] 57 D8
崔庄[豫] 271 C7
翠峰[陕] 416 F3
翠岗[黑] 125 C8
翠华[滇] 397 C6
翠里[黔] 389 C9
翠峦区[黑] 126 E2
翠屏[滇] 402 F5
翠屏山[苏] 148 D5
翠岩[辽] 97 G8
翠玉[滇] 404 B4
翠月湖[川] 362 C3
村戈[川] 379 D7
村里集[鲁] 250 D4
村前[赣] 227 C6
村头[浙] 177 A7
存瑞[冀] 51 C7
寸石[湘] 307 B8
寸塘口[川] 365 F7
撮镇[皖] 186 B4
嵯峨[陕] 419 C8
嵯岗[内蒙古] 81 E9
措多[藏] 409 E7
措高[藏] 409 E8
措果[藏] 408 F5
措拉[藏] 409 E7
措拉[川] 379 E6
措玛[藏] 409 D7
措迈[藏] 408 E5
措美县[藏] 409 F7
措勤县[藏] 408 E4
措瓦[藏] 409 E10
措折[藏] 408 D5
措折强玛[藏] 408 C5
措周[青] 437 B6
错阿[川] 378 E4
错那市[藏] 409 F7

D

垯石[浙] 180 D4
达巴[藏] 408 D1
达坂城区[新] 451 D9
达板[陇] 428 F4
达帮[黔] 387 C8
达丙[滇] 403 B8
达布达尔[新] 454 E2
达川[陇] 428 F4
达达木图[新] 452 B2
达地[黔] 389 E8
达尔罕茂明安联合旗[内蒙古] 79 D5
达果[藏] 408 E4
达濠[粤] 319 E8
达呼店[黑] 122 E5
达浒[湘] 297 C9
达吉岭[藏] 408 F4
达家沟[吉] 108 B3
达江[桂] 342 E4
达居[藏] 408 F5
达卡[青] 440 G4
达拉[陇] 432 C3
达拉[青] 436 B5
达拉特旗[内蒙古] 80 C1
达来[内蒙古] 81 E9
达来[内蒙古] 82 D2
达来东[内蒙古] 81 E9
达来诺日[内蒙古] 82 E5
达岚[湘] 301 F9
达浪坎[新] 456 E3
达勒特[新] 452 E4
达里巴[吉] 111 D7
达里雅布依[新] 455 D8
达连河[黑] 121 B8
达洛[川] 367 C8
达马[川] 378 F4
达玛沟[新] 455 E8
达木[藏] 409 F9
达木斯[新] 454 E3
达木夏[藏] 408 E5
达牛[辽] 100 B2
达埔[闽] 213 C7
达前[藏] 409 D7
达青宝拉格[内蒙古] 83 D6
达权店[豫] 273 G8
达仁[陕] 425 F10
达仁[台] 460 F3
达日罕乌拉[内蒙古] 82 E2
达日罕乌拉[内蒙古] 82 E5
达日县[青] 440 F3
达若[藏] 408 E5
达萨[藏] 409 D7
达塘[藏] 409 D7
达维[川] 377 G8
达溪[黔] 386 D3
达县[川] 369 E8
达雄[藏] 408 D4
达秧[黔] 387 C9
达依[黔] 386 F3
达州市[川] 369 E8
达孜县[藏] 409 E7
笪桥[粤] 324 G1
打安[琼] 346 D4
打邦[黔] 387 C7
打柴沟[陇] 431 F9
打古[川] 375 D7
打鼓泉[湘] 298 C2
打滚[川] 378 F3
打隆[藏] 409 F6
打洛[滇] 407 E9
打石腰[晋] 74 F1
打通[渝] 354 G5
打羊[黔] 385 C8
打易[黔] 387 B8
打引[黔] 385 F7
打鱼[黔] 385 B6
打渔陈[豫] 265 B10
大阿[赣] 229 E8
大安[川] 365 E8
大安[川] 365 B7
大安[滇] 405 C6
大安[桂] 339 B9
大安[桂] 344 C3
大安[吉] 114 E2
大安[冀] 54 D1
大安[陇] 428 D5
大安[陇] 428 E2
大安[闽] 209 C7
大安[琼] 346 F4
大安[陕] 420 E3
大安[台] 460 C3
大安[湘] 301 A8
大安[湘] 302 D5
大安[渝] 354 D3
大安[豫] 263 D9
大安[粤] 318 F4
大安[浙] 179 F8
大安山[京] 30 C3
大鳌[粤] 325 C10
大呑[浙] 178 D4
大八[粤] 325 E6
大八浪[黑] 128 G3
大巴[辽] 96 C5
大坝[川] 364 F2
大坝[川] 367 D8
大坝[川] 375 F6
大坝[黔] 385 E6
大坝[黔] 390 E2
大坝[桂] 339 G7
大坝[陇] 431 C9
大坝[宁] 442 D4
大坝[湘] 301 C9
大坝[粤] 316 C2
大坝[粤] 319 D6
大坝场[黔] 391 E7
大白[冀] 58 E5
大白登[晋] 69 B8
大白庄[津] 41 G8
大百尺[冀] 57 F8
大柏[皖] 186 D4
大柏地[赣] 229 B6
大板[辽] 96 D5
大板[辽] 92 B3
大板桥[滇] 397 E7
大保当[陕] 422 D5
大堡[川] 372 E2
大堡[冀] 51 D8
大堡[辽] 99 E8
大堡[陇] 429 B9
大堡[湘] 302 F5
大堡头[晋] 70 D5
大堡子[青] 436 C5
大堡子[湘] 306 E2
大悲[冀] 57 D6
大北沟[内蒙古] 82 G5
大北涧沽[津] 40 F3
大北汪[冀] 61 C7
大毕庄[津] 38 B5
大宾[豫] 264 G3
大布[鲁] 240 E2
大布[粤] 315 D6
大布江[湘] 305 C8
大布苏[吉] 110 E5
大埠[赣] 229 D7
大埠[桂] 336 E2
大埠岗[闽] 208 D1
大才[桂] 344 C3
大仓[滇] 405 C9
大仓盖[冀] 51 D6
大藏[川] 377 E7
大曹[鲁] 238 D3
大曹庄[冀] 60 D2
大槽[川] 367 D8
大草[川] 366 D5
大草滩[陇] 429 E6
大册营[冀] 57 D7
大昌[渝] 357 D9
大昌汗[陕] 422 B3
大厂[滇] 403 E8
大厂[黔] 387 E7
大厂[桂] 344 E3
大厂回族自治县[冀] 52 A3
大场[鲁] 245 G8
大朝[川] 364 E2
大朝山东[滇] 406 D4
大朝山西[滇] 399 D10
大陈[冀] 49 C8
大陈[浙] 175 B6
大陈[浙] 177 C8
大陈[浙] 177 E6
大成[川] 369 D8
大成[桂] 339 B9
大成[桂] 341 C9
大成[琼] 346 C4
大成[粤] 324 D3
大成桥[湘] 296 D3
大呈[豫] 264 F2
大城[赣] 227 C7
大城[台] 460 D2
大城西[内蒙古] 79 E6
大城县[冀] 52 F2
大城子[京] 33 F8
大乘[川] 374 C3
大埕[粤] 319 C9
大程[陕] 419 D8
大池[闽] 215 D8
大池[陕] 420 B4
大池山[豫] 264 D3
大冲[赣] 232 D4
大冲[湘] 305 E6
大崇[川] 367 F9
大崇[湘] 306 C4
大褚村[冀] 59 D6
大川[鄂] 280 C4
大川[吉] 114 F1
大川[内蒙古] 83 E6
大川头[辽] 99 D7
大椿[赣] 222 E2
大慈[渝] 356 D5
大慈岩[浙] 166 G5
大磁窑[晋] 69 E8
大崔庄[冀] 54 C4
大村[川] 375 F10
大村[冀] 60 C3
大村[鲁] 245 F8
大村[台] 460 C3
大村甸[湘] 304 A3
大岱[内蒙古] 79 E7
大单[冀] 59 E7
大道[桂] 343 E6
大道河[陕] 421 E8
大道南[新] 457 F6
大德[川] 364 B2
大德[川] 378 E3
大德[辽] 96 B3
大德[渝] 356 E5
大邓[晋] 74 D4
大嶝[闽] 213 F8
大堤[冀] 58 E3
大地[赣] 231 E7
大地[黔] 388 E3
大地[浙] 180 F5
大地基[滇] 396 F3
大甸[湘] 307 E6
大甸子[辽] 95 E6
大甸子[内蒙古] 83 F8
大店[鲁] 252 D5
大店[陕] 419 C7
大店[皖] 189 F6
大定堡[辽] 97 F8
大东[滇] 404 C5
大东[苏] 151 B6
大东[粤] 323 C10
大东坝[浙] 180 C5
大东沟[晋] 71 D8
大东区[辽] 91 B7
大垌[桂] 339 G8
大垌[桂] 341 C6
大洞[赣] 222 D4
大洞[粤] 314 E5
大都岭[吉] 114 E1
大都麻[陇] 430 D5
大豆铺[内蒙古] 79 D7
大肚[台] 460 C3
大肚川[黑] 131 A9
大渡岗[滇] 407 C8
大渡口[川] 375 C6
大渡口[皖] 200 B3
大渡口区[渝] 354 D4
大墩滩[陇] 431 E9
大垛[苏] 154 C4
大二号[冀] 50 A2
大发[桂] 336 F3
大法寺[鄂] 287 C8
大番坡[桂] 341 D6
大畈[鄂] 285 D9
大畈[浙] 174 A5
大方[粤] 324 B5
大方县[黔] 386 D3
大房身[吉] 108 C4
大房身[吉] 112 D4
大房身[辽] 100 E4
大汾[赣] 233 F8
大丰[川] 362 D5
大丰堆[津] 42 E2
大丰市[苏] 152 E4
大丰镇[新] 451 F8
大风[川] 364 C5
大风[川] 369 E9
大风洞[黔] 389 F6
大封[豫] 261 B9
大冯[苏] 155 C6
大冯营[冀] 58 E3
大冯营[豫] 271 E8
大佛[川] 365 C8
大佛[川] 372 C4
大佛[川] 373 B8
大佛寺[陕] 423 B8
大夫营子[内蒙古] 83 F6
大福[湘] 299 F7
大富[川] 364 C5
大盖[川] 378 D5
大干[闽] 208 E2
大冈[苏] 152 E3
大岗[赣] 224 E3
大岗[吉] 108 A4
大岗[粤] 328 C3
大岗[粤] 313 F7
大岗李[豫] 266 D3
大岗子[吉] 109 D7
大岗子[吉] 110 D5
大港[赣] 223 D9
大港[苏] 156 A4
大港区[津] 42 B3
大港头[浙] 181 C6
大高[鲁] 247 C8
大高村[冀] 60 B3
大高坪[湘] 306 F3
大格勒[青] 439 C9
大公[苏] 153 F6
大沟[辽] 91 C9
大沟[陇] 428 C4
大沟[粤] 325 F7
大孤家[辽] 94 C5
大孤家子[辽] 90 C4
大孤山[吉] 112 B3
大孤山[辽] 100 C3
大孤山[辽] 102 F4
大孤山[鲁] 251 F7
大沽[赣] 228 B4
大沽[津] 39 E8
大固本[辽] 96 C4
大关[黔] 386 B4
大关[鲁] 242 E5
大关[皖] 198 C1
大关县[滇] 402 E3
大观[川] 362 D3
大观[川] 365 D7
大观[川] 374 B5
大观[黔] 387 B9
大观[渝] 354 E5
大观[渝] 356 G3
大官厅[冀] 59 C6
大官亭[冀] 58 C3
大官庄[鲁] 244 C4
大广安[冀] 52 G2
大贵[黑] 120 B5
大贵[陕] 421 D8
大郭[冀] 49 D6
大郭[豫] 268 D3
大过口[滇] 396 E3
大海[滇] 398 C2
大海陀[冀] 51 B6
大罕[内蒙古] 83 E10
大禾[闽] 215 F8
大合坪[湘] 307 E9
大何庄[冀] 58 D2
大和[川] 369 C7
大河[川] 364 B2
大河[川] 364 D5
大河[川] 367 D6
大河[川] 369 B7
大河[川] 375 E7
大河[川] 376 D3
大河[滇] 398 D4
大河[鄂] 290 G3
大河[鄂] 287 B7
大河[黔] 385 B7
大河[黔] 386 E3
大河[黔] 386 F5
大河[黔] 390 D3
大河[冀] 49 D6
大河[冀] 50 F5
大河[冀] 57 D9
大河[宁] 442 D5
大河[陕] 420 C4
大河[陕] 421 E7
大河[新] 456 C2
大河[渝] 357 C9
大河[豫] 271 G9
大河岸[鄂] 286 C4
大河坝[黔] 391 E7
大河坝[陕] 420 A2
大河北[辽] 93 G6
大河道[冀] 61 B7
大河店[陇] 429 B8
大河家[陇] 428 G4
大河家[青] 437 A6
大河洞[豫] 264 C3
大河坎[陕] 420 D3
大河口[滇] 396 D2
大河口[内蒙古] 82 G5
大河南[冀] 51 D9
大河南[辽] 100 A4
大河南[辽] 91 C9
大河坪[湘] 301 D7
大河塔[陕] 423 C6
大河屯[豫] 271 F8
大河湾[内蒙古] 81 B10
大河沿[新] 456 F2
大河沿子[新] 452 E4
大黑岗子[辽] 91 F8
大黑河[内蒙古] 79 D7
大黑沙土[内蒙古] 79 D10
大黑山[滇] 400 F2
大横[闽] 208 F4
大红城[内蒙古] 79 F7
大红沟[陇] 431 E8
大红柳峡[新] 456 D1
大红旗[辽] 91 F7
大洪山[湘] 306 C2
大虹桥[豫] 261 B9
大侯[豫] 267 D8
大囫囵[冀] 50 D4
大湖[闽] 206 D2
大湖[闽] 210 E5
大湖[台] 460 C3
大湖[粤] 316 D3
大湖[粤] 318 G4
大虎山[辽] 97 C7
大花[川] 367 B8
大华[青] 436 D5
大华[湘] 307 C6
大华山[京] 32 A1
大化[川] 372 B4
大化坪[皖] 187 D9
大化瑶族自治县[桂] 345 D6
大划[川] 362 E4
大槐[粤] 325 E7
大槐树[晋] 74 C3
大唤起[冀] 53 B7
大荒[辽] 97 C8
大黄[赣] 230 D4
大黄[鲁] 239 D6
大黄[皖] 191 F6
大黄堡[津] 40 B4
大黄沟[鲁] 255 B9
大黄集[鲁] 254 D2
大黄山[苏] 148 D5
大黄巍[晋] 69 E6
大黄庄[冀] 51 C7
大箕[晋] 71 D8
大箕铺[鄂] 287 E8
大吉山[赣] 229 F10
大集[鄂] 279 F7
大集[鲁] 254 F3
大季家[鲁] 250 C5
大济[闽] 207 F6
大溙[浙] 181 F6
大佳何[浙] 171 E7
大佳河[黑] 129 D7
大家洼[鲁] 243 B6
大甲[桂] 343 E6
大甲[闽] 209 F7
大稼[黔] 389 C7
大碱厂[津] 40 B2
大涧[晋] 72 F4
大江[粤] 325 C7
大江[粤] 325 D9
大江口[湘] 304 B2
大将[桂] 337 C8
大交[晋] 74 C5
大街[滇] 406 C3
大街[黔] 386 G3
大街[冀] 61 B9
大街[浙] 177 C10
大金[鄂] 287 C8
大金店[豫] 260 F4
大津口[鲁] 249 C6
大进[渝] 356 C5
大京[湘] 303 B8
大荆[陕] 425 D7
大荆[湘] 300 E4
大荆[浙] 176 A4
大鲸港[湘] 299 C8
大井[川] 368 E2
大井[川] 375 D6
大井[滇] 398 B3
大井[内蒙古] 83 E6
大井[粤] 324 E2
大井坡[内蒙古] 79 D7
大靖[陇] 431 E9
大境[桂] 336 D3
大镜沟[吉] 113 F9
大具[滇] 404 C5
大均[浙] 181 E6
大康[川] 368 D3
大科[湘] 302 B4
大可[滇] 397 F8
大坑[赣] 233 E7
大坑口[粤] 315 D7
大孔[陕] 424 D2
大口[豫] 263 C9
大口钦[吉] 109 C7
大口屯[津] 41 F7
大库联[内蒙古] 79 D10
大库伦[内蒙古] 79 C9
大块[豫] 264 E2
大夼[鲁] 250 F5
大奎上[湘] 305 D7
大拉子[内蒙古] 79 D9
大来[黑] 128 E1
大赉店[豫] 264 C4
大岚[浙] 170 F5
大朗[粤] 320 B5
大浪[桂] 337 B8
大浪淀[冀] 59 D7
大乐[川] 374 F4
大乐[桂] 345 B7
大楞[桂] 342 E4
大冷[辽] 96 C3
大黎[桂] 338 D2
大李集[皖] 191 D8
大李家[辽] 102 E4
大李庄[豫] 266 C2
大李庄[豫] 269 B6
大里[桂] 339 D8
大里[桂] 345 F9
大理[滇] 405 C8
大理市[滇] 405 C8
大历[闽] 208 E3
大利[桂] 339 F8
大沥[粤] 313 E6
大荔县[陕] 424 E3
大栗港[湘] 299 F7
大栗树[滇] 401 F7
大栗子[吉] 113 F9
大连[豫] 269 D8
大连市[辽] 102 F3
大连湾[辽] 102 F3
大练[闽] 206 B5
大埌[粤] 314 D4
大良[桂] 337 D8
大良[津] 40 B3
大良[粤] 313 F7
大两[川] 364 C2
大林[川] 363 F6
大林[川] 365 D6
大林[晋] 72 C3
大林[内蒙古] 83 E9
大林[台] 460 D3
大林[湘] 303 B9
大林[豫] 273 D6
大林子[吉] 111 D9
大临河[晋] 69 E6
大岭[川] 376 E2
大岭[桂] 339 D7
大岭[黑] 120 D4
大岭[吉] 108 A5
大岭[吉] 112 C2
大岭[渝] 355 A8
大岭[渝] 356 G4
大岭[粤] 317 D8
大岭山[粤] 320 B4
大刘[豫] 268 E4
大刘家[辽] 102 D5
大刘庄[冀] 60 B5
大流[豫] 265 B7
大留镇[冀] 52 F1
大柳[鄂] 280 B4
大柳[陇] 429 C7
大柳[鲁] 238 C3
大柳[皖] 192 E5
大柳河[冀] 52 E2
大柳塔[陕] 422 C3
大柳屯[辽] 90 E5
大柳行[鲁] 250 C5
大六槽[川] 367 E7
大六份[内蒙古] 83 F6
大六号[内蒙古] 79 D9
大龙[川] 365 B7
大龙[黔] 385 F6
大龙[黔] 391 G9
大龙[闽] 210 B4
大龙[湘] 306 C1
大龙[粤] 313 E8
大龙洞[湘] 301 E8
大龙华[冀] 57 C7
大龙华[粤] 323 D8
大龙口[滇] 396 C3
大龙山[皖] 198 C3
大龙潭[川] 367 G7
大龙潭[滇] 400 C2
大龙站[湘] 299 C7
大隆[桂] 338 G3
大陇[赣] 233 G6
大陇[皖] 194 D4
大垄[赣] 223 D9
大垅[湘] 306 C3
大楼[苏] 151 F7
大芦[陇] 428 D3
大陆村[冀] 60 C2
大菉[桂] 340 D4
大录[川] 377 B9
大鹿庄[冀] 57 F6
大路[鄂] 285 D9
大路[黔] 391 D9
大路[吉] 114 G2
大路[内蒙古] 80 A2
大路[琼] 347 C7
大路[苏] 156 A5
大路[皖] 189 E8
大路[渝] 354 C3
大路边[粤] 314 B4
大路槽[黔] 390 E4
大路沟[陕] 423 F10
大路口[鲁] 254 A5
大路口[皖] 189 G9
大路李[豫] 272 A5
大路铺[湘] 304 E3
大路溪[滇] 396 D5
大峦口[浙] 177 E8
大坨[苏] 155 B6
大伦[桂] 339 E10
大罗[川] 364 B4
大罗[川] 369 D7
大罗[黑] 130 C4
大罗密[黑] 121 B7
大洛[闽] 211 D7
大麻[粤] 323 C9
大麻[浙] 169 G9
大麻森[冀] 58 F3
大马[豫] 266 D1
大马[豫] 268 C5
大马村[冀] 61 B9
大马坊[冀] 57 D7
大马营[陇] 431 D6
大码头[鲁] 241 F8
大麦地[滇] 396 G4
大麦山[粤] 314 D3
大满[陇] 430 C5
大茂[琼] 347 E7
大门[陇] 429 B7
大门[浙] 179 A6
大孟[豫] 260 A2
大孟村[冀] 60 E3
大孟庄[津] 40 B2
大面[川] 363 E6
大妙[川] 375 D6
大庙[川] 364 B5
大庙[鄂] 280 C1
大庙[冀] 53 E7
大庙[辽] 92 C3
大庙[内蒙古] 79 D6
大庙[内蒙古] 83 F6
大庙[苏] 148 D5
大庙[皖] 189 E8
大庙[皖] 192 C3
大庙[渝] 354 C3
大庙集[皖] 191 F6
大庙口[湘] 304 B1
大民[黑] 122 E5
大民屯[辽] 91 E7
大名[冀] 61 B9
大明[辽] 94 G5
大明[陕] 424 F3
大明[湘] 301 C10
大铭[闽] 213 B7
大莫古[滇] 398 F2
大牟家[鲁] 243 D8
大木[渝] 355 C7
大木厂[鄂] 280 D3
大幕[鄂] 285 D9
大内[台] 460 E2
大南[赣] 231 E8
大南坂[闽] 212 E3
大南坊子[内蒙古] 79 D9
大南沟[新] 451 B9
大南湖[湘] 299 E7
大南山[粤] 319 E6
大南峪[陇] 429 B9
大楠[川] 372 E4
大年[桂] 337 B7
大年[陇] 432 C5
大年陈[鲁] 247 E7
大碾子[内蒙古] 83 F6
大埝[川] 365 D6
大埝[川] 373 C9
大埝[鲁] 254 B3
大宁[桂] 338 B5
大宁县[晋] 74 F2
大牛店[晋] 72 D3
大牛群[内蒙古] 83 G6
大潘[辽] 91 D8
大盘[陕] 420 C3
大盘[浙] 175 D8
大彭[苏] 148 D4
大鹏[桂] 339 A8
大鹏[粤] 321 C7
大埤[台] 460 D3
大平[黔] 386 C4
大平[桂] 338 C4
大平房[辽] 92 D4
大平山[桂] 339 D8
大平台[冀] 60 C4
大坪[川] 364 E5
大坪[川] 367 E8
大坪[川] 373 F8
大坪[川] 374 B5
大坪[川] 376 D3
大坪[滇] 400 F5
大坪[滇] 401 F8
大坪[鄂] 285 F6
大坪[赣] 229 E6
大坪[黔] 385 C6
大坪[黔] 391 C6
大坪[黔] 391 F9
大坪[陇] 429 B8
大坪[闽] 213 E6
大坪[陕] 425 E9
大坪[湘] 298 D3
大坪[湘] 299 B6
大坪[湘] 301 E6
大坪[湘] 302 A5
大坪[湘] 305 E9
大坪[豫] 263 E7
大坪[粤] 323 C7
大坪[粤] 323 C8
大坪[粤] 314 C3
大坪[粤] 318 E5
大坪场[黔] 391 D9
大坪塘[湘] 304 D5
大坪子[川] 367 C9
大坡[川] 367 C6
大坡[滇] 398 D3
大坡[黔] 390 C2
大坡[桂] 337 C8
大坡[桂] 338 F3
大坡[桂] 339 C9
大坡[吉] 108 C5
大坡[琼] 347 C8
大坡[粤] 324 E4
大坡外[桂] 339 E9
大蒲柴河[吉] 114 E5
大蒲河[冀] 55 D6
大埔[台] 460 E3
大埔[粤] 323 C10
大埔区[港] 458 B3
大浦[苏] 158 F4
大浦[湘] 303 D6
大齐各庄[冀] 54 E3
大崎[鄂] 286 D4
大碶[浙] 170 D5
大阡[黔] 390 A5
大墙[陕] 419 D6
大桥[川] 364 D5
大桥[川] 367 B7
大桥[川] 368 B2
大桥[川] 374 C2
大桥[川] 375 C8
大桥[滇] 398 B2
大桥[滇] 400 D3
大桥[赣] 222 F1
大桥[赣] 227 E8
大桥[赣] 229 D8
大桥[桂] 335 D6
大桥[桂] 339 F9
大桥[吉] 114 D5
大桥[陇] 429 C8
大桥[鲁] 239 C7
大桥[鲁] 240 D5
大桥[闽] 209 F6
大桥[苏] 152 F4
大桥[苏] 155 D6
大桥[皖] 192 E4
大桥[皖] 194 F3
大桥[湘] 303 C7
大桥[湘] 303 C8
大桥[湘] 304 F4
大桥[新] 455 B8
大桥[豫] 266 D2
大桥[豫] 270 E5
大桥[粤] 315 B6
大桥[粤] 315 B7
大桥[浙] 169 D7
大桥[浙] 177 C7
大桥江[湘] 306 B3
大桥头[浙] 177 B8
大秦[陇] 432 F3
大秦家[鲁] 250 D3
大青[辽] 91 D8
大青沟[冀] 50 G4
大青山[内蒙古] 79 E7
大青嘴[吉] 108 C3
大清沟[豫] 263 F6
大庆[川] 364 D4
大庆坪[湘] 304 C2
大庆市[黑] 123 C7
大箐[川] 367 D8
大邱庄[津] 42 E3
大曲堤[冀] 57 F9
大圈[苏] 150 B5
大全[川] 365 D6
大泉[新] 451 C9
大泉沟[陇] 430 D5
大泉湾[新] 456 C2
大泉源[吉] 114 F1
大仁庄[晋] 69 E8
大瑞[川] 367 B8
大箬岩[浙] 178 C5
大三家[辽] 92 B3
大三家子[吉] 111 E9
大沙[川] 369 C9
大沙[赣] 223 D9
大沙[粤] 325 C7
大沙[粤] 328 E5
大沙坝[黔] 391 F7
大沙河[苏] 148 C2
大山[川] 367 E7
大山[滇] 399 D8
大山[滇] 407 E6
大山[黔] 386 C2
大山[黔] 387 C6
大山[黔] 387 D8
大山[黔] 387 F8
大山[吉] 111 E7
大山[皖] 189 B8
大山包[滇] 402 F4
大山江[粤] 327 C10
大山铺[川] 373 E8
大尚屯[冀] 52 F2
大哨[滇] 397 D7
大佘太[内蒙古] 78 E5
大蛇头[晋] 73 B8
大舍[陇] 429 D7
大社[冀] 61 E8
大生[苏] 155 C8
大盛[鲁] 243 E6
大盛[湘] 304 A2
大盛[渝] 354 C5
大石[川] 364 D2
大石[川] 365 C7
大石[川] 365 E7
大石[川] 375 E8
大石[赣] 231 E8
大石[黔] 384 F3
大石[陇] 429 C6
大石[皖] 198 E5
大石[渝] 354 B3
大石[渝] 355 B7
大石[粤] 313 E7
大石岭[冀] 55 A6
大石庙[冀] 53 E8
大石桥[湘] 304 G3
大石桥[豫] 270 E4
大石桥市[辽] 99 B8
大石人[吉] 113 F9
大石头[吉] 114 D5
大石头[新] 451 B9
大石头[新] 451 A9
大石窝[京] 30 F3
大石寨[内蒙古] 83 B8
大石柱子[冀] 53 F10
大市[辽] 97 D6
大市[湘] 303 F7
大市聚[浙] 173 F7
大束[鲁] 255 C8
大树[川] 365 D7
大树[川] 369 F9
大树[赣] 223 D8
大树[陇] 428 F4
大树[台] 460 F3
大树[渝] 357 D8
大树坳[湘] 306 B2
大树湾[内蒙古] 80 C1
大墅[皖] 192 F5
大墅[浙] 166 F2
大双[陕] 421 C7
大水[黔] 386 C3
大水[湘] 305 D9
大水泊[鲁] 251 E9
大水沟[滇] 400 F2
大水井[滇] 398 F4
大水井[滇] 402 F5
大水坑[宁] 442 B5
大水泉[冀] 53 G7
大水田[湘] 306 A4
大水田[湘] 307 C6
大顺[皖] 186 A5
大四家子[辽] 94 G4
大四家子[辽] 96 A3
大四平[辽] 95 C10
大四站[黑] 127 G8
大寺[滇] 399 B9
大寺[桂] 341 C6
大寺[津] 38 E4
大寺[皖] 190 D4
大泗[苏] 155 C6
大松树[滇] 397 A6
大苏河[辽] 95 B7
大苏吉[内蒙古] 79 D7
大苏计[冀] 50 F3
大绥河[吉] 109 C7
大孙[鲁] 238 C2
大孙各庄[京] 34 C4
大台[冀] 56 D4
大台[京] 30 C4
大滩[川] 364 D1
大滩[川] 369 E9
大滩[冀] 52 D4
大滩[陇] 431 C9
大滩[内蒙古] 79 D8
大谭[辽] 102 D5
大坦[皖] 200 E5
大唐[浙] 172 D2
大唐庄[津] 41 G8
大塘[川] 362 F2
大塘[赣] 230 D3
大塘[黔] 385 E7
大塘[黔] 389 E7
大塘[桂] 334 G4
大塘[桂] 336 F2
大塘[桂] 339 D8
大塘[桂] 345 F7
大塘[皖] 198 D2
大塘[湘] 305 C9
大塘[湘] 305 E6
大塘[粤] 312 C5
大塘[粤] 315 C7
大塘埠[赣] 229 E8
大塘坪[赣] 220 B3
大套[苏] 152 B1
大田[川] 367 G6
大田[川] 376 E2
大田[赣] 229 D6
大田[黔] 386 C3
大田[黔] 387 E7
大田[津] 40 F4
大田[鲁] 244 E2
大田[闽] 210 A4
大田[琼] 346 D2
大田[湘] 301 F8
大田[粤] 325 D7
大田[浙] 174 F4
大田[浙] 176 D4
大田坝[滇] 403 B7
大田集[鲁] 254 E5
大田洼[冀] 51 E8
大田县[闽] 211 G7
大田庄[鲁] 252 C3
大亭[黔] 385 E9
大通[川] 365 D7
大通[吉] 110 C3
大通[皖] 193 C8
大通[皖] 194 C3
大通河[黑] 129 E8
大通回族土族自治县[青] 436 C4
大通区[皖] 189 C10
大同[川] 362 E2
大同[川] 363 C6
大同[川] 365 D7
大同[川] 367 E8
大同[滇] 398 F4
大同[鄂] 287 B6
大同[黔] 389 B6
大同[黔] 390 A1
大同[桂] 344 E4
大同[冀] 61 E7
大同[陇] 428 F3
大同[闽] 215 E6
大同[陕] 421 E8
大同[台] 460 B4
大同[湘] 299 D8
大同[新] 454 E2
大同[渝] 357 D8
大同[浙] 166 G4
大同桥[湘] 303 D8
大同区[黑] 123 C8
大同市[晋] 69 C6
大同县[晋] 69 C7
大同夭[内蒙古] 79 E10
大头山[冀] 53 C6
大团[沪] 140 C3
大疃[鲁] 251 E9
大屯[川] 367 B8
大屯[滇] 400 E5
大屯[黔] 386 C2
大屯[吉] 110 B5
大屯[冀] 53 E7
大屯[冀] 58 F2
大屯[冀] 60 B3
大屯[冀] 60 D3
大屯[辽] 100 C3
大屯[辽] 97 D7
大屯[辽] 93 D7
大屯[鲁] 254 D2
大屯[苏] 148 B3
大屯[皖] 188 C4
大屯[豫] 265 C7
大屯营[湘] 296 E4
大妥[湘] 301 D8
大洼[吉] 111 D7
大洼[辽] 94 F2
大洼[辽] 97 C9
大洼县[辽] 97 C9
大埼[渝] 354 B5
大弯[川] 363 C6
大埼[浙] 180 E5
大湾[川] 367 E7
大湾[滇] 402 B3
大湾[黔] 386 F4
大湾[桂] 339 C8
大湾[桂] 345 D8
大湾[吉] 114 C1
大湾[宁] 443 C9
大湾[粤] 324 B5
大湾[粤] 328 F4
大湾[粤] 314 D5
大湾罗[湘] 306 C2
大王[川] 364 D5
大王[鄂] 287 E8
大王[冀] 57 D9
大王[晋] 75 F8
大王[鲁] 241 G8
大王[陕] 416 D3
大王[陕] 424 G2
大王[皖] 193 E6
大王[豫] 262 C3
大王店[冀] 57 D7
大王古庄[津] 40 A1
大王集[豫] 267 F9
大王庙[辽] 93 D8
大王寨[鲁] 240 D1
大王杖子[辽] 92 F5
大王庄[鲁] 249 B8
大王庄[豫] 269 D6
大旺[桂] 343 D6
大为[川] 372 D2
大圩[桂] 336 D3
大圩[桂] 339 C7
大圩[湘] 304 G3
大围河[冀] 52 E1
大围山[湘] 297 C9
大隗[豫] 260 D4
大渭溪[湘] 307 G9

D 大呆代岱带待埭戴黛丹单担郸儋旦但弹淡当砦党凼宕砀刀导岛倒祷到道稻得德灯登等邓凳磴低堤滴狄迪荻邸底抵地弟帝第棣滇典点电佃甸店垫淀奠殿靛刁雕鲷吊钓调迭垤叠丁叮顶鼎定东

地名[省别]	地图位置
大魏家[辽]	102 E3
大文[滇]	399 F9
大汶口[鲁]	249 E6
大窝[川]	374 D4
大乌江[黔]	390 G5
大乌苏[黑]	125 C8
大巫岚[冀]	55 A6
大屋[湘]	307 C6
大吴[苏]	148 D5
大吾[冀]	48 C5
大五家子[辽]	96 E4
大五里[冀]	54 C4
大五女[冀]	57 G7
大件[豫]	267 E6
大坞[鲁]	255 D8
大武[晋]	73 D8
大武[青]	440 E4
大武[台]	460 F3
大武[豫]	268 E5
大悟县[鄂]	284 B4
大西岔[辽]	99 C7
大西沟[新]	452 A1
大西韩[冀]	61 C8
大西江[桂]	336 A4
大西桥[黔]	387 B6
大西渠[新]	451 E8
大西湾[冀]	50 F3
大溪[川]	376 C3
大溪[赣]	230 E3
大溪[闽]	212 D1
大溪[闽]	215 D10
大溪[台]	460 B4
大溪[渝]	356 C3
大溪[渝]	356 D3
大溪[渝]	357 E9
大溪[粤]	318 D5
大溪[浙]	176 E4
大溪边[浙]	177 A8
大溪河[皖]	192 B4
大溪口[浙]	174 G4
大锡[湘]	304 G4
大峡谷[浙]	166 B4
大相各庄[冀]	54 F5
大巷[桂]	337 C8
大孝堡[晋]	73 F9
大歇[渝]	355 B9
大谢集[鲁]	254 D5
大榭[浙]	170 C5
大辛店[鲁]	250 C5
大辛庄[冀]	57 F7
大辛庄[冀]	61 B9
大辛庄[晋]	70 C5
大辛庄[鲁]	240 B2
大新[川]	368 E5
大新[鄂]	284 A4
大新[桂]	339 B9
大新[苏]	161 A7
大新[皖]	187 C9
大新[皖]	191 F7
大新[湘]	307 B8
大新[豫]	269 C6
大新县[桂]	343 C7
大新寨[冀]	55 C6
大新庄[冀]	54 F3
大新庄[豫]	264 F2
大信[鲁]	244 D5
大兴[川]	362 G3
大兴[川]	365 D7
大兴[川]	367 D8
大兴[川]	368 E5
大兴[川]	369 C7
大兴[川]	372 E4
大兴[滇]	399 E9
大兴[滇]	402 F3
大兴[滇]	405 A6
大兴[黔]	391 E10
大兴[桂]	344 D5
大兴[黑]	123 D9
大兴[黑]	123 E6
大兴[吉]	110 G4
大兴[吉]	112 B5
大兴[辽]	91 C7
大兴[辽]	94 F4
大兴[辽]	97 C7
大兴[辽]	99 E7
大兴[辽]	93 B6
大兴[鲁]	252 F5
大兴[内蒙古]	83 E8
大兴[苏]	151 E6
大兴[苏]	153 B10
大兴[渝]	354 D3
大兴[渝]	356 F4
大兴地[滇]	405 F7
大兴沟[吉]	115 D7
大兴集[皖]	189 A8
大兴区[京]	31 E7
大兴庄[京]	32 C1
大邢庄[豫]	269 G9
大姓[川]	377 D9
大徐[浙]	171 D6
大许[苏]	149 D6
大许寨[豫]	269 C7
大薛[辽]	97 F8
大雪山[滇]	399 D8
大垭[川]	364 C5
大垭[渝]	355 E8
大延洼[豫]	262 C5
大严备[晋]	72 E2
大岩洞[川]	367 C10
大阎家[鲁]	250 G5
大演[皖]	200 D4
大堰[川]	369 E8
大堰[川]	376 E2
大堰[鄂]	291 D8
大堰[湘]	299 A6
大堰[浙]	171 F7
大堰坡[鄂]	282 D4
大雁矿区[内蒙古]	81 C9
大羊[鲁]	248 D3
大羊街[滇]	400 E3
大阳[吉]	113 B6
大阳[晋]	71 D7
大阳[晋]	74 C4
大阳[陇]	429 B6
大阳[渝]	357 E7
大阳岔[吉]	113 F8
大杨[陕]	419 D6
大杨[皖]	186 C3
大杨[皖]	189 F8
大杨[皖]	190 D4
大杨集[豫]	267 D8
大杨树[内蒙古]	81 A8
大洋[桂]	339 C8
大洋[冀]	56 E5
大洋[闽]	206 D5
大洋[闽]	206 F4
大洋[浙]	166 F5
大洋[浙]	181 B9
大洋洲[赣]	232 B2
大姚县[滇]	396 C3
大窑[鲁]	251 D7
大瑶[湘]	297 E8
大冶[川]	373 D9
大冶[豫]	260 E4
大冶市[鄂]	287 E7
大业[桂]	338 G3
大业[辽]	97 F8
大伊村[冀]	58 C3
大仪[川]	364 C4
大仪[苏]	155 F7
大椅山[吉]	114 C2
大义[鲁]	254 D5
大义[湘]	303 G7
大邑县[川]	362 E3
大因[冀]	57 D8
大寅[川]	364 B5
大银[黔]	386 D2
大隐[浙]	170 F5
大印[川]	368 C2
大英[皖]	193 E7
大英县[川]	365 F7
大营[滇]	397 D6
大营[滇]	405 C8
大营[黔]	387 B8
大营[冀]	49 G7
大营[冀]	57 D10
大营[冀]	59 F8
大营[晋]	72 A2
大营[辽]	103 B8
大营[陕]	418 E4
大营[苏]	154 B3
大营[皖]	188 G5
大营[豫]	266 D1
大营[豫]	271 B8
大营街[滇]	400 C3
大营盘[冀]	50 G3
大营子[冀]	53 F8
大营子[辽]	100 F5
大营子[辽]	92 E5
大营子[内蒙古]	83 E6
大营子[内蒙古]	83 F6
大涌[粤]	320 D2
大用[黔]	387 D6
大用[黑]	120 B3
大由[赣]	229 A6
大有[川]	365 B6
大有[黔]	388 C4
大有[晋]	70 C2
大有[陇]	428 G2
大有[苏]	152 B2
大有[新]	451 C9
大有[渝]	355 F6
大于[川]	365 E6
大余县[赣]	229 F8
大盂[晋]	67 B6
大渔[浙]	179 C9
大榆树[黑]	128 D5
大榆树[吉]	111 D6
大榆树[吉]	112 C2
大榆树[京]	32 F2
大榆树[内蒙古]	79 E8
大榆树[内蒙古]	83 E8
大榆树堡[辽]	97 E7
大禹[晋]	73 D7
大玉口[粤]	328 D2
大峪[冀]	61 E9
大峪[京]	30 C5
大峪[陇]	432 C4
大峪[豫]	271 A8
大峪[豫]	261 F9
大峪沟[豫]	260 F2
大豫[苏]	153 C7
大园[台]	460 B4
大源[赣]	230 D5
大源[闽]	210 A5
大源[青]	436 C5
大源[粤]	315 A6
大源[浙]	167 C7
大源[浙]	181 B9
大院[川]	364 F2
大垸[鄂]	288 E5
大云[浙]	169 D7
大则[川]	378 D3
大泽[粤]	325 C9
大泽山[鲁]	244 F2
大闸[皖]	194 E4
大寨[川]	369 D7
大寨[川]	375 E8
大寨[川]	376 C3
大寨[川]	377 D9
大寨[滇]	399 D10
大寨[滇]	400 F5
大寨[滇]	402 G5
大寨[晋]	67 D9
大寨[辽]	93 C8
大寨[陇]	432 G3
大寨[陕]	418 E5
大寨[豫]	265 E6
大寨子[滇]	402 F4
大战[浙]	176 D2
大战场[宁]	442 E5
大站[粤]	315 E6
大张[晋]	74 C2
大张家[鲁]	240 F2
大张楼[鲁]	254 C5
大张庄[冀]	60 D3
大张庄[津]	38 A4
大张庄[鲁]	242 F3
大章[川]	378 D2
大章[豫]	263 E6
大樟[桂]	345 B8
大杖子[冀]	53 F8
大障[湘]	303 C8
大召营[豫]	264 F2
大兆[陕]	416 C3
大柘[浙]	180 B4
大郑[辽]	103 C7
大支坪[鄂]	290 C5
大直[桂]	340 C5
大致坡[琼]	347 B8
大忠桥[湘]	304 B4
大钟庄[津]	41 E9
大仲村[鲁]	252 E3
大众[黑]	122 B4
大周[渝]	356 F5
大周[豫]	268 B4
大洲[桂]	339 C9
大洲[湘]	300 E5
大洲[粤]	328 D1
大洲[浙]	177 C9
大竹[川]	369 B10
大竹[闽]	208 D2
大竹堡[川]	372 E2
大竹县[川]	369 F8
大竹园[陕]	421 E8
大庄[滇]	396 F4
大庄[滇]	398 E2
大庄[滇]	400 E5
大庄[冀]	57 E8
大庄[陇]	429 C6
大庄[陇]	432 G2
大庄[鲁]	252 C5
大庄[宁]	443 D9
大庄[青]	437 A6
大庄[陕]	418 D5
大庄[皖]	189 E9
大庄科[京]	32 F3
大庄坨[冀]	54 D4
大庄子[陇]	430 F5
大卓[苏]	156 B2
大子文[冀]	58 D2
大紫塔[冀]	58 F4
大字沟门[冀]	53 F10
大纵湖[苏]	152 E2
大邹[苏]	154 C2
大足县[渝]	354 C2
呆鹰岭[湘]	303 E6
代化[黔]	385 G7
代家坝[陕]	420 F3
代力吉[内蒙古]	83 D10
代钦塔拉[内蒙古]	83 C8
代市[川]	365 B7
代寺[川]	373 F9
代王[陕]	416 B2
代王城[冀]	51 E9
代县[晋]	72 C2
代召[冀]	61 D8
代子营[陕]	424 F5
岱东[浙]	170 B3
岱崮[鲁]	252 B4
岱家山[鄂]	279 D6
岱林[川]	365 D6
岱岭[浙]	179 D9
岱山[皖]	192 D5
岱山县[浙]	170 B3
岱西[浙]	170 C3
岱岳区[鲁]	249 D6
带河[川]	365 B6
带岭区[黑]	126 F3
带溪[赣]	226 B4
待补[滇]	398 C2
待王[豫]	261 B8
埭头[闽]	207 D7
埭头[苏]	156 F3
埭溪[浙]	168 C4
戴埠[苏]	156 G3
戴村[浙]	167 C8
戴河[冀]	55 D7
戴家[陕]	418 D5
戴家场[鄂]	289 E8
戴家埔[赣]	233 F8
戴咀[豫]	273 G7
戴楼[苏]	151 D9
戴庙[鲁]	248 E1
戴南[苏]	154 B5
戴桥[皖]	191 F7
戴桥[皖]	199 E8
戴湾[鲁]	240 B3
戴圩[苏]	149 D7
戴窑[苏]	154 B3
戴庄[苏]	149 C7
黛溪[闽]	209 E6
丹巴县[川]	378 B5
丹堡[陇]	429 D10
丹城[皖]	190 C4
丹岱[吉]	110 A5
丹东[川]	378 B5
丹东市[辽]	99 E9
丹凤[皖]	191 B6
丹凤县[陕]	425 C8
丹桂[川]	375 F10
丹江口市[鄂]	281 C6
丹景[川]	373 B6
丹景山[川]	362 B4
丹口[湘]	306 F5
丹棱县[川]	372 B2
丹林[川]	375 C6
丹麻[青]	436 B4
丹娘[藏]	409 F8
丹青[湘]	301 E9
丹清河[冀]	50 E3
丹山[川]	373 C8
丹水[豫]	270 D5
丹徒[苏]	156 A4
丹徒区[苏]	156 B3
丹溪[赣]	229 B10
丹霞[粤]	315 B7
丹阳[闽]	206 C2
丹阳[苏]	147 E8
丹阳[皖]	194 D3
丹阳市[苏]	156 C4
丹云[闽]	206 E4
丹灶[粤]	312 E5
丹寨县[黔]	389 F7
丹洲[桂]	337 C8
丹竹[桂]	339 B9
单城[黑]	120 D2
单集[苏]	149 E6
单甲[滇]	399 F8
单晶河[冀]	50 F4
单龙寺[皖]	187 D9
单桥[皖]	191 G8
单寺[鲁]	247 D9
单台子[内蒙古]	79 F7
单王[皖]	187 C6
单县[鲁]	254 F5
单寨[晋]	72 F2
单庄[鲁]	240 E4
担杆[粤]	320 F5
郸城县[豫]	269 D9
儋州市[琼]	346 C5
旦八[陕]	417 E8
旦场[粤]	324 G3
旦都[川]	378 D4
旦嘎[藏]	408 F4
旦马[陇]	431 E8
旦寨[冀]	61 B6
但店[鄂]	286 D5
但家庙[皖]	187 C8
弹前[赣]	233 D8
弹子[渝]	356 F4
淡村[陕]	424 E1
淡水[台]	460 A4
淡水[粤]	317 E9
淡溪[浙]	178 B5
淡竹[浙]	176 E1
当壁[黑]	127 D9
当郎忽洞[内蒙古]	79 D9
当洛[青]	440 F3
当铺地[内蒙古]	83 F7
当顺[青]	437 B6
当涂县[皖]	194 E3
当雄县[藏]	409 E7
当阳[渝]	357 D10
当阳市[鄂]	291 C9
砀石[粤]	319 D8
党巴[川]	379 F7
党坝[川]	377 E7
党坝[冀]	53 F9
党岔[陕]	423 D7
党城[冀]	56 E5
党城[陇]	430 F2
党川[陇]	429 B7
党店[豫]	273 A6
党集[鲁]	254 E4
党家岘[陇]	428 C5
党家庄[鲁]	239 C8
党江[桂]	341 E8
党留庄[晋]	69 C7
党马[陕]	425 A9
党睦[陕]	424 E2
党坪[湘]	306 E4
党三尧[内蒙古]	79 F6
党山[浙]	167 C10
党湾[浙]	167 B10
党武[黔]	384 F5
党峪[冀]	54 C2
党原[陇]	432 G4
党寨[陇]	430 C5
凼底[湘]	304 C3
宕昌县[陇]	429 D8
砀山县[皖]	188 B3
刀坝[黔]	391 D8
刀尔登[辽]	93 G6
导江[桂]	337 F9
导墅[苏]	156 C4
导子[湘]	303 F7
岛石[浙]	166 B3
倒店[鄂]	284 D2
倒马关[冀]	56 D5
倒水[桂]	338 E3
倒淌河[青]	436 D5
祷午[桂]	342 C5
到保[吉]	110 C4
到贤[陕]	424 E2
道坝子[冀]	53 B7
道场[浙]	168 C3
道德[内蒙古]	83 E8
道德[内蒙古]	83 E9
道东堡[冀]	61 C8
道二[湘]	301 E8
道孚县[川]	378 C5
道河[黑]	131 A9
道河[湘]	299 B7
道虎沟[冀]	53 E9
道街[滇]	403 D7
道口[鲁]	252 D5
道口铺[鲁]	240 D3
道朗[鲁]	248 C5
道老杜[内蒙古]	83 D8
道林[湘]	296 E4
道明[川]	362 D3
道坪[黔]	384 D3
道桥[鄂]	284 E2
道仁矶[湘]	300 C4
道台桥[黑]	121 B8
道太[浙]	180 D4
道特淖尔[内蒙古]	83 C6
道托[鲁]	252 B5
道帏[青]	437 A7
道县[湘]	304 E3
道墟[浙]	172 B5
道滘[粤]	320 A4
道义[辽]	91 C6
道真仡佬族苗族自治县[黔]	390 B5
道镇[陕]	417 C9
道字[吉]	110 E5
道佐[川]	362 F2
稻城县[川]	379 D9
稻地[冀]	54 E3
稻谷[川]	367 E8
稻田[鲁]	243 C6
稻庄[鲁]	241 G8
得耳布尔[内蒙古]	81 C7
得力其尔[内蒙古]	81 A9
得利寺[辽]	102 B4
得禄[滇]	398 B3
得荣县[川]	379 F9
得胜[川]	369 C7
得胜[川]	375 B7
得胜[鄂]	280 C2
得胜[辽]	102 E4
得胜[辽]	102 G2
得胜[内蒙古]	83 E8
得石[川]	367 F7
德安[川]	368 E3
德安[滇]	406 C5
德安县[赣]	223 D7
德昂[青]	440 F4
德包图[内蒙古]	79 C10
德保县[桂]	343 D6
德差[川]	379 C7
德昌[黑]	131 F6
德昌县[川]	367 E7
德达[川]	379 E6
德登[藏]	409 D10
德峨[桂]	343 F9
德格[川]	377 C6
德格县[川]	378 G4
德归[冀]	52 F2
德恒隆[青]	437 B6
德厚[滇]	401 D6
德化[滇]	407 C6
德化[黔]	389 C6
德化县[闽]	213 B7
德惠市[吉]	108 C3
德吉[川]	367 B8
德加[青]	437 B6
德江县[黔]	391 D7
德苴[滇]	405 B9
德勒格尔[内蒙古]	82 E4
德力格尔罕[内蒙古]	82 E3
德岭山[内蒙古]	78 D4
德令哈市[青]	439 B9
德隆[桂]	343 F6
德隆[渝]	355 F6
德平[鲁]	238 C4
德钦县[滇]	404 F2
德清县[浙]	168 C4
德庆[藏]	409 E6
德庆[藏]	409 E6
德庆县[粤]	328 E2
德荣马[川]	378 B3
德荣马[川]	378 G1
德山[湘]	299 D7
德善[黑]	121 C7
德善[内蒙古]	79 C10
德胜[赣]	225 B7
德胜[桂]	344 C3
德胜[黑]	130 E3
德胜[苏]	153 D9
德胜太[内蒙古]	80 C1
德石[川]	367 D7
德顺[黔]	389 A7
德顺[吉]	110 C3
德思里[滇]	399 C9
德亭[豫]	263 E6
德外都如克[新]	456 C2
德旺[黔]	391 E8
德威[川]	379 A7
德卧[黔]	387 E9
德巫[川]	379 D8
德溪[川]	367 D9
德祥[黑]	120 A4
德新[川]	368 E2
德新[黔]	384 D4
德新[吉]	115 E7
德兴[辽]	94 C3
德兴[陇]	428 D5
德兴市[赣]	231 C6
德阳市[川]	368 F2
德源[川]	362 D4
德跃[川]	375 F8
德泽[滇]	398 C2
德圳[湘]	303 D7
德政[冀]	61 B9
德州市[鲁]	238 E4
德卓[黔]	386 G3
灯明寺[冀]	59 E7
灯塔[川]	364 B5
灯塔[黑]	130 D3
灯塔[青]	440 G5
灯塔[粤]	316 D4
灯塔市[辽]	100 A4
灯台[川]	365 C6
登步[浙]	170 B5
登封市[豫]	260 F4
登峰[辽]	102 G2
登岗[粤]	319 D7
登高[川]	364 D3
登龙[川]	378 F4
登龙[赣]	232 D5
登沙河[辽]	102 E4
登仕堡子[辽]	90 D5
登塘[粤]	319 C7
登特科[内蒙古]	81 A9
登云[粤]	316 A4
等子[滇]	403 C8
邓波[川]	379 E8
邓广[冀]	53 F6
邓城[豫]	269 D6
邓川[滇]	405 D8
邓村[鄂]	291 B7
邓坊[粤]	315 A9
邓关[川]	373 F8
邓家[赣]	224 D2
邓家[闽]	210 F3
邓家[渝]	357 F10
邓家口[鄂]	279 F8
邓家铺[湘]	307 D6
邓家塘[湘]	305 D7
邓家庄[冀]	58 F3
邓李[豫]	271 C10
邓双[川]	362 F4
邓湾[豫]	273 D8
邓襄[豫]	268 E5
邓油坊[冀]	50 F3
邓元泰[湘]	307 E6
邓州市[豫]	271 F6
邓庄[晋]	74 D4
邓庄[豫]	268 C4
凳寨[湘]	306 D1
磴口县[内蒙古]	78 E2
磴上[冀]	53 D8
低塘[浙]	170 F4
低庄[湘]	307 G9
堤村[冀]	60 C4
堤村[晋]	74 C3
滴道河[黑]	127 F9
滴道区[黑]	127 F9
狄邱[冀]	61 D9
狄寨[陕]	416 C3
迪坎[新]	456 E3
迪口[闽]	208 F4
荻垛[苏]	154 C4
荻港[皖]	194 G5
邸村[冀]	56 F5
邸阁[豫]	266 D3
底堡[川]	372 E4
底店[陕]	418 C5
底店[陕]	424 D1
底洞[川]	374 E5
底阁[鲁]	255 F10
底庙[陕]	419 B6
底蓬[川]	375 D6
底圩[滇]	401 C8
底雅[藏]	408 D1
底张[豫]	262 D5
底张镇[陕]	419 E7
抵季[黔]	385 F7
抵麻[黔]	385 F7
地宝[渝]	357 F6
地北头[冀]	54 C2
地藏寺[辽]	97 G6
地城[皖]	191 F10
地都[粤]	319 D7
地豆[粤]	328 D5
地方[鲁]	252 D3
地瓜[黔]	387 E7
地湖[黔]	388 A5
地灵[湘]	306 E3
地洛[川]	367 D9
地莫[川]	367 D8
地派[粤]	316 F5
地坪[黔]	389 B9
地松[黔]	384 C4
地苏[桂]	344 D5
地窝堡[新]	451 E9
地巫[川]	379 F8
地掌[陕]	418 B5
地州[桂]	343 E6
弟兄山[辽]	99 F7
帝丘[豫]	266 D5
第六屯[冀]	51 E6
第三堡[冀]	51 E7
第三铺[陇]	428 C5
第什营[冀]	60 C5
第四疃[冀]	61 B7
第一关[冀]	55 C8
棣花[陕]	425 C8
棣棠[渝]	355 C9
棣棠[渝]	356 A1
滇滩[滇]	403 E6
典补[川]	367 C9
点军区[鄂]	291 C8
点头[闽]	209 D9
电白县[粤]	324 G3
电城[粤]	324 G4
电市[陕]	423 D8
佃坝[新]	451 E8
佃户屯[鲁]	254 D3
佃坪[晋]	74 D2
佃庄[豫]	263 C9
甸南[滇]	405 D7
甸沙[滇]	397 C8
甸尾[滇]	400 D4
甸中[滇]	400 C3
甸子[内蒙古]	83 G7
店坝[陇]	429 C10
店埠[鲁]	244 D3
店村[陇]	429 B8
店集[鲁]	244 B4
店集[皖]	191 D6
店集[豫]	267 E7
店口[浙]	172 C3
店门[湘]	303 D6
店前[皖]	198 G3
店上[晋]	70 C4
店上[晋]	71 B6
店塔[陕]	422 B4
店头[鲁]	252 F5
店头[陕]	417 C10
店头[陕]	418 D5
店湾[晋]	68 C5
店下[赣]	227 F8
店下[闽]	209 D9
店垭[川]	364 E5
店垭[鄂]	281 G6
店则沟[陕]	423 C9
店张[陕]	419 E7
店镇[陇]	429 B7
店镇[陕]	423 B8
店子[川]	364 E3
店子[鄂]	280 A2
店子[陇]	429 B9
店子[陇]	432 B4
店子[陇]	432 F5
店子[鲁]	239 E10
店子[鲁]	240 C1
店子[鲁]	244 F2
店子[鲁]	247 F10
店子[鲁]	255 D9
店子[内蒙古]	79 E10
店子[豫]	262 C5
店子集[鲁]	253 C6
垫江县[渝]	355 A6
淀山湖[苏]	161 E9
奠安[宁]	443 D10
殿市[陕]	423 E7
靛房[湘]	301 C8
靛兰坝[川]	372 F3
靛水[渝]	355 E9
刁坊[粤]	323 D7
刁家[豫]	260 A3
刁口[鲁]	241 B8
刁翎[黑]	130 C5
刁铺[苏]	155 C7
刁窝[冀]	57 B10
刁镇[鲁]	239 A6
雕鹗[冀]	51 B6
鲷城[皖]	190 G1
吊街[陇]	432 G4
吊井[湘]	301 C9
吊罗山[琼]	347 E6
吊湾[陇]	429 C6
钓峰[赣]	228 B4
钓台[陕]	419 E7
钓渭[陕]	418 E4
钓鱼[辽]	94 D4
钓鱼[苏]	154 C3
调兵山市[辽]	94 G5
调风[粤]	327 E8
调关[鄂]	288 F5
调河头[冀]	52 D3
调楼[琼]	346 B5
迭部县[陇]	432 C3
迭台寺[晋]	72 E3
垤玛[滇]	400 E2
叠山[赣]	231 F6
叠石[闽]	209 D9
叠溪[川]	377 E9
丁堡[粤]	324 D3
丁村[豫]	264 F2
丁村[豫]	269 E9
丁当[桂]	334 D3
丁岗[苏]	156 B4
丁沟[苏]	154 D5
丁固[藏]	408 C4
丁河[豫]	270 D4
丁湖[皖]	189 G8
丁伙[苏]	155 E6
丁集[苏]	151 D6
丁集[皖]	187 D6
丁集[皖]	189 B8
丁集[豫]	269 F8
丁家[川]	364 E3
丁家[陕]	418 B5
丁家[湘]	306 B5
丁家[渝]	354 D3
丁家房[辽]	90 D4
丁家港[湘]	299 D6
丁家沟[陇]	428 C5
丁家桥[皖]	195 F7
丁家塘[宁]	443 D6
丁家湾[陕]	423 B8
丁家窑[晋]	68 C3
丁家营[鄂]	280 C5
丁江[赣]	232 B5
丁里[皖]	188 C5
丁里长[鲁]	254 C4
丁栾[豫]	265 E6
丁旗[黔]	387 D6
丁桥[皖]	201 A6
丁桥[浙]	167 B8
丁桥[浙]	169 E9
丁青县[藏]	409 D9
丁山[渝]	354 F4
丁市[渝]	355 F10
丁市[渝]	356 D1
丁蜀[苏]	158 F4
丁司垱[鄂]	287 D6
丁坞[鲁]	238 C3
丁香[皖]	200 D4
丁堰[苏]	153 E7
丁营[豫]	268 D3
丁栅[浙]	169 D6
丁宅[浙]	173 C6
丁寨[鄂]	290 F3
丁庄[鲁]	238 E4
丁庄[鲁]	241 F8
丁庄[豫]	271 F8
丁字[湘]	296 D5
丁字桥[川]	364 C5
丁嘴[苏]	151 E6
叮咛店[冀]	57 G6
顶山[苏]	146 E4
顶效[黔]	387 E9
顶新[川]	373 C10
顶云[黔]	387 D7
鼎城区[湘]	299 D6
鼎湖[赣]	220 C1
鼎湖区[粤]	328 E4
鼎龙[赣]	228 C5
鼎山[川]	369 D7
鼎新[川]	373 E7
鼎新[黔]	386 D4
定安[桂]	342 G3
定安县[琼]	347 B7
定波[川]	379 E8
定埠[苏]	147 B10
定东[黔]	384 D5
定方水[冀]	51 C6
定汉[陇]	432 E4
定湖[湘]	300 B5
定江[桂]	336 D2
定结县[藏]	408 F5
定军山[陕]	420 E3
定南[黔]	384 D5
定南县[赣]	229 D10
定宁[陇]	431 E9
定日县[藏]	408 F5
定山[赣]	223 B9
定水[川]	364 D5
定水[鲁]	240 E3
定塘[浙]	171 D8
定陶区[鲁]	254 D3
定威[黔]	389 E8
定文[川]	372 D4
定西区[陇]	428 D5
定西市[陇]	428 D5
定仙焉[陕]	423 B9
定襄县[晋]	72 C4
定祥[陇]	432 F4
定新[黔]	386 B3
定兴县[冀]	57 C9
定业[桂]	342 F5
定远[川]	368 E4
定远[豫]	273 F6
定远县[皖]	192 D3
定远寨[鲁]	240 D2
定州市[冀]	57 F6
东阿[鲁]	239 F9
东阿县[鲁]	240 D4
东安[川]	368 D4
东安[川]	369 E7
东安[桂]	343 C9
东安[苏]	156 E5
东安[渝]	357 B7
东安各庄[冀]	54 D4
东安县[湘]	304 B2
东安庄[冀]	58 E2
东鞍山[辽]	100 C3
东岸[豫]	273 A6
东岸[粤]	324 E3
东案[浙]	177 B8
东澳[琼]	347 F7
东八号[内蒙古]	79 D7
东八里[冀]	51 C7
东巴[青]	436 D5
东巴兔[陇]	430 F3
东巴扎[新]	456 E3
东坝[藏]	409 E10
东坝[川]	364 D5
东坝[京]	29 C8
东坝[陇]	430 F5
东坝[陇]	431 C9
东坝[鲁]	242 C5
东坝[青]	441 F8
东坝[苏]	147 B10
东坝[粤]	324 B5
东坝头[豫]	266 B4
东白湖[浙]	172 E3
东板[川]	365 C7
东宝[川]	364 F3
东宝区[鄂]	283 E8
东堡[湘]	303 B8
东陂[赣]	225 E7
东陂[粤]	314 B3
东北[川]	368 F3
东北岔[吉]	113 D9
东北塘[苏]	159 C7
东岔[陇]	429 A7
东禅[川]	365 E8
东昌[桂]	336 F3
东昌区[吉]	114 E2
东场[桂]	341 D7
东陈[陕]	424 D3
东陈[苏]	153 F7
东陈[浙]	171 D7
东成[粤]	325 C7
东成[粤]	325 D7
东城[鄂]	282 D4
东城[鄂]	290 D2
东城[吉]	115 E7
东城[冀]	51 F8
东城[晋]	74 F5
东城[鲁]	240 D3
东城[琼]	346 B4
东城[湘]	296 C4
东城[湘]	305 C6
东城[新]	451 B9
东城[粤]	314 F5
东城坊[冀]	57 B9
东城区[京]	29 D7
东城垸[鄂]	279 F8
东塍[浙]	176 C4
东川[青]	436 C3
东川[陕]	425 G9
东川区[滇]	397 B8
东村[滇]	397 D7
东村[赣]	228 C5
东村[豫]	262 D3
东大[陕]	416 D4
东大道[辽]	92 D4
东大地[冀]	53 G9
东大滩[陇]	431 F9
东大屯[辽]	92 B5
东代固[冀]	61 B9
东岱[川]	365 E6
东岱[闽]	206 B2
东洞[陇]	430 F4
东都[鲁]	249 F9
东杜尔基[内蒙古]	83 C8
东渡[浙]	181 B8
东段[冀]	52 E3
东峨[滇]	400 D2
东二营[津]	41 C7
东凡[豫]	262 C4
东方[琼]	346 D3
东方[浙]	181 A8
东方红[黑]	127 B7
东方红[黑]	128 D2
东方红[湘]	296 D5
东方山[鄂]	287 E7
东方市[琼]	346 D2
东坊城[晋]	69 E7
东坊城堡[冀]	51 F8
东丰县[吉]	113 A6
东风[滇]	405 B7
东风[黔]	384 E4
东风[黔]	386 F4
东风[黑]	127 B8
东风[黑]	130 D2
东风[京]	30 E4
东风[辽]	97 C9
东风[辽]	98 G3
东风[内蒙古]	83 E9
东风[内蒙古]	84 E2
东风[陕]	418 C2
东风[湘]	303 F9
东风[湘]	305 F6
东风[豫]	264 B4
东风[豫]	269 E9
东风农场[沪]	141 D7
东峰[川]	373 C8
东峰[闽]	208 E5
东凤[粤]	319 C8
东凤[粤]	320 C2
东孚[闽]	213 F6
东釜山[冀]	57 D7
东富[湘]	303 B9
东嘎[辽]	94 F3
东岗[吉]	113 D6
东岗[辽]	102 C3
东岗[豫]	264 A3
东港[赣]	222 F2
东港[冀]	55 C7
东港[苏]	159 C8
东港[台]	460 F3
东港[湘]	300 F2
东港[粤]	318 F5
东港区[鲁]	253 C7
东港市[辽]	99 E10
东皋[浙]	178 C4
东高[鲁]	242 C4
东高村[京]	32 C2
东高地[京]	31 D8
东阁[琼]	347 B9
东巩[鄂]	281 G7
东沟[鄂]	287 F7
东沟[青]	437 C6
东沟[陕]	417 C9
东沟[苏]	146 C3
东沟[苏]	152 D1
东沟[新]	451 D9
东沽港[冀]	52 D3
东古城[鲁]	240 C1
东谷[川]	378 B5
东固[赣]	233 B6
东瓜[滇]	396 E3
东关[黔]	386 D3
东关[桂]	342 D5
东关[陇]	429 B8
东关[闽]	213 C8
东关[皖]	199 C8
东关[浙]	173 B6
东关屯[辽]	90 C2
东观[川]	365 C7
东官[黑]	120 D3
东官营[辽]	92 B2
东馆[赣]	224 D4
东光[吉]	115 D8
东光县[冀]	59 E6
东郭[晋]	75 E7
东郭[辽]	97 D8
东郭[鲁]	255 D9
东海[黑]	127 E9
东海[闽]	207 E7
东海[闽]	213 E9
东海[苏]	153 A10
东海县[苏]	150 D3
东瀚[闽]	207 B6
东和[桂]	342 D3
东和[晋]	71 C6
东和[青]	436 B4
东和[浙]	172 D4
东和店[豫]	273 B7
东河[川]	364 C3
东河[川]	367 C8
东河[川]	368 F2
东河[滇]	407 E6
东河[黑]	128 D4
东河[吉]	112 D3
东河[陇]	431 E8
东河[台]	460 E4
东河口[皖]	187 C9
东河南[晋]	69 F9
东河区[内蒙古]	79 E6
东河滩[新]	457 E6
东红胜[内蒙古]	79 D6
东洪[豫]	273 A6
东侯坊[冀]	49 C8
东胡集[苏]	151 B6
东湖[川]	373 F8
东湖[吉]	108 E3
东湖[晋]	72 E2
东湖[辽]	91 B7
东湖[陇]	431 C10
东湖[闽]	206 C2
东湖[湘]	303 C6
东湖[浙]	172 B5

地名[省别] 地图位置
东湖塘[湘] 296 E3
东湖圩[湘] 303 F7
东花园[冀] 51 B7
东华[滇] 396 E3
东华[黔] 391 D6
东华[桂] 339 B9
东华[桂] 339 F9
东华[闽] 210 D3
东华[渝] 356 D5
东华[粤] 315 E7
东荒峪[冀] 54 B3
东皇沟[陕] 420 F3
东皇庙[豫] 273 B6
东黄城[冀] 58 D2
东黄花川[冀] 53 F9
东黄水[晋] 67 B6
东黄坨[冀] 54 F4
东回[滇] 407 F7
东回[晋] 67 C10
东回舍[冀] 48 C5
东会[晋] 73 C8
东极[浙] 170 A4
东棘坨[津] 40 E2
东佳[川] 373 E6
东简[粤] 327 D9
东建[黑] 128 E5
东江[赣] 229 E9
东江[桂] 344 C3
东江[陇] 429 C9
东江[鲁] 250 C4
东江[湘] 305 C7
东郊[黑] 130 E3
东郊[琼] 347 C9
东郊[湘] 299 D7
东郊[湘] 303 B6
东峤[闽] 207 D7
东金店[豫] 260 F4
东金庄[冀] 57 E8
东津[鄂] 281 E8
东津[桂] 339 C7
东津[黑] 130 C4
东京城[黑] 131 D9
东京陵[辽] 100 B4
东井集[冀] 51 G8
东井岭[晋] 71 B6
东旧寨[冀] 54 C3
东坑[陕] 423 G9
东坑[粤] 318 E4
东坑[粤] 320 A5
东坑[浙] 181 F6
东孔兑[内蒙古] 80 A2
东来[吉] 114 E2
东来[内蒙古] 83 E9
东兰县[桂] 344 E4
东朗[川] 366 B5
东朗[滇] 407 F7
东朗[黔] 389 D9
东乐[陇] 430 C5
东雷[晋] 72 B3
东黎[皖] 188 D5
东李官屯[鲁] 239 F6
东里[鲁] 242 F4
东里[粤] 327 E8
东里[粤] 319 C8
东里满[冀] 58 D3
东里庄[冀] 49 E9
东丽区[津] 38 D5
东莲花院[冀] 54 C3
东联[川] 373 E8
东联[皖] 194 B1
东良[冀] 60 D3
东梁[晋] 67 B7
东梁[辽] 97 D6
东辽县[吉] 112 C5
东林[川] 368 D3
东林[川] 369 E9
东林[川] 372 C4
东林[赣] 222 D3
东林[黑] 130 D2
东林[浙] 168 C3
东临溪[皖] 201 F8
东岭[吉] 111 G6
东岭[闽] 213 E10
东岭[陕] 425 B9
东凌[桂] 342 E5
东陵[冀] 54 C1
东陵[辽] 91 B7
东陵区[辽] 91 C7
东刘集[皖] 187 C7
东流[皖] 200 D2
东留[闽] 215 F8
东留春[冀] 57 G6
东柳[川] 369 F8
东柳泉[冀] 60 F4
东六号[吉] 110 F5
东六家子[辽] 96 A4
东龙[桂] 339 C7
东陇[粤] 319 F6
东楼[晋] 72 C4
东垆[晋] 75 F8
东鲁[浙] 177 B8
东闾[冀] 57 F8
东罗[桂] 343 B8
东洛[湘] 305 D9
东落堡[冀] 57 C8
东马坊[鄂] 284 E2
东马坊[晋] 72 D4
东马圈[津] 40 B1
东马营[冀] 57 D9
东买里[新] 452 B2
东卯[冀] 50 A5
东卯[粤] 320 C2
东门[桂] 343 A8
东门[湘] 304 E3
东庙[桂] 344 D5
东明[黑] 128 C3
东明[沪] 137 G6
东明[吉] 112 F3
东明[内蒙古] 83 E8
东明[豫] 262 E3
东明集[鲁] 254 D2
东明县[鲁] 254 D2
东茗[浙] 173 F6
东木[陕] 421 F8
东南[陕] 418 C2
东宁卫[辽] 100 B3
东宁市[黑] 131 A9
东平[桂] 339 F7
东平[桂] 343 C6
东平[鲁] 248 E3
东平[闽] 206 D5
东平[闽] 213 C8
东平[粤] 325 F7
东平县[鲁] 248 E3
东坪[滇] 402 G4
东坪[赣] 225 C6
东坪[陇] 428 G3
东坪[鲁] 242 D3
东坪[湘] 305 D8
东坪[粤] 315 C6
东屏[桂] 340 B5
东屏[吉] 110 A4
东屏[苏] 147 B7
东屏[浙] 179 A7
东坡[滇] 396 B5
东坡底[晋] 73 D9
东铺[豫] 273 E6
东蒲洼[津] 40 C2
东埔[闽] 207 E7
东浦[浙] 172 B4
东浦[浙] 176 F5
东起[桂] 337 D8
东钱湖[浙] 170 E5
东桥[鄂] 283 C7
东桥[赣] 228 G3
东桥[闽] 206 E2
东桥[闽] 213 D10
东桥[苏] 161 D7
东桥[皖] 187 B7
东青[川] 364 D4
东倾沟[青] 440 E4
东区[川] 367 F6
东区[粤] 320 D2
东泉[桂] 337 E8
东泉[晋] 66 F5
东泉[陇] 429 D7
东泉[渝] 354 D5
东荣[桂] 338 D2
东汝[藏] 408 C2
东三家子[吉] 111 F6
东三召[冀] 60 D4
东沙[浙] 170 C3
东沙布尔台[内蒙古] 83 D7
东沙河[鲁] 255 E8
东山[川] 367 E8
东山[川] 369 C8
东山[川] 373 C9
东山[滇] 398 C4
东山[滇] 398 E4
东山[滇] 401 C6
东山[滇] 401 E7
东山[滇] 403 E9
东山[滇] 405 B7
东山[滇] 405 B8
东山[鄂] 278 F5
东山[桂] 336 C5
东山[吉] 112 B5
东山[晋] 72 A2
东山[陇] 428 F3
东山[鲁] 251 F9
东山[内蒙古] 83 F6
东山[琼] 347 B7
东山[苏] 161 F6
东山[皖] 188 D5
东山[湘] 299 G7
东山[湘] 300 B2
东山[湘] 306 E4
东山[粤] 324 F2
东山[粤] 327 D9
东山[粤] 319 B9
东山坝[赣] 228 B4
东山区[黑] 128 D2
东山县[闽] 212 F2
东善桥[苏] 147 D6
东上[赣] 233 G6
东上官[陕] 424 E1
东韶[赣] 228 B3
东邵渠[京] 33 G7
东哨[辽] 92 E5
东蛇山子[辽] 90 D5
东社[晋] 72 C3
东社[苏] 153 D8
东升[川] 365 B6
东升[鄂] 288 F5
东升[赣] 223 B10
东升[黑] 129 E6
东升[黑] 130 D3
东升[吉] 110 B2
东升[辽] 90 D3
东升[陇] 428 D2
东升[粤] 320 C2
东胜[川] 373 C10
东胜[黑] 124 F3
东盛涌[吉] 115 E7
东施古[津] 41 C7
东石[川] 368 E4
东石[闽] 213 F8
东石[台] 460 D2
东石[粤] 323 B8
东史端[冀] 57 D8
东势[台] 460 C3
东势[台] 460 D2
东疏[鲁] 248 F4
东拴马[豫] 264 D3
东双沟[苏] 151 D8
东双河[豫] 272 E5
东水[粤] 316 B3
东顺[陇] 429 D6
东四[辽] 100 C2
东寺头[晋] 70 A5
东泗[闽] 212 D3
东宋[豫] 263 D6
东塔[川] 368 F4
东台市[苏] 152 F3
东太[川] 365 D6
东泰[川] 368 F2
东滩[陇] 431 E7
东汤[辽] 99 E8
东塘[赣] 230 D3
东塘[湘] 300 F3
东田[闽] 213 E7
东田[湘] 304 E3
东田庄[冀] 54 F2
东亭[冀] 57 F6
东亭[苏] 159 D7
东亭[皖] 195 A6
东土城[内蒙古] 79 D7
东团堡[冀] 57 B6
东屯[黔] 387 B6
东屯[豫] 264 E3
东湾[冀] 52 C1
东湾[陇] 428 D3
东湾[新] 451 C9
东湾[新] 453 F9
东莞[鲁] 253 A6
东莞市[粤] 320 A4
东万口[冀] 50 A5
东汪[冀] 60 C2
东王[冀] 49 C8
东王集[苏] 150 B4
东王集[豫] 271 F9
东王坡[冀] 48 B5
东王营[豫] 269 D6
东旺[滇] 404 D2
东旺[冀] 57 F6
东旺[冀] 57 F7
东望山[冀] 51 D6
东文山[冀] 57 B8
东乌珠尔[内蒙古] 81 D9
东乌珠穆沁旗[内蒙古] 82 C5
东吴[浙] 170 D5
东西湖区[鄂] 279 E6
东西溪[皖] 187 C9
东溪[川] 364 C3
东溪[川] 373 B7
东溪[渝] 354 F5
东溪[渝] 355 A8
东溪[浙] 179 E6
东溪[浙] 179 F8
东溪河[川] 364 E1
东峡[青] 436 C4
东峡[青] 436 D5
东下关[冀] 56 E3
东夏[鲁] 242 C5
东夏[皖] 194 C5
东夏亭[豫] 269 C7
东厦[闽] 212 E2
东仙坡[冀] 57 B9
东乡[桂] 345 C9
东乡县[赣] 224 C2
东乡族自治县[陇] 428 F5
东瀼口[鄂] 291 B6
东庠[闽] 206 A5
东小白旗[冀] 53 F7
东小仇[豫] 261 D9
东小村[晋] 69 C8
东小店[苏] 150 D5
东小口[京] 31 C10
东小庄[冀] 51 C7
东孝[浙] 174 D4
东肖[闽] 215 C9
东辛店[鲁] 238 B2
东辛庄[辽] 93 C8
东新[川] 375 F9
东新[鄂] 284 A4
东新[赣] 220 D3
东新庄[冀] 54 C2
东兴[川] 364 D4
东兴[川] 368 D3
东兴[川] 369 E9
东兴[川] 373 E7
东兴[川] 377 E10
东兴[桂] 344 B2
东兴[黑] 120 A5
东兴[黑] 122 C5
东兴[苏] 155 B8
东兴[皖] 192 D3
东兴市[桂] 340 E4
东秀庄[晋] 72 F3
东墟[冀] 57 F8
东宣[川] 368 E4
东岩[浙] 179 E7
东阳[赣] 220 B2
东阳[黑] 122 D3
东阳[晋] 67 D6
东阳[陕] 424 F3
东阳渡[湘] 303 E6
东阳关[晋] 70 B3
东阳江[浙] 175 C8
东阳市[浙] 175 C7
东杨[陕] 424 D2
东杨庄[冀] 52 E2
东杨庄[冀] 61 C7
东洋[闽] 206 F4
东姚[豫] 264 C3
东窑子[冀] 50 E5
东冶[晋] 71 E9
东冶[晋] 72 B4
东英[琼] 346 B5
东营坊[辽] 98 D3
东营区[鲁] 241 E8
东营市[鲁] 241 E8
东涌[粤] 313 F8
东涌[粤] 318 G3
东游[闽] 208 D5
东于[晋] 66 D5
东榆[川] 369 B7
东元[苏] 153 B9
东园[陇] 430 C5
东园[闽] 212 D4
东园[闽] 213 E9
东园[宁] 442 F5
东园[粤] 319 D6
东塬[陇] 428 F5
东源[赣] 228 F2
东源[赣] 230 D2
东源[闽] 209 D8
东源[浙] 181 C8
东源县[粤] 316 D5
东岳[川] 365 E6
东岳[川] 365 B7
东岳[川] 369 D8
东岳[川] 372 B2
东岳[豫] 273 D7
东岳观[湘] 298 B5
东岳庙[湘] 299 E7
东枣园[冀] 60 A5
东灶港[苏] 153 B8
东寨[晋] 72 E3
东寨[陇] 431 D7
东张[冀] 49 F6
东张[晋] 74 C4
东张[晋] 75 G7
东张[闽] 206 D5
东张孟[冀] 61 B8
东漳[豫] 260 A2
东漳堡[冀] 61 B8
东召[冀] 60 C4
东兆余[陕] 416 C3
东赵[晋] 67 C7
东赵各庄[津] 41 C8
东镇[冀] 60 E2
东镇[晋] 75 D6
东镇[陕] 421 E7
东至县[皖] 200 D2
东洲[粤] 318 G4
东洲[浙] 167 C7
东洲区[辽] 95 E8
东庄[鲁] 249 F6
东庄[闽] 207 E7
东庄[豫] 265 C6
东庄头营子[内蒙古] 83 F7
东卓宿[冀] 49 D9
东子[川] 366 B5
冬山[台] 460 B5
冬塔[湘] 301 D6
董浜[苏] 161 C8
董堡[滇] 401 D9
董场[川] 362 E4
董村[晋] 72 C4
董村[豫] 268 B4
董当[黔] 385 E8
董地[黔] 386 E4
董地[黔] 386 E5
董店[豫] 266 D5
董杜庄[鲁] 240 E1
董封[晋] 71 F8
董干[滇] 401 E9
董岗[皖] 186 D5
董公寺[黔] 390 E3
董官屯[鲁] 254 D4
董集[鲁] 241 D7
董家[川] 364 C5
董家[赣] 227 D7
董家[鲁] 239 B7
董家[渝] 355 B7
董家埂[川] 373 B6
董家河[陕] 418 D4
董家河[陕] 419 C8
董家河[豫] 272 E4
董家窝堡[吉] 112 D3
董家营[内蒙古] 79 F7
董家营[陕] 420 C3
董家庄[鲁] 255 B8
董架[黔] 385 E8
董口[鲁] 254 C3
董岭[黔] 385 C8
董岭[陇] 428 F4
董马[滇] 401 E9
董马库[湘] 301 E8
董市[鄂] 291 D9
董塘[粤] 315 B7
董团[赣] 231 E7
董王[黔] 385 F8
董王庄[豫] 263 D7
董溪[川] 369 C8
董志[陇] 432 F4
董周[豫] 271 B8
冻列[川] 377 A8
垌心[桂] 339 B8
垌冢[鄂] 284 F1
峒中[桂] 340 E2
洞波[滇] 401 B10
洞村[赣] 226 E5
洞措[藏] 408 D4
洞河[陕] 421 F8
洞泾[沪] 138 C3
洞井[桂] 336 D4
洞靖[桂] 342 E5
洞口[湘] 305 B7
洞口县[湘] 307 D6
洞鹿[渝] 357 E7
洞弄[桂] 342 F3
洞坪[湘] 306 C2
洞桥[浙] 167 C6
洞桥[浙] 170 E5
洞市[湘] 299 A6
洞市[湘] 299 F6
洞水[川] 364 E2
洞松[川] 379 E9
洞塘[黔] 385 A9
洞庭[湘] 300 C3
洞庭围[湘] 300 F2
洞头[赣] 229 B8
洞头[桂] 337 B7
洞头县[浙] 179 A7
洞溪[湘] 298 D4
洞溪[湘] 307 E10
洞下场[湘] 306 C3
洞阳[湘] 297 D7
硐村[渝] 357 E6
硐底[川] 374 D5
都安[桂] 343 E6
都安瑶族自治县[桂] 344 C5
都坝[川] 368 C2
都昌县[赣] 223 D8
都党[冀] 61 E9
都督[渝] 355 C9
都格[黔] 386 F5
都呼木[内蒙古] 82 F2
都斛[粤] 325 E9
都江[黔] 385 A7
都江堰市[川] 362 C3
都结[桂] 334 D1
都京[川] 365 D7
都康[桂] 343 C6
都拉[黔] 384 F4
都兰县[青] 439 B9
都里[湘] 301 F8
都里[豫] 264 A3
都六[黔] 384 D5
都龙[滇] 401 F8
都平[粤] 328 D2
都坪[黔] 388 D4
都仁乌力吉[内蒙古] 82 F2
都荣敖包[内蒙古] 79 C6
都司[鲁] 254 C3
都司[豫] 271 G6
都亭[冀] 57 E6
都阳[桂] 344 E5
都杨[粤] 325 A7
都匀市[黔] 385 C6
都镇湾[鄂] 291 D7
兜山[川] 373 F8
斗底[黔] 385 E6
斗古[黔] 386 G1
斗虎屯[鲁] 240 C3
斗江[桂] 337 B9
斗里[黔] 389 B9
斗笠山[湘] 302 B4
斗门[陕] 416 D3
斗门[粤] 320 E1
斗门[浙] 172 B5
斗门区[粤] 320 E2
斗姆湖[湘] 299 D6
斗南[滇] 397 E7
斗南[台] 460 D3
斗山[粤] 325 E9
陡城[陇] 428 D2
陡岗[鄂] 284 D3
陡沟[苏] 150 C4
陡沟[皖] 199 C9
陡沟[豫] 272 D5
陡坑[川] 365 B6
陡门[豫] 264 G3
陡门[浙] 178 B5
陡坡[晋] 74 E2
陡箐[黔] 386 E5
陡山[鄂] 284 D3
陡山河[豫] 273 G7
陡水[赣] 229 F7
陡子峪[冀] 53 G7
豆坝[陇] 429 C9
豆村[冀] 58 E4
豆村[晋] 72 B3
豆各庄[京] 29 E8
豆公[豫] 264 B5
豆河[鄂] 289 C7
豆叩[川] 368 C3
豆罗[晋] 72 C5
豆门[豫] 269 E8
豆坪[陇] 429 C8
豆沙[滇] 402 D2
豆张庄[津] 40 C2
豆庄[冀] 57 B9
痘姆[皖] 198 E3
窦店[京] 30 E5
窦家[陕] 419 C6
窦妪[冀] 49 E6
窦庄[苏] 156 C4
独城[赣] 227 D7
独店[陇] 432 G4
独峒[桂] 337 A8
独贵塔拉[内蒙古] 80 D1
独乐[冀] 57 D7
独李[陕] 419 D8
独流[津] 42 F1
独龙江[滇] 404 G3
独坡[湘] 306 G3
独泉[陕] 424 A5
独山[鄂] 287 A7
独山[鲁] 254 D5
独山[皖] 187 D8
独山[皖] 193 E7
独山县[黔] 385 C7
独山子区[新] 453 F7
独石沟[冀] 53 G8
独石口[冀] 50 B4
独树[豫] 271 D9
独松[川] 377 F7
独塘[豫] 269 B7
独田[滇] 396 F3
独羊岗[冀] 49 B7
独峪[晋] 69 G9
笃坪[渝] 357 E10
笃山[黔] 387 D9
笃忠[豫] 263 C6
堵城[鄂] 287 E6
堵格[川] 367 F8
杜北[冀] 49 D6
杜步[粤] 314 D4
杜村[晋] 73 F9
杜村[晋] 74 A4
杜村[鲁] 245 F6
杜村[皖] 200 B5
杜村集[冀] 61 D9
杜店[鲁] 247 D8
杜尔伯特蒙古族自治县[黑] 123 D6
杜尔基[内蒙古] 83 C7
杜尔基[内蒙古] 83 C8
杜尔门沁[黑] 122 F5
杜固[冀] 49 B8
杜关[豫] 262 D3
杜集[鲁] 238 C3
杜集[皖] 186 C1
杜集[豫] 267 E7
杜集区[皖] 188 D4
杜家[黑] 120 E4
杜家村[晋] 72 E4
杜家地[内蒙古] 83 F7
杜家坪[湘] 307 F10
杜家石沟[陕] 423 C8
杜家庄[晋] 66 E4
杜交曲[晋] 66 B4
杜康[陕] 424 C2
杜拉尔[内蒙古] 81 A9
杜来提[新] 450 F3
杜郎口[鲁] 240 C5
杜良[豫] 266 B3
杜林[冀] 59 C7
杜楼[皖] 188 C5
杜马[晋] 75 E8
杜莫[桂] 336 G3
杜皮[鄂] 286 E4
杜桥[冀] 58 F5
杜桥[浙] 176 D5
杜曲[陕] 416 C3
杜曲[豫] 268 D4
杜热[新] 450 D5
杜阮[粤] 325 C10
杜山[鄂] 287 F6
杜生[冀] 59 C6
杜市[赣] 227 E9
杜市[渝] 354 E4
杜堂[鲁] 254 D3
杜瓦[新] 455 E7
杜浔[闽] 212 E3
杜阳[陕] 418 C2
杜泽[浙] 177 B9
杜庄[冀] 55 C7
杜庄[晋] 69 D7
度佳[川] 373 E6
度门[川] 364 C5
度尾[闽] 207 G6
渡江[赣] 229 E9
渡口[川] 367 C10
渡口[川] 369 D10
渡口[内蒙古] 78 E2
渡口[湘] 299 C7
渡口[湘] 305 A7
渡口堡[冀] 51 F6
渡口驿[鲁] 239 G6
渡马[黔] 388 A5
渡马[陕] 419 C6
渡普[鄂] 285 C8
渡市[川] 369 E8
渡头[桂] 336 D2
渡头桥[湘] 307 C8
渡头塘[湘] 302 B4
渡舟[渝] 355 C6
端村[冀] 57 E9
端芬[粤] 325 E9
端桥铺[湘] 304 B2
端氏[晋] 71 E7
段泊岚[鲁] 244 D4
段纯[晋] 66 G3
段村[冀] 58 D4
段村[晋] 66 F5
段村[豫] 263 A6
段店[鄂] 287 F6
段店[晋] 74 C4
段店[鲁] 239 C7
段集[豫] 273 F9
段家[辽] 97 C7
段家[陕] 418 E5
段家[陕] 424 E3
段家堡[冀] 51 C6
段家堡[晋] 72 D3
段家河[陕] 421 D7
段家集[陇] 432 F5
段家寨[晋] 72 E4
段甲岭[冀] 52 A4
段岭[陇] 428 G4
段柳[晋] 70 D2
段芦头[冀] 60 A4
段潭[赣] 227 D9
段屋[赣] 229 C6
段莘[赣] 231 A7
段郢[皖] 191 G9
段园[皖] 188 C5
断江[黔] 387 G7
断龙山[湘] 301 D9
断桥[黔] 387 D7
断杉[黔] 385 F7
断石[川] 368 F4
堆沟港[苏] 150 A4
堆龙德庆县[藏] 409 E7
堆纳[藏] 409 F6
堆齐牛录[新] 452 B1
堆子前[赣] 233 F8
对坊[赣] 228 B5
对坪[川] 367 E9
对坡[黔] 386 D2
对桥[赣] 224 B3
对青山[黑] 120 C2
对山[湘] 301 C8
对岩[川] 376 D3
对竹[晋] 74 D1
兑镇[晋] 73 F9
敦操[黔] 385 F7
敦好[渝] 356 D5
敦化市[吉] 114 D5
敦煌市[陇] 430 F2
敦寨[黔] 389 B6
墩巴格[新] 454 D3
墩集[皖] 189 G9
墩阔坦[新] 455 B9
墩麻扎[新] 452 B2
墩上[川] 368 D2
墩上[皖] 200 B5
墩尚[苏] 150 C2
墩头[苏] 153 G6
沌口[鄂] 279 E7
顿坊店[豫] 264 E3
顿岗[豫] 273 C8
顿岗[粤] 315 B9
顿谷[桂] 339 F7
多巴[青] 436 C5
多坝沟[陇] 430 F1
多宝[鄂] 289 B6
多宝[赣] 223 D8
多宝山[黑] 124 C2
多彩[青] 441 D8
多儿[陇] 432 C4
多扶[川] 365 D6
多福顿[青] 437 C8
多功[川] 376 D3
多贡玛[青] 440 G4
多禾茂[青] 437 C8
多吉[藏] 409 E9
多咔儿[藏] 409 F7
多拉特[新] 453 C6
多来提巴格[新] 454 C4
多林[青] 436 C4
多鲁[新] 455 E8
多伦县[内蒙古] 82 G5
多玛[藏] 408 C2
多玛[藏] 409 D6
多松[青] 437 C9
多哇[青] 437 B7
多文[琼] 346 B5
多祥[鄂] 289 C8
多悦[川] 372 A3
多祝[粤] 317 C8
夺多[川] 378 D4
夺火[晋] 71 B8
铎山[湘] 302 B3
掇刀区[鄂] 283 E8
掇刀石[鄂] 283 E8
朵卜陇[黔] 387 C7
朵洛[川] 379 B9
朵美[滇] 405 C7
朵什[陇] 431 F9
垛石桥[鲁] 239 C6
垛田[苏] 154 D3
垛庄[鲁] 239 A8
垛庄[鲁] 252 C4
躲风亭[湘] 300 G2
堕却[黔] 387 E6

E

俄多马[川] 378 B2
俄尔[川] 379 A9
俄南[川] 378 G3
俄热[川] 377 E6
俄体[内蒙古] 83 B8
俄西[藏] 409 E9
俄雅同[川] 379 D10
俄亚[川] 366 C4
俄扎[滇] 400 F4
俄支[川] 378 G3
峨堡[青] 436 D2
峨边彝族自治州[川] 372 D2
峨口[晋] 72 B2
峨里坪[川] 367 D9
峨眉[台] 460 B3
峨眉山市[川] 372 C2
峨桥[皖] 194 F5
峨曲古[川] 367 B9
峨溶[渝] 356 D3
峨山[川] 372 C2
峨山[鲁] 255 F10
峨山[皖] 194 F5
峨山彝族自治县[滇] 400 C3
峨庄[鲁] 242 D4
莪山[浙] 167 D6
鹅埠[粤] 318 G2
鹅池[渝] 355 E10
鹅池[渝] 356 C2
鹅峰[赣] 226 E3
鹅公[赣] 229 D8
鹅公岭[湘] 306 E4
鹅湖[赣] 221 C10
鹅湖[赣] 231 F7
鹅湖[苏] 159 D8
鹅岭[赣] 233 F6
鹅塘[桂] 338 B4
鹅屋[晋] 71 A6
额尔登布拉格[内蒙古] 78 E4
额尔敦敖包[内蒙古] 79 D7
额尔敦高毕[内蒙古] 82 D4
额尔格图[内蒙古] 83 B9
额尔古纳市[内蒙古] 81 D8
额尔和[内蒙古] 81 A8
额尔克哈什哈[内蒙古] 84 C5
额和宝拉格[内蒙古] 82 D4
额吉淖尔[内蒙古] 82 C5
额济纳旗[内蒙古] 84 E2
额勒顺[内蒙古] 83 E9
额勒再特乌鲁[新] 456 F5
额伦索克[内蒙古] 83 E10
额玛勒郭楞[新] 453 B6
额敏县[新] 453 B6
额莫勒[内蒙古] 83 E10
额木庭高勒[内蒙古] 83 C8
额穆[吉] 114 C5
额尼[川] 367 C8
额仁高毕[内蒙古] 83 B6
额仁淖尔[内蒙古] 82 E1
额日布盖[内蒙古] 84 E4
恶古[川] 379 C8
恶虎滩[晋] 73 B8
鄂城区[鄂] 287 E6
鄂尔栋[内蒙古] 79 E9
鄂尔多斯[内蒙古]
80 C2
鄂伦春[内蒙古] 81 B9
鄂伦春自治旗[内蒙古] 81 B7
鄂坪[鄂] 280 D1
鄂托克旗[内蒙古] 80 E3
鄂托克前旗[内蒙古] 80 F5
鄂温克民族[内蒙古] 81 D8
鄂温克族自治旗[内蒙古] 81 D9
鄂州市[鄂] 287 E6
恩察[冀] 58 G3
恩察[冀] 59 F8
恩城[桂] 343 C7
恩城[鲁] 238 F5
恩村[豫] 261 B8
恩和[宁] 442 E5
恩平市[粤] 325 E7
恩施市[鄂] 290 D4
恩阳[川] 369 C6
恩育[吉] 108 B5
尔合[川] 367 C9
尔觉[川] 367 B8
尔觉西[川] 367 D9
尔林兔[陕] 422 D4
尔赛[川] 367 C8
尔王庄[津] 41 G7
尔族自治旗[内蒙古] 81 A9
耳口[赣] 230 G5
耳子镇[晋] 75 F7
耳字壕[内蒙古] 80 C2
洱源县[滇] 405 D7
珥陵[苏] 156 C4
二安[豫] 264 C5
二八[黑] 120 B3
二坝[陇] 431 E8
二坝[皖] 199 A8
二堡[新] 456 C2
二堡[新] 456 E3
二程[鄂] 286 G2
二道[川] 364 C5
二道[吉] 112 A3
二道[辽] 99 B9
二道白河[吉] 114 F5
二道川[内蒙古] 80 F5
二道甸子[吉] 109 F9
二道沟[吉] 114 D2
二道河[吉] 109 B8
二道河[陕] 420 D2
二道河子[黑] 131 C7
二道河子[辽] 96 B4
二道江[吉] 114 E2
二道江区[吉] 114 E2
二道桥[内蒙古] 78 E2
二道桥[新] 453 B6
二道渠[冀] 50 B3
二道湾[黑] 122 D4
二道湾子[辽] 93 D6
二洞[川] 368 E4
二都[赣] 223 E6
二都[湘] 299 B6
二都桥[浙] 177 C7
二坊坪[湘] 298 C5
二份子[内蒙古] 79 D6
二嘎里[川] 377 E6
二工[新] 451 C9
二工[新] 452 B5
二号卜[冀] 50 F3
二合[黔] 390 E2
二河[黑] 120 E4
二户来[辽] 98 C2
二家[川] 365 C7
二甲[苏] 153 D9
二姜[苏] 155 D6
二街[滇] 397 F6
二界沟[辽] 97 D10
二界岭[浙] 168 E2
二井[黑] 123 B9
二井[黑] 124 F2
二克浅[黑] 122 D2
二郎[川] 369 F8
二郎[川] 375 E10
二郎[黔] 390 D2
二郎[陇] 429 B8
二郎[皖] 191 E6
二郎[皖] 198 F4
二郎[渝] 354 A3
二郎[豫] 272 A5
二郎坝[陕] 420 E4
二郎口[皖] 192 G5
二郎庙[川] 368 C4
二郎庙[豫] 271 D8
二郎坪[豫] 270 C5
二郎山[陕] 423 B10
二里[川] 375 C8
二里[黔] 390 D2
二里[陕] 420 C3
二里界[吉] 110 G5
二连浩特市[内蒙古] 82 E1
二林[台] 460 D2
二龙[川] 364 D4
二龙[吉] 110 C4
二龙[皖] 192 E4
二龙[豫] 271 D6
二龙山[黑] 129 D6
二龙山[吉] 111 D8
二龙山[吉] 112 A5
二龙山[内蒙古] 83 B9
二密[吉] 114 E2
二庙[鲁] 252 F4
二牛所口[辽] 90 D2
二棚甸子[辽] 98 B3
二坪[川] 372 F2
二坪[渝] 354 C3
二铺[皖] 192 C3
二泉井[冀] 50 E3
二人班[黑] 127 D9
二圣[苏] 156 C2
二圣[渝] 354 D5
二十家子[吉] 112 C3
二十家子[辽] 92 C5
二十里堡[辽] 102 E4
二十里堡[陇] 430 C5
二十里店[鲁] 250 G5
二十里店[新] 451 F8
二十里店[新] 451 F9
二十里铺[陇] 429 B6
二十里铺[鲁] 255 C6
二十里铺[青] 436 C5
二水[台] 460 D3
二台[冀] 50 D3
二太平[鲁] 239 C6
二塘[赣] 221 E6
二塘[黔] 386 F4
二塘[桂] 336 D2
二塘[桂] 336 F4
二塘[桂] 345 C9
二塘[青] 437 B6
二屯[鲁] 238 E3
二西[湘] 307 F8
二峪河[陕] 425 D9
二源[浙] 179 F6
二站[黑] 123 C9
二站[黑] 124 C3

F

发城[鲁] 250 F5
发达[滇] 402 D4
发耳[黔] 387 F6
发轮[川] 373 C7
发箐[川] 367 F8
发箐[黔] 386 F5
发窝[滇] 397 B6
发展[黑] 122 B3
发展[黑] 130 C3
发展河[滇] 407 E8
筏头[浙] 168 D4
法斗[滇] 401 E8
法官[陕] 425 C10
法哈牛[辽] 91 D7
法库县[辽] 90 C3
法门[陕] 418 D5
法帕[滇] 403 D9
法坪[川] 367 F8
法泗[鄂] 279 E9
法堂[川] 365 B6
法特[吉] 109 B7
法者[滇] 397 B7
法镇[陕] 420 C3
法中[晋] 70 F4
帆水[渝] 357 D6
磻溪[黔] 388 C5
番路[台] 460 D3
番田[豫] 261 D9
番阳[琼] 346 E4
番禺区[粤] 313 F7
翻江[湘] 302 B5
翻身[川] 374 E4
凡河[辽] 95 F6
矾山[冀] 51 C8
矾山[皖] 199 E10
矾山[浙] 179 D9
樊城区[鄂] 281 E8
樊川[苏] 154 D5
樊村[晋] 74 F5
樊村[豫] 263 D7
樊村河[晋] 71 G7
樊集[苏] 152 B2
樊集[豫] 271 F7
樊家川[陇] 432 E4
樊家庙[湘] 299 F8
樊家夭[内蒙古] 79 F7
樊口[鄂] 287 F6
樊哙[川] 369 D10
樊相[豫] 264 F5
繁昌县[皖] 194 F5
繁城[豫] 268 C3
繁荣[黑] 122 D5
繁荣[黑] 130 E2
繁峙县[晋] 72 B2
饭坡[豫] 263 E7
范坝[陇] 429 C10
范村[豫] 266 C2
范店[川] 372 D2
范岗[皖] 192 D4

F 范畈梵方坊芳枋防房仿访放飞蜚舥肥淝沸费分坟汾粉奋丰风沣枫封峰烽蜂鄷冯逢凤奉佛夫敷洑伏凫扶芙拂服浮桴涪符福抚甫府釜辅付附阜复傅富赋 G 伽嘎噶尕改盖干甘杆泔柑竿赶鳡感澉淦赣冈堽刚岗缸钢罡港杠篢皋高

地名[省别]	地图位置	
范岗[皖]	198	C2
范各庄[冀]	54	E4
范湖[豫]	268	D3
范集[苏]	151	C8
范集[皖]	190	A5
范集[豫]	269	F7
范家[辽]	93	D8
范家[陕]	424	D4
范家山[湘]	307	C8
范家屯[吉]	112	B2
范家园[湘]	300	E3
范家寨[陕]	418	D4
范家庄[冀]	56	D5
范家卓子[陕]	417	B10
范坑[闽]	209	D8
范里[豫]	262	E4
范楼[苏]	148	C3
范坡[豫]	268	C2
范桥[皖]	186	E4
范市[浙]	170	E4
范水[苏]	154	F3
范洼[豫]	266	D4
范县[豫]	265	C8
范兴集[皖]	191	G8
范营[豫]	269	F8
范寨[鲁]	240	C2
范镇[赣]	223	C6
范镇[鲁]	249	C7
范庄[冀]	49	F8
畈大[赣]	231	C8
梵殿[川]	365	D6
方城[鲁]	252	D4
方城县[豫]	271	D8
方村[黔]	385	B8
方村[冀]	49	E7
方村[皖]	194	E5
方洞[川]	375	A7
方岗[豫]	268	B2
方高坪[鄂]	286	E5
方各庄[冀]	54	E4
方官[冀]	57	C9
方集[皖]	191	F10
方集[豫]	273	F9
方家[川]	372	B5
方家咀[鄂]	286	C5
方家屯[辽]	90	D3
方家屯[湘]	306	C2
方家营[冀]	60	B4
方家庄[津]	41	D8
方里[陕]	419	C7
方里[豫]	265	F6
方坪[川]	365	B7
方前[浙]	175	D9
方强[苏]	152	E4
方山[川]	364	D4
方山[川]	375	C7
方山[陇]	432	F3
方山[苏]	147	D6
方山[豫]	268	B1
方山[浙]	181	E9
方山县[晋]	73	D8
方石坪[湘]	299	A6
方水[川]	368	E3
方顺桥[冀]	57	E7
方松[沪]	138	C4
方塌[陕]	423	C6
方台[黑]	120	B3
方太[赣]	228	C5
方滩[鄂]	280	B4
方塘[皖]	195	D8
方田[闽]	210	D2
方屯[滇]	400	B3
方溪[浙]	181	B8
方下[鲁]	249	C8
方祥[黔]	389	E6
方巷[苏]	155	F7
方兴[川]	362	F4
方元[湘]	305	D6
方召[黔]	389	D6
方正县[黑]	121	C7
方庄[豫]	261	B7
坊安[鲁]	243	D7
坊楼[赣]	228	F3
坊前[鲁]	253	D6
坊前[苏]	159	D7
坊田[川]	367	F7
坊镇[陕]	424	C4
坊子[鲁]	238	E5
坊子区[鲁]	243	C7
芳村[浙]	177	B8
芳畈[鄂]	284	C4
芳华[滇]	398	E3
芳山[辽]	97	C6
芳溪[赣]	226	D4
芳苑[台]	460	D2
芳庄[苏]	158	E2
芳庄[浙]	179	D6
枋寮[台]	460	F3
枋山[台]	460	G3
枋洋[闽]	212	B4
防城[桂]	340	D5
防城港市[桂]	340	E5
防城区[桂]	340	D5
防胡[豫]	273	D8
防虏寨[陕]	424	C4
防山[鲁]	255	C8
房村[鲁]	249	E6
房村[苏]	148	E5
房道[闽]	208	E4
房木[辽]	94	D4
房山[苏]	150	D3
房山区[京]	31	E6
房石[川]	364	G2
房寺[鲁]	239	E6
房县[鄂]	280	E4
房寨[冀]	61	B8
房镇[鲁]	242	C3
房庄[冀]	58	G4
仿山[鲁]	254	D3
访仙[苏]	156	C5
放城[鲁]	249	G8
放马坪[川]	367	D9
放生[川]	373	B8
放珠[黔]	386	E3
飞凤[川]	364	D5
飞虹[川]	377	E9
飞剑潭[赣]	226	F2
飞来峡[粤]	315	F6
飞鲤[皖]	194	C5
飞龙[川]	365	C8
飞龙[川]	373	G9
飞龙[川]	373	B7
飞龙[桂]	335	F6
飞鸾[闽]	209	F7
飞仙[湘]	304	D5
飞仙关[川]	376	D3
飞仙桥[湘]	307	F6
飞跃[渝]	354	A3
飞云[浙]	179	C7
飞竹[闽]	206	C1
蜚克图[黑]	120	C4
舥艚[浙]	179	C8
肥城市[鲁]	248	C4
肥东县[皖]	186	B3
肥田[湘]	303	F7
肥西县[皖]	186	C4
肥乡县[冀]	61	C8
淝河[皖]	187	F8
淝河[皖]	190	E5
淝南[皖]	187	F9
沸水[川]	368	E2
费集[皖]	186	B2
费县[鲁]	252	D3
分界[苏]	155	A7
分界[粤]	324	C4
分界[粤]	324	F3
分路[鄂]	287	B9
分路口[皖]	187	D7
分全[川]	372	C4
分水[川]	365	F8
分水[川]	375	G7
分水[鄂]	284	F2
分水[黔]	391	B6
分水[湘]	303	C6
分水[渝]	356	F4
分水[浙]	166	D5
分水岭[川]	375	C8
分水岭[晋]	70	E1
分水亭[豫]	273	E10
分乡[鄂]	291	C8
分盐[鄂]	289	E7
分宜县[赣]	226	F4
坟台[皖]	191	E6
汾陈[豫]	268	C2
汾城[晋]	74	D5
汾河[渝]	357	E8
汾口[浙]	166	F1
汾市[湘]	305	E6
汾西县[晋]	74	C2
汾阳市[晋]	73	E9
粉岭[港]	458	A3
奋斗[黑]	124	E4
奋斗[黑]	130	E5
丰北河[陕]	425	F8
丰滨[台]	460	D4
丰产[川]	365	C6
丰产[黑]	122	B4
丰城[鲁]	244	B4
丰城市[赣]	227	E8
丰登坞[冀]	54	D2
丰店[鄂]	284	B5
丰都县[渝]	355	C8
丰富[陕]	420	E5
丰港[豫]	273	D10
丰谷[川]	368	E3
丰和[川]	365	A8
丰惠[浙]	173	C7
丰家铺[湘]	299	E7
丰乐[川]	369	E7
丰乐[川]	375	C7
丰乐[川]	376	F2
丰乐[鄂]	283	D6
丰乐[黔]	385	B6
丰乐[黔]	391	C6
丰乐[黑]	120	B4
丰乐[黑]	123	B9
丰乐[黑]	128	E3
丰乐[陇]	430	D5
丰乐[陇]	430	F5
丰乐[陇]	431	D8
丰乐[皖]	187	A8
丰乐[渝]	356	E5
丰李[豫]	263	C8
丰利[苏]	153	D7
丰良[粤]	323	D8
丰林[赣]	223	D7
丰满[吉]	109	D8
丰满区[吉]	109	D7
丰南区[冀]	54	E3
丰年村[津]	38	D5
丰宁满族自治县[冀]	52	E5
丰稔[粤]	316	B3
丰润[晋]	72	E5
丰润区[冀]	54	D3
丰山[鄂]	284	D4
丰山[赣]	228	A5
丰山[黑]	130	E3
丰山[闽]	212	C3
丰盛[渝]	354	D5
丰收[黑]	130	C3
丰收[吉]	110	B5
丰收[内蒙古]	83	F8
丰收[渝]	355	A8
丰收[渝]	356	G4
丰水山[内蒙古]	83	D7
丰顺县[粤]	323	E8
丰台[津]	40	D3
丰台[陇]	432	G4
丰台区[京]	28	E5
丰塘[桂]	341	A8
丰田[辽]	96	C3
丰田[闽]	212	C2
丰田[湘]	307	D7
丰溪[鄂]	280	E1
丰县[苏]	148	B2
丰阳[鲁]	252	C2
丰阳[粤]	314	B3
丰仪[陕]	418	D5
丰宜[晋]	70	D5
丰裕[川]	373	C7
丰原[陕]	424	F2
丰源店[冀]	50	B4
丰泽区[闽]	213	E9
丰镇市[内蒙古]	79	E9
丰州[赣]	229	G7
丰州[闽]	213	E8
丰庄[皖]	186	C4
丰庄[豫]	264	E4
风华[黔]	390	E4
风华[吉]	111	C8
风化店[冀]	59	D7
风林[鲁]	251	D9
风陵渡[晋]	75	G8
风平[滇]	403	E9
风石堰[湘]	302	E4
风水[黔]	390	D2
风垭[川]	365	B8
风正[冀]	61	C7
沣东镇[陕]	419	E7
沣水[鲁]	242	C3
枫边[赣]	228	C4
枫港[赣]	230	E3
枫江[赣]	232	C4
枫泾[沪]	139	F6
枫朗[粤]	323	C10
枫林[鄂]	287	C9
枫林[浙]	176	C4
枫林市[湘]	303	B8
枫岭[浙]	177	E6
枫岭头[赣]	231	E7
枫木[琼]	347	D6
枫木[渝]	355	B10
枫木桥[湘]	296	E2
枫木团[湘]	306	D4
枫坪[湘]	302	B4
枫坪[浙]	180	C5
枫桥[浙]	172	D4
枫树[湘]	299	D6
枫树岭[浙]	166	F2
枫顺[川]	368	C4
枫田[赣]	232	D4
枫亭[闽]	207	E7
枫湾[粤]	315	C8
枫溪[闽]	208	B4
枫溪[闽]	210	C3
枫溪[粤]	319	C7
枫相[陇]	429	C10
枫香[黔]	390	F2
枫香[黔]	391	F7
枫香岗[湘]	298	D3
枫香溪[黔]	391	D7
枫云[黔]	391	E7
封窦[川]	365	C6
封江[鄂]	282	D3
封开县[粤]	328	D1
封丘县[豫]	264	G4
峰城[川]	369	D9
峰堆[青]	436	B5
峰峰[冀]	61	E8
峰峰矿区[冀]	61	E8
峰高[渝]	354	D2
峰江[浙]	176	E4
峰口[鄂]	289	D8
峰灵[渝]	357	D8
峰门[浙]	179	F7
峰山[苏]	151	G8
峰市[闽]	215	E10
峰尾[闽]	207	E8
峰尾[闽]	213	D10
峰文[浙]	179	E8
峰岩[渝]	355	D6
峰阳[陕]	419	D6
峰峪[晋]	69	D7
峰源[浙]	181	D7
峰占[川]	364	C4
烽火[陕]	419	D7
烽火[湘]	299	B7
蜂桶[川]	369	C10
蜂岩[黔]	391	E6
鄷集[豫]	273	F9
冯贝堡[辽]	90	C4
冯村[晋]	75	E7
冯村[陕]	424	E3
冯村[豫]	264	F5
冯店[川]	368	G3
冯店[豫]	273	G8
冯格庄[鲁]	250	F4
冯官屯[鲁]	240	C4
冯河[川]	368	E5
冯记沟[宁]	442	B5
冯家[辽]	96	B3
冯家[鲁]	247	B9
冯家[鲁]	251	F7
冯家坝[渝]	355	D10
冯家坝[渝]	356	B2
冯家川[晋]	72	G3
冯家口[冀]	59	D7
冯家坪[陕]	417	B7
冯家峪[京]	33	D7
冯家寨[冀]	60	C4
冯井[皖]	186	E4
冯雷[陕]	424	D3
冯瓴[皖]	186	C5
冯卯[鲁]	255	D9
冯庙[皖]	189	E8
冯坪[渝]	357	F8
冯坡[琼]	347	A8
冯桥[豫]	267	E7
冯三[黔]	384	E3
冯堂[豫]	260	B4
冯塘[豫]	269	E8
冯营[豫]	269	G9
冯营子[冀]	53	E8
冯塬[陕]	424	C3
冯庄[宁]	443	B8
冯庄[陕]	417	C7
冯庄[豫]	264	F2
冯庄[豫]	266	C3
逢春岭[滇]	400	F5
逢亭[黔]	385	F8
凤安[粤]	317	C6
凤巢[浙]	179	D7
凤城[晋]	74	D5
凤城[鲁]	251	G6
凤城[粤]	314	G5
凤城市[辽]	99	F8
凤池[浙]	179	D8
凤川[浙]	167	D7
凤村[川]	372	E3
凤村[粤]	328	E3
凤都[闽]	208	F5
凤冈县[黔]	390	E5
凤岗[赣]	229	E7
凤岗[黑]	128	E4
凤岗[粤]	328	C4
凤岗[粤]	321	C6
凤阁岭[陕]	418	D1
凤和[川]	365	E6
凤凰[川]	365	C6
凤凰[川]	368	D3
凤凰[滇]	402	E4
凤凰[鄂]	278	B4
凤凰[赣]	232	D5
凤凰[桂]	336	C4
凤凰[桂]	338	C3
凤凰[桂]	344	E5
凤凰[桂]	345	E8
凤凰[陇]	429	C6
凤凰[鲁]	240	D3
凤凰[鲁]	242	B4
凤凰[琼]	346	G4
凤凰[陕]	425	E9
凤凰[苏]	161	B7
凤凰[湘]	300	E3
凤凰[湘]	304	B4
凤凰[渝]	354	C4
凤凰[渝]	357	D8
凤凰[粤]	328	E4
凤凰[粤]	319	B8
凤凰城[晋]	68	D3
凤凰湖[湘]	299	E9
凤凰岭[鲁]	252	E5
凤凰桥[皖]	199	B9
凤凰山[冀]	55	B7
凤凰台[鲁]	251	D6
凤凰县[湘]	301	F8
凤江[粤]	319	D6
凤来[川]	365	F6
凤来[渝]	355	D6
凤林[川]	369	D9
凤林[台]	460	D4
凤林[浙]	177	D7
凤陵[川]	372	B5
凤鸣[川]	365	D6
凤鸣[川]	369	D8
凤鸣[川]	373	E8
凤鸣[川]	376	D4
凤鸣[渝]	357	F6
凤鸣[浙]	169	F8
凤南[湘]	300	F2
凤埔[闽]	208	F5
凤桥[皖]	195	B6
凤桥[渝]	357	F6
凤庆县[滇]	399	C9
凤泉区[豫]	264	E3
凤山[川]	365	C6
凤山[滇]	406	C4
凤山[赣]	229	C9
凤山[黔]	384	C4
凤山[黔]	386	C3
凤山[桂]	337	E8
凤山[桂]	339	F8
凤山[黑]	121	B6
凤山[冀]	48	D4
凤山[冀]	53	D6
凤山县[桂]	344	F4
凤石[川]	365	C7
凤台[川]	364	D5
凤台县[皖]	189	B8
凤塘[粤]	319	C7
凤亭[黔]	385	E9
凤屯[滇]	396	D3
凤尾[滇]	399	E7
凤卧[浙]	179	E7
凤鸣[川]	375	C9
凤梧[川]	372	B5
凤梧[桂]	342	B4
凤溪[川]	369	D7
凤溪[湘]	301	C8
凤县[陕]	418	F1
凤翔[桂]	338	B3
凤翔[粤]	319	D8
凤翔县[陕]	418	D4
凤垟[浙]	177	F8
凤阳[滇]	407	C6
凤阳[赣]	226	F4
凤阳[闽]	209	D7
凤阳[浙]	177	D9
凤阳县[皖]	192	B3
凤仪[川]	364	C5
凤仪[川]	369	C6
凤仪[川]	374	E3
凤仪[滇]	397	C7
凤仪[滇]	405	C8
凤仪[皖]	198	B3
凤仪[渝]	355	A10
凤仪[渝]	357	G6
凤营[川]	367	G7
凤羽[滇]	405	D8
凤州[陕]	418	F2
奉城[沪]	140	D4
奉合[黔]	385	C6
奉化市[浙]	171	E6
奉家[湘]	302	B1
奉节县[渝]	357	E8
奉科[滇]	404	C4
奉母[豫]	268	D5
奉贤区[沪]	140	F4
奉新县[赣]	227	B7
佛渡[浙]	170	C5
佛冈县[粤]	315	F7
佛阁寺[豫]	273	C7
佛光[豫]	263	C9
佛楼[川]	369	E7
佛罗[琼]	346	F2
佛坪县[陕]	420	A2
佛山市[粤]	313	E6
佛寺[辽]	96	E5
佛滩[滇]	402	E2
佛昙[闽]	212	D4
佛堂[浙]	175	C6
佛星[川]	373	B8
佛崖[陇]	429	C9
佛盐[渝]	354	B3
佛爷洞[辽]	93	F6
佛荫[川]	375	C8
佛子[桂]	341	B9
佛子岭[皖]	187	D9
佛子山[鄂]	289	B7
佛子庄[京]	30	D4
夫子河[鄂]	286	E4
敷水[陕]	424	F4
洑口[闽]	206	G5
伏道[豫]	264	C4
伏河[川]	365	E6
伏虎[川]	364	E5
伏家[陇]	429	B8
伏口[湘]	302	A4
伏岭[皖]	195	D10
伏龙[川]	365	B8
伏龙[川]	372	D4
伏龙[川]	373	E8
伏龙泉[吉]	108	C1
伏山[鲁]	248	F4
伏山[豫]	273	G9
伏水[鄂]	284	C2
凫城[鲁]	255	E9
凫峰[皖]	201	F6
扶风县[陕]	418	E5
扶沟县[豫]	269	C6
扶欢[渝]	354	F5
扶君[川]	365	D6
扶隆[桂]	340	D4
扶罗[湘]	306	C2
扶农[川]	364	D4
扶平[桂]	342	F5
扶绥县[桂]	343	A7
扶溪[粤]	315	A8
扶新[桂]	339	E10
扶余县[吉]	111	E10
芙蓉[苏]	157	D7
芙蓉[湘]	305	E6
芙蓉[浙]	176	B5
芙蓉[浙]	177	B8
芙蓉墩[赣]	223	B9
芙蓉桥[湘]	298	B2
拂晓[皖]	192	D5
服先[吉]	112	E1
浮滨[粤]	319	B8
浮槎[赣]	229	C7
浮岗集[鲁]	254	F4
浮宫[闽]	212	D4
浮江[赣]	229	F8
浮来山[鲁]	252	C5
浮梁县[赣]	221	D9
浮桥[闽]	213	E8
浮桥[苏]	161	C10
浮丘山[湘]	299	F8
浮山[鄂]	285	D8
浮山[皖]	198	B2
浮山[粤]	319	B9
浮山县[晋]	74	C4
浮石[浙]	177	B9
浮石[赣]	229	E7
浮石[桂]	337	D8
浮图店[冀]	61	C7
浮图讲[冀]	51	F8
浮屠[鄂]	287	E8
浮洋[粤]	319	C7
桴㙟[黔]	390	C4
涪陵区[渝]	355	C7
涪西[川]	365	F7
涪阳[川]	369	C7
涪洋[黔]	390	C5
符草楼[豫]	269	C8
符家川[陇]	428	E5
符离[皖]	188	E5
符山[鲁]	243	C6
符溪[川]	372	C3
福安[吉]	108	B5
福安市[闽]	209	E8
福宝[川]	375	C9
福成[桂]	341	E9
福成[陕]	420	C4
福达[桂]	342	F3
福德[川]	365	B6
福鼎市[闽]	209	D9
福洞[吉]	115	F7
福渡[皖]	199	C9
福贡县[滇]	405	F6
福果[渝]	354	C3
福海县[新]	450	E4
福洪[川]	363	D6
福堪[豫]	265	B8
福利[桂]	336	F3
福利[桂]	338	A3
福临[川]	364	C4
福临[湘]	297	C6
福龙[桂]	344	B5
福隆[桂]	343	B7
福禄[川]	365	F7
福禄[川]	372	D3
福禄[黑]	131	B7
福禄[渝]	354	C3
福禄[渝]	356	F4
福绵区[桂]	339	E8
福民[赣]	232	C3
福民[黑]	130	D3
福宁集[豫]	264	F3
福清市[闽]	206	C5
福庆[川]	364	C2
福全[浙]	172	C4
福泉市[黔]	384	C4
福荣[滇]	399	F7
福山[琼]	347	B6
福山区[鲁]	251	D6
福善[川]	369	E8
福善[川]	373	F8
福善庄[晋]	68	G4
福生庄[内蒙古]	79	E8
福寿[渝]	355	E6
福顺[吉]	110	C3
福堂[粤]	314	D2
福塘[桂]	337	F8
福田[川]	367	F6
福田[川]	373	B7
福田[滇]	405	A6
福田[赣]	228	G2
福田[闽]	212	C5
福田[渝]	357	D9
福田[粤]	317	G7
福田河[鄂]	286	E2
福田铺[湘]	303	C6
福田区[粤]	320	D5
福田寺[鄂]	289	E7
福旺[桂]	341	B9
福溪[浙]	178	B4
福新[桂]	343	D7
福新[鲁]	251	D6
福兴[川]	363	D8
福兴[桂]	336	F3
福兴[黑]	123	B9
福兴[黑]	128	C4
福兴地[辽]	96	E4
福星[川]	364	D5
福星[陇]	428	D5
福延[川]	374	C3
福永[粤]	320	C4
福元[皖]	199	F8
福源[川]	364	C5
福镇[吉]	112	B5
福州市[闽]	206	D3
抚北[赣]	224	E3
抚边[川]	377	F8
抚民[吉]	114	C3
抚宁县[冀]	55	D6
抚市[闽]	215	D9
抚顺市[辽]	95	F8
抚顺县[辽]	95	F8
抚松县[吉]	113	E7
抚远市[黑]	129	A8
抚志[湘]	301	C9
抚州市[赣]	224	D3
甫田[赣]	222	D4
府场[鄂]	289	D7
府城[桂]	334	C4
府店[豫]	263	C10
府谷县[陕]	422	A4
府河[川]	372	A4
府河[鄂]	282	C4
釜山[皖]	193	C8
辅处[黔]	386	G3
付店[豫]	263	F8
付集[豫]	269	F8
付家店[冀]	53	F6
付家佐[冀]	58	C3
付井[豫]	269	F9
付营子[冀]	53	E7
付庄[豫]	272	B3
附城[川]	376	D3
附城[晋]	71	C7
附城[湘]	305	E9
附城[粤]	327	D7
附城[粤]	316	B3
附城[粤]	316	B5
附海[浙]	170	E4
阜城县[冀]	58	E5
阜川[陕]	420	D3
阜康市[新]	451	E8
阜龙[琼]	346	D4
阜南县[皖]	191	F9
阜宁[黑]	131	A8
阜宁县[苏]	152	C2
阜平县[冀]	56	E3
阜沙[粤]	320	C2
阜山[鲁]	250	D4
阜山[浙]	181	D8
阜田[赣]	232	D4
阜新[辽]	96	D5
阜新市[辽]	96	D5
阜新县[辽]	96	D5
阜阳市[皖]	191	E8
阜余[苏]	152	C2
阜寨[陕]	419	E7
复安[川]	365	D6
复和[湘]	305	C7
复龙[川]	374	D3
复平[渝]	356	F3
复桥[川]	365	E8
复盛[川]	365	A8
复盛[川]	372	B4
复盛[渝]	354	C5
复顺[川]	376	D3
复兴[川]	362	F3
复兴[川]	364	C5
复兴[川]	365	F6
复兴[川]	367	B7
复兴[川]	369	E8
复兴[川]	372	B3
复兴[川]	373	E6
复兴[川]	374	D4
复兴[黔]	390	A1
复兴[黔]	390	E5
复兴[黔]	391	D6
复兴[吉]	115	D9
复兴[陇]	428	C3
复兴[内蒙古]	78	E3
复兴[内蒙古]	79	D8
复兴[内蒙古]	81	B9
复兴[苏]	151	B7
复兴[皖]	186	B4
复兴[皖]	192	F5
复兴[皖]	199	E6
复兴[湘]	301	D8
复兴[渝]	354	C4
复兴[渝]	355	A9
复兴厂[湘]	299	A7
复原[赣]	222	F2
复州城[辽]	102	C3
复州湾[辽]	102	D3
傅村[鲁]	255	E8
傅村[浙]	174	C5
傅店[豫]	273	E7
傅坊[赣]	225	C8
傅集[豫]	266	D4
傅家[川]	369	C6
傅家[辽]	94	F2
傅家[鲁]	242	C3
傅家堰[鄂]	291	D6
傅垄[赣]	223	D9
傅寨[豫]	273	C6
傅庄[鲁]	252	E4
富安[苏]	152	G4
富岙[浙]	179	F7
富邦[滇]	407	F6
富藏[桂]	339	B9
富昌[冀]	57	E7
富城[赣]	229	B7
富池[鄂]	287	C8
富川瑶族自治县[桂]	338	A3
富春[川]	376	E2
富春[鲁]	254	C3
富春江[浙]	167	E6
富村[滇]	398	E4
富东[滇]	407	E6
富东[苏]	152	G4
富锋[吉]	108	E2
富岗[冀]	57	C7
富官庄[鲁]	253	A6
富国[吉]	112	B5
富海[黑]	122	C4
富和[川]	372	E3
富和[川]	373	F8
富堨[皖]	201	E8
富恒[滇]	405	D8
富加[川]	372	B5
富家[辽]	100	B1
富家[渝]	357	E6
富家桥[湘]	304	C3
富江[黑]	120	B4
富江[吉]	114	E1
富锦市[黑]	128	D5
富口[闽]	211	C6
富拉尔基区[黑]	122	E5
富乐[川]	367	G8
富乐[滇]	398	E4
富里[台]	460	E4
富里[湘]	303	B9
富利[川]	364	C5
富良棚[滇]	400	C2
富林[黑]	121	B6
富林[粤]	325	C6
富岭[闽]	208	B5
富岭[浙]	181	C7
富禄[桂]	337	B7
富路[黑]	122	D4
富罗[桂]	338	C3
富民[滇]	396	E4
富民县[滇]	397	D6
富宁县[滇]	401	C10
富牛[川]	372	B4
富平县[陕]	424	E1
富强[黑]	122	B5
富强[黑]	128	D4
富强[陕]	421	E7
富全[川]	373	F8
富泉[川]	376	F3
富泉[闽]	206	E4
富饶[黑]	122	B5
富仁[陕]	416	E3
富荣[川]	374	C3
富荣[辽]	96	C5
富山[赣]	220	E3
富山[辽]	92	E4
富山[浙]	176	E3
富盛[浙]	172	C5
富庶[桂]	334	E2
富水[陕]	425	A9
富顺[川]	368	F4
富顺[川]	377	E10
富顺县[川]	373	F8
富太[吉]	109	F7
富滩[赣]	232	C5
富塘[湘]	304	E3
富田[赣]	233	C6
富屯[辽]	97	D7
富旺[皖]	186	B3
富文[琼]	347	C7
富文[浙]	166	E4
富溪[川]	373	D8
富溪[闽]	209	D8
富溪[皖]	201	E7
富县[陕]	417	C9
富乡[川]	376	E2
富新[川]	368	E2
富兴[川]	368	F3
富兴[川]	374	E5
富岩[滇]	407	G7
富阳市[浙]	167	C7
富驿[川]	368	E5
富裕[桂]	338	C2
富裕县[黑]	122	D4
富源[黑]	127	D8
富源县[滇]	398	D4
富蕴县[新]	450	C4
富镇[冀]	58	E5
富庄[川]	376	E2
赋春[赣]	231	B6
G		
伽师县[新]	454	C3
嘎措[藏]	408	C5
嘎达布其[内蒙古]	82	C5
嘎栋[滇]	407	D8
嘎亥吐[内蒙古]	83	C8
嘎吉[川]	367	G8
嘎拉[藏]	409	F6
嘎鲁图[内蒙古]	80	E4
嘎娘[滇]	400	F4
嘎日[川]	367	A8
嘎洒[滇]	407	D8
嘎什根[吉]	110	A5
嘎塔[藏]	409	D8
噶尔县[藏]	408	D1
尕巴松多[青]	437	E7
尕多[川]	377	D6
尕朵[青]	441	D9
尕海[陇]	432	B2
尕海[青]	439	B9
尕河[青]	439	B7
尕楞[青]	437	B6
尕让[青]	436	C5
尕斯[青]	439	G8
尕羊[青]	441	F8
尕孜库勒[新]	454	D4
改河[陇]	428	E4
改尧[黔]	385	F6
改则县[藏]	408	D3
盖北[浙]	173	B6
盖德[闽]	213	B7
盖家庄[晋]	66	B3
盖尾[闽]	207	F7
盖洋[闽]	206	G4
盖洋[闽]	210	C4
盖玉[川]	378	F5
盖州市[辽]	99	B9
盖孜力克[新]	455	B7
盖租[川]	366	D5
干汊河[皖]	187	B9
干岔子[黑]	124	D5
干城[陇]	431	F9
干冲[琼]	346	B3
干川[渝]	356	D3
干沟[滇]	402	C4
干沟[吉]	114	E2
干沟[冀]	55	A7
干沟[新]	451	F9
干海[川]	367	D6
干海子[川]	367	F9
干河[滇]	401	D8
干江[浙]	176	G4
干碳[浙]	170	C4
干杉[湘]	297	D6
干溪[湘]	301	B8
干窑[浙]	169	D7
干驿[鄂]	289	C8
干洲[赣]	227	B7
甘岸[豫]	272	E5
甘坝[川]	365	B8
甘堡[川]	377	F9
甘草店[陇]	428	E4
甘城[宁]	443	C7
甘德县[青]	440	F4
甘都[青]	437	B6
甘多洛古[川]	367	C9
甘垛[苏]	154	D4
甘坊[赣]	226	C5
甘沟[青]	437	A6
甘沟驿[陇]	428	C4
甘谷县[陇]	429	C6
甘谷驿[陕]	417	B7
甘官屯[鲁]	240	C2
甘河[内蒙古]	81	B7
甘河[陕]	416	E3
甘河净[冀]	57	C6
甘河子[新]	451	D8
甘加[陇]	432	A3
甘家厂[鄂]	288	F4
甘江[川]	372	C3
甘江头[陇]	429	D8
甘井[陕]	419	D6
甘井[陕]	424	C4
甘井[渝]	355	A8
甘井子区[辽]	102	F3
甘浚[陇]	430	C5
甘霖[川]	372	C3
甘霖[浙]	172	F5
甘龙[黔]	391	C8
甘露[川]	373	D8
甘洛[赣]	232	E4
甘洛县[川]	367	A8
甘南县[黑]	122	F4
甘宁[渝]	356	F5
甘泉[辽]	100	C3
甘泉[陇]	429	B7
甘泉[陇]	429	C9
甘泉[苏]	155	F7
甘泉县[陕]	417	C8
甘洒[粤]	328	C4
甘棠[川]	369	E9
甘棠[黔]	386	B4
甘棠[桂]	335	E6
甘棠[闽]	209	E6
甘棠[闽]	209	E8
甘棠[湘]	302	C4
甘棠[湘]	306	E3
甘塘[川]	367	E7
甘塘[黔]	384	C5
甘天地[川]	367	D8
甘田[桂]	342	E2
甘田[湘]	300	D5
甘亭[晋]	74	C3
甘圩[桂]	334	E4
甘溪[川]	362	G2
甘溪[黔]	388	E4
甘溪[黔]	391	C7
甘溪[黔]	391	F7
甘溪[陕]	421	D7
甘溪[湘]	303	D7
甘溪[湘]	306	G3
甘溪滩[湘]	299	A6
甘堰[湘]	298	C4
甘雨[川]	375	B9
甘寨[黔]	385	D7
甘招[辽]	92	E5
甘珠尔[内蒙古]	81	E9
甘竹[赣]	225	D8
甘孜县[川]	378	D4
甘子河[青]	436	E4
杆洞[桂]	337	B6
泔溪[渝]	356	C2
柑子[川]	365	A7
柑子[川]	367	B10
柑子园[湘]	304	E3
竿子坪[湘]	301	F8
赶场[川]	369	B7
赶水[渝]	354	F5
鳡鱼[川]	367	F6
感城[琼]	346	E2
感德[闽]	213	C6
感王[辽]	100	D2
澉浦[浙]	169	D10
淦田[湘]	303	C7
赣马[苏]	150	C2
赣县[赣]	229	D6
赣榆县[苏]	150	C2
赣州市[赣]	229	E6
冈东[苏]	152	D2
冈面[赣]	229	B6
冈上[赣]	220	F3
冈西[苏]	152	D2
堽城[鲁]	248	F5
刚边[黔]	389	C9
刚察县[青]	436	E3
岗巴县[藏]	408	F5
岗察[青]	437	B6
岗东[湘]	307	A6
岗度[黔]	385	E6
岗嘎[藏]	408	F4
岗集[皖]	186	C3
岗脚[湘]	305	C7
岗李[豫]	266	D1
岗李店[豫]	273	C7
岗龙[青]	440	F4
岗美[粤]	324	E5
岗勐[滇]	403	F8
岗木达[川]	376	D5
岗南[冀]	48	C4
岗尼区[藏]	409	C6
岗坪[粤]	328	C3
岗上[冀]	49	D7
岗上积[赣]	224	D3
岗台[内蒙古]	83	E7
岗王[豫]	266	E5
岗乌[黔]	387	D7
岗子[冀]	53	D8
岗子[内蒙古]	83	F6
缸顾[苏]	154	D3
缸窑[吉]	109	B8
缸窑岭[辽]	92	C5
钢城区[鲁]	249	D9
钢铁[川]	372	A4
钢屯[辽]	93	C6
罡杨[苏]	154	D5
港边[赣]	231	E7
港城[桂]	339	C7
港东[赣]	231	F7
港二口[湘]	299	E6
港沟[鲁]	239	B7
港口[鄂]	285	E8
港口[赣]	222	D2
港口[赣]	226	B3
港口[赣]	230	F5
港口[皖]	195	D7
港口[粤]	320	C2
港口街[赣]	223	C7
港口区[桂]	340	E5
港门[粤]	327	C6
港南区[桂]	339	C7
港农场[苏]	152	G5
港上[鲁]	252	G4
港上[苏]	149	C8
港头[闽]	207	C6
港头[苏]	149	D8
港湾[鲁]	251	F9
港尾[闽]	212	D4
港西[沪]	141	E7
港西[津]	42	B5
港西[鲁]	251	D9
港沿[沪]	141	C8
杠家[渝]	355	B7
篢口[湘]	300	D4
皋埠[浙]	172	B5
皋兰县[陇]	428	E3
皋落[晋]	67	D10
皋落[晋]	75	C6
皋南[苏]	153	F7
高安[桂]	345	D9
高安[闽]	212	B2
高安[渝]	355	A7
高安市[赣]	227	D7
高埗[粤]	320	A4
高坝[陇]	431	E8
高坝店[陕]	425	C9
高坝洲[鄂]	291	D8
高柏[陕]	417	A9
高板[川]	363	D8
高堡[豫]	265	B7
高陂[赣]	233	E7
高陂[闽]	215	D9
高陂[粤]	323	D10
高碑店市[冀]	57	C9
高仓镇[滇]	400	C3
高草[川]	367	D7
高昌[冀]	57	E6
高场[川]	374	C3
高车[闽]	212	B2

G 高膏藁告部戈圪鸽歌阁革格葛蛤隔个各根更耿梗工弓公功供宫恭蚣龚巩拱珙共贡勾沟缑岣狗苟枸垢姑孤沽古谷牯鹄鼓固故顾崮瓜挂拐关

地名[省别]	地图位置
高城[鄂]	282 D3
高城[赣]	226 E3
高城[晋]	72 C4
高城[鲁]	242 B3
高池[川]	364 E4
高崇山[湘]	307 C8
高川[川]	368 D2
高川[冀]	59 D6
高川[陕]	420 A4
高淳县[苏]	147 D10
高村[川]	368 B3
高村[赣]	226 D3
高村[冀]	49 F7
高村[冀]	57 C8
高村[津]	40 A1
高村[晋]	67 B6
高村[晋]	74 D5
高村[晋]	75 F6
高村[鲁]	251 E9
高村[湘]	306 A3
高村[豫]	260 D1
高村[豫]	263 C6
高村[豫]	264 D4
高村[豫]	261 B8
高村[粤]	325 B6
高大[滇]	400 D4
高大坪[黔]	390 E2
高灯[川]	368 F5
高堤[豫]	264 C5
高地[粤]	324 G3
高甸子[辽]	93 D8
高店[川]	368 F3
高店[川]	374 B5
高店[鄂]	284 B4
高店[黔]	386 D4
高店[青]	436 B5
高店[皖]	186 E3
高店[豫]	272 C2
高店[豫]	273 E6
高东[沪]	137 D7
高洞[渝]	355 A8
高洞[渝]	356 G3
高都[晋]	71 D8
高都[鲁]	252 B3
高都[鲁]	252 E4
高渡[苏]	151 E7
高二[浙]	175 E8
高丰[赣]	223 C6
高峰[川]	367 D9
高峰[川]	373 E8
高峰[川]	375 F6
高峰[滇]	396 D4
高峰[黔]	386 B5
高峰[桂]	339 C8
高峰[陇]	428 E5
高峰[陕]	425 E10
高峰[皖]	187 B9
高峰[湘]	298 B4
高峰[湘]	301 D10
高峰[渝]	355 B7
高峰[渝]	356 F5
高峰[粤]	325 B6
高峰头[鲁]	252 G4
高凤[川]	372 C4
高阜[赣]	224 B4
高岗[粤]	315 E7
高港区[苏]	155 C7
高格庄[鲁]	250 G4
高埂[川]	362 F3
高公[皖]	191 D6
高公岛[苏]	150 B2
高公庄[冀]	60 B3
高宫[冀]	59 D6
高沟[苏]	150 C5
高沟[皖]	199 C10
高谷[渝]	355 D8
高观[川]	364 D5
高观[川]	364 E3
高观[渝]	357 B7
高官[辽]	98 F2
高官寨[鲁]	239 B6
高官庄[冀]	57 C9
高汉[苏]	155 D6
高何[川]	362 F2
高和[湘]	303 E8
高河[鲁]	255 E6
高宏店[内蒙古]	79 D9
高洪口[晋]	72 B3
高虹[浙]	167 B6
高湖[赣]	227 A6
高湖[湘]	303 D8
高湖[浙]	181 C8
高花[辽]	91 D8
高皇[皖]	189 B9
高基[桂]	337 B9
高基庙[鄂]	288 F5
高集[鲁]	240 D5
高集[豫]	269 C9
高集[豫]	270 F5
高集岗[吉]	114 C2
高脊岭[皖]	200 B4
高家[川]	372 A4
高家[赣]	221 F9
高家[陕]	418 E3
高家[渝]	355 B8
高家[浙]	177 B9
高家堡[晋]	68 D4
高家堡[陕]	423 C6
高家村[晋]	73 B7
高家店[吉]	108 B2
高家坊[湘]	300 G3
高家沟[晋]	73 E7
高家沟[陕]	423 E9
高家会[晋]	72 F3
高家梁[内蒙古]	83 F6
高家岭[赣]	230 B4
高家岭[辽]	93 C7
高家岭[陕]	420 D3
高家坪[陕]	423 D9
高家屯[陕]	417 B7
高家堰[鄂]	291 C8
高家营[冀]	50 D5
高家庄[津]	41 D7
高枧[川]	367 D7
高枧[鄂]	285 F7
高枧[湘]	303 C9
高枧[浙]	176 C4
高杰村[陕]	423 B10
高境[沪]	137 D6
高坎[川]	374 F5
高坎[辽]	91 B7
高坎[辽]	99 B8
高科[川]	362 D5
高坑[赣]	228 F2
高岚[赣]	226 E4
高朗[豫]	269 B8
高老家[鲁]	254 F4
高塄[陇]	428 D5
高里[冀]	57 C8
高里[鲁]	243 C6
高力板[内蒙古]	83 C9
高力房[辽]	100 B1
高丽营[京]	34 B1
高良[滇]	398 G4
高良[粤]	328 E2
高梁[川]	373 D9
高梁[渝]	356 F5
高梁店[豫]	272 D4
高亮[皖]	186 A3
高林村[冀]	57 D8
高岭[桂]	344 D5
高岭[冀]	57 E7
高岭[京]	33 D8
高岭[辽]	93 D8
高岭[皖]	198 F5
高陵[鄂]	288 F4
高陵[鲁]	251 E7
高陵县[陕]	416 C2
高刘[皖]	186 D3
高流[苏]	149 D10
高柳[鲁]	242 C5
高龙[桂]	342 G3
高龙[陕]	418 F4
高龙[渝]	354 B4
高龙[豫]	263 C9
高陇[湘]	303 D9
高楼[川]	373 D7
高楼[冀]	52 A3
高楼[陇]	429 D6
高楼[陇]	432 F4
高楼[鲁]	255 F8
高楼[皖]	189 E8
高楼[渝]	354 B3
高楼[渝]	357 C7
高楼[浙]	177 E7
高楼河[陕]	419 B9
高楼坪[黔]	391 F10
高炉[皖]	190 C5
高罗[鄂]	290 F4
高码[川]	364 B5
高码[湘]	305 C7
高码头[豫]	265 C9
高密市[鲁]	243 E9
高棉[黔]	387 E7
高庙[川]	365 C6
高庙[川]	372 C2
高庙[青]	436 B5
高庙[皖]	191 F6
高庙[豫]	262 B4
高庙[豫]	271 E8
高庙[豫]	261 C8
高庙堡[冀]	51 F6
高庙集[皖]	193 B9
高庙王[鲁]	240 F2
高明[川]	369 F8
高明[川]	373 B6
高明[陕]	424 D4
高明[苏]	153 G8
高明[湘]	299 G7
高明区[粤]	312 F5
高陌[冀]	57 C8
高楠[渝]	356 A5
高酿[黔]	388 B5
高排[赣]	229 C8
高蓬[冀]	57 G6
高平[滇]	400 C3
高平[陇]	432 G4
高平[湘]	307 B7
高平[豫]	265 E6
高平市[晋]	71 D7
高坪[川]	365 E8
高坪[川]	367 F6
高坪[川]	368 F2
高坪[川]	373 D10
高坪[川]	374 G4
高坪[鄂]	290 C5
高坪[赣]	224 E4
高坪[赣]	233 G9
高坪[黔]	384 D3
高坪[黔]	386 B3
高坪[黔]	390 E3
高坪[湘]	297 D9
高坪[湘]	301 C9
高坪[湘]	307 E10
高坪[渝]	354 C2
高坪[浙]	180 A4
高坡[川]	364 C3
高坡[黔]	384 E5
高埔[粤]	318 E5
高砌头[湘]	307 F8
高墙[冀]	51 E7
高桥[川]	369 C7
高桥[川]	372 C2
高桥[川]	373 D9
高桥[滇]	396 C5
高桥[滇]	402 E2
高桥[鄂]	285 C9
高桥[鄂]	291 B6
高桥[鄂]	286 G3
高桥[赣]	226 C2
高桥[黔]	390 D2
高桥[黔]	390 F3
高桥[沪]	137 D7
高桥[辽]	93 B6
高桥[陇]	429 B7
高桥[鲁]	252 B5
高桥[闽]	211 C7
高桥[陕]	416 D3
高桥[陕]	417 C8
高桥[陕]	421 F8
高桥[陕]	424 F4
高桥[苏]	156 A4
高桥[皖]	198 C2
高桥[湘]	297 C6
高桥[湘]	298 C4
高桥[湘]	299 F8
高桥[湘]	303 B8
高桥[湘]	307 E6
高桥[渝]	356 D5
高桥[粤]	327 B7
高桥[浙]	167 C7
高桥[浙]	169 F9
高桥[浙]	170 E5
高桥[浙]	176 E4
高桥楼[赣]	232 F5
高桥营[豫]	268 C3
高青县[鲁]	242 A2
高丘[豫]	271 D6
高渠[陕]	419 D8
高渠[陕]	423 C8
高仁[宁]	442 C2
高日罕[内蒙古]	83 F8
高沙[湘]	307 D6
高沙窝[宁]	442 B4
高砂[闽]	211 C7
高山[川]	373 E7
高山[黔]	391 C7
高山[晋]	68 C5
高山[陇]	428 F4
高山[闽]	207 B6
高山[皖]	200 D3
高山[湘]	304 D5
高山[豫]	260 E2
高山[豫]	263 D8
高山[粤]	324 F2
高山堡[冀]	50 C3
高山子[辽]	97 C7
高尚[桂]	336 D3
高哨[陕]	417 C8
高升[川]	365 D7
高升[川]	373 C10
高升[辽]	97 C8
高升[渝]	354 C2
高石[川]	365 D8
高石[川]	373 D8
高石[黔]	384 C3
高石碑[鄂]	289 C6
高石庄[晋]	68 D2
高士[皖]	198 D4
高市[赣]	232 F5
高市[浙]	181 C8
高树[台]	460 F3
高水[黔]	384 D2
高寺[川]	373 B8
高寺[赣]	223 F7
高寺台[冀]	53 E8
高笋[川]	372 E3
高塔[川]	369 B7
高台[川]	372 B3
高台[黔]	390 F4
高台[辽]	93 D8
高台[陕]	420 D3
高台县[陇]	430 B4
高台子[黑]	123 C8
高台子[辽]	91 E6
高台子[辽]	97 D6
高台子[辽]	98 G2
高滩[川]	365 B9
高滩[川]	372 C4
高滩[陕]	421 F8
高潭[粤]	317 B7
高坦[皖]	200 C4
高唐[闽]	211 B6
高唐县[鲁]	240 B4
高堂[粤]	319 C9
高塘[赣]	223 D7
高塘[陕]	424 F3
高塘[皖]	186 E4
高塘[皖]	191 F8
高塘[皖]	192 E3
高塘[湘]	303 E8
高塘岛[浙]	171 D8
高田[滇]	402 B3
高田[赣]	224 B4
高田[赣]	228 A5
高田[桂]	334 D5
高田[桂]	336 F3
高亭[湘]	305 C6
高头[冀]	49 D8
高头[闽]	215 C10
高头窑[内蒙古]	80 C2
高疃[鲁]	250 D5
高屯[黔]	389 B7
高屯[辽]	99 A9
高坨[辽]	100 C2
高湾[冀]	59 E9
高湾[陇]	428 D3
高莞[粤]	316 D3
高韦庄[鲁]	254 F4
高屋[川]	373 D10
高溪[赣]	232 G5
高溪[浙]	181 C7
高溪市[湘]	304 B3
高贤[豫]	269 B7
高显[晋]	74 D5
高县[川]	374 D4
高辛[豫]	267 E6
高兴[川]	365 B8
高兴[赣]	228 D5
高兴[鲁]	253 D7
高行[沪]	137 D7
高雄市[台]	460 F2
高雄县[台]	460 F2
高墟[苏]	150 D4
高徐[苏]	154 D5
高穴[川]	369 F8
高崖[陇]	428 E4
高崖[鲁]	243 E6
高崖[宁]	443 D7
高崖[陕]	418 C3
高堰[川]	368 E4
高燕[渝]	357 B6
高阳[川]	364 C2
高阳[鄂]	283 D9
高阳[鄂]	291 B7
高阳[晋]	73 F9
高阳[闽]	208 E4
高阳[陕]	424 D2
高阳[渝]	357 E6
高阳[豫]	266 D3
高阳县[冀]	57 E9
高杨店[豫]	273 B7
高要市[粤]	328 F4
高耀[陕]	425 B7
高椅[湘]	306 D4
高邑[豫]	272 C3
高邑县[冀]	49 G7
高邮市[苏]	154 E3
高于铺[冀]	57 E7
高臾[冀]	61 D8
高禹[浙]	168 E3
高峪[鲁]	255 B9
高院[川]	365 E6
高岳[皖]	188 D4
高云[川]	364 D5
高云山[赣]	229 C8
高泽[鲁]	253 B7
高增[黔]	389 C9
高闸[宁]	442 D4
高寨[黔]	384 D4
高寨[冀]	59 D8
高寨[青]	436 B5
高寨[豫]	264 F4
高寨子[陕]	420 E3
高镇[黔]	385 F6
高镇[陕]	423 E8
高州市[粤]	324 E2
高洲[赣]	228 F3
高竹[渝]	357 C8
高庄[陇]	432 G3
高庄[鲁]	249 D9
高庄[鲁]	252 B4
高庄[鲁]	254 C2
高庄[宁]	442 C2
高庄[陕]	419 D8
高庄[豫]	264 B4
高庄[豫]	264 D2
高庄[豫]	267 F10
高卓营[川]	372 F2
高资[苏]	156 B2
高嘴[渝]	354 C5
高作[苏]	149 F8
高作[苏]	152 D2
膏田[渝]	356 E2
藁城区[冀]	49 D8
告成[豫]	260 E4
郜家店[辽]	94 D4
郜台[皖]	191 E10
戈壁[青]	439 B9
戈冲[湘]	306 F3
戈寒[滇]	401 C7
戈奎[滇]	400 F3
戈坪[赣]	232 C3
戈塘[黔]	387 D9
圪上[晋]	73 B7
圪当店[豫]	261 A9
圪谬[晋]	72 D3
圪台[陕]	417 B9
鸽群[藏]	409 E8
歌乐沱[川]	378 C3
歌山[浙]	175 C8
阁底[晋]	74 F2
阁底[浙]	177 C8
阁楼[陕]	417 A8
阁山[黑]	130 C2
阁上[晋]	66 B4
革步[桂]	343 F8
革吉县[藏]	408 D2
革勒车[鄂]	290 F3
革利[黔]	387 C7
革什扎[川]	378 B5
革吾[川]	367 C9
革一[黔]	388 E5
格达良[新]	454 C3
格当[藏]	409 F9
格尔木市[青]	439 D9
格化司台[内蒙古]	79 C9
格朗和[滇]	407 D9
格里坪[川]	367 F6
格林[黔]	390 C5
格孟[川]	378 B2
格孟[川]	378 G1
格木[川]	379 D8
格日朝鲁[内蒙古]	83 D7
格日勒敖都[内蒙古]	82 F1
格日僧[内蒙古]	83 E7
格塘[湘]	296 C4
格西[川]	378 C5
格宜[滇]	398 B4
格咱[滇]	404 D3
格宗[川]	378 A5
葛坳[赣]	228 C5
葛埠口[豫]	264 G3
葛村[苏]	156 D1
葛村[豫]	261 D9
葛店[鄂]	287 F6
葛店[豫]	269 D8
葛岗[豫]	266 C3
葛公[皖]	200 D3
葛沟[鲁]	252 D5
葛沽[津]	39 E7
葛集[皖]	188 A3
葛家[辽]	93 D7
葛家[鲁]	251 E8
葛家[湘]	297 E7
葛家岔[陇]	428 D4
葛卡[川]	378 C5
葛坑[闽]	213 A7
葛兰[渝]	355 B6
葛岭[闽]	206 D4
葛牌[陕]	416 A4
葛坡[桂]	338 A3
葛山[浙]	180 E5
葛石[鲁]	248 F5
葛塘[苏]	146 D3
葛田[赣]	233 G6
葛条[陕]	425 D9
葛条港[冀]	55 D6
葛武[苏]	152 E2
葛溪[赣]	231 E6
葛仙山[川]	362 B5
葛嵝岘[陇]	432 F4
葛渔城[冀]	52 D3
葛源[赣]	231 D7
葛寨[豫]	263 D8
葛竹坪[湘]	307 B6
葛庄[豫]	261 A8
蛤泊[冀]	54 D5
蛤蟆塘[吉]	115 D7
蛤蟆塘[辽]	99 E9
隔川[闽]	215 D7
隔河头[冀]	55 B6
隔蒲潭[鄂]	284 E2
个旧市[滇]	400 E5
各卡[川]	379 D10
各莫[川]	377 C6
根德营子[辽]	92 C5
根河市[内蒙古]	81 C7
根思[苏]	155 C7
根竹[桂]	339 C7
根子[粤]	324 F3
更合[粤]	312 F4
更戛[滇]	403 B9
更刻[辽]	94 C4
更乐[冀]	61 F8
更楼[浙]	166 F4
更沙[桂]	344 G3
更新[桂]	344 G3
更新[吉]	111 D9
更张[藏]	409 E8
更知[川]	378 D4
耿车[苏]	151 F6
耿城[皖]	201 C7
耿达[川]	377 F9
耿皇[皖]	190 D4
耿黄[豫]	264 E3
耿家营[滇]	397 E8
耿马傣族佤族自治县[滇]	399 E8
耿棚[皖]	191 D9
耿桥[鲁]	242 B3
耿湾[陇]	432 D3
耿圩[苏]	150 E5
耿镇[晋]	72 A3
耿镇[陕]	416 C2
耿庄[辽]	100 C2
耿庄桥[冀]	60 C2
梗堡[川]	367 D9
工布江达县[藏]	409 E8
工布学[藏]	409 F7
工农[川]	364 D2
工农[黑]	126 F1
工农[吉]	112 B5
工农区[黑]	128 D2
工山[皖]	195 F6
弓长岭区[辽]	100 B4
弓棚[吉]	108 A4
弓棚子[吉]	111 D9
公安[桂]	338 B3
公安肥[鄂]	288 E4
公白[粤]	316 C3
公车[桂]	340 D5
公道[苏]	154 F5
公地[内蒙古]	78 E2
公店[川]	364 E4
公馆[桂]	341 D9
公馆[陕]	421 D6
公馆[粤]	324 F2
公河来[内蒙古]	83 E10
公会[桂]	338 C3
公会[冀]	50 E4
公吉[吉]	109 F8
公吉寺[皖]	190 D5
公喇嘛[内蒙古]	79 E8
公腊忽洞[内蒙古]	79 C10
公郎[滇]	405 C10
公岭[皖]	198 D3
公庙子[内蒙古]	78 E4
公民[川]	373 D8
公明[粤]	320 B5
公尼召[内蒙古]	80 D3
公平[川]	362 D5
公平[川]	372 D4
公平[桂]	336 D2
公平[渝]	357 E7
公平[粤]	318 F3
公平圩[湘]	303 G7
公坪[湘]	306 B4
公其日嘎[内蒙古]	80 F2
公桥[皖]	191 F9
公田[湘]	300 D5
公乌素[内蒙古]	80 G3
公溪[赣]	224 F5
公信[滇]	407 G8
公兴[川]	362 E5
公兴[川]	364 E4
公兴[苏]	152 D1
公阳[浙]	179 E7
公义[川]	372 A3
公议[川]	362 D3
公营子[辽]	92 E4
公正[桂]	340 C5
公正[黑]	120 D2
公珠[藏]	408 E2
公主岭市[吉]	112 C3
公主屯[辽]	90 D5
公庄[粤]	317 E6
功桥[皖]	199 B8
功山[滇]	397 C8
供济堂[内蒙古]	79 C8
宫村[冀]	52 C1
宫村[冀]	57 B10
宫河[陇]	432 G5
宫集[皖]	191 E6
宫里[鲁]	249 E7
宫里[陕]	424 E1
宫前[豫]	262 C5
恭城瑶族自治县[桂]	336 E4
恭六[黑]	130 D3
恭门[陇]	429 A6
蚣坝[湘]	304 E3
龚场[鄂]	289 E7
龚店[豫]	271 C9
龚坊[赣]	224 G5
龚家[川]	373 D8
龚家坪[湘]	304 A3
龚滩[渝]	355 F9
龚滩[渝]	356 C1
龚垭[川]	378 G4
龚嘴[川]	372 D3
巩店[皖]	191 D7
巩固[黔]	384 D5
巩集[陇]	429 B9
巩家河[陕]	420 F3
巩留县[新]	452 B2
巩乃斯沟[新]	452 B4
巩桥[桂]	338 C3
巩义市[豫]	260 F2
巩营[豫]	265 B8
拱坝[陇]	432 C5
拱洞[桂]	337 B7
拱桥[川]	373 C9
拱桥[闽]	215 C8
拱市[川]	369 F7
拱星[川]	368 E2
珙泉[川]	374 D5
珙县[川]	374 D5
共安[川]	372 E1
共和[川]	364 C4
共和[川]	367 E6
共和[川]	372 D2
共和[川]	373 C9
共和[黔]	391 D7
共和[桂]	345 D6
共和[黑]	122 E5
共和[黑]	130 D2
共和[黑]	131 B9
共和[陇]	428 D3
共和[青]	436 B5
共和[青]	436 C5
共和[苏]	151 D9
共和[粤]	325 C9
共和县[青]	436 E5
共华[湘]	299 C9
共进[陕]	421 E7
共乐[川]	375 E6
共荣[黑]	130 D3
共兴[川]	365 D6
贡宝拉格[内蒙古]	82 G4
贡波[川]	379 F9
贡川[桂]	345 D6
贡川[闽]	210 E5
贡当[藏]	408 F3
贡嘎山[川]	379 B8
贡嘎县[藏]	409 F6
贡井[陇]	428 E4
贡久布[藏]	408 E5
贡觉县[藏]	409 E10
贡寮[台]	460 B5
贡隆[川]	378 E4
贡莫[川]	367 B8
贡山独龙族怒族自治县[滇]	404 F4
贡溪[皖]	200 C5
贡溪[湘]	306 C2
勾山[浙]	170 B5
沟帮子[辽]	97 D8
沟店铺[冀]	59 F6
沟墩[苏]	152 D2
沟里[青]	439 A10
沟门子[辽]	93 F6
沟南[晋]	72 B3
沟亭[黔]	385 F9
沟溪[浙]	177 C8
沟沿[辽]	99 B8
缑村[豫]	261 D9
缑氏[豫]	263 C9
岣嵝[湘]	303 D6
狗街[滇]	397 F8
狗台[冀]	49 C6
苟村集[鲁]	254 E4
苟各庄[冀]	58 A5
苟家[川]	362 D3
苟江[黔]	390 F3
苟角[川]	365 C7
苟堂[豫]	260 D4
枸乃甸[辽]	95 C6
枸杞[浙]	171 B8
枸扒[陕]	421 B8
枸林[豫]	271 G6
枸皮滩[黔]	390 G5
枸溪[川]	364 C4
枸元[陕]	421 D7
垢坪[黔]	391 A7
姑海[滇]	397 B8
姑开[黔]	386 E4
姑塘[赣]	223 C8
姑田[闽]	215 D7
姑咱[川]	379 A7
孤岛[鲁]	241 B9
孤店[吉]	111 F6
孤店子[吉]	109 C7
孤堆[皖]	189 C9
孤家子[吉]	112 D2
孤山[辽]	100 E3
孤山[辽]	99 G10
孤山[内蒙古]	81 A9
孤山[陕]	422 A4
孤山[苏]	155 B8
孤山子[吉]	114 D2
孤山子[冀]	53 G8
孤山子[内蒙古]	83 F6
孤树[冀]	54 D1
孤竹营子[辽]	93 C6
沽河[鲁]	244 C2
沽源县[冀]	50 B3
古柏[川]	374 B3
古柏[苏]	147 C9
古陂[赣]	229 D8
古碑[皖]	187 F8
古北[黑]	122 B3
古北口[京]	33 D9
古贲[苏]	153 F6
古埠[赣]	230 D4
古昌[渝]	354 D2
古城[川]	362 C5
古城[川]	368 B3
古城[滇]	397 F6
古城[滇]	406 C4
古城[赣]	233 G6
古城[桂]	338 A3
古城[桂]	339 F9
古城[黑]	122 B4
古城[黑]	131 B6
古城[吉]	110 C5
古城[冀]	58 E5
古城[晋]	67 C6
古城[晋]	68 F5
古城[晋]	69 C8
古城[晋]	74 D4
古城[晋]	75 C7
古城[陇]	429 B6
古城[陇]	431 E8
古城[陇]	432 G2
古城[鲁]	240 F2
古城[鲁]	242 B5
古城[鲁]	247 C8
古城[闽]	215 F6
古城[内蒙古]	78 D3
古城[内蒙古]	79 E7
古城[宁]	443 C9
古城[青]	436 B5
古城[陕]	420 B3
古城[陕]	422 A3
古城[陕]	425 B7
古城[皖]	186 A2
古城[皖]	187 E8
古城[皖]	190 E5
古城[皖]	191 C9
古城[豫]	263 C8
古城[豫]	265 B7
古城[豫]	268 B2
古城[豫]	268 C5
古城[豫]	271 F8
古城[豫]	272 B5
古达[黔]	386 E3
古登[滇]	405 F7
古底[滇]	405 B8
古店[川]	368 F2
古店[晋]	69 C6
古店[皖]	189 A7
古丁[粤]	324 E4
古堆[藏]	409 F7
古尔沟[川]	377 F8
古尔图[新]	453 E6
古二[川]	367 C8
古坊[皖]	198 G2
古丰[陇]	431 F9
古佛[川]	372 A4
古佛[川]	373 F9
古敢[滇]	398 E5
古港[湘]	297 D8
古沟[皖]	189 B9
古固寨[豫]	264 F3
古河[川]	374 C5
古河[桂]	344 D5
古河[冀]	54 F5
古河[苏]	152 D1
古河[皖]	192 G5
古花[渝]	355 F6
古槐[闽]	206 B4
古迹[内蒙古]	83 B8
古基[黔]	386 F3
古佳[川]	373 E6
古建[藏]	408 D3
古交[晋]	74 E5
古交市[晋]	66 C4
古郊[晋]	71 A7
古井[川]	368 F3
古井[皖]	190 E3
古井[粤]	325 D10
古拉[藏]	409 F10
古拉本敖包[内蒙古]	84 B4
古辣[桂]	335 D6
古浪县[陇]	431 F9
古劳[粤]	325 B9
古勒阿瓦提[新]	455 B8
古勒巴格[新]	454 E3
古勒巴格[新]	455 B9
古勒巴格[新]	457 E6
古勒鲁克[新]	454 C3
古雷[闽]	212 E3
古里[内蒙古]	81 A8
古里[苏]	161 C8
古林[津]	42 B3
古林[浙]	170 E5
古林箐[滇]	401 F7
古蔺县[川]	375 F8
古零[桂]	334 B4
古柳[鲁]	250 F4
古龙[桂]	338 D2
古龙[黑]	123 E9
古龙[渝]	354 C3
古龙冈[赣]	228 C5
古楼[川]	365 D6
古楼[鄂]	287 F6
古楼[闽]	208 B4
古楼[湘]	298 G5
古楼[湘]	304 D5
古楼[湘]	306 D5
古楼[渝]	354 B3
古楼子[辽]	99 D8
古鲁板蒿[内蒙古]	83 F7
古路[川]	365 A8
古路[渝]	354 C5
古路[渝]	357 D8
古仑[湘]	300 E4
古罗[川]	374 A4
古马[冀]	54 E4
古美洛[沪]	139 F8
古母水[粤]	314 D5
古木[滇]	401 E7
古牧地[新]	451 E9
古南[赣]	230 C4
古袍[桂]	338 D2
古培[湘]	300 F3
古沛[皖]	192 B5
古蓬[桂]	345 G8
古邳[苏]	149 E7
古坡昔[陇]	429 C6
古恰[黑]	123 C9
古桥[豫]	268 B4
古泉[皖]	195 E6
古饶[皖]	188 E5
古日乃[内蒙古]	84 E3
古桑[苏]	151 E9
古山[桂]	344 C5
古山[陇]	428 F2
古山[浙]	175 E6
古山子[辽]	92 C3
古鄯[青]	437 A6
古邵[鲁]	255 F9
古市[赣]	222 E1
古市[粤]	315 B9
古市[浙]	180 B5
古寿[桂]	342 E5
古水[粤]	328 D3
古宋[豫]	267 D7
古塔[陕]	423 D7
古潭[桂]	334 E2
古坦[赣]	231 A7
古塘[湘]	300 F2
古塘[湘]	302 A3
古田[闽]	215 D8
古田县[闽]	208 F5
古王集[豫]	267 D7
古文[川]	373 F7
古文[桂]	345 E6
古溪[苏]	155 A6
古溪[皖]	200 E5
古溪[渝]	354 A2
古贤[豫]	264 C5
古县[赣]	232 B5
古县[晋]	66 E5
古县[晋]	74 B3
古县[晋]	74 E2
古县渡[赣]	230 C4
古岘[鲁]	244 D3
古现[鲁]	250 C5
古乡[藏]	409 E9
古巷[粤]	319 C7
古学[川]	379 F10
古阳[晋]	74 B3
古冶区[冀]	54 D4
古驿[鄂]	281 D8
古荥[豫]	260 D2
古营集[鲁]	254 E3
古榆树[辽]	94 G2
古玉[藏]	409 F10
古源[内蒙古]	81 A7
古月[冀]	48 C4
古岳峰[湘]	303 C7
古云[鲁]	240 G1
古砦[桂]	337 E7
古寨[桂]	334 B4
古寨[苏]	151 D6
古寨[粤]	316 B2
古樟[桂]	339 B6
古丈县[湘]	301 D9
古障[桂]	343 G9
古镇[粤]	320 C1
古竹[赣]	230 D3
古竹[闽]	215 C10
古竹[粤]	317 D6
古庄店[豫]	271 D9
谷堡[黔]	384 F4
谷城县[鄂]	281 D6
谷村[鲁]	255 B7
谷达坡[湘]	306 A3
谷旦[豫]	261 D9
谷德[川]	367 D10
谷硐[黔]	385 D7
谷硐[黔]	389 G6
谷堆[川]	367 B9
谷堆[豫]	273 D9
谷岗[赣]	225 F6
谷脚[黔]	384 E5
谷金楼[豫]	265 B7
谷拉[滇]	401 B10
谷来[浙]	172 D5
谷里[黔]	386 B4
谷里[鲁]	249 E8
谷里[苏]	147 E6
谷陇[黔]	388 E5
谷露[藏]	409 E7
谷律[滇]	397 E6
谷罗山[湘]	298 B2
谷芒[青]	437 E8
谷米[川]	367 B10
谷坪[黔]	389 C8
谷前堡[晋]	69 A9
谷曲[川]	367 C8
谷饶[粤]	319 D7
谷熟[豫]	267 E7
谷汪[黔]	384 C4
谷阳[苏]	156 B3
谷营[豫]	266 B4
谷杖子[辽]	93 D6
谷洲[湘]	307 D8
牯岭[赣]	223 C7
牯牛山[湘]	298 F5
鹄山[赣]	226 E5
鼓城[川]	364 C1
鼓匠[川]	365 C8
鼓李[鲁]	247 D9
鼓楼[鄂]	286 D3
鼓扬[黔]	385 G7
固安县[冀]	52 C1
固本[黔]	389 C6
固城[冀]	57 D8
固城[冀]	60 D2
固城[陇]	429 C7
固城[陇]	432 F5
固城[苏]	147 C10
固城[豫]	265 C7
固城[豫]	273 D8
固村[赣]	228 A5
固堤[鲁]	243 C7
固店[冀]	57 F6
固东[滇]	403 D6
固关[陕]	418 C2
固河[鲁]	240 B5
固厚[赣]	228 B5
固江[赣]	232 D5
固军[川]	369 C10
固拉合玛[新]	455 E8
固隆[晋]	71 F8
固墙[豫]	269 F7
固日班花[内蒙古]	83 E8
固始县[豫]	273 E9
固贤[晋]	73 B8
固贤[陕]	419 C7
固县[晋]	71 E7
固县[豫]	271 G10
固献[冀]	60 B4
固厢[豫]	268 C4
固新[冀]	61 F8
固阳县[内蒙古]	79 E6
固驿[川]	362 F3
固原市[宁]	443 C9
固增[川]	366 C5
固镇[皖]	187 D6
固镇县[皖]	187 D7
故城[冀]	59 F10
故城[晋]	70 E1
故城县[冀]	59 F9
故郡[陕]	418 E4
故陵[渝]	357 E7
故市[陕]	424 E2
故仙[冀]	58 C5
故县[晋]	70 C4
故县[晋]	70 D2
故县[晋]	70 E3
故县[豫]	262 C2
故县[豫]	262 D4
顾村[沪]	136 D4
顾高[苏]	155 B6
顾官屯[鲁]	240 D4
顾集[皖]	191 G7
顾家店[鄂]	291 D9
顾家营[冀]	51 D6
顾桥[皖]	189 B7
顾山[苏]	159 C8
顾县[川]	365 C7
顾县[豫]	263 C9
崮山[鲁]	242 D3
崮山[鲁]	251 D9
崮云湖[鲁]	239 C8
瓜埠[苏]	146 C3
瓜里[桂]	336 B3
瓜沥[浙]	167 C9
瓜坡[陕]	424 F3
瓜畲[赣]	232 D4
瓜什则[青]	437 B7
瓜园[晋]	69 C7
瓜园则湾[陕]	423 D8
瓜州[陇]	430 F3
瓜洲[苏]	155 F7
挂车河[皖]	198 D2
挂兰峪[冀]	53 G7
拐河[豫]	271 D8
拐磨子[辽]	98 B2
关坝[川]	369 A7
关坝[渝]	354 F5
关埠[粤]	319 D7
关刀[鄂]	285 F7
关堤[豫]	264 F3
关帝[川]	368 E3
关帝[陕]	420 C2
关帝庙[皖]	188 B3
关店[皖]	189 A8
关店[豫]	273 E7
关渡[川]	369 C7
关防[鄂]	280 A1
关防[冀]	61 F8
关公[川]	369 D6
关公潭[湘]	300 F2
关河[川]	365 A8
关河[川]	367 G7
关集[皖]	191 E7
关家[陕]	421 D8
关家川[陇]	428 G4

地名[省别]	地图位置
关家营[内蒙古]	83 F7
关津[豫]	273 C7
关沮[鄂]	288 C4
关口[鄂]	286 D5
关口[陕]	421 C7
关口[豫]	260 D4
关累[滇]	407 C9
关岭布依族苗族自治县[黔]	387 D7
关路[川]	369 B7
关门[川]	369 B7
关门山[内蒙古]	81 B10
关面[渝]	357 C6
关庙[川]	372 C3
关庙[鄂]	282 C4
关庙[陕]	421 D8
关庙[苏]	150 E5
关庙[皖]	187 G8
关庙[皖]	190 G1
关坪[滇]	405 E8
关坪[渝]	356 C5
关坪河[陕]	425 E10
关桥[宁]	443 D7
关山[陕]	416 B1
关山[台]	460 E4
关市[湘]	302 E4
关市[渝]	356 E5
关塘集[皖]	193 D9
关田[川]	369 B7
关田[赣]	229 G7
关头[陕]	419 D6
关屯[皖]	191 C10
关王[鲁]	243 D7
关王[湘]	305 B8
关王庙[晋]	74 E4
关王庙[豫]	272 B5
关文[川]	365 D6
关西[赣]	229 E9
关西[台]	460 B4
关溪[湘]	305 F7
关峡[湘]	306 E5
关兴[黔]	390 F5
关庄[川]	364 F2
关庄[宁]	443 E8
关庄[陕]	417 B7
关庄[陕]	419 C8
关子[陇]	429 C6
观巢[赣]	226 F5
观城[鲁]	240 F2
观斗[川]	374 F5
观风海[黔]	386 G1
观凤[川]	365 D6
观阁[川]	365 B7
观海卫[浙]	170 E4
观化[川]	376 D3
观澜[粤]	320 C5
观里[鲁]	250 E4
观么[黔]	388 C5
观美[浙]	179 D8
观庙[豫]	273 F8
观前[皖]	200 A5
观桥[川]	368 F4
观山[川]	369 D9
观山[川]	373 E6
观上[赣]	227 E8
观胜[川]	362 D4
观胜[渝]	354 D1
观水[鲁]	251 E6
观寺[川]	372 A5
观台[冀]	61 E9
观太[川]	368 E3
观堂[皖]	190 D4
观堂[豫]	267 D6
观堂[豫]	269 D10
观堂[豫]	273 D9
观塘[川]	365 B7
观文[川]	375 G9
观兴[川]	375 G7
观义[川]	368 E4
观音[川]	365 D6
观音[川]	365 E7
观音[川]	367 E7
观音[川]	369 F8
观音[川]	372 A3
观音[川]	374 B3
观音[鄂]	280 B3
观音[桂]	336 D4
观音[陇]	432 F5
观音[陕]	420 A4
观音[台]	460 B4
观音当[鄂]	288 C5
观音店[川]	364 E2
观音阁[桂]	336 D4
观音阁[湘]	307 A6
观音阁[粤]	317 D6
观音河[陕]	421 F7
观音井[川]	369 D6
观音桥[川]	365 A7
观音桥[川]	377 E6
观音山[苏]	153 E9
观音寺[陕]	420 E2
观音寺[苏]	151 D9
观音寺[湘]	298 D5
观音寺[豫]	260 C5
观音寺[豫]	271 B7
观音滩[川]	373 D7
观音滩[湘]	304 B4
观音堂[豫]	262 B5
观音堂[豫]	271 B8
观音溪[川]	365 B8
观鱼[川]	368 F2
观寨[冀]	60 C3
观珠[粤]	324 F3
观紫[川]	364 C4
官坝[湘]	301 B9
官坝[渝]	355 A8
官坝[渝]	356 G3
官坂[闽]	206 B2
官陂[闽]	212 E1
官埠桥[鄂]	285 C8
官埠桥[皖]	198 B3
官仓[川]	363 C7
官仓[黔]	390 E3
官厂[豫]	264 G3
官场[冀]	55 B6
官成[桂]	339 A9
官池[陕]	424 E3
官道[鲁]	250 E4
官道[陕]	424 F2
官道口[豫]	262 D3
官道李[冀]	58 F2
官底[陕]	424 E2
官地[吉]	114 C5
官地[内蒙古]	83 E6
官地坪[湘]	298 B3
官店[鄂]	290 D5
官店[黔]	390 D2
官垌[桂]	341 B10
官陡[皖]	194 F4
官渡[川]	369 B9
官渡[鄂]	280 E2
官渡[黔]	390 C1
官渡[湘]	297 C9
官渡[渝]	354 B4
官渡[渝]	357 E9
官渡[豫]	260 A2
官渡[粤]	327 C9
官渡[粤]	315 E8
官渡口[鄂]	291 B6
官墩[苏]	150 D4
官鹅[陇]	429 D8
官儿[晋]	69 E7
官港[皖]	200 E2
官沟[皖]	192 C2
官和[黔]	391 F8
官湖[苏]	149 D8
官会[豫]	269 F8
官家嘴[湘]	302 E4
官莲[赣]	222 D5
官林[苏]	158 D3
官岭[湘]	302 F5
官路[闽]	208 A5
官路[陕]	424 E3
官路[浙]	176 D2
官坡[豫]	262 F2
官桥[鄂]	285 C7
官桥[鲁]	255 E8
官桥[闽]	213 D7
官桥[闽]	213 E8
官桥[皖]	189 C6
官桥[湘]	297 E7
官桥[粤]	324 F1
官清[渝]	354 G10
官清[渝]	356 D2
官山[鄂]	280 D4
官山[苏]	149 G7
官升[川]	365 E7
官盛[川]	365 B7
官滩[晋]	70 F2
官滩[苏]	151 E9
官潭[浙]	177 C10
官塘[皖]	192 C2
官塘[粤]	319 C8
官塘[浙]	180 F5
官塘桥[苏]	156 B3
官塘驿[鄂]	285 D8
官田[赣]	232 E5
官田[黔]	386 A3
官田[闽]	215 B9
官厅[滇]	400 E4
官厅[吉]	109 D6
官厅[冀]	51 C7
官厅[宁]	443 C8
官亭[冀]	60 C3
官亭[陇]	429 D8
官亭[青]	437 A6
官亭[皖]	186 E4
官亭[湘]	299 B6
官亭[豫]	268 B3
官屯[滇]	396 D3
官屯[辽]	99 B8
官屯堡[内蒙古]	79 F9
官圩[粤]	328 E2
官兴[川]	374 D5
官浔[闽]	212 D3
官阳[渝]	357 D10
官元[陕]	421 E9
官垸[湘]	299 B7
官寨[滇]	401 C7
官寨[黔]	386 C4
官舟[黔]	391 C7
官舟[渝]	356 E3
官洲[粤]	313 E7
官庄[冀]	59 C8
官庄[冀]	60 E3
官庄[津]	41 B7
官庄[鲁]	239 A7
官庄[鲁]	243 E7
官庄[闽]	215 E8
官庄[陕]	417 B8
官庄[陕]	419 C6
官庄[陕]	423 C7
官庄[皖]	198 D2
官庄[湘]	301 F8
官庄[湘]	303 A8
官庄[湘]	307 F10
官庄[渝]	356 D3
官庄[豫]	266 D3
官庄[豫]	271 F7
官庄[豫]	272 B3
官庄[豫]	272 C5
官庄坝[皖]	188 A2
冠朝[赣]	233 D6
冠山[赣]	232 B5
冠市[湘]	303 E7
冠县[鲁]	240 C1
冠英[川]	372 D3
馆前[闽]	215 E6
馆陶县[冀]	61 A8
馆驿[鲁]	254 B5
管坝[皖]	192 F4
管村[川]	369 E8
管村[赣]	231 E9
管厝[闽]	208 B5
管店[皖]	192 C5
管公[鲁]	243 E7
管家堡[晋]	68 C5
管家务[冀]	52 C2
管前[闽]	211 E7
管陶[冀]	61 F7
管头[晋]	74 E4
管阳[闽]	209 D9
管窑[鄂]	287 D7
管镇[苏]	151 F9
管庄[京]	29 D9
贯洞[黔]	389 B8
贯岭[川]	368 C3
贯岭[闽]	209 D9
贯山[川]	368 D3
贯塘[湘]	303 C6
贯屯[陕]	417 C7
贯溪[陕]	420 B2
灌口[闽]	213 F6
灌南县[苏]	150 B5
灌水[辽]	99 D7
灌西盐场[苏]	150 A3
灌溪[赣]	233 C6
灌溪[湘]	299 D6
灌阳县[桂]	336 C4
灌云县[苏]	150 C4
灌涨[豫]	270 E5
罐坝[川]	369 C9
罐头嘴[湘]	299 D7
罐垭[川]	364 E5
罐子[川]	369 E8
罐子窑[黔]	387 E7
光昌[浙]	166 E4
光村[琼]	346 B4
光德[粤]	323 D10
光福[苏]	161 E6
光复[台]	460 D4
光华[川]	364 C5
光华[滇]	405 B6
光华[吉]	114 D2
光华[晋]	74 E4
光华[晋]	75 F6
光化[鄂]	281 D7
光辉[川]	365 A7
光辉[川]	368 E4
光辉[川]	369 C7
光辉[黔]	389 D9
光辉[辽]	91 D6
光禄[滇]	396 C3
光禄[冀]	61 D8
光明[川]	362 G3
光明[川]	377 E10
光明[吉]	109 C6
光明[吉]	111 G6
光明[辽]	102 F3
光明[闽]	210 B5
光明[湘]	304 C5
光明[粤]	320 B5
光明山[辽]	103 C7
光坡[桂]	341 E6
光荣[黑]	130 E2
光荣[辽]	102 G2
光山县[豫]	273 E7
光武[皖]	191 F6
光相[川]	372 B4
光裕堡[晋]	72 B2
光泽县[闽]	208 C1
光照[黔]	387 E7
光中[川]	364 E5
广安市[川]	365 B7
广澳[粤]	319 E8
广昌县[赣]	225 D8
广陈[浙]	169 C7
广城[陕]	421 F8
广川[冀]	58 G4
广德公[内蒙古]	83 F6
广德县[皖]	195 B6
广东地[新]	451 G8
广度[浙]	176 C2
广发[湘]	304 D5
广发永[冀]	53 B7
广丰区[赣]	231 E8
广佛[陕]	421 D9
广福[川]	368 G3
广福[川]	369 F9
广福[赣]	220 F3
广福[桂]	336 E2
广福[粤]	323 B8
广福桥[湘]	298 B5
广府[冀]	61 C7
广富[川]	368 E2
广海[粤]	325 E9
广寒寨[赣]	228 G3
广汉市[川]	368 F2
广河县[陇]	428 F5
广厚[黑]	123 F6
广华[鄂]	289 C6
广货街[陕]	420 E5
广济[川]	368 E1
广济[川]	372 B3
广济[陕]	416 F3
广金[陇]	429 A8
广阔天地[豫]	271 B9
广利[川]	368 G4
广利[粤]	328 E4
广灵县[晋]	69 D9
广陵[苏]	155 B8
广鹿[辽]	102 E5
广门[川]	365 B7
广纳[川]	369 C8
广南县[滇]	401 C9
广宁县[粤]	328 D4
广平[桂]	338 F3
广平[鲁]	240 D4
广平[闽]	211 E7
广平县[冀]	61 B8
广坪[川]	364 E4
广坪[陕]	420 G4
广坪[湘]	306 D3
广普[渝]	354 D3
广饶县[鲁]	241 G7
广山[苏]	152 G3
广胜寺[晋]	74 C3
广水[鄂]	282 B4
广水市[鄂]	282 C4
广顺[黔]	385 G6
广顺[渝]	354 D1
广太[粤]	319 D6
广通[滇]	396 E4
广兴[川]	363 E8
广兴[川]	365 E6
广兴[川]	365 B7
广兴[川]	368 F2
广兴[皖]	186 A2
广兴[渝]	354 E4
广兴源[内蒙古]	83 F6
广兴洲[湘]	300 C3
广阳[陕]	419 B9
广阳[皖]	201 C6
广阳[渝]	354 D5
广阳[豫]	271 D7
广阳区[冀]	52 C3
广洋湖[苏]	154 E2
广宜[湘]	305 F6
广义隆[内蒙古]	79 D8
广益[粤]	319 D8
广元市[川]	364 D2
广州市[粤]	313 E7
广宗县[冀]	60 C4
归昌[鲁]	252 G4
归朝[滇]	401 B10
归德[川]	373 D8
归德[鲁]	239 D8
归湖[粤]	319 C7
归流河[内蒙古]	83 B8
归仁[苏]	151 F7
归仁[台]	460 E2
归阳[湘]	302 F5
归义[桂]	338 G3
归州[鄂]	291 B7
归州[辽]	99 C10
圭峰[赣]	231 F6
圭岗[粤]	324 D5
圭山[滇]	397 F9
龟湖[浙]	179 G9
龟山[鄂]	286 D3
皈山[浙]	168 E4
贵岙[浙]	181 D9
贵池区[皖]	200 B4
贵德县[青]	437 C6
贵定县[黔]	384 D4
贵福[川]	369 E7
贵港市[桂]	339 C7
贵门[浙]	172 F5
贵民[川]	369 B7
贵南县[青]	437 D7
贵台[桂]	340 C5
贵溪市[赣]	230 F5
贵阳[黔]	384 E4
贵屿[粤]	319 D7
贵子[粤]	324 C3
桂城[粤]	328 E4
桂城[粤]	313 E7
桂村[豫]	268 B3
桂东县[湘]	305 C9
桂峰[浙]	179 E6
桂果[黔]	386 C5
桂花[川]	362 C4
桂花[川]	365 C6
桂花[川]	365 E7
桂花[川]	367 B10
桂花[川]	375 E8
桂花[滇]	396 B3
桂花[鄂]	285 D8
桂花[黔]	386 B2
桂花[陕]	421 D8
桂花井[川]	373 E8
桂花桥[川]	372 C3
桂花泉[鄂]	285 E7
桂花园[湘]	306 C4
桂集[皖]	189 B8
桂林[闽]	208 D1
桂林[皖]	201 E8
桂林[渝]	354 A2
桂林[豫]	264 C2
桂林市[桂]	336 D2
桂岭[桂]	338 B5
桂岭[粤]	319 C6
桂平市[桂]	339 B8
桂山[粤]	320 F4
桂山[浙]	177 E8
桂塘[湘]	301 C7
桂头[粤]	315 B6
桂圩[粤]	324 A5
桂五[苏]	151 E10
桂溪[川]	368 C3
桂贤[川]	376 F3
桂兴[川]	365 B7
桂阳[闽]	213 A7
桂阳县[湘]	305 D6
桂洋[闽]	213 C7
桂云花[辽]	103 B6
滚贝[桂]	337 C7
滚马[黔]	388 D5
磙子营[豫]	271 C8
漷县[京]	34 F3
郭北[川]	373 E9
郭仓[鲁]	255 B6
郭城[鲁]	250 E5
郭城驿[陇]	428 D3
郭川[陇]	429 B6
郭村[晋]	70 E2
郭村[鲁]	254 F4
郭村[苏]	155 D6
郭村[皖]	201 D6
郭村[渝]	356 G4
郭村[豫]	267 D6
郭村[浙]	166 F2
郭大寨[滇]	399 C8
郭道[晋]	70 F3
郭店[鲁]	239 B7
郭店[陕]	418 D4
郭店[豫]	260 C3
郭店[豫]	267 E8
郭店屯[鲁]	240 D3
郭杜[陕]	416 C3
郭扶[渝]	354 F4
郭公坪[湘]	306 B3
郭河[鄂]	289 D8
郭河[陇]	429 C9
郭河[皖]	199 F8
郭槐[陇]	429 C6
郭集[陇]	429 C6
郭集[苏]	154 F5
郭集[豫]	272 B2
郭家[吉]	108 C3
郭家[辽]	93 C7
郭家[鲁]	238 B3
郭家[渝]	356 D5
郭家坝[鄂]	291 B7
郭家堡[陇]	430 F2
郭家村[冀]	58 B4
郭家店[吉]	112 D3
郭家店[鲁]	250 E3
郭家沟[陕]	423 B8
郭家河[豫]	273 G7
郭家桥[冀]	54 D1
郭家屯[冀]	53 D6
郭家屯[冀]	54 C2
郭家屯[鲁]	243 E8
郭家湾[冀]	53 B8
郭家窑[晋]	68 B5
郭家庄[晋]	75 E6
郭嘉[陇]	429 C6
郭坑[闽]	212 C3
郭勒布依[新]	456 F3
郭勒木德[青]	439 D9
郭磊庄[冀]	51 E6
郭里[鲁]	255 D7
郭连[豫]	268 B2
郭楼[鲁]	255 B6
郭楼[豫]	273 B6
郭陆滩[豫]	273 E9
郭猛[苏]	152 E2
郭庙[皖]	191 E6
郭旗[陕]	417 B8
郭庆[藏]	409 E9
郭墅[苏]	152 C1
郭滩[陕]	420 D3
郭滩[豫]	271 G7
郭田[粤]	323 E8
郭屯[鲁]	254 C4
郭圩[赣]	224 E5
郭圩[赣]	224 E5
郭溪[浙]	179 D6
郭巷[苏]	161 E7
郭兴庄[陕]	423 D8
郭元[川]	377 C10
郭园[苏]	153 F8
郭塬[陇]	432 F3
郭杖子[冀]	53 F9
郭镇[陇]	429 B9
郭镇[陕]	420 F2
郭庄[冀]	49 C8
郭庄[冀]	58 D5
郭庄[鲁]	244 E3
郭庄[苏]	156 D1
郭庄[豫]	264 G3
郭庄[豫]	267 D8
郭庄[豫]	271 E6
崞县夭[内蒙古]	79 E8
崞阳[晋]	72 C3
锅圈岩[黔]	386 E4
国安[桂]	339 A9
国宝[闽]	213 B7
国富[黑]	122 A4
国光[川]	364 E4
国华[川]	364 C2
国华[辽]	97 D6
国欢[闽]	207 D6
国梁[渝]	354 C3
国强[闽]	212 D2
国庆[滇]	407 A7
国庆[内蒙古]	79 E6
国荣[黔]	391 F7
国胜[川]	367 E6
国太桥[湘]	298 B4
国姓[台]	460 C3
虢王[陕]	418 E4
虢镇[陕]	418 E4
果布嘎[黔]	387 E6
果都[鲁]	249 E8
果化[桂]	342 B5
果郎[滇]	405 E8
果乐[桂]	343 F6
果里[鲁]	242 B3
果山[川]	364 C5
果松[吉]	114 E3
果遂[桂]	345 F8
果瓦[黔]	386 C2
果元[川]	367 F7
果园[冀]	54 E3
果园[辽]	99 B10
果园[湘]	297 D6
果园[豫]	263 C6
果珠[滇]	402 B4
果庄[鲁]	252 B5
果子洼[冀]	58 C4
果子园[皖]	187 F9
过埠[赣]	229 G7
过船[苏]	155 C8
过渡湾[鄂]	280 E5
过风楼[陕]	425 A9
过鹿坪[湘]	299 E8
过马营[青]	437 D6
过水[川]	373 E7
过水坪[湘]	302 E5
H	
哈巴格希[内蒙古]	80 C3
哈巴河县[新]	450 F2
哈吣嘎[冀]	50 E3
哈毕日嘎[内蒙古]	82 G4
哈达[黑]	127 E9
哈达[辽]	95 E7
哈达碑[辽]	100 F3
哈达户稍[辽]	96 E4
哈达门[吉]	115 E9
哈达铺[陇]	429 E7
哈达阳[内蒙古]	81 A8
哈达英格[内蒙古]	83 E7
哈岱高勒[内蒙古]	80 A3
哈多河[内蒙古]	81 B10
哈尔巴克[新]	457 F6
哈尔滨市[黑]	120 C3
哈尔盖[青]	436 E4
哈尔稿[内蒙古]	83 F9
哈尔莫敦[新]	456 E5
哈尔脑[辽]	92 C3
哈尔套[辽]	96 C3
哈甘[川]	367 C9
哈哈[川]	367 B7
哈加[藏]	409 E10
哈克[内蒙古]	81 D9
哈拉布拉克[新]	454 B4
哈拉道口[辽]	92 F1
哈拉道口[内蒙古]	83 F7
哈拉哈达[内蒙古]	83 E7
哈拉海[黑]	122 F5
哈拉海[吉]	108 B2
哈拉合少[内蒙古]	79 E7
哈拉黑[内蒙古]	83 B8
哈拉峻[新]	454 C3
哈拉毛都[吉]	111 E8
哈拉门独[内蒙古]	79 E6
哈拉奇[新]	454 B4
哈拉苏[内蒙古]	81 B9
哈拉玉宫[新]	457 E6
哈拉直沟[青]	436 B5
哈喇河[黔]	386 G2
哈乐[内蒙古]	79 D7
哈勒景[青]	436 D4
哈里哈[冀]	53 B7
哈力[黑]	122 E5
哈力洛[川]	367 D8
哈林格尔[内蒙古]	78 E5
哈洛[川]	367 B9
哈密[新]	456 C2
哈尼喀塔木[新]	455 B9
哈曲[川]	372 E1
哈日布呼[新]	452 E3
哈日干吐[内蒙古]	83 D9
哈日根台[内蒙古]	83 D6
哈日诺尔[内蒙古]	83 C7
哈沙吐[内蒙古]	83 F7
哈腾套海[内蒙古]	78 E2
哈图布呼[新]	453 F7
哈吐气[吉]	110 A4
哈溪[陇]	431 F8
哈岘[陇]	428 E4
哈业脑包[内蒙古]	78 E5
哈依[川]	379 D6
哈镇[陕]	422 B3
浬浦[浙]	176 C5
海安[粤]	327 G8
海安县[苏]	153 F6
海坝[川]	367 F8
海北[黑]	130 D2
海北[内蒙古]	80 G2
海北头[晋]	69 D6
海滨[冀]	55 D7
海滨[津]	42 A4
海滨[辽]	93 C8
海滨[鲁]	245 E8
海滨[粤]	327 C10
海滨新村[沪]	137 C6
海沧[闽]	213 G6
海沧区[闽]	213 G6
海潮[川]	367 G8
海潮[川]	375 B6
海城[桂]	342 B5
海城[黑]	130 E5
海城[浙]	179 C7
海城市[辽]	100 D2
海澄[闽]	212 C4
海岱[滇]	398 C4
海岛[闽]	207 C9
海淀区[京]	28 D5
海东[滇]	405 C8
海端[台]	460 E4
海丰[黑]	130 D4
海丰[苏]	152 F4
海丰农场[苏]	152 E4
海丰县[粤]	318 F3
海复[苏]	153 B9
海港[冀]	55 C7
海河[苏]	152 C2
海会[赣]	223 C8
海江[黑]	124 D1
海口[滇]	397 F6
海口[滇]	400 B4
海口[赣]	231 C7
海口[闽]	206 C5
海口[皖]	198 C3
海口[浙]	181 C8
海口市[琼]	347 A7
海拉[黔]	386 G2
海拉苏[内蒙古]	83 E7
海浪[黑]	131 D8
海浪[辽]	95 F9
海力锦[内蒙古]	83 D9
海林市[黑]	131 D8
海陵[粤]	325 G6
海流图[冀]	50 F4
海龙[黔]	390 E3
海龙[吉]	114 C2
海楼[新]	455 B9
海鲁吐[内蒙古]	83 E10
海伦市[黑]	130 D2
海螺[川]	373 B7
海门[粤]	319 E8
海门市[苏]	153 D9
海南[川]	367 D7
海南[黑]	130 D3
海南[黑]	131 D8
海南[苏]	154 C3
海南区[内蒙古]	80 G3
海宁市[浙]	169 E9
海努克[新]	452 B2
海青[黑]	129 B9
海青[吉]	111 G6
海青[鲁]	245 G9
海山[粤]	319 C9
海斯改[内蒙古]	83 E9
海棠[川]	367 A8
海棠[琼]	346 F5
海棠[渝]	355 B6
海田[川]	365 C6
海通[苏]	152 C3
海通[豫]	265 E7
海头[琼]	346 C3
海头[苏]	150 C1
海坨[吉]	110 D5
海湾[川]	367 C10
海湾[沪]	140 F4
海尾[琼]	346 C2
海溪[浙]	181 C8
海兴[黑]	130 D3
海兴县[冀]	59 D9
海星[黑]	124 G3
海盐县[浙]	169 D9
海晏[苏]	153 C8
海晏[粤]	325 F8
海晏县[青]	436 D4
海阳[冀]	55 C7
海阳市[鲁]	251 G6
海阳所[鲁]	251 F7
海洋[桂]	336 D3
海洋[辽]	103 F8
海洋[渝]	356 D3
海永[苏]	153 C10
海虞[苏]	161 B8
海渊[桂]	343 B9
海原县[宁]	443 E7
海云[川]	372 D3
海则庙[陕]	422 A4
海则滩[陕]	423 F8
海洲窝堡[辽]	90 C1
海子[川]	367 E8
海子[滇]	402 D4
海子[黔]	387 E9
海子沟[青]	436 C4
海子街[黔]	386 D3
海子塔[内蒙古]	80 B2
海子滩[陇]	431 E10
海子沿[新]	456 C2
海子堰[内蒙古]	78 D3
蚶江[闽]	213 E9
憨班[陇]	432 C4
邗江区[苏]	155 F7
浛洸[粤]	314 E5
含谷[渝]	354 D4
含浦[湘]	296 E5
含山县[皖]	199 B7
含增[川]	368 D3
邯郸市[冀]	61 D8
邯郸县[冀]	61 D8
邯郃[冀]	49 C8
函谷关[豫]	262 C3
涵江区[闽]	207 D6
涵水[川]	369 D7
寒葱沟[黑]	129 B8
寒冻[豫]	273 C6
寒口[湘]	305 C9
寒岭[辽]	100 B5
寒坡[川]	364 D5
寒亭[皖]	195 E6
寒亭区[鲁]	243 C7
寒王[晋]	67 E8
韩摆渡[皖]	187 D7
韩北[晋]	70 C2
韩岔[陕]	423 E8
韩场[川]	362 F4
韩城[冀]	54 E2
韩城[豫]	263 C6
韩城市[陕]	424 B5
韩川[陇]	429 D7
韩村[冀]	49 F8
韩村[冀]	52 C2
韩村[冀]	57 E8
韩村[冀]	58 C5
韩村[皖]	188 F4
韩村[豫]	265 C7
韩村河[京]	30 F4
韩道口[豫]	267 D9
韩甸[黑]	120 D1
韩店[陇]	432 G2
韩店[鲁]	247 F8
韩董庄[豫]	264 G2
韩坊[赣]	229 D7
韩垓[鲁]	254 B5
韩岗[鲁]	254 B5
韩公渡[湘]	299 D7
韩洪[晋]	70 F3
韩集[鄂]	284 F2
韩集[冀]	59 E8
韩集[鲁]	240 D4
韩集[鲁]	254 E2
韩集[豫]	273 B7
韩家[陕]	418 C5
韩家川[晋]	72 G3
韩家店[冀]	53 D6
韩家店[辽]	96 E5
韩家集[陇]	428 C4
韩家楼[晋]	72 F2
韩家园[黑]	125 C9
韩陵[豫]	264 B4
韩麻营[冀]	53 D8
韩庙[鲁]	238 B4
韩桥[苏]	151 D7
韩山[苏]	150 D4
韩寺[豫]	260 A3
韩屯[鲁]	240 C4
韩勿拉[内蒙古]	79 D9
韩阳[晋]	75 G8
韩院[陇]	429 D8
韩寨[豫]	273 A6
韩张[豫]	265 B8
韩庄[冀]	57 E8
韩庄[冀]	58 E4
韩庄[鲁]	255 G9
韩庄[豫]	264 C4
韩庄[豫]	272 B5
韩佐[陇]	431 E8
罕艾日克[新]	455 E7
罕达盖[内蒙古]	81 D10
罕达罕[内蒙古]	83 A9
罕达汽[黑]	124 C2
罕井[陕]	424 D2
罕南力克[新]	454 D3
罕山[内蒙古]	83 D8
罕苏木[内蒙古]	83 D7
罕台[内蒙古]	80 C2
喊叫水[宁]	443 E6
汉宾[新]	452 B1
汉川市[鄂]	284 F3
汉儿庄[冀]	54 B3
汉丰[冀]	54 F2
汉封[陕]	418 D3
汉沽[津]	40 F4
汉沽区[津]	40 F4
汉古尔河[内蒙古]	81 A9
汉豪[桂]	338 D2
汉家岔[陇]	428 D4
汉江路[鄂]	280 C4
汉留[苏]	154 D4
汉南[鄂]	279 G8
汉南区[鄂]	279 F8
汉寿县[湘]	299 D7
汉王[川]	372 B2
汉王[陇]	429 C9
汉王[陕]	420 C2
汉王[陕]	421 F8
汉旺[川]	368 E2
汉兴[鄂]	279 E6
汉薛[晋]	75 E6
汉阳[川]	364 E3
汉阳[川]	372 C3
汉阳[陕]	421 F7
汉阳区[鄂]	278 D5
汉阴县[陕]	421 F7
汉源县[川]	376 F3
汉中市[陕]	420 D3
汉冢[豫]	271 E7
汉庄[滇]	403 C7
汗德尕特[新]	450 D3
汗林[陇]	429 C9
汗牛[川]	377 G7
汗乌拉[内蒙古]	83 D6
翰林[琼]	347 D7
翰堂[赣]	226 E5
翰章[吉]	114 D5
瀚仙[闽]	210 D5
夯沙[湘]	301 E8
杭埠[皖]	187 A8
杭垓[浙]	168 F4
杭集[苏]	155 E6
杭锦后旗[内蒙古]	78 E2
杭锦后旗[内蒙古]	78 E3
杭锦淖尔[内蒙古]	80 D1
杭锦旗[内蒙古]	80 D2
杭口[赣]	222 E2
杭坪[浙]	174 B5
杭乌拉[内蒙古]	81 F9
杭州道[津]	39 D8
杭州市[浙]	167 B8
航埠[赣]	224 E4
航埠[浙]	177 C8
航头[沪]	140 E2
航头[浙]	166 G4
蒿坝[川]	374 F4
蒿川[宁]	443 E7
蒿沟[皖]	189 E6
蒿吉坪[湘]	306 B5
蒿林[陇]	429 C8
蒿坪[鄂]	280 B5
蒿坪[陕]	421 F8
蒿溪[川]	364 F2
蒿子港[湘]	299 C7
蒿嘴铺[陇]	432 E5
豪山[湘]	305 B8
豪斯布尔都[内蒙古]	84 C4
壕赖山[内蒙古]	79 D7
壕堑[内蒙古]	79 E10
濠城[皖]	187 C7
濠村[闽]	208 C4
濠江区[粤]	319 E8
濠头[湘]	305 D9
好地[陇]	429 B6
好花红[黔]	385 F6
好里堡[内蒙古]	81 C7
好仁[内蒙古]	83 B8
好生[鲁]	247 G8
好梯[陇]	429 D8
好腰苏木[内蒙古]	83 D9
好义[粤]	317 D6
郝北[晋]	67 F7
郝村[冀]	58 D5
郝店[鄂]	282 C3
郝岗[豫]	268 D5
郝戈庄[鲁]	243 G8
郝各庄[津]	41 E7
郝官屯[辽]	90 C3
郝家[鲁]	241 E7
郝家营[冀]	50 E4
郝家庄[晋]	70 C5
郝坪[湘]	298 C5
郝桥[冀]	60 D4
郝王庄[鲁]	238 F5
郝寨[豫]	271 E8
郝庄[冀]	49 D8
郝庄[冀]	60 F2
郝庄[晋]	67 C6
郝庄[晋]	75 D6
号头庄[冀]	57 G6
浩德[黑]	123 D9
浩尔吐[内蒙古]	83 D7
浩河口[湘]	300 F2
浩口[鄂]	289 C6
浩口[渝]	355 E8
浩来呼热[内蒙古]	82 F5
浩勒报吉[内蒙古]	80 D3
浩勒图高勒[内蒙古]	83 D6
浩良河[黑]	126 G4
浩饶山[内蒙古]	81 B10
浩绕柴达木[内蒙古]	80 E3
浩山[赣]	223 B10
浩坦[内蒙古]	83 E10
浩塘[湘]	304 D5
禾埠[赣]	232 D5
禾甸[滇]	405 B8
禾洞[粤]	314 C2
禾丰[川]	364 E4
禾丰[川]	368 F2
禾丰[川]	373 B8
禾丰[赣]	229 C7
禾丰[黔]	384 E3
禾加[川]	372 B5
禾库[湘]	301 F8
禾梨坳[湘]	306 C3
禾木喀纳斯[新]	450 E2
禾尼[川]	379 E6
禾青[湘]	302 B3
禾山[赣]	230 E3
禾市[赣]	233 D6
禾市[湘]	305 A7
禾滩[湘]	306 C2
禾亭[湘]	304 D4
禾驮[陇]	429 E7
禾源[赣]	233 E8
禾云[粤]	314 F5
合陈[苏]	154 B3
合川区[渝]	354 B3
合村[浙]	166 D5
合道[陇]	432 E3
合道[陇]	432 G4
合肥路[鲁]	245 D6
合肥市[皖]	186 C4
合沟[苏]	149 D8
合姑洛[川]	367 C9
合河[豫]	264 E2
合河口[冀]	48 A3
合湖[浙]	180 F5
合涧[豫]	264 C2
合江[川]	363 F6
合江[川]	376 D4
合江[黔]	385 B7
合江[桂]	339 F8
合江[湘]	303 E6
合江[粤]	324 E1
合江县[川]	375 C8
合井[川]	367 E8
合口[湘]	299 B6
合乐[川]	375 E8
合黎[陇]	430 B4
合利[苏]	152 C2
合流[川]	365 B8
合隆[吉]	108 D2
合隆[辽]	99 F9
合隆[渝]	354 A3
合马[黔]	390 E1
合面[川]	375 D6
合朋溪[黔]	391 E6
合浦县[桂]	341 D8

地名[省别]	地图位置
合庆[沪]	137 E8
合群[桂]	334 B3
合山[粤]	325 E7
合山市[桂]	345 F9
合盛堡[晋]	68 E5
合什[川]	374 A3
合市[赣]	224 C3
合室[晋]	70 B4
合水[黔]	391 D8
合水[湘]	301 F9
合水[粤]	323 C7
合水[粤]	324 D4
合水[粤]	325 D6
合水[粤]	316 C2
合水县[陇]	432 F4
合索[晋]	72 D4
合同庙[内蒙古]	80 D3
合溪[闽]	215 D9
合溪[渝]	355 F6
合心[吉]	108 E2
合兴[川]	363 D6
合兴[川]	364 B5
合兴[川]	368 F3
合兴[川]	372 B4
合兴[黔]	391 D6
合兴[渝]	356 F3
合阳县[陕]	424 C4
合义[川]	373 D10
合峪[豫]	263 F6
合漳[冀]	61 F9
合作[川]	362 D5
合作[川]	364 B4
合作[苏]	153 B9
合作桥[湘]	298 C3
合作市[陇]	432 A3
何坝[黔]	390 E5
何坝[陇]	429 C8
何村[豫]	263 E7
何店[鄂]	282 D4
何坊[鲁]	247 D7
何埂[渝]	354 E2
何官[鲁]	242 B5
何官屯[黔]	386 E3
何家[浙]	177 C7
何家堡[晋]	68 D5
何家堡[陇]	429 D8
何家洞[湘]	304 D3
何家集[陕]	423 D9
何家畔[陇]	432 F4
何家山[湘]	305 C8
何家山[浙]	177 C8
何家岩[陕]	420 E2
何家庄[冀]	58 F3
何楼[鲁]	254 D3
何坪[陇]	432 E3
何桥[冀]	57 E8
何桥[苏]	148 C3
何市[川]	373 E8
何市[赣]	222 F3
何田[浙]	177 A7
何湾[皖]	195 G6
何营[豫]	267 E8
何元[滇]	403 C8
何源[赣]	224 B4
何寨[陕]	416 B2
何庄[冀]	59 F6
和爱[川]	367 G7
和爱[川]	367 B7
和安[粤]	327 F8
和布克赛尔蒙古自治县[新]	453 A8
和川[晋]	74 B3
和村[冀]	61 E8
和店[豫]	273 A6
和凤[苏]	147 C9
和关[琼]	346 C5
和合[赣]	223 E8
和合[晋]	73 F6
和合[苏]	153 A10
和吉[桂]	335 C7
和家庄[陕]	424 D4
和静县[新]	456 E5
和乐[川]	369 F7
和乐[琼]	347 E7
和寮[粤]	327 A8
和林[渝]	356 G3
和林格尔县[内蒙古]	79 F7
和龙[川]	376 D4
和龙市[吉]	115 F6
和隆[辽]	94 C5
和睦[桂]	337 D7
和睦井[冀]	49 E10
和平[川]	365 D7
和平[川]	369 C6
和平[川]	373 D10
和平[川]	373 E8
和平[川]	379 D6
和平[滇]	396 E5
和平[滇]	401 E6
和平[滇]	406 B4
和平[鄂]	279 D6
和平[黔]	391 E9
和平[桂]	336 C2
和平[桂]	337 B9
和平[桂]	338 E2
和平[黑]	123 C9
和平[黑]	123 F7
和平[黑]	124 F2
和平[黑]	127 D9
和平[吉]	108 C3
和平[晋]	74 D2
和平[辽]	90 B3
和平[陇]	429 D6
和平[陇]	430 C5
和平[陇]	430 F1
和平[陇]	431 E8
和平[闽]	208 D1
和平[闽]	212 E2
和平[闽]	215 B8
和平[青]	436 D5
和平[琼]	347 E6
和平[苏]	151 D8
和平[台]	460 C3
和平[皖]	198 F2
和平[湘]	301 C9
和平[湘]	305 C6
和平[渝]	357 C7
和平[粤]	319 E7
和平[浙]	168 D3
和平区[津]	38 C4
和平溪[湘]	306 A4
和平县[粤]	316 C2
和气[吉]	112 C1
和谦[渝]	356 D5
和日[青]	437 D8
和尚房子[辽]	93 E7
和舍[琼]	346 C5
和胜[内蒙古]	78 D4
和盛[川]	362 D4
和盛[黑]	122 C3
和盛[陇]	432 G4
和什托洛盖[新]	453 B9
和顺[滇]	403 E7
和顺[渝]	355 D7
和顺县[晋]	67 E9
和硕县[新]	456 E5
和田市[新]	455 E7
和田县[新]	455 E7
和溪[黔]	390 C5
和溪[闽]	212 B2
和夏阿瓦提[新]	454 C3
和县[皖]	199 A7
和孝[豫]	272 C5
和新[川]	368 F2
和兴[川]	368 F2
和兴[豫]	272 A4
和源[川]	376 D3
和政县[陇]	428 F5
和庄[鲁]	249 B9
和庄[豫]	260 C4
河坝[川]	365 D6
河坝[湘]	299 C9
河坝场[黔]	391 G6
河坝子[川]	372 B4
河包[渝]	354 D1
河北[黑]	122 A3
河北[晋]	71 F8
河北[京]	30 D4
河北[辽]	95 F8
河北[青]	437 D9
河北[陕]	418 C2
河北留善寺[冀]	58 C4
河北区[津]	38 C4
河北屯[津]	40 A3
河边[川]	365 F7
河边[川]	367 C7
河边[川]	368 E2
河边[晋]	72 C4
河边[渝]	354 C3
河伯[湘]	307 G3
河埠[赣]	224 D4
河城街[冀]	58 D5
河池[桂]	344 D3
河池市[桂]	344 D3
河川[宁]	443 C9
河唇[粤]	327 B8
河道[陕]	418 D5
河堤[豫]	266 D5
河底[晋]	67 B9
河底[晋]	74 E3
河底[晋]	75 D6
河底[豫]	263 C6
河地[川]	364 C3
河店[鲁]	240 D2
河东[川]	364 D5
河东[川]	367 B8
河东[川]	369 E7
河东[川]	377 F7
河东[赣]	223 D7
河东[黑]	120 D5
河东[冀]	51 C9
河东[陇]	430 F3
河东[陇]	431 E8
河东[闽]	208 C5
河东[青]	437 C6
河东[粤]	323 E7
河东[粤]	318 F4
河东店[陕]	420 D2
河东区[津]	38 C4
河东区[鲁]	252 E4
河洞[赣]	229 G8
河儿口[粤]	328 D2
河凤桥[豫]	273 F9
河古庙[冀]	60 C4
河郭[冀]	60 E4
河集[豫]	266 D5
河夹[鄂]	280 B3
河间市[冀]	58 C4
河街[豫]	268 C3
河津市[晋]	74 F5
河卡[青]	437 F6
河坎子[辽]	93 F7
河口[川]	367 G7
河口[川]	368 D4
河口[川]	369 C9
河口[川]	372 B5
河口[川]	373 E7
河口[滇]	397 C8
河口[鄂]	284 C5
河口[鄂]	291 A9
河口[鄂]	287 D7
河口[黔]	389 C6
河口[黔]	390 A5
河口[桂]	336 B2
河口[吉]	113 G9
河口[冀]	57 E6
河口[晋]	66 C5
河口[晋]	73 B9
河口[陇]	428 F4
河口[陇]	429 C8
河口[陕]	418 F2
河口[苏]	148 C3
河口[苏]	153 E7
河口[皖]	187 E6
河口[湘]	298 B1
河口[湘]	299 C9
河口[湘]	303 B7
河口[湘]	306 E4
河口[粤]	324 B5
河口[粤]	324 E5
河口[粤]	325 B7
河口[粤]	318 E4
河口区[鲁]	241 B8
河口瑶族自治县[滇]	401 G7
河栏[辽]	100 C4
河里[川]	367 C7
河里[桂]	345 F9
河溜[皖]	187 F9
河刘[皖]	199 C6
河流[鲁]	247 C7
河龙[闽]	210 C3
河楼[川]	364 E4
河路口[湘]	304 G3
河洛[鲁]	250 F4
河洛[豫]	260 F2
河马[桂]	345 C9
河姆渡[浙]	170 F5
河南[川]	376 F2
河南[黑]	122 A4
河南[内蒙古]	80 E5
河南岸[粤]	317 E8
河南店[冀]	61 G8
河南蒙古族自治县[青]	437 C8
河南疃[冀]	61 B6
河南营子[内蒙古]	83 F7
河南寨[京]	33 F7
河畔[陇]	428 D4
河棚[皖]	187 B10
河棚[豫]	273 F7
河蓬[湘]	301 E9
河坡[川]	378 F4
河铺[鄂]	286 D4
河浦[粤]	319 E8
河桥[陇]	428 G3
河桥[苏]	151 F10
河桥[浙]	166 C4
河清[川]	368 E2
河曲县[晋]	72 G2
河渠[冀]	60 D2
河溶[鄂]	291 C10
河沙[川]	365 E7
河沙镇[冀]	61 D8
河山[鲁]	253 C8
河山[浙]	169 G8
河上[赣]	224 F4
河上[浙]	167 D8
河神庙[晋]	70 D4
河失[苏]	155 B7
河市[川]	369 E8
河市[闽]	213 D9
河市[湘]	300 E3
河舒[川]	365 C6
河顺[豫]	264 B3
河埸[皖]	198 F4
河台[粤]	328 E3
河滩[鲁]	243 C7
河潭[赣]	230 E5
河套[鲁]	244 E5
河田[桂]	334 D5
河田[闽]	215 E7
河头[滇]	403 E8
河头[晋]	69 E6
河头[苏]	156 D4
河头[粤]	323 B7
河头[粤]	325 C6
河头[粤]	327 D7
河头[浙]	176 D3
河头店[鲁]	244 C1
河图[滇]	403 C7
河图[皖]	198 F2
河图[渝]	355 E6
河外[滇]	399 E6
河坞[豫]	273 C7
河西[川]	365 D7
河西[川]	376 F2
河西[川]	377 F7
河西[滇]	400 C4
河西[滇]	403 E8
河西[滇]	405 E6
河西[黔]	391 E10
河西[黑]	131 B7
河西[冀]	60 A5
河西[津]	40 G4
河西[晋]	71 D7
河西[辽]	97 D6
河西[陇]	432 G3
河西[陇]	432 G4
河西[宁]	443 D6
河西[青]	437 C6
河西[陕]	418 C5
河西[陕]	421 E7
河西[陕]	424 F2
河西[湘]	301 D9
河西[粤]	324 F2
河西[粤]	318 F4
河西堡[陇]	431 D7
河西区[津]	38 C4
河西务[津]	40 A2
河溪[川]	364 D4
河溪[湘]	301 F9
河溪[粤]	319 D7
河溪水[湘]	299 F8
河下[赣]	226 F5
河崖[鲁]	243 D9
河堰[渝]	357 D6
河阳[黔]	385 C6
河鱼[渝]	357 B7
河峪[晋]	67 F6
河源[吉]	112 A4
河源市[粤]	316 D5
河镇[黔]	386 G3
河支[川]	377 C6
河洲[湘]	302 F5
河庄[浙]	167 B9
河庄坪[陕]	417 C8
河子西[冀]	51 D6
河嘴[陇]	428 G3
河嘴[渝]	355 A9
河嘴[渝]	356 G5
核桃[黔]	386 D3
核桃村[滇]	398 F3
核桃园[冀]	60 C3
核桃园[鲁]	254 D5
荷包湖[鄂]	279 F6
荷城[粤]	312 F5
荷地[浙]	180 G5
荷湖[赣]	227 F8
荷花[滇]	403 E7
荷花[鄂]	291 B8
荷花[赣]	233 G6
荷花[粤]	324 D2
荷花山[辽]	103 B6
荷花嘴[湘]	299 C8
荷岭[赣]	227 D7
荷浦[赣]	232 B2
荷塘[赣]	221 E8
荷塘[赣]	228 F4
荷塘[湘]	302 B4
荷塘[湘]	303 A7
荷塘[粤]	324 E2
荷塘[粤]	325 C10
荷塘铺[湘]	303 A8
荷田[湘]	307 C7
荷香桥[湘]	307 C7
荷尧[赣]	228 G2
荷叶[川]	365 D8
荷叶[湘]	302 C5
荷叶[湘]	305 E6
荷叶坪[湘]	305 D6
荷叶塘[浙]	175 B6
荷源[赣]	225 B6
菏泽市[鲁]	254 D3
贺波洛[川]	367 C8
贺村[浙]	177 D7
贺畈[湘]	300 C5
贺家[湘]	303 D6
贺家川[陕]	423 B6
贺家会[晋]	73 B7
贺家坪[鄂]	291 C7
贺家桥[湘]	303 C8
贺家田[湘]	306 B4
贺家湾[陕]	417 A7
贺家庄[晋]	74 C4
贺街[桂]	338 C4
贺进[冀]	61 F7
贺兰县[宁]	442 C3
贺六[滇]	399 E9
贺派[滇]	399 F7
贺日斯台[内蒙古]	82 F5
贺胜桥[鄂]	279 D9
贺胜桥[鄂]	285 C8
贺疃[皖]	189 A8
贺营[冀]	60 B4
贺杖子[辽]	93 E7
贺钊[冀]	60 B4
贺职[晋]	72 E2
贺州市[桂]	338 B4
赫店[皖]	199 C9
赫山区[湘]	299 E8
赫章县[黔]	386 F3
鹤北[黑]	128 C2
鹤壁集[豫]	264 B3
鹤壁市[豫]	264 C4
鹤城[皖]	200 F5
鹤城[粤]	325 C9
鹤城区[湘]	306 B4
鹤丰[川]	364 C4
鹤丰[川]	369 C6
鹤峰[渝]	357 E8
鹤峰县[鄂]	290 E5
鹤岗市[黑]	128 D2
鹤立[黑]	128 D2
鹤林[川]	369 E7
鹤岭[湘]	303 A7
鹤龄[川]	364 E4
鹤毛[皖]	199 D10
鹤鸣[川]	362 E3
鹤浦[浙]	171 C8
鹤庆县[滇]	405 C6
鹤山[鲁]	248 F4
鹤山区[豫]	264 C3
鹤山市[粤]	325 B9
鹤上[闽]	206 B4
鹤盛[浙]	178 B4
鹤市[粤]	316 A4
鹤塘[闽]	209 F6
鹤溪[浙]	179 D7
鹤游[渝]	355 B6
鹤子[赣]	229 D9
黑堡[冀]	57 E6
黑城[冀]	60 E2
黑城[宁]	443 D8
黑城子[辽]	92 B2
黑池[陕]	424 D4
黑岛[辽]	103 C8
黑嘎[川]	367 F9
黑岗[黑]	122 F5
黑圪塔洼[内蒙古]	79 E9
黑沟[辽]	98 B2
黑沟[辽]	99 G9
黑河[川]	377 B10
黑河[青]	440 E2
黑河坝[陕]	420 E2
黑河市[黑]	124 B4
黑虎[川]	377 E9
黑虎庙[鲁]	254 A4
黑家堡[陕]	417 B8
黑井[滇]	396 D4
黑老天[内蒙古]	79 E8
黑里河[内蒙古]	83 G6
黑里寨[鲁]	242 B2
黑林[吉]	108 C5
黑林[苏]	150 D1
黑林子[吉]	112 C2
黑柳子[内蒙古]	78 E5
黑龙[川]	372 B3
黑龙[豫]	271 G7
黑龙坝[内蒙古]	83 E8
黑龙宫[黑]	120 D5
黑龙关[晋]	74 D3
黑龙集[豫]	271 E6
黑龙口[陕]	425 D7
黑龙滩[川]	372 B4
黑龙潭[豫]	268 E4
黑马[川]	367 A8
黑马河[青]	436 F5
黑牛营子[辽]	92 C5
黑坪[川]	368 E5
黑泉[陇]	430 B4
黑沙洲[皖]	199 B9
黑山[黑]	120 A4
黑山[陇]	428 E5
黑山[陕]	425 D8
黑山科[辽]	93 D6
黑山寺[冀]	51 C8
黑山头[吉]	114 C1
黑山头[内蒙古]	81 D8
黑山县[辽]	97 C6
黑山嘴[冀]	53 E6
黑山嘴[内蒙古]	82 G5
黑山嘴[湘]	299 D7
黑石[吉]	109 G6
黑石[吉]	114 C5
黑石川[陇]	428 E3
黑石渡[皖]	187 D9
黑石头[黔]	386 G2
黑树[滇]	402 A4
黑水[黔]	391 C7
黑水[吉]	110 D3
黑水[辽]	92 F2
黑水[渝]	356 C2
黑水河[冀]	48 E5
黑水县[川]	377 E8
黑松驿[陇]	431 F9
黑塔[皖]	189 F9
黑獭[黔]	391 B8
黑台[黑]	127 E9
黑潭[川]	369 C6
黑土[黔]	386 C5
黑土河[黔]	386 G1
黑土台[内蒙古]	79 E9
黑旺[鲁]	242 D3
黑溪[渝]	355 C10
黑溪[渝]	356 A1
黑沿子[冀]	54 F3
黑燕山[陇]	428 D5
黑洋山[豫]	264 F2
黑英山[新]	455 A9
黑鱼泡[吉]	110 B4
黑支果[滇]	401 D9
黑竹[川]	376 C4
黑竹沟[川]	372 E1
黑庄户[京]	29 E9
黑孜苇[新]	454 C2
亨地[滇]	402 B4
亨通[吉]	114 C2
恒安[鲁]	243 D7
恒春[台]	460 G3
恒丰[川]	374 E5
恒丰[黔]	385 B8
恒合[渝]	357 G6
恒济[苏]	152 E1
恒口[陕]	421 E8
恒山区[黑]	127 F9
恒升[川]	365 B7
横板桥[湘]	306 C5
横板桥[湘]	307 C6
横陂[粤]	323 E7
横陂[粤]	325 E7
横埠[皖]	198 A2
横车[鄂]	287 D7
横村[浙]	167 D6
横丹[陇]	429 C10
横道河[吉]	113 B6
横道河子[黑]	131 D7
横道河子[吉]	109 E8
横道河子[辽]	95 F7
横店[鄂]	278 D5
横店[浙]	175 D7
横渡[皖]	200 D5
横渡[浙]	176 C5
横垛[苏]	155 B7
横畈[浙]	167 B6
横峰[浙]	176 F4
横峰县[赣]	231 E6
横岗[粤]	321 C6
横港[赣]	223 C6
横港[苏]	153 E8
横港街道[皖]	194 C2
横沟[苏]	150 D3
横沟桥[鄂]	285 C8
横沟市[鄂]	288 E5
横河[晋]	71 G9
横河[浙]	170 F4
横荷[粤]	314 G5
横涧[冀]	48 D4
横涧[晋]	72 A2
横涧[苏]	156 G3
横涧[豫]	262 F3
横江[川]	374 D3
横江[赣]	229 A6
横江[赣]	232 D5
横江桥[湘]	306 E3
横街[赣]	231 D8
横街[浙]	170 E5
横街[浙]	176 E5
横泾[苏]	154 D4
横泾[苏]	161 E7
横坑[浙]	179 F8
横口[闽]	213 C6
横栏[粤]	320 D2
横立山[赣]	223 C6
横沥[粤]	313 G8
横沥[粤]	317 D7
横沥[粤]	320 A5
横梁[陇]	431 F9
横梁[苏]	146 C3
横林[鄂]	289 C7
横林[苏]	157 D6
横岭[桂]	339 C7
横岭[晋]	67 E8
横岭[湘]	304 E3
横龙[赣]	232 E4
横路[赣]	222 D5
横路[浙]	166 B5
横路[浙]	177 C9
横庙[川]	373 C10
横铺[湘]	300 C4
横桥[晋]	74 D5
横琴[粤]	320 F3
横渠[陕]	418 E5
横沙[沪]	141 B10
横山[川]	365 E7
横山[川]	367 E7
横山[川]	367 F8
横山[赣]	231 F8
横山[桂]	339 F8
横山[台]	460 B4
横山[皖]	192 C5
横山[渝]	354 E5
横山[粤]	327 B7
横山[粤]	328 D4
横山[浙]	177 B10
横山桥[苏]	157 D6
横山区[陕]	423 E7
横扇[苏]	161 F7
横石水[粤]	315 D8
横石塘[粤]	315 D6
横市[赣]	229 E6
横市[湘]	296 E2
横水[晋]	75 D6
横水[陕]	418 D4
横水[豫]	263 B8
横水[豫]	264 B3
横塘[赣]	223 D7
横塘[苏]	156 C4
横塘[湘]	304 C2
横塘岗[皖]	187 C8
横头山[黑]	128 E2
横溪[陕]	421 E9
横溪[苏]	147 D7
横溪[浙]	171 E6
横溪[浙]	176 D1
横县[桂]	335 F7
横现河[陕]	420 F2
横岩[湘]	306 C4
横沿[浙]	166 F2
横寨[赣]	229 E7
横州[桂]	335 F7
衡东县[湘]	303 D7
衡龙桥[湘]	299 F9
衡南县[湘]	303 E6
衡山县[湘]	303 D7
衡水市[冀]	58 F3
衡阳市[湘]	303 E6
衡阳县[湘]	302 D5
红安县[鄂]	286 G2
红白[川]	368 E1
红宝[川]	367 E6
红堡[陇]	429 B6
红草[粤]	318 F3
红场[粤]	319 E6
红城[鄂]	289 E6
红城[陇]	428 F3
红川[陇]	429 B8
红船[鲁]	254 C4
红椿[陕]	421 F8
红椿[渝]	357 F9
红岛[鲁]	245 D6
红道[晋]	74 E2
红甸[滇]	401 D7
红顶[川]	379 C6
红渡[桂]	345 G8
红墩[新]	450 E3
红墩界[陕]	423 F8
红坊[闽]	215 D9
红丰[粤]	325 E6
红枫湖[黔]	384 F5
红峰[川]	367 D9
红峰[川]	369 D8
红岗区[黑]	123 C7
红岗子[吉]	110 C5
红格[川]	367 F7
红格尔[内蒙古]	79 C7
红格尔图[内蒙古]	79 D9
红古[陇]	428 G3
红古区[陇]	428 G3
红光[川]	362 D5
红光[川]	364 F2
红光[川]	369 C6
红光[黑]	120 A3
红光[黑]	126 B5
红光[黑]	130 E5
红光[苏]	155 B8
红果[川]	367 F8
红河[陇]	429 C7
红河[陇]	432 G4
红河[鲁]	243 E6
红河[宁]	443 C9
红河县[滇]	400 E3
红花[川]	372 E2
红花[桂]	338 B3
红花[鲁]	252 G4
红花[湘]	300 E3
红花[渝]	354 A2
红花尔基[内蒙古]	81 D9
红花岗区[黔]	390 F3
红花集[豫]	269 D6
红花梁子[内蒙古]	81 B9
红花铺[陕]	418 F2
红花套[鄂]	291 D8
红江[川]	365 E7
红疆[滇]	407 A7
红军[陕]	421 C6
红联[川]	367 D9
红林[黔]	386 C3
红岭[川]	369 D8
红菱堡[辽]	91 C8
红龙[川]	379 D7
红炉[渝]	354 D2
红毛[琼]	346 E5
红帽子[辽]	96 E5
红梅[吉]	114 C1
红门河[陕]	425 D7
红庙[冀]	61 A9
红庙[陕]	420 D3
红庙[皖]	199 C8
红庙[豫]	266 B4
红庙子[辽]	95 B9
红民[川]	367 F6
红莫[川]	367 C7
红莫依达[川]	367 D8
红坭[川]	367 F6
红泥井[内蒙古]	78 D5
红泥湾[豫]	271 E7
红坪[鄂]	280 F3
红旗[川]	373 E8
红旗[滇]	404 B5
红旗[黑]	120 C3
红旗[黑]	120 D3
红旗[黑]	123 D6
红旗[黑]	124 E3
红旗[黑]	127 F10
红旗[黑]	130 E4
红旗[吉]	112 F2
红旗[冀]	53 E7
红旗[辽]	102 F3
红旗[辽]	91 F7
红旗[辽]	99 B10
红旗[辽]	99 F9
红旗[陇]	428 F4
红旗[内蒙古]	78 E3
红旗[内蒙古]	82 G4
红旗[琼]	347 B8
红旗[陕]	416 C3
红旗[新]	455 B9
红旗[粤]	320 F2
红旗岭[吉]	109 F7
红旗营[冀]	50 D5
红旗营子[辽]	100 F4
红桥[川]	375 D6
红桥[滇]	404 B5
红桥区[津]	38 C4
红庆河[内蒙古]	80 C3
红泉[陇]	428 G4
红沙沟[鲁]	243 E6
红沙梁[陇]	431 C9
红砂坝[内蒙古]	79 E9
红山[滇]	402 G4
红山[鄂]	286 C5
红山[闽]	215 F7
红山[豫]	263 C8
红山[粤]	315 A7
红山窑[陇]	431 D7
红山营林所[黑]	126 D3
红山子[内蒙古]	83 F6
红升[辽]	95 B8
红狮[渝]	357 E7
红石[吉]	113 B6
红石[吉]	114 D1
红石[吉]	114 D5
红石[辽]	99 C7
红石砬子[吉]	109 F9
红石塄[晋]	69 F10
红石桥[陕]	423 F7
红石窝[陇]	430 C4
红石崖[鲁]	245 E6
红水[桂]	337 B8
红水[陇]	428 F1
红水河[黔]	385 F9
红丝[黔]	391 B7
红四[川]	369 B6
红寺[陇]	432 G1
红寺湖[陇]	431 C6
红塔[鄂]	280 E4
红台[陇]	428 G5
红透山[辽]	95 D7
红土[川]	364 D4
红土[川]	377 D9
红土[鄂]	290 D5
红土[陕]	419 B9
红土[渝]	357 E7
红土梁[冀]	50 F5
红土坡[滇]	396 E2
红土崖[吉]	113 G9
红卫[鄂]	280 C4
红卫[陕]	421 F6
红心[皖]	192 C4
红星[川]	367 F8
红星[川]	377 A8
红星[黑]	120 C4
红星[黑]	122 C4
红星[黑]	127 F9
红星[黑]	130 E5
红星[吉]	108 A5
红星[陇]	431 E8
红星[闽]	206 E4
红星[闽]	212 E1
红星[内蒙古]	78 D3
红星[皖]	191 D9
红星农场[沪]	141 F6
红星区[黑]	126 C3
红崖子[辽]	93 C7
红崖子[陇]	430 B3
红崖子沟[青]	436 B5
红岩[川]	362 B5
红岩[川]	364 E3
红岩[川]	367 F8
红岩[川]	369 B7
红岩[川]	377 E8
红岩[滇]	405 C9
红岩[黔]	387 E6
红岩[湘]	306 C3
红岩[湘]	306 D5
红岩[渝]	357 D8
红岩寺[鄂]	290 C5
红岩寺[陕]	425 E8
红岩溪[湘]	301 B8
红眼川[晋]	73 E8
红彦[内蒙古]	81 A8
红羊[宁]	443 E8
红杨[皖]	194 E5
红窑[苏]	150 C5
红耀[宁]	443 E8
红园[渝]	356 C5
红原县[川]	377 C8
红云[粤]	314 B5
红扎[川]	377 D9
红召[内蒙古]	79 D8
宏村[赣]	225 B7
宏村[皖]	201 E6
宏道[晋]	72 C4
宏丰[内蒙古]	78 D3
宏观[川]	364 D5
宏河[内蒙古]	79 F7
宏克力[黑]	121 A8
宏路[闽]	206 C5
宏模[川]	367 C7
宏盘[内蒙古]	79 D8
宏桥[川]	365 D6
宏仁[川]	368 D4
宏升[黑]	123 F7
宏胜[黑]	129 D6
宏潭[皖]	201 D6
宏图[黑]	125 D8
宏伟[黑]	122 C5
宏伟[黑]	125 C7
宏伟[黑]	127 E7
宏伟[陇]	428 D5
宏伟区[辽]	100 B4
宏缘[川]	373 A7
泓芝驿[晋]	75 E7
洪安[川]	363 D7
洪安[渝]	356 D3
洪坝[川]	379 A8
洪埠[豫]	273 E9
洪池[晋]	75 E8
洪畴[浙]	176 C4
洪德[陇]	432 D3
洪洞县[晋]	74 C3
洪渡[黔]	391 A7
洪墩[闽]	208 E2
洪恩[豫]	267 F6
洪范池[鲁]	239 F10
洪方[皖]	200 D3
洪峰[川]	372 B4
洪港[鄂]	285 E10
洪格尔[内蒙古]	82 D2
洪格尔高勒[内蒙古]	82 E4
洪格日鄂楞[内蒙古]	84 B3
洪关[黔]	390 F2
洪官屯[鲁]	240 C3
洪冠[粤]	324 C3
洪广[宁]	442 C2
洪合[浙]	169 E8
洪河[川]	363 E6
洪河[黑]	130 F5
洪河桥[皖]	191 F10
洪河屯[豫]	264 A4
洪湖[赣]	230 F4
洪湖[渝]	354 B5
洪湖市[鄂]	289 F8
洪集[皖]	187 D6
洪家[陇]	432 G4
洪家[陕]	418 B5
洪家关[湘]	298 B2
洪家嘴[赣]	230 D3
洪江[赣]	226 G3
洪江市[湘]	306 C3
洪井[晋]	70 B3
洪口[川]	369 C8
洪口[闽]	209 E7
洪濑[闽]	213 D8
洪蓝[苏]	147 C8
洪林[皖]	195 C6
洪梅[闽]	213 D8
洪梅[粤]	320 A3
洪门[赣]	225 C6
洪门[豫]	264 F3
洪纳海[新]	452 C1
洪铺[皖]	198 D4
洪桥[皖]	186 E5
洪桥[浙]	168 C2
洪庆[陕]	416 C3
洪泉[吉]	111 E7
洪山[川]	364 D5
洪山[鄂]	282 F4
洪山[晋]	66 F4
洪山[鲁]	242 D3
洪山[闽]	215 E10
洪山[陕]	421 F8
洪山[皖]	190 F5
洪山[湘]	303 E7
洪山[豫]	269 F9
洪山殿[湘]	302 B4
洪山区[鄂]	279 D7
洪山头[湘]	300 B3
洪山嘴[鄂]	281 C7
洪善[晋]	66 E5
洪石[陕]	421 C9
洪市[湘]	302 D5
洪水[黔]	386 C4
洪水[晋]	70 C2
洪水[陇]	430 D5
洪水[青]	436 A5
洪水泉[青]	436 C5
洪塘[赣]	226 F3
洪塘[闽]	213 F7
洪塘[浙]	170 E5
洪塘营[湘]	304 E3
洪田[闽]	210 F5
洪溪[浙]	169 D6
洪下[赣]	223 C6
洪相[晋]	73 E10
洪祥[陇]	431 D8
洪巷[皖]	199 D10
洪星[皖]	201 D6
洪绪[鲁]	255 E8
洪雅县[川]	372 B2
洪岩[赣]	221 F10
洪阳[豫]	263 B7
洪阳[粤]	319 D6
洪洋[闽]	206 C1
洪一[赣]	222 C5
洪源[赣]	221 D8
洪泽县[苏]	151 D8
洪州[黔]	389 A7
洪洲[豫]	264 D2
洪庄[苏]	150 E3
洪庄杨[豫]	271 C10
虹口[川]	362 B4
虹口区[沪]	137 E6
虹螺岘[辽]	93 B6
虹桥[川]	369 B9
虹桥[赣]	231 F7
虹桥[沪]	139 F8
虹桥[冀]	54 D1
虹桥[湘]	301 E6
虹桥[浙]	176 B5
虹山[闽]	213 C8
虹梯关[晋]	70 A5
虹溪[滇]	400 C5
虹星桥[浙]	168 D2
鸿畅[豫]	268 B2
鸿山[闽]	213 F9
鸿山[苏]	159 D8
鸿塘[赣]	230 E4
鸿尾[闽]	206 E3
鸿兴[吉]	110 D4
侯堡[晋]	70 C4
侯城[晋]	67 E7
侯村[冀]	61 B8
侯村[晋]	75 D6
侯贯[冀]	60 B4
侯集[鲁]	254 F4
侯集[豫]	268 D3
侯集[豫]	271 E6
侯家[川]	369 C6
侯家[鲁]	251 F8
侯家川[陇]	428 C5
侯家村[陕]	416 F3
侯家岗[赣]	230 A4
侯家庙[冀]	51 D6
侯家营[津]	41 C7
侯家寨[冀]	54 B2
侯家庄[冀]	60 F3
侯口[冀]	60 C2
侯岭[豫]	267 F10
侯庙[豫]	265 C9
侯咽集[鲁]	254 B4
侯营[鲁]	240 D3
侯寨[豫]	260 C3
侯镇[鲁]	243 B6
猴场[黔]	386 C5
猴场[黔]	386 F5
猴场[黔]	387 B8
猴场[黔]	387 E6
猴场堡[黔]	385 D6
猴桥[滇]	403 E6
猴石[吉]	113 B6
猴头沟[内蒙古]	83 G6
猴屿[闽]	206 B3
猴嘴[苏]	150 C2
吼狮[川]	364 E4
鲘门[粤]	318 G2
鲘溪[粤]	318 E5
后安[辽]	95 E8
后白[苏]	156 D2
后壁[台]	460 E2
后巢[黔]	384 F5
后城[冀]	51 A6
后村[鲁]	253 D7
后方[皖]	198 B2
后方[豫]	265 B9
后房子[内蒙古]	79 E8
后港[鄂]	283 E10
后港[赣]	221 F8
后宫[晋]	75 D6
后河[渝]	357 D8
后河[豫]	264 E3
后河[豫]	265 C6
后河[豫]	268 B3
后湖[鄂]	279 D6
后梁[陇]	432 G2
后刘[豫]	273 B6
后留名府[冀]	58 F4
后柳[陕]	421 G7
后龙[闽]	207 E7
后龙[闽]	213 D10
后龙[台]	460 B3
后坪[鄂]	280 F5
后坪[湘]	298 D3
后坪[渝]	355 D8
后坪[渝]	355 F9
后坪[渝]	356 D1
后箐[滇]	399 C10
后三[黑]	130 E3
后沙峪[京]	34 B2
后山[川]	367 B7

H 后厚侯呼忽胡壶斛湖葫猇虎浒互户护沪岵扈花华铧滑化画桦怀淮槐欢还环郇桓宦唤换浣焕豢荒皇凰隍黄

地名[省别]	地图位置
后山[川]	375 F7
后山[黔]	386 A3
后山[黔]	390 F1
后山[渝]	356 F4
后所[川]	366 D5
后所[滇]	398 D4
后所[晋]	68 F5
后台[豫]	266 D4
后塘[湘]	306 A5
后头[黑]	130 D3
后溪[闽]	213 F6
后溪[渝]	356 C3
后溪[浙]	177 C8
后巷[苏]	156 B5
后谢[豫]	268 E4
后新秋[辽]	96 A3
后窑[辽]	94 G3
后叶[渝]	357 D6
后奕[冀]	52 D2
后营[内蒙古]	79 F9
后域[川]	376 E2
后宅[浙]	175 B6
后寨[黔]	386 D5
后周[苏]	156 E3
后庄[豫]	264 D2
厚岸[皖]	195 G8
厚坝[川]	368 C4
厚坝[渝]	356 D5
厚村[赣]	225 A6
厚禄[桂]	339 C8
厚坪[渝]	357 C7
厚坡[豫]	270 F5
厚田[赣]	220 E3
厚畛子[陕]	416 G4
厚镇[陕]	416 A3
候播乃拖[川]	367 B9
候村[晋]	67 B6
候古莫[川]	367 C9
候口[鄂]	289 B7
呼和布拉格[内蒙古]	78 E4
呼和车力[吉]	110 D2
呼和浩特市[内蒙古]	79 E7
呼和木都[内蒙古]	80 F1
呼和温都尔[内蒙古]	78 E2
呼和乌素[内蒙古]	79 E9
呼吉尔特[内蒙古]	80 D4
呼吉尔特[新]	452 B2
呼家庄[鲁]	243 E8
呼兰[吉]	109 F7
呼兰区[黑]	120 B3
呼勒斯太[内蒙古]	78 D3
呼伦[内蒙古]	81 E9
呼伦贝尔市[内蒙古]	81 D9
呼玛县[黑]	125 D10
呼热图淖尔[内蒙古]	83 C6
呼图壁县[新]	451 F8
呼源[黑]	125 C7
呼中[黑]	125 C7
忽鸡沟[内蒙古]	79 E6
忽鸡图[内蒙古]	79 D8
胡场[鄂]	289 C8
胡陈[浙]	171 D7
胡川[陇]	429 B6
胡村[晋]	67 D6
胡村[豫]	265 C7
胡埭[苏]	159 D6
胡底[晋]	71 E7
胡店[陕]	418 E2
胡店[豫]	272 D5
胡尔勒[内蒙古]	83 A9
胡坊[闽]	210 D5
胡各庄[冀]	54 F4
胡官屯[鲁]	239 D8
胡会[晋]	72 E3
胡吉[豫]	269 F7
胡吉尔台[新]	452 B3
胡吉吐莫[黑]	123 E7
胡集[川]	283 E6
胡集[鲁]	247 E8
胡集[鲁]	254 C3
胡集[鲁]	255 D6
胡集[苏]	150 D5
胡集[苏]	153 G7
胡集[皖]	191 C8
胡集[豫]	266 C5
胡集[豫]	269 D9
胡家[川]	369 D9
胡家[川]	373 F9
胡家[吉]	108 D4
胡家[辽]	97 C6
胡家[辽]	97 D8
胡家[鲁]	238 B2
胡家坝[陕]	420 E3
胡家边[陇]	431 E9
胡家庙[陕]	419 C6
胡家坨[冀]	54 F5
胡家湾[黔]	391 E6
胡家营[陕]	420 D3
胡家园[津]	39 D8
胡家庄[冀]	57 C8
胡金店[鄂]	284 D2
胡乐[皖]	195 D9
胡力吐[吉]	110 A1
胡麻营[冀]	53 E6
胡庙[豫]	272 B4
胡桥[豫]	264 E2
胡桥[豫]	267 E9
胡日哈[内蒙古]	83 E7
胡市[川]	375 B7
胡市[鄂]	289 B8
胡松图喀尔逊[新]	452 C1
胡台[辽]	91 D7
胡堂[豫]	266 D5
胡屯[鲁]	240 C4
胡襄[豫]	267 E6
胡阳[鲁]	252 D3
胡峪[晋]	72 C2
胡源[浙]	181 B8
胡宅[浙]	175 C9
胡寨[苏]	148 B3
胡张[晋]	75 D6
胡庄[苏]	155 C6
胡状[豫]	265 D7
胡总[皖]	191 F7
胡族铺[豫]	273 E9
壶关县[晋]	70 C5
壶峤[赣]	231 E8
壶口[陕]	417 A9
壶瓶山[湘]	298 A4
壶天[湘]	302 B4
壶镇[浙]	181 A9
斛山[豫]	273 F8
湖北口[鄂]	280 A1
湖边[赣]	229 E6
湖滨[鲁]	247 F9
湖潮[黔]	384 F5
湖村[赣]	231 E7
湖村[闽]	210 D3
湖东[苏]	150 D4
湖东[粤]	318 G5
湖坊[赣]	225 B6
湖坊[赣]	231 F6
湖丰[赣]	231 E8
湖㳇[苏]	158 F4
湖岗[豫]	266 D3
湖沟[皖]	187 E7
湖光[粤]	327 D8
湖江[赣]	229 E6
湖坑[闽]	215 D10
湖口[台]	460 B4
湖口[湘]	303 F9
湖口[粤]	315 B9
湖口县[赣]	223 C8
湖雷[闽]	215 D9
湖林[闽]	212 A3
湖岭[浙]	179 D6
湖美[闽]	211 F7
湖内[台]	460 E2
湖南[赣]	224 D3
湖南[闽]	206 B4
湖南[浙]	177 D9
湖南坳[湘]	303 C9
湖坪[赣]	225 G7
湖润[桂]	343 D7
湖山[闽]	215 D10
湖山[琼]	347 B8
湖山[浙]	180 B4
湖上[赣]	228 F4
湖上[闽]	213 D6
湖熟[苏]	147 C6
湖泗[鄂]	279 D9
湖塘[赣]	227 D8
湖塘[浙]	172 B4
湖田[赣]	226 F3
湖田[鲁]	242 C3
湖头[鲁]	252 C5
湖头[闽]	213 D6
湖屯[鲁]	248 C3
湖雾[浙]	178 A4
湖西[鲁]	240 D3
湖西[闽]	212 D3
湖溪[赣]	224 F5
湖溪[浙]	175 C7
湖阳[皖]	194 D4
湖阳[豫]	271 G7
湖洋[闽]	213 C8
湖洋[闽]	215 E9
湖源[闽]	211 E7
湖源[浙]	167 D7
湖云[赣]	230 D4
湖泽[赣]	226 F4
湖镇[粤]	317 F7
湖镇[浙]	177 B10
湖州市[浙]	168 C2
葫芦[川]	369 E9
葫芦[川]	372 D3
葫芦[冀]	60 C4
葫芦岛[辽]	93 B7
葫芦口[川]	367 F9
葫芦套[吉]	114 E2
葫市[黔]	390 A1
猇亭区[鄂]	291 D8
虎北[晋]	72 E3
虎汎[闽]	209 F7
虎城[川]	365 B7
虎城[渝]	356 F2
虎洞[陇]	432 E3
虎峰[渝]	354 C3
虎岗[闽]	215 D9
虎岗[豫]	269 D9
虎踞[湘]	303 E8
虎林市[黑]	127 B8
虎鹿[浙]	175 B8
虎门[粤]	320 B4
虎邱[闽]	213 E6
虎让[川]	369 D8
虎山[赣]	229 D9
虎山[辽]	99 D8
虎山[鲁]	251 F9
虎山[鲁]	253 D7
虎什哈[冀]	53 E6
虎石台[辽]	91 B6
虎滩[鲁]	241 C7
虎跳[川]	364 E3
虎跳峡[滇]	404 D5
虎头[川]	375 C9
虎头[黑]	127 A7
虎头崖[鲁]	250 E2
虎威[渝]	355 B7
虎圩[赣]	224 C3
虎尾[台]	460 D3
虎溪[渝]	354 D4
虎形山[湘]	307 B6
虎牙[川]	368 B1
虎牙[鄂]	291 D8
浒坑[赣]	232 F3
浒墅关[苏]	161 D7
浒湾[赣]	224 D4
浒湾[豫]	273 F7
互助[川]	373 F8
互助土族自治县[青]	436 B4
户部[鲁]	253 B7
户部寨[豫]	265 D8
户村[冀]	61 D7
户家[陕]	424 E4
户家塬[陕]	425 E9
户木[冀]	57 D8
户撒[滇]	403 F9
户县[陕]	416 D3
户育[滇]	403 G10
护安[川]	365 B7
护城[皖]	186 B3
护城[湘]	300 C1
护国[川]	375 D7
护国[滇]	403 F8
护河[皖]	194 E3
护家[川]	375 F9
护驾迟[冀]	58 E3
护建[川]	373 D9
护邻[川]	365 A8
护龙[川]	373 C10
护山[川]	364 C4
护垭[川]	364 C4
沪东新村[沪]	137 E7
沪嘉[黑]	126 A3
岵山[闽]	213 C7
扈胡[皖]	187 E6
花板[川]	365 C7
花池[川]	369 D8
花丛[川]	369 D6
花荡[苏]	155 D6
花甸[吉]	114 F2
花东[粤]	313 C7
花都区[粤]	313 C7
花萼[川]	369 C10
花儿园[陇]	431 C8
花嘎[黔]	387 F6
花岗[皖]	186 D5
花篢[桂]	336 F2
花贡[黔]	387 E7
花沟[鲁]	242 A2
花沟[皖]	190 D5
花古[湘]	307 D6
花鼓[皖]	195 B6
花官[鲁]	241 F7
花官营[冀]	61 D8
花罐[川]	364 E5
花果[鄂]	280 C4
花果山[苏]	150 C3
花果山[湘]	299 E8
花海[陇]	430 F4
花红[川]	369 E9
花胡硕[内蒙古]	83 D9
花湖[鄂]	287 E7
花加拉嘎[内蒙古]	83 D7
花甲[滇]	401 C10
花江[黔]	387 D7
花江[湘]	304 E3
花椒箐[川]	367 F6
花街[浙]	174 E5
花朗[滇]	402 B3
花梨[黔]	384 D3
花里[陕]	421 E9
花栗[渝]	357 D8
花莲县[台]	460 C4
花林[渝]	356 E4
花林寺[鄂]	291 B9
花楼[川]	369 C9
花门[湘]	302 D4
花明楼[湘]	296 E4
花木[沪]	137 F6
花鸟[浙]	170 A1
花坪[鄂]	290 D5
花坪[黔]	391 E6
花坪[桂]	342 E1
花坪[粤]	315 B7
花瓶子[陕]	425 B9
花桥[川]	362 F4
花桥[川]	365 B6
花桥[鄂]	287 B8
花桥[赣]	226 C5
花桥[赣]	231 C7
花桥[黔]	391 F7
花桥[闽]	208 C5
花桥[苏]	161 D9
花桥[皖]	194 D5
花桥[湘]	303 E7
花桥[湘]	304 A2
花桥[湘]	306 B4
花桥[渝]	355 A7
花桥[浙]	174 B4
花桥[浙]	176 C5
花桥街[湘]	304 A3
花秋[黔]	390 D2
花山[川]	367 E8
花山[滇]	398 D3
花山[滇]	402 C4
花山[滇]	406 C3
花山[鄂]	279 C7
花山[黔]	390 G5
花山[桂]	338 B3
花山[吉]	113 E9
花山[皖]	193 E6
花山[粤]	313 C7
花石[川]	364 E1
花石[皖]	187 F9
花石[湘]	303 C6
花石[豫]	268 B1
花石峡[青]	440 D2
花石崖[陕]	423 B6
花水湾[川]	362 E2
花所[陇]	432 G3
花台[渝]	357 D9
花滩[川]	374 D5
花滩[川]	376 D3
花坛[台]	460 C3
花坦[浙]	178 C5
花塘[湘]	304 E5
花田[渝]	355 F10
花田[渝]	356 C2
花厅[赣]	231 F8
花同[滇]	396 D5
花土沟[青]	439 G8
花吐古拉[内蒙古]	83 D9
花西[鄂]	284 D3
花溪[川]	369 C7
花溪[川]	372 C2
花溪[黔]	384 F5
花溪[黔]	386 B3
花溪[渝]	354 D4
花溪区[黔]	384 F5
花香[桂]	344 E4
花岩[川]	365 E8
花岩[渝]	354 A2
花元屯[晋]	69 C6
花园[川]	362 D4
花园[川]	365 C7
花园[川]	368 E3
花园[赣]	222 C5
花园[黑]	123 C6
花园[鲁]	238 B3
花园[鲁]	252 G4
花园[陕]	421 E7
花园[陕]	425 C9
花园[苏]	150 B5
花园[皖]	187 D6
花园[湘]	306 D5
花园[新]	456 C2
花园[新]	456 C2
花园[豫]	266 C5
花园[豫]	272 C3
花园[浙]	177 C9
花园口[吉]	113 E7
花园口[豫]	260 C2
花园里[皖]	200 E2
花垣县[湘]	301 D8
花源[川]	362 E4
花寨[陇]	430 C5
花寨子[陇]	431 D6
花庄[陇]	428 F3
花庄[豫]	272 B4
华安[黑]	122 G4
华安县[闽]	212 A3
华堡[豫]	267 D6
华陂[豫]	272 A5
华埠[浙]	177 B7
华漕[沪]	139 G7
华城[粤]	323 D7
华池县[陇]	432 E4
华冲[苏]	150 D4
华村[赣]	231 D9
华大[闽]	213 E9
华弹[川]	367 F9
华店[鲁]	239 D7
华东[辽]	96 D5
华丰[鲁]	249 F6
华封[川]	365 C8
华峰[晋]	75 C7
华港[苏]	154 D5
华阁[湘]	299 C9
华光[川]	365 D6
华湖[粤]	319 F7
华家[吉]	108 D2
华家河[鄂]	286 G2
华家岭[陇]	428 C5
华家屯[辽]	102 E4
华江[桂]	336 C3
华景[川]	369 D9
华兰[桂]	340 C3
华林[赣]	223 D7
华民[黑]	122 F5
华明[津]	38 C5
华宁县[滇]	400 C4
华坪[陕]	421 D10
华坪县[滇]	405 A6
华岐[陇]	429 C7
华桥[闽]	208 C1
华泉[湘]	304 C5
华容区[鄂]	287 F6
华容县[湘]	300 C1
华山[黑]	120 B4
华山[辽]	93 C7
华山[鲁]	239 C7
华山[鲁]	244 C4
华山[苏]	148 B2
华山[湘]	304 C5
华舍[浙]	172 B4
华石[桂]	340 D5
华石[粤]	324 B5
华实[川]	368 G4
华士[苏]	159 B8
华墅[浙]	177 C8
华坛山[赣]	231 D7
华塘[湘]	301 A8
华塘[湘]	305 D6
华亭[沪]	136 B3
华亭[闽]	206 E6
华亭县[陇]	432 G3
华头[川]	372 C2
华佗[皖]	190 E3
华王[湘]	305 B7
华西[陕]	424 F3
华溪[滇]	400 C4
华州区[陕]	424 F3
华新[沪]	138 C1
华兴[川]	365 D7
华兴[闽]	211 F7
华兴[渝]	354 C3
华胥[陕]	416 B3
华严[川]	373 C8
华阳[川]	362 E5
华阳[川]	375 B7
华阳[陕]	420 B1
华阳[皖]	198 D5
华阳[粤]	323 F6
华阴市[陕]	424 F4
华蓥[川]	365 B8
华蓥山[渝]	354 B5
华蓥市[川]	365 B8
华苑[津]	38 D3
华朱[陕]	424 E1
华庄[苏]	159 D7
铧尖[冀]	53 G9
铧尖[陇]	431 E7
铧尖子[辽]	98 C2
铧子[辽]	100 A4
滑集[皖]	191 F9
滑石[黔]	387 F7
滑石[黔]	391 E10
滑石板[桂]	343 G9
滑县[豫]	264 D5
化北屯[晋]	72 E3
化成[川]	369 C7
化处[黔]	387 D6
化德县[内蒙古]	79 C10
化峒[桂]	343 E6
化工[豫]	261 D10
化河[豫]	269 E6
化觉[黔]	386 B3
化客头[晋]	66 C5
化乐[滇]	397 F7
化乐[黔]	386 E5
化龙[川]	364 C3
化龙[川]	365 B8
化龙[鲁]	242 B5
化龙[粤]	313 E8
化龙堰[鄂]	280 E4
化隆回族自治县[青]	437 B6
化楼[鲁]	238 C3
化马[川]	364 C4
化马[陇]	429 D8
化马[陇]	432 C5
化马[陇]	432 C5
化马湾[鲁]	249 D8
化念[滇]	400 C3
化皮[冀]	49 C7
化皮溜子[冀]	53 F9
化起[黔]	386 C5
化稍营[冀]	51 E7
化石戈[辽]	96 F5
化雨[鲁]	255 E6
化峪[晋]	74 E5
化州市[粤]	324 F2
化庄[豫]	273 C8
化子坪[陕]	417 C7
化作[黔]	386 E4
画桥[赣]	230 E4
画水[浙]	175 D6
桦川县[黑]	128 D3
桦甸市[吉]	109 F8
桦郊[吉]	109 F8
桦林[黑]	131 C8
桦林[陇]	429 D6
桦林[青]	436 C4
桦南[吉]	109 F8
桦南县[黑]	128 F2
桦皮厂[吉]	109 C7
桦树[吉]	113 E9
桦树林子[吉]	109 E8
怀安[陇]	431 E8
怀安[陇]	432 E4
怀安城[冀]	51 F7
怀安县[冀]	51 F6
怀宝[桂]	337 C7
怀北[京]	33 F6
怀道[晋]	72 D4
怀德[川]	373 F9
怀德[吉]	112 C2
怀集县[粤]	328 C3
怀家[吉]	108 A5
怀来县[冀]	51 C7
怀宁县[皖]	198 D3
怀群[桂]	344 B3
怀仁[鲁]	238 C4
怀仁县[晋]	69 D6
怀柔[京]	33 G6
怀柔区[京]	33 G6
怀头他拉[青]	439 C9
怀溪[浙]	179 E7
怀乡[粤]	324 C3
怀玉[赣]	231 C8
怀远[川]	362 D3
怀远[桂]	344 B4
怀远县[皖]	187 E9
怀忠[赣]	232 F5
淮安市[苏]	151 D7
淮安区[苏]	151 C7
淮北市[皖]	188 D4
淮滨县[豫]	273 D9
淮河[鄂]	282 C1
淮河[苏]	151 E9
淮口[川]	363 D7
淮南市[皖]	196 A3
淮宁湾[陕]	423 C9
淮上区[皖]	187 D9
淮土[闽]	210 D2
淮阳县[赣]	223 D7
淮源[豫]	271 G9
淮镇[冀]	58 D5
槐柏[陕]	417 B10
槐店[豫]	273 F7
槐花[川]	365 E7
槐坎[浙]	168 E1
槐林[皖]	199 D8
槐南[闽]	211 E6
槐埝[晋]	74 C4
槐桥[冀]	61 B7
槐树[川]	364 D5
槐树[冀]	49 D9
槐树[豫]	272 A4
槐树[豫]	261 E9
槐树岔[陕]	423 D9
槐树关[陕]	420 B2
槐树湾[皖]	187 F8
槐泗[苏]	155 E6
槐芽[陕]	418 E5
欢城[鲁]	255 E8
欢墩[苏]	150 D2
欢口[苏]	148 A2
欢胜[黑]	130 C4
欢喜[吉]	109 D7
欢喜庄[冀]	54 E2
还地桥[鄂]	287 F7
环北[黔]	391 E10
环本农场[苏]	153 C8
环城[滇]	398 F4
环城[鄂]	281 E9
环城[桂]	339 B9
环城[吉]	108 B5
环城[粤]	320 D2
环翠区[鲁]	251 D8
环江毛南族自治县[桂]	344 C3
环岭[吉]	112 C3
环山[川]	364 C5
环山[黑]	128 C3
环山[浙]	167 D7
环通[吉]	114 E2
环县[陇]	432 E3
环州[滇]	396 C5
郇封[豫]	261 A8
桓洞[辽]	100 A1
桓仁[辽]	98 B3
桓仁县[辽]	98 B3
桓台县[鲁]	242 B3
宦溪[闽]	206 C3
唤马[川]	364 D3
换马店[冀]	49 F8
换马店[冀]	60 D1
浣溪[湘]	303 F9
焕古[陕]	421 F8
豢龙[川]	368 D4
荒地[冀]	53 D8
荒地[辽]	93 D8
荒地[新]	454 D3
荒佃庄[冀]	55 E6
荒塘[湘]	304 C4
皇城[鲁]	242 C4
皇城[青]	436 D3
皇帝庙[豫]	268 D4
皇甫[晋]	75 E6
皇甫[皖]	192 E5
皇甫庄[陕]	424 C4
皇宫[新]	453 E7
皇冠[陕]	420 F5
皇后[豫]	271 C8
皇华[鲁]	243 G8
皇集[豫]	266 F5
皇陵[川]	372 A4
皇路店[豫]	271 D7
皇木[川]	376 F3
皇寺[冀]	60 E3
皇塘[苏]	156 D4
皇桐[琼]	347 B6
皇图岭[湘]	303 C8
皇镇[鲁]	254 D3
皇庄[冀]	52 A4
凰村[赣]	223 B9
凰岗[赣]	230 B4
凰仪[川]	376 E3
隍城[赣]	227 D8
黄安[鲁]	254 C4
黄安[陕]	420 B3
黄坳[赣]	222 E3
黄坝[皖]	191 B10
黄坝驿[陕]	420 F4
黄柏[川]	367 F8
黄柏[赣]	229 B6
黄柏[赣]	231 D6
黄柏[闽]	209 D8
黄柏[皖]	198 D2
黄柏[湘]	300 F4
黄柏[渝]	357 F6
黄柏塬[陕]	418 G4
黄板[黔]	391 D9
黄堡[鄂]	281 E6
黄堡[陕]	419 C8
黄陂[赣]	223 E6
黄陂[赣]	228 B4
黄陂桥[湘]	307 C9
黄陂区[鄂]	278 D5
黄北坪[冀]	48 G5
黄坌[粤]	314 C4
黄壁庄[冀]	49 C6
黄避岙[浙]	171 D6
黄钵[川]	372 D4
黄布[粤]	316 B4
黄埠[赣]	229 F7
黄埠[闽]	210 B3
黄埠[豫]	272 A5
黄材[湘]	296 E2
黄草[川]	367 E6
黄草[川]	367 E7
黄草[湘]	305 D8
黄草岭[滇]	400 F4
黄陈[陇]	429 B8
黄塍[苏]	154 F1
黄池[皖]	194 E4
黄川[苏]	150 D2
黄村[桂]	337 F8
黄村[桂]	338 C2
黄村[京]	31 E7
黄村[皖]	195 F7
黄村[粤]	316 B5
黄村[浙]	181 B8
黄埭[苏]	161 D7
黄丹[川]	372 E3
黄岛[鲁]	245 D6
黄岛区[鲁]	245 D7
黄道[黔]	391 F10
黄道[豫]	271 B9
黄德[豫]	264 F4
黄堤[豫]	264 F1
黄递铺[冀]	59 D6
黄甸[川]	368 F5
黄店[鲁]	254 D4
黄店[豫]	260 B3
黄店[浙]	174 C3
黄洞[桂]	338 B4
黄洞[湘]	305 C9
黄洞[豫]	264 D3
黄都[川]	369 E9
黄都[黔]	390 C5
黄渡[川]	365 B6
黄渡[沪]	136 E2
黄渡[皖]	195 D6
黄堆集[鲁]	254 C5
黄墩[鲁]	253 D6
黄墩[苏]	150 G5
黄墩[皖]	198 D3
黄坊[闽]	210 A3
黄丰[川]	372 A4
黄丰桥[湘]	303 C9
黄甫[陕]	422 A3
黄垓[鲁]	254 B5
黄盖[湘]	300 B5
黄盖淖[冀]	50 C3
黄冈市[鄂]	287 F6
黄埋[鲁]	254 C3
黄岗[赣]	226 C4
黄岗[鲁]	254 F5
黄岗[皖]	191 E9
黄岗[豫]	267 D5
黄岗[豫]	271 F10
黄岗[粤]	328 F4
黄岗山[赣]	231 G7
黄港[赣]	222 F3
黄阁[粤]	313 F8
黄葛[滇]	402 E3
黄各庄[冀]	54 E3
黄姑[浙]	169 C8
黄瓜园[滇]	396 C4
黄关[桂]	336 D4
黄官[陕]	420 D3
黄果树[黔]	387 D7
黄蒿界[陕]	423 F8
黄合[湘]	301 G7
黄河[吉]	112 A5
黄河[鲁]	239 B6
黄河[青]	440 E2
黄河口[鲁]	241 C9
黄河路[鲁]	241 E8
黄河涯[鲁]	238 E4
黄鹤[渝]	355 C9
黄鹤[渝]	356 A1
黄后[黔]	385 C9
黄湖[浙]	167 A7
黄花[鄂]	291 C8
黄花[赣]	223 B9
黄花[陇]	432 G3
黄花[湘]	297 D6
黄花[粤]	314 E5
黄花甸[辽]	100 E4
黄花店[津]	40 C1
黄花山[内蒙古]	83 D8
黄花塔拉[内蒙古]	83 F8
黄花滩[晋]	69 E8
黄花滩[陇]	431 E9
黄花塘[苏]	151 D10
黄华[滇]	402 F3
黄华[浙]	179 B6
黄骅市[冀]	59 C9
黄槐[粤]	323 C7
黄集[鄂]	281 D8
黄集[鲁]	254 B4
黄集[苏]	148 D3
黄集[苏]	151 D8
黄集[豫]	269 D8
黄磜[粤]	315 E9
黄夹[鲁]	238 C3
黄家[川]	363 D8
黄家[川]	369 F8
黄家[川]	373 E9
黄家[辽]	91 B6
黄家[渝]	355 E8
黄家[浙]	177 C9
黄家埠[浙]	170 G4
黄家村[内蒙古]	79 D9
黄家口[鄂]	289 E9
黄家铺[鲁]	242 C3
黄家湾[陕]	425 G9
黄家营[陕]	420 B3
黄家寨[青]	436 C4
黄甲[川]	362 E5
黄甲岭[湘]	304 F2
黄甲铺[湘]	298 D5
黄尖[苏]	152 D3
黄江[粤]	320 B5
黄峤[陇]	428 C3
黄金[川]	364 D5
黄金[川]	365 D6
黄金[川]	369 D9
黄金[赣]	223 B6
黄金[桂]	344 A2
黄金[湘]	300 E3
黄金[湘]	306 F5
黄金[渝]	355 A8
黄金[渝]	356 G4
黄金[粤]	323 D9
黄金坳[湘]	306 B4
黄金埠[赣]	230 E4
黄金堤[冀]	61 B8
黄金洞[鄂]	290 E3
黄金洞[湘]	301 F7
黄金峡[陕]	420 B3
黄荆[川]	375 E8
黄荆[湘]	307 D8
黄荆沟[川]	373 D7
黄桷垭[渝]	354 D4
黄坑[赣]	233 F8
黄坑[闽]	208 C2
黄坑[粤]	315 A10
黄坑[粤]	315 B8
黄口[皖]	188 B4
黄口[豫]	267 F9
黄腊[黔]	387 B6
黄琅[川]	367 B10
黄雷[湘]	306 C1
黄连[黔]	390 C3
黄联关[川]	367 D7
黄练[桂]	339 C6
黄良[陕]	416 C3
黄粮[鄂]	291 A7
黄粱梦[冀]	61 D7
黄寮[浙]	179 F6
黄麟[赣]	229 C6
黄岭[赣]	223 B9
黄岭[皖]	190 F1
黄岭[粤]	324 F3
黄岭子[吉]	112 C3
黄凌[桂]	339 F8
黄陵[晋]	67 C6
黄陵[豫]	264 G5
黄陵县[陕]	417 C10
黄流[琼]	346 F2
黄龙[川]	364 E3
黄龙[川]	365 C7
黄龙[川]	377 C10
黄龙[鄂]	280 C4
黄龙[鄂]	281 E9
黄龙[赣]	222 E1
黄龙[赣]	229 F8
黄龙[陕]	425 E9
黄龙[皖]	198 D4
黄龙[湘]	307 G3
黄龙[浙]	170 A2
黄龙溪[川]	362 F5
黄龙县[陕]	417 B10
黄楼[鲁]	242 C5
黄楼[皖]	188 B3
黄楼[豫]	273 C7
黄鹿[川]	368 E3
黄鹿山[豫]	263 B8
黄麓[皖]	199 D7
黄略[粤]	327 C8
黄马[赣]	220 F4
黄码[苏]	151 C7
黄猫[川]	364 C3
黄茅[赣]	226 E2
黄茅[湘]	306 D4
黄茅岭[滇]	400 F4
黄茅园[湘]	306 C5
黄茅洲[湘]	299 C9
黄茆[桂]	345 C9
黄茂营[内蒙古]	79 E9
黄梅[冀]	51 E8
黄梅[苏]	156 C1
黄梅县[鄂]	287 A7
黄门[陇]	429 B6
黄冕[桂]	337 E9
黄乃亥[青]	437 B7
黄南[浙]	178 C4
黄泥[川]	365 D7
黄泥[川]	375 F7
黄泥[黔]	386 C3
黄泥[皖]	198 E4
黄泥[湘]	305 C7
黄泥岗[皖]	193 D6
黄泥河[滇]	398 E5
黄泥河[吉]	114 C5
黄泥铺[皖]	192 C4
黄泥塘[黔]	386 C4
黄泥塘[湘]	304 B4
黄泥洼[辽]	100 B3
黄碾[晋]	70 C4
黄牛铺[陕]	418 E2
黄牛蹄[晋]	70 B4
黄飘[黔]	388 F5
黄平县[黔]	388 F5
黄坪[川]	364 C5
黄坪[川]	364 F2
黄坪[川]	367 G9
黄坪[滇]	402 F3
黄坪[滇]	405 C7
黄坪[陇]	429 C9
黄坡[粤]	327 C9
黄铺[皖]	198 D2
黄铺[皖]	198 E3
黄圃[粤]	315 A6
黄圃[粤]	320 C2
黄埔区[粤]	313 E8
黄浦区[沪]	136 E5
黄岐[闽]	206 A2
黄旗[冀]	52 D5
黄旗堡[鲁]	243 D7
黄旗寨[辽]	95 D6
黄前[鲁]	249 C7
黄羌[粤]	318 E3
黄桥[赣]	232 C4
黄桥[苏]	155 B7
黄桥[皖]	191 C9
黄桥[湘]	307 D6
黄桥[豫]	269 D6
黄桥[浙]	179 G7
黄钦[渝]	355 A7
黄钦[渝]	356 G3
黄渠[陇]	430 F2
黄渠桥[宁]	442 C1
黄壤坪[湘]	307 E10
黄桑[湘]	306 A4
黄桑坪[湘]	306 F4
黄颡口[鄂]	287 D8
黄沙[川]	374 B5
黄沙[赣]	222 F3
黄沙[桂]	336 D1
黄沙[冀]	61 E9
黄沙[陕]	420 D3
黄沙[湘]	303 B9
黄沙[湘]	305 F6
黄沙[渝]	355 A7
黄沙岗[赣]	227 D7
黄沙港[苏]	152 C3
黄沙河[桂]	336 B5
黄沙街[湘]	300 E4
黄沙岭[赣]	231 F8
黄沙坪[湘]	305 D6
黄沙铺[鄂]	285 D9
黄沙坨[辽]	100 B2
黄沙腰[浙]	180 C3
黄山[晋]	71 C6
黄山[鲁]	252 F4
黄山馆[鲁]	250 D3
黄山口[豫]	272 B3
黄山铺[鲁]	252 B5
黄山区[皖]	201 C7
黄山市[皖]	201 F8
黄山头[鄂]	288 F4
黄山头[鄂]	288 F4
黄山头[湘]	299 B8
黄升[鲁]	247 C9
黄石[川]	369 D9
黄石[赣]	228 B5
黄石[闽]	207 D6
黄石[湘]	298 C5
黄石[渝]	357 E6
黄石[粤]	313 D7
黄石[粤]	316 B2
黄石港区[鄂]	287 E7
黄石口[冀]	56 D5
黄石市[鄂]	287 E7
黄市[川]	373 F8
黄市[赣]	231 F8
黄市[苏]	153 G8
黄市[湘]	300 E4
黄市[湘]	303 G7
黄水[川]	362 E5
黄水[川]	367 D7
黄水[渝]	355 A9
黄水[豫]	264 D2
黄丝[黔]	384 C4
黄寺岗[豫]	273 E8
黄松甸[吉]	109 D10
黄松峪[京]	32 B3
黄獭嘴[湘]	303 B8
黄台岗[豫]	271 E7
黄滩[川]	369 F8
黄滩[鄂]	284 E2
黄坛[赣]	221 C8
黄坛[浙]	171 F7
黄潭[鄂]	289 B7
黄潭[闽]	210 B5
黄坦[浙]	176 D3
黄坦[浙]	179 F7
黄塘[闽]	213 D9
黄塘[湘]	307 D8
黄塘[粤]	316 C5
黄陶勒盖[内蒙古]	80 D4
黄田[桂]	338 B4
黄田[闽]	208 G5
黄田[粤]	328 E4
黄田[粤]	316 C4
黄田[浙]	180 F3
黄田铺[湘]	304 C3
黄亭市[湘]	307 D7
黄庭[川]	369 F9
黄通[赣]	224 B4
黄土[川]	363 D6
黄土[川]	368 E2
黄土[川]	372 C3
黄土[黔]	391 B7
黄土[晋]	74 E2
黄土[湘]	306 G3
黄土[渝]	354 B4
黄土店[湘]	299 E6
黄土岗[鄂]	286 E2
黄土岗[赣]	227 F6
黄土坎[冀]	53 C7
黄土坎[辽]	99 G10
黄土坎[辽]	92 B5
黄土矿[湘]	306 D5
黄土梁子[冀]	53 D9
黄土岭[辽]	99 A9
黄土铺[湘]	302 E4
黄土庄[冀]	52 A4
黄屯[鲁]	255 C7
黄屯[皖]	199 E10
黄湾[川]	372 C2
黄湾[皖]	189 G7
黄湾[皖]	192 B4
黄湾[浙]	169 E10
黄圩[苏]	152 B1
黄圩[皖]	189 E8
黄圩[皖]	193 F7
黄尾[皖]	198 E1
黄屋屯[桂]	341 C6
黄务[鲁]	251 D6
黄溪[川]	365 C7
黄溪[川]	368 F5
黄溪[渝]	355 C10
黄溪[渝]	356 A2
黄溪口[湘]	306 B5
黄歇口[鄂]	289 E6
黄兴[湘]	297 E6
黄墟[苏]	156 B4
黄许[川]	368 E2
黄崖洞[晋]	70 B2
黄岩区[浙]	176 E4
黄垟[浙]	181 C9
黄羊[陇]	431 E9
黄羊城[内蒙古]	79 D8
黄羊川[陇]	431 F9
黄羊关[川]	368 B2
黄羊木头[内蒙古]	78 E3
黄阳[渝]	357 D8
黄阳司[湘]	304 A3
黄杨[黔]	390 D4
黄洋[川]	364 C2
黄姚[桂]	338 C3
黄舣[川]	375 B7
黄莺[渝]	355 E7
黄营[苏]	151 B6
黄鱼圈[吉]	108 B3
黄榆[吉]	109 E6

地名[省别]	地图位置
黄源[浙]	180 E5
黄泽[浙]	173 E6
黄闸湾[陇]	430 F3
黄宅[浙]	174 B5
黄寨[陇]	432 G3
黄寨[豫]	269 E7
黄站[鄂]	284 B5
黄章[陕]	417 B10
黄钟[川]	369 C9
黄冢[豫]	267 E8
黄州区[鄂]	287 F6
黄洲[赣]	220 C1
黄珠洲[湘]	299 D8
黄竹[琼]	347 C7
黄渚[陇]	429 B8
黄庄[赣]	230 E4
黄庄[津]	40 C2
黄庄[津]	41 F8
黄庄[鲁]	249 D10
黄庄[豫]	263 E8
黄庄[豫]	261 C9
湟里[苏]	156 E4
湟源县[青]	436 D5
湟中县[青]	436 C5
煌固[赣]	231 E8
潢川县[豫]	273 E8
潢溪[赣]	230 F4
璜尖[皖]	201 G8
璜泾[苏]	161 C9
璜山[浙]	172 E3
璜田[皖]	201 F9
璜土[苏]	159 B5
篁碧[赣]	231 G6
灰埠[赣]	227 D6
灰埠[鲁]	244 G2
灰古[皖]	189 E6
灰河[皖]	198 A2
灰坪[浙]	177 A9
灰山港[湘]	299 F8
灰汤[湘]	296 E2
灰寨[粤]	318 D5
珲春市[吉]	115 E9
辉埠[浙]	177 C7
辉发城[吉]	114 B3
辉景[川]	365 D6
辉隆[川]	367 E8
辉南[吉]	114 C3
辉南县[吉]	114 C2
辉渠[鲁]	243 E6
辉山[川]	372 D4
辉山[辽]	91 B7
辉苏木[内蒙古]	81 D9
辉县市[豫]	264 E2
辉耀[冀]	51 D7
麾村[苏]	154 D5
徽王庄[鲁]	238 D4
徽县[陇]	429 B8
徽州区[皖]	201 E8
迴龙[闽]	208 C4
回车[豫]	270 D4
回城[新]	456 C2
回春[川]	364 C5
回郭[豫]	260 G3
回澜[川]	373 C9
回里[鲁]	251 D6
回林[川]	369 C7
回龙[川]	362 F4
回龙[川]	364 C5
回龙[川]	367 B7
回龙[川]	368 E3
回龙[川]	368 F3
回龙[川]	369 E9
回龙[川]	373 C8
回龙[川]	373 E8
回龙[川]	377 E9
回龙[鄂]	284 G1
回龙[黔]	387 D8
回龙[黔]	390 D1
回龙[桂]	338 B3
回龙[晋]	73 G8
回龙[陕]	425 F9
回龙[湘]	301 C10
回龙[渝]	354 C2
回龙[渝]	355 A7
回龙[渝]	356 G2
回龙[豫]	271 F10
回龙[粤]	328 E2
回龙[粤]	328 F4
回龙[粤]	315 E8
回龙坝[渝]	354 C4
回龙场[川]	367 C10
回龙观[京]	31 C9
回龙铺[湘]	296 D3
回龙山[鄂]	286 E5
回龙寺[湘]	307 G3
回龙圩[湘]	304 F2
回隆[川]	376 F2
回隆[冀]	61 C10
回马[川]	365 E7
回坪[川]	367 B7
回山[浙]	173 G6
回水[川]	365 E7
洄水[陕]	421 F9
茴村[豫]	267 F10
汇北[川]	369 E8
汇东[川]	369 E8
汇口[皖]	199 F6
汇南[川]	369 E8
汇滩[川]	369 B7
汇湾[鄂]	280 D2
汇鑫[鲁]	240 B4
汇源[湘]	304 E4
会埠[赣]	227 B6
会昌县[赣]	229 B7
会城[粤]	325 C10
会川[陇]	429 E6
会东县[川]	367 F8
会发[黑]	121 C6
会宫[皖]	198 B2
会理县[川]	367 F7
会立[晋]	73 D9
会龙[川]	365 C6
会龙[川]	365 E8
会龙[川]	368 G4
会龙[皖]	191 F9
会盟[豫]	263 B9
会宁[冀]	60 E4
会宁县[陇]	428 C4
会棚[川]	368 F3
会山[琼]	347 D7
会亭[豫]	267 E8
会同[赣]	228 B5
会同县[湘]	306 D3
会文[琼]	347 C8
会仙[桂]	336 E2
会兴[豫]	262 B4
会仪[滇]	402 D1
会元[辽]	95 F7
会泽县[滇]	398 B2
浍沟[皖]	189 E7
浍南[皖]	187 C8
桧溪[滇]	402 E2
惠安[川]	367 B7
惠安堡[宁]	442 C5
惠安县[闽]	213 D9
惠城区[粤]	317 E8
惠东县[粤]	317 D8
惠丰[苏]	153 B10
惠环[粤]	317 E8
惠济区[豫]	260 C2
惠来县[粤]	319 F6
惠民[川]	367 F6
惠民[滇]	407 E8
惠民[渝]	354 D5
惠民[渝]	355 C6
惠民[浙]	169 D7
惠民县[鲁]	247 D7
惠农区[宁]	442 C1
惠萍[苏]	153 A10
惠七[黑]	130 D3
惠山区[苏]	159 C7
惠水县[黔]	385 F6
惠阳区[粤]	317 E9
惠远[新]	452 B1
惠州市[粤]	317 E7
慧觉[川]	368 E3
浑河站[辽]	91 C8
浑源县[晋]	69 E8
浑源窑[内蒙古]	79 E9
混板[滇]	403 F10
活道[粤]	328 F4
活福滩[内蒙古]	79 D8
活龙坪[鄂]	290 E2
活水[滇]	398 E3
活水[冀]	61 F7
活水[湘]	306 B5
火厂坪[湘]	307 C9
火场[湘]	307 E9
火德红[滇]	402 F5
火店[豫]	267 E9
火斗山[冀]	53 F6
火峰[川]	364 D5
火红[滇]	398 A3
火花[黔]	387 C7
火箭[黑]	130 E4
火井[川]	362 F2
火炬[川]	369 C7
火连坡[湘]	299 A6
火连寨[辽]	98 G2
火烈[川]	367 D9
火龙[豫]	268 B2
火龙岗[皖]	194 F4
火龙三十岗[皖]	186 D3
火炉[渝]	355 D8
火炉坪[湘]	301 F8
火马冲[湘]	306 A5
火铺[黔]	387 G7
火山[川]	367 F8
火烧店[陕]	420 D2
火烧坪[鄂]	291 D7
火烧寨[陕]	418 B2
火石[川]	367 G8
火石岗[黔]	390 D2
火石山[黑]	130 F4
火石营[冀]	54 C3
火石寨[宁]	443 D8
火天[湘]	300 E4
火田[闽]	212 E2
火田[湘]	303 D9
火岩[湘]	301 B7
伙牌[鄂]	281 D8
货隆[苏]	153 C9
获嘉县[豫]	264 F2
霍城[陇]	431 D6
霍城县[新]	452 A1
霍尔[藏]	408 E2
霍尔巴[藏]	408 E3
霍尔果斯[新]	452 A1
霍尔奇[内蒙古]	81 B9
霍各庄[津]	41 D8
霍吉尔特[新]	453 B6
霍口[闽]	206 D1
霍里[皖]	194 E2
霍林郭勒市[内蒙古]	83 C7
霍龙门[黑]	124 C2
霍邱县[皖]	186 D5
霍山县[皖]	197 D9
霍什拉甫[新]	454 E3
霍童[闽]	209 E7
霍西[川]	378 D3
霍州市[晋]	74 C2
J	
机场[沪]	137 F9
机投[川]	362 E5
芨芨[陇]	430 F5
芨梁[内蒙古]	79 E7
矶滩[皖]	200 C4
鸡场[黔]	386 C4
鸡场[黔]	386 D5
鸡场[黔]	387 C6
鸡场[黔]	387 E7
鸡场[黔]	387 F6
鸡场坪[黔]	387 F7
鸡场坡[黔]	386 D5
鸡川[陇]	428 C5
鸡东县[黑]	127 E9
鸡飞[滇]	403 B8
鸡冠[吉]	115 D8
鸡冠山[辽]	100 B5
鸡冠山[辽]	95 E7
鸡冠山[辽]	99 F8
鸡街[滇]	397 C7
鸡街[滇]	400 E5
鸡街[滇]	401 E8
鸡街[滇]	405 D9
鸡林[黑]	127 E9
鸡笼[湘]	302 E5
鸡鸣[渝]	357 C6
鸡鸣驿[冀]	51 C7
鸡山[浙]	176 G4
鸡黍[鲁]	254 E5
鸡西市[黑]	127 F9
鸡泽县[冀]	61 C6
鸡冢[豫]	271 C7
鸡足山[滇]	405 C8
姬村[冀]	49 E6
姬家岔[陕]	423 B8
姬家山[豫]	264 C3
姬石[豫]	268 E5
积翠[晋]	73 C8
积金[川]	368 G3
积善[川]	365 D6
积石山保安族东乡族撒拉族自治县[陇]	428 G4
积玉口[鄂]	288 C5
基长[黔]	385 C7
基场[黔]	385 B6
基觉[川]	367 D9
基隆市[台]	460 A5
基诺山[滇]	407 C8
基只[川]	367 D9
绩溪县[皖]	195 E10
箕山[鲁]	254 B3
稽东[浙]	172 D4
吉安[川]	365 D7
吉安[台]	460 C4
吉安[渝]	354 E2
吉安市[赣]	232 C4
吉安县[赣]	232 D5
吉布胡郎图[内蒙古]	81 E9
吉布库[新]	451 C9
吉埠[赣]	229 D6
吉仓[陇]	432 B3
吉昌[吉]	109 E6
吉村[赣]	229 G8
吉达[藏]	409 E9
吉定[藏]	408 F5
吉洞峪[辽]	100 D3
吉多[藏]	409 D9
吉尔嘎郎图[内蒙古]	79 C7
吉尔嘎郎图[内蒙古]	82 D4
吉尔嘎朗[内蒙古]	83 E10
吉尔格郎[新]	452 B2
吉尔格勒特郭楞[新]	453 F6
吉尔孟[青]	436 F4
吉格斯太[内蒙古]	80 B2
吉根[新]	454 C1
吉河[陕]	421 E8
吉呼郎图[内蒙古]	82 F2
吉家庄[冀]	51 E8
吉家庄[晋]	69 D7
吉居[川]	379 C8
吉卡[青]	440 G4
吉拉[藏]	408 E3
吉拉吐[吉]	111 D8
吉兰太[内蒙古]	84 B3
吉乐[川]	367 D8
吉乐[吉]	114 D1
吉利[滇]	402 E2
吉利区[豫]	263 B9
吉林市[吉]	109 C7
吉隆[藏]	408 F4
吉隆[粤]	317 C9
吉隆县[藏]	408 F4
吉米[川]	367 B8
吉庙[豫]	273 D8
吉姆[藏]	408 C4
吉木乃[新]	450 G3
吉木乃县[新]	450 G3
吉木萨尔县[新]	451 C9
吉尼赛[青]	441 F9
吉庆[湘]	302 A3
吉曲[青]	441 F9
吉仁高勒[内蒙古]	82 D5
吉日嘎郎吐[内蒙古]	83 E9
吉日嘎朗图[内蒙古]	80 E1
吉生太[内蒙古]	79 D7
吉首[湘]	301 E9
吉首市[湘]	301 E9
吉水[粤]	327 B8
吉水县[赣]	232 C4
吉太[桂]	338 G2
吉潭[赣]	229 C9
吉塘[藏]	409 E10
吉瓦[藏]	408 D5
吉卫[湘]	301 E8
吉文[内蒙古]	81 B7
吉呷[川]	379 D10
吉县[晋]	74 F5
吉岘[陇]	432 F4
吉祥[川]	365 E7
吉祥[黑]	128 D2
吉巷[闽]	209 F6
吉信[湘]	301 F8
吉兴[黑]	120 B5
吉兴[黑]	127 G8
吉星[川]	365 D7
吉星[川]	372 D2
吉星岗[黑]	130 F4
吉阳[闽]	208 D4
吉也克[新]	452 B5
吉镇[陕]	423 B8
吉中[藏]	409 E10
吉子现[陕]	417 C9
汲水[豫]	264 E3
汲水[豫]	269 D9
汲冢[豫]	269 D8
级索[鲁]	255 E8
即墨市[鲁]	244 C5
极乐[青]	436 C4
急滩[豫]	271 F6
棘洪滩[鲁]	244 D5
棘针寨[冀]	61 B8
集安市[吉]	114 G2
集兵[湘]	303 D6
集店[晋]	70 C5
集凤[川]	365 D7
集凤[川]	368 F3
集集[台]	460 D3
集龙[湘]	305 D9
集美区[闽]	213 F7
集沐[川]	377 E7
集士港[浙]	170 E5
集体[吉]	111 F6
集贤[川]	362 E4
集贤[黑]	128 E4
集贤[陕]	416 E3
集贤县[黑]	128 E3
集义[晋]	67 D6
集义[陕]	417 A9
集义庄[晋]	72 B2
集益[川]	372 C4
辑庆[川]	368 F3
籍田[川]	362 F5
己略[湘]	301 E9
己衣[滇]	396 B5
计划[黔]	389 D9
纪昌庄[冀]	60 C2
纪家[川]	372 D4
纪家[吉]	108 D3
纪家[粤]	327 D6
纪南[鄂]	288 C4
纪山[鄂]	283 E10
纪台[鲁]	242 C5
纪王场[皖]	191 D6
际会[闽]	208 E3
季店[鄂]	284 C3
季家[渝]	354 C1
季桥[苏]	151 C7
季市[苏]	155 A8
季宅[浙]	181 C8
季庄[晋]	72 C4
济川[川]	365 B6
济村[闽]	210 D2
济渡[川]	365 C6
济南市[鲁]	239 C7
济宁市[鲁]	255 C6
济沁河[黑]	122 G5
济协[川]	362 E3
济阳[闽]	211 G7
济阳[豫]	267 E8
济阳县[鲁]	239 B6
济源市[豫]	261 E9
继光[川]	368 G3
寄料[豫]	271 B7
蓟县[津]	41 B8
暨龙[渝]	355 C8
稷山县[晋]	74 E5
稷下[鲁]	242 C4
冀村[晋]	73 E10
冀家村[冀]	60 G3
冀氏[晋]	74 A4
冀屯[豫]	264 E2
冀州市[冀]	58 G3
骥村[湘]	304 C4
加傲[藏]	409 D7
加榜[黔]	389 D9
加碑岩[辽]	93 E8
加查县[藏]	409 F7
加措[藏]	408 F5
加定[青]	436 B4
加斗[晋]	69 D10
加方[桂]	334 B4
加尕斯台[新]	452 B1
加格达奇[内蒙古]	81 A7
加贡[藏]	409 E8
加贵[桂]	344 C5
加哈乌拉斯台[新]	452 B2
加鸠[黔]	389 D9
加郡[川]	379 A7
加来[琼]	346 B5
加乐[琼]	347 C6
加茂[琼]	346 F5
加茂贡[陇]	432 B3
加勉[黔]	389 D9
加勤[藏]	409 D8
加桑卡[藏]	409 D9
加吾[青]	437 B7
加信[黑]	121 C6
加兴[藏]	409 E7
加依[新]	455 E8
加依勒玛[新]	450 F2
加依提勒克[新]	454 E3
加义[湘]	301 F6
加益[粤]	324 C3
加尤[桂]	342 D2
加玉[藏]	409 F7
夹壁[川]	377 E8
夹沟[皖]	188 D5
夹沟[皖]	189 B9
夹关[川]	362 G2
夹寨箐[滇]	401 F8
夹河[鄂]	280 B2
夹河[辽]	102 D5
夹河[陇]	431 C9
夹河[豫]	265 B10
夹河子[新]	453 F7
夹湖[赣]	229 E10
夹江县[川]	372 C3
夹津口[豫]	260 F3
夹皮沟[吉]	109 F9
夹浦[浙]	168 C1
夹山[湘]	299 B6
夹石[黔]	391 C7
夹铁[川]	367 D8
夹信子[黑]	128 F5
夹竹园[鄂]	288 E4
佳冬[台]	460 F3
佳里[台]	460 E2
佳木[新]	455 B8
佳木斯市[黑]	128 E2
佳琼[藏]	409 D6
佳荣[黔]	385 A8
佳山[皖]	194 E3
佳县[陕]	423 B7
佳阳[闽]	209 D9
家地[浙]	181 F6
家发[皖]	195 F6
家朋[皖]	195 D9
葭沚[浙]	176 E4
嘉峰[晋]	71 E7
嘉会[桂]	336 E4
嘉川[川]	364 C3
嘉定[沪]	136 C2
嘉定区[沪]	136 C3
嘉尔格勒赛汉[内蒙古]	84 B5
嘉峰[晋]	71 E7
嘉禾[滇]	407 A7
嘉禾[粤]	313 D7
嘉禾县[湘]	304 D5
嘉会[桂]	336 E4
嘉会[冀]	58 G3
嘉会[冀]	59 F9
嘉乐[川]	374 E4
嘉乐泉[晋]	66 B4
嘉黎县[藏]	409 E8
嘉陵[川]	365 C7
嘉陵[陇]	429 A8
嘉陵区[川]	365 D7
嘉明[川]	375 A7
嘉农[川]	372 D3
嘉平[渝]	354 E4
嘉山[皖]	193 D6
嘉善县[浙]	169 D7
嘉树[湘]	303 C8
嘉祥县[鲁]	255 C6
嘉兴市[浙]	169 E7
嘉义市[台]	460 D3
嘉义县[台]	460 D2
嘉荫县[黑]	126 B5
嘉应观[豫]	261 A9
嘉鱼县[鄂]	285 C7
嘉峪关[陇]	430 A2
嘉峪关市[陇]	430 A2
嘉泽[苏]	156 D5
郏县[豫]	271 B9
戛洒[滇]	400 C1
甲定[黔]	385 C7
甲东[粤]	319 F6
甲尔多[川]	377 C6
甲高[渝]	357 F7
甲根坝[川]	379 B7
甲拉西[川]	378 D5
甲里[黔]	385 C8
甲良[黔]	385 B8
甲烈[黔]	385 E6
甲路[赣]	231 B6
甲路[皖]	195 D8
甲马池[鄂]	290 F2
甲马营[鲁]	238 G5
甲戎[黔]	385 F7
甲山[桂]	336 D2
甲山[吉]	112 C4
甲山[冀]	53 F8
甲石河[冀]	50 F5
甲斯孔[川]	378 C5
甲洼[川]	379 D7
甲西[粤]	319 F6
甲仙[台]	460 E3
甲学[川]	378 C4
甲依[川]	367 D9
甲寅[滇]	400 E3
甲英[川]	379 F6
甲篆[桂]	344 F5
甲子[琼]	347 C8
甲子[粤]	319 F6
甲宗[川]	378 C5
贾安[陇]	429 B9
贾坝[湘]	301 B8
贾川[陇]	429 B6
贾村[川]	374 D4
贾村[冀]	57 F7
贾村[晋]	75 F6
贾村[陕]	418 D3
贾得[晋]	74 D4
贾戈[鲁]	243 D7
贾光[冀]	57 D9
贾河[陇]	429 D7
贾河[陇]	432 G2
贾豁[晋]	70 C2
贾加[青]	437 C6
贾家[川]	373 B7
贾家口[冀]	60 C2
贾家坪[陕]	417 B7
贾家营[吉]	113 E9
贾家营[冀]	51 D6
贾家垣[晋]	73 E7
贾家庄[晋]	73 E9
贾岭[豫]	269 G7
贾令[晋]	66 D5
贾楼[豫]	272 B3
贾洛[川]	377 C7
贾庙[鄂]	286 E4
贾曲[陕]	424 E2
贾沙[滇]	400 E5
贾尚[宁]	443 D7
贾市[湘]	301 C8
贾市庄[冀]	49 E8
贾嗣[渝]	354 E4
贾宋[冀]	60 D4
贾宋[豫]	271 E6
贾滩[豫]	269 C10
贾汪[苏]	148 D5
贾汪区[苏]	148 C5
贾峪[豫]	260 D3
贾悦[鲁]	243 F7
贾寨[鲁]	240 C3
贾寨[豫]	267 C7
贾掌[晋]	70 C5
贾镇[鲁]	240 C2
贾庄[冀]	48 D4
贾庄[晋]	68 G4
贾庄[鲁]	238 C5
贾庄[鲁]	252 E3
驾车[滇]	398 C2
驾岭[晋]	71 F8
驾鹿[陕]	425 C6
驾欧[黔]	385 B9
架车[滇]	400 E3
架河[皖]	189 B9
架科底[滇]	405 F6
架玛吐[内蒙古]	83 D10
架桥[赣]	220 E4
架桥[湘]	299 C6
稼轩[赣]	231 F7
稼依[滇]	401 D6
尖草坪区[晋]	66 B5
尖峰[赣]	225 D9
尖山[滇]	402 B4
尖山[鄂]	290 F2
尖山[桂]	341 C6
尖山[陇]	429 C9
尖山[渝]	354 B3
尖山[渝]	357 D7
尖山[豫]	260 E3
尖山[浙]	175 C9
尖山子[黑]	129 F6
尖石[台]	460 B4
尖扎滩[青]	437 C6
尖扎县[青]	437 B6
尖冢[冀]	60 B5
尖字沽[冀]	54 F3
兼爱[桂]	344 B3
兼善[渝]	56 E5
监利县[鄂]	289 F6
监漳[晋]	70 C2
湔底[川]	368 F1
犍为县[川]	372 D4
煎茶[川]	362 F5
煎茶[黔]	391 D6
煎茶铺[冀]	52 E2
枧坝[黔]	390 D3
枧槽[川]	375 G7
枧底[赣]	231 F8
枧塘[桂]	336 B4
枧田街[赣]	230 A4
枧头[赣]	233 D7
枧头[湘]	304 D4
枧头洲[湘]	303 B9
俭平[黔]	390 C5
笕桥[浙]	167 B8
剪市[湘]	299 E6
检槽[滇]	405 E7
简车湾[陕]	421 G6
简池[陕]	420 B5
简嘎[黔]	387 C8
简家陇[湘]	307 D9
简阳市[川]	373 B7
碱厂[辽]	98 E3
碱厂[辽]	93 C7
碱房[冀]	53 C6
碱柜[内蒙古]	80 G2
蹇家坡[湘]	298 B2
件只[冀]	60 C3
建安[吉]	112 B4
建安[晋]	72 B4
建昌[辽]	93 E6
建昌[苏]	156 D3
建昌营[冀]	54 C5
建昌营[内蒙古]	83 F7
建城[粤]	324 A5
建德市[浙]	166 F4
建峰[川]	364 E2
建国[黑]	120 B5
建国[黑]	128 E2
建国[冀]	59 G9
建和[川]	372 E4
建湖县[苏]	152 D2
建华[川]	368 E3
建华[川]	373 C9
建华[内蒙古]	83 E8
建华[陕]	417 C7
建淮[苏]	151 C7
建黎[川]	376 E2
建陵[陕]	419 D6
建楼[渝]	357 C7
建民[黑]	130 C4
建民[陕]	421 E8
建明[冀]	54 B3
建南[鄂]	290 D1
建宁[晋]	71 C6
建宁[湘]	303 B8
建宁县[闽]	210 B3
建瓯市[闽]	208 E4
建平[川]	368 F3
建平[黑]	128 E5
建平[吉]	110 B4
建平[辽]	92 E2
建平[辽]	92 E4
建坪[渝]	357 E10
建桥[冀]	58 E5
建桥[粤]	323 D8
建全[渝]	357 E6
建饶[粤]	319 B9
建山[川]	376 C4
建山[赣]	223 E6
建设[川]	368 E3
建设[川]	372 F3
建设[川]	373 E7
建设[鄂]	279 D6
建设[黑]	124 F2
建设[黑]	128 E4
建设[黑]	130 F4
建设[沪]	141 E7
建设[辽]	96 C4
建设[辽]	97 C8
建设[陇]	430 G2
建设[闽]	211 E7
建设[闽]	212 F1
建设[内蒙古]	81 D9
建设[青]	440 F3
建胜[渝]	354 D4
建始县[鄂]	290 C4
建水县[滇]	400 D4
建堂[黑]	130 C5
建西[闽]	208 E3
建新[川]	375 G8
建新[闽]	206 D3
建新[皖]	200 D2
建新[粤]	327 D8
建兴[川]	364 D5
建兴[川]	368 D4
建兴[滇]	400 D1
建阳[苏]	152 D2
建阳市[闽]	208 D3
建业[辽]	97 E9
建一[辽]	99 A9
建颍[皖]	191 C9
建中[川]	368 G4
建中[黔]	384 D3
剑川县[滇]	405 D6
剑斗[闽]	213 C6
剑峰[川]	372 C4
剑阁县[川]	364 E2
剑河[川]	368 E4
剑河县[黔]	388 D5
剑门关[川]	364 E3
剑阳[滇]	405 D6
健龙[渝]	354 D3
健美[川]	367 C6
健跳[浙]	176 C5
涧池[鄂]	280 B3
涧池[陕]	421 F 7
涧岗[豫]	266 C5
涧沟[皖]	186 C4
涧口[豫]	263 D6
涧田[赣]	233 C8
涧头[豫]	273 C8
涧头[粤]	316 D4
涧头集[鲁]	255 G9
涧溪[皖]	193 C6
涧峪岔[陕]	417 C6
谏壁[苏]	156 A4
鉴湖[浙]	172 C4
鉴江[闽]	206 B1
箭板[川]	372 E4
箭厂河[豫]	273 G7
箭竹[川]	375 F8
箭竹[赣]	231 F6
江[川]	362 E2
江[湘]	303 E9
江安[苏]	153 G8
江安县[川]	375 C6
江岸[内蒙古]	79 B7
江巴孜[新]	454 C3
江北[川]	375 C6
江北[吉]	109 C7
江背[赣]	228 C5
江背[湘]	297 E7
江边[滇]	396 B4
江边[滇]	401 C6
江边[琼]	346 E3
江埠[赣]	230 D3
江城[滇]	400 C4
江城[桂]	341 B9
江城[桂]	343 C6
江城[冀]	57 E7
江城哈尼族彝族自治县[滇]	407 A7
江池[渝]	355 C8
江川[粤]	328 E1
江川路[沪]	139 E10
江川区[滇]	400 C4
江村[赣]	221 B9
江村[湘]	304 D3
江村[豫]	269 A6
江达县[藏]	409 D10
江当[藏]	409 F6
江堤[鄂]	279 E7
江底[桂]	336 B2
江甸[吉]	114 F2
江店孜[皖]	191 B9
江东[滇]	403 E9
江东[黔]	388 A5
江东[吉]	114 E2
江东[湘]	303 C6
江东[粤]	319 C8
江东[浙]	174 D4
江都市[苏]	155 E6
江丰[渝]	356 D2
江高[粤]	313 D7
江格勒斯[新]	454 E3
江根[浙]	180 G5
江古[黔]	388 D4
江谷[粤]	328 D5
江河[青]	439 A9
江河[湘]	302 F5
江洪[粤]	327 D6
江湖[粤]	324 F2
江华瑶族自治县[湘]	304 E3
江集[皖]	191 C6
江家店[皖]	187 D7
江家集[豫]	273 F8
江家屯[冀]	51 D6
江津区[渝]	354 E3
江镜[闽]	207 C6
江克斯[新]	452 C5
江口[川]	364 E3
江口[川]	372 A4
江口[赣]	229 D6
江口[桂]	337 F9
江口[桂]	339 B8
江口[陇]	429 C7
江口[闽]	207 D6
江口[陕]	420 D1
江口[陕]	420 F5
江口[皖]	191 C9
江口[皖]	200 A5
江口[湘]	303 E7
江口[湘]	303 E9
江口[湘]	305 D6
江口[湘]	306 A5
江口[湘]	306 C5
江口[湘]	306 F3
江口[渝]	355 E8
江口[渝]	357 D6
江口[浙]	171 E6
江口[浙]	176 E4
江口圩[湘]	306 B3
江口县[黔]	391 F9
江郎[浙]	177 D8
江陵[川]	365 C6
江陵[川]	369 D8
江陵县[鄂]	288 E5
江龙[黔]	387 C7
江洛[陇]	429 B8
江门[川]	375 D7
江门[粤]	325 C10
江密峰[吉]	109 C8
江南[川]	364 D4
江南[川]	374 C5
江南[桂]	344 E5
江南[吉]	109 D7
江南[吉]	114 D5
江南[闽]	206 B3
江南[湘]	299 F6
江南[湘]	300 B5
江南[渝]	355 C6
江宁[桂]	339 F7
江宁[苏]	147 E6
江宁区[苏]	146 D5
江平[桂]	340 E4
江坡[滇]	396 D4
江埔[粤]	313 C8
江普[川]	367 G7
江千[青]	440 E4
江桥[黑]	123 E6
江桥[沪]	136 E4
江让[藏]	408 E4
江日堂[青]	440 G4
江茸[川]	377 D7
江山[桂]	340 E5
江山[闽]	215 D8
江山市[浙]	177 C8
江上[赣]	223 E6
江石[川]	364 E3
江市[湘]	306 C3
江塘[皖]	198 E4
江田[闽]	206 B4
江头[闽]	213 G7
江头[粤]	315 B9
江屯[粤]	328 D4
江湾[赣]	231 B8
江湾[黑]	121 B8
江湾[黑]	123 E7
江湾[沪]	136 D5
江湾[粤]	315 C6
江尾[粤]	315 D9
江西[川]	367 F6
江西[桂]	334 E3
江西[辽]	102 G2
江西沟[青]	436 E5
江西街[川]	367 F8
江西坡[黔]	387 E7
江夏店[皖]	186 E4
江夏区[鄂]	279 D8
江心[苏]	156 A4
江心[皖]	194 E3
江心洲[苏]	146 E5
江垭[湘]	298 B4
江阳[川]	369 E8
江益[赣]	223 E7
江阴[闽]	207 C6
江阴市[苏]	159 A6
江英[粤]	314 D5
江永县[湘]	304 E2
江油市[川]	368 D3
江源[川]	362 E4
江源[川]	373 B7
江源[吉]	114 D5
江源区[吉]	113 F8
江藻[浙]	172 D3
江镇[皖]	198 D4
江州[桂]	343 C8
江洲[赣]	223 B8
江洲[黔]	385 D6
江洲[桂]	344 F4
江竹[川]	367 G7
江庄[苏]	148 C5
江孜县[藏]	409 F6
江左[豫]	263 D9
姜村[陕]	418 D5
姜店[鲁]	240 B4
姜店[豫]	268 E3
姜格庄[鲁]	251 D8
姜各庄[冀]	55 E6
姜家[黑]	130 E5
姜家[渝]	354 D5
姜家[浙]	166 F2
姜家店[吉]	114 D2
姜家店[冀]	53 A7
姜家街[吉]	114 D1
姜家山[浙]	177 B9
姜家营[冀]	54 D3
姜家营子[内蒙古]	83 F6
姜楼[鲁]	240 E4
姜楼[鲁]	247 E7
姜山[鲁]	244 C3
姜山[浙]	170 E5
姜畲[湘]	303 B6
姜堂[皖]	191 E8
姜疃[鲁]	250 G4
姜屯[辽]	97 B6
姜屯[鲁]	255 E8
姜席[陇]	429 C8
姜堰市[苏]	155 B6
姜驿[滇]	396 B5
姜灶[苏]	153 D9
姜寨[皖]	190 G1
姜寨[皖]	190 G1
姜州[川]	367 F8
姜庄[鲁]	243 D9
姜庄[豫]	268 D3
将官池[豫]	268 C4
将军[川]	372 B2
将军[台]	460 E2
将军澳[港]	458 C4
将军墓[冀]	60 F3
将军尧[内蒙古]	79 F6
将口[闽]	208 D3
将乐县[闽]	211 B6
将台[宁]	443 D9
浆洞[湘]	304 F5
浆水[冀]	60 G3
浆水[湘]	305 E6
浆水[湘]	305 E6
讲堂[晋]	67 F7
讲武[冀]	61 C7
讲武城[冀]	61 D9
讲治[川]	369 E9
蒋坝[苏]	151 E9
蒋场[鄂]	289 B7
蒋村[晋]	72 C4
蒋村[陕]	416 E3
蒋村[豫]	264 B3
蒋垛[苏]	155 B6
蒋坊[冀]	58 E5
蒋坊[晋]	72 B3
蒋官屯[鲁]	240 D4
蒋华[苏]	155 C8
蒋集[鲁]	248 E5
蒋集[皖]	192 E3
蒋集[皖]	192 E3
蒋集[豫]	273 D10
蒋家[湘]	306 B4
蒋家堰[鄂]	280 D1
蒋家嘴[湘]	299 E8
蒋口[豫]	267 E9
蒋李集[豫]	268 C4
蒋路[陕]	419 D8
蒋乔[苏]	156 B3
蒋墅[苏]	156 D5
蒋堂[浙]	174 D3
蒋王[苏]	155 F7
蒋巷[赣]	220 C4
蒋辛屯[冀]	52 B3
蒋营[苏]	152 D1
蒋峪[鲁]	242 E5
蒋庄[豫]	264 G2
降扎[川]	377 A8
洚河流[冀]	58 F5
绛县[晋]	75 D6
绛帐[陕]	418 E5
交岔[宁]	443 C8
交城县[晋]	73 E10
交道[陕]	417 C9
交道[陕]	424 D3
交河[冀]	58 E5
交界[黑]	120 D3
交口[晋]	70 F3
交口[晋]	73 E8
交口[晋]	74 F2
交口[陕]	416 B2
交口[陕]	417 A7
交口[豫]	262 B4
交口河[陕]	417 C10
交口县[晋]	73 F8
交梨[黔]	385 B6
交里[陕]	417 A9
交里[陕]	417 A9
交流岛[辽]	102 D2
交楼申[晋]	73 B8
交麻[黔]	385 G7
交泰[川]	368 E4
交通[川]	373 E8
交斜[陕]	424 E3
交砚[黔]	385 F8
郊纳[黔]	387 B8
郊区[晋]	67 B9
郊区[皖]	194 C2
郊区[新]	453 B6
郊尾[闽]	207 E7
浇底[晋]	74 C5
浇底[晋]	74 C5
茭道[浙]	174 D5
茭湖[赣]	226 D3
茭陵[苏]	151 B6
胶北[鲁]	244 E5
胶东[鲁]	244 E5
胶莱[鲁]	244 E4
胶南市[鲁]	245 E7
胶西[鲁]	244 F5
胶西[鲁]	244 F5
胶州市[鲁]	244 E5
椒园[川]	375 G9
椒园[鄂]	290 E4
焦陂[皖]	191 E9
焦村[陇]	432 F4

J 焦蛟蕉礁角皎脚湫叫峤轿教接揭街节杰结捷颉碣姐解介界借巾金津筋紧锦劲近进晋浸缙靳京泾经荆旌菁晶精鲸汫井景净径迳竟敬靖静镜迥鸠九久韭酒旧救居苴琚局桔菊举莒榉句巨拒炬钜俱聚瞿涓卷鄄觉蕨爵军

地名[省别]	地图位置	
焦村[皖]	201	D7
焦村[豫]	262	C3
焦村[豫]	271	A8
焦岱[陕]	416	B4
焦店[豫]	271	C9
焦虎[豫]	264	E5
焦家庄[陇]	431	D7
焦庙[鲁]	239	D7
焦圻[湘]	299	B8
焦桥[鲁]	247	F8
焦山河[鄂]	288	F5
焦石[渝]	355	C7
焦滩[川]	375	B8
焦滩[浙]	180	C3
焦溪[苏]	157	D7
焦园[鲁]	254	E1
焦庄[陕]	272	A5
焦作市[豫]	261	B8
蛟河口[吉]	114	B3
蛟河市[吉]	109	D9
蛟流河[吉]	110	C2
蛟龙[鲁]	252	F5
蛟潭[赣]	221	C8
蛟潭庄[冀]	48	A3
蛟塘[赣]	223	D7
蛟塘[粤]	328	F4
蛟停湖[豫]	273	C6
蛟洋[闽]	215	D8
蕉岗[黔]	391	B6
蕉村[川]	374	E4
蕉江[桂]	336	C4
蕉坑[赣]	227	F8
蕉岭县[粤]	323	B8
蕉山[晋]	60	D10
蕉溪[黔]	388	D4
蕉溪[湘]	297	D7
礁溪[台]	460	B5
角杯[晋]	75	G7
角弓[陇]	429	D8
角山[湘]	303	D6
角尾[粤]	327	G7
角斜[苏]	153	E6
角峪[鲁]	249	D8
皎西[滇]	397	B6
脚木足[川]	377	E7
湫池[陇]	432	F3
湫坡头[陕]	419	B6
湫山[陇]	429	D7
湫山[浙]	176	D1
湫头[陇]	432	G5
叫安[桂]	340	C4
叫河[豫]	262	F4
峤山[鲁]	253	C6
轿子山[黔]	387	B6
教子垭[湘]	298	C3
接渡[赣]	221	F8
接官[鄂]	284	C2
接官亭[陕]	420	E2
接龙[湘]	305	E8
接龙[湘]	306	B5
接龙[渝]	354	E5
接龙[渝]	355	D8
接履桥[湘]	304	B3
接山[鲁]	248	E3
接文[辽]	100	D3
接庄[鲁]	255	C7
揭东县[粤]	319	C7
揭阳[赣]	215	D7
揭西县[粤]	318	D5
揭阳市[粤]	319	D7
街关[冀]	58	E4
街河市[鄂]	288	E2
街津口[黑]	129	B6
街口[皖]	201	F9
街亭[浙]	172	E3
街头[鲁]	253	C7
街头[浙]	176	C2
街子[青]	437	B6
街子[川]	362	D3
街子[川]	365	C8
街子[川]	368	E3
街子[陇]	429	B7
节固[冀]	60	C4
杰坝[赣]	229	F6
杰村[赣]	228	C5
杰勒阿孜什[新]	453	B6
杰仁[内蒙古]	82	D5
杰兴[川]	368	F3
结多[青]	441	E8
结构[黔]	386	G3
结斯[川]	377	F8
结子[陕]	425	F9
捷地[冀]	59	D7
捷胜[粤]	318	G3
颉崖[陇]	432	G2
颉庄[冀]	57	E7
碣石[粤]	318	G5
碣石山[鲁]	247	B8
姐勒[滇]	403	F10
姐冒[滇]	403	F8
姐乌[滇]	403	F9
姐相[滇]	403	G10
解愁[晋]	67	B7
解村[晋]	72	D3
解放[川]	367	D8
解放[川]	374	F5
解放[黑]	122	B4
解放[皖]	200	B5
解放路[津]	39	E8
解放滩[内蒙古]	80	C1
解放岩[湘]	301	F9
解放营子[内蒙古]	83	F7
解集[皖]	186	A3
解集[皖]	189	D6
解家堡[陕]	422	B5
解家沟[陕]	423	B10
解甲庄[鲁]	251	D7
解特阿热勒[新]	450	D2
解特阿热勒[新]	450	E4
解峪[晋]	75	C7
解元[川]	364	D4
解原[晋]	72	C4
解州[晋]	75	F8
介福[闽]	213	C7
介廷[桂]	342	G2
介休市[晋]	66	F4
界埠[赣]	232	B2
界城[冀]	61	E8
界都[晋]	67	D9
界沟[豫]	267	F8
界沟[豫]	261	C9
界河[鲁]	255	D8
界河店[冀]	61	D7
界河口[晋]	73	B8
界集[苏]	151	F7
界坑[浙]	178	D4
界岭[陕]	421	F9
界岭[湘]	307	C9
界牌[川]	368	E3
界牌[川]	372	C3
界牌[川]	373	E8
界牌[鲁]	252	C3
界牌[苏]	152	B2
界牌[苏]	156	B5
界牌[皖]	193	C9
界牌[湘]	303	D6
界牌[湘]	304	E3
界牌集[皖]	192	E4
界炮[粤]	327	C7
界山[闽]	207	E7
界山[闽]	213	D10
界石[鲁]	251	E8
界石[渝]	354	D4
界石铺[陇]	432	F1
界市[川]	373	E9
界首[桂]	336	C3
界首[苏]	154	F3
界首[湘]	303	F8
界首[浙]	166	E3
界首市[皖]	191	G6
界水[赣]	226	F5
界头[滇]	403	D6
界头庙[陕]	417	B10
界头铺[湘]	300	G3
界址[粤]	315	A10
借母溪[湘]	307	E9
巾口[赣]	222	D5
巾石[赣]	233	E8
金安[川]	364	E5
金安[川]	368	E5
金坝[皖]	195	D6
金宝[川]	365	D6
金宝[桂]	336	F2
金宝屯[内蒙古]	83	E10
金堡[黔]	388	D5
金碑[川]	369	D7
金北[苏]	151	D9
金碧[黔]	386	C4
金波[琼]	346	D3
金钗[桂]	334	A4
金钗[桂]	344	C5
金昌市[陇]	431	D7
金厂[滇]	401	F8
金厂[吉]	114	E2
金厂[陇]	429	D8
金厂沟梁[内蒙古]	83	G8
金厂峪[冀]	54	B4
金称市[湘]	307	D7
金城[川]	364	C4
金城[川]	364	C4
金城[黑]	120	D2
金城[黑]	122	A3
金城[辽]	97	E8
金城[鲁]	250	D2
金城[鲁]	255	C6
金城[豫]	261	C9
金川[黑]	129	B7
金川[吉]	114	C3
金川[陇]	429	B9
金川[陕]	420	E5
金川[陕]	421	F8
金川[皖]	201	E10
金川[浙]	179	D6
金川县[川]	377	F7
金村[晋]	71	D8
金村[陇]	432	F5
金村[浙]	177	B7
金达[藏]	409	E7
金带[渝]	356	G3
金刀峡[渝]	354	B4
金店[冀]	60	E3
金殿[晋]	74	D4
金鼎[陕]	417	E7
金鼎山[黔]	390	F3
金东[藏]	409	F8
金东区[浙]	174	D4
金垌[粤]	324	C2
金洞[川]	364	E2
金洞[桂]	343	D6
金洞[陇]	429	A8
金洞[湘]	304	B4
金洞[渝]	356	B2
金斗[黔]	386	G5
金斗[吉]	114	E1
金斗营[鲁]	240	F2
金渡[粤]	328	F4
金堆[陕]	424	G3
金墩[滇]	405	C6
金峰[川]	368	E3
金峰[川]	372	C4
金峰[闽]	206	B4
金峰[台]	460	F3
金峰[渝]	357	E6
金峰[浙]	166	E3
金凤[川]	365	D7
金凤[滇]	405	E7
金凤[湘]	302	A2
金凤[渝]	354	D4
金佛寺[陇]	430	F4
金嘎[藏]	409	F6
金刚[湘]	297	F8
金岗[吉]	112	C5
金岗库[晋]	72	A3
金港[苏]	161	A6
金拱[皖]	198	D3
金沟屯[冀]	53	E7
金沟子[辽]	94	F4
金谷[桂]	344	F3
金谷[闽]	213	D7
金鼓[川]	368	E4
金官[滇]	405	B6
金光[川]	365	D8
金龟[湘]	305	B7
金果坪[鄂]	291	D6
金海湖[京]	32	B3
金函[闽]	209	F7
金郝庄[鲁]	240	B3
金和[粤]	318	D5
金河[川]	367	D7
金河[川]	372	D1
金河[内蒙古]	81	C7
金河[陕]	418	D3
金河[豫]	270	E4
金鹤[川]	365	E6
金湖[鄂]	287	E8
金湖[赣]	223	D7
金湖县[苏]	151	D9
金花[川]	362	E5
金花[川]	368	E1
金花[川]	372	B4
金花[川]	372	D4
金花[川]	373	F6
金华[川]	362	F5
金华[川]	365	F6
金华[黔]	384	F4
金华[吉]	113	C10
金华[豫]	271	F7
金华市[浙]	174	D4
金汇[沪]	140	F3
金惠[陕]	424	F3
金鸡[川]	369	F8
金鸡[滇]	403	C7
金鸡[桂]	338	F2
金鸡[桂]	345	D8
金鸡[渝]	355	A7
金鸡[渝]	356	G3
金鸡[粤]	325	C6
金鸡[粤]	325	E8
金鸡滩[陕]	423	D6
金积[宁]	442	D4
金集[陇]	429	B6
金集[皖]	193	D9
金家[川]	365	F6
金家[吉]	109	D6
金家[辽]	94	G4
金家河[陕]	420	F2
金家井[冀]	56	B5
金家铺[鄂]	286	C4
金家庄[晋]	73	E7
金家庄区[皖]	194	E2
金甲[川]	365	C6
金江[川]	367	F7
金江[滇]	404	D5
金江[滇]	405	C6
金江[赣]	232	C3
金江[苏]	156	A3
金江[湘]	305	E6
金江[湘]	307	D8
金井[晋]	75	F7
金井[闽]	213	F9
金井[湘]	297	C7
金坑[赣]	229	G6
金坑[闽]	208	D1
金口[鄂]	279	E8
金口[鲁]	244	B4
金口河区[川]	372	D1
金矿[辽]	99	E9
金兰[湘]	302	D5
金李井[川]	373	D7
金利[粤]	328	F5
金丽[川]	367	C7
金岭[藏]	409	E8
金岭[鲁]	242	C4
金岭[鲁]	250	D3
金铃[渝]	355	B10
金陵[桂]	334	E3
金陵[湘]	304	C5
金陵寺[陕]	425	D8
金龙[川]	363	D8
金龙[川]	365	D7
金龙[川]	375	B7
金龙[赣]	229	F10
金龙[黔]	386	D4
金龙[桂]	343	D7
金龙[湘]	306	D3
金龙[新]	453	D7
金龙[渝]	354	D3
金龙场[川]	368	D4
金炉[浙]	179	F7
金轮[川]	368	F2
金罗[晋]	73	E8
金罗[湘]	299	A6
金马[川]	362	E4
金马[川]	365	C6
金马[川]	373	B8
金马[滇]	401	B6
金马[吉]	109	A9
金满[辽]	102	E4
金门县[闽]	213	G7
金盟[川]	364	D5
金明寺[陕]	423	C7
金木[陇]	429	E7
金南[苏]	151	D9
金牛[川]	362	D5
金牛[川]	365	D8
金牛[鄂]	287	F8
金牛[冀]	59	B3
金牛[皖]	186	E5
金牛[皖]	199	F8
金盘岭[赣]	230	B4
金盆[黔]	386	E4
金盆[内蒙古]	79	E8
金盆[湘]	299	C9
金盆[渝]	357	D7
金盆圩[湘]	304	D4
金平苗族瑶族傣族自治县[滇]	400	G5
金平区[粤]	319	D8
金坪[川]	374	B5
金坪[湘]	298	C4
金坪[渝]	357	D10
金坡[黔]	386	C3
金铺[豫]	272	B5
金浦[粤]	319	E7
金桥[川]	362	E4
金桥[川]	365	E7
金桥[赣]	220	B3
金桥[沪]	137	E7
金桥[皖]	186	E4
金桥[湘]	302	E5
金桥[渝]	354	E5
金清[浙]	176	E5
金曲[川]	367	C8
金渠[陕]	418	E5
金泉[川]	365	D6
金泉[陕]	420	D3
金泉[赣]	226	F2
金沙[川]	367	E7
金沙[川]	378	F5
金沙[桂]	343	B6
金沙[黑]	128	F2
金沙[吉]	109	F8
金沙[闽]	206	F3
金沙[皖]	195	D9
金沙[粤]	313	D7
金沙滩[晋]	68	E5
金沙县[黔]	386	B2
金砂[闽]	215	D10
金山[川]	365	D5
金山[川]	368	E2
金山[川]	372	D4
金山[滇]	405	C6
金山[赣]	228	G1
金山[黑]	125	C10
金山[吉]	112	D2
金山[陇]	429	C6
金山[闽]	213	G7
金山[陕]	416	B3
金山[苏]	150	C1
金山[台]	460	A4
金山[渝]	354	C2
金山[渝]	355	F6
金山[粤]	323	C8
金山[粤]	324	F2
金山店[鄂]	287	F7
金山铺[晋]	72	A2
金山区[沪]	139	B8
金山屯区[黑]	126	E3
金山卫[沪]	139	B8
金山嘴[赣]	230	D3
金社[皖]	198	B2
金神[皖]	198	C2
金声[渝]	355	A8
金声[渝]	356	G4
金胜[晋]	66	C5
金石[川]	368	F3
金石[川]	369	D8
金石[桂]	336	C2
金石[湘]	302	C4
金石[湘]	303	A6
金石[粤]	319	D8
金石井[川]	372	D4
金石桥[湘]	307	B7
金水[陕]	418	B2
金水河[滇]	400	G5
金顺[川]	373	A8
金薮[湘]	302	A5
金粟[川]	372	D3
金所[滇]	397	C8
金锁[苏]	151	F7
金锁关[陕]	419	B8
金塔[陇]	431	E8
金塔县[陇]	430	F5
金台[川]	365	D6
金滩[赣]	232	C4
金滩[冀]	61	A9
金滩[青]	436	D4
金坛市[苏]	156	D4
金檀[川]	369	E8
金汤[川]	379	A6
金堂[川]	364	B5
金堂县[川]	363	D7
金塘[滇]	403	G6
金塘[鄂]	285	F8
金塘[粤]	324	F2
金塘[浙]	170	D4
金桐[闽]	213	D8
金田[赣]	223	E7
金田[桂]	339	B8
金庭[浙]	173	E7
金屯[赣]	230	F5
金屯[鲁]	255	D6
金湾区[粤]	320	F2
金窝子[新]	456	B3
金屋塘[湘]	306	D5
金五台子[辽]	91	F7
金溪[川]	364	B2
金溪[川]	365	C6
金溪[闽]	210	B3
金溪[湘]	302	C5
金溪[渝]	355	D10
金溪[渝]	356	B2
金溪县[赣]	224	C4
金仙[川]	364	E4
金乡[浙]	177	C8
金乡县[鲁]	254	E5
金厢[粤]	318	F4
金祥[吉]	110	C3
金星[川]	362	D3
金星[川]	375	F9
金星[辽]	94	C4
金星[辽]	92	B5
金星[闽]	212	F2
金星[浙]	176	E6
金秀瑶族自治县[桂]	345	B7
金牙[桂]	344	G4
金崖[陇]	428	E4
金垭[川]	364	D5
金垭[川]	369	E8
金岩[川]	372	E1
金岩[湘]	298	C4
金羊[陇]	431	E8
金阳[黔]	384	F4
金阳县[川]	367	D9
金杨新村[沪]	137	E6
金耀[川]	372	B5
金银滩[宁]	442	D4
金鱼[川]	364	D5
金鱼[川]	368	F2
金雨[川]	367	G7
金元[川]	365	E7
金源[川]	364	D5
金源[川]	365	C8
金源[滇]	397	B6
金源[浙]	177	B8
金灶[粤]	319	D7
金泽[沪]	138	G4
金寨[陕]	421	C8
金寨[豫]	260	E2
金寨县[皖]	197	E7
金盏[京]	29	C8
金中[黔]	384	E3
金钟[黔]	386	G4
金钟[陇]	429	E6
金钟[浙]	181	D6
金钟山[桂]	343	F9
金冢子[鲁]	243	E7
金州[吉]	112	B4
金州区[辽]	102	E3
金珠[吉]	109	C7
金竹[川]	374	C5
金竹[赣]	225	F8
金竹[渝]	355	B10
金竹坪[浙]	180	B3
金竹山[湘]	302	D4
金庄[闽]	204	D5
金庄[鲁]	255	B8
金装[粤]	328	C2
金子[川]	364	C4
金子[渝]	354	B3
金子山[川]	364	F3
金子岩[湘]	306	E4
金字牌[皖]	201	E6
金嘴[陇]	428	B2
津北[桂]	338	E2
津河[黑]	130	D4
津里[皖]	192	B5
津南区[津]	39	E6
津市市[湘]	299	B7
筋竹[桂]	338	D8
紧水滩[浙]	181	D6
锦滨[湘]	306	A5
锦川[川]	367	E7
锦斗[闽]	213	C7
锦丰[苏]	161	A7
锦和[湘]	306	B3
锦和[粤]	327	F9
锦江[川]	362	D4
锦江[赣]	226	D5
锦江[赣]	230	E4
锦郊[辽]	93	B6
锦屏[陕]	422	C5
锦屏[川]	364	E4
锦屏[川]	365	C6
锦屏[川]	367	B7
锦屏[陇]	428	C5
锦屏[陇]	429	D9
锦屏[苏]	150	C3
锦屏县[黔]	389	B6
锦山[黑]	128	D4
锦山[琼]	347	A8
锦尚[闽]	213	F9
锦石[湘]	303	B6
锦溪[湘]	306	B5
锦溪[浙]	180	D4
锦星[黔]	386	C4
锦州市[辽]	97	F9
锦竹[渝]	357	C6
劲涛[黑]	125	B7
近德固[豫]	265	B7
近海[苏]	153	A9
近尾洲[湘]	302	F5
进安[川]	377	D9
进宝塘[湘]	304	B4
进德[桂]	337	F8
进都[川]	368	F3
进化[黔]	390	E5
进化[吉]	114	C2
进化[浙]	167	C9
进结[桂]	343	C6
进贤县[赣]	220	F5
进远[桂]	343	C6
晋阳[晋]	70	B5
晋城市[晋]	71	D8
晋庙铺[晋]	71	D9
晋城[滇]	397	F7
晋祠[晋]	66	C5
晋江市[闽]	213	E8
晋宁县[滇]	397	F6
晋贤[川]	364	D3
晋源区[晋]	66	C5
晋原[川]	367	C6
晋州市[冀]	49	D9
晋庄[冀]	57	E8
晋庄[豫]	271	E8
浸水[川]	365	C7
浸潭[粤]	314	E5
缙云县[浙]	181	B8
靳村[豫]	263	F8
靳岗[豫]	271	E7
靳堂[豫]	264	G3
靳寨[皖]	191	F6
京当[陕]	418	D5
京南[桂]	338	D3
京山县[鄂]	283	B8
京溪园[粤]	318	D5
京兆[陕]	417	C10
泾川县[陇]	432	G4
泾河[苏]	151	C8
泾河[苏]	154	F1
泾口[赣]	220	D5
泾口[苏]	151	B7
泾明[陇]	432	G4
泾渭[陕]	416	C2
泾县[皖]	195	F7
泾阳县[陕]	419	D8
泾源县[宁]	443	C10
经公桥[赣]	221	B8
经建[黑]	120	C4
经久[川]	367	D7
经楼[赣]	227	E7
荆谷[浙]	179	D7
荆河[陕]	421	E6
荆家[鲁]	242	B3
荆家庄[冀]	60	C2
荆角[黔]	391	C7
荆隆宫[豫]	264	G4
荆门市[鄂]	283	E8
荆坪[湘]	305	A8
荆芡[皖]	187	E9
荆山[皖]	194	E4
荆山洼[鲁]	243	D7
荆西[闽]	211	D6
荆溪[川]	365	D6
荆溪[闽]	206	D3
荆乡[豫]	264	G4
荆姚[陕]	424	E2
荆州[皖]	195	D9
荆州市[鄂]	288	C4
荆竹[湘]	304	F4
荆竹铺[湘]	307	D6
荆紫关[豫]	270	D3
旌德县[皖]	195	E9
菁华铺[湘]	296	D3
菁华铺[湘]	299	F9
菁盛[桂]	344	C5
菁芜洲[湘]	306	F3
晶桥[苏]	147	B8
精河县[新]	452	E5
精华[渝]	355	A7
鲸塘[苏]	158	F2
汫洲[粤]	319	C9
井店[冀]	61	F8
井店[豫]	264	C5
井都[粤]	319	E7
井儿沟[冀]	51	F8
井冈山市[赣]	233	F6
井沟[鲁]	243	E8
井沟[川]	365	B7
井江[川]	374	D5
井口[川]	375	C6
井口[渝]	354	C4
井坡[湘]	305	E8
井泉[陇]	431	E9
井塘[湘]	304	E3
井头[苏]	150	F5
井头[湘]	302	E5
井头圩[湘]	304	B2
井溪[川]	364	D4
井溪[川]	359	C10
井陉矿区[冀]	48	D4
井陉县[冀]	48	D5
井研县[川]	372	C4
井叶特西[川]	367	B9
井庄[京]	32	E2
井溪[湘]	302	C5
景村[陕]	425	C7
景德镇市[赣]	221	D8
景东彝族自治县[滇]	406	D3
景凤[晋]	70	F2
景福[川]	368	F2
景福[川]	368	G4
景福[滇]	406	D3
景谷[陇]	428	F5
景谷[滇]	406	D4
景谷傣族彝族自治县[滇]	406	D5
景哈[滇]	407	C9
景罕[滇]	403	F9
景和[冀]	59	C6
景洪市[滇]	407	D8
景家[陇]	428	D4
景龙桥[湘]	298	C5
景毛[晋]	74	D4
景南[浙]	181	F6
景讷[滇]	407	D7
景宁畲族自治县[浙]	181	E6
景山[吉]	113	F7
景尚[晋]	67	C8
景市[川]	369	E8
景台[吉]	112	B2
景泰县[陇]	428	E2
景贤[川]	372	B4
景县[冀]	58	F5
景信[滇]	407	F7
景阳[川]	367	E8
景星[滇]	406	B5
景星[黑]	123	F6
景星[渝]	354	F5
景阳[鄂]	280	B2
景阳[鄂]	290	D5
景阳[黔]	389	G6
景阳[青]	436	C4
景芝[鲁]	243	E8
净峰[闽]	213	E10
净潭[鄂]	289	B8
净月[吉]	108	E2
径口[桂]	339	E8
径南[粤]	323	D7
径山[浙]	167	B7
径尾[粤]	328	D5
径头[粤]	315	F7
竞成[赣]	221	D8
敬安[苏]	148	C3
敬德[桂]	342	E5
敬南[黔]	387	F10
敬信[吉]	115	F9
敬元[川]	368	C4
敬仲[鲁]	242	B4
敬梓[粤]	316	A5
靖安[川]	369	E9
靖安[滇]	402	E4
靖安[冀]	54	E5
靖安[陇]	428	C2
靖安[陇]	430	B5
靖安[苏]	146	B3
靖安县[赣]	227	B7
靖边县[陕]	423	F9
靖城[闽]	212	C2
靖港[湘]	296	C4
靖和[桂]	341	E8
靖海[粤]	319	F7
靖和[川]	373	E8
靖江市[苏]	155	B8
靖口[陕]	418	F3
靖民[川]	373	E8
靖石[赣]	229	C7
靖外[滇]	398	C3
靖位[湘]	307	G3
靖西县[桂]	343	E6
靖宇县[吉]	113	F7
靖远县[陇]	428	D3
靖州苗族侗族自治县[湘]	305	E3
静安区[沪]	136	E5
静边[川]	369	E7
静观[渝]	354	C4
静海[津]	42	F2
静海县[津]	42	F2
静河[湘]	300	F2
静乐县[晋]	72	E4
静宁县[陇]	432	G2
静升[晋]	66	F4
静游[晋]	66	F5
镜泊[黑]	131	E10
镜岭[浙]	173	F6
镜屏[浙]	172	G5
镜洋[闽]	206	D5
迥龙[粤]	316	A2
鸠江区[皖]	194	F4
鸠坑[浙]	166	E2
鸠山[豫]	268	B1
九坝[黔]	390	D3
九百户[冀]	54	D4
九保[滇]	403	E8
九堡[赣]	229	B6
九堡[浙]	167	B9
九陂[粤]	314	C3
九彩[宁]	443	D8
九仓[黔]	390	F1
九层[川]	369	C8
九厂[滇]	397	D6
九潮[黔]	389	C8
九池[渝]	356	F5
九尺[川]	362	C5
九道[鄂]	280	F2
九道岭[辽]	97	F7
九店[豫]	263	E8
九店[豫]	272	E5
九都[川]	367	D8
九都[闽]	209	E7
九都[闽]	213	D8
九渡[桂]	344	C4
九渡河[京]	32	F5
九墩[陇]	431	D8
九份子[内蒙古]	79	E6
九峰[川]	365	B8
九峰[川]	372	C3
九峰[鄂]	279	D7
九峰[闽]	212	D1
九峰[陕]	416	E3
九峰[粤]	315	A6
九峰[浙]	179	F8
九公桥[湘]	307	C8
九功[陇]	432	G3
九宫山[鄂]	285	E9
九姑[皖]	198	F5
九合[赣]	223	E7
九和[粤]	317	C6
九和[浙]	175	C8
九河[滇]	405	D6
九洪[川]	373	F8
九湖[鄂]	280	G2
九湖[闽]	212	C3
九户[鲁]	247	F2
九华[苏]	153	F8
九华[皖]	200	B5
九华[皖]	201	B6
九华[浙]	177	B9
九集[鄂]	281	E7
九甲[滇]	406	E3
九甲[陇]	432	A3
九间房[陕]	416	A3
九间房[陕]	425	E8
九江[川]	362	E5
九江[黔]	391	D9
九江[粤]	313	F6
九江市[赣]	223	C7
九江县[赣]	223	C7
九郊[吉]	108	D3
九街[滇]	400	C4
九街[豫]	268	E3
九井[川]	372	E4
九井[黑]	122	B2
九口[川]	367	C9
九口子[冀]	49	A6
九里[川]	372	D2
九里[鄂]	283	D7
九里[湘]	299	B6
九里山[豫]	261	B8
九连城[冀]	50	D3
九连城[辽]	99	E9
九岭[川]	368	D3
九岭[川]	369	E8
九龙[川]	363	D7
九龙[川]	364	B5
九龙[川]	368	E2
九龙[川]	372	C4
九龙[川]	373	E8
九龙[滇]	397	C7
九龙[滇]	398	F4
九龙[赣]	230	E3
九龙[桂]	338	C3
九龙[冀]	57	A7
九龙[鲁]	245	E6
九龙[内蒙古]	83	C9
九龙[苏]	155	D6
九龙[皖]	191	F8
九龙[渝]	357	E6
九龙[豫]	270	F5
九龙[粤]	313	C8
九龙[粤]	314	E5
九龙[浙]	181	D7
九龙岗[皖]	189	C10
九龙湖[浙]	170	E4
九龙岭[湘]	307	C9
九龙坡区[渝]	354	D4
九龙山[赣]	226	G5
九龙山[渝]	356	E5
九龙县[川]	379	B9
九门[冀]	49	D7
九牧[闽]	208	A4
九女集[鲁]	254	E4
九阡[黔]	385	B8
九曲[鲁]	252	E4
九山[鲁]	242	E5
九市[粤]	328	E2
九丝城[川]	374	E5
九台[鲁]	243	F8
九台市[吉]	108	D3
九亭[沪]	138	B3
九圩[桂]	344	D4
九屋[桂]	336	C2
九溪[滇]	400	C4
九溪[湘]	298	C5
九溪江[湘]	307	B6
九岘[陇]	432	F5
九乡[滇]	397	E8
九襄[川]	376	E2
九嶷[湘]	304	E4
九垅[湘]	299	B7
九寨[辽]	99	B10
九寨沟县[川]	377	C10
九站[吉]	109	C7
九真[鄂]	289	B8
九镇[川]	369	C6
九支[川]	375	C8
九中金[陕]	420	F2
九重[豫]	270	F5
九州[冀]	52	C2
九庄[黔]	384	F3
九资河[鄂]	286	C3
九梓[皖]	192	E2
久安[黔]	384	F5
久长[黔]	384	F3
久合垅[鄂]	288	F5
久隆[桂]	341	C6
久隆[苏]	153	B9
久庆[川]	375	E6
久胜[川]	375	C3
久特洛古[川]	367	C9
久仰[黔]	389	D6
久治县[青]	440	F5
韭菜沟[辽]	100	E4
韭菜沟[陇]	430	C4
韭菜台[辽]	100	C1
韭菜庄[内蒙古]	79	F8
韭园[豫]	268	B5
韭园沟[陕]	423	C8
酒埠江[湘]	303	D9
酒店[陕]	421	F7
酒店[皖]	188	B4
酒店[渝]	355	C6
酒店[豫]	272	A4
酒房[滇]	403	C9
酒房[陕]	418	C4
酒后[豫]	263	D8
酒井[滇]	407	F7
酒泉市[陇]	430	F4
旧堡[川]	368	B2
旧堡[冀]	51	F6
旧城[滇]	401	B6
旧城[滇]	402	B2
旧城[滇]	403	C9
旧城[滇]	403	F8
旧城[黔]	390	B5
旧城[桂]	342	B5
旧城[冀]	49	D10
旧城[冀]	54	B3
旧城[冀]	59	D9
旧城[鲁]	254	B3
旧城[皖]	191	C6
旧城[冀]	61	B8
旧店[鲁]	244	D2
旧宫[京]	31	D8
旧馆[浙]	168	B3
旧街[鄂]	278	A5
旧街[晋]	67	C8
旧口[鄂]	283	D9
旧门[辽]	93	C7
旧庙[辽]	96	E4
旧铺[滇]	401	D8
旧铺[苏]	151	E10
旧圃[滇]	402	E4
旧司[鄂]	290	G3
旧屯[冀]	53	D7
旧屋基[滇]	398	F5
旧县[川]	365	C8
旧县[滇]	398	E2
旧县[鄂]	291	B9
旧县[晋]	72	G2
旧县[晋]	74	B3
旧县[京]	32	E2
旧县[鲁]	248	D2
旧县[闽]	208	C5
旧县[闽]	215	E8
旧县[陕]	417	C9
旧县[皖]	191	F7
旧县[渝]	354	C3
旧县[豫]	263	E6
旧县[豫]	271	C9
旧县[浙]	167	D6
旧营[黔]	387	F7
旧院[川]	369	C10
旧寨[鲁]	252	B3
旧镇[鲁]	247	E9
旧镇[闽]	212	E3
旧治[黔]	384	D5
旧州[冀]	61	B9
旧州[滇]	405	E8
旧州[黔]	387	B6
旧州[黔]	388	F5
旧州[桂]	341	B7
旧州[桂]	342	F2
旧州[冀]	59	D8
旧州[琼]	347	B7
旧州[滇]	396	E4
救兵[辽]	95	E9
居巢区[皖]	199	C7
居仁[黑]	120	C4
居厢[豫]	264	F4
苴力[滇]	405	C9
苴林[滇]	396	C4
苴镇[苏]	153	D7
琚湾[鄂]	281	E9
局桑[桂]	344	F5
桔柑[陇]	429	C9
桔林[闽]	206	F2
桔园[陕]	420	C2
菊河[川]	368	G4
菊花岛[辽]	93	B7
菊花台[新]	451	F9
举村[浙]	177	D9
举水[浙]	180	G4
莒格庄[鲁]	251	E7
莒口[闽]	208	D3
莒南县[鲁]	253	D6
莒溪[闽]	215	D7
莒溪[浙]	179	E8
莒县[鲁]	253	C6
莒镇[鲁]	239	E7
榉溪[川]	368	F5
句容市[苏]	156	C2
巨宝[黑]	122	D4
巨宝山[黑]	130	C4
巨宝山[吉]	111	F6
巨宝庄[内蒙古]	79	E9
巨城[晋]	67	B9
巨甸[滇]	404	D5
巨峰[鲁]	253	D7
巨各庄[京]	33	F7
巨光[川]	369	E7
巨家[陕]	418	B5
巨巾号[内蒙古]	79	D7
巨口[闽]	208	F5
巨口铺[湘]	307	C6
巨乐[晋]	69	C7
巨陵[豫]	268	D4
巨龙[川]	365	C6
巨龙[川]	368	F4
巨龙[川]	379	D9
巨鹿县[冀]	60	C3
巨浦[浙]	181	D8
巨日河[内蒙古]	83	D8
巨石[川]	365	D7
巨亭[陕]	420	F3
巨溪[浙]	181	B7
巨野县[鲁]	254	C5
巨屿[浙]	179	E7
巨源[黑]	120	B3
拒城河[鲁]	243	E9
炬光[川]	364	C5
钜桥[豫]	264	D4
俱乐[川]	367	E8
聚宝[吉]	110	C2
聚宝[渝]	355	D6
聚凤[黔]	391	G6
聚奎[渝]	356	G3
聚粮屯[辽]	97	F7
聚贤[川]	365	E8
聚星[皖]	186	E4
聚星[川]	362	C4
瞿家湾[鄂]	289	E7
瞿昙[青]	436	B5
瞿溪[浙]	179	D6
涓桥[皖]	200	B4
卷洞[渝]	355	C7
鄄城县[鲁]	254	B3
觉罗[藏]	409	D9
觉拉[青]	441	F9
觉隆[川]	367	B9
觉囊[川]	372	E1
觉囊[川]	367	D8
觉溪[川]	379	D6
蕨溪[川]	374	B3
爵溪[浙]	171	C7
军埠[粤]	319	E6
军埠口[鲁]	243	D7
军城[冀]	56	D5
军店[鄂]	280	E4
军乐[川]	362	C5
军马河[豫]	270	C4
军马弄[滇]	399	E7
军赛[滇]	399	E7
军山[鄂]	279	E7
军山[湘]	303	C8

J 军君均筠浚骏 K 喀卡开凯垲堪坎看阚康亢炕考栲靠柯珂科颗可岢克客垦坑空崆孔恐口叩扣寇哭窟苦库垮跨快宽款匡况矿岿奎葵魁坤昆括阔 L 拉砬喇腊来涞莱赖濑兰岚拦栏蓝澜榄烂滥郎狼廊琅榔朗阆崀浪捞劳崂醪老姥潦涝乐勒雷耒垒磊类擂冷梨狸犁漓黎篱藜蠡礼

地名[省别]	地图位置	
军山[湘]	305	A7
军山铺[湘]	299	E8
军屯[川]	363	C6
军屯[滇]	396	D3
军屯[冀]	59	G9
军屯[鲁]	255	A6
军庄[京]	30	B5
君坝[川]	379	D6
君埠[赣]	233	A6
君山区[湘]	300	C3
君堂[粤]	325	D8
君塘[川]	369	D8
君召[豫]	260	G4
均安[粤]	313	G6
均楚[湘]	303	B8
均川[鄂]	282	E4
均村[赣]	228	D5
均禾[粤]	313	D7
均口[闽]	210	C3
均坪[湘]	306	A5
均县[鄂]	280	C5
筠连县[川]	374	E4
筠门岭[赣]	229	C8
浚县[豫]	264	D5
骏马[陕]	419	D7
K		
喀尔交[新]	450	F4
喀尔曲尕[新]	457	F6
喀尔赛[新]	455	E7
喀拉布勒根[新]	450	D5
喀拉克尔[新]	455	E8
喀拉玛盖[新]	450	E4
喀拉苏[新]	452	C1
喀拉苏[新]	454	E3
喀拉塔勒[新]	455	B8
喀拉通克[新]	450	C4
喀拉托别[新]	452	B3
喀拉托海[新]	452	B2
喀拉希力克[新]	450	E3
喀拉也木勒[新]	453	A7
喀喇沁[辽]	92	D3
喀喇沁旗[内蒙古]	83	G7
喀喇沁左翼[辽]	92	E5
喀群[新]	454	E3
喀热开其克[新]	454	D2
喀什[新]	452	B2
喀什市[新]	454	C2
喀什塔什[新]	455	F7
喀瓦克[新]	455	E7
喀夏加尔[新]	452	C1
卡坝[陇]	432	C4
卡布其[内蒙古]	80	G3
卡车[陇]	432	B3
卡达[藏]	409	F7
卡多[藏]	408	E5
卡房[滇]	400	E5
卡房[豫]	273	G6
卡攻[川]	378	E4
卡哈洛[川]	367	C10
卡拉[川]	367	C6
卡拉脚[川]	377	E7
卡龙[川]	377	D9
卡龙[川]	378	E3
卡伦湖[吉]	108	D3
卡罗[黔]	385	D7
卡娘[川]	378	D4
卡诺[藏]	409	E9
卡蒲[黔]	385	C7
卡撒[川]	377	F7
卡斯[滇]	403	B8
卡松渡[川]	378	G3
卡子[陕]	421	B8
开安[吉]	108	D2
开边[陇]	432	F3
开城[皖]	199	D9
开封[川]	364	E4
开佛[川]	374	C5
开化县[浙]	177	B7
开慧[湘]	297	B6
开江县[川]	369	E9
开库康[黑]	125	A8
开鲁县[内蒙古]	83	E8
开平区[冀]	54	E3
开平市[粤]	325	D8
开坪[川]	368	D2
开山[桂]	338	A4
开山屯[吉]	115	F8
开善[闽]	210	B5
开县[渝]	356	E5
开阳县[黔]	384	E3
开元[川]	365	C6
开元[川]	367	D7
开元[冀]	57	F6
开元[鲁]	243	C7
开原[吉]	109	B9
开原市[辽]	94	E5
开远市[滇]	400	D5
开栅[晋]	73	E10
开张[晋]	75	F7
开竹[渝]	356	E5
凯本[黔]	388	D3
凯河[川]	368	F3
凯口[黔]	385	D6
凯里市[黔]	389	F6
凯棠[黔]	388	E5
凯佐[黔]	385	F6
垲坪[陇]	428	D4
堪嘉[川]	373	C8
堪圩[桂]	343	D7
坎边[黔]	387	C8
坎布拉[青]	437	C6
坎墩[浙]	170	F4
坎尔孜[新]	451	C9
坎山[浙]	167	C9
坎市[闽]	215	D9
坎苏[新]	452	B3
坎乡[新]	452	B2
看庄[鲁]	255	D8
阚家[鲁]	243	E8
阚疃[皖]	191	C8
康保县[冀]	50	E2
康城[晋]	73	G8
康厝[闽]	209	E7
康大营[吉]	114	B2
康店[豫]	260	F2
康定市[川]	379	A7
康二城[冀]	61	E7
康禾[粤]	316	C5
康家港[陕]	423	B8
康家会[晋]	72	E5
康家滩[陇]	429	C6
康金[黑]	120	B3
康克尔[新]	455	E6
康乐[川]	369	B9
康乐[渝]	357	E8
康乐县[陇]	428	F5
康勒[川]	378	D3
康马县[藏]	409	F6
康美[闽]	212	F2
康美[闽]	213	D8
康宁[晋]	73	B7
康宁[陇]	431	D8
康平[滇]	407	B7
康平县[辽]	90	C2
康坪[渝]	357	E8
康普[滇]	404	F4
康桥[沪]	140	E1
康桥[浙]	167	B8
康荣[黑]	130	E5
康沙[藏]	409	E9
康山[川]	377	E6
康山[赣]	230	C2
康苏[新]	454	C2
康王[湘]	300	C4
康熙岭[桂]	341	D6
康仙庄[冀]	52	E2
康县[陇]	429	B9
康杨[青]	437	C6
康驿[鲁]	255	C6
康庄[冀]	61	D8
康庄[京]	32	F1
康庄[鲁]	240	B3
康庄[鲁]	243	D9
亢村[豫]	264	F2
炕塄[冀]	50	F4
考勒[陇]	428	F4
栲栳[晋]	75	G7
靠山[黑]	130	D3
靠山[吉]	108	B3
靠山[吉]	112	C3
靠山[辽]	95	E6
靠山[皖]	192	D2
靠山集[京]	32	B3
柯城区[浙]	177	C9
柯村[皖]	200	D5
柯渡[滇]	397	C7
柯河[川]	377	D6
柯街[滇]	403	B8
柯柯[青]	439	B9
柯柯里[青]	436	G1
柯克亚[新]	454	E3
柯拉[川]	379	D7
柯洛洞[川]	378	F3
柯坪县[新]	455	B7
柯桥[浙]	172	B4
柯生[青]	437	C9
柯坦[皖]	199	F9
柯寨[陇]	429	D6
珂田[皖]	200	D4
科才[陇]	432	B2
科尔沁右翼前旗[内蒙古]	83	B9
科尔沁右翼中旗[内蒙古]	83	C8
科尔沁左翼后旗[内蒙古]	83	E9
科尔沁左翼中旗[内蒙古]	83	D10
科克阿尕什[新]	450	E4
科克浩特浩尔[新]	452	B3
科克苏[新]	452	B2
科克铁热克[新]	452	C2
科克铁热克[新]	455	E6
科克亚尔[新]	454	E2
科洛[黑]	124	D2
科头[湘]	302	B2
颗砂[湘]	301	C9
可大[渝]	356	C3
可河[川]	367	G8
可久[川]	374	E3
可可托海[新]	450	C4
可乐[黔]	386	G3
可塘[粤]	318	F3
岢岚县[晋]	72	F3
克长[桂]	343	E9
克城[晋]	74	D2
克东县[黑]	122	A3
克度[黔]	385	E7
克尔[川]	366	C5
克尔古提[新]	456	E5
克尔碱[新]	456	F2
克尔伦[内蒙古]	81	F10
克尔台[黑]	123	D6
克果[川]	378	D3
克井[豫]	261	E8
克觉[川]	367	C9
克枯[川]	377	F9
克拉玛依市[新]	453	D7
克勒沟[冀]	53	C8
克里阳[新]	455	E6
克力代[内蒙古]	83	F8
克利[黑]	123	F7
克林[黑]	125	E6
克令[新]	452	B2
克玛[藏]	408	F4
克山县[黑]	122	B3
克什克腾旗[内蒙古]	83	E6
克一河[内蒙古]	81	B7
克音河[黑]	130	D2
克孜勒[新]	454	D3
克孜勒[新]	455	B8
克孜勒阿瓦提[新]	454	D4
克孜勒苏[新]	454	C3
克孜勒陶[新]	454	D2
客店[鄂]	283	C7
客坊[闽]	210	B2
客楼[黔]	388	D3
客路[粤]	327	D7
客田[黔]	391	B7
垦利县[鲁]	241	D8
坑底[闽]	209	C7
坑口[皖]	201	E8
坑口[粤]	328	C4
坑口[粤]	328	F4
坑口[浙]	177	C9
坑田[赣]	232	B4
坑园[闽]	206	B2
坑镇[陕]	423	B8
坑仔口[闽]	213	C6
坑梓[粤]	321	C7
空壳树[湘]	298	B3
空山[川]	369	B8
空冢郭[豫]	268	E4
崆峒[陇]	432	F3
孔城[皖]	198	C2
孔村[鲁]	239	E9
孔店[皖]	189	C10
孔国[黑]	122	C2
孔集[豫]	267	C6
孔家坊[鄂]	286	C4
孔家窝堡[内蒙古]	83	E9
孔隆[藏]	408	E4
孔垄[鄂]	287	A8
孔玛[藏]	408	F5
孔明[川]	362	F2
孔坪[川]	376	D4
孔雀[川]	364	B5
孔雀[川]	373	B8
孔雀[川]	374	F3
孔色[川]	378	C5
孔氏[晋]	67	C10
孔滩[川]	374	A4
孔田[赣]	229	D9
孔湾[鄂]	281	F8
孔溪[川]	364	F2
孔玉[川]	379	A6
孔镇[鲁]	238	C3
孔庄[豫]	267	E9
恐龙[川]	365	C7
口埠[鲁]	242	C5
口东[津]	41	E7
口江[黔]	389	C8
口头[冀]	49	A6
口头坝[陇]	429	C10
口镇[鲁]	49	C9
口镇[陕]	419	D7
口孜[皖]	191	D8
叩官[鲁]	253	C7
扣河子[内蒙古]	83	F8
扣庄[冀]	54	C5
寇店[豫]	263	C9
寇家河[陕]	418	D3
寇家塬[陕]	423	B9
哭泉[陕]	419	B8
窟窿山[冀]	52	D5
苦水[陇]	428	F3
苦竹[鄂]	287	B7
苦竹坪[湘]	298	B2
库车县[新]	455	B9
库都尔[内蒙古]	81	C8
库尔勒市[新]	457	E6
库尔玛[新]	454	D4
库尔特[新]	450	C4
库科西鲁格[新]	454	E2
库拉木勒克[新]	457	E9
库兰萨日克[新]	454	B4
库勒拜[新]	450	G2
库伦[内蒙古]	79	D8
库伦旗[内蒙古]	83	F9
库伦图[内蒙古]	79	D8
库米什[新]	456	F3
库莫[川]	367	C8
库木巴什[新]	455	B8
库木库萨尔[新]	454	D4
库普[新]	452	C5
库区[豫]	263	E7
库如奇[内蒙古]	81	A9
库山[鲁]	253	B6
库斯拉甫[新]	454	E2
库依[川]	367	C8
库庄[豫]	268	C2
库宗[湘]	302	D5
垮沙[川]	377	D6
跨塘[苏]	161	D7
快尔玛[青]	439	A9
宽邦[辽]	93	D7
宽城满族自治县[冀]	53	F9
宽川[陇]	429	C7
宽川[陕]	420	E3
宽甸满族自治县[辽]	99	D7
宽阔[黔]	390	D3
宽坪[黔]	391	E6
宽田[赣]	229	C6
宽裕[川]	367	E7
款场[黔]	388	B5
款庄[滇]	397	D7
匡城[豫]	266	D4
匡河[鄂]	286	C5
匡堰[浙]	170	F4
况场[川]	375	C7
矿洞沟[辽]	99	A10
矿坑[鲁]	252	E3
矿区[晋]	69	C6
矿山[滇]	398	B3
矿山[冀]	61	E7
矿山[湘]	302	B3
矿山集[皖]	188	D5
岿美山[赣]	229	E10
奎德素[辽]	92	E3
奎山[黑]	131	B6
奎山[鲁]	253	D7
奎苏[新]	456	C2
奎屯市[新]	453	F7
奎溪[湘]	298	G4
奎香[滇]	402	D4
奎洋[闽]	212	B1
奎依巴格[新]	454	E3
葵山[滇]	398	F3
葵潭[粤]	318	E5
葵阳[桂]	339	D7
葵涌[港]	458	B3
葵涌[粤]	321	C7
魁斗[闽]	213	D7
魁多[川]	379	B10
魁圩[桂]	342	F5
坤都[内蒙古]	83	D7
坤都冷[内蒙古]	83	C8
坤都岭[内蒙古]	83	E8
坤都营子[辽]	92	E5
坤兑滩[内蒙古]	79	D6
坤河[黑]	124	C4
坤密尔堤[内蒙古]	81	A9
坤平[桂]	342	D4
昆仑[桂]	334	D5
昆仑[鲁]	242	D3
昆明市[滇]	397	E7
昆莎[藏]	408	D1
昆山[皖]	199	D10
昆山市[苏]	161	D8
昆铜[浙]	168	D3
昆阳[浙]	178	D5
昆玉市[新]	455	E7
昆寨[黔]	386	E4
括苍[浙]	176	D3
括山[浙]	179	D8
阔达[川]	368	B2
阔洪奇[新]	452	B2
阔什艾日克[新]	454	D3
阔什萨特玛[新]	457	F8
阔什塔格[新]	455	E6
阔斯特克[新]	450	F3
L		
拉巴[滇]	407	F7
拉白[川]	367	B8
拉波[川]	379	D8
拉伯[滇]	404	C4
拉布[青]	441	E10
拉藏[藏]	408	F3
拉达[川]	367	D8
拉多[藏]	409	D10
拉法[吉]	109	D9
拉沟[桂]	337	E10
拉古[辽]	95	F8
拉果[川]	367	D9
拉哈[黑]	122	D3
拉吉[川]	367	B8
拉加[青]	440	E4
拉井[滇]	405	E6
拉克[川]	367	C8
拉拉河[吉]	113	B6
拉揽[黔]	385	B6
拉浪[桂]	344	C4
拉利[桂]	344	C4
拉烈[桂]	344	C5
拉林[黑]	120	D3
拉林[吉]	111	D9
拉洛[藏]	408	F5
拉马[川]	367	F8
拉咪[川]	367	C9
拉莫[川]	367	B8
拉木阿觉[川]	367	C9
拉普[川]	367	B8
拉仁[桂]	344	C4
拉仁关[陇]	432	B3
拉日马[川]	378	C5
拉萨市[藏]	409	E7
拉僧庙[内蒙古]	80	G3
拉市[滇]	405	C6
拉斯特[新]	450	E3
拉绥[藏]	409	F7
拉哇[川]	379	F7
拉乌[滇]	405	B8
拉一木[川]	367	C9
拉孜[藏]	408	F5
拉孜[藏]	409	E8
拉孜县[藏]	408	F5
砬门子[吉]	114	D1
喇叭[黔]	390	F4
喇叭沟门[京]	32	B5
喇嘛甸[黑]	123	C7
喇嘛甸[吉]	112	E3
喇嘛洞[辽]	93	E7
喇嘛湾[陇]	430	C4
喇嘛湾[内蒙古]	79	F7
喇嘛湾[内蒙古]	80	A2
喇嘛垭[川]	379	E7
喇嘛昭[新]	453	B7
腊尔山[湘]	301	F8
腊久[藏]	409	E9
腊口[浙]	181	C7
腊勐[滇]	403	D8
腊市[赣]	228	G2
腊树[皖]	198	E4
腊窝[川]	367	C7
腊子[陇]	432	C4
来安[苏]	151	D6
来安县[皖]	193	D6
来榜[皖]	198	F2
来宾[滇]	398	B4
来宾市[桂]	345	E9
来多[藏]	408	E4
来凤[川]	373	B9
来凤县[鄂]	290	F3
来福[吉]	110	C5
来复[川]	374	D4
来集[豫]	260	D4
来龙[川]	368	E4
来龙[苏]	150	E5
来龙[豫]	273	D8
来马[川]	378	E4
来牟[川]	373	E6
来苏[川]	364	C4
来苏[渝]	354	E2
来仪[川]	364	C4
来义[台]	460	F3
来远[晋]	67	E7
来舟[闽]	208	F3
来紫堡[陇]	428	E4
涞水县[冀]	57	C8
涞滩[渝]	354	B4
涞源县[冀]	56	C5
莱河[鲁]	254	F5
莱山[鲁]	251	D6
莱山区[鲁]	251	D6
莱芜市[鲁]	249	C9
莱西市[鲁]	244	C2
莱溪[赣]	225	C7
莱阳市[鲁]	250	F4
莱州市[鲁]	250	E2
赖村[赣]	228	B5
赖店[闽]	207	F7
赖坊[闽]	210	F3
赖源[闽]	215	C7
濑湍[桂]	343	B8
兰采[青]	437	C7
兰草[川]	369	D7
兰村[晋]	72	C4
兰村[湘]	303	D9
兰村[湘]	306	A3
兰底[鲁]	244	E4
兰店[辽]	103	C8
兰店[豫]	272	D4
兰干[新]	452	A1
兰干[新]	454	C2
兰干[新]	455	E8
兰岗[黑]	131	D9
兰高[鲁]	250	C4
兰河[黑]	130	E5
兰河峪[辽]	98	E3
兰家[吉]	108	D2
兰家[辽]	100	B3
兰江[湘]	302	F5
兰巨[浙]	180	E4
兰考县[豫]	266	B4
兰棱[黑]	120	D2
兰里[湘]	306	A4
兰岭[黑]	127	F9
兰陵[鲁]	252	F3
兰木[桂]	344	F4
兰坪白族普米族自治州[滇]	405	E7
兰桥[皖]	187	F9
兰桥[渝]	356	E3
兰青[豫]	272	D5
兰蓉[湘]	306	F5
兰山[吉]	114	D1
兰山[辽]	95	E8
兰山区[鲁]	252	E4
兰石[粤]	324	G2
兰石[粤]	327	B10
兰市[湘]	305	C8
兰滩[陕]	421	C7
兰塘[浙]	77	B10
兰田[黔]	388	B4
兰田[桂]	336	C2
兰田[皖]	201	E7
兰亭[浙]	172	C4
兰沃[鲁]	240	C2
兰西县[黑]	130	E5
兰溪[鄂]	287	D6
兰溪[湘]	299	E9
兰溪[湘]	304	F2
兰溪市[浙]	174	C3
兰洋[琼]	346	C5
兰英[渝]	357	D9
兰州市[陇]	428	E4
兰州湾[新]	451	G8
兰字[吉]	110	E5
岚安[川]	379	A7
岚城[晋]	73	B9
岚城[闽]	207	A6
岚峰[渝]	354	C3
岚皋县[陕]	421	E9
岚谷[闽]	208	B4
岚关[黔]	384	C3
岚角山[湘]	304	B3
岚桥[湘]	305	F6
岚山[苏]	149	F6
岚山区[鲁]	253	E7
岚水[晋]	70	D5
岚天[渝]	357	B6
岚头[黔]	386	A3
岚下[闽]	208	E3
岚县[晋]	73	B9
岚峪[晋]	67	F7
拦江[川]	365	F8
拦隆口[青]	436	C4
栏杆[皖]	189	D6
栏杆[豫]	273	D9
栏杆堡[陕]	422	B5
栏杆集[皖]	199	C6
栏垅[湘]	302	D5
蓝村[鲁]	244	E5
蓝坊[赣]	227	D7
蓝坊[粤]	323	B8
蓝口[粤]	316	C4
蓝旗[冀]	53	D7
蓝旗[辽]	99	F9
蓝旗卡伦[冀]	53	C8
蓝旗营[冀]	53	G8
蓝桥[陕]	416	A4
蓝山县[湘]	304	E4
蓝塘[粤]	317	C6
蓝田[川]	375	C7
蓝田[闽]	213	D6
蓝田[粤]	316	F4
蓝田县[陕]	416	B3
蓝溪[闽]	215	E9
蓝钟[粤]	328	B2
澜沧拉祜族自治县[滇]	407	F7
澜河[粤]	315	A9
澜石[粤]	313	E6
榄核[粤]	313	F7
榄圩[桂]	343	C7
烂坝子[川]	367	C10
烂泥箐[滇]	404	B5
滥坝[川]	375	C6
郎岱[黔]	387	D6
郎德[黔]	389	E6
郎公庙[豫]	264	F3
郎恒[滇]	401	E10
郎君[鄂]	284	E2
郎木寺[川]	377	A8
郎木寺[陇]	432	C3
郎如[新]	455	E7
郎溪[黔]	391	E8
郎溪县[皖]	194	B5
郎中[豫]	265	E7
狼城岗[豫]	260	A2
狼山[冀]	51	B7
狼山[内蒙古]	78	D3
狼山[苏]	153	E9
狼牙山[冀]	57	D6
廊坊市[冀]	52	C2
廊田[粤]	315	B7
廊下[沪]	139	D7
琅环[川]	367	C7
琅琚[赣]	224	C4
琅岐[闽]	206	B3
琅塘[湘]	302	A2
琅琊[川]	369	F7
琅琊[鲁]	245	F8
琅琊[浙]	174	D3
琅琊区[皖]	193	E6
榔口[鄂]	280	E5
榔坪[鄂]	291	C7
榔桥[皖]	195	E7
朗洞[黔]	389	D7
朗家庄[冀]	56	E5
朗江[湘]	306	D3
朗土[粤]	325	C6
朗溪[湘]	301	C10
朗溪[渝]	355	E9
朗霞[浙]	170	G4
朗县[藏]	409	F8
朗乡[黑]	126	F2
阆中市[川]	364	D4
崀山[湘]	307	F6
浪拔湖[湘]	299	C8
浪波[藏]	409	G7
浪川[浙]	166	F2
浪堤[滇]	400	E3
浪洞[黔]	388	F4
浪多[川]	378	F3
浪河[鄂]	280	C5
浪卡子县[藏]	409	F6
浪平[桂]	339	E8
浪平[桂]	342	E2
浪坪[渝]	355	E10
浪坪[渝]	356	C1
浪桥[滇]	401	F7
浪水[桂]	339	C10
浪头[辽]	99	E9
浪珠[川]	367	D9
捞村[黔]	385	B9
捞刀河[湘]	296	D5
劳村[浙]	166	G4
劳店[鲁]	247	C8
劳动[川]	372	F3
劳动[川]	373	B8
劳动[黑]	130	F4
劳山[陕]	417	C8
崂山区[鲁]	245	C6
醪桥[赣]	232	C4
醪田[湘]	307	C6
老凹坝[黔]	386	D4
老坝港[苏]	153	E6
老堡[桂]	337	B8
老边区[辽]	99	B8
老厂[滇]	398	B1
老厂[滇]	398	E4
老厂[滇]	398	E5
老厂[滇]	400	C2
老厂[滇]	400	E5
老厂[黔]	387	F8
老场[川]	376	C3
老城[滇]	396	C5
老城[鄂]	288	C2
老城[鄂]	291	D9
老城[辽]	94	E4
老城[辽]	94	F4
老城[陇]	432	F5
老城[鲁]	238	G5
老城[鲁]	248	C4
老城[琼]	347	B6
老城[豫]	268	B4
老城[豫]	269	F7
老城[豫]	269	G8
老城[豫]	270	E4
老池[川]	365	E8
老大房[辽]	91	F8
老大杖子[辽]	93	F7
老道寺[陕]	420	D3
老店[滇]	403	F6
老店[豫]	264	E5
老顶山[晋]	70	C5
老范寨[滇]	401	G6
老房身[内蒙古]	83	E6
老坟嘴[黔]	384	C3
老峰[皖]	198	C3
老府[内蒙古]	83	F6
老港[沪]	140	B2
老高川[陕]	422	B4
老关[赣]	228	G2
老观[川]	364	D4
老观[皖]	191	E10
老观坨[辽]	91	E9
老官地[辽]	92	F1
老官寨[冀]	60	A5
老河[豫]	272	B4
老河坝[川]	372	F3
老河口市[鄂]	281	D7
老河头[冀]	57	E8
老河土[辽]	96	C5
老黑山[黑]	131	A10
老湖[鲁]	248	E2
老虎岗[黑]	130	F4
老虎台[新]	455	A8
老虎屯[辽]	102	C4
老回龙[滇]	401	E6
老集[皖]	191	G8
老集寨[滇]	400	F4
老街[川]	367	F7
老街[豫]	272	B5
老街基[黑]	120	E5
老金厂[吉]	109	F9
老军[陇]	431	D6
老君[川]	365	C7
老君[川]	369	D9
老君[川]	373	B7
老君[陕]	420	D3
老君殿[陕]	423	D9
老君井[川]	373	B6
老君庙[豫]	272	B5
老君坡[陇]	428	C4
老君山[滇]	405	E6
老口[川]	367	F9
老莱[黑]	122	C2
老粮仓[湘]	296	E2
老林[川]	364	B5
老龙[川]	373	C7
老马[川]	368	E4
老麦[滇]	403	C8
老梅[皖]	198	C2
老勐[滇]	400	F4
老庙[陕]	417	C10
老庙[陕]	424	D2
老庙[皖]	191	C8
老木[川]	364	C4
老碾[川]	367	E7
老鹏[桂]	344	F3
老奇台[新]	451	B9
老僧堂[鲁]	254	C5
老沙湾[新]	453	E8
老山头[黑]	123	D9
老烧锅[内蒙古]	83	F6
老舍[苏]	152	B1
老舍窠[陕]	423	C10
老四平[辽]	94	E2
老台[新]	451	D8
老头沟[吉]	115	E7
老屯[黔]	388	E5
老湾[鄂]	289	E9
老湾[皖]	198	A2
老王岗[豫]	273	B6
老王集[豫]	267	E6
老圩[苏]	154	B2
老翁[川]	375	D6
老窝[滇]	405	F8
老窝[豫]	268	E5
老窝铺[冀]	53	B6
老县[陕]	421	D8
老新[鄂]	289	D6
老兴[湘]	301	B8
老鸦庄[冀]	51	E6
老鸭[川]	364	D5
老颜集[豫]	267	C6
老爷庙[辽]	92	E5
老爷庙[豫]	265	E6
老鹰山[黔]	386	E5
老营[川]	377	G7
老营[滇]	403	C7
老营盘[赣]	233	C7
老砦[鲁]	255	E7
老寨[滇]	401	E6
老寨子[川]	367	D9
老张集[苏]	151	C6
老赵庄[鲁]	240	B3
老冢[豫]	269	C7
老洲[皖]	194	C2
老洲[皖]	198	A2
老竹[浙]	181	B6
老庄[陕]	420	C2
老庄[豫]	271	E6
老庄子[冀]	54	D3
老子山[苏]	151	E8
姥桥[皖]	199	A7
潦河[豫]	271	E7
潦河坡[豫]	271	D7
涝店[陕]	416	E3
涝口[皖]	193	C6
涝坡[鲁]	253	D6
涝洼[冀]	53	F7
涝洲[黑]	131	E6
乐安[川]	367	D9
乐安[川]	368	F4
乐安[川]	378	D5
乐安[湘]	299	G6
乐安铺[湘]	306	E4
乐安寺[川]	364	F2
乐安县[赣]	225	F6
乐坝[川]	369	B6
乐昌市[粤]	315	B6
乐城[粤]	328	E4
乐城[粤]	315	B6
乐从[粤]	313	E6
乐德[川]	373	E7
乐东黎族自治县[琼]	346	E3
乐洞[赣]	229	G8
乐都[川]	372	D2
乐都县[青]	436	B5
乐丰[滇]	398	B4
乐丰[赣]	230	C4
乐峰[闽]	213	D8
乐福堂[湘]	304	D3
乐港[赣]	221	F8
乐红[滇]	402	F5
乐化[赣]	220	C3
乐加[川]	368	F4
乐俭[黔]	390	C4
乐江[桂]	336	B1
乐居[滇]	402	F4
乐里[黔]	389	D7
乐陵市[鲁]	238	B3
乐民[黔]	387	G8
乐民[桂]	341	A9
乐民[粤]	327	D6
乐平[黔]	386	B5
乐平[粤]	313	D6
乐平[浙]	166	C5
乐平铺[鲁]	240	D4
乐平市[赣]	221	F8
乐桥[皖]	199	F10
乐青地[川]	367	B8
乐清市[浙]	178	B5
乐秋[滇]	405	C10
乐群[黑]	120	D2
乐山[黔]	390	F2
乐山[吉]	108	F2
乐山[吉]	112	B3
乐山市[川]	372	C3
乐善[川]	365	C8
乐胜[吉]	110	C5
乐诗冲[滇]	401	E6
乐素河[陕]	420	F2
乐堂堡[陕]	423	C10
乐天溪[鄂]	291	C8
乐亭县[冀]	54	F5
乐土[皖]	191	B7
乐土驿[新]	451	F8
乐旺[黔]	387	B9
乐武[川]	367	C8
乐贤[川]	373	E9
乐兴[川]	364	C5
乐兴[川]	368	E2
乐业[滇]	398	B2
乐业[黑]	120	B2
乐业[黑]	129	C6
乐业[黑]	130	D2
乐业县[桂]	342	E2
乐义[川]	374	F5
乐育[滇]	400	E3
乐元[黔]	387	C9
乐园[赣]	222	C5
乐园[粤]	315	C7
乐约[川]	367	C9
乐跃[川]	367	E8
乐至县[川]	373	B8
乐治[黔]	386	D4
勒功[赣]	221	B9
勒流[粤]	313	F6
勒马[豫]	267	E6
勒乌[川]	372	F1
勒乌[川]	377	F7
雷坝[陇]	429	C8
雷波县[川]	367	C10
雷埠[皖]	198	E4
雷城[粤]	327	E7
雷池[川]	367	C9
雷池[皖]	198	D5
雷赤[陕]	417	A8
雷村[陕]	424	D3
雷打石[湘]	303	B7
雷大[陇]	432	G2
雷甸[浙]	168	B4
雷洞[黔]	389	A8
雷峰[闽]	213	B7
雷峰[浙]	176	D3
雷锋[湘]	296	D5
雷高[粤]	327	E8
雷公[鄂]	284	C1
雷公尖[赣]	227	B7
雷公庙[湘]	299	C6
雷公塔[湘]	299	A7
雷官[皖]	193	E7
雷集[鲁]	239	F6
雷家[川]	373	B7
雷家店[鄂]	286	B4
雷家店[辽]	93	D6
雷家碛[晋]	73	C7
雷家洼[陕]	424	D3
雷岭[粤]	319	E7
雷龙湾[陕]	423	F7
雷鸣[琼]	347	C7
雷平[桂]	343	C7
雷坪[湘]	305	C6
雷山县[黔]	389	E7
雷堂[豫]	273	F8
雷王[陇]	429	C7
雷圩[桂]	342	D5
雷溪[赣]	230	F5
雷牙[陕]	424	C2
雷音[川]	373	F6
雷塬[陕]	419	A9
雷寨[豫]	273	D6
雷州市[粤]	327	E7
雷庄[冀]	54	D4
耒阳市[湘]	303	F7
垒头[冀]	58	D5
磊口[豫]	264	B3
磊石[湘]	300	E3
类乌齐[藏]	409	D9
类乌齐县[藏]	409	D9
擂鼓[川]	368	D2
擂鼓[鄂]	280	D2
冷湖[青]	439	E7
冷集[鄂]	281	D6
冷家[川]	365	A8
冷坑[粤]	328	B3
冷口[晋]	75	D6
冷碛[川]	379	A7
冷泉[滇]	400	E5
冷市[湘]	299	F6
冷水[鄂]	283	D8
冷水[赣]	230	G5
冷水[陕]	421	C7
冷水[湘]	304	E4
冷水[渝]	355	B10
冷水[豫]	262	F5
冷水[浙]	175	E7
冷水关[渝]	355	D6
冷水江市[湘]	302	B3
冷水井[湘]	304	C4
冷水铺[湘]	300	C3
冷水溪[黔]	391	D9
冷水溪[湘]	306	C3
冷子堡[辽]	91	E8
梨丰[黑]	128	D3
梨河[豫]	260	C4
梨花[内蒙古]	79	E8
梨林[豫]	261	E9
梨木[桂]	338	G3
梨坪[陇]	429	C9
梨树[黔]	386	D3
梨树[黑]	128	F2
梨树[吉]	112	D3
梨树[渝]	357	F6
梨树区[黑]	127	F10
梨树县[吉]	112	D3
梨溪[赣]	224	D5
梨溪口[湘]	306	C3
梨园[川]	376	E2
梨园[滇]	398	A2
梨园[京]	34	E3
梨园[豫]	265	D8
梨园屯[冀]	60	B4
狸桥[皖]	194	D5
犁埠[桂]	338	D4
犁川[晋]	71	D9
犁市[粤]	315	B7
犁头[湘]	304	E4
犁倭[黔]	384	G4
漓江[川]	364	D3
漓渚[浙]	172	C4
黎安[川]	367	E8
黎坝[陕]	420	B5
黎埠[粤]	314	D3
黎场[渝]	355	A9
黎城县[晋]	70	B3
黎川县[赣]	225	B6
黎村[桂]	339	E10
黎洪[川]	367	G7
黎集[豫]	273	F10
黎家[川]	365	A8
黎家坪[湘]	304	A3
黎家湾[陇]	428	E5
黎咀[粤]	316	B2
黎口[粤]	315	B9
黎里[苏]	161	F7
黎民居[冀]	59	C6
黎明[滇]	404	D5
黎明[滇]	407	B7
黎明[桂]	342	B4
黎明[黑]	123	C6
黎明[黑]	131	E6
黎母山[琼]	346	D5
黎平县[黔]	389	B7
黎少[粤]	324	C4
黎曙[川]	368	F3
黎树[川]	369	B9
黎水[渝]	355	C10
黎水[渝]	356	A2
黎塘[桂]	335	D7
黎托[湘]	296	D5
黎圩[赣]	224	C3
黎溪[川]	367	G7
黎溪[粤]	315	F6
黎雅[川]	368	D4
黎阳[皖]	201	F7
黎阳[豫]	264	D5
篱笆[皖]	191	B7
藜山[黔]	384	C4
蠡县[冀]	57	F8
礼安[川]	365	D7
礼陂[赣]	224	E5
礼纪[琼]	347	E7
礼嘉[苏]	157	E6
礼嘉[渝]	354	C4
礼乐[川]	365	D7
礼乐[粤]	325	C10
礼林[赣]	221	F8
礼门[闽]	209	E6
礼明庄[津]	41	C8
礼泉县[陕]	419	D6
礼让[渝]	356	F3
礼让店[冀]	52	D1
礼士[粤]	316	C3
礼贤[京]	31	F8
礼县[陇]	429	C7

L 礼李里俚理鲤澧醴力历厉立丽浰利励沥栎荔郦栗溧连涟莲联廉濂镰练炼埌良凉梁粮两亮晾辽聊廖寮燎蓼料列烈邻林临淋霖磷鳞麟蔺伶灵岭堎玲凌陵菱零酃溜刘

地名[省别]	地图位置	
礼辛[陇]	429	C6
礼义[晋]	71	C7
礼元[晋]	75	D6
礼州[川]	367	C7
李坝[川]	376	D4
李堡[苏]	153	F6
李埠[鄂]	288	C4
李埠口[豫]	269	E7
李沧区[鲁]	245	C6
李曹[晋]	74	C2
李昌港[湘]	299	E8
李场[川]	374	C4
李冲[皖]	189	B8
李村[冀]	49	C6
李村[冀]	60	E4
李村[鲁]	254	C2
李村[豫]	263	C9
李达窑[晋]	68	B4
李大庄[豫]	269	D6
李典[苏]	155	E7
李店[鄂]	282	B4
李店[鄂]	284	D2
李店[辽]	102	C4
李店[陇]	432	G2
李店[豫]	271	E8
李店[豫]	273	D9
李都[川]	368	G3
李渡[川]	365	D7
李渡[川]	369	F7
李渡[赣]	220	G5
李渡[渝]	355	C6
李端[川]	374	D5
李墩[闽]	209	E7
李二堡[青]	436	A5
李坊[闽]	208	D1
李馥[川]	369	E7
李高[晋]	70	D5
李哥庄[鲁]	244	E5
李阁[鲁]	255	E6
李关[黔]	387	E8
李官[辽]	102	A4
李官[鲁]	252	D4
李浩寨[滇]	400	D4
李河[渝]	356	F5
李恒[苏]	150	C5
李集[鄂]	278	C5
李集[鲁]	254	B4
李集[苏]	149	G7
李集[苏]	150	C5
李集[豫]	267	D8
李集[豫]	268	D4
李集[豫]	273	F9
李家[川]	364	D2
李家[川]	365	D6
李家[川]	369	F8
李家[川]	373	D10
李家[闽]	210	F3
李家[青]	436	A5
李家[湘]	300	F3
李家[浙]	166	G4
李家堡[冀]	51	C6
李家堡[辽]	93	E9
李家堡[陇]	428	D5
李家岔[陕]	417	C6
李家地[冀]	50	F2
李家店[陇]	429	C6
李家墩[鄂]	279	E6
李家沟[晋]	72	F3
李家河[鄂]	290	F4
李家河[陕]	418	B2
李家户[鲁]	238	F5
李家集[鄂]	278	E4
李家坪[晋]	72	E3
李家铺[湘]	299	B7
李家山[青]	436	C4
李家塔[陕]	423	C10
李家台[辽]	94	C5
李家田[湘]	301	F10
李家疃[冀]	61	C9
李家湾[晋]	73	E7
李家巷[浙]	168	C2
李家营[冀]	53	F7
李家营[鲁]	243	E9
李家营[鲁]	245	F6
李家寨[豫]	272	F5
李家站[陕]	423	C7
李家庄[晋]	67	C9
李家庄[晋]	67	D9
李进士堂[鲁]	254	B3
李俊[宁]	442	D3
李俊[宁]	443	D8
李口[苏]	151	E7
李口[豫]	267	E7
李口[豫]	271	B9
李老家[豫]	267	D8
李老庄[豫]	269	G8
李良子[陇]	432	E4
李楼[豫]	263	C8
李楼[鄂]	281	D7
李楼[皖]	187	D9
李楼[豫]	269	D8
李炉[吉]	114	C2
李庙[鄂]	281	E7
李庙[陕]	425	D7
李埝[苏]	150	E2
李七庄[津]	38	D4
李棋[滇]	400	C3
李旗庄[冀]	52	A3
李千户[辽]	95	F7
李桥[川]	364	D5
李桥[川]	373	F8
李桥[京]	34	C2
李桥[陇]	431	D6
李桥[豫]	273	C7
李亲顾[冀]	57	G6
李清[渝]	354	G10
李清[渝]	356	D2
李渠[陕]	417	B8
李权庄[鲁]	244	C3
李鹊[鲁]	241	G7
李山[陇]	429	B8
李石[辽]	95	F8
李市[川]	373	E9
李市[鄂]	283	D10
李市[渝]	354	E3
李树[湘]	306	C2
李遂[京]	34	C3
李台[鲁]	240	F2
李台[陕]	418	D5
李堂[豫]	266	B5
李堂[豫]	273	E7
李天木[冀]	59	C8
李田楼[鲁]	254	F5
李屯[鲁]	239	E7
李屯[豫]	273	B6
李万[豫]	261	B8
李旺[宁]	443	D7
李熙桥[湘]	306	D5
李相[辽]	91	B8
李孝河[陕]	423	D8
李新店[豫]	272	D5
李新庄[鲁]	254	E5
李兴[皖]	190	F5
李阳[晋]	67	D9
李营[鲁]	255	C6
李郢孜[皖]	189	C9
李郁庄[冀]	57	C9
李元[晋]	70	F3
李园[鲁]	244	F3
李原[豫]	266	F5
李源屯[豫]	264	E4
李宅[赣]	231	C7
李寨[晋]	71	E8
李寨[陇]	430	C5
李寨[豫]	267	G9
李寨[豫]	269	G7
李钊庄[冀]	54	E2
李中[苏]	154	D3
李庄[川]	374	C5
李庄[冀]	57	F7
李庄[鲁]	247	E7
李庄[鲁]	252	F4
李庄[皖]	188	B3
李庄[豫]	264	G5
李庄[豫]	267	C7
李庄[豫]	271	B9
李子[川]	367	C7
李子[滇]	402	C3
李子[陇]	429	B7
李子坪[川]	366	C5
里坝[川]	365	D7
里岔[鲁]	245	F6
里城道[冀]	49	C8
里程[川]	368	E4
里村[晋]	74	D5
里达[滇]	401	E10
里当[桂]	334	A4
里洞[粤]	325	C7
里高[桂]	337	G7
里湖[桂]	344	E2
里湖[粤]	318	D5
里克[川]	367	A8
里澜城[冀]	52	D3
里老[冀]	58	G5
里龙[藏]	409	F8
里南[浙]	172	F5
里仁[川]	372	A4
里仁[赣]	229	E9
里仁[渝]	356	D3
里山[滇]	400	C4
里山[皖]	200	B4
里山[浙]	167	C8
里商[浙]	166	F3
里市[渝]	357	F6
里水[粤]	313	D6
里松[桂]	338	B4
里塔[赣]	225	D6
里潭[鄂]	284	F2
里坦[冀]	52	G2
里田[闽]	210	E3
里田[湘]	305	E7
里崴[滇]	406	D3
里心[闽]	210	B3
里辛[鲁]	249	D9
里阳[浙]	179	E7
里耶[湘]	301	D7
里雍[桂]	337	F9
里则[鲁]	247	D8
里砦[晋]	74	C5
里庄[川]	367	C7
里庄[苏]	156	D4
俚岛[鲁]	251	E10
理川[陇]	429	D7
理端[桂]	339	B9
理公港[湘]	298	D5
理合务[鲁]	238	C4
理化[黔]	386	D4
理家坪[湘]	304	D3
理塘县[川]	379	D7
理务关[鲁]	245	G8
理县[川]	377	F9
鲤南[闽]	207	F7
鲤溪[湘]	304	D4
鲤溪[浙]	178	C4
鲤鱼江[湘]	305	C7
鲤鱼塘[湘]	305	C8
澧东[湘]	299	B7
澧南[湘]	299	B7
澧浦[浙]	174	D5
澧田[赣]	232	F5
澧溪[赣]	222	D4
澧县[湘]	299	B7
醴陵市[湘]	303	B8
力洪[桂]	342	E2
力角[滇]	405	C8
力马[川]	367	F6
力所[滇]	407	G7
力洋[浙]	171	E7
历洞[粤]	324	B5
历经铺[湘]	296	D4
历口[皖]	200	E4
历山[晋]	75	B6
厉山[鄂]	282	E3
厉庄[苏]	150	D1
厉庄[豫]	266	D3
立仓[皖]	191	A7
立德[皖]	190	D5
立岗[宁]	442	C2
立化[黔]	385	A9
立节[陇]	432	C4
立山[川]	364	B5
立山区[辽]	100	B3
立石[川]	375	A8
立新[川]	368	E3
立新[鄂]	288	C4
立新[赣]	223	E7
立新[青]	441	D9
立远[陇]	429	A7
丽岙[浙]	179	C6
丽春[川]	362	C4
丽村[赣]	227	E8
丽岗[粤]	324	F2
丽江市[滇]	405	C6
丽水市[浙]	181	C7
丽新[浙]	181	B6
丽阳[赣]	221	E8
浰源[粤]	316	D2
利安[皖]	200	F2
利川市[鄂]	290	D2
利村[赣]	229	C7
利店[川]	372	E3
利东[黑]	120	B5
利发盛[吉]	111	G6
利福塔[湘]	298	C2
利港[苏]	159	A5
利国[鲁]	247	C10
利国[苏]	148	C5
利津县[鲁]	241	D7
利民[滇]	400	D4
利民[晋]	68	F2
利民[豫]	267	C8
利桥[陇]	429	A7
利溪[川]	365	C6
利辛县[皖]	191	C7
利周[桂]	342	E3
励家[辽]	97	B6
沥海[浙]	172	B5
沥林[粤]	317	F8
栎城[豫]	273	C7
栎阳[陕]	416	B1
荔堡[陇]	432	G4
荔波县[黔]	385	B8
荔城区[闽]	206	E6
荔浦县[桂]	336	F3
荔枝溪[湘]	307	F10
郦家坪[湘]	307	D8
栗川[陇]	429	B8
栗家庄[晋]	73	E9
栗江[湘]	303	F6
栗林[湘]	299	G6
栗木[黔]	385	F8
栗木[桂]	336	E4
栗木[湘]	303	D7
栗坪[湘]	306	A4
栗坡[湘]	307	F8
栗山[湘]	302	B5
栗山坝[湘]	303	C8
栗山河[湘]	299	F7
栗树[滇]	399	D10
栗溪[鄂]	283	F7
栗园[冀]	54	D3
栗园[京]	30	E4
栗源[湘]	305	F7
栗子[渝]	355	C8
栗子坝[陕]	420	B2
栗子房[辽]	103	B9
栗子坪[川]	376	G2
溧河[豫]	271	E7
溧河铺[豫]	271	G7
溧江[赣]	232	B2
溧水县[苏]	147	C7
溧阳市[苏]	156	F3
连城[赣]	224	E4
连城[陇]	428	G3
连城[皖]	187	D7
连城县[闽]	215	D7
连岛[苏]	150	B2
连洞[湘]	301	C9
连儿湾[陇]	428	E5
连丰[黑]	130	F3
连福[晋]	66	F4
连岗[黑]	130	E4
连湖[渝]	355	C9
连湖[渝]	356	A1
连环[黔]	387	D8
连江[皖]	192	E3
连江口[粤]	315	E6
连江县[闽]	206	C3
连界[川]	373	D7
连麦[粤]	328	B3
连木沁[新]	456	E3
连南瑶族自治县[粤]	314	C3
连平县[粤]	316	E2
连坪[湘]	305	C8
连山[川]	368	F2
连山[湘]	306	D3
连山关[辽]	98	G4
连山壮族瑶族自治县[粤]	314	D2
连生[黑]	128	C5
连滩[粤]	324	B5
连湾[辽]	93	B6
连五[陇]	428	B5
连云[苏]	150	B2
连云港市[苏]	150	C3
连云区[苏]	150	B2
连镇[冀]	59	F6
连州[粤]	324	C4
连州市[粤]	314	C3
连珠山[黑]	127	D9
连庄[冀]	60	A4
涟滨[湘]	302	B4
涟水县[苏]	151	C6
涟源市[湘]	302	B3
莲池[川]	365	D6
莲池[滇]	396	B4
莲池[豫]	269	F8
莲都[粤]	328	D2
莲峰[滇]	402	F3
莲峰[陇]	429	E6
莲荷[赣]	231	E6
莲荷[湘]	304	D5
莲湖[赣]	230	C3
莲花[川]	365	F8
莲花[川]	373	F7
莲花[川]	375	D7
莲花[赣]	223	C7
莲花[桂]	336	F4
莲花[黑]	120	A3
莲花[黑]	130	D3
莲花[黑]	131	C6
莲花[吉]	109	A8
莲花[辽]	94	D4
莲花[陇]	428	F4
莲花[陇]	429	B6
莲花[陇]	430	A3
莲花[陇]	432	G2
莲花[闽]	213	F6
莲花[湘]	296	E4
莲花[湘]	304	C5
莲花[渝]	357	E6
莲花[豫]	268	E3
莲花[粤]	328	E5
莲花[浙]	166	E5
莲花[浙]	177	B9
莲花池[陕]	425	C10
莲花山[滇]	403	F8
莲花山[赣]	230	A4
莲花山[吉]	112	D1
莲花寺[陕]	424	F3
莲花滩[滇]	401	F6
莲花滩[冀]	50	C3
莲花塘[滇]	401	E8
莲花县[赣]	228	F4
莲华[粤]	319	C8
莲江口[黑]	128	E2
莲麓[陇]	429	E6
莲山[赣]	230	A3
莲山[桂]	338	A3
莲山[辽]	102	C5
莲上[粤]	319	D8
莲塘[桂]	335	F7
莲塘[桂]	338	B4
莲塘[闽]	208	B5
莲塘[湘]	304	C5
莲塘[粤]	328	F4
莲塘坳[湘]	303	D8
莲下[粤]	319	D8
莲印[川]	369	F8
莲云[皖]	198	F2
莲洲[赣]	232	F5
莲洲[粤]	320	E2
莲庄[豫]	263	C7
莲子镇[冀]	60	D3
联安[粤]	318	F3
联补[川]	367	D9
联财[宁]	443	D10
联城[鲁]	252	B3
联发[黑]	130	E2
联合[川]	367	C7
联合[川]	368	G4
联合[川]	374	F4
联合[滇]	397	B7
联合[吉]	111	C6
联合[辽]	92	D4
联合[闽]	211	D8
联合[内蒙古]	78	D3
联合[内蒙古]	83	D8
联合[陕]	421	F9
联合[渝]	355	D9
联合[渝]	356	A1
联合[粤]	313	D8
联和[粤]	328	C5
联江[川]	376	C4
联络[川]	373	F8
联民[湘]	306	D4
联饶[粤]	319	C9
联升[川]	365	B6
联圩[赣]	220	B4
联兴[黑]	120	D2
联兴[黑]	124	D1
联云[浙]	177	F8
廉村[豫]	271	C9
廉江市[粤]	327	B8
廉桥[湘]	307	C9
廉庄[津]	40	E4
濂水[陕]	420	D3
濂竹[浙]	180	B5
镰刀湾[陕]	417	D6
练城[豫]	266	D3
练村[豫]	273	C8
练集[豫]	269	E7
练铺[皖]	192	C4
练市[浙]	168	A3
练寺[豫]	269	C6
练塘[沪]	138	E4
练塘[苏]	161	C7
炼铁[滇]	405	D8
埌南[桂]	338	F3
良安[川]	373	B8
良村[赣]	228	C4
良村[黔]	390	C2
良垌[粤]	327	B9
良坊[赣]	228	F4
良岗[冀]	57	C6
良光[粤]	324	G1
良江[桂]	345	E9
良教[青]	436	C4
良井[粤]	317	D8
良口[桂]	337	B8
良口[粤]	313	B9
良梨[皖]	188	B3
良马[晋]	74	A3
良亩[黔]	385	C6
良朋[浙]	168	E3
良平[陇]	432	F5
良圻[桂]	335	E6
良庆[桂]	334	E4
良庆区[桂]	334	E4
良曲[藏]	409	D8
良山[赣]	226	G5
良上[黔]	388	C5
良塘[桂]	345	E8
良田[黔]	387	C8
良田[桂]	339	F9
良田[宁]	442	D3
良田[湘]	305	D7
良田[粤]	318	D5
良王庄[津]	42	E1
良西[粤]	325	D7
良心堡[湘]	300	C2
良邑[陇]	432	G2
良寨[桂]	337	B7
良渚[浙]	167	B8
良庄[鲁]	249	E7
凉城县[内蒙古]	79	E8
凉风[川]	365	B6
凉风[川]	369	E9
凉江[湘]	303	D8
凉姜[川]	374	C5
凉泉[辽]	94	C5
凉泉[皖]	198	D5
凉伞[湘]	306	C1
凉山[川]	364	E3
凉山[川]	365	A8
凉山[滇]	396	C5
凉水[川]	364	C4
凉水[川]	364	F2
凉水[川]	373	B8
凉水[吉]	114	G2
凉水[吉]	115	E8
凉水河[鄂]	281	C6
凉水河[冀]	54	B4
凉水河[辽]	92	B3
凉水河子[吉]	114	D3
凉水井[黔]	391	E7
凉水井[湘]	307	F9
凉水口[湘]	298	B2
凉亭[皖]	198	C3
凉亭[皖]	198	F4
凉亭[豫]	273	F7
凉亭坳[湘]	306	B4
凉雾[鄂]	290	D2
凉垭[川]	364	B5
梁板[川]	365	A8
梁宝寺[鲁]	254	C5
梁北[豫]	268	B2
梁才[鲁]	247	D9
梁岔[苏]	151	C6
梁村[鲁]	240	A4
梁村[陕]	417	C7
梁村[陕]	418	D5
梁村[豫]	265	B7
梁村[粤]	328	C3
梁堤头[鲁]	254	F3
梁垛[苏]	152	G3
梁二庄[冀]	61	A7
梁格庄[冀]	57	C7
梁官[滇]	405	B6
梁河[陇]	432	G4
梁河县[滇]	403	E8
梁湖[浙]	173	C6
梁化[粤]	317	D7
梁集[冀]	58	F5
梁集[冀]	59	F6
梁集[苏]	149	F7
梁家[晋]	66	G2
梁家[鲁]	239	D6
梁家村[冀]	58	C4
梁家墩[陇]	430	C5
梁家坪[晋]	72	F3
梁家潭[湘]	301	E9
梁家湾[陕]	425	B9
梁家营[冀]	57	C9
梁家寨[晋]	67	A8
梁家庄[晋]	73	C9
梁庙[豫]	272	D5
梁弄[浙]	170	G5
梁平县[渝]	356	F3
梁坪[陇]	428	E4
梁邱[鲁]	252	E2
梁山[辽]	91	F6
梁山[陕]	419	D6
梁山[陕]	420	D3
梁山县[鲁]	254	B5
梁水[鲁]	240	C3
梁堂[鲁]	240	D1
梁头[津]	42	F2
梁屯[辽]	99	B10
梁洼[豫]	271	B8
梁徐[苏]	155	B6
梁永[川]	369	D7
梁园[皖]	186	B3
梁原[陇]	432	G4
梁寨[苏]	148	C2
梁寨[豫]	264	G4
梁召[冀]	58	A5
梁庄[晋]	69	D9
梁庄[豫]	265	D6
梁庄[豫]	265	D7
梁庄[豫]	267	E6
梁子[川]	367	F8
梁子湖区[鄂]	287	F7
粮市[湘]	302	F5
两安[桂]	338	B3
两板桥[川]	373	D10
两岔[湘]	301	B9
两岔河[川]	365	E6
两岔河[湘]	304	G3
两城[鲁]	253	C8
两城[鲁]	255	D7
两当县[陇]	429	A8
两渡[晋]	66	F3
两河[川]	365	A8
两河[川]	367	A8
两河[川]	368	F4
两河[川]	373	D7
两河[川]	375	F7
两河[川]	376	E2
两河[川]	377	F8
两河[滇]	402	D3
两河[鄂]	291	C10
两河[黔]	387	F7
两河[桂]	336	C4
两河[冀]	48	C5
两河[陇]	429	B9
两河[陕]	420	D3
两河[陕]	421	G6
两河[陕]	425	F8
两河[湘]	301	E7
两河[渝]	355	A8
两河[渝]	355	E10
两河[渝]	356	C2
两河口[川]	364	D1
两河口[川]	367	C8
两河口[川]	369	B8
两河口[鄂]	291	C7
两河口[黔]	390	B1
两河口[陕]	420	A4
两河口[陕]	420	E2
两河口[湘]	298	B2
两汇[渝]	355	C6
两家[冀]	53	D8
两家子[吉]	109	C7
两家子[吉]	111	C6
两家子[辽]	90	C2
两家子[辽]	96	B4
两间房[冀]	53	F7
两江[桂]	334	C4
两江[桂]	336	D2
两江[吉]	114	F5
两江[湘]	307	A6
两江[粤]	315	A6
两林[湘]	301	F8
两岭[陕]	425	C9
两龙[川]	375	E6
两路[川]	365	C6
两路[川]	376	D2
两路口[川]	368	F2
两门[豫]	265	E6
两面井[冀]	50	F3
两坪[渝]	357	E10
两山[冀]	55	D6
两水[桂]	336	B3
两水[陇]	429	D9
两亭[陕]	418	C4
两头羊[湘]	301	F8
两碗[滇]	402	D1
两汪[黔]	389	D7
两丫坪[湘]	307	B6
两宜[陕]	424	D4
两英[粤]	319	E7
两峪[鄂]	281	F6
两罾[渝]	355	F9
两罾[渝]	356	C1
亮兵[吉]	115	D6
亮岗[皖]	192	C3
亮河[黑]	121	E6
亮甲店[冀]	54	D2
亮甲店[辽]	102	E4
亮甲山[吉]	109	B8
亮甲台[冀]	53	F9
亮岩[黔]	386	D2
亮源[湘]	303	F7
亮中桥[辽]	94	F4
晾马台[冀]	57	D9
辽滨[辽]	97	C10
辽滨[辽]	99	B8
辽城[冀]	61	G7
辽河[辽]	97	C8
辽河源[吉]	112	B5
辽西[川]	378	E5
辽阳市[辽]	100	B3
辽阳县[辽]	100	B3
辽叶[湘]	301	B8
辽源市[吉]	112	B5
辽中区[辽]	91	F9
聊城市[鲁]	240	D3
廖场[川]	376	C4
廖家[川]	362	D4
廖家村[湘]	298	C2
廖家桥[湘]	301	F8
廖家湾[湘]	305	E7
廖田[湘]	303	E6
廖屯[辽]	97	D7
廖王坪[湘]	305	C7
寮步[粤]	320	A5
寮塘[赣]	232	E4
燎原[川]	362	E3
燎原[黔]	390	D3
燎原[黑]	130	F4
燎原[黑]	130	G4
燎原[陕]	421	F8
燎原[粤]	319	D6
蓼堤[豫]	266	C4
蓼花[赣]	223	D7
蓼江[湘]	305	C7
蓼兰[鲁]	244	F3
蓼南[赣]	223	D7
蓼坪[川]	367	A8
蓼泉[陇]	430	B4
蓼沿[闽]	206	C2
蓼叶[川]	364	B5
蓼子[渝]	357	B6
料甸[黑]	120	C3
料林[川]	376	F3
列瓦[川]	367	D6
列夕[湘]	301	D9
列衣[川]	379	E6
列屿[闽]	212	E2
烈面[川]	365	D7
烈桥[赣]	231	E6
烈山[皖]	188	D4
烈山区[皖]	188	D4
烈士[川]	376	D3
邻鄂[渝]	356	B2
邻封[渝]	355	C6
邻水县[川]	365	B8
邻玉[川]	375	C7
林扒[豫]	270	F5
林堡[冀]	57	F8
林尘[粤]	324	F1
林城[浙]	168	D2
林冲[湘]	306	C1
林川[青]	436	B4
林埭[浙]	169	C8
林堤[藏]	409	E7
林甸县[黑]	122	C5
林峒[桂]	344	F3
林坊[闽]	215	D7
林丰[川]	374	B5
林丰[辽]	94	C5
林峰[湘]	301	G8
林逢[桂]	342	C5
林凤[川]	373	C10
林皋[陕]	424	D2
林海[川]	367	E6
林海[吉]	110	C3
林海[吉]	112	E3
林湖[苏]	154	C3
林集[苏]	151	C8
林家村[鲁]	243	F8
林家地[内蒙古]	83	G8
林家坪[晋]	73	D7
林家屯[冀]	57	C9
林街[滇]	406	D3
林卡[藏]	409	E9
林口[滇]	402	B4
林口[黔]	386	D2
林口县[黑]	131	B6
林里[川]	367	B7
林南仓[冀]	54	D1
林农[川]	368	E5
林七[豫]	267	C6
林泉[赣]	223	D7
林泉[黔]	386	C4
林山[川]	368	E5
林山[浙]	177	B7
林畲[闽]	210	D4
林盛堡[辽]	91	C8
林坛[冀]	61	E8
林亭口[津]	41	E8
林头[皖]	199	C8
林头[粤]	324	F3
林头屯[冀]	54	D2
林圩[桂]	334	B3
林西[冀]	54	D1
林西县[内蒙古]	83	E6
林溪[桂]	337	A9
林溪[浙]	177	D6
林校路[京]	31	E7
林园[台]	460	F3
林源[黑]	123	D8
林寨[粤]	316	C3
林肇[豫]	261	C9
林遮峪[晋]	72	G3
林镇[陇]	432	E5
林芝[藏]	409	E8
林芝县[藏]	409	E8
林州市[豫]	264	B2
林周县[藏]	409	E7
林子[鲁]	238	C5
林梓[苏]	153	E8
临安市[浙]	167	B6
临巴[川]	369	F7
临北[皖]	187	C9
临北[皖]	192	B3
临蔡[豫]	269	D8
临沧市[滇]	399	E9
临城[冀]	60	E2
临城[闽]	215	E9
临城[苏]	154	D4
临城[浙]	170	B4
临池[鲁]	247	G8
临汾市[晋]	74	D4
临港[赣]	221	F9
临高县[琼]	346	B5
临桂县[桂]	336	D2
临海[苏]	152	B3
临海市[浙]	176	D3
临河[川]	369	B10
临河[冀]	58	D4
临河[苏]	151	E6
临河[豫]	273	D7
临河店[豫]	267	D6
临湖[赣]	231	D7
临湖[苏]	161	E6
临湖[皖]	191	D6
临淮[苏]	151	F8
临淮[皖]	192	B3
临淮岗[皖]	186	D4
临涣[皖]	188	E3
临济[川]	362	G2
临涧[鲁]	252	D2
临江[川]	365	D7
临江[川]	372	C3
临江[川]	373	B7
临江[鄂]	287	F6
临江[赣]	227	E7
临江[黑]	120	C2
临江[黑]	124	D1
临江[黑]	129	A7
临江[黑]	130	E4
临江[陇]	429	C9
临江[闽]	208	B4
临江[苏]	153	C9
临江[渝]	354	E3
临江[渝]	356	E4
临江[粤]	316	D5
临江[浙]	178	D5
临江铺[陇]	429	D8
临江市[吉]	113	E9
临晋[晋]	75	F7
临泾[陇]	432	F4
临口[湘]	306	F3
临澧县[湘]	299	C6
临南[鲁]	239	C6
临盘[鲁]	238	D5
临平[陕]	419	D6
临濮[鲁]	254	C3
临浦[浙]	167	C8
临岐[浙]	166	D4
临淇[豫]	264	C2
临清市[鲁]	240	B2
临朐县[鲁]	242	D5
临泉县[皖]	191	G7
临汝[豫]	271	A7
临山[浙]	170	G4
临沭县[鲁]	252	E5
临水[冀]	61	E8
临水[皖]	186	E4
临潭县[陇]	432	B3
临塘[赣]	229	E10
临洮县[陇]	428	E5
临潼区[陕]	416	B2
临浯[鲁]	243	E7
临武县[湘]	304	E5
临西县[冀]	60	B5
临溪[川]	364	D2
临溪[川]	365	B8
临溪[皖]	195	E10
临溪[渝]	355	A9
临溪[渝]	356	G5
临夏市[陇]	428	F5
临夏县[陇]	428	G5
临县[晋]	73	C7
临湘市[湘]	300	C5
临猗县[晋]	75	F7
临沂市[鲁]	252	E4
临邑县[鲁]	238	C5
临颍县[豫]	268	D4
临泽[苏]	154	E3
临泽县[陇]	430	B5
临漳县[冀]	61	D9
临镇[陕]	417	B8
临资口[湘]	300	F2
临淄区[鲁]	242	C4
淋山河[鄂]	286	F5
淋溪河[湘]	298	B3
霖磐[粤]	319	D6
磷矿[鄂]	283	D7
磷溪[粤]	319	C8
鳞字[吉]	111	D6
麟凤[滇]	402	B3
麟潭[赣]	229	G7
麟游县[陕]	418	D5
蔺店[陕]	424	E2
蔺河[陕]	421	E9
蔺市[渝]	355	C6
伶俐[桂]	334	E5
伶站[桂]	342	D3
灵宝市[豫]	262	C3
灵璧县[皖]	189	F7
灵川[闽]	207	E7
灵川县[桂]	336	D2
灵地[闽]	210	F3
灵地[闽]	215	B7
灵洞[浙]	174	C3
灵峰[桂]	338	C5
灵关[川]	376	C3
灵官[湘]	302	E4
灵官[湘]	305	B7
灵官殿[湘]	307	D9
灵杰[川]	368	F1
灵井[豫]	268	C3
灵境[晋]	72	B3
灵鹫[川]	365	B6
灵空山[晋]	70	G3
灵空山[晋]	74	B2
灵口[陕]	425	B7
灵昆[浙]	179	B6
灵龙[陕]	425	E9
灵马[桂]	334	C3
灵桥[浙]	167	C8
灵丘县[晋]	69	F9
灵泉[滇]	400	D5
灵泉[湘]	299	B7
灵沙[宁]	442	C2
灵山[桂]	339	D9
灵山[黑]	130	E3
灵山[冀]	56	E5
灵山[鲁]	244	C4
灵山[琼]	347	B7
灵山[豫]	272	F5
灵山[浙]	177	C10
灵山卫[鲁]	245	E7
灵山县[桂]	341	B8
灵石[川]	372	A3
灵石县[晋]	66	G3
灵寿县[冀]	49	C6
灵台县[陇]	432	G4
灵田[桂]	336	D3
灵武市[宁]	442	C4
灵溪[赣]	231	E8
灵仙[川]	373	A7
灵乡[鄂]	287	F8
灵兴[川]	368	F4
灵秀[闽]	213	F9
灵岩[川]	369	E9
灵源[闽]	213	F8
灵源[陕]	419	D6
灵沼[陕]	416	D3
灵芝[陇]	432	F2
灵芝[浙]	172	B4
灵竹[桂]	335	E7
岭北[赣]	229	D9
岭北[粤]	327	C8
岭北[浙]	172	F3
岭北[浙]	179	G8
岭背[赣]	229	C6
岭背[粤]	314	C4
岭底[赣]	231	F9
岭底[晋]	73	D10
岭底[浙]	178	B5
岭东[赣]	226	E3
岭东区[黑]	128	F3
岭根[浙]	181	E7
岭沟[辽]	100	F4
岭后[浙]	179	F7
岭脚[桂]	338	E3
岭景[桂]	338	F2
岭口[琼]	347	D7
岭路[闽]	206	E4
岭门[粤]	324	G4
岭南[桂]	345	F8
岭南[皖]	201	G7
岭南[浙]	173	D7
岭坡[湘]	303	C6
岭泉[鲁]	252	D5
岭上[浙]	174	E3
岭头[浙]	176	B4
岭头[浙]	177	D9
岭头[浙]	180	G4
岭下[吉]	110	B2
岭下[闽]	209	E6
岭下[浙]	174	D4
岭秀[湘]	305	E8
岭腰[闽]	209	C6
岭子[鲁]	242	D2
玲珑[川]	364	B5
玲珑[鲁]	250	D3
玲珑[浙]	167	C6
玲珑塔[辽]	93	D6
堎底下[陕]	418	C2
凌北[辽]	92	F5
凌城[苏]	149	G8
凌笪[皖]	194	B5
凌海市[辽]	97	E8
凌河[鲁]	243	E7
凌家[川]	373	E8
凌津滩[湘]	298	E5
凌井店[晋]	67	B7
凌桥[苏]	151	D7
凌源市[辽]	92	F5
凌云[川]	369	C7
凌云[川]	372	C3
凌云[吉]	112	B5
凌云册[冀]	57	C8
凌云路[沪]	136	G5
凌云县[桂]	342	E3
陵城[鲁]	255	C7
陵川县[晋]	71	B7
陵东[辽]	91	D7
陵江[川]	377	B10
陵口[苏]	156	C4
陵前[陕]	419	C8
陵水黎族自治县[琼]	347	F6
陵头[豫]	271	A8
陵县[鲁]	238	D4
陵阳[鲁]	253	C6
陵阳[皖]	201	C6
陵阳[豫]	264	B2
菱湖[浙]	168	B3
菱角[滇]	398	D3
菱角[桂]	339	F7
菱角[渝]	357	D8
菱角塘[湘]	304	C3
菱塘[苏]	154	F5
零口[陕]	416	B2
零溪[湘]	298	C5
酃湖[湘]	303	E6
溜姑[川]	367	F9
刘暗楼[皖]	188	A3
刘八里[冀]	59	E6
刘堡[陇]	428	A5
刘备寨[冀]	54	C2
刘斌堡[京]	32	E3
刘厂[滇]	405	B9
刘陈[苏]	155	B7
刘川[陇]	428	D3
刘村[晋]	74	D3
刘店[豫]	263	E9
刘店[豫]	266	B3
刘店[豫]	267	D8
刘店[豫]	272	C5
刘店集[豫]	267	D9
刘店子[鲁]	252	D5
刘洞[鄂]	280	A5
刘杜[鲁]	249	F8
刘渡[皖]	199	C9
刘二堡[辽]	100	B3
刘二堡[辽]	91	E8
刘畈[皖]	198	F4
刘房子[吉]	112	C3
刘府[皖]	192	C2
刘垓子[鲁]	240	B3
刘岗[皖]	187	A6
刘阁[豫]	272	B4
刘公庙[赣]	227	E7
刘官[黔]	387	B6
刘官[黔]	387	F7
刘国具[陕]	423	C7
刘汉[冀]	61	D7
刘浩[苏]	153	B9
刘河[鄂]	287	C7
刘河[皖]	186	C5
刘河[豫]	260	E3
刘河[豫]	267	E10
刘猴[鄂]	281	G7
刘胡兰[晋]	73	E10
刘集[鄂]	284	C5
刘集[冀]	58	F5
刘集[陇]	428	G4
刘集[鲁]	240	E4
刘集[陕]	424	E2
刘集[苏]	148	D4
刘集[苏]	150	E5
刘集[苏]	155	F7
刘集[皖]	187	D7
刘集[皖]	189	B8
刘集[豫]	260	B2
刘集[豫]	267	C8
刘集[豫]	271	G6
刘家[川]	368	E4
刘家[川]	374	B5
刘家[吉]	108	B4
刘家堡[晋]	66	D5
刘家场[鄂]	288	E1
刘家店[京]	32	B1
刘家隔[鄂]	284	F2
刘家沟[鲁]	250	C5
刘家官庄[鲁]	252	C5
刘家馆子[吉]	112	E3
刘家河[辽]	99	F7
刘家河[陕]	417	B8

L 刘浏流留琉硫骝柳六咯龙隆陇垄娄楼露卢庐芦泸炉胪鸬鲁甪陆

地名[省别]	地图位置	
刘家会[晋]	73	D7
刘家集[皖]	191	C7
刘家庙[冀]	59	D7
刘家坪[川]	367	D8
刘家坪[陇]	429	D10
刘家坪[湘]	298	B2
刘家山[陕]	423	C7
刘家塔[晋]	72	G2
刘家台[冀]	57	D6
刘家洼[陕]	424	C3
刘家峡[陇]	428	F4
刘家尧[鲁]	243	D7
刘家营[冀]	54	C5
刘家营[冀]	54	D3
刘家垣[晋]	74	D2
刘家寨子[陇]	428	C3
刘家庄[鲁]	244	D4
刘街[冀]	52	E2
刘街[皖]	200	C5
刘口[豫]	267	C7
刘老庄[苏]	151	D6
刘李庄[冀]	57	E9
刘龙台[辽]	97	G6
刘楼[鲁]	254	D1
刘楼[鲁]	255	B6
刘楼[豫]	266	D5
刘坪[陇]	429	B6
刘千河[陕]	423	D6
刘桥[鲁]	239	D7
刘桥[苏]	153	E8
刘桥[皖]	188	D4
刘仁八[鄂]	287	F8
刘山[川]	373	F8
刘升[鄂]	281	D10
刘石岗[冀]	60	F5
刘宋[冀]	52	B4
刘台庄[冀]	55	E6
刘台子[辽]	93	C8
刘套[皖]	188	B5
刘田各庄[冀]	54	D5
刘湾[陕]	425	D8
刘湾[豫]	269	F9
刘圩[桂]	334	E5
刘圩[皖]	189	F9
刘营[川]	368	F4
刘营[冀]	61	D7
刘营伍[鲁]	238	D3
刘寨[豫]	260	D4
刘杖子[冀]	53	F7
刘杖子[辽]	93	G6
刘振屯[豫]	269	E8
刘庄[鲁]	252	E3
刘庄[苏]	152	E3
刘庄店[豫]	269	G8
刘佐[鄂]	287	A8
浏河[苏]	161	C10
浏阳市[湘]	297	E8
流坝[川]	369	B7
流长[黔]	384	F2
流长[黔]	384	G4
流村[京]	31	B8
流洞[皖]	194	A5
流渡[黔]	390	D5
流芳[鄂]	279	D7
流芳[赣]	223	C8
流峰[湘]	304	C5
流光岭[湘]	307	C9
流河[桂]	344	B4
流河[冀]	59	B7
流湖[赣]	220	E2
流井[冀]	57	B8
流均[苏]	151	B7
流口[赣]	230	F5
流口[皖]	200	F5
流马[川]	364	D5
流坡坞[鲁]	247	C7
流曲[陕]	424	E1
流沙东[粤]	319	E6
流沙河[湘]	296	E1
流沙西[粤]	319	E6
流山[桂]	337	F7
流水[鄂]	281	F9
流水[桂]	345	D6
流水[吉]	111	F6
流水[闽]	206	A5
流水[陕]	421	E8
流泗[赣]	223	B9
流亭[鲁]	244	D5
流溪[川]	369	E7
流峪[鲁]	252	D2
流源[湘]	305	C9
流泽[湘]	307	C9
留坝县[陕]	420	D1
留宾[川]	375	B6
留车[赣]	229	C10
留楚[冀]	58	D3
留村[冀]	49	C9
留村[冀]	57	D8
留村[冀]	60	E4
留福[豫]	269	G8
留格庄[鲁]	251	G6
留各庄[冀]	52	G2
留耕[川]	375	C6
留古[陕]	424	E1
留古寺[冀]	58	B5
留固[豫]	264	D5
留光[豫]	264	F5
留侯[陕]	420	D1
留隍[粤]	323	E9
留佳[川]	372	D4
留佳[川]	373	E6
留家庄[冀]	56	B5
留龙沟[辽]	97	F8
留吕[鲁]	243	B6
留盆[豫]	273	B6
留山[豫]	271	C7
留史[冀]	57	F8
留守营[冀]	55	D6
留下[浙]	167	B8
留仙坪[陕]	425	C8
留营[冀]	49	D6
留誉[晋]	73	F7
留早[冀]	57	F7
留智庙[冀]	58	G5
留庄[鲁]	255	E7
留庄[豫]	272	C5
琉璃[川]	362	E5
琉璃[赣]	224	C3
琉璃河[京]	30	F5
琉璃庙[京]	33	D6
琉璃寺[鲁]	240	C4
琉球[台]	460	F2
硫磺沟[新]	451	E9
硫市[湘]	303	E6
骝马[川]	373	D8
柳堡[鲁]	247	B8
柳堡[苏]	154	E2
柳陂[鄂]	280	B4
柳薄[湘]	301	E8
柳埠[鲁]	239	C8
柳城[辽]	92	C4
柳城[辽]	92	C4
柳城[闽]	213	E8
柳城[粤]	316	B4
柳城[浙]	174	G4
柳城县[桂]	337	E8
柳池[川]	368	E4
柳池[川]	369	D9
柳川[黔]	389	D6
柳杜[晋]	66	D5
柳峰[浙]	176	F9
柳格[豫]	265	C7
柳沟[川]	364	F3
柳沟[陇]	432	F4
柳沟[皖]	191	E9
柳壕[辽]	100	B3
柳河[黑]	120	B5
柳河[陇]	428	G4
柳河[陇]	430	F3
柳河[豫]	267	C6
柳河[豫]	271	D8
柳河沟[辽]	91	F7
柳河县[吉]	114	D2
柳河子[辽]	100	A5
柳洪[川]	367	C9
柳花泊[鲁]	245	E7
柳黄[川]	369	C8
柳家[辽]	97	C7
柳嘉[川]	374	A3
柳江[川]	372	C2
柳江县[桂]	337	F8
柳街[川]	362	D4
柳井[滇]	401	E7
柳科[晋]	69	E10
柳坑[粤]	315	C6
柳梁[陇]	432	G2
柳林[川]	369	D6
柳林[鄂]	280	E2
柳林[鄂]	282	E4
柳林[鄂]	287	A7
柳林[冀]	60	E3
柳林[陇]	429	A8
柳林[鲁]	240	C2
柳林[鲁]	254	D4
柳林[陕]	417	C8
柳林[陕]	418	D3
柳林[陕]	419	B8
柳林[陕]	420	C3
柳林[皖]	191	A7
柳林[豫]	272	F5
柳林屯[冀]	49	E7
柳林县[晋]	73	E7
柳林洲[湘]	300	C3
柳毛[黑]	127	D9
柳毛[黑]	127	F9
柳毛湾[新]	453	E9
柳南[吉]	114	D2
柳坪[皖]	198	G4
柳桥[川]	364	D2
柳桥[川]	373	D9
柳桥[桂]	343	B9
柳泉[冀]	52	D1
柳泉[苏]	148	C5
柳泉[豫]	263	C7
柳泉铺[豫]	271	E6
柳山[鲁]	243	D6
柳山湖[鄂]	285	D6
柳圣[川]	372	B4
柳市[浙]	179	B6
柳树[川]	364	E5
柳树[川]	365	E7
柳树[黑]	131	C7
柳树[辽]	99	B9
柳树[陇]	428	F3
柳树[陕]	420	B3
柳树店[豫]	273	E10
柳树沟[新]	456	D2
柳树口[晋]	71	C8
柳树屯[辽]	90	E3
柳滩[川]	365	C6
柳潭[湘]	300	F2
柳塘[川]	365	A8
柳条[吉]	112	E2
柳条寨[辽]	100	A4
柳疃[鲁]	243	B8
柳屯[豫]	265	D7
柳湾[川]	369	A7
柳溪[川]	364	C3
柳溪[滇]	402	C3
柳溪[赣]	226	C5
柳溪[冀]	53	D9
柳贤[川]	367	F7
柳巷[皖]	192	A5
柳新[苏]	148	D4
柳行[鲁]	255	C7
柳垭[川]	364	B5
柳杨[吉]	112	C2
柳驿[川]	364	E5
柳荫[渝]	354	B4
柳营[台]	460	E2
柳园[冀]	61	D9
柳园[陇]	430	E3
柳赞[冀]	54	F4
柳枝[陕]	424	F3
柳州市[桂]	337	F8
柳庄[豫]	264	E3
柳卓[冀]	57	C9
六安市[皖]	197	C7
六敖[浙]	176	C5
六鳌[闽]	212	E3
六坝[陇]	430	C5
六坝[陇]	431	D7
六坝[陇]	431	E8
六堡[桂]	338	D4
六陈[桂]	339	C9
六村[豫]	265	C6
六村堡[陕]	416	D2
六道沟[吉]	113	E10
六道河[冀]	53	G7
六道江[吉]	113	G9
六德[滇]	405	B6
六店[皖]	199	D9
六都[赣]	231	D9
六都[皖]	201	C6
六都寨[湘]	307	C7
六弓[琼]	346	F5
六沟[冀]	53	E8
六官营子[辽]	92	E5
六广[黔]	384	F3
六龟[台]	460	E3
六合[川]	364	B5
六合[川]	368	C4
六合[川]	376	D3
六合[滇]	402	F5
六合[滇]	405	C7
六合[黑]	122	C3
六合[鲁]	241	C8
六合[湘]	304	D5
六合区[苏]	146	D3
六河[滇]	401	E9
六横[浙]	171	C6
六户[鲁]	241	E8
六户[内蒙古]	83	C8
六户地[新]	451	G8
六华[川]	367	F8
六家畈[皖]	186	B5
六家桥[赣]	224	E4
六家子[辽]	93	C6
六家子[内蒙古]	83	F9
六甲[桂]	344	D3
六间房[辽]	91	F9
六角亭[鄂]	290	D4
六脚[台]	460	D2
六街[滇]	397	G7
六街[滇]	400	B3
六景[桂]	335	E6
六靖[桂]	339	F9
六苴[滇]	396	B3
六郎[鄂]	280	B2
六郎[皖]	194	E4
六里坪[鄂]	280	C5
六龙[黔]	386	C3
六龙山[黔]	391	F10
六隆[桂]	342	E3
六麻[桂]	339	E9
六马[黔]	387	C7
六门[川]	369	D7
六民[川]	367	F8
六亩塘[湘]	302	B3
六盘水市[黔]	386	F5
六曲河[黔]	386	F3
六泉[晋]	71	B7
六哨[滇]	397	C7
六十铺[皖]	191	D9
六十顷[内蒙古]	79	C10
六石[浙]	175	C7
六市[赣]	228	F3
六顺[滇]	407	D7
六苏木[内蒙古]	79	E8
六所[川]	367	E7
六塔[豫]	265	C7
六塘[桂]	336	E2
六塘[桂]	337	E7
六塘[苏]	150	C5
六塘[湘]	300	F3
六塘[渝]	355	B9
六套[苏]	152	B2
六铁[川]	367	E8
六桶[黔]	384	F3
六团[黑]	121	C6
六屯[黔]	384	E3
六汪[鲁]	245	F7
六王[桂]	339	D10
六圩[桂]	344	D3
六巷[桂]	345	B8
六巷[陇]	429	C8
六也[桂]	345	D6
六硍[桂]	341	A10
六灶[沪]	140	D1
六寨[桂]	344	E1
六镇[皖]	192	G5
六支箭[内蒙古]	79	C10
六枝特区[黔]	387	D6
六指[鄂]	278	C5
六祖[粤]	325	C7
咯尔[川]	377	F7
龙安[川]	365	A7
龙安[川]	365	B7
龙安[滇]	402	D3
龙安[赣]	225	C7
龙安[桂]	339	D8
龙安[渝]	356	F4
龙安桥[黑]	122	D5
龙岸[桂]	344	A2
龙坝[川]	377	E9
龙坝[滇]	406	A5
龙坝[鄂]	280	D1
龙坝[黔]	386	B2
龙坝[陇]	429	C8
龙柏[沪]	139	F8
龙邦[桂]	343	E7
龙背[川]	369	D7
龙背[陕]	424	F2
龙布[赣]	229	D8
龙蚕[川]	365	C6
龙藏[川]	377	C6
龙藏[青]	437	E7
龙昌[黔]	384	C4
龙场[滇]	398	B4
龙场[黔]	386	C4
龙场[黔]	386	E4
龙场[黔]	386	F5
龙场[黔]	387	D6
龙场[黔]	387	D6
龙场[黔]	387	D8
龙场[黔]	387	F6
龙场[黔]	389	F6
龙场[湘]	306	B5
龙场营[黔]	386	C2
龙车[川]	375	C7
龙车[桂]	342	F2
龙城[吉]	115	F6
龙城[豫]	268	E4
龙池[川]	362	C3
龙池[川]	365	D7
龙池[川]	372	D2
龙池[川]	374	B2
龙池[鄂]	286	D3
龙池[鲁]	243	B7
龙池[陕]	424	E3
龙池[渝]	356	D3
龙川[桂]	342	D3
龙川[浙]	179	F7
龙川县[粤]	316	B3
龙船塘[湘]	306	C4
龙村[闽]	208	D4
龙村[粤]	323	F6
龙灯[川]	379	B6
龙店[冀]	58	E4
龙洞[川]	364	C3
龙洞[滇]	405	A6
龙洞[湘]	303	B6
龙洞[渝]	357	E7
龙洞[豫]	261	C8
龙洞[粤]	313	D7
龙额[黔]	389	B8
龙尔甲[川]	377	D7
龙丰[粤]	317	E8
龙凤[川]	364	C3
龙凤[川]	364	D5
龙凤[川]	368	D3
龙凤[川]	369	F7
龙凤[川]	372	B5
龙凤[川]	375	E7
龙凤[吉]	110	F5
龙凤[晋]	66	F4
龙凤[湘]	303	C6
龙凤[湘]	303	C7
龙凤[渝]	354	A3
龙凤坝[鄂]	290	D4
龙凤场[川]	369	C8
龙凤桥[渝]	354	C4
龙凤区[黑]	123	C7
龙凤山[黑]	120	F4
龙伏[川]	364	B5
龙伏[湘]	297	C7
龙甫[粤]	328	E5
龙冈[赣]	233	A6
龙岗[川]	369	D7
龙岗[滇]	396	D3
龙岗[赣]	229	A6
龙岗[黔]	384	D3
龙岗[鲁]	242	D5
龙岗[皖]	186	B4
龙岗[豫]	267	F8
龙岗[粤]	323	D8
龙岗[粤]	321	C6
龙岗[浙]	166	C4
龙岗区[粤]	321	C6
龙港[鄂]	287	E9
龙港[鲁]	250	C3
龙港[浙]	179	D8
龙高[陕]	419	C6
龙宫[黔]	387	C6
龙勾[赣]	229	F7
龙沟[川]	367	C9
龙堌[鲁]	254	D4
龙固[苏]	148	A3
龙关[冀]	51	C6
龙观[浙]	170	F5
龙光[桂]	343	D6
龙光桥[湘]	299	E8
龙广[黔]	387	E9
龙归[粤]	315	C6
龙桂[川]	365	D6
龙滚[琼]	347	D8
龙海[滇]	402	D3
龙海[湘]	305	B7
龙海市[闽]	212	C3
龙合[桂]	342	F5
龙和[桂]	342	E4
龙河[黑]	122	B2
龙河[苏]	151	F6
龙河[皖]	187	B9
龙河[渝]	355	B6
龙河[渝]	355	C8
龙湖[赣]	224	B5
龙湖[闽]	210	A5
龙湖[闽]	213	F9
龙湖[琼]	347	C7
龙湖[豫]	260	C3
龙湖[粤]	319	C8
龙湖[浙]	179	E7
龙湖区[粤]	319	D8
龙虎[桂]	336	E4
龙虎[冀]	61	F7
龙虎山[赣]	230	F4
龙虎塘[苏]	157	C6
龙虎庄[冀]	52	D2
龙华[川]	374	C2
龙华[赣]	229	E7
龙华[沪]	136	F5
龙华[冀]	58	G4
龙华[冀]	60	D2
龙华[闽]	207	F7
龙华[渝]	354	E3
龙华[粤]	316	F5
龙华[粤]	317	F7
龙华[粤]	320	C5
龙华山[鄂]	289	C8
龙化[冀]	57	E9
龙怀[桂]	336	G2
龙回[赣]	229	E7
龙会[川]	369	E8
龙会[川]	373	E8
龙集[苏]	151	E8
龙集[皖]	193	B9
龙集[渝]	354	D1
龙家[黔]	390	F5
龙家店[冀]	54	D5
龙家圈[鲁]	252	B5
龙嘉[吉]	108	D3
龙江[川]	372	A5
龙江[川]	373	D8
龙江[滇]	403	D8
龙江[桂]	336	D1
龙江[桂]	337	E10
龙江[琼]	347	D7
龙江[陕]	420	D3
龙江[粤]	313	F6
龙江[粤]	316	F5
龙江县[黑]	122	F5
龙交[晋]	73	F7
龙角[渝]	357	F6
龙街[滇]	396	C4
龙街[滇]	400	B4
龙街[滇]	402	D4
龙街[滇]	405	D9
龙街[滇]	405	D9
龙街[滇]	406	C2
龙街[黔]	386	G1
龙结[川]	373	D7
龙井[黔]	390	E1
龙井[黔]	391	F7
龙井[渝]	357	E9
龙井[豫]	272	D5
龙井市[吉]	115	E7
龙颈[粤]	314	F5
龙居[川]	368	F1
龙居[晋]	75	E7
龙居[鲁]	241	E7
龙苴[苏]	150	C4
龙驹[渝]	357	G6
龙涓[闽]	212	E5
龙亢[皖]	187	G8
龙坑[黔]	390	F3
龙孔[川]	365	C7
龙孔[川]	372	E4
龙孔[渝]	355	B8
龙口[鄂]	285	C6
龙口[鄂]	289	E9
龙口[赣]	229	D6
龙口[湘]	303	C6
龙口[豫]	273	B7
龙口[粤]	325	B9
龙口市[鲁]	250	C4
龙里县[黔]	384	E5
龙林[陇]	429	C8
龙临[桂]	343	F6
龙岭[川]	365	D7
龙岭[赣]	229	E7
龙陵县[滇]	403	D8
龙楼[琼]	347	C9
龙马[藏]	409	F6
龙马[川]	372	B5
龙马[晋]	74	C3
龙马潭区[川]	375	B7
龙门[川]	365	C6
龙门[川]	367	B9
龙门[川]	368	E3
龙门[川]	372	D2
龙门[川]	373	B9
龙门[川]	376	C3
龙门[滇]	405	E9
龙门[赣]	232	F5
龙门[桂]	341	C9
龙门[桂]	343	C7
龙门[闽]	213	E7
龙门[闽]	215	D9
龙门[青]	439	A8
龙门[琼]	347	C7
龙门[陕]	424	B5
龙门[皖]	201	C7
龙门[湘]	301	E7
龙门[渝]	356	F3
龙门[粤]	327	E7
龙门[浙]	167	D7
龙门畈[赣]	231	E6
龙门港[桂]	341	D6
龙门口[冀]	57	B7
龙门山[川]	362	B4
龙门所[冀]	50	B5
龙门滩[闽]	213	B8
龙门县[粤]	316	F5
龙眠[皖]	198	C1
龙庙[川]	365	C6
龙庙[黑]	120	A4
龙庙[苏]	150	D4
龙茗[桂]	343	C6
龙母[粤]	316	A3
龙南[浙]	180	E5
龙南县[赣]	229	E9
龙脑桥[川]	375	A7
龙女[川]	365	C8
龙蟠[川]	365	D7
龙蟠[滇]	404	D5
龙袍[苏]	146	C4
龙朋[滇]	400	D3
龙坪[川]	364	C4
龙坪[鄂]	281	F6
龙坪[鄂]	290	C5
龙坪[鄂]	287	B8
龙坪[黔]	390	F3
龙坪[粤]	314	C4
龙崎[台]	460	E2
龙桥[川]	362	D5
龙桥[川]	364	B5
龙桥[川]	365	A8
龙桥[川]	372	B5
龙桥[川]	373	D9
龙桥[川]	374	D2
龙桥[琼]	347	B7
龙桥[渝]	355	C6
龙桥[渝]	357	G8
龙庆[滇]	398	G4
龙虬[苏]	154	E3
龙曲[豫]	269	B7
龙渠[陇]	430	C5
龙泉[川]	364	C4
龙泉[川]	365	D6
龙泉[川]	367	F7
龙泉[川]	368	F5
龙泉[川]	369	C10
龙泉[鄂]	291	C9
龙泉[赣]	230	A4
龙泉[黔]	391	D6
龙泉[黑]	120	B4
龙泉[黑]	122	A5
龙泉[吉]	113	F7
龙泉[京]	30	C5
龙泉[陇]	428	E5
龙泉[鲁]	242	D3
龙泉[鲁]	244	C4
龙泉[鲁]	251	D7
龙泉[琼]	347	B7
龙泉[陕]	419	D8
龙泉[皖]	200	G2
龙泉[豫]	264	B4
龙泉[豫]	271	C9
龙泉关[冀]	56	D2
龙泉市[浙]	180	D4
龙泉寺[冀]	60	F4
龙泉寺[陇]	428	F3
龙泉岩[湘]	306	A4
龙泉驿区[川]	363	E6
龙绕[浙]	177	C7
龙日[川]	377	D8
龙桑寺[鲁]	238	B4
龙沙[渝]	355	B9
龙沙[渝]	356	F5
龙沙[浙]	179	D9
龙山[川]	364	C4
龙山[川]	373	D8
龙山[川]	375	F9
龙山[黔]	387	D8
龙山[黔]	389	F6
龙山[黑]	128	F4
龙山[吉]	112	C3
龙山[京]	33	G6
龙山[辽]	95	F6
龙山[陇]	429	B6
龙山[鲁]	239	B7
龙山[鲁]	244	C5
龙山[鲁]	253	C6
龙山[闽]	212	C2
龙山[内蒙古]	83	G7
龙山[皖]	186	A2
龙山[皖]	190	C5
龙山[皖]	193	D7
龙山[豫]	273	E6
龙山[粤]	315	F6
龙山[浙]	170	E4
龙山[浙]	175	D6
龙山县[湘]	301	A8
龙射[渝]	355	D9
龙射[渝]	356	B1
龙胜[川]	367	E6
龙胜[陕]	425	F10
龙胜[渝]	356	F2
龙胜[粤]	325	C8
龙胜各族自治县[桂]	336	C2
龙狮桥[皖]	198	C3
龙石[渝]	354	D2
龙市[川]	373	E9
龙市[赣]	233	G6
龙市[湘]	305	A7
龙市[渝]	354	B4
龙树[川]	367	G8
龙树[川]	368	E4
龙树[滇]	402	F4
龙水[黔]	384	D2
龙水[桂]	336	B4
龙水[鲁]	244	C2
龙水[渝]	354	D2
龙台[川]	365	B7
龙台[川]	368	F3
龙台[川]	373	C10
龙台[陇]	429	D7
龙台[渝]	357	C6
龙滩[川]	365	A7
龙滩[川]	369	D8
龙滩[桂]	343	E9
龙潭[川]	363	D6
龙潭[川]	364	D2
龙潭[川]	367	E8
龙潭[川]	369	F7
龙潭[川]	373	E7
龙潭[滇]	398	B3
龙潭[滇]	400	D3
龙潭[滇]	405	D9
龙潭[滇]	407	B6
龙潭[滇]	407	D7
龙潭[赣]	227	D6
龙潭[桂]	339	G7
龙潭[吉]	109	C8
龙潭[辽]	100	F3
龙潭[辽]	92	C3
龙潭[闽]	215	C9
龙潭[苏]	146	C4
龙潭[台]	460	B4
龙潭[皖]	186	E5
龙潭[皖]	198	E2
龙潭[湘]	298	D5
龙潭[湘]	301	E8
龙潭[湘]	303	C8
龙潭[湘]	304	D5
龙潭[湘]	306	C5
龙潭[渝]	355	C9
龙潭[渝]	355	D6
龙潭[渝]	356	A1
龙潭[渝]	356	D2
龙潭[豫]	271	G7
龙潭[粤]	316	F5
龙潭[粤]	318	D5
龙潭河[湘]	298	C5
龙潭坪[湘]	298	B2
龙潭桥[湘]	299	E8
龙潭区[吉]	109	C7
龙塘[赣]	229	D9
龙塘[黔]	384	C2
龙塘[黔]	391	F7
龙塘[琼]	347	B7
龙塘[琼]	347	C7
龙塘[皖]	186	B4
龙塘[湘]	299	F6
龙塘[湘]	302	B4
龙塘[湘]	303	F7
龙塘[渝]	355	E8
龙塘[渝]	356	E5
龙塘[豫]	266	C5
龙塘[粤]	327	G8
龙塘[粤]	314	G5
龙田[赣]	232	G5
龙田[黔]	388	D3
龙田[闽]	206	C5
龙田[皖]	201	G8
龙田[湘]	296	E1
龙田[湘]	306	C4
龙田[湘]	307	E6
龙田[渝]	357	B6
龙田[粤]	323	D7
龙田[粤]	316	F5
龙廷[赣]	229	C10
龙廷[鲁]	249	E10
龙亭[陕]	420	B2
龙亭[陕]	424	C4
龙庭[川]	365	C8
龙头[川]	374	D5
龙头[桂]	337	E8
龙头[桂]	343	A7
龙头[桂]	344	C4
龙头[黑]	128	G5
龙头[辽]	102	F2
龙头[陕]	420	C3
龙头[粤]	327	C9
龙头庵[湘]	306	B5
龙头铺[湘]	303	A8
龙头山[滇]	402	F5
龙头山[赣]	231	C7
龙头山[冀]	53	B7
龙沱[川]	372	C2
龙湾[鄂]	289	D6
龙湾[桂]	344	C5
龙湾[冀]	57	D10
龙湾[粤]	324	C4
龙湾区[浙]	179	C6
龙湾屯[京]	34	A4
龙万[川]	373	F9
龙王[川]	363	D6
龙王[川]	364	D3
龙王[鄂]	281	D7
龙王[吉]	108	D1
龙王[陕]	421	F6
龙王[皖]	191	F10
龙王[豫]	260	B4
龙王江[湘]	307	A6
龙王李[冀]	59	F6
龙王庙[冀]	55	B7
龙王庙[冀]	61	A9
龙王庙[辽]	99	F10
龙王庙[鲁]	254	F5
龙王庙[陕]	425	C8
龙王塘[辽]	102	G2
龙王庄[豫]	265	C9
龙旺庄[鲁]	250	F5
龙尾[粤]	319	C6
龙尾[浙]	179	E7
龙文区[闽]	212	C3
龙窝[川]	367	B9
龙窝[粤]	317	B6
龙坞[浙]	167	C8
龙武[滇]	400	D3
龙雾[渝]	357	E9
龙西[浙]	178	B4
龙溪[川]	373	C9
龙溪[川]	374	C2
龙溪[川]	377	F9
龙溪[赣]	224	E5
龙溪[黔]	390	G5
龙溪[晋]	70	B5
龙溪[湘]	301	D8
龙溪[湘]	305	D8
龙溪[湘]	307	E6
龙溪[渝]	355	D10
龙溪[渝]	356	B1
龙溪[粤]	317	F7
龙溪[浙]	176	C2
龙溪[浙]	176	G4
龙溪[浙]	180	G4
龙溪铺[湘]	307	B7
龙下[赣]	229	E9
龙祥[粤]	319	D8
龙翔[浙]	169	F8
龙项[渝]	354	B3
龙新[滇]	403	D9
龙兴[黑]	122	G5
龙兴[内蒙古]	81	B10
龙兴[渝]	354	C5
龙形[渝]	354	A3
龙形市[湘]	305	B8
龙须门[冀]	53	F9
龙浔[闽]	213	B7
龙垭[陕]	421	F7
龙岩[桂]	344	B2
龙岩市[闽]	215	C9
龙堰[豫]	271	F6
龙阳[鲁]	255	D8
龙阳[陕]	424	E3
龙杨[皖]	190	E5
龙洋[浙]	180	C3
龙吟[黔]	387	E6
龙游县[浙]	177	B10
龙源[川]	364	E3
龙源[湘]	300	C5
龙源[豫]	261	B9
龙源坝[赣]	229	F9
龙源口[赣]	233	F6
龙云[川]	365	C6
龙渣[湘]	303	G9
龙寨[湘]	301	B9
龙沼[吉]	110	D5
龙镇[川]	374	F4
龙镇[黑]	124	E3
龙镇[陕]	423	D8
龙正[川]	372	B4
龙州[桂]	343	D8
龙州县[桂]	343	D8
龙舟坪[鄂]	291	D8
龙洲[陕]	423	F9
龙爪[黑]	131	C6
龙庄湾[湘]	307	B6
隆安县[桂]	334	D2
隆宝[青]	441	E9
隆昌[辽]	100	C3
隆昌[内蒙古]	83	E7
隆昌县[川]	373	E9
隆德县[宁]	443	D10
隆都[粤]	319	C8
隆坊[陕]	417	C10
隆丰[川]	362	C4
隆福[桂]	344	D5
隆格尔[藏]	408	E3
隆宫[浙]	180	G3
隆古[豫]	273	E7
隆广[琼]	347	F6
隆化[晋]	74	C5
隆化县[冀]	53	D7
隆回县[湘]	307	C7
隆或[桂]	342	G2
隆家堡[湘]	306	A3
隆江[粤]	319	F6
隆街[粤]	316	E3
隆里[黔]	389	B6
隆林各族自治县[桂]	343	E8
隆木[赣]	229	F6
隆平[内蒙古]	83	E6
隆坪[赣]	228	D5
隆桑[桂]	342	D5
隆胜[内蒙古]	78	E3
隆盛[川]	363	D8
隆盛[川]	365	E7
隆盛[桂]	339	E9
隆盛[渝]	354	E5
隆盛庄[内蒙古]	79	E9
隆头[湘]	301	C8
隆文[粤]	323	B9
隆兴[川]	362	E3
隆兴[川]	365	C6
隆兴[川]	374	B4
隆兴[黔]	390	B5
隆兴[黔]	390	D1
隆兴[陇]	429	C8
隆兴[渝]	354	B3
隆尧县[冀]	60	D3
隆政[苏]	153	G6
隆治[青]	436	A5
隆子县[藏]	409	F7
陇把[滇]	403	F9
陇城[陇]	429	B6
陇城[湘]	306	G3
陇川[陇]	428	C5
陇川县[滇]	403	F9
陇东[川]	376	B3
陇东[陇]	429	B6
陇集[苏]	150	E5
陇脚[黔]	387	D6
陇南市[陇]	429	C9
陇山[陇]	428	C5
陇田[粤]	319	E7
陇西[川]	376	D4
陇西县[陇]	429	D6
陇县[陕]	418	C2
陇阳[陇]	428	C5
垄溪[湘]	303	F9
娄村[冀]	57	B8
娄堤[豫]	264	G4
娄底市[湘]	302	B4
娄店[豫]	267	E6
娄烦县[晋]	66	B3
娄葑[苏]	161	E7
娄家店[辽]	92	B2
娄杖子[冀]	54	B5
娄庄[苏]	154	B5
娄庄[皖]	189	F7
楼坝[滇]	402	D1
楼板寨[晋]	72	D4
楼德[鲁]	249	F7
楼底[冀]	49	E6
楼东[川]	374	D3
楼东[滇]	402	D1
楼房[辽]	99	E9
楼沟[晋]	72	F2
楼观[陕]	416	E3
楼街[吉]	114	C2
楼坪[陕]	417	C8
楼山[鲁]	245	D6
楼塔[浙]	167	D8
楼台[鄂]	280	D3
楼王[苏]	152	E2
楼下[黔]	387	F8
楼庄[鲁]	254	E2
楼子[川]	364	F2
楼子店[内蒙古]	83	G7
楼子营[晋]	72	G1
露水河[吉]	113	C7
露圩[桂]	335	D6
卢村[皖]	195	A6
卢店[豫]	260	E4
卢集[苏]	151	E7
卢龙县[冀]	54	D5
卢氏县[豫]	262	E3
卢市[鄂]	289	B8
卢屯[辽]	91	F6
卢湾区[沪]	136	F5
卢医[豫]	271	E6
庐丰[闽]	215	E9
庐江县[皖]	199	E9
庐山区[赣]	223	C7
庐镇[皖]	187	B10
芦苞[粤]	312	D5
芦草沟[新]	452	A1
芦潮港[沪]	140	B4
芦潮港农场[沪]	140	C4
芦村[赣]	226	F3
芦村[皖]	190	G5
芦荻山[湘]	299	D7
芦岗[豫]	265	F6
芦岗[豫]	272	A5
芦稿[川]	367	D9
芦沟[苏]	152	E2
芦河[黑]	130	E4
芦洪市[湘]	304	A3
芦花[宁]	442	D3
芦花[青]	436	A5
芦花潭[湘]	299	E6
芦集[皖]	189	B8
芦集[豫]	273	D8
芦家湾[陇]	432	E3
芦家营[冀]	50	F2
芦葭[川]	373	B7
芦岭[皖]	189	F6
芦龙[皖]	193	C9
芦庙[皖]	190	E3
芦庙[豫]	272	A4
芦坪[湘]	306	B4
芦蒲[苏]	152	C1
芦浦[浙]	176	G4
芦浦[浙]	179	C8
芦山[黔]	385	F7
芦山县[川]	376	C3
芦塘[渝]	355	D9
芦塘[渝]	356	B1
芦田[赣]	230	C4
芦田[闽]	213	D6
芦头[鲁]	250	C3
芦圩[桂]	335	D6
芦溪[川]	365	D6
芦溪[川]	368	E3
芦溪[赣]	232	F5
芦溪[闽]	212	C1
芦溪[皖]	200	F4
芦溪县[赣]	228	F2
芦墟[苏]	161	F8
芦阳[陇]	428	E2
芦洋[闽]	206	B5
芦医庙[豫]	260	B3
芦芝[闽]	215	B8
芦洲[赣]	226	D5
芦洲[粤]	317	E6
芦庄[冀]	57	E8
泸定县[川]	379	A7
泸沽[川]	367	C7
泸沽湖[川]	366	D5
泸水县[滇]	405	F8
泸西县[滇]	401	B6
泸溪县[湘]	301	F10
泸县[川]	375	A7
泸阳[湘]	306	B4
泸州市[川]	375	B7
炉房[滇]	403	G6
炉观[湘]	302	B2
炉霍县[川]	378	C4
炉桥[皖]	192	D2
炉山[黔]	386	G4
炉山[黔]	389	F6
炉亭坳[湘]	306	C4
炉下[闽]	208	F4
胪岗[粤]	319	E7
鸬鹚[赣]	221	F9
鸬鹚[浙]	180	E5
鸬鹚渡[湘]	299	F7
鸬鸟[浙]	167	A7
鲁班[川]	368	F4
鲁班[黔]	390	F1
鲁布革[滇]	398	F5
鲁布革[黔]	387	F10
鲁城[鲁]	252	F2
鲁础营[黔]	387	E8
鲁村[鲁]	242	E3
鲁甸[滇]	404	E5
鲁甸县[滇]	402	F5
鲁垛[苏]	154	E2
鲁岗[豫]	264	G5
鲁贡[黔]	387	C9
鲁河[黑]	122	F5
鲁河[苏]	150	B3
鲁河[豫]	265	D7
鲁基[川]	367	C7
鲁吉[川]	367	F9
鲁家沟[陇]	428	D4
鲁克沁[新]	456	E3
鲁口[皖]	191	B10
鲁纳[滇]	398	C2
鲁南[川]	367	F8
鲁桥[鲁]	255	D7
鲁桥[陕]	419	D8
鲁权屯[鲁]	238	F4
鲁容[黔]	387	C8
鲁山[皖]	193	C6
鲁山县[豫]	271	G6
鲁史[滇]	399	B9
鲁台[豫]	269	E8
鲁塘[湘]	305	E6
鲁溪[赣]	222	D5
鲁掌[滇]	405	F8
鲁庄[豫]	260	G3
甪直[苏]	161	E8
陆埠[浙]	170	F5
陆城[湘]	300	B4
陆川县[桂]	339	E9
陆渡[苏]	161	D9
陆坊[赣]	224	C3
陆丰市[粤]	318	F4
陆河县[粤]	318	E4
陆集[苏]	151	F6
陆集[豫]	265	C9
陆家[辽]	97	D8
陆家[苏]	161	D9
陆良县[滇]	398	F3
陆坪[黔]	384	C4
陆圈[鲁]	254	D2

L 陆渌逯鹿禄碌潞路鹭驴闾吕侣旅履绿峦栾鸾滦略仑伦轮罗萝逻锣骡螺倮洛骆珞落漯雒 M 妈麻马玛码蚂买迈麦卖脉蛮满曼漫蔓邙忙芒茫莽漭蟒猫毛

地名[省别]	地图位置
陆水湖[鄂]	285 D7
陆斡[桂]	334 C4
陆屋[桂]	341 B7
陆溪[鄂]	285 C6
陆营[豫]	271 F7
渌田[湘]	303 E8
渌渚[浙]	167 D6
逯家湾[晋]	69 A9
鹿厂[川]	367 F7
鹿冈[赣]	232 A4
鹿港[台]	460 C3
鹿谷[台]	460 D3
鹿固[晋]	72 G2
鹿鹤村[川]	367 G8
鹿角[湘]	300 D3
鹿角[渝]	355 E9
鹿角[渝]	356 C1
鹿楼[苏]	148 B2
鹿楼[豫]	264 C4
鹿马登[滇]	404 F5
鹿马桥[湘]	304 A2
鹿鸣[滇]	405 B9
鹿鸣[渝]	355 D9
鹿木[浙]	179 D7
鹿泉区[冀]	48 D5
鹿山[浙]	167 C7
鹿亭[浙]	170 F5
鹿头[鄂]	281 D10
鹿头[冀]	61 G7
鹿窝[黔]	384 F3
鹿西[浙]	179 A6
鹿乡[吉]	108 F3
鹿邑县[豫]	269 C10
鹿原[湘]	303 F9
鹿寨县[桂]	337 F9
禄步[粤]	328 E3
禄峒[桂]	343 E6
禄丰县[滇]	396 E5
禄加[川]	372 B5
禄口[苏]	147 D6
禄劝彝族苗族自治县[滇]	397 C6
禄市[川]	365 B7
禄新[桂]	345 D9
碌曲县[陇]	432 B3
潞城[京]	34 D3
路村[晋]	70 D4
路村营[冀]	61 E8
路河[豫]	267 D7
路家村[晋]	67 B8
路井[陕]	424 D4
路居[滇]	400 C4
路孔[渝]	354 D2
路口[鄂]	285 E8
路口[鄂]	287 E6
路口[赣]	222 E1
路口[赣]	228 F3
路口[皖]	186 B3
路口[湘]	297 C6
路口[湘]	300 C4
路口[豫]	273 D6
路罗[冀]	60 G4
路美邑[滇]	397 F8
路南[辽]	99 B8
路桥[冀]	61 A7
路桥区[浙]	176 E4
路下[闽]	208 E5
路阳[渝]	357 D6
路寨[豫]	264 F3
路庄子[冀]	56 F5
潞城[桂]	342 F2
潞城[晋]	71 B7
潞城[苏]	157 D6
潞城市[晋]	70 C4
潞灌[冀]	59 E7
潞江[滇]	403 D7
潞水[湘]	303 D9
潞田[赣]	233 E7
潞王坟[豫]	264 E3
潞西市[滇]	403 D9
鹭鸶港[赣]	230 D3
驴驹河[津]	39 F8
闾河[豫]	273 D6
闾井[陇]	429 D7
闾阳[辽]	97 D8
吕标[鲁]	243 F7
吕城[苏]	156 C5
吕村[豫]	264 B5
吕店[豫]	263 D9
吕店[豫]	272 A4
吕格庄[鲁]	250 F4
吕公堡[冀]	58 B5
吕合[滇]	396 E3
吕河[陕]	421 D7
吕家坪[湘]	306 A4
吕良[苏]	151 C9
吕梁市[晋]	73 E8
吕陵[鲁]	254 D2
吕蒙[赣]	221 D8
吕桥[冀]	59 C8
吕山[浙]	168 D2
吕四港[苏]	153 A9
吕潭[豫]	269 B6
吕田[粤]	313 A10
吕亭[皖]	198 C1
吕王[鄂]	284 B5
吕望[皖]	191 B7
吕巷[沪]	139 D7
吕艺[鲁]	247 E10
吕寨[冀]	60 B5
吕寨[皖]	191 F9
侣俸[渝]	354 C3
旅顺口区[辽]	102 G2
履坦[浙]	174 E5
绿春县[滇]	400 F3
绿葱坡[鄂]	291 C7
绿华[沪]	141 F6
绿化[黔]	386 B4
绿井[川]	365 C6
绿林[鄂]	283 B7
绿茂[滇]	397 A8
绿水[川]	364 B5
绿水[川]	367 G7
绿水[鄂]	290 G3
绿塘[黔]	386 D4
绿溪口[湘]	306 A4
绿杨[鄂]	287 C6
绿汁[滇]	400 B2
绿珠[桂]	339 F8
峦城[桂]	335 E6
峦庄[陕]	425 B8
栾城区[冀]	49 E7
栾川[豫]	262 F5
栾川县[豫]	262 F5
栾家坪[陕]	417 B6
栾庄[冀]	51 D7
鸾凤[闽]	208 C1
鸾山[湘]	303 D9
滦河[冀]	53 E7
滦湖[豫]	267 E10
滦南县[冀]	54 E4
滦平县[冀]	53 E7
滦县[冀]	54 D4
滦阳[冀]	54 B3
滦镇[陕]	416 D4
略坪[川]	368 E2
略阳县[陕]	420 F2
仑苍[闽]	213 E7
伦河[黑]	130 E3
伦教[粤]	313 F7
伦掌[豫]	264 A3
伦镇[鲁]	239 E7
轮南[新]	457 F6
轮台县[新]	457 F6
罗坳[赣]	229 D6
罗坝[陇]	429 C7
罗坝[粤]	315 C9
罗白[桂]	343 B8
罗陂[赣]	225 G7
罗波[川]	372 C3
罗波[桂]	334 C4
罗播[桂]	339 C8
罗布[滇]	402 B3
罗布泊[新]	457 B7
罗布古[滇]	398 A2
罗埠[皖]	199 E9
罗埠[浙]	174 D3
罗场[川]	374 E4
罗场[黔]	391 E8
罗陈[豫]	273 F7
罗城[川]	372 D4
罗城[赣]	226 D4
罗城[陇]	430 A4
罗城[湘]	307 D8
罗城仫佬族自治县[桂]	344 A3
罗川[滇]	396 E4
罗川[陇]	432 G5
罗村[晋]	73 F7
罗村[鲁]	242 C3
罗村[粤]	313 E6
罗大台[辽]	100 B4
罗甸县[黔]	385 E8
罗店[鄂]	283 A8
罗店[沪]	136 C4
罗店[豫]	272 B5
罗店[浙]	174 C4
罗定市[粤]	324 B5
罗东[闽]	213 D8
罗东[台]	460 B5
罗董[粤]	328 E1
罗渡[川]	365 B8
罗渡[川]	374 F5
罗坊[赣]	227 F6
罗坊[闽]	210 F4
罗坊[闽]	215 D7
罗浮[粤]	323 C6
罗福沟[辽]	92 E2
罗富[桂]	344 E2
罗岗[粤]	323 C7
罗戈[川]	365 E6
罗汉[川]	372 C3
罗汉[川]	375 B7
罗汉[黔]	387 F8
罗汉洞[陇]	432 G4
罗汉寺[鄂]	278 D4
罗汉堂[青]	437 D6
罗河[赣]	230 F5
罗河[皖]	199 E10
罗洪[湘]	307 B7
罗湖[赣]	224 D3
罗湖区[粤]	321 D6
罗集[皖]	186 C3
罗集[皖]	187 D6
罗集[皖]	191 A8
罗家[川]	365 C6
罗家[赣]	220 D4
罗家[浙]	177 C10
罗家房[辽]	91 D6
罗家集[陇]	428 F5
罗家坪[川]	367 E9
罗家坪[湘]	299 E7
罗家屯[冀]	54 B4
罗家洼[陕]	424 C3
罗江[川]	369 E8
罗江[赣]	229 D6
罗江[桂]	339 C9
罗江县[川]	368 E2
罗锦[桂]	336 E2
罗泾[沪]	136 B4
罗镜[粤]	324 C4
罗旧[湘]	306 B3
罗坎[滇]	402 C3
罗坑[粤]	324 F4
罗坑[粤]	325 D9
罗坑[粤]	315 D6
罗悃[黔]	385 F9
罗里[黔]	389 C7
罗联[闽]	206 C4
罗岭[皖]	198 C3
罗岭[豫]	262 D5
罗龙[川]	374 C5
罗罗堡[辽]	97 D7
罗玛[藏]	409 D7
罗免[滇]	397 D6
罗目[川]	372 C2
罗暮[黔]	385 F9
罗平[粤]	324 C5
罗平县[滇]	398 F4
罗坪[赣]	222 E5
罗坪[湘]	298 A4
罗桥[鄂]	287 E7
罗桥[苏]	152 D1
罗桥[湘]	303 G6
罗泉[川]	373 D7
罗沙[黔]	385 F7
罗山川[陇]	432 D3
罗山溪[川]	367 B10
罗山县[豫]	273 E6
罗珊[赣]	229 B8
罗市[赣]	227 B6
罗市[湘]	307 C8
罗水[湘]	298 C2
罗苏[黔]	385 F9
罗塔坪[湘]	298 C2
罗塘[赣]	233 D7
罗塘[皖]	186 D1
罗田[赣]	232 C3
罗田[渝]	355 A10
罗田[渝]	357 G6
罗田县[鄂]	286 D4
罗亭[赣]	220 B3
罗通山[吉]	114 C2
罗屯[鲁]	255 E6
罗妥[黔]	385 F9
罗洼[宁]	443 C8
罗湾[赣]	227 A6
罗王[豫]	266 B3
罗圩[苏]	151 F6
罗文[川]	369 D9
罗文皂[晋]	69 B8
罗武庄[滇]	396 E2
罗武庄[滇]	405 B9
罗西[鲁]	252 E4
罗溪[赣]	220 F5
罗溪[赣]	222 E4
罗溪[闽]	213 D9
罗溪[苏]	156 C5
罗香[桂]	345 A8
罗秀[桂]	339 C9
罗秀[桂]	345 C8
罗岩[湘]	306 C2
罗阳[苏]	150 C2
罗依[川]	377 C10
罗依溪[湘]	301 D9
罗峪口[晋]	73 B7
罗源[粤]	328 D5
罗源县[闽]	206 B1
罗云[渝]	355 C7
罗针[赣]	224 E3
罗镇[陕]	420 B3
罗州[黔]	386 F3
罗庄[冀]	56 E5
罗庄[豫]	267 E8
罗庄[豫]	270 E5
罗庄区[鲁]	252 E4
罗庄子[津]	41 A8
罗子沟[吉]	115 C9
罗子山[陕]	417 A8
罗子山[湘]	306 B5
萝北县[黑]	128 C3
萝卜田[湘]	306 C3
萝岗[粤]	313 D8
萝岗区[粤]	313 D8
逻岗[豫]	266 C5
逻楼[桂]	342 D3
逻沙[桂]	342 E2
逻西[桂]	342 D1
椤台[冀]	53 G9
锣场[鄂]	288 C4
锣圩[桂]	334 C3
骡坪[渝]	357 D10
螺岗[粤]	328 C4
螺髻山[川]	367 D8
螺山[鄂]	289 F8
螺田[赣]	232 B5
螺溪[川]	365 D6
螺溪[赣]	233 D6
螺溪[粤]	318 D4
螺阳[闽]	213 E9
螺洋[浙]	176 E4
螺洲[闽]	206 C4
倮波[川]	367 C6
倮格[川]	367 E8
洛帮[黔]	385 C6
洛北河[黔]	384 D4
洛本卓[滇]	405 F7
洛表[川]	374 F5
洛滨[陕]	424 D3
洛埠[桂]	337 F8
洛车[川]	369 D8
洛城[鲁]	243 C6
洛川县[陕]	417 C10
洛大[陇]	432 C4
洛带[川]	363 E6
洛党[滇]	399 C9
洛东[桂]	344 A4
洛俄依甘[川]	367 C9
洛恩[滇]	400 F3
洛尔达[川]	377 C7
洛古[川]	367 D8
洛古[川]	379 D6
洛古波[川]	367 D7
洛哈[川]	367 C8
洛亥[川]	374 F5
洛河[滇]	400 C3
洛河[鲁]	253 B6
洛河[陕]	421 D9
洛河[皖]	189 B10
洛吉[滇]	404 C4
洛江区[闽]	213 E9
洛觉[川]	367 D9
洛克[新]	454 E3
洛口[赣]	228 B4
洛龙[黔]	390 A5
洛隆县[藏]	409 E9
洛玛[藏]	408 D2
洛麦[藏]	409 E7
洛满[桂]	337 F8
洛门[陇]	429 C6
洛莫[川]	367 C8
洛莫依达[川]	367 C9
洛南县[陕]	425 C7
洛宁县[豫]	262 D5
洛浦[粤]	313 E7
洛浦县[新]	455 E7
洛碛[渝]	354 C5
洛秋[川]	378 C4
洛若[川]	378 D3
洛舍[浙]	168 C4
洛社[苏]	159 C6
洛市[赣]	227 E9
洛水[川]	368 E1
洛塔[湘]	301 B8
洛塘[陇]	429 C9
洛万[黔]	387 F10
洛旺[滇]	402 C3
洛乌[川]	367 D8
洛乌沟[川]	367 E8
洛西[桂]	344 B4
洛香[黔]	389 B8
洛须[藏]	409 D10
洛崖[桂]	337 E8
洛羊[滇]	397 E7
洛阳[鄂]	282 D5
洛阳[桂]	339 D8
洛阳[桂]	344 C2
洛阳[闽]	213 E9
洛阳[苏]	157 E6
洛阳[粤]	314 C5
洛阳市[豫]	263 C8
洛峪[陇]	429 C8
洛源[陕]	425 D7
洛泽河[滇]	402 E4
洛扎县[藏]	409 F6
洛左[川]	367 G8
骆店[鄂]	282 C4
骆湖[粤]	316 C4
骆集[豫]	267 D9
骆家坝[陕]	420 C4
骆市[川]	365 B6
骆驼[浙]	170 E5
骆驼坳[鄂]	286 D5
骆驼城[陇]	430 B4
骆驼山[内蒙古]	82 G4
骆峪[陕]	416 F4
骆庄[冀]	60 D4
珞璜[渝]	354 D4
落别[黔]	387 D6
落卜[川]	375 F7
落潮井[湘]	301 F7
落儿岭[皖]	187 D9
落垡[冀]	52 C3
落垡[津]	40 C1
落木柔[川]	374 F4
落坪[湘]	307 E9
落润[川]	374 E4
落水[滇]	398 C3
落水河[晋]	69 F10
落雁[滇]	402 D2
漯河市[豫]	268 E4
雒容[桂]	337 F9
M	
妈姑[黔]	386 F4
妈妈[川]	369 F8
麻庵[陇]	428 A5
麻庵[陇]	432 G3
麻陂[粤]	317 E6
麻布岗[粤]	316 A1
麻布加[藏]	408 F5
麻步[浙]	179 D8
麻岔[湘]	301 C10
麻城[川]	375 F8
麻城[鄂]	283 E8
麻城市[鄂]	286 D3
麻池河[陕]	425 D8
麻冲[湘]	301 F7
麻川[陇]	432 G3
麻地会[晋]	73 C8
麻店[鲁]	247 D7
麻垌[桂]	339 C8
麻洞川[陕]	417 B8
麻多[青]	441 B9
麻岗[粤]	324 G3
麻豪口[鄂]	288 E4
麻河[鄂]	284 E2
麻河口[湘]	299 C8
麻虎[陕]	421 B7
麻黄梁[陕]	423 D6
麻黄山[宁]	443 B6
麻家渡[鄂]	280 D2
麻家集[陇]	429 E6
麻家塔[陕]	422 C5
麻家坞[冀]	58 B5
麻江[藏]	409 E6
麻江[湘]	304 C4
麻江县[黔]	389 G6
麻街[陕]	425 D8
麻兰[鲁]	244 E3
麻郎错[川]	379 C7
麻栗[川]	367 D7
麻栗场[湘]	301 E8
麻栗坡县[滇]	401 F8
麻莲[青]	436 C3
麻林[湘]	307 F6
麻柳[川]	364 D2
麻柳[川]	369 E9
麻柳[川]	372 C2
麻柳[陕]	421 G9
麻柳[渝]	356 D5
麻柳滩[陕]	420 A4
麻柳沱[渝]	354 C5
麻柳嘴[渝]	354 C5
麻陇[川]	367 F7
麻麻[藏]	409 G7
麻米[藏]	408 D3
麻尼寺沟[陇]	428 G5
麻坪[陕]	421 D7
麻坪[陕]	425 C7
麻邛[川]	378 E5
麻丘[赣]	220 D4
麻日[川]	379 D6
麻绒[川]	378 F5
麻沙[闽]	208 D3
麻山[赣]	228 G2
麻山[黔]	387 B9
麻山区[黑]	127 G9
麻石[川]	369 C8
麻双[赣]	229 E6
麻塘[湘]	300 D3
麻塘[湘]	306 D4
麻塘山[湘]	307 C6
麻田[湘]	305 E6
麻屯[豫]	263 B8
麻万[黔]	385 C7
麻旺[渝]	356 C2
麻尾[黔]	385 C9
麻窝[川]	377 E9
麻武[陇]	432 G3
麻溪铺[湘]	307 G8
麻呷[川]	378 G2
麻线[吉]	114 G2
麻沿河[陇]	429 B7
麻秧[川]	368 F5
麻阳苗族自治县[湘]	306 A3
麻洋[鄂]	289 C8
麻英[川]	364 D2
麻缨塘[湘]	306 C3
麻涌[粤]	320 A3
麻乍[黔]	386 G2
麻榨[粤]	317 G6
麻章[粤]	327 C8
麻镇[陕]	422 A3
麻芝[黔]	384 E5
麻州[赣]	229 B7
麻孜[川]	378 C5
麻子川[陇]	429 E7
马堽集[豫]	273 E9
马隘[桂]	342 E5
马安[川]	367 E7
马安[鄂]	280 B3
马安[赣]	228 C5
马安[粤]	317 E8
马鞍[川]	364 B5
马鞍[川]	373 D8
马鞍[鄂]	284 F3
马鞍[赣]	224 F5
马鞍[苏]	146 D2
马鞍[湘]	306 D3
马鞍[浙]	172 B4
马鞍底[滇]	401 G6
马鞍山[川]	367 D7
马鞍山[滇]	405 C9
马鞍山[吉]	112 B3
马鞍山市[皖]	194 E2
马坳[赣]	222 E2
马岙[浙]	170 C4
马坝[苏]	151 D9
马蚌[桂]	343 G9
马鼻[闽]	206 B2
马壁[晋]	74 A4
马边县[川]	372 F3
马布拉其汗[内蒙古]	81 B8
马步[赣]	226 E3
马步[桂]	345 C9
马埠[赣]	232 B3
马曹庙[鄂]	286 E5
马槽[川]	368 D1
马岔[陕]	423 D9
马昌营[京]	32 C1
马厂[黔]	387 C7
马厂[冀]	59 B7
马厂[晋]	70 C4
马厂[青]	436 A5
马厂[苏]	150 D5
马厂[皖]	192 F5
马厂[豫]	269 C8
马厂湖[鲁]	252 E4
马场[黔]	386 B5
马场[黔]	386 B5
马场[黔]	386 D4
马场[黔]	387 D6
马场[黔]	387 E7
马场[黔]	387 F7
马场[辽]	92 E2
马场壕[内蒙古]	80 B2
马场河[黔]	384 D4
马场坪[黔]	384 C4
马场垣[青]	436 A5
马畅[陕]	420 C2
马城[冀]	54 E5
马城[皖]	187 E10
马池口[京]	31 B9
马川子[吉]	115 E9
马村[川]	372 B3
马村[冀]	49 E6
马村[晋]	71 D7
马村[豫]	265 B7
马村[豫]	268 E3
马村区[豫]	261 B8
马当[吉]	114 E2
马道[川]	367 D7
马道[陕]	420 D2
马道头[晋]	68 D5
马灯[川]	364 F4
马登[滇]	405 E7
马蹬[豫]	270 E4
马堤[桂]	336 B2
马底驿[湘]	307 F9
马甸[苏]	151 C7
马甸[苏]	155 C7
马店[冀]	58 C2
马店[鲁]	244 E5
马店[皖]	186 E5
马店[豫]	262 D5
马店集[皖]	190 C4
马店孜[皖]	191 C7
马杜桥[湘]	302 E4
马渡[川]	369 D8
马额[陕]	416 B2
马额[陕]	419 C8
马尔邦[川]	377 F7
马尔康市[川]	377 E7
马尔洋[新]	454 E2
马畈[豫]	273 F6
马坊[晋]	67 D8
马坊[晋]	73 C8
马坊[京]	32 C1
马坊[陕]	419 C6
马坊[豫]	268 B5
马风[辽]	100 D3
马冈[粤]	325 C8
马刚[辽]	91 B6
马岗[皖]	192 C4
马港[鄂]	285 F7
马戈庄[鲁]	244 G3
马圪当[晋]	71 B8
马公[川]	364 F2
马宫[粤]	318 G3
马谷田[豫]	272 C3
马关县[滇]	401 F8
马官[黔]	387 C6
马灌[渝]	355 A8
马灌[渝]	356 G3
马贵[粤]	324 D4
马过河[滇]	398 E2
马号[黔]	388 D5
马合[陕]	423 E6
马合口[湘]	298 B3
马和[晋]	66 G4
马河[鄂]	283 F8
马河[黑]	131 D9
马河[陇]	428 D5
马河[陇]	429 C7
马河口[皖]	187 A9
马洪[川]	367 D8
马湖[川]	367 C10
马湖[皖]	186 A3
马回[川]	365 C6
马迹[湘]	303 C6
马迹塘[湘]	299 F7
马吉[滇]	404 F4
马集[陇]	428 G5
马集[鲁]	239 E8
马集[鲁]	254 E3
马集[鲁]	255 C6
马集[苏]	146 D1
马集[苏]	155 G6
马集[皖]	191 C6
马集[皖]	191 E6
马集[豫]	267 E6
马集[豫]	273 D8
马家[川]	365 C6
马家[川]	365 E8
马家[川]	369 E8
马家[川]	374 C5
马家[川]	377 C10
马家[陕]	418 E5
马家[陕]	419 C7
马家[豫]	264 B3
马家坝[川]	364 D1
马家砭[陕]	417 B6
马家川[陕]	423 B8
马家店[津]	41 E7
马家店[辽]	99 F10
马家店[辽]	99 F10
马家高庄[宁]	443 C7
马家河[陕]	417 A7
马家河[湘]	303 B7
马家台[陕]	425 E8
马家滩[宁]	442 B4
马家湾[宁]	442 C1
马家湾[陕]	420 A3
马家皂[晋]	69 C9
马家寨[鄂]	288 E4
马家寨[辽]	95 E6
马家庄[冀]	61 F8
马家庄[晋]	66 B3
马家庄[陕]	424 D4
马甲[闽]	213 D9
马架子[内蒙古]	83 G7
马建[宁]	443 E9
马剑[浙]	172 D1
马涧[浙]	174 C4
马江[桂]	338 D3
马江[湘]	303 E9
马角[川]	368 C4
马街[滇]	396 E2
马街[滇]	397 D8
马街[滇]	398 E4
马街[滇]	398 F3
马街[滇]	400 E4
马街[滇]	401 E9
马街[滇]	405 B9
马街[陇]	429 C9
马金[浙]	177 A7
马金铺[滇]	397 F7
马井[川]	368 F2
马井[皖]	188 C4
马颈坳[湘]	301 E9
马迴岭[赣]	223 D7
马驹桥[京]	31 E9
马驹桥[京]	34 F2
马军营[晋]	69 C6
马可河[青]	440 G4
马坑[闽]	212 B2
马坑[皖]	200 E3
马口[鄂]	284 F3
马口[赣]	223 F7
马喇[渝]	356 B2
马兰[晋]	66 C4
马兰屯[鲁]	255 F10
马兰峪[冀]	54 B1
马兰庄[冀]	54 C4
马栏[陕]	419 B7
马栏[豫]	268 C5
马力[陇]	429 D6
马利[藏]	409 E9
马连[陕]	418 D5
马连洼[京]	28 C5
马连庄[鲁]	244 C1
马莲[宁]	443 D9
马练[桂]	339 A9
马恋[湘]	303 C8
马良[鄂]	281 F6
马良[鄂]	283 D9
马烈[川]	376 F3
马岭[川]	375 D7
马岭[黔]	387 F9
马岭[桂]	335 E7
马岭[桂]	336 F3
马岭[陇]	432 E4
马岭岗[鲁]	254 D2
马铃[黔]	384 F5
马龙[川]	367 F8
马龙[湘]	306 G3
马龙县[滇]	398 E2
马楼[豫]	265 C9
马楼[豫]	271 C8
马陆[沪]	136 D3
马鹿[川]	364 F3
马鹿[川]	367 E7
马鹿[陇]	429 A6
马鹿沟[吉]	113 C10
马鹿塘[滇]	397 B6
马路[川]	364 C4
马路[滇]	398 A2
马路[黔]	385 G6
马路[黔]	386 C2
马路[桂]	338 G2
马路[桂]	340 E4
马路[湘]	298 F5
马庙[川]	372 E3
马庙[鲁]	254 E5
马庙[皖]	198 D3
马鸣[川]	368 D4
马鸣[滇]	398 E2
马牧[豫]	267 E9
马牧池[鲁]	252 C4
马奈[川]	377 F7
马楠[滇]	402 E2
马尼干戈[川]	378 F3
马宁[粤]	328 B3
马跑泉[陇]	429 B6
马棚[苏]	154 F4
马皮[桂]	339 B9
马坪[鄂]	282 D4
马坪[桂]	345 D8
马坪[闽]	212 D4
马坪[湘]	307 D6
马坪[渝]	357 D6
马坡[桂]	339 E9
马坡[京]	34 B2
马坡[陇]	428 E4
马坡[鲁]	255 D7
马坡[苏]	148 C4
马铺[闽]	212 D2
马铺[豫]	269 C10
马桥[鄂]	280 F5
马桥[鄂]	285 D8
马桥[沪]	139 F10
马桥[鲁]	242 B3
马桥[苏]	155 B8
马桥[湘]	305 D8
马桥[豫]	267 G9
马桥[浙]	169 E9
马桥河[黑]	131 B8
马桥子[辽]	102 F4
马渠[陇]	432 F3
马圈堡[冀]	51 F8
马圈子[冀]	54 A5
马圈子[辽]	95 D9
马泉[陇]	429 D6
马泉[陕]	419 E7
马荃[赣]	230 F4
马三家子[辽]	91 D7
马山[鄂]	288 C3
马山[黔]	390 D5
马山[桂]	335 F8
马山[桂]	337 E7
马山[鲁]	239 D9
马山[苏]	159 E6
马山[浙]	172 B5
马山口[豫]	271 D6
马山县[桂]	334 B3
马山子[鲁]	247 A8
马上[豫]	265 B6
马尚[鲁]	242 C3
马伸桥[津]	41 B9
马市[赣]	233 D6
马市[粤]	315 B9
马柿坪[豫]	271 C6
马首[晋]	67 C7
马树[滇]	403 F6
马水[湘]	303 E7
马水[粤]	324 E5
马嘶[川]	375 G9
马泗[桂]	345 F7
马宋[鲁]	243 D6
马踏[川]	372 C4
马踏[粤]	324 G4
马台[滇]	399 E10
马塘[滇]	401 E7
马塘[苏]	153 D7
马塘[皖]	194 F4
马蹄[川]	375 G8
马蹄[黔]	390 F2
马蹄沟[陕]	423 D8
马蹄湾[陕]	420 F2
马田[湘]	305 C6
马头[川]	367 B7
马头[桂]	334 C5
马头[冀]	61 D8
马头[鲁]	252 F4
马头[鲁]	254 E2
马头[豫]	267 E8
马头[豫]	269 B8
马头[粤]	315 E9
马头岭[湘]	305 C7
马头铺[冀]	49 C7
马头桥[湘]	307 G3
马头山[赣]	224 A4
马头水[晋]	66 B5
马头营[冀]	54 F5
马投涧[豫]	264 B4
马屯[冀]	58 G3
马屯[豫]	263 B8
马拖[川]	367 B8
马坨店[冀]	55 E6
马湾[鄂]	289 B8
马王[川]	365 D6
马王[陕]	416 D3
马王[湘]	301 D8
马圩[赣]	224 D3
马圩[粤]	328 E2
马嵬[陕]	418 D5
马尾[闽]	206 C4
马尾区[闽]	206 C4
马坞[陇]	429 D7
马武[渝]	355 C9
马武[渝]	355 D6
马武[渝]	356 A1
马西[晋]	73 E10
马溪[黔]	388 E4
马峡[陇]	432 G3
马乡[豫]	273 C6
马巷[闽]	213 F7
马啸[浙]	166 C3
马辛庄[晋]	69 D6
马衙[皖]	200 B5
马延[黑]	120 E5
马滘[粤]	319 E8
马依足[川]	367 D9
马迎[川]	368 D4
马营[冀]	50 B4
马营[晋]	68 E4
马营[陇]	428 C5
马营[陇]	429 D8
马营[陇]	429 D9
马营[陇]	431 E7
马营[鲁]	254 B5
马营[青]	436 A5
马营[青]	437 A6
马营[陕]	418 E3
马营庄[晋]	68 F5
马营子[冀]	53 F6
马影[赣]	223 C8
马友营[辽]	92 A2
马于[冀]	49 E9
马屿[浙]	179 D7
马峪[晋]	66 D5
马元[陇]	429 C7
马增依乌[川]	367 D8
马栅[内蒙古]	80 A3
马宅[浙]	175 D7
马寨[皖]	191 F8
马寨[豫]	260 D3
马站[滇]	403 D7
马站[鲁]	252 A5
马站[浙]	179 D9
马召[陕]	416 F4
马者哨[滇]	400 D5
马振抚[豫]	271 G8
马镇[陕]	422 A5
马仲河[辽]	94 E4
马渚[浙]	170 G4
马庄[桂]	342 D1
马庄[冀]	49 F10
马庄[冀]	52 D1
马庄[鲁]	243 F7
马庄[鲁]	248 E5
马庄[鲁]	252 E3
马庄[陕]	419 D7
马庄[豫]	264 E4
马庄[豫]	271 C9
马庄[豫]	271 E6
马庄桥[豫]	265 C7
马宗[川]	367 F8
马鬃[黔]	390 D3
马鬃岭[湘]	299 C6
马鬃山[陇]	430 E4
马鬃山[内蒙古]	84 F2
马祖[闽]	206 A3
玛多县[青]	440 E2
玛家[台]	460 F3
玛坑[闽]	209 E7
玛纳斯县[新]	451 G8
玛瑙[川]	368 E4
玛尼罕[内蒙古]	83 F7
玛沁县[青]	440 E4
玛曲县[陇]	432 C2
玛热勒苏[新]	453 B6
玛依[黔]	387 F8
码口[滇]	402 F4
码市[湘]	304 G4
码头[赣]	223 B6
码头[冀]	52 D3
码头[冀]	57 B10
码头[冀]	59 E6
码头[鲁]	247 F7
码头[闽]	213 D8
码头[皖]	187 C6
码头[渝]	354 A4
码头李[冀]	58 G2
码头铺[湘]	299 A6
蚂蚁岛[浙]	170 B5
蚂蚁堆[滇]	399 D9
蚂蚁河[吉]	113 E9
买巴[藏]	409 E6
买家集[陇]	428 F5
买家巷[陇]	428 F5
迈陈[粤]	327 G7
麦崩[川]	379 A6
麦地沟[川]	367 C7
麦地龙[川]	367 B6
麦地坪[湘]	298 B3
麦尔玛[川]	377 C7
麦盖提县[新]	454 D4
麦格[黔]	384 F4
麦胡图[内蒙古]	79 E8
麦积[陇]	429 B7
麦积区[陇]	429 B6
麦架[黔]	384 F4
麦昆[川]	377 C7
麦寮[台]	460 D2
麦岭[桂]	338 A3
麦岭[豫]	268 D3
麦坪[黔]	384 F5
麦日[川]	366 B4
麦市[鄂]	285 F7
麦市[湘]	304 E5
麦洼[川]	377 C8
麦洼[川]	379 C8
麦洼[陇]	432 D3
麦溪[川]	377 A8
麦溪[苏]	156 C4
麦新[内蒙古]	83 E8
卖酒[桂]	339 D8
脉地[滇]	405 D8
脉旺[鄂]	284 G2
蛮会[内蒙古]	78 D3
馒头营[冀]	50 E4
满城县[冀]	57 D7
满村[豫]	265 F6
满德堂[冀]	50 E2
满硐[鲁]	254 D5
满都胡宝拉格[内蒙古]	83 B6
满都户[辽]	91 F8
满都拉[内蒙古]	79 B6
满归[内蒙古]	81 C6
满井[川]	372 B4
满井[黑]	120 C4
满坪[青]	437 A6
满堂[辽]	91 B7
满堂川[陕]	423 B9
满堂红[辽]	96 C3
满月[渝]	356 C5
满掌[青]	440 F4
满杖子[冀]	53 F9
满洲里市[内蒙古]	81 E8
满庄[鲁]	249 D6
满族屯[内蒙古]	83 B8
曼德拉[内蒙古]	84 C4
曼等[滇]	406 D3
曼腊[滇]	407 B8
曼日玛[陇]	432 C2
漫川关[陕]	425 C10
漫河[冀]	58 F5
漫江[赣]	222 F2
漫江[吉]	113 D9
漫水[鄂]	290 G3
漫水河[皖]	187 E10
漫水滩[陇]	428 E1
漫水湾[川]	367 C7
漫湾[滇]	406 D2
漫湾[滇]	406 D2
蔓耗[滇]	400 F5
邙岭[豫]	263 B9
邙山[豫]	263 C8
忙丙[滇]	399 D7
忙怀[滇]	399 C10
忙农[内蒙古]	83 G7
忙糯[滇]	399 F9
忙畔[滇]	399 E9
芒棒[滇]	403 D7
芒棒[滇]	403 F10
芒部[滇]	402 B3
芒场[桂]	344 E2
芒丁[新]	452 E5
芒东[滇]	403 E8
芒海[滇]	403 E10
芒洪[滇]	399 E8
芒康县[藏]	409 E10
芒宽[滇]	403 D6
芒山[豫]	267 E10
芒信[滇]	407 F8
芒允[滇]	403 F8
芒章[滇]	403 E7
芒种桥[豫]	267 D7
茫荡[闽]	208 F4
茫汗[内蒙古]	83 E9
茫拉[青]	437 E7
茫曲[青]	437 D7
茫崖[青]	439 G8
莽格吐[黑]	122 D4
莽卡[吉]	108 D5
莽岭[藏]	409 E10
莽山[湘]	305 F6
莽张[豫]	273 E6
漭水[滇]	403 B8
蟒川[豫]	271 B8
蟒河[晋]	71 F9
蟒石口[冀]	51 D9
猫场[黔]	386 C5
猫场[黔]	386 D4
猫洞[黔]	386 C5
猫儿[湘]	301 E8
猫街[滇]	396 D5
猫营[黔]	387 B7
毛坝[川]	364 E4
毛坝[川]	369 D9
毛坝[鄂]	290 E3
毛坝[陕]	421 G9
毛坝[湘]	301 B9
毛坝[渝]	356 C2
毛坝[渝]	357 E6
毛坝河[陕]	420 E4
毛宝力格[内蒙古]	83 E7
毛藏[陇]	431 E8
毛陈[鄂]	284 E3
毛城子[吉]	112 D2
毛村[赣]	231 E9

地名[省别]	地图位置	
毛岱[内蒙古]	79	E6
毛道[内蒙古]	83	D8
毛道[琼]	346	E4
毛甸子[辽]	99	D8
毛都站[吉]	111	D7
毛盖图[内蒙古]	80	F4
毛感[琼]	346	F5
毛公[川]	368	E4
毛沟[湘]	301	D8
毛集[皖]	189	C8
毛集[豫]	271	G10
毛家[川]	373	C10
毛家店[辽]	94	E2
毛家港[鄂]	288	E4
毛家滩[湘]	299	E7
毛家湾[晋]	75	C7
毛家皂[晋]	69	D6
毛尖山[皖]	198	E2
毛井[陇]	432	E3
毛俊[湘]	304	E5
毛口[黔]	387	E6
毛李[鄂]	283	D10
毛里[湘]	304	D4
毛里岗[陕]	425	C9
毛坪[川]	372	D2
毛坪[滇]	402	D4
毛祁[辽]	100	D2
毛日[川]	377	F6
毛山东[内蒙古]	83	F6
毛石[黔]	390	E3
毛市[鄂]	289	E7
毛坦厂[皖]	187	C9
毛堂[豫]	270	D4
毛田[湘]	300	D5
毛田[湘]	302	B4
毛演堡[冀]	61	C7
毛垟[浙]	180	F5
毛阳[琼]	346	E4
毛易[湘]	302	B3
毛浴[川]	369	C8
毛云[黔]	384	D3
毛庄[冀]	54	F5
毛庄[青]	441	F9
毛庄[豫]	260	C2
毛庄[豫]	269	C7
毛嘴[鄂]	289	C7
牦牛坪[川]	366	D5
茅坝[川]	364	F2
茅坝[黔]	390	F1
茅坂[浙]	177	D7
茅草街[湘]	299	D8
茅村[苏]	148	D4
茅店[赣]	229	D6
茅渡[湘]	306	C4
茅贡[黔]	389	C7
茅河[川]	376	C4
茅家岭[赣]	231	E7
茅箭区[鄂]	280	C4
茅荆坝[冀]	53	D8
茅兰沟[冀]	53	E10
茅栗[黔]	390	G3
茅岭[桂]	341	D6
茅麓[苏]	156	D3
茅排[赣]	224	D5
茅坪[赣]	233	G6
茅坪[黔]	388	B5
茅坪[黔]	390	F4
茅坪[陕]	420	B2
茅坪[陕]	421	B8
茅坪[陕]	425	E10
茅坪[湘]	301	B8
茅坪[湘]	306	E5
茅坪场[鄂]	291	B9
茅桥[川]	372	C4
茅山[苏]	154	C4
茅山[苏]	156	D2
茅山[皖]	198	F2
茅畲[浙]	176	E3
茅石[黔]	390	D3
茅市[湘]	302	E5
茅塔[鄂]	280	C4
茅台[黔]	390	E2
茅坦[皖]	200	A5
茅塘[湘]	302	C3
茅天[黔]	391	A6
茅田[鄂]	290	C5
茅垭[黔]	390	D4
茅洋[浙]	171	D7
茅竹[湘]	304	B3
卯都[内蒙古]	79	C9
泖港[沪]	138	C5
茆圩[苏]	150	E4
昴素[内蒙古]	80	E5
茂道吐[内蒙古]	83	E10
茂港区[粤]	324	G3
茂家[湘]	304	D4
茂井[黔]	385	E9
茂兰[滇]	399	C10
茂兰[黔]	385	A8
茂林[滇]	402	F4
茂林[桂]	339	D8
茂林[吉]	112	F1
茂林[台]	460	E3
茂林[皖]	195	F8
茂名市][粤]	324	F2
茂南区[粤]	324	F3
茂山[滇]	397	C6
茂县[川]	377	E10
茂兴[黑]	123	D9
茂租[滇]	402	G4
冒水[川]	374	D1
鄚州[冀]	58	A4
帽儿山[黑]	120	D4
帽子峰[粤]	315	A9
么六桥[津]	39	D6
枚江[赣]	233	E8
玫瑰[鲁]	239	E9
眉村[鲁]	243	C7
眉山[闽]	213	D7
眉山市[川]	372	B3
眉县[陕]	418	E5
梅白[川]	374	C5
梅埠[鲁]	252	E4
梅厂[津]	40	C3
梅城[湘]	299	G6
梅城[浙]	166	F5
梅川[鄂]	287	C7
梅川[陇]	429	E7
梅村[苏]	159	D8
梅村[皖]	200	C4
梅硐[川]	375	E6
梅港[赣]	230	E4
梅河口市[吉]	114	C1
梅花[川]	367	B8
梅花[冀]	49	E8
梅花[闽]	206	B3
梅花[苏]	151	F7
梅花[湘]	301	D8
梅花[湘]	304	D3
梅花[粤]	314	B5
梅花山[鲁]	244	C2
梅家[川]	364	D5
梅家[川]	369	E9
梅家河[鄂]	291	B6
梅家坪[陕]	424	E1
梅江[渝]	356	E3
梅江[浙]	174	B4
梅窖[赣]	228	B5
梅街[皖]	200	B5
梅坑[粤]	315	F9
梅口[闽]	210	B4
梅李[苏]	161	B8
梅里斯达斡尔族区[黑]	122	E5
梅力盖图[内蒙古]	79	E9
梅列区[闽]	211	D6
梅林[赣]	227	D8
梅林[桂]	337	B7
梅林[闽]	212	C1
梅林[皖]	195	C8
梅林[粤]	323	E7
梅林[粤]	318	E5
梅林[浙]	171	E7
梅林桥[湘]	303	B7
梅岭[赣]	220	C2
梅岭[闽]	212	F2
梅龙[皖]	200	A5
梅陇[沪]	139	F8
梅陇[粤]	318	F2
梅南[粤]	323	D8
梅坪[湘]	306	D5
梅铺[鄂]	280	B5
梅岐[浙]	181	E7
梅桥[皖]	187	D9
梅桥[湘]	303	B6
梅沙[粤]	321	C7
梅山[闽]	211	E7
梅山[闽]	213	D8
梅山[台]	460	D3
梅山[皖]	187	E7
梅山[浙]	170	C5
梅市[皖]	192	C4
梅树[川]	364	D2
梅水[赣]	229	F6
梅棠[赣]	223	D6
梅塘[赣]	232	D5
梅塘[粤]	319	D6
梅田[湘]	305	E6
梅田湖[湘]	300	C1
梅西[粤]	323	C7
梅溪[桂]	336	A3
梅溪[闽]	206	E2
梅溪[湘]	300	C4
梅溪[湘]	304	B4
梅溪[浙]	168	D3
梅溪[浙]	179	D8
梅仙[闽]	211	D8
梅仙[湘]	300	E5
梅县[粤]	323	C8
梅墟[浙]	170	D5
梅屿[浙]	179	D7
梅雨[川]	367	D6
梅园新村[沪]	137	E6
梅源[浙]	179	D7
梅云[粤]	319	D6
梅州市[粤]	323	C8
梅洲[闽]	212	F2
梅渚[皖]	194	B4
梅渚[浙]	173	F6
梅庄[赣]	221	D6
梅子[滇]	406	C5
梅子[陕]	421	G6
梅子坝[川]	372	F2
梅子坪[川]	367	C6
梅子铺[陕]	421	E7
梅子垭[渝]	355	E10
梅子垭[渝]	356	C1
嵋阳[晋]	75	F7
湄江[湘]	302	B4
湄潭县[黔]	390	E5
湄洲[闽]	207	D8
煤矿[冀]	51	D7
煤山[浙]	168	D1
煤炭坝[湘]	296	D3
煤田[内蒙古]	81	C8
煤窑[吉]	110	B1
煤窑[内蒙古]	79	D9
美安[琼]	347	B7
美巴切勤[藏]	408	E5
美岱召[内蒙古]	79	E6
美甘[川]	367	D8
美姑县[川]	367	C9
美湖[闽]	213	B7
美林[闽]	213	E8
美林[内蒙古]	78	D4
美林[内蒙古]	83	G6
美罗[川]	376	F2
美浓[台]	460	E3
美撒[川]	367	D8
美溪[皖]	200	D5
美溪区[黑]	126	E3
美玉[藏]	409	E10
美原[陕]	424	D2
妹冢[鲁]	240	E2
袂花[粤]	324	G3
门村[鲁]	244	F3
门达[内蒙古]	83	E10
门当[藏]	409	D6
门古寺[鄂]	280	E3
门河[苏]	150	D2
门家庄[冀]	58	F2
门坎[川]	372	C4
门楼[鲁]	251	D6
门楼任[豫]	266	D1
门楼下[湘]	304	C4
门台子[皖]	192	B3
门堂[青]	440	F5
门头沟区[京]	30	C5
门土[藏]	408	D2
门限石[晋]	72	A3
门源回族自治县[青]	436	C3
萌水[鲁]	242	C3
檬双[川]	369	E8
檬垭[川]	364	C4
檬子[川]	364	C2
檬子[渝]	354	A3
勐阿[滇]	407	E8
勐班[滇]	407	E6
勐板[滇]	399	D7
勐伴[滇]	407	B9
勐大[滇]	406	D4
勐堆[滇]	399	D6
勐汞[滇]	399	D7
勐海县[滇]	407	D8
勐罕[滇]	407	C9
勐混[滇]	407	E9
勐戛[滇]	403	E9
勐简[滇]	399	E7
勐角[滇]	399	F7
勐库[滇]	399	E9
勐拉[滇]	400	G5
勐腊[滇]	407	B10
勐腊县[滇]	407	B10
勐来[滇]	399	F7
勐连[滇]	403	D8
勐龙[滇]	400	E3
勐龙[滇]	407	D9
勐仑[滇]	407	C9
勐马[滇]	407	G8
勐满[滇]	407	C10
勐满[滇]	407	E8
勐卯[滇]	403	F10
勐弄[滇]	403	F7
勐弄[滇]	403	F8
勐糯[滇]	403	C9
勐捧[滇]	399	D7
勐捧[滇]	407	C10
勐桥[滇]	400	F5
勐润[滇]	407	C10
勐撒[滇]	399	E8
勐省[滇]	399	F8
勐宋[滇]	407	D8
勐统[滇]	403	B9
勐往[滇]	407	D7
勐旺[滇]	407	C7
勐先[滇]	407	C6
勐秀[滇]	403	F10
勐养[滇]	403	E8
勐养[滇]	407	C8
勐永[滇]	399	D8
勐佑[滇]	399	C9
勐约[滇]	403	F9
勐遮[滇]	407	E8
猛必[湘]	301	B9
猛硐[滇]	401	F8
猛虎[滇]	396	B4
猛山[川]	365	C8
猛西[湘]	301	C8
蒙城县[皖]	191	B6
蒙村[桂]	345	D9
蒙顶山[川]	376	C4
蒙公[桂]	339	C6
蒙姑[滇]	403	G6
蒙古屯[吉]	111	D6
蒙古营[辽]	92	B2
蒙和乌苏[冀]	53	D9
蒙江[桂]	338	E2
蒙江[吉]	113	F7
蒙泉[滇]	402	E4
蒙泉[湘]	299	C6
蒙山[赣]	226	E5
蒙山县[桂]	338	C1
蒙圩[桂]	339	B8
蒙宜[川]	378	A3
蒙宜[川]	378	G1
蒙阴县[鲁]	252	B3
蒙自[川]	379	D9
蒙自县[滇]	400	E5
孟坝[陇]	432	F4
孟村[陕]	416	B3
孟村回族自治县[冀]	59	E8
孟达[青]	437	A6
孟店[冀]	59	E8
孟定[滇]	399	E7
孟封[晋]	66	D5
孟甘[川]	367	D8
孟岗[豫]	265	F6
孟根布拉格[内蒙古]	84	C3
孟公[湘]	302	A2
孟姑集[鲁]	254	C5
孟关[黔]	384	E5
孟海[鲁]	254	D4
孟河[苏]	156	B5
孟集[皖]	186	C5
孟家[川]	368	F2
孟家[黑]	120	B3
孟家[辽]	90	C3
孟家岗[黑]	128	F3
孟家岭[吉]	112	C4
孟家坪[晋]	73	B7
孟家桥[陇]	430	F2
孟家湾[陕]	423	D6
孟家溪[鄂]	288	E4
孟家院[冀]	53	E8
孟家庄[冀]	48	B4
孟姜[冀]	55	C8
孟津县[豫]	263	B8
孟轲[豫]	265	C7
孟连傣族拉祜族佤族自治县[滇]	407	F8
孟楼[鄂]	281	C7
孟楼[豫]	265	C8
孟门[晋]	73	E7
孟庙[豫]	268	E4
孟弄[滇]	406	B4
孟山[晋]	66	F5
孟石岭[陕]	421	E9
孟寺[鲁]	238	C5
孟塘[川]	373	C8
孟疃[鲁]	243	F6
孟疃[鲁]	253	A6
孟溪[黔]	391	D9
孟兴庄[苏]	150	C5
孟彦[黔]	389	C7
孟塬[陕]	424	F4
孟源[宁]	443	B9
孟寨[豫]	266	B5
孟寨[豫]	268	E3
孟州市[豫]	261	D10
孟庄[鲁]	255	E10
孟庄[豫]	260	B3
孟庄[豫]	264	E2
孟子岭[冀]	53	F9
梦溪[湘]	299	A7
咪姑[川]	367	C9
咪哩[滇]	400	E2
弥渡县[滇]	405	C9
弥河[鲁]	242	D5
弥勒县[滇]	400	C5
弥牟[川]	363	C6
弥泉[湘]	302	G5
弥沙[滇]	405	D7
弥市[鄂]	288	D4
弥陀[川]	375	B8
弥陀[皖]	198	G3
弥陀寺[豫]	273	B7
弥兴[滇]	396	D3
迷坝[陇]	429	B8
迷城[冀]	56	E5
糜杆桥[陕]	418	D4
糜滩[陇]	428	D3
糜镇[鲁]	238	C4
米贝[湘]	306	C2
米场[桂]	339	E9
米城[川]	369	E8
米村[豫]	260	E3
米甸[滇]	405	B8
米各庄[冀]	58	C5
米河[豫]	260	E2
米家务[冀]	57	D10
米家垣[晋]	74	C4
米良[湘]	301	E8
米粮[陕]	425	E10
米粮局[内蒙古]	79	D8
米林市[藏]	409	F8
米龙[川]	379	C7
米箩[黔]	387	E6
米坪[黔]	384	D2
米坪[豫]	270	C4
米桥[陇]	432	F5
米泉市[新]	451	E9
米沙子[吉]	108	D3
米山[晋]	71	C7
米山[鲁]	251	E8
米市[川]	367	C8
米夏[新]	454	D3
米心[渝]	354	A2
米薪关[晋]	69	B9
米亚罗[川]	377	E8
米易县[川]	367	F7
米峪[晋]	66	B3
米脂县[陕]	423	C8
米庄[鄂]	281	D8
汨湖[湘]	298	B3
汨罗[湘]	300	F3
汨罗市[湘]	300	E3
泌阳县[豫]	272	C3
觅儿寺[鄂]	286	G3
觅子[陕]	424	E1
密江[吉]	115	E8
密山市[黑]	127	D9
密溪[川]	375	C8
密云[京]	33	F7
密云区[京]	33	F7
密祉[滇]	405	C9
绵阳市[川]	368	E3
绵远[川]	368	E2
绵竹市[川]	368	E2
棉北[粤]	319	E7
棉船[赣]	223	A9
棉湖[粤]	319	D6
棉花坪[湘]	304	D4
棉花坡[川]	375	C7
棉花庄[苏]	151	D6
棉沙[川]	367	B7
棉桠[川]	367	D6
棉洋[粤]	323	E7
棉竹[川]	372	C3
免渡河[内蒙古]	81	C9
沔城回族[鄂]	289	D8
勉县[陕]	420	D3
冕宁县[川]	367	B7
冕山[川]	367	C7
面达[藏]	409	D9
面大园[冀]	57	E8
面甸[滇]	400	D4
苗安[皖]	189	E6
苗店[豫]	271	E8
苗儿滩[湘]	301	C8
苗二河[黔]	385	D7
苗馆[鲁]	255	B9
苗河[陕]	421	F8
苗集[皖]	191	E9
苗家坪[陕]	423	C9
苗老集[皖]	191	D6
苗栗县[台]	460	B3
苗陇[黔]	388	E5
苗桥[豫]	267	F10
苗山[鲁]	249	C9
苗市[湘]	298	B5
苗寨[豫]	265	F6
苗庄[津]	40	E4
苗庄[晋]	70	B5
妙隘[黔]	391	D9
妙峰山[京]	30	C5
妙高[川]	364	D4
妙皇[桂]	345	C8
妙泉[渝]	356	D3
妙西[浙]	168	C3
庙安[川]	369	E9
庙坝[川]	369	F7
庙坝[川]	373	E9
庙坝[滇]	402	D3
庙坝[陕]	420	E3
庙坝[渝]	356	B5
庙岔[皖]	190	G1
庙城[京]	33	G6
庙尔沟[新]	451	F9
庙尔沟[新]	453	D6
庙岗[川]	376	D3
庙岗[皖]	199	D7
庙沟[滇]	402	B3
庙沟[陕]	417	F7
庙沟[陕]	425	F9
庙沟门[陕]	422	B4
庙后[鲁]	250	D5
庙街[滇]	405	C9
庙街[豫]	271	D9
庙口[豫]	264	D3
庙岭[鄂]	287	F6
庙岭[赣]	222	E3
庙坪[陕]	421	C7
庙坪[陕]	425	C7
庙坡[川]	369	B10
庙前[鄂]	291	C10
庙前[晋]	75	E7
庙前[闽]	215	D8
庙前[皖]	200	B5
庙前[湘]	303	G6
庙前[浙]	177	B9
庙桥[苏]	157	E6
庙渠[陇]	432	F3
庙山[鲁]	252	F4
庙上[晋]	75	F7
庙首[皖]	195	F9
庙台[陕]	425	B7
庙滩[鄂]	281	D7
庙堂[渝]	357	D10
庙塘[黔]	390	C4
庙头[鄂]	284	F2
庙头[桂]	336	B5
庙头[苏]	150	E4
庙头[豫]	263	B7
庙湾[晋]	66	B4
庙湾[陕]	419	B7
庙湾[豫]	273	B6
庙溪[渝]	355	E10
庙溪[渝]	356	C1
庙下[豫]	271	A7
庙下[浙]	177	C10
庙仙[豫]	273	E6
庙巷[陇]	432	E4
庙行[沪]	136	D5
庙垭[川]	369	C8
庙垭[渝]	355	A8
庙垭[渝]	355	D6
庙宇[渝]	357	F9
庙镇[沪]	141	E7
庙子[川]	369	B10
庙子[鲁]	242	C4
庙子[豫]	260	E3
庙子[豫]	263	G6
庙子沟[冀]	53	D7
篾厂[滇]	401	F7
民安[桂]	339	D9
民安[粤]	327	D8
民丰县[新]	455	E9
民和[黔]	391	F8
民和[黑]	120	C4
民和回族土族自治县[青]	436	A5
民化[黔]	390	D1
民建[滇]	405	F8
民建[黔]	387	E8
民乐[滇]	406	D4
民乐[桂]	339	D9
民乐[黑]	120	E3
民乐[黑]	130	C4
民乐[陇]	428	G3
民乐[湘]	301	E7
民乐县[陇]	430	D5
民联[陇]	431	D6
民勤县[陇]	431	C9
民权[陇]	431	F9
民权县[豫]	266	C5
民胜[川]	367	C7
民胜[川]	369	C7
民雄[台]	460	D3
民意[黑]	120	E4
民意[黑]	123	D9
民政[黑]	130	E4
民治[川]	376	B3
民众[粤]	320	C3
民主[川]	365	E7
民主[川]	368	F1
民主[川]	368	G3
民主[川]	372	F3
民主[黔]	387	F8
民主[陇]	430	F2
民主[闽]	215	F9
民主[陕]	421	E8
民主[苏]	153	B10
民主[渝]	355	D6
民主乡[黑]	120	C3
民族团结[内蒙古]	79	E10
岷东[川]	372	D4
岷江[川]	377	D9
岷山[赣]	223	C7
岷山[陇]	429	E7
岷县[陇]	429	E7
闵集[鄂]	284	E4
闵家[吉]	108	B5
闵桥[苏]	151	C10
闵孝[黔]	391	F8
闵行区[沪]	139	F9
闽侯县[闽]	206	D3
闽宁[宁]	442	D3
闽清县[闽]	206	E3
敏洞[黔]	388	C5
敏阳[桂]	334	D2
名间[台]	460	D3
名口[赣]	221	F9
名山[黑]	122	A3
名山[黑]	128	C3
名山[渝]	355	C7
名山县[川]	376	C4
明安[内蒙古]	78	E5
明城[吉]	109	F6
明城[粤]	312	F4
明村[鲁]	244	G3
明达[渝]	356	F3
明德[川]	364	B5
明德[黑]	127	E9
明德[辽]	94	D4
明东[皖]	192	C5
明港[豫]	272	D5
明官店[冀]	57	G7
明光[滇]	403	D6
明光市[皖]	192	C5
明海[陇]	430	B3
明化[冀]	60	A3
明集[鲁]	241	D7
明集[鲁]	247	F7
明家[渝]	355	D6
明江[桂]	343	C9
明姜[晋]	74	C3
明久[黑]	130	F5
明觉[川]	364	E2
明朗[滇]	399	E7
明礼[川]	376	B3
明亮[桂]	334	C5
明伦[桂]	344	C2
明仁[内蒙古]	83	E8
明沙淖[内蒙古]	79	E6
明山区[辽]	98	G3
明山头[湘]	299	C9
明水[辽]	93	E8
明水[陇]	430	D3
明水[陇]	430	E3
明水河[内蒙古]	83	B8
明水县[黑]	130	F3
明通[渝]	357	B6
明威[川]	374	B4
明溪[闽]	210	D5
明溪口[湘]	307	E8
明心寺[川]	373	D8
明星[川]	365	E7
明阳[辽]	103	C6
明义[黑]	128	F2
明义[冀]	57	C8
明永[陇]	430	C5
明月[川]	365	B8
明月[川]	365	E7
明月[川]	369	D9
明月[渝]	354	B5
明月店[冀]	57	F6
明照[湘]	303	A8
明中[渝]	357	C6
明祖陵[苏]	151	F9
鸣犊[陕]	416	C3
鸣凤[川]	365	E7
鸣皋[豫]	263	D8
鸣鹤[浙]	170	E4
鸣鹫[滇]	401	E6
鸣龙[川]	365	E6
鸣鹿[陇]	428	F5
鸣沙[宁]	442	D5
鸣山[赣]	223	D9
鸣矣河[滇]	397	F6
鸣音[滇]	404	C5
鸣玉[渝]	355	E6
鸣钟[川]	365	C8
茗岙[浙]	178	D5
茗山[鄂]	287	F8
模环[浙]	177	B10
摩尼[川]	375	G8
磨坝[陇]	429	C9
磨池[川]	372	C4
磨刀石[黑]	131	C8
磨店[皖]	186	C3
磨沟口[豫]	262	F3
磨憨[滇]	407	B10
磨黑[滇]	407	C6
磨家[川]	368	E3
磨街[豫]	268	B1
磨里[晋]	75	C6
磨盘[川]	364	B5
磨盘[川]	367	D7
磨坪[鄂]	291	C7
磨山[鲁]	252	F4
磨市[鄂]	291	D8
磨市[湘]	298	A4
磨滩[川]	364	D3
磨头[苏]	153	F8
磨头[豫]	261	C9
磨西[川]	379	A7
磨溪[川]	365	E8
磨溪[赣]	223	D6
磨形[湘]	303	G6
磨子[渝]	355	B8
磨子桥[陕]	420	B3
磨子潭[皖]	187	D9
蘑菇气[内蒙古]	81	B10
蘑菇峪[冀]	53	G8
沫河口[皖]	187	C9
沫阳[黔]	385	E8
陌陂[豫]	271	E8
陌南[冀]	58	D4
陌南[晋]	75	E8
秣陵[苏]	147	D6
秣陵[豫]	269	G7
莫坝[川]	379	D6
莫坝[青]	440	G3
莫村[粤]	328	E3
莫达木吉[内蒙古]	81	E9
莫多[川]	379	F6
莫尔道嘎[内蒙古]	81	C7
莫干山[浙]	168	D4
莫红[川]	367	C9
莫乎尔[新]	452	B3
莫井[湘]	303	D7
莫里青[吉]	112	B3
莫力达瓦达斡尔族自治旗[内蒙古]	81	A9
莫力庙[内蒙古]	83	E9
莫莫格[吉]	110	B5
莫特格[新]	453	A8
莫窝[滇]	407	G7
莫云[青]	441	E7
漠滨[湘]	306	D3
漠川[桂]	336	D4
漠河[黑]	125	A6
漠河县[黑]	125	A6
漠沙[滇]	400	D2
漠西[陕]	419	D6
漠源[闽]	211	B6
墨冲[黔]	385	C6
墨镫[晋]	67	F8
墨镫[晋]	70	B1
墨翰[滇]	402	E3
墨红[滇]	398	E4
墨江哈尼族自治县[滇]	406	B5
墨林[川]	373	E7
墨林[浙]	175	D8
墨盘[辽]	103	C6
墨脱县[藏]	409	F9
墨玉县[新]	455	E7
墨竹工卡县[藏]	409	E7
默勒[青]	436	E3
默戎[湘]	301	E9
牟定县[滇]	396	D4
牟家[川]	365	B8
牟家坝[陕]	420	D3
牟礼[川]	362	F4
牟尼[川]	377	D9
牟平区[鲁]	251	D7
牟坪[川]	374	C5
牟山[浙]	170	G4
牟子[川]	372	C3
谋道[鄂]	290	D2
母享[滇]	402	B4
亩竹箐[滇]	397	F9
牡丹[陇]	429	C7
牡丹[台]	460	G3
牡丹江市[黑]	131	C8
木钵[陇]	432	E4
木孛[冀]	53	G9
木厂[滇]	401	F7
木厂[皖]	187	C6
木厂口[冀]	54	C4
木场[滇]	399	E7
木城[川]	372	C2
木城[滇]	403	D10
木村[冀]	49	B7
木顶[川]	365	B6
木洞[渝]	354	D5
木渎[苏]	161	E7
木尔[川]	367	D8
木尔宗[川]	377	E6
木耳[陇]	429	D7
木耳[渝]	354	C4
木府[川]	367	D9
木杆[滇]	402	E2
木岗[黔]	387	D6
木港[鄂]	287	D9
木格[桂]	338	D3
木格[桂]	339	D7
木格[粤]	328	D3
木根[桂]	339	C8
木古[川]	367	G7
木瓜[黔]	390	C3
木瓜[陕]	422	A4
木瓜坪[晋]	73	C7
木圭[桂]	339	B9
木果[黔]	386	F4
木河[陇]	429	B6
木黄[黔]	391	D8
木吉[新]	454	D1
木吉[新]	455	E7
木戛[滇]	407	F6
木贾[湘]	303	D8
木江坪[湘]	301	F9
木角[川]	365	D6
木脚[湘]	306	F4
木金[湘]	301	E6
木井[冀]	54	D5
木井[冀]	61	F7
木卡[川]	377	F9
木凯淖尔[内蒙古]	80	D3
木孔[黔]	386	A2
木奎拉[新]	455	E6
木拉[藏]	408	F5
木拉[川]	379	D9
木兰[川]	363	D6
木兰[川]	364	E4
木兰[鄂]	278	D3
木兰[赣]	228	A5
木兰县[黑]	120	B5
木老[川]	365	D7
木老坪[黔]	384	C2
木老元[滇]	403	C8
木乐[桂]	339	B9
木垒哈萨克自治县[新]	451	B9
木李[鲁]	242	A2
木里[青]	439	A8
木里[湘]	301	F8
木里图[内蒙古]	83	E9
木里县[川]	367	C6
木栗[浙]	181	C9
木凉[渝]	355	E6
木林[京]	34	A3
木林[陇]	429	D6
木楼[豫]	261	D9
木论[桂]	344	D2
木马[川]	364	E3
木门[川]	364	C3
木门店[冀]	59	C7
木皮[川]	368	B2
木坡[川]	377	F8
木奇[辽]	95	C8
木仁高勒[内蒙古]	84	B4
木绒[川]	379	C6
木茹[川]	379	C6
木山[桂]	334	B5
木什[新]	454	C2
木石[鲁]	255	E9
木树[黔]	391	C10
木双[桂]	338	D4
木斯[新]	452	B3
木苏[川]	377	E9
木塔[藏]	409	D8
木塔[皖]	200	F3
木棠[琼]	346	B4
木桐[豫]	262	E2
木头[川]	369	E8
木头城子[辽]	92	D4
木头凳[冀]	55	A6
木头沟[内蒙古]	83	F7
木头营子[内蒙古]	83	F8
木头峪[陕]	423	B8
木王[陕]	425	G10
木西合[陇]	432	C1
木溪[湘]	307	G9
木协[藏]	409	E10
木垭[川]	365	B6
木央[滇]	401	E10
木叶[渝]	356	B3
木叶溪[湘]	306	B3
木引[黔]	385	F8
木引槽[黔]	384	D2
木孟子[辽]	98	C2
木鱼[川]	364	E1
木鱼[鄂]	280	G3
木咱[黔]	387	D9
木闸[皖]	200	B4
木镇[皖]	201	A6
木植街[豫]	263	F7
木卓[滇]	402	B3
木子[川]	369	E8
木子[湘]	298	F5
木子店[鄂]	286	D3
木梓[鄂]	284	D1
木梓[桂]	339	D7
木座[川]	368	B2
沐爱[川]	374	F4
沐尘[浙]	177	C10
沐川县[川]	372	E4
沐集[皖]	199	D8
沐石河[吉]	108	D4
沐滩[川]	374	E4
沐浴店[鲁]	250	F4
牧护关[陕]	425	E7
牧鹿湖[湘]	299	C8
牧牛[辽]	100	D4
牧原[内蒙古]	81	C8
募役[黔]	387	C7
睦坝[川]	365	C6
睦村[赣]	233	G7
睦岗[粤]	328	F4
睦化[黔]	385	F7
睦伦[滇]	401	E10
睦洲[粤]	325	D10
慕仪[陕]	418	E4
暮云[湘]	296	E5
暮云[湘]	303	A7
穆册[豫]	263	D6
穆村[冀]	58	E2
穆村[晋]	73	E7
穆村[鲁]	243	C7
穆店[苏]	151	E10
穆店[豫]	269	C9
穆家[吉]	111	C6
穆家[辽]	100	C2
穆家峪[京]	33	F7
穆棱[黑]	131	B8
穆棱市[黑]	131	B7
穆圩[苏]	150	C4
穆阳[闽]	209	E7
穆云[闽]	209	E7
穆寨[陕]	416	B2

N

地名[省别]	地图位置	
拿口[闽]	208	D2
拿山[赣]	233	F6
哪旁[黔]	384	E4
内步[冀]	60	E2
内埠[豫]	263	D8
内厝[闽]	213	F7
内东[川]	367	F8
内丰[陇]	432	G4
内官营[陇]	428	D5
内湖[粤]	318	F5
内黄县[豫]	265	C6
内江市[川]	373	D9
内坑[闽]	213	F8
内良[赣]	229	G8
内门[台]	460	E3
内埔[台]	460	F3
内丘县[冀]	60	E3
内莞[粤]	316	E2
内溪[湘]	301	C7
内乡县[豫]	270	E5
那拔[桂]	342	C4
那比[桂]	342	G3
那毕[桂]	342	D4
那卜[桂]	339	G8
那陈[桂]	334	G4
那大[琼]	346	C5
那丹伯[吉]	112	A4
那垌[桂]	340	D3
那尔轰[吉]	113	E6
那哈[滇]	407	A6
那霍[粤]	324	F4
那吉[粤]	325	E7
那甲[桂]	342	D5
那金[吉]	110	B2
那堪[桂]	343	B9
那克塔[内蒙古]	81	B9
那拉提[新]	452	B4
那劳[桂]	342	G3
那劳[桂]	343	E9
那丽[桂]	341	D7
那良[桂]	340	D3
那林[桂]	339	F7
那岭[桂]	343	C7
那龙[桂]	334	E3
那龙[粤]	325	E7
那隆[桂]	341	B8
那隆[桂]	342	G5
那隆[桂]	343	B7
那楼[桂]	334	F5
那伦[滇]	401	C9
那马[桂]	334	F4
那玛切[藏]	409	D7
那满[桂]	342	D5
那蒙[桂]	341	C6
那木斯[吉]	112	G3
那楠[桂]	343	B9
那能[滇]	401	A10
那诺[滇]	400	E2
那彭[桂]	341	C7
那坡[桂]	342	D4
那坡县[桂]	342	F5
那琴[桂]	340	B4
那勤[桂]	340	D4
那曲县[藏]	409	D7
那仁宝拉格[内蒙古]	82	D3
那仁宝力格[内蒙古]	78	D2
那仁夏牧场[新]	450	F1
那日图[内蒙古]	82	F4
那洒[滇]	401	D8
那沙[桂]	342	B5
那社[桂]	344	F4
那思[桂]	341	C8
那梭[桂]	340	D4
那桃[桂]	344	E5
那桐[桂]	334	D2
那务[粤]	324	E1
那香[桂]	341	B6
那阳[桂]	335	F7
那招[滇]	399	E9
那佐[桂]	343	E10
纳古[滇]	400	C4
纳久[藏]	408	E3
纳林[内蒙古]	80	B2
纳林河[内蒙古]	80	D5
纳林陶亥[内蒙古]	80	C3
纳林希里[内蒙古]	80	D3
纳令沟[内蒙古]	79	E7
纳木错[藏]	409	E7
纳坪[黔]	385	F9
纳塔[川]	378	E5
纳瓦[新]	455	E7
纳翁[桂]	344	B2
纳溪区[川]	375	C7
纳夜[黔]	387	B9
纳雍[黔]	386	C4
纳雍县[黔]	386	D4
纳章[滇]	398	E2
纳直[桂]	344	F3
娜姑[滇]	398	B1
乃东县[藏]	409	F7
乃龙[藏]	408	F4
乃渠[川]	379	B9
乃仁克尔[新]	456	D5
乃托[川]	367	B8
乃西[藏]	409	F7
乃只盖[内蒙古]	79	E7
奶子山[吉]	109	D9
奈林[内蒙古]	83	E8
奈曼旗[内蒙古]	83	F8
棹南[川]	373	E9
南碰[晋]	75	F8
南安[川]	372	C2
南安[赣]	227	F6
南安[晋]	73	E10
南安[陇]	429	D6
南安市[闽]	213	E8
南岸[滇]	402	E1
南澳[台]	460	C5
南澳[粤]	321	D7

N 南楠囊硇恼脑瑙闹淖讷嫩能尼坭泥倪霓逆腻年鲇碾廿埝娘鸟聂宁牛农浓弄奴努怒女暖诺糯 O 欧瓯鸥偶耦藕 P 帕拍徘排牌派潘攀盘磐蟠泮庞旁抛炮袍跑泡培裴沛配盆烹朋彭硼蓬鹏捧邳皮

地名[省别] 地图位置

南澳县[粤] 319 D9
南八家子[辽] 92 B3
南坝[川] 367 E7
南坝[川] 368 C3
南坝[川] 369 D9
南坝[陇] 431 D7
南白[晋] 72 C4
南白象[浙] 179 C6
南柏舍[冀] 49 F8
南宝[川] 362 F2
南宝[琼] 346 B5
南堡[冀] 54 F4
南堡[冀] 61 D8
南北[湘] 298 A3
南边山[桂] 336 E2
南便村[冀] 60 C3
南博山[鲁] 242 E3
南部县[川] 364 D5
南彩[京] 34 B3
南蔡[苏] 151 F6
南蔡村[津] 40 B2
南曹[豫] 260 C3
南曹[豫] 266 E2
南叉[琼] 346 D4
南岔[陇] 430 F3
南岔区[黑] 126 F3
南昌市[赣] 220 D3
南昌县[赣] 220 E3
南辰[苏] 150 E2
南陈[晋] 70 D5
南陈集[苏] 151 D7
南陈屯[冀] 59 C7
南城[川] 372 C3
南城[鄂] 281 E9
南城[鄂] 284 D2
南城[冀] 61 D8
南城[苏] 150 C3
南城[粤] 320 A4
南城[浙] 176 E4
南城司[冀] 57 B7
南城县[赣] 224 C5
南埕[闽] 213 B8
南充市[川] 365 D7
南川[陇] 432 F3
南川[陇] 432 G3
南川[宁] 443 D6
南川区[渝] 355 E6
南村[赣] 225 F6
南村[冀] 49 D7
南村[晋] 69 D9
南村[晋] 75 C7
南村[鲁] 244 E4
南村[豫] 263 A6
南村[豫] 264 D2
南村[粤] 313 E7
南大里[晋] 75 D7
南大桥[豫] 273 E9
南大山[辽] 93 C7
南大膳[湘] 299 C9
南大岳[冀] 49 B8
南丹县[桂] 344 E2
南道德[陕] 417 C10
南甸[冀] 48 B5
南甸子[辽] 98 E3
南店[内蒙古] 83 F6
南店头[冀] 57 E6
南定[鲁] 242 C3
南东坊[冀] 61 D9
南董[冀] 49 D7
南洞[湘] 305 D8
南独乐河[京] 32 B2
南渡[川] 368 F3
南渡[桂] 338 G2
南渡[苏] 156 F3
南顿[豫] 269 E7
南多[川] 378 E4
南法信[京] 34 B2
南樊[晋] 74 C5
南坊[鲁] 252 E4
南坊[陕] 419 D6
南分路[皖] 186 E4
南芬[辽] 98 G3
南芬区[辽] 98 G3
南丰[川] 368 F2
南丰[陇] 431 D6
南丰[琼] 346 C5
南丰[苏] 161 A7
南丰[皖] 194 B5
南丰[豫] 269 D10
南丰[粤] 328 C2
南丰县[赣] 225 D7
南峰[赣] 223 D9
南岗[苏] 150 C4
南岗[皖] 186 D4
南岗[粤] 313 E8
南岗子[吉] 109 D9
南港[赣] 226 E5
南港[皖] 187 A9
南皋[黔] 389 F7
南高[冀] 49 E7
南高崖[晋] 69 B10
南公营子[辽] 93 E6
南宫[黔] 389 D6
南宫市[冀] 60 B3
南沟岔[陕] 417 B6
南古[陇] 430 C5
南古[鲁] 252 E5
南关[黔] 390 F3
南关[冀] 52 D5
南关[晋] 66 G3
南关岭[辽] 102 F3
南广[川] 374 C4
南海[鄂] 288 D2
南海[闽] 207 B6
南海[粤] 324 G3
南海区[粤] 313 E6
南韩村[冀] 57 E7
南韩村[冀] 61 B8
南和县[冀] 60 D4
南河[川] 367 C7
南河[鄂] 281 D6
南河[鄂] 284 G2
南河[鄂] 286 C5
南河[津] 38 D3
南河[陇] 429 E7
南河[苏] 152 B2
南河堡[晋] 69 B9
南河店[豫] 271 D7
南河渡[豫] 260 F2
南河沟[晋] 72 G3
南河沟[陕] 417 A8
南河头[冀] 58 D4
南河种[晋] 69 F6
南亨[赣] 229 E10
南湖[鄂] 286 D3
南湖[陇] 430 F2
南湖[陇] 431 D9
南湖[陇] 432 G2
南湖[鲁] 253 C7
南湖[新] 456 C3
南湖[浙] 179 D8
南湖区[浙] 169 E7
南湖洲[湘] 300 F2
南华[陇] 430 B4
南华县[滇] 396 E3
南化[台] 460 E3
南化塘[鄂] 280 A5
南黄[鲁] 251 F7
南汇区[沪] 140 C2
南矶[赣] 221 B6
南极[皖] 195 C8
南集[苏] 151 B6
南麂[浙] 179 A8
南碌[粤] 323 B9
南加[黔] 389 C6
南贾[晋] 74 D5
南尖塔[冀] 52 C2
南涧彝族自治县[滇] 405 C10
南江[川] 365 C7
南江[赣] 233 F8
南江[黔] 384 E3
南江[湘] 301 E6
南江口[粤] 325 A6
南江县[川] 369 B7
南郊[鄂] 282 D4
南郊[鲁] 242 C3
南郊[豫] 266 B2
南郊[豫] 269 E7
南郊区[晋] 69 C6
南湫[陇] 432 D3
南窖[京] 30 D4
南金[湘] 298 G5
南津[川] 373 C7
南京[湘] 303 F6
南京市[苏] 146 D5
南径[粤] 319 D6
南迳[赣] 229 F10
南靖县[闽] 212 C2
南开[黔] 386 E4
南开区[津] 38 C4
南开乡[琼] 346 D4
南康[桂] 341 E9
南康[陇] 429 B8
南康市[赣] 229 E7
南坑[赣] 228 C4
南坑[赣] 228 F3
南坑[闽] 212 C2
南口[鄂] 288 F4
南口[京] 31 B8
南口[闽] 210 C5
南口[粤] 323 C8
南口前[辽] 95 D7
南宽坪[陕] 425 D10
南坤[琼] 347 D6
南腊[滇] 399 F7
南蓢[粤] 320 D3
南捞[滇] 401 F8
南乐县[豫] 265 B7
南李村[豫] 263 C7
南里[晋] 70 E3
南里岳[冀] 61 B7
南梁[晋] 74 C5
南梁[陇] 432 E5
南林[琼] 346 F5
南林桥[鄂] 285 E8
南岭[滇] 407 E7
南岭[赣] 228 F4
南岭[晋] 71 E9
南岭[闽] 206 C5
南岭[粤] 317 A7
南岭庄[冀] 51 E8
南陵[渝] 357 E9
南陵县[皖] 195 F6
南刘集[苏] 151 E6
南流[冀] 49 C9
南流[鲁] 243 D7
南留庄[冀] 51 F9
南龙[黔] 384 D3
南娄[晋] 67 B8
南娄底[冀] 57 G7
南楼[冀] 49 C7
南鲁集[鲁] 254 D4
南吕[琼] 347 D6
南吕固[冀] 61 D7
南麻[苏] 161 G7
南马[浙] 175 D7
南马厂[苏] 151 C7
南马庄[冀] 56 D4
南码头[沪] 137 F6
南美[滇] 399 E9
南门[渝] 356 E5
南门峡[青] 436 C4
南孟[冀] 49 C7
南孟[冀] 52 D1
南庙[赣] 226 G3
南明[黔] 388 C5
南明区[黔] 384 F5
南莫[苏] 153 G6
南亩[粤] 315 B10
南木[桂] 339 B8
南木达[川] 376 D5
南木林县[藏] 409 E6
南泥湾[陕] 417 B8
南宁市[桂] 334 E4
南排河[冀] 59 C10
南彭[渝] 354 D5
南皮县[冀] 59 E6
南票区[辽] 92 B5
南平[鄂] 288 E4
南平[渝] 354 E5
南平市[闽] 208 D3
南坪[川] 369 D9
南坪[鄂] 290 D2
南坪[吉] 115 G7
南坪[皖] 188 F5
南坪[渝] 354 D4
南坪岗[湘] 299 D6
南屏[滇] 401 D9
南屏[滇] 407 C7
南屏[桂] 340 D3
南屏[陕] 420 E3
南屏[粤] 320 E3
南屏[浙] 176 D3
南坡[桂] 343 F6
南埔[闽] 207 E7
南埔[闽] 213 D10
南浦[闽] 212 D3
南奇[冀] 57 E7
南强[川] 365 E7
南强[湘] 305 F6
南桥[赣] 229 C9
南桥[沪] 140 F4
南桥[冀] 49 B7
南桥[鲁] 252 F3
南桥[琼] 347 F6
南桥[湘] 301 F7
南桥[湘] 303 B9
南桥[湘] 304 A2
南桥[豫] 264 F2
南谯区[皖] 193 E6
南清河[冀] 49 F6
南箐[川] 367 B8
南区[台] 460 E2
南渠[内蒙古] 78 E2
南泉[晋] 69 F6
南泉[晋] 70 E3
南泉[鲁] 244 D5
南泉[渝] 354 D4
南仁[陕] 418 D5
南日[闽] 207 C7
南赛[冀] 60 F3
南三[粤] 327 D9
南沙[苏] 155 B7
南沙[粤] 313 G8
南沙河[鲁] 255 E8
南沙区[粤] 313 F8
南山[川] 367 E7
南山[川] 368 F3
南山[赣] 231 D8
南山[闽] 208 F4
南山[闽] 215 E7
南山[湘] 300 C2
南山[渝] 354 D4
南山[粤] 327 G8
南山[粤] 318 D5
南山城[辽] 95 A7
南山咀[冀] 53 C6
南山坪[湘] 298 C4
南山区[黑] 128 D2
南山区[粤] 320 D5
南邵[京] 31 B9
南哨[黔] 389 D6
南哨[辽] 92 E5
南社[陕] 424 E1
南沈灶[苏] 152 G4
南胜[闽] 212 D2
南圣[琼] 346 E5
南盛[粤] 324 F2
南盛[粤] 325 B7
南师[陕] 424 E3
南石门[冀] 60 E4
南石门[鲁] 252 C4
南市[陕] 419 E7
南市区[冀] 57 E8
南墅[鲁] 244 D1
南双庙[冀] 61 B9
南双庙[辽] 92 C4
南水[粤] 320 F2
南泗[桂] 345 D9
南宋[晋] 71 C6
南宋[浙] 179 D9
南孙[鲁] 243 B7
南孙庄[冀] 54 E2
南塔[内蒙古] 83 F8
南塔[陕] 423 D8
南台[赣] 221 E6
南台[辽] 100 C2
南滩[川] 375 B9
南唐[晋] 74 C5
南塘[赣] 229 D6
南塘[粤] 324 E2
南塘[粤] 318 F5
南塘[浙] 178 A5
南塘[浙] 176 F4
南天湖[渝] 355 C8
南天门[冀] 53 G7
南田[浙] 179 F6
南田坪[湘] 296 E3
南通[闽] 206 D4
南通市[苏] 153 E9
南桐[渝] 354 F5
南头[陕] 424 F5
南头[粤] 320 C2
南投县[台] 460 D3
南屯[冀] 56 C5
南屯基[吉] 113 A6
南沱[渝] 355 C7
南瓦[川] 367 D9
南崴子[吉] 112 C3
南湾[湘] 303 E7
南万[粤] 318 D4
南王[晋] 72 C4
南王[鲁] 242 C4
南王[鲁] 250 C4
南王店[鲁] 254 E3
南王岗[豫] 273 F7
南王庄[冀] 48 E5
南王庄[冀] 58 D2
南旺[鲁] 255 C6
南圩[桂] 334 D2
南位[陕] 419 E7
南五十家子[冀] 53 E9
南午村[冀] 58 G2
南午村[冀] 59 F8
南坞[豫] 268 C5
南武[晋] 73 E10
南溪[滇] 401 G7
南溪[赣] 230 E4
南溪[赣] 233 D6
南溪[陕] 421 E8
南溪[皖] 187 F8
南溪[湘] 305 E6
南溪[渝] 357 E6
南溪[粤] 319 D6
南溪[浙] 181 B9
南溪县[川] 374 C5
南席[豫] 268 B5
南霞[闽] 211 D7
南霞口[冀] 59 E6
南夏墅[苏] 157 E6
南县[湘] 299 C8
南乡[桂] 335 F7
南乡[桂] 338 B5
南翔[沪] 136 D3
南向店[豫] 273 F7
南小王[冀] 57 G8
南晓[桂] 334 G4
南辛[鲁] 255 C8
南辛店[冀] 61 A7
南辛店[晋] 74 D4
南新[川] 377 F9
南新[赣] 220 C4
南兴[川] 368 F2
南兴[粤] 327 E7
南星[陕] 418 G2
南邢郭[冀] 49 F6
南陉[冀] 48 C4
南雄市[粤] 315 B9
南徐村[冀] 61 A8
南薰[川] 373 D9
南浔区[浙] 168 A2
南雅[滇] 407 F7
南雅[闽] 208 E4
南雅[渝] 356 E4
南岩[赣] 231 E6
南沿村[冀] 61 C7
南雁[浙] 179 E8
南燕[川] 365 B6
南燕川[冀] 48 B5
南燕竹[晋] 67 C7
南羊[滇] 397 F8
南阳[川] 372 D4
南阳[鄂] 291 A7
南阳[赣] 223 C6
南阳[桂] 335 E6
南阳[晋] 73 F8
南阳[陇] 429 D8
南阳[鲁] 255 E7
南阳[闽] 209 D7
南阳[闽] 211 D7
南阳[闽] 215 E8
南阳[陕] 418 D5
南阳[苏] 152 E4
南阳[苏] 153 B9
南阳[皖] 201 C6
南阳[湘] 300 F2
南阳[湘] 303 F7
南阳[浙] 167 B9
南阳堡[冀] 61 B8
南阳桥[湘] 303 B8
南阳市[豫] 271 E7
南杨庄[冀] 51 E9
南洋[闽] 215 B8
南洋[苏] 152 D3
南腰界[渝] 354 G10
南腰界[渝] 356 E2
南义[赣] 222 D5
南义[陇] 432 F4
南因[冀] 49 F7
南营[鄂] 281 F8
南营[冀] 48 A4
南营[冀] 49 E8
南营[陇] 431 E8
南余店[豫] 273 C6
南榆林[晋] 68 G4
南榆林[晋] 69 E7
南屿[闽] 206 D4
南峪[冀] 48 D4
南垣[晋] 74 B4
南源[赣] 225 D6
南源口[皖] 201 E8
南苑[京] 29 F6
南院[浙] 179 G8
南岳[川] 369 F8
南岳[湘] 303 D6
南岳[浙] 178 A5
南岳庙[湘] 307 C6
南岳区[湘] 303 D6
南杂木[辽] 95 D7
南闸[苏] 151 C8
南闸[苏] 159 B6
南寨[黔] 389 C6
南寨[冀] 49 B6
南寨[陕] 418 D3
南寨[豫] 264 C2
南站[鲁] 255 B6
南张[冀] 57 D9
南张[晋] 75 F6
南张[鲁] 255 C6
南张羌[豫] 261 C9
南张庄[鲁] 252 D3
南彰[豫] 266 B5
南漳[晋] 70 C5
南漳县[鄂] 281 F7
南障城[冀] 48 E4
南召县[豫] 271 C7
南赵扶[冀] 52 F2
南赵楼[鲁] 254 C4
南照[皖] 191 D9
南镇[黔] 391 B6
南郑县[陕] 420 D3
南政[晋] 66 E4
南指挥[陕] 418 D4
南智丘[冀] 49 F9
南庄[滇] 400 D4
南庄[冀] 57 G8
南庄[晋] 73 E10
南庄[晋] 74 F1
南庄[台] 460 B3
南庄[豫] 261 D10
南庄[粤] 313 E6
南嘴[湘] 299 D8
南佐[冀] 49 E6
楠杆[黔] 391 D6
楠杆[豫] 273 E6
楠木[川] 364 C5
楠木[赣] 226 E2
楠木[渝] 354 G10
楠木[渝] 356 D2
楠木渡[黔] 384 E2
楠木坪[湘] 306 C3
楠木铺[湘] 307 F9
楠市[湘] 304 E4
楠西[台] 460 E3
楠竹山[湘] 303 B6
囊谦县[青] 441 F9
曩宋[滇] 403 E8
硇洲[粤] 327 E9
恼里[豫] 265 G6
脑木更[内蒙古] 79 B7
瑙阿巴提[新] 455 E6
闹村[浙] 179 E8
闹店[豫] 271 B9
闹枝[吉] 113 E9
淖毛湖[新] 456 B2
讷河市[黑] 122 C2
讷南[黑] 122 C2
嫩江县[黑] 124 D1
嫩哇[川] 377 B8
能科[青] 437 B6
能仁[皖] 192 D2
能禹[滇] 396 C4
尼巴[陇] 432 B3
尼波[川] 367 C8
尼地[川] 367 D8
尼尔觉[川] 367 B8
尼哈[川] 367 B9
尼勒克乌赞[新] 452 B2
尼勒克县[新] 452 B2
尼玛[藏] 409 D7
尼玛[藏] 409 E6
尼玛县[藏] 408 D5
尼木[藏] 409 D8
尼木县[藏] 409 F6
尼斯[川] 379 E9
尼西[滇] 404 E3
尼雅[新] 455 E9
坭坝[黔] 390 B2
坭陂[粤] 323 D7
坭金[川] 368 F3
坭美[川] 376 F3
泥巴[川] 378 C4
泥汊[皖] 199 C9
泥城[沪] 140 B4
泥凼[黔] 387 F10
泥朵[川] 378 E2
泥尔河[黑] 130 C3
泥高[黔] 391 B6
泥沟[鲁] 255 F10
泥沟[豫] 266 C4
泥河[皖] 189 B9
泥河[皖] 199 E10
泥江口[湘] 299 F8
泥井[冀] 55 E6
泥柯[川] 378 D3
泥龙[川] 369 D8
泥南[川] 374 B3
泥屯[晋] 67 B6
泥窝潭[湘] 298 D5
泥溪[川] 369 B8
泥溪[川] 374 B3
泥溪[皖] 200 F2
泥溪[渝] 357 F6
泥阳[陇] 429 B8
倪集[鲁] 254 E3
倪家营[陇] 430 C4
倪邱[皖] 191 E6
倪湾[豫] 264 E3
霓屿[浙] 179 B6
逆江坪[湘] 299 E6
腻脚[滇] 401 C6
年都乎[青] 437 B7
年陡[皖] 194 E4
年丰[黑] 126 F1
年古[川] 378 E3
年家岗[皖] 192 D2
年龙[川] 378 D2
鲇鱼山[赣] 221 E8
鲇鱼山[豫] 273 F9
鲇鱼须[湘] 300 C1
碾坝[陇] 429 C9
碾盘[川] 364 C5
碾盘[辽] 95 E8
碾垭[川] 364 D5
碾张[晋] 70 D5
碾庄[苏] 149 D7
碾子山区[黑] 122 G4
碾子峪[冀] 53 G9
廿八都[浙] 177 E7
廿地[青] 436 E5
廿里[浙] 177 C9
廿里堡[鲁] 243 C7
廿三里[浙] 175 C6
廿四顷地[内蒙古] 79 E6
埝桥[陕] 424 E3
埝头[冀] 61 A9
埝掌[晋] 75 D6
娘拉[青] 441 F9
娘娘坝[陇] 429 B7
娘娘宫[辽] 97 F9
娘娘庙[辽] 93 D6
娘娘庄[冀] 54 C2
娘蒲[藏] 409 E8
娘热[藏] 408 E5
娘子关[晋] 67 B10
娘子神[晋] 72 E4
鸟河[黑] 120 C4
鸟江[湘] 302 F5
聂都[赣] 229 G8
聂堆[豫] 269 C6
聂家[辽] 94 D5
聂家村[湘] 306 B4
聂家河[鄂] 291 D8
聂家桥[湘] 299 D7
聂拉木县[藏] 408 F4
聂桥[赣] 223 D6
聂荣县[藏] 409 D7
聂市[湘] 300 B5
聂呷[川] 378 B5
聂营[晋] 72 B2
宁安市[黑] 131 D8
宁波市[浙] 170 E5
宁厂[渝] 357 C9
宁城县[内蒙古] 83 G7
宁德市[闽] 209 F7
宁都县[赣] 228 B5
宁墩[皖] 195 C8
宁干[桂] 343 C6
宁谷[黔] 387 C6
宁固[晋] 66 E4
宁郭[豫] 261 B8
宁国市[皖] 195 C7
宁海[苏] 150 C3
宁海县[浙] 171 E7
宁河[津] 40 E3
宁河县[津] 40 F4
宁华[川] 367 E7
宁化县[闽] 210 D3
宁家埠[鲁] 239 A7
宁姜[黑] 123 E8
宁津[鲁] 251 F10
宁津县[鲁] 238 D3
宁晋县[冀] 60 D2
宁康[桂] 338 D1
宁郎[川] 366 C4
宁蒗县[滇] 404 B5
宁老庄[皖] 191 E8
宁利[滇] 404 B5
宁陵县[豫] 267 D6
宁明县[桂] 343 C9
宁木特[青] 437 C9
宁南县[川] 367 E8
宁平[豫] 269 D9
宁强县[陕] 420 E3
宁陕县[陕] 421 F6
宁潭[桂] 339 F8
宁条梁[陕] 423 G9
宁旺[黔] 385 E6
宁围[浙] 167 B9
宁武[桂] 334 D4
宁武县[晋] 72 D3
宁溪[浙] 176 E3
宁县[陇] 432 F4
宁乡县[湘] 296 D3
宁新[粤] 323 D7
宁秀[青] 437 D8
宁阳县[鲁] 248 F4
宁益[浙] 179 E7
宁远[黑] 120 C5
宁远[辽] 100 C3
宁远[陇] 428 D5
宁远堡[陇] 431 D8
宁远县[湘] 304 D4
宁中[藏] 409 E6
宁中[粤] 323 D7
牛鼻滩[湘] 299 D7
牛埠[皖] 199 D10
牛场[滇] 402 C4
牛场[黔] 384 C3
牛场[黔] 384 D2
牛场[黔] 384 E4
牛场[黔] 386 C5
牛场[黔] 386 D4
牛场[黔] 386 E5
牛车河[湘] 298 D4
牛城[冀] 48 C5
牛城[豫] 267 E6
牛川[晋] 67 E9
牛村[晋] 67 B8
牛大场[黔] 388 F4
牛道口[津] 41 D7
牛碲[陕] 421 F8
牛店[豫] 260 E4
牛耳川[陕] 425 D9
牛佛[川] 373 E8
牛岗[冀] 57 C7
牛岗[豫] 273 E8
牛牯坪[湘] 306 B3
牛华[川] 372 D3
牛集[皖] 190 F3
牛家[黑] 120 D3
牛家[陇] 429 E7
牛家佃[陕] 417 A9
牛家梁[陕] 423 D6
牛家牌[津] 41 F7
牛家桥[冀] 60 D3
牛江[粤] 325 D7
牛角坝[湘] 304 A3
牛角店[鲁] 240 D5
牛角湾[川] 367 E9
牛角寨[滇] 400 F4
牛街[滇] 400 E3
牛街[滇] 402 C3
牛街[滇] 405 B10
牛街[滇] 405 D10
牛街[滇] 405 D7
牛进庄[冀] 59 D8
牛孔[滇] 400 F3
牛栏山[京] 34 A2
牛郎[黔] 391 E10
牛马司[湘] 307 C9
牛毛坞[辽] 99 C6
牛牛坝[川] 367 C9
牛棚[黔] 386 G1
牛圈子沟[冀] 53 E8
牛泉[鲁] 249 C9
牛石[川] 372 D3
牛首[鄂] 281 E7
牛寺[晋] 70 E2
牛滩[川] 375 B7
牛潭河[湘] 299 E8
牛塘[苏] 156 D5
牛田[赣] 225 G6
牛田[湘] 299 F8
牛头店[陕] 421 C9
牛头山[皖] 200 B3
牛头崖[冀] 55 D7
牛屯[豫] 264 F4
牛驼[冀] 52 D1
牛尾[川] 374 A4
牛武[陕] 417 C9
牛心[吉] 109 F7
牛心堡[晋] 68 C4
牛心顶[吉] 114 B2
牛心台[辽] 98 F2
牛心坨[辽] 91 F8
牛营子[辽] 92 F5
牛寨[滇] 402 D2
牛镇[皖] 198 F3
牛庄[鄂] 291 D6
牛庄[辽] 100 C2
牛庄[鲁] 241 E7
牛庄[皖] 191 G7
农安县[吉] 108 C2
农坝[渝] 357 D6
农车[湘] 301 B8
农丰[黑] 120 D2
农建[川] 364 C3
农林[川] 365 D8
农团[川] 373 F7
农旺[川] 372 B5
农兴[川] 365 D7
农兴[皖] 186 D4
农作[川] 367 C9
浓河[黑] 121 B6
浓江[黑] 129 A8
浓桥[黑] 129 A8
浓溪[川] 365 B7
弄岛[滇] 403 G10
弄瓦[桂] 342 F3
弄汪[桂] 343 E10
弄璋[滇] 403 F8
奴尔[新] 455 F8
奴玛[藏] 409 F6
努古斯台[内蒙古] 83 E9
努力[川] 373 D10
努日盖[内蒙古] 84 E3
努日木[内蒙古] 83 D10
努文木仁[内蒙古] 83 A10
怒溪[黔] 391 E9
女埠[浙] 174 C3
女儿河[辽] 97 F9
女山湖[皖] 193 B6
女娲山[陕] 421 D8
女织寨[冀] 54 E3
暖池塘[辽] 92 B5
暖泉[冀] 51 F9
暖泉[晋] 73 F7
暖泉[辽] 99 B9
暖泉[内蒙古] 79 F7
暖水[内蒙古] 80 B3
暖水[湘] 305 D9
诺敏[内蒙古] 81 A8
诺木洪[青] 439 C9
诺水河[川] 369 B7
糯垌[桂] 338 F3
糯福[滇] 407 F8
糯良[滇] 399 F7
糯洒[滇] 399 D10

O

欧洞[桂] 345 F7
欧家[川] 369 G7
欧江岔[湘] 299 F9
欧拉[陇] 432 C2
欧里[赣] 226 F5
欧店[鄂] 281 E8
欧阳海[湘] 304 C5
瓯北[浙] 179 C6
瓯海区[浙] 179 C6
鸥浦[黑] 125 B9
偶里[黔] 389 B6
耦耕[苏] 152 C3
耦塘[川] 372 B5
藕池[鄂] 288 F4
藕塘[苏] 159 D6
藕塘[皖] 192 E4
藕团[湘] 306 F2

P

帕哈[川] 367 C10
帕里[藏] 409 G6
帕玛[藏] 408 D3
帕羊[藏] 408 E3
拍石头[豫] 264 D2
徘徊[冀] 61 F8
排碧[湘] 301 E8
排埠[赣] 226 C3
排绸[湘] 301 E9
排调[黔] 389 E7
排吼[湘] 301 E9
排料[湘] 301 E8
排楼[川] 365 C7
排浦[琼] 346 C3
排沙[粤] 328 D4
排山[赣] 231 E9
排山[湘] 305 A7
排上[赣] 228 G2
排市[鄂] 287 E9
排头[湘] 303 C6
排吾[湘] 301 E8
排厦[陕] 419 B6
排羊[黔] 389 E6
排子坪[陇] 428 F5
牌坊[川] 369 F7
牌坊[皖] 186 B3
牌坊[皖] 190 C4
牌口[湘] 299 E9
牌口[湘] 300 G2
牌楼[鄂] 283 E8
牌楼[冀] 53 C6
牌楼[辽] 100 D2
牌楼[皖] 200 C4
牌楼[湘] 305 A8
牌头[浙] 172 E2
派来[川] 367 D9
派潭[粤] 313 C9
潘安[川] 377 G7
潘村[皖] 192 A5
潘岱[浙] 179 C7
潘店[鲁] 239 E7
潘店[豫] 264 G5
潘渡[鲁] 254 B4
潘渡[闽] 206 C2
潘河[豫] 262 E3
潘集[皖] 186 C5
潘集[皖] 189 B9
潘集区[皖] 189 B9
潘家[苏] 157 E6
潘家堡[辽] 91 E8
潘家湾[鄂] 285 C8
潘家湾[鄂] 291 D8
潘家庄[黔] 387 E8
潘津[新] 452 B2
潘坑[浙] 178 C4
潘口[鄂] 280 D3
潘桥[湘] 302 B3
潘桥[浙] 179 D6
潘市[湘] 304 B4
潘塘[鄂] 278 B4
潘塘[苏] 148 E4
潘田[粤] 323 D9
潘新[豫] 273 F6
潘庄[冀] 54 C5
潘庄[津] 40 F2
攀天阁[滇] 404 E5
攀枝花[滇] 400 F4
攀枝花市[川] 367 F6
盘鳌[川] 372 A3
盘城[苏] 146 E4
盘峰[浙] 175 E8
盘古[黑] 125 B7
盘古[冀] 59 B7
盘古山[赣] 229 C7
盘谷[赣] 232 C4
盘谷[闽] 206 F4
盘河[滇] 402 E4
盘江[滇] 398 D3
盘江[滇] 400 D5
盘江[黔] 384 D5
盘江[黔] 387 G7
盘江[湘] 304 D5
盘锦市[辽] 97 C9
盘客[陇] 432 F5
盘龙[川] 364 D5
盘龙[川] 364 E2
盘龙[滇] 401 E7
盘龙[陕] 420 C2
盘龙[陕] 424 B5
盘龙[渝] 354 D1
盘马[川] 364 C5
盘山县[辽] 97 D8
盘石[川] 369 E8
盘石[黔] 391 D10
盘石[渝] 357 F6
盘石店[鲁] 251 F6
盘塘[湘] 299 C6
盘亭[闽] 208 A4
盘陀[闽] 212 E2
盘湾[苏] 152 D3
盘溪[滇] 400 C5
盘县[黔] 387 G7
盘信[黔] 391 D10
磐安[陇] 429 C6
磐安县[浙] 175 D8
磐东[粤] 319 D6
磐石[浙] 179 B6
磐石市[吉] 109 F6
蟠龙[川] 368 E2
蟠龙[川] 373 B9
蟠龙[川] 375 D6
蟠龙[赣] 229 E7
蟠龙[黔] 387 E6
蟠龙[晋] 70 C2
蟠龙[陕] 417 B7
蟠龙[陕] 418 E3
蟠龙[渝] 356 G3
蟠猫[滇] 396 D4
泮境[闽] 215 E9
泮水[黔] 390 F2
泮水[桂] 342 F5
泮头[湘] 304 E5
泮洋[闽] 208 F5
庞村[冀] 57 F6
庞村[豫] 263 C9
庞村[豫] 264 C4
庞各庄[冀] 54 F5
庞各庄[京] 31 F7
庞光[陕] 416 D4
庞家[陇] 429 E7
庞家[鲁] 247 E9
庞家堡[冀] 51 C6
庞家佐[冀] 57 F9
庞口[冀] 57 F9
庞泉沟[晋] 73 D8
庞营[皖] 190 G1
庞寨[豫] 264 E4
庞庄[苏] 148 D4
旁海[黔] 388 E5
抛沙[陇] 429 B8
炮车[苏] 149 D8
炮里[陕] 416 C3
炮梁[冀] 50 B5
炮台[辽] 102 D3
炮台[粤] 319 D7
炮团[湘] 306 D3
炮崖[辽] 102 D3
袍里[桂] 344 F4
跑马[川] 367 E8
跑马坪[滇] 404 B5
泡子[辽] 96 C4
培丰[闽] 215 D9
培石[渝] 357 E10
裴城[豫] 268 D3
裴村[晋] 69 E7
裴村店[豫] 266 D4
裴德[黑] 127 D8
裴沟[晋] 73 F7
裴家湾[陕] 423 C9
裴家营[陇] 431 E10
裴介[晋] 75 E7
裴梅[赣] 230 D5
裴桥[豫] 267 F9
裴山[冀] 57 C8
裴社[晋] 75 D6
裴石[川] 375 C6
裴圩[苏] 151 E7
裴兴[渝] 355 B7
裴营[豫] 271 F6
裴庄[晋] 75 F6
沛河[皖] 186 C1
沛县[苏] 148 B3
配龙[川] 373 C7
盆尧[豫] 272 A5
烹坝[川] 379 A7
朋布西[川] 379 B7
朋口[闽] 215 D7
朋普[滇] 400 D5
朋兴[鄂] 284 E3
彭堡[宁] 443 D8
彭埠[浙] 167 B8
彭场[鄂] 289 D9
彭城[川] 364 D5
彭城[冀] 61 E8
彭村[冀] 52 D1
彭店[川] 364 C3
彭店[鄂] 284 B4
彭店[豫] 268 B5
彭店[豫] 273 D6
彭店子[冀] 54 C5
彭杜村[冀] 58 F3
彭坊[赣] 232 F4
彭高[赣] 228 F2
彭公[陕] 418 B5
彭集[鲁] 248 F3
彭家[川] 365 B7
彭家店[豫] 273 F8
彭家湾[豫] 272 E5
彭家寨[冀] 61 D8
彭家庄[冀] 49 B7
彭楼[鲁] 254 C3
彭庙[川] 373 F8
彭婆[豫] 263 C8
彭浦[沪] 136 E5
彭桥[豫] 270 F5
彭桥[豫] 273 D6
彭山县[川] 372 A3
彭市[鄂] 289 C7
彭市[湘] 305 C8
彭水县[渝] 355 E9
彭思[鄂] 287 D7
彭塔[皖] 187 C6
彭湾[赣] 230 F5
彭溪[川] 372 A3
彭溪[浙] 179 E8
彭新[豫] 273 F6
彭阳[陇] 432 F4
彭阳县[宁] 443 C9
彭营[豫] 271 E6
彭原[陇] 432 F4
彭泽县[赣] 223 B9
彭寨[粤] 316 C2
彭镇[川] 362 E5
彭镇[陕] 419 A8
彭州市[川] 362 C5
硼海[辽] 99 C7
蓬安县[川] 365 C6
蓬东[渝] 356 B2
蓬壶[闽] 213 C7
蓬华[闽] 213 D7
蓬街[浙] 176 E5
蓬莱[滇] 397 E8
蓬莱[闽] 213 D7
蓬莱[琼] 347 C8
蓬莱市[鲁] 250 C4
蓬朗[苏] 161 D9
蓬南[川] 365 D8
蓬塘[湘] 303 F6
蓬溪县[川] 365 E7
蓬源[湘] 303 D8
鹏田[赣] 224 C4
捧当[滇] 404 F3
捧塔[川] 379 A6
捧鲊[黔] 387 F10
邳城[苏] 149 C7
邳州市[苏] 149 D7
邳庄[鲁] 255 G10
皮擦[川] 378 D5
皮店[豫] 273 D6
皮口[辽] 102 D5
皮山县[新] 455 E6
皮石[湘] 305 C8
皮条孙[皖] 191 F6
皮窝[川] 369 B10

地名[省别]	地图位置	
皮西那[新]	455	E6
皮亚勒玛[新]	455	E7
皮营[豫]	269	D6
毗卢[川]	375	A8
郫县[川]	362	D5
埤城[苏]	156	B4
琵琶[川]	364	B5
琵琶[川]	373	F9
琵琶[陇]	429	C9
匹河[滇]	405	F6
湃东[皖]	187	C6
片角[滇]	405	C8
片口[川]	368	C2
片联[桂]	334	C3
片马[川]	376	F3
片马[滇]	405	F7
偏柏[渝]	356	C3
偏城[冀]	61	G7
偏城[宁]	443	D9
偏店[冀]	61	F7
偏关县[晋]	72	F1
偏吉[藏]	408	E3
偏岭[辽]	100	E3
偏岭[辽]	98	F2
偏坡[黔]	384	E4
偏坡营[冀]	53	D7
偏岩[川]	373	C10
偏岩[渝]	354	B5
漂河[吉]	109	E9
瓢井[黔]	386	C2
瓢里[桂]	336	C1
票草[渝]	357	F7
平安[川]	365	C7
平安[川]	369	E7
平安[黑]	128	E2
平安[黑]	130	C3
平安[吉]	109	A9
平安[吉]	110	B3
平安[辽]	96	C4
平安[辽]	97	C10
平安[陇]	428	F4
平安[陇]	429	A6
平安[鲁]	239	D8
平安[内蒙古]	83	E8
平安[陕]	420	A4
平安[皖]	193	C8
平安[渝]	355	D9
平安[渝]	357	D7
平安堡[辽]	94	E2
平安城[冀]	54	C1
平安川[吉]	114	C2
平安地[辽]	96	D3
平安区[青]	436	B5
平坝[滇]	401	E7
平坝[黔]	386	B2
平坝县[黔]	386	B5
平班[桂]	342	G1
平堡[陇]	428	D3
平背[湘]	305	B8
平茶[湘]	306	F2
平昌关[豫]	272	D4
平昌县[川]	369	D7
平潮[苏]	153	E8
平城[晋]	71	B6
平城[豫]	266	C4
平川[川]	367	D7
平川[滇]	405	B7
平川[陇]	430	B4
平川区[陇]	428	D2
平村[滇]	399	E10
平达[滇]	403	D9
平等[川]	372	E3
平等[桂]	336	B1
平等[豫]	263	D8
平地[川]	367	G7
平甸[滇]	400	C2
平店[豫]	269	E7
平顶堡[辽]	95	F6
平顶山[辽]	95	C10
平顶山市[豫]	271	C9
平定[赣]	230	F4
平定[粤]	324	E1
平定县[晋]	67	C9
平定营[黔]	384	C3
平东[粤]	318	E3
平洞[桂]	344	F4
平度市[鲁]	244	E3
平坊[黑]	120	C4
平坊[冀]	53	E6
平房[黑]	120	C3
平房[冀]	53	D10
平房[京]	29	D8
平房区[黑]	120	C3
平房子[冀]	55	B6
平房子[辽]	93	E6
平峰[宁]	443	E9
平凤[吉]	111	C7
平凤[粤]	328	E1
平福[桂]	338	D2
平福[桂]	340	C3
平福头[湘]	304	C3
平富[赣]	229	F6
平冈[粤]	325	F6
平岗[川]	369	C7
平岗[吉]	112	C5
平岗[辽]	94	C3
平岗[豫]	266	E5
平谷区[京]	32	C2
平固店[冀]	61	B8
平关[黔]	387	G7
平果县[桂]	343	B6
平海[闽]	207	D7
平海[粤]	317	C9
平和[湘]	305	E7
平和[浙]	179	E7
平和县[闽]	212	D2
平河[滇]	400	F3
平河[渝]	357	D10
平湖[鄂]	286	D4
平湖[吉]	108	F3
平湖[闽]	208	F5
平湖[粤]	321	C6
平湖市[浙]	169	D8
平吉[桂]	341	C7
平江[黔]	389	D8
平江县[湘]	300	F5
平街[黔]	387	D8
平凯[渝]	356	E3
平口[湘]	298	G5
平朗[桂]	335	F6
平浪[黔]	385	C6
平乐[川]	362	F2
平乐[黔]	387	D9
平乐[桂]	339	E9
平乐[桂]	344	F4
平乐[豫]	263	B9
平乐县[桂]	336	F3
平里[皖]	200	F5
平里店[鲁]	250	E2
平利县[陕]	421	D8
平凉市[陇]	432	F3
平梁[川]	369	C6
平梁[陕]	421	F7
平林[鄂]	281	E9
平林[鄂]	282	C5
平林[鄂]	284	C2
平陵[粤]	316	E5
平鲁区[晋]	68	E3
平陆县[晋]	75	E8
平路庙[陕]	424	E3
平略[黔]	389	B6
平罗[辽]	91	C6
平罗县[宁]	442	C2
平洛[陇]	429	C8
平马[桂]	335	F6
平马[渝]	356	D3
平孟[桂]	343	F7
平民[陕]	424	E4
平明[苏]	150	D3
平模[黔]	390	B5
平陌[豫]	260	E4
平木[陕]	418	F3
平睦[桂]	341	B10
平南[川]	368	C3
平南[桂]	341	A8
平南[陇]	429	B7
平南[渝]	357	E10
平南县[桂]	339	B9
平坡[滇]	405	D8
平铺[皖]	195	F6
平桥[川]	363	E8
平桥[川]	364	D5
平桥[苏]	151	C8
平桥[皖]	187	C7
平桥[渝]	355	D6
平桥[浙]	176	D3
平桥区[豫]	272	E5
平秋[黔]	389	B6
平泉[川]	373	B7
平泉[冀]	53	E9
平泉[陇]	432	F3
平沙[粤]	320	F1
平山[滇]	403	E8
平山[黔]	386	F3
平山[桂]	337	E9
平山[桂]	339	C9
平山[桂]	341	A9
平山[桂]	342	E2
平山[黑]	120	D4
平山[黑]	130	E5
平山[皖]	198	D4
平山[湘]	303	C7
平山[粤]	324	E3
平山湖[陇]	431	B6
平山县[冀]	48	C5
平石[粤]	325	D7
平氏[豫]	271	G8
平舒[晋]	67	B7
平水[湘]	303	E8
平水[浙]	172	C5
平顺县[晋]	70	B5
平松[晋]	67	E9
平台[吉]	110	B3
平台[豫]	267	D7
平台[粤]	324	A4
平滩[川]	369	E8
平滩[渝]	354	C2
平潭[粤]	317	D8
平潭县[闽]	207	A6
平坦[川]	373	D9
平塘[桂]	342	G2
平塘[粤]	324	C4
平塘县[黔]	385	D7
平田[滇]	396	C4
平田[皖]	187	C10
平田[浙]	176	E3
平通[川]	368	C3
平头[川]	364	C5
平头[黔]	391	D9
平头[晋]	67	B7
平头川[陇]	428	C4
平王[冀]	57	D9
平旺[桂]	340	D5
平旺[晋]	69	C6
平望[苏]	161	F7
平圩[皖]	189	B9
平窝[川]	373	B7
平武[川]	373	B7
平武县[川]	368	B2
平西[吉]	112	D4
平息[川]	373	B8
平溪[川]	364	D1
平溪[黔]	388	F4
平溪[闽]	209	D7
平溪[台]	460	B5
平乡[冀]	60	D4
平乡县[冀]	60	C4
平兴[川]	372	C3
平岩[黔]	385	E8
平阳[黔]	389	D7
平阳[桂]	345	F9
平阳[黑]	122	D3
平阳[黑]	127	E9
平阳[冀]	56	E4
平阳[内蒙古]	81	A9
平阳坑[浙]	179	D7
平阳寺[鲁]	255	C7
平阳县[浙]	179	D7
平洋[黑]	123	F7
平遥县[晋]	66	E5
平邑县[鲁]	252	C2
平阴县[鲁]	239	E9
平永[黔]	389	D8
平舆县[豫]	273	B6
平原[黔]	391	D6
平原[闽]	206	B5
平原堡[陇]	430	B5
平原县[鲁]	238	E5
平远[滇]	401	D6
平远[粤]	323	B7
平悦[桂]	339	D7
平寨[滇]	401	C7
平寨[黔]	389	C6
平掌[滇]	400	D1
平镇[台]	460	B4
平正[黔]	390	F2
平政[桂]	339	E9
平庄[黔]	388	D3
凭祥市[桂]	343	D9
凭信[陕]	424	E3
坪坝[川]	367	A8
坪坝[鄂]	283	A7
坪坝[湘]	301	E9
坪坝[渝]	356	B5
坪城[陇]	428	F2
坪村[湘]	306	D3
坪地[黔]	387	F6
坪地[黔]	388	B4
坪地[粤]	321	B6
坪地场[黔]	391	F7
坪东[黔]	387	F9
坪沟[陇]	428	G4
坪河[川]	369	B6
坪河[川]	373	C10
坪坎[陕]	418	F3
坪乐[黔]	390	D5
坪林[台]	460	B5
坪桥[陕]	417	C6
坪山[川]	367	F7
坪山[黔]	391	G7
坪山[渝]	355	B7
坪山[粤]	321	C7
坪上[滇]	402	C4
坪上[黔]	386	C5
坪上[鲁]	253	D6
坪上[湘]	305	A8
坪上[湘]	307	B8
坪上[粤]	318	D5
坪石[湘]	305	C8
坪石[粤]	314	A5
坪市[赣]	229	F6
坪滩[川]	365	C7
坪坦[湘]	306	G3
坪塘[川]	367	F8
坪塘[湘]	296	E5
坪田[粤]	315	B10
坪头[川]	367	C9
坪头[晋]	73	D7
坪头[陕]	418	E2
坪垭[陇]	429	D9
坪阳[湘]	306	G3
坪阳庙[湘]	303	C8
坪寨[滇]	401	E8
坪寨[黔]	386	F5
坪庄[陇]	428	F5
苹塘[粤]	324	B5
屏边[川]	374	D1
屏边苗族自治县[滇]	401	F6
屏城[闽]	209	E6
屏东县[台]	460	F3
屏都[浙]	180	F3
屏锦[渝]	356	G2
屏门[浙]	166	D4
屏南[桂]	344	A4
屏南[浙]	180	E4
屏南县[闽]	209	E6
屏山[赣]	228	A5
屏山[桂]	334	E1
屏山[闽]	211	G7
屏山[皖]	189	F9
屏山县[川]	374	C3
屏西[川]	369	F7
瓶窑[浙]	167	B7
萍乡市[赣]	228	F2
坡仓[冀]	57	C6
坡底[晋]	75	D8
坡渡[黔]	390	B3
坡渡[渝]	354	F5
坡贡[黔]	387	D6
坡豪[桂]	344	E4
坡荷[桂]	342	F5
坡洪[桂]	342	D5
坡胡[豫]	268	B3
坡脚[滇]	401	F7
坡脚[黔]	387	D9
坡脚[湘]	301	C8
坡结[桂]	344	F2
坡妹[黔]	387	D9
坡塘[桂]	342	C5
坡头[滇]	400	E4
坡头[滇]	402	A3
坡头[晋]	74	F1
坡头[陇]	428	F5
坡头[陕]	419	C8
坡头[陕]	424	D2
坡头[湘]	299	D8
坡头[豫]	263	B6
坡头[豫]	263	B8
坡头[豫]	261	E9
坡头[粤]	327	C9
坡心[琼]	347	D6
坡心[粤]	324	F3
坡造[桂]	342	B5
泼陂河[豫]	273	F7
泼机[滇]	402	B4
鄱阳县[赣]	230	C3
皤滩[浙]	176	D1
破凉[皖]	198	F5
破鲁[晋]	68	B5
铺川[陇]	428	G5
铺集[鲁]	245	F6
铺口[湘]	306	E3
铺门[桂]	338	D5
铺前[琼]	347	A8
铺上[冀]	61	B9
铺子湾[川]	373	E7
莆美[闽]	212	E2
莆田市[闽]	206	E6
菩堤[陕]	417	C9
菩萨庙[辽]	99	G10
葡萄[桂]	336	E3
葡萄[新]	456	F2
葡萄架[豫]	266	B5
蒲包[川]	369	F8
蒲场[黔]	390	E4
蒲城[浙]	179	D9
蒲城县[陕]	424	D2
蒲池[陇]	429	D8
蒲川[滇]	403	D8
蒲川[陇]	429	E6
蒲村[陕]	418	D5
蒲河[辽]	91	B6
蒲家[川]	364	D2
蒲家[川]	369	D8
蒲江县[川]	362	G3
蒲口[冀]	57	E9
蒲莲[川]	365	B6
蒲芦[桂]	336	F2
蒲吕[渝]	354	C3
蒲麻[陇]	429	D7
蒲缥[滇]	403	C7
蒲圻[鄂]	285	D7
蒲岐[浙]	178	B5
蒲山[豫]	271	E7
蒲上[冀]	57	E7
蒲台[青]	436	B5
蒲塘[桂]	339	D8
蒲团[鄂]	287	F6
蒲洼[京]	30	E1
蒲汪[鲁]	252	C5
蒲稳[湘]	306	D3
蒲窝[陇]	432	G4
蒲西[川]	377	E6
蒲溪[川]	377	F9
蒲溪[陕]	421	F7
蒲县[晋]	74	E3
蒲阳[川]	362	C4
蒲峪[陕]	425	C7
蒲掌[晋]	75	B7
蒲州[晋]	75	G8
濮城[豫]	265	C8
濮阳市[豫]	265	C7
濮阳县[豫]	265	D7
濮院[浙]	169	F8
朴头[川]	377	F8
朴圩[桂]	342	E5
朴席[苏]	155	F7
朴子[台]	460	D2
圃田[豫]	260	B2
埔里[台]	460	D3
埔前[粤]	317	D6
埔上[闽]	208	E3
埔田[粤]	319	C7
埔盐[台]	460	C3
浬浦[浙]	172	E3
浦北县[桂]	341	B9
浦贝[滇]	400	B3
浦城县[闽]	208	B5
浦东新区[沪]	137	F6
浦江[沪]	139	D9
浦江县[浙]	174	B5
浦口[闽]	206	B2
浦口[湘]	303	B9
浦口[浙]	173	E6
浦口区[苏]	146	E5
浦莲[渝]	357	D8
浦南[闽]	212	C3
浦南[苏]	150	C3
浦南[浙]	174	B5
浦市[湘]	301	F10
浦亭[浙]	179	D8
浦头[苏]	155	D6
浦兴路[沪]	137	E7
浦沿[浙]	167	C8
浦阳[浙]	167	D8
浦源[闽]	209	D7
普安[川]	364	E3
普安[川]	365	C8
普安[川]	369	E9
普安[川]	373	B7
普安[川]	374	C4
普安[黔]	385	B6
普安[渝]	357	F7
普安县[黔]	387	E7
普巴[陇]	428	F5
普巴绒[川]	379	C6
普昌[川]	367	A8
普当[藏]	409	E6
普底[黔]	386	C3
普定县[黔]	387	C6
普东[津]	38	B4
普东[鲁]	244	D4
普洱[滇]	402	D2
普洱哈尼族彝族自治县[滇]	407	C6
普格县[川]	367	E8
普古[黔]	387	F6
普光[川]	369	D9
普合[桂]	343	F9
普化[陕]	416	B3
普会寺[豫]	272	C5
普惠[新]	457	E6
普迹[湘]	297	E7
普集[鲁]	239	A7
普集街[陕]	418	D5
普济[川]	364	C2
普济[鄂]	288	E5
普觉[黔]	391	E9
普拉底[滇]	404	F4
普兰店区[辽]	102	D4
普兰县[藏]	408	E2
普乐[湘]	305	D9
普乐堡[辽]	98	C3
普立[滇]	398	B5
普利[黔]	387	D7
普利桥[湘]	304	A3
普连集[鲁]	254	E3
普岭[川]	364	B5
普隆[川]	367	G7
普马[川]	378	F4
普满[湘]	304	D5
普咩[川]	367	G8
普明[晋]	73	B9
普宁市[粤]	319	E6
普溯[滇]	405	B9
普坪[黔]	387	D9
普仁[川]	372	C4
普戎[湘]	301	C8
普润[川]	373	E9
普沙绒[川]	379	B8
普诗[川]	367	C8
普顺[渝]	355	A7
普顺[渝]	356	G3
普田[黔]	387	F8
普通[鲁]	242	C4
普陀区[沪]	136	E4
普陀区[浙]	170	B5
普陀山[浙]	170	B4
普威[川]	367	E7
普文[滇]	407	C7
普翁[黔]	386	C5
普兴[川]	362	F5
普兴[川]	368	G4
普兴[川]	372	C2
普雄[川]	367	B8
普雄[滇]	400	E5
普宜[黔]	386	D2
普义[滇]	407	B6
普益[桂]	336	F3
普子[渝]	355	C9
普子[渝]	356	A1
普子[渝]	357	G6
瀑河[冀]	57	D8

Q

地名[省别]	地图位置	
七百弄[桂]	344	D5
七宝[沪]	139	F8
七宝山[湘]	297	D9
七步[闽]	209	E7
七叉[琼]	346	D3
七道沟[吉]	114	F3
七道河[冀]	54	B5
七道岭[辽]	92	B4
七道泉子[辽]	92	C3
七地[湘]	303	E9
七甸[滇]	397	E7
七顶山[辽]	102	E3
七洞[桂]	345	E8
七都[赣]	232	A4
七都[闽]	209	F7
七都[苏]	161	F6
七都[皖]	200	C5
七都[浙]	179	C6
七方[鄂]	281	D9
七坊[琼]	346	D4
七佛[川]	364	F2
七个星[新]	456	E5
七拱[粤]	314	D4
七沟[冀]	53	E9
七股[台]	460	E2
七号[内蒙古]	79	C10
七河[滇]	405	C6
七户[新]	451	B9
七汲[冀]	49	C9
七级[冀]	60	B3
七级[晋]	75	F7
七级[鲁]	240	E3
七级[鲁]	244	D4
七家[冀]	53	D8
七家岱[冀]	53	E9
七家子[辽]	94	G3
七家子[辽]	96	E5
七甲[冀]	50	G4
七甲[鲁]	250	D4
七甲[湘]	305	B8
七甲坪[湘]	307	E10
七甲溪[湘]	307	E9
七间房[冀]	58	A4
七建[桂]	345	B7
七涧[川]	365	B6
七江[湘]	307	B7
七角井[新]	456	D2
七街[滇]	396	C3
七井[皖]	200	C5
七井子[吉]	110	E4
七迳[粤]	324	G3
七棵树[黑]	122	F4
七克台[新]	456	E2
七里[川]	369	E9
七里[赣]	220	E5
七里[吉]	109	A9
七里[陇]	430	F2
七里[陇]	432	F1
七里[湘]	305	C8
七里[浙]	177	B8
七里[浙]	181	B8
七里甸[苏]	156	A3
七里店[豫]	268	C3
七里岗[赣]	224	D3
七里港[浙]	179	B6
七里海[津]	40	F3
七里河[辽]	97	F8
七里河区[陇]	428	F4
七里湖[皖]	200	D2
七里坪[鄂]	286	F2
七里坪[豫]	270	D5
七里桥[滇]	405	C8
七里桥[湘]	304	A4
七里塘[皖]	192	D2
七里营[豫]	264	F2
七里园[豫]	271	E7
七良桥[湘]	301	F8
七美[川]	378	C5
七门[桂]	340	C3
七琴[赣]	232	A3
七泉湖[新]	456	E2
七山[陇]	428	G3
七舍[黔]	387	F10
七圣[陇]	428	E5
七树庄[冀]	54	D2
七台河市[黑]	127	F8
七塘[渝]	354	C4
七套[苏]	152	B2
七圩[苏]	155	C8
七贤[鲁]	242	D5
七星[滇]	397	C8
七星[黑]	128	E4
七星[渝]	356	F2
七星[浙]	169	D7
七星河[黑]	128	E5
七星街[湘]	302	A4
七星泡[黑]	128	E4
七星台[鄂]	291	D10
七雄[苏]	150	D5
七眼桥[黔]	387	C6
七营[宁]	443	D7
七峪[冀]	57	D6
七子泆[湘]	299	C9
郪江[川]	368	G4
栖凤渡[湘]	305	C7
栖山[苏]	148	B3
栖霞[苏]	146	C4
栖霞[渝]	357	E6
栖霞区[苏]	146	D4
栖霞市[鲁]	250	E5
栖贤[川]	363	C7
桤泉[川]	362	E4
戚城[豫]	264	F5
戚氏[陕]	420	B2
戚墅堰区[苏]	157	D6
期路白[滇]	401	E6
期纳[滇]	405	C7
期思[豫]	273	D9
漆碑[川]	369	D10
漆工[赣]	231	D6
漆河[湘]	299	D6
漆桥[苏]	147	C9
漆树[川]	369	D10
漆树[川]	373	F7
漆树坝[陕]	420	E3
漆园[皖]	191	B6
祁东县[湘]	302	E5
祁各庄[冀]	52	A3
祁红[皖]	200	F5
祁集[皖]	188	E4
祁集[皖]	189	B9
祁家[辽]	100	B3
祁家河[晋]	75	C7
祁家集[陇]	428	E5
祁家庙[陇]	429	E6
祁家湾[鄂]	278	E5
祁连[陇]	430	B2
祁连[陇]	431	E8
祁连县[青]	436	E2
祁林[陇]	430	B3
祁禄山[赣]	229	D7
祁曼塔格[新]	457	B9
祁门县[皖]	200	E5
祁青[陇]	430	B1
祁山[陇]	429	C7
祁文[陇]	430	A2
祁县[晋]	66	E5
祁阳县[湘]	304	A4
祁仪[豫]	271	G8
齐巴尔[新]	450	F2
齐伯[黔]	386	B5
齐埠[赣]	230	D4
齐村[冀]	56	E4
齐村[鲁]	255	E9
齐村[陕]	424	E1
齐大山[辽]	100	B3
齐都[鲁]	242	C4
齐福[川]	365	B8
齐福[川]	368	E2
齐干吉迭[新]	450	E4
齐哈玛[陇]	432	D2
齐海[豫]	272	A5
齐河县[鲁]	239	D7
齐家[吉]	108	E3
齐家务[冀]	59	B8
齐家佐[冀]	57	D6
齐街[豫]	264	G4
齐老[豫]	269	D7
齐勒乌泽克[新]	452	B2
齐陵[鲁]	242	C4
齐满[新]	455	B9
齐齐哈尔市[黑]	122	E5
齐桥[冀]	59	D6
齐山[鲁]	250	E3
齐寿[陇]	429	B7
齐天[川]	368	E2
齐溪[浙]	177	A7
齐贤[浙]	172	B4
齐心庄[冀]	52	A3
齐云山[皖]	201	E7
齐镇[陕]	418	E5
岐岭[闽]	215	D10
岐岭[粤]	323	D6
岐山[川]	364	C5
岐山县[陕]	418	D4
岐石[粤]	319	F6
岐亭[鄂]	286	F4
其塔木[吉]	108	C4
其中口[冀]	57	A6
奇村[晋]	72	D4
奇峰[川]	375	A7
奇石[桂]	339	C7
奇台县[新]	451	C8
奇韬[闽]	211	E7
歧河[豫]	267	E9
歧坪[川]	364	D3
崎岭[闽]	212	D1
淇滩[黔]	391	C7
淇县[豫]	264	D4
骑岸[苏]	153	D8
骑岭[豫]	271	A8
骑龙[川]	365	C6
骑龙[川]	368	G4
骑龙[川]	369	E9
骑龙[川]	373	F9
骑龙[渝]	355	D6
骑骡沟[川]	367	E8
骑马[川]	364	E2
骑马坝[滇]	400	F3
棋盘[鄂]	289	F7
棋盘[陕]	419	B9
棋盘[苏]	149	E8
棋盘[新]	454	E3
棋盘井[内蒙古]	80	G3
棋盘山[冀]	53	B7
棋坪[赣]	226	B2
棋坪[湘]	307	F8
棋山[鲁]	253	B6
棋梓[湘]	302	B5
旗口[辽]	99	B8
旗山[台]	460	E3
旗下营[内蒙古]	79	E8
綦村[冀]	60	F4
綦江县[渝]	354	E4
蕲春县[鄂]	287	C7
蕲县[皖]	188	G5
蕲州[鄂]	287	D8
麒麟[川]	375	E6
麒麟[鲁]	254	C5
麒麟[苏]	146	C5
麒麟[苏]	153	C9
麒麟[皖]	198	C2
麒麟[粤]	319	D6
企沙[桂]	341	E6
企石[粤]	320	A5
企水[粤]	327	E6
启东市[苏]	153	B10
启浪[新]	455	B7
启隆[苏]	153	C10
启蒙[黔]	389	B6
杞木寨[滇]	403	E8
杞县[豫]	266	C4
杞梓里[皖]	201	E9
起步[闽]	206	B1
起凤[鲁]	242	B3
起台[豫]	267	E6
起坞[川]	378	A3
起坞[川]	378	G2
起阳[渝]	357	D10
绮陌[黔]	386	C4
碛口[晋]	73	D7
碛塄[陕]	422	A4
恰尔巴格[新]	454	C4
恰尔巴格[新]	454	E3
恰尔巴格[新]	457	E6
恰尔隆[新]	454	E2
恰盖[陇]	432	B4
恰格拉克[新]	455	B7
恰哈[新]	455	F8
恰科日泽曲[青]	437	C8
恰勒什海[新]	450	G3
恰热克[新]	454	D3
恰斯美其特[新]	454	E3
恰特喀勒[新]	456	F3
恰夏[新]	453	B6
恰则[藏]	409	D8
洽川[陕]	424	D4
洽舍[皖]	201	E7
洽水[粤]	328	B4
洽湾[赣]	225	C7
千冲[湘]	305	C8
千灯[苏]	161	E9
千佛[川]	364	C4
千佛[川]	368	D2
千佛[川]	369	E7
千佛[川]	372	C4
千佛[川]	373	C9
千佛岭[晋]	69	E8
千工坪[湘]	301	F8
千官[粤]	324	B5
千河[陕]	418	E3
千洪[浙]	166	B5
千户[陇]	429	C6
千户营[冀]	60	D3
千户寨[豫]	260	D4
千家[琼]	346	F3
千家店[京]	32	D4
千家峒[湘]	304	E2
千家洲[湘]	299	E9
千斤[豫]	273	F7
千金[辽]	95	F8
千金[浙]	168	B4
千口[豫]	265	B8
千岭[皖]	198	F5
千丘[渝]	357	D7
千秋[川]	364	E5
千秋[苏]	152	C3
千秋[豫]	263	B6
千人桥[皖]	187	A8
千山[辽]	100	C3
千山红[湘]	299	C9
千山区[辽]	100	C3
千善[赣]	225	D8
千童[冀]	59	E8
千溪[黔]	386	E3
千祥[浙]	175	D7
千阳县[陕]	418	D3
阡东[陕]	419	D7
迁安[冀]	54	C4
迁安市[冀]	54	C4
迁江[桂]	345	F9
迁乔[渝]	355	D9
迁乔[渝]	356	B1
迁西县[冀]	54	C3
铅厂[滇]	402	F5
铅厂[赣]	229	F7
铅山县[赣]	231	F7
铅锌[川]	367	F8
谦六[滇]	407	E6
谦迈[滇]	407	E7
前坝营[冀]	60	A4
前曹[鲁]	238	E5
前场[滇]	396	D3
前川[晋]	72	F2
前大磨[冀]	61	C9
前大章[冀]	49	E8
前当堡[辽]	91	E7
前德门[内蒙古]	83	D8
前甸[辽]	95	E8
前二道[吉]	109	D7
前坊[赣]	220	E5
前峰[川]	368	F3
前锋区[川]	365	B7
前锋[苏]	151	C9
前锋[粤]	325	B7
前福兴地[辽]	96	B3
前岗[吉]	108	D2
前高庙[豫]	271	G7
前革镇堡[辽]	102	F3
前郭尔罗斯[吉]	111	D7
前河[青]	437	A6
前河[皖]	198	F3
前河[渝]	357	D9
前黄[闽]	213	D10
前黄[苏]	157	E6
前进[川]	362	F3
前进[川]	364	F2
前进[川]	367	F6
前进[川]	367	A8
前进[川]	376	C4
前进[黑]	124	D1
前进[黑]	130	D2
前进[吉]	109	C10
前进[吉]	111	G6
前进[辽]	91	B7
前进[辽]	93	G6
前进[陕]	421	D7
前进[苏]	150	C5
前进农场[沪]	141	D7
前楼[闽]	212	F2
前路[浙]	181	A9
前马[苏]	156	F3
前磨头[冀]	58	F2
前坪[闽]	211	F7
前七号[吉]	110	G5
前岐[闽]	209	D9
前山[川]	367	D7
前山[晋]	73	F6
前山[新]	456	C2
前山[粤]	327	F9
前山[粤]	320	E3
前哨农场[沪]	141	B8
前双井[辽]	94	F2
前孙[鲁]	238	D4
前所[川]	366	D5
前所[晋]	72	E3
前所[浙]	176	D5
前滩[陇]	430	A3
前亭[闽]	212	D4
前童[浙]	171	F8
前卫[滇]	400	C4
前卫[辽]	93	D8
前卫[陕]	416	B3
前吴[浙]	174	B5
前溪[川]	379	A7
前仙[冀]	48	E5
前阳[川]	376	D3
前阳[辽]	99	E10
前杨[辽]	97	F7
前营[冀]	49	E10
前营[豫]	271	B8
前营子[辽]	100	F4
前域[川]	376	E2
前詹[粤]	319	F7
前洲[苏]	159	C6
钤山[赣]	226	G4
钱宝[陇]	431	F9
钱宝[陇]	431	F9
钱仓[浙]	179	D8
钱场[鄂]	283	B9
钱店[豫]	269	E8
钱东[粤]	319	C9
钱集[苏]	151	D6
钱家[黔]	391	D6
钱家[渝]	357	D9
钱家店[内蒙古]	83	E9
钱坑[粤]	318	D5
钱库[浙]	179	D8
钱粮湖[湘]	300	C2
钱庙[皖]	189	B7
钱排[粤]	324	D4
钱铺[皖]	198	B2
钱桥[苏]	159	D6
钱桥[皖]	198	B2
钱清[浙]	172	B3
钱山[赣]	232	F4
钱塘[渝]	354	B4
钱旺[冀]	52	B4
钱相[黔]	387	D9
钱营[冀]	54	E3
钳二[陕]	417	C9
钳口[浙]	177	C7
钳屯[冀]	52	B3
乾安县[吉]	111	D6
乾丰[黑]	122	A4
乾丰[渝]	355	D6
乾龙[川]	373	C10
乾潭[浙]	167	E6
乾塘[粤]	327	C9
乾务[粤]	320	E2
乾西[浙]	174	D4
乾县[陕]	419	D6
乾元[浙]	168	C4
潜川[浙]	166	C5
潜江市[鄂]	289	C6
潜口[皖]	201	E8
潜山县[皖]	198	E3
黔江区[渝]	355	D10
黔江区[渝]	356	B2
黔灵[黔]	384	F4
黔陶[黔]	384	E5
黔西县[黔]	386	C4
浅井[豫]	268	B2
浅水[粤]	327	B10
茜草[川]	375	B7
羌白[陕]	424	E3
羌多[藏]	408	C2
羌纳[藏]	409	F8
羌圩[桂]	344	E5
强蛟[浙]	171	E7
强玛[藏]	409	D6
强胜[川]	367	F6
强湾[陇]	428	E3
墙头[浙]	171	D7
抢垦[黑]	127	F8
硗碛[川]	376	A3
锹峪[陇]	429	E6
乔岔滩[陕]	423	C6
乔川[陇]	432	D4
乔村[陇]	429	C7
乔达[新]	455	E6
乔甸[滇]	405	C8
乔端[豫]	271	C6
乔沟湾[陕]	423	F9
乔官[鲁]	243	D6
乔河[陇]	432	E4
乔后[滇]	405	D7
乔集[豫]	267	C8
乔家[川]	365	C7
乔家屯[冀]	58	E3
乔家湾[晋]	74	D3
乔建[桂]	334	D2
乔口[湘]	296	C4
乔拉克铁热克[新]	452	B2
乔乐[赣]	220	D1
乔勒潘[新]	454	D2
乔李[晋]	74	C4
乔利[桂]	334	B3
乔楼[豫]	260	D2
乔楼[豫]	267	D6
乔庙[豫]	261	A9
乔木[皖]	201	A7
乔仁[新]	451	B8
乔善[桂]	344	B3
乔贤[桂]	334	B5
乔音[桂]	344	F3
乔庄[鲁]	247	D9
乔子玄[陕]	424	C4
乔梓[渝]	355	D9
乔梓[渝]	356	B1
侨港[桂]	341	E8
侨英[闽]	213	F7
荞地[川]	367	D7
荞麦地[滇]	402	G5
荞麦塔拉[内蒙古]	83	E7
荞山[滇]	402	D4
荞窝[川]	367	D8
桥板[桂]	337	D9
桥北[豫]	264	G2
桥边[鄂]	291	C8
桥冲[粤]	318	F5
桥底[陕]	419	D7
桥东[赣]	227	E9
桥东区[冀]	51	E6
桥墩[浙]	179	E8
桥儿沟[陕]	417	C8
桥巩[桂]	345	E9
桥沟[川]	372	D3
桥沟[豫]	273	D10
桥河岔[陕]	423	C8
桥家河[冀]	57	C6
桥江[湘]	307	A6
桥口[湘]	305	C7
桥林[苏]	146	F5
桥龙[川]	365	D7
桥楼[川]	364	E4
桥楼[川]	364	G2
桥盟[豫]	264	D4
桥南[陕]	424	G2
桥上[鄂]	280	E4
桥上[晋]	71	A6
桥上[晋]	74	B5
桥市[鄂]	289	F7
桥市[湘]	304	E3
桥市[湘]	305	C6
桥亭[川]	369	B7
桥亭[桂]	336	F4
桥头[川]	373	E7
桥头[滇]	401	F7
桥头[赣]	228	C5
桥头[赣]	233	E6
桥头[桂]	344	A3
桥头[冀]	49	D9
桥头[冀]	57	C8
桥头[晋]	72	G3
桥头[辽]	98	G3
桥头[陇]	429	D8
桥头[陇]	429	D9
桥头[鲁]	251	D9
桥头[内蒙古]	83	F7
桥头[琼]	347	B6
桥头[苏]	154	C5
桥头[台]	460	F2
桥头[皖]	192	B5
桥头[湘]	298	C2
桥头[湘]	304	D2
桥头[湘]	305	C10
桥头[湘]	306	A4
桥头[渝]	355	B9
桥头[豫]	271	E8

Q 桥谯樵巧切茄且亲钦芹秦琴勤溱沁青倾卿清晴苘庆箐邛琼丘邱萩秋求虬球裘曲屈渠衢取圈全权泉荃拳铨劝券缺雀确阙鹊群 R 然燃冉瀼穰壤让饶绕热人仁壬稔任日绒茸荣容溶蓉榕融冗揉如茹儒汝乳阮芮瑞润若箬 S 撒洒卅萨赛三

地名[省别] 地图位置

桥头[粤] 328 C2
桥头[粤] 315 E7
桥头[粤] 321 A6
桥头[浙] 170 F4
桥头[浙] 178 D5
桥头河[湘] 302 B4
桥头胡[浙] 171 E7
桥头集[皖] 186 B4
桥头街[赣] 230 A3
桥头铺[湘] 304 E3
桥头溪[湘] 306 A4
桥湾[川] 369 E8
桥圩[桂] 339 D7
桥西[赣] 226 D5
桥西区[冀] 50 E5
桥西区[冀] 60 E4
桥溪[川] 364 D3
桥溪口[湘] 301 F8
桥下[浙] 178 D5
桥业[桂] 342 E5
桥驿[湘] 296 C5
桥镇[陕] 417 D8
桥镇[陕] 418 D3
桥子[陇] 430 F3
桥梓[京] 32 G5
桥自弯[湘] 298 B2
谯城区[皖] 190 E3
谯东[皖] 190 D4
谯家[黔] 391 D7
樵店[川] 364 E4
樵舍[赣] 220 C4
巧家县[滇] 403 G6
巧家营[滇] 402 G5
巧马[黔] 387 D10
巧什营[内蒙古] 79 E7
巧英[浙] 173 F8
切尔克齐[新] 450 E3
切吉[青] 436 F5
切木尔切克[新] 450 E3
切琼[藏] 408 E5
切热[藏] 408 F4
切学[桂] 344 E3
茄通[湘] 301 D9
茄子河区[黑] 127 F8
且末县[新] 457 F8
且莫[川] 367 C9
且拖[川] 367 C8
亲和[晋] 69 E6
亲仁[青] 436 B5
钦北区[桂] 341 C6
钦工[苏] 151 C7
钦堂[浙] 167 E6
钦州市[桂] 341 C6
芹池[晋] 71 F7
芹河[陕] 423 D6
芹泉[晋] 67 F9
芹洋[闽] 209 D7
秦安县[陇] 429 B6
秦城[晋] 72 C4
秦川[陇] 428 F3
秦川区[陇] 429 B6
秦村[冀] 59 E7
秦东[陕] 424 F4
秦渡[陕] 416 D3
秦峰[赣] 231 E8
秦古[鄂] 280 C2
秦关[陕] 417 C10
秦河[川] 369 C8
秦河[陕] 419 C7
秦皇岛市[冀] 55 C7
秦集[皖] 187 E9
秦家[川] 372 A3
秦家[黑] 130 D4
秦家屯[吉] 112 D2
秦家庄[晋] 71 C6
秦栏[皖] 193 D9
秦岭[陇] 429 C7
秦陵[陕] 416 B2
秦楼[鲁] 253 C8
秦南[苏] 152 E2
秦祁[陇] 428 E5
秦桥[湘] 307 E6
秦山[浙] 169 D9
秦市[鄂] 288 E5
秦亭[陇] 429 A6
秦团庄[陇] 432 D3
秦溪[川] 365 C7
秦许[陇] 429 E7
秦屿[闽] 209 D9
秦峪[陇] 429 D8
秦庄[陕] 419 C7
琴华[桂] 342 D5
琴棋[湘] 300 E3
琴溪[皖] 195 E7
勤丰[滇] 397 E6
勤劳[滇] 397 E6
勤劳[黑] 130 C3
溱东[苏] 152 G3
溱潼[苏] 154 B5
沁城[新] 456 B2
沁水县[晋] 71 F7
沁县[晋] 70 E2
沁阳市[豫] 261 D9
沁源县[晋] 70 F3
青集[鲁] 254 F4
青安坪[湘] 298 C2
青白江区[川] 363 C6
青板[赣] 231 E6

青堡[陇] 429 D6
青背[吉] 109 E9
青草[皖] 198 D2
青场[黔] 386 E3
青城[晋] 67 E10
青城[陇] 428 E3
青城[鲁] 242 A2
青城山[川] 362 C3
青城子[辽] 99 G7
青川[黑] 120 D5
青川县[川] 364 F2
青磁窑[晋] 69 E8
青村[沪] 140 E4
青达门[内蒙古] 80 C2
青岛市[鲁] 245 D6
青得里[新] 452 E4
青德[川] 379 E9
青堤[川] 365 E7
青堆[辽] 103 B8
青堆子[辽] 97 D7
青墩[苏] 152 D3
青峰[鄂] 280 E5
青峰[渝] 354 D2
青峰[渝] 357 E10
青峰山[辽] 92 E4
青富[川] 376 F2
青冈坡[黔] 391 E6
青冈塘[黔] 390 D4
青冈县[黑] 130 E4
青岗[川] 365 E6
青岗[川] 372 B5
青岗集[鲁] 254 E3
青岗岭[滇] 402 E4
青格勒宝拉格[内蒙古] 82 D3
青沟子[吉] 114 C5
青光[津] 38 B3
青海湖[青] 436 D4
青罕[冀] 59 F9
青河[黑] 129 B6
青河县[新] 450 B4
青湖[苏] 150 D2
青湖[皖] 195 D6
青花[川] 369 C9
青华[滇] 405 C10
青华[豫] 271 E6
青化[陕] 416 F3
青化[陕] 418 E5
青化[陕] 418 E5
青化砭[陕] 417 B7
青江驿[陇] 428 C4
青街[浙] 179 E8
青居[川] 365 D7
青肯泡[黑] 130 F4
青口[闽] 206 C4
青兰[冀] 58 G4
青兰[湘] 305 C6
青岚山[陇] 428 D4
青朗[湘] 306 D3
青莲[川] 365 C7
青莲[川] 368 D3
青莲[粤] 314 D4
青凉寺[晋] 73 C7
青林[川] 364 D1
青林[黔] 386 E4
青林[陇] 431 D8
青林[青] 436 C4
青林[湘] 299 D6
青岭[黑] 120 D3
青菱[鄂] 279 D7
青龙[藏] 409 E6
青龙[川] 365 D6
青龙[川] 369 F7
青龙[川] 372 A3
青龙[川] 373 B7
青龙[川] 375 A7
青龙[滇] 396 D4
青龙[滇] 397 E6
青龙[滇] 400 B4
青龙[滇] 400 E4
青龙[滇] 402 E3
青龙[赣] 229 F8
青龙[桂] 336 F4
青龙[陇] 430 C4
青龙[陇] 432 F3
青龙[皖] 186 C2
青龙[皖] 195 D7
青龙[渝] 355 B8
青龙[渝] 357 F8
青龙厂[滇] 400 D2
青龙湖[京] 30 D5
青龙集[皖] 188 D4
青龙满族自治县[冀] 54 A5
青龙山[内蒙古] 83 F8
青洛[皖] 192 D2
青麦[川] 379 E9
青木[川] 369 C6
青木川[陕] 420 G3
青木关[渝] 354 C4
青衲[川] 367 B7
青泥[赣] 224 C4
青泥洞[藏] 409 D10
青年[渝] 354 F5
青年村[豫] 268 E5
青宁[川] 369 D8
青牛[川] 364 E3
青片[川] 368 C1

青平[川] 372 C4
青平[粤] 327 B7
青坪[湘] 301 C10
青浦区[沪] 138 D3
青桥驿[陕] 420 D2
青曲[鄂] 280 B4
青山[川] 364 C5
青山[鄂] 280 B5
青山[鄂] 285 E7
青山[黔] 384 F3
青山[黔] 387 E8
青山[桂] 336 F2
青山[黑] 126 B4
青山[黑] 127 F8
青山[黑] 131 B6
青山[吉] 109 A6
青山[吉] 110 B3
青山[宁] 442 B5
青山[青] 436 C4
青山[陕] 425 A9
青山[苏] 155 G7
青山[皖] 187 D8
青山[皖] 187 E8
青山[皖] 192 D2
青山[皖] 200 F1
青山[湘] 303 E6
青山[湘] 305 C9
青山[渝] 357 E6
青山[豫] 272 E5
青山沟[辽] 99 C6
青山湖[浙] 167 B7
青山口[吉] 108 B3
青山铺[湘] 297 C6
青山桥[湘] 296 F1
青山桥[湘] 303 C6
青山区[鄂] 279 D6
青山泉[苏] 148 D5
青神[川] 369 E7
青神县[川] 372 B3
青胜[滇] 402 E1
青狮[川] 365 D6
青狮潭[桂] 336 D2
青石[川] 376 C3
青石[鄂] 287 B6
青石[吉] 114 F3
青石[浙] 177 C8
青石岭[辽] 99 B9
青石嘴[青] 436 C3
青市[川] 368 F3
青树[陕] 420 D3
青树坪[湘] 302 C4
青树嘴[湘] 299 C8
青水[闽] 211 F6
青水[陕] 420 B4
青丝[川] 369 E7
青松[川] 365 D7
青松[川] 367 D9
青松[吉] 109 B9
青松[琼] 346 D4
青松岭[冀] 53 G7
青松岭[辽] 92 D3
青塔[冀] 58 B4
青台[豫] 271 E8
青潭[湘] 300 E3
青塘[赣] 228 B5
青塘[桂] 341 B7
青塘[粤] 315 E8
青天[皖] 198 F2
青田县[浙] 181 D9
青同[冀] 49 B6
青铜关[陕] 425 F10
青铜峡市[宁] 442 D4
青疃[皖] 190 B5
青坨营[冀] 54 E4
青驼[鲁] 252 D4
青溪[川] 364 G2
青溪[赣] 231 F7
青溪[黔] 388 C4
青溪[粤] 323 C9
青霞[川] 362 D3
青县[冀] 59 B7
青秀区[桂] 334 E5
青岩[黔] 384 F5
青羊[渝] 355 D6
青羊驿[陕] 420 E3
青阳[黔] 391 F8
青阳[鲁] 247 G7
青阳[苏] 159 B6
青阳岔[陕] 423 E9
青阳县[皖] 201 B6
青腰[湘] 305 C8
青伊湖[苏] 150 D4
青椅山[辽] 99 D7
青义[川] 368 E3
青浴[川] 369 B7
青原[黑] 128 F5
青云[川] 369 D7
青云[川] 377 D9
青云[赣] 230 D4
青云[鲁] 252 E5
青云[陕] 423 D6
青云店[京] 31 E8
青珍[青] 440 E4
青州[川] 372 C3
青州[闽] 211 C7
青州[粤] 316 D2
青州市[鲁] 242 C5
倾多[藏] 409 E9
卿头[晋] 75 F7
清城区[粤] 314 G5

清池[黔] 386 C2
清池[鲁] 243 C7
清道[川] 368 E2
清丰县[豫] 265 C7
清风[川] 373 B7
清风店[冀] 57 F6
清港[浙] 176 F4
清和[湘] 305 D6
清河[川] 368 F3
清河[川] 369 F8
清河[黑] 121 B7
清河[吉] 114 F2
清河[晋] 75 E6
清河[鲁] 247 E8
清河[鲁] 255 D6
清河[内蒙古] 83 E8
清河[皖] 191 E8
淯河[皖] 198 D3
清河[豫] 271 D8
清河城[辽] 98 E2
清河门区[辽] 97 D6
清河农场[津] 40 G3
清河区[辽] 94 E5
清河头[豫] 265 D7
清河县[冀] 60 A4
清河驿[豫] 269 D7
清湖[赣] 230 E5
清湖[桂] 339 F9
清湖[浙] 177 D8
清华[赣] 231 A7
清集[豫] 269 B7
清涧[晋] 74 F5
清涧县[陕] 423 C10
清江[川] 363 C7
清江[川] 369 C7
清江[川] 375 A7
清江[赣] 222 E3
清江[湘] 305 D7
清江[渝] 354 D1
清江[浙] 178 A5
清江桥[湘] 307 G3
清浪[湘] 307 E10
清凉[川] 374 D2
清凉[闽] 206 E4
清凉店[冀] 58 F4
清凉峰[浙] 166 C4
清流[川] 362 C5
清流[川] 373 C9
清流[皖] 193 E6
清流[渝] 354 C1
清流县[闽] 210 D3
清明河[鄂] 284 D2
清平[川] 365 C8
清平[川] 368 E2
清平[川] 374 D1
清平[滇] 403 F9
清平[鲁] 240 B4
清平[渝] 354 B4
清坪[鄂] 290 F3
清浅[皖] 190 F5
清泉[川] 363 D7
清泉[川] 364 D4
清泉[川] 368 E2
清泉[陇] 430 F4
清泉[陇] 431 C6
清泉[陕] 423 C7
清泉[湘] 305 C10
清泉[渝] 355 F9
清泉[渝] 356 D1
清仁[川] 376 C3
清三营[冀] 50 C4
清升[渝] 354 D1
清水[川] 364 C5
清水[川] 364 D3
清水[川] 369 F7
清水[川] 372 A4
清水[川] 373 C8
清水[滇] 403 E7
清水[赣] 231 E7
清水[京] 30 C2
清水[辽] 97 D9
清水[陇] 428 F2
清水[陇] 429 E7
清水[陇] 430 G5
清水[鲁] 240 C2
清水[青] 437 A6
清水[陕] 422 A4
清水[台] 460 C3
清水[皖] 194 E4
清水[湘] 301 D8
清水[渝] 357 F7
清水河[黔] 387 F8
清水河[青] 441 D10
清水河[新] 451 G9
清水河[豫] 265 C9
清水河县[内蒙古] 79 F7
清水江[湘] 303 C9
清水口[桂] 339 E9
清水坪[湘] 301 D7
清水坪[湘] 307 F8
清水铺[黔] 386 D2
清水桥[湘] 304 D4
清水台[辽] 91 B6
清水县[陇] 429 B6
清水驿[陇] 428 E4
清太坪[鄂] 291 D6
清塘[桂] 338 B3
清塘[湘] 304 E2
清塘[湘] 304 E3

清塘铺[湘] 299 G7
清湾[桂] 339 F10
清溪[川] 369 D9
清溪[川] 372 E4
清溪[川] 376 E2
清溪[赣] 229 C8
清溪[黑] 124 D3
清溪[皖] 199 C7
清溪[皖] 201 C6
清溪[湘] 305 A7
清溪[渝] 355 C7
清溪[粤] 321 B6
清溪场[川] 369 F7
清溪场[渝] 356 E2
清新县[粤] 314 F5
清徐县[晋] 66 D5
清油河[陕] 425 A9
清原县[辽] 95 C7
清源[川] 365 B6
清源[京] 31 E7
清源[陇] 431 E8
清源[闽] 209 D7
清源[陕] 419 B6
清远市[粤] 314 G5
清苑县[冀] 57 E8
清镇市[黔] 384 F5
晴朗[川] 377 D9
晴隆县[黔] 387 E7
苘山[鲁] 251 D8
庆安[苏] 149 F7
庆安县[黑] 130 C3
庆城县[陇] 432 F4
庆丰[桂] 339 C7
庆丰[黑] 128 E5
庆丰[吉] 109 B8
庆丰[苏] 152 D2
庆和[内蒙古] 83 E9
庆恒[川] 367 C9
庆华[川] 365 B8
庆岭[川] 374 D4
庆岭[吉] 109 D8
庆隆[渝] 354 C3
庆宁[川] 377 F7
庆坪[黔] 387 C9
庆坪[陇] 428 E5
庆葡[黑] 123 D9
庆卫[川] 373 E7
庆新[黑] 123 C7
庆阳[黑] 121 D7
庆阳[吉] 114 C3
庆阳湖[新] 451 C8
庆阳市[陇] 432 F4
庆元[渝] 355 F6
庆元县[浙] 180 F4
庆云[川] 369 D8
庆云[黔] 389 B8
庆云[冀] 59 E9
庆云[粤] 315 A6
庆云堡[辽] 94 F5
庆云县[鲁] 238 B2
庆祖[豫] 265 D7
箐河[川] 367 E6
箐口[川] 367 B10
箐口[黔] 387 E6
箐门[黔] 386 C2
邛崃市[川] 362 F3
琼博拉[新] 452 B1
琼海市[琼] 347 D7
琼结县[藏] 409 F7
琼库尔恰克[新] 454 D4
琼库勒[新] 457 F9
琼山区[琼] 347 A7
琼中黎族苗族自治县[琼] 346 D5
丘北县[滇] 401 C7
丘头[冀] 49 E7
丘垭[川] 364 E5
邱隘[浙] 170 E5
邱场[川] 374 B4
邱城[冀] 61 B7
邱村[皖] 194 A5
邱集[苏] 149 G8
邱集[豫] 269 C9
邱家[川] 369 D8
邱家店[鲁] 249 D7
邱县[冀] 61 B7
萩芦[闽] 207 D6
秋扒[豫] 262 E5
秋滨[浙] 174 D4
秋长[粤] 317 E9
秋口[赣] 231 B7
秋梨沟[吉] 114 D5
秋林[川] 368 F4
秋林[陕] 417 A9
秋炉[浙] 180 F5
秋渠[豫] 269 E9
秋窝[藏] 408 F5
秋溪[赣] 224 E4
秋垭[川] 364 B4
秋智[青] 441 C8
秋子沟[辽] 93 E8
求吉[川] 377 B9
求吉玛[川] 377 B7
虬江[闽] 211 D7
虬津[赣] 223 E6
球川[浙] 177 C7
球溪[川] 373 C7
裘村[浙] 171 E6
曲奥[陇] 432 A3

曲白[赣] 233 F6
曲尺[湘] 303 B7
曲尺[渝] 357 E9
曲村[晋] 74 D5
曲错[藏] 409 F6
曲当[藏] 408 F5
曲登[川] 379 E6
曲堤[鲁] 238 B5
曲硐[滇] 405 E9
曲峨[晋] 74 F2
曲阜市[鲁] 255 C8
曲沟[青] 437 D6
曲沟[豫] 264 B4
曲谷[川] 377 E9
曲河[川] 364 F2
曲惠[新] 456 E5
曲吉麦[藏] 409 F6
曲家店[辽] 94 F2
曲江[川] 372 B5
曲江[滇] 400 D4
曲江[赣] 227 D8
曲江[陕] 416 C3
曲江区[粤] 315 C7
曲界[粤] 327 F8
曲靖市[滇] 398 E3
曲库乎[青] 437 B7
曲濑[赣] 232 D5
曲兰[湘] 302 D5
曲梁[豫] 260 C4
曲麻河[青] 441 C7
曲麻莱县[青] 441 D8
曲陌[冀] 61 C7
曲什安[青] 437 E7
曲石[滇] 403 D7
曲水[川] 365 D7
曲水[滇] 407 A7
曲水[渝] 356 F4
曲水县[藏] 409 F6
曲松[藏] 408 D1
曲松县[藏] 409 F7
曲塘[苏] 153 G7
曲亭[晋] 74 C3
曲屯[豫] 271 E6
曲沃县[晋] 74 D5
曲溪[闽] 215 D7
曲霞[苏] 155 B8
曲兴[豫] 266 B3
曲雅贡[川] 379 F9
曲阳[苏] 150 E3
曲阳桥[冀] 49 C6
曲阳县[冀] 56 F5
曲依[川] 367 C10
曲峪[晋] 73 D6
曲樟[桂] 341 D9
曲周县[冀] 61 B7
曲卓木[藏] 409 F7
曲孜卡[藏] 409 F10
曲子[陇] 432 E4
屈原[鄂] 291 B7
屈子祠[湘] 300 E3
渠岸[陕] 419 D8
渠坝[川] 375 C7
渠北[川] 369 F7
渠村[豫] 265 E7
渠沟[冀] 52 D1
渠沟[皖] 188 D4
渠江[湘] 298 G4
渠旧[桂] 343 B8
渠口[冀] 52 B4
渠口[宁] 442 C2
渠口[渝] 356 E5
渠口[浙] 178 C5
渠黎[桂] 343 A8
渠马[渝] 357 E6
渠南[川] 369 F7
渠县[川] 369 F7
渠洋[桂] 343 E6
渠子[陕] 419 C6
衢山[浙] 170 B3
衢州市[浙] 177 C9
取柴河[吉] 109 E7
圈里[鲁] 252 A5
圈龙[川] 364 E4
圈内[滇] 399 E9
圈头[冀] 57 E9
圈头[冀] 58 E3
全安[川] 373 E8
全安[粤] 315 B9
全德[渝] 354 C3
全丰[赣] 222 E1
全福[川] 372 C3
全椒县[皖] 193 F6
全军[皖] 187 F7
全民[湘] 296 D4
全茗[桂] 343 C7
全南县[赣] 229 F10
全胜[川] 373 B8
全胜[吉] 114 D2
全塘[浙] 169 B8
全旺[浙] 177 C9
全州[苏] 156 C3
全州县[桂] 336 B4
权村[冀] 52 G2
权集[皖] 188 A3
权家湾[陇] 428 D5
权寨[豫] 272 A4
泉坝[黔] 391 C7
泉波[赣] 231 E9
泉港[赣] 227 E8
泉港区[闽] 207 E8

泉港区[闽] 213 D10
泉沟[鲁] 249 E9
泉沟台[青] 436 C3
泉河[京] 33 F6
泉河铺[豫] 273 E10
泉河头[冀] 54 D3
泉湖[湘] 302 E5
泉吉[青] 436 F4
泉交河[湘] 299 F9
泉巨永[辽] 92 B2
泉口[鄂] 283 E8
泉口[赣] 222 C4
泉林[鲁] 255 B9
泉岭[赣] 220 F4
泉山[陇] 431 C9
泉上[闽] 210 C4
泉水[川] 372 D3
泉水[桂] 341 D9
泉水[辽] 98 E3
泉太[吉] 112 C4
泉塘[皖] 199 D9
泉塘[湘] 303 B6
泉头[辽] 94 E3
泉溪[鄂] 280 E1
泉溪[湘] 303 E6
泉溪[浙] 174 E5
泉眼[吉] 108 E3
泉眼岭[吉] 112 D3
泉阳[吉] 113 D7
泉阳[皖] 191 F7
泉颍[皖] 191 E8
泉源[鲁] 252 F4
泉州市[闽] 213 E9
泉庄[鲁] 252 B4
泉子街[新] 451 C9
荃湾区[港] 458 B3
拳铺[鲁] 254 B5
铨水[陇] 429 D8
劝农山[吉] 108 E3
券桥[豫] 271 E8
缺口[皖] 199 E9
雀尔沟[新] 451 F9
雀仁[新] 451 B8
雀塘[湘] 307 C8
确山县[豫] 272 C5
阙店[皖] 187 B9
阙家[川] 365 C7
鹊儿山[晋] 68 C5
群巴克[新] 457 F6
群德[川] 365 D6
群丰[湘] 303 B7
群峰[湘] 306 C5
群加[青] 436 C5
群科[青] 437 B6
群乐[川] 364 B4
群乐[川] 365 C6
群乐[川] 369 D6
群力[川] 365 E7
群力[渝] 354 A2
群利[渝] 354 A3
群龙[川] 364 D5
群山[黑] 124 D4
群胜[黑] 128 E2

R

然充[川] 378 D3
然乌[藏] 409 E9
然乌[川] 379 E9
燃灯[皖] 192 C4
冉店[陕] 418 B5
冉堌[鲁] 254 E4
冉庙[皖] 191 D7
冉义[川] 362 F4
冉庄[冀] 57 F7
瀼渡[渝] 356 G5
穰东[豫] 271 E6
壤口[川] 377 D8
壤塘县[川] 376 D5
让胡路区[黑] 123 C7
让家溪[湘] 307 G9
让字[吉] 111 D6
饶埠[赣] 230 C4
饶村[湘] 300 D5
饶丰[赣] 230 C4
饶峰[陕] 421 G6
饶河县[黑] 129 E8
饶良[豫 271 E8
饶平县[粤] 319 C9
饶阳店[冀] 59 F9
饶阳县[冀] 58 D3
饶洋[粤] 319 A8
绕二[赣] 231 D6
绕鲁[川] 378 D5
绕溪[陕] 421 F9
绕阳河[辽] 97 B6
热帮[藏] 408 C1
热打[川] 379 E8
热当[藏] 409 E6
热尔[川] 377 A8
热河[川] 367 E7
热加[川] 378 F4
热柯觉[川] 367 D9
热柯依达[川] 367 C8
热萨[藏] 408 F5
热市[湘] 298 C5
热水[滇] 398 C3
热水[内蒙古] 83 G7

热水[青] 439 B10
热水[湘] 305 E9
热水[粤] 316 D2
热水河[川] 367 D9
热寺湾[陕] 417 B7
热玉[藏] 409 E8
热柘[粤] 323 C8
人潮溪[湘] 298 B3
人和[川] 363 D7
人和[川] 369 F8
人和[川] 373 B10
人和[赣] 226 E5
人和[桂] 338 E3
人和[鲁] 251 F9
人和[渝] 354 C4
人和[渝] 357 E6
人和[豫] 266 C4
人和[豫] 272 A5
人和[粤] 313 D7
仁爱[川] 374 E4
仁爱[台] 460 C4
仁爱区[台] 460 B5
仁布县[藏] 409 F6
仁川[浙] 175 E7
仁村[陕] 420 B5
仁村[豫] 263 B6
仁达[川] 378 C5
仁大[陇] 432 G2
仁东[桂] 339 D8
仁堆[藏] 409 E6
仁多[藏] 408 D3
仁风[鲁] 238 B5
仁宫[浙] 181 D8
仁果[川] 378 E4
仁合[吉] 112 A5
仁和[川] 365 D6
仁和[川] 365 E6
仁和[川] 368 E4
仁和[川] 369 C7
仁和[川] 375 D6
仁和[滇] 396 D3
仁和[滇] 401 F7
仁和[滇] 402 A3
仁和[滇] 403 C8
仁和[滇] 405 B7
仁和[滇] 405 D6
仁和[赣] 232 B3
仁和[黔] 386 C3
仁和[鲁] 243 D9
仁和[苏] 151 D8
仁和[皖] 192 D4
仁和[湘] 304 D4
仁和[豫] 273 F8
仁和[浙] 167 A8
仁和集[皖] 193 C9
仁和坪[鄂] 291 E8
仁和区[川] 367 F6
仁河口[陕] 421 E6
仁厚[桂] 339 D8
仁化县[粤] 315 B7
仁怀市[黔] 390 E2
仁居[粤] 323 B7
仁里[川] 365 E7
仁里[黔] 389 D7
仁里集[鲁] 239 E8
仁美[川] 372 B2
仁钦则[藏] 408 F5
仁让里[冀] 60 B2
仁沙[渝] 355 B7
仁首[赣] 227 B7
仁寿[闽] 208 E3
仁寿县[川] 372 B4
仁湾[湘] 304 B3
仁贤[渝] 356 F3
仁兴[滇] 397 D6
仁兴[琼] 347 C6
仁义[川] 374 E5
仁义[川] 376 C3
仁义[桂] 338 C4
仁义[湘] 303 G6
仁义[湘] 305 D6
仁义[渝] 354 D1
仁义[渝] 355 C7
仁兆[鲁] 244 D3
仁庄[浙] 181 D8
壬田[赣] 229 B6
壬庄[桂] 343 E7
稔村[粤] 325 C7
稔山[粤] 317 D9
稔田[闽] 215 E9
任村[晋] 67 D6
任村[豫] 264 A2
任店[豫] 271 C9
任店[豫] 272 C4
任各庄[冀] 54 D3
任固[豫] 264 B5
任集[豫] 269 D8
任家[渝] 355 B8
任留[陕] 416 B2
任隆[川] 365 D7
任民[黑] 130 F4
任桥[皖] 187 E6
任丘市[冀] 58 B4
任市[川] 369 F9
任圩[皖] 188 D4
任县[冀] 60 D4
任寨[皖] 191 F7
日部[川] 377 D6
日当[藏] 409 F7
日东[赣] 229 A6

日多[藏] 409 E7
日尔[川] 377 G8
日哈[川] 367 C9
日喀则市[藏] 408 F5
日龙[川] 379 F9
日隆川] 377 G8
日松[藏] 408 C1
日通[藏] 409 D9
日土县[藏] 408 C1
日屋[藏] 408 F5
日溪[闽] 206 D2
日兴[川] 364 C5
日月[青] 436 D5
日照市[鲁] 253 D8
日庄[鲁] 244 D2
绒坝[川] 379 C6
绒布[藏] 409 F6
绒多[藏] 409 E7
绒盖[川] 378 F5
茸安[川] 377 D6
茸木达[川] 376 D5
荣邦[琼] 346 C3
荣边[川] 373 E7
荣炳[苏] 156 C3
荣布[藏] 409 D8
荣昌县[渝] 354 D2
荣成市[鲁] 251 E9
荣丁[川] 372 E3
荣河[晋] 75 F6
荣华[桂] 343 D6
荣华[湘] 302 A2
荣桓[湘] 303 D7
荣将[滇] 405 A6
荣劳[桂] 343 F6
荣隆[渝] 354 D1
荣玛[藏] 408 D4
荣山[川] 364 D2
荣山[赣] 224 D5
荣塘[赣] 227 E8
荣县县[川] 373 E7
荣兴[辽] 97 C10
荣栅[冀] 55 C6
荣周[藏] 409 E10
容城县[冀] 57 D9
容光[黔] 390 D2
容桂[粤] 313 F7
容西[桂] 339 D9
容县[桂] 339 D9
容厢[桂] 339 D9
溶江[桂] 336 C3
溶江[浙] 181 B8
溶口[皖] 200 F5
溶溪[渝] 356 D2
蓉花山[辽] 103 B7
榕江县[黔] 389 D8
榕山[川] 375 B9
榕右[川] 375 C9
融安县[桂] 337 C8
融水苗族自治县[桂] 337 D8
冗渡[黔] 387 C9
揉谷[陕] 418 E5
如东[湘] 299 B7
如东农场[苏] 153 C7
如东县[苏] 153 D7
如皋市[苏] 153 F7
如角[藏] 408 F4
如美[藏] 409 E10
如萨[藏] 408 E4
如意[湘] 303 A6
茹村[晋] 72 B3
茹荷[冀] 55 E6
儒岙[浙] 173 G6
儒洞[粤] 324 G4
儒林[苏] 156 E4
儒溪[湘] 300 B4
汝城县[湘] 305 E8
汝湖[粤] 317 E7
汝集[皖] 191 D7
汝南埠[豫] 273 C7
汝南县[豫] 273 B6
汝溪[渝] 355 A8
汝溪[渝] 356 G4
汝阳县[豫] 263 E8
汝州市[豫] 271 A8
乳山口[鲁] 251 F7
乳山市[鲁] 251 F7
乳山寨[鲁] 251 F6
乳源瑶族自治县[粤] 315 C6
阮楼[豫] 266 D5
阮桥[皖] 191 E6
阮桥[皖] 200 B4
阮市[浙] 172 C3
芮城县[晋] 75 F8
瑞安市[浙] 179 C7
瑞昌市[赣] 223 C6
瑞峰[川] 372 C3
瑞洪[赣] 230 D2
瑞金市[赣] 229 B6
瑞丽市[滇] 403 F10
瑞林[赣] 229 B6
瑞穗[台] 460 D4
瑞塔铺[湘] 298 C2
瑞廷[黑] 122 E4
瑞溪[黔] 390 C4
瑞溪[琼] 347 B6
瑞云[川] 373 C10
瑞云观[冀] 51 B7
润城[晋] 71 E8

润河[皖] 191 D10
润津[黑] 122 A4
润溪[渝] 355 E8
润雅[湘] 301 C10
润镇[陕] 419 C7
若尔盖县[川] 377 B8
若克雅[新] 455 E9
若笠[陇] 428 D3
若羌县[新] 457 D8
若水[湘] 306 D4
箬横[浙] 176 F5
箬坑[皖] 200 E4
箬阳[浙] 174 E3

S

撒拉溪[黔] 386 E3
撒瓦脚[川] 377 F7
撒营盘[滇] 397 B6
撒者邑[川] 367 F8
洒河桥[冀] 54 B3
洒基[黔] 387 G6
洒库[川] 367 B9
洒拉地坡[川] 367 C8
洒坪[黔] 384 F3
洒溪[湘] 306 D3
洒渔[滇] 402 E4
洒雨[黔] 387 E9
洒志[黔] 387 D6
卅二都[浙] 177 D7
卅铺[皖] 198 C1
萨尔[藏] 408 F5
萨尔布拉克[新] 450 G2
萨尔布拉克[新] 452 A1
萨尔达坂[新] 451 E9
萨尔胡松[新] 450 E3
萨尔阔布[新] 452 C1
萨尔乔克[新] 456 D2
萨尔塔木[新] 450 F2
萨尔托海[新] 450 B4
萨尔托海[新] 450 B5
萨嘎县[藏] 408 F4
萨迦县[藏] 408 F5
萨勒吾则克[新] 455 E9
萨力巴[内蒙古] 83 F7
萨马街[内蒙古] 81 B10
萨玛达[藏] 409 F6
萨麦[内蒙古] 82 C5
萨木于孜[新] 452 B2
赛尔龙[青] 437 B9
赛罕高毕[内蒙古] 82 E2
赛罕塔拉[内蒙古] 83 D8
赛罕乌力吉[内蒙古] 82 F3
赛汉[内蒙古] 79 E9
赛汉塔拉[内蒙古] 81 F10
赛汉陶来[内蒙古] 84 E2
赛涧[皖] 191 B10
赛金[川] 364 C5
赛口[皖] 198 D4
赛拉隆[陇] 428 G3
赛来塘[青] 440 G4
赛龙[川] 365 B8
赛马[川] 365 D8
赛马[辽] 99 E6
赛岐[闽] 209 E8
赛什克[青] 439 B9
赛什斯[陇] 431 G8
赛乌素[内蒙古] 78 D3
赛乌素[内蒙古] 79 D9
赛阳[赣] 223 C7
赛音胡都嘎[内蒙古] 82 F5
三安曲林[藏] 409 F7
三八[皖] 188 F5
三八[粤] 325 D8
三坝[川] 365 C6
三坝[滇] 404 D4
三坝[渝] 355 C8
三百山[赣] 229 C9
三班[闽] 213 C7
三板[川] 369 E7
三板桥[赣] 228 F5
三板桥[黔] 387 F7
三宝[川] 372 B2
三宝[滇] 398 E3
三宝[黔] 387 E7
三宝[黑] 120 C5
三宝[辽] 92 B3
三宝营[辽] 92 B4
三堡[桂] 338 F2
三堡[桂] 344 F1
三堡[陇] 430 C5
三堡[苏] 148 E4
三堡[苏] 151 C7
三堡[新] 456 E3
三北[浙] 170 E4
三标[赣] 229 C9

地名[省别] 地图位置
三拨子[冀] 54 B4
三埠[粤] 325 D9
三才[琼] 347 F6
三仓[陇] 429 C9
三仓[苏] 152 G4
三汊[鄂] 284 E3
三汊港[赣] 223 D9
三汊河[皖] 199 B8
三岔[川] 362 E3
三岔[川] 373 B6
三岔[鄂] 290 D4
三岔[黔] 390 F3
三岔[桂] 344 A4
三岔[晋] 72 F2
三岔[陇] 429 D6
三岔[陇] 432 F3
三岔[鲁] 242 E4
三岔[陕] 417 B10
三岔[陕] 418 G2
三岔[湘] 298 D3
三岔河[川] 367 D8
三岔河[滇] 396 B2
三岔河[滇] 398 F3
三岔河[滇] 399 C9
三岔河[黔] 390 C2
三岔河[内蒙古] 81 B9
三岔河[陕] 425 D7
三岔河[湘] 299 C8
三岔河[湘] 299 D8
三岔口[黑] 131 A9
三岔口[新] 454 C4
三岔子[吉] 113 F8
三厂[苏] 153 C9
三城[皖] 193 E7
三川[川] 364 D3
三川[豫] 262 F4
三川口[陕] 423 D8
三春集[鲁] 254 E1
三村[滇] 400 E2
三村[滇] 406 A5
三村[黑] 129 B6
三单[浙] 175 C9
三道[黑] 122 A5
三道[吉] 108 E3
三道[吉] 112 C4
三道[琼] 346 F5
三道坝[新] 451 E8
三道川[冀] 50 A4
三道岗[黑] 121 B9
三道岗子[辽] 91 D6
三道沟[吉] 113 F10
三道沟[辽] 93 D7
三道沟[陇] 430 F3
三道沟[内蒙古] 79 D8
三道沟[陕] 422 B4
三道河[冀] 53 G8
三道河[内蒙古] 79 F7
三道河[内蒙古] 81 B9
三道河子[黑]131 C6
三道河子[辽] 93 G6
三道河子[新]452 A1
三道湖[吉] 113 E7
三道坎[内蒙古] 80 G3
三道水[黔] 391 F7
三道通[黑] 130 C5
三道湾[吉] 115 D7
三道堰[川] 362 C5
三道营[内蒙古] 79 F8
三地[川] 367 F8
三地[台] 460 F3
三店[[鄂] 279 E6
三店[鄂] 278 B4
三栋[粤] 317 E8
三洞[川] 372 B3
三洞[黔] 385 B7
三洞[湘] 305 C9
三都[赣] 222 E3
三都[赣] 226 C3
三都[黔] 385 F6
三都[桂] 337 F8
三都[晋] 67 D9
三都[闽] 209 F8
三都[湘] 303 F7
三都[湘] 305 C7
三都[浙] 167 F6
三都[浙] 181 B6
三都水族自治县[黔] 385 B6
三斗坪[鄂] 291 C8
三渡[黔] 390 F4
三段地[内蒙古] 80 F5
三堆[川] 364 E2
三墩[川] 369 D10
三墩[湘] 301 E6
三墩[浙] 167 B8
三多[晋] 74 F3
三多寨[川] 373 E8
三垛[苏] 154 D4
三坊[赣] 233 B6
三防[桂] 337 C7
三封寺[湘] 300 C2
三凤[川] 365 D7
三伏潭[鄂] 289 C7
三岗[川] 367 C8
三岗[吉] 108 D1
三港[浙] 174 G4
三阁司[湘] 307 D7
三个庄子[新]451 B8
三更罗[琼] 347 E7
三工地[冀] 50 G3
三工河[新] 451 E9
三拱桥[湘] 301 F8
三沟[冀] 53 E8
三古[川] 365 A7
三关[皖] 192 C5
三官[川] 364 D5
三官[陇] 429 B9
三官[皖] 190 E4
三官殿[鄂] 281 C6
三官集[皖] 193 E6
三官庙[陕] 416 B3
三官庙[豫] 260 B4
三官寺[湘] 298 C3
三管[晋] 75 F7
三锅[川] 364 F2
三海[桂] 341 B8
三号[冀] 50 C3
三合[川] 369 C8
三合[川] 373 B7
三合[川] 376 D2
三合[川] 379 A6
三合[鄂] 284 E2
三合[黔] 390 D2
三合[黔] 390 G3
三合[桂] 341 B9
三合[桂] 343 F6
三合[桂] 344 A4
三合[黑] 122 D5
三合[吉] 110 C3
三合[吉] 113 A6
三合[吉] 115 F8
三合[陇] 430 F5
三合[鲁] 252 F3
三合[青] 436 B5
三合[陕] 420 C3
三合[陕] 424 D2
三合[皖] 191 E8
三合[湘] 304 E5
三合[渝] 354 D3
三合[渝] 356 E4
三合[粤] 325 E9
三合[浙] 168 C5
三合[浙] 176 C4
三合口[湘] 298 B4
三和[苏] 153 D9
三和[皖] 189 C9
三和[湘] 299 E7
三和集[皖] 192 C4
三河[川] 363 D6
三河[川] 364 B5
三河[川] 369 D9
三河[滇] 401 B6
三河[黑] 130 C3
三河[陇] 429 C9
三河[内蒙古] 81 D8
三河[苏] 151 D9
三河[湘] 303 F9
三河[渝] 355 B9
三河[粤] 323 C9
三河坝[陇] 429 B9
三河场[川] 369 C6
三河尖[豫] 273 D10
三河口[川] 372 F2
三河口[鄂] 286 D2
三河市[冀] 52 A4
三荷[湘] 300 C4
三胡[鄂] 290 F3
三湖[赣] 232 B2
三湖[湘] 302 D5
三花石[陕] 420 A3
三槐路[津] 39 E8
三皇[桂] 336 E1
三汇[川] 369 C6
三汇[川] 369 E8
三汇[渝] 354 B4
三汇[渝] 355 A8
三汇[渝] 356 G3
三汇口[渝] 356 D4
三会[川] 365 D6
三佳[晋] 66 F4
三家[川] 365 E8
三家[冀] 53 D8
三家[辽] 92 F3
三家[琼] 346 D2
三家店[豫] 268 D5
三家馆[湘] 298 C2
三家田[湘] 301 B9
三家子[吉] 109 D6
三家子[吉] 115 E9
三家子[辽] 100 D4
三家子[辽] 93 F6
三家子[内蒙古] 83 F9
三嘉[陇] 432 G5
三甲[黔] 386 C5
三甲[晋] 71 D6
三甲[陇] 428 E5
三甲[湘] 302 B3
三甲[粤] 324 E5
三甲[浙] 176 E5
三甲集[陇] 428 F5
三贾[鲁] 255 C7
三尖[湘] 302 B2
三间房[黑] 122 E5
三间房[京] 29 D8
三建[渝] 355 C8
三涧堡[辽] 102 F2
三江[川] 362 E4
三江[川] 364 C2
三江[川] 369 C7
三江[川] 372 C4
三江[川] 377 G9
三江[赣] 220 F4
三江[赣] 227 D9
三江[赣] 229 E7
三江[黔] 389 E8
三江[黔] 390 B5
三江[桂] 336 F4
三江[桂] 339 G8
三江[桂] 345 B6
三江[湘] 300 E4
三江[渝] 354 F5
三江[粤] 325 D10
三江侗族自治县[桂] 337 A9
三江口[黔] 387 F10
三江口[辽] 94 G1
三江口[闽] 207 D6
三江口[湘] 305 E9
三交[川] 376 E2
三交[晋] 72 D4
三交[晋] 73 D7
三交[晋] 73 E7
三郊口[豫] 264 C2
三蛟[川] 364 C4
三角[赣] 223 E7
三角[桂] 345 B7
三角[渝] 354 E5
三角[粤] 323 C8
三角[粤] 316 D3
三角[粤] 320 C3
三角城[陇] 428 E4
三角塘[湘] 303 F6
三教[川] 372 C4
三教[晋] 74 C2
三教[渝] 354 D2
三街[滇] 396 E2
三街[桂] 336 D3
三界[川] 362 C5
三界[皖] 192 D5
三界[浙] 173 D6
三井[黑] 130 D3
三井[晋] 72 F3
三井[湘] 304 D5
三井子[吉] 111 D8
三觉[皖] 187 B6
三桷垭[川] 367 C6
三卡[黑] 125 D10
三棵树[黔] 389 E6
三棵树[内蒙古] 83 E9
三棵树[苏] 151 F6
三棵榆树[吉]114 E1
三坑[粤] 314 G4
三空桥[豫] 273 D8
三口[苏] 150 B4
三口[皖] 201 C7
三口[湘] 297 D8
三口[浙] 167 C6
三口塘[湘] 304 B3
三魁[浙] 179 F8
三郎[川] 362 D3
三朗[冀] 58 G4
三里[鄂] 278 D5
三里[鄂] 284 A4
三里[鄂] 290 C5
三里[赣] 221 D6
三里[桂] 334 B5
三里[桂] 339 C6
三里[桂] 345 C9
三里[陕] 416 B3
三里[皖] 195 F7
三里店[豫] 273 B6
三里畈[鄂] 286 D4
三里岗[鄂] 282 E5
三里河[豫] 272 C5
三里坪[豫] 273 F8
三两[内蒙古] 79 E7
三烈[川] 373 D9
三林[沪] 137 G6
三陵[黑] 131 D9
三陵[冀] 61 D7
三流[皖] 186 D5
三龙[川] 377 E9
三龙[赣] 221 D8
三龙[苏] 152 D4
三隆[桂] 341 B8
三路里[晋] 75 E6
三马坊[冀] 51 E7
三门[桂] 336 C1
三门[晋] 75 D8
三门[湘] 303 B7
三门坡[琼] 347 B8
三门峡市[豫]262 B4
三门县[浙] 176 C4
三门闸[豫] 273 B6
三猛[滇] 400 F3
三面船[辽] 90 C5
三面井[内蒙古] 79 D9
三庙[川] 364 C4
三庙[渝] 354 A3
三庙前[赣] 230 C4
三民[台] 460 E3
三明市[闽] 211 D6
三弄[桂] 344 E4
三弄[桂] 345 D6
三排[粤] 314 C3
三坪路[新] 453 D8
三坡[冀] 57 A8
三七市[浙] 170 F4
三锹[湘] 306 E2
三桥[黔] 390 A5
三桥[陕] 416 D3
三桥[皖] 198 D3
三桥[豫] 273 B6
三青山[吉] 111 F7
三清[川] 364 C5
三清[赣] 231 C8
三驱[渝] 354 C2
三渠[陕] 419 D8
三泉[川] 368 D4
三泉[晋] 73 F9
三泉[晋] 74 E5
三泉[渝] 355 E6
三饶[粤] 319 B8
三仁[浙] 180 B4
三沙[闽] 209 E9
三山[赣] 224 F4
三山[闽] 207 C6
三山[内蒙古] 83 D7
三山岛[鲁] 250 D2
三山区[皖] 194 F5
三圣[川] 363 E6
三圣[湘] 298 A5
三圣[渝] 354 C4
三圣口[冀] 52 D2
三圣院[冀] 49 C6
三盛玉[吉] 108 C1
三十号[吉] 110 F4
三十家子[辽] 92 G5
三十里堡[辽]102 E4
三十里铺[晋] 69 B8
三十里铺[陇]432 F4
三十里铺[鲁]240 B4
三十里铺[皖]191 D8
三十铺[皖] 187 C7
三十头[皖] 186 C3
三石[桂] 344 E4
三市[湘] 301 F6
三树[苏] 151 D7
三水[川] 368 F2
三水[粤] 314 B3
三水区[粤] 312 D5
三思[冀] 60 D4
三苏[川] 372 B3
三苏木[内蒙古] 79 E8
三穗县[黔] 388 C5
三塔[皖] 191 E6
三塔集[皖] 191 E9
三台[滇] 396 B2
三台[冀] 57 D9
三台[辽] 102 C3
三台[新] 451 D8
三台山[滇] 403 E9
三台县[川] 368 F4
三台子[辽] 97 E8
三滩[桂] 339 F8
三滩[陇] 428 D2
三唐[鲁] 238 E5
三堂[皖] 191 E6
三堂街[湘] 299 E7
三塘[滇] 401 B6
三塘[赣] 230 D3
三塘[黔] 386 D5
三塘[桂] 334 E4
三塘[湘] 300 F3
三塘[湘] 303 E6
三塘[湘] 305 C6
三塘湖[新] 456 C1
三塘铺[湘] 302 C4
三桃[滇] 402 B3
三条岘[陇] 428 F4
三团[吉] 110 F5
三屯[晋] 68 C4
三屯[豫] 263 E8
三屯营[冀] 54 B3
三湾[赣] 233 G6
三湾[台] 460 B3
三旺[桂] 344 E3
三五[桂] 345 E9
三溪[川] 363 D8
三溪[川] 365 C7
三溪[川] 369 C8
三溪[鄂] 287 E9
三溪[赣] 225 D7
三溪[赣] 229 D6
三溪[闽] 206 F3
三溪[陕] 420 B5
三溪[皖] 195 E7
三溪[渝] 355 B7
三溪[渝] 357 E10
三溪[粤] 314 A5
三溪[浙] 181 A9
三仙湖[湘] 299 C8
三县堡[吉] 111 G6
三县岭[赣] 230 D5
三乡[豫] 263 D6
三乡[粤] 320 E3
三兴[川] 364 C5
三兴[赣] 226 D3
三兴[黑] 122 C4
三星[川] 363 D7
三星[川] 363 F6
三星[川] 368 F2
三星[川] 369 D7
三星[川] 373 A7
三星[沪] 141 F7
三星[苏] 153 D9
三星[台] 460 B5
三星[湘] 305 E8
三星[渝] 355 C9
三星口[冀] 55 A7
三亚市[琼] 346 G5
三垭[川] 379 B9
三岩龙[川] 379 C9
三眼塘[湘] 299 E8
三垟[浙] 179 C6
三阳[鄂] 283 B7
三阳[赣] 226 F3
三阳[陕] 421 E8
三阳[苏] 153 C9
三阳[皖] 201 D9
三阳[湘] 300 F5
三阳[豫] 261 B9
三阳港[湘] 298 D5
三要[陕] 425 B7
三义[吉] 111 D8
三义[内蒙古] 82 E5
三义[台] 460 C3
三义[皖] 191 B7
三义[渝] 355 C9
三义[渝] 356 A1
三义泉[内蒙古] 79 E9
三义永[冀] 53 A8
三义寨[豫] 266 B4
三益[渝] 355 B9
三营[滇] 405 D7
三营[宁] 443 D8
三余[苏] 153 C8
三育[桂] 339 E8
三峪[陇] 429 C8
三元[川] 364 B5
三元[川] 368 E4
三元[川] 368 F5
三元[川] 374 D5
三元[黔] 384 D5
三元[黔] 386 C3
三元[陕] 420 B5
三元[皖] 187 E6
三元[湘] 301 A8
三元[渝] 355 B7
三元区[闽] 211 D6
三原县[陕] 419 D8
三塬[陇] 428 F4
三源浦[吉] 114 D2
三灶[苏] 152 C2
三灶[粤] 320 F2
三闸[陇] 430 C5
三站[黑] 121 B7
三站[黑] 123 B9
三张[陕] 424 F2
三张店[豫] 269 G7
三章田[滇] 406 C4
三樟[湘] 303 C7
三圳[粤] 323 B8
三芝[台] 460 A4
三只羊[桂] 344 D4
三州[浙] 176 B2
三洲[鄂] 289 G7
三洲[闽] 215 E7
三爪仑[赣] 227 A6
三庄[鲁] 253 C7
三庄[苏] 151 E6
三庄[豫] 267 D8
三座店[内蒙古] 83 G7
伞陂[豫] 273 E8
散兵[皖] 199 D8
散旦[滇] 397 D7
散都[内蒙古] 83 E10
散花[鄂] 287 E7
散水头[冀] 54 D2
桑阿[鲁] 240 D2
桑坝[陇] 432 C4
桑宝拉格[内蒙古] 82 F2
桑壁[晋] 74 F2
桑村[鲁] 255 E9
桑村[豫] 265 E6
桑当[青] 437 F7
桑堆[川] 379 D8
桑根达来[内蒙古] 78 C5
桑根达来[内蒙古] 82 F4
桑涧[皖] 192 D4
桑郎[黔] 387 B9
桑林[辽] 100 A1
桑落墅[鲁] 247 D8
桑木[黔] 390 D1
桑坪[渝] 357 D7
桑坪[豫] 270 C4
桑日麻[青] 440 F3
桑日县[藏] 409 F7
桑桑[藏] 408 F4
桑树坪[陕] 424 B5
桑树台[吉] 112 E2
桑树塬[陕] 418 D5
桑田[赣] 225 D7
桑土固[豫] 267 E8
桑溪[陕] 420 A2
桑墟[苏] 150 D4
桑营[皖] 190 E5
桑园[川] 362 E3
桑园[冀] 51 C7
桑园[冀] 57 F8
桑园[鲁] 253 C6
桑园[陕] 420 B3
桑园坝[陕] 420 C1
桑枣[川] 368 E2
桑柘[渝] 355 E9
桑柘[渝] 356 B1
桑镇[陕] 416 D5
桑植县[湘] 298 C2
桑洲[浙] 171 F8
桑株[新] 455 E6
桑庄[豫] 271 F6
桑梓[津] 41 C6
桑梓[湘] 302 B2
桑梓店[鲁] 239 C7
色达县[川] 378 D3
色底[川] 367 C9
色地[川] 377 C8
色地[陇] 432 D3
色尔古[川] 377 E9
色格孜库勒[新] 455 E7
色河铺[陕] 425 D9
色卡[川] 379 B6
色拉[川] 379 D9
色力布亚[新]454 D4
色麦[藏] 409 F6
色帕巴依[新]454 B4
色提力[新] 454 D2
色头[晋] 71 D6
色威[川] 378 D5
色西底[川] 378 D4
色雄[藏] 409 D7
色扎[藏] 409 D9
森村[皖] 201 F8
森多[青] 437 D7
森荣[川] 367 B7
僧固[豫] 264 F4
僧楼[晋] 74 F5
僧念[晋] 74 C2
沙巴尔台[内蒙古] 83 E6
沙扒[粤] 324 G4
沙坝[川] 364 E3
沙坝[川] 367 C7
沙坝[川] 367 F7
沙坝[川] 369 A7
沙坝[川] 375 F6
沙坝[黔] 391 E9
沙坝[陕] 421 E7
沙坝[渝] 355 D10
沙坝[渝] 356 B2
沙坝场[川] 369 E9
沙包[黔] 386 D4
沙包[辽] 102 C5
沙包堡[黔] 384 C5
沙陂[桂] 339 G8
沙埠[桂] 341 C6
沙埠[浙] 176 E4
沙厂[黔] 386 C3
沙城[浙] 179 C6
沙埕[闽] 209 D10
沙冲[川] 378 B5
沙村[赣] 233 C7
沙岱[川] 367 A8
沙道沟[鄂] 290 F4
沙道观[鄂] 288 D3
沙德[川] 379 B8
沙德格[内蒙古] 78 E5
沙堤[湘] 298 C3
沙底[陕] 424 E4
沙地[鄂] 290 D4
沙地[赣] 229 E6
沙甸[滇] 400 E5
沙垌[桂] 339 E10
沙堆[川] 378 D4
沙堆[鄂] 285 F7
沙堆[粤] 325 D10
沙墩[鲁] 252 F4
沙尔呼热[内蒙古] 83 C7
沙尔利格[内蒙古] 80 E5
沙尔沁[内蒙古] 79 E7
沙尔营[内蒙古] 79 E7
沙尔宗[川] 377 E7
沙耳[川] 377 F7
沙畈[浙] 174 E3
沙岗[鄂] 289 E6
沙岗[桂] 341 D8
沙岗[辽] 99 B9
沙圪堵[内蒙古] 80 B3
沙圪塔[冀] 61 B8
沙圪坨[晋] 69 D8
沙贡[藏] 409 D9
沙贡[藏] 409 D9
沙贡[川] 379 E8
沙沟[冀] 50 D3
沙沟[鲁] 252 A5
沙沟[鲁] 255 F9
沙沟[内蒙古] 82 G4
沙沟[宁] 443 D8
沙沟[青] 436 B5
沙沟[青] 437 D6
沙沟[苏] 154 D2
沙锅屯[辽] 92 B5
沙海[辽] 92 F4
沙海[内蒙古] 78 E2
沙海子[内蒙古] 79 E7
沙河[川] 364 D2
沙河[川] 369 B6
沙河[川] 374 D5
沙河[滇] 399 F9
沙河[鄂] 280 D5
沙河[鄂] 284 E3
沙河[赣] 229 E7
沙河[桂] 339 F7
沙河[吉] 112 A4
沙河[京] 31 C9
沙河[辽] 100 B3
沙河[辽] 93 D8
沙河[陇] 430 B5
沙河[鲁] 238 B4
沙河[鲁] 250 F2
沙河[陕] 420 B3
沙河[苏] 150 D2
沙河[皖] 187 G9
沙河[皖] 193 E6
沙河[渝] 355 A7
沙河[豫] 262 E3
沙河堡[辽] 91 C8
沙河城[冀] 60 E4
沙河店[冀] 49 F7
沙河店[豫] 272 B4
沙河口区[辽]102 F3
沙河铺[豫] 273 E9
沙河桥[冀] 58 C5
沙河市[冀] 60 E5
沙河沿[吉] 114 D5
沙河驿[冀] 54 D4
沙河营[辽] 93 B6
沙河营[陕] 420 C3
沙河站[鲁] 255 B6
沙河子[黑] 120 F4
沙河子[陕] 425 C8
沙后所[辽] 93 C7
沙湖[鄂] 289 D9
沙湖[桂] 339 E8
沙湖[粤] 325 D8
沙集[苏] 149 F8
沙集[豫] 267 E7
沙济[皖] 201 C6
沙家坳[陕] 418 D3
沙家浜[苏] 161 C8
沙家店[陕] 423 C8
沙尖子[辽] 98 B4
沙建[闽] 212 B3
沙江[闽] 209 E8
沙金[陇] 429 D8
沙金台[辽] 90 E3
沙金套海[内蒙古] 78 E2
沙井[黔] 386 C4
沙井[桂] 334 E4
沙井[陇] 430 B5
沙井[内蒙古] 80 E3
沙井[粤] 320 C4
沙井驿[陇] 428 F4
沙口[鄂] 289 E8
沙口[粤] 315 D7
沙口集[冀] 61 B9
沙拉[辽] 96 D5
沙拉托[滇] 400 F3
沙兰[黑] 131 E9
沙琅[粤] 324 F4
沙朗[滇] 397 E7
沙乐[滇] 405 C10
沙塄河[晋] 68 G4
沙梨[桂] 342 G2
沙里[桂] 342 D3
沙里寨[辽] 99 G9
沙连堡[青] 437 B6
沙岭[辽] 100 B1
沙岭[辽] 100 B3
沙岭[辽] 91 D7
沙岭[辽] 97 B9
沙岭子[冀] 51 D6
沙陵陂[湘] 303 D8
沙流河[冀] 54 D2
沙柳[浙] 176 C4
沙龙[川] 377 G7
沙龙[滇] 405 C9
沙洛[川] 367 D8
沙马[川] 379 F6
沙马拉达[川]367 C8
沙峁[陕] 423 B6
沙门[浙] 176 F4
沙明[湘] 303 F8
沙坪[川] 369 B8
沙坪[川] 374 C5
沙坪[川] 376 D3
沙坪[鄂] 285 E7
沙坪[赣] 233 D8
沙坪[黔] 387 C9
沙坪[桂] 341 A7
沙坪[晋] 72 G2
沙坪[湘] 298 E5
沙坪[湘] 305 E7
沙坪[渝] 355 A7
沙坪[渝] 356 G2
沙坪[粤] 314 B5
沙坪坝区[渝]354 D4
沙坡[桂] 339 E9
沙铺[浙] 180 E5
沙埔[桂] 337 E8
沙埔[闽] 207 B6
沙浦[粤] 328 E5
沙腔[川] 372 F2
沙桥[滇] 396 D3
沙渠[川] 362 E4
沙泉[晋] 72 F2
沙泉[湘] 303 C7
沙日浩来[内蒙古] 83 F8
沙石[赣] 229 E7
沙石[豫] 273 F7
沙石多[川] 377 E8
沙市[赣] 232 G5
沙市[湘] 297 D7
沙市[渝] 357 D6
沙市区[鄂] 288 D4
沙塔坪[湘] 298 B2
沙滩[川] 369 C9
沙滩[黔] 390 D1
沙塘[桂] 337 F8
沙塘[桂] 339 D8
沙塘[宁] 443 D10
沙塘[湘] 302 C5
沙塘[粤] 325 D8
沙塘川[青] 436 C5
沙田[赣] 231 E9
沙田[桂] 338 C4
沙田[桂] 339 E8
沙田[桂] 341 E10
沙田[湘] 296 E1
沙田[湘] 305 D9
沙田[粤] 324 E2
沙田[粤] 315 F8
沙田[粤] 317 E8
沙田[粤] 320 B3
沙田区[港] 458 B3
沙头[桂] 338 D4
沙头[苏] 155 E7
沙头[湘] 299 E9
沙头[浙] 178 C5
沙头角[粤] 321 D6
沙土[黔] 386 A3
沙土[鲁] 254 D4
沙土[皖] 190 D4
沙坨子[冀] 53 E9
沙沱[川] 367 B10
沙洼[冀] 58 C5
沙湾[川] 366 B5
沙湾[黔] 390 E3
沙湾[陇] 429 D8
沙湾[湘] 306 C4
沙湾[粤] 313 F7
沙湾[浙] 180 E5
沙湾区[川] 372 D3
沙湾县[新] 453 F8
沙文[黔] 384 F4
沙窝[鄂] 287 E6
沙窝[鲁] 254 D1
沙窝[豫] 273 G8
沙沃[豫] 266 D3
沙芜[闽] 210 E4
沙西[闽] 212 E3
沙溪[川] 369 B8
沙溪[川] 372 D2
沙溪[滇] 405 D7
沙溪[鄂] 290 E2
沙溪[赣] 231 E8
沙溪[赣] 233 A6
沙溪[黔] 391 D6
沙溪[闽] 210 D5
沙溪[苏] 161 C9
沙溪[皖] 199 E9
沙溪[湘] 300 F4
沙溪[湘] 306 E4
沙溪[粤] 315 C7
沙溪[粤] 319 D7
沙溪[粤] 320 D2
沙溪[浙] 173 F7
沙县[闽] 211 D7
沙心[赣] 229 B6
沙雅县[新] 455 B9
沙堰[豫] 271 F7
沙阳[陕] 421 C8
沙洋县[鄂] 283 D9
沙窑[豫] 264 C2
沙衣坡[滇] 400 F5
沙营[黔] 387 D7
沙鱼[渝] 354 A4
沙院[粤] 324 G3
沙寨[黔] 385 C7
沙镇[鲁] 240 D2
沙镇溪[鄂] 291 B6
沙州[川] 364 E1
沙洲[赣] 224 B5
沙洲坝[赣] 229 B6
沙珠玉[青] 437 E6
沙子[黔] 387 C7
沙子[黔] 387 E7
沙子[黔] 391 C8
沙子[桂] 336 F3
沙子[桂] 337 D8
沙子[渝] 355 B9
沙子口[鲁] 245 C6
沙子坡[黔] 391 D8
砂[粤] 324 C3
砂坝[湘] 301 B10
砂河[晋] 72 B2
砂石[湘] 307 C9
砂田[粤] 323 D9
砂窝[冀] 56 D3
莎车县[新] 454 D3
莎木佳[内蒙古] 79 E6
晒北滩[湘] 304 C4
晒经[川] 376 F2
晒经[陇] 429 C8
晒口[闽] 208 D2
山巴[川] 377 C9
山北[桂] 339 C6
山车[滇] 401 E8
山城[吉] 114 C1
山城[陇] 432 D3
山城区[豫] 264 C4
山川[川] 373 E9
山川[浙] 168 E5
山丹[陇] 429 D6
山丹县[陇] 431 C6
山砀[赣] 224 G5
山店[豫] 273 F6
山东屯[辽] 90 B1
山东庄[京] 32 B2
山斗[皖] 201 G7
山阁[粤] 324 F3
山格[闽] 212 D2
山根[琼] 347 E8
山海关区[冀] 55 C8
山河[黑] 120 F4
山河[吉] 108 F4
山河[晋] 71 D9
山河[宁] 443 D10
山后[黑] 120 A4
山化[豫] 263 C10
山货[豫] 268 B3
山江[川] 367 E9
山江[湘] 301 F8
山界[湘] 307 D7
山咀子[内蒙古] 83 F7
山坑[浙] 178 D4
山口[赣] 222 F2
山口[桂] 341 E10
山口[冀] 60 D3
山口[鲁] 249 C7
山口[皖] 198 C3
山口[浙] 181 D9
山棱岗[川] 367 C10
山里[黑] 129 D7
山美[粤] 324 E2
山门[吉] 112 D4
山门[陇] 429 A6
山门[湘] 307 C6
山门[浙] 179 E8
山南[皖] 186 E5
山南[藏] 409 F7
山盆[黔] 390 E2
山坡[鄂] 279 D9
山七[皖] 187 B9
山前店[鲁] 250 F5
山泉[川] 363 E6
山泉[黑] 122 G5
山神庙[辽] 93 C6
山市[黑] 131 D8
山塘[粤] 314 G5
山田[湘] 297 D7
山亭[闽] 207 D7
山亭区[鲁] 255 E9
山头[晋] 74 D2
山头[鲁] 242 D3
山头[内蒙古] 83 G7
山头[皖] 189 E9
山头店[豫] 268 D2
山湾[吉] 112 B5
山湾[冀] 53 C7
山湾子[冀] 53 A7
山王[川] 373 D7
山王[皖] 189 B9
山王庄[豫] 261 C8
山圩[桂] 343 A8
山围[桂] 339 D9
山窝[渝] 355 C7
山霞[闽] 213 E10
山下[闽] 208 B4
山下湖[浙] 172 C3
山心[桂] 339 D8
山岩[川] 379 F6
山阳[沪] 139 B7
山阳[苏] 154 F2
山阳区[豫] 261 B8
山阳县[陕] 425 D9
山腰[闽] 213 D10
山阴县[晋] 68 E5
山尹村[冀] 49 E6
山枣[湘] 301 E10
山枣[湘] 302 B5
山乍[豫] 270 E5
山寨[陇] 432 G3
山中[晋] 74 E3
山庄[赣] 232 E3
山庄[陇] 432 E5
山嘴子[辽] 93 F6
山左口[苏] 150 E3
杉板[湘] 299 B6
杉林[台] 460 E3
杉岭[渝] 355 C10
杉岭[渝] 356 A2
杉木[滇] 397 A8
杉木[鄂] 287 A7
杉木[湘] 301 B9
杉木桥[湘] 298 B4
杉木桥[湘] 306 F4
杉桥[湘] 303 D6
杉山[湘] 302 B4
杉树[川] 367 E8
杉树[滇] 402 C3
杉树[黔] 391 D7
杉树堡[川] 367 C10
杉松岗[吉] 114 C2
杉阳[滇] 405 E9
杉洋[闽] 209 F6
珊瑚[桂] 338 C3
珊瑚[闽] 215 E8
珊瑚[苏] 155 A7
珊瑚[湘] 304 B3
珊罗[桂] 339 E9
珊溪[浙] 179 F7
闪电河[冀] 50 B3
闪里[皖] 200 E4
闪石[赣] 228 F3
陕州区[豫] 262 B3
汕头市[粤] 319 D8
汕尾市[粤] 318 G3
善达[内蒙古] 82 F4
善岱[内蒙古] 79 E7
善福[晋] 70 C3
善感[渝] 355 E9
善感[渝] 356 C1
善广[渝] 355 B8
善厚[皖] 199 B6
善化[陕] 424 C3
善琏[浙] 168 B3
善堂[豫] 264 C5
善溪[湘] 307 A7
善溪[湘] 307 G10
善应[豫] 264 B3
善友[吉] 111 D8
鄯善火车站[新] 456 E2
鄯善县[新] 456 E3
膳房堡[冀] 50 E5
商城[冀] 61 D8
商城县[豫] 273 F9
商店[鲁] 247 D8
商都县[内蒙古] 79 D9
商河县[鲁] 238 B5
商户地[新] 453 E9
商家[鲁] 242 C3
商酒务[豫] 271 B8
商老庄[鲁] 248 E1
商林[冀] 58 C4
商洛市[陕] 425 D8
商南县[陕] 425 A9
商桥[豫] 268 D4
商丘市[豫] 267 D7
商山[皖] 201 F7
商水县[豫] 269 E6
商镇[陕] 425 C8
商州[川] 374 C2
商州区[陕] 425 D8
上阿图什[新]454 C2
上安[川] 362 F3
上安[冀] 48 D5
上安乡[琼] 347 E6
上八里[豫] 264 D1
上八庙[川] 369 C6
上八寨[川] 377 D9
上巴河[鄂] 286 E5
上坝[黔] 390 B5
上坝[陇] 430 F4
上坝[渝] 357 D7
上白石[闽] 209 D8
上白作[豫] 261 C8
上板城[冀] 53 F8
上堡[赣] 229 G7
上堡[湘] 301 E10

地名[省别] 地图位置
上蔡县[豫] 272 A5
上仓[津] 41 C8
上察隅[藏] 409 F9
上朝[桂] 344 C2
上车湾[鄂] 289 F7
上村[滇] 398 C2
上村[晋] 70 C4
上丹[陇] 429 D10
上党[苏] 156 B3
上店[豫] 263 E8
上洞街[湘] 298 C2
上都河[内蒙古] 82 F5
上杜柯[川] 376 D5
上渡[桂] 339 B9
上顿渡[赣] 224 E4
上方[冀] 49 B6
上方[浙] 177 A9
上坊[赣] 230 D5
上坊[苏] 146 D5
上肥地[辽] 95 D6
上丰[皖] 201 E8
上峰[苏] 146 B5
上奉[赣] 222 F3
上富[赣] 226 C5
上甘[浙] 167 C6
上甘岭区[黑] 126 D3
上冈[苏] 152 D2
上港[豫] 271 G6
上高[鲁] 249 D6
上高桥[滇] 402 E3
上高县[赣] 226 D5
上高寨[陕] 423 C6
上戈[豫] 262 D4
上贡麻[青] 440 F3
上谷[冀] 53 F9
上固[赣] 233 A6
上关[滇] 405 C8
上关[黔] 387 D7
上关[湘] 304 E3
上观[豫] 263 D6
上观音堂[冀] 48 A4
上官[豫] 264 E5
上官[浙] 167 D7
上官地[内蒙古] 83 F6
上官坊[陕] 425 D8
上邽[陇] 429 B6
上郭[晋] 75 E6
上海庙[内蒙古] 80 G5
上海农场[苏] 152 E4
上海市[沪] 136 E5
上杭[赣] 222 E2
上杭县[闽] 215 E9
上和[渝] 354 B3
上河[苏] 151 C8
上河湾[吉] 108 C4
上河溪[湘] 298 B1
上红科[青] 440 G3
上湖[赣] 227 D7
上湖[晋] 67 C7
上户[新] 453 B6
上户沟[新] 451 D8
上护[粤] 318 E4
上花岔[陇] 428 E3
上华[粤] 319 D8
上华[浙] 174 C3
上黄[苏] 156 E4
上磺[渝] 357 D8
上会[苏] 156 B3
上集[黑] 130 C3
上集[豫] 270 E4
上夹河[辽] 95 D8
上架[湘] 303 F7
上江[滇] 404 D5
上江[滇] 405 F8
上江[桂] 334 D5
上江圩[湘] 304 E2
上降[桂] 343 D9
上街[闽] 206 D3
上街基[黑] 128 D5
上街区[豫] 260 E2
上金[桂] 343 C8
上津[鄂] 280 A2
上京[闽] 211 F6
上迳[闽] 206 C5
上举[粤] 323 B8
上龛[鄂] 280 E3
上口[鲁] 243 B6
上拉秀[青] 441 E9
上兰街[晋] 66 B5
上乐村[豫] 264 E4
上里[川] 376 C4
上里塬[陇] 432 E4
上栗县[赣] 228 G1
上莲[闽] 206 F3
上良[陇] 432 G4
上梁[陇] 428 E4
上两[川] 369 A7
上林[鲁] 242 D5
上林[浙] 179 E7
上林县[桂] 334 C5
上岭桥[湘] 304 B3
上陵[粤] 316 C1
上龙[桂] 343 D8
上泸[赣] 231 F7
上罗[川] 374 E5
上罗柯马[川] 378 C4
上马[川] 375 D7
上马[晋] 70 D3
上马[晋] 74 D5
上马[辽] 95 E8
上马[鲁] 244 D5
上马场[黑] 124 B4
上马台[津] 40 C4
上梅[闽] 208 C4
上孟[川] 377 E9
上明[晋] 73 B9
上模[赣] 233 D7
上磨坊[晋] 72 C2
上木拉[川] 379 D7
上南[桂] 344 D3
上盘[浙] 176 D5
上沛[苏] 156 F2
上坪[陇] 429 D7
上坪[闽] 211 E6
上坪[湘] 306 B2
上坪[粤] 316 A1
上坪[粤] 316 D2
上坪寨[黔] 386 C5
上蒲溪[湘] 306 B5
上浦[浙] 173 C6
上七[陕] 421 F8
上秦[陇] 430 C5
上青[闽] 210 A4
上清[赣] 230 G4
上泉[陇] 431 F8
上然姑[川] 378 E3
上壤塘[川] 377 D6
上饶[粤] 319 A9
上饶市[赣] 231 E8
上饶县[赣] 231 E7
上三汲[冀] 48 C5
上砂[粤] 318 D4
上衫[赣] 222 F1
上社[晋] 67 A8
上深涧[晋] 68 C5
上升[黑] 122 A4
上石[桂] 343 D9
上石洞[冀] 53 G7
上石桥[豫] 273 F9
上墅[浙] 168 E4
上帅[粤] 314 E2
上水[港] 458 A3
上司[黔] 385 C8
上司[晋] 70 D2
上司源[湘] 304 B4
上思县[桂] 340 C4
上寺[川] 364 E2
上寺店[陕] 425 B7
上宋[陕] 418 E5
上蒜[滇] 397 F7
上汤[赣] 222 D3
上唐[赣] 225 C6
上塘[赣] 227 D8
上塘[黔] 388 G5
上塘[苏] 151 G8
上秃亥[内蒙古] 79 D7
上土市[皖] 187 E10
上团[川] 379 C8
上团城[冀] 61 E7
上屯[豫] 271 F8
上湾[陇] 428 E5
上湾[陇] 428 F5
上莞[粤] 316 C3
上王[晋] 75 E6
上王[陕] 424 D3
上望[浙] 179 C7
上梧江[湘] 304 D3
上五庄[青] 436 C4
上伍[冀] 59 C7
上溪[赣] 233 A6
上溪[浙] 174 C5
上峡[川] 369 D9
上肖[陇] 432 F4
上新[川] 368 F3
上新城[滇] 400 F4
上新集[鄂] 286 G2
上新庄[青] 436 C5
上兴[苏] 156 E2
上戍[浙] 179 D6
上盐湾[陕] 423 C7
上阎庄[冀] 48 A5
上垟[浙] 180 E3
上洋[粤] 324 G5
上窑[陇] 428 G3
上窑[皖] 189 B10
上遥[晋] 70 B3
上冶[鲁] 252 D3
上圯[赣] 233 C7
上义[粤] 317 C7
上邑[陕] 419 C6
上英[粤] 318 F4
上营[滇] 403 D7
上营[吉] 109 C9
上营[冀] 54 B4
上营[陇] 428 E5
上映[桂] 343 D6
上涌[闽] 213 B7
上犹县[赣] 229 F7
上油岗[豫] 273 D8
上游[黑] 122 B4
上余[浙] 177 C8
上虞市[浙] 173 B6
上峪[豫] 264 C3
上元观[陕] 420 C3
上园[辽] 92 B3
上云桥[湘] 303 D8
上允[滇] 407 F6
上寨[冀] 48 E5
上寨[晋] 69 G10
上张[浙] 176 E2
上郑[浙] 176 E3
上竹[陕] 421 D10
上庄[冀] 49 D6
上庄[冀] 54 C5
上庄[冀] 56 B5
上庄[陇] 428 E4
上庄[鲁] 251 F9
上庄[皖] 195 E10
上庄[豫] 271 F6
尚璧[冀] 61 D7
尚村[冀] 58 C3
尚村[陕] 416 E3
尚德[陇] 429 D10
尚店[鲁] 240 B2
尚店[豫] 271 D9
尚湖[浙] 175 D9
尚嵇[黔] 390 G3
尚集[鲁] 247 D8
尚集[豫] 268 B4
尚家[黑] 130 F5
尚卡[藏] 409 D9
尚卿[闽] 213 D6
尚仁里[湘] 304 D3
尚市[鄂] 282 E3
尚堂[鲁] 238 A3
尚塘[皖] 189 A7
尚田[浙] 171 E6
尚屯[豫] 266 D5
尚武[川] 364 D3
尚贤[赣] 232 D4
尚岩[鲁] 252 F3
尚义[川] 372 B3
尚义县[冀] 50 G5
尚寨[黔] 388 E3
尚寨[豫] 266 E5
尚志[辽] 92 C5
尚志市[黑] 120 D5
尚重[黔] 389 C7
尚庄[赣] 227 D8
尚庄[苏] 152 E2
尚庄[豫] 271 A8
烧锅[吉] 108 D2
烧锅[吉] 110 B5
烧锅营子[辽] 92 E1
稍岗[豫] 267 D8
稍户营子[辽] 97 D6
稍峪[陇] 429 C7
筲箕湾[湘] 307 G8
勺哈[湘] 301 C9
勺米[黔] 386 F5
勺窝[黔] 386 E4
芍药山[鲁] 252 D3
韶关市[粤] 315 C7
韶口[赣] 233 D7
韶山[湘] 303 A6
韶山市[湘] 303 A6
少拜寺[豫] 271 F9
少岗[藏] 409 F6
少普[黔] 386 D5
少阳[赣] 231 E8
少云[渝] 354 B3
少直[苏] 153 B9
邵伯[苏] 155 E6
邵店[苏] 149 E9
邵店[豫] 272 A5
邵东县[湘] 307 C9
邵府[冀] 52 A3
邵岗[宁] 442 D4
邵岗[皖] 186 D5
邵岗[皖] 192 B5
邵集[皖] 193 C7
邵家渡[浙] 176 D4
邵家桥[黔] 391 E7
邵武市[闽] 208 D2
邵阳市[湘] 307 C8
邵阳县[湘] 307 D7
邵营[皖] 191 E7
邵园[豫] 267 E6
邵原[豫] 261 G8
邵庄[冀] 58 C4
邵庄[鲁] 242 C4
邵庄[鲁] 254 F3
绍根[内蒙古] 83 E8
绍濂[皖] 201 F8
绍水[桂] 336 B4
绍文[黑] 122 C5
绍兴市[浙] 172 B4
绍兴县[浙] 172 B4
哨冲[滇] 400 D3
哨子河[辽] 100 F5
奢岭[吉] 108 E3
赊湾[豫] 272 C2
畲江[粤] 323 D8
佘家[豫] 265 E6
佘家坪[湘] 298 D5
佘家巷[鲁] 247 B8
佘山[沪] 138 D3
佘市桥[湘] 299 B6
佘田桥[湘] 307 C9
蛇场[桂] 343 E9
蛇蟠[浙] 176 C5
蛇窝泊[鲁] 250 E5
蛇形山[湘] 302 B4
舍必崖[内蒙古] 79 E7
舍伯吐[内蒙古] 83 D9
舍得[滇] 401 C6
舍科[晋] 73 B9
舍力[吉] 110 C4
舍利[黑] 120 C3
舍联[川] 378 B5
舍书[陇] 429 C9
舍屯[豫] 272 C5
舍资[滇] 396 E5
库东关[黔] 386 E4
社步[桂] 339 C8
社城[晋] 67 E7
社冲[桂] 337 F8
社富[赣] 229 D6
社港[湘] 297 C8
社赓[赣] 230 E3
社后[赣] 231 E9
社迳[赣] 229 E9
社口[闽] 209 D7
社里[吉] 111 D8
社梁[晋] 72 G2
社苹[赣] 225 B7
社坡[桂] 339 B8
社旗县[豫] 271 E8
社坛[渝] 355 B7
社棠[陇] 429 B6
社塘坡[湘] 301 E8
社头[苏] 156 E3
社头[台] 460 D3
社溪[赣] 229 F6
社硎[闽] 207 F6
社学[黔] 388 B5
社阳[浙] 177 C10
社渚[苏] 156 G2
射埠[湘] 303 B6
射洪[川] 369 F7
射洪县[川] 365 E6
射箭[川] 364 E2
射桥[豫] 273 B6
射阳湖[苏] 154 E1
射阳县[苏] 152 C3
涉村[豫] 260 F3
涉水坝[川] 372 F2
涉县[冀] 61 G8
滠口[鄂] 279 D6
申都[陇] 429 D7
申港[苏] 159 A6
申果[川] 367 B8
申集[皖] 187 B7
申家[川] 369 E8
申家垭[陕] 425 C9
申普[川] 367 C8
申桥[豫] 266 E5
申扎县[藏] 408 E5
申中[青] 436 D5
深澳[粤] 319 D9
深渡[皖] 201 E9
深渡[湘] 306 C4
深渡[粤] 315 C8
深沟[陇] 432 G1
深河[鄂] 280 D3
深河[冀] 55 C7
深沪[闽] 213 F9
深井[冀] 51 E7
深井[辽] 92 E4
深井[粤] 325 E8
深井子[吉] 111 E7
深井子[辽] 91 B7
深桥[闽] 212 F1
深水港[湘] 299 D6
深土[闽] 212 E3
深溪[黔] 390 F3
深溪口[湘] 307 F9
深泽[浙] 175 D7
深泽县[冀] 49 C9
深圳市[粤] 320 D5
深甽[浙] 171 F7
深州市[冀] 58 E3
神坝[川] 364 E5
神柏[晋] 75 E6
神池县[晋] 72 E2
神福港[湘] 303 B8
神岗[赣] 225 D6
神合[川] 369 G8
神河[陕] 421 D8
神后土[豫] 268 B1
神林[宁] 443 D10
神木县[陕] 422 B5
神南[冀] 57 D6
神农[晋] 71 D6
神农[陕] 418 E3
神农架林区[鄂] 280 F4
神泉[赣] 228 G4
神泉[粤] 319 F6
神山[鄂] 285 C7
神山[晋] 72 C4
神山[鲁] 252 E4
神山[内蒙古] 80 C3
神堂堡[晋] 72 A2
神堂坪[晋] 72 F3
神童[渝] 354 E5
神头[冀] 61 G8
神头[晋] 68 F4
神头[鲁] 238 D4
神湾[粤] 320 E2
神西[晋] 72 B4
神星[冀] 57 D7
神峪[陇] 432 G3
神峪沟[晋] 72 E5
神政桥[赣] 232 B3
沈坝[陕] 421 F7
沈北新区[辽] 91 B6
沈村[皖] 194 D5
沈旦堡[辽] 100 A3
沈荡[浙] 169 D8
沈高[苏] 154 B5
沈集[鄂] 283 E9
沈家[黑] 120 B3
沈家[渝] 357 C9
沈家台[辽] 97 G8
沈家屯[冀] 51 E6
沈家营[京] 32 E2
沈丘县[豫] 269 F8
沈所[粤] 315 B8
沈潭[湘] 303 C9
沈塘[粤] 327 D8
沈巷[皖] 199 B8
沈阳市[辽] 91 D7
沈洋[吉] 112 E2
沈寨[豫] 272 A4
审坡[冀] 58 F4
审章塘[湘] 304 E3
慎水[豫] 273 C6
椹涧[豫] 268 C3
升昌[黑] 128 E4
升坊[赣] 228 F4
升平[川] 362 C5
升平[黑] 123 C8
升平[黑] 130 G5
升水[川] 364 E5
升阳[吉] 108 C3
升钟[川] 364 E5
生祠[苏] 155 B8
生达[藏] 409 D10
生格[藏] 409 F7
生机[黔] 386 D2
生江[粤] 324 C5
生康[川] 378 E4
生米[赣] 220 D3
生铁冢[豫] 269 D9
胜村[滇] 400 F4
胜芳[冀] 52 E2
胜峰[湘] 300 B2
胜观[川] 365 C7
胜金[新] 456 E2
胜利[川] 362 E5
胜利[川] 365 D8
胜利[川] 367 E6
胜利[川] 367 A8
胜利[川] 369 B8
胜利[川] 372 C2
胜利[川] 373 D9
胜利[鄂] 286 C3
胜利[黑] 120 C5
胜利[黑] 123 E7
胜利[黑] 128 E1
胜利[吉] 110 B4
胜利[吉] 112 E3
胜利[津] 42 B3
胜利[辽] 92 D5
胜利[鲁] 241 D8
胜利[鲁] 252 F4
胜利[内蒙古] 83 D10
胜利[内蒙古] 83 E10
胜利[宁] 442 D3
胜利[皖] 200 C2
胜利[渝] 357 D8
胜利北路[冀] 51 E6
胜浦[苏] 161 D8
胜桥[湘] 302 G5
胜泉[川] 372 D4
胜山[浙] 170 F3
胜天[川] 374 C5
胜坨[鲁] 241 D7
渑池县[豫] 263 B6
省滨淮农场[苏] 152 B3
省常阴沙农场[苏] 161 A8
省大中农场[苏] 152 E4
省东坝头农场[苏] 152 E4
省东辛农场[苏] 150 B3
省方强农场[苏] 152 D4
省灌东盐场[苏] 152 A2
省洪泽农场[苏] 151 F8
省淮海农场[苏] 152 B3
省黄海农场[苏] 152 B2
省璜[闽] 206 F4
省临海农场[苏] 152 C3
省母[川] 379 D9
省三河农场[苏] 151 E9
省射阳盐场[苏] 152 D4
省五图河农场[苏] 150 B4
省新[闽] 213 D8
省新曹农场[苏] 152 F4
省新滩盐场[苏] 152 A3
省新洋农场[苏] 152 D3
省庄[鲁] 249 D6
圣灯[川] 373 E9
圣佛[冀] 59 E8
圣井[鲁] 239 A7
圣泉[皖] 188 C5
圣水[陕] 420 C3
圣水河子[吉] 114 C2
圣水峪[鲁] 255 C9
圣堂[粤] 325 D7
盛堡[渝] 357 D6
盛池[川] 373 B8
盛家坝[鄂] 290 E3
盛康[鄂] 281 D6
盛乐[内蒙古] 79 E7
盛桥[皖] 199 E8
盛堂[皖] 191 C9
盛湾[豫] 270 E4
盛泽[苏] 161 G7
盛庄[鲁] 252 E4
嵊山[浙] 171 B8
嵊泗县[浙] 170 B1
嵊州市[浙] 173 E6
师岗[豫] 270 E5
师古[湘] 303 D6
师灵[豫] 272 A4
师素[冀] 58 C3
师寨[苏] 148 B2
师寨[豫] 264 G2
师庄[晋] 74 C2
师宗县[滇] 398 F3
诗洞[粤] 328 D3
诗经村[冀] 58 B4
诗礼[滇] 399 B9
诗山[闽] 213 D7
施庵[豫] 271 F7
施秉县[黔] 388 E4
施甸县[滇] 403 C8
施洞[黔] 388 D5
施官[皖] 193 D7
施河[苏] 151 B8
施集[皖] 192 E5
施家[川] 373 B8
施家堡[川] 377 D10
施家梁[渝] 354 C4
施桥[苏] 155 E7
施桥[皖] 187 B8
施庄[苏] 152 C2
狮豹头[豫] 264 D3
狮岭[粤] 313 C6
狮山[赣] 223 D9
狮山[粤] 313 E6
狮石[皖] 201 G8
狮市[川] 373 F8
狮滩[渝] 354 B4
狮潭[台] 460 C3
狮溪[黔] 390 B4
狮寨[桂] 338 D3
狮子[川] 364 C4
狮子[川] 373 D8
狮子[鄂] 287 C6
狮子[赣] 223 C7
狮子[台] 460 G3
狮子岗[皖] 187 D7
狮子沟[冀] 50 C4
狮子口[鄂] 288 E3
狮子庙[豫] 262 E5
狮子坪[豫] 262 F3
狮子山[鄂] 279 D7
狮子屯[晋] 69 B8
十八集[皖] 193 C8
十八家子[辽] 94 F4
十八里[黑] 128 F5
十八里[皖] 190 E3
十八里[豫] 266 D2
十八里[豫] 267 F9
十八里堡[陇] 431 F9
十八里河[豫] 260 C3
十八里铺[鲁] 240 E2
十八里铺[皖] 191 C9
十八连山[滇] 398 E5
十八盘[豫] 263 E8
十八顷[内蒙古] 79 D10
十八塘[赣] 229 E6
十八站[黑] 125 B9
十渡[京] 30 F2
十二道沟[吉] 113 D10
十二德堡[辽] 93 D6
十二连城[内蒙古] 80 B2
十二吐[内蒙古] 83 E6
十方[闽] 215 F9
十河[皖] 190 E4
十花道[吉] 110 E4
十家堡[吉] 112 D4
十家户[吉] 110 G5
十家子[辽] 96 C5
十间房[辽] 90 C4
十街[滇] 400 B3
十九号[内蒙古] 79 E8
十九里[皖] 190 E4
十里[川] 377 D9
十里[鄂] 282 B4
十里[桂] 339 D10
十里[晋] 71 E6
十里[陇] 429 C8
十里[陇] 429 E7
十里堡[京] 33 F7
十里村[滇] 400 G5
十里墩[皖] 199 C9
十里岗[赣] 221 F10
十里河[辽] 91 C9
十里庙[豫] 273 E7
十里坪[陕] 425 B10
十里铺[鄂] 283 E10
十里铺[冀] 55 D6
十里铺[冀] 61 B8
十里铺[陇] 429 C6
十里铺[青] 436 C5
十里铺[陕] 416 C3
十里铺[陕] 423 C8
十里铺[陕] 425 D9
十里铺[皖] 198 C3
十里铺[豫] 268 C2
十里铺[豫] 273 C7
十里亭[冀] 60 E4
十里亭[粤] 315 C7
十里望[鲁] 239 D6
十里塬[陕] 419 C7
十林[豫] 270 E5
十陵[川] 363 E6
十六里河[鲁] 239 C8
十美堂[湘] 299 C8
十亩地[陕] 420 A2
十三敖包[内蒙古] 83 D7
十三道沟[吉] 113 C10
十三里桥[豫] 272 E5
十三陵[京] 31 B9
十四道沟[吉] 113 C10
十屋[吉] 112 E2
十五号[内蒙古] 82 G5
十五级[冀] 58 D5
十五里园[鲁] 240 F3
十堰[鄂] 280 C4
十源[浙] 177 F6
十月田[琼] 346 D3
十直[渝] 355 B8
十字[黔] 386 B5
十字[苏] 150 D5
十字[皖] 193 F6
十字[皖] 195 C6
十字[湘] 304 D4
十字[湘] 304 D5
十字街[辽] 99 F10
十字路[桂] 341 D9
十字路[豫] 273 B6
十总[苏] 153 D8
什巴圪图[内蒙古] 78 D4
什川[陇] 428 D5
什川[陇] 428 E4
什地[川] 368 E2
什邡市[川] 368 F2
什集[鲁] 254 C3
什玲[琼] 346 F5
什社[陇] 432 F4
什贴[晋] 67 C7
什运[琼] 346 E5
什字[辽] 99 B10
什字[陇] 432 G4
什字[宁] 443 D9
石安[川] 368 F4
石安[渝] 356 G4
石坳[赣] 222 E1
石坝[川] 364 F2
石坝[川] 375 G7
石坝[皖] 192 C5
石坝[渝] 354 B5
石坝[粤] 317 D6
石白头[晋] 73 C7
石板[川] 368 E3
石板[川] 369 E8
石板[黔] 384 F5
石板[黔] 390 F3
石板[渝] 354 D4
石板[粤] 324 E2
石板冲[皖] 187 D8
石板凳[川] 373 B7
石板滩[川] 363 D6
石板滩[湘] 299 C6
石板岩[豫] 264 B2
石包城[陇] 430 F3
石宝[川] 375 F10
石宝[内蒙古] 79 D6
石宝[湘] 306 B5
石宝[渝] 355 A9
石宝[渝] 356 G4
石堡[黔] 390 C1
石堡[陇] 429 C7
石陂[闽] 208 C4
石碑[川] 374 F5
石碑[皖] 198 D4
石碑[渝] 357 E10
石碑坪[桂] 337 E8
石北[晋] 70 D1
石鼻[赣] 220 C1
石碧[湘] 306 A4
石壁[晋] 74 B3
石壁[闽] 210 D2
石壁[琼] 347 D7
石别[桂] 344 B4
石埠[赣] 220 D2
石埠[桂] 334 E3
石埠[鲁] 243 C8
石埠子[鲁] 243 F7
石苍[闽] 206 F5
石槽[陕] 424 E3
石槽[豫] 269 E9
石槽集[豫] 269 F8
石场[黔] 386 C2
石场[鲁] 253 C6
石朝[黔] 391 C6
石城[川] 369 C6
石城[鄂] 285 E7
石城[冀] 60 E3
石城[晋] 70 A4
石城[京] 33 E7
石城[辽] 103 D8
石城[辽] 99 E7
石城[皖] 200 E2
石城[粤] 325 B6
石城[粤] 327 B8
石城县[赣] 228 A5
石冲口[湘] 302 B2
石川[陇] 429 E7
石船[渝] 354 C5
石淙[浙] 168 B3
石村[鲁] 241 F7
石大仓[青] 437 B6
石大关[川] 377 E10
石道[川] 373 G9
石道[豫] 260 G4
石道河[吉] 114 C3
石登[滇] 405 E6
石堤[湘] 301 C10
石堤[渝] 356 D3
石店[皖] 186 E5
石碉楼[川] 377 E9
石洞[川] 365 E8
石洞[川] 368 E3
石洞[川] 375 B7
石洞[黔] 388 B5
石洞[冀] 61 F7
石洞[陇] 428 E3
石硐[黔] 384 F3
石渡[赣] 222 E4
石堆[鲁] 243 E7
石墩河[陕] 420 A2
石帆[浙] 178 B5
石坊[陇] 429 D10
石佛[川] 364 B5
石佛[川] 373 B9
石佛[冀] 57 G7
石佛[辽] 99 B8
石佛[辽] 93 E6
石佛[陇] 429 B6
石佛[鲁] 240 E3
石佛[浙] 177 B10
石佛店[豫] 273 E10
石佛寺[鄂] 287 C8
石佛寺[辽] 90 C5
石佛寺[陕] 425 C10
石佛寺[豫] 271 E6
石浮[琼] 347 C6
石盖塘[湘] 305 D7
石岗[赣] 220 E2
石岗[渝] 357 E8
石港[苏] 153 D8
石羔[湘] 301 A8
石羔[湘] 304 E5
石各庄[冀] 54 D2
石各庄[津] 40 D1
石弓[皖] 190 B4
石公桥[湘] 299 C7
石狗[粤] 328 E4
石牯塘[粤] 315 D6
石鼓[川] 365 C7
石鼓[川] 373 B9
石鼓[川] 374 C5
石鼓[川] 377 E10
石鼓[滇] 405 D6
石鼓[鄂] 281 B6
石鼓[陇] 432 F5
石鼓[闽] 213 C7
石鼓[陕] 418 E3
石鼓[湘] 303 C6
石鼓[粤] 324 F2
石鼓源[湘] 304 B4
石固[黔] 391 F7
石固[豫] 268 B3
石拐区[内蒙古] 79 E6
石关[陕] 420 B3
石关[皖] 198 E2
石圭[川] 365 C7
石滚河[豫] 272 C4
石哈河[内蒙古] 78 D5
石海[川] 367 B8
石壕[渝] 354 G5
石和[桂] 339 E8
石和[渝] 355 C6
石河[川] 364 C5
石河[川] 369 F8
石河[鄂] 289 B7
石河[冀] 55 C8
石河[辽] 102 D4
石河子市[新] 453 F9
石横[鲁] 248 C3
石后[闽] 209 F7
石湖[吉] 114 F3
石湖[苏] 150 A5
石湖[苏] 150 E3
石湖[皖] 187 D7
石湖荡[沪] 138 E5
石湖沟[辽] 99 D7
石花[鄂] 281 D6
石化[沪] 139 B8
石黄[渝] 355 A8
石黄[渝] 356 G3
石璜[浙] 172 E5
石灰铺[粤] 315 E6
石灰窑[冀] 53 E8
石灰窑[辽] 100 F3
石灰窑[青] 436 C5
石会[渝] 355 D10
石会[渝] 356 A2
石矶[皖] 198 B3
石鸡坝[陇] 429 D9
石集[苏] 151 F8
石家[桂] 338 A4
石家[渝] 355 A9
石家[渝] 355 E10
石家[渝] 356 B2
石家河[鲁] 242 E5
石家田[晋] 69 E10
石家湾[陕] 423 C9
石家庄[晋] 72 E4
石家庄市[冀] 49 D6
石笕[浙] 181 B8
石涧[皖] 199 C8
石涧[粤] 328 D4
石江[赣] 227 F8
石江[湘] 307 D6
石角[渝] 354 F5
石角[粤] 327 A8
石角[粤] 314 G5
石湫[苏] 147 C7
石碣[粤] 320 A4
石界河[豫] 270 C4
石井[冀] 48 D5
石井[冀] 50 F4
石井[冀] 57 D7
石井[鲁] 252 E2
石井[闽] 213 F8
石井[陕] 416 D4
石井[湘] 302 B4
石井[豫] 263 A7
石井[粤] 313 D7
石井铺[川] 364 D3
石颈[粤] 327 B7
石景山区[京] 28 D5
石径[黔] 391 E6
石镜[皖] 198 D3
石臼窝[冀] 54 E1
石咀[桂] 339 B8
石咀[晋] 72 A3
石咀[粤] 328 D3
石卡[桂] 339 D7
石坎[滇] 402 B3
石康[桂] 341 D9
石坑[粤] 323 C7
石空[宁] 442 E5
石孔[川] 365 C6
石口[赣] 230 D3
石口[晋] 73 G8
石腊它[滇] 396 C5
石莱[鲁] 249 F8
石兰计[内蒙古] 78 D3
石梨[川] 367 F8
石里[川] 377 E6
石莲[黔] 390 F5
石莲[渝] 354 E5
石莲子[鲁] 252 D5
石练[浙] 180 B4
石良[鲁] 250 D4
石梁[川] 364 C5
石梁[川] 372 E3
石梁[黔] 391 D8
石梁[皖] 193 C8
石梁[浙] 176 B3
石梁[浙] 177 B8
石梁河[苏] 150 D2
石林[川] 375 E6
石林[滇] 397 F8
石林[皖] 188 C4
石林[渝] 354 F5
石林[豫] 264 C4
石林[浙] 166 F4
石林彝族自治县[滇] 397 F8
石麟[川] 372 D3
石岭[川] 373 C8
石岭[粤] 327 B8
石岭子[吉] 112 C4
石陵[桂] 345 F10
石陵[豫] 263 C7
石榴[闽] 212 D3
石榴[苏] 150 D3
石榴坪[湘] 301 F9
石柳[渝] 355 D10
石柳[渝] 356 A1
石龙[川] 364 D5
石龙[川] 367 C7
石龙[川] 368 G4
石龙[川] 372 C4
石龙[川] 375 B9
石龙[川] 376 D3
石龙[鄂] 283 C8
石龙[黔] 385 D6
石龙[桂] 338 B3
石龙[桂] 339 B7
石龙[桂] 345 D8
石龙[渝] 354 E5
石龙[渝] 355 C6
石龙[粤] 320 A4
石龙坝[滇] 405 A6
石龙区[豫] 271 B8
石楼[川] 365 D6
石楼[京] 30 E5
石楼[粤] 313 E8
石楼县[晋] 73 F7
石蟆[渝] 354 E2
石马[川] 364 C3
石马[川] 368 E3
石马[赣] 232 A5
石马[鲁] 242 E3
石马[渝] 354 C2
石马[粤] 323 C7
石马山[湘] 302 B3
石马湾[湘] 306 A4
石门[川] 364 D3
石门[川] 365 F7
石门[赣] 224 C4
石门[黔] 386 G1
石门[吉] 115 E6
石门[冀] 54 C1
石门[冀] 54 D5
石门[冀] 56 D5
石门[晋] 75 D6
石门[陇] 428 E2
石门[陇] 429 D9
石门[陇] 431 F9
石门[鲁] 252 F5
石门[陕] 417 C8
石门[陕] 421 D8
石门[陕] 421 E9
石门[陕] 425 C7
石门[台] 460 A4
石门[皖] 201 F8
石门[湘] 306 B4
石门[渝] 354 E3
石门[渝] 357 E7
石门[豫] 271 D7
石门[浙] 169 F8
石门[浙] 177 D8
石门街[赣] 230 A4
石门口[晋] 67 C9
石门口[内蒙古] 79 D9
石门楼[赣] 222 E4
石门桥[冀] 58 B4
石门桥[湘] 299 D7
石门山[皖] 192 C4
石门县[湘] 299 B6
石门寨[冀] 55 C7
石棉县[川] 376 F2
石庙[川] 368 F3
石庙[鲁] 247 D7
石庙[豫] 262 F5
石庙子[辽] 100 D5
石末[晋] 71 C7
石乃亥[青] 436 F4
石南[鄂] 285 F6
石脑[赣] 227 D7
石碾[川] 373 E9
石牛[川] 368 E4
石牛[川] 372 C4
石牛[陕] 419 D6
石牛[湘] 302 C5
石牛江[湘] 299 F8
石牛庙[川] 368 E5
石排[粤] 320 A5
石牌[鄂] 283 D8
石牌[闽] 211 G7
石牌[湘] 301 A8
石盘[川] 365 C8
石盘[川] 373 B7
石盘[陕] 423 B9
石盘[渝] 355 E9
石盘[渝] 356 C1
石盘屯[豫] 265 B6
石沛[皖] 193 F6
石坪[渝] 354 C5
石坪[浙] 179 C9
石屏[川] 375 F9
石屏县[滇] 400 D3
石坡[晋] 71 B6
石坡[陕] 425 C7
石婆店[皖] 187 D8
石婆固[豫] 264 F4
石浦[浙] 171 C8
石期市[湘] 304 B2
石岐[粤] 320 D2
石碁[粤] 313 E8
石阡县[黔] 391 F7
石墙[鲁] 255 D7
石墙[渝] 355 E6
石桥[川] 369 E7
石桥[川] 372 B2
石桥[川] 373 B7
石桥[川] 375 A7
石桥[鄂] 281 D7
石桥[赣] 232 F5
石桥[黔] 387 G8
石桥[桂] 338 D4
石桥[吉] 111 C8
石桥[冀] 57 E8

S 石时识实拾史始士世仕市侍试室柿适誓收守首寿受书梳淑疏舒蔬熟暑鼠蜀曙戍束沭树竖刷双水税顺舜朔硕丝司私思斯嘶澌四

地名[省别]	地图位置
石桥[辽]	99 B8
石桥[陇]	429 C7
石桥[鲁]	242 C3
石桥[鲁]	242 F4
石桥[鲁]	255 D7
石桥[陕]	419 C7
石桥[苏]	146 F5
石桥[苏]	150 C1
石桥[皖]	194 E4
石桥[湘]	304 D5
石桥[新]	453 E7
石桥[渝]	355 E8
石桥[豫]	267 D6
石桥[豫]	268 C4
石桥[豫]	271 B9
石桥[豫]	271 D7
石桥[豫]	272 A5
石桥铺[川]	369 F8
石桥铺[川]	373 C9
石桥头[浙]	176 F5
石桥驿[鄂]	283 E7
石桥子[辽]	98 G2
石桥子[鲁]	243 F7
石渠县[川]	378 A3
石渠县[川]	378 G2
石泉[川]	364 E5
石泉[川]	368 F2
石泉[黑]	124 G3
石泉[陇]	428 D5
石泉[陕]	417 C10
石泉县[陕]	421 G7
石染[浙]	178 D4
石人[川]	369 C9
石人[赣]	231 D7
石人[黑]	120 B3
石人[吉]	113 F9
石人沟[冀]	53 E6
石人子[新]	456 C2
石山[赣]	232 D5
石山[辽]	97 E8
石山[琼]	347 B7
石山[皖]	199 E9
石山脚[湘]	304 C3
石扇[粤]	323 C8
石狮[赣]	231 E8
石狮市[闽]	213 F9
石市[赣]	226 D5
石市[湘]	303 D6
石室[浙]	177 C9
石首市[鄂]	288 F5
石寺[豫]	263 B7
石笋[川]	365 B7
石笋[川]	368 G3
石笋[湘]	299 F8
石台[川]	368 D4
石台[皖]	188 D5
石台县[皖]	200 D4
石滩[川]	364 C4
石滩[川]	369 B7
石滩[赣]	227 E9
石滩[湘]	303 E7
石滩[渝]	354 E5
石滩[粤]	313 D9
石潭[陕]	419 D6
石潭[湘]	303 B6
石潭[粤]	314 E4
石塘[川]	369 C9
石塘[赣]	231 F7
石塘[桂]	335 E6
石塘[桂]	336 C4
石塘[桂]	341 A9
石塘[皖]	186 B3
石塘[湘]	300 F3
石塘[粤]	315 B7
石塘[浙]	176 F5
石塘[浙]	181 D6
石瑭[川]	368 E3
石梯[川]	369 E7
石梯[陕]	421 D7
石梯子[新]	451 F9
石条街[陕]	421 F7
石铁[川]	369 C9
石亭[冀]	57 B8
石亭[闽]	212 C3
石亭[湘]	303 B8
石亭子[湘]	302 E4
石头[滇]	405 D6
石头[桂]	339 C9
石头[陕]	417 B10
石头[皖]	199 E8
石头河子[黑]	121 E6
石头河子[黑]	128 G3
石头咀[鄂]	286 B4
石头寨[滇]	400 E3
石湍[川]	373 C8
石屯[黔]	387 C8
石屯[闽]	208 D5
石沱[渝]	355 C6
石湾[桂]	341 D8
石湾[陕]	423 E9
石湾[湘]	303 C7
石湾[粤]	313 E6
石湾[粤]	317 G7
石望[粤]	325 C6
石文[辽]	95 F8
石瓮[陕]	425 F9
石窝[川]	369 C8
石窝[桂]	339 F9
石西[晋]	73 E6
石溪[川]	372 D3
石溪[吉]	108 F3
石溪[渝]	355 D6
石溪[浙]	181 D8
石匣[晋]	67 F8
石峡[赣]	224 B5
石峡[陇]	429 C8
石峡湾[陇]	428 D4
石岘[吉]	115 E8
石象[豫]	268 B4
石新[辽]	97 E9
石牙[桂]	345 D10
石垭[川]	365 C7
石尧[赣]	229 D6
石岩[黑]	131 D9
石岩[粤]	320 C5
石岩头[湘]	304 C2
石堰[渝]	355 B6
石燕桥[川]	373 E9
石垟[浙]	179 F7
石羊[川]	362 D4
石羊[川]	373 C10
石羊[滇]	396 C2
石羊[湘]	304 D5
石羊哨[湘]	306 A3
石羊塘[湘]	303 D8
石杨[皖]	199 B6
石窑沟[内蒙古]	79 D9
石窑沟[陕]	423 D8
石窑子[冀]	50 D4
石耶[渝]	356 E3
石永[川]	365 A8
石鱼[渝]	354 C3
石元[川]	368 C4
石园[京]	34 B2
石塬[陇]	428 G4
石月亮[滇]	404 F5
石灶[川]	364 D3
石寨[川]	375 B6
石寨[桂]	339 D9
石寨铺[豫]	272 B5
石哲[晋]	70 D5
石镇[赣]	230 D4
石正[粤]	323 C7
石钟[川]	373 B7
石株桥[湘]	307 D9
石柱[陕]	419 B8
石柱[湘]	307 C6
石柱[浙]	175 E6
石柱土家族自治[渝]	355 B9
石转[陕]	421 F8
石庄[赣]	224 F5
石庄[晋]	73 F9
石庄[苏]	153 F8
石庄[豫]	261 E9
石桌子[冀]	53 C6
石仔岭[粤]	324 E2
石子[川]	364 D4
石子[川]	369 G8
石子[川]	373 D9
石子[渝]	355 B8
石滓[川]	365 A8
石滓[川]	376 E3
石嘴[川]	372 B5
石嘴[吉]	109 F7
石嘴[陇]	432 G2
石嘴山市[宁]	442 C1
石嘴驿[陕]	423 C9
石嘴子[冀]	50 D5
时村[冀]	58 C5
时村[皖]	189 E6
时村营[冀]	61 E9
时集[鲁]	238 D3
时集[苏]	149 E10
时济[川]	379 A7
时家店[吉]	114 D2
时楼[鲁]	254 F5
时堰[苏]	152 G3
时中[黑]	122 A5
识经[川]	372 C5
实录[川]	375 C8
实兴[黔]	386 C5
拾回桥[鄂]	283 E10
拾屯[苏]	148 D4
拾万[渝]	354 C2
史村[晋]	74 D5
史德[陕]	418 D5
史店[宁]	443 E7
史各庄[冀]	52 E1
史各庄[津]	41 D7
史官[陕]	424 C3
史家[川]	373 D8
史家畔[陕]	417 B6
史家营[京]	30 D2
史家院[陕]	420 F2
史家寨[冀]	56 D4
史家寨[陕]	416 C3
史口[鲁]	241 E7
史院[皖]	189 D10
史召[冀]	60 D4
史庄[晋]	69 E9
史庄[豫]	264 F2
始建[川]	372 B4
始兴县[粤]	315 B8
始阳[川]	376 D3
士元[浙]	177 B10
世昌[黔]	391 D10
世回尧[鲁]	251 D6
世阳[川]	365 D7
世业[苏]	156 A2
仕望集[冀]	61 C9
仕阳[浙]	177 F9
市北区[鲁]	245 D6
市场[辽]	102 G2
市东[鲁]	247 D9
市郊[吉]	113 G9
市郊[湘]	305 D7
市坪[黔]	390 D5
市山[赣]	225 D7
市上坪[湘]	303 C9
市同[冀]	49 B6
市盐场[苏]	152 E4
市中区[鲁]	255 E9
侍岭[苏]	150 E5
侍庄[苏]	150 C4
试量[豫]	269 C9
试马[陕]	425 A9
室韦[内蒙古]	81 D7
柿沟[陕]	418 D3
柿树岗[皖]	186 D5
柿溪[湘]	306 A5
柿园[豫]	266 C4
柿庄[晋]	71 E6
柿子[滇]	402 D3
柿子园[鲁]	240 F2
适中[滇]	396 C3
适中[闽]	215 C9
誓节[皖]	195 B6
收成[陇]	431 C10
收水[陕]	424 C2
守望[滇]	402 E5
首车[湘]	301 C9
首都机场[京]	34 C2
首羡[苏]	148 A1
首阳[陇]	429 D6
首阳山[豫]	263 B9
首占[闽]	206 C4
寿安[川]	362 D4
寿安[川]	362 F3
寿安[赣]	221 E9
寿保[川]	372 D4
寿昌[浙]	166 F4
寿丰[川]	368 F2
寿丰[台]	460 D4
寿峰[陕]	417 A9
寿光市[鲁]	242 C5
寿乐[青]	436 B5
寿宁县[闽]	209 C7
寿桥[渝]	354 B2
寿山[滇]	402 E3
寿山[黑]	121 D6
寿山[吉]	112 B5
寿山[闽]	206 D2
寿山[闽]	209 E6
寿山寺[冀]	61 A8
寿王坟[冀]	53 F7
寿县[皖]	186 B4
寿雁[湘]	304 E3
寿阳县[晋]	67 C7
寿张[鲁]	240 F3
寿张[豫]	265 B9
寿张集[鲁]	254 A5
受降[浙]	167 C7
受禄[晋]	72 C4
书坊[闽]	208 D3
书峰[闽]	207 F6
书古[川]	367 B8
书声[内蒙古]	83 F6
书洋[闽]	212 C1
书院[沪]	140 B3
书院[鲁]	255 B8
梳子铺[湘]	304 C2
淑村[冀]	61 E8
疏附县[新]	454 C2
疏勒县[新]	454 C2
舒安[鄂]	279 C9
舒茶[皖]	187 A9
舒城县[皖]	187 A8
舒洪[浙]	181 B8
舒家坝[陕]	420 F3
舒家村[湘]	306 B3
舒郊[吉]	109 B8
舒兰市[吉]	109 B8
舒坪[川]	373 E8
舒桥[浙]	181 C8
舒溶溪[湘]	306 A5
舒溪口[湘]	307 G8
舒庄[皖]	191 F7
舒庄[豫]	269 E6
蔬菜[豫]	269 E6
蔬园[黑]	128 D2
熟坪[湘]	306 C4
暑字[吉]	110 D5
鼠场[黔]	385 E8
鼠街[滇]	405 C9
蜀河[陕]	421 C7
蜀山[皖]	199 D9
蜀山[浙]	167 C9
曙光[川]	368 F4
曙光[滇]	401 D9
曙光[黔]	386 E5
曙光[黑]	122 B2
曙光[吉]	114 C1
曙光[辽]	100 B4
曙光[辽]	97 D8
曙光[陇]	432 F4
曙坪[陕]	421 D10
戍街[滇]	396 C4
束城[冀]	58 B5
束馆[冀]	61 A9
沭阳县[苏]	150 D5
树堡[川]	367 G7
树河[川]	367 E7
树苴[滇]	396 E2
树林[滇]	402 D4
树林子[内蒙古]	78 E4
树木沟[内蒙古]	83 B8
树皮[滇]	401 D7
树坪[川]	367 C8
树屏[陇]	428 F3
树人[黑]	130 E3
树人[渝]	355 B8
树塘[湘]	307 E6
树窝[川]	367 B9
树勋[苏]	153 C9
树掌[晋]	71 B6
树仔[粤]	324 G4
竖岗[豫]	266 D2
竖新[沪]	141 D8
刷经寺[川]	377 E8
双安[陕]	421 F8
双八[豫]	267 C7
双柏[川]	377 F7
双柏县[滇]	396 F4
双板[川]	368 D4
双堡[川]	372 B5
双堡[黔]	387 B6
双碑[川]	368 E4
双碑[冀]	60 E3
双才[川]	373 D9
双彩[浙]	173 G6
双槽[陕]	425 B8
双岔[陇]	432 B3
双岔河[黑]	130 C2
双潮[浙]	178 D5
双城[陇]	430 F5
双城[陇]	431 D8
双城[陕]	423 E9
双城堡[吉]	112 C1
双城区[黑]	120 D2
双池[晋]	73 G8
双川[浙]	181 A7
双椿铺[豫]	273 F8
双茨科[陇]	431 C9
双村[赣]	232 C4
双岛湾[辽]	102 F2
双甸[苏]	153 E7
双店[川]	365 D7
双店[苏]	150 E3
双定[桂]	334 D3
双东[川]	368 F2
双堆集[皖]	188 G5
双墩[皖]	186 C3
双发[黑]	123 C9
双丰[黑]	120 D3
双丰[黑]	126 F1
双丰[湘]	299 D10
双峰[川]	364 E4
双峰[川]	368 E4
双峰[浙]	175 E8
双峰[浙]	178 A4
双峰[浙]	176 G4
双峰寺[冀]	53 E8
双峰县[湘]	302 C5
双凤[川]	365 E6
双凤[川]	368 F3
双凤[川]	373 E9
双凤[桂]	339 E8
双凤[苏]	161 C9
双凤[湘]	307 D9
双凤[渝]	354 B4
双佛[川]	364 E5
双凫铺[湘]	296 E2
双浮[皖]	191 F6
双福[川]	372 C3
双福[渝]	354 D3
双嘎[黔]	386 F5
双岗[吉]	110 D3
双港[赣]	230 C3
双港[津]	38 D5
双港[苏]	152 B1
双港[皖]	198 C2
双拱[川]	369 F8
双沟[鄂]	281 D8
双沟[鲁]	242 C3
双沟[苏]	149 F6
双沟[苏]	151 F8
双沟[苏]	155 E6
双沟[皖]	190 E5
双古[川]	373 E6
双古城[内蒙古]	79 F8
双桂[川]	365 D6
双桂[川]	369 C6
双桂[渝]	355 A7
双桂[浙]	179 E7
双合[粤]	325 C8
双合[粤]	312 G4
双河[川]	364 C4
双河[川]	367 D6
双河[川]	368 D3
双河[川]	369 D8
双河[川]	373 D8
双河[川]	374 D4
双河[川]	374 E5
双河[川]	376 C4
双河[川]	377 C10
双河[滇]	397 F6
双河[滇]	398 B4
双河[滇]	402 B3
双河[鄂]	282 F4
双河[鄂]	283 E7
双河[黑]	122 B4
双河[黑]	127 G8
双河[黑]	130 D3
双河[吉]	109 E7
双河[吉]	112 D2
双河[内蒙古]	78 E3
双河[内蒙古]	83 E9
双河[陕]	417 D7
双河[陕]	421 C7
双河[陕]	421 C8
双河[皖]	187 F8
双河[渝]	354 D2
双河[渝]	355 D7
双河[渝]	356 B5
双河[豫]	272 D5
双河场[川]	373 C9
双河口[川]	367 B10
双河口[陕]	421 F7
双河口[渝]	354 C5
双鹤[晋]	74 E4
双堠[鲁]	252 C4
双湖特别区[藏]	408 C5
双华[粤]	323 E7
双化[滇]	397 B6
双槐树[豫]	262 F3
双黄[浙]	181 B7
双汇[川]	364 C2
双加[川]	375 B7
双涧[滇]	405 D8
双涧[皖]	191 A7
双江[川]	365 E6
双江[黔]	389 C8
双江[桂]	336 F3
双江[湘]	297 C7
双江[湘]	302 A4
双江[渝]	354 A2
双江[粤]	316 D4
双江口[湘]	296 D4
双江拉祜佤族布朗族自治县[滇]	399 F9
双街[津]	38 B3
双捷[粤]	325 E6
双井[黔]	388 E5
双井[黑]	120 B3
双井[冀]	61 B9
双井[内蒙古]	83 F8
双井[湘]	307 A6
双井[湘]	307 G9
双井[豫]	272 E5
双井店[内蒙古]	83 E6
双井子[辽]	94 G5
双井子[新]	456 A3
双口[津]	38 B3
双廊[滇]	405 C8
双乐[川]	368 F4
双联[桂]	334 B3
双辽市[吉]	112 F3
双辽市[内蒙古]	83 E10
双林[川]	364 B5
双林[赣]	226 F4
双林[浙]	168 B3
双流[川]	364 B5
双流[川]	369 C6
双流[黔]	384 E3
双流县[川]	362 E5
双柳[鄂]	279 C6
双龙[川]	364 D5
双龙[川]	368 G3
双龙[川]	369 E8
双龙[川]	373 D8
双龙[川]	374 D3
双龙[滇]	397 E7
双龙[滇]	406 B5
双龙[黔]	386 G2
双龙[黔]	390 D2
双龙[吉]	111 G6
双龙[吉]	112 D1
双龙[陇]	428 D2
双龙[内蒙古]	79 E7
双龙[陕]	417 D10
双龙[陕]	421 E8
双龙[湘]	299 A7
双龙[渝]	355 B6
双龙[渝]	355 E9
双龙[渝]	356 C1
双龙[渝]	357 D9
双龙[豫]	270 C4
双龙场[渝]	355 B7
双龙街[川]	373 D10
双龙营[滇]	401 C7
双楼[苏]	153 G7
双楼[豫]	269 E9
双录[黑]	130 D2
双路[晋]	72 E4
双路[渝]	354 D2
双路[渝]	355 C8
双滦区[冀]	53 E7
双洛[川]	365 E6
双马[湘]	303 B7
双庙[川]	364 D4
双庙[川]	369 E8
双庙[冀]	61 C9
双庙[辽]	96 B4
双庙[鲁]	239 G6
双庙[皖]	190 F5
双庙[渝]	357 E9
双庙[豫]	265 C7
双庙[豫]	268 C3
双庙[豫]	273 B7
双庙[浙]	176 D2
双庙河[陕]	423 C10
双庙集[皖]	186 B5
双庙街[豫]	272 C2
双庙子[辽]	94 E3
双明[赣]	231 D9
双碾[晋]	68 E2
双牌[湘]	307 D7
双牌县[湘]	304 C3
双盘[川]	364 C5
双朋西[青]	437 B7
双坪[黔]	386 G3
双坪[陕]	421 F8
双桥[川]	365 D6
双桥[川]	372 B2
双桥[川]	373 D9
双桥[赣]	226 E3
双桥[赣]	233 E7
双桥[桂]	334 D4
双桥[桂]	335 D7
双桥[冀]	54 D3
双桥[鲁]	254 C4
双桥[陕]	421 F9
双桥[皖]	186 B4
双桥[皖]	191 C7
双桥[湘]	302 E4
双桥[豫]	267 F9
双桥[浙]	170 C4
双桥[浙]	177 B9
双桥河[津]	39 E6
双桥集[皖]	187 F7
双桥坪[湘]	299 C7
双桥区[渝]	354 D2
双庆[川]	364 C5
双箐口[滇]	398 F3
双泉[川]	368 F2
双泉[川]	369 D8
双泉[黑]	124 E2
双泉[吉]	114 B2
双泉[陇]	428 D5
双泉[鲁]	239 D9
双泉[陕]	424 D4
双泉[渝]	355 E10
双泉[渝]	356 C2
双乳[陕]	421 E7
双沙[川]	375 G8
双山[黔]	386 D3
双山[黑]	124 E1
双山[吉]	112 E2
双山[鲁]	239 A7
双山[渝]	354 C2
双山子[冀]	55 B6
双山子[辽]	99 D6
双哨[滇]	397 D7
双胜[川]	364 C5
双胜[川]	368 E4
双胜[川]	369 D6
双胜[川]	372 B4
双胜[内蒙古]	83 E10
双胜[内蒙古]	83 E7
双盛[川]	368 F2
双石[川]	373 E7
双石[川]	376 C3
双石[渝]	354 D2
双树[辽]	93 B7
双树[陇]	431 E8
双树[青]	436 C4
双水[渝]	357 E6
双水[粤]	325 D10
双塔[冀]	61 C7
双塔[辽]	103 C6
双塔[豫]	266 C4
双台[鄂]	280 C3
双台[辽]	99 B10
双台[鲁]	243 C7
双台[渝]	357 D9
双台子[辽]	90 D4
双台子区[辽]	97 C8
双堂[冀]	57 D10
双塘[赣]	224 C3
双塘[津]	42 F2
双塘[苏]	149 D9
双塘[皖]	193 D6
双塘[湘]	301 F9
双腾[川]	374 F4
双田[赣]	221 E8
双土[川]	369 F7
双土[渝]	357 E7
双湾[陇]	431 C8
双王[陕]	424 F2
双旺[桂]	339 G8
双望[冀]	55 C6
双溪[川]	365 B6
双溪[川]	365 E6
双溪[川]	369 F8
双溪[川]	372 E4
双溪[川]	376 E2
双溪[赣]	229 F6
双溪[闽]	209 E6
双溪[陕]	420 C2
双溪[陕]	421 E7
双溪[台]	460 B5
双溪[湘]	301 D9
双溪[湘]	304 F5
双溪[湘]	306 C4
双溪[浙]	175 D8
双溪[浙]	181 B7
双溪口[湘]	299 C6
双溪口[浙]	177 E8
双溪口[浙]	181 B9
双溪桥[鄂]	285 C9
双溪桥[湘]	298 D3
双岘[陇]	432 G2
双兴[黑]	130 F3
双兴[吉]	114 C2
双星[川]	365 C8
双鸭山市[黑]	128 E3
双鄢[川]	365 C7
双尧[赣]	229 D8
双堰[川]	367 F8
双羊[辽]	97 F9
双羊[鲁]	243 E8
双阳[黑]	122 B5
双阳[闽]	213 E9
双阳[渝]	357 C9
双阳区[吉]	108 F3
双杨店[鲁]	243 C6
双洋[闽]	215 B7
双谊[川]	374 B4
双营子[吉]	108 F3
双榆树[黑]	123 D8
双榆树[吉]	112 C2
双屿[浙]	179 C6
双闸[苏]	146 E5
双照[陕]	419 E7
双忠庙[皖]	187 B7
双竹[渝]	354 E2
双庄[苏]	150 F5
水坝塘[黔]	390 B4
水堡[冀]	56 C4
水堡[鲁]	254 B4
水北[赣]	223 E6
水北[闽]	208 D2
水北[苏]	156 E4
水北街[闽]	208 C5
水边[粤]	315 E6
水泊寺[晋]	69 C6
水布垭[鄂]	291 D6
水步[粤]	325 D9
水槎[赣]	233 C7
水长[滇]	403 C8
水场[黔]	384 E5
水车[桂]	336 C5
水车[湘]	302 B1
水车[粤]	323 D8
水城县[黔]	386 E5
水池铺[豫]	267 D6
水川[陇]	428 E3
水唇[粤]	318 D4
水打田[湘]	301 G8
水道[吉]	114 D1
水道[鲁]	251 E7
水稻[豫]	266 B2
水地湾[陕]	423 D8
水东[黔]	386 D5
水东[皖]	195 C7
水东[湘]	305 E6
水东[湘]	307 A6
水东[湘]	307 C6
水东江[湘]	307 C10
水洞底[湘]	302 B4
水墩[粤]	317 A6
水阜[陇]	428 E3
水富县[滇]	402 D1
水沟[陕]	418 C3
水沟[陕]	425 A9
水关[陇]	364 C5
水观[川]	368 C3
水吼[皖]	198 E3
水吉[闽]	208 D4
水江[赣]	226 F1
水江[渝]	355 E6
水浸坪[湘]	307 D6
水晶[川]	368 B2
水晶[川]	377 C9
水晶[桂]	345 C7
水口[川]	362 F2
水口[川]	369 E7
水口[川]	372 C3
水口[川]	375 G10
水口[赣]	227 B7
水口[黔]	389 A8
水口[桂]	338 D4
水口[桂]	343 E8
水口[闽]	208 G5
水口[闽]	213 B8
水口[陕]	418 C5
水口[皖]	193 E7
水口[湘]	303 G9
水口[湘]	304 E3
水口[湘]	306 D5
水口[渝]	354 B3
水口[渝]	357 E6
水口[粤]	323 D7
水口[粤]	324 D3
水口[粤]	325 D9
水口[粤]	315 B10
水口[粤]	317 E7
水口[浙]	168 D1
水口山[湘]	299 F7
水口山[湘]	304 C2
水宽[湘]	306 C3
水潦[川]	375 G7
水里[台]	460 D3
水利[黔]	385 B8
水林[台]	460 D2
水岭[湘]	304 B2
水龙[黔]	385 B7
水洛[川]	366 C4
水落坡[鲁]	247 C8
水满[琼]	346 E5
水门[闽]	209 E9
水庙[湘]	307 F6
水鸣[桂]	339 F8
水磨[川]	364 C2
水磨[川]	377 G9
水磨[滇]	402 F4
水磨[渝]	357 F6
水南[川]	373 D8
水南[赣]	229 E7
水南[赣]	232 B5
水南[闽]	208 F3
水南[闽]	211 B6
水南[粤]	328 E4
水南圩[赣]	225 D8
水碾坝[川]	372 F2
水宁寺[川]	369 C7
水坪[鄂]	280 D2
水坡[豫]	266 D2
水茜[闽]	210 C3
水清[川]	375 C6
水箐[黔]	386 E3
水曲柳[吉]	109 A8
水泉[黑]	120 D2
水泉[晋]	72 F1
水泉[辽]	96 D5
水泉[辽]	92 D5
水泉[陇]	428 D2
水泉[陇]	429 B8
水泉[鲁]	255 D9
水泉[内蒙古]	83 F9
水泉沟[冀]	53 E8
水沙坪[湘]	301 B8
水师营[黑]	122 E5
水师营[辽]	102 G2
水市[湘]	304 E4
水市[渝]	355 E10
水市[渝]	356 B2
水台[粤]	325 C8
水塘[滇]	400 C1
水塘[黔]	387 B8
水塘[黔]	387 F7
水塘堡[黔]	386 F3
水田[川]	368 C3
水田[滇]	400 F5
水田[滇]	402 A3
水田[赣]	232 C4
水田[黔]	384 E4
水田[渝]	355 D10
水田[渝]	356 B2
水田坝[鄂]	291 B7
水田坝[湘]	301 A9
水田河[湘]	301 E8
水田庄[湘]	307 A6
水田庄[湘]	307 G10
水亭[浙]	174 C2
水头[晋]	75 E6
水头[闽]	213 F8
水头[粤]	315 F7
水头[浙]	179 E8
水土[渝]	354 C4
水屯[豫]	272 B5
水洼[川]	379 E8
水湾[鲁]	247 B8
水湾[湘]	306 A5
水惟[陕]	420 C2
水尾[川]	375 E7
水尾[黔]	388 C3
水尾[黔]	389 E9
水汶[桂]	338 G3
水西[赣]	227 F6
水西沟[新]	451 E9
水泄[滇]	405 D9
水秀[晋]	67 D6
水岩[赣]	229 F6
水岩[黔]	385 B7
水阳[陇]	429 B8
水阳[皖]	194 D5
水尧[黔]	385 B8
水窑[晋]	68 D5
水冶[豫]	264 B3
水溢[湘]	307 G10
水音[川]	364 D5
水银[湘]	301 D8
水峪贯[晋]	72 G3
水峪贯[晋]	73 D9
水源[赣]	222 E1
水源[赣]	229 C9
水源[桂]	344 C3
水源[辽]	99 B8
水源[陇]	431 D8
水源[闽]	208 D5
水月寺[鄂]	291 B8
水寨[滇]	403 B7
水寨[鲁]	239 A6
水寨[豫]	263 D8
水寨[豫]	271 C10
水竹[滇]	402 E3
水竹坪[皖]	187 F9
水子[川]	378 B5
水字[吉]	110 D5
税郭[鲁]	255 F10
税镇[皖]	191 F6
顺安[皖]	194 B2
顺濞[滇]	405 D9
顺昌县[闽]	208 E3
顺场[黔]	387 F6
顺德区[粤]	313 F7
顺店[豫]	268 B2
顺峰[赣]	233 C8
顺和[川]	365 D6
顺和[豫]	267 E9
顺河[川]	367 C10
顺河[川]	372 C3
顺河[川]	373 E9
顺河[川]	375 A7
顺河[川]	376 F3
顺河[鄂]	286 F2
顺河[苏]	148 A1
顺河[苏]	150 F5
顺河[苏]	151 C7
顺河[皖]	187 C6
顺河[皖]	188 E5
顺河[豫]	267 B6
顺河[豫]	272 B5
顺河场[川]	373 C7
顺化[黔]	389 B8
顺化[陇]	430 D5
顺会[晋]	73 B9
顺龙[川]	372 B2
顺宁[陕]	417 D7
顺平县[冀]	57 E6
顺山店[豫]	272 D5
顺泰[浙]	179 D7
顺天[粤]	316 D3
顺溪[浙]	179 E8
顺阳[闽]	208 E5
顺义区[京]	34 B2
顺州[滇]	405 C6
舜德[赣]	223 C8
舜耕[皖]	189 C10
舜山[皖]	193 D7
舜王[鲁]	243 F8
朔北[青]	436 C4
朔里[皖]	188 D5
朔良[桂]	342 C4
朔州市[晋]	68 F4
硕放[苏]	159 D8
硕集[苏]	152 D1
硕龙[桂]	343 D7
丝罗[川]	369 C9
丝窝[川]	367 D9
司各庄[冀]	54 E4
司集[皖]	199 C6
司马[鲁]	254 E5
司马冲[湘]	307 E6
司马浦[粤]	319 E7
司门前[湘]	307 B6
司铺[赣]	231 E7
司前[闽]	208 B2
司前[粤]	325 C9
司前[粤]	315 C8
司前[浙]	179 G7
司上[陕]	420 B4
司徒[苏]	154 E3
司徒[苏]	156 B3
司巷[皖]	192 B4
司寨[豫]	264 F4
司竹[陕]	416 E3
司庄[豫]	264 G5
私渡[陕]	420 C3
思旸[黔]	388 C4
思聪[湘]	303 E9
思村[湘]	301 G6
思德[川]	364 B5
思贺[粤]	324 C5
思怀[桂]	339 D7
思界[桂]	339 B9
思经[川]	376 D3
思口[赣]	231 B7
思劳[粤]	325 B7
思礼[豫]	261 E9
思练[桂]	345 F8
思林[黔]	391 E7
思林[桂]	342 C5
思灵[桂]	345 D10
思陇[桂]	334 D5
思茅港[滇]	407 D7
思茅市[滇]	407 C7
思蒙[湘]	306 A5
思明区[闽]	213 G7
思南县[黔]	391 E7
思坡[川]	374 C4
思渠[黔]	391 B7
思山岭[辽]	98 G3
思顺[赣]	229 G7
思旺[桂]	339 A9
思贤[川]	373 C9
思延[川]	376 C3
思依[川]	364 E4
思宜[桂]	339 B8
斯俄[川]	378 D4
斯古溪[川]	367 C9
斯家场[鄂]	288 D2
斯觉[川]	367 B8
斯木[川]	378 C5
斯也克[新]	455 E8
斯闸[川]	379 F9
嘶马[苏]	155 D7
澌波[川]	369 B8
四安[苏]	153 E8
四把[桂]	344 B3
四坝[陇]	431 D8
四宝山[鲁]	242 C3
四堡[闽]	215 D6
四堡子[辽]	96 C3
四岔口[冀]	52 C5
四大寨[黔]	387 B8
四道沟[吉]	113 E9
四道沟[冀]	53 C8
四道河子[新]	453 E8
四德堂[内蒙古]	83 F7
四都[赣]	222 E3
四都[闽]	212 F2
四都[闽]	215 F7
四都[湘]	305 C9
四都[粤]	316 B3
四都[浙]	176 B5
四都[浙]	177 C8
四都[浙]	181 B6
四都坪[湘]	298 D3
四队[苏]	150 B3
四方区[鲁]	245 D6
四方台[黑]	130 D3
四方台[辽]	91 E8
四方台区[黑]	128 E4
四方溪[湘]	298 B2
四房吴[陇]	428 C4
四丰[黑]	128 E2
四甘普[川]	367 B8
四格[黔]	387 F6
四个山[陇]	428 E1
四更[琼]	346 D2
四公[川]	372 C5
四姑[鄂]	284 C5
四股桥[赣]	231 D9
四顾墩[豫]	273 F9
四官营子[辽]	92 E5
四海[川]	365 B8
四海[京]	32 E4
四海店[黑]	130 C2
四皓[陕]	425 C7
四合[川]	367 D7
四合[川]	369 G8
四合[川]	372 C4
四合[川]	373 D8
四合[黑]	122 C5
四合[辽]	94 E3
四合[辽]	96 E5
四合[皖]	186 D5
四合[皖]	195 B7
四合城[辽]	96 A2
四合当[辽]	93 F6
四合永[冀]	53 C7
四合塬[陇]	432 D4
四河[陇]	432 G1
四河[苏]	151 G9
四褐山[皖]	194 F4
四湖[台]	460 D2
四户[苏]	149 C7
四会市[粤]	328 E5
四季[陕]	421 E9
四季红[湘]	299 C9
四季青[京]	28 D5
四家[吉]	108 E3
四家子[辽]	90 D3
四家子[辽]	97 C7
四家子[内蒙古]	83 G8
四嘉子[黑]	124 B4
四甲[苏]	153 C9
四间房[豫]	265 D6
四街[滇]	400 C4
四井子[吉]	110 E3
四九[粤]	325 D9
四开[川]	367 C8
四棵[川]	367 D9
四棵树[吉]	111 C6
四棵树[吉]	112 E3
四棵树[新]	453 F6
四棵树[豫]	271 C7
四棵树[豫]	271 D6
四郎[陕]	420 B2
四里[湘]	304 C5
四里店[豫]	271 D8
四里棚[鄂]	284 E2
四里五[黑]	123 F7
四联[黔]	387 E8
四烈[川]	374 D4
四龙[川]	364 D5
四龙[陇]	428 E3
四马架[黑]	128 E3
四马架[吉]	111 C8
四马桥[湘]	304 E3
四门[陇]	429 C6
四门子[辽]	99 F7
四面城[辽]	94 F3
四面山[川]	375 C6
四明[苏]	152 C2
四明山[浙]	171 F6
四亩地[陕]	420 G5
四排[桂]	337 F10
四排[黑]	129 D8
四排山[滇]	399 F8
四棚[吉]	114 E1
四平[川]	368 F1
四平[辽]	102 B5
四平[辽]	98 A3
四平市[吉]	112 D4
四铺[皖]	188 E4
四荣[桂]	337 C8
四山[豫]	271 D6

S 四寺汜泗驷松崧淞嵩宋送搜苏肃素宿粟溯睢濉绥随遂穗孙娑梭所索锁 T 他塌塔踏台抬苔太泰滩坛昙谈郯覃谭潭檀坦炭探汤唐

地名[省别]	地图位置
四山[浙]	180 F4
四十八[赣]	231 F8
四十家子[内蒙古]	83 G7
四十里堡[鲁]	252 C5
四十里街[赣]	230 C3
四十里梁[内蒙古]	80 D3
四十里铺[陕]	423 C8
四所楼[豫]	266 D3
四台嘴[冀]	51 C6
四塘[桂]	334 E5
四塘[桂]	336 D2
四塘[桂]	342 A5
四塘[桂]	342 D4
四通[豫]	269 C8
四通达[川]	378 D4
四团[沪]	140 C3
四屯[陕]	416 F3
四望[鄂]	287 C8
四喜[川]	365 B6
四新[陕]	421 B8
四新岗[湘]	299 C6
四营[滇]	397 D8
四营[冀]	58 E5
四灶[苏]	152 F4
四寨[黔]	385 D8
四站[黑]	131 F6
四支[内蒙古]	78 E2
四芝兰[冀]	60 C1
四庄[鄂]	285 F7
四子王旗[内蒙古]	79 D7
四族[陇]	429 D6
寺村[桂]	345 C8
寺儿堡[辽]	93 B6
寺耳[陕]	425 B6
寺沟[陇]	429 E7
寺沟[陕]	419 C8
寺河[豫]	262 D4
寺家庄[冀]	49 E6
寺口[鲁]	250 E4
寺岭[川]	369 C7
寺门村[冀]	58 D5
寺面[桂]	339 C9
寺坪[鄂]	280 E5
寺坪[陕]	425 C9
寺坪[湘]	298 E5
寺坡[陕]	425 B7
寺前[陕]	424 D4
寺前[皖]	198 F3
寺前[湘]	306 A5
寺山[桂]	345 D9
寺台[陇]	429 B8
寺台[青]	436 B5
寺滩[陇]	428 E1
寺头[晋]	71 F7
寺头[鲁]	242 E4
寺湾[陕]	417 C7
寺湾[豫]	270 D3
寺下[赣]	229 F6
寺仙[陕]	417 C10
寺寨[青]	436 D5
寺庄[冀]	57 E6
寺庄[晋]	71 D6
寺庄[豫]	265 B7
寺子川[陇]	428 C5
汜水[豫]	260 E2
泗安[浙]	168 E2
泗村店[津]	40 B2
泗店[鲁]	248 F4
泗店[豫]	273 G7
泗顶[桂]	337 D9
泗渡[黔]	390 E3
泗耳[川]	377 D10
泗汾[湘]	303 C8
泗河[吉]	109 A6
泗洪县[苏]	151 F7
泗湖山[湘]	299 C9
泗交[晋]	75 D7
泗泾[沪]	138 C3
泗里河[湘]	299 F7
泗沥[赣]	230 E5
泗淋[浙]	176 D5
泗纶[粤]	324 C4
泗门[浙]	170 G4
泗门洲[湘]	303 G7
泗孟[桂]	344 F4
泗南江[滇]	407 B6
泗坪[川]	376 D2
泗桥[闽]	209 D6
泗水[桂]	336 C2
泗水[陇]	431 E9
泗水[粤]	323 B8
泗水[粤]	324 F3
泗水县[鲁]	255 B9
泗塘新村[沪]	136 D5
泗溪[赣]	227 D6
泗溪[浙]	179 F8
泗县[皖]	189 F9
泗阳县[苏]	151 E6
泗张[鲁]	255 C9
泗洲[赣]	231 C7
泗洲[湘]	304 C5
泗洲头[浙]	171 D7
泗庄[冀]	57 C9
驷马[川]	369 C7
松岙[浙]	171 D6
松柏[鲁]	253 B7
松柏[湘]	301 C10
松柏[湘]	303 F6
松柏[湘]	304 F2
松柏[粤]	325 C6
松北区[黑]	120 C3
松村[晋]	70 D2
松多[川]	379 F6
松多[青]	436 B4
松峰[川]	372 C5
松峰山[黑]	120 D4
松溉[渝]	354 E2
松岗[川]	377 E7
松岗[粤]	320 B4
松桂[滇]	405 C7
松河[黔]	387 F6
松花江[黑]	120 B4
松花江[吉]	108 B4
松江[川]	372 B3
松江[黑]	128 E2
松江[吉]	109 D9
松江[吉]	113 D6
松江[吉]	114 F5
松江[湘]	303 F6
松江河[吉]	113 D6
松江区[沪]	138 C4
松郊[吉]	113 D7
松坎[黔]	390 C3
松口[粤]	323 C9
松林[川]	367 E8
松林[川]	368 F2
松林[黔]	390 F3
松林[鲁]	240 B3
松林店[冀]	57 B9
松林坡[黔]	386 F4
松岭子[辽]	93 F6
松罗[闽]	209 E8
松门[浙]	176 F5
松门岭[辽]	92 B5
松木[湘]	303 D6
松木坪[鄂]	291 E9
松木塘[湘]	299 F8
松南[黑]	121 C7
松潘县[川]	377 D9
松坪[川]	367 F9
松坪[滇]	405 C6
松坪[黔]	384 C2
松坪沟[川]	377 E9
松山[桂]	339 C9
松山[吉]	109 G6
松山[辽]	97 F9
松山[陇]	431 F9
松山[鲁]	250 D5
松山[闽]	206 B1
松山堡[辽]	94 E5
松树[川]	367 C10
松树[吉]	113 E8
松树[辽]	102 B5
松树[陇]	429 B6
松树[陇]	431 E8
松树沟[黑]	124 D5
松树林[陕]	417 B8
松树台[冀]	53 E10
松他克[新]	454 C3
松塔[晋]	67 C8
松涛[川]	373 C7
松桃苗族自治县[黔]	391 D10
松旺[桂]	339 G7
松西[藏]	408 B2
松溪[川]	369 B8
松溪县[闽]	208 C5
松下[闽]	206 B5
松新[川]	367 E8
松垭[川]	368 E3
松烟[黔]	390 F5
松烟[晋]	67 E9
松垟[浙]	179 F8
松阳县[浙]	180 C5
松原市[吉]	111 D7
松源[粤]	323 B9
松竹[粤]	327 E7
松滋市[鄂]	288 D2
松宗[藏]	409 E9
崧厦[浙]	173 B6
淞南[沪]	137 D6
嵩峰[赣]	231 E9
嵩湖[赣]	224 D4
嵩口[闽]	206 G4
嵩口[闽]	210 E3
嵩明县[滇]	397 D7
嵩市[赣]	224 B4
嵩溪[闽]	210 D4
嵩县[豫]	263 E7
宋埠[鄂]	286 E3
宋埠[赣]	227 B7
宋埠[浙]	179 C7
宋曹[冀]	49 F7
宋村[冀]	61 C10
宋村[鲁]	251 E8
宋村[豫]	265 B6
宋村[浙]	166 E3
宋道口[冀]	54 E5
宋店[皖]	186 D5
宋畈[浙]	177 B8
宋岗[豫]	273 C7
宋各庄[冀]	57 B8
宋官屯[鲁]	238 E4
宋桂[粤]	324 B5
宋河[鄂]	283 B8
宋集[苏]	151 C6
宋集[皖]	191 G8
宋集[豫]	267 E7
宋集[豫]	272 A4
宋家[川]	369 F7
宋家[川]	373 D8
宋家[川]	374 C5
宋家[鲁]	238 C4
宋家[陕]	421 C8
宋家沟[晋]	72 F4
宋家庄[冀]	51 E9
宋家庄[冀]	60 F3
宋家嘴[湘]	300 C1
宋楼[鲁]	239 G6
宋楼[苏]	148 C2
宋洛[鄂]	280 F4
宋门[冀]	58 G5
宋农[渝]	356 D3
宋坪[陇]	429 B8
宋旗[黔]	387 C6
宋桥[浙]	179 C7
宋疃[皖]	188 E5
宋溪[赣]	222 D4
宋站[黑]	130 F5
宋杖子[辽]	92 F5
宋庄[京]	34 D3
宋庄[鲁]	243 C8
宋庄[苏]	150 C2
宋庄子[冀]	59 E8
送表[豫]	260 G5
送桥[苏]	154 F5
搜登站[吉]	109 D7
苏澳[闽]	206 B5
苏澳[台]	460 B5
苏坝[川]	372 F3
苏坂[闽]	215 C8
苏堡[晋]	74 C3
苏泊淖尔[内蒙古]	84 E1
苏布尔嘎[内蒙古]	80 D3
苏布台[新]	452 B2
苏埠[皖]	187 D8
苏陈[苏]	155 C6
苏成[陇]	429 B7
苏村[冀]	49 F6
苏村[冀]	60 B3
苏村[鲁]	252 C5
苏村[陕]	424 E3
苏村[豫]	262 D3
苏典[滇]	403 F7
苏店[晋]	70 C5
苏独仑[内蒙古]	78 D4
苏坊[陕]	418 D5
苏坊[陕]	424 E2
苏盖提[新]	454 D3
苏公坨[吉]	110 E4
苏哈特[新]	456 E5
苏海图[内蒙古]	80 G3
苏合[陇]	429 C7
苏河[川]	364 F2
苏河[豫]	273 F6
苏稽[川]	372 C3
苏吉滩[青]	436 D3
苏集[鲁]	254 F4
苏集[皖]	191 E7
苏家[川]	362 E3
苏家[川]	373 D9
苏家[赣]	223 D7
苏家店[黑]	128 E3
苏家店[冀]	53 C6
苏家店[鲁]	250 D4
苏家屯区[辽]	91 C8
苏家坨[京]	28 B4
苏家洼[冀]	54 B2
苏家湾[川]	373 D8
苏家营[冀]	60 C3
苏家院[滇]	402 F4
苏家庄[冀]	48 B4
苏家庄[冀]	60 C1
苏家作[豫]	261 C9
苏甲[滇]	402 F4
苏坑[闽]	213 C7
苏里[青]	439 B7
苏留庄[鲁]	238 F5
苏龙口[晋]	72 C3
苏鲁[青]	441 F8
苏洛[川]	367 B9
苏孟[浙]	174 D4
苏米图[内蒙古]	80 E4
苏米图[内蒙古]	80 E4
苏密沟[吉]	109 F8
苏木[豫]	266 D4
苏木塔什[新]	454 B4
苏木溪[湘]	306 B5
苏尼特右旗[内蒙古]	82 F2
苏尼特左旗[内蒙古]	82 E3
苏坡[川]	362 D5
苏桥[赣]	230 E4
苏桥[桂]	336 E2
苏桥[冀]	52 E2
苏桥[豫]	268 B3
苏区[粤]	317 A6
苏山[赣]	223 C8
苏屯[皖]	191 F7
苏哇龙[川]	379 F8
苏湾[皖]	199 C6
苏圩[桂]	334 F3
苏溪[川]	365 B7
苏溪[赣]	233 D6
苏溪[浙]	175 B6
苏仙石[豫]	273 F9
苏巷[皖]	192 B5
苏雄[川]	367 A8
苏阳[冀]	49 F6
苏园[陇]	429 C8
苏州市[苏]	161 D7
苏庄[晋]	71 F6
苏庄[浙]	177 B6
苏子沟[辽]	100 E4
苏嘴[苏]	151 B7
肃北蒙古自治县[陇]	430 F2
肃南裕固族自治县[陇]	430 C4
肃宁县[冀]	58 C4
素龙[粤]	324 C5
素朴[黔]	386 B4
素珠营子[辽]	93 E6
宿安[鲁]	238 C5
宿城[苏]	150 B2
宿城区[苏]	150 F5
宿迁市[苏]	150 F5
宿松县[皖]	198 F5
宿羊山[苏]	149 D6
宿豫区[苏]	150 F5
宿州市[皖]	188 F5
粟城[晋]	67 F9
溯社[桂]	345 F9
睢宁县[苏]	149 F7
睢水[川]	368 E2
睢县[豫]	266 D5
睢阳区[豫]	267 D7
濉溪县[皖]	188 D4
绥滨县[黑]	128 D5
绥德县[陕]	423 C9
绥东[黑]	128 C5
绥芬河市[黑]	131 A8
绥化市[黑]	130 D4
绥江县[滇]	402 E1
绥棱县[黑]	130 D3
绥宁县[湘]	306 E4
绥胜[黑]	130 D4
绥阳[黔]	390 D5
绥阳[黑]	131 A8
绥阳县[黔]	390 E4
绥中[黑]	130 C2
绥中[辽]	93 C8
随官屯[鲁]	254 C5
随州市[鄂]	282 D4
遂昌县[浙]	180 B5
遂城[冀]	57 D8
遂川县[赣]	233 E8
遂宁市[川]	365 E7
遂平县[豫]	272 B4
遂溪[粤]	327 C8
遂意[桂]	345 G8
穗东[粤]	313 E8
孙伯[鲁]	248 E4
孙埠[皖]	195 D6
孙村[冀]	57 E8
孙村[鲁]	239 B7
孙村[皖]	194 G5
孙村[皖]	195 F9
孙店[豫]	269 F7
孙渡[赣]	227 E8
孙端[浙]	172 B5
孙坊[赣]	224 E4
孙福集[豫]	267 C6
孙甘店[冀]	61 A9
孙岗[皖]	187 B8
孙岗[皖]	187 E7
孙各庄[津]	41 A9
孙耿[鲁]	239 C6
孙吉[晋]	75 G6
孙集[鲁]	238 B5
孙集[皖]	186 D5
孙集[皖]	191 D6
孙家[渝]	356 F4
孙家坝[黔]	391 E7
孙家岔[陕]	422 C4
孙家沟[晋]	72 G3
孙家集[鲁]	242 C5
孙家坪[晋]	72 E3
孙家疃[鲁]	251 D7
孙家疃[鲁]	251 D8
孙家湾[辽]	92 C4
孙家湾[湘]	303 B8
孙家庄[冀]	57 B9
孙家庄[晋]	67 B8
孙聚寨[豫]	266 D5
孙口[豫]	265 B10
孙老家[鲁]	254 F3
孙溜[鲁]	254 F5
孙六[豫]	267 C6
孙楼[苏]	148 B2
孙庙[皖]	189 D9
孙庙[皖]	191 D7
孙庙[豫]	273 D6
孙坪[陕]	420 C3
孙旗屯[豫]	263 C8
孙桥[鄂]	283 B8
孙氏[冀]	52 F2
孙受[鲁]	244 C3
孙寺[鲁]	254 E4
孙陶集[冀]	61 D9
孙铁铺[豫]	273 E7
孙疃[皖]	188 F4
孙圩子[皖]	188 C4
孙吴县[黑]	124 D4
孙杏村[豫]	264 E3
孙营[豫]	266 D2
孙园[苏]	151 F8
孙塬[陕]	419 C8
孙召[豫]	273 C7
孙镇[鲁]	247 F8
孙镇[陕]	424 D3
孙庄[冀]	48 D5
孙庄[冀]	58 D4
孙庄[苏]	153 G7
孙庄[豫]	264 G4
孙庄[豫]	268 E4
孙庄子[冀]	51 C8
孙祖[鲁]	252 C4
娑婆[晋]	72 E4
梭嘎[黔]	386 D5
梭磨[川]	377 E8
梭坡[川]	378 A5
梭山[滇]	402 F5
梭峪[晋]	66 B4
所巴[川]	378 F3
所城[湘]	304 E4
所城[粤]	319 C9
所街[湘]	298 A4
所略[桂]	344 F5
所字[吉]	110 E5
索堡[冀]	61 G7
索博日嘎[内蒙古]	83 D6
索池[陇]	429 B8
索河[鄂]	279 F7
索乎日麻[青]	440 F5
索加[青]	441 D6
索伦[内蒙古]	83 B8
索罗[陇]	432 G3
索溪峪[湘]	298 C3
索县[藏]	409 D8
索雄[藏]	409 D7
锁簧[晋]	67 C9
锁江[川]	368 C2
锁口[川]	375 D8
锁龙[陇]	429 D7
锁石[湘]	302 C5
锁作[藏]	408 F4

T

地名[省别]	地图位置
他拉皋[辽]	92 C3
他拉哈[黑]	123 E8
他砂[湘]	301 C8
塌山[冀]	53 F9
塔布勒合特[新]	453 F7
塔城[滇]	404 E4
塔城[滇]	404 E4
塔城[赣]	220 E4
塔城市[新]	452 A5
塔甸[滇]	400 C3
塔儿村[冀]	51 E6
塔尔[青]	436 C4
塔尔[新]	454 E2
塔尔根[黑]	125 C8
塔尔湖[内蒙古]	78 D3
塔尔拉克[新]	456 F5
塔尔玛[藏]	409 E6
塔尔气[内蒙古]	81 C10
塔畈[皖]	198 E2
塔坊[皖]	200 F5
塔尕尔其[新]	454 D3
塔公[川]	379 B6
塔哈[黑]	122 D4
塔哈其[新]	456 E5
塔合曼[新]	454 E2
塔河[川]	369 D9
塔河县[黑]	125 C8
塔集[苏]	151 C9
塔加[青]	437 A6
塔克什肯[新]	450 B5
塔勒德[新]	452 B3
塔里木[新]	455 B10
塔里木[新]	455 B9
塔里木[新]	457 E6
塔岭[辽]	103 A8
塔木素布拉格[内蒙古]	84 C3
塔泥[湘]	301 B9
塔棚[渝]	357 E7
塔铺[豫]	264 F3
塔前[赣]	221 E8
塔前[闽]	208 G4
塔桥[豫]	273 A6
塔然高勒[内蒙古]	80 D2
塔山[川]	368 E4
塔山[辽]	93 B6
塔山[苏]	149 D6
塔山[苏]	150 D1
塔山[湘]	302 G5
塔山屯[辽]	93 C8
塔上[冀]	48 B5
塔什店[新]	457 E6
塔什库尔干[新]	454 E2
塔什库尔干塔吉克自治县[新]	454 E2
塔石[黔]	389 E7
塔石[浙]	174 E3
塔石[浙]	177 B10
塔市驿[湘]	300 B2
塔水[川]	368 E2
塔斯托别[新]	452 B2
塔提让[新]	457 F8
塔头[粤]	319 D6
塔瓦库勒[新]	455 E8
塔湾[陇]	428 E5
塔湾[青]	436 D5
塔湾[陕]	423 E8
塔温敖宝[内蒙古]	81 A9
塔卧[湘]	301 B9
塔西河[新]	451 G9
塔溪[黑]	124 D2
塔下[赣]	226 D5
塔秀[青]	437 E7
塔秀[新]	452 E3
塔崖驿[冀]	57 B6
塔洋[琼]	347 D8
塔营子[辽]	96 C4
塔峪[辽]	95 F8
塔源[黑]	125 D8
塔庄[闽]	206 F3
塔子[川]	378 D3
塔子城[黑]	123 F7
塔子城[内蒙古]	83 A9
踏虎[湘]	301 F9
踏卡[川]	379 B9
踏实[陇]	430 F3
踏水[川]	372 D3
踏水[川]	373 A7
踏庄[湘]	303 D7
台安[辽]	100 B1
台安县[辽]	100 B1
台北市[台]	460 B4
台北县[台]	460 B4
台陈[豫]	268 D4
台城[冀]	61 D8
台东县[台]	460 F4
台儿庄区[鲁]	255 G10
台格[内蒙古]	80 C3
台湖[京]	34 E2
台怀[晋]	72 A3
台基庙[内蒙古]	79 E10
台吉营[辽]	92 A2
台吉召[内蒙古]	80 D3
台集屯[辽]	92 B5
台江县[黔]	389 E6
台烈[黔]	388 D5
台岭[赣]	232 F5
台路沟[冀]	50 E5
台南[苏]	152 G3
台南市[台]	460 E2
台南县[台]	460 E2
台盘[黔]	389 E6
台前县[豫]	265 B9
台山市[粤]	325 D9
台上[吉]	114 F2
台头[津]	42 G1
台头[晋]	74 E4
台头[鲁]	242 B5
台头[豫]	273 D8
台头山[冀]	53 E10
台西[台]	460 D2
台溪[闽]	211 E8
台营[冀]	55 C6
台鱼[冀]	57 D7
台峪[冀]	56 D4
台源[湘]	302 D5
台中市[台]	460 C3
台中县[台]	460 C3
台州市[浙]	176 E5
台子[辽]	92 D4
台子[鲁]	247 E7
台子[青]	436 C4
抬头寺[鲁]	238 E4
苔蓁[闽]	206 A2
太安[川]	373 D9
太安[滇]	405 D6
太安[吉]	108 A5
太安[吉]	113 G9
太安[陕]	419 A8
太安[渝]	354 B2
太安[渝]	357 F6
太拔[闽]	215 D9
太白[赣]	231 C7
太白[黔]	390 C4
太白[陇]	429 A7
太白[陇]	432 E5
太白[陕]	418 E5
太白[皖]	194 E3
太白河[陕]	418 G3
太白梁[陇]	432 F4
太白县[陕]	418 F3
太保[黑]	128 E4
太保[粤]	314 C3
太保庄[鲁]	243 D8
太本站[吉]	110 B3
太本站[内蒙古]	83 B9
太仓市[苏]	161 D9
太昌[陇]	432 G4
太常[湘]	307 F8
太慈[皖]	198 D5
太村[陕]	419 B6
太德[晋]	74 F2
太东[黑]	122 B4
太莪[陇]	432 F5
太伏[川]	375 B8
太浮[湘]	299 C6
太公[川]	364 D3
太公泉[豫]	264 E3
太古[晋]	74 F3
太古庄[冀]	58 E2
太谷县[晋]	67 D6
太和[川]	365 D6
太和[川]	365 A7
太和[川]	367 D7
太和[川]	372 B3
太和[鄂]	287 F8
太和[赣]	225 C7
太和[辽]	97 C6
太和[内蒙古]	83 C8
太和[湘]	305 B7
太和[湘]	305 D6
太和[渝]	354 B3
太和[渝]	355 D6
太和[渝]	357 G8
太和[豫]	271 E8
太和[粤]	313 D7
太和圩[湘]	303 F6
太和县[皖]	191 F7
太和寨[陕]	423 B6
太河[鲁]	242 D4
太湖[苏]	159 E7
太湖[湘]	303 C8
太湖县[皖]	198 F4
太湖源[浙]	167 B6
太华[川]	364 D5
太华[闽]	211 F6
太华[苏]	158 G2
太吉河[陕]	425 B9
太极[滇]	405 C7
太极[渝]	355 D10
太极[渝]	356 B2
太京[陇]	429 B6
太康县[豫]	269 C7
太来[黔]	386 B4
太林[晋]	74 D2
太龙[渝]	356 F5
太麻里[台]	460 F4
太蓬[川]	364 B5
太平[川]	363 F6
太平[川]	365 D6
太平[川]	367 F6
太平[川]	367 F8
太平[川]	368 D3
太平[川]	368 D3
太平[川]	368 G3
太平[川]	372 D3
太平[川]	373 B6
太平[川]	373 C9
太平[川]	373 D8
太平[川]	374 C2
太平[川]	375 E6
太平[川]	376 C3
太平[川]	377 E9
太平[滇]	396 D3
太平[滇]	402 D1
太平[滇]	402 E4
太平[滇]	403 C8
太平[滇]	403 F8
太平[滇]	405 D8
太平[鄂]	281 D9
太平[鄂]	282 B5
太平[鄂]	290 F5
太平[赣]	220 C2
太平[黔]	386 C2
太平[黔]	390 B2
太平[黔]	391 E8
太平[桂]	334 D4
太平[桂]	337 E8
太平[桂]	338 D2
太平[桂]	341 B7
太平[桂]	342 B5
太平[桂]	343 C8
太平[桂]	344 B4
太平[黑]	120 C2
太平[黑]	124 F2
太平[黑]	127 E9
太平[黑]	128 E3
太平[黑]	131 F6
太平[吉]	108 F3
太平[吉]	109 C6
太平[吉]	112 D3
太平[津]	42 C5
太平[辽]	94 E3
太平[辽]	96 F4
太平[辽]	97 C8
太平[陇]	429 B10
太平[陇]	432 F4
太平[鲁]	241 B7
太平[鲁]	252 D4
太平[鲁]	254 C4
太平[鲁]	255 D7
太平[闽]	208 G4
太平[闽]	212 E1
太平[内蒙古]	83 C8
太平[陕]	419 D7
太平[苏]	151 E7
太平[苏]	161 D7
太平[皖]	193 A6
太平[皖]	199 C8
太平[湘]	298 A5
太平[湘]	301 E9
太平[湘]	304 D4
太平[湘]	305 C7
太平[湘]	306 C4
太平[渝]	354 B3
太平[渝]	355 A6
太平[豫]	267 E9
太平[粤]	324 C5
太平[粤]	325 C7
太平[粤]	327 D8
太平[粤]	313 C8
太平[粤]	314 E4
太平[粤]	314 G5
太平[浙]	181 B7
太平坝[渝]	355 C9
太平场[渝]	354 D5
太平川[黑]	128 E1
太平川[黑]	130 D4
太平川[吉]	110 F4
太平川[吉]	114 C2
太平地[内蒙古]	83 F7
太平店[鄂]	281 D7
太平店[陇]	428 C4
太平畈[皖]	187 E10
太平沟[黑]	128 B2
太平关[赣]	223 D9
太平湖[皖]	201 C6
太平里[湘]	305 E7
太平岭[辽]	103 B7
太平铺[湘]	298 E5
太平桥[川]	373 B7
太平桥[川]	378 A5
太平桥[鄂]	286 F4
太平桥[湘]	297 E7
太平桥[湘]	298 D5
太平山[吉]	111 G7
太平山[内蒙古]	83 D8
太平哨[辽]	99 C7
太平市[台]	460 C3
太平圩[湘]	303 G7
太平圩[湘]	304 E5
太平溪[鄂]	291 C7
太平营[黔]	391 D9
太平寨[冀]	54 B4
太平镇[豫]	264 G3
太平镇[豫]	270 C5
太平庄[黑]	130 F3
太平庄[冀]	51 E6
太平庄[冀]	53 D7
太平庄[冀]	54 D4
太平庄[晋]	72 E3
太平庄[辽]	92 F3
太仆寺旗[内蒙古]	82 G4
太青[湘]	298 A5
太清宫[豫]	269 C10
太丘[豫]	267 E9
太山[吉]	111 C6
太山[豫]	264 F2
太山庙[陕]	421 F6
太山庙[豫]	271 D7
太师屯[京]	33 E8
太石[陇]	428 F4
太石[陇]	429 C8
太石河[陇]	429 C8
太守[桂]	334 D5
太塘[陇]	429 C8
太田[川]	367 E6
太王[吉]	114 G2
太尉[豫]	268 E3
太窝[赣]	229 E7
太霞[川]	364 E5
太兴[川]	365 E6
太阳[赣]	223 E6
太阳[赣]	224 D3
太阳[黔]	385 E7
太阳[晋]	75 E6
太阳[陇]	429 A7
太阳[皖]	187 E10
太阳[浙]	166 C5
太阳村[桂]	337 F8
太阳河[川]	377 E6
太阳河[鄂]	290 C4
太阳岭[陕]	420 F3
太阳庙[内蒙古]	78 E2
太阳坪[湘]	306 E3
太阳升[黑]	123 D8
太阳升[辽]	102 C4
太要[陕]	424 F4
太乙[川]	365 F7
太乙宫[陕]	416 C4
太邑[滇]	405 D8
太拥[黔]	389 D6
太峪[陕]	418 C5
太原[渝]	355 C9
太原[渝]	356 A1
太原[渝]	356 E4
太原市[晋]	67 C6
太源[赣]	225 C7
太源[赣]	231 G6
太真[浙]	177 B9
太芝庙[湘]	307 B9
太忠[滇]	406 C3
太子[鄂]	287 D8
太子河区[辽]	100 B3
太子井[冀]	60 F4
太子庙[湘]	299 E7
泰安[川]	375 B7
泰安[苏]	155 E6
泰安[台]	460 C3
泰安市[鲁]	249 C6
泰东[苏]	155 C6
泰和县[赣]	233 D6
泰来[渝]	355 A8
泰来[渝]	356 G3
泰来县[黑]	123 F7
泰美[粤]	317 E7
泰宁县[闽]	210 B4
泰山[赣]	232 F4
泰山[陇]	429 A8
泰山[苏]	146 E4
泰山庙[豫]	272 C2
泰山区[鲁]	249 D6
泰顺县[浙]	179 G8
泰武[台]	460 F3
泰兴[川]	363 D6
泰兴市[苏]	155 C7
泰州市[苏]	155 C6
滩歌[陇]	429 D6
滩里[冀]	52 E2
滩面[桂]	339 F9
滩坪[陇]	429 C8
滩桥[鄂]	288 D4
滩上[晋]	72 B3
滩头[滇]	402 D2
滩头[湘]	307 C7
滩溪[赣]	223 E6
滩营[桂]	340 D5
坛厂[黔]	390 E2
坛城[皖]	191 B6
坛罐[川]	373 B7
坛洛[桂]	334 E3
坛石[浙]	177 D7
坛同[川]	365 B8
坛下[湘]	303 F6
坛镇[晋]	66 G3
昙华[滇]	396 B3
昙容[桂]	338 G2
谈店[豫]	273 E8
郯城县[鲁]	252 G4
覃巴[粤]	327 C10
覃斗[粤]	327 F7
覃家岗[渝]	354 D4
覃排[桂]	335 C6
覃塘区[桂]	339 C6
谭坝[陕]	421 E7
谭店[豫]	272 A4
谭坊[鲁]	242 C5
谭格庄[鲁]	250 E4
谭家[渝]	356 D5
谭家场[湘]	306 A5
谭家河[豫]	272 F4
谭家桥[皖]	201 D7
谭家山[湘]	303 B7
谭家湾[湘]	307 G9
谭家寨[湘]	306 A3
谭棚[皖]	191 F8
谭受[川]	368 G4
谭文[琼]	347 B8
谭庄[豫]	268 E5
谭子山[湘]	302 E5
潭坝[川]	372 D3
潭布[粤]	328 D4
潭埠[赣]	226 E2
潭城[赣]	232 B4
潭东[赣]	229 E7
潭东[桂]	338 E2
潭东[桂]	338 E3
潭府[湘]	307 C8
潭江[粤]	323 D9
潭口[赣]	229 E7
潭门[琼]	347 D8
潭牛[琼]	347 B8
潭丘[赣]	232 A3
潭山[鄂]	280 B5
潭山[赣]	226 C5
潭市[湘]	302 B5
潭水[粤]	324 E5
潭头[赣]	233 B6
潭头[桂]	337 D8
潭头[闽]	206 B3
潭头[闽]	209 D8
潭头[豫]	263 E6
潭头[粤]	324 D2
潭湾[湘]	306 A4
潭西[粤]	318 F4
潭溪[赣]	225 B6
潭溪[湘]	301 E9
潭溪[湘]	307 B8
潭下[桂]	336 D2
潭下[粤]	323 D6
潭柘寺[京]	30 C5
潭子[台]	460 C3
檀江[湘]	307 C8
檀林[鄂]	287 B6
檀木[川]	369 E9
檀圩[桂]	341 B8
檀溪[浙]	174 A5
檀营[京]	33 F7
坦埠[鲁]	252 B4
坦埠[皖]	200 C3
坦渡[湘]	300 B5
坦洪[浙]	174 F4
坦坪[湘]	304 D5
坦头[浙]	176 D3
坦途[吉]	110 A4
坦溪[川]	369 D7
坦洲[粤]	320 E3
炭步[粤]	313 D6
炭店[陕]	419 B6
炭库[川]	372 E4
炭山[宁]	443 C8
炭山岭[陇]	431 G8
探沂[鲁]	252 D3
汤池[滇]	397 E8
汤池[鄂]	284 E1
汤池[黑]	123 E6
汤池[辽]	99 A9
汤池[皖]	187 B9
汤池[皖]	199 F9
汤川[闽]	211 E9
汤丹[滇]	397 B8
汤道河[冀]	53 F10
汤店[皖]	191 B9
汤坊[陕]	418 D5
汤岗子[辽]	100 C3
汤沟[辽]	100 E5
汤沟[苏]	150 C5
汤沟[皖]	198 A2
汤沟[皖]	199 B9
汤古[川]	379 B8
汤河[冀]	52 E5
汤河[辽]	100 C4
汤河[鲁]	252 E5
汤河[豫]	262 F4
汤河口[京]	33 C6
汤河子[辽]	97 G9
汤湖[赣]	233 F9
汤家河[冀]	54 F5
汤家汇[皖]	187 G8
汤涧[苏]	150 D5
汤口[皖]	201 D7
汤郎[滇]	397 B6
汤南[粤]	323 E8
汤坪[陕]	421 G6
汤浦[浙]	173 C6
汤泉[冀]	54 B1
汤泉[苏]	146 F4
汤泉[皖]	198 F3
汤山[苏]	146 B5
汤山城[辽]	99 E9
汤神庙[辽]	93 E6
汤市[湘]	305 C8
汤塘[粤]	315 F7
汤头[鲁]	252 D5
汤头[闽]	213 A7
汤头沟[冀]	53 D7
汤图[辽]	95 D8
汤汪[苏]	155 E6
汤旺[黑]	128 E1
汤旺河区[黑]	126 C3
汤西[粤]	323 E8
汤溪[粤]	319 B8
汤溪[浙]	174 D3
汤垟[浙]	181 E8
汤阴县[豫]	264 C4
汤峪[陕]	416 B4
汤峪[陕]	418 E5
汤原县[黑]	128 E1
汤庄[鲁]	252 F4
汤庄[苏]	154 D4
汤庄[豫]	269 E6
唐藏[陕]	418 F1
唐昌[川]	362 C4
唐城[晋]	74 B3
唐村[鲁]	255 D8
唐村[陕]	418 D3
唐村[浙]	166 D3
唐店[苏]	149 D9
唐坊[冀]	54 E2
唐坊[鲁]	242 A3
唐奉[冀]	58 D2
唐干[青]	437 E8
唐古拉山[青]	439 C6
唐官屯[津]	42 F4
唐海县[冀]	54 F4
唐河县[豫]	271 F8
唐集[苏]	151 B6
唐集[皖]	187 F10
唐集[豫]	269 C8
唐家[川]	365 E7
唐家[川]	376 E2
唐家[辽]	97 C9
唐家[粤]	327 E7
唐家泊[鲁]	250 E5
唐家坊[湘]	306 D5
唐家房[辽]	100 C3
唐家铺[湘]	299 E7
唐家湾[粤]	320 D3
唐江[赣]	229 E7
唐克[川]	377 B8
唐口[鲁]	255 D6
唐林[冀]	58 G4
唐马[鲁]	255 E7
唐马寨[辽]	100 B2
唐庙[鲁]	254 C4
唐乃亥[青]	437 E7
唐邱[冀]	60 C1
唐三营[冀]	53 C7
唐山[鲁]	242 B3
唐山[皖]	189 C9
唐山市[冀]	54 E3
唐田[皖]	200 C3
唐湾[皖]	198 D2

T 唐堂棠塘糖倘淌涛滔洮桃陶淘套特腾滕藤梯提天田甜条跳铁汀町廷亭庭停通同佟桐铜童潼统桶头透突图涂屠土吐兔湍团

地名[省别]	地图位置
唐汪[陇]	428 F4
唐王[鲁]	239 B7
唐先[浙]	175 D6
唐县[鄂]	282 E3
唐县[冀]	57 E6
唐央[川]	366 B5
唐洋[苏]	152 G4
唐元[川]	362 C4
唐园[鲁]	240 B2
唐闸[苏]	153 E9
唐寨[皖]	188 B4
唐镇[沪]	137 F8
唐庄[豫]	260 F4
唐庄[豫]	264 E3
唐庄[豫]	271 E8
唐自头[冀]	54 C1
堂堡[闽]	215 D9
堂尔上[晋]	72 D4
堂二里[冀]	52 E3
堂街[豫]	271 B9
堂朗[湘]	301 E9
堂市[湘]	303 C7
堂邑[鲁]	240 D2
棠村[豫]	273 C8
棠棣[鄂]	284 C2
棠华[湘]	299 C7
棠口[闽]	209 E6
棠浦[赣]	226 C5
棠树[皖]	187 B9
棠溪[皖]	200 C5
棠下[粤]	325 C10
棠阴[赣]	223 E6
棠张[苏]	148 E4
塘岸[桂]	339 E9
塘坳[渝]	356 E2
塘坝[川]	372 D4
塘坝[川]	374 F3
塘坝[黔]	391 A7
塘坝[渝]	354 B2
塘边[黔]	385 E8
塘步[桂]	338 E3
塘辍[粤]	327 B9
塘村[赣]	229 D7
塘村[湘]	304 E5
塘底[湘]	304 C3
塘坊[赣]	225 D9
塘坊[渝]	357 D8
塘房[滇]	402 B4
塘尕昂[陇]	432 A3
塘沟[苏]	150 D5
塘沽区[津]	39 E8
塘河[渝]	354 F3
塘红[桂]	334 B5
塘湖[鄂]	285 F7
塘湖[冀]	57 C7
塘口[陕]	420 D3
塘口[粤]	324 F5
塘口[粤]	325 D8
塘岭[浙]	177 D8
塘门口[湘]	305 C7
塘南[赣]	220 D5
塘南[皖]	194 E4
塘蓬[粤]	327 A8
塘坪[粤]	325 E6
塘栖[浙]	167 A8
塘前[闽]	206 D4
塘前[闽]	215 D7
塘桥[苏]	161 B7
塘且[川]	367 D9
塘山[赣]	223 C6
塘市[湘]	304 C5
塘田市[湘]	307 D7
塘头[黔]	391 E7
塘头[苏]	155 D6
塘湾[赣]	230 G5
塘湾[苏]	155 C6
塘湾[湘]	306 C5
塘尾[粤]	327 C10
塘坞[浙]	177 A7
塘溪[湘]	305 D7
塘溪[浙]	171 D6
塘下[浙]	179 C7
塘厦[粤]	321 B6
塘汛[川]	368 E3
塘雅[浙]	174 C4
塘源口[浙]	177 D8
塘州[黔]	385 B7
塘洲[赣]	233 D6
塘子[滇]	397 D8
糖坊[黑]	120 C3
倘甸[滇]	397 C7
倘甸[滇]	400 E5
倘塘[滇]	398 B4
淌塘[川]	367 G8
涛城[皖]	194 B5
涛雒[鲁]	253 D7
涛圩[湘]	304 G3
涛源[滇]	405 C7
滔河[陕]	421 E9
滔河[豫]	270 E4
滔溪[湘]	299 F6
洮东[吉]	110 C3
洮河[吉]	110 C4
洮南市[吉]	110 C3
洮坪[陇]	429 C7
洮西[苏]	156 E3
洮砚[陇]	432 B4
桃巴[川]	366 C5
桃陂[赣]	224 E5
桃城[桂]	336 E1
桃川[陕]	418 F4
桃川[湘]	304 F1
桃村[鲁]	251 E6
桃沟[皖]	189 E6
桃合木[内蒙古]	83 B8
桃红坡[晋]	73 F8
桃红营[青]	436 B5
桃花[川]	369 D9
桃花[冀]	51 D8
桃花[内蒙古]	79 E7
桃花[浙]	170 B5
桃花山[鄂]	289 F6
桃花山[陇]	428 C4
桃花潭[皖]	195 G8
桃花吐[辽]	92 C3
桃花源[湘]	299 E6
桃江[赣]	229 E9
桃江[黔]	389 E7
桃江县[湘]	299 F8
桃坑[湘]	303 E9
桃林[黔]	390 D2
桃林[鲁]	243 G8
桃林[苏]	150 E3
桃林铺[豫]	273 E8
桃林寺[湘]	300 E3
桃岭[皖]	187 F8
桃龙[川]	368 C2
桃坪[川]	367 D9
桃坪[川]	375 D6
桃坪[川]	377 F9
桃坪[陕]	425 B8
桃浦[沪]	136 E4
桃山[黑]	126 F1
桃水[湘]	303 D8
桃溪[赣]	232 A2
桃溪[闽]	215 F8
桃溪[皖]	187 A8
桃溪[浙]	174 F4
桃下[陕]	424 F4
桃仙[辽]	91 B8
桃墟[鲁]	252 C3
桃尧[粤]	323 B9
桃映[黔]	391 E9
桃园[川]	365 D6
桃园[川]	369 A7
桃园[冀]	49 E8
桃园[鲁]	238 E5
桃园[鲁]	243 G8
桃园[鲁]	248 D4
桃园[鲁]	251 F9
桃园[陕]	421 C7
桃园[苏]	148 D4
桃园[苏]	149 G7
桃园[苏]	153 F8
桃园[皖]	188 F5
桃园[豫]	260 F3
桃园县[台]	460 B4
桃源[川]	372 C2
桃源[滇]	402 F5
桃源[鄂]	280 F1
桃源[赣]	224 F5
桃源[黔]	390 B5
桃源[闽]	211 F6
桃源[苏]	161 G6
桃源[台]	460 E3
桃源[皖]	201 D6
桃源[粤]	323 D10
桃源[粤]	325 C9
桃源[浙]	171 E7
桃源[浙]	179 D8
桃源集[鲁]	254 E2
桃源县[湘]	299 D6
桃镇[陕]	423 C8
桃舟[闽]	212 C5
桃渚[浙]	176 D5
桃子[川]	366 D5
桃子溪[湘]	298 C2
桃子溪[湘]	301 B10
陶庵[苏]	150 B2
陶厂[皖]	199 B7
陶城[豫]	268 D5
陶冲[皖]	198 D2
陶村[晋]	68 F4
陶村[晋]	75 E7
陶邓[桂]	345 E10
陶店[鄂]	287 E6
陶店[皖]	186 B5
陶港[鄂]	287 D8
陶河[粤]	318 F3
陶湖[皖]	186 C2
陶家[渝]	354 D4
陶家宫[新]	456 C2
陶家河[鄂]	286 B4
陶家屯[吉]	112 C2
陶金坪[湘]	307 A6
陶赖昭[吉]	111 E10
陶老[皖]	191 G9
陶利[内蒙古]	80 E5
陶岭[湘]	304 D5
陶楼[皖]	186 D2
陶庙[鲁]	254 D5
陶庙[皖]	191 G7
陶泉[冀]	61 F8
陶然[辽]	94 C4
陶山[浙]	177 D7
陶思浩[内蒙古]	79 E7
陶寺[晋]	74 D4
陶唐[赣]	232 A5
陶唐峪[晋]	74 C2
陶屯[辽]	90 D5
陶湾[豫]	262 F5
陶圩[桂]	335 E7
陶吴[苏]	147 D7
陶辛[皖]	194 E5
陶堰[浙]	172 B5
陶营[豫]	263 D8
陶营[豫]	270 F5
陶朱[浙]	172 D2
陶庄[鲁]	255 E9
陶庄[苏]	154 B4
陶庄[浙]	169 E6
淘沙[赣]	227 E9
套浩太[吉]	111 E7
套里庄[冀]	50 F5
特补[川]	367 D8
特布洛[川]	367 C9
特尔果[川]	367 D8
特合土[青]	440 F3
特克斯县[新]	452 B2
特口[川]	367 D8
特口甲谷[川]	367 D9
特尼河[内蒙古]	81 C8
特兴[川]	375 B7
特兹[川]	367 D8
腾鳌[辽]	100 C2
腾冲县[滇]	403 E7
腾达[川]	374 E4
腾格里额里斯[内蒙古]	84 C5
腾蛟[浙]	177 E7
腾克[内蒙古]	81 A9
腾龙[川]	374 D4
腾桥[赣]	224 D4
腾垟[浙]	177 E8
腾越[滇]	403 E7
滕家[鲁]	251 E9
滕州市[鲁]	255 E8
滕庄[鲁]	238 F4
滕庄子[冀]	59 C8
藤桥[川]	367 E6
藤桥[浙]	177 D6
藤田[赣]	232 A5
藤县[桂]	338 E2
梯门[鲁]	248 D2
梯面[粤]	313 C7
提克阿热克[新]	452 B2
提蒙[琼]	347 F6
提孜那甫[新]	454 E2
天安[琼]	346 E3
天白[渝]	356 D4
天宝[川]	369 E9
天宝[川]	373 D9
天宝[鄂]	280 E2
天宝[赣]	226 C5
天宝[鲁]	249 E7
天宝[闽]	212 C3
天保[川]	365 F7
天保[滇]	401 F8
天北[吉]	109 C8
天补[苏]	153 D9
天仓[陇]	430 F5
天长[冀]	48 D4
天长市[皖]	193 C9
天场[苏]	152 C2
天成[川]	365 C6
天成[内蒙古]	79 E9
天成[陕]	418 C2
天成[浙]	176 B5
天城[川]	369 G8
天城[黔]	390 E5
天城[渝]	356 F5
天池[川]	365 B8
天池[川]	368 E2
天池[川]	369 B6
天池[川]	375 E7
天池[陇]	432 E4
天池[内蒙古]	83 A7
天池[豫]	263 C6
天池店[晋]	66 B4
天赐湾[陕]	423 F9
天德[吉]	109 B8
天德[辽]	94 C2
天等县[桂]	343 C6
天顶[湘]	296 D5
天度[陕]	418 D5
天峨[川]	372 C5
天峨县[桂]	344 F2
天鹅[鄂]	284 F2
天汾[苏]	153 B9
天峰坪[晋]	72 F1
天福[川]	365 E7
天府[川]	362 D4
天府[渝]	354 C4
天岗[吉]	109 C8
天岗湖[苏]	151 G8
天宫[川]	364 D5
天宫庙[鲁]	254 E4
天宫寺[冀]	57 C9
天宫营[冀]	49 D10
天馆[渝]	355 F10
天馆[渝]	356 D1
天和[渝]	356 D4
天河[鄂]	278 E5
天河[赣]	232 E5
天河[桂]	344 B3
天河[皖]	192 D4
天河[浙]	177 C7
天河口[鄂]	282 D2
天红[赣]	223 D9
天湖[皖]	195 E6
天华[皖]	198 F4
天荒坪[浙]	168 E4
天回[川]	363 D6
天吉泰[内蒙古]	78 E3
天津市[津]	38 C4
天井[湘]	300 E4
天井源[赣]	224 C5
天九[赣]	229 D10
天峻县[青]	439 A9
天口[冀]	60 D3
天林[川]	364 D5
天林[川]	373 D9
天龙[黔]	387 B6
天马[川]	362 C4
天马[川]	373 B9
天马[黔]	388 C3
天门[黑]	121 C6
天门[皖]	194 B3
天门[湘]	302 B1
天门市[鄂]	289 B7
天明[陕]	420 C3
天目湖[苏]	156 G3
天穆[津]	38 B4
天宁[滇]	403 C9
天凝[浙]	169 E7
天平[川]	365 B7
天平[桂]	338 E2
天坪[黔]	390 C3
天桥[黔]	391 E7
天桥[黔]	391 F6
天桥[冀]	53 E6
天桥[辽]	97 F10
天桥[陕]	416 D4
天桥[陕]	425 C9
天桥岭[吉]	115 C7
天衢[鲁]	238 E4
天全县[川]	376 C3
天山[苏]	154 F5
天山[新]	456 C2
天山口[内蒙古]	83 E7
天申堂[滇]	396 D2
天生[川]	369 E9
天生港[苏]	153 E9
天生桥[桂]	343 F8
天师[川]	369 E9
天水[陇]	429 B7
天水市[陇]	429 B6
天水围[港]	458 B2
天台[川]	369 D9
天台[赣]	226 F2
天台[黔]	390 A1
天台[吉]	108 C3
天台山[川]	362 F2
天台山[冀]	61 C8
天台县[浙]	176 D3
天堂[黔]	391 D8
天堂[陇]	431 F8
天堂[青]	436 B4
天堂[陕]	418 C4
天堂[湘]	304 E4
天堂[湘]	306 C1
天堂[粤]	325 C6
天堂坝[川]	375 C10
天堂寨[皖]	187 F10
天塘[湘]	305 F6
天王[陕]	418 E4
天王[苏]	156 D2
天文[黔]	384 C2
天仙[川]	365 E6
天仙[川]	375 C7
天心[赣]	229 C8
天兴[川]	375 B6
天兴[鄂]	279 D6
天星[川]	364 C2
天星[川]	365 D7
天星[滇]	401 D7
天星[滇]	402 E3
天星[黔]	388 C3
天星[渝]	357 D8
天星寺[渝]	354 D5
天玉[赣]	232 C5
天元[川]	368 F2
天元[渝]	357 C7
天元[浙]	170 F4
天云[川]	372 C4
天增[黑]	120 A4
天镇县[晋]	69 B9
天竺[京]	34 C2
天柱山[赣]	231 G6
天柱山[皖]	198 E3
天柱县[黔]	388 B5
天祝藏族自治县[陇]	431 F9
天子山[湘]	298 C3
田[赣]	232 D4
田坝[川]	367 A8
田坝[川]	379 A7
田坝[滇]	398 C2
田坝[滇]	398 C4
田坝[滇]	402 E1
田坝[滇]	402 G4
田坝[滇]	406 C4
田坝[黔]	386 E3
田坝[陕]	420 A4
田坝[陕]	421 E8
田坝[渝]	357 D6
田坝桥[黔]	386 D3
田堡[陇]	432 G1
田埠[赣]	228 A5
田村[赣]	229 D6
田店[鄂]	284 D1
田东县[桂]	342 C5
田独[琼]	346 G5
田墩[赣]	231 F8
田二河[鄂]	284 G1
田畈街[赣]	230 B4
田付村[冀]	60 C4
田阜[陕]	419 E7
田公[川]	364 D5
田关[豫]	270 D5
田禾[陕]	421 E7
田横[鲁]	244 A4
田湖[豫]	263 E7
田黄[鲁]	255 C9
田集[皖]	189 B9
田集[皖]	191 F9
田家[川]	364 E3
田家[川]	373 D9
田家[辽]	97 C9
田家[渝]	354 B2
田家[渝]	357 E10
田家庵区[皖]	189 C10
田家坝[鄂]	280 D2
田家河[陇]	429 E6
田家会[晋]	73 E8
田家老庄[宁]	443 C6
田家窑[冀]	51 C6
田家寨[陕]	422 B4
田家庄[冀]	49 E9
田家庄[陕]	418 D4
田坎[黔]	386 C2
田口[豫]	269 D6
田林县[桂]	342 E3
田柳[鲁]	243 B6
田楼[苏]	150 A4
田马[鲁]	243 C6
田庙[豫]	267 C8
田南[赣]	223 E6
田蓬[滇]	401 E10
田坪[黔]	391 F9
田坪[宁]	443 E9
田坪[湘]	302 A3
田铺[豫]	273 G7
田墘[粤]	318 G4
田桥[鲁]	254 C4
田桥[皖]	191 B6
田桥[皖]	191 G7
田师傅[辽]	98 E3
田氏[豫]	265 B6
田市[陕]	424 F2
田市[浙]	176 D2
田头[赣]	228 B5
田头[皖]	198 F3
田妥[藏]	409 E10
田湾[川]	367 E7
田湾[川]	376 E1
田湾[黔]	387 D7
田湾[湘]	307 G8
田心[滇]	396 C5
田心[赣]	226 E4
田心[湘]	304 D5
田心[粤]	316 A3
田阳县[桂]	342 D4
田营[皖]	191 F7
田源[闽]	210 E3
田源[粤]	316 E3
田镇[鄂]	287 C8
田庄[鲁]	239 G6
田庄[鲁]	242 B3
田庄[鲁]	244 F3
田庄[鲁]	254 C5
田庄[陕]	417 C10
田庄[陕]	423 C9
田庄[湘]	298 F5
田庄[湘]	305 D9
田庄[豫]	271 C9
田庄[豫]	271 E8
田庄台[辽]	97 C10
甜水[辽]	100 C5
甜水[辽]	97 D8
甜水[陇]	432 D3
条河[豫]	267 D10
跳蹬[渝]	354 D4
跳蹬[渝]	356 F4
跳马[湘]	297 E6
跳石[渝]	354 E4
铁坝[陇]	432 D5
铁边城[陕]	417 F7
铁鞭[川]	364 E5
铁布肯乌散[新]	453 A8
铁长[闽]	215 E6
铁厂[川]	367 C7
铁厂[川]	369 B7
铁厂[川]	373 E7
铁厂[滇]	401 E9
铁厂[滇]	402 F5
铁厂[黔]	385 D6
铁厂[黔]	390 F4
铁厂[吉]	114 E2
铁厂[冀]	54 C3
铁厂[陕]	425 E9
铁厂沟[川]	367 F9
铁厂沟[新]	451 E9
铁厂沟[新]	453 C7
铁场[粤]	316 A3
铁城[冀]	59 G6
铁冲[皖]	187 F7
铁村庄[渝]	355 E6
铁顶[川]	365 B6
铁峰[渝]	356 E5
铁佛[川]	369 C8
铁佛[川]	373 D7
铁佛[苏]	151 F9
铁佛[皖]	188 E3
铁佛寺[陕]	421 F7
铁佛塘[川]	364 C5
铁富[苏]	149 C8
铁盖[青]	437 E6
铁干里克[新]	457 D8
铁杆[冀]	49 D10
铁关[豫]	266 F5
铁河[赣]	220 A4
铁匠[黔]	386 G4
铁角嘴[湘]	300 G2
铁觉[川]	372 F2
铁克其[新]	457 E6
铁矿[川]	369 C9
铁矿[渝]	355 E7
铁力市[黑]	126 F1
铁联[桂]	339 D8
铁列克[新]	454 C2
铁岭市[辽]	95 F6
铁岭县[辽]	95 F6
铁柳[川]	367 G8
铁楼[陇]	429 D10
铁炉[川]	367 D7
铁炉[川]	372 E4
铁炉[鄂]	291 F6
铁炉[赣]	230 A3
铁炉[陇]	429 C7
铁炉[陕]	416 B2
铁炉[陕]	421 E8
铁炉[皖]	200 F1
铁路[赣]	227 F8
铁买克[新]	450 C4
铁帽[内蒙古]	79 E7
铁门[渝]	355 A8
铁门[渝]	356 G3
铁门[豫]	263 B7
铁门岗[鄂]	286 E3
铁坡[湘]	306 B5
铁铺[豫]	272 F5
铁铺[粤]	319 C8
铁桥[渝]	356 E4
铁清[川]	375 C6
铁热克[新]	455 A8
铁热克巴扎[新]	457 F6
铁热克提[新]	450 F2
铁热木[新]	454 D3
铁日木[新]	454 C3
铁日木[新]	454 D2
铁沙盖[内蒙古]	79 D8
铁山[川]	364 B5
铁山[赣]	231 F8
铁山[黑]	127 E8
铁山[辽]	102 G2
铁山[鲁]	245 F7
铁山[闽]	209 D6
铁山[湘]	306 C5
铁山[渝]	354 C1
铁山[豫]	271 D10
铁山港区[桂]	341 E9
铁山垄[赣]	229 C7
铁山区[鄂]	287 E7
铁石[黔]	386 B4
铁石口[赣]	229 E8
铁丝塘[湘]	303 E7
铁锁[滇]	396 B2
铁锁关[陕]	420 E3
铁提[新]	454 E3
铁铜[皖]	198 B3
铁王[陕]	419 C7
铁西[川]	367 B8
铁溪[川]	369 B8
铁心桥[苏]	146 D5
铁营[鲁]	238 B3
铁涌[粤]	317 C9
铁峪铺[陕]	425 B8
铁寨[陇]	428 G5
汀流河[冀]	54 E5
汀罗[鲁]	241 C8
汀坪[湘]	306 G5
汀水[鲁]	252 D5
汀泗桥[鄂]	285 D8
汀田[浙]	177 C7
汀溪[闽]	213 E7
汀溪[皖]	195 E7
汀祖[鄂]	287 E7
町店[晋]	71 F8
廷牌[黔]	385 B7
廷坪[闽]	206 E1
亭江[闽]	206 C3
亭口[鲁]	250 D5
亭口[陕]	418 B5
亭亮[桂]	343 C9
亭林[沪]	139 B6
亭旁[浙]	176 C4
亭子[川]	364 D4
亭子[川]	369 E8
亭子坝[黔]	391 E6
庭卡[川]	378 D4
停洞[黔]	389 D8
停河铺[晋]	70 B3
停前[鄂]	287 A7
停弦渡[湘]	299 B6
通安[川]	367 G7
通安[苏]	161 D6
通安驿[陇]	428 D5
通北[黑]	124 G3
通边[陇]	432 G2
通城[渝]	357 D9
通城县[鄂]	285 F7
通达[滇]	405 B6
通达[黑]	130 F3
通道侗族自治县[湘]	306 F3
通甸[滇]	405 E6
通伏[宁]	442 C2
通格勒格淖尔[内蒙古]	84 B4
通关[滇]	406 B5
通贵[宁]	442 C3
通海口[鄂]	289 D7
通海县[滇]	400 C4
通河县[黑]	121 B6
通红甸[滇]	400 C5
通化[晋]	75 F6
通化[陇]	432 G2
通化市[吉]	114 E2
通化县[吉]	114 E2
通济[川]	362 B4
通济[川]	368 F3
通江[川]	368 F3
通江[川]	372 C3
通江[黑]	129 A9
通江[黑]	130 E4
通江口[辽]	94 G4
通江县[川]	369 C8
通津铺[湘]	298 B4
通口[川]	368 D3
通辽市[内蒙古]	83 E9
通旅[川]	373 C9
通门[粤]	324 B5
通南[黑]	122 C3
通桥[渝]	354 D2
通衢[粤]	316 A4
通泉[黑]	130 F2
通山[川]	368 G3
通山县[鄂]	285 D9
通滩[川]	373 G9
通滩[川]	375 B6
通天[川]	364 B5
通挽[桂]	345 D10
通渭县[陇]	428 C5
通仙[川]	365 F7
通贤[川]	373 B9
通贤[闽]	215 E8
通宵[川]	378 D5
通霄[台]	460 C3
通许县[豫]	266 D3
通洋[苏]	152 C3
通榆[苏]	152 C2
通榆县[吉]	110 E4
通元[浙]	169 D9
通源[浙]	172 E4
通远[陇]	428 G3
通远[陕]	416 C2
通远堡[辽]	99 F7
通镇[陕]	423 C7
通州[黔]	385 E7
通州区[京]	34 D2
通州市[苏]	153 D8
同安[川]	363 E6
同安[赣]	226 C5
同安[桂]	336 F4
同安[闽]	206 F4
同安区[闽]	213 F7
同大[皖]	199 E8
同德[川]	365 E6
同德[川]	367 F6
同德[桂]	343 E6
同德[桂]	344 C4
同德县[青]	437 E8
同福[川]	373 D9
同福[浙]	169 F8
同弓[浙]	177 C7
同沟寺[陕]	420 D3
同古[桂]	338 B3
同合[川]	373 A7
同和[桂]	339 A9
同和[鲁]	244 F3
同和[湘]	305 D6
同和[粤]	313 D7
同家庄[陕]	424 C4
同建[吉]	110 C5
同江市[黑]	129 C6
同卡[藏]	409 E9
同口[冀]	57 E9
同老[桂]	342 B4
同乐[川]	369 D6
同乐[桂]	337 A8
同乐[黑]	130 C3
同乐[渝]	355 D6
同里[苏]	161 E7
同练[桂]	337 C6
同民[黔]	390 B2
同民[黔]	390 D1
同普[藏]	409 D10
同庆[粤]	324 G2
同仁[川]	365 D6
同仁县[青]	437 B7
同山[浙]	172 E2
同石[川]	365 A8
同太[吉]	108 C3
同田[赣]	227 D8
同心[滇]	407 C6
同心[桂]	338 F3
同心[黑]	120 D2
同心[黑]	122 C3
同心县[宁]	443 D6
同兴[川]	365 C7
同兴[川]	372 E3
同兴[辽]	99 E9
同兴[内蒙古]	83 E6
同兴[苏]	150 B4
同兴[湘]	302 B3
同义[黑]	122 C3
同益[辽]	102 B5
同益[湘]	305 E6
佟二堡[辽]	100 A3
佟沟[辽]	91 B8
桐柏[豫]	271 G9
桐城市[皖]	198 C1
桐川[陇]	432 F4
桐村[浙]	177 B6
桐畈[赣]	231 F9
桐河[豫]	271 E8
桐林[赣]	232 B3
桐林[黔]	388 C5
桐岭[桂]	345 C10
桐楼[渝]	355 E10
桐楼[渝]	356 B1
桐庐县[浙]	167 D6
桐棉[桂]	343 C10
桐木[赣]	228 F1
桐木[桂]	345 B7
桐木[陕]	421 D7
桐木[湘]	306 C4
桐木漯[湘]	304 C4
桐木坪[黔]	391 F9
桐木溪[湘]	307 A6
桐坪[川]	364 E5
桐坪[赣]	232 D4
桐浦[浙]	177 D7
桐琴[浙]	174 E5
桐山[赣]	230 D4
桐山[湘]	307 C6
桐乡市[浙]	169 F8
桐屿[浙]	176 E4
桐峪[晋]	67 G8
桐峪[陕]	424 F5
桐源[赣]	224 E3
桐寨铺[豫]	271 F7
桐梓[川]	375 C6
桐梓[渝]	355 D8
桐梓县[黔]	390 D3
铜壁关[滇]	403 G8
铜厂[川]	376 D3
铜厂[滇]	400 B2
铜厂[滇]	400 F5
铜城[陇]	432 G3
铜城[皖]	193 B8
铜川[内蒙古]	80 C2
铜川市[陕]	419 C8
铜茨[川]	372 D3
铜鼎[湘]	306 B5
铜鼓[川]	364 C5
铜鼓[川]	374 D5
铜鼓[黔]	389 A6
铜鼓[渝]	354 C1
铜鼓[渝]	355 F10
铜鼓[渝]	356 D2
铜鼓[渝]	357 E9
铜鼓县[赣]	226 C3
铜官[湘]	296 C4
铜官区[皖]	189 A9
铜罐驿[渝]	354 D4
铜井[鲁]	252 C5
铜井[苏]	147 F6
铜梁区[渝]	354 C3
铜陵[皖]	189 A9
铜锣[川]	374 D5
铜锣[黔]	384 D2
铜锣[台]	460 C3
铜普[青]	439 A9
铜钱[陇]	429 B9
铜钱[陕]	421 E6
铜钱关[陕]	421 C8
铜仁市[黔]	391 E10
铜山[豫]	272 C3
铜山县[苏]	148 E4
铜石[鲁]	252 D2
铜湾[湘]	306 B5
铜溪[渝]	354 B3
铜星[川]	368 C3
铜冶[冀]	49 E6
铜冶[豫]	264 A3
铜盂[粤]	319 E7
铜闸[皖]	199 B8
铜钟[鄂]	285 E8
铜钟[豫]	273 D6
童坊[闽]	215 E6
童家[川]	369 G8
童家[川]	372 C4
童家[川]	373 B8
童家[赣]	230 F5
童家溪[渝]	354 C4
童市[湘]	300 F5
童寺[川]	373 F9
童游[闽]	208 D4
潼关县[陕]	424 F4
潼湖[粤]	317 F8
潼南县[渝]	354 B2
潼射[川]	365 F6
潼阳[苏]	150 E4
统部[内蒙古]	83 E6
统景[渝]	354 C5
桶车[湘]	301 A8
桶井[黔]	391 C7
头百户[冀]	51 F6
头陂[赣]	225 E9
头城[台]	460 B5
头道[吉]	114 F2
头道[吉]	115 E7
头道[辽]	94 F3
头道河[辽]	97 F7
头道水[滇]	399 C9
头道营子[辽]	93 E7
头道营子[内蒙古]	83 G7
头渡[渝]	355 F6
头分地[内蒙古]	83 E7
头沟[冀]	53 E8
头号[内蒙古]	79 D8
头林[黑]	128 D5
头碾[川]	367 F7
头排[桂]	345 B7
头铺[皖]	187 B8
头桥[苏]	155 E7
头台[黑]	123 C9
头台[辽]	97 F7
头台[新]	453 E7
头堂[湘]	307 D6
头塘[桂]	342 D4
头陀[皖]	198 E1
头陀[浙]	176 E3
头屋[台]	460 B3
头营[宁]	443 D8
头灶[苏]	152 F4
头寨子[陇]	428 D4
头站[黑]	123 F6
头支箭[内蒙古]	82 G4
透堡[闽]	206 B2
透防[陇]	429 C9
突泉[内蒙古]	83 C8
图布信[内蒙古]	83 D10
图河[苏]	150 B4
图克[内蒙古]	80 D4
图克木[内蒙古]	84 B3
图里河[内蒙古]	81 C7
图们市[吉]	115 E8
图木舒克市[新]	454 C5
图牧吉[内蒙古]	83 B9
图强[黑]	125 B6
涂茨[浙]	171 C6
涂坊[闽]	215 E7
涂沟[苏]	151 C9
涂家[川]	372 C5
涂家垴[鄂]	287 G7
涂井[渝]	355 A9
涂井[渝]	356 G4
涂岭[闽]	213 D9
涂山[川]	364 E4
涂山[渝]	354 D4
涂市[渝]	356 C2
涂营[豫]	273 D9
涂乍[湘]	301 D8
涂寨[闽]	213 E9
屠甸[浙]	169 F8
屠园[苏]	151 F6
土陂[皖]	191 F9
土博[桂]	337 F7
土场[渝]	354 B4
土城[川]	368 B2
土城[川]	375 F10
土城[滇]	402 E4
土城[鄂]	280 D4
土城[鄂]	291 C8
土城[黔]	390 B2
土城[黔]	390 D1
土城[冀]	52 D5
土城[辽]	102 B4
土城[渝]	357 C7
土城子[吉]	109 C7
土城子[冀]	50 E3
土城子[内蒙古]	79 D8
土城子[内蒙古]	83 F6
土城子[内蒙古]	83 F8
土当[鄂]	283 D10
土当[湘]	299 A6
土当[湘]	299 B8
土地[川]	372 A4
土地[湘]	305 E6
土地[渝]	355 D8
土地坳[黔]	391 C7
土地坡[渝]	355 C7
土段[湘]	300 F4
土段[湘]	303 B6
土岗[陕]	417 A7
土高山[陇]	428 C3
土沟[川]	367 D9
土沟[晋]	72 F2
土固[豫]	265 D8
土固阳[豫]	266 B4
土关铺[陕]	420 E3
土关垭[鄂]	281 C6
土官[滇]	396 E5
土湖[桂]	343 D6
土黄[川]	369 D10
土基[陕]	417 B10
土坎[渝]	355 D7
土口子[辽]	95 B6
土龙山[黑]	128 F2
土门[川]	364 C5
土门[川]	365 D7
土门[川]	368 E1
土门[川]	372 B3
土门[鄂]	280 A3
土门[冀]	48 F5
土门[晋]	74 D3
土门[陇]	429 B6
土门[陇]	431 E9
土门[鲁]	242 E3
土门[陕]	425 C9
土门[豫]	271 B7
土门关[青]	436 C5
土门岘[陇]	428 C3
土门子[冀]	55 A6
土们岭[吉]	108 D4
土默特右旗[内蒙古]	79 E6
土默特左旗[内蒙古]	79 E7
土木[冀]	51 C7
土牧尔台[内蒙古]	79 C9
土坪[黔]	390 D4
土桥[川]	363 E9
土桥[吉]	109 B6
土桥[陇]	428 F5
土桥[陇]	432 E4
土桥[陕]	416 B2
土桥[陕]	419 C6
土桥[苏]	146 B5
土桥[皖]	199 D10
土桥[湘]	305 D9
土桥[湘]	306 C3
土桥[渝]	354 C3
土山[鲁]	250 F2
土山[苏]	149 E7
土山岗[豫]	266 C3
土市[湘]	304 E5
土四正白[豫]	265 D8
土台[鄂]	280 C5
土塘[赣]	223 D9
土沃[晋]	71 G8
土溪[川]	369 E7
土溪[黔]	390 D5
土溪[湘]	306 C4
土溪[渝]	354 D5
土兴[川]	369 D7
土崖塔[晋]	72 G3
土垭[川]	364 D4
土焉[晋]	67 B6
土峪[晋]	73 B9
土主[川]	369 D9
土主[川]	372 C3
土主[渝]	354 C4
吐尔根[新]	452 B3
吐尔洪[新]	450 C4
吐古买提[新]	454 C3
吐葫芦[新]	456 B2
吐列毛都[内蒙古]	83 C8
吐鲁番市[新]	456 F2
吐曼塔勒[新]	454 D4
吐木秀克[新]	455 B8
吐祥[渝]	357 F7
吐峪沟[新]	456 E3
兔坂[晋]	73 C6
兔场[黔]	385 C6
兔峨[滇]	405 E7
兔街[滇]	396 F2
兔街[黔]	386 G3
湍东[豫]	270 E5
湍口[浙]	166 C4
湍水头[晋]	73 D7
团坝[川]	369 F8
团坝[渝]	357 D7
团柏[晋]	74 C2
团堡[鄂]	290 D3
团陂[鄂]	286 D5
团泊[津]	42 D2
团甸[辽]	99 B9
团风县[鄂]	286 F5
团河[湘]	306 D4
团街[滇]	397 C6
团结[川]	362 D5
团结[川]	365 C7
团结[川]	367 F6
团结[川]	367 A8
团结[川]	369 B7
团结[川]	373 C10
团结[川]	373 E8
团结[滇]	397 E6
团结[滇]	402 E2
团结[滇]	405 E8
团结[黔]	386 D2
团结[黑]	120 C3

地名[省别] 地图位置

团结[黑] 120 D1
团结[黑] 124 E2
团结[黑] 128 C3
团结[吉] 110 F2
团结[陇] 428 D5
团结[陇] 430 G2
团结[内蒙古] 78 D3
团结[内蒙古] 83 D10
团结[苏] 155 B8
团结[湘] 301 D8
团结[湘] 305 C8
团结[新] 457 E6
团结圩[湘] 305 D6
团林[川] 374 F4
团林[赣] 230 C3
团林[吉] 114 B2
团林[冀] 55 E6
团林[鲁] 253 E6
团林铺[鄂] 283 E9
团瓢庄[冀] 54 C2
团山[鄂] 281 E8
团山[湘] 307 C9
团山寺[鄂] 288 F4
团山子[黑] 121 B8
团田[滇] 403 D8
团田[滇] 406 C4
团旺[鲁] 250 G4
团溪[黔] 390 F4
团泽[黔] 390 E4
团洲[湘] 300 C2
疃里[鲁] 255 C6
吞盘[桂] 343 F6
圭脚[黔] 387 E8
屯堡[鄂] 290 D3
屯昌县[琼] 347 C6
屯光[皖] 201 F8
屯垦[冀] 50 E2
屯垦队[内蒙古] 79 D9
屯里[晋] 74 D3
屯里[晋] 74 E3
屯留县[晋] 70 D4
屯门区[港] 458 B2
屯升[陇] 430 G5
屯溪区[皖] 201 F8
屯寨[陇] 429 D9
屯庄营[冀] 61 C8
屯子[豫] 264 C5
屯字[陇] 432 F4
托格拉克勒克[新] 457 F8
托格日尕孜[新] 455 E8
托古[黑] 123 C9
托河[陇] 429 B9
托乎拉[新] 455 B8
托喀依[新] 455 B8
托克托县[内蒙古] 79 F7
托克逊[新] 455 A9
托克逊县[新]456 F3
托口[湘] 306 C3
托勒[青] 436 E4
托里[新] 451 E9
托里[新] 452 E4
托里县[新] 453 C6
托普鲁克[新]454 D3
托普鲁克[新]455 B8
托普铁热克[新] 450 G3
托斯特[新] 450 G4
托托[新] 453 E6
托溪[闽] 209 C7
托叶玛[青] 437 C9
托依堡勒迪[新] 455 B9
托云[新] 454 C2
托扎敏[内蒙古] 81 B8
拖坝[川] 378 D4
拖布卡[滇] 397 A8
拖冲[湘] 306 B3
拖船[赣] 227 E8
拖顶[滇] 404 E4
拖觉[川] 367 D8
拖木[川] 367 B9
拖市[鄂] 289 B6
拖乌[川] 367 B7
驮堪[桂] 343 C6
驮龙[桂] 343 C9
驮卢[桂] 343 B7
佗城[粤] 316 B4
坨里[冀] 54 F4
坨南[冀] 57 D7
沱川[赣] 231 A7
沱湖[皖] 187 B8
沱江[川] 373 E8
驼耳巷[陕] 423 D9
驼峰[晋] 69 E7
驼峰[苏] 150 D3
驼山[辽] 102 B3
驼腰岭[吉] 114 D2
驼腰子[黑] 128 F3
妥安[滇] 396 D4
妥坝[藏] 409 D10
拓石[陕] 418 D1

W

哇尔依[青] 440 F4
哇落[川] 366 E5
哇赛[青] 440 F4
挖角[川] 376 E1
挖色[滇] 405 C8
洼堤[内蒙古] 81 B10
洼底[川] 377 E9
洼垤[滇] 400 E3
洼里[川] 367 C6
洼里[川] 367 C6
洼里[冀] 54 D3
洼里王[冀] 59 D6
洼兴[黑] 120 A4
瓦埠[皖] 186 B5
瓦厂[滇] 405 D9
瓦店[川] 365 B8
瓦店[川] 368 F3
瓦店[鲁] 243 F8
瓦店[皖] 190 G2
瓦店[豫] 264 B5
瓦店[豫] 268 D4
瓦店[豫] 271 F7
瓦都[川] 367 D9
瓦渡[滇] 403 B7
瓦多[川] 379 C6
瓦坊[皖] 189 E9
瓦房[滇] 403 C6
瓦房[吉] 110 B2
瓦房[湘] 301 B8
瓦房店[辽] 92 F5
瓦房店市[辽]102 C4
瓦房口[陕] 425 E9
瓦房子[辽] 92 D5
瓦岗[豫] 264 C5
瓦岗[豫] 272 C4
瓦岗寨[豫] 264 E5
瓦古[川] 367 C9
瓦侯库[川] 372 F2
瓦拉干[黑] 125 B8
瓦里觉[川] 367 B8
瓦砾[川] 364 F2
瓦垅[皖] 200 C2
瓦洛[川] 367 D8
瓦马[滇] 403 C6
瓦庙[陕] 421 G8
瓦普莫[川] 367 B8
瓦恰[新] 454 E2
瓦切[川] 377 C8
瓦切[陇] 432 D3
瓦曲觉[川] 367 B8
瓦曲乃乌[川]367 B8
瓦日[川] 378 C5
瓦石峡[新] 457 D8
瓦市[川] 373 E8
瓦室[川] 369 C8
瓦塘[桂] 339 D7
瓦塘[晋] 73 A7
瓦亭[豫] 270 E5
瓦窝[辽] 102 C4
瓦屋[黔] 391 F10
瓦屋[豫] 271 B7
瓦屋山[川] 372 C1
瓦屋塘[湘] 306 D5
瓦屋头[豫] 265 C8
瓦西[川] 367 B9
瓦溪[黔] 391 C8
瓦溪[粤] 317 B6
瓦斜[陇] 432 F4
瓦须[川] 378 F2
瓦岩[川] 367 B8
瓦窑[滇] 403 C6
瓦窑[苏] 149 D8
瓦窑沟[豫] 262 G3
瓦泽[川] 379 B7
瓦寨[黔] 388 C5
瓦子[川] 364 B4
瓦子街[陕] 417 B9
瓦子峪[辽] 97 D6
歪头山[辽] 98 G2
歪子[豫] 271 F7
外北[川] 367 F7
外冈[沪] 136 C2
外沟门[冀] 52 C5
外海[粤] 325 C10
外郎[渝] 357 F6
外纳[陇] 429 C9
外沙[湘] 305 E8
外砂[粤] 319 D8
外山[闽] 213 C8
外舍[浙] 181 E6
外屯[闽] 209 D6
弯岭[琼] 347 D6
湾坝[川] 379 A8
湾碧[滇] 396 A3
湾碧[滇] 405 A7
湾甸[滇] 403 B9
湾甸子[辽] 95 B7
湾沟[吉] 113 E8
湾沟门[冀] 53 D6
湾井[湘] 304 E4
湾里[赣] 231 E6
湾里[皖] 194 F4
湾里区[赣] 220 C2
湾龙[吉] 114 C2
湾桥[滇] 405 C8
湾丘[川] 367 E7
湾水[黔] 388 F5
湾潭[鄂] 278 E6
湾潭[鄂] 284 F2
湾塘[滇] 401 F6
湾塘[湘] 301 B8
湾头桥[湘] 307 D6
湾坞[闽] 209 E8
湾溪[湘] 306 C5
湾寨[黔] 385 E6
湾仔[粤] 320 E3
湾子[陕] 416 C2
完工[内蒙古] 81 D9
宛平城[京] 28 E5
宛市[鄂] 288 D3
宛田[桂] 336 C2
挽澜[黔] 387 D8
莞城[粤] 320 A4
碗厂[川] 367 C8
碗厂[川] 373 D7
碗厂[滇] 402 C3
碗泉[川] 364 F4
碗窑[浙] 177 D8
万安[川] 363 E6
万安[川] 368 E3
万安[川] 368 F3
万安[川] 369 D6
万安区[冀] 57 F8
万安[晋] 74 C3
万安[晋] 74 E5
万安[闽] 208 B5
万安[闽] 210 B5
万安[闽] 215 C8
万安[闽] 215 F8
万安[皖] 201 F7
万安县[赣] 233 D7
万宝[黑] 120 C2
万宝[吉] 108 D2
万宝[吉] 114 E5
万宝[湘] 302 B4
万宝乡[吉] 110 B1
万宝镇[吉] 110 B1
万埠[赣] 220 C2
万苍[浙] 175 C9
万昌[吉] 109 D6
万朝[渝] 355 B9
万潮[黔] 389 F6
万城[冀] 49 F6
万冲[琼] 346 E4
万崇[赣] 225 G7
万春[川] 362 D4
万村[赣] 231 D6
万德[滇] 396 B5
万德[鲁] 239 C9
万堤[冀] 61 B9
万第[鲁] 250 F5
万店[鄂] 282 D3
万东[渝] 354 F5
万发[黑] 120 A4
万发[吉] 112 D3
万坊[赣] 224 C5
万丰[鲁] 254 D4
万峰湖[黔] 387 E9
万福[川] 368 F2
万福[川] 368 G4
万福[赣] 232 D4
万福[辽] 99 B10
万福[鲁] 254 D2
万福[皖] 187 G9
万福[湘] 301 C9
万阜[浙] 179 F6
万阜[浙] 181 E8
万工[川] 376 F3
万古[川] 376 C4
万古[渝] 354 C3
万古[渝] 357 C8
万古[豫] 265 E6
万合[赣] 233 C6
万合永[内蒙古] 83 F6
万和[川] 365 C6
万和[滇] 402 F3
万和[鄂] 282 E1
万户[赣] 223 D9
万花山[陕] 417 C8
万华岩[湘] 305 D6
万集[苏] 151 D8
万家[川] 362 D3
万家[川] 364 C1
万家[川] 365 C7
万家[川] 369 E9
万家[鄂] 288 E2
万家[鲁] 244 F4
万家[皖] 195 C8
万家岭[辽] 102 B5
万家寨[晋] 72 F1
万家庄[湘] 304 E3
万江[粤] 320 A4
万金[豫] 268 E5
万金店[豫] 273 B6
万金山[黑] 128 F5
万金塔[吉] 108 C2
万里[川] 375 D6
万里[川] 376 F3
万里[冀] 58 C4
万利[内蒙古] 80 C2
万良[吉] 113 D7
万林[川] 365 E7
万林[川] 377 F7
万岭[川] 374 D5
万龙山[赣] 228 E2
万隆[赣] 229 E8
万隆[黑] 120 D1
万隆[豫] 266 C3
万马[滇] 396 A3
万民[湘] 301 B9
万木[渝] 354 G10
万木[渝] 356 D1
万年[川] 364 D5
万年[苏] 153 C9
万年县[赣] 230 D5
万宁市[琼] 347 E7
万排[浙] 177 F9
万匹[苏] 150 D4
万坪[川] 372 E2
万顷沙[粤] 313 G8
万全[鄂] 289 E8
万全[冀] 50 E5
万全[闽] 210 B4
万全县[冀] 51 E6
万泉[晋] 75 F6
万泉[陇] 432 G2
万泉[琼] 347 D7
万荣[台] 460 D4
万荣县[晋] 75 F6
万溶江[湘] 301 E8
万山[川] 364 C2
万山[皖] 199 F9
万山[粤] 320 G4
万山[浙] 181 C9
万山特区[黔]391 F10
万善[川] 365 D8
万善[鲁] 240 C1
万胜[川] 372 B3
万胜永[冀] 52 C4
万盛区[渝] 354 F5
万市[浙] 167 C6
万寿[川] 369 E7
万寿[川] 373 F9
万寿[川] 375 E7
万寿[辽] 92 E4
万寿[皖] 193 C9
万水[湘] 304 E5
万顺[吉] 108 C1
万顺[渝] 354 B5
万滩[豫] 260 B2
万塘[湘]307 E6
万田[赣] 229 C6
万田[浙] 177 B9
万屯[黔] 387 E9
万祥[沪] 140 B3
万兴[川] 363 E7
万兴[滇] 403 C8
万盈[苏] 152 F4
万庾[湘] 300 B1
万峪河[鄂] 280 D5
万元店[辽] 92 F4
万源市[川] 369 C9
万载县[赣] 226 E3
万寨[鄂] 290 E4
万张[鲁] 255 C6
万镇[陕] 423 B6
万家[豫] 273 B6
万州区[渝] 356 F5
万庄[冀] 52 C2
万子湖[湘] 299 D8
万足[渝] 355 E9
万足[渝] 356 C1
汪布顶[藏] 409 D10
汪场[鄂] 289 B7
汪川[陇] 429 B7
汪村[皖] 201 F6
汪村[浙] 177 C9
汪甸[桂] 342 E3
汪洞[桂] 337 C6
汪墩[赣] 223 D8
汪二[赣] 231 F6
汪岗[鄂] 286 D5
汪岗[豫] 273 F9
汪沟[鲁] 252 D4
汪湖[鲁] 253 B6
汪集[鄂] 278 B5
汪集[陇] 428 F5
汪家[川] 364 D2
汪家[川] 374 B5
汪家[赣] 230 D4
汪家铺[冀] 59 D7
汪家圩[赣] 227 C7
汪家寨[黔] 386 F5
汪家庄[冀] 53 F7
汪棚[豫] 273 E9
汪坡[皖] 200 C3
汪桥[鄂] 289 E6
汪桥[豫] 273 F8
汪清县[吉] 115 D8
汪仁[鄂] 287 E7
汪疃[鲁] 251 D8
汪屯[豫] 266 C2
汪溪[皖] 195 C7
汪洋[川] 372 C5
汪营[鄂] 290 D2
汪郢[皖] 193 F6
汪宅[浙] 166 E3
王爱召[内蒙古] 80 C2
王安镇[冀] 57 B6
王坝[陇] 429 B9
王坝[陇] 429 C8
王宝[辽] 93 D8
王宝营子[辽] 93 F6
王鲍[苏] 153 B9
王奔[吉] 112 F3
王滨沟[辽] 91 A8
王卜庄[津] 41 E8
王常[冀] 58 G4
王场[川] 362 E3
王场[川] 373 F8
王场[川] 374 B4
王场[鄂] 289 C6
王场[渝] 355 A9
王称[豫] 265 D8
王城[鄂] 281 E10
王城[皖] 186 A2
王褚[豫] 261 B8
王村[川] 372 D4
王村[冀] 57 B8
王村[冀] 61 B8
王村[晋] 70 D3
王村[晋] 72 E4
王村[陇] 432 G3
王村[鲁] 242 C2
王村[鲁] 244 B4
王村[陕] 418 D5
王村[陕] 424 C4
王村[皖] 201 F8
王村[湘] 301 D9
王村[豫] 260 E2
王村[豫] 262 D5
王村[豫] 264 E2
王村[豫] 264 G4
王村[豫] 271 E7
王村港[粤] 327 C10
王村口[浙] 180 C3
王答[晋] 66 D5
王打卦[鲁] 238 E5
王道寨[冀] 60 B3
王店[鄂] 284 C3
王店[鄂] 291 C9
王店[苏] 151 E10
王店[皖] 191 E8
王店[豫] 269 D7
王店[豫] 270 E5
王店[豫] 271 D9
王店[豫] 272 C3
王店[豫] 273 D9
王店[浙] 169 E8
王店孜[皖] 191 F9
王店子[冀] 54 D4
王范[晋] 75 E7
王范[豫] 262 D5
王坊[湘] 303 B9
王坟[鲁] 242 D4
王封[晋] 66 C5
王封[豫] 261 C8
王峰[陕] 424 B5
王凤楼[鲁] 238 D5
王奉[鲁] 240 D1
王府[辽] 96 E5
王府[内蒙古] 83 F6
王府站[吉] 111 E8
王阜[浙] 166 D3
王岗[黑] 120 C3
王岗[皖] 191 B10
王岗[豫] 268 C4
王岗[豫] 271 E6
王岗[豫] 272 D4
王岗[豫] 273 C6
王纲堡[辽] 91 D8
王港[赣] 221 D9
王杲铺[鲁] 238 E5
王哥庄[鲁] 244 B5
王格尔塘[陇]432 A3
王格庄[鲁] 251 E6
王沟[苏] 148 B1
王瓜店[鲁] 248 C4
王官集[苏] 150 G5
王官屯[晋] 69 B7
王官营[冀] 54 D3
王官庄[冀] 60 A4
王浩[苏] 153 C9
王浩屯[鲁] 254 D2
王和[晋] 70 G1
王河[川] 364 E4
王河[陇] 429 B6
王河[皖] 198 E4
王虎屯[冀] 51 F7
王虎寨[冀] 60 C3
王化[皖] 191 E10
王集[鄂] 281 E8
王集[冀] 59 E6
王集[鲁] 254 E3
王集[苏] 149 F6
王集[苏] 151 E6
王集[皖] 191 A6
王集[皖] 191 G7
王集[豫] 267 D9
王集[豫] 269 B7
王集[豫] 271 B9
王集[豫] 271 F6
王家[川] 364 D3
王家[川] 365 C6
王家[川] 365 A8
王家[川] 374 F5
王家[辽] 100 B3
王家[辽] 103 D8
王家[辽] 97 C9
王家[辽] 97 F10
王家[青] 437 D7
王家[渝] 354 C5
王家[渝] 355 A9
王家坝[皖] 191 F10
王家砭[陕] 423 C7
王家岔[晋] 72 F4
王家厂[湘] 299 A6
王家墩[陕] 422 A5
王家畈[鄂] 291 E8
王家岗[豫] 273 D9
王家沟[晋] 73 D7
王家河[鄂] 278 D4
王家河[陕] 416 F4
王家河[陕] 419 B8
王家后[豫] 262 B5
王家井[冀] 58 F2
王家井[浙] 172 E2
王家垴[陕] 418 F3
王家楼[冀] 51 C7
王家庙[陇] 428 C4
王家坪[湘] 298 D4
王家坪[湘] 306 D4
王家桥[鄂] 288 D2
王家山[陇] 428 D2
王家湾[冀] 51 E7
王家湾[陕] 417 C6
王家营子[内蒙古] 83 F8
王家寨[黔] 386 D4
王家庄[滇] 398 E2
王家庄[冀] 60 D2
王家庄[晋] 72 C4
王家庄[鲁] 243 E8
王江泾[浙] 169 E7
王截流[皖] 186 E4
王京[冀] 57 F6
王井[川] 373 F8
王敬屯[豫] 264 E1
王均[冀] 58 G3
王口[冀] 49 F10
王口[津] 42 G2
王快[冀] 60 E4
王兰庄[冀] 54 E2
王乐井[宁] 442 B4
王连[鲁] 251 F9
王良[豫] 263 B8
王寮[陕] 424 E1
王林口[冀] 56 E4
王灵[桂] 335 D6
王岭[陕] 425 B7
王楼[豫] 264 F4
王楼[豫] 265 C8
王楼[豫] 267 D6
王鲁[鲁] 255 E6
王洛[豫] 268 C2
王莽[陕] 416 C4
王茅[晋] 75 C7
王孟[豫] 268 C4
王庙[鲁] 239 E6
王庙[鲁] 255 E6
王民[宁] 443 E9
王明口[豫] 269 F8
王磨[陇] 429 B8
王母渡[赣] 229 E7
王母宫[鲁] 242 C5
王辇庄[冀] 54 D3
王丕[鲁] 254 E5
王皮溜[豫] 269 D10
王平[京] 30 C5
王坪[陇] 428 G4
王坪[豫] 263 F8
王铺[陇] 429 C6
王谦寺[冀] 58 F4
王桥[赣] 224 C3
王桥[冀] 61 A8
王桥[晋] 70 C3
王桥[陕] 419 D7
王桥[豫] 266 C5
王庆坨[津] 40 E1
王曲[陕] 416 C3
王曲[豫] 261 D9
王渠则[陕] 423 G9
王人[皖] 191 D7
王舍人[鲁] 239 B7
王狮[晋] 73 C8
王十万[湘] 303 C7
王什[豫] 265 C6
王石[辽] 100 D2
王石凹[陕] 419 B9
王市[皖] 191 D7
王司[黔] 385 C6
王四营[京] 29 E8
王寺[冀] 59 E7
王寺[陕] 416 D3
王泗[川] 362 E3
王所[川] 367 E7
王台[陇] 428 G4
王台[鲁] 245 E6
王台[闽] 208 F3
王滩[冀] 54 F5
王坛[浙] 172 D5
王陶[晋] 70 F2
王铁[皖] 186 B4
王同岳[冀] 58 D3
王疃[冀] 58 G5
王土房[冀] 53 E9
王团[宁] 443 D7
王屯[豫] 261 B8
王洼[宁] 443 C8
王稳庄[津] 38 F5
王屋[豫] 261 F9
王五[琼] 346 C4
王武庄[冀] 59 E6
王勿桥[豫] 273 D6
王仙[湘] 303 B9
王显[晋] 75 F6
王岘[陇] 428 E3
王辛庄[京] 32 B2
王兴[苏] 151 C6
王杏兰[豫] 264 F3
王阎[陕] 425 B10
王堰[皖] 191 G9
王杨[黑] 126 F1
王窑[陕] 417 C7
王爷府[内蒙古] 83 G6
王义贞店[鄂]284 C1
王益区[陕] 419 B8
王因[鲁] 255 C7
王英[鄂] 287 F9
王营[冀] 53 D6
王营子[辽] 92 C5
王佑[黔] 385 F7
王禹[晋] 66 G3
王院[浙] 172 E5
王宅[浙] 174 E4
王寨[黔] 391 E6
王寨[陇] 432 F4
王寨[皖] 188 C4
王寨[豫] 271 A8
王占[豫] 261 D9
王召[豫] 261 C9
王助[豫] 265 D6
王抓子[陕] 417 F7
王庄[黔] 384 G4
王庄[晋] 74 C5
王庄[鲁] 248 D3
王庄[鲁] 255 B8
王庄[鲁] 255 F9
王庄[陕] 424 C3
王庄[陕] 425 D8
王庄[苏] 149 E9
王庄[苏] 161 C7
王庄[皖] 187 D8
王庄[豫] 264 C5
王庄[豫] 264 E5
王庄[豫] 271 G7
王庄[豫] 272 C5
王庄堡[晋] 69 F8
王庄集[鲁] 240 F2
王庄寨[豫] 267 C6
王庄子[冀] 52 E2
王子树[滇] 403 F9
王嘴子[陇] 432 E4
王佐[京] 28 F4
网户[辽] 93 D8
网岭[湘] 303 D8
网市[鄂] 289 D7
往洞[黔] 389 C8
往流[豫] 273 D9
辋川[闽] 213 D9
辋川[陕] 416 B4
旺苍县[川] 364 C3
旺藏[陇] 432 C4
旺草[黔] 390 D4
旺村[冀] 52 F2
旺甫[桂] 338 E4
旺隆[黔] 390 A1
旺茂[桂] 339 F8
旺起[吉] 109 D8
旺清门[辽] 95 A8
旺兴[陇] 429 A6
旺业甸[内蒙古] 83 G6
望埠[粤] 315 E7
望城[赣] 220 D3
望城[鲁] 244 C2
望城[湘] 299 C6
望城坡[湘] 296 D5
望城县[湘] 296 C4
望都县[冀] 57 E6
望丰[黔] 389 E7
望峰[湘] 303 C6
望峰岗[皖] 189 C9
望夫[粤] 324 F4
望高[桂] 338 B4
望关[陇] 429 C9
望海[辽] 93 C8
望洪[宁] 442 D3
望狐[晋] 69 D8
望花区[辽] 95 F8
望佳[川] 373 E7
望江[川] 369 F7
望江[黑] 128 E2
望江[陕] 420 C3
望江县[皖] 198 D5
望京[川] 369 C8
望奎县[黑] 130 E4
望里[浙] 179 D8
望留[鲁] 243 C6
望龙[川] 375 B8
望谟县[黔] 387 B9
望牛墩[粤] 320 A4
望树[冀] 59 E9
望水[川] 373 C7
望水[渝] 355 A8
望水台[辽] 100 B3
望松[浙] 180 B5
望台[辽] 100 C2
望田[豫] 268 C5
望亭[冀] 57 E8
望亭[苏] 161 D6
望疃[皖] 191 C7
望溪[川] 369 F7
望仙[赣] 231 D7
望垭[川] 364 C4
望鱼[川] 376 D4
望远[宁] 442 D3
望直港[苏] 154 F2
危水[鄂] 288 E2
威海市[鲁] 251 D8
威家[赣] 223 C8
威宁彝族回族苗族自治县[黔] 386 G4
威旁[黔] 387 D9
威坪[浙] 166 E3
威戎[陇] 432 G1
威奢[黔] 386 F3
威舍[黔] 387 F9
威溪[湘] 307 E6
威县[冀] 60 C4
威信县[滇] 402 B3
威远[黔] 385 F6
威远[晋] 68 D3
威远堡[辽] 94 E4
威远县[川] 373 E7
威整[粤] 328 D5
威州[冀] 48 D5
微山岛[鲁] 255 F8
微山县[鲁] 255 F8
微子[晋] 70 B4
巍宝山[滇] 405 C9
巍东[陕] 424 C5
巍岭[皖] 198 E2
巍山[浙] 175 C8
巍山彝族回族自治县[滇] 405 C9
为公[湘] 307 C7
韦集[皖] 189 G7
韦林[陕] 424 E4
韦营[陇] 428 D4
韦源口[鄂] 287 D7
韦寨[皖] 191 G8
韦州[宁] 443 C6
韦庄[陕] 424 D3
圩丰[苏] 150 B3
圩上桥[赣] 224 D2
围场满族蒙古自治县[冀] 53 C7
围底[粤] 324 C5
围龙[渝] 354 C3
围屏[辽] 93 C7
围子[鲁] 243 C8
沩山[湘] 296 D1
涠洲[桂] 341 G8
唯亭[苏] 161 D8
维城[川] 377 E9
维的[滇] 396 B4
维登[滇] 404 E5
维古[川] 377 E9
维摩[滇] 401 D7
维桥[苏] 151 E9
维山[湘] 302 B2
维它[川] 378 C5
维吾尔玉其温[新] 452 B2
维西傈僳族自治县[滇] 404 E5
维新[川] 374 F4
维新[黔] 386 E4
维新[陇] 429 E6
维新[陇] 432 B4
维新[湘] 298 A5
维新[渝] 354 B2
维新[浙] 175 E8
维新[浙] 179 E8
维扬区[苏] 155 F7
维则[滇] 397 F9
潍城区[鲁] 243 C7
潍坊市[鲁] 243 C7
伟光[黑] 127 B8
伟江[桂] 336 B2
苇河[黑] 121 E6
苇莲苏[内蒙古] 83 E8
苇沙河[吉] 113 F9
苇子沟[吉] 108 D3
苇子沟[冀] 53 F10
苇子沟[辽] 96 A4
苇子峡[新] 456 B2
苇子峪[辽] 95 D10
委只洛[川] 367 D9
洧川[豫] 266 E1
卫城[川] 367 D6
卫城[贵]384 G4
卫店[鄂] 284 C3
卫东[内蒙古] 83 B9
卫东[陕] 425 D7
卫固[鲁] 242 C4
卫国[黑] 120 E4
卫辉市[豫] 264 E3
卫境[内蒙古]79 B7
卫泸[滇] 401 C6
卫闽[闽] 208 E2
卫坪[川] 373 E8
卫贤[豫] 264 D4
卫星[黑] 130 D4
卫庄[晋] 75 C6
卫子[川] 364 D3
未竹口[湘] 304 G3
位伯[冀] 49 D9
位奇[陇] 431 C6
位庄[豫] 264 F2
尉都[冀] 57 C7
尉郭[晋] 75 D7
尉犁县[新] 457 E6
尉氏县[豫] 266 D2
尉庄[晋] 74 E4
喂马[晋] 67 E9
渭滨[陕] 419 E7
渭城镇[陕] 419 E8
渭丰[陕] 416 D3
渭河[陇] 429 C9
渭河[陇] 429 D6
渭津[吉] 112 B5
渭门[川] 377 E10
渭南市[陕] 424 F2
渭桥[皖] 201 F7
渭塘[苏] 161 D7
渭田[闽] 208 C5
渭沱[渝] 354 B3
渭溪[湘] 307 G9
渭溪[渝] 354 B4
渭阳[陇] 429 C6
渭阳[陇] 429 D6
渭源县[陇] 428 E5
蔚县[冀] 51 E9
魏城[川] 368 E3
魏村[冀] 57 E7
魏村[晋] 74 D3
魏店[陇] 428 C5
魏岗[皖] 190 E3
魏岗[豫] 273 E8
魏集[鲁] 247 E8
魏集[苏] 149 F7
魏集[豫] 269 F7
魏家[川] 369 C8
魏家岭[辽] 93 F7
魏家楼[陕] 423 E9
魏家峁[内蒙古] 80 A3
魏家桥[冀] 58 E2
魏家桥[陕] 420 D3
魏家桥[湘] 307 C8
魏家台[陕] 425 A10
魏家滩[晋] 73 A8
魏家屯[冀] 58 G3
魏家庄[冀] 60 D3
魏岭[陇] 428 E4
魏庙[苏] 148 C4
魏桥[鲁] 247 F7
魏邱[豫] 264 F4
魏僧寨[冀] 61 A7
魏善庄[京] 31 F8
魏湾[鲁] 240 C3
魏湾[鲁] 254 E2
魏县[冀] 61 B9
魏兴[川] 369 D8
魏营[苏] 151 G8
魏寨[陕] 416 B3
魏庄[鲁] 240 D2
魏庄[鲁] 252 D2
魏庄[皖] 187 E8
魏庄[豫] 264 F5
温巴什[新] 455 B9
温波[川] 378 A3
温波[川] 378 F2
温陈[鲁] 240 C4
温城[冀] 58 F4
温春[黑] 131 D8
温滴楼[辽] 97 F8
温店[鲁] 247 C7
温更[内蒙古] 78 D4
温家庄[晋] 67 B8
温江区[川] 362 D4
温江寺[陕] 418 G1
温郊[闽] 210 D4
温峤[浙] 176 F4
温岭市[浙] 176 F4
温浏[滇] 401 C8
温泉[川] 367 E6
温泉[滇] 397 E6
温泉[滇] 403 B8
温泉[滇] 405 A7
温泉[赣] 223 D7
温泉[赣] 224 E4
温泉[赣] 226 C3
温泉[黔] 384 E2
温泉[黔] 390 D4
温泉[桂] 339 E9
温泉[晋] 72 G4
温泉[晋] 73 F8
温泉[京] 28 B4
温泉[陇] 429 C6
温泉[鲁] 244 B4
温泉[鲁] 251 D9
温泉[青] 437 F8
温泉[苏] 150 E3
温泉[皖] 198 E2
温泉[渝] 356 D5
温泉[豫] 271 A7
温泉[粤] 313 B9
温泉屯[冀] 51 C7
温泉县[新] 452 E2
温仁[冀] 57 F7
温水[黔] 390 C2
温水[鲁] 252 C2
温水[陕] 418 C2
温水[湘] 307 C6
温水凼[川] 372 E2
温宿县[新] 455 B8
温台[陇] 432 E4
温汤[赣] 226 G3
温塘[冀] 48 C4
温塘[湘] 298 C2
温塘[湘] 302 B3
温图高勒[内蒙古] 84 D2
温拖[川] 378 E3
温溪[浙] 181 D9
温县[赣] 261 C9
温香[辽] 100 C2
温亚尔[新] 452 B2
温圳[赣] 220 F4
温州市[浙] 179 C6
文安[川] 364 D1
文安县[冀] 52 F2
文安驿[陕] 417 B7
文白[湘] 300 C5
文陂[赣] 232 C5
文布[藏] 408 D4
文昌[川] 364 C3
文昌[皖] 194 D5
文昌[浙] 166 D4
文昌阁[湘] 306 B3
文昌市[琼] 347 C9
文成[川] 364 D4
文成[赣] 231 D8
文成县[浙] 179 F7
文城[晋] 74 F3
文城[琼] 347 C8
文城[豫] 272 B4
文崇[川] 369 E8
文川[陕] 420 C2
文祠[粤] 319 C8
文村[川] 364 D3
文德[冀] 56 F5
文登市[鲁] 251 E8
文登营[鲁] 251 E8
文地[桂] 339 F9
文东[滇] 407 F6
文都[青] 437 B6
文斗[鄂] 290 E1
文斗[陇] 429 E7
文坊[赣] 230 G5
文峰[川] 365 D7
文峰[川] 369 C8
文峰[鄂] 280 D3
文峰[赣] 229 C9
文峰[陇] 429 D6
文峰[闽] 212 C2
文峰[渝] 357 D7
文峰[豫] 268 E3
文峰路[鲁] 250 E2
文福[粤] 323 B8
文复[渝] 355 E8
文富市[湘] 304 A4
文港[赣] 220 F4
文阁[黔] 386 D3
文宫[川] 372 A4
文亨[闽] 215 D7
文化[川] 369 F9
文化[川] 373 C9
文化[渝] 356 F3
文集[鄂] 283 D7
文家[川] 362 D5
文家[鲁] 242 C5
文家[湘] 299 C6
文家店[黔] 391 F6
文家坡[陕] 418 D3
文家市[湘] 297 E9
文江[川] 374 D4
文江[闽] 211 E7
文教[琼] 347 B9
文井[川] 362 E4
文井[川] 365 E6
文井[滇] 406 C3
文乐[滇] 405 A6
文利[桂] 341 C8
文岭[闽] 206 B4
文留[豫] 265 D7
文龙[滇] 406 D2
文龙[渝] 357 D6
文楼[粤] 324 E1
文罗[琼] 347 F6
文庙[冀] 59 D6
文明[湘] 305 E8
文明[渝] 354 B2
文明铺[湘] 304 A3
文坪[川] 367 E8
文坪[湘] 307 E6
文桥[赣] 223 D9
文桥[桂] 336 A4
文桥[湘] 300 B4
文箐[川] 367 F9
文渠[豫] 270 F5
文儒[琼] 347 C6
文山县[滇] 401 E7
文升[川] 365 E6
文胜[川] 368 C4
文胜[川] 369 C8
文圣区[辽] 100 B3
文市[桂] 336 C5
文殊[川] 364 B5
文殊[陇] 430 A2
文殊[豫] 268 B1
文殊[豫] 273 F7
文树川[陇] 428 C5
文水县[晋] 73 E10
文田[湘] 302 B1
文疃[鲁] 253 D6
文圩[桂] 338 C1
文武[滇] 407 B6
文武砂[闽] 206 B4
文溪[湘] 306 E3
文县[陇] 429 D10
文兴[川] 368 E4
文兴[滇] 398 B4

地名[省别] 地图位置

文星[川] 362 E5
文星[川] 364 C5
文星[川] 368 E2
文星[川] 369 G8
文印[川] 375 F6
文英[赣] 229 G7
文峪[豫] 262 E4
文竹[赣] 232 G5
文竹[桂] 338 C2
文庄[皖] 188 B4
文祖[鲁] 239 A8
闻集[皖] 191 F7
闻集[豫] 267 E8
闻韶[粤] 315 B8
闻溪[川] 364 E3
闻喜县[晋] 75 D6
闻堰[浙] 167 C8
稳坪[黔] 391 D7
问安[鄂] 291 D9
问十[豫] 268 E3
汶川县[川] 377 F9
汶村[粤] 325 F8
汶朗[粤] 328 C3
汶龙[赣] 229 E10
汶南[鲁] 249 F9
汶上[滇] 403 C6
汶上集[鲁] 254 D4
汶上县[鲁] 255 B6
汶水[川] 367 C10
汶阳[鲁] 248 E5
翁昂[黔] 385 B9
翁城[粤] 315 D8
翁达[川] 378 C4
翁堵[滇] 403 B8
翁墩[皖] 187 C6
翁嘎科[滇] 407 G7
翁根[内蒙古] 83 C6
翁贡乌拉[内蒙古] 82 F3
翁牛特旗[内蒙古] 83 F7
翁坪[黔] 388 E5
翁山[浙] 179 F8
翁台[黔] 385 C7
翁田[琼] 347 B9
翁垟[浙] 179 B6
翁源县[粤] 315 D9
瓮安[黔] 384 C3
瓮洞[黔] 388 A4
瓮江[湘] 300 F5
瓮溪[黔] 391 F6
倭肯[黑] 127 G8
涡北[豫] 269 C10
涡南[皖] 191 C6
涡水[粤] 314 D3
涡阳县[皖] 190 C5
窝堡[川] 367 B7
窝北[冀] 58 C4
窝城[豫] 268 C4
窝底[川] 377 G7
窝公[川] 378 F3
窝洛沽[冀] 54 E1
窝赛[青] 440 F3
窝勺[湘] 301 E8
窝沿[黔] 387 E7
窝依莫克[新] 450 F3
沃底[川] 367 D6
沃日[川] 377 G8
卧凤沟[辽] 97 D6
卧佛[渝] 354 B2
卧佛寺[冀] 51 C8
卧佛堂[冀] 58 B5
卧虎[吉] 112 F2
卧虎沟[辽] 92 E5
卧里屯[黑] 123 C7
卧里屯[黑] 130 G4
卧里托格拉克[新] 454 C3
卧龙[川] 362 F3
卧龙[川] 368 D4
卧龙[川] 377 G9
卧龙[鄂] 281 E7
卧龙[鄂] 284 E3
卧龙[黑] 131 D9
卧龙[冀] 53 E9
卧龙[辽] 98 F2
卧龙[鲁] 242 D5
卧龙[豫] 267 F8
卧龙岗[豫] 271 E7
卧龙泉[辽] 99 A9
卧龙山[鲁] 254 C5
卧龙台[豫] 273 E7
卧罗河[内蒙古] 81 A8
卧牛河[黑] 124 D3
卧牛河[内蒙古] 81 B9
卧牛石[辽] 90 D3
卧牛吐[黑] 122 E4
卧铺[鲁] 242 A5
渥江[赣] 226 F3
乌布尔宝力格[内蒙古] 81 D10
乌达力克[新] 454 E3
乌达区[内蒙古] 80 G3
乌当区[黔] 384 E4
乌敦套海[内蒙古] 83 F7
乌额格其[内蒙古] 83 D8
乌尔禾区[新] 453 C8
乌尔其[新] 455 E7
乌尔其汉[内蒙古] 81 C8
乌根高勒[内蒙古] 78 D3
乌海市[内蒙古] 80 G2
乌吉密[黑] 120 D5
乌加河[内蒙古] 78 D4
乌家[桂] 341 D8
乌江[赣] 232 B4
乌江[黔] 390 G3
乌江[陇] 430 C5
乌江[皖] 199 A6
乌金[鄂] 279 F8
乌金山[晋] 67 C6
乌迳[粤] 315 A10
乌科[川] 367 D8
乌克忽洞[内蒙古] 79 D6
乌拉嘎[黑] 126 C4
乌拉盖[内蒙古] 83 C6
乌拉哈[内蒙古] 79 E9
乌拉街[吉] 109 C7
乌拉斯台[新] 452 B3
乌拉台[新] 456 B2
乌拉特后旗[内蒙古] 78 D2
乌拉特前旗[内蒙古] 78 E4
乌拉特中旗[内蒙古] 78 D4
乌拉溪[川] 379 B9
乌来[台] 460 B4
乌兰[内蒙古] 78 C4
乌兰[内蒙古] 79 D8
乌兰[内蒙古] 80 D1
乌兰[内蒙古] 80 G3
乌兰敖道[内蒙古] 83 E9
乌兰敖都[吉] 110 F5
乌兰白[辽] 92 E5
乌兰布统[内蒙古] 82 F5
乌兰查布[内蒙古] 82 F3
乌兰察布市[内蒙古] 79 E9
乌兰达坝[内蒙古] 83 D7
乌兰哈达[内蒙古] 79 C8
乌兰哈达[内蒙古] 79 D9
乌兰哈达[内蒙古] 83 C8
乌兰哈拉嘎[内蒙古] 83 D6
乌兰浩特市[内蒙古] 83 B9
乌兰河硕[辽] 92 D4
乌兰忽洞[内蒙古] 79 D6
乌兰花[吉] 110 E3
乌兰花[内蒙古] 79 D7
乌兰毛都[内蒙古] 83 B8
乌兰木伦[内蒙古] 80 C3
乌兰淖尔[内蒙古] 78 E3
乌兰塔拉[吉] 111 E6
乌兰陶勒盖[内蒙古] 80 D4
乌兰图嘎[吉] 111 F6
乌兰图克[内蒙古] 78 E3
乌兰县[青] 439 A9
乌力吉[内蒙古] 78 D2
乌力吉[内蒙古] 84 C3
乌力吉木仁[内蒙古] 83 D8
乌梁素太[内蒙古] 78 D4
乌烈[琼] 346 D2
乌林[鄂] 289 E9
乌林[吉] 109 D9
乌龙[川] 375 F8
乌龙[滇] 397 B8
乌龙[皖] 187 E6
乌龙[渝] 357 C8
乌龙坝[辽] 97 D6
乌龙沟[冀] 57 B6
乌龙泉[鄂] 279 D8
乌鲁布铁[内蒙古] 81 A8
乌鲁克恰提[新] 454 C1
乌鲁克萨依[新] 455 F8
乌鲁木齐市县[新] 451 E9
乌鲁却勒[新] 455 B8
乌罗[黔] 391 D8
乌马河区[黑] 126 E2
乌马营[冀] 59 E7
乌玛塘[藏] 409 E7
乌蒙[滇] 397 B7
乌木[川] 369 F8
乌木龙[滇] 399 D8
乌牛[浙] 179 C6
乌奴耳[内蒙古] 81 C9
乌帕尔[新] 454 D2
乌抛[川] 372 B4
乌坡[琼] 347 D6
乌旗山[湘] 299 E7
乌恰[新] 454 D2
乌恰县[新] 454 C2
乌日[台] 460 C3
乌日根塔拉[内蒙古] 82 E2
乌日图塔拉[内蒙古] 82 F4
乌沙[黔] 387 F9
乌沙[皖] 200 B4
乌山[湘] 296 D4
乌审旗[内蒙古] 80 D4
乌审召[内蒙古] 80 D3
乌什塔拉[新] 456 E5
乌什县[新] 455 B7
乌石[赣] 224 B5
乌石[桂] 339 F9
乌石[皖] 201 C6
乌石[湘] 303 B6
乌石[粤] 327 F6
乌石[粤] 315 D7
乌石[粤] 316 B5
乌史大桥[川] 367 A9
乌斯河[川] 367 A9
乌斯河[川] 376 F3
乌斯吐[内蒙古] 83 D10
乌苏市[新] 453 F7
乌素图[内蒙古] 79 D8
乌素图[内蒙古] 84 A4
乌塘[粤] 327 C7
乌图布拉格[新] 452 E4
乌图美仁[青] 439 E9
乌溪[皖] 194 E4
乌夏克巴什[新] 454 E3
乌雪特[新] 453 C6
乌鸦[湘] 301 A9
乌鸦泡[黑] 121 B7
乌杨[渝] 355 B8
乌伊岭区[黑] 126 C3
乌衣[皖] 193 F6
乌依[川] 367 D9
乌云[黑] 126 A4
乌镇[陕] 423 C7
乌镇[浙] 169 F7
乌嘴[湘] 299 C9
乌尊[新] 455 B9
乌尊布拉克[新] 452 B2
邬阳[鄂] 290 E5
巫不[黔] 385 A6
巫木[川] 366 E5
巫山[渝] 356 E4
巫山[渝] 357 D9
巫山县[渝] 357 E9
巫溪县[渝] 357 D9
屋脚[川] 366 C5
无棣县[鲁] 247 C7
无极县[冀] 49 D8
无梁[豫] 268 B2
无梁殿[辽] 97 C6
无量[滇] 405 C10
无量寺[豫] 272 A5
无为县[皖] 199 C9
无锡市[苏] 159 D7
无瑕[津] 39 D7
吴坝[豫] 265 B10
吴堡[陕] 417 E8
吴堡[苏] 154 D5
吴堡县[陕] 423 B9
吴仓堡[陕] 417 E7
吴场[川] 372 B3
吴陈河[豫] 273 F7
吴城[赣] 223 E7
吴城[赣] 227 E7
吴城[晋] 69 D7
吴城[晋] 73 E8
吴城[苏] 151 D7
吴城[豫] 268 E3
吴城[豫] 271 G9
吴城子[陇] 432 F4
吴川市[粤] 327 C10
吴村[赣] 231 E9
吴村[晋] 74 D3
吴村[鲁] 255 B8
吴村[豫] 264 E1
吴村[浙] 177 D7
吴店[鄂] 281 E9
吴店[鄂] 282 C3
吴店[鲁] 254 C3
吴官营[冀] 61 B6
吴河[豫] 273 F8
吴集[苏] 150 C4
吴集[苏] 151 D6
吴集[湘] 303 D7
吴家[川] 368 E3
吴家[辽] 97 C8
吴家[辽] 97 D7
吴家[渝] 354 C1
吴家堡[鲁] 239 C7
吴家店[皖] 187 G9
吴家店[豫] 272 E4
吴家井[陇] 431 E9
吴家塘[闽] 208 D2
吴家窑[冀] 48 E5
吴家窑[晋] 68 D5
吴江市[苏] 161 E7
吴泾[沪] 139 E9
吴坑[浙] 181 D9
吴林[鲁] 255 F10
吴炉[辽] 103 C8
吴马营[晋] 68 E4
吴铺[鄂] 284 D2
吴起县[陕] 417 E7
吴桥[苏] 155 D6
吴桥县[冀] 58 F5
吴山[鄂] 282 E2
吴山[赣] 223 D6
吴山[闽] 211 G7
吴山[皖] 186 D3
吴山[浙] 168 D3
吴淞[沪] 137 C6
吴台[豫] 269 D9
吴滩[苏] 152 C2
吴滩[渝] 354 E3
吴屯[闽] 208 B4
吴王口[冀] 56 D3
吴圩[桂] 334 F4
吴圩[皖] 192 E3
吴小街[皖] 187 D9
吴兴区[浙] 168 C2
吴垟[浙] 179 E8
吴阳[粤] 327 C10
吴窑[苏] 153 F8
吴砦[陕] 418 D1
吴忠市[宁] 442 D4
吾隘[桂] 344 E3
吾祠[闽] 215 B7
吾峰[闽] 213 C7
吾合沙鲁[新] 454 C2
吾塔木[新] 457 D8
吾伊[川] 376 E5
吾元[晋] 70 E4
芜湖市[皖] 194 F4
芜湖县[皖] 194 E5
梧村[浙] 177 C10
梧凤[川] 372 B3
梧栖[台] 460 C3
梧台[鲁] 242 C4
梧塘[闽] 207 D6
梧桐[闽] 206 F5
梧桐[浙] 181 E6
梧桐花[内蒙古] 83 F7
梧桐树[宁] 442 C3
梧州市[桂] 338 E3
浯口[赣] 221 F9
浯口[湘] 300 F4
浯溪河[湘] 299 D6
五百户[冀] 52 B3
五百户[津] 41 B9
五宝[川] 369 D9
五宝[川] 373 F7
五宝[渝] 354 C5
五堡[冀] 51 D7
五堡[新] 456 C2
五陂[赣] 228 F2
五岔沟[内蒙古] 83 B7
五岔路[滇] 403 E9
五常市[黑] 120 E4
五城[皖] 201 F7
五村[桂] 342 D5
五大堡[浙] 180 F4
五大连池[黑] 124 E2
五大连池市[黑] 124 F2
五当召[内蒙古] 79 E6
五道岗[吉] 113 A6
五道沟[吉] 114 D2
五道河[冀] 53 E9
五道江[吉] 114 E3
五道箐[川] 367 D8
五道水[湘] 298 B1
五道营[冀] 52 D5
五道营子[冀] 52 E5
五德[滇] 402 C4
五德[黔] 391 F7
五顶山[滇] 396 E2
五洞[渝] 355 B6
五都[赣] 231 E8
五斗江[赣] 233 F7
五堵[陕] 420 C3
五渡[川] 372 D2
五段[苏] 148 C4
五队[苏] 150 A4
五方[川] 365 F7
五方[陕] 424 F4
五分地[内蒙古] 83 E6
五丰[赣] 233 D7
五峰[鄂] 280 B3
五峰[辽] 96 B4
五峰[青] 436 C4
五峰[台] 460 B4
五峰铺[湘] 307 D8
五峰山[鲁] 239 D8
五峰土家族自治县[鄂] 291 E7
五凤[川] 363 E7
五凤[浙] 179 E8
五佛[陇] 428 E2
五夫[闽] 208 C4
五福[川] 364 C5
五福[川] 368 E2
五福[渝] 356 C3
五府山[赣] 231 F8
五港[苏] 150 B5
五工台[新] 451 F8
五公[冀] 58 D3
五沟[皖] 188 F4
五沟营[豫] 272 A5
五谷城[陕] 417 E7
五股泉[内蒙古] 79 D9
五官[川] 367 C10
五桂[渝] 354 C2
五桂山[粤] 320 D2
五郭店[冀] 60 E3
五号[内蒙古] 79 D8
五合[川] 373 B8
五合[滇] 403 D8
五合[陇] 428 C2
五和[陇] 431 D8
五和[粤] 328 D4
五河[皖] 198 F2
五河县[皖] 187 B8
五横[皖] 198 C3
五户[陇] 428 E4
五华[粤] 323 D7
五家[黑] 120 D2
五家渠市[新] 451 E8
五家站[吉] 111 E9
五甲[苏] 153 D8
五间[渝] 354 E2
五间房[辽] 92 B3
五将[桂] 338 D2
五蛟[陇] 432 E4
五角场[沪] 137 D6
五街[滇] 396 E2
五结[台] 460 B5
五经富[粤] 319 C6
五井[鲁] 242 D4
五境[滇] 404 E4
五棵树[吉] 108 B4
五棵树[吉] 110 A5
五库[陇] 429 C9
五矿[川] 375 D6
五郎庙[陕] 420 C3
五郎溪[湘] 306 B3
五里[鄂] 285 F7
五里[鄂] 291 E6
五里[黔] 386 C4
五里[桂] 339 D6
五里[鲁] 242 C4
五里[陕] 419 A9
五里[陕] 421 E8
五里[苏] 151 D6
五里[皖] 198 F5
五里[渝] 356 B2
五里[浙] 177 C8
五里坝[陕] 420 A4
五里川[豫] 262 F3
五里甸子[辽] 98 A4
五里店[豫] 272 E5
五里墩[湘] 303 B8
五里河[豫] 266 D4
五里街[闽] 213 C7
五里界[鄂] 279 D8
五里口[豫] 269 C7
五里明[黑] 131 F6
五里牌[湘] 300 C5
五里牌[湘] 304 C3
五里牌[湘] 305 C7
五里铺[鄂] 283 E9
五里桥[豫] 270 D4
五里箐[川] 367 B8
五里坨[京] 28 D4
五里湾[陕] 191 G10
五里源[豫] 261 A8
五莲县[鲁] 253 B7
五联[桂] 344 E4
五良太[内蒙古] 79 F7
五烈[苏] 152 F3
五林[黑] 131 C7
五林洞[黑] 129 E8
五灵[川] 364 C5
五陵[豫] 264 C5
五龙[川] 364 D3
五龙[川] 368 F5
五龙[川] 376 B3
五龙[滇] 398 G4
五龙[陇] 429 C6
五龙[豫] 264 C3
五龙[豫] 273 A6
五龙[浙] 170 A1
五龙背[辽] 99 E9
五龙口[豫] 261 E8
五龙山[晋] 70 B5
五马[川] 364 D4
五马[黔] 390 F1
五马[陇] 429 B9
五马[皖] 190 D3
五马[渝] 357 F8
五马场[新] 451 B8
五面井[内蒙古] 82 G4
五庙[皖] 198 F3
五亩[豫] 262 D3
五漈[浙] 178 C4
五女店[豫] 268 C4
五铺[皖] 188 E4
五强溪[湘] 307 E10
五桥[皖] 187 B9
五桥[渝] 356 F5
五顷塬[陇] 432 G5
五权[川] 364 B2
五泉[陕] 418 E5
五三[辽] 91 B7
五山[滇] 400 C5
五山[鄂] 281 D6
五山[桂] 343 C7
五山[桂] 345 E10
五山[粤] 315 A7
五申[内蒙古] 79 E7
五十[青] 436 B4
五十家子[内蒙古] 83 E6
五十铺[皖] 191 D9
五四[川] 369 E7
五台[吉] 108 C4
五台[陕] 416 C4
五台县[晋] 72 B3
五台子[辽] 90 C4
五塘[桂] 334 E5
五通[川] 375 D8
五通[桂] 336 D2
五通[渝] 356 F4
五通桥区[川] 372 D3
五头[豫] 263 B7
五图[鲁] 243 D6
五团[湘] 306 G4
五圩[桂] 344 D4
五五新[新] 453 E7
五溪[皖] 200 B5
五显[闽] 213 F7
五显[皖] 187 C9
五显集[皖] 199 B8
五乡[浙] 170 D5
五泄[浙] 172 D2
五星[川] 373 B7
五星[川] 375 D6
五星[滇] 398 B2
五星[辽] 100 A3
五星[陕] 416 D4
五星[皖] 191 F6
五星[豫] 265 D7
五星[豫] 271 G7
五汛[苏] 152 C3
五眼泉[鄂] 291 D8
五尧[冀] 57 E7
五一[内蒙古] 79 D9
五一[内蒙古] 80 G2
五营[黑] 130 C3
五营区[黑] 126 D3
五原[内蒙古] 78 D4
五云[赣] 229 E6
五云[粤] 318 D4
五寨[闽] 212 D2
五寨县[晋] 72 E3
五站[黑] 131 E6
五丈原[陕] 418 E4
五指[川] 373 B6
五指峰[赣] 229 G6
五指山市[琼] 346 E5
五重安[冀] 54 B4
五珠[滇] 401 D8
五竹[桂] 344 C5
五竹[陇] 429 E6
五竹[陕] 416 D3
五祖[鄂] 287 A7
午城[晋] 74 E2
午汲[冀] 61 E7
午极[鲁] 251 E7
午街铺[滇] 401 B6
午井[陕] 418 E5
仵龙堂[冀] 59 D8
仵楼[鲁] 254 F3
伍隍[川] 373 C8
伍家[鄂] 291 C8
伍家岗区[鄂] 291 C8
伍家湾[湘] 306 A5
伍洛[鄂] 284 E2
伍明[皖] 191 D7
伍桥[赣] 227 C6
伍仁桥[冀] 57 G7
伍什家[内蒙古] 79 F7
伍市[湘] 300 F4
伍佑[苏] 152 E3
伍寨[滇] 402 F4
伍竹[陕] 425 D9
坞根[浙] 176 F4
坞墙[豫] 267 E7
武安[鄂] 281 F7
武安[鲁] 254 C4
武安市[冀] 61 E7
武备[鲁] 244 D2
武昌区[鄂] 279 D7
武称[桂] 342 E2
武城[鲁] 238 F5
武城县[鲁] 238 F5
武川[陇] 428 E3
武川县[内蒙古] 79 E7
武当[赣] 229 E10
武当[陇] 429 D6
武当路[鄂] 280 C4
武当山[鄂] 280 C5
武德[川] 374 F4
武德[桂] 343 D8
武德镇[豫] 261 C9
武店[皖] 192 C2
武定县[滇] 397 C6
武东[鄂] 279 D6
武东[闽] 215 F8
武都[川] 368 D3
武都[川] 368 E2
武都区[陇] 429 C9
武墩[苏] 151 D7
武冈市[湘] 307 E6
武岗[皖] 193 F6
武功[陕] 418 D5
武功[新] 452 B2
武功[豫] 271 D10
武功县[陕] 418 D5
武沟[陇] 432 F3
武关[陕] 425 B9
武关驿[陕] 420 D2
武官寨[冀] 59 G9
武汉市[鄂] 279 D6
武侯[陕] 420 E3
武集[皖] 193 E7
武家沟[冀] 51 D7
武家庄[晋] 73 E7
武家庄[陕] 422 A5
武坚[苏] 154 D4
武蛟[赣] 223 B6
武进区[苏] 157 D6
武乐[桂] 339 C7
武利[桂] 341 C8
武连[川] 364 F4
武林[桂] 339 B9
武陵[桂] 335 D6
武陵[闽] 211 G6
武陵[渝] 355 A9
武陵[渝] 356 G5
武陵区[湘] 299 D6
武陵山[渝] 355 D7
武陵源区[湘] 298 C3
武隆县[渝] 355 D8
武垄[粤] 328 E3
武庙[川] 373 B6
武庙集[豫] 273 F10
武鸣区[桂] 334 D4
武南[陇] 431 E8
武宁[鲁] 251 D7
武宁县[赣] 222 D4
武棚[川] 364 C5
武平[桂] 343 E6
武平县[闽] 215 F8
武坪[陇] 432 C5
武坪[渝] 355 C9
武强县[冀] 58 E4
武桥[皖] 187 B7
武桥[豫] 273 E9
武清区[津] 40 C2
武邱[豫] 265 F6
武曲[闽] 209 D7
武山赣] 223 D9
武山县[陇] 429 D6
武胜关[鄂] 282 B4
武胜桥[鲁] 254 C2
武胜县[川] 365 C8
武胜驿[陇] 428 G2
武圣[川] 372 E3
武圣宫[湘] 299 C8
武术[赣] 233 D8
武水[湘] 304 E5
武台[鲁] 252 C2
武潭[湘] 299 F7
武屯[陕] 416 B1
武威市[陇] 431 E8
武溪[湘] 301 E10
武乡[陕] 420 D3
武乡县[晋] 70 D2
武宣县[桂] 345 C9
武穴市[鄂] 287 C8
武阳[赣] 220 E4
武阳[赣] 229 B7
武阳[皖] 201 E9
武阳[湘] 306 E5
武夷[闽] 208 C3
武夷山[赣] 231 G7
武夷山市[闽] 208 C3
武义县[浙] 174 E5
武邑县[冀] 58 F4
武源[湘] 304 E5
武镇[陕] 423 D8
武陟县[豫] 261 B9
武篆[桂] 344 E4
舞凤[川] 365 D6
舞凤[川] 369 D6
舞钢市[赣] 223 D10
舞阳县[豫] 268 E3
舞雩[川] 372 D4
勿布林[内蒙古] 83 B8
勿角[川] 377 C10
务本[川] 367 F6
务川仡佬族苗族自治县[黔] 391 C6
务德[滇] 398 C3
务欢池[辽] 96 D4
务基[滇] 402 F2
务江[湘] 304 E3
物玛[藏] 408 D3
物茂[滇] 396 B4
婺源县[赣] 231 B7
雾渡河[鄂] 291 B8
雾峰[台] 460 C3
雾山[川] 362 D2
雾台[台] 460 F3
雾溪[浙] 181 D6

X

夕佳山[川] 375 D6
夕阳[滇] 397 G6
泗西[浙] 179 F8
泗西[晋] 67 B6
西阿超[冀] 53 C7
西艾力[吉] 110 D3
西安[桂] 337 F8
西安[辽] 97 C9
西安[宁] 443 E7
西安[湘] 298 F5
西安丰[苏] 154 E1
西安国城[冀] 57 G7
西安市[陕] 416 C3
西岸[粤] 314 B3
西岙[浙] 178 D4
西八里[黑] 131 F6
西八千[辽] 97 E9
西坝[川] 372 D3
西坝[陇] 430 F4
西白兔[晋] 70 C4
西柏坡[冀] 48 B4
西板[川] 365 C7
西半屯[冀] 59 G9
西豹峪[晋] 72 F3
西鲍[苏] 154 D3
西北[川] 364 E2
西北勒[滇] 400 E5
西北湾[新] 451 C8
西北旺[京] 28 B5
西滨[闽] 211 D9
西滨[闽] 213 E9
西卜沙[青] 437 C8
西布河[滇] 404 B5
西埠[皖] 199 A7
西槽头[晋] 73 E10
西岔[陇] 428 F3
西岔河[陕] 420 A2
西昌[琼] 347 C6
西昌市[川] 367 D7
西长发[黑] 130 D4
西场[桂] 341 E7
西场[苏] 153 F7
西城[赣] 225 C7
西城[黑] 122 B3
西城[吉] 115 F6
西城[冀] 57 G6
西城[冀] 58 C5
西城[晋] 73 E10
西城[鲁] 250 E4
西城[闽] 211 E8
西城[陕] 419 E7
西城区[京] 29 D6
西池[晋] 71 C6
西充县[川] 365 D6
西冲[黔] 387 F7
西畴县[滇] 401 E8
西川[滇] 404 B5
西川[陇] 432 E3
西村[赣] 226 F2
西村[晋] 69 C6
西村[晋] 75 E6
西村[陕] 419 A9
西村[豫] 260 F3
西村[豫] 263 C6
西村[豫] 261 B8
西达[冀] 61 F8
西大沟[新] 453 F7
西大滩[陇] 431 F9
西大洼[吉] 111 C6
西大窑[辽] 100 B4
西堤头[津] 38 B5
西地[冀] 53 E7
西地[新] 451 C8
西递[皖] 201 E6
西甸子[辽] 93 D9
西店[浙] 171 E7
西定[滇] 407 E8
西董[鲁] 247 G8
西洞[陇] 430 C5
西斗铺[内蒙古] 78 D5
西段[鲁] 238 B2
西俄洛[川] 379 C7
西鹅[桂] 337 F8
西二[滇] 400 C5
西二铺[皖] 188 E5
西畈[浙] 180 B3
西坊城[晋] 69 E7
西坊子[内蒙古] 79 D9
西丰[黑] 129 D7
西丰县[辽] 94 C4
西峰[皖] 199 C7
西峰山[黑] 124 B3
西佛[辽] 100 A2
西伏落[冀] 57 F7
西付集[冀] 61 A10
西富村[冀] 49 G6
西干沟[内蒙古] 82 G5
西岗[吉] 113 D6
西岗[鲁] 255 E8
西岗[苏] 156 D3
西岗[豫] 264 D4
西岗子[黑] 124 C4
西港[赣] 222 E2
西港[冀] 55 C7
西高[川] 368 F2
西高山[陇] 429 C8
西戈壁[新] 453 F8
西格木[黑] 128 E2
西葛[冀] 54 E3
西巩驿[陇] 428 D4
西贡区[港] 458 B4
西沟[鄂] 280 C4
西沟[冀] 53 E7
西沟[晋] 70 B5
西沟[青] 436 A5
西沟[陕] 425 E10
西沟[新] 451 D9
西沟门[内蒙古] 79 E8
西谷[晋] 66 D5
西固[陕] 424 D3
西固城[冀] 60 D4
西固城[冀] 60 E4
西固区[陇] 428 F4
西固义[冀] 61 E8
西关[冀] 49 C8
西关屯[辽] 90 D3
西官营[冀] 53 D6
西官营[辽] 92 C2
西郭城[冀] 60 D3
西虢[豫] 261 E10
西果园[陇] 428 F4
西海[辽] 99 B9
西海[青] 436 D4
西韩岭[晋] 69 C6
西合休[新] 454 F3
西合营[冀] 51 E8
西和县[陇] 429 C8
西河[川] 363 E6
西河[川] 364 E4
西河[川] 367 C8
西河[鄂] 284 D3
西河[黔] 390 D5
西河[桂] 338 C1
西河[黑] 122 B3
西河[晋] 71 F8
西河[晋] 73 E9
西河[陇] 428 F4
西河[鲁] 242 D3
西河[内蒙古] 79 D6
西河[陕] 420 C4
西河[陕] 421 D8
西河[湘] 302 B2
西河[渝] 354 D2
西河[粤] 323 C10
西河[粤] 315 C7
西河底[晋] 71 C7
西河口[皖] 187 D8
西河庄[冀] 61 C7
西河子[内蒙古] 79 D7
西红门[京] 31 D7
西红山子[内蒙古] 79 D6
西洪[豫] 272 A5
西湖[赣] 221 A8
西湖[陇] 430 E2
西湖[鲁] 240 E2
西湖[鲁] 253 C7
西湖[苏] 155 F7
西湖[台] 460 B3
西湖[皖] 191 F8
西湖[皖] 194 B2
西湖[湘] 299 D8
西湖[湘] 301 B8
西湖[新] 453 E7
西湖[渝] 354 E4
西华[陇] 432 G3
西华县[豫] 269 D6
西华营[豫] 269 C6
西淮坝[陕] 420 F2
西黄村[冀] 60 F4
西簧[豫] 270 D3
西火[晋] 71 C6
西吉尔[新] 451 B9
西吉县[宁] 443 E9
西集[黑] 120 B4
西集[京] 34 E4
西集[鲁] 255 E9
西贾[晋] 70 D4
西贾[晋] 74 D5
西碱厂[辽] 93 E7
西建[黑] 122 B3
西江[鄂] 284 G2
西江[赣] 229 B7
西江[黔] 389 E6
西江[陇] 429 E7
西江[粤] 314 C4
西姜寨[豫] 266 C2
西交口[晋] 74 F5
西郊[苏] 154 D3
西郊[豫] 264 B4
西郊[粤] 323 C8
西街[豫] 268 D5
西街口[滇] 397 F9
西荆[陕] 425 D7
西井[晋] 70 B2
西井子[内蒙古] 79 C9
西靖[陇] 431 E9
西九吉[冀] 58 C5
西柯[闽] 213 F7
西克尔库勒[新] 454 C3
西坑[浙] 179 F7
西口[陕] 425 E10
西拉沐沦[内蒙古] 83 E7
西来[川] 362 F3
西来[苏] 155 A8
西来桥[苏] 156 B5
西兰[闽] 206 C1
西李村[豫] 263 C6
西里[鲁] 242 F4
西连[粤] 327 F7
西莲[湘] 298 B4
西联[黑] 122 B3
西联[皖] 194 B1
西联[粤] 315 C7
西联[浙] 174 F3
西埌[桂] 339 D9
西凉[黔] 385 D8
西两洼[冀] 58 D3
西林[苏] 156 D5
西林[湘] 300 F2
西林区[黑] 126 E3
西林县[桂] 343 F9
西林子[黑] 129 D8
西岭[川] 362 E2
西岭[桂] 336 E4
西岭[湘] 303 G6
西凌井[晋] 66 B5
西陵[冀] 57 C7
西陵[豫] 266 D4
西刘桥[鲁] 241 F8
西流[冀] 60 B2
西流河[鄂] 289 C9
西留[晋] 69 E7
西留村[冀] 54 C2
西柳[辽] 100 D2
西六家子[辽] 96 B4
西六支[晋] 66 E5
西龙[川] 372 B3
西龙虎峪[津] 41 B10
西龙门[冀] 49 F6
西龙头[冀] 53 C6
西□[皖] 187 A9
西胪[粤] 319 D7
西螺[台] 460 D3
西洛[黔] 386 B2
西洛[晋] 67 C7
西马[晋] 67 F7
西马坊[晋] 72 E4
西马峰[辽] 100 B4
西眉[川] 365 E8
西盟[滇] 407 G7
西盟佤族自治县[滇] 407 F7
西米[湘] 301 C9
西庙[川] 364 F3
西庙岗[豫] 270 E5
西铭[晋] 66 C5
西陌[晋] 75 F8
西南[粤] 312 D5
西南[粤] 318 F4
西南[浙] 170 F4
西南岔[吉] 113 E6
西南门[皖] 88 B3
西南异[晋] 67 B9
西尼尔[新] 457 E6
西碾[川] 364 D5
西宁[川] 365 E7
西宁[川] 367 B10
西宁市[青] 436 C5
西牛[赣] 229 E8
西牛[粤] 314 E5
西潘[晋] 67 A7
西潘楼[皖] 191 C7
西彭[渝] 354 D4
西平[川] 368 F3
西平[桂] 343 E10
西平[苏] 148 A3
西平乐[冀] 49 C7
西平罗[豫] 264 D2
西平坡[辽] 93 D7
西平县[豫] 272 A5
西坪[黔] 390 F4
西坪[陇] 428 E5
西坪[陇] 429 C6
西坪[闽] 213 D6
西坪[皖] 198 G3
西坪[豫] 270 C3
西屏[川] 368 D3
西坡[晋] 74 F5
西坡[陇] 429 A8
西坡[陕] 418 B5

X 西希昔析息浠惜淅犀溪锡熙嬉歙螅习席隰洗喜细郄呷虾峡硖辖霞下夏厦仙先澥鲜闲贤咸显蚬县岘线羡献乡芗相香厢湘襄瀼镶祥翔享响向巷项象橡消逍萧硝潇霄小

地名[省别]	地图位置	
西岐[湘]	301	C8
西桥[川]	365	B6
西桥[内蒙古]	83	G7
西樵[粤]	313	F6
西芹[闽]	208	F3
西青区[津]	38	C2
西秋[川]	366	C5
西区[川]	367	F6
西区[粤]	320	D2
西渠[陇]	431	C9
西泉[内蒙古]	83	G6
西泉[陕]	425	C10
西泉[皖]	192	C2
西泉[渝]	354	C3
西日嘎[内蒙古]	83	C8
西戎[冀]	61	F7
西卅店[皖]	192	D3
西塞[鄂]	287	D7
西塞山区[鄂]	287	E7
西三[滇]	400	B5
西三里[冀]	54	B2
西三十里铺[皖]	191	D9
西沙城[冀]	51	F6
西山[川]	364	C4
西山[川]	367	B8
西山[滇]	398	D3
西山[滇]	403	E9
西山[滇]	405	D8
西山[赣]	220	E2
西山[黔]	384	F3
西山[黔]	389	B9
西山[桂]	336	D4
西山[桂]	339	B8
西山[桂]	344	F4
西山[青]	436	C4
西山[青]	436	C4
西山[苏]	161	E6
西山[湘]	304	E5
西山[新]	456	C2
西山北[冀]	57	D7
西山底[豫]	262	D5
西山坪[陇]	429	B6
西山驿[皖]	186	B4
西善桥[苏]	146	E5
西邵[豫]	265	B7
西舍路[滇]	396	F2
西社[晋]	73	E10
西社[晋]	74	E5
西石村[豫]	263	C6
西市区[辽]	99	B8
西竖[冀]	60	E2
西水[陇]	430	C4
西水界[晋]	68	E3
西顺河[苏]	151	D8
西四[辽]	100	C1
西寺坡[皖]	188	F5
西寺庄[冀]	61	E7
西宋[鲁]	241	C8
西宋集[苏]	151	D6
西苏[冀]	61	D7
西滩[宁]	443	E9
西潭[闽]	212	F1
西塘[湘]	300	D4
西塘[浙]	169	D6
西塘桥沈荡[浙]	169	D8
西陶[豫]	261	B9
西天[川]	365	B8
西天目[浙]	166	B5
西天尾[闽]	206	E6
西田各庄[京]	33	F6
西亭[苏]	153	D8
西土山[冀]	61	E7
西团[苏]	152	F4
西屯[陇]	432	G4
西沱[渝]	355	A9
西沱[渝]	356	G5
西瓦尔图[内蒙古]	81	A9
西外[川]	368	F2
西湾[桂]	338	B4
西湾[皖]	200	F2
西湾[浙]	179	C7
西湾堡[冀]	51	F6
西万[豫]	261	D8
西汪[冀]	60	D2
西王[皖]	192	F4
西王庄[冀]	58	F1
西王庄[鲁]	255	F10
西圩[苏]	150	C4
西苇[吉]	112	B4
西未庄[冀]	61	B9
西沃[豫]	263	B7
西乌兰不浪[内蒙古]	79	D7
西乌珠尔[内蒙古]	81	E8
西乌珠穆沁旗[内蒙古]	83	D6
西吴[陕]	419	E7
西五家子[辽]	92	D3
西仵[晋]	70	B4
西坞[浙]	171	E6
西溪[川]	367	D7
西溪[川]	376	E2
西溪[赣]	233	F8
西溪[闽]	215	D9
西溪[浙]	178	D5
西溪[浙]	181	B7
西溪南[皖]	201	E7
西峡县[豫]	270	D4
西下营[冀]	54	B2
西夏区[宁]	442	D3
西夏墅[苏]	156	C5
西夏亭[豫]	269	D6
西乡[川]	367	C7
西乡[粤]	320	C5
西乡县[陕]	420	B3
西向[豫]	261	D8
西小王[鲁]	247	B8
西小召[内蒙古]	78	E4
西辛店[冀]	58	E5
西辛营[冀]	50	C3
西辛庄[晋]	73	F8
西新[吉]	108	E2
西兴[川]	369	D7
西兴[黑]	124	D4
西兴[浙]	167	B8
西烟[晋]	67	B7
西严店[豫]	273	D7
西岩[湘]	306	E5
西阎[晋]	74	C5
西阎[豫]	262	C2
西演[冀]	57	F9
西燕[桂]	334	B5
西羊羔[冀]	61	C9
西阳[吉]	109	D7
西阳[陇]	432	F3
西阳[陕]	419	D8
西阳[皖]	191	B6
西阳[皖]	195	E7
西阳[豫]	263	B6
西阳[粤]	323	C8
西阳城[冀]	61	D7
西阳泽[冀]	49	G6
西杨[辽]	102	B3
西洋[闽]	210	F5
西洋店[豫]	273	C6
西洋江[湘]	307	C6
西瑶[川]	367	F8
西一[滇]	400	B5
西邑[滇]	403	B8
西邑[滇]	405	C7
西营[冀]	49	E7
西营[晋]	70	C2
西营[晋]	73	E10
西营[陇]	431	E8
西营[鲁]	239	B8
西营[陕]	421	C7
西营城[吉]	108	D3
西营门[津]	38	C4
西营子[辽]	92	C4
西营子[内蒙古]	80	B3
西永[渝]	354	D4
西园[闽]	213	E8
西园[闽]	215	B8
西源[赣]	223	E9
西源[浙]	178	B4
西苑[鲁]	251	D9
西苑[闽]	207	G6
西泽[滇]	398	C3
西翟庄[津]	42	E3
西寨[晋]	67	D8
西寨[陇]	429	E7
西寨[陕]	424	E4
西寨[豫]	266	C4
西张[晋]	72	C4
西张堡[陕]	419	D7
西张村[豫]	262	C4
西张庄[鲁]	249	E8
西兆通[冀]	49	D7
西照川[陕]	425	B10
西镇[晋]	72	C3
西支[陇]	429	C9
西周[浙]	171	D7
西渚[苏]	158	F2
西属巴[晋]	73	D8
西庄[滇]	400	D4
西庄[陕]	424	B5
希伯花[内蒙古]	83	D9
希拉穆仁[内蒙古]	79	D7
希勤[黑]	120	D2
希吾勒[新]	455	E8
希依提墩[新]	454	D3
昔街[川]	367	E7
昔马[滇]	403	G8
昔色[川]	378	E4
昔阳县[晋]	67	D9
析木[辽]	100	D3
息烽县[黔]	384	E3
息县[豫]	273	D7
息冢[冀]	57	G6
息陬[鲁]	255	C8
浠水县[鄂]	287	D6
惜福[鲁]	244	C5
淅川县[豫]	270	D4
淅河[鄂]	282	D4
犀牛脚[桂]	341	E7
犀浦[川]	362	D5
犀溪[闽]	209	C7
溪柄[闽]	209	E8
溪东[闽]	208	C5
溪港[浙]	176	E1
溪河[吉]	109	B7
溪河[苏]	151	C7
溪湖[台]	460	D3
溪湖区[辽]	98	G2
溪江[湘]	297	D8
溪江[湘]	302	C5
溪口[川]	365	B8
溪口[川]	369	B9
溪口[赣]	222	E2
溪口[闽]	210	B3
溪口[闽]	215	D9
溪口[皖]	195	D7
溪口[皖]	201	F6
溪口[湘]	298	C4
溪口[湘]	306	F3
溪口[渝]	356	D2
溪口[渝]	356	G5
溪口[浙]	171	F6
溪口[浙]	178	C4
溪口[浙]	179	C10
溪龙[浙]	168	D3
溪洛米[川]	367	C10
溪南[闽]	209	F8
溪南[闽]	215	B8
溪南[粤]	319	C8
溪磻[陕]	418	E4
溪桥[苏]	155	B7
溪丘湾[鄂]	291	B6
溪山[粤]	316	E3
溪潭[闽]	209	E7
溪头[川]	365	D7
溪头[赣]	231	A8
溪头[皖]	201	D8
溪头[粤]	324	F5
溪尾[闽]	209	E8
溪尾[闽]	211	D9
溪翁庄[京]	33	E7
溪西[粤]	319	F6
溪霞[赣]	220	C3
溪下[浙]	178	D4
溪源[闽]	210	A4
锡北[苏]	159	C8
锡场[粤]	316	E4
锡场[粤]	319	C6
锡勒[内蒙古]	79	D9
锡林高勒[内蒙古]	84	B4
锡林浩特市[内蒙古]	82	E4
锡尼河东[内蒙古]	81	D9
锡尼河西[内蒙古]	81	D9
锡山区[苏]	159	D7
锡铁山[青]	439	D9
熙和[湘]	299	C9
熙岭[闽]	209	E6
嬉子湖[皖]	198	C2
歙县[皖]	201	E8
螅镇[陕]	423	B8
习城[豫]	265	E7
习家店[鄂]	280	B5
习家套[冀]	54	D3
习酒[黔]	390	D1
习水县[黔]	390	D1
习文[冀]	61	D9
席麻湾[陕]	423	G9
席桥[苏]	151	C7
席张[晋]	75	F8
隰县[晋]	74	E2
洗车河[湘]	301	C8
洗洛[湘]	301	B8
洗马[鄂]	287	C6
洗马[黔]	384	D4
洗马[黔]	390	E5
洗马[湘]	306	C5
洗马林[冀]	50	F5
洗溪[湘]	301	F10
洗新[渝]	355	B9
喜德县[川]	367	C8
喜古[滇]	401	E7
喜河[陕]	421	G7
喜集[陇]	429	C8
喜捷[川]	374	C4
喜泉[陇]	428	E2
喜神[川]	369	C8
喜神坝[陕]	420	D4
喜头[黔]	390	E2
喜洲[滇]	405	C8
细坳[粤]	316	B1
细河区[辽]	96	D5
细柳[陕]	416	D3
细沙[滇]	402	E2
细砂坪[湘]	298	B1
细水[琼]	346	D5
细巷[陇]	432	G1
郄马[冀]	49	E7
呷巴[川]	379	B7
呷柯[川]	379	D6
呷拉[川]	378	E4
呷拉[川]	379	C7
呷衣[川]	378	B2
虾扎[川]	378	A3
虾扎[川]	378	G2
虾峙[浙]	170	B5
虾子[黔]	390	F4
峡城[陇]	429	E6
峡川[浙]	177	B9
峡河[辽]	95	F9
峡江县[赣]	232	B3
峡口[鄂]	291	B7
峡口[陇]	428	E5
峡口[陕]	420	B3
峡口[渝]	354	D5
峡口[浙]	177	E7
峡窝[豫]	260	E2
峡阳[闽]	208	F3
硖口驿[陕]	420	E2
硖门[闽]	209	E9
硖石[豫]	262	B5
硖洲[湘]	306	C4
辖曼[川]	377	B8
霞拔[闽]	206	F4
霞洞[粤]	324	F3
霞峰[赣]	231	E8
霞葛[闽]	212	E1
霞关[浙]	179	D10
霞客[苏]	159	B7
霞坑[皖]	201	E9
霞口[冀]	59	E6
霞林[闽]	206	E6
霞流[湘]	303	D7
霞美[闽]	212	E3
霞美[闽]	213	E8
霞浦县[闽]	209	E8
霞若[滇]	404	E4
霞山区[粤]	327	D8
霞塘云[湘]	307	D7
霞西[皖]	195	C8
霞涌[粤]	317	D9
霞云岭[京]	30	E3
霞寨[闽]	212	D1
下坳[桂]	344	D4
下八[川]	369	D9
下八庙[川]	369	D6
下八寨[川]	377	D8
下坝[黔]	384	E4
下坝[闽]	215	F9
下白石[闽]	209	E8
下堡[晋]	73	F9
下堡[渝]	357	C8
下堡坪[鄂]	291	B8
下堡寺[冀]	60	B5
下碑寺[豫]	272	B3
下北头[冀]	56	C5
下埠[赣]	228	G2
下埠集[赣]	221	F6
下仓[津]	41	D8
下仓[皖]	198	E5
下藏科[青]	440	F4
下察隅[藏]	409	F9
下柴市[湘]	299	C8
下场[川]	375	C6
下场[内蒙古]	83	E6
下车[苏]	150	B4
下车[粤]	316	B1
下陈[浙]	176	E5
下城子[黑]	131	B8
下初[鲁]	251	F7
下村[川]	367	F8
下村[赣]	226	F5
下村[晋]	71	D7
下村[鲁]	252	E2
下达河[辽]	100	C4
下大武[青]	440	D3
下党[闽]	209	D7
下丁家[鲁]	250	D4
下东[川]	365	D7
下东[湘]	303	E9
下冻[桂]	343	D8
下都[闽]	215	E9
下渡[川]	372	D4
下二十里铺[陕]	423	C10
下二台[辽]	94	E3
下肥地[辽]	95	D6
下符桥[皖]	187	D8
下嘎[藏]	408	F5
下港[鲁]	249	B7
下各[浙]	176	D2
下宫[闽]	206	A2
下宫村[冀]	51	F9
下贡麻[青]	440	F4
下谷坪[鄂]	280	G3
下关[晋]	69	G9
下管[浙]	173	C7
下郭[粤]	324	F2
下过[藏]	408	E5
下海[川]	367	D6
下韩[晋]	69	E7
下河[冀]	56	E5
下河[鲁]	247	B10
下河[闽]	212	E2
下河清[陇]	430	F5
下红科[青]	440	G3
下洪[浙]	179	F8
下浒[闽]	209	F8
下花桥[湘]	307	D8
下花园区[冀]	51	D7
下华[桂]	343	G6
下化[晋]	74	F5
下槐[冀]	48	B4
下伙房[冀]	53	C7
下吉[陕]	424	E2
下夹河[辽]	95	D10
下甲[桂]	342	D3
下架山[粤]	319	E6
下江[黔]	389	C9
下金厂[滇]	401	E8
下考[桂]	344	D3
下口[冀]	48	C3
下拉秀[青]	441	E9
下喇叭[晋]	68	E4
下老[桂]	344	G2
下涝坝[新]	456	D2
下雷[桂]	343	D7
下李[晋]	74	E1
下里[桂]	344	B3
下良[晋]	70	C3
下梁[陕]	425	F8
下两[川]	369	C7
下亮子[黑]	127	E9
下寮[浙]	178	C5
下林卡[藏]	409	E10
下楼[皖]	189	D7
下露河[辽]	99	B7
下陆区[鄂]	287	E7
下路[渝]	355	B9
下罗[川]	374	E5
下罗柯马[川]	378	C4
下马渡[湘]	304	A4
下马关[宁]	443	C6
下马圈[冀]	50	F5
下马塘[辽]	98	G4
下马崖[新]	456	B2
下马峪[晋]	69	F6
下麦地[川]	366	D5
下茆[粤]	328	E5
下孟[川]	377	F9
下面高[晋]	68	F4
下庙[陕]	424	F3
下木角[晋]	68	F2
下木拉[川]	379	C8
下南[桂]	344	D2
下坪[鄂]	290	E5
下坪[湘]	306	B4
下浦[赣]	226	F3
下七[赣]	233	F7
下桥[粤]	327	F7
下曲[晋]	73	E10
下渠[闽]	210	B4
下茹越[晋]	72	B2
下沙[闽]	208	D2
下沙[浙]	167	B9
下山[黔]	387	E8
下社[晋]	67	A8
下社[晋]	69	E6
下深井[晋]	69	C8
下湿壕[内蒙古]	79	E6
下蜀[苏]	156	A2
下帅[粤]	328	B3
下双[陇]	431	D8
下水头[晋]	68	E2
下司[黔]	385	C8
下司[黔]	389	F6
下寺[皖]	194	B5
下寺湾[陕]	417	C8
下砍[粤]	315	E6
下汤[豫]	271	C7
下塘[赣]	231	D8
下塘[皖]	186	C2
下团堡[晋]	68	F3
下拖[川]	379	C6
下洼[鲁]	247	C8
下洼[内蒙古]	83	F8
下洼[豫]	271	E8
下湾[桂]	339	C8
下王[浙]	173	D6
下圩[苏]	154	C2
下窝头[津]	41	C8
下五屯[黔]	387	F9
下伍旗[津]	40	A2
下西号[陇]	430	F4
下溪[川]	372	E3
下溪[赣]	231	E8
下溪[黔]	391	F10
下乡[湘]	306	F3
下辛店[鄂]	284	E3
下新[川]	368	F4
下新[鄂]	287	A8
下雄[川]	378	D4
下涯[浙]	166	F5
下垟[浙]	179	G6
下洋[闽]	213	B6
下洋[闽]	215	D10
下洋[粤]	327	F9
下冶[豫]	261	G9
下应[浙]	170	E5
下营[津]	41	A8
下营[台]	460	E2
下渔口[湘]	299	C8
下峪[豫]	262	E4
下原[苏]	153	F8
下枣林[晋]	73	E7
下栅[晋]	73	F9
下寨[冀]	54	D5
下寨[陕]	424	E3
下张[浙]	177	C9
下镇[赣]	231	D9
下朱庄[津]	40	C2
下祝[闽]	206	E1
下庄[滇]	405	B9
下庄[冀]	56	E3
夏坝[渝]	354	E4
夏堡[苏]	153	G7
夏埠[赣]	230	F4
夏层铺[湘]	304	F2
夏道[闽]	208	F4
夏甸[鲁]	250	E3
夏店[鄂]	284	C4
夏店[晋]	70	D3
夏店[鲁]	243	B8
夏店[皖]	187	D6
夏店[豫]	271	A7
夏垫[冀]	52	A3
夏铎铺[湘]	296	D4
夏畈[赣]	223	B6
夏坊[闽]	210	C4
夏港[苏]	159	A6
夏阁[皖]	199	C7
夏格庄[鲁]	244	C3
夏各庄[京]	32	C2
夏官营[冀]	54	C5
夏官营[陇]	428	E4
夏馆[豫]	270	D5
夏河县[陇]	432	A3
夏集[苏]	154	E3
夏集[皖]	189	B8
夏集[豫]	271	F6
夏家堡[辽]	95	C6
夏家店[吉]	108	C3
夏家营[晋]	73	E10
夏家庄[鲁]	242	D3
夏津[鲁]	239	G6
夏李[豫]	271	C9
夏履[浙]	172	B3
夏马勒[新]	454	C4
夏玛[藏]	409	E7
夏茂[闽]	211	C6
夏门[晋]	66	G3
夏桥[皖]	191	B9
夏邱[鲁]	250	F2
夏日哈[青]	439	B9
夏如[藏]	408	F4
夏石[桂]	343	D9
夏塘[湘]	303	F7
夏特[新]	452	C1
夏蔚[鲁]	252	B4
夏溪[川]	374	C1
夏溪[苏]	156	D5
夏县[晋]	75	D7
夏乡[新]	456	F3
夏阳[沪]	138	D3
夏阳[闽]	210	C5
夏宜[桂]	338	C1
夏邑县[豫]	267	E9
夏郢[桂]	338	E3
夏云[黔]	386	B5
夏张[鲁]	248	D5
夏庄[冀]	58	G5
夏庄[鲁]	243	D9
夏庄[鲁]	244	C5
夏庄[鲁]	251	E9
夏庄[鲁]	252	D5
夏庄[豫]	273	D7
夏孜盖[新]	453	B9
厦港[闽]	213	G7
厦门市[闽]	213	G7
厦铺[鄂]	285	E9
仙庵[粤]	319	E7
仙槎桥[湘]	307	C9
仙城[吉]	112	B5
仙城[粤]	319	E6
仙都[闽]	212	A3
仙渡[浙]	181	B7
仙鹅[川]	368	D4
仙峰[川]	368	D4
仙峰[川]	375	E6
仙河[鲁]	241	B9
仙河[陕]	421	C7
仙湖[桂]	334	C3
仙回[桂]	338	C2
仙夹[闽]	213	C7
仙降[浙]	179	D7
仙井[湘]	303	B8
仙居[鄂]	283	F7
仙居[豫]	273	E6
仙居[浙]	179	D8
仙居县[浙]	176	D2
仙林[川]	365	D6
仙临[川]	374	B5
仙龙[渝]	354	E2
仙米[青]	436	B3
仙女[鄂]	291	D9
仙女山[渝]	355	D8
仙桥[黔]	384	D4
仙桥[粤]	319	D7
仙人[晋]	67	B9
仙人洞[辽]	103	B7
仙人渡[鄂]	281	D7
仙人桥[吉]	113	E8
仙人湾[湘]	306	A5
仙人庄[豫]	266	C2
仙仁[湘]	301	D9
仙稔[浙]	179	G8
仙师[闽]	215	D10
仙市[川]	373	E8
仙台[豫]	271	C9
仙台坝[陕]	420	E2
仙桃市[鄂]	289	C8
仙溪[湘]	299	G6
仙溪[浙]	178	B4
仙霞[皖]	195	B8
仙霞[湘]	303	B8
仙下[赣]	229	C6
仙岩[赣]	231	E9
仙岩[浙]	173	E6
仙岩[浙]	179	C6
仙阳[闽]	208	B5
仙游县[闽]	207	F6
仙庾[湘]	303	A8
仙浴湾[辽]	102	C3
仙源[赣]	226	D3
仙源[黔]	390	C2
仙源[皖]	201	C7
仙庄[豫]	265	C8
仙子脚[湘]	304	D2
仙字[吉]	110	E5
仙踪[皖]	199	C6
先拜巴扎[新]	455	E8
先峰[川]	364	C4
先锋[川]	367	C7
先锋[川]	376	F1
先锋[滇]	397	D7
先锋[黑]	122	C3
先锋[黑]	130	E4
先锋[吉]	108	B4
先锋[内蒙古]	78	E5
先锋[内蒙古]	83	E7
先锋[苏]	153	D9
先锋[湘]	303	A7
先锋[渝]	354	E4
先家普[川]	372	E2
先进[辽]	102	F3
先进[内蒙古]	83	F9
先生店[皖]	187	C7
先市[川]	375	C8
先滩[川]	375	C10
先源[黑]	130	F4
澥渡[川]	369	F7
鲜店[川]	364	C5
闲林[浙]	167	B7
贤昌[黔]	389	G7
贤村[皖]	201	D6
贤官[苏]	150	D4
贤良[浙]	180	F4
贤儒[吉]	114	D5
贤台[冀]	57	D7
贤庠[浙]	171	D6
贤寓[冀]	57	C8
咸村[闽]	209	E7
咸丰县[鄂]	290	F3
咸隆[渝]	355	A9
咸隆[渝]	356	G4
咸宁区[鄂]	285	C8
咸宁市[鄂]	285	D8
咸水[桂]	336	C4
咸水[渝]	357	D7
咸水沽[津]	39	E6
咸塘[湘]	303	E6
咸田[桂]	341	E8
咸祥[浙]	171	D6
咸阳市[陕]	419	E7
咸宜[渝]	357	C6
显胜[陇]	432	F4
蚬冈[粤]	325	D8
蚬岗[粤]	328	F5
县底[桂]	339	C9
县底[晋]	74	C4
县功[陕]	418	D3
县河[鄂]	280	D2
县河[陕]	421	D8
县街[滇]	397	F6
县粮棉原种场[苏]	152	E2
县溪[湘]	306	F3
岘山[湘]	302	E5
岘塬[陇]	428	F4
线西[台]	460	C3
羡塘[黔]	385	E7
献县[冀]	58	D4
乡城县[川]	379	E9
乡宁县[晋]	74	F5
芗溪[赣]	223	D9
相城[赣]	223	E6
相城区[苏]	161	D7
相邸[鲁]	253	E6
相公[鲁]	252	E5
相公[陕]	418	B5
相公庄[鲁]	239	A7
相沟[鲁]	252	E5
相官[皖]	193	E7
相南[皖]	188	D4
相皮[藏]	409	D10
相桥[陕]	416	B1
相山[赣]	224	F5
相山区[皖]	188	D4
相市[湘]	303	E7
相思[湘]	300	D5
相衙[鲁]	238	D3
相州[鲁]	243	F8
香[晋]	74	D2
香坝[黔]	391	E6
香菜营[冀]	61	D9
香沉[川]	364	E4
香城[鲁]	255	D8
香城固[冀]	61	A7
香店[鲁]	244	E3
香堆[藏]	409	E10
香坊[冀]	59	D10
香粉[桂]	337	C8
香港特别行政区[港]	458	C3
香格里拉[川]	379	D9
香格里拉县[滇]	404	D4
香河县[冀]	52	B3
香花[川]	376	D4
香花[湘]	305	C7
香花[豫]	270	F5
香花岭[湘]	304	E5
香加[青]	439	B10
香口[鄂]	280	A3
香兰[黑]	128	E1
香乐[晋]	66	E4
香莲[陇]	432	F3
香龙[渝]	354	A4
香隆[川]	369	E7
香茂[藏]	409	E7
香梅[湘]	305	B7
香庙[陕]	419	C6
香坪[粤]	314	C2
香铺[皖]	198	C2
香铺仑[湘]	299	E8
香泉[川]	368	D3
香泉[陇]	428	D5
香泉[陕]	418	D2
香泉[皖]	199	A6
香日德[青]	439	B10
香山[川]	365	F6
香山[京]	28	C4
香山[内蒙古]	83	D8
香山[陕]	421	E8
香山[苏]	161	E6
香山[豫]	272	B4
香山区[台]	460	B3
香水[川]	368	D3
香田[赣]	227	B7
香屯[赣]	231	C6
香溪[川]	364	D3
香溪[浙]	174	C3
香营[京]	32	E3
香隅[皖]	200	D2
香赵庄[鲁]	239	F6
香洲区[粤]	320	E3
厢白[黑]	130	D3
厢黄地[内蒙古]	79	E8
湘店[闽]	215	F7
湘东区[赣]	228	G2
湘河[陕]	425	A10
湘湖[赣]	221	D9
湘江[湘]	303	E6
湘江[湘]	304	F4
湘乐[陇]	432	F5
湘漓[桂]	336	C3
湘临[湘]	300	F2
湘水[陕]	420	D3
湘潭市[湘]	303	B7
湘潭县[湘]	303	B7
湘乡市[湘]	303	B6
湘阴渡[湘]	305	C7
湘阴县[湘]	300	F3
瀼河[豫]	271	C8
襄安[皖]	199	C9
襄城区[鄂]	281	E8
襄城县[豫]	268	D2
襄阳市[鄂]	281	E8
襄汾县[晋]	74	D4
襄陵[晋]	74	D4
襄南[陇]	429	C6
襄州区[鄂]	281	E8
襄垣[晋]	66	E5
襄垣县[晋]	70	C3
镶黄旗[内蒙古]	82	G3
祥贝[桂]	344	B3
祥符[川]	373	C7
祥符区[豫]	266	B2
祥符[赣]	227	C7
祥福[川]	363	D6
祥富[黑]	130	D3
祥华[闽]	212	D5
祥霖铺[湘]	304	E3
祥龙[川]	365	E6
祥谦[闽]	206	C4
祥顺[黑]	121	B7
祥云[豫]	261	C10
祥云县[滇]	405	C9
祥芝[闽]	213	F9
祥周[桂]	342	C5
翔安区[闽]	213	F7
翔村[陕]	424	D2
翔云[闽]	213	E7
享堂[青]	436	A5
响肠[皖]	198	E2
响导[皖]	186	B2
响洪甸[皖]	187	D8
响石[川]	373	E9
响水[川]	367	C7
响水[黔]	386	D3
响水[黔]	387	F8
响水[桂]	343	C8
响水[吉]	112	B2
响水[琼]	346	F5
响水[陕]	423	D7
响水[湘]	303	A7
响水[渝]	356	F4
响水河[晋]	74	C4
响水河子[辽]	95	A9
响水滩[赣]	230	A3
响水县[苏]	152	B1
响滩[川]	369	D7
响嵾[冀]	54	D5
响塘[湘]	303	A7
响岩[川]	368	C3
向坝[鄂]	280	F2
向城[鲁]	252	F3
向东[川]	364	C5
向都[桂]	343	D6
向峨[川]	362	B4
向海[吉]	110	D2
向华[黑]	122	B3
向化[沪]	141	C8
向化[青]	436	C4
向家[川]	372	A5
向家[湘]	297	B6
向家[湘]	300	F4
向林[川]	375	D7
向岭[川]	367	D10
向桥[鄂]	287	B6
向荣[黑]	130	D2
向山[皖]	194	E3
向塘[赣]	220	E4
向阳[川]	367	E8
向阳[川]	368	F2
向阳[滇]	401	B6
向阳[桂]	344	F2
向阳[黑]	120	C3
向阳[黑]	120	F4
向阳[黑]	126	A4
向阳[黑]	127	E9
向阳[黑]	129	C6
向阳[黑]	130	F5
向阳[吉]	109	B6
向阳[吉]	110	C3
向阳[吉]	112	F1
向阳[吉]	114	D1
向阳[津]	39	D8
向阳[晋]	66	B5
向阳[京]	30	E4
向阳[辽]	98	B3
向阳[闽]	213	C8
向阳[内蒙古]	78	E4
向阳[陕]	418	E4
向阳[苏]	153	A9
向阳[皖]	189	F7
向阳[皖]	195	D6
向阳[湘]	303	E6
向阳[渝]	357	D6
向阳堡[晋]	68	E3
向阳川[黑]	128	D5
向阳湖[鄂]	285	C8
向义[川]	373	E8
向应[辽]	102	E4
巷口[黔]	390	F3
巷贤[桂]	334	C5
巷子口[湘]	296	E1
项城市[豫]	269	E8
项店[豫]	273	D7
项脚[川]	367	D6
项铺[皖]	198	B2
项山[赣]	229	B9
象鼻[川]	374	C4
象鼻[滇]	405	C8
象达[滇]	403	D9
象洞[闽]	215	E9
象耳[川]	372	B3
象滚塘[滇]	403	D9
象河[豫]	272	B3
象湖[闽]	215	B8
象明[滇]	407	C8
象棋[桂]	338	F2
象山[川]	365	F7
象山[赣]	220	B4
象山[苏]	156	A3
象山县[浙]	171	D7
象市[湘]	298	B4
象图[滇]	405	E7
象溪[闽]	207	F6
象溪[浙]	181	C6
象形[赣]	232	F5
象阳[浙]	179	B6
象州县[桂]	345	C8
象珠[浙]	175	D6
橡林[豫]	272	B5
消河[川]	365	B6
消水[川]	364	B5
消泗[鄂]	279	G8
逍林[浙]	170	F4
逍遥[豫]	268	D5
萧家村[湘]	304	B4
萧家桥[湘]	307	F9
萧江[浙]	179	D8
萧山区[浙]	167	C9
萧王庙[浙]	171	F6
萧县[皖]	188	C5
硝河[宁]	443	D9
潇湘[滇]	398	E3
霄云[鲁]	255	E6
小岞[闽]	213	E10
小安[川]	364	D1
小安山[鲁]	254	A5
小坝[川]	367	F8
小坝[川]	368	C2
小坝[黔]	386	D3
小坝子[滇]	401	F7
小坝子[冀]	52	D5
小白[晋]	67	D6
小白山[吉]	109	D7
小百户[滇]	398	F2
小板[鄂]	289	B8
小蚌埠[皖]	187	D9
小堡[川]	376	F2
小北河[辽]	100	B3
小碧[黔]	384	E5
小碧[湘]	302	B4
小砭河[陕]	420	E2
小泊头[鲁]	247	A7
小布[赣]	228	B4
小沧[闽]	206	C2
小曹娥[浙]	170	G4
小草坝[滇]	402	D3
小岔[宁]	443	C8
小岔河[川]	367	F8
小长安[桂]	344	A3
小长山[辽]	103	E7
小厂[滇]	403	E8
小厂[冀]	50	B3
小厂[冀]	54	B2
小厂[渝]	355	D10
小厂[渝]	356	B1
小场[桂]	344	E2
小陈[冀]	57	F8
小陈[豫]	266	D2
小城[吉]	109	B9
小城子[黑]	128	F5
小城子[吉]	108	B2
小城子[吉]	112	D2
小城子[辽]	90	D1
小城子[辽]	92	F4
小城子[内蒙古]	83	B9
小池[闽]	215	D8
小池[皖]	198	E3
小川[陇]	429	B8
小川[皖]	201	E9
小村[鄂]	290	E2
小村[陕]	418	D5
小德营子[辽]	93	D6
小甸[皖]	186	A5
小甸子[辽]	99	G10
小店[冀]	57	F7
小店[鲁]	252	D5
小店[豫]	263	E8
小店[豫]	264	F3
小店[豫]	271	D7
小店区[晋]	67	C6
小淀[津]	38	B4
小东[辽]	96	C5
小董[桂]	341	B6
小董[豫]	261	B9
小渡[渝]	354	B2
小渡口[湘]	299	B7
小二台[冀]	50	E4
小返[晋]	67	B6
小佛[川]	365	C7
小港[赣]	227	D9
小港[浙]	170	D5
小港区[台]	460	F2
小高[川]	367	E7
小沟[川]	367	C9
小孤山[吉]	112	C4
小拐[新]	453	D8
小关[黔]	390	E4
小关[陇]	428	G5
小关[豫]	260	E3
小观[鲁]	251	F8
小官庄[苏]	154	E2
小海[黔]	386	G4
小海[苏]	152	F4
小海[苏]	153	D9
小海子[内蒙古]	79	D9
小汉[川]	368	F2
小壕兔[陕]	422	D5
小河[川]	373	D6
小河[川]	376	C3
小河[川]	377	D10
小河[滇]	397	E7
小河[滇]	402	G5
小河[鄂]	281	F8
小河[鄂]	284	C3
小河[赣]	229	E8
小河[陇]	430	B5
小河[陕]	420	C2
小河[陕]	421	D6
小河[陕]	423	F9
小河[皖]	200	C4
小河[湘]	297	D10
小河[渝]	354	G10
小河[渝]	356	D2
小河[豫]	264	D4
小河口[川]	373	E9
小河口[鄂]	288	F5
小河口[陕]	425	D9
小河庙[陕]	420	D3
小河区[黔]	384	F5
小河山[黔]	384	C3
小河山[黔]	384	C3
小河头[晋]	72	E3
小河子[冀]	50	B3
小黑箐[川]	367	F7
小横垅[湘]	306	B5
小侯[豫]	267	D7
小湖[闽]	208	D4
小璜[赣]	224	C2
小茴店[豫]	273	D7
小惠[陕]	424	E1
小吉场[黔]	386	D2
小集[冀]	54	E3
小纪[鲁]	250	G5
小纪[苏]	154	D5
小纪汗[陕]	423	E6
小冀[豫]	264	F2
小佳河[黑]	129	D8
小尖[苏]	152	B1
小枧沟[川]	368	E3
小涧[皖]	191	B6
小江[赣]	229	E9
小江[粤]	314	C4

地名[省别]	地图位置
小江口[湘]	306 A5
小将[浙]	173 F7
小街[川]	367 F9
小街[滇]	397 D8
小街[滇]	400 A3
小街[滇]	400 C3
小街[滇]	401 E7
小街[滇]	407 D9
小界[豫]	262 C5
小金[川]	367 B7
小金[陕]	416 B2
小金洞[湘]	304 C4
小金口[粤]	317 E7
小金湾[陇]	430 F4
小金县[川]	377 G7
小京庄[晋]	68 D4
小井[川]	365 B7
小井[鲁]	254 D1
小觉[冀]	48 B3
小康营[陇]	428 E4
小坑[粤]	315 C8
小宽[吉]	112 D2
小榄[粤]	320 C2
小里[冀]	57 D9
小良[粤]	324 G2
小梁[晋]	75 F6
小林[鄂]	282 C1
小林[渝]	354 C2
小岭[黑]	120 D4
小岭[陇]	428 G4
小岭[陕]	425 E9
小留[鲁]	254 C3
小龙[川]	365 C6
小龙[赣]	233 C6
小龙洞[滇]	402 E4
小龙马[冀]	61 C7
小龙门[湘]	306 A4
小龙潭[滇]	400 D5
小楼[粤]	313 C9
小路口[鲁]	254 A4
小路口[皖]	200 E5
小吕[豫]	268 C2
小吕店[豫]	273 E8
小吕寨[冀]	60 D3
小马庄[冀]	54 E4
小满[陇]	430 C5
小梅[浙]	180 E3
小门家[鲁]	250 C4
小勐统[滇]	399 D7
小孟[鲁]	255 B7
小密[赣]	229 C6
小沔[渝]	354 B4
小庙[川]	367 C7
小庙[皖]	186 D4
小漠[粤]	318 G2
小南沟[陇]	432 E3
小南海[鄂]	290 F2
小南海[陕]	420 D3
小南海[渝]	355 C10
小南海[渝]	356 A2
小南海[浙]	177 B10
小南辛堡[冀]	51 B7
小牛群[内蒙古]	83 G6
小平山[桂]	339 D8
小平王[冀]	58 D4
小平阳[桂]	345 E10
小平易[晋]	68 F4
小铺[豫]	264 D5
小浦[浙]	168 D1
小桥[川]	365 B6
小桥[闽]	208 E4
小樵[冀]	49 D9
小箐[黔]	384 F3
小丘[陕]	419 C7
小泉[陇]	429 B6
小箬[闽]	206 E2
小腮[黔]	391 G6
小三江[粤]	314 E2
小沙[浙]	170 C4
小沙江[湘]	307 B6
小山[桂]	343 C6
小山[冀]	59 D10
小山子[黑]	120 E4
小哨[滇]	397 E7
小佘太[内蒙古]	78 D5
小胜[粤]	323 D9
小石棚[辽]	99 B10
小石桥[滇]	400 B4
小史店[豫]	271 E9
小市[皖]	198 D3
小曙河[陕]	421 C10
小双[陕]	421 C7
小水[黔]	390 C3
小水[湘]	303 G7
小四平[吉]	113 B6
小寺沟[冀]	53 E9
小松[赣]	228 A5
小松[闽]	208 D4
小宋[豫]	266 B5
小苏莽[青]	441 F10
小蒜[晋]	73 F7
小蒜沟[冀]	50 F5
小塔子[辽]	92 A3
小潭[豫]	264 F3
小汤山[京]	31 B10
小塘[辽]	92 E3
小塘[湘]	307 C7
小陶[闽]	210 F4
小田[湘]	303 E9
小屯[黔]	386 D4
小屯[黔]	387 D8
小屯[辽]	100 B4
小屯[陇]	430 B5
小屯[豫]	271 B8
小湾[滇]	399 C9
小湾东[滇]	405 C10
小王果庄[冀]	57 F9
小王庄[冀]	59 C7
小王庄[津]	42 D4
小圩[皖]	187 B8
小圩[湘]	304 E3
小围寨[黔]	385 C6
小文公[内蒙古]	79 D7
小吴[豫]	266 E5
小五站[黑]	127 F8
小悟[鄂]	284 C4
小西[滇]	403 D7
小西堡[冀]	61 C7
小溪[赣]	229 D7
小溪[皖]	187 A8
小溪[湘]	301 D10
小溪坝[川]	368 D4
小溪河[皖]	192 B4
小溪市[湘]	307 D7
小峡[青]	436 B5
小岘[陇]	432 F3
小湘[粤]	328 E4
小协[鲁]	249 E8
小辛集[皖]	191 B7
小辛庄[冀]	49 D9
小新街[滇]	397 D8
小新街[滇]	400 F4
小姓[川]	377 D9
小雄[浙]	176 D5
小雪[鲁]	255 C8
小雅[黔]	390 C4
小垭[川]	364 D4
小垭[川]	368 D4
小淹[湘]	299 F6
小杨[吉]	114 D1
小杨气[内蒙古]	81 A7
小杨营[豫]	271 F6
小洋[陕]	420 A4
小窑[苏]	150 B5
小伊[苏]	150 C4
小银木[川]	367 D9
小营[吉]	115 E7
小营[冀]	53 E7
小营[冀]	59 E9
小营[鲁]	247 E9
小营盘[新]	452 E3
小鱼洞[川]	362 B4
小元[川]	364 E5
小垣[湘]	305 E8
小院[川]	373 C8
小岳寺[豫]	273 A6
小越[浙]	173 B6
小寨[滇]	402 F5
小寨[冀]	58 G2
小寨[冀]	61 C7
小寨[陇]	429 E6
小寨[陕]	416 B4
小寨[豫]	271 D7
小寨坝[黔]	384 F3
小站[津]	39 F6
小张各庄[冀]	54 E2
小章[陕]	419 B6
小章[湘]	301 F9
小召[内蒙古]	78 E3
小召[豫]	268 B4
小召子[内蒙古]	79 F7
小赵庄[冀]	59 D7
小正[粤]	315 F8
小芝[浙]	176 D5
小中甸[滇]	404 D4
小舟山[浙]	181 D9
小周[渝]	356 F5
小朱庄[冀]	57 C9
小庄[冀]	59 E8
小庄子[辽]	93 C8
小作[冀]	48 D4
晓澳[闽]	206 B3
晓坝[川]	368 E2
晓道[陕]	421 E8
晓店[苏]	150 F5
晓关[鄂]	290 E3
晓街[滇]	399 C10
晓景[黔]	391 C8
晓坑[浙]	179 E7
晓林[冀]	56 F5
晓龙[赣]	229 C7
晓明[辽]	94 G5
晓南[辽]	95 G6
晓坪[湘]	306 C3
晓塘[浙]	171 D8
晓天[皖]	187 C10
晓阳[闽]	209 D7
筱埕[闽]	206 A2
筱村[浙]	179 F8
筱塘[赣]	227 E9
孝昌县[鄂]	284 C3
孝德[川]	368 E2
孝儿[川]	374 E4
孝丰[浙]	168 E4
孝感[川]	368 F2
孝感市[鄂]	284 E3
孝姑[川]	372 E4
孝敬[豫]	261 C9
孝里[鲁]	239 D8
孝墓[冀]	56 E5
孝坪[湘]	307 G8
孝桥[赣]	224 D3
孝泉[川]	368 F2
孝顺[浙]	174 C5
孝溪[渝]	356 E2
孝义[晋]	73 E10
孝义[陕]	424 F3
孝义[陕]	425 C8
孝义市[晋]	73 F9
孝直[鲁]	239 E10
肖村[冀]	57 C8
肖店[豫]	272 D5
肖港[鄂]	284 D3
肖官营[冀]	57 C9
肖家[川]	364 D5
肖家[吉]	111 D9
肖家[陇]	429 C10
肖家[湘]	304 D5
肖家[湘]	306 C4
肖家[渝]	354 A4
肖家坊[闽]	208 D1
肖家岭[赣]	230 A3
肖家庄[晋]	73 E9
肖家庄[鲁]	240 C3
肖金[陇]	432 F4
肖口[皖]	191 F7
肖良[陇]	429 C8
肖岭[鄂]	285 F7
肖旗[豫]	271 B8
肖桥头[冀]	58 E4
肖田[赣]	228 B3
肖王[豫]	272 D5
肖溪[川]	365 B7
肖堰[鄂]	281 G7
肖营子[冀]	54 B5
肖寨门[辽]	91 E9
肖张[冀]	58 G3
肖嘴[陇]	432 F5
校尉[陇]	431 E8
校椅[桂]	335 E7
歇马[川]	372 C2
歇马[鄂]	280 F5
歇马[陕]	420 D3
歇马[渝]	354 C4
歇武[青]	441 E10
协成[内蒙古]	78 E2
协代[内蒙古]	83 D10
协德[川]	379 B6
协合[湘]	298 C3
协和[川]	368 G4
协和[川]	373 C10
协和[黔]	386 B4
协神[冀]	49 C7
协税[陕]	420 D3
协兴[川]	365 B7
偕乐桥[湘]	296 E3
斜店[鲁]	240 D1
斜卡[川]	379 B9
斜口[陕]	416 C2
斜桥[苏]	155 A8
斜桥[浙]	169 F9
斜滩[闽]	209 D7
斜土路[沪]	136 F5
斜源[川]	362 E2
泄川[浙]	181 A7
泄滩[鄂]	291 B7
卸甲[苏]	154 E3
卸甲坪[鄂]	288 E1
谢安[川]	372 B5
谢坝[黔]	390 D5
谢村[浙]	180 B5
谢坊[赣]	229 B7
谢岗[粤]	321 A6
谢河[川]	364 D5
谢河[陇]	431 E8
谢鸡[粤]	324 E3
谢集[鲁]	254 E5
谢集[苏]	155 G6
谢集[皖]	191 G9
谢集[豫]	267 C6
谢家[川]	372 A3
谢家[吉]	108 C5
谢家堡[冀]	51 C9
谢家集区[皖]	189 C9
谢家铺[湘]	299 D7
谢家滩[赣]	230 A3
谢家湾[陇]	429 C6
谢家垭[湘]	298 D3
谢林港[湘]	299 F8
谢炉[冀]	60 A4
谢旗营[豫]	261 A8
谢桥[黔]	391 F10
谢桥[皖]	191 B9
谢塘[浙]	173 B6
谢通门县[藏]	408 F5
谢屯[辽]	102 D3
谢屯[辽]	97 E8
谢湾[陕]	425 C7
谢洋[闽]	211 G7
谢庄[冀]	49 E8
谢庄[豫]	260 B3
谢庄[豫]	271 E7
蟹螺[川]	376 F1
心圩[桂]	334 E4
忻城县[桂]	345 G8
忻州市[晋]	72 C4
梓橦庙[川]	369 C7
辛安[冀]	61 C8
辛安[鲁]	245 E7
辛安[鲁]	250 G5
辛安[豫]	268 E3
辛安渡[鄂]	278 F5
辛安泉[晋]	70 B4
辛堡[冀]	51 E8
辛冲[鄂]	278 B5
辛村[晋]	72 E4
辛村[晋]	74 C3
辛村[豫]	264 B5
辛店[冀]	59 D8
辛店[冀]	60 D4
辛店[陇]	428 E5
辛店[鲁]	238 D5
辛店[鲁]	241 D7
辛店[鲁]	247 D7
辛店[陕]	423 C9
辛店[豫]	260 C4
辛店[豫]	263 C8
辛店[豫]	271 D9
辛店[豫]	273 B6
辛丰[苏]	156 B4
辛集[冀]	59 D10
辛集[鲁]	240 C2
辛集[鲁]	252 C5
辛集[豫]	269 C8
辛集[豫]	271 B8
辛集市[冀]	49 E9
辛家沟[陕]	423 B9
辛家寨[陕]	416 F3
辛街[滇]	403 C7
辛口[津]	38 D2
辛立庄[冀]	57 C10
辛桥[冀]	57 C10
辛市[陕]	424 F2
辛屯[滇]	405 C6
辛兴[冀]	57 F8
辛兴[鲁]	243 F8
辛义[冀]	61 C9
辛榨[鄂]	284 D2
辛寨[鲁]	239 A6
辛寨[鲁]	239 A6
辛寨[鲁]	239 E7
辛寨[鲁]	242 E5
辛寨子[辽]	102 F3
辛置[晋]	74 C2
辛中驿[冀]	58 B4
辛庄[冀]	48 D4
辛庄[冀]	58 G4
辛庄[冀]	61 D8
辛庄[津]	38 D5
辛庄[鲁]	249 D9
辛庄[鲁]	250 D3
辛庄[陕]	424 F3
辛庄[苏]	161 C7
辛庄[豫]	265 D8
辛庄堡[冀]	61 C7
莘塍[浙]	179 C7
莘畈[浙]	174 E2
莘口[闽]	211 E6
莘田[皖]	200 D4
莘亭[鲁]	240 E2
莘县[鲁]	240 E2
莘庄[沪]	139 F8
新艾里[吉]	110 B4
新安[川]	367 G7
新安[川]	368 D3
新安[川]	374 D2
新安[滇]	406 B5
新安[桂]	343 B6
新安[黑]	131 D8
新安[吉]	109 B9
新安[吉]	110 G5
新安[冀]	49 C7
新安[津]	41 D8
新安[内蒙古]	78 E4
新安[苏]	150 B5
新安[苏]	153 A10
新安[皖]	187 C7
新安[皖]	200 E3
新安[湘]	299 B6
新安[豫]	264 F3
新安[粤]	168 B4
新安[浙]	179 D8
新安店[豫]	272 C5
新安集[豫]	269 F9
新安所[滇]	400 E5
新安县[豫]	263 B7
新巴[黔]	384 D4
新巴尔虎右旗[内蒙古]	81 F9
新巴尔虎左旗[内蒙古]	81 E10
新坝[川]	375 E6
新坝[陇]	430 B3
新坝[陕]	421 E8
新坝[苏]	150 C3
新坝[苏]	156 A5
新浜[沪]	138 E5
新宝[粤]	324 D4
新宝力格[内蒙古]	78 D5
新宝力格西[内蒙古]	81 D9
新保安[冀]	51 C7
新堡[黔]	384 E4
新堡[晋]	72 E4
新堡[陇]	431 F10
新堡[陇]	432 B4
新堡子[陕]	419 C6
新陂[赣]	229 D6
新陂[粤]	323 D7
新北区[苏]	157 D6
新碧[浙]	181 A8
新宾满族自治县[辽]	95 B8
新拨[冀]	53 B7
新蔡[皖]	188 D5
新蔡县[豫]	273 C7
新仓[皖]	186 D5
新仓[皖]	198 E4
新仓[浙]	169 C8
新曹[苏]	152 F5
新茶[川]	367 A8
新昌[苏]	156 F3
新昌[浙]	177 B8
新昌县[浙]	173 F6
新厂[滇]	407 G6
新厂[鄂]	288 E5
新厂[湘]	306 F2
新场[川]	362 E3
新场[川]	365 C7
新场[川]	365 D7
新场[川]	369 B7
新场[川]	372 C3
新场[川]	372 D2
新场[川]	373 C8
新场[川]	373 D7
新场[川]	376 D3
新场[滇]	402 D4
新场[黔]	384 E4
新场[黔]	386 E5
新场[黔]	387 C6
新场[沪]	140 D2
新场[陕]	420 F5
新场[湘]	301 G8
新场[渝]	356 G4
新车[湘]	304 E3
新成路[沪]	136 C3
新城[川]	364 C5
新城[滇]	400 D3
新城[滇]	403 F8
新城[滇]	407 E6
新城[鄂]	282 E1
新城[鄂]	284 B4
新城[赣]	229 F7
新城[赣]	233 G6
新城[黑]	128 D3
新城[吉]	111 D7
新城[冀]	49 E10
新城[冀]	57 C9
新城[冀]	60 E5
新城[津]	39 E7
新城[陇]	429 A6
新城[陇]	430 A2
新城[陇]	432 B4
新城[陇]	432 F3
新城[鲁]	242 B3
新城[陕]	423 G9
新城[苏]	155 F7
新城[台]	460 C4
新城[湘]	301 A8
新城局[吉]	111 E10
新城铺[冀]	49 C7
新城湾[内蒙古]	79 E9
新城子[京]	33 D10
新城子[陇]	429 D8
新城子[陇]	431 D7
新城子[内蒙古]	83 E6
新塍[浙]	169 F7
新池[陕]	424 D4
新处[浙]	180 B5
新川[浙]	181 A7
新春[川]	368 D3
新村[川]	367 E8
新村[川]	369 D8
新村[滇]	396 F3
新村[滇]	397 B8
新村[黑]	130 F3
新村[沪]	136 D5
新村[沪]	141 F6
新村[冀]	59 D10
新村[津]	39 D8
新村[鲁]	252 G3
新村[琼]	347 F6
新村[皖]	191 F8
新村[渝]	355 D6
新村[豫]	260 C4
新厝[闽]	207 D6
新埭[浙]	169 C7
新德[川]	368 F4
新登[浙]	167 D6
新地[桂]	338 F3
新地[冀]	53 C8
新地[内蒙古]	80 G2
新地[内蒙古]	83 G7
新地[内蒙古]	83 G6
新地[内蒙古]	84 A3
新地[新]	451 D9
新地[新]	452 B5
新甸[滇]	396 D4
新甸[黑]	120 C5
新甸[辽]	100 G3
新甸铺[豫]	271 G6
新店[川]	364 B5
新店[川]	369 C9
新店[川]	372 B5
新店[川]	373 D9
新店[川]	373 E7
新店[川]	373 E8
新店[川]	376 C4
新店[滇]	401 C6
新店[滇]	402 F5
新店[鄂]	285 D6
新店[黔]	384 G4
新店[黔]	387 E8
新店[黔]	391 G9
新店[晋]	70 D3
新店[陇]	432 G1
新店[闽]	206 C3
新店[苏]	149 E9
新店[苏]	153 E8
新店[皖]	186 D4
新店[豫]	268 E4
新店[豫]	271 E7
新店坪[湘]	306 B2
新店子[冀]	54 C2
新店子[内蒙古]	79 F8
新垌[粤]	324 E3
新都桥[川]	379 B7
新都区[川]	363 D6
新度[闽]	206 E6
新渡[苏]	151 C7
新渡[皖]	198 D2
新渡[皖]	199 E8
新墩[陇]	430 C5
新垛[苏]	154 B3
新鄂[黑]	124 D4
新发[川]	367 G7
新发[黔]	385 F5
新发[黑]	120 C2
新发[黑]	122 B4
新发[黑]	124 F2
新发[吉]	110 F2
新发[吉]	114 C2
新发[皖]	194 C5
新凡[川]	372 E4
新繁[川]	362 C5
新坊[赣]	226 G3
新坊[湘]	305 C9
新芳[苏]	158 D3
新房[黔]	386 E5
新房子[吉]	113 D10
新丰[川]	368 F2
新丰[赣]	225 E7
新丰[桂]	339 E9
新丰[陕]	416 B2
新丰[苏]	152 E4
新丰[台]	460 B3
新丰[皖]	201 B7
新丰[粤]	319 A8
新丰街[赣]	225 C6
新丰沈荡[浙]	169 D8
新丰县[粤]	315 E9
新福[桂]	341 A7
新福[黑]	123 C9
新抚[滇]	406 C5
新抚区[辽]	95 F8
新复[川]	365 D6
新复[渝]	354 C3
新富[黑]	128 C4
新干县[赣]	232 B2
新岗山[赣]	231 C7
新港[赣]	223 B8
新港[津]	39 E9
新港[鲁]	250 C5
新港[苏]	161 B8
新港[粤]	316 D5
新高[晋]	72 C3
新格[川]	377 G7
新公中[内蒙古]	78 D4
新沟[鄂]	279 F6
新沟[鄂]	279 F6
新沟[鄂]	289 D7
新沟[苏]	152 C2
新关[湘]	298 B5
新观[川]	364 D3
新海[琼]	347 A6
新海农场[沪]	141 F6
新杭[皖]	194 A5
新合[赣]	223 C7
新合[吉]	114 C2
新合[吉]	114 E5
新合[陕]	416 C2
新合[浙]	167 E7
新和[川]	369 F7
新和[桂]	343 C8
新和县[新]	455 B9
新河[皖]	201 A6
新河[川]	365 B6
新河[川]	367 F7
新河[鄂]	279 F6
新河[鄂]	284 F3
新河[沪]	141 D8
新河[津]	39 D8
新河[陇]	431 C9
新河[鲁]	244 G2
新河[内蒙古]	83 D10
新河[苏]	149 E7
新河[苏]	150 E4
新河[湘]	300 C1
新河[湘]	302 F5
新河[浙]	176 E5
新河县[冀]	60 C2
新亨[粤]	319 C6
新忽热[内蒙古]	78 D5
新湖[吉]	108 F2
新湖[鲁]	248 F2
新户[鲁]	241 B7
新户[新]	451 B9
新花[渝]	357 E9
新华[川]	367 F8
新华[川]	368 F2
新华[川]	369 C9
新华[川]	376 C3
新华[滇]	396 C4
新华[滇]	399 B9
新华[滇]	401 E6
新华[滇]	403 E8
新华[鄂]	280 F4
新华[鄂]	284 E3
新华[黔]	386 D5
新华[桂]	338 A4
新华[黑]	120 C3
新华[黑]	123 D8
新华[黑]	128 D2
新华[黑]	130 D4
新华[吉]	110 F3
新华[陇]	430 B4
新华[鲁]	238 E4
新华[内蒙古]	78 D3
新华[皖]	191 D8
新华[皖]	201 B6
新华[湘]	299 D8
新华[湘]	305 D7
新华[渝]	354 A2
新华[渝]	355 D10
新华[渝]	356 B2
新华[粤]	313 C7
新华路[陕]	416 B1
新华区[冀]	59 C7
新化[滇]	400 C2
新化[黔]	386 B3
新化[黔]	389 B6
新化[桂]	342 D2
新化[台]	460 E2
新化县[湘]	302 B2
新篁[赣]	231 D6
新篁[苏]	146 C2
新晃侗族自治县[湘]	306 C2
新回龙[粤]	316 E5
新会[川]	365 D7
新会区[粤]	325 D10
新吉[藏]	409 E6
新集[冀]	52 B4
新集[冀]	54 C3
新集[冀]	54 E5
新集[陇]	428 D4
新集[陇]	432 F4
新集[陇]	432 G4
新集[陕]	420 D3
新集[苏]	146 E3
新集[苏]	150 B5
新集[苏]	155 F7
新集[皖]	187 B8
新集[皖]	189 B7
新集[皖]	191 D9
新集[豫]	271 G9
新集川[陕]	418 B2
新家园[晋]	68 D5
新嘉[鲁]	250 C3
新建[川]	367 E8
新建[川]	376 D3
新建[黔]	390 D5
新建[内蒙古]	79 E6
新建[苏]	158 D3
新建[湘]	300 C1
新建[湘]	306 B4
新建[浙]	181 A8
新建县[赣]	220 D3
新江[赣]	233 E6
新江[桂]	334 F5
新江[粤]	315 D8
新绛[晋]	74 D5
新街[川]	367 F8
新街[川]	369 F9
新街[滇]	396 C3
新街[滇]	398 B2
新街[滇]	400 F4
新街[滇]	401 E7
新街[滇]	402 F4
新街[滇]	405 C9
新街[鄂]	282 E3
新街[鄂]	285 C7
新街[赣]	227 D7
新街[黔]	387 F6
新街[桂]	336 D4
新街[内蒙古]	80 C3
新街[青]	437 C7
新街[陕]	418 D2
新街[苏]	152 G5
新街[苏]	155 B7
新街[苏]	158 E3
新街[皖]	193 C8
新街[浙]	167 C9
新街子[陕]	420 D3
新界埠[赣]	227 D6
新津[渝]	357 E7
新津县[川]	362 F4
新井[陇]	431 E10
新井[内蒙古]	83 E6
新景[黔]	391 B7
新景[陇]	428 C5
新九[川]	367 F7
新军屯[冀]	54 E2
新开[鄂]	287 B9
新开[辽]	97 C9
新开[陇]	432 G4
新开[湘]	300 D4
新开地[内蒙古]	83 F6
新开河[辽]	100 B2
新开河[内蒙古]	81 E9
新开口[津]	41 E6
新开岭[辽]	93 E7
新康[湘]	296 C4
新乐[川]	375 C7
新乐[黑]	127 B8
新乐[渝]	355 B10
新乐市[冀]	49 C7
新垒头[冀]	49 E9
新里[豫]	273 D8
新立[吉]	108 B5
新立[吉]	111 D7
新立[吉]	112 E2
新立[津]	38 D5
新立[辽]	97 C9
新立[渝]	355 A7
新立城[吉]	108 E2
新立屯[辽]	96 C5
新联[苏]	153 E8
新寮[粤]	327 F9
新林[川]	372 E2
新林[黑]	125 D8
新林[内蒙古]	83 A9
新林[内蒙古]	83 E6
新林[浙]	173 F7
新刘集[皖]	191 B10
新龙[川]	367 F8
新龙[赣]	229 D8
新龙[琼]	346 E2
新龙场[黔]	387 E8
新龙县[川]	378 D5
新隆[湘]	304 D5
新楼[浙]	175 E7
新鲁[川]	368 F3
新路河[湘]	306 B5
新路湾[浙]	180 A5
新马[川]	367 G8
新马场[黔]	387 D7
新马集[皖]	191 F6
新马街[滇]	401 E8
新马桥[皖]	187 D8
新密市[豫]	260 D4
新妙[渝]	355 C6
新庙[川]	365 D7
新庙[川]	376 D2
新庙[鄂]	287 E6
新庙[吉]	111 D7
新庙[内蒙古]	80 C3
新民[川]	362 C5
新民[川]	367 B8
新民[川]	367 F7
新民[川]	372 E4
新民[川]	373 B6
新民[川]	373 E8
新民[川]	376 F1
新民[赣]	220 B1
新民[黔]	387 F8
新民[黔]	390 G3
新民[黑]	120 B5
新民[吉]	111 C7
新民[辽]	97 D6
新民[闽]	213 F7
新民[内蒙古]	79 C9
新民[内蒙古]	82 G2
新民[内蒙古]	83 D7
新民[宁]	443 C10
新民[青]	436 A5
新民[陕]	419 B6
新民[陕]	422 B4
新民[渝]	355 A7
新民[渝]	356 G2
新民[渝]	357 E8
新民[粤]	327 B8
新民场[川]	362 C4
新民市[辽]	91 E6
新民屯[辽]	91 D8
新明[皖]	201 C7
新南[黔]	390 F4
新宁县[湘]	307 F6
新农[川]	368 E4
新农[黑]	120 C2
新农[吉]	108 B3
新农[吉]	109 D9
新农[辽]	90 E5
新农[辽]	99 G10
新埤[台]	460 F3
新平[川]	362 F4
新平[川]	368 F2
新平[川]	372 C3
新平安[吉]	110 C5
新平堡[晋]	69 A9
新平堡[内蒙古]	79 E10
新平彝族傣族自治县[滇]	400 C2
新坪[川]	367 E6
新坪[桂]	336 F3
新坡[冀]	61 E8
新坡[琼]	347 B7
新坡[粤]	324 F2
新铺[鄂]	284 E3
新铺[黔]	384 D4
新铺[黔]	387 D7
新铺[陕]	420 E3
新铺[湘]	299 B6
新铺[粤]	323 C8
新蒲[黔]	390 F3
新埔[台]	460 B4
新浦[浙]	170 F3
新浦[浙]	179 F8
新前[浙]	176 E4
新墙[湘]	300 D4
新桥[川]	365 E7
新桥[川]	365 B7
新桥[川]	368 E3
新桥[川]	373 D8
新桥[川]	373 E6
新桥[川]	377 F7
新桥[滇]	396 D4
新桥[黔]	387 E9
新桥[桂]	334 D5
新桥[桂]	339 E8
新桥[沪]	138 B4
新桥[鲁]	252 D4
新桥[闽]	210 A4
新桥[闽]	215 E6
新桥[闽]	215 B7
新桥[苏]	155 C8
新桥[苏]	157 C6
新桥[苏]	159 B8
新桥[湘]	298 C3
新桥[湘]	303 C6
新桥[豫]	267 F9
新桥[豫]	269 G8
新桥[粤]	328 F4
新桥[浙]	166 B3
新桥[浙]	171 D7
新桥[浙]	176 E4
新桥[浙]	177 B8
新桥[浙]	177 C6
新桥河[湘]	299 E8
新青区[黑]	126 C3
新庆[桂]	338 F2
新邱区[辽]	96 D5
新泉[赣]	228 F3
新泉[闽]	215 D8
新泉寺[湘]	300 F2
新仁[黔]	386 C4
新荣[川]	378 A3
新荣[川]	378 G1
新荣[桂]	339 D9
新荣区[晋]	69 B6
新阮店[豫]	273 C6
新山[川]	367 F7
新山[川]	367 F9
新韶[粤]	315 C7
新邵县[湘]	307 C8
新哨[滇]	400 C5
新生[川]	368 F4
新生[川]	369 F8
新生[赣]	230 D2
新生[黑]	122 A5
新生[黑]	124 B3
新生[辽]	97 D9
新生[渝]	355 B8
新胜[川]	365 E6
新胜[黑]	130 C4
新胜[渝]	354 B2
新盛[川]	368 E3
新盛[川]	372 D4
新盛[渝]	354 E4
新盛[渝]	356 F3
新盛店[鲁]	238 F5
新狮[浙]	174 D4
新市[川]	368 F2
新市[川]	369 F7
新市[川]	374 C1
新市[鄂]	281 D10
新市[鲁]	238 C5
新市[琼]	347 D7
新市[陕]	416 B2
新市[皖]	194 D3
新市[湘]	300 F4
新市[湘]	303 D8
新市[湘]	303 F7
新市[渝]	355 B6
新市[粤]	313 D7
新市[浙]	168 B4
新市渡[湘]	299 F8
新市河[陕]	417 A9
新峙[陕]	418 D5
新寺[陇]	428 G4
新寺[陇]	429 D6
新苏莫[内蒙古]	83 E8
新台[辽]	100 B1
新台门[辽]	93 C6
新台子[辽]	95 G7
新太[川]	369 E9
新泰市[鲁]	249 E9
新坍[苏]	152 D3
新滩[滇]	402 D1
新滩[鄂]	289 D10
新滩[赣]	231 F7
新潭[皖]	201 F7
新棠[桂]	341 B6
新塘[鄂]	290 D4
新塘[赣]	223 C7
新塘[黔]	385 E7
新塘[桂]	339 C7
新塘[湘]	300 E3
新塘[湘]	303 D7
新塘[粤]	313 E8
新塘[粤]	319 B8
新塘[浙]	167 C9
新塘边[浙]	177 D7
新天[陇]	430 D5
新天[内蒙古]	81 A7
新添[陇]	428 E5
新添堡[陇]	428 C5
新田[川]	367 G9
新田[滇]	397 B8
新田[赣]	226 F3
新田[赣]	229 D8
新田[桂]	339 F8
新田[皖]	195 D7
新田[湘]	307 A6
新田[渝]	355 E9
新田[渝]	356 C1
新田[渝]	356 F5
新田[粤]	316 A2
新田[粤]	318 E4
新田铺[湘]	307 C8
新田县[湘]	304 D5
新屯[黔]	387 B9
新屯[黑]	122 C4
新屯[冀]	59 F8
新屯子[吉]	113 D7
新湾[赣]	222 E2
新湾[湘]	299 D8
新湾[浙]	167 B10
新万发[吉]	111 D9
新圩[赣]	233 C6
新圩[桂]	335 C6
新圩[桂]	336 C4
新圩[桂]	338 C1
新圩[桂]	339 D9
新圩[桂]	341 B8
新圩[桂]	343 E6
新圩[桂]	345 F8
新圩[闽]	212 B3
新圩[闽]	213 F7
新圩[湘]	304 D5
新圩[湘]	304 E5
新圩[粤]	323 D7
新圩[粤]	324 F4
新圩[粤]	328 E2
新圩[粤]	319 B9
新圩江[湘]	304 A2
新汶[鲁]	249 F9
新窝铺[内蒙古]	83 F8
新渥[浙]	175 E7
新乌江[皖]	191 C8
新屋[台]	460 B4
新溪[赣]	227 F7
新溪[粤]	319 D8
新溪口[皖]	201 F9
新习[豫]	265 D6
新下路[鄂]	287 E7
新县[冀]	59 E8
新县[闽]	206 E5
新县[豫]	273 G7
新现[滇]	401 F6
新乡[川]	367 B8
新乡[渝]	355 A9
新乡[渝]	356 G5
新乡市[豫]	264 E3
新乡县[豫]	264 F3
新兴[川]	362 B4
新兴[川]	367 B6
新兴[川]	368 D3
新兴[川]	379 A7
新兴[黑]	120 D2
新兴[黑]	122 C4
新兴[黑]	125 D6
新兴[吉]	108 F2
新兴[吉]	110 E3
新兴[吉]	112 B3
新兴[冀]	59 C7
新兴[辽]	97 B7
新兴[辽]	97 D9
新兴[陇]	429 C6
新兴[鲁]	252 F3
新兴[琼]	347 C7
新兴[陕]	416 B1
新兴[陕]	419 C8
新兴[苏]	152 D3
新兴[皖]	190 C4
新兴[湘]	299 D7
新兴[浙]	180 B5
新兴区[黑]	127 F8
新兴县[粤]	325 C7
新星[川]	365 E6
新星[川]	373 A7
新墟[粤]	317 E8
新兖[鲁]	255 C7
新堰[鄂]	284 F1
新阳[吉]	108 D1
新阳[陇]	429 C6
新阳[闽]	211 E7
新阳[陕]	419 D6
新阳[湘]	303 B8
新阳[渝]	357 E6
新窑[黔]	387 D6
新窑[陇]	432 G3
新野县[豫]	271 G6
新业[黔]	391 D8

X 新信兴星行邢醒杏幸雄熊休修秀岫绣盱胥须徐许旭叙溆蓄蓿轩宣萱玄漩选薛穴学踅雪寻巡旬驯鲟洵浔循汛逊巽 Y 丫鸦桠鸭牙岈芽琊崖衙哑雅亚迓垭烟胭淹焉鄢延闫严岩沿炎研盐阎筵颜兖偃眼郾演彦砚宴晏艳堰雁燕央泱秧鸯扬垟羊

地名[省别]	地图位置	
新沂市[苏]	149	D9
新义州[辽]	99	E9
新驿[鲁]	255	B7
新营[陇]	428	E4
新营[陇]	428	F5
新营[宁]	443	E8
新营[渝]	357	F9
新营盘[滇]	404	B5
新营子[内蒙古]	79	F7
新余市[赣]	226	F5
新园[川]	365	C6
新园[台]	460	F3
新袁[苏]	151	D7
新塬[陇]	428	C3
新源[吉]	111	E10
新源县[新]	452	B3
新云[川]	367	F8
新云[川]	372	D3
新皂[川]	368	E3
新造[粤]	313	E8
新闸[苏]	156	D5
新宅[浙]	174	F4
新寨[滇]	401	E9
新寨[黔]	385	G6
新寨[黔]	391	E7
新寨[冀]	54	F5
新寨[晋]	72	F2
新寨[陇]	428	E5
新寨[陇]	429	D8
新寨[陕]	417	F7
新寨[湘]	301	C9
新寨[湘]	306	C1
新寨店[冀]	49	E7
新站[黔]	390	C3
新站[黑]	123	D9
新站[吉]	109	C9
新站[吉]	111	E9
新站[豫]	269	E7
新张集[皖]	191	C8
新杖子[冀]	53	F8
新召[内蒙古]	80	F3
新镇[川]	365	A7
新镇[黑]	128	E5
新镇[冀]	52	E1
新镇[京]	30	E5
新镇[内蒙古]	83	F8
新镇[豫]	264	E4
新郑市[豫]	260	C4
新政[琼]	346	F5
新政[渝]	357	D7
新中[川]	368	F2
新中[豫]	260	E3
新州[黔]	390	B4
新州[琼]	346	B4
新舟[黔]	390	E4
新洲[鄂]	80	D2
新洲[皖]	198	B4
新洲[湘]	299	B7
新洲[湘]	305	B8
新洲[粤]	325	F7
新洲区[鄂]	278	B5
新竹[琼]	347	C7
新竹市[台]	460	B3
新竹县[台]	460	B3
新筑[陕]	416	C2
新庄[赣]	227	C6
新庄[吉]	108	A5
新庄[陇]	428	D3
新庄[陇]	428	F5
新庄[陇]	432	G4
新庄[鲁]	252	E3
新庄[青]	436	C4
新庄[苏]	150	E5
新庄[皖]	188	B4
新庄市[台]	460	B4
新庄子[冀]	54	C3
新庄子[辽]	97	E9
信安[冀]	52	E2
信都[桂]	338	C4
信丰县[赣]	229	E8
信阳[鲁]	247	B7
信阳市[豫]	272	E5
信宜市[粤]	324	D3
信义[晋]	73	E8
信义[陕]	424	F2
信义[台]	460	D3
兴安[黑]	124	E3
兴安[黑]	125	A8
兴安[黑]	128	E3
兴安[冀]	49	D8
兴安[内蒙古]	83	D9
兴安区[黑]	128	D2
兴安县[桂]	336	C3
兴宾区[桂]	345	E9
兴参[吉]	113	E7
兴城[黑]	123	C8
兴城[鲁]	255	F9
兴城市[辽]	93	B7
兴村[冀]	58	C4
兴店[皖]	198	C1
兴东[苏]	153	D9
兴发[黔]	386	F4
兴丰[陇]	429	B6
兴峰[渝]	355	A8
兴峰[渝]	356	G4
兴福[鲁]	247	F10
兴港[桂]	341	E9
兴谷[京]	32	C2
兴国[黑]	122	A5
兴国县[赣]	228	D5
兴海[辽]	97	C9
兴海县[青]	437	F7
兴和[黑]	130	D3
兴和县[内蒙古]	79	E10
兴华[黔]	389	E8
兴华[黑]	122	A4
兴华[黑]	125	C9
兴华[黑]	130	E3
兴华[吉]	114	B2
兴华[豫]	262	D5
兴化[陇]	429	A8
兴化[陇]	429	D7
兴化市[苏]	154	D3
兴济[冀]	59	C7
兴江[赣]	228	B5
兴街[滇]	401	E8
兴泾[宁]	442	D3
兴凯[黑]	127	D8
兴凯湖[黑]	127	C9
兴莲[赣]	228	C5
兴林[吉]	114	D2
兴隆[川]	363	F6
兴隆[川]	365	C7
兴隆[川]	368	E2
兴隆[川]	368	F2
兴隆[川]	368	F3
兴隆[川]	369	C8
兴隆[川]	373	C9
兴隆[川]	373	F8
兴隆[川]	375	E7
兴隆[川]	379	A7
兴隆[滇]	402	D2
兴隆[鄂]	281	E10
兴隆[鄂]	282	C4
兴隆[黔]	384	C4
兴隆[黔]	386	D2
兴隆[黔]	387	D9
兴隆[黔]	390	F5
兴隆[黔]	391	F7
兴隆[黑]	120	A4
兴隆[黑]	120	D3
兴隆[黑]	122	E3
兴隆[黑]	124	F2
兴隆[黑]	128	E4
兴隆[黑]	131	C8
兴隆[吉]	108	C3
兴隆[吉]	112	E1
兴隆[吉]	113	D6
兴隆[辽]	91	D6
兴隆[辽]	97	F8
兴隆[陇]	428	D2
兴隆[陇]	429	C8
兴隆[鲁]	238	D5
兴隆[鲁]	254	E5
兴隆[宁]	443	D9
兴隆[陕]	416	D3
兴隆[陕]	419	D7
兴隆[陕]	420	A4
兴隆[陕]	421	D8
兴隆[苏]	151	F9
兴隆[苏]	156	A5
兴隆[皖]	193	D7
兴隆[皖]	195	F9
兴隆[湘]	306	C2
兴隆[渝]	354	C5
兴隆[渝]	354	E5
兴隆[渝]	356	B3
兴隆[渝]	357	F8
兴隆[豫]	266	B3
兴隆[豫]	271	E8
兴隆堡[辽]	91	D7
兴隆堡[辽]	96	B3
兴隆场[川]	369	D6
兴隆场[湘]	301	F9
兴隆岗[黑]	129	D6
兴隆宫[冀]	52	F1
兴隆街[川]	373	D8
兴隆街[湘]	298	E5
兴隆街[湘]	301	A8
兴隆山[吉]	108	E3
兴隆山[吉]	110	E2
兴隆山[辽]	96	B4
兴隆寺[陕]	423	C7
兴隆台[辽]	91	C6
兴隆县[冀]	53	G7
兴隆庄[辽]	92	E5
兴隆庄[鲁]	255	C7
兴隆庄[内蒙古]	83	E6
兴马[川]	369	B7
兴明[鲁]	252	F3
兴宁[湘]	305	C8
兴宁市[粤]	323	D7
兴农[黑]	122	A4
兴农[黑]	127	F9
兴平[川]	365	B7
兴平[宁]	443	E9
兴平[新]	457	E6
兴平市[陕]	419	E7
兴坪[桂]	336	E3
兴桥[赣]	232	D5
兴桥[苏]	152	D3
兴仁[川]	365	A8
兴仁[川]	368	E2
兴仁[黔]	389	F7
兴仁[黑]	130	E3
兴仁[鲁]	255	F9
兴仁[宁]	443	E6
兴仁[苏]	153	E9
兴仁县[黔]	387	E8
兴山县[鄂]	291	A7
兴胜[川]	367	C7
兴盛[川]	364	D5
兴盛[川]	372	A4
兴盛[黑]	120	E3
兴盛[黑]	128	E4
兴盛[内蒙古]	82	G4
兴盛[宁]	443	C10
兴寿[京]	31	B10
兴顺西[内蒙古]	79	D6
兴泰[苏]	154	C5
兴唐寺[晋]	74	C3
兴田[赣]	221	B9
兴田[闽]	208	C3
兴旺[川]	365	C6
兴旺[桂]	343	D6
兴旺[黑]	122	D3
兴旺寨[冀]	54	B2
兴文[川]	369	C7
兴文县[川]	375	E6
兴县[晋]	73	B8
兴业[川]	376	D3
兴业[吉]	110	B2
兴业县[桂]	339	D8
兴义[川]	362	E4
兴义[渝]	355	B8
兴义市[黔]	387	F9
兴原[吉]	111	D7
兴源[黑]	131	B8
兴寨[渝]	357	D8
兴镇[陕]	424	D2
星城[京]	30	E5
星城[湘]	296	D5
星村[鲁]	255	B9
星村[闽]	208	C3
星岛湖[桂]	341	D8
星甸[苏]	146	F5
星火[川]	365	B6
星火[黑]	128	E2
星火[黑]	130	F4
星火[陇]	432	G4
星火[新]	456	D5
星火[新]	456	G3
星桥[浙]	167	B8
星宿[黔]	386	C3
星台[辽]	103	C6
星溪[闽]	208	D5
星星峡[新]	456	B3
星耀[内蒙古]	82	G4
星子[粤]	314	B4
星子县[赣]	223	D8
行别营[冀]	58	C5
行村[鲁]	250	G5
行宫[苏]	156	C3
行廊[湘]	304	D5
行流[皖]	191	E7
行唐县[冀]	49	B7
行香[苏]	156	C2
行者[陕]	416	B2
邢集[豫]	272	D4
邢家[鲁]	242	B3
邢家南[冀]	57	F8
邢家社[晋]	66	C5
邢家湾[冀]	60	D3
邢家要[晋]	74	D2
邢口[豫]	266	D4
邢楼[苏]	149	C7
邢台市[冀]	60	E4
邢台县[冀]	60	E4
邢塘[皖]	191	G7
邢邑[冀]	57	G6
邢庄[豫]	266	D2
醒民[黔]	390	B2
醒民[黔]	390	D1
醒狮[黔]	384	E4
杏陈[闽]	212	F2
杏城[晋]	71	A6
杏儿[青]	437	A6
杏河[陕]	417	D7
杏花[鄂]	286	G2
杏花[粤]	328	E2
杏花村[晋]	73	E9
杏花营[豫]	266	B2
杏林[闽]	213	F6
杏林[陕]	418	E5
杏林[陕]	424	F3
杏岭[吉]	114	C2
杏岭子[晋]	72	F3
杏南[黑]	123	C8
杏坪[陕]	425	E9
杏山[黑]	120	D1
杏山[黑]	123	G6
杏山[辽]	97	F9
杏树[黑]	127	G8
杏树岗[黑]	123	C8
杏树屯[辽]	102	E5
杏坛[粤]	313	F6
杏园[晋]	72	B2
杏园[陇]	428	D5
杏寨[晋]	69	F6
杏子铺[湘]	302	B5
幸福[川]	362	C4
幸福[川]	367	E8
幸福[川]	368	F4
幸福[川]	372	E4
幸福[滇]	399	D9
幸福[黑]	120	C3
幸福[黑]	120	D2
幸福[黑]	124	B4
幸福[黑]	130	D4
幸福[吉]	108	E2
幸福[吉]	110	C3
幸福[内蒙古]	82	G4
幸福[苏]	153	E9
幸福[皖]	194	C5
幸福[湘]	300	C2
幸福之路[内蒙古]	83	E7
雄巴[藏]	408	D2
雄壁[滇]	398	F3
雄村[皖]	201	E8
雄关[滇]	400	C4
雄江[闽]	206	F2
雄龙西[川]	378	D5
雄梅[藏]	409	D6
雄狮[川]	364	D5
雄武[黔]	387	F9
雄先[青]	436	C5
雄县[冀]	57	D10
雄州[苏]	146	D3
熊背[豫]	271	C8
熊池[陇]	429	C9
熊村[赣]	225	B7
熊儿寨[京]	32	A2
熊官屯[辽]	95	F6
熊河[鄂]	288	D5
熊集[鄂]	281	E9
熊家[渝]	356	F5
熊家场[黔]	386	D5
熊口[鄂]	289	D6
熊寨[豫]	272	D5
休宁县[皖]	201	F7
修梅[湘]	299	B6
修齐[渝]	357	B6
修仁[桂]	336	G2
修山[湘]	299	E7
修水县[赣]	222	E3
修文[川]	372	B3
修文[晋]	67	D6
修文县[黔]	384	F4
修武县[豫]	261	A8
修溪[湘]	306	A5
秀峰[闽]	212	D1
秀林[冀]	48	D5
秀林[台]	460	C4
秀麻[青]	437	E8
秀山[皖]	198	D3
秀山[浙]	170	C4
秀山土家族苗族自治县[渝]	356	E3
秀市[赣]	227	E9
秀水[川]	368	E2
秀水[黔]	386	G2
秀水[吉]	108	B5
秀水[粤]	314	B5
秀水河子[辽]	90	D4
秀塘[黔]	389	D10
秀屿区[闽]	207	D7
秀钟[川]	364	F3
秀洲区[浙]	169	E7
秀篆[闽]	212	E1
岫岩县[辽]	100	F4
绣缎[粤]	316	C3
绣惠[鲁]	239	A7
盱眙县[苏]	151	E9
胥坝[皖]	194	B1
胥家[川]	362	C4
胥口[苏]	161	E6
胥口[浙]	167	C6
须水[豫]	260	D2
徐岙[浙]	178	D5
徐堡[豫]	261	C9
徐碧[闽]	211	D6
徐埠[赣]	223	D9
徐顶[陇]	428	F4
徐墩[闽]	208	D4
徐福[鲁]	250	C3
徐沟[晋]	67	D6
徐古[鄂]	278	A4
徐官屯[津]	40	C2
徐汇区[沪]	136	F5
徐集[鲁]	254	B5
徐集[苏]	151	B6
徐集[皖]	187	D7
徐集[豫]	273	D10
徐家[川]	364	C5
徐家[川]	368	E4
徐家[赣]	224	C5
徐家[鲁]	251	F7
徐家[渝]	357	C9
徐家川[陇]	428	C5
徐家店[吉]	111	C9
徐家店[鲁]	250	E5
徐家渡[赣]	226	D4
徐家垛[晋]	74	F2
徐家河[冀]	60	D2
徐家楼[鲁]	249	D6
徐家坪[陕]	420	F2
徐家坡[陕]	420	C3
徐家湾[豫]	262	E2
徐家庄[冀]	58	G2
徐家庄[鲁]	242	F3
徐泾[沪]	138	C2
徐岭[辽]	103	C7
徐溜[苏]	151	D6
徐龙[川]	379	F9
徐楼[皖]	188	E4
徐庙[皖]	186	D1
徐木[陕]	419	D8
徐桥[皖]	198	E4
徐舍[苏]	158	E3
徐市[闽]	208	D3
徐水县[冀]	57	D8
徐塘[川]	368	C2
徐套[宁]	43	E6
徐屯[辽]	99	B9
徐圩[苏]	150	B3
徐圩[皖]	187	G8
徐闻[粤]	327	G8
徐行[沪]	136	C3
徐杨[陕]	416	C1
徐杨[苏]	151	C7
徐营[滇]	396	E3
徐营[豫]	264	F1
徐园子[鲁]	238	A2
徐寨[鲁]	254	E5
徐镇[豫]	265	D7
徐中[藏]	409	F10
徐州市[苏]	148	D4
徐庄[鲁]	240	E2
徐庄[鲁]	255	E10
徐庄[苏]	148	D5
徐庄[豫]	260	E5
许堡[黑]	120	B3
许堡[晋]	69	C8
许昌市[豫]	268	C4
许昌县[豫]	268	C4
许村[赣]	231	B6
许村[皖]	201	E8
许村[浙]	169	G9
许店[豫]	273	E7
许坊[赣]	224	E5
许河[苏]	152	G4
许河[豫]	266	B5
许家坝[黔]	391	E7
许家洞[湘]	305	D7
许家坊[湘]	298	C3
许家沟[豫]	264	B3
许家河[陇]	432	E4
许家湖[鲁]	252	B5
许家桥[湘]	299	D6
许家台[津]	41	B7
许良[豫]	261	C8
许岭[皖]	198	E5
许孟[鲁]	253	B7
许明寺[渝]	355	B7
许木[藏]	409	E9
许桥[皖]	199	E8
许市[湘]	300	B2
许堂[皖]	191	E9
许亭[冀]	48	F5
许疃[皖]	191	A6
许屯[辽]	102	A5
许湾[豫]	269	E7
许营[鲁]	240	D3
许镇[皖]	194	F5
许州[川]	368	D4
许庄[鲁]	255	C6
许庄[陕]	424	E3
旭光[赣]	231	F6
旭日[川]	378	C3
叙永县[川]	375	E7
溆浦县[湘]	307	A6
蓄集[青]	439	B9
蓿亥树湾[内蒙古]	80	B2
蓿亥图[内蒙古]	80	D2
轩岗[滇]	403	E9
轩岗[晋]	72	D3
宣堡[苏]	155	C7
宣成[闽]	215	E8
宣城市[皖	195	D6
宣恩县[鄂]	290	E4
宣风[赣]	228	E2
宣汉县[川]	369	D9
宣和[闽]	215	D7
宣和[宁]	442	E5
宣河[川]	364	D1
宣化[黑]	130	F5
宣化[陇]	430	B4
宣化[豫]	260	E4
宣化店[鄂]	284	A5
宣化区[冀]	51	D6
宣化县[冀]	51	D6
宣平堡[冀]	50	E5
宣桥[沪]	140	D2
宣威[黔]	389	F7
宣威市[滇]	398	C4
宣武区[京]	28	E6
宣章屯[鲁]	239	D6
宣州区[皖]	195	D6
萱洲[湘]	303	D6
玄马[陇]	432	E4
玄庙[皖]	188	A3
玄滩[川]	375	A7
玄武[豫]	269	C9
漩口[川]	377	G9
漩坪[川]	368	D2
漩涡[陕]	421	F7
选将营[冀]	53	D6
薛埠[苏]	156	D3
薛岔[陕]	417	E7
薛城[川]	377	F9
薛城区[鲁]	255	F8
薛村[晋]	73	E7
薛店[晋]	75	E6
薛店[豫]	260	B4
薛店[豫]	271	B8
薛峰[陕]	424	B4
薛关[晋]	74	E2
薛官屯[冀]	59	C7
薛湖[豫]	267	E10
薛集[鄂]	281	C7
薛家[苏]	156	C5
薛家岛[鲁]	245	D7
薛家河[陕]	423	C8
薛家峁[陕]	423	C9
薛家洼[晋]	72	D3
薛录[陕]	418	D5
薛坪[鄂]	281	F7
薛屯[辽]	97	C6
薛吴村[冀]	60	B3
薛下村[陕]	423	B9
薛镇[陕]	424	D2
薛庄[鲁]	252	D3
穴坊[鲁]	250	G4
穴鸟[青]	436	C4
学富[苏]	152	E2
学甲[台]	460	E2
学孔[黔]	390	E2
学田[黑]	122	C2
学田[内蒙古]	83	C8
学张[晋]	75	F8
踅孜[豫]	273	D8
雪岸[苏]	153	F7
雪洞[黔]	388	C4
雪峰[湘]	306	C5
雪口山[川]	372	F2
雪林[滇]	407	F6
雪浦[黔]	387	E8
雪泉[陇]	430	C4
雪萨[藏]	409	F7
雪山[川]	367	G8
雪山[滇]	397	B7
雪山[滇]	399	C9
雪山[黔]	386	G1
雪山[陇]	429	D6
雪山[青]	440	E3
雪溪[浙]	179	F9
雪堰[苏]	157	E6
雪野[鲁]	249	B8
寻村[豫]	263	C7
寻甸回族彝族自治县[滇]	397	C8
寻旺[桂]	339	B8
寻乌县[赣]	229	C9
寻寨[冀]	60	C2
寻召[冀]	60	C4
巡店[鄂]	284	D2
巡检[鄂]	281	G6
巡检[陕]	425	C6
巡检司[滇]	400	D5
巡司[川]	374	F4
巡田[湘]	307	G3
巡镇[晋]	72	G2
旬阳坝[陕]	420	F5
旬阳县[陕]	421	D7
旬邑县[陕]	419	B6
驯乐[桂]	344	C1
驯龙[川]	373	C9
洵口[赣]	225	B6
浔溪[赣]	224	C5
循化撒拉族自治县[青]	437	B6
鲟鱼[皖]	198	B3
汛桥[浙]	176	D4
逊河[黑]	124	D5
逊克县[黑]	124	D5
逊母口[豫]	269	C7
逊让[青]	436	C4
巽宅[浙]	178	D4

Y

地名[省别]	地图位置	
丫江桥[湘]	303	C8
丫他[黔]	387	D10
鸦儿崖[晋]	68	D5
鸦鸿桥[冀]	54	D2
鸦岭[豫]	263	D8
鸦鹊湖[赣]	230	B3
鸦鹊岭[鄂]	291	C9
鸦滩[皖]	198	E4
桠杈[桂]	343	E8
桠溪[苏]	147	B9
鸭池[川]	372	B5
鸭池[川]	374	C3
鸭池[黔]	386	D3
鸭鸽营[冀]	60	E2
鸭江[渝]	355	D7
鸭绿江[辽]	99	E9
鸭南[黑]	129	B8
鸭暖[陇]	430	B5
鸭绒[黔]	385	E6
鸭塘[黔]	389	F6
鸭塘铺[湘]	303	D8
鸭田[湘]	307	B7
鸭溪[黔]	390	F2
鸭园[吉]	114	E2
鸭子港[湘]	299	D8
鸭子口[鄂]	291	D7
鸭嘴岩[湘]	306	B4
牙城[闽]	209	E9
牙哈[新]	455	B9
牙科[陕]	418	C2
牙克石市[内蒙古]	81	C9
牙浪[青]	437	B7
牙里[冀]	61	B10
牙利吉[陇]	432	B3
牙屯堡[湘]	306	F3
牙衣河[川]	379	C8
牙舟[黔]	385	D7
岈山[豫]	272	A4
芽祖[川]	367	D6
琊川[黔]	390	F5
崖城[陇]	429	C7
崖城[琼]	346	G3
崖门[粤]	325	D10
崖西[鲁]	251	E9
崖子[鲁]	251	E6
衙前[赣]	221	F6
衙前[赣]	233	E7
衙前[浙]	167	C9
衙下集[陇]	428	E5
哑柏[陕]	416	F3
雅安[藏]	409	D8
雅安市[川]	376	D3
雅布赖[内蒙古]	84	D4
雅长[桂]	342	E1
雅德[川]	378	D4
雅都[川]	377	E9
雅尔根楚[内蒙古]	81	B10
雅尔塞[黑]	122	E5
雅畈[浙]	174	D4
雅河[辽]	98	B3
雅璜[浙]	172	E4
雅灰[黔]	356	E3
雅江县[川]	379	C7
雅拉[川]	379	A7
雅龙[桂]	344	D5
雅满苏[新]	456	C3
雅桥[湘]	301	E8
雅韶[粤]	325	F6
雅水[黔]	385	E7
雅塘[粤]	327	B7
雅瓦[新]	455	E7
雅星[琼]	346	C4
雅阳[浙]	179	F9
雅瑶[桂]	337	C9
雅瑶[粤]	325	C10
雅瑶[粤]	313	D7
雅邑[滇]	407	B6
雅酉[湘]	301	F8
雅周[苏]	153	G7
亚布力[黑]	121	E6
亚丁[川]	378	F3
亚东[内蒙古]	81	A9
亚东县[藏]	408	G5
亚尔[新]	456	F3
亚尔塘[青]	440	G4
亚沟[黑]	120	D3
亚火[川]3	79	D6
亚喀艾日克[新]	454	E3
亚科瑞克[新]	455	B7
亚来[藏]	408	F4
亚练[滇]	399	D8
亚龙[川]	378	D3
亚曼苏[新]	455	B7
亚曼牙[新]	454	C3
亚木[藏]	408	E5
亚桥[豫]	261	E9
亚热[藏]	408	D2
亚热[藏]	408	F3
亚日贡[川]	379	F8
亚山[桂]	339	F8
亚吐尔[新]	455	A9
亚鱼[黔]	391	F9
亚卓[川]	379	C6
迓驾[黔]	391	C10
垭口[川]	364	D4
垭口[川]	367	F7
烟袋[川]	379	B10
烟店[鄂]	284	C2
烟店[鲁]	240	B1
烟墩[桂]	341	A8
烟墩[皖]	195	G7
烟峰[川]	372	F2
烟阁[赣]	233	F6
烟煤洞[冀]	57	B6
烟坪[湘]	305	C8
烟台市[鲁]	251	D6
烟筒山[吉]	109	E6
烟筒屯[黑]	123	D6
烟溪[川]	369	B8
烟溪[湘]	298	G4
烟霞[陕]	419	D7
烟洲[湘]	303	F6
烟庄[鲁]	240	C2
胭脂[陇]	428	F5
淹底[晋]	74	C4
焉耆回族自治县[新]	456	E5
鄢岗[豫]	273	E8
鄢家[川]	365	C7
鄢家[川]	368	E3
鄢陵县[豫]	268	B5
延安[桂]	334	G3
延安市[陕]	417	C8
延长县[陕]	417	B8
延川县[陕]	417	A7
延东[桂]	336	B3
延和[吉]	109	A6
延河[黑]1	20	D5
延吉市[吉]	115	E7
延津县[豫]	264	F4
延陵[苏]	156	C3
延平[台]	460	E4
延坪[陕]	425	C10
延庆区[京]	32	E2
延寿[湘]	305	E8
延寿县[黑]	121	D6
延水关[陕]	417	A7
闫村[京]	30	E5
严店[皖]	186	C5
严关[桂]	336	C3
严家[浙]	166	D3
严鸟[浙]	181	B8
严桥[川]	376	D4
严桥[皖]	192	D3
严桥[皖]	199	D8
严塘[湘]	303	E9
严塘[湘]	307	C8
严田[赣]	232	F4
严务[鲁]	238	A2
严字[吉]	110	E5
岩坝[川]	367	G8
岩泊渡[湘]	298	C4
岩茶[桂]	342	G2
岩茶[桂]	343	E9
岩冲[湘]	301	D7
岩东[渝]	355	E9
岩东[渝]	356	B1
岩洞[黔]	389	B8
岩峰[川]	369	E7
岩河[皖]	198	F3
岩家垅[湘]	307	A6
岩家垅[湘]	307	G9
岩架[黔]	387	C9
岩脚[川]	367	D10
岩脚[黔]	387	D6
岩孔[黔]	386	B2
岩口[川]	367	E6
岩口[川]	369	D8
岩口[湘]	302	B3
岩口[湘]	307	C7
岩口铺[湘]	307	C7
岩腊[黔]	387	C6
岩垅[湘]	306	C3
岩门[川]	367	E6
岩门[湘]	306	A3
岩前[闽]	210	D5
岩前[闽]	215	F9
岩桥[湘]	306	B3
岩泉[湘]	305	F6
岩泉[浙]	181	B7
岩瑞[赣]	231	D9
岩山[闽]	215	C8
岩山[湘]	307	C6
岩帅[滇]	399	F8
岩水[渝]	357	D6
岩滩[桂]	344	E5
岩坦[浙]	178	C4
岩头[晋]	72	B2
岩头[湘]	306	D3
岩头[浙]	174	B5
岩头[浙]	178	C4
岩头寨[湘]	301	D10
岩塆[渝]	357	D8
岩湾[陕]	418	F2
岩汪湖[湘]	299	D8
岩屋口[湘]	298	B1
岩溪[闽]	212	B3
岩下[黔]	384	D5
岩樟[浙]	180	D4
岩镇[粤]	316	A2
岩子河[鄂]	282	C3
岩嘴[湘]	299	E7
沿安[陇]	429	D7
沿陂[赣]	232	B4
沿赤[浙]	176	C5
沿川子[陇]	428	E5
沿渡河[鄂]	291	B6
沿沟[晋]	72	C3
沿河[川]	369	E7
沿河[苏]	152	E2
沿河[苏]	154	F2
沿河[渝]	356	A5
沿河土家族自治县[黔]	391	C8
沿河湾[陕]	417	C7
沿江[滇]	398	E3
沿江[黑]	124	D4
沿江[黑]	128	E2
沿江[吉]	110	B5
沿江[吉]	113	C6
沿江[苏]	146	E4
沿江[浙]	176	D4
沿码[川]	365	B6
沿浦[浙]	179	D9
沿山[黔]	384	D5
沿山[闽]	208	D1
沿滩区[川]	373	F8
沿溪[赣]	233	D6
沿溪[湘]	297	D9
沿溪[湘]	307	B6
沿溪[渝]	355	A9
沿庄[津]	42	F3
沿庄[津]	42	G3
炎方[滇]	398	C3
炎陵县[湘]	303	F9
炎刘[皖]	187	B6
炎山[滇]	402	F4
炎亭[浙]	179	C8
研和[滇]	400	C3
研经[川]	372	C4
盐边县[川]	367	F7
盐仓[黔]	386	G4
盐仓[浙]	170	C4
盐场[津]	40	F4
盐场[陕]	420	A5
盐城市[苏]	152	E3
盐池[陇]	430	A3
盐池[宁]	443	E7
盐池[新]	456	C2
盐池河[鄂]	280	D5
盐池湾[陇]	430	G3
盐池县[宁]	442	A4
盐店[川]	364	F3
盐店[内蒙古]	80	C2
盐东[苏]	152	D3
盐都区[苏]	152	E3
盐官[陇]	429	C7
盐官[浙]	169	F9
盐锅峡[陇]	428	F4
盐河[川]	364	C2
盐河[苏]	151	C7
盐鸿[粤]	319	C8
盐湖[湘]	303	F6
盐津县[滇]	402	D2
盐井[川]	365	B6
盐井[川]	376	B3
盐井[黔]	386	E5
盐井[陇]	429	D6
盐井[陕]	420	C3
盐井[湘]	299	A7
盐井[湘]	301	B9
盐山县[冀]	59	E8
盐水[台]	460	E2
盐塘[川]	366	E5
盐田[闽]	209	E8
盐田[粤]	321	C6
盐田河[鄂]	286	D4
盐田区[粤]	321	D6
盐亭县[川]	368	E4
盐窝[鲁]	241	C7
盐溪[川]	365	D7
盐源[滇]	402	C3
盐源县[川]	367	E6
盐镇[豫]	263	C7
阎村[陕]	424	F2
阎村[陕]	425	D8
阎店[辽]	102	B4
阎店楼[鲁]	254	F3
阎各庄[冀]	54	F5
阎集[皖]	188	B4
阎集[豫]	267	E7
阎家[黑]	128	G2
阎家[辽]	97	E9
阎家[陇]	429	A6
阎家店[冀]	54	C4
阎家河[鄂]	286	D3
阎家峪[鲁]	239	A8
阎里[冀]	60	D4
阎良区[陕]	416	B1
阎楼[鲁]	240	E3
阎楼[豫]	266	B5
阎什[鲁]	254	C3
阎寺[鲁]	240	C3
阎疃[冀]	60	C3
阎油坊[冀]	50	E2
阎庄[冀]	57	E8
阎庄[晋]	67	D10
阎庄[晋]	72	D4
阎庄[鲁]	253	C6
阎庄[豫]	263	E7
筵宾[鲁]	252	D5
颜村铺[豫]	265	C8
颜厝[闽]	212	C3
颜单[苏]	152	E1
颜店[鲁]	255	C7
颜集[苏]	150	E5
颜集[皖]	190	D3
颜庄[鲁]	249	D9
兖州市[鲁]	255	C7
偃师市[豫]	263	B9
眼岔寺[陕]	417	A7
郾城区[豫]	268	E4
演陂[湘]	302	D5
演池[陕]	419	B8
演丰[琼]	347	B8
演集[豫]	267	F10
演礼[晋]	71	F8
演圣[川]	364	E4
演武[川]	364	F4
演武[川]	368	D4
演武[晋]	73	F9
演武[陇]	432	E3
彦洞[黔]	389	C6
砚池河[陕]	425	D8
砚山[黔]	391	B6
砚山[黑]	128	D5
砚山县[滇]	401	D7
砚台[渝]	355	B6
砚溪[赣]	232	C3
宴平[吉]	112	A5
晏坝[陕]	421	E8
晏场[川]	376	D4
晏河[豫]	273	F7
晏家[川]	365	D6
晏家[湘]	306	C1
晏家[渝]	354	C5
晏家屯[冀]	60	E4
晏塘[皖]	200	B4
晏田[湘]	307	E6
晏阳[川]	375	E6
艳山红[黔]	384	F4
堰口[陕]	420	B3
堰口[皖]	196	B4
堰门[陕]	421	E8
堰坪[渝]	357	F7
堰塘[川]	369	C10
堰塘[滇]	402	A3
堰塘[黔]	391	D7
雁池[湘]	298	A4
雁翅[京]	30	B4
雁荡[浙]	178	A4
雁湖[浙]	178	B4
雁江[桂]	334	C2
雁岭[浙]	181	A9
雁门[川]	368	C4
雁门[川]	377	F9
雁门关[晋]	72	C2
雁门口[鄂]	283	C9
雁鸣湖[吉]	115	C6
雁栖[京]	33	F6
雁山[桂]	336	E2
雁山区[桂]	336	D2
雁石[闽]	215	C8
雁溪[浙]	181	F6
雁洋[粤]	323	C9
燕巢[台]	460	F2
燕春[皖]	187	C10
燕店[鲁]	240	D2
燕峒[桂]	343	D6
燕洞[桂]	344	F5
燕坊[赣]	223	E7
燕格柏[冀]	53	B7
燕河[陇]	429	C7
燕河营[冀]	55	C6
燕矶[鄂]	287	E6
燕家[鲁]	238	B4
燕郊[冀]	52	A3
燕来[桂]	344	G2
燕楼[黔]	384	F5
燕门[滇]	404	F3
燕平[吉]	113	E8
燕山[川]	369	B7
燕山[皖]	187	D9
燕山[渝]	356	G5
燕山营[内蒙古]	79	F7
燕塘[桂]	338	B3
燕塘[湘]	304	D5
燕王[陕]	419	D8
燕尾港[苏]	150	A3
燕窝[鄂]	285	C7
燕窝[鄂]	289	D10
燕窝[渝]	354	A3
燕厦[鄂]	285	E10
燕崖[鲁]	242	F4
燕云[川]	377	D9
燕赵[冀]	56	F5
燕子[川]	364	D2
燕子[鄂]	290	E5
燕子砭[陕]	420	F3
燕子埠[苏]	149	C6
燕子墩[宁]	442	C1
燕子河[皖]	187	E9
燕子矶[苏]	146	D4
燕子口[黔]	386	D2
央摩租[川]	367	C8
央塔克[新]	454	D4
央子[鲁]	243	B7
泱翔[陇]	431	D7
秧坝[黔]	387	C10
秧田[陇]	429	B9
秧田[陕]	420	B2
鸯溪[川]	364	D3
扬拱[黔]	385	A7
扬嘉[川]	368	F2
扬眉[赣]	229	F7
扬桥[川]	364	B5
扬武[滇]	400	D3
扬武[黔]	389	F7
扬溪[皖]	195	E9
扬中市[苏]	156	A5
扬州市[苏]	155	F7
垟溪[浙]	179	G9
羊安[川]	362	F4
羊安[辽]	93	C7
羊八井[藏]	409	E6
羊草[黑]	130	F5
羊册[豫]	272	B2
羊岑[滇]	405	D6
羊岔街[滇]	400	D2
羊昌[黔]	384	E4
羊昌[黔]	387	B6
羊场[滇]	398	C4
羊场[黔]	384	E5
羊场[黔]	386	C4
羊场[黔]	386	D4
羊场[黔]	386	E4
羊场[黔]	387	F7
羊场[黔]	388	E4
羊场[内蒙古]	83	E7
羊磴[黔]	390	B3
羊二庄[冀]	59	D9
羊范[冀]	60	E4
羊峰[湘]	301	C10
羊凤[川]	369	D7
羊凤[黔]	385	C7
羊福[黔]	385	A6

地名[省别] 地图位置

羊古坳[湘] 307 B7
羊牯[闽] 215 E8
羊尖[苏] 159 C8
羊角[冀] 56 D5
羊角[湘] 299 E9
羊角[渝] 355 D7
羊角[粤] 324 F3
羊角沟[辽] 92 D5
羊角塘[湘] 299 F6
羊角塘[湘] 304 A4
羊街[滇] 396 D5
羊街[滇] 397 D8
羊街[滇] 400 E2
羊街[滇] 400 E5
羊街[滇] 401 C8
羊街[黔] 386 G4
羊井[吉] 110 E4
羊郡[鲁] 250 G5
羊口[川] 365 D7
羊口[鲁] 243 A6
羊拉[滇] 404 E1
羊里[鲁] 249 C8
羊岭[川] 364 E4
羊流[鲁] 249 E8
羊楼司[湘] 300 C5
羊路[陇] 431 C9
羊马[川] 362 D4
羊毛工[新] 451 E8
羊木[川] 364 E2
羊脑[湘] 305 B8
羊平[冀] 56 F5
羊坪[滇] 405 B6
羊坪[黔] 388 C4
羊桥[黔] 388 C3
羊圈子[辽] 97 E8
羊泉[陕] 417 C9
羊群沟[内蒙古] 79 F8
羊三木[冀] 59 C9
羊沙[陇] 432 B4
羊山[辽] 92 C5
羊山[鲁] 254 D5
羊市[渝] 357 F7
羊市塔[内蒙古] 80 B3
羊田[川] 374 E4
羊亭[鲁] 251 D8
羊头[桂] 338 B4
羊头崖[晋] 67 C7
羊尾[鄂] 280 B3
羊下坝[陇] 431 D8
羊秀[藏] 409 E8
羊寨[苏] 152 C1
羊庄[鲁] 255 E9
阳阿[豫] 264 F3
阳安[桂] 336 F4
阳坝[陇] 429 B9
阳白[晋] 72 C3
阳埠[赣] 229 E7
阳长[黔] 386 E5
阳朝[湘] 301 D9
阳城[冀] 57 E7
阳城[晋] 73 F9
阳城[晋] 75 G8
阳城[豫] 270 D5
阳城[豫] 261 B9
阳城县[晋] 71 F8
阳澄湖[苏] 161 C7
阳川[陇] 432 G2
阳春[黑] 122 B4
阳春[陕] 420 D3
阳春市[粤] 324 E5
阳村[晋] 74 F5
阳店[豫] 262 C3
阳东县[粤] 325 F6
阳方口[晋] 72 D2
阳坊[京] 31 C8
阳丰[豫] 272 B4
阳峰[赣] 223 D9
阳高[晋] 70 A4
阳高县[晋] 69 B8
阳谷县[鲁] 240 E2
阳堌[豫] 266 C4
阳光占[晋] 67 E8
阳郭[陕] 424 F2
阳和[川] 365 B8
阳和[黔] 385 C6
阳和[湘] 298 C4
阳洪[陕] 419 D6
阳湖[皖] 201 F7
阳湖坪[湘] 298 D3
阳江[琼] 347 D7
阳江[苏] 147 D10
阳江市[粤] 325 F6
阳眷[冀] 51 F9
阳康[青] 439 A8
阳罗洲[湘] 299 C9
阳逻[鄂] 279 C6
阳庙[豫] 261 C8
阳明堡[晋] 72 C3
阳平[鄂] 284 B4
阳平[陕] 418 E4
阳平[豫] 262 C2
阳平关[陕] 420 F3
阳坪[晋] 72 F4
阳坡[晋] 72 D4
阳坡[陇] 428 B5
阳坡[陇] 429 C7
阳坡[陇] 432 G2
阳曲[晋] 67 B6
阳曲县[晋] 67 B6
阳泉曲[晋] 73 F9
阳泉市[晋] 67 C9
阳日[鄂] 280 F4
阳山[苏] 158 D5
阳山县[粤] 314 D4
阳邵[豫] 265 B6
阳朔县[桂] 336 F3
阳通[川] 364 B5
阳头升[晋] 74 F2
阳王[晋] 75 E6
阳圩[桂] 342 E4
阳西县[粤] 324 F5
阳溪[黔] 390 A5
阳霞[新] 456 F5
阳下[闽] 206 C5
阳新县[鄂] 287 D9
阳信县[鲁] 247 C7
阳邑[冀] 61 F7
阳邑[晋] 67 D6
阳驿[豫] 266 D5
阳隅[晋] 75 E6
阳峪[陕] 419 D6
阳原县[冀] 51 G8
阳宗[滇] 400 B4
杨安[晋] 70 E4
杨安[鲁] 238 B3
杨坝[川] 369 B7
杨柏[川] 369 C7
杨板[湘] 299 B6
杨埠[赣] 230 E3
杨埠[豫] 273 B7
杨场[川] 372 B3
杨成庄[津] 42 E2
杨础[鲁] 250 E4
杨村[川] 364 E4
杨村[川] 372 E1
杨村[川] 372 E3
杨村[赣] 229 F10
杨村[桂] 339 E10
杨村[冀] 57 D9
杨村[津] 40 C2
杨村[晋] 71 C6
杨村[陕] 418 D5
杨村[皖] 189 A7
杨村[皖] 193 C9
杨村[皖] 201 E7
杨村[豫] 265 B7
杨村[粤] 317 E6
杨村甸[湘] 304 A3
杨村桥[浙] 166 E5
杨大城子[吉] 112 D1
杨当[鄂] 281 D9
杨堤[桂] 336 E3
杨地[陕] 425 E10
杨店[鄂] 284 D4
杨店[陇] 429 A8
杨店[鲁] 255 B6
杨店[皖] 186 B2
杨店[豫] 272 D5
杨店[豫] 273 D7
杨墩[豫] 273 F7
杨坊[陇] 430 C5
杨芳[晋] 72 C4
杨芳林[鄂] 285 E8
杨芬港[冀] 52 E3
杨柑[粤] 327 C7
杨岗[黑] 127 C8
杨哥[陇] 430 C4
杨各[川] 378 C3
杨各庄[冀] 54 C5
杨公[皖] 189 C9
杨公庙[湘] 306 C3
杨官林[冀] 54 D2
杨广[滇] 400 C4
杨和[粤] 312 F5
杨河[川] 372 D2
杨河[鄂] 284 D2
杨河[陇] 429 C7
杨河[陕] 420 B3
杨湖[皖] 191 B10
杨湖口[豫] 269 C9
杨花[湘] 297 E8
杨集[鄂] 283 B7
杨集[冀] 59 E9
杨集[鲁] 252 G4
杨集[苏] 150 B4
杨集[苏] 152 D1
杨集[豫] 265 C8
杨集[豫] 267 D9
杨集[豫] 271 D8
杨集[豫] 273 A6
杨集[豫] 273 E9
杨家[川] 365 C6
杨家[川] 368 E3
杨家[川] 369 F8
杨家[川] 373 D9
杨家[黑] 124 G3
杨家[辽] 102 C4
杨家[粤] 327 E7
杨家坳[黔] 391 E6
杨家坝[川] 367 G7
杨家板桥[冀] 54 D1
杨家堡[辽] 100 F4
杨家泊[津] 40 F4
杨家埠[浙] 168 C2
杨家厂[鄂] 288 E4
杨家坊[湘] 299 A5
杨家圪台[陕] 417 A7
杨家沟[陕] 423 C8
杨家河[陕] 420 B4
杨家集[豫] 272 C3
杨家坡[鲁] 252 D5
杨家桥[冀] 48 B3
杨家寺[冀] 59 G6
杨家寺[陇] 429 C7
杨家套[冀] 54 D2
杨家湾[黔] 386 E3
杨家湾[冀] 53 B8
杨家湾[晋] 72 G3
杨家窑[内蒙古] 79 F7
杨家营子[内蒙古] 83 D7
杨家峪[晋] 67 C6
杨家园子[陕] 417 B6
杨家杖子[辽] 93 C6
杨家庄[冀] 57 C6
杨家庄[冀] 57 F6
杨家庄[晋] 67 C9
杨家庄[晋] 73 E9
杨家庄[陕] 424 C4
杨嘉桥[湘] 303 B6
杨郊[辽] 93 C6
杨津庄[津] 41 C8
杨垒[豫] 261 D9
杨林[滇] 397 D8
杨林[赣] 231 F7
杨林[黑] 120 B4
杨林[湘] 298 F5
杨林[湘] 300 D4
杨林[湘] 303 A6
杨林[湘] 303 E7
杨林[湘] 307 D6
杨林[浙] 177 B6
杨林坳[湘] 299 E8
杨林沟[鄂] 284 G2
杨林桥[鄂] 291 C7
杨林市[鄂] 288 E3
杨林尾[鄂] 289 D9
杨林寨[湘] 300 F2
杨岭[鄂] 284 E1
杨陵区[陕] 418 D5
杨柳[川] 372 A4
杨柳[川] 372 D3
杨柳[滇] 398 B4
杨柳[滇] 403 C7
杨柳[黔] 391 F7
杨柳[鲁] 255 B8
杨柳[皖] 188 F4
杨柳[皖] 195 E6
杨柳[皖] 199 E9
杨柳[湘] 304 C5
杨柳井[滇] 401 D9
杨柳铺[湘] 298 B5
杨柳青[津] 38 C2
杨柳塘[黔] 388 E5
杨柳湾[鄂] 286 B4
杨柳庄[冀] 54 D3
杨楼[鲁] 254 F5
杨楼[皖] 188 B5
杨楼[豫] 271 D9
杨楼[豫] 271 A7
杨楼孜[皖] 191 C8
杨梅[黔] 387 F6
杨梅[桂] 339 D10
杨梅[闽] 213 A7
杨梅[粤] 324 G2
杨梅[粤] 314 E4
杨梅山[湘] 305 E7
杨米涧[陕] 423 G9
杨庙[苏] 155 F7
杨庙[皖] 186 D2
杨庙[皖] 187 E7
杨庙[豫] 269 B8
杨庙[浙] 169 E7
杨木[黑] 127 C8
杨木[吉] 109 C8
杨木川[辽] 99 E8
杨木林[吉] 113 B6
杨木林子[辽] 94 E5
杨木栅子[冀] 52 E5
杨泡[吉] 115 E9
杨坪[川] 365 B7
杨坪[陇] 432 E5
杨坡[豫] 263 C6
杨浦区[沪] 137 E6
杨千河[晋] 68 C3
杨侨[粤] 317 E6
杨桥[滇] 397 D8
杨桥[赣] 226 F4
杨桥[冀] 61 B8
杨桥[皖] 191 F7
杨桥[皖] 198 C3
杨桥[湘] 303 D7
杨桥[湘] 307 C9
杨桥殿[赣] 224 D2
杨桥畔[陕] 423 F8
杨善[鲁] 242 D5
杨士[辽] 91 C7
杨士岗[辽] 91 D8
杨市[鄂] 289 C6
杨市[湘] 302 B4
杨舒[陕] 417 C10
杨树[黑] 120 D3
杨树[吉] 108 C4
杨树店[辽] 102 D5
杨树沟门[内蒙古] 83 F6
杨树林[吉] 108 B1
杨树岭[冀] 53 E10
杨树岭[辽] 92 E3
杨树湾[辽] 92 D4
杨树湾子[辽] 93 D7
杨税务[冀] 52 C2
杨宋[京] 33 G6
杨塔[陇] 428 G4
杨滩[皖] 195 B7
杨谈[晋] 74 D5
杨塘[皖] 186 A3
杨田[皖] 201 B6
杨通[川] 369 G8
杨疃[皖] 189 E7
杨屯[鲁] 240 B5
杨屯[苏] 148 A3
杨屯[豫] 273 A6
杨湾[川] 372 C3
杨湾[桂] 334 D1
杨湾[皖] 198 C2
杨湾[皖] 198 E5
杨万[滇] 401 E9
杨圩[赣] 227 D6
杨武[黔] 387 B6
杨溪[赣] 225 D9
杨溪[赣] 230 F3
杨溪桥[湘] 298 E5
杨巷[苏] 158 E2
杨小街[皖] 191 G8
杨斜[陕] 425 D8
杨兴[黔] 390 B4
杨兴[晋] 67 A7
杨行[沪] 136 C5
杨汛桥[浙] 172 B3
杨崖集[陇] 428 C5
杨叶[鄂] 287 E7
杨营[鲁] 254 B4
杨营[豫] 271 E6
杨郢[皖] 193 C7
杨峪河[陕] 425 D8
杨源[闽] 209 D6
杨运[辽] 99 B10
杨寨[鄂] 282 B4
杨寨[鲁] 242 C3
杨杖子[辽] 93 G6
杨镇[京] 34 B4
杨洲[赣] 222 E5
杨庄[冀] 52 A4
杨庄[冀] 57 E8
杨庄[陇] 429 E6
杨庄[鲁] 238 G5
杨庄[鲁] 249 C8
杨庄[鲁] 253 A6
杨庄[陕] 416 C4
杨庄[皖] 189 D6
杨庄[豫] 271 B8
杨庄[豫] 271 D9
杨庄[豫] 272 A4
杨庄户[豫] 273 C8
杨庄集[鲁] 254 B5
杨庄窠[冀] 51 E8
杨梓[赣] 223 D9
洋北[苏] 151 F6
洋埠[浙] 174 D2
洋大曼[新] 454 C3
洋渡[渝] 355 B8
洋墩[闽] 208 E3
洋港[鄂] 287 D10
洋河[辽] 100 G4
洋河[鲁] 245 F6
洋河[苏] 151 F6
洋河[豫] 272 E5
洋河南[冀] 51 D6
洋后[闽] 208 F5
洋湖[赣] 227 E7
洋湖[鲁] 247 D7
洋湖[皖] 200 D3
洋际[湘] 305 A7
洋江[赣] 226 F4
洋泾[沪] 223 E7
洋口[赣] 231 E8
洋口[闽] 208 E3
洋口[苏] 153 E7
洋口[浙] 177 D9
洋里[闽] 206 E2
洋马[苏] 152 D3
洋门[赣] 232 E5
洋坪[鄂] 291 B9
洋桥[桂] 335 C6
洋桥农场[苏] 150 B3
洋青[粤] 327 C8
洋泉[湘] 302 G5
洋山[浙] 170 C2
洋市[湘] 305 C6
洋塘[湘] 305 C6
洋淘湖[湘] 299 D8
洋尾[浙] 167 F6
洋溪[川] 365 E7
洋溪[赣] 232 F4
洋溪[黔] 391 F8
洋溪[桂] 337 B8
洋溪[闽] 211 D6
洋溪[湘] 302 B2
洋溪[浙] 166 F5
洋县[陕] 420 B2
洋中[闽] 209 F7
洋中[闽] 211 D9
洋庄[闽] 208 B3
洋梓[鄂] 283 D7
仰化[苏] 151 E6
仰山[赣] 227 B6
仰山[浙] 179 F7
仰韶[豫] 263 B6
仰义[浙] 179 D6
养龙司[黔] 384 E2
养鹿[渝] 356 E5
养马[川] 373 B7
养马岛[鲁] 251 D7
养马甸子[辽] 93 E7
养士堡[辽] 91 E8
养贤[皖] 194 D5
样田[冀] 51 B6
样子哨[吉] 114 C2
漾濞彝族自治县[滇] 405 D8
漾头[黔] 391 E10
幺铺[黔] 387 C6
幺滩[川] 365 B8
幺塘[川] 369 E8
幺站[黔] 386 G4
腰堡[辽] 95 G6
腰陂[湘] 303 E9
腰埠[皖] 199 B7
腰店[豫] 271 F6
腰古[粤] 325 B7
腰街[滇] 399 B10
腰街[滇] 400 D1
腰林毛都[内蒙古] 83 D9
腰坪[陕] 417 D10
腰铺[皖] 193 F6
腰山[冀] 57 E7
腰市[陕] 425 D7
腰屯[黑] 124 D4
腰屯[黑] 128 E4
腰坨子[吉] 111 G6
腰新[黑] 123 E8
腰站[滇] 396 E5
腰站[冀] 53 C8
腰站[鲁] 239 F6
腰站子[陇] 430 F3
腰庄[晋] 72 G3
尧坝[川] 375 C8
尧棒[黔] 385 C8
尧圪台[晋] 72 G3
尧沟[鲁] 242 C5
尧禾[陕] 424 C2
尧庙[晋] 74 D4
尧山[豫] 271 C7
尧生[陕] 419 A9
尧市[湘] 306 B3
尧水[湘] 303 E9
尧梭[黔] 385 C7
尧塘[苏] 156 D4
尧天坪[湘] 299 E6
尧头[陕] 424 D3
姚安县[滇] 396 D3
姚堡[辽] 91 G6
姚村[冀] 57 D8
姚村[晋] 66 D5
姚村[鲁] 255 B7
姚村[皖] 195 C6
姚村[豫] 264 B2
姚店[陕] 417 B8
姚店子[鲁] 252 C5
姚渡[川] 363 D7
姚渡[川] 364 E1
姚渡[陇] 429 C10
姚伏[宁] 442 C2
姚哥庄[鲁] 243 E9
姚沟[皖] 199 C9
姚关[滇] 403 C8
姚官屯[冀] 59 C7
姚河[皖] 198 E1
姚集[苏] 149 E7
姚集[豫] 269 E6
姚家[川] 364 E3
姚家[赣] 231 E6
姚家[豫] 260 A3
姚家坝[湘] 303 B8
姚家店[鄂] 291 D9
姚家房[冀] 51 E6
姚家沟[陕] 418 D4
姚家集[鄂] 278 D3
姚家庄[冀] 51 D6
姚李[皖] 187 D7
姚坪[鄂] 280 D3
姚千户屯[辽] 91 B9
姚桥[苏] 156 B5
姚桥[豫] 260 B2
姚市[川] 369 G7
姚市[川] 373 C10
姚王[苏] 155 C7
姚王庄[冀] 54 F4
姚圩[赣] 227 F6
姚寨[冀] 61 C7
姚寨[鲁] 240 D5
姚庄[豫] 271 B9
姚庄[浙] 169 D6
窑场[川] 364 D5
窑店[陇] 428 E5
窑店[陇] 432 G4
窑店[陕] 419 E8
窑沟[内蒙古] 79 F7
窑淮[鄂] 280 D3
窑口[皖] 186 B4
窑坪[陕] 420 C2
窑上[黔] 385 D6
窑头[赣] 233 D7
窑头[晋] 72 F1
窑洼[晋] 72 G3
窑湾[鄂] 291 C8
窑湾[苏] 149 E8
窑湾[苏] 150 G4
窑子头[晋] 68 G3
摇鞍镇[冀] 60 B5
摇铃[川] 364 E4
遥观[苏] 157 D6
遥墙[鲁] 239 B7
遥田[湘] 303 F7
遥田[粤] 315 F8
瑶安[粤] 314 B3
瑶岗仙[湘] 305 D7
瑶沟[苏] 151 F8
瑶里[赣] 221 C10
瑶琳[浙] 167 D6
瑶麓[黔] 385 A8
瑶区[滇] 407 B9
瑶曲[陕] 419 B8
瑶山[滇] 401 F6
瑶山[黔] 385 B9
瑶山[浙] 166 D4
瑶田[赣] 232 A5
瑶圩[赣] 224 C3
瑶溪[浙] 179 C6
窈川[浙] 175 D8
崾岭[陕] 417 B10
崾岘[宁] 443 C9
药王[辽] 93 C6
药王洞[陕] 419 D7
药王庙[辽] 93 D6
要家庄[冀] 51 G8
要路沟[辽] 93 F7
要庄[冀] 57 D7
耀灵[渝] 357 F7
耀州区[陕] 419 C8
耶底[川] 367 D8
耶圩[桂] 342 B5
也格孜托别[新] 450 F3
也克先巴扎[新] 454 D3
也门勒[新] 452 B5
冶父山[皖] 199 E9
冶河[冀] 49 E7
冶勒[川] 367 A7
冶力关[陇] 429 F6
冶力关[陇] 432 A4
冶山[苏] 146 C1
冶山[皖] 193 D9
冶陶[冀] 61 F7
冶头[晋] 67 D10
冶西[晋] 67 C9
冶溪[皖] 198 G3
冶源[鲁] 242 D5
野川[晋] 71 D7
野店[鲁] 252 B3
野洞河[黔] 388 F5
野岗[豫] 266 C5
野鹤[渝] 355 A9
野鹤[渝] 356 G4
野胡拐[冀] 61 B9
野鸡坪[湘] 307 D9
野鸡坨[冀] 54 D4
野角[黔] 386 E3
野马[吉] 110 B2
野马川[黔] 386 F3
野牛沟[青] 436 F1
野牛坪[川] 367 F9
野三关[鄂] 291 C7
野市[赣] 226 D5
野徐[苏] 155 C6
野鸭[黔] 384 F4
野云沟[新] 456 F5
野钟[黔] 387 F6
野猪沟[内蒙古] 83 E7
野猪河[吉] 114 C2
野竹[湘] 301 D10
野竹坪[湘] 301 D7
野租[川] 367 F8
业庙[豫] 267 E8
业民[辽] 94 F5
业主沟[辽] 98 B2
叶堡[陇] 429 B6
叶埠口[豫] 269 D6
叶城县[新] 454 E3
叶村[浙] 180 C5
叶大[鄂] 280 C3
叶格[青] 441 C8
叶赫[吉] 112 D5
叶集区[皖] 197 E7
叶茂台[辽] 90 E4
叶坪[赣] 229 B6
叶坪[陕] 421 E6
叶升[宁] 442 D4
叶潭[粤] 316 B4
叶塘[粤] 323 D7
叶县[豫] 271 C9
叶榭[沪] 138 B5
叶亦克[新] 455 F9
叶枝[滇] 404 F4
夜村[陕] 425 C8
夜郎[黔] 390 C3
一车[川] 367 C9
一都[闽] 206 D5
一都[闽] 213 C6
一斗泉[晋] 69 D9
一渡水[湘] 307 G3
一街[滇] 396 E2
一肯中[内蒙古] 83 G7
一拉溪[吉] 109 D6
一立[川] 365 D7
一六[湘] 305 F6
一六[粤] 315 C6
一六街[滇] 397 F6
一面坡[黑] 120 E5
一品[渝] 354 E4
一平浪[滇] 396 E5
一平垣[晋] 74 D3
一市[浙] 171 E8
一碗水[黔] 388 F4
一心[黑] 123 D6
一座营[吉] 114 B2
伊车嘎善[新] 452 A1
伊川县[豫] 263 D8
伊春市[黑] 126 E3
伊丹[吉] 112 B3
伊尔施[内蒙古] 83 A7
伊汉通[黑] 121 C7
伊和高勒[内蒙古] 82 D4
伊和海尔罕[内蒙古] 82 F4
伊和淖尔[内蒙古] 82 F4
伊和乌素[内蒙古] 80 F2
伊胡塔[内蒙古] 83 E9
伊家[闽] 210 B3
伊家店[吉] 111 C9
伊金霍洛[内蒙古] 80 C3
伊金霍洛旗[内蒙古] 80 C3
伊克乌兰[青] 436 F3
伊拉哈[黑] 124 E1
伊拉湖[新] 456 F3
伊利勒特[内蒙古] 82 E4
伊芦[苏] 150 C3
伊玛图[辽] 97 D6
伊敏[内蒙古] 81 D9
伊敏河[内蒙古] 81 D9
伊宁市[新] 452 B2
伊宁县[新] 452 B2
伊塘[湘] 304 B3
伊通满族自县[吉] 112 B3
伊图里河[内蒙古] 81 C7
伊吾县[新] 456 B2
伊庄[苏] 149 E6
依安县[黑] 122 C4
依达[川] 367 D9
依盖尔其[新] 454 E3
依格孜也尔[新] 454 D2
依果觉[川] 367 B9
依吉[川] 366 C4
依克苏[新] 454 E3
依兰[吉] 115 E7
依兰县[黑] 121 B8
依力克其[新] 454 E3
依龙[黑] 122 B5
依洛[川] 367 C8
依洛地坝[川] 367 B8
依洛拉达[川] 367 C9
依麻木[新] 455 B7
依玛[新] 454 E3
依莫合[川] 367 D9
依牛堡子[辽] 90 C5
依汶[鲁] 252 C4
依西肯[黑] 125 B9
依庄[冀] 61 B8
黟县[皖] 201 E6
仪封[豫] 266 B4
仪井[陕] 419 D6
仪陇县[川] 364 C5
仪山[皖] 198 B3
仪阳[鲁] 248 D4
仪征市[苏] 155 G7
夷陵区[鄂] 291 C8
沂北[苏] 150 B4
沂江[赣] 232 B3
沂南县[鲁] 252 C4
沂水县[鲁] 252 B5
沂堂[鲁] 252 E4
沂涛[苏] 150 C5
沂源县[鲁] 243 E4
宜安[冀] 48 C5
宜宾市[川] 374 C4
宜宾县[川] 374 C4
宜昌市[鄂] 291 C8
宜城市[鄂] 281 F8
宜冲桥[湘] 298 C4
宜川县[陕] 417 A9
宜春市[赣] 226 F3
宜茨[滇] 396 F3
宜村[豫] 262 C4
宜东[川] 376 E2
宜都市[鄂] 291 D9
宜丰县[赣] 226 D5
宜黄县[赣] 224 E5
宜就[滇] 396 B4
宜居[渝] 355 F10
宜居[渝] 356 C2
宜君县[陕] 419 A8
宜兰县[台] 460 B5
宜里[内蒙古] 81 A8
宜良县[滇] 397 E8
宜陵[苏] 155 D6
宜路[豫] 269 E9
宜木[川] 378 C5
宜牧地[川] 367 C8
宜牛[川] 378 A3
宜牛[川] 378 G1
宜坪[川] 372 D2
宜山[浙] 179 D8
宜潭[湘] 302 F5
宜万[湘] 299 A6
宜兴[晋] 69 E9
宜兴埠[津] 38 C4
宜秀区[皖] 198 C3
宜阳县[豫] 263 C7
宜章县[湘] 305 E7
宜州市[桂] 344 B4
怡乐[川] 375 C6
迤车[滇] 398 A2
迤那[黔] 386 G1
移村[皖] 191 A7
移风店[鲁] 244 D4
移山[川] 365 D7
彝海[川] 367 B7
彝良县[滇] 402 D4
乙圩[桂] 344 E5
以古[滇] 402 C4
以勒[滇] 402 B3
以那[黔] 386 D4
蚁蜂[豫] 272 B4
倚象[滇] 407 C7
椅圈[辽] 99 F10
义安[冀] 57 C9
义安[晋] 66 F4
义安区[皖] 189 A9
义成功[辽] 92 E2
义城[赣] 223 E6
义城[皖] 186 C4
义牒[晋] 73 F6
义都[粤] 316 B3
义渡口[鲁] 238 D4
义发泉[内蒙古] 79 D8
义丰[川] 364 D5
义丰[苏] 152 E2
义岗川[陇] 428 C5
义合[陕] 423 B9
义合[粤] 316 C4
义和[川] 364 E5
义和[川] 369 E7
义和[川] 372 A3
义和[鄂] 284 F1
义和[鲁] 241 B7
义和[渝] 355 C6
义和[渝] 356 E4
义和塔拉[内蒙古] 83 E8
义和庄[冀] 57 B10
义河[琼] 346 D3
义津[皖] 198 B2
义井[冀] 61 E8
义井[晋] 67 C9
义井[晋] 69 E6
义井[晋] 72 E2
义井[皖] 186 D2
义勒力特[内蒙古] 83 B9
义联庄[冀] 57 D7
义路[川] 364 B4
义马市[豫] 263 B6
义门[川] 364 B4
义门[晋] 72 G2
义门[陕] 418 B5
义门[皖] 190 D5
义民[吉] 114 C2
义蓬[浙] 167 B9
义桥[鲁] 255 B6
义桥[浙] 167 C8
义容[粤] 317 C6
义顺[黑] 123 D9
义堂[鄂] 284 D2
义堂[鲁] 252 E4
义棠[晋] 66 F4
义亭[浙] 174 C5
义圩[桂] 342 C4
义乌市[浙] 175 C6
义县[辽] 97 F7
义新[川] 368 D3
义兴[川] 364 E3
义兴[川] 365 D6
义兴[川] 369 C6
义兴[苏] 150 B5
义正[陕] 417 E8
义竹[台] 460 E2
亿合公[内蒙古] 83 F6
弋江[皖] 195 E6
弋江区[皖] 194 F4
弋阳县[赣] 231 E6
议论堡[冀] 58 B5
议堂[苏] 149 D7
亦庄[京] 31 D8
邑城[冀] 61 E7
峄城区[鲁] 255 F10
峄山[鲁] 255 D8
易贡[藏] 409 E8
易家渡[湘] 299 B6
易家湾[湘] 303 A7
易门县[滇] 400 B3
易武[滇] 407 B8
易溪[渝] 357 C9
易县[冀] 57 C8
驿道[鲁] 250 E3
驿马[吉] 109 F7
驿马[晋] 73 F9
驿马[陇] 432 F4
驿马图[冀] 50 D5
驿前[赣] 225 D10
驿亭[浙] 173 B7
奕棋[皖] 201 F7
益店[陕] 418 E5
益和诺尔[内蒙古] 83 E7
益将[湘] 305 D9
益林[苏] 152 D1
益门[川] 367 F7
益民[川] 367 F7
益农[浙] 167 B10
益庆[藏] 409 E9
益哇[川] 377 A8
益阳市[湘] 299 E8
益智[滇] 407 D6
逸圃[滇] 401 B6
意溪[粤] 319 C8
溢河[陕] 421 E9
溢水[鄂] 280 D2
溢水[陕] 420 C2
殪虎桥[陇] 429 E6
翼城县[晋] 74 C5
因民[滇] 397 A7
因远[滇] 400 E2
阴底[黔] 386 E3
阴平[鲁] 255 F9
阴田[青] 436 C3
阴阳赵[豫] 268 E4
洇溜[津] 41 B8
荫城[晋] 71 C6
荫平[渝] 356 G3
荫田[湘] 303 F6
荫子[鲁] 251 E9
音河[黑] 122 E3
音坑[浙] 177 A7
音西[闽] 206 C5
殷村[冀] 49 E6
殷店[鄂] 282 D2
殷汇[皖] 200 B4
殷家城[陇] 432 E3
殷涧[皖] 192 C3
殷棚[豫] 273 F6
殷巷[鲁] 238 B4
殷祖[鄂] 287 E8
寅街[滇] 405 C9
寅寺[鲁] 255 B6
寅阳[苏] 153 A10
银宝湖[赣] 230 B3
银厂[川] 367 C7
银城铺[冀] 54 D3
银川[黑] 129 A8
银川[陇] 428 G5
银川市[宁] 442 D3
银定图[内蒙古] 78 D3
银多[川] 378 E4
银恩[川] 378 C4
银坊[冀] 56 D5
银根[内蒙古] 84 B3
银汉[川] 365 B7
银号[内蒙古] 79 D6
银河[赣] 228 E2
银河[湘] 305 D6
银河北路[冀] 52 C3
银河南路[冀] 52 C2
银花[陕] 425 C9
银集[苏] 151 C9
银江[川] 367 F6
银江[粤] 323 C9
银坑[赣] 228 C5
银坑[湘] 303 D9
银浪[黑] 123 C7
银龙[陕] 421 G6
银鹿[川] 367 D7
银屏[皖] 199 C8
银桥[滇] 405 D8
银桥[陕] 421 F6
银山[川] 364 C5
银山[川] 373 D8
银山[陇] 428 E4
银山[鲁] 248 D1
银山畈[皖] 187 G8
银塘[皖] 194 E3
银田[湘] 303 A6
银铁[川] 369 E7
银窝沟[冀] 53 C8
银杏[川] 377 F9
银盏[黔] 384 C3
鄞江[浙] 170 F5
鄞州区[浙] 170 E5
尹村[冀] 60 E3
尹店[豫] 266 C4
尹岗[豫] 264 G5
尹集[鄂] 281 E8
尹集[赣] 223 D10
尹集[鲁] 240 B4
尹集[皖] 189 E7
尹家[川] 369 D6
尹家[辽] 91 C6
尹家务[陕] 418 D3
尹家溪[湘] 298 C3
尹家营[冀] 53 D7
尹灵芝[晋] 67 C8
尹庄[冀] 54 C4
尹庄[豫] 262 C3
引马[鲁] 254 C3
引胜[青] 436 B5
引镇[陕] 416 C3
饮马[鲁] 243 C8
隐丰[川] 368 F1
隐贤[皖] 187 C6
隐珠[鲁] 245 E7
印茶[桂] 342 C5
印斗[陕] 423 C8
印江土家族自治县[黔] 391 E7
印台区[陕] 419 B8
印塘[湘] 302 C5
印庄[冀] 54 C5
应城市[鄂] 284 E2
应村[浙] 180 A4
应店街[浙] 172 D2
应家[赣] 231 F8
应举[豫] 264 F4
应坑[浙] 178 D4
应县[晋] 69 E6
英阿瓦提[新] 455 B7
英艾日克[新] 455 B8
英安[吉] 115 E9
英巴格[新] 455 E8
英城子[辽] 96 C5
英川[浙] 180 E5
英萃[川] 364 C2
英达[辽] 91 B7
英德尔[青] 436 F5
英德市[粤] 315 E6
英都[闽] 213 E7
英额布[吉] 114 E1
英额门[辽] 95 B6
英格堡[新] 451 B9
英豪[豫] 262 B5
英红[粤] 315 E6
英华[吉] 110 B4
英吉沙县[新] 454 D2
英家[桂] 338 B3
英将[赣] 231 F7
英利[粤] 327 F7
英林[闽] 213 F8
英落[辽] 100 D2
英买里[新] 454 C3
英买里[新] 455 B9
英桥[桂] 339 G8
英山[闽] 209 D8
英山县[鄂] 286 C5
英旺[陕] 417 B9
英吾斯塘[新] 454 D4
英吾斯塘[新] 457 F8
英武[黔] 387 F7
英武[晋] 66 F3
英言[晋] 75 B7
英也尔[新] 454 D3
英也尔[新] 455 E7
英州[琼] 347 F6
英庄[豫] 271 F7
莺歌海[琼] 346 F2
樱桃园[鲁] 240 F2
鹦鸽[陕] 418 F4
鹦鹉溪[黔] 391 D7
鹰背[川] 369 D8
鹰手营子矿区[冀] 53 F7
鹰潭市[赣] 230 F4
迎安[川] 375 B6
迎宾[津] 42 B3
迎春[黑] 126 F3
迎春[黑] 127 B7
迎春[黑] 130 F3
迎春[湘] 305 F6
迎丰[陕] 421 F6
迎风[京] 30 E4
迎风[陕] 421 D8
迎风桥[湘] 299 E8
迎光[湘] 307 B7
迎河[皖] 186 C5
迎江[川] 372 C2
迎江区[皖] 198 C3
迎接[川] 373 C7
迎兰[黑] 121 A8
迎龙[渝] 354 D5
迎水[川] 364 E4
迎水桥[宁] 442 F5
迎仙[皖] 190 F2
迎仙[皖] 191 G8
迎祥[川] 373 E9
迎阳[川] 372 C4
盈洞[湘] 305 E8
盈江县[滇] 403 F8
盈口[湘] 306 B4
盈浦[沪] 138 E3
荥河[川] 376 D3
荥经县[川] 376 D3
荥阳市[豫] 260 E2
营厂[辽] 94 B5
营城[津] 40 G4
营城子[黑] 120 E3
营城子[吉] 112 A4
营城子[辽] 102 F2
营海[鲁] 245 E6
营合[黔] 386 B5
营江[湘] 304 E3

Y 营蓥潆瀛郢颍影拥邕雍永咏泳涌用优攸幽尤由邮油游友有酉又右幼佑淤渝于予余於盂鱼鮀俞渔雩嵛腴愚榆虞与宇屿雨禹圉庾玉芋淯育郁峪域谕喻御裕毓豫鸳元员园沅垣原袁塬源远苑院曰月岳悦跃越云

地名[省别]	地图位置	
营口市[辽]	99	B8
营廓[豫]	267	E7
营里[冀]	48	B3
营里[冀]	49	E9
营里[鲁]	243	B6
营里[鲁]	254	D5
营盘[川]	364	E1
营盘[滇]	399	C8
营盘[滇]	400	F4
营盘[滇]	405	E6
营盘[黔]	385	G7
营盘[黔]	387	F6
营盘[桂]	341	E9
营盘[陕]	425	F8
营盘[豫]	267	D8
营盘圩[赣]	233	G8
营前[赣]	229	F6
营前[闽]	206	C4
营前[浙]	179	E7
营山[川]	375	F8
营山县[川]	365	C6
营上[滇]	398	E4
营田[湘]	300	E3
营头[陕]	418	E5
营镇[冀]	61	A8
营仔[粤]	327	B7
营子[冀]	58	D5
营子[鲁]	242	D5
蓥华[川]	368	E1
潆溪[川]	365	D6
潆溪[川]	374	D4
瀛海[京]	31	D8
瀛湖[陕]	421	E8
瀛洲[皖]	195	E10
郢城[鄂]	288	C4
颍东区[皖]	191	D8
颍河[皖]	191	C9
颍桥[豫]	268	C3
颍泉区[皖]	191	E8
颍上县[皖]	191	C9
颍西[皖]	191	E8
颍阳[豫]	260	G4
颍阳[豫]	268	C3
颍州区[皖]	191	E8
影壁山[吉]	113	A6
拥巴[藏]	409	E9
拥翠[滇]	405	C10
拥村[黑]	123	C7
拥政[辽]	102	E3
邕宁区[桂]	334	E5
雍川[陕]	418	E4
雍河[川]	364	D3
雍里[黔]	389	C9
雍溪[渝]	354	C3
雍镇[皖]	199	A8
永安[川]	362	F5
永安[川]	365	D7
永安[川]	367	E8
永安[川]	368	D2
永安[川]	368	F3
永安[川]	369	B8
永安[川]	373	E8
永安[川]	373	F8
永安[滇]	396	E4
永安[鄂]	279	F7
永安[赣]	223	B7
永安[黔]	390	D2
永安[黔]	390	D5
永安[黔]	391	D8
永安[桂]	336	E1
永安[桂]	339	E7
永安[桂]	344	D4
永安[黑]	127	E9
永安[黑]	128	E4
永安[黑]	130	D4
永安[吉]	108	C1
永安[鲁]	241	D9
永安[鲁]	255	F9
永安[内蒙古]	83	B8
永安[苏]	154	E5
永安[台]	460	F2
永安[皖]	189	E6
永安[湘]	297	D6
永安[渝]	354	B2
永安[渝]	355	A7
永安[粤]	328	E5
永安[浙]	179	D6
永安堡[辽]	93	E8
永安市[闽]	210	E5
永安洲[苏]	155	C7
永昌[滇]	403	C7
永昌[陇]	431	D8
永昌[浙]	167	C6
永昌[浙]	174	C2
永昌县[陇]	431	D7
永城[渝]	354	E5
永城市[豫]	267	F10
永川区[渝]	354	D2
永春[滇]	404	E5
永春[吉]	108	E2
永春[湘]	305	E6
永春县[闽]	213	C7
永从[黔]	389	B8
永德县[滇]	399	D7
永登县[陇]	428	F2
永甸[辽]	99	D8
永定[川]	364	D5
永定[京]	30	C5
永定区[湘]	298	D3
永定县[闽]	215	D10
永东[川]	373	E9
永发[黑]	128	D2
永发[吉]	112	C2
永发[琼]	347	B7
永丰[川]	365	D6
永丰[川]	368	G4
永丰[川]	377	C10
永丰[滇]	402	E5
永丰[鄂]	278	E6
永丰[赣]	228	D5
永丰[黑]	127	F9
永丰[黑]	130	E3
永丰[沪]	138	C4
永丰[陇]	431	D8
永丰[陕]	424	D3
永丰[陕]	425	C7
永丰[苏]	152	D2
永丰[苏]	154	B3
永丰[皖]	201	C6
永丰[湘]	299	B7
永丰[湘]	305	D9
永丰[新]	451	E9
永丰[渝]	355	A8
永丰[豫]	269	F7
永丰[粤]	328	E3
永丰[浙]	176	D3
永丰滩[陇]	431	E9
永丰县[赣]	232	B4
永福[川]	372	F4
永福[川]	373	D9
永福[闽]	215	C9
永福县[桂]	336	E2
永福庄[冀]	60	D3
永富[川]	376	B3
永富[黑]	130	E3
永堌[皖]	188	D5
永固[晋]	74	D5
永固[陇]	431	D6
永固[粤]	328	C3
永光[川]	364	B5
永汉[粤]	317	G6
永合[吉]	112	A5
永合会[冀]	61	D7
永和[川]	372	D1
永和[川]	376	F2
永和[川]	377	B10
永和[川]	377	E10
永和[滇]	405	E9
永和[赣]	232	C5
永和[黔]	384	C3
永和[黔]	391	E6
永和[黑]	120	C3
永和[黑]	127	E10
永和[黑]	130	D2
永和[闽]	213	F8
永和[湘]	297	D9
永和[湘]	303	D7
永和[豫]	264	B5
永和[粤]	323	D7
永和[粤]	313	D8
永和[粤]	314	C2
永和[浙]	173	C7
永和县[晋]	74	F1
永河[川]	368	E2
永恒[黑]	127	G7
永红[川]	364	E5
永红[川]	372	G2
永湖[粤]	317	E8
永吉[陇]	429	D6
永吉县[吉]	109	D7
永济[湘]	300	C4
永济[湘]	303	F7
永济市[晋]	75	G8
永加[吉]	112	F2
永佳河[鄂]	286	E3
永嘉[川]	373	E8
永嘉[渝]	354	D3
永嘉县[浙]	178	C5
永建[滇]	405	C9
永江[湘]	304	D3
永进[川]	369	D7
永靖县[陇]	428	F4
永久[黑]	130	E3
永久[吉]	111	G7
永康[滇]	399	D8
永康[黔]	385	B9
永康[皖]	192	D2
永康市[浙]	175	E6
永郎[川]	367	E7
永乐[川]	364	C5
永乐[川]	375	F9
永乐[黔]	384	E4
永乐[黔]	389	E7
永乐[黔]	390	E4
永乐[桂]	337	D7
永乐[桂]	342	D4
永乐[黑]	123	C9
永乐[晋]	74	B3
永乐[晋]	75	F9
永乐[辽]	91	D8
永乐[陕]	419	B6
永乐[陕]	419	D8
永乐[陕]	420	C5
永乐[渝]	357	E8
永乐店[京]	34	F3
永利[川]	376	F3
永陵[辽]	95	C8
永隆[赣]	229	B8
永禄[晋]	71	D6
永洛[川]	367	C8
永茂[吉]	110	C2
永茂[湘]	301	C10
永明[川]	368	E3
永年[川]	373	F8
永年县[冀]	61	D7
永宁[川]	362	D5
永宁[川]	364	D3
永宁[川]	369	B9
永宁[川]	372	C4
永宁[川]	373	B7
永宁[滇]	401	C6
永宁[滇]	404	B4
永宁[黔]	387	D7
永宁[京]	32	E3
永宁[辽]	102	B4
永宁[陇]	429	A8
永宁[陇]	432	G2
永宁[闽]	213	F9
永宁[陕]	417	D8
永宁[陕]	421	F7
永宁[苏]	146	E4
永宁[粤]	324	D5
永宁坪[滇]	405	B6
永宁县[宁]	442	D3
永平[滇]	406	E5
永平[赣]	231	F7
永平[吉]	111	D8
永平[闽]	215	F8
永平[陕]	418	C5
永平[渝]	355	B7
永平[粤]	313	D7
永平县[滇]	405	E9
永坪[陇]	429	C7
永坪[陕]	417	B7
永勤[黑]	122	B5
永清[川]	365	D6
永清[川]	373	C10
永清[渝]	354	B3
永清县[冀]	52	D2
永庆[川]	364	D5
永庆[吉]	114	F5
永仁县[滇]	396	B4
永荣[渝]	354	D2
永善县[滇]	402	E2
永善庄[内蒙古]	79	E9
永商[川]	362	F4
永升[吉]	110	G5
永胜[川]	365	C8
永胜[川]	368	D3
永胜[川]	369	F8
永胜[川]	372	D1
永胜[黑]	120	C2
永胜[黑]	123	C9
永胜[吉]	110	B3
永胜[渝]	354	B2
永胜县[滇]	405	B6
永圣域[内蒙古]	79	E7
永盛[川]	362	D4
永盛[川]	367	C10
永寿[川]	372	B3
永寿县[陕]	419	D6
永顺[川]	373	C9
永顺[京]	34	D2
永顺县[湘]	301	C9
永岁[桂]	336	B4
永太[川]	368	F3
永太[陕]	419	C6
永泰[川]	368	E5
永泰县[闽]	206	E4
永温[黔]	384	E3
永乡[陕]	417	C10
永新[川]	368	F4
永新[滇]	399	B9
永新[陇]	428	D2
永新[渝]	354	E4
永新县[赣]	232	F5
永兴[川]	363	F6
永兴[川]	365	E7
永兴[川]	365	B7
永兴[川]	367	F6
永兴[川]	368	E3
永兴[川]	368	G3
永兴[川]	369	E9
永兴[川]	374	B4
永兴[川]	376	D4
永兴[滇]	396	A3
永兴[滇]	405	A6
永兴[鄂]	283	B8
永兴[黔]	390	E5
永兴[黑]	130	E3
永兴[陇]	429	C7
永兴[闽]	208	B4
永兴[内蒙古]	79	E8
永兴[琼]	347	B7
永兴[皖]	191	D7
永兴[渝]	354	E3
永兴[豫]	266	E2
永兴[豫]	273	D6
永兴场[湘]	301	F9
永兴县[湘]	305	C7
永修县[赣]	223	E7
永秀[滇]	406	D3
永阳[赣]	232	D5
永阳[冀]	57	C8
永义[黔]	391	E8
永义[湘]	303	A6
永源[黑]	120	C3
永镇[皖]	188	G5
永正[陇]	432	F5
永州[桂]	334	B2
永州市[湘]	304	B3
咏生[湘]	301	F6
泳溪[浙]	176	B4
涌宝[滇]	399	D10
涌洞[渝]	356	D3
涌泉[川]	362	D4
涌泉[川]	364	B5
涌泉[川]	373	B8
涌泉[赣]	223	C6
涌泉[晋]	70	D2
涌泉[浙]	176	D4
涌泉庄[冀]	51	F9
涌山[赣]	221	E9
涌溪[黔]	388	D5
涌兴[川]	369	E7
用坪[湘]	307	G8
优胜[粤]	316	C2
优云[青]	440	E3
攸县[湘]	303	D8
幽兰[赣]	220	D5
尤店[豫]	273	E6
尤古庄[津]	41	C7
尤吉屯[豫]	266	D5
尤集[皖]	189	D7
尤拉西[川]	379	D6
尤鲁都斯巴格[新]	455	B9
尤溪[浙]	176	D3
尤溪口[闽]	208	G4
尤溪口[闽]	211	D9
尤溪县[闽]	211	E8
尤杖子[辽]	92	D5
由旺[滇]	403	C8
邮亭[渝]	354	D2
邮亭圩[湘]	304	B3
油坝[皖]	198	D3
油车港[浙]	169	E7
油墩街[赣]	230	B3
油坊[冀]	60	A4
油坊[苏]	156	B5
油坊[豫]	264	G5
油坊店[皖]	187	E8
油坊店[豫]	273	C6
油槐[陕]	416	B2
油篓沟[冀]	50	E5
油麻[桂]	339	C9
油麻[湘]	305	C6
油迈[黔]	387	C9
油沐[桂]	338	A3
油桥[渝]	354	B3
油山[赣]	229	E8
油山[粤]	315	A10
油石[赣]	229	F6
油市[湘]	305	C6
油松岭[滇]	403	E8
油田[赣]	232	D3
油溪[渝]	354	E3
油溪[粤]	316	D3
油洋[湘]	307	A6
油榨[川]	362	F2
油榨[冀]	54	D5
油召[冀]	60	C4
游埠[浙]	174	D2
游城[赣]	230	B4
游凤[陕]	418	E5
游港[湘]	299	C8
游河[豫]	272	E4
游家[湘]	302	B2
游龙[陇]	429	B8
游溪[粤]	315	B6
游仙[川]	368	E3
游洋[闽]	206	F5
友爱[川]	362	D4
友好区[黑]	126	D2
友邻[黑]	128	E5
友谊[川]	378	E5
友谊[桂]	343	D9
友谊[黑]	122	D4
友谊[辽]	102	E3
友谊县[黑]	128	E5
友宰[晋]	69	D8
有庆[川]	369	F7
酉酬[渝]	356	C3
酉港[湘]	299	D8
酉华[皖]	201	A6
酉溪[川]	365	C7
酉阳土家族苗族自治县[渝]	356	D2
酉阳县[渝]	355	F10
又新[川]	363	E8
右水[赣]	229	C8
右所[川]	367	D7
右所[滇]	400	B4
右所[滇]	405	D7
右卫[晋]	68	C3
右卫[辽]	97	E9
右玉县[晋]	68	C4
幼平[桂]	342	E1
佑君[川]	367	D7
淤泥[黔]	387	F7
淤上[浙]	180	G3
淤头[浙]	177	D7
淤溪[苏]	154	C5
渝北区[渝]	354	C4
渝水区[赣]	226	F5
于城[浙]	169	D9
于村[冀]	58	A5
于都县[赣]	229	C6
于河[鄂]	289	C8
于洪[辽]	91	D7
于洪区[辽]	91	D7
于集[冀]	59	F6
于集[鲁]	238	D4
于集[鲁]	240	D3
于集[皖]	191	F10
于佳[川]	373	D6
于家[吉]	109	B6
于家[冀]	48	E4
于家房[辽]	91	F10
于家窝堡[辽]	90	F5
于家务[京]	34	F3
于家庄[冀]	57	E7
于里[鲁]	253	B6
于桥[冀]	59	E6
于寺[辽]	96	F4
于田县[新]	455	E8
于寨[皖]	191	G7
予旺[宁]	443	C7
余川[鄂]	287	B7
余店[鄂]	282	C3
余店[豫]	273	C7
余丁[宁]	442	E5
余东[苏]	153	C9
余坊[闽]	210	B5
余干县[赣]	230	D3
余关[豫]	270	D5
余杭[浙]	167	B7
余杭区[浙]	167	A9
余华[川]	369	F8
余积[辽]	97	F8
余集[豫]	273	F8
余家[赣]	230	F4
余家[渝]	356	F4
余家坪[陕]	417	B7
余家桥[鄂]	285	D6
余江县[赣]	230	F4
余井[皖]	198	D3
余粮[内蒙古]	83	E9
余朋[闽]	210	E4
余坪[川]	372	B2
余坪[湘]	300	E5
余庆[湘]	303	F6
余庆县[黔]	391	G6
余师[陕]	425	G10
余田[湘]	304	D5
余湾[陇]	432	G2
余吾[晋]	70	D4
余下[陕]	416	D4
余新[浙]	169	E8
余兴庄[陕]	423	D7
余姚市[浙]	170	F4
余字[吉]	111	D6
於潜[浙]	166	C5
盂县[晋]	67	B8
鮀江[粤]	319	D8
鮀莲[粤]	319	D7
鱼城[鲁]	255	E6
鱼池[黑]	121	E6
鱼池[陇]	429	A8
鱼池[台]	460	D3
鱼池[渝]	355	A9
鱼洞[川]	364	D2
鱼洞[滇]	402	B4
鱼洞子[陕]	420	E2
鱼儿红[陇]	430	F4
鱼儿山[冀]	52	C4
鱼峰[川]	365	C7
鱼河[陕]	423	D7
鱼河峁[陕]	423	D7
鱼化[川]	375	F9
鱼化寨[陕]	416	D3
鱼卡[青]	439	D8
鱼鳞[渝]	357	C8
鱼龙[川]	365	D6
鱼龙[川]	373	C10
鱼龙[陇]	429	C8
鱼泉[川]	376	D3
鱼泉[黔]	390	E5
鱼泉[渝]	355	E6
鱼泉[渝]	357	D6
鱼山[鲁]	254	E5
鱼市[湘]	306	C1
鱼台县[鲁]	255	E7
鱼塘[川]	375	B7
鱼塘[滇]	407	B6
鱼塘[黔]	391	F9
鱼溪[川]	373	D8
鱼乍[湘]	299	E7
鱼珠[粤]	313	E8
鱼嘴[渝]	354	C5
鱼鲊[川]	367	G7
俞村[皖]	195	E9
俞垛[苏]	154	C5
渔渡[陕]	420	A5
渔沟[苏]	151	D6
渔沟[皖]	189	E7
渔河[黔]	384	C3
渔湖[粤]	319	D7
渔户寨[冀]	54	B3
渔箭[川]	373	E9
渔涝[粤]	328	D2
渔寮[浙]	179	D9
渔门[川]	367	F6
渔沙[渝]	357	C6
渔山[浙]	167	C8
渔亭[皖]	201	E6
渔溪[川]	365	C6
渔溪[川]	369	C6
渔溪[闽]	206	C5
渔峡口[鄂]	291	D6
渔薪[鄂]	289	B7
渔阳[京]	32	C2
渔洋[鄂]	289	D6
渔洋关[鄂]	291	E8
渔泽[晋]	70	C4
雩田[赣]	233	E7
嵛山[闽]	209	E9
腴地[渝]	356	C2
愚公[黑]	121	A9
榆楚[陕]	416	C2
榆村[皖]	201	F8
榆垡[京]	31	G7
榆关[冀]	55	C6
榆科[冀]	58	E3
榆林[川]	379	A7
榆林[黑]	130	E5
榆林[吉]	114	G2
榆林[内蒙古]	79	E8
榆林[豫]	264	F3
榆林[豫]	268	C3
榆林子[陇]	432	G5
榆林子[内蒙古]	80	C1
榆岭[晋]	68	E4
榆木桥子[吉]	109	F8
榆盘[陇]	429	D6
榆社县[晋]	67	F7
榆树[黑]	123	C8
榆树[吉]	113	E7
榆树[辽]	95	C9
榆树[陇]	429	B8
榆树川[吉]	113	E7
榆树沟[吉]	111	D9
榆树林子[冀]	53	D10
榆树林子[辽]	92	E3
榆树市[吉]	108	B5
榆树台[吉]	112	D3
榆树屯[黑]	122	E5
榆厢[豫]	266	D4
榆垟[浙]	179	C7
榆中县[陇]	428	E4
榆庄[晋]	72	E3
虞丞[川]	372	B4
虞城县[豫]	267	D8
虞关[陇]	429	A8
虞姬[皖]	189	F7
虞家河[赣]	223	C8
虞塘[湘]	302	B5
虞乡[晋]	75	F8
虞宅[浙]	174	A5
与儿街[皖]	187	C9
宇宙地[内蒙古]	83	E6
宇宙营[冀]	50	D3
屿头[闽]	206	B5
屿头[浙]	176	E3
雨敞坪[湘]	296	E4
雨冲[黔]	386	C3
雨朵[黔]	386	C4
雨过铺[滇]	400	E5
雨河[滇]	402	B3
雨金[陕]	416	B2
雨龙[滇]	396	F4
雨露[滇]	396	E3
雨碌[滇]	398	B2
雨母山[湘]	303	E6
雨润[青]	436	B5
雨山铺[湘]	307	C7
雨山区[皖]	194	E2
雨水[川]	367	D8
雨坛[川]	375	A7
雨坛[皖]	198	C2
雨坛[渝]	354	D1
雨溪[湘]	307	C8
雨樟[黔]	387	E8
禹城市[鲁]	239	D6
禹村[鲁]	249	F7
禹居[陕]	417	B7
禹里[川]	368	D2
禹谟[黔]	386	B3
禹王[鄂]	287	E6
禹王[晋]	75	E7
禹越[浙]	168	B4
禹州市[豫]	268	B2
圉镇[豫]	266	D4
庾岭[陕]	425	B8
玉蝉[陕]	416	D3
玉成[川]	373	B6
玉池[湘]	300	F3
玉川[陕]	416	B4
玉代克力克[新]	454	C4
玉带[川]	369	C8
玉带[苏]	146	C3
玉都[陇]	432	G4
玉斗[闽]	213	C6
玉丰[川]	365	E8
玉峰[川]	365	F7
玉峰山[渝]	354	C5
玉凤[桂]	342	C4
玉岗[黑]	122	A3
玉和[川]	374	E5
玉河[川]	368	E4
玉河[川]	375	A7
玉河[黑]	121	D6
玉洪[桂]	342	E2
玉壶[浙]	179	E6
玉湖[粤]	319	C6
玉华[黔]	384	C3
玉华[陕]	419	B8
玉华[湘]	300	F3
玉环县[浙]	176	G4
玉皇[川]	368	E3
玉皇[陇]	429	C9
玉皇庙[鲁]	238	C5
玉皇庙[鲁]	254	B4
玉皇庙[陕]	420	D1
玉皇庙[豫]	266	D3
玉皇庙[豫]	273	B6
玉家河[陕]	423	C10
玉家湾[陕]	417	B6
玉井[川]	369	C6
玉井[晋]	68	E4
玉井[陇]	428	E5
玉井[台]	460	E3
玉岚[陕]	421	E8
玉垒[陇]	429	C10
玉里[台]	460	E4
玉林[川]	368	F4
玉林店[鲁]	251	E7
玉林市[桂]	339	D8
玉龙[川]	368	F5
玉龙[川]	372	B5
玉龙[滇]	405	C6
玉龙[黔]	386	G1
玉龙[渝]	354	D2
玉龙喀什[新]	455	E7
玉隆[川]	378	E3
玉麦[新]	454	D2
玉门[陇]	430	F4
玉门东[陇]	430	F4
玉门市[陇]	430	F3
玉坪[晋]	73	C7
玉屏[川]	372	D4
玉屏[川]	375	D6
玉屏[陇]	429	B6
玉屏侗族自治县[黔]	391	G9
玉普[藏]	409	E9
玉祁[苏]	159	C6
玉其喀特[新]	455	B9
玉奇吾斯塘[新]	455	B9
玉桥[京]	34	D3
玉泉[川]	368	E2
玉泉[桂]	334	D3
玉泉[黑]	120	D4
玉泉[陕]	424	F4
玉泉区[内蒙古]	79	E7
玉山[川]	369	D7
玉山[黔]	384	D2
玉山[鲁]	253	E6
玉山[闽]	208	E5
玉山[陕]	416	A3
玉山[豫]	272	A4
玉山[浙]	175	C9
玉山县[赣]	231	D8
玉舍[黔]	386	F5
玉什喀拉苏[新]	453	B6
玉树市[青]	441	E10
玉台[川]	364	C4
玉太[川]	365	E6
玉潭[吉]	108	E2
玉堂[川]	362	C3
玉田[川]	367	A8
玉田[川]	375	F9
玉田[闽]	206	C4
玉田皋[内蒙古]	83	F7
玉田县[冀]	54	D1
玉亭[冀]	49	B6
玉瓦[川]	377	B10
玉碗[滇]	402	E3
玉溪[渝]	354	A2
玉溪市[滇]	400	C3
玉贤[鄂]	279	F7
玉新[粤]	319	E8
玉兴[川]	368	F3
玉秀[川]	374	E5
玉岩[浙]	180	C5
玉滘[粤]	319	C7
玉扎[藏]	408	C4
玉镇[川]	364	E5
芋园[陇]	432	G4
芋园[陕]	418	B5
淯溪[鄂]	291	C10
育才[琼]	346	F4
育黎[鲁]	251	F6
育林[黑]	130	F3
育林[吉]	112	C1
育民[吉]	108	A5
育太和[冀]	53	B8
郁南县[粤]	324	A5
郁山[渝]	355	D9
郁山[渝]	356	B1
峪道河[晋]	73	E9
峪耳崖[冀]	53	F9
峪河[豫]	264	E1
峪口[晋]	66	E5
峪口[晋]	72	C2
峪口[晋]	73	D8
峪口[京]	32	B1
峪口[陕]	423	B7
峪里[豫]	263	A7
峪岭[陕]	424	D2
峪山[鄂]	281	E8
域城[鲁]	242	D2
谕兴[皖]	193	D9
喻家[川]	365	C6
喻家坳[湘]	296	D2
喻寺[川]	375	A7
喻屯[鲁]	255	D6
御道口[冀]	53	B6
御风[陇]	428	D4
御驾宫[陕]	419	D6
御临[渝]	354	C5
御史[川]	365	C6
御营[川]	368	E3
裕河[陇]	429	B9
裕华[川]	364	D4
裕华[苏]	152	E4
裕隆[川]	367	D7
裕民[川]	365	C8
裕民县[新]	452	B5
裕农[川]	364	D5
裕溪[浙]	181	C6
裕溪口[皖]	194	F4
毓德铺[湘]	299	E7
毓兰[湘]	306	D5
豫灵[豫]	262	C1
豫龙[豫]	260	D2
鸳大[川]	373	C9
鸳鸯[鄂]	280	C4
鸳鸯[陇]	429	D6
元坝[川]	364	D4
元坝[川]	373	D9
元坝[陕]	420	E3
元坝区[川]	364	D2
元宝[黑]	121	D6
元宝山[川]	367	C10
元宝山[辽]	92	F1
元宝山区[内蒙古]	83	G7
元堡[鄂]	290	D3
元堡子[晋]	68	D4
元长[台]	460	D2
元城[陇]	432	E4
元村[豫]	265	B7
元墩[陕]	420	E3
元固[冀]	61	C8
元和[苏]	161	D7
元厚[黔]	390	B1
元江哈尼族彝族傣族自治县[滇]	400	E2
元觉[浙]	179	A6
元坑[闽]	208	F2
元朗区[港]	458	B2
元龙[陇]	429	B6
元龙寺[陕]	417	B7
元门[琼]	346	D4
元谋县[滇]	396	C4
元山[川]	364	D5
元山[川]	364	E4
元山[川]	369	D7
元山子[内蒙古]	79	D8
元山子[内蒙古]	79	E9
元石[川]	368	F2
元石[川]	369	D8
元氏县[冀]	49	F6
元台[辽]	102	C5
元台子[辽]	93	B7
元潭[川]	369	C7
元通[川]	362	D3
元通[川]	372	A5
元疃[皖]	186	C3
元兴[川]	368	G4
元阳县[滇]	400	E4
元竹[苏]	155	B7
元庄[豫]	271	F6
元子街[陕]	425	D9
员林[台]	460	D3
员山[台]	460	B5
园洲[粤]	317	G7
园庄[闽]	207	F7
园子岔[陇]	428	D3
沅古坪[湘]	298	D4
沅河[湘]	306	C3
沅江市[湘]	299	E8
沅陵县[湘]	307	F8
垣曲县[晋]	75	C6
原安[陇]	432	F1
原村[晋]	71	D7
原底[陕]	419	C6
原店[豫]	262	C3
原公[陕]	420	C2
原康[豫]	264	C2
原平市[晋]	72	C3
原墙[皖]	191	E6
原任[陕]	424	E2
原武[豫]	264	G2
原相[晋]	66	C4
原阳县[豫]	264	G3
袁冲[鄂]	281	C7
袁店[皖]	186	D5
袁店[豫]	271	D8
袁渡[赣]	227	D9
袁坊[豫]	266	B3
袁河[陇]	429	D6
袁花[浙]	169	E9
袁集[苏]	151	D7
袁集[皖]	191	D9
袁家[川]	368	E2
袁家[湘]	304	E5
袁家[湘]	306	B5
袁家铺[湘]	300	F3
袁家溪[川]	372	F3
袁老[豫]	269	E7
袁浦[浙]	167	C8
袁桥[鲁]	238	E4
袁桥[苏]	153	F7
袁市[川]	365	A8
袁巷[苏]	156	E2
袁驿[渝]	356	F2
袁寨[皖]	191	D8
袁寨[豫]	273	C6
袁庄[苏]	153	E7
袁庄[豫]	260	D3
塬边[陇]	428	D4
源村[黔]	386	A2
源东[浙]	174	C5
源芳[皖]	201	F8
源嘉桥[湘]	299	F8
源口[湘]	304	F1
源南[赣]	228	F2
源南[粤]	316	D5
源泉[鲁]	242	D3
源潭[皖]	198	D2
源潭[湘]	300	B5
源潭[豫]	271	F8
源潭[粤]	315	G6
源头[桂]	336	F4
远安县[鄂]	291	B9
远大[黑]	130	E4
远觉[渝]	354	D1
远口[黔]	388	A5
远门[陇]	429	B6
远襄[豫]	267	E6
苑前[赣]	233	C6
苑庄[鲁]	255	B6
院堡[冀]	61	C9
院东头[鲁]	252	B4
院桥[浙]	176	E4
院上[鲁]	244	D3
院头[冀]	48	G5
院庄[渝]	357	F6
曰者[滇]	401	C7
月表[滇]	396	F4
月表[滇]	397	E6
月城[苏]	159	B6
月城[粤]	319	C6
月池[渝]	357	E10
月垌[桂]	339	F9
月峰[湘]	305	D6
月河[陕]	425	G9
月河[豫]	271	G10
月湖[浙]	179	E8
月华[川]	367	C7
月江[川]	374	C4
月里[桂]	344	F1
月亮泡[吉]	111	B6
月明[陇]	432	F5
月明潭[湘]	299	E8
月浦[沪]	136	C5
月浦[粤]	319	D8
月晴[吉]	115	E8
月日[陕]	425	C9
月山[川]	364	C4
月山[皖]	198	C3
月山[湘]	302	B5
月山[豫]	261	C8
月山[粤]	325	C9
月塘[闽]	207	D7
月塘[苏]	155	G6
月田[湘]	300	D5
月湾[皖]	195	C7
月望[滇]	398	E3
月吾[川]	367	D8
月溪[湘]	306	C5
月牙湖[宁]	442	C3
月照[陇]	429	C9
岳巴[川]	378	F4
岳坝[陕]	420	A2
岳堡[陇]	432	G2
岳壁[晋]	66	E5
岳城[冀]	61	E9
岳城[豫]	273	C7
岳程[鲁]	254	D3
岳池县[川]	365	C7
岳村[豫]	260	D3
岳村[豫]	265	C7
岳村[豫]	261	C9
岳东[川]	364	C3
岳坊[皖]	191	B6
岳集[皖]	188	E3
岳家[川]	369	D7
岳家桥[湘]	299	F9
岳家庄[鲁]	249	F8
岳口[鄂]	289	C7
岳林[湘]	303	D6
岳龙[津]	40	D4
岳庙[陕]	424	F4
岳屏[湘]	303	E6
岳普湖[新]	454	D3
岳普湖县[新]	454	D3
岳宋[滇]	407	G7
岳滩[豫]	263	C9
岳圩[桂]	343	E7
岳西县[皖]	198	E2
岳溪[渝]	356	F4
岳新[川]	373	C10
岳阳[沪]	138	C4
岳阳市[湘]	300	C3
岳阳县[湘]	300	D3
岳源[川]	373	C9
岳扎[川]	378	A5
岳张集[皖]	189	B7
悦城[粤]	328	F3
悦来[川]	362	E3
悦来[川]	365	B7
悦来[川]	368	F3
悦来[川]	372	C3
悦来[川]	373	B9
悦来[苏]	150	E5
悦来[苏]	153	C9
悦来[湘]	305	C6
悦来[渝]	354	C4
悦来[渝]	355	B9
悦乐[滇]	402	E3
悦乐[陇]	432	E4
悦兴[川]	372	B3
悦中[川]	364	B5
悦庄[鲁]	242	E4
跃进[黑]	131	F6
跃进农场[沪]	141	F6
越北[吉]	109	C7
越河[冀]	54	E3
越西县[川]	367	B8
越溪[川]	373	D7
越溪[苏]	161	E7
越溪[浙]	171	E8
越州[滇]	398	E3
云安[渝]	357	E6
云安区[粤]	325	A6
云澳[粤]	319	D9
云表[桂]	335	E8
云场坪[黔]	391	E10
云场坪[湘]	301	G7
云池[鄂]	291	D9
云甸[川]	367	E7
云顶[川]	373	F9
云顶[吉]	112	C4
云丰[浙]	180	E5
云峰[川]	364	D4
云峰[川]	367	F7
云峰[川]	373	C10
云峰[渝]	357	F7
云峰[浙]	180	B5
云凤[川]	368	D3
云浮市[粤]	325	B6
云盖寺[陕]	425	F9
云干[黔]	385	E8
云冈[晋]	69	C6
云岗[京]	28	F4
云谷[陇]	428	E5
云贵[黔]	386	G1
云合[川]	363	E8
云和县[浙]	181	D6
云红[鲁]	238	B3
云湖[浙]	179	F7
云湖桥[湘]	303	B6
云集[川]	368	C4
云集[渝]	355	C6
云锦[川]	375	B8
云乐[皖]	195	E7
云林县[台]	460	D3
云岭[滇]	404	F3
云岭[皖]	195	F7
云龙[川]	373	B8
云龙[川]	375	B7
云龙[滇]	396	F4
云龙[滇]	397	B6
云龙[闽]	206	E3
云龙[琼]	347	B7
云龙[渝]	355	A7
云龙[渝]	356	G3
云龙[浙]	170	E5
云龙县[滇]	405	E8
云路[粤]	319	C7
云落[粤]	319	E6
云门[渝]	354	B4
云门山[鲁]	242	D5
云梦[陕]	419	B9
云梦县[鄂]	284	D2
云南驿[滇]	405	B9
云屏[陇]	429	A8
云山[赣]	224	E3
云山[吉]	108	F3
云山[陇]	429	B6
云山[鲁]	244	D2
云山[苏]	150	B2
云山[湘]	300	D5
云石山[赣]	229	B6
云水[湘]	307	C8
云台[川]	364	D4
云台[川]	369	D8
云台[陇]	429	B9
云台[陕]	424	D2
云台[苏]	150	C3
云台[渝]	355	B6
云坛[浙]	181	D6
云昙[川]	369	C8
云潭[粤]	324	F3
云梯[皖]	195	B8
云田[陇]	428	D5
云田[湘]	303	A8
云亭[苏]	159	B7
云同[川]	368	F3
云雾[黔]	385	D6
云雾[渝]	357	G7
云西[川]	368	F1
云溪[浙]	177	B9
云溪区[湘]	300	C4
云仙[滇]	407	D6
云县[滇]	399	C9

Y 云郧允运陨郓熨 Z 杂栽宰在咱昝趱赞臧岀早枣澡藻灶皂造则择泽曾增赠渣扎札闸砟乍榨斋宅翟砦寨沾詹瞻展盏占战站湛张章鄣彰漳獐樟掌丈嶂招昭找沼召兆诏赵照肇遮折哲者柘浙蔗贞珍真祯榛枕轸圳振镇震争征整正郑政支芝枝知织蜘直值职止只址纸芷指枳轵趾至志治峙秩致智滍雉中

地名[省别] 地图位置

云乡[粤] 325 C9
云霄县[闽] 212 E2
云岩[陕] 417 A8
云岩[粤] 314 B5
云岩[浙] 177 D8
云阳[陕] 419 D8
云阳[渝] 357 E7
云阳[豫] 271 D7
云阳县[渝]357 E6
云州[冀] 50 B5
云竹[晋] 67 F6
郧西县[鄂] 280 B3
郧阳区[鄂] 280 B4
允山[湘] 304 E2
陨阳[鄂] 282 F3
运漕[皖] 199 B8
运城市[晋] 75 E7
运河[鲁] 238 F4
运河[苏] 152 B2
运河[苏] 156 C5
运河[浙] 167 A9
运河西[津] 40 C2
运江[桂] 345 C7
运山[川] 364 C3
运溪[陕] 421 E7
郓城县[鲁] 254 B4
熨斗[陕] 421 G7

Z

杂多[青] 441 E8
杂绒[藏] 408 D1
杂色[藏] 409 D8
栽麻[黔] 389 C8
宰便[黔] 389 D9
宰羊[川] 376 F2
在妙[桂] 340 C3
在市[湘] 306 E4
在中[赣] 232 F5
咱果[湘] 301 C7
昝村[陕] 424 B5
昝岗[冀] 57 D10
昝岗[豫] 271 F8
趱滩[川] 374 E4
赞城[豫] 264 E2
赞皇县[冀] 49 F6
赞阳[鄂] 281 D7
赞字[吉] 111 E6
鄼城[豫] 267 F8
鄼阳[豫] 267 F9
臧村[冀] 57 E8
臧家庄[鲁] 250 D5
臧屯[冀] 52 G2
臧湾[赣] 221 C9
臧寨[晋] 69 E6
岀口[浙] 179 E7
早胜[陇] 432 G5
早阳[陕] 421 D7
枣碧[川] 364 D4
枣村[豫] 264 D5
枣沟头[鲁] 252 D4
枣林[川] 364 D3
枣林[川] 369 C7
枣林[晋] 72 B2
枣林[晋] 73 E7
枣林[陕] 418 E4
枣林[豫] 271 D10
枣林坪[陕] 423 B9
枣岭[晋] 74 F5
枣强县[冀] 58 G3
枣山[川] 365 B7
枣市[湘] 303 E8
枣巷渔业[皖]192 B4
枣阳市[鄂] 281 D9
枣园[冀] 60 B4
枣园[鲁] 239 A7
枣园[陕] 417 C8
枣园[陕] 418 B5
枣园[豫] 271 E6
枣庄[皖] 191 D8
枣庄市[鲁] 255 F9
澡溪[赣] 226 B5
藻溪[浙] 166 B5
藻溪[浙] 179 D8
灶市街[湘] 303 F7
皂河[苏] 150 G5
皂户李[鲁] 247 D7
皂郊[陇] 429 B7
皂角[川] 364 D4
皂角[渝] 357 D6
皂市[鄂] 289 A8
皂市[湘] 298 B5
皂头[赣] 231 E8
造化[辽] 91 D7
造甲[皖] 186 C2
造甲城[津] 40 F2
则巴[藏] 409 E10
则黑[滇] 397 B7
则拉[川] 367 A8
则普[川] 367 C8
则戎[黔] 387 F9
则祖[川] 367 D9
择木龙[川] 367 E6
泽国[浙] 176 E4
泽家[湘] 301 C9
泽口[鄂] 289 C6
泽库[鲁] 251 F8
泽库县[青] 437 C8

泽林[鄂] 287 F6
泽普县[新] 454 E3
泽泉[赣] 223 D7
泽随[浙] 177 B10
泽覃[赣] 229 B7
泽头[鲁] 251 E8
泽雅[浙] 177 D6
泽远[川] 367 C7
泽掌[晋] 74 E5
泽州县[晋] 71 D8
曾达[川] 377 F7
曾店[鄂] 284 D2
曾集[鄂] 283 E9
曾家[川] 364 D1
曾家[川] 369 C9
曾家[陕] 421 D9
曾家[渝] 354 D4
曾家河[陕] 420 F3
曾口[川] 369 C7
曾田[粤] 316 C4
曾溪[陕] 421 G7
增产[川] 364 C5
增城市[粤] 313 D9
增村[冀] 49 C7
增福[渝] 354 D5
增福庙[豫] 268 B3
增江[粤] 313 D9
增口[湘] 305 C9
增期[藏] 409 F7
增盛[吉] 111 E8
增田[赣] 225 F6
赠科[川] 378 E4
渣渡[湘] 302 B3
渣江[湘] 302 D5
渣津[赣] 222 E2
渣坪[湘] 306 C5
渣园[豫] 271 B9
渣杂[藏] 409 F7
扎朵[青] 441 D9
扎嘎斯台[内蒙古] 83 E8
扎格斯台[内蒙古] 82 F4
扎古录[陇] 432 B3
扎果[藏] 408 F5
扎河[青] 441 C7
扎科[川] 378 E3
扎赉特旗[内蒙古] 83 A9
扎兰屯市[内蒙古] 81 B10
扎兰营子[辽] 96 D4
扎勒木特[新]452 E2
扎陵湖[青] 440 D2
扎龙[黑] 122 D5
扎鲁特旗[内蒙古] 83 D8
扎麻什[青] 436 F2
扎毛[青] 437 B7
扎囊县[藏] 409 F7
扎青[青] 441 E8
扎日[藏] 409 F8
扎拖[川] 379 C6
扎窝[川] 377 E9
扎西岗[藏] 408 D1
扎西岗[藏] 409 E7
扎西绕登[藏]409 F8
扎西宗[藏] 408 F5
扎音河[黑] 130 D2
扎油[陇] 432 A3
扎玉[藏] 409 F10
扎佐[黔] 384 F4
札达县[藏] 408 D1
闸北[皖] 190 C5
闸北[沪] 136 E5
闸东[苏] 153 E9
闸岗[粤] 328 C3
闸口[鄂] 288 E4
闸口[桂] 341 D9
闸口[湘] 299 A6
闸坡[粤] 325 G6
闸西[苏] 153 E9
砟子[吉] 113 F8
乍甸[滇] 400 E5
乍浦[浙] 169 C8
乍浦[浙] 170 E5
乍洋[闽] 209 D8
榨鼓[川] 372 E4
斋朗[皖] 192 D3
斋坛[浙] 180 B5
斋堂[京] 30 C3
宅北[冀] 48 B4
宅吉[黔] 384 D2
宅垄[川] 377 G7
宅梧[粤] 325 C8
宅中[闽] 209 D8
翟店[晋] 70 C4
翟店[晋] 75 E6
翟家[辽] 91 C8
翟家[鲁] 238 C4
翟家河[陇] 432 E4
翟家所[陇] 428 C4
翟坡[豫] 264 F2
翟王[鲁] 247 C7
翟营[冀] 49 B6
翟镇[鲁] 249 E9
翟镇[豫] 263 C9
砦牙[桂] 344 F3
寨安[桂] 343 C9
寨坝[黔] 390 C2

寨岗[粤] 314 D3
寨圪塔[晋] 74 B4
寨根[豫] 270 C3
寨蒿[黔] 389 D7
寨河[陇] 432 F3
寨河[豫] 273 E7
寨豁[豫] 261 C8
寨科[宁] 443 C8
寨乐[黔] 386 E4
寨里[冀] 57 E8
寨里[鲁] 242 D3
寨里[鲁] 249 C8
寨里[闽] 208 C2
寨里河[鲁] 253 C6
寨隆[桂] 337 E7
寨坡[川] 369 A7
寨前[湘] 305 C9
寨桥[苏] 156 E5
寨沙[桂] 337 F10
寨上[津] 40 G4
寨头[冀] 48 A4
寨头堡[鲁] 238 B3
寨圩[桂] 341 A10
寨下[赣] 226 E4
寨牙[湘] 306 E3
寨阳[湘] 301 E8
寨英[黔] 391 E9
寨子[川] 367 D9
寨子[冀] 59 E7
寨子[晋] 74 E2
寨子[陇] 432 F4
寨子沟[陇] 428 G5
沾化区[鲁] 247 C9
沾尚[晋] 67 D8
沾溪[湘] 299 E7
沾益[滇] 398 D3
沾益县[滇] 398 D3
詹店[豫] 261 A9
詹家[浙] 177 B10
詹桥[湘] 300 C5
詹圩[赣] 224 D2
瞻岐[浙] 171 D6
瞻榆[吉] 110 F3
展旦召[内蒙古] 80 C2
展沟[皖] 191 C8
展茅[浙] 170 B4
展坪[赣] 224 E3
盏西[滇] 403 E7
占城[苏] 149 E6
占大[皖] 200 D4
占陇[粤] 319 E6
占山[川] 365 D6
占哇[川] 377 A8
战海[冀] 50 C4
战河[滇] 405 B6
战旗[川] 368 D3
站儿巷[陇] 429 A8
站岗[皖] 192 E3
站集[豫] 267 E8
站街[黔] 384 G4
站街[豫] 260 F2
站前[吉] 112 B5
站前区[辽] 99 B8
站滩[陇] 428 E5
站塘[赣] 229 B8
湛北[豫] 271 C9
湛江[桂] 339 D7
湛江市[粤] 327 C8
湛普[渝] 355 C7
湛田[赣] 228 A4
张安屯[滇] 398 D3
张八岭[皖] 193 D6
张八桥[豫] 271 B8
张百湾[冀] 53 E7
张坂[闽] 213 E9
张北县[冀] 50 E4
张汴[豫] 262 C4
张卜[陕] 416 C2
张蔡庄[晋] 68 F3
张槎[粤] 313 E6
张场[川] 372 B2
张程[宁] 443 D9
张冲[皖] 187 E9
张村[赣] 231 D6
张村[冀] 58 D4
张村[晋] 71 F8
张村[晋] 74 D5
张村[晋] 75 E8
张村[鲁] 251 D8
张村[陕] 425 C8
张村[皖] 191 D6
张村[豫] 262 B5
张村[豫] 264 E2
张村[豫] 270 E5
张村[浙] 177 D8
张村[浙] 180 F5
张村集[冀] 61 D9
张村驿[陕] 417 C9
张厝[闽] 208 E2
张大庄[鲁] 238 D2
张得[豫] 268 B2
张登[冀] 57 F8
张地营子[黑]124 B4
张甸[苏] 155 C6
张店[晋] 70 E4
张店[晋] 75 E7
张店[苏] 150 C4
张店[皖] 187 C8
张店[皖] 190 D3

张店[豫] 269 D9
张店[豫] 271 C8
张店[豫] 271 F7
张店[豫] 272 A5
张店区[鲁] 242 C3
张段固[冀] 49 D8
张二庄[冀] 61 B10
张范[鲁] 255 F9
张畈[皖] 187 F9
张坊[京] 30 F3
张坊[鲁] 238 C4
张坊[湘] 297 D10
张岗[冀] 57 D10
张岗[豫] 273 C6
张港[鄂] 289 B6
张皋[内蒙古] 79 E10
张戈庄[鲁] 244 E3
张阁[豫] 267 D7
张格庄[鲁] 251 D6
张弓[豫] 266 D5
张公[川] 364 C4
张公[赣] 220 F5
张公庙[湘] 299 B6
张沟[鄂] 289 D8
张古庄[冀] 49 D10
张谷英[湘] 300 E5
张关[渝] 354 C5
张官屯[冀] 59 D7
张官营[豫] 271 C9
张广庙[豫] 273 E10
张贵庄[津] 38 D5
张郭[苏] 154 B4
张果屯[豫] 265 B8
张洪[陕] 419 B6
张华[川] 364 D3
张华[鲁] 239 E6
张黄[桂] 341 C9
张黄[鲁] 255 D6
张会亭[冀] 59 E9
张集[鄂] 281 D7
张集[鄂] 283 C6
张集[鲁] 255 F6
张集[苏] 148 E5
张集[苏] 152 B1
张集[皖] 186 A3
张集[皖] 190 E3
张集[豫] 267 C8
张集[豫] 269 C8
张集[豫] 273 E8
张纪[冀] 50 E3
张佳坊[赣] 228 F3
张家[川] 364 D3
张家[川] 369 G8
张家[桂] 336 F4
张家[陇] 429 A7
张家[陕] 424 F3
张家[陕] 425 E10
张家堡[冀] 51 D7
张家堡[辽] 97 E8
张家堡[陕] 416 C2
张家砭[陕] 423 C9
张家产[鲁] 251 E8
张家场[晋] 68 C5
张家川回族自治县[陇] 429 B6
张家畈[鄂] 286 D3
张家港市[苏]161 B7
张家河[陕] 420 E2
张家集[鄂] 281 E9
张家界市[湘]298 D3
张家口市[冀] 50 E5
张家楼[鲁] 245 F8
张家坪[湘] 307 F9
张家坡[鲁] 242 F4
张家塞[湘] 299 E8
张家山[赣] 227 E7
张家山[陕] 423 B8
张家滩[陕] 417 A8
张家滩[湘] 307 G9
张家屯[辽] 91 D7
张家洼[鲁] 249 C9
张家湾[黔] 386 D5
张家湾[冀] 53 A8
张家湾[京] 34 E3
张家湾[陕] 417 D9
张家圩[苏] 151 E6
张家窝[津] 38 D3
张家营[冀] 60 B4
张家营子[辽] 92 E3
张家塬[宁] 443 C7
张家塬[陕] 418 D3
张家寨[黔] 391 E7
张家庄[冀] 49 C7
张家庄[冀] 57 C8
张家庄[晋] 68 G5
张江[沪] 137 F7
张金[鄂] 288 D5
张巨[豫] 264 F1
张君墓[豫] 266 B5
张兰[晋] 66 F4
张老埠[豫] 273 E10
张老家[皖] 190 C5
张楞[冀] 49 F6
张李[皖] 186 C5
张里[豫] 273 C8
张良[陇] 429 A6
张良[豫] 271 C8
张林[豫] 271 E6
张六庄[冀] 57 C10
张龙[豫] 265 B6

张楼[鲁] 254 E5
张楼[鲁] 255 E7
张楼[豫] 271 F6
张楼[豫] 272 B5
张炉集[鲁] 240 D3
张鲁[鲁] 240 E1
张鲁集[鲁] 254 B4
张茅[豫] 262 B5
张棉驿[陇] 428 A5
张明[豫] 268 D5
张母桥[皖] 187 B9
张潘[豫] 268 C4
张塝[鄂] 287 B6
张坪[陕] 421 D7
张铺[皖] 193 C8
张浦[苏] 161 E8
张其寨[辽] 98 G2
张强[辽] 90 E3
张桥[陕] 424 E2
张桥[苏] 155 C8
张桥[皖] 192 E3
张桥[渝] 354 B3
张桥[豫] 267 F6
张桥[豫] 268 C5
张青[赣] 223 D9
张庆[晋] 67 D6
张秋[鲁] 240 E3
张渠[陕] 417 D7
张茹集[豫] 261 C9
张三营[冀] 53 D7
张三寨[豫] 264 E5
张山[皖] 193 D7
张山营[京] 32 E1
张山子[鲁] 255 G9
张舍[鲁] 244 F2
张市[豫] 266 D2
张台[豫] 272 B4
张台子[辽] 100 B4
张陶[豫] 273 D7
张铁集[冀] 61 A9
张湾[鄂] 279 F6
张湾[鄂] 281 E8
张湾[陇] 428 D5
张湾[鲁] 254 E3
张湾[苏] 150 C3
张湾[豫] 262 B4
张湾[浙] 177 B6
张湾区[鄂] 280 C4
张完集[豫] 269 D10
张汪[鲁] 255 E8
张王[川] 364 E3
张王疃[冀] 60 C3
张圩[苏] 150 D5
张维[黑] 130 D3
张坞[豫] 263 D6
张西堡[冀] 61 C7
张西河[晋] 69 A9
张溪[皖] 200 C3
张溪[浙] 178 C4
张夏[鲁] 239 C8
张相[辽] 94 E5
张相公屯[辽] 93 B6
张巷[赣] 227 E9
张新[皖] 191 G9
张星[鲁] 250 D3
张秀屯[冀] 58 G3
张堰[沪] 139 C7
张掖市[陇] 430 B5
张义[陇] 431 E8
张易[宁] 443 D9
张应[鲁] 245 F6
张营[晋] 75 G7
张营[鲁] 254 B5
张营[皖] 190 F1
张营[皖] 191 G7
张寨[鲁] 240 E1
张寨[苏] 148 B3
张寨[皖] 191 D9
张寨[豫] 264 F5
张镇[京] 34 B5
张镇[皖] 194 E4
张芝山[苏] 153 D9
张渚[苏] 158 F2
张庄[晋] 67 C9
张庄[晋] 74 C4
张庄[鲁] 239 E6
张庄[鲁] 242 D3
张庄[鲁] 252 C4
张庄[鲁] 255 C8
张庄[苏] 148 C3
张庄[苏] 152 E3
张庄[豫] 260 B3
张庄[豫] 265 C9
张庄[豫] 269 E6
张庄[豫] 273 D8
张庄寨[皖] 188 C4
张子山[晋] 73 E8
章安[浙] 176 D4
章村[浙] 168 F5
章村[浙] 181 C7
章旦[浙] 181 D8
章党[辽] 95 E7
章都[川] 378 F5
章缝[鲁] 254 D5
章古台[辽] 96 B3
章古台[内蒙古] 83 F8
章广[皖] 192 E4
章化[豫] 268 D3
章辉[皖] 192 G4

章吉营[冀] 53 D8
章吉营[辽] 92 B4
章集[苏] 150 D5
章佳[川] 373 E7
章里集[冀] 61 D9
章纳[川] 379 E7
章丘市[鲁] 239 A7
章水[浙] 170 F5
章台[冀] 60 B4
章田寺[鄂] 288 E4
章驮[滇] 399 D9
章镇[浙] 173 D6
章庄[赣] 232 F3
章庄铺[鄂] 288 E3
鄣山[赣] 231 A7
鄣吴[浙] 168 E3
彰冠[川] 367 F7
彰化县[台] 460 C3
彰加[川] 372 C4
彰明[川] 368 D3
彰武县[辽] 96 B4
彰驿站[辽] 91 D8
漳墩[闽] 208 C4
漳港[闽] 206 B4
漳河[鄂] 283 F8
漳河[陕] 421 E9
漳河店[冀] 61 C8
漳湖[皖] 198 D4
漳平市[闽] 215 B8
漳浦县[闽] 212 D3
漳湾[闽] 209 F7
漳溪[粤] 316 C3
漳县[陇] 429 D6
漳源[晋] 70 E2
漳扎[川] 377 B10
漳州市[闽] 212 C3
獐鹿市[豫] 264 G4
獐獏[冀] 60 F3
獐子岛[辽] 103 F7
樟村[赣] 231 D7
樟村坪[鄂] 291 A8
樟斗[赣] 229 F7
樟湖[闽] 208 G4
樟家[桂] 341 C9
樟木[藏] 408 F4
樟木[赣] 228 C5
樟木[桂] 339 E8
樟木[湘] 303 D6
樟木[湘] 304 C5
樟木林[桂] 338 C3
樟木箐[川] 367 C7
樟木头[粤] 320 B5
樟坪[赣] 231 G6
樟铺[粤] 327 C10
樟山[赣] 232 C4
樟市[湘] 305 D6
樟市[粤] 315 D7
樟树[湘] 300 G2
樟树[湘] 303 E6
樟树[湘] 305 B7
樟树墩[赣] 231 E6
樟树市[赣] 227 E7
樟台[浙] 179 E7
樟塘[闽] 212 F2
樟溪[赣] 225 B7
樟溪[粤] 319 C8
樟溪[浙] 180 B5
掌布[黔] 385 D6
掌里[陇] 428 C4
掌起[浙] 170 E4
丈八[陕] 416 C3
丈八[陕] 418 C4
丈八寺[陕] 419 C6
丈岭[鲁] 243 D8
丈亭[浙] 170 F4
嶂石岩[冀] 48 G4
招安[陕] 417 C7
招束沟[辽] 96 C4
招贤[赣] 220 D2
招贤[晋] 73 D7
招贤[鲁] 253 B6
招贤[陕] 418 C4
招贤[豫] 261 D10
招贤[浙] 177 C8
招携[赣] 225 F7
招信[皖] 192 C5
招远市[鲁] 250 D3
昭关[苏] 154 E5
昭关[皖] 199 B6
昭化[川] 364 E2
昭觉县[川] 367 C8
昭君坟[内蒙古] 80 C1
昭陵[陕] 419 D7
昭平台库区[豫] 271 C8
昭平县[桂] 338 C2
昭山[湘] 303 A7
昭苏县[新] 452 B1
昭潭[皖] 200 F2
昭通市[滇] 402 E4
找王[冀] 59 E6
找郢[皖] 187 F9
沼山[鄂] 287 F7
召都巴[辽] 92 C3
召公[陕] 418 E5
召夸[滇] 398 F3
召陵[豫] 268 E5
召陵区[豫] 268 E4
召庙[内蒙古] 78 E2

召市[湘] 301 B8
兆嘉[川] 372 B4
兆民[苏] 153 B9
兆雅[川] 375 B8
诏安县[闽] 212 F1
赵堆[鲁] 254 A4
赵八[冀] 49 C9
赵堡[豫] 263 D7
赵堡[豫] 261 C9
赵北[晋] 69 F9
赵北口[冀] 57 E10
赵壁[晋] 67 D9
赵埠[赣] 220 D5
赵场[川] 374 C4
赵城[晋] 74 C3
赵川[冀] 51 C6
赵川[陕] 425 B10
赵村[鄂] 281 C6
赵村[冀] 57 F6
赵村[冀] 60 B3
赵村[陕] 418 D5
赵村[皖] 194 B5
赵村[豫] 262 D5
赵村[豫] 267 D6
赵村[豫] 269 C9
赵村[豫] 271 C7
赵德营[豫] 269 F9
赵堤[豫] 265 E6
赵店[鲁] 242 A3
赵店[豫] 270 E5
赵店子[冀] 54 C4
赵渡[陕] 424 E4
赵墩[陇] 432 G2
赵墩[苏] 149 D7
赵岗[豫] 264 F5
赵岗[豫] 273 F9
赵戈[鲁] 243 D8
赵各庄[冀] 52 F1
赵各庄[冀] 57 A7
赵固[川] 369 E8
赵固[豫] 264 E2
赵官[鲁] 239 E8
赵光[黑] 124 F3
赵和[豫] 261 E9
赵河[豫] 271 D8
赵虎[鲁] 238 E4
赵化[川] 373 F9
赵集[苏] 151 D8
赵集[皖] 188 E4
赵集[皖] 191 E7
赵集[皖] 191 F9
赵集[豫] 270 E5
赵集[豫] 273 D8
赵家[川] 363 D7
赵家[川] 369 E8
赵家[渝] 355 E7
赵家[渝] 356 E5
赵家[浙] 172 D4
赵家砭[陕] 423 C8
赵家店[滇] 396 C3
赵家岗[湘] 298 B4
赵家沟[晋] 69 C9
赵家沟[晋] 72 F3
赵家坪[晋] 73 B7
赵家圈[冀] 58 F2
赵家庄[晋] 74 F5
赵康[晋] 74 D5
赵李桥[川] 285 E6
赵陵铺[冀] 49 D6
赵柳[皖] 199 D6
赵毛陶[冀] 59 D9
赵庙[苏] 148 B3
赵庙[皖] 191 F6
赵棚[鄂] 284 C3
赵桥[冀] 58 E4
赵桥[皖] 190 E4
赵圈河[辽] 97 D9
赵全营[京] 34 A2
赵石畔[陕] 423 E8
赵塘[川] 369 C9
赵同[冀] 49 F6
赵屯[沪] 138 E1
赵屯[辽] 102 B4
赵屯[辽] 97 D8
赵屯[皖] 188 B2
赵湾[鄂] 281 E6
赵湾[陕] 421 D7
赵五家湾[陕]422 B3
赵县[冀] 49 F7
赵巷[沪] 138 D3
赵营[豫] 265 D6
赵寨子[鲁] 240 B4
赵镇[陕] 419 D7
赵庄[冀] 57 E7
赵庄[冀] 60 F3
赵庄[陕] 424 C3
赵庄[苏] 148 B1
赵庄[皖] 188 C4
赵庄[豫] 271 B8
照壁山[新] 451 B9
照金[陕] 419 B7
照镜[豫] 264 F2
照旺庄[鲁] 250 F4
照阳河[冀] 50 E1
肇陈[赣] 222 C5
肇东市[黑] 130 F5
肇庆市[粤] 328 F4
肇兴[黔] 389 B8
肇兴[黑] 128 C4
肇源县[黑] 123 C9

肇州县[黑] 123 C9
遮放[滇] 403 E9
遮浪[粤] 318 G4
遮山[豫] 271 E6
折巴[藏] 408 F4
折家坪[陕] 423 C10
折柳[苏] 156 C4
折溪[黔] 387 D6
哲古[藏] 409 F7
哲觉[黔] 386 G2
哲桥[湘] 303 F7
哲庄[滇] 402 B4
哲庄[黔] 386 F3
者隘[桂] 343 E9
者保[桂] 343 E8
者北[滇] 397 D6
者东[滇] 406 B4
者海[滇] 398 B2
者夯[桂] 343 G9
者后[滇] 406 C3
者腊[滇] 401 D8
者浪[桂] 343 E8
者米[滇] 400 G4
者密[黔] 385 D7
者苗[桂] 342 G2
者桑[滇] 401 A10
者太[滇] 401 C8
者兔[滇] 401 C8
者相[黔] 387 D8
柘坝[川] 364 E4
柘城县[豫] 267 E6
柘岱口[浙] 180 C3
柘港[赣] 230 B3
柘沟[鲁] 255 B8
柘林[赣] 223 E6
柘林[沪] 140 F5
柘林[粤] 319 C9
柘木[鄂] 289 G7
柘木[桂] 336 D2
柘荣县[闽] 209 D8
柘山[鲁] 243 F6
柘塘[苏] 147 C7
柘汪[苏] 150 C1
柘溪[湘] 298 F5
浙水[川] 364 D4
浙源[赣] 231 A7
蔗香[黔] 387 B9
贞丰县[黔] 387 D8
贞山[粤] 328 E5
贞元[陕] 418 D5
珍宝岛[黑] 127 A7
珍秦[青] 441 D10
珍溪[渝] 355 C7
珍珠[湘] 303 D7
珍珠泉[京] 32 E4
珍珠山[赣] 231 B6
珍珠山[黑] 121 E6
真静[川] 365 C8
真如[沪] 136 E4
真武[苏] 154 E5
真新新村[沪]136 E4
祯埠[浙] 181 C8
祯旺[浙] 181 C7
祯祥[黑] 130 F3
榛子[鄂] 291 A7
榛子[冀] 54 D3
枕头[晋] 74 D3
轸溪[川] 372 D3
圳口[赣] 225 D6
圳上[湘] 302 A2
振安区[辽] 99 E9
振东[苏] 152 B3
振江[辽] 99 B7
振南[桂] 339 C6
振太[滇] 406 D4
振文[粤] 327 C10
振兴[黑] 128 D3
振兴[辽] 94 B4
振兴[鲁] 240 C4
镇安[滇] 403 D8
镇安[辽] 97 C6
镇安[渝] 355 C6
镇安[渝] 356 E5
镇安[粤] 325 B6
镇安[浙] 178 A4
镇安县[陕] 425 F9
镇巴县[陕] 420 B4
镇城底[晋] 66 B4
镇川[陕] 420 D3
镇川[陕] 423 C8
镇德桥[湘] 299 C7
镇东[黑] 120 B4
镇东[渝] 356 E5
镇渡[赣] 226 D4
镇岗[赣] 229 D9
镇海区[浙] 170 D5
镇江[渝] 355 B8
镇江[粤] 324 F2
镇江关[川] 377 D9
镇江庙[川] 372 E3
镇江市[苏] 156 A3
镇金[川] 373 C7
镇靖[陕] 423 F9
镇康县[滇] 399 E6
镇赉县[吉] 110 B4
镇里土固[豫]267 D9
镇龙[川] 369 C8
镇龙[桂] 334 F5
镇龙[桂] 335 D7
镇隆[桂] 339 B9

镇隆[粤] 324 D2
镇隆[粤] 317 E8
镇罗营[京] 32 A2
镇南[湘] 305 E6
镇宁堡[冀] 50 B5
镇宁布依族苗族自治县[黔] 387 C6
镇平县[豫] 271 E6
镇坪[川] 377 D9
镇坪县[陕] 421 C10
镇前[闽] 209 D6
镇桥[赣] 221 F8
镇盛[粤] 324 G2
镇头[赣] 231 B6
镇头[湘] 297 E7
镇圩[桂] 334 B4
镇西[川] 373 E7
镇西[桂] 344 D5
镇西堡[辽] 95 F6
镇雄县[滇] 402 B4
镇阳[川] 372 B4
镇裕[川] 365 C7
镇沅彝族哈尼族拉祜族自治县[滇]406 C4
镇原县[陇] 432 F3
镇远县[黔] 388 D4
镇舟[川] 374 F4
镇子[川] 373 C9
镇子梁[晋] 69 E6
震东[川] 375 F7
震东[滇] 407 D6
震泽[苏] 161 G6
争胜[川] 368 F4
征村[赣] 222 F3
整董[滇] 407 B7
正安[辽] 97 D6
正安县[黔] 390 C5
正坝[渝] 356 D5
正村[冀] 57 D8
正村[豫] 263 B7
正大[黔] 391 E10
正定县[冀] 49 D7
正斗[川] 379 E8
正果[粤] 313 C10
正和[湘] 305 D6
正红[苏] 152 C2
正科[川] 378 B4
正蓝旗[内蒙古] 82 G4
正龙[桂] 345 D9
正路[陇] 428 F2
正莫[冀] 49 B7
正宁县[陇] 432 F5
正平[赣] 229 E8
正午[皖] 191 D8
正西[冀] 61 C6
正溪[渝] 357 C7
正镶白旗[内蒙古] 82 G4
正兴[川] 362 F5
正兴[川] 364 F4
正兴[川] 372 B4
正兴[滇] 406 C5
正兴[渝] 354 D3
正阳[陕] 419 E8
正阳[陕] 421 D10
正阳[渝] 356 B2
正阳关[皖] 186 C4
正阳山[黑] 124 D3
正阳县[豫] 273 C6
正余[苏] 153 C9
正源[川] 364 C2
正源[川] 365 C6
正远[陇] 430 B4
正直[川] 369 C6
正紫[川] 373 E6
郑庵[豫] 260 B3
郑保屯[鲁] 239 G6
郑场[鄂] 289 C7
郑场[黔] 390 E4
郑城[鲁] 252 D2
郑川[陇] 429 B6
郑村[晋] 71 E7
郑村[皖] 201 E8
郑地[浙] 181 D7
郑店[鄂] 279 E8
郑店[鲁] 238 B4
郑墩[闽] 208 C5
郑坊[赣] 231 D7
郑坊[闽] 208 F2
郑郭[豫] 269 F8
郑河[陇] 432 G2
郑湖[闽] 211 D8
郑集[鄂] 281 F8
郑集[苏] 148 C3
郑集[皖] 193 D9
郑集[豫] 267 D8
郑集[豫] 269 D7
郑家[鲁] 240 D2
郑家[陕] 419 B6
郑家河沿[冀] 58 F3
郑家集[豫] 269 D10
郑家驿[湘] 298 E5
郑家寨[鲁] 238 D5
郑坑[浙] 181 E7
郑楼[浙] 179 C7
郑陆[苏] 157 D6
郑路[鲁] 238 B5
郑母[鲁] 242 D5
郑旗[宁] 443 D8

郑山[川] 365 B7
郑山[鲁] 252 E5
郑屯[黔] 387 E9
郑旺[鲁] 252 D5
郑营[鲁] 254 C3
郑宅[浙] 175 B6
郑章[冀] 57 G7
郑州市[豫] 260 C2
郑庄[晋] 71 F7
郑庄[鲁] 254 F3
郑庄[陕] 417 B8
郑庄子[冀] 54 D3
政和县[闽] 208 D5
政平[陇] 432 G4
支尔莫[川] 367 C9
支河[皖] 189 D6
支那[滇] 403 E7
支塘[苏] 161 C8
支扎[青] 437 C6
芝苞[川] 369 C8
芝川[陕] 424 C5
芝罘岛[鲁] 251 C6
芝罘区[鲁] 251 D6
芝麻[黔] 390 E2
芝麻墩[鲁] 252 E4
芝麻洼[豫] 269 B7
芝瑞[内蒙古] 83 F6
芝山[闽] 212 C3
芝田[豫] 260 F3
芝阳[陕] 424 C4
芝英[浙] 175 E6
枝城[鄂] 291 D9
枝江市[鄂] 291 D9
枝柯[晋] 73 E8
知堡[陕] 424 C4
知木林[川] 377 D9
知钦[青] 440 G4
知市坪[湘] 304 D5
知一[黑] 127 D9
织合玛[青] 439 A8
织金县[黔] 386 C5
织里[浙] 168 B2
蜘蛛山[辽] 97 D6
直埠[浙] 172 D3
直罗[陕] 417 D9
直升[渝] 354 D2
直滩[陇] 431 E10
直溪[苏] 156 D3
值夏[赣] 232 C5
职田[陕] 419 B6
止戈[川] 372 B2
止马[闽] 208 C1
只楚[鲁] 251 D6
只乐[豫] 268 C5
只里[冀] 49 B7
址坊[豫] 268 D5
址山[粤] 325 C9
纸厂[滇] 398 A2
纸厂[黔] 386 F5
纸厂河[鄂] 288 E3
纸店[豫] 269 F9
纸坊[陇] 429 C8
纸坊[鲁] 242 D5
纸坊[鲁] 254 D5
纸坊[陕] 417 D7
纸坊[豫] 271 A8
纸房[黔] 388 F4
纸房[豫] 263 E7
纸房[豫] 265 C7
纸房头[冀] 59 D7
芷村[滇] 401 E6
芷江侗族自治县[湘] 306 B3
指前[苏] 156 E3
指阳[赣] 233 E6
枳沟[鲁] 243 G7
轵城[豫] 261 E9
趾凤[皖] 198 F4
至诚[川] 369 C8
志成[湘] 299 C9
志丹县[陕] 417 D7
志光[赣] 230 E5
志广[黑] 120 E4
志良[苏] 153 B9
志棠[浙] 177 A10
志仲[琼] 346 F4
治安[内蒙古] 83 E9
治多县[青] 441 D8
治河渡[湘] 300 C2
治平[川] 364 D4
治平[闽] 210 E2
治平[渝] 357 B6
治渠[青] 441 C8
峙浪[桂] 343 C10
峙滩[赣] 221 B9
秩堂[湘] 303 D10
致富[黑] 130 C3
致韩[渝] 355 C6
致和[川] 362 C5
智峰[湘] 300 E4
智凤[渝] 354 C2
智后茂[青] 437 C8
智青松多[青]440 F5
智仁[浙] 178 A4
智水[川] 365 F7
智新[吉] 115 F7
滍阳[豫] 271 B9
雉街[黔] 386 F4
中安[辽] 97 D7
中敖[渝] 354 C2

Z 中忠终钟种冢仲众重州舟周洲朱侏洙株珠诸猪竹逐主渚住注驻柱祝抓爪专砖颛转篆庄壮追准卓涿斫浞着濯资淄滋子秭梓紫字自宗棕鬃总纵粽邹陬走足阻俎祖嘴尊遵左佐作坐柞胙

地名[省别]	地图位置
中坝[川]	364 C4
中坝[川]	367 D7
中坝[川]	367 G6
中坝[川]	376 C3
中坝[鄂]	280 E3
中坝[黔]	385 G7
中坝[黔]	391 D7
中坝[黔]	391 F7
中坝[陇]	429 C7
中坝[陇]	431 E8
中坝[青]	436 B5
中坝[陕]	421 G7
中坝[渝]	357 C9
中坝[粤]	316 B5
中保[川]	372 B2
中堡[桂]	344 F1
中堡[陇]	428 D3
中堡[陇]	428 F2
中堡[闽]	215 E8
中堡[苏]	154 D3
中堡王庄[冀]	54 E5
中北[津]	38 C3
中本[黑]	130 F4
中埠[鲁]	242 C4
中仓[京]	34 D2
中册[鲁]	255 B8
中长[辽]	102 E3
中厂[川]	367 G7
中厂[陕]	421 B7
中潮[黔]	389 B7
中池[陕]	421 F7
中赤[闽]	215 F9
中川[陇]	428 C5
中川[陇]	428 F3
中川[青]	437 A6
中村[滇]	396 D5
中村[赣]	229 B8
中村[赣]	232 A5
中村[冀]	71 G8
中村[陇]	432 G4
中村[闽]	211 E6
中村[陕]	425 C9
中村[湘]	303 G9
中村[浙]	177 A7
中店[皖]	187 C8
中丁[鲁]	238 A3
中丁[鲁]	247 C7
中东[桂]	343 A7
中东[陇]	430 F5
中垌[粤]	324 F1
中都[川]	374 C1
中都[晋]	66 E4
中都[闽]	215 E9
中都[湘]	307 B6
中渡[桂]	337 E9
中墩[浙]	179 D9
中垛[晋]	74 F5
中畈[赣]	231 E6
中方县[湘]	306 C4
中房[闽]	206 C1
中峰[川]	376 C4
中峰[鄂]	280 D1
中峰[桂]	336 B3
中峰[渝]	354 F4
中峰[渝]	355 B7
中峰[豫]	267 E8
中岗[川]	372 A5
中岗[皖]	191 E10
中岗[渝]	357 C6
中港[赣]	223 E6
中固[辽]	94 F5
中关[冀]	53 E8
中关[皖]	198 F2
中观[黔]	390 C5
中馆[赣]	223 D9
中馆驿[鄂]	286 E3
中韩[冀]	49 F7
中韩[鲁]	245 C6
中韩庄[冀]	57 F7
中和[川]	362 E5
中和[川]	365 B8
中和[川]	369 F8
中和[川]	373 C8
中和[滇]	396 B3
中和[滇]	402 D2
中和[滇]	403 E7
中和[黔]	385 B7
中和[桂]	334 F5
中和[桂]	339 C8
中和[黑]	121 D6
中和[黑]	130 F3
中和[吉]	114 C1
中和[内蒙古]	81 B10
中和[湘]	297 E9
中和[湘]	297 E9
中和[湘]	304 D4
中和[渝]	354 B3
中和[渝]	356 E4
中和[豫]	264 F1
中和西[内蒙古]	80 D1
中和营[滇]	401 D6
中河[内蒙古]	82 G4
中河[宁]	443 D9
中河[豫]	262 C5
中河口[湘]	299 C7
中后河[内蒙古]	79 D7
中湖[湘]	298 C3
中华[川]	365 C6
中华[川]	369 F8
中华[桂]	335 D6
中伙铺[鄂]	285 D7
中鸡[陕]	422 D4
中建[黔]	386 B3
中江[滇]	405 C6
中江县[川]	368 F3
中角[陕]	423 B9
中界[黔]	391 C8
中可[桂]	334 B5
中课[滇]	407 F6
中里[川]	376 C4
中里[桂]	339 C7
中里厢[冀]	49 D10
中连[湘]	302 B3
中连川[陇]	428 D4
中梁[陇]	429 B6
中梁[渝]	354 C4
中梁[渝]	357 C8
中梁山[渝]	354 D4
中寮[台]	460 D3
中林卡[藏]	409 E10
中岭[川]	365 D6
中岭[青]	436 B5
中龙[赣]	233 C6
中楼[鲁]	253 D6
中楼[闽]	207 A6
中鹿[渝]	357 D6
中路[川]	378 B5
中路[滇]	404 E5
中路[陇]	431 E8
中路铺[湘]	303 C7
中庙[陇]	429 C10
中庙[皖]	199 E8
中牟县[豫]	260 A2
中木拉[川]	379 C7
中南[川]	364 D5
中宁县[宁]	442 E5
中农[川]	372 B5
中排[滇]	405 E6
中平[桂]	345 B8
中平[琼]	347 D6
中平[渝]	356 E3
中坪[川]	369 C9
中坪[黔]	384 D3
中坪[黔]	386 B3
中屏[滇]	397 C6
中铺[陇]	428 F4
中桥[渝]	355 D6
中渠[陇]	431 C10
中泉[陇]	428 E2
中壤塘[川]	377 D6
中三家[辽]	92 E4
中沙[桂]	339 D8
中沙[闽]	210 D3
中沙[湘]	302 C5
中山[川]	372 B2
中山[川]	373 E9
中山[川]	374 E5
中山[滇]	396 E2
中山[滇]	403 D10
中山[沪]	138 C4
中山[陇]	429 B6
中山[闽]	215 F9
中山[渝]	354 F4
中山港[粤]	320 C3
中山洞[陕]	423 G9
中山市[粤]	320 D2
中石[川]	373 F9
中水[黔]	386 G1
中所[川]	367 B8
中太[川]	368 E3
中泰[浙]	167 B7
中滩[川]	369 F7
中滩[陇]	429 B6
中滩[内蒙古]	79 F7
中堂[粤]	320 A4
中塘[津]	42 B2
中塘[渝]	356 A2
中天[川]	373 B8
中田[川]	367 B10
中田[赣]	225 C6
中铁[青]	437 E8
中亭[桂]	344 G4
中童[赣]	230 F4
中土[川]	364 D4
中疃[皖]	191 C7
中屯[滇]	402 B4
中旺[津]	42 D5
中卫[晋]	74 C5
中卫市[宁]	442 F5
中五井[晋]	70 B4
中武[湘]	299 A6
中溪[皖]	195 C8
中仙[闽]	211 E9
中小[辽]	100 D3
中心[川]	364 C5
中心[川]	365 C8
中心[黑]	122 B4
中心[陇]	428 F3
中心[苏]	153 E9
中心[湘]	301 E8
中心店[鲁]	255 C7
中心河[黑]	127 E8
中心绒[川]	379 F8
中新[川]	368 F4
中新[粤]	313 D8
中兴[川]	362 C3
中兴[川]	365 F8
中兴[川]	368 F3
中兴[川]	372 B3
中兴[黑]	122 F4
中兴[沪]	141 B8
中兴[琼]	347 C6
中兴[渝]	356 E4
中行[粤]	323 B7
中央堡[吉]	114 C3
中扬[苏]	151 E6
中阳[晋]	72 C3
中阳县[晋]	73 E8
中义[皖]	198 D1
中亦[藏]	409 E9
中益[渝]	355 B9
中营[鄂]	290 E5
中营[黔]	387 E6
中庸[桂]	336 D2
中余[浙]	174 A5
中鱼口[湘]	299 C8
中峪[晋]	70 F4
中原[陇]	432 F3
中原[琼]	347 D7
中原[陕]	421 E6
中源[赣]	226 B5
中云[赣]	231 B7
中云[苏]	150 B2
中咱[川]	379 F8
中扎柯[川]	378 E3
中寨[赣]	229 F10
中寨[黔]	386 D5
中寨[黔]	387 E6
中寨[黔]	391 C7
中寨[陇]	429 D9
中寨[陇]	429 E6
中寨[湘]	306 C2
中站区[豫]	261 C8
中张[陕]	419 D7
中召[豫]	265 D6
中至[鲁]	253 B6
中洲[赣]	227 F6
中洲[湘]	300 D3
中洲[粤]	328 B3
中洲[浙]	166 F1
中庄[晋]	72 E4
中庄[鲁]	242 F4
中子[川]	364 D1
中嘴岭[陇]	428 G5
忠爱桥[滇]	406 B5
忠堡[鄂]	290 F3
忠诚[黔]	389 D8
忠城[黑]	127 B8
忠防[湘]	300 C5
忠和[陇]	428 E3
忠厚[黑]	122 C4
忠良[桂]	345 A7
忠路[鄂]	290 E2
忠门[闽]	207 D7
忠仁[黑]	128 C5
忠县[渝]	355 A8
忠孝[川]	368 E4
忠信[黔]	390 B5
忠信[闽]	208 A5
忠信[粤]	316 D3
忠兴[川]	368 D3
忠义[川]	373 C7
忠义[川]	373 D10
忠义[黔]	387 F8
忠义[冀]	50 F3
忠庄[黔]	390 F3
终南[陕]	416 E3
终南[湘]	300 C2
终兴[鲁]	254 F5
钟宝[陕]	421 C10
钟村[粤]	313 E7
钟埭[浙]	169 D7
钟管[浙]	168 B4
钟佳桥[湘]	303 D8
钟家铺[湘]	298 D5
钟灵[黔]	389 B6
钟灵[渝]	356 E2
钟陵[赣]	221 E7
钟楼[皖]	188 D4
钟落潭[粤]	313 C7
钟鸣[滇]	402 D3
钟山[滇]	398 F5
钟山[滇]	406 D5
钟山[黔]	386 B4
钟山[闽]	207 F6
钟山[浙]	167 E6
钟山县[桂]	338 B3
钟水[湘]	304 D5
钟亭[川]	369 B10
钟祥[川]	372 B4
钟祥市[鄂]	283 D7
钟英[滇]	405 B7
钟庄[苏]	152 D2
种和[陇]	428 D5
种获[黔]	385 G6
种田[陇]	428 C3
冢头[豫]	271 B9
仲巴县[藏]	408 E3
仲村[鲁]	252 C2
仲达[藏]	409 F7
仲宫[鲁]	239 C8
仲尼[川]	379 C6
仲权[川]	373 F8
仲山[鲁]	254 D5
仲夏[湘]	306 A5
仲兴[皖]	187 D6
仲院[鲁]	250 F2
众兴[皖]	186 B3
众兴[皖]	187 C6
众兴集[皖]	187 D6
重安[黔]	388 F5
重坊[鲁]	252 G3
重岗[苏]	151 F7
重沟[鲁]	252 E5
重固[沪]	38 D2
重华[川]	368 D3
重渠[豫]	272 A5
重石[赣]	229 C8
重新[黔]	386 B3
重新[吉]	111 D7
重兴[川]	368 C4
重兴[黔]	388 F5
重兴[陇]	431 D9
重兴[琼]	347 C8
州城[滇]	405 C8
州城[鲁]	248 E2
州门司[湘]	305 C8
州圩[桂]	334 C2
舟坝[川]	372 E3
舟白[渝]	356 B2
舟令[湘]	303 E9
舟曲县[陇]	432 C5
舟群[青]	439 A8
舟山市[浙]	170 C4
舟溪[黔]	389 F6
周陂[粤]	315 E8
周城[陕]	418 D5
周城[苏]	156 F3
周村[冀]	57 G6
周村[冀]	58 G2
周村[晋]	71 E8
周村区[鲁]	242 C3
周党[豫]	273 F6
周坊[赣]	230 E5
周奋[苏]	154 D3
周岗[苏]	147 C6
周岗[皖]	192 F5
周戈庄[鲁]	243 D8
周官桥[湘]	307 C9
周河[川]	364 C5
周河[鄂]	289 E8
周河[陕]	191 G10
周河[豫]	273 G8
周矶[鄂]	289 C6
周集[苏]	150 C5
周集[皖]	186 E4
周集[豫]	267 D7
周家[川]	369 F8
周家[川]	373 A7
周家[川]	374 E5
周家[黑]	120 D3
周家[辽]	99 A9
周家[浙]	177 B9
周家店[湘]	299 C7
周家渡[沪]	137 F6
周家崄[陕]	423 D9
周家山[陕]	420 D3
周家岩[陕]	416 C3
周家庄[冀]	49 D9
周嘉[渝]	355 A7
周嘉[渝]	356 G2
周江[粤]	323 E7
周口店[京]	30 E4
周口市[豫]	269 E7
周郎嘴[鄂]	285 C6
周老嘴[鄂]	289 E7
周礼[川]	373 C9
周良庄[津]	41 F8
周陵镇[陕]	419 E7
周鹿[桂]	334 B3
周宁县[闽]	209 E7
周棚[皖]	191 E8
周坪[鄂]	291 C7
周坪[桂]	337 A9
周坡[川]	372 C4
周浦[沪]	140 E1
周浦[浙]	167 C8
周壤[浙]	179 E7
周山[苏]	154 E3
周山[浙]	179 E7
周士庄[晋]	69 C7
周市[苏]	161 D9
周覃[黔]	385 B8
周潭[皖]	198 A2
周堂[豫]	266 D5
周田[赣]	229 C8
周田[粤]	315 B8
周田[粤]	319 F7
周铁[苏]	158 E5
周坨子[辽]	90 F5
周湾[陕]	417 E6
周王[皖]	195 D7
周王庙[浙]	169 F9
周旺[湘]	307 C7
周圩[皖]	192 C3
周文庙[湘]	299 D7
周西[苏]	154 D5
周溪[赣]	223 E9
周溪[渝]	356 B5
周巷[鄂]	284 D4
周巷[苏]	154 E3
周巷[浙]	170 F4
周兴[川]	373 E9
周营[鲁]	255 F9
周营[豫]	269 F9
周原[陕]	418 E4
周寨[皖]	188 A3
周至县[陕]	416 F3
周庄[苏]	154 C5
周庄[苏]	159 B7
周庄[苏]	161 E8
周庄[豫]	271 B8
周庄[豫]	261 B8
洲陂[湘]	303 E7
洲湖[赣]	232 E5
洲口[湘]	299 D7
洲岭[浙]	179 G8
洲坪[湘]	303 B7
洲泉[浙]	169 G8
洲瑞[粤]	323 D9
洲上[赣]	227 E7
洲市[湘]	303 E6
洲头[皖]	199 E6
洲湾[鄂]	285 B7
洲心[粤]	314 G5
洲仔[粤]	328 D3
朱坝[苏]	151 D8
朱保[鲁]	252 E4
朱备[皖]	201 B6
朱苍[鲁]	252 E5
朱昌[黔]	384 F4
朱昌[黔]	386 D3
朱城子[吉]	108 D3
朱村[豫]	261 C8
朱村[粤]	313 D9
朱村[浙]	181 C6
朱店[陇]	432 G2
朱顶[皖]	187 A8
朱坊[赣]	229 E7
朱阁[豫]	268 B2
朱各庄[冀]	54 D5
朱各庄[冀]	57 D10
朱公[川]	369 C6
朱古洞[豫]	272 C4
朱官寨[陕]	423 C7
朱汉[鲁]	243 D6
朱河[鄂]	289 F7
朱洪庙[鲁]	254 F3
朱湖[苏]	151 F7
朱集[鄂]	281 D8
朱集[鲁]	238 B2
朱集[鲁]	255 F6
朱集[皖]	189 E7
朱集[豫]	269 E8
朱集[豫]	271 E9
朱家[黑]	131 C7
朱家场[黔]	391 G9
朱家房[辽]	91 F10
朱家尖[浙]	170 B5
朱家角[沪]	138 E3
朱家铺[湘]	299 E7
朱解[鲁]	243 F8
朱泾[沪]	139 D6
朱坑[赣]	231 E6
朱坑[晋]	66 E5
朱口[闽]	210 A5
朱口[豫]	269 B8
朱拉[藏]	409 E8
朱老庄[鲁]	240 D3
朱里[鲁]	243 C8
朱里[豫]	273 A6
朱良[鲁]	242 C5
朱良桥[湘]	296 C4
朱良桥[湘]	299 F9
朱林[苏]	156 D3
朱刘[鲁]	243 C6
朱楼[皖]	188 B3
朱芦[鲁]	253 D6
朱碌科[辽]	92 D3
朱马[皖]	192 E4
朱马店[皖]	189 A7
朱码[苏]	151 C6
朱明[黔]	386 F3
朱牛[陕]	417 C10
朱桥[鲁]	250 D2
朱桥[苏]	151 C7
朱曲[豫]	266 E1
朱日和[内蒙古]	82 F2
朱砂[豫]	266 D3
朱台[鲁]	242 B4
朱堂[豫]	272 F5
朱田[鲁]	252 D3
朱亭[湘]	303 C7
朱沱[渝]	354 E2
朱湾[皖]	192 D3
朱王堡[陇]	431 D8
朱倭[川]	378 D4
朱吴[鲁]	250 F5
朱溪[浙]	176 D2
朱仙[豫]	266 C2
朱仙庄[皖]	189 F6
朱巷[皖]	186 C2
朱雅[浙]	179 E6
朱阳[豫]	262 D2
朱阳关[豫]	262 G4
朱杨[渝]	354 E3
朱衣[渝]	357 E8
朱元[川]	369 B8
朱寨[苏]	148 B3
朱寨[皖]	191 D9
朱寨[豫]	264 E4
朱杖子[冀]	54 B5
朱镇[川]	364 D5
朱庄[豫]	271 G9
侏儒[鄂]	279 G7
洙边[鲁]	253 E6
洙湖[豫]	273 A6
株良[赣]	225 C6
株林[鄂]	287 C6
株木山[湘]	299 E7
株潭[赣]	226 E2
株洲市[湘]	303 B7
株洲县[湘]	303 B7
珠岙[浙]	176 C4
珠藏[黔]	384 D2
珠藏[黔]	386 D5
珠东[黔]	387 F7
珠固[青]	436 B4
珠海市[粤]	320 E3
珠和[内蒙古]	80 E5
珠湖[赣]	230 B3
珠玑[粤]	315 A9
珠嘉[川]	372 B4
珠江[苏]	146 E4
珠街[滇]	398 D3
珠街[滇]	401 D9
珠街[滇]	403 A7
珠坑[赣]	228 A5
珠兰[赣]	229 C7
珠琳[滇]	401 C8
珠龙[皖]	192 E5
珠日和[内蒙古]	78 C5
珠日河[内蒙古]	83 D9
珠山[赣]	230 D4
珠山[湘]	304 C2
珠山区[赣]	221 D8
珠珊[赣]	226 F5
珠市[黔]	386 F4
珠田[赣]	230 D5
珠田[赣]	233 E8
珠溪[渝]	354 D2
诸城市[鲁]	243 F8
诸佛[渝]	355 E10
诸佛[渝]	356 B1
诸佛庵[皖]	187 D9
诸福屯[冀]	49 D7
诸葛[鲁]	252 A5
诸葛[豫]	263 C8
诸葛[浙]	174 C2
诸暨市[浙]	172 D3
诸家[川]	364 C5
诸甲亭[湘]	307 D8
诸市[豫]	272 B4
诸往[鲁]	251 F6
诸由观[鲁]	250 C4
猪场[黔]	386 E4
猪场[桂]	343 F9
猪场坪[黔]	387 F10
竹阿觉[川]	367 B8
竹巴龙[川]	379 F7
竹北[川]	369 F8
竹岛[鲁]	251 D8
竹峰[皖]	195 C8
竹竿[豫]	273 E6
竹篙[川]	363 E8
竹根滩[鄂]	289 C6
竹沟[豫]	272 C4
竹管垄[闽]	209 D7
竹管寺[湘]	304 E4
竹海[川]	374 D5
竹核[川]	367 C9
竹泓[苏]	154 C4
竹基[滇]	398 F3
竹江[赣]	232 D4
竹口[浙]	180 F3
竹库[川]	367 C9
竹里[浙]	179 G7
竹帘[黑]	128 E1
竹莲[湘]	299 E8
竹林[黔]	388 A5
竹林[豫]	260 F2
竹林[豫]	266 E4
竹林关[陕]	425 B9
竹林桥[鄂]	281 C7
竹马[浙]	174 D4
竹牌[鄂]	285 B7
竹坪[鄂]	280 C1
竹坪[赣]	222 E2
竹坪铺[湘]	306 B3
竹岐[闽]	206 D3
竹崎[台]	460 D3
竹庆[川]	378 F3
竹箐[川]	367 G8
竹山[滇]	397 F8
竹山[台]	460 D3
竹山[湘]	305 B8
竹山[渝]	356 F3
竹山桥[湘]	304 B3
竹山县[鄂]	280 D3
竹市[湘]	303 F7
竹市[湘]	307 D6
竹寿[川]	367 F8
竹塘[滇]	407 F7
竹塘[台]	460 D3
竹亭[赣]	226 F2
竹瓦[鄂]	286 E5
竹溪[渝]	356 E5
竹溪[浙]	172 E4
竹溪县[鄂]	280 D1
竹贤[渝]	357 D10
竹行[苏]	153 D9
竹垟[浙]	180 E3
竹阳[皖]	201 A6
竹叶坪[湘]	298 B3
竹峪[川]	369 B9
竹峪[陕]	416 F3
竹园[川]	364 F3
竹园[川]	372 C4
竹园[滇]	398 E4
竹园[滇]	400 C5
竹园[黔]	386 D3
竹园[湘]	307 G9
竹园[渝]	357 D8
竹园[豫]	263 E8
竹源[浙]	180 C5
竹院[陇]	429 D8
竹笮[赣]	228 B5
竹篑[苏]	156 E3
竹镇[苏]	146 E1
竹舟江[湘]	306 E4
逐卜[桂]	343 D8
主簿[皖]	198 E2
主田[粤]	315 B9
主星[黑]	124 G3
主星[黑]	130 D1
渚口[皖]	200 E4
住龙[浙]	180 D3
注泔[陕]	419 D6
注沟[鲁]	243 E8
注溪[黔]	388 B4
注溪[黔]	388 D4
注滋口[湘]	300 C2
驻操营[冀]	55 B7
驻马店市[豫]	272 B5
柱濮[晋]	73 F9
柱山[渝]	356 F5
祝阿[鲁]	239 D7
祝村[冀]	60 E4
祝丰[湘]	299 C7
祝沟[鲁]	244 D2
祝家屯[辽]	91 B8
祝家庄[陕]	418 D5
祝联[川]	367 D8
祝楼[豫]	264 G2
祝桥[沪]	140 C1
祝三[黑]	123 C8
祝桑[川]	379 B7
祝塘[苏]	159 B7
祝阳[鲁]	249 C7
祝站[鄂]	284 E4
抓吉[黑]	129 A9
抓喜秀龙[陇]	431 F8
爪营[豫]	266 B4
专探[豫]	272 A4
砖埠[鲁]	252 D4
砖店[豫]	273 C7
砖集[皖]	191 G7
砖路[冀]	57 F6
砖庙[鲁]	254 E3
砖庙[陕]	423 D9
砖墙[苏]	147 D10
砖桥[皖]	199 E10
砖桥[湘]	303 C7
砖桥[豫]	273 F7
砖塘[湘]	302 E4
砖窑湾[陕]	417 C8
砖寨营[冀]	61 C9
颛桥[沪]	139 F9
转步[湘]	303 B8
转导[青]	437 A6
转斗[川]	364 D1
转龙[川]	363 D8
转龙[滇]	397 B7
转楼[豫]	269 B8
转水[粤]	323 D7
转塘[浙]	167 C8
篆角[滇]	401 D9
篆塘[渝]	354 F4
庄边[闽]	206 E5
庄埠[赣]	229 C7
庄河市[辽]	103 C8
庄窠[冀]	56 E5
庄窠集[陇]	428 F5
庄口[赣]	229 C7
庄浪县[陇]	432 G2
庄里[陕]	424 E1
庄里[皖]	188 D5
庄磨[晋]	72 D5
庄墓[皖]	186 D2
庄桥[浙]	170 E5
庄上[晋]	73 E7
庄市[浙]	170 E5
庄埸[湘]	298 B4
庄头[陕]	419 E7
庄头[陕]	424 C3
庄头[豫]	266 D2
庄圩[苏]	151 D6
庄坞[鲁]	252 F4
庄行[沪]	140 G4
庄园[鲁]	250 D5
庄寨[鲁]	254 E2
庄周[皖]	191 B6
庄子[晋]	67 D6
壮岗[鲁]	253 E6
壮溪[川]	373 A7
壮志[内蒙古]	81 A7
状元[浙]	179 C6
追栗街[滇]	401 E7
准格尔旗[内蒙古]	80 A2
准格尔召[内蒙古]	80 C3
卓克基[川]	377 E7
卓兰[台]	460 C3
卓伦高勒[内蒙古]	82 G4
卓尼[藏]	408 E5
卓尼县[陇]	432 B4
卓筒井[川]	365 F7
卓瓦[藏]	408 E5
卓溪[台]	460 E4
卓洋[闽]	209 F6
卓资县[内蒙古]	79 E8
涿鹿县[冀]	51 D7
涿州市[冀]	57 B9
斫碏[湘]	307 C9
浞水[黔]	391 B6
着晓[青]	441 F8
濯港[鄂]	287 B8
濯桑[川]	379 D7
濯水[渝]	355 D10
濯水[渝]	356 B2
濯田[闽]	215 E7
资福[湘]	296 E3
资丘[鄂]	291 D7
资邱[鲁]	252 C3
资市[鄂]	288 D5
资溪县[赣]	224 B5
资兴市[湘]	305 C7
资阳区[湘]	299 E8
资阳市[川]	373 C7
资峪[陕]	425 B8
资源县[桂]	336 B3
资中县[川]	373 D8
淄博市[鲁]	242 C3
淄川区[鲁]	242 D3
淄河[鲁]	242 D3
淄角[鲁]	247 E7
滋泥泉子[新]	451 D8
滋润[晋]	68 F4
滋镇[鲁]	238 D4
子岸[豫]	265 D7
子长县[陕]	417 B7
子干[晋]	72 C3
子里甲[滇]	405 F6
子良[湘]	298 A5
子陵铺[鄂]	283 E8
子路[豫]	273 E6
子拖西[川]	379 D6
子威[川]	367 C9
子位[冀]	57 G7
子午[滇]	396 E4
子午[陕]	416 C4
子午[陕]	420 A3
子牙[津]	42 G3
子云[川]	364 D2
子中[川]	365 B9
子洲县[陕]	423 C8
秭归县[鄂]	291 C7
梓埠[赣]	230 D4
梓官[台]	460 F2
梓里[渝]	355 D7
梓龙[湘]	302 B3
梓门桥[湘]	302 C5
梓绵[川]	368 E4
梓山[赣]	229 C6
梓树[渝]	357 D8
梓桐[川]	369 D8
梓桐[浙]	166 E2
梓潼[川]	362 D4
梓潼[川]	368 D4
梓潼[渝]	356 C5
紫都台[辽]	96 F5
紫坊畔[陇]	432 E5
紫河[川]	368 G4
紫湖[赣]	231 C8
紫金[滇]	405 D9
紫金[鄂]	281 D6
紫金县[粤]	316 B5
紫荆[桂]	339 B8
紫荆关[冀]	57 B7
紫良[湘]	304 F4
紫陵[豫]	261 D8
紫马[黔]	387 E8
紫帽[闽]	213 E8
紫泥[闽]	212 C3
紫坪铺[川]	362 B3
紫山[闽]	213 D9
紫石[川]	376 D2
紫市[粤]	316 A4
紫水[渝]	356 D5
紫溪[川]	369 B10
紫溪[赣]	231 G7
紫溪市[湘]	304 B2
紫霄[赣]	225 E8
紫岩[川]	365 D6
紫岩[晋]	72 C4
紫阳[赣]	229 F6
紫阳[皖]	192 A5
紫阳县[陕]	418 E4
紫云[豫]	268 D2
紫云苗族布依族自治县[黔]	387 C7
紫照[渝]	356 G4
紫冢[冀]	60 A3
紫庄[苏]	148 D5
字呷[藏]	409 D10
自贡市[川]	373 E8
自怀[川]	375 C10
自来桥[皖]	193 C6
自良[桂]	339 C10
自强[川]	368 E4
自强[黔]	386 B5
自治[川]	373 C9
宗艾[晋]	67 B7
宗别立[内蒙古]	84 B4
宗场[川]	374 C4
宗地[黔]	387 B8
宗店[豫]	266 D4
宗汉[浙]	170 F4
宗加[青]	439 C10
宗科[川]	376 E5
宗朗[新]	454 E3
宗麦[川]	378 C4
宗塔[川]	378 C4
宗务隆[青]	439 B9
宗营[陕]	420 D3
棕坪[黔]	390 B5
棕溪[陕]	421 C7
鬃岭[黔]	386 E5
总堡[青]	437 A6
总发[川]	367 G6
总管[豫]	265 F6
总路咀[鄂]	286 E5
总铺[皖]	192 C3
总十庄[冀]	49 E9
总寨[青]	436 C5
纵目[陕]	424 C3
粽粑[川]	365 C7
邹城市[鲁]	255 C8
邹岗[鄂]	284 D3
邹平县[鲁]	247 F8
邹桥[赣]	223 D6
邹圩[桂]	335 C6
邹坞[鲁]	255 F9
邹庄[苏]	149 C8
陬市[湘]	299 D6
走马[川]	365 C6
走马[川]	373 D7
走马[鄂]	291 F6
走马[桂]	338 C3
走马[渝]	354 D4
走马[渝]	355 D10
走马[渝]	356 B1
走马[渝]	356 G5
走马街[湘]	302 C5
走马岭[鄂]	279 F6
走马岭[鄂]	279 F6
走马坪[湘]	298 B3
走马驿[冀]	56 D5
足别[桂]	342 G3
足民[吉]	112 B4
足荣[桂]	342 D5
阻虎[晋]	68 E2
俎店[鲁]	240 E2
祖庵[陕]	416 E3
祖墩[闽]	208 C5
祖楼[皖]	188 C4
祖山[冀]	55 B7
祖师庙[豫]	273 F10
祖市殿[湘]	307 A6
祖市殿[湘]	307 G9
祖塔[湘]	296 E1
嘴头[陇]	429 C6
尊桥[赣]	231 E8
尊祖庄[冀]	58 C5
遵道[川]	368 E2
遵化店[豫]	271 C9
遵化市[冀]	54 B2
遵谭[琼]	347 B7
遵义市[黔]	390 F3
遵义县[黔]	390 F3
左安[赣]	233 F8
左拔[赣]	229 F7
左店[皖]	186 C1
左坊[赣]	224 C4
左各庄[冀]	52 E2
左贡县[藏]	409 E10
左家[吉]	109 C7
左家坞[冀]	54 C3
左口[浙]	166 E4
左岚[渝]	356 A5
左里[赣]	223 D8
左岭[鄂]	279 C7
左门[滇]	396 C2
左木[晋]	74 D3
左权县[晋]	67 F8
左卫[冀]	51 E6
左溪[陕]	420 B4
左溪[浙]	180 F5
左营[鲁]	254 B3
左云县[晋]	68 C4
左镇[台]	460 E3
左州[桂]	343 B7
佐坝[皖]	198 F5
佐村[浙]	175 C8
佐盖多玛[陇]	432 A3
佐戈依达[川]	367 C9
佐龙[赣]	232 B4
佐龙[陕]	421 E8
作登[桂]	342 C5
作疃[晋]	69 D9
坐石[湘]	302 A3
柞村[鲁]	250 F2
柞岗[黑]	130 E4
柞市[湘]	302 E5
柞水县[陕]	425 F8
胙城[豫]	264 E4

A

景点名称[省别] 地图位置
阿尔山国家地质公园[内蒙古] 83 A7
阿尔山国家森林公园[内蒙古] 83 A7
阿尔山庙[内蒙古] 81 E10
阿尔善温泉[内蒙古]82 D4
阿房宫遗址[陕] 416 D3
阿合牙孜岩画[新] 452 C1
阿克布拉克大草原[新] 455 A9
阿拉底[吉] 109 C7
阿拉善沙漠世界·国家地质公园[内蒙古] 84 C4
阿拉善沙漠世界·国家地质公园[内蒙古] 84 D3
阿拉善沙漠世界·国家地质公园[内蒙古] 84 E1
阿拉坦高勒蒙古游牧部落[内蒙古] 83 D6
阿里山[台] 460 D3
阿庐古洞[滇] 401 B6
阿婆角旅游区[粤] 317 D9
阿热善药浴温泉[新]452 C2
阿日昆都楞[内蒙古]83 C7
阿萨城堡遗址[新] 455 F8
阿什哈达摩崖碑[吉]109 D8
阿什河漂流[黑] 120 D4
阿斯哈图国家地质公园[内蒙古] 83 E6
阿吾赞沟森林公园[新] 452 A2
阿育塔[赣] 233 F6
阿育王寺[浙] 170 D5
艾比湖湿地保护区[新] 452 E5
艾山洞石沟[苏] 149 C7
艾山圣贤洞[鲁] 252 E4
爱春桥[粤] 323 C9
爱店金牛潭[桂] 343 C10
爱国主义教育基地[滇] 401 F8
爱国主义教育基地[京] 30 D2
爱辉古城[黑] 124 C4
爱莲池[赣] 223 D8
爱心大世界[琼] 346 G4
安保石林[桂] 343 C6
安迪尔古城遗址[新] 455 D9
安丰塘[皖] 186 B5
安丰塘国家自然保护[皖] 186 B5
安固里度假村[冀] 50 F4
安国寺[晋] 73 E7
安国寺[豫] 263 C6
安徽古村落(宏村)[皖] 201 E6
安徽古村落(西递)[皖] 201 E6
安吉竹乡[浙] 168 E4
安家洞[黔] 384 D2
安觉寺[川] 379 A7
安乐寺[桂] 337 E8
安乐遗址[浙] 168 E4
安陆银杏[鄂] 284 C2
安平桥[闽] 213 F8
安平新石器时代遗址[桂] 338 F3
安山寺[鲁] 255 C9
安神庙[陕] 420 C3
安西王府[宁] 443 D9
安阳故城[鲁] 255 E9
安义古村[赣] 220 C1
安岳石刻[川] 373 C9
安杖子遗址[辽] 92 F5
安贞堡[闽] 211 E7
安众城遗址[豫] 271 E7
安洲山塔[浙] 176 D2
鞍山千山[辽] 100 C3
鞍山书院[浙] 180 B5
鞍子河自然保护区[川] 377 G9
犴马自然保护区[内蒙古] 81 B6
暗门山石窟[陕] 424 C2
昂昂溪金三角森林公[黑] 122 E5
昂昂溪溪水森林公园[黑] 122 E5
敖包山古遗址[吉] 110 E2
敖包山遗址[辽] 92 F3
敖东城遗址[吉] 114 D5
敖伦古城遗址[内蒙古] 79 C6
鳌山[桂] 345 D9
鳌山景区[黔] 388 C3
鳌鱼[桂] 341 D10
傲将军碑[黑] 124 E1
奥里来古城[黑] 128 D4
景点名称[省别] 地图位置
奥林匹克体育中心[粤] 313 E7
澳角炮台[粤] 319 F7
澳门历史城区[澳] 459 G7
鳌峰山[粤] 325 D7

B

八邦寺[川] 378 F4
八宝[滇] 401 C10
八岔岛国家级自然保护区[黑] 129 A8
八岔赫哲族风情[黑] 129 A8
八达岭长城[京] 32 F2
八达岭野生动物世界[京] 32 F2
八达岭自然保护区[京] 32 F2
八大部-净月潭[吉]108 E3
八大处公园[京] 28 D4
八大公山[皖] 189 C9
八大公山自然保护区[湘] 298 B1
八大山大佛[川] 374 C2
八大山寨[豫] 273 F8
八斗千年古木樟[鄂]285 D6
八方寺[川] 374 C2
八哥鸟之乡[琼] 347 C8
八公山国家地质公园[皖] 189 B9
八卦寺塔[陕] 417 D8
八甲温泉[粤] 324 E4
八甲仙湖[粤] 324 F4
八角殿[浙] 180 F5
八角井[湘] 305 D6
八角琉璃井[皖] 189 D6
八角楼[赣] 233 G6
八角楼[黑] 127 E10
八角庙[川] 375 A8
八角寨[川] 374 B4
八角寨国家森林公园[桂] 336 A3
八开苗寨[黔] 389 D8
八棱观塔[辽] 92 D4
八楞山景区[黑] 127 E10
八里河风景区[皖] 191 C10
八里湾国家森林公园[黑] 121 F6
八连城[吉] 115 E9
八岭山[鄂] 288 C4
八路军冀热察挺进军司令部[京] 30 C3
八路军前方总部旧址[晋] 67 G9
八路军司令部旧址[晋] 70 C2
八面城城址[辽] 94 E2
八面山森林公园[湘]305 C8
八面山影视城[浙] 175 D7
八面山自然保护区[湘] 305 D8
八面厅[浙] 174 C5
八女投江纪念地[黑] 130 C5
八十二烈士墓[鄂] 286 B3
八塔子寺[辽] 97 F7
八万山森林度假旅游区[黔] 389 D7
八仙洞[黔] 386 B4
八仙洞[黔] 384 G4
八仙公园[桂] 344 C5
八仙湖国家森林公园[黑] 126 F2
八仙岭郊野公园[港] 458 A3
八仙泉[琼] 347 B7
八仙山[桂] 343 C6
八仙天池[桂] 345 C9
八仙岩[黔] 391 G9
八仙岩[桂] 345 F8
八一滑雪场[黑] 131 E8
八一水库[黑] 123 C9
八音岩[闽] 206 B2
八云塔[陕] 416 F3
八舟河[黔] 389 B6
八舟河[黔] 389 B7
八子城址[辽] 92 F2
巴丹吉林沙漠[内蒙古] 84 E3
巴尔盖提出温泉[新] 452 B3
巴尔图原始森林[内蒙古] 81 D10
巴敢岩黑熊化石[桂] 337 F9
巴岗古寨[桂] 344 F3
巴兰河漂流[黑] 126 G3
巴茅杉树王[黔] 385 F6
巴图湾旅游区[内蒙古] 80 E5
巴王洞[鄂] 291 D6
景点名称[省别] 地图位置
巴彦查干野生动物栖息地[黑] 123 E8
巴彦道要塞遗址[黑] 121 A8
巴彦塔拉草原[内蒙古] 83 E7
巴彦锡勒自然保护区[内蒙古] 82 E5
巴音阿门[新] 452 F5
巴音乌拉古城[内蒙古] 81 D9
岜盆自然保护区[桂] 343 A8
岜团风雨桥[桂] 337 A8
岜仙岩风景区[桂] 343 A8
岜勋贝丘遗址[桂] 334 D3
芭莱山崖画[桂] 343 A8
拔剑泉[豫] 271 B9
坝达章丛林碧波景区[黔] 387 F10
坝干民族文化村[黔] 391 E8
坝芒仙人桥[黔] 389 G6
坝梅寺和尚墓群[黔] 391 E8
坝梅寺遗址[黔] 391 E8
鲅鱼圈海宾[辽] 99 B9
霸王朝山城[吉] 114 F2
霸王城[皖] 189 E7
霸王祠[皖] 199 A6
霸王岭[琼] 346 D3
霸王岭自然保护区[琼] 346 D3
霸王台遗址[豫] 272 D5
霸主坟[鄂] 281 D7
白安营[黔] 384 E3
白草畔自然保护区[京] 30 D2
白茶谷藏龙百瀑[浙] 168 E5
白崇禧故居[桂] 336 E2
白帝城[渝] 357 E9
白佛山石窟造像[鲁] 248 E3
白浮泉石刻[京] 31 B9
白沟箱包城[冀] 57 D9
白果树[苏] 149 D8
白果王[浙] 177 B7
白果原始森林区[渝]357 D9
白哈巴国家森林公园[新] 450 F1
白河堡自然保护区[京] 32 D3
白河长白松自然保护区[吉] 115 D6
白河郊野公园[京] 33 F7
白河南遗址[冀] 53 F8
白河自然保护区[川] 377 C10
白鹤梁上下石铭
白鹤梁石鱼题刻[渝] 355 C6
白鹤山[湘] 304 E2
白鹤岩[桂] 334 D2
白虎涧[京] 31 C8
白虎山[桂] 345 G8
白浒窑址[赣] 224 E4
白花岩[赣] 231 F9
白芨滩自然保护区[宁] 442 C3
白鸡腰子国家森林公园[吉] 114 F2
白际山自然保护区[皖] 201 F6
白暨豚自然保护区[鄂] 288 E5
白家堡惨案遗址[吉] 114 D2
白礁古宫[闽] 213 G6
白净寺[渝] 354 E5
白居易墓祠[豫] 268 B3
白利寺[川] 378 E4
白莲洞[桂] 337 F8
白莲河水库[鄂] 286 C5
白岭关长城[京] 33 D10
白龙洞[滇] 400 C5
白龙洞[黔] 384 D4
白龙洞[桂] 344 B4
白龙洞[冀] 50 F5
白龙洞[晋] 73 B8
白龙洞猿人遗址[鄂]280 B4
白龙过江[黔] 384 F4
白龙炮台[桂] 340 E5
白龙寺[鄂] 289 A8
白龙潭[京] 33 E8
白龙湾[吉] 109 F9
白龙湾[吉] 113 E6
白露山[浙] 174 C3
白鹿顶[川] 362 B4
白鹿洞书院[赣] 223 C8
白鹭岛[浙] 177 C7
白鹭乐园[琼] 347 C6
白鹭民居[赣] 228 D5
白鹭鸟乐园[琼] 347 C6
景点名称[省别] 地图位置
白鹭州[赣] 232 D5
白马洞[鄂] 280 F4
白马洞[黔] 385 E8
白马洞[黔] 387 D6
白马洞[黔] 391 E10
白马泉[京] 32 E2
白马泉石刻[川] 376 C3
白马山[渝] 355 D7
白马山森林公园[浙] 180 B4
白马山题诗岩[桂] 334 B2
白马石[黑] 130 C2
白马寺[豫] 263 B9
白马峡[黔] 384 G3
白马仙洞[晋] 73 E8
白马崖[浙] 166 B3
白马驿站[鄂] 281 D8
白米下锅瀑布[湘] 304 F4
白面瑶寨[桂] 336 B2
白鸟河风景区[黔] 385 F6
白牛寨[川] 373 D7
白泡头汉墓[黔] 391 B6
白盆珠自然保护区[粤] 317 C7
白求恩纪念馆[冀] 58 B5
白求恩陵园[冀] 56 D5
白乳泉[皖] 187 E9
白若扎普[川] 377 E7
白沙古墓群[桂] 336 D4
白沙庙[浙] 174 D3
白沙奇雾[浙] 166 F4
白沙起义纪念碑[琼] 346 E5
白沙滩[京] 30 G3
白沙湾旅游区[粤] 327 G8
白沙洲[桂] 345 D9
白山[浙] 170 B5
白山抗联遗址[黑] 126 E4
白山狩猎场[黑] 126 E4
白舍窑址[赣] 225 D7
白石洞天[桂] 339 C8
白石砬子自然保护区[辽] 99 D7
白石岭[琼] 347 D7
白石山[冀] 56 C5
白石湾瀑布[粤] 317 G7
白霜洞瀑布[桂] 338 G2
白水洞瀑布[黔] 391 F8
白水洞瀑布群[黔] 388 C5
白水河自然保护区[川] 362 B4
白水湖[川] 368 E2
白水涧[浙] 167 B6
白水江-泉江[赣] 233 E8
白水江自然保护区[陇] 429 D10
白水岭[琼] 347 F6
白水瀑[浙] 174 G3
白水瀑布[粤] 324 F4
白水寺[鄂] 281 E9
白水寺[京] 30 E4
白水台[滇] 404 D4
白水岩风景区[粤] 319 C7
白松岭[豫] 261 C8
白塔[辽] 100 B3
白塔[川] 365 B6
白塔[川] 365 C7
白塔[川] 373 F8
白塔[川] 374 C4
白塔[津] 41 B8
白塔[晋] 67 D6
白塔[粤] 315 E9
白塔洞[浙] 177 A9
白塔湖[川] 362 D3
白塔景区[滇] 396 C3
白塔寺[川] 372 B5
白塔峪塔[辽] 93 B7
白台寺[晋] 74 E5
白雾岩瀑布[浙] 177 A9
白雪剑迹[鄂] 280 D1
白岩寺[闽] 206 E3
白岩塘天池[黔] 389 C6
白羊淀景区[冀] 57 E9
白羊淀景区[冀] 58 A4
白羊沟自然风景区[京] 31 B7
白洋沟自然风景区[京] 31 B7
白洋峪长城[冀] 54 B4
白衣观[湘] 306 F3
白衣秀士[川] 367 E6
白音呼硕草原[内蒙古] 81 D9
白音希勒草原[内蒙古] 82 E5
白银纳鄂伦春族风情[黑] 125 B9
白鱼口[滇] 397 F7
白玉[川] 378 F5
白玉兰海滨度假村[沪] 140 B2
白云[浙] 175 E6
白云洞[鄂] 279 D8
白云洞[桂] 337 C8
景点名称[省别] 地图位置
白云洞[桂] 343 B8
白云洞[浙] 175 C6
白云故城[川] 365 B6
白云观[晋] 70 B3
白云湖[鲁] 239 B7
白云山[川] 373 D8
白云山[黔] 385 F6
白云山[辽] 100 E3
白云山[闽] 206 B3
白云山[浙] 177 B8
白云山[浙] 181 B7
白云山国家森林公园[豫] 263 G6
白云山林业风景区[豫] 273 G8
白云山石刻[黔] 390 F5
白云山寺[陕] 423 B7
白云山原始森林公园[桂] 343 G6
白云寺[川] 373 F8
白云寺[川] 374 B5
白云寺[晋] 66 F5
白云寺[闽] 206 F3
白云寺[陕] 421 E7
白云寺[豫] 264 E1
白云寺[豫] 266 C4
白云寺国家森林公园[豫] 264 E1
白云峡[冀] 53 E6
白云峡[冀] 53 E6
白云岩[湘] 307 C8
白兆山摩岩题刻[鄂] 284 C1
白竹山[滇] 396 G4
白竹园寺[鄂] 281 D10
白竹园寺[豫] 271 G8
白竹园寺森林公园[鄂] 281 D10
百安海湾娱乐场[粤]318 G2
百步梯修路碑[鄂] 280 F3
百草沟遗址[吉] 115 D10
百草沟遗址[吉] 115 D7
百帝宫[京] 32 A3
百东河水库风光[桂]342 D4
百东河自然保护区[桂] 342 D4
百感岩[桂] 343 D6
百花湖[黔] 384 F4
百花岭瀑布[琼] 346 E5
百花山旅游景区[京]30 D2
百花崖影[粤] 313 D9
百卉谷生态景区[桂]336 B3
百家岩[豫] 261 B7
百朗大峡谷[桂] 342 E1
百里杜鹃[黔] 386 C3
百里杜鹃自然保护区[黔] 386 C3
百里峡[川] 369 C10
百里原始森林[黔] 389 D6
百里竹海[渝] 356 F3
百良塔[陕] 424 C4
百灵庙[内蒙古] 79 D6
百灵岩[桂] 343 C6
百脉泉[鲁] 239 A7
百面水景区[黔] 390 F5
百魔洞[桂] 344 F4
百鸟岩[桂] 344 F4
百泉[豫] 264 E2
百泉山[京] 33 E6
百人坑遗址[粤] 317 F7
百山祖自然保护区[浙] 180 F4
百神洞黑龙庙[陕] 425 F9
百狮坊[鲁] 254 F5
百寿坊[鲁] 254 F5
百寿山药泉[黑] 126 A3
百寿山药泉[黑] 126 A3
百望山森林公园[京]28 C5
百维新石器时代遗址[桂] 342 F5
百崖峡谷[桂] 345 B9
百涌自然保护区[粤] 324 D5
百丈带瀑布[桂] 336 D3
百丈飞瀑[浙] 172 E5
百丈峰森林公园[赣] 227 F6
百丈漈-飞云湖[浙]177 F7
百丈龙湫[浙] 180 G3
百丈瀑[浙] 178 C4
百丈青生态谷[浙] 176 D4
百丈山[赣] 226 B5
百丈山石刻造像[浙] 167 D6
百丈峡[湘] 298 A3
百中森林旅游区[桂] 342 E3
柏灌王墓[川] 362 D4
柏尖山[豫] 264 C2
柏林寺[冀] 49 F8
柏林寺[冀] 51 D7
柏泉古井[鄂] 278 E5
柏山寺塔[陕] 417 D9
柏杉自然保护区[辽]93 D6
景点名称[省别] 地图位置
柏台寺[冀] 61 F8
柏塘天主堂遗址[粤] 317 E6
柏乡汉牡丹[冀] 60 D2
柏枝山自然保护区[黔] 390 B4
柏子塔[鄂] 286 E2
摆罗大洞[黔] 385 F8
拜家嘴遗址[陕] 418 B5
拜寺口双塔[宁] 442 D2
拜玉滩瀑布[桂] 336 B1
班固墓[陕] 418 E5
班洪人民抗英盟誓址[滇] 399 F7
班氏夫人墓[桂] 343 D9
班佑寺巴西会议会址[川] 377 B9
般若寺[川] 362 C4
坂东镇[闽] 206 F3
板壁岩[鄂] 280 G3
板仓自然保护区[皖] 198 F2
板兰峡谷[桂] 344 E4
板麦石塔[桂] 343 C8
板庙水族寨[黔] 385 B7
板桥自然保护区[皖] 195 E7
板峡湖[桂] 336 E2
板显河谷[桂] 345 A7
版纳野象谷[滇] 407 D8
版纳原始森林公园[滇] 407 D8
半壁店森林公园[京]31 F8
半壁山古战场[鄂] 287 C8
半春园[港] 458 B3
半河桥[鄂] 278 D4
半截塔[冀] 53 C7
半拉山门[吉] 112 D4
半塔保卫战遗址[皖] 193 C7
半园河漂流[黑] 126 F2
邦角山官衙署[滇] 403 E9
邦腊掌热泉[滇] 403 D8
邦溪坡鹿自然保护区[琼] 346 C3
榜山文塔[桂] 334 D2
包山大冢[鄂] 283 E10
包扎墩乌孙古城[新] 452 C2
包拯墓[豫] 260 F2
褒先寺[川] 365 B7
褒斜道石门及摩崖石刻[陕] 420 D2
褒斜古栈道遗址[陕] 418 F3
宝安寺[黑] 122 B3
宝殿寺庙[川] 377 F9
宝顶佛光[川] 376 A2
宝顶沟自然保护区[川] 377 E10
宝顶山[渝] 354 C2
宝顶山石刻[渝] 354 B2
宝鼎[川] 365 B8
宝鼎[桂] 336 B3
宝鼎寺[滇] 403 B7
宝梵寺壁画[川] 365 E7
宝丰湿地自然保护区[黑] 127 A7
宝峰寺[豫] 261 E9
宝福塔[赣] 228 A5
宝盖山古炮台[桂]343 C10
宝盖寺[陕] 418 E4
宝华山[桂] 335 F7
宝华山自然保护区[苏] 156 B2
宝晶官[粤] 315 E6
宝林古寺[粤] 328 E4
宝林寺[渝] 356 D5
宝林寺[渝] 356 E5
宝林寺古树[鄂] 282 B4
宝伦阁[皖] 201 E7
宝轮寺塔[豫] 262 C3
宝宁寺[湘] 303 C9
宝泉寺[豫] 271 A8
宝山度假村[黑] 128 E4
宝山古遗址[吉] 108 D4
宝山森林公园[粤] 320 B5
宝山寺[滇] 403 C7
宝山自然保护区[闽] 208 E2
宝胜古寺[粤] 328 E5
宝堂寺[鄂] 280 E5
宝天曼国家地质公园[豫] 270 C5
宝天曼自然保护区[豫] 270 C5
宝陀岩石像石碑[鄂] 285 E7
宝贤石林[桂] 343 C7
宝相寺塔[鲁] 255 B6
宝兴寺[闽] 209 F6
宝珠庵[豫] 260 F5
保安睡佛[吉] 109 D9
景点名称[省别] 地图位置
保定关[鄂] 285 F6
保定关[湘] 300 D5
保定金连山褐马鸡自然保护区[冀] 57 A6
保国寺[浙] 170 E4
保康温泉[鄂] 280 E5
保圣寺[苏] 161 E8
保圣寺塔[苏] 147 C10
保亭温泉[琼] 346 F5
堡头遗址[鲁] 249 E6
报恩寺[川] 368 D3
报恩寺[皖] 186 B4
报恩寺塔[赣] 232 B4
报国寺[川] 365 F8
报国寺[沪] 138 F3
报国寺[京] 28 E6
抱犊寨风景区[冀] 48 D5
抱璞岩[鄂] 281 G6
抱石公园[赣] 226 F5
豹蟒保护区[黔] 387 B9
豹竹涧[鲁] 244 E2
豹子岭风景名胜区[黔] 391 E10
鲍照读书台[鄂] 287 B7
陂头溶洞[粤] 316 E2
陂头岩[粤] 316 F2
陂孝北县苏维埃政府旧址[鄂] 278 B4
杯校山新石器时代遗址[桂] 341 D6
碑槽山[渝] 354 E3
碑刻群[冀] 60 D3
北部湾白蝶贝自然保护区[粤] 327 D6
北大荒开发建设纪念馆[黑] 127 D9
北大荒书法长廊[黑] 127 D8
北大崖[鲁] 242 E5
北大崖[鲁] 252 A5
北戴河[冀] 55 D7
北戴河鸟类自然保护区[冀] 55 D7
北斗崖宋墓群[川] 374 D3
北方庙[桂] 344 C3
北峰塔[浙] 166 F5
北盖风景河段[黑] 130 C3
北竿山鸟类自然保护区[沪] 140 B4
北海龙宫[辽] 99 B9
北海银滩国家旅游度假区[桂] 341 E8
北湖林场熔岩洞[黑] 131 E9
北湖旅游度假区[鲁] 255 D6
北湖桃园风情区[闽] 206 D2
北回归线标志塔[桂] 339 B8
北回归线标志塔[粤] 328 E1
北吉祥寺[晋] 71 C7
北极村国家森林公园[黑] 125 A6
北焦公园[京] 29 E8
北津独石旅游区[粤] 325 F6
北京百亭鱼乐园[京]28 B4
北京大兴京城高尔夫俱乐部[京] 31 E7
北京国际高尔夫俱乐部[京] 31 B9
北京国际高尔俱乐部[京] 34 B3
北京绿色度假村[京]34 C3
北京齐天乐园[京] 34 D3
北京圣水山自然保护区[京] 33 E7
北京乡村高尔夫俱乐部[京] 34 B3
北京乡村赛马场[京]34 B2
北京野生动物园[京]31 G7
北京峪峰果园[京] 30 C5
北九水[鲁] 244 C5
北良侯村造像[晋] 70 E1
北陵[闽] 210 E5
北仑港口风光[浙] 170 D5
洋自然保护区[桂] 340 E4
北鲵自然保护区[新] 452 E2
北炮台[粤] 319 D7
北票鸟化石群自然保护区[辽] 92 B3
北普陀影视城[京] 31 E8
北齐石庄[冀] 57 C8
北泉寺[豫] 272 C4
北山[黑] 122 F5
北山国家森林公园[青] 436 B4
北山摩崖造像[渝] 354 B2
北寺[内蒙古] 84 B4
北塔[辽] 92 C4
景点名称[省别] 地图位置
北塔[湘] 302 B2
北陀古墓群[桂] 338 D3
北温泉[渝] 354 C4
北坞清真寺[冀] 52 A3
北武当山[冀] 60 F4
北武当山[冀] 60 G4
北武当山[晋] 73 D8
北响堂石窟[冀] 61 E8
北崖寺[渝] 355 C7
北涯度假中心[粤] 327 D9
北雁荡山[浙] 178 B4
北洋水师提督署“旧址”[鲁] 251 D9
北耀农场安马分场[桂] 343 E8
北岳庙[冀] 56 F5
北镇庙[辽] 97 D7
北钟山石窟[陕] 417 C6
北周文五碑[川] 363 E6
贝墩温泉[粤] 316 B2
贝尔湖[内蒙古] 81 E10
贝江漂流区[桂] 337 C8
贝岭温泉[粤] 316 B2
背水阵[冀] 48 D5
背荫河山庄[黑] 120 E4
本溪森林公园[辽] 98 E3
本溪水洞[辽] 98 F2
本溪水洞[辽] 98 F3
本溪湾国家地质公园[辽] 98 F3
比干庙[豫] 264 E3
笔峰塔[鄂] 285 C8
笔架飞瀑[鄂] 287 C6
笔架山[川] 375 C8
笔架山[黔] 389 D8
笔架山[辽] 97 F10
笔架山[辽] 93 A6
笔架山[陕] 421 E9
笔架山长城[京] 30 A3
笔架山古建筑群[辽] 97 F10
笔架山原始森林[桂] 345 C8
笔支塔[湘] 303 E9
必背瑶寨[粤] 315 B6
毕克民族文化村[黔] 387 D8
毕□墓地[鄂] 286 B3
碧波岩[赣] 233 F6
碧波园水上游乐场[京] 30 F2
碧波紫盆[浙] 170 C2
碧东坞溶洞[浙] 167 C6
碧峰峡[川] 376 C3
碧海湾公园[粤] 320 C4
碧罗雪山[滇] 404 F5
碧山湖森林公园[川] 372 D3
碧水潭瀑布[粤] 324 F4
碧水岩[桂] 338 B4
碧水中化秋河鸭自然保护区[黑] 126 F2
碧溪湖风光[桂] 338 A3
碧霞宫[豫] 264 D5
碧霞元君庙[京] 28 D4
碧霞元君神祠[京] 32 B1
碧霄洞[黔] 390 E4
碧秀岭[浙] 180 C4
碧岩[闽] 206 B1
碧岩[浙] 168 C2
碧云洞[黔] 387 F7
碧云洞[桂] 343 C8
避暑山庄[鄂] 291 C7
边畈遗址[鄂] 283 D8
边靖楼[晋] 72 C2
边氏宗祠[浙] 172 E1
边戊王遗址[鲁] 242 C5
蝙蝠洞[鄂] 280 E4
扁鹊庙[豫] 264 C4
卞桥[鲁] 255 B9
变色井[桂] 343 B8
标湖[鄂] 280 D1
别峰古寺[粤] 319 C8
滨海玉苍山[浙] 179 D9
滨海玉苍山[浙] 179 E8
冰洞[鄂] 280 F4
冰洞山[鄂] 280 F4
冰臼公园[冀] 52 D5
冰心洞[赣] 228 C5
冰峪沟国家地质公园[辽] 103 A7
兵洞[鄂] 291 D8
兵书宝剑峡[鄂] 291 B7
兵书岭[湘] 304 B2
波罗堡古建筑群[陕] 423 E7
波月洞[湘] 302 B3
玻璃台[京] 32 A3
播乐起义纪念地[滇] 398 D4
泊山洞[皖] 199 D9
勃隆克草原沙湖[内蒙古] 83 E7
博鳌(亚洲论坛会址)[琼]

景点名称[省别] 地图位置

347 D8
博山[鲁] 242 D3
博山寺[赣] 231 E8
博斯腾湖[新] 456 D5
博望自然保护区[川] 375 E6
博兴丈八桥[鲁] 247 F9
博雅塔[京] 29 C6
渤海风情园[黑] 131 D9
薄刀峰森林公园[鄂] 286 C3
薄刀岭[黔] 391 E8
薄山湖[豫] 272 C4
卜令民族旅游村[桂] 337 C8
补天遗柱[黑] 121 A8
不二门国家森林公园[湘] 301 C9
不老湖[京] 33 D8
布达拉宫[藏] 409 E7
布尔根河狸自然保护区[新] 450 A5
布金寺[浙] 168 B3
布柳河自然保护区[桂] 344 G3
布隆温泉[新] 452 B3
布琼[新] 455 E6
布透温泉[桂] 340 C4
布暾沙漠[内蒙古] 83 F7
布央仙人山茶场[桂] 337 A8
布仰摩岩[黔] 385 A7

C

擦青松多自然保护区[川] 378 F5
才龙瀑布[桂] 344 B3
财神洞[湘] 303 G6
采皇木摩崖诗刻[鄂] 280 D1
采石矶[皖] 194 E2
彩虹桥[赣] 231 A7
彩色沙林[滇] 398 F3
踩文哈旅游基地[苏] 153 C7
菜溪岩[闽] 207 F6
菜阳河森林公园[滇] 407 C7
蔡锷故居[湘] 307 C8
蔡侯祠[湘] 303 F7
蔡伦墓[湘] 303 F7
蔡瑁故里[鄂] 281 E8
蔡蒙古故居[粤] 323 B9
蔡木山自然保护区[内蒙古] 82 F5
蔡山晋梅[鄂] 287 B8
蔡襄墓[闽] 207 F7
蔡园故城[豫] 272 A5
蚕花圣地[浙] 168 B4
仓颉陵文化遗址[豫] 265 B7
仓颉庙[陕] 418 E4
仓颉庙[陕] 424 C3
仓颉造字台[豫] 262 D5
沧浪阁[闽] 208 D2
沧源崖画[滇] 399 F8
沧州古贝壳堤自然保护区[冀] 59 C10
沧州铁狮子[冀] 59 D8
苍龙庵[鲁] 255 E10
苍龙峡[鲁] 242 D3
苍龙峡[鲁] 249 D9
苍鹭自然保护区[黑] 131 C6
苍山洱海国家自然保护区[滇] 405 C8
苍山风景区[鲁] 252 E5
苍岩山[冀] 48 E5
藏兵洞[豫] 262 D4
藏凤岩[黔] 391 C6
藏经阁[京] 30 E3
藏山[晋] 67 A8
藏文禅师舍利塔[陕] 420 G5
曹操古运兵道[皖] 190 E4
曹操练兵台[豫] 268 C3
曹操宗族墓群[皖] 190 E4
曹娥江[浙] 173 B6
曹娥庙[浙] 173 B6
曹家大院[晋] 67 E7
曹丕墓[豫] 263 D9
曹山寺[赣] 224 E5
曹雪芹纪念馆[京] 28 C5
曹植墓[鲁] 240 E4
曹州牡丹[鲁] 254 D3
槽渔湖[川] 372 B2
草地自然保护区[辽]90 E3
草店坊城[鄂] 284 C3
草湖观鸟亭[黔] 386 G4
草堂[陕] 416 D4
草堂寺[陕] 416 D4
草鱼塘[浙] 181 E6
草原奥特尔生态旅游区[内蒙古] 80 E5
草原度假村[内蒙古]82 F2
草原岩画[内蒙古] 79 C6
草原运河[吉] 111 D7
册阳观音洞[黔] 387 C9
岑头盖古遗址[黔] 391 E6
岑王老山自然保护区[桂] 342 E2
层楼状洞穴迷宫[黔] 385 F6
层岩石刻[湘] 304 F2
插旗山[黔] 390 B5
查干敖包[内蒙古] 82 F3
查干敖包庙[内蒙古]82 D1
查干补力格野营地[内蒙古] 79 D7
查干湖[吉] 111 D6
查干诺尔庙[内蒙古]81 F9
查海遗址[辽] 96 D4
查汗莫墩石人[新] 452 F5
查济[皖] 195 G8
查湾自然保护区[皖] 200 F4
茶庵[鄂] 281 D7
茶坟头遗址[鄂] 289 A8
茶海公园[黔] 390 E5
茶区[粤] 317 E8
茶山[浙] 179 C6
茶山关红军渡口[黔] 384 E2
茶山湖[桂] 338 C1
茶山绿色金字塔[桂] 342 D2
茶山寺[辽] 97 F8
茶树[黔] 384 C4
茶堰坪摆手堂[鄂] 290 G3
察尔森国家森林公园[内蒙古] 83 B9
察罕淖蒙古度假村[冀] 50 G3
察汗不浪古城[内蒙古] 79 D9
岔林河漂流[黑] 121 B6
柴河水库[辽] 95 F6
禅丹寺庙[川] 377 E8
禅房寺砖塔[晋] 68 D5
禅林寺[冀] 54 B2
禅修寺[陕] 424 F2
产口古榕[桂] 337 B8
产芝水库[鲁] 244 C2
昌化古城[琼] 346 D2
昌化岭[琼] 346 C2
昌利农业科技示范园[冀] 57 C9
昌岭自然保护区[陇] 431 C9
昌文塔[浙] 175 D8
长安营城[湘] 306 F4
长坝石林[黔] 391 E6
长白岭水性鱼类自然保护区[吉] 113 B9
长白瀑布[吉] 114 G5
长白山国家自然保护区[吉] 113 C8
长白山迷宫[吉] 113 G9
长白山天池[吉] 114 G5
长白温泉群[吉] 114 G5
长滨人仙洞[台] 460 E4
长城岭滑雪场[冀] 50 C5
长春洞遗址[鄂] 285 D9
长风公园[沪] 136 F4
长岗子遗址[吉] 111 D7
长广城遗址[鲁] 244 C2
长海海洋珍稀生物国家自然保护区
长海子[川] 377 F6
长海子黑颈鹤自然保护区[滇] 398 B2
长江第一湾[滇] 405 D6
长江旅游园[粤] 320 D3
长江三峡[鄂] 291 C7
长江三峡[渝] 357 E10
长江三峡国家地质公园[渝] 357 E10
长江森林公园[川] 373 D9
长江豚类国家自然保护区[皖] 194 C2
长江豚类自然保护区[苏] 153 F9
长江新螺矶白鳍豚国家自然保护区[鄂] 289 F8
长江源头[青] 439 D7
长江源头第一桥[青] 439 C6
长赖民族旅游村[桂] 337 D8
长乐海蚌自然保护区[闽] 206 B4
长乐海滩[闽] 206 B4
长岭湖度假区[黑] 120 C2
长陵[京] 31 A9
长嵌沟[黔] 390 C1
长青国家自然保护区[陕] 418 G4
长沙贡马自然保护区[川] 378 B2
长沙贡马自然保护区[川] 378 G1
长沙铜官窑窑址[湘] 296 C4
长山滑雪场[黑] 121 D6
长山群岛[辽] 103 E6
长山群岛森林公园[辽] 103 E6
长山尾炮台[粤] 319 D9
长勺之战遗址[鲁] 249 B9
长蛇山遗址[吉] 109 C7
长生洞[鄂] 291 E7
长寿国家森林公园[黑] 120 C4
长寿湖[渝] 355 B6
长寿山[冀] 55 C8
长水园艺农业观光园[京] 31 E6
长孙无忌衣冠墓[渝] 355 E8
长滩河谷[桂] 345 A7
长潭[粤] 323 B8
长潭旅游区[粤] 323 B8
长汀革命旧址[闽] 215 E6
长汀古城[闽] 215 E6
长汀土楼[闽] 215 E6
长仙洞[京] 33 C7
长辛店公园[京] 28 E4
长兴灰岩“金钉子”保护区[浙] 168 E1
长阳人化石出土地[鄂] 291 D8
长屿硐天[浙] 176 E5
常安古城[黑] 120 C5
常家大院[晋] 67 D6
常弯古井[鄂] 279 F7
畅岩石山[桂] 339 A9
巢湖[皖] 199 D8
巢湖国家自然保护区[皖] 199 D8
朝斗岩[闽] 215 E6
朝天岩[桂] 336 F4
朝天岩[湘] 302 D4
朝鲜族风情[黑] 121 A8
朝鲜族风情[黑] 127 E9
朝鲜族风情[黑] 127 E9
朝鲜族风情[黑] 130 D3
朝鲜族满族风情[黑] 128 E5
朝鲜族民族博物馆[吉] 115 E7
朝阳城[鄂] 281 D7
朝阳洞[黔] 390 G5
朝阳洞[内蒙古] 79 E6
朝阳洞庙[鄂] 285 E8
朝阳洞森林公园[辽]93 D6
朝阳洞石窟[陕] 421 D9
朝阳洞石窟[陕] 425 C10
朝阳公园[京] 29 D7
朝阳沟[冀] 61 F6
朝阳沟森林公园[辽] 103 C6
朝阳古墓群[桂] 338 A3
朝阳关[鲁] 243 C6
朝阳观[鄂] 291 A7
朝阳观[陕] 425 G10
朝阳湖[川] 372 B2
朝阳溶洞[鲁] 249 C9
朝阳寺[湘] 300 B3
朝阳寺库区风景区[鄂] 290 F2
朝阳岩[湘] 304 C3
潮汕人民抗征队旧址[粤] 318 C5
潮水洞[赣] 228 F3
潮音庵[沪] 137 D8
潮音庙[浙] 168 B3
车八岭国家级自然保护区[粤] 315 C9
车厂子抗日根据地[吉] 115 E6
车场子抗日根据地[吉] 115 E6
车轱山[湘] 300 C2
车轱山遗址[湘] 300 C2
车江侗寨[黔] 389 D8
车榔温泉[黔] 387 F8
车马坑[鲁] 242 C4
车田风光[桂] 336 E3
郴州飞天山国家地质公园[湘] 305 D7
臣人[辽] 100 G4
沉坑口遗址[粤] 316 D3
沉犀秋月[川] 372 E4
辰龙关[湘] 307 F10
辰山[闽] 208 E5
陈保民烈士墓[桂] 338 B4
陈仓古道碑[陕] 418 G2
陈策将军祖居[琼] 347 C8
陈昌浩旧居[鄂] 279 F7
陈村[皖] 195 G8
陈村禹王宫[川] 374 E4
陈独秀墓[皖] 198 C3
陈藩墓[豫] 273 B6
陈公祠阁[黔] 390 G3
陈翰章将军墓[吉] 114 D5
陈宏谋宗祠[桂] 336 D2
陈洪绶墓[浙] 172 C5
陈家河[鄂] 281 E9
陈家群墓葬[川] 367 E7
陈平墓[陕] 416 D4
陈启凤夫妇墓[鄂] 290 E2
陈桥驿[豫] 264 G5
陈绍光纪念碑[川] 374 B4
陈胜墓[豫] 267 E10
陈胜吴广起义遗址[皖] 188 G5
陈胜遗址[鄂] 279 C9
陈氏大宗祠[粤] 319 C8
陈氏花坟[黔] 391 F7
陈氏太极拳[豫] 261 C9
陈氏宗祠[粤] 324 G3
陈太尉宫[闽] 206 C1
陈潭秋故居[鄂] 286 E5
陈卫故居[鄂] 286 B4
陈武帝故居下箬寺[浙] 168 D2
陈毅故居[川] 373 B8
陈毅故居[赣] 221 C10
陈英士墓[浙] 168 C3
陈友谅故居[鄂] 289 D8
陈云故居[沪] 138 E4
陈子昂墓[川] 365 E6
晨星岛[黑] 128 E2
谌家牌楼[鄂] 290 C2
闯王陵[鄂] 285 E9
丞相寺[闽] 215 C9
成吉思汗陵[内蒙古]80 C3
成吉思汗拴马桩[内蒙古] 81 E9
成氏墓群[黔] 391 F7
呈坎[皖] 201 E7
承德避暑山庄及外八庙[冀] 53 E8
承恩寺[鄂] 281 E7
承露塔[桂] 335 E6
承天氡泉
城北桃源[沪] 140 C2
城皇庙献殿[陕] 424 D2
城隍庙[冀] 61 D9
城隍庙[陕] 421 F6
城隍庙[浙] 173 E6
城隍庙[浙] 174 D3
城隍台遗址[鄂] 284 F2
城坡遗址[京] 32 B2
城墙砬子[黑] 130 C5
城山[浙] 168 D3
城山头国家自然保护区[辽] 102 E3
城山寨[鄂] 287 D6
城台石窟[陕] 417 D8
城塘城[鄂] 287 F6
城遗土山[川] 374 B3
城子山[辽] 94 C5
城子山森林公园[辽]94 C5
城子崖遗址[鲁] 239 B7
埕头瀑布[粤] 315 D6
程氏三宅[皖] 201 F7
程四家子古城[吉] 110 C3
程阳风雨桥[桂] 337 A9
程庄古文化遗址[豫] 265 D7
程子岩[晋] 67 A8
澄碧河风景名胜区[桂] 342 D4
澄碧河自然保护区[桂] 342 D3
澄清塔[湘] 302 B4
赤壁山[桂] 336 C5
赤壁神州[黔] 390 C1
赤壁水井[鄂] 284 F1
赤壁峡[黔] 384 F3
赤城冰山梁森林自然保护区[冀] 50 B5
赤城温泉[冀] 50 B5
赤岭[琼] 347 G6
赤山[辽] 99 A10
赤山法华寺[鲁] 251 F9
赤水[黔] 390 A1
赤水竹海国家森林公[黔] 390 B1
赤松道院[浙] 174 C4
赤湾古炮台[粤] 320 D5
充古古石棺葬墓群[川] 378 D4
冲虚庵[鄂] 280 C5
春陵侯故城[湘] 304 D4
崇安寺[晋] 71 B7
崇福寺[晋] 68 F4
崇福寺[闽] 206 C3
崇惠寺[京] 32 B1
崇教寺[晋] 70 C4
崇觉寺[豫] 267 E8
崇明岛世界、国家地质公园[沪] 141 D8
崇明侯鸟自然保护区[沪] 141 E7
崇明寺[晋] 71 C7
崇明寺[晋] 71 D7
崇庆寺[晋] 71 D6
崇仁古镇[浙] 172 E5
崇山卫城故城[湘] 301 E8
崇圣寺[闽] 206 E2
崇寿寺塔[辽] 94 E5
崇武城墙[闽] 213 E10
崇武古城[闽] 213 E10
崇兴寺双塔[辽] 97 D7
崇义遗址[豫] 261 D9
出水洞旅游区[黔] 386 E5
出水岩[桂] 345 C8
楚长城关垭城门[鄂] 280 D1
楚长城遗址[鄂] 280 C1
楚长城遗址[陕] 421 C8
楚皇城遗址[鄂] 281 F8
楚纪南故城[鄂] 288 C4
楚墓群[鄂] 288 F4
楚蜀鸿沟石刻[鄂] 290 B5
楚王妃子墓[黔] 389 A6
楚王山汉墓群[苏] 148 D4
楚章华台遗址[鄂] 289 D7
处女泉[陕] 424 D4
川洞庵[川] 364 D1
川洞河自然保护区[桂] 344 F2
川湖大界碑[鄂] 290 G3
川口洞[湘] 303 E7
川王庙[陕] 420 D3
川西民俗博物馆[川] 362 E4
川岩[桂] 338 B4
川主庙[川] 374 E4
川子河石窟[陕] 417 D9
穿洞[湘] 301 E10
穿洞河[黔] 384 C3
穿山明清城址[桂] 337 G8
穿山岩[桂] 337 G8
穿水岩[桂] 336 F4
穿岩[桂] 336 E4
穿岩十九峰[浙] 173 F6
穿云洞[川] 369 C7
传芳塔[湘] 304 E5
船帮会馆[陕] 425 C8
船石湖[川] 373 D7
《创建大奠堡记》碑黄椅山森林公园[辽] 99 D7
吹台山森林公园[浙] 179 C6
垂钓园风景区[黔] 385 F6
春化东北虎保护区[吉] 115 D10
春坤山[内蒙古] 79 E6
春晓岩[桂] 342 C4
春秀自然保护区[桂] 343 E8
春园湾[琼] 347 E8
淳溪老街[苏] 147 D10
茈碧湖[滇] 405 D7
茨中教堂[滇] 404 F3
慈光阁[皖] 201 D7
慈航古寺[黑] 120 A5
慈航寺[辽] 98 G2
慈善寺[京] 28 C4
慈善寺石窑[陕] 418 D5
慈寿寺[闽] 207 D6
慈相寺[晋] 66 E5
慈兴寺[港] 458 C1
慈云洞[皖] 200 C4
慈云寺[黑] 121 B8
慈云寺[晋] 69 A9
慈云寺[豫] 260 F3
慈云寺[浙] 168 B3
慈云寺塔[苏] 161 G7
磁山遗址[冀] 61 E8
磁州窑遗址[冀] 61 E9
刺叭台[黑] 131 D7
刺尔滨河漂流[黑] 124 B3
从化温泉旅游度假区[粤] 313 B9
从熙公祠[粤] 319 D8
丛麻禅院[鲁] 251 F6
丛台[冀] 61 D7
徂徕山[鲁] 249 E7
崔府君庙[晋] 71 C7
崔家坟[黑] 124 E1
催阵堡山城[辽] 95 F6
萃英园[川] 362 E4
翠峰山[滇] 398 D3
翠湖公园[川] 368 F3
翠华山山崩国家地质公园[陕] 416 C4
翠里大山森林保护区[黔] 389 C9
翠屏湖旅游度假区[津] 41 B8
翠屏山[桂] 344 C5
翠屏山[桂] 345 F8
翠屏山多佛塔[鲁] 239 E9
翠屏雄狮[桂] 336 E2
翠微峰[赣] 228 B5
翠乌坪汉墓[湘] 302 C4
翠云廊[川] 364 E3
翠云溶洞[滇] 407 D7
翠云山滑雪场[冀] 50 D4
翠云寺[渝] 354 C4
措普沟[川] 379 E6
措普沟[川] 379 E7

D

达城庙[鄂] 287 C6
达地古碑[黔] 389 E8
达洪江自然保护区[桂] 342 B4
达拉哈[内蒙古] 83 D8
达斡尔族风情[黑] 122 E4
达斡尔族柯尔克孜族风情[黑] 122 D4
打鼓台遗址[湘] 299 B8
打虎亭汉墓[豫] 260 E4
打劫岭[鄂] 280 F3
打龙潭[黔] 384 D4
打陇飞猫天坑[桂] 342 E1
大岛珍稀与濒危动物自然保护区[粤] 325 F10
大安寺塔[浙] 175 C6
大八温泉[粤] 325 E6
大板桥[川] 376 B2
大板水[黔] 390 E3
大板营国家自然保护[渝] 356 D2
大宝寺[陕] 421 D8
大悲寺[晋] 74 D5
大毕篝[川] 367 E6
大布苏湖[吉] 110 E5
大才神龙宫[桂] 344 C3
大昌古城[渝] 357 D9
大厂清真寺[冀] 52 A3
大车湾清代墓葬[渝] 355 F10
大车湾清代墓葬[渝] 356 D2
大成殿[晋] 74 C4
大成殿[鲁] 254 C5
大城寨[川] 369 D8
大城子塔[辽] 92 E5
大埕所城[粤] 319 C9
大冲瀑布[桂] 345 B8
大稠顶自然保护区[粤] 314 E3
大川城址[吉] 114 F2
大慈岩[浙] 166 G3
大叠水瀑布[滇] 397 F8
大顶山[黑] 120 B3
大顶山[粤] 314 C5
大顶子山古城遗址[黑] 127 F8
大东海[琼] 346 G5
大东山温泉[粤] 314 C4
大东山自然保护区[粤] 314 B4
大垌山净业寺[粤] 324 F5
大洞山[粤] 324 F4
大洞山地下河[粤] 314 B3
大渡河峡谷国家地质公园[川] 376 F3
大墩遗址[鄂] 278 A4
大墩子遗址[滇] 396 C5
大丰洞摩崖[黔] 384 C3
大丰河惊险漂[黑] 126 E3
大丰麋鹿国家自然保护区[苏] 152 E4
大丰麋鹿自然保护区[苏] 152 F5
大风顶自然保护区[川] 367 B9
大风歌碑[苏] 148 B3
大峰山齐长城[鲁] 239 D9
大佛洞[陕] 420 D4
大佛寺[川] 364 D4
大佛寺[陕] 425 C8
大佛寺[渝] 354 B2
大佛寺[浙] 173 F6
大佛寺[浙] 174 C4
大佛寺石窟[陕] 418 B5
大佛沱摩崖造像[川] 374 C4
大佛岩[浙] 170 B5
大夫山森林公园[粤] 313 F7
大干家坪[鄂] 280 G3
大冈山[台] 460 E2
大个子岭原始森林[黑] 120 D4
大拱桥[桂] 336 D3
大孤山古建筑群[辽] 99 G10
大沽口炮台遗址[津]39 E9
大观楼[赣] 227 C7
大观塔[赣] 226 D5
大观园游览区[沪] 138 G3
大棺木岩[鄂] 291 C8
大广坝水库[琼] 346 E3
大贵寺国家森林公园[鄂] 282 B3
大桂山国家森林公园[桂] 338 C4
大海草山风景区[滇] 398 C2
大寒遗址[豫] 264 B5
大黑山[滇] 407 G8
大黑山草原[黑] 123 D6
大黑山森林公园[辽]92 C2
大黑山山城[辽] 102 F4
大黑石游览区[辽] 102 F2
大洪国王宫[粤] 324 D3
大洪湖[渝] 354 B5
大洪山[鄂] 282 F5
大洪山厂河[鄂] 283 B7
大洪山客店黄仙洞风景区[鄂] 283 C7
大洪山 森林公园[鄂] 283 C6
大洪寨[豫] 268 B1
大湖烈士纪念碑[粤] 316 C3
大花角[琼] 347 E8
大花屋[鄂] 291 A7
大华山[赣] 225 F6
大荒沟抗日根据地[吉] 115 D9
大伙房水库[辽] 95 E8
大极洞石刻[黔] 390 E5
大济[浙] 180 F4
大见夕风景区[桂] 344 F2
大江湖[桂] 336 F2
大金得胜陀颂碑[吉] 111 C9
大金湖国家地质公园[闽] 210 B4
大境门长城[冀] 50 E5
大觉寺[京] 28 B3
大觉岩[赣] 224 A5
大考山定光古佛寺[浙] 177 B9
大口旅游区[鄂] 283 C8
大口森林公园[鄂] 283 C8
大口窑村窑址[闽] 208 C5
大块地墓地[鄂] 282 C3
大块地原始森林[陕] 425 A8
大块地原始森林[豫] 262 F2
大莱口[浙] 174 F4
大榄郊野公园[港] 458 B2
大浪坝[滇] 399 F9
大浪河-美女峰[川]372 D4
大浪湾[港] 458 B4
大老岭[鄂] 291 B7
大乐烈士塔[桂] 345 B7
大楞半岛[黑] 129 E8
大冷山水库[内蒙古]83 D6
大理[滇] 405 C8
大理古城[滇] 405 C8
大荔人遗址[陕] 424 E3
大连斑海豹[辽] 102 G2
大连滨海国家地质公园[辽] 102 G2
大连城[桂] 343 D9
大连海滨[辽] 102 G2
大连海滨[辽] 102 G3
大连金龙寺狩猎场[辽] 102 F2
大连森林公园[辽] 102 F4
大梁宫[粤] 328 D2
大亮子河国家森林公园[黑] 126 F4
大亮子河国家森林公园[黑] 128 D1
大岭山森林公园[粤] 320 B4
大岭山桃花园[桂] 336 E4
大岭温泉[粤] 315 F9
大龙池森林公园[新] 455 B9
大龙洞[桂] 345 C9
大龙洞泉[湘] 301 E8
大龙洞溶岩[桂] 334 B5
大龙门小龙门[鄂] 290 D3
大龙阡溶洞[黔] 391 D7
大龙潭[鄂] 280 F3
大龙潭[鄂] 290 D4
大龙王森林公园[新] 451 B9
大芦村民俗[桂] 341 A9
大芦湖[鲁] 242 A3
大录神仙池[川] 377 B9
大鹿岛[辽] 99 F10
大鹿山[浙] 176 G4
大罗密河漂流[黑] 121 C7
大罗山自然保护区[宁] 443 C6
大马河漂流[黑] 128 B3
大杧岛珍稀与濒危动物自然保护区[粤] 320 G1
大茅山[赣] 231 C7
大茂山景区[冀] 56 D4
大帽山郊野公园[港] 458 B3
大梅子坳古墓群[桂] 336 C3
大庙[冀] 58 A4
大庙[内蒙古] 79 E8
大庙冲商周遗址[豫] 273 G7
大明山[浙] 166 C3
大明山国家级自然保护[桂] 334 C4
大明寺[晋] 75 C6
大明寺[皖] 194 A2
大明寺[浙] 176 C5
大明星[京] 32 F5
大南山度假区[粤] 312 C5
大南山红场旧址[粤] 319 E6
大南山红宫旧址[粤] 319 E7
大南山石刻[粤] 319 E6
大鲵国家自然保护区[湘] 298 C3
大鲵自然保护区[陕] 418 F3
大宁河风景区[渝] 357 E9
大盘山[浙] 175 E8
大鹏半岛国家地质公园[粤] 321 D7
大鹏山古民居群[浙] 170 D4
大平宫[鲁] 244 B5
大平坡水楼[桂] 339 F8
大平山自然保护区[桂] 339 B8
大平山自然保护区[桂] 345 C9
大坪汉墓群[黔] 391 C6
大坪溶洞群[黔] 384 D2
大坡古城[吉] 108 C5
大埔自然保护区[港] 458 B3
大七孔景区[黔] 385 B9
大奇山国家森林公园[浙] 167 E6
大桥黑颈鹤自然保护区[滇] 398 B2
大青沟[内蒙古] 83 E9
大青观森林[黑] 130 C1
大青山[黑] 120 C5
大青山[冀] 50 G5
大青山遗址[吉] 112 D1
大清沟自然保护区[辽] 96 C3
大清观[川] 372 A3
大庆国家森林公园[黑] 123 D8
大丘面墓群[粤] 316 C2
大泉洞[鄂] 285 E7
大泉洞[鄂] 285 E8
大泉寺[鄂] 285 E9
大泉子[黑] 122 C4
大容山森林公园[桂] 339 D9
大溶洞民俗旅游区[京] 32 A2
大榕树[桂] 343 B8
大箬岩[浙] 178 C5
大散关遗址[陕] 418 E3
大沙河自然保护区[黔] 390 A5
大沙头沙漠健身娱乐区[内蒙古] 80 F5
大沙洼海水浴场[鲁] 253 C8
大山百里杜鹃[黔] 387 F8
大山溶洞[黔] 384 E3
大商遗址[鲁] 247 D7
大圣墩[黔] 391 D7
大圣山自然野生动物风景区[桂] 335 D7
大圣寺塔[赣] 229 E8
大水井古建筑群落[鄂] 290 C3
大寺[豫] 271 E9
大嵩径摩崖石刻[粤] 316 D3
大苏干湖自然保护区[陇] 430 G2
大苏干湖自然保护区[青] 439 E7
大台樱桃沟[京] 30 C4
大滩次生林自然保护[京] 32 D4
大汤温泉[桂] 338 B5
大套子岛[黑] 124 D5
大藤峡[桂] 339 B8
大田坡鹿[琼] 346 D2
大田坡鹿自然保护区[琼] 346 D2
大田亭[桂] 338 B3

D 大傣岱玳带戴黛丹淡当倒道得德登邓低滴底低地第滇点淀雕吊钓叠丁顶鼎定东董侗峒洞都兜斗陡窦独杜度渡段对墩多躲 E 俄峨鹅额鄂阏鳄恩而二 F 法番翻樊反泛范梵方芳防房仿放飞蜚肥淝翡废沸费分汾丰风沣枫封峰烽蜂冯凤佛伏扶

景点名称[省别] 地图位置

大田戏台[桂] 338 B3
大通河[黑] 121 B7
大通河水库[黑] 121 B7
大同火册群[晋] 69 C8
大同水库[黑] 120 C4
大同寺[湘] 299 B7
大土阁[桂] 341 E10
大屯火山群[台] 460 A4
大屯彝族土司庄园[黔] 386 C2
大湾洞[黔] 384 G3
大湾石窟[陕] 421 C8
大王洞[皖] 200 C4
大王岭自然保护区[桂] 342 E4
大王庙[晋] 67 B6
大王庙[晋] 67 B8
大往圩遗址[浙] 169 D6
大旺寺白塔[川] 372 B4
大围河清真寺[冀] 52 E1
大围森林公园[湘] 297 10
大围山[滇] 401 F6
大汶口文化遗址[鲁] 249 E6
大汶口文化遗址[鲁] 253 C6
大乌江[黔] 390 F5
大乌兰吐古城[吉] 110 A5
大武口森林公园[宁] 442 C1
大雾岭国家级自然保护区[粤] 324 D4
大溪文化遗址[渝] 357 E9
大仙山[内蒙古] 79 D6
大小洞天[琼] 346 G3
大兴安岭汗马自然保护区[内蒙古] 81 C7
大兴温泉高尔夫[京] 31 F7
大雄寺[苏] 153 A10
大熊猫自然保护区[陕] 420 B1
大熊山森林公园[湘] 298 G5
大熊山森林公园[湘] 302 A2
大玄真宫祖碑[辽] 97 D6
大雪山[滇] 399 D8
大哑口[渝] 356 E5
大亚湾经济开发区[粤] 317 E9
大亚湾水产资源自然保护区[粤] 317 D9
大亚湾游乐场[粤] 317 D9
大垭口森林公园[渝] 356 E5
大羊山森林公园[京] 31 A10
大杨庄[鲁] 239 C7
大洋旅游度假区[粤] 318 C5
大窑龙泉窑遗址[浙] 180 E4
大窑文人遗址[内蒙古] 79 E8
大药姑[湘] 300 C5
大伊山[苏] 150 C4
大宜沟山[豫] 264 D5
大义山[湘] 303 F6
大英温泉[鲁] 251 E8
大酉洞[渝] 356 C2
大屿岛白鹭自然保护区[闽] 212 C4
大屿山南郊野公园[港] 458 C1
大禹陵[浙] 172 C5
大禹庙[陕] 424 B5
大园洞[渝] 354 F4
大云禅寺[晋] 70 E2
大云院[晋] 70 B4
大泽山[鲁] 244 E2
大泽乡起义旧址[皖] 188 F5
大笮县的遗址[川] 367 F6
大洲岛国家级自然保护区[琼] 347 F7
大珠山石窟造像[鲁] 245 E8
大庄清真寺[滇] 400 E5
大纵湖[苏] 152 E2
大足石刻[渝] 354 C2
大座山庄[桂] 338 E3
傣族风情区[黔] 390 G3
岱海旅游区[内蒙古] 79 E8
岱庙[晋] 71 D8
岱山[浙] 170 C3
岱山湖[皖] 186 A2
带岭滑雪场[黑] 126 F3
玳瑁岭石林[浙] 166 F4
戴东原墓[皖] 201 F7
戴云山戴云山自然保护区[闽] 213 B7
戴震墓[皖] 201 F7
黛眉山国家地质公园[豫] 263 A6
丹顶鹤栖息地[黑] 124 D1
丹顶鹤自然保护区[苏] 152 C4
丹峰滑雪场[黑] 131 D8
丹凤花庙[陕] 425 C8
丹桂村革命纪念地[滇] 397 C7
丹江口水库风景区[豫] 270 E4
丹景山[川] 362 B4
丹清河原始森林[黑] 121 A8
丹山[川] 375 E7
丹土遗址[鲁] 253 C8
丹霞地貌景观区[湘] 305 E7
丹霞山[黔] 387 F7
丹霞山[粤] 315 B7
丹霞山国家级自然保护区[粤] 315 B8
丹霞山世界·国家地质公园[粤] 315 B7
丹霞寺[豫] 271 C7
丹崖[鲁] 250 F4
丹洲怀远古迹[桂] 337 C8
丹朱墓[豫] 265 D8
担杆岛猕猴自然保护区[粤] 321 F6
儋州白蝶贝自然保护区[琼] 346 B4
淡岩[湘] 304 C3
淡竹[浙] 176 E1
当壁镇景区[黑] 127 D9
当奈浅水湖泊[黑] 123 D6
当奈人居生态村[黑] 123 D6
党家村民居[陕] 424 B5
刀安仁墓[滇] 403 F8
倒挂崖[鄂] 286 C4
倒灌溪[鄂] 283 C8
倒脱鞋[浙] 173 G6
道姑庵[川] 373 E9
道观河[鄂] 278 A5
道山[湘] 304 E3
道士谷郑道昭石刻[鲁] 250 E2
道吾山[湘] 297 D8
稻城[川] 379 D9
稻香湖公园[京] 28 B4
得道庵[粤] 318 G3
得莫力滑雪场[黑] 121 C7
德峨民族风情村[桂] 343 F9
德夯风景区[湘] 301 E8
德夯苗寨[湘] 301 E8
德化石牛山国家地质公园[闽] 213 B8
德胜岩[浙] 175 B6
德天瀑布[桂] 343 D7
德州古镇[川] 367 E7
登山桥[赣] 225 F6
登塘冶炼遗址[桂] 339 C9
邓拨奇故居[粤] 328 C4
邓登曲登[川] 378 D3
邓恩铭烈士故里[黔] 385 B8
邓公庙[桂] 338 G2
邓尉山[苏] 161 E6
邓小平故居[川] 365 B7
邓禹故居[豫] 271 F7
邓禹冢[豫] 261 D9
邓峪村造像[晋] 67 F7
低庵瀑布[浙] 167 E6
滴水洞[湘] 302 B5
滴水壶[京] 32 D5
滴水岩[闽] 209 E6
滴水岩[闽] 210 D5
底定自然保护区[桂] 343 F6
抵西溶洞[黔] 387 D6
地藏寺[赣] 225 C6
地峨宫[黔] 385 B9
地雷战遗址[鲁] 250 G5
地灵侗寨[桂] 336 B1
地坪风神洞[黔] 390 G5
地热火山[滇] 403 E7
地戏博物馆[黔] 387 C6
地下河[粤] 314 B3
地下溶洞[黑] 131 E9
地下森林[吉] 114 G5
地质公园中心区[京] 32 D4
地质剖面[津] 41 B8
地州自然保护区[桂] 343 E6
第四纪动物化石遗址[豫] 273 C8
第一城高尔夫球场[冀] 52 B3
第一海水浴场[鲁] 245 D6
第一侨乡[冀] 59 E8
第一山森林公园[苏] 151 E9
第一山石刻[苏] 151 E9
滇池[滇] 397 E7
滇越铁路五家寨人字桥[滇] 401 E6
点将台[川] 377 E9
点将台[鄂] 288 C4
淀山湖[苏] 161 E9
刁汉湖[鄂] 284 F2
雕花厅[苏] 161 C9
雕龙碑[鄂] 281 D10
吊罗山[琼] 347 E6
吊罗山国家森林公园[琼] 347 E6
吊水壶森林公园[吉] 108 F3
吊水壶自然保护区[吉] 109 D6
吊水楼瀑布[黑] 131 D9
吊钟洲[港] 458 C4
钓鱼城[渝] 354 B4
钓鱼公园[京] 29 F6
叠翠岩风景区[闽] 206 C4
叠山书院[赣] 231 E6
叠溪古城遗址[川] 377 E9
叠溪-松坪沟[川] 377 E9
丁家沟抗俄斗争遗址[吉] 112 C4
丁氏祠堂[闽] 213 E9
丁氏庄园[鲁] 250 C4
顶耳山竹院[黔] 384 E5
鼎湖自然保护区[粤] 328 E4
鼎州故城[湘] 299 D6
定光寺[粤] 318 F4
定海古城[闽] 206 A2
定慧寺[苏] 153 F7
定林寺[鲁] 252 C5
定陵[京] 31 A9
定头城遗址[黔] 387 D8
定向东园[湘] 303 A7
定远桥[湘] 306 E5
定州汉墓[冀] 57 F6
定州文庙[冀] 57 F6
定州窑址[冀] 56 E5
东白塔清真寺[京] 31 F8
东宝山[鄂] 283 E8
东宝塔[陕] 421 D7
东北岔抗日根据地[吉] 114 F2
东北黑峰自然保护区[黑] 127 A6
东北黑蜂国家级自然保护区[黑] 129 D8
东北旺苗圃[京] 28 B5
东岔抗日营地遗址[吉] 114 F2
东大山自然保护区[陇] 430 B5
东吊水湖[吉] 113 F7
东洱河水库[滇] 407 C6
东方巨龟苑[冀] 48 C5
东方绿舟[沪] 138 F3
东方明珠电视塔[沪] 137 E6
东方石窟[京] 32 B3
东方朔画赞碑[鲁] 238 D4
东方文化园[浙] 167 C8
东方药城[冀] 57 G7
东风湖[黔] 386 C4
东峰庵普同宝塔[鄂] 278 B5
东峰林[黔] 387 F9
东富寺[湘] 303 B9
东港滨海湿地自然保护区[辽] 99 E10
东古城[吉] 115 E7
东谷天然盆景[川] 378 B5
东海岛[粤] 327 D9
东海龙珠[浙] 170 B5
东海温泉[苏] 150 E3
东海仙境[闽] 207 A6
东海影视乐园[沪] 140 A3
东汉古墓群[粤] 313 F7
东汉崖墓[川] 372 E4
东胡林人遗址[京] 30 B3
东湖[黑] 130 F4
东湖[浙] 172 B5
东湖度假区[粤] 325 E7
东华山[闽] 212 C1
东华山[闽] 215 C9
东华山石刻[黔] 387 C6
东化成寺塔[浙] 172 D4
东家凹遗址[湘] 304 D5
东江生态森林风景区[桂] 336 C2
东郊椰林[琼] 347 C9
东晋古刹永和寺[渝] 354 G10
东京陵[辽] 100 B4
东坑祠[粤] 315 F7
东丽湖[津] 39 C7
东林寺[赣] 223 C7
东林寺[黑] 130 E5
东龙洞[鲁] 239 B8
东门石坊[闽] 207 F6
东南一景摩崖石刻[粤] 324 C4
东宁界河公园[黑] 131 A9
东宁口岸[黑] 131 A9
东宁要塞[黑] 131 A9
东炮台[吉] 115 E9
东平国家森林公园[沪] 141 D7
东平汉墓群[鲁] 248 E2
东平湖[鲁] 248 E1
东平珍珠湾海水浴场[粤] 325 F7
东坡书院[琼] 346 B4
东坡书院[苏] 158 F4
东钱湖[浙] 170 D5
东山[滇] 398 C4
东山[苏] 161 F6
东山[渝] 356 F3
东山[浙] 173 C6
东山“万人坑”陈列馆[黑] 128 C2
东山岛[闽] 212 F2
东山高尔夫球场[琼] 347 B7
东山公园[黑] 126 F3
东山国家森林公园[滇] 405 C9
东山湖[黑] 124 D5
东山岭[琼] 347 E7
东山珊瑚礁自然保护区[闽] 212 F2
东山书院[湘] 303 B6
东山寺[川] 365 E7
东山塔[粤] 316 E2
东山嘴遗址[辽] 92 E5
东塔[川] 368 D3
东塔[湘] 305 D6
东台山森林公园[湘] 303 B6
东太湖湿地自然保护区[苏] 161 F7
东滩候鸟自然保护区[沪] 141 A9
东天目山[浙] 166 B5
东土城子遗址[黑] 123 D6
东土亚热带雨林自然保护区[闽] 212 B2
东温泉[渝] 354 D5
东文笔[滇] 399 E9
东西岩[浙] 181 B6
东溪[粤] 323 C9
东心埔温泉[粤] 318 D5
东兴民族旅游村[桂] 337 C8
东崖绝壁[浙] 171 B8
东岩[赣] 231 F8
东阳城遗址[苏] 151 D9
东阳城遗址[皖] 193 B8
东狱庙[川] 374 F5
东园石窟[陕] 417 E7
东垣自然保护区[晋] 74 F5
东岳庙[晋] 70 C4
东岳庙[晋] 71 C8
东岳庙[晋] 71 E8
东岳庙[晋] 73 F7
东岳庙[晋] 74 E2
东岳庙[苏] 153 C9
东岳庙[豫] 264 F2
东岳庙[浙] 177 C9
东岳山文峰塔[晋] 73 C7
东岳王戏楼[陕] 425 E8
东寨港自然保护区[琼] 347 B8
东正教堂[黑] 131 A8
东周安城铜矿[鄂] 280 B3
东周遗址[鄂] 281 C7
东竹林寺[滇] 404 E3
董炳[黔] 384 C4
董村水晶矿摩崖题记[浙] 173 F7
董存瑞烈士陵园[冀] 53 D7
董府[宁] 442 D4
董永墓[鄂] 284 E3
董寨[豫] 273 F6
董仲舒雕像[冀] 58 G4
侗寨三月三[黔] 388 D5
侗族大歌节[桂] 337 B8
峒中温泉[桂] 340 E2
洞壁琴音[苏] 147 B8
洞嘎寺[川] 378 D3
洞宫山[闽] 209 E6
洞沟古墓群[吉] 114 G2
洞沟古崖居[京] 32 E1
洞光岩[闽] 208 D1
洞摩崖题刻[川] 372 E3
洞山[赣] 226 C5
洞山[浙] 168 E1
洞山寺[浙] 170 E4
洞天福地庙[桂] 343 D6
洞庭风景区[黑] 131 A9
洞庭湖[湘] 300 C3
洞庭湖国家自然保护区[湘] 300 D3
洞头[浙] 179 A7
洞霄宫[浙] 167 B7
洞葬[黔] 385 G7
洞葬[黔] 385 G7
都江堰[川] 362 C3
都峤山[桂] 339 D10
都乐圩[粤] 328 E1
都乐岩洞[桂] 337 F8
都柳江风景名胜旅游[黔] 385 B7
都庞岭国家自然保护区[湘] 304 E2
兜率灵岩[湘] 305 D8
兜率寺[苏] 146 F4
斗柄塔[琼] 347 A8
斗城遗址[豫] 272 A4
斗方寺[鄂] 286 C5
斗湖自然保护区[苏] 151 F9
斗门温泉[粤] 320 E2
斗母宫[陕] 418 F4
斗蓬山天池[黔] 384 D5
斗篷山-剑江[黔] 385 C6
斗岩[浙] 172 E2
陡水湖[赣] 229 F6
陡寨苗族村[黔] 389 E6
豆沙关[滇] 402 D2
窦店土城遗址[京] 30 F5
窦圌山[川] 368 D3
独乐寺[津] 41 B8
独立暴动指挥部旧址[皖] 187 D8
独山历史文化保护区[浙] 180 C3
独石口长城[冀] 50 B4
独石仔遗址[粤] 325 D6
独松关[浙] 168 E4
独秀峰[黔] 385 C7
独寨子[鄂] 291 E7
笃山溶洞群[黔] 387 D8
杜甫草堂遗址[鄂] 291 B6
杜甫故里[豫] 260 F2
杜甫陵园[豫] 260 F2
杜甫墓[湘] 300 F5
杜甫墓[湘] 300 F5
杜甫墓[湘] 303 F7
杜公祠[陕] 417 C8
杜火坪摩崖造像[陕] 420 D2
杜鹃城遗址[川] 362 D5
杜鹃池[川] 372 E1
杜鹃湖[内蒙古] 83 A7
杜鹃湖-白云山[黔] 385 G6
杜鹃花丛[黔] 391 E8
杜康泉[陕] 424 C2
杜陵[陕] 416 C3
度假村[黔] 388 E5
渡江纪念塔[皖] 194 G5
渡江战役烈士陵墓[苏] 159 A6
渡江战役中线指挥部[皖] 198 C2
渡江战役总前委旧址[皖] 186 B4
渡邑南亚热带沟谷季雨林自然保护区[黔] 387 B9
段寨遗址[豫] 269 E8
对面洞[黔] 387 D6
对山草原[黑] 123 D6
墩坡遗址[鄂] 284 C3
墩子岸遗址[鄂] 278 B5
多宝佛塔[苏] 161 E6
多宾洞[黔] 386 C5
多滨洞[黔] 384 F3
多文岭[琼] 346 B5
多依河[滇] 398 F5
躲兵洞[黔] 386 C5
躲军洞[鄂] 280 E4

E

俄罗斯风情园[黑] 131 D7
俄罗斯老街[黑] 131 D7
俄罗斯民族村[黑] 124 D5
俄贤洞[琼] 346 E3
俄支寺[川] 378 G3
峨里湖[桂] 344 F2
峨眉山[川] 372 C2
峨嵋峰自然保护区[闽] 210 A4
鹅地温泉[粤] 319 E7
鹅和鸭农庄[京] 32 G5
鹅湖书院[赣] 231 F7
鹅泉[桂] 343 E6
鹅形山[湘] 300 F2
鹅掌楸自然保护区[黔] 389 C6
额济纳胡杨林[内蒙古] 84 E2
鄂东南特委旧址[鄂] 28 E10
鄂尔多斯高原沙漠公园[内蒙古] 80 D2
鄂尔多斯生态旅游区[内蒙古] 80 G5
鄂尔多斯文化旅游村[内蒙古] 80 G5
鄂伦春民俗度假村[内蒙古] 81 B9
鄂伦春族风情[黑] 125 B9
鄂王城遗址[鄂] 287 G8
鄂温克族民俗村[内蒙古] 81 B10
鄂西游击总队成立旧[鄂] 289 E6
鄂豫边区烈士陵园[鄂] 278 B4
鄂豫皖革命根据地旧[豫] 273 G7
鄂豫皖省委会旧址[鄂] 286 F2
鄂中特委旧址[鄂] 289 D8
阏伯台[豫] 267 D7
阏伯台[豫] 267 D7
阏舆古城[晋] 70 E3
鳄鱼湖公园[京] 31 C9
恩城宝岛[桂] 343 C7
恩村风景区[桂] 344 E2
恩格贝[内蒙古] 80 D2
恩平地热国家地质公园[粤] 325 E7
恩荣牌坊[桂] 338 B3
而山[川] 368 D3
洱海公园[滇] 405 C8
209高地风景地[黑] 127 A6
二、六军区会师纪念碑[黔] 391 D8
二程墓[豫] 263 D8
二道河子田园风光带[黑] 120 D4
二道龙门[渝] 356 E2
二道桥温泉[川] 379 A7
二道小河湾[黔] 387 D6
二帝陵[豫] 265 D6
二克浅敖包山[黑] 122 D2
二郎泉石窟[陕] 421 E7
二郎山庙[陕] 422 B5
二郎滩景区[川] 375 E10
二龙关古隘[滇] 402 B4
二龙关古隘[黔] 386 E3
二龙湖自然保护区[吉] 112 C4
二龙口硅化木群[川] 375 C6
二龙山[黑] 120 C4
二龙什台森林公园[内蒙古] 79 E8
二马温泉[鲁] 251 E8
二七纪念馆[京] 28 E4
二十里风景区[桂] 334 C5
二十六臂山崖墓群[川] 374 D3
二仙洞[豫] 260 F4
二仙庙[晋] 71 B7
二仙庙[晋] 71 C7
二仙庙[晋] 71 D8
二仙庙[豫] 261 D8
二洲岩[粤] 328 E3

F

垡山岩[闽] 212 C5
法华寺[浙] 168 C2
法轮寺塔[苏] 155 C7
法门寺[陕] 418 E5
法王庙[陕] 424 B5
法王寺[川] 375 C8
法王寺[豫] 260 F4
法相岩[湘] 307 E6
法兴寺[晋] 70 D5
法兴寺[晋] 71 D6
法源寺塔[陕] 424 D2
番加自然保护区[琼] 346 D5
番茅黎寨[琼] 346 E4
番禺博物馆[粤] 313 E7
番禺区风景[粤] 313 E7
番字石刻[京] 33 C7
翻天印[黔] 385 C7
樊哙城遗址[鄂] 287 C8
樊哙墓[鄂] 279 C7
反字岩[黔] 387 D6
范公祠[鲁] 240 C3
范公亭[鲁] 242 C5
范蠡故里[豫] 271 E7
范仲淹墓[豫] 263 C9
梵净山山门[黔] 391 E9
梵王寺墓群[晋] 68 G3
方城遗址[豫] 269 B7
方广寺[浙] 176 B3
方广岩[闽] 206 E4
方家墩遗址[鄂] 287 B7
方腊洞(聚义)[浙] 166 E3
方腊洞[浙] 166 D3
方山[川] 367 G6
方山[晋] 67 B8
方山[苏] 146 C3
方山国家森林公园[晋] 67 B8
方山南嵩岩[浙] 176 E4
方山森林公园[川] 375 C6
方寿琳宫[川] 367 G6
方塔[沪] 138 C4
方岩[浙] 175 E6
方丈泰宅[皖] 201 E8
方正湖[黑] 121 C7
方正森林公园[黑] 121 C7
方植三烈士墓[鄂] 284 F1
方志敏故居[赣] 231 D6
芳香寺[陕] 418 F5
防城上岳金花茶[桂] 341 D6
防川[吉] 115 F9
防风祠[浙] 168 C5
防山墓群[鲁] 255 C8
房干生态旅游区[鲁] 249 B8
房县温泉[鄂] 280 E4
仿山周代墓群[鲁] 254 D3
放鸡岛[粤] 324 G3
飞凤桥[黔] 391 G9
飞鸽景区[黔] 390 C2
飞来峰造像[浙] 167 B8
飞来寺国家森林公园[滇] 404 F2
飞来寺塔[粤] 324 D5
飞龙顶[豫] 260 D1
飞龙洞[黔] 384 E5
飞龙洞[黔] 387 F9
飞龙谷[京] 32 A3
飞龙滩浴场[粤] 327 D9
飞泉寺塔[陕] 424 C3
飞沙滩国际度假村[粤] 325 F10
飞沙滩国际度假村[粤] 320 G2
飞水岩瀑布[黔] 389 E7
飞天龙[黔] 384 D5
飞天图腾[黔] 387 E6
飞霞风景区[粤] 315 F6
飞仙洞[鄂] 285 D8
飞仙洞[渝] 355 C8
飞仙石[黔] 390 C2
飞云大峡谷[黔] 388 E5
飞云崖[黔] 388 F5
蜚英塔[赣] 220 D4
肥城桃[鲁] 248 D4
淝水之战遗址[皖] 189 B8
翡翠岛国家自然保护[冀] 55 E6
废黄河故道自然保护[苏] 152 B2
沸泉[黑] 124 E2
费阿拉城[辽] 95 C9
费古城遗址[鲁] 252 D3
费县天蒙景区[鲁] 252 C3
分界碑石刻[京] 32 D3
分水龙王庙[鲁] 255 C6
分水溪[黔] 388 A4
分水溪[湘] 306 D3
汾湖度假区[苏] 161 F8
汾水战役遗址[粤] 319 C6
丰林河漂流[黑] 126 D3
丰林自然保护区[黑] 126 D3
丰满万人坑遗址[吉] 109 D8
丰顺飞泉[粤] 323 E8
丰图义仓[陕] 424 E4
丰溪自然保护区[粤] 323 B10
丰下遗址[辽] 92 B2
丰阳古塔[陕] 425 D9
丰鱼岩[桂] 336 G2
风洞[黔] 391 F7
风景区[鄂] 287 F8
风景山[川] 363 F6
风穴寺[豫] 271 A8
风雨凉桥[鄂] 290 F3
风雨桥[湘] 306 F3
风雨桥景观[湘] 307 F6
风雨兴隆桥[黔] 391 E8
风月桥森林公园[黑] 131 B7
风云禅寺[陕] 420 D2
风筝博物馆[鲁] 243 C6
风筝放飞杨[鲁] 243 D6
沣京遗址[陕] 416 D3
沣峪森林公园[陕] 416 D4
枫果山瀑布[琼] 347 F6
枫林咽泉[浙] 167 C6
枫岭关[浙] 177 E7
枫木鹿场[琼] 347 D6
枫桥大庙[浙] 172 D3
枫桥烈士墓[鄂] 285 D6
封川古城[粤] 328 D1
封开斑石[粤] 328 D2
封开国家地质公园[粤] 328 D1
封龙山[冀] 49 E6
峰塔[粤] 316 A1
烽火台[黔] 387 E7
蜂蜜山[黑] 127 D9
蜂桶寨国家自然保护[川] 376 B3
蜂桶寨自然保护区[川] 376 B3
冯白驹将军故居[琼] 347 B7
冯家湾[琼] 347 C8
冯雪峰故居[浙] 174 D5
冯玉祥墓[鲁] 249 C6
冯云山故居遗址[粤] 313 C6
冯云山指挥所旧址[桂] 338 C1
冯子材墓[桂] 341 C7
凤动岩[闽] 212 F3
凤冠山碑刻[苏] 148 E5
凤凰顶[京] 32 E4
凤凰洞溶洞群[黔] 385 F6
凤凰国家地质公园[湘] 301 F8
凤凰湖[桂] 334 F4
凤凰咀[鄂] 281 D7
凤凰岭[京] 28 A3
凤凰山[鄂] 290 D4
凤凰山[辽] 99 F8
凤凰山[闽] 208 D4
凤凰山[苏] 161 B7
凤凰山长城旅游区[冀] 51 C6
凤凰山国家森林公园[黑] 120 G5
凤凰山国家森林公园[辽] 92 C4
凤凰山森林公园[黑] 127 E10
凤凰山天池[粤] 319 B7
凤凰山自然保护区[黑] 127 E10
凤凰寺[闽] 206 E4
凤凰台[粤] 319 C8
凤凰潭遗址[鄂] 278 C5
凤凰温泉[苏] 152 G3
凤凰寨[浙] 178 C5
凤凰嘴[川] 367 E7
凤凰嘴古墓群[桂] 336 C4
凤林古城[黑] 128 E5
凤林汉魏时代古城遗[黑] 128 E5
凤鸣公园[苏] 148 B2
凤鸣谷[豫] 272 B3
凤鸣山[浙] 173 C7
凤山[晋] 73 E7
凤山城址[桂] 337 E8
凤山公园[滇] 400 B4
凤山祖庙旅游区[粤] 318 G3
凤仙山[鲁] 249 F6
凤眼泉[粤] 319 D7
凤阳关[桂] 344 F4
凤阳山百山祖自然保护区[浙] 180 E4
佛宝[川] 375 C9
佛宝森林公园[川] 375 C9
佛宝寺[黑] 127 F8
佛宝镇[川] 375 C9
佛殿山佛房遗址[滇] 407 G7
佛顶山自然保护区[黔] 391 G6
佛二岩大佛[川] 373 E8
佛冈观音山[粤] 315 F7
佛光寺[晋] 72 B3
佛光寺[台] 460 F3
佛山石林[桂] 345 F8
佛山祖庙[粤] 313 E6
佛手岭[粤] 325 C7
佛堂寺石窟[陕] 423 B7
佛岩寺[京] 31 B7
佛爷碥摩崖题刻[陕] 421 D10
佛爷洞[鄂] 280 A1
佛爷庙[鄂] 280 A1
佛爷崖石窟[陕] 418 C2
佛子岭水库水源涵养林自然保护区[皖] 187 D10
佛子山[桂] 339 D8
佛祖岩[川] 372 B2
伏波宫[湘] 306 B4
伏波庙[桂] 335 E8
伏波庙[琼] 346 B4
伏归洞[桂] 342 D1
伏击战遗址[鄂] 290 F4
伏龙瀑布[鄂] 280 F3
伏龙山[鄂] 280 C4
伏龙山[浙] 170 E4
伏牛山国家自然保护区[豫] 270 C5
伏羲庙[鲁] 255 D7
扶疏亭[皖] 188 F5
扶苏墓[陕] 423 C9

F 扶芙浮涪符福抚斧阜傅富 G 嘎尕垓盖干甘敢感刚岗缸港皋高镐圪鸽歌阁革格葛蛤隔根更隔工公功宫恭珙贡勾沟岣狗咕姑孤古牯鼓固故顾寡挂怪关观官冠棺管灌鹳光广归圭妫龟规硅鬼贵桂滚郭锅国虢果过
H 哈海邗涵寒韩罕喊汉汗翰杭好蒿郝呵禾合何和河荷

景点名称[省别] 地图位置

扶绥中国上龙化石遗址[桂] 343 A8
芙蓉洞[渝] 355 E8
芙蓉度假村[粤] 313 B7
芙蓉峰[湘] 307 D8
芙蓉峰石刻[湘] 307 D7
芙蓉江[渝] 355 E8
芙蓉楼[湘] 306 C3
芙蓉旅游度假区[粤] 313 C7
芙蓉山[川] 374 D4
芙蓉山庄[浙] 178 C4
芙蓉镇[湘] 301 D9
浮来山[鲁] 252 C5
浮山[桂] 338 C4
浮山[皖] 198 B2
浮山国家地质公园[皖] 198 B2
浮石烟村[湘] 306 A3
浮戏山环翠峪[豫] 260 E3
浮戏山雪花洞[豫] 260 E3
桴焉自然林保护区[黔] 390 C4
涪陵周易园[渝] 355 C6
符烟山森林公园[鲁] 243 C6
福宝山林场森林[鄂] 290 D2
福地石窟[陕] 419 A9
福克游艇俱乐部[沪] 138 G4
福陵[辽] 91 B7
福禄寺[桂] 337 A9
福庆寺[桂] 345 D10
福庆寨游览匹[川] 373 E9
福泉山古文化遗址[沪] 138 D2
福胜寺塔[豫] 271 F6
福寿桥[鄂] 290 E2
福祥寺[晋] 67 F6
福严寺[浙] 169 G8
福严院塔[陕] 417 C9
福缘寺[内蒙古] 83 F9
福主庙戏台[鄂] 287 D7
抚仙湖[滇] 400 B4
斧头湖窑址群[鄂] 279 E8
斧头湖窑址群[鄂] 279 E9
阜平瀑布群[冀] 56 E2
阜平天生桥国家地质公园[冀] 56 E3
复兴庵双石塔[豫] 264 C5
复兴桥[黔] 391 E10
复兴桥[湘] 301 G7
傅品三墓[川] 373 E7
富川碑林[桂] 338 A3
富春江国家森林公园[浙] 167 E6
富春江-新安江[浙]167 E6
富礼新石器时代遗址[桂] 338 F3
富林文化遗址[川] 376 F2
富水[鄂] 285 D10
富县塔[陕] 417 C9
覆釜山[闽] 206 C3

G

嘎达苏旅游区[内蒙古] 83 D8
嘎然山[川] 378 D5
嘎仙洞[内蒙古] 81 B7
尕海自然保护区[陇] 432 C2
垓下古战场[皖] 187 C7
垓下古战场[皖] 189 F8
垓下之战遗址[皖] 189 F7
盖州[辽] 9 B10
盖州[辽] 99 C10
干七抗清纪念地[鲁] 250 E5
甘潮岩[桂] 345 E8
甘怀岩[桂] 345 E8
甘家桥墓地[鄂] 282 C3
甘露寺[川] 373 D8
甘露寺摩崖石刻[粤] 319 D8
甘罗古柏[豫] 268 B5
甘泉宫遗址[陕] 419 C7
甘泉观[陕] 417 A9
甘泉国家自然保护区[晋] 75 E6
甘泉胜迹[粤] 317 A7
甘泉寺[鲁] 255 E9
甘山森林公园[豫] 262 C4
甘什林[琼] 346 F5
甘肃濒危野生动物繁育中心[陇] 431 D9
甘棠汉墓群[黔] 386 B4
甘珠尔庙[内蒙古] 81 E9
甘孜寺[川] 378 D4
敢藏岩[桂] 345 F10
感安山[桂] 344 E3
刚察大寺[青] 436 F3
岗美温泉[粤] 324 E5
岗山康崖石刻[鲁] 255 C7
缸窑火山群[吉] 109 B8
港北森林公园[津] 40 A2
港边程遗址[鄂] 284 D4
港口海龟国家自然保护区[粤] 317 C10
港下古矿井遗址[鄂] 287 C9
皋陶墓[皖] 187 C7
高邑三月十五坡会节[桂] 337 A8
高坝赶歌堂[黔] 389 C6
高报瀑布群[黔] 389 D7
高城古遗址[豫] 265 D7
高尔夫球场[京] 32 F2
高尔夫球乡村俱东部[粤] 320 B4
高尔夫运河俱乐部[京] 34 D3
高尔山山城[辽] 95 F8
高峰森林公园[黑] 124 D1
高峰山[川] 365 E6
高峰温泉[琼] 346 F5
高戈庄园林[鲁] 244 F4
高过河[黔] 388 E4
高家浴场[沪] 137 C7
高枧石林[黔] 384 F3
高敬亭故居[豫] 273 G7
高句丽王城.王陵及贵族墓葬[吉] 114 G2
高句丽王城[吉] 114 G2
高君宇故居[晋] 66 B4
高坎子墓群[川] 367 G6
高岚风景区[鄂] 291 B7
高黎贡山原始森林[滇] 405 F7
高丽城山城遗址[辽]99 B9
高丽城址[吉] 112 B3
高良弼墓[黔] 384 C3
高灵洞[湘] 298 C5
高龙湾[琼] 347 C8
高龙湾旅游区[琼] 347 C9
高略土司衙门[黔] 389 D7
高梅瀑布[浙] 167 E6
高密政城遗址[鲁] 243 E8
高庙[宁] 442 F5
高明寺[浙] 176 B3
高明桫椤自然保护区[粤] 312 F5
高仁镇新石器遗址[宁] 442 C2
高山滑雪场[吉] 114 E2
高山台[辽] 96 B3
高山台森林公园[辽]96 B4
高升滩岛[黑] 126 B4
高石梯森林公园[川] 373 E6
高石头摩崖[黔] 384 C4
高台庙革命纪念地[豫] 273 D8
高头土楼群[闽] 215 C10
高霞平湖[黔] 385 F8
高崖悬棺[川] 374 E4
高阳纺织城[冀] 57 E9
高寨溶洞群[黔] 387 B7
高贞观摩崖[黔] 384 C3
高州水库景区[粤] 324 E3
高州温泉[湘] 307 B6
高庄[鄂] 281 D9
高祖庙[豫] 263 D8
镐京遗址[陕] 416 D3
圪驮石窟[陕] 417 B7
鸽子洞[豫] 270 C4
鸽子洞旧石器文化遗址[辽] 92 E5
鸽子山庄[桂] 342 B5
鸽子窝公园[冀] 55 D7
歌罗城遗址[桂] 338 F3
歌山古窑址[浙] 175 C7
阁松摩崖题刻[陕] 420 F2
阁亭寺[闽] 206 G4
阁雅驿道[黔] 386 D3
阁皂山森林公园[赣] 227 F8
阁子头石窟[陕] 417 C9
革命纪念地[浙] 176 C4
革命旧址[鄂] 282 D5
革命旧址[陕] 423 C8
革命历史纪念馆[鄂] 287 E9
革命烈士[豫] 272 C4
革命烈士纪念碑[川] 373 B8
革命烈士纪念碑[吉] 112 F3
革命烈士纪念碑[苏] 150 D4
革命烈士念碑[鄂] 289 B7
革命烈士塔[湘] 304 E3
格尔底寺[川] 377 B8
格根塔拉草原[内蒙古] 79 C8
格萨尔王墓[川] 378 F2
格氏栲自然保护区[闽] 211 D6
格凸河[黔] 387 B7
格凸河风景区[黔] 387 B7
格子河石林[鄂] 290 C5
葛根塔拉草原旅游区[内蒙古] 79 D7
葛公自然保护区[皖]200 D3
葛镜桥[黔] 384 C4
葛翁岩[桂] 334 C5
葛仙祠[鄂] 285 D7
葛震寰烈士墓[鄂] 279 D9
葛洲帆影[粤] 325 F7
蛤蚌河[黔] 384 D4
隔人潭瀑布[湘] 298 A4
根河桥度假村[内蒙古] 81 D8
更楼石[港] 458 A5
工农革命军旧址-万寿宫[湘] 305 D9
工农红军烈士墓[川] 377 E8
公“治”长书院[鲁] 243 E6
公馆桥[黔] 390 D4
公刘墓[陕] 419 C6
公平大地度假村[粤] 318 F3
公平湖鸟类自然保护区[粤] 318 E3
公平黄岗候鸟自然保护区[粤] 318 E4
公平象山[桂] 336 D2
公主陵[吉] 112 C3
公主寺[晋] 72 B2
功曹阙[鲁] 252 C2
功臣塔[浙] 167 B6
功德桥[鄂] 287 B7
宫故园碑刻九峰桥[鄂] 290 E5
恭勤夫人墓[京] 31 G7
珙桐[黔] 391 E8
共尔沟烈士陵园[内蒙古] 79 E7
共和水库[黑] 128 F2
共青城[赣] 223 D7
共青森林公园[沪] 137 D6
贡嘎山[川] 379 B8
贡嘎山国家自然保护区[川] 379 A8
贡曲国家自然保护区[川] 377 C7
贡鸭山自然保护区[闽] 212 B2
勾漏洞[桂] 339 D9
沟西石佛像[陕] 424 C3
沟崖自然风景区[京]31 A8
岣嵝峰森林公园[湘] 303 D6
狗头山摩崖造像[陕] 417 A8
狗仔岩瀑布[黔] 389 E7
咕噜下蛋岩
姑婆山[桂] 338 B4
姑射山[晋] 74 D4
姑射山仙洞[晋] 74 D3
孤山[滇] 400 C4
孤山[苏] 155 A8
孤山铁塔[陕] 422 A4
孤山寨[京] 30 F2
古阿井[鲁] 240 D4
古庵温泉[粤] 318 E5
古白果树[黔] 386 D3
古北口长城[京] 33 D9
古贝壳堤[冀] 59 B9
古城[内蒙古] 80 F5
古城[内蒙古] 80 F5
古城堡[川] 372 E3
古城岛[黑] 125 A8
古城岗古墓群[桂] 336 D4
古城亘[黔] 385 G6
古城公园[京] 28 D4
古城口遗址[鄂] 283 C9
古城新石器遗址[宁] 443 C9
古城遗址[黑] 130 C5
古城遗址[黑] 130 C5
古城遗址[京] 34 B1
古城遗址[鲁] 238 C4
古城遗址[鲁] 244 C2
古城遗址[内蒙古] 81 E6
古城遗址[浙] 168 E3
古城遗址[浙] 176 E4
古城子[黑] 127 E9
古硐[川] 377 E7
古鼎龙潭[桂] 337 D8
古兜山自然保护区[粤] 325 D9
古渡新村断桥[辽] 99 D8
古风亭[桂] 336 E3
古枫香树[黔] 389 E7
古钩台[豫] 268 B2
古海岸与湿地国家级自然保护区[津] 39 E9
古汉柏[豫] 268 B3
古华园[沪] 140 F4
古槐[冀] 61 F8
古迹钟声[桂] 345 C9
古建筑群[浙] 174 D5
古剑山[渝] 354 F4
古禁门关[川] 376 C2
古井镇[皖] 190 E3
古鸠兹邑石刻[鄂] 286 C3
古钓台[豫] 268 A2
古老水车[宁] 442 E5
古老植物园[鄂] 280 G3
古蔺烈士陵园[川] 375 F8
古龙河漂流[桂] 344 B3
古龙窑址[桂] 338 D2
古楼岗遗址[鄂] 281 F8
古盟台[皖] 189 E6
古民居[川] 364 D4
古墓[黔] 391 E6
古墓群[鄂] 288 F4
古墓群[吉] 115 E6
古墓葬[吉] 112 B5
古墓葬[吉] 112 B5
古墓葬[吉] 112 C5
古南塔[赣] 232 D5
古炮台[黔] 390 C3
古丘顶古遗址[豫] 273 D8
古溶树[黔] 385 G8
古榕景区[桂] 344 B2
古三国战场遗址[鄂] 289 E9
古杉[黔] 386 D2
古生物化石[黔] 385 G7
古生物化石[黔] 391 F9
古生物化石保护区[辽] 92 B3
古生物化石洞群[鄂] 290 D5
古生物化石遗址[黔] 387 F8
古生物化石遗址[桂] 343 F8
古石刻[港] 458 C4
古树樟抱枫[赣] 228 G2
古水杉群落[鄂] 290 D2
古塔[辽] 92 B5
古塘溶岩洞[粤] 324 E3
古天门奇观[桂] 344 B3
古田会议旧址[闽] 215 D8
古田山自然保护区[浙] 177 A6
古田址[湘] 302 C4
古田自然保护区[粤] 317 D7
古秃杉[黔] 389 D6
古文化遗址[桂] 344 A3
古文化遗址[黑] 122 E5
古文化遗址[黑] 123 E6
古文化遗址[沪] 138 E4
古文化遗址[沪] 140 F5
古息国故城遗址[豫] 273 D7
古戏楼[鄂] 283 D8
古纤道[浙] 172 B4
古县城[鄂] 281 F7
古谢国遗址[豫] 271 F7
古廨古城[桂] 337 E7
古新安城址[豫] 263 B6
古崖葬遗址[桂] 343 C7
古衙[赣] 221 D8
古盐井遗址[川] 362 G3
古羊洞[黔] 389 E6
古猗圆[沪] 136 D3
古夷舆城[京] 32 E2
古遗址[吉] 112 C5
古遗址[吉] 112 B4
古遗址[吉] 112 C5
古银瀑布[琼] 346 B5
古银杏[黔] 385 F6
古银杏[黔] 387 G8
古银杏树[黔] 384 C4
古银杏树[黔] 384 F3
古银杏树[冀] 52 B4
古宇湖[川] 373 E9
古宇湖[川] 373 E9
古月桥[浙] 175 D6
古运河[苏] 159 D7
古战场[黔] 389 B6
古樟树[黔] 391 G9
古丈红石林国家地质公园[湘] 301 D9
古镇三河[皖] 186 C5
牯牛降自然保护区[皖] 200 D4
汨罗江[湘] 300 F4
谷岱河景区[黔] 384 E2
谷朗墓[湘] 303 F7
谷那律墓[豫] 265 B7
鼓城山-七里峡[川]364 C2
鼓城山自然保护区[川] 364 C1
鼓浪屿万石山[闽] 213 G6
鼓楼山寨[川] 375 B8
鼓山[闽] 206 C3
鼓扬石拱桥[黔] 385 G7
固安康溢泉度假村[冀] 52 C1
固定寺[川] 379 F9
固鲁自然风景点[黔] 389 E7
故兵墓[粤] 319 D9
故宫[京] 29 D6
顾渚山摩崖题记[浙] 168 D1
寡妇矶[湘] 300 B4
寡妇矶[湘] 300 B5
挂甲山摩崖造像[晋]74 F5
怪坡[辽] 91 B6
怪石滩[桂] 340 E5
怪石峪风景名胜区[新] 452 D4
怪树林[内蒙古] 84 E2
关帝庙[鄂] 280 C5
关帝庙[桂] 341 D9
关帝庙[黑] 130 D3
关帝庙[晋] 74 B2
关帝庙[晋] 75 E8
关帝庙[陕] 418 D3
关帝庙[陕] 419 B6
关帝庙[陕] 420 D3
关帝庙[陕] 421 E7
关帝庙[陕] 421 F8
关帝庙[陕] 423 E7
关帝庙[陕] 424 C2
关帝庙[陕] 424 C4
关帝庙[陕] 425 C10
关帝庙[陕] 425 A9
关帝庙[豫] 261 E9
关东温泉城[吉] 113 F9
关汉卿墓[冀] 57 G7
关口[陕] 421 F6
关岭化石群国家地质公园[黔] 387 D7
关麓[皖] 201 E6
关门山[川] 367 E6
关门山[辽] 98 F3
关门山烽火台[粤] 319 F7
关门山水库[黑] 121 C6
关山牧场[陕] 418 C1
关圣庙[陕] 418 B5
关王庙[晋] 67 B9
关王庙[晋] 72 C4
关向应故居[辽] 102 E4
关羽故里[晋] 75 E8
观景台[桂] 336 E3
观鹿园[琼] 346 F5
观伟亭[黔] 390 E4
观星台[豫] 260 E4
观音宝塔[鄂] 290 E2
观音洞[鄂] 280 E4
观音洞[黔] 387 F7
观音洞[辽] 97 F8
观音洞[琼] 346 C5
观音洞[湘] 306 B5
观音阁[晋] 74 D2
观音阁[辽] 98 E2
观音观[川] 367 E6
观音岭[粤] 318 F4
观音庙[鄂] 286 C5
观音庙[陕] 418 C2
观音庙[陕] 424 F4
观音庙石窟[陕] 421 B7
观音山[滇] 397 F7
观音山[桂] 343 C7
观音山[浙] 170 B3
观音山森林公园[粤] 321 B6
观音山自然保护区[粤] 315 F7
观音寺[川] 365 C8
观音堂[晋] 69 C6
观音堂[闽] 206 B1
观音观[川] 367 E6
观音湾[港] 458 D2
观音岩[桂] 337 E8
观音岩[桂] 342 C5
观音岩[湘] 301 C9
观音岩[湘] 305 C7
观音岩[粤] 317 C9
观音岩摩崖造像[陕] 420 A2
观音岩石窟[陕] 420 B4
官斗烈士陵园[鄂] 280 F5
官渡古战场[豫] 260 A2
官渡峡[渝] 355 D10
官港森林公园[津] 39 E7
官港森林公园[津] 42 A2
官井洋大黄鱼自然保护区[闽] 209 F8
官马溶洞[吉] 109 F6
官山[鄂] 280 E5
官山自然保护区[赣] 226 C4
官塘温泉[琼] 347 D7
官厅湖度假村[冀] 51 C7
官岩山[浙] 175 B6
官寨白骨塔[黔] 387 D6
冠山书院[晋] 67 C9
冠头岭森林公园[桂] 341 E8
冠岩[桂] 336 E3
冠豸山[闽] 215 D7
棺葬洞[黔] 386 B5
管涔山[晋] 72 E3
灌河漂流[豫] 270 C4
鹳山[浙] 167 C7
光村银滩[琼] 346 B4
光化寺[晋] 67 E7
光其根乌必勒岩画群[新] 453 A8
光谦桥[苏] 149 D9
光泉[湘] 303 D9
光山县苏维埃旧址[豫] 273 F7
光武祠[豫] 271 F7
光雾山[川] 369 A6
广富林遗址[沪] 138 D4
广济寺[京] 29 D6
广利桥[湘] 304 B2
广绿玉[粤] 328 D3
广南水洞[桂] 344 C3
广胜寺[晋] 74 C3
广胜寺塔[辽] 97 F7
广武古堡[晋] 68 G5
广武汉墓群[晋] 68 F5
广武汉墓群[晋] 68 G5
广武岩画[宁] 442 D4
广新农业生态园[粤] 328 F5
广阳山[冀] 60 F4
广养岩[桂] 342 B5
广州世界大观[粤] 313 E7
广州湾靖海宫[粤] 327 D9
归城遗址[鲁] 250 D4
归德岩[桂] 342 B5
归宗岩[闽] 208 D4
圭峰山[粤] 325 C10
圭岗温泉[粤] 324 D5
圭翁原始森林[黔] 388 B4
妫河漂流[京] 32 E2
龟峰[赣] 231 F6
龟峰山[鄂] 286 D3
龟峰塔[粤] 316 D5
龟山汉墓[苏] 148 D4
龟山寺[闽] 206 E6
规陇瑶寨[桂] 343 G6
硅化木国家级地质公园[京] 32 D4
鬼修城[豫] 262 D5
贵洞溶洞[黔] 388 C4
贵门更楼[浙] 172 F5
贵阳老榜河[黔] 384 E5
贵州天文生态博览园[黔] 390 E5
贵州紫薇[黔] 391 E8
桂东南抗日游击区办事处[桂] 339 D7
桂沟山[冀] 51 F6
桂花树古遗址[鄂] 288 E3
桂花台[鄂] 288 E4
桂花园[鄂] 285 D8
桂林郡城[桂] 345 B8
桂林漓江[桂] 336 E3
桂林洋滨海[琼] 347 A7
桂平西山[桂] 339 B8
桂山风景区[粤] 316 D5
桂山风景区[粤] 316 E4
桂云山[冀] 48 C5
桂子山石柱林[苏] 146 C2
滚钟口风景区[宁] 442 D2
郭洞[浙] 174 E5
郭家铺宋墓群[鄂] 280 D1
郭家庄摩崖题刻[陕] 417 C9
郭亮[豫] 264 C1
郭亮村[豫] 264 C2
郭亮烈士墓[湘] 296 C5
郭亮县苏维埃政府旧址[湘] 301 B9
郭沫若旧居[川] 372 D3
郭松年古宅[桂] 345 C10
郭正域墓[鄂] 279 D8
锅盔山古城遗址[黑] 127 E9
国恩寺[粤] 325 C7
国公坪[鄂] 280 F2
国光楼[皖] 193 F6
国际洞穴探险基地[黔] 390 D1
国际滑沙活动中心[冀] 55 D6
国际使馆度假村[冀]52 A3
国际狩猎场[吉] 113 C7
国家级鸟类自然保护区[内蒙古] 82 E5
国家级森林公园[豫] 267 C7
国家农业高科技园区[黔] 390 E5
国酒文化城[黔] 390 E2
国清寺[浙] 176 B3
国营茅草坝林场[渝] 357 F9
国子监[京] 29 D7
虢国墓地[豫] 262 B4
果子沟森林公园[新] 452 A1
过溪宫[闽] 206 B1

H

哈达河水库风景区[黑] 127 E9
哈德门森林公园[内蒙古] 79 E7
哈尔尕图生态旅游区[新] 453 A9
哈拉海湿地[黑] 122 F4
哈拉图鲁克森林公园[新] 452 D3
哈然寺[川] 379 F8
哈日根图庙[内蒙古]80 E5
哈素海[内蒙古] 79 E7
海宝塔[宁] 442 D3
海滨[粤] 318 G4
海滨浴场[浙] 169 C8
海蟾宫[豫] 261 A8
海春轩塔[苏] 152 F3
海底村庄[琼] 347 A8
海丰塔[鲁] 247 C7
海河风景线[津] 38 C4
海会寺[晋] 71 E8
海慧寺[鲁] 240 E3
海角甘泉[粤] 319 F6
海角甘泉[粤] 319 F7
海军博物馆[鲁] 245 C6
海口石山火山群国家地质公园[琼] 347 B7
海丽国际高尔夫球场[粤] 318 G2
海陵岛[粤] 325 G6
海螺沟国家地质公园[川] 379 B7
海螺沟国家森林公园
海马峡[黔] 384 F3
海南碧海情深[琼] 347 F7
海南热带野生动植物园[琼] 347 B7
海宁观潮[浙] 167 B10
海宁观潮[浙] 169 F10
海瑞墓[琼] 347 A7
海山城址[桂] 337 E7
海上乐园[冀] 55 D7
海神庙[浙] 169 F9
海蚀带自然保护区[辽] 102 E5
海塔[川] 367 F7
海滩沙生植物自然保护区[苏] 150 B3
海坛[闽] 206 A5
海坛天神[闽] 207 B7
海棠山(森林公园、自然保护区)[辽] 97 D6
海棠山摩崖石刻[辽]96 D5
海头浴场[粤] 325 F7
海下湾[港] 458 B4
海兴小山火山地质公园自然保护区[冀] 59 D10
海洋公园[港] 458 C3
海洋乐园[辽] 103 C8
海洋山自然保护区[桂] 336 D3
海洋珍希生物自然保护区[辽]103 F8
海洋珍稀物种自然保护区[闽] 213 G7
海已湾石林[湘] 303 G6
海印寺[闽] 213 G8
海月岩寺[闽] 212 E2
海珍品资源增殖保护区[辽] 102 F4
海珠寺[桂] 341 D9
海子山[川] 379 D8
邗部故里[豫] 261 D8
涵元塔[粤] 319 D7
寒葱沟岭战绩地[吉] 114 E5
寒葱岭伏击战址[吉] 114 E4
寒泉[浙] 167 C6
寒山湖[浙] 176 C2
寒山寺[苏] 161 E7
韩京墓[湘] 305 A7
韩擒虎古墓[豫] 265 D6
韩文公祠[粤] 319 C8
韩文公祠[粤] 319 C8
韩溪河[川] 369 A6
韩信坝遗址[鲁] 243 E8
韩信堤遗址[鄂] 284 D2
罕山林场神泉[内蒙古] 83 C7
喊水泉[渝] 355 F10
喊水泉[渝] 356 C2
汉长陵[陕] 419 D8
汉城遗址[陕] 416 C2
汉代兵马俑馆[苏] 148 D4
汉代古城[吉] 110 C3
汉代古城[内蒙古] 79 D7
汉代古汉墓群[内蒙古] 84 D3
汉代古墓群[鄂] 281 D7
汉代古墓群[鄂] 285 C6
汉代龙门营墓地
汉代墓群[鄂] 281 D7
汉代遗址[鄂] 281 C7
汉代遗址[鄂] 289 C7
汉堤遗址[豫] 271 F6
汉光武帝陵[豫] 263 B9
汉皇陵园[苏] 148 B1
汉马伏波摩崖石刻[桂] 344 B2
汉茂陵[陕] 419 E7
汉墓[鄂] 280 F4
汉墓[苏] 152 D2
汉墓[苏] 155 F7
汉墓[豫] 271 E7
汉墓群[鄂] 278 B5
汉墓群[鄂] 280 B3
汉墓群[鄂] 282 E2
汉墓群[鄂] 282 E3
汉墓群[晋] 69 C8
汉墓群[鲁] 238 B4
汉墓群[宁] 442 C3
汉墓群[苏] 154 F5
汉墓群[豫] 266 D4
汉墓岩墓群[川] 372 C3
汉献帝陵[豫] 261 B7
汉阳陵[陕] 419 D8
汉云陵[陕] 419 C7
汗马[内蒙古] 81 C7
翰林墓[黔] 391 F10
“瀚海风情”摩崖[浙] 170 A2
杭联战士纪念碑[辽]98 B2
杭州乐园[浙] 167 C8
杭州野生动物世界[浙] 167 C7
蒿坪寺摩崖造像[陕] 420 B4
好森沟[内蒙古] 83 A7
好田格勒城址[黑] 123 E7
郝家湾清代民居[黔] 391 F7
昊天塔[京] 31 E6
浩济特王音苏莫[内蒙古] 82 D5
浩饶山[内蒙古] 81 C10
呵叱寺[川] 372 B1
禾山风景区[闽] 206 C1
禾山崖壁[赣] 232 F5
合岗温泉[粤] 324 D5
合欢山[台] 460 C4
合江县白塔[川] 375 C9
合浦儒艮自然保护区[桂] 341 E7
合浦营盘港-英罗港儒艮国家级自然保护区[桂] 341 E10
合水鹿田森林公园[粤] 312 F3
合水塔[粤] 316 D3
合阳洽川[陕] 424 D5
合掌岩[闽] 208 E2
合子堆遗址[豫] 272 D5
合作人员训练班旧址[鄂] 284 E1
何宏钧墓[鄂] 290 D5
何家岗遗址[鄂] 288 D3
何叔衡故居[湘] 296 E1
何文庆故居[浙] 172 D4
何仙姑祠[粤] 313 C10
何仙姑家庙[粤] 313 C9
何羽道烈士墓[鄂] 284 G2
和里三王宫[桂] 337 B8
和平大峰风景区[粤] 319 E7
和平古镇[闽] 208 D1
和平寺[京] 31 B8
和尚山遗址[鄂] 287 F6
和硕和勤亲王碑[京]34 C2
河坝瑶族风情[黔] 389 F7
河北度假村[粤] 324 G5
河表温泉[粤] 324 E5
河津灰鹤自然保护区[晋] 75 F6
河口峡谷[桂] 345 B7
河姆渡遗址[浙] 170 F5
河婆塔[粤] 318 D5
河水源保护区[辽] 99 E9
河套人遗址[内蒙古]81 E6
河湾遗址[吉] 108 C4
河西[黑] 131 B7
河西古城遗址[黑] 124 D5
河阳元代居民建筑群[浙] 181 A7
河源恐龙蛋化石自然保护区[粤] 316 D5
荷花世界[粤] 312 D5

景点名称[省别] 地图位置

阖闾城遗址[苏] 157 E6
贺金声墓[湘] 307 C9
贺兰山国家自然保护区[内蒙古] 84 B5
贺兰山石刻塔[宁] 442 C1
贺兰山水磨沟[内蒙古] 80 F5
贺兰山岩画[宁] 442 D2
贺龙.贺锦斋会师处[鄂] 289 G7
贺龙革命活动旧址[内蒙古] 79 E8
贺龙借枪处[鄂] 289 G7
贺龙军部[鄂] 289 D6
贺胜桥北伐阵亡将士陵园[鄂] 279 D9
赫甸城城址[辽] 99 D7
赫连勃勃墓[陕] 417 A7
赫图阿拉城[辽] 95 C8
赫胥陵汉墓群[豫] 265 B8
鹤伴山[鲁] 247 G7
鹤伴山森林公园[鲁] 247 G7
鹤峰木林子[鄂] 290 E5
鹤鸣山[川] 362 E2
鹤鸣山石刻[川] 364 E3
黑城旅游点[内蒙古]84 E2
黑城子遗址[辽] 92 A2
黑冲[黔] 388 E4
黑洞湾墓地[鄂] 282 C2
黑河口古城遗址[黑] 121 C6
黑河流域自然保护区[陇] 430 B3
黑龙洞庙[陕] 421 F7
黑龙宫自然保护区[黑] 120 D5
黑龙江风景河段[黑] 124 B4
黑龙江风景河段[黑] 125 A8
黑龙江风景河段[黑] 125 C10
黑龙庙[晋] 73 D7
黑龙滩[川] 372 B4
黑龙潭[滇] 397 E7
黑龙潭[京] 32 D5
黑龙潭[京] 33 E6
黑龙潭[皖] 189 B8
黑麋峰[湘] 300 F3
黑牛盖[京] 30 E3
黑山[渝] 354 F5
黑山狩猎场[黑] 123 D6
黑山寺[京] 33 E6
黑山头古城[内蒙古]81 D8
黑神寺[川] 373 E9
黑石顶自然保护区[粤] 328 D1
黑石顶自然保护区[粤] 328 D2
黑石峁岩画[宁] 442 C1
黑石山[渝] 354 E3
黑水河风光[桂] 343 C8
黑水河风光[桂] 343 D7
黑天平峡谷[黔] 390 A5
黑巷一线天[桂] 339 B9
黑熊洞[内蒙古] 81 C10
黑岩风景区[桂] 336 C4
黑野猴保护区[黔] 387 E6
黑竹沟[川] 372 E1
黑竹沟[川] 372 E1
恒山[晋] 69 E8
恒山汉墓群[豫] 266 D5
横道河子虎园[黑] 131 D7
横堤烈士亭[鄂] 284 F2
横岗山[鄂] 287 C7
横沙水上乐园[沪] 141 B10
横山[皖] 194 A5
横山[浙] 174 C3
横溪城头[浙] 174 B5
衡山[湘] 303 D6
衡水湖生态旅游区[冀] 58 F3
衡阳古墓群[湘] 303 E6
衡阳窑址[湘] 303 D6
弘济桥[冀] 61 C7
红49军成立旧址[鄂] 289 F7
红岸公园[黑] 122 E5
红八军司令部旧址[桂] 343 D8
红场革命烈士纪念碑[粤] 319 E6
红场红宫旧址[粤] 318 F3
红池坝[渝] 357 C7
红洞[湘] 304 C2
红渡强渡大渡河遗址[川] 376 F1
红二军团司令部旧址[湘] 302 B1
红二十五军军部[鄂] 286 B4
红二十五军司令部旧址[陕] 420 B1
红枫湖[黔] 384 G5
红格尔敖包[内蒙古]79 D7
红格温泉[川] 367 F7
红宫红场旧址[粤] 318 F3
红果树矿泉[黔] 390 D3
红海滩[辽] 97 D9
红河谷[陕] 418 F5
红湖[黑] 130 G4
红湖欢乐园[琼] 347 B6
红花尔基国家森林公园[内蒙古] 81 D9
红花湖景区[粤] 317 E8
红花脑包大草原[内蒙古] 78 D5
红碱淖[陕] 422 D4
红军标语[黔] 391 G9
红军标语[陕] 420 E5
红军标语[陕] 420 G5
红军标语[陕] 421 F6
红军长征纪念碑[川] 377 C9
红军长征纪念地[黔] 389 D7
红军长征纪念馆[晋]73 F7
红军村[鄂] 289 F6
红军堤记念碑[鄂] 289 C6
红军东征总指挥部旧址[晋] 73 F8
红军洞[鄂] 286 F1
红军革命根据地[鄂] 289 B8
红军沟[鄂] 289 B6
红军集结地[鄂] 280 D5
红军烈士纪念亭[湘] 306 D5
红军烈士墓[鄂] 290 D4
红军烈士墓[黔] 391 F9
红军烈士墓[渝] 354 G4
红军烈士塔[鄂] 280 E4
红军刘团长墓[鄂] 290 F3
红军娄山关战斗遗址[黔] 390 E3
红军楼[桂] 336 B1
红军墓[湘] 304 E5
红军桥[桂] 336 B1
红军石标[川] 369 C8
红军石刻遗址[川] 369 D8
红军树[鄂] 288 E2
红军堂[桂] 336 C3
红军亭[黔] 388 C5
红军岩[桂] 336 B2
红军岩[桂] 342 B4
红军战斗纪念塑像[黔] 390 F1
红坎电站[琼] 346 D5
红坎瀑布[琼] 346 D5
红六军成立旧址[鄂] 289 E6
红六军团指挥部旧址[湘] 301 B8
红龙湖森林公园[川] 375 F8
红螺寺[京] 32 F5
红帽山城址[辽] 96 E5
红娘子沟[豫] 262 E5
红坪画廊[鄂] 280 F3
红七军司令部旧址[桂] 342 E4
红七军宿营旧址[桂] 344 D3
红旗村[吉] 114 E5
红旗渠[豫] 264 A2
红旗渠青年洞[豫] 264 A2
红三军军部旧址[鄂] 290 E5
红三军军部旧址[陕] 425 B9
红三军团诞生地[鄂] 287 F8
红色娘子军风情园[琼] 347 D7
红色娘子军纪念园[琼] 347 D7
红十三军军部旧址[浙] 178 C4
红十五军创建地[鄂] 287 B7
红石砬子抗日根据地[吉] 109 F6
红石砬子山城[黑] 131 A9
红石砬子遗址[吉] 111 D8
红石峡[陕] 423 D6
红树林[琼] 347 A8
红树林自然保护区[桂] 341 E10
红树林自然保护区[琼] 346 B5
红树林自然保护区[粤] 324 G5
红水河度假村[桂] 344 E4
红水河风光[桂] 345 C6
红水河风景区[桂] 344 E5
红四军军部旧址[鄂] 291 D6
红四军军部旧址[粤] 323 D8
红四军前委会会议旧址[鄂] 290 E2
红四区政府旧址[鄂] 286 C5
红四师师部旧址[粤] 318 F2
红松母树林[黑] 128 B2
红松洼自然保护区[冀] 53 A7
红塔[赣] 221 D8
红滩瀑布[桂] 336 C1
红星狩猎场[黑] 121 D6
红星仙湖[黑] 120 C4
红岩[浙] 171 C7
红岩洞[渝] 356 F3
红岩拱桥[黔] 385 G7
红岩岭[鄂] 280 F4
红阳寺[滇] 403 E8
红叶谷[吉] 109 D8
红玉洞[湘] 304 C3
红原大草原[川] 377 C8
红原大草原[陇] 432 D3
红原烈士陵园[川] 377 C8
红召九龙湾生态旅游园区[内蒙古] 79 E8
红子岛[黔] 384 D4
红子山山城[吉] 114 D5
红字碑[湘] 307 E8
红字岩[黔] 391 C6
宏佛塔[宁] 442 C2
洪坝自然保护区[川] 379 A8
洪城遗址[浙] 168 A3
洪范池[鲁] 239 F10
洪谷寺风景区[晋] 71 A6
洪光风景区[黔] 390 F1
洪河国家级自然保护区[黑] 129 B8
洪河现代化农业观光[黑] 129 C7
洪湖[鄂] 289 E8
洪湖军事政治学校旧址[鄂] 289 F8
洪湖总医院遗址[鄂] 289 E8
洪济寺[晋] 70 E2
洪家渡[黔] 386 C4
洪庙子[川] 373 D9
洪桥温泉[湘] 302 E5
洪山寺[鄂] 282 F5
洪山源泉[晋] 66 F4
洪圣庙[港] 458 C4
洪秀全故居[粤] 313 C6
洪崖丹井[赣] 220 C2
洪阳洞[赣] 226 F4
洪泽湖[苏] 151 E8
洪泽湖湿地国家自然保护区[苏] 151 D8
洪州琵琶歌[黔] 389 A8
洪洲窑遗址[赣] 227 D8
虹关古樟[赣] 231 A7
虹梯关铭[晋] 70 A5
虹饮桥[桂] 336 B4
虹鳟鱼场[黑] 131 D9
鸿庆寺石窟[豫] 263 B6
鸿焱湖[京] 32 G5
侯店毛笔[冀] 58 F3
猴石森林公园[辽] 95 C8
猴石山果苗良种场[黑] 128 E2
猴头岩[桂] 337 A9
猴岩[桂] 336 E4
猴子沟[黔] 384 E5
猴子坡红军烈士墓[湘] 301 F10
猴子石[鄂] 280 G2
猴子岩[黔] 389 E7
吼泉[渝] 356 E4
吼山[浙] 172 C5
后河自然保护区[鄂] 291 E6
后水湖康体休闲度假村[黔] 390 E3
后寺[川] 377 D9
后土庙[晋] 75 G6
后洼遗址[辽] 99 F10
厚故墟[苏] 150 E4
呼和诺尔[内蒙古] 81 D9
呼兰河漂流[黑] 126 F2
呼雷温泉[鲁] 251 E9
呼伦湖[内蒙古] 81 E9
呼玛尔抗俄遗址[黑] 125 D10
呼玛河风景河段[黑] 125 C10
呼玛河风景河段[黑] 125 C8
呼玛河自然保护区[黑] 125 C10
呼图壁南山森林公园[新] 451 F9
滹沱河自然保护区[晋] 72 C3
狐狸芯野生水禽栖息地[黑] 122 D5
狐奴县遗址[京] 34 A3
胡吉吐莫草原[黑] 123 D7
胡氏节孝坊[川] 369 E9
胡氏宗祠[皖] 195 D10
胡氏宗祠[皖] 195 D9
胡适故居[皖] 195 E10
胡杨林自然保护区[新] 455 D8
胡耀邦故居[湘] 297 E9
胡耀邦题“共青农场”牌坊[黑] 128 C3
胡幼松烈士纪念馆[鄂] 289 D7
胡瑗墓[浙] 168 C3
壶口瀑布[陕] 417 A9
壶瓶山自然保护区[湘] 298 A4
壶梯山战役旧址[陕] 417 B10
壶头山[湘] 307 E10
斛山寨战斗纪念地湖北会馆[鄂] 278 A5
湖北界碑[鄂] 281 D8
湖村[皖] 195 D10
湖洞水[京] 32 B3
湖光塔[京] 32 B3
湖光岩[粤] 327 D8
湖景水上乐园[京] 33 F6
湖坑洪坑土楼群[闽] 215 C10
湖山森林公园[浙] 180 B3
湖泗窑址群[鄂] 279 D9
湖泗窑址群[鄂] 279 D9
葫芦八宝洞[桂] 343 A7
葫芦飞瀑[浙] 167 E6
葫芦口[川] 373 D7
蝴蝶泉[滇] 405 D8
虎北滩观音[川] 375 C7
虎渡口水上漂流风景区[湘] 301 E7
虎口湿地保护区[黑] 127 A8
虎牢关[豫] 260 E2
虎门大桥[粤] 313 F8
虎门关[黔] 386 C4
虎丘[苏] 161 D7
虎山长城[辽] 99 D9
虎山猎场[冀] 56 B5
虎跳滩土林[滇] 396 C4
虎跳峡景区[滇] 404 C5
虎头风景区[黑] 127 A7
虎头关帝庙[黑] 127 A7
虎头山[滇] 405 E8
虎头山[晋] 67 D9
虎头山[粤] 324 G3
虎头要塞[黑] 127 A7
虎威山森林公园[黑] 120 D4
虎啸滩[鄂] 280 A4
虎峪风景区[京] 31 B8
虎爪山国家森林公园[鄂] 283 C8
浒洋水风景区[黔] 390 F2
护法寺砖塔[浙] 179 D8
护国烈士陵园[川] 375 C7
护龙桥[湘] 306 F4
花岙石林[浙] 171 D8
花班彩石[鲁] 251 E10
花博园[豫] 268 B5
花城遗址[浙] 168 A3
花墩桥[鄂] 285 F6
花鼓舞[黔] 384 E4
花果山[苏] 150 C3
花果山度假村[黑] 120 D2
花果山古墓群[桂] 338 F3
花果山森林公园[川] 365 E6
花湖[川] 377 A8
花江大桥观景台[黔] 387 D7
花坤营子自然保护区[辽] 92 D5
花龙沟竹梅[川] 373 E6
花木兰祠[豫] 267 E7
花鸟灯塔[浙] 170 A1
花牌坊[川] 368 F5
花山[桂] 343 C9
花山湖[桂] 338 B3
花山迷窟-渐江[皖]201 F8
花山崖壁画[桂] 343 C9
花石洞[黔] 387 D6
花石浪洞穴遗址[陕] 425 C7
花水湾温泉[川] 362 E1
花水湾温泉[川] 376 B4
花台山[浙] 175 D8
花滩森林公园[粤] 324 D5
花坦[浙] 178 C5
花亭湖[皖] 198 F4
花纹山[鄂] 285 D8
花溪-夹溪[浙] 175 C9
花溪-夹溪[浙] 175 D8
花县故城遗址[粤] 313 C7
花乡公园[京] 28 F5
花岩森林公园[浙] 179 E7
花鱼洞国家森林公园[滇] 401 G7
花园村崖墓群[川] 374 F5
花园口湿地鸟类自然保护区[豫] 260 C1
花园岭古墓群[湘] 302 B3
花竹贡古墓群[桂] 336 F2
华安二宜楼[闽] 212 A3
华表石[粤] 328 E1
华表塔[粤] 316 C2
华顶寺[浙] 176 B3
华东革命烈士陵园[鲁] 252 E4
华风温泉大城堡[京]32 E2
华帘洞[黔] 388 E4
华楼宫[鲁] 244 C5
华南植物园[粤] 313 D7
华容古道[鄂] 289 F7
华山[陕] 424 F4
华山高尔夫球场[鲁] 244 C4
华山寺[粤] 318 F5
华堂高尔夫球场[冀]52 A3
华佗庵[皖] 190 E3
华佗墓[豫] 268 B3
华陀庙[豫] 273 F9
华西村[苏] 159 B7
华夏文化旅游区[沪] 137 F8
华夏文化旅游区[沪] 137 F9
华夏西部影视城[宁] 442 D2
华严寺[晋] 69 C6
华严寺[陕] 420 E3
华严寺[豫] 262 D5
华严寺塔[晋] 68 D5
华严塔[沪] 139 C6
华蓥山[川] 365 B8
华蓥山国家地质公园[川] 365 B8
华蓥山石林[川] 365 B8
华蓥山石林[川] 365 B8
华云[浙] 174 E5
铧子山[黑] 121 B6
滑雪场[京] 32 F2
化佛山[滇] 396 D3
化山湾旅游度假区[粤] 319 D8
化身台[豫] 268 E4
化云寺石窟[陕] 423 C6
划岩山[浙] 176 E3
画马岩[黔] 384 D4
怀化[湘] 306 B4
怀里白裤瑶族原始村落[桂] 344 D2
怀南亭[湘] 300 C4
怀朔镇遗址[内蒙古]79 D6
怀素千字文碑[湘] 304 C3
怀远石榴自然保护区[皖] 187 E9
淮渎庙[豫] 271 G9
淮海战役纪念馆[苏] 148 D4
淮海战役总前委旧址[皖] 188 E3
淮南湿地自然保护区[豫] 273 D8
淮源风景名胜区[豫] 271 G9
槐山矾石[鄂] 279 E8
槐山矶石碌岸[鄂] 279 E8
槐树洞[辽] 92 C4
欢乐农家[京] 32 A3
环城湖[鲁] 240 B4
环城森林公园[辽] 102 D4
环翠楼[鲁] 251 D8
郇五冢、薛澍碑[豫] 261 A8
浣江-五泄[浙] 172 D2
荒漠保护区[新] 453 D8
荒漠类草地自然保护区[新] 451 C8
皇柏林[川] 369 B7
皇藏峪[皖] 188 D5
皇藏峪自然保护区[皖] 188 D5
皇城旧府[晋] 71 E8
皇城沙滩[浙] 171 C8
皇帝洞[琼] 346 E3
皇帝岭景区[桂] 340 E5
皇甫山自然保护区[皖] 192 E5
皇宫洞[桂] 337 D8
皇姑井[鲁] 239 D8
皇姑墓[苏] 148 D5
皇后桥[桂] 343 C6
皇家猎场[冀] 53 B6
皇家艺苑小人国旅游世界[京] 31 B9
皇陵冢[鄂] 288 C5
皇佑笔自然保护区[粤] 323 B8
皇雩仙[湘] 303 E10
皇泽寺[渝] 354 F4
黄柏山[豫] 273 G9
黄檗山[赣] 226 C3
黄檗山风景区[闽] 206 D5
黄草梁自然保护区[京] 30 B2
黄巢城[桂] 343 B8
黄村温泉[粤] 324 E5
黄大仙祠[港] 458 C3
黄丹森林公园[川] 372 D3
黄道婆墓[沪] 136 G5
黄道山[桂] 334 D4
黄帝城遗址[冀] 51 C8
黄帝陵[陕] 417 C10
黄帝陵[豫] 262 C2
黄帝文化旅游区[豫] 260 D4
黄铎堡古城[宁] 443 D8
黄盖墓[皖] 194 F5
黄岗梁森林[内蒙古]83 E6
黄岗山[赣] 231 G7
黄公略故居[湘] 302 C5
黄公望森林公园[浙] 167 C7
黄姑寺塔[豫] 264 E4
黄牯山自然保护区[黔] 391 F9
黄果树[黔] 387 D7
黄果寺[滇] 403 E8
黄河大观[豫] 260 D1
黄河大桥公园[鲁] 241 D8
黄河分洪闸[豫] 265 E7
黄河风景区[豫] 261 G9
黄河壶口瀑布国家地质公园[晋] 74 G3
黄河壶口瀑布国家森林地质公园[陕] 417 A9
黄河口国家森林公园[鲁] 24 C10
黄河旅游度假区[内蒙古] 79 F7
黄河旅游度假区[内蒙古] 79 F7
黄河旅游度假区[内蒙古] 80 A2
黄河旅游度假区[内蒙古] 80 B2
黄河三角洲国家自然保护区[鲁] 241 A9
黄河三门峡[豫] 262 B4
黄河滩自然保护区[豫] 263 B8
黄河游[宁] 442 D5
黄河游览区[豫] 260 D1
黄鹤楼[鄂] 279 D6
黄花城长城[京] 32 F4
黄花岛[黑] 122 E4
黄花沟风景区[内蒙古] 79 D8
黄花山石窟[陕] 419 C7
黄花滩水库[内蒙古]79 D6
黄金博物馆[黑] 128 B2
黄金洞[鄂] 290 E3
黄金海岸度假村[沪] 140 B2
黄金海岸国家自然保护区[冀] 55 E6
黄金塔[皖] 199 C9
黄侃墓[鄂] 287 B6
黄琅观潮[浙] 176 E5
黄连河[滇] 402 E3
黄连山自然保护区[桂] 342 E5
黄联士林[川] 367 D7
黄粱梦[冀] 61 D7
黄陵庙[鄂] 291 C8
黄陵寺摩崖造像[川] 365 A8
黄龙[川] 377 C10
黄龙洞庙[豫] 264 B3
黄龙宫[浙] 168 C2
黄龙国家地质公园[川] 377 D10
黄龙铺石门地质剖面[陕] 425 C6
黄龙山寺[湘] 302 C5
黄龙山庄[冀] 51 C7
黄龙潭[滇] 405 C6
黄龙潭龙王庙[京] 32 E3
黄落岗遗址[鄂] 288 D5
黄茅嶂自然保护区[粤] 323 B7
黄梅山窑址[浙] 168 C3
黄坭[川] 375 F7
黄泥河自然保护区[吉] 114 C5
黄牛石[粤] 316 E2
黄埔军校旧址[粤] 313 E8
黄浦江[沪] 136 F5
黄浦江上游一级水源自然保护区[沪] 138 E4
黄岐山风景区[粤] 319 C7
黄桑坪自然保护区[湘] 306 F4
黄沙氏家第[粤] 319 C8
黄山[皖] 201 D7
黄山庙[湘] 299 C8
黄山世界.国家地质公园[皖] 201 D7
黄山头[鄂] 288 F4
黄山自然保护区[皖] 201 D7
黄杉自然保护区[黔] 390 E5
黄哨山[黔] 388 B5
黄石庵[豫] 270 C5
黄石山[豫] 271 D9
黄氏宗祠[鄂] 285 F7
黄水国家森林公园[渝] 355 A9
黄丝桥古城[湘] 301 G7
黄土关[鄂] 282 B3
黄土坡石桥[鄂] 279 F7
黄土山[黑] 120 B4
黄婉梨墓[湘] 302 B4
黄仙洞[冀] 57 D7
黄显极墓[鄂] 290 D5
黄孝墓[鄂] 284 D2
黄崖洞兵工厂旧址[晋] 70 B2
黄崖洞国家森林公园[晋] 70 B2
黄崖关[津] 41 A8
黄岩森林公园[湘] 306 B4
黄焱培故居吴昌硕纪念馆[沪] 137 F8
黄羊城遗址[陕] 422 B4
黄鱼圈珠山遗址[吉] 109 A7
黄缘盒龟自然保护区[豫] 273 F7
黄寨丘陵草场自然保护区[皖] 192 C5
黄肇熙地主庆园[桂] 345 C9
黄中军要塞遗址[冀]60 F3
黄洲桥[赣] 224 E4
黄楮林自然保护区[闽] 206 F3
黄宗羲墓[浙] 170 F5
湟川三峡[粤] 314 C3
湟川三峡[粤] 314 D4
辉发古城[吉] 114 B3
辉河国家自然保护区[内蒙古] 81 D9
辉南三角龙湾国家森林公园[吉] 114 C3
辉山[辽] 91 B6
辉腾锡勒草原旅游区[内蒙古] 79 D8
辉腾锡勒风电厂[内蒙古] 79 D8
辉县关山国家地质公园[豫] 264 D2
辉县猕猴自然保护区[豫] 264 D2
徽州民居[皖] 201 E7
回风塔[桂] 335 C6
回坑遗址[晋] 75 E6
回澜风雨桥[桂] 338 A3
回龙[湘] 307 D6
回龙桥[湘] 306 F4
回龙桥[湘] 306 G3
回龙寺[川] 374 D4
回龙寺古遗址[鄂] 284 E4
回龙寺选像[陕] 421 F7
回龙塔[湘] 304 C3
回龙塔[粤] 323 D6
回龙湾[黑] 126 E3
回龙湾洞穴遗址[川] 367 F6
回龙湾山庄[黑] 126 E3
回銮碑[豫] 265 D7
回銮寺[晋] 66 F4
回马坡[鄂] 291 B9
回水石林[黔] 384 F3
回雁峰[湘] 303 E6
回云寺[黑] 131 C6
洄龙场红军强渡乌江遗址[黔] 390 G5
汇河口[内蒙古] 83 A8
会山自然保护区[琼] 347 D7
会师广场[赣] 233 G6
会仙峰[赣] 225 B7
会仙观[晋] 70 C2
会贤桥[湘] 298 C5
晦翁岩[闽] 206 B3
惠济祠碑[苏] 151 D7
惠济寺[苏] 146 F4
惠宁寺[辽] 92 B3
惠山[苏] 159 D6
惠荪林场[台] 460 C4
惠远寺[川] 379 B6
惠州高尔夫球场[粤] 317 D8
惠州西湖[粤] 317 E7
慧灯寺[川] 372 C2
慧济寺[晋] 72 C3
火龙宫寺[辽] 93 B7
火龙门生态度假区[粤] 324 F5
火炉烈士墓[渝] 355 D8
火山大石谷[浙] 166 B5
火山国家地质公园[滇] 403 D7
火山口[浙] 176 G4
火山口国家森林公园[黑] 131 E9
火山矿泉群[吉] 113 F7
火烧寺[豫] 271 B8
火烧屋场遗址[湘] 302 B4
火神庙[陕] 420 D1
火岩溶洞群[湘] 301 B7
霍光墓[晋] 74 C4
霍田祖庙[粤] 318 D5
霍童古镇[闽] 209 E7
霍元甲故居[津] 38 D4

J

鸡峰山[川] 375 C8
鸡公山[豫] 272 F5
鸡冠洞[豫] 262 F5
鸡冠山[黑] 120 B5
鸡冠山[黑] 127 F9
鸡冠山[内蒙古] 83 A7
鸡冠山省级森林公园[滇] 401 E8
鸡毛洞[黔] 384 G4
鸡鸣寺[渝] 357 B6
鸡鸣寺[粤] 318 F3
鸡心滩[黑] 123 C9
鸡心滩[吉] 111 C8
鸡足山[滇] 405 C8
姬家河经幢[陕] 424 C4
姬氏老宅[晋] 71 D6
姬氏民居[晋] 71 C6
基湖沙滩[浙] 170 B1
嵇安墓[苏] 151 B6
稽胜潭塔[浙] 180 D4
吉兰泰盐池[内蒙古]84 B3
吉穆斯太旅游度假村[内蒙古] 79 D6
吉日寺[川] 379 B9
吉吐莫草原[黑] 123 D6
吉祥寺塔[闽] 208 F5
吉星岩[桂] 343 D6
吉兆旅游度假区[粤] 327 C10
吉州窑[赣] 232 C5
极乐寺[黔] 391 G6
急公好义坊[粤] 319 D8

棘

棘阳县故址[豫] 271 F7
集萃园度假村[桂] 337 D8
集宁路古城遗址[内蒙古] 79 E9
纪功坊[川] 372 D4
纪国遗址[鲁] 242 C5
纪念碑[鄂] 289 B7
纪山寺[鄂] 283 E10
纪晓岚墓[冀] 59 C6
纪庄古墓群[鄂] 279 F7
季家湖楚城遗址[鄂] 291 D10
季伟烈士墓[鄂] 284 E2
济公山[琼] 347 C6
济公岩[湘] 307 D7
济南野生动物园[鲁] 239 B8
济香洲河滩[黔] 384 F5
稷王庙[晋] 75 F6
稷王山[晋] 75 E6
冀鲁豫军区司令部暨第一兵工厂旧址[豫] 265 C7
加新自然保护区[琼] 347 F7
夹谷峡谷[黔] 389 F7
夹祭草堂[闽] 206 E5
夹金山[川] 376 A2
夹山寺[湘] 299 B6
佳西自然保护区[琼] 346 E4
嘉福寺塔[辽] 97 F7
嘉陵江源头风景区[陕] 418 E2
嘉业堂[浙] 168 A2
嘉应观[豫] 261 B9
嘉佑金山禅寺[豫] 264 C4
嘉峪关[陇] 430 A2
甲茶[黔] 385 D8
甲岗岩[桂] 343 E6
甲午海战古战场[辽]99 F10
甲子特渡山[粤] 319 F6

J 贾驾假尖见建剑荐鉴箭江姜将蒋降交焦蛟礁皎轿教皆接揭街捷碣姐解戒界金锦进晋缙靳京荆精井景警净敬靖静镜九久韭酒旧救居莒巨锯聚瞿觉军君菌筇 K 喀卡开坎康亢抗考靠柯科蝌可克客空崆孔恐寇枯哭苦库宽匡奎魁昆括阔 L 拉砬喇腊蜡来涞莱赖兰岚蓝烂郎狼廊琅朗崂老姥乐

景点名称[省别]	地图位置
贾岛墓[京]	30 F5
贾登峪国家森林公园[新]	450 F2
贾桂墓[陕]	417 B7
贾家洞[黔]	384 F3
驾桥岭自然保护区[桂]	336 F2
假日海滩[琼]	347 A7
尖峰岭国家森林公园[琼]	346 F3
尖岭森林自然保护区[琼]	347 E7
剪石石遗址[鄂]	289 C7
见龙塔[琼]	347 B7
见天瀑布[鄂]	290 D3
建陵县故城[桂]	336 G2
建宁革命旧址[闽]	210 B3
建宁革命遗址[闽]	210 D2
建宁县城遗址[湘]	303 C7
建桥围[粤]	323 D8
建水[滇]	400 E4
建元寺[陕]	425 C8
剑池湖[浙]	180 D4
剑河[黔]	388 D5
剑湖[滇]	405 D6
剑江[黔]	385 C6
剑江风光[桂]	344 B3
剑江下游风景区[黔]	385 C6
剑门关国家森林公园[川]	364 E3
剑门蜀道[川]	364 E3
剑劈峡[黔]	384 G3
剑州白塔[川]	364 E3
荐元塔[浙]	180 G4
鉴湖[浙]	172 B4
鉴真东渡纪念馆[苏]	161 B7
箭扣长城[京]	32 E5
江村古民居[皖]	195 F9
江村旧城[粤]	328 E2
江东寺[湘]	301 F10
江东寺[湘]	307 G8
江广亭[粤]	316 B1
江汉墓群[川]	368 G4
江家村革命纪念地[鄂]	291 D6
江界河改设义渡碑刻[黔]	384 C2
江口大地岩[桂]	337 F9
江口烈士墓[渝]	355 E8
江口鸟洲自然保护区[湘]	303 E7
江口崖墓[川]	362 F5
江郎山[浙]	177 D8
江南长城[浙]	176 D3
江南翼龙化石[浙]	176 D5
江桥抗战遗址[黑]	123 E6
江山半岛旅游度假区[桂]	340 E5
江水水源林自然保护区[粤]	315 A8
江湾[赣]	231 A8
江西会馆[陕]	421 E7
江夏元代南桥[鄂]	279 D9
江厦[浙]	176 F4
江心岛旅游区[吉]	113 E9
江心公园[浙]	179 C6
江燕峡谷[桂]	345 B7
江油国家地质公园[川]	368 D3
江洲天主教堂[桂]	345 B7
姜各庄森林公园[冀]	55 F6
姜家甸[吉]	110 C5
姜家溶洞[渝]	354 D5
姜家庄古遗址[鲁]	251 E8
姜女村[桂]	343 D7
姜庆楼[川]	376 C3
姜太公故里[豫]	264 E3
姜志远墓[黔]	389 C6
将军洞[黔]	384 F5
将军洞[黔]	388 B3
将军洞革命遗址[鄂]	278 A5
将军坟[吉]	114 G2
将军坟[辽]	98 B3
将军关[京]	32 A3
将军墓[黔]	391 E10
将军山[桂]	344 F3
将军石[川]	369 B7
将军石[豫]	273 G7
将军石山景区[黑]	128 D2
将军坨[京]	30 D4
将军岩[桂]	336 B1
将军岩[湘]	298 G5
将军寨[鄂]	280 F3
将军寨[鄂]	282 B3
将石自然保护区[闽]	208 D2
将台堡红军长征会师纪念碑[宁]	443 D9
蒋氏故里[浙]	171 F6
降扎温泉[川]	377 A8
交乐汉墓[黔]	387 E8
焦山[苏]	156 A3
焦裕禄烈士墓[豫]	266 B4
焦裕禄展览馆[鲁]	242 D3
焦庄户地道战遗址[京]	34 A4
蛟洋文昌阁[闽]	215 D8
礁臼峪自然风景区[京]	31 A8
礁岭前[鲁]	242 D2
礁溪龙潭瀑布[闽]	206 B2
皎平渡革命纪念地[川]	367 G8
轿子山[滇]	397 B7
教忠寺[闽]	206 F5
皆公寺北魏造像碑[鲁]	241 G7
接龙桥[桂]	338 B3
揭峪飞泉[粤]	323 E8
街津口赫哲族民族村[黑]	129 B6
街津山国家森林公园[黑]	129 B6
捷胜海洋渔业观赏园[粤]	318 G3
捷胜天主教堂[粤]	318 G3
碣石观海[冀]	55 D6
碣石山风景区[冀]	55 D6
碣石遗址[冀]	55 C8
姐勒金塔[滇]	403 F10
姐妹石[浙]	170 C2
解放-江山岛纪念塔[浙]	176 E5
解庄佛殿[陕]	424 C4
戒台寺[京]	28 E3
戒台寺[京]	30 C5
界首风帆[浙]	166 F3
界首古墓群[桂]	336 C3
借粮湖景点[鄂]	288 C5
金坳幽谷[浙]	166 D3
金波崖峡[川]	376 C3
金车农家乐[桂]	336 C2
金城堡遗址[晋]	74 D3
金城山森林公园[川]	365 C7
金城子[黑]	127 E10
金川湾石窟[陕]	419 C7
金代八里城遗址[黑]	131 F6
金代东北路寨壕边堡遗址[黑]	122 E3
金代古城遗址[黑]	120 D1
金代摩石刻[吉]	114 D1
金刀峡[渝]	354 B4
金灯寺石窟[豫]	264 B2
金顶寺[滇]	405 C8
金顶寺[滇]	405 D7
金鼎湖[京]	33 F8
金鼎山[黔]	390 E3
金洞寺[晋]	72 D4
金斗湖[辽]	102 C4
金峰寺[桂]	345 D9
金凤山[黔]	388 B5
金佛山[渝]	355 E6
金佛山国家森林公园[渝]	355 E6
金刚山自然保护区[辽]	97 F7
金刚寺[京]	32 E2
金刚寺[内蒙古]	81 B10
金钢腿[闽]	206 C3
金阁山[冀]	50 B5
金阁寺[晋]	72 B3
金公祠革命旧址[鄂]	287 E8
金沟新石器遗址[吉]	114 E5
金瓜洞[黔]	389 F7
金光寺[黑]	131 A9
金龟山庄[黑]	130 C4
金龟寺塔[陕]	419 D7
金海湖[京]	32 B3
金海湖水上运动场[京]	32 B3
金海滩旅游区[粤]	320 F2
金海湾浴场[粤]	319 F7
金湖[闽]	210 B4
金湖杨国家森林公园[新]	454 E3
金花茶国家级自然保护区[桂]	340 D4
金花杪椤自然保护区[川]	372 D4
金花杪椤自然保护区[川]	373 F6
金华观[浙]	174 C4
金华山[川]	365 F6
金鸡洞[赣]	229 E6
金鸡咀[鄂]	281 E7
金鸡口古文化遗址[鄂]	290 D5
金鸡岭[粤]	314 A5
金鸡山古炮台[桂]	343 D9
金鸡岩[桂]	343 A7
金坑村[闽]	208 D1
金坑梯田[桂]	336 C2
金兰公园[黑]	120 C5
金莲川草原[冀]	50 D3
金莲川草原度假村[冀]	50 B3
金莲寺[闽]	210 E3
金陵遗址[京]	30 E4
金流洞[黔]	389 F6
金龙峰[赣]	230 F4
金龙寺塔[陕]	424 E4
金龙岩[桂]	343 F6
金龙寨[湘]	307 D7
金伦洞[桂]	334 B4
金马山石窟[陕]	418 D4
金牛湖[京]	32 E2
金牛山[鲁]	239 D9
金牛山遗址[辽]	99 B9
金盆垴遗址[鄂]	287 F8
金泉湖[黑]	120 D4
金泉眼国家森林公园[黑]	120 D4
金三角[桂]	343 G6
金沙避暑山庄[鄂]	285 D8
金沙河丽人漂[黑]	126 D3
金沙河丽人漂[黑]	126 E3
金沙滩国家自然保护区[鲁]	245 D7
金沙滩墓群[晋]	68 E5
金沙湾[内蒙古]	80 G2
金山古松[粤]	319 C8
金山古寨[闽]	215 D10
金山滑雪场[黑]	126 E3
金山岭长城[冀]	53 F6
金山岭长城[京]	33 D9
金山摩崖石刻[粤]	319 D9
金山秦王避暑洞[鲁]	254 D5
金山三岛自然保护区[沪]	139 A8
金山寺[川]	369 E9
金山寺[陕]	418 E2
金山寺[苏]	156 A3
金上京历史博物馆[黑]	120 D3
金狮湾度假村[粤]	319 C9
金石滩[辽]	102 F4
金水乐园[宁]	442 C3
金丝猴自然保护区[陕]	416 F5
金丝小枣观光园[冀]	59 C6
金塔[辽]	100 D3
金台书院[京]	29 E7
金滩旅游度假区[鲁]	251 F8
金滩新城[桂]	341 E8
金汤孔玉自然保护区[川]	379 A6
金厢滩[粤]	318 F4
金像寺摩岩造像[川]	372 C2
金银滩[冀]	54 G5
金银滩森林公园[冀]	55 F6
金源乳峰太虚洞[黑]	120 D4
金帐汗[内蒙古]	81 D8
金昭牌坊[浙]	178 C4
金钟山自然保护区[桂]	343 F9
金竹壮寨[桂]	336 C2
金子峰森林公园[浙]	180 F3
锦江瀑布[吉]	113 C8
锦屏公园[川]	364 D4
锦屏山[川]	364 D4
锦屏山[滇]	400 C3
锦屏山[苏]	150 C3
锦屏山[浙]	171 E6
锦屏山公园[滇]	400 B5
锦绣川[鲁]	239 B8
进龙洞[桂]	342 D1
进上牌坊[粤]	316 C1
进士坊[湘]	305 D8
晋察冀边区政府及军区司令部旧址[冀]	56 E3
晋察冀军区司令部旧址[晋]	72 A3
晋城遗址[豫]	265 B10
晋江深沪湾国家地质公园[闽]	213 F9
晋绥边区政府及军区司令部旧址[晋]	73 B7
晋文公墓[晋]	75 C6
缙云山[渝]	354 C4
靳家岭[豫]	261 C7
靳王庙[陕]	423 C9
京北第一草原度假村[冀]	52 D4
京岛风景区[桂]	340 E5
京东大溶洞[京]	32 B3
京东大峡谷[京]	32 B2
京都第一瀑[京]	33 D6
京都高尔夫球场[冀]	57 B9
京津花园高尔夫球场[冀]	52 C3
京南高尔夫球场[冀]	57 B9
京娘湖[冀]	61 F6
京西大峡谷[京]	30 B2
荆江分洪工程纪念塔[鄂]	288 D4
荆轲塔[冀]	57 C7
荆竹园古遗址[黔]	391 F6
荆庄大云寺大雄宝殿[晋]	69 E7
荆紫关[豫]	270 D3
精进士塔[陕]	424 C3
精灵谷[京]	33 D6
精秘寺[浙]	176 C4
井冈山[赣]	233 F7
井冈山革命根据地旧址[赣]	233 F7
井冈山自然保护区[赣]	233 F7
景安陵石刻[苏]	156 B4
景东卫城遗址[滇]	406 D3
景凤冲霄[浙]	176 E1
景谷河库区[滇]	406 D4
景山公园[京]	29 D6
景寿堂[湘]	297 C9
景星岩[浙]	176 D2
景阳岗[鲁]	240 E3
景园[黑]	123 C7
景真八角亭[滇]	407 E8
景忠山[冀]	54 B3
警官度假村[内蒙古]	82 E4
净居寺[豫]	273 F7
净觉寺[冀]	54 D2
净乐宫[鄂]	281 C6
净莲寺[鄂]	280 F4
净土寺	E6
净土寺塔[浙]	176 E3
净信寺[晋]	67 D6
敬德塔[陕]	416 D4
敬史君碑[豫]	268 B4
敬亭山[皖]	195 D6
敬信自然保护[吉]	115 F9
靖边城炮楼[桂]	343 D7
靖海炮台[粤]	319 F7
静惠山公园[川]	362 E3
静居寺石窟[晋]	72 E5
镜泊湖[黑]	131 D9
镜沟遗址[吉]	114 E5
九成宫[陕]	418 D5
九道湾[京]	33 E7
九顶铁槎山[鲁]	251 F9
九洞山[桂]	334 D4
九洞天[黔]	386 E4
九段沙湿地自然保护区[沪]	140 B2
九峰[鄂]	287 F6
九峰[浙]	179 F8
九峰公园[浙]	176 E4
九峰桥[鄂]	290 E5
九峰山[赣]	226 E4
九峰山[闽]	208 F4
九峰山[湘]	302 C5
九峰山[浙]	175 C8
九峰山大佛寺[浙]	174 D2
九峰寺[闽]	209 F6
九峰峙[黔]	387 D7
九佛山[内蒙古]	83 E6
九公祠[湘]	303 G7
九宫洞[桂]	343 C7
九宫庙[粤]	316 D2
九宫山[鄂]	285 E9
九宫山风景区[鄂]	285 E10
九宫山自然保护区[鄂]	285 E9
九股尖自然保护区[皖]	201 F7
九侯山[闽]	212 E1
九华山[鄂]	280 E1
九华山[皖]	201 B6
九华山游览点[鄂]	280 E2
九华山庄[京]	31 B10
九华山自然保护区[皖]	201 B6
九里沟[豫]	261 F8
九里将军府[粤]	319 C6
九里山[苏]	148 D4
九里一千墩[苏]	154 E2
九鲤湖[闽]	207 F6
九连城[辽]	99 D8
九连墩[鄂]	281 E10
九连人民自卫总队遗址[粤]	316 D2
九连山[粤]	316 E2
九连山自然保护区[赣]	229 F10
九岭岗农民起义纪念地[鄂]	288 E2
九岭山[赣]	227 A6
九岭山自然保护区[赣]	222 F3
九龙瀑布[闽]	209 E7
九龙壁[晋]	69 C6
九龙池[滇]	400 B3
九龙池[鲁]	251 D7
九龙池[鲁]	255 D8
九龙洞[川]	365 B8
九龙洞[黔]	385 D6
九龙洞[黔]	391 E10
九龙洞[黔]	391 E10
九龙洞[桂]	337 E9
九龙洞[鲁]	243 C7
九龙洞[豫]	262 F3
九龙吨[黔]	390 B2
九龙峰旅游区[粤]	317 D8
九龙峰自然保护区[皖]	195 F9
九龙沟[川]	362 D2
九龙湖[浙]	170 E4
九龙湖[浙]	177 C9
九龙口[苏]	152 D1
九龙庙[川]	373 E8
九龙瀑布群[滇]	398 F4
九龙瀑布群[桂]	335 D7
九龙泉[内蒙古]	81 C10
九龙泉烈士纪念碑[陕]	417 B8
九龙山[黔]	386 B4
九龙山[豫]	271 D9
九龙山[浙]	169 C8
九龙山国家森林公园[津]	41 A8
九龙松[冀]	52 D4
九龙潭[闽]	212 C3
九龙潭[豫]	273 G7
九龙潭水上世界[粤]	313 C7
九龙塘温泉[桂]	339 E9
九龙岩[湘]	304 A3
九龙游乐园[京]	31 B9
九泷十八滩[粤]	315 A6
九马画山[桂]	336 E3
九门口长城[辽]	93 E8
九女坟画像石刻[皖]	189 D7
九曲湖[黔]	390 A2
九曲湖[黔]	390 C1
九曲黄河第一湾[川]	377 B8
九泉汤[鲁]	251 D7
九如汉墓群[桂]	344 C4
九三[黑]	120 E3
九三风景区[黑]	120 E3
九山顶自然风景区[津]	41 A8
九丝城[川]	374 E5
九天圣母庙[晋]	70 B5
九头崖[豫]	271 D10
九畹溪[鄂]	291 C7
九万山自然保护区[桂]	344 B2
九五温泉疗养院[冀]	56 D3
九溪滩窑址群[浙]	181 A8
九仙[鲁]	255 B8
九仙山[鲁]	253 C7
九仙山[闽]	213 A7
九仙岩[浙]	177 C9
九乡[滇]	397 E8
九眼楼长城风景区[京]	32 E5
九嶷山国家森林公园[湘]	304 E4
九寨沟[川]	377 C10
九丈滩林[浙]	178 C5
九遮山[浙]	176 C2
九真山[鄂]	279 F7
九冢[鄂]	281 E8
九座寺[闽]	206 G5
久吉苗族风情[黔]	389 D6
韭菜坪石林风景区[黔]	386 F4
韭山洞[皖]	192 C3
酒埠江国家地质公园[湘]	303 D9
酒壶山[桂]	337 G8
旧城八景[桂]	342 B5
旧城古城堡[桂]	342 B5
旧洛山[桂]	345 E8
旧县畈[鄂]	286 C4
旧州田园风光[桂]	343 E6
救民水火碑[川]	375 C7
居延峰燧遗址[内蒙古]	84 E2
居延海旅游点[内蒙古]	84 E1
居庸关长城[京]	31 A8
莒国故城[鲁]	253 C6
巨型长龙石刻群[黔]	390 D1
巨型石狮[川]	373 B7
巨猿洞[桂]	337 F8
巨猿化石[桂]	343 C7
锯子山自然保护区[黔]	391 B7
锯子山自然保护区[黔]	391 C6
聚奎塔[琼]	347 D8
聚仙谷[冀]	54 C3
聚星塔[浙]	172 E3
聚义厅[桂]	341 D8
瞿家湾革命纪念地[鄂]	289 E7
瞿塘峡[渝]	357 E9
觉山寺[晋]	69 F9
觉苑寺[川]	364 F4
觉峙塔[晋]	69 F9
军冲凉亭[桂]	338 B3
军峰山[赣]	225 D7
军芦村义和团音乐[冀]	52 C2
君山[闽]	206 A5
君山公园[湘]	300 C3
菌子山生态旅游风景区[滇]	398 G4
筇连岩溶[川]	374 F4
K	
喀拉也木勒石岩画[新]	453 A7
喀纳斯[新]	450 F1
喀纳斯国家地质公园[新]	450 F1
喀纳斯国家自然保护区[新]	450 E1
喀纳斯湖风景名胜区[新]	450 F1
卡拉麦里山有蹄类自然保护区[新]	451 C6
卡洼日[川]	378 D4
开河寺石窟[晋]	67 C9
开化寺[晋]	71 C6
开化寺[陕]	423 B8
开化寺石窟[陕]	424 B5
开建古城[粤]	328 C2
开平碉堡[粤]	325 D8
开平寺[闽]	208 F4
开山寺[桂]	337 E8
开善寺[冀]	57 C9
开溪记摩岩石刻[粤]	319 D8
开禧寺[川]	368 E2
开阳[黔]	384 E3
开元古寺[桂]	344 A3
开元寺[川]	374 B5
开元寺[冀]	57 F6
开元寺[闽]	213 E9
坎布拉国家森林公园[青]	437 C6
康百万庄园[豫]	260 F2
康禾自然保护区[粤]	316 C5
康济塔[宁]	443 C6
康宁寺[川]	379 F7
康泰真墓碑[辽]	92 E5
康王坟[鲁]	240 F2
康王坟[鲁]	244 D3
康王坟[豫]	265 B8
康王庙[湘]	303 D7
康坞大庙[川]	366 C5
康西草原[京]	32 F1
康西风光度假村[京]	32 F1
康西野鸭湖[京]	32 F1
亢河[渝]	357 B7
抗洪烈士陵园[鄂]	279 B7
抗联白浆河革命纪念地[吉]	113 F8
抗联会议址[吉]	113 F7
抗联马家沟密营地[吉]	113 E7
抗联三、六军基地遗址[黑]	121 A8
抗联一.二军会师纪念地[吉]	113 E6
抗美援朝纪念馆[辽]	99 E9
抗日将士纪念塔[湘]	306 C5
抗日救亡干部学校旧址[浙]	179 E7
抗日烈士纪念碑亭[粤]	313 C10
抗日民主政府纪念碑[苏]	153 C8
抗日三周年纪念塔[晋]	70 B2
抗日山烈士陵园[苏]	150 D2
抗日无名英雄墓[鄂]	285 G7
抗日义勇军墓[粤]	319 D9
抗日阵亡将士纪念碑[川]	373 E7
抗倭古城[浙]	176 D5
考亭书院[闽]	208 D3
靠山草原[黑]	123 D6
柯家村遗址[皖]	194 F5
柯岩[浙]	172 B4
科尔沁国家自然保护区[内蒙古]	83 D10
科洛火山群[黑]	124 D2
蝌蚪文摩崖[浙]	176 E1
可渡关驿道[滇]	398 B4
可乐古汉墓[黔]	386 G3
克山公园[黑]	122 B3
克孜尔魔鬼城[新]	455 A9
客落湾[鄂]	281 D8
空山洞[鄂]	283 B8
空山战役遗址[川]	369 B8
空厢寺[豫]	262 C5
空中草原[冀]	51 E9
空中草原[冀]	56 B5
崆峒山[陇]	432 F3
崆峒岩[粤]	324 D5
崆峒岩禅寺[粤]	324 E5
崆山白云洞[冀]	49 G6
孔府、孔庙、孔林[鲁]	255 B8
孔挂城[豫]	265 C7
孔林[鲁]	255 B8
孔庙、汇龙潭、秋霞圃[沪]	136 C2
孔庙[桂]	336 E4
孔庙[陕]	424 G2
孔庙[粤]	319 B8
孔庙古建筑[鄂]	278 A5
孔明碑[渝]	357 E10
孔明山炮台[桂]	343 D9
孔雀山[黔]	384 F4
孔雀园[黑]	127 F9
孔雀园[浙]	166 F3
孔尚任隐居处[鲁]	255 B8
孔氏南宗家庙[浙]	177 B9
孔子还乡祠[豫]	267 D9
孔子堂庙碑[鲁]	254 E4
恐龙博物馆[川]	373 E8
恐龙博物馆[粤]	315 B9
恐龙化石群[鲁]	243 F8
寇准墓[陕]	424 E2
枯樟精忠祠[桂]	336 A4
枯枝牡丹园[苏]	152 E3
哭泉[陕]	419 B8
苦竹岭碉卡[鄂]	285 F7
库姆塔格沙漠[新]	457 B7
库区国家森林公园[辽]	98 B3
宽甸地质自然保护区[辽]	99 D6
宽阔水原始森林风景区[黔]	390 D4
匡衡故里[鲁]	252 F2
匡衡墓[鲁]	255 F9
匡家湾遗址[鄂]	282 C3
奎阁塔[粤]	316 B4
奎湖古堡[粤]	319 F6
奎星阁[川]	364 C5
奎星塔[湘]	299 F9
魁星楼[桂]	338 C4
魁星楼[桂]	341 D8
魁星楼[桂]	344 E4
魁星楼[黑]	120 D2
魁星楼[闽]	208 C5
魁星岩[闽]	213 C7
魁岩摩崖石刻[粤]	325 A6
昆卢寺[台]	460 C3
昆仑关战役遗址[桂]	334 D5
昆仑关战役指挥所[桂]	345 F9
昆仑山会议旧址[桂]	337 F8
昆仑山森林公园[鲁]	251 E7
昆嵛山[鲁]	251 E7
括苍洞[浙]	176 D2
阔叶林自然保护区[黔]	390 C1
L	
拉安河[黔]	385 D8
拉岜瀑布[桂]	344 E3
拉卜楞寺[陇]	432 A2
拉法砬子岩洞[吉]	109 D9
拉法山[吉]	109 D9
拉哈岗[黑]	130 E5
拉号岩风景区[桂]	344 F3
拉考温泉[桂]	344 E3
拉林河漂流[黑]	120 F4
拉然宾庙[内蒙古]	81 E10
砬子山[辽]	94 D5
喇叭洞[川]	368 D2
喇叭沟门原始森林[京]	32 B5
喇叭河自然保护区[川]	376 C2
喇嘛洞[内蒙古]	79 E7
喇嘛洞摩崖造像[辽]	96 D5
喇嘛山[内蒙古]	81 B9
腊尔山景区[湘]	301 F8
腊山[鲁]	248 D1
腊州塔[闽]	212 F2
蜡烛山遗址[桂]	334 D4
来凤山国家森林公园[滇]	403 E7
来雁塔[湘]	303 E6
涞滩二佛寺[渝]	354 B4
莱芜旅游区[粤]	319 D8
莱芜炮台[粤]	319 D8
莱芜战役纪念馆[鲁]	249 D9
莱芜战役指挥所遗址[鲁]	249 C10
莱州月季[鲁]	250 D2
莱州月季[鲁]	250 E2
赖国故城遗址[豫]	273 D7
兰桂桥[粤]	316 B1
兰花洞[湘]	301 D10
兰家遗址[鲁]	247 D8
兰津渡霁虹桥[滇]	403 B7
兰类、苏铁保护区[黔]	387 B8
兰天蒙古大营[内蒙古]	79 D9
兰亭[浙]	172 C4
兰洋温泉[琼]	346 C5
兰洋温泉[琼]	346 C5
兰玉坪石林[浙]	166 F4
兰泽烈士墓[湘]	300 D4
岚山海水浴场[鲁]	253 E7
蓝靛瑶寨风情[桂]	342 D3
蓝田猿人遗址[陕]	416 A3
烂柯山-乌溪江[浙]	177 C9
郎墨遗址故城[鲁]	244 D3
狼山[苏]	153 E9
狼牙坝[吉]	110 E5
狼牙山[冀]	57 D7
廊下[浙]	176 B5
琅琊山[皖]	193 E6
琅琊台[鲁]	245 F8
朗乡狩猎场[黑]	126 G3
阆中古城[川]	364 D4
浪口温泉度假区[鄂]	285 E8
浪茄湾[港]	458 B4
浪淘英雄石刻[鄂]	291 B6
捞村风光[黔]	385 B9
崂山[鲁]	245 B6
崂山国家森林公园[鲁]	245 C6
老北京微缩园[京]	31 B8
老顶山[晋]	70 C5
老范河[鄂]	281 D10
老沟河古人类遗址[黑]	125 A6
老关碉[川]	372 E3
老观庙墓地[鄂]	282 B4
老果岭自然保护区[豫]	270 C4
老海寺汉墓群[皖]	189 D6
老禾营-龙坑风景河段[黑]	123 D10
老黑山林海[黑]	120 A4
老虎山[桂]	336 E4
老虎山遗迹[内蒙古]	79 E8
老虎跳、壁耕景观[滇]	405 F7
老虎岩[闽]	210 D3
老君庵[陕]	419 C6
老君洞[桂]	337 D8
老君洞[湘]	306 B4
老君庙[陕]	418 F5
老君山[川]	374 C2
老君山[滇]	401 E7
老君山[豫]	262 G5
老君滩[川]	367 G8
老岭狙击战斗址[吉]	113 F7
老龙洞[渝]	357 F6
老龙洞双牌坊[川]	365 A7
老龙头长城[冀]	55 C8
老龙湾[鲁]	242 E5
老龙湾[鲁]	244 F2
老泸州遗址[川]	375 C8
老庙子[陕]	418 F4
老母洞[豫]	260 F4
老司城[湘]	301 C9
老铁山自然保护区[辽]	102 G2
老秃顶子自然保护区[辽]	98 C2
老王城遗址[桂]	344 A2
老屋阁及绿绕亭[皖]	201 E7
老象峰风景区[京]	32 B1
老爷岭东北虎自然保护区[吉]	115 D9
老爷庙[赣]	223 D8
老爷山革命战斗遗址[晋]	70 D4
老鹰洞[黔]	384 C3
老鹰洞旅游区[黔]	386 D2
老子故居[皖]	190 E3
老子庙[皖]	190 C5
老子山[桂]	337 D8
老子山[苏]	151 E8
姥山[皖]	199 E8
姥山[浙]	166 F4
乐川洞[黔]	386 D5
乐佛寺[京]	30 F2

L 乐勒雷肋擂冷梨骊黎蠡礼李里理鲤历立丽荔连莲联濂炼良凉梁粮两亮晾辽列烈猎林临鳞蔺灵岭玲凌陵羚菱刘流留琉柳六龙隆陇娄楼卢庐芦泸鲁陆渌鹿禄路潞鹭驴闾吕旅绿栾滦罗

景点名称[省别]	地图位置
乐满地休闲世界[桂]	336 C3
乐迷岩[桂]	337 G8
乐平古戏台[赣]	221 F8
乐清东塔[浙]	176 B5
乐山大佛[川]	372 C3
乐石[桂]	343 A8
乐史墓[赣]	224 F4
乐土自然保护区[闽]	212 B2
乐意山庄[黔]	390 F3
乐园自然草原保护区[黑]	123 C9
勒穷[川]	378 C3
雷八家遗址[鄂]	289 B7
雷公洞[湘]	301 E8
雷公山自然保护区[黔]	389 E7
雷烧坡古冢[湘]	301 F8
雷氏祠[鄂]	286 D4
雷音洞[京]	32 B2
雷州白碟贝自然保护区[粤]	327 E6
雷州古城[粤]	327 E7
肋泉寺[豫]	260 E3
擂鼓墩古墓群[鄂]	282 D3
擂鼓台[陕]	421 F8
擂鼓台[湘]	300 C4
擂鼓台风景名胜区[陕]	421 F7
冷家湾起义旧址[鄂]	282 C4
冷皮垭新古器遗址[鄂]	282 E5
冷热洞[鄂]	280 G3
冷水河自然保护区[黔]	386 C2
冷水瀑布[桂]	343 E8
冷水石林[桂]	336 F4
梨树沟抗日根据地遗址[吉]	115 D10
梨树瀑布[黑]	131 D7
梨乡[鲁]	247 C7
梨园风景区[冀]	49 F8
骊山-华清池[陕]	416 B2
黎村温泉[桂]	339 E10
黎苗风情村[琼]	346 E4
黎明洞[粤]	318 G3
黎母岭自然保护区[琼]	346 D5
黎母山国家森林公园[琼]	346 D5
黎平侗乡[黔]	389 B7
黎氏大宗祠及古建筑群[粤]	320 A4
黎源信潮[湘]	302 C2
蠡园[苏]	159 D6
礼纪青皮岭自然保护区[琼]	347 E7
礼贤清真寺[京]	31 F8
李白故里[川]	368 D3
李白墓[皖]	194 E3
李陈岗遗址[鄂]	283 D6
李达故居[湘]	304 B3
李大钊故居[冀]	54 F5
李封观[川]	364 E5
李固龙山文化遗址[豫]	261 A8
李国标家祠[粤]	317 F7
李济深故居[桂]	338 E3
李家大屋[湘]	297 D9
李家发烈士啤[皖]	195 F6
李家河石窟[陕]	419 A9
李家楼古文化遗址[鄂]	286 C4
李家棚汉墓[鄂]	280 B3
李家圩地主庄园[皖]	186 E5
李家崖城址[陕]	42 B10
李家宅院[黔]	389 F7
李家洲[鄂]	286 E5
李立三故居[湘]	303 B9
李林烈士陵园[晋]	68 F3
李塔[沪]	138 D5
李田仙岩[粤]	316 D2
李维汉故居[湘]	297 C6
李先念旧居[鄂]	286 G3
李亚声烈士墓[鄂]	281 D6
李渔故里[浙]	174 C2
李元谅碑[陕]	424 F3
李振彪烈士墓[浙]	181 D7
李植华烈士纪念碑[桂]	338 G3
李庄古镇[川]	374 C5
李自成行宫[陕]	423 C8
李宗仁故居[桂]	336 D2
里然龙寺[川]	378 A5
里坦汉墓群[桂]	337 F10
理坑明清古建筑群[赣]	231 A7
理塘喇嘛寺[川]	379 D7
理塘温泉[川]	379 D7
鲤鱼河峡谷[渝]	354 F5
鲤鱼河峡谷[渝]	354 F5
鲤鱼山古人类遗址[桂]	338 A3
鲤鱼尾海水浴场[粤]	318 G3
鲤鱼溪[闽]	209 E7
历山国家级自然保护区[晋]	71 G8
厉山铁旗杆[鄂]	282 E3
立城遗址[豫]	273 D9
立水桥公园[赣]	28 B7
丽川秀峰[桂]	343 C6
丽江古城[滇]	405 C6
利济寺[浙]	168 B3
例定千秋碑[黔]	389 C6
荔波樟江[黔]	385 B8
荔波樟江[黔]	385 B9
荔浦塔[桂]	336 F3
连敖山石刻[川]	372 B2
连岛海滨浴场[苏]	150 B2
连环湖[黑]	123 E6
连康山自然保护区[豫]	273 G7
连南板洞自然保护区[粤]	314 C3
连寺沟墓地[晋]	72 D5
连州大东山[粤]	314 B4
连珠岩[湘]	305 D9
莲都峰林[粤]	328 D2
莲花池[黑]	124 D5
莲花池风景区[黑]	120 C3
莲花岛[辽]	95 E8
莲花洞[湘]	306 A5
莲花洞石刻[滇]	401 F6
莲花洞石刻造像[鲁]	239 D9
莲花峰风景区[粤]	319 E8
莲花河[黑]	129 B6
莲花湖[黑]	121 C6
莲花湖[黑]	123 C10
莲花湖[黑]	131 C7
莲花泡[黑]	127 D9
莲花泡[黑]	131 C6
莲花山[赣]	228 B5
莲花山[桂]	342 C4
莲花山[桂]	344 E2
莲花山[桂]	345 B7
莲花山[京]	32 F4
莲花山[闽]	206 C2
莲花山[闽]	211 C7
莲花山[豫]	271 A8
莲花山[粤]	313 E8
莲花山风景林自然保护区[陇]	429 E6
莲花山森林公园[粤]	318 F3
莲花山圣水寺[辽]	93 C6
莲花寺[陕]	421 F6
莲花塔[京]	32 A3
莲花戏台[桂]	338 B3
莲花仙子洞[桂]	334 F3
莲花岩[赣]	229 D8
莲花岩[桂]	336 E3
莲柱擎天[湘]	306 B3
联芳楼[粤]	323 C8
联奎塔[闽]	206 E4
联魁塔[浙]	167 D6
濂泉响谷[京]	32 E5
濂溪书院[湘]	305 E8
炼人炉[黑]	127 F9
良岩[湘]	305 E6
良渚文化遗址[浙]	167 B8
凉城[冀]	56 C5
凉耳洞[黔]	391 E8
凉风坳森林公园[川]	372 E3
凉风洞[桂]	344 D3
凉马寺[豫]	264 D4
凉水自然保护区[黑]	126 F2
凉厅街[川]	372 D4
凉亭桥[湘]	301 C8
梁村塔[鲁]	240 A4
梁代墓[鄂]	288 D5
梁公林[鲁]	255 B8
梁湖古井[鄂]	279 D9
梁里洞葬[黔]	385 E6
梁陆使君墓[川]	365 F6
梁山宫遗址[陕]	419 D6
梁山千佛洞[陕]	424 C4
梁氏墓群[鲁]	248 E2
梁嵩纪念馆[桂]	339 A8
梁祝故里[豫]	273 C6
梁祝文化公园[浙]	170 E5
粮台山城[黑]	131 B8
两淮地质构造国家自然保护区[皖]	188 G5
两扇门天险[黔]	384 D2
亮子河[黑]	131 C8
亮子河[黑]	131 C8
晾鹰台[京]	31 E8
辽代古城堡遗址[内蒙古]	81 B8
辽代古城堡遗址[内蒙古]	81 C8
辽代女真中兴古城遗址[黑]	128 C5
辽河源自然保护区[冀]	53 D9
辽金村落遗址[吉]	110 G5
辽灵安州故城[内蒙古]	83 F8
辽沈战役烈士纪念碑[辽]	97 F8
辽太祖陵[内蒙古]	83 E7
辽王墓[鄂]	288 C4
辽阳参窝狩猎场[辽]	100 B5
辽阳汉壁画墓群[辽]	100 B4
辽源矿工墓[吉]	112 B5
辽中京遗址[内蒙古]	83 G7
列宁小学[豫]	273 G7
列宁学校旧址[湘]	303 E10
列宁岩[桂]	344 E4
烈士纪念碑[粤]	325 C6
烈士纪念碑[粤]	328 E1
烈士纪念塔[鄂]	287 A7
烈士纪念塔[苏]	150 F5
烈士纪念亭[湘]	300 C5
烈士纪念亭[湘]	301 D10
烈士纪念亭[浙]	180 D3
烈士陵园[川]	374 D5
烈士陵园[川]	375 C6
烈士陵园[川]	379 F9
烈士陵园[滇]	396 B4
烈士陵园[鄂]	281 D7
烈士陵园[鄂]	289 E7
烈士陵园[鄂]	291 D9
烈士陵园[黑]	123 C9
烈士陵园[黑]	129 C7
烈士陵园[苏]	151 D6
烈士陵园[皖]	188 G5
烈士陵园[湘]	300 F5
烈士陵园[渝]	354 E2
烈士陵园[豫]	265 C7
烈士陵园[粤]	319 D9
烈士墓[川]	372 E3
烈士墓[川]	372 E4
烈士墓[鄂]	280 A3
烈士墓[苏]	153 F8
烈士塔[苏]	152 D2
烈士塘[鄂]	286 C4
烈士亭[鄂]	286 D4
烈士亭[苏]	152 G4
猎屿铳城[粤]	319 D9
林伯渠故居[湘]	299 B6
林场林带[苏]	152 D4
林村郊野公园[港]	458 B2
林港桥[鄂]	279 D8
林海山庄[桂]	337 B9
林略梯田侗寨景观[桂]	337 A8
林泉寺[晋]	72 D4
林山[冀]	48 B5
林田宋墓[粤]	316 B5
林阳寺[闽]	206 C3
林则徐纪念馆[闽]	206 C5
林遮峪遗址[晋]	72 G3
林中园[黑]	126 G3
临城国家地质公园[冀]	60 E2
临高白蝶贝自然保护区[琼]	346 B5
临高角[琼]	346 A5
临江楼[闽]	215 E9
临江寺[川]	372 B2
临朐奇石市场[鲁]	242 D5
临泉湖[京]	32 C2
临水宫[闽]	209 F6
临湍城遗址[豫]	270 E5
临溪废县县城遗址[川]	362 F3
鳞龙山[京]	32 F4
麟州故城[陕]	422 B4
蔺相如墓[晋]	74 B4
灵宝山国家森林公园[滇]	405 C10
灵东水库水上游乐避暑风景区[桂]	341 A9
灵峰白玉兰古花树[黔]	386 E3
灵峰寺[闽]	206 B4
灵峰寺[浙]	168 E4
灵宫殿清古建[鄂]	280 B2
灵谷洞[苏]	158 F3
灵谷山[赣]	224 D3
灵关峡[川]	376 C3
灵官桥[鄂]	285 F6
灵光石[陕]	418 F4
灵光寺[鲁]	255 B8
灵光塔[吉]	113 C10
灵龟寺[湘]	303 D8
灵杰塔[闽]	208 D2
灵鹫禅寺[京]	30 D5
灵鹫峰[浙]	177 B8
灵鹫寺[赣]	231 E9
灵空岸[湘]	303 B7
灵空山[晋]	70 G3
灵鹫山-大雪峰[川]	376 B3
灵栖洞[浙]	166 F4
灵泉[川]	365 E7
灵泉[豫]	268 B1
灵泉庵[滇]	405 D7
灵泉寺[台]	460 B5
灵泉寺石窟[豫]	264 B3
灵雀寺[川]	378 C5
灵山[赣]	231 E7
灵山[冀]	54 C4
灵山[京]	30 B1
灵山大佛[苏]	158 E5
灵山岛[鲁]	245 D8
灵山洞[浙]	167 C8
灵山聚龙洞[冀]	56 E5
灵山庙[黔]	388 C5
灵山人遗址[桂]	341 B9
灵山森林公园[川]	367 B7
灵山寺[豫]	263 C7
灵山寺[豫]	264 D3
灵山寺[豫]	272 F5
灵山寺[浙]	176 F4
灵山塔[冀]	52 A4
灵山湾[鲁]	245 E7
灵山游乐园[琼]	347 B7
灵石寺[闽]	206 D5
灵石寺塔[浙]	176 E3
灵台瀑布[桂]	345 F9
灵通山[闽]	212 D1
灵严寺大殿[京]	30 C1
灵岩洞[赣]	231 A6
灵岩洞[湘]	298 D5
灵岩山[浙]	171 D7
灵岩寺[川]	362 C3
灵岩寺[鲁]	239 C9
灵岩寺[陕]	420 F2
灵岩寺[豫]	261 C8
灵阳寺[桂]	334 B4
灵隐寺[桂]	341 D9
灵隐寺[黑]	120 B4
灵源箐观音阁[滇]	405 B6
灵岳寺殿堂及碑刻[京]	30 B2
灵芝洞[桂]	334 D2
灵芝塔[浙]	168 E3
岭南自然保护区[皖]	201 F7
岭祖河谷[桂]	345 A7
玲珑山摩崖石刻[鲁]	242 D4
玲珑塔[豫]	264 G2
玲珑岩风景区[粤]	315 C8
凌风塔[粤]	323 C7
凌家滩古文化遗址[皖]	199 B8
凌霄岩[粤]	325 C6
凌云阁[粤]	317 F6
凌云塔[川]	375 F10
凌云塔[赣]	227 C7
凌云塔[湘]	299 E8
凌云塔[湘]	303 D8
陵口石刻[苏]	156 C4
陵十八故居[粤]	324 D4
羚牛自然保护区[陕]	425 F8
菱湖[皖]	198 C3
刘昌达牌楼碑墓[鄂]	290 D3
刘赤声纪念碑[鄂]	289 D6
刘淳寨[鄂]	280 F3
刘大庙遗址	
刘邓大军渡河纪念碑[豫]	265 B10
刘法尧烈士墓[豫]	265 B8
刘光第墓[川]	373 F9
刘基庙[浙]	177 F6
刘家堡城址[辽]	99 F8
刘家洞[川]	368 D2
刘家河商墓[京]	32 B2
刘家寨[鄂]	280 F3
刘明灯墓[湘]	298 D3
刘炮手沟自然保护区[辽]	92 D4
刘琦祠[陕]	417 B9
刘三姐故居[桂]	344 B4
刘三姐山庄[桂]	344 B4
刘少奇故居[湘]	296 E4
刘绍伯古建筑[桂]	345 C9
刘氏庄园[川]	362 E4
刘廷院遗址[苏]	150 C4
刘文学墓园[渝]	354 B4
刘夏古文化遗址[沪]	138 C3
刘秀柏[豫]	262 D5
刘秀故里[鄂]	281 E10
刘秀垄[浙]	174 F4
刘一岑墓[沪]	141 D8
刘英墓[浙]	175 E6
刘禹锡陋室[皖]	199 A7
刘禹锡墓[豫]	260 D2
刘岳山牧场[鄂]	290 D2
刘寨汉代遗址[豫]	273 D8
刘章墓[鲁]	253 C6
刘志丹旧居[陕]	423 D8
刘志丹陵园[陕]	417 D7
刘志丹殉难处[晋]	73 E7
流浮山[港]	458 B2
流坑古村[赣]	225 G7
流口尧峰大鲵国家自然保护区[皖]	200 F5
流庆寺[晋]	75 E8
流水岩[桂]	344 D3
流溪河国家森林公园[粤]	313 A9
流湘飞瀑石柱峰[浙]	166 D3
留耕堂[粤]	313 F7
留石石窟[陕]	419 B7
留云仙岩[粤]	316 C3
琉璃牌坊[晋]	66 F4
柳公权墓[陕]	419 C7
柳基古城垣[黔]	389 C6
柳江人遗址[桂]	337 F8
柳江镇[川]	372 C2
柳林公园[京]	29 D6
柳氏民居[晋]	71 G8
柳树垭植物园[鄂]	280 C4
柳溪江[浙]	166 C4
柳下惠故里[鲁]	249 E9
柳亚子故居[苏]	161 F7
柳园口自然保护区[豫]	266 B2
柳州城[鄂]	290 D4
六鳌城[闽]	212 E3
六朝墓地[鄂]	284 D3
六顶山古墓群[吉]	114 D5
六洞鼓楼、花桥群[黔]	389 B8
六洞山[浙]	174 C3
六鹅洞瀑布[湘]	306 F4
六峰湖自然保护区[黑]	131 C9
六峰山-三海岩[桂]	341 B8
六股河自然保护区[辽]	93 C8
六合坚固大宅颂碑[桂]	334 C5
六合林场[京]	31 E6
六和塔[浙]	167 B8
六甲小三峡[桂]	344 D3
六景泥盆系标准地质剖面保护区[桂]	335 E6
六连岭自然保护区[琼]	347 E7
六神台摩崖造像及藏军洞[苏]	150 B3
六十丈洞[黔]	388 B5
六洋水库[桂]	339 D9
六寨菊石群六寨[桂]	344 E1
六枝梭嘎[黔]	386 D5
六祖岩[粤]	328 B3
龙表山汉墓群[鄂]	287 B8
龙池[豫]	273 F6
龙池国家森林公园[川]	377 F9
龙池坪森林公园[川]	368 B2
龙池坪森林公园[川]	377 D10
龙池书院[闽]	215 D8
龙川半岛[浙]	166 F2
龙川县苏维埃政府旧址[粤]	316 B4
龙船庵[粤]	317 D9
龙船节[黔]	388 D5
龙德寺塔[浙]	174 B5
龙洞[湘]	304 E5
龙洞景区[鲁]	239 C8
龙洞山[桂]	345 E9
龙斗斜自然保护区[粤]	315 B9
龙耳山[川]	369 C6
龙凤公园[黑]	123 C7
龙凤观[鄂]	281 G6
龙凤国家森林公园[黑]	120 F5
龙凤山景区[黑]	120 F4
龙凤山庙[陕]	423 E8
龙凤塔[赣]	225 E8
龙凤岩[湘]	306 E3
龙凤自然保护区[黑]	123 C7
龙干雪山[黔]	389 C6
龙岗墓群[辽]	97 D7
龙岗遗址[豫]	273 D7
龙缸龙洞[渝]	357 F7
龙宫[黔]	387 C6
龙宫洞[赣]	223 D9
龙宫岩[粤]	325 D6
龙宫岩[粤]	325 D6
龙骨洞[湘]	301 B8
龙骨洞[鲁]	243 F7
龙骨坡古人类化石遗址[渝]	357 F9
龙骨山自然保护区[黑]	126 B4
龙鼓牌坊[川]	375 D7
龙归院正殿[川]	365 D7
龙滚民族风情大村庄[琼]	347 D8
龙海红树林自然保护区[闽]	212 D4
龙海天[粤]	327 D9
龙海-漳浦古火山口自然保护区[闽]	212 D3
龙河悬棺[渝]	355 C8
龙湖[辽]	90 C2
龙湖度假村[豫]	260 C3
龙虎洞[川]	374 C1
龙虎山[赣]	230 G4
龙虎山自然保护区[桂]	334 E2
龙虎石刻[吉]	115 E8
龙虎峪怡情园[黑]	131 C6
龙华岭墓群[粤]	317 F7
龙华桥[沪]	136 F5
龙华禹王宫[川]	374 C2
龙怀凤景区[桂]	337 F7
龙脊梯田风光[桂]	336 C2
龙江古桥[粤]	324 F2
龙江桥[闽]	206 C5
龙江三峡[黑]	128 A3
龙江三峡国家森林公园[黑]	128 A2
龙角天池[桂]	343 C6
龙井[黔]	384 C4
龙井寺[粤]	324 A5
龙居寺[川]	362 B4
龙居寺[川]	373 F8
龙龛岩[粤]	324 C5
龙坑场石牌坊[黔]	390 F3
龙鹿宫[鄂]	290 D4
龙马负图寺[豫]	263 B9
龙梅、玉荣旧居[内蒙古]	78 D5
龙门[滇]	397 E6
龙门[渝]	355 E9
龙门[渝]	356 C1
龙门春水[鄂]	291 D8
龙门洞[陕]	418 B2
龙门洞碑刻[陕]	420 F3
龙门洞森林公园王朗国家自然保护区[川]	368 A2
龙门古镇[浙]	167 D7
龙门河国家森林公园[鄂]	291 A6
龙门激浪[琼]	346 B4
龙门瀑布[浙]	167 D7
龙门七十二泾[桂]	341 D6
龙门桥[渝]	355 C6
龙门泉[湘]	298 A3
龙门山[川]	362 A4
龙门山国家地质公园[川]	362 A4
龙门山石窟[川]	369 D7
龙门寺[川]	372 A3
龙门寺[晋]	70 A4
龙门塔[闽]	215 C8
龙门峡谷[浙]	177 C9
龙门峡景区[黔]	390 C3
龙眠山[皖]	187 B10
龙茗飘岩[桂]	343 C7
龙母祖庙[粤]	328 F3
龙脑寺[川]	375 A7
龙女大岩[桂]	345 B7
龙女沟[桂]	337 C7
龙盘寺[陕]	419 C6
龙盘寺[浙]	174 C5
龙普隆巴温泉[川]	378 B5
龙庆峡[京]	32 E2
龙泉洞[皖]	195 C6
龙泉洞[渝]	356 F5
龙泉古道[鄂]	279 D7
龙泉观[鄂]	281 G7
龙泉观[晋]	73 E8
龙泉国家森林公园[晋]	67 F8
龙泉湖[川]	373 B6
龙泉湖[川]	373 A7
龙泉六朝古墓群[鄂]	279 C8
龙泉山[鄂]	279 C7
龙泉书院[鄂]	283 E8
龙泉寺[鄂]	282 D2
龙泉寺[鄂]	285 D9
龙泉寺[鄂]	291 C9
龙泉寺[冀]	52 E2
龙泉寺[京]	28 D4
龙泉寺[闽]	206 B4
龙泉寺[豫]	271 A7
龙泉无景观[辽]	100 C3
龙泉岩[桂]	339 E7
龙泉岩[粤]	319 D8
龙日坝烈士陵园[川]	377 D7
龙山[闽]	206 D4
龙山[豫]	270 D4
龙山[粤]	328 D2
龙山岛[浙]	166 E3
龙山公园[吉]	112 B5
龙山宫[粤]	328 E2
龙山旅游区[粤]	328 D2
龙山森林公园[湘]	302 C3
龙山寺[闽]	215 C9
龙山温泉[粤]	325 C7
龙山温泉[粤]	315 A7
龙山文化遗址[鲁]	240 C4
龙山文化遗址[豫]	265 E6
龙山文化遗址[豫]	268 B3
龙神祠[滇]	397 F7
龙胜矮岭温泉[桂]	336 B2
龙氏山庄[川]	374 C3
龙首山[辽]	95 F6
龙首山[闽]	209 E8
龙水湖[渝]	354 C2
龙水湖[渝]	354 D2
龙潭[赣]	233 F7
龙潭[黔]	389 D7
龙潭[桂]	344 C2
龙潭[闽]	212 C3
龙潭[浙]	174 E3
龙潭[浙]	176 F4
龙潭坝瀑布[鄂]	280 D5
龙潭坝遗址[湘]	301 D7
龙潭洞[皖]	199 B6
龙潭飞瀑[粤]	318 D5
龙潭沟瀑布群[豫]	270 C5
龙潭河[渝]	357 B6
龙潭湖风景区[冀]	57 D6
龙潭涧[京]	33 D6
龙潭坑双折瀑[浙]	176 C5
龙潭瀑布[赣]	229 F9
龙潭瀑布[黔]	384 E5
龙潭瀑布[粤]	324 D5
龙潭溶洞[川]	367 F7
龙潭森林公园[桂]	339 B8
龙潭山[辽]	102 B4
龙潭山山城[吉]	109 C8
龙潭寺[辽]	94 E4
龙潭湾森林公园[辽]	100 F3
龙潭峡谷[冀]	57 D7
龙潭堰[京]	33 D10
龙塘[黔]	385 D7
龙塘铺税卡[鄂]	290 E2
龙塘山自然保护区[浙]	166 C3
龙塘湾崖墓群[川]	374 E4
龙天沟[豫]	272 A4
龙头山古墓群[吉]	115 F7
龙头山自然保护区[黔]	387 D8
龙湾[琼]	347 D8
龙湾石刻[川]	373 B7
龙湾套[鲁]	255 B9
龙王洞[湘]	298 B5
龙王庙.戏台及古树[京]	30 B3
龙王庙[黑]	127 B10
龙王庙[沪]	137 E8
龙王庙[晋]	70 B4
龙王庙[浙]	174 E4
龙王山[浙]	168 F5
龙王山避暑山庄[鄂]	286 E5
龙王潭[闽]	210 D3
龙王峡[黔]	390 F4
龙翁湖[黔]	389 E6
龙武鸣珂荔香生态观光区[桂]	341 B8
龙溪官[豫]	260 E3
龙溪-虹口自然保护区[川]	362 A4
龙溪-虹口自然保护区[川]	362 B4
龙溪瀑布[湘]	305 C9
龙仙宫[京]	30 E3
龙兴寺[皖]	192 B3
龙兴寺[湘]	307 F8
龙兴塔[川]	362 C5
龙岩[桂]	335 D7
龙岩[桂]	336 D2
龙岩洞[桂]	336 B4
龙岩寺[晋]	71 C7
龙岩仙迹[赣]	229 C9
龙游石窟[浙]	177 B10
龙峪湾国家森林公园[豫]	262 G5
龙峪湾国家森林公园[豫]	263 G6
龙渊[浙]	180 D4
龙约山[桂]	334 B3
龙寨岩[桂]	337 E8
龙冢古墓[冀]	52 F2
龙冢古墓[冀]	52 F2
龙肘山-仙人湖[川]	367 F7
龙珠湖[桂]	339 E9
龙珠滑雪场[黑]	120 C4
龙珠寺[晋]	70 E2
龙宗寺戚继光诗碑[京]	33 F6
龙嘴洞[浙]	177 C8
隆昌寺[苏]	156 B1
隆里古城[黔]	389 B6
隆中[鄂]	281 E7
陇瑞自然保护区[桂]	343 C8
陇西山自然保护区[闽]	210 C5
拢绕峡谷[黔]	384 E5
娄敬墓[陕]	418 D5
娄山关风景名胜区[黔]	390 E3
楼观台国家森林公园[陕]	416 E4
楼兰古城[新]	457 C7
楼梯坳[桂]	345 E8
卢村[皖]	201 D6
卢德铭故居[川]	373 F8
卢沟桥大王庙[京]	28 E5
卢家洲[赣]	232 D5
卢舍那铁佛[陕]	418 C4
卢氏大鲵自然保护区[豫]	262 E3
卢崖寺[豫]	260 F4
卢宅[浙]	175 C7
庐山[赣]	223 C7
庐山世界.国家森林公园[赣]	223 C7
芦苞祖庙[粤]	312 C5
芦茨湾[浙]	167 E6
芦笛岩[桂]	336 D2
芦基湾[湘]	307 B6
芦坪洞群[湘]	306 B4
芦蒲烈士塔[苏]	152 C1
芦笙之乡[黔]	389 E6
泸定桥[川]	379 A7
泸沽湖[川]	366 D5
泸沽湖[滇]	404 B4
鲁班桥石窟[陕]	418 F4
鲁布革国家森林公园[滇]	398 G4
鲁布革峡谷[滇]	398 F5
鲁姑寺[豫]	271 B9
鲁古河自然保护区[粤]	315 E9
鲁祭酒墓[鄂]	289 B8
鲁南国家森林公园[鲁]	253 C8
鲁山[鲁]	242 E3
鲁肃点将台[鄂]	279 F7
鲁屯古寨[黔]	387 E9
鲁迅故居[浙]	172 B4
鲁迅像莲花瀑[浙]	176 B5
陆(?)直镇[苏]	161 E8
陆川温泉[桂]	339 E9
陆荣廷墓[桂]	334 D4
陆水[鄂]	285 D7
陆象山墓[赣]	224 B3
陆秀夫墓[粤]	319 D9
陆羽纪念馆[鄂]	289 B7
渌江书院[湘]	303 B8
渌水灵渊庙[桂]	339 B9
鹿回头山顶公园[琼]	346 G4
鹿角古镇[渝]	355 E9
鹿角古镇[渝]	356 C1
鹿角湾[新]	453 G8
鹿角窑址[湘]	300 D3
鹿栏暗沙[浙]	170 B3
鹿岭寺[陕]	420 B3
鹿门寺[鄂]	281 E8
鹿鸣碉楼[桂]	345 B7
鹿母湾瀑布[琼]	346 D5
鹿台[豫]	264 D3
鹿吟塔[湘]	307 F9
禄丰[滇]	396 E5
路花温泉[桂]	338 B4
路孔古镇[渝]	354 D2
路南石林[滇]	397 F8
潞安府城隍庙[晋]	70 C5
潞潮游乐园[京]	34 D3
潞简王墓[豫]	264 E3
鹭鸶天堂[琼]	346 C5
驴头峡漂流[鄂]	280 E2
闾山[辽]	97 D6
吕洞山[湘]	301 E8
吕家河民歌村[鄂]	280 D4
吕清将军故居[豫]	273 F7
吕升昌票号[晋]	66 E5
吕祖殿[浙]	176 F4
吕祖庙[豫]	266 D5
吕祖墓[浙]	174 E5
旅顺口[辽]	102 G2
绿邦高科技农业示范园[京]	31 E7
绿川英子墓[黑]	128 E2
绿岛[辽]	99 F10
绿海景区[黔]	387 D9
绿江景区[辽]	99 B7
绿色庄园[豫]	265 C6
绿珠井[桂]	339 E8
栾氏府书牌坊[皖]	195 E10
滦河口湿地自然保护区[冀]	55 E6
滦河源草地自然保护区[冀]	52 C5
罗波潭石刻[桂]	334 C4
罗卜岩楠木自然保护区[闽]	

L 罗萝椤骡螺裸洛骆落雒 M 妈麻马玛蚂买麦满曼芒茫莽蟒猫毛茅茂帽么玫梅湄美门闷萌朦勐猛蒙孟梦弥猕麋米密蜜绵棉苗妙庙民岷闵闽名明屯鸣摩磨魔莫漠墨牟牡木目沐牧墓睦慕穆 N 哪内纳南楠闹嫩尼泥年碾廿娘鸟聂孽宁牛农弄怒女暖挪 O 欧偶 P 排牌潘攀盘

景点名称[省别]	地图位置
	211 C6
罗场白塔[川]	374 E4
罗丛岩[桂]	339 C8
罗甸大井[黔]	385 E8
罗都故城遗址[鲁]	243 C7
罗坊会议旧址[赣]	227 F6
罗浮山[川]	368 E2
罗浮山[粤]	317 G7
罗浮山冲虚观[粤]	317 F7
罗浮山自然保护区[粤]	313 D10
罗浮山自然保护区[粤]	317 G7
罗福沟狩猎场[辽]	92 D2
罗古箐[滇]	405 E6
罗国城遗址[鄂]	281 F8
罗汉庵摩崖石刻[鲁]	251 E8
罗汉坝[滇]	402 D3
罗汉洞[川]	375 D6
罗汉洞石窟[陕]	421 C7
罗汉肚岩[桂]	336 E4
罗汉山[桂]	345 B7
罗汉山省级森林公园[滇]	401 E7
罗汉寺[苏]	161 E6
罗汉塔[赣]	229 A6
罗汉崖[鲁]	242 F4
罗汉寨石窟[鄂]	280 A2
罗洪瀑布[湘]	307 B7
罗湖窑址[赣]	227 D8
罗家洞[桂]	342 E2
罗家庙[鄂]	280 C3
罗家寨遗址[渝]	357 D9
罗坑自然保护区[粤]	315 D6
罗妹洞莲花洞[桂]	342 E2
罗琴邪操[粤]	325 F6
罗全会议会址[川]	373 D7
罗泉镇[川]	373 D7
罗荣桓故居[湘]	303 D8
罗山[赣]	227 F9
罗山寺塔[陕]	424 D4
罗盛教故居[湘]	302 A3
罗田岩[赣]	229 C6
罗通山城[吉]	114 D2
罗文峪长城[冀]	53 G8
罗文峪长城[冀]	54 B2
罗西书院[粤]	324 C4
罗泽南墓[湘]	302 C5
罗子沟抗日根据地[吉]	115 C9
萝峰寺[粤]	313 D8
椤国家自然保护区[黔]	390 C1
骡帮会馆[陕]	425 C10
骡马旅行线[鄂]	280 F4
螺髻山[川]	367 D7
螺髻岩遗址[粤]	328 D2
螺壳山自然保护区[粤]	328 C4
裸戛滩戏撮正姐[黔]	386 G4
洛表牌坊[川]	374 F5
洛川黄土地质公园[陕]	424 D3
洛川会议旧址[陕]	417 C10
洛村奇石[桂]	337 A9
洛带古镇[川]	363 E6
洛甫寺[湘]	299 B6
洛口山景观区[湘]	306 E5
洛南文庙[陕]	425 C7
洛须自然保护区[川]	378 B4
洛须自然保护区[川]	378 G2
洛庄汉墓[鲁]	239 A7
骆宾王墓[浙]	175 B6
骆来山[渝]	354 E4
骆马湖[苏]	149 E8
落北河起漂点[黔]	384 D5
落笔洞[琼]	346 G5
落甫良[冀]	50 G4
落鹤山[浙]	175 B7
落帽台[鄂]	288 C4
落气碑[黔]	391 D6
落泳水库游乐场[桂]	345 B7
雒容高岩[桂]	337 F9

M

景点名称[省别]	地图位置
妈屿岛旅游区[粤]	319 D8
妈祖故居[闽]	207 E7
妈祖庙[粤]	318 G3
麻城县苏维埃政府旧址[鄂]	286 F2
麻姑山[赣]	224 C5
麻栗坡烈士陵园[滇]	401 F8
麻秧洞[黔]	384 D4
麻阳河黑叶猴省级自然保护区[黔]	391 B7
马鞍山[内蒙古]	83 G7
马鞍山[苏]	161 D8
马鞍山森林公园[内蒙古]	83 G7
马鞍寺[川]	368 D4
马保树风景区[黔]	387 E8
马本斋纪念馆[冀]	58 C5
马槽河大峡谷风景区[黔]	391 E10
马场大山草原[黑]	123 E7
马福林自然保护区[黔]	390 C5
马古墓葬[吉]	110 D5
马谷山自然保护区[鲁]	247 A8
马关烈士陵园[滇]	401 F8
马过河景区[滇]	398 E2
马湖[川]	367 C10
马髻山[鲁]	253 D6
马家河石窟[陕]	417 D8
马家河石窟寺[陕]	419 C6
马家院原始文化城[鄂]	283 E9
马家寨遗址[鄂]	283 C7
马嘉里事件发生地[滇]	403 G8
马岚山[黔]	387 E8
马廊古文化遗址沈荡[浙]	169 D8
马良城顾寿山烈士纪念塔[内蒙古]	80 E5
马良冢[鄂]	281 F8
马岭[浙]	174 A4
马岭古墓群[桂]	336 F3
马岭河峡谷[黔]	387 F9
马岭峡谷天星画廊[黔]	387 E9
马陵古道[鲁]	252 F4
马陵山[苏]	149 E9
马陵山革命[苏]	150 F5
马龙山卧佛[渝]	54 B2
马蛮滩[桂]	335 E8
马木水库[川]	369 F8
马脑城[渝]	355 E6
马胖鼓楼[桂]	337 A9
马跑泉[豫]	271 B9
马坡垂钓宫[京]	34 B2
马圈城遗址[豫]	271 E6
马山[苏]	159 E6
马山国家自然保护区[鲁]	244 C5
马山石林[鲁]	244 D5
马石山抗战遗址[鲁]	251 F6
马踏湖[鲁]	242 B3
马头山[赣]	224 A4
马尾滩瀑布[黔]	389 B8
马邑墓群[晋]	68 F4
马益叫泉[桂]	342 E5
马寅初故居[浙]	173 E6
马营海天池[晋]	72 E3
马永顺林[黑]	126 F2
马援墓[陕]	418 E5
马庄古遗址[豫]	265 C6
马鬃岭自然保护区[皖]	187 F9
马祖山森林公园[赣]	223 C8
玛瑙洞[苏]	146 C3
玛瑙山营盘[黔]	391 D6
蚂蝗观[鄂]	291 B7
买提格尔古岩画[新]	452 C2
麦积山[陇]	429 B7
麦洼烈士陵园[川]	377 C8
麦洼烈士陵园[陇]	432 D3
麦斜塔[闽]	206 E5
满城古城址[黑]	131 D8
满城汉墓[冀]	57 D7
满汉文碑吉]	111 D7
满山岛原始人遗址[浙]	177 C6
满文碑[黔]	387 F7
满族达斡尔族风情[黑]	122 D5
满族达斡尔族风情[黑]	124 D4
曼德拉山岩画[内蒙古]	84 C3
曼飞龙佛塔[滇]	407 D9
曼那囡花腰傣村[滇]	407 D8
芒砀山自然保护区[豫]	267 E10
茫荡山[闽]	208 F3
茫荡山自然保护区[闽]	208 F3
莽山国家级自然保护区(莽山森林公园)[粤]	314 B5
莽山国家级自然保护区[湘]	305 F7
蟒河国家自然保护区[晋]	71 E9
蟒头山[陕]	417 A9
猫场将军洞[黔]	384 F3
猫儿洞庙[川]	368 E4
猫街自然保护区[桂]	343 G9
猫猫洞古人类遗址[黔]	387 E9
猫石景点[黔]	385 B7
毛儿盖会议会址[川]	377 D8
毛感自然保护区[琼]	346 F4
毛公山特殊形象自然景观[琼]	346 F4
毛狗洞[鄂]	281 E9
毛楼风景区[豫]	265 D8
毛石山区农业公园[黔]	390 E2
毛遂故里[豫]	264 G2
毛遂墓[鲁]	255 E8
毛垭草原[川]	379 D7
毛泽东东渡黄河岸口旧址[晋]	73 D7
毛泽东故居[湘]	303 A6
毛泽东旧居[陕]	417 C6
毛泽东主持连队建党旧址[湘]	303 G9
茅庵佛墓[湘]	298 B4
茅村汉画像石墓[苏]	148 D4
茅盾故居[浙]	169 F7
茅兰沟风景区[黑]	126 A4
茅山[苏]	156 D2
茅台[黔]	390 E2
茅台遗址[豫]	273 D7
茅仙古洞[皖]	189 B8
卯洞[鄂]	290 G3
泖塔[沪]	138 E4
茂兰喀斯特森林自然保护区[黔]	385 B9
茂林镇[皖]	195 F8
茂名红树林自然保护区[粤]	324 G3
茂名森林公园[粤]	324 F2
帽儿山[黑]	120 D4
帽儿山森林公园[吉]	115 E7
帽峰山森林公园[粤]	313 D8
帽合山岩画[桂]	345 B7
帽山原始次生林[京]	33 A6
帽山原始森林[冀]	52 E5
么湾遗址[鄂]	282 C5
玫瑰花之乡[鲁]	239 E9
梅峰观鸟[浙]	166 E3
梅关古道[粤]	315 A9
梅花惨案遗址[冀]	49 E8
梅花殿[湘]	298 B4
梅花井[湘]	301 E8
梅花鹿训养场[鄂]	280 F2
梅花山滑雪场[黑]	126 D3
梅槐桥遗址[鄂]	288 C3
梅家塘遗址[鄂]	287 D7
梅林湖景区[粤]	319 D8
梅岭[[赣]	220 C2
梅岭山古都遗址[内蒙古]	79 E6
梅坪乐园[京]	30 C5
梅铺猿人遗址[鄂]	280 B5
梅塘烟雨[湘]	302 E4
梅田洞[赣]	232 F5
梅窝[港]	458 C2
梅岩[湘]	304 C2
梅岩[粤]	315 D8
梅园[苏]	159 D6
梅子关[渝]	355 D10
梅子关[渝]	356 A2
湄江[湘]	302 A3
湄洲岛[闽]	207 D8
美村峡谷风光[桂]	345 B7
美岱召[内蒙古]	79 E6
美魁堂[闽]	213 C6
美榔双塔[琼]	347 B6
美女镜[桂]	344 E2
美人谷[川]	378 B5
美人石[桂]	343 C7
美水泉[陕]	417 C9
美亭钓鱼中心[琼]	347 B6
美万生态农业[琼]	346 C5
门极湾遗址[鄂]	284 E1
闷马塔[湘]	307 C7
萌山[鲁]	242 C3
朦胧宝塔[苏]	152 D2
勐卧双塔佛寺[滇]	406 D5
猛洞河[湘]	301 C9
猛壤[黔]	384 D5
蒙古庙森林公园[新]	453 G8
蒙古族风情[黑]	123 D6
蒙古族风情[黑]	123 D9
蒙古族风情[黑]	123 D9
蒙古族风情[黑]	123 D9
蒙古族风情[黑]	123 E6
蒙古族风情[黑]	123 E8
蒙古族风情[黑]	123 F7
蒙古族风情[黑]	123 F7
蒙玛拉森林公园[新]	452 D4
蒙山风景名胜区[鲁]	252 C3
蒙恬墓[陕]	423 C9
懵龙宫[黔]	388 F4
孟获屯[黔]	387 C7
孟家岗人工森林[黑]	128 F3
孟姜女庙[冀]	55 C8
孟连宣抚司署[滇]	407 F8
孟良崮战役遗址[鲁]	252 C4
孟林[鲁]	255 C8
孟庙孟府[鲁]	255 C8
孟母林墓群[鲁]	255 C8
孟我[黔]	389 D7
孟寨[桂]	337 A8
梦笔峰[桂]	342 D3
梦山罕王峰[赣]	220 D2
弥陀寺塔[鄂]	280 A1
猕猴保护区[黔]	387 C8
猕猴洞[琼]	346 E3
猕猴公园[豫]	261 E8
猕猴自然保护区[陕]	420 C4
麋城遗址[鄂]	291 C10
米仓山森林公园[川]	369 A7
米底河风景区[黔]	386 C3
米公祠[皖]	199 C9
米亚罗自然保护区[川]	377 E8
密即寺[湘]	296 D1
密江景点[吉]	115 E8
蜜山[浙]	166 F4
绵山[晋]	66 F4
棉花冲瀑布[黔]	385 C6
棉江崖壁画[桂]	343 C8
苗江古战场[黔]	391 E10
苗天坟[黔]	385 C6
苗寨风景区[桂]	344 C1
苗族村[黔]	385 F7
苗族风情[黔]	384 F5
苗族锡绣[黔]	388 C5
妙峰山风景区[京]	30 B5
妙峰寺双塔[辽]	93 E8
妙胜寺[晋]	67 C7
妙水寺[豫]	271 A7
庙墩遗址[鄂]	278 A4
庙尔沟森林公园[新]	451 F9
庙后山遗址[辽]	98 F3
庙岭山石窟[晋]	67 F7
庙泉沟[晋]	73 C8
庙山公园[黑]	130 D4
庙山遗址[鄂]	279 D9
民间艺术馆[陕]	417 C7
民建坳田园风光[桂]	343 D7
民俗村[京]	33 D10
民俗旅游[京]	32 A2
民族博物馆[琼]	346 E5
民族风情[黔]	386 D2
民族风情[黔]	390 D3
民族风情[京]	30 F2
民族风情旅游区[黔]	388 E5
民族风俗旅游区[内蒙古]	82 F5
民族山寨[桂]	343 C9
岷岗[浙]	179 D6
闵子墓[豫]	265 C9
闽南红树林国家自然保护区[闽]	212 C3
闽浙赣省委苏维埃旧址[赣]	231 D7
名山岛[黑]	128 C3
名山室[闽]	206 E4
(明)唐王中护卫军赤湖店屯田处[豫]	271 F7
明碧山烈士纪念亭[湘]	300 B3
明长城[陕]	422 B5
明长城[陕]	423 F8
明长城河东墙[宁]	442 C3
明城墙[陕]	421 F7
明代古城址[吉]	113 E10
明代古钟[黔]	390 C4
明代石雕群[渝]	354 E5
明福寺塔[豫]	264 D5
明皇蜡像宫[京]	31 B9
明皇陵[皖]	192 C3
明慧大师塔[晋]	70 A5
明教寺[皖]	186 C3
明靖江王墓群[桂]	336 D2
明墓[黔]	390 D5
明清古迹山庄[京]	30 B2
明热温泉[粤]	318 F2
明十三陵[京]	31 A9
明仕田园[桂]	343 D7
明思克号航母[粤]	321 C7
明堂山自然保护区[皖]	198 F2
明霞古洞[粤]	314 F5
明显陵[鄂]	283 D7
明孝陵[苏]	146 D4
明星旅游渡假村[滇]	400 B4
明玄石坡[内蒙古]	82 E3
明月岛[黑]	122 E5
明月清风峡[川]	364 D1
明月山[湘]	307 E10
明月寺[陕]	421 F7
明月寺[粤]	317 G7
明真安州古城[黔]	390 B5
明祖陵[苏]	151 F9
鸣凤风景名胜区[鄂]	291 B9
鸣沙山[陇]	430 F2
鸣沙洲塔[宁]	442 D5
摩天岭-北大湖滑雪场[吉]	109 E8
摩天岩[浙]	178 B4
摩崖[浙]	171 B8
摩崖石刻[黑]	120 D4
摩崖石刻[京]	32 F5
摩崖石刻[辽]	102 B5
摩崖石刻[皖]	189 D8
摩崖石刻[浙]	176 G4
摩崖石刻群[桂]	334 B5
摩崖题记[浙]	173 F7
摩崖造像[陕]	424 B5
磨盘国家森林公园[滇]	400 D2
磨盘山水库坝址[黑]	120 F4
磨西古镇[川]	379 A7
磨心山[浙]	170 B3
蘑河国家级自然保护区[晋]	71 B8
魔鬼城风景名胜区[新]	453 C8
莫愁湖[鄂]	283 D7
莫尔道嘎国家森林公园[内蒙古]	81 C7
莫干山[浙]	168 D4
莫高窟[陇]	430 F2
莫莫格国家级自然保护区[吉]	110 B5
莫氏古墓群[桂]	338 B5
莫氏庄园沈荡[浙]	169 D8
莫斯卡自然保护区[川]	378 B5
莫友之墓[黔]	390 E4
莫友芝故里[黔]	385 C6
漠河极昼奇观[黑]	125 A6
墨冲溶洞[黔]	385 C6
墨尔多山自然保护区[川]	378 B5
墨子纪念馆[鲁]	255 E8
牟家坡悬棺[黔]	391 F9
牟尼洞[苏]	158 F3
牟山墓群[浙]	168 C2
牟氏庄园[鲁]	250 D5
牡丹峰自然保护区[黑]	131 C8
牡丹江漂流[黑]	121 B8
牡丹亭公园[赣]	229 F8
木城布依寨[黔]	387 E6
木渎镇[苏]	161 E7
木格错[川]	379 B7
木兰祠[陕]	417 C8
木兰溶洞[冀]	57 D7
木兰山[鄂]	278 D4
木兰湾[琼]	347 A8
木里大寺遗址[川]	366 C5
木林子自然保护区[鄂]	278 E5
木论国家级自然保护区[桂]	344 D2
木门寺[川]	364 C3
木棉庵碑刻[闽]	212 D3
木色[琼]	347 D6
木桐遗址[桂]	337 E8
木鱼山水库[鄂]	280 D3
木扎尔特冰川[新]	452 C1
目澜洲公园[苏]	161 F7
沐爱烈士陵园[川]	374 F4
牧马古城[鲁]	245 F6
墓群[冀]	51 F9
墓山汉墓群[鲁]	255 E9
睦联坡烈士陵园[晋]	66 C4
慕田峪长城[京]	32 F5
穆柯寨[京]	30 F2
穆陵关齐长城遗址[鲁]	252 A5

N

景点名称[省别]	地图位置
哪吒故里[豫]	270 D4
内伶仃-福田国家级自然保护区[粤]	320 D4
内莞风光[粤]	316 E2
内乡县衙[豫]	270 E5
内寨温泉[黔]	388 D5
那岸明珠[桂]	343 D7
那拉提国家森林公园[新]	452 B4
那雾岭风景区[桂]	341 D7
那孜-确鹿特草甸类草地自然保护区[新]	452 B3
那佐自然保护区[桂]	343 E10
纳立河风光[桂]	344 F1
纳灵洞[桂]	342 E3
纳斯贡巴[川]	376 E5
纳呷寺[川]	379 E6
纳折贡巴[川]	378 C4
奈曼王府[内蒙古]	83 F8
南安省级森林公园[滇]	396 F4
南庵[豫]	260 F4
南澳海滨浴场[粤]	318 G4
南北河自然保护区[黑]	124 F4
南北湖[浙]	169 D10
南岔仙翁山[黑]	126 F3
南昌起义军茂芝仁议旧址[粤]	319 A9
南长城[湘]	301 F8
南长涂沙滩[浙]	170 A1
南朝萧绩墓石刻[苏]	156 C2
南城子古城遗址[黑]	131 C8
南川水库公园[鄂]	285 D9
南村造像[晋]	67 F7
南大港湿地[冀]	59 B9
南大武山[闽]	212 D4
南戴河海滨[冀]	55 D7
南定河[滇]	399 E7
南洞[滇]	400 D5
南渡江中游水源林自然保护区[琼]	347 C6
南渡窑址[桂]	338 G2
南方长城[湘]	301 F8
南峰寺[浙]	180 G4
南赋乳洞[浙]	166 E2
南宫山[陕]	421 E9
南海[陕]	420 D3
南海观音立像[浙]	170 B5
南海海岛国家森林公园[粤]	319 D9
南海神庙[粤]	313 E8
南海子郊野公园[京]	31 D8
南海子麋鹿苑[京]	31 D8
南河国家自然保护区[川]	367 B7
南河义渡碑刻[黔]	384 D2
南红满族风情[黑]	120 C3
南湖[冀]	57 C7
南湖[粤]	313 D7
南湖[浙]	169 E7
南湖公园[黑]	123 D7
南花苗族风情[黔]	389 E6
南华山森林公园[湘]	301 G8
南华胜迹[滇]	405 B9
南华寺[粤]	315 C7
南化塘革命根据地[鄂]	280 A5
南矶山[赣]	220 C5
南矶山候鸟自然保护区[赣]	220 B5
南矶山自然保护区[赣]	220 E2
南吉祥寺[晋]	71 C7
南极山[黔]	387 D6
南麂列岛[浙]	179 B8
南郊[浙]	168 C3
南京长江大桥[苏]	146 D4
南京钟山[苏]	146 D5
南开跳花场[黔]	386 E4
南昆山自然保护区[粤]	316 G5
南岚遗址[鲁]	244 C1
南丽湖[琼]	347 C7
南丽湖风景区[琼]	347 C7
南林森林[琼]	347 F6
南岭自然保护区[湘]	305 F7
南吕岭探险[琼]	347 D6
南门海[粤]	317 C10
南门坑[浙]	176 D5
南泥湾景区[陕]	417 B8
南平温泉[琼]	347 F6
南平文庙[鄂]	288 E4
南屏[皖]	201 E6
南浦铁犀[湘]	303 E9
南祁风景区[苏]	156 A3
南泉山[黔]	389 B7
南泉寺[豫]	272 C4
南沙河[陕]	420 C3
南沙天后宫[粤]	313 F8
南沙湾贝丘遗址[桂]	345 C8
南沙浴场[浙]	170 B5
南山[赣]	223 D8
南山[渝]	354 C2
南山[浙]	172 F5
南山摩崖石刻[粤]	315 E6
南山寺[晋]	72 A3
南山寺[晋]	73 D7
南山寺[琼]	346 G4
南山文化[琼]	346 G3
南山造像[浙]	167 B7
南山自然保护区[粤]	315 C8
南哨观音阁[黔]	389 D6
南市街古窑址[赣]	221 E9
南水狩猎场[粤]	315 C6
南四湖[鲁]	255 F8
南寺[内蒙古]	84 B4
南宋大殿[鲁]	241 G7
南塔[赣]	232 F5
南塔[内蒙古]	83 E7
南台山[粤]	323 C7
南太平石造像[陕]	424 C3
南泰鳄鱼湖[琼]	347 A6
南唐二陵[苏]	147 D6
南天国遗址照阳关[桂]	342 G5
南天门[鄂]	280 G2
南天门摩崖题刻[陕]	418 F2
南天目[浙]	166 C5
南田温泉热带风情[琼]	346 F5
南湾国家森林公园[豫]	272 E4
南湾猴岛[琼]	347 G6
南湾极点[台]	460 G3
南湾秀色花鸟浴场[浙]	170 A1
南温泉[渝]	354 D4
南五台[陕]	416 C4
南溪河[滇]	401 G7
南溪温泉[浙]	171 F7
南溪峪[湘]	298 B3
南溪自然保护区[琼]	346 D4
南襄古城垣[鄂]	291 A9
南翔双塔[沪]	136 D3
南崖清水岩[赣]	222 E3
南雅大佛[渝]	356 E4
南岩禅寺[浙]	173 F6
南岩佛窟[赣]	231 E6
南岩石刻[赣]	222 E3
南雁荡山[浙]	177 E8
南阳森林公园[川]	369 C7
南腰界[渝]	354 G10
南腰界[渝]	356 E2
南漪湖自然保护区[皖]	194 C5
南源寺[闽]	208 D2
南苑公园[京]	29 F6
南岳大庙[湘]	303 C6
南岳山-佛子岭水库[皖]	187 D9
南岳山庙[鄂]	288 F5
南岳寺[苏]	158 F3
南寨石景[闽]	207 B6
南张岱古墓葬埋藏[京]	32 C1
南诏铁柱[滇]	405 C9
南真寺[川]	379 B7
南珠森林公园[桂]	341 D8
楠木井[鄂]	291 A7
楠溪江[浙]	178 C5
楠竹山[渝]	355 E6
挠力河自然保护区[黑]	129 D8
硇洲岛[粤]	327 E9
硇洲岛自然保护区[粤]	327 E9
硇洲灯塔[粤]	327 E9
闹枝沟遗址[吉]	115 D10
嫩思桑措[川]	377 B9
能滩吊桥[湘]	301 F9
尼山度假区[鲁]	255 C8
尼山森林公园[鲁]	255 C8
尼雅遗址[新]	455 E9
泥巴沟[川]	376 A2
泥凼何应钦故里[黔]	387 F10
泥凼石林[黔]	387 F10
泥林风景区[吉]	110 E5
年龙寺[川]	378 D2
碾庄战斗纪念碑[苏]	149 D7
廿八都[浙]	177 E7
娘娘村贝丘遗址[桂]	345 D8
娘娘洞[鄂]	280 A4
娘娘庙后街[豫]	264 E3
鸟岛[宁]	442 D4
鸟道雄关[滇]	405 C9
聂家墩墓群[鄂]	284 D2
聂帅陈列馆[渝]	354 E3
孽龙潭[赣]	228 F1
宁化古城[晋]	72 E4
宁化天鹅洞群国家地质公园[闽]	210 D3
宁王朱权墓[赣]	220 D2
宁武冰洞[晋]	72 E3
宁溪所城[湘]	304 E4
宁真观[豫]	264 E5
牛背梁国家自然保护区[陕]	425 E8
牛风包[黔]	391 E8
牛峰寨[川]	373 E6
牛河梁国家森林公园[辽]	92 E4
牛河梁遗址[辽]	92 E4
牛角井岩壁画[黔]	387 C8
牛角寨摩岩造像[川]	372 A4
牛角寨溶洞[黔]	390 A5
牛岭[琼]	347 F7
牛路岭水库风景[琼]	347 E7
牛姆林自然保护区[闽]	211 G7
牛姆林自然保护区[闽]	213 B6
牛姆林自然保护区[闽]	213 C7
牛首山[宁]	442 D4
牛头山[鄂]	285 C7
牛头山度假村[浙]	176 D4
牛头山古炮台[桂]	343 C9
牛头山森林公园[鄂]	280 C4
牛王堂古墓[鲁]	247 C7
牛心山红豆杉原始森林公园[黑]	131 B9
农安辽塔[吉]	108 C2
农林局苗圃[京]	29 E8
农民协会旧址[鄂]	282 B5
农业观光旅游区[黔]	390 E4
弄官山生态公园板利自然保护区[桂]	343 B9
弄怀岩[桂]	340 C4
弄染红军会址[黔]	387 C7
弄相山自然保护区[黔]	389 A9
怒江第一湾[滇]	404 F3
怒溪大峡谷[黔]	391 E9
女儿村[浙]	167 D6
女儿墩古文化遗址[鄂]	286 E2
女山湖-七里湖水禽国家自然保护区[皖]	192 B5
女娲城[豫]	269 C6
女王城遗址[鄂]	286 E3
暖泉汉墓[宁]	442 D2
挪步园[鄂]	287 B7
傩文化[黔]	391 D6
诺门罕布日德[内蒙古]	81 D10
诺敏河漂流[黑]	130 C2
诺水河[川]	369 B7
糯福基督教堂[滇]	407 F8

O

景点名称[省别]	地图位置
欧阳海烈士纪念碑[湘]	303 D7
欧阳海烈士墓[湘]	303 F7
欧阳书院[豫]	264 D5
欧阳修题刻[闽]	206 D4
偶园[鲁]	242 C5

P

景点名称[省别]	地图位置
排廷瀑布[黔]	389 F7
牌坊[黔]	388 C5
牌坊[黔]	390 B5
潘家口长城[冀]	54 A3
潘新简抗清起义遗址[黔]	385 A8
攀枝花苏铁国家自然保护区[川]	367 F6
盘鳌镇万年台[川]	372 B3
盘古庙[冀]	59 B7
盘古庙遗址[桂]	338 D3
盘古溶岩洞[豫]	261 C7
盘古山[豫]	272 C3
盘古神庙[粤]	313 C6
盘江湖[黔]	387 F10
盘江桥古迹[黔]	387 D7
盘江竹林[黔]	389 F6
盘龙城遗址[鄂]	279 E6
盘龙洞[黔]	384 F4
盘龙洞佛像[鄂]	290 D2
盘龙阁[粤]	318 E5
盘龙摩崖石刻[陕]	420 C2
盘龙瀑[京]	32 C3
盘龙寺[滇]	397 F7

Q 盘蟠盼庞跑培裴砰彭蓬鹏膨皮毗匹片偏谝飘平坪屏坡婆鄱皤菩葡莆浦普溥曝 Q 七栖戚齐岐其奇歧崎棋麒起绮恰千仟迁前钱乾潜黔浅芡茜强乔桥钦秦琴擒青清晴庆箐磬邛琼邱秋曲屈渠全权泉雀群 R冉饶惹燃热人仁日荣溶榕融如茹儒汝乳阮瑞若 S 洒萨塞三

景点名称[省别] 地图位置

盘龙峡[粤] 328 E2
盘山[津] 41 A7
盘陀寺摩崖造像[川] 362 F2
盘阳河风光[桂] 344 F5
蟠家山摩崖题刻[陕] 420 F3
蟠龙湖风景区[冀] 49 E6
蟠龙寺[陕] 425 E8
盼子墓[鲁] 240 B5
庞各庄西甜瓜风光园[京] 31 F7
庞涓寨遗址[晋] 73 E8
庞泉沟国家级自然保护区[晋] 73 D8
跑马山公园[川] 379 A7
培田[闽] 215 D7
培文塔[湘] 297 C7
裴柏碑馆[晋] 75 D6
裴村唐塔[豫] 264 C5
裴李岗文化遗址[豫] 268 B3
裴行俭墓[晋] 75 D6
裴休墓[湘] 296 D1
裴忱城[吉] 115 E9
砰山龙洞[湘] 297 D7
彭楚蕃烈士祠[鄂] 287 F6
彭德怀故居[湘] 303 B6
彭德怀旧居[陕] 417 A7
彭德怀旧居[陕] 417 A7
彭国才烈士殉难处[鄂] 289 F8
彭吉林寺[川] 379 F6
彭郎矶[赣] 223 B9
彭湃旧居[粤] 319 E6
彭水温泉[渝] 355 D9
彭铁墓[鄂] 284 E2
彭祖风光[桂] 336 B2
蓬莱阁[鲁] 250 C4
蓬莱水域[鲁] 250 C4
蓬莱仙洞[皖] 200 D4
蓬莱洲象州故活修城碑[桂] 345 D9
蓬溪[浙] 178 C4
鹏山风景区[桂] 339 A8
膨湃故居[粤] 318 F3
皮林溶洞[黔] 389 B8
皮水洞[湘] 303 D9
毗北假日中心[琼] 346 A5
匹河飞来石[滇] 405 F6
片口自然保护区[川] 368 C1
片马抗英纪念地[滇] 405 F7
偏脸城[吉] 112 D3
偏头山森林公园[鄂] 280 D1
偏岩摩崖[黔] 384 D2
谝子上摩崖题刻[陕] 421 E8
飘峰塔[湘] 297 B6
飘峰塔[湘] 300 F4
平安温泉[晋] 67 A8
平北抗日战争纪念馆[京] 32 E2
平等古楼群[桂] 336 B1
平顶山[内蒙古] 82 E4
平顶山殉难[辽] 95 F8
平定准噶尔勒铭碑[新] 452 C1
平而河风光[桂] 343 D9
平公岭地下长城[桂] 343 D9
平江起义旧址[湘] 300 F5
平江石牛寨[湘] 301 E6
平浪箭楼[渝] 356 E5
平粮台[豫] 269 D8
平陵城古址[鲁] 239 B7
平流斗牛场[桂] 337 A8
平隆山[桂] 340 D4
平罗玉皇阁[宁] 442 C2
平沙海滨温泉[粤] 320 F1
平山狩猎场[黑] 120 D4
平潭中国鲎自然保护区[闽] 206 B5
平塘国家地质公园[黔] 385 E6
平塘坡溶洞群[黔] 388 D5
平田哨写字岩[黔] 389 G6
平芜小三峡[川] 372 C3
平型关战役遗址[晋]72 A2
平岩石窟[陕] 421 B8
平邑口古墓群[鄂] 291 B7
平原千佛塔[鲁] 238 E5
平云山[粤] 324 E4
平舟河[黔] 385 D7
坪界碑[陕] 421 C9
坪山墟客家村[粤] 321 C7
屏风岩[浙] 176 D1
屏南白水洋国家地质公园[闽] 209 D6
屏南鸳鸯猕猴自然保护区[闽] 209 E6
屏山[皖] 200 E6
坡上草原[黔] 387 F6
坡贴旅游区[桂] 342 D3
坡心水源洞[桂] 344 F4
婆罗门塔[闽] 213 E7
鄱阳湖国家自然保护区[赣] 223 E7
鄱阳湖候鸟国家自然保护区[赣] 220 A4
鄱阳湖候鸟国家自然保护区[赣] 223 E8
鄱阳湖口[赣] 223 B8
皤滩古街[浙] 176 D1
菩萨庙[陕] 417 A8
菩萨庙[陕] 418 F3
菩萨岩[川] 377 F7
菩提岛[冀] 54 G5
葡萄花公园[黑] 123 D8
葡萄园[黑] 123 C9
蒲湖公园[鲁] 247 D9
蒲松龄故居[鲁] 242 C3
蒲洼狩猎场[京] 30 E1
蒲壮所城[浙] 179 D9
浦仔洞温泉[粤] 318 F2
普安寺喇嘛洞摩崖造像[辽] 97 D6
普广寺[陕] 425 C9
普济寺[鄂] 291 B10
普济寺[晋] 72 C3
普济寺[闽] 213 C7
普净寺[晋] 74 D5
普净寺[晋] 74 E4
普利寺塔[冀] 60 E2
普宁学宫[粤] 319 D6
普庆寺石塔[浙] 167 B7
普提寺[豫] 271 E6
普屯坝[黔] 386 C5
普陀洞[鲁] 242 D3
普陀山[浙] 170 B4
普照庵[粤] 317 C9
普照寺[川] 362 D3
普照寺[晋] 70 E2
普照寺[鲁] 255 E9
普照寺[陕] 424 B5
普照寺[浙] 176 F5
普者黑[滇] 401 C7
溥真寺[鲁] 240 B2
曝书亭[浙] 169 E8

Q

七百弄风景名胜区[桂] 344 E5
七宝寺[川] 365 D6
七道桥胡杨林自然保护区[内蒙古] 84 E2
七峰林海[鄂] 287 E8
七佛洞石窟[陕] 424 C4
七岗顶[鲁] 251 F6
七股水[黔] 391 F10
七家温泉[冀] 53 D8
七孔子[鄂] 290 D1
七里村石窟[陕] 417 B8
七里龙沟[川] 369 E9
七里泷[浙] 167 E6
七里山[鄂] 281 E7
七里温泉[鲁] 251 E8
七目樟自然保护区[粤] 323 E6
七目嶂自然保护区[粤] 323 E7
七仙岭温泉[琼] 346 F5
七星伴月古墓[桂] 345 B8
七星洞[黔] 385 D6
七星墩[湘] 300 B3
七星墩[浙] 179 D6
七星峰森林公园[黑] 128 E3
七星峰原始森林[黑] 128 F3
七星关古驿道[黔] 386 E3
七星河国家级湿地自然保护区[黑] 128 E5
七星景区[桂] 336 D2
七星庙[陕] 422 A4
七星桥[黔] 391 G9
七星山森林公园[川] 374 C4
七星塘[黔] 389 C6
七星岩风景区[粤] 328 F4
七星岩旅游度假区[粤] 328 F4
七星燕窝岭[琼] 346 D3
七营北嘴古城[宁] 443 D7
七姊妹山自然保护区[鄂] 290 E4
七姊妹树[鄂] 280 F3
栖林寺[闽] 209 D9
栖霞山[苏] 146 C4
栖岩寺塔群[晋] 75 G8
戚姬苑遗址[苏] 149 F7
戚继光祠[浙] 176 D5
戚继光父子总督坊[鲁] 250 C4
戚继光故里[鲁] 250 C4
戚继光抗倭碑[浙] 176 G4
戚继光奏捷碑[浙] 176 E5
齐白石故居[湘] 303 C7
齐长城遗址[鲁] 245 F7
齐长城遗址[鲁] 253 B7
齐国故城[鲁] 242 C4
齐齐哈尔国家森林公园[黑] 122 E4
齐山[皖] 200 B4
齐仙岭[京] 32 D5
齐云楼[闽] 212 B3
齐云山[皖] 201 F6
齐云山国家地质公园[皖] 201 E6
岐山湖[冀] 60 E2
岐山岩[桂] 340 C4
其塔木战役遗址[吉] 108 C4
奇梁洞[湘] 301 F8
奇石园[鲁] 252 D3
奇台硅化木-恐龙国家地质公园[新] 451 B7
奇台南山国家森林公园[新] 451 C9
歧山森林公园[湘] 302 E5
崎峰山[京] 32 D5
棋盘山[滇] 397 E6
棋盘滩[桂] 342 C4
棋子湾[琼] 346 C2
“麒麟山人”遗址[桂] 345 E9
麒麟菜[琼] 347 C8
麒麟洞[粤] 317 D8
麒麟山[桂] 336 E2
麒麟山公园[闽] 211 D6
麒麟山景区[黑] 127 F9
麒麟寨[鄂] 280 F4
起凤山[桂] 334 D4
绮园[浙] 169 D9
恰库洋图地质公园[新] 450 C5
恰西森林公园[新] 452 C3
千层峰[粤] 328 D2
千层河[陕] 421 E9
千尺塔[豫] 260 D3
千岛洪湖[川] 365 A8
千岛湖[浙] 166 F4
千洞之岛[浙] 176 C5
千佛庵[皖] 187 E8
千佛洞[黔] 391 E7
千佛洞[晋] 70 B2
千佛洞[晋] 74 E4
千佛洞[陕] 419 B7
千佛洞[豫] 264 C3
千佛洞森林公园[鄂] 283 E8
千佛洞石窟[陕] 421 C8
千佛洞石窟[陕] 421 F7
千佛岭[晋] 69 F8
千佛山[鲁] 239 C8
千佛山摩崖造像[辽]96 A3
千佛山自然保护区[川] 368 D2
千佛寺[晋] 72 C4
千佛铁塔[陕] 419 D7
千佛崖[川] 365 A8
千佛崖[川] 369 C8
千佛崖[渝] 355 B7
千佛岩[川] 365 C7
千佛院摩崖造像[陕] 418 D5
千佛造像碑[晋] 71 D7
千工堰[黔] 391 F6
千鹤岛[桂] 339 F7
千湖[陕] 418 D3
千家峒自然保护区[湘] 304 E2
千家寨[滇] 406 C3
千金塔[陕] 424 C4
千金寨[鄂] 281 D7
千龙洞[琼] 346 F4
千米瀑布[湘] 306 D5
千年古花树山玉兰[黔] 386 E3
千年古榕[桂] 336 F3
千年古榕[桂] 343 C9
千年古樟[湘] 298 C4
千年银杏[黔] 391 D8
千年银杏[黔] 391 E8
千瀑公园[黔] 384 C5
千山[辽] 100 C3
千狮山[滇] 405 D6
千手千眼佛寺[陕] 417 A10
千丝岩[浙] 181 D9
千真洞石刻[鲁] 251 F9
千柱屋[浙] 172 E4
仟七鼓楼、花桥群[黔] 389 C8
迁糯缅寺[滇] 406 E5
迁西太古地层国家自然保护区[冀] 54 B3
前进古墓群[鄂] 279 F7
前咀石窟[豫] 264 D3
钱赤石故居[鄂] 285 D9
钱江观潮[浙] 167 B9
钱江观潮[浙] 169 F10
钱江观潮城[浙] 167 B9
钱江源[浙] 177 A6
钱江源森林公园[浙] 177 B7
钱山炮台[桂] 343 D9
钱山漾遗址[浙] 168 C3
钱塘楼[浙] 167 B9
钱小寨战斗念地[豫] 273 F6
乾陵[陕] 419 D6
乾隆碑[冀] 59 D7
乾明寺[豫] 268 D2
潜口古民居[皖] 201 E7
潜山[鄂] 285 D8
潜山薛家岗国家自然保护区[皖] 198 D4
黔东第一关[黔] 388 A4
黔江国家森林公园[渝] 355 C10
黔江小南海国家地质公园[渝] 355 C10
黔王洞[桂] 337 F8
浅水湾海[港] 458 C3
芡姚景区[桂] 338 C3
茜琦世界乐园[沪] 140 E2
强蛟群岛[浙] 171 E7
乔家大院[晋] 66 D5
乔泽庙[晋] 74 C5
桥咀洲[港] 458 B4
桥口坝温泉[渝] 354 D4
桥上桥[陕] 424 F3
桥子山[鲁] 253 C6
钦山寺[湘] 299 B6
钦州故城遗址[桂] 341 B7
秦长城[内蒙古] 79 D6
秦长城遗址[宁] 443 D8
秦城遗址[桂] 336 C3
秦代古迹[鲁] 251 C6
秦峰塔[苏] 161 E9
秦汉古墓[宁] 443 C8
秦皇求仙入海处[冀]55 C7
秦家咀汉城遗址[鄂] 288 C4
秦家屯遗址[吉] 112 D2
秦家寨古遗址[黔] 391 E6
秦岭国家植物园[陕] 416 E4
秦岭冷杉原始森林[鄂] 280 F4
秦岭野生动物园[陕] 416 C4
秦穆公墓[陕] 418 D4
秦山核电站[浙] 169 D9
秦始皇碑[苏] 150 C2
秦始皇陵及兵马俑坑[陕] 416 B2
秦氏祠[鄂] 286 G2
秦台[鲁] 247 C9
秦王湖景区[冀] 60 F4
秦王寨故城[陕] 424 F5
秦咸阳遗址[陕] 419 E8
秦岩[湘] 304 E3
秦赵会盟台[豫] 263 B6
秦直道遗址[陇] 432 G5
琴泉寺[川] 368 F4
琴洲景区[黔] 390 E5
擒虎城遗址[豫] 270 F5
青澳湾[粤] 319 D9
青城后山[川] 377 G9
青城山[川] 362 C3
青春世界[粤] 320 D4
青瓷窑[晋] 69 C6
青峰寺森林公园[川] 375 D6
青岗坡战斗[黔] 390 D1
青岗寺遗址[豫] 266 D5
青海湖[青] 436 E4
青海湖鸟岛自然保护区[青] 436 F4
青湖度假村[冀] 50 G4
青化砭战役遗址[陕] 417 B7
青晖园[粤] 313 F7
青岚湖[赣] 220 F5
青岚湖自然保护区[赣] 220 E5
青莲岗文化遗址[苏] 151 C6
青莲古洞摩岩题刻[赣] 226 F3
青莲山[赣] 224 E3
青莲寺[晋] 71 C8
青林苗寨[黔] 386 E4
青龙洞[川] 367 E6
青龙洞[黔] 388 D4
青龙洞景区[滇] 402 E3
青龙湖[豫] 264 G5
青龙湖公园[京] 28 F3
青龙湖公园[京] 30 D5
青龙江口遗址[桂] 334 E5
青龙瀑布[黔] 389 B7
青龙瀑布[渝] 356 F5
青龙山[鄂] 291 D9
青龙山[黔] 385 F6
青龙山[豫] 261 B7
青龙山自然保护区[鄂] 280 B4
青龙寺[陕] 418 C2
青龙塔[沪] 138 D1
青龙潭[京] 32 F3
青龙峡[京] 33 E6
青龙峡[渝] 357 B7
青龙峡[豫] 261 B7
青龙岩[桂] 335 E7
青蒙塔[浙] 181 C6
青牛观[鄂] 280 G5
青泉[内蒙古] 79 E9
青山[赣] 223 C6
青山[桂] 343 D8
青山[黑] 128 F3
青山禅院[港] 458 B2
青山沟[辽] 99 C6
青山古墓群[鄂] 291 D10
青山关长城[冀] 53 G9
青山烈士陵园[鄂] 289 B7
青山垄水库景区[湘] 305 B8
青山瀑布仙人洞[川] 367 E6
青山寺[鲁] 254 C5
青山岩石洞堰[鄂] 285 E7
青少年绿色度假村[京] 34 C3
青少年野营基地[沪] 138 G3
青狮潭[桂] 336 C2
青狮潭自然保护区[桂] 336 C2
青松观[港] 458 B2
青松岭林场[黑] 127 F8
青松森林公园[新] 451 D9
青松寺[滇] 403 E8
青松寺公园[滇] 403 F9
青檀寺[鲁] 255 F9
青天河[豫] 261 B9
青铜峡[宁] 442 D4
青湾海上石林[粤] 324 G5
青虚山[冀] 57 D6
青崖绝石窟[豫] 264 C3
青岩历史文化名城[黔] 384 F5
青要山[豫] 263 A6
青原山[赣] 232 C5
青云洞[湘] 298 F4
青云洞[湘] 299 F6
青云滑雪场[黑] 121 E6
青云谱[赣] 220 D4
青云山[闽] 206 E5
青云寺[鲁] 242 D2
青云寺[陕] 423 D6
青云塔[赣] 230 D4
青云塔[琼] 347 E7
青云塔[湘] 304 D5
青云岩风景区[粤] 319 E8
青寨鼓楼[黔] 389 C7
青芝山[闽] 206 C3
青冢寺[豫] 268 C2
青州[鲁] 242 C4
清朝土炮[黔] 390 C4
清代
清代岑氏家族建筑群[桂] 342 G3
清代岑氏家族建筑群[桂] 343 E10
清代德政坊牌楼[黑] 120 B4
清代苗民起义古战场[黔] 386 E3
清代民居群[晋] 74 C2
清代石牌坊群[川] 373 E9
清代戏楼[鄂] 282 D3
清东陵[冀] 54 B1
清丰亭[豫] 265 C7
清风岭[辽] 92 D5
清风岩[湘] 305 D9
清风园公园[京] 29 E7
清河水库[辽] 94 E5
清华洞[滇] 401 C10
清华洞国家[滇] 405 C9
清化寺[晋] 71 D6
清江[鄂] 291 D8
清江漂流[鄂] 290 D4
清澜湾红树林自然保护区[琼] 347 C9
清凉洞[川] 375 E7
清凉谷[京] 33 D6
清凉山[陕] 418 D3
清凉山[皖] 190 D3
清凉山[豫] 264 A3
清凉山风景区[冀] 48 D4
清凉寺[川] 374 D2
清凉寺[豫] 260 F4
清泉寺[川] 365 C6
清泉寺[辽] 102 C5
清泉寺[内蒙古] 79 E6
清泉寺楚子墓[鄂] 280 D2
清泉岩[湘] 304 C3
清任书室[粤] 328 E3
清水断崖[台] 460 C5
清水江峡谷[黔] 389 B6
清水泉[桂] 334 F3
清水湾[港] 458 C4
清水岩[闽] 213 D7
清西陵[冀] 57 C7
清溪沟旅游区[渝] 354 F4
清溪河[渝] 354 F5
清溪森林公园[粤] 321 B6
清溪寺[鄂] 291 C9
清溪鱼唱[川] 372 E4
清音洞[桂] 343 C6
清音阁[川] 372 C2
清永陵[辽] 95 C8
清源山[闽] 213 E9
清远楼[冀] 51 D6
清真禅寺[浙] 181 D8
清真大寺[宁] 443 D6
清真古寺[豫] 269 F8
清真观[豫] 268 B3
清真寺[川] 367 E7
清真寺[黑] 120 C3
清真寺[黑] 122 E5
清真寺[冀] 59 E6
清真寺[冀] 61 G8
清真寺[鲁] 238 C2
情人谷[黔] 387 D6
晴田洞[鄂] 290 F5
庆安寺塔[陕] 424 E3
庆林寺塔[冀] 59 F9
庆去泰山行宫[冀] 59 E9
箐坝大山自然保护区[黔] 390 B4
邛海[川] 367 D7
琼海麒麟菜自然保护区[琼] 347 D8
琼台仙台[浙] 176 B3
琼崖纵队司令部旧址[琼] 346 E5
邱城遗址[浙] 168 C2
邱家庄墓地[晋] 75 D6
邱少云纪念馆[渝] 354 C3
秋千架[宁] 443 C10
秋收起义文家市会师旧址[湘] 297 E9
秋园[桂] 334 D4
曲村瑶族狗节[桂] 337 B8
曲回寺石像冢[晋] 69 G9
曲冷瀑布[桂] 337 B8
曲水园[沪] 138 E3
曲阳雕刻城[冀] 56 F5
曲阳岗墓群[鄂] 281 F7
屈斗宫遗址[闽] 213 B7
屈家岭文化遗址[鄂] 283 C9
屈家营古音乐[冀] 52 D1
屈原纪念馆[鄂] 291 B7
屈原庙[鄂] 291 B7
屈原墓[湘] 300 E3
屈原涉江处[鄂] 289 G7
屈子祠[湘] 300 E3
渠家大院[晋] 66 E5
全国民兵武器装备陈列馆[京] 34 D3
权妃墓[鲁] 255 F9
权妃墓[鲁] 255 F9
泉峰观[湘] 302 G5
泉脑墓群[内蒙古] 79 E9
泉山画屋[鄂] 287 E10
泉山寺[鄂] 285 D10
泉水寺[鄂] 281 D10
泉水寨[鄂] 278 B4
雀儿登[川] 377 C8
群力岩画[黑] 131 C7

R

冉祠[鲁] 254 D3
冉庄地道站遗址[冀]57 F7
冉子祠[鲁] 254 B5
饶河岛[黑] 129 E8
惹迷洞[湘] 301 B8
热带海洋动物园[琼] 346 G4
热带海洋世界[琼] 347 A7
热带植物园[滇] 407 C9
热带作物植物园[琼] 346 C4
热海[滇] 403 E7
热水汤温泉[辽] 92 F4
热水温泉[湘] 305 E9
热水温泉[粤] 323 C8
热水温泉[粤] 317 B6
热水溪温泉[湘] 298 A5
热瓦克佛寺遗址[新] 455 E7
人
人悬棺[川] 374 F5
人祖山自然保护区[晋] 74 F3
仁波寺[川] 379 F8
仁瑞寺[湘] 302 E5
仁威观[鄂] 280 C5
任弼时故居[湘] 300 G4
任城遗址[鲁] 255 D7
任家垄遗址[鄂] 291 C10
日本东军细菌部队“731”遗址[黑] 130 F4
日军侵华罪证遗址[黑] 124 D4
日涉园[苏] 155 C6
日月潭[桂] 343 B8
日月潭[台] 460 D3
日月湾[琼] 347 F7
日月峡国家森林公园[黑] 126 F2
日照巨书[鲁] 253 C7
荣华寺[晋] 67 E9
荣强山桂村[粤] 314 E5
容城服装城[冀] 57 D9
溶洞[陕] 416 B4
溶洞群[鄂] 283 C7
溶洞群[赣] 223 C6
溶洞群[赣] 229 G8
溶江漂流[桂] 336 C2
蓉峰宝塔[桂] 343 C9
榕江古榕[黔] 389 D8
榕江月亮山[黔] 389 E9
榕津古榕群[桂] 336 F4
融江旅游度假区[桂] 337 C8
如膏书院[鄂] 290 D2
如来洞[晋] 67 A8
如来洞[晋] 67 A8
茹布查卡温泉[川] 379 D9
儒洞温泉[粤] 324 G4
儒溪宝塔[湘] 300 B4
汝南宿鸭湖湿地自然保护区[豫] 272 B5
乳洞岩[桂] 336 C3
乳山口[鲁] 251 F7
乳源大峡谷[粤] 315 B6
乳源大峡谷[粤] 315 D6
阮啸仙故居[粤] 316 C4
瑞光塔[桂] 338 A3
瑞光塔[闽] 209 E6
瑞金[赣] 229 B6
瑞晶洞[浙] 166 C4
瑞丽江-大盈江[滇]403 F9
瑞良景区[桂] 344 C2
瑞岩寺[闽] 206 C5
瑞云寺塔[晋] 68 F5
瑞云塔[闽] 206 C5
若尔盖自然保护区[川] 377 B8

S

洒耳风景名胜区[黔] 387 D6
洒金谷[黔] 384 C4
洒西黑疗养院[滇] 400 C3
萨尔浒[辽] 95 E8
塞北滑雪场[冀] 50 C5
塞罕坝国家森林公园[冀] 53 A6
塞外长城[晋] 69 B6
赛里木湖[新] 452 E3
311高地景区[桂] 343 E8
“三八”国际友谊林[京] 29 D9
“三八”国际友谊林[京] 34 D2
三百门野水库度假村[粤] 319 C9
三百山[赣] 229 C9
三半石[鲁] 251 E8
三步两道桥[鄂] 281 E8
三层洞自然保护区[黔] 388 D3
三层岩圣泉景区[黔] 390 F5
三叉坳摩崖石刻[粤] 316 B1
三岔河[黔] 390 C2
三岔河森林[滇] 407 D8
三岔湖[川] 373 B6
三潮井[黔] 389 B6
三潮水[黔] 384 F4
三冲古战场遗址[桂] 338 C2
三冲湖[川] 374 D5
三穿洞[桂] 342 E2
三道沟吊水壶[吉] 115 E9
三道关国家森林公园[黑] 131 D7
三道街清代墓群[鄂] 280 F3
三道通原始森林[黑] 130 D5
三叠岭瀑布[桂] 343 D7
三叠泉森林公园[赣] 223 C8
三叠岩[浙] 177 B10
三洞烈士纪念碑[粤] 324 C5
三都[闽] 209 F8
三都平岩[浙] 175 C7
三都书院[粤] 319 D6
三佛洞[黔] 391 F6
三公庙[粤] 314 F5
三宫殿[陕] 416 G4
三宫殿[陕] 418 F5
三官庙[陕] 425 D8
三国赤壁[鄂] 285 D6
三国东吴墓[赣] 220 D3
三国揽胜宫[皖] 190 E4
三椁冢楚墓[鄂] 284 E1
三合义渡瞪道及摩崖[黔] 390 G4
三湖连江水库[鄂] 285 C7
三花谷[冀] 54 C2
三皇山[豫] 260 D1
三皇寨[豫] 260 F4
三济寺[浙] 180 F3
三家堡自然保护区[辽] 100 D3
三家寨道堂[黔] 387 E8
三家子屯满族风情[黑] 122 D4
三甲港海滨浴场[沪] 137 F9
三江白塔[川] 372 C4
三江并流[滇] 404 F4
三江口[黑] 129 B6
三江口古战场遗址[黑] 129 C6
三江口江河汇流景区[黔] 387 F10
三江瀑布[黔] 385 B8
三江湿地自然保护区[黑] 129 A9
三江水上游乐园[黔] 390 B5
三江湾椰林[琼] 347 B8
三江源自然保护区[青] 441 E9
三角城[京] 30 E2
三角山[鄂] 287 C6
三界庙[桂] 339 B8
三晋70第一碑[晋] 70 A5
三景庄[鄂] 281 F6
三坑自然保护区[粤] 319 E6
三楞子山[内蒙古] 83 E6
三里[鄂] 278 A4
三里墩西汉古墓[苏] 151 C6
三陵古墓群[黑] 131 D9
三闾庙[赣] 221 D8
三摞麦[鲁] 251 D9
三门峡水禽保护区[陕] 424 E4
三梦山风景区[冀] 48 A5
三排瑶寨[粤] 314 C3
三匹虎自然保护区[桂] 344 F2
三平寺[闽] 212 D2
三乔洞[赣] 223 C6
三清洞[豫] 262 D4
三清山[赣] 231 C8
三清山国家地质公园[赣] 231 C8
三衢石林[浙] 177 B7
三泉寺[京] 32 B3
三色潭[桂] 336 F3
三山[苏] 156 A3
三神殿[鄂] 281 D6
三省坡自然保护区[黔] 389 A8
三圣宫[黑] 130 D2
三圣瑞欢塔[晋] 71 C7
三圣寺[晋] 72 B2
三十把[赣] 226 D4
三苏祠[川] 372 B3
三苏坟[豫] 271 B8
三台观[鄂] 291 A7
三潭[鄂] 282 B3
三潭岛[浙] 166 F3
三潭书院[湘] 301 F8
三条岭自然保护区[皖] 200 E2
三条桥[浙] 179 G8
三湾改编旧址[赣] 233 G6
三王城遗址[鄂] 283 B7
三仙庙[鄂] 291 E8
三星堆[川] 368 F2
三星寺[鄂] 291 C10
三星塔[湘] 299 F7
三亚热带海滨[琼] 346 G4
三亚珊瑚礁国家级自然保护区[琼] 346 G5
三眼冢[鄂] 281 F8
三堰赵家庄汉墓群[鄂]

S 三桑骚色森沙纱晒山杉栅陕善鳝商上尚韶少邵绍奢佘蛇舍社射涉深神沈升生胜省圣失师诗施狮十石时世仕市首寿狩书梳熟蜀曙束树竖刷双爽水睡顺舜丝司思死四寺泗松崧嵩宋

景点名称[省别] 地图位置
280 D1
三羊古墓群[鄂] 279 F8
三义宫[冀] 57 B9
三影塔[粤] 315 A9
三游洞[鄂] 291 C8
三峪[京] 33 E6
三元洞[黔] 390 E5
三元塔[粤] 328 E2
三元堂[鄂] 290 E2
三月三花炮节[桂] 337 B7
三月三庙会[琼] 346 E3
三爪仑森林公园[赣] 227 A6
桑登寺庙[川] 377 E8
桑犊故成遗址[鲁] 243 D7
桑浦公园[粤] 319 D8
桑浦双麓自然保护区[粤] 319 C7
桑园景区[豫] 261 C8
桑珠岩画[新] 455 E6
色拉寺[川] 378 E3
色须责巴喇嘛寺[川] 378 B2
啬园[苏] 153 E9
森林公园[滇] 405 C9
森林公园[桂] 336 B2
森林公园[黑] 123 F7
森林公园[津] 38 C2
森林公园[津] 39 D8
森林公园[京] 28 D4
森林公园[京] 28 F4
森林公园[辽] 97 G8
森林公园[内蒙古] 82 F5
森林公园[豫] 260 B3
森林公园[粤] 318 D4
森林游览线[黔] 389 D6
森林自然保护区[黔] 385 C6
森木塞姆千佛洞[新] 455 A9
杀羊界水源保护区[黔] 389 E8
沙埠青瓷窑址[浙] 176 E4
沙地云杉自然保护区[内蒙古] 82 E5
沙锅屯石塔[辽] 92 B5
沙河龙潭口溶洞[黔] 387 F6
沙湖新石器文化遗址[鄂] 289 D9
沙家浜[苏] 161 C8
沙坡头国家级自然保护区[宁] 442 F5
沙丘苑谷[冀] 60 C4
沙塘森林公园[桂] 337 F8
沙屯叠瀑[桂] 343 D7
沙溪土司遗址[鄂] 290 E2
沙苑文化遗址[陕] 424 E4
沙子石拱桥[桂] 336 F3
纱帽山遗址[鄂] 279 E8
晒书台遗址[鄂] 284 C2
山查[豫] 272 B4
山高水长石刻[桂] 344 B3
山沟沟[浙] 167 A6
山海天[鲁] 253 C8
山河自然保护区[黑] 120 D4
山湖岛惊险漂流[京]30 B5
山江范我邃墓[黔] 391 C6
山景楼[粤] 321 C6
山口湖[黑] 124 F3
山钦湾[琼] 347 D8
山戎古墓[京] 32 E1
山神庙[豫] 263 C9
山神峪千佛洞[晋] 73 G8
山塔[辽] 91 B8
山亭溶洞[鲁] 255 D9
山王庙[川] 368 D3
山王庙[川] 374 F5
山旺国家地质公园[鲁] 242 D5
山旺自然保护区[鲁] 242 D5
山窝唐朝古槐[苏] 149 C7
山羊洞[黔] 391 G6
山由
杉木河[黔] 388 E4
杉树坪[鄂] 280 F4
杉树王[黔] 390 B1
珊瑚潭[台] 460 E3
珊瑚岩[浙] 176 D5
陕北省苏维埃政府旧址[陕] 417 C7
陕甘宁边区政府[陕] 417 D8
陕南苏维埃旧址[陕] 420 A5
善卷洞[苏] 158 F3
鳝溪滩自然保护区[闽] 206 B3
商代牛头岭遗址[湘] 305 E9
商代兴隆镇遗址[豫] 271 E7
商代遗址[赣] 232 B2
商代遗址[豫] 264 G2
商丘古城[豫] 267 D7
商中宗陵[豫] 265 C6
商周古国遗址[豫] 273 E6
商周文化遗址[鲁] 238 B5
上板桥迎客松[黔] 384 E5
上陈[鄂] 281 D8
上陈[豫] 271 G7
上川岛猕猴自然保护区[粤] 325 F9
上川飞滩[粤] 325 F9
上洞溶洞[黔] 387 D6
上方山[苏] 161 E7
上方山国家森林公园[京] 30 E3
上谷岭洞葬[黔] 385 D6
上关长城[冀] 53 G7
上海滨海森林公园[沪] 140 A3
上海博物馆[沪] 136 E5
上海动物园[沪] 136 F3
上海桔园蒙古村[沪] 141 C9
上海太阳岛旅游度假区[沪] 138 E4
上海野生动物园[沪] 140 C2
上护温泉[粤] 318 E4
上黄漂流风景区[黔] 385 F6
上津古城[鄂] 280 A2
上乐塔[赣] 229 E8
上里古镇[川] 376 C4
上林湖青瓷窑址[浙] 170 F4
上刘家畈遗址[鄂] 283 C8
上坪会议旧址[湘] 297 C10
上青宫[赣] 230 G5
上饶集中营旧址[赣] 231 E7
上水河滩[黔] 384 F5
上寺[豫] 264 B2
上娃寨[黔] 387 F10
上王城遗址[鄂] 290 E5
上溪自然保护区[琼] 347 E7
上下海子[川] 377 E9
上下晓起[赣] 231 A8
上县四眼井[粤] 327 B8
上洋青瓷窑址[浙] 180 F3
上洋遗址[粤] 316 E2
上元[川] 362 C3
上宅文化遗址[京] 32 B3
尚湖[苏] 161 C7
尚家岩清代墓群[鄂] 280 F4
尚文水库旅游区[粤] 324 D3
韶山[湘] 303 A6
韶山[豫] 263 B6
少力根遗址[吉] 110 B5
少林寺[闽] 206 D5
少林寺[豫] 260 F4
少室阙[豫] 260 F4
邵家店古城[黑] 128 B1
绍兴海塘[浙] 172 A5
绍衣堂[浙] 177 B10
奢香夫人墓[黔] 386 D3
佘家营[黔] 384 D3
佘山国家游览度假区[沪] 138 D3
蛇岛-老铁山自然保护区[辽] 102 F1
蛇盘山[辽] 97 C6
蛇山自然保护区[辽]95 A7
蛇世界[桂] 336 E2
蛇园[闽] 208 C2
舍力虎水库旅游度假村[内蒙古] 83 F8
舍利宝塔[鄂] 286 C5
舍利宝塔[鲁] 240 B2
舍利塔[鄂] 286 D5
舍利塔[辽] 93 C6
舍利塔[浙] 177 B10
社山生态旅游村[桂] 336 E4
射阳河闸[苏] 152 C3
涉故台[皖] 187 E7
深沪湾海底古森林遗迹国家自然保护区[闽] 213 F9
深坑蛇影[粤] 328 D5
深溪沟自然保护区[黔] 391 B6
深圳海洋世界[粤] 321 D6
深圳野生动物园[粤] 320 C5
深州密桃观光园[冀]58 E2
神坝砖塔[川] 364 E5
神兵收编遗址[鄂] 290 E5
神洞迷宫[黔] 386 E5
神墩遗址[鄂] 279 C7
神风岩[粤] 315 D7
神光山[粤] 323 D7
神景祠[湘] 298 A4
神丽峡[浙] 174 B5
神灵台遗址[鄂] 284 F1
神灵寨国家地质公园[豫] 263 D6
神岭瀑布[桂] 336 C3
神龙洞[鄂] 285 D7
神木园森林公园[新] 455 B8
神农洞遗址[鄂] 282 D2
神农架国家地质公园[鄂] 280 G3
神农架国家森林公园[鄂] 280 F4
神农架国家自然保护区[鄂] 280 G3
神农山[豫] 261 D8
神农溪[鄂] 291 B6
神农庄摩崖造像[粤] 316 D3
神女峰[渝] 357 E10
神山摩崖石刻[粤] 319 D8
神石度假村[黔] 390 G3
神堂峪[京] 33 F6
神童山森林公园[鲁] 248 F5
神头[琼] 346 B3
神头汉墓群[鲁] 238 D4
神头泉[晋] 68 F4
神仙洞[鄂] 282 E1
神仙洞[黔] 385 C7
神仙洞[黔] 385 C7
神仙洞[京] 32 B2
神仙洞[皖] 201 C7
神仙洞[渝] 357 F8
神仙洞[豫] 270 C4
神仙居[浙] 176 D2
神仙院[京] 32 E2
神秀国师坟[鄂] 291 C9
神钟山森林公园[新] 450 C3
神州爱犬乐园[京] 31 C9
神州北极老水井[黑] 125 A6
沈家洞[黔] 391 E9
沈奇宗墓石刻[川] 372 C2
沈香角田园风光[桂] 343 C8
沈垭天主教堂[鄂] 280 D5
沈阳古陨石自然保护区[辽] 91 B7
沈阳国家地质公园[辽] 91 B7
沈阳西湖[辽] 91 E7
沈园故都[豫] 273 B6
升金湖自然保护区[皖] 200 C3
升钟湖[川] 364 E4
生龙寨[陕] 425 A9
生态农业示范区[冀]60 F4
生态园风景区[黔] 385 F6
胜景山[鄂] 283 E8
胜利鄂伦春族风情[黑] 126 C4
胜山侵华日军要塞遗址[黑] 124 D4
胜山游猎繁育场[黑] 124 D3
胜天湖[渝] 354 B5
省溪司土司衙门遗址[黔] 391 E9
省政府兵工厂旧址[湘] 301 B8
圣灯山[渝] 354 E5
圣帝行宫碑[鄂] 291 A7
圣缅山摩崖石刻[鲁] 251 E8
圣公碧池[浙] 166 E3
圣姑礁摩崖群[浙] 170 C2
圣迹苍岩[粤] 316 D2
圣经山摩崖石刻[鲁] 251 E7
圣经寺[辽] 96 A3
圣井山石殿[浙] 179 D7
圣米石塘[京] 30 D3
圣庙[鄂] 285 D9
圣母庙[晋] 74 F3
圣人山[湘] 307 G9
圣寿寺[闽] 206 C1
圣水[鲁] 251 E9
圣水宫[鲁] 251 E7
圣水岩石刻造像[鲁] 251 E7
圣堂山自然风景区[桂] 345 B8
圣天湖自然保护区[晋] 66 B4
圣约瑟天主堂[赣] 224 D3
嵊泗列岛[浙] 170 A2
失儿兀赤卫古城遗址[黑] 129 D8
师姑台庙[鄂] 285 E9
师徒桥[浙] 179 F8
诗山公园[闽] 213 D7
诗山寺[闽] 213 D7
施耐庵陵园[苏] 154 B3
施南宣抚司皇城遗址[鄂] 290 E3
施氏宗祠[苏] 152 F3
施洋旧居[鄂] 280 D2
狮山书院[湘] 297 D8
狮头山[台] 460 B4
狮象潭[闽] 215 D10
狮雄古塔[粤] 323 D7
狮岩寺[浙] 167 F6
狮岩寺[浙] 174 B3
狮子湖[粤] 314 G5
狮子楼[鲁] 240 E3
狮子山[滇] 397 D6
狮子山[赣] 224 B5
狮子头温泉[桂] 343 C9
狮子岩[赣] 229 D8
狮子岩[闽] 209 D6
狮子岩[浙] 176 C5
十八古井水渠遗址[粤] 319 D7
十八里长峡自然保护区[鄂] 280 F2
十八连山国家森林公园[滇] 398 E5
十八龙潭[浙] 166 C3
十八罗汉洞[桂] 334 F3
十八潭[京] 30 B4
十八丈瀑布[陕] 421 F6
十八重溪[闽] 206 D4
十渡[京] 30 F2
十二峰[浙] 178 C5
十二连城遗址[内蒙古] 79 F7
十二烈士山[黑] 127 E7
十二滩森林公园[桂] 336 C2
十笏园[鲁] 243 C6
十家坪商代遗址[湘] 298 B5
十里古墓群[鄂] 283 E10
十里古峡水上旅游区[黔] 388 F5
十里黄坪杜鹃[黔] 386 C3
十里金沙[浙] 170 B5
十里葡萄沟[冀] 51 C7
十里潜溪[浙] 173 F6
十里山自然保护区[皖] 201 C7
十里峡风景[黔] 391 B6
十瀑峡[冀] 57 A7
十三都[浙] 176 E1
十万大山自然保护区[桂] 340 D4
十万古田[湘] 306 G5
十万亩荷花荡[鲁] 255 F8
十万坪战役指挥部旧址[湘] 301 B9
十文字旅游区[黑] 131 A8
十五坡烟台遗址[桂] 337 E7
十丈洞[黔] 390 B1
十丈洞瀑布[黔] 390 B1
十字岭[豫] 264 D2
十字坡遗址[豫] 265 C8
石庵[粤] 319 C8
石板桥[桂] 336 B4
石宝山[滇] 405 D7
石宝寨[渝] 355 A9
石宝寨[渝] 356 G4
石壁残照[浙] 170 C3
石壁山[粤] 319 C9
石铲遗址[桂] 343 A7
石长城[浙] 166 C3
石城山森林公园[川] 374 D3
石城山森林公园[黑] 120 D5
石刀山[黑] 120 E4
石岛[鲁] 251 F9
石底河火山熔岩地貌[黑] 122 B2
石洞沟[辽] 100 B4
石肚河冰臼群[粤] 318 D5
石佛洞石佛[京] 32 F2
石佛洞石窟[陕] 423 C9
石佛洞遗址[滇] 399 F8
石佛国家森林公园[冀] 57 B8
石佛寺[川] 373 F8
石佛寺[鄂] 291 A7
石佛寺摩崖造像[川] 365 C8
石佛堂[冀] 56 E3
石佛像[陕] 417 B7
石岗洞乌江源头[黔] 386 G4
石膏山[晋] 66 G4
石拱桥[黔] 389 C6
石古[桂] 339 C7
石鼓景区[滇] 405 D6
石鼓门公园[鄂] 290 C4
石鼓山[陕] 424 G2
石棺葬[川] 367 F6
石棺葬群墓群[川] 367 G6
石海洞乡[川] 375 E6
石鹤岩[浙] 174 E4
石猴山滑雪场[黑] 126 F3
石花洞[京] 30 D4
石花山[粤] 325 D9
石灰坝古猿化石遗址[滇] 396 D5
石家卡[黔] 384 D3
石家庄民俗新村[鲁] 243 E6
石家庄清真寺[鲁] 239 C6
石角红树林保护区[桂] 340 E5
石京龙滑雪场[京] 32 E2
石经寺[川] 363 E7
石臼湖[苏] 147 C9
石臼湖水禽国家自然保护区[皖] 194 D3
石坎崖墓群[渝] 354 F4
石刻[黔] 389 D7
石刻造像[川] 372 D4
石空寺[宁] 442 E5
石空寺石窟[陕] 417 D10
石窟寺[豫] 260 F2
石栏杆[湘] 301 E8
石老妈[黔] 384 F4
石老人[黔] 384 F4
石老人国家旅游度假区[鲁] 245 C6
石莲洞[赣] 232 D3
石莲双阁[黔] 390 F5
石凉亭[湘] 304 D5
石凉亭[湘] 306 C2
石梁飞瀑[浙] 176 B3
石林[黑] 126 C3
石林景区[黔] 390 E2
石林峡[京] 32 B3
石榴庄公园[京] 29 E7
石龙古树群[黔] 385 D6
石龙过江度假村[黔] 385 B6
石龙霖雨[浙] 176 D2
石龙桥[桂] 338 B3
石龙寺[鄂] 290 D3
石马坪古墓群[桂] 336 C3
石马寺[晋] 67 D9
石马潭[湘] 301 D10
石漫滩国家森林公园[豫] 271 D10
石梅湾[琼] 347 F7
石门[内蒙古] 78 E5
石门[豫] 264 D2
石门大佛[渝] 354 E3
石门洞[浙] 181 C8
石门坊 242 D5
石门关[滇] 405 D8
石门湖游览区[豫] 270 D4
石门坎峡谷[黔] 385 F8
石门奇景[桂] 337 D8
石门山[陕] 419 B7
石门山[湘] 304 D5
石门山[湘] 307 C8
石门山森林公园[鲁] 255 B8
石门石窟[陕] 417 C8
石门水库[台] 460 B4
石门夜月[桂] 337 B8
石门自然保护区[粤] 315 D6
石磨石林[鄂] 280 G3
石纽山摩岩石刻[川] 362 A4
石纽山摩岩石刻[川] 362 A4
石牌坊[黔] 391 C6
石牌洋[闽] 206 B5
石棚[湘] 304 C2
石棚山石棚[辽] 99 C10
石棚峪石棚[辽] 99 A8
石浦渔港[浙] 171 C8
石桥寺[赣] 225 G6
石趣园[津] 41 B7
石人沟旅游度假村[黑] 123 E8
石人沟遗址[吉] 114 E5
石人山[黑] 131 D8
石人山[豫] 271 C6
石人山自然保护区[辽] 91 C6
石人石林风景区[黔] 390 A4
石狮、石佛[黔] 390 D4
石狮川岩[桂] 338 A3
石室墓群[川] 374 B3
石首麋鹿自然保护区[鄂] 289 F6
石霜寺[湘] 297 F8
石寺宗祠[粤] 320 D3
石笋[渝] 357 D6
石笋峰[黔] 390 C5
石笋摩崖石刻[川] 362 E2
石笋寨[湘] 307 D6
石塔[晋] 67 E7
石塔[晋] 71 E7
石塔寺[川] 362 F1
石塘鱼港[浙] 176 F5
石头城子古城[吉] 111 E10
石头人像[桂] 343 C6
石桅岩景区[浙] 178 B4
石溪[琼] 347 C8
石仙山[黔] 389 F6
石新妇[浙] 176 D2
石新郎[浙] 176 D2
石岩湖温泉度假村[粤] 320 C5
石垟森林公园[浙] 177 F7
石羊冲[湘] 306 F5
石羊岗[鄂] 281 D8
石耶温泉[渝] 356 E3
石印[粤] 324 C4
石月亮[滇] 404 F5
石丈空摩崖题[川] 372 F3
石钟山[赣] 223 B8
石钟山[桂] 342 E3
石钟山石窟[滇] 405 D7
石舟石刻[黔] 391 F7
石竹山[闽] 206 D5
石柱观[鄂] 290 C5
石柱观[鄂] 291 D8
石柱擎天[黔] 388 B5
石子河石窟[陕] 417 D7
石嘴山[黑] 120 D5
时思寺[浙] 181 F6
世纪公园[沪] 137 F6
世界公园[京] 28 F5
世锦园[豫] 265 C6
世外桃园[京] 32 B2
世外桃源[桂] 336 E3
世珍园[内蒙古] 80 C3
仕水磡步[浙] 179 F9
市工人疗养院[粤] 313 B7
市灵山公墓[鲁] 243 D7
首山清风寺[辽] 100 B3
首山森林公园[辽] 93 B7
寿安寺[沪] 141 E8
寿昌桥[浙] 168 C4
寿城自然保护区[桂] 336 D1
寿峰寺[陕] 417 A9
寿峰寺[陕] 418 D2
寿鹿山自然保护区[陇] 428 F2
寿鹿山自然保护区[陇] 431 F10
寿山将军墓[黑] 123 D7
寿山旅游度假村[黑] 123 D7
寿山石矿区[闽] 206 D2
寿圣寺[晋] 71 F7
寿圣寺[浙] 168 D1
寿圣寺石窟[陕] 417 B9
寿圣寺双塔[豫] 260 B4
寿圣寺塔[豫] 269 B7
寿县古城[皖] 186 B4
寿星岩[桂] 337 C8
寿星岩[桂] 337 D7
寿州窑址[皖] 189 B9
狩猎场[京] 33 D10
书法山[京] 32 G5
书洋镇河坑村土楼群[闽] 212 C1
梳洗楼[陕] 425 A10
梳妆楼[冀] 50 B3
熟溪桥[浙] 174 E5
蜀冈-瘦西湖[苏] 155 E6
蜀汉江油关故址[川] 368 C3
蜀汉摩崖石窟[黔] 390 C2
蜀南竹海[川] 374 D5
曙光公园[浙] 176 F5
曙光自然保护区[黑] 127 E9
束山寺[赣] 224 C4
树海亚热带雨林自然保护区[闽] 212 C2
树桔渡口[滇] 397 A7
竖井[黔] 385 D8
刷经寺烈士陵园[川] 377 E8
双冰峰林[粤] 324 E5
双城塔[鄂] 286 F2
双城子古城[吉] 108 B4
双城子古城址[吉] 108 B3
双岛森林公园[鲁] 251 D8
双峰书院[湘] 302 C5
双峰塔[粤] 327 C9
双凤水库[黑] 121 C7
双凤亭[鄂] 278 D5
双孤堆古墓葬[苏] 149 E7
双桂山国家森林公园[渝] 355 C7
双桂堂[渝] 356 G3
双过年庵[粤] 319 E6
双河洞国家地质公园[黔] 390 D4
双河自然保护区[黑] 130 D3
双髻晴岚[桂] 345 B9
双髻山森林公园[粤] 323 C9
双林寺[晋] 66 E4
双林寺[浙] 175 C6
双林寺辽经幢及元代仲鼓楼[京] 30 C2
双流大山[黔] 384 E3
双龙[浙] 174 C4
双龙湖[渝] 354 A4
双龙山[鄂] 285 C8
双牌水库[湘] 304 D3
双瀑流川[浙] 178 B4
双人石[浙] 171 B8
双山汉墓[鲁] 239 D8
双狮洞青龙洞[川] 367 E6
双石坝牌坊[川] 365 C8
双塔[陕] 425 D8
双塔入云[川] 375 C6
双塔寺[豫] 264 C3
双台子河口[辽] 97 D10
双溪漂流[浙] 167 A7
双溪溶洞[渝] 357 C9
双杨府君阙[川] 372 C3
双峙石塔[鄂] 290 E3
爽岛旅游区[桂] 338 D4
水泊渡风景区[黔] 390 F3
水泊梁山[鲁] 254 B5
水春河峡谷景区[黔] 385 B8
水丰景区[辽] 99 C8
水府庙[鄂] 291 B7
水绘园[苏] 153 F7
水桨自然保护区[赣] 232 A5
水晶大观园[苏] 150 D3
水晶宫[黑] 124 E2
水镜庄[鄂] 281 F7
水口湖[桂] 343 C8
水口山工人俱乐部成立会旧址[湘] 303 F6
水口石塔[浙] 176 E3
水口塔[粤] 316 D4
水库风[黔] 389 F7
水库旅游区[黔] 390 C4
水帘洞[鄂] 282 E1
水帘洞[内蒙古] 81 C10
水帘洞冰峰洞景点[桂] 344 F2
水帘瀑布[浙] 176 D2
水莲洞[鄂] 290 D2
水陆庵[陕] 416 B3
水落潭瀑布[黔] 389 G6
水南村[琼] 346 G3
水浦水族寨[黔] 385 B8
水上活动中心[港] 458 B4
水上旅游区[黔] 389 F6
水上运动场[沪] 138 F3
水深石鼓[湘] 305 C9
水田洼石造像[陕] 425 E10
水桶岙沙滩[浙] 178 F5
水心寺[湘] 298 E5
水岩景区[浙] 176 B5
水源洞[黔] 390 E5
水源洞[桂] 342 D3
水月岩[桂] 339 E9
睡美人[桂] 344 A3
顺宁石窟[陕] 417 D7
顺平桃花园[冀] 57 E6
顺水寺[川] 373 F7
顺塔[桂] 341 D8
顺寨琵琶歌[黔] 389 C7
舜帝庙[湘] 300 F2
舜帝庙[湘] 300 F3
舜峰山[湘] 304 E5
舜皇山国家森林公园[湘] 304 B1
舜皇岩[湘] 304 B1
舜庙[湘] 304 E4
舜王庙[浙] 172 D5
丝网大世界[冀] 58 D2
丝窝洞[鲁] 242 E4
司里山石刻造像[鲁] 248 D1
司马迁墓和祠[陕] 424 C5
司马台长城旅游区[京] 33 D9
司马懿故里[豫] 261 D10
思故台[豫] 268 C3
死海[川] 365 F7
四.三烈士纪念亭[湘] 300 C4
四.一二纪念碑[豫]265 C6
“四八”烈士殉难处[晋] 73 C8
四堡[闽] 215 D6
四顶山[皖] 186 B5
四洞沟[黔] 390 A1
四渡赤水遗址[川] 375 E9
四方城铜剑出土点[湘] 301 D9
四方洞溶洞群[黔] 387 D8
四方牌楼[赣] 227 B6
四方山[湘] 299 F8
四方山辽望台[黔] 389 F7
四方山植物园[鄂] 280 C4
四方台[黑] 130 D3
四姑娘山[川] 377 F8
四姑娘山国家地质公园[川] 377 G8
四海山森林公园[浙] 178 C4
四皓墓[陕] 425 C8
四季屯满族风情[黑] 124 C4
四季岩遗址[湘] 307 E6
四块石景区[黑] 121 A8
四块石抗联遗址[黑] 121 A7
四门洞风景区[鲁] 252 B4
四门塔[鲁] 239 C8
四面城遗址[辽] 94 F3
四面山[渝] 354 G4
四面山国家自然保护区[渝] 354 G4
四明湖[浙] 170 G5
四明山革命烈士纪念碑[浙] 170 F5
四排赫哲族风情[黑] 129 B9
四平山古城遗址[黑] 127 F9
四圣宫[晋] 74 B5
四行署烈士陵园[豫] 265 E6
四重溪温泉[台] 460 G3
四祖寺[鄂] 287 B7
四座楼[京] 32 A2
寺[闽] 206 G4
寺[浙] 168 C4
寺前村古文化遗址[沪] 138 E2
寺前寨[粤] 328 B3
寺山国家级森林公园[豫] 270 D4
寺瑶山国家级自然保护区[桂] 345 B8
泗耳自然保护区[川] 368 C1
泗耳自然保护区[川] 377 D10
泗皋颜庙[鲁] 248 F4
泗维河风光[桂] 337 C8
泗洲寺[鄂] 284 E2
泗洲塔[豫] 271 F8
松柏坑[台] 460 D3
松柏山度假区[黔] 384 F5
松峰山[黑] 120 D4
松峰山自然保护区[黑] 120 D4
松鹤公园[黑] 128 D2
松花湖[吉] 109 D8
松花湖三湖自然保护区[吉] 109 C8
松花湖自然保护区[吉] 109 E8
松花江斗湖自然保护区[吉] 113 E6
松花江湿地保护区[黑] 120 B3
松基三井[黑] 123 D8
松江大学城[沪] 138 C4
松岿寺[黔] 387 E7
松兰山沙滩[浙] 171 C7
松林公园[黑] 123 D7
松林庄古猿化石遗址[苏] 151 G8
松山战役遗址[滇] 403 D8
松山自然保护区[京]32 E1
松涛水库[琼] 346 C5
松叶湖[内蒙古] 83 A8
松隐禅寺[沪] 139 C6
松赞林寺[滇] 404 D4
松滋中心县委所在地遗址[鄂] 288 E1
崧台李公祠[粤] 324 E5
崧泽古文化遗址[沪] 138 D3
淞沪抗战纪念馆[沪] 137 C6
嵩寮岩[皖] 187 C9
嵩山[豫] 260 F4
嵩山世界·国家地质公园[豫] 260 F3
嵩阳书院[豫] 260 F4
嵩之庵[湘] 306 C4
宋宝胜寺双塔[浙] 179 D8
宋城[港] 458 C3
宋城[闽] 212 D3
宋慈墓[闽] 208 C4
宋村十八洞题刻[浙] 177 A7
宋代碑刻[桂] 337 F8
宋代古墓群[黔] 386 A3
宋代古墓群[黔] 390 F1
宋代古墓群[黔] 391 D6
宋代古营盘[桂] 342 F2

S 宋苏粟绥隋随孙杪所 T 他它塔台太泰滩昙郯覃潭谭檀坦汤唐堂塘溏桃陶腾滕梯提题天田跳铁汀通同桐铜统桶头透图涂茶土团退屯托陀坨沱驼鸵庹 W 娲瓦外湾丸完玩宛皖畹碗万汪亡王旺

景点名称[省别] 地图位置

宋代九龙窟[闽] 208 C5
宋代石佛[粤] 328 E2
宋帝遗址[粤] 320 D2
宋井[粤] 319 D9
宋辽边关地道[冀] 57 D10
宋辽古栈道[冀] 52 D2
宋六陵[浙] 172 C5
宋庆龄故居[琼] 347 B9
宋塔[陕] 419 B8
宋太祖赵匡胤黄袍加身处[豫] 264 G5
宋应星纪念馆[赣] 227 B7
苏格寺[川] 379 D7
苏公保衣冠墓[桂] 343 E8
苏家堡凉亭桥[鄂] 290 F3
苏家埠战斗旧址[皖] 187 D8
苏联海军烈士纪念碑[黑] 129 A8
苏禄王墓[鲁] 238 E4
苏密城[吉] 109 F8
苏木河农场[黑] 128 F2
苏木山避暑地[内蒙古] 79 E10
苏区革命旧址群[粤] 317 A6
苏区革命烈士碑[粤] 319 E6
苏圩古墓群[鄂] 287 C7
苏维埃南远县政府旧址[鄂] 291 B9
苏维埃襄阳县政府旧址[鄂] 281 E9
苏维埃政府旧址[鄂] 285 E7
苏维埃政府旧址[湘] 301 B8
苏营遗址[豫] 271 F6
苏佑墓[豫] 265 C8
苏峪口国家森林公园[宁] 442 D2
苏兆征故居[粤] 320 D4
苏中四分区烈士碑[苏] 152 G4
苏州古典园林[苏] 161 E7
粟裕骨灰敬撒处[浙] 180 C4
粟裕故居[湘] 306 D3
绥芬河国家森林公园[黑] 131 A8
绥江自然保护区[粤] 328 E4
绥中斜塔[辽] 93 D8
隋炀帝陵[苏] 155 F7
隋炀帝墓[陕] 418 D5
随阳竹海[鄂] 285 D8
孙宾寨[鄂] 291 C9
孙膑旅游城[鲁] 254 B4
孙虑城遗址[赣] 220 C2
孙权故居[浙] 167 D7
孙思邈洞[豫] 264 C3
孙思邈纪念馆[陕] 419 C8
孙武故园纪念馆[鲁] 247 D7
孙中山故居[粤] 320 D3
孙中山祖籍纪念馆[粤] 316 B5
孙子故园[鲁] 241 G7
杪椤林[川] 365 A8
杪椤树群[桂] 344 F2
所城[湘] 304 G4

T

他拉干水库[内蒙古] 83 E8
他留人坟林及城堡[滇] 405 B6
它山堰[浙] 170 F5
塔尔寺[青] 436 C5
塔岗山[闽] 209 E8
塔公寺[川] 379 B6
塔河十八站古人类遗址[黑] 125 C9
塔虎城[吉] 111 C6
塔坪寺[渝] 354 B4
塔山[鄂] 286 C5
塔山旅游区[粤] 319 D8
塔山森林公园[鲁] 252 C3
塔山阻击战纪念塔[辽] 93 B6
塔湾金沙[浙] 170 B5
塔营子古城[辽] 96 C4
塔云山寺[陕] 425 F10
塔子城辽金古城遗址[黑] 123 F7
台达高尔夫球场[琼] 347 B7
台儿庄大战纪念馆[鲁] 255 G10
台拱苗族风情及农业生态旅游区[黔] 389 D6
台湖第五生产队旅游观光区[京] 34 E2
台集屯城址[辽] 92 B5
台山寺[浙] 174 F4
台山温泉[粤] 325 D9
台胥[湘] 305 F6
太安山自然保护区[京] 32 D2
太白顶[鄂] 282 E1
太白顶自然保护区[豫] 271 G9
太白楼[鲁] 255 C6
太白楼[皖] 194 E3
太白庙[陕] 424 F3
太白山国家森林公园[陕] 418 F5
太昊陵[豫] 269 D7
太和洞[粤] 314 F5
太和洞仙观[粤] 314 F5
太湖[闽] 213 G8
太湖[苏] 159 E6
太湖源[浙] 167 A6
太晖观[鄂] 288 C4
太极洞[黔] 391 E6
太极洞[皖] 194 A5
太极胜境[京] 32 B2
太君庙[浙] 168 B3
太姥山[闽] 209 D9
太鲁阁峡[台] 460 C4
太蓬山[川] 364 B5
太平城[鄂] 285 D6
太平洞自然保护区[粤] 314 C5
太平沟古镇[黑] 128 B2
太平关卡[浙] 166 C5
太平河[黔] 391 E9
太平湖[皖] 201 C7
太平湖世界公园[皖] 201 C7
太平湖自然保护区[皖] 201 C6
太平极乌石寺[浙] 177 B10
太平军题字[皖] 200 E5
太平楼[粤] 328 E3
太平山[港] 458 C3
太平山[黔] 389 A7
太平山[台] 460 B5
太平山金代墓[黑] 121 C6
太平山瀑布[琼] 346 E5
太平山庄[鄂] 287 B7
太平哨水库[辽] 99 C6
太平狮山[桂] 338 E2
太平寺[滇] 403 E8
太平寺[鄂] 285 C7
太平塔[皖] 198 E3
太平天国壁画[皖] 195 E9
太平天国金田起义遗址[桂] 339 B8
太平天国侍王府[浙] 174 D4
太平天国英王府[皖] 198 D3
太平湾[辽] 99 D8
太平岩[浙] 178 C5
太朴遗址[豫] 271 B8
太清宫[鲁] 245 B6
太山庙林场森林风景区[鄂] 290 E4
太行峡谷[晋] 71 B6
太虚洞[黔] 391 F7
太阳岔地质[吉] 113 F8
太阳城[豫] 271 G9
太阳寺[晋] 75 C6
太阳湾[琼] 347 B6
太乙洞[滇] 407 C6
太乙岩寺霍山风景区[粤] 316 A3
太元瀑布[黔] 389 D7
太岳军区司令部旧址[晋] 70 F4
太岳山[晋] 70 G2
太真洞[浙] 177 B9
太子坟[陕] 418 E3
太子岗遗址[豫] 271 F6
太子楼[粤] 319 D9
太子庙[陕] 425 B9
太子庙遗址[豫] 273 D7
太子山天然林保护区[陇] 428 F5
太子山原始森林[桂] 336 D4
太子石[黔] 391 E8
太子湾[浙] 168 C2
泰伯墓[苏] 159 D8
泰礴顶[鲁] 251 E7
泰国寺[辽] 97 F7
泰陵[陕] 418 E5
泰宁[闽] 210 A4
泰宁世界.国家地质公园[闽] 210 A4
泰山[赣] 222 C5
泰山[鲁] 249 C6
泰山国家地质公园[鲁] 239 C9
泰山庙[陕] 421 E9
泰山行宫[鲁] 247 D7
泰塔[陕] 419 B6
滩头古镇[湘] 307 C7
滩戏之乡[鄂] 290 D4
昙华山景区[滇] 396 B3
昙华山景区百草岭片区[滇] 396 B2
郯国故城[鲁] 252 F4
覃帮直墓[鄂] 285 C7
谭公庙[粤] 316 D5
谭公圣庙[粤] 321 A6
谭纶墓[赣] 223 E6
谭嗣同墓[湘] 297 E8
谭仙古庙[粤] 321 C7
谭元春墓[鄂] 289 B7
谭钟麟墓[湘] 303 A7
潭蓬古运河[桂] 340 E5
潭头[豫] 263 F6
潭柘寺[京] 30 C5
檀河古人类遗址[桂] 342 C5
坦克博物馆[京] 31 C8
汤庵千佛洞[陕] 420 B2
汤池温泉[鄂] 284 E1
汤池温泉自然保护区[皖] 187 B9
汤岗子温泉[辽] 100 C3
汤沟[辽] 98 F3
汤和墓[皖] 187 D9
汤河[辽] 100 C4
汤坑温泉[粤] 323 E9
汤泉池疗养院[豫] 261 B8
汤山[苏] 146 B5
汤山温泉[辽] 93 C7
汤水温泉[桂] 338 B3
汤塘温泉[粤] 315 F7
汤头温泉[晋] 69 F8
汤旺河逍遥漂[黑] 126 C3
汤溪温泉[赣] 224 F5
汤显祖墓[赣] 224 D3
唐巴勒塔斯洞窟岩画[新] 450 D3
唐碑[冀] 52 F2
唐布拉国家森林公园[新] 452 B3
唐布拉国家森林公园[新] 452 B3
唐崇陵[陕] 419 D8
唐代白塔[川] 372 B2
唐代遗址[鄂] 281 C6
唐定陵[陕] 424 E1
唐丰陵[陕] 424 D1
唐古寺[豫] 265 E6
唐光陵[陕] 424 D2
唐槐[豫] 265 B7
唐惠陵[陕] 424 D2
唐简陵[陕] 424 E1
唐景陵[陕] 424 D2
唐靖陵[陕] 419 D6
唐模[皖] 201 E8
唐墓群[冀] 61 B9
唐桥陵[陕] 424 D2
唐秦陵[陕] 424 D3
唐赛儿故居[鲁] 247 E9
唐塔[鲁] 254 B4
唐王城[新] 455 B10
唐兀公碑[豫] 265 D7
唐献陵[陕] 419 D8
唐兴寺[陕] 420 A3
唐玄奘故里[豫] 263 C9
唐岩土司皇城[鄂] 290 F2
唐夜郎县城遗址[黔] 390 C3
唐永康陵[陕] 419 C8
唐元甫墓[湘] 304 B3
唐元陵[陕] 424 E1
唐章陵[陕] 424 E1
唐贞陵[陕] 419 D7
唐指山[京] 34 A4
堂安侗寨[黔] 389 B8
堂乐洞[湘] 301 E8
塘河古镇[渝] 354 F3
塘角嘴遗址[粤] 328 E2
塘口温泉[粤] 324 F5
塘子沟遗址[滇] 403 C7
溏沽海滨[津] 39 D9
桃红岭梅花鹿[赣] 223 B9
桃花岛[赣] 232 C5
桃花岛[浙] 166 F4
桃花洞[豫] 271 G9
桃花港风景带[浙] 170 B5
桃花湖[黔] 384 F5
桃花江[湘] 299 F7
桃花潭[皖] 195 F7
桃花潭[皖] 195 G8
桃花园洞[鄂] 285 E10
桃花源[桂] 342 B4
桃花源[湘] 299 E6
桃华山[赣] 223 E6
桃坑灵凤寺[闽] 209 D7
桃坪羌寨[川] 377 F9
桃山古洞[黑] 126 F1
桃山国家森林公园[黑] 126 G2
桃山滑雪场[黑] 126 G2
桃山猎场[黑] 126 G2
桃山水库[黑] 127 F8
桃源洞[赣] 226 E4
桃源洞[浙] 176 D1
桃源洞鳞隐石林[闽] 210 E5
桃源湖[黑] 126 F2
桃源仙谷[京] 33 E6
桃渚[浙] 176 D5
桃子岭古墓群[鄂] 288 D2
陶瓷博物馆[苏] 158 F4
陶公祠[皖] 200 D2
陶公洞[浙] 178 C5
陶然亭公园[京] 28 E6
陶寺遗址[晋] 74 D4
陶渊明墓[赣] 223 D7
腾国故城[鲁] 255 E8
腾龙洞[鄂] 290 D2
腾龙峡[黔] 391 E7
腾龙峡[黑] 120 E5
滕代远故居[湘] 306 A3
藤山国家自然保护区[闽] 206 F5
藤头村[浙] 171 E6
藤竹古洞[黔] 385 F6
梯子河瀑布[吉] 113 C8
提溪司第八世土司官张琼墓[黔] 391 F8
题名塔[川] 373 B7
题雁塔[粤] 324 G2
天宝宫[豫] 268 B3
天宝梨乡[鲁] 252 D2
天宝岩自然保护区[闽] 210 E4
天壁山[滇] 407 C6
天成观[辽] 92 E5
天成岩[闽] 208 D1
天池[川] 365 A7
天池[滇] 405 E8
天池[内蒙古] 83 A7
天池[内蒙古] 83 A7
天池[渝] 355 A8
天池[浙] 166 F4
天池国家风景名胜区[新] 451 D9
天池岭革命烈士纪念塔[鄂] 291 B6
天池森林公园[新] 451 E9
天池寺[川] 373 E7
天鹅池[黔] 390 C1
天鹅冲古墓群[鄂] 284 G2
天鹅湖[鲁] 241 E9
天鹅湖[鲁] 251 E9
天鹅湖自然保护区[内蒙古] 81 D9
天鹅山国家森林公园[湘] 305 C8
天鹅洲故道白鳍豚国家自然保护区[鄂] 288 F5
天佛稻山自然保护区[吉] 115 F7
天福山起义革命纪念馆[鲁] 251 E9
天府溶洞群[渝] 354 B4
天观庙摩崖石刻[鄂] 280 G3
天观庙摩崖石刻[鄂] 291 A6
天光寺[京] 28 C5
天桂山[冀] 48 C3
天桂岩[赣] 231 E9
天河瀑布[桂] 336 F2
天河滩[黔] 384 F5
天河洗甲[黔] 390 E5
天后宫门楼牌坊[湘] 306 B3
天后古庙[粤] 321 C8
天后庙[港] 458 B2
天后庙[港] 458 B2
天湖风景区[桂] 336 B4
天湖旅游区[粤] 313 B8
天华山森林公园[陕] 420 G5
天荒坪[浙] 168 E4
天皇寺[川] 372 A3
天津国际游乐港[津] 40 G4
天津海滨浴场[津] 39 G8
天津海滨浴场[津] 42 A3
天津科学技术馆[津] 38 D4
天津自然博物馆[津] 38 D4
天京潜县所在地[鄂] 289 B6
天井湖公园[皖] 194 C2
天静宫[皖] 190 C5
天开文运[湘] 301 D8
天坑地缝[渝] 357 F8
天姥寺[浙] 173 G6
天龙山[赣] 229 F9
天龙山庄[京] 30 D2
天龙山自然保护区[晋] 66 C5
天龙潭[京] 31 B8
天鹿郊野公园[粤] 313 D8
天伦星明湖[京] 31 F8
天马湖[冀] 55 C6
天马自然保护区[皖] 187 G7
天门洞[京] 32 B3
天门观石刻[鄂] 285 E7
天门观石刻[鄂] 285 F8
天门会城堡[豫] 264 B2
天门山[皖] 199 A8
天门寺[皖] 188 C5
天漠[冀] 51 B7
天目湖[苏] 156 G3
天目溪漂流[浙] 166 D5
天宁寺[浙] 174 D4
天宁寺[浙] 176 G4
天宁寺三圣塔[豫] 261 C9
天桥[鄂] 290 D4
天桥断[冀] 61 F8
天桥沟森林公园[辽 99 D6
天桥山[湘] 301 D9
天桥山[湘] 301 D9
天然乐园[粤] 327 D9
天然林区[黔] 388 B5
天然石桥[黔] 389 F7
天山森林公园[新] 455 A8
天山天池[新] 451 D9
天生湖[黔] 386 F5
天生桥[黔] 385 B9
天生桥[黔] 386 E4
天生桥[黔] 389 B7
天生桥[渝] 357 C7
天生桥风景名胜区[黔] 387 D7
天生桥溶洞群[川] 375 F7
天生桥自然保护区志门[鄂] 280 G3
天生镇[川] 372 B2
天盛号石桥[辽] 93 F6
天师府[赣] 230 G4
天寿寺塔[皖] 195 A6
天顺寺[陕] 419 D7
天塔[津] 38 D4
天台庵[晋] 70 B4
天台森林公园[川] 364 E2
天台山[川] 362 F2
天台山[黔] 390 A1
天台山[陕] 418 E3
天台山[浙] 176 B3
天台山风景区[陕] 420 D2
天台山旅游点[鄂] 286 G1
天台山祖师殿[陕] 423 B6
天坛[京] 29 E7
天坛大佛[港] 458 C1
天堂森林公园[鄂] 286 B3
天堂山[湘] 302 G5
天堂寺[川] 373 F8
天堂寨[皖] 187 F10
天堂寨风景区[鄂] 286 B3
天童森林公园[浙] 170 D5
天童寺[浙] 170 D5
天窝遗址[桂] 334 E5
天下第三泉[鄂] 287 D6
天下第一关[冀] 55 C8
天下第一泉[赣] 223 D7
天下第一泉[琼] 346 D2
天仙洞[川] 372 C4
天仙瀑[京] 33 D6
天星洞[黔] 387 B7
天星洞[黔] 387 B7
天星桥[黔] 391 E10
天星桥[湘] 306 E5
天星山[湘] 301 F7
天涯海角[琼] 346 G4
天一阁[浙] 170 E5
天元塔[浙] 172 E2
天云山[京] 33 D10
天葬台[青] 439 C7
天中山[豫] 273 B6
天钟山[浙] 167 C7
天主教堂[川] 363 D7
天主教堂[黑] 124 G3
天主堂[鄂] 291 D8
天主堂[湘] 301 F6
天柱峰森林公园[赣] 226 B4
天柱山[闽] 212 C4
天柱山[皖] 198 E3
天柱山[粤] 323 F7
天柱山国家地质公园[皖] 198 E3
天柱山摩崖石刻[鲁] 244 F2
天柱山自然保护区[皖] 198 E3
天子城[渝] 356 F5
天子坟[湘] 303 E6
天尊阁[津] 40 D3
田贵风景区[桂] 339 A9
田横岛[鲁] 244 A4
田家岗秦汉墓地[鄂] 284 C3
田家森林公园花果山[豫] 263 D6
田家坨子遗址[吉] 108 B2
田螺坑土楼群[闽] 212 C1
田畔瀑布[粤] 325 E7
田秋古墓[黔] 391 E7
田湾河[川] 376 E1
田尾角[粤] 318 G5
跳马洞[湘] 297 E6
铁边故城[陕] 417 F7
铁布梅花鹿自然保护区[川] 377 A8
铁厂荒[鄂] 291 C7
铁佛[陕] 424 E1
铁佛寺[冀] 59 E6
铁佛寺[陕] 420 A4
铁佛寺[陕] 420 B5
铁佛寺[浙] 168 C2
铁佛镇[川] 373 D7
铁格热克萨斯瀑布[新] 454 B4
铁甲水库流域保护区[辽] 99 E9
铁经幢[湘] 299 D7
铁镢山[鲁] 245 F7
铁路蒸汽机车陈列馆[辽] 91 C8
铁枪寺遗址[豫] 264 D5
铁琴铜剑楼[苏] 161 C8
铁丘古遗址[豫] 265 D6
铁热克森林公园[新] 455 A8
铁人公园[黑] 123 D7
铁刹山[辽] 98 E3
铁山摩崖[鲁] 255 D8
铁山寺宝塔[鄂] 280 A2
铁山自然保护区[粤] 323 C7
铁水牛[苏] 151 D7
铁西森林公园[黑] 127 E9
汀江瀑布[桂] 336 C2
通沟岭山城[吉] 114 D5
通古斯巴西古城[新] 455 B9
通化滑雪场[吉] 114 E2
通惠陵园[京] 34 D3
通济湖[浙] 174 B5
通济桥[浙] 170 F4
通济桥[浙] 174 D4
通济堰[浙] 181 C6
通灵大峡谷[桂] 343 D6
通什度假村[琼] 346 E5
通天飞瀑[浙] 167 C6
通天萝地下森林[粤] 314 B5
通天通海洞[浙] 170 C2
通天岩[赣] 229 E6
通仙观碑刻二方[京] 30 B2
通洲桥[浙] 174 C4
同胞纪念碑[辽] 95 F8
同保山[湘] 307 E6
同乐大山自然保护区[粤] 324 A4
同心观[川] 373 F8
同正遗址[桂] 343 A7
桐柏山[湘] 304 F5
桐君山[浙] 167 D6
桐庐垂云通天河[浙] 167 D6
桐树圆遗址[鄂] 281 F8
桐梓烈士墓[渝] 355 D8
铜钵庙[内蒙古] 81 E9
铜鼓岭遗址[粤] 319 E6
铜鼓岭自然保护区[琼] 347 B9
铜鼓暮葬铜棺[桂] 343 F9
铜鼓山[黔] 387 E8
铜官景区[浙] 166 F4
铜壶滴漏[浙] 176 B3
铜铃山森林公园[浙] 179 F7
铜锣坝国家森林公园[滇] 402 D1
铜盆水[鄂] 290 D3
铜山[豫] 272 C3
铜山古城[闽] 212 F2
铜石岭[桂] 339 D9
统景[渝] 354 C5
统万城遗址[陕] 423 F7
统一嘉园[苏] 159 D6
桶子沟原始森林[黑] 128 C1
头道海子沙漠风光旅游区[新] 451 E8
头道水魔岩[川] 379 A7
透笼山[黑] 126 F2
图们江[吉] 115 F9
图牧吉国家自然保护区[内蒙古] 83 A9
图泽古文化遗址[浙] 169 C8
涂井汉墓群[渝] 355 A8
涂井汉墓群[渝] 356 G4
涂山禹庙[皖] 187 E9
茶场鱼村[黔] 390 E5
土城子古城遗址[黑] 121 B8
土地岭森林公园[川] 377 E9
土墩古墓群[皖] 195 F6
土官旧署遗址[桂] 342 F2
土门子水库流域保护区[辽] 99 F9
土门自然保护区[鲁] 242 E3
土们岭自然保护区[吉] 108 D4
土桥绝崖[黔] 385 G6
土司博物馆[桂] 345 F8
土司古墓[湘] 301 C9
土台子遗址[鄂] 291 A9
团包山[鄂] 285 F7
团河行宫遗址公园[京] 31 E7
团山[黑] 120 B2
团山遗址[辽] 94 D5
退思园[苏] 161 E7
屯溪老街[皖] 201 F8
托木尔峰国家自然保护区[新] 455 A8
陀罗尼经幢柏林寺塔[冀] 49 F7
坨苗大山森林保护区[黔] 389 C8
沱湖自然保护区[皖] 187 B8
驼峰峰森林公园[黑] 120 B4
驼山石窟[鲁] 242 C4
驼山石窟造像[鲁] 242 C4
鸵鸟乐园[浙] 166 E3
庹家岗[湘] 299 B8

W

娲皇宫[冀] 61 G7
瓦仓起义纪念碑[鄂] 291 B9
瓦尔河瀑布[川] 367 C8
瓦岗军点将台[豫] 264 E5
瓦戛布依寨[黔] 387 F9
瓦里霍吞古城遗址[黑] 128 D3
瓦屋山森林公园[川] 376 E3
瓦屋山自然保护区
瓦屋山自然保护区[川] 376 F1
瓦窑堡革命旧址[陕] 417 B7
瓦窑苗族花鼓之乡[黔] 391 D10
瓦子街战役遗址[陕] 417 A9
外伶仃岛[粤] 320 F5
外山甲窑址群[浙] 179 D7
外滩[沪] 137 E6
湾甸子森林公园[辽] 95 B7
湾子布依风情[黔] 387 F6
丸都山城[吉] 114 G2
完颜希尹家族墓地[吉] 109 B8
玩易窝[黔] 384 F4
宛平县抗日烈士纪念碑[京] 30 B3
皖南事变烈士陵园[皖] 195 F7
皖南事变遗址[皖] 195 F8
畹町国家森林公园[滇] 403 F10
碗架摩崖石刻[黔] 391 F6
万宝古城[吉] 114 E5
万宝山庄[粤] 312 F5
万宝水库[黑] 127 F8
万保湖自然保护区[粤] 316 D5
万部华严经塔[内蒙古] 79 E8
万春福宅[皖] 201 E8
万峰湖湖光山色景区[黔] 387 E10
万峰林[黔] 387 E9
万凤塔[陕] 417 B10
万佛长廊万米溶洞[黔] 388 D3
万佛湖[皖] 187 B9
万佛山[黑] 120 E5
万佛寺[港] 458 B3
万佛寺[陕] 417 C8
万佛寺[湘] 304 C4
万佛塔[苏] 161 D6
万佛塔[皖] 191 B6
万佛塔[皖] 191 B6
万佛堂石窟[辽] 97 F7
万福山[桂] 343 D6
万福山自然保护区[皖] 187 B9
万福寺[桂] 343 D6
万福寺[闽] 206 D5
万固寺[晋] 75 G8
万斛寺塔[陕] 424 D2
万花洞石窟[陕] 417 D9
万华岩[湘] 305 D7
万鸡山公园[桂] 342 E3
万卷楼[川] 365 D6
万龙滑雪场[冀] 50 C5
万马渡[浙] 173 G7
万马渡[浙] 176 B3
万米海滩浴场[鲁] 250 G5
万明楼[粤] 328 F5
万亩草场景区[滇] 398 E2
万亩古杜鹃群落[鄂] 290 G2
万亩荷花荡[苏] 151 C9
万亩荷塘[鲁] 254 F3
万亩葡萄园[冀] 51 C7
万亩石榴园[鲁] 255 F9
万木林[闽] 208 E4
万木林自然保护区[闽] 208 E4
万年桥[赣] 224 C5
万年寺[川] 372 C2
万年台[鄂] 287 D6
万顷园郊野娱乐中心[京] 30 C3
万全庄石狮[鲁] 254 B3
万泉河漂流[琼] 347 E7
万人墩遗址[鄂] 286 D3
万人坟遗址[粤] 320 F2
万人坑[黑] 127 F9
万人冢遗址[粤] 319 E8
万仞天关[冀] 57 A7
万盛石林[渝] 354 F5
万盛温泉[渝] 354 E5
万寿宫[川] 375 F10
万寿宫[赣] 220 E2
万寿寺[川] 374 C3
万寿塔[沪] 222 E2
万寿岩[桂] 336 E2
万寿寨[渝] 355 B9
万仙山[豫] 264 D1
万祥寺[辽] 92 F5
万兴店遗址[豫] 273 D7
万丈赤壁[黔] 387 E6
汪浦山[闽] 208 F3
汪山太和观[鄂] 287 E10
亡台安城[闽] 212 D3
王安石纪念馆[赣] 224 D3
王八脖子遗址公园[吉] 114 E2
王葆心墓[鄂] 286 C4
王城公园[豫] 263 B8
王充墓[浙] 173 D6
王村瀑布[湘] 301 D9
王大宝墓[粤] 319 C7
王大杖鸟鱼类石生物化石自然保护区[辽] 92 F5
王德泰墓[吉] 113 E8
王铎湖[桂] 345 C8
王铎书法馆[豫] 263 B8
王二庙[川] 362 C3
王夫之故居[湘] 302 D5
王福三烈士墓[粤] 313 C7
王府洲海滨[粤] 325 G8
王盖山林场[湘] 305 D7
王宫墓[粤] 324 D3
王果山[辽] 95 E8
王辉石棺[川] 376 C3
王家祠堂古建筑[鄂] 291 B7
王家大院[晋] 66 F3
王家岗遗址[鄂] 288 F4
王家河抗日惨案公墓[鄂] 278 D4
王家庙墓地[鄂] 282 C3
王家屏墓[晋] 68 F5
王家山水上乐园[黔] 391 F9
王杰纪念馆[鲁] 254 D5
王杰烈士墓[苏] 149 D8
王尽美纪念馆[鲁] 243 G7
王荆公书堂[皖] 194 A2
王乐沟岩画[陕] 422 C4
王力故里[桂] 339 E8
王楼山[桂] 336 D4
王母洞[豫] 261 F8
王朴烈士墓[渝] 354 C4
王三盛院古建筑[鄂] 280 D2
王士琦墓园[浙] 176 D3
王氏宗祠[湘] 303 E6
王守仁墓[浙] 172 C4
王寿山景区[粤] 323 B9
王同惠纪念亭[桂] 345 B8
王屋山[豫] 261 F8
王羲之故居[鲁] 252 E4
王羲之墓[浙] 173 E7
王下地下宫[琼] 346 E3
王祥卧冰求鲤[鲁] 252 D4
王爷府庙[内蒙古] 79 D7
王爷庙[鄂] 291 B6
王子山遗址[鄂] 282 C3
旺隆湖[冀] 57 B7

W 望危威巍韦围涠惟维苇卫魏温文稳问翁沃卧乌无吴浯蜈五午伍武舞雾鹜 X 夕西希析息淅犀溪锡羲习席洗喜戏系细峡霞下夏仙鲜贤咸冼县现羡献乡相香湘襄祥翔响向象

景点名称[省别]	地图位置
望城楼[鄂]	280 E5
望夫楼[豫]	262 E5
望夫石[港]	458 B3
望海寺摩崖造像[辽]	103 C6
望海屯古城[黑]	123 B9
望天洞[辽]	98 B3
望天岭[黑]	131 C6
望仙洞[黔]	390 C2
望洋台[闽]	212 F2
望云峰滑雪场[黑]	128 B3
望云山滑雪场[黑]	126 C5
危水[鄂]	288 E2
危水国家森林公园[鄂]	288 E2
威虎山国家森林公园[黑]	131 D7
威虎山影视城[黑]	131 D7
威舍红军墓[黔]	387 F9
威信[滇]	402 B3
威远白塔[川]	373 E7
威远墓群[晋]	68 D3
威远炮台[粤]	313 G9
威远炮台[粤]	320 B3
微山岛[鲁]	255 F8
微山湖[鲁]	255 F8
巍宝山[滇]	405 C9
韦拔群烈士墓[桂]	344 E4
韦岗热水[苏]	156 B3
韦州古城[宁]	443 C6
围场森林草原[冀]	53 A6
围山湖[黔]	387 E9
涠洲岛[桂]	341 G8
惟俨禅师墓[湘]	299 C7
维纳河矿泉[内蒙古]	81 C9
苇编工艺生产基地[冀]	57 D9
苇场野生水禽栖息地[黑]	128 D3
卫星发射中心[川]	367 C7
魏长城遗址[陕]	424 C4
魏长城遗址[陕]	424 C5
魏长城遗址[陕]	424 E3
魏长城遗址[陕]	424 F4
魏函谷关遗址[豫]	262 C3
魏氏庄园[鲁]	247 E8
魏源故居[湘]	307 B6
魏拯民墓[吉]	109 F10
温泊[黑]	124 E2
温都尔庙[内蒙古]	82 F2
温罗温泉[桂]	339 F8
温盘峪[豫]	261 B7
温泉[赣]	226 G3
温泉[赣]	229 F10
温泉[赣]	233 F9
温泉[黔]	386 D3
温泉[桂]	336 B3
温泉[鲁]	244 B4
温泉[陕]	416 B4
温泉[皖]	200 D2
温泉[湘]	296 E2
温泉[湘]	302 A5
温泉[渝]	356 D5
温泉[粤]	324 F3
温泉[粤]	316 F5
温泉[浙]	166 C4
温泉[浙]	174 E5
温泉度假村[黔]	390 F2
温泉度假村[京]	32 E2
温泉度假村[内蒙古]	83 G8
温泉风景旅游度假区[滇]	397 E6
温泉公园[桂]	344 E3
温泉景区[黔]	384 E2
温泉疗养院[黑]	122 C5
温泉疗养院[吉]	113 E8
温泉山庄[鄂]	291 D6
温泉山庄[粤]	313 B9
温泉山庄度假村[粤]	315 E7
温泉寺[辽]	98 F2
温塘度假村[冀]	48 C4
温峡游览区[鄂]	283 C7
温馨岛[浙]	166 E3
文笔塔[滇]	400 D5
文笔塔[桂]	338 C2
文笔塔[粤]	327 B9
文笔塔[粤]	316 C3
文笔塔[粤]	316 F5
文笔塔[粤]	317 C6
文昌阁[黔]	391 E7
文昌阁[闽]	215 D7
文昌阁[湘]	298 D3
文昌阁[湘]	302 B2
文昌烈士陵园[川]	375 D6
文昌寺[陕]	424 C5
文昌塔[桂]	341 E8
文昌塔[皖]	199 A7
文昌塔[湘]	304 A4
文昌塔[粤]	313 B8
文昌文庙自然保护区[琼]	347 C8
文登温泉[鲁]	251 E8
文斗[鄂]	290 E2
文峰山[鲁]	252 E3
文峰塔[鄂]	280 D3
文峰塔[鄂]	283 B8
文峰塔[鄂]	283 D7
文峰塔[鄂]	287 D9
文峰塔[赣]	220 C1
文峰塔[黔]	391 G6
文峰塔[京]	32 C2
文峰塔[陕]	421 F7
文峰塔[苏]	150 C2
文峰塔[湘]	304 F1
文峰塔[湘]	305 C9
文峰塔[湘]	306 D4
文峰塔[渝]	355 E6
文峰塔[渝]	356 B2
文峰塔[渝]	356 F3
文峰塔[豫]	264 B4
文峰塔[豫]	268 C4
文峰塔[豫]	271 B8
文峰塔[粤]	313 C8
文峰塔[浙]	177 C7
文港笔市[赣]	220 F4
文阁塔[粤]	316 B5
文公庙[陕]	416 G4
文公山[赣]	231 B7
文化遗址[鲁]	244 E5
文辉塔[桂]	345 E9
文江塔[桂]	334 D4
文君井[川]	362 F3
文澜塔[湘]	299 F6
文庙[津]	38 C4
文庙[晋]	66 D5
文庙[晋]	67 F8
文庙[晋]	75 F7
文庙[鲁]	238 B3
文庙[陕]	424 B5
文庙[皖]	198 C1
文庙[湘]	297 D8
文庙[湘]	299 B7
文庙[湘]	300 F2
文庙[湘]	304 C3
文庙[湘]	304 D4
文庙[湘]	304 D4
文庙[豫]	265 B7
文庙大成殿[鲁]	248 C4
文庙大成殿[鲁]	248 F4
文庙大成殿[豫]	270 E5
文明书院乐民所遗址[粤]	327 D6
文明塔[粤]	319 B8
文明中华城[冀]	52 C3
文山塔[川]	369 D9
文市石林[桂]	336 C5
文殊寺[晋]	69 F6
文塔[湘]	304 D3
文塔[粤]	323 D8
文天祥纪念馆[赣]	232 D5
文天祥之女墓[粤]	316 D3
文天祥祖墓[粤]	328 D5
文亭山[鲁]	254 E4
文星阁[苏]	161 E8
文星石塔[湘]	300 G2
文星塔[湘]	300 F3
文岳庙[豫]	268 D3
稳坪傩堂戏[黔]	391 D7
问安青山古墓群育[鄂]	291 C10
翁岙瀑布[浙]	176 E4
翁梅斋墓[粤]	319 D7
翁仙庙[晋]	71 D6
瓮溪沟[黔]	390 B1
沃洲湖[浙]	173 F7
卧佛[川]	373 C9
卧佛寺公园[鲁]	252 D5
卧虎山[京]	32 F5
卧虎山[鲁]	239 C8
卧虎山长城[京]	33 D9
卧江石狮[湘]	305 C7
卧龙大熊猫综合保护区[川]	367 E6
卧龙大熊猫综合保护区[川]	377 F8
卧龙岗[豫]	271 E7
卧龙湖[黑]	127 F9
卧龙湖[黑]	131 D9
卧龙山[琼]	347 C6
卧龙山庄[黑]	130 C4
卧龙山自然保护区[黔]	390 E4
卧龙寺[陕]	418 D5
卧龙寺石窟[陕]	417 D8
卧龙台[豫]	260 E3
卧龙图蒙古苑[冀]	50 F2
卧龙岩[桂]	337 G7
卧龙峪[鲁]	239 C9
卧牛河[黑]	124 B4
卧牛湖滑雪场[黑]	124 B3
卧象山[鲁]	253 B7
卧云山[冀]	50 E5
乌鬓岩[闽]	213 C7
乌龟包遗址[鄂]	291 B9
乌吉密滑雪场[黑]	120 D5
乌江洪峰标志[黔]	391 C8
乌江画廊[渝]	355 F9
乌江画廊[渝]	356 C1
乌江山峡[黔]	391 B7
乌金呼日勒庙[内蒙古]	81 F9
乌金山[晋]	67 C6
乌拉街古城[吉]	109 C7
乌拉庙[内蒙古]	80 C4
乌兰布统古战场[内蒙古]	82 F5
乌里雅斯太度假村[内蒙古]	82 C5
乌梁素海旅游点[内蒙古]	78 E4
乌林答将军墓[鲁]	255 D7
乌龙国家森林公园[黑]	121 B7
乌龙山长城[冀]	57 B6
乌龙狩猎场[黑]	121 B7
乌龙峡谷[京]	32 D5
乌鲁木齐南山风景名胜区[新]	451 E9
乌茫瀑布[黔]	389 E6
乌石塘[浙]	170 B5
乌苏里江风景河段[黑]	127 A7
乌苏里江国家森林公园[黑]	127 A7
乌素图国家森林公园[内蒙古]	79 E7
乌岩岭自然保护区[浙]	179 G7
乌尤寺[川]	372 C4
乌镇[浙]	169 F7
巫峡[渝]	357 E10
无棣故城遗址[鲁]	238 A2
无梁阁[京]	34 B5
无量山石窟[宁]	443 C9
无门寨[鄂]	282 C2
无名阙[渝]	355 A8
无名阙[渝]	356 G4
无为塔[赣]	229 C8
无锡影视城[苏]	159 E6
无影山[黑]	130 E4
无源洞[鄂]	291 B6
吴八老岛[黑]	125 B9
吴堡古城[陕]	423 B9
吴昌纪念馆[浙]	168 E4
吴昌硕故居[浙]	168 E3
吴城商代遗址[赣]	223 E6
吴道子故里[豫]	268 B2
吴凤庙[台]	460 D3
吴公塔[湘]	304 B2
吴姑城[辽]	102 C5
吴姑古城[辽]	103 C6
吴家大湾遗址[鄂]	287 F6
吴家山[鄂]	286 B3
吴家湾墓地[鄂]	282 B4
吴旗革命旧址[陕]	417 E7
吴桥杂技大世界[冀]	58 F5
吴三桂宫殿遗址[黔]	386 G5
吴山[陕]	418 D2
吴山庙[皖]	186 D3
吴绍洲故居[黔]	388 A4
吴氏祠[鄂]	286 E3
吴氏宗祠[浙]	177 B9
吴淞炮台[沪]	137 C6
吴阳金海岸[粤]	327 C10
吴子胥墓[苏]	161 E6
浯溪碑林[湘]	304 B3
蜈蚣桥[黔]	384 F3
蜈蚣桥[浙]	179 F8
蜈支洲岛[琼]	346 G5
五步城[赣]	227 C7
五大连池[黑]	124 E2
五大连池自然保护区[黑]	124 E2
五当召[内蒙古]	79 E6
五道豁洛岛影视基地[黑]	124 B4
五顶山国家森林公园[黑]	128 D5
五峰后河自然保护区[鄂]	291 E7
五峰后河自然保护区[湘]	298 A4
五峰山[鲁]	239 D8
五峰山国家森林公园[滇]	398 F3
五峰寺[闽]	207 D6
五峰寨[鄂]	291 B10
五凤山[川]	373 C7
五福桥[粤]	316 D3
五公祠[琼]	347 A7
五谷城遗址[鄂]	279 D8
五谷树[苏]	152 D1
五桂楼[浙]	170 G5
五河野大豆国家自然保护区[皖]	187 A8
五虎礁[闽]	206 B3
五黄岭原始森林风景区[桂]	341 C9
五家子遗址[吉]	108 F4
五老峰[晋]	75 F8
五老山[滇]	399 D9
五磊寺[浙]	170 E4
五礼记碑[冀]	61 B9
五里碑[苏]	151 D9
五里坪革命旧址群[鄂]	291 E6
五里坡林场[渝]	357 D9
五里镇遗址[陕]	419 A9
五莲山[鲁]	253 C7
五龙背温泉[辽]	99 E9
五龙禅寺[沪]	139 D6
五龙洞[豫]	264 D3
五龙洞国家森林公园[陕]	420 E2
五龙口[豫]	261 E8
五龙口遗址[豫]	272 B4
五龙潭[豫]	270 D5
五鹿山[晋]	74 E2
五鹿山自然保护区[晋]	74 E2
五落钟离山[鄂]	291 D8
五马古文化区[黔]	390 F1
五门[浙]	176 F4
五门口石窟[陕]	417 A9
五门堰[陕]	420 C2
五脑山林场森林公园[鄂]	286 D3
五女峰国家森林公园[吉]	114 F2
五女墓[苏]	160 E5
五女山[辽]	98 B2
五女山山城[辽]	98 B2
五排河漂流[桂]	336 B2
五排山城[黑]	131 B9
五强溪[湘]	307 E10
五泉山[内蒙古]	81 C9
五圣庙[陕]	420 F5
五台山[滇]	396 D5
五台山[晋]	72 B2
五台山国家地质公园[晋]	72 A2
五通桥[川]	372 D3
五溪山自然保护区[皖]	201 D6
五泄[浙]	172 D1
五眼桥[粤]	316 B1
五羊洞[湘]	306 A5
五阳山[鲁]	242 D3
五营国家森林公园[黑]	126 C3
五隅沟抗日根据地[吉]	115 D7
五针松国家级保护区[黔]	385 B8
五指峰[赣]	229 G6
五指山[鄂]	291 B7
五指山[浙]	175 D6
五指山漂流[琼]	346 E5
五指山自然保护区[琼]	346 E5
五指石[粤]	323 B7
五峙鸟岛保护区东海鸟岛旅游区[浙]	170 D4
五爪观[鄂]	291 C7
五庄界遗址[陕]	423 F8
五祖寺[鄂]	287 A7
五祖寺[鄂]	287 A7
五座坟[鄂]	281 D7
五座楼森林公园[京]	33 E7
午潮山[浙]	167 B7
午子山[陕]	420 B3
伍公祠[粤]	328 C4
伍家沟故事村[鄂]	280 C5
伍奢家[皖]	191 D6
伍须海子[川]	379 B8
伍子胥墓[鄂]	281 C6
武安青岩寨濒危珍稀植物自然保护区[冀]	61 F6
武昌塔[湘]	298 D3
武大郎悬棺[冀]	60 A4
武当别院[闽]	207 D6
武当山[鄂]	280 D5
武当山古建群[鄂]	280 C5
武功山国家地质公园[赣]	232 F3
武关[陕]	425 B9
武汉动物园[鄂]	279 E7
武汉二七纪念馆[鄂]	279 E7
武侯祠[豫]	271 E7
武侯墓[陕]	420 E3
武家畔石窟[陕]	422 A5
武坑[浙]	176 D5
武雷山[湘]	298 B5
武陵山国家森林公园[渝]	355 C7
武陵源[湘]	298 C3
武隆烈士墓[渝]	355 E8
武隆岩溶国家地质公园[渝]	355 E8
武庙[川]	373 C8
武平兰花资源国家自然保护区[闽]	215 F8
武强年画博物馆[冀]	58 E4
武山石洞[赣]	233 D6
武氏祠[鲁]	255 D6
武训学堂[鲁]	240 C2
武夷山[闽]	208 C3
舞台[晋]	74 C3
舞阳河[黔]	388 E4
务本堂[黔]	390 B4
婺源[赣]	231 B7
雾灵湖[京]	33 D10
雾灵山自然保护区[冀]	53 F7
雾灵山自然保护区[京]	33 D10
雾中山[川]	362 D2
鹜峰山庄[京]	28 B3

X

景点名称[省别]	地图位置
夕家山民俗博物馆[川]	375 D6
夕阳恐龙足迹化石[滇]	397 G6
西岸滩林[浙]	178 C5
西柏坡[冀]	48 C4
西柏坡中共中央旧址[冀]	48 B4
西北风情园[京]	31 C7
西禅寺[京]	28 C5
西昌山洞探险[琼]	347 C6
西大堤[苏]	150 B2
西大明山自然保护区[桂]	343 B7
西岛[琼]	346 G4
西递古民居[皖]	201 E6
西鄂尔多斯国家自然保护区[内蒙古]	80 F2
西丰山水库景区[黑]	128 E2
西峰寺[京]	30 C5
西贡西郊野公园[港]	458 B4
西沟里草原[黑]	123 D7
西沟遗址[晋]	74 D5
西古城[吉]	115 F7
西古城遗址[皖]	187 C7
西瓜博物馆[京]	31 F7
西海岸带状公园[琼]	347 A7
西海庙[桂]	341 E9
西海子公园[京]	34 D2
西汉文化遗址[黔]	390 E1
西河西坪[黔]	390 D5
西侯渡遗址[晋]	75 G8
西湖[川]	373 F8
西湖[滇]	405 D7
西湖[皖]	191 E8
西湖[粤]	319 C8
西湖[浙]	167 B8
西湖港奇潭峡谷[京]	30 E1
西湖里古墓[鄂]	287 D7
西花园新石器遗址[鄂]	282 D3
西江坪[桂]	336 B2
西江温泉[粤]	324 D2
西津湖[桂]	335 F7
西津桥[浙]	175 E6
西晋古塔[闽]	208 C5
西坑温泉[粤]	315 E9
西连胶海[琼]	346 C4
西梁山[皖]	199 A8
西林公园[粤]	316 F5
西林教案遗址[桂]	342 G3
西林寺[川]	373 D9
西岭雪山[川]	376 B4
西陵峡[鄂]	291 C7
西门楼[粤]	314 C3
西门渠闸门沟遗址[豫]	264 A4
西炮台[吉]	115 E9
西炮台[鲁]	251 D6
西炮台遗址[辽]	99 B8
西平森林公园[辽]	100 A1
西樵山[粤]	313 F6
西樵山国家地质公园[粤]	313 F6
西秦会馆[川]	373 E7
西琼汤温泉[赣]	225 B6
西山[川]	365 D6
西山[苏]	161 E6
西山旅游风景区[京]	28 B3
西山坪石林[浙]	166 F3
西山森林公园[桂]	337 C8
西山寺[滇]	403 C7
西施故迹[浙]	168 B4
西施故里[浙]	172 D3
西双版纳[滇]	407 C9
西双湖[苏]	150 E3
西泰山[豫]	263 F8
西潭古墓群[鄂]	279 D7
西汤峪[陕]	418 F5
西天目山[浙]	166 B5
西天山国家自然保护区[新]	452 C3
西沱云梯街[渝]	355 A9
西沱云梯街[渝]	356 G4
西洼荒自然保护区[黑]	130 E4
西王旦汉墓[冀]	61 B8
西王母祖庙[新]	451 D9
西旺墓群[晋]	70 D5
西望山[黔]	384 F3
西围文化遗址[浙]	176 E4
西魏成陵[陕]	424 E1
西魏永陵[陕]	424 E1
西武自然保护区[皖]	201 E6
西溪溶洞[川]	376 E2
西溪塔[苏]	152 F3
西峡大鲵自然保护区[豫]	270 D4
西霞洞[黔]	385 F8
西夏城[宁]	442 C3
西夏磁窑遗址[宁]	442 C4
西岩洞[浙]	177 A8
西岩摩崖造像[川]	373 C7
西岩山[粤]	323 D10
西阳宫[赣]	233 A6
西峪水上乐园[京]	32 A2
西岳庙[陕]	424 F4
西周青铜钟[闽]	208 E4
西周燕都遗址博物馆[京]	30 F5
希拉穆仁草原[内蒙古]	79 D7
希拉穆仁庙[内蒙古]	79 C7
希日塔拉草原[内蒙古]	82 E4
析城山自然保护区[晋]	71 E9
析木城石棚[辽]	100 D3
息波亭[冀]	60 E2
息烽集中营[黔]	384 E3
息烽玄天洞[黔]	384 E3
犀牛化石遗址[浙]	177 A7
犀牛泉[桂]	344 G2
犀牛山[桂]	343 A7
犀牛岩[桂]	345 D9
犀水泉瀑布[黔]	384 E4
溪口景区[浙]	171 F6
溪口-雪窦山[浙]	171 F6
溪南滩林[浙]	178 C4
溪头[台]	460 D3
溪霞自然景观[赣]	220 B3
溪州铜柱[湘]	301 D9
锡惠公园[苏]	159 D7
锡林河景观[内蒙古]	82 E5
锡山园林[鄂]	285 F7
羲皇庙[鲁]	255 D7
习水[黔]	390 C1
习水国家自然保护区[黔]	390 C1
习水自然保护区[黔]	390 B1
席家花园[苏]	161 F6
席家寨[鄂]	280 F3
席尼喇嘛旧居[内蒙古]	80 D4
洗脚溪[渝]	355 C9
洗脚溪[渝]	356 A1
洗象池[川]	372 C2
喜峰口长城[冀]	54 A3
喜鹊梁滑雪场[冀]	50 C5
戏楼[苏]	147 B10
戏台[晋]	74 F5
系舟山国家森林公园[晋]	67 A7
细鳞河漂流[黑]	128 C2
细门瑶寨[桂]	336 B2
细石器文化遗址[吉]	110 A5
峡口湖[浙]	177 E8
峡跨长虹[黔]	384 F3
峡山水库[鲁]	243 D8
霞墓山[浙]	168 C3
下草湾第四纪地层自然保护区[苏]	151 F8
下郭游乐园[粤]	324 F2
下甲钓鱼台[桂]	342 D3
下枧河风景区[桂]	344 B3
下雷自然保护区[桂]	343 D7
下卢村农会旧址[粤]	318 F4
下梅古村[闽]	208 C3
下普利壁题[黔]	387 D7
下寺石窟[陕]	417 A8
下塔[粤]	316 A3
下湾遗址[川]	367 F6
下崖洞千人洞[鲁]	242 E3
下洋初溪土楼群[闽]	215 D10
下中岩寺[川]	372 C3
下渚湖[浙]	168 C4
夏冰洞[渝]	357 C7
夏洞寺[川]	373 E7
夏尔希里自然保护区[新]	452 D3
夏盖山摩崖题刻[浙]	173 B6
夏明翰故居[湘]	302 D5
夏琼寺[青]	437 C6
夏日古渡[陕]	424 D4
夏特古城[新]	452 C1
夏特温泉[新]	452 C1
夏威夷水上乐园[沪]	141 A10
夏县温泉[晋]	75 D7
仙安石林[琼]	346 F4
仙洞石门[鲁]	250 D4
仙都[浙]	181 A8
仙佛寺[湘]	301 A8
仙宫湖森林公园[浙]	181 D6
仙姑湖[赣]	222 E2
仙姑庙[鄂]	285 D10
仙谷山景区[黔]	390 E5
仙鹤湖[内蒙古]	83 A7
仙湖岛[桂]	345 C8
仙湖文物风景区[粤]	319 E6
仙湖植物园[粤]	321 C6
仙华山[浙]	174 A5
仙会庵[川]	373 E9
仙家温泉[桂]	336 F4
仙景台[吉]	115 F6
仙居[浙]	176 E1
仙居谷[京]	33 D9
仙龙岛游乐园[京]	30 F2
仙米洞[黔]	390 B5
仙女洞[桂]	344 D5
仙女洞[渝]	356 D5
仙女峰[湘]	302 B4
仙女湖[赣]	226 G5
仙女桥[湘]	305 D9
仙女山[川]	362 F5
仙女杉[黔]	389 C7
仙女岩[桂]	344 B4
仙栖洞[京]	30 E3
仙栖洞[京]	30 F3
仙桥山[黔]	384 C3
仙桥石林[黔]	384 D4
仙人岛[辽]	99 C10
仙人侗帕庄河[滇]	406 C5
仙人洞、情人岛、抱月湾[黑]	131 C6
仙人洞[滇]	400 C4
仙人洞[鄂]	282 F5
仙人洞[赣]	230 D5
仙人洞[黔]	391 F10
仙人洞[黑]	125 A6
仙人洞[辽]	103 B7
仙人洞[豫]	261 F8
仙人洞摩崖题刻[陕]	421 F8
仙人洞遗址[滇]	401 E8
仙人洞遗址[赣]	221 G8
仙人洞自然保护区[辽]	95 F7
仙人脚[豫]	262 E5
仙人井[桂]	340 E4
仙人桥[黔]	385 B7
仙人桥[黔]	387 D6
仙人桥[桂]	342 D2
仙人桥[桂]	344 G3
仙人桥[湘]	301 E8
仙人桥[湘]	304 D5
仙人山[川]	373 E6
仙人山自然保护区[黔]	390 E3
仙人石[湘]	297 E6
仙人台庙[鄂]	286 B5
仙人抬桥[粤]	314 E5
仙人潭[浙]	166 D3
仙人岩[湘]	304 B2
仙人峪景区[冀]	56 C5
仙山[浙]	168 E2
仙市镇[川]	373 F8
仙水岩[赣]	230 G4
仙台[京]	30 B4
仙台山[冀]	48 D4
仙霞关[浙]	177 E7
仙霞湖[浙]	177 D9
仙岩[桂]	334 B3
仙岩[浙]	179 C6
仙岩洞[浙]	176 C5
仙岩洞[浙]	177 B9
仙游观[陕]	418 C5
仙游寺法王塔[陕]	416 F4
仙峪湾旅游渡假区[辽]	102 C3
仙浴湾旅游度假区[辽]	102 B3
仙寓楼[川]	375 D6
仙寓山国家自然保护区[皖]	200 D4
仙字潭摩[闽]	212 B3
鲜丰度假村[黑]	130 C3
贤令山摩崖石刻[粤]	314 D4
咸城[豫]	265 C7
咸城古文化遗址[豫]	265 D7
咸宁温泉[鄂]	285 D9
咸驮驮岩[桂]	342 F5
冼夫人庙[琼]	347 B7
显圣殿遗址[鄂]	280 E4
县烈士陵园[鄂]	278 B4
县苏维埃旧址[鄂]	287 E9
岘山[豫]	263 F8
现代化农业观光[黑]	128 E5
羡里城遗址[豫]	264 B4
羡山[浙]	166 F4
献亭[晋]	74 D3
献县汉墓群[冀]	58 D4
乡间情趣园[京]	33 F6
乡禁碑[黔]	385 C6
乡林寺[川]	373 F9
相当公园[皖]	188 D4
相底斯郎山[川]	378 D5
相公庙[鄂]	282 C4
相山庙[皖]	188 D4
相思岛[浙]	177 C9
相思潭[桂]	335 D7
香港迪斯尼乐园[港]	458 C2
香果树[川]	368 D2
香火岩[黔]	384 E3
香积寺[陕]	416 C3
香积寺塔[陕]	419 D7
香林花雨[浙]	172 B4
香林寺[桂]	337 A9
香林寺坪摩崖题刻[陕]	417 C8
香炉峰[赣]	230 F4
香炉峰[陕]	423 B7
香炉山[黔]	389 F6
香炉山景区[滇]	398 E2
香磨山水库[黑]	120 A5
香桥岩[桂]	337 E9
香山[浙]	168 D1
香山公园[京]	28 C4
香山水库[豫]	273 G7
香山寺[豫]	271 B9
香山寺[浙]	174 B5
香水湾[琼]	347 F6
香溪宝塔[浙]	174 C3
香溪源[鄂]	280 F3
香严寺[鄂]	281 B6
香严寺[晋]	73 E7
香严寺[豫]	270 F4
香严寺塔[陕]	419 D6
香纸沟[黔]	384 E4
厢子洞[黔]	391 G6
湘北特委旧址[湘]	300 E5
湘鄂川革命根据地遗址[鄂]	290 E3
湘鄂川黔省革命委员会旧址[湘]	301 B8
湘鄂川黔省革命委员会旧址[湘]	301 B9
湘鄂西革命根据地旧址[鄂]	289 E7
湘鄂西革命根据地旧址[鄂]	289 E8
湘鄂西军事干部学校[鄂]	288 F5
湘鄂西苏区革命烈士纪念馆[鄂]2	89 F8
湘妃寺[湘]	300 C3
湘赣省委旧址[赣]	232 F5
湘家荡旅游度假区[浙]	169 E7
湘山寺[桂]	336 B4
湘山寺[湘]	303 F9
湘子桥[粤]	319 C8
襄惠王墓[鄂]	281 E7
襄阳古城[鄂]	281 D8
襄庄王墓[鄂]	281 E7
祥云岩寺[粤]	316 A2
翔鹭纹铜鼓[黔]	390 E2
响铃塔[陕]	423 E8
响沙湾[内蒙古]	80 C2
响山[冀]	55 C7
响水风洞[湘]	298 D4
响水瀑布[黔]	385 F9
响水瀑布[桂]	342 C5
响水瀑布[桂]	343 C8
响水岩瀑布[黔]	389 E7
响堂铺伏击战纪念碑[冀]	61 G8
响堂山石窟[冀]	61 E8
响堂弯革命旧址[鄂]	284 C1
向海国家级自然保护区[吉]	110 D2
向民蝙蝠洞[琼]	346 D4
向阳湖[黑]	128 F3
向阳山庄[黑]	120 F4
象鼻山[黔]	384 F5
象鼻温泉度森林公园[滇]	400 C4
象鼻吸水[渝]	356 D3
象鼻峡[黔]	384 F3

X 象橡逍萧小孝肖协写泄谢薤新信兴星杏性雄熊修秀胥须徐许轩玄悬薛学雪荀逊殉巽 Y 丫压鸭牙岈崖衙哑雅亚烟淹延严岩沿炎盐阎颜衍偃宴晏雁燕扬羊阳杨洋仰养腰尧姚窑瑶药鹞耀椰耶也冶野业叶夜一伊医依夷沂以颐彝义异峄亿易驿挹益翼懿阴殷银尹隐印应英莺鹰迎盈蓥瀛颍影映永涌幽尤油游酉右余鱼俞渔愉虞羽雨禹语玉殷

景点名称[省别] 地图位置
象埔寨[粤] 319 C7
象山景区[桂] 336 D2
象头山[粤] 317 E7
象牙山[辽] 94 E5
象州温泉[桂] 345 C8
橡胶坝[鲁] 252 E4
逍遥洞[桂] 343 D8
逍遥观[豫] 260 E2
萧光际墓[鄂] 287 C7
萧皇岩[浙] 174 C5
萧太后行宫[京] 30 F3
小冲洞葬[黔] 385 D6
小道河[滇] 399 D9
小登科古墓群[黑] 122 D4
小东沟森林公园[新] 450 E3
小东海[琼] 346 G4
小沟石窟[陕] 417 D7
小孤山[黑] 130 C5
小孤山[皖] 199 E6
小观音山摩崖群[浙] 170 C2
小棺木岩[鄂] 291 C8
小海温泉[苏] 152 F4
小河咀文风塔[川] 374 E4
小江景区[滇] 405 F7
小金河避暑山庄[黑] 131 A9
小井溶洞[黔] 385 E8
小可沟自然保护区[川] 368 B2
小坑国家森林公园[粤] 315 C8
小坑温泉[粤] 315 C8
小口子风景区[宁] 442 D2
小浪底库区湿地鸟类自然保护区[豫] 263 B8
小莲庄[浙] 168 A2
小凌河中华鳖自然保护区[辽] 92 C5
小流坑自然保护区[粤] 315 A10
小龙出水洞[黔] 385 F6
小龙门森林公园[京]30 B1
小龙滩景点[黔] 384 E5
小龙潭[鄂] 280 F3
小南海[渝] 355 C10
小南海[渝] 356 A2
小南海自然保护区[陕] 420 D3
小南海自然保护区[豫] 264 B4
小南山遗址[黑] 129 E8
小七孔景区[黔] 385 B9
小千家坪[鄂] 280 G3
小桥景区[黔] 390 C1
小秦岭自然保护区[豫] 262 D2
小青山[桂] 336 F3
小三峡风景区[黔] 390 B3
小三峡国家森林公园[渝] 357 E10
小山[川] 367 B8
小山峡[黔] 390 B5
小商桥[豫] 268 D4
小水战役纪念碑[湘] 306 F4
小四方台山城遗址[黑] 131 B7
小寺庄石窟[陕] 417 B9
小塔子水库[内蒙古]83 E9
小五台山自然保护区[冀] 51 D8
小武当山[赣] 229 E10
小西湖[京] 32 F4
小西山棺墓群[吉] 109 E6
小西天[冀] 60 F4
小西天[浙] 171 B8
小溪风景区[渝] 355 C7
小溪天生桥[渝] 355 D7
小溪自然保护区[湘] 301 C10
小仙坛青瓷窑址[浙] 173 C6
小寨国家自然保护区[渝] 357 E9
小寨子沟自然保护区[川] 368 C1
小舟河[黔] 389 B7
孝渡流芳[川] 372 E4
孝节坊[川] 372 E4
孝堂山郭氏墓石祠[鲁] 239 D8
孝子碑祠[鄂] 286 C3
孝子孝女坊[桂] 342 G3
孝子孝女坊[桂] 343 E9
肖坝崖墓[川] 372 C3
肖城遗址[鲁] 240 C1
肖公庙[桂] 339 D7
肖红故居[黑] 120 B3
肖家沟自然保护区[辽] 94 E3
肖家山古墓群[鄂] 291 D10
肖寺遗址[豫] 261 D9
协济庙[闽] 206 D5
写子岩[黔] 385 G6
泄洪闸[黑] 127 C9
谢安故居[浙] 173 C6
谢安墓[浙] 168 D2
谢道山塔[粤] 318 F3
谢鲁山庄[桂] 339 F8
谢子长故居[陕] 417 C6
薤山革命根据地[鄂] 281 D6
薤山森林公园[鄂] 281 E6
新安碑园[皖] 201 E8
新安东汉古墓群[桂] 337 F9
新广战役纪念碑[湘] 306 F2
新村古墓群[桂] 338 B4
新发地公园[京] 29 F6
新发古城遗址[黑] 127 G8
新丰江国家森林公园[粤] 316 E4
新丰江森林公园[粤] 316 D5
新丰江音乐彩喷[粤] 316 E5
新丰云髻山[粤] 315 E8
新港自然保护区[粤] 316 E4
新古器遗址[鄂] 285 D6
新开流古文化遗址[黑] 127 C9
新康猫[川] 377 E7
新龙口[新] 452 F4
新路海自然护区[川] 378 F4
新上海庙[内蒙古] 80 G4
新生鄂伦春族风情[黑] 124 B3
新生桥国家森林公园[滇] 405 E6
新石器时代文化遗址[吉] 109 D9
新石器时代遗址[湘] 299 C8
新石器时期遗物采集点[鄂] 291 F6
新石器文化遗址[冀]52 A4
新石器文化遗址[豫] 271 E7
新石器文物遗址[吉] 113 D9
新石器遗址[鄂] 282 E4
新石器遗址[黔] 391 F10
新石器遗址[京] 32 B1
新石器遗址[湘] 306 B4
新水浒度假村[辽] 90 F5
新四军第五师司令部旧址[鄂] 282 C2
新四军黄桥战役纪念馆[苏] 155 B7
新四军会师纪念碑[豫] 269 D6
新四军纪念馆[苏] 152 E3
新四军江南指挥所遗址[苏] 156 E3
新四军军部旧址[苏] 151 E10
新四军军部旧址[皖] 195 F7
新四军平江通讯处旧址[湘] 301 F6
新四军苏浙军区司令部旧址[浙] 168 E1
新四军豫鄂挺进纵队司令部旧址[鄂] 283 B8
新寺遗址[陕] 416 C2
新圩古墓群[桂] 338 C1
新五师司令部[鄂] 282 D5
新现大睡佛[滇] 401 F6
新阳花坟[黔] 384 F2
新墉古遗址[湘] 303 C6
新寨瑶族[黔] 389 C7
新洲沸泉度假村[粤] 325 F7
信安龙泉寺[冀] 52 D2
信洞坎[黔] 389 B8
信阳金岗台国家地质公园[豫] 273 F9
兴埃寺[川] 379 F10
兴禅寺[豫] 264 B3
兴城海滨[辽] 93 B7
兴东兵备道台府遗址[黑] 128 B3
兴国寺塔[豫] 266 D2
兴海湖[冀] 54 B3
兴教寺[陕] 416 C3
兴凯湖[黑] 127 D9
兴凯湖国家地质公园[黑] 127 B9
兴凯湖源头漂[黑] 131 E9
兴凯湖自然保护区[黑] 127 C9
兴隆公园[京] 29 D8
兴隆国家森林公园[黑] 121 A6
兴隆热带花园[琼] 347 E7
兴隆热带植物园[琼] 347 E7
兴隆山[黑] 128 E4
兴隆寺[黑] 131 D9
兴隆塔[鲁] 255 C7
兴隆温泉[琼] 347 E7
兴善寺[京] 28 B4
兴善寺[京] 32 B2
兴善塔[浙] 177 C7
兴文石林[川] 375 E6
兴文塔[鄂] 291 E7
兴义国家地质公园[黔] 387 F9
星岛湖度假区[桂] 341 D8
星湖公园[鲁] 254 E5
星火朝鲜族风情[黑] 128 E3
星星哨水库[吉] 109 D6
行务碑[豫] 265 D6
醒狮岩[桂] 345 C9
杏花村[鲁] 254 B5
杏花村[皖] 200 C4
杏花村遗址[晋] 73 E9
杏花山[黑] 120 E4
杏山溶洞[鲁] 252 C3
杏树岗烈士墓[黑] 123 D8
性觉寺[沪] 139 F6
雄登寺[川] 379 D8
雄县温泉城[冀] 57 D10
雄崖所城[鲁] 244 B4
雄镇关[粤] 319 D9
熊伯龙墓[鄂] 279 F7
熊耳山双龙大裂谷[鲁] 255 E10
熊家咀遗址[鄂] 284 C1
熊庆来故居[滇] 400 C5
修文塔[川] 372 B2
秀池[黑] 131 B7
秀峰[赣] 223 D7
秀峰塔[桂] 335 D6
秀兰庄园[冀] 57 D7
秀龙岩[湘] 305 F6
秀容古城址[晋] 73 B9
秀山[滇] 400 C4
秀山[浙] 170 C4
秀水风景区[内蒙古]81 B9
胥江野渡[浙] 167 E6
须弥山石窟[宁] 443 D8
徐悲鸿故居[苏] 158 E4
徐待立故居[湘] 297 E6
徐汉林纪念亭[桂] 334 F5
徐经邦烈士墓[川] 374 C2
徐镜心故居[鲁] 250 D3
徐灵胎墓[苏] 161 E7
徐寿辉祖墓[鄂] 286 D3
徐庶庙[鄂] 281 E7
徐渭墓[浙] 172 C4
徐霞客故居[苏] 159 C7
徐源泉公馆[鄂] 278 C5
徐州汉城[苏] 148 D4
许岗故暮群[豫] 260 C4
许国石坊[皖] 201 E8
许由墓[豫] 268 C4
轩辕台[京] 32 B2
玄帝庙青石殿[陕] 424 C4
玄妙观[鄂] 288 C4
玄天洞[黔] 384 F4
玄武山[粤] 318 G5
玄武岩石柱[吉] 115 D9
玄贞观[辽] 99 B9
玄中寺[晋] 73 E10
悬鹁鸪山[浙] 170 B5
悬春谷磨崖石刻[黔] 384 E5
悬棺[黔] 391 F7
悬棺[渝] 357 C9
悬空寺[晋] 69 E8
悬空寺石窟[陕] 423 C9
薛国故城[鲁] 255 E8
薛蒿墓[晋] 75 E6
薛家岗古文化遗址[皖] 198 E3
薛坪苏维埃政府[鄂] 281 F6
薛仁贵衣冠冢[桂] 345 C8
薛文清坊[川] 374 D3
学宫[粤] 328 E2
学士岩摩崖石刻[粤] 316 B3
雪枫墓园[苏] 151 F8
雪峰寺[闽] 213 D8
雪花洞[黔] 385 B7
雪花洞[湘] 298 D4
雪花洞[豫] 260 E3
雪花洞庙[豫] 264 B3
雪莲洞[桂] 343 F8
雪野水库[鲁] 249 B8
雪珍务本堂[黔] 390 B4
荀子墓[鲁] 252 F3
逊别拉河自然保护区[黑] 124 D5
逊克金代遗址[黑] 124 D5
殉马坑[鲁] 242 C4
巽寮旅游区[粤] 317 D9

Y

丫髻庵[湘] 307 G8
丫髻山森林公园[京]32 A1
丫山[赣] 229 F8
压石洞[赣] 226 E5
鸭河口[豫] 271 D7
鸭绿江[辽] 99 E9
鸭绿江口海滨湿地国家自然保护区[辽] 99 E10
鸭落洞陡门景区[浙] 178 B5
鸭园溶洞[吉] 114 E2
牙林达围桥[桂] 344 F1
岈山国家地质公园[豫] 272 B4
崖棺[黔] 385 E8
崖石刻[闽] 212 B3
崖下库[浙] 178 C5
崖洲古城[琼] 346 G3
衙门咀[鄂] 285 C8
哑驴寺[豫] 265 B7
雅龙小桂林[琼] 346 E3
雅砻河[藏] 409 F7
雅芒石崖像[桂] 342 D4
雅岩[浙] 179 D6
亚布力滑雪旅游度假区[黑] 121 F6
亚丁国家自然保护区[川] 379 D10
亚龙湾[琼] 346 G5
亚武山风景区[豫] 262 C1
亚运花园[京] 29 C7
烟灯烽火台[黔] 391 B6
烟台山[鲁] 251 D6
烟筒砬子[黑] 130 C5
烟霞洞[鲁] 251 E7
烟雨楼[浙] 169 E7
淹城遗址[苏] 156 D5
延安国家森林公园[陕] 417 C7
延村明清古建筑群[赣] 231 B7
延福寺[浙] 174 F4
延龄寿石窟[宁] 443 C10
延庆观[晋] 74 B3
延庆寺[晋] 72 C3
延庆寺塔[浙] 180 C5
延寿湖[黑] 121 D6
延寿寺[京] 31 A9
延一井旧址[陕] 417 B8
严家祠堂[鄂] 290 F2
严家山古墓群[鄂] 284 F3
严氏孤堆[皖] 189 C9
严子陵钓台[浙] 167 E6
岩画[新] 451 A9
岩灰洞古文化遗址[黔] 390 D3
岩疆锁钥[黔] 387 E6
岩脚九烈士墓[湘] 306 C5
岩龙盘洞[湘] 306 A3
岩前狮岩[闽] 215 F9
岩山寺[晋] 72 B2
沿河城[京] 30 B3
沿河古墓群[桂] 336 C4
沿江水禽自然保护区[皖] 198 C3
炎帝陵[湘] 303 F9
炎帝庙[晋] 71 D6
炎帝庙[陕] 418 E3
炎井温泉[桂] 336 A4
盐城丹顶鹤自然保护区[苏] 152 A2
盐城丹顶鹤自然保护区[苏] 152 A3
盐城丹顶鹤自然保护区[苏] 152 G5
盐城沿海滩涂珍禽国家自然保护区[苏] 152 E4
盐池滩羊国家自然保护区[宁] 442 B4
盐池湾自然保护区[陇] 430 G3
盐官海塘[浙] 167 B10
盐官海塘[浙] 169 F10
盐津河温泉[黔] 390 E2
盐井龙洞[渝] 356 G5
盐神庙[川] 373 D7
盐业风情浏览区[津]40 G4
阎古古墓[苏] 148 B3
颜文姜祠[鲁] 242 D2
颜真卿故居[鲁] 252 D4
衍福寺双塔[黑] 123 D10
偃月城遗址[鄂] 288 C5
宴石山[桂] 339 F7
晏婴墓[鲁] 242 C5
雁苍山[浙] 171 E7
雁门关[鄂] 285 F6
雁南飞茶田旅游度假村[粤] 323 C9
雁栖湖水上乐园[京]33 F6
雁窝岛[黑] 129 E6
雁州塔[粤] 323 D9
燕塞湖风景区[冀] 55 C7
燕山度假区[桂] 339 D8
燕山天池[京] 32 D3
燕尾岛[豫] 272 E5
燕窝楼[桂] 336 B4
燕窝石笋[浙] 170 C3
燕夏都遗址[冀] 57 C8
燕岩[粤] 328 C2
燕州城山城[辽] 100 A4
燕子洞[滇] 400 D5
燕子洞[鄂] 291 D7
燕子洞[黔] 385 E7
燕子洞[黔] 387 C9
燕子洞[湘] 306 A5
燕子矶[苏] 146 D4
燕子垭[鄂] 280 F3
燕子岩[闽] 215 D9
燕子岩[粤] 314 E4
燕子岩庙遗址[粤] 316 B1
秧田遗址[豫] 270 C4
扬子鳄保护区[皖] 195 D6
扬子鳄保护区[浙] 168 E2
羊鼻岭遗址[鄂] 280 E4
羊场石林[黔] 385 E8
羊洞石板古街[湘] 300 B5
羊角尖会议旧址[鄂] 286 B4
羊山战役纪念馆[鲁] 254 D5
羊泗峡[渝] 356 C5
羊泗峡[渝] 356 D5
羊头山石窟[晋] 71 D6
羊瓮苗族观光旅游点[黔] 385 A7
阳宝山[黔] 384 D4
阳澄湖[苏] 161 D8
阳春百涌自然保护区[粤] 324 D5
阳春凌霄岩国家地质公园[粤] 324 E5
阳河峡谷风景区
阳华岩石刻[湘] 304 E3
阳岭自然保护区
阳逻古堡[鄂] 279 C6
阳美[粤] 319 D7
阳明洞天[桂] 334 C2
阳明山国家森林公园[湘] 304 C4
阳平关[陕] 420 F3
阳山秤架[粤] 314 C5
阳山公园[黔] 386 E3
阳山小桂林[粤] 314 D4
阳升观[湘] 303 D9
阳台宫[豫] 261 F9
阳台宫[豫] 261 G8
阳主庙[鲁] 251 C6
杨埕湿地[冀] 59 D10
杨从仪墓[陕] 420 C2
杨村小世界[津] 40 C2
杨东山十二渡水自然保护区[粤] 315 A6
杨都庙[内蒙古] 82 E4
杨岗遗址[豫] 271 F6
杨根思烈士墓[苏] 155 C7
杨公祠[冀] 57 D9
杨公甫烈士墓[川] 374 D3
杨贵妃故里[桂] 339 D10
杨贵妃墓[陕] 418 D5
杨集桥石狮[鄂] 284 F2
杨家堡商周遗址[鄂] 290 G3
杨家埠年画陈列馆[鲁] 243 C7
杨家城遗址[陕] 422 B5
杨家大湾革命纪念地[鄂] 284 C4
杨家磴[黔] 384 C4
杨家坟山遗址[陕] 417 B10
杨家故窑群[鲁] 247 C9
杨家墓地[陕] 417 A8
杨家湾[鄂] 291 C8
杨靖宇纪念馆[豫] 272 B5
杨靖宇将军殉国地[吉] 113 F7
杨开慧故居[湘] 297 B6
杨开慧墓[湘] 297 B6
杨柳村[苏] 147 C6
杨柳青博物馆[津] 38 C2
杨柳青古镇[津] 38 C2
杨眉湖[黔] 384 F5
杨梅坳避暑山庄[桂]344 B2
杨岐山[赣] 228 F1
杨尚昆陵园[渝] 354 A2
杨双墓[川] 367 F6
杨源[闽] 209 D6
杨正绾夫妇墓[湘] 306 E4
杨忠烈公墓[鄂] 282 B4
杨忠武祠[晋] 72 B2
杨子荣牺牲纪念地[黑] 131 D7
洋浦[琼] 346 B4
洋溪河风光[黔] 391 F7
仰口海滨[鲁] 244 B5
仰山[赣] 226 G3
仰山文塔[赣] 228 F3
仰韶文化遗址[豫] 260 D2
仰韶文化遗址[豫] 261 D9
仰韶文化遗址[豫] 263 B6
仰韶文化遗址[豫] 271 F7
仰韶遗址[豫] 261 D9
仰天山[鲁] 242 D4
养马岛[鲁] 251 D7
腰井子草原[吉] 110 F5
腰山王氏庄园[冀] 57 E7
腰营沟东满特委遗址[吉] 115 C7
腰营沟抗日根据地[吉] 115 D8
尧陵[晋] 74 C4
尧王城遗址[鲁] 253 D7
姚家祠遗址[鄂] 288 E2
姚家港古墓群[鄂] 291 D9
姚桥峪[京] 33 D10
窑洞战斗遗址[晋] 71 B6
窑墩遗址[鄂] 278 B5
窑田岭宋代窑址[桂] 336 E2
瑶琳仙境[浙] 167 D6
瑶麓瑶寨[黔] 385 A8
瑶人山国家级森林公园[黔] 385 B7
瑶山瑶寨[黔] 385 B9
瑶台山庄[京] 31 B9
瑶溪[浙] 179 C6
药峰寺[辽] 100 E4
药山[辽] 100 E4
药山[辽] 100 E4
药师山石窑[川] 362 E2
药王殿[湘] 302 C4
药王庙[冀] 57 G7
药王庙[陕] 418 F4
药王庙[粤] 324 A5
药王山[浙] 177 C9
药乡[鲁] 249 C6
鹞落坪国家自然保护区[皖] 198 F2
耀州窑遗址[陕] 419 C8
椰田黎苗风情村[琼] 346 F5
椰子岛[琼] 347 F6
耶律仁先家族墓[辽]92 A2
也亚坡[黔] 389 E7
冶勒自然保护区[川] 367 A7
冶铁遗址[豫] 272 A4
野巴旦杏林自然保护区[新] 452 C4
野洞河[黔] 388 F5
野鸡河风景区[黔] 386 E4
野蕉谷飞瀑群[粤] 314 D2
野狼谷景区[黔] 390 F4
野柳鼻[台] 460 A5
野梅岑风景区[黔] 385 F6
野人洞[鄂] 280 F3
野人谷[鄂] 280 E4
野人馆[鄂] 280 F3
野人庙[川] 379 B9
野三河天桥[鄂] 290 C5
野三坡[冀] 57 A7
野三坡风景区[冀] 57 A7
野山寨[京] 32 B2
野生鹤自然保护区[黑] 123 D6
野生婴粟园[黑] 125 A6
业兴县抗日武装起义旧址[桂] 339 E7
业子发公祠[粤] 314 E4
叶赫古城[吉] 112 D5
叶剑英故居[粤] 323 C9
叶茂台墓群[辽] 90 E4
叶南温泉[粤] 323 D7
叶廷秀墓[豫] 265 C8
叶挺祠[鄂] 290 D4
叶挺故居[粤] 317 E8
夜郎洞天[黔] 387 D6
夜郎古甸石刻[黔] 390 E5
夜郎谷生态园[黔] 384 F5
夜郎湖风景区[黔] 386 C5
一渡水上游乐场[京]30 F3
一峰塔[浙] 175 C6
一马树自然保护区[吉] 112 F3
一面坡国家森林公园[黑] 120 E5
一松亭遗址[吉] 115 E9
一线天.珍珠泉.九景区[京] 32 E5
一线天[湘] 306 B4
一心桥[鄂] 280 F4
伊拉哈辽金古城址[黑] 124 E1
伊岭岩[桂] 334 D4
伊芦山[苏] 150 B3
伊桑阿墓[京] 30 F4
伊通火山群[吉] 112 B3
伊通火山群国家自然保护区[吉] 112 B3
医巫阁山[辽] 97 D7
依布拉音古堡[新] 454 B4
依布鲁天坑[黔] 387 F9
依吉密河漂流[黑] 126 F2
依克唐阿碑[吉] 115 D6
夷城[鄂] 291 C10
夷城公园[鄂] 291 D6
沂蒙山国家地质公园[鲁] 252 C3
沂蒙石林[鲁] 252 D3
沂南汉画像石墓[鲁] 252 C4
沂山国家森林公园[鲁] 242 E5
沂山国家自然保护区[鲁] 242 E5
沂源溶洞群[鲁] 242 E3
沂源猿人化石遗址[鲁] 242 E3
颐和园[京] 28 C5
彝海[川] 367 B7
以礼河风景名胜区[滇] 398 B2
义慈惠石柱[冀] 57 C8
义地岗古墓群[鄂] 282 D4
义居寺[晋] 73 D7
异龙湖[滇] 400 D3
峄山[鲁] 255 C8
易水古砚生产基地[冀] 57 C8
驿马山国家森林公园[黑] 120 B4
挹翠山[桂] 339 B9
益塘山水[粤] 323 E7
翼王亭[川] 376 F1
懿济圣母庙[晋] 67 E9
阴那山灵光寺[粤] 323 C9
阴台遗址[湘] 302 B4
殷区起义纪念碑[豫] 273 F6
银定山自然保护区[桂] 336 E4
银海洲[桂] 344 F4
银河溶洞[京] 30 C5
银河庄园旅游度假村[京] 31 F7
银狐洞[京] 30 D4
银屏山[皖] 199 C8
银山古石刻[鄂] 287 D8
银山塔林[京] 31 A9
银杉[黔] 390 A5
银杉[桂] 336 C1
银水侗寨[桂] 336 C1
银杏林景区[桂] 336 D3
银盏森林公园[粤] 315 G6
银盏温泉[粤] 313 C7
银州城遗址[陕] 423 D7
银子岩[桂] 336 F3
尹都堂墓[鄂] 284 G1
尹子洞[渝] 355 E6
隐仙观[鲁] 249 E7
印把山白号军战斗遗址[黔] 391 F6
印经院[川] 378 F3
印山亭[桂] 336 F3
印山越国王陵[浙] 172 C4
应天瀑布[桂] 340 B4
应县木塔[晋] 69 E6
英岛山溶洞[琼] 346 C4
英德大峡谷[粤] 315 D6
英家起义革命遗址[桂] 338 B3
英烈庙[粤] 323 E7
英灵山[鲁] 250 E5
英山温泉[鄂] 286 B4
英西峰林[粤] 314 E5
英雄东方第一哨[黑] 129 A9
莺歌海盐场[琼] 346 F2
樱珞宝塔[宁] 443 C8
鹦哥岭自然保护区[琼] 346 D5
鹰盘山庄[黑] 120 F5
鹰山森林公园[京] 28 E4
鹰山温泉[桂] 341 C6
鹰扬关[粤] 314 C2
鹰子洞[鄂] 283 C8
鹰子洞[鄂] 291 E8
迎潮塔[闽] 207 C6
盈滨半岛[琼] 347 A6
盈川古城[浙] 177 B9
营城子壁画群[辽] 102 F2
营城子古城[吉] 115 D10
营盘山[浙] 177 B8
营屯风景点[黔] 385 E6
营子遗址[鲁] 241 F7
蓥华山[川] 368 E1
瀛湖[陕] 421 E8
颍考叔墓祠[豫] 268 C3
影珠山[湘] 297 C6
映山烈士陵园[苏] 151 E8
永安关古战场[湘] 304 D2
永安国家地质公园[闽] 210 E5
永安陵石刻[苏] 156 B4
永安石桥[辽] 91 C7
永安州城遗址[桂] 338 C1
永昌陵[豫] 260 F3
永翠河漂流[黑] 126 F3
永定河峡谷漂流[冀]51 C8
永定陵[豫] 260 F3
永定土楼[闽] 215 D10
永丰寺塔[辽] 102 C4
永丰塔[辽] 102 C3
永丰塔[鲁] 254 C5
永福寺[粤] 319 C9
永福寺塔[赣] 230 C3
永和桥[浙] 180 D5
永慧桥[晋] 70 C3
永吉桥[桂] 345 G8
永历帝陵[黔] 385 C6
永年古城[冀] 61 C7
永宁古迹[黔] 387 D7
永宁寨[豫] 268 B3
永宁州古城[桂] 336 D1
永清关[湘] 300 D5
永清农园风光[冀] 52 D2
永庆寺[陕] 424 F3
永寿寺塔[苏] 147 C7
永泰寺[豫] 260 F3
永熙陵[豫] 260 F3
永裕陵[豫] 260 G3
永镇寺[晋] 69 F6
永芝石棺墓[滇] 404 F3
涌金门[桂] 341 D8
涌泉洞[赣] 223 C6
幽谷神潭[京] 33 E6
幽居寺塔[冀] 48 A5
尤太忠故居[豫] 273 F7
油房摩崖造像[陕] 420 C1
油田科学技术博物馆[黑] 123 C7
油竹坝桥[粤] 316 C2
油竹坝水库景区[滇] 403 E8
游塘风景区[黔] 390 G4
游仙寺[晋] 71 D7
游仙寨[浙] 171 C7
酉水漂流[鄂] 290 G3
右江革命纪念馆[桂] 342 C5
于家石头风俗村[冀]48 E4
余家牌坊[湘] 299 B6
余介墓[鄂] 287 B7
余利塔[粤] 315 E6
鱼坳[黔] 391 E8
鱼洞[川] 367 E6
鱼洞[鄂] 280 F3
鱼洞溶洞[黔] 389 F6
鱼洞峡[黔] 384 E4
鱼洞子[川] 376 B3
鱼化石[辽] 92 F5
鱼鳞洲[琼] 346 D2
鱼龙洞[皖] 201 C6
鱼木寨[鄂] 290 C2
鱼王石[粤] 325 D6
鱼堰温泉[桂] 336 G4
鱼洲[桂] 339 B9
俞愈南公家庙[粤] 317 F7
俞源[浙] 174 F4
渔岛果香[黔] 384 F3
渔梁[皖] 201 E8
渔田滩林[浙] 178 C5
渔翁石[湘] 305 D9
愉景湾[港] 458 C2
愉然原始部落游乐园[京] 32 F5
榆林堡古驿站[京] 32 F1
榆树林城址[辽] 92 E3
虞帝二妃墓[湘] 300 C3
虞姬沟[苏] 150 E5
虞姬墓[皖] 189 F8
虞山[苏] 161 C7
虞允文墓[川] 372 B4
羽山[鲁] 252 F5
羽山大有宫[浙] 176 E4
雨花台自然保护区[苏] 146 D5
禹庙[湘] 300 C2
禹王宫[川] 363 E6
禹王宫[鄂] 290 E3
禹王宫[陕] 425 D9
禹王宫文星阁[川] 362 A4
禹王庙[苏] 160 E5
禹王亭遗址[鲁] 239 D6
禹穴石窟[陕] 421 C7
语录山[桂] 336 B4
玉蟾森林公园[川] 375 A7
玉池陵旧址[豫] 271 E7
玉渡山[京] 32 E1
玉渡山自然保护区[京] 32 E1
玉峰寺[滇] 404 C5
玉海楼[浙] 179 C7
玉壶洞[赣] 223 D9

Y 玉峪浴御遇毓豫鸳元园沅原圆袁缘鼋猿远月岳跃粤越云陨允运恽 Z 杂赞錾枣皂造则泽曾增渣扎闸斋翟窄寨沾詹斩战栈湛张章漳樟丈嶂招昭召赵照罩肇遮赭柘浙贞珍真圳振镇征整正郑支芝枝知织植纸芷至志治峙智中终钟仲众重州周纣昼朱侏株珠诸猪竹柱祝筑抓颛庄壮准孜卓桌姊涿资子紫自总邹走祖醉尊左柞

景点名称[省别] 地图位置

玉壶山[赣] 228 F4
玉华洞[晋] 67 B9
玉华洞[闽] 211 B6
玉华洞[闽] 211 B6
玉华宫遗址[陕] 419 A8
玉皇顶[鄂] 282 C3
玉皇顶[豫] 264 C3
玉皇阁[鄂] 278 D4
玉皇阁[黔] 390 D5
玉皇阁[冀] 50 F5
玉皇阁[冀] 51 E9
玉皇阁[豫] 261 F9
玉皇观[晋] 71 C6
玉皇观森林公园[川] 375 E7
玉皇后土庙[陕] 424 B5
玉皇庙[晋] 71 D8
玉皇寺石窟[陕] 423 C7
玉皇冢遗址[鲁] 239 C6
玉垒古洞[川] 377 E9
玉龙洞[鄂] 290 D3
玉龙湖[辽] 99 F9
玉龙景区[内蒙古] 83 F7
玉龙雪山[滇] 404 C5
玉门湖景区[黔] 390 F4
玉女泉[鄂] 283 A8
玉泉风景区[陕] 418 D4
玉清道院[川] 362 F4
玉泉河漂流[鄂] 280 F4
玉泉滑雪场、狩猎场[黑] 120 D4
玉泉山[京] 28 C5
玉泉山泉[黑] 130 D3
玉泉寺[苏] 147 C10
玉泉寺林场国家森林公园
玉泉院[陕] 424 F4
玉舍生态旅游区[黔] 386 F5
玉石洞[鄂] 291 C8
玉笋山[赣] 232 B3
玉笋山陵园[鄂] 279 F7
玉溪三洞[粤] 325 C6
玉虚洞[鄂] 291 B7
玉虚溶洞[陕] 425 C7
峪流泉摩崖石刻[皖] 198 E3
浴山[鲁] 244 G3
浴仙湖[滇] 401 D7
欲飞石刻[黔] 387 E7
御碑亭[豫] 273 F6
御道口草原森林风景区[冀] 53 B6
御夫守印[黔] 387 E6
御临河小三峡[川] 365 B8
遇龙桥[桂] 336 E3
遇仙洞[川] 372 B1
遇仙洞[川] 376 D3
毓秀台[豫] 268 C4
豫西-熊耳山自然保护区[豫] 262 D5
鸳鸯池[黑] 131 E9
鸳鸯洞[鄂] 280 F4
鸳鸯湖[赣] 231 B6
鸳鸯湖[桂] 345 F8
鸳鸯瀑布[渝] 356 G5
鸳鸯桥[桂] 344 E3
鸳鸯泉[桂] 344 F4
鸳鸯溪[闽] 209 E6
元宝山森林公园[辽]96 E5
元宝山自然保护区[桂] 337 C7
元宝石[浙] 170 A2
元古宫[鄂] 283 D8
元好问墓[晋] 72 C4
元厚红军渡[黔] 390 B1
元明观[浙] 168 C3
元谋古猿化石遗址[滇] 396 B4
元谋土林[滇] 396 C4
元善官第群[粤] 316 E2
元圣宫[京] 34 A2
元帅林森林公园[辽]95 E7
元阳梯田[滇] 400 F4
园觉禅寺[浙] 169 E6
园山风景区[粤] 321 C6
园照寺[晋] 72 A3
园智寺[晋] 67 D6
园子沟遗址[内蒙古]79 E8
沅江田园化景观[湘] 299 C9
沅南故城[湘] 299 E6
原始森林[黔] 385 F8
原始森林[豫] 264 C3
原始森林保护区[黔] 384 C3
原始森林度假村[桂] 345 A7
原始森林景区[内蒙古] 81 C9
圆觉寺[滇] 405 C9
圆觉寺砖塔[晋] 69 E7
圆玄道观[粤] 313 C6
袁崇焕故里碑[桂] 338 E2
袁家沟毛泽东旧居[陕] 423 B10
袁林[豫] 264 B4
袁书堂纪念碑[鄂] 281 C7
袁台子壁画墓[辽] 92 C4
缘狮洞[滇] 401 E6
鼋头渚[苏] 159 D6
猿人遗址[皖] 199 B6
远达度假村[冀] 57 D7
月宫洞[黔] 387 D6
月湖公园[鲁] 244 C2
月里壮族村寨[桂] 344 F1
月亮岛[冀] 51 C7
月亮岛风景区[黑] 127 C8
月亮洞[鄂] 280 F4
月亮洞[鄂] 280 F4
月亮湖[内蒙古] 81 C10
月亮湖[内蒙古] 84 B4
月亮湖[浙] 177 D8
月亮山[黔] 385 E8
月亮山[桂] 336 F4
月亮湾[桂] 340 E5
月亮湾[琼] 347 B9
月亮湾[豫] 273 F6
月亮湾[粤] 324 G4
月亮湾旅游度假区[粤] 324 G4
月亮岩[黔] 390 C1
月坪石窟[陕] 417 B9
月山寺[豫] 261 C8
月塔[苏] 150 B5
月牙湖[黑] 120 E3
月牙湖自然保护区[黑] 127 A8
月牙泉[陇] 430 F2
月牙湾旅游开发区[琼] 346 G5
月岩[湘] 304 E2
岳飞城遗址[鄂] 283 E9
岳飞点将台[赣] 227 F7
岳飞家庙[豫] 264 B5
岳飞庙[豫] 264 C4
岳飞庙[豫] 266 C2
岳飞墓[浙] 167 B8
岳麓山[湘] 296 E5
岳母墓[赣] 223 C7
岳王庙[苏] 155 B8
岳阳楼[湘] 300 C3
岳阳楼[湘] 300 C3
跃进渠[桂] 343 D7
跃龙山[浙] 171 E7
粤北华南虎自然保护区[粤] 315 B6
越王石风景区[粤] 317 D6
越王峥[浙] 172 B3
越州古城[桂] 341 C9
云爱[辽] 99 E9
云顶石城[川] 363 D7
云顶万亩田景观[黔] 385 E5
云顶寨游览区[川] 373 F9
云飞胜迹[桂] 339 F7
云峰大坝[吉] 114 F3
云峰森林公园[浙] 176 D3
云峰山[京] 33 D7
云峰山摩崖石刻[鲁] 250 E2
云峰塔游览区[川] 373 E9
云峰自然保护区[皖] 198 E1
云盖寺[陕] 425 F9
云海山庄[粤] 321 C7
云湖度假村[京] 33 E7
云湖森林公园[川] 368 E2
云华蝙蝠洞[豫] 270 D4
云麾将军碑[陕] 424 D2
云髻山自然保护区[粤] 315 E9
云接寺塔[辽] 92 C4
云居山[赣] 223 E6
云居山自然保护区[赣] 223 E6
云居寺[赣] 223 E6
云居寺[闽] 206 B2
云居寺风景区[京] 30 F3
云居寺塔及石经[京]30 F3
云居塔[川] 362 B5
云乐景度假村[粤] 318 C5
云联塔[鄂] 288 C2
云联塔[鄂] 291 D9
云林寺[晋] 69 B8
云龙山[京] 32 D3
云龙山[苏] 148 E4
云露茶场[滇] 407 C9
云落屯悬棺[黔] 391 D10
云门洞[黔] 388 C3
云门囤风景区[黔] 390 F4
云门山石窟[鲁] 242 D5
云门寺[陕] 421 G6
云门寺[湘] 303 B6
云门寺[粤] 315 C6
云蒙湖[鲁] 252 B3
云蒙山[豫] 264 D3
云蒙山国家森林公园[京] 33 E6
云蒙山庄[京] 33 E7
云蒙山自然保护区[京] 33 E6
云蒙峡[京] 33 E6
云梦山[豫] 263 E8
云梦山[豫] 264 D3
云山故城[川] 365 C6
云山观[鲁] 244 E2
云山国家森林公园[湘] 307 E6
云山塔[苏] 161 C10
云山学校[湘] 296 E2
云山寨森林公园[川] 365 B6
云舍民族文化村[黔] 391 E9
云石岩寺[粤] 319 D6
云水洞[京] 30 E3
云水山庄[黑] 127 D8
云台观[川] 368 G4
云台观[鄂] 291 E7
云台观森林公园[鄂] 283 C8
云台山[黔] 388 E4
云台山[黔] 391 F7
云台山[苏] 150 B2
云台山[豫] 261 B7
云台山庵堂[湘] 298 F4
云台山森林公园[川] 374 B5
云台山石窟[陕] 418 E3
云梯关遗址[苏] 152 C1
云头书院[湘] 305 D9
云窝寺[滇] 401 D6
云雾湖[黔] 385 E6
云仙谷[黔] 389 C6
云仙岩[粤] 325 C6
云岫谷自然风景区[京] 33 D10
云岩寺[京] 32 B1
云阳龙缸国家地质公园[渝] 357 F7
云勇森林公园[粤] 312 F4
云月湖[琼] 346 C4
郧县国家地质公园[鄂] 280 B4
郧县人遗址[鄂] 280 B4
允燕塔[滇] 403 F8
陨石山森林公园[辽]91 B8
运河文化广场[京] 34 D3
恽代英墓[苏] 157 D6

Z

杂技大世界[冀] 58 G5
赞多错那马[川] 378 E5
錾字岩[湘] 306 F4
枣园风景区[鲁] 238 B2
枣庄熊耳山国家地质公园[鲁] 255 E10
皂河龙王庙[苏] 150 G5
造律台[豫] 267 F8
则岔自然保护区[陇] 432 B3
泽雅[浙] 179 D6
曾巩纪念馆[赣] 225 D7
曾国藩故居[湘] 302 C5
曾国藩墓[湘] 296 E5
曾侯乙墓[鄂] 282 D4
曾氏墓[鄂] 280 D1
曾文水库[台] 460 E3
曾子庙[鲁] 254 D5
增冲古楼[黔] 389 C8
增寿亭[桂] 343 E10
渣拉沟瀑布[黔] 385 B6
扎嘎瀑布[川] 377 D9
扎朗寺[川] 379 D8
扎龙自然保护区[黑] 123 D6
扎美戈喇嘛寺[滇] 404 B4
扎西会议旧址[滇] 402 B3
扎呷寺[川] 379 F6
闸坡海滨[粤] 325 G6
斋冲堡遗址[鄂] 284 E2
斋堂城东门[京] 30 B3
翟家古城[鄂] 281 E9
窄冲洞葬[黔] 384 E5
寨沟悬棺葬[鄂] 290 D4
寨寮溪[浙] 179 E7
寨沙原始森林[桂] 337 E10
寨山摩崖题字[苏] 149 C6
寨山寺[豫] 273 F7
沾河漂流[黑] 124 E4
詹宝兄弟牌坊[浙] 180 C5
詹天佑祖居[赣] 231 A7
斩黑龙[川] 367 E6
战国长城遗址[辽] 92 E1
战国古墓群[鄂] 288 E2
战国时巴蜀船棺[川] 362 G3
战国时期古城[豫] 264 C3
战汉群墓[鄂] 279 C6
战役遗址[陕] 423 C7
栈桥[鲁] 245 C6
湛川村遗址[粤] 327 C7
湛江红树林自然保护区[粤] 327 C9
湛江红树林自然保护区[粤] 327 B7
湛江湖光岩国家地质公园[粤] 327 D8
湛卢山[闽] 208 C5
张店温泉[鲁] 242 C3
张坊辽代地下古战道[京] 30 F3
张飞岭[湘] 304 B2
张飞庙[冀] 57 B9
张飞庙[渝] 357 F6
张飞庙[豫] 268 C4
张公洞[苏] 158 F3
张公陵园[鄂] 281 F7
张公庙[粤] 324 B5
张谷英民俗村[湘] 300 E5
张果老洞[冀] 48 D4
张衡博物馆[豫] 271 D7
张家场古城[宁] 442 A4
张家界世界国家地质公园[湘] 298 C3
张家营子城遗址[辽]92 E3
张謇故里[苏] 153 C9
张乐行故居[皖] 190 C5
张良庙[陕] 420 D1
张良墓[鲁] 255 F8
张林福宅[皖] 201 F9
张民达故居[粤] 323 B9
张南轩墓[湘] 296 E1
张溥故居[苏] 161 D9
张桥遗址[鄂] 279 C7
张秋人烈士墓[浙] 172 E2
张上将自忠殉国处纪念碑及共难官兵公墓[鄂] 281 E8
张思德纪念馆[陕] 417 C8
张湾祠堂[鄂] 280 F5
张闻天故居[沪] 137 G9
张秀眉故居[黔] 388 E5
张学良将军幽禁地[黔] 390 D3
张载祠[陕] 418 E5
张作霖温泉别墅[辽]93 B7
章凤国家森林公园[滇] 403 F9
章古台沙地森林公园[辽] 96 B2
章华寺[鄂] 288 D4
章华台遗址群[鄂] 289 D6
漳皋书舍[闽] 212 D3
漳河风景区[鄂] 283 F8
漳江口红树林自然保护区[闽] 212 E2
漳里村[闽] 213 E8
漳州土楼[闽] 212 D2
樟岗岩寺[粤] 319 D7
樟脑洞遗址[鄂] 280 E3
丈八寺塔[晋] 71 C6
嶂石岩[冀] 48 G4
嶂石岩风景区[冀] 48 G5
招宝山[浙] 170 D5
招虎山[鲁] 251 F6
招远温泉[鲁] 250 D3
昭化古城[川] 364 E2
昭化寺[冀] 51 F7
昭君墓[内蒙古] 79 E7
昭君台[鄂] 291 B7
昭君宅[鄂] 291 A7
昭陵[辽] 91C D7
昭陵[陕] 419 D7
昭明寺[皖] 198 D2
昭明寺[皖] 199 F9
昭明寺[浙] 166 B5
昭明院[浙] 175 D8
昭仁寺[陕] 418 B5
昭山[湘] 296 E5
昭山[湘] 303 A7
昭阳侯城遗址[湘] 307 C9
召杜纪念馆[豫] 271 F7
赵光烈士牺牲纪念地[黑] 124 F3
赵家堡[闽] 212 D3
赵家渡[黔] 387 E9
赵尚志牲纪念地[黑] 128 C2
赵王陵[冀] 61 D7
赵王墓[鄂] 283 E8
赵王石[粤] 317 D6
赵武灵王墓[晋] 69 F9
赵一曼故居[川] 373 F7
赵州桥[冀] 49 F7
赵庄遗址[豫] 273 D6
照阿娜姆古石刻[川] 378 B4
照阿娜姆古石刻[川] 378 G2
照壁山国家森林公园[新] 451 F9
照壁山岩画[宁] 442 E5
罩子洞[黔] 386 E3
肇庆星湖[粤] 328 F4
肇兴侗寨[黔] 389 B8
遮浪岛[粤] 318 G4
赭山公园[皖] 194 F4
赭塔[皖] 194 F4
柘林湖[赣] 222 D4
柘溪水库风景区[湘] 298 F5
浙北第一漂[浙] 168 D4
浙东大峡谷[浙] 171 F7
浙南箬寮原始林景区[浙] 180 C5
浙西大草原[浙] 177 B9
浙西大峡谷[浙] 166 B4
浙西天池[浙] 166 B4
贞节碑[黑] 131 D8
贞节牌城[黔] 385 G6
贞山旅游区[粤] 328 E5
珍宝岛[黑] 127 A6
珍宝岛烈士陵园[黑] 128 F5
珍宝馆[鄂] 280 C5
珍稀动物保护区[黔] 390 D5
珍稀植物保护区[黔] 387 B9
珍珠城遗址[桂] 341 E9
珍珠湖[京] 30 B3
珍珠乐园[粤] 320 D3
珍珠坡[鄂] 284 D2
珍珠泉[苏] 146 E4
珍珠泉[豫] 264 B3
珍珠泉度假村[京] 32 E4
珍珠岩[桂] 344 B3
珍珠岩[湘] 303 D6
珍珠岩-金城江风景区[桂] 344 D3
真宝顶[桂] 336 B4
真佛山[川] 369 E8
真佛寺[川] 369 D9
真静书岩[川] 365 C8
真君殿[浙] 173 F8
真如寺[晋] 70 C2
真武阁[桂] 339 D9
真武庙[冀] 49 C9
真武庙[陕] 422 A3
真武庙[苏] 154 D5
真武庙铜殿[晋] 74 D2
真仙岩[桂] 337 D8
真泽宫[晋] 71 B6
圳景塔[湘] 304 F2
振福楼[闽] 215 D10
镇北台[陕] 423 D6
镇风塔[粤] 319 C9
镇国寺[晋] 66 E5
镇国寺塔[川] 362 C5
镇国寺塔[苏] 154 F4
镇海塔[浙] 167 B10
镇海塔[浙] 169 F9
镇河楼[晋] 66 D5
镇河塔[宁] 442 C4
镇江阁[湘] 306 C2
镇江塔[京] 30 G3
镇江塔[湘] 299 E9
镇水铁牛[苏] 151 D8
震天动自然奇观[黔] 384 D2
征天[浙] 172 D4
整控渡摩崖[滇] 407 D7
正北楼[苏] 152 E3
正果佛岩[粤] 313 C10
正果寺[粤] 313 C10
正觉寺[晋] 70 C5
正觉寺塔[川] 362 B5
正棋山[鲁] 251 D9
正相塔[粤] 316 B4
郑板桥故居[苏] 154 D3
郑成功纪念馆[闽] 213 F8
郑成功墓[闽] 213 F8
郑公塔[鄂] 287 B8
郑国渠首遗址[陕] 419 D7
郑韩故城[豫] 260 C4
郑和公园[滇] 397 F6
郑和纪念馆[苏] 161 C10
郑氏宗庙[豫] 260 D1
郑文公碑[鲁] 250 E2
郑义门宗祠[浙] 175 B6
郑冢龙山文化遗址[豫] 273 D8
郑州黄河国家地质公园[豫] 260 C1
支提寺[闽] 209 E7
芝罘岛[鲁] 251 C6
芝山[赣] 230 C3
芝田宫[闽] 206 F3
芝堰村民居[浙] 174 B2
枝城烈士纪念塔[鄂] 291 D9
知本温泉[台] 460 F4
织金洞[黔] 386 C4
植物园[辽] 91 B7
纸坊作坊[黔] 385 G7
芷溪[闽] 215 D8
至帝宫[鄂] 291 C10
志玛拉空[川] 378 B4
志玛拉空[川] 378 G2
志棠古建筑群[浙]177 A10
治城[川] 368 D2
峙峪遗址[晋] 68 F3
智勇关[鄂] 290 G3
智者塔院[浙] 176 B3
中堡苗族原始村落[桂] 344 F1
中草药种植园[冀] 57 G7
中典塔[陕] 419 D6
中都草原度假区[冀]50 E4
中都草原跑马场[冀]50 F4
中都湖度假村[冀] 50 F4
中共北满分局旧址[黑] 120 C4
中共滇桂黔边区工委扩大会议会址[滇] 401 D8
中共东江特委旧址[粤] 317 D6
中共福建省委旧址[闽] 208 D2
中共豫鄂边区委员会旧址[鄂] 283 B7
中共中央东南局旧址[皖] 195 F7
中共中央旧址[陕] 423 E9
中共中央中原局旧址[豫] 272 C4
中国北方国际射击场[京] 31 B8
中国长城博物馆[京]32 F2
中国大竹海[浙] 168 E4
中国第一滩[粤] 324 G3
中国古车博物馆[鲁] 242 C4
中国航空博物馆[京] 31 B10
中国杉王[黔] 390 C1
中国雪乡[黑] 131 F8
中国雪乡[吉] 114 A5
中海岩[桂] 336 C4
中和窑址[桂] 338 E3
中华第一龙[豫] 265 D6
中华梦石城[京] 32 F5
中华民族大观园[沪] 140 C2
中华山石刻[黔] 391 E6
中华文化园[京] 28 F5
中华文化园[京] 31 D7
中华鲟鱼馆[鄂] 291 C8
中建河大鲵自然保护区[鄂] 290 F3
中捷高尔夫球场[冀]59 C9
中郎岩[湘] 304 D3
中陵古城遗址[晋] 68 D3
中庙[皖] 199 E7
中木召古庄园遗址[黔] 388 C3
中日友好园林[黑] 121 C7
中瑞革命纪念馆[琼] 347 D7
中山古榕[粤] 320 D2
中山古镇[渝] 354 F4
中山纪念堂[桂] 342 E3
中山舰[鄂] 279 E8
中山陵[苏] 146 D5
中山寺[鲁] 252 B3
中山温泉[粤] 320 D3
中苏友谊纪念塔[辽] 102 G2
中汤温泉[豫] 271 C7
中条山[晋] 75 D7
中条山国家森林公园[晋] 71 F8
中武当[鄂] 291 D8
中武当遗址[鄂] 290 E4
中心古城[黑] 128 C5
中心金墓群[黑] 128 C4
中心坪[鄂] 285 E7
中信度假村[粤] 319 E8
中兴楼[陕] 423 C6
中亚热带常绿[黔] 390 D1
中岩[川] 372 C3
中央分局会议旧址[鄂] 290 E2
中央局会议遗址[鄂] 290 E4
中央农民运动讲习所学生指挥部旧址[鄂] 286 E2
中羊坊关帝庙.戏楼[京] 32 E2
中阳楼[晋] 73 F9
中原度假村[冀] 51 C7
中原军区司令部旧址[鄂] 278 B5
中岳庙[豫] 260 F4
忠烈寺[浙] 174 D3
终南山国家森林公园[陕] 416 C4
钟鼓洞[黔] 388 B5
钟离古城遗址[皖] 192 B3
钟灵山国家森林公园[滇] 397 D8
钟灵山国家森林公园[滇] 398 E2
钟楼[冀] 57 G6
钟楼[京] 29 D6
钟楼[琼] 347 A7
钟音家族墓[京] 31 F7
钟英塔[湘] 301 B8
钟玉如烈士墓[鄂] 282 B3
钟子期墓[鄂] 279 E7
仲子庙[鲁] 255 D7
众错[川] 378 D3
重度沟[豫] 263 F6
重华遗址[湘] 299 C9
重龙山[川] 373 C8
重龙山[川] 373 D8
重庆野生动物园[渝] 354 D2
重修咸宁堤记碑[鄂] 279 B8
重阳宫[陕] 416 E3
州家窑址[皖] 189 B9
周帮洞[桂] 343 F9
周定王墓[豫] 260 D5
周恩来故居[苏] 151 C7
周恩来遇险处[陕] 417 C8
周公庙[陕] 418 D4
周光文夫妇墓[川] 374 D4
周家畈遗址[鄂] 282 C4
周家沟瀑布[鄂] 290 F3
周嘉漠墓[鄂] 289 B8
周口店猿人遗址[京]30 E4
周田古墓群[鄂] 284 D2
周屋山遗址[粤] 316 C2
周逸群故居[黔] 391 E9
周瑜墓[皖] 199 E9
周原遗址[陕] 418 D5
周至国家自然保护区[陕] 416 F3
周家遗址[豫] 273 D6
周庄[苏] 161 E8
纣王墓[豫] 264 D4
昼锦坊[赣] 221 F6
朱丹溪墓[浙] 175 D6
朱德同志旧居纪念馆[川] 364 B5
朱贵祠[浙] 170 E4
朱鹤寺遗址[豫] 273 D7
朱家角[沪] 138 E3
朱家峪[鲁] 239 A7
朱林风光[黔] 388 D3
朱雀国家森林公园[陕] 416 E4
朱砂岩[湘] 304 C5
朱氏牌楼[晋] 72 D3
朱熹故里[闽] 211 E8
朱学勉烈士墓[浙] 172 D3
侏罗纪恐龙遗址公园[滇] 396 E5
株山[赣] 227 E9
珠壁洞[黔] 386 B5
珠海担杆岛[粤] 321 F6
珠玑巷[粤] 315 A9
珠江口中华海豚国家级自然保护区[粤] 320 E3
珠江源[滇] 398 C3
珠日河牧场[内蒙古]83 D8
珠山国家森林公园[鲁] 245 E7
珠山遗址[鄂] 279 C6
诸葛·长乐村民居[浙] 174 C2
诸葛井[湘] 306 D4
诸葛亮庙[陕] 418 E4
诸天山[湘] 301 D10
诸仙洞[赣] 221 E9
猪婆岭遗址[鄂] 287 E9
猪山石刻[冀] 61 D7
竹巴龙自然保护区[川] 379 F7
竹岔岛[鲁] 245 D7
竹海[黔] 388 B5
竹林禅院[港] 458 B3
竹庆寺[川] 378 F3
竹山洞[赣] 226 E3
竹篙陂遗址[豫] 271 F6
竹索桥[黔] 384 F4
竹瓦寺[川] 379 F8
竹院庵[粤] 325 C7
柱状节理[滇] 403 D7
祝圣宝塔[闽] 207 B6
筑堤护校坪[陕] 421 C10
筑卫城遗址[赣] 227 E8
抓巴岩[黔] 386 C5
颛顼帝窖陵[豫] 265 D6
庄周故里[皖] 191 B6
庄周故里[豫] 267 B6
壮悔堂[豫] 267 D7
壮乡七星古榕群[桂] 345 B8
状元桥[湘] 302 F5
准格尔召[内蒙古] 80 C3
准海战役双堆集战场孟集孜[皖] 188 G5
卓家堡堡瓮棺葬群[川] 367 E7
卓克基土司宫寨[川] 377 E7
卓旗山公园[粤] 320 D2
桌子山岩画[内蒙古]80 G3
涿鹿故城址[冀] 51 D7
涿州影视城[冀] 57 B10
濯缨台[鄂] 289 E6
资福塔[赣] 225 B6
资江漂流[桂] 336 B3
资深炮台[粤] 319 F7
资圣寺[晋] 71 D7
资寿寺[晋] 66 F4
子顶山遗址[粤] 316 C2
子午岭[陕] 417 D9
姊妹峰[黔] 385 B8
紫柏山[陕] 420 D1
紫顶寺[滇] 396 E3
紫江地缝峡谷[黔] 384 D3
紫金锁澜[浙] 166 F4
紫荆关[冀] 57 B7
紫龙湖农村观光[黑] 121 B7
紫蓬山[皖] 186 D4
紫篷山自然保护区[皖] 186 D4
紫微帝庙[粤] 316 C2
紫微洞[皖] 199 C7
紫溪山[滇] 396 E3
紫霞洞[桂] 43 D8
紫阳洞[鄂] 280 E5
紫瑶山[赣] 233 C6
紫云洞[桂] 343 C7
紫云山[京] 33 E6
紫云山[豫] 268 D2
紫云山森林公园[湘] 303 D6
紫云山自然保护区[湘] 304 B2
紫云山自然保护区[湘] 307 G3
自然保护区[粤] 316 A2
总制三边坊[桂] 339 B9
邹家岭[鄂] 291 A7
走马塘古村落[浙] 171 E6
祖山森林公园[冀] 55 B7
祖神庙[豫] 271 B7
祖师殿[湘] 300 D5
祖师殿[湘] 301 C9
祖师庙[陕] 420 D1
祖师庙[陕] 421 F8
祖师爷庙[豫] 271 F7
醉白池[沪] 138 C4
醉翁亭[皖] 193 E6
尊胜寺[晋] 72 B3
尊胜陀罗尼经幢[冀] 52 D1
尊胜陀罗尼经幢[冀] 52 E1
左宝贵衣冠冢[鲁] 252 D3
左家自然保护区[吉] 109 C7
左江石景林[桂] 343 C8
左江斜塔[桂] 343 C8
左权岭[冀] 61 G7
左宗堂祠[湘] 300 G3
柞水溶洞[陕] 425 F9

各地高速公路咨询电话及交通电台频率

地方	高速咨询电话	电台名称	频率
北京	010-96166	北京交通广播	FM103.9
天津	022-960256	天津交通广播	FM106.8,AM567
河北	0311-96122	河北交通广播电台	FM92.0
		石家庄交通信息广播电台	FM94.6
		河北电台交通音乐频道	FM99.2,AM603
		唐山交通广播	FM102
		张家口人民广播电台交通生活频道	FM99.10
		廊坊广播电台交通频道	FM100.3
山西	0351-12122	山西交通广播	FM89.3
		太原交通广播电台	FM107.0MHz
		大同交通台	FM99.6
内蒙古	0471-12122 0471-968858	内蒙古电台交通之声	FM105.6
		呼和浩特交通广播	FM90.1
辽宁	024-96199 024-23855123	辽宁电台交通广播	FM97.5
		沈阳交通广播电台	FM98.6,AM1314
		锦州交通广播	FM100.3，AM846
		大连交通广播	FM103.3
		抚顺交通广播	FM106.1,AM1143
		丹东电台交通频道	FM101.7
吉林	0431-12122 0431-85379998	吉林交通文艺电台	FM103.8
		长春交通之声	FM96.8,AM567
		吉林市交通广播	FM105.3
		延边交通广播	FM105.9
		松原交通广播	FM100
黑龙江	0451-86607528	黑龙江交通广播	FM99.8,FM93.9,FM91.9
		齐齐哈尔交通广播	FM94.1
		牡丹江交通广播	FM982
		大庆交通广播	FM95
		佳木斯交通广播	FM105.3
上海	021-59115999	上海人民广播电台交通频道	FM105.7,AM648
江苏	025-96777	江苏交通广播	FM101.1
		南京交通台	AM1143KHz
		南通人民广播电台音乐交通频道	FM92.9
		镇江交通广播电台	FM96.3
		无锡交通台	FM106.9,AM1008
		苏州广播交通经济频道	FM104.8,AM846
		常州交通广播	FM90，AM747
浙江	0571-12122	浙江电台交通之声	FM93.0
		杭州交通广播	FM97.9,AM630
		台州电台交通广播	FM102.7
		宁波交通广播	FM93.9,AM603
安徽	0551-96566	安徽交通广播	FM90.8,AM603
		合肥交通广播	FM102.6,AM1053
		阜阳交通广播	FM90,FM103.5
		淮北音乐交通台	FM100.4
		淮南交通文艺台	FM97.9
福建	0591-12122 0591-87077555	福建人民广播电台交通音乐台	FM97.6,FM98.7

地方	高速咨询电话	电台名称	频率
福建		厦门经济交通广播	FM107
		福建交通广播	FM100.7
江西	0791-96122	江西人民广播信息交通频道	FM96.9,AM969
		赣州电台交通台	FM92.3
山东	0531-96669	山东交通音乐之声	FM101.1
		济南交通广播	FM103.1
		青岛人民广播电台交通频道	FM89.7,AM900
		烟台人民广播电台交通频率	FM103
		德州音乐交通广播	AM1341
		聊城交通广播	FM98.9
		泰安交通广播	FM106.8
河南	0371-12122	河南交通广播	FM104.1,AM900
		安阳交通广播	FM104.3,AM1251
		洛阳交通广播	FM92.7，AM1521
湖北	027-96576	湖北人民广播电台交通音乐频道	FM107.8
		武汉交通广播	FM89.6,AM603
		荆州交通广播	FM901.1
		十堰人民广播电台音乐交通台	FM101.9
		襄阳交通广播	FM89.0
湖南	0731-12122	湖南交通广播	FM91.8
		长沙电台交通频道	FM97.5
		常德电台交通频道	FM97.1
		株洲交通电台	FM98.4
		湘潭电台交通生活频道	FM98.6
		邵阳电台交通频道	FM95.4,FM105.8
		娄底交通频道	FM96.3
		岳阳交通电台	FM104.1
广东	020-96998	羊城交通台	FM105.2
		深圳交通广播	FM106.2,AM1287
广西	0771-96333	广西卫星广播	FM91.0,AM792
海南	0898-66799790	海南交通广播	FM100
重庆	023-12122 023-96096	重庆交通广播	FM95.5,FM92.7
四川	028-12122	四川交通广播	FM101.7
		成都交通台	FM105.2
		成都电台交通广播	FM91.4,AM1485
贵州	0851-96122	贵州交通广播	FM95.2
		贵阳交通广播	FM102.7
云南	0871-96122	云南交通旅游广播	FM91.8
西藏	0891-96230	都市生活频道	FM98.0
陕西	029-12122	陕西交通广播	FM91.6,AM1323
		西安交通广播	FM104.3
甘肃	0931-96969	甘肃交通广播	FM103.5,FM104.8
青海	0971-12122	青海交通音乐广播	FM97.2
宁夏	0951-96958	宁夏交通广播	FM98.4
		银川交通广播	FM100.6
新疆	0991-5280114 0991-5280222	新疆卫星音乐广播	FM94.9
		乌鲁木齐电台交通频道	FM100.7

国家高速公路布局图

国家高速公路一览表

首都放射线7条

名称	编号	起讫点及途经主要城镇	总里程（千米）
京哈高速	G1	北京—唐山—秦皇岛—锦州—沈阳—四平—长春—哈尔滨	1280
京沪高速	G2	北京—天津—沧州—德州—济南—泰安—临沂—淮安—江都—江阴—无锡—苏州—上海	1245
京台高速	G3	北京—天津—沧州—德州—济南—泰安—曲阜—徐州—蚌埠—合肥—铜陵—黄山—衢州—南平—福州—台北	2030
京港澳高速	G4	北京—保定—石家庄—邯郸—新乡—郑州—漯河—信阳—武汉—咸宁—岳阳—长沙—株洲—衡阳—郴州—韶关—广州—深圳—香港和澳门	2285
京昆高速	G5	北京—保定—石家庄—太原—临汾—西安—汉中—广元—绵阳—成都—雅安—西昌—攀枝花—昆明	2865
京藏高速	G6	北京—张家口—乌兰察布—呼和浩特—包头—巴彦淖尔—乌海—银川—中宁—白银—兰州—西宁—格尔木—拉萨	3710
京新高速	G7	北京—张家口—乌兰察布—呼和浩特—包头—巴彦淖尔—额济纳旗—哈密—吐鲁番—乌鲁木齐	2540

南北纵线11条

名称	编号	起讫点及途经主要城镇	总里程（千米）
鹤大高速	G11	鹤岗—佳木斯—鸡西—牡丹江—敦化—通化—丹东—大连	1390
沈海高速	G15	沈阳—辽阳—鞍山—海城—大连—烟台—青岛—日照—连云港—盐城—南通—常熟—太仓—上海—宁波—台州—温州—福州—厦门—汕头—汕尾—深圳—广州—佛山—开平—阳江—茂名—湛江—海口	3710
长深高速	G25	长春—双辽—阜新—朝阳—承德—唐山—天津—黄骅—滨州—青州—莱芜—临沂—连云港—淮安—南京—宜兴—湖州—杭州—金华—丽水—南平—三明—龙岩—梅州—河源—惠州—深圳	3580
济广高速	G35	济南—菏泽—商丘—阜阳—六安—安庆—景德镇—鹰潭—南城—瑞金—河源—广州	2110
大广高速	G45	大庆—松原—双辽—通辽—赤峰—承德—北京—霸州—衡水—濮阳—开封—周口—麻城—黄石—吉安—赣州—连平—广州	3550
二广高速	G55	二连浩特—乌兰察布—大同—太原—长治—晋城—洛阳—南阳—襄阳—荆州—常德—邵阳—永州—连州—广州	2685
包茂高速	G65	包头—鄂尔多斯—榆林—延安—铜川—西安—安康—达州—重庆—黔江—吉首—怀化—桂林—梧州—茂名	3130
兰海高速	G75	兰州—广元—南充—重庆—遵义—贵阳—麻江—都匀—河池—南宁—北海—湛江—海口	2750
银昆高速	G85	银川—宝鸡—汉中—巴中—广安—重庆—内江—宜宾—昭通—昆明	
呼北高速	G59	呼和浩特—朔州—吕梁—运城—十堰—张家界—玉林—北海	
银百高速	G69	银川—庆阳—咸阳—西安—安康—重庆—贵阳—百色	

东西横线18条

名称	编号	起讫点及途经主要城镇	总里程（千米）
绥满高速	G10	绥芬河—牡丹江—哈尔滨—大庆—齐齐哈尔—满洲里	1520
珲乌高速	G12	珲春—敦化—吉林—长春—松原—白城—乌兰浩特	885
丹锡高速	G16	丹东—海城—盘锦—锦州—朝阳—赤峰—锡林浩特	960
荣乌高速	G18	荣城—文登—威海—烟台—东营—黄骅—天津—霸州—涞源—朔州—鄂尔多斯—乌海	1280
青银高速	G20	青岛—潍坊—淄博—济南—石家庄—太原—吕梁—靖边—定边—银川	1600
青兰高速	G22	青岛—莱芜—泰安—聊城—邯郸—长治—临汾—富县—庆阳—平凉—定西—兰州	1795
连霍高速	G30	连云港—徐州—商丘—开封—郑州—洛阳—西安—宝鸡—天水—兰州—武威—嘉峪关—哈密—吐鲁番—乌鲁木齐—奎屯—霍尔果斯	4280
宁洛高速	G36	南京—蚌埠—阜阳—周口—漯河—平顶山—洛阳	712
沪陕高速	G40	上海—崇明—南通—扬州—南京—合肥—六安—信阳—南阳—商洛—西安	1490
沪蓉高速	G42	上海—苏州—无锡—常州—南京—合肥—六安—麻城—武汉—孝感—荆门—宜昌—万州—垫江—广安—南充—遂宁—成都	1960
沪渝高速	G50	上海—湖州—宣城—芜湖—铜陵—安庆—黄梅—黄石—武汉—荆州—宜昌—恩施—忠县—垫江—重庆	1900
杭瑞高速	G56	杭州—黄山—景德镇—九江—咸宁—岳阳—常德—吉首—遵义—毕节—六盘水—曲靖—昆明—楚雄—大理—瑞丽	3405
沪昆高速	G60	上海—杭州—金华—衢州—鹰潭—南昌—宜春—长沙—邵阳—怀化—贵阳—安顺—曲靖—昆明	2370
福银高速	G70	福州—南平—南城—南昌—九江—黄梅—黄石—武汉—孝感—襄阳—十堰—商洛—西安—平凉—中宁—银川	2485
泉南高速	G72	泉州—永安—吉安—衡阳—永州—桂林—柳州—南宁	1635
厦蓉高速	G76	厦门—漳州—龙岩—瑞金—赣州—郴州—桂林—麻江—贵阳—毕节—泸州—隆昌—内江—成都	2295
汕昆高速	G78	汕头—梅州—韶关—贺州—柳州—河池—兴义—石林—昆明	1710
广昆高速	G80	广州—肇庆—梧州—玉林—南宁—百色—富宁—开远—石林—昆明	1610

地区环线6条

名称	编号	起讫点及途经主要城镇
辽中环线高速	G91	铁岭—抚顺—本溪—辽阳—辽中—新民—铁岭
杭州湾环线高速	G92	上海—杭州—宁波
成渝环线高速	G93	成都—绵阳—遂宁—重庆—合江—泸州—宜宾—乐山—雅安—成都
珠三角环线高速	G94	深圳—香港（口岸）—澳门（口岸）—珠海—中山—江门—佛山—花都—增城—东莞—深圳
海南环线高速	G98	海口—琼海—三亚—东方—海口
首都环线高速	G95	张家口—承德—廊坊—张家口